中国质量认证年鉴

2001

《中国质量认证年鉴》编辑委员会

经济管理出版社

责任编辑：曹秀梅
美术编辑：刘　群　田华阙
封面设计：陆晓婷
版式编辑：曹秀梅

图书在版编目（CIP）数据
中国质量认证年鉴．2001卷/《中国质量认证年鉴》编委会编．-北京：经济管理出版社，2001
ISBN 7-80162-125-5
Ⅰ．中…　Ⅱ．中…　Ⅲ．产品质量-认证-中国-2001-年鉴　Ⅳ．F279.23-54
中国版本图书馆CIP数据核字（2001）第036313号

中国质量认证年鉴
2001
《中国质量认证年鉴》编辑委员会

出版：经济管理出版社
（北京市新街口六条红园胡同8号　邮码：100035）
发行：经济管理出版社总发行　全国各地新华书店经销
照排：华云电子数据中心
印刷：中国青年出版社印刷厂

850×1168mm　1/16　67印张　2000千字
2001年5月第1版　2001年5月北京第1次印刷

ISBN7-80162-125-5/F·119
定价：248.00元

建立健全质量体系
抓好质量认证工作

薄一波

一九九四年六月六日

加强质量认证工作
提高企业竞争能力

宋健

一九九六年十二月

《中国质量认证年鉴》顾问委员会

《中国质量认证年鉴》编辑委员会

《中国质量认证年鉴》工作委员会

编辑说明

一、《中国质量认证年鉴》是中国质量认证领域内最具权威性、兼顾实用性和服务性的大型编年史册，是《中国合格评定（质量认证）发展“九五”计划和2010年长期规划纲要》认可的国家级质量认证宣传媒介，是中国质量认证事业的重要组成部分。

二、《中国质量认证年鉴》旨在大力宣传质量认证的方针政策；全面总结质量认证工作的成败得失；详细介绍质量认证的内容及作用；积极引导企事业单位利用质量认证手段，提高产品及服务质量，更有效地参与国际贸易和市场竞争；忠实记录我国质量认证历史，全面汇集质量认证信息。

三、《中国质量认证年鉴》2001年卷以更加充实的内容、更加科学的编排、更加准确的信息，全面、系统地反映2000年我国质量认证事业的迅猛发展情况，强化其作为服务质量认证、服务社会主义市场经济的高效工具书作用。

四、本卷的主要内容分九个部分：

（一）文献·综述：精选国家质量技术监督局有关领导同志及质量认证权威人士关于质量认证工作的重要论述。

（二）专文：精选质量认证工作者关于质量认证的专题论述。

（三）质量体系认证管理：收录CNACR2000年度工作报告、2000年度质量体系认证文件、质量体系认证机构及认证企业名录。

（四）产品质量认证管理：收录CNACP2000年度工作报告、2000年度产品质量认证文件、产品质量认证机构及认证产品名录。

（五）实验室管理与认可：收录CNACL2000年工作报告及2000年发布的文件。

（六）质量认证人员的注册管理：收录CRBA2000年度工作报告、2000年度人员注册管理有关文件、培训机构及注册人员名录。

（七）其它：收录质量认证其它文件。

（八）统计资料：收录CNACP、CNACR、CNACL、CRBA2000年的统计年报。

（九）广告索引。

五、由于质量认证事业的迅猛发展，考虑到版面容量的限制，《中国质量认证年鉴》2001年卷“质量体系认证企业名录”和“认证产品名录”将只包括2000年获得认证的企业及产品；对2000年以前获得质量认证的企业及产品，请读者自行查阅前几卷的《中国质量认证年鉴》。

六、在本卷的编辑过程中，我们得到了国家质量技术监督局认证与实验室评审管理司、中国合格评定国家认可中心、各质量认证机构、质量认证咨询机构、相关专家学者、企业界的具体指导和大力支持，在此一并表示衷心感谢！

前　　言

在《中国质量认证年鉴》1994 年卷出版的时候，我曾经说过，出版这样一部具有权威性、实用性的大型工具书，是我国质量认证工作的一件大事，同时也是一件喜事。说大事，是因为她忠实地记录了我国质量认证工作走过的路，从中可对我们的质量认证工作进行分析和系统总结；说喜事，是因为广大质量认证工作者的成果有了一个固定形式的出版物得以体现，并可据此与国际同行进行交流，为宣传中国质量认证工作开辟了一个窗口。《中国质量认证年鉴》的前五卷出版以后，影响不断扩大，受到了社会各界的广泛重视：从事质量认证工作的机构和认证人员将其作为实用工作手册；科研学术单位将其作为重要的参考资料；工商企业，其中也包括一些外商企业，将其作为指导认证和采购的指南；有关政府主管部门也认为这本书提供了重要的信息，对管理决策有参考价值。因此，在《中国质量认证年鉴》取得成绩的基础上，根据社会需求，不断完善提高，坚持逐年编辑出版，是一件很有意义的事情。

回顾我国开展质量认证十几年所走过的路，是努力按照认证工作的内在规律和要求，紧紧围绕经济建设这个中心，认真实践、不断摸索的过程。我国的质量认证工作起步于改革开放年代，始终坚持把从我国经济发展实际情况出发和大胆吸收借鉴国际通行准则结合起来，力争和国际惯例接轨。1998 年颁布的《中华人民共和国标准化法》、1991 年颁布的《中华人民共和国产品质量认证管理条例》、1993 年颁布的《中华人民共和国产品质量法》，以及 1996 年 12 月 24 日国务院正式颁布的《质量振兴纲要》，不仅确立了我国质量认证工作的法律地位，同时也体现了我国质量认证工作遵循国际准则办事的总体要求，为全面建立我国国家质量认证体系，发展国际合作奠定了法律基础。

党的十四大确立了我国建立社会主义市场经济体制的目标，十四届三中全会提出了本世纪末要在我国基本建成社会主义市场经济体制的基本框架。特别是《中共中央关于建立社会主义市场经济体制若干问题的决定》第一次将认证工作写进中央文件，并把认证机构作为当前要着重发展的市场中介组织之一予以肯定，这是对认证工作在社会主义市场经济体制建立和发展中的地位和作用的高度概括，不仅极大地鼓舞了从事认证工作的同志，也为认证工作指明了方向。党的十四届五中全会提出了我国“九五”时期和 2010 年国民经济与社会发展的主要奋斗目标，同时指出要实现这些奋斗目标，关键是实现两个具有全局意义的根本性转变。国家质量技术监督局根据五中全会精神，适时提出了《关于在实现两个根本转变中进一步加强我国质量认证工作的意见》，并于 1995 年 11 月召开了全国质量认证工作会议，把提高质量认证工作规范化、提高质量认证的有效性作为重要的议题，这标志着我国的质量认证工作已由实质性启动、实质性进展进入了以提高质量认证有效性为目标，全面规范化实施的新阶段。

1997 年 9 月召开的党的十五大，对我国改革开放和社会主义现代化建设跨世纪的发展作出了战略部署。江泽民总书记在十五大报告中指出：“从现在起到下世纪的前十年，是我国实现第二步战略目标，向第三步战略目标迈进的关键时期”。“在这个时期，建立比较完善的社会主义市场经济体制，保持国民经济持续、快速、健康发展，是必须解决好的两大课题。”质量认证这一种国际通行的制度，对于解决好“两大课题”都是大有可为的。

根据我国法律授权和国务院赋予的职能，国家质量技术监督局依法统一管理全面质量认证工作。为履行这项职责，国家质量技术监督局确定了质量认证工作的六项基本原则和我国质量认证体系的总体方案。这六项基本原则是：

一、国家对认证工作实行统一管理；

二、充分发挥各部门、各地方、各方面的作用；

三、按照国际通行准则和我国国情规范质量认证活动，积极参与双边和多边互认合作；

四、从事认证工作的机构应成为具有明确法律地位的第三方实体，并接受相应的监督管理，依靠公正、科学、有效的服务取得信誉，在公平竞争中求得发展；

五、坚持企业自愿申请的原则，同时对涉及人身安全、人体健康、环境保护等方面的产品，依据法律法规实施安全认证，并在进入流通领域时逐步实行强制性管理；

六、质量认证的目的，在于促进企业强化技术基础，完善质量体系，提高产品质量，增强市场竞争能力。

由于认真贯彻了这六项原则，我国质量认证体系的基本框架已经形成并且有效地运转，我国质量体系认证机构国家认可委员会（CNACR）和中国认证人员国家注册委员会（CRBA）顺利通过国际同行评审，并加入国际互认体系就是明证。我国质量认证的发展基本是健康、有序、有效的。

根据实现两个根本性转变的要求，当前及今后一个时期，在实施《质量振兴纲要》，推动质量认证制度的过程中，要特别强调提高质量认证的有效性。为此，一方面要求企业从狠抓贯标和加强技术基础工作入手，着力于健全质量体系并持续有效运转，扎扎实实提高质量管理水平；另方面要求认证机构坚持科学公正的原则，规范自己的行为，确实保证认证工作的质量。只有这样，质量认证工作才能在振兴质量、振兴民族经济中发挥应有的作用。

我国的质量认证事业经过几年的努力，已经扩大了在国际上的影响，我国的认可机构加入国际互认体系这一目标的实现，必将进一步提高我国质量认证的声誉和有助于我国企业增强在国际贸易中的竞争力量。为了我国质量认证事业能继续健康地发展，我们深切地希望广大质量认证工作者要善于学习，要密切注视国际质量认证工作发展的新动向、新趋势，按照我国质量认证工作总体方案，积极、稳妥、求实地推行我国的质量认证制度，为促进企业建立健全质量体系，提高产品质量、服务质量，促进我国经济持续、快速、健康发展作出应有的贡献。

祝愿《中国质量认证年鉴》越办越好，成为指导我国技术监督工作和国际交流的有用工具书。

国家质量技术监督局局长 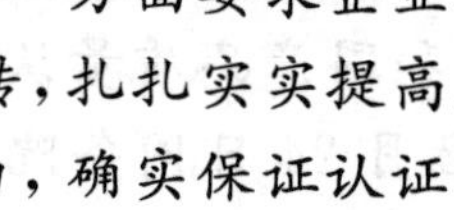

目　录

质量认证人员的注册管理

认证人员国家注册管理机构

认证人员的国家注册管理文件

2000 年度国家注册审核员名单

其它

统计资料

索引

文献·综述

综述

2000 年我国认证与实验室评审工作回顾

2000 年，世纪之末，“九五”收篇，我国的认证和实验室评审管理（合格评定）事业紧紧围绕技术监督以质量为中心、以标准化计量为基础、为国民经济建设服务的宗旨，本着“协调、改革、整顿、发展”的原则精神，按照科学、公正、高效的原则，实事求是，积极进取，勇于改革和创新，在规范和培育我国的认证、检验市场、加快认证机构、检验机构的改革，规范认证咨询市场，启动内审员培训和注册工作，实现实验室认可领域的国际互认等方面都取得了可喜的成绩，实现了 2000 年初制订的工作计划。

（一）企业重视，政府监管，2000 年认证与实验室评审（合格评定）工作取得了可喜成绩

截止到 2000 年 12 月 31 日，我局批准产品认证机构 23 家，体系认证机构 36 家。累计有14298家获得产品认证证书64985张，本年度7235家企业获得产品认证证书16339张；累计25588家企业获得体系认证证书，本年度获体系认证证书的10586家；累计注册审核员9363名，本年度注册 2385 名；累计获认可实验室 374 家，本年度获认可实验室 145 家。在体系认证、人员注册和实验室认可三个领域签署了国际互认协议，在相关合格评定国际组织中，中国的合格评定事业发展所取得的成绩，正越来越受到国际社会的关注，中国合格评定制度的建立并有效实施，已成为发展中国家建立和实施合格评定制度的典范。

（二）强化要求，规范运作，完善法规体系

1. 在质量法修正案的起草和报批工作过程中，我局为人大法工委和国务院法制办提供有关认证认可工作的国内外发展和法制建设调研情况。根据有关方面对修正案中认证认可条款提出的意见进行了必要修改；

2. 《产品质量认证管理条例》的修改工作提上了日程，组织力量进行了调研；对产品质量认证工作改革提出意见，为《产品认证管理条例》的修正案准备了较为充分的意见；

3. 建议按国际惯例对电信设备实施第三方的质量认证制度。2000 年发布的《电信管理条例》采纳了我局的建议；

4. 在有关部门征求对《药品管理法》、《矿山安全法》、《种子法》等法规意见时，提出了在相关领域建立或融汇合格评定工作的建议，将合格评定工作融入到其他有关行业主管部门的工作中去；

5. 《质量认证咨询机构备案登记管理办法》经过多次修改，基本成型，有望在 2001 年初发布；该办法的出台，必将对规范我国的认证咨询市场和认证咨询机构起到积极作用；

6. 为全面配合安全认证产品的强制性监督管理工作的实施，落实产品生产者、销售者、认证机构、检验机构等的责任、指导地方执法工作，在《电工产品安全认证强制性监督管理办法》的基础上，起草了《安全认证产品强制性监督管理办法》的征求意见稿；

7. 《境外机构在华从事认证、检验活动管理办法》的草案已形成，该办法体现国民待遇、公平竞争的原则，对境外机构在华开展认证和检验活动，提出市场准入条件和规范化运作要求；

8. 根据国际上将《检验和校准实验室能力的通用要求》（原 ISO/IEC 导则 25，国家标准 GB/T15481-1994）修订为国际标准 ISO/IEC17025 的情况，组织专家完成了该标准的国家标准的转化；同时完成了 ISO/IEC17020 标准《检查机构认可要求》的国家标准转换工作；

9. 通过召开行业和地方局工作座谈会，就新的形势下如何搞好质检机构的计量认证及审查认可工作征求意见。在此基础上，研究和制定了新的《产品质量检验机构计量认证和审查认可/验收评审准则》；

10.《安全认证管理办法》也在酝酿当中。拟对安全认证制度的建立、安全认证产品的范围界定及具体产品目录确定的原则、安全认证可选用的认证模式以及安全认证产品的市场准入标志及使用发放要求、安全认证机构和检验机构的选用和指定原则、地方执法监督要求等进行规范。

（三）适应经济发展和入世形势需要　大力发展认证认可制度

1. 为响应市场和管理需要，经与有关方面协商，协调建立或完善如下认证制度

（1）产品认证

◆防爆电气设备安全认证：

已基本完成《防爆电气设备安全认证办法》的起草，相应认证机构也在组建。并向国际电工委员会防爆电气分委员会（IECEx）提出认证机构、检验机构加入该体系的申请，并积极准备同行评审；

◆电磁兼容认证：

批准电磁兼容认证机构的运作章程等文件，在调查研究和广泛征求意见的基础上，发布《第一批实施安全认证电磁兼容认证产品目录》，并明确相应产品实施强制性监督管理的日期，完成对承担认证任务的认证机构和检验机构的授权评审推荐工作；

◆消防产品认证

批准了第二批实施安全认证的消防产品目录；

◆轮胎橡胶产品：

批准了第二批轮胎橡胶产品认证目录；

◆节能产品认证：

批准了第一批开展节能产品认证的产品目录

◆其他

拟在安全防范产品、中文信息处理设施、肉蛋禽、电信设备、铁路设备包括车辆及部件等产品领域建立产品认证制度。

（2）体系认证

为满足各类企业的需求，通过和中国质量体系认证机构国家认可委员会（CNACR）的协商，研究提出了体系认证机构批准设立的原则程序（内部文件），并在此原则下，经局同意，批准中电联、中国民航局建立相应行业的质量体系认证机构；

批准医疗器械认证中心实施 ISO9000 和 ISO14835 质量体系认证；

（3）审核员培训注册

授权 CRBA 建立 HACCP 审核员注册培训制度，并开展试点工作；

依照《质量体系内部审核员培训工作管理办法》和《质量体系内部审核员培训课程批准准则》，批准了国家质量认证培训中心、青岛市质量教育培训中心、青岛市质协质量培训中心和赛宝技术培训中心等四家机构承担内审员培训课程的资格。至此，获得国家质量技术监督局内审员培训课程批准的机构已有 14 家。各省局基本按照国家局的统一要求，建立起了本省内审员注册管理制度，并开始实施内审员注册工作。

2. 根据市场和管理需求，积极拓展认可新领域

(1) 授权 CNACR 开展新认可制度的研究，开展医疗器械管理体系、HACCP 管理体系等的认可试点工作，逐步向其他领域拓展；

(2) 与 CNACP 一起探讨产品认证制度改革方案，对认证制度建立和实施过程中认可制度如何发挥作用进行研究，积极准备进行试点。

（四）加快改革步伐　寻求新的突破

1. 研究并起草产品认证工作改革文件

在局领导的统一部署下，成立产品质量认证改革工作组，研究提出产品认证工作改革基本要求（草案)。对产品认证制度的建立、可选则的认证模式、以及认证制度如何引入竞争机制和发挥认可制度规范认证机构运作以及认证机构实体化等提出了具体要求。

根据产品认证工作改革的要求，引导现有机构进行改革试点，并引导机构间合并或与检验机构进行资产重组等，使认证机构规模化、集团化。

2. 基本完成对中国电工产品认证委员会(CCEE)的管理体制改革并对其他产品认证机构的管理体制改革提出整体设想

通过与有关部门的协调，国家质量技术监督局将中国电工产品认证委员会（CCEE）改为由国家质量技术监督局直接设立和管理。CCEE 的秘书长由国家质量技术监督局负责任免。

3. 通过多次与科技部、财政部等部门协商，“国家质检中心改革方案”（草案）和向国务院汇报的汇报提纲基本完成

4. 认真调查研究技术监督系统内的质检机构的改革发展问题，提出质检机构深化改革、加快发展实施意见

（1）就技术监督事业“十五”发展规划及 2015 年远景目标规划等提出我国质检技术机构改革发展意见，鼓励检验机构深化改革、加快发展、积极培育和发展我国的检验市场、验货市场和校准市场。

（2）对省级产品质检机构的计量认证工作进行改革。在《关于对省级产品质检机构计量认证评审工作进行改革的通知》和《关于发送〈对省级质量技术监督局计量认证和质检机构审查认可/验收评审工作的指导意见〉的通知》中，规定了省级质检机构实行验收审查、计量认证和实验室认可“三合一”评审，对省以下质检机构实行验收审查、计量认证“二合一”评审的工作要求。

（五）清理整顿市场　提高工作总体水平

为确保质量认证工作的健康发展，全面贯彻《质量法》和国务院《关于进一步加强产品质量工作的若干决定》精神，针对目前我国认证工作面临的形势和任务，组织有关人员研究提出“关于进一步加强质量认证工作若干意见”（草案）。主要内容为：1）全面落实《质量法》的要求、2）产品质量认证工作全面启动的要求、3）加强认可制度规范认证机构的要求、对咨询机构实施强制性备案登记制度的实施要求、4）认证市场有序竞争的要求、5）认证机构多元化发展及其管理体制公正性的要求、6）确保认证有效性的要求、7）各级政府及国务院有关部门和宣传舆论对认证与认可工作的监督职责等。

（六）积极准备　全面调整 迎接入世

针对修订后的《产品质量法》颁布实施和我国即将加入 WTO 的形势，为使质量认证工作适应入世的需要，配合局 TBT 研究工作组，组织有关专家，提出合格评定工作入世对策措施建议意见。主要针对境外认证机构、检验机构在华开展活动情况，提出管理意见，准备管理办法。

此外，还积极开展有关 WTO/TBT 讲座和入世对合格评定工作的影响的宣讲，积极鼓励有关方面采取必要的准备，迎接面临的挑战和机遇。

（七）内外协调　理顺关系

为使我国的合格评定制度全面符合 WTO/TBT 的要求，解决部分产品双重认证证书和合格评定机构业务领域的划分问题，根据局党组的意见，积极主动与出入境检验检疫局协调有关工作。接受 CQC 加入 IECEE 成为独立 NCB 的申请，并正在按 IECEE 的规则对申请文件进行审查。

按照国务院办公厅秘书二局关于安全认证与进口质量许可证的“四统一”（既：统一标准、技术法规和合格评定程序；统一安全认证标志、统一安全认证和进口质量许可证目录；统一收费标准）协调意见，与出入境检验检疫局积极配合，研究实施意见。

本着服务企业和市场的原则，为不给企业增加负担，根据入世在即的形势，进一步协调好电工产品安全认证与生产许可证的关系。

（八）服务经济　面向市场　提出认证认可工作“十五”发展规划

为适应建立社会主义市场经济建设需要和经济全球化、中国即将加入世贸组织形势的需要，在“九五”我国合格评定制度初步建立并取得可喜成绩的基础上，按照服务经济，面向市场的原则，我国合格评定“十五”的发展目标是：进一步完善我国合格评定体系，形成政府监管、机构自律、市场调节的“开放、竞争、公平、有序”的认证、检测市场；实现体系认证机构、产品认证机构、检验机构向中介机构的转化并进入良性发展轨道。

为实现上述目标，合格评定工作“十五”期间的工作任务和工作重点是：

1. 根据WTO/TBT协议的有关要求，研究中国合格评定的模式，明确合格评定制度的管理体制及有关责任，调整合格评定制度的批准、发布和实施工作；

2. 按照统一标准、技术法规和合格评定程序，统一强制性安全认证产品目录，统一强制性安全认证标志，统一收费标准的要求，做好进口产品质量许可证制度和强制性安全认证制度的协调工作；

3. 按不同产品类别，建立10个左右安全认证机构。在全国组建5-10个认证集团。做好12个产品认证机构的实体化转化和36个体系认证机构的实体化改革；

4. 制定措施，提高认证工作的有效性。规范认证机构行为，整顿认证、咨询市场，加强对获准认证的产品和企业的监督检查；

5. 研究认可制度的对外开放措施，有计划、分步骤实施认可制度的对外开放。制定和完善相关法规、规章，规范境外认证机构、咨询机构在我国境内的认证、咨询活动；

6. 积极有效地参加有关国际指南、标准的制订工作；成立ISO/CASCO中国委员会；继续加强我国在合格评定国际组织的地位和作用，提高我国认证工作的国际影响力。

（九）认真履行对检验机构的监督管理职能，做好计量认证、审查认可（验收）、国家质检中心的改革、规划、授权等工作。

1. 2000年完成对地方省级质检机构的验收11个，国家质检中心到期复查、继续授权34个、办理和批准了303个部门质检机构的计量认证；通过考察调研，批准了六个省（市）质量技术监督局筹建国家质检中心的申请；

2. 组织开展全国技术监督系统检验机构能力大调查，组织力量对各地上报的材料进行初步整理，筹划建立检验机构数据库，出版技术监督检验机构能力大全；

3. 按照突出重点，扶持西部，强调安全健康的原则安排2000年度质检机构技改经费；

3. 受理并调查处理涉及国家质检中心、地方质检机构及一些行业质检机构的各类投诉55起，查处了国家茶叶质检中心、国家继电器质检中心的违规行为。

（十）其他工作

1. 完成了《标准化、计量、质量百科全书》、《技术监督基础教材》、《技术监督领导干部知识读本》中有关合格评定部分的编写；

2. 积极参与有关合格评定国际组织如APEC、IECEE、IECEX、ILAC、APLAC等召开的国际会议，及时跟踪国际合格评定工作发展最新动态；

3. 办理了有关合格评定工作的人大代表提案一件；

4. 配合国家粮食清仓查库工作，在省级质量技术监督局推荐基础上，先后分三批发布了237个质检机构作为粮食陈化鉴定机构，并组织这些机构的主要业务人员进行了培训。

2000年，我国合格评定事业成绩显著。认证机构队伍建设得到进一步加强，狠抓了认证工作的有效性，启动了认证机构、检验机构的改革，在一些新领域进行了开展认证工作的有益探索。2001年，我国的合格评定事业在贯彻实施新的《质量法》、我国即将加入世界贸易组织的国际、国内形势背景下，通过落实2000年拟议制定的相关政策和措施，采取积极有效的手段，进一步加大工作力度，在新的千年、新世纪开始的时候，我国的合格评定事业将迈上新的台阶、开创出新的局面，为我国社会主义市场经济建设事业作出新的贡献。

专　　文

专文

把握机遇 迎接挑战

祝贺 CNACL 签署 APLAC 相互承认协议

国家质量技术监督局副局长 王以铭

1999 年 12 月 3 日，在印度新德里召开的亚太实验室认可合作组织（APLAC）全体大会上，由国家质量技术监督局批准成立的中国实验室国家认可委员会（CNACL）成功地签署了 APLAC 相互承认协议（APLAC-MRA）。从此，CNACL 认可的实验室出具的校准证书和检测报告得到签署 APLAC-MRA 的其他 12 个认可机构的承认。在这次会议上，CNACL 的代表当选为 APLAC 管理委员会成员，这标志我国实验室认可制度得到国际同行的承认，是我国实验室认可工作走向规范、与国际接轨的一大硕果，是我国认证认可工作的又一重大突破，值得庆贺。

1998 年 1 月，由我局批准成立的中国质量体系认证机构国家认可委员会（CNACR）首批签署国际认可论坛多边承认协议（IAF/MLA）、太平洋认可合作组织多边承认协议（PAC/MLA）。1998 年 8 月，由我局批准成立的中国认证人员国家注册委员会（CRBA）首批签署国际审核员培训和注册协会多边承认协议（IATCA/MLAs）。现在，CNACL 又签署了 APLAC-MRA。这些事实说明，由国家质量技术监督局建立的中国质量认证制度得到了国际同行的承认，整体管理水平已经进入国际先进行列。

CNACL 成立于 1994 年。5 年来，我国实验室国家认可工作取得如此成就，得益于国家质量技术监督局按照国务院授权依法实施实验室认可工作的统一管理，得益于国务院各有关部门的高度重视，得益于社会各界的大力支持；同时，也是我国认证认可界和实验室专家大力支持的结果，是 CNACL 工作人员努力奋斗的结果。在这里，我代表国家质量技术监督局向 CNACL 全体工作人员，向所有支持我们工作的社会各界人士表示衷心的谢意。

今后，希望 CNACL 全体同仁把握机遇，迎接挑战，进一步做好我国实验室国家认可工作。

1. 从国际实验室认可的发展情况看，具有第三方认证性质的实验室认可在消除贸易技术壁垒和促进国际贸易、技术交流方面发挥了积极作用，在国际贸易中，“一次检测（校准），全球承认”的呼声越来越高。根据绝大多数国家的经验和我国国情，我希望并期待在协调有关各方的基础上，我国能有一套更加权威、更加完善的实验室认可制度，以便充分发挥实验室认可的积极作用，更好地应对我国加入世界贸易组织以后面对的形势。

2. 由于实验室认可的技术性较强、规范性要求较高，有关实验室认可的国际准则要求也越来越高，实验室认可的领域越来越广。例如，1999 年 12 月出版的 ISO/IEC 17025 标准对实验室提出了更高的要求。同时，近年来在不少国家和地区的实验室认可机构中又开展了检查机构的认可工作。该工作依据 ISO/IEC 17020 实施。因此，在实验室认可领域还有更多新问题等待我们去研究，有更多新领域等待我们去开拓。

3. 我国实验室数量众多，涉及领域很宽，有一定技术基础，但是管理水平普遍低下，管理体制亟待改革，管理部门对实验室的评审考核（具有第二方认证性质）也存在不少问题。怎样利用获得国际同行承认的 CNACL 运作体系，为全社会的实验室、实验室管理方和实验室使用方服务，减少对实验室的重复评审和重复考核，努力促进我国实验室管理水平的普遍提高，还需要我们认真思考，积极行动。

CNACL 所取得的成绩是国家质量技术监督局组织有关部门专家共同努力的成果，是我们国家的成果。因此，我们衷心期望各有关部门充分地分享这一成果。为保持国际互认的有效性和适应我国加入世界贸易组织后的新形势，我国实验室国家认可体系还需进一步完善，CNACL 的工作也需认真改进。希望 CNACL 全体同仁、有关专家和管理人员继续努力！

珍惜法律赋予的权力　履行法律规定的责任

写在《产品质量法（修正案）》即将实施之际

中国合格评定国家认可中心主任　刘卓慧

《中华人民共和国产品质量法（修正案）》经九届全国人大常委会审议通过，将于2000年9月1日正式实施。《产品质量法》是我国质量认证与认可工作的法律依据之一。与原《产品质量法》相比，新修改的《产品质量法》对质量认证工作的规范作用进一步强化。据初步分析，在新修改的《产品质量法》总共74条中，涉及质量认证的有13条。总的来看，新修改的《产品质量法》在对认证机构等社会中介组织赋予质量监督、质量评价权力的同时，增加了承担相应法律责任和防止滥用权力的规定。《产品质量法（修正案）》是我国质量认证法制化建设的又一重大成果，为我国质量认证事业的持续健康发展提供了有力的法律保障。因此，无论是认可机构、认证机构还是广大的认证企业和认证人员，都应认真学习、深入贯彻《产品质量法（修正案）》，运用这一有力的法律武器，规范自身的行为，保护自身的权益，并以此为契机，开创我国质量认证工作的新局面。

一、质量体系认证和产品质量认证是规范企业管理和加强产品质量监督的手段和措施

质量认证作为市场经济条件下质量管理和质量监督的一种有效手段，已在国际上得到普遍采用并取得了显著的成果。在《产品质量法》于1993年颁布实施后，我国的质量认证工作也得到了迅猛的发展。目前，已有数万家企业通过了质量体系认证或产品质量认证，几十家认证机构按照相关规范和要求对这些企业的质量管理体系和产品质量履行着监督的职责。作为法律规定的产品质量监督的组成部分，质量认证的特色在于，它更强调“预防为主”的思想，帮助企业通过贯标，建立健全质量管理体系，形成连续生产符合规定要求的产品的能力，预防不合格的发生。虽然这在原《产品质量法》中已有明确规定，但在实施过程中，一些认证机构和认证人员，往往忽略了法律所规定的职责，有的在工作中缺乏必要的责任感和使命感。认证活动中的不规范行为，许多可以在此找到根源。希望有关组织和人员，特别是认证机构和认证人员，在学习、贯彻、实施《产品质量法（修正案）》时，把增强责任感和使命感作为重点，切实履行法律规定的职责。

二、质量认证制度以法律的形式予以推行，体现了国家对质量认证工作的重视，表明了国家将长期实行质量认证制度

如果说原《产品质量法》规定国家推行质量认证制度更多地体现了法律规定的前瞻性的话，那么，此次修改的《产品质量法》继续明确这一规定，则在相当大的程度上体现了国家对质量认证工作的肯定。因为在1993年，我国的质量认证工作无论在制度的建立还是在实施的规模与影响上都无法与现在相比，各方面的工作总体上还处于起步阶段，而现在的情况与7年前已大不一样。作为质量认证工作者，在为自己所从事的工作得到国家承认和肯定而感到欣慰的同时，更应该认识到自己的责任和压力。我们应该明确，国家长期推行质量认证制度，是建立在质量认证工作有效性的基础上的。质量认证制度在我国的长期实行，有赖于全行业及广大认证企业的共同努力。我们要通过学习、贯彻《产品质量法（修正案）》，树立长远目标，克服短期行为及由此所衍生的一系列不规范行为，使我国的质量认证工作得到长期、健康、可持续的发展。

三、认证机构应依法实施认可

《产品质量法（修正案）》第十四条的规定，意味着从事质量体系认证或从事产品质量认证的认证机构，必须取得国务院产品质量监督部门或者国务院产品质量监督部门授权的部门的认可。目前，国家质量技术监督局授权的认证机构认可部门是中国质量体系认证机构国家认可委员会（CNACR）和中国产品质量认证机构国家认可委员会（CNACP）。也就是说，质量体系认证机构应取得 CNACR 的认可，方可从事质量体系认证工作；产品认证机构应取得 CNACP 的认可，方可从事产品认证工作。否则，未经认可的认证机构从事认证活动，将违背法律的规定并失去法律的保护。

我们应利用新修改的《产品质量法》颁布、实施的有利时机，积极推进认证机构特别是产品认证机构的认可工作。由于产品认证工作依据的标准较多以及目前的产品认证机构多数隶属于行业主管部门、缺乏独立的法律地位，因而产品认证机构的认可工作还需加大力度。目前，国家质量技术监督局正积极研究推进产品认证机构认可工作的对策与措施。运用好《产品质量法（修正案）》这一有力的法律武器，将对产品认证机构认可工作的进一步推进产生积极的作用。

四、认证机构的认证活动必须客观、公正

法律规定，认证机构作为社会中介机构必须依法设立，不得与行政机关和其他国家机关存在隶属关系或者其他利益关系。这表明，认证机构的社会中介机构的性质，首次得到了法律的确认。法律同时规定，认证机构必须依法按照有关标准，客观、公正地出具认证证明。

这是《产品质量法》此次修改新增加的两个条款。这两个条款规定了认证机构的性质，明确了认证机构与行政机关和其他国家机关的关系，明确了认证机构的工作原则，而其核心，是保证认证机构认证活动的客观、公正。作为社会中介机构，认证机构只有向客户提供客观、公正的服务，才能赢得客户的信任，才能够赢得市场，才能在市场竞争中生存和发展。禁止认证机构与行政机关和其他国家机关发生隶属或者其他利益关系，一方面可以保证认证机构避免各种形式的行政干预，依法独立地开展认证活动，另一方面则可以防止认证机构利用行政权力开展不公平竞争，破坏市场秩序。这些内容，在国家认可机构制定的认可规范中已有明确规定，并在认可活动中得到了实施。现在，《产品质量法》将其上升到法律的高度，无疑进一步增强了执行的强制性，也为健康有序的质量认证市场的形成提供了法律保障。

五、认证机构必须依法承担相应法律责任

法律规定，认证机构认证的产品不符合认证标准给消费者造成损失的，与产品的生产者、销售者承担连带责任；情节严重的，取消其认证资格。法律规定，对认证机构出具虚假证明的行为，给予罚款、取消认证资格，直至追究刑事责任的法律制裁。法律还规定包括认证机构在内的社会中介机构对产品质量作出承诺、保证后，必须承担相应的民事连带责任。

原《产品质量法》没有明确规定认证机构所应承担的法律责任，《产品质量法（修正案）》对此作了重大修改。显而易见，认证机构的责任大大增强，风险大大增加。一旦违法，制裁的力度也大大加重。认证活动中的某些行为，过去可能只是违反了认可规范，最严厉的处罚是撤销认可资格；而依据《产品质量法（修正案）》，可能的处罚是：对单位处五万元以上十万元以下的罚款，对直接负责的主管人员和其他直接责任人员处一万元以上五万元以下的罚款；没收违法所得；取消认证资格；依法追究刑事责任。

我们认为，明确认证机构的法律责任，对规范认证机构及认证人员的行为，维护市场秩序，促进质量认证事业的健康发展是非常必要的。国家认可机构近几年把加大对认证机构和认证人员的监管力度作为每年的重要工作，目的也在于此。一柄锋利的法律之剑，是对所有认证机构和认证人员的警示。在法律面前，我们的选择只有一个，那就是依法规范地从事认证工作。希望各认证机构和全体认证人员，认真学法，切实守法。守法者将受到法律的保护，违法者将受到法律的制裁。这是法治社会的基本规则。

合格评定认可制度的国际合作全面推进与深化

中国合格评定国家认可中心副主任　肖建华

2000年是国际合格评定认可界不平凡的一年。在这一年中，相关国际组织明确了全面推进与深化合格评定认可制度国际合作的政策方向和行动计划，具有重要意义。笔者作为相关过程的主要推进者和执行者之一，现将有关情况作简要介绍。

一、认真研究，深化改进质量体系认证国际互认制度

国际认可论坛（IAF）质量体系认证国际多边承认协议（IAF/MLA）1998年1月在中国首次签署。为了进一步改进IAF/MLA的运作，更好地发挥IAF/MLA的作用，IAF董事会于1998年首次成立了IAF/MLA深化工作组。该工作组于1999年在IAF第十三届年会上正式提出IAF/MLA深化战略方案，提交IAF第十三届年会审议。鉴于该方案阻止IAF/MLA成员机构立即使用IAF/MLA标识语，一段时期内将对发展中国家认可机构及认证机构的利益产生不利的影响，笔者代表太平洋认可合作组织（PAC）对该方案表示了坚决的反对，强力建议对该方案进行重新研究和全面修改，既要考虑IAF的长期目标，同时也要考虑IAF的短期和中期目标与措施。LAF第十三届年会接受了笔者的意见，通过了笔者提出的立即使用IAF/MLA标识语的建议案，并决定改组IAF/MLA深化工作组，改由IAF副主席任工作组组长。为推动国际实验室认可合作组织（ILAC）也深化其多边承认协议，使IAF和ILAC共享资源和研究成果，IAF董事会于2000年7月提出了IAF/ILAC多边承认协议深化联合工作组组成方案。笔者作为PAC主席进入深化工作组。

在深化措施的研究过程中，IAF副主席、德国认可协会（TGA）总裁Facklam先生作为组长首先提出了初步方案供讨论；此后，IAF主席、日本合格评定认可协会总裁大坪博士为推动研究的进展又提出了进一步的意见。2000年10月，笔者在IAF主席和副主席的初步方案的基础上，比较系统全面地提出了IAF质量体系认证国际互认制度的改进措施方案，明确了各方主要关注的问题，并分别提出了近期、中期和远期的改进目标与主要措施。此方案提出后，立即得到了IAF主席的响应和赞同。在2000年11月上旬召开的IAF第十四届年会上，深化工作组主要以笔者提出的方案为蓝本进行了讨论，总体上得到了深化工作组的赞同，经适当修改后提交全体大会并获通过。

深化改进方案提出的基本问题与措施主要包括以下方面：

——宣传IAF和IAF/MLA，促进IAF/MLA成员机构认可的认证证书获得承认；

——在IAF/MLA成员认可机构所在的国家，采购方和执法机构不承认认可的质量体系认证证书的情况并不普遍和突出，但一旦发生此类情况，IAF应采取措施，作出积极的反应；

——认可机构之间存在一些不同的认可方法，同行评审过程应确保不同的认可方法能取得等效的认可结果；

——IAF/MLA成员认可机构之间的重复认可评审应当减少，尽量采用互认伙伴的认可结果；

——强烈支持外国认可机构和认证机构使用当地国的认可评审员和认证审核员，确保评审组/审核组具备必要的语言能力和了解当地的文化；

——采取措施强化同行评审过程，提高了IAF/MLA成员认可制度的等效性，包括：加强培训和监控，改进同行评审员的能力；采取关键业绩评审概念，增强同行评审的一致性；实施内部审核，改进互认制度的管理等。

笔者在修改提出此改进方案时，除强调了改进国际同行评审员培训与同行评审过程等问题外，还特别提出应加强宣传、广泛使用IAF互认标识语，以及认可机构在跨国实施认可评审时应与当地国认可机构合作，提高认可评审的有效性和效率，确保跨国认证机构的认证活动得到有效的监管。笔者提出这两条新的意见和相应措施的主要意图是，维护包括中国在内的发展中国家的利益。

2000年7月，IAF正式制订发布了《IAF/MLA认可等效性标识程序》，对IAF互认标识语的使用作出了具体规定，其中还专门采用了CNACR使用的互认标识语作为非英语国家的使用实例。在IAF第十四届年会期间，欧洲的一些认可机构代表对IAF互认标识语使用方法又提出改进动议。笔者在相应工作组会议和全体大会上再次据理力争，确保IAF互认标识语的基本方案不再修改，并写入了IAF全体会议纪要。

IAF第十四届年会后，针对IAF技术委员会会议纪要中有关认证机构分支审核机构认可评审要求与程序的问题，澳大利亚-新西兰联合认可制度（JAS-ANZ）的代表提出了加快进展的建议，并将此建议抄送笔者。鉴于IAF技术委员会主席、英国认可委员会Brockway先生对此建议未作出响应，笔者以PAC主席身份致信IAF技术委员会主席，并抄送技术委员会全体成员，指出JAS-ANZ代表的提案反映了PAC很多成员认可机构的意见，IAF技术委员会无理由予以拒绝，并对JAS-ANZ代表自愿承担相应工作表示赞赏。此后，IAF技术委员会主席专门致信笔者，表示将采纳JAS-ANZ的提议，尽快制订关于认证机构分支审核机构认可评审的IAF实施指南。该指南的制订，将有助于加强对跨国认证机构在他国分支机构的认可监管，尤其将有利于加强对跨国认证机构在发展中国家认证活动的认可监管。

二、拓展范围，全面推进认证认可国际互认制度

在1999年召开的IAF第十三届年会上，关于环境管理体系认证和产品认证的互认问题，IAF作出了环境管理体系认证互认工作经认真调查研究后再启动和产品认证互认工作暂不启动的决定。在此情况下，PAC决定仍继续开展相关的技术准备工作，并影响和推动IAF的相关政策与工作。在2000年召开的每次IAF董事会会议上，笔者代表PAC建议IAF修改原决定，并指出IAF若不及早行动，将在此方面失去对区域组织进行协调的最佳时机。

在2000年8月于印尼召开的PAC第七届年会上，经过一年时间的技术研究，并经过会议期间的讨论研究和人员培训，PAC正式完成了环境管理体系认证认可同行评审的技术准备工作，并基本形成了有关产品认证认可同行评审的技术意见，决定于2001年正式启动环境管理体系认证认可和产品认证认可的同行评审工作。同时，为了提高有效性和效率，希望IAF也能同步启动相应工作。

在2000年11月召开的IAF第十四届年会上，笔者代表PAC向IAF提交了有关环境管理体系认证认可同行评审的技术文件，均获IAF采纳，并与IAF多边承认协议管理委员会协调，提出了IAF和PAC协调一致的环境管理体系认证同行评审时间表，也获得赞同，实现了IAF与PAC的同步行动。

关于产品认证认可互认工作的启动问题，IAF董事会在2000年7月的会议上已有所松动，但未提出具体方案。在第十四届年会期间，笔者与欧洲认可合作组织（EA）主席、法国认可委员会（COFRAC）总裁皮埃尔先生合作，表明了EA和PAC的共同立场：IAF若维持上届年会的决定，仍不启动产品认证认可互认工作，在PAC建立产品认证互认协议的同时，EA和PAC将通过区域双边互认，建立覆盖欧洲和亚太区域的多边互认制度（这一互认制度实际上将覆盖有条件加入互认的绝大多数IAF成员认可机构，成为事实上的国际范围互认制度）。鉴于PAC和EA两个区域组织的工作基础和立场，同时IAF工业界代表的立场也发生变化，在第十四届年会上，IAF正式通过了启动产品认证认可互认工作的决议案。至此，IAF全面推进互认制度的政策成为定局。这也将进一步增强IAF对全球认证和认可活动的协调和

监管力度，为国际贸易提供更有力的服务。对发展中国家而言，则可以通过互认协议更广泛地促进本国的认证结果取得承认。

根据现行 IAF 国际同行评审和互认协议的结构，本届 IAF 会议还决定，PAC 成员机构环境管理体系认证认可和产品认证认可的同行评审工作由 PAC 独立组织实施。通过 PAC 扩大 IAF 的互认协议范围，获准签署 PAC 互认协议的 PAC 成员认可机构将被直接接纳为 IAF 相应互认协议的成员。

三、共同合作，协调制订合格评定的政策程序

1. ISO 9000 族质量管理体系国际标准的制订与实施

2000 版 ISO 9000 族质量管理体系国际标准的制订与实施引起了全球质量界和认证界的广泛关注。ISO/TC176 质量管理和质量保证技术委员会是 ISO 9000 标准的制订机构，IAF 则对 ISO 9000 族标准在质量体系认证中的实施承担着认可监管的国际职能。为了确保新版标准发布后能够顺利地过渡并得到有效的实施，以 IAF 和 ISO/TC176 为主，成立了 ISO 9000 族标准过渡实施国际协调小组，即 IAF-ISO/TC176-ISO/CASCO 联合工作组，对新版标准过渡期实施的有关政策和技术问题共同进行研究，以形成国际协调一致的实施意见。该工作组在 1999 年发布“2000 版 ISO 9000 标准过渡策划”联合公报的基础上，2000 年又在新版标准发布的同时研究提出了关于 ISO9001 质量管理体系要求删减的具体实施意见，并由 IAF 发布实施。笔者作为 IAF 认可机构成员代表，被指定为 IAF-ISO/TC176-ISO/CASCO 关于 2000 版 ISO9000 族标准过渡实施策划工作组的成员，参与了 2000 版 ISO 9000 族标准过渡实施政策国际协调的全过程，既加深了对有关问题和措施的认识，更增进了与国际上有关专家之间的相互了解与联系。

2. ISO/IEC 合格评定国际标准的制订与实施

国际标准化组织（ISO）合格评定委员会（CASCO）是 ISO/IEC 合格评定国际标准/指南的主要制订机构，ISO/CASCO 已经制订发布了一系列有关合格评定制度、检验机构、检查机构、认证机构和认可机构的国际标准/指南，在规范全球的合格评定活动、实现合格评定结果的国际互认、促进国际贸易发展方面发挥着重要的作用，获得了世界贸易组织（WTO）贸易技术壁垒协定（TBT）的承认。国际认可论坛（IAF）和国际实验室认可合作组织（ILAC）则是全面实施合格评定国际标准/指南的两个主要国际组织。通过成员认可机构的认可制度和相应的国际同行评审制度来确保合格评定国际标准/指南在全球得到全面的应用。为了确保合格评定国际标准/指南在成员认可机构的认可制度中真正得到协调一致的全面贯彻，IAF 和 ILAC 在认可实践的基础上，又针对有关的国际标准/指南制订发布了相应的实施指南，进一步协调合格评定及其认可制度的实施，对合格评定国际标准/指南的有效实施发挥了重要的作用。

IAF 和 ILAC 与 ISO/CASCO 之间是一种互补的工作关系，但客观上也存在某种程度的职能交叉，主要问题就在于 IAF 和 ILAC 在国际标准/指南的基础上制订发布实施指南。对此，ISO/CASCO 的一些成员提出了异议。为此，ISO/CASCO 于 2000 年初邀请 IAF、ILAC 等相关国际和区域组织的代表召开了专题协调会议。会议经研究决定，本着优势互补、密切合作的精神，IAF 和 ILAC 在相应国际标准/指南的制订过程中积极参与，力求使发布的国际标准/指南能适应国际互认活动的需要；同时，IAF 和 ILAC 可在实施过程中根据需要及时制订实施指南，并适时反馈给 ISO/CASCO，供 ISO/CASCO 纳入相应国际标准/指南的修订版。

3. IAF 和 ILAC 认可制度国际互认政策与程序的共同协调

IAF 和 ILAC 作为认证机构认可制度和实验认可制度的国际多边合作组织，为开展相应的国际互认活动，分别制订了各自的多边承认协议政策和程序，用于规范和控制多自的多边承认活动。随着双方国际同行评审与互认活动的实施，IAF 和 ILAC 均意识到，协调双方的互认政策与程序将有助于进一步提高国际同行评审的效率、综合发挥双方同行评审技术资源的作用。为此，IAF 和 ILAC 已决定成立联合工作组，制订统一的互认政策与程序。目前，该项工作已经正式启动。笔者被 IAF 指定为多边互认政策和程序联合工作组成员，参与 IAF 与 ILAC 互认政策和程序的协调工作。

ISO 9000 和 ISO 14000 认证的国际发展

中国合格评定国家认可中心副主任　肖建华

2000 年 8 月，国际标准化组织（ISO）中央秘书处发布了《ISO 9000 和 ISO 14000 认证证书 ISO 调查报告（第九轮—截止到 1999 年 12 月 31 日）》。现结合此 ISO 调查报告及本人掌握的相关信息，就全球 ISO 9000 和 ISO 14000 认证的国际发展状况作以下简要介绍，并发表 1 些个人的观点。

1. ISO 9000 质量管理体系认证

1.1 全球认证数量继续保持快速增长

根据 ISO 调查结果，全球 ISO 9000 认证继续保持快速增长的势头。截止到 1999 年 12 月 31 日，全球 150 个国家颁发的 ISO 9000 认证证书至少已达343643 张；与 1988 年 12 月底的 141 个国家271847 张证书相比，净增认证证书71796 张，增长了 26.41%（1998 年的增长率为 21.74%，1997 年为 37.31%，1996 年为 27.76%）。其中，欧洲认证数量仍居首位，认证总数达190248 张，并继续保持了快速的增长，去年净增认证证书23900 张；包括中国、日本、韩国和东盟在内的远东地区，1999 年底的认证证书总数为 56500 张，位居全球各区域发证总数第二位；北美地区（美国、加拿大和墨西哥）去年净增认证证书 11616 张，年增长率达 34.60%。

1.2 发达国家仍占据优势，发展中大国也位居前列

至 1999 年底，位居认证证书数量前十位的国家是：英国63700 张、美国33054 张、德国30150 张、澳大利亚22833 张、意大利21069 张、法国16028 张、中国15109 张、日本14564 张、韩国11533 张、加拿大 10556 张。此外，排第十一和十二位的是巴西6257 张和印度5200 张。排名前十位的国家认证证书总和为 238596 张，占全球证书总数的 69.43%（三分之二强）。在认证证书最多的 12 个国家中，发达国家 8 个，包括欧洲 4 个国家、北美 2 个国家、亚洲 1 个国家、大洋洲 1 个国家；发展中国家 4 个，包括亚洲的中国、韩国和印度以及南美的巴西。此外，按 1999 年当年净增认证证书排序，澳大利亚以8663 张位居第一，美国以8067 张排第二，后 4 个国家依次是中国6864 张、德国6095 张、日本5951 张、英国4737 张。1999 年当年净增证书最多的上述 6 个国家净增证书总和为40377 张，占 1999 年当年全球净增证书总数71796张的 56.24%，与 1998 年相似，仍处于主导地位。

1.3 证书的撤销与注销仍有发生

至 1999 年底，全球撤销和注销的认证证书总数为9862 张，占证书总数343643 张的 2.87%。其中，撤销的认证证书 643 张，组织因认证投资回报不足而注销的证书 211 张、因对经营活动未产生效益而注销的证书 262 张、因其他原因或原因不详而注销的证书7186 张，组织变更认证机构的证书 676 张，组织停止相关经营活动而注销的证书 884 张。上述统计数据表明，全球范围内撤销和注销认证证书的比例仍保持很低的比例。这反映出工业界对 ISO 9000 认证持续肯定的态度。同时，两个多百分点的组织因各种原因而注销认证证书，也应引起有关各方的关注。

1.4 行业发展仍不平衡，主要行业继续保持领先

在 1999 年底的343643 张认证证书总数中，有274040 张证书按 39 个行业获得了统计数据。其中：电子、电气及光电设备以40035 张仍位居第一，占 14.61%；基础金属及金属制品28972 张占 10.57%，仍居第二位；建设25273 张占 9.22%，升至第三位；机械及设备19827 张占 7.24%，降至第四位；批发及

零售13803张占5.04%，保持第五位。上述5个行业的证书总和为127910张，占全部39个行业获得统计数据的认证证书总数的46.68%。此外，认证证书最少的行业依次为：核燃料220张、出版业354张、气的供给558张、农业与渔业678张、水的供给799张。

1.5 IAF质量管理体系认证多边承认国家认可机构持续增长

国际认可论坛（IAF）自1998年1月在中国广州首次签署质量管理体系认证国际多边承认协议（IAF MLA）以来，已经对相应国家的组织持本国认可的ISO 9000认证证书开展国际贸易发挥了积极的作用，更多的国家对加入IAF MLA表现出了强烈的愿望。到目前为止，IAF MLA的签约认可机构已达25个国家和2个区域多边承认协议集团。签约认可机构的25个国家是：中国、美国、加拿大、日本、澳大利亚、新西兰、荷兰、德国、英国、瑞典、西班牙、意大利、丹麦、瑞士、法国、挪威、芬兰、南非、爱尔兰、巴西、马来西亚、新加坡、韩国、捷克和比利时；两个区域多边承认协议集团是：欧洲认可合作组织（EA）和太平洋认可合作组织（PAC）。此外，印度尼西亚和泰国两个国家的认可机构已加入PAC多边承认协议，即将被正式接纳为IAF MLA的新成员。目前，PAC多边承认协议集团共有10个国家，EA共有14个国家。上述IAF MLA25个签约国的认证证书总和约占全球认证证书总数的90%。

1.6 2000版ISO 9000族国际标准进入最后表决阶段

备受全球质量和认证界关注的2000版ISO 9000、ISO 9001和ISO 9004现已进入最后表决阶段。2000年8月31日，ISO中央秘书处正式通知ISO全体成员机构，2000版ISO 9000族最终国际标准草案（FDIS）将于2000年9月14日发出供ISO成员机构表决。表决的截止日期为2000年11月14日。75%的成员机构投票赞成即获通过，成为正式的国际标准。按照ISO/IEC的有关表决规则，此次FDIS的表决投票可有三种，即：赞成、反对或弃权。其中，投赞成票的，不得再提修改意见，不得有条件赞成；投反对票的，应阐明反对的技术理由。基于目前的状况，预计FDIS的表决将会获得通过，新版ISO 9000、ISO 9001和ISO 9004国际标准将会按计划于年内正式发布。此外，截止到1999年底，1994版ISO 9000族标准已被100个国家转化为本国国家标准。

1.7 GB/T19000族国家标准修订工作正式启动

随着新版ISO 9000族国际标准进入最后表决阶段，GB/T19000、GB/T19001、GB/T19002、GB/T19003和GB/T19004国家标准的修订工作已正式启动，现已基本完成新版ISO 9000、ISO 9001和ISO 9004FDIS稿的中文翻译初稿。此译稿在TC151和CNACR秘书处2000版ISO 9000族国际标准转化和跟踪研究工作组的DIS中文本的基础上翻译，计划于9月底或10月初发送有关方面征求意见，并在征求意见和进一步修改的基础上，于11月中旬发出新版国家标准送审稿，12月份召开新版国家标准的审定会，然后形成国家标准报批稿。预计正式的新版国家标准将于2001年二三月份出版发行。

2. ISO 14000环境管理体系认证

2.1 全球认证数量呈现初期快速增长态势

截止到1999年底，全球已有84个国家颁发了14106张ISO 14000认证证书。与1998年底的7887张证书相比，1999年净增6219张，年增长率为78.85%，呈现出发展初期的快速增长态势。

2.2 发达国家占据优势，日本处于领先地位

发达国家在全球ISO 14000认证方面占据着优势。位居认证证书数量前十位的国家是：日本3015张、英国1492张、德国962张、瑞典851张、澳大利亚708张、美国636张、西班牙573张、瑞士543张、芬兰470张、法国462张。发展中国家发证数量最多的是韩国，为309张。上述前10个国家的证书总和为9712张，占全球ISO 14000认证证书总数14106张的68.85%（三分之二强）。日本占全球证书总数的21.37%，处于领先地位。日本合格评定认可协会（JAB）于1999年对本国的ISO 14000认证动因进行了一次调查，结果显示：有超过70%的组织表示实施ISO 14001并申请认证是组织自身的方针；超过60%的组织还是为了加强与促进环境活动；超过30%的组织表示这是改进形象的需要；超过20%的组织表示有满足法规的需要；超过10%的组织表示有满足合同的需要；10%的组织表示还是为了进行自我评价。

2.3 证书的撤销与注销已有发生

至1999年底，全球撤销和注销的ISO 14000认证证书总数为83张，占证书总数14106张的0.59%。其中，撤销的证书6张，组织因认证投资回报不足而注销的证书3张、因对经营活动未产生效果而注销的证书2张、因其他原因或原因不详而注销的证书47张，组织变更认证机构的证书21张，组织停止相关活动而注销的证书4张。

2.4 行业发展与ISO 9000质量管理体系认证相似，呈现一体化发展态势

在1999年底的14106张ISO 14000证书中，有10881张证书按39类行业获得了统计数据。其中：电子、电气及光电设备2233张位居第一，占20.52%；化学品、化学制品及纤维1073张；机械及设备699张；建设500张；基础金属及金属制品458张。上述5个行业的证书总数为4963张，占全部39个行业获得统计数据的认证证书总数10881张的45.61%。与ISO 9000认证证书的行业分布与排序相比，非常接近，明显地呈现出ISO 14000与ISO 9000认证需求的行业分布相似和一体化发展的态势。

3. ISO 14000与ISO 9000审核、认证、认可和互认过程的一体化发展已呈主导方向

鉴于ISO 14000环境管理体系和ISO 9000质量管理体系审核、认证、认可和互认过程及其管理要求非常相近的特点，为避免重复和便于一体化审核、认证、认可和互认的协调，ISO已经采取措施，将有关国际标准或指南合并为一体化的国际标准。

ISO已决定将ISO 10011-1《质量体系审核指南-审核》、ISO为10011-2《质量体系审核指南-质量体系审核员的评定准则》、ISO 10011-3《质量体系审核指南-审核工作管理》和ISO 14010《环境审核指南-通用原则》、ISO 14011《环境审核指南-审核程序环境管理体系审核》、ISO 14012《环境审核指南-环境审核员资格要求》合为一个国际标准。新国际标准为ISO 19011《质量与环境管理体系审核指南》，由ISO/TC176和ISO/TC207组成的联合工作组负责起草。目前，ISO 19011已处于CD2阶段，计划于2000年底发出DIS稿，2001年正式发布为国际标准。

目前,关于质量管理体系认证机构的要求和环境管理体系认证机构的要求分别由两个国际指南规定，它们是ISO/IEC指南62和ISO/IEC指南66。ISO合格评定委员会(ISO/CASCO)已决定将两份国际指南合为一个国际标准，并已正式组建工作组(ISO/CASCOWG21)负责起草工作，进一步协调本已相近的质量和环境管理体系认证机构的认可要求，为综合性认证机构同时开展一体化的质量与环境管理体系认证服务和取得一体化的认可提供更加便利的条件。

关于认可机构的要求，现行的ISO/IEC指南61同时适用于质量管理体系认证、环境管理体系认证、产品认证和人员认证的认可机构，对于认可机构开展一体化的质量与环境管理体系认证机构认可服务完全适用,但为进一步协调认证机构认可、实验室认可和检查机构认可的要求,ISO/CASCO已决定将ISO/IEC指南61、指南58和技术报告17010三项合一，制订发布统一的认可机构要求国际标准。新国际标准为ISO 17011，由ISO/CASCOWG18工作组负责起草，目前已处于CD2阶段。

关于质量与环境管理体系认证的国际多边承认的政策与程序，现行的IAF《多边承认协议的政策与程序》已是一体化的文件，同时适用于质量管理体系认证、环境管理体系认证和产品认证的多边承认过程。

综上所述，ISO 14000和ISO 9000审核、认证、认可和互认的一体化发展已成为国际性的共同需求和主导方向。

“入世”对我国检验市场、质检机构的影响

国家质量技术监督局认证与实验室评审管理司　李文龙

1999年11月15日，中美就中国加入世界贸易组织达成协议，2000年5月，中国和欧盟就中国加入WTO达成协议，中国的入世谈判已经进入最后冲刺阶段，中国有望在2001年正式加入WTO。

中美、中欧达成的中国入世协议中，中国承诺开放专业服务市场，其中包括了检验等在内的技术服务市场，中国承诺，在中国正式加入WTO两年后，允许境外资本以合资形式进入中国检验市场，五年后，允许独资进入。中国“入世”对检验市场的影响已然凸现，对于中国检验市场而言，中国入世，既带来发展机遇，也将带来严峻的挑战和影响。

一、入世给我国的检验市场的发展带来的机遇

（一）有利于促进我国检验市场的运作方式与国际接轨

中国入世之后，服务贸易领域将逐步提高对外的开放程度，国际检验市场对中国检验市场的影响将会越来越加大，国际著名的检验集团将进入中国检验市场。中国检验市场的竞争将更加激烈。引入国际竞争机制，可以促进我国检验市场的优胜劣汰合理布局，促进我国的质检机构改善经营管理，提高服务水平；有利于我国的检验机构联合、重组；有利于我国的质检机构按照国际通行的市场化运作模式来运作；有利于我国政府行政主管部门按照与国际惯例接轨的做法来规范检验市场和管理质检机构。

开放服务市场、开放检验技术服务市场后，国外（境外）检验机构参与国内检验市场的竞争将会给国内的检验机构带来一次巨大冲击，但中国每引进一种先进的服务业，都会促进中国国内同行业的进步。如金融、旅游、商业服务等，外来服务也不但没有冲垮中国的同行，反而丰富了中国的服务市场，广大消费者的到了竞争的好处。

（二）有利于我国的检验市场全面了解国际检验市场的发展动向和信息

WTO制定的《服务贸易总协定》中的透明度原则，可以使中国全面了解世界服务业和服务贸易信息。检验市场的开放，可以使我国对国际检验市场的发展动向、检验技术、检验业务等有关信息及时了解和掌握。WTO/TBT（贸易技术壁垒协定）第10条：“关于技术法规、标准和合格评定程序的信息”规定，每个成员必须保证设立一个咨询处，能回答其他成员和其他成员境内有关团体的所有合理询问。WTO/TBT的宗旨是减少国际间由于法规、标准以及合格评定程序不一致而使为证明符合法规和标准的要求所带来的重复检验、检查、认证、认可、重复收费问题，这些问题形成了国际间技术壁垒，影响了商品自由流通。WTO/TBT的最高目标是以国际标准、准则建立国际合格评定程序，争取一次检验、一次收费，实现一证在手，走遍全球的理想模式。我国检验市场的有关检验机构、政府部门和企业了解WTO/TBT的有关内容和要求，十分必要，中国政府已按WTO/TBT的要求，在中国设立了WTO中国咨询点，及时沟通我国与WTO有关各方在技术法规、标准、合格评定、检验等方面的信息。中国入世之后，TBT咨询点将发挥更大的作用。

（三）有利于我国检验机构的改革，有利于提高我国检验机构的竞争能力

由于管理体制和历史的原因，我国的质检机构数量多（约5500多家），但具有世界先进水平、大规

模集团化的少。检验市场行业分割、地域条块分割严重，检验机构低水平重复建设问题始终没有解决。随着社会主义市场经济的发展，我国检验机构管理体制、运行机制上的一系列问题凸现，暴露出与国家经济发展不相适应的诸多矛盾，面对中国加入WTO、检验市场的开放，我国的质检机构管理体制已到了非改革不可的时候。

从90年代末期开始，我国有关政府主管部门已经意识到了质检机构生存和发展存在的问题，组织力量对我国的检验机构进行综合调研。1999年5月，国家宣布将242个科研机构进行企业化改制，要求这些科研机构在7月1日前进行企业登记注册。与之关联的一些国家产品质量监督检验机构的改革方案正在进行当中。中国加入WTO，开放检验市场，对我国质检机构的改革将起到积极的推动作用。在研究制定质检机构改革方案的时候，可以参照发达国家和在培育检验市场方面取得显著成效的发展中国家和地区的经验，在检验市场的参与和准入方面降低进入壁垒、减少行政性管制、允许非国有经济成分中有资格和能力的企业或个体从事检验业务；充分发挥大型企业集团的检验力量为社会开展服务的功能；对现在检验机构进行彻底的改造，打破地域和行业的分割，鼓励质检机构走重组联合、集约化的道路；鼓励质检机构与国外（境外）著名检验机构开展各种形式的合作，学习其先进的市场运作经验。这样可以充分发挥社会检验力量，实现社会检验资源的合理利用，大大增强我国质检机构的市场竞争能力，使我国的检验市场有一个更加成熟完善的未来。

（四）有利于我国的检验机构走向国际检验市场、开拓新的市场空间

中国加入WTO，开放检验市场，境外的检验机构进入中国市场竞争，中国的检验机构同样可以走出国门进入国际检验市场竞争、开拓国际检验市场空间。80年代以来，国际服务贸易以高于货物贸易的速度发展，我国服务贸易出口总额只占贸易总额的10%稍强，服务贸易市场前景十分广阔。从技术检验这一领域来说，我国在这方面起步很晚，大约在90年代中期随着一些国外著名检验机构在华开展业务才开始。我国的质检机构开拓国际检验市场，困难很大，但也存在优势，一方面，从人员素质上说，我国的一些检验机构的专业技术人员水平丝毫不比发达国家差，有些专家在国际检验领域还具有相当地位；第二，我国一些综合实力较强的质检机构的技术装备水平与国际同行比较，具有相当的实力，差距不是太大；第三，我国的劳动力成本比国外低，其他物耗成本相当也比较低，因此，我们的检验成本就比国外低；第四，对于一些发展中国家而言，我国的检验服务具有技术力量不差、但费用比发达国家的检验服务低很多的双重优势，尤其是中国加入WTO之后，按照国民待遇原则，在注册、税收、海关监管等方面享受国民待遇，因此，开拓第三世界、发展中国家的检验市场对于我国一些实力较强的检验机构来说还是十分有潜力的。

二、入世给我国检验市场的发展带来的挑战和影响

（一）入世对我国检验市场政策的挑战和影响

按照我国对外经济贸易合作的领域分为禁止、限制、鼓励三种情况划分，我国的检验市场属于对外国的检验机构采取限制政策的领域，即国外（境外）检验机构在华开展检验业务、进入中国的检验市场的进入壁垒是很多的。国家对外经济贸易合作部和原国家商检局1995年发布了一项政策，规定凡在华开展检验、验货、技术咨询、评估、认可/认证等业务的国外（境外）机构，必须经过国家外经贸部或地方外经贸部门的资格审查和批准。我国的《产品质量法》第十一条规定，“产品质量监督检验机构需具备一定的资质和能力，并通过省以上技术监督行政主管部门审查认可”；《计量法》和《计量法实施细则》规定，向社会出具公正数据的产品质量检验机构，必须获得省以上技术监督行政主管部门的计量认证；《标准化法》和《标准化法实施细则》规定，处理产品质量争议，以技术监督部门依法设置或授权的检验机构出具的检验数据为准。此外，我们国家的《商检法》、《锅炉压力容器安全检查条例》、《药品监督管理条例》、《种子法》、《环境保护法》等一系列的法律法规都对检验问题、检验机构的资格、检验市场的监

管等作出了规定，而这些法律法规大都是在计划经济条件下，针对国内的情况提出的，很少涉及国外（境外）的检验机构进入中国的市场该如何管理和对待的内容，因此，中国加入WTO，检验市场对外开发之后，我们过去的许多法律法规，和WTO/TBT（技术壁垒协定）、WTO服务贸易协定的有关原则不符的地方，面临很大的挑战，必须作出适当的修改或调整，很多领域，我们还没有相关的法律法规，还急需补充和完善，政策方面，如何及时采取对策、制定相关政策和措施，任务十分艰巨。首先，我国有关行政主管部门必须制定一个“境外在华投资检验机构和从事质量检验活动的机构管理办法”，明确境外在华从事检验活动或投资这一领域需要的条件、资格资格审查规定、申请程序及管理办法、法律地位等。同时要纳入对中外合资成立的检验机构的有关管理内容。在条件成熟时，要对《产品质量法》、《标准化法》、《商检法》、《计量法》及其有关“实施细则”中的有关条款作出修改和调整。以适应WTO的有关透明度原则、国民待遇原则的需要。

（二）入世对我国检验市场格局的挑战和影响

目前我国的检验市场的格局从性质上说基本上是质检机构按照规定的要求，承担一定的政府监督检验任务，同时大量承揽市场委托检验任务、受理有关司法仲裁检验和质量鉴定委托以及开展一些其他可以创收的活动；从地域分布上说，我国的检验市场东部沿海省份（城市）比内地省份（城市）要发达，大中城市比中小城市和农村发达，与我国经济发展的地域差异相吻合，反映出检验市场是整个国民经济发展大市场的一个有机组成部分的特征；从质检机构的隶属关系和检验业务范围上说，又分为技术监督系统依法设置和依法授权的质检机构开展的产品质量监督检验和市场委托检验、行业主管部门批准的质检机构开展的行业统检（现基本停止）和市场委托检验、船泊检验、进出口商品检验、药品监督检验、部分外国检验机构在华成立的合资机构或办事处（实验室）开展的市场委托检验和验货。总的来说，以技术监督系统依法设置和依法授权的检验机构的检验活动为主，国家产品质量监督抽查和地方产品质量监督抽查以及打击假冒伪劣商品的工作主要是依托这支检验力量进行的。中国加入WTO以后，中国的检验市场上将会出现很多外国检验机构的名字。一些前期已经将触角伸进中国市场的外国（境外）检验机构将谋求更大的市场，一些早已觊觎中国检验市场但由于种种原因未能进来的外国（境外）检验机构将会纷至沓来，而且这些境外检验机构将主要集中于我国的北京、上海、广州、深圳等中心城市和沿海经济发达地区，从而更加加剧这些地域的检验市场的竞争和我国东西部地区检验力量不平衡、检验市场的发展不平衡的问题。另外，中国加入WTO，将使中国的检验市场彻底融入国际检验大市场，中国的检验机构面对的是国内、国际两个市场，同时也面对国内、国际两方面的竞争。我国过去的检验机构按行业分割、检验市场行政干预色彩浓厚的模式将会被打破。以市场为导向，平等、公开、公正、科学、高效的规范的检验市场格局在经过一段时间的磨合后将成为我国二十一世纪检验市场的主旋律。

（三）入世对我国检验机构的挑战和影响

检验机构是检验市场的主体，入世对我国检验市场的影响主要表现在对检验机构的影响上。最主要的影响是我国的质检机构要面对国外（境外）检验机构进入中国检验市场所带来的强有力的竞争，我国的质检机构将面临严峻的竞争压力。这将促使我国的质检机构的强强联合以及一些水平不高的质检机构被淘汰出局，促进我国质检机构结构的优化和整体水平的提高。中国加入WTO之后，检验市场将对外逐步开放，国外（境外）检验机构将被允许进入中国的检验市场，其有效的管理、雄厚的资本、成功的市场运作经验、优秀的经营人才、良好的市场形象……这一切使它们在进入中国市场时能够很快克服对中国检验市场不很熟悉、中国的有关政策、技术壁垒尚未完全取消等不利因素，较快地在市场中赢得主动，因此，我国的质检机构如果不改革、不积极研究中国入世后的对策、如果还维持目前的力量分散、数量多但整体水平不高的状况，在中国入世之后，很多质检机构将难以生存。

随着科技体制改革的深入，我国过去很多设置在科研院所中的质检机构正面临改革带来的生存和发展的压力与机遇，在这种情况下，中国加入WTO，开放检验市场，对于一些质检机构来说，可能是机遇大于挑战，会很好地抓住机遇，打开一个全新的局面，对于一些检验能力差、范围狭窄、效益不好的科研院所中的质检机构来说，就会变成是雪上加霜，前途更加渺茫。

（四）入世对我国检验委托方的影响

如果说检验市场的主体是检验机构，那么检验市场的客体可以说是检验的委托方，这二者或者还可以换位。从我国检验市场的实践来看，我国检验市场的委托方可以是政府和政府部门（国家的和地方的）、企业（生产企业和商业企业）、社会团体和社会组织、仲裁机构、司法机关、新闻媒体、消费者、外商或境外其他机构或个人等。在委托检验时，委托方最关心的是检验机构的法定授权问题，其次才是检验能力问题。对于涉及司法仲裁的检验，更是如此。同时，由于整个国家没有建立起一套完善的国家检验力量（检验机构的检验能力）的信息查询系统，除了政府开展的监督检验对承担任务的质检机构能做到心中有数外，社会各界对国家的检验力量（或叫检验资源）是处于信息屏蔽状态的，往往是临时去多方查询，在没有可比较、可选择的情况下，去委托对方做检验。中国入世之后，这种情况将会逐步改变，不论是为WTO的信息公开披露原则还是为增强我国质检机构的竞争力、规范检验市场，我国有关政府主管部门将努力建设一个比较完善的我国检验力量的方便快捷查询体系，今后，有关方面在委托检验时，将不再处于被动的地步，不仅对我国的检验机构的能力而且还要对境外在华开展业务的检验机构的检验能力能作到查询方便、委托有据、检验放心。

同时，作为委托方来说，还可以在检验机构的能力、服务、检验收费等方面，有较大的选择余地，检验机构开展市场委托检验的收费，将遵循市场哪个规律，根据合同双方的约定执行，按质论价，优质优价，打破计划经济下，检验收费国家管的过多、过死的僵化管理模式，除了政府的监督检验和其他委托检验、由政府出钱的检验委托收费，需要按照国家的有关规定执行外，社会商业委托检验，由检验机构的市场竞争去调节，国家有关行政部门主要协调其行业自律，规范和监督市场，防止出现无序竞争和其他违规违纪行为。

（五）入世对我国检验人才队伍的挑战和影响

有人说，二十一世纪的竞争将是人才的竞争，这充分说明了人才在知识经济时代是主导企业生存和发展的关键因素。中国二十一世纪检验市场的发展，要靠政策的支持，但主要是靠自身的发展。而人才在质检机构的发展中有着举足轻重的作用。过去，由于管理体制上的原因，我国质检领域和其他领域一样，存在着对人才使用、监督的多，但培养和发展不够、待遇偏低等严重制约人才队伍稳定和发展的体制性缺陷，造成了人才队伍的流失，有的出国发展，有的被国外（境外）在华机构许以高薪或加上高职位、高待遇挖走，我国的检验市场的优秀管理人才和专业检验人才将受到境外检验机构想方设法挖走的挑战。如果我们不采取有利的改革措施，改革检验市场的管理和运作机制，改善质检验机构人才队伍的待遇和工作环境，给他们以可以充分施展才华的舞台，那么，我们的人才队伍将会继续流失，最后，我们国家将付出严重的代价。

（六）入世对我国检验市场公正性问题的挑战和影响

质量检验是一项具有法律地位的工作，其最重要、最根本的特征是公正性。尽管检验的对象是产品，但与之相关的委托方涉及政府部门、司法机关、生产者、销售者或消费者、贸易双方、质量纠纷双方当事人等方方面面，通过检验，对产品质量责任承担方作出判断。如果检验市场公正性问题不能很好保证，如果质检机构提供的产品质量检验报告不准确或不真实，势必引起对产品质量判断的错误，造成产品质量问题承担责任方的错误判定，不仅会给有关当事人（法人或自然人）造成经济上和精神上的伤害，严重的还会给国家的经济利益带来严重影响和损失。检验市场的规范和检验市场的公正性，除了靠政府有关主管部门的行政规范之外，主要靠检验机构要一切从公正性出发，要把公正性视为检验机构的生命。所以，检验机构的一切建设要求和管理措施，都必须围绕有利于保证质检机构的公正性进行。检验市场的公正性，可以从以下三个方面来理解：一是市场的运作必须规范，行业自律机制完善，法律法规健全，检验市场的各方参与者自觉遵守公正性的一些要求，社会各界对检验的公正性地位十分重视、并且强调其一但丧失公正性，其检验结果将不被承认；二是检验机构要认真履行职能，不受任何方面的影响和左右，不受来自财政、政府、委托方、产品的生产者、销售者、安装维修者等方面的影响，委公办事，坚持原则。另外，就是检验机构还要替接受检验的单位保守技术秘密，不得向第三者泄露产品质量的技术秘密；三是为保证检验的公正性，检验机构必须具有明确的法律地位，必须是能够独立承担民事责任的经济实体。

面对中国入世、检验市场对外开放、境外检验机构进入中国检验市场参与竞争带来的压力，我国的质检机构在如何提高自身的竞争能力、如何开拓检验市场、提高经济效益但又不能违反公正性原则方面遇到严峻的挑战和影响，境外检验机构拥有资本的优势、市场策划、经营的优势、具有国际知名度等方面的很多优势，而且在行政管理上，又没有国内一些检验机构的行政管理色彩浓厚，自由度比国内的检验机构高，我国的检验机构往往要靠政府的一些行政干预赢得某些检验市场，从与国际接轨的发展方向看，这样做，也是不公正的，因此，公正性问题，将在中国入世、检验市场竞争国际化面前遇到些新的问题。

（七）入世对我国检验市场未来发展走向的影响

中国加入WTO，检验市场对外开放，我国检验市场未来的发展走向将受到根本性影响，计划经济时代形成的一些观念、体制和政策将会逐步按照与国际接轨的做法改革，检验市场将会出现竞争国际化、检验机构集约化、市场多元化的新格局。同时，在市场开放的情况下，我国将出现受到政策保护我国的检验机构和进入中国市场的外国（境外）检验机构在政策监控下，平等竞争发展的局面，国家有关部门需要对如何保护我国的检验机构作出及时的研究、制定相应的政策。

我国加入WTO，我国的检验市场和其他行业一样，将面对国内、国际两种资源、两种委托检验市场和两种竞争，在一段时期内，我国的检验机构在国内检验市场同国外（境外）检验机构的竞争要比在国际检验市场上同境外检验机构竞争的情况多得多，在我国的检验机构走出国门之前，大批的国际检验集团将进入中国的检验市场，参与竞争，争取市场份额，经过一段时间的优胜劣汰，我国的检验市场将集约化、规模化，最终形成以地方的综合性产品质量监督检验所和一些国家级专业检验机构为龙头的大型区域性检验集团和综合性专业检验集团，形成可以与国外（境外）检验机构抗衡的具有国际水平的检验集团。那时的检验市场将呈现多元化格局，既有由政府出资并授权和管理、主要承担政府监督检验任务的政府实验室，也由大量的资产属国有、但已成为中介组织的检验机构，另外，随着境外检验机构的进入，我国检验市场可能也会对国内资本开放，即允许多种经济成分的经济实体投资检验机构，我国目前的检验机构不对非国有经济实体开放的政策将会有一定的改变。二十一世纪的我国检验市场，将会是一个多元化、繁荣和充满生气的技术服务中介市场，为国民经济的发展作出更大的贡献。

三、对策及建议

（一）应对入世对我国检验市场的影响有足够重识，并及时研究制定相关政策措施

1. 及时对现行有关法律法规进行适当调整和修改

首先要从政策法规体系入手，清理我国过去有关检验市场进入限制的有关法律、法规和部门规章。及时调整有关不符合WTO国民待遇原则要求的有关条款。制定国外、境外质检机构进入中国检验市场的管理规定，制定鼓励我国的检验机构发展的优惠政策；其次，从市场动作方式上，要制定出中介质检机构的运作和管理办法，学习国外中介质检机构市场运作的成功经验，充分发挥我国地大物博、检验市场空间巨大的优势，积极做好与世界一流质检机构竞争的准备。

九届人大第16次会议审议并通过了对1993年发布的《产品质量法》的修正案，其中对检验机构如何规范作出了明确规定。另外，随着入世进程的加快，我国的《商检法》、《反不正当竞争法》、《食品卫生法》、《合同法》、《标准化法》、《计量法》等一系列法律法规都将适时作出修正。

2. 要建立和完善一个有利于我国的检验市场人才队伍的稳定同时还能吸引海外留学专业人员回国效力的检验市场人才队伍管理和培养及使用机制。

中国入世之后，产品的竞争国际化的同时，人才的竞争也会国际化。据统计，截止1997年，外商在

华设立办事机构12300多家，雇佣中国本地雇员近4万人；设立企业20多万家，就业人数近2000万人。目前，跨国公司的人才竞争呈现以下几个特点，一是人才的本土化，二是对本地的人才进行国际化的评估和培训，三是人才的自由流动更加频繁。在与国际接轨的过程中，我国检验市场能否持续不断地高速发展，实现我国检验市场的跨世纪发展战略，从根本上说，取决于能不能造就一大批面向二十一世纪的高层次检验专业人才。面对入世带来的机遇和挑战，我国有关检验市场的人才培养、人才输入输出问题必须在观念上进行价值取舍，在世界经济一体化的前提下，重新思考检验市场对人才的确切需求，重新认识人才结构与国际化要求之间的差距，转变观念，改革人事制度，营造一个良好的人才发展和使用的市场环境，以适宜检验市场国际化竞争的需要。

3. 制定承担政府检验任务的政府实验室和承担社会委托检验的商业实验室（中介机构）的运作规则，规范检验市场

由于历史的原因，我国目前的5000多家检验机构大都属于单一国家所有制性质，少数属于90年代以来通过合资的形式进入中国市场境外经验机构。还有极少数境外检验集团以成立办事处名义进入、在北京、上海、广州、深圳等地落户，但已公开或半公开自己建立实验室开展检验业务的，为中国入世之后，明言正顺进入中国检验市场做前期的市场准备，因此，国家有关部门急需对这类外商独资或与中国合资的中介检验机构的行为制定规范。

为了适应国家科技体制改革的需要，同时也为中国检验机构在加入WTO之后同境外检验机构竞争的需要，国家有关部门正在制定有关政府实验室和中介、商业检验实验室的管理和运作办法。国家将通过有关政府部门直接管理一批涉及人身安全健康、与国计民生关系重大的检验机构，这些机构作为政府实验室，享有事业经费保障和技术改造经费政府拨款的政策，另外还享有免征营业税、所得税、增值税、房屋使用税、检验仪器设备和样品（样机）的进口关税等税收优惠政策，这些政府实验室，以承担国家的监督抽查任务为主，也可以接受社会的商业委托。

为壮大我国的检验机构力量，国家将在一些政府实验室基础上，组建大型综合型专业检验集团，具有与国外（境外）同类检验机构竞争的实力，实现检验资源的规模化、集约化。

同时，国家将鼓励大部分质检机构成为独立的中介技术服务检验机构，独立承担民事责任，自收自支、自我生存和发展的中介机构，同时，也给予除营业税之外的与政府实验室相同的税收政策，还可以承担国家的监督抽查任务、司法仲裁检验/鉴定委托等。检验收费上，除执行政府的委托的检验任务需执行国家有关部门批准的收费标准外，其他社会商业委托检验，可根据市场经济规律，按照与检验委托方的合同规定执行。

对于境外在华开展检验业务的检验机构，除制定境外检验机构管理办法对其行为进行规范之外，还需通过国家的其他涉外经济管理的法律法规进行管理和监督，以维护市场公平竞争，保护我国的检验机构和检验委托方的利益。

（二）检验机构应树立危机感，走改革、创新，联合重组的道路

我国计划经济时代形成的今天的质检机构管理和运作模式，随着政府机构改革、一些行业主管部门职能的转变，以及科技体制改革、事业单位体制的改革，已经显露出与时代发展要求的不相适应，质检机构面对政府机构改革和科技体制改革以及中国即将加入WTO带来的机遇，应树立危机感，走改革、创新，联合重组的道路。有关政府部门应大胆改革，制度创新，全面改革我国的质检机构管理体制，彻底解决我国多年来难以解决的质检机构低水平重复建设、质检机构行业、条块分割，检验资源分散，不能形成合力的状况，重新构筑我国二十一世纪的质检机构管理体制和运作方式。对一些直接涉及人身安全、健康，关系国计民生的重大产品，在现有国家质检中心的基础上，组建政府实验室，鼓励大部分质检机构转制为中介技术服务机构，并在此基础上，进行联合重组。形成我国跨地区、跨行业的大型检验集团。争取在21世纪到来的时候，我国质检机构体系以崭新的面目出现，更好地为社会主义市场经济建设服务。

目前，我国质检机构改革的阻力很大，一方面，一些原挂靠在科研院所的质检机构要从其挂靠单位

“剥离”出来，成为独立设置的政府实验室或社会中介检验技术服务机构，牵涉到挂靠单位的切身利益，剥离改革遇到来自科研院所以及一些行业主管部门的阻力，难度很大；另一方面，对于一些独立设置的质检机构，虽然对联合重组的意义能够认同，但由于改革势必造成一些利益的再分配、一些权利的再分配，因此，质检机构的联合重组改革工作，任重而道远，绝非一朝一夕之功。有关管理部门在推行质检机构联合重组的改革过程中，切忌搞拉郎配，以行政命令强行干预。未来的检验集团应是根据检验机构自身管理和业务发展的客观要求发展形成，以共同的利益为纽带结合起来的，这样的检验集团才有很强的凝聚力和竞争力。实践证明，通过行政干预强行捏合起来的企业集团往往是同床异梦，是难以巩固的，行不成合力和竞争力，反而内部摩擦加剧，相互抵消力量，削弱竞争力。政府有关部门为推动检验机构走集约化经营之路，主要是制定有利于推动检验机构集约化经营的政策措施，使检验机构感到实行联合重组、走集约化经营的道路能够比单个经营获得更大的利益和发展前途，从而成为自觉的行动。

（三）按照国际通行做法，积极推行实验室认可制度

积极鼓励和引导质检机构按照国际标准 ISO/IEC 17025……《检验和校准实验室资质能力的通用要求》(1999 年 12 月出台的新国际标准，取代了 ISO/IEC 导则 25）建立质量保证体系，积极引导质检机构争取通过中国实验室国家认可委员会（CNACL）的认可。

实验室认可制度最早起源于澳大利亚，是为了实现对检验机构检验结果的互认，促进贸易需要，一个经国家授权的机构对检验机构按照 ISO、IEC 两大国际化组织发布的一些有关实验室资质能力、认可程序的一些导则和要求，对检验实验室、校准实验室的能力进行认可，从国家或一个地区的实验室检验结果的相互承认。为推进世界和地区范围内的实验室认可活动、加强国际和地区间在实验室认可领域的合作，1977 年成立了国际实验室认可合作组织（ILAC）和 1992 亚太实验室认可合作组织（IPLAC）（这两个国际组织在最初是以论坛形式出现的），中国积极参与国际实验室认可领域的国际活动，为了和国际接轨，中国实验室国家认可委员会（CNACL）于 1994 年成立，并代表中国参加了上述两大实验室认可领域的国际组织。截止目前，经 CNACL 认可的实验室已达 235 家（含一些企业实验室和校准实验室）。1999 年 12 月初，中国实验室国家认可委员会成功地与亚太实验室认可合作组织的代表亚太地区 14 个国家和地区的成员签署了国际互认协议，标志着我国的实验室认可已经到达了国际承认的水平，为促进我国的质检机构在管理体系和检验能力上与国际接轨铺平了道路。

（四）注意学习国外著名检验公司的成功经验，积极与其开展合作

国外知名的检验机构，如瑞士通用公正检验行（SGS）、美国的联合实验室（UL）、联邦食品和药品监督管理局（FDA），德国的技术监督协会（TüV）等，都是一些拥有跨国检验网络（实验室）、具有几十年甚至上百年市场运作经验的著名检验集团。这些国际检验集团在中国实行改革开放政策以来，都积极寻求到中国来开拓检验市场。其中 SGS 已于 1991 年通过与中国标准技术开发总公司合作成立 SGS——通标标准技术服务有限公司，成功地进入了中国的检验市场。UL、FDA、TüV 以及其他外国检验机构也都在积极寻求进入中国检验市场的机会，积极寻求与中国有关检验机构的合作。我国的质检机构应从互惠互利的原则出发，积极主动同国外（境外）的检验机构开展各种形式的合作，积极学习一些著名检验集团的成功的市场运作经验。在这方面，已经有一些质检机构在进行尝试。如以北京市产品质量监督检验所为主要牵头单位的北京天平公正检验行有限公司已与美国的安泰保险认证公司签订了代理检验服务协议，与 FDA 的合作协议也已基本谈成。深圳的质检机构也和香港的有关检验实验室有着良好的合作关系。其他质检机构也与德国、俄罗斯、越南等国家的同行有合作关系。通过与国外同行的合作交流，带来管理上、市场运营方式上以及思想观念上的很多新东西，开拓了市场空间，学习外国实验室运作的成功经验，这对我国质检机构的发展大有裨益。

（五）充分发挥我国知名企业的检验实验室的作用

前文已经介绍了作为我国检验市场的主体……检验机构除了技术监督系统的独立的各级产品质量监督检验所之外，其他大都属于挂靠在科研院所、大专院校或其他事业单位中的相对独立运作的二级机构，

通过国家或部门的考核授权，通过取得计量认证，对社会开展检验业务，出具检验报告。但对于广大的国有大中型企业或一些在国内国际市场上都知名的著名企业来说，尽管这些企业也拥有相当规模和实力的检验实验室，如青岛海尔、长虹等企业集团的检验实验室的检验实力比国家的检验机构实力相差不会太大甚至可能还强，但由于其不符合公正性保证条件，按照我国《质量法》、《标准化法》、《计量法》及其实施细则的规定，这些企业内部的检验实验室不能申请计量认证、不能被技术监督部门授权，因此，这类企业内部的实验室不具备向社会出具公正检验数据的法律地位，只可以为本企业的生产和科研及对为本企业提供原料、半成品、构件等合作方的产品（生产资料）进行第二方的验货检验。

国外一些检验市场发展较完善、实验室认可活动开展得比较早的国家和地区的情况是，除一些涉及人身安全和健康的检验机构属于政府实验室之外，其余大都属于私有（营）检验机构，有专门的检验机构和大型检验国际集团（如SGS)，也有属于大型企业集团的内部检验实验室，这些企业的检验实验室在通过上边介绍过的有关实验室认可机构的实验室认可之后，凡在认可机构对社会公布的通过其认可的实验室名录中标注有“对外”即可以对社会开展委托检验业务，检验结果社会承认，实现了企业的检验资源的社会共享、充分为社会服务。对于可能涉及产品的机密、同行业企业的竞争的公正性问题的，一般还是以专门的、独立的中介检验机构检验为主。

我国的质检验机构由于管理体制上的原因带来的生存和发展方面的困难前文已经进行了分析和阐述，由于这些问题的存在，制约了我国检验机构的发展，但同时，这几年一些国内企业迅速发展壮大，这些企业拥有的内部检验实验室在资金投入上、管理上和运作机制上具有设置在科研院所的质检机构不可不的优势，发展成具有相当规模和检验能力的检验机构，如青岛海尔的实验室还获得了中国实验室认可委员会的认可，针对这种情况，建议国家有关部门在公正性可以充分保证的基础上（如可以制定一些政策和措施)，可以对一些获得实验室认可的企业内部检验实验室合理利用，使其为社会开展服务，发挥其检验设备和资金的优势，弥补国家政府实验室和中介检验机构检验力量的不足。同时可以减少国家对检验市场的重复建设、重复投资，提高国有资产和设备的使用效率。

（六）积极开拓检验市场，大力发展第三方验货检验、公正检验

从近年来质检机构的委托检验收入占总收入的比重越来越大的情况看，我国的质检机构的市场意识在逐渐增强，竞争中求生存的能力在增加。但一些质检机构在认真思考和研究如何发挥自身的优势，主动去开拓检验市场方面仍存在较大欠缺。应该说，随着整个社会市场经济意识的日益增强，质检机构发挥作用的舞台是越来越大的。今后，质检机构应当把眼光瞄准市场，积极开拓第三方公正检验、验货市场，如大宗贸易合同的公正检验/验货，政府采购检验，进出口商品检验、样机形式检验、消费者委托检验、司法部门、仲裁机构的仲裁检验和质量鉴定，驻厂（店、现场）检验等等。上海市质检所的验货检验服务已经走在了前面，为质检机构如何开拓第三方验货检验服务市场树立了榜样。另外，政府有关部门应给予质检机构比较优惠的政策，比如税收和检验收费标准等方面，为质检机构的发展提供较为宽松的市场环境。同时，国家要建立全国性的质检机构网络体系，实验检验资源的全社会共享和检验结果的社会承认。这个网络体系也包括了对质检机构的日常行为的监督管理，对质检机构违规违纪行为可加大处罚力度。

总之，“入世”对我国的检验市场的影响是机遇和挑战并存，机遇大于挑战。国外著名检验机构看好中国巨大的检验市场，将会以各种形式进入中国检验市场，会加剧我国检验市场的竞争，但同时，这些境外的检验机构也会给我国的检验市场带来资本、带来先进的管理经验、成功的市场运作经验。对我国的质检市场来说，中国加入WTO，检验市场对外开放，短时间内可能会使我国的检验机构失去一些检验市场、一些检验机构可能还会被淘汰。但从长远来说，我国检验市场融入国际竞争，有利于我国检验市场结构的完善、检验市场的成熟和发展。中国的检验市场有了外国著名检验集团（公司）的竞争，市场会更活跃，中国的质检机构通过改革、联合重组，管理体制和市场运作模式的转换，会经受的住考验的。中国的检验市场在二十一世纪大有前途。

质量管理体系与环境管理体系的整合

深圳质量认证中心　丁　军　曲辛田

一、两个管理体系整合的必要性

据国际标准化组织（ISO）的统计，截至1999年底，全球已颁发ISO 9000认证证书34万多张，颁发ISO 14001认证证书1万余张。其中，获ISO 14001认证证书的组织大都已经或同时获得了ISO 9000认证证书。越来越多的组织面临着两个或更多管理体系整合的问题，认证机构也面临对两个经过整合的管理体系进行认证的问题。

1. 两个管理体系标准都鼓励本体系与其他体系整合

（1）ISO 9000系列标准是ISO颁布的第一个管理标准。由于当时环境管理体系标准尚未颁布，所以ISO 9001：1994对体系整合的表述不明显。

（2）ISO/FDIS 9001：2000的"引言"明确提出："本标准期望与国际承认的其他管理体系标准相容。为了使用者利益，本标准与ISO 14001：1996相互趋近，以增强两类标准的相容性"。"本标准鼓励组织将质量管理体系与相关的管理体系要求尽可能结合或一体化"。同时，在附录中给出了ISO 9001：2000与ISO 14001：1996之间的对照表。ISO/FDIS 9004：2000的"引言"也指出："本标准允许组织对相关的管理体系进行协调或整合"。这充分表达了ISO鼓励质量管理体系与环境管理体系及组织的其他管理体系整合的思想。

（3）ISO 14001：1996在"引言"中提到，"本标准与ISO 9000系列质量体系标准遵循共同的管理体系原则，组织可选取一个与ISO 9000系列相符的现行管理体系，作为其环境管理体系的基础"。在附录B中，还描述了ISO 14001：1996与ISO 9001：1994的联系，列表比较了ISO 14001：1996与ISO 9001：1994的对应情况。

（4）在ISO 14004：1996的"引言"中，也强调了该体系与其他管理体系的整合。如"环境管理是组织整个管理体系的一个有机组成部分。环境管理体系的设计是一个不断发展具有交互作用的过程。实施环境方针、目标和指标所需的组织结构、职责、惯例、程序、过程和资源应与其他领域（如运行、财政、质量、职业安全卫生）中的现行工作相协调"。"将环境管理体系纳入其管理体系，可使组织具备协调与符合环境利益和经济利益的框架"。

（5）OHSAS 18000职业健康与安全标准的编写结构及原理也与ISO 14001：1996、ISO/FDIS 9001：2000相类似，这反映了各类管理体系标准编写结构的趋于一致，也使整合变得必要和迫切。由于管理类标准的这种特点，ISO已制订了一个统一的"审核指南"即ISO 19011，以取代现行的ISO 10011-1、ISO 10011-2、ISO 10011-3质量体系审核标准和ISO 14010、ISO 14011、ISO 14012环境管理体系审核标准。目前，该标准已进入CD2稿阶段，预计年末将转入DIS稿。

由此可见，从ISO 9001：1994、ISO 9004：1994到ISO 14001：1996、ISO 14004：1996再到ISO 9001：2000、ISO 9004：2000，随着时间的推移，各标准对体系整合的表述越来越深入，越来越明显。

2. 两个体系的整合可实现组织对产品的全面控制

根据ISO 8402：1994对"产品"的定义，"产品可以是预期的（如提供给顾客）或非预期的（如污染或不愿有的后果）”。而在 ISO 9001：1994 中，则明确为：“仅适用于期望提供的产品，而不是影响环境的非期望的副产品”。由此可以进一步看出，ISO 9001 和 ISO 14001 标准实际上是分别对组织“预期的”产品（包括硬件、软件、流程性材料和服务）和“非预期的”副产品进行控制的管理体系。前者的要求主要来自顾客，后者的要求主要来自社会，如图 1（见第 22 页）。虽然两个体系的适用范围和对象不同，但整合后则完成了对组织全部产品的全面控制。

3. 体系整合是组织管理体系的自身要求

根据管理学的基本原则，任何管理都是对系统的管理。系统具有集合性、层次性和相关性的特征，系统的管理也包含了若干管理学原理。

（1）整体性原理

对系统内的各要素、各子系统之间的相互关系，要以整体为主进行协调，局部服从整体，使整体效果最优。从系统功能的整体性来说，系统的功能不等于要素功能的简单相加。如果子系统功能虽好，但相互不协调，则会损害全局利益；如果相互协调较好，则有利于实施系统的整体功能，有利于达到整体目的。质量管理体系和环境管理体系都是组织的子系统，应该互相协调，以利于组织的全局利益。

（2）动态性原理

系统作为一个运动着的有机体，其稳定状态是相对的，运动状态是绝对的。系统内部的联系是一种运动，系统的功能是时间的函数。质量管理体系和环境管理体系都要随着组织内部、外部的变化而调整。它们之间的关系也要不断调整，以适应组织的发展变化。

（3）开放性原理

根据热力学第二定律，一个封闭的系统，其应将逐渐增大，其活力将逐步减少。实际上，完全封闭的系统是无法存在的，对外开放是系统的生命。质量管理体系和环境管理体系作为两个子系统，也不是完全封闭的，它们需要与外部其他系统进行交换，它们之间也需要进行交换。

（4）环境适应性原理

系统不是孤立存在的，它要与周围环境发生各种联系。这种联系改变了环境，同时环境也施加作用和影响于系统。对质量管理体系而言，环境管理体系和其他体系均是它的环境，对环境管理体系也一样。它们在整合过程中不但改变着对方，而且自身也会发生相应的调整和改变。

（5）综合性原理

该原理的含义包括三个方面：

一是系统目标的多样性和综合性。系统最优化目标的确定，是各种子系统综合的结果。如果综合得好，系统目标确定恰当，各种关系协调一致，就能大大发挥系统的效益，实现组织的整体利益最大化，反之亦然。

图 1

ISO/FDIS 9001：2000

· 控制期望得到的产品（硬件、软件、流程性材料、服务）

· 主要关注顾客要求

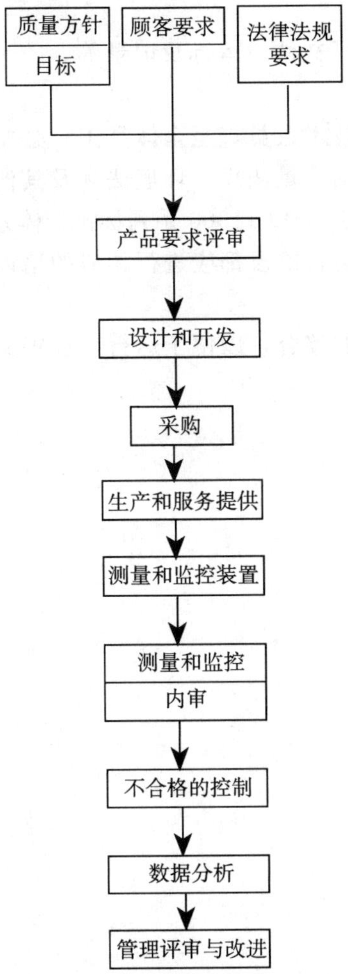

ISO 14001：1996

· 控制不期望得到的产品

· 主要关注社会的要求

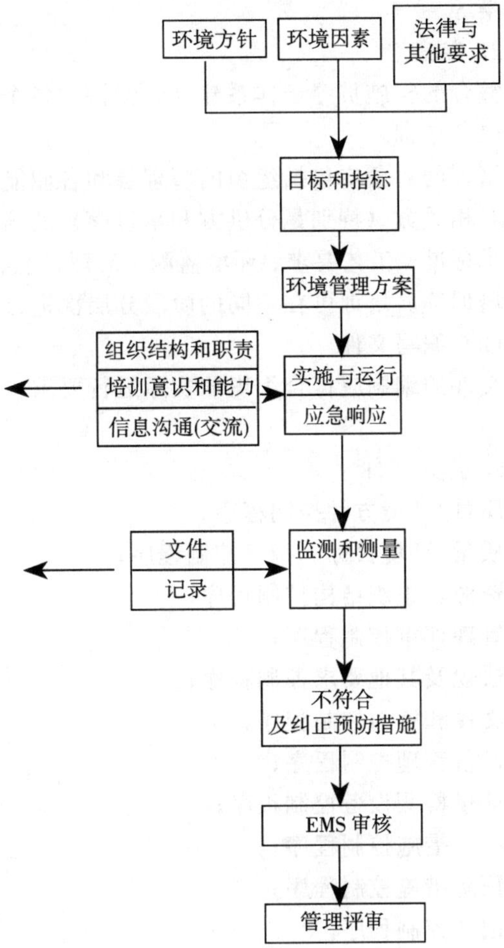

二是系统实施方案选择的多样性与综合性。必须对各子系统综合研究，选出满意方案。

三是系统由综合而创造，如果各子系统之间能以科学的方式高度综合，那么，即使各子系统都比较简单和普通，也可以创造一个全新的充满活力的大系统，使组织领先于同行业、同领域。质量管理体系和环境管理体系作为组织大系统中的子系统，它们之间、它们与其他子系统之间也要相互综合。

所以，应从组织的整体利益出发相互协调、综合，以使组织不断创新、领先。

二、两种管理体系整合的实施

对于一个具有质量管理体系和环境管理体系的组织而言，如果计划将两个体系整合起来，可以遵循“策划—实施—检查—改进”的方式进行。

1. 策划

组织应确定建立两个体系的方针、目标、组织结构、资源及过程。ISO/FDIS 9001：2000 提出了对质量管理体系和质量管理体系的更改进行策划；ISO 14001：1996 提出的策划则包括了环境因素、法律和其他要求、目标和指标、环境管理方案等内容。在体系整合时，应对两者进行整体策划。如资源应考虑两个体系的要求，以合理确定人、财、物的投入安排；法律、法规的获取也应考虑两个体系的要求，可形成一个全面的文件清单；过程的策划应考虑两个体系的要求，如汽车装卸货物时，如何既保证质量又防止污染等。

2. 实施

整合的实施贯穿于体系建立、保持的各个阶段，如培训、编写文件、运行及记录等。

（1）培训

培训的对象应包括组织的管理层和各职能部门的管理人员、技术人员直至全体员工；必要时，还应考虑对相关方（特别是分供方和承包商）的培训。培训的内容包括质量法规、环境法规及其他要求，各种技术标准、工艺要求、环境监测、治理工艺、ISO 9000 系列标准、ISO 14000 系列标准、体系要求、内审员培训等。培训可在不同的阶段分层次进行。在文件编写、试运行阶段都应进行相应的培训。

（2）编写文件

文件的编制应符合组织的实际运行要求，尽量考虑两个体系的整合，以便于运行。程序文件结构应考虑：

a. 公共文件

质量/环境方针控制程序；

质量/环境目标、指标控制程序；

资源、组织结构控制程序；

管理评审控制程序；

法规及其他要求控制程序；

文件和资料控制程序；

设备管理控制程序；

计量检测设备控制程序；

纠正措施控制程序；

预防措施控制程序；

记录控制程序；

内部审核控制程序；

员工培训、意识和能力控制程序；

信息沟通控制程序；

持续改进控制程序；

两个管理体系中具有相同要求的其他程序。

b. 质量管理体系文件

质量计划控制程序；

承包方评价控制程序；

采购控制程序；

顾客财产控制程序；

产品标识和可追溯性控制程序；

生产计划控制程序；

过程控制程序；

检验控制程序；

检验和试验状态控制程序；

不合格品控制程序；

搬运、贮存、包装、防护、交付控制程序；

售后服务控制程序；

统计技术控制程序；

顾客满意评价控制程序。

c. 环境管理体系文件

环境因素评估控制程序；

环境管理方案控制程序；

环境相关设施控制程序；

废弃物控制程序；

环境事故响应控制程序；

安全响应控制程序；

环境监测控制程序。

（3）运行及记录

在运行阶段，涉及到组织的各个层次及相关方。最高管理者首先要确保资源，管理层、各部门及各岗位的人员应按照体系整合的文件要求开展相应的活动。在运行过程中，应从概念上明确各部门（区域或环节）对应的质量管理体系和环境管理体系相同及不同的要求，使之有机地整合。如某公司按规定的时间间隔定量向反应罐中投入各种粉剂、液体原料并按温度、压力—时间曲线控制其反应。该过程既包括质量的控制要求（如温度、压力、时间），又包括环境的控制要求（如防尘、防泄漏）和应急情况（如倾泄）的处理等。组织应协调这些要求，以便于操作；相应的记录可以考虑统一记载和保存。

3. 检查

在两个体系的整合中，检查可体现在日常的、例行的、定期和不定期的检查及内审等环节；检查对象可包括产品、过程、体系及环境绩效等。检查可由工程、技术、质量、环境部门分工协作进行。检查的记录也可以统一格式，如设备检查记录可以同时记载检修状况、运行状况、漏油、污渍处理等。

4. 改进

ISO/FDIS 9001：2000 多处提到了持续改进的要求，ISO 14001：1996 也要求对体系进行持续改进。体现改进的重要环节是纠正预防措施、管理评审等。按照 PDCA 的管理要求，质量管理体系和环境管理体系都应对不符合分析原因，采取纠正和预防措施并加以验证。应通过管理评审对体系的充分性、有效性、适宜性进行评审，以寻求体系改进。在改进的过程中，两个体系会因为整合而相互作用，对纠正预防措施的考虑应评价其对两个体系，甚至组织整体的影响。在管理评审时，可以对两个体系同时评审，从管理、资源、相关方、纠正和预防措施、方针目标、内审等角度综合评价，寻求改进的机会和措施。

三、整合体系的认证

笔者所在机构已尝试进行了数家企业整合体系的认证，行业涉及制造业和服务业。现结合具体的认证过程，从审核准备、审核实施、审核结论三个方面作一说明。

1. 审核准备

（1）审核组的组成

进行整合体系的认证，选择胜任的人员是重要一环。选派人员应符合质量体系认可机构及环境管理体系认可机构对审核员资格及专业能力的要求。

（2）文件审核

在文件审核过程中，应分别评审体系文件对质量管理体系标准和环境管理体系标准的符合性。通常，审核的对象应包括：

a. 管理体系手册；

b. 管理体系程序文件；

c. 质量法规、标准及符合性材料；

d. 环境法规、标准及符合性材料；

e. 环境因素、环境评审报告、“三同时”报告；

f. 工艺流程、产品介绍；

g. 布局图、管网图等。

(3) 确定审核范围

由于是进行整合体系认证，审核范围应按照不同体系的要求加以确定，尽量做到两者比较一致。特别应注意的是，环境管理体系通常会涉及较多的后勤服务及相关的管理活动。如审核某电视机厂，其质量管理体系的覆盖范围可为“彩色电视机的设计制造”，而对环境管理体系的覆盖范围则应进行适当调整，可为“彩色电视机的设计制造及相关管理活动”。

(4) 制订审核计划

整合认证应制订统一的审核计划。在制订计划时，应考虑审核员的能力及受审核方的职责分布，避免对同一部门多次重复审核。同时，应考虑PDCA的审核思路，保持审核的连贯性和完整性。如对某公司设计部门的审核，可针对其质量管理体系的重点要素（即设计控制、技术文件资料管理、工艺管理）和环境管理体系的重点要素（即产品环境因素、相应的目标指标、管理方案、过程控制等）进行。

整合认证审核所需的人/日数也应增加。目前的做法是，整合认证的审核人/日数为国家认可机构规定的质量体系和环境管理体系的最低人/日数之和。笔者认为，这种做法不一定合适。因为有些审核活动是重合的，可节省一定的审核时间，建议进行整合认证时可考虑适当减少总的审核人/日。

在审核员专业能力方面，质量体系认证分为39个大类，对企业的审核应考虑人员专业小类的能力；环境管理体认证将专业划分为31个大类并按环境因素将企业分为三级，对个案的审核考虑的是区别细化。审核计划必须考虑受审核区域的专业要素，如ISO 9001标准的4.4、4.9、4.10等，ISO 14001标准的4.3.1、4.3.2、4.3.3、4.3.4、4.4.6、4.4.7、4.5.1等。

(5) 编制检查表

检查表应体现整体审核的思路和要求。在对某一具体部门或要素进行审核时，应结合受审核方的实际编排审核内容。如对“文件资料管理”的审核，可将质量管理体系和环境管理体系的文件批准、发放、修改、作废合并审核，编制统一的检查表。

2. 审核实施

(1) 首次会议

应从为受审核方着想的角度，以最明确的方式作出审核的各项说明，使其了解对两个体系进行整合认证过程的相同点（如介绍、审核方法、保密等），也要对其不同之处（如审核依据，审核的内容等）作出明确说明。

(2) 现场审核

现场审核仍按审核计划和审核检查表的指引收集审核发现，两个体系的审核方法是类似的。例如：

a. 提问与交谈；

b. 查阅文件与记录；

c. 现场观察；

d. 必要时测量测试等。

两个体系的审核也有不同之处。通常，质量管理体系审核对发现的不符合要按“就近原则”找出所违反的标准对应条款号，而环境管理体系审核则要求对发现的不符合按“追根溯源”的思路和方法找到真正原因后，再开出与其原因对应的标准条款号。

（3）末次会议

在末次会议上，要对体系作出初步的评价。评价应包括：

a. 质量管理体系的运作效果；

b. 环境管理体系的运作效果；

c. 两个体系整合的情况。

有时，可能某个体系运作较好而另一个体系运作较差；也可能两个体系单独评价均基本符合要求，但协调较差，从而影响了组织的整体管理效益。

3. 审核结论

在目前的体制下，通常对两个体系的不符合报告及审核报告分别编制，并提交相应的技术委员会评审。审核记录可分别建档管理。应该指出的是，在实施整合认证时，应对组织不同体系之间的综合协调情况加以说明，以利于组织更好地达到总体管理效果。

四、体系整合的意义

1. 有利于组织的系统管理

质量管理体系和/或环境管理体系都是组织全面管理体系的子体系，它们相互依赖并服从于全面管理体系的要求。建立质量管理体系和/或环境管理体系的目的是为了有利于组织在质量和/或环境方面地进行有效管理并持续改进，使组织的管理思路更加清晰，提高组织体系运行的有效性和效率，其最终目的应服从于组织的总体发展战略。因此将体系予以整合符合组织管理的客观规律。

2. 整合认证可减轻受审核方负担，更好地为组织服务

组织申请第三方认证是为了向外部提供客观保证，认证机构应该以服务为宗旨，为受审核方着想。整合认证可以减少受审核方的认证费用，大大减少重复劳动又不影响认证质量。由于整合认证体现了系统管理的要求，可以更全面、更准确地评价组织的管理状况，以利于组织采取更为合理的措施，实现持续改进。

3. 整合认证有利于认证机构的发展

作为服务组织，认证机构不仅应遵守客观、公正、有效的基本原则，也应体现为顾客服务的要求。从发展趋势来看，越来越多的组织将建立和实施多种管理体系，寻求多种认证（特别是整合认证）。认证机构只有顺应这一客观需求，努力提高认证水平（包括整合认证的水平），才能实现持续发展。

五、整合认证要注意的问题

首先，要明确整合认证并不是对两个管理体系不加区别，更不是意味着两者可以相互取代。由于质量管理体系和环境管理体系各有特征，两者应保持相对的独立性，应分别体现出质量管理标准和环境管理标准的内在要求。

其次，由于 ISO 9001：1994 未充分体现 PDCA 的思路，与 ISO 14001：1996 存在某些不一致，而且 ISO 对整合认证也无明确的文件化说明，因此体系整合工作还需要继续探索。

2000版ISO 9000族标准的指导思想

陈乃骏

2000版ISO 9000族国际标准草案（DIS）已于1999年11月25日正式发布，这标志着有关各方对新版标准的内容已基本达成一致意见，不久将成为正式的国际标准。IAF（国际认可论坛）、ISO/TC 176（国际标准化组织质量管理和质量保证技术委员会）、ISO/CASCO（国际标准化组织合格评定委员会）于1999年9月27日发表了“2000版ISO 9000标准过渡策划”联席会议公报，明确指出：“认证/注册机构可以在ISO 9001：2000国际标准发布之前开始评定与ISO 9001：2000最新草案（即DIS或FDIS）的符合性。”“已获认证/注册的组织可以考虑，在对其认证资格的监督或复评审核中，同时按ISO 9001：2000的最新草案实施评定。”因此，无论是已经注册的审核人员，或取得质量体系认证资格的组织，或准备申请质量体系认证的组织都应学习2000版ISO 9000族国际标准草案（DIS）。

学好2000版ISO 9000族标准的首要问题是了解并掌握其指导思想，这对了解新版标准的背景、正确理解新版标准的内涵和实施新版标准，均有十分重要的意义。本文将就这一论题进行阐述。

一、合理简化

现行ISO 9000族标准有20多个，用户普遍感到有许多重复和冗繁。例如，3个质量保证标准之间大部分要求是重复的，ISO 9004-1标准和ISO 9004-3标准的大部分内容也是相同的，ISO 9000-2标准只是对3个质量保证标准各条款的应用说明。

2000版ISO 9000族标准将其简化为以下5个标准：

1.ISO 9000：2000质量管理体系——基本原理和术语，取代1994版ISO 8402标准和ISO 9000-1标准。

2.ISO 9001：2000质量管理体系——要求，取代1994版的3个质量保证标准。

3.ISO 9004：2000质量管理体系——业绩改进指南，取代现行的ISO 9004-1、-2、-3、-4标准。

4.ISO 19011质量和环境审核指南，取代现行的ISO 10011标准（包括3个分标准）和ISO 14010标准、ISO 14011标准、ISO 14012标准，既用于质量管理体系的审核，也用于环境管理体系的审核。

5.ISO 10012测量控制系统，取代现行的ISO 10012-1标准和ISO 10012-2标准。

二、协调一对的ISO 9001标准和ISO 9004标准

1994版ISO 9001标准和ISO 9004-1标准之间存在着互不协调的问题。例如，编写的结构有很大差异，质量体系要素划分不一致，相同要素的内涵不协调等，给使用者造成许多麻烦。2000版的ISO 9001标准和ISO 9004标准是“协调的一对标准”；ISO 9001：2000规定了质量管理体系要求，用于组织证实其稳定地提供满足顾客和适用法规要求的产品的能力，也可用于内部与外部各方对其能力的评定；ISO 9004：2000的核心是改进组织的过程并提高其业绩，也可用于评价质量管理体系的成熟程度。

2000版的ISO 9001标准和ISO 9004标准的编写结构是相似的，请见表1。

三、质量管理八项原则

下面这八项原则最早出自1996年发布的ISO/CD 9004-8《质量管理原则及其应用指南》，现将其纳入2000版ISO/DIS 9000标准和ISO/DIS 9004标准之中，无论是质量管理体系要求的标准，还是质量管理体系的业绩改进指南标准，都充分体现了这八项原则。

（一）以顾客为中心

早在ISO 9004-2：1991《质量管理和质量体系要素指南　第2部分：服务指南》中就作为“质量体系原则”指出：“顾客是质量体系三个关键方面的中心。”对这一原则的理解和应用要点如下：

1. 组织依赖其顾客而生存，失去顾客的组织必遭淘汰。

表1　2000版ISO 9001标准和ISO 9004标准的章节比较

ISO/DIS 9001：2000的章节	ISO/DIS 9004：2000的章节
前言	前言
0 引言	0 同左
0.1 总则	0.1 同左
0.2 过程方法	0.2 同左
0.3 与ISO 9004的关系	0.3 与ISO 9001的关系
0.4 与其他管理体系的兼容性	0.4 同左
1 范围	1 同左
1.1 总则	
1.2 允许的缩减	
2 引用标准	2 同左
3 术语和定义	3 同左
4 质量管理体系	4 质量管理体系指南
4.1 通用要求	4.1 对体系和过程的管理
4.2 通用的文件要求	4.2 同左
	4.3 质量管理原则的应用
5 管理职责	5 同左
5.1 管理者的承诺	5.1 通用指南
5.2 以顾客为中心	5.2 相关方的需要和期望
5.3 质量方针	5.3 同左
5.4 策划	5.4 同左
5.5 行政管理	5.5 同左
5.6 管理评审	5.6 同左
6 资源管理	6 同左
6.1 资源的提供	6.1 通用指南
6.2 人力资源	6.2 人员

ISO/DIS 9001：2000 的章节	ISO/DIS 9004：2000 的章节
6.3 设施	6.3 基础结构
6.4 工作环境	6.4 工作环境
	6.5 信息
	6.6 供方和合伙人
	6.7 自然资源
	6.8 资金
7 产品实现	7 同左
7.1 实现过程的策划	7.1 通用指南
7.2 与顾客有关的过程	7.2 与相关方有关的过程
7.3 设计和/或开发	7.3 同左
7.4 采购	7.4 同左
7.5 生产和服务作业	7.5 同左
7.6 测量和监控装置的控制	7.6 同左
8 测量、分析和改进	8 同左
8.1 策划	8.1 通用指南
8.2 测量和监控	8.2 同左
8.3 不合格的控制	8.3 同左
8.4 数据分析	8.4 为了改进的数据分析
8.5 改进	8.5 同左
附录 A：ISO/DIS 9001：2000 和 ISO 14001；1996 之间的对应	附录 A：自我评定指南
附录 B：ISO/DIS 9001：2000 和 ISO 9001：1994 之间的对应	附录 B：改进的过程方法论
文献目录	文献目录

2. 组织应全面理解并满足顾客的需求，包括产品、交付、价格、可信性等。

3. 顾客需求是不断变化和提高的，组织应不断改进，持续满足顾客需求并争取超过顾客的期望。

4. 质量管理体系的四个方面（管理职责、资源管理、产品实现、测量分析和改进）应以满足顾客需求为中心协调运作。

5. 确保实施满足顾客要求的适用过程是最高管理者的任务之一。

6. 在资源管理方面，组织应建立并及时提供质量管理体系各过程所需的资源，达到顾客满意。

7. 在产品实现过程方面，组织应将满足顾客需求贯穿于产品实现过程的始终，从识别顾客要求到提供满意的产品。

8. 在测量、分析和改进方面，组织应测量和监控顾客满意和/或不满意的程度。

（二）领导作用

最高管理者在质量管理的下述方面起着关键作用：

1. 确定组织的质量方针和目标。

2. 建立一个效果好和效率高的质量管理体系。

3. 创造一个使员工充分参与并使质量管理体系有效运行的环境，以实现组织的质量方针和目标。

4. 对质量管理体系持续的适宜性、有效性和充分性定期进行系统的评审。

5. 创造有利于持续改进的环境，例如重视人才、尊重每个人、承认业绩、建立激励机制、提供培训机会、资源支持等。

关于最高管理者在质量管理体系中的任务见 ISO/DIS 9000：2000 的 3.6 节。

（三）员工参与

对这一原则的理解和应用要点如下：

1. 组织以人为本，应充分调动各级人员的积极性，通过他们的全面参与为组织的利益发挥其能力。

2. 鼓励员工努力学习新知识、新技术、新经验，提高工作能力。

3. 组织应创造良好的环境，充分发挥员工的革新和创造精神。

4. 在制定质量方针和规划时，鼓励员工献计献策。

5. 在确定活动目标时，鼓励员工参与并提出建议。

6. 在产品的实现过程中，鼓励员工参与适当的决策和过程的改进。

（四）过程方法

1994 版 ISO 9000-1《质量管理和质量保证》第 1 部分：选择和使用指南，增加了“过程”和“过程网络”的概念（与 1987 版相比）。该标准在引言中说，增加这些概念“是为了同 ISO 9000 族将来修订本（指 2000 版）的结构和内容完整结合作准备。”

1. 过程方法的概念

（1）过程的定义：“使用资源将输入转换为输出的系统活动”（ISO/DIS 9000：2000/2.4.1）。

（2）对任何一项影响质量的、相对独立的要素都可以看作是一个过程。采用过程方法进行管理。

（3）任何过程都有以下特点：

a. 有输入和输出。输入是实施该过程的基础、依据或要求，输出是该过程完成后的结果。

b. 实施过程是将输入转化为输出而开展的各项活动，必须使用与所开展的活动相适应的资源，包括人员、设施和工作环境、信息、资金等。

c. 为了确保过程的质量，应针对该过程的活动规定实施方法，即制定程序。应通过认真执行程序开展活动，控制过程的质量。

d. 应对输入、输出在过程的适当阶段进行必要的测量，以证实他们的正确性、适宜性和符合性。

（4）过程可以组合成一个网络。一个过程的输出往往是另外一个或几个过程的输入。例如，设计过程的输出就是采购过程、生产过程和检验过程的输入。

（5）过程是质量管理体系的基础，一个组织的质量管理就是通过对内部的各种过程进行管理来实现的。质量管理体系要求所有过程相互协调和相容，并确定他们的接口关系。

（6）有系统地识别并管理组织所采用的各个过程，特别是这些过程之间的接口，被称作管理的过程方法。

（7）过程方法的优点是：节约资源。缩短周期、防止失误、降低成本、提高过程结果（输出）的有效性。

2. 过程方法的应用

实施过程方法可包括以下步骤：

（1）识别过程并确定该过程的目标。

（2）确定过程的输入，包括输入的具体内涵，来自哪个或哪些其他过程的输出、职责和测量要求。

（3）确定过程的输出，包括输出的具体内涵，作为哪个或哪些其他过程的输入、职责和测量要求。

（4）分析并确定实现该过程需开展哪些活动以及这些活动的顺序和职责，可用流程图的方法展开。

(5) 研究开展这些活动的最佳方法，将其制定成文件。

(6) 分析并确定开展这些活动所需的资源要求，包括人员、设备和设施、工作环境、信息、资金等。

(7) 按所要求的资源进行配置。

(8) 执行形成文件的程序，开展过程中的各项活动。

(9) 在实施过程中对过程的质量进行测量和监控。

(10) 测量过程的输出，评价其满足规定要求的程度。

(11) 将该过程的输出提供给与之相关的其他过程作为其输入。

(五) 管理的系统方法

对这一原则的理解和应用要点如下：

1. 系统思想自古有之。现代系统论形成于美籍奥地利生物学家贝培朗非 1968 年发表的《一般系统论(基础·发展·应用)》一书。

2. 可以将任何一个复杂的研究对象都看作一个系统，采用系统方法进行管理。

3. ISO/DIS 9000：2000 将“系统”定义为：“一套相互关联或相互作用的要素”。此定义中有两个重要的内涵，一是要素，二是相互关联。

要素是指构成系统的基本组成部分，要素与系统的关系是部分与整体的关系。在 2000 版的 ISO 9001 标准和 ISO 9004 标准中，将要素称之为过程。过程/要素是在不断运动、变化和发展的。

相互关联是指要素与要素、要素与系统、系统与环境之间发生的相互作用，它是系统呈整体性的根源。系统的这种关联性既反映多因素、多变量的复杂关系，又反映多层次、诸要素相互作用的特点；同时，随着系统的发展变化，这种关系更加复杂多变。

注：“系统”的英文是“system”，也可译为“体系”，例如“质量管理体系”就是“质量管理系统”。

4. 管理是一个系统(或称体系)。管理体系可包括质量管理体系、财务管理体系和环境管理体系等。

5. 系统方法是指达到所规定的系统目标而采取的方法。建立和实施质量管理体系的方法见 ISO/DIS 9000：2000 的 3.3，它体现了 PDCA 的循环过程。

(六) 持续改进

1. 持续改进的概念

(1) 持续改进是组织为达到其质量方针和目标，致力于不断提高组织的有效性和效率的过程。“持续”的涵义是指对过程的改进要逐步前进。持续改进反映了顾客增长的需求和期望并确保质量管理体系的动态发展。

(2) 通过对过程的改进实现改进，包括提高质量水平、提高资源利用率、减少浪费和提高效率。每个过程都存在改进的机会。

(3) 没有改进的质量管理体系只能维持质量，持续改进旨在不断提高质量。

(4) 持续改进的动力是向顾客提供更高的使用价值并使顾客更加满意。因此，持续改进应是组织各级管理者永恒的目标。

(5) 纠正措施和预防措施是持续改进的重要组成部分。

2. 持续改进的应用包括以下内容：

(1) 测量、分析现状，确定改进的项目。

(2) 对已识别的改进项目确定改进的目标。

(3) 调查可能的原因，通过数据分析找出关键的原因。

(4) 为实现已确定的改进目标，研究、评价、确定改进的方案。

(5) 实施所确定的改进方案。

(6) 对改进的结果进行测量、验证和分析，证实并确认改进后的效果。

(7) 将经证实有效的改进措施纳入相关文件，必要时对相关人员进行培训，以保持改进的成果。

(8) 继续进行新的改进。原有的改进实现后，再选择新的改进项目，再开始新一轮的 PDCA 循环。

(七) 以事实为依据的决策方法

对这一原则的理解和应用要点如下：

1. 管理者应在许多方面作出决定。例如：a. 根据市场变化调整营销方针、产品结构或生产安排；b. 通过管理评审作出质量管理体系改进的决定；c. 为了进行过程的持续改进需要寻找改进的机会，确定改进的项目；d. 为了提高竞争能力，需要作出改进产品的决定；e. 为了进一步提高顾客的信任，需要解决顾客不满意的问题。

2. 有效决策的基础是真实的信息。因此，组织应收集来自各方面的数据（例如顾客、其他相关方、质量管理体系、过程和产品等方面的数据），进行合乎逻辑的、客观的分析，将分析的结果用于决策。

3. 应确定用于分析的统计方法，如饼分图、条形图、直方图、排列图、趋势图和趋势分析等。

(八) 互利的供方关系

对这一原则的理解和应用要点如下：

1. 组织与其供方（即原来的分承包方）是合作互利的关系，是使双方获益，增加双方创造价值的能力。

2. 组织可通过下述活动增强供方的能力，从而确保并提高采购或分承包产品的质量：

a. 邀请供方参与对组织质量目标的制定；

b. 通过交流使供方清楚地认识到顾客的需求；

c. 确认供方的过程能力；

d. 对供方产品实现的过程进行必要的监控，以确保供方交付的产品可靠、及时并可减少组织的验证；

e. 通过对供方进行必要的培训，提高其供应合格产品的能力；

f. 鼓励供方实施持续的改进计划并参与共同的改进活动，以提高整体的业绩；

g. 与供方在合适的层次上建立联络渠道，以便迅速解决产品提交和合作中的其他问题。

四、更方便地适用于各种产品类型和规模的组织

(一) 以过程模型的方式代替 20 个要素的模式

1994 版 ISO 9001 标准 20 个要素的模式比较适用于提供硬件产品的组织，而提供服务的组织使用起来有许多困难。一是不符合提供服务组织行之有效的传统管理方式；二是使用时往往要对某些要素的要求作出牵强的解释。

2000 版彻底打破了 20 个要素的模式，重新组合为四个部分，即管理职责，资源管理，产品的实现，测量、分析和改进。这种结构比较接近 ISO 9004-2：1991，具有普遍的适用性。新版标准将这种结构的运作方式称为过程模型的方式。需强调指出的是，这种编写结构的改变并不意味质量管理体系要求的重大修改。ISO/DIS 9001：2000 在引言中说："本国际标准也不强求组织更改其质量管理体系结构和/或其文件，以和本国际标准的结构保持一致，组织的质量管理体系文件的规定应适合于其特有的活动方式。"

(二) 强调根据组织的具体情况设计适用的质量管理体系

2000 版 ISO/DIS 9001 的引言指出："组织质量管理体系的设计和实施受变化的需求、特定的目标、所提供的产品以及所采用的过程和具体实践的影响。"因此，对质量管理体系文件的要求也相应做了如下的修改："质量管理体系应包括：a) 本国际标准要求的形成文件的程序；b) 组织为确保其各过程有效运作和控制所要求的文件。"

从上述修改可以看出，2000 版标准对体系文件的要求与 1994 版标准相比，具有较大的灵活性。在 1994 版标准中，绝大多数要素都规定："供方（2000 版标准称组织）应建立并保持……形成文件的程序"。不论组织的产品是硬件还是服务，也不管采用的过程如何，都是同样的要求。然而，在 2000 版标

准中，对质量管理体系文件的要求分成了两类。一类是“本国际标准要求的形成文件的程序”。ISO/DIS 9001：2000 明确规定必须建立程序文件的共有 6 处：一是文件控制，二是记录控制，三是内部审核，四是不合格的控制，五是纠正措施，六是预防措施。不包括产品实现过程所需要的文件。另一类是“组织要求的文件”，主要指产品实现过程所需的文件，由组织根据其产品类别和所采用的过程规定应制定的文件。

（三）词语的使用更加准确或符合组织的习惯

1. 用“质量管理体系”取代“质量体系”。这样的修改是科学的。因为 ISO 9000 族标准将“质量管理”作为一个系统，而不是将“质量”作为一个系统。

2. 用“文件控制”取代“文件和资料的控制”。1987 年版表述为“文件控制”，1994 版修改为“文件和资料的控制”，一些组织对什么是“资料”产生不少误解。为了避免误解，2000 版标准将其改为“文件控制”。

3. 用“顾客的财产”取代“顾客提供的产品”，表明这种产品的所有权属于顾客，只是提供给组织使用或代为保管，而不是顾客指定组织使用的产品。

4. 供应链由“分承包方——供方——顾客”改为“供方——组织——顾客”，更符合组织的习惯。

5. 用“最高管理者”取代“负有执行职责的管理者”，更通俗易懂。

6. 将“委托方”改为“审核委托方”，避免将委托方误解为认证的委托方，即在第三方认证的情况下，审核委托方是认证机构，而不是提出认证申请的受审核的组织。

2000版标准
质量体系要求的变化和获证组织需采取的措施

陈乃骏

笔者拟在本文中讨论两个问题，一是ISO/DIS 9001：2000的质量管理体系要求与ISO 9001：1994相比有哪些变化；二是已经获得认证证书的组织为满足这些变化的要求需要采取哪些措施。笔者在《中国质量认证》2000年第3期发表的《2000版ISO 9000族标准的指导思想》一文，对正确理解和处理上述两个问题是有益的。

ISO/DIS 9001：2000的编写结构与ISO 9001：1994完全不同，不再采用20个要素的模式，而代之以过程方法的模式。然而，对编写结构的改变不应理解为质量管理体系要求的改变。从ISO/DIS 9001：2000的附录B“ISO/DIS 9001：1994与ISO/DIS 9001：2000的对应关系”表中可以看出，2000版ISO 9001标准覆盖了1994版ISO 9001标准的全部要素。所以，2000版的质量管理体系要求虽有变化，但是不多。本文只讨论那些有变化的要（包括增加和修改的要求）。

一、质量管理体系要求的范围

新标准（指ISO/DIS 9001：2000，下同）第1章《范围》规定：“本国际标准规定的要求是通用的，适用于所有的组织，不论其类型、规模和提供产品的类别……然而，在特定情况下可以减少某些要求。”关于特定情况下的“减少某些要求”，新标准规定“这些减少仅限于条款7中的那些要求，由于下列情况而减少：a）组织的产品种类；b）顾客的要求；c）适用的法规要求。”

组织在确定其自身的质量管理体系范围时，需注意以下几点：

1. 对新标准第4章（质量管理体系）、第5章（管理职责）、第6章（资源管理）和第8章（测量、分析和改进）的规定要求，任何组织在任何情况下都不允许减少。如果按我国法律、法规的要求（例如产品认证中的质量管理体系要求）减少了这3章中的某些要求，则不能声明符合本国际标准的要求。

2. 在质量管理体系认证的情况下，对新标准第7章（产品实现）的某些要求，由于组织的产品种类不适用（例如某些提供服务的组织没有设计和/或开发）或适用的法律、法规有规定时，可以减少，但应在质量手册中充分说明理由。

3. 在第二方认定/注册情况下，可以根据顾客的要求减少第7章的某些要求。

4. 减少设计和/或开发过程必须慎重。在2000版标准中，将1994版的“设计控制”改为“设计和/或开发”过程并给出了“设计和开发”的定义：“将要求转化为具体特性和产品实现过程规范的一系列过程。”设计和开发包括产品的设计和开发以及过程的设计和开发。用我国一些企业的习惯语言来说，“过程的设计和开发”就是工艺设计，包括工艺策划、确定工艺流程、编制工艺规范、设计工艺装备等活动。

组织在确定其质量管理体系范围时，只能在组织既不从事产品的设计和开发，又不从事过程的设计和开发的情况下，才能减去“设计和/或开发”这一过程。

二、质量管理体系文件要求

新标准的 4.2 节“通用的文件要求”规定“质量管理体系文件应包括：a）本国际标准要求的形成文件的程序；b）组织为确保其过程有效运作和控制所要求的文件。”

新标准进一步说明“质量管理体系文件的范围应取决于以下情况：a）组织的规模和类型；b）诸过程的复杂性和相互作用；c）人员的能力。”

组织在确定其自身的质量管理体系文件时，应注意以下方面：

1.1994 版标准对质量管理文件的强制性要求高，在大多数要素中均明确规定：“供方应建立、实施并保持……形成文件的程序”。不论组织的规模、产品类型和过程的复杂程度如何，都是同样的要求，给一些组织在应用标准时带来困难和不便。2000 版标准特别强调，在确定质量管理体系文件的范围时，应结合本组织的实际情况。例如，组织的规模大小、产品类型（包括 4 种通用产品类）、产品实现过程的复杂性和关联性、人员能力等因素。因此，新标准对质量管理体系文件的要求有适当的灵活性。总之，组织所建立的质量管理体系文件，应既满足标准的要求，又适合自身的需要。

2. 新标准规定的“本国际标准要求的形成文件的程序”共有 6 个：

a. 文件控制（5.5.6）；

b. 质量记录的控制（5.5.7）；

c. 内部审核（8.2.2）；

d. 不合格的控制（8.3）；

e. 纠正措施（8.5.2）；

f. 预防措施（8.5.3）。

对以上 6 个程序，任何组织均应建立并满足标准的规定要求。

3. 新标准规定的“组织为确保其过程有效运作和控制所要求的文件”是指标准第 7 章“产品实现”所需要的文件，由组织根据标准规定要求和自身的实际情况进行策划并作出具体规定。

4. 在新标准中，凡使用“规定”、“形成文件”、“建立”之类的词（原文为 define，documented，establish），组织均应有相应的文件，现摘录如下：

“（1）质量方针（5.3）；

（2）质量目标（5.4.1）；

（3）质量策划（5.4.2）；

（4）职责和权限（5.5.2）；

（5）质量手册（5.5.5）；

（6）产品实现过程的策划，包括需要建立的过程和文件（7.1）；

（7）产品要求（7.2.1）；

（8）设计和/或开发计划（7.3.1）；

（9）设计和/或开发输入（7.3.2）；

（10）设计和/或开发输出（7.3.3）；

（11）设计和/或开发更改（7.3.7）；

（12）供方的选择和评价（7.4.1）；

（13）作业指导书（7.5.1）；

（14）产品放行和交付（7.5.1）；

（15）特殊过程的确认（7.5.5）；

（16）校准周期（7.6）；

(17) 测量和监控活动，包括适用的方法和统计技术应用（8.1)。”

三、质量方针和质量目标

新标准5.3规定：“最高管理者应确保质量方针提供制定和评审质量目标的框架”。5.4.1规定：“最高管理者应确保在组织内相关的职能和层次上规定质量目标。”

组织在制定质量方针和质量目标时，应注意以下几点：

1. 质量方针是一个组织质量方面总的方向和宗旨，组织可以用质量管理的八项原则作为制定质量方针的基础。

2. 在所制定的质量方针中，应给出一组质量目标的项目，具体的目的标值可在年度计划中规定并进行考核。

3. 质量方针中给出的质量目标项目是公司一级的（组织的最高层），应将其分解到各有关职能部门和管理层。

4. 执行层的质量目标应当量化。

5. 应定期统计分析各项质量目标的完成情况。对质量目标的适宜性可每年评审一次，必要时进行修订。

四、质量策划

质量策划属于质量管理的一部分活动，重点是制定质量目标，规定为实现质量目标所需的运作过程和涉及的资源。新标准5.4.2的质量策划是指质量管理体系的策划（编制质量计划见第7章)，其内容包括：a）质量管理体系的过程；b）需要的资源；c）质量管理体系的持续改进。标准要求“策划的输出应形成文件”。

组织应按此条款的要求策划其质量管理体系。策划结果（输出）所形成的文件应包括以下内容：

a. 组织的质量目标；

b. 采用的通用过程，一般应包括新标准中第5、6、8章的所有过程；

c. 产品实现过程，以新标准第7章“产品实现”为依据，结合本组织产品的特点，列出产品实现的各个过程和每个过程的主要活动，可采用流程图的方式；如果按标准要求有减少范围的情况，应详细说明具体项目和理由；

d. 达到质量目标所需的资源配置情况；

e. 质量管理体系程序文件清单。

一个组织的质量手册可以被视为质量策划的输出所形成的文件。在质量手册中应有质量策划的描述，在此标题下至少应包括上述通用过程、产品实现过程和程序文件清单3项内容，对其他2项内容可在质量手册的相关章节中描述。

五、管理评审

新标准增加了管理评审的输入和输出的要求（见标准5.6.2和5.6.3)。组织为满足这些要求，需在以下2方面采取改进措施：

1. 充分做好管理评审前的资料准备

管理评审的资料准备是管理评审的输入，供参加管理评审的管理者进行讨论和评审。这些资料应建立在统计分析的基础上，既反映组织目前的业绩，又指出存在的问题和不足。通过管理评审，组织应统一认识，肯定业绩，解决问题，作出改进的决定。

管理评审的资料（输入）包括以下几个方面：

a. 内部审核的结果。重点是：内审中发现的问题，与前一次内审结果的比较，薄弱环节及其原因，纠正措施完成情况，需提请管理评审解决的问题。

b. 顾客意见。重点是：顾客满意和不满意程度的统计分析，典型不满意的事例，通过对顾客反馈的分析提出对产品/过程的改进意见。

c. 各级和各职能部门质量目标完成情况的统计分析（包括产品的符合性和过程业绩），对完成较差的项目分析原因，提出改进意见。

d. 对前一次管理评审决定执行情况的检查结果。

e. 质量管理体系的不适应和需改进的问题，包括技术改造、重大的技术措施等。

2. 管理评审的结果应导致质量体系的改进

参加管理评审的管理者应对管理评审的输入进行充分的审议，对输入中所提问题提出改进意见并作出管理评审决定。管理评审决定是重要的管理评审输出，其内容应涉及以下方面的改进：

a. 产品实现过程的改进；

b. 质量管理体系的改进；

c. 产品的改进；

d. 资源配置和充分利用。

六、资源管理

新标准对资源的范围明确为人力、设施和工作环境 3 个方面。

1. 人力资源。人力是指人的能力，由教育、培训、技能和经验 4 个因素组成，要求各岗位的人员都能胜任本岗位的工作。新标准增加了以下 2 项要求，组织应采取改进措施满足这些要求：

a. 新标准要求“对从事影响质量活动的人员识别其所需要的能力”。组织应在适当的程序（如培训程序）中对各类岗位所需要的能力进行简要的描述。例如，技术工人应为技工学校或职业高中毕业；入厂后需经岗位培训，包括本岗位工作所需的知识和技能；在师傅指导下工作一个时期，经评定合格后方可独立上岗操作。

b. 新标准要求“确保员工认识到他们的活动和工作业绩对实现质量目标的关系和重要性。”组织应采取行之有效的方式，例如定期召开质量分析会、废品展览、质量事故现场会等，以联系实际、生动活泼的形式不断提高员工的质量意识，使其自觉地为实现组织的质量目标作出应有的贡献。

2. 设施。包括工作场所及相关设施、设备、硬件和软件、保障服务（如备品、备件的供应）等。此条款的实施不需要规定在文件中，只要按标准要求做到即可。

3. 工作环境。新标准要求“组织应识别和管理那些为实现产品符合性所需要的工作环境中人的和物理的因素。”影响工作环境的人的因素包括安全操作规程、设备的保护装置、人类工程学等；影响工作环境的物理因素包括热、光、噪声、温度、清洁、卫生、振动、污染等。组织在产品实现过程中对所涉及的环境因素应加以识别并控制到合适的程度。如果法律、法规另有要求，应符合法律、法规的要求。

七、产品实现过程的策划

产品实现过程包括产品寿命周期中的所有过程，从识别顾客要求到完成最终产品并交付到预期的目的地，覆盖了 ISO 9001：1994 的 4.11、4.12、4.15、和 4.19 要素的要求。新标准规定：

“在策划产品实现过程时，适合时组织应确定：

a. 产品、项目或合同的质量目标；

b. 需要建立的过程和文件，并提供该产品特有的资源和设施；

c. 验证和确认活动，以及验收准则；

d. 为提供过程和产品合格的信任所必需的记录。”

新标准还要求，产品实现过程的策划“应以适合组织运作方法的方式形成文件。”

组织在实施此项要求时，可采用以下方法。

1. 结合本组织产品的特点策划产品实现过程；对不同产品类（例如硬件和服务），其产品实现过程会有很大差别。

2. 列出产品实现的各个过程。

例 1. 硬件产品的实现过程可能有：识别并评审顾客要求、产品设计和/或开发、采购、生产制造、检测设备的控制、售后服务。

例 2. 物业管理的实现过程可能有：采购、保洁、绿化、保安、消防、服务设施和设备的维护、顾客财产的控制等。

3. 确定每个过程需开展的活动，可使用流程图的方法。

4. 为实施产品实现的各个过程，确定需要制定的程序文件，列出清单。

5. 为确保各项活动的质量，确定需制定的作业指导书，列出清单。

6. 确定在哪些活动完成后需要验证（或检查、检验、确认）其质量，明确采用的或需制定的验证依据（如标准、规范、准则等）。

7. 对于新开发的产品还应提出需解决的专门资源，包括人力、设备、设施和工作环境等。

8. 为证明过程和产品符合规定要求，需建立哪些记录，列出清单。

八、与顾客有关的过程

新标准 7.2“与顾客有关的过程”既包括 1994 版“合同评审”的要求，又增加了以下 2 项要求：

1. 顾客要求的识别

除顾客规定的产品要求外，还应包括：

a. 当顾客没有规定产品要求时，“组织应确定产品必须满足的预期使用或规定使用的要求”。确定的方法可直接引用适用的国家标准、行业标准、企业标准、法律法规要求，必要时由组织自行规定。

b.“组织应确定与产品有关的责任，包括法律和法规的要求”。对法律、法规规定的与本组织产品有关的责任，组织应做到：讲得清楚，能提供相关的法律、法规文本，认真执行。

2. 与顾客的联络

新标准的基本要求是：组织应明确正常的渠道及时处理或解决顾客以下方面的需求：

a. 当顾客需要了解有关产品的信息时，找哪个部门、找谁；

b. 当顾客需要订货，或者查询订货情况，或者修改合同或订单时，找哪个部门、找谁；

c. 当顾客有抱怨意见或需要反馈其他信息时，找哪个部门、找谁。

九、设计和/或开发

新标准主要有 2 项变化，一是将设计控制改为设计和/或开发；二是明确规定了设计和/或开发计划的内容。

组织在实施这 2 项要求时，应注意以下几点：

1. 设计和/或开发的内涵包括新产品设计、工艺设计和样品试制（详见本文第一部分“质量管理体系要求的范围”)。

2. 应对每一项设计和/或开发的项目编制设计和开发计划，或者设计计划，或者开发计划，视具体项目的任务而定。

3. 设计和/或开发计划的内容包括：

a. 该设计和/或开发项目的质量目标；

b. 设计和/或开发过程的阶段划分和每个阶段的主要任务；

c. 适用的设计和/或开发的评审、验证和确认的安排；

d. 设计和/或开发输出清单（例如设计完成后应提交的文件、资料、样品等）；

e. 设计和/或开发活动的进度安排；

f. 资源安排，特别是应规定参与该项设计和/或开发的部门或小组或人员，适用时也包括他们之间的分工和接口。

十、顾客满意程度

新标准增加了对顾客满意程度的测量和监控要求（见 8.2.1）。新标准规定：“组织应控制顾客满意和/或不满意的信息，作为对质量管理体系业绩的一种测量。应确定获得和利用这种信息的方法。”

组织在实施此项要求时，应注意以下几点：

1. 顾客满意或不满意的信息范围包括：a）产品的符合性；b）满足顾客的需要和期望；c）产品价格和交付。

2. 规定收集顾客满意和/或不满意信息的方法，收集的方法有多种，现举例如下：

a. 顾客的抱怨意见；

b. 与顾客直接交流，如召开顾客座谈会或出访顾客的组织；

c. 采用调查表法，事先设计好拟调查的项目，请顾客填写；

d. 来自顾客组织的书面意见；

e. 各种媒体的报道；

f. 有关部门的信息，如产品质量国家监督抽查报告；

g. 进行市场调研，预测市场未来的发展和需要。

十一、数据分析

新标准 8.4“数据分析”规定：“为了确定质量管理体系的适宜性和有效性并识别何处可以改进，组织应收集并分析适当的数据。”

组织为了满足本条款的要求，应当重点建立一套质量信息报告制度，包括收集哪些质量信息、由谁收集、如何收集；应编制哪些质量报告、由谁编制、报告的时间（周报、月报、季报、年报等）、报表的样式。这些质量信息报告应反映以下方面的实际情况：

a. 质量目标达到的程度；

b. 过程质量及其趋势（如返工、返修的损失，废品损失）；

c. 产品质量及其趋势（如等级品率、一次交验合格率）；

d. 顾客满意和/或不满意的程度及其趋势；

e. 供方供应的产品质量状况。

十二、持续改进

新标准规定:“组织应策划并管理为持续改进质量管理体系所必需的过程。组织应通过利用质量方针、目标、内部审核结果、数据分析、纠正和预防措施以及管理评审促进质量管理体系的改进。”

组织在实施此项要求时，应注意以下几点：

1. 管理者应提高对持续改进的认识。持续改进是质量管理的八项原则之一。组织的相关方（例如顾客、所有者、员工、供方、合作者、社会）对组织的期望值总是不断提高的，组织为了竞争的需要，必须不断改进其产品和质量管理体系，以满足相关方日益增长的需求。

2. 持续改进有多种途径。例如，规定、实施并考核质量目标，对已发现的或潜在的不合格采取纠正或预防措施，开展内部质量审核，进行管理评审等。

3. 利用数据分析（详见本文的第十一部分“数据分析”）的结果，确定需要改进的项目，制定并实施年度、季度的质量改进计划。企业的技术组织措施计划和技术改造计划也应视为持续改进的范畴。

4. 开展群众性的合理化建议和QC小组活动，也是行之有效的持续改进方式。

重视实施“纠正与预防措施”提高质量体系的有效性

丁其东

在认证审核和咨询活动中，常碰到贯标组织“纠正与预防措施”实施不到位的情况，这是影响质量体系有效性的主要问题之一。为提高各类组织贯标和认证的有效性，有针对性地解决这个难点十分必要。

当前“纠正与预防措施”实施不到位的原因，大体上是：

一、对“纠正与预防措施”的重要性认识不足

“纠正与预防措施”在1994版ISO 9001标准中，只是20个要素中的一个，有些组织把实施“纠正与预防措施”错误地当作为满足标准要求而“不得不为”的一种负担，根本没有认识到这是为保持质量体系正常运转和保证产品质量符合要求，以及使质量体系不断完善、产品质量不断提高的重要条件，是建立自我完善机制的根本性措施。正因为“纠正与预防措施”具有这样的重要性，这个问题在这次标准改版中得到一定程度的解决。2000版ISO 9001标准更突出了对实施纠正措施和预防措施的要求，不仅将纠正措施与预防措施分列为两个要求，而且作为第八章“测量、分析与改进”这个大过程中“改进”过程的重点。认真地学习和理解新版标准，有助于大家对实施纠正和预防措施重要性的认识。

二、对“纠正与预防措施”的理解偏差

尽管在标准培训中已反复强调纠正、纠正措施和预防措施的概念以及它们之间的区别，但在实践中，把就事论事地对不合格进行处置的“纠正”当作“纠正措施”的情况屡见不鲜，把消除不合格的原因、防止不合格再次发生的“纠正措施”当作“预防措施”的也大有人在，而真正的消除潜在不合格的原因、防止不合格发生的“预防措施”则很少见到。大多数组织从来也没有考虑过如何去识别潜在的不合格，更不用说去分析潜在不合格的原因了。因此，常见到贯标组织建立的体系只是一个“被动反应型”的管理体系，而不是一个“主动预防型”的管理体系。

三、不合格的原因分析不透，缺少必要的技术手段的支持

常见的情况是，对于已经出现的不合格，例如质量体系审核中开出的不合格报告，往往由主管人员根据自己的看法填写不合格产生的原因以及应采取的措施，缺少必要的供分析用的信息支持和相应的评审活动。尤其值得引起注意的是，统计技术没能发挥应有的作用。在贯彻1994版标准时，一些组织将统计技术作为一个孤立的要求，与其他过程控制活动截然分开，成为“两张皮”。这不仅使统计技术的应用成为一种形式，也大大影响了纠正与预防措施的有效性。

四、对纠正与预防措施的验证未按要求实施，有些甚至流于形式

经常可以看到《不合格报告》的“纠正措施验证”一栏中只有“纠正措施已完成”这样简单的记录。负责纠正措施验证的审核员往往并不注意责任部门对不合格原因的分析是否合理，所采取的纠正措施能否消除产生不合格的原因，纠正措施实施后类似的不合格是否已被证实未再发生等。要知道，仅仅证实责任部门已对自己提出的纠正措施实施完毕，是远远不够的。可惜的是，不少组织对纠正措施的验证未予重视。这对于质量管理体系的不断完善是十分不利的。

要提高实施纠正和预防措施的有效性，应该针对以上四个方面的问题，加以改进。笔者认为，以下一些对策是可供参考的。

第一，应该借这次2000版标准颁布的大好时机，反复学习和深入理解ISO 9000、ISO 9001、ISO 9004等标准，在普遍开展对新版标准的学习和研讨活动中，应该特别邀请最高管理层参与。对最高管理层来讲，很好地理解质量管理的八项原则，在理解了持续改进是组织永恒的目标以后，就会更加理解和重视纠正措施与预防措施的重要作用。

第二，强调要对已查明的不合格正确地分析原因，以便对症下药，采取纠正措施。例如，这些原因可能来自：

——程序或文件不当或缺少；

——操作不符合程序或文件的规定；

——不恰当的过程控制；

——计划安排不当；

——缺乏培训；

——工作环境不当；

——资源不足；

——过程本身的波动等。

认真分析以下信息，是查找不合格原因的有效途径：

——检验和试验记录；

——不合格记录；

——过程监控的观察结果；

——审核观察的结果；

——顾客投诉及反馈信息；

——执法部门、消费者组织及舆论监督信息；

——工作人员的观察结果和报告等。

第三，加强对纠正和预防措施验证活动的控制，确保纠正措施和预防措施达到预期的目的。验证必须由有经验、责任心强的审核员担任。验证时不能只看纠正预防措施是否完成，还要确认所采取的措施确是对症的（原因分析有深度，所采取的措施确能消除所分析的原因），纠正预防措施实施后已有效果（同类不合格未曾出现）等。

第四，尽可能与统计技术的应用相结合，使原因分析和采取措施的决策建立在充分的事实基础之上。

最后还应提醒两点：一是并不是所有的不合格都必须采取纠正措施，对一些不重要的、偶然或孤立出现的不合格，进行纠正也就足够了。二是纠正措施和预防措施的决策，应与问题的重要性和对风险的评估相适应。当然，若在评估风险、利益后决定不采取或不立即采取纠正措施或预防措施，应该作出有根据的说明。

追求卓越业绩

——ISO 9004 标准（草案）的作用及其应用

罗 国 英

2000 版 ISO/DIS 9004 标准（以下称新版 ISO 9004 标准，且均指 DIS 稿）在新版 ISO 9000 族标准中占有重要地位。如果说 1994 版 ISO 9004 标准未能引起人们的广泛关注并得到充分应用的话，那么，新版 ISO 9004 标准从其标准的修改便显示出 ISO/TC 176 的专家们对该标准所寄予的厚望。以《质量管理体系——业绩改进指南》为标题，表明 ISO 9004 标准是为追求卓越的经营绩效的质量管理体系提供指导。希望 2000 版 ISO 9004 标准能够引起我国贯标认证组织的充分关注，能够在广大获证组织中得到应用。

一、ISO 9004 标准的作用

早在 1998 年 11 月，在伦敦召开的起草 ISO 9004 标准的项目组工作会议就明确了 ISO 9004 标准的基本作用是："各种规模、类型的组织为了追求卓越，要进行绩效的改进。ISO 9004 为这些组织更好地理解、实施和进行评价、构筑质量管理体系提供支援"。ISO/TC 176 的 ISO 9000 族标准起草工作组 WG 18 的一些专家曾强烈地呼吁："无论如何要搞好 ISO 9004，如果没有 ISO 9004，则没有必要进行 2000 年版修订"。可见，ISO 9004 标准在 ISO 9000 族标准中的作用和地位是十分重要的。

ISO 9004 标准的作用在该标准的引言中作出了明确的阐述：

"本标准为组织提供了业绩改进的指南。"

本标准着重于改进组织的过程，从而提高组织的业绩。本标准也可用于评价质量管理体系的完善程度。

组织的目的是：

a. 识别并满足顾客和其他相关方（如雇员、供方、所有者、社会）的需求和期望、获得竞争优势，并以有效和高效的方式去实现；

b. 实现、保持并改进组织的整体业绩和能力。"

因此，各类组织，尤其是已经通过 1994 版 ISO 9001 或 ISO 9002 标准质量体系认证的组织（以下简称获证组织），在确保满足相应标准要求的基础上，按 ISO 9004 标准提供的指南进一步完善质量管理体系，从而扩大认证的绩效是十分必要的。

目前，全世界已有约 30 万个组织通过质量体系认证，取得了认证注册证书。许多获证组织更关注的是其绩效的改进，而不仅仅满足于认证资格的保持。因此，推动广大获证组织应用 ISO 9004 标准是 2000 版 ISO 9000 族标准修订的重要初衷之一。

二、ISO 9004 标准的主要变化

修订后的新版 ISO 9004 标准与 1994 版 ISO 9004 标准相比较，在很多方面都有不同程度的变化。下面，从标准的构成、使用目的、指导思想、框架结构、要求、内容等方面加以对比和阐述。

（一）在标准的构成上不再有分标准

1994 版 ISO 9004 标准由 4 个分标准组成，其主体标准是 ISO 9004-1 质量管理和质量体系要素——第一部分：指南。此外，在其总题目“质量管理和质量体系要素”下面还有：

ISO 9004-2，即第二部分：服务指南；

ISO 9004-3，即第三部分：流程性材料指南；

ISO 9004-4，即第四部分：质量改进指南。

新版 ISO 9004 标准没有分标准，这是以 1994 版 ISO 9004-1 标准为基础，同时纳入了上述 3 个分标准的内容，修改成为新版 ISO 9004 标准。

（二）使用目的更加明确

1. 强调了使 5 个方面的相关方获益。

新版 ISO 9004 标准强调组织的质量管理体系“应有效和高效地满足组织顾客的要求，同时还能与其他相关方共享收益”。标准除了在条款 5.2 中充分阐述了所有相关方的需求和期望外，还在其他条款中要求组织在制定质量方针和质量目标、进行质量策划、建立质量管理体系、开展质量改进等各个重要过程中均应考虑和兼顾各相关方的需求。

1994 版 ISO 9000 族标准虽然在 ISO 9000-1 标准中提到了 5 个受益者的概念，但在 ISO 9004-1 标准中仍侧重于“满足顾客/组织的需要和期望”，未能明确关注其他受益者的需求。

2. 突出了持续改进思想，更强调组织的业绩改进。

从新版 ISO 9004 标准的标题更名为“业绩改进指南”可见，标准的宗旨在于指导组织的质量改进。在标准的引言中强调：“本标准着重于改进组织的过程，从而提高组织的业绩”。

在标准的主体内容第 5、6、7、8 章中，都充分体现了持续改进思想，并贯穿于标准的始终。尤其在第 5 章“管理职责”中，将持续改进的要求明确列入最高管理者和各级管理者的职责之中。

在标准的其他章节中，也都有相应的改进要求，标准后面的两个提示性附录也都是用以指导组织开展质量改进的。因此，组织在应用新版 ISO 9004 标准时，要始终立足于寻求体系、过程和产品的改进，这是所有组织使用标准的根本目的。

不过，ISO 9000 族标准的质量改进思想在 1994 版中已有体现，如 ISO 9004-1 标准的 5.6 节专门阐述了质量改进，并在 ISO 9004-4 质量改进指南中，对质量改进的基本概念和原理、方法、技术等作了详细介绍。但是，在要求的内容和力度方面新版 ISO 9004 标准更强化了。

（三）将八项质量管理原则确立为标准的指导思想

新版标准将八项质量管理原则确立为标准编制的理论基础，并充分地应用到质量管理体系的各项要求中去，这是对 1994 版标准的重大修改之一。可是，1994 版 ISO 9004-1 标准也不同程度地体现了有关的质量管理原则，如前面所述的质量改进思想；又如，1994 版标准已经应用了过程方法的原则，在 ISO 9004-1 标准中体现了过程和过程管理的思想和方法。但是，新版标准则完全去掉了以往的体系要素的概念，而全部代之以过程方法，并对如何实施过程管理提供了明确而具体的指导。如在标准“7.1.3 过程的管理”中，对产品实现过程从过程的管理范畴到过程的管理内容都作了明确的阐述，显然比 1994 版标准对过程方法的运用深化了。

关于其他几项原则也是如此。鉴于新版标准的每一个主条款的内容都依据了八项质量管理原则，因此，对质量管理体系所提出的各项指导性要求，几乎无一例外地体现了这些原则，这自然是 1994 版标准所不能比拟的。

（四）采用过程方法模式的框架结构

新版 ISO 9004 标准将过程方法原则应用于质量管理体系中，给出了过程方法的模式，由 4 个主过程构成的循环体现了 PDCA 的改进思想。标准把该模式中的 4 个过程依次作为标准的主体章节。1994 版 ISO 9004-1 标准是采用质量环的表现方式，在质量环上列出产品寿命周期的全部阶段，把各主要阶段的活动作为质量体系的各个要素。由此可见，新版标准突出反映了质量管理原则中的过程方法和质量改进思想。

此外，新版 ISO 9004 标准与 ISO 9001 标准采用相同的过程方法模式，保持相同的章节标题和排序，成为一对相互协调的标准。而 1994 版 ISO 9004-1 标准与 ISO 9001 标准的结构排序和标题差别较大，ISO 9004 标准的 17 个要素与 ISO 9001 标准的 20 个要素未能相互对应，两个标准对主体的称谓（分别为组织和供方）以及采用的术语、定义均不一致，质量环的表现方式也只应用在 ISO 9004-1 标准中，两个标准之间缺乏相互协调。

（五）标准的内容有所增加或强化

由于新版 ISO 9000 族标准的宗旨是为各类组织提供业绩改进的指南，因此，与 1994 版标准相比，新版 ISO 9004 标准在内容上有较大的改变，增加或强化了许多指导性的要求。仅从标准条款目录看，新版标准有不少条款在 1994 版 ISO 9004-1 标准中基本没有涉及，它们是：

0.2 过程方法；

0.3 与 ISO 9001 的关系；

0.4 与其他管理体系的兼容性；

4.3 质量管理原则的应用；

5.2 相关方的需求和期望；6.4 工作环境；

6.5 信息；

6.6 供方和合作者；

6.7 自然资源；

附录 A 自我评价指南；

附录 B 改进的过程方法。

此外，新版 ISO 9004 标准还增加了 1994 版 ISO 9004-1 标准未与 ISO 9001 标准相对应的一些要素，如“管理者代表”、“顾客提供产品的控制”等。即便是标题相似的条款，具体内容强化或细化之处也比比皆是。不过，新版 ISO 9004 标准与 1994 版 ISO 9004-1 标准相比，也有减少的内容，如技术状态管理、对分承包方的具体控制要求等。

通过以上分析可以看到，新版 ISO 9004 标准与 1994 版 ISO 9004 标准相比有了较大的变化，但是，这并不表示新版标准发生了全面的、本质的改变。相反，应当看到新版标准相对于 1994 版标准具有很大的继承性和一定的连贯性，有些要求是从“暗示”变为“明示”后加以强化，如前面所述的持续改进等。应当看到，新版标准的各种变化体现了质量管理的发展与进步，使 ISO 9004 标准与 TQM 更多地兼容，有助于组织向卓越业绩的方向努力。

三、如何应用新版 ISO 9004 标准

当前，已被世界公认的追求卓越经营的途径是推行和实施 TQM，它通过质量奖的模式，为各类组织树立了一个实施 TQM，达到世界级质量水平的样板。新版 ISO 9004 标准兼容了 TQM 的许多思想和内容，为各类组织架起了一座通向 TQM、追求卓越的桥梁。

在 ISO/TC 176/SC2 发布的《2000 版 ISO 9001 转换策划指南》3.1.2 条中，还特别指出了 ISO 9004 标准所具有的不可忽视的作用：“质量奖的评审条件和类似的方案应考虑 ISO 9004：2000 在提供业绩改进指南和使组织向 TQM 发展方面的作用”。在这里，指南十分明确地揭示了 ISO 9004 标准除了提供组织业绩改进指南之外，还具有作为修改质量奖评审条件的参考和帮助组织向 TQM 发展的功能。

下面，对如何应用新版 ISO 9004 标准提出几点建议。

（一）在 ISO 9001 标准的基础上学习并应用 ISO 9004 标准

通过对标准的系统学习可知，新版 ISO 9004 标准的内容比 ISO 9001 标准的要求有许多增加或拓宽之处。对获证组织来说，先做好对新版 ISO 9001 标准的转换工作，在深入学习和理解 ISO 9001 标准的基础上，再进一步学习应用 ISO 9004 标准会相对容易些。

ISO 9004 标准涉及组织质量管理体系的所有过程，在内容上要比 ISO 9001 标准宽泛得多，在要求上也有所提高。组织在应用时，可结合各自的情况，对照 ISO 9004 标准阐述的内容和要求，尤其对于标准多处提出的“组织需考虑的事项”中指出的各种过程和活动，根据现有体系的完善或成熟程度，逐步加以考虑并应用。组织总的努力方向应是从建立一个完整的质量管理体系，拓展到满足所有相关方的需求和期望，覆盖所有产品所需的全部过程。为此，建议组织至少需考虑下述几个方面的工作：

（1）对照 ISO 9004 标准要求的事项，依次识别和确定需采用的相应过程。

例如，针对 5.6.2 管理评审的输入，除了 ISO 9001 标准要求建立的各子过程和活动外，尚需包括：

①相关方需求和期望满意程度的测量结果（注：已建立的顾客满意度测量除外）；

②组织在市场中所处地位的评价，包括对竞争对手业绩的评价；

③开展水平对比活动的结果；

④供方的业绩以及合作者开展活动初期的状况；

⑤质量活动的财务效果。

对于经识别后的过程和活动，可本着先易后难、循序渐进的原则逐步建立，对需要投入较大资源的过程和活动，应综合考虑组织的利益、风险与成本，决定先后顺序。

（2）规定过程的方法，适当形成文件，并明确过程的职责。

质量管理体系的拓展和新过程的建立，必然会涉及文件的补充和完善。应按照组织对文件要求的规定（注：4.2 条款要求组织应首先对文件的需求做出规定），适当地补充和完善原有的体系文件。它们可以是质量手册的一部分或程序文件，也可以是作业指导书或用于收集和报告数据的标准表格。在相应文件中，应明确过程责任人及其职责。过程责任人一般应具有以下职责和权限：

① 确定过程的界限；

② 确定子过程并指定专人负责；

③ 规定过程的输出，即满足需要或要求；

④ 跟踪监控过程，以保证过程的输出满足要求；

⑤ 改进过程。

（3）培训与过程和活动有关的员工。

组织应通过培训让所有员工都能了解：① 该做什么；② 工作要达到的结果；③ 个人对结果所具有的影响力。

过程中的每个员工都具有三种角色：上个过程输出的接受者——顾客（内部）；执行本过程任务的处理者；本过程输出的提供者——供方。组织应通过培训，让员工了解在自己所在过程中如何同时承担好三种角色的不同职责和任务。

①作为顾客时，应有的职责和任务：

a. 确定谁是你的供方；

b. 告诉供方你的需求是什么；

c. 把供方的业绩告诉他；

d. 确定供方满足需求的能力。

② 作为处理者时，应有的职责和任务：

a. 策划各项活动，使你的顾客的需求得到满足；

b. 对各项活动进行控制，以满足顾客的需求；

c. 在获得顾客信息反馈的基础上改进各项活动。

③作为供方时，应有的职责和任务：

a. 确定谁是你的顾客（包括外部和内部的顾客）；

b. 研究和理解顾客的需求；

c. 不给顾客造成任何麻烦；

d. 发现和识别顾客对产品的想法。

（二）运用自我评价方法开展持续改进

新版 ISO 9004 标准提供了一种简单易行的自我评价方法，组织可在实施过程中参照附录 A 所提供的问题，定期开展自我评价活动，找出体系和过程中需要改进的优先事项，坚持不断改进。

自我评价划分的 5 个等级（1～5 级），实际是从无序状态水平（等级 1）到世界级质量水平（等级 5）。因此，组织应首先消除过程的失效，提高那些处于“等级 1”水平的过程能力，逐步提高过程和体系的成熟度，向着世界级质量水平努力。

对于我国广大获证组织来说，除了极少数组织在过去创国家质量管理奖时曾尝试过类似自我评价的方法外，绝大多数组织对此是陌生的，建议在开展自我评价前做好以下准备工作：

（1）参照附录 A 给出的指南，制定适合本组织的自我评价程序并形成文件，力求简单易行。

（2）对实施评价和被评价的人员进行培训。培训的内容至少应包括 ISO 9004 标准和自我评价的方法与技巧，包括水平对比法的应用。

（3）开展方针、目标管理，按照 5.4.1 条款的要求，逐一明确过程目标并分层展开。目标应形成文件，作业层的过程目标应予以量化。评价必须有目标，这是开展自我评价的基础。

（4）建立持续改进的程序，使其成为质量管理体系的组成部分，将其纳入体系运行之中，以确保自我评价所识别的改进的优先领域得到改进。

（5）营造适合持续改进的质量文化和氛围，包括管理者积极参与、对员工的授权、对于改进的激励等，使质量改进成为每个员工的自觉行为。

组织在开展自我评价的初期可以先搞试点，从体系的一个部分、一个项目、一个过程开始，取得经验后推广。对前后两次评价应做比较，以确定改进的有效性。

（三）最高管理者应发挥强有力的领导作用

八项质量管理原则的第二条就是领导作用，标准的第 5 章“管理职责”对组织的最高管理者在建立、实施、保持和改进质量管理体系过程中负有的职责作出了明确的阐述。然而，最高管理者能否履行好属于自己的职责，充分发挥领导作用，则取决于他们的管理思想和观念能否与 ISO 9000 族标准相适应。许多组织在贯标认证过程中都遇到种种困难与障碍，其中最大的问题不在于技术方法和财力，也不在于职工素质和人力资源，而在于最高管理者的思想观念。

ISO 9000 族标准所贯穿的管理思想，对多数管理者原有的管理思想提出了有力的挑战。由于我国的企业等组织长期受计划经济体制的影响，质量管理基础比较薄弱，在等同采用这套诞生于市场经济体系完备的发达国家的 ISO 9000 族标准时，标准的要求必然与多数组织的实际情况存在不同程度的反差。这种反差主要来自多年形成的与现代管理不相适应的管理思想、管理经验和管理习惯。

为此，在新旧版标准转换过程中，尤其在实施 ISO 9004 标准的过程中，最高管理者观念进一步转变的核心问题在于对八项质量管理原则的深刻理解和吸纳。只有充分发挥强有力的领导作用，才能以创新的精神和坚持不懈的努力，按 ISO 9004 标准的要求建立和实施一个完整的质量管理体系。

Benchmarking 通向最佳业绩的改进途径

赛宝认证中心　汪修慈

一、Benchmarking 概论

Benchmarking 在我国译为水平对比、基准比较、标杆管理等，是一种分析和改进产品、过程和组织运作的系统工具。其基本原理就是确定需测量改进的项目，寻找在该项目处于先进水平的组织或场所，分析与该先进水平的差距及原因，策划和实施措施以超越设定的先进水平目标，达到组织的业绩提升。

Benchmarking 的理念由来已久，春秋时期孙子兵法就有知己知彼，百战不殆的论断。学先进，赶先进也是 Benchmarking 思想的一种体现。

战后年代，Benchmarking 已由一种朴素的理念发展成为一种系统有效的管理改进工具。日本公司利用周密策划的“工业考察”和资料分析，为提升其企业素质和产品水准起到了关键的作用。随着近年来资讯业的发展，获取信息的渠道及可提供的信息量高速增长，为 Benchmarking 的应用提供了支持；针对不同对象，Benchmarking 活动的组织、策划、分析和实施也有了较为成熟、系统的方法；经济活动多样化和工业技术的进步，使任何一个组织都难以仅靠自身经验使其经营运作的每一方面都达到最佳，与其他组织的交流合作，不断学习和改进是维持企业竞争力的重要手段；国际成功的知名公司如 Motorola，Xerox，AT&T 等都把 Benchmarking 作为业绩评价和改进的重要途径。在美国国家质量管理奖评价准则 1000 分中，涉及 Benchmarking 活动的项目占 270 分。由此可看出，国际管理界已将 Benchmarking 视为组织先进模式不可缺少的组成部分。

二、Benchmarking 的应用

在日常工作中，质量工作者常会听到类似以下的抱怨：

“别给我们说大道理，我们知道应该改进，请告诉我们怎么改，改什么，改到什么样才行?”

“我们已想了很多办法，现在只能这样。”

“我们做的符合本厂规定，还要怎么样？还要改什么，为什么要改?”

确实，我们需要的常常不是“应该改进”的理念教育，而是经证实有效的、明确的改进目标和途径，是基于事实的现状分析和行动决策。这正是 Benchmarking 方法的作用。

2000 版 ISO9000 族标准强调追求顾客满意和持续改进，使标准的实施与企业竞争力的提升更紧密地结合起来。Benchmarking 技术的应用企业实施 2000 版标准提供了现实有效的途径。如：

——质量目标

以定位恰当且明确的目标定向，才能进行有意义的策划和控制。Benchmarking 的结果，就是要为过程、产品或运作设定现实而有挑战性的目标，使质量目标“与持续改进的承诺一致”有了明确意义。

——顾客满意的测量

顾客满意是顾客对某一交易满足其需求和期望的程度所持有的看法，通常表现为顾客对组织提供产

品的实际质量与顾客期望质量的对比关系，而顾客合理期望质量的水平一般源于本行业较先进的竞争对手或组织能提供的质量水平。Benchmarking 技术提供了这一测量参照，构成测量顾客满意程度的可靠手段。

——顾客要求识别

Benchmarking 技术为组织尽量准确了解顾客需求的现状和发展趋势，并转化为组织要求提供了系统、可靠的支持。

——数据分析

Benchmarking 过程本身就是一个系统开发有意义的数据来源、多方位采集数据并进行系统分析的活动体系，而且定向清晰，方法客观，对不同的任务有相应合理的数据要求和分析策划安排。为组织顾客关系、产品、过程和体系业绩的分析改进提供了基于事实的高效率决策途径。

——持续改进

Benchmarking 技术的主要作用就是持续改进工具。Benchmarking 的意图，就是要"比最好的更好"。Benchmarking 的过程，使组织能更好地准确识别改进机会，可靠界定改进项目及目标，切合实际地进行改进策划和实施改进，客观评价效果及明确下一步改进方向，营造全组织支持和实施改进的气氛。

Benchmarking 一般可分为以下四种类型：

1．内部 Benchmarking

通常是组织 Benchmarking 活动的起点。其方式是评价组织内不同部门、分支或子公司中所从事的相同活动项目谁做得最好，分析其实现的途径和条件，对比分析其他从事类似活动的部门在该项目上存在差距的原因，制定相应措施改进，达到组织整体素质的持续提升。内部 Benchmarking 信息提供障碍小，便于协调合作，增强组织的沟通和改进意识，也是对 Benchmarking 组员技能训练的良好途径。不足之处是导致突破性改进的能力不强。

2．外部竞争性 Benchmarking

通过各种直接和间接的资料收集分析（见第三部分所述），以周密策划的方式了解竞争对手的竞争优势，早期了解和尽力超越顾客的期望，是保持组织竞争力的决定性因素。外部竞争性 Benchmarking 一般不容易获得 Benchmarking 对象的合作，通常采用公开渠道资料分析、共同顾客或潜在顾客调查、竞争产品评价、逆向工程、竞争采购等方式进行，需要组织的 Benchmarking 人员有良好的技术素质和训练。但其价值是难以取代的。

3．外部同行业 Benchmarking

此类 Benchmarking 的对象是选取同行业中处于领先位置、但非直接竞争对手的组织，以了解本行业中相应项目的最佳实践。它常可为突破性的改进提供途径。此类组织通常构成同行业研究的对象，有较公开的业绩资料和先进经验的介绍，也有可能建立交流合作的关系。因此，虽然信息获取相对容易，但相关性及可移植性较差。

4．外部跨行业 Benchmarking

许多运作过程的先进经验对各类行业是通用的（如仓储、供应商关系、顾客关系、广告、人力资源等）。将 Benchmarking 过程用于这些通用项目，特别是在信息来自不同行业时，常会给组织带来有创意的改进，从而取得竞争的优势地位。外部跨行业 Benchmarking 需要组织的 Benchmarking 人员有开阔的眼界和广泛的资料收集途径。

将内外部 Benchmarking 活动结合进行，能取得最好的效果。

三、Benchmarking 活动的过程

第一阶段　策划

本阶段有以下活动：

1. 成立 Benchmarking 小组

Benchmarking 过程的第一步是建立 Benchmarking 小组，小组成员有：

· 组长；

· 专业人员；

· 能对 Benchmarking 小组成员行为作出客观评价的人员；

· 一名数据分析员；

· 执行 Benchmarking 小组所提改进方案所需人员。

Benchmarking 小组成员可能是过程负责人、部门代表或本项目的顾客。

在某些组织，也可能由一名人员完成所有工作。

Benchmarking 小组成员的选择是保证 Benchmarking 过程成功的决定性因素。因此，成员应：

· 有良好交流技能；

· 对项目或过程有充分理解；

· 了解对变更的实施和控制；

· 为高层所信任；

· 对项目有兴趣和改进意愿；

· 有可支配的时间用于 Benchmarking 活动，通常组员为其工作时间的 15%～30%，组长为 25%～40%。

2. 确定 Benchmarking 项目

Benchmarking 小组通常应通过分析公司营业计划（含市场策略、运作策略、财务计划）、年度质量和营销业绩、关键影响因素、主要设施能力等，以确定产品或服务、产品实现过程、设备设施、营业过程等方面需进行 Benchmarking 的项目，应特别关注：

· 影响大的项目；

· 有不足的项目；

· 有较高改进潜力的项目；

· 构成问题原因的项目。

对需 Benchmarking 的项目，应进行优先程度排序。

3. 确定测定计划

Benchmarking 活动的正确性和一致性取决于测定计划。对各种 Benchmarking 项目，应确定该项目要衡量的特性（例如：资源、性能水准、控制活动方式、一致性、及时性等），鱼刺图常是有效的特性分析工具，应尽量采有本行业通用的测定术语，表 2（见第 15 页）是一例用于顾客满意度测量的调查表。

4. 数据收集分析计划

Benchmarking 数据分析主要有两种途径：一种是通过公共渠道的信息检索，另一种是组织实施的研究。

通过公共渠道的信息检索通常是 Benchmarking 数据收集分析的开始阶段，其目的是解决：

表 1 Benchmarking 方法对照表

	合作伙伴	合作程度	信息相关性	突破性的改进程度	结 果
内部	组织内各部门	高	高	低	组织整体持续改进
外部竞争性	无	低	高	中	超越竞争对手
外部同行业	同行业领先者	中	中	高	突破性的变更
外部跨行业	其它行业组织	中	低	高	有创意的变更

（1）Benchmarking 项目现在的水准；

（2）选择潜在的 Benchmarking 对象；

（3）Benchmarking 项目最新的发展和概念。

这些渠道有：

· 文献检索；

· 专业协会活动；

· 研究机构；

· 大专院校；

· 咨询机构等。

通过对以上渠道资料分析可初步确定 Benchmarking 对象。

组织实施的研究包括以下方式：

（1）Benchmarking 调查

Benchmarking 调查方式有调查表、电话询问、采访等方式，调查的目的一般是了解对 Benchmarking 项目相应特性的评价和达到该特性所用的方法。为保证能完整提供所需信息，对调查表问题及回应方式应经科学策划。

例：同一人对同样产品，不同的提问会有不同结论的答案。

a. 问：您对我们的服务满意吗？

答：满意。

b. 问：在同样价位，如果您享受过的最好服务为 10 分，最差的为 1 分，您认为我们的服务能打多少分？

答：5 分。

（2）现场考察

现场考察是了解 Benchmarking 对象相应项目的过程、方法、设备、程序和效果的最直接机会。由于一次考察涉及多方安排，现场时间应得到充分利用。因此，应进行充分的策划。策划活动通常包括和考察组每一成员提供指定项目已收集的资料，要求其准备项目调查表（包括项目的各重要特性状况及活动方式，应收集的数据）。同时，应为考察安排好活动时间，以便配合。在现场考察中，除对各种活动的观察和数据收集外，应注意与 Benchmarking 伙伴讨论其项目的改进计划。每天均应完成当日总结，以防遗漏重要细节。Benchmarking 是互利的，在考察过程中应与考察对象建立良好的知识分享关系，并建立长期合作关系。

（3）评价竞争产品

了解竞争对手产品的市场优势。是每一组织必须面对的问题，而竞争对手通常不会情愿分享这种信息。即使竞争对手愿意，组织也未必愿意以同样方式回报。因此，此类信息应由组织自行收集。此类信息一般内容为：

· 产品性能水准；

· 可靠性；

· 维修方便性；

· 重要失效模式；

· 使用方便性；

· 环境适应性；

· 制造成本。

通常，组织可采购竞争产品，与自产产品进行一系列平行试验。对发生的每一失效，都应分析、对比并找到原因；比对各种状态下的性能，以超越对手竞争的优势。

（4）逆向工程（Reverse Engineering）

逆向工程是竞争产品评价的逻辑延伸，即仔细拆卸、分解竞争产品，并在每一分解级别都与本组织产品作比较分析。典型的关注点有：

· 零部件供应商；

· 所用零部件特性及数目；

· 装配制造方法；

· 维修便利性；

· 所用材料。

逆向工程可揭示出很多改进机会，是世界上许多知名公司都在使用的 Benchmarking 工具。

（5）竞争服务分析

与产品评价类似，在服务业中，也常采取购买竞争对手所提供服务的方式进行 Benchmarking，如银行雇员在竞争银行处开户，酒店员工入住竞争酒店等，这些对比分析也应在周密策划准备的前提下进行，不可随意。Benchmarking 过程应形成文件，人员应经训练。典型关注点如：

· 等候时间；

· 便利使用；

· 整洁；

· 顾客接口过程；

· 费用；

· 员工素质和训练等。

资料收集方法还有专题会议，建立资料交换关系等。

聘用“神秘顾客”或调查公司也是一种有效的途径。

表 2　调查表例（部分项目）

尊敬的顾客

谢谢你购买本公司的产品，为了我们的共同利益，提高本产品的质量，请你协助填写下表：

1. 请写出您购买本产品的其他 2 个最常用的供应商名称，并对本公司及该两个公司评定等级。

2. 以下各项前重要性栏请按您对该项关心的程度高低打分，5 分为最重要，1 分为不重要。

3. 评定等级的方式为：

A＝最佳　B＝高于一般　C＝与竞争者基本相同　D＝与竞争者有差距　E＝很差

重要性	项目	特　　性	本公司	其他供应商	
				（名称）	（名称）
□	销售	销售人员对产品的了解，提供新产品的信息			
□		订货处理效率			
□		对您的特殊需要的处理			
□		供销人员对订货要求解释的正确性			
□		货款结算的效率和准确性			
□		有效成分含量、品位			
□	产品质量	有效成分一致性水分			
□		硫分			
□		其他杂质			
□					
…	…	…			
总评					
你对本公司的其他要求和建议：					

谢谢你的帮助！

以上数据收集计划根据对比项目特性而定。

5. 计划评审

上述 3、4 中制订的计划应由对项目熟悉的专业人员进行评审，了解他们对 Benchmarking 过程特性及数据来源的看法，是否还有其他的信息源和潜在 Benchmarking 对象。

6. 最高管理层的支持

Benchmarking 需要最高管理层的承诺，一方面体现在活动所需资源的提供，更重要的是对实施 Benchmarking 所产生的变更的支持。Benchmarking 项目负责人应向最高管理层提交报告，说明 Benchmarking 的过程、近期项目计划、所需的支持、投入产出分析。

第二阶段　内部数据收集和分析

在接触外部组织前，先进行内部的 Benchmarking 是很有益处的。由于内部合作环境好，便于训练人员掌握 Benchmarking 工具，也可更好地全面了解本组织准备进行 Benchmarking 项目的情况。

通过对内部已发布的信息的分析，如技术报告、管理评审报告、内部审核报告等，确定潜在的内部 Benchmarking 场所(即在某一方面或几方面做得好的场所)，将测定计划发至每一个 Benchmarking 伙伴，填写数据。对特性的评价尽量定量表达，不能定量描述的特性也应以文字或流程图等方式予以表达。Benchmarking 小组对填报数据进行分析，凡是与 Benchmarking 对象有负差距的项目应予识别，并向 Benchmarking 对象了解其在该项目领先的原因，制作根源性原因及改进措施对策表。

现场考察也是必要的，但内部 Benchmarking 现场考察不仅是收集测定数据，更重要的是确定改进措施，即：

- 验证 Benchmarking 对象场所项目与其他拟改进场所之间的差别；
- 了解对象场所业绩较佳的原因；
- 确定 Benchmarking 项目改进的途径；
- 收集实施改进所需资源的信息。

第三阶段　外部数据收集与分析

外部数据的收集常从公众共享渠道提供的资料开始。由于这些渠道是公开的，获取并无障碍，但寻找和汇集信息则需相当大的工作量。上网查询是一种便捷的方式。经过对适宜发布资料的分析，可对目前 Benchmarking 项目的发展现状掌握一定信息，并确定 Benchmarking 对象。

收集和分析外部信息是 Benchmarking 过程最复杂但也最高回报的活动。它通常包括以下活动：

1. 从外部专家处收集信息（例如：确定机构、大专院校、咨询机构、实验室、专业学会等）。

这一活动应经过认真策划，Benchmarking 小组应明确其接触每一位专家的理由，并准备好相应的问题，如：

本项目哪家公司是最好的？

为什么他们能最好？

好到什么程度？

本项目的最近进展是什么？

本项目占有领先地位的研究机构是谁？

我们怎么与之联系？

2. 对非竞争性的外部 Benchmarking 伙伴，应采用发展合作关系、调查、现场考察、资料交换等方式进行资料收集分析。

3. 对竞争性的外部 Benchmarking 伙伴，则采取向顾客或潜在顾客进行调查、竞争产品评价、逆向工程、竞争服务分析等方式完成资料收集分析任务。

4. 将收集分析的数据用于建立和更新 Benchmarking 数据库，识别每一负差距，确定原因，并针对每一原因提出至少一项纠正措施。

第四阶段　Benchmarking 项目的改进

这一阶段包含的活动有：

1. 识别改进措施

在数据收集和分析阶段已对每一导致负差距的原因提出建议措施，应对每一措施进行评估，以了解以下问题：

（1）实施措施后项目改进的程度；

（2）实施措施所需时间和费用；

（3）变更给其他方面带来的影响。

对问题（1）可做差距-趋势图予以表达。

对问题（2）可通过建模仿真，进行收益、成本、风险分析完成。

对问题（3）可制作变更影响分析矩阵进行分析。

根据以上分析，确定最佳改进措施和改进目标。

2. 实施策划

确定最佳措施后，应将措施及支持数据提交内部专家评审。成立实施小组并明确职责，对变更的实施和各种影响确定对策，准备变更预算。

3. 取得最高管理者支持

对比项目小组应将所定的最佳措施呈报适宜级别高层领导审批。若高层领导同意该措施则应同时落实措施实施的职责、预算和进度。

4. 实施措施并测定其影响

实施所确定的变更。对影响复杂的变更，一般应逐项顺序进行，以便对影响分立评估。应建立评价每一变更有效性和效率的测定尺度，并实施评价。对确认有效的变更，通过员工训练、文件更改发放、设施资源固化等方式予以巩固，制作投入回报分析报告，对改进参与人员予以表彰。

5. 数据库更新和维持改进

组织至此已为建立 Benchmarking 数据库做了大量投入。维持该数据库现行有效，为持续改进提供了基础。因此，应有相应人员负责数据库的持续更新，包括检索和汇集各方面的信息。Benchmarking 小组应定期评审 Benchmarking 项目的状态。

措施实施并确认有效后，对该项目持续改进的责任一般由实施小组转移至相应过程责任部门。

四、Benchmarking 技术实施的注意事项

和其他过程一样，Benchmarking 过程也有其特定的规则。在设计 Benchmarking 的过程和实施策略时，遵守这些规则能提高组织的 Benchmarking 工作效率，取得最佳效果。这些规则有：

1. 应取得最高管理层对 Benchmarking 过程的支持和承诺；

2. 在开始 Benchmarking 之前应仔细策划 Benchmarking 过程；

3. 从几个关键项目开始；

4. 为每一参与 Benchmarking 过程的人员提供有关方法和工具的培训；

5. 明确 Benchmarking 项目的特性；

6. 若与外部 Benchmarking 伙伴建立交流关系，应注意勿要求别人提供自己无意与他人分享的信息，同时应向 Benchmarking 伙伴说明信息的用途，以维持这种交流的长期价值；

7. 不要简单复制，而应有创意：应对所收集的数据进行分析，转化为本组织为寻求改进措施所需要的信息，结合本组织的情况，制定改进方案；

8. 对数据收集不应过于求全，否则 Benchmarking 会永远走不出数据分析阶段；

9. 没有一个组织在各方面都是最好的，应对每一个 Benchmarking 项目寻找合适的 Benchmarking 对象或伙伴；

10. 应对 Benchmarking 所确定的改进措施的实施保持关注，并明确现场管理人员实施的责任；

11. 建立相应的认可和表彰方法，以形成组织追求卓越和接受变更的氛围，支持 Benchmarking 的过程；

12. 对于现状很差的组织，不应盲目地将“好中之好”的公司的运作作为自己的 Benchmarking 对象，因现状很差的原因常常是组织的管理机构或基础设施存在无需 Benchmarking 也能明确的重大问题，应先着手解决；盲目地采用一流组织已相当精密协调并具有各种支持条件的运作实践可能得不偿失；Benchmarking 技术的效果有赖于组织已具备有序的管理结构和技术基础；在此阶段先采用中等业绩的组织作为自己的 Benchmarking 对象可能更合适一些；

13. 不要将 Benchmarking 活动局限于产品生产过程及产品，而要考虑到涉及顾客满意的每一个方面，这常常给组织的竞争地位带来富有价值的效果。

五、结束语

近年来，Benchmarking 技术经过系统发展和优化，已构成组织“改进工作平台”上一个最有价值的测量分析改进工具。美国质量基金会最近的调查表明，Benchmarking 的应用与组织业绩（利润、质量、生产率）确有显著关系，即在近 400 种改进工具中，Benchmarking 是目前少有的几个经过统计确认，作为关键改进工具的管理活动之一。

事实上，我国许多企业也进行某些 Benchmarking 活动，但通常比较零散，对如何持续、系统、全方位地实施 Benchmarking 过程则了解不多。按 2000 版 ISO9000 族标准建立的质量管理体系，为 Benchmarking 方法的应用提供了管理思想和管理架构的支持；系统地策划和实施 Benchmarking 过程，也为 2000 版 ISO9000 族标准在企业的实施提供了可行的工具和途径。

“过程方法”在质量管理体系开发和审核中的应用

赛宝认证中心　汪修慈

一、概　　论

利用“过程方法”进行管理是2000版ISO 9001和ISO 9004标准的基本思想之一。标准鼓励采用“过程方法”管理一个组织。

ISO/FDIS 9001：2000将“过程方法”表述为“组织内过程系统的应用，连同这些过程的识别和相互作用及其管理。”

过程的定义及“过程方法”的基本概念在ISO 9000标准和有关质量管理八大原则的文件中已有解释，不再赘述。

“过程方法”的应用有以下5个特点。

1. 目标定向

过程策划的目的是实现产品质量目标，并持续保持和改进实现目标的能力，为执行人员规定所使用的手段和条件的活动。过程策划是在了解操作条件及过程能力的基础上，针对过程目标进行的，因此为以可预见的过程能力达到目标提供了科学的基础，也为过程协调运作以实现组织的总目标（过程目标的次级最优化可能影响组织总目标最优化）提供了可控的调节手段。

2. 结构化的策划和管理

“过程方法”的应用，强调采用结构化的方式进行策划和管理，应按规定的方法和组织形式、应用各类分析工具（QFD、流程图、统计方法等）完成过程的建立、分析、控制和改进，从而保证全面地考虑到影响输出质量的每一因素，保证各类部门和人员的合理参与并承担相应职责，使过程具有良好的重复性，防止曾经出现的问题再度或重复出现而不被发现。

3. 保证跨职能活动的效率

组织的职能部门设置，常常将质量工作分成许多个部门内的活动，这些活动的相互影响常常是影响质量工作效率和效果的重要因素。“过程方法”通过所有者职责的设立、过程的分解、过程质量因素和对策的设立、过程接口的安排，使该过程所涉及的各职部门的活动能为实现过程目标而协调运作。

4. 体现预防为主的原则

产品是过程的结果，产品质量也就是过程中影响产品质量各因素的综合反映。“过程方法”的实施，使过程中影响质量的因素得以识别，其影响程度和波动程度得到评介并作出规定，通过监测和反馈使波动处于可接受的范围，从而以可预测的能力提供符合要求的产品。

5. 为改进提供便利

依“过程方法”建立的质量管理体系活动流程，描述清晰，便于员工理解，容易建立共识。同时，用于评价过程的特性和数据来源得到了规定，过程间的相互关系和各部门在不同过程中的作用也得以明确，从而为提高总流程的效率及有效性，以及过程内部活动的改进，提供了清晰的分析基础。

二、“过程方法”的必要性和活动

ISO 9001：1994将质量活动分为20个要素并以此描述质量体系。这一结构方式无形中为企业的质量体系文件结构设定了框架（尽管这不是标准的意图），常见的形式是一个程序对应一个要素。这种结构便于在形式上保证覆盖标准要求的完整性，但往往以牺牲质量体系运行效率为代价。这种结构将流程活动或影响因素人为地分立在不同文件中予以描述（例如我们常见到工厂有“检验与试验状态控制程序”，“标识与可追溯性控制程序”等），执行人员需理解和查找几个并列文件才能完整理解自己所执行的过程；对过程的变更也需考虑几个体系文件（常是自己并不十分熟悉的）的同步变更。这种结构也容易使程序文件内容的描述方式倾向于标准要求的罗列，可能导致流程描述的弱化，使文件不能很好地为流程分析提供便利，降低了流程改进、控制、评价等活动的效率。一些获证企业人员（特别是非质量管理部门的人员）对通过认证的质量管理体系发出“规范了，严格了……繁琐了”的感慨，常是上述现象的后果。

2000 版 ISO 9001 和 ISO 9004 标准结构已体现为“过程方法”的模式。国际审核员培训与注册协会(IATCA)在 2000 年 9 月召开的第六届年会上也强调，审核员应建立过程审核的思路和方法。ISO/TC176 在 2000 年年会期间，完成了《质量管理体系“过程方法”导则》草案的编制。该导则按 ISO 9001：2000 标准 4.1 条款列举了“过程方法”的活动：

a）识别质量管理体系所需的过程及其在组织中的应用

·列出过程；

·对每一过程规定输入和输出；

·规定过程的顾客及其要求；

·规定过程的所有者。

b）规定过程的顺序和相互作用

·列出全流程和过程网络的架构（Mapping）；

·规定过程间的接口；

·将过程形成文件。

c）确定为保证这些过程的有效运作和控制所需的准则和方法

·规定期望和非期望结果的特性；

·规定测量、监视和分析的方法；

·考虑经济因素（成本、时间、浪费等）；

·规定数据收集的方法。

d）确保可以获得必要的资源和信息，以支持这些过程的运作和监视

·为每一过程配备资源；

·建立沟通渠道；

·提供内外信息；

·获取反馈；

·收集数据；

·保存记录。

e）测量、监视和分析这些过程

·正确测量过程并监视其性能（过程能力、顾客满意）；

·分析所收集到的信息（统计技术）；

·评价分析结果。

f）实施必要的措施，以实现对这些过程所策划的结果和对这些过程的持续改进

·实施纠正和预防措施（改进过程）；

·验证纠正和预防措施的实施及有效性。

三、按"过程方法"实施管理策划的常用步骤

在明确组织质量目标和顾客要求后，可按以下步骤进行质量管理过程策划。

1. 组织

选择各职能部门中有经验的人员，施以必要的培训（如质量意识、质量与过程的关系、质量成本、团队运作技巧、过程管理及分析技术等），构成体系过程策划的中坚团队。

2. 明确过程现状

（1）展示流程

根据调查的结果或团队的意见，列出各种工作或活动，用KJ法等将列举的结果分群，并用系统图将过程展开成流程伞，组成流程图。也可以根据组织的目标确定各主要业务处理系统（大过程），再将大过程分解成可对过程特性采取具体控制措施的过程单元（微过程），同时明确每一过程的顾客（内外）及其要求。

在这一基础上，可根据所展现过程对组织业绩及效率、顾客满意度、产品重大失效或性能波动等方面的影响，确定关键过程。

（2）确定过程所有者（Owner）

过程所有者是过程管理的一个基本概念。所有权（Ownership）可理解为对整个过程的责任和权力。责任包括了解、建立、管理整个过程，确保整个过程的维持和持续改进；权力包括过程资源的分配和过程涉及的各职能部门绩效的评审考核。

因此，过程所有者应具备的条件是：

· 该过程中的关键部门；
· 具有一定的层次（保证决策的权威性）；
· 相对全面地掌握本过程所涉及的信息（保证管理效率）；
· 能为过程的成败负责（过程的好坏对其业绩最为敏感）；
· 具备协调能力。

微过程通常在一个部门内完成，确定过程所有者并不困难。跨职能的大过程的考虑因素则要多一些。若在一跨职能的大过程中难以找到一个"自然生成"的所有者时，可考虑建立"所有者小组"。"所有者小组"的运作方式应保证决策过程是多方参与的，但作出的决策是唯一的。

（3）确定过程的特性和测度

用于测量和控制过程的特性表征通常可分为两类，即：用于评价过程是否符合需要的"结果特性及测度"和用于过程活动的控制和根本原因影响的评价（包括活动、输入和资源）的"原因特性及测度"。

下表为部分过程结果测度举例。

过　程	测　度
设计开发	工程变更率
采购	不良物品质量成本比率，因低质量重新定购的比率
制造	工序能力，一次交验合格率
库存	保管不善的不良品产生率
销售	订单取消率
售后服务	二次返修率
结帐	发票差错率

对某一具体过程的测度应根据每一企业具体情况确定，要靠企业人员开发和明确。

（4）过程活动和过程质量因素的明确

经确定的过程所有者应明确所负责过程的现行活动方式、资源、职责，根据本过程顾客的要求展开过程质量因素（可采用因果图等）。在此基础上，明确关键的质量因素。

过程所有者应明确本过程与其他过程的关系，如资源提供、数据交换、评审测量活动、产品交付等。

3．过程分析

对已明确的现行过程，应通过产品目标、过程顾客的反映和抱怨、作业者反映的问题和建议、产品和过程测量结果等信息和数据进行以下方面的分析。

（1）过程业绩（性能）和能力

过程业绩（性能）是指一个过程实际做到了什么。

过程能力是指，如果把导致不良业绩的显著原因去掉，这一过程应能做到什么（固有能力）。

制造业的工序能力已有广泛应用的评价方式。实际上，对可量化的过程特性，无论是计量型还是计数型数据，使用统计工具通常都能区分过程业绩和过程能力，确定两者的显著差异。理想的做法是按过程能力设定过程目标。但目前很多组织的过程目标设定仍以过去的业绩为基础，以至重复不良输出的风险持续存在。对非制造的过程，这项工作确需企业质量工作者做大量创造性的工作。

（2）过程效率（成本/风险/利益）

应对照过程总的目标，对所分解出的过程单元及其内容进行成本/风险/利益的分析，以确认这一流程是否增值，是否对目标的实现有贡献，该活动或资源投入是否合算，如果没有该活动或资源的投入会带来多大的风险，是否在别的过程中可采用更经济的方式达到同样效果等。这些分析可利用工业工程（IE）的方法完成。在此也可看出，依“过程方法”开发的质量管理体系及其文件结构为工业工程在企业的实施提供了便利，促进了才过程优化。

（3）接口

过程策划应明确并协调过程与过程之间、一个过程中部门与部门之间的接口，明确接口设置安排及应传递的内容、时机和方式。同时，应针对高效率达到过程目标的总目的进行接口活动分析，包括产品实现的过程及提供支持的过程。在涉及不同部门时，应注意“东家的西墙就是西家的东墙”式的简单接口设置并不一定合适。例如，某厂成品检验是在包装好的成品中抽样开包检验，检验后再包装一次。而效率更高的方式应是检验部门在生产线末端对尚未封箱产品抽样，在库房通过外观检查包装质量。

（4）还应对过程可能的失效模式、造成影响的可能的原因、发生的可能性及现行控制措施有效性等进行分析。典型的分析工具有 PFMEA 等。

通过过程分析可发现是否存在不明确的要求、不增值的过程或可简化的手续、无用的输出、不适当的程序、不适当的技术、工具、方法以及不适当的测量和监视等，并可针对这些发现采取改进措施。

4．确定过程

通过过程分析并确定改进措施，为确定适用的质量管理体系过程打下了基础。在本阶段，应关注以下工作。

（1）设立过程目标

随着过程开发的进展，明确了为保证达到产品质量目标和组织经营目标所需的过程特性。只有为这些特性制订相应目标，才能为过程的控制和改进提供准则。

过程目标大致分为两类：①为提高过程性能、能力或效率而设定的目标；②现行过程绩效良好，应予维持的目标（这类目标在操作层面，通常已由技术要求或规范要求表达）。

（2）控制安排及控制点设置

控制的安排常由控制点设置开始。控制点通常在下列情形下设立：

①职能接口处；

②开始重复活动前；

③关键质量特性形成过程；

④过程质量主导因素；

⑤易出差错或不稳定的特性。

设立控制点应明确检查的特性（产品特性和/或过程特性）、检查方法和频次、数据搜集和分析方法、结果反馈或传递的渠道、采取措施的职责等。

(3) 过程确认

过程确认的目的是证实一个特定过程持续达到策划结果的能力。对某些过程的确认（如制造过程或计算机控制过程）可以用评价产品变异性或对过程特性直接测量的方式完成。当直接测量不可行时，可采用试运行、模拟等方式完成。

(4) 形成文件

经确认满足要求的过程，应明确其执行和控制的活动方式和职责，并形成文件。文件类别有流程图、程序、作业指导、控制计划、PFMEA 对策表、记录等。

四、“过程方法”对审核的意义

一个按“过程方法”构筑的质量管理理体系，为审核提供了更加充实有效的数据来源，使审核活动目标清晰，更有逻辑性。但这样的质量体系文件架构和运作描述将依组织特点而定，审核员不能再期望有当前这种“千厂一面”的“标准化”体系描述方式。因此，审核员也应按“过程方法”的思路理解和评价受审核方质量管理体系过程，策划和实施审核工作。基于此，审核工作应注意以下几个方面。

1. 文件审查

从理论上讲，在对过程实施现场审核前，审核员应尽可能充分了解受审核方有关过程的各类文件，了解过程设计的充分性以及过程活动的方式；事先审阅过程数据（顾客要求、法规要求、组织要求、过程能力分析、产品性能、控制图等）以了解过程业绩和控制效果，提高现场审核效果和效率。在认证审核实践中有可能不易做到，但审核员至少应认识到，由于 2000 版 ISO 9001 标准的变更，在很多情况下，已不可能仅通过对手册和程序的评审而对受审核方质量管理体系文件是否符合 ISO 9001 的要求作出评价，可能需要在现场做相当大工作量的补充工作。

2. 审核策划

在制定审核计划和检查表时，应根据以下因素考虑审核资源（时间、审核员）及计划的安排：

(1) 关键过程控制和监视的方法；

(2) 过程的所有者；

(3) 过程的目标；

(4) 过程的输入和期望的输出；

(5) 内外部顾客；

(6) 过程间的接口；

(7) 支持的过程；

(8) 组织目标向过程的展开。

制定检查表时，应注意掌握每个过程的关键信息样本，即输入、输出、控制特性、资源。

制定的审核计划应作出高层方针展开至各层级活动的追踪线索安排，应保证对方针、目标、指标、测量及监控、持续改进之间联系的评价，应考虑组织过程的顺序、结构和相互关系。

3. 审核实施

审核员应运用“过程方法”实施审核。在对前述内容进行评审的基础上，对每个受审核过程的以下内容实施评价：

（1）顾客要求的识别和传达；

（2）过程目标已明确；

（3）过程策划的证据，包括确定设备和人员的能力；

（4）职责权限已确定并形成文件；

（5）资源（含人员、设施、环境）提供的充分性；

（6）描述操作方法的文件的充分适宜性；

（7）过程性能的监视和不合格控制；

（8）纠正/预防措施的实施，持续改进的证据；

（9）记录的可用性。

在过去的现场审核中，审核员常将主要精力放在对现场操作活动符合性的了解和观察上。但大多数现场活动属于“原因”范畴的管理特性，在有限的审核时段内接触到的“原因”范畴管理特性样本通常只能表明文件已得到理解，以及至少在审核时段内实施符合要求（当然，这也是很重要的），而不足以充分证实过程的持续能力和有效性。审核员对一个按“过程方法”要求建立的质量管理体系过程的评审应将足够的时间放在对“结果”范畴的管理特性的评价上，即通过审查各类过程文件（控制计划、作业指导、FMEA、程序、质量计划等）评价受审方过程策划的结果；通过审查过程数据（管理图表、顾客反映、控制点记录、内部过程审核结果等），了解过程的实际性能及长期运作趋势能否支持组织质量目标的实现；由过程数据所反映的改进需求是否得以识别并制订相应措施；同时，通过对过程文件的审查，注意对相互联系过程的接口识别，了解接口活动的实施一致性。这就要求审核员应了解过程管理的概念、工具和数据分析的知识，以保证有效地审核。

以上是笔者在参加ISO/TC176和IATCA 2000年年会期间，通过与国际同行的交流所获得的一点体会，仅供国内同行参考。应该看到，“过程方法”理念在管理中的实施，提高了按ISO 9000族标准进行质量体系开发和审核的价值。这是2000版标准的重要改进，体现了质量管理完整性和效率的结合。企业质量工作者、咨询人员和审核员应掌握这种管理理念及实施方法，使2000版标准的实施为提高组织效益起到更好作用。

建筑企业的采购质量管理

四川永安建设有限公司　匡利珠

建筑材料质量的优劣对建筑产品质量起着较大的作用，而材料采购的质量对建筑材料的质量、成本均起着非常重要的作用，有时甚至是决定性的作用。建筑企业为了保证构成建筑产品的原材料（构配件）质量符合要求，必须抓好原材料的采购质量管理。因此，ISO 9001 标准把原材料的采购管理列为一个独立的要素——4.6 采购。

建筑企业应当组织公司材料专业的骨干人员学习 ISO 9002 标准，认真领会标准的内涵，掌握标准的要求。还要组织他们学习公司制定的《程序文件》，使大家清楚自己的工作职责、任务、内容、方法以及应该形成的文字材料等。

质量体系中的材料管理要求，主要侧重于材料的品质管理。它与传统的材料管理不同之处在于从控制实物质量变为既控制实物质量，又控制实物来源的质量保证能力，从而进一步把好材料的品质关。

一、选择合格的分供方

认真开展对分供方的评价，确认分供方的质量保证能力。

采购产品的质量取决于供货单位的质量保证能力及供货的实物质量水平。因此，采购的质量控制是对供货单位（即采购合同中的分供方）进行评价，并根据满足合同要求的能力评价和选择分供方。

对用量较大的材料，可以直接到生产厂家实施分供方评价；可以聘请有资格的认证机构对其质量体系的有效性和适宜性以及保证合同要求的能力进行第二方认证；也可以由企业有关技术部门组织评价组对其生产工艺能力、质量检测能力、质量管理能力、生产能力等进行考评。同时，抽取其样品进行质量检测，以确认其供货产品的质量水平及供货水平。

对用量较小的材料，可以对分供商的供货能力、供货经历、供货信誉等进行评价；同时，对产品进行抽样检验。

对一次性采购或购买量较小的一般产品，可在采购前对其产品进行检验或验证并作出评价。

对非正规分供方（如砂、石的分供方）的评价可采用到现场考查的方式，对生产环境、生产流程、生产能力进行评价，查看其近期供货的质量记录；同时，对产品进行抽样检验。

在调研、评价的基础上，应对供货单位进行排队比较，择优选定为合格的分供方，编制认定的分供方名录或清单，报企业主管领导审核批准后，发放到各基层单位（项目经理部）。

二、对分供方的控制

对分供方控制的类型和程度，取决于分供方提供的产品对企业最终产品质量的影响，可以采用的方式有：

1. 签订一般供货合同

合同中要明确产品技术要求和验收条件，明确质量保证要求，包括内部接收检验或分类要求。

2. 审核分供方的质量保证能力

a. 确定审核的范围和审核的频率。审核的范围一般应是企业所需产品涉及生产流程的全过程；审核的频率应根据产品的重要程度或技术性能指标来确定，一般可定为3个月、6个月或1年。必要时，可根据需要增加审核次数。

b. 确定实施审核的人员。根据审核的深度、企业产品的类别以及分供产品对最终产品质量的影响程度、分供方的质量审核报告或被证实的能力和业绩记录，确定企业是否自行组织业务人员实施审核或委托有资格的第三方审核机构完成审核。

应定期对合格分供方进行评价，以确保对合格分供方实施动态的有效管理，确保合格分供方的质量保证能力能够始终满足企业的需要。

由材料部门定期组织工程部门。质量安全部门、项目部门等对合格分供方进行业绩评价并填写《分供方评价记录》。评价的内容有：①产品质量、安全性能的证明材料是否齐全，证明材料是否及时提供；②材料复试（检）结果与质量证明书上的技术性能指标是否相符。

建立合格分供方档案，有利于对分供方实施有序的管理，并根据保存的资料进行分供方的评价和质量趋势分析。档案中至少要保留以下资料：分供方资信证明材料、企业的评价记录、质量保证协议、质量争端规定、分供方提供的与产品有关的质量记录等。

三、采购文件

采购文件是采购人员实施采购工作的依据，由于它对控制采购材料的质量、材料的成本、工程的成本均有较大影响，建筑施工企业必须高度重视。采购文件的分类有：材料需用计划、材料采购计划、材料供货合同、协议、有关技术文件等。

建筑材料的计划、合同、协议应清楚地说明采购物资的要求，其内容应包括：

a. 建筑材料的类别、名称、型号、等级、式样或其他准确标识方法；

b. 规范、图纸、加工要求、检验规程及其他技术文件的名称或其他明确标识和适用版本（包括产品、程序、过程设备和人员的认可或鉴定要求）；

c. 该物资适用的质量体系标准的名称、编号和版本，以及文件和质量记录的提交、保存、处理的要求；

d. 对分供方的监督、验证要求和不合格处理等文件。

在签订供货合同的同时，应与分供方就分供产品的质量保证要求达成明确的协议。协议应包括下列一项或多项内容：①信任分供方的质量体系；②随发运的货物提交规定的检验、试验数据以及过程控制记录；③由分供方进行100%的检验、试验；④由企业按规定进行批次接收抽样检验、试验；⑤由公司或第三方对分供方的质量状况进行定期评价；⑥内部接收检验或分类等。

应就常规和非常规问题的处理与分供方共同制定有关制度和程序（或协议），以解决企业与分供方之间的质量争端。

四、实施采购和验证

所有物资的采购必须在已经审定的《合格分供方名单》中选择，以确保采购物资的质量。

采购人员要严格按采购文件的有关要求实施采购。

实施采购时要进行“三比三算”，确保所采购的物资质优价廉，最大限度地降低采购成本。

验证工作是杜绝不合格品进入施工现场的关键环节，施工企业必须严格把好验证关。

采购产品验证的方式可按验证主体分为：企业自行验证，顾客验证；也可按验证地点分为：施工现场验证，货源处（生产地）验证；还可按验证方法分为：观感和资料验证，试验验证。

采购产品验证的准备工作包括：

（1）制定进货检验计划并经总工程师审批后执行。编制计划时，首先要确定检验的范围，然后根据产品的关键性来确定检验特性。检验计划审批后，任何人不得随意修改，修改必须经总工程师批准。

（2）在采购产品到达之前，应做好检验的准备工作：检验人员应经过培训，持证上岗；配备必需的工具、量具、仪表、仪器和设备，并经法定检测部门校验合格；准备好国家规定的或企业编制的验证报告，确保验证记录与验证工作同时完成，严格禁止补记录。

验证的实施可采取施工现场验证、货源处验证或顾客的验证。

材料供应人员应该按照有关采购文件的规定，对进场材料的规格、数量、质量等级等技术措标、质量指标认真核查验证，合格后填写《施工现场收料台帐》，对有特殊要求的材料（如钢材、水泥等）必须进行现场抽样送检。

当采购文件有规定或有必要时，可以到分供方的货源处对产品实施验证。应注意，此验证不能取代施工现场的进货验证。

当合同有规定时，业主或其代表有权在施工现场或分供方处对分供产品是否符合规定的要求进行验证，企业和分供方应按其要求安排验证活动，认真整改验证时提出的问题，按要求提请复查验证。要注意顾客的验证不能取代施工单位的验证，不能免除企业或分供方提供符合质量要求的产品的责任，不能排除顾客的正当拒收。

在验证过程中，应及时形成验证记录与清单，记录与清单应写明验证物资的品种、规格、数量、损坏情况等。记录与清单应签字齐全。

建筑企业
应用 2000 版 ISO 9001 标准若干难点

中建总公司　李　君

2000 版 ISO 9001 标准的结构和内容与 1994 版标准相比发生了较大的变化。本文就建筑企业贯彻 2000 版标准的一些难点作一探讨。

一、对质量管理体系要求范围的确定

2000 版 ISO 9001 标准允许在特定情况下删减某些要求，但这些删减仅限于第 7 章中规定的 3 种情况：①组织的产品种类；②顾客的要求；③适用法律、法规的要求。

与上述要求相对应，建筑企业在确定其自身的质量管理体系范围时，需注意以下问题。

(1) 必须全部实施标准第 4 章（质量管理体系）、第 5 章（管理职责）、第 6 章（资源管理）和第 8 章（测量、分析和改进）规定的要求。

(2) 在第三方认证的情况下，由于产品种类不需要或相应的法律、法规有规定时，对标准第 7 章（产品实现）的某些要求可以裁减，但应在质量手册中充分说明。

(3) 在第二方认定或注册情况下，可以根据顾客的要求减少第 7 章的个别要求。比如，当总承包企业对分包公司进行第二方审核或认定时，分包公司在满足总承包企业要求的条件下，可以删减个别要求。

(4) 删减设计/开发过程必须分类分层慎重考虑。ISO/FDIS 9000：2000 对设计与开发的定义是："将要求转换为规定的特性或产品、过程或体系的规范的一组过程。"建筑施工行业对过程的设计和开发就是施工过程的组织设计，包括施工过程组织策划、确定施工流程、编制施工作业指导书、规定技术措施、配备施工资源等。笔者认为，建筑企业只要有需要开发的新施工过程（指以前未曾经历过的过程），就应保留过程设计的要求。如果在一定的时间段没有新的施工过程，则可剪裁掉这一要求。但是，由于企业需要不断发展，可尽量采取分层分类的方式进行研究，即一级或少数二级企业可以保留此项要求（这些企业可能有开发过程）；在程序规定上可分类处理，即需要开发的施工过程策划及设计可执行 7.3 设计和开发条款，常规施工过程的组织设计仍执行 7.1 产品实现的策划条款。

二、编制文件的要求

2000 版 ISO 9001 标准覆盖了 1994 版标准的全部要素，其主要内容是以 1994 版标准为基础。笔者认为，由于建筑行业的高风险性，在确定文件时应考虑以下方面。

(1) 保持 1994 版标准文件体系的基本内容和框架，不能随意减少和缩减有关文件。

(2) 在保证标准规定的 6 个程序基础上，可根据实际情况进行策划并作出重新组合的编写规定。

(3) 应适当进行文件的分层化，即根据文件的重要性确定审批和更改的渠道及运作方式；实行文件管理分级控制和分级运作，以满足建筑企业点多地广，管理幅度大的要求。

(4) 文件的细化程度应与企业的素质和能力相对应，以详细一些为好。

(5) 应将顾客满意度、顾客沟通、内部沟通等条款的内容规定在《顾客程序》中，体现以顾客为中心的思想。

(6) 对文件中需要保存记录的地方，应体现持续改进、以顾客为中心和互利的供方关系的具体内容。

三、关于质量方针、质量目标、质量策划

2000 版标准规定，最高管理者应确保提供制定质量方针和评审质量目标的框架。最高管理者应确保在组织内相关的职能和层次上规定质量目标。

(1) 质量管理的八项原则应作为制定和评价质量方针及体系运作的基础。

质量方针中给出的是公司一级的质量目标（建筑企业的最高层），应将其分解到有关职能部门和项目经理部。项目经理部的质量目标应当量化并定期统计分析单个质量目标的完成情况。这种质量目标的分解应适度，不必层层分解。需注意的关键问题是，应围绕工程项目分解和展开公司的质量目标，有硬指标的部门可设立相应的指标，其他部门则可按工作计划进行运作。体系的运作过程应充分按照八项基本原则实施，这是保证质量方针实现的最好做法。

(2) 可以将质量策划分为质量管理体系策划和产品实现过程策划两个大层次。

前者的重点是制定公司的质量目标，后者的重点是制订工程项目的质量目标。质量策划的关键是结合施工的特点，列出产品实现的各个过程和每个过程的主要活动，规定相应的资源配置。这种项目策划所对应的过程一般应侧重于常规施工过程，而对新施工过程的项目进行质量策划的过程应纳入过程设计进行控制。特别应注重对工序过程的质量策划，包括技术交底、作业指导书及相应的工法策划等。既要策划完整，还应注意改进。这样做，才能实现管理体系的有效和提高效率。

四、资源管理的实施

2000 版 ISO 9001 标准将资源的范围明确为人力、设施和工作环境 3 个方面。

(1) 对人力资源的控制应注重识别从事影响质量活动人员的能力。这种能力应体现在岗位工作的有效性及效率上。因此，企业应建立相应的岗位任职标准及考核办法，以证明其胜任工作的能力。

(2) 确保管理者和操作者的素质。员工应学习本岗位所需的知识和技能，在有关人员指导下工作一个时期后，经评定合格方可独立操作。

(3) 保持员工（特别是民工）的质量意识和热情。定期召开质量分析会、工程质量事故现场会、优质工程表彰会等，以联系实际、形式多样的方式不断提高员工的质量意识。

(4) 提供必要的设施，包括工作场所及相关设施、设备、硬件和软件等。可在质量手册中规定该条款，不必另写程序。

(5) 保证适当的施工环境控制，识别和研究可能影响工作环境的人和物的因素。影响环境的人为因素包括安全操作规程、设备的保护装置、人的心理活动及人文环境等；影响工作环境的物的因素包括热、光、噪声、粉尘、风、雨、温度、震动、污染等。企业对这些因素，均需加以识别并控制到合适的程度。若是已通过 ISO14001 标准认证的企业可以在此处与 2000 版 ISO 9001 标准规定的质量管理体系接口。

五、与顾客有关的过程的控制

2000 版 ISO 9001 标准中“与顾客有关的过程”在 1994 版“合同评审”要求的基础上又增加了相应的要求，企业应重点做好以下工作。

(1) 业主要求的识别。除合同（包括口头约定）规定的工程要求外，在业主没有明确的相关要求时，

企业应按照国家的法律、法规或标准作出相应规定；同时，应根据《工程质量管理条例》的规定，确定相关的质量责任。

(2) 保持与业主的联络及沟通。企业应按照有关程序文件规定的正常渠道，及时处理和解决业主的需求，包括与业主联系的方式、联系的部门、处理问题的权限以及顾客投诉、访问的部门、人员等。同时，应把顾客的要求及时向企业内部传递，达到内部沟通。

六、建筑及施工过程设计的控制

2000 版标准在这一部分有两项显著变化，一是将“设计控制”改为“设计和开发”；二是明确了设计和开发计划的内容。就建筑设计及施工过程的特点而言，应从以下方面考虑并运作。

(1) 总承包企业建筑产品的设计功能应执行 7.3 设计和开发的条款，施工过程的策划与设计应根据是不是新的施工过程（即开发性的过程控制）决定是否执行 7.3 条款。如果不是，只需按项目过程策划执行。也就是说，常规的施工过程策划只需按照策划、审核、审批的方式运作即可。

(2) 总承包企业的过程设计应参照本文一、(4) 的思路进行操作。

(3) 开发性施工过程设计（新的过程设计）的结果可以形成施工组织设计或项目质量计划，应视工程的要求而定。形成的过程文件应是符合 7.3 条款要求的有效文件，以保证施工过程的控制效果。

(4) 建筑设计或开发性施工过程设计应首先确定设计、计划（含人员。时间、进度等），其次分阶段采取内部确认和顾客确认的方式实施过程确认。

七、生产和服务运作过程的控制

这个条款是对产品实现过程的重要要求，其核心是对工序的控制要求，对建筑企业意义较大。

(1) 应抓好与工序相关的工艺文件、作业指导书的编制及交底，特别是技术变更的控制。强化分层的监控活动，包括公司对项目的监控和项目对供方（包括对施工班组）的监控。

(2) 对施工设备维修保养的关键是确保完好性，应注重预防。

(3) 规定重要工序和材料的标识及可追溯性，以便在需要时通过追溯控制工程质量水平。

(4) 特殊过程的再确认应在集中和长时间施工的特殊过程中进行，“三班倒”的大体积砼浇注过程就是如此。这种特殊过程的控制程度应体现在有关文件中。

八、顾客满意程度的测量和监控

在实施此条款时，应注意以下几点。

(1) 顾客（业主）满意或不满意的信息包括：①工程质量的符合性；②满足业主的需要和期望；③工程的承包价格和及时交付。

(2) 规定收集业主满意或不满意的方法及渠道。重点应从工程投标、施工过程及交付后服务几个方面确定信息渠道。一般有业主代表的意见、监理公司的意见、走访得到的信息、从电话和信函中得到的信息以及各种媒体的报道或评价等。

(3) 对业主满意程度的评价应有量化的指标，以此进行满意度测量，包括分值化或进行相对指标的衡量并进行必要的数据分析，为质量改进作输入准备或评价改进结果。

(4) 适当收集相关方的满意情况并做测量分析，通过建立互利的供方关系衡量企业满足顾客需要的能力。

九、数据分析及统计技术的应用

针对 2000 版标准关于数据分析的控制要求，建筑企业应有一套质量信息的反馈、报告体系。通过程序化的规定，对收集哪些信息、由谁收集、如何收集，以及应编制哪些信息报告等内容进行控制。其中，应反映这些信息与管理体系相关的重要内容：一是企业或项目质量目标达到的程度；二是过程质量及趋势；三是供方产品的质量状况；四是体系改进情况。

十、持续改进的实施

2000 版标准关于持续改进的规定，对建筑企业非常必要但难度较大。具体实施时，应注意以下几点。

（1）管理者应提高对持续改进的认识，明确改进不仅是为了提高有效性，更重要的是提高效率，即增强企业的效益。值得指出的是，持续质量改进的标志应包括定量和定性两个方面，不能单纯把工程质量目标的改进作为管理体系改进的唯一标志。

（2）明确持续改进的多种途径，包括两个方面：一是规定并实施、考核质量目标，对已发现的或潜在的不合格采取纠正或预防措施，开展内审、管理评审以及现场的工序工艺改进、QC 小组活动等。二是规定改进的分层控制及改进的实施渠道，包括本部门的改进内容和方式，跨部门的改进内容和方式以及改进策划结果的控制要求。

（3）利用数据分析的结果，确定需要改进的项目，制定并实施对质量缺陷和质量通病的改进计划，实施年度或阶段性的质量改进计划。新技术、新材料、新工艺的应用推广以及专项技术措施、技术方案和技术改造计划等均属于持续改进的内容。

（4）科学的评审、评比、QC 小组活动等，均是行之有效的持续改进方式。

十一、质量管理体系审核与过程监控的运作

（1）内审员对管理体系的定期检查是企业的系统性测量，而过程监控是针对施工过程的，是对现场工序质量的专门性、日常性控制。

（2）审核发现是审核员发现客观证据并与审核准则比较后作出的评价。在审核中，审核员应学会客观把握标准，既要考虑符合性和有效性，更要考虑企业的效率和效益。只要体系有效，就应尽量提高其效率。同样，过程监控也应如此，但在发现不合格时，应执行 8.3 条款的规定。

（3）审核员寻找的证据应客观、公正、实事求是，不能一味强调由受审核方出示书面记录，审核员应善于获得客观证据。

（4）内审和过程监控应注重对现场记录的客观验证。由于 2000 版 ISO 9001 标准比较强调体系运作情况的验证，审核员和过程监控人员必须对现场重要记录的真实性进行验证和确认。

（5）进行内审和过程监控应贯彻八项基本原则的理念，应将以顾客为中心、持续改进、互利的供方关系等原则的内在要求作为审核准则和判定标准，把每个过程的运作与八项基本原则的要求进行对比和评价。比如，审核人员在审核或监控中发现水泥的质量有问题，就应深入了解对供方的评价是否客观、有效，是否兼顾了供方的利益，是否以顾客为中心，对供方及产品的控制方式是否进行了持续改进等。只有这样做，才能真正提高 2000 版标准的运用实效。

2000 版标准更突出体系运行的有效性

中国计量器具质量认证咨询中心　金华彰

ISO/ FDIS 9001：2000（以下简称新标准）对标准的结构、条文的内涵作了较大调整。最突出的变化是更加强调质量管理体系运行的有效性，注重业绩、讲究实效。新标准不仅提出了质量管理基本原则，而且作出了许多新的规定；在效果评价方面，也提出了具体要求。笔者认为，新标准主要在以下方面突出了体系运行的有效性。

1. 强调以顾客为中心的思想

新标准明确指出了组织的服务方向和基本任务是一切为了顾客、满足顾客要求，从而摆正了组织和市场、顾客的关系。为了在体系运行中检验这种观念，新标准规定组织要对顾客满意度进行测量，以顾客的客观评价和量化数据作为评定组织业绩的依据。

2. 强调持续改进的思想

持续改进是顾客的要求，也是组织生存、发展的需要。新标准明确提出，组织要进行持续改进的策划并实施管理。这不仅是为了预防不合格的产生，而且要使体系、过程、产品得到发展和进步。因此，持续改进是组织永恒的目标。新标准规定，组织的持续改进应通过有关文件和记录证实，以验证其有效性。

3. 更加强调最高管理者的作用

新标准第 5 章、第 6 章明确规定，最高管理者的职能和任务是创造一个使员工能够充分参与实现组织目标的环境。新标准提出，组织应以管理承诺和提供客观证据证实最高管理者所承担的质量职能，对组织的要求更严格了。新标准还明确规定了最高管理者在建立、保持、完善质量管理体系中应承担的质量责任。

4. 强调全员参与意识

全员参与是组织建立质量管理体系的基础。人的因素是第一位的，组织只有依靠全员积极的创造性的工作，才可能建立、保持、完善质量管理体系，才会获得最大的收益。新标准强调了人员的培训、意识和能力；同时，强调了培训的有效性，对加强组织的内部沟通明确地作出了规定。

5. 强调法律、法规对质量管理体系的要求

新标准要求，最高管理者应向组织传达满足法律、法规要求的重要性；在识别顾客要求时，应确保遵守法律、法规；在设计开发的输入中，应适用法律、法规的要求。可见，最高管理者必须全面了解有关法律、法规并贯彻、实施；同时，要验证实施的有效性。新标准作出这样的规定，更体现了组织以顾客为中心的基本思想。

6. 强调要开展质量策划活动

新标准在管理职责、产品实现、测量和持续改进等方面都强调了要开展策划活动。策划的输出应形成文件；必要时，对特定的产品、项目或合同的质量策划应制定质量计划。通常，管理过程中的质量策划应包括体系的过程、所需的资源和体系的持续改进。新标准提出的策划实际上是一项经常性的活动，要求以文件证实并验证策划的效果，从而确保体系运行的不断完善和持续改进。

7. 更强调建立可评价的质量目标

新标准明确提出，要在组织的相关职能和各层次上建立质量目标，质量目标应包括满足产品要求方

面的内容。这一范围比1994版标准扩大了，不仅组织应建立质量目标，对体系、过程和产品也可以建立质量目标。新标准要求，质量目标应与质量方针、持续改进的承诺相一致，目标应是可测量的，即量化的。进行质量策划活动首先要设定质量目标，通过过程和资源实现质量目标。新标准对体系的运行提出了更为现实的目标，要求以量化数据来表述，以衡量体系运行的有效性，也可以对体系运行情况随时进行考核和评价。

8. 强调体系运行中文件化的作用

在第4章“质量管理体系”中，新标准提出了文件的总要求；在第5章中，规定了对质量手册、文件控制和质量记录控制的要求。按ISO/FDIS9001：2000的要求，体系以文件来表述，文件是体系运行的依据，不同的是文件化要求更为灵活和实际，强调了体系文件的客观性和实用性。因此，新标准只规定了对6个通用要求必须制定文件化的程序，其他由组织自己确定，这并不是新标准将体系文件弱化了，而是文件化的明示要求减少了。这一点，充分说明新标准应用的广泛性、通用性。当然，对于组织其他方面的工作，标准要求制定相应的文件化程序，以保障组织质量管理体系的有效运行。对于这些文件化程序的要求，可以根据各组织的规模，以及开展业务活动的范围等相关因素而有所不同。文件的客观性、实用性，说明文件要与组织的客观实际相结合，体现了文件运行的有效性。

9. 更强调采用“过程方法”对质量管理体系进行控制

新标准把各种质量活动看成是一个过程，通过输入、输出、活动三要素进行控制。强调“过程方法”，实质是使过程的控制更好地联系实际，注重实效，更好地加强对接口的管理。这说明用“过程方法”进行控制，要求更严，内容更具体，控制更深化，同样反映了对体系运行的全面控制，更具有有效性。

10. 强调资源的配备

新标准专门用第6章“资源管理”对此作了规定，并提出了有关人力、设备、环境的具体要求，特别是专门提出了设施和环境的控制要求。环境中包含了人和物理的因素，把“确保可获得必要的资源”作为最高管理者的职能，充分保证了体系运行的物质和人力条件。

11. 进一步加强了测量和监控要求

新标准把“测量、分析和改进”作为第8章的内容，强调了数据分析、数据管理，使测量和监控成为评价组织业绩、体系、过程、产品的重要手段，成为领导决策和持续改进的重要基础。以数据和信息作为决策的依据，就离不开测量和监控活动，这使体系运行更好地建立在量化的基础上，并有效地实施和控制。

12. 强调了互利的供方关系

组织和供方具有相同的目标和命运，供方的产品和服务质量是组织提供满意产品的基础之一。为此，组织应建立互相信任、互相合作、共同促进的互利关系，为体系的有效运行提供保障。

由此可见，ISO/FDIS 9001：2000的指导思想、结构、内容都发生了全面的变化，尤其是八项质量管理原则完全溶化在新标准的条款之中。这次修订是一次战略性的转变，标准的要求更高了，内容更全面了。从内容的变化可以看出，其核心是按ISO 9000族2000版标准建立质量管理体系的要求更具有有效性；新标准不注重形式，而注重实质。这种变化在体系中主要反映在两个方面，即是否满足顾客的要求并以顾客为中心，是否实施持续改进。所以，2000版标准的转换是组织全面提高贯标认证质量的重要机遇，也是认证机构全面提高认证有效性的强劲东风。

ISO 9001:2000标准难点浅析

深圳质量认证中心　曲辛田

ISO 9001：2000标准在内容、结构、管理思想和理念方面与1994版标准相比发生了极大的变化，许多企业都面临对新版标准的理解、实施和转化问题。那么，以硬件装配型制造业为基础编制的ISO 9001：1994标准改版为四大类产品都适用的ISO 9001：2000标准，其内容、范围、用词等方面都有通用、全面和比较抽样的特点。下面，笔者对ISO 9001：2000标准理解和实施的难点以及用词的考究作一探讨。

一、ISO 9001:2000标准新增内容中的难点

（一）4.1总要求

"针对组织所外包的任何影响产品符合性的过程……"中的"外包（outsouce）"与标准7.4条款中的"供方"没有本质区别，但4.1条款提到的"外包"过程主要指涉及与组织提供给顾客所要求产品有关的直接过程或这些直接过程中的一部分。这里的"外包"侧重于供方提供产品的"过程"（如服务过程），而7.4条款中的"供方"则测重于提供的"产品"，即过程的结果（如原材料、零部件等）。

（二）5.3质量方针

1．质量方针的内容必须包括：

（1）与组织的宗旨相适应

质量方针应与组织"提供顾客要求的产品和服务，达到顾客满意"的宗旨相适应。不同的组织由于其产品的类型不同、规模各异、质量方针也各不相同，但均应反映上述宗旨。

（2）对满足要求的承诺

这种要求包括"明示的、通常隐含的或必须履行的需求或期望"。即：这种要求可以来自顾客的规定或顾客虽没有明示规定，但按照规定的用途或已知和预期用途所必需的要求，也包括来自与组织提供的产品有关的法律法规要求，或组织对产品的要求。通常，组织会将上述要求转化为对产品、过程和体系的要求。

（3）对持续改进质量管理体系有效性的承诺

质量管理体系有效性是指组织通过对质量体系的策划、建立、实施和保持等活动而达到目标的程度。组织应在质量方针中对质量管理体系有效性的持续改进予以体现。通常，组织会在管理评审中对质量管理体系的有效性作出系统的评价，而有效性最直接的体现是方针、目标、职责是否实现。所以，质量方针应反映对这些目标持续改进的内容。

2．对质量方针的其他要求：

（1）质量方针是组织建立质量目标的框架和基础。

质量方针指出了组织的质量方向，而质量目标是对这一方向的落实、展开。质量方针也是质量管理体系有效性的评价参照，不能空洞或不切实际。

（2）为使质量方针得到实现，最高管理者应在组织内对质量方针予以沟通并使相关人员意识到所从事活动的重要性以及如何为实现本岗位的质量目标作出贡献（与5.3d相关的条款是6.2.2d和5.1a）。

(3) 质量管理的八项原则可作为制定质量方针的基础。

(4) 必要时，组织应对质量方针进行适宜性方面的评审和修订，以反映不断变化的内外部条件和环境。

3. 全面控制质量方针的产生（制定）、批准、评审和修订（或改进）

（三）5.4.1 质量目标

1. 质量目标的内容

(1) 质量目标应建立在质量方针的基础上，其内容应在满足要求、对质量管理体系有效性的持续改进的承诺方面与质量方针保持一致。

(2) 质量目标必须包括满足产品要求（即预期产品的质量目标和要求）所需的内容。若一个组织提出的质量目标不涉及满足预期产品要求的内容，则“满足顾客要求、达到顾客满意”的目标就不能实现。

2. 对质量目标的其他要求

(1) 质量目标应在组织的各相关职能（某项质量目标内容所涉及的各职能部门）和层次（与实现某项质量目标有关的不同级别，如决策层、执行层、作业层等）上加以展开，使质量目标能具体落实，并增加质量目标的可操作性和可考核性。

质量目标应分解到哪一层次，应视具体情况而定，关键是确保质量目标的落实和实现。

(2) 为使质量方针得以实现，质量目标应是可测量的，尤其在作业层次上应该定量。

（四）5.4.2 质量管理体系策划

1. 质量策划是指在质量管理中致力于制定质量目标并规定必要的运行过程和相关资源，以实现质量目标的那一部分活动。新版标准不但对质量方针和质量目标提出了具体的要求，也通过质量管理体系策划对质量目标和过程策划目标的实现提供保证，策划包括对质量管理体系及产品实现的策划。

质量管理体系策划属于战略决策式的策划，组织应根据“为满足顾客要求而达到顾客满意”所设定的全部质量目标和为实现这一总目标所识别出的全部“所需的过程”进行质量管理体系的策划，以实现这些质量目标和这些过程的期望结果。即组织应考虑如何在质量方面指挥和组织与实现方针、目标有关的系统，即如何建立质量管理体系。

2. 由于各种原因，组织的质量管理体系会发生更改。对于这种更改，组织必须预先策划。这种经策划（对体系更改策划所设定的目标是：保持质量管理体系的完整。为了实现这个目标，组织应规定运行过程和相关资源以保证这一目标的实现）后实施的更改，就不会出现质量管理体系不完整的情况。某些获证企业在即将接受认证机构的例行监督之前，要求认证机构推迟监督审核的日期，理由是企业已进行了重组或改制，某些部门已合并，人员也作了调整。原来的体系文件在某些部门或区域已无法运行或已停止运行等，就属于在改制之前未对体系的变更进行策划的典型案例。ISO 9001：2000 标准从根本上解决了这个问题，即企业在更改质量管理体系或实施更改期间，应有一种变通的办法确保质量管理体系是完整的。

（五）5.6 管理评审

“最高管理者应按计划的时间间隔评审质量管理体系，以确保其持续的适宜性、充分性和有效性”。关于适宜性和有效性的含义，在有关 1994 版 ISO 9000 族标准的各种书籍或文章中已做过许多阐述，这里主要介绍对“确保质量管理体系持续充分性”含义的理解。

在评价质量管理体系时，应对每一个被评价的过程提出四个基本问题。其中前两个是：a. 过程是否已被识别并作出适当规定？b. 职责是否已被分配？质量管理体系由众多相互关联的过程所构成，如果某一过程没有被识别，或虽然识别了某一过程，但对如何确保过程的有效运行和得到控制没有给予适当的规定（如准则和方法），或对过程控制和管理的职责未给予规定，则该质量管理体系就会不充分。不论由于外界环境变化（如顾客要求、法规要求的变化）引起，还是质量方针和目标引起，组织总会发现各种持续改进的需求。持续改进活动不但要达到策划的结果，而且还要考虑达到同样结果所使用的资源情况。

从步骤上讲，持续改进活动将涉及对产品实现过程或体系现状的评价和分析、改进目标的建立、方法的提出或新过程的诀别（也可能是对现有过程的重组）等。这样，为实现各种持续改进的需求，原有质量管理体系可能存在诸多未考虑的活动，也就是在过程或子过程方面可能存在不充分的情况，而管理评审就是要发现这种不充分性并使之得到改进。

（六）7.1 产品实现的策划

组织应对产品实现所需的过程进行策划和并发。产品实现的过程包括与顾客有关的过程、设计和开发过程，包括采购过程、生产和服务提供过程及监视和测量装置的控制过程。对这些过程的开发，可以应用“7.3 设计和开发”条款，也可以只用部分子条款加以控制，还可以仅用 7.1 条款的要求达到对过程的控制。一般来说，当产品的实现过程较为复杂时，可考虑用 7.3 条款控制。如对某些服务业的服务提供过程的控制，当需要将较多的顾客需求转化为过程（产品）的特性或规范时，应考虑用 7.3 条款对这一过程加以控制，而对较简单的采购过程则可通过“7.1 产品实现的策划”加以控制。

对产品实现的策划输出可以用文件或其他方式加以体现。当这种输出是专门规定某种特定（或指定）产品、项目或合同的质量管理体系过程和资源时，称为质量计划。

（七）7.3 设计和开发

在传统概念中，只有有形产品才涉及到设计和开发，而 ISO **9000：2000** 标准在 **3.44** 条款中给出设计和开发的定义是：“将要求转换为规定的特性或产品、过程或体系的规范的一组过程。”所以，必须根据以下过程，判定一个企业是否存在设计和开发活动或职能：

需求（来源于顾客） —转化为→ 要求（通常为设计和开发的输入） —转化为→ 特性或规范（产品、过程或体系）

只要一个组织的行为（责任范围）涉及将顾客的需求或期望转化为某种产品、过程或体系的特性或规范，该组织就存在设计和开发。如酒店业的顾客不会在订房时提出房间的面积、电视机的尺寸、房内温度等具体要求，但顾客总是希望住一间舒适的客房，希望有热水供应、有电话等通讯工具等。酒店应将顾客的愿望转化为自己的服务特性，即设计所提供的服务包括充足的热水供应、温度可调的空调系统、足够的网络线路等。从设计和开发定义的“注”中可以知道，设计和开发既包括产品的设计和开发，也包括过程或体系的设计和开发。产品的类别分为四大类：硬件、软件、流程性材料、服务，前三类一般以产品（过程的结果）的形式提供给顾客，其制造或复制的过程已在组织内部的过程中完成；服务型组织将产品（服务）提供给顾客时，服务的过程还正在发生或正在进行，这种服务（过程）是在与顾客的接触面上完成的，而不是在组织的内部过程中完成。所以，前三类产品多用“产品的设计和开发”，而后一类（即服务）多用“过程的设计和开发”。

二、ISO 9001:2000 标准若干用词的探讨

1. establish 和 development 作为“建立”时的差异

标准的 4.1 条款谈到建立质量管理体系时用“Establish”，而 5.1 条款谈到建立质量管理体系时却用“development”。这是因为 4.1 条款中“建立”的主语是“组织”，而 5.1 条款中“建立”的主语是“最高管理者”。组织的“建立 establish”是基础性的，是从无到有的，涉及手册、文件和质量记录等大量基础文件的编制，涉及对全部质量管理体系所需过程的识别等。最高管理者的“建立 development”，主要侧重于在已有质量管理体系的基础上开发和改进，侧重于通过质量方针和目标的制定、管理评审及资源的获得等项活动，为管理承诺提供证据。

2. “determine”“define”和“specify”的区别

标准中出现上述三个词的地方非常多，英语国家的人员使用起来不成问题，而非英语国家的人员只能通过这三个词所出现的条款位置，结合上下文的含义来理解。标准中的“determine”翻译为“确定”。

这种确定是不以人的意志为转移的，确定的对象是客观存在的。组织在确定这些对象时，一个因素都不能遗漏。如 6.3、6.4 条款，组织应将其“确定”为实现产品符合性所需的“基础设施”和“工作环境”。这两个被确定的对象，即基础设施的项目与内容、工作环境的具体要求等，都是客观存在的，不能由组织按自己的意愿决定。组织要做的工作就是设法将所需的设施和环境条件都找出来，不能有漏项，然后进行提供、维护或者管理。标准在 6.2.2、7.2.1、7.3.1、7.3.2 条款等多个地方出现完全具有相同内涵的这一单词。defne 则是在 determine 的基础上，将已经找全的对象，用一种适当的方式加以“规定”，这种方式由组织自己决定。就像 determine 的要求是“不能遗漏”一样，define 的要求是要“清楚表达”。如 7.2.2a“产品要求得到规定”，这个规定的内容就是“7.2.1 与产品有关的要求的确定”中组织已经找全的 7.2.1a）～d）条款四个方面的要求。如何对这四个方面的要求给予清楚的说明，则由组织根据产品的特点予以规定（如用文件、图纸、样件、模型等方式）。specify 的“规定”则主要针对来自顾客、产品或其他方面的特别指定的要求。如 7.2.1a 和 b、7.3.3d、7.4.3、7.5.2c、7.1 的注 1 等条款。

3. appropriate、applicable、practicable

这三个词的内涵相近，但在程度上则逐渐加强。Appropriate 为“适当”，如 7.3.3b、7.4.2、8.2.4 条款；applicable 为“适用”，如 7.3.2b 和 c、7.5.1 条款；practicable 为“只要可行”，是三个词中要求程度最强的，在标准 7.3.6 条款中有应用。

此外，“documentation（文件）”实际的涵义是不同种类文件的售合。在标准 1.1 条款中出现 regulatory，而在标准 7.2.1、7.3.2 条款中同时出现 statutory 和 regulatory，这是因为中国将法律、法规体系统一翻译为“法律法规”。由于中国与英美法系国家的法律体系不同，他们使用 statutory 一词是专指议会通过的法律，而 regulatory 则指各种指令或规定，统一翻译为“法律法规”符合中国国情。在 ISO 9001：2000 标准的实施过程中，还会遇到由于各国的习惯及文化不同而引起的理解上的差异，有待于企业和质量工作者在实践中加以解决。

流程性行业
贯标认证应关注的几个问题

山西天脊煤化工集团有限责任公司　贾小军

进入21世纪，国内企业将面临两项任务：一是适应日趋发展和完善的市场经济体制要求，积极参与国内竞争；二是适应WTO的贸易规则，按国际惯例组织生产并参与国际市场竞争。贯彻和实施ISO 9000系列标准，进行质量体系认证是企业完成上述任务的重要动力和手段。

1999年，山西天脊煤化工集团有限责任公司未聘请咨询机构、未进行预审核，依靠自己的工程技术和管理人员进行贯标认证，取得了良好的效果。在此，笔者对流程性行业进行质量体系认证谈几点体会。

一、贯标认证的紧迫性和特殊性

近几年，一些先进企业陆续通过了质量体系认证机构的认证审核和注册。这些企业的共同点是：面向市场早，坚持以质量取胜的经营战略，在国内外市场上已具有相当的竞争实力；企业适应形势的能力较强，具备了持续发展的基本条件，电子、机械、纺织行业尤为突出。

由于流程性行业（特别是化工企业）开展贯标认证起步较晚，行业的装备水平、技术水平和管理水平与国际知名企业之间的差距较大（我国化学工业品的进出口贸易已经多年逆差），具备较强市场竞争能力的企业不多。面对我国加入WTO以后的国内外市场，化工行业的产品均面临能否“挡得住”、“出得去”的严重挑战，进行贯标认证不仅势在必行，而且迫在眉睫。

流程性行业的产品大多不像电子、机械行业具有明显的阶段性和形体性特征，其贯标认证也没有较成熟的模式可以套用。由于流程性行业的产品大多是由固体、液体、气体或其组合物所构成，使生产过程各重要阶段的验证存在困难，若不切实际地套用机电行业的认证模式，很难使生产工艺处于受控状态。流程性行业在贯标认证时，必须结合行业特征，加强生产过程控制，更多地使用统计抽样和评价程序对工序进行控制；同时。由于其工艺有时存在不可逆转性，应做到原辅材料投入、过程检验、不合格品控制等环节都受控。所以，流程性行业对标准要素的选择和实施要结合企业实际，视产品和工艺的性质而定。

二、标准要素的选择

流程性行业工艺流程的连续性和不可逆转性，往往使影响产品质量的体系要素相互交叉、互为作用。由于同一过程或工序所涉及的要素有多个，一个要素的责任部门所负责或涉及的要素有几个甚至十几个，在体系要素的选择和分配上要注意以下几点。

1. 凡与产品质量有关的要素都要分配到相关的部门，不能因其繁杂而简化，更不能因其不重要而忽略。如果这些要素分配不当或覆盖不全，将会对体系的有效运行产生影响。

2. 每个责任部门要根据各自承担的质量职责，承担相应的要素。这些要素的分配应依据质量职责划分，不能以该部门人员或工作的多寡而定。

3．每一个要素应由一个主要的部门负责，其他涉及此要素的部门只能作为配合部门，否则该要素无法真正落到实处。

4．要素的分配不是一成不变的，应经过一段运行后依据体系的运行效果、各接口的衔接以及实际应用中的可操作性，尤其是各环节影响产品质量的程度，做出相应的调整。

5．要素的选择必须考虑流程性行业产品的特点，将产品的包装、贮存、发运、销售、服务及用后处置（如塑料废弃物、包装袋的处置）等环节都考虑过去。

在要素的选择、分配过程中，企业还必须随时依据内部机构、工艺流程、技改措施等变化进行调整，对无法控制或暂时不需要的要素结合实际进行取舍。如果有些活动暂时不进行，也可在分配或覆盖上暂不纳入；同时，对外部因素的影响也应充分考虑，如原辅材料的稳定性、外协厂商的变更、顾客需求以及法律法规、市场规则的变化等。只有全面准确地把握和分配各个要素，才能使体系的建立符合实际，收到事半功倍的效果。

三、认证的关键环节

基于流程性行业的工艺特性，必须重视产品质量控制中的以下关键环节，质量体系文件也必须对这些环节有严格、细致的规定。

1．采购控制程序。

流程性行业所用的多是大宗原材料（如煤、矿石、油等），往往批量到达，使进货检验存在滞后期；同时，受车皮等因素的影响，在待检期一般都先卸货，一旦检验结果被判定为不合格，则无法做退货处理（除非特别严重的不合格）。这种不合格原料若进入系统，必然要对工艺指标进行相应的调整，不但对整个工艺的过程控制造成相当大的影响，也会增大后续各工序的控制难度。因此，在采购中应选择稳定可靠、质量有保障的供应商；体系文件应对该环节的具体控制过程做出详细的规定，对需要进入系统的不合格原辅材料的处置也应制定相应程序，以确保在这种情况下各工序间的信息传递及接口清晰，使体系处于有效的控制状态。

2．过程控制程序。

流程性行业的工艺流程大多是连续性的，其物料的反应和流转往往是在管道、罐、釜中进行，其工艺监测一般是采用仪器、仪表进行控制，所显示出的各类工艺参数都带有一定的波动性和滞后性。可以说，流程性行业的产品质量较机电行业具有更多的不确定性。因此，在制定体系文件时，一定要将过程控制程序作为重点，其中过程工艺控制程序、过程设备控制程序、过程均衡生产控制程序、过程检验和试验控制程序更应作为程序文件的主要内容详加规定。对第三层次的支持性文件（作业指导书等）也应详细规定各工序、各岗位的操作规程，对特殊工序和工艺异常情况的操作规定应更明确。在程序文件中，对该类程序的评审规定也要考虑行业特点，对什么情况下进行评审，如何进行评审等问题都要考虑工艺操作的可行性，以便顺利执行。

3．检验和试验状态及不合格品的控制程序。

流程性行业的检验和试验对产品质量的最终形成起着至关重要的作用。原辅材料的进货检验、过程检验和试验、最终产品的检验和试验等程序的执行情况及其结果都直接影响产品的质量。所以，有必要在制定体系文件时予以重点考虑，在这些程序中对不合格的处置更要明确规定。

对于过程或工序产生的不合格品要严格对待，并视情况予以妥善处置。可以返回系统的应尽量返回系统重新生产，对工艺条件不允许返回系统的不合格品应明确规定处置办法。应详细制定“不合格品控制程序”，尤其是对不合格品的评审（无论是原辅材料、过程产品还是最终产品）要有相应规定。体系运行效果的好坏，直接取决于这些程序和文件的执行情况。

4．产品的销售、贮存和服务控制程序。

流程性行业产品的特点决定了其销售、贮存和服务是一个不容忽视的重要环节。企业在建立体系的过程中，往往只重视对内部产品质量形成各个环节的控制，而轻视对产品出厂后的控制。这也是国内企业与国际知名企业在认识上的最大差距。实际上，顾客在使用过程中反馈的产品缺陷和故障信息恰恰是企业进行质量改进的主要依据。企业要系统地监控产品在整个寿命周期内的质量特性，调查分析顾客对产品质量、服务质量的满意程度，为完善体系和改进质量提供外部依据。在建立文件化的质量体系时，要注意建立相应的市场或顾客信息的收集、整理、反馈程序，将这种质量信息的反馈系统形成完整的闭环管理，将收集、整理的信息及时有效地提供给设计评审、工艺改进，以便在供货和使用时制定相应的纠正措施。

5. 纠正和预防措施控制程序。

实施纠正和预防措施要素最易出现执行不到位的问题。由于企业多年来养成了就事论事解决问题的习惯，在处置体系的不合格项时，往往只治标不治本，不愿意或不习惯分析、研究产生不合格的原因。一些企业不能针对原因制定纠正和预防措施，质量问题往往既莫名其妙地发生，又糊里糊涂地解决，而原因则似是而非。应当明确，纠正和预防措施与企业以前的问题整改不同，它是针对问题的原因而不是针对问题来制定。按照标准的要求，企业必须对制定的纠正措施进行验证，而验证过程又是对纠正措施正误的评判。这一点非常重要。许多企业多次重复发生同样的质量问题，“多发病”、“常见病”。“季节病”等屡见不鲜，就是偏离标准要求，对纠正与预防措施要素控制不到位的后果。

6. 内审和管理评审控制程序。

进行体系内审和管理评审是促进体系有效运行的主要动力之一，也是贯彻和实施质量体系文件、检验体系要素和产品以及程序不合格现象的重要手段。在进行体系内部审核时，切记要按标准、按程序、实事求是地进行。内审的效果取决于准备是否充分，审核计划编制得怎么样，审核员的业务素质和责任心如何，审核是否公正、客观地进行。

管理评审是企业对质量体系有效性作出的评定，应从企业内部管理和外部反映两方面进行。其中，关键问题是评审能否确定体系的问题并有效地解决。管理评审的好坏是体系能否健全、高效运行的关键，也是企业能否坚持质量改进、走持续发展道路的基础和前提。

四、应处理好的几个问题

企业建立文件化的质量体系应协调、处理好以下问题。

1. 处理好新建体系与原有管理制度的关系。

企业按标准建立的文件化质量体系是一套科学、完整的管理体系，各项质量管理工作只有按标准和文件要求去做才具有符合性和科学性；同时，企业原有的传统管理模式是经过长期生产经营实践总结出来的。因此，企业在贯标认证中必须领会市场经济对企业管理所提出的新要求，结合实际找差距，既不排斥传统管理方法有科学、合理的一面，又不将传统管理方法按照标准的模式改头换面；既要按标准要求规范企业原有的管理模式，又不僵化地死套标准。总之，要按新思维去改造旧传统，尽量将原有制度修改完善后纳入体系之中，决不能出现“两张皮”现象。

2. 控制好各项质量职能活动的“接口”。

企业传统的管理模式以纵向分工为主，横向间的连接较少，且较多的部门之间存在脱节现象，造成了对“接口”的管理薄弱，割断了各项质量职能活动的内在联系，影响了管理效率的提高和质量职能的落实。在建立质量体系时，企业应明确各要素的输入和输出内容，明确各要素之间的相互关系以及联系内容和分工界限，注意防止由于各部门或各要素（人员、资源、管理及其基础工作等）水平的参差不齐而造成接口不顺的现象。企业应落实各项质量职能，尽量废除质量职能活动之间的“刚性”界限，使体系要素形成有机整体。

3. 处理好坚持标准与灵活处置质量问题的关系。

体系文件一经发布，在企业内部就具有了法律性和严肃性，各要素执行部门必须严格按文件规定办。可是，也应有一定的灵活性，其原因有三点：一是文件的规定有时不可能很全面地规定详细的步骤和程序；二是制定的文件在运行初期并不一定完全符合企业经营和管理的实际，需在实践中完善；三是企业在生产、经营和管理过程中会发生意想不到的问题。在这些情况下，企业应把握住灵活处置质量问题的原则，这就是坚持按 ISO 9000 族标准的思想和方法处理问题。企业应对未按文件规定进行的质量活动给予特别的关注和追踪；必要时，对其进行评审，以保证体系能够处于受控状态。

4. 处理好体系运行的真实性和有效性问题。

如何推动质量体系的有效运行，是企业必须着力解决的问题。笔者认为有两点很重要，一是培训，二是考核。培训是统一各级、各类人员思想。提高认识，正确把握标准和文件要求的关键问题；考核则是解决体系运行由不自觉到自觉、由零乱到系统、由涣散到紧密的根本。没有强有力的检查与考核，推动体系运行只是空话。企业只有解决好这个问题，体系运行才会有实际效果，贯标认证才有实际意义。

贯彻 ISO 9000 族标准与落实“购物放心一条街”九条基本标准的关系

北京商业管理干部学院　朱立恩

从 2000 年 7 月份开始，北京市朝阳区建国门外商业街、上海市豫园商城一条街、广州市海珠区江南西路一条街等 100 条商业街积极开展创建“购物放心一条街”活动，确保在这个区域销售的商品不发生质量、计量、商标、标识等违法行为。

为了规范地开展这项活动，国家质量技术监督局提出，凡参加这项活动的商业企业，除自觉遵守《产品质量法》、《计量法》、《标准化法》、《消费者权益保护法》等法律、法规并建立严格的内部管理制度外，还必须达到以下九条标准。

1. 严格执行商品进货验收制度，所售商品质量合格。

2. 秤准量足，使用计量器具符合计量法律、法规要求。

3. 不经销假冒伪劣商品和“三无”（无产品质量检验合格证和生产厂厂名、厂址，无产品规格、质量等级、主要成分及含量，无生产日期、安全使用期或失效日期）商品，不经销无标识或标识不全的商品。

4. 明码实价，无欺诈行为。

5. 公开质量承诺，诚实守信。

6. 保障售后服务，严格执行“三包”规定。

7. 方便群众投诉，处理认真及时。

8. 购物环境整洁、优美。

9. 文明用语，热情待客。

以上九条标准是紧紧围绕消费者对商业企业的三大需求，即对商品质量的需求（第 1、2、3、4 条）、服务质量的需求（第 5、6、7、9 条）、购物环境质量的需求（第 8 条）提出的。

为了对这项活动进行人员培训，国家质量技术监督局编写了《购物放心一条街——九条基本标准必读》指定教材并制作了相应的光盘，供企业使用。

这本教材强调，推行 ISO 9000 族标准是落实九条基本标准；创建“购物放心一条街”的可靠保证。下面，笔者就这一观点进行探讨。

一、推行 ISO 9000 族标准和落实九条基本标准的根本目的一致

保护广大消费者的合法权益，为消费者制造一个放心、满意的购物环境，是开展“购物放心一条街”活动，落实九条基本标准的出发点和落脚点。推行 ISO 9000 族标准的根本目的也是为了使顾客满意，正如 ISO/FDIS 9001：2000 的 1.1 条所指出：“通过体系的有效应用，包括持续改进体系的过程以及保证符合顾客与适用的法律法规要求，旨在增强顾客满意。”

二、九条基本标准为商业企业确定质量方针和质量目标提供了依据

质量方针是“由最高管理者正式发布的与质量有关的组织总的意图和方向”。它是企业各部门和全体人员从事质量活动必须遵循的行为指南，也是企业长期经营活动的指导原则，反映了企业最高管理者的思路和决策。

国家质量技术监督局提出的九条基本标准，就是根据商业企业的行业特点确定的。保证商品质量、服务质量和环境质量并使顾客满意，是商业企业孜孜以求的目标。

九条基本标准集中概括了商业企业追求的目标，也反映了企业各部门和全体成员从事质量活动所必须遵循的行为指南。因此，九条基本标准可以作为商业企业质量方针和质量目标的重要依据。

把九条基本标准作为商业企业质量方针和目标的内容之一有以下作用。

1. 体现商业企业的行业特点。

2. 满足 ISO 9000 族标准对质量方针的具体要求。九条基本标准是根据顾客对商业企业的基本需求和期望提出的，充分体现 ISO 9000 族标准的要求。

3. 这种质量方针的提出不仅容易为广大职工所理解和沟通，也容易把相应的质量目标分解到各个职能部门和相关层次，使质量方针和目标更具有可操作性，便于监督和考核。

三、推行 ISO 9000 族标准可以有效地保证九条基本标准的落实

虽然推行 ISO 9000 族标准和落实九条基本标准的关系十分密切，但是两者的实施方法和手段各有不同。

在落实九条基本标准的过程中，目前主要是通过各地质量技术监督部门，运用各种监督手段，通过净化企业外部环境以及执法部门的检查来达到目的。ISO 9000 族标准则侧重于从企业内部，通过建立相应的质量管理体系，强化质量管理，防止种种不合格的出现，从而达到使顾客满意的目的。必须指出，这种不同并不是对立的，而是互相依存、互相促进的。以下从几个侧面分析它们的不同以及相互之间的关系。

1. 在保证商品质量方面

保证商品质量是开展“购物放心一条街”活动，落实九条基本标准的核心。如何做到这一点呢？除了要求各地质量技术监督部门对商业企业的有关人员进行培训以外，还要充分发挥社会舆论的监督作用，企业也要自觉接受消费者的监督。对于消费者反映强烈、影响较大、危害严重，以及销售假冒伪劣商品的企业应及时曝光。

国家质量技术监督局规定，“购物放心一条街”不搞终身制。对广大消费者多次反映，甚至造成消费者重大损失又整改不力的企业，要采取取消称号、撤销授牌等措施。毫无疑问，这些措施将对假冒伪劣商品起到积极的遏制作用。

ISO 9000 族标准则从企业内部强化质量管理入手，要求从采购商品的源头——商品进货环节把关。ISO/FDIS 9001：2000 第 7.4.1 条规定：“组织应根据供方按组织的要求提供产品的能力评价和选择供方。”同时，企业还必须采取各种控制手段以及增加相应的控制力度，以确保采购的商品能符合要求。

2. 在对待不合格方面

在开展“购物放心一条街”的活动中，加大执法的力度是另一种重要手段。例如，对于少数故意造成各种不合格，故意使用不合格计量器具的行为，各级质量技术监督执法部门有权责令其停止违法活动，没收违法所得，并处以罚款；对于性质恶劣，构成犯罪的行为，由司法部门依法追究其刑事责任。

ISO 9000 族标准则强调，企业应在内部建立、健全服务质量管理体系，通过预防不合格使顾客满意。同时，对出现的不合格提出具体的解决办法：一是要识别不合格；二是要分析产生不合格的原因；三是要针对原因采取措施并防止问题再次发生；四是对采取措施后的效果进行确认和验证。由于 ISO 9000 族

标准强调在企业内部采用科学的管理方法对待不合格，可以有效地把种种不合格控制在最低程度。

通过以上两个方面的分析，可以看出，推行ISO 9000族标准和落实九条基本标准之间有较大的不同。如果说落实九条标准的活动是从净化企业外部环境的角度促使企业提供顾客满意的商品和服务，那么ISO 9000族标准则是侧重于从企业内部，通过建立和完善质量管理体系达到顾客满意的目的。如果说落实九条标准是侧重于执法部门对提供服务的企业进行有效的监督达到顾客满意，那么ISO 9000族标准则强调从企业内部对服务提供的全过程进行有效控制，做到"防患于未然"，达到顾客满意的目的。因此，落实九条基本标准和推行ISO 9000族标准构成了一个有机的整体，两者相辅相成，互相补充，相得益彰。

综上所述，在开展"购物放心一条街"的活动中，鼓励更多的商业企业宣贯ISO 9000族标准，是完全必要的。

顾客满意度及其测定

北京商业管理干部学院　朱立恩

一

ISO/DIS9001：2000 的 8.2.1 条款强调指出："组织应监控顾客满意和（或）不满意的信息，作为对质量管理体系业绩的一种测量。获取和利用这种信息的方法应予以确定。"这就是说，2000 版标准把对顾客满意度的测量和监控作为对质量管理体系业绩进行测量和监控的主要内容之一。这一内容在 1994 版 ISO9001 标准中是没有的。同时，ISO/DIS9004：2000 的 8.2.1.2 条款还对顾客满意程度测量和监控的重要性和操作方法作出了要求。

为什么 2000 版标准如此强调对顾客满意程度进行测量和监控呢？

笔者认为，这个问题与八项质量管理原则之首的"以顾客为中心。有非常密切的关系。在这条原则中，强调了组织满足顾客需求的重要性。它指出："组织依存于其顾客，因此，组织应理解顾客当前的和未来的需求，满足顾客要求并争取超越顾客期望。"

市场经济的理论和实践表明，没有顾客就没有需求，没有需求就没有市场，没有市场的企业就没有生存的必要。所以，了解顾客的各种需求，掌握顾客对企业提供产品和服务的满意度就成为企业在市场经济条件下生存和发展的最重要工作之一。这也是 2000 版标准与 1994 版标准相比，作出改进的重要方面之一。企业对顾客满意度的测量和监控，可以充分反映产品和服务满足顾客各种需求的程度，也为企业进一步实施质量改进，更好地满足顾客的需求奠定了可靠的客观基础。

然而，企业要做好对顾客满意度的测量和监控不是容易的事情，涉及到许多方面的因素。下面，先从顾客满意的形成谈起。

二

顾客满意的形成会受到企业和顾客两个方面的影响。

从企业方面看，任何企业都必须遵循这样的理念：在总资源一定的情况下，必须保证利益各方均能接受的满意水准，尽力提供高水平的顾客满意。这就是说，任何企业都不可能不计成本地去获得顾客的满意。

从顾客的角度看，顾客的满意是在与企业提供产品和服务进行接触的过程中形成的，是一种"纯主观"的感受，会受到多种因素的影响。

首先，顾客的这种感受主要来自两个方面：一是通过企业的形象宣传和他人介绍等渠道获得的间接感受；二是顾客在与企业提供产品和服务的接触中产生的直接感受。直接感受是最重要的感受，也是企业了解顾客满意或不满意信息的最重要的渠道。

其次，虽然顾客满意的形成具有一定的规律（如希望热情的服务、希望产品使用方便等），但由于这是一种"主观"的感受，因而又是因人而异的。也就是说，不同的顾客对相同的产品和服务的满意程度可能是不同的。

基于上述原因，顾客满意的形成十分复杂，它可能因人而异、因地而异、因时而异。所以，企业在了解顾客满意度时，仅仅调查少数人的感受是不够的，一定要使调查的样本能够代表顾客的总体。因此，从不同角度、不同侧面了解顾客的满意度十分必要。

三

对顾客满意度的测量和监控方法主要有以下 4 种：

1. 投诉和建议制度

任何以顾客为中心的企业应该为顾客提出投诉和建议提供方便。企业可以通过开通“顾客热线电话”、发放调查表、设立值班经理台等手段，及时与顾客沟通，随时掌握顾客的满意度。

应该认识到，顾客的投诉和建议也不一定能够全面、准确地反映全部顾客的意见和看法。据有关资料统计：在 100 名对某种产品或某项服务表示不满意的顾客中，提出投诉的大约只有 5～10%。因此，仅仅根据顾客投诉的数量衡量顾客的满意度很不全面。

2. 秘密顾客

秘密顾客是指企业为了解和掌握真实的顾客满意度，由企业的管理人员或聘用人员佯装成顾客，向企业报告在购买产品或服务过程中发现的各种信息。

我国服务性企业在顾客满意度的调查中，虽然没有正式采用秘密顾客的做法，但是已经强调“明查”和“暗访”相结合。许多企业（特别是服务性企业）的经理都承认，只有通过“暗访”得出的顾客满意度结论才过得硬。

所以，企业应该把这种办法作为对顾客满意度进行测量和监控的重要手段。

3. 分析流失的顾客

对于那些已停止购买本企业产品或服务的顾客，企业应该主动向他们了解原因。这是企业从另一个侧面了解和掌握顾客满意度的有效方法。通过对流失的顾客（包括曾经有意，但最终未能成为顾客的用户）进行调查，可以帮助企业掌握更多顾客满意度方面的信息。企业的管理者应该控制顾客流失率和未成交率的基本数据。如果顾客流失率和未成交率在不断增加，则表明该企业在顾客满意方面亟待改进。

4. 顾客满意度的调查

作为“面向顾客”的企业，必然会积极、主动地进行顾客满意度调查。目前，不少企业定期在顾客中随机抽取样本，向其发送问卷或进行电话询问，直接测定顾客的满意状况。调查的内容包括顾客对产品和服务各个方面的满意程度、对企业的总体印象、对其他竞争者的看法等。对收集到的以上信息汇总、分析，可以比较准确地掌握顾客满意度。

四

由于顾客满意度是一种“纯主观”的感受，它不像长度、重量、温度等指标有明确的量化值，因此，如何将这种定性分析加以量化，就成为测量顾客满意度的重点和难点问题。

笔者认为，建立顾客满意度测量体系是一种简便易行的办法。这个体系包括纵、横坐标 2 个方面的内容：一是对顾客满意度（纵坐标）的描述；二是对顾客满意度要素（横坐标）的描述。下面，分别进行论述。

1. 对顾客满意度（纵坐标）的描述

根据对顾客心理学的研究，可以把顾客满意度划分为 5 个等级：很满意、较满意、一般满意、较不满意、很不满意。划分几个等级不是绝对的，必须掌握 3 点原则：等级的划分必须便于顾客的理解和操作；等级的划分必须有利于统计分析；等级的划分必须能最大限度反映顾客满意度的信息量。下面，对顾客满意度的 5 个等级作一描述。

a. 很满意。顾客的表现形式为：高兴、激动、感谢等，表明了自己的信任感，很可能成为该企业忠诚的顾客。

b. 较满意。顾客的表现形式为称心、满足、得意，这种满意的程度仅次于很满意。

c. 一般满意。有这种感受的顾客没有明显的情绪反映，这是一种“不好不坏”的感受。

d. 较不满意。顾客的表现形式为指责、抱怨、表示遗憾，如果企业没有对此采取积极的补救措施，就可能永远失去了这位顾客。

e. 很不满意。顾客的表现形式为反感、生气、愤怒，这位顾客绝不会再次光临该企业，还会尽力传播自己的种种不满。

对顾客满意度进行量化的方法很多（百分比法、直接计算法和加权平均法等），下面介绍比较简单而结论相对准确的加权平均法。其应用步骤如下：

a. 对顾客满意度的 5 个等级给出不同的权数值：1.0、0.8、0.6、0.3.0；

b. 把顾客在调查表中填写的不同结果分别乘以不同的权数；

c. 相加后的和即为量化的顾客满意度。

例如，某企业对顾客进行满意度调查，共收回有效调查表 100 份，汇总如表 1。

表 1

顾客满意程度	很满意	较满意	一般满意	较不满意	很不满意
权数	1.0	0.8	0.6	0.3	0
顾客调查结果（份）	80	5	5	5	5

根据表 1，某企业的顾客满意程度为：

(80×1.0) ＋ (5×0.8) ＋ (5×0.6) ＋ (5×0.3) ＋ (0×5)

＝80＋4＋3＋1.5＋0＝88.5%

加权平均法的优点是，可以去除“较满意”和“一般满意”中的不满意成分，同时吸收了“较不满意”中的满意成分，因而比较准确。

为了使统计分析得到的顾客满意度具有可比性，确定权数值时必须保持相对一致，否则就失去了比较的基础。

2. 对顾客满意度要素（横坐标）的描述

由于企业提供产品和服务的主要特性各不相同，可以对影响顾客满意度的各种要素进行分类，分析其对顾客满意度的影响。

决定产品满意度的要素有：产品的性能、使用寿命、安全性、可靠性、外观、价格等。对这些要素还可以作进一步的细分。

决定服务满意度的要素有：服务的时间性、方便程度、服务态度、舒适程度、信誉、卫生等。对这些要素也可以作进一步的细分。

如何用最少的费用得到尽可能多的顾客满意度信息？企业在选择对顾客满意度有影响的要素时，必须掌握以下原则：

第一，必须与企业的质量方针和质量目标相一致；

第二，必须与企业质量管理体系的输出——产品和服务的主要质量特性相一致；

第三，必须与顾客对企业提供产品和服务的需求相一致。

上述第三条是最根本的，第一、第二条是为这一条服务的。企业应当站在顾客需求的立场上，对自己所提供产品和服务的满意度提出要求。

对于不同的顾客满意度要素如何进行综合量化呢？下面，用一个案例说明。

某企业对自己生产的某种品牌的家电选择了性能、服务、外观、价格等 4 项顾客满意度要素进行综合分析（也可以根据实际需要选择其他要素）。该企业根据这 4 项要素对顾客满意产生影响的重要程度，给出不同的比重：0.4、0.3、0.2、0.1（见表 2）。

表 2

顾客满意度要素	比重值	顾客满意程度（%）
性能	0.4	80
服务	0.3	70
外观	0.2	60
价格	0.1	50

这里有两点是关键：一是所给出的比重值之和必须为 1；二是企业对各项要素的比重应根据经验法、专家法、调查法等方法进行确定。现在，使用前面介绍的加权平均法对家电的性能、服务、外观、价格要素测得顾客满意度为 80%、70%、60%、50%，则可以形成表 2。

因此，该企业的综合顾客满意度为：

(80×0.4) ＋ (70×0.3) ＋ (60×0.2) ＋ (50×0.1)

＝32＋21＋12＋5＝70%

对于顾客满意度要素的选择和比重值的确定，必须进行周密的策划，使其尽可能准确地反映顾客的满意度。应对权数值的确定、要素的选择和计算方法等在一定时期内保持统一，以便充分发挥其监控作用。当然，不排除为了某种需要，对某项顾客满意度要素进行测量的可能性。

综合顾客满意度作定量分析的方法也适用于服务企业。

组织如何制定质量方针

8·1质量体系认证中心　周韵笙

一

质量方针是“由最高管理者正式发布的与质量有关的组织总的意图和方向”（见ISO/DIS 9000 2.2.4）。它是组织的最高管理者应当重点关注的大事之一。质量方针应与组织的总方针保持一致，并提供制定质量目标的框架。八项质量管理原则可以作为制定质量方针的基础。制定质量方针和质量目标的作用和意义在于：方针、目标可以为组织提供应关注的焦点，即为组织在质量方面规定努力的方向或工作的基本准则，引导全体职工竭尽全力促其实现。

ISO/DIS 9001：2000在5.3“质量方针”中规定：

“最高管理者应确保质量方针：

a）与组织的宗旨相适应；

b）包括对满足要求和持续改进的承诺；

c）提供制定和评审质量目标的框架；

d）在组织的各适当层次上达到沟通和理解；

e）在持续适宜性方面得到评审。”

上述a）、b）、c）三条是对质量方针内容的要求；d）、e）是对质量方针在实施中的两项要求。

2000版标准的DIS稿公布后，人们普遍感到新版标准对最高管理者的要求（包括对由最高管理者正式发布的质量方针的要求）增强了。这就对组织的领导和认证机构的审核员提出了新的课题，即组织应如何制定质量方针？审核员应如何按照新标准的要求审核组织的质量方针？

二

我国实施质量体系认证已有七八年的历史，颁发的认证证书已逾万张，但认证机构对组织的质量方针一般缺乏严格的要求，组织也不知应制定什么样的方针。如果对组织现有的质量方针作一次粗略的观察，大致有下列倾向：

1. 口号式方针

有的组织领导人认为，方针字数越少则越便于职工的记诵。由于力求简单，形成了许多空洞的口号。最常见的是：“质量第一、顾客至上”；“质量第一、永远第一”等。这些方针可用于任何组织、任何产品，真是“放之四海而皆准”。职工们只是把它作为一个口号，而不会作为努力的方向。

2. 广告式方针

有的方针文字精致，大多出自组织内的秀才之手，主要针对产品拟定。如果产品是香烟，则“一丝不苟”；如果产品是阀门（或密封件之类），则“滴水不漏”。有的则直接采用广告语言，如“我的产品就是你的满意”；“没有最好，只有更好”等。显然，这样的方针难以指导组织奋斗的方向。

3. 照抄外国公司的方针

这种方针不切合组织的实际。例如：有一家无缝钢管厂，虽然设备和管理均属一般水平，产品合格率也一般，但提出了“提供零缺陷产品”的方针。另一家工厂的方针则是“第一次就把工作做好”。这种语言，作为工作守则还可以，而作为质量方针似乎失之抽象。

认证机构及审核员一般的倾向是对质量方针没有要求。有些审核员认为，只要组织的领导能对方针加以解释，对其内容不必多加追究，关键是有质量目标就可以了。有些审核员则认为，如果对质量方针提意见，就容易陷入“咨询”的泥潭，反而不好。这些倾向，也是造成质量方针水平不高的间接原因。

三

在实践中，许多组织结合实际情况认真制定了较好的（至少是动了脑筋的）质量方针，起到了指导的作用，但也有一些质量方针不尽如人意。笔者收集了一些质量方针，略加评论。

1. 机电产品生产组织

（1）××光学仪器厂

该组织确立了“扩大市场占有率”的经营思想；以实现“形成大地测量仪器系列产品最佳组合的供应厂商和生产基地”为经营目标；奉行“每项活动员工心中有顾客，台台产品用户心中树名牌”的质量宗旨；发扬“搏飞进取，不懈追求”的治厂精神，以达到“为顾客及时提供满意产品和服务”的质量目标；通过不断地寻求质量改进，完善质量体系，确保质量方针的贯彻和实施。

评论：这是1995年制定的质量方针，包含了顾客满意和持续改进的内容。这个方针能够结合全厂的总方针和本厂产品（大地测量仪器），即使用2000版标准来检查，也基本符合要求，实属难能可贵。

（2）××五金制品厂

“质量第一、用户至上是我们永恒的宗旨”；“我们不惜一切追求卓越，准确送交零缺点、有竞争力的产品，使顾客满意”；“遵循ISO 9000族标准，人人做到第一次就把事情做好，每一次都把事情做好”。

评论：这是1998年制定的质量方针。这个方针从中国式的“质量第一、用户至上”开始，照抄了国外某些公司的质量方针，涉及面虽较完整，但未结合组织的实际和产品的生产现状，需要组织的领导作进一步的说明。

（3）××电器公司

“坚持科技进步为先导，奉献高质量名牌产品，一切从顾客利益出发，不断满足消费者需要”。

评论：这是1999年制定的质量方针。这个方针针对该公司的地位，提出了以科技进步为先导创出名牌产品。方针涉及到顾客满意，与持续改进（不断满足）也有联系，虽然抽象一些，但基本满足标准的要求。

（4）××电机厂

“以两个高质量（高质量的产品和服务），实施名牌战略（占市场、创名牌、增效益）”。

评论：这是1995年制定的质量方针。这个方针的内容比较结合该厂的实际情况，但只突出了竞争内容（占市场、创名牌、增效益），未对满足顾客要求和持续改进作出承诺。当然，对1995年制定的方针，也不应要求过高。

2. 医疗器械生产组织

（1）××医疗器械公司

“树立顾客第一的思想，把安全可靠放在产品质量的首要位置，建立文件化的质量体系，加强全员质量意识教育，建立良好的分承包方合作关系”。

评价：这是1996年制定的质量方针。这个方针结合医疗器械产品的特点，强调安全可靠；结合该公司零部件全部外购的特点，提出与分承包方建立良好的合作关系。因此，方针体现了以顾客为中心、领导作用、全员参与以及供方的互利关系等质量管理原则，但对持续改进的承诺需另作说明。

（2）××医疗器械研究所

“我们只提供以优秀品质体现的高新技术医疗设备；为了救助生命，产品质量必须万无一失；满足顾客的质量需要是我们质量追求的永恒动力”。

评论：这是1997年制定的质量方针。这个方针结合研究所的特点，提出只生产高精产品；结合医疗器械产品的特点，强调产品质量必须万无一失；涉及了顾客满意和质量追求（持续改进）。基本上能满足新版标准的要求。

（3）××医疗器械公司

“建立、实施并持续改进其文件化质量体系，以提高其产品和服务质量，使顾客信任和满意。我们向全世界和全中国的顾客承诺：通过质量达到顾客满意”。

评论：这是1997年制定的质量方针。这个方针涉及顾客满意、持续改进等内容并作出正式的承诺，基本上符合新版标准的要求。不足之处是结合产品特点和组织的实际情况不够。

（4）××生物材料有限公司

“合作诚心、精益求精、服务临床，使用放心”。

评论：这是1997年制定的质量方针。这个方针结合产品特点提出“服务临床”，但其他三句需进一步说明。该方针仍有口号式倾向，未能明确方向，作出两个承诺。

3. 服务行业

（1）××宾馆

“用我们的微笑、温馨、周到、快捷的服务，为顾客提供舒适、安全、卫生、优质的产品”。

评论：这是1998年制定的质量方针。这个方针充分体现了宾馆服务的特点，但两个承诺尚待解释。

（2）××宾馆

“‘宾客室上、质量第一’是我店永恒的宗旨；全体员工必须牢固树立服务质量是酒店的生命线、质量在我心中、质量在我手中的观念，坚持一切为了客人、为了一切客人、为了客人的一切；礼貌热情、真诚友好、快速敏捷、准确规范，全方位为宾客提供优质服务”。

评论：这是1998年制定的质量方针。这个方针充分体现了宾馆服务的特点，三个“一切”突出了以顾客为中心的原则。但是，对持续改进的承诺有待进一步解释。

（3）××金融保安公司

“保卫金融是生命，服务质量达上乘，团结携手创佳绩，信誉第一求生存”。

评论：这是2000年该公司按2000版ISO/DIS 9001标准建立质量管理体系时制定的质量方针。它本是公司的总方针，现在也作为公司的质量方针。这个方针结合公司特点，提出保卫金融，服务质量求优等的要求，但对两个承诺不够明确，需领导者进一步说明。

（4）××血液中心

“提高全员质量意识，加强质量体系建设，完善采供血服务，保障临床输血安全”。

评论：这是1999年制定的质量方针。这个方针充分体现了血液中心的特点，也体现了全员参与、质量体系建设等原则，但对持续改进需进一步说明。

（5）××设计院

“我院以为顾客提供精品工程设计为永恒的质量追求，为顾客提供优质的服务是我院不变的主题”。

评论：这是1999年制定的质量方针。此方针体现了设计院的特点，包含了持续改进和顾客满意的内容。在解释此方针时，该院又提出技术进步原则、质量改进原则、国际接轨原则和顾客满意原则。基本满足标准的要求。

（6）××技术检测公司

“科学、公正、求实”。

评论：这是1999年制定的质量方针。这应是公司的总方针，强调了第三方机构的公正性和科学性。但第三方机构也有自己的顾客，也要作出两个承诺。所以，作为一个有特色（××产品的技术检测）的第三方检测机构，这样的质量方针似乎不够具体。

4. 外国公司的质量方针

由于外国公司文化背景不同，对质量方针的表达方式与我国的组织有差异。美国著名质量管理专家克劳斯比（P. B. Crosby）认为："制定质量方针是第一要务，使大家知道有这么一个政策；而认真执行则是第二要务。""质量方针的唯一规则是清楚明白，不容误解。至于如何遣词用句，悉听尊便。"他建议，质量方针的内容可以是："我们将把零缺陷的产品或服务交给顾客，而且准时送达。"下面，介绍几家外国公司的质量方针（都是1990年以前制定的)。由于对各公司的产品、背景均不了解，故不作任何评论。

（1）3M公司

公司的每一部门都必须符合要求，而且使顾客满意；否则，便更改要求，直至顾客完全满意为止。

实行这样的方针要求每个人的表现都能符合要求。

我们基本的工作哲学是尽力防患于未然，坚持"第一次就完全做对"的态度，使质量管理成为一种生活方式。

（2）BM公司

我们将把零缺点、有竞争力的产品和服务，准时递交给顾客。

（3）Armco公司

以具有竞争力的价格，准时提供符合顾客要求的产品。我们的名号，对卖主、我们自己和顾客而言，都必须是质量的象征。

（4）Burroughs公司

为了改进质量，我们将明确要求标准，希望每个人都能第一次就把事情做对；遵循要求标准，或必要时使要求标准更臻完善。

（5）Milliken公司

公司决心提供最能帮助顾客成长的高质量产品和服务。公司的内部工作（开发、研究、市场调查、产品制造、行政、服务）都应谨慎遵循工作说明以完成任务。

（6）克劳斯比咨询公司（PCA）

我们将为顾客和本公司而完成零缺点的工作。我们彻底了解工作要求以及支持我们的制度，我们将永远符合要求标准。

四

制定质量方针不但是一个过程，而且是一个很重要的过程，应予认真对待。对组织现状的调查和分析可以形成此过程的输入；讨论、确定方向和目标是制定方针的活动；最后形成一个切合实际、满足要求的质量方针就是此过程的输出。因此，制定质量方针可以按下列阶段进行。

1. 调查现状。例如：可以列出一些需调查的内容，包括（但不限于)：

（1）本组织产品的特点是什么？发展趋势如何？

（2）本组织产品的主要质量问题是什么？有过哪些质量事故？主要原因是什么？

（3）本组织的产品水平、技术水平、经营管理水平目前处于什么地位？与竞争对手和世界先进水平相比，还有哪些差距？

（4）顾客对本组织最满意的是什么？最不满意的是什么？顾客申诉的主要问题是什么？

（5）本组织的产品及其生产、经营过程必须符合哪些法律、法规？有无违法、违纪的情况和倾向？

（6）本组织的资源是否满足要求？有无重大缺口？

(7) 本组织质量管理体系的现状如何？自我完善机制是否健全？

(8) 本组织的财务状况如何？最赢利、最受欢迎的产品是什么？最不赢利、最不受欢迎的产品是什么？顾客的流向如何？

(9) 职工的现状如何？他们有无参与的积极性？他们的主要需求和期望是什么？

(10) 领导层的现状如何？他们对组织的发展前景有什么打算？他们对建立和实施一个有效的质量管理体系、取得认证资格以及不断改进业绩方面有无决心？

2. 分析研究。例如：可以讨论、研究下列问题，包括（但不限于）：

(1) 应发展或淘汰什么产品或业务？发展的产品或业务应达到什么水平或向什么方向发展？

(2) 在产品质量方面，应优先解决哪些问题？

(3) 在满足顾客要求方面，应优先解决哪些问题？

(4) 研究并确定顾客满意度的各项指标和测量方法，用来对现在的顾客满意度进行测定。

(5) 制约本组织业绩提高的主、客观因素是什么？应优先解决哪些问题？

(6) 在质量管理体系和过程管理方面的薄弱环节有哪些？应优先解决哪些问题？

(7) 在持续改进方面，应建立哪些机制？如何发挥全体职工的积极性？

(8) 外部环境（如法律、法规以及市场情况）可能会有什么变化？应如何采取应变措施？

(9) 内部环境是否良好？是否有利于全员参与及体系的有效运行？还需创造什么条件？

(10) 在资源问题上，应优先解决什么？

3. 确定方向。例如：可以研究下列问题，包括（但不限于）：

(1) 本组织应如何贯彻八项质量管理原则？

(2) 本组织的总方针是什么？质量方针应如何体现这个总方针？

(3) 总的质量目标应定位在什么水平上？质量方针能否形成此目标的框架？

(4) 本组织在满足顾客要求方面能作出什么承诺？

(5) 本组织在满足有关法律、法规要求方面能作出什么承诺？

(6) 本组织在持续改进方面能作出什么承诺？

(7) 质量方针能否与本组织的产品、服务和活动相适应？如何体现本组织的实际追求？

(8) 质量方针如何体现本组织的价值观和企业文化的特点？

在分析的基础上，可以草拟几个质量方针，进行讨论，征求中层管理干部甚至全体职工的意见，最后请最高管理者决定并正式发布。

上述工作需要有一组人进行。可以从有关部门抽调合适的人员组成一个临时工作组来草拟质量方针和质量目标，也可以由质管办等机构抽出人员从事此项工作。总的要求是在认真调查研究的基础上，确定组织的质量方针和质量目标，切不可由某个秀才心血来潮就轻率决定。

由全国质量管理和质量保证标准化技术委员会(CSBTS/TC 151)秘书处和中国质量体系认证机构国家认可委员会（CNACR）秘书处联合组织的2000版ISO 9000族标准（草案）实施试点第三次工作会议达成的共识中，“关于5.3质量方针”一节指出：“质量方针的制定可根据质量管理八项原则，涉及产品、过程、体系，在满足标准对质量方针要求的前提下适当精炼。”

质量方针的表达方式可参见GB/T 24004-ISO 14004中的“4.1.4环境方针”。

中小学校如何推行 ISO 9000 族标准

上海质量体系审核中心　沙嘉祥

2000 年 1 月，笔者应教育部教育发展中心的邀请和上海质量体系审核中心（SAC）的委派，参加了在海口市举行的“全国民办中小学校教育现代化建设研讨会”。会议的目的是通过总结、交流、推广民办中小学校实施现代化教育的先进经验，促进我国民办中小学教育现代化建设，进一步落实第三次全国教育工作会议的精神。

研讨会的主题是：全面推进办学思想、课程教材、教学手段、管理制度等方面的现代化，促进以学生为主体、以创新意识和实践能力为重点的素质教育。研讨会的议题不但包括教育思想现代化，而且突出了创新教育的理念与实践：1. 关于课程建设的现代化，突出了课本、课程的设计和实验；2. 关于课堂教学的现代化，探讨了某些课程的改进实验；3. 关于学校管理的现代化，探讨了 ISO9000 族质量管理和质量保证标准（以下简称 ISO9000 族标准）应如何在学校贯彻、执行的问题。笔者就第 3 个问题作了主题发言。

笔者认为，在中小学校中推行 ISO9000 族标准，可以从“软件”上规范中小学校的管理工作。即在对每一名学生实施全面教育的各个过程中，通过规范每一名教职员工的师德、责任心、进取心、业务能力、授课能力（语言表达能力）、组织协调能力等诸方面来更好地贯彻我国教育方面的一系列法律、法规和有关规定。这是实现教育现代化，全面推行素质教育的需要；是全面、客观、合理、公正和定量地衡量和评价一所学校内部管理水平的准则；是衡量和评价一所学校在同类型学校中是否具有特色并具有竞争力的依据。

教育质量和教学水平的提高，最关键的因素在于“人”的质量。“人”的质量包含教与学两方面，即教师和学生的质量。实施 ISO9000 族标准，可以从满足学生、家长和社会需求的角度出发，对教师提出各项服务要求。而教师本身的质量如何，能否在本岗位上履行“人类灵魂工程师”的崇高职责，将关系到下一代能否承担起建设祖国的重任，关系到民族的兴衰，关系到祖国的前途和命运。

《教育法》以法律的形式对教师的引进、培训、上岗等方面都作了相应的规定，各地主管部门和各个学校也有一定的细则（如评价标准等），但是这些规定、细则该如何实施？对聘用或引进的教师应从哪几个方面进行测评？对教师测评的重点是什么？能否采用统计技术的方法，做到科学、合理、分层、分类运用有关质量管理的各种工具和图表，避免随意性、主观性和盲目性？能否保证教师测评工作严格按程序执行、不走过场？

笔者认为，实施 ISO9000 族标准是解决此类问题的有效途径。推行 ISO9000 族质量体系标准并取得带有国际互认标志的第三方质量体系认证证书，对学校贯彻落实党的教育方针和办学宗旨，规范各级各类人员的岗位职责，落实各项教学方案，检查教职员工的工作绩效，提高学校在社会上的知名度，最终使家长、学生和社会各方满意等，都具有十分深远的意义。

教育的最终“产品”，是通过教与学两个过程，向社会提供符合要求的、德智体美劳全面发展的合格人才。中小学校如何通过贯彻和实施 ISO9000 族标准，以实现办学目标？

在此，笔者将就中小学校实施 ISO9001/2 标准的有关问题进行一些探讨。

1. 办学方针离不开“质量”两个字。办学方针中包含了质量方针。这正是 ISO9001/2 质量保证标准

4.1、4.2 要素所要求的。从这个意义上说，学校应使学生通过学校教育，在思想、知识、能力、体质和个人发展空间等诸方面不断地得到提高。这种“不断地得到提高”所要求的，就是学校必须始终坚持以人为本，即必须紧紧依靠全体教职员工，坚持以追求教育质量为核心，强调教育质量的持续改进和提高。每个申请认证审核的中小学校应制定出切实可行的中长期质量方针。

2. 质量方针制定前后，应十分重视质量策划这一环节，也就是必须在深入开展调查研究的基础上，注重在教学的各个过程中不断“增值”。“增值”是通过每一策划，包括质量体系总体策划、课程计划、教务准备、招生、教学过程（包括考核和考试）、合格发证以及其他必备过程等的策划来实现的。它是质量方针直接、具体的体现。

3. 文件化质量体系应十分注重“做到的必须写到”。学校应围绕质量方针这条主线，通过对质量目标层层分解，让每一位教职员工明确自己应尽的职责。对每个岗位应尽可能设定目标值，由职能部门（如校长办公室、教导处等）加以监督和考核。这些目标值可以是：学生、家长的满意率，教师的授课质量合格率，教师的备课合格率，教师的文化层次和结构，学生的遵纪守法合格率，学生的文化考核、考试合格率，学生的课外作业量，学生的体质达标率，教师的综合评价合格率，学校的知名度等。

4. ISO9000 族标准强调了一个组织应结合自身实际情况，根据自己的组织结构，落实各级各类人员的岗位职责，确定可能影响质量的每一过程（特别是关键过程），编写这些过程的程序文件，并规定须配置的必备资源（如教师选聘、教材审定、新课程开发、教具采购、教师授课和平时考核及期中、期终试卷等），以确保质量方针的实现。

5. 校长要搭好一个贯标班子，选择合适人员担任管理者代表，专门负责开展此项工作。管理者代表应做好 5 个方面的工作：

（1）向校长提出贯彻实施 ISO9000 族标准的计划、方法和时间表，包括资源上的要求。

（2）管理者代表在自身培训的基础上，如可行，应对全体教职员工分批进行贯标培训（也可委托培训机构进行）。

（3）召集各职能部门的有关人员，组成一个编制质量体系文件小组，落实专人收集目前学校正在执行的各项规章制度、报表、报告等，对照所申请质量体系标准的各个要素，分头落实编写、补充、修订和完善原有文件、表式等。

（4）按 ISO9001/2 质量保证要求中的 4.17 要素组织开展内部质量审核（简称内审）。内审的频次按照学校实际情况决定，一般情况下每年不少于 1 次。对内审中发现的问题，主持召开专题会议，在听取不符合事实的基础上，要求有关职能人员分析原因，举一反三，制定纠正措施或预防措施，并将每次内审报告呈报校长。内审报告应对质量体系实际运行情况与文件化质量体系的符合性、有效性作出全面评价，并在管理评审之前提交校长，为各项决策提供依据。

（5）负责向校长报告与质量管理工作有关的外部联络工作和重大事项。

对于贯标组织来说，质量体系文件发布以后，关键在于能否认真按照文件贯彻实施，即“写到的必须做到而且有效”。在体系运行过程中，肯定会有这样或那样的问题或不符合项，各职能部门有关人员应针对每一问题特别是不符合项进行分析。如果是文件或有关表式不切合实际或不符合体系运行状况，有关职能人员应按照 ISO9001/2 质量保证标准的 4.5 文件控制或 4.16 质量记录要素及相关要素的要求加以修改；如果是体系运行中某一过程或环节没有按文件执行，学校应责成有关人员及时纠正并采取纠正措施或预防措施。只有做到以上两个方面，一所学校建立和实施的质量体系才是符合标准要求并且是有效的。

每一所学校在向第三方认证机构申请前，主要应从以下几个方面进行自我评价，以利于比较顺利地通过认证审核。必要时，可请有关机构进行预审。

第一，是否已按照所申请的 ISO9001/2 质量保证标准要求编制了质量手册、程序文件或作业指导书（作业指导书也称为教学管理规范或制度）？这些文件是否都明确规定了本校的教育质量方针和质量目标？

质量目标是否都有量化值？每一项教学活动的目的、范围、引用标准、做什么、谁来做、何时何地和如何做、使用什么设施、教材（实验、课内外活动）或资料是否都已明确？

第二，是否已按照发布的文件化质量体系，实际运行了3个月以上？通过内审以后，是否发现严重不符合项（如违反国家有关法律、法规或地方有关规定，家长或学生对学校的某些问题有重大投诉或抱怨，有重大伤亡事故或集体食物中毒事故等）？在申请第三方现场审核前，质量目标实现值是否存在较大差异？原因是什么？

第三，校长对本校质量体系运行情况是否按规定的时间间隔（一般为12个月）进行了管理评审？是否对上一阶段工作进行了总结并提出了下一阶段质量工作计划（包括资源上的合理调整）？质量体系适宜性和有效性的结论是否明确？记录是否齐全？

第四，质量保证标准要求中的4.14纠正和预防措施要素的实施情况和效果如何？学校是否具有不断发现问题、不断改进、不断提高的自我完善机制？例如：有关职能人员是否能通过新课程的设计开发、督导、听课、查教案、做实验、教研组活动、校内外活动、班会、家长会、社区等各方的反映以及学校内审中发现的已经存在或潜在的不符合项，在分析原因的基础上，举一反三，制定纠正措施或预防措施，避免再次发生？

第五，对学生、家长以及社会各方的投诉以及抱怨，是否能按照ISO9001/2质量保证标准中的4.19要素的要求，落实专人加以处理并将有关信息及时、准确地按照文件化质量体系的要求进行了传递？接口是否明确等？

在具体做法上，学校应该有创新意识，因地制宜，灵活运用。

目前，许多中小学（包括幼儿园）已经意识到贯彻ISO9000族标准的重要性。已有一些中小学校通过了上海质量体系审核中心（SAC）等认识机构的第三方质量体系审核，取得了质量体系认证证书。教育界及新闻舆论对此给予了积极的关注。

节能技术是获得节能产品认证的根本保证

青岛海尔电冰箱股份有限公司　唐海北　徐凌飞

二十世纪是人类社会工业化程度发展最快的世纪。伴随着物质文明的提高，人类付出的代价也是沉重的：资源被无节制地浪费，越来越多的河流正变得干涸，曾经肥沃的土地变得荒芜或被沙漠吞噬，大气污染、臭氧层破坏、地球温室效应等不断威胁着人类生存与发展的环境。目前，“地球只有一个，保护好自己家园”的呼声越来越高，环保已成为人类最关心的课题。

节约能源在环境保护中具有十分重要的意义，环境污染的日益严重与能源的不合理使用有很大关系。例如，我国75%以上的商业能源由煤碳提供，每年燃煤超过12亿吨。这些燃煤将排放大量的CO_2、SO_2、粉尘以及其它废气。我国的能源利用率仅为32%，比先进国家低10个百分点左右。按照我国每年可生产1000万台电冰箱计算，如果每台节能20%，1年即可节约7亿度电。不仅经济效益明显，而且对于保持人类可持续发展具有十分重要的环保意义。

为了保护环境，提高能源利用率，许多国家不仅制订了相应的法律及标准，还采取了鼓励使用节能产品的一系列措施，如进行节能产品认证、实行生态标签等，以推动节能技术的发展。

中国的能源利用率比先进国家低，商业性能源消耗量约占世界总量的9.6%，而在工业化过程中排出的CO_2却占世界总排放量的14%，中国能源生产的污染远远超出世界平均水平。在可预见的将来，燃煤仍是中国的主要能源。这意味着在使用能源的过程中，将排放出大量的CO_2、SO_2、粉尘、废气等。

因此，中国的节能工作尽管任务重，但十分必要。1998年开始实施的《中华人民共和国节约能源法》规定，国家鼓励节能技术进步，对节能示范进程和节能推广项目实施优惠政策。在这样良好的环境下，在较早开展节能技术研究的家用电冰箱行业中，一大批企业加大了研究开发力度并做出了突出贡献。以青岛海尔电冰箱股份有限公司（以下简称“海尔”）为例，其节能技术发展经历了从简单到复杂的过程：

1. 经过简单的加厚发泡层来实现；

2. 使用高效率的压缩机提高工作效率；

3. 通过优化电冰箱的制冷系统，如提高散热器的散热效率、减少和改进冷气通路阻力等达到降低能耗的目的；

4. 新材料、新技术的应用是使电冰箱节能发生质变的最有效方法，如通过采用真空绝热板技术、变频技术等实现大幅度节能。

一、节能技术改进和节能产品开发

到目前为止“海尔”先后利用双边、多边基金600万美元，自筹资金4.6亿多人民币对生产线及产品进行无CFC改造；同时，注重节能产品的开发，在一定程度上促进了我国家用电冰箱行业节能技术的发展。“海尔”在节能技术改进和节能产品开发方面主要做了如下工作：

1. 制定总体节能策略

“海尔”投资2000万元成立了节能研究所，开展家用制冷电器在节能方面的研究，并制定了宏观的节能策略及节能目标。在国际上，与日本、美国等国家的大学、研究机构进行广泛的交流与合作；在国内，与清华大学、华中理工大学等进行密切合作。为了提高产品的科技含量，与美国摩托罗拉 Dow 化学公司、巴西 Embraco 公司等进行技术联盟，共同开发新产品，保证了节能电冰箱研制的高水平发展。

2. 加强辅助工作

在节能产品的研究过程中，需要进行大量试验。为了保证各项试验能够顺利、及时地进行并保证测试的精确性，“海尔”投资数千万元，改造与扩大电冰箱整机试验室，现已具备达到国家标准要求的单机测验台位 102 个。该试验室全部使用从日本引进的高精度测试仪器，使用联网微机采集、处理数据，为节能产品的研制提供了有力的保障。这个整机试验室，不仅是国家级试验室，还先后被美国 UL、欧洲 CE 试验室授权认可，有权直接进行 UL、CE 等认证。

3. 在优化电冰箱制冷系统的节能性能方面，“海尔”作了如下努力：

a. 采用高效压缩机：“海尔”电冰箱的高效压缩机，部分在标准情况下的 COP 值已超过 1.5，变频压缩机已超过 1.7。为了在保证压缩机的润滑性和使用寿命的前提下，提高压缩机的 COP 值，“海尔”与压缩机厂家进行了广泛的合作。

b. 提高散热器的散热效率：“海尔”利用与美国马里兰大学联合开发的制冷系统软件，进行节能设计，不仅提高了设计精度，缩短了设计周期，更重要的是达到了节能目的。在产品设计中，合理增加冷凝器面积，以适当加大过冷度；选择适当的冷藏、冷冻蒸发器面积、形状、位置进行匹配；在理论计算的前提下，在实验室进行大量的调试、验证，确定合适的流量、注液量，使系统达到最优化，实现节能 5～20%。

c. 优化风冷电冷箱冷气回路，提高制冷效率：通过动态仿真系统，确定冷风风道的最佳形态与位置，极力减小冷风通路的阻力，减小冷量散失。

4. 在绝热节能技术方面，“海尔”主要在绝热材料与绝热材料的结构方面进行了节能研究。

a. 在使用非 ODS（臭氧层破坏物质）的前提下，努力减少绝热材料的导热系数，通过对模具温度胶化时间、发泡密度、发泡料的配方等进行大量研究，形成电冰箱的微孔发泡技术，不仅使高温、低温的绝热性能都得到优化，而且长时间使用后，发泡层的性能仍有保证，使发泡后绝热材料性能最佳。

b. 改善绝热结构，合理分布绝热层的厚度；努力减小门内衬与箱体的间隙，改善门封条结构，增加气腔个数；减小门封条厚度，避免冷气与箱体金属接触，减小漏热量。

5. 在控制技术方面开发节能控制技术是“海尔”的又一主要方向。

a. 为了减小能耗，在电冰箱的设计中，尽可能减小温度补偿加热丝的使用，或使用较小功率的加热丝，采用数字节能技术，使电冰箱根据环境温度及存储食品的数量而自动调节温度，降低了使用过程中的能耗。

b. 选择合适的温控器及控制板参数，使电冰箱的开停机时间达到最佳，从而降低压缩机的压比和启动功率，减少能量损失。

二、节能技术

目前，随着“海尔”节能产品研究工作的深入，大量新材料、新技术在电冰箱上得到成功应用。

1. 真空绝热板节能技术

真空绝热板（即 vacuum insulation panel，以下简称 VIP）是一种新型的制冷器具绝热材料。VIP 是由特种高分子膜与铝膜组成的复合密封膜，将 100%开孔硬质聚氨酯泡沫密封起来，将内部抽成高度真空，通过安装专用吸附剂吸收残留及泡沫中产生并释放出来的气体，整体 VIP 为高效绝热物质。VIP 的导热系数可以比常规泡沫降低很多，用于提高电冰箱的节能效率，效果良好。

“海尔”电冰箱于 1997 年底开始试用 VIP。经过多次试验，对 VIP 的安装方式、固定方式、安装位置及尺寸优化、VIP 与 PU 泡沫的粘结、预装后箱体发泡时 PU 发泡料的流动性、发泡剂对 VIP 表面的破坏、节能效果评价等方面进行了分析。研究，取得了良好的效果。试生产的 BCD328 风冷电冰箱样机可达到 20%的节能效果。

试验证明，采用 VIP 技术后，在箱体外型和内部尺寸完全相同的情况下，可达到 20%的节能效果，在箱体外型尺寸相同的情况下，当电冰箱能耗相同时，可以大大减少发泡层厚度，使电冰箱的内部尺寸（即净容积）增加 20%以上。

采用 VIP 技术后，电冰箱在能耗和容积上均会取得良好的改善效果，尤其是大容积电冰箱（一般大于 350 升）的效果更好，且增加的成本可接受，达到工业化批量生产的目的。由于开发大容积电冰箱（大于 400 升）是“海尔”的研究重点，VIP 的研究与应用意义重大。

随着 VIP 技术的发展，VIP 的基材物质、发泡剂、吸附剂、密封材料、使用工艺均在发展，其成本将不断减低，其效果、可靠性、寿命系数将不断提高，大批量生产已很可行。

2. 变频技术

采用变频智能技术可使家用电冰箱集变频、智能、节能、速冻、降噪、保鲜于一身，且互相促进、更加优越。电冰箱通过比较箱内温度与设定温度的温差，自动调节压缩机的转速，使电冰箱一直处于最优工作状态。当电冰箱内温度回升较大（如一次性放入较多食品）或进入速冻状态时，压缩机高速运转，制冷速度加快，冷冻食品可以在最短的时间内通过最大冰晶生成带，取得更好的保鲜效果。如果箱内的温度变化不大，压缩机则以低速运转，达到节能降噪的目的。采用此技术可实现软启动、软停机和无级变速，从而减小对电网的冲击电流，降低启动噪音和损耗。

较好开展节能产品开发与生产的企业，一方面有利于扩大市场占有率，还可以申请得到 GEF 全球环境基金，利用该基金推动产品的节能研究与发展；另一方面，也是企业国际化的需要。现在，美、欧等国家对进口家电产品的能耗值要求日益严格，经济贸易的国际化也促使各国加快节能产品的开发。随着我国经济的高速发展及加入 WTO 的临近，家电产品的出口贸易必将大量增加。提高产品的能源效率，将增强我国家电产品在国内外市场的竞争力。

1998 年底，我国唯一的节能产品认证机构——中国节能产品认证中心（CECP）诞生了。该中心依据我国相关标准与规定，对节能产品实施统一认证并颁发认证证书和节能标志，极大地推动了我国节能技术的推广与应用，对提高我国家电产品的国际竞争力起到了积极作用。同时，节能产品认证制度得到了广大生产企业的积极响应和消费者的肯定。目前，贴有节能标志的家用电冰箱已成为市场的主导产品。“海尔”将积极推进节能技术进步，致力于降低能耗和环境保护事业，为我国乃至世界的经济可持续发展作出贡献。

美国和加拿大的产品认证与认可

刘卓慧　陈云华

2000年11月，国际认可论坛（IAF）第十四届年会决定，正式启动产品认证机构认可多边互认工作；太平洋认可合作组织（PAC）也将产品认证机构认可多边互认工作列入了实施计划。由中国合格评定国家认可中心产品认可委（CNACP）组织的赴美国、加拿大产品认证工作考察团（以下简称考察团）于2000年6月14日至28日对美国、加拿大的产品认证机构、检验机构、认可机构及标准协会和消费者安全委员会等机构进行了考察。为了推进我国产品认证工作的发展，推动产品认证国家认可制度的实施，使更多的热心人士了解国外产品认证/认可情况，现将考察团在美国、加拿大了解到的情况作一简要介绍。

一、机构概况

（一）加拿大标准协会（CSA）

1. CSA 的概况

加拿大标准协会的前身为加拿大工程标准协会（Canadian Engineer Standards Association），成立于1919年，现为加拿大最大、历史最悠久的标准和认证组织。CSA 为非政府机构，即独立的非营利私营机构。其宗旨为：促进贸易，加强公共健康和安全，提高生活质量，保护环境。

CSA 的主要业务为：a. 标准发布；b. 体系认证（即 ISO9000、QS9000、TL9000、ISO14000 认证）；c. 产品认证（包括检验）。CSA 拥有雇员人数1100人，拥有成员9000个，有35个技术门类，制订标准1800个，每年受理认证的个案超过25000个，每年实施工厂审核超过50000个，其营业额达1.5亿美远。

CSA 的业务机构庞大，不仅在加拿大本土设有分支机构，而且在美国、中国（广州、上海、香港）、印度、荷兰、新加坡等国家也设有分支机构。

2. 产品认证/认可情况

（1）认证机构的资格认可

加拿大共有7～8家产品认证机构，CSA 承担了一个认证机构的职能。国家设有对认证机构认可进行管理的专门机构——加拿大标准委员会 SCC（Standard Council of Canada）。SCC 由政府官员、大学教授、消费者等各方面的人员组成。SCC 是从政府中分离出来的公司，或者说是政府授权的公司，费用自收自支。政府完全信任认可机构。经 SCC 认可的机构有标准开发机构3～4个；产品认证机构7～8个；实验室数百个和若干个体系认证（注册）机构（ISO 9000 和 ISO 14000）。

SCC 对认证机构的审查认可包括技术与质量两个方面。技术方面指标准与实验室等技术能力，质量方面指按 ISO/IEC 导则65进行审核的能力。根据 CSA 的人员介绍，加拿大认证机构的认可虽不是强制的，但所有认证机构必须获得认可才能在市场上取得信誉。认证机构的权威性和认证的一致性也是通过认可获得的。

CSA 不但获得了 SCC 的认可，还获得了美国劳工组织、美国标准协会（ANSI）等国外机构的认可，在欧洲及亚太地区还与大量认证机构合作。

（2）CSA 的认证范围

在加拿大，认证机构之间通常以一个领域，而不是以一种产品划分业务分工，如 Water Quality，就是与水有关的所有产品。CSA 的认证范围为：电气和电子产品、能源、建筑、建筑材料、各种设备、燃气产品、职业/娱乐安全、水质量等。加拿大的产品认证和体系认证工作有交叉，CSA 既可进行产品认证也可进行体系认证。CSA 的认证形式多样，同一类产品可能有多种认证标志，CSA 对认证标志的管理也有自己的做法。CSA 的认证程序依据国际准则的要求，而且只能比准则的要求多。

3. 认证机构的法律责任

安全认证在加拿大是强制性的，对有安全性要求的产品，加拿大省级政府会派出官员在市场中检查，发现销售无认证标志的产品就要求从货架上撤下。

加拿大的 10 个省及 3 个特区对认证都有自己的法律规定，考察团也收集了一些相关法律条文。

如果获得认证的产品出现质量问题，认证机构要承担相应责任并负连带经济责任。

（二）美国国家标准协会（ANSI）

美国国家标准协会（American National Standards Institute）是联邦政府通信委员会（Federal Communications Commission）授权的认证认可机构。

1. ANSI 对认证形势的看法

ANSI 代表美国参加 ISO，实施 ISO 标准和导则并积极参与合格评定委员会（CASCO）的工作，对 CASCO 协议感兴趣。他们认为，近 15 年来，随着国际双边贸易的发展，越来越多的美国商人知道合格评定的重要性，认证标志对贸易也起到了重要作用，但要达成多过互认协议难度还较大。

在美国，认证有自愿和强制两种。自愿是厂商自我声明并贴有标志，以增强其知名度；强制性的则厂商不能选择。自愿认证即厂商自我声明应满足三个条件：a. 在市场上该类产品竞争不很激烈；b. 有严格的法律规定，且处罚很重；c. 联邦政府贸易委员会有高要求，能将欺骗者送上法庭。

美国有数千个实验室，数千名审查员，而认证机构只有几十家。认可机构执行的是政府行为，是经政府授权的。政府虽未对认可进行强制，但美国的 25 家产品认证机构全部通过了认可。这些认证机构认为，只有经过认可，才会在市场上有信誉。对于这一点，美国和加拿大是完全一致的。

2. ANSI 在美国的作用

（1）ANSI 对产品认证机构、质量体系认证机构、实验室和评审人员进行认可；质量体系认证和人员资格认可主要由 RAB 进行。ANSI 与 RAB 密切合作，共同实施认可管理。ANSI 制定有合格评定程序。ANSI 的人员向我们介绍了合格评定的要点，对产品认证机构的要求是依据 ISO/IEC 指南 65、23、25、39、62 进行评定，与 IECEE 保持一致。ANSI 评定过程的公正性由大家评议，并将评议意见在 ANSI 的周刊上发表。同时，建立申诉机制和管理办法，及时处理所有的申诉案例。

（2）ANSI 运作机构的特点是广泛与其他机构建立合作关系。ANSI 与其他机构合作的项目，除实验室和评审人员的认可外，也包括产品认证机构、体系认证机构等认可，并积极借用其他机构的力量来完成。其合作伙伴及有关信息可在网络上查询。

（3）制定认可政策和认可计划。ANSI 代表国家参加相关的国际会议和活动，并拟代表美国对全世界的信息技术设备建立相互认可关系作出贡献。

3. ANSI 的工作成就

（1）实验室认可工作已开始运作。

（2）已完成包括 UL 在内的 25 个产品认证机构的认可。

（3）已完成 50 个质量体系认证机构的认可。

（4）已完成 23 个环境认证机构的认可。

ANSI 不直接从事产品认证工作。它特别强调通过认证提高产品的竞争能力，给购买者以信任。同时，统一标准，统一技术要求，统一解释，达到对标准和技术要求理解一致。这是认可的意义所在，也是认证带来的明显益处。

（三）美国保险商实验室联合公司（UL）

Underwriters Laboratories Inc. 是美国最大的、权威的产品认证机构，总部设在伊利诺斯布鲁克市（Northbrook IL. USA），并在旧金山、芝加哥等地设有4个实验室。考察团访问了UL设在旧金山市附近Santa Clara镇的实验室。

UL实验室公司的主要职责是制定一些标准和检验产品，是独立的、非营利的检验实验室。其业务范围包括电子、家电、照明、玩具、材料、设备等与人身安全有关的检验试验项目。UL实验室公司既进行产品认证，也进行ISO 9000、ISO14000及QS9000标准认证工作。

UL的认证情况和认证程序在我国认证同行中已为许多人所了解，这里不再介绍。在访问中，我们主要关注了如下问题。

1. 标准和强制认证

在美国，UL是由国家标准化机构（如ANSI）授权制定相关标准的机构之一，报国家标准化机构批准后，在全国实施。因此，UL是美国标准协会（ANSI）的成员机构之一，也是ANSI认可的产品认证机构之一。

在产品认证中，存在标准制定跟不上市场变化的情况。对没有标准的新产品，UL也可以认证，通常的做法是：a. 寻找相应的产品标准或参照采用其他产品标准；b. 汇集各方力量制定新标准。

UL认证虽不是强制的，但客户都把UL证书作为产品进入美国市场的依据，客户只要拿到UL的证书，产品就可以进入美国市场，使UL的认证成为变相的强制性认证。

作为IECEE（国际电工委员会电工产品安全认证组织）成员机构的是美国国家标准局（NEMA）。NEMA向IECEE推荐的美国国家认证机构（NCB）有UL、ETL、MET、ENCELA、TüV。这5个NCB之间是相互竞争的关系，它们都要通过自己的服务赢得市场。

2. 认证机构的法律责任

据UL的有关人员介绍，从来没有出现过要UL承担法律责任的事情。关于认证机构的连带责任，美国没有明确的法律规定。他们认为，企业应建立在信誉的基础上，出了问题有严格的法律做保障。

3. 多种认证方式的关系

UL开展产品、质量体系、EMC等多种认证。当问及一家企业生产同类产品并同时申请多种认证，UL如何处理，认证费用的收取是否有优惠时，他们未作明确回答，只是强调了认证是自愿的，应根据企业的要求实施认证。EMC认证也是非强制性的。估计美国虽然存在多种认证，但没有要求企业同时申请获得多种认证。

考察团还参观了UL的低压电器、电器附件、家用电器、电子产品实验室、电磁兼容实验室、燃烧实验室等，其设备水平与我国实验室基本相同，只是设备利用率及任务量明显高于我国。

（四）美国MET研究室

MET研究室（MET laboratories，Inc.）设在美国巴尔迪摩，是一家鉴定机电、电子、机动车。医疗、通讯设备的独立的私立实验证明机构。

在美国，产品的实验、认证由独立的、被认可的机构执行。MET研究室是第一个由美国政府认可的实验、认证机电产品的实验室，约有70位员工和4个装备齐全的实验室，还有8个卫星站。MET实验室与世界各地的许多研究机构达成了合作协议。

MET研究室的工作是：提供电磁调配试验、环境压力测试、机械测试和电讯测试，合格后发给安全证书。

MET研究室是与美国保险商实验室联合公司（UL）、加拿大标准协会（CSA）签约的实验室，其检测任务95%是政府给的，另5%是制造商的需求。目前，他们准备转为营利机构，原因是要购买检验设备和支付高额税赋。他们正在寻求机动车工业产品的认证实验。

（五）美国消费品安全协会（U. S. CPSC）

U. S. Consumer Product Safety Commission 的主要职责是对消费产品使用的安全性制定标准和法规并监督执行，是联邦政府机构。

CPSC 管理的产品有 1 500 种以上，主要是家用产品，如家用电器、儿童玩具、烟花爆竹等。

以儿童玩具为例，其检查项目包括阻燃性、拆开性等，评定现有或潜在的危险性和危害性，以防儿童受到损伤。这种检查不是为了难为企业，而是为了对消费者负责。CPSC 检查的不是企业的生产质量，而是检查产品使用过程中的安全性。

CPSC 的管理手段主要是：a. 罚款；b. 电视媒体曝光；c. 必要时，追回有问题的产品；d. 通过法律程序解决。

CPSC 制定的标准和法规很详细。如对电冰箱的安全使用问题，考虑了如果小孩子爬进去，能否安全地出来；对打火机的安全使用问题，考虑了 5 岁以下儿童能否打着，能否烧伤儿童等。机动车及残疾人用品等安全使用问题不在其管理范围内，由其他专门机构负责。CPSC 的一些做法很值得我们借鉴。

二、几点体会

1. 认证的依据是标准。美国、加拿大在实施各种认证时，完全向国际标准靠拢，以便于国家间的相互认可和国际贸易。

2. 美国和加拿大关于认可制度的建立和认证的管理，与我国完全一致，即认可由政府授权，依据国际准则运作。在本次考察所了解的机构中，主流是产品认证，可以预见产品认证具有广阔的市场前景和发展空间。

3. 我国产品认证的管理思想和程序要求已经与国际惯例接轨，而实际运行的效果则差距很大。一些认证机构的不规范行为，特别是一些检验机构的不规范行为影响了检测结果的真实性和科学性，使认证的信誉受到损害。这也是我国与发达国家的差距所在。

4. 在认证实施中，美国的法律依据充分、规定严格、法制观念较强，基本不存在假冒、伪劣认证。我国有关认证的法律、法规尚待健全。在现阶段，借鉴国外的成功经验，加大对认证机构认可的实施力度，有助于促进我国合格评定方面法律法规的完善，使我国的产品认证工作健康稳妥地发展。

家用电冰箱节能产品认证成果与分析

中国节能产品认证中心　崔华

我国节能产品认证制度是随着《中华人民共和国节约能源法》的实施和能源效率标准化体系的建立而诞生的。1999年，我国第一个能效标准GB 12021.2《家用电冰箱电耗限定值和节能评价值》正式颁布实施，家用电冰箱节能产品认证也于同年4月正式启动。

中国节能产品认证中心（以下简称CECP）通过深入、扎实、细致的工作，在审核人员、检测机构和申请认证企业的积极关注和配合下，家用电冰箱节能认证工作进展顺利。目前，贴有节能标志的家用电冰箱已成为市场的主导产品，生产企业也加大了家用节能电冰箱的开发力度。

下面，笔者根据家用电冰箱节能认证情况以及我国家用电冰箱的能效状况作一简要分析。

一、家用电冰箱节能认证情况

节能产品认证是企业的自愿行为。1999年4月中旬，CECP启动家用电冰箱节能产品认证，得到企业界的积极响应；同年9月3日，首批9家企业共103个型号的节能认证家用电冰箱面市，对家用电冰箱市场产生了极大的冲击与震撼。截止到2000年5月底，已经有6批16家企业182个型号的产品通过了家用电冰箱节能产品认证，共计发放认证证书182张（按型号颁发）。其中，由于产品型号调整，经企业申请撤销了5张证书。证书发放情况按企业统计结果如表1。

除上述获证企业外，中国雪柜实业有限公司、泰州乐金春兰家用电器有限公司已顺利通过了现场检查，产品的检验正在进行之中；青岛澳柯玛股份有限公司也在积极准备迎接CECP的现场检查。

随着企业节能意识和环保意识的提高，节能产品开发力度的加大，我国家用电冰箱的整体能效水平将迈上新的台阶，市场将出现更多品牌、更多型号的节能型家用电冰箱。

二、节能家用电冰箱开发与生产情况分析

1. 从产量上分析

获证企业基本是家用电冰箱生产行业的骨干企业，其产量和产值均超过全国电冰箱生产企业总产量和产值的2/3。其中，16家获证企业的177个型号的家用电冰箱的年产量约250万台，约占全国总产量的25%。这一比例与CECP确定节能评价值的原则相吻合。

在获证企业中，青岛海尔电冰箱股份有限公司、河南新飞电器有限公司是生产家用电冰箱的龙头企业，其节能型产品1999年的产量均超过50万台。博西扬制冷有限公司、伊莱克斯中意（长沙）电冰箱有限公司、合肥荣事达电冰箱有限公司等外商独资、中外合资企业，依靠先进的技术、设备、管理等优势，不断推出高科技含量的新产品，不仅节能家用电冰箱开发比例高，而且生产比例高，占其总产量的50%以上，其发展潜力是不可低估的。

2. 从型号上分析

获证的家用电冰箱共177个型号，接近申请企业开发型号总数的40%。其中，青岛海尔电冰箱股份

有限公司、博西扬制冷有限公司、伊莱克斯中意（长沙）电冰箱有限公司、合肥荣事达电冰箱有限公司获证产品的型号数占其总型号数的比例很高，分别约为 78%、78%、77%、100%。

另外，广东科龙电器股份有限公司。河南新飞电器有限公司、杭州华日电冰箱厂节能冰箱的型号开发占到 50%左右。这些数字表明，节能产品已逐渐成为家用电冰箱生产企业开发、设计的主导产品，并将带动其他企业的开发方向，引导市场消费的走向。

表 1

序号	生产企业	证书数
1	青岛海尔电冰箱股份有限公司	54
2	广东科龙电器股份有限公司	18
3	青岛海尔冰柜总公司	8
4	杭州华日电冰箱厂	8
5	合肥美菱股份有限公司	12
6	杭州西泠制冷电器有限公司	12
7	安徽博西扬制冷有限公司	11
8	伊莱克斯中意（长沙）电冰箱有限公司	10
9	河南新飞电器有限公司	23
10	长岭（集团）股份有限公司	4
11	无锡松下冷机有限公司	2
12	合肥荣事达电冰箱有限公司	7
13	合肥华凌电器有限公司	1
14	牡丹江康佳电器有限公司	2
15	贵州海尔电器有限公司	2
16	华意电冰箱厂	3
总计	16 家企业	177

注：广东科龙电器股份有限公司包括成都科龙冰箱有限公司、营口科龙冰箱有限公司；在通过认证的 18 个型号中，包括营口科龙冰箱有限公司 3 个型号、成都科龙冰箱有限公司 2 个型号。

下面，根据认证结果对家用电冰箱节能认证产品的类型及型号分布情况（见表 2）进行分析。

从表 2 的统计中可以看出：申请认证的冷藏、冷冻家用电冰箱主要以容积为 150L～250L 的型号为主，占该类型的 78.9%。据调查，容积在 200L 左右的电冰箱是市场的主导产品，许多企业以节能为契机，以节能认证产品带动产品的市场销售。

在获证的家用电冰箱中，以直冷冰箱为主，无霜冰箱只占 12.5%，这个比例与我国无霜冰箱市场需求量相对较低、企业开发数量少、能耗水平相对较高的情况相吻合。

经过上述分析，我们不难发现：一方面，申请认证企业节能产品的开发比例都很高，获证产品的型号数占申请企业产品型号总数的 40%左右；另一方面，节能认证产品的产量相对较低（年产量约 250 万台），只占年生产总量的 25%左右，这种现象可以从以下几方面理解：

1. 政策因素：我国虽然鼓励节能产品的开发，但优惠政策未出台，企业的生产积极性未充分调动起来。多品种节能冰箱的开发只是市场占位，实际产量较少。

2. 价格因素：节能产品由于其科技含量较高，产品成本较普通冰箱高，而我国个人平均收入水平还较低，经济型产品占有绝大部分的市场销售份额，对节能产品的需求量还不太大。

表 2

家用电冰箱类型	认证型号数	型号范围（标称容积）	≤150	>150≤250	>250≤350	>350
冷藏箱 BC	13	36-163	10	3	—	—
冷冻箱 BD	12	60—466	9	—	1	2
其中：无霜冷冻箱 BD	—	—	—	—	—	—
冷藏冷冻箱 BCD	152	108—282	4	120	28	—
其中：无霜冷藏冷冻箱 BCD	19	189—270	—	16	3	—

3. 宣传推广因素：节能认证的宣传力度、市场接受程度不够理想，销售潜力有待进一步挖掘。

三、获证产品能效水平分析

我国家用电冰箱认证节能评价值是结合我国冰箱实际能效水平状况，通过工程分析和经济分析方法确定的。据统计，获证产品的能耗平均低于认证节能评价值约 17%。其中，伊莱克斯中意（长沙）电冰箱有限公司、合肥荣事达电冰箱有限公司的获证产品整体节能水平较高，其能耗平均低于认证节能评价值 29.42%和 25.53%。

一些企业采用高科技进行系统优化和设计的家用电冰箱比普通电冰箱节能高达 40%以上。例如：青岛海尔电冰箱股份有限公司生产的 BCD—249H、BCD—270、BCD—272；伊莱克斯中意（长沙）电冰箱有限公司生产的 BCD—223RSD。BCD—248RSD；广东科龙电器股份有限公司生产的 BCD—272/ HC 等新产品，节能效果非常显著。

目前，我国家用电冰箱能效水平相当于欧盟能效标识的 B 级，对无霜冷藏冷冻箱、冷冻箱的认证要求低于欧盟 B 级约 5%～10%。在 177 个型号的获证产品中，只有 26 个可以达到欧盟 A 级能耗水平，占 14．7%；同时，这 26 个能达到欧盟 A 级的型号全部是直冷式冷藏、冷冻箱，其它类型没有一个达到 A 级。这种情况说明，我国产品的能效指标在总体上与国外的 A 级水平有一定差距。因此，对整个家用电冰箱行业来说，目前确定的节能认证的能耗技术指标是比较适宜的，符合我国的国情。

总之，我国家用电冰箱的骨干企业在节能产品认证活动中起到了很好的导向作用。同时，节能产品的诞生，也为消费者选择和购买节能型产品提供了具体的指导和帮助。可以这样说，家用电冰箱节能产品认证工作为企业的质量管理、产品创新注入了新的活力，为消费者生活质量的提高创造了条件。节能认证必将促进我国家用电冰箱行业的技术进步和整体节能技术水平的提高。希望有更多的企业通过技术革新，不断提高产品的能效水平，积极加入节能产品认证的行列。

如何正确判断空调器节能水平

中国节能产品认证中心　成建宏

随着我国空调器市场的迅速发展，一大批设计新颖、功能齐全的产品已经走进千家万户。空调器的应用和普及大大改善了人们的居住条件，给人们的生活和工作带来了舒适和方便，已成为现代家庭不可缺少的家用电器之一。

空调器的耗电量非常大，其耗电功率一般在800～2000W之间，每小时约耗电1.2度，远远大于其他家用电器。因此，消费者在购买空调器时，越来越关注其能源效率，希望买到性能优良、节电的空调器，以减少使用中的后期投入。

目前，市场中的空调器能源效率水平参差不齐。以一台KFR－35型空调器为例，每小时耗电量从1160W到1500W不等，耗电量相差约0.34度。按照空调器产品的平均使用寿命为10～12年计算，用户支付的电费将是一个可观的数字。

普通型产品的耗电费用为：

1.50度电/小时×500小时/年×10年×0.6元/度电＝ 4500元

高效节能产品的耗电费用为：

1.16度电/小时×500小时/年×10年×0.6元/度电＝3480元

可见，购买高效节能产品，消费者可以少支付电费1020元。

从2000年6月1日起，中国节能产品认证中心（CECP）已经对空调器实施节能产品认证，获得认证的企业可以在产品上使用（粘贴）节能认证标志。节能产品认证依据科学、客观、公正的原则进行，可以使消费者在购买空调器时，直观地得到产品的耗电量信息，对产品的节能水平作出正确的判断。

一、节能认证制度的作用

节能产品认证是根据《中华人民共和国节约能源法》制定的节能管理制度。这项制度作为节约能源、保护环境的有力措施，必将促进我国节能技术的进步。其作用主要表现在以下几个方面：

1. 为消费者提供信息，引导市场消费。

由于获得节能认证产品的能源效率指标必须达到国内先进水平或国际先进水平，使节能认证可以公正、准确地提供产品能源效率信息，引导消费者在面对不同规格、不同型号、不同价格和不同技术水平的产品时，选择购买节能、省钱的空调器，保护消费者的利益。

2. 促进技术进步。

节能认证制度的实施将引导和激励生产企业采取先进技术，生产高效产品，从而为企业创造一个公平竞争、优胜劣汰的营销市场，增强国际竞争能力。

近年来，虽然我国家用空调器产品的产量很高，但是技术含量却不高，某些关键技术依赖进口，使许多企业陷入“价格战”的泥潭，投入科技创新的资金非常有限。随着我国加入WTO步伐的加快，市场竞争将更加激烈。因此，我国空调器生产的发展方向应以技术进步为先导，实现企业的现代化。例如：一些大企业通过加大科技投入，开展节能技术研究，积极改善空调器的热交换器性能、采用高效率压缩机、优化空调器制冷系统等，不断开发出满足市场需求的新产品，使产品供不应求。这些事实，雄辩地论证了只有技术领先，才能在市场中领先。因此，节能认证制度的实施，将引导我国空调器工业从价格竞争转化为技术竞争、品牌竞争，使我国由空调器生产大国向生产强国迈进。

3. 保护环境。

如果使用高效节能型产品，不仅能够减少耗电费用，降低家庭支出，也可以为保护大气环境做出贡献。目前，我国的空调器耗电量已占全国耗能量的6%，并呈上升趋势。由于我国的电能生产主要来自煤等化石燃料的燃烧，每天都向大气中排放大量的二氧化碳，造成的主要危害有烟雾、酸雨、水污染等，直接导致全球气候变暖。

因此，开发、使用节能型空调器具有非常重要的现实意义。

二、节能认证的科学性和可靠性

中国节能产品认证中心（CECP）对申请空调器节能认证的企业，将进行严格的质量体系审核和产品检验。在认证过程中，CECP不仅要考虑产品的节能性能，还要考虑产品的质量和安全性能，以充分满足空调器能源效率标准和有关质量、安全等方面的标准要求。主要认证过程如下：

第一，申请节能认证的空调器产品应符合国家安全标准，并得到安全认证证书。

第二，中国节能产品认证中心（CECP）依据GB/T19002－ISO9002标准对申请节能认证的企业进行质量体系现场审核。审核的内容包括产品的生产、安装和服务等，以确认该企业能够有效地控制和保证产品的质量。

第三，在通过质量体系审核的基础上，CECP将对申请节能认证的空调器产品进行随机抽样，并由经评定选用的国家级检验机构进行耗电量和相关性能的检测，以确认该产品是否达到国家节能评价标准等相关标准的要求。

通过这些综合评价，可以保证使用节能标志的空调器都严格按照国家标准生产；同时，应用了先进的节能技术，使产品具有可靠的安全性能和质量保证。因此，节能标志包含的信息是：空调器产品不仅质量稳定、节约能源，而且在性能、安全方面均达到国家标准。

三、节能认证标志的特征

凡获得节能认证的空调器，其生产企业均被批准在其产品或包装上使用节能标志，节能标志由中国节能产品认证中心（CECP）统一印制并发放。节能标志为圆形，中央是一个变形的“节”字，主体呈天蓝色，并有“中国节能认证”的字样。节能标志运用了多项高科技防伪技术，如采用了高温变色防伪技术，在使用50℃～55℃热源的情况下，“中国节能认证”的文字可以由草绿色变为黄色，去掉热源则恢复为草绿色；又如，在变形的“节”字中，隐藏着“CECP”的字样，用验钞器检测时发出绿色的荧光。

实施 ISO 14000 系列标准
改善组织的环境绩效

清华大学　董长德

ISO 14000 环境管理系列标准是国际标准化组织（ISO）继 ISO 9000 系列标准之后推出的又一管理体系标准。主要目的是通过国际标准来规范组织的环境管理行为，改善组织的环境绩效。

笔者依据 ISO 14001 环境管理体系标准，结合我国开展环境管理体系认证的实践谈一些看法，供咨询人员及组织在建立和实施环境管理体系时参考。

一、ISO 14000 环境管理系列标准产生的背景

环境问题是世界各国普遍存在的问题。80 年代以来，人类社会出现了众多危及生存的环境问题，其中包括气候变暖、臭氧层破环、生物多样性减少、酸雨蔓延、森林锐减、土地荒漠化、大气污染、陆地水体污染、海洋污染、固体废弃物污染等十大环境问题。它们对人类社会和经济发展造成的危害，引起了各国政府极大的关注。

在我国，由于人口众多、工业基础薄弱、技术水平及管理水平比先进国家落后，再加上多年实行粗放型的经济管理模式，造成了资源浪费、环境污染和生态破坏。目前，我国面临的环境问题主要有以下几方面。

1. 大气污染日益加剧，其主要表现形式为：酸雨、气候变暖、臭氧层破坏。
2. 水域污染问题突出。
3. 城市环境污染、垃圾围城现象普遍。
4. 水土流失、荒漠化不断扩展。
5. 生态环境遭到破坏、濒危物种生境缩小。
6. 水资源呈现短缺。
7. 耕地资源逐年减少。
8. 森林资源供不应求。

人类社会真正对环境采取行动是 70 年代以后。1972 年，联合国在瑞典首都斯德哥尔摩举行了第一次环境保护大会，又称“人类环境会议”。这次大会通过了《人类环境宣言》和《人类环境行为计划》，成立了联合国环境开发署（UNEP），将每年 6 月 5 日定为“世界环境日”。斯德哥尔摩宣言是国际环境保护的里程碑。在此基础上，各国政府相继制定了本国的环境法律、法规和环境标准，以实现对环境污染的控制和加强环境管理。

1990 年，国际标准化组织（ISO）和国际电工委员会（IEC）出版了《展望未来——高新技术对标准化的需求》一书，书中提出的“环境与安全”问题被认为是目前标准化工作最紧迫的四个问题之一。

1992 年，联合国在巴西的里约热内卢举行了第二次环境保护大会，有 103 位国家元首、政府首脑以及 180 多个国家的代表参加，被称为“20 世纪地球盛会”。大会总结了以往环境保护发展的经验教训，明

确提出了可持续发展的战略，将环境保护与人类的经济发展并列起来。这次会议反映了各国环境保护思想的转变，表明环境管理已引起人们极大的关注。

1992 年，ISO 与 IEC 联合成立了“环境问题特别咨询组（SAGE）”。同年 12 月，SAGE 向 ISO 技术委员会建议：制定一个与质量管理标准相类似的环境管理标准，帮助组织改善环境行为并清除贸易壁垒，以促进贸易发展。1993 年 6 月，成立了序列编号为 ISO/TC 207 的环境管理技术委员会，正式开展环境管理国际通用标准的制定工作。

ISO 在认真总结各国环境管理标准化成果的基础上，借鉴英国环境管理体系标准 BS7750 并参考 ISO 9000 族标准推广的经验，于 1996 年 9 月、10 月相继推出 ISO 14000 环境管理系列标准。标准颁布后立即被世界各国采用并作为本国际准推广实施。这是 ISO 继推出 ISO 9000 系列标准之后的又一贡献。

1972 年，我国政府派代表团参加在斯德哥尔摩举行的人类环境会议。

1973 年，我国召开第一次全国环境保护会议，通过了“全面规划、合理布局、综合利用、化害为利、依靠群众、大家动手、保护环境、造福人民”的 32 字环境保护方针。

1983 年，我国召开第二次全国环境保护会议，为开创环境保护工作的新局面奠定了思想和政策基础：

1. 明确环境保护是我国的一项基本国策，确立了环境保护在经济和社会发展中的重要地位。

2. 制定了环境保护事业的战略方针，即：经济建设、城乡建设和环境建设同步规划、同步实施、同步发展，实现经济效益、社会效益和环境效益的统一。这个“三同步”方针，指明了处理和解决经济发展与环境保护协调发展的正确途径。

3. 摸索出环境保护工作的三项政策，即：预防为主、防治结合；谁污染、谁治理；强化环境管理。明确了实施环境保护工作的基本原则，首次把强化环境管理作为环境保护工作的中心环节。

1989 年，我国召开第三次全国环境保护会议，明确提出了环境保护八项管理制度：

1. 环境影响评价制度；
2. “三同步”制度；
3. 排污收费制度；
4. 排放污染物许可证制度；
5. 污染集中控制制度；
6. 限期治理制度；
7. 环境保护目标责任制度；
8. 城市环境综合整治定量考核制度。

这八项制度是我国多年来为保护和改善生活环境和生态环境，贯彻预防为主的思想，在环境管理实践中摸索、创造的成功经验；是我国在实践中形成的环境管理战略思想的具体体现；它使我国环境管理工作走上科学化、制度化的道路。

1996 年，第四次全国环境保护会议后，国务院发布了《关于环境保护若干问题的决定》，对实现“九五”环境保护目标提出了更具体的要求：“到 2000 年，全国所有工业污染源排放的污染物要达到国家和地方规定的标准，各省、自治区、直辖市要使本辖区主要污染物排放总量控制在国家规定的排放总量指标内，使环境污染和生态破坏加剧的趋势得到基本控制。”

近 20 年来，我国在环境保护领域相继推出了 10 多部法律，初步形成了具有我国特点的环境保护法律、法规体系，为有效实施和推广 ISO 14000 环境管理系列标准奠定了良好的法律基础。

二、ISO 14001 环境管理体系标准的基本内容

1. 环境管理体系的结构

环境管理体系是组织全面管理的组成部分，它包括制定、实施、实现、评审和维护环境方针所需要

的组织结构、策划活动、职责、操作规程、程序、过程和资源，也是组织进行环境控制而采取的有计划的、系统的和程序化的管理活动。环境管理体系包括以下内容：

（1）环境方针；

（2）策划；

（3）实施与运行；

（4）检验与纠正措施；

（5）管理评审。

2. 环境管理体系的核心

环境管理体系是一种运行机制，其核心是预防为主和持续改进，即通过相关管理要素的管理活动，形成一种能自我约束、自我调节、自我完善的运行机制、实施污染预防、节约资源，以达到组织对环境行为持续改进的目的。

3. 环境管理体系的基本内涵

（1）依据需求确定实现环境方针的目标；

（2）为加强全过程控制，引进了生命周期的概念；

（3）为实施有效的控制，引进了过程的概念，依据不同过程的特点实施管理；

（4）引进了系统工程的概念。

4. 环境管理体系的基本要求

任何组织实施和推广环境管理体系，需遵循以下原则。

（1）最高管理者的决策需对污染预防、持续改进作出承诺；需对遵守环境法律、法规及其他要求作出承诺。

（2）熟悉环境法律、法规及其他要求，加强信息交流。

（3）做好环境规划，制定环境目标、指标及环境管理实施方案。

（4）明确环境管理工作的职责和权限。

（5）加强培训，提高员工的环境意识、环境技术和技能以及环境管理的能力。

（6）利用生命周期的原理实施全过程的控制。

（7）支持分承包方和分供方改善环境绩效，鼓励依据其自身条件建立环境管理体系。

（8）建立、健全监测和监督机制，加强内部审核，持续地改进组织的环境行为。

（9）定期开展管理评审，以实现组织环境管理的持续改进。

（10）建立一套以文件支持的环境管理体系，形成组织内部的“法规性”文件，以“法治”取代“人治”。

5. 环境管理体系的运行模式

环境管理体系的运行模式与ISO 9001标准相似，共同遵守由戴明（Chailes Demiry）提供的管理模式。组织的管理活动共分为以下四个阶段。

（1）规划（策划）阶段（PLAN）

组织根据自身的特点确定方针，建立总体目标并制定实现目标的具体措施。

（2）实施阶段（DO）

为实现组织的总体目标，应明确职责；根据活动的特点，制定相关的文件化管理程序及技术标准，对活动的全过程实施有效控制。

（3）验证阶段（CHECK）

组织应有计划、有针对性地对相关过程进行监控和审核，以加强预防并纠正偏离总体目标的现象。

（4）改进阶段（ACTION）

组织的最高管理者定期对管理体系进行评定，确保管理体系的持续适用性、充分性和有效性，以达到持续改进的目的。

图 1

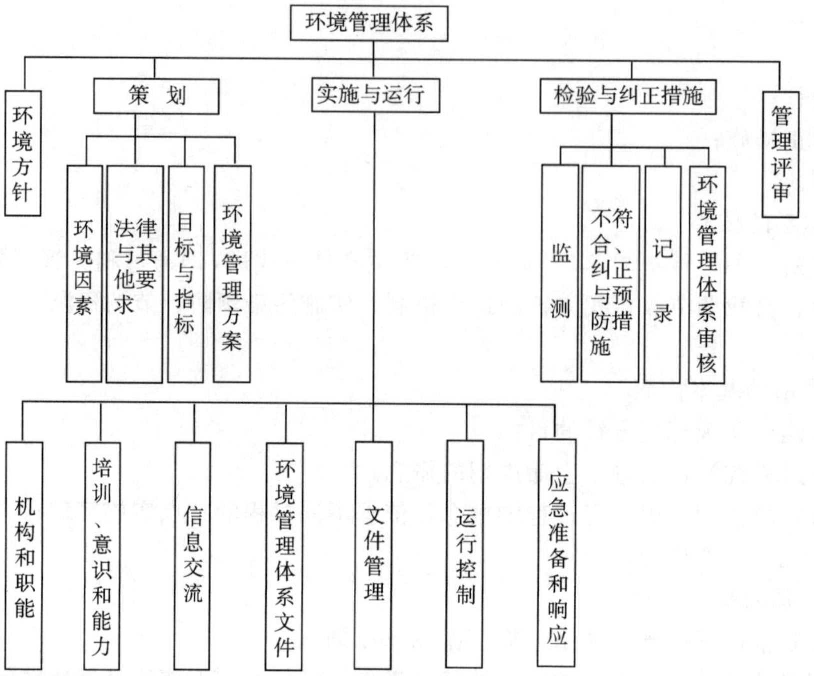

这个由戴明提供的规划（PLAN）、实施（DO）、验证（CHECK）和改进（ACTION）运行模式可简称为 PDCA 模式。

三、实施 ISO 14001 环境管理体系的必要性

有效实施 ISO 14001 环境管理体系可为组织带来如下益处。

1. 提高员工的环境意识和遵守环境法律、法规的自觉性。

2. 通过环境控制、节约资源，增加组织的经济效益，提高市场竞争能力。

3. 有利于清除贸易壁垒，促进国际贸易的发展。

4. 有利于提高组织的社会形象，改善与当地社区的关系。

5. 提高组织的环境管理水平。

四、实施 ISO 14001 环境管理体系的步骤和方法

如果组织决定或准备实施环境管理体系并取得认证注册，大体需要经过以下步骤。

1. 最高管理者的决策，向社会作出污染预防、持续改进的承诺；作出遵守环境法律、法规及其他要求的承诺。

2. 建立一个专门实施环境管理体系的组织。包括以下三方面内容：

（1）任命环境管理者代表

最高管理者应在最高管理层中任命一位管理者代表，以负责组织环境管理体系的有效实施。管理者代表可以是专职或兼职的，应根据组织的具体情况而定。应赋予管理者代表决策的权力，确保环境管理体系的建立、实施和保持。管理者代表应向最高管理者汇报工作，提出改进建议，以持续地提高组织的环境绩效。

（2）建立专门实施管理体系的管理机构，其主要职责包括以下四个方面的内容。

a. 指定有丰富现场管理知识和专业技能的员工负责处理管理体系运行中出现的缺陷。

b. 对组织环境目标、指标的实施进行监督，确保环境管理方案的有效实施。

c. 培训内部审核员，定期对环境管理体系实施内部审核，不断地采取纠正、预防措施，确保管理体系实施的有效性。

d. 定期开展对内、对外的信息交流，收集环境法律、法规及其他要求并不断更新，确保组织所使用的法律、法规的版本是最新的。

（3）建立一支熟悉 ISO 14001 环境管理体系标准要求，熟悉本组织的工艺流程，具有一定工作能力，素质比较好，经过专门培训的内部审核员队伍。

3. 初始环境评审

如果组织尚未建立环境管理体系，则必须首先进行初始环境评审，以确定在污染物排放、资源利用及环境管理中存在的问题。初始环境评审阶段的主要内容包括：

（1）识别组织在活动、产品或服务过程中已造成或可能造成环境影响的因素。

（2）评价对环境产生重大影响的环境因素，以此作为实施环境控制及制定环境目标和指标的依据。

（3）按 ISO 14001 环境管理体系标准的要求，评价组织环境管理制度，以及环境管理中存在的问题。

（4）按组织的活动、产品或服务特点，收集、分类、整理与环境因素相关的法律、法规及其他要求。

（5）评价组织的环境影响以及相关方的信息反馈。

4. 制定环境方针

环境方针是组织在环境管理方面的宗旨，是全面管理方针的一部分。组织的最高管理者通过环境方针向社会作出污染预防、持续改进的承诺；作出遵守环境法律、法规及其他要求的承诺，明确表明组织环境目标的框架要求。

环境方针应形成文件，传达到全体员工，鼓励他们为实现环境方针、环境目标、指标的要求献计献策。

环境方针应向社会公开，能被所有利益相关方正确、全面地理解。组织的相关方包括投资者、协作者、合同方、客户或周边的社区居民、政府主管部门等。

5. 环境目标和指标

组织依据初始环境评审的结果以及评价出的有重大影响的环境因素，结合组织的特点、环境法律、法规及其他要求制定环境目标和指标。目标应明确，要有针对性，尽可能量化。指标是目标的分解，一定要量化，以作为组织环境控制的近期任务。

环境目标、指标应包括主要的技术措施、目标和指标的要求、主要责任者、所需经费以及目标和指标实施期限。

6. 环境管理实施方案

环境管理实施方案主要是对环境目标和指标中技术难度大、短期内无法实现、涉及多个部门、投资数额较大需立项解决的项目制定实施方案，用项目管理的方法管理。

环境管理实施方案应针对环境目标和指标的特点制定，包括以下内容：

（1）依据环境目标和指标的要求及技术措施编制环境管理实施方案，根据任务的需要制定目标和指标的实施计划设计书，以指导环境管理方案的实施。

（2）配备实施环境管理方案的人力、物力及财力等资源。

（3）确定实施环境管理方案的责任人及职责和权限。

（4）落实实施环境管理方案的财务预算，确保资金按计划到位。

（5）确定实施环境管理方案的时间进度。

（6）建立环境管理方案实施的监督和管理制度。

7. 健全环境管理的组织结构并明确职责

环境方针是组织实施环境管理的宗旨，环境目标和指标是组织近期实现环境控制的奋斗目标。为了有效实施环境控制，所有员工都应积极地参与环境管理体系的各项管理活动，每一位员工、每一个部门都应清楚自己工作中有哪些相关的环境因素，明确职责、技术、方法和所要达到的水平。

组织在建立环境管理体系组织结构时，应依据环境管理体系的需求，做到合理分工、明确定位、赋予权限、加强协作。

8. 培训

组织应根据环境管理工作的需求，分层次对管理人员及操作人员进行培训。培训的基本内容应包括：

（1）对全体员工进行环境意识的培训，结合其岗位进行环境技术和环境技能的培训。

（2）对最高管理层进行环境方针的制定、资源的合理配置等方面的培训。

（3）对行政管理及现场操作管理人员进行环境管理体系标准、法律、法规及技术标准的培训。

9. 运行控制

分析、分解组织的活动、产品或服务全过程并形成文件，以确保对环境有影响或潜在影响的活动得到有效控制及定期监测，以便在污染事故发生后迅速查明原因，采取相应的纠正与预防措施。

在组织的活动、产品或服务全过程中，应包括以下内容：

（1）原材料采购及贮存。

（2）产品生产工艺的控制。

（3）产品销售、运输的控制。

（4）产品的使用及回收。

（5）污染物（大气、水、固体废物、噪声等）排放的控制。

（6）危险物品的使用及管理。

（7）对分承包方、分供方提供的产品或服务中可标识的环境因素的管理。

组织对上述活动产生的环境因素应依据环境法律、法规的要求以及对环境造成的影响制定文件化的程序和作业指导书，以进行有效地控制。

10. 记录

记录是组织环境管理体系运行的客观证据，也是评价环境管理体系运行有效性的重要依据，应在实施过程中按标准的要求保持相关的记录。环境记录应包含以下内容：

（1）重要环境因素信息。

（2）适用的环境法律与其他要求的信息。

（3）投诉记录。

（4）培训记录。

（5）过程实施及监测记录。

（6）不符合、纠正与预防措施记录。

（7）产品信息。

（8）检查、维护与标准记录。

（9）有关分供方与分承包方的信息。

（10）意外事故报告。

（11）应急准备与响应信息。

（12）内部审核结果。

（13）管理评审。

11. 环境管理体系文件

组织应依据 ISO 14001 环境管理体系标准的要求，参照 ISO 9001 质量管理体系的模式，建立并保持以文件支持的管理本系。管理体系文件一般包括下面三个层次。

（1）环境管理手册。

（2）环境管理体系程序文件。

（3）作业指导书。

编写环境管理体系文件应遵守下面的原则。

（1）应符合 ISO 14001 环境管理体系标准的要求。

（2）应结合组织的活动、产品或服务特点。

（3）应与组织的其他管理体系（如质量管理体系）相协调。

12. 环境管理体系试运行

环境管理体系试运行是组织建立管理体系的重要活动，主要达到以下目的。

（1）加强培训，提高全体员工的环境意识。

（2）实施环境管理，不断用规范化、系统化、程序化的方法改善组织的环境绩效。

（3）通过试运行不断发现管理体系存在的问题，及时采取纠正与预防措施，以提高管理体系的符合性和有效性。

（4）为组织申请认证作准备。

试运行期限应依据组织的类型、规模而定。

13. 环境管理体系审核

环境管理体系审核是客观地获取审核证据并予以评价，以确定组织的环境管理体系符合规定的环境管理体系审核准则。这是一个以文件支持的系统化验证过程，需将这一过程呈报给最高管理者。在这个过程中，应确定：

（1）环境管理体系的符合性；

（2）环境管理体系的可实施性；

（3）环境管理体系的有效性。

14. 管理评审

最高管理者应在适当的时间间隔内进行管理评审，评价其适宜性、充分性及有效性。

15. 申请认证

当组织认为自身的环境管理体系已具备认证要求的条件时，可以向认证机构提出申请，委托其实施第三方认证审核。

电话信息咨询服务业如何实施ISO 9000族标准

张小娟

随着电子计算机及高新技术的发展，信息咨询服务业如雨后春笋般地迅猛发展。这个新兴的行业，如何按照ISO 9000族标准建立与实施质量体系，提高自身的管理水平？下面，笔者以电话信息咨询服务为例进行探讨。

电话信息咨询服务是利用公用电话网设施和数据库技术，经过对信息的采集、加工、存贮形成用户信息库，通过市话中继线将电话信息台与公用电话网连接，以电话咨询的方式向用户提供话音服务。具体服务方式一般有2种：人工电话咨询服务，即用户拨叫信息台，由咨询员直接提供信息咨询服务；自动电话信息服务，即用户拨叫信息台，由设备自动提供信息咨询服务。

电话信息咨询服务具有不同于其他行业的特性：

1. 广泛性。由于电话信息咨询服务面对的用户需求多种多样、千变万化，所以具有广泛而全面的信息覆盖面才能满足用户的需要。

2. 准确性。用户从信息台得到的信息必须是真实、可靠的，这是用户对信息台的最基本要求。

3. 适用性。用户应该从信息台得到最新的、有效的信息，而不是过时的信息。

4. 合法性。信息台提供的信息不能超出相关法律、法规所规定的范围，不能提供非法的信息。

5. 文明性。用户不但希望快捷、准确地得到所需要的信息，还希望得到礼貌、热情、周到的服务。

从电话信息咨询服务的特性可以看出，这个行业在按照ISO 9000族标准建立、实施质量体系时，应紧紧围绕向用户提供准确、及时、满意的服务这一主题，重点解决好以下几个方面的问题。

一、质量体系文件与标准的符合性

电话信息咨询服务属于服务业，企业应以《ISO 9004-2 质量管理和质量体系要素　第二部分：服务指南》为依据来建立、完善质量体系；同时，还应充分满足ISO 9002标准的要求。

二、质量体系文件覆盖质量活动的完整性

为了及时、准确地向用户提供满意的服务，企业在建立质量体系时只对最终服务的提供过程进行控制是远远不够的，应该全面考虑影响电话信息咨询服务质量的所有因素（市场开发、信息采集、编辑、审核、录入、电脑电信设备管理、人员素质等）；还应该根据标准的要求，确定相应的控制方法，以文件的形式加以规定并纳入质量体系的控制范围。

三、突出重点地建立文件化的质量体系

建立文件化的质量体系必须突出电话信息咨询服务的特点，以工作流程为主线，不能生搬硬套ISO 9000族标准的条款，使控制过程变得支离破碎。为了准确地识别影响信息咨询服务质量的因素，应该对

以下 6 个方面进行重点控制。

1. 市场开发。

信息咨询服务的基础是建立一个全面、准确的信息资源库，可以用计算机数据库的形式贮存，也可以用文字资料的形式体现。在确定建立何类信息库、开展何种信息咨询服务时，要重点做好市场调研，了解广大用户对信息的需求，使信息库既能最大限度满足用户的动态需求，又能使信息的利用率保持在较高的水平，从而避免信息、设备等资源的浪费。对已经提供服务的项目，还应做好宣传、推广工作，使用户及时了解、认同、使用。

2. 控制信息的采集、编辑、加工过程。

建立全面、准确的信息资源库，是从信息的采集过程开始的。信息采集员应通过各种途径（报纸、书刊、电视、广播等）采集所需的信息并记录在信息采集单上，交给编辑人员进行编辑、标准。经过核准的信息一部分以文字的形式直接提供给咨询员查阅；一部分需要输入计算机，以计算机数据库的形式贮存，以备查阅。在这个过程中，应保证采集信息的途径可靠、畅通；应按规定的周期及时采集、更新信息；信息分类应合理，便于查询；审核、校准制度应严格，以确保信息的准确。

3. 电信电脑设备的选购及运行保养。

由于信息资源库多数以计算机数据库的形式体现，而电话咨询服务的提供又是以电脑终端、电话及电信设施来完成，所以保证电信电脑设备设施的能力及正常运行至关重要。应该做好设备设施的选购工作；制定设备维护保养制度；建立设备设施突发性故障紧急处理程序；加强设备管理及维修人员的培训；建立机房交接班制度；保持良好的工作环境；做好各种信息资料的备份工作。

4. 控制服务提供过程。

由于人工电话咨询服务是由咨询员接听电话、答复用户来实现的，所以应制定信息咨询服务岗位规范，对整个服务过程的各个环节作出规定；还应加强对咨询人员的培训，使其具有广泛的知识、娴熟的应答技巧；咨询人员还应具有良好的职业道德和全心全意为人民服务的思想。对于新从事咨询工作的人员，应进行电脑知识及常识的培训，实际操作的培训，通过试用等形式的考核，方能正式上岗。对于已正式录用的咨询人员，也应制定培训计划，根据市场热点及数据库、服务项目的更新情况确定培训及考核内容，使咨询人员的能力得到持续保持。

5. 建立完善的工作考核制度。

应明确工作考核的责任部门，制定各部门、各岗位的考核细则。考核细则包括应完成的工、责任人、完成时限、完成情况，还可以制定评分标准。负责考核的部门应按照考核计划，定期或不定期地采用面谈、查看相关文件或记录、查阅相关计算机数据库资料、佯装顾客咨询等方法考核各岗位员工。其中，佯装顾客咨询是一种有效的方法，对于人工电话咨询服务，可以了解到咨询人员是否按作业指导书的规定工作，包括是否在规定的时间内应答，是否向顾客报了自己的工号，是否使用了规定的礼貌用语，是否在规定的时间内完成了咨询。

6. 重视用户对服务质量的评价。

电话信息咨询服务质量应由用户评判，所以应设立专线投诉电话，对顾客投诉认真记录并责成相关部门分析原因、制定措施、予以纠正。应定期调查顾客满意度，通过适当的途径和方法保证调查表的回收率并对调查结果进行认真的统计、分析。应针对顾客满意度制定相应的目标，定期进行目标考核，以保证目标的实现。

总之，电话信息咨询服务业只有根据行业特点，抓住影响咨询服务质量的关键环节，才能使建立的质量体系既满足标准的要求，又符合组织的实际，具有较强的指导性和可操作性。这样的质量体系，不但能对影响咨询服务质量的过程进行控制，还具有发现问题、解决问题和不断提高的自我完善机制。

品 质 与 品 位

北京华之威质量保证咨询有限公司　汪健豪

一、咨询机构与企业/组织的“品质”和“品位”

埋怨咨询价格上不去的咨询机构，总说企业只想花钱买证书。虽然这样的咨询机构有“品位”，但却没有把握好自己服务“品质”的核心，即满足客户需求。可是，作为咨询机构，有时真的不明白：企业的“需求”到底是什么？

质量认证咨询仅仅是咨询产业中的一角，属于管理咨询的一个分支。谈到咨询，许多人的认识还停留在“点子公司”或“信息公司”的水平上。一些企业/组织对咨询产业的体系认识不清，在需要咨询服务时不知道请哪类咨询机构，有病乱投医；许多咨询机构/咨询师对自己的“咨询产品”也认识不清。如果你问一些咨询机构能够提供何种服务，他们的回答常常是：确保企业取得ISO 9000认证证书！此外，还有一些人对咨询市场的性质认识不清，总希望政府出面，通过一些行政手段将质量认证咨询市场保护起来。

看来，ISO 9000咨询业需要给自己作一下咨询了。

二、质量体系咨询与管理咨询

咨询服务所涉及的业务范围包括信息咨询、决策咨询、工程咨询、管理咨询等。作为管理咨询范畴内的“ISO9000咨询”，由于有国际管理标准及第三方认证的支撑，发展前景与市场前景均应看好。国外有关资料显示，咨询服务业每投入1元的成本，应能产生8元左右的利税。质量体系咨询业近几年快速发展的一个重要原因，也在于许多人认为这是一个“有利可图”的行业。于是乎，其他咨询行业或资本进来了，一批尚无建立质量体系经历的“咨询师”诞生了；于是乎，“咨询价格战”在所难免，“品质咨询”既丢“品质”又失“品位”也在所难免。

三、国外的经验和做法：走行业自律之路

建立咨询行业协会，对规范咨询业的发展将起到积极的促进作用：通过出版物、资料，不断宣传协会和咨询企业，帮助会员改善咨询行业的市场环境；为会员提供咨询经验与信息的交流服务，进行咨询人员培训；协调各种社会关系，帮助会员在社会中树立良好的形象；帮助会员寻找客户，开发市场；为会员提供一些社会福利性服务工作等。咨询业务协会的这些工作内容和工作目标，将使得协会成为指导咨询业健康、快速发展的重要组织。

世界各主要发达国家大都设有咨询业协会。在英国，咨询业的从业人员必须是专业协会的会员，并在政府机构或企业中积累了相当的实践经验。咨询业协会对咨询机构的人员的职业道德进行规范，严格规定咨询机构的人员不得直接或间接从事与咨询项目有关的商业或生产活动，从而杜绝违反职业道德的

现象发生。

咨询业协会的一个重要职能，就是制订行业行为准则。同时，协会还应成为规范咨询服务质量和咨询师行为、保护客户利益的权威机构。对那些有损咨询师及咨询行业的不良行为，协会有权予以揭露和处理。这种行业自律行为在规范咨询市场中所起的作用是非常大的，且有别于政府对行业的监督和管理。

四、必须提高咨询师的"门槛"，实施咨询师注册制度

咨询业是高知能产业。咨询服务是为社会提供先进的科学咨询和建议，因此，人才是咨询业发展的关键，咨询业必须集聚一批高智能的人才。咨询机构对人员的素质要求应是很严格的。可是，在近年我国"涌现"出来的一大批咨询机构中，有相当一部分与真正的咨询机构相去甚远。就质量体系咨询而言，许多咨询机构仅是"两部电话，一台电脑，一个专家大旗，兼职人员云集，有活有人，无活无人"。这种形式和性质的咨询机构在我国同类机构中占了相当的比例。我国咨询机构的专业水平也不够，除了从业人员素质不高外，还表现在咨询机构内部管理水平也相对较低。据了解，在我国的质量认证咨询机构中，有30%没有"机构简介"，30%没有业务发展计划，超过40%的机构没有人员培训考虑。事实上，从业人员兼职化已成为咨询机构的一个普遍现象。

国外咨询业的情况很值得我们借鉴。美国政府在工程、技术、医疗、法律、会计等咨询领域规定了执业资格标准；凡要获取执业资格者，必须通过考试资格审查、执业资格考试和注册登记等程序；只有获得执业资格，才能独立注册咨询机构。

因此，提高"咨询师门槛"，实施咨询人员注册制度，是提高我国质量认证咨询业从业人员整体素质的有效手段。

五、质量咨询业应联合起来，共同提高咨询的"品质"和"品位"

在经济发达国家，管理咨询已经成为与律师、税务、投资咨询同等重要并具规模的行业。仅以德国为例，1996年管理咨询行业的总产值超过160亿马克，有6000多家管理咨询企业（数万名咨询顾问）向社会提供各种类型的咨询服务。在欧洲，70%的大中型企业常年雇佣一家或数家咨询机构为其进行战略、组织、生产、管理、信息技术等方面的咨询及方案实施工作；66%的高级管理人员因为某一特殊问题求助过咨询顾问。

无论是从国外的经验，还是从我国咨询业的发展势头来看，管理咨询业是大有可为的，是可以做出"品位"来的。咨询业是知识密集型产业，咨询师的作用是为客户"传道、授业、解惑"。如果我们的咨询机构和咨询师都忙于开展"ISO 9000认证取证服务"的"商品化咨询"，其结果只能是咨询的"品质"和"品位"越来越低。我们认为，要打"价值战"，不要打"价格战"，质量认证咨询业到了该联合起来、"清理门户"的时候了，也到了该制订诸如"咨询师道德准则"、"咨询服务规范"、"咨询人员适任资格"等必要规矩的时候了。

咨询产业是比高新技术产业更体现知识价值的产业，应该在市场经济的环境里扮演更加重要的角色。目前，我国各行各业都面临加入WTO带来的挑战和机遇，迫切需要寻找并利用有效的管理工具提升企业的管理水平，迫切需要向外界证明其管理水平正在或已经与国际接轨。ISO 9000标准及其他管理体系的认证可以在很大程度上满足上述需求。然而，如果我们的咨询机构和咨询师们只是迎合"取证需求"而"帮助"企业快速取证，那么，"ISO 9000咨询"的"品质"和"品位"也实在太低了些。

咨询业呼唤规范，呼唤"品质"，呼唤"品位"！

基础资料在技术机构计量认证中的重要性

中原油田技术监测中心　朱消非

计量认证是指政府计量行政部门对向社会提供公正数据的技术机构的计量检定和测试能力、可靠性及公正性所进行的考核和证明。

技术机构的基础资料是指为适应检测工作需要而配置的标准、规范、规程等技术文件以及编制的岗位责任制、工作制度、《质量管理手册》、质理保证体系和措施，还包括各类工作台帐、原始记录、对外出具的检验报告、检定证书以及贯标认证、学习培训的工作计划和工作总结、仪器设备档案、有关证书和证件等。

为了提高机构的管理水平和检测质量，许多技术监测机构纷纷按照JJG1021-90《产品质量检验机构计量认证技术考核规范》开展计量认证。笔者通过参与组织部分技术机构计量认证的准备和考核工作，体会到基础资料的重要性。在计量认证考核中，尽管6大项50条考核内容都有一定的深度和广度，都需要经过努力才能达到，但是整改工作量最大、整改时间最长、问题最多的，恰恰是基础资料工作。笔者拟结合计量认证工作实践，说明基础资料在检测工作中的重要作用。

（一）标准、规范、规程是技术机构执法的技术依据。

技术机构是技术执法体系的重要组成部分，而标准、规范、规程则是以特定形式发布的具有法律效力的文件。技术机构如果没有齐全有效的标准，就不能依法决定被检测件是否合格；如果没有法定的规程或不按规程检验，检测程序就是无效程序；如果没有法定的规范或不按规范检测和出具数据，检测报告和检定证书就失去法律效力。因此，技术机构配置与检测工作相适应的标准、规范和规程，不仅是检测工作的需要，也是技术执法的依据和体现。但是，有的技术机构在进行计量认证前，对标准、规范、规程的法律效力缺乏必要的认识，主要表现为：

（1）没有及时配齐有效文本，长期使用复印件或无标检测；

（2）没有定期校核标准或某些标准，还在继续使用已经失效的规范和规程；

（3）随意自定标准，并没有经过法定的审批程序。

因此，检测数据和检验报告的有效性被降低或失去。

（二）岗位责任制、工作制度和质量保证体系是重要的检测质量保证措施。

技术检测工作是一项非常严密的工作，要保证检测数据的准确性、公正性和法制性，必须使检测工作的各个环节都处于严密的质量控制之下，必须做到人员职责分明，工作制度健全，质量保证体系完善。没有明确的岗位责任制，检测人员就不会有高度的责任心，各岗位之间、人员之间的工作就难以协调；没有健全的工作制度，就等于没有工作标准和要求，对单位和人员就缺乏制约机制，违章操作现象就无法避免；没有完善的质量保证体系，影响检测工作质量的质量环就容易出现脱节，各个工作环节就失去了有效的监督和控制。但是，有些技术机构却不重视建立、健全岗位责任制、工作制度和质量保证体系；有些虽然建立了，但内容空洞，可操作性比较差，只是写在纸上，放在柜子里或挂在墙上，并没有认真执行，根本达不到规范的要求，也缺乏有效监控。

（三）原始台帐是对影响检测质量的各个要素进行全程控制的真实记录。

检测质量是由检测质量环的各个要素决定的。因此，有效地对影响检测质量环的各个要素进行控制，是保证检测质量的重要措施。建立、健全原始台帐、可以如实地把检测质量环的各个要素真实地记录下来，从中及时发现和解决影响检测质量的环节和问题，有效地保证检测质量。但是，有些技术机构却不重视建立、健全原始台帐，有的没有原始台帐，有的不认真记录原始台帐，致使检测工作处于失控状态。

（四）原始记录是判断被检测件是否合格的原始凭证。

技术机构出具的检验报告和检定证书的数据和结论，都来源于原始记录。从法律角度上讲，原始记录最能反映检测工作的有效性。但是，原始记录也是最容易出问题的环节。许多单位在计量认证前，对这个关键的工作环节并没有引起高度的重视；有的技术机构没有建立和印制正规的原始记录本，随便拿一个本或一张纸就当原始记录，用后就扔掉了；有的为了使原始记录整洁，随便誊抄或者打印，使原始记录失去了原始性、唯一性和法制性；有的不认真录入数据，看错，读错、写错的现象时有发生；有的记录潦草，想改就改，更改处又不盖章；有的检测人员、校核人员、审定人员不签姓名或只签姓不签名；有的技术机构只保存检验报告，而不保存原始记录。

这些问题，都严重地影响了原始记录的原始凭证功能。

（五）检验报告、检定证书是技术机构的产品。

检验报告和检定证书的质量好坏，同样受到社会和用户的检验。在计量认证前，一些技术机构不重视自己的产品质量和信誉，不能及时向被检测单位提供检验报告和检定证书；出具的检验报告和检定证书格式不规范，填写不认真，签批手续不全；发出证书后无登记手续等。

这些问题，严重影响了技术机构的声誉。

（六）原始资料对技术机构有十分重要的作用。

原始资料涉及贯标认证、学习培训的各类资料、仪器设备说明书、各类证书、证件等。这些原始资料对检测工作的顺利开展和提高检测质量起着十分重要的作用。在进行计量认证前，有些技术机构对原始资料不重视，没有认真保管，许多重要的原始资料随着时间的推移而流失。在计量认证准备工作过程中，虽然花费了很大精力查找原始资料，但由于时间长久、机构变动、人员流动等原因，致使许多原始资料查找不到，造成了难以弥补的损失。

（七）基础资料为技术机构总结经验、吸取教训、积累知识、获取信息提供重要证据。

技术机构从成立、完善到发展，是一个循序渐进、不断提高的过程。基础资料则是这个过程的真实记载，起着承上启下的作用。要总结历史的和现实的经验，离不开基础资料；要提高管理水平和检测质量，同样离不开基础资料。

如何才能搞好基础资料工作呢？笔者认为，可以从以下几个方面做起：

(1) 建章立制

干什么写什么，建立、健全各种规章制度、原始台帐、原始记录、使各项工作都有章可循、有帐可记。怎么干就怎么写，写的必须符合规范要求，可操作性强，在制度上不能有漏洞。

(2) 照章办事

是否按照章办事，反映了一个章位的整体管理水平，对于一个人来说，则反映了这个人的责任心和基础素质。

(3) 统一保管立卷归档

这是防止基础资料丢失，便于使用、管理和查询的重要措施。

(4) 加强监控

监控包括制度约束、检验人员相互监控、技术机构内部纵向监控、上级主管部门监控等。通过监控，使各个工作环节都处于受控状态。

质量体系认证管理

质量体系国家认可机构

加强技术研究　实施纵深监管　拓展业务领域　广泛国际合作　切实提高认证工作有效性　全面推进认证认可事业发展

——CNACR2000年工作总结

在CNACR2000年，以“加强技术研究、实施纵深监管、拓展业务领域、广泛国际合作”为其本工作策略，以“切实提高认证工作有效性、全面推进认证认可事业发展”为主要工作目标，CNACR的工作取得了可喜的发展。2000年，企业的质量体系认证工作继续保持了较快的发展速度，截止到2000年12月31日，CNACR认可的质量体系认证企业达25588家，其中2000年新增认证企业11853家。现就CNACR 2000年的有关工作情况简要报告如下：

1 积极开展标准换版研究与认可试点工作，确保ISO9000标准换版的顺利过渡

自从国际标准化组织质量管理和质量保证技术委员会（ISO/TC176）决定对ISO9000族标准进行修订，CNACR就十分关注标准修订的动态，组织跟踪小组并与全国质量管理和质量保证标准化技术委员会(CSBTS/TC151)联合开展一系列活动，及时向我国标准使用者提供最新消息，并着手研究标准换版问题，做好标准换版过渡期的准备工作，以确保2000版ISO9001认证的顺利实施。

1.1 积极跟踪，认真研究，及时沟通，确保ISO 9000换版准备工作有序进行

1.1.1 组织翻译，出版2000版ISO9000族标准草案

为使我国ISO9000族标准使用者能及时了解2000版ISO9000标准的修订方向和变化，在ISO/TC176及其各分技术委员会提出标准修订的CD1、CD2、DIS、FDIS稿的英文文本后，与TC151共同组织，及时地翻译为中文文本，并组织跟踪小组进行研究。2000年2月，CNACR秘书处与TC151秘书处联合编译了《2000版ISO/DIS9000族国际标准草案》，并公开出版发行。为各认证机构、审核员和广大获证组织和准备申请质量体系认证的组织提供了培训和研究的重要资料，同时也为2000版GB/T19000族国家标准的正式起草提供了广泛征求意见的良好机会。

1.1.2 组织研讨，编著出版《2000版标准草案理解与实施》

CNACR为及时而准确地掌握标准修订的方向和主要变化，组织跟踪小组对标准各阶段的修订稿进行了深入的研讨。2000年3月，与TC151秘书处联合编著出版了《2000版ISO/DIS9000族国际标准草案理解与实施》。为广大标准使用者理解2000版标准的内涵和贯彻实施提供了指导。

1.1.3 积极参加2000版ISO9000族标准修订相关国际会议，反映意见，掌握信息

我国已有2万多家组织实施质量管理体系国际标准，并获得认证证书。在实施质量体系认证和认可活动中，积累了一定的经验，也发现了一些问题。在2000版ISO9001标准过渡实施政策的国际协调过程中，CNACR代表被IAF指定为IAF-ISO/TC176-ISO/CASCO三方联合工作组的成员，作为IAF认可机构成员的三名代表之一，积极参与了过渡实施政策国际协调的全过程。同时，还派代表参加了ISO/TC176 2000版ISO9000族标准修订的国际会议。通过参加国际活动，一方面反映我国的意见，同时也及时地掌

握相应的国际动态和决策背景，为国内的实施提供了较好的条件。

1.1.4 跟踪动态，及时传递国际要求与信息

CNACR 十分关注 ISO 9000 族标准的修订动态，通过网络、信函等各种形式与 ISO/TC176、IAF、PAC 等国际机构保持联络，及时地获得最新信息和技术文件，并先后组织将《IAF-ISO/TC176-ISO/CASCO 联合工作组公报》、《国际认可论坛（IAF）标准信件 ISO9001：2000 标准实施过渡期的安排》、《ISO9000 族标准修订版介绍》、《关于成员团体管理 ISO/DIS9001：2000 和 ISO/DIS 9004：2000 确认方案的指南》、《ISO/DIS 9001：2000 标准的转换策划指南》、《ISO/DIS 9001：2000 和 ISO/DIS 9004：2000 标准介绍策划指南》等文件译为中文向认证机构、评审员/技术专家和社会各界通报，为在我国顺利完成标准换版的过渡工作起到很好的指导作用。

1.1.5 编发 CNACR 标准信件，研究制定认证标准换版工作的要求和程序

本次认证标准换版是一项政策性和技术性均很强的工作，涉及 2 万多家认证企业和 36 家认证机构及其人员和相关方面。各认证机构积极稳妥和一致地做好认证标准换版过渡期工作非常重要。为此，CNACR 依据三方联合公报和 IAF 标准信件的要求精神，为认证机构起草了统一的《中国质量体系认证机构国家认可委员会（CNACR）标准信件—ISO9001：2000 标准实施过渡期的安排》，由各认证机构发送认证企业，期望通过认证双方的相互协调和共同努力，有序地完成认证标准的换版工作。

CNACR 为进一步规范认证机构标准换版过渡期的准备工作，根据 IAF-ISO/TC176-ISO/CASCO 三方联合工作组公报和 IAF 标准信件的精神，并结合我国认证认可工作的发展现状，制订发布了《质量体系认证机构 ISO 9001:2000 标准认证实施资格的确认要求和程序》，要求各认证机构结合自身质量管理体系、审核人员和获证组织的实际情况，制订标准换版过渡期措施计划。并进一步明确认证机构做好标准换版过渡期工作的要求和 CNACR 有关认可评审的程序与内容，以便 CNACR 与各认证机构相互协调，共同努力做好标准换版过渡期工作。

CNACR 为适应对认证机构 IS0 9001：2000 标准认证实施资格确认评审的需要，还编制了《质量体系认证机构按 ISO 9001:2000 标准实施认证资格确认评审检查表》，同时还修改和补充了评审用各类报表和记录格式。

1.2 深入研讨，组织开展国际国内学术活动，切实解决 ISO 9000 标准换版工作的深层次问题

1.2.1 开展研讨，全面动员，召开新版标准认证技术研讨会

在 ISO 发布 2000 版 ISO9000 族国际标准草案（DIS 稿）后，CNACR 于 2000 年 3 月 22-24 日在南通召开了“2000 版 ISO/DIS 9000 族标准质量体系认证技术研讨会”。会议通报了 CNACR 和 TC151 对 2000 版标准研究的阶段性成果，以实现知识与信息的共享。邀请《2000 版 ISO 9000 族国际标准草案理解与实施》的编写专家介绍 ISO 9000 族新版国际标准草案的主要变化及对其内涵的理解。会议还对与标准换版有关的 26 个主题展开了热烈的讨论与研究。与会的认证机构和认可评审员/技术专家代表对 CNACR 提出的标准换版过渡期实施意见进行研究并提出意见。会议起到了对质量体系认证机构开展换版准备工作进行统一认识、全面动员的作用。

1.2.2 组织开展 2000 版标准国际学术活动，邀请 ISO/TC176 专家来华讲座

为了准确理解新版标准的要求，及时掌握新版标准的国际权威信息，经与 PAC 执行委员会协商，在 2000 年 11 月 13 日至 17 日期间，CNACR 和 PAC 联合举办了“2000 版 ISO 9000 标准研讨会”，CNACR 还举办了 2000 版 ISO 9000 标准与质量体系认证国际学术报告会”，邀请 ISO/TC176/SC2/WG18/TG1.9 标准转换工作组组长 Nigel Croft 博士介绍新版标准修订背景、理论基础、主要变化、转化与实施以及如何围绕新版标准开展有效的认证与认可工作，并就普遍关注的有关学术问题与参会人员进行研讨。参会代表分别来自加拿大标准理事会等 PAC 成员认可机构和 CNACR 认可的全体认证机构等。CNACR 还与 TC151 联合举办了“2000 版 ISO 9000 标准中文转化学术交流会”，请 Nigel Croft 博士对标准文本的中文转化工作中遇到的技术问题进行指导。

为了进一步扩大本次国际学术活动的成果，CNACR 还组织专家及时研究，撰写《更新观念、开拓思路作好 2000 版 ISO 9000 族标准转换工作》等系列文章在《中国质量认证》上发表，对广大获证组织、认证机构、审核员进一步准确理解 2000 版 ISO 9000 族标准，正确实施 ISO 9001：2000 认证，在理论上、技术上都将起到重要的指导作用。

1.3 开展试点，总结经验，确保 ISO 9000 换版工作成功进行

1.3.1 组织试点，总结经验

CNACR 与 TC151 秘书处为推动获证组织积极而稳妥地实施标准换版认证工作，共同组织长城中心、机械中心、九千中心、广东中心、中方委、上海中心、深圳中心、赛宝中心、新时代中心等认证机构开展对 10 家获证组织按 2000 版 ISO 9001 标准草案审核的试点，以探索方法，获得经验，再加以推广。先后召开 3 次试点组织会议，交流各试点组织的经验和做法，研讨了在实施 2000 版 ISO 9001 标准草案中提出的各类问题，对试点组织顺利实施标准换版的工作创造了条件。

1.3.2 组织确认评审试点，研究和总结认可评审思路和方法

根据认证机构的申请，在 2000 年第四季度，CNACR 对两个质量体系认证机构按 ISO/FDIS 9001：2000 标准实施的认证审核进行了资格确认评审的试点。从认证机构完成的标准换版过渡准备工作的情况看，这两个质量体系认证机构都制定并实施了标准换版过渡工作计划。试点认可情况表明，为了在按 ISO 9001：2000 标准实施认证审核时，审核员能有开拓性的审核思路和掌握按过程模式的审核方法，还需进一步的探索和研讨。CNACR 评审部在每次试点评审后均组织骨干评审员进行研讨，总结经验。并针对评审中遇到的问题，将试点评审的信息通报各认证机构，希望各机构能对标准换版过渡准备工作进展的实际情况进行自查，总结经验，发现问题，采取措施，进一步做好准备工作，以实现标准换版的顺利过渡。

2 认真做好年度监督评审与复评工作，切实监控认证机构质量体系的有效运行

2.1 年度监督评审

2.1.1 年度监督评审的实施

2000 年共对 26 家认证机构及 16 家分支审核机构实施了年度监督评审。结合 ISO9000 标准的换版工作，在实施例行年度监督评审的同时，评审组还结合对认证机构标准换版所进行的策划工作以及已开展的相关活动的情况，进行了评审。监督评审的依据增加了有关认证机构 ISO9000 标准换版管理的认可要求，即 CNACR-WI-06-01《质量体系认证机构 ISO 9001：2000 标准认证实施资格的确认要求和程序》。

2.1.2 年度监督评审的结果

根据对各认证机构年度监督评审的结果，CNACR 秘书处认为：绝大多数认证机构的认证制度运行总体上符合 CNACR 认可规范的要求，认证机构的内部管理及其自我完善机制在有效地发挥作用，认证工作的质量总体上得到了保证。通过总结也发现了一些问题，2000 年监督评审开具的不合格项为：现场评审开出不合格 205 项，观察项 56 项；见证评审开出不合格 4 项，观察项 3 项。

按 CNACR－110 规定的认可要求对不合格项进行统计，认证机构在 3.2“评定准备”和 3.3“评定”方面存在的问题偏多，在 2.2.1“认证人员管理”、3.5“有关认证决定”、2.1.6“内审和管理评审”、2.1.7“文件”和 2.1.5“批准、保持、扩大、缩小、暂停及撤销认证的条件”方面也存在较多问题。与 1999 年相比，认证机构的内审和管理评审工作得到了改进，但在评审准备和评定及认证机构人员管理方面仍存在较多问题，在 2001 年的认可监督评审工作中，需作为评审的重点内容之一加以安排。

2.2 认可资格复评

2.2.1 复评的实施

2000 年，共对 8 家认证机构实施了复评。各评审组长均在事先对这 8 家认证机构在认可有效期内质量体系运行的有效性实施了综合评价，并在现场复评前提出了评价报告。除 3 家机构因其体系文件未作更改而未作文审外，其他机构均按有关程序实施了文件评审，所有 8 家机构均实施了现场评审和见证评

审。至2000年12月22日，评审工作已全部完成。

这次复评共开出了71张一般不合格报告（现场评审70张，见证评审1张），评审组对认证机构提交的纠正措施计划和纠正措施进行了验证，部分纠正措施计划实施的有效性待下次监督评审时进一步验证，并在此基础上完成了评审报告。

2.2.2 复评的结果

接受复评的8家认证机构均未发现严重不合格。71项一般不合格报告表明认证机构在文件管理、人员和专业管理、审核的实施以及监督复评扩大等方面存在一定问题，应引起注意。

评审组的评审结论认为这8家认证机构的质量体系能持续满足CNACR认可要求，并保持整体有效运行。经评定工作组评定，决定继续保持这8家认证机构的认可资格。

3 全面实施非例行监督措施，提高认可监管深度

2000年在对认证机构的认可监管方面，继续保持了过去一些行之有效的方法，并且在许多方面有所加强。除了继续开展对获证企业的稽查审核工作之外，还强化了对有关认证投诉的调查和处理力度，并且正式启动了对认证机构的非例行监督工作，这些措施的有力实施对于深化对认证机构的监管，保证认证工作公正、规范、有效地开展起到了重要的作用。

3.1 继续开展对获证企业的稽查审核

1999年第一次大规模的集中稽查审核工作，强化了CNACR在认可监管方面的威慑力，体现了CNACR的监管力度，而且在认证领域和社会上都产生了重要影响。为此CNACR决定继续开展稽查审核工作。

今年共安排了对26家获企业稽查审核，其中25家为集中安排，1家为单独安排。上半年结合投诉安排了1家企业的稽查审核，7月份集中安排了25家企业。为了搞好这次集中的稽查审核，CNACR重点做了如下的工作：一是完善稽查审核文件。二是选择了一批责任心强、审核水平高、工作认真细致的审核员参与今年的稽查审核。三是突出审核的重点。对公正性、规范性和有效性直接有关的内容进行了强化。四是强化稽查审核实施过程管理、调度和监控。五是重视对稽查审核结果的统计分析和后处理工作。今年稽查审核总的结果来看，与1999年的情况基本相同，但也发现了一些值得关注的问题，包括公正性、规范性和有效性方面的问题。

今年的稽查结果显示，稽查审核对规范认证机构的行为，提高认证的公正性和有效性作用是十分明显的，不仅给认证机构和获证企业造成了一定的压力，而且使社会上充分感受到了CNACR规范认证行为的力度和决心。

3.2 认真处理认证投诉，强化对违规行为的处理

自CNACR 1999年加大了对违规认证机构的处罚力度以后，社会上反应强烈，确实感到了CNACR规范认证行为的力度和决心。各方面对认证工作更加关注，对认证工作中存在的问题更加关心。这在CNACR收到的意见和投诉中得到了直接反应，2000年各种投诉的数量大大增加，投诉的内容范围越来越广。

2000年共收到投诉53件，已经结案的有45件，正在处理的有8件。投诉中针对认证机构的有23件，针对企业的有22件（双方都涉及的有8件），其余的针对其他机构，如咨询机构、中国国家进出口认证机构认可委员会认可的认证机构、国外的认证机构等；投诉涉及公正性、规范性的有23件，涉及有效性的有17件，涉及廉洁的有7件。针对这么大数量的投诉，CNACR极为重视，有的直接派人调查，有的委托认证机构进行调查，有的与CRBA联合进行调查，有的列入稽查审核名单，使每项投诉都得到适当的处理。根据对这些投诉的处理，共写出调查报告37份，其中，CNACR向国家质量技术监督局提交了12份，认证机构向CNACR提交了20份。对经调查确认证据确凿，严重违反认可规范的机构和个人进行了处理。如2000年6月对一家认证机构和有关责任人员进行了通报批评，并对一名高级审核员担任审核组长提出了附加条件；2000年10月对一认证机构的分支审核机构进行了通报批评，停止了当事人从事CNACR认可的认证审核工作的资格，CRBA取消了其所有级别的审核员资格，还对相关审核组长予以通报批评。

3.3 对认证机构实施非例行监督

实施非例行监督是CNACR深化对认证机构监控的一项重要举措，2000年共对5家认证机构进行了非例行监督，其中3家是结合投诉调查一起进行的，2家是单独进行的。由于这是第一次正式将非例行监督列入CNACR的例行工作，所以许多方面还要不断的摸索。从2000实施的情况看，结合投诉进行的非例行监督目的比较明确，调查的重点突出，发现了一些问题。但没有投诉的非例行监督，很难发现年度监督看不到的问题。如何使非例行监督发挥例行年度监督起不到的作用，需要进一步的探索和研究。

4 稳步推进初次认可，认真做好业务范围扩大评审

4.1 初次认可

4.1.1 初次认可的实施

2000年，共对4家认证机构和7家分支机构实施了初次认可评审。其中，北京中商质环质量体系认证中心、北京中经科环质量认证有限公司2家认证机构以及中方委河南分中心、中方委黑龙江分中心、中方委压力容器分中心、中方委河北分中心、东北中心苏州分中心5家分支审核机构已经获得了认可，并开展认证工作；中国医疗器械质量体系认证中心以及东北中心大连分中心和中质协质保中心大连分中心已完成全部评审工作，认可证书即将发出。BSI太平洋有限公司的现场评审已经完成，见证评审有待进行。

4.1.2 初次认可的申请

截止2000年底，中国民航质量认证中心和上海质量体系审核中心青岛分中心已向CNACR提交了认可申请并得到了受理。中方委四川审核中心已提交认可申请，申请受理的评审正在进行之中。

此外，另有中电联质量体系认证中心等4家质量认证机构和北京三星九千质量认证中心杭州兰环审核中心等4家分支审核机构已具备申请条件并表示了申请的意向，但尚未提交申请材料。

4.2 业务范围扩大

4.2.1 扩大业务范围的申请与评审

2000年共收到193项认可业务范围扩大的申请，比1999年增加26%。其中，79项为一般专业，比1999年增加23%；特殊专业为114项，比1999年增加28%。

在申请扩大业务范围的全部认证机构中，有16家机构申请扩大范围超过5项，涉及扩项数量共计118项，占扩项总数的63%，这些认证机构/分支机构是：世标、上海、中经科环、8.1、中质协青岛、赛宝、中方委、天一正、兴原、中方委上海、中方委浙江、中质协、长城、三峡、江苏、中方委山东。

2000年，认证机构申请扩大业务范围专业代码分布（统计截止日期11月30日）见图一和图二。

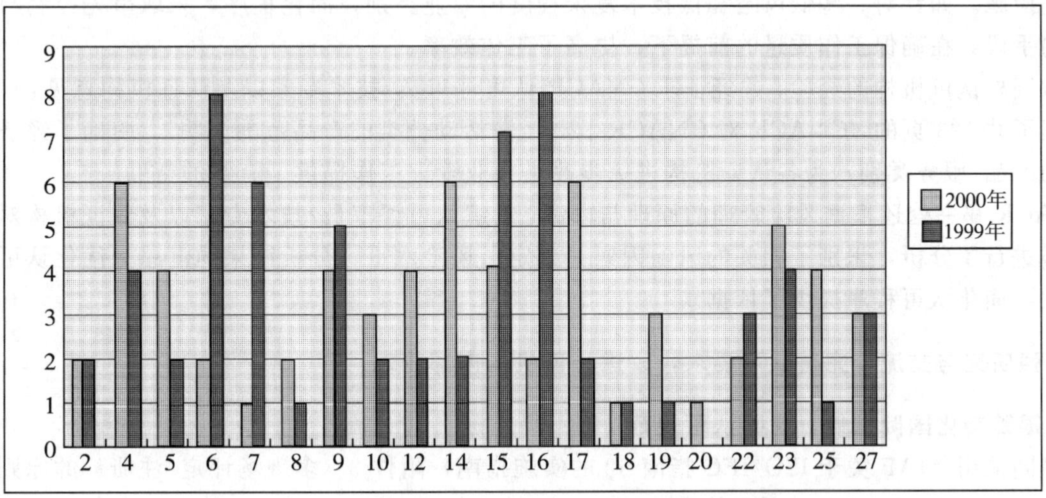

图一　2000年认证机构申请一般专业代码分布

（统计截止日期11月30日）

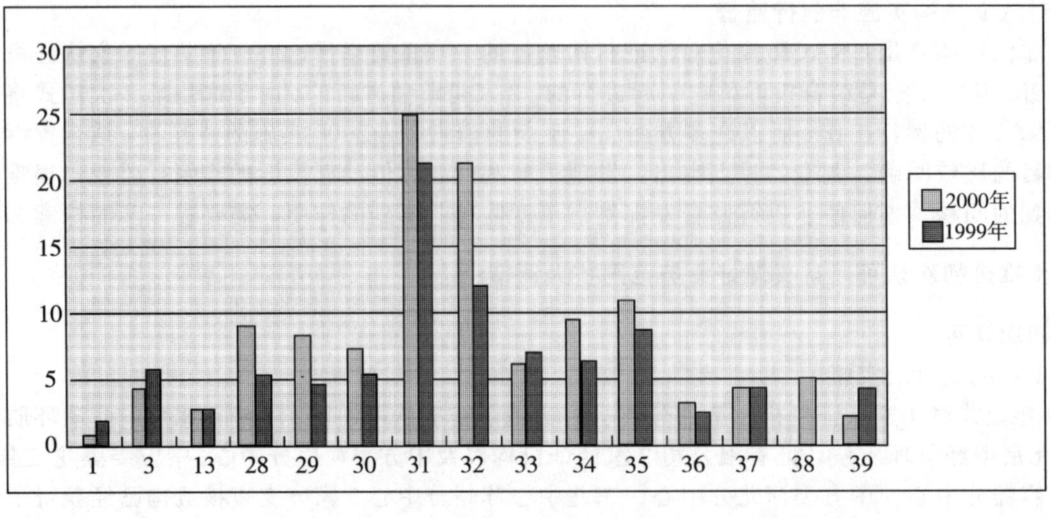

图二　2000年认证机构申请特殊专业代码分布统计

（截止日期11月30日）

在申请扩大的业务范围项目中，与1999年相同，31（运输、仓储及通讯）、32（金融房地产、出租服务）、35（其他服务）大类仍为申请机构最多的项目。28、29、30、34大类仍有较大增长。38大类（医疗机构）是2000年增长最突出的，历年仅申请过1家。

31大类的增长中，主要分布在31I63.21（陆上运输的辅助服务）、31I63.23（航空的辅助服务）、31I63.30（旅行代理服务）、；32大类的增长中，32K70中的房地产、物业保持上年度数量，32J65（金融）为2000年明显增加的项目，32J67（保险业）也开始有申请；34大类中，以监理行业（K74.20）增加为主；35大类中，各种服务发展较快，如：广告代理、商标代理、展览公司、翻译分司、劳务输出、保安公司等其他服务。

2000年，共完成扩大业务范围141项，其中包括上年度结转的61项。在扩大业务范围的评审过程中，共完成见证评审87项。此外，还完成了全部的扩小类156次，完成QS9000年度监督见证评审6项。

4.2.2 业务范围认可评审方法的研究与改进

针对认可业务范围扩大处理时间较长、程序较复杂等问题，通过分析原因，研究制定并初步采取了一些改进措施。如针对一些低风险和低技术复杂程度的专业类别，简化程序，采取事先控制与事后验证相结合的手段，在确保工作质量的前提下，提高了工作效率。

参考国外认可机构的经验，并经征求CNACR认可评审员/技术专家以及认证机构意见，CNACR秘书处编制了共123页的《CNACR对CNACR-220经济活动分类的产品范围说明》，明确了经济活动分类中包括的产品/服务类别，为各认证机构进一步改进专业管理工作提供了有益的帮助。

CNACR秘书处还根据风险管理的原理与方法，组织认可评审员/技术专家以及认证机构对200多个专业小类进行了分析，识别了相关的风险因素，判定了风险水平，分析结果的汇总为优化认可业务范围控制方法，简化认可程序提供了依据。

5 加强研究与交流，完善认可要求，改进认证机构内部管理

5.1 跟踪转化国际文件，完善认可规范

按等同采用《IAF关于ISO/IEC指南62的实施指南》附件3《多现场评定/注册》的原则，已着手对CNACR420《多现场组织的质量体系认证指南》进行修订，作为对CNACR-110-3.3“评定”的补充指南。

此外，对CNACR-110、130、210、310、361、370、410、430文件的部分条款和术语将作技术性修改或补充说明。

5.2 研究问题，总结经验，发布技术报告

为更好地实施 CNACR 认可规范，加强质量体系认证机构的管理和提高认证审核有效性，CNACR 秘书处根据认可评审员和认证机构提供的信息和反映的问题，有针对性地选定一些议题，在组织研讨形成共识的基础上经归纳编写成技术报告。技术报告是根据认证机构的认证管理和审核实践经验和存在的实际问题有针对性地重点介绍一些成功的做法、案例和有效的措施。技术报告可供认证机构的管理人员和审核人员借鉴，也可为认可评审员参考。2000 年，CNACR 秘书处制订发布了以下两份技术报告：

(1) CNACR-TR-001：2000《建筑施工企业认证审核要求和审核要点》技术报告介绍了建筑业的特点，针对特点提出对建筑施工企业质量体系审核的补充要求、初次审核和监督审核的要点。

(2) CNACR-TR-002：2000《大型和工程建设集团企业质量体系认证审核原则和要点》技术报告分别介绍了大型建筑施工企业和工程建设集团的特点及其质量体系认证的审核原则，还阐述了对工程建设集团和工程总承包企业的质量体系的审核要点。

5.3 组织交流研讨，改进认证机构内部管理

CNACR 为了进一步加强认证机构的认证公正性和有效性的管理，于 2000 年 5 月 9 日至 12 日在北京召开了“2000 质量体系认证机构认证与认可技术研讨会”。会前有近 40 个认证机构和分支审核机构向 CNACR 提交了书面工作总结，会上有中质协质保中心、赛宝中心、冶金中心、新世纪中心、广东中心和长城中心交流了加强内部管理的做法和经验。会议组织研讨了实施 2000 版 ISO9000 标准过渡期工作的要求与措施，研究了质量体系认证的责任问题。会议要求进一步加强质量体系认证公正性和有效性的改进措施和宣传工作。

6 认真准备，开展环境管理体系认证认可

6.1 认真开展调研工作，严格按照国际准则与惯例建立认可制度

2000 年，CNACR 秘书处对国内外有关认证机构开展环境管理体系认证的实际做法进行了调研，与国外认可机构就开展环境管理体系认证认可的要求、程序与评审方法进行了交流，并通过参加 PAC 的同行评审员培训班进一步掌握了环境管理体系认证机构的认可要求，在此基础上明确了严格按照有关国际准则与惯例开展环境管理体系认证机构认可的工作思路。

6.2 制订与颁布认可准则，启动认可评审工作

CNACR 秘书处以等同采用 ISO/IEC 指南 66 及《IAF 关于 ISO/IEC 指南 66 的实施指南》的方式，制定了 CNACR-EA110《环境管理体系认证机构认可基本要求》(试行) 及 CNACR-EA210《〈环境管理体系认证机构认可基本要求〉的说明》(试行)，并于 2000 年 9 月发布实施。至此，CNACR 环境管理体系认证的认可工作正式启动。

7 广泛开展国际合作，进一步提高国际影响，切实维护中国认证认可的权益

7.1 广泛参与多边合作，积极履行国际业务，增强发言权，扩大信息面

7.1.1 认真履行 PAC 主席职责，广泛开展国际多边合作

2000 年 CNACR 的国际合作活动，以履行 PAC 主席职责为主体，通过在 IAF 中的作用和影响，积极参与相关国际组织之间的政策协调，从而扩大国际接触面，及时获取相关信息与技术，深入有关决策过程，切实反映和体现我国的意见和利益。

在 PAC 工作方面，CNACR 秘书长作为 PAC 主席，主要职责是主持 PAC 全体大会和执行委员会会议，在闭会期间就有关重要事宜及时主持执委会作出通信决策，并对 PAC 秘书处的工作和财务实施监督与管理。2000 年，CNACR 秘书长作为 PAC 主席于 4 月和 11 日分别主持召开了两次专门的 PAC 执行委员会会议，在 8 月召开的 PAC 第七届年会期间，主持了 PAC 全体大会、三次执委会会议、多边承认协

议集团会议，代表PAC执委会参加了环境管理体系同行评审员研讨会、技术委员会会议、宣传委员会会议、产品认证多边承认工作组会议、质量管理体系认证机构和产品认证机构认可评审员培训班，协调了环境管理体系同行评审员研讨会和产品认证多边承认协议工作组的技术组织及新执委的提名与选举，还主持了印尼和泰国两个国家认可委员会加入多边承认协议的签字议式，代表PAC签署了协议书，并在会议现场接受了印尼电视台的采访。

在IAF与PAC相关工作方面，CNACR秘书长提出了质量体系认证国际互认制度的系统改进方案，与IAF和欧洲（EA）的主要人员协调提出了环境管理体系认证国际互认实施计划，共同推动IAF正式启动产品认证认可的国际互认工作。并在IAF其他有关工作中，代表和维护PAC的利益，切实维护了包括中国在内的发展中国家的利益。在IAF第十四届年会期间，还主持召集了PAC成员机构参会代表的临时会议，向全体PAC成员机构参会代表通报IAF会议进展的有关总体情况，并在PAC成员机构之间协调立场。

在IAF与其他国际组织的相关工作方面，CNACR秘书长作为IAF认可机构成员代表，被指定为IAF-ISO/TC176-ISO/CASCO关于2000版ISO9000标准过渡实施策划工作组的成员，参与了2000版ISO 9000标准过渡实施政策国际协调的全过程，既加深了对有关问题和措施的认知，更增进了与国际上有关专家之间的相互了解与联系。在IAF与ILAC合作方面，CNACR秘书长被指定为多边互认政策和程序联合工作组成员，参与IAF与ILAC互认政策和程序的协调工作。

7.1.2 履行职责与增进交流，积极参加国际同行评审

2000年6月，CNACR秘书处王卫东、徐有刚被PAC执委会接纳为PAC实习同行评审员，并于2000年8月参加了PAC举办的同行评审员培训班。受PAC执委会的指派，王卫东还于10月份作为实习同行评审员参加了PAC对菲律宾国家认可机构的同行评审。CNACR选派更多的人员参加国际同行评审，进一步向国际同行展示了CNACR的技术实力，同时也进一步增进了国际交流与合作的机会，并有利于提高CNACR认可人员的技术实力。

7.2 积极开展双边合作，进一步深化技术交流，扩大我国认证认可工作影响

7.2.1 为国际贸易服务，举办意中认证与认可技术研讨会

2000年10月，CNACR与意大利国家认可机构、意大利贸促会在北京联合举办了意中认证与认可技术研讨会，来自双方认可机构、认证机构以及获证企业的100多名代表参加了会议。会议由CNACR秘书长肖建华、意大利认可机构负责人以及意中双方获证企业的代表就双方的认可制度、国际互认制度、2000版ISO 9000族标准及其实施等进行了专题发言。通过本次研讨会，进一步加强了对CNACR认可制度的宣传，对促进意中贸易也将起到一定的积极作用。

7.2.2 加强双边合作，与国外认可机构协作开展认可评审

2000年，CNACR秘书处与美国、荷兰、澳大利亚——新西兰的认可机构合作，对有关认证机构开展了认可评审活动。通过与国外认可机构的合作与交流，为进一步提高CNACR认可制度的科学性提供了有益的输入，同时也进一步提高了CNACR认可制度的声誉。

7.2.3 邀请国外认可机构专家，开展认可技术双边研讨与交流

除了组织参加同行评审、各类研讨会与培训班，2000年10月，CNACR秘书处还与德国认可机构的专家进行了认可技术的专门研讨与交流。通过研讨与交流，为CNACR进一步按照国际惯例科学地开展认可工作提供了有益的借鉴，同时也为CNACR获得国际同行的进一步信任，开展进一步合作奠定了基础。

7.3 组织人员，参加国外培训

2000年，CNACR秘书处先后组织有关人员参加了PAC、日本海外技术者研修协会（AOTS）组织的培训。培训内容涉及质量管理体系认证、环境管理体系认证与产品认证的认可要求和评审方法。CNACR秘书处人员通过参加有关培训，与国外认可机构的同行进行交流，进一步提高了自身的业务素

质，同时也为 CNACR 开展环境管理体系认证认可的技术准备工作提供了有益的帮助。

8 加强部门合作，拓展认可领域，适应市场需求

8.1 与外经贸部援外司合作，加强援外工程贯彻 ISO9000 标准

为进一步加强援外工程项目的质量管理，落实对外贸易经济合作部和国家质量技术监督局联合下发的《关于落实和加强对外援助工程贯彻 ISO9000 质量体系标准工作有关事宜的通知》(〔1999〕外经贸援发第 107 号)的精神，CNACR 与对外贸易经济合作部援外司加强了在援外工程贯标方面的合作。2000 年 6 月 27 日至 7 月 13 日，经外经贸部领导批准，外经贸部委托 CNACR 牵头组织有关专家对业已开工建设的援孟加拉国邦戈国际会议中心和援密克罗尼西亚多功能体育馆两个援外贯标工程的现场进行监督检查和技术指导。

通过两个项目的检查，特别是施工现场有关人员的反映，在援外项目中推行 GB/T19000-ISO9000 质量体系标准，使援外工程的质量得到了保证，主要体现在：一是贯标使援外工程项目管理更加规范，起到了保证工程工期和工程质量的作用；贯标以后所有的承包方都要制订相应的质量计划，对施工过程中的工作程序等都做了相应的规定，使各项工作都按程序和规范进行，有效地保证了施工质量，受到施工方、监理和设计等方面的欢迎。二是选择经过 GB/T19000-ISO9000 认证的单位承担援外工程任务有利于同受援国的沟通。用 GB/T19000-ISO9000 标准的语言与受援国交流，提高了双方沟通的效率，从而更好地了解了受援国的要求，保证了工程质量，提高了受援国的满意度。三是通过委托具有资格的认证机构对项目的国内后勤组和国外项目组进行第二方的审核，有效地保证了援外工程的一些具体要求得到有效实施。四是援外工程贯标以后使监理工作更加有章可循，减少了监理、设计与施工单位之间的矛盾。

接受检查的两个项目，从原材料的采购、运输、储存，施工过程的管理，到产品的实物质量都得到了有效的保证，都达到或超过了质量计划中承诺的质量目标，充分说明在援外工程中贯标是完全必要的，也是有效的。

检查组对此次检查发现的问题，在现场向项目组做了反馈，而对一些需要外经贸部和其它部门予以支持和解决的问题则以《关于对援孟加拉国邦戈国际会议中心和援密克罗尼西亚多功能体育馆两个援外贯标工程项目检查情况的报告》形式，向外经贸部和有关部门做了汇报。

本次贯标检查是 CNACR 与有关部门之间一次十分成功的合作，今后 CNACR 将加强与有关部门的联系与合作，进一步推进 GB/T19000-ISO9000 标准的贯彻实施。

8.2 职业卫生与安全管理体系

CNACR 秘书处在 2000 年对职业卫生与安全管理体系认证认可进行了相关的技术研究与准备，为正式开展认可工作创造条件。向国家质量技术监督局提出开展认可工作的报告，并与国家质量技术监督局认证与实验室评审管理司、标准化司的领导就标准的制订与认可工作启动的时机、方式等问题进行了专题汇报与研究。有两家认证机构开展了试点工作，这两家认证机构已建立了文件化的质量体系，并已对有关企业开展了审核活动。

CNACR 完全可以充分利用现有的 GB/T19000-ISO 9000 认证认可制度与相应资源，为促进职业卫生与安全管理体系认证在我国快速、健康与有效的开展，确保安全生产，改善组织员工的职业健康与安全状况，发挥积极的影响与作用。

8.3 TL 9000

为了推动电信业 TL 9000 认证在我国的开展，经有关方面的授权，CNACR 秘书处与美国品士公司合作，已将 TL9000 标准翻译与转化为中文版。目前 CNACR 已正式向 TL 9000 的国际组织——电信业优质供方领导者论坛（QuEST）提出承认申请。

8.4 ISO/TS 16949

在汽车行业的有关质量管理体系标准方面，CNACR 秘书处派员参加了国际标准化组织技术报告

ISO/TS 16949的国家标准转化起草与审定工作。

8.5 信息安全管理体系

CNACR秘书处对信息安全管理体系认证认可的开展也进行了相应的技术跟踪与准备，包括搜集与组织转化英文标准BS7799、翻译欧洲认可合作组织（EA）的认可要求等工作。信息安全管理体系认证认可的开展，将扩大CNACR的认可领域，有助于进一步发挥CNACR认可制度的作用。

9 完善内部质量体系，改进内部管理

9.1 调整组织机构，加强内外监控和技术研究

2000年2月，CNACR秘书处进行组织机构调整，增设监查部和质量部，并对质量职能的划分作了相应更改。其目的是为了加强技术部的技术研究与开发工作，并加强对认证机构的日常监控（包括对获证企业的稽查审核、对认证机构的非例行监督评审和投诉的处理）和对CNACR内部运行的监督检查。由于机构调整，CNACR的质量手册、程序文件和作业指导书需作相应修订，秘书处各部门按期完成了体系文件的修订工作，并按规定开展了各项质量活动，加强了对认证机构的指导与监督。

9.2 开展认可服务满意度调查，改进认可服务

2000年1月，CNACR秘书处向32家质量体系认证机构发出了“认可服务满意程度问卷调查”，其中有31家认证机构反馈了意见，1家机构没有反馈。调查要求以“很满意、满意、基本满意和不满意”四个级别来作判定，共涉及认可服务的时间性、公正性、有效性和服务态度四个方面的各项调查指标28个。调查结果反映很满意和满意合计占总数的89.6%（其中很满意占总数的42.7%）；基本满意占总数8.4%；不满意占总数2%。通过认可服务满意度调查，各认证机构向CNACR提出了宝贵的改进建议，使CNACR明确了改进方向。

9.3 加强队伍建设，实施培训与考核

为了适应认可评审工作发展的需要，2000年新聘实习评审员2名，5名实习评审员和2名评审员经考核分别晋级为评审员和主任评审员。并且，为了配合特殊专业认可评审工作的开展，新聘请了金融等专业的技术专家12名。

为确保认可评审员/技术专家掌握2000版ISO9000族标准的内容及与94版标准相比较的主要变化，以及CNACR对认证机构进行标准转换的确认要求与程序，以便为2000版标准转换的评审作好技术准备。同时，研讨认可评审中遇到的问题，进一步提高认可评审的有效性、一致性。CNACR于5月29至31日在北京举办了认可评审员/技术专家研讨会，会议取得了圆满的成功，达到了预期的目标。此外，对认可评审中遇到的技术问题，评审部多次组织主要评审人员进行小规模的研讨活动，相互沟通、交流观点、研讨认可评审技术。

12月份，CNACR质量部对参加认可评审工作的评审员/技术专家共52人进行了年度业绩考核。考核结果反映，52名评审员/技术专家总体上获得良好的评价，其中极少数人员尚需进一步改进和提高。

9.4 实施专项审核和质量体系审核，保持体系有效运行

为了加强对CNACR认可评审工作质量的监控，质量部组织有关认可评审专家于6月份对认可评审档案（包括初次认可、监督和认可业务范围扩大）进行了专项审核，审核中发现的问题作为评审员继续培训的输入，以提高评审水平与一致性。

为了确定CNACR质量体系的运行是否持续满足ISO/IEC指南61的要求，并达到预定的质量目标，CNACR秘书处于2000年10月10日至11日实施了内部质量体系审核。按审核计划的安排实施了全面的检查，通过检查各项质量活动实施情况以及抽查档案，以评定实施过程的有效性及各环节接口的协调性与及时性，以便为提高认可服务的公正性、科学性、效率和质量，寻找不断改进的机会。这次内审共开出8个不合格报告，均为一般不合格。各部门针对内审发现的不合格，认真分析原因，制定并采取了相应的纠正措施。本次内审结果表明，CNACR在2000年积极开展2000版标准的过渡准备工作，引导各认证机构提高2000版标准的审核与管理能力，并借换版机会，促进认证机构提高审核人员的水平，同时，又准备开展GB/T24000-ISO 14000的认可工作，研究CNACR认可领域的进一步扩展，在工作量明显增大的情况下，仍能顺利完成各项质量活动，使质量体系仍保持正常运行，基本达到了预定的质量目标。

9.5 开展管理评审，实现持续改进

2001年1月5日，秘书长主持进行了2000年度管理评审，通过管理评审，认为CNACR制订的质量方针与目标是适宜的，且得到有效实施。此外，随着形势的发展又新增加环境管理体系的认可等有关工作，已初步具备开展环境管理体系认可的资源。在工作量较大的情况下，CNACR秘书处的工作人员付出了辛勤的劳动，以使质量目标得到实现。同时，文件化质量体系在不断完善，具有自我发现问题加以持续改进的机制，能持续符合国际互认的要求。

为了进一步适应认证认可工作发展的形势、改进工作，经管理评审，提出了以下改进要求：

1. 随着认可领域的扩展，2000版标准认证能力的确认，要求进一步配备认可评审人员及内部管理人员，确保实施认可制度所需资源。

2. 改善办公电子化设施与网络（含数据库），进一步提高工作效率。

3. 改进后的业务范围扩大的认可条件与程序应在上半年正式发布，内部评定、认可的原则与程序应进一步予以明确规定，贯彻“提高要求、简化程序、缩短认可评定时间”的原则。

4. 多现场审核指南及其实施说明须在2月份正式发布，以指导认证机构按IAF的要求统一实施。

5. 认可服务满意度的调查统计分析报告应提出明确改进要求，报秘书长批准后发送各部，其改进措施的实施应验证并报秘书长，以便持续改进质量体系。

各位委员：

回顾2000年，在有关方面的共同努力下，CNACR的工作取得了可喜的发展，再次感谢大家的关心和支持。通过管理评审，CNACR秘书处也明确了需进一步改进的问题，并在此基础上制定了2001年CNACR质量目标，作为CNACR在2001年的主要工作目标和改进措施方向。请各位委员对以上工作报告和2001年的质量目标进行审议，并提出宝贵的意见和建议，以便进一步改进工作，为我国认证认可事业的发展作出更大的贡献。

关于东北质量体系审核中心等三家质量体系认证机构开展改制试点的通知

质技监局认发〔2000〕24号

东北质量体系审核中心、浙江质量体系审核中心、QCCECC赛宝质量体系认证中心：

为贯彻国务院机构改革的精神，落实政企分开、政事分开的原则，使质量体系认证机构适应市场经济发展的需要，成为自主经营、自负盈亏、独立承担民事责任的第三方中介机构，公平、公正、独立地开展质量体系认证工作，经研究，决定同意你机构进行改制试点。我局参照国务院关于清理整顿经济鉴证类中介机构的有关规定和其他行业中介机构改革的经验，并结合认证行业的特点，提出了质量体系认证机构改制试点指导意见（见附件1），现发送给你们，请在改制试点工作中依照执行。

为使改制试点工作顺利进行，现对试点机构提出如下要求：

1. 试点机构发起人应向国家质量技术监督局正式提出试点申请，并递交改制试点实施方案及有关材料（见附件2）。

2. 经国家质量技术监督局批准后，按国家有关规定在工商行政管理部门注册。

3. 试点机构应在发文之日起1年内完成改制。

4. 改制后的机构，因其组织结构、管理体制的重大变更，须经CNACR认可后，方可从事经认可的认证活动。

5. 其他质量体系认证机构的改制，在总结试点经验的基础上，由国家质量技术监督局另行发文。

特此通知。

附件：1. 质量体系认证机构改制试点指导意见

2. 改制试点机构向国家质量技术监督局正式递交的材料

国家质量技术监督局

二〇〇〇年二月三日

附件1：

质量体系认证机构改制试点指导意见

一、改制目标

剥离现有认证机构与政府部门的行政隶属关系，消除政府部门对认证活动的行政干预，使质量体系认证机构成为自主经营、自负盈亏、独立承担民事责任的第三方中介机构，培育公平竞争的质量体系认证市场环境。

二、改制试点的形式

考虑到我国质量体系认证机构的现状，试点的主要形式为有限责任公司，包括个人有限责任公司和个人出资额占主导地位的有限责任公司。质量体系认证有限责任公司的股东以其出资额为限对公司承担责任，公司以其全部资产对公司的债务承担责任。

三、改制试点（参照）的规范性文件

有关法律、法规：《公司法》、《注册会计师法》、《财政部有限责任会计师事务所审批办法》、《质量法》及国家质量技术监督部门对认证机构和认证人员的法律、法规和规章。

四、改制试点要求

1. 实施改制的质量体系认证机构应遵守《公司法》、国家质量技术监督部门对认证机构和认证人员的法律、法规和规章；

2. 质量体系认证有限责任公司应遵循不以营利为目的的服务宗旨。质量体系认证活动收取的费用不得用于以赢利为目的的商业性投资。质量体系认证有限责任公司的股东原则上不分红。若分红则分红比例不得超过同期银行存款利率。

3. 试点的质量体系认证机构应在人员、财务、业务和名称四个方面与挂靠单位实行彻底脱钩。

4. 质量体系认证机构在改制中应确保国有资产不流失。

5. 改制的质量体系认证有限责任公司应具备下列条件：

a）有至少5名以上、50名以下符合条件的出资人；

b）有10名以上国家规定的职龄以内的专职审核人员，其中包括5名以上发起人；

c）质量体系认证有限责任公司的个人出资人应至少具备国家注册审核员资格且应为专职从事质量认证审核的人员；质量体系认证有限责任公司的法人出资人应为国有机构，其从事的业务活动应不得影响体系认证业务的公正性。认证机构不得参股其他认证机构；

d）改制的质量体系认证机构其注册资本不宜低于人民币50万元，且应具备确保财务稳定的机制；

e）有稳定办公场所。

6. 质量体系认证有限责任公司的个人发起人应当具备以下条件：

a）原则上应具有国家注册高级审核员资格，并在相应注册状态至少具备2年工作经验。如果个人发起人中包含有国家注册审核员，则国家注册高级审核员和国家注册审核员的比例不应低于3/2；

b）为公司的出资人；

c）不在其他单位从事获取工资等劳动报酬的工作；

d）年龄在65周岁以内；

7. 质量体系认证有限责任公司除发起人以外的专职审核人员具备如下条件：

a）至少取得国家注册审核员资格证书；

b）不在其他单位从事获取工资等劳动报酬的工作；

c）年龄在60周岁以内。

8. 出资要求：

1）公司出资人以个人股为主（不低于70%），国有法人股所占比例不应超过30%，且为优先股。

2）出资人的出资方式可以是货币出资或非货币出资，出资人的全部货币出资不得少于注册资本的50%，非货币出资的需经过评估机构评估折价成货币金额。

9. 质量体系认证有限责任公司设立董事会，公司实行董事会领导下的主任/总经理负责制。董事长为公司法定代表人。有关推选程序和具体条件，由公司章程规定。公司董事会应由各有关利益方组成，各方利益应均衡，以确保认证实施的公正性。董事会组成不能满足各方利益均衡的，应设立顾问委员会，对认证的方针政策和认证决定负责。

10. 公司的组成结构、职责权限和议事规则等应同时符合《公司法》和国家质量技术监督局《质量体系认证机构认可管理办法》和CNACR认可准则的要求。

附件2：

改制试点机构
向国家质量技术监督局正式递交的材料

1. 机构主管部门的意见；

2. 质量体系认证有限责任公司章程＊（草案）；

3. 个人出资人简历、国家注册高级审核员原件及复印件、身份证原件及复印件、人事档案存档证明以及原单位出具的工作鉴定；

4. 国有法人出资人的法律地位证明文件（营业执照等），组织机构、主要业务介绍等；

5. 出资人协议书＊＊；

6. 出资证明；

7. 其他专职审核人员的注册审核员简历、国家注册审核员原件及复印件、身份证原件及复印件以及原单位出具的工作鉴定；

8. 公司内部包括财务管理等程序在内的行政管理制度文件（草案）；

9. 办公场所的产权或使用权的有效证明；

10. 其他材料。

＊公司《章程》应当明确下列事项：

a）公司名称和地址；

b）业务范围；

c）注册资本；

d）出资人的姓名；

e）出资人的权利和义务；

f）出资人出资的方式、时间和出资额；

g）出资人变动出资的条件和方式；

h）法定代表人；

i）内部机构的设置（包括董事会及其构成）及产生办法、职权、议事规则；

j）公司解散与清算办法；

k）其他需要规定的事项。

＊＊出资人协议书应明确下列事项：

a）出资人的权利；

b）出资人应承担的责任；

c）出资方式、时间及金额；

d）变动出资的条件及方式；

e）对公司组织结构、管理体制的承诺。

IAF 标准信件
ISO9001：2000 标准实施过渡期的安排

已获认可的各认证机构：

你们可能已经获悉，修订 ISO9001/2/3：1994 并改为一项标准的工作现以进入国际标准草案（DIS）阶段。该标准草案可以从国家标准化机构获取。

目前，可以预计，新版国际标准将很可能在 2000 年底前正式发布和生效。

由国际认可论坛（IAF）的认可机构、认证机构和工业界代表组成的 IAF 代表团，已经与负责 ISO9000 族标准制订的 ISO/TC176 的代表团以及负责合格评定标准制订的 ISO/CASCO 代表团举行了三方联席会议，并就 ISO9001 新版标准实施的过渡期安排达成了一致意见。

作为三方联席会议的结果，已正式发布会议公报。

你们会注意到，对于认证机构，这意味着不能按国际标准草案（DIS）或最终国际标准草案（FDIS）发出带有认可标志的认证证书。但是，鼓励你们与你们的客户合作，基于新版标准的草案实施审核，以便你们的认证客户作好准备，在新版标准发布后及时转为新版标准的认证证书。当然，所有各方均应意识到，最终发布的标准可能会与标准草案发生变化。

正式标准发布之后，将有 3 年的过渡期限。在此期间，1994 版标准的认证证书仍将有效。但是，在 ISO9001：2000 标准发布之日起的 3 年后，所有 1994 版标准的认证证书均将失效。因此，鼓励你们与你们的 ISO9001/2/3 认证客户合作，确保你们的认证客户在适当的情况下，能够在过渡期内尽早地策划和开始向新版标准的转化工作。

国际上已经同意，在准备正式发布新版标准的这一年（2000 年），认可机构在对获准认可的认证机构实施监督时，将重点评审认证机构如何对有关的变更实施管理（见 ISO/IEC 指南 62，2.3 条）。

很多工业界的代表已经强烈地表示，ISO9000 族标准要在市场上继续保持其价值，有两个条件是必不可少的。一方面，新版标准所依据的质量管理原则需得到 ISO9001：2000 认证证书持有者积极和有力的实施，同时，第三方认证对此也给予支持。

在这方面，我要提请你们注意 IAF-ISO/TC176-ISO/CASCO 三方联席会议公报中第 4 条的内容，同时，我也要告知你们，我们以及 IAF 的其他成员认可机构在实施认可监督评审中，你们的审核员以及其他有关人员区别新旧版本标准的不同点开展认证活动的能力将是监督评审的一项重点内容。

我们将重点评审你们所采取的有关措施，以确保你们的审核员和其他有关人员证实具备了以下方面的知识并理解了其内涵：

· 标准修订所依据的八项质量管理原则；

· ISO9001：2000 最新草案的要求；

· ISO9000：2000 最新草案的概念和术语。

根据目前所建议的标准更改内容，我们将调查你们如何处理诸如以下方面的问题：

·允许的缩减（尤其是针对现行的ISO9002/3认证客户）；

·新版标准对最高管理者的承诺和职责进一步予以重视。为了适应这一变化，你们在审核方法上需作哪些变更；

·新版标准对文件化程序的强制要求将减弱。为了适应这一变化，你们在体系文件评审方面如何考虑；

·新版标准中一些新修订的内容，将需要对可测量目标的设定、策划与实现的效果实施审核追踪。为了适应这一变化，你们在审核方法和审核员培训方面需作哪些变更；

·对于组织持续改进其质量管理体系的证实，你们将如何评审。

在监督评审期间，你们若能够证实所制订的措施及其实施的进展是适宜的，我们将在监督评审中对上述方面实施评审。如果我们在监督评审期间，对你们所制订的措施不能建立必要的信心，则可能须实施补充审查或现场评审。然而，所有各方均已同意，新版标准的实施不应导致额外的费用要求，包括认可机构对认证机构或认证机构对其认证客户。这也是同意给出相当长过渡期的一项原因。

你们若对此过渡期安排有任何问题或意见，请与我们联系。

中国质量体系认证机构国家认可委员会（CNACR）

（IAF成员认可机构）

秘书长

2000年1月15日

中国质量体系认证机构国家认可委员会（CNACR）标准信件 ISO9001：2000 标准实施过渡期的安排

已获质量体系认证的组织：

国际标准化组织 ISO/TC 176 质量管理和质量保证技术委员会正在对 ISO 9000 族标准进行修订，将 ISO 9001：1994《质量体系——设计、开发、生产、安装和服务的质量保证模式》、ISO 9002：1994《质量体系——生产、安装和服务的质量保证模式》和 ISO 9003：1994《质量体系——最终检验和试验的质量保证模式》等 3 项国际标准修订合并为 ISO 9001：2000《质量管理体系——要求》国际标准。目前，修订工作已进展到国际标准草案（DIS）阶段。ISO/DIS 9001：2000 国际标准草案已转化为中文文本，该国际标准草案可以从 CSBTS/TC 151 全国质量管理和质量保证标准化技术委员会秘书处获得。

根据国际标准修订进度安排，2000 版 ISO 9000 标准将于 2000 年底前正式发布并生效。

由国际认可论坛（IAF）的认可机构、认证机构和工业界代表组成的 IAF 代表团，已经与负责 ISO 9000 族标准制定的 ISO/TC 176 的代表团以及 ISO/CASCO 国际标准化组织合格评定委员会代表团举行了三方联席会议，并就 2000 版 ISO 9001 标准实施的过渡期安排达成了一致意见，并发表了《IAF-ISO/TC 176-ISO/CASCO 联合工作组公报》（以下简称“联合公报”）和《国际认可论坛（IAF）标准信件——ISO 9001：2000 标准实施过渡期的安排》（以下简称“IAF 标准信件”）。

根据《联合公报》和《IAF 标准信件》的精神，带 CNACR 认可标志的 2000 版 ISO 9001 认证证书仅在 ISO 9001：2000 发布为国际标准（IS），并转化为中国国家标准之后方可颁发。这意味着不能按国际标准草案（DIS）或最终国际标准草案（FDIS）发出带有 CNACR 认可标志的认证证书。但是，我们将与获证组织合作，在按 94 版标准实施监督或复评审核时，同时依据 2000 版 ISO 9001 最新标准草案实施审核，或单独安排按 2000 版 ISO 9001 最新标准草案的审核，以使获证组织可以做好准备和采取必要措施，在 ISO 9001：2000 国际标准正式发布并转化为中国国家标准之后及时换发 2000 版 ISO 9001 标准的认证证书。当然，认证双方都应注意到，正式国际标准与国际标准草案相对照可能会有变化。在换发带 CNACR 认可标志的 2000 版 ISO 9001 标准认证证书之前，还需对这些变化的实施进行必要的验证。此外，我们还将按规定履行正式的认证决定程序。

在获证组织持有 94 版 ISO 9001、ISO 9002、ISO 9003 标准认证证书期间，仍应满足 94 版相应标准的所有要求。各方均注意到，满足标准的要求，关键是相应要求得到落实，表现形式可以多样。

《联合公报》指出，正式国际标准发布之后将有 3 年的过渡期。即，按 1994 版 ISO 9001、ISO 9002 或 ISO 9003 国际标准颁发的认证证书自 ISO 9001：2000 标准发布之日起的 3 年内仍然有效。这表明，在 ISO 9001：2000 国际标准正式发布至 3 年过渡期结束，仍可按照 1994 版 ISO 9001、ISO9002 或 ISO 9003 国际标准颁发认证证书。在 ISO 9001：2000 国际标准正式发布之日起的 3 年后，所有按 GB/T 19001-1994 idt ISO 9001：1994、GB/T 19002-1994 idt ISO 9002：1994 和 GB/T 19003-1994 idt ISO 9003：1994 标准颁发的认证证书均将失效。因此，鼓励已获认证证书的组织与我们合作，尽早策划，并在适当时机实施标准换版的转化工作。确保在过渡期内换发 2000 版 ISO 9001 标准的认证证书，以继续保持认证资格。

国际上，很多工业界的代表已经强烈地表示，ISO 9000 族国际标准要在市场上继续保持其价值，有两个条件是必不可少的。一方面，2000 版标准所依据的八项质量管理原则需得到 ISO 9001：2000 标准认证证书持有者的深刻理解和积极而有力的实施，另一方面，我们也将对此给予重视和评价。因此，已获认证组织在实施标准换版时，对八项质量管理原则的贯彻实施应予以足够的重视。

我们将以公开文件形式向已获认证的组织提出实施标准换版的基本要求与工作步骤，请你们注意阅读。对已获认证组织实施标准换版的审核重点将涉及：

1. 以顾客为中心的原则的体现；

2. 质量方针和质量目标的调整；

3. 对 ISO9001：2000 标准要求剪裁的适宜性；

4. 最高管理者职责和承诺的调整；

5. 质量体系所需过程的识别及过程的顺序和相互作用的确定；

6. 质量体系文件按 ISO 9001：2000 标准的要求发生的调整及其实施；

7. 持续改进的策划与实施；

8. 组织的有关人员所接受的标准换版的必要培训。

CNACR 强调指出，认证标准换版是一项政策性和技术性都很强的工作。要求各认证机构积极而稳妥地做好认证标准换版过渡期工作。我们衷心期望通过认证双方的相互协调和共同努力，按照双方协商一致的时间表，有序地完成认证标准的换版工作。你们若对此标准换版过渡期安排有任何问题或意见，请与我们联系。我们将乐于为你们提供热忱的帮助和周到的服务。

太平洋认可合作组织（PAC）有关具体内容

各有关方面：

太平洋认可合作组织（PAC）成员认可机构中，开展质量管理体系认证/注册机构认可工作并已成功地通过同行评审的成员认可机构已经签署了多边承认协议（PAC MLA）。截止到 1999 年 7 月，签署多边承认协议的认可机构有：

CNAB（中国）	JAS-ANZ（澳大利亚和新西兰）
CNACR（中国）	KAB（韩国）
DSM（马来西亚）	SAC（新加坡）
JAB（日本）	SCC（加拿大）

按照多边承认协议的约定，多边承认协议成员认可机构认可的质量体系认证机构具有等效的水平，这些认证机构提供的认证服务能够提供同等的信心。

PAC 多边承认协议成员认可机构使用等效的方法对认证机构实施认可，并已同意通过对彼此认可制度的管理和运作进行定期评审，以监督多边承认协议的实施。

如有需要，可向以下联系人或多边承认协议成员认可机构的代表（见附件）索取多边承认协议副本：

Ms Belinda Mort
PAC Secretariat
PO Box 455
JAMISON ACT 2614
AUSTRALIA
Phone：＋61 2 62581802
Fax：＋61 2 61580199

关于 PAC 多边承认协议的有关具体内容及成员认可机构的认可标志情况，也可从 PAC 主页上获取。PAC 的网址为：http：//www. apec-pac. org。

质量体系认证机构 ISO 9001：2000 标准认证实施资格的确认要求和程序

1. 目的和适用范围

1.1 目的

为对认证机构按 ISO 9001：2000 标准实施认证的能力和资格进行确认，特制定本文件。

本文件规定了对认证机构按 ISO 9001:2000 标准实施认证的资格的确认要求，并说明了确认的程序、方法以及评审的内容与重点。

1.2 适用范围

本文件适用于对认证机构是否具备按 ISO 9001：2000 标准实施认证的资格进行确认。

2. 引用文件

IAF 标准信件：ISO 9001：2000 标准实施过渡期的安排

CNACR 标准信件：ISO 9001：2000 标准实施过渡期的安排

CNACR-120：1995 质量体系认证机构认可程序

CNACR-210：1998 质量体系认证机构认可基本要求的说明

CNACR-230：1998 质量体系认证机构认可实施过程的说明

3. 职责

3.1 CNACR 秘书长负责批准认证机构按 ISO 9001：2000 标准实施认证的资格。

3.2 CNACR 评审部负责评审的总体组织工作。

4. 确认要求

4.1 对策划的要求

认证机构应围绕 4.2～4.6 所列要求，对按照 ISO 9001:2000 标准实施认证有关的准备工作进行总体策划，配备适宜的资源，制订相应措施计划。

4.2 对质量体系文件制（修）订的要求

为满足按 ISO 9001：2000 标准实施认证的需要，认证机构应对现有的质量体系文件识别制（修）订的需求，并开展必要的制修订工作。

根据需要，制（修）订工作所涉及的质量体系文件可包括：

1）管理文件。例如与认证申请的受理、对组织质量体系文件的审查、审核前准备、实施审核、认证的质量体系所覆盖产品的描述（如质量体系认证证书）、监督与复评、认证人员的培训与能力的评价等有关的文件。

2）通用的审核作业指导性文件与质量记录表格。例如对组织质量体系文件的审查作业指导书、审核作业指导书、通用的检查清单、不合格报告、审核报告等。

3）专业审核指导性文件。认证机构应针对拟按照 ISO 9001：2000 标准实施认证的专业领域，研究制（修）订专业审核指导性文件的必要性，必要时，制（修）订专业审核指导性文件。研究的过程与结果应形成文件。对已有的专业审核指导文件，为适用于标准换版而需修改的，可以根据审核工作的需要，逐步完成。如果认证机构认为不需要制（修）订专业审核指导性文件的，应说明理由，并能向 CNACR 证实其现有的审核人员的知识、经验与技能能够满足在相应专业领域实施认证审核的需要。

4）公开文件。包括对获证组织实施认证标准换版的要求和程序

4.3 对认证机构人员培训和能力评价的要求

认证机构应针对标准换版工作对有关人员进行相应的培训，并对其能力进行评价，以确保其具备按 ISO 9001：2000 标准实施认证审核/或管理的能力。

4.3.1 对认证人员培训的要求

认证机构应识别人员培训的需求。培训的对象应包括认证机构的审核人员及有关的管理人员。

培训的内容应包括 2000 版 ISO 9000 标准知识、针对标准变化部分的审核取证方法与技巧、不合格的判定、必要的统计技术等有关内容以及针对制（修）订后的质量体系文件的培训。

培训的方式可包括内部与外部培训（包括 CRBA 组织的换证培训）、研讨（包括有关试审核（见 4.4）的研讨与总结）以及参加审核实践等。

4.3.2 对认证人员能力评价的要求

认证机构应明确对认证人员能力的评价方式、内容和判定准则。由认证机构评定合格的高级审核员(通常是已参加过标准换版认证审核实践的高级审核员)对其他审核人员实施审核的能力进行现场验证是一种适宜的评价方式。

4.4 对试审核的要求

认证机构在向 CNACR 提出按 ISO 9001：2000 标准实施认证的资格确认的申请之前，应完成 1 至 2 项按 ISO 9001：2000（含最新草案）对组织实施的试审核。

4.5 对内审和管理评审的要求

认证机构应在完成标准换版的各项准备工作和试审核后，实施专项内审和管理评审，以验证质量体系对按 ISO 9001：2000 标准开展认证工作的适宜性和有效性。

4.6 其他要求

认证机构若向组织提供有关新版标准的培训服务时，应明确培训的原则，并作出适宜的安排。实施培训应不影响到认证机构的公正性。培训的安排应有利于组织实施 ISO 9001：2000 标准。

5. 确认程序

5.1 申请资格确认的条件

认证机构在向 CNACR 提出按 ISO9001：2000 标准认证实施资格的确认申请时应具备以下条件：

1）完成了质量体系文件的制（修）订工作并开始实施。

2）对认证人员进行标准换版的培训和能力的评价系统能确保有关人员具备按 ISO 9001：2000 标准实施审核和管理认证的能力。

3）已完成了对 1 至 2 家组织按 ISO 9001：2000 标准（含最新草案）实施认证的试审核。

4）已实施标准换版工作的专项内审和管理评审，自我验证了质量体系对实施按 ISO 9001：2000 标准开展认证工作的适宜性和有效性。

5.2 申请

认证机构在确认其已经满足了申请条件后，填报 CNACR-QF 102A/0《中国质量体系认证机构国家认可申请书》，申请类别为“扩大认可业务范围”，并提交以下有关附件：

1）标准换版措施计划及其完成情况的说明。

2）为实施标准换版所制（修）订的质量体系文件清单。

3）为适用于按 ISO9001：2000 标准实施认证管理，对质量手册和程序文件的新编制和修改部分，制（修）订的其他质量体系文件，包括通用审核作业指导性文件、公开文件等。

4）1 至 2 项按 ISO 9001：2000 标准（含最新标准草案）实施试审核的审核计划和审核报告。

5）专项内审和管理评审报告。

5.3 文件审查

CNACR 秘书处将组织评审员，依据确认要求对认证机构提交的文件实施审查，提出书面的文审意见与结论。

5.4 现场评审

经文件审查确认认证机构的质量体系文件和标准换版的准备工作基本符合要求后，CNACR 秘书处将委派评审组对认证机构实施现场评审。

现场评审可以单独进行，也可以结合对认证机构的监督评审或复评进行。

5.4.1 现场评审的目的

现场评审的目的是确认：

1）制（修）订的质量体系文件适宜性和实施有效性。

2）认证人员的培训和能力评价系统实施的有效性。

3）认证管理与实施试审核的符合性和有效性。

5.4.2 现场评审的内容和重点

5.4.2.1 质量体系文件实施的有效性

内容与重点包括：

1）进一步审查质量体系文件的符合性和适宜性。

2）重点评审第三层次质量体系文件，包括各类作业指导性文件及有关的质量记录表格的实施有效性。

3）评审对制（修）订专业审核指导性文件必要性的研究过程与结果。可行时，评审与试审核有关的专业审核指导性文件。

5.4.2.2 人员培训和能力评价系统的有效性

通过以下方面的评审，以确认认证机构人员培训与能力评价的有效性：

1）已通过 CRBA 审核员转换培训合格的名单和合格证明。

2）认证机构对人员的培训方式、内容和结果，包括试审核后进行的研讨与交流。

3）认证机构对审核人员能力评价的方式、内容、准则和结果。

4）必要时，对审核人员进行面谈或问卷调查。

5.4.2.3 试审核档案

对认证机构的试审核档案依据 IAF 和 CNACR 发布的标准信件作为重要依据进行评审，重点检查以下方面内容：

1）申请受理和合同评审，检查质量体系覆盖产品范围描述的适宜性。

2）对组织质量体系文件审查的有效性。包括对组织应用新版标准和满足新增要求的评价，文审作业指导文件的适宜性等。

3）审核计划的适宜性。

4）审阅现场审核记录，重点评审对新版标准新增要求方面的审核的有效性：

a）质量体系的过程方法。

b）质量方针、质量目标的适宜性及质量目标的分解、落实情况。

c）最高管理者承诺与职责。

d）持续改进实施及效果。

e）满足顾客和法律法规要求和顾客的满意程度。

5）审核报告和不合格报告的适宜性。

5.5 见证评审

CNACR 秘书处将根据现场评审的结果，决定对认证机构按新版标准实施的审核进行必要的见证评审，包括由 CNACR 指定需接受见证的审核项目与人员，以确认按新版标准实施认证审核的实际能力。

5.5.1 评审范围

评审内容涉及文审、审核准备、审核过程和审核报告，其范围与通常的见证评审相同。

5.5.2 评审重点及内容

见证评审的重点及内容与评审试审核档案的要求相一致，详见 5.4.2.3。

5.6 资格确认的决定

CNACR 秘书处将根据现场评审和必要时的见证评审的结果，决定是否授予认证机构具备按 ISO9001：2000 标准实施认证的资格。

5.7 颁发认证证书

认证机构在具备以下条件时方可颁发带有 CNACR 认可标志的质量体系认证证书：

1）2000 版 ISO9000 标准相对应的国家标准正式发布；

2）认证机构已经 CNACR 确认具备按 ISO9001：2000 标准实施认证的资格；

3）认证审核是由经认证机构评价具有按 ISO9001：2000 标准实施认证审核的能力的审核员完成；

4）认证的实施满足了经 CNACR 确认的认证机构的程序要求。

对于按 ISO9001：2000 标准草案实施的认证审核项目，认证机构在作出认证决定前应针对标准草案与正式发布的国家标准之间的差异进行对比，识别并采取必要的措施，以确保受审核方的质量体系与国家标准的符合性。

5.8 有分支审核机构的认证机构的职责

有分支审核机构的认证机构应将总部和各分支审核机构的标准换版过渡期工作纳入统一的管理系统，确保各分支审核机构都能符合要求。CNACR 将对总部及其分支机构整个管理体系具备按 ISO9001：2000 标准实施认证的能力进行确认，并依据对认证机构总部的评审结果再决定对分支审核机构的抽样方案。

IAF MLA——认可等效性标识程序

1 引言

1.1 由于需要特定的管理体系、产品、服务、人员认证和（或）注册及其他的合格评定制度，而可能导致技术壁垒，IAF 旨在通过消除这些技术壁垒而促进世界贸易。消除技术壁垒的主要方法是为每一制度签署一份多边承认协议（MLA），此承认协议以认可机构成员的认可制度的等效性为基础，并通过认可机构成员间的同行评审来验证。

1.2 基于认可制度的等效性，IAF 推动其 MLA 签约认可机构成员的认可结果取得国际接受，MLA 可使获准认可的合格评定证书在全球范围内得到承认。

1.3 为了使 IAF/MLA 成员资格取得最大的效果，IAF MLA 成员需要标识他们的 IAF MLA 成员资格以及与其他 IAF MLA 成员在相关制度的认可方面的等效性和互换性。

2 认可机构 MLA 成员资格的表述

2.1 IAF MLA 的认可机构成员获授权使用下述标识语，以描述其资格状态。标识语必须与认可机构的名称和标志同时出现。

“国际认可论坛（制度名称）多边承认协议成员”

2.2 既是 IAF MLA 成员，又是区域性组织 MLA 成员（该区域性组织也是同一制度的 IAF MLA 成员）的认可机构成员可用下述标识语表明本机构的 IAF 和区域性 MLA 的成员资格。

“国际认可论坛和区域性组织（名称）（制度名称）多边承认协议成员”

2.3 只有当与认可机构的全称或缩写直接相关联时，才可使用上述标识语，标识语的字样和大小应与认可机构的名称相似。当颁发的证书使用英文以外的其它语种时，上述标识语应译成证书所使用的语言。

2.4 适当时，可用缩略语“IAF”代替 2.1 中给出的全称。在适用时缩略语“IAF”和区域性组织的缩略语也可使用。使用非英语语言时，应使用该语言中与“IAF”相当的缩略语。

3 获准认可的认证/注册机构的等效性声明

3.1 如果获准认可的认证/注册机构在 IAF MLA 的范围内开展活动时，IAF MLA 的认可机构成员可授权他们与其认可机构的名称和标志一起使用同样的标识语（或 IAF MLA 缩略语）。

4 示例

4.1 下面是使用标识语和缩略语的示例，可作为本程序的解释。这些示例用于阐明本程序的意图，并不必要精确地模仿这些示例

4.2 认可机构用（根据成员需要可任选一种）

认可机构标志

国际认可论坛
质量管理体系
多边承认协议
成员

IAF MLA“标识语”

认可机构标志

IAF MLA
成员
QMS

IAF MLA“标识语”

4.3 IAF MLA 集团成员可授权其认可的机构与该机构的标志一起，引用 MLA 集团成员资格标识语（根据成员需要可任选一种）

认证机构标志

国际认可论坛
质量管理体系
多边承认协议
成员认可

IAF MLA“标识语”

认可内容
认可机构标志和认可内容

认证机构标志

国际认可论坛
质量管理体系
多边承认协议
成员认可

IAF MLA“标识语”

认可内容
认可机构标志和认可内容

4.3.1 用非英语表示IAF MLA“标识语”的示例：

CNACR 认可的证书使用的标识语和格式

英文版

ACCREDUTED
BY MEMBER OF
THE IAF MLA
FOR QMS

CHINA NATIONAL REGISTRATION OF CERTIFICATION PERSONNEL
中国认证人员国家注册

注：左侧为 CNACR 认可的认证机构的标志，中间的“标识语”用于表明 QMS 的 IAF MLA 状况，右侧是 CNACR 的认可的标志。

中文版

国际认可论坛
质量管理体系
多边承认协议
IAF MLA-QMS,
成员认可

CHINA NATIONAL REGISTRATION OF CERTIFICATION PERSONNEL
中国认证人员国家注册

注 1：中文版格式与英文版格式相同

2：“标识语”的前三行字是“国际认可论坛质量管理体系多边承认协议”，最后一行是“成员认可”。

IAF 董事会

2000 年 6 月批准

质量体系认证管理机构

中国质量体系管理认证机构名录

上海质量体系审核中心(SAC)
负责人:唐晓芬
地　址:上海市成都北路500号峻岭广场35F
邮　编:200003
电　话:(+86—21)63606195/63608125
传　真:(+86—21)63603395
注册号:SC01
初次发证日期:1994年7月13日
复评换证日期:1998年7月13日
有效期至:2002年7月12日
认可业务范围代码:
2,3,4*,6,7,9,10*,12*,13,14*,15,16,17*,18*,19*,20,22*,26,27,28,29,30,31,32,34,35。

北京中质协质量保证中心(QAC)
负责人:黄金夫
地　址:北京西单中京几道12号
邮　编:100032
电　话:(+86—10)66054548
传　真:(+86—10)66079174
注册号:SC03
初次发证日期:1994年7月13日
复评换证日期:1998年7月13日
有效期至:2002年7月12日
认可业务范围代码:
2,3,4,5,6,7,9,10,12,13,14,15,16,17,18,19,21,22,23,25,26,28,29,30,31,32,34,35。
(总部代码:2,3,4,5,6,7,9,10,12,13,14,15,16,17,18,19,21,22,23,25,26,28,29,30,31,32,34,35)。

中国新时代质量体系认证中心(XQC)
负责人:席学文
地　址:北京朝阳区京顺路7号
邮　编:100028
电　话:(+86—10)64632975/64642970
传　真:(+86—10)64632975
注册号:SC05
初次发证日期:1994年7月13日
复评换证日期:1998年7月13日
有效期至:2002年7月12日
认可业务范围代码:
2,3,4,10,11,12,14,15,16,17,18,19,20,21,22,25,28,32,33,34,35

东北质量体系审核中心(NAC)
负责人:苏会君
地　址:沈阳市皇姑区北陵大街56号
邮　编:110032
电　话:(+86—24)86894179
传　真:(+86—24)86908825
注册号:SC07
初次发证日期:1994年7月13日
复评换证日期:1998年7月13日
有效期至:2002年7月12日
认可业务范围代码:
2,3,4,7,10,12,14,15,16,17,18,19,22,23,25,28,29,33,34,35。
(总部代码:2,3,4,7,10,12,14,15,16,17,18,19,22,23,25,28,29,33,34,35)

中国船级社质量认证公司(CSQA)
负责人:杨惠达
地　址:北京东皇城根南街38号底楼
邮　编:100006
电　话:(+86-10)65231875/65231876
传　真:(+86-10)65262774
注册号:SC02
初次发证日期:1994年7月13日
复评换证日期:1998年7月13日
有效期至:2002年7月12日
认可业务范围代码:
3,4,6,10,12,14,15,16,17,18,19,20,22,23,25,27,28,29,30,31,32,33,34,35。

广东质量体系认证中心(GACC)
负责人:胡苏山
地　址:广州市黄埔大道159号富星大厦西塔22楼
邮　编:510620
电　话:(+86-20)87599521
传　真:(+86-20)87599517
注册号:SC04
初次发证日期:1994年7月13日
复评换证日期:1998年7月13日
有效期至:2002年7月12日
认可业务范围代码:
3,4,6,9,10,12,13,14,15,16,17,18,19,22,23,28,29,31,32,34。
(总部代码:3,4,9,10,12,13,14,15,16,17,18,19,28,29,31,32,34)

长城(天津)质量保证中心(CGW)
负责人:王占忠
地　址:天津市南开区水上公园北路津龙公寓4号
邮　编:300074
电　话:(+86-22)23525348
传　真:(+86-22)23525347
注册号:SC06
初次发证日期:1994年7月13日
复评换证日期:1998年7月13日
有效期至:2002年7月12日
认可业务范围代码:
2,3,4,6,7,8,9,10,12,14,15,16,17,18,19,22,25,27,28,29,31,32,34

中国电子质量体系认证中心(CCQE)
负责人:童本敏
地　址:北京安定门东大街1号
邮　编:100007
电　话:(+86-10)64007810
传　真:(+86-10)64061162
注册号:SC08
初次发证日期:1994年7月13日
复评换证日期:1998年7月13日
有效期至:2002年7月12日
认可业务范围代码:
7,9,12,14,17,18,19,22,23,31,33。
(总部代码:7,9,12,14,17,18,19,23,31,33)

QCCECC 赛宝质量体系认证中心(CEPREI)
负责人:叶玉青
地　址:广州天河区东莞庄路竹丝岗1号
邮　编:510610
电　话:(+86-20)87236922
传　真:(+86-20)87236230
注册号:SC09
初次发证日期:1994年7月13日
复评换证日期:1998年7月13日
有效期至:2002年7月12日
认可业务范围代码:
3,7,14,15,17,18*,19*,22,23,31,33。

中国机械工业质量体系认证中心(CCMQS)
负责人:熊大田
地　址:北京海淀区首体南路2号机械院
邮　编:100044
电　话:(+86-10)68931937
传　真:(+86-10)68321826
注册号:SC11
初次发证日期:1994年9月2日
复评换证日期:1998年7月13日
有效期至:2002年7月12日
认可业务范围代码:17,18,19,22,23。

北京兴国环球质量认证中心(XGQC)
负责人:徐达三
地　址:北京海淀区车道沟十号
邮　编:100081
电　话:(+86-10)68413663
传　真:(+86-10)68413663
注册号:SC13
初次发证日期:1995年3月2日
复评换证日期:1999年3月2日
有效期至:2003年3月1日
认可业务范围代码:12,14,15,17,18,19,22。
注:1999年11月11日至2000年2月10日暂停认可资格。

四川三峡质量保证中心(STC)
负责人:傅世乾
地　址:四川成都市黉门街79号附1号
邮　编:610041
电　话:(+86-28)5594372
传　真:(+86-28)5596930
注册号:SC15
初次发证日期:1995年3月2日
复评换证日期:1999年3月2日
有效期至:2003年3月1日
认可业务范围代码:
2,3,4,6,7,12,14,15,16,17,18,19,22,23,28。

浙江质量体系审核中心(ZQAC)
负责人:邓东旺
地　址:杭州市1250信箱
(杭州市文三支路4号浙江省发展大厦八楼)
邮　编:310012
电　话:(+86-571)8387417/8387415
传　真:(+86-571)8387420
注册号:SC10
初次发证日期:1994年7月13日
复评换证日期:1998年7月13日
有效期至:2002年7月12日
认可业务范围代码:
3,4,7,9,10,12,14,15,16,17,18,19,22,23,25,28,29,34。

北京新世纪质量体系认证中心(BCC)
负责人:黄　权
地　址:北京市东城区东四六条四十五号北楼二层
邮　编:100007
电　话:(+86-10)84030319
传　真:(+86-10)84030321
注册号:SC12
初次发证日期:1994年9月2日
复评换证日期:1998年9月2日
有效期至:2002年9月1日
认可业务范围代码:
2,3,4,7,9,10,12,14,15,16,17,18,19,22,28,31,32,33。

四川巴蜀质量认证中心(SBQC)
负责人:林　昆
地　址:四川成都东风路水碾河二段北二巷4号
邮　编:610061
电　话:(+86-28)4443656/4433488/4446515
传　真:(+86-28)4443656
注册号:SC14
初次发证日期:1995年3月2日
复评换证日期:1999年3月2日
有效期至:2003年3月1日
认可业务范围代码:
3,4,7,9,12,14,17,18,19,22,23,28,32。
注:1999年11月11日至2000年2月10日暂停认可资格。

中国兴轻质量体系认证中心(CCXQ)
负责人:杜同和
地　址:北京阜外大街乙22号415室
邮　编:100833
电　话:(+86-10)68396415
传　真:(+86-10)68396562
注册号:SC16
初次发证日期:1995年3月2日
复评换证日期:1999年3月2日
有效期至:2003年3月1日
认可业务范围代码:
2,3,4,5,6,7,9,12,14,15,16,17,18,19,22,23。

北京九千标准质量体系认证中心(CCQS)

负责人:王 靖

地 址:北京市朝阳区东三环北路甲二号京信大厦七层

邮 编:100027

电 话:(+86-10)64661695/64660630/64661696

传 真:(+86-10)64660692

注册号:SC17

初次发证日期:1995年3月2日

复评换证日期:1999年3月2日

有效期至:2003年3月1日

认可业务范围代码:

2,3,4,6,7,9,10,12,14,15,16,17,18,19,22,23,25,28,29,31,32,34,36。

中国方圆标志认证委员会质量认证中心(CQM-QCC)

负责人:王湘君

地 址:北京市海淀区西三环北路甲105号科原大厦B座12层

邮 编:100037

电 话:(+86-10)86851888-609/610

传 真:(+86-10)88414325

注册号:SC19

发证日期:1996年1月5日

有效期至::2000年1月5日

认可业务范围代码:

1,2,3,4,5,6,7,9,10,12,14,15,16,17,18,19,22,23,28,29,30,31,32,34,35,37,38。

(总部代码:1,3,4,6,7,10,12,14,15,17,18,19,22,28,30,31,32,35)

中国冶金工业质量体系认证中心(CMIQC)

负责人:文燕生

地 址:北京海淀区学院南路76号

邮 编:100081

电 话:(+86-10)62182975

传 真:(+86-10)62182375

注册号:SC21

发证日期:1996年12月26日

有效期至:2000年12月26日

认可业务范围代码:10,12,15,17,18,19。

北京天一正质量体系认证中心(BTQC)

负责人:张耀山

地 址:北京月坛北小街2号1号楼4层

邮 编:100830

电 话:(+86-10)68768047

传 真:(+86-10)68035994

注册号:SC23

发证日期:1996年12月26日

有效期至:2000年12月26日

认可业务范围代码:12,14,17,18,19,21,22。

北京中建协质量体系认证中心(JCC)

负责人:董 光

地 址:北京市海淀区甘家口乙18号

邮 编:100037

电 话:(+86-10)68321868

传 真:(+86-10)88374136

注册号:SC18

初次发证日期:1995年3月2日

复评换证日期:1999年3月2日

有效期至:2003年3月1日

认可业务范围代码:16,17,28,32,34。

深圳质量认证中心(SQCC)

负责人:曲辛田

地 址:深圳华强南路无线电管理大厦9楼

邮 编:518031

电 话:(+86-755)3219989/3202710

传 真:(+86-755)3202712

注册号:SC20

发证日期:1996年1月5日

有效期至:2000年1月5日

认可业务范围代码:

3,4,7,9,12,14,15,16,17,18,19,22,23,28,29,30,31,32,33,34,35,36,39。

(总部代码:3,7,9,12,14,15,16,17,18,19,23,28,29,30,31,32,33,34,35,36,39)

中国建材质量体系认证中心(CJCCC)

负责人:武庆涛

地 址:北京朝阳区管庄861信箱

邮 编:100024

电　话:(+86—10)65762481
传　真:(+86—10)65753019
注册号:SC22
发证日期:1996年12月26日
有效期至:2000年12月26日
认可业务范围代码:14,15,16,17,18。

北京中设质量体系认证中心(CDSC)
负责人:吴乐融
地　址:北京万寿路27号307信箱
邮　编:100840
电　话:(+86—10)68207397
传　真:(+86—10)68231150
注册号:SC24
发证日期:1996年12月26日
有效期至:2000年12月26日
认可业务范围代码:16,28,34。

8.1**质量体系认证中心**(8.1QCC)
负责人:任庆才
地　址:北京朝阳双桥路军马庄北院
邮　编:100024
电　话:(+86—10)65892488
传　真:(+86—10)65892489
注册号:SC25
发证日期:1996年12月26日
有效期至:2000年12月26日
认可业务范围代码:
3,4,5,12,14,15,16,17,18,19,22,28,30。

邮电通信质量体系认证中心(PTQC)
负责人:张耀中
地　址:北京新街口外大街28号
邮　编:100088
电　话:(+86—10)62352274
传　真:(+86—10)62370131
注册号:SC27
发证日期:1996年12月26日
有效期至:2000年12月26日
认可业务范围代码:14,17,18,19,31。

香港品质保证局(HKQAA)
负责人:吴遐威
地　址:香港北角渣华道191号嘉华国际中心19楼
电　话:(+852)22029111
传　真:(+852)22029222
注册号:SC29
发证日期:1997年4月8日
有效期至:2001年4月8日
认可业务范围代码:
3,4,6,9,12,16,17*,18*,19*,21*,22*,23,28,29,31,32,34,35。

中国汽车产品认证委员会质量体系认证中心(CAQC)
负责人:向兴球
地　址:天津河东区程林庄道天山路口天津市59号信箱
邮　编:300162
电　话:(022)84771634/84771635
传　真:(022)24375351
注册号:SC31
发证日期:1997年12月26日
有效期至:2001年12月26日
认可业务范围代码:
14*,18*,19*,22*,29。

江苏质量保证中心(JQAC)
负责人:吴正恒
地　址:南京市云南路31—1号苏建大厦十一楼
邮　编:210008
电　话:(+86—25)3235215
传　真:(+86—25)3235213
注册号:SC26
发证日期:1996年12月26日
有效期至:2000年12月26日
认可业务范围代码:
3,10,4,12,13,14,17,18,19,22,25,28。

北京华欣德机械质量技术检验中心(VMQTI)
负责人:王蔚林
地　址:北京海淀白石桥路39号北图招待所218室
邮　编:100081
电　话:(+86—10)68418307

传　真:(+86-10)62175812
注册号:SC28
发证日期:1996年12月26日
有效期至:2000年12月26日
认可业务范围代码:17,18,19,22,34。

三星九千质量认证中心(SQC)
负责人:谢征雪
地　址:北京樱花东街5号(411-417室)
邮　编:100029
电　话:(+86-10)64429578
传　真:(+86-10)64423608
注册号:SC30
发证日期:1997年8月27日
有效期至:2001年8月27日
认可业务范围代码:
2,3,4,5,9,10,12,14,15,16,17,18,19,22,25,28,32,34。

通标标准技术服务有限公司(SGS-CSTC)
负责人:王道艺
地　址:北京市复兴路恩菲科技大厦1026室
邮　编:100038
电　话:(010)63955945
传　真:(010)63955939
注册号:SC32
发证日期:1998年5月13日
有效期至:2002年5月13日
认可业务范围代码:7,18,19,20。

兴原质量认证中心(XQCC)
负责人:李鸿才
地　址:北京市982号信箱
邮　编:100091
电　话:(010)62863564
传　真:(010)62862030
注册号:SC33
发证日期:1998年6月29日
有效期至:2002年6月29日
认可业务范围代码:
11,12,15,16,17,18,19,22。

北京世标质量认证中心(WSQC)
负责人:徐　涛
地　址:北京市北三环东路30号国商会馆
邮　编:100013
电　话:(010)84279599
传　真:(010)84277975
注册号:SC34
发证日期:1998年9月25日
有效期至:2002年9月25日
认可业务范围代码:
4,12,14,16,17,18,19,22,28。

广东质量体系认证中心省检分中心
负责人:陈广林
地　址:广州市海珠区南村泰山庙前3号
邮　编:510220
电　话:(020)84480253
传　真:(020)84420604
注册号:SC04(01)
批准日期:1994年7月13日
认可业务范围代码:12,18,19。

中国电子质量体系认证中心上海评审中心
负责人:秦保禄
地　址:上海市永嘉路627号
邮　编:200031
电　话:(021)64318322
传　真:(021)64715086
注册号:SC08(01)
批准日期:1997年1月30日
认可业务范围代码:14,18,19,22。

中国方圆标志认证委员会江苏审核中心
负责人:邱少敏
地　址:南京市石鼓路227号
邮　编:210029
电　话:(025)6602540
传　真:(025)6602540
注册号:SC19(02)
批准日期:1996年3月11日
认可业务范围代码:
3,4,5,7,9,12,14,15,16,17,18,19,22,23,29。

中国方圆标志认证委员会福建审核中心
负责人:刘先义
地　址:福州市华林路147号
邮　编:350003
电　话:(0591)7841788
传　真:(0591)7841140
注册号:SC19(04)
批准日期:1997年1月30日
认可业务范围代码:
3,4,5,6,12,14,15,16,17,18,19,23。

广东质量体系认证中心广州分中心
负责人:夏　频
地　址:广东省广州市环市中路300号天秀大厦B座507室
邮　编:510050
电　话:(020)83547502
传　真:(020)83547551
注册号:SC04(02)
批准日期:1996年3月11日
认可业务范围代码:
6,12,14,18,19,22,23。

中国方圆标志认证委员会上海审核中心
负责人:陈永寿
地　址:上海长乐路1219号长鑫大楼16楼
邮　编:200031
电　话:(021)64318470
传　真:(021)64749563
注册号:SC19(01)
批准日期:1996年1月5日
认可业务范围代码:
1,3,4,10,12,14,16,17,18,19,22,23,28,29,31,32,34,37。

中国方圆标志认证委员会辽宁审核中心
负责人:李书正
地　址:沈阳和平区文化路3巷9号
邮　编:110006
电　话:(024)23841917
传　真:(024)23920903
注册号:SC19(03)
批准日期:1996年3月11日
认可业务范围代码:
3,4,5,7,10,12,14,15,17,18,19,22,23。

中国方圆标志认证委员会广东审核中心
负责人:陈达人
地　址:广州市海珠区南村泰山庙前3号
邮　编:510220
电　话:(020)84437446
传　真:(020)84474489
注册号:SC19(05)
批准日期:1997年1月30日
认可业务范围代码:
3,7,12,14,15,16,17,18,19。

东北质量体系审核中心大连分中心
负责人:韩世中
地　址:大连市西岗区黄河路116号
邮　编:116011
电　话:(0411)3636918
传　真:(0411)3640914
注册号:SC07(01)
发证日期:1997年8月5日
认可业务范围代码:3,10,12,18,19

中国方圆标志认证委员会山东审核中心
负责人:刘树华
地　址:济南市千佛山东路28号
邮　编:250014
电　话:(0531)2964401
传　真:(0531)2946474
注册号:SC19(06)
批准日期:1997年12月24日
认可业务范围代码:
2,3,4,7,9,12,14,15,16,17,18,19,38。

北京中质协质量保证中心青岛审核中心
负责人:贺照兴
地　址:青岛市延安三路129号写字楼1205室
邮　编:266071
电　话:(0532)3877296
传　真:(0532)3895775

注册号:SC03(01)
批准日期:1998年3月6日
认可业务范围代码:12,18,19,22,31,32。

北京中质协质量保证中心河北审核中心
负责人:东续艮
地　址:石家庄市自强路92号
邮　编:050051
电　话:(0311)7016289
传　真:(0311)7016289
注册号:SC03(03)
批准日期:1998年10月12日
认可业务范围代码:3,12,17,18,19。

深圳质量认证中心北方中心
负责人:赵世玉
地　址:鞍山市铁西区三道街103号
邮　编:114001
电　话:(0412)8537902/8537903/8537901
传　真:(0412)8537900
注册号:SC20(01)
批准日期:1997年9月25日
认可业务范围代码:4,17,18,19,22,28。

中国方圆标志认证委员会北京审核中心
负责人:李学方
地　址:北京市东城区和平里东街20号
邮　编:100013
电　话:(010)64213485
传　真:(010)64216927
注册号:SC19(07)
批准日期:1998年2月16日
认可业务范围代码:3,17,18,22,29

北京中质协质量保证中心广州审核中心
负责人:吴国平
地　址:广州市新港西路204号
邮　编:510302
电　话:(020)84451692
传　真:(020)84183160
注册号:SC03(02)
批准日期:1998年9月24日
认可业务范围代码:18,19。

中国方圆标志认证委员会陕西审核中心
负责人:李援朝
地　址:西安市雁塔路南段15号
邮　编:710054
电　话:(029)5524597
传　真:(029)5540180
注册号:SC19(08)
批准日期:1998年12月7日
认可业务范围代码:
3,4,7,12,15,16,17,18,19,23,28。

中国新时代质量体系认证中心上海审核中心
负责人:金增元
地　址:上海市武宁路423号1号楼605室
邮　编:200063
电　话:(021)62541971
传　真:(021)62541971
注册号:SC05(01)
批准日期:1999年4月1日
认可业务范围代码:17,18,19,20,22。

中国新时代质量体系认证中心西北分中心
负责人:刘振英
地　址:西安市高新路15号中航大厦三楼
邮　编:710075
电　话:(029)8210424
传　真:(029)8210424
注册号:SC05(02)
批准日期:1999年12月6日
认可业务范围代码:12,17,18,19。

中国方圆标志认证委员会浙江审核中心
负责人:李美丽
地　址:杭州市天目山路66号4号楼5楼
邮　编:310013
电　话:(0571)5122065
传　真:(0571)5022298
注册号:SC19(09)
批准日期:1999年10月19日
认可业务范围代码:3,4,18,19,22。

CNACR 认可业务范围分类代码与名称

1. 农业、渔业
2. 采矿业及采石业
3. 食品、饮料和烟草
4. 纺织品及纺织产品
5. 皮革及皮革制品
6. 木材及木制品
7. 纸浆、纸及纸制品
8. 出版业
9. 印刷业
10. 焦炭及精炼石油制品
11. 核燃料
12. 化学品、化学制品及纤维
13. 医药品
14. 橡胶和塑料制品
15. 非金属矿物制品
16. 混凝土、水泥、石灰、石膏及其他
17. 基础金属及金属制品
18. 机械及设备
19. 电子、电气及光电设备
20. 造船
21. 航空、航天
22. 其他运输设备
23. 其他未分类的制造业
24. 废旧物质的回收
25. 发电及供电
26. 气的生产与供给
27. 水的生产与供给
28. 建设
29. 批发及零售;汽车、摩托车、个人及家庭用品的修理
30. 宾馆及餐馆
31. 运输、仓储及通讯
32. 金融、房地产、出租服务
33. 信息技术
34. 科技服务
35. 其他服务
36. 公共行政管理
37. 教育
38. 卫生保健与社会公益事业
39. 其他社会服务

注:凡加注“*”的认可业务范围,表示质量体系认证机构同时具备实施 GB/T19001～GB/T19003 和 QS9000 认证的能力。

质量体系认证管理企业名录

上海质量体系审核中心

上海动力设备有限公司
地址:上海市杨树浦路1900,2200号
邮政编码:200090
证书注册编号:0100A0001
体系认证标准:GB/T 19001－1994 idt ISO 9001:1994
有效期:2000.1～2002.12

南京梅山精细化工有限公司
地址:江苏省南京市雨花台区油坊桥吉家洼
邮政编码:210041
证书注册编号:0100B0002
体系认证标准:GB/T 19002－1994 idt ISO 9002:1994
有效期:2000.1～2002.12

上海国脉通信股份有限公司
地址:上海市浦东川北公路2626号
邮政编码:201200
证书注册编号:0100B0003
体系认证标准:GB/T 19002－1994 idt ISO 9002:1994
有效期:2000.1～2002.12

上海新黄浦楼宇装备实业公司
地址:上海市金陵东路396号7楼
邮政编码:200021
证书注册编号:0100B0004
体系认证标准:GB/T 19002－1994 idt ISO 9002:1994
有效期:2000.1～2002.12

上海闸电东海电力工程公司
地址:上海市军工路4004号
邮政编码:200432
证书注册编号:0100B0005
体系认证标准:GB/T 19002－1994 idt ISO 9002:1994
有效期:2000.1～2002.12

上海精泰实业有限公司
地址:上海市天目西路290号康吉大厦21楼C座
邮政编码:200070
证书注册编号:0100B0006
体系认证标准:GB/T 19002－1994 idt ISO 9002:1994
有效期:2000.1～2002.12

上海飞轮铜管制造公司
地址:上海市浦东芳草路63号
邮政编码:201204
证书注册编号:0100B0007
体系认证标准:GB/T 19002－1994 idt ISO 9002:1994
有效期:2000.1～2002.12

泰山陶瓷有限公司
地址:上海市龙吴路1357号
邮政编码:200231
证书注册编号:0100B0008
体系认证标准:GB/T 19002－1994 idt ISO 9002:1994
有效期:2000.1～2002.12

上海电力建筑工程公司
地址:上海市海高路100号
邮政编码:200437
证书注册编号:0100B0009
体系认证标准:GB/T 19002－1994 idt ISO 9002:1994
有效期:2000.1～2002.12

锡山市华庄悬挂输送机厂
地址:江苏锡山市华庄镇友谊路36号
邮政编码:214124
证书注册编号:0100B0010
体系认证标准:GB/T 19002－1994 idt ISO 9002:1994
有效期:2000.1～ 2002.12

郑州卷烟厂
地址:河南省郑州市陇海东路72号
邮政编码:450000
证书注册编号:0100B0011
体系认证标准:GB/T 19002－1994 idt ISO 9002:1994
有效期:2000.1～2002.12

上海嘉诚汽车配件厂
地址:上海市嘉定区戬浜镇周家村周赵路688号
邮政编码:201818
证书注册编号:0100B0012
体系认证标准:GB/T 19002－1994 idt ISO 9002:1994
有效期:2000.1～2002.12

富贵(无锡)电子有限公司
地址:江苏无锡市开发区锡南一路5号
邮政编码:214028
证书注册编号:0100B0013
体系认证标准:GB/T 19002－1994 idt ISO 9002:1994
有效期:2000.1～2002.12

锡山市华南空间结构件厂
地址:江苏省锡山市羊尖镇
邮政编码:214107
证书注册编号:0100B0014
体系认证标准:GB/T 19002－1994 idt ISO 9002:1994
有效期:2000.1～2002.12

锡山市丽新电力环保设备厂
地址:江苏省锡山市羊尖镇
邮政编码:214107
证书注册编号:0100B0015
体系认证标准:GB/T 19002－1994 idt ISO 9002:1994
有效期:2000.1～2002.12

上海大众汽车盐城特约维修站
地址:江苏省盐城市通榆南路75号
邮政编码:224002
证书注册编号:0100B0016
体系认证标准:GB/T 19002—1994 idt ISO 9002:1994
有效期:2000.1～2002.12

常州汽车涂料厂
地址:江苏省常州市新区百丈镇
邮政编码:213034
证书注册编号:0100B0017
体系认证标准:GB/T 19002—1994 idt ISO 9002:1994
有效期:2000.1～2002.12

上海航空发动机制造厂
地址:上海市广中路600号
邮政编码:200083
证书注册编号:0100BQ018
体系认证标准:GB/T 19002—1994 idt ISO 9002:1994/QS—9000:1998
有效期:2000.1～2002.12

锡山市神力齿轮冷挤有限公司
地址:江苏省锡山市东湖塘东升村
邮政编码:214196
证书注册编号:0100B0019
体系认证标准:GB/T 19002—1994 idt ISO 9002:1994
有效期:2000.1～2002.12

石油天然气股份有限公司乌鲁木齐石化分公司
地址:新疆新疆维吾尔自治区乌鲁木齐市东山区
邮政编码:830019
证书注册编号:0100B0020
体系认证标准:GB/T 19002—1994 idt ISO 9002:1994
有效期:2000.1～2002.12

上海奥伟金属制品有限公司
地址:上海市奉贤县头桥经济城
邮政编码:201409
证书注册编号:0100B0021
体系认证标准:GB/T 19002—1994 idt ISO 9002:1994
有效期:2000.1～2002.12

嘉兴明珠水泥制管厂
地址:浙江省嘉善县俞汇乡工业区
邮政编码:314106
证书注册编号:0100B0022
体系认证标准:GB/T 19002—1994 idt ISO 9002:1994
有效期:2000.1～2002.12

上海嘉定珊瑚汽车附件厂
地址:上海市嘉定区安亭镇东大街42弄6号
邮政编码:201805
证书注册编号:0100B0023
体系认证标准:GB/T 19002—1994 idt ISO 9002:1994
有效期:2000.1～2002.12

上海冷拉型钢厂
地址:上海市徐汇区文定路204号
邮政编码:200030
证书注册编号:0100B0024
体系认证标准:GB/T 19002—1994 idt ISO 9002:1994
有效期:2000.1～2002.12

兰州炼油化工仪表厂
地址:甘肃省兰州市西固区玉门街1号
邮政编码:730060
证书注册编号:0100A0025
体系认证标准:GB/T 19001—1994 idt ISO 9001:1994
有效期:2000.1～2002.12

上海高桥石油化工设计院
地址:上海市浦东大道3010号
邮政编码:201208
证书注册编号:0100A0026
体系认证标准:GB/T 19001—1994 idt ISO 9001:1994
有效期:2000.1～2002.12

上海三民汽车塑料件有限公司
地址:上海市松江区泗经镇开江东路34号
邮政编码:201601
证书注册编号:0100B0027
体系认证标准:GB/T 19002—1994 idt ISO 9002:1994
有效期:2000.1～2002.12

上海申真阿里佳托涂料有限公司
地址:上海普陀区长寿路468号17楼
邮政编码:200060
证书注册编号:0100B0028
体系认证标准:GB/T 19002—1994 idt ISO 9002:1994
有效期:2000.1～2002.12

山东新华医药集团淄博东风化工有限责任公司
地址:山东省淄博市张店区新村东路23号
邮政编码:255030
证书注册编号:0100B0029
体系认证标准:GB/T 19002—1994 idt ISO 9002:1994
有效期:2000.1～2002.12

上海爱建试剂厂
地址:上海市延长路50号
邮政编码:200072
证书注册编号:0100B0030
体系认证标准:GB/T 19002—1994 idt ISO 9002:1994
有效期:2000.1～2002.12

上海大众汽车海门销售服务有限公司
地址:江苏省海门市人民中路408号
邮政编码:226100
证书注册编号:0100B0031
体系认证标准:GB/T 19002—1994 idt ISO 9002:1994
有效期:2000.1～2002.12

上海大东海综合商社股份有限公司
地址:上海市北京东路649号
邮政编码:200001
证书注册编号:0100B0032
体系认证标准:GB/T 19002—1994 idt ISO 9002:1994
有效期:2000.1～2002.12

上海大众汽车东台特约维修站
地址:江苏省东台市金海东路二女广场北侧
邮政编码:224200
证书注册编号:0100B0033
体系认证标准:GB/T 19002—1994 idt ISO 9002:1994
有效期:2000.1～2002.12

江阴亨达新磁性材料有限公司
地址:江苏省江阴市周庄镇
邮政编码:214423
证书注册编号:0100B0034
体系认证标准:GB/T 19002—1994 idt

ISO 9002:1994
有效期:2000.1～2002.12

靖江市溶剂厂
地址:江苏省靖江市江山路29号
邮政编码:214500
证书注册编号:0100B0035
体系认证标准:GB/T 19002－1994 idt ISO 9002:1994
有效期:2000.1～2002.12

无锡市金波通用扭振减震器有限公司
地址:江苏省无锡市清扬路金城桥东堍
邮政编码:214024
证书注册编号:0100B0036
体系认证标准:GB/T 19002－1994 idt ISO 9002:1994
有效期:2000.1～2002.12

上海大众松江特约维修站
地址:上海市松江镇乐都路248号
邮政编码:201600
证书注册编号:0100B0037
体系认证标准:GB/T 19002－1994 idt ISO 9002:1994
有效期:2000.1～2002.12

上海大众汽车湖州特约维修站
地址:浙江省湖州市西门陈板桥
邮政编码:313000
证书注册编号:0100B0038
体系认证标准:GB/T 19002－1994 idt ISO 9002:1994
有效期:2000.1～2002.12

上海大众汽车浙江申浙特约维修站
地址:浙江省杭州市石祥路168号
邮政编码:310015
证书注册编号:0100B0039
体系认证标准:GB/T 19002－1994 idt ISO 9002:1994
有效期:2000.1～2002.12

同济大学建筑设计研究院
地址:上海市四平路1239号
邮政编码:200092
证书注册编号:0100A0040
体系认证标准:GB/T 19001－1994 idt ISO 9001:1994
有效期:2000.1～2002.12

上海恒通水处理工程有限公司
地址:上海普陀区同普路1130弄8号
邮政编码:200333
证书注册编号:0100B0041
体系认证标准:GB/T 19002－1994 idt ISO 9002:1994
有效期:2000.1～2002.12

国家海洋局东海海洋工程勘察设计研究院
地址:上海市浦东新区浦东大道817号
邮政编码:200120
证书注册编号:0100B0042
体系认证标准:GB/T 19002－1994 idt ISO 9002:1994
有效期:2000.1～2002.12

上海浦东化工装备工业有限公司
地址:上海市浦东新区顾路镇南首
邮政编码:200233
证书注册编号:0100B0043
体系认证标准:GB/T 19002－1994 idt ISO 9002:1994
有效期:2000.1～2002.12

上海大众汽车奉贤特约维修站
地址:上海市奉贤县华严开发区
邮政编码:201415
证书注册编号:0100B0044
体系认证标准:GB/T 19002－1994 idt ISO 9002:1994
有效期:2000.1～2002.12

上海大众金山特约维修站
地址:上海市金山区新农镇亭枫公路5560号
邮政编码:201503
证书注册编号:0100B0045
体系认证标准:GB/T 19002－1994 idt ISO 9002:1994
有效期:2000.1～2002.12

上海市地下建筑设计研究院
地址:上海市复兴中路593号
邮政编码:200020
证书注册编号:0100A0046
体系认证标准:GB/T 19001－1994 idt ISO 9001:1994
有效期:2000.1～2002.12

上海标准件十厂
地址:上海安西路651号
邮政编码:200333
证书注册编号:0100B0047
体系认证标准:GB/T 19002－1994 idt ISO 9002:1994
有效期:2000.1～2002.12

上海腾宏联运经贸有限公司
地址:上海市虹梅路1979号
邮政编码:200233
证书注册编号:0100B0048
体系认证标准:GB/T 19002－1994 idt ISO 9002:1994
有效期:2000.1～2002.12

上海光电医用电子仪器有限公司
地址:上海市闵行莘庄镇莘北路121号
邮政编码:201100
证书注册编号:0100B0049
体系认证标准:GB/T 19002－1994 idt ISO 9002:1994
有效期:2000.1～2002.12

上海光电医用电子仪器有限公司
地址:上海市闵行莘庄镇莘北路121号
邮政编码:201100
证书注册编号:0100A0050
体系认证标准:GB/T 19001－1994 idt ISO 9001:1994
有效期:2000.1～2002.12

河南油田盛达实业公司新兴电气修造厂
地址:河南省南阳油田水电厂院内
邮政编码:473132
证书注册编号:0100B0051
体系认证标准:GB/T 19002－1994 idt ISO 9002:1994
有效期:2000.1～2002.12

河南油田盛达实业公司电线厂
地址:河南省南阳油田水电厂院内
邮政编码:473132
证书注册编号:0100B0052
体系认证标准:GB/T 19002－1994 idt ISO 9002:1994
有效期:2000.1～2002.12

河南油田求实科技开发公司
地址:河南省南阳油田五一村
邮政编码:473132
证书注册编号:0100B0053
体系认证标准:GB/T 19002－1994 idt ISO 9002:1994

联系人:王晓刚
有效期:2000.1～2002.12

河南油田盛达实业公司
地址:河南省南阳油田水电厂院内
邮政编码:473132
证书注册编号:0100B0054
体系认证标准:GB/T 19002—1994 idt ISO 9002:1994
有效期:2000.1～2002.12

青岛澳柯玛—阿勒莫净水设备有限公司
地址:山东省青岛经济技术开发区武当山路27号
邮政编码:266555
证书注册编号:0100B0055
体系认证标准:GB/T 19002—1994 idt ISO 9002:1994
有效期:2000.1～2002.12

上海轴承滚子厂
地址:上海市闵行区沪闵路269号
邮政编码:200240
证书注册编号:0100B0056
体系认证标准:GB/T 19002—1994 idt ISO 9002:1994
有效期:2000.1～2002.12

上海大众汽车闵行销售服务有限公司
地址:上海市闵行区沪闵路4288号
邮政编码:201108
证书注册编号:0100B0057
体系认证标准:GB/T 19002—1994 idt ISO 9002:1994
有效期:2000.1～2002.12

上海电力监理咨询有限公司
地址:上海市高邮路68号
邮政编码:200031
证书注册编号:0100B0058
体系认证标准:GB/T 19002—1994 idt ISO 9002:1994
有效期:2000.1～2002.12

上海浦江电梯工程有限公司
地址:上海市常德路1298弄2号楼305—308室
邮政编码:200060
证书注册编号:0100B0059
体系认证标准:GB/T 19002—1994 idt ISO 9002:1994
有效期:2000.1～2002.12

锡山市通达滚子厂
地址:江苏省锡山市玉祁镇蓉新村
邮政编码:214183
证书注册编号:0100B0060
体系认证标准:GB/T 19002—1994 idt ISO 9002:1994
有效期:2000.1～2002.12

上海申菱电梯装饰有限公司
地址:上海市永嘉路36号
邮政编码:200051
证书注册编号:0100A0061
体系认证标准:GB/T 19001—1994 idt ISO 9001:1994
有效期:2000.1～2002.12

苏州阿尔斯通开关有限公司
地址:江苏省苏州市留园路58号
邮政编码:215008
证书注册编号:0100B0062
体系认证标准:GB/T 19002—1994 idt ISO 9002:1994
有效期:2000.1～2002.12

淄博市化工设备厂
地址:山东省淄博市张店区山泉路南首
邮政编码:255063
证书注册编号:0100A0063
体系认证标准:GB/T 19001—1994 idt ISO 9001:1994
有效期:2000.1～2002.12

上海大众汽车虹桥特约维修站
地址:上海市闵行区沪青平公路455号
邮政编码:201101
证书注册编号:0100B0064
体系认证标准:GB/T 19002—1994 idt ISO 9002:1994
有效期:2000.1～2002.12

上海大众交通汽车修理有限公司
地址:上海市邯郸路193号
邮政编码:200433
证书注册编号:0100B0065
体系认证标准:GB/T 19002—1994 idt ISO 9002:1994
有效期:2000.1～2002.12

山东东大化学工业集团公司
地址:山东省淄博市张店区新村东路21号
邮政编码:255028
证书注册编号:0100B0066
体系认证标准:GB/T 19002—1994 idt ISO 9002:1994
有效期:2000.1～2002.12

上海金山市政建设股份有限公司
地址:上海市金山区山阳镇东方村
邮政编码:201502
证书注册编号:0100B0067
体系认证标准:GB/T 19002—1994 idt ISO 9002:1994
有效期:2000.1～2002.12

上海南洋电工器材厂
地址:上海市浦东合庆镇西永红村
邮政编码:201201
证书注册编号:0100B0068
体系认证标准:GB/T 19002—1994 idt ISO 9002:1994
有效期:2000.1～2002.12

上海汇凯轻质建材有限公司
地址:上海市浦东康桥工业区横沔小区
邮政编码:201319
证书注册编号:0100B0069
体系认证标准:GB/T 19002—1994 idt ISO 9002:1994
有效期:2000.1～2002.12

上海宝钢计算机系统工程有限公司
地址:上海市浦东张江高科技园区A3—2地块
邮政编码:201203
证书注册编号:0100A0070
体系认证标准:GB/T 19001—1994 idt ISO 9001:1994
有效期:2000.1～2002.12

上海标牌厂
地址:上海市南市区制造局路217弄37号
邮政编码:200011
证书注册编号:0100B0071
体系认证标准:GB/T 19002—1994 idt ISO 9002:1994
有效期:2000.1～2002.12

上海市建筑构件制品公司
地址:上海市黎平路2号
邮政编码:200090

证书注册编号:0100B0072
体系认证标准:GB/T 19002—1994 idt ISO 9002:1994
有效期:2000.1～2002.12

上海益源管桩有限公司
地址:上海市佳木斯路350号
邮政编码:200433
证书注册编号:0100B0073
体系认证标准:GB/T 19002—1994 idt ISO 9002:1994
有效期:2000.1～2002.12

上海青浦环新减振器厂
地址:上海青浦区商榻镇商北路285号
邮政编码:201719
证书注册编号:0100B0074
体系认证标准:GB/T 19002—1994 idt ISO 9002:1994
有效期:2000.1～2002.12

四川豪运木业有限公司
地址:四川广元东坝工业开发区兴安路1161号
邮政编码:628017
证书注册编号:0100B0075
体系认证标准:GB/T 19002—1994 idt ISO 9002:1994
有效期:2000.1～2002.12

上海日用—友捷汽车电气有限公司
地址:上海市广中路657号
邮政编码:200083
证书注册编号:0100A0076
体系认证标准:GB/T 19001—1994 idt ISO 9001:1994
有效期:2000.1～2002.12

无锡市标准件厂
地址:江苏省无锡市湖滨路371号
邮政编码:214074
证书注册编号:0100B0077
体系认证标准:GB/T 19002—1994 idt ISO 9002:1994
有效期:2000.1～2002.12

上海海联润滑材料研究所
地址:上海市安西路35号
邮政编码:200050
证书注册编号:0100A0078
体系认证标准:GB/T 19001—1994 idt ISO 9001:1994
有效期:2000.1～2002.12

上海海宝特种润滑油有限公司
地址:上海市松江久富私营经济开发区
邮政编码:201615
证书注册编号:0100A0079
体系认证标准:GB/T 19001—1994 idt ISO 9001:1994
有效期:2000.1～2002.12

上海海龙精细化工气雾剂有限公司
地址:上海市桂箐路60号712室
邮政编码:200233
证书证书注册编号:0100A0080
体系认证标准:GB/T 19001—1994 idt ISO 9001:1994
有效期:2000.1～2002.12

上海开利制泵有限公司
地址:上海市新城经济二区
邮政编码:201703
证书证书注册编号:0100A0081
体系认证标准:GB/T 19001—1994 idt ISO 9001:1994
有效期:2000.1～2002.12

上海海城物业有限公司
地址:上海市金陵东路396号708室
邮政编码:200021
证书注册编号:0100B0082
体系认证标准:GB/T 19002—1994 idt ISO 9002:1994
有效期:2000.1～2002.12

上海中义泵机有限公司
地址:上海市嘉定区安亭镇墨玉路185号(天山路1855号甲)
邮政编码:201805
证书注册编号:0100B0083
体系认证标准:GB/T 19002—1994 idt ISO 9002:1994
有效期:2000.1～2002.12

上海亚松灯泡厂
地址:上海市松江区泖港大桥东
邮政编码:201607
证书注册编号:0100B0084
体系认证标准:GB/T 19002—1994 idt ISO 9002:1994
有效期:2000.1～2002.12

徐州矿务集团有限公司旗山煤矿
地址:江苏省徐州市东郊
邮政编码:221132
证书注册编号:0100B0085
体系认证标准:GB/T 19002—1994 idt ISO 9002:1994
有效期:2000.1～2002.12

上海海直建设工程公司
地址:上海市广灵四路341弄2号
邮政编码:200083
证书注册编号:0100B0086
体系认证标准:GB/T 19002—1994 idt ISO 9002:1994
有效期:2000.1～2002.12

江阴华明特种线缆有限公司
地址:江苏省江阴市青阳镇
邮政编码:214401
证书注册编号:0100AQ087
体系认证标准:GB/T 19001—1994 idt ISO 9001:1994/QS—9000:1998
有效期:2000.1～2002.12

上海高桥化工实业有限公司
地址:上海市浦东新区东塘路451号
邮政编码:200137
证书注册编号:0100B0088
体系认证标准:GB/T 19002—1994 idt ISO 9002:1994
有效期:2000.1～2002.12

上海英雪纳国际货运有限公司
地址:上海市浦东新区浦东大道2507号(注册)
邮政编码:200129
证书注册编号:0100B0089
体系认证标准:GB/T 19002—1994 idt ISO 9002:1994
有效期:2000.1～2002.12

青岛浮山钢管防腐保温厂
地址:山东省青岛市市北区浮山后
邮政编码:266101
证书注册编号:0100B0090
体系认证标准:GB/T 19002—1994 idt ISO 9002:1994
有效期:2000.1～2002.12

太仓绿林香料有限公司
地址:江苏省太仓市城厢镇伟阳村
邮政编码:215400
证书注册编号:0100B0091

体系认证标准:GB/T 19002—1994 idt ISO 9002:1994
有效期:2000.1～2002.12

星辰化工新材料股份有限公司无锡树脂厂
地址:江苏省无锡市广瑞路 175 号
邮政编码:214011
证书注册编号:0100B0092
体系认证标准:GB/T 19002—1994 idt ISO 9002:1994
有效期:2000.1～2002.12

溧阳市化工厂
地址:江苏省溧阳市平陵东路 147 号
邮政编码:213300
证书注册编号:0100B0093
体系认证标准:GB/T 19002—1994 idt ISO 9002:1994
有效期:2000.1～2002.12

溧阳市力华化学有限公司
地址:江苏省溧阳市平陵东路 147 号
邮政编码:213300
证书注册编号:0100B0094
体系认证标准:GB/T 19002—1994 idt ISO 9002:1994
有效期:2000.1～2002.12

溧阳市应用化学研究所
地址:江苏省溧阳市平陵东路 147 号
邮政编码:213300
证书注册编号:0100B0095
体系认证标准:GB/T 19002—1994 idt ISO 9002:1994
有效期:2000.1～2002.12

上海中大印染材料工业有限公司
地址:上海市青浦区徐泾镇金云村
邮政编码:201702
证书证书注册编号:0100A0096
体系认证标准:GB/T 19001—1994 idt ISO 9001:1994
有效期:2000.1～2002.12

青岛天富莱集团股份有限公司
地址:山东省莱西市青烟路 6 号
邮政编码:266601
证书注册编号:0100B0097
体系认证标准:GB/T 19002—1994 idt ISO 9002:1994
有效期:2000.1～2002.12

上海欣丰电子有限公司
地址:上海市西藏北路 525 号
邮政编码:200070
证书注册编号:0100B0098
体系认证标准:GB/T 19002—1994 idt ISO 9002:1994
有效期:2000.1～2002.12

石油物资昆山公司
地址:江苏省昆山市环城北路 10 号
邮政编码:215300
证书注册编号:0100B0099
体系认证标准:GB/T 19002—1994 idt ISO 9002:1994
有效期:2000.1～2002.12

上海日用—友捷汽车电气有限公司
地址:上海市广中路 657 号
邮政编码:200083
证书证书注册编号:0100AQ100
体系认证标准:GB/T 19001—1994 idt ISO 9001:1994/QS—9000:1998
有效期:2000.1～2002.12

海塑料工业有限公司新光化工厂
地址:上海市杨浦区长阳路 2455 号
邮政编码:200090
证书注册编号:0100B0101
体系认证标准:GB/T 19002—1994 idt ISO 9002:1994
有效期:2000.1～2002.12

上海市南煤气管道工程有限公司
地址:上海市龙漕路 79 号
邮政编码:200233
证书注册编号:0100B0102
体系认证标准:GB/T 19002—1994 idt ISO 9002:1994
有效期:2000.1～2002.12

江苏亚梅泵厂
地址:江苏省靖江市新桥镇九圩村
邮政编码:214537
证书注册编号:0100B0103
体系认证标准:GB/T 19002—1994 idt ISO 9002:1994
有效期:2000.1～2002.12

南京市江宁县健康纸箱厂
地址:江苏省南京市江宁县
邮政编码:211112
证书注册编号:0100B0104
体系认证标准:GB/T 19002—1994 idt ISO 9002:1994
有效期:2000.1～2002.12

上海铁路分局上海站
地址:上海市秣陵路 303 号
邮政编码:200070
证书注册编号:0100B0105
体系认证标准:GB/T 19002—1994 idt ISO 9002:1994
有效期:2000.1～2002.12

上海大众汽车启东特约维修站
地址:江苏省启东市人民西路 1175 号
邮政编码:226200
证书注册编号:0100B0106
体系认证标准:GB/T 19002—1994 idt ISO 9002:1994
有效期:2000.2～2003.1

溧阳康达化工厂
地址:江苏省溧阳市果园
邮政编码:213362
证书证书注册编号:0100A0107
体系认证标准:GB/T 19001—1994 idt ISO 9001:1994
有效期:2000.2～2003.1

青岛豪迈电缆集团有限公司
地址:山东省胶州市扬州东路
邮政编码:266300
证书注册编号:0100B0108
体系认证标准:GB/T 19002—1994 idt ISO 9002:1994
有效期:2000.2～2003.1

上海轻工机械股份有限公司橡胶机械厂
地址:上海市思南路 111 号
邮政编码:200025
证书证书注册编号:0100A0109
体系认证标准:GB/T 19001—1994 idt ISO 9001:1994
有效期:2000.2～2003.1

嘉兴市精化化工有限公司
地址:浙江省嘉兴市二环北路 3082 号
邮政编码:314001
证书注册编号:0100B0110
体系认证标准:GB/T 19002—1994 idt ISO 9002:1994
有效期:2000.2～2003.1

嘉兴福克化工有限公司
地址:浙江省嘉兴市二环北路3082号
邮政编码:314001
证书注册编号:0100B0111
体系认证标准:GB/T 19002—1994 idt ISO 9002:1994
有效期:2000.2～2003.1

嘉兴联兴化工新材料有限公司
地址:浙江省嘉兴市二环北路3082号
邮政编码:314001
证书注册编号:0100B0112
体系认证标准:GB/T 19002—1994 idt ISO 9002:1994
有效期:2000.2～2003.1

上海耀江玻璃厂
地址:上海松江区张泽经济开发区
邮政编码:201608
证书注册编号:0100B0113
体系认证标准:GB/T 19002—1994 idt ISO 9002:1994
有效期:2000.2～2003.1

上海耀江塑钢门窗厂
地址:上海市松江区张泽民发经济开发区
邮政编码:201608
证书注册编号:0100B0114
体系认证标准:GB/T 19002—1994 idt ISO 9002:1994
有效期:2000.2～2003.1

上海大众汽车南空特约维修站
地址:上海市场中路245
邮政编码:200434
证书注册编号:0100B0115
体系认证标准:GB/T 19002—1994 idt ISO 9002:1994
有效期:2000.2～2003.1

无锡市真言包装厂
地址:江苏省无锡市胡埭镇张舍
邮政编码:214161
证书注册编号:0100B0116
体系认证标准:GB/T 19002—1994 idt ISO 9002:1994
有效期:2000.2～2003.1

上海九海金狮物业管理有限公司
地址:上海市陕西南路85号
邮政编码:200020
证书注册编号:0100B0117
体系认证标准:GB/T 19002—1994 idt ISO 9002:1994
有效期:2000.2～2003.1

上海松江工业搪瓷厂
地址:上海市松江区洞泾镇花桥村
邮政编码:201601
证书注册编号:0100B0118
体系认证标准:GB/T 19002—1994 idt ISO 9002:1994
有效期:2000.2～2003.1

上海三爱富新材料股份有限公司
地址:上海市龙吴路4411号
邮政编码:200241
证书注册编号:0100B0119
体系认证标准:GB/T 19002—1994 idt ISO 9002:1994
有效期:2000.2～2003.1

上海轮胎橡胶(集团)股份有限公司东海橡胶厂
地址:上海市南汇县东海农场
邮政编码:201303
证书注册编号:0100B0120
体系认证标准:GB/T 19002—1994 idt ISO 9002:1994
有效期:2000.2～2003.1

上海汽轮发电机有限公司
地址:上海市闵行区江川路555号
邮政编码:200240
证书证书注册编号:0100A0121
体系认证标准:GB/T 19001—1994 idt ISO 9001:1994
有效期:2000.2～2003.1

上海汽车齿轮二厂
地址:上海市嘉定区嘉戬公路258号
邮政编码:201818
证书注册编号:0100B0122
体系认证标准:GB/T 19002—1994 idt ISO 9002:1994
有效期:2000.2～2003.1

上海送变电工程公司
地址:上海市吴中路39号
邮政编码:200233
证书注册编号:0100B0123
体系认证标准:GB/T 19002—1994 idt ISO 9002:1994
有效期:2000.2～2003.1

上海仪表(集团)公司制造部
地址:上海市巨鹿路310号
邮政编码:200020
证书注册编号:0100B0124
体系认证标准:GB/T 19002—1994 idt ISO 9002:1994
有效期:2000.2～2003.1

上海离合器总厂
地址:上海市凯旋路1010号
邮政编码:200052
证书注册编号:0100B0125
体系认证标准:GB/T 19002—1994 idt ISO 9002:1994
有效期:2000.2～2003.1

浙江衢州汽车运输集团有限公司上海大众汽车衢州特约维修站
地址:浙江省衢州市三衢路198号
邮政编码:324000
证书注册编号:0100B0126
体系认证标准:GB/T 19002—1994 idt ISO 9002:1994
有效期:2000.2～2003.1

上海大众汽车瑞安特约维修站
地址:浙江省瑞安市塘下镇上金村104国道1938.5公里处
邮政编码:312000
证书注册编号:0100B0128
体系认证标准:GB/T 19002—1994 idt ISO 9002:1994
有效期:2000.2～2003.1

上海大众汽车绍兴销售服务有限公司
地址:浙江省绍兴市霞西路226号
邮政编码:325204
证书注册编号:0100B0127
体系认证标准:GB/T 19002—1994 idt ISO 9002:1994
有效期:2000.2～2003.1

上海盛泰塑胶汽车配件厂
地址:上海市嘉戬公路398号
邮政编码:201818
证书注册编号:0100B0129
体系认证标准:GB/T 19002—1994 idt ISO 9002:1994
有效期:2000.2～2003.1

上海晓宝增强塑料厂
地址:上海市杨浦区明星路 350 号
邮政编码:200438
证书注册编号:0100B0130
体系认证标准:GB/T 19002—1994 idt ISO 9002:1994
有效期:2000.2～2003.1

上海大众汽车安亭销售服务有限公司
地址:上海市嘉定区安亭镇曹安路 5548 号
邮政编码:201805
证书注册编号:0100B0131
体系认证标准:GB/T 19002—1994 idt ISO 9002:1994
有效期:2000.2～2003.1

上海大众汽车温州特约维修站
地址:浙江省温州市梧埏南堡
邮政编码:325027
证书注册编号:0100B0132
体系认证标准:GB/T 19002—1994 idt ISO 9002:1994
有效期:2000.2～2003.1

上海大众汽车金华特约维修站
地址:浙江省金华市环城北路丰亭小区
邮政编码:321001
证书注册编号:0100B0133
体系认证标准:GB/T 19002—1994 idt ISO 9002:1994
有效期:2000.2～2003.1

杭州兴源过滤机有限公司
地址:浙江省杭州市良渚镇
邮政编码:311113
证书证书注册编号:0100A0134
体系认证标准:GB/T 19001—1994 idt ISO 9001:1994
有效期:2000.2～2003.1

上海大众汽车新洛特约维修站
地址:上海嘉定区安亭镇昌吉路 127 号
邮政编码:201805
证书注册编号:0100B0135
体系认证标准:GB/T 19002—1994 idt ISO 9002:1994
有效期:2000.2～2003.1

上海大众汽车南京大桥特约维修站
地址:江苏南京市浦口区浦珠北路 5 号
邮政编码:210031
证书注册编号:0100B0136
体系认证标准:GB/T 19002—1994 idt ISO 9002:1994
有效期:2000.2～2003.1

上海大众汽车徐州特约维修站
地址:江苏省徐州市中山北路 231 号
邮政编码:221000
证书注册编号:0100B0137
体系认证标准:GB/T 19002—1994 idt ISO 9002:1994
有效期:2000.2～2003.1

上海格尔汽车金属制品有限公司
地址:上海市沪太路 1128 号
邮政编码:200436
证书证书注册编号:0100AQ138
体系认证标准:GB/T 19001—1994 idt ISO 9001:1994/QS—9000:1998
有效期:2000.2～2003.1

北京恩源金属门有限公司
地址:北京市林河工业开发区
邮政编码:101300
证书注册编号:0100B0139
体系认证标准:GB/T 19002—1994 idt ISO 9002:1994
有效期:2000.2～2003.1

淄博铝厂
地址:山东省淄博市张店区南定
邮政编码:255062
证书注册编号:0100B0140
体系认证标准:GB/T 19002—1994 idt ISO 9002:1994
有效期:2000.2～2003.1

无锡三友茶业有限公司
地址:江苏省无锡市曹张新村 169 号
邮政编码:214025
证书注册编号:0100B0141
体系认证标准:GB/T 19002—1994 idt ISO 9002:1994
有效期:2000.2～2003.1

上海斯美监理咨询有限公司
地址:上海市国康路 3 号
邮政编码:200092
证书注册编号:0100B0142
体系认证标准:GB/T 19002—1994 idt ISO 9002:1994
有效期:2000.2～2003.1

蓝星清洗剂股份有限公司
地址:甘肃省兰州市西固中路 432 号
邮政编码:730060
证书注册编号:0100B0143
体系认证标准:GB/T 19002—1994 idt ISO 9002:1994
有效期:2000.2～2003.1

上海大众汽车萧山特约维修站
地址:浙江杭州市萧山市萧绍路城东西许村
邮政编码:311021
证书注册编号:0100B0144
体系认证标准:GB/T 19002—1994 idt ISO 9002:1994
有效期:2000.2～2003.1

上海长宁市政工程有限公司
地址:上海市虹桥路 961 号
邮政编码:200051
证书注册编号:0100B0145
体系认证标准:GB/T 19002—1994 idt ISO 9002:1994
有效期:2000.2～2003.1

上海大众汽车长江特约维修站
地址:上海市浦东新区白莲泾毛家宅 1 号
邮政编码:200126
证书注册编号:0100B0146
体系认证标准:GB/T 19002—1994 idt ISO 9002:1994
有效期:2000.2～2003.1

上海大众汽车南外滩长江特约维修站
地址:上海市南市区外马路 601 号
邮政编码:200010
证书注册编号:0100B0147
体系认证标准:GB/T 19002—1994 idt ISO 9002:1994
有效期:2000.2～2003.1

中石化三公司镇海石化设备厂
地址:浙江省宁波市城关镇后施
邮政编码:315206
证书注册编号:0100B0148
体系认证标准:GB/T 19002—1994 idt ISO 9002:1994
有效期:2000.2～2003.1

海南望海国际大酒店有限公司
地址:海南省海口市海秀路 6 号

邮政编码:570206
证书注册编号:0100B0149
体系认证标准:GB/T 19002—1994 idt
ISO 9002:1994
有效期:2000.2～2003.1

上海轮胎橡胶(集团)股份有限公司
地址:上海市四川中路 63 号
邮政编码:200002
证书注册编号:0100AQ150
体系认证标准:GB/T 19001—1994 idt
ISO 9001:1994/QS—9000:1998
有效期:2000.2～2003.1

上海大众汽车太仓销售服务有限公司
地址:江苏省太仓市城厢镇体育西路南侧 204 国道旁
邮政编码:215400
证书注册编号:0100B0151
体系认证标准:GB/T 19002—1994 idt
ISO 9002:1994
有效期:2000.2～2003.1

上海天原集团胜德塑料有限公司
地址:上海市静安区康路 489 号
邮政编码:200040
证书注册编号:0100BQ152
体系认证标准:GB/T 19002—1994 idt
ISO 9002:1994/QS—9000:1998
有效期:2000.2～2003.1

无锡市正茂化工厂
地址:江苏无锡市郊区张舍刘塘桥 8 号
邮政编码:214162
证书注册编号:0100B0153
体系认证标准:GB/T 19002—1994 idt
ISO 9002:1994
有效期:2000.2～2003.1

徐州卷烟厂
地址:江苏省徐州市环城路 80 号
邮政编码:221000
证书注册编号:0100B0154
体系认证标准:GB/T 19002—1994 idt
ISO 9002:1994
有效期:2000.2～2003.1

宜兴市银河钢杆厂
地址:江苏省宜兴市万石镇万石街
邮政编码:214212
证书注册编号:0100B0155
体系认证标准:GB/T 19002—1994 idt
ISO 9002:1994
有效期:2000.2～2003.1

溧阳市立达电梯安装公司
地址:江苏省溧阳市蒋店镇
邮政编码:213376
证书注册编号:0100B0156
体系认证标准:GB/T 19002—1994 idt
ISO 9002:1994
有效期:2000.2～2003.1

淄博工业搪瓷厂
地址:山东省淄博市张店区傅家镇
邮政编码:255063
证书注册编号:0100A0157
体系认证标准:GB/T 19001—1994 idt
ISO 9001:1994
有效期:2000.2～2003.1

淄博市福利化工装备厂
地址:山东省淄博市张店区傅家镇
邮政编码:255063
证书注册编号:0100B0158
体系认证标准:GB/T 19002—1994 idt
ISO 9002:1994
有效期:2000.2～2003.1

淄博华星化工设备厂
地址:山东省淄博市张店区傅家镇
邮政编码:255063
证书注册编号:0100B0159
体系认证标准:GB/T 19002—1994 idt
ISO 9002:1994
有效期:2000.2～2003.1

淄博华星变速传动机械厂
地址:山东省淄博市张店区傅家镇
邮政编码:255063
证书注册编号:0100B0160
体系认证标准:GB/T 19002—1994 idt
ISO 9002:1994
有效期:2000.2～2003.1

山东济宁开关厂
地址:山东省济宁市吴泰闸路 45 号
邮政编码:272023
证书注册编号:0100A0161
体系认证标准:GB/T 19001—1994 idt
ISO 9001:1994
有效期:2000.2～2003.1

上海宝银电子材料有限公司
地址:上海市杨高北路 889 号外高桥保税区加太路 108 号
邮政编码:200131
证书注册编号:0100B0162
体系认证标准:GB/T 19002—1994 idt
ISO 9002:1994
有效期:2000.2～2003.1

国营青岛晶华玻璃厂
地址:山东青岛市四方区嘉定路 14 号
邮政编码:266031
证书注册编号:0100B0163
体系认证标准:GB/T 19002—1994 idt
ISO 9002:1994
有效期:2000.2～2003.1

南京机轮酿造集团有限公司
地址:江苏南京市山西路四卫头 76 号
邮政编码:210009
证书注册编号:0100B0164
体系认证标准:GB/T 19002—1994 idt
ISO 9002:1994
有效期:2000.2～2003.1

上海向明轴承厂
地址:上海市崇明县东门路 42 号
邮政编码:202150
证书注册编号:0100B0165
体系认证标准:GB/T 19002—1994 idt
ISO 9002:1994
有效期:2000.2～2003.1

上海必霸电池有限公司
地址:上海市浦东新区金桥金穗路 2228 号
邮政编码:201206
证书注册编号:0100B0166
体系认证标准:GB/T 19002—1994 idt
ISO 9002:1994
有效期:2000.2～2003.1

青岛检丰包装有限公司
地址:山东省青岛市城阳区棘洪滩镇铁家庄
邮政编码:266100
证书注册编号:0100B0167
体系认证标准:GB/T 19002—1994 idt
ISO 9002:1994
有效期:2000.2～2003.1

江苏省溧阳电梯厂
地址:江苏省溧阳市蒋店镇

邮政编码:213376
证书注册编号:0100B0168
体系认证标准:GB/T 19002—1994 idt ISO 9002:1994
有效期:2000.2～2003.1

西安宏邦石油仪器有限责任公司
地址:陕西省西安市翠华北路付121号
邮政编码:710061
证书证书注册编号:0100A0169
体系认证标准:GB/T 19001—1994 idt ISO 9001:1994
有效期:2000.2～2003.1

化学工业部第三设计院(东华工程公司)
地址:安徽省合肥市望江东路70号
邮政编码:230024
证书注册编号:0100A0170
体系认证标准:GB/T 19001—1994 idt ISO 9001:1994
有效期:2000.2～2003.1

上海崇明建设(集团)有限公司
地址:上海市崇明县人民路76号
邮政编码:202150
证书注册编号:0100B0171
体系认证标准:GB/T 19002—1994 idt ISO 9002:1994
有效期:2000.2～2003.1

无锡市山北手套厂
地址:江苏省无锡市石门路3号
邮政编码:214037
证书注册编号:0100B0172
体系认证标准:GB/T 19002—1994 idt ISO 9002:1994
有效期:2000.2～2003.1

上海正大压敏胶带厂
地址:上海市崇明县堡港路19号
邮政编码:202157
证书注册编号:0100B0173
体系认证标准:GB/T 19002—1994 idt ISO 9002:1994
有效期:2000.2～2003.1

展阳金属制品(无锡)有限公司
地址:江苏省锡山市经济开发区工业园
邮政编码:214191
证书注册编号:0100B0174
体系认证标准:GB/T 19002—1994 idt ISO 9002:1994
有效期:2000.2～2003.1

乐清市华富电子有限公司
地址:浙江省乐清市虹桥镇西工业区A—17幢
邮政编码:325608
证书注册编号:0100B0175
体系认证标准:GB/T 19002—1994 idt ISO 9002:1994
有效期:2000.3～2003.2

上海森林电器有限公司
地址:上海市浦东金桥金苏路77号
邮政编码:201206
证书注册编号:0100B0176
体系认证标准:GB/T 19002—1994 idt ISO 9002:1994
有效期:2000.2～2003.1

无锡健胜手套有限公司
地址:江苏省锡山市长安镇
邮政编码:214177
证书注册编号:0100B0177
体系认证标准:GB/T 19002—1994 idt ISO 9002:1994
有效期:2000.3～2003.2

上海橡胶模具厂
地址:上海市陕西北路815弄70号
邮政编码:200040
证书注册编号:0100A0178
体系认证标准:GB/T 19001—1994 idt ISO 9001:1994
有效期:2000.3～2003.2

上海华伦仪表电子有限公司
地址:上海市金沙江路1706号
邮政编码:200333
证书注册编号:0100B0179
体系认证标准:GB/T 19002—1994 idt ISO 9002:1994
有效期:2000.3～2003.2

无锡宏达热处理锻造有限公司
地址:江苏省无锡市广瑞路12号
邮政编码:214011
证书注册编号:0100B0180
体系认证标准:GB/T 19002—1994 idt ISO 9002:1994
有效期:2000.3～2003.2

兖州矿业(集团)有限责任公司东滩煤矿
地址:山东省邹城市中心镇
邮政编码:273512
证书注册编号:0100B0181
体系认证标准:GB/T 19002—1994 idt ISO 9002:1994
有效期:2000.3～2003.2

宜兴市丰达塑合实业有限公司
地址:江苏省宜兴市宜丰乡建和村
邮政编码:214242
证书注册编号:0100B0182
体系认证标准:GB/T 19002—1994 idt ISO 9002:1994
有效期:2000.3～2003.2

无锡市军湖金属构件厂
地址:无锡市郊区大孚乡军嶂芮巷
邮政编码:214084
证书注册编号:0100B0183
体系认证标准:GB/T 19002—1994 idt ISO 9002:1994
有效期:2000.3～2003.2

上海欣民通信设备有限公司
地址:上海市浦东归昌路258号
邮政编码:200000
证书注册编号:0100B0184
体系认证标准:GB/T 19002—1994 idt ISO 9002:1994
有效期:2000.3～2003.2

上海铁路局站场调速技术发展中心
地址:上海市交通路105号
邮政编码:200071
证书证书注册编号:0100A0185
体系认证标准:GB/T 19001—1994 idt ISO 9001:1994
有效期:2000.3～2003.2

上海汽车锻造总厂
地址:杨浦区翔殷路1059弄10号
邮政编码:200433
证书注册编号:0100BQ186
体系认证标准:GB/T 19002—1994 idt ISO 9002:1994/QS—9000:1998
有效期:2000.3～2003.2

上海新月工具有限公司
地址:上海闵行区颛桥镇中沟路18号
邮政编码:201108

证书注册编号:0100B0187
体系认证标准:GB/T 19002—1994 idt
ISO 9002:1994
有效期:2000.3～2003.2

上海投资咨询公司
地址:上海市延安东路1200号
邮政编码:200127
证书注册编号:0100A0188
体系认证标准:GB/T 19001—1994 idt
ISO 9001:1994
有效期:2000.3～2003.2

上海长盛工业用布厂
地址:上海市吴翟路888号
邮政编码:201106
证书注册编号:0100B0189
体系认证标准:GB/T 19002—1994 idt
ISO 9002:1994
有效期:2000.3～2003.2

山东省东阿县轴承厂
地址:山东省东阿县城光明街85号
邮政编码:252201
证书注册编号:0100B0190
体系认证标准:GB/T 19002—1994 idt
ISO 9002:1994
有效期:2000.3～2003.2

上海巨林地板有限公司
地址:上海市闵行区莘庄工业区春东路618号
邮政编码:201108
证书注册编号:0100B0191
体系认证标准:GB/T 19002—1994 idt
ISO 9002:1994
有效期:2000.3～2003.2

常州市永明机械制造有限公司
地址:江苏省武进市湖塘镇邵舍路8号
邮政编码:213161
证书注册编号:0100B0192
体系认证标准:GB/T 19002—1994 idt
ISO 9002:1994
有效期:2000.3～2003.2

青岛市管道燃气公司
地址:山东省青岛市宁夏路123号
邮政编码:266072
证书注册编号:0100B0193
体系认证标准:GB/T 19002—1994 idt
ISO 9002:1994
有效期:2000.3～2003.2

青岛市燃通达工程有限责任公司
地址:山东省青岛市宁夏路123号
邮政编码:266072
证书注册编号:0100B0194
体系认证标准:GB/T 19002—1994 idt
ISO 9002:1994
有效期:2000.3～2003.2

上海宝康电子控制工程有限公司
地址:上海市浦东新区张江高科技园区C—5地块
邮政编码:
证书证书注册编号:0100A0195
体系认证标准:GB/T 19001—1994 idt
ISO 9001:1994
有效期:2000.3～2003.2

青岛不锈钢管厂
地址:山东省莱西市南墅镇东馆
邮政编码:266613
证书注册编号:0100B0196
体系认证标准:GB/T 19002—1994 idt
ISO 9002:1994
有效期:2000.3～2003.2

北汽福田车辆股份有限公司
地址:北京市崇文区白桥大街14号
邮政编码:262200
证书证书注册编号:0100A0197
体系认证标准:GB/T 19001—1994 idt
ISO 9001:1994
有效期:2000.3～2003.2

上海轻工机械股份有限公司
饮料机械厂
地址:上海市闸北区汶水路31号
邮政编码:200072
证书注册编号:0100A0198
体系认证标准:GB/T 19001—1994 idt
ISO 9001:1994
有效期:2000.3～2003.2

上海十三冶金建设有限公司公司
地址:上海市宝山区盘古路474号
邮政编码:201900
证书注册编号:0100B0199
体系认证标准:GB/T 19002—1994 idt
ISO 9002:1994
有效期:2000.3～2003.2

上海宏昌汽配有限公司
地址:上海奉贤头桥镇奉新公路88号
邮政编码:201409
证书注册编号:0100B0200
体系认证标准:GB/T 19002—1994 idt
ISO 9002:1994
有效期:2000.3～2003.2

青岛澳柯玛集团洗碗机制造总厂
地址:山东省青岛市经济技术开发区前湾港路315号
邮政编码:266555
证书注册编号:0100A0201
体系认证标准:GB/T 19001—1994 idt
ISO 9001:1994
有效期:2000.3～2003.2

上海依多科化工有限公司
地址:上海市沪闵路光华路521号
邮政编码:201108
证书注册编号:0100BQ202
体系认证标准:GB/T 19002—1994 idt
ISO 9002:1994/QS—9000:1998
有效期:2000.3～2003.2

上海乾通汽车汽车附件有限公司
地址:上海中山北一路121号
邮政编码:200083
证书注册编号:0100B0203
体系认证标准:GB/T 19002—1994 idt
ISO 9002:1994
有效期:2000.3～2003.2

浙江省长湖建筑材料总厂
地址:浙江省长兴县李家巷镇白鹤岭
邮政编码:313102
证书注册编号:0100B0204
体系认证标准:GB/T 19002—1994 idt
ISO 9002:1994
有效期:2000.3～2003.2

无锡申达电机厂
地址:江苏省无锡市硕放镇
邮政编码:214142
证书注册编号:0100B0205
体系认证标准:GB/T 19002—1994 idt
ISO 9002:1994
有效期:2000.3～2003.2

阿尔卡特苏州通讯有限公司
地址:江苏省苏州工业园区金鸡湖路8号磐都广场

邮政编码:200122
证书注册编号:0100B0206
体系认证标准:GB/T 19002—1994 idt ISO 9002:1994
有效期:2000.3~2003.2

宜兴市第八化工厂
地址:江苏省宜兴市南漕镇申兴路
邮政编码:214217
证书注册编号:0100B0207
体系认证标准:GB/T 19002—1994 idt ISO 9002:1994
有效期:2000.3~2003.2

宜兴市南新填料制品厂
地址:江苏省宜兴市南新镇南新街
邮政编码:214215
证书注册编号:0100B0208
体系认证标准:GB/T 19002—1994 idt ISO 9002:1994
有效期:2000.3~2003.2

上海振华工程监理有限公司
地址:上海市普陀区武宁路 303 号
邮政编码:200063
证书注册编号:0100B0209
体系认证标准:GB/T 19002—1994 idt ISO 9002:1994
有效期:2000.3~2003.2

无锡市新中亚特种橡胶制品有限责任公司
地址:江苏省无锡市锡澄路一号桥
邮政编码:214041
证书注册编号:0100B0210
体系认证标准:GB/T 19002—1994 idt ISO 9002:1994
有效期:2000.3~2003.2

上海东江建筑装饰工程有限公司
地址:上海市南泉路 1329 号
邮政编码:200062
证书注册编号:0100B0211
体系认证标准:GB/T 19001—1994 idt ISO 9001:1994
有效期:2000.3~2003.2

上海杜行电镀厂
地址:上海市闵行区杜行镇东首
邮政编码:201112
证书注册编号:0100B0212
体系认证标准:GB/T 19002—1994 idt ISO 9002:1994
有效期:2000.3~2003.2

上海宏昌汽配有限公司
地址:上海奉贤头桥镇奉新公路 88 号
邮政编码:201409
证书注册编号:0100BQ213
体系认证标准:GB/T 19002—1994 idt ISO 9002:1994/QS—9000:1998
有效期:2000.3~2003.2

青岛市建材一厂
地址:山东省青岛市市北区辽阳西路 188 号
邮政编码:266034
证书注册编号:0100B0214
体系认证标准:GB/T 19002—1994 idt ISO 9002:1994
有效期:2000.3~2003.2

太仓市南丰特种有色合金厂
地址:江苏省太仓市南郊永胜路
邮政编码:215411
证书注册编号:0100BQ215
体系认证标准:GB/T 19002—1994 idt ISO 9002:1994/QS—9000:1998
有效期:2000.3~2003.2

上海长阳印刷厂
地址:上海市长阳路 147 号
邮政编码:200082
证书注册编号:0100B0216
体系认证标准:GB/T 19002—1994 idt ISO 9002:1994
有效期:2000.3~2003.2

深圳马歇尔汽车电器有限公司
地址:广东省深圳沙头角深盐路太平洋工业区 2 号厂房
邮政编码:518081
证书注册编号:0100AQ217
体系认证标准:GB/T 19001—1994 idt ISO 9001:1994/QS—9000:1998
有效期:2000.3~2003.2

上海华铭密封材料有限公司
地址:上海市金山亭林工业区
邮政编码:201515
证书注册编号:0100B0218
体系认证标准:GB/T 19002—1994 idt ISO 9002:1994
有效期:2000.3~2003.2

上海国安绿化建设有限公司
地址:上海市东方路 904 号
邮政编码:200127
证书注册编号:0100B0219
体系认证标准:GB/T 19002—1994 idt ISO 9002:1994
有效期:2000.3~2003.2

上海汽车工业销售总公司
地址:上海市曹杨路 548 号
邮政编码:200063
证书注册编号:0100B0220
体系认证标准:GB/T 19002—1994 idt ISO 9002:1994
有效期:2000.3~2003.2

将军烟草集团有限公司济南卷烟厂
地址:山东省济南市将军路 80 号
邮政编码:250100
证书注册编号:0100B0221
体系认证标准:GB/T 19002—1994 idt ISO 9002:1994
有效期:2000.3~2003.2

无锡中策减震器有限公司
地址:江苏省无锡市塘南路 1 号
邮政编码:214026
证书注册编号:0100A0222
体系认证标准:GB/T 19001—1994 idt ISO 9001:1994
有效期:2000.3~2003.2

武汉耀华皮尔金顿安全玻璃有限公司
地址:湖北省武汉经济技术开发区
邮政编码:430056
证书注册编号:0100BQ223
体系认证标准:GB/T 19002—1994 idt ISO 9002:1994/QS—9000:1998
有效期:2000.3~2003.2

赛贝斯软件(中国)有限公司上海办事处
地址:上海市淮海中路 283 号香港广场南座 1405 室
邮政编码:200021
证书注册编号:0100B0224
体系认证标准:GB/T 19002—1994 idt ISO 9002:1994
有效期:2000.3~2003.2

无锡市梁溪发电设备成套厂
地址:江苏省无锡市塘南路 121 号

邮政编码:214026
证书注册编号:0100B0225
体系认证标准:GB/T 19002—1994 idt ISO 9002:1994
有效期:2000.3～2003.2

上海市汽车修理公司汽车修理十厂
地址:上海市中山南二路401号
邮政编码:200032
证书注册编号:0100B0226
体系认证标准:GB/T 19002—1994 idt ISO 9002:1994
有效期:2000.3～2003.2

江阴市第二建筑安装工程公司
地址:江苏省江阴市暨阳路1号
邮政编码:214431
证书注册编号:0100B0227
体系认证标准:GB/T 19002—1994 idt ISO 9002:1994
有效期:2000.3～2003.2

上海大众汽车吴江维修服务有限公司
地址:江苏吴江市震泽镇工业大道8号
邮政编码:215231
证书注册编号:0100B0228
体系认证标准:GB/T 19002—1994 idt ISO 9002:1994
有效期:2000.3～2003.2

青岛红领集团有限公司
地址:山东省青岛即墨市文化路8号
邮政编码:266200
证书注册编号:0100B0229
体系认证标准:GB/T 19002—1994 idt ISO 9002:1994
有效期:2000.3～2003.2

杭州城建物业经营管理公司
地址:浙江省杭州市长生路9号
邮政编码:310006
证书注册编号:0100B0230
体系认证标准:GB/T 19002—1994 idt ISO 9002:1994
有效期:2000.3～2003.2

无锡市化工助剂厂
地址:江苏省无锡市郊区胡埭镇芙蓉北路23号
邮政编码:214161
证书注册编号:0100B0231
体系认证标准:GB/T 19002—1994 idt ISO 9002:1994
有效期:2000.3～2003.2

上海大众汽车南京蓝盾特约维修站
地址:江苏省南京市雨花区凤台南路122号
邮政编码:210012
证书注册编号:0100B0232
体系认证标准:GB/T 19002—1994 idt ISO 9002:1994
有效期:2000.3～2003.2

上海新建机器厂
地址:上海浦东耀华路699号
邮政编码:200126
证书注册编号:0100A0233
体系认证标准:GB/T 19001—1994 idt ISO 9001:1994
有效期:2000.3～2003.2

嘉善华东大型构件厂
地址:浙江省嘉善俞汇工业区
邮政编码:314106
证书注册编号:0100B0234
体系认证标准:GB/T 19002—1994 idt ISO 9002:1994
有效期:2000.3～2003.2

上海大众汽车乐清特约维修站
地址:浙江省乐清市乐成镇宋湖工业区
邮政编码:325600
证书注册编号:0100B0235
体系认证标准:GB/T 19002—1994 idt ISO 9002:1994
有效期:2000.3～2003.2

上海宝山精艺橡胶厂
地址:上海市宝山区罗南镇
邮政编码:201908
证书注册编号:0100B0236
体系认证标准:GB/T 19002—1994 idt ISO 9002:1994
有效期:2000.3～2003.2

浙江新安化工集团股份有限公司建德农药厂
地址:浙江省建德市梅城镇
邮政编码:311604
证书注册编号:0100B0237
体系认证标准:GB/T 19002—1994 idt ISO 9002:1994
有效期:2000.3～2003.2

上海半江橡胶厂
地址:上海市闵行区七莘路927号
邮政编码:201100
证书注册编号:0100B0238
体系认证标准:GB/T 19002—1994 idt ISO 9002:1994
有效期:2000.4～2003.3

一汽轿车大众上海南空军械厂特约服务站
地址:上海市场中路445号
邮政编码:200434
证书注册编号:0100B0239
体系认证标准:GB/T 19002—1994 idt ISO 9002:1994
有效期:2000.4～2003.3

上海市东电力市政建设公司
地址:上海市浦东新区海高路295号
邮政编码:200137
证书注册编号:0100B0240
体系认证标准:GB/T 19002—1994 idt ISO 9002:1994
有效期:2000.4～2003.3

上海大地自动化系统工程有限公司
地址:上海市宜川三村47号1室(注册)
邮政编码:200060
证书注册编号:0100A0241
体系认证标准:GB/T 19001—1994 idt ISO 9001:1994
有效期:2000.4～2003.3

山东光明钨钼股份有限公司
地址:山东淄博市周村区米河路104号
邮政编码:255300
证书注册编号:0100B0242
体系认证标准:GB/T 19002—1994 idt ISO 9002:1994
有效期:2000.4～2003.3

上海汇丽—塔格板材有限公司
地址:上海浦东康桥工业区康桥东路268号
邮政编码:201319
证书注册编号:0100B0243
体系认证标准:GB/T 19002—1994 idt ISO 9002:1994
有效期:2000.4～2003.3

上海易初通用机器有限公司

地址:上海市马当路 347 号
邮政编码:200025
证书注册编号:0100A0244
体系认证标准:GB/T 19001—1994 idt ISO 9001:1994
有效期:2000.4～2003.3

上海三维制药公司张江精细化工厂
地址:上海浦东新区张江镇田园路野周家 1 号
邮政编码:201203
证书注册编号:0100B0245
体系认证标准:GB/T 19002—1994 idt ISO 9002:1994
有效期:2000.4～2003.3

上海石油化工股份有限公司化工事业部
地址:上海金山区金山卫金一路 700 号
邮政编码:200540
证书注册编号:0100B0246
体系认证标准:GB/T 19002—1994 idt ISO 9002:1994
有效期:2000.4～2003.3

锡山市长江液压缸厂
地址:江苏省锡山市长安镇西街 29 号
邮政编码:214177
证书注册编号:0100B0247
体系认证标准:GB/T 19002—1994 idt ISO 9002:1994
有效期:2000.4～2003.3

上海集振电气设备有限公司
地址:上海市嘉定区南翔镇永乐村
邮政编码:200433
证书注册编号:0100B0248
体系认证标准:GB/T 19002—1994 idt ISO 9002:1994
有效期:2000.4～2003.3

上海莲南机电厂
地址:上海市浦东新区北蔡镇五星路 28 号
邮政编码:201204
证书注册编号:0100B0249
体系认证标准:GB/T 19002—1994 idt ISO 9002:1994
有效期:2000.4～2003.3

海尔曼太通(无锡)电器配件有限公司
地址:江苏省无锡市无锡新加坡工业园行创 8 路 231 号
邮政编码:214028
证书注册编号:0100BQ250
体系认证标准:GB/T 19002—1994 idt ISO 9002:1994/QS—9000:1998
有效期:2000.4～2003.3

苏州金鼎建筑装饰工程有限公司
地址:江苏省苏州市葑门西街 39 号
邮政编码:215006
证书注册编号:0100A0251
体系认证标准:GB/T 19001—1994 idt ISO 9001:1994
有效期:2000.4～2003.3

上海卫康冷气工程部
地址:上海市万荣二路 1 号
邮政编码:200082
证书注册编号:0100B0252
体系认证标准:GB/T 19002—1994 idt ISO 9002:1994
有效期:2000.4～2003.3

苏州仑利针织有限公司
地址:江苏太仓市沙溪镇新北街 60 号
邮政编码:215421
证书注册编号:0100B0253
体系认证标准:GB/T 19002—1994 idt ISO 9002:1994
有效期:2000.4～2003.3

上海小糸车灯有限公司
地址:上海市嘉定区叶城路 767 号
邮政编码:201800
证书注册编号:0100A0254
体系认证标准:GB/T 19001—1994 idt ISO 9001:1994
有效期:2000.4～2003.3

上海天虹微型轴承研究所
地址:上海市方浜东路 24 号
邮政编码:200126
证书注册编号:0100B0255
体系认证标准:GB/T 19002—1994 idt ISO 9002:1994
有效期:2000.4～2003.3

青岛汉缆集团有限公司
地址:山东省青岛高科技工业园李山东路 6 号
邮政编码:266102
证书注册编号:0100A0256
体系认证标准:GB/T 19001—1994 idt ISO 9001:1994
有效期:2000.4～2003.3

上海公路桥梁工程有限公司
地址:上海市普陀区真南路 2557 号
邮政编码:200333
证书注册编号:0100B0257
体系认证标准:GB/T 19002—1994 idt ISO 9002:1994
有效期:2000.4～2003.3

上海大众汽车吴县市特约维修站
地址:江苏省吴县市东吴南路 58 号
邮政编码:215128
证书注册编号:0100B0258
体系认证标准:GB/T 19002—1994 idt ISO 9002:1994
有效期:2000.4～2003.3

海盐机械厂
地址:武原镇秦山路 179—1 号
邮政编码:314300
证书注册编号:0100B0259
体系认证标准:GB/T 19002—1994 idt ISO 9002:1994
有效期:2000.4～2003.3

江苏新华冶金机械厂
地址:江苏省靖江市新桥镇青港村
邮政编码:214537
证书注册编号:0100B0260
体系认证标准:GB/T 19002—1994 idt ISO 9002:1994
有效期:2000.4～2003.3

南京达美房地产开发有限公司
地址:江苏南京市白下区宰牛巷 13 号
邮政编码:210005
证书注册编号:0100B0261
体系认证标准:GB/T 19002—1994 idt ISO 9002:1994
有效期:2000.4～2003.3

上海浦东新区旭东市政安装工程公司
地址:上海浦东高桥潼港四村 12 号
邮政编码:200137
证书注册编号:0100B0262
体系认证标准:GB/T 19002—1994 idt ISO 9002:1994
有效期:2000.4～2003.3

平湖市乍浦液压机械厂
地址:浙江平湖市乍浦镇汤山西路4号
邮政编码:314201
证书注册编号:0100B0263
体系认证标准:GB/T 19002—1994 idt ISO 9002:1994
有效期:2000.4～2003.3

宜兴市东宇环境设备有限公司
地址:浙江省宜兴市高塍镇西街
邮政编码:214214
证书注册编号:0100B0264
体系认证标准:GB/T 19002—1994 idt ISO 9002:1994
有效期:2000.4～2003.3

浙江建德建业有机化工有限公司
地址:浙江建德市梅城镇府西路48号
邮政编码:311604
证书注册编号:0100B0265
体系认证标准:GB/T 19002—1994 idt ISO 9002:1994
有效期:2000.4～2003.3

海尔曼太通(无锡)电器配件有限公司
地址:江苏省无锡市无锡新加坡工业园行创8路231号
邮政编码:214028
证书注册编号:0100B0266
体系认证标准:GB/T 19002—1994 idt ISO 9002:1994
有效期:2000.4～2003.3

上海锅炉厂浦东分厂
地址:上海市唐镇街46号
邮政编码:201203
证书注册编号:0100B0267
体系认证标准:GB/T 19002—1994 idt ISO 9002:1994
有效期:2000.4～2003.3

苏州市益达餐具材料有限公司
地址:江苏省苏州市山塘街749号
邮政编码:215002
证书注册编号:0100B0268
体系认证标准:GB/T 19002—1994 idt ISO 9002:1994
有效期:2000.4～2003.3

苏州工业园区富事达塑业有限责任公司(苏州塑料一厂)
地址:江苏苏州工业园区娄葑星红小区
邮政编码:215006
证书注册编号:0100B0269
体系认证标准:GB/T 19002—1994 idt ISO 9002:1994
有效期:2000.4～2003.3

嘉兴市梦迪集团有限责任公司
地址:浙江省嘉兴市余新镇
邮政编码:314009
证书注册编号:0100B0270
体系认证标准:GB/T 19002—1994 idt ISO 9002:1994
有效期:2000.4～2003.3

苏州伟图工艺毯有限公司
地址:江苏省太仓市城厢镇太平路4号
邮政编码:215400
证书注册编号:0100B0271
体系认证标准:GB/T 19002—1994 idt ISO 9002:1994
有效期:2000.4～2003.3

上海新杨饲料工业有限公司
地址:上海市真南路3010号
邮政编码:200331
证书注册编号:0100B0272
体系认证标准:GB/T 19002—1994 idt ISO 9002:1994
有效期:2000.4～2003.3

无锡市华冶发动机专件厂
地址:江苏省无锡市山北乡双河村大庄1号
邮政编码:214037
证书注册编号:0100B0273
体系认证标准:GB/T 19002—1994 idt ISO 9002:1994
有效期:2000.4～2003.3

浙江众大塑料有限公司
地址:浙江嘉善经济开发区珠江路6号
邮政编码:314100
证书注册编号:0100B0274
体系认证标准:GB/T 19002—1994 idt ISO 9002:1994
有效期:2000.5～2003.4

苏州工业园区富事达塑业有限责任公司(苏州塑料一厂)
地址:江苏苏州工业园区娄葑星红小区
邮政编码:215006
证书注册编号:0100BQ275
体系认证标准:GB/T 19002—1994 idt ISO 9002:1994/QS—9000:1998
有效期:2000.5～2003.4

宜兴市非织造布厂
地址:江苏省宜兴市湖父镇城泽村
邮政编码:214223
证书注册编号:0100B0276
体系认证标准:GB/T 19002—1994 idt ISO 9002:1994
有效期:2000.5～2003.4

上海浦东新区天佑市政合作公司
地址:上海市浦东杨高中路1196号
邮政编码:200135
证书注册编号:0100B0277
体系认证标准:GB/T 19002—1994 idt ISO 9002:1994
有效期限:2000.5～2003.4

无锡新惠纺织有限公司
地址:江苏省锡山市东北塘镇锡港路163号
邮政编码:214191
证书注册编号:0100B0278
体系认证标准:GB/T 19002—1994 idt ISO 9002:1994
有效期:2000.5～2003.4

上海电信工程公司
地址:上海市车站支路150号
邮政编码:200011
证书注册编号:0100B0279
体系认证标准:GB/T 19002—1994 idt ISO 9002:1994
有效期:2000.5～2003.4

上海三菱电梯特约销售部有限公司
地址:上海市黄浦区北京西路163号
邮政编码:200003
证书注册编号:0100B0280
体系认证标准:GB/T 19002—1994 idt ISO 9002:1994
有效期:2000.5～2003.4

山东滨州渤海活塞股份有限公司
地址:山东省滨州市渤海六路680号
邮政编码:256631
证书注册编号:0100BQ281
体系认证标准:GB/T 19002—1994 idt ISO 9002:1994/QS—9000:1998
有效期:2000.5～2003.4

太仓市茜泾化工厂
地址:江苏省太仓市浏家港镇北
邮政编码:215433
证书注册编号:0100B0282
体系认证标准:GB/T 19002－1994 idt ISO 9002:1994
有效期:2000.5～2003.4

江阴市耐酸泵厂
地址:江苏省江阴市滨江东路30号
邮政编码:214434
证书注册编号:0100B0283
体系认证标准:GB/T 19002－1994 idt ISO 9002:1994
有效期:2000.5～2003.4

上海五汽冠忠公共交通有限公司
地址:上海市共和新路3036号
邮政编码:200072
证书注册编号:0100B0284
体系认证标准:GB/T 19002－1994 idt ISO 9002:1994
有效期:2000.5～2003.4

上海市第一医药商店有限公司
地址:上海市南京东路616号
邮政编码:200001
证书注册编号:0100B0285
体系认证标准:GB/T 19002－1994 idt ISO 9002:1994
有效期:2000.5～2003.4

江都市振兴建设工程总公司
地址:江苏省江都市昭关镇
邮政编码:225263
证书注册编号:0100B0286
体系认证标准:GB/T 19002－1994 idt ISO 9002:1994
有效期:2000.5～2003.4

船舶工业集团公司
上海船舶研究设计院
地址:上海市肇嘉浜路221号
邮政编码:200032
证书注册编号:0100A0287
体系认证标准:GB/T 19001－1994 idt ISO 9001:1994
有效期:2000.5～2003.4

上海化工机械二厂
地址:上海市北宝兴路321号
邮政编码:200083
证书注册编号:0100A0288
体系认证标准:GB/T 19001－1994 idt ISO 9001:1994
有效期:2000.5～2003.4

上海京华化工厂
地址:上海市吴泾双柏路31号
邮政编码:200241
证书注册编号:0100B0289
体系认证标准:GB/T 19002－1994 idt ISO 9002:1994
有效期:2000.5～2003.4

青岛天宝化工材料厂
地址:山东省青岛市四方区洛阳路20号
邮政编码:266045
证书注册编号:0100B0290
体系认证标准:GB/T 19002－1994 idt ISO 9002:1994
有效期:2000.5～2003.4

铁道部株洲电力机车研究所宁波分所
地址:浙江省宁波市环城北路西段8号
邮政编码:315021
证书注册编号:0100A0291
体系认证标准:GB/T 19001－1994 idt ISO 9001:1994
有效期:2000.5～2003.4

上海航天汽车机电股份有限公司
金桥机械分公司
地址:上海浦东金桥出口加工区"浦发金桥工业城"74号
邮政编码:200000
证书注册编号:0100A0292
体系认证标准:GB/T 19001－1994 idt ISO 9001:1994
有效期:2000.5～2003.4

上海华通互感器厂
地址:上海市灵石路大徐家阁800号
邮政编码:200072
证书注册编号:0100B0293
体系认证标准:GB/T 19002－1994 idt ISO 9002:1994
有效期:2000.5～2003.4

上海华宇造漆厂
地址:上海市灵石路大徐家阁258号
邮政编码:200072
证书注册编号:0100B0294
体系认证标准:GB/T 19002－1994 idt ISO 9002:1994
有效期:2000.5～2003.4

建德市大洋化工厂
地址:浙江建德市大洋镇朝阳路22号
邮政编码:311616
证书注册编号:0100B0295
体系认证标准:GB/T 19002－1994 idt ISO 9002:1994
有效期:2000.5～2003.4

昆山金城试剂有限公司
地址:江苏昆山市陆家镇陆千路23号
邮政编码:215331
证书注册编号:0100B0296
体系认证标准:GB/T 19002－1994 idt ISO 9002:1994
有效期:2000.5～2003.4

上海富威塑胶有限公司
地址:上海市墨玉路185号
邮政编码:201805
证书注册编号:0100B0297
体系认证标准:GB/T 19002－1994 idt ISO 9002:1994
有效期:2000.5～2003.4

张家港市亚鑫精密制管有限公司
地址:江苏张家港市南沙镇香山路2号
邮政编码:215632
证书注册编号:0100B0298
体系认证标准:GB/T 19002－1994 idt ISO 9002:1994
有效期:2000.5～2003.4

上海快乐吸尘器厂
地址:上海市延长西路529弄25号
邮政编码:200065
证书注册编号:0100B0299
体系认证标准:GB/T 19002－1994 idt ISO 9002:1994
有效期:2000.5～2003.4

上海交大昂立股份有限公司
地址:上海市松江区环城路117号
邮政编码:201613
证书注册编号:0100A0300
体系认证标准:GB/T 19001－1994 idt ISO 9001:1994
有效期:2000.5～2003.4

嘉兴市鸿翔大型物件有限公司
地址:浙江省嘉善县俞汇乡集镇
邮政编码:314106
证书注册编号:0100B0301
体系认证标准:GB/T 19002—1994 idt ISO 9002:1994
有效期:2000.5～2003.4

上海索广电子有限公司
地址:上海市闵行区剑川路930号
邮政编码:200240
证书注册编号:0100B0302
体系认证标准:GB/T 19002—1994 idt ISO 9002:1994
有效期:2000.5～2003.4

上海仪表元件厂
地址:上海市蒙自路31号
邮政编码:200023
证书注册编号:0100B0303
体系认证标准:GB/T 19002—1994 idt ISO 9002:1994
有效期:2000.5～2003.4

上海九亭化工厂
地址:上海市松江区九亭镇牛车泾
邮政编码:201615
证书注册编号:0100B0304
体系认证标准:GB/T 19002—1994 idt ISO 9002:1994
有效期:2000.6～2003.5

上海繁荣化工厂
地址:上海市松江区九亭牛车泾村
邮政编码:201615
证书注册编号:0100B0305
体系认证标准:GB/T 19002—1994 idt ISO 9002:1994
有效期:2000.6～2003.5

上海坚韧橡胶汽车配件厂
地址:上海市嘉定区工业开发区建国村
邮政编码:201821
证书注册编号:0100B0306
体系认证标准:GB/T 19002—1994 idt ISO 9002:1994
有效期:2000.6～2003.5

无锡市金粉厂
地址:江苏省锡山市八士辛巷村
邮政编码:214192
证书注册编号:0100B0307
体系认证标准:GB/T 19002—1994 idt ISO 9002:1994
有效期:2000.6～2003.5

宜兴市广瀚无损检测材料有限公司
地址:江苏省宜兴市和桥镇鹅州南路189号
邮政编码:214211
证书注册编号:0100B0308
体系认证标准:GB/T 19002—1994 idt ISO 9002:1994
有效期:2000.6～2003.5

上海鸿光建筑工程有限公司
地址:上海崇明工业园区秀山路38号
邮政编码:200000
证书注册编号:0100B0309
体系认证标准:GB/T 19002—1994 idt ISO 9002:1994
有效期:2000.6～2003.5

上海化学试剂研究所
地址:上海市真北路401号
邮政编码:200333
证书注册编号:0100A0310
体系认证标准:GB/T 19001—1994 idt ISO 9001:1994
有效期:2000.6～2003.5

上海中企建筑装饰工程有限公司
地址:上海市浦东新区上南二村88号101室
邮政编码:200051
证书注册编号:0100B0311
体系认证标准:GB/T 19002—1994 idt ISO 9002:1994
有效期:2000.6～2003.5

红豆集团公司红豆橡胶厂
地址:江苏省锡山市港下镇
邮政编码:214199
证书注册编号:0100B0312
体系认证标准:GB/T 19002—1994 idt ISO 9002:1994
有效期:2000.6～2003.5

武进市南宅油墨涂料厂
地址:江苏省武进市潘家镇蒋庄村
邮政编码:213178
证书注册编号:0100B0313
体系认证标准:GB/T 19002—1994 idt ISO 9002:1994
有效期:2000.6～2003.5

上海南空军械厂电子电器设备分厂
地址:上海市场中路245号
邮政编码:200434
证书注册编号:0100B0314
体系认证标准:GB/T 19002—1994 idt ISO 9002:1994
有效期:2000.6～2003.5

上海南空军械厂电子电器设备分厂
地址:上海市场中路245号
邮政编码:200434
证书注册编号:0100A0315
体系认证标准:GB/T 19001—1994 idt ISO 9001:1994
有效期:2000.6～2003.5

东莞新科电子厂
地址:广东省东莞市篁村宏远工业区
邮政编码:511715
证书注册编号:0100B0316
体系认证标准:GB/T 19002—1994 idt ISO 9002:1994
有效期:2000.6～2003.5

上海实用干燥剂厂
地址:上海市大田路386号
邮政编码:200041
证书注册编号:0100B0317
体系认证标准:GB/T 19002—1994 idt ISO 9002:1994
有效期:2000.6～2003.5

东莞篁村新科磁电制品厂
地址:广东省东莞市篁村宏远工业区
邮政编码:523087
证书注册编号:0100B0318
体系认证标准:GB/T 19002—1994 idt ISO 9002:1994
有效期:2000.6～2003.5

上海玻璃机械厂
地址:上海市杨浦区内江路200号
邮政编码:200090
证书注册编号:0100B0319
体系认证标准:GB/T 19002—1994 idt ISO 9002:1994
有效期:2000.6～2003.5

锡山市恒发幕墙门窗有限公司
地址:江苏省甘露镇望虞河路10号

邮政编码:214117
证书注册编号:0100B0320
体系认证标准:GB/T 19002—1994 idt ISO 9002:1994
有效期:2000.6~2003.5

无锡泽根弹簧有限公司
地址:江苏省无锡市钱荣路
邮政编码:214063
证书注册编号:0100B0321
体系认证标准:GB/T 19002—1994 idt ISO 9002:1994
有效期:2000.6~2003.5

上海嘉新港辉有限公司
地址:上海市龙吴路4100号
邮政编码:201108
证书注册编号:0100B0322
体系认证标准:GB/T 19002—1994 idt ISO 9002:1994
有效期:2000.6~2003.5

锡山市金城石油机械厂
地址:江苏省锡山市东绛镇蠡东村
邮政编码:214121
证书注册编号:0100B0323
体系认证标准:GB/T 19002—1994 idt ISO 9002:1994
有效期:2000.6~2003.5

上海市卢湾区市政工程公司
地址:上海市斜土路550弄内
邮政编码:200023
证书注册编号:0100B0324
体系认证标准:GB/T 19002—1994 idt ISO 9002:1994
有效期:2000.6~2003.5

上海国际展览中心有限公司
地址:上海市娄山关路88号
邮政编码:200336
证书注册编号:0100B0325
体系认证标准:GB/T 19002—1994 idt ISO 9002:1994
有效期:2000.6~2003.5

人民解放军总参谋部第六十研究所
地址:江苏省南京市黄埔路2号
邮政编码:210016
证书注册编号:0100A0326
体系认证标准:GB/T 19001—1994 idt ISO 9001:1994
有效期:2000.6~2003.5

上海大众宝山特约维修站
地址:上海市宝山区月罗路马泾桥西侧
邮政编码:200941
证书注册编号:0100B0327
体系认证标准:GB/T 19002—1994 idt ISO 9002:1994
有效期:2000.6~2003.5

上海中房建筑设计院
地址:上海市南市区梦花街234号
邮政编码:200010
证书注册编号:0100A0328
体系认证标准:GB/T 19001—1994 idt ISO 9001:1994
有效期:2000.6~2003.5

无锡市中电机械厂
地址:江苏省无锡市华庄镇旺安村
邮政编码:214124
证书注册编号:0100B0329
体系认证标准:GB/T 19002—1994 idt ISO 9002:1994
有效期:2000.6~2003.5

上海互感器厂
地址:上海市局门路427号
邮政编码:200023
证书注册编号:0100A0330
体系认证标准:GB/T 19001—1994 idt ISO 9001:1994
有效期:2000.6~2003.5

锡山市汇华车辆附件厂
地址:江苏省无锡市广瑞二村4—1号
邮政编码:214011
证书注册编号:0100B0331
体系认证标准:GB/T 19002—1994 idt ISO 9002:1994
有效期:2000.6~2003.5

太仓克恩—里伯斯弹簧有限公司
地址:江苏省太仓市锦州路18号
邮政编码:215400
证书注册编号:0100BQ332
体系认证标准:GB/T 19002—1994 idt ISO 9002:1994/QS—9000:1998
有效期:2000.6~2003.5

上海欧姆龙控制电器有限公司
地址:上海浦东金桥金穗路1500号
邮政编码:201206
证书注册编号:0100BQ333
体系认证标准:GB/T 19002—1994 idt ISO 9002:1994/QS—9000:1998
有效期:2000.6~2003.5

苍南县特种泵有限公司
地址:浙江省苍南县灵溪镇渡龙工业区
邮政编码:325800
证书注册编号:0100A0334
体系认证标准:GB/T 19001—1994 idt ISO 9001:1994
有效期:2000.6~2003.5

上海英雄现代厨房设备有限公司
地址:浦东北蔡川北公路2400号
邮政编码:201204
证书注册编号:0100B0335
体系认证标准:GB/T 19002—1994 idt ISO 9002:1994
有效期:2000.6~2003.5

上海盛鑫建筑装潢工程有限公司
地址:上海市大渡河路611号
邮政编码:200062
证书注册编号:0100B0336
体系认证标准:GB/T 19002—1994 idt ISO 9002:1994
有效期:2000.6~2003.5

无锡市华厦建设经营发展总公司
地址:江苏省无锡市崇宁路28号
邮政编码:214002
证书注册编号:0100B0347
体系认证标准:GB/T 19002—1994 idt ISO 9002:1994
有效期:2000.7~2003.6

上海金旋铸造有限公司
地址:上海市金山区金张公路7225号
邮政编码:201500
证书注册编号:0100B0348
体系认证标准:GB/T 19002—1994 idt ISO 9002:1994
有效期:2000.7~2003.6

无锡市振华轿车附件厂
地址:江苏无锡市胡埭镇振胡路92号
邮政编码:214161
证书注册编号:0100B0349
体系认证标准:GB/T 19002—1994 idt ISO 9002:1994

有效期:2000.7～2003.6

上海新宝建筑安装工程有限公司
地址:上海市宝山区蕴川路1588号
邮政编码:201901
证书注册编号:0100B0350
体系认证标准:GB/T 19002－1994 idt ISO 9002:1994
有效期:2000.7～2003.6

上海通元商贸中心
地址:上海市中山北一路121号
邮政编码:200434
证书注册编号:0100BQ351
体系认证标准:GB/T 19002－1994 idt ISO 9002:1994
有效期:2000.7～2003.6

无锡市滚动轴承厂
地址:江苏省无锡市胜利新村59号
邮政编码:214062
证书注册编号:0100B0352
体系认证标准:GB/T 19002－1994 idt ISO 9002:1994
有效期:2000.7～2003.6

上海亚振家具厂
地址:上海市浦东新区顾路乡民建6队
邮政编码:200436
证书注册编号:0100B0353
体系认证标准:GB/T 19002－1994 idt ISO 9002:1994
有效期:2000.7～2003.6

上海三爱思试剂有限公司
地址:上海市军工路2588号
邮政编码:200000
证书注册编号:0100B0354
体系认证标准:GB/T 19002－1994 idt ISO 9002:1994
有效期:2000.7～2003.6

浙江中天建设工程集团有限公司
地址:浙江省东阳市吴宁东路65号
邮政编码:200233
证书注册编号:0100B0355 0197B153
体系认证标准:GB/T 19002－1994 idt ISO 9002:1994
有效期:2000.7～2003.6

上海奉南铁塔制造有限公司
地址:上海奉贤县西渡工业区10号房
邮政编码:201401
证书注册编号:0100B0356
体系认证标准:GB/T 19002－1994 idt ISO 9002:1994
有效期:2000.7～2003.6

昆山市生力包装印务有限公司
地址:江苏省昆山市民营科技工业园生力路2号
邮政编码:215345
证书注册编号:0100B0357
体系认证标准:GB/T 19002－1994 idt ISO 9002:1994
有效期:2000.7～2003.6

上海钢航船务股份有限公司
地址:上海市宝山区淞南路484号
邮政编码:200431
证书注册编号:0100B0358
体系认证标准:GB/T 19002－1994 idt ISO 9002:1994
有效期:2000.7～2003.6

宜兴市南方吸音器材厂
地址:江苏省宜兴市分水镇分水西街
邮政编码:214262
证书注册编号:0100B0359
体系认证标准:GB/T 19002－1994 idt ISO 9002:1994
有效期:2000.7～2003.6

上海飞轮有色冶炼厂
地址:上海市松江区新桥镇春申村
邮政编码:201612
证书注册编号:0100BQ360
体系认证标准:GB/T 19002－1994 idt ISO 9002:1994
有效期:2000.7～2003.6

上海通用汽车有限公司
地址:上海市浦东新区金桥出口加工区
邮政编码:201206
证书注册编号:0100BQ361
体系认证标准:GB/T 19002－1994 idt ISO 9002:1994
有效期:2000.7～2003.6

扬子石油化工股份有限公司物资装备部
地址:江苏省南京市高新开发区16/B
邮政编码:210048
证书注册编号:0100B0362
体系认证标准:GB/T 19002－1994 idt ISO 9002:1994
有效期:2000.7～2003.6

上海申威达机械有限公司
地址:上海市浦东南路2266号
邮政编码:200127
证书注册编号:0100A0363 0197A145
体系认证标准:GB/T 19002－1994 idt ISO 9002:1994
有效期:2000.7～2003.6

西安万达特种橡胶制品厂
地址:陕西省枣园西路
邮政编码:710086
证书注册编号:0100B0364
体系认证标准:GB/T 19002－1994 idt ISO 9002:1994
有效期:2000.7～2003.6

北京市美亚学校
地址:北京市大兴县庞各庄镇
邮政编码:102601
证书注册编号:0100B0365
体系认证标准:GB/T 19002－1994 idt ISO 9002:1994
有效期:2000.7～2003.6

上海大众汽车嘉定特约维修站
地址:上海市沪宜公路3658号
邮政编码:201821
证书注册编号:0100B0366
体系认证标准:GB/T 19002－1994 idt ISO 9002:1994
有效期:2000.7～2003.6

安徽国合工程咨询有限责任公司
地址:安徽省合肥市琥珀山庄绿岛大厦北座
邮政编码:230061
证书注册编号:0100B0367
体系认证标准:GB/T 19002－1994 idt ISO 9002:1994
有效期:2000.7～2003.6

无锡迪爱生环氧有限公司
地址:江苏无锡市广瑞路175号
邮政编码:214011
证书注册编号:0100B0368
体系认证标准:GB/T 19002－1994 idt ISO 9002:1994
有效期:2000.7～2003.6

上海奉贤申谊车灯联营厂
地址:上海市奉贤县西渡镇公谊村
邮政编码:201401
证书注册编号:0100B0369
体系认证标准:GB/T 19002-1994 idt ISO 9002:1994
有效期:2000.7~2003.6

无锡华申热工流体设备厂
地址:江苏省无锡市华庄镇将洞路37号
邮政编码:214133
证书注册编号:0100B0370
体系认证标准:GB/T 19002-1994 idt ISO 9002:1994
有效期:2000.7~2003.6

上海神开科技工程有限公司
地址:上海市闵行区陈行路980号
邮政编码:201114
证书注册编号:0100A0371
体系认证标准:GB/T 19002-1994 idt ISO 9002:1994
有效期:2000.7~2003.6

上海工大电子仪器厂
地址:上海市延长路149号
邮政编码:200072
证书注册编号:0100B0372
体系认证标准:GB/T 19002-1994 idt ISO 9002:1994
有效期:2000.7~2003.6

无锡中央化学有限公司
地址:江苏省江阴市璜塘镇环东北路78号
邮政编码:214407
证书注册编号:0100B0373
体系认证标准:GB/T 19002-1994 idt ISO 9002:1994
有效期:2000.7~2003.6

上海银貂健康保健用品有限公司
地址:上海市闵行区吴中路1619号
邮政编码:201103
证书注册编号:0100B0374
体系认证标准:GB/T 19002-1994 idt ISO 9002:1994
有效期:2000.7~2003.6

常州市飞达汽车配件厂
地址:江苏省常州市新区百丈徐市镇
邮政编码:213034
证书注册编号:0100B0375
体系认证标准:GB/T 19002-1994 idt ISO 9002:1994
有效期:2000.7~2003.6

上海蛟东冲件有限公司
地址:上海市奉贤县头桥镇私营经济城
邮政编码:201409
证书注册编号:0100BQ376
体系认证标准:GB/T 19002-1994 idt ISO 9002:1994
有效期:2000.7~2003.6

中国耀华玻璃集团国家建材局 秦皇岛浮法玻璃工业性试验基地
地址:河北省秦皇岛市海港区西港路
邮政编码:066000
证书注册编号:0100B0377
体系认证标准:GB/T 19002-1994 idt ISO 9002:1994
有效期:2000.7~2003.6

上海市金山区水工建筑工程总公司
地址:上海市金山区朱泾镇东林东街86号
邮政编码:201500
证书注册编号:0100B0378
体系认证标准:GB/T 19002-1994 idt ISO 9002:1994
有效期:2000.7~2003.6

无锡市炼油厂
地址:江苏省无锡市吴桥西路97号
邮政编码:214044
证书注册编号:0100A0379 0197A147
体系认证标准:GB/T 19002-1994 idt ISO 9002:1994
有效期:2000.7~2003.6

上海广电电气母线桥架制造有限公司
地址:上海奉贤县钱桥镇工业区10号
邮政编码:201407
证书注册编号:0100B0380
体系认证标准:GB/T 19002-1994 idt ISO 9002:1994
有效期:2000.7~2003.6

上海市宝山区川沙电镀厂
地址:上海市宝山区罗泾川沙镇
邮政编码:200949
证书注册编号:0100B0381
体系认证标准:GB/T 19002-1994 idt ISO 9002:1994
有效期:2000.7~2003.6

3M中国有限公司漕河泾工厂
地址:上海市田林路222号
邮政编码:200233
证书注册编号:0198B025
体系认证标准:GB/T 19002-1994 idt ISO 9002:1994
有效期:1998.4~2001.4

上海铁路建设(集团)有限公司
地址:上海市会文路2号
邮政编码:200071
证书注册编号:0198B490
体系认证标准:GB/T 19002-1994 idt ISO 9002:1994
有效期:1998.12~2001.12

苏州日本电波工业有限公司
地址:江苏省苏州新区竹园路92号
邮政编码:215011
证书注册编号:0199B0082
体系认证标准:GB/T 19002-1994 idt ISO 9002:1994
有效期:1999.5~2002.5

江苏海狮泵业制造有限公司
地址:江苏省靖江市新桥镇新桥街1号
邮政编码:214537
证书注册编号:0199B0211
体系认证标准:GB/T 19002-1994 idt ISO 9002:1994
有效期:1999.9~2002.9

山东兴华建设集团有限公司
地址:山东省青岛市经济技术开发区黄河中路51号
邮政编码:266510
证书注册编号:0199B0219
体系认证标准:GB/T 19002-1994 idt ISO 9002:1994
有效期:1999.9~2002.9

兰州城临石油机械配件厂
地址:甘肃省兰州市城关区伏龙坪后街
邮政编码:730030
证书注册编号 0199B0233
体系认证标准:GB/T 19002-1994 idt ISO 9002:1994
有效期:1999.10~2002.10

中国石油兰州炼化公司
地址：甘肃兰州市西固区玉门街 10 号
邮政编码：730060
体系认证标准：GB/T 19002－1994 idt ISO 9002:1994
有效期：1999.11～2002.11

上海卢湾市政工程有限公司
地址：上海市斜土路 550 弄内
邮政编码：200023
证书注册编号：0100B0324
体系认证标准：GB/T 19002－1994 idt ISO 9002:1994
有效期：2000.6～2003.6

靖江市溶剂厂
证书注册编号：0100B0035 暂停
浙江奥利士制衣有限公司
证书注册编号：0199B0041 暂停
上海兴银物业管理有限公司
证书注册编号：0198B402 暂停
上海兴银房地产发展有限公司
证书注册编号：0198B403 暂停
上海联怡汽车配件有限公司
证书注册编号：0199B0393 暂停
上海三钢铸造公司
证书注册编号：0197B210 注销
上海法雷奥汽车电机雨刮系统有限公司
证书注册编号：0197B208 注销

无锡市华通气动制造有限公司
地址：江苏省无锡市清扬南三路
邮政编码：214023
证书注册编号：0100B0382
体系认证标准：GB/T 19002－1994 idt ISO 9002:1994
有效期：2000.8～2003.8

厦门奋发(FUN)企业有限公司
地址：福建省厦门市湖里区禾山殿前新禾工业园 1－18 号
邮政编码：361009
证书注册编号：0100B0383 0197B135
体系认证标准：GB/T 19002－1994 idt ISO 9002:1994
有效期：2000.8～2003.8

上海闸北彭浦炉衬材料厂
地址：上海市沪太路 1083 号
邮政编码：200072
证书注册编号：0100B0384
体系认证标准：GB/T 19002－1994 idt ISO 9002:1994
有效期：2000.8～2003.8

上海地铁清洁工程有限公司
地址：上海市浦东东方路 221 弄 3 号 1002 室(衡山路 12 号 2 号楼 309 室)
邮政编码：200070
证书注册编号：0100B0385
体系认证标准：GB/T 19002－1994 idt ISO 9002:1994
有效期：2000.8～2003.8

上海华新车辆附件厂
地址：上海市华新镇纪鹤路 36 号
邮政编码：201708
证书注册编号：0100BQ386
体系认证标准：GB/T 19002－1994 idt ISO 9002:1994
有效期：2000.8～2003.8

上海海艺建设工程有限公司
地址：上海市沪太路 1183 弄 98 号
邮政编码：200072
证书注册编号：0100B0387
体系认证标准：GB/T 19002－1994 idt ISO 9002:1994
有效期：2000.8～2003.8

鄞县治鄞精密铸造厂
地址：浙江省宁波市鄞县云龙镇甲村
邮政编码：315125
证书注册编号：0100B0388
体系认证标准：GB/T 19002－1994 idt ISO 9002:1994
有效期：2000.8～2003.8

上海迪伊毛纺织有限公司
地址：上海市余姚路 698 号
邮政编码：200042
证书注册编号：0100B0389 0196B111
体系认证标准：GB/T 19002－1994 idt ISO 9002:1994
有效期：2000.8～2003.8

青岛大有同人物业管理有限公司
地址：山东省青岛市南区南京路 9 号(联合大厦 5－J 室)
邮政编码：266071
证书注册编号：0100B0390
体系认证标准：GB/T 19002－1994 idt ISO 9002:1994
有效期：2000.8～2003.8

上海中建建筑设计院
地址：上海市黄浦路 99 号
邮政编码：200080
证书注册编号：0100A0391
体系认证标准：GB/T 19002－1994 idt ISO 9002:1994
有效期：2000.8～2003.8

南京砖墙鼎新建筑安装工程有限公司
地址：江苏省南京市高淳县砖墙镇
邮政编码：210018
证书注册编号：0100B0392
体系认证标准：GB/T 19002－1994 idt ISO 9002:1994
有效期：2000.8～2003.8

青岛海王纸业集团股份有限公司
地址：山东省胶南市铁山路 12 号
邮政编码：266400
证书注册编号：0100B0393 0197B141A
体系认证标准：GB/T 19002－1994 idt ISO 9002:1994
有效期：2000.8～2003.8

青岛宏达塑胶总公司
地址：山东青岛市四方区清江路 152 号
邮政编码：266032
证书注册编号：0100B0394
体系认证标准：GB/T 19002－1994 idt ISO 9002:1994
有效期：2000.8～2003.8

上海新格有色金属有限公司
地址：上海市宝山区泰和西路 2727 号
邮政编码：201907
证书注册编号：0100B0395
体系认证标准：GB/T 19002－1994 idt ISO 9002:1994
有效期：2000.8～2003.8

上海日立家用电器有限公司
地址：上海市丹巴路 361 号
邮政编码：200062
证书注册编号：0100A0396 0197A157A
体系认证标准：GB/T 19002－1994 idt ISO 9002:1994
有效期：2000.8～2003.8

上海烟草工业机械厂

地址:上海市陆家嘴路445号(浦东金桥夏普路651号)
邮政编码:201206
证书注册编号:0100A0397
体系认证标准:GB/T 19002—1994 idt ISO 9002:1994
有效期:2000.8～2003.8

上海同鑫机电设备成套有限公司
地址:上海市宝山区爱晖路451号
邮政编码:200082
证书注册编号:0100B0398
体系认证标准:GB/T 19002—1994 idt ISO 9002:1994
有效期:2000.8～2003.8

上海虹光铜管厂
地址:上海市桃浦西路851号
邮政编码:200331
证书注册编号:0100B0399
体系认证标准:GB/T 19002—1994 idt ISO 9002:1994
有效期:2000.8～2003.8

上海电力电缆工程有限公司
地址:上海市共和新路2501号
邮政编码:200072
证书注册编号:0100B0400 0197B156
体系认证标准:GB/T 19002—1994 idt ISO 9002:1994
有效期:2000.8～2003.8

上海金鼓异形螺栓合作公司
地址:上海市唐山路796号
邮政编码:200072
证书注册编号:0100B0401
体系认证标准:GB/T 19002—1994 idt ISO 9002:1994
有效期:2000.8～2003.8

上海现代国际展览有限公司
地址:上海市圆明园路97号
邮政编码:200002
证书注册编号:0100B0402
体系认证标准:GB/T 19002—1994 idt ISO 9002:1994
有效期:2000.8～2003.8

青岛威能橡胶有限公司
地址:山东省青岛经济技术开发区连江路19号
邮政编码:266520
证书注册编号:0100B0403
体系认证标准:GB/T 19002—1994 idt ISO 9002:1994
有效期:2000.8～2003.8

国信朗讯科技网络技术有限公司
地址:上海市浦东新区松林路357号
邮政编码:200122
证书注册编号:0100A0404
体系认证标准:GB/T 19002—1994 idt ISO 9002:1994
有效期:2000.8～2003.8

青岛东方化工集团股份有限公司
地址:山东省莱西市青岛路南段
邮政编码:266601
证书注册编号:0100B0405
体系认证标准:GB/T 19002—1994 idt ISO 9002:1994
有效期:2000.8～2003.8

上海嘉定椒海助剂厂
地址:上海市沪太路7258号
邮政编码:201809
证书注册编号:0100B0406
体系认证标准:GB/T 19002—1994 idt ISO 9002:1994
有效期:2000.8～2003.8

上海祁南胶粘材料厂
地址:上海市宝山区南大路706号
邮政编码:200436
证书注册编号:0100B0407
体系认证标准:GB/T 19002—1994 idt ISO 9002:1994
有效期:2000.8～2003.8

上海浦东电力设备安装公司
地址:上海市浦东新区即墨路5号
邮政编码:200137
证书注册编号:0100B0408
体系认证标准:GB/T 19002—1994 idt ISO 9002:1994
有效期:2000.8～2003.8

上海潘登电源有限公司
地址:上海市松江区石湖荡镇
邮政编码:200060
证书注册编号:0100B0409
体系认证标准:GB/T 19002—1994 idt ISO 9002:1994
有效期:2000.8～2003.8

上海农乐生物制品股份有限公司
地址:上海市松江区沪松路158号
邮政编码:201613
证书注册编号:0100B0410
体系认证标准:GB/T 19002—1994 idt ISO 9002:1994
有效期:2000.8～2003.8

江阴市光明锻造有限公司
地址:江苏省江阴市周庄镇光明路
邮政编码:214423
证书注册编号:0100B0411
体系认证标准:GB/T 19002—1994 idt ISO 9002:1994
有效期:2000.8～2003.8

上海安全印务有限公司
地址:上海市惠明路531号
邮政编码:200082
证书注册编号:0100A0412
体系认证标准:GB/T 19002—1994 idt ISO 9002:1994
有效期:2000.8～2003.8

上海汽车铸造总厂
地址:上海市嘉定区安亭昌吉路120号
邮政编码:201805
证书注册编号:0100B0413 0197B150
体系认证标准:GB/T 19002—1994 idt ISO 9002:1994
有效期:2000.8～2003.8

青岛华福食品有限公司
地址:山东省莱西市威海西路42号
邮政编码:266600
证书注册编号:0100B0414
体系认证标准:GB/T 19002—1994 idt ISO 9002:1994
有效期:2000.8～2003.8

上海众盛胶粘剂厂
地址:上海市嘉定区环城路200号
邮政编码:201808
证书注册编号:0100B0415
体系认证标准:GB/T 19002—1994 idt ISO 9002:1994
有效期:2000.8～2003.8

上海大众工程有限公司
地址:上海嘉定区安亭镇墨玉路178号
邮政编码:204805
证书注册编号:0100B0416

体系认证标准:GB/T 19002—1994 idt ISO 9002:1994
有效期:2000.8～2003.8

华东送变电工程公司
地址:上海市嘉定区安亭镇曹安路25号桥东
邮政编码:201805
证书注册编号:0100B0417 0197B152
体系认证标准:GB/T 19002—1994 idt ISO 9002:1994
有效期:2000.8～2003.8

中国化学工程总公司
地址:北京西城区六铺炕一区中街1号
邮政编码:100011
证书注册编号 0100A0418 0197A158
体系认证标准:GB/T 19002—1994 idt ISO 9002:1994
有效期:2000.8～2003.8

南通天生港发电厂电力检修公司
地址:江苏南通市开发区星海商贸中心
邮政编码:226003
证书注册编号:0100B0419
体系认证标准:GB/T 19002—1994 idt ISO 9002:1994
有效期:2000.8～2003.8

上海锦水工程建设有限公司
地址:上海市金山区山阳镇亭卫中路68号
邮政编码:201511
证书注册编号:0100B0420
体系认证标准:GB/T 19002—1994 idt ISO 9002:1994
有效期:2000.8～2003.8

上海大众汽车庙行特约维修站
地址:上海市宝山区长江西路516号
邮政编码:200431
证书注册编号:0100B0421
体系认证标准:GB/T 19002—1994 idt ISO 9002:1994
有效期:2000.8～2003.8

常州飞捷东方电气有限公司
地址:江苏省常州市潞城镇
邮政编码:213025
证书注册编号:0100B0422
体系认证标准:GB/T 19002—1994 idt ISO 9002:1994
有效期:2000.8～2003.8

南京溧水实隆船舶配件有限公司
地址:江苏省南京市溧水县杭村镇
邮政编码:211217
证书注册编号:0100B0423
体系认证标准:GB/T 19002—1994 idt ISO 9002:1994
有效期:2000.8～2003.8

上海新丰制毡厂
地址:上海市喜泰路239号
邮政编码:200232
证书注册编号:0100B0424
体系认证标准:GB/T 19002—1994 idt ISO 9002:1994
有效期:2000.8～2003.8

南京晶美化学有限公司
地址:江苏省南京市溧水县晶桥镇
邮政编码:211224
证书注册编号:0100B0425
体系认证标准:GB/T 19002—1994 idt ISO 9002:1994
有效期:2000.8～2003.8

嘉兴电力冷弯型材厂
地址:浙江省嘉善县委塘镇下塘街2号
邮政编码:314100
证书注册编号:0100B0426
体系认证标准:GB/T 19002—1994 idt ISO 9002:1994
有效期:2000.8～2003.8

上海世强塑料制品有限公司
地址:上海市松江洞泾
邮政编码:201601
证书注册编号:0100B0427
体系认证标准:GB/T 19002—1994 idt ISO 9002:1994
有效期:2000.8～2003.8

上海帝高毛纺织有限公司
地址:上海市奉贤县奉浦江海经济园区
邮政编码:201400
证书注册编号:0100B0428
体系认证标准:GB/T 19002—1994 idt ISO 9002:1994
有效期:2000.8～2003.8

浙江省平湖市华神皮革(集团)有限公司
地址:浙江平湖市当湖镇城西路48号
邮政编码:314200
证书注册编号:0100B0429
体系认证标准:GB/T 19002—1994 idt ISO 9002:1994
有效期:2000.8～2003.8

上海联合毛纺织有限公司
地址:上海市烟台路225号
邮政编码:201209
证书注册编号:0100B0430
体系认证标准:GB/T 19002—1994 idt ISO 9002:1994
有效期:2000.8～2003.8

上海格尔汽车金属制品有限公司
地址:上海市闸北区共汶路1号
邮政编码:200436
证书注册编号:0100B0431
体系认证标准:GB/T 19002—1994 idt ISO 9002:1994
有效期:2000.8～2003.8

南京舒雅乐纸制品有限公司
地址:江苏省南京市江宁县陶吴镇
邮政编码:211151
证书注册编号:0100B0432
体系认证标准:GB/T 19002—1994 idt ISO 9002:1994
有效期:2000.8～2003.8

3M 中国有限公司漕河泾工厂
地址:上海市田林路222号
邮政编码:200233
证书注册编号:0198B025
体系认证标准:GB/T 19002—1994 idt ISO 9002:1994
有效期:1998.4～2001.4

欧克通信器材(上海)有限公司
地址:上海市桂箐路69号24幢4楼
邮政编码:200233
证书注册编号:0198B405
体系认证标准:GB/T 19002—1994 idt ISO 9002:1994
有效期:1998.12～2001.12

上海大华装饰工程有限公司
地址:上海市中山西路1420弄12号
邮政编码:200336
证书注册编号:0198B0449
体系认证标准:GB/T 19002—1994 idt

ISO 9002:1994
有效期:1998.12~2001.12

湖州市新兴金属热浸厂
地址:浙江省湖州市西郊杨家埠叉口
邮政编码:313005
证书注册编号:0198B510
体系认证标准:GB/T 19002—1994 idt
ISO 9002:1994
有效期:1998.12~2001.12

无锡市开发区欣发铁路器材厂
地址:江苏省无锡市国家高新技术产业开发区28号地块
邮政编码:214028
证书注册编号:0199B0036
体系认证标准:GB/T 19002—1994 idt
ISO 9002:1994
有效期:1999.2~2002.2

兰州城临石油机械制造有限公司
地址:甘肃省兰州市城关区伏龙坪后街
邮政编码:730030
证书注册编号:0199B0233
体系认证标准:GB/T 19002—1994 idt
ISO 9002:1994
有效期:1999.10~2002.10

高邮市第二建筑安装工程有限公司
地址:江苏省高邮市琵琶山路22号
邮政编码:225600
证书注册编号:0199B0355
体系认证标准:GB/T 19002—1994 idt
ISO 9002:1994
有效期:1999.12~2002.12

新疆库尔勒棉纺织有限责任公司
地址:新疆维吾尔自治区库尔勒市新城区
邮政编码:841001
证书注册编号:0199B0368
体系认证标准:GB/T 19002—1994 idt
ISO 9002:1994
有效期:1999.12~2002.12

青岛浮山钢管防腐保温厂
地址:山东省青岛市市北区浮山后
邮政编码:266101
证书注册编号:0100B0090
体系认证标准:GB/T 19002—1994 idt
ISO 9002:1994
有效期:2000.1~2003.1

上海铁路分局上海站
地址:上海市秣陵路303号
邮政编码:200070
证书注册编号:0100B0105
体系认证标准:GB/T 19002—1994 idt
ISO 9002:1994
有效期:2000.1~2003.1

苏州恒达防腐设备有限公司
地址:江苏省太仓城厢镇体育西路口
邮政编码:215400
证书注册编号:0100B0433
体系认证标准:GB/T19002—1994 idt
ISO 9002:1994
有效期:2000.9~2003.8

上海百仙建筑工程有限公司
地址:上海市崇明县工业园区秀山路38号
邮政编码:200135
证书注册编号:0100B0434
体系认证标准:GB/T19002—1994 idt
ISO 9002:1994
有效期:2000.9~2003.8

上海春叶实业有限公司
地址:上海市光复西路419号
邮政编码:200063
证书注册编号:0100B0435
体系认证标准:GB/T19002—1994 idt
ISO 9002:1994
有效期:2000.9~2003.8

锡山市华顺金属结构件厂
地址:江苏省锡山市东绛镇蠡东村
邮政编码:214121
证书注册编号:0100B0436
体系认证标准:GB/T19002—1994 idt
ISO 9002:1994
有效期:2000.9~2003.8

上海喔喔集团有限公司美丰塑料厂
地址:上海市浦东合庆镇北首
邮政编码:201201
证书注册编号:0100B0437
体系认证标准:GB/T19002—1994 idt
ISO 9002:1994
有效期:2000.9~2003.8

蓝星星火化工厂
地址:江西省永修县杨家岭
邮政编码:330319
证书注册编号:0100B0438 0197B205
体系认证标准:GB/T19002—1994 idt
ISO 9002:1994
有效期:2000.9~2003.8

安徽岩土工程公司
地址:上海东方路738号704~707室
邮政编码:200122
证书注册编号:0100B0439
体系认证标准:GB/T19002—1994 idt
ISO 9002:1994
有效期:2000.9~2003.8

胜科(天津)建设工程有限公司
地址:天津市和平区南京路75号天津国际大厦601室
邮政编码:300050
证书注册编号:0100B0440 0197B170
体系认证标准:GB/T19002—1994 idt
ISO 9002:1994
有效期:2000.9~2003.8

江阴利泰装饰材料有限公司
地址:江苏省江阴市华士镇勤丰村
邮政编码:214421
证书注册编号:0100B0441
体系认证标准:GB/T19002—1994 idt
ISO 9002:1994
有效期:2000.9~2003.8

上海天圆医用电子仪器厂
地址:上海市长宁路155弄161号
邮政编码:200063
证书注册编号:0100B0442
体系认证标准:GB/T19002—1994 idt
ISO 9002:1994
有效期:2000.9~2003.8

上海申伟电力工程有限公司
地址:上海市浦东新区上南路1300号
邮政编码:200090
证书注册编号:0100B0443
体系认证标准:GB/T19002—1994 idt
ISO 9002:1994
有效期:2000.9~2003.8

上海远大过氧化物有限公司
地址:上海市泰和路陆家宅53号
邮政编码:200940
证书注册编号:0100B0444
体系认证标准:GB/T19002—1994 idt
ISO 9002:1994

有效期:2000.9～2003.8

乐清市星火汽车电子有限公司
地址:浙江乐清市虹桥镇新丰路151号
邮政编码:325608
证书注册编号:0100B0445
体系认证标准:GB/T19002－1994 idt ISO 9002:1994
有效期:2000.9～2003.8

南通三德兴电子工业有限公司
地址:江苏省南通市经济技术开发区
邮政编码:226009
证书注册编号:0100BQ446
体系认证标准:GB/T19002－1994 idt ISO 9002:1994
有效期:2000.9～2003.8

嘉兴市民政胶木粉厂
地址:浙江省嘉兴市郊区建设乡常睦桥
邮政编码:314011
证书注册编号:0100B0447
体系认证标准:GB/T19002－1994 idt ISO 9002:1994
有效期:2000.9～2003.8

上海勤劳箱体制造有限公司
地址:上海市闵行区陈行镇勤劳村
邮政编码:201114
证书注册编号:0100B0448
体系认证标准:GB/T19002－1994 idt ISO 9002:1994
有效期:2000.9～2003.8

无锡纺织机械专件厂
地址:江苏无锡市河埒口上里东227号
邮政编码:214062
证书注册编号:0100B0449
体系认证标准:GB/T19002－1994 idt ISO 9002:1994
有效期:2000.9～2003.8

上海摩天铸造有限公司
地址:上海市嘉定区曹王工业开发区
邮政编码:201809
证书注册编号:0100B0450
体系认证标准:GB/T19002－1994 idt ISO 9002:1994
有效期:2000.9～2003.8

嘉兴市五机化医对外贸易有限责任公司
地址:浙江省嘉兴市友谊路8号
邮政编码:314000
证书注册编号:0100B0451
体系认证标准:GB/T19002－1994 idt ISO 9002:1994
有效期:2000.9～2003.9

上海机床总公司机床销售公司
地址:上海市北京西路935—937号
邮政编码:200041
证书注册编号:0100B0452
体系认证标准:GB/T19002－1994 idt ISO 9002:1994
有效期:2000.9～2003.8

广东省四会市华声乐器厂
地址:广东省四会市威整镇墟镇
邮政编码:526200
证书注册编号:0100B0453
体系认证标准:GB/T19002－1994 idt ISO 9002:1994
有效期:2000.9～2003.8

锡山市洛社张镇环保设备厂
地址:江苏省锡山市洛社张镇
邮政编码:214188
证书注册编号:0100B0454
体系认证标准:GB/T19002－1994 idt ISO 9002:1994
有效期:2000.9～2003.8

上海光明汽车附件厂
地址:上海市浦东杨高路686号
邮政编码:200125
证书注册编号:0100B0455
体系认证标准:GB/T19002－1994 idt ISO 9002:1994
有效期:2000.9～2003.8

上海金盛市政工程有限公司
地址:上海市金山区山阳镇经济小区
邮政编码:200540
证书注册编号:0100B0456
体系认证标准:GB/T19002－1994 idt ISO 9002:1994
有效期:2000.9～2003.8

上海钢球厂
地址:上海市浦东新区下南路853号
邮政编码:200125
证书注册编号:0100B0457 0197B009
体系认证标准:GB/T19002－1994 idt ISO 9002:1994
有效期:2000.9～2003.8

上海永固特种调节阀厂
地址:上海市松江洞泾镇南
邮政编码:201601
证书注册编号:0100B0458
体系认证标准:GB/T19002－1994 idt ISO 9002:1994
有效期:2000.9～2003.8

上海龙马神汽车座椅有限公司
地址:上海市共和新路3138号
邮政编码:200072
证书注册编号:0100B0459 0197B159
体系认证标准:GB/T19002－1994 idt ISO 9002:1994
有效期:2000.9～2003.8

上海环保机械工程有限公司
地址:上海市汶水路210号
邮政编码:200072
证书注册编号:0100A0460
体系认证标准:GB/T19001－1994 idt ISO 9001:1994
有效期:2000.9～2003.8

上海日豪塑料制品有限公司
地址:上海市金山区漕泾镇东街
邮政编码:201507
证书注册编号:0100B0461
体系认证标准:GB/T19002－1994 idt ISO 9002:1994
有效期:2000.9～2003.8

上海胜龙塑料制品有限公司
地址:上海市浦东新区孙桥镇孙桥农场
邮政编码:201203
证书注册编号:0100B0462
体系认证标准:GB/T19002－1994 idt ISO 9002:1994
有效期:2000.9～2003.8

镇江市中心血站
地址:江苏省镇江市解放路305号
邮政编码:212001
证书注册编号:0100B0463
体系认证标准:GB/T19002－1994 idt ISO 9002:1994
有效期:2000.9～2003.8

乐清市邦通电子有限公司

地址:浙江省乐清市虹桥镇南阳工业区
邮政编码:325608
证书注册编号:0100B0464
体系认证标准:GB/T19002－1994 idt ISO 9002:1994
有效期:2000.9～2003.8

汇宝饰品(无锡)有限公司
地址:江苏省无锡市建业路8号
邮政编码:214031
证书注册编号:0100B0465
体系认证标准:GB/T19002－1994 idt ISO 9002:1994
有效期:2000.9～2003.8

宁波李氏实业有限公司
地址:浙江省宁波市鄞县云龙镇工业区
邮政编码:315135
证书注册编号:0100B0466
体系认证标准:GB/T19002－1994 idt ISO 9002:1994
有效期:2000.9～2003.8

无锡溪达毛纺有限公司
地址:江苏无锡市锡山市钱桥镇溪南村
邮政编码:214151
证书注册编号:0100B0467
体系认证标准:GB/T19002－1994 idt ISO 9002:1994
有效期:2000.9～2003.8

嘉兴恒锋工具有限公司
地址:浙江省海盐县武原镇新桥北路239号
邮政编码:314300
证书注册编号:0100B0468
体系认证标准:GB/T19002－1994 idt ISO 9002:1994
有效期:2000.9～2003.8

上海烟草(集团)公司
地址:上海市许昌路1062号
邮政编码:200082
证书注册编号:0100B0469 0197B012
体系认证标准:GB/T19002－1994 idt ISO 9002:1994
有效期:2000.9～2003.8

上海电气(集团)总公司电站事业部
地址:上海市延安西路358号
邮政编码:200040
证书注册编号:0100A0470 0197A168
体系认证标准:GB/T19001－1994 idt ISO 9001:1994
有效期:2000.9～2003.8

上海城建道桥工程有限公司
地址:上海市奉贤县光明镇金汇港大桥
邮政编码:201406
证书注册编号:0100B0471
体系认证标准:GB/T19002－1994 idt ISO 9002:1994
有效期:2000.9～2003.8

上海富民汽车服务有限公司维修分公司
地址:上海市长江西路318号
邮政编码:200441
证书注册编号:0100B0472
体系认证标准:GB/T19002－1994 idt ISO 9002:1994
有效期:2000.9～2003.8

上海北盛建设工程发展有限公司
地址:上海市中山北路3676弄4号
邮政编码:200062
证书注册编号:0100B0473
体系认证标准:GB/T19002－1994 idt ISO 9002:1994
有效期:2000.9～2003.8

青岛同春精铸有限公司
地址:山东省胶南市王台镇驻地
邮政编码:266425
证书注册编号:0100B0474
体系认证标准:GB/T19002－1994 idt ISO 9002:1994
有效期:2000.9～2003.8

青岛胶南同春石油机械厂
地址:山东省胶南市王台镇驻地
邮政编码:266425
证书注册编号:0100B0475
体系认证标准:GB/T19002－1994 idt ISO 9002:1994
有效期:2000.9～2003.8

上海凯泉泵业(集团)有限公司
地址:上海市嘉定区黄渡镇联西村
邮政编码:200436
证书注册编号:0100A0476
体系认证标准:GB/T19002－1994 idt ISO 9002:1994
有效期:2000.9～2003.8

无锡南江塑料有限公司
地址:江苏省无锡市惠钱路严家棚
邮政编码:214035
证书注册编号:0100B0477 0197B163
体系认证标准:GB/T19002－1994 idt ISO 9002:1994
有效期:2000.9～2003.8

无锡南江塑料有限公司
地址:江苏省无锡市惠钱路严家棚底
邮政编码:214035
证书注册编号:0100BQ478
体系认证标准:GB/T19002－1994 idt ISO 9002:1994
有效期:2000.9～2003.8

中国化学工程第三建设公司
地址:安徽省淮南市泉山
邮政编码:232038
证书注册编号:0100B0479 0197B011
体系认证标准:GB/T19002－1994 idt ISO 9002:1994
有效期:2000.9～2003.8

上海市地铁建设有限公司
地址:上海市衡山路12号
邮政编码:200031
证书注册编号:0199B0332
体系认证标准:GB/T19002－1994 idt ISO 9002:1994
有效期:1999.11～2002.11

上海三爱思试剂有限公司
地址:上海市军工路2588号
邮政编码:200432
证书注册编号:0100B0354
体系认证标准:GB/T19002－1994 idt ISO 9002:1994
有效期:2000.7～2003.7

南京瑞宝金属有限公司
证书注册编号:0198B254
体系认证标准:GB/T19002－1994 idt ISO 9002:1994
有效期:2000.7～2003.7

江苏华德汽配制造有限公司
证书注册编号:0198B509
体系认证标准:GB/T19002－1994 idt ISO 9002:1994

杭州华东电力设备厂

证书注册编号:0199A0055
体系认证标准:GB/T19001—1994 idt ISO 9001:1994

上海煤气实业工程有限公司
地址:上海市中山北一路865弄21号
邮政编码:200083
证书注册编号:0100B0480
体系认证标准:GB/T 19002—9004 idt ISO 9002:1994
有效期:2000.10～2003.9

江苏省测绘工程院
地址:江苏南京市浦口区迎江路18号
邮政编码:210031
证书注册编号:0100A0481
体系认证标准:GB/T 19002—9004 idt ISO 9002:1994
有效期:2000.10～2003.9

上海大众汽车吴江上汽特约维修站
地址:江苏省吴江市交通北路91号
邮政编码:215200
证书注册编号:0100B0482
体系认证标准:GB/T 19002—9004 idt ISO 9002:1994
有效期:2000.10～2003.9

苏州市上海大众汽车金阊销售服务有限公司
地址:江苏省苏州市桐泾北路26号
邮政编码:215004
证书注册编号:0100B0483
体系认证标准:GB/T 19002—9004 idt ISO 9002:1994
有效期:2000.10～2003.9

锡山市洛社太湖电力成套设备厂
地址:江苏省锡山市洛社新兴西路
邮政编码:214187
证书注册编号:0100B0484
体系认证标准:GB/T 19002—9004 idt ISO 9002:1994
有效期:2000.10～2003.9

武进市新宇电子配件厂
地址:江苏省武进市洛阳镇安尚村
邮政编码:213104
证书注册编号:0100B0485
体系认证标准:GB/T 19002—9004 idt ISO 9002:1994
有效期:2000.10～2003.9

镇海炼化检修安装公司
地址:城关五里牌(经济开发区)
邮政编码:315207
证书注册编号:0100B0486
体系认证标准:GB/T 19002—9004 idt ISO 9002:1994
有效期:2000.10～2003.9

上海航天汽车机电股份有限公司传感器分公司
地址:上海市浦东金桥出口加工区“浦发金桥工业城”74号
邮政编码:201206
证书注册编号:0100A0487
体系认证标准:GB/T 19002—9004 idt ISO 9002:1994
有效期:2000.10～2003.9

四方机车车辆厂
地址:山东青岛市四方区杭州路16号
邮政编码:266031
证书注册编号:0100A0488 0197A162
体系认证标准:GB/T 19002—9004 idt ISO 9002:1994
有效期:2000.10～2003.9

上海山幸电子部件有限公司
地址:上海市浦东新区张江高科技园区郭守敬路351号
邮政编码:201203
证书注册编号:0100B0489
体系认证标准:GB/T 19002—9004 idt ISO 9002:1994
有效期:2000.10～2003.9

无锡市欧派动力机械有限公司
地址:江苏无锡蠡园开发区滴翠路南侧
邮政编码:214072
证书注册编号:0100B0490
体系认证标准:GB/T 19002—9004 idt ISO 9002:1994
有效期:2000.10～2003.9

无锡市贝斯特精密机械有限公司
地址:江苏省无锡郊区蠡园开发区滴翠路南侧
邮政编码:214072
证书注册编号:0100B0491
体系认证标准:GB/T 19002—9004 idt ISO 9002:1994
有效期:2000.10～2003.9

华环国际烟草有限公司
地址:安徽省凤阳县门台子镇
邮政编码:233121
证书注册编号:0100B0492
体系认证标准:GB/T 19002—9004 idt ISO 9002:1994
有效期:2000.10～2003.9

苏州雪子洗涤用品有限公司
地址:江苏省苏州阊胥路128号
邮政编码:215008
证书注册编号:0100B0493
体系认证标准:GB/T 19002—9004 idt ISO 9002:1994
有效期:2000.10～2003.9

上海石油化工股份有限公司腈纶事业部
地址:上海市金山区金一路352号
邮政编码:200540
证书注册编号:0100B0494
体系认证标准:GB/T 19002—9004 idt ISO 9002:1994
有效期:2000.10～2003.9

上海球明标准件有限公司
地址:上海市嘉定区嘉戳公路418号
邮政编码:201811
证书注册编号:0100B0495
体系认证标准:GB/T 19002—9004 idt ISO 9002:1994
有效期:2000.10～2003.9

上海东风有色合金厂
地址:上海市静安区成都北路1075号
邮政编码:201907
证书注册编号:0100B0496
体系认证标准:GB/T 19002—9004 idt ISO 9002:1994
有效期:2000.10～2003.9

上海朝华工程建设发展有限公司
地址:上海金山区漕泾镇张漕路88号
邮政编码:201507
证书注册编号:0100B0497
体系认证标准:GB/T 19002—9004 idt ISO 9002:1994
有效期:2000.10～2003.9

无锡中策减震器有限公司
地址:江苏省无锡市塘南路1号
邮政编码:214026

证书注册编号:0100B0498
体系认证标准:GB/T 19002—9004 idt ISO 9002:1994
有效期:2000.10～2003.9

上海中化重型机器有限公司
地址:上海市奉贤县西渡镇沪杭公路289号
邮政编码:201401
证书注册编号:0100B0499
体系认证标准:GB/T 19002—9004 idt ISO 9002:1994
有效期:2000.10～2003.9

上海南电工程安装有限公司
地址:上海市南汇县盐仓镇陆楼村
邮政编码:201324
证书注册编号:0100B0500
体系认证标准:GB/T 19002—9004 idt ISO 9002:1994
有效期:2000.10～2003.9

上海福祥陶瓷有限公司
地址:上海市闵行区曹行镇虹梅南路3988号
邮政编码:201108
证书注册编号:0100A0501 0197B169
体系认证标准:GB/T 19002—9004 idt ISO 9002:1994
有效期:2000.10～2003.9

华东石油地质局六物纸箱厂
地址:江苏南京市江宁县方山乡共和村
邮政编码:211112
证书注册编号:0100B0502
体系认证标准:GB/T 19002—9004 idt ISO 9002:1994
有效期:2000.10～2003.9

淄博都宜家私有限公司
地址:山东省淄博市高新技术开发区
邮政编码:255086
证书注册编号:0100B0503
体系认证标准:GB/T 19002—9004 idt ISO 9002:1994
有效期:2000.10～2003.9

无锡市第二微型电机厂
地址:江苏省锡山市洛社师范内
邮政编码:214187
证书注册编号:0100B0504
体系认证标准:GB/T 19002—9004 idt ISO 9002:1994
有效期:2000.10～2003.9

上海高桥石油化工公司高桥化工厂
地址:上海市浦东东塘路451号
邮政编码:200137
证书注册编号:0100B0505 0197B160
体系认证标准:GB/T 19002—9004 idt ISO 9002:1994
有效期:2000.10～2003.9

许昌卷烟厂
地址:河南省许昌市西关大街
邮政编码:461000
证书注册编号:0100B0506
体系认证标准:GB/T 19002—9004 idt ISO 9002:1994
有效期:2000.10～2003.9

海门市化工原料厂
地址:江苏省海门市汤家镇西首
邮政编码:226126
证书注册编号:0100B0507
体系认证标准:GB/T 19002—9004 idt ISO 9002:1994
有效期:2000.10～2003.9

山西大酒店
地址:山西省太原市新建南路5号
邮政编码:030001
证书注册编号:0100B0508
体系认证标准:GB/T 19002—9004 idt ISO 9002:1994
有效期:2000.10～2003.9

上海友好冷焊厂
地址:上海市闵行区江川路780号
邮政编码:200240
证书注册编号:0100B0509
体系认证标准:GB/T 19002—9004 idt ISO 9002:1994
有效期:2000.10～2003.9

武进市兴盛压铸厂
地址:江苏省武进市洛阳镇谈家头村
邮政编码:213104
证书注册编号:0100B0510
体系认证标准:GB/T 19002—9004 idt ISO 9002:1994
有效期:2000.10～2003.9

上海晶华电子科技有限公司
地址:上海市松江县塔汇贵南路
邮政编码:201617
证书注册编号:0100B0511 0197B154
体系认证标准:GB/T 19002—9004 idt ISO 9002:1994
有效期:2000.10～2003.9

滁州华能人造板有限责任公司
地址:江苏省滁州市紫薇南路1号
邮政编码:239000
证书注册编号:0100B0513
体系认证标准:GB/T 19002—9004 idt ISO 9002:1994
有效期:2000.10～2003.9

浙江金华天开电子材料有限公司
地址:浙江省金华市宾虹路2065号
邮政编码:321107
证书注册编号:0100B0514
体系认证标准:GB/T 19002—9004 idt ISO 9002:1994
有效期:2000.10～2003.9

上海皮革化工厂
地址:上海宝山区南大路800弄20号
邮政编码:200436
证书注册编号:0100B0512
体系认证标准:GB/T 19002—9004 idt ISO 9002:1994
有效期:2000.10～2003.9

锡山市南方冶金专件厂
地址:江苏省锡山市阳山姚家桥
邮政编码:214155
证书注册编号:0100B0515
体系认证标准:GB/T 19002—9004 idt ISO 9002:1994
有效期:2000.10～2003.9

浙江奥德申实业有限公司
地址:浙江省海宁市海宁大道洛隆路口
邮政编码:314400
证书注册编号:0100A0516
体系认证标准:GB/T 19002—9004 idt ISO 9002:1994
有效期:2000.10～2003.9

上海永红汽车零部件有限公司
地址:上海市嘉定区嘉黄公路1561号
邮政编码:201814
证书注册编号:0100B0517
体系认证标准:GB/T 19002—9004 idt

ISO 9002:1994
有效期:2000.10～2003.9

国家测绘局第一大地测量队(陕西省第一测绘工程院)
地址:陕西省西安市碑林区测绘路4号
邮政编码:710054
证书注册编号:0100A0518
体系认证标准:GB/T 19002－9004 idt ISO 9002:1994
有效期:2000.10～2003.9

上海永红汽车零部件有限公司
地址:上海市嘉定区嘉黄公路1561号
邮政编码:201814
证书注册编号:0100BQ519
体系认证标准:GB/T 19002－9004 idt ISO 9002:1994
有效期:2000.10～2003.9

浙江万控电器成套设备有限公司
地址:浙江乐清市北白象镇金炉工业区
邮政编码:325603
电话:(0577)2881006 13600671137
证书注册编号:0100B0520
体系认证标准:GB/T 19002－9004 idt ISO 9002:1994
有效期:2000.10～2003.9

锡山市华杨潜水电机电泵制造有限公司
地址:江苏省锡山市杨山镇西
邮政编码:214155
证书注册编号:0100B0521
体系认证标准:GB/T 19002－9004 idt ISO 9002:1994
有效期:2000.10～2003.9

上海生生医用器材有限公司
地址:上海市松江镇玉树路999号
邮政编码:200052
证书注册编号:0100B0522
体系认证标准:GB/T 19002－9004 idt ISO 9002:1994
有效期:2000.10～2003.9

上海超飞斯保健化妆品有限公司
地址:上海市浦东新区上川路6051号
邮政编码:201209
证书注册编号:0100B0523
体系认证标准:GB/T 19002－9004 idt ISO 9002:1994
有效期:2000.10～2003.9

南京新大洲木业有限公司
地址:江苏省南京市雨花台区铁心桥工业区
邮政编码:210012
证书注册编号:0100B0524
体系认证标准:GB/T 19002－9004 idt ISO 9002:1994
有效期:2000.10～2003.9

上海日车铸钢有限公司
地址:上海市宝山区泰和路1011号
邮政编码:200940
证书注册编号:0100B0525
体系认证标准:GB/T 19002－9004 idt ISO 9002:1994
有效期:2000.10～2003.9

即墨市金川塑料有限公司
地址:山东省即墨市环秀办事处小韩村
邮政编码:266200
证书注册编号:0100B0526
体系认证标准:GB/T 19002－9004 idt ISO 9002:1994
有效期:2000.10～2003.9

舟山炜驰机械发展有限公司
地址:浙江舟山市定海临城经济开发区
邮政编码:316021
证书注册编号:0100B0527
体系认证标准:GB/T 19002－9004 idt ISO 9002:1994
有效期:2000.10～2003.9

上海新虹口市政建设有限公司
地址:上海市虹口区四平路1－3号
邮政编码:200081
证书注册编号:0100B0528
体系认证标准:GB/T 19002－9004 idt ISO 9002:1994
有效期:2000.10～2003.9

建德市三耐设备实业有限公司
地址:浙江省新安江镇城东粮站
邮政编码:311607
证书注册编号:0100A0529
体系认证标准:GB/T 19002－9004 idt ISO 9002:1994
有效期:2000.10～2003.9

上海沪德张紧轮厂
地址:上海市真北路3370号
邮政编码:200063
证书注册编号:0100B0530
体系认证标准:GB/T 19002－9004 idt ISO 9002:1994
有效期:2000.10～2003.9

上海化工设计院
地址:上海市肇嘉浜路807号
邮政编码:200032
证书注册编号:0100A0531 0197A172
体系认证标准:GB/T 19002－9004 idt ISO 9002:1994
有效期:2000.10～2003.9

东风汽车传动轴有限公司苏州汽车配件分公司
地址:江苏省苏州市广济路86号
邮政编码:215008
证书注册编号:0100A0532
体系认证标准:GB/T 19002－9004 idt ISO 9002:1994
有效期:2000.10～2003.9

上海申华物业有限公司
地址:上海市闵行区沪闵路6200号
邮政编码:201100
证书注册编号:0100B0533
体系认证标准:GB/T 19002－9004 idt ISO 9002:1994
有效期:2000.10～2003.9

无锡奎克化学有限公司
地址:江苏省无锡市吴桥西路97号
邮政编码:214044
证书注册编号:0198B315
体系认证标准:GB/T 19002－9004 idt ISO 9002:1994
有效期:1998.10～2001.9

上海吴泾化工有限公司
地址:上海市龙吴路4600号
邮政编码:200241
证书注册编号:0199B0057
体系认证标准:GB/T 19002－9004 idt ISO 9002:1994
有效期:1999.3～2002.2

锡山市京沪标准件有限公司
地址:江苏省锡山市华庄镇苏锡公司182号
邮政编码:214131

证书注册编号:0199B0153
体系认证标准:GB/T 19002—9004 idt ISO 9002:1994
有效期:1999.6～2002.5

上海浦江汤姆逊西斯弗证件智能卡系统有限公司
地址:上海市田林路201号
邮政编码:200233
证书注册编号:0199B0394
体系认证标准:GB/T 19002—9004 idt ISO 9002:1994
有效期:1999.12～2002.11

南京依维柯汽车有限公司
证书注册编号:0198A246
体系认证标准:GB/T 19002—9004 idt ISO 9002:1994

上海西亚电子控制设备厂
地址:上海市静安区余姚路487弄7号
邮政编码:200042
证书注册编号:0100B0534
体系认证标准:GB/T 19002—9004 idt ISO 9002:1994
有效期:2000.11～2003.11

上海双鹤特种水泥有限公司
地址:上海市浦东新区张杨路2240号
邮政编码:200135
证书注册编号:0100B0535
体系认证标准:GB/T 19002—9004 idt ISO 9002:1994
有效期:2000.11～2003.11

苏州住友电木有限公司
地址:江苏省苏州市苏州工业园区金鸡湖路140号
邮政编码:215021
证书注册编号:0100BQ536
体系认证标准:GB/T 19002—9004 idt ISO 9002:1994
有效期:2000.11～2003.11

苏州住友电木有限公司
地址:江苏省苏州市苏州工业园区金鸡湖路140号
邮政编码:215021
证书注册编号:0100B0537
体系认证标准:GB/T 19002—9004 idt ISO 9002:1994
有效期:2000.11～2003.11

锡山市吉达汽车内饰件厂
地址:江苏省锡山市东北塘通津路
邮政编码:214016
证书注册编号:0100B0538
体系认证标准:GB/T 19002—9004 idt ISO 9002:1994
有效期:2000.11～2003.11

靖江市南山冶金电力机械制造有限公司
地址:江苏省靖江市新桥镇江河南路
邮政编码:214537
证书注册编号:0100B0539
体系认证标准:GB/T 19002—9004 idt ISO 9002:1994
有效期:2000.11～2003.11

上海卫锦电梯工程有限公司
地址:上海市真南路1579号
邮政编码:200060
证书注册编号:0100B0540
体系认证标准:GB/T 19002—9004 idt ISO 9002:1994
有效期:2000.11～2003.11

武进市前黄五金厂
地址:江苏省武进市前黄镇景德西路
邮政编码:213172
证书注册编号:0100B0541
体系认证标准:GB/T 19002—9004 idt ISO 9002:1994
有效期:2000.11～2003.11

锡山市采油设备厂
地址:江苏省锡山市东绛镇
邮政编码:214121
证书注册编号:0100B0542
体系认证标准:GB/T 19002—9004 idt ISO 9002:1994
有效期:2000.11～2003.11

武进市苏南离合器厂
地址:江苏省武进市牛塘镇三河村
邮政编码:213168
证书注册编号:0100B0543
体系认证标准:GB/T 19002—9004 idt ISO 9002:1994
有效期:2000.11～2003.11

苏州工业园区天华超净科技有限公司
地址:江苏省苏州市东环路28号中新城三楼
邮政编码:215021
证书注册编号:0100B0544
体系认证标准:GB/T 19002—9004 idt ISO 9002:1994
有效期:2000.11～2003.11

无锡锡兴钢铁股份有限公司
地址:江苏省无锡钱桥市镇
邮政编码:214151
证书注册编号:0100B0545
体系认证标准:GB/T 19002—9004 idt ISO 9002:1994
有效期:2000.11～2003.11

上海嘉虹粉末冶金有限公司
地址:上海嘉定区戬浜镇横仓路88号
邮政编码:201818
证书注册编号:0100B0546
体系认证标准:GB/T 19002—9004 idt ISO 9002:1994
有效期:2000.11～2003.11

无锡市工业锅炉厂
地址:江苏省无锡市蜻蜓浜路84号
邮政编码:214023
证书注册编号:0100A0547
体系认证标准:GB/T 19002—9004 idt ISO 9002:1994
有效期:2000.11～2003.11

上海庆丰彩印有限公司
地址:上海市浦东新区合庆镇庆丰村
邮政编码:201201
证书注册编号:0100B0548
体系认证标准:GB/T 19002—9004 idt ISO 9002:1994
有效期:2000.11～2003.11

上海橡胶制品研究所
地址:上海市番禺路381号
邮政编码:200052
证书注册编号:0100B0549
体系认证标准:GB/T 19002—9004 idt ISO 9002:1994
有效期:2000.11～2003.11

上海山生高分子材料有限公司
地址:上海市南汇县新港镇路北村
邮政编码:200093
证书注册编号:0100B0550
体系认证标准:GB/T 19002—9004 idt ISO 9002:1994

有效期:2000.11～2003.11

上海大众汽车无锡特约维修站
地址:江苏省无锡市梁溪路129号
邮政编码:214063
证书注册编号:0100B0551
体系认证标准:GB/T 19002—9004 idt ISO 9002:1994
有效期:2000.11～2003.11

常州市正信氟塑料制品有限公司
地址:江苏省常州市丁堰乡漕上村
邮政编码:213013
证书注册编号:0100B0552
体系认证标准:GB/T 19002—9004 idt ISO 9002:1994
有效期:2000.11～2003.11

即墨市合力电器配件厂
地址:山东省即墨市烟青路丙2号
邮政编码:266200
证书注册编号:0100B0553
体系认证标准:GB/T 19002—9004 idt ISO 9002:1994
有效期:2000.11～2003.11

新疆汇通水利电力工程建设有限公司
地址:新疆乌鲁木齐市黄河路22号
邮政编码:830000
证书注册编号:0100B0554
体系认证标准:GB/T 19002—9004 idt ISO 9002:1994
有效期:2000.11～2003.11

上海长河塑料制品有限公司
地址:上海市沪太路9608号
邮政编码:201811
证书注册编号:0100B0555
体系认证标准:GB/T 19002—9004 idt ISO 9002:1994
有效期:2000.11～2003.11

上海华盛建筑装潢安装工程有限公司
地址:上海市永福路61号
邮政编码:200031
证书注册编号:0100B0556
体系认证标准:GB/T 19002—9004 idt ISO 9002:1994
有效期:2000.11～2003.11

上海新原电气设备有限公司
地址:上海市浦东新区张江川北公路8000号
邮政编码:201203
证书注册编号:0100B0557
体系认证标准:GB/T 19002—9004 idt ISO 9002:1994
有效期:2000.11～2003.11

上海岭茂微电子有限公司
地址:上海市金山区朱泾镇罗星南路180号
邮政编码:201500
证书注册编号:0100B0558
体系认证标准:GB/T 19002—9004 idt ISO 9002:1994
有效期:2000.11～2003.11

上海凯密特尔化学品有限公司
地址:上海市浦东康桥工业区康安路
邮政编码:201315
证书注册编号:0100B0559
体系认证标准:GB/T 19002—9004 idt ISO 9002:1994
有效期:2000.11～2003.11

上海新申微波炉配件厂
地址:上海市浦东新区机场镇新生村
邮政编码:201202
证书注册编号:0100B0560
体系认证标准:GB/T 19002—9004 idt ISO 9002:1994
有效期:2000.11～2003.11

江苏长江石油化工有限公司
地址:江苏省太仓市县府东路10号
邮政编码:215433
证书注册编号:0100B0561
体系认证标准:GB/T 19002—9004 idt ISO 9002:1994
有效期:2000.11～2003.11

南京蓝盾神龙轿车技术服务中心
地址:江苏省南京市凤台南路122号
邮政编码:210012
证书注册编号:0100B0562
体系认证标准:GB/T 19002—9004 idt ISO 9002:1994
有效期:2000.11～2003.11

淄博市电信局
地址:山东淄博市张店区柳泉路160号
邮政编码:255000
证书注册编号:0100B0563
体系认证标准:GB/T 19002—9004 idt ISO 9002:1994
有效期:2000.11～2003.11

南通三德兴精密机械工程有限公司
地址:江苏省南通市经济技术开发区通州路8号
邮政编码:226009
证书注册编号:0100B0564
体系认证标准:GB/T 19002—9004 idt ISO 9002:1994
有效期:2000.11～2003.11

上海银电电器设备制造有限公司
地址:上海市宾阳路2号
邮政编码:200233
证书注册编号:0100B0565
体系认证标准:GB/T 19002—9004 idt ISO 9002:1994
有效期:2000.11～2003.11

锡山市南洋输送机有限公司
地址:江苏省锡山市洛社312国道旁
邮政编码:214187
证书注册编号:0100B0566
体系认证标准:GB/T 19002—9004 idt ISO 9002:1994
有效期:2000.11～2003.11

昆明雷图汽车配件有限公司
地址:云南省昆明市民航路西侧53号54号
邮政编码:650041
证书注册编号:0100B0567
体系认证标准:GB/T 19002—9004 idt ISO 9002:1994
有效期:2000.11～2003.11

上海市交通学校
地址:上海市呼兰路763,883号
邮政编码:200431
证书注册编号:0100B0568
体系认证标准:GB/T 19002—9004 idt ISO 9002:1994
有效期:2000.11～2003.11

上海莱士血制品有限公司
地址:上海市闵行经济技术开发区北斗路55号
邮政编码:200245
证书注册编号:0100A0569
体系认证标准:GB/T 19002—9004 idt

ISO 9002:1994
有效期:2000.11~2003.11

上海大众汽车苏州特约维修站
地址:江苏省苏州新区玉山路98号
邮政编码:215011
证书注册编号:0100B0570
体系认证标准:GB/T 19002—9004 idt ISO 9002:1994
有效期:2000.11~2003.11

上海大众汽车宁波销售服务有限公司
地址:浙江省宁波市兴宁路178号
邮政编码:315040
证书注册编号:0100B0571
体系认证标准:GB/T 19002—9004 idt ISO 9002:1994
有效期:2000.11~2003.11

上海新华树脂厂
地址:上海市平凉路2200号
邮政编码:200090
证书注册编号:0100B0572
体系认证标准:GB/T 19002—9004 idt ISO 9002:1994
有效期:2000.11~2003.11

上海豪申开利空调设备有限公司
地址:上海市浦东源深路1111号
邮政编码:200135
证书注册编号:0100B0573
体系认证标准:GB/T 19002—9004 idt ISO 9002:1994
有效期:2000.11~2003.11

上海新祥塑料涂装有限公司
地址:上海市嘉定区安亭镇曹安路5555号
邮政编码:201805
证书注册编号:0100B0574
体系认证标准:GB/T 19002—9004 idt ISO 9002:1994
有效期:2000.11~2003.11

上海新祥塑料涂装有限公司
地址:上海市嘉定区安亭镇曹安路5555号
邮政编码:201805
证书注册编号:0100BQ575
体系认证标准:GB/T 19002—9004 idt ISO 9002:1994
有效期:2000.11~2003.11

上海惠光化学有限公司
地址:上海市奉贤县泰日镇面杖村
邮政编码:200233
证书注册编号:0100B0576
体系认证标准:GB/T 19002—9004 idt ISO 9002:1994
有效期:2000.11~2003.11

上海锡能起重冶金机械制造有限公司
地址:上海市宝山区月罗路233号
邮政编码:200941
证书注册编号:0100B0577
体系认证标准:GB/T 19002—9004 idt ISO 9002:1994
有效期:2000.11~2003.11

上海新光工程技术有限公司
地址:上海市新川沙路1035号
邮政编码:200438
证书注册编号:0100B0578
体系认证标准:GB/T 19002—9004 idt ISO 9002:1994
有效期:2000.11~2003.11

上海金叶包装材料有限公司
地址:上海市真陈路158号、
邮政编码:200331
证书注册编号:0100B0579
体系认证标准:GB/T 19002—9004 idt ISO 9002:1994
有效期:2000.11~2003.11

上海电器股份有限公司人民电器厂
地址:上海市长宁区愚园路1395号
邮政编码:200050
证书注册编号:0100A0580
体系认证标准:GB/T 19002—9004 idt ISO 9002:1994
有效期:2000.11~2003.11

上海大众汽车镇江特约维修站
地址:江苏镇江市润州区七里甸戴家门
邮政编码:212111
证书注册编号:0100B0581
体系认证标准:GB/T 19002—9004 idt ISO 9002:1994
有效期:2000.11~2003.11

上海南大化工厂
地址:上海宝山区南大路化工路58号
邮政编码:200436
证书注册编号:0100B0582
体系认证标准:GB/T 19002—9004 idt ISO 9002:1994
有效期:2000.11~2003.11

武进市宏顺机械有限公司
地址:江苏省武进市横林镇杨歧段2号
邮政编码:213101
证书注册编号:0100B0583
体系认证标准:GB/T 19002—9004 idt ISO 9002:1994
有效期:2000.11~2003.11

上海大众汽车合肥特约维修站
地址:安徽省合肥市蚌埠路887号
邮政编码:230011
证书注册编号:0100B0584
体系认证标准:GB/T 19002—9004 idt ISO 9002:1994
有效期:2000.11~2003.11

江阴大桥工程有限公司
地址:江苏省江阴市朝阳路117号
邮政编码:214431
证书注册编号:0100B0585
体系认证标准:GB/T 19002—9004 idt ISO 9002:1994
有效期:2000.11~2003.11

中国一汽轿车江阴服务站
地址:江苏省江阴市澄江镇西郊通江南路382号
邮政编码:214433
证书注册编号:0100B0586
体系认证标准:GB/T 19002—9004 idt ISO 9002:1994
有效期:2000.11~2003.11

上海大众汽车江阴特约维修站
地址:江苏江阴市澄江镇通江路382号
邮政编码:214433
证书注册编号:0100B0587
体系认证标准:GB/T 19002—9004 idt ISO 9002:1994
有效期:2000.11~2003.11

上海三钢运输装卸有限公司
地址:上海市浦东新区上南路300号
邮政编码:200126
证书注册编号:0100B0588
体系认证标准:GB/T 19002—9004 idt ISO 9002:1994
有效期:2000.11~2003.11

宁波市中心血站
地址:浙江省宁波市江东区彩虹南路276号
邮政编码:315041
证书注册编号:0100B0589
体系认证标准:GB/T 19002—9004 idt ISO 9002:1994
有效期:2000.11～2003.11

上海锦中分子筛有限公司
地址:上海市浦东新区张江镇南首(浦东新区张江高科技园区)
邮政编码:201203
证书注册编号:0100B0590
体系认证标准:GB/T 19002—9004 idt ISO 9002:1994
有效期:2000.11～2003.11

上海新华阻燃剂总厂
地址:上海市浦东新区高南乡行南路301号
邮政编码:200137
证书注册编号:0100B0591
体系认证标准:GB/T 19002—9004 idt ISO 9002:1994
有效期:2000.11～2003.11

上海达克罗涂复工业有限公司
地址:上海市江场西路550号
邮政编码:200072
证书注册编号:0100B0592
体系认证标准:GB/T 19002—9004 idt ISO 9002:1994
有效期:2000.11～2003.11

上海宝国物业管理有限公司
地址:上海市浦电路370号1S
邮政编码:200122
证书注册编号:0100B0593
体系认证标准:GB/T 19002—9004 idt ISO 9002:1994
有效期:2000.11～2003.11

上海富民汽车服务有限公司浦东站
地址:上海市浦东新区博文路602号
邮政编码:201204
证书注册编号:0100B0594
体系认证标准:GB/T 19002—9004 idt ISO 9002:1994
有效期:2000.11～2003.11

上海大众汽车余姚申浙特约维修站
地址:浙江省余姚市余姚镇子陵东路
邮政编码:315400
证书注册编号:0100B0595
体系认证标准:GB/T 19002—9004 idt ISO 9002:1994
有效期:2000.11～2003.11

梅特勒—托利多常州衡器有限公司
地址:江苏省常州市常锡路111号
邮政编码:213001
证书注册编号:0100A0596
体系认证标准:GB/T 19001—9004 idt ISO 9001:1994
有效期:2000.11～2003.11

上海嘉定兴城汽车配件厂
地址:上海市嘉定区朱家桥镇(潘家村)
邮政编码:201815
证书注册编号:0100B0597
体系认证标准:GB/T 19002—9004 idt ISO 9002:1994
有效期:2000.11～2003.11

温州秦川汽配制造有限公司
地址:浙江省乐清市南塘镇交通中路228号
邮政编码:325618
证书注册编号:0100B0598
体系认证标准:GB/T 19002—9004 idt ISO 9002:1994
有效期:2000.11～2003.11

温州秦川汽配制造有限公司
地址:浙江省乐清市南塘镇交通中路228号
邮政编码:325618
证书注册编号:0100BQ599
体系认证标准:GB/T 19002—9004 idt ISO 9002:1994
有效期:2000.11～2003.11

上海市测绘院
地址:上海市武宁路419号
邮政编码:200063
证书注册编号:0100A0600
体系认证标准:GB/T 19001—9004 idt ISO 9001:1994
有效期:2000.11～2003.11

上海大众德生企业发展有限公司
地址:上海市南汇县康桥工业区沪南路2821号
邮政编码:200023
证书注册编号:0100B0601
体系认证标准:GB/T 19002—9004 idt ISO 9002:1994
有效期:2000.11～2003.11

上海大众汽车上虞特约维修站
地址:浙江省上虞经济开发区
邮政编码:312300
证书注册编号:0100B0602
体系认证标准:GB/T 19002—9004 idt ISO 9002:1994
有效期:2000.11～2003.11

吴县市特种耐火材料厂
地址:江苏省吴县市陆慕镇中街路东首
邮政编码:215131
证书注册编号:0100B0603
体系认证标准:GB/T 19002—9004 idt ISO 9002:1994
有效期:2000.11～2003.11

宁波凡雷尔包装有限公司
地址:浙江省宁波市北仑区江南出口加工贸易区
邮政编码:315821
证书注册编号:0100B0604
体系认证标准:GB/T 19002—9004 idt ISO 9002:1994
有效期:2000.11～2003.11

江阴市庆华船务机电有限公司
地址:江苏省江阴市夏港镇普惠村
邮政编码:214442
证书注册编号:0100B0605
体系认证标准:GB/T 19002—9004 idt ISO 9002:1994
有效期:2000.11～2003.11

上海新易达消防工程有限公司
地址:上海市共和新路1700弄65号
邮政编码:200083
证书注册编号:0100B0606
体系认证标准:GB/T 19002—9004 idt ISO 9002:1994
有效期:2000.11～2003.11

上海上电电缆管道工程建设有限公司
地址:上海江场路1451号
邮政编码:200072
证书注册编号:0100B0607
体系认证标准:GB/T 19002—9004 idt

ISO 9002:1994
有效期:2000.11～2003.11

上海金柏经营公司
地址:上海市逸仙路 50 号
邮政编码:200437
证书注册编号:0100B0608
体系认证标准:GB/T 19002－9004 idt
ISO 9002:1994
有效期:2000.11～2003.11

江苏健龙新田摩托车制造公司
地址:江苏省锡山市藕塘镇
邮政编码:214153
证书注册编号:0198B375
体系认证标准:GB/T 19002－9004 idt
ISO 9002:1994
有效期:1998.11～2001.11

上海锦江出租汽车有限公司
地址:上海浦东新区浦东大道 2056 号 901 室
邮政编码:200134
证书注册编号:0198B398
体系认证标准:GB/T 19002－9004 idt
ISO 9002:1994
有效期:1998.11～2001.11

上海三佳汽车配件有限公司
地址:上海市虹漕南路杨家桥 31 号
邮政编码:200233
证书注册编号:0199B0040
体系认证标准:GB/T 19002－9004 idt
ISO 9002:1994
有效期:1999.2～2002.2

上海黄浦建设发展有限公司
地址:上海市黄河路 319 号
邮政编码:200003
证书注册编号:0199B0251
体系认证标准:GB/T 19002－9004 idt
ISO 9002:1994
有效期:1999.10～2002.10

江苏无锡鑫宇交通工程设施有限公司
地址:江苏锡山市华庄镇友谊路 36 号
邮政编码:214124
证书注册编号:0100B0010
体系认证标准:GB/T 19002－9004 idt
ISO 9002:1994
有效期:2000.1～2003.1

上海航空发动机制造厂
地址:上海市广中路 600 号
邮政编码:200083
证书注册编号:0100BQ018
体系认证标准:GB/T 19002－9004 idt
ISO 9002:1994
有效期:2000.1～2003.1

上海耀江玻璃厂
地址:上海松江区张泽民发经济开发区
邮政编码:201608
证书注册编号:0100B0113
体系认证标准:GB/T 19002－9004 idt
ISO 9002:1994
有效期:2000.2～2003.2

上海欣民通信设备有限公司
地址:上海市浦东归昌路 258 号
邮政编码:200437
证书注册编号:0100B0184
体系认证标准:GB/T 19002－9004 idt
ISO 9002:1994
有效期:2000.3～2003.3

上海大众汽车安庆销售服务有限公司
地址:安徽省安庆市集贤北路 57 号
邮政编码:246005
证书注册编号:0100B0609
体系认证标准:GB/T 19002－9004 idt
ISO 9002:1994
有效期:2000.12～2003.12

青岛日清食品机械有限公司
地址:山东青岛市四方区长沙路 103 号
邮政编码:266042
证书注册编号:0100B0610
体系认证标准:GB/T 19002－9004 idt
ISO 9002:1994
有效期:2000.12～2003.12

青岛集力塑钢异型材有限公司
地址:山东省青岛经济技术开发区薛家岛办事处
邮政编码:266520
证书注册编号:0100B0611
体系认证标准:GB/T 19002－9004 idt
ISO 9002:1994
有效期:2000.12～2003.12

上海新申微波炉配件厂
地址:上海市浦东新区机场镇新生村
邮政编码:201202
证书注册编号:0100BQ612
体系认证标准:GB/T 19002－9004 idt
ISO 9002:1994
有效期:2000.12～2003.12

上海雄风自控工程有限公司
地址:上海市青浦区凤溪镇华徐路 3049 号 3 号房
邮政编码:200050
证书注册编号:0100B0613
体系认证标准:GB/T 19002－9004 idt
ISO 9002:1994
有效期:2000.12～2003.12

上海嘉定龙奇冲压件厂
地址:上海嘉定区嘉戬公路 3 号桥
邮政编码:201814
证书注册编号:0100B0614
体系认证标准:GB/T 19002－9004 idt
ISO 9002:1994
有效期:2000.12～2003.12

上海大众汽车淮南特约维修站
地址:安徽省淮南市八公山镇蔡岗村
邮政编码:232038
证书注册编号:0100B0615
体系认证标准:GB/T 19002－9004 idt
ISO 9002:1994
有效期:2000.12～2003.12

上海宝钢五冶金属结构厂
地址:上海市宝山区罗店镇罗溪北路
邮政编码:201908
证书注册编号:0100B0616
体系认证标准:GB/T 19002－9004 idt
ISO 9002:1994
有效期:2000.12～2003.12

安阳卷烟厂
地址:河南省安阳市殷都路
邮政编码:455004
证书注册编号:0100B0617
体系认证标准:GB/T 19002－9004 idt
ISO 9002:1994
有效期:2000.12～2003.12

中国石油化工股份有限公司
上海高桥分公司炼油厂
地址:上海市浦东新区江心沙路 1 号
邮政编码:200137
证书注册编号:0100AQ618
体系认证标准:GB/T 19002－9004 idt

ISO 9002:1994
有效期:2000.12～2003.12

宁波宝新不锈钢有限公司
地址:浙江省宁波市经济技术开发区
邮政编码:315807
证书注册编号:0100B0619
体系认证标准:GB/T 19002－9004 idt ISO 9002:1994
有效期:2000.12～2003.12

宁波韵升电机有限公司
地址:浙江宁波市江东区高新路14号
邮政编码:315040
证书注册编号:0100B0620
体系认证标准:GB/T 19002－9004 idt ISO 9002:1994
有效期:2000.12～2003.12

上海金山市政工程有限公司
地址:上海金山区朱泾镇万安街408号
邮政编码:201500
证书注册编号:0100B0621
体系认证标准:GB/T 19002－9004 idt ISO 9002:1994
有效期:2000.12～2003.12

上海航空发动机制造厂
地址:上海市广中路600号
邮政编码:200083
证书注册编号:0100B0622
体系认证标准:GB/T 19002－9004 idt ISO 9002:1994
有效期:2000.12～2003.12

无锡市银楼
地址:江苏省无锡市中山路474号
邮政编码:214002
证书注册编号:0100B0623
体系认证标准:GB/T 19002－9004 idt ISO 9002:1994
有效期:2000.12～2003.12

上海申意汽车配件厂
地址:上海市奉贤县头桥镇新市村
邮政编码:201409
证书注册编号:0100B0624
体系认证标准:GB/T 19002－9004 idt ISO 9002:1994
有效期:2000.12～2003.12

上海金友工贸有限公司
地址:青浦环城乡宏城民营经济开发区
邮政编码:200041
证书注册编号:0100B0625
体系认证标准:GB/T 19002－9004 idt ISO 9002:1994
有效期:2000.12～2003.12

上海市金山区金星塑料厂
地址:上海市金山区金山卫镇西门
邮政编码:201512
证书注册编号:0100B0626
体系认证标准:GB/T 19002－9004 idt ISO 9002:1994
有效期:2000.12～2003.12

上海金山星星塑料厂
地址:上海金山区金山卫镇建昌路8号
邮政编码:201512
证书注册编号:0100B0627
体系认证标准:GB/T 19002－9004 idt ISO 9002:1994
有效期:2000.12～2003.12

上海漕河泾新兴技术开发区科技创业中心
地址:上海市桂平路680号
邮政编码:200233
证书注册编号:0100B0628
体系认证标准:GB/T 19002－9004 idt ISO 9002:1994
有效期:2000.12～2003.12

无锡市振达模锻厂
地址:江苏省无锡市黄巷乡刘潭村
邮政编码:214046
证书注册编号:0100B0629
体系认证标准:GB/T 19002－9004 idt ISO 9002:1994
有效期:2000.12～2003.12

上海通捷货运代理有限公司
地址:上海市浦东杨高北一路88号
邮政编码:200940
证书注册编号:0100B0630
体系认证标准:GB/T 19002－9004 idt ISO 9002:1994
有效期:2000.12～2003.12

南通本洲工艺鞋有限公司
地址:江苏省南通市浩北路10号
邮政编码:226001
证书注册编号:0100B0631
体系认证标准:GB/T 19002－9004 idt ISO 9002:1994
有效期:2000.12～2003.12

淄博齐胜工贸股份有限公司
地址:山东淄博市临淄区炼厂中路2号
邮政编码:255434
证书注册编号:0100B0632
体系认证标准:GB/T 19002－9004 idt ISO 9002:1994
有效期:2000.12～2003.12

上海华敏电声器材有限公司
地址:上海市浦东新区烟台路202号甲
邮政编码:200001
证书注册编号:0100B0633
体系认证标准:GB/T 19002－9004 idt ISO 9002:1994
有效期:2000.12～2003.12

上海江南工程塑胶有限公司
地址:上海市浦东新区洋泾西唐家宅60号
邮政编码:200135
证书注册编号:0100B0634
体系认证标准:GB/T 19002－9004 idt ISO 9002:1994
有效期:2000.12～2003.12

上海交通大众高速客运股份有限公司
地址:上海市桃浦路168号
邮政编码:200333
证书注册编号:0100B0635
体系认证标准:GB/T 19002－9004 idt ISO 9002:1994
有效期:2000.12～2003.12

上海交通大众客运有限责任公司
地址:上海市桃浦公路148号
邮政编码:200333
证书注册编号:0100B0636
体系认证标准:GB/T 19002－9004 idt ISO 9002:1994
有效期:2000.12～2003.12

上海市塑料研究所
地址:上海市杨树浦路1664号
邮政编码:200090
证书注册编号:0100B0637
体系认证标准:GB/T 19002－9004 idt ISO 9002:1994
有效期:2000.12～2003.12

上海SPS标五紧固件有限公司
地址:上海市沪宜公路181号
邮政编码:201802
证书注册编号:0100B0638
体系认证标准:GB/T 19002－9004 idt ISO 9002:1994
有效期:2000.12～2003.12

上海海龙工程技术发展有限公司
地址:上海崇明工业园区秀山路36号
邮政编码:200011
证书注册编号:0100B0639
体系认证标准:GB/T 19002－9004 idt ISO 9002:1994
有效期:2000.12～2003.12

上海锅炉厂有限公司
地址:上海市闵行区华宁路250号
邮政编码:200245
证书注册编号:0100A0640
体系认证标准:GB/T 19002－9004 idt ISO 9002:1994
有效期:2000.12～2003.12

天津兰普里克照明电器有限公司
地址:天津市南开区黄河道519号
邮政编码:300112
证书注册编号:0100B0641
体系认证标准:GB/T 19002－9004 idt ISO 9002:1994
有效期:2000.12～2003.12

上海焦化有限公司
地址:上海市龙吴路4280号
邮政编码:200241
证书注册编号:0100B0642
体系认证标准:GB/T 19002－9004 idt ISO 9002:1994
有效期:2000.12～2003.12

无锡市宇新机械有限公司(无锡市标准件二厂)
地址:江苏省无锡市青山路18号
邮政编码:214062
证书注册编号:0100B0643
体系认证标准:GB/T 19002－9004 idt ISO 9002:1994
有效期:2000.12～2003.12

国家电力公司电力自动化研究院(南京南瑞集团公司)
地址:江苏省南京市浦口区高新技术开发区D－10栋
邮政编码:210003
证书注册编号:0100A0644
体系认证标准:GB/T 19002－9004 idt ISO 9002:1994
有效期:2000.12～2003.12

宜兴市兴海环保设备有限公司
地址:江苏省宜兴市高塍镇
邮政编码:214214
证书注册编号:0100B0645
体系认证标准:GB/T 19002－9004 idt ISO 9002:1994
有效期:2000.12～2003.12

上海兴威供电配套设备有限公司
地址:上海市宾阳路2号
邮政编码:200232
证书注册编号:0100B0646
体系认证标准:GB/T 19002－9004 idt ISO 9002:1994
有效期:2000.12～2003.12

常州市江南球墨铸铁厂
地址:江苏省常州市西郊北港村后滩
邮政编码:213023
证书注册编号:0100B0647
体系认证标准:GB/T 19002－9004 idt ISO 9002:1994
有效期:2000.12～2003.12

上海维卡门窗有限公司
地址:上海市宜山路540号206室
邮政编码:201615
证书注册编号:0100B0648
体系认证标准:GB/T 19002－9004 idt ISO 9002:1994
有效期:2000.12～2003.12

常州市鸿协安全玻璃有限公司
地址:江苏省常州市横林镇312国道饮马桥东
邮政编码:213101
证书注册编号:0100B0649
体系认证标准:GB/T 19002－9004 idt ISO 9002:1994
有效期:2000.12～2003.12

上海重型机器厂
地址:上海市闵行区江川路1800号
邮政编码:200245
证书注册编号:0100A0650
体系认证标准:GB/T 19002－9004 idt ISO 9002:1994
有效期:2000.12～2003.12

常熟东达红木家具有限公司
地址:江苏省常熟东张镇环南路6号
邮政编码:215537
证书注册编号:0100B0651
体系认证标准:GB/T 19002－9004 idt ISO 9002:1994
有效期:2000.12～2003.12

宜兴市华东玻璃钢总厂
地址:江苏省宜兴市新街镇民南村
邮政编码:214204
证书注册编号:0100B0652
体系认证标准:GB/T 19002－9004 idt ISO 9002:1994
有效期:2000.12～2003.12

上海鑫云贵稀金属再生有限公司
地址:上海市南汇县康桥工业区康花路521号
邮政编码:201318
证书注册编号:0100B0653
体系认证标准:GB/T 19002－9004 idt ISO 9002:1994
有效期:2000.12～2003.12

上海轻工机械股份有限公司冷铸轧辊厂
地址:上海市泰和路1005号
邮政编码:200940
证书注册编号:0100B0654
体系认证标准:GB/T 19002－9004 idt ISO 9002:1994
有效期:2000.12～2003.12

南京龙虎电线电缆有限公司
地址:江苏省南京市栖霞区迈皋桥长营村20号
邮政编码:210028
证书注册编号:0100B0655
体系认证标准:GB/T 19002－9004 idt ISO 9002:1994
有效期:2000.12～2003.12

上海虹鑫物流有限公司
地址:上海市海门路609号二楼
邮政编码:200086
证书注册编号:0100B0656
体系认证标准:GB/T 19002－9004 idt

ISO 9002:1994
有效期:2000.12～2003.12

上海石化岩谷气体开发有限公司
地址:上海市浦东新区北蔡工业区
邮政编码:200540
证书注册编号:0100B0657
体系认证标准:GB/T 19002－9004 idt ISO 9002:1994
有效期:2000.12～2003.12

上海陆海建设有限公司
地址:上海南汇县黄路镇惠民路88号
邮政编码:200030
证书注册编号:0100B0658
体系认证标准:GB/T 19002－9004 idt ISO 9002:1994
有效期:2000.12～2003.12

上海机床齿轮厂
地址:上海市眉州路485号
邮政编码:200090
证书注册编号:0100B0659
体系认证标准:GB/T 19002－9004 idt ISO 9002:1994
有效期:2000.12～2003.12

上海建通工程建设咨询监理有限公司
地址:上海市中山北路1567号
邮政编码:200030
证书注册编号:0100B0660
体系认证标准:GB/T 19002－9004 idt ISO 9002:1994
有效期:2000.12～2003.12

无锡市正峰特种印刷有限公司
地址:江苏省无锡市郊区胡埭镇西溪村中心路8号
邮政编码:214161
证书注册编号:0100B0661
体系认证标准:GB/T 19002－9004 idt ISO 9002:1994
有效期:2000.12～2003.12

上海晨明食品工业有限公司
地址:上海市青浦县徐泾镇318国道刘夏车站南
邮政编码:201702
证书注册编号:0100B0662
体系认证标准:GB/T 19002－9004 idt ISO 9002:1994
有效期:2000.12～2003.12

甘肃长通电缆科技股份有限公司
地址:甘肃省白银市白银区长通路1号
邮政编码:730900
证书注册编号:0100B0663
体系认证标准:GB/T 19002－9004 idt ISO 9002:1994
有效期:2000.12～2003.12

上海针织厂
地址:上海市长阳路1080号
邮政编码:200082
证书注册编号:0100BQ664
体系认证标准:GB/T 19002－9004 idt ISO 9002:1994
有效期:2000.12～2003.12

雪山水泥有限责任公司
地址:新疆和布克赛尔蒙古自治县查斯托洛盖
邮政编码:834407
证书注册编号:0100B0665
体系认证标准:GB/T 19002－9004 idt ISO 9002:1994
有效期:2000.12～2003.12

曲靖卷烟厂
地址:云南省曲靖市麒麟北路大坡寺
邮政编码:655001
证书注册编号:0100B0666
体系认证标准:GB/T 19002－9004 idt ISO 9002:1994
有效期:2000.12～2003.12

山西卓根电力发展酒店管理公司银龙酒店
地址:山西省太原市东辑虎营6号
邮政编码:030009
证书注册编号:0100B0667
体系认证标准:GB/T 19002－9004 idt ISO 9002:1994
有效期:2000.12～2003.12

无锡市中捷减震器有限公司
地址:锡山市港山镇
邮政编码:214199
电话:(0510)8761066－8002
013003335859
证书注册编号:0100BQ668
体系认证标准:GB/T 19002－9004 idt ISO 9002:1994
有效期:2000.12～2003.12

温州市鸿厦建筑安装工程有限公司
地址:浙江省温州市新城桃源花园8幢313.314
邮政编码:325011
证书注册编号:0100B0669
体系认证标准:GB/T 19002－9004 idt ISO 9002:1994
有效期:2000.12～2003.12

南京铁路分局常州站
地址:江苏省常州市天宁区新丰街车站里19号
邮政编码:213002
证书注册编号:0100B0670
体系认证标准:GB/T 19002－9004 idt ISO 9002:1994
有效期:2000.12～2003.12

上海天时通实业有限公司
地址:上海市沪太路8885号
邮政编码:201900
证书注册编号:0100B0671
体系认证标准:GB/T 19002－9004 idt ISO 9002:1994
有效期:2000.12～2003.12

萍乡矿务局建筑安装总公司
地址:江西省萍乡市昭萍西路83号
邮政编码:337000
证书注册编号:0100B0672
体系认证标准:GB/T 19002－9004 idt ISO 9002:1994
有效期:2000.12～2003.12

上海金山城乡建设工程有限公司
地址:上海市金山区漕泾镇东海港一号桥北
邮政编码:201507
证书注册编号:0100B0673
体系认证标准:GB/T 19002－9004 idt ISO 9002:1994
有效期:2000.12～2003.12

上海天合汽车安全系统有限公司
地址:上海市凯旋路1010号
邮政编码:200052
证书注册编号:0100B0674
体系认证标准:GB/T 19002－9004 idt ISO 9002:1994
有效期:2000.12～2003.12

上海鸿辉电机有限公司

地址：上海市嘉定区塔城路 500 号
邮政编码：201822
证书注册编号：0100B0675
体系认证标准：GB/T 19002－9004 idt ISO 9002：1994
有效期：2000.12～2003.12

上海电器股份有限公司人民电器厂（电器触头厂）
地址：上海市灵石路 695 号
邮政编码：200050
证书注册编号：0100B0676
体系认证标准：GB/T 19002－9004 idt ISO 9002：1994
有效期：2000.12～2003.12

上海市凯达公路工程公司
地址：上海市松江区谷阳北路 128 号内
邮政编码：201600
证书注册编号：0100B0677
体系认证标准：GB/T 19002－9004 idt ISO 9002：1994
有效期：2000.12～2003.12

上海东朋电子技术有限公司
地址：上海市青浦县青安路 775 号
邮政编码：201700
证书注册编号：0100B0678
体系认证标准：GB/T 19002－9004 idt ISO 9002：1994
有效期：2000.12～2003.12

常州光明塑胶有限公司
地址：江苏省常州市常锡路菱港桥堍
邮政编码：213018
证书注册编号：0100B0679
体系认证标准：GB/T 19002－9004 idt ISO 9002：1994
有效期：2000.12～2003.12

上海太华电器设备安装有限公司
地址：上海市真南路 5008 号
邮政编码：201802
证书注册编号：0100B0680
体系认证标准：GB/T 19002－9004 idt ISO 9002：1994
有效期：2000.12～2003.12

青岛鑫山橡塑制品有限公司
地址：山东青岛市城阳区惜福镇后金村
邮政编码：266106
证书注册编号：0100B0681
体系认证标准：GB/T 19002－9004 idt ISO 9002：1994
有效期：2000.12～2003.12

国营青岛第二石棉厂
地址：山东省青岛市市北区辽阳西路 67 号
邮政编码：266034
证书注册编号：0100B0682
体系认证标准：GB/T 19002－9004 idt ISO 9002：1994
有效期：2000.12～2003.12

上海正博科技发展有限公司
地址：上海市嘉定区马陆镇沪宜公路 2585 号
邮政编码：200030
证书注册编号：0100B0683
体系认证标准：GB/T1 9002－1994 idt ISO 9002：1994
有效期：2000.12～2003.12

无锡市灵旭电子有限公司
地址：江苏省无锡市马山区康乐路 4 号
邮政编码：214092
证书注册编号：0100A0684
体系认证标准：GB/T1 9001－1994 idt ISO 9001：1994
有效期：2000.12～2003.12

苏州市亚太电子有限公司
地址：江苏省苏州市尚义桥街 30 号
邮政编码：215003
证书注册编号：0100B0685
体系认证标准：GB/T1 9002－1994 idt ISO 9002：1994
有效期：2000.12～2003.12

青岛崂山邦德保温材料厂
地址：山东省青岛市崂山区王哥庄镇浦里村
邮政编码：266105
证书注册编号：0100B0686
体系认证标准：GB/T1 9002－1994 idt ISO 9002：1994
有效期：2000.12～2003.12

上海恒信化学试剂有限公司
地址：上海市民晏路 53 号
邮政编码：200072
证书注册编号：0100B0687
体系认证标准：GB/T1 9002－1994 idt ISO 9002：1994
有效期：2000.12～2003.12

上海二电巴士公共交通有限公司
地址：上海市浦东新区杨高南路 378 号
邮政编码：200082
证书注册编号：0100B0688
体系认证标准：GB/T1 9002－1994 idt ISO 9002：1994
有效期：2000.12～2003.12

上海亚虹塑料模具制造有限公司
地址：上海奉贤县西渡镇发展村 13 组
邮政编码：201401
证书注册编号：0100B0689
体系认证标准：GB/T1 9002－1994 idt ISO 9002：1994
有效期：2000.12～2003.12

上海南洋电子有限公司
地址：上海闵行区江川路 291 弄 20 号
邮政编码：200240
证书注册编号：0100B0690
体系认证标准：GB/T1 9002－1994 idt ISO 9002：1994
有效期：2000.12～2003.12

上海东浩电机有限公司
地址：上海市浦东金桥出口加工区裕安路 399 号
邮政编码：201206
证书注册编号：0100B0691
体系认证标准：GB/T1 9002－1994 idt ISO 9002：1994
有效期：2000.12～2003.12

上海东浩电机有限公司
地址：上海市浦东金桥出口加工区裕安路 399 号
邮政编码：201206
证书注册编号：0100B0692
体系认证标准：GB/T1 9002－1994 idt ISO 9002：1994
有效期：2000.12～2003.12

上海东浩电机有限公司
地址：上海市浦东金桥出口加工区裕安路 399 号
邮政编码：201206
证书注册编号：0100A0693
体系认证标准：GB/T1 9001－1994 idt ISO 9001：1994

有效期:2000.12～2003.12

丹阳市胜达化工有限公司
地址:江苏省丹阳市皇塘镇三灯寺
邮政编码:212327
证书注册编号:0100B0694
体系认证标准:GB/T1 9002—1994 idt ISO 9002:1994
有效期:2000.12～2003.12

上海易通密封件有限公司
地址:上海市嘉定区沪宜公路3802号
邮政编码:201800
证书注册编号:0100B0695
体系认证标准:GB/T1 9002—1994 idt ISO 9002:1994
有效期:2000.12～2003.12

上海轻工机械股份有限公司电池机械厂
地址:上海市新丰路332号
邮政编码:200050
证书注册编号:0100A0696
体系认证标准:GB/T1 9001—1994 idt ISO 9001:1994
有效期:2000.12～2003.12

上海科岭建筑工程有限公司
地址:上海市曹杨路500号
邮政编码:200063
证书注册编号:0100B0697
体系认证标准:GB/T1 9002—1994 idt ISO 9002:1994
有效期:2000.12～2003.12

青岛市黄岛区盐滩建筑工程公司
地址:山东省青岛市黄岛区刘公岛路97号
邮政编码:266500
证书注册编号:0100B0698
体系认证标准:GB/T1 9002—1994 idt ISO 9002:1994
有效期:2000.12～2003.12

齐齐哈尔铁路车辆(集团)有限责任公司
地址:黑龙江省齐齐哈尔市铁锋区中华东路10号
邮政编码:161002
证书注册编号:0198A060
体系认证标准:GB/T1 9002—1994 idt ISO 9002:1994
有效期:1998.11～2001.11

江苏省电力试验研究所
地址:江苏省南京市凤凰西街243号
邮政编码:210029
证书注册编号:0198B380
体系认证标准:GB/T1 9002—1994 idt ISO 9002:1994
有效期:1998.11～2001.11

上海地铁运营有限公司
地址:上海市衡山路12号
邮政编码:200031
证书注册编号:0199B0031
体系认证标准:GB/T1 9002—1994 idt ISO 9002:1994
有效期:1999.2～2002.2

上海市合成树脂研究所
地址:上海市漕宝路36号
邮政编码:200233
证书注册编号:0199B0066
体系认证标准:GB/T1 9002—1994 idt ISO 9002:1994
有效期:1999.3～2002.3

东莞时力科技电子厂
地址:广东省东莞市长安镇振安路安力科技园
邮政编码:523870
证书注册编号:0199B0128
体系认证标准:GB/T1 9002—1994 idt ISO 9002:1994
有效期:1999.6～2002.6

上海市市政工程机械厂
地址:上海市杨浦区国顺东路11号
邮政编码:200433
证书注册编号:0199B0155
体系认证标准:GB/T1 9002—1994 idt ISO 9002:1994
有效期:1999.7～2002.7

苏州林通染料化工有限公司(一工场)
地址:江苏省吴县市郭巷镇尹山桥
邮政编码:215124
证书注册编号:0199B0221
体系认证标准:GB/T1 9002—1994 idt ISO 9002:1994
有效期:1999.9～2002.9

上海程达汽车零部件有限公司
地址:上海市嘉定区朱家桥镇东宝钱路3333号
邮政编码:201815
证书注册编号:0199B0252
体系认证标准:GB/T1 9002—1994 idt ISO 9002:1994
有效期:1999.10～2002.10

上海仪集仪表有限公司
地址:上海市金山区朱行镇欢兴村中山路200号
邮政编码:200020
证书注册编号:0100B0124
体系认证标准:GB/T1 9002—1994 idt ISO 9002:1994
有效期:2000.2～2003.2

上海斯美监理咨询有限公司
地址:上海市国康路3号
邮政编码:200092
证书注册编号:0100B0142
体系认证标准:GB/T1 9002—1994 idt ISO 9002:1994
有效期:2000.2～2003.2

上海振华工程监理有限公司
地址:上海市普陀区武宁路303号
邮政编码:200063
证书注册编号:0100B0209
体系认证标准:GB/T1 9002—1994 idt ISO 9002:1994
有效期:2000.3～2003.3

上海回力鞋业总厂
证书注册编号:0198B252
上海航天汽车机电股份有限公司
证书注册编号:0198B258
浙江海门橡胶密封件厂
证书注册编号:0199B0007
上海凯林特电器有限公司
证书注册编号:0199A0096
上海虹口联运公司
证书注册编号:0199B0188
上海南空军械厂电子电器设备分厂
证书注册编号:0100A0315

* 南京三普造粒装备有限公司
地址:江苏南京市雨花区共青团路1号
邮政编码:210012
电话:((025)2401353—202
传真:(025)2401353—200
法定代表人:陈刚

证书注册编号:0101A0014
体系认证标准:GB/T1 9001—1994 idt ISO 9001:1994
获证体系覆盖产品:"三普"CF 系列回转带式冷凝造粒机
有效期:2001.1.5～2003.12

＊ 上海同济物业管理公司
地址:上海市赤峰路 75 号
邮政编码:200092
电话:((021)65027289
传真:(021)65980556
法定代表人:原全军
证书注册编号:0101B0024
体系认证标准:GB/T1 9002—1994 idt ISO 9002:1994
获证体系覆盖产品:住宅小区,办公楼物业管理全过程
有效期:2001.1.12～2003.12.14

＊上海恒泰纺织品有限公司
地址:上海市嘉定区沪宜公路 3518 号
邮政编码:2001821
电话:(021)59165643
传真:(021)59165673
法定代表人:须一兵
证书注册编号:0101B0065
体系认证标准:GB/T1 9002—1994 idt ISO 9002:1994
获证体系覆盖产品:毛、浴巾(含毛巾布)生产和服务全过程
有效期:2001.1.20～2003.12.14

＊上海伟星电机厂
地址:上海静安区淮安路 687 弄 115 号
邮政编码:200041
电话:(021)62761499
传真:(021)62761499
法定代表人:朱宗娥
证书注册编号:0101A0068
体系认证标准:GB/T1 9001—1994 idt ISO 9001:1994
获证体系覆盖产品:ZD 系列直流串激电机、ZYZ 系列电流电机设计、开发、生产、服务全过程
有效期:2001.1.22～2003.1.21

＊上海梅山企业发展有限公司南京化工实业分公司
地址:江苏省南京中华门外新建
邮政编码:210039
电话:025—6704736
传真:025—6704782
法定代表人:黄建国
证书注册编号:0101B0080
体系认证标准:GB/T 19002—9004 idt ISO 9002:1994
获证体系覆盖产品:苯类:焦化苯、焦化甲苯、焦化二甲苯、二聚环戊二烯;萘类:工业萘、粗萘、工业甲基萘、α—甲基萘、β—甲基萘;酚类:焦化苯酚、邻甲酚、间对甲酚、工业甲酚、工业二甲酚;粘油类:洗油、蒽油、筑路油、泥炮油;树脂类:液体古马隆、固体古马隆—茚树脂、煤沥青;喹啉类:工业喹啉、精喹啉、异喹啉;芳香烃馏份:C_8、C_9、C_{10}、$C_{混}$;无机类化工产品:硫酸铵、黄血盐钠、硫化硫酸钠、硫氰酸钠、硫磺
有效期:2001.2.1～2004.2.1

＊无锡冶矿轴承厂
地址:江苏省无锡市湖滨路 30 号
邮政编码:214061
电话:(0510)5807412
传真:(0510)5872281
法定代表人:席伟北
证书注册编号:0101B0097
体系认证标准:GB/T1 9002—1994 idt ISO 9002:1994
获证体系覆盖产品:深沟球轴承、调心滚子轴承、角接触球轴承的生产和服务全过程
有效期:2001.2.6～2003.2.5

＊上海金牛化工有限公司
地址:上海闵行区颛桥镇光华路 445 号
邮政编码:201108
电话:(021)64890749
传真:(021)64890062
法定代表人:张才坤
证书注册编号:0101B0128
体系认证标准:GB/T1 9002—1994 idt ISO 9002:1994
获证体系覆盖产品:2.6—二叔丁基对甲酚(501 抗氧剂),2.6—二叔丁基对甲酚(食品添加剂)BHT,2.6—二叔丁基对甲酚(特种油品极)SOG,2.6—二叔丁基对甲酚(化学纯),防老剂"2246",食品添加剂维生素 C 磷酸酯镁产品生产服务全过程
有效期:2001.2.12～2003.12.14

＊上海华通开关厂
地址:上海市共和新路 2500 号
邮政编码:200072
电话:(021)56651007
传真:(021)56650079
法定代表人:张铭杰
证书注册编号:0101A0142
体系认证标准:GB/T1 9001—1994 idt ISO 9001:1994
获证体系覆盖产品:高压电器、低压电器、高低压成套开关设备、自动化装置设计、开发、生产、安装和服务全过程
有效期:2001.2.14～2003.12.14

中国船级社质量认证公司

＊中国地质工程集团公司
地址:北京市海淀区西道口45号乙
邮政编码:100080
电话:(010)62547775－2405
传真:(010)62575099
法定代表人:郑起宇
证书注册编号:0298B668
体系认证标准:GB/T 19002－1994 idt ISO 9002:1994
获证体系覆盖产品:高速公路工程、桥梁工程、打井和供水、排水工程、岩石工程勘察与基础工程、农田改造工程、隧道工程、水利工程、污水处理等环保工程的施工、公用和民用建筑施工
有效期:1998.12.16～2001.12.15

焦作鑫达化工有限公司
地址:河南省焦作市南通路78号
邮政编码:454001
证书注册编号:0297B313
体系认证标准:GB/T 19002－1994 idt ISO 9002:1994
有效期:1997.11～2000.11

溧阳市锻压厂
地址:江苏省溧阳市平陵东路90号
邮政编码:213300
证书注册编号:0298B404
体系认证标准:GB/T 19002－1994 idt ISO 9002:1994
有效期:1998.1～2001.1

胜利石油管理局黄河钻井总公司钻井五公司
地址:山东省东营市青州路157号
邮政编码:257513
证书注册编号:0298B451
体系认证标准:GB/T 19002－1994 idt ISO 9002:1994
有效期:1998.5～2001.5

郑州台利铝业有限公司(郑州台利铝制品有限公司)
地址:河南省郑州市南阳路北段宋砦工贸苑区
邮政编码:450053
证书注册编号:0297B249
体系认证标准:GB/T 19002－1994 idt ISO 9002:1994
有效期:1997.9～2000.9

浙江科尔泵业股份有限公司(瑞安市泵业有限公司)
地址:浙江省瑞安市汀田工业区
邮政编码:325206
证书注册编号:0297A334
体系认证标准:GB/T 19001－1994 idt ISO 9001:1994
有效期:1997.12～2000.12

富陶集团宜兴市车辆部件厂(富陶集团宜兴市车辆装配厂)
地址:江苏省宜兴市南新西路2号
邮政编码:214215
证书注册编号:0298B477
体系认证标准:GB/T 19002－1994 idt ISO 9002:1994
有效期:1998.6～2001.6

浙江省永康市旺达实业有限公司(缙云轮毂厂)
地址:浙江省永康市黄棠工业区(浙江省缙云县新碧镇)
邮政编码:321300 321403
证书注册编号:0299B0269
体系认证标准:GB/T 19002－1994 idt ISO 9002:1994
有效期:1999.11～2002.11

西安铁路信号工厂
地址:陕西省西安市金花南路6号
邮政编码:710048
证书注册编号:0297A351
体系认证标准:GB/T 19001－1994 idt ISO 9001:1994
有效期:1997.12～2000.12

东北输油管理局辽阳钢管厂
地址:辽宁省辽阳市文圣区鹅房街7号
邮政编码:111000
证书注册编号:0298B042
体系认证标准:GB/T 19002－1994 idt ISO 9002:1994
有效期:1998.12～2001.12

法尔胜集团公司
地址:江苏省江阴市通江北路203号
邮政编码:214433
证书注册编号:0298A622
体系认证标准:GB/T 19001－1994 idt ISO 9001:1994
有效期:1998.11～2001.11

上海港湾工程设计研究院(含科研所、检测中心)
地址:上海市肇嘉浜路829号
邮政编码:200032
证书注册编号:0299A0035
体系认证标准:GB/T 19001－1994 idt ISO 9001:1994
有效期:1999.2～2002.2

苏州沙迪克三光机电有限公司
地址:江苏省苏州市新区运河路158号
邮政编码:215011
证书注册编号:0200A0001
体系认证标准:GB/T 19001－1994 idt ISO 9001:1994
有效期:2000.1～2003.1

＊江苏港洋实业股份有限公司
地址:江苏省张家港市杨舍镇泗港泗闸路
邮政编码:215638
电话:(0520)8581214

传真:(0520)8581212
法定代表人:马仁高
证书注册编号:0200B0002
体系认证标准:GB/T 19002—1994 idt ISO 9002:1994
获证体系覆盖产品:精纺呢绒、服装的制造和加工
有效期:2000.1.6～2003.1.5

太平洋航运公司南京代表处
地址:江苏省南京市大桥南路42号
邮政编码:210015
证书注册编号:0200B0003
体系认证标准:GB/T 19002—1994 idt ISO 9002:1994
有效期:2000.1～2003.1

宜昌船舶柴油机厂
地址:湖北省宜昌市西陵二路93号
邮政编码:443002
证书注册编号:0200B0004 0296B126
体系认证标准:GB/T 19002—1994 idt ISO 9002:1994
有效期:2000.1～2003.1

重庆功倍通制冷空调安装有限公司
地址:重庆市渝北区龙溪镇李家花园10号
邮政编码:401147
证书注册编号:0200B0005
体系认证标准:GB/T 19002—1994 idt ISO 9002:1994
有效期:2000.1～2003.1

深圳安达客运有限公司
地址:广东省深圳市蛇口公园路49号文化广场B座二楼
邮政编码:518067
证书注册编号:0200B0006
体系认证标准:GB/T 19002—1994 idt ISO 9002:1994
有效期:2000.1～2003.1

交通部第一公路工程总公司
厦门工程处
地址:福建厦门市集美区银江路141号
邮政编码:361021
证书注册编号:0200B0007
体系认证标准:GB/T 19002—1994 idt ISO 9002:1994
有效期:2000.1～2003.1

中国水产大连渔轮公司
地址:辽宁省大连市西岗区滨海街6号
邮政编码:116001
证书注册编号:0200A0008
体系认证标准:GB/T 19001—1994 idt ISO 9001:1994
有效期:2000.1～2003.1

广州远洋船舶修理厂有限公司
地址:广东省广州市黄埔广江路
邮政编码:510725
证书注册编号:0200B0009 0296B163
体系认证标准:GB/T 19002—1994 idt ISO 9002:1994
有效期:2000.1～2003.1

无锡市中达电机有限公司
地址:江苏省锡山市新安镇
邮政编码:214135
证书注册编号:0200B0010
体系认证标准:GB/T 19002—1994 idt ISO 9002:1994
有效期:2000.1～2003.1

交通部第二公路工程局第二工程处
地址:广东省中山市南头镇南和西路122号
邮政编码:528427
证书注册编号:0200B0011
体系认证标准:GB/T 19002—1994 idt ISO 9002:1994
有效期:2000.1～2003.1

中海电信有限公司
广州海运无线电修理厂
地址:广东省广州市昌岗东路252号
邮政编码:510260
证书注册编号:0200B0012 0296B124
体系认证标准:GB/T 19002—1994 idt ISO 9002:1994
有效期:2000.1～2003.1

中国船舶燃料供应天津公司
地址:天津市新港四号路中燃大厦
邮政编码:300456
证书注册编号:0200B0013 0296B117
体系认证标准:GB/T 19002—1994 idt ISO 9002:1994
有效期:2000.1～2003.1

北京首钢第一建设有限公司
地址:北京市石景山区
邮政编码:100043
证书注册编号:0200B0014
体系认证标准:GB/T 19002—1994 idt ISO 9002:1994
有效期:2000.1～2003.1

无锡市锡珠轴承厂
地址:江苏省锡山市玉祁镇
邮政编码:214183
证书注册编号:0200B0015
体系认证标准:GB/T 19002—1994 idt ISO 9002:1994
有效期:2000.1～2003.1

全通(天津)实业有限公司(含大连、青岛、北京、厦门、南京、上海、天津分支机构)
地址:天津市和平区睦南道32号
邮政编码:300050
证书注册编号:0200B0016
体系认证标准:GB/T 19002—1994 idt ISO 9002:1994
有效期:2000.1～2003.1

江西省电力建设监理有限公司
地址:江西省南昌市下正街45号
邮政编码:330006
证书注册编号:0200B0017
体系认证标准:GB/T 19002—1994 idt ISO 9002:1994
有效期:2000.1～2003.1

江西长运股份有限公司
高速客运分公司
地址:江西省南昌市八一大道199号
邮政编码:330003
证书注册编号:0200B0018
体系认证标准:GB/T 19002—1994 idt ISO 9002:1994
有效期:2000.1～2003.1

南海市天弓钢板弹簧制造有限公司
地址:广东省南海市罗村镇下柏工业管理区
邮政编码:528226
证书注册编号:0200B0019
体系认证标准:GB/T 19002—1994 idt ISO 9002:1994
有效期:2000.1～2003.1

广州市城总装饰有限公司
地址:广东省广州市天河北路1号

邮政编码:510075
证书注册编号:0200A0020
体系认证标准:GB/T 19001—1994 idt ISO 9001:1994
有效期:2000.1～2003.1

青岛中房信丰物业管理中心
地址:山东省青岛市明月峡路42号402
邮政编码:266002
证书注册编号:0200B0021
体系认证标准:GB/T 19002—1994 idt ISO 9002:1994
有效期:2000.1～2003.1

山东高密华丰有机化工厂
地址:山东省高密市柴沟镇驻地
邮政编码:261519
证书注册编号:0200B0022
体系认证标准:GB/T 19002—1994 idt ISO 9002:1994
有效期:2000.1～2003.1

上海江浦弹簧厂
地址:上海市普陀区新真路68号
邮政编码:200333
证书注册编号:0200B0023
体系认证标准:GB/T 19002—1994 idt ISO 9002:1994
有效期:2000.1～2003.1

芜湖港务管理局(芜湖港务管理局裕溪口港埠总公司)(芜湖港务管理局朱家桥港埠总公司)(芜湖港务管理局江岸港埠总公司)(中国外轮理货总公司芜湖分公司)
地址:安徽省芜湖市江岸路32号(安徽省芜湖市沿江路25号)(安徽省芜湖市长江路朱家桥外贸码头)(安徽省芜湖市江岸路53号)(安徽省芜湖市江岸路32号)
邮政编码:241000
证书注册编号:0200B0024
体系认证标准:GB/T 19002—1994 idt ISO 9002:1994
有效期:2000.1～2003.1

厦门市建筑设计院
地址:福建省厦门市长青路191号
邮政编码:361012
证书注册编号:0200A0025
体系认证标准:GB/T 19001—1994 idt ISO 9001:1994
有效期:2000.1～2003.1

珠海市彩珠金顺电子实业有限公司
地址:广东省珠海市吉大区景乐路第二工业大厦
邮政编码:519015
证书注册编号:0200B0026 0296B147
体系认证标准:GB/T 19002—1994 idt ISO 9002:1994
有效期:2000.1～2003.1

江苏省宜兴市宜城净化设备厂
地址:江苏省宜兴市宜城镇
邮政编码:214201
证书注册编号:0200A0027
体系认证标准:GB/T 19001—1994 idt ISO 9001:1994
有效期:2000.1～2003.1

首建混凝土搅拌站有限公司
地址:北京市石景山区
邮政编码:100043
证书注册编号:0200B0028
体系认证标准:GB/T 19002—1994 idt ISO 9002:1994
有效期:2000.1～2003.1

湖北开关厂
地址:湖北省宜昌市夷陵路308号
邮政编码:443003
证书注册编号:0200A0029 0296A146
体系认证标准:GB/T 19001—1994 idt ISO 9001:1994
有效期:2000.1～2003.1

上海山海包装容器有限公司
地址:上海市沪太路5265号
邮政编码:201907
证书注册编号:0200B0030
体系认证标准:GB/T 19002—1994 idt ISO 9002:1994
有效期:2000.1～2003.1

无锡太湖锅炉集团公司
地址:江苏省锡山市南泉镇
邮政编码:214128
证书注册编号:0200A0031
体系认证标准:GB/T 19001—1994 idt ISO 9001:1994
有效期:2000.1～2003.1

新乡裕丰钢丝绳有限公司
地址:河南省长垣县建蒲西路
邮政编码:453400
证书注册编号:0200B0032
体系认证标准:GB/T 19002—1994 idt ISO 9002:1994
有效期:2000.1～2003.1

上海市一电机维修中心
地址:上海浦东新区微山路20号
邮政编码:200127
证书注册编号:0200B0033
体系认证标准:GB/T 19002—1994 idt ISO 9002:1994
有效期:2000.1～2003.1

南风化工集团股份有限公司
地址:山西省运城市解放路294号
邮政编码:044000
证书注册编号:0200B0034
体系认证标准:GB/T 19002—1994 idt ISO 9002:1994
有效期:2000.1～2003.1

南京公交雅高巴士有限公司
地址:江苏南京市龙蟠路环湖村68号
邮政编码:210042
证书注册编号:0200B0038
体系认证标准:GB/T 19002—1994 idt ISO 9002:1994
有效期:2000.1～2003.1

西安铁路信号工厂(文字变化)
地址:陕西省西安市金花南路6号
邮政编码:710048
证书注册编号:0297A351
体系认证标准:GB/T 19001—1994 idt ISO 9001:1994
有效期:1997.12～2000.12

江阴法尔胜钢铁制品有限公司(江阴飞雁钢铁制品有限公司)
地址:江苏省江阴市璜土经济开发区
邮政编码:214445
证书注册编号:0298B622—3
体系认证标准:GB/T 19002—1994 idt ISO 9002:1994
有效期:1998.11～2001.11

南京港口机械厂
地址:江苏省南京市浦口浦新路26号
邮政编码:210031
证书注册编号:0200B0035

体系认证标准:GB/T 19002－1994 idt ISO 9002:1994
有效期:2000.2～2003.1

华北石油管理局第一油田建设公司
地址:河北省任丘市
邮政编码:62552
证书注册编号:0200B0036 0296B112
体系认证标准:GB/T 19002－1994 idt ISO 9002:1994
有效期:2000.2～2003.1

北京汽车摩托车联合制造公司转向机厂
地址:北京市昌平县城区镇鼓楼东街99号
邮政编码:102200
证书注册编号:0200B0037
体系认证标准:GB/T 19002－1994 idt ISO 9002:1994
有效期:2000.2～2003.1

天津港集装箱货运有限公司
地址:天津市塘沽区新港二号路二号卡子门内储运大厦六楼
邮政编码:300456
证书注册编号:0200B0039 0297B344
体系认证标准:GB/T 19002－1994 idt ISO 9002:1994
有效期:2000.2～2003.1

南通市申通机械厂
地址:江苏省南通市外环北路南憩亭桥东首
邮政编码:226011
证书注册编号:0200B0040
体系认证标准:GB/T 19002－1994 idt ISO 9002:1994
有效期:2000.2～2003.1

南京汽车蓬垫厂
地址:江苏省南京市上浮桥13号
邮政编码:210004
证书注册编号:0200B0041
体系认证标准:GB/T 19002－1994 idt ISO 9002:1994
有效期:2000.2～2003.1

江西朝阳机械厂
地址:江西省彭泽县龙城镇龙泉路一号
邮政编码:332727
证书注册编号:0200A0042
体系认证标准:GB/T 19001－1994 idt ISO 9001:1994
有效期:2000.2～2003.1

锡山市东舟船舶附件有限公司
地址:江苏省锡山市东化塘镇芙蓉山南
邮政编码:214191
证书注册编号:0200B0043
体系认证标准:GB/T 19002－1994 idt ISO 9002:1994
有效期:2000.2～2003.1

江苏沪宁钢机股份有限公司
地址:江苏省宜兴市张渚镇百家村
邮政编码:214231
证书注册编号:0200B0044
体系认证标准:GB/T 19002－1994 idt ISO 9002:1994
有效期:2000.2～2003.1

江南造船厂宜兴分厂
地址:江苏省宜兴市张渚镇百家村
邮政编码:214231
证书注册编号:0200B0045
体系认证标准:GB/T 19002－1994 idt ISO 9002:1994
有效期:2000.2～2003.1

山东墨龙集团总公司
地址:山东寿光开发区北海路99号
邮政编码:262703
证书注册编号:0200B0046 0296B122
体系认证标准:GB/T 19002－1994 idt ISO 9002:1994
有效期:2000.2～2003.1

靖江市新泰泵业有限公司
地址:江苏靖江市新桥镇利工北路8号
邮政编码:214537
证书注册编号:0200B0047
体系认证标准:GB/T 19002－1994 idt ISO 9002:1994
有效期:2000.2～2003.1

中国外轮理货总公司青岛分公司
地址:山东青岛市市北区港青路7号
邮政编码:266011
证书注册编号:0200B0048 0296B078
体系认证标准:GB/T 19002－1994 idt ISO 9002:1994
有效期:2000.2～2003.1

广州文冲船厂
地址:广东省广州市黄埔区红山街
邮政编码:510727
证书注册编号:0200B0049 0296B148
体系认证标准:GB/T 19002－1994 idt ISO 9002:1994
有效期:2000.2～2003.1

苏州百强链传动有限公司(苏州市鑫达链条实业有限公司)
地址:江苏省苏州吴县市藏书镇
邮政编码:215156
证书注册编号:0200B0050
体系认证标准:GB/T 19002－1994 idt ISO 9002:1994
有效期:2000.2～2003.1

黄河上游水电开发有限责任公司检修安装分公司
地址:青海省西宁市共和南路44号
邮政编码:810007
证书注册编号:0200B0051
体系认证标准:GB/T 19002－1994 idt ISO 9002:1994
有效期:2000.2～2003.1

青岛营海建设集团有限公司
地址:山东省青岛胶州湾工业园区
邮政编码:266021
证书注册编号:0200B0052
体系认证标准:GB/T 19002－1994 idt ISO 9002:1994
有效期:2000.2～2003.1

锡山市同力空调设备厂
地址:江苏省锡山市玉祁镇蓉西工业区
邮政编码:214183
证书注册编号:0200B0053
体系认证标准:GB/T 19002－1994 idt ISO 9002:1994
有效期:2000.2～2003.1

顺德市万和企业集团公司
地址:广东省顺德市桂洲镇红旗工业区八环路
邮政编码:528305
证书注册编号:0200A0054
体系认证标准:GB/T 19001－1994 idt ISO 9001:1994
有效期:2000.2～2003.1

浙江省电力试验研究所(浙江省电力建

设调整试验所、浙江省电力设备质量监督检验站、浙江省电力工业局锅炉压力容器检验中心、浙江省电力节能检测中心）
地址：浙江杭州市朝晖八区华电弄1号
邮政编码：310014
证书注册编号：0200B0055
体系认证标准：GB/T 19002－1994 idt ISO 9002:1994
有效期：2000.2～2003.1

天津港客运总公司
地址：天津塘沽区新港六米
邮政编码：300456
证书注册编号：0200B0056 0296B114
体系认证标准：GB/T 19002－1994 idt ISO 9002:1994
有效期：2000.2～2003.1

福建省第二电力建设公司
地址：福建福州市晋安区环北二村1号
邮政编码：350013
证书注册编号：0200B0057 0296B161
体系认证标准：GB/T 19002－1994 idt ISO 9002:1994
有效期：2000.2～2003.1

青岛荣远船舶贸易有限公司
地址：山东青岛市香港中路61号阳光大厦2701
邮政编码：266071
证书注册编号：0200B0058
体系认证标准：GB/T 19002－1994 idt ISO 9002:1994
有效期：2000.2～2003.1

天津市船厂
地址：天津市塘沽区大沽坞路27号
邮政编码：300452
证书注册编号：0200B0059
体系认证标准：GB/T 19002－1994 idt ISO 9002:1994
有效期：2000.2～2003.1

北京恒泰工贸有限责任公司
地址：北京大兴县芦城乡立垡村
邮政编码：102613
证书注册编号：0200A0060
体系认证标准：GB/T 19001－1994 idt ISO 9001:1994
有效期：2000.2～2003.2

锡山市造漆厂
地址：江苏省锡山市后宅镇西
邮政编码：214145
证书注册编号：0200B0061
体系认证标准：GB/T 19002－1994 idt ISO 9002:1994
有效期：2000.2～2003.2

江苏省无锡市扬名纺织印花厂
地址：江苏省无锡市中南路底梁中村
邮政编码：214024
证书注册编号：0200B0062
体系认证标准：GB/T 19002－1994 idt ISO 9002:1994
有效期：2000.2～2003.2

南通永晟碳化物有限公司
地址：江苏省通州市先锋镇
邮政编码：226316
证书注册编号：0200B0063
体系认证标准：GB/T 19002－1994 idt ISO 9002:1994
有效期：2000.2～2003.2

靖江市钢铁公司
地址：江苏省靖江市西南环路西首
邮政编码：214500
证书注册编号：0200B0064
体系认证标准：GB/T 19002－1994 idt ISO 9002:1994
有效期：2000.2～2003.2

北京市司南磁性塑胶厂
地址：北京市海淀区成府街2653信箱
邮政编码：100084
证书注册编号：0200B0065 0296B099
体系认证标准：GB/T 19002－1994 idt ISO 9002:1994
有效期：2000.2～2003.2

上海申孚波纹管有限公司
地址：上海东安路271号2号楼507室
邮政编码：200032
证书注册编号：0200B0066
体系认证标准：GB/T 19002－1994 idt ISO 9002:1994
有效期：2000.2～2003.2

中国外轮理货总公司大连分公司
地址：辽宁省大连市港湾街1号
邮政编码：116002
证书注册编号：0200B0067 0296B131
体系认证标准：GB/T 19002－1994 idt ISO 9002:1994
有效期：2000.2～2003.2

锡山市机电配件厂
地址：江苏省锡山市洛社镇新开河
邮政编码：214187
证书注册编号：0200B0068
体系认证标准：GB/T 19002－1994 idt ISO 9002:1994
有效期：2000.2～2003.2

青岛市综开物业有限责任公司
地址：山东青岛市市南区辛家庄五小区
邮政编码：266073
证书注册编号：0200B0069
体系认证标准：GB/T 19002－1994 idt ISO 9002:1994
有效期：2000.2～2003.2

中国电能成套设备有限公司
地址：北京市安外安德里北街15号
邮政编码：100011
证书注册编号：0200A0070
体系认证标准：GB/T 19001－1994 idt ISO 9001:1994
有效期：2000.2～2003.2

上海机床铸造一厂
地址：上海市松江区乐都路264号
邮政编码：201600
证书注册编号：0200B0071
体系认证标准：GB/T 19002－1994 idt ISO 9002:1994
有效期：2000.2～2003.2

沈阳铁路分局沈东机械总厂
地址：辽宁沈阳市大东区工农路371号
邮政编码：110044
证书注册编号：0200B0072
体系认证标准：GB/T 19002－1994 idt ISO 9002:1994
有效期：2000.2～2003.2

镇江星辰焊料有限公司一分厂
地址：江苏省扬中市大桥工业区
邮政编码：212212
证书注册编号：0200B0073
体系认证标准：GB/T 19002－1994 idt ISO 9002:1994
有效期：2000.2～2003.2

镇江星辰焊料有限公司
地址:江苏省扬中市大桥工业区
邮政编码:212212
证书注册编号:0200B0074
体系认证标准:GB/T 19002—1994 idt ISO 9002:1994
有效期:2000.2～2003.2

中国超高压输变电建设公司
地址:湖北省武汉市万松小区 11 号楼
邮政编码:430022
证书注册编号:0200B0075 0296B164
体系认证标准:GB/T 19002—1994 idt ISO 9002:1994
有效期:2000.2～2003.2

合肥地质锚具厂
地址:安徽省合肥市长江东路 145 号
邮政编码:230031
证书注册编号:0200B0076
体系认证标准:GB/T 19002—1994 idt ISO 9002:1994
有效期:2000.2～2003.2

北京首钢第一建设有限公司第三建筑安装工程公司
地址:北京市石景山区古城南路
邮政编码:100043
证书注册编号:0200B0077
体系认证标准:GB/T 19002—1994 idt ISO 9002:1994
有效期:2000.2～2003.2

青岛港务局港务工程公司
地址:山东省青岛市港青路 52 号(4 号码头)
邮政编码:266011
证书注册编号:0200B0078 0196B111
体系认证标准:GB/T 19002—1994 idt ISO 9002:1994
有效期:2000.2～2003.2

常州市天香南方玻璃钢有限公司
地址:江苏省武进市漕桥镇运村街
邮政编码:213175
证书注册编号:0200B0079
体系认证标准:GB/T 19002—1994 idt ISO 9002:1994
有效期:2000.2～2003.2

烟台正海电子网板有限公司
地址:山东省烟台开发区珠江路 21 号
邮政编码:264006
证书注册编号:0200B0080 0296B104
体系认证标准:GB/T 19002—1994 idt ISO 9002:1994
有效期:2000.2～2003.2

深圳市长航实业发展有限公司
地址:广东省深圳市蛇口工业大道联合大厦 6 楼
邮政编码:518067
证书注册编号:0200B0081
体系认证标准:GB/T 19002—1994 idt ISO 9002:1994
有效期:2000.2～2003.2

上海申贤橡胶制品有限公司
地址:上海奉贤县南桥镇军民路 12 号
邮政编码:201400
证书注册编号:0200B0082
体系认证标准:GB/T 19002—1994 idt ISO 9002:1994
有效期:2000.2～2003.2

常州市太湖电机电器厂
地址:江苏省武进市潘家镇周桥
邮政编码:213179
证书注册编号:0200B0083
体系认证标准:GB/T 19002—1994 idt ISO 9002:1994
有效期:2000.2～2003.2

宜兴市得力特种耐磨炉料厂
地址:江苏省宜兴市大浦镇
邮政编码:214226
证书注册编号:0200B0084
体系认证标准:GB/T 19002—1994 idt ISO 9002:1994
有效期:2000.2～2003.2

北汽摩公司怀柔冲压厂
地址:北京市怀柔县城北大中富乐村
邮政编码:101400
证书注册编号:0200B0085
体系认证标准:GB/T 19002—1994 idt ISO 9002:1994
有效期:2000.2～2003.2

湖北省电力建设第二工程公司
地址:湖北省武汉市航空路 38 号
邮政编码:430030
证书注册编号:0297B384(扩大)
体系认证标准:GB/T 19002—1994 idt ISO 9002:1994
有效期:1997.12～2000.12

深圳市火王燃器具公司
地址:广东省深圳市新安崩山工业区 14 栋
邮政编码:518102
证书注册编号:0298A045(缩小范围)
体系认证标准:GB/T 19001—1994 idt ISO 9001:1994
有效期:1998.12～2001.12

济南柴油机股份有限公司
(济南柴油机厂)
地址:山东省济南市文化西路 14 号
邮政编码:250063
证书注册编号:0298A048(名称变更)
体系认证标准:GB/T 19001—1994 idt ISO 9001:1994
有效期:1998.12—2001.12

湖南省电力建设监理咨询有限责任公司(湖南省电力建设监理公司)
地址:湖南省长沙市韶山北路 428 号
邮政编码:410007
证书注册编号:0298B562(名称变更)
体系认证标准:GB/T 19002—1994 idt ISO 9002:1994
有效期:1998.9～2001.9

北京现代光明电器有限公司(北京光明电器开关厂)
地址:北京市朝阳路高井甲 166 号
邮政编码:100025
证书注册编号:0298A604(名称变更)
体系认证标准:GB/T 19001—1994 idt ISO 9001:1994
有效期:1998.11～2001.11

科达集团股份有限公司
(含东营市第二市政工程公司、科达交通器材厂、东营市精细化工厂、鲁新橡胶厂)
地址:山东省东营市大王经济技术开发区逢春路 2 号
(新疆维吾尔自治区库尔勒市西站经济开发区)
邮政编码:257335
证书注册编号:0298B689(扩大)
体系认证标准:GB/T 19002—1994 idt ISO 9002:1994
有效期:1998.12～2001.12

马鞍山市马钢合力金属制品有限公司
地址:安徽省马鞍山市化工路
邮政编码:243051
证书注册编号:0299B0127(扩大)
体系认证标准:GB/T 19002-1994 idt ISO 9002:1994
有效期:1999.7~2002.7

宝鸡有色金属加工厂(含难熔公司)
地址:陕西省宝鸡市七十一号信箱
邮政编码:721014
证书注册编号:0299B0181(名称变更)
体系认证标准:GB/T 19002-1994 idt ISO 9002:1994
有效期:1999.9~2002.9

北京中铁外服快运公司
地址:北京市西城区三里河东路甲9号
邮政编码:100045
证书注册编号:0299B0380(名称变更)
体系认证标准:GB/T 19002-1994 idt ISO 9002:1994
有效期:1999.12~2002.12

深圳市中铁快运有限公司
地址:广东省深圳市罗湖区爱国路1066号金通大厦B座
邮政编码:518003
证书注册编号:0299B0381(地址变更)
体系认证标准:GB/T 19002-1994 idt ISO 9002:1994
有效期:1999.12~2002.12

青岛市第一建筑工程公司
地址:山东青岛市四方区杭州路173号
邮政编码:266031
证书注册编号:0200B0086
体系认证标准:GB/T 19002-1994 idt ISO 9002:1994
有效期:2000.3~2003.3

锡山市长安减震器材厂
地址:江苏省锡山市长安镇水厂路
邮政编码:214177
证书注册编号:0200B0087
体系认证标准:GB/T 19002-1994 idt ISO 9002:1994
有效期:2000.3~2003.3

北京市汽车制动毂厂
地址:北京市门头沟区滑石道116号
邮政编码:102300
证书注册编号:0200B0088
体系认证标准:GB/T 19002-1994 idt ISO 9002:1994
有效期:2000.3~2003.3

青岛市第三建筑设计院
地址:山东省青岛市文登路3号
邮政编码:266003
证书注册编号:0200A0089
体系认证标准:GB/T 19001-1994 idt ISO 9001:1994
有效期:2000.3~2003.3

青岛中房东方房地产开发公司
地址:山东省青岛市东海路58号
邮政编码:266071
证书注册编号:0200A0090
体系认证标准:GB/T 19001-1994 idt ISO 9001:1994
有效期:2000.3~2003.3

山东省建筑工程监理城建公司
地址:山东省青岛市文登路3号
邮政编码:266003
证书注册编号:0200B0091
体系认证标准:GB/T 19002-1994 idt ISO 9002:1994
有效期:2000.3~2003.3

首钢总公司
地址:北京市石景山区
邮政编码:100041
证书注册编号:0200B0092(复评)
0296B100
体系认证标准:GB/T 19002-1994 idt ISO 9002:1994
有效期:2000.3~2003.3

北京首钢股份有限公司
地址:北京市石景山区石景山路
邮政编码:100041
证书注册编号:0200B0093(复评)
0296B100
体系认证标准:GB/T 19002-1994 idt ISO 9002:1994
有效期:2000.3~2003.3

上海航标厂
地址:上海市上南路4号
邮政编码:200126
证书注册编号:0200A0094
体系认证标准:GB/T 19001-1994 idt ISO 9001:1994
有效期:2000.3~2003.3

青岛市城市建设综合开发总公司(青岛城市建设股份有限公司)
地址:山东省青岛市文登路3号
邮政编码:266003
证书注册编号:0200A0095
体系认证标准:GB/T 19001-1994 idt ISO 9001:1994
有效期:2000.3~2003.3

新兴铸管股份有限公司(2672工厂)
地址:河北省邯郸市2672工厂
邮政编码:056300
证书注册编号:0200B0096(复评)
0296B137
体系认证标准:GB/T 19002-1994 idt ISO 9002:1994
获证体系覆盖产品:热轧圆钢、热轧带肋钢筋、钢格栅板的生产
有效期:2000.3~2003.3

中海工业有限公司立丰船厂
地址:上海市浦东三林塘
邮政编码:200124
证书注册编号:0200B0097(复评)0296B157
体系认证标准:GB/T 19002-1994 idt ISO 9002:1994
有效期:2000.3~2003.3

湖南省火电建设公司
地址:湖南省株州市建设中路99号
邮政编码:412000
证书注册编号:0200B0098(复评)0296B127
体系认证标准:GB/T 19002-1994 idt ISO 9002:1994
有效期:2000.3~2003.3

安徽互感器厂
地址:安徽省无为县无城工业区
邮政编码:238300
证书注册编号:0200A0099
体系认证标准:GB/T 19001-1994 idt ISO 9001:1994
有效期:2000.3~2003.3

上海建安电力工程有限公司
地址:上海市浦东高东海徐路58号
邮政编码:200137

证书注册编号:0200B0100
体系认证标准:GB/T 19002—1994 idt ISO 9002:1994
有效期:2000.3~2003.3

山东省淄博市临淄区高阳建筑工程公司
地址:山东淄博市临淄区管仲路174号
邮政编码:255400
证书注册编号:0200B0101
体系认证标准:GB/T 19002—1994 idt ISO 9002:1994
有效期:2000.3~2003.3

淄博金城实业股份有限公司
地址:山东省淄博市淄川区城南
邮政编码:255100
证书注册编号:0200B0102
体系认证标准:GB/T 19002—1994 idt ISO 9002:1994
有效期:2000.3~2003.3

青岛市商业工程建设监理公司
地址:山东省青岛市市北区登州路20号乙
邮政编码:266021
证书注册编号:0200B0103
体系认证标准:GB/T 19002—1994 idt ISO 9002:1994
有效期:2000.3~2003.3

锡山市锡丰电力设备修造厂
地址:江苏省锡山市雪浪镇进溪桥
邮政编码:214125
证书注册编号:0200B0104
体系认证标准:GB/T 19002—1994 idt ISO 9002:1994
有效期:2000.3~2003.3

黑龙江天懋集团有限公司
地址:黑龙江牡丹江市文化街9—A号
邮政编码:157011
证书注册编号:0200B0105
体系认证标准:GB/T 19002—1994 idt ISO 9002:1994
有效期:2000.3~2003.3

常泰建筑装璜工程有限公司
地址:江苏省常州市关河中路143号益丰大厦三楼
邮政编码:213002
证书注册编号:0200A0106
体系认证标准:GB/T 19001—1994 idt ISO 9001:1994
有效期:2000.3~2003.3

常州市宏达机床数控设备厂
地址:江苏省常州市戚墅堰谈家圩
邮政编码:213011
证书注册编号:0200B0107
体系认证标准:GB/T 19002—1994 idt ISO 9002:1994
有效期:2000.3~2003.3

青岛华厦建设监理公司
地址:山东省青岛市乐陵路116号
邮政编码:266012
证书注册编号:0200B0108
体系认证标准:GB/T 19002—1994 idt ISO 9002:1994
有效期:2000.3~2003.3

河北华信可耐特塑钢有限公司
地址:河北省冀州市金鸡大街124号
邮政编码:053200
证书注册编号:0200B0109(复评)
0297B168
体系认证标准:GB/T 19002—1994 idt ISO 9002:1994
有效期:2000.3~2003.3

河北省冀州市可耐特玻璃钢有限公司
地址:河北省冀州市金鸡大街124号
邮政编码:053200
证书注册编号:0200B0110(复评)
0297B168
体系认证标准:GB/T 19002—1994 idt ISO 9002:1994
有效期:2000.3~2003.3

天津五金矿产进出口集团有限公司
天津大港电焊条有限责任公司
地址:天津市大港区中塘镇
邮政编码:300270
证书注册编号:0297B400
体系认证标准:GB/T 19002—1994 idt ISO 9002:1994
有效期:1997.12~2000.12

张家港海陆锅炉有限公司
地址:江苏省张家港市南环路17号
邮政编码:215600
证书注册编号:0298A426 更名
体系认证标准:GB/T 19001—1994 idt ISO 9001:994
有效期:1998.3~2001.3

武昌车辆厂
地址:湖北省武汉市和平大道820号
邮政编码:430062
证书注册编号:0298A473 扩大
体系认证标准:GB/T 19002—1994 idt ISO 9002:1994
有效期:1998.6~2001.6

胜利石油管理局工程建设一公司(胜利石油管理局油建一公司)
地址:山东省东营市泰山路446号
邮政编码:257073
证书注册编号:0298B035 更名
体系认证标准:GB/T 19002—1994 idt ISO 9002:1994
有效期:1998.8~2001.8

武汉江岸车辆厂
地址:湖北省武汉市江岸区解放大道1378号
邮政编码:430012
证书注册编号:0299A0191
体系认证标准:GB/T 19001—1994 idt ISO 9001:1994
有效期:1999.9~2002.9

江苏玉龙钢管有限公司
地址:江苏省锡山市玉祁镇武玉路1号
邮政编码:214183
证书注册编号:0299B0053 更名
体系认证标准:GB/T 19002—1994 idt ISO 9002:1994
有效期:1999.3~2002.3

无锡市顺丰制冷设备有限公司
地址:江苏无锡市学前东路528号转弯
邮政编码:214026
证书注册编号:0299B0161 扩大
体系认证标准:GB/T 19002—1994 idt ISO 9002:1994
有效期:1999.8~2002.8

保定天威集团高压开关厂
地址:河北省保定市韩村西路1号
邮政编码:710510
证书注册编号:0299B0371 更名
体系认证标准:GB/T 19002—1994 idt ISO 9002:1994
有效期:1999.12~2002.12

烽火通信科技股份有限公司通信系统事业部
地址:湖北省武汉市洪山区邮科院路88号
邮政编码:430074
证书注册编号:0200A0111 0297A169
体系认证标准:GB/T 19001－1994 idt ISO 9001:1994
有效期:2000.4～2003.3

淄川区建设集团总公司
地址:山东淄博市淄川区般阳路131号
邮政编码:255100
证书注册编号:0200B0112
体系认证标准:GB/T 19002－1994 idt ISO 9002:1994
有效期:2000.4～2003.3

青岛九龙建设工程有限公司
地址:山东省胶州市九龙镇政府驻地
邮政编码:266319
证书注册编号:0200B0113
体系认证标准:GB/T 19002－1994 idt ISO 9002:1994
有效期:2000.4～2003.3

江阴天宝实业有限公司
地址:江苏省江阴市寿山路58号
邮政编码:214400
证书注册编号:0200B0114
体系认证标准:GB/T 19002－1994 idt ISO 9002:1994
有效期:2000.4～2003.3

国营永红器材厂
地址:甘肃省天水市双桥路14号
邮政编码:741000
证书注册编号:0200B0115 0296B092
体系认证标准:GB/T 19002－1994 idt ISO 9002:1994
有效期:2000.4～2003.3

***北京首钢股份有限公司第一线材厂**
地址:北京市昌平区沙河镇
邮政编码:102206
电话:(010)69731883
传真:(010)69731852
法定代表人:杨如为
证书注册编号:0200B0116 0297B166
体系认证标准:GB/T 19002－1994 idt ISO 9002:1994
获证体系覆盖产品:φ6.5mm～φ12mm线材的制造
有效期:2000.4.1～2003.3.31

交通部烟台海上救助打捞局
地址:山东省烟台市芝罘区芝罘东路100号
邮政编码:264000
证书注册编号:0200B0117 0296B125
体系认证标准:GB/T 19002－1994 idt ISO 9002:1994
有效期:2000.4～2003.3

沈阳铁路分局沈东施工机械厂
地址:辽宁省沈阳市大东区东北大马路317号
邮政编码:110044
证书注册编号:0200B0118
体系认证标准:GB/T 19002－1994 idt ISO 9002:1994
有效期:2000.4～2003.3

苏州奕光电子有限公司
地址:江苏省苏州市新区金山路3号
邮政编码:215011
证书注册编号:0200B0119
体系认证标准:GB/T 19002－1994 idt ISO 9002:1994
有效期:2000.4～2003.3

苏州合光机电有限公司
地址:江苏省苏州市新区金山路3号
邮政编码:215011
证书注册编号:0200B0120
体系认证标准:GB/T 19002－1994 idt ISO 9002:1994
有效期:2000.4～2003.3

青岛市东方建设监理公司
地址:山东省青岛市昌乐路4号
邮政编码:266021
证书注册编号:0200B0121
体系认证标准:GB/T 19002－1994 idt ISO 9002:1994
有效期:2000.4～2003.3

苏州新区威光自动化系统有限公司
地址:江苏省苏州市人民路大石头巷25号
邮政编码:215002
证书注册编号:0200B0122
体系认证标准:GB/T 19002－1994 idt ISO 9002:1994
有效期:2000.4～2003.3

重庆跃进机械厂
地址:重庆永川望城路55号
邮政编码:402169
证书注册编号:0200A0123 0297B167
体系认证标准:GB/T 19001－1994 idt ISO 9001:1994
有效期:2000.4～2003.3

宜兴星云石化管件厂
地址:江苏省宜兴市新建镇庄林村
邮政编码:214253
证书注册编号:0200B0124
体系认证标准:GB/T 19002－1994 idt ISO 9002:1994
有效期:2000.4～2003.3

青岛北海船厂造船分厂
地址:山东省青岛市燕儿岛路一号
邮政编码:266071
证书注册编号:0200B0125
体系认证标准:GB/T 19002－1994 idt ISO 9002:1994
有效期:2000.4～2003.3

安徽新源石油化工技术开发有限公司
地址:安徽安庆开发区十魏路M3－5号
邮政编码:246005
证书注册编号:0200B0126
体系认证标准:GB/T 19002－1994 idt ISO 9002:1994
有效期:2000.4～2003.3

苏州迪光电器有限公司
地址:江苏省苏州市大石头巷25号
邮政编码:215002
证书注册编号:0200B0127
体系认证标准:GB/T 19002－1994 idt ISO 9002:1994
有效期:2000.4～2003.3

江南水利水电工程公司
地址:广西隆林天生桥
邮政编码:533409
证书注册编号:0200B0128
体系认证标准:GB/T 19002－1994 idt ISO 9002:1994
有效期:2000.4～2003.3

***中国人民武装警察部队水电**

第一总队
地址:广西隆林天生桥
邮政编码:533409
电话:(0776)8460192－5376
传真:(0859)8460196
法定代表人:何真祥
证书注册编号:0200B0129
体系认证标准:GB/T 19002－1994 idt ISO 9002:1994
获证体系覆盖产品:水利水电工程施工,隧洞工程施工,二级以下公路工程施工,工业与民用建筑(16层以下、24米跨度以下)
有效期:2000.4.1～2003.3.31

交通部第二公路工程局第一工程处
地址:湖北省荆门市月亮湖北路48号
邮政编码:448005
证书注册编号:0200B0130
体系认证标准:GB/T 19002－1994 idt ISO 9002:1994
有效期:2000.4～2003.3

山东桓台建设工程有限公司
地址:山东省淄博市桓台县城张北路46号
邮政编码:256400
证书注册编号:0200B0131
体系认证标准:GB/T 19002－1994 idt ISO 9002:1994
有效期:2000.4～2003.3

浙江省第一水电建设有限公司
地址:浙江省杭州市滨江区西兴镇水电一处基地
邮政编码:310051
证书注册编号:0200B0132
体系认证标准:GB/T 19002－1994 idt ISO 9002:1994
有效期:2000.4～2003.3

苏州市新光机械有限公司
地址:江苏省苏州市大石头巷25号
邮政编码:215002
证书注册编号:0200B0133
体系认证标准:GB/T 19002－1994 idt ISO 9002:1994
有效期:2000.4～2003.3

苏州三光热机制造有限公司
地址:江苏省苏州市玉山路8号
邮政编码:215011
证书注册编号:0200B0134
体系认证标准:GB/T 19002－1994 idt ISO 9002:1994
有效期:2000.4～2003.3

苏州三光集团公司
地址:江苏省苏州市大石头巷25号
邮政编码:215002
证书注册编号:0200B0135
体系认证标准:GB/T 19002－1994 idt ISO 9002:1994
有效期:2000.4～2003.3

北京宝凯金属软管有限公司
地址:北京市大兴县半壁店
邮政编码:102611
证书注册编号:0200B0136 0297B179
体系认证标准:GB/T 19002－1994 idt ISO 9002:1994
有效期:2000.4～2003.4

北京市建筑工程研究院预应力技术研究所(北京市中都预应力专业设计事务所)
地址:北京市海淀区复兴路34号
邮政编码:100039
证书注册编号:0200A0137
体系认证标准:GB/T 19001－1994 idt ISO 9001:1994
有效期:2000.4～2003.4

无锡富士化学有限公司
地址:江苏省江阴市马镇镇天笃里村
邮政编码:214406
证书注册编号:0200B0138
体系认证标准:GB/T 19002－1994 idt ISO 9002:1994
有效期:2000.4～2003.4

胜利石油管理局动力机械厂
地址:山东省东营市北一路(原青岛路)101号
邮政编码:257032
证书注册编号:0200A0139 0296A118
体系认证标准:GB/T 19001－1994 idt ISO 9001:1994
有效期:2000.4～2003.4

无锡迎燕电器有限公司
地址:江苏无锡市青石路霞美路76号
邮政编码:214044
证书注册编号:0200B0140
体系认证标准:GB/T 19002－1994 idt ISO 9002:1994
有效期:2000.4～2003.4

张家港迪克汽车化学品有限公司
地址:江苏省张家港市人民路(西首)经四南路2号
邮政编码:215600
证书注册编号:0200B0141
体系认证标准:GB/T 19002－1994 idt ISO 9002:1994
有效期:2000.4～2003.4

江苏省锡山市佳久减震器有限公司
地址:江苏省锡山市洛社镇
邮政编码:214187
证书注册编号:0200B0142
体系认证标准:GB/T 19002－1994 idt ISO 9002:1994
有效期:2000.4～2003.4

武进市武南玻璃钢厂
地址:江苏省武进市运村镇
邮政编码:213175
证书注册编号:0200B0143
体系认证标准:GB/T 19002－1994 idt ISO 9002:1994
有效期:2000.4～2003.4

中港第二航务工程局第六工程公司
地址:湖北省武汉市青山区红钢城二街21号
邮政编码:430080
证书注册编号:0200B0144
体系认证标准:GB/T 19002－1994 idt ISO 9002:1994
有效期:2000.4～2003.4

嘉兴东方焊业有限公司
地址:浙江省嘉兴市城北路294号
邮政编码:314001
证书注册编号:0200B0145
体系认证标准:GB/T 19002－1994 idt ISO 9002:1994
有效期:2000.4～2003.4

永康市风速电动工具有限公司
地址:浙江省永康市城中工业区兴达3路2号
邮政编码:321300
证书注册编号:0200B0146
体系认证标准:GB/T 19002－1994 idt

ISO 9002:1994
有效期:2000.4～2003.4

锡山市光阳摩托制造有限公司
地址:江苏省无锡查桥镇镇南锡沪路口
邮政编码:214104
证书注册编号:0200B0147
体系认证标准:GB/T 19002－1994 idt ISO 9002:1994
有效期:2000.4～2003.4

江阴市澄东锻造有限公司
地址:江苏省江阴市周庄镇张家巷村
邮政编码:214423
证书注册编号:0200B0148
体系认证标准:GB/T 19002－1994 idt ISO 9002:1994
有效期:2000.4～2003.4

中国石油天然气集团公司石油勘探开发科学研究院江汉机械研究所
地址:湖北省荆州市沙市区豉湖路1号
邮政编码:434000
证书注册编号:0200A0149
体系认证标准:GB/T 19001－1994 idt ISO 9001:1994
有效期:2000.4～2003.4

胜利石油管理局黄河钻井总公司钻井五公司
地址:山东省东营市青州路157号
邮政编码:257513
证书注册编号:0298B451
体系认证标准:GB/T 19002－1994 idt ISO 9002:1994
有效期:1998.5～2001.5

青岛益和电气设备股份有限公司
地址:山东省青岛经济技术开发区秦皇岛路北段
邮政编码:266500
证书注册编号:0298A613 暂停
体系认证标准:GB/T 19001－1994 idt ISO 9001:1994
有效期:1998.11～2001.11

张家港通达金属制品有限公司
地址:江苏省张家港市泗港镇
邮政编码:215638
证书注册编号:0298B586 暂停
体系认证标准:GB/T 19002－1994 idt ISO 9002:1994
有效期:1998.10～2001.10

天津港(集团)股份有限公司储运分公司(天津港储运股份有限公司)
地址:天津塘沽新港二号路卡子门内
邮政编码:300456
证书注册编号:0298B448
体系认证标准:GB/T 19002－1994 idt ISO 9002:1994
有效期:1998.7～2001.7

宜兴市八达电缆厂(无锡市电力线缆厂)
地址:江苏省宜兴市南新镇人民中路10号
邮政编码:214215
证书注册编号:0298B494
体系认证标准:GB/T 19002－1994 idt ISO 9002:1994
有效期:1998.7～2001.7

北京金通远建筑工程公司(北京市平谷县建筑工程总公司)
地址:北京市平谷县平谷镇南岔子街51号
邮政编码:101200
证书注册编号:0298B652
体系认证标准:GB/T 19002－1994 idt ISO 9002:1994
有效期:1998.12～2001.12

安捷伦科技有限公司测量仪器分部(中国惠普有限公司电子测量仪器中心)
地址:北京海淀区花园路4号通恒大厦
邮政编码:100088
证书注册编号:0299B0009
体系认证标准:GB/T 19002－1994 idt ISO 9002:1994
有效期:1999.1～2002.1

常州玻璃钢造船厂
地址:江苏省常州市北环路56号
邮政编码:213002
证书注册编号:0299B0189
体系认证标准:GB/T 19002－1994 idt ISO 9002:1994
有效期:1999.9～2002.9

南京航标厂
地址:江苏省南京市方家营133号
邮政编码:210015
证书注册编号:0299B0239
体系认证标准:GB/T 19002－1994 idt ISO 9002:1994
有效期:1999.10～2002.10

黄骅渤海自行车(集团)股份有限公司
地址:河北省黄骅市建设大街
邮政编码:611000
证书注册编号:0299B0365
体系认证标准:GB/T 19002－1994 idt ISO 9002:1994
有效期:1999.12～2002.12

河北华信可耐特塑钢有限公司
地址:河北省冀州市金鸡大街124号
邮政编码:053200
证书注册编号:0200B0109
体系认证标准:GB/T 19002－1994 idt ISO 9002:1994
有效期:2000.3～2003.3

铁道部大桥工程局
地址:湖北省武汉市汉阳大道38号
邮政编码:430050
证书注册编号:0200A0150
体系认证标准:GB/T 19001－1994 idt ISO 9001:1994
有效期:2000.5～2003.5

沈阳普利司通有限公司
地址:辽宁省沈阳经济技术开发区昆明湖街54号
邮政编码:110141
证书注册编号:0200B0151 0297B170
体系认证标准:GB/T 19002－1994 idt ISO 9002:1994
有效期:2000.5～2003.5

锡山市太湖电力设备厂
地址:江苏省锡山市南泉镇裕村
邮政编码:214128
证书注册编号:0200B0152
体系认证标准:GB/T 19002－1994 idt ISO 9002:1994
有效期:2000.5～2003.5

锡山市裕丰电磁线有限公司
地址:江苏省锡山市南泉镇裕村
邮政编码:214128
证书注册编号:0200B0153
体系认证标准:GB/T 19002－1994 idt ISO 9002:1994
有效期:2000.5～2003.5

江阴市金马橡胶机械有限公司
地址:江苏省江阴市马镇镇河东路7号
邮政编码:214406
证书注册编号:0200B0154
体系认证标准:GB/T 19002—1994 idt ISO 9002:1994
有效期:2000.5～2003.5

上海华申工程建设监理咨询有限公司
地址:上海市浦东张杨路628弄东明广场2号楼11层C座和D座
邮政编码:200122
证书注册编号:0200B0155
体系认证标准:GB/T 19002—1994 idt ISO 9002:1994
有效期:2000.5～2003.5

上海宝山液压油缸厂
地址:上海市蕴川路杨北车站西首
邮政编码:201901
证书注册编号:0200B0156
体系认证标准:GB/T 19002—1994 idt ISO 9002:1994
有效期:2000.5～2003.5

青海省公路桥梁工程公司
地址:青海省西宁市五四大街72号
邮政编码:810008
证书注册编号:0200B0157
体系认证标准:GB/T 19002—1994 idt ISO 9002:1994
有效期:2000.5～2003.5

长庆石油勘探局第二机械厂
地址:甘肃省庆阳县田家城
邮政编码:745100
证书注册编号:0200B0158 0297B176
体系认证标准:GB/T 19002—1994 idt ISO 9002:1994
有效期:2000.5～2003.5

通州市钢丝绳厂(南通金昌钢绳有限公司、南通中得钢绳有限公司)
地址:江苏省通州市竹行镇
邮政编码:226318
证书注册编号:0200B0159
体系认证标准:GB/T 19002—1994 idt ISO 9002:1994
有效期:2000.5～2003.5

中海供贸大连物资分公司
地址:辽宁大连市中山区学士街131号
邮政编码:116001
证书注册编号:0200B0160
体系认证标准:GB/T 19002—1994 idt ISO 9002:1994
有效期:2000.5～2003.5

扬州江扬船舶集团公司江扬船厂
地址:江苏省扬州市湾头
邮政编码:225006
证书注册编号:0200B0161
体系认证标准:GB/T 19002—1994 idt ISO 9002:1994
有效期:2000.5～2003.5

连云港远洋流体装卸设备有限公司
地址:江苏省连云港市中山路195号远洋楼
邮政编码:222042
证书注册编号:0200A0162
体系认证标准:GB/T 19001—1994 idt ISO 9001:1994
有效期:2000.5～2003.5

中海电信有限公司广州分公司
地址:广东广州市滨江中路308号29楼
邮政编码:510220
证书注册编号:0200B0163
体系认证标准:GB/T 19002—1994 idt ISO 9002:1994
有效期:2000.5～2003.5

北京市公路局密云分局(北京市公路桥梁建设公司密云分公司)
地址:北京市密云县西大桥路53号
邮政编码:101500
证书注册编号:0200B0164
体系认证标准:GB/T 19002—1994 idt ISO 9002:1994
有效期:2000.5～2003.5

无锡全通电缆材料有限公司
地址:江苏省锡山市南泉镇方湖村
邮政编码:214128
证书注册编号:0200B0165 0296B134
体系认证标准:GB/T 19002—1994 idt ISO 9002:1994
有效期:2000.5～2003.5

北京首海国际经济技术咨询服务有限公司
地址:北京宣武区广安门外大街305号
邮政编码:100055
证书注册编号:0200B0166 0297B185
体系认证标准:GB/T 19002—1994 idt ISO 9002:1994
有效期:2000.5～2003.5

彩虹集团昆山实业总公司
地址:江苏省昆山市长江中路139号
邮政编码:215300
证书注册编号:0200B0167 0297B175
体系认证标准:GB/T 19002—1994 idt ISO 9002:1994
有效期:2000.5～2003.5

海门东亚石油机械有限公司
地址:江苏省海门市人民西路815号
邮政编码:226100
证书注册编号:0200B0168
体系认证标准:GB/T 19002—1994 idt ISO 9002:1994
有效期:2000.5～2003.5

新疆乌苏卢云堡啤酒有限责任公司
地址:新疆乌鲁木齐经济技术开发区喀什西路24号
邮政编码:830026
证书注册编号:0298B491
体系认证标准:GB/T 19002—1994 idt ISO 9002:1994
有效期:1998.7～2001.7

江苏南方涂装环保股份有限公司(宜兴震晨涂装环保设备有限公司)
地址:江苏省宜兴市宜丰镇振丰东路92号
邮政编码:214242
证书注册编号:0299B0108
体系认证标准:GB/T 19002—1994 idt ISO 9002:1994
有效期:1999.7～2002.7

江阴海达橡塑制品有限公司(无锡海达船用橡胶制品有限公司)
地址:江苏省江阴市周庄镇
邮政编码:214423
证书注册编号:0298B530
体系认证标准:GB/T 19002—1994 idt ISO 9002:1994
有效期:1998.8～2001.8

马鞍山市传动机械厂(马鞍山索达机械(集团)有限公司)

地址:安徽省马鞍山市雨山路
邮政编码:243017
证书注册编号:0299A0208
体系认证标准:GB/T 19001－1994 idt ISO 9001:1994
有效期:1999.10～2002.10

巢湖科越汽车零部件有限公司
地址:安徽省无为二坝经济技术开发区二泉路
邮政编码:238312
证书注册编号:0299B0183
体系认证标准:GB/T 19002－1994 idt ISO 9002:1994
有效期:1999.9～2002.9

蛇口致诚服务有限公司
地址:广东省深圳市蛇口工业八路95号新晨大厦首层
邮政编码:518067
证书注册编号:0299B0275
体系认证标准:GB/T 19002－1994 idt ISO 9002:1994
有效期:1999.11～2002.10

上海裕海实业有限公司
地址:上海浦东新区源深路348弄1号
邮政编码:200120
证书注册编号:0299B0289
体系认证标准:GB/T 19002－1994 idt ISO 9002:1994
有效期:1999.11～2002.10

江苏省东台市华辉液压管件厂
地址:江苏省东台市溱东镇合资路
邮政编码:224212
证书注册编号:0200B0169
体系认证标准:GB/T 19002－1994 idt ISO 9002:1994
有效期:2000.6～2003.5

北京电力设备总厂封闭母线厂
地址:北京市房山区良乡镇昊天大街12号
邮政编码:102401
证书注册编号:0200A0170 0297A184
体系认证标准:GB/T 19001－1994 idt ISO 9001:1994
有效期:2000.6～2003.5

河北省秦皇岛腈纶厂
地址:河北省秦皇岛市海港区中心庄北
邮政编码:066000
证书注册编号:0200B0171
体系认证标准:GB/T 19002－1994 idt ISO 9002:1994
有效期:2000.6～2003.5

中国建筑材料工业建设邯郸建材机械厂(邯郸安装工程公司)
地址:河北省邯郸市复兴区建设大街87号
邮政编码:056003
证书注册编号:0200B0172 0297B183
体系认证标准:GB/T 19002－1994 idt ISO 9002:1994
有效期:2000.6～2003.5

南京爱迪臣化工企业有限公司
地址:江苏省南京市中山路81号华夏大厦808室
邮政编码:210005
证书注册编号:0200B0173
体系认证标准:GB/T 19002－1994 idt ISO 9002:1994
有效期:2000.6～2003.5

通辽钢丝绳厂(内蒙古通正金属制品有限公司)
地址:内蒙古通辽市科尔沁区木里图镇
邮政编码:028024
证书注册编号:0200B0174
体系认证标准:GB/T 19002－1994 idt ISO 9002:1994
有效期:2000.6～2003.5

中青旅尚洋电子技术有限公司
地址:北京市西城区北三环中路27号商房大厦4层
邮政编码:100029
证书注册编号:0200A0175
体系认证标准:GB/T 19001－1994 idt ISO 9001:1994
有效期:2000.6～2003.5

泰安锅炉厂
地址:山东省泰安经济开发区(104国道洪沟收费站东200米)
邮政编码:271025
证书注册编号:0200A0176
体系认证标准:GB/T19001－1994 idt ISO 9001:1994
有效期:2000.6～2003.5

靖江特种风机厂
地址:江苏省靖江市真武河北路43号
邮政编码:214500
证书注册编号:0200B0177
体系认证标准:GB/T19002－1994 idt ISO 9002:1994
有效期:2000.6～2003.5

黑龙江省公路勘察设计院
地址:黑龙江省哈尔滨市南岗区清滨路90号
邮政编码:150080
证书注册编号:0200A0178
体系认证标准:GB/T19001－1994 idt ISO 9001:1994
获证体系覆盖产品:公路桥梁工程的勘察、设计、咨询
有效期:2000.6～2003.5

福建省轮船总公司通信导航技术服务分公司
地址:福建省福州市马尾马限山1号
邮政编码:350015
证书注册编号:0200B0179
体系认证标准:GB/T19002－1994 idt ISO 9002:1994
有效期:2000.6～2003.5

武汉长江钢丝制品股份有限公司
地址:湖北省武汉市蔡甸区汉沙路9号
邮政编码:430100
证书注册编号:0200B0180
体系认证标准:GB/T19002－1994 idt ISO 9002:1994
有效期:2000.6～2003.5

中水南通海狮船舶机械公司
地址:江苏省南通市城港路39号
邮政编码:226003
证书注册编号:0200A0181
体系认证标准:GB/T19001－1994 idt ISO 9001:1994
有效期:2000.6～2003.5

中海供贸有限公司广州燃料分公司
地址:广东广州市滨江西路40号6楼
邮政编码:510235
证书注册编号:0200B0182
体系认证标准:GB/T19002－1994 idt ISO 9002:1994
有效期:2000.6～2003.5

浙江小白杨工贸发展有限公司
地址:浙江省永康市苏川工业区
邮政编码:321300
证书注册编号:0200B0183
体系认证标准:GB/T19002－1994 idt ISO 9002:1994
有效期:2000.6～2003.5

哈尔滨市公路客运总站
地址:黑龙江省哈尔滨市道里区友谊路115号
邮政编码:150010
证书注册编号:0200B0184
体系认证标准:GB/T19002－1994 idt ISO 9002:1994
有效期:2000.6～2003.5

江苏省东台市远洋船舶配件厂
地址:江苏省东台市溱东镇西大街8号
邮政编码:224212
证书注册编号:0200B0185
体系认证标准:GB/T19002－1994 idt ISO 9002:1994
有效期:2000.6～2003.5

成都市双流热交换器厂
地址:四川省成都市双流东升棠湖南路三段38号
邮政编码:610200
证书注册编号:0200B0186
体系认证标准:GB/T19002－1994 idt ISO 9002:1994
有效期:2000.6～2003.5

安徽省巢湖汽车电器厂
地址:安徽省无为县河坝镇
邮政编码:238329
证书注册编号:0200B0187
体系认证标准:GB/T19002－1994 idt ISO 9002:1994
有效期:2000.6～2003.6

江汉石油管理局沙市钢管厂玻璃钢分厂
地址:湖北荆州市沙市区北京东路2号
邮政编码:434001
证书注册编号:0200B0188 0296B156
体系认证标准:GB/T19002－1994 idt ISO 9002:1994
有效期:2000.6～2003.6

秦皇岛港务局铁路运输公司
地址:河北省秦皇岛市海滨路55号
邮政编码:066002
证书注册编号:0200B0189 0297B188
体系认证标准:GB/T19002－1994 idt ISO 9002:1994
有效期:2000.6～2003.6

青岛灵山船业股份有限公司
地址:山东省青岛市胶南灵山卫镇
邮政编码:266427
证书注册编号:0200B0190
体系认证标准:GB/T19002－1994 idt ISO 9002:1994
有效期:2000.6～2003.6

上海飞航电线电缆公司
地址:上海市松江区玉树路104号
邮政编码:201600
证书注册编号:0200B0191 0297B198
体系认证标准:GB/T19002－1994 idt ISO 9002:1994
有效期:2000.6～2003.6

南昌铁路局玉山水泥厂
地址:江西省玉山县岩瑞镇
邮政编码:334715
证书注册编号:0200B0192
体系认证标准:GB/T19002－1994 idt ISO 9002:1994
有效期:2000.6～2003.6

云南第一公路桥梁工程有限公司
地址:云南省大理市下关泰安路11号
邮政编码:671000
证书注册编号:0200B0193
体系认证标准:GB/T19002－1994 idt ISO 9002:1994
有效期:2000.6～2003.6

大连松辽玻璃钢船厂
地址:辽宁大连市西岗区沿海街22号
邮政编码:116001
证书注册编号:0200B0194
体系认证标准:GB/T19002－1994 idt ISO 9002:1994
有效期:2000.6～2003.6

苏州新港船舶配件有限公司(上海船舶工业公司太仓船舶配件厂)
地址:江苏省太仓市新塘镇东
邮政编码:215436
证书注册编号:0200B0195
体系认证标准:GB/T19002－1994 idt ISO 9002:1994
有效期:2000.6～2003.6

中国纺织工业设计院(中国纺织化纤工程总公司)
地址:北京市海淀区增光路21号
邮政编码:100037
证书注册编号:0200A0196 0297A181
体系认证标准:GB/T19001－1994 idt ISO 9001:1994
有效期:2000.6～2003.6

浙江省交通工程建设集团有限公司
地址:浙江省杭州市环城北路47号省科协大楼
邮政编码:310003
证书注册编号:0200B0197
体系认证标准:GB/T19002－1994 idt ISO 9002:1994
有效期:2000.6～2003.6

上海第三航务工程局船厂
证书注册编号:0298B677

锡山市国鹰锚具有限公司
证书注册编号:0298B716

吉林热电厂
证书注册编号:0299B0192

中化南通汇丰石化有限责任公司
证书注册编号:0298B711

武进电控厂
地址:江苏省武进市马杭镇何家桥村
邮政编码:213162
证书注册编号:0299B0025
体系认证标准:GB/T19002－1994 idt ISO 9002:1994
有效期:1999.1～2002.1

胜利石油管理局工程机械总厂
地址:山东省东营市东郝路1号
邮政编码:257082
证书注册编号:0299A0297
体系认证标准:GB/T19001－1994 idt ISO 9001:1994
有效期:1999.11～2002.11

郑州中方园建设发展股份有限公司物业管理分公司

地址:河南省郑州市北环路116号
邮政编码:450002
证书注册编号:0299B0375
体系认证标准:GB/T19002－1994 idt ISO 9002:1994
有效期:1999.12～2002.12

青岛远洋船舶供应公司
地址:山东省青岛市傍海中路3号
邮政编码:266045
证书注册编号:0200B0198
体系认证标准:GB/T19002－1994 idt ISO 9002:1994
有效期:2000.7～2003.7

青岛建筑工程学院工程建设监理公司
地址:山东省青岛市抚顺路11号
邮政编码:266033
证书注册编号:0200B0199
体系认证标准:GB/T19002－1994 idt ISO 9002:1994
有效期:2000.7～2003.7

江苏中厦集团公司
地址:江苏省盐城市黄海东路10号
邮政编码:224002
证书注册编号:0200B0200
体系认证标准:GB/T19002－1994 idt ISO 9002:1994
有效期:2000.7～2003.7

丹东长隆机械制造总厂
地址:辽宁省丹东市振安区临江后街37号
邮政编码:118000
证书注册编号:0200B0201
体系认证标准:GB/T19002－1994 idt ISO 9002:1994
有效期:2000.7～2003.7

天津市金东方轴承有限责任公司
地址:天津市西青区玉门路
邮政编码:300112
证书注册编号:0200B0202
体系认证标准:GB/T19002－1994 idt ISO 9002:1994
有效期:2000.7～2003.7

***华北电力科学研究院**
地址:北京市复兴门外地藏庵南巷1号
邮政编码:100045
电话:(010)68031144 转 4316 68029946
传真:(010)68014383
法定代表人:杨祝辉
证书注册编号:0200B0203
体系认证标准:GB/T19002－1994 idt ISO 9002:1994
获证体系覆盖产品:电力基建工程调试和生产技术服务
有效期:2000.7.3～2003.7.2

锡山市大力电机厂
地址:江苏省锡山市长安镇
邮政编码:214177
证书注册编号:0200B0204
体系认证标准:GB/T19002－1994 idt ISO 9002:1994
有效期:2000.7～2003.7

无锡沪东环境工程成套设备厂(无锡江川环境工程成套设备有限公司)
地址:江苏省锡山市华庄镇
邮政编码:214131
证书注册编号:0200B0205
体系认证标准:GB/T19002－1994 idt ISO 9002:1994
有效期:2000.7～2003.7

北京现代光明电缆桥架有限公司
地址:北京朝阳路高井工业区甲166号
邮政编码:100025
证书注册编号:0200A0206
体系认证标准:GB/T19002－1994 idt ISO 9002:1994
有效期:2000.7～2003.7

浙江义乌泵业有限公司
地址:浙江省义乌市车站路22号
邮政编码:322000
证书注册编号:0200A0207
体系认证标准:GB/T19001－1994 idt ISO 9001:1994
有效期:2000.7～2003.7

宜兴市驰马橡塑制品厂
地址:江苏省宜兴市屺亭镇
邮政编码:214213
证书注册编号:0200B0208
体系认证标准:GB/T19002－1994 idt ISO 9002:1994
有效期:2000.7～2003.7

江苏省镇江船舶有限责任公司
地址:江苏省镇江市东吴路1号
邮政编码:212001
证书注册编号:0200B0209
体系认证标准:GB/T19002－1994 idt ISO 9002:1994
有效期:2000.7～2003.7

中国蓝星化学清洗总公司工程公司
地址:北京市朝阳区北土城西路9号
邮政编码:100029
证书注册编号:0200B0210
体系认证标准:GB/T19002－1994 idt ISO 9002:1994
有效期:2000.7～2003.7

广州黄埔造船厂
地址:广东省广州市新洲邮政信箱1047号
邮政编码:510336
证书注册编号:0200B0211 0297B204
体系认证标准:GB/T19002－1994 idt ISO 9002:1994
有效期:2000.7～2003.7

宁波伯爵油漆有限公司
地址:浙江省宁波经济技术开发区北仑石桥化工区
邮政编码:315821
证书注册编号:0200B0212
体系认证标准:GB/T19002－1994 idt ISO 9002:1994
有效期:2000.7～2003.7

胜利定向井公司
地址:山东省东营市德州路136号
邮政编码:257064
证书注册编号:0200A0213 0297B206
体系认证标准:GB/T19001－1994 idt ISO 9001:1994
有效期:2000.7～2003.7

永康市飞远机械有限公司
地址:浙江省永康市永东西路27号(长城工业区)
邮政编码:321301
证书注册编号:0200B0214
体系认证标准:GB/T19002－1994 idt ISO 9002:1994
有效期:2000.7～2003.7

无锡南泉压力容器厂
地址:江苏省锡山市南泉镇东

邮政编码:214128
证书注册编号:0200B0215
体系认证标准:GB/T19002－1994 idt ISO 9002:1994
有效期:2000.7～2003.7

＊山西省晋城市建筑设计院
地址:山西省晋城市风翔小区27号楼1单元
邮政编码:048000
电话:(0356)2031465
传真:(0356)2024875
法定代表人:崔御风
证书注册编号:0200A0216
体系认证标准:GB/T19001－1994 idt ISO 9001:1994
获证体系覆盖产品:工程设计、工程项目咨询和服务
有效期:2000.7.10～2003.7.9

顺德市容桂镇星月电器厂
地址:广东顺德市容桂镇文华路61号
邮政编码:528305
证书注册编号:0200B0217
体系认证标准:GB/T19002－1994 idt ISO 9002:1994
有效期:2000.7～2003.7

上海沪东重机上船造机有限公司
地址:上海市浦东新区即墨路1号
邮政编码:200120
证书注册编号:0200B0218 0297B214
体系认证标准:GB/T19002－1994 idt ISO 9002:1994
有效期:2000.7～2003.7

江苏永进泵阀厂
地址:江苏靖江市新桥镇飞跃路159号
邮政编码:214537
证书注册编号:0200B0219
体系认证标准:GB/T19002－1994 idt ISO 9002:1994
有效期:2000.7～2003.7

无锡市房屋拆迁公司(无锡市恒鼎中介服务有限责任公司)
地址:江苏省无锡市健康路58号(地址:江苏省无锡市大庄里291、292号
邮政编码:214001
证书注册编号:0200B0220
体系认证标准:GB/T19002－1994 idt ISO 9002:1994
有效期:2000.7～2003.7

北京市地下铁道总公司地铁车辆厂
地址:北京市丰台区苇子坑23号
邮政编码:100078
证书注册编号:0200A0221
体系认证标准:GB/T19001－1994 idt ISO 9001:1994
有效期:2000.7～2003.7

宁波天安(集团)股份有限公司
地址:浙江省象山县城南
邮政编码:315709
证书注册编号:0200A0222
体系认证标准:GB/T19001－1994 idt ISO 9001:1994
有效期:2000.7～2003.7

通化供电设备厂
地址:吉林省通化市胜利路75号
邮政编码:134000
证书注册编号:0200A0223
体系认证标准:GB/T19001－1994 idt ISO 9001:1994
有效期:2000.7～2003.7

浙江群升工贸集团有限公司
地址:浙江省永康市永拖路59号
邮政编码:321300
证书注册编号:0200B0224
体系认证标准:GB/T19002－1994 idt ISO 9002:1994
有效期:2000.7～2003.7

＊交通部第二公路工程局第四工程处
地址:河南省洛阳市向阳路8号院
邮政编码:471013
电话:(0379)3651395
传真:(0379)3651252
法定代表人:王跃青
证书注册编号:0200B0225
体系认证标准:GB/T19002－1994 idt ISO 9002:1994
获证体系覆盖产品:公路、桥梁工程施工
有效期:2000.7～2003.7

南通远洋船务工程有限公司
地址:江苏省南通市任港南首
邮政编码:226005
证书注册编号:0200B0226 0297B222
体系认证标准:GB/T19002－1994 idt ISO 9002:1994
有效期:2000.7～2003.7

中国船舶燃料供应连云港公司
地址:江苏省连云港市连云区中山路33号
邮政编码:222046
证书注册编号:0200B0227 0297B213
体系认证标准:GB/T19002－1994 idt ISO 9002:1994
有效期:2000.7～2003.7

江阴迪诺拉天利电化学技术有限公司
地址:江苏江阴市利港镇西利路155号
邮政编码:214444
证书注册编号:0200B0228
体系认证标准:GB/T19002－1994 idt ISO 9002:1994
有效期:2000.7～2003.7

杭州长运集团公司客运汽车东站
地址:浙江省杭州市艮山西路215号
邮政编码:310021
证书注册编号:0200B0229
体系认证标准:GB/T19002－1994 idt ISO 9002:1994
有效期:2000.7～2003.7

温洲沪乐集团有限公司
地址:浙江省乐清市虹桥镇虹桥路(沪乐园区)
邮政编码:325608
证书注册编号:0200B0230 0297B182
体系认证标准:GB/T19002－1994 idt ISO 9002:1994
有效期:2000.7～2003.7

江津增压器厂
地址:重庆江津市德感镇东方红大街
邮政编码:402263
证书注册编号:0298A016
体系认证标准:GB/T19001－1994 idt ISO 9001:1994
有效期:1998.5～2001.5

江阴市石油化工设备有限公司
地址:江苏江阴市新桥镇陶新路39号
邮政编码:214426
证书注册编号:0298A737－2
体系认证标准:GB/T19001－1994 idt ISO 9001:1994

有效期:1998.12～2001.12

新疆西部明珠实业总公司
地址:新疆克拉玛依白碱滩区新华村
邮政编码:834008
证书注册编号:0298B484
体系认证标准:GB/T19002－1994 idt ISO 9002:1994
有效期:1998.7～2001.7

铜陵车辆厂
地址:安徽省铜陵市凤凰山街道叶村
邮政编码:244142
证书注册编号:0298A651
体系认证标准:GB/T19001－1994 idt ISO 9001:1994
有效期:1998.12～2001.12

新乡平原人造板厂
地址:河南省新乡市高新技术开发区向阳路东
邮政编码:453003
证书注册编号:0298B697
体系认证标准:GB/T19002－1994 idt ISO 9002:1994
有效期:1998.12～2001.12

江苏江阴市金马溶剂化工有限公司
地址:江苏省江阴市云亭镇中街162号
邮政编码:214422
证书注册编号:0299B0041
体系认证标准:GB/T19002－1994 idt ISO 9002:1994
有效期:1999.2～2002.2

北京中铁快运物流科技有限公司
地址:北京市丰台区科学城10D地块2号楼401室(园区)
邮政编码:100070
证书注册编号:0299B0380
体系认证标准:GB/T19002－1994 idt ISO 9002:1994
有效期:1999.12～2002.12

扬子石油化工股份有限公司炼油厂
地址:江苏省南京市大厂区新华路
邮政编码:210048
证书注册编号:0299B0421
体系认证标准:GB/T19002－1994 idt ISO 9002:1994
有效期:1999.12～2002.12

芜湖港务管理局(芜湖港务管理局裕溪口港埠总公司)(芜湖港务管理局朱家桥港埠总公司)(芜湖港务管理局江岸港埠总公司)(中国外轮理货总公司芜湖分公司)(芜湖港务管理局芜湖皖东轮驳运输有限责任公司)
地址:安徽省芜湖市江岸路32号(安徽省芜湖市沿江路25号)(安徽省芜湖市长江路朱家桥外贸码头)(安徽省芜湖市江岸路53号)(安徽省芜湖市江岸路32号)(安徽省芜湖市江岸路32号)(安徽省芜湖市江岸路37号)
邮政编码:241000
证书注册编号:0200B0024(芜湖港)
体系认证标准:GB/T19002－1994 idt ISO 9002:1994
有效期:2000.1～2003.1

靖江市长新特钢制造有限公司
地址:江苏省靖江市西南环路西首
邮政编码:214500
证书注册编号:0200B0064
体系认证标准:GB/T19002－1994 idt ISO 9002:1994
有效期:2000.2～2003.2

无锡众星摩托制造有限公司
地址:江苏省无锡查桥镇镇南锡沪路口
邮政编码:214104
证书注册编号:0200B0147
体系认证标准:GB/T19002－1994 idt ISO 9002:1994
有效期:2000.4～2003.4

青海省公路桥梁工程(集团)有限公司
地址:青海省西宁市五四大街72号
邮政编码:810008
证书注册编号:0200B0157
体系认证标准:GB/T19002－1994 idt ISO 9002:1994
有效期:2000.5～2003.5

天水海林轴承厂
地址:甘肃天水市秦城区岷山路55号
邮政编码:741018
证书注册编号:0200B0231 0297B180
体系认证标准:GB/T19002－1994 idt ISO 9002:1994
有效期:2000.8～2003.7

苏州倍尔特电器有限公司
地址:江苏省苏州吴县市北桥镇庄基村
邮政编码:215144
证书注册编号:0200B0232
体系认证标准:GB/T19002－1994 idt ISO 9002:1994
有效期:2000.8～2003.7

陕西博大电讯设备机械制造有限公司
地址:陕西省西安市翠华路115号
邮政编码:710061
证书注册编号:0200A0233
体系认证标准:GB/T19001－1994 idt ISO 9001:1994
有效期:2000.8～2003.7

廊坊市建筑机械厂
地址:河北省廊坊市金光道42号
邮政编码:065000
证书注册编号:0200A0234
体系认证标准:GB/T19001－1994 idt ISO 9001:1994
有效期:2000.8～2003.7

合肥皖通预应力设备有限责任公司
地址:安徽省合肥市万岗路27号
邮政编码:230051
证书注册编号:0200B0235
体系认证标准:GB/T19002－1994 idt ISO 9002:1994
有效期:2000.8～2003.7

江苏省江阴市青阳雅飞亚塑料厂(地址:江苏省江阴市东方电器附件厂)
地址:江苏省江阴市青阳镇东方村
邮政编码:214401
证书注册编号:0200B0236
体系认证标准:GB/T19002－1994 idt ISO 9002:1994
有效期:2000.8～2003.7

锡山市科达阀门厂
地址:江苏省锡山市洛社镇铁路村
邮政编码:214187
证书注册编号:0200B0237
体系认证标准:GB/T19002－1994 idt ISO 9002:1994
有效期:2000.8～2003.7

武汉国测电力新技术有限公司
地址:湖北省武汉市关山三路关东科技工业园7－4#创业中心
邮政编码:430074

证书注册编号:0200A0238
体系认证标准:GB/T19001－1994 idt ISO 9001:1994
有效期:2000.8～2003.7

上海浦东特种消防装备厂
地址:上海市浦东新区唐镇工业小区
邮政编码:201203
证书注册编号:0200A0239
体系认证标准:GB/T19001－1994 idt ISO 9001:1994
有效期:2000.8～2003.7

温州市广和电器有限公司
地址:浙江省洞头县县前路29号广和大厦
邮政编码:325700
证书注册编号:0200B0240
体系认证标准:GB/T19002－1994 idt ISO 9002:1994
有效期:2000.8～2003.7

北京威克瑞电线电缆有限公司
地址:北京市平谷县兴谷经济开发区
邮政编码:101200
证书注册编号:0200A0241
体系认证标准:GB/T19001－1994 idt ISO 9001:1994
有效期:2000.8～2003.7

招商银行
地址:广东省深圳市深南中路2号
邮政编码:518001
证书注册编号:0200A0242 0297A178
体系认证标准:GB/T19001－1994 idt ISO 9001:1994
有效期:2000.8～2003.7

河北省沧州市通用建材有限公司
地址:河北省沧州市西环中街82号
邮政编码:061001
证书注册编号:0200B0243
体系认证标准:GB/T19002－1994 idt ISO 9002:1994
有效期:2000.8～2003.7

温州市瓯海有氟密阀门有限公司
地址:浙江温州市瓯海永中西路193号
邮政编码:325024
证书注册编号:0200A0244
体系认证标准:GB/T19001－1994 idt ISO 9001:1994
有效期:2000.8～2003.7

通州市金通钢绳有限责任公司(通州市银通钢丝绳厂)
地址:江苏省通州市张芝山镇
邮政编码:226311
证书注册编号:0200B0245
体系认证标准:GB/T19002－1994 idt ISO 9002:1994
有效期:2000.8～2003.7

浙江船厂
地址:浙江省宁波市江南路69号
邮政编码:315040
证书注册编号:0200B0246
体系认证标准:GB/T19002－1994 idt ISO 9002:1994
有效期:2000.8～2003.7

中原石油勘探局机械制造总厂
地址:河南濮阳市大庆路(北端)465号
邮政编码:457001
证书注册编号:0200A0247 0297A201
体系认证标准:GB/T19001－1994 idt ISO 9001:1994
有效期:2000.8～2003.7

南通市洲洋金属制品有限公司(通州市光阳钢丝绳厂、通州市朝阳钢丝绳厂)
地址:江苏省南通市东郊小海镇
邮政编码:226317
证书注册编号:0200B0248
体系认证标准:GB/T19002－1994 idt ISO 9002:1994
有效期:2000.8～2003.7

南海市飞阳照明电器有限公司
地址:广东省南海市罗村镇罗寨第一工业区
邮政编码:528226
证书注册编号:0200B0249
体系认证标准:GB/T19002－1994 idt ISO 9002:1994
有效期:2000.8～2003.7

广州钢铁股份有限公司
地址:广东省广州市芳村区白鹤洞
邮政编码:510381
证书注册编号:0200B0250 0297B231
体系认证标准:GB/T19002－1994 idt ISO 9002:1994
有效期:2000.8～2003.7

北京市公路桥梁建设公司第五分公司(北京市公路局第五工程施工处)
地址:北京市丰台区南苑镇北天津庄179号
邮政编码:100076
证书注册编号:0200B0251
体系认证标准:GB/T19002－1994 idt ISO 9002:1994
有效期:2000.8～2003.7

南风化工集团股份有限公司日化分公司
地址:山西省运城市西环路208号
邮政编码:044000
证书注册编号:0200B0252 0297B200
体系认证标准:GB/T19002－1994 idt ISO 9002:1994
有效期:2000.8～2003.7

九江天龙镀锌钢绞线有限公司
地址:江西省九江市九瑞路245号
邮政编码:332000
证书注册编号:0200B0253 0297B187
体系认证标准:GB/T19002－1994 idt ISO 9002:1994
有效期:2000.8～2003.7

云南优耐达信息产业有限公司
地址:云南省昆明市鼓楼路106号
邮政编码:650051
证书注册编号:0200A0254
体系认证标准:GB/T19001－1994 idt ISO 9001:1994
有效期:2000.8～2003.8

无锡华能电缆有限公司
地址:江苏省锡山市查桥镇
邮政编码:214104
证书注册编号:0200B0255 0297B227
体系认证标准:GB/T19002－1994 idt ISO 9002:1994
有效期:2000.8～2003.8

深圳市彩虹电子有限公司
地址:广东省深圳市南山区中兴工业城九栋2层
邮政编码:518054
证书注册编号:0200B0256 0297B205
体系认证标准:GB/T19002－1994 idt ISO 9002:1994
有效期:2000.8～2003.8

山东省岚山港务管理局
地址:山东省日照市岚山
邮政编码:276808
证书注册编号:0200B0257
体系认证标准:GB/T19002—1994 idt ISO 9002:1994
有效期:2000.8～2003.8

青岛远洋通信导航有限公司
地址:山东省青岛市市场二路33号振业大厦12楼
邮政编码:266011
证书注册编号:0200B0258 0297B230
体系认证标准:GB/T19002—1994 idt ISO 9002:1994
有效期:2000.8～2003.8

温州市瓯海长鸣钢管厂
地址:浙江省温州市瓯海区永中镇沧上北街1号
邮政编码:325024
证书注册编号:0200B0259
体系认证标准:GB/T19002—1994 idt ISO 9002:1994
有效期:2000.8～2003.8

锡山市南泉球墨铸件厂
地址:江苏省锡山市南泉镇
邮政编码:214128
证书注册编号:0200B0260
体系认证标准:GB/T19002—1994 idt ISO 9002:1994
有效期:2000.8～2003.8

无锡市百盛粘土材料有限公司
地址:江苏省无锡市新区长江路34号无锡科技创业园四区四楼415号
邮政编码:214028
证书注册编号:0200B0261
体系认证标准:GB/T19002—1994 idt ISO 9002:1994
有效期:2000.8～2003.8

浙江青山特钢有限公司
地址:浙江省温州市龙水镇青山村
邮政编码:325038
证书注册编号:0200B0262
体系认证标准:GB/T19002—1994 idt ISO 9002:1994
有效期:2000.8～2003.8

*** 山西省运城地区解州铝厂**
铝加工分厂
地址:山西省运城市解州新建路30号
邮政编码:044001
电话:(0359)2800318
传真:(0359)2800318/2825032
法定代表人:张乃荣
证书注册编号:0200B0263
体系认证标准:GB/T19002—1994 idt ISO 9002:1994
获证体系覆盖产品:铝箔、铝带的生产
有效期:2000.8.16～2003.8.15

宁夏电力建筑安装工程公司
地址:宁夏银川高新技术开发区2号写字楼
邮政编码:750002
证书注册编号:0200B0264 0297B226
体系认证标准:GB/T19002—1994 idt ISO 9002:1994
有效期:2000.8～2003.8

无锡市百盛粘土材料有限公司
地址:江苏省无锡市新区长江路34号无锡科技创业园四区四楼415号
邮政编码:214028
证书注册编号:0200A0265
体系认证标准:GB/T19001—1994 idt ISO 9001:1994
有效期:2000.8～2003.8

白城电气安装总公司
地址:吉林省白城市新华西大路25号
邮政编码:137000
证书注册编号:0200B0266
体系认证标准:GB/T19002—1994 idt ISO 9002:1994
有效期:2000.8～2003.8

通化电力安装总公司
地址:吉林省通化市江东新庆路9号
邮政编码:134000
证书注册编号:0200B0267
体系认证标准:GB/T19002—1994 idt ISO 9002:1994
有效期:2000.8～2003.8

云南第五公路工程处
地址:云南省昆明市白龙小区龙华街
邮政编码:650224
证书注册编号:0200B0268
体系认证标准:GB/T19002—1994 idt ISO 9002:1994
有效期:2000.8～2003.8

定西高原活塞环有限公司
地址:甘肃省定西县中华路129号
邮政编码:743000
证书注册编号:0200B0269 0297B192
体系认证标准:GB/T19002—1994 idt ISO 9002:1994
有效期:2000.8～2003.8

吉林电力股份有限公司
二道江发电公司
地址:吉林省通化市二道江区东纬路27号
邮政编码:134003
证书注册编号:0200B0270
体系认证标准:GB/T19002—1994 idt ISO 9002:1994
有效期:2000.8～2003.8

上海新行不锈钢管厂
地址:上海市嘉定区徐行澄浏路753号
邮政编码:201808
证书注册编号:0200B0271
体系认证标准:GB/T19002—1994 idt ISO 9002:1994
有效期:2000.8～2003.8

中远散货运输有限公司
地址:天津市河北区远洋广场1号
邮政编码:300010
证书注册编号:0200B0272 0297B224
体系认证标准:GB/T19002—1994 idt ISO 9002:1994
有效期:2000.8～2003.8

秦皇岛市海港区第三建筑工程公司
地址:河北省秦皇岛市港城大街东段
邮政编码:066001
证书注册编号:0200B0273 0297B228
体系认证标准:GB/T19002—1994 idt ISO 9002:1994
有效期:2000.8～2003.8

泰州魏德曼高压绝缘有限公司
地址:江苏省泰州市海阳路41号
邮政编码:225300
证书注册编号:0200B0274
体系认证标准:GB/T19002—1994 idt ISO 9002:1994
有效期:2000.8～2003.8

青岛市沙子口建设工程总公司
地址:山东省青岛市沙子口街道办事处大桥东
邮政编码:266102
证书注册编号:0200B0275
体系认证标准:GB/T19002－1994 idt ISO 9002:1994
有效期:2000.8～2003.8

上海海上安全监督局上海航标区
证书注册编号:0298B528

北京市通州永乐化工厂
证书注册编号:0298B550

焦作鑫达化工有限公司
证书注册编号:0297B313

西安博通资讯股份有限公司
地址:陕西省西安市高新技术产业开发区东区火炬路3号楼10层C区
邮政编码:710043
证书注册编号:0298A480
体系认证标准:GB/T19001－1994 idt ISO 9001:1994
有效期:1998.6～2001.6

青岛青力锅炉辅机有限公司
地址:山东省胶州市惠州路26号
邮政编码:266300
证书注册编号:0298A526
体系认证标准:GB/T19001－1994 idt ISO 9001:1994
有效期:1998.8～2001.8

黑龙江金龙管材制造股份有限公司
地址:黑龙江省鸡西市滴道区铁南路14号
邮政编码:158150
证书注册编号:0298B631
体系认证标准:GB/T19002－1994 idt ISO 9002:1994
有效期:1998.11～2001.11

宁波环宇耐火材料有限公司
地址:浙江省象山县丹城
邮政编码:315711
证书注册编号:0298B727
体系认证标准:GB/T19002－1994 idt ISO 9002:1994
有效期:1998.12～2001.12

广州擎天成套装备实业有限公司(广州电器科学研究所成套工程设计研究分所)
地址:广东省广州市新港西路204号
邮政编码:510302
证书注册编号:0299A0336
体系认证标准:GB/T19001－1994 idt ISO 9001:1994
有效期:1999.12～2002.11

重庆东风船舶工业公司
地址:重庆市江北区唐家沱
邮政编码:400026
证书注册编号:0299A0342
体系认证标准:GB/T19001－1994 idt ISO 9001:1994
有效期:1999.12～2002.11

克拉玛依市三联工程建设有限责任公司
地址:新疆克拉玛依市塔河路145号
邮政编码:834000
证书注册编号:0299B0150
体系认证标准:GB/T19002－1994 idt ISO 9002:1994
有效期:1999.8～2002.8

靖江扬子消防设备制造总厂
地址:江苏省靖江市新建路283号
邮政编码:214500
证书注册编号:0299B0158
体系认证标准:GB/T19002－1994 idt ISO 9002:1994
有效期:1999.8～2002.8

锡山市华宇工业科技有限公司
地址:江苏省锡山市玉祁镇
邮政编码:214183
证书注册编号:0200B0276
体系认证标准:GB/T19002－1994 idt ISO 9002:1994
有效期:2000.9～2003.8

江苏石油勘探局机械厂(江苏油田(江都)天工实业总公司)
地址:江苏省江都市宜陵镇新宜路1号
邮政编码:225231
证书注册编号:0200A0277 0297A235
体系认证标准:GB/T19001－1994 idt ISO 9001:1994
有效期:2000.9～2003.8

浙江省永康市波涛减震器有限公司
地址:浙江省永康市古山前黄工业区
邮政编码:321307
证书注册编号:0200B0278
体系认证标准:GB/T19002－1994 idt ISO 9002:1994
有效期:2000.9～2003.8

青海铁塔制造有限责任公司
地址:青海省西宁市南川东路31号
邮政编码:810021
证书注册编号:0200B0279 0297B240
体系认证标准:GB/T19002－1994 idt ISO 9002:1994
有效期:2000.9～2003.8

新会市航建工程有限公司
地址:广东省新会市沙堆镇洋关开发区
邮政编码:529147
证书注册编号:0200B0280
体系认证标准:GB/T19002－1994 idt ISO 9002:1994
有效期:2000.9～2003.8

天水电气传动研究所
地址:甘肃天水市秦城区长开路53号
邮政编码:741018
证书注册编号:0200A0281 0297A218
体系认证标准:GB/T19001－1994 idt ISO 9001:1994
有效期:2000.9～2003.8

渤海石油油田化学工业有限公司
地址:天津塘沽554信箱
邮政编码:300452
证书注册编号:0200B0282
体系认证标准:GB/T19002－1994 idt ISO 9002:1994
有效期:2000.9～2003.8

大连汽车站
地址:辽宁大连市西岗区鞍山路20号
邮政编码:116011
证书注册编号:0200B0283
体系认证标准:GB/T19002－1994 idt ISO 9002:1994
有效期:2000.9～2003.8

上海电机(集团)公司先锋电机厂
地址:上海市闸北区灵石路702号
邮政编码:200072
证书注册编号:0200A0284 0297A209

体系认证标准:GB/T19001－1994 idt ISO 9001:1994
有效期:2000.9～2003.8

陕西开关厂
地址:陕西省宝鸡市峪泉路7号
邮政编码:721006
证书注册编号:0200A0285 0297A191
体系认证标准:GB/T19001－1994 idt ISO 9001:1994
有效期:2000.9～2003.8

锡山市华星汽车电器厂
地址:江苏省锡山市玉祁镇黄泥坝村
邮政编码:214184
证书注册编号:0200B0286
体系认证标准:GB/T19002－1994 idt ISO 9002:1994
有效期:2000.9～2003.8

西北电力建设第四工程公司
地址:陕西省西安市纺织城纺建路
邮政编码:710038
证书注册编号:0200B0287 0297B237
体系认证标准:GB/T19002－1994 idt ISO 9002:1994
有效期:2000.9～2003.8

锡山市泰伯马铁合金有限公司
地址:江苏省锡山市梅村镇
邮政编码:214112
证书注册编号:0200B0288
体系认证标准:GB/T19002－1994 idt ISO 9002:1994
有效期:2000.9～2003.8

马鞍山市东山实业汽车配件厂
地址:安徽省马鞍山市杨家山幸福村寺门口
邮政编码:243021
证书注册编号:0200B0289
体系认证标准:GB/T19002－1994 idt ISO 9002:1994
有效期:2000.9～2003.8

中国船舶燃料供应大连公司
地址:辽宁大连市中山区长江路29号
邮政编码:116001
证书注册编号:0200B0290 0297B241
体系认证标准:GB/T19002－1994 idt ISO 9002:1994
有效期:2000.9～2003.8

北京诺基亚移动通信有限公司
地址:北京市朝阳区将台路5号
邮政编码:100016
证书注册编号:0200B0291 0297B216
体系认证标准:GB/T19002－1994 idt ISO 9002:1994
有效期:2000.9～2003.8

贵州钢绳(集团)有限责任公司
地址:贵州省遵义市桃溪路47号
邮政编码:563000
证书注册编号:0200B0292 0297B221
体系认证标准:GB/T19002－1994 idt ISO 9002:1994
有效期:2000.9～2003.8

通州市良友钢丝制品有限公司(通州市良友钢绳有限公司)
地址:江苏省通州市张芝山镇
邮政编码:226311
证书注册编号:0200B0293
体系认证标准:GB/T19002－1994 idt ISO 9002:1994
有效期:2000.9～2003.8

上海电机(集团)公司五一电机厂
地址:上海市双阳路62号
邮政编码:200090
证书注册编号:0200A0294 0297A208
体系认证标准:GB/T19001－1994 idt ISO 9001:1994
有效期:2000.9～2003.8

浙江省永康市强大泵业有限公司
地址:浙江省永康市桥下工业区
邮政编码:321312
证书注册编号:0200B0295
体系认证标准:GB/T19002－1994 idt ISO 9002:1994
有效期:2000.9～2003.8

***交穗通信工程队**
地址:广东省广州市怡乐路新凤凰直街16巷第五栋首层
邮政编码:510275
电话:(020)84466813
传真:(020)84180861
法定代表人:赖义鸣
证书注册编号:0200B0296
体系认证标准:GB/T19002－1994 idt ISO 9002:1994
获证体系覆盖产品:电信工程施工
有效期:2000.9.1～2003.8.31

扬州光明电缆有限公司
地址:江苏省扬州市北郊菱塘清真路
邮政编码:225652
证书注册编号:0200B0297
体系认证标准:GB/T19002－1994 idt ISO 9002:1994
有效期:2000.9～2003.8

温州市瓯海经协钢管总厂
地址:浙江省温州市瓯海区永中镇建中北街192号
邮政编码:325024
证书注册编号:0200B0298
体系认证标准:GB/T19002－1994 idt ISO 9002:1994
有效期:2000.9～2003.8

马鞍山市通达电工设备厂
地址:安徽省马鞍山市健康路东端
邮政编码:243000
证书注册编号:0200A0299
体系认证标准:GB/T19001－1994 idt ISO 9001:1994
有效期:2000.9～2003.8

克拉玛依市市级机关劳动服务公司(永安建筑安装公司)
地址:新疆克拉玛依市光明西路12号
邮政编码:834000
证书注册编号:0200B0300
体系认证标准:GB/T19002－1994 idt ISO 9002:1994
有效期:2000.9～2003.8

路桥集团第一公路工程局江浙工程处
地址:江苏省苏州市浒关新区长浒大桥西堍江浙工程处
邮政编码:215151
证书注册编号:0200B0301
体系认证标准:GB/T19002－1994 idt ISO 9002:1994
有效期:2000.9～2003.9

浙江伊斯特电梯有限公司
地址:浙江省永康市桥下镇工业区
邮政编码:321312
证书注册编号:0200B0302
体系认证标准:GB/T19002－1994 idt ISO 9002:1994
有效期:2000.9～2003.9

北京益发针织厂
地址:北京市大兴前高米店
邮政编码:102600
证书注册编号:0200B0303
体系认证标准:GB/T19002－1994 idt ISO 9002:1994
有效期:2000.9～2003.9

连云港港务工程公司
地址:江苏省连云港市港四路9号
邮政编码:222042
证书注册编号:0200B0304
体系认证标准:GB/T19002－1994 idt ISO 9002:1994
有效期:2000.9～2003.9

冶钢集团有限公司冶金设备公司
地址:湖北省黄石市黄石大道1号
邮政编码:435001
证书注册编号:0200B0305
体系认证标准:GB/T19002－1994 idt ISO 9002:1994
有效期:2000.9～2003.9

金华福多纳厨具有限公司
地址:浙江省武义县白洋渡
邮政编码:321200
证书注册编号:0200B0306
体系认证标准:GB/T19002－1994 idt ISO 9002:1994
有效期:2000.9～2003.9

江苏新广联光盘有限公司
地址:江苏省无锡锡沪路鸭城桥
邮政编码:214111
证书注册编号:0200B0307
体系认证标准:GB/T19002－1994 idt ISO 9002:1994
有效期:2000.9～2003.9

北京鸿恒基幕墙装饰工程公司
地址:北京市通州区张家湾镇
邮政编码:101113
证书注册编号:0200A0308
体系认证标准:GB/T19001－1994 idt ISO 9001:1994
有效期:2000.9～2003.9

浙江省温州强红电器有限公司
地址:浙江省南温州市瓯海区永昌镇郑宅天柱路
邮政编码:325024
证书注册编号:0200B0309
体系认证标准:GB/T19002－1994 idt ISO 9002:1994
有效期:2000.9～2003.9

潍坊渤海畜牧保健品有限公司
地址:山东省临朐县营子镇曾家洼
邮政编码:262619
证书注册编号:0200B0310
体系认证标准:GB/T19002－1994 idt ISO 9002:1994
有效期:2000.9～2003.9

东海船舶修造厂
地址:上海市逸仙路3901号
邮政编码:200940
证书注册编号:0200A0311
体系认证标准:GB/T19001－1994 idt ISO 9001:1994
有效期:2000.9～2003.9

南京世冀汽车实业有限公司
地址:江苏省南京市苏州路2号
邮政编码:210024
证书注册编号:0200B0312
体系认证标准:GB/T19002－1994 idt ISO 9002:1994
有效期:2000.9～2003.9

连云港港口机械厂
地址:江苏省连云港大港东路
邮政编码:222042
证书注册编号:0200B0313
体系认证标准:GB/T19002－1994 idt ISO 9002:1994
有效期:2000.9～2003.9

济柴聊城机械有限公司
地址:山东省聊城市东昌东路47号
邮政编码:252000
证书注册编号:0200B0314
体系认证标准:GB/T19002－1994 idt ISO 9002:1994
有效期:2000.9～2003.9

锡山市热工设备厂
地址:江苏省锡山市南泉镇
邮政编码:214128
证书注册编号:0200A0315
体系认证标准:GB/T19001－1994 idt ISO 9001:1994
有效期:2000.9～2003.9

牡丹江建材机械总厂
地址:黑龙江省牡丹江市东新荣20号
邮政编码:157009
证书注册编号:0200B0316 0297B212
体系认证标准:GB/T19002－1994 idt ISO 9002:1994
有效期:2000.9～2003.9

台州大力防爆电机有限公司
地址:浙江省台州市新河工业区
邮政编码:317502
证书注册编号:0200B0317
体系认证标准:GB/T19002－1994 idt ISO 9002:1994
有效期:2000.9～2003.9

温州市洞头县恒生程控电器厂
地址:浙江省温州市洞头县北岙岭背路78号
邮政编码:325700
证书注册编号:0200B0318
体系认证标准:GB/T19002－1994 idt ISO 9002:1994
有效期:2000.9～2003.9

石油川东开发油气田建设工程公司
地址:重庆市江北大庆村
邮政编码:400021
证书注册编号:0200B0319
体系认证标准:GB/T19002－1994 idt ISO 9002:1994
有效期:2000.9～2003.9

***民生国际货物运输代理有限公司**
地址:重庆市渝中区新华路83号
邮政编码:400011
电话:(023)63842014
传真:(023)63832359
法定代表人:卢国纪
证书注册编号:0200B0320
体系认证标准:GB/T19002－1994 idt ISO 9002:1994
获证体系覆盖产品:国际货物运输代理业务,长江国际集装箱运输代理业务
有效期:2000.9.16～2003.9.15

西北电力建设第四工程公司混凝土工程公司
地址:陕西省西安市纺织城电厂东路
邮政编码:710038
证书注册编号:0200B0321

体系认证标准:GB/T19002－1994 idt ISO 9002:1994
有效期:2000.9～2003.9

江南造船(集团)有限责任公司
地址:上海市高雄路2号
邮政编码:200011
证书注册编号:0200A0322 0297A220
体系认证标准:GB/T19001－1994 idt ISO 9001:1994
有效期:2000.9～2003.9

中远国际城开发有限公司
地址:江苏省太仓市县府街38号
邮政编码:215400
证书注册编号:0200A0323
体系认证标准:GB/T19001－1994 idt ISO 9001:1994
有效期:2000.9～2003.9

路桥集团第一公路工程局
地址:北京市朝阳区管庄周家井大院
邮政编码:100024
证书注册编号:0200B0324
体系认证标准:GB/T19002－1994 idt ISO 9002:1994
有效期:2000.9～2003.9

中远(太仓)码头有限公司
地址:江苏省太仓市浮桥通港东路1号
邮政编码:215434
证书注册编号:0200B0325
体系认证标准:GB/T19002－1994 idt ISO 9002:1994
有效期:2000.9～2003.9

常州市常开电气有限公司(常州市常兴开关有限公司)
地址:江苏省常州市常新路142号
邮政编码:213002
证书注册编号:0298A041
体系认证标准:GB/T9001－1994 idt ISO 9001:1994
有效期:1998.11～2001.11

安捷伦科技有限公司电子测量仪器部
地址:北京海淀区花园路4号通恒大厦
邮政编码:100088
证书注册编号:0299B0009
体系认证标准:GB/T 19002－1994 idt ISO 9002:1994
有效期:1999.1～2002.1

***珲春发电有限责任公司**
地址:吉林省珲春市
邮政编码:133303
电话:(0440)7512759
传真:(0440)7512759
法定代表人:张野平
证书注册编号:0299B0177
体系认证标准:GB/T 19002－1994 idt ISO 9002:1994
获证体系覆盖产品:火力发电、电力检修安装工程
有效期:1999.9～2002.9

宝鸡有色金属加工厂
(含宝鸡钛业股份有限公司、宝鸡难熔金属材料有限责任公司)
地址:陕西省宝鸡市七十一号信箱
邮政编码:721014
证书注册编号:0299B0181 0296B076
体系认证标准:GB/T 19002－1994 idt ISO 9002:1994
有效期:1999.9～2002.9

锡山市锡丰电力设备修造厂
地址:江苏省锡山市雪浪镇进溪桥
邮政编码:214125
证书注册编号:0200B0104
体系认证标准:GB/T 19002－1994 idt ISO 9002:1994
有效期:2000.3～2003.3

中海供贸有限公司上海物资分公司
地址:上海市大连路277号
邮政编码:200082
证书注册编号:0200B0326 0297B186
体系认证标准:GB/T 19002－1994 idt ISO 9002:1994
有效期:2000.10～2003.10

天水铁路电缆工厂
地址:甘肃省天水市秦城区坚家河4号
邮政编码:741000
证书注册编号:0200B0327 0297B252
体系认证标准:GB/T 19002－1994 idt ISO 9002:1994
有效期:2000.10～2003.10

宜昌电力物资公司
地址:湖北省宜昌市胜利四路40－1号
邮政编码:443000
证书注册编号:0200B0328
体系认证标准:GB/T 19002－1994 idt ISO 9002:1994
有效期:2000.10～2003.10

江西新钢机械制造有限责任公司
地址:江西省新余市赣新东路一号
邮政编码:338004
证书注册编号:0200B0329
体系认证标准:GB/T 19002－1994 idt ISO 9002:1994
有效期:2000.10～2003.10

山西关铝股份有限公司铜锌分厂
地址:山西省运城市解州解芮路9号
邮政编码:044001
证书注册编号:0200B0330
体系认证标准:GB/T 19002－1994 idt ISO 9002:1994
有效期:2000.10～2003.10

青海省水利水电工程局
地址:青海省西宁市西关大街55号
邮政编码:810001
证书注册编号:0200B0331
体系认证标准:GB/T 19002－1994 idt ISO 9002:1994
有效期:2000.10～2003.10

无锡金展制冷设备配套有限公司(锡山市洛社制冷设备配套厂)
地址:江苏省锡山市洛社镇铁路村
邮政编码:214187
证书注册编号:0200B0332
体系认证标准:GB/T 19002－1994 idt ISO 9002:1994
有效期:2000.10～2003.10

黑龙江龙运集团
黑龙江省龙运(集团)股份有限公司 黑龙江哈同快速汽车客运有限责任公司 黑龙江哈牡快速汽车客运有限责任公司 黑龙江哈鸡快速汽车客运有限责任公司 黑龙江哈齐快速汽车客运有限责任公司 黑龙江哈大
地址:黑龙江省哈尔滨市南岗区文道街37号
[黑龙江京哈快速汽车客运有限责任公司 黑龙江哈黑快速汽车客运有限责任公司 黑龙江省龙运快速汽车客运服务有限责任公司]
邮政编码:150040
证书注册编号:0200B0333

体系认证标准:GB/T 19002－1994 idt ISO 9002:1994
有效期:2000.10～2003.10

成都铁路局成都材料总厂
地址:四川成都市二仙桥北三路11号
邮政编码:610051
证书注册编号:0200B0334
体系认证标准:GB/T 19002－1994 idt ISO 9002:1994
有效期:2000.10～2003.10

甘肃陇原地质勘察工程公司
地址:甘肃省兰州市天水路281号
邮政编码:730000
证书注册编号:0200A0335
体系认证标准:GB/T9001－1994 idt ISO 9001:1994
有效期:2000.10～2003.10

中水广海渔业钢丝绳厂
地址:广东台山市南湾镇海波路83号
邮政编码:529231
证书注册编号:0200B0336
体系认证标准:GB/T 19002－1994 idt ISO 9002:1994
有效期:2000.10～2003.10

***民生轮船有限公司**
地址:重庆市渝中区新华路83号
邮政编码:400011
电话:(023)63842014
传真:(023)63832359
法定代表人:卢国纪
证书注册编号:0200B0337
体系认证标准:GB/T 19002－1994 idt ISO 9002:1994
获证体系覆盖产品:长江中下游港间货物运输;重庆至上海内支线集装箱班轮运输,代办水路货物运输
有效期:2000.10.12～2003.10.11

铜陵有色金口岭铜矿
地址:安徽省铜陵市淮河南路
邮政编码:244000
证书注册编号:0200B0338
体系认证标准:GB/T 19002－1994 idt ISO 9002:1994
有效期:2000.10～2003.10

常州市绝热材料厂
地址:江苏省常州市戚墅堰
邮政编码:213011
证书注册编号:0200B0339
体系认证标准:GB/T 19002－1994 idt ISO 9002:1994
有效期:2000.10～2003.10

山东省黄海造船有限公司
地址:山东省荣成市石岛镇黄海南路116号
邮政编码:264309
证书注册编号:0200A0340
体系认证标准:GB/T9001－1994 idt ISO 9001:1994
有效期:2000.10～2003.10

彩虹樱光电子有限公司
地址:江苏省昆山市长江中路139号
邮政编码:215300
证书注册编号:0200B0341 0297B174
体系认证标准:GB/T 19002－1994 idt ISO 9002:1994
有效期:2000.10～2003.10

广州远洋通信导航有限公司
地址:广东省广州市天河直街18号
邮政编码:510620
证书注册编号:0200B0342 0297B243
体系认证标准:GB/T 19002－1994 idt ISO 9002:1994
有效期:2000.10～2003.10

上海南洋电缆厂
地址:上海裕德路165号
邮政编码:200030
证书注册编号:0200B0343 0297B239
体系认证标准:GB/T 19002－1994 idt ISO 9002:1994
有效期:2000.10～2003.10

***河南石油勘探局机械制造厂**
地址:河南省南阳市河南油田东区
邮政编码:473132
电话:(0377)3839758
传真:(0377)3839779
法定代表人:李铁
证书注册编号:0200A0344 0297A238
体系认证标准:GB/T9001－1994 idt ISO 9001:1994
获证体系覆盖产品:抽油机、热采井口装置的设计、开发、生产、安装和服务,油管的生产和服务
有效期:2000.10.8～2003.10.7

重庆奔腾科技发展有限公司
地址:重庆市九龙坡区科园四路172号F幢
邮政编码:400041
证书注册编号:0200A0345
体系认证标准:GB/T9001－1994 idt ISO 9001:1994
有效期:2000.10～2003.10

顺德市伦教防火门厂
地址:广东省顺德市伦教镇三伦路段
邮政编码:528308
证书注册编号:0200B0346
体系认证标准:GB/T 19002－1994 idt ISO 9002:1994
有效期:2000.10～2003.10

牡丹江道路桥梁建设有限责任公司
地址:黑龙江牡丹江市西牡丹街310号
邮政编码:157003
证书注册编号:0200B0347
体系认证标准:GB/T 19002－1994 idt ISO 9002:1994
有效期:2000.10～2003.10

中国大连国际合作(集团)股份有限公司航业分公司
地址:辽宁省大连市西岗区黄河路219号11楼
邮政编码:116011
证书注册编号:0200B0348
体系认证标准:GB/T 19002－1994 idt ISO 9002:1994
有效期:2000.10～2003.10

黑龙江北琴海路桥工程集团有限公司
地址:黑龙江省密山市东安街486号
邮政编码:158300
证书注册编号:0200B0349
体系认证标准:GB/T 19002－1994 idt ISO 9002:1994
有效期:2000.10～2003.10

安庆船用柴油机厂
地址:安徽省安庆市渡江路18号
邮政编码:246003
证书注册编号:0200A0350
体系认证标准:GB/T9001－1994 idt ISO 9001:1994
有效期:2000.10～2003.10

上海振华港口机械股份有限公司

地址:上海市浦东南路3470号
邮政编码:200125
证书注册编号:0200A0351 0297A234
体系认证标准:GB/T9001－1994 idt ISO 9001:1994
有效期:2000.10～2003.10

温州市江南船用电器厂
地址:浙江省温州市海滨工业区海宁路3号
邮政编码:325024
证书注册编号:0200B0352
体系认证标准:GB/T 19002－1994 idt ISO 9002:1994
有效期:2000.10～2003.10

上海中集内燃发电设备有限公司
地址:上海市军工路2500号
邮政编码:200432
证书注册编号:0200A0353 0297A190
体系认证标准:GB/T9001－1994 idt ISO 9001:1994
有效期:2000.10～2003.10

＊中国石化集团公司兰州设计院
地址:甘肃兰州市西固区福利西路1号
邮政编码:730060
电话:(0931)7557201
传真:(0931)7557288
法定代表人:李新城
证书注册编号:0200A0354 0297A248
体系认证标准:GB/T9001－1994 idt ISO 9001:1994
获证体系覆盖产品:工程设计、工程总承包、工程咨询
有效期:2000.10.8～2003.10.7

郑州铁路分局月山车辆段
地址:河南焦作市博爱县月山铁路地区
邮政编码:454493
证书注册编号:0200B0355
体系认证标准:GB/T 19002－1994 idt ISO 9002:1994
有效期:2000.10～2003.10

甘肃省盐锅峡铸钢厂
地址:甘肃省永靖县盐锅峡镇
邮政编码:731601
证书注册编号:0200B0356
体系认证标准:GB/T 19002－1994 idt ISO 9002:1994
有效期:2000.10～2003.10

温州市煤气总公司
地址:浙江省温州市南浦住宅区海鸥11幢北
邮政编码:325027
证书注册编号:0200A0357
体系认证标准:GB/T9001－1994 idt ISO 9001:1994
有效期:2000.10～2003.10

吉林工程建设监理公司
地址:吉林吉林市龙潭区滨江路190号
邮政编码:132021
证书注册编号:0200B0358
体系认证标准:GB/T 19002－1994 idt ISO 9002:1994
有效期:2000.10～2003.10

国营云南开关厂(国营云南机器四厂)
地址:云南省楚雄市
邮政编码:675000
证书注册编号:0200A0359 0297A247
体系认证标准:GB/T9001－1994 idt ISO 9001:1994
有效期:2000.10～2003.10

陕西彩通电子有限公司
地址:陕西省西安高新技术产业开发区东区火炬路1号
邮政编码:710043
证书注册编号:0200B0360
体系认证标准:GB/T 19002－1994 idt ISO 9002:1994
有效期:2000.10～2003.10

山西通宝铁合金有限责任公司
地址:山西省大同市铁合金厂院内
邮政编码:037039
证书注册编号:0200B0361
体系认证标准:GB/T 19002－1994 idt ISO 9002:1994
有效期:2000.10～2003.10

锡山市隆盛电缆材料厂
地址:江苏省锡山市玉祁镇民主村
邮政编码:214183
证书注册编号:0200B0362
体系认证标准:GB/T 19002－1994 idt ISO 9002:1994
有效期:2000.10～2003.10

胜利石油管理局物资供应处金属结构厂
地址:山东省东营市胜华路
邮政编码:257051
证书注册编号:0200B0363 0297B246
体系认证标准:GB/T 19002－1994 idt ISO 9002:1994
有效期:2000.10～2003.10

浙江武义县宇泰实业有限公司
地址:浙江省武义县桐琴镇东干凤凰山工业区
邮政编码:321200
证书注册编号:0200B0364
体系认证标准:GB/T 19002－1994 idt ISO 9002:1994
有效期:2000.10～2003.10

重庆江北工农化工厂
地址:重庆市江北区石马河
邮政编码:400021
证书注册编号:0200B0365
体系认证标准:GB/T 19002－1994 idt ISO 9002:1994
有效期:2000.10～2003.10

天津市华通工程技术联合开发公司
地址:天津市大港区中塘镇
邮政编码:300270
证书注册编号:0200B0366
体系认证标准:GB/T 19002－1994 idt ISO 9002:1994
有效期:2000.10～2003.10

天长市艳阳灯具有限责任公司
地址:安徽省天长市金集镇
邮政编码:239351
证书注册编号:0200B0367 0297B196
体系认证标准:GB/T 19002－1994 idt ISO 9002:1994
有效期:2000.10～2003.10

中港第四航务工程局(含中港第四航务工程局第一工程公司、中港第四航务工程局第二工程公司、中港第四航务工程局第三工程公司、中港第四航务工程局第四工程公司)
地址:广东省广州市前进路163号
邮政编码:510231
证书注册编号:0200B0368 0297B244
体系认证标准:GB/T 19002－1994 idt ISO 9002:1994
有效期:2000.10～2003.10

铁道部北京木材防腐厂
地址:北京市朝阳区八里桥
邮政编码:100024
证书注册编号:0200B0369 0297B245
体系认证标准:GB/T 19002—1994 idt ISO 9002:1994
有效期:2000.10～2003.10

锡山市南泉防腐化工机械设备厂
地址:江苏省锡山市南泉镇
邮政编码:214128
证书注册编号:0200B0370
体系认证标准:GB/T 19002—1994 idt ISO 9002:1994
有效期:2000.10～2003.10

惠阳中核辉新化纤有限公司
地址:广东省惠阳市秋长镇
邮政编码:516221
证书注册编号:0200B0371
体系认证标准:GB/T 19002—1994 idt ISO 9002:1994
有效期:2000.10～2003.10

无锡中策太湖化工机械有限公司
地址:江苏无锡市江海西路东汀路1号
邮政编码:214046
证书注册编号:0200B0372
体系认证标准:GB/T 19002—1994 idt ISO 9002:1994
有效期:2000.10～2003.10

温州市埃尼斯阀门有限公司
地址:浙江省温州市瓯海永兴工业区
邮政编码:325024
证书注册编号:0200B0373
体系认证标准:GB/T 19002—1994 idt ISO 9002:1994
有效期:2000.10～2003.10

锡山市安达防爆电气设备有限公司
地址:江苏省锡山市长安镇张村
邮政编码:214178
证书注册编号:0200B0374
体系认证标准:GB/T 19002—1994 idt ISO 9002:1994
有效期:2000.10～2003.10

甘肃信业通信技术有限责任公司
地址:甘肃省兰州市定西南路100号
邮政编码:730000
证书注册编号:0200A0375
体系认证标准:GB/T9001—1994 idt ISO 9001:1994
有效期:2000.10～2003.10

华通船务代理有限公司
证书注册编号:0297B279

浙江福临实业有限公司
证书注册编号:0299B0302

中国地质工程集团公司
地址:北京市海淀区西五道口45号乙
邮政编码:100080
证书注册编号:0298B668
体系认证标准:GB/T 19002—1994 idt ISO 9002:1994
有效期:1998.12～2001.12

新疆石油管理局机械制造总公司
地址:新疆克拉玛依市永红路15号
邮政编码:834000
证书注册编号:0299A0195
体系认证标准:GB/T 19002—1994 idt ISO 9002:1994
有效期:1999.9～2002.9

天水长城通用电器厂
地址:甘肃省天水市南郭路50号
邮政编码:741000
证书注册编号:0200A0376 0297A260
体系认证标准:GB/T 19002—1994 idt ISO 9002:1994
有效期:2000.11～2003.10

赣东电动工具实业有限公司
地址:江西省崇仁县中山大道23号
邮政编码:344200
证书注册编号:0200B0377
体系认证标准:GB/T 19002—1994 idt ISO 9002:1994
有效期:2000.11～2003.10

四川石油管理局资中机械厂
地址:四川省资中县
邮政编码:641202
证书注册编号:0200B0378 0297B264
体系认证标准:GB/T 19002—1994 idt ISO 9002:1994
有效期:2000.11～2003.10

锡山市万达金属粉末厂
地址:江苏省锡山市玉祁镇万里
邮政编码:214183
证书注册编号:0200A0379
体系认证标准:GB/T 19002—1994 idt ISO 9002:1994
有效期:2000.11～2003.10

河北省安新电力安装工程公司
地址:河北省安新县北关外186号
邮政编码:071600
证书注册编号:0200B0380
体系认证标准:GB/T 19002—1994 idt ISO 9002:1994
有效期:2000.11～2003.10

甘肃省第一建筑机械制造厂
地址:甘肃省兰州市西固西路93号
邮政编码:730060
证书注册编号:0200B0381
体系认证标准:GB/T 19002—1994 idt ISO 9002:1994
有效期:2000.11～2003.10

新疆新油建筑安装工程有限责任公司
地址:新疆乌鲁木齐市友好南路190号
邮政编码:830000
证书注册编号:0200B0382
体系认证标准:GB/T 19002—1994 idt ISO 9002:1994
有效期:2000.11～2003.10

保定市交通局公路工程处
地址:河北省保定市花椒园街48号
邮政编码:071000
证书注册编号:0200B0383 0297B321
体系认证标准:GB/T 19002—1994 idt ISO 9002:1994
有效期:2000.11～2003.10

大连远洋物业管理有限公司
地址:辽宁省大连市中山区顺阳街3号
邮政编码:116001
证书注册编号:0200B0384
体系认证标准:GB/T 19002—1994 idt ISO 9002:1994
有效期:2000.11～2003.10

无锡市雄伟精工机械厂
地址:江苏省无锡市清杨路6号桥堍
邮政编码:214023
证书注册编号:0200B0385
体系认证标准:GB/T 19002—1994 idt ISO 9002:1994

有效期:2000.11～2003.10

重庆超力高科技实业公司
地址:重庆市石桥铺柳背桥
邮政编码:400039
证书注册编号:0200B0386
体系认证标准:GB/T 19002－1994 idt ISO 9002:1994
有效期:2000.11～2003.10

中国海洋工程服务广州公司
地址:广东省广州市滨江东路536号
邮政编码:510260
证书注册编号:0200B0387 0297B210
体系认证标准:GB/T 19002－1994 idt ISO 9002:1994
有效期:2000.11～2003.10

淄博柴油机厂
地址:山东省淄博市张店
邮政编码:255077
证书注册编号:0200A0388 0297A229
体系认证标准:GB/T 19002－1994 idt ISO 9002:1994
有效期:2000.11～2003.10

江苏方圆集团(江苏华能铜业有限公司、无锡方圆电工有限公司、锡山市铜材五厂)
地址:江苏省锡山市东绛镇
邮政编码:214121
证书注册编号:0200B0389 0297B254
体系认证标准:GB/T 19002－1994 idt ISO 9002:1994
有效期:2000.11～2003.10

乌鲁木齐市天山机械厂
地址:新疆乌鲁木齐市五一路3号
邮政编码:830000
证书注册编号:0200B0390
体系认证标准:GB/T 19002－1994 idt ISO 9002:1994
有效期:2000.11～2003.10

江西澳赣辐条实业有限公司
地址:江西省崇仁县城街口路268号
邮政编码:344200
证书注册编号:0200B0391
体系认证标准:GB/T 19002－1994 idt ISO 9002:1994
有效期:2000.11～2003.10

苏州市鑫达链条实业有限公司
地址:江苏省苏州吴县市藏书镇
邮政编码:215156
证书注册编号:0200B0392
体系认证标准:GB/T 19002－1994 idt ISO 9002:1994
有效期:2000.11～2003.1

锡山市宏星纺织器材厂(锡山市电器仪表二厂)
地址:江苏省锡山市洛社镇浒泗桥
邮政编码:214187
证书注册编号:0200B0393
体系认证标准:GB/T 19002－1994 idt ISO 9002:1994
有效期:2000.11～2003.10

无锡湖虹铜业有限公司
地址:江苏省无锡市南门新安镇
邮政编码:214135
证书注册编号:0200B0394
体系认证标准:GB/T 19002－1994 idt ISO 9002:1994
有效期:2000.11～2003.10

锡山市万丰保护膜有限公司
地址:江苏省锡山市玉祁镇蓉南村
邮政编码:214183
证书注册编号:0200B0395
体系认证标准:GB/T 19002－1994 idt ISO 9002:1994
有效期:2000.11～2003.10

黑龙江省公路工程监理咨询公司
地址:黑龙江省哈尔滨市南岗区平公街宣西小区40栋
邮政编码:150090
证书注册编号:0200B0396
体系认证标准:GB/T 19002－1994 idt ISO 9002:1994
有效期:2000.11～2003.10

中国内蒙古伊克昭盟公路工程局
地址:内蒙古东胜市伊煤路9号
邮政编码:017000
证书注册编号:0200B0397
体系认证标准:GB/T 19002－1994 idt ISO 9002:1994
有效期:2000.11～2003.10

中农新肥科技股份有限公司
地址:江苏省锡山市玉祁镇
邮政编码:214183
证书注册编号:0200B0398
体系认证标准:GB/T 19002－1994 idt ISO 9002:1994
有效期:2000.11～2003.10

温州市金达制锁有限公司
地址:浙江省温州市瓯海区新桥镇前花工业区金达路21号
邮政编码:325006
证书注册编号:0200B0399
体系认证标准:GB/T 19002－1994 idt ISO 9002:1994
有效期:2000.11～2003.10

佳木斯市路桥工程集团公司
地址:黑龙江省佳木斯市光华路20号
邮政编码:154007
证书注册编号:0200B0400
体系认证标准:GB/T 19002－1994 idt ISO 9002:1994
有效期:2000.11～2003.10

山东龙口市有机化工有限公司
地址:山东省龙口市开发区电厂西
邮政编码:265700
证书注册编号:0200B0401
体系认证标准:GB/T 19002－1994 idt ISO 9002:1994
有效期:2000.11～2003.11

友联船厂(蛇口)有限公司
地址:广东省深圳市蛇口三突堤连洋路
邮政编码:518068
证书注册编号:0200B0402 0297B285
体系认证标准:GB/T 19002－1994 idt ISO 9002:1994
有效期:2000.11～2003.11

无锡市新云汽车电器厂
地址:江苏省无锡市玉祁镇民主路2号
邮政编码:214183
证书注册编号:0200B0403
体系认证标准:GB/T 19002－1994 idt ISO 9002:1994
有效期:2000.11～2003.11

***新疆石油管理局准东勘探开发公司**
地址:新疆阜康准东石油基地
邮政编码:831511
电话:(0994)3831437
传真:(0994)3832984

法定代表人:凌霄
证书注册编号:0200B0404
获证体系覆盖产品:钻井工程及技术服务,修井作业及技术服务,路桥工程,建筑工程,安装工程(石油化工工程和民用建筑),防盗门及钢窗制造,钻采设备维修,抽油泵生产及维修,焊管及型材生产
有效期:2000.11～2003.11

青岛天盾橡胶有限公司
地址:山东青岛市城阳区正阳街71号
邮政编码:266109
证书注册编号:0200B0405
体系认证标准:GB/T 19002－1994 idt ISO 9002:1994
有效期:2000.11～2003.11

烟台西特电子化工材料有限公司
地址:山东烟台开发区牡丹江路10号
邮政编码:264006
证书注册编号:0200B0406 0297B269
体系认证标准:GB/T 19002－1994 idt ISO 9002:1994
有效期:2000.11～2003.11

烟台高新区金润消防工程有限公司
地址:山东省烟台市南大街184号
邮政编码:264000
证书注册编号:0200B0407
体系认证标准:GB/T 19002－1994 idt ISO 9002:1994
有效期:2000.11～2003.11

宁夏华辉活性炭开发有限公司
地址:宁夏银川市湖滨东街1号
邮政编码:750004
证书注册编号:0200B0408 0297B362
体系认证标准:GB/T 19002－1994 idt ISO 9002:1994
有效期:2000.11～2003.11

河北省黄骅市方正电焊网有限公司
地址:河北省黄骅市文化路1号
邮政编码:061100
证书注册编号:0200B0409
体系认证标准:GB/T 19002－1994 idt ISO 9002:1994
有效期:2000.11～2003.11

铁道部大桥工程局勘测设计院
地址:湖北省武汉市汉阳区汉阳大道34号
邮政编码:430050
证书注册编号:0200A0410 0297A308
体系认证标准:GB/T 19002－1994 idt ISO 9002:1994
有效期:2000.11～2003.11

广州港务局新风港务公司
地址:广东省广州市多宝路7号
邮政编码:510150
证书注册编号:0200B0411
体系认证标准:GB/T 19002－1994 idt ISO 9002:1994
有效期:2000.11～2003.11

温州市梦之泉饮品有限公司
地址:浙江温州市城南大道东向水厂内
邮政编码:325027
证书注册编号:0200B0412
体系认证标准:GB/T 19002－1994 idt ISO 9002:1994
有效期:2000.11～2003.11

沈阳市新城石油机械厂
地址:辽宁省沈阳市新城子区杭州西路
邮政编码:110121
证书注册编号:0200B0413 0297B236
体系认证标准:GB/T 19002－1994 idt ISO 9002:1994
有效期:2000.11～2003.11

新疆贝肯工业发展股份有限公司
地址:新疆乌鲁木齐市高新技术产业开发区长沙路8号
邮政编码:834009
证书注册编号:0200B0414
体系认证标准:GB/T 19002－1994 idt ISO 9002:1994
有效期:2000.11～2003.11

上海海运(集团)公司船舶污水处理厂
地址:上海市浦东新区外高桥随塘路28号
邮政编码:200137
证书注册编号:0200B0415
体系认证标准:GB/T 19002－1994 idt ISO 9002:1994
有效期:2000.11～2003.11

广州港务局黄埔港务公司
地址:广东省广州市黄埔港前路667号
邮政编码:510700
证书注册编号:0200B0416
体系认证标准:GB/T 19002－1994 idt ISO 9002:1994
有效期:2000.11～2003.11

连云港港务局第三港务公司
地址:江苏省连云港市庙岭港区
邮政编码:222046
证书注册编号:0200B0417 0297B273
体系认证标准:GB/T 19002－1994 idt ISO 9002:1994
有效期:2000.11～2003.11

广州港务局铁路公司
地址:广东省广州经济技术开发区夏港大道220号
邮政编码:510730
证书注册编号:0200B0418
体系认证标准:GB/T 19002－1994 idt ISO 9002:1994
有效期:2000.11～2003.11

天津市华特旅游有限公司
地址:天津市河西区大任庄路2号
邮政编码:300221
证书注册编号:0200B0419
体系认证标准:GB/T 19002－1994 idt ISO 9002:1994
有效期:2000.11～2003.11

沧州骅领金属制品有限公司
地址:河北省黄骅市沧黄路2号
邮政编码:061100
证书注册编号:0200B0420
体系认证标准:GB/T 19002－1994 idt ISO 9002:1994
有效期:2000.11～2003.11

镇江市华银仪表电器有限公司
地址:江苏省扬中市轮船港
邮政编码:212219
证书注册编号:0200B0421
体系认证标准:GB/T 19002－1994 idt ISO 9002:1994
有效期:2000.11～2003.11

天津港轮驳公司
地址:天津市塘沽永太路3号
邮政编码:300450
证书注册编号:0200B0422
体系认证标准:GB/T 19002－1994 idt ISO 9002:1994

有效期:2000.11～2003.11

靖江正茂锚链附件有限公司
地址:江苏省靖江市马桥镇新圩村
邮政编码:214525
证书注册编号:0200B0423
体系认证标准:GB/T 19002—1994 idt ISO 9002:1994
有效期:2000.11～2003.11

广州港水运工程监理公司
地址:广东省广州经济技术开发区志诚大道331号
邮政编码:510730
证书注册编号:0200B0424
体系认证标准:GB/T 19002—1994 idt ISO 9002:1994
有效期:2000.11～2003.11

大连港口建设监理公司
地址:辽宁省大连市中山区港湾街一号
邮政编码:116001
证书注册编号:0200B0425 0297B280
体系认证标准:GB/T 19002—1994 idt ISO 9002:1994
有效期:2000.11～2003.11

广州港务局河南港务公司
地址:广东省广州市革新路124号
邮政编码:510250
证书注册编号:0200B0426
体系认证标准:GB/T 19002—1994 idt ISO 9002:1994
有效期:2000.11～2003.11

山东东方路桥建设总公司
地址:山东省临沂市临西路5号
邮政编码:276005
证书注册编号:0200B0427
体系认证标准:GB/T 19002—1994 idt ISO 9002:1994
有效期:2000.11～2003.11

北京电力设备总厂特种电机厂
地址:北京房山区良乡昊天大街12号
邮政编码:102401
证书注册编号:0200A0428
体系认证标准:GB/T 19002—1994 idt ISO 9002:1994
有效期:2000.11～2003.11

重庆三峡电器股份有限公司
地址:重庆市沙坪坝区劳动路40号
邮政编码:400030
证书注册编号:0200B0429
体系认证标准:GB/T 19002—1994 idt ISO 9002:1994
有效期:2000.11～2003.11

三联集团临朐石油机械总厂
地址:山东省临朐县城文化路10号
邮政编码:262600
证书注册编号:0200A0430 0297A277
体系认证标准:GB/T 19002—1994 idt ISO 9002:1994
有效期:2000.11～2003.11

天水风动工具厂
地址:甘肃天水市北道区社棠路16号
邮政编码:741020
证书注册编号:0200A0431 0297A276
体系认证标准:GB/T 19002—1994 idt ISO 9002:1994
有效期:2000.11～2003.11

中国长江航运集团川江船厂
地址:重庆市长寿县朱家镇周家沱
邮政编码:401220
证书注册编号:0200A0432
体系认证标准:GB/T 19002—1994 idt ISO 9002:1994
有效期:2000.11～2003.11

长庆石油勘探局水电工程公司
地址:甘肃省庆阳县
邮政编码:745100
证书注册编号:0200B0433
体系认证标准:GB/T 19002—1994 idt ISO 9002:1994
有效期:2000.11～2003.11

河南省南阳光辉机械厂
地址:河南省南阳市光武东路12号
邮政编码:473015
证书注册编号:0200A0434 0297A289
体系认证标准:GB/T 19002—1994 idt ISO 9002:1994
有效期:2000.11～2003.11

景渤石油机械配件厂
地址:河北省景县
邮政编码:053500
证书注册编号:0200B0435 0297B253
体系认证标准:GB/T 19002—1994 idt ISO 9002:1994
有效期:2000.11～2003.11

上海粤海长兴船务工程有限公司
地址:上海市宝山区长兴岛新开港
邮政编码:201913
证书注册编号:0200B0436
体系认证标准:GB/T 19002—1994 idt ISO 9002:1994
有效期:2000.11～2003.11

北京兴达波纹管有限公司
地址:北京市大兴县魏善庄镇半壁店工业区16号
邮政编码:102611
证书注册编号:0298A552
体系认证标准:GB/T 19002—1994 idt ISO 9002:1994
有效期:1998.9～2001.9

中港集团天津船舶工程有限公司
地址:天津市塘沽区东沽闸北路10号
邮政编码:300452
证书注册编号:0298B624
体系认证标准:GB/T 19002—1994 idt ISO 9002:1994
有效期:1998.11～2001.11

苏州华汇新中港材料有限公司
地址:江苏省吴县市渭塘镇
邮政编码:215134
证书注册编号:0298B656
体系认证标准:GB/T 19002—1994 idt ISO 9002:1994
有效期:1998.12～2001.12

宏景通讯事业有限公司
地址:新疆乌鲁木齐市新华南路68号广汇大厦20楼
邮政编码:830000
证书注册编号:0299B0002
体系认证标准:GB/T 19002—1994 idt ISO 9002:1994
有效期:1999.1～2002.1

上海华润特种变压器成套有限公司
地址:上海市青浦新城开发区
邮政编码:201703
证书注册编号:0299B0091
体系认证标准:GB/T 19002—1994 idt ISO 9002:1994
有效期:1999.6～2002.5

国营重庆重型铸锻厂
地址:重庆市大渡口区伏牛溪
邮政编码:400083
证书注册编号:0299B0106
体系认证标准:GB/T 19002—1994 idt ISO 9002:1994
有效期:1999.6～2002.6

靖江飞跃化工机泵阀门制造有限公司
地址:江苏靖江市新桥镇飞跃路96号
邮政编码:214537
证书注册编号:0299B0206
体系认证标准:GB/T 19002—1994 idt ISO 9002:1994
有效期:1999.10～2002.10

无锡华美不锈钢有限公司(无锡华美电梯装潢有限公司)
地址:江苏省无锡市湖滨路282号(夏家边)
邮政编码:214074
证书注册编号:0299B0292
体系认证标准:GB/T 19002—1994 idt ISO 9002:1994
有效期:1999.11～2002.11

深圳好普生电子有限公司
地址:广东省深圳市福田区沙尾工业区313栋6楼
邮政编码:518048
证书注册编号:0299B0298
体系认证标准:GB/T 19002—1994 idt ISO 9002:1994
有效期:1999.11～2002.11

南风化工集团股份有限公司(南风化工集团股份有限公司元明粉分公司 南风化工集团股份有限公司硫化碱分公司 山西运城盐化局第十二厂 山西鸿运化工集团有限公司 山西钾肥有限责任公司)
地址:山西省运城市解放路294号(山西省运城市银湖东路33号 山西省运城市盐湖二路 山西省运城市盐湖五路 山西省运城市车盘十里铺村南 山西省运城市盐湖一路)
邮政编码:044000
证书注册编号:0200B0034
体系认证标准:GB/T 19002—1994 idt ISO 9002:1994
有效期:2000.1～2003.1

潍坊祥维斯化学品有限公司
地址:山东省临朐县营子镇曾家洼
邮政编码:262619
证书注册编号:0200B0310
体系认证标准:GB/T 19002—1994 idt ISO 9002:1994
有效期:2000.9～2003.9

温州市东升学生用品有限公司
地址:浙江省温州市梧田工业基地朝霞路8号
邮政编码:325014
证书注册编号:0200A0655
体系认证标准:GB/T 19002—1994 idt ISO 9002:1994
有效期:2000.12～2003.12

锡山市宏达光电线缆有限公司(锡山市宏达邮电电缆厂)
地址:江苏省锡山市南方泉
邮政编码:214128
证书注册编号:0200B0437 0297B314
体系认证标准:GB/T 19002—1994 idt ISO 9002:1994
有效期:2000.12～2003.11

安徽省公路工程建设监理有限责任公司
地址:安徽省合肥市西园新村3号路4号楼
邮政编码:230031
证书注册编号:0200B0438
体系认证标准:GB/T 19002—1994 idt ISO 9002:1994
有效期:2000.12～2003.11

上海中集冷藏箱有限公司
地址:上海市沪太路6886—6888号
邮政编码:201908
证书注册编号:0200A0439 0297A268
体系认证标准:GB/T 19002—1994 idt ISO 9002:1994
有效期:2000.12～2003.11

珠江集团船厂有限公司
地址:香港九龙荔枝角兴华街西93号珠江集团船厂大厦
证书注册编号:0200B0440
体系认证标准:GB/T 19002—1994 idt ISO 9002:1994
有效期:2000.12～2003.11

秦皇岛热电安装检修有限责任公司
地址:河北秦皇岛港城大街东段72号
邮政编码:066003
证书注册编号:0200B0441
体系认证标准:GB/T 19002—1994 idt ISO 9002:1994
有效期:2000.12～2003.11

温州公交中巴公司
地址:浙江省温州市十里亭中巴大楼
邮政编码:325000
证书注册编号:0200B0442
体系认证标准:GB/T 19002—1994 idt ISO 9002:1994
有效期:2000.12～2003.11

***西北有色金属研究院**
地址:陕西省西安市51号信箱
邮政编码:710016
电话:(029)6231104/0917—3382079
传真:(029)6231103
法定代表人:周廉
证书注册编号:0200B0443
体系认证标准:GB/T 19002—1994 idt ISO 9002:1994
获证体系覆盖产品:钨、钼、钽、铌、钛、锆、铪等稀有金属、贵金属、有色金属加工产品、粉末冶金产品、金属复合材料、稀有金属压力容器、金属管件、涂层阳极、贵金属盐类、锂电池用绝缘子的生产
有效期:2000.12.1～2003.11.30

吴县市中天船用配件厂
地址:江苏省吴县市渭塘镇
邮政编码:215134
证书注册编号:0200B0444
体系认证标准:GB/T 19002—1994 idt ISO 9002:1994
有效期:2000.12～2003.11

浙江省建德市山力焊接材料有限公司
地址:浙江省建德市新安江镇新安东路36号
邮政编码:311600
证书注册编号:0200B0445
体系认证标准:GB/T 19002—1994 idt ISO 9002:1994
有效期:2000.12～2003.11

中国外轮理货总公司宁波公司
地址:浙江省宁波市槐树路36号港房

大厦A座21层
邮政编码:315020
证书注册编号:0200B0446 0297B297
体系认证标准:GB/T 19002—1994 idt ISO 9002:1994
有效期:2000.12～2003.11

锡山市长达铸造有限公司
地址:江苏省锡山市长安镇
邮政编码:214177
证书注册编号:0200B0447
体系认证标准:GB/T 19002—1994 idt ISO 9002:1994
有效期:2000.12～2003.11

中国第四冶金建设公司设备公司
地址:江西省贵溪市建设大道
邮政编码:335423
证书注册编号:0200B0448 0297B270
体系认证标准:GB/T 19002—1994 idt ISO 9002:1994
有效期:2000.12～2003.11

延边电力安装公司
地址:吉林省延吉市延南路64号
邮政编码:133001
证书注册编号:0200B0449
体系认证标准:GB/T 19002—1994 idt ISO 9002:1994
有效期:2000.12～2003.11

浙江澳尔电器有限公司
地址:浙江省嵊州市长乐镇方口村
邮政编码:312467
证书注册编号:0200B0450
体系认证标准:GB/T 19002—1994 idt ISO 9002:1994
有效期:2000.12～2003.11

安徽省公路勘测设计院
地址:安徽省合肥市西园新村
邮政编码:230031
证书注册编号:0200A0451
体系认证标准:GB/T 19002—1994 idt ISO 9002:1994
有效期:2000.12～2003.11

***河南第二火电建设公司南阳铁塔厂**
地址:河南省南阳市中洲路270号
邮政编码:473000
电话:(0377)3615370
传真:(0377)3807463
法定代表人:崔长斌
证书注册编号:0200B0452
体系认证标准:GB/T19002—1994 idt ISO 9002:1994
体系认证标准:GB/T 19002—1994 idt ISO 9002:1994
获证体系覆盖产品:钢管塔、角铁塔、非标金具的制造和售后服务
有效期:2000.12.1～2003.11.30

上海恒力电源设备有限公司
地址:上海市同普路1225弄1号
邮政编码:200333
证书注册编号:0200A0453
体系认证标准:GB/T 19002—1994 idt ISO 9002:1994
有效期:2000.12～2003.11

广东省公路工程施工总公司
地址:广东省广州市天润路445号五楼501～502信箱
邮政编码:510635
证书注册编号:0200B0454
体系认证标准:GB/T 19002—1994 idt ISO 9002:1994
有效期:2000.12～2003.11

河北建设集团有限公司
地址:河北省保定市五四西路139号
邮政编码:071070
证书注册编号:0200B0455
体系认证标准:GB/T 19002—1994 idt ISO 9002:1994
有效期:2000.12～2003.11

中国船舶燃料供应青岛公司
地址:山东省青岛市港青路7号
邮政编码:266011
证书注册编号:0200B0456 0297B291
体系认证标准:GB/T 19002—1994 idt ISO 9002:1994
有效期:2000.12～2003.11

湖北省电力建设第一工程公司
地址:湖北省武汉市武昌小东门中山路294号
邮政编码:430061
证书注册编号:0200B0457 0297B301
体系认证标准:GB/T 19002—1994 idt ISO 9002:1994
有效期:2000.12～2003.11

锡山市中鑫化工有限公司
地址:江苏省锡山市玉祁镇
邮政编码:214183
证书注册编号:0200B0458
体系认证标准:GB/T 19002—1994 idt ISO 9002:1994
有效期:2000.12～2003.11

中电大型设备运输公司
地址:河北省石家庄市中山西路578号
邮政编码:050081
证书注册编号:0200B0459
体系认证标准:GB/T 19002—1994 idt ISO 9002:1994
有效期:2000.12～2003.11

广州珠江装修工程公司
地址:广东省广州市华乐路27号
邮政编码:510060
证书注册编号:0200A0460
体系认证标准:GB/T 19002—1994 idt ISO 9002:1994
有效期:2000.12～2003.11

温州瓯海实型铸造有限公司
地址:浙江省温州市郭溪水闸头
邮政编码:325016
证书注册编号:0200B0461
体系认证标准:GB/T 19002—1994 idt ISO 9002:1994
有效期:2000.12～2003.11

扬州金泉旅游用品有限公司
地址:江苏省扬州市邗江县杨寿镇
邮政编码:225124
证书注册编号:0200B0462
体系认证标准:GB/T 19002—1994 idt ISO 9002:1994
有效期:2000.12～2003.11

重庆和诚电器有限公司
地址:重庆市南坪四公里广黔路79号
邮政编码:400067
证书注册编号:0200B0463
体系认证标准:GB/T 19002—1994 idt ISO 9002:1994
有效期:2000.12～2003.11

无锡浩德电机制造有限公司
地址:江苏省锡山市长安镇
邮政编码:214177
证书注册编号:0200B0464

体系认证标准:GB/T 19002—1994 idt ISO 9002:1994
有效期:2000.12～2003.11

无锡凯展凿岩机械制造有限公司
地址:江苏省锡山市长安镇
邮政编码:214177
证书注册编号:0200B0465
体系认证标准:GB/T 19002—1994 idt ISO 9002:1994
有效期:2000.12～2003.11

安徽电力建设第二工程公司
地址:安徽省淮南市国庆中路电建大厦
邮政编码:232007
证书注册编号:0200A0466 0297B215
体系认证标准:GB/T 19002—1994 idt ISO 9002:1994
有效期:2000.12～2003.11

江西赣东化工有限责任公司
地址:江西省抚州市抚北镇安塘路4号
邮政编码:344001
证书注册编号:0200B0467
体系认证标准:GB/T 19002—1994 idt ISO 9002:1994
有效期:2000.12～2003.11

***湖北鄂电建设监理有限责任公司**
地址:湖北省武汉市武昌徐东路43号
邮政编码:430077
电话:(027)86766587
传真:(027)86795036
法定代表人:李强
证书注册编号:0200B0468
体系认证标准:GB/T 19002—1994 idt ISO 9002:1994
获证体系覆盖产品:火电、输变电、电热联产、工业民用建筑和岩土工程等的建设监理;信息咨询;设备监造
有效期:2000.12.1～2003.11.30

深圳招商国际旅游有限公司
地址:广东省深圳市蛇口工业大道9号招商国旅大厦
邮政编码:518067
证书注册编号:0200A0469
体系认证标准:GB/T 19002—1994 idt ISO 9002:1994
有效期:2000.12～2003.11

江西利群机械集团有限公司(国营九三二七厂)
地址:江西省抚州市金巢开发区
邮政编码:344000
证书注册编号:0200A0470
体系认证标准:GB/T 19002—1994 idt ISO 9002:1994
有效期:2000.12～2003.11

大庆新联发变电设备安装检修有限公司
地址:黑龙江省大庆市大同区新华屯
邮政编码:163815
证书注册编号:0200B0471
体系认证标准:GB/T 19002—1994 idt ISO 9002:1994
有效期:2000.12～2003.11

长安汽车配件总厂
地址:重庆市江北区茶园
邮政编码:400023
证书注册编号:0200B0472
体系认证标准:GB/T 19002—1994 idt ISO 9002:1994
有效期:2000.12～2003.11

温州市康源电子有限公司
地址:浙江温州市藤桥南市西路55号
邮政编码:325019
证书注册编号:0200A0473
体系认证标准:GB/T 19002—1994 idt ISO 9002:1994
有效期:2000.12～2003.11

武汉铁道工程承包公司
地址:湖北省武昌杨园和平大道673号
邮政编码:430063
证书注册编号:0200A0474 0297A293
体系认证标准:GB/T 19002—1994 idt ISO 9002:1994
有效期:2000.12～2003.11

***民航重庆市管理局**
地址:重庆江北国际机场
邮政编码:401120
电话:(023)67152355
传真:(023)67823075
法定代表人:赵江平
证书注册编号:0200B0475
体系认证标准:GB/T 19002—1994 idt ISO 9002:1994
获证体系覆盖产品:航空管制服务、航空旅客地面运输服务、航空货物地面运输服务、航班保障服务
有效期:2000.12.1～2003.11.30

宜兴市鼓风机厂
地址:江苏宜兴市徐舍镇虹新路219号
邮政编码:214241
证书注册编号:0200B0476
体系认证标准:GB/T 19002—1994 idt ISO 9002:1994
有效期:2000.12～2003.11

广东得利满水务工程有限公司(包括法国得利满有限公司北京联络处)
地址:广东省广州市先烈中路75号穗丰大厦8楼A座(北京市朝阳区东三环北路8号亮马河大厦1座2001室)
邮政编码:100004
证书注册编号:0200A0477
体系认证标准:GB/T 19002—1994 idt ISO 9002:1994
有效期:2000.12～2003.11

上海汉威特种机电有限公司(上海汉威特种阀门制造有限公司)
地址:上海市宁武路269号
邮政编码:200090
证书注册编号:0200A0478 0297A368
体系认证标准:GB/T 19002—1994 idt ISO 9002:1994
有效期:2000.12～2003.11

南通市海力钢绳有限公司(通州市小海钢丝绳厂)
地址:江苏省通州市小海镇
邮政编码:226317
证书注册编号:0200B0479
体系认证标准:GB/T 19002—1994 idt ISO 9002:1994
有效期:2000.12～2003.11

重庆日出摩托车工业有限公司
地址:重庆市九龙坡区石坪桥矿机村85号
邮政编码:400051
证书注册编号:0200B0480
体系认证标准:GB/T 19002—1994 idt ISO 9002:1994
有效期:2000.12～2003.11

中国石油天然气集团公司华北石油管理局录井处

地址:河北省任丘市
邮政编码:062552
证书注册编号:0200B0481 0297B303
体系认证标准:GB/T 19002—1994 idt ISO 9002:1994
有效期:2000.12～2003.11

＊广州招商国际旅游公司
地址:广东省广州市流花路111号之八招商宾馆4楼
邮政编码:510010
电话:(020)86519123
传真:(020)86519155
法定代表人:张友兰
证书注册编号:0200A0482
体系认证标准:GB/T 19001—1994 idt ISO 9001:1994
体系认证标准:GB/T 19002—1994 idt ISO 9002:1994
获证体系覆盖产品:招徕和接待境外旅游者来华旅游,组织公民和在华的外国人国内旅游和出境旅游,为其设计和安排交通、游览、住宿、饮食、购物、娱乐及提供导游、旅游信息等相关服务
有效期:2000.12.1～2003.11.30

河南第一火电建设公司
地址:河南省平顶山市南环西路
邮政编码:467031
证书注册编号:0200B0483 0297B378
体系认证标准:GB/T 19002—1994 idt ISO 9002:1994
有效期:2000.12～2003.12

政府船坞
地址:澳门妈阁上街
证书注册编号:0200B0484
体系认证标准:GB/T 19002—1994 idt ISO 9002:1994
有效期:2000.12～2003.12

江西利华电子有限公司
地址:江西省抚州市金巢开发区
邮政编码:344000
证书注册编号:0200B0485
体系认证标准:GB/T 19002—1994 idt ISO 9002:1994
有效期:2000.12～2003.12

上海达华测绘公司
地址:上海市浦东新区东塘路140号
邮政编码:201208
证书注册编号:0200B0486
体系认证标准:GB/T 19002—1994 idt ISO 9002:1994
有效期:2000.12～2003.12

深圳中华自行车(集团)股份有限公司
地址:广东省深圳市布心路1号
邮政编码:518019
证书注册编号:0200B0487 0297B282
体系认证标准:GB/T 19002—1994 idt ISO 9002:1994
有效期:2000.12～2003.12

四川电器有限责任公司
地址:四川省郫县唐昌镇南外街2号
邮政编码:611733
证书注册编号:0200A0488 0297A278
体系认证标准:GB/T 19002—1994 idt ISO 9002:1994
有效期:2000.12～2003.12

江苏靖江互感器厂
地址:江苏靖江市西来镇江平路23号
邮政编码:214516
证书注册编号:0200B0489 0297B312
体系认证标准:GB/T 19002—1994 idt ISO 9002:1994
有效期:2000.12～2003.12

马鞍山市恒兴镀锌有限公司
地址:安徽省马鞍山市六汾河西路
邮政编码:243021
证书注册编号:0200B0490
体系认证标准:GB/T 19002—1994 idt ISO 9002:1994
有效期:2000.12～2003.12

无锡宏广电容器有限公司
地址:江苏省无锡市惠钱路152号
邮政编码:214037
证书注册编号:0200B0491 0297B294
体系认证标准:GB/T 19002—1994 idt ISO 9002:1994
有效期:2000.12～2003.12

韶关铸锻总厂集装箱角分厂
地址:广东省韶关市十里亭
邮政编码:512031
证书注册编号:0200B0492 0297B324
体系认证标准:GB/T 19002—1994 idt ISO 9002:1994
有效期:2000.12～2003.12

北京华丽安然厨房设备制造有限公司
地址:北京市朝阳区平房西口18号
邮政编码:100025
证书注册编号:0200B0493
体系认证标准:GB/T 19002—1994 idt ISO 9002:1994
有效期:2000.12～2003.12

西安光华通信有限公司
地址:陕西西安市长安南路冈部工业区
邮政编码:710061
证书注册编号:0200A0494
体系认证标准:GB/T 19001—1994 idt ISO 9001:1994
有效期:2000.12～2003.12

江苏油田市政工程总公司
地址:江苏省扬州市邵伯
邮政编码:225261
证书注册编号:0200B0495
体系认证标准:GB/T 19002—1994 idt ISO 9002:1994
有效期:2000.12～2003.12

温州市万方电子器材有限公司
地址:浙江省温州市梧埏工业基地辉煌路1号
邮政编码:325014
证书注册编号:0200B0496
体系认证标准:GB/T 19002—1994 idt ISO 9002:1994
有效期:2000.12～2003.12

蓟县棉纺织厂
地址:天津市蓟县兴华大街27号
邮政编码:301900
证书注册编号:0200B0497
体系认证标准:GB/T 19002—1994 idt ISO 9002:1994
有效期:2000.12～2003.12

西安市光华园林花卉有限公司
地址:陕西西安市长安南路冈部工业区
邮政编码:710061
证书注册编号:0200A0498
体系认证标准:GB/T 19002—1994 idt ISO 9002:1994
有效期:2000.12～2003.12

江苏华西集团公司华西防火卷门厂

地址:江苏省江阴市华西村
邮政编码:214420
证书注册编号:0200B0499
体系认证标准:GB/T 19002—1994 idt ISO 9002:1994
有效期:2000.12～2003.12

北京诚信工程监理有限公司
地址:北京市石景山区首钢设计院西配楼三层
邮政编码:100043
证书注册编号:0200B0500
体系认证标准:GB/T 19002—1994 idt ISO 9002:1994
有效期:2000.12～2003.12

北京云湖建筑工程总公司
地址:北京市密云县工业开发区
邮政编码:101500
证书注册编号:0200B0501
体系认证标准:GB/T 19002—1994 idt ISO 9002:1994
有效期:2000.12～2003.12

锡山市恒达电机有限公司(原无锡市宏达起重电机厂)
地址:江苏锡山市前洲镇水月浜路2号
邮政编码:214181
证书注册编号:0200B0502
体系认证标准:GB/T 19002—1994 idt ISO 9002:1994
有效期:2000.12～2003.12

张家口市宣化华明石油化工机械厂
地址:河北省张家口市宣化区环城西路2号
邮政编码:075100
证书注册编号:0200B0503 0297B320
体系认证标准:GB/T 19002—1994 idt ISO 9002:1994
有效期:2000.12～2003.12

天水铁路信号电缆厂
地址:甘肃天水市秦城区红山路98号
邮政编码:741001
证书注册编号:0200B0504
体系认证标准:GB/T 19002—1994 idt ISO 9002:1994
有效期:2000.12～2003.12

天水通号电力设备有限责任公司
地址:甘肃天水市秦城区红山路98号
邮政编码:741001
证书注册编号:0200A0505
体系认证标准:GB/T 19002—1994 idt ISO 9002:1994
有效期:2000.12～2003.12

重庆海特环保技术有限公司(重庆海特实业有限公司)
地址:重庆市江北区杨河一村72号5楼(重庆市丰都县三合镇龙河东工业区海特环保科技园)
邮政编码:400020
证书注册编号:0200B0506
体系认证标准:GB/T 19002—1994 idt ISO 9002:1994
有效期:2000.12～2003.12

福州一开同益电气有限公司
地址:福建省福州市仓山区江边村工业小区
邮政编码:350026
证书注册编号:0200A0507
体系认证标准:GB/T 19002—1994 idt ISO 9002:1994
有效期:2000.12～2003.12

郑州台利铝业有限公司
地址:河南省郑州市南阳路北段宋砦工贸苑区
邮政编码:450053
证书注册编号:0200B0508 0297B249
体系认证标准:GB/T 19002—1994 idt ISO 9002:1994
有效期:2000.12～2003.12

信息产业部邮电设计院
地址:河南省郑州市互助路1号
邮政编码:450007
证书注册编号:0200A0509 0297A219
体系认证标准:GB/T 19002—1994 idt ISO 9002:1994
有效期:2000.12～2003.12

江苏省江阴港务管理局
地址:江苏省江阴市通江北路581号
邮政编码:214433
证书注册编号:0200B0510
体系认证标准:GB/T 19002—1994 idt ISO 9002:1994
有效期:2000.12～2003.12

***黑龙江电力建设监理有限责任公司**
地址:黑龙江省哈尔滨市南岗区民益街167号
邮政编码:150006
电话:(0451)3686117/3664429
传真:(0451)3686439
法定代表人:卢国财
证书注册编号:0200B0511
获证体系覆盖产品:发电厂工程建设监理;输、变、配电工程建设监理;(一般)工业与民用建筑工程建设监理
有效期:2000.12～2003.12

路桥集团第一公路工程局天津工程处
地址:天津市塘沽区塘汉公路549号
邮政编码:300451
证书注册编号:0200B0512
体系认证标准:GB/T 19002—1994 idt ISO 9002:1994
有效期:2000.12～2003.12

锦州铁路分局山海关车辆段
地址:河北省秦皇岛市山海关区沙河路山海关车辆段
邮政编码:066200
证书注册编号:0200B0513
体系认证标准:GB/T 19002—1994 idt ISO 9002:1994
有效期:2000.12～2003.12

重庆欣雨制冷设备有限公司
地址:重庆市沙坪坝上桥5号
邮政编码:400037
证书注册编号:0200B0514
体系认证标准:GB/T 19002—1994 idt ISO 9002:1994
有效期:2000.12～2003.12

广东韶钢华欣有限公司
地址:广东省曲江马坝
邮政编码:512123
证书注册编号:0200B0515
体系认证标准:GB/T 19002—1994 idt ISO 9002:1994
有效期:2000.12～2003.12

广东省交通工程有限公司
地址:广东省广州市广花五路275号
邮政编码:510410
证书注册编号:0200B0516
体系认证标准:GB/T 19002—1994 idt ISO 9002:1994
有效期:2000.12～2003.12

安徽三联泵业股份有限公司
地址:安徽省和城环城西路
邮政编码:238200
证书注册编号:0200B0517 0297B307
体系认证标准:GB/T 19002－1994 idt ISO 9002:1994
有效期:2000.12～2003.12

山东临朐华光电磁设备有限公司
地址:山东省临朐县城秦池路 48 号
邮政编码:262600
证书注册编号:0200B0518
体系认证标准:GB/T 19002－1994 idt ISO 9002:1994
有效期:2000.12～2003.12

北京市房山水利工程公司
地址:北京市房山区大石河
邮政编码:102400
证书注册编号:0200B0519
体系认证标准:GB/T 19002－1994 idt ISO 9002:1994
有效期:2000.12～2003.12

吉林省送变电工程公司
地址:吉林省长春市自由大路 195 号
邮政编码:130031
证书注册编号:0200B0520
体系认证标准:GB/T 19002－1994 idt ISO 9002:1994
有效期:2000.12～2003.12

江苏宏厦集团公司
地址:江苏省宜兴市洋溪镇
邮政编码:214263
证书注册编号:0200B0521
体系认证标准:GB/T 19002－1994 idt ISO 9002:1994
有效期:2000.12～2003.12

南京长江油运公司紫金山船厂
地址:江苏省仪征油港
邮政编码:211900
证书注册编号:0200B0522
体系认证标准:GB/T 19002－1994 idt ISO 9002:1994
有效期:2000.12～2003.12

上海富鑫不锈钢制品有限公司
地址:上海市宝山区锦秋路 60 号
邮政编码:200436
证书注册编号:0200B0523
体系认证标准:GB/T 19002－1994 idt ISO 9002:1994
有效期:2000.12～2003.12

意达化工制品(无锡)有限公司
地址:江苏省无锡市锡甘路 87－1 号
邮政编码:214026
证书注册编号:0200B0524
体系认证标准:GB/T 19002－1994 idt ISO 9002:1994
有效期:2000.12～2003.12

广州海上救助打捞局船舶机具修造厂
地址:广东省广州市南洲路 144 号之 3
邮政编码:510290
证书注册编号:0200B0525
体系认证标准:GB/T 19002－1994 idt ISO 9002:1994
有效期:2000.12～2003.12

大连金州船机有限公司
地址:辽宁大连市金州区八一路 164 号
邮政编码:116100
证书注册编号:0200B0526 0297B342
体系认证标准:GB/T 19002－1994 idt ISO 9002:1994
有效期:2000.12～2003.12

乐清市新兴船用塑料厂
地址:浙江乐清市乐成镇文虹路 64 号
邮政编码:325600
证书注册编号:0200B0527
体系认证标准:GB/T 19002－1994 idt ISO 9002:1994
有效期:2000.12～2003.12

青岛轮渡有限责任公司
地址:山东省青岛市四川路二十一号
邮政编码:266002
证书注册编号:0200B0528
体系认证标准:GB/T 19002－1994 idt ISO 9002:1994
有效期:2000.12～2003.12

铁道部第四勘测设计院工程建设监理公司
地址:湖北省武汉市武昌区杨园
邮政编码:430063
证书注册编号:0200B0529 0297A293
体系认证标准:GB/T 19002－1994 idt ISO 9002:1994
有效期:2000.12～2003.12

铁道部第四勘测设计院
地址:湖北省武汉市武昌区杨园
邮政编码:430063
证书注册编号:0200A0530 0297A293
体系认证标准:GB/T 19002－1994 idt ISO 9002:1994
有效期:2000.12～2003.12

中华人民共和国上海海事局海测大队
地址:上海市共青路 82 弄 7 号
邮政编码:200090
证书注册编号:0200B0531 0297B263
体系认证标准:GB/T 19002－1994 idt ISO 9002:1994
有效期:2000.12～2003.12

北京华商北方物业管理有限责任公司
地址:北京丰台区右安门外大街 99 号
邮政编码:100054
证书注册编号:0200B0532
体系认证标准:GB/T 19002－1994 idt ISO 9002:1994
有效期:2000.12～2003.12

北京华商建设监理有限责任公司
地址:北京市右安门外大街 99 号华商科技大厦九层
邮政编码:100054
证书注册编号:0200B0533
体系认证标准:GB/T 19002－1994 idt ISO 9002:1994
有效期:2000.12～2003.12

国内贸易工程设计研究院
地址:北京丰台区右安门外大街 99 号
邮政编码:100054
证书注册编号:0200A0534
体系认证标准:GB/T 19002－1994 idt ISO 9002:1994
有效期:2000.12～2003.12

江苏跃江冶金机械厂
地址:江苏省靖江市新桥镇江河路六号
邮政编码:214537
证书注册编号:0200B0535
体系认证标准:GB/T 19002－1994 idt ISO 9002:1994
有效期:2000.12～2003.12

常熟市浒浦船舶舾装配件厂
地址:江苏省常熟市新港镇浒浦南厂街 10 号

邮政编码:215512
证书注册编号:0200B0536
体系认证标准:GB/T 19002-1994 idt ISO 9002:1994
有效期:2000.12~2003.12

无锡天宝电机有限公司
地址:江苏锡山市玉祁镇锡玉路38号
邮政编码:214183
证书注册编号:0200B0537 0297B287
体系认证标准:GB/T 19002-1994 idt ISO 9002:1994
有效期:2000.12~2003.12

重庆九龙金属回收有色有限公司
地址:重庆市九龙坡区华岩镇华岩三社
邮政编码:400032
证书注册编号:0200B0538
体系认证标准:GB/T 19002-1994 idt ISO 9002:1994
有效期:2000.12~2003.12

天津渤海石油工贸公司铆焊厂
地址:天津市塘沽区东沽石油新村工贸公司铆焊厂
邮政编码:300452
证书注册编号:0200B0539
体系认证标准:GB/T 19002-1994 idt ISO 9002:1994
有效期:2000.12~2003.12

重庆红江机械厂
地址:重庆市永川青城路190号
邮政编码:402162
证书注册编号:0200A0540 0297A286
体系认证标准:GB/T 19002-1994 idt ISO 9002:1994
有效期:2000.12~2003.12

上海港民生港务公司
地址:上海市浦东新区民生路3号
邮政编码:200135
证书注册编号:0200B0541
体系认证标准:GB/T 19002-1994 idt ISO 9002:1994
有效期:2000.12~2003.12

锡山市苏南异型钢管有限公司
地址:江苏省锡山市钱桥镇苏庙村
邮政编码:214151
证书注册编号:0200B0542
体系认证标准:GB/T 19002-1994 idt ISO 9002:1994
有效期:2000.12~2003.12

渤海能克钻杆有限公司
地址:河北省青县东环路102号
邮政编码:062650
证书注册编号:0200B0543 0297B338
体系认证标准:GB/T 19002-1994 idt ISO 9002:1994
有效期:2000.12~2003.12

***中国交通进出口总公司**
地址:北京市朝阳区东环南路2号招商局大厦6层
邮政编码:100022
电话:(010)65678866
传真:(010)65687388/65687389
法定代表人:周亚力
证书注册编号:0200B0544
体系认证标准:GB/T 19002-1994 idt ISO 9002:1994
获证体系覆盖产品:国内、国际贸易及代理服务
有效期:2000.12.15~2003.12.14

深圳招商局重工有限公司(招商局重工有限公司)
地址:广东省深圳蛇口碧海路8号(香港新界青衣西草湾路1-7号)
邮政编码:518067
证书注册编号:0200A0545
体系认证标准:GB/T 19002-1994 idt ISO 9002:1994
有效期:2000.12~2003.12

中海石油南方船舶公司
地址:广东省湛江市坡头区11号信箱
邮政编码:524057
证书注册编号:0200B0546 0297B292
体系认证标准:GB/T 19002-1994 idt ISO 9002:1994
有效期:2000.12~2003.12

锡山市江海船舶电器厂
地址:江苏省锡山市东湖塘
邮政编码:214196
证书注册编号:0200B0547
体系认证标准:GB/T 19002-1994 idt ISO 9002:1994
有效期:2000.12~2003.12

苏州汽车客运总公司汽车北站
地址:江苏省苏州市西汇路29号
邮政编码:215001
证书注册编号:0200B0548
体系认证标准:GB/T 19002-1994 idt ISO 9002:1994
有效期:2000.12~2003.12

南京板桥消防器材厂
地址:江苏省南京市雨花台区板桥镇青年路
邮政编码:210039
证书注册编号:0200B0549
体系认证标准:GB/T 19002-1994 idt ISO 9002:1994
有效期:2000.12~2003.12

武汉木材防腐厂
地址:湖北省武汉市汉阳区翠微横路16号
邮政编码:430050
证书注册编号:0200B0550 0297B360
体系认证标准:GB/T 19002-1994 idt ISO 9002:1994
有效期:2000.12~2003.12

锡山市奔达密封件厂
地址:江苏省无锡市北郊长安镇
邮政编码:214177
证书注册编号:0200B0551 0298B478
体系认证标准:GB/T 19002-1994 idt ISO 9002:1994
有效期:2000.12~2003.12

胜利石油管理局渤海钻井总公司管具公司
地址:山东省东营市河口区
邮政编码:257200
证书注册编号:0200B0552 0297B300
体系认证标准:GB/T 19002-1994 idt ISO 9002:1994
有效期:2000.12~2003.12

***山东高密华优精密铸造有限公司(原高密市锅炉附件厂)**
地址:山东省高密市李家营镇驻地
邮政编码:261521
电话:(0536)2642098
传真:(0536)2642090
法定代表人:葛瑞云
证书注册编号:0200B0553
体系认证标准:GB/T1 9002-1994 idt ISO 9002:1994

体系认证标准:GB/T 19002—1994 idt ISO 9002:1994
获证体系覆盖产品:高效节能煤气炉具、水位计、锅炉用阀门及各种壁炉、异型暖气片的制造
有效期:2000.12.25～2003.12.14

山东泰山前田锅炉有限公司
地址:山东省泰安市南关路18号
邮政编码:271000
证书注册编号:0200B0554
体系认证标准:GB/T 19002—1994 idt ISO 9002:1994
有效期:2000.12～2003.12

招商银行
地址:广东省深圳市深南中路2号
邮政编码:518001
证书注册编号:0200B0555
体系认证标准:GB/T 19002—1994 idt ISO 9002:1994
有效期:2000.12～2003.12

重庆机场货运有限公司
地址:重庆江北国际机场
邮政编码:401120
证书注册编号:0200B0556
体系认证标准:GB/T 19002—1994 idt ISO 9002:1994
有效期:2000.12～2003.12

中国外轮理货总公司上海分公司
地址:上海市东余杭路1322号
邮政编码:200082
证书注册编号:0200B0557 0297B367
体系认证标准:GB/T 19002—1994 idt ISO 9002:1994
有效期:2000.12～2003.12

南阳飞龙电力集团有限公司配电分公司
地址:河南省南阳市中州路270号
邮政编码:473000
证书注册编号:0200B0558
体系认证标准:GB/T 19002—1994 idt ISO 9002:1994
有效期:2000.12～2003.12

建德市新安江电焊条有限公司(建德市新安江电焊条厂)
地址:浙江省建德市新安江镇桥南工业园区
邮政编码:311600
证书注册编号:0200B0559
体系认证标准:GB/T 19002—1994 idt ISO 9002:1994
有效期:2000.12～2003.12

上海亨远船舶设备公司
地址:上海市青浦区白石路2118号
邮政编码:201711
证书注册编号:0200B0560
体系认证标准:GB/T 19002—1994 idt ISO 9002:1994
有效期:2000.12～2003.12

温州市鹿城日康烟具厂
地址:浙江省温州市杨府山涂田工业区
邮政编码:325003
证书注册编号:0200B0561
体系认证标准:GB/T 19002—1994 idt ISO 9002:1994
有效期:2000.12～2003.12

浙江省水电建筑安装有限公司
地址:浙江杭州市滨江区水电新村二区
邮政编码:310051
证书注册编号:0200B0562
体系认证标准:GB/T 19002—1994 idt ISO 9002:1994
有效期:2000.12～2003.12

浙江省正邦水电建设有限公司
地址:浙江省杭州市滨江区西兴镇水电新村三区
邮政编码:310051
证书注册编号:0200B0563
体系认证标准:GB/T 19002—1994 idt ISO 9002:1994
有效期:2000.12～2003.12

山东省淄博市临淄区朱台建筑安装工程公司
地址:山东省淄博市临淄区辛店南二路51号
邮政编码:255400
证书注册编号:0200B0564
体系认证标准:GB/T 19002—1994 idt ISO 9002:1994
有效期:2000.12～2003.12

浙江鹰鹏化工有限公司
地址:浙江省永康市永化路69号
邮政编码:321300
证书注册编号:0200B0565 0297B388
体系认证标准:GB/T 19002—1994 idt ISO 9002:1994
有效期:2000.12～2003.12

北京速可达机电设备有限责任公司
地址:北京市丰台区右外大街99号华商科技大厦2楼
邮政编码:100054
证书注册编号:0200B0566
体系认证标准:GB/T 19002—1994 idt ISO 9002:1994
有效期:2000.12～2003.12

浙江省衢州市快速汽车运输有限公司
地址:浙江省衢州市区车站中路39号
邮政编码:324000
证书注册编号:0200A0567
体系认证标准:GB/T 19002—1994 idt ISO 9002:1994
有效期:2000.12～2003.12

中海工业有限公司城安围船厂
地址:广东广州市海珠区振兴大街十号
邮政编码:510290
证书注册编号:0200B0568 0297B340
体系认证标准:GB/T 19002—1994 idt ISO 9002:1994
有效期:2000.12～2003.12

天津大港电焊条有限责任公司(天津五金矿产进出口集团有限公司)
地址:天津市大港区中塘镇
邮政编码:300270
证书注册编号:0200B0569 0297B400
体系认证标准:GB/T 19002—1994 idt ISO 9002:1994
有效期:2000.12～2003.12

成都五冶钢瓶公司
地址:四川成都市跳蹬河槐树店路9号
邮政编码:610051
证书注册编号:0200B0570 0297B258
体系认证标准:GB/T 19002—1994 idt ISO 9002:1994
有效期:2000.12～2003.12

湛江中海石油检测公司
地址:广东省湛江市坡头区11号信箱南海西部石油公司合众近海建设公司
邮政编码:524057

证书注册编号:0200B0571
体系认证标准:GB/T 19002－1994 idt ISO 9002:1994
有效期:2000.12～2003.12

锡山市金达交通工程机械厂
地址:江苏省锡山市华庄镇
邮政编码:214131
证书注册编号:0200B0572
体系认证标准:GB/T 19002－1994 idt ISO 9002:1994
有效期:2000.12～2003.12

连云港港务局煤炭装卸公司
地址:江苏省连云港庙岭港区
邮政编码:222046
证书注册编号:0200B0573 0297B345
体系认证标准:GB/T 19002－1994 idt ISO 9002:1994
有效期:2000.12～2003.12

无锡顺浩变压器有限公司
地址:江苏省锡山市杨市镇
邮政编码:214154
证书注册编号:0200A0574 0297A261
体系认证标准:GB/T 19002－1994 idt ISO 9002:1994
有效期:2000.12～2003.12

中华人民共和国张家港港务监督(中华人民共和国张家港海事局)
地址:江苏省张家港市港区镇长江中路88号
邮政编码:215633
证书注册编号:0200B0575
体系认证标准:GB/T 19002－1994 idt ISO 9002:1994
有效期:2000.12～2003.12

西安铁路信号工厂
地址:陕西省西安市金花南路6号
邮政编码:710048
证书注册编号:0200A0576 0297A351
体系认证标准:GB/T 19002－1994 idt ISO 9002:1994
有效期:2000.12～2003.12

上海港军工路港务公司
地址:上海市军工路4501号
邮政编码:200432
证书注册编号:0200B0577 0297B354
体系认证标准:GB/T 19002－1994 idt ISO 9002:1994
有效期:2000.12～2003.12

重庆顺达航空服务有限公司
地址:重庆江北国际机场
邮政编码:401120
证书注册编号:0200B0578
体系认证标准:GB/T 19002－1994 idt ISO 9002:1994
有效期:2000.12～2003.12

中国国际工程咨询公司
地址:北京市海淀区车公庄西路32号
邮政编码:100044
证书注册编号:0200A0579
体系认证标准:GB/T 19001－1994 idt ISO 9001:1994
有效期:2000.12～2003.12

山东省广饶石油机械股份有限公司
地址:山东东营市广饶县城东路24号
邮政编码:257300
证书注册编号:0200A0580 0297A193
体系认证标准:GB/T 19001－1994 idt ISO 9001:1994
有效期:2000.12～2003.12

山东气缸套股份有限公司
地址:山东省临朐县城工业街1号
邮政编码:262600
证书注册编号:0200B0581 0297B296
体系认证标准:GB/T 19002－1994 idt ISO 9002:1994
有效期:2000.12～2003.12

北京市电信器材公司
地址:北京市丰台区马家堡路122号
邮政编码:100077
证书注册编号:0200B0582
体系认证标准:GB/T 19002－1994 idt ISO 9002:1994
有效期:2000.12～2003.12

南京长江油运公司(含:南京石油运输有限公司)
地址:江苏省南京市中山北路324号
邮政编码:210003
证书注册编号:0200A0583
体系认证标准:GB/T 19001－1994 idt ISO 9001:1994
有效期:2000.12～2003.12

***胜利石油管理局黄河钻井总公司管具公司**
地址:山东省东营市聊城路26号
邮政编码:257009
电话:(0546)8794942 8554858
传真:(0546)8224561
法定代表人:徐爱民
证书注册编号:0200B0584 0297B391
体系认证标准:GB/T 19002－1994 idt ISO 9002:1994
获证体系覆盖产品:钻头制造服务;钻具修理、供井服务;套管供井服务;螺杆钻具检修、供井服务;工具修理服务;井控装置修理、供井服务
有效期:2000.12～2003.12

新华建筑工程公司
地址:北京市宣武门西大街57号
邮政编码:100803
证书注册编号:0200B0585
体系认证标准:GB/T 19002－1994 idt ISO 9002:1994
有效期:2000.12～2003.12

舞阳钢铁有限责任公司
地址:河南省舞钢市(寺坡)
邮政编码:462500
证书注册编号:0200B0586 0297B346
体系认证标准:GB/T 19002－1994 idt ISO 9002:1994
有效期:2000.12～2003.12

上海通海工索具厂
地址:上海市宝山区长逸路218号
邮政编码:200441
证书注册编号:0200B0587
体系认证标准:GB/T 19002－1994 idt ISO 9002:1994
有效期:2000.12～2003.12

北京南亚气体制品有限公司
地址:北京市经济技术开发区北环西路36号
邮政编码:100176
证书注册编号:0200B0588
体系认证标准:GB/T 19002－1994 idt ISO 9002:1994
有效期:2000.12～2003.12

山东龙口奥宇家居有限公司
地址:山东省龙口市外向型经济开发区龙中东路

邮政编码:265700
证书注册编号:0200A0589
体系认证标准:GB/T 19002－1994 idt ISO 9002:1994
有效期:2000.12～2003.12

武汉钢铁(集团)公司
地址:湖北省武汉青山
邮政编码:430083
证书注册编号:0200B0590 0297B305
体系认证标准:GB/T 19002－1994 idt ISO 9002:1994
有效期:2000.12～2003.12

武汉钢铁股份有限公司
地址:湖北省武汉青山
邮政编码:430083
证书注册编号:0200B0591 0297B305
体系认证标准:GB/T 19002－1994 idt ISO 9002:1994
有效期:2000.12～2003.12

江苏省淮阴市船用机械有限公司
地址:江苏省淮阴市和平东路11号
邮政编码:223001
证书注册编号:0200B0592
体系认证标准:GB/T 19002－1994 idt ISO 9002:1994
有效期:2000.12～2003.12

镇江船用柴油机厂
地址:江苏省镇江市官塘桥
邮政编码:212011
证书注册编号:0200B0593 0297B393
体系认证标准:GB/T 19002－1994 idt ISO 9002:1994
有效期:2000.12～2003.12

唐山亨利金属制品有限公司
地址:天津市宁河县海北镇东董村
邮政编码:301506
证书注册编号:0200B0594
体系认证标准:GB/T 19002－1994 idt ISO 9002:1994
有效期:2000.12～2003.12

淄博市临淄区城市建筑安装公司
地址:山东淄博市临淄区迎宾路56号
邮政编码:255400
证书注册编号:0200B0595
体系认证标准:GB/T 19002－1994 idt ISO 9002:1994
有效期:2000.12～2003.12

锡山市石油化工设备总厂
地址:江苏省无锡市金城湾
邮政编码:214123
证书注册编号:0200B0596 0297B380
体系认证标准:GB/T 19002－1994 idt ISO 9002:1994
有效期:2000.12～2003.12

淄博市王村建工实业总公司
地址:山东省淄博市周村区王村镇
邮政编码:255311
证书注册编号:0200B0597
体系认证标准:GB/T 19002－1994 idt ISO 9002:1994
有效期:2000.12～2003.12

招商局国际旅行社有限责任公司
地址:北京市朝阳区东三环北路19号华鹏大厦6楼
邮政编码:100020
证书注册编号:0200A0598 0297A325
体系认证标准:GB/T 19001－1994 idt ISO 9001:1994
有效期:2000.12～2003.12

安庆港国际集装箱装卸运输公司
地址:安徽省安庆市五里庙新港区
邮政编码:246003
证书注册编号:0200B0599
体系认证标准:GB/T 19002－1994 idt ISO 9002:1994
有效期:2000.12～2003.12

福州中铁快运有限公司
地址:福建省福州市晋安区沁园支路49号
邮政编码:350013
证书注册编号:0200B0600
体系认证标准:GB/T 19002－1994 idt ISO 9002:1994
有效期:2000.12～2003.12

重庆中铁快运有限公司
地址:重庆市渝中区南区路232号美瑜君悦大酒店10－3
邮政编码:400014
证书注册编号:0200B0601
体系认证标准:GB/T 19002－1994 idt ISO 9002:1994
有效期:2000.12～2003.12

长沙中铁快运有限公司
地址:湖南长沙市芙蓉区朝阳一村一号
邮政编码:410001
证书注册编号:0200B0602
体系认证标准:GB/T 19002－1994 idt ISO 9002:1994
有效期:2000.12～2003.12

成都中铁快运有限公司
地址:四川成都市人民北路二段25号
邮政编码:610081
证书注册编号:0200B0603
体系认证标准:GB/T 19002－1994 idt ISO 9002:1994
有效期:2000.12～2003.12

贵阳中铁快运有限公司
地址:贵州省贵阳市公园路32号
邮政编码:550002
证书注册编号:0200B0604
体系认证标准:GB/T 19002－1994 idt ISO 9002:1994
有效期:2000.12～2003.12

常州中铁快运有限公司
地址:江苏省常州市怀德中路123号一南2号
邮政编码:213003
证书注册编号:0200B0605
体系认证标准:GB/T 19002－1994 idt ISO 9002:1994
有效期:2000.12～2003.12

杭州中铁快运有限公司
地址:浙江杭州市上城区秋涛路296号
邮政编码:310016
证书注册编号:0200B0606
体系认证标准:GB/T 19002－1994 idt ISO 9002:1994
有效期:2000.12～2003.12

济南中铁快运有限公司
地址:山东省济南市车站街161号
邮政编码:250001
证书注册编号:0200B0607
体系认证标准:GB/T 19002－1994 idt ISO 9002:1994
有效期:2000.12～2003.12

乌鲁木齐中铁快运有限公司
地址:新疆乌鲁木齐市北京南路副6号
邮政编码:830011

证书注册编号:0200B0608
体系认证标准:GB/T 19002—1994 idt ISO 9002:1994
有效期:2000.12～2003.12

石家庄中铁快运有限公司
地址:河北省石家庄市兴凯路 281 号
邮政编码:050000
证书注册编号:0200B0609
体系认证标准:GB/T 19002—1994 idt ISO 9002:1994
有效期:2000.12～2003.12

胜利石油管理局钻井泥浆公司
地址:山东省东营市勘探路 10 号
邮政编码:257064
证书注册编号:0200A0610 0297A207
体系认证标准:GB/T 19002—1994 idt ISO 9002:1994
有效期:2000.12～2003.12

海南国盛石油有限公司
地址:海南省海口市龙昆北路珠江广场帝豪大厦 20 层
邮政编码:570125
证书注册编号:0200B0611
体系认证标准:GB/T 19002—1994 idt ISO 9002:1994
有效期:2000.12～2003.12

重庆金鸿电气工程有限公司
地址:重庆渝州路 124 号附 10 号 4—1
邮政编码:400039
证书注册编号:0200A0612
体系认证标准:GB/T 19002—1994 idt ISO 9002:1994
有效期:2000.12～2003.12

安徽省科达技术开发有限公司
地址:安徽省合肥市金寨南路十八岗(紧邻合宁高速公路十八岗收费站)
邮政编码:230022
证书注册编号:0200B0613
体系认证标准:GB/T 19002—1994 idt ISO 9002:1994
有效期:2000.12～2003.12

江苏省东台船用配件有限公司
地址:江苏省东台市北关北路 112 号
邮政编码:224200
证书注册编号:0200A0614
体系认证标准:GB/T 19001—1994 idt ISO 9001:1994
有效期:2000.12～2003.12

通州市紫琅金属制品厂
地址:江苏省通州市良种场
邮政编码:226318
证书注册编号:0200B0615
体系认证标准:GB/T 19002—1994 idt ISO 9002:1994
有效期:2000.12～2003.12

通州市神威钢绳厂
地址:江苏省通州市竹行镇
邮政编码:226318
证书注册编号:0200B0616
体系认证标准:GB/T 19002—1994 idt ISO 9002:1994
有效期:2000.12～2003.12

宜昌黑旋风锯业有限责任公司
地址:湖北省宜昌市港窑路 22—1 号
邮政编码:443003
证书注册编号:0200B0617 0297B356
体系认证标准:GB/T 19002—1994 idt ISO 9002:1994
有效期:2000.12～2003.12

广州金莱冷轧带钢有限公司
地址:广东省广州市芳村大道桥梓街 15 号
邮政编码:510360
证书注册编号:0200A0618
体系认证标准:GB/T 19001—1994 idt ISO 9001:1994
有效期:2000.12～2003.12

兰州通达换热器有限公司
地址:甘肃兰州市安宁区桃林路 64 号
邮政编码:730070
证书注册编号:0200B0619
体系认证标准:GB/T 19002—1994 idt ISO 9002:1994
有效期:2000.12～2003.12

江苏法尔胜东泰新型材料有限公司
地址:江苏省江阴市人民西路 215 号
邮政编码:214433
证书注册编号:0200B0620
体系认证标准:GB/T 19002—1994 idt ISO 9002:1994
有效期:2000.12～2003.12

淮阴泛亚园林机械制造有限公司
地址:江苏省淮阴市健康东路 4 号
邮政编码:223001
证书注册编号:0200B0621
体系认证标准:GB/T 19002—1994 idt ISO 9002:1994
有效期:2000.12～2003.12

上海浦东新区东沟电器厂
地址:上海市浦东东高路 785 号
邮政编码:201208
证书注册编号:0200B0622
体系认证标准:GB/T 19002—1994 idt ISO 9002:1994
有效期:2000.12～2003.12

浙江衢州汽车运输(集团)有限公司
地址:浙江省衢州市区车站中路 39 号
邮政编码:324000
证书注册编号:0200A0623
体系认证标准:GB/T 19001—1994 idt ISO 9001:1994
有效期:2000.12～2003.12

北京城市开发设计研究院
地址:北京市朝阳区安华西里一区一号
邮政编码:100011
证书注册编号:0200A0624
体系认证标准:GB/T 19001—1994 idt ISO 9001:1994
有效期:2000.12～2003.12

广东省公路局勘察设计院
地址:广东省广州市天河北天润路 445 号 4 楼
邮政编码:510635
证书注册编号:0200A0625
体系认证标准:GB/T 19001—1994 idt ISO 9001:1994
有效期:2000.12～2003.12

湖州市汇诚船用敷料有限公司
地址:浙江省湖州市杭长桥中路 546 号
邮政编码:313000
证书注册编号:0200B0626
体系认证标准:GB/T 19002—1994 idt ISO 9002:1994
有效期:2000.12～2003.12

泰兴市热镀锌厂
地址:江苏省泰兴市经济开发区 A 区星港路 15 号

邮政编码:225404
证书注册编号:0200B0627
体系认证标准:GB/T 19002—1994 idt ISO 9002:1994
有效期:2000.12～2003.12

无锡霸润涂料化工有限公司
地址:江苏省无锡市锡澄路258号
邮政编码:214041
证书注册编号:0200A0628 0297A333
体系认证标准:GB/T 19001—1994 idt ISO 9001:1994
有效期:2000.12～2003.12

中远工业公司
地址:北京市西城区月坛北街2号月坛大厦B座8层
邮政编码:100045
证书注册编号:0200A0629 0297A318
体系认证标准:GB/T 19001—1994 idt ISO 9001:1994
有效期:2000.12～2003.12

安徽省高等级公路工程监理有限公司
地址:安徽省合肥市金寨南路十八岗(紧邻合宁高速公路十八岗收费站)
邮政编码:230022
证书注册编号:0200B0630
体系认证标准:GB/T 19002—1994 idt ISO 9002:1994
有效期:2000.12～2003.12

***重庆机场航空食品有限公司**
地址:重庆江北机场
邮政编码:401120
电话:(023)67804670/67152318
传真:(023)67804124
法定代表人:周靖
证书注册编号:0200B0631
体系认证标准:GB/T1 9002—1994 idt ISO 9002:1994
获证体系覆盖产品:航空食品生产、送餐服务
有效期:2000.12.30～2003.12.29

胜利石油管理局钻井管具公司劳动服务公司
地址:山东东营市东营区北一路172号
邮政编码:257009
证书注册编号:0200B0632
体系认证标准:GB/T 19002—1994 idt ISO 9002:1994
有效期:2000.12～2003.12

中国人民解放军第五七二零工厂
地址:安徽省芜湖市501信箱
邮政编码:241007
证书注册编号:0200B0633
体系认证标准:GB/T 19002—1994 idt ISO 9002:1994
有效期:2000.12～2003.12

民航重庆江北机场空港服务总公司
地址:重庆江北国际机场
邮政编码:401120
证书注册编号:0200B0634
体系认证标准:GB/T 19002—1994 idt ISO 9002:1994
有效期:2000.12～2003.12

重庆共创工业有限公司
地址:重庆市沙坪坝区井口镇南溪经济园40号
邮政编码:400033
证书注册编号:0200B0635
体系认证标准:GB/T 19002—1994 idt ISO 9002:1994
有效期:2000.12～2003.12

中国安能建设总公司(武警水电指挥部)
地址:北京市六里桥
邮政编码:100055
证书注册编号:0200B0636
体系认证标准:GB/T 19002—1994 idt ISO 9002:1994
有效期:2000.12～2003.12

启东高压油泵有限公司
地址:江苏省启东市江海中路405号
邮政编码:226200
证书注册编号:0200A0637
体系认证标准:GB/T 19001—1994 idt ISO 9001:1994
有效期:2000.12～2003.12

重庆市九龙坡区铁路机械配件厂
地址:重庆市九龙坡区电力5村100号
邮政编码:400053
证书注册编号:0200B0638
体系认证标准:GB/T 19002—1994 idt ISO 9002:1994
有效期:2000.12～2003.12

扬子石油化工设计院
地址:江苏省南京市大厂区
邮政编码:210048
证书注册编号:0200A0639 0297A387
体系认证标准:GB/T 19001—1994 idt ISO 9001:1994
有效期:2000.12～2003.12

锡山市环球工程机械厂
地址:江苏省锡山市华庄镇
邮政编码:214131
证书注册编号:0200B0640
体系认证标准:GB/T 19002—1994 idt ISO 9002:1994
有效期:2000.12～2003.12

北京市首都公路发展有限责任公司京津塘高速公路管理分公司
地址:北京市通州区马驹桥镇东
邮政编码:101102
证书注册编号:0200B0641 0297B349
体系认证标准:GB/T 19002—1994 idt ISO 9002:1994
有效期:2000.12～2003.12

北京亚方康讯科技有限公司
地址:北京市朝阳区和平里西街小黄庄路1号四康物业四层
邮政编码:100013
证书注册编号:0200B0642
体系认证标准:GB/T 19002—1994 idt ISO 9002:1994
有效期:2000.12～2003.12

宜兴市稀土材料厂
地址:江苏省宜兴市宜丰
邮政编码:214242
证书注册编号:0200B0643
体系认证标准:GB/T 19002—1994 idt ISO 9002:1994
有效期:2000.12～2003.12

***武汉市青山北湖铁路修建有限公司**
地址:湖北省武汉市武钢厂前运输部炼钢工区内
邮政编码:430083
电话:(027)86898083
传真:(027)86422157
法定代表人:胡三芳
证书注册编号:0200B0644
体系认证标准:GB/T 19002—1994 idt ISO 9002:1994

获证体系覆盖产品:铁路大修、维修及养护
有效期:2000.12.31～2003.12.14

福建省万隆集团安溪工程机械厂
地址:福建省安溪县凤城镇吾都工业区
邮政编码:362400
证书注册编号:0200B0645
体系认证标准:GB/T 19002－1994 idt ISO 9002:1994
有效期:2000.12～2003.12

无锡惠山汽配集团公司(无锡市汽车油泵厂、无锡市锡鑫汽车水泵厂、无锡金阳汽车电器有限公司、锡山市玉鑫压铸厂)
地址:江苏省无锡市玉祁镇
邮政编码:214183
证书注册编号:0200B0646 0297B361
体系认证标准:GB/T 19002－1994 idt ISO 9002:1994
有效期:2000.12～2003.12

中国船舶燃料供应湛江公司
地址:广东省湛江市友谊路1号
邮政编码:524027
证书注册编号:0200B0647
体系认证标准:GB/T 19002－1994 idt ISO 9002:1994
有效期:2000.12～2003.12

湖北省电力建设第二工程公司
地址:湖北省武汉市航空路38号
邮政编码:430030
证书注册编号:0200B0648 0297B384
体系认证标准:GB/T 19002－1994 idt ISO 9002:1994
有效期:2000.12～2003.12

鹤壁链条厂
地址:河南省鹤壁市鹤山区中山东路
邮政编码:458020
证书注册编号:0200B0649
体系认证标准:GB/T 19002－1994 idt ISO 9002:1994
有效期:2000.12～2003.12

北京首建工程咨询监理公司
地址:北京市海淀区皂君庙68号
邮政编码:100081
证书注册编号:0200B0650
体系认证标准:GB/T 19002－1994 idt ISO 9002:1994
有效期:2000.12～2003.12

射阳县远航船舶辅机有限公司
地址:江苏省射阳县红旗路18号
邮政编码:224300
证书注册编号:0200B0651
体系认证标准:GB/T 19002－1994 idt ISO 9002:1994
有效期:2000.12～2003.12

秦皇岛港务局第二港务公司
地址:河北秦皇岛市河北大街东段1号
邮政编码:066003
证书注册编号:0200B0652 0297B399
体系认证标准:GB/T 19002－1994 idt ISO 9002:1994
有效期:2000.12～2003.12

天津市塘沽天顺阀门实业有限公司
地址:天津市塘沽区海洋高新技术开发区珠海路88号
邮政编码:300459
证书注册编号:0200B0653
体系认证标准:GB/T 19002－1994 idt ISO 9002:1994
有效期:2000.12～2003.12

广州三发钢带有限公司
地址:广东省广州市芳村大道桥梓大街15号
邮政编码:510360
证书注册编号:0200B0654
体系认证标准:GB/T 19002－1994 idt ISO 9002:1994
有效期:2000.12～2003.12

云南第三公路桥梁工程有限责任公司
地址:云南省思茅市思亭路1号
邮政编码:665000
证书注册编号:0200B0656
体系认证标准:GB/T 19002－1994 idt ISO 9002:1994
有效期:2000.12～2003.12

中国石化胜利油田有限公司物资供应处套管厂
地址:山东东营市东营区菏泽路628号
邮政编码:257075
证书注册编号:0200B0657
体系认证标准:GB/T 19002－1994 idt ISO 9002:1994
有效期:2000.12～2003.12

湖南省火电建设公司电力设备修造厂
地址:湖南省株州市红旗中路56号
邮政编码:412000
证书注册编号:0200B0658 0297B363
体系认证标准:GB/T 19002－1994 idt ISO 9002:1994
有效期:2000.12～2003.12

营口市双龙石油器材公司
地址:辽宁省营口市西市区风光里1号
邮政编码:115004
证书注册编号:0200B0659 0297B375
体系认证标准:GB/T 19002－1994 idt ISO 9002:1994
有效期:2000.12～2003.12

***中国长江航运集团红光港机厂**
地址:湖北省宜昌市江南大道385号
邮政编码:443004
电话:(0717)6671101－2202
传真:(0717)6671243
法定代表人:王旺生
证书注册编号:0201A0001
体系认证标准:GB/T 19001－1994 idt ISO 9001:1994
获证体系覆盖产品:5～50吨级港口轮胎重机和40吨级以下港口门座式、台架式、浮式、桥式、龙门式起重机的设计和制造
有效期:2001.1.4～2003.12.14

***淄博市周村建筑总公司**
地址:山东省淄博市周村区太和小区46号
邮政编码:255300
电话:(0533)6153268
传真:(0533)6153268
法定代表人:杨先论
证书注册编号:0201B0015
体系认证标准:GB/T 19002－1994 idt ISO 9002:1994
获证体系覆盖产品:工业与民用建筑工程施工
有效期:2001.1.11～2004.1.10

***北京电力设备总厂电器厂**
地址:北京良乡昊天北大街1号
邮政编码:102401
电话:(010)89351935

法定代表人：徐华北
证书注册编号：0201A0066
体系认证标准：GB/T 19001－1994 idt ISO 9001：1994
获证体系覆盖产品：0.22kV～500kV 金属氧化物避雷器的设计和制造
有效期：2001.2.15～2004.2.14

＊昆明宝益磷化工有限公司
地址：云南省安宁市草铺镇
邮政编码：650309
电话：(0871)8750130
传真：(0871)8750356
法定代表人：宋诗佳
证书注册编号：0201A0069
体系认证标准：GB/T 19001－1994 idt ISO 9001：1994
获证体系覆盖产品：食品级磷酸、磷酸盐系列(六偏磷酸钠、三聚磷酸钠、焦磷酸钠等)、复配磷酸盐(用于强面精、肉制品、海产品等)和工业级磷酸盐系列(六偏磷酸钠、三聚磷酸钠等)的设计、开发和生产
有效期：2001.2.15～2004.2.14

＊靖江骏马压路机械有限公司
地址：江苏省靖江市西郊马桥
邮政编码：214526
电话：(0523)4580131
传真：(0523)4581868
法定代表人：朱天赐
证书注册编号：0201B0099
体系认证标准：GB/T 19002－1994 idt ISO 9002：1994
获证体系覆盖产品：YSZ07、YZ1、YSZ1.6、YZC2.5、YZ4 型振动压路机和 YZD4 振荡压路机、2YJ8/10 静碾压路机、HZR 振动平板夯的生产和服务
有效期：2001.3.15～2004.3.14

设计大厦
（广州市设计院办公楼主立面）

法人代表：董学奎

广州市设计院组建于1952年，是国内最早成立的全国综合甲级设计单位之一。四十多年后的今天，她已成为南粤建筑设计的一支重要队伍。广州市设计院拥有国内、国外工程勘察设计、工程设计咨询，城镇规划、市政设计、工程总承包、工程监理、建筑智能化系统工程、消防、环保等多项资质，具有国家质量体系认证中心认可的一整套完善的设计管理体系。她拥有500多人的设计管理队伍，其中高、中级工程技术人员350多人，经国务院批准享受政府特殊津贴的专家12名，持有国家注师资格的87名。广州市设计院人才荟萃，实力雄厚，业绩累累，80年代至今已有250多项工程勘察设计获国家、部、省、市级的奖励，其中白天鹅宾馆1984年获建设部全国优秀建筑一等一级奖、国家经委全国第七次质量月金质奖、及国家科技进步二等奖；天河体育中心获国家科技进步二等奖、全国第四次优秀工程设计“建筑”银质奖、国际建协IAKS奖银质奖。

广州市设计院一向重视“质量第一”的原则、依靠科技进步，严格内部管理，并在贯彻ISO9001国际质量保证体系上迈出了坚实的一步。

现在广州市设计院正进一步解放思想，全面推进各项配套改革，加大转换机制的力度，以新的业绩在新的世纪迈出更大的一步。

广州市设计院

地址：广州市天河体育东路，体育东横街3号　邮码:510620　电话:(020)87544608　传真:(020)87544798　电子邮箱:gzdi@ihw.com.cn

白天鹅宾馆 西立面

白天鹅宾馆 临江立面

白天鹅宾馆中庭

公司经理:赵殿栋

公司党委书记:侯有益

胜利石油管理局地球物理勘探开发公司

地址:山东省东营牛庄　邮码:257100
电话:(0546)8851308 8851036　传真:(0546)8851039 8852214
电子邮件:slwt@dy-public.sd.cninfo.net

公司办公楼

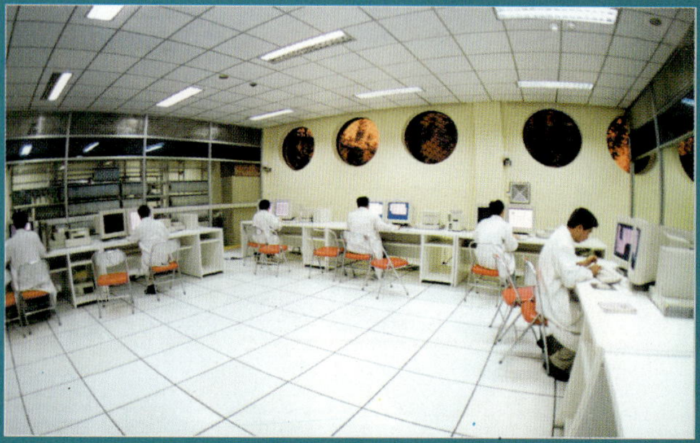

精心解释

组合炮试验

友好合作

海上施工

沙驼钻井

胜利石油管理局地球物理勘探开发公司是一个集物化探采集、处理、解释及地质综合研究于一体的综合性石油勘探开发实体。公司现有员工3545人，专业技术人员1500多人，地球物理和计算机博士及硕士77名（含在读），其中具有高级职称技术人员100多名，中级职称人员400多名，技术力量雄厚。公司多次荣获国家和省部级科技进步奖。其获奖级别和数量均处于全国同行业领先水平。拥有6支具有参与国际国内招标资格的甲级队及11支具有参与国内招标资格的乙级队。公司现有固定资产5.1亿元。

经过30多年的发展，锤炼出了一支特别能吃苦、特别能忍耐、特别能战斗、特别能奉献的一流施工队伍，创造了以“艰苦奋斗，无私奉献”的胜利物探精神为精髓的企业文化。建立了完善的ISO9002质量保证体系，建立了一整套规范的HSE管理体系和技术标准，有适应各种复杂地表施工的管理经验和后勤保障能力。拥有适应陆上、滩海、沼泽、水库、大河、湖泊、连片盐田、连片虾池、城镇、山地、丘陵、戈壁滩、黄土塬等复杂地表条件施工的能力。在野外采集装备方面，有TELSEIS STAR、SN-388 等系列的多道数字遥测地震仪器，在资料解释及综合研究方面，拥有GEOQUEST 等人机联作解释工作站及配套的各种先进的软件系统，拥有中型计算机和处理解释一体化的计算机系统，能够实现二维、三维地震资料的人机交互处理解释。

公司积极参与国内外市场竞争，先后在陕北、内蒙、山西、江浙、青海、广西、新疆、大港、安徽、冀东等外部市场和意大利阿及普公司国际反承包项目中从事地震勘探攻关和作业，均取得优质勘探成果。

胜利物探技术国内领先　胜利物探技术在国内外声誉卓著　胜利物探技术和明天勘探技术同步

胜利物探公司愿以一流的技术和一流的工作成果为油田内外单位提供油气勘探、开发服务。

新疆石油管理局
钻井工艺研究院

院长：杨龙

党委书记：高炼英

新疆石油管理局钻井工艺研究院成立于1982年，是专门从事钻井工艺技术及钻井工具研究、中试产品制造、技术服务、技术培训“四位一体”的企业科研单位。分别从事钻井工艺技术；取芯工艺技术及工具；固井、完井工艺技术及工具；钻井液完井液技术；国家、自治区、总公司级储备性前沿技术项目的研究攻关。可以开展定向井、水平井配套钻井技术服务；空气、泡沫、雾化、充气泥浆等欠平衡钻井技术服务；密闭取芯、松散地层取芯技术服务；特殊井复杂井的钻井液完井液技术服务；特种作业的固井完井工艺技术服务等。并与美国哈里伯顿公司合作在我院建成DBS钻头公司，生产各种类型的高效钻头。建院近二十年来，共进行了268项科研攻关，取得科研成果216项。其中48项获国家、石油天然气总公司和自治区级科技成果奖励，168项获新疆石油管理局科技成果奖励。并有34项成果获得国家专利。我院拥有各类科研专用设备189台（套），固定资产达8600余万元。1999年通过了ISO9001国际质量体系认证。

空气雾化欠平衡钻井装备

钻研院一瞥

分析化验

水平井钻井现场

地址：新疆克拉玛依市鸿雁路 80 号
电话：(0990)6884621　　6882354
传真：(0990)6223700　邮码：834000
HTTP：//ZYYXJ.CNINFO.NET

华北石油管理局第一钻井工程公司

在苏丹国钻井施工的50003长城钻井队

地址:河北省廊坊市万庄
邮码:065007
电话:(0317)2551405
传真:(0317)2558700
经理:陈景奎

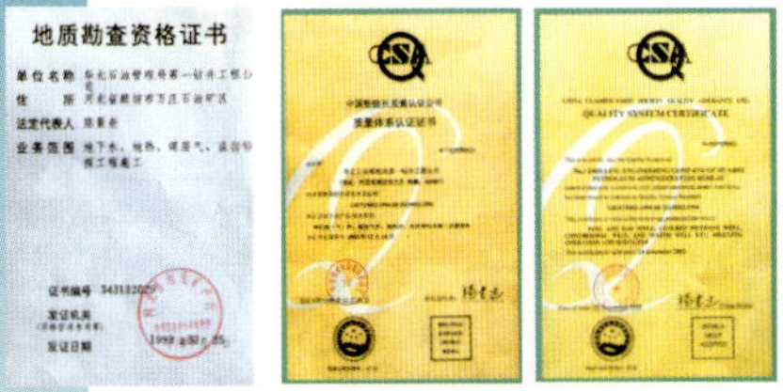

1995年4月28日,时任蒙古国总统奥其尔巴特、美国SOCO公司总裁埃德斯等参观在蒙古国施工的 50513钻井队

新疆火焰山脚下施工的50502钻井队

华北石油管理局第一钻井工程公司是CNPC下属的以石油(天然气)钻井为主,现有各类钻机34套和1500吨级液压顶部驱动钻进系统,形成了浅井、中深井和超深井的钻机布局,还具备煤层气、地热水井、盐卤井等工程的施工资质。公司曾先后在大庆、胜利、广东、三水、吉林、青海、大港、吐哈、克拉玛依、玉门等油田和地区承包打井,现又进入苏丹国、蒙古国、泰国等国际石油钻井市场。先后荣获"国家计量一级单位"、"国家二级标准企业"、河北省"文明单位"和"重合同、守信用企业"等荣誉称号,获得部级颁发的金、银牌30枚。1999年12月,公司又取得了ISO9002质量体系认证资格证书。

党和国家领导人胡耀邦、朱镕基、李瑞环、宋平、邹家华、王丙乾、康世恩、铁木尔.达瓦买提、布赫等先后到公司钻井队视察工作,并给予高度评价。公司总部位于河北省廊坊市,东邻天津,西靠北京,南衔京哈(沪)铁路,北接京津塘高速公路,地理位置优越。

赴泰国进行钻井施工的20509队

华北石油管理局第三钻井工程公司

公司经理：张韶旗

质量体系认证证书

公司党政领导研究市场开拓战略

公司党政领导欢送32204钻井队赴蒙古国打井

华北石油管理局第三钻井工程公司是国有大型专业石油钻井施工企业，隶属于中国石油天然气集团公司。

公司取得国家《地质勘察单位资格证书》，并已通过ISO9002质量体系认证。其下属的18支钻井队全部通过中国石油天然气集团公司钻井队资质认证，其中2支钻井队获“长城钻井队”称号。公司现有固定资产1.5亿元，员工1450人，专业技术人员350人。

公司以“靠一流的技术，一流的质量，一流的服务，创名牌企业”为质量方针。队伍精干，管理科学，装备精良，技术先进，并以质量好，服务优，信誉高在全国石油钻井行业著称。

公司钻井生产配套齐全，保障有力，能够承揽陆上石油天然气钻井、地热井、煤层气井、水源井、卤水井、二氧化碳气井钻探工程和修井作业，具有参与国内外钻井市场竞争的实力。公司竭诚与各界人士通力合作，共谋发展。

井架全景

地址：河北省河间市曙光路　邮码：062450　电话：（0317）2582227　传真：（0317）2582227

ZHUNDONGGONGSI

新疆石油管理局准东勘探开

ZHUNDONG FETROLEUM EXPLORATION § DEV
COMPANY OF XINGJIANG FETROLEUM ADMIN

准东公司党委书记、经理:凌霄

准东公司作为大型综合工程技术服务企业,拥有专业工程技术人员1481名,占员工总数的32%,拥有钻机等各类大型设备1100多套,拥有固定资产现值9亿元。

准东公司历经10多年的奋战,相继发现建成了火烧山、北三台、彩南、马庄、沙南等油气田,参与建设了准噶尔盆地的多个新油田,并建成了毗邻首府,物流信息流畅通、集综合服务为一体的石油城。

为了向社会、用户提供优质工程(产品),准东公司开展了质量体系认证建设工作。获得了"钻井工程及技术服务、修井作业及技术服务、建筑工程、安装工程(石油化工工程和民用建筑)、防盗门钢窗制造、钻采设备维修、抽油泵生产及维修、焊管及型材生产等产品和服务"ISO9002质量体系认证证书。

机械维修

公司

MENT

TION

依靠优秀员工，依靠科学管理，依靠先进技术，

为顾客提供优质工程（产品），提供满意服务。

钻井工程

路桥工程

修井作业

建筑安装

法人代表:凌霄
地址:新疆阜康市阜西石油基地
邮码:831511
电话:(0994)3831436
3831437
传真:(0994)3832984
http://www.Zhundong.net

华北石油管理局第四钻井公司

华北石油管理局第四钻井工程公司是CNPC下属的专业钻井公司，位于河北省晋州市，距省会石家庄38KM，地理位置优越。公司下属钻井队17个（长城钻井队2个，乙级队15个）。可承揽5000米以下陆上油气井、煤层气井、地热开发井的施工，在水平井、套管开窗井、高含H_2S井等施工方面居国内领先水平。公司先后在胜利、辽河、长庆、新疆等外部市场打油气井1500余口，进尺360万米。公司与美国Anadrill　Scluberger公司合作完成了我国第一口中曲率半径水平井——任平1井，创水平井施工六项全国记录。

公司始终坚持“满足顾客钻井质量要求，技术争先，追求更好，共同受益”的质量方针，面向国内外钻井市场，公司通过加强生产经营管理、采用钻井新工艺、推行HSE管理体系和提高施工作业水平等措施，逐年刷新各项钻井经济技术指标，并实现连续安全生产2326天（截止2000年9月30日），创全国同行业安全生产最好水平。

公司十分重视推行现代化企业制度，通过施行行业标准化管理、工程项目管理和计算机辅助管理使公司企业管理水平稳步提高，1999年顺利通过ISO9002质量体系认证，并荣获“河北省现代化管理一等奖”、“河北省双文明先进集体”、“河北省重合同、守信用企业”等荣誉称号。

经理：矫绮枫

1990年与美国Anadrill　Schluberger公司合作完成我国第一口中曲率半径水平井－－任平1井

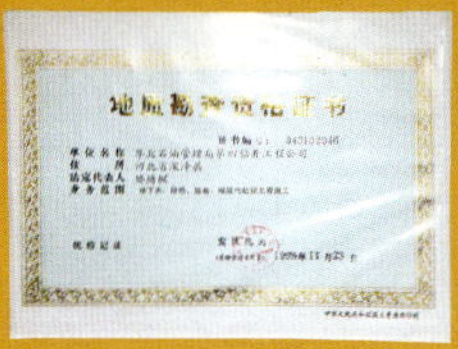

井架

公司办公大楼外景

1976年公司3222钻井队被国家授予“一不怕苦、二不怕死英雄钻井队”光荣称号。

地址：河北省晋州市工业路
邮码：052260
电话：（0317）2745900
传真：（0317）2745904

中国石化集团公司兰州设计院

法人代表：李新城

设计院办公大楼

大化肥装置

丙烯腈装置

顺丁橡胶装置

罐区

毫秒炉乙烯装置

中国石化集团公司兰州设计院，前身为化学工业部第五设计院，创建于1958年，是全国最早承担石油化工设计的单位之一。院址位于新中国现代石油化工的摇篮—兰州市，是国家甲级资质专业设计院。

兰州设计院技术力量雄厚，专业设置齐全。持有国家颁发的工程设计、工程建设总承包、工程建设监理、工程咨询、环境影响评价甲级资质证书和行业主管部门颁发的一、二、三类压力容器、压力管道设计单位资格批准书，拥有国家批准的对外经济技术合作经营权。主要从事以石油化工、煤化工、天然气化工为主的多品种的生产工厂、生产装置及工业与民用建筑、采暖、空调、制冷、燃气动力、给水排水、环保与三废处理、计算机与自动控制、长距离输气、输油管线等各类工程项目的工程咨询、工程设计、工程建设总承包、工程建设监理、工程测量、工程地质等业务。

兰州设计院装备精良，设计手段先进，重视质量管理。于1997年获得ISO9001国际标准质量体系认证证书以来，始终保持质量体系的有效运行。恪守企业“方案求佳、效益求好、设计求精、工程求优、服务求上”的五求质量方针，努力创做更多的设计精品。兰州设计院将积极寻求与国内外各界朋友的合作，以先进雄厚的科技实力，高效率的管理体系和诚实、守信的经营作风为顾客提供满意的产品和服务。

地址：甘肃省兰州市西固区福利西路1号　邮码：730060　电话：(0931)7557201　传真：(0931)7557288

中石化集团

中原石油勘探局工程建设总公司

公司总经理、党委副书记：朱跃武

苏丹输油管道工程获优质工程

中原油田高压电网工程一角

中原乙烯工程

中石化集团中原石油勘探局工程建设总公司是2000年4月在中原石油勘探局对原建筑集团公司进行分离重组后，以原建筑安装总公司为主组建的施工企业，是一家融工程建设、产品生产为一体的综合性国有大型企业。具有国家建设部认定的化工石油工程施工一级；防腐、输变电二级；公路工程三级企业资质。同时还具有一、二、三类压力容器制造许可证、AR3球罐现场组装证、锅炉安装维修三级许可证、并通过ISO9002质量认证，取得了压力管道、GA、GB、GC类安装资格证。公司下设15个工程处（厂、站、项目部），现有职工2485人，其中管理人员713人，中级职称131人，高级职称20人，大中专文化程度的568人，有专业职称的643人，有技师36人，高级技师10人，319人分别取得欧共体EN287高级焊工证、德国DVS焊工教师证、美国ASME焊工证、API焊工证、压容焊证、氩弧焊证、不锈钢等特殊焊工证。

公司拥有资产29510.7万元，其中流动资产25652万元，固定资产6758.35万元，拥有各类工艺先进，功能齐全的施工检测装备1212台（套），年施工能力在5亿元以上。主要参加了大庆油田、胜利油田、江汉油田、中原油田、新疆油田地面产能建设，参加了中原乙烯、中原甲醇厂、中原油田炼厂等第三气体处理厂改扩建工程、库鄯输油管道（库鄯末站）、北京CNG、中原油田LNG义马煤气管道工程等国家重点工程建设，并跻身国际市场承担了新加坡XANTTOKU工程、苏丹油田地面产能建设的管道、集油站工程、卡塔尔杜汉油区厂站、油、气、水管道工程建设。在已完成的各类大中型工程项目中，获国家级奖励7项，省部级奖励5项，科研成果获国家级奖励5项，省部级奖励51项，其中吐哈120万方气体处理装置获国家银质工程奖。

公司以优质的工程、优良的服务，迎得了北京CNG建设市场，两年间，优质高效建成投产了北京衙门口、六里桥等20CNG、LNG加气座站。据统计，截止目前在全国已有的66座加气站中，公司承建的达26座。在施工中积累了承建各种类型CNG、LNG加气站的专业施工经验。

中原油田柳屯煤厂**80**米高火炬塔架吊装一次成功

地址：河南省濮阳市
大庆路122号
邮码：457001
电话：（0393）4826412
传真：（0393）4492718

新疆石油管理局独山子设计院

院长:王国斌

独山子设计院大楼

地址:新疆独山子准南路27号
邮码:833600
电话:(0992)3866904
传真:(0992)3864515

设计院领导班子与室主任讨论规划

新疆石油管理局独山子设计院成立于1961年,40年的发展已形成了一所集炼油化工、油气库工程、压力容器设计、工业与民用建筑设计、市政工程规划设计为一体的、具有较强实力的综合性设计院。

全院有高级工程师13人,工程师62人,国家一级建筑师1人,二级建筑师5人。

全院获国家优秀设计奖2项、省部级优秀设计奖4项,80年以来,共设计了30多套大中型炼油化工装置,还走出国门承担了苏丹喀土穆炼油厂的设计管理和部分炼油装置的设计工作。1998、1999连续两年被评为新疆建筑设计行业综合实力前20强。2000年9月28日获ISO9001质量体系认证证书。

苏丹工程一角(独山子设计院设计)

苏丹工程全貌(独山子设计院设计管理)

江苏油田地质测井公司

公司党政领导班子成员
（左起：朱佩清、钱忆申、倪昌新、朱曰荣、施振飞、杨光）

各类型井测井、射孔、取心作业

江苏石油勘探局地质测井公司是集录井、测井、油气井射孔、资料处理解释及综合研究于一体的井筒技术服务性企业。现有员工534名，其中各类专业技术人员248名，教授级高工1名、高级工程师17名、工程师90名，并有60余名专业技术人员获ATLAS、COMPUTALOG、美国国际录井公司等外国著名公司培训合格证。全处占地面积37400平方米，现有设备277台（套），固定资产8333万元。

地质测井公司靠新技术求发展，以“井井有条，层层创优”的企业精神立足于油田勘探开发市场，并以优良的装备、先进的技术与管理严守承诺，为国内外用户提供优质服务。先后为委内瑞拉，美国EDC能源公司，加拿大DATALOG公司，新星公司中南局、海洋局，煤炭部门，南阳油田，长庆油田，延安地区进行过井筒作业的服务。以科学的管理，优质的服务，准确的评价、解释，深受顾客的好评。

地质测井公司坚持两个文明一起抓，先后五年被评为江苏石油勘探局“双文明单位”和连续四年被评为“扬州市文明单位”，并被授予“企业文化建设先进单位”的称号。

测井仪修工房

现场综合录井资料解释

资料处理解释机房

地址：江苏省江都市真武镇
邮码：225265
电话：(0514)6763428
传真：(0514)6763405

浙江巨化股份有限公司

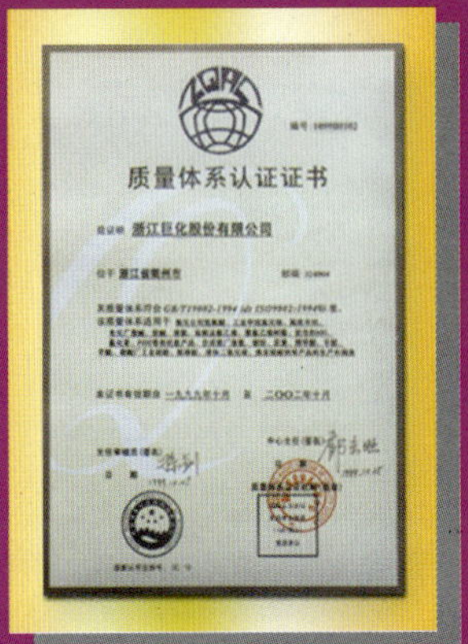

浙江巨化股份有限公司创立于1998年6月16日，是一家采用募集方式设立的上市公司，总股本34100万元，股票简称“巨化股份”，股票代码600160。企业总资产17.60亿元，主要从事氟化工原料及后续产品，基本化工原料及后续产品和化肥、农药生产，主导产品有CM、AHF、F11、F12、F22、烧碱、PVC、PVDC、尿素、甲醇、硫酸、氯磺酸、乙氧氟草醚等。

董事长：刘 奇
总经理：许生来

公司拥有一流的生产技术，主要生产装置技术分别从瑞士、日本、美国、法国等国引进，偏氯乙烯、乙氧氟草醚、饲料添加剂等生产技术在国内居领先水平。公司通过了ISO9002质量体系认证，有17种产品采用国际标准和国外先进标准，18种产品获浙江省名牌产品称号，“巨化”牌商标被评为驰名商标。

发展中，公司形成了全新的战略——以“创造财富、服务社会”为宗旨，以高新技术产业为主导，依靠技术和管理创新，面向国内和国际市场，抓好产业和资本经营，加快培育核心竞争能力，夯实衢州基地，形成以氟化工为核心，精细化工、生物化工、合成材料和信息技术为支柱的产业格局，建成现代型、国际性、高科技的一流企业。

地址：浙江省衢州市　邮码：324004　电话：(0570)3091670　3091730　传真：(0570)3091777　电子邮件：Wbn@juhua.com.cn

中质协质量保证中心

上海大众汽车抚顺销售服务有限公司
地址:辽宁抚顺市浑河南路东段18号
邮政编码:113008
证书注册编号:0300B0001
体系认证标准:GB/T 19002—1994 idt ISO 9002:1994
有效期:2000.01～2003.01

武汉钢铁集团炉窑建筑安装工程有限责任公司(简称武钢炉窑公司)
地址:湖北省武汉市青山区厂前
邮政编码:430083
证书注册编号:0300B0002
体系认证标准:GB/T 19002—1994 idt ISO 9002:1994
有效期:2000.01～2003.01

河南省红星电瓷厂
地址:河南省禹州市滨河路西段
邮政编码:461670
证书注册编号:0300B0003
体系认证标准:GB/T 19002—1994 idt ISO 9002:1994
有效期:2000.01～2003.01

巩义市有色金属精造厂
地址:河南省巩义市南河渡镇
邮政编码:451251
证书注册编号:0300B0004
体系认证标准:GB/T 19002—1994 idt ISO 9002:1994
有效期:2000.01～2003.01

浙江新一洲电器集团有限公司
地址:浙江建德市新安江镇沿江路2号
邮政编码:311600
证书注册编号:0300A0005
体系认证标准:GB/T 19001—1994 idt ISO 9001:1994
有效期:2000.01～2003.01

北京友创电子有限责任公司
地址:北京市朝阳区酒仙桥路4号
邮政编码:100015
证书注册编号:0300B0006
体系认证标准:GB/T 19002—1994 idt ISO 9002:1994
有效期:2000.01～2003.01

宁波锋亚电器有限公司
地址:浙江省宁海县西店镇吉山村
邮政编码:315613
法定代表人:邬照锋 邬华峰
证书注册编号:0300B0007
体系认证标准:GB/T 19002—1994 idt ISO 9002:1994
有效期:2000.01～2003.01

常州市华特电机电器厂
地址:江苏常州市三角场常青路88号
邮政编码:213021
法定代表人:秦邦耀 谈玉媛
证书注册编号:0300B0008
体系认证标准:GB/T 19002—1994 idt ISO 9002:1994
有效期:2000.01～2003.01

福斯达纸业(烟台)有限公司
地址:山东省烟台幸福南路西8号
邮政编码:264002
证书注册编号:0300B0009
体系认证标准:GB/T 19002—1994 idt ISO 9002:1994
有效期:2000.01～2003.01

河南新乡制衣总厂
地址:河南省新乡市新原路
邮政编码:453700
证书注册编号:0300B0010
体系认证标准:GB/T 19002—1994 idt ISO 9002:1994
有效期:2000.01～2003.01

浙江北峰制冷设备有限公司
地址:浙江省嵊州市甘林镇东湖塘
邮政编码:312462
证书注册编号:0300B0011
体系认证标准:GB/T 19002—1994 idt ISO 9002:1994
有效期:2000.01～2003.01

营口市辽南橡胶厂
地址:辽宁省营口市站前区公园路气象里40号
邮政编码:115001
证书注册编号:0300B0012
体系认证标准:GB/T 19002—1994 idt ISO 9002:1994
有效期:2000.01～2003.01

河北电力沧海线缆有限责任公司
地址:河北省河间市黎民居工业区
邮政编码:062451
证书注册编号:0300B0013
体系认证标准:GB/T 19002—1994 idt ISO 9002:1994
有效期:2000.01～2003.01

北京城承物业管理有限责任公司
地址:北京市海淀区牡丹园西里18号
邮政编码:100083
证书注册编号:0300B0014
体系认证标准:GB/T 19002—1994 idt ISO 9002:1994
有效期:2000.01～2003.01

北京长空辰阳物业管理有限公司
地址:北京市朝阳区安翔里一号
邮政编码:100101
证书注册编号:0300B0015
体系认证标准:GB/T 19002—1994 idt ISO 9002:1994
有效期:2000.01～2003.01

景德镇市第一建筑工程公司
地址:江西省景德镇市朝阳路6号
邮政编码:333000
证书注册编号:0300B0016
体系认证标准:GB/T 19002－1994 idt ISO 9002:1994
有效期:2000.01～2003.01

深圳市垅运照明电器有限公司
地址:广东省深圳市八卦岭工业区425栋中电器件大厦
邮政编码:518029
证书注册编号:0300A0017
体系认证标准:GB/T 19001－1994 idt ISO 9001:1994
有效期:2000.01～2003.01

河北地矿建工集团保定公司
地址:河北省保定市百花路318号
邮政编码:071051
证书注册编号:0300B0018
体系认证标准:GB/T 19002－1994 idt ISO 9002:1994
有效期:2000.01～2003.01

廊坊源兆通信器材有限公司
地址:河北省廊坊市永清城南18号
邮政编码:065600
证书注册编号:0300B0019
体系认证标准:GB/T 19002－1994 idt ISO 9002:1994
有效期:2000.01～2003.01

石家庄第三建筑工程有限公司
地址:河北省石家庄市裕华西路428号
邮政编码:050051
证书注册编号:0300B0020
体系认证标准:GB/T 19002－1994 idt ISO 9002:1994
有效期:2000.01～2003.01

景德镇东方公路桥梁建设有限公司
地址:江西省景德镇市朝阳路6号
邮政编码:333000
证书注册编号:0300B0021
体系认证标准:GB/T 19002－1994 idt ISO 9002:1994
有效期:2000.01～2003.01

顺德市松业电器制造有限公司
地址:广东省顺德市勒流镇黄连工业大道6号
邮政编码:528323
证书注册编号:0300B0022
体系认证标准:GB/T 19002－1994 idt ISO 9002:1994
有效期:2000.01～2003.01

洛阳市软轴厂
地址:河南省洛阳市丽春东路1号
邮政编码:471003
证书注册编号:0300B0023
体系认证标准:GB/T 19002－1994 idt ISO 9002:1994
有效期:2000.01～2003.01

中国建筑第七工程局第五建筑公司
地址:湖北省宜昌市东山大道381号
邮政编码:443003
证书注册编号:0300B0024
体系认证标准:GB/T 19002－1994 idt ISO 9002:1994
有效期:2000.01～2003.01

济源市针织印染厂
地址:河南省济源市南大街200号
邮政编码:454650
证书注册编号:0300B0025
体系认证标准:GB/T 19002－1994 idt ISO 9002:1994
有效期:2000.01～2003.01

河北万达玛钢集团有限公司
地址:河北省正定县西兆通玛钢工业区
邮政编码:050801
证书注册编号:0300B0026
体系认证标准:GB/T 19002－1994 idt ISO 9002:1994
有效期:2000.01～2003.01

福建省建宁县锐山纸业(集团)有限公司
地址:福建省建宁县塔下路20号
邮政编码:354500
证书注册编号:0300B0027
体系认证标准:GB/T 19002－1994 idt ISO 9002:1994
有效期:2000.01～2003.01

长沙钢丝厂
地址:湖南省长沙市新开铺路
邮政编码:410009
证书注册编号:0300B0028
体系认证标准:GB/T 19002－1994 idt ISO 9002:1994
有效期:2000.01～2003.01

洛阳市第一焊剂厂
地址:河南省洛阳市洛龙路大杨树(焊剂厂站)西
邮政编码:471022
证书注册编号:0300B0029
体系认证标准:GB/T 19002－1994 idt ISO 9002:1994
有效期:2000.01～2003.01

青岛林达工贸有限公司
地址:山东省青岛市李沧区重庆中路717号
邮政编码:266100
证书注册编号:0300B0030
体系认证标准:GB/T 19002－1994 idt ISO 9002:1994
有效期:2000.01～2003.01

江苏省工业设备安装公司
地址:江苏省南京市延龄巷63号
邮政编码:210002
证书注册编号:0300B0031
体系认证标准:GB/T 19002－1994 idt ISO 9002:1994
有效期:2000.01～2003.01

北京华建恒工程建设监理有限公司
地址:北京市丰台路60号
邮政编码:100073
证书注册编号:0300B0032
体系认证标准:GB/T 19002－1994 idt ISO 9002:1994
有效期:2000.01～2003.01

桂林市建筑安装工程公司
地址:广西桂林市临桂路24号
邮政编码:541002
证书注册编号:0300B0033
体系认证标准:GB/T 19002－1994 idt ISO 9002:1994
有效期:2000.01～2003.01

桂林三建股份有限公司
地址:广西桂林市雉山路210号
邮政编码:541002
证书注册编号:0300B0034
体系认证标准:GB/T 19002－1994 idt ISO 9002:1994
有效期:2000.01～2003.01

桂林市第九建筑安装工程总公司
地址:广西桂林市中山北路572号—1
邮政编码:541001
证书注册编号:0300B0035
体系认证标准:GB/T 19002—1994 idt ISO 9002:1994
有效期:2000.01～2003.01

桂林市第二建筑安装工程公司
地址:广西桂林市秀峰区西环二路481—2号
邮政编码:541001
证书注册编号:0300B0036
体系认证标准:GB/T 19002—1994 idt ISO 9002:1994
有效期:2000.01～2003.01

枣阳化学工业总公司
地址:湖北省枣阳市民主路1号
邮政编码:441200
证书注册编号:0300B0037
体系认证标准:GB/T 19002—1994 idt ISO 9002:1994
有效期:2000.01～2003.01

郑州铁路中安工程实业有限公司
地址:广东省广州市合群西路1号
邮政编码:510080
证书注册编号:0300B0038
体系认证标准:GB/T 19002—1994 idt ISO 9002:1994
有效期:2000.01～2003.01

中国第十八冶金建设公司(含十八冶一、二、三、机电、工安、机械化工程公司、勘察设计院、砼搅拌站、天津公司)
地址:重庆市石坪桥正街特1号
邮政编码:400050
证书注册编号:0300A0039
体系认证标准:GB/T 19001—1994 idt ISO 9001:1994
有效期:2000.01～2003.01

黑龙江毛纺总厂
地址:黑龙江省安达市
邮政编码:151400
证书注册编号:0300B0040
体系认证标准:GB/T 19002—1994 idt ISO 9002:1994
有效期:2000.01～2003.01

北京卢沟桥质衡混凝土有限责任公司
地址:北京市丰台卢沟桥城北路13号桥北
邮政编码:100072
证书注册编号:0300B0041
体系认证标准:GB/T 19002—1994 idt ISO 9002:1994
有效期:2000.01～2003.01

武汉市凡谷电子技术有限公司
地址:湖北省武汉市洪山区关东科技工业园3号区2号楼
邮政编码:430074
证书注册编号:0300A0042
体系认证标准:GB/T 19001—1994 idt ISO 9001:1994
有效期:2000.01～2003.01

江西省地质工程总公司
地址:江西省南昌市站前路174号
邮政编码:330002
证书注册编号:0300B0043
体系认证标准:GB/T 19002—1994 idt ISO 9002:1994
有效期:2000.01～2003.01

浙江南洋线缆制造有限公司
地址:浙江省乐清市柳市镇东风工业区
邮政编码:325604
证书注册编号:0300B0044
体系认证标准:GB/T 19002—1994 idt ISO 9002:1994
有效期:2000.01～2003.01

景德镇市蓝天工业陶瓷有限公司
地址:江西省景德镇市解放路106号
邮政编码:333000
证书注册编号:0300A0045
体系认证标准:GB/T 19001—1994 idt ISO 9001:1994
有效期:2000.01～2003.01

扬州电力设备修造厂
地址:江苏省扬州市文昌东路77号
邮政编码:225003
证书注册编号:0300A0046
体系认证标准:GB/T 19001—1994 idt ISO 9001:1994
有效期:2000.01～2003.01

***胜利石油管理局地球物理勘探开发公司(此证含有附件)**
地址:山东省东营市牛庄镇物探公司
邮政编码:257100
电话:(0546)8851308
传真:(0546)8851039
法定代表人:赵殿栋
证书注册编号:0300B0047
体系认证标准:GB/T 19002—1994 idt ISO 9002:1994
获证体系覆盖产品:地震勘探资料采集、处理、解释、VSP测井、电法勘探、油气化学勘探、GPS测量、工程测量
有效期:2000.1.31～2003.1.31

胜利地球物理科技开发公司(与证书注册编号:0300B0047同时使用)
地址:山东省东营市牛庄物扬探公司
邮政编码:257100
体系认证标准:GB/T 19002—1994 idt ISO 9002:1994
有效期:2000.01～2003.01

青岛华东制钙有限公司
地址:山东省青岛市四流北路78号
邮政编码:266043
证书注册编号:0300B0048
体系认证标准:GB/T 19002—1994 idt ISO 9002:1994
有效期:2000.01～2003.01

***郴州卷烟厂**
地址:湖南省郴州市七里大道3号
邮政编码:423000
电话:(0735)2222011—9703
传真:(0735)2224526
法定代表人:梅国庆
证书注册编号:0300B0049
体系认证标准:GB/T 19002—1994 idt ISO 9002:1994
获证体系覆盖产品:卷烟系列产品
有效期:2000.2.1～2003.2.1

扬州市扬子电表厂
地址:江苏省江都市江淮路126号
邮政编码:225200
证书注册编号:0300B0050
体系认证标准:GB/T 19002—1994 idt ISO 9002:1994
有效期:2000.02～2003.02

成都曙光光纤网络有限责任公司
地址:四川省成都市新蓉北街2#
邮政编码:610041

证书注册编号:0300B0051
体系认证标准:GB/T 19001—1994 idt ISO 9001:1994
有效期:2000.02～2003.02

吉林工业大学东丰县联合钢板弹簧厂
地址:吉林东丰县东丰镇东风路57号
邮政编码:136300
证书注册编号:0300B0052
体系认证标准:GB/T 19002—1994 idt ISO 9002:1994
有效期:2000.02～2003.02

北京城建亚泰工程公司
地址:北京市朝阳区东土城路九号
邮政编码:100013
证书注册编号:0300B0053
体系认证标准:GB/T 19002—1994 idt ISO 9002:1994
有效期:2000.02～2003.02

***太原钢铁(集团)有限公司设计院**
地址:山西省太原市胜利西街
邮政编码:030009
电话:(0351)3045648
传真:(0351)3045647
法定代表人:王治中
证书注册编号:0300A0054
体系认证标准:GB/T 19001—1994 idt ISO 9001:1994
获证体系覆盖产品:冶金工程设计,建筑工程设计
有效期:2000.2.1～2003.2.1

唐山三友集团化纤有限公司
地址:河北省唐山市南堡开发区
邮政编码:063305
证书注册编号:0300B0055
体系认证标准:GB/T 19002—1994 idt ISO 9002:1994
有效期:2000.02～2003.02

山东琴岛律师事务所
地址:山东省青岛市东海路37号金都花园C栋16层
邮政编码:266071
证书注册编号:0300B0056
体系认证标准:GB/T 19002—1994 idt ISO 9002:1994
有效期:2000.02～2003.02

济南仁丰纺织有限责任公司
地址:山东省济南市仁丰前街3号
邮政编码:250031
证书注册编号:0300B0057
体系认证标准:GB/T 19002—1994 idt ISO 9002:1994
有效期:2000.02～2003.02

青岛电脑刺绣机总厂
地址:山东省青岛市永年路20号
邮政编码:266041
证书注册编号:0300B0058
体系认证标准:GB/T 19002—1994 idt ISO 9002:1994
有效期:2000.02～2003.02

宜昌正飞塑胶有限公司
地址:湖北省枝江市公园路2号
邮政编码:443200
证书注册编号:0300B0059
体系认证标准:GB/T 19002—1994 idt ISO 9002:1994
有效期:2000.02～2003.02

福建三明邮电闽丰集团有限公司(含闽丰通信发展有限公司、鸿邮电缆附件有限公司、闽丰锻冲件有限公司)
地址:福建省三明市梅列大桥西
邮政编码:365000
证书注册编号:0300B0060
体系认证标准:GB/T 19002—1994 idt ISO 9002:1994
有效期:2000.02～2003.02

西安电力机械厂
地址:陕西省西安市半坡路
邮政编码:710038
证书注册编号:0300A0061
体系认证标准:GB/T 19001—1994 idt ISO 9001:1994
有效期:2000.02～2003.02

青岛经济技术开发区前湾制冷设备有限公司
地址:山东省青岛市黄岛区秦皇岛路28号
邮政编码:266500
证书注册编号:0300B0062
体系认证标准:GB/T 19002—1994 idt ISO 9002:1994
有效期:2000.02～2003.02

济南裕兴化工总厂
地址:山东省济南市五柳闸14号
邮政编码:250033
证书注册编号:0300B0063
体系认证标准:GB/T 19002—1994 idt ISO 9002:1994
有效期:2000.02～2003.02

青岛青义锅炉工程有限公司
地址:山东省青岛市重庆中路903号
邮政编码:266043
证书注册编号:0300A0064
体系认证标准:GB/T 19001—1994 idt ISO 9001:1994
有效期:2000.02～2003.02

武汉长兴电器发展有限公司
地址:湖北省武汉市吴家山革新大道
邮政编码:430040
证书注册编号:0300B0065
体系认证标准:GB/T 19002—1994 idt ISO 9002:1994
有效期:2000.02～2003.02

青岛澳柯玛现代生活器具有限责任公司
地址:山东省青岛市热河路39号
邮政编码:266012
证书注册编号:0300B0066
体系认证标准:GB/T 19002—1994 idt ISO 9002:1994
有效期:2000.02～2003.02

北京市崇新通信技术开发公司
地址:北京市石景山区八大处高科技园区西井路3号
邮政编码:100041
证书注册编号:0300A0067
体系认证标准:GB/T 19001—1994 idt ISO 9001:1994
有效期:2000.02～2003.02

四川电力建设公司
地址:四川省成都市东升街90号
邮政编码:610021
证书注册编号:0300A0068
体系认证标准:GB/T 19001—1994 idt ISO 9001:1994
有效期:2000.02～2003.02

山西省阳泉市水泵厂
地址:山西省阳泉市南庄路118号
邮政编码:045000

证书注册编号:0300A0069
体系认证标准:GB/T 19001－1994 idt ISO 9001:1994
有效期:2000.02～2003.02

青岛泰诺机械有限公司
地址:山东省青岛市经济技术开发区北江路132号
邮政编码:266555
证书注册编号:0300B0070
体系认证标准:GB/T 19002－1994 idt ISO 9002:1994
有效期:2000.02～2003.02

邓州电缆有限责任公司
地址:河南省邓州市南郊工业园区
邮政编码:474150
证书注册编号:0300B0071
体系认证标准:GB/T 19002－1994 idt ISO 9002:1994
有效期:2000.02～2003.02

贵州巨龙西服有限责任公司
地址:贵州省贵阳市三桥中坝路2号
邮政编码:550008
证书注册编号:0300B0072
体系认证标准:GB/T 19002－1994 idt ISO 9002:1994
有效期:2000.02～2003.02

大连泰山门业有限公司
地址:辽宁大连市西岗区黄河路376号
邮政编码:116011
证书注册编号:0300A0073
体系认证标准:GB/T 19001－1994 idt ISO 9001:1994
有效期:2000.02～2003.02

湖南省临澧新厦建材股份有限公司
地址:湖南临澧县城关镇文化街29号
邮政编码:415210
证书注册编号:0300B0074
体系认证标准:GB/T 19002－1994 idt ISO 9002:1994
有效期:2000.02～2003.02

北京玉占铸品有限公司
地址:北京市朝阳区洼里乡龙王堂村
邮政编码:100012
证书注册编号:0300B0075
体系认证标准:GB/T 19002－1994 idt ISO 9002:1994
有效期:2000.02～2003.02

浙江凤凰电力金具有限公司
地址:浙江省乐清市柳市镇泱西工业区
邮政编码:325604
证书注册编号:0300B0076
体系认证标准:GB/T 19002－1994 idt ISO 9002:1994
有效期:2000.02～2003.02

江西省萍乡市赣西防水材料厂
地址:江西萍乡市安源区白源工业小区
邮政编码:337000
证书注册编号:0300A0077
体系认证标准:GB/T 19001－1994 idt ISO 9001:1994
有效期:2000.02～2003.02

江西萍乡市武冠化学建材有限责任公司
地址:江西省萍乡市安源区白源工业小区
邮政编码:337000
证书注册编号:0300B0078
体系认证标准:GB/T 19002－1994 idt ISO 9002:1994
有效期:2000.02～2003.02

中国建筑一局(集团)第四建筑公司装饰公司
地址:北京市东直门外西八间房北里
邮政编码:100102
证书注册编号:0300A0079
体系认证标准:GB/T 19001－1994 idt ISO 9001:1994
有效期:2000.02～2003.02

本溪市通用电子设备总厂
地址:辽宁本溪市明山区西胜街16号
邮政编码:117001
证书注册编号:0300B0080
体系认证标准:GB/T 19002－1994 idt ISO 9002:1994
有效期:2000.02～2003.02

湖南服装厂(湖南源奇服饰实业有限公司)
地址:湖南省长沙市雨花区香樟路1号
邮政编码:410004
证书注册编号:0300B0081
体系认证标准:GB/T 19002－1994 idt ISO 9002:1994
有效期:2000.02～2003.02

青岛第十五中学校办工厂
地址:山东青岛市市北区延安路90号
邮政编码:266023
证书注册编号:0300B0082
体系认证标准:GB/T 19002－1994 idt ISO 9002:1994
有效期:2000.02～2003.02

北京市石景山区城市建设开发公司
地址:北京市石景山路22号
邮政编码:100043
证书注册编号:0300B0083
体系认证标准:GB/T 19002－1994 idt ISO 9002:1994
有效期:2000.02～2003.02

厦门邮电纵横股份有限公司物业分公司
地址:福建省厦门市火炬路10号5楼
邮政编码:361006
证书注册编号:0300B0084
体系认证标准:GB/T 19002－1994 idt ISO 9002:1994
有效期:2000.03～2003.03

佛山集光照明有限公司
地址:广东南海市桂城东二管理区西约
邮政编码:528200
证书注册编号:0300B0085
体系认证标准:GB/T 19002－1994 idt ISO 9002:1994
有效期:2000.03～2003.03

南海佩劳斯顿天花有限公司
地址:广东南海市桂城东二管理区西约
邮政编码:528200
证书注册编号:0300B0086
体系认证标准:GB/T 19002－1994 idt ISO 9002:1994
有效期:2000.03～2003.03

贵州红星发展股份有限公司
地址:贵州省镇宁县丁旗镇
邮政编码:561206
证书注册编号:0300B0087
体系认证标准:GB/T 19002－1994 idt ISO 9002:1994
有效期:2000.03～2003.03

北京市光华商品混凝土搅拌站

地址:北京市大兴康庄路
邮政编码:102600
证书注册编号:0300B0088
体系认证标准:GB/T 19002—1994 idt ISO 9002:1994
有效期:2000.03～2003.03

中科实业集团(控股)公司物业管理分公司
地址:北京市海淀路80号
邮政编码:100080
证书注册编号:0300B0089
体系认证标准:GB/T 19002—1994 idt ISO 9002:1994
有效期:2000.03～2003.03

太原易威镁业有限公司(太原市易威金属镁厂)
地址:山西省太原市小店区南畔村
邮政编码:030032
证书注册编号:0300B0090
体系认证标准:GB/T 19002—1994 idt ISO 9002:1994
有效期:2000.03～2003.03

青岛宏大纺织机械有限责任公司
地址:山东省青岛市四流南路22号
邮政编码:266042
证书注册编号:0300A0091
体系认证标准:GB/T 19001—1994 idt ISO 9001:1994
有效期:2000.03～2003.03

河北省迁西县链条厂
地址:河北省迁西县城关喜丰路
邮政编码:064300
证书注册编号:0300B0092
体系认证标准:GB/T 19002—1994 idt ISO 9002:1994
有效期:2000.03～2003.03

无锡小天鹅梅洛尼洗碗机有限公司
地址:江苏省无锡市惠钱路67号—B
邮政编码:214035
证书注册编号:0300B0093
体系认证标准:GB/T 19002—1994 idt ISO 9002:1994
有效期:2000.03～2003.03

洛阳市奔鹿兽药厂
地址:河南洛阳市伊川县城人民西大街
邮政编码:471300
证书注册编号:0300B0094
体系认证标准:GB/T 19002—1994 idt ISO 9002:1994
有效期:2000.03～2003.03

淄博科海方舟电子有限公司
地址:山东省淄博开发区石府路南首
邮政编码:255086
证书注册编号:0300B0095
体系认证标准:GB/T 19002—1994 idt ISO 9002:1994
有效期:2000.03～2003.03

余杭市电缆厂
地址:浙江省余杭市博陆镇东工业区
邮政编码:311103
证书注册编号:0300B0096
体系认证标准:GB/T 19002—1994 idt ISO 9002:1994
有效期:2000.03～2003.03

杭州西泠航天电子有限公司
地址:浙江省杭州市笕丁路64号
邮政编码:310021
证书注册编号:0300B0097
体系认证标准:GB/T 19002—1994 idt ISO 9002:1994
有效期:2000.03～2003.03

徐州联通电器设备厂
地址:江苏省徐州市贾汪火车站东
邮政编码:221011
证书注册编号:0300B0098
体系认证标准:GB/T 19002—1994 idt ISO 9002:1994
有效期:2000.03～2003.03

佛山市加能电机电器有限公司
地址:广东省佛山市厚源路12号
邮政编码:528000
证书注册编号:0300B0099
体系认证标准:GB/T 19002—1994 idt ISO 9002:1994
有效期:2000.03～2003.03

北京银燕电子闪光灯有限公司
地址:北京西城区新街口外大街甲8号
邮政编码:100088
证书注册编号:0300B0100
体系认证标准:GB/T 19002—1994 idt ISO 9002:1994
有效期:2000.03～2003.03

南海市西城天朋电器有限公司
地址:广东省南海市丹灶镇工业大道
邮政编码:528216
证书注册编号:0300B0101
体系认证标准:GB/T 19002—1994 idt ISO 9002:1994
有效期:2000.03～2003.03

青岛凯利电器有限公司
地址:山东省青岛市李沧区东李村环城东路26号 金液泉路18号
邮政编码:266100
证书注册编号:0300B0102
体系认证标准:GB/T 19002—1994 idt ISO 9002:1994
有效期:2000.03～2003.03

兖州矿区焦化厂
地址:山东省邹城市营西路南首
邮政编码:273500
证书注册编号:0300B0103
体系认证标准:GB/T 19002—1994 idt ISO 9002:1994
有效期:2000.03～2003.03

沈阳二十一世纪家私装饰材料有限公司
地址:辽宁省沈阳市东陵区英达乡山犁红村
邮政编码:110065
证书注册编号:0300A0104
体系认证标准:GB/T 19001—1994 idt ISO 9001:1994
有效期:2000.03～2003.03

青岛即墨市顺达工贸有限公司
地址:山东省青岛即墨市通济街道办事处辛家庄村
邮政编码:266200
证书注册编号:0300B0105
体系认证标准:GB/T 19002—1994 idt ISO 9002:1994
有效期:2000.03～2003.03

瑞安市东华制药机械公司
地址:浙江省瑞安市江南开发区东华路58号
邮政编码:325207
证书注册编号:0300B0106
体系认证标准:GB/T 19002—1994 idt ISO 9002:1994
有效期:2000.03～2003.03

扬州三川实业有限公司(含附件)
地址:江苏省扬州北郊菱塘镇
邮政编码:225652
证书注册编号:0300A0107
体系认证标准:GB/T 19001—1994 idt
ISO 9001:1994
有效期:2000.03～2003.03

扬州三川实业有限公司(与证书注册编号:0300A0107 同时使用)
地址:江苏省扬州北郊菱塘镇
邮政编码:225652
证书注册编号:0300A0107
体系认证标准:GB/T 19002—1994 idt
ISO 9002:1994
有效期:2000.03～2003.03

白城通业集团公司
地址:吉林省白城市明仁北街 30 号
邮政编码:137000
证书注册编号:0300A0108
体系认证标准:GB/T 19001—1994 idt
ISO 9001:1994
有效期:2000.03～2003.03

白城通业集团公司
地址:吉林省白城市明仁北街 30 号
邮政编码:137000
证书注册编号:0300B0109
体系认证标准:GB/T 19002—1994 idt
ISO 9002:1994
有效期:2000.03～2003.03

国营青岛纺织机械厂
地址:山东省青岛市四流南路 22 号
邮政编码:266042
证书注册编号:0300B0111
体系认证标准:GB/T 19002—1994 idt
ISO 9002:1994
有效期:2000.04～2003.04

德州皇明太阳能集团有限公司
地址:山东省德州市湖滨北路北首
邮政编码:253023
证书注册编号:0300B0112
体系认证标准:GB/T 19002—1994 idt
ISO 9002:1994
有效期:2000.04～2003.04

大同爱碧玺铸造有限公司
地址:山西省大同市前进街 1—1 号
邮政编码:037038
证书注册编号:0300B0113
体系认证标准:GB/T 19002—1994 idt
ISO 9002:1994
有效期:2000.04～2003.04

*** 湖南省资兴矿务局煤电焦化总厂**
地址:湖南省资兴市三都镇
邮政编码:423404
电话:(0735)3421287
传真:(0735)3441186
法定代表人:何大庆
证书注册编号:0300B0114
体系认证标准:GB/T 19002—1994 idt
ISO 9002:1994
获证体系覆盖产品:焦炭制品的生产(冶金焦)
有效期:2000.4.3～2003.4.3

杭州学军微电机厂
地址:浙江省杭州市文三路 188 号
邮政编码:310012
证书注册编号:0300B0115
体系认证标准:GB/T 19002—1994 idt
ISO 9002:1994
有效期:2000.04～2003.04

南京金陵建筑装饰有限责任公司
地址:江苏省南京市解放路 40 号
邮政编码:210016
证书注册编号:0300A0116
体系认证标准:GB/T 19001—1994 idt
ISO 9001:1994
有效期:2000.04～2003.04

湖北三峡新型建材股份有限公司
地址:湖北当阳经济技术开发区特 1 号
邮政编码:444105
证书注册编号:0300B0117
体系认证标准:GB/T 19002—1994 idt
ISO 9002:1994
有效期:2000.04～2003.04

青岛海兴华塑料有限公司
地址:山东省青岛市城阳区东古镇
邮政编码:266200
证书注册编号:0300B0118
体系认证标准:GB/T 19002—1994 idt
ISO 9002:1994
有效期:2000.04～2003.04

中铁科学技术开发公司
地址:北京市海淀区西直门外大柳树路 2 号
邮政编码:100081
证书注册编号:0300B0119
体系认证标准:GB/T 19002—1994 idt
ISO 9002:1994
有效期:2000.04～2003.04

江苏省启东市水利市政建筑工程公司
地址:江苏省启东市人民中路 588 号
邮政编码:226200
证书注册编号:0300B0120
体系认证标准:GB/T 19002—1994 idt
ISO 9002:1994
有效期:2000.04～2003.04

河南省水利第一工程局
地址:河南省郑州市关岳庙街 6 号
邮政编码:450000
证书注册编号:0300B0121
体系认证标准:GB/T 19002—1994 idt
ISO 9002:1994
有效期:2000.04～2003.04

青岛颐昌制冷配件有限公司
地址:山东省青岛即墨市通济街道办事处辛家庄
邮政编码:266200
证书注册编号:0300B0122
体系认证标准:GB/T 19002—1994 idt
ISO 9002:1994
有效期:2000.04～2003.04

青岛即墨市奇力电器有限公司(佳联五金制品厂)
地址:山东省即墨市通济街道办事处辛家庄
邮政编码:266200
证书注册编号:0300B0123
体系认证标准:GB/T 19002—1994 idt
ISO 9002:1994
有效期:2000.04～2003.04

淄博市临淄中德科技有限公司
地址:山东淄博市临淄区职业中专北邻
邮政编码:255400
证书注册编号:0300B0124
体系认证标准:GB/T 19002—1994 idt
ISO 9002:1994
有效期:2000.04～2003.04

江都市医用电子设备厂
地址:江苏省江都市淮扬路·新河

邮政编码:225267
证书注册编号:0300A0125
体系认证标准:GB/T 19001—1994 idt ISO 9001:1994
有效期:2000.04～2003.04

扬州开发区中基锁业有限公司
地址:江苏省扬州西郊平山堂5号
邮政编码:225008
证书注册编号:0300B0126
体系认证标准:GB/T 19002—1994 idt ISO 9002:1994
有效期:2000.04～2003.04

开滦(集团)有限责任公司机电总厂
地址:河北省唐山市古冶区林西群英西道1号
邮政编码:063103
证书注册编号:0300B0127
体系认证标准:GB/T 19002—1994 idt ISO 9002:1994
有效期:2000.04～2003.04

上海大众汽车内江特约维修站
地址:四川省内江市双苏开发区苏家桥
邮政编码:641000
证书注册编号:0300B0128
体系认证标准:GB/T 19002—1994 idt ISO 9002:1994
有效期:2000.04～2003.04

上海大众汽车重庆特约维修站
地址:重庆市石桥铺石新路176号
邮政编码:400039
证书注册编号:0300B0129
体系认证标准:GB/T 19002—1994 idt ISO 9002:1994
有效期:2000.04～2003.04

大庆庆峰钻探工具有限公司
地址:黑龙江省大庆市红岗区八百垧南一街11号
邮政编码:163413
证书注册编号:0300B0130
体系认证标准:GB/T 19002—1994 idt ISO 9002:1994
有效期:2000.04～2003.04

大连水泥集团公司
地址:辽宁大连市甘井子区水泥街1号
邮政编码:116033
证书注册编号:0300B0131
体系认证标准:GB/T 19002—1994 idt ISO 9002:1994
有效期:2000.04～2003.04

上海港龙吴港务公司
地址:上海市龙吴路4100号
邮政编码:201108
证书注册编号:0300B0132
体系认证标准:GB/T 19002—1994 idt ISO 9002:1994
有效期:2000.04～2003.04

顺德市陈村镇庄头永恒控温器厂
地址:广东省顺德市陈村镇庄头江北工业区
邮政编码:528313
证书注册编号:0300B0133
体系认证标准:GB/T 19002—1994 idt ISO 9002:1994
有效期:2000.04～2003.04

长春热缩材料股份有限公司
地址:吉林省长春市人民大街159号
邮政编码:130022
证书注册编号:0300B0134
体系认证标准:GB/T 19002—1994 idt ISO 9002:1994
有效期:2000.04～2003.04

成都电力机械厂
地址:四川省成都市红牌楼
邮政编码:610041
证书注册编号:0300A0135
体系认证标准:GB/T 19001—1994 idt ISO 9001:1994
有效期:2000.04～2003.04

武汉华源电力物资有限公司
地址:湖北省武汉市江岸区沿江大道194号
邮政编码:430014
证书注册编号:0300B0136
体系认证标准:GB/T 19002—1994 idt ISO 9002:1994
有效期:2000.04～2003.04

扬州江城电器有限公司
地址:江苏江都市邵伯镇中后街26号
邮政编码:225261
证书注册编号:0300B0137
体系认证标准:GB/T 19002—1994 idt ISO 9002:1994
有效期:2000.05～2003.05

青岛市第二市政工程公司
地址:山东省青岛市嘉定路15号
邮政编码:266031
证书注册编号:0300B0138
体系认证标准:GB/T 19002—1994 idt ISO 9002:1994
有效期:2000.05～2003.05

北京天竺混凝土有限公司
地址:北京市顺义区天竺镇天竺村(首都机场004信箱)
邮政编码:100621
证书注册编号:0300B0139
体系认证标准:GB/T 19002—1994 idt ISO 9002:1994
有效期:2000.05～2003.05

河南科隆电器股份有限公司
地址:河南省新乡市化工路中段
邮政编码:453000
证书注册编号:0300B0140
体系认证标准:GB/T 19002—1994 idt ISO 9002:1994
有效期:2000.05～2003.05

中国华北冶金建设公司
地址:河北省邯郸市光明北大街12号
邮政编码:056034
证书注册编号:0300B0141
体系认证标准:GB/T 19002—1994 idt ISO 9002:1994
有效期:2000.05～2003.05

青岛港口机械厂
地址:山东省青岛市港夏路1号
邮政编码:266011
证书注册编号:0300B0142
体系认证标准:GB/T 19002—1994 idt ISO 9002:1994
有效期:2000.05～2003.05

武汉烟草(集团)有限公司
地址:湖北省武汉市建设大道686号
邮政编码:430015
证书注册编号:0300B0143
体系认证标准:GB/T 19002—1994 idt ISO 9002:1994
有效期:2000.05～2003.05

吉林龙鼎电气股份有限公司

地址:吉林省高新技术产业开发区B区20号
邮政编码:132013
证书注册编号:0300A0144
体系认证标准:GB/T 19001—1994 idt ISO 9001:1994
有效期:2000.05~2003.05

江西广厦包装印刷有限公司
地址:江西省广丰县芦林工业区
邮政编码:334600
证书注册编号:0300B0145
体系认证标准:GB/T 19002—1994 idt ISO 9002:1994
有效期:2000.05~2003.05

中国通信建设第三工程局
地址:湖北省汉口解放大道784号
邮政编码:430022
证书注册编号:0300A0146
体系认证标准:GB/T 19001—1994 idt ISO 9001:1994
有效期:2000.05~2003.05

中建五局工业设备安装有限公司
地址:湖南省长沙市韶山路172号
邮政编码:410004
证书注册编号:0300B0147
体系认证标准:GB/T 19002—1994 idt ISO 9002:1994
有效期:2000.05~2003.05

福建省南平嘉联化工有限公司
地址:福建省南平市西溪路61号
邮政编码:353000
证书注册编号:0300B0148
体系认证标准:GB/T 19002—1994 idt ISO 9002:1994
有效期:2000.05~2003.05

福建泉州鸿星尔克鞋业有限公司
地址:福建泉州鲤城区江南火炬开发区
邮政编码:362000
证书注册编号:0300B0149
体系认证标准:GB/T 19002—1994 idt ISO 9002:1994
有效期:2000.05~2003.05

昆明南博建筑装饰工程有限公司
地址:云南昆明市北京路花园3幢4楼
邮政编码:650224
证书注册编号:0300A0150
体系认证标准:GB/T 19001—1994 idt ISO 9001:1994
有效期:2000.05~2003.05

黑龙江省水利第二工程处
地址:黑龙江省阿城市河东街
邮政编码:150302
证书注册编号:0300B0151
体系认证标准:GB/T 19002—1994 idt ISO 9002:1994
有效期:2000.05~2003.05

重庆宏图装饰工程有限公司
地址:重庆市渝中区民生路329号渝海大厦门26层
邮政编码:400010
证书注册编号:0300A0152
体系认证标准:GB/T 19002—1994 idt ISO 9002:1994
有效期:2000.05~2003.05

渝海建设监理有限公司
地址:重庆市渝中区民族路94#联合大厦6号
邮政编码:400010
证书注册编号:0300B0153
体系认证标准:GB/T 19002—1994 idt ISO 9002:1994
有效期:2000.05~2003.05

重庆三峡通信建设公司
地址:重庆市南岸区黄桷垭
邮政编码:400065
证书注册编号:0300A0154
体系认证标准:GB/T 19001—1994 idt ISO 9001:1994
有效期:2000.05~2003.05

天津市华中橡塑厂
地址:天津市武清县城关镇工业区
邮政编码:301712
证书注册编号:0300B0155
体系认证标准:GB/T 19002—1994 idt ISO 9002:1994
有效期:2000.05~2003.05

浙江余姚市余大光通信工业有限公司
地址:浙江省余姚市肖东镇郭相桥
邮政编码:315409
证书注册编号:0300B0156
体系认证标准:GB/T 19002—1994 idt ISO 9002:1994
有效期:2000.05~2003.05

上海大众汽车绵阳销售服务有限公司
地址:四川省绵阳高新技术产业开发区火炬东街14号
邮政编码:621000
证书注册编号:0300B0157
体系认证标准:GB/T 19002—1994 idt ISO 9002:1994
有效期:2000.05~2003.05

乐清市四通电子电器有限公司
地址:浙江省乐清市柳市镇翔金洋村新农村R11南首
邮政编码:325604
证书注册编号:0300B0158
体系认证标准:GB/T 19002—1994 idt ISO 9002:1994
有效期:2000.05~2003.05

福建省南泰自动化有限公司
地址:福建省泰宁县水南西街19号
邮政编码:354400
证书注册编号:0300B0159
体系认证标准:GB/T 19002—1994 idt ISO 9002:1994
有效期:2000.05~2003.05

阜新电力修造厂
地址:辽宁阜新市海州区东风路97号
邮政编码:123000
证书注册编号:0300A0160
体系认证标准:GB/T 19001—1994 idt ISO 9001:1994
有效期:2000.05~2003.05

武钢铁路工程器材厂
地址:湖北武汉市青山区厂前厂西一村
邮政编码:430083
证书注册编号:0300B0161
体系认证标准:GB/T 19002—1994 idt ISO 9002:1994
有效期:2000.05~2003.05

杭州桐庐电力配件厂
地址:浙江省杭州市桐庐县西武山
邮政编码:311500
证书注册编号:0300B0162
体系认证标准:GB/T 19002—1994 idt ISO 9002:1994
有效期:2000.05~2003.05

青岛交运集团公司出租汽车分公司
地址:山东青岛市市北区孟庄路17号
邮政编码:266021
证书注册编号:0300B0163
体系认证标准:GB/T 19002—1994 idt ISO 9002:1994
有效期:2000.05～2003.05

青岛裕泰注射箱包有限公司
地址:山东省青岛市延吉路临字98号
邮政编码:266071
证书注册编号:0300B0164
体系认证标准:GB/T 19002—1994 idt ISO 9002:1994
有效期:2000.05～2003.05

青岛梓欣电子有限公司
地址:山东省青岛即墨市青石路103号
邮政编码:266200
证书注册编号:0300B0165
体系认证标准:GB/T 19002—1994 idt ISO 9002:1994
有效期:2000.05～2003.05

青岛东港国际集装箱储运有限公司
地址:山东省青岛港夏路1号
邮政编码:266011
证书注册编号:0300B0166
体系认证标准:GB/T 19002—1994 idt ISO 9002:1994
有效期:2000.05～2003.05

仪征市飞亚辊件有限公司
地址:江苏仪征市真州镇渡江路92号
邮政编码:211400
证书注册编号:0300B0167
体系认证标准:GB/T 19002—1994 idt ISO 9002:1994
有效期:2000.05～2003.05

江西省贵溪火力发电厂
地址:江西省贵溪市雄石路41号
邮政编码:335400
证书注册编号:0300B0168
体系认证标准:GB/T 19002—1994 idt ISO 9002:1994
有效期:2000.05～2003.05

江苏仪征变压器厂
地址:江苏省仪征市工农南路5号
邮政编码:211400
证书注册编号:0300A0169
体系认证标准:GB/T 19001—1994 idt ISO 9001:1994
有效期:2000.05～2003.05

北京市丰台航南金属结构制造厂
地址:北京市丰台区云岗镇西侧
邮政编码:100074
证书注册编号:0300B0170
体系认证标准:GB/T 19002—1994 idt ISO 9002:1994
有效期:2000.05～2003.05

江阴市顾山东方造纸厂
地址:江苏省江阴市顾山镇永安桥
邮政编码:214413
证书注册编号:0300B0171
体系认证标准:GB/T 19002—1994 idt ISO 9002:1994
有效期:2000.05～2003.05

云南水工程(集团)股份有限公司
地址:云南省昆明市环城北路345号
邮政编码:650051
证书注册编号:0300B0172
体系认证标准:GB/T 19002—1994 idt ISO 9002:1994
有效期:2000.05～2003.05

乐清市大红门金具厂
地址:浙江乐清市柳市镇大桥路27号
邮政编码:325604
证书注册编号:0300B0173
体系认证标准:GB/T 19002—1994 idt ISO 9002:1994
有效期:2000.05～2003.05

山西省晋中地区联营建筑总公司
地址:山西省榆次市平顺路王湖小区
邮政编码:030600
证书注册编号:0300B0174
体系认证标准:GB/T 19002—1994 idt ISO 9002:1994
有效期:2000.05～2003.05

长春机车车辆配件有限责任公司
地址:吉林省长春市凯旋路29号
邮政编码:130052
证书注册编号:0300B0175
体系认证标准:GB/T 19002—1994 idt ISO 9002:1994
有效期:2000.05～2003.05

河北中意玻璃钢有限公司
地址:河北省石家庄市西环南路
邮政编码:050091
证书注册编号:0300A0176
体系认证标准:GB/T 19001—1994 idt ISO 9001:1994
有效期:2000.05～2003.05

牡丹江市平安化工厂
地址:黑龙江牡丹江市西海林街64号
邮政编码:157011
证书注册编号:0300B0177
体系认证标准:GB/T 19002—1994 idt ISO 9002:1994
有效期:2000.05～2003.05

河南塑料机械股份有限公司
地址:河南省遂平县建设路111号
邮政编码:463100
证书注册编号:0300A0178
体系认证标准:GB/T 19001—1994 idt ISO 9001:1994
有效期:2000.05～2003.05

辽阳科隆化工实业公司
地址:辽宁省辽阳市宏伟区东环路8号
邮政编码:111003
证书注册编号:0300A0179
体系认证标准:GB/T 19001—1994 idt ISO 9001:1994
有效期:2000.05～2003.05

江苏新世建集团有限公司(南通市第四建筑安装工程公司)
地址:江苏省通州市新金西路93号
邮政编码:226300
证书注册编号:0300B0180
体系认证标准:GB/T 19002—1994 idt ISO 9002:1994
有效期:2000.05～2003.05

河北省青县宏达电器有限公司
地址:河北省青县青崇路南2公里
邮政编码:062650
证书注册编号:0300B0181
体系认证标准:GB/T 19002—1994 idt ISO 9002:1994
有效期:2000.05～2003.05

天津电力建设公司
地址:天津市河东区七纬路3号
邮政编码:300012

证书注册编号:0300B0182
体系认证标准:GB/T 19002—1994 idt ISO 9002:1994
有效期:2000.05～2003.05

山西省忻州市第二建筑安装工程有限公司
地址:山西省忻州市长征后街16号
邮政编码:034000
证书注册编号:0300B0183
体系认证标准:GB/T 19002—1994 idt ISO 9002:1994
有效期:2000.05～2003.05

四川省隆昌电器承装公司
地址:四川隆昌县金鹅镇隆桥路54号
邮政编码:042150
证书注册编号:0300B0184
体系认证标准:GB/T 19002—1994 idt ISO 9002:1994
有效期:2000.05～2003.05

上海二十冶金混凝土构件有限公司
地址:上海市宝山区友谊路384号
邮政编码:201900
证书注册编号:0300B0185
体系认证标准:GB/T 19002—1994 idt ISO 9002:1994
有效期:2000.05～2003.05

长沙煤质电脑仪器有限公司(含子公司长沙开元自动化控制有限公司)
地址:湖南省长沙市星沙开发区开元路8号
邮政编码:410100
证书注册编号:0300A0186
体系认证标准:GB/T 19001—1994 idt ISO 9001:1994
有效期:2000.06～2003.06

青岛人民印刷厂
地址:山东省青岛市兴华路15号
邮政编码:266041
证书注册编号:0300A0187
体系认证标准:GB/T 19001—1994 idt ISO 9001:1994
有效期:2000.06～2003.06

广东斯兰德工业有限公司
地址:广东省番禺市榄核镇民生工业区
邮政编码:511480
证书注册编号:0300B0188
体系认证标准:GB/T 19002—1994 idt ISO 9002:1994
有效期:2000.06～2003.06

湖南省岳阳工程公司
地址:湖南省岳阳市巴陵中路12号
邮政编码:414000
证书注册编号:0300B0189
体系认证标准:GB/T 19002—1994 idt ISO 9002:1994
有效期:2000.06～2003.06

武汉四方泵业集团有限公司
地址:湖北省武汉市汉阳五里新村
邮政编码:430050
证书注册编号:0300A0190
体系认证标准:GB/T 19001—1994 idt ISO 9001:1994
有效期:2000.06～2003.06

北京市昌平区第二建筑工程公司直属施工公司
地址:北京昌平区科技园区星火街9号
邮政编码:102200
证书注册编号:0300B0191
体系认证标准:GB/T 19002—1994 idt ISO 9002:1994
有效期:2000.06～2003.06

无锡市明达电器有限公司
地址:江苏省无锡市金星路5号(中桥)
邮政编码:214073
证书注册编号:0300A0192
体系认证标准:GB/T 19001—1994 idt ISO 9001:1994
有效期:2000.06～2003.06

乌鲁木齐环鹏有限公司后峡电厂
地址:新疆乌鲁木齐市后峡
邮政编码:830035
证书注册编号:0300B0193
体系认证标准:GB/T 19002—1994 idt ISO 9002:1994
有效期:2000.06～2003.06

北京城建亚东混凝土有限责任公司
地址:北京市朝阳区北湖西路8号
邮政编码:100101
证书注册编号:0300B0194
体系认证标准:GB/T 19002—1994 idt ISO 9002:1994
有效期:2000.06～2003.06

河南省通信工程局
地址:河南省郑州市经八路6号
邮政编码:450003
证书注册编号:0300B0195
体系认证标准:GB/T 19002—1994 idt ISO 9002:1994
有效期:2000.06～2003.06

福建省邵武市氟化工厂
地址:福建省邵武市晒口
邮政编码:354001
证书注册编号:0300B0196
体系认证标准:GB/T 19002—1994 idt ISO 9002:1994
有效期:2000.06～2003.06

成都市信高工业设备安装公司
地址:四川成都市一环路北三段顺沙巷23号南玻商厦B座十八、十九楼
邮政编码:610081
证书注册编号:0300B0197
体系认证标准:GB/T 19002—1994 idt ISO 9002:1994
有效期:2000.06～2003.06

佛山市启明电器有限公司
地址:广东佛山市澜石棉纺厂内 广东南海市罗村乐城南区一路8号
邮政编码:528041
证书注册编号:0300B0198
体系认证标准:GB/T 19002—1994 idt ISO 9002:1994
有效期:2000.06～2003.06

绥化万达建筑安装工程有限公司
地址:黑龙江省绥化市中直北路62号
邮政编码:152054
证书注册编号:0300B0199
体系认证标准:GB/T 19002—1994 idt ISO 9002:1994
有效期:2000.06～2003.06

长沙丰日电气集团有限公司
地址:湖南省浏阳工业园
邮政编码:410300
证书注册编号:0300B0200
体系认证标准:GB/T 19002—1994 idt ISO 9002:1994
有效期:2000.06～2003.06

东风朝阳柴油机公司
地址:辽宁省朝阳市黄河路三段51号

邮政编码:122000
证书注册编号:0300A0201
体系认证标准:GB/T 19001—1994 idt ISO 9001:1994
有效期:2000.06～2003.06

乐清市福达电工合金材料有限公司
地址:浙江省乐清市柳市屏山路36号
邮政编码:325604
证书注册编号:0300B0202
体系认证标准:GB/T 19002—1994 idt ISO 9002:1994
有效期:2000.06～2003.06

湖北金环股份有限公司
地址:湖北省襄樊市陈家湖
邮政编码:441133
证书注册编号:0300B0203
体系认证标准:GB/T 19002—1994 idt ISO 9002:1994
有效期:2000.06～2003.06

湖北化纤集团有限公司
地址:湖北省襄樊市陈家湖
邮政编码:441133
证书注册编号:0300B0204
体系认证标准:GB/T 19002—1994 idt ISO 9002:1994
有效期:2000.06～2003.06

武进市顶新电机电器厂
地址:江苏省武进市礼加镇安头
邮政编码:213165
证书注册编号:0300B0205
体系认证标准:GB/T 19002—1994 idt ISO 9002:1994
有效期:2000.06～2003.06

湖州兴达电器厂
地址:浙江省湖州市埭溪镇国道路5号
邮政编码:313023
证书注册编号:0300B0206
体系认证标准:GB/T 19002—1994 idt ISO 9002:1994
有效期:2000.06～2003.06

宁厦东方钽业股份有限公司
地址:宁夏石嘴山市大武口区
邮政编码:753000
证书注册编号:0300B0207
体系认证标准:GB/T 19002—1994 idt ISO 9002:1994
有效期:2000.06～2003.06

辽阳庆东助剂有限责任公司
地址:辽宁省辽阳庆阳唐户屯
邮政编码:111002
证书注册编号:0300B0208
体系认证标准:GB/T 19002—1994 idt ISO 9002:1994
有效期:2000.06～2003.06

贵州新华印刷厂
地址:贵州省贵阳市友谊路186号
邮政编码:550001
证书注册编号:0300B0209
体系认证标准:GB/T 19002—1994 idt ISO 9002:1994
有效期:2000.06～2003.06

辽阳关中化工有限责任公司
地址:辽宁省辽阳市东京陵经济开发区
邮政编码:111001
证书注册编号:0300B0210
体系认证标准:GB/T 19002—1994 idt ISO 9002:1994
有效期:2000.06～2003.06

北京市通州区水利工程总队
地址:北京市通州区故城东路11号
邮政编码:101100
证书注册编号:0300B0211
体系认证标准:GB/T 19002—1994 idt ISO 9002:1994
有效期:2000.06～2003.06

青岛华东包装有限公司
地址:山东省青岛市李沧区308国道河东站西
邮政编码:266100
证书注册编号:0300B0212
体系认证标准:GB/T 19002—1994 idt ISO 9002:1994
有效期:2000.06～2003.06

保定市保电电力线路器材有限公司
地址:河北省保定市清苑县谢上村
邮政编码:071107
证书注册编号:0300B0213
体系认证标准:GB/T 19002—1994 idt ISO 9002:1994
有效期:2000.06～2003.06

江津化肥总厂
地址:重庆市江津市几江镇
邮政编码:402260
证书注册编号:0300B0214
体系认证标准:GB/T 19002—1994 idt ISO 9002:1994
有效期:2000.06～2003.06

颐中烟草(集团)有限公司荷泽卷烟厂
地址:山东省菏泽市广福北街75号
邮政编码:274015
证书注册编号:0300B0215
体系认证标准:GB/T 19002—1994 idt ISO 9002:1994
有效期:2000.06～2003.06

中国常州市华信电气设备有限公司
地址:江苏省常州市花园路云祥桥北首
邮政编码:213016
证书注册编号:0300B0216
体系认证标准:GB/T 19002—1994 idt ISO 9002:1994
有效期:2000.06～2003.06

长庆石油勘探局勘察设计研究院
地址:陕西省西安市长庆兴隆园小区
邮政编码:710021
证书注册编号:0300A0217
体系认证标准:GB/T 19001—1994 idt ISO 9001:1994
有效期:2000.06～2003.06

济源市交通能源工程公司
地址:河南省济源市天坛路146号
邮政编码:454650
证书注册编号:0300A0218
体系认证标准:GB/T 19002—1994 idt ISO 9002:1994
有效期:2000.06～2003.06

南昌市朝阳酿造厂
地址:江西省南昌市抚生路万福寺6号
邮政编码:330009
证书注册编号:0300B0219
体系认证标准:GB/T 19002—1994 idt ISO 9002:1994
有效期:2000.06～2003.06

江苏仙鹤食品酿造有限公司
地址:江苏省常州市大仓路78号
邮政编码:213016
证书注册编号:0300B0220
体系认证标准:GB/T 19002—1994 idt

ISO 9002:1994
有效期:2000.06～2003.06

无锡天元实业有限公司
地址:江苏省无锡市天元路1号
邮政编码:214031
证书注册编号:0300B0221
体系认证标准:GB/T 19002－1994 idt ISO 9002:1994
有效期:2000.06～2003.06

南京市雨花管塔制造有限公司
地址:江苏省南京市雨花台区濮家水洞88号
邮政编码:210012
证书注册编号:0300B0222
体系认证标准:GB/T 19002－1994 idt ISO 9002:1994
有效期:2000.06～2003.06

黑龙江省五常汽封圈厂
地址:黑龙江省五常市杜家镇
邮政编码:150231
证书注册编号:0300B0223
体系认证标准:GB/T 19002－1994 idt ISO 9002:1994
有效期:2000.06～2003.06

深圳石化塑胶集团株洲塑胶有限公司
地址:湖南省株洲市清水塘
邮政编码:412004
证书注册编号:0300B0224
体系认证标准:GB/T 19002－1994 idt ISO 9002:1994
有效期:2000.06～2003.06

重庆华川油建装备制造有限公司
地址:重庆渝中区大坪石油路2－1号
邮政编码:400042
证书注册编号:0300A0225
体系认证标准:GB/T 19001－1994 idt ISO 9001:1994
有效期:2000.06～2003.06

青岛世英塑料有限公司
地址:山东省青岛市城阳区北曲东
邮政编码:266109
证书注册编号:0300B0226
体系认证标准:GB/T 19002－1994 idt ISO 9002:1994
有效期:2000.06～2003.06

成都市郫县低压电器厂
地址:四川省成都市郫县北外街三段
邮政编码:611730
证书注册编号:0300B0227
体系认证标准:GB/T 19002－1994 idt ISO 9002:1994
有效期:2000.06～2003.06

马泰力克(青岛)建筑系统有限公司
地址:山东省青岛市城阳区双元路中段
邮政编码:266108
证书注册编号:0300B0228
体系认证标准:GB/T 19002－1994 idt ISO 9002:1994
有效期:2000.06～2003.06

平顶山煤业(集团)田庄选煤厂
地址:河南省平顶山市东环路东
邮政编码:467013
证书注册编号:0300B0229
体系认证标准:GB/T 19002－1994 idt ISO 9002:1994
有效期:2000.06～2003.06

金坛市纺织机械专件制造厂
地址:江苏省金坛市华城东路
邮政编码:213200
证书注册编号:0300B0230
体系认证标准:GB/T 19002－1994 idt ISO 9002:1994
有效期:2000.06～2003.06

北京市朝阳区第二建筑工程公司
地址:北京市朝阳区团结湖路19号楼
邮政编码:100026
证书注册编号:0300B0231
体系认证标准:GB/T 19002－1994 idt ISO 9002:1994
有效期:2000.06～2003.06

***华韵影视光盘有限责任公司**
地址:北京市朝阳区酒仙桥南路5号
邮政编码:100016
电话:(010)64323206
传真:(010)64344724
法定代表人:童刚
证书注册编号:0300B0232
体系认证标准:GB/T 19002－1994 idt ISO 9002:1994
获证体系覆盖产品:激光数码储存片子盘复制
有效期:2000.06～2003.06

北京市房山区建筑企业集团总公司第一工程公司
地址:北京市房山区石楼镇铁路桥河北
邮政编码:102400
证书注册编号:0300B0233
体系认证标准:GB/T 19002－1994 idt ISO 9002:1994
有效期:2000.06～2003.06

玉环县中印包装有限公司
地址:浙江玉环县城关镇三合潭工业区
邮政编码:317600
证书注册编号:0300B0234
体系认证标准:GB/T 19002－1994 idt ISO 9002:1994
有效期:2000.06～2003.06

云南旅游装饰工程有限公司
地址:云南省昆明市环城东路105号(董家湾综合商场五楼)
邮政编码:650041
证书注册编号:0300A0235
体系认证标准:GB/T 19001－1994 idt ISO 9001:1994
有效期:2000.06～2003.06

河北省冀州市中意玻璃钢厂
地址:河北省冀州市南桥大街14号
邮政编码:053200
证书注册编号:0300A0236
体系认证标准:GB/T 19001－1994 idt ISO 9001:1994
有效期:2000.06～2003.06

湖北省冶金建设公司
地址:湖北省鄂州市
邮政编码:436000
证书注册编号:0300B0237
体系认证标准:GB/T 19002－1994 idt ISO 9002:1994
有效期:2000.06～2003.06

烟台市金河实业有限公司
地址:山东省烟台市福山区古现镇
邮政编码:265502
证书注册编号:0300B0238
体系认证标准:GB/T 19002－1994 idt ISO 9002:1994
有效期:2000.06～2003.06

烟台市金河保险粉厂
地址:山东省烟台市福山区古现镇

邮政编码:265502
体系认证标准:GB/T 19002—1994 idt ISO 9002:1994
有效期:2000.06～2003.06

烟台市福山区金河化工有限公司
地址:山东省烟台市福山区古现镇
邮政编码:265502
体系认证标准:GB/T 19002—1994 idt ISO 9002:1994
有效期:2000.06～2003.06

山东烟台油漆厂有限公司
地址:山东省烟台经济技术开发区长江路40号
邮政编码:265502
体系认证标准:GB/T 19002—1994 idt ISO 9002:1994
有效期:2000.06～2003.06

中国建筑北京设计研究院
地址:北京海淀区万寿路甲15号7区
邮政编码:100036
证书注册编号:0300A0239
体系认证标准:GB/T 19001—1994 idt ISO 9001:1994
有效期:2000.06～2003.06

石家庄惠利化工有限公司
地址:河北省石家庄市郊区石获北路大郭村
邮政编码:050081
证书注册编号:0300B0240
体系认证标准:GB/T 19002—1994 idt ISO 9002:1994
有效期:2000.06～2003.06

康明斯发动机(北京)有限公司—发电机组组装厂
地址:北京经济技术开发区万源街8号
邮政编码:100176
证书注册编号:0300B0241
体系认证标准:GB/T 19002—1994 idt ISO 9002:1994
有效期:2000.06～2003.06

洛阳市建园模具制造有限公司
地址:河南省偃师市商城西路开洛高速入口西50米
邮政编码:471900
证书注册编号:0300A0242
体系认证标准:GB/T 19001—1994 idt ISO 9001:1994
有效期:2000.06～2003.06

***北京市液化石油气公司**
地址:北京市海淀区车公庄西路13号
邮政编码:100044
电话:(010)68315559
传真:(010)68316972
法定代表人:郝宝坤
证书注册编号:0300B0243
体系认证标准:GB/T 19002—1994 idt ISO 9002:1994
获证体系覆盖产品:液化石油气销售服务
有效期:2000.6.26～2003.6.26

上海大众汽车安阳特约维修站
地址:河南省安阳市人民大道东段(汪家店)
邮政编码:455000
证书注册编号:0300B0244
体系认证标准:GB/T 19002—1994 idt ISO 9002:1994
有效期:2000.06～2003.06

上海大众汽车许昌特约维修站
地址:河南省许昌市文峰路南段
邮政编码:461100
证书注册编号:0300B0245
体系认证标准:GB/T 19002—1994 idt ISO 9002:1994
有效期:2000.06～2003.06

浙江山水交通工程有限公司
地址:浙江省杭州市杭海路90号
邮政编码:310016
证书注册编号:0300B0246
体系认证标准:GB/T 19002—1994 idt ISO 9002:1994
有效期:2000.06～2003.06

扬州市红旗电缆制造有限公司
地址:江苏省扬州市北郊菱塘镇
邮政编码:225652
证书注册编号:0300B0247
体系认证标准:GB/T 19002—1994 idt ISO 9002:1994
有效期:2000.06～2003.06

北京铁路局工电重点维修处
地址:北京市丰台北大街北里甲六号
邮政编码:100071
证书注册编号:0300A0248
体系认证标准:GB/T 19001—1994 idt ISO 9001:1994
有效期:2000.06～2003.06

北京城建四公司搅拌站
地址:北京市海淀区成府路甲23号
邮政编码:100083
证书注册编号:0300B0249
体系认证标准:GB/T 19002—1994 idt ISO 9002:1994
有效期:2000.06～2003.06

扬州市化工设备厂
地址:江苏省扬州市北郊槐泗镇
邮政编码:225115
证书注册编号:0300B0250
体系认证标准:GB/T 19002—1994 idt ISO 9002:1994
有效期:2000.06～2003.06

杭州管道煤气公司
地址:浙江省杭州市天目山路10号
邮政编码:310007
证书注册编号:0300B0251
体系认证标准:GB/T 19002—1994 idt ISO 9002:1994
有效期:2000.06～2003.06

中南橡胶集团有限责任公司
地址:湖北省宜昌市中南路55号
邮政编码:443003
证书注册编号:0300A0252
体系认证标准:GB/T 19001—1994 idt ISO 9001:1994
有效期:2000.06～2003.06

四川道隧工程有限公司
地址:四川省华蓥市迎宾路66号
邮政编码:638600
证书注册编号:0300B0253
体系认证标准:GB/T 19002—1994 idt ISO 9002:1994
有效期:2000.06～2003.06

黑龙江省水利第三工程处
地址:黑龙江省佳木斯市四丰路519号
邮政编码:154007
证书注册编号:0300B0254
体系认证标准:GB/T 19002—1994 idt ISO 9002:1994
有效期:2000.06～2003.06

上海大众汽车南阳销售服务有限公司
地址:河南省南阳市工农北路 12 号
邮政编码:473009
证书注册编号:0300B0255
体系认证标准:GB/T 19002—1994 idt ISO 9002:1994
有效期:2000.06～2003.06

洛阳市伊川县长城金刚砂厂
地址:河南省洛阳市伊川县杜康大道北
邮政编码:471300
证书注册编号:0300B0256
体系认证标准:GB/T 19002—1994 idt ISO 9002:1994
有效期:2000.06～2003.06

郑州亚新建筑安装装饰工程有限公司
地址:河南省郑州市航海北街 195 号
邮政编码:450052
证书注册编号:0300B0256
体系认证标准:GB/T 19002—1994 idt ISO 9002:1994
有效期:2000.07～2003.07

北京市城乡建设第八建筑工程公司
地址:北京市丰台区丰台路口 56 号
邮政编码:100073
证书注册编号:0300B0257
体系认证标准:GB/T 19002—1994 idt ISO 9002:1994
有效期:2000.07～2003.07

北京城建五建设工程有限公司
地址:北京市朝阳区安苑东里三区十号
邮政编码:100029
证书注册编号:0300B0258
体系认证标准:GB/T 19002—1994 idt ISO 9002:1994
有效期:2000.07～2003.07

中原石油勘探局工程建设总公司
地址:河南省濮阳市大庆路 122 号
邮政编码:457001
证书注册编号:0300B0259
体系认证标准:GB/T 19002—1994 idt ISO 9002:1994
有效期:2000.07～2003.07

金坛市建筑安装工程公司
地址:江苏省金坛市金城镇东环一路 669 号
邮政编码:213200
证书注册编号:0300B0260
体系认证标准:GB/T 19002—1994 idt ISO 9002:1994
有效期:2000.07～2003.07

山东宏力集团德州齿轮有限公司
地址:山东省德州市解放北路 240 号
邮政编码:253018
证书注册编号:0300B0261
体系认证标准:GB/T 19002—1994 idt ISO 9002:1994
有效期:2000.07～2003.07

五菱柴油机德州有限公司
地址:山东省德州市三八路 45 号
邮政编码:253014
证书注册编号:0300B0262
体系认证标准:GB/T 19002—1994 idt ISO 9002:1994
有效期:2000.07～2003.07

***湖北枣阳兴亚摩擦材料有限公司**
地址:湖北省枣阳市车站路 17—4 号
邮政编码:441202
电话:(0710)6320578
传真:(0710)6314652
法定代表人:谭俭
证书注册编号:0300B0263
体系认证标准:GB/T 19002—1994 idt ISO 9002:1994
获证体系覆盖产品:摩擦材料制品的制造
有效期:2000.7.5～2003.7.5

济南市电力开关厂
地址:山东省济南市工业北路 93 号
邮政编码:250101
证书注册编号:0300B0264
体系认证标准:GB/T 19002—1994 idt ISO 9002:1994
有效期:2000.07～2003.07

浙江新江仪表有限公司
地址:浙江省乐清市白象镇电器工业园
邮政编码:325603
证书注册编号:0300A0265
体系认证标准:GB/T 19001—1994 idt ISO 9001:1994
有效期:2000.07～2003.07

莱阳华发电器有限公司
地址:山东省莱阳市五龙南路 218 号
邮政编码:265202
证书注册编号:0300B0266
体系认证标准:GB/T 19002—1994 idt ISO 9002:1994
有效期:2000.07～2003.07

南通市建筑安装工程总公司
地址:江苏省南通市青年中路 76 号
邮政编码:226006
证书注册编号:0300B0267
体系认证标准:GB/T 19002—1994 idt ISO 9002:1994
有效期:2000.07～2003.07

长沙中联重工科技发展股份有限公司
地址:湖南省长沙市银盆南路 307 号
邮政编码:410013
证书注册编号:0300A0268
体系认证标准:GB/T 19001—1994 idt ISO 9001:1994
有效期:2000.07～2003.07

长沙高新技术产业开发区中标实业有限公司
地址:湖南省长沙市银盆南路 307 号
邮政编码:410013
证书注册编号:0300A0269
体系认证标准:GB/T 19001—1994 idt ISO 9001:1994
有效期:2000.07～2003.07

北京鸿龙兴工程建设监理有限责任公司
地址:北京朝阳区大屯乡关庄路 11 号
邮政编码:100101
证书注册编号:0300B0270
体系认证标准:GB/T 19002—1994 idt ISO 9002:1994
有效期:2000.07～2003.07

沈阳城北消防器材厂
地址:辽宁省沈阳道义经济开发区
邮政编码:110135
证书注册编号:0300B0271
体系认证标准:GB/T 19002—1994 idt ISO 9002:1994
有效期:2000.07～2003.07

洛阳市化学试剂厂
地址:河南省洛阳市九都路 92 号
邮政编码:471000
证书注册编号:0300B0272

体系认证标准:GB/T 19002—1994 idt ISO 9002:1994
有效期:2000.07～2003.07

秦皇岛市海港第一建筑工程公司
地址:河北省秦皇岛市海港区东港路193号
邮政编码:66003
证书注册编号:0300B0273
体系认证标准:GB/T 19002—1994 idt ISO 9002:1994
有效期:2000.07～2003.07

山东电力建设第三工程公司
地址:山东省潍坊市玉清东街201号
邮政编码:261031
证书注册编号:0300B0274
体系认证标准:GB/T 19002—1994 idt ISO 9002:1994
有效期:2000.07～2003.07

大连经济技术开发区建筑安装工程公司
地址:辽宁省大连经济技术开发区哈尔滨路48号
邮政编码:116600
证书注册编号:0300B0275
体系认证标准:GB/T 19002—1994 idt ISO 9002:1994
有效期:2000.07～2003.07

北京精华国际物业发展有限公司(北京市官园商品批发市场)
地址:北京市西城区车公庄大街甲4号
邮政编码:100044
证书注册编号:0300B0276
体系认证标准:GB/T 19002—1994 idt ISO 9002:1994
有效期:2000.07～2003.07

青岛东华设备制造有限公司
地址:山东省青岛市荣成路5号
邮政编码:266071
证书注册编号:0300B0277
体系认证标准:GB/T 19002—1994 idt ISO 9002:1994
有效期:2000.07～2003.07

扬州市扬子电缆制造有限公司
地址:江苏省扬州市北郊菱塘镇
邮政编码:225652
证书注册编号:0300B0278
体系认证标准:GB/T 19002—1994 idt ISO 9002:1994
有效期:2000.07～2003.07

桓台县建筑工程总公司
地址:山东省桓台县城西首
邮政编码:256401
证书注册编号:0300B0279
体系认证标准:GB/T 19002—1994 idt ISO 9002:1994
有效期:2000.07～2003.07

北京市房山区建筑企业集团总公司第八工程公司
地址:北京市房山区东营乡村南
邮政编码:102423
证书注册编号:0300B0280
体系认证标准:GB/T 19002—1994 idt ISO 9002:1994
有效期:2000.07～2003.07

青岛食品股份有限公司
地址:山东省青岛市云南路127号
邮政编码:266002
证书注册编号:0300B0281
体系认证标准:GB/T 19002—1994 idt ISO 9002:1994
有效期:2000.07～2003.07

柳州市自来水有限责任公司
地址:广西柳州市莲塘路23号
邮政编码:545001
证书注册编号:0300B0282
体系认证标准:GB/T 19002—1994 idt ISO 9002:1994
有效期:2000.07～2003.07

青岛崂山应用技术研究所
地址:山东青岛市李沧区福岛路195号
邮政编码:266100
证书注册编号:0300A0283
体系认证标准:GB/T 19001—1994 idt ISO 9001:1994
有效期:2000.07～2003.07

青岛第一面粉厂
地址:山东青岛市四方区开平路45号
邮政编码:266042
证书注册编号:0300B0284
体系认证标准:GB/T 19002—1994 idt ISO 9002:1994
有效期:2000.07～2003.07

莱阳油漆厂有限公司
地址:山东省莱阳市龙门西路82号
邮政编码:265200
证书注册编号:0300B0285
体系认证标准:GB/T 19002—1994 idt ISO 9002:1994
有效期:2000.07～2003.07

长葛市长新高压电瓷电器厂
地址:河南省长葛市后河镇辛庄村经济开发区
邮政编码:461503
证书注册编号:0300B0286
体系认证标准:GB/T 19002—1994 idt ISO 9002:1994
有效期:2000.07～2003.07

***湖北省葛店经济技术开发区武钢实业星源建筑安装工程有限公司**
地址:湖北省武汉市青山区红钢城建八路7号
邮政编码:430080
电话:(027)86806216
传真:(027)86801910
法定代表人:高福铭
证书注册编号:0300B0287
体系认证标准:GB/T 19002—1994 idt ISO 9002:1994
获证体系覆盖产品:工业与民用建筑施工及机电设备安装
有效期:2000.7.25～2003.7.25

***湖北省葛店经济技术开发区武钢实业星源总公司**
地址:湖北省武汉市青山区红钢城建八路7号
邮政编码:430080
电话:(027)86806216
传真:(027)86801910
法定代表人:钟良豪
证书注册编号:0300B0288
体系认证标准:GB/T 19002—1994 idt ISO 9002:1994
获证体系覆盖产品:不定型耐火材料产品系列制造
有效期:2000.7.25～2003.7.25

大连贵友机电有限公司
地址:辽宁大连市旅顺口区水师营街道
邮政编码:116051
证书注册编号:0300B0289
体系认证标准:GB/T 19002—1994 idt

ISO 9002:1994
有效期:2000.07～2003.07

河南小汽车修理有限公司 上海大众汽车(河南)郑州特约维修站
地址:河南省郑州市郑花路25号
邮政编码:450008
证书注册编号:0300B0290
体系认证标准:GB/T 19002－1994 idt ISO 9002:1994
有效期:2000.07～2003.07

福建省泉州市肖厝德和水泥制品有限公司
地址:福建泉州市肖厝涂料镇驿峰路口
邮政编码:362115
证书注册编号:0300B0291
体系认证标准:GB/T 19002－1994 idt ISO 9002:1994
有效期:2000.07～2003.07

铁道部科学研究院机车车辆研究所
地址:北京市西直门外大柳树路2号
邮政编码:100081
证书注册编号:0300A0292
体系认证标准:GB/T 19001－1994 idt ISO 9001:1994
有效期:2000.07～2003.07

河北邮电鸿羽服装设计有限公司
地址:河北省唐山市车站路32号
邮政编码:63000
证书注册编号:0300B0298
体系认证标准:GB/T 19002－1994 idt ISO 9002－1994
有效期:2000.08～2003.08

常柴股份有限公司
地址:江苏省常州市怀德中路123号
邮政编码:213002
证书注册编号:0300A0299
体系认证标准:GB/T 19001－1994 idt ISO 9001－1994
有效期:2000.08～2003.08

重庆弘愿气动工具厂(此证含附件)
地址:重庆巴南区界石镇界南街107号
邮政编码:401346
证书注册编号:0300A0300
体系认证标准:GB/T 19001－1994 idt ISO 9001－1994
有效期:2000.08～2003.08

重庆弘愿机械有限公司(附件一)
地址:重庆市巴南区界石镇界南街107号
邮政编码:401346
体系认证标准:GB/T 19001－1994 idt ISO 9001－1994
有效期:2000.08～2003.08

郑州华盛建设开发有限公司
地址:河南郑州市文化路44号附1号
邮政编码:450002
证书注册编号:0300B0301
体系认证标准:GB/T 19002－1994 idt ISO 9002－1994
有效期:2000.08～2003.08

大连振华涂料厂
地址:辽宁省大连市甘井子区海口路32号
邮政编码:116033
证书注册编号:0300B0302
体系认证标准:GB/T 19002－1994 idt ISO 9002－1994
有效期:2000.08～2003.08

江苏港宁装璜有限公司
地址:江苏省南京市江苏路59号
邮政编码:210009
证书注册编号:0300A0303
体系认证标准:GB/T 19001－1994 idt ISO 9001－1994
有效期:2000.08～2003.08

陕西省铜川公路管理总段
地址:陕西省铜川市延安路80号
邮政编码:727000
证书注册编号:0300B0304
体系认证标准:GB/T 19002－1994 idt ISO 9002－1994
有效期:2000.08～2003.08

牡丹江机车厂
地址:黑龙江省牡丹江市阳明区机车路55号
邮政编码:157013
证书注册编号:0300B0305
体系认证标准:GB/T 19002－1994 idt ISO 9002－1994
有效期:2000.08～2003.08

新民市华星机构工业有限公司
地址:辽宁省沈阳市新民市金五台子
邮政编码:110323
证书注册编号:0300B0306
体系认证标准:GB/T 19002－1994 idt ISO 9002－1994
有效期:2000.08～2003.08

烟台青牟实业总公司
地址:山东省烟台市牟平区新建大街100号
邮政编码:264100
证书注册编号:0300B0307
体系认证标准:GB/T 19002－1994 idt ISO 9002－1994
有效期:2000.08～2003.08

哈尔滨市科技建筑工程公司
地址:黑龙江省哈尔滨市道里区中医街付146号
邮政编码:150018
证书注册编号:0300B0308
体系认证标准:GB/T 19002－1994 idt ISO 9002－1994
有效期:2000.08～2003.08

武汉通达爱西亚消声器有限公司
地址:湖北省武汉经济技术开发区沌阳大街220号
邮政编码:430056
证书注册编号:0300B0309
体系认证标准:GB/T 19002－1994 idt ISO 9002－1994
有效期:2000.08～2003.08

***经纬纺织机械股份有限公司**
地址:山西省榆次市经纬路150号
邮政编码:030601
电话:(0354)2492010
传真:(0354)2425428
法定代表人:尹守恩
证书注册编号:0300A0310
体系认证标准:GB/T 19001－1994 idt ISO 9001－1994
获证体系覆盖产品:纺织机械的设计与制造
有效期:2000.8.2～2003.8.2

山推工程机械股份有限公司
地址:山东省济宁市太白楼东路58号
邮政编码:272135
证书注册编号:0300A0311
体系认证标准:GB/T 19001－1994 idt ISO 9001－1994

有效期:2000.08～2003.08

北京市房山区建筑企业集团总公司第五工程公司
地址:北京房山区房山街道饶乐府村西
邮政编码:102400
证书注册编号:0300B0312
体系认证标准:GB/T 19002－1994 idt ISO 9002－1994
有效期:2000.08～2003.08

青岛电器开关厂
地址:山东青岛市李沧区果园路27号
邮政编码:266100
证书注册编号:0300B0313
体系认证标准:GB/T 19002－1994 idt ISO 9002－1994
有效期:2000.08～2003.08

烟台莱阳村酒业有限责任公司
地址:山东省莱阳市富永南路中段
邮政编码:265200
证书注册编号:0300B0314
体系认证标准:GB/T 19002－1994 idt ISO 9002－1994
有效期:2000.08～2003.08

海南中建建筑装饰设计工程公司
地址:海南省海口市机场西路海翔苑2号楼
邮政编码:570203
证书注册编号:0300A0315
体系认证标准:GB/T 19001－1994 idt ISO 9001－1994
有效期:2000.08～2003.08

中国建筑工程海南开发公司
地址:海南省海口市龙昆南路钟诚大厦六楼
邮政编码:570206
证书注册编号:0300B0316
体系认证标准:GB/T 19002－1994 idt ISO 9002－1994
有效期:2000.08～2003.08

中国水利水电第二工程局
地址:北京市西城区六铺炕一区二号
邮政编码:100011
证书注册编号:0300B0317
体系认证标准:GB/T 19002－1994 idt ISO 9002－1994
有效期:2000.08～2003.08

青岛国人科技股份有限公司
地址:山东省青岛市高科技工业园(杨家群)
邮政编码:266100
证书注册编号:0300B0318
体系认证标准:GB/T 19002－1994 idt ISO 9002－1994
有效期:2000.08～2003.08

株洲市硬质合金工具厂
地址:湖南省株洲市钻石路
邮政编码:412000
证书注册编号:0300B0319
体系认证标准:GB/T 19002－1994 idt ISO 9002－1994
有效期:2000.08～2003.08

荥阳市第二建筑公司
地址:河南省郑州市中原西路102号
邮政编码:450007
证书注册编号:0300B0320
体系认证标准:GB/T 19002－1994 idt ISO 9002－1994
有效期:2000.08～2003.08

哈尔滨哈罗滤清器有限公司
地址:黑龙江省哈尔滨市平房经济开发区渤海路A区G栋
邮政编码:150060
证书注册编号:0300B0321
体系认证标准:GB/T 19002－1994 idt ISO 9002－1994
有效期:2000.08～2003.08

北京精正兴工程建设监理有限公司
地址:北京市丰台区丰台路58号
邮政编码:100073
证书注册编号:0300B0322
体系认证标准:GB/T 19002－1994 idt ISO 9002－1994
有效期:2000.08～2003.08

柳州锌品股份有限公司
地址:广西柳州市白沙路2号
邮政编码:545001
证书注册编号:0300B0323
体系认证标准:GB/T 19002－1994 idt ISO 9002－1994
有效期:2000.08～2003.08

***中国航空油料青岛分公司**
地址:山东省青岛市流亭机场路
邮政编码:266108
电话:(0532)4715052
传真:(0532)4715387
法定代表人:陈洪海
证书注册编号:0300B0324
体系认证标准:GB/T 19002－1994 idt ISO 9002－1994
获证体系覆盖产品:航空油料保障服务
有效期:2000.8.2～2003.8.2

大庆石油化工安装工程公司
地址:黑龙江省大庆市卧里屯化工路44号
邮政编码:163714
证书注册编号:0300B0325
体系认证标准:GB/T 19002－1994 idt ISO 9002－1994
有效期:2000.08～2003.08

贵州宏伟建筑装璜安装工程有限责任公司
地址:贵州省贵阳市瑞金北路8号
邮政编码:550003
证书注册编号:0300B0326
体系认证标准:GB/T 19002－1994 idt ISO 9002－1994
有效期:2000.08～2003.08

北京市房山区建筑企业集团总公司燕琉建筑工程公司
地址:北京市房山区琉璃河东大街
邮政编码:102403
证书注册编号:0300B0327
体系认证标准:GB/T 19002－1994 idt ISO 9002－1994
有效期:2000.08～2003.08

长春泰欧亚涂料有限公司
地址:吉林省长春经济技术开发区民丰大街南
邮政编码:130031
证书注册编号:0300B0328
体系认证标准:GB/T 19002－1994 idt ISO 9002－1994
有效期:2000.08～2003.08

大同机车厂
地址:山西省大同市前进街1号
邮政编码:37038
证书注册编号:0300A0329
体系认证标准:GB/T 19001/19002－1994 idt ISO 9001/9002－1994

有效期:2000.08～2003.08

河北省蔚县水泥有限公司
地址:河北省蔚县暖泉镇
邮政编码:75700
证书注册编号:0300B0330
体系认证标准:GB/T 19002－1994 idt ISO 9002－1994
有效期:2000.08～2003.08

北京通州城成建筑材料公司(北京城成福利化工厂)
地址:北京市通州区柴厂屯
邮政编码:101105
证书注册编号:0300B0331
体系认证标准:GB/T 19002－1994 idt ISO 9002－1994
有效期:2000.08～2003.08

青岛金达五金制品有限公司
地址:山东青岛市城阳区惜福镇霞沟村
邮政编码:266106
证书注册编号:0300B0332
体系认证标准:GB/T 19002－1994 idt ISO 9002－1994
有效期:2000.08～2003.08

青岛鑫业标准件有限公司
地址:山东省青岛市李沧区南岭工业区
邮政编码:266100
证书注册编号:0300B0333
体系认证标准:GB/T 19002－1994 idt ISO 9002－1994
有效期:2000.08～2003.08

淄博鲁洲汽车配件有限公司
地址:山东省淄博市周村区大姜镇
邮政编码:255314
证书注册编号:0300B0334
体系认证标准:GB/T 19002－1994 idt ISO 9002－1994
有效期:2000.08～2003.08

河北电讯设备厂
地址:河北省景县广川镇广川街
邮政编码:53511
证书注册编号:0300B0335
体系认证标准:GB/T 19002－1994 idt ISO 9002－1994
有效期:2000.08～2003.08

河南金龙铜业股份有限公司
地址:河南省新乡市新获路2号
邮政编码:453000
证书注册编号:0300B0336
体系认证标准:GB/T 19002－1994 idt ISO 9002－1994
有效期:2000.08～2003.08

资阳内燃机车厂(含工业公司)
地址:四川省资阳市
邮政编码:641301
证书注册编号:0300A0337
体系认证标准:GB/T 19001－1994 idt ISO 9001－1994
有效期:2000.08～2003.08

中国二十冶金建设公司钢结构总厂
地址:河北省沙河市大厂路4号
邮政编码:54100
证书注册编号:0300B0338
体系认证标准:GB/T 19002－1994 idt ISO 9002－1994
有效期:2000.08～2003.08

中国第二十冶金建设公司金属结构制造公司
地址:上海市宝山区铁力路1498号
邮政编码:201900
证书注册编号:0300B0339
体系认证标准:GB/T 19002－1994 idt ISO 9002－1994
有效期:2000.08～2003.08

北京市第七建筑公司商品砼搅拌站
地址:北京市丰台区卢沟桥城北路1号
邮政编码:100072
证书注册编号:0300B0340
体系认证标准:GB/T 19002－1994 idt ISO 9002－1994
有效期:2000.08～2003.08

杭州金塔电力线路器材有限公司
地址:浙江省杭州市机场路193号
邮政编码:310021
证书注册编号:0300B0341
体系认证标准:GB/T 19002－1994 idt ISO 9002－1994
有效期:2000.08～2003.08

潍坊胜达塑胶有限公司
地址:山东省潍坊市坊子区眉村镇
邮政编码:261203
证书注册编号:0300B0342
体系认证标准:GB/T 19002－1994 idt ISO 9002－1994
有效期:2000.08～2003.08

扬州苏发灯具钢杆有限公司(高邮市声光器材厂)
地址:江苏省高邮市郭集镇
邮政编码:225654
证书注册编号:0300B0343
体系认证标准:GB/T 19002－1994 idt ISO 9002－1994
有效期:2000.08～2003.08

中国建材工业建设苏州安装工程公司
地址:江苏省昆山市前进西路2号
邮政编码:215300
证书注册编号:0300B0344
体系认证标准:GB/T 19002－1994 idt ISO 9002－1994
有效期:2000.08～2003.08

河南省辉县市纺织印染(集团)有限公司
地址:河南省辉县市城北街34号
邮政编码:453600
证书注册编号:0300B0345
体系认证标准:GB/T 19002－1994 idt ISO 9002－1994
有效期:2000.08～2003.08

黑龙江省牡丹江垦区西岗齿轮机械有限责任公司
地址:黑龙江省虎林市
邮政编码:158417
证书注册编号:0300B0346
体系认证标准:GB/T 19002－1994 idt ISO 9002－1994
有效期:2000.08～2003.08

安徽省水利建筑安装总公司
地址:安徽省合肥市曙光路3号
邮政编码:230022
证书注册编号:0300B0347
体系认证标准:GB/T 19002－1994 idt ISO 9002－1994
有效期:2000.08～2003.08

国营双吉机械厂
地址:吉林省吉林市昌邑区双吉街
邮政编码:132102
证书注册编号:0300B0348
体系认证标准:GB/T 19002－1994 idt

ISO 9002—1994
有效期:2000.08～2003.08

北京市聚庆斋食品厂
地址:北京市海淀区善缘桥55号
邮政编码:100080
证书注册编号:0300A0349
体系认证标准:GB/T 19001—1994 idt ISO 9001—1994
有效期:2000.08～2003.08

青岛天润科邦化工有限公司
地址:山东省青岛市武胜关路1号
邮政编码:266071
证书注册编号:0300B0350
体系认证标准:GB/T 19002—1994 idt ISO 9002—1994
有效期:2000.08～2003.08

肇融亚麻纺织有限公司
地址:黑龙江省肇州县
邮政编码:166400
证书注册编号:0300B0351
体系认证标准:GB/T 19002—1994 idt ISO 9002—1994
有效期:2000.08～2003.08

中国建筑材料工业建设唐山安装工程公司
地址:河北省唐山市新区幸福道7号
邮政编码:63030
证书注册编号:0300B0352
体系认证标准:GB/T 19002—1994 idt ISO 9002—1994
有效期:2000.08～2003.08

北京市房山区集兴建筑公司
地址:北京市房山区交道镇交道村
邮政编码:102434
证书注册编号:0300B0353
体系认证标准:GB/T 19002—1994 idt ISO 9002—1994
有效期:2000.08～2003.08

天津电力建设公司修造厂
地址:天津市东丽区小东庄
邮政编码:300300
证书注册编号:0300B0354
体系认证标准:GB/T 19002—1994 idt ISO 9002—1994
有效期:2000.08～2003.08

东莞长安霄边金晖电镀厂
地址:广东省东莞市长安镇霄边第一工业区第三栋
邮政编码:523851
证书注册编号:0300B0355
体系认证标准:GB/T 19002—1994 idt ISO 9002—1994
有效期:2000.08～2003.08

南京线路器材厂
地址:江苏省南京市和燕路49号
邮政编码:210037
证书注册编号:0300A0356
体系认证标准:GB/T 19001—1994 idt ISO 9001—1994
有效期:2000.08～2003.08

北京市城远市政工程有限责任公司
地址:北京市丰台区小屯路107号
邮政编码:100071
证书注册编号:0300B0357
体系认证标准:GB/T 19002—1994 idt ISO 9002—1994
有效期:2000.08～2003.08

山东电力设备厂
地址:山东济南市中区机一西厂路三号
邮政编码:250022
证书注册编号:0300A0358
体系认证标准:GB/T 19001—1994 idt ISO 9001—1994
有效期:2000.08～2003.08

北京市华通成套电力电容器厂
地址:北京市宣武区南菜园甲2号
邮政编码:100054
证书注册编号:0300B0359
体系认证标准:GB/T 19002—1994 idt ISO 9002—1994
有效期:2000.08～2003.08

黑龙江省水利冲镇工程处
地址:黑龙江省哈尔滨市道外马船口肇州街1号
邮政编码:150027
证书注册编号:0300B0360
体系认证标准:GB/T 19002—1994 idt ISO 9002—1994
有效期:2000.08～2003.08

云南龙威工程建设实业有限公司
地址:云南省昆明市春城路214号
邮政编码:650041
证书注册编号:0300A0361
体系认证标准:GB/T 19001—1994 idt ISO 9001—1994
有效期:2000.08～2003.08

浙江省嘉兴市铁塔厂
地址:浙江省桐乡市石门镇
邮政编码:315412
证书注册编号:0300B0362
体系认证标准:GB/T 19002—1994 idt ISO 9002—1994
有效期:2000.08～2003.08

无锡市德发印染有限公司
地址:江苏省无锡市丽新路53号
邮政编码:214044
证书注册编号:0300B0363
体系认证标准:GB/T 19002—1994 idt ISO 9002—1994
有效期:2000.08～2003.08

北京矿建建筑安装有限责任公司
地址:北京市门头沟区黑山大街32号
邮政编码:102300
证书注册编号:0300B0364
体系认证标准:GB/T 19002—1994 idt ISO 9002—1994
有效期:2000.08～2003.08

青岛中天机械有限公司
地址:山东青岛市黄岛区秦皇岛路中段
邮政编码:266500
证书注册编号:0300B0365
体系认证标准:GB/T 19002—1994 idt ISO 9002—1994
有效期:2000.08～2003.08

镇江市电站辅机厂
地址:江苏省扬中市扬子中路261号
邮政编码:212200
证书注册编号:0300A0366
体系认证标准:GB/T 19001—1994 idt ISO 9001—1994
有效期:2000.08～2003.08

北京华讯集团寻呼通信事业部
地址:北京海淀区北三环西路甲23号
邮政编码:100086
证书注册编号:0300B0367
体系认证标准:GB/T 19002—1994 idt ISO 9002—1994

有效期:2000.08～2003.08

北京市第七建筑工程公司
地址:北京市西城区三里河北街甲1号
邮政编码:100045
证书注册编号:0300B0368
体系认证标准:GB/T 19002—1994 idt ISO 9002—1994
有效期:2000.08～2003.08

云南标榜装饰工程有限公司
地址:云南省昆明市西华园西侧五家堆
邮政编码:650228
证书注册编号:0300A0369
体系认证标准:GB/T 19001—1994 idt ISO 9001—1994
有效期:2000.08～2003.08

北京城建新业工程有限责任公司混凝土搅拌站
地址:北京市海淀区什坊院甲1号
邮政编码:100039
证书注册编号:0300B0370
体系认证标准:GB/T 19002—1994 idt ISO 9002—1994
有效期:2000.08～2003.08

江苏张家港市华康热镀锌有限公司
地址:江苏省张家港市乐余镇永乐村
邮政编码:215621
证书注册编号:0300B0371
体系认证标准:GB/T 19002—1994 idt ISO 9002—1994
有效期:2000.08～2003.08

扬州新星太阳能热水器有限公司
地址:江苏省扬州市开发区蒋王五里
邮政编码:225726
证书注册编号:0300B0372
体系认证标准:GB/T 19002—1994 idt ISO 9002—1994
有效期:2000.08～2003.08

大庆宏启抽油杆有限公司
地址:黑龙江省大庆市萨尔图区勤奋路21号
邮政编码:163211
证书注册编号:0300B0373
体系认证标准:GB/T 19002—1994 idt ISO 9002—1994
有效期:2000.08～2003.08

常州市光洋轴承有限公司
地址:江苏省常州市新区高新科技园3号楼B座
邮政编码:213000
证书注册编号:0300B0374
体系认证标准:GB/T 19002—1994 idt ISO 9002—1994
有效期:2000.08～2003.08

顺德市勒流镇科裕洁具制造厂
地址:广东省顺德市勒流镇龙升南路
邮政编码:528322
证书注册编号:0300B0375
体系认证标准:GB/T 19002—1994 idt ISO 9002—1994
有效期:2000.08～2003.08

广西玉林玉柴机器化工有限责任公司
地址:广西玉林市天桥路168号
邮政编码:537005
证书注册编号:0300B0376
体系认证标准:GB/T 19002—1994 idt ISO 9002—1994
有效期:2000.08～2003.08

宁波市天华电器有限公司
地址:浙江宁波慈溪市观城工业开发区
邮政编码:315315
证书注册编号:0300B0377
体系认证标准:GB/T 19002—1994 idt ISO 9002—1994
有效期:2000.08～2003.08

北京市新拓机电厂
地址:北京市顺义区李桥镇
邮政编码:101304
证书注册编号:0300B0378
体系认证标准:GB/T 19002—1994 idt ISO 9002—1994
有效期:2000.08～2003.08

湖南涟钢振兴环保设备厂
地址:湖南省娄底市涟钢洪家州
邮政编码:417000
证书注册编号:0300B0379
体系认证标准:GB/T 19002—1994 idt ISO 9002—1994
有效期:2000.08～2003.08

北京市华瑞无线通信设备安装公司
地址:北京市朝阳区太阳宫芍药居甲2号内12号
邮政编码:100029
证书注册编号:0300B0380
体系认证标准:GB/T 19002—1994 idt ISO 9002—1994
有效期:2000.08～2003.08

靖江市天马电机有限公司
地址:江苏省靖江玉带路8号
邮政编码:214500
证书注册编号:0300A0381
体系认证标准:GB/T 19001—1994 idt ISO 9001—1994
有效期:2000.08～2003.08

青岛市崂山国家税务局
地址:山东省青岛市崂山区秦岭路
邮政编码:266101
证书注册编号:0300B0382
体系认证标准:GB/T 19002—1994 idt ISO 9002—1994
有效期:2000.08～2003.08

江苏赛德电气有限公司
地址:江苏省扬州市文汇南路8号
邮政编码:225002
证书注册编号:0300B0383
体系认证标准:GB/T 19002—1994 idt ISO 9002—1994
有效期:2000.08～2003.08

北京市房山区建筑企业集团总公司燕山建筑工程公司
地址:北京市房山区房山南关大街47号
邮政编码:102400
证书注册编号:0300B0384
体系认证标准:GB/T 19002—1994 idt ISO 9002—1994
有效期:2000.08～2003.08

北京市顺义城关预应力构件厂
地址:北京市顺义区顺义二中北侧
邮政编码:101300
证书注册编号:0300B0385
体系认证标准:GB/T 19002—1994 idt ISO 9002—1994
有效期:2000.08～2003.08

北京铁城工程公司
地址:北京市石景山区鲁谷路74号
邮政编码:100040
证书注册编号:0300B0386

体系认证标准:GB/T 19002—1994 idt ISO 9002—1994
有效期:2000.08～2003.08

葛洲坝集团机械有限公司
地址:湖北省宜昌市樵湖二路70号
邮政编码:443002
证书注册编号:0300A0387
体系认证标准:GB/T 19001—1994 idt ISO 9001—1994
有效期:2000.08～2003.08

邢台路桥建设总公司
地址:河北省邢台市高庄桥路
邮政编码:54001
证书注册编号:0300B0388
体系认证标准:GB/T 19002—1994 idt ISO 9002—1994
有效期:2000.08～2003.08

林产工业规划设计院(中国林产工业工程咨询公司)
地址:北京市东城区朝内大街130号
邮政编码:100010
证书注册编号:0300A0389
体系认证标准:GB/T 19001—1994 idt ISO 9001—1994
有效期:2000.08～2003.08

中国建筑第三工程局
地址:湖北省武汉市雄楚大街288号
邮政编码:430070
证书注册编号:0300A0390
体系认证标准:GB/T 19001—1994 idt ISO 9001—1994
有效期:2000.08～2003.08

郑州正星机器有限公司
地址:河南省郑州高新技术产业开发区雪松路4号
邮政编码:450001
证书注册编号:0300A0391
体系认证标准:GB/T 19001—1994 idt ISO 9001—1994
有效期:2000.08～2003.08

黑龙江省明达建筑企业集团有限责任公司
地址:黑龙江省哈尔滨市呼半县北二道街52号
邮政编码:150500
证书注册编号:0300B0392
体系认证标准:GB/T 19002—1994 idt ISO 9002—1994
有效期:2000.08～2003.08

山东潍坊美林窑业有限公司
地址:山东省潍坊市坊子区荆山洼镇
邮政编码:261208
证书注册编号:0300B0393
体系认证标准:GB/T 19002—1994 idt ISO 9002—1994
有效期:2000.08～2003.08

北京国建工程监理公司
地址:北京市海淀区增光路45＃综合楼七层
邮政编码:100037
证书注册编号:0300B0394
体系认证标准:GB/T 19001—1994 idt ISO 9001—1994
有效期:2000.08～2003.08

邯郸华盛集团有限公司
地址:河北省邯郸市河沙镇
邮政编码:56108
证书注册编号:0300B0395
体系认证标准:GB/T 19002—1994 idt ISO 9002—1994
有效期:2000.08～2003.08

北京陶然建筑有限公司
地址:北京市广安门外天宁寺前街2号C座
邮政编码:100055
证书注册编号:0300B0396
体系认证标准:GB/T 19002—1994 idt ISO 9002—1994
有效期:2000.08～2003.08

西南民航机场建设有限责任公司
地址:四川省成都双流国际机场
邮政编码:610202
证书注册编号:0300A0397
体系认证标准:GB/T 19001—1994 idt ISO 9001—1994
有效期:2000.08～2003.08

北京氮普化北分气体工业有限公司
地址:北京市海淀区温泉
邮政编码:100095
证书注册编号:0300B0398
体系认证标准:GB/T 19002—1994 idt ISO 9002—1994
有效期:2000.08～2003.08

核工业长沙中南建设工程集团公司
地址:湖南省长沙市韶山北路298号
邮政编码:410011
证书注册编号:0300B0399
体系认证标准:GB/T 19002—1994 idt ISO 9002—1994
有效期:2000.08～2003.08

湖南佳通工程有限公司
地址:湖南省长沙市芙蓉中路458号明源大厦十二楼
邮政编码:410005
证书注册编号:0300B0400
体系认证标准:GB/T 19002—1994 idt ISO 9002—1994
有效期:2000.08～2003.08

哈尔滨衡器有限责任公司
地址:黑龙江省哈尔滨市太平区平湖街35号
邮政编码:150050
证书注册编号:0300B0401
体系认证标准:GB/T 19002—1994 idt ISO 9002—1994
有效期:2000.08～2003.08

邯郸建工集团安装工程有限公司
地址:河北省邯郸中华北大街71号
邮政编码:56004
证书注册编号:0300B0402
体系认证标准:GB/T 19002—1994 idt ISO 9002—1994
有效期:2000.08～2003.08

＊青岛隆大化工有限公司(原青岛城阳化工厂)
地址:山东青岛市城阳区兴阳街16号
邮政编码:266109
电话:(0532)7860286
传真:(0532)7860308
法定代表人:傅青利
证书注册编号:0300B0403
体系认证标准:GB/T 19002—1994 idt ISO 9002—1994
获证体系覆盖产品:氧化铅、铬酸铅、氯化聚烯烃系列产品
有效期:2000.8.26～2003.8.26

北京思创建设监理有限责任公司
地址:北京市朝内大街130号

邮政编码:100010
证书注册编号:0300B0404
体系认证标准:GB/T 19002—1994 idt ISO 9002—1994
有效期:2000.08～2003.08

厦门市政工程公司
地址:福建省厦门市美湖路25号
邮政编码:361004
证书注册编号:0300B0405
体系认证标准:GB/T 19002—1994 idt ISO 9002—1994
有效期:2000.08～2003.08

辽宁万利商品砼有限公司
地址:辽宁省沈阳市铁西区水二西路29号
邮政编码:110026
证书注册编号:0300B0406
体系认证标准:GB/T 19002—1994 idt ISO 9002—1994
有效期:2000.08～2003.08

汝州市铸钢厂
地址:河南省汝州市临汝镇
邮政编码:467541
证书注册编号:0300B0407
体系认证标准:GB/T 19002—1994 idt ISO 9002—1994
有效期:2000.08～2003.08

湖北金洋冶金股份有限公司
地址:湖北谷城县石花镇武当路87号
邮政编码:441705
证书注册编号:0300B0408
体系认证标准:GB/T 19002—1994 idt ISO 9002—1994
有效期:2000.08～2003.08

中国建筑工程总公司
地址:北京市百万庄三里河路9号
邮政编码:100835
证书注册编号:0300A0409
体系认证标准:GB/T 19001—1994 idt ISO 9001—1994
有效期:2000.09～2003.09

温州泰昌铁塔制造有限公司
地址:浙江省温州市扶贫开发区西小区
邮政编码:325013
证书注册编号:0300B0410
体系认证标准:GB/T 19002—1994 idt ISO 9002—1994
有效期:2000.09～2003.09

扬州泰高开关有限公司(江苏扬州三力电器集团电控设备有限公司)
地址:江苏省扬州市新城河路
邮政编码:225009
证书注册编号:0300B0411
体系认证标准:GB/T 19002—1994 idt ISO 9002—1994
有效期:2000.09～2003.09

大连雄杰食品有限公司
地址:辽宁省大连市金州区马家金湾路
邮政编码:116100
证书注册编号:0300B0412
体系认证标准:GB/T 19002—1994 idt ISO 9002—1994
有效期:2000.09～2003.09

北京人民轴承厂
地址:北京市门头沟区清水涧
邮政编码:102302
证书注册编号:0300A0413
体系认证标准:GB/T 19001—1994 idt ISO 9001—1994
有效期:2000.09～2003.09

江苏省捷凯电力器材集团公司
地址:江苏省江都市砖桥镇
邮政编码:225233
证书注册编号:0300B0414
体系认证标准:GB/T 19002—1994 idt ISO 9002—1994
有效期:2000.09～2003.09

吴江家用电机厂
地址:江苏省吴江市七都镇
邮政编码:215234
证书注册编号:0300B0415
体系认证标准:GB/T 19002—1994 idt ISO 9002—1994
有效期:2000.09～2003.09

武汉市长江电气发展有限公司
地址:湖北省武汉市汉口赵家条29号
邮政编码:430010
证书注册编号:0300A0416
体系认证标准:GB/T 19001—1994 idt ISO 9001—1994
有效期:2000.09～2003.09

淮阴市特种电缆厂
地址:江苏省淮阴市金湖县戴楼镇
邮政编码:211616
证书注册编号:0300B0417
体系认证标准:GB/T 19002—1994 idt ISO 9002—1994
有效期:2000.09～2003.09

宜兴市玻璃钢水处理材料厂
地址:江苏省宜兴市龙潭西路28号
邮政编码:214205
证书注册编号:0300B0418
体系认证标准:GB/T 19002—1994 idt ISO 9002—1994
有效期:2000.09～2003.09

湖南省郴州市公路桥梁建设总公司
地址:湖南省郴州市国庆北路9号
邮政编码:423000
证书注册编号:0300B0419
体系认证标准:GB/T 19002—1994 idt ISO 9002—1994
有效期:2000.09～2003.09

北京敬业建设监理公司
地址:北京市崇文门外大街90号
邮政编码:100062
证书注册编号:0300B0420
体系认证标准:GB/T 19002—1994 idt ISO 9002—1994
有效期:2000.09～2003.09

福建省漳州中达水泥厂
地址:福建省南靖县奎洋镇
邮政编码:363605
证书注册编号:0300B0421
体系认证标准:GB/T 19002—1994 idt ISO 9002—1994
有效期:2000.09～2003.09

浙江省桐乡市振业建筑发展有限公司
地址:浙江桐乡市梧桐镇振兴路47号
邮政编码:314500
证书注册编号:0300B0422
体系认证标准:GB/T 19002—1994 idt ISO 9002—1994
有效期:2000.09～2003.09

浙江嘉兴巨匠建筑集团有限责任公司
地址:浙江省桐乡市梧桐镇复兴南路92号
邮政编码:314500

证书注册编号:0300B0423
体系认证标准:GB/T 19002－1994 idt ISO 9002－1994
有效期:2000.09～2003.09

河北制药(集团)有限公司
地址:河北省石家庄市丰收路47号
邮政编码:50041
证书注册编号:0300B0424
体系认证标准:GB/T 19002－1994 idt ISO 9002－1994
有效期:2000.09～2003.09

宁夏西北奔牛机械有限公司
地址:宁夏石嘴山市大武口区
邮政编码:753001
证书注册编号:0300A0425
体系认证标准:GB/T 19001－1994 idt ISO 9001－1994
有效期:2000.09～2003.09

南昌卷烟厂
地址:江西省南昌市抚生南路118号
邮政编码:330009
证书注册编号:0300B0426
体系认证标准:GB/T 19002－1994 idt ISO 9002－1994
有效期:2000.09～2003.09

***湖南省邮电建设工程局**
地址:湖南省长沙市德雅路邮电村3号
邮政编码:410003
电话:(0731)4221811
传真:(0731)4214213
法定代表人:蒋菊生
证书注册编号:0300B0427
体系认证标准:GB/T 19002－1994 idt ISO 9002－1994
获证体系覆盖产品:通信线路和通信设备工程
有效期:2000.9.6～2003.9.6

湖南省宏通实业有限公司
地址:湖南省长沙经济技术开发区漓湘路工业小区
邮政编码:410100
证书注册编号:0300B0428
体系认证标准:GB/T 19002－1994 idt ISO 9002－1994
有效期:2000.09～2003.09

河南省延津棉纺织厂
地址:河南省延津县建设路2号
邮政编码:453200
证书注册编号:0300B0429
体系认证标准:GB/T 19002－1994 idt ISO 9002－1994
有效期:2000.09～2003.09

洛阳春都食品股份有限公司
地址:河南洛阳市西工区春都路126号
邮政编码:471001
证书注册编号:0300A0430
体系认证标准:GB/T 19001－1994 idt ISO 9001－1994
有效期:2000.09～2003.09

青岛市城阳区惜福镇福利厂
地址:山东省青岛市城阳区惜福镇
邮政编码:266106
证书注册编号:0300B0431
体系认证标准:GB/T 19002－1994 idt ISO 9002－1994
有效期:2000.09～2003.09

中国第二冶金建设公司金属结构厂
地址:内蒙古自治区包头市昆都仑区河西基地
邮政编码:14010
证书注册编号:0300B0432
体系认证标准:GB/T 19002－1994 idt ISO 9002－1994
有效期:2000.09～2003.09

北京市房山区建筑企业集团总公司第三工程公司
地址:北京市房山区良乡办事处黄辛庄村北
邮政编码:102401
证书注册编号:0300B0433
体系认证标准:GB/T 19002－1994 idt ISO 9002－1994
有效期:2000.09～2003.09

黑龙江龙涤集团有限公司
地址:黑龙江省阿城市和平街
邮政编码:150316
证书注册编号:0300B0434
体系认证标准:GB/T 19002－1994 idt ISO 9002－1994
有效期:2000.09～2003.09

吐哈石油勘探开发指挥部油田建设工程公司
地址:新疆维吾尔自治区哈密市石油基地工业区
邮政编码:839009
证书注册编号:0300B0435
体系认证标准:GB/T 19002－1994 idt ISO 9002－1994
有效期:2000.09～2003.09

重庆港口管理局
地址:重庆市渝中区朝千路3号
邮政编码:400011
证书注册编号:0300B0436
体系认证标准:GB/T 19002－1994 idt ISO 9002－1994
有效期:2000.09～2003.09

中国第二十冶金建设公司商品砼公司
地址:上海市宝山区友谊路389#
邮政编码:201900
证书注册编号:0300B0437
体系认证标准:GB/T 19002－1994 idt ISO 9002－1994
有效期:2000.09～2003.09

仪化佛山聚酯有限公司
地址:广东省佛山市佛罗公路45号
邮政编码:528000
证书注册编号:0300B0438
体系认证标准:GB/T 19002－1994 idt ISO 9002－1994
有效期:2000.09～2003.09

北京长空工业有限公司
地址:北京市昌平科技园区振兴路十号
邮政编码:102200
证书注册编号:0300A0439
体系认证标准:GB/T 19001－1994 idt ISO 9001－1994
有效期:2000.09～2003.09

洛阳玻璃股份有限公司
地址:河南省洛阳市唐宫中路9号
邮政编码:471009
证书注册编号:0300A0440
体系认证标准:GB/T 19001－1994 idt ISO 9001－1994
有效期:2000.09～2003.09

泰安市金山口纺织有限责任公司
地址:山东泰安市山口镇中心大街北首
邮政编码:271038
证书注册编号:0300B0441

体系认证标准:GB/T 19002－1994 idt ISO 9002－1994
有效期:2000.09～2003.09

江苏长城电缆厂
地址:江苏省扬州北郊菱塘镇
邮政编码:225652
证书注册编号:0300B0442
体系认证标准:GB/T 19002－1994 idt ISO 9002－1994
有效期:2000.09～2003.09

山东省生建八三厂
地址:山东省淄博市王村镇
邮政编码:255311
证书注册编号:0300B0443
体系认证标准:GB/T 19002－1994 idt ISO 9002－1994
有效期:2000.09～2003.09

四川煤矿基本建设工程公司
地址:四川省成都市上翔街31号
邮政编码:610015
证书注册编号:0300B0444
体系认证标准:GB/T 19002－1994 idt ISO 9002－1994
有效期:2000.09～2003.09

大连第五建筑工程公司
地址:辽宁省大连市沙河口区太原街371号
邮政编码:116021
证书注册编号:0300B0445
体系认证标准:GB/T 19002－1994 idt ISO 9002－1994
有效期:2000.09～2003.09

武汉现代工业技术研究院(武汉新创涂料科技有限公司)
地址:湖北省武汉大学湖滨路观象台555号
邮政编码:430072
证书注册编号:0300B0446
体系认证标准:GB/T 19002－1994 idt ISO 9002－1994
有效期:2000.09～2003.09

上海大众汽车申川特约维修站
地址:四川省成都市五桂路37号
邮政编码:610021
证书注册编号:0300B0447
体系认证标准:GB/T 19002－1994 idt ISO 9002－1994
有效期:2000.09～2003.09

武进市新鹤铸铁件厂
地址:江苏省武进市奔牛镇东首
邮政编码:2131310
证书注册编号:0300B0448
体系认证标准:GB/T 19002－1994 idt ISO 9002－1994
有效期:2000.09～2003.09

洛阳建材机械厂
地址:河南省洛阳市珠江路
邮政编码:471003
证书注册编号:0300B0449
体系认证标准:GB/T 19002－1994 idt ISO 9002－1994
有效期:2000.09～2003.09

青岛康泽电器有限公司
地址:山东省青岛市经济技术开发区北江路128号
邮政编码:266555
证书注册编号:0300B0450
体系认证标准:GB/T 19002－1994 idt ISO 9002－1994
有效期:2000.09～2003.09

保定市第三建筑工程公司
地址:河北省保定市建华南路138号
邮政编码:71000
证书注册编号:0300B0451
体系认证标准:GB/T 19002－1994 idt ISO 9002－1994
有效期:2000.09～2003.09

河北华兴电缆集团有限公司
地址:河北省宁晋县贾口乡贾口村
邮政编码:55550
证书注册编号:0300B0452
体系认证标准:GB/T 19002－1994 idt ISO 9002－1994
有效期:2000.09～2003.09

河北城胜特种铜材有限公司
地址:河北省石家庄市工农路558号
邮政编码:50081
证书注册编号:0300B0453
体系认证标准:GB/T 19002－1994 idt ISO 9002－1994
有效期:2000.09～2003.09

广西平果铝业公司
地址:广西平果县城西
邮政编码:531400
证书注册编号:0300B0454
体系认证标准:GB/T 19002－1994 idt ISO 9002－1994
有效期:2000.09～2003.09

南京金鸿装饰工程有限公司
地址:江苏省南京云南北路3号
邮政编码:210008
证书注册编号:0300A0455
体系认证标准:GB/T 19001－1994 idt ISO 9001－1994
有效期:2000.09～2003.09

北京燕化石油化工股份有限公司合成橡胶事业部
地址:北京市房山区燕山栗园路4号
邮政编码:102503
证书注册编号:0300B0456
体系认证标准:GB/T 19002－1994 idt ISO 9002－1994
有效期:2000.09～2003.09

湖南吉祥燃烧器股份有限公司
地址:湖南省岳阳市花板桥路、开发区北港村
邮政编码:414000
证书注册编号:0300A0457
体系认证标准:GB/T 19001－1994 idt ISO 9001－1994
有效期:2000.09～2003.09

***兖矿集团有限公司济宁二号矿**
地址:山东省济宁市
邮政编码:272072
电话:(0537)2626207
传真:(0537)2626081
法定代表人:何烨
证书注册编号:0300B0458
体系认证标准:GB/T 19002－1994 idt ISO 9002－1994
获证体系覆盖产品:精煤制品
有效期:2000.9.18～2003.9.18

青岛市第二建筑工程公司
地址:山东省青岛市延安路99号
邮政编码:266023
证书注册编号:0300B0459
体系认证标准:GB/T 19002－1994 idt ISO 9002－1994

有效期:2000.09～2003.09

武汉明鹏电力设备有限责任公司
地址:湖北省武汉市徐东路附154号长源大厦26楼
邮政编码:430077
证书注册编号:0300A0460
体系认证标准:GB/T 19001－1994 idt ISO 9001－1994
有效期:2000.09～2003.09

贵州省毕节电瓷厂
地址:贵州省毕节市大桥
邮政编码:551700
证书注册编号:0300B0461
体系认证标准:GB/T 19002－1994 idt ISO 9002－1994
有效期:2000.09～2003.09

保定市污水处理总厂
地址:河北省保定市建设北路还清路69号
邮政编码:71051
证书注册编号:0300B0462
体系认证标准:GB/T 19002－1994 idt ISO 9002－1994
有效期:2000.09～2003.09

玉环县金龙铸件有限公司
地址:浙江省玉环县城关镇环东工业区
邮政编码:317600
证书注册编号:0300B0463
体系认证标准:GB/T 19002－1994 idt ISO 9002－1994
有效期:2000.09～2003.09

中建一局六公司混凝土搅拌站
地址:河北省石家庄市金马小区东
邮政编码:50081
证书注册编号:0300B0464
体系认证标准:GB/T 19002－1994 idt ISO 9002－1994
有效期:2000.09～2003.09

玉环县鑫庄电子有限公司
地址:浙江省玉环大麦屿经济开发区兴港西路67号
邮政编码:317604
证书注册编号:0300B0465
体系认证标准:GB/T 19002－1994 idt ISO 9002－1994
有效期:2000.09～2003.09

四川省崇州市建筑安装工程总公司
地址:四川省崇州市蜀州南路
邮政编码:611230
证书注册编号:0300B0466
体系认证标准:GB/T 19002－1994 idt ISO 9002－1994
有效期:2000.09～2003.09

广西柳州市自来水管道设备安装工程公司
地址:广西柳州市柳北区前锋路6号
邮政编码:545001
证书注册编号:0300B0467
体系认证标准:GB/T 19002－1994 idt ISO 9002－1994
有效期:2000.09～2003.09

青岛铭昶模塑发展有限公司
地址:山东青岛市市北区伊春路98号
邮政编码:266100
证书注册编号:0300B0468
体系认证标准:GB/T 19002－1994 idt ISO 9002－1994
有效期:2000.09～2003.09

青岛环海有机化工厂
地址:山东省青岛沧海路12号
邮政编码:266041
证书注册编号:0300B0469
体系认证标准:GB/T 19002－1994 idt ISO 9002－1994
有效期:2000.09～2003.09

黑龙江省北凤酒厂
地址:黑龙江省宁安市北园街
邮政编码:157400
证书注册编号:0300B0470
体系认证标准:GB/T 19002－1994 idt ISO 9002－1994
有效期:2000.09～2003.09

南昌新华衬套厂
地址:江西南昌市湾里区南宝路37号
邮政编码:330004
证书注册编号:0300B0471
体系认证标准:GB/T 19002－1994 idt ISO 9002－1994
有效期:2000.09～2003.09

诸城市粮油加工总厂
地址:山东省诸城市兴华东路145号
邮政编码:262200
证书注册编号:0300B0472
体系认证标准:GB/T 19002－1994 idt ISO 9002－1994
有效期:2000.09～2003.09

武进市洛阳电机厂
地址:江苏省武进市洛阳镇
邮政编码:213104
证书注册编号:0300B0473
体系认证标准:GB/T 19002－1994 idt ISO 9002－1994
有效期:2000.09～2003.09

中海石油技术服务公司
地址:北京市232信箱(北京东燕郊)
邮政编码:101149
证书注册编号:0300B0474
体系认证标准:GB/T 19002－1994 idt ISO 9002－1994
有效期:2000.09～2003.09

中北华宇建筑工程公司
地址:北京市顺义区石园南区32号楼
邮政编码:101300
证书注册编号:0300B0475
体系认证标准:GB/T 19002－1994 idt ISO 9002－1994
有效期:2000.09～2003.09

乐清市发利电器厂
地址:浙江省乐清市虹桥镇飞虹工业区
邮政编码:325608
证书注册编号:0300B0476
体系认证标准:GB/T 19002－1994 idt ISO 9002－1994
有效期:2000.09～2003.09

中大实业有限公司
地址:北京市海淀区紫竹院南路23号中大写字楼
邮政编码:100044
证书注册编号:0300B0477
体系认证标准:GB/T 19002－1994 idt ISO 9002－1994
有效期:2000.09～2003.09

甘肃省第五建筑工程公司
地址:甘肃天水市秦城区精表路26号
邮政编码:741000
证书注册编号:0300B0478
体系认证标准:GB/T 19002－1994 idt ISO 9002－1994

有效期:2000.09～2003.09

福建越秀邵武制浆造纸有限公司
地址:福建省邵武市灵杰东路98号
邮政编码:354000
证书注册编号:0300B0479
体系认证标准:GB/T 19002—1994 idt ISO 9002—1994
有效期:2000.09～2003.09

华北制药股份有限公司
地址:河北省石家庄市和平东路388号
邮政编码:50015
证书注册编号:0300A0480
体系认证标准:GB/T 19001—1994 idt ISO 9001—1994
有效期:2000.09～2003.09

江都凯灵电器有限公司(扬州宝狮电器塑胶有限公司)
地址:江苏省江都市东方红东路15号
邮政编码:225200
证书注册编号:0300B0481
体系认证标准:GB/T 19002—1994 idt ISO 9002—1994
有效期:2000.09～2003.09

山西锁簧稀土股份有限公司
地址:山西省平定县锁簧北庄口
邮政编码:45208
证书注册编号:0300B0482
体系认证标准:GB/T 19002—1994 idt ISO 9002—1994
有效期:2000.09～2003.09

河北江南胶带总厂
地址:河北省武邑县清凉店镇
邮政编码:53400
证书注册编号:0300B0483
体系认证标准:GB/T 19002—1994 idt ISO 9002—1994
有效期:2000.09～2003.09

大连宜华建筑工程有限公司
地址:辽宁省大连经济技术开发区沈阳路红梅南二组团
邮政编码:116600
证书注册编号:0300B0484
体系认证标准:GB/T 19002—1994 idt ISO 9002—1994
有效期:2000.09～2003.09

大连盛泰海化实业有限公司
地址:辽宁省大连金州区和平路2号
邮政编码:116100
证书注册编号:0300B0485
体系认证标准:GB/T 19002—1994 idt ISO 9002—1994
有效期:2000.09～2003.09

河北华荣制药有限公司
地址:河北省石家庄市北二环东路
邮政编码:50041
证书注册编号:0300B0486
体系认证标准:GB/T 19002—1994 idt ISO 9002—1994
有效期:2000.09～2003.09

青岛零零一工程有限公司
地址:山东省青岛市闽江路7号
邮政编码:266071
证书注册编号:0300B0487
体系认证标准:GB/T 19002—1994 idt ISO 9002—1994
有效期:2000.09～2003.09

湛江市粤西建筑工程公司
地址:广东省吴川市解放北路6号
邮政编码:524500
证书注册编号:0300B0488
体系认证标准:GB/T 19002—1994 idt ISO 9002—1994
有效期:2000.09～2003.09

河北东华化工总公司(此证含附件)
地址:河北石家庄市东二环路二十里铺南
邮政编码:508010
证书注册编号:0300B0489
体系认证标准:GB/T 19002—1994 idt ISO 9002—1994
有效期:2000.09～2003.09

石家庄东华金龙化工有限公司 附件一(须与证书0300B0489同时使用)
地址:河北省石家庄东二环路二十里铺南
邮政编码:508010
体系认证标准:GB/T 19002—1994 idt ISO 9002—1994
有效期:2000.09～2003.09

河北新东华氨基酸有限公司 附件二(须与证书0300B0489同时使用)
地址:河北省石家庄市东二环路二十里铺南
邮政编码:508010
体系认证标准:GB/T 19002—1994 idt ISO 9002—1994
有效期:2000.09～2003.09

河北省枣强县宅城橡胶厂
地址:河北省枣强县宅城工业区
邮政编码:531000
证书注册编号:0300B0490
体系认证标准:GB/T 19002—1994 idt ISO 9002—1994
有效期:2000.09～2003.09

河北省武强县橡胶一厂
地址:河北省武强县城溢西路十三号
邮政编码:533000
证书注册编号:0300B0491
体系认证标准:GB/T 19002—1994 idt ISO 9002—1994
有效期:2000.10～2003.10

青岛海信物业经营有限公司
地址:山东省青岛高科技工业园黄金海岸酒店
邮政编码:266101
证书注册编号:0300B0492
体系认证标准:GB/T 19002—1994 idt ISO 9002—1994
有效期:2000.10～2003.10

贵州宏峰塑胶制品有限公司
地址:贵州贵阳市花溪区小碧乡云盘村
邮政编码:550001
证书注册编号:0300B0493
体系认证标准:GB/T 19002—1994 idt ISO 9002—1994
有效期:2000.10～2003.10

广西平果县氟化盐厂
地址:广西平果县城西郊
邮政编码:531400
证书注册编号:0300B0494
体系认证标准:GB/T 19002—1994 idt ISO 9002—1994
有效期:2000.10～2003.10

淄博海能铁塔制造有限公司
地址:山东省淄博市张店区昌国西路
邮政编码:255020
证书注册编号:0300B0495

体系认证标准:GB/T 19002—1994 idt
ISO 9002—1994
有效期:2000.10～2003.10

柳州有色冶炼股份有限公司
地址:广西柳州市白云路17号
邮政编码:545005
证书注册编号:0300B0496
体系认证标准:GB/T 19002—1994 idt
ISO 9002—1994
有效期:32000.10～2003.10

甘肃省第二安装工程公司
地址:甘肃省兰州市下西园2号
邮政编码:730050
证书注册编号:0300B0497
体系认证标准:GB/T 19002—1994 idt
ISO 9002—1994
有效期:2000.10～2003.10

甘肃省建筑构件工程有限责任公司
地址:甘肃省兰州市西固区环行中路161号
邮政编码:730060
证书注册编号:0300B0498
体系认证标准:GB/T 19002—1994 idt
ISO 9002—1994
有效期:2000.10～2003.10

河南省建筑安装总公司
地址:河南省郑州市黄河路96号
邮政编码:450003
证书注册编号:0300B0499
体系认证标准:GB/T 19002—1994 idt
ISO 9002—1994
有效期:2000.10～2003.10

河南省新乡市封丘建筑安装有限公司
地址:河南省郑州市东风路18号
邮政编码:450053
证书注册编号:0300B0500
体系认证标准:GB/T 19002—1994 idt
ISO 9002—1994
有效期:2000.10～2003.10

扬州市新宇电缆厂
地址:江苏省扬州市北菱塘镇育才路
邮政编码:225652
证书注册编号:0300B0501
体系认证标准:GB/T 19002—1994 idt
ISO 9002—1994
有效期:2000.10～2003.10

北京电力建设公司
地址:北京市朝阳区定福庄西里1号
邮政编码:100024
证书注册编号:0300B0502
体系认证标准:GB/T 19002—1994 idt
ISO 9002—1994
有效期:2000.10～2003.10

深圳山东核电工程公司
地址:广东省深圳大亚湾核电站山东公司营地
邮政编码:518124
证书注册编号:0300B0503
体系认证标准:GB/T 19002—1994 idt
ISO 9002—1994
有效期:2000.10～2003.10

北京世豪建筑工程有限公司
地址:北京市海淀区北三环西路乙18号中鼎大厦A座5层
邮政编码:100086
证书注册编号:0300B0504
体系认证标准:GB/T 19002—1994 idt
ISO 9002—1994
有效期:2000.10～2003.10

佛山市川东热敏磁电有限公司
地址:广东省佛山市五峰四路21号
邮政编码:528000
证书注册编号:0300B0505
体系认证标准:GB/T 19002—1994 idt
ISO 9002—1994
有效期:2000.10～2003.10

四川罗江永宏机械工业有限责任公司
地址:四川省罗江县城关西外
邮政编码:618500
证书注册编号:0300B0506
体系认证标准:GB/T 19002—1994 idt
ISO 9002—1994
有效期:2000.10～2003.10

保定市第二建筑安装工程公司
地址:河北省保定市建华南路138号
邮政编码:71000
证书注册编号:0300B0507
体系认证标准:GB/T 19002—1994 idt
ISO 9002—1994
有效期:2000.10～2003.10

大连三洋制冷有限公司
地址:辽宁省大连市经济技术开发区淮河西路118号
邮政编码:116600
证书注册编号:0300B0508
体系认证标准:GB/T 19002—1994 idt
ISO 9002—1994
有效期:2000.10～2003.10

梅州市裕发电力有限公司先达电线塑材厂
地址:广东省梅县丙村白沙坪电厂内
邮政编码:514762
证书注册编号:0300B0509
体系认证标准:GB/T 19002—1994 idt
ISO 9002—1994
有效期:2000.10～2003.10

北京金之鼎化学建材科技有限责任公司
地址:北京石景山区金顶街西福村一号
邮政编码:100041
证书注册编号:0300B0510
体系认证标准:GB/T 19002—1994 idt
ISO 9002—1994
有效期:2000.10～2003.10

北京巨贝石电工机电设备销售中心
地址:北京市朝阳区农光东里34号
邮政编码:100021
证书注册编号:0300B0511
体系认证标准:GB/T 19002—1994 idt
ISO 9002—1994
有效期:2000.10～2003.10

广东省梅州市公路建设工程公司新绿制服厂
地址:广东省梅州市城东月梅段96号
邮政编码:514011
证书注册编号:0300B0512
体系认证标准:GB/T 19002—1994 idt
ISO 9002—1994
有效期:2000.10～2003.10

广东同益电器有限公司
地址:广东省广州市芳村花地大道南罗冲101号
邮政编码:510380
证书注册编号:0300B0513
体系认证标准:GB/T 19002—1994 idt
ISO 9002—1994
有效期:2000.10～2003.10

河北地矿建设工程集团秦皇岛公司

地址:河北秦皇岛市海港区建国 208 号
邮政编码:660010
证书注册编号:0300B0514
体系认证标准:GB/T 19002—1994 idt ISO 9002—1994
有效期:2000.10～2003.10

河北省邮电器材机械厂
地址:河北省保定市七一东路 21 号
邮政编码:710000
证书注册编号:0300A0515
体系认证标准:GB/T 19001—1994 idt ISO 9001—1994
有效期:2000.10～2003.10

河北新丰农药化工股份有限公司
地址:河北邯郸市复兴区树脂路 29 号
邮政编码:560030
证书注册编号:0300B0516
体系认证标准:GB/T 19002—1994 idt ISO 9002—1994
有效期:2000.10～2003.10

余姚市兴达转轴厂
地址:浙江余姚市马渚镇东二路 116 号
邮政编码:315450
证书注册编号:0300B0517
体系认证标准:GB/T 19002—1994 idt ISO 9002—1994
有效期:2000.10～2003.10

镇江华东电力设备制造厂
地址:江苏省镇江市七里甸
邮政编码:212017
证书注册编号:0300A0518
体系认证标准:GB/T 19001—1994 idt ISO 9001—1994
有效期:2000.10～2003.10

山西省电力公司电力设备厂
地址:山西省太原市北营南路 30 号
邮政编码:300310
证书注册编号:0300A0519
体系认证标准:GB/T 19001—1994 idt ISO 9001—1994
有效期:2000.10～2003.10

阳泉电工机械有限责任公司
地址:山西省阳泉市南外环路义井段
邮政编码:450000
证书注册编号:0300B0520
体系认证标准:GB/T 19002—1994 idt ISO 9002—1994
有效期:2000.10～2003.10

余姚市兴达转轴厂
地址:浙江余姚市马渚镇东二路 116 号
邮政编码:315450
证书注册编号:0300B0521
体系认证标准:GB/T 19002—1994 idt ISO 9002—1994
有效期:2000.10～2003.10

常州华晨铸造有限公司
地址:江苏省常州市西郊夏溪镇
邮政编码:213146
证书注册编号:0300B0522
体系认证标准:GB/T 19002—1994 idt ISO 9002—1994
有效期:2000.10～2003.10

武汉蓝星电脑集团有限公司
地址:湖北省武汉市洪山区路瑜路 33—35 号
邮政编码:430071
证书注册编号:0300B0523
体系认证标准:GB/T 19002—1994 idt ISO 9002—1994
有效期:2000.10～2003.10

山西协诚建设监理有限公司
地址:山西省太原市胜利街 193 号
邮政编码:300090
证书注册编号:0300B0524
体系认证标准:GB/T 19002—1994 idt ISO 9002—1994
有效期:2000.10～2003.10

山西建通电力工程建设监理有限公司
地址:山西省太原市迎泽大街 255 号
邮政编码:300010
证书注册编号:0300B0525
体系认证标准:GB/T 19002—1994 idt ISO 9002—1994
有效期:2000.10～2003.10

景德镇市住宅建设开发公司
地址:江西省景德镇市麻石下弄 116 号
邮政编码:333000
证书注册编号:0300B0526
体系认证标准:GB/T 19002—1994 idt ISO 9002—1994
有效期:2000.10～2003.10

天津汽车水泵有限公司
地址:天津市汉沽区新工北路 3 号
邮政编码:300480
证书注册编号:0300A0527
体系认证标准:GB/T 19001—1994 idt ISO 9001—1994
有效期:2000.10～2003.10

铁道部戚墅堰机车车辆工艺研究所
地址:江苏省常州市戚墅堰五一路
邮政编码:213011
证书注册编号:0300A0528
体系认证标准:GB/T 19001—1994 idt ISO 9001—1994
有效期:2000.10～2003.10

芜湖卷烟厂
地址:安徽省芜湖市芜石路 135 号
邮政编码:241002
证书注册编号:0300B0529
体系认证标准:GB/T 19002—1994 idt ISO 9002—1994
有效期:2000.10～2003.10

广西钢铁设计院
地址:广西柳州市北雀路 117 号
邮政编码:545002
证书注册编号:0300A0530
体系认证标准:GB/T 19001—1994 idt ISO 9001—1994
有效期:2000.10～2003.10

四川省化工设计院
地址:四川省成都市金河街 65 号
邮政编码:610015
证书注册编号:0300A0531
体系认证标准:GB/T 19001—1994 idt ISO 9001—1994
有效期:2000.10～2003.10

北京市力安达消防安全工程有限公司
地址:北京市西城区三里河东路 26 号
邮政编码:100045
证书注册编号:0300B0532
体系认证标准:GB/T 19002—1994 idt ISO 9002—1994
有效期:2000.10～2003.10

福州华安消防工程技术有限公司
地址:福建省福州市西环北路 483 号
邮政编码:350002
证书注册编号:0300B0533

体系认证标准:GB/T 19002－1994 idt ISO 9002－1994
有效期:2000.10～2003.10

江苏省电力建设第一工程公司
地址:江苏省南京迈皋桥合班村 303 号
邮政编码:210028
证书注册编号:0300B0534
体系认证标准:GB/T 19002－1994 idt ISO 9002－1994
有效期:2000.10～2003.10

北京富通高压管件技术开发有限公司
地址:北京市房山区良乡昊天北大街 13 号
邮政编码:102410
证书注册编号:0300A0535
体系认证标准:GB/T 19001－1994 idt ISO 9001－1994
有效期:2000.10～2003.10

扬州市东方吊架机械厂
地址:江苏省扬州市运河东路严桥
邮政编码:225006
证书注册编号:0300B0536
体系认证标准:GB/T 19002－1994 idt ISO 9002－1994
有效期:2000.10～2003.10

江阴市液压油管有限公司
地址:江苏省江阴市利港西义市 73 号
邮政编码:214444
证书注册编号:0300B0537
体系认证标准:GB/T 19002－1994 idt ISO 9002－1994
有效期:2000.10～2003.10

余姚市高压电器开关厂
地址:浙江省余姚市马渚镇渚北东路 45 号
邮政编码:314550
证书注册编号:0300B0538
体系认证标准:GB/T 19002－1994 idt ISO 9002－1994
有效期:2000.10～2003.10

山西省太谷荣新建筑工程有限公司
地址:山西省太谷县北官首 18 号
邮政编码:308000
证书注册编号:0300B0539
体系认证标准:GB/T 19002－1994 idt ISO 9002－1994
有效期:2000.10～2003.10

桐乡市明星印染厂
地址:浙江省桐乡市乌镇镇民兴集镇
邮政编码:314501
证书注册编号:0300B0540
体系认证标准:GB/T 19002－1994 idt ISO 9002－1994
有效期:2000.10～2003.10

武汉有机实业股份有限公司
地址:湖北武汉市格口区工农路 10 号
邮政编码:430035
证书注册编号:0300B0541
体系认证标准:GB/T 19002－1994 idt ISO 9002－1994
有效期:2000.10～2003.10

恒太机电安装有限公司
地址:广东省顺德市大良镇环市北路 457－459 号
邮政编码:528300
证书注册编号:0300B0542
体系认证标准:GB/T 19002－1994 idt ISO 9002－1994
有效期:2000.10～2003.10

湖州市宏程电气有限公司
地址:浙江湖州市南浔镇西大街 51 号
邮政编码:313009
证书注册编号:0300A0543
体系认证标准:GB/T 19001－1994 idt ISO 9001－1994
有效期:2000.10～2003.10

浙江电力金具开发研究所
地址:浙江省杭州市台州路 217 号
邮政编码:310015
证书注册编号:0300A0544
体系认证标准:GB/T 19001－1994 idt ISO 9001－1994
有效期:2000.10～2003.10

豫港(济源)焦化有限公司
地址:河南省济源市西一环南路
邮政编码:454650
证书注册编号:0300B0545
体系认证标准:GB/T 19002－1994 idt ISO 9002－1994
有效期:2000.10～2003.10

成都长江电梯有限公司
地址:四川省成都市机场路 168＃
邮政编码:610041
证书注册编号:0300A0546
体系认证标准:GB/T 19001－1994 idt ISO 9001－1994
有效期:2000.10～2003.10

湖州康开电气有限公司
地址:浙江省湖州市南浔镇通湖路
邮政编码:313009
证书注册编号:0300B0547
体系认证标准:GB/T 19002－1994 idt ISO 9002－1994
有效期:2000.10～2003.10

颐中烟草(集团)有限公司烟台卷烟厂
地址:山东省栖霞市金岭路 23 号
邮政编码:265300
证书注册编号:0300B0548
体系认证标准:GB/T 19002－1994 idt ISO 9002－1994
有效期:2000.10～2003.10

常德卷烟厂
地址:湖南省常德市洞庭大道 199 号
邮政编码:415000
证书注册编号:0300B0549
体系认证标准:GB/T 19002－1994 idt ISO 9002－1994
有效期:2000.10～2003.10

张家口路桥建设集团有限公司
地址:河北张家口市桥东区宣化路 8 号
邮政编码:75000
证书注册编号:0300B0550
体系认证标准:GB/T 19002－1994 idt ISO 9002－1994
有效期:2000.10～2003.10

广东省梅州市公路建设工程公司
地址:广东省梅州市广梅路二十二号
邮政编码:514031
证书注册编号:0300B0551
体系认证标准:GB/T 19002－1994 idt ISO 9002－1994
有效期:2000.10～2003.10

成都电力金具总厂
地址:四川省成都市外东琉璃场
邮政编码:610063
证书注册编号:0300A0552
体系认证标准:GB/T 19001－1994 idt

ISO 9001—1994
有效期:2000.10～2003.10

桐乡市人造丝总厂
地址:浙江省桐乡市崇福镇南门
邮政编码:314511
证书注册编号:0300B0553
体系认证标准:GB/T 19002—1994 idt ISO 9002—1994
有效期:2000.10～2003.10

北京城建八道桥工程有限公司
地址:北京市朝阳区西大望路十二号
邮政编码:100022
证书注册编号:0300B0554
体系认证标准:GB/T 19002—1994 idt ISO 9002—1994
有效期:2000.10～2003.10

山东鲁能泰山电力设备有限公司
地址:山东省泰安市灵山大街12号
邮政编码:271000
证书注册编号:0300A0555
体系认证标准:GB/T 19001—1994 idt ISO 9001—1994
有效期:2000.10～2003.10

武汉泰普变压器开关有限公司
地址:湖北省武汉市江夏区庙山开发区
邮政编码:430223
证书注册编号:0300A0556
体系认证标准:GB/T 19001—1994 idt ISO 9001—1994
有效期:2000.10～2003.10

余姚市东方电器仪表有限公司
地址:浙江省余姚市扶贫经济开发区振兴西路
邮政编码:315403
证书注册编号:0300B0557
体系认证标准:GB/T 19002—1994 idt ISO 9002—1994
有效期:2000.10～2003.10

湖南省华昌锑业股份有限公司
地址:湖南省益阳市石壁路63号
邮政编码:413000
证书注册编号:0300B0558
体系认证标准:GB/T 19002—1994 idt ISO 9002—1994
有效期:2000.10～2003.10

辽宁省阜新市城市综合开发建设监理公司
地址:辽宁省阜新市海州区爱国街6号
邮政编码:123000
证书注册编号:0300B0559
体系认证标准:GB/T 19002—1994 idt ISO 9002—1994
有效期:2000.10～2003.10

扬州市扬子内燃机厂
地址:江苏省邗江县公道镇埝桥村
邮政编码:225119
证书注册编号:0300B0560
体系认证标准:GB/T 19002—1994 idt ISO 9002—1994
有效期:2000.10～2003.10

武汉市武昌电控设备有限公司
地址:湖北省武汉市武昌区沙湖新村18号
邮政编码:430061
证书注册编号:0300B0561
体系认证标准:GB/T 19002—1994 idt ISO 9002—1994
有效期:2000.10～2003.10

甘肃红旗建筑安装工程有限责任公司
地址:甘肃省兰州市七里河区西津东路5号
邮政编码:730050
证书注册编号:0300B0562
体系认证标准:GB/T 19002—1994 idt ISO 9002—1994
有效期:2000.10～2003.10

北京新唐建筑装饰工程有限责任公司
地址:北京市东城区东中街58号美惠大厦一号Z—0001号
邮政编码:100027
证书注册编号:0300B0563
体系认证标准:GB/T 19002—1994 idt ISO 9002—1994
有效期:2000.10～2003.10

太原重机煤气设备工程公司
地址:山西省太原市万柏林区西矿街15号
邮政编码:30024
证书注册编号:0300A0564
体系认证标准:GB/T 19001—1994 idt ISO 9001—1994
有效期:2000.10～2003.10

郑州市黄河锅炉辅机厂
地址:河南省郑州市邙山区毛庄乡宋庄
邮政编码:450044
证书注册编号:0300B0565
体系认证标准:GB/T 19002—1994 idt ISO 9002—1994
有效期:2000.10～2003.10

扬州市天宝滑线电气有限公司
地址:江苏省宝应县柳堡镇仁里工业区
邮政编码:225828
证书注册编号:0300B0566
体系认证标准:GB/T 19002—1994 idt ISO 9002—1994
有效期:2000.10～2003.10

新乡市第二建筑工程有限公司
地址:河南省新乡市南干道45号
邮政编码:453000
证书注册编号:0300B0567
体系认证标准:GB/T 19002—1994 idt ISO 9002—1994
有效期:2000.10～2003.10

绵阳电力实业开发总公司
地址:四川省绵阳市剑南路西段16号
邮政编码:621000
证书注册编号:0300B0568
体系认证标准:GB/T 19002—1994 idt ISO 9002—1994
有效期:2000.10～2003.10

贵州通海装饰工程有限责任公司
地址:贵州省贵阳市延安中路88号腾龙大酒店七层
邮政编码:550001
证书注册编号:0300A0569
体系认证标准:GB/T 19001—1994 idt ISO 9001—1994
有效期:2000.10～2003.10

苏州太湖度假区恒泰金属制品有限公司
地址:江苏省苏州太湖度假区工业发展区1号
邮政编码:215164
证书注册编号:0300B0570
体系认证标准:GB/T 19002—1994 idt ISO 9002—1994
有效期:2000.10～2003.10

青岛建设集团公司

地址:山东省青岛市堂邑路11号
邮政编码:266011
证书注册编号:0300B0571
体系认证标准:GB/T 19002—1994 idt ISO 9002—1994
有效期:2000.10～2003.10

甘肃中建工程公司
地址:甘肃省兰州市建工中街15号
邮政编码:730050
证书注册编号:0300B0572
体系认证标准:GB/T 19002—1994 idt ISO 9002—1994
有效期:2000.10～2003.10

唐山巴高克锅炉有限公司
地址:河北省唐山市缸窑路103号
邮政编码:630200
证书注册编号:0300A0573
体系认证标准:GB/T 19001—1994 idt ISO 9001—1994
有效期:2000.11～2003.11

北京·松下彩色显像管有限公司
地址:北京市朝阳区大山子酒仙桥北路9号
邮政编码:100015
证书注册编号:0300B0574
体系认证标准:GB/T 19002—1994 idt ISO 9002—1994
有效期:2000.11～2003.11

甘肃省公路工程总公司
地址:甘肃省兰州市滨河东路595号
邮政编码:730030
证书注册编号:0300B0575
体系认证标准:GB/T 19002—1994 idt ISO 9002—1994
有效期:2000.11～2003.11

瑞安市东海管件制造有限公司
地址:浙江省瑞安经济开发区滨江路(纬四路口)
邮政编码:325200
证书注册编号:0300B0576
体系认证标准:GB/T 19002—1994 idt ISO 9002—1994
有效期:2000.11～2003.11

余姚市电力设备修造厂
地址:浙江省余姚市子陵路185号
邮政编码:315400
证书注册编号:0300B0577
体系认证标准:GB/T 19002—1994 idt ISO 9002—1994
有效期:2000.11～2003.11

上海大众汽车信阳特约维修站
地址:河南省信阳湖东开发区
邮政编码:464000
证书注册编号:0300B0578
体系认证标准:GB/T 19002—1994 idt ISO 9002—1994
有效期:2000.11～2003.11

上海大众汽车驻马店特约维修站
地址:河南省驻马店高新技术产业开发区(南区)
邮政编码:463000
证书注册编号:0300B0579
体系认证标准:GB/T 19002—1994 idt ISO 9002—1994
有效期:2000.11～2003.11

随州市华龙塑业有限公司
地址:湖北省随州擂鼓墩大道27号
邮政编码:441300
证书注册编号:0300B0580
体系认证标准:GB/T 19002—1994 idt ISO 9002—1994
有效期:2000.11～2003.11

高邮市标准件有限公司(扬州高标汽车标准件有限公司)
地址:江苏省高邮市汤庄镇
邮政编码:225645
证书注册编号:0300B0581
体系认证标准:GB/T 19002—1994 idt ISO 9002—1994
有效期:2000.11～2003.11

青岛高科技工业园万地电子科技有限公司
地址:山东省青岛市香港东路87号
邮政编码:266071
证书注册编号:0300B0582
体系认证标准:GB/T 19002—1994 idt ISO 9002—1994
有效期:2000.11～2003.11

顺德市陈村镇大都电线电缆厂
地址:广东省顺德市陈村镇大都工业区
邮政编码:528313
证书注册编号:0300B0583
体系认证标准:GB/T 19002—1994 idt ISO 9002—1994
有效期:2000.11～2003.11

中山市华联电器有限公司
地址:广东省中山市小榄镇永宁工业大道北路9号
邮政编码:528415
证书注册编号:0300B0584
体系认证标准:GB/T 19002—1994 idt ISO 9002—1994
有效期:2000.11～2003.11

中国电子系统工程第四建设公司
地址:河北省石家庄市合作路285号
邮政编码:500810
证书注册编号:0300B0585
体系认证标准:GB/T 19002—1994 idt ISO 9002—1994
有效期:2000.11～2003.11

扬州市晨光电缆制造有限公司
地址:江苏省扬州市北菱塘镇
邮政编码:225652
证书注册编号:0300B0586
体系认证标准:GB/T 19002—1994 idt ISO 9002—1994
有效期:2000.11～2003.11

江阴市城镇建设综合开发总公司
地址:江苏省江阴市暨阳路2号
邮政编码:214431
证书注册编号:0300B0587
体系认证标准:GB/T 19002—1994 idt ISO 9002—1994
有效期:2000.11～2003.11

贵州大隆电子有限公司
地址:贵州省赤水市化工路1号
邮政编码:564707
证书注册编号:0300B0588
体系认证标准:GB/T 19002—1994 idt ISO 9002—1994
有效期:2000.11～2003.11

武汉无机盐化工厂
地址:湖北省武汉市古田路37号
邮政编码:430035
证书注册编号:0300B0589
体系认证标准:GB/T 19002—1994 idt ISO 9002—1994
有效期:2000.11～2003.11

湖南一六九厂
地址:湖南省涟源市杨市镇
邮政编码:417124
证书注册编号:0300B0590
体系认证标准:GB/T 19002—1994 idt ISO 9002—1994
有效期:2000.11～2003.11

北京燕化建筑安装工程公司
地址:北京市房山区燕山岗北路2号
邮政编码:102502
证书注册编号:0300A0591
体系认证标准:GB/T 19001—1994 idt ISO 9001—1994
有效期:2000.11～2003.11

昌乐县立业电器有限公司
地址:山东省昌乐镇工业园王潍路南侧
邮政编码:262400
证书注册编号:0300B0592
体系认证标准:GB/T 19002—1994 idt ISO 9002—1994
有效期:2000.11～2003.11

扬州金圆化工环保设备总厂
地址:江苏省扬州市太平路16号
邮政编码:225003
证书注册编号:0300B0593
体系认证标准:GB/T 19002—1994 idt ISO 9002—1994
有效期:2000.11～2003.11

河南省安装集团有限责任公司
地址:河南省洛阳市定鼎南路3号
邮政编码:471000
证书注册编号:0300B0594
体系认证标准:GB/T 19002—1994 idt ISO 9002—1994
有效期:2000.11～2003.11

贵州赤天化集团有限责任公司(此证含证书附件)
地址:贵州省赤水市化工路
邮政编码:564707
证书注册编号:0300B0595
体系认证标准:GB/T 19002—1994 idt ISO 9002—1994
有效期:2000.11～2003.11

贵州赤天化股份有限公司(附件一 须与证书 0300B0595 同时使用)
地址:贵州省赤水市化工路
邮政编码:564707
证书注册编号:0300B0596
体系认证标准:GB/T 19002—1994 idt ISO 9002—1994
有效期:2000.11～2003.11

赤天化集团天阳实业有限公司(附件二 须与证书 0300B0595 同时使用)
地址:贵州省赤水市化工路
邮政编码:564707
证书注册编号:0300B0597
体系认证标准:GB/T 19002—1994 idt ISO 9002—1994
有效期:2000.11～2003.11

贵州大荣塑料包装有限责任公司(附件三 须与证书 0300B0595 同时使用)
地址:贵州省赤水市化工路
邮政编码:564707
证书注册编号:0300B0598
体系认证标准:GB/T 19002—1994 idt ISO 9002—1994
有效期:2001.11～2003.11

山东昌乐矿山机械总厂有限公司
地址:山东省昌乐县城建设路8号
邮政编码:262400
证书注册编号:0300B0596
体系认证标准:GB/T 19002—1994 idt ISO 9002—1994
有效期:2000.11～2003.11

奥妮化妆品有限公司
地址:重庆市江北区建新西路11#
邮政编码:400020
证书注册编号:0300A0597
体系认证标准:GB/T 19001—1994 idt ISO 9001—1994
有效期:2000.11～2003.11

一拖(洛阳)建筑机械有限公司(洛阳建筑机械厂)
地址:河南省洛阳市中州路72号
邮政编码:471009
证书注册编号:0300A0598
体系认证标准:GB/T 19001—1994 idt ISO 9001—1994
有效期:2000.11～2003.11

一拖(洛阳)工程机械有限公司
地址:河南洛阳市涧西区建设路152号
邮政编码:471004
证书注册编号:0300A0599
体系认证标准:GB/T 19001/2—1994 idt ISO 9001/2—1994
有效期:2000.11～2003.11

***中国北京全聚德烤鸭集团公司配送中心**
地址:北京大兴县旧宫镇科技路23号
邮政编码:100076
电话:(010)87962805 转 8102
(010)87962912
传真:(010)87962912
法定代表人:王富
证书注册编号:0300A0600
体系认证标准:GB/T 19001—1994 idt ISO 9001—1994
获证体系覆盖产品:鸭坯的制作及鸭类熟食的开发与制作
有效期:2000.11.16～2003.11.16

合肥卷烟厂
地址:安徽省合肥市长江西路651号
邮政编码:230081
证书注册编号:0300B0601
体系认证标准:GB/T 19002—1994 idt ISO 9002—1994
有效期:2000.11～2003.11

哈尔滨市六顺电气自动化设计研究所
地址:黑龙江省哈尔滨市香坊区古香街3号
邮政编码:150036
证书注册编号:0300A0602
体系认证标准:GB/T 19001—1994 idt ISO 9001—1994
有效期:2000.11～2003.11

河北瑞港特种电缆有限公司
地址:河北省大城县开发区东盛大街
邮政编码:65900
证书注册编号:0300B0603
体系认证标准:GB/T 19002—1994 idt ISO 9002—1994
有效期:2000.11～2003.11

顺德恒辉微型电机有限公司
地址:广东顺德市龙江镇龙江大桥南侧
邮政编码:528318
证书注册编号:0300B0604
体系认证标准:GB/T 19002—1994 idt ISO 9002—1994
有效期:2000.11～2003.11

***开平市新东亚电机有限公司**
地址:广东省开平市长沙区幕村工业区
邮政编码:529300
电话:(0750)2287021
传真:(0750)2252021
法定代表人:李春光
证书注册编号:0300B0605
体系认证标准:GB/T 19002—1994 idt ISO 9002—1994
获证体系覆盖产品:三相中小型异步电动机,小功率异步电动机
有效期:2000.11.16~2003.11.16

东莞市石碣镇正和电器厂(东莞市石碣镇英轩发展有限公司)
地址:广东省东莞市石碣镇四甲榴洲工业区
邮政编码:523297
证书注册编号:0300B0606
体系认证标准:GB/T 19002—1994 idt ISO 9002—1994
有效期:2000.11~2003.11

即墨市恒泰机械配件厂
地址:山东省青岛即墨市王村镇
邮政编码:266211
证书注册编号:0300B0607
体系认证标准:GB/T 19002—1994 idt ISO 9002—1994
有效期:2000.11~2003.11

青岛华清食品有限公司
地址:山东省青岛市重庆南路372号
邮政编码:266100
证书注册编号:0300B0608
体系认证标准:GB/T 19002—1994 idt ISO 9002—1994
有效期:2000.11~2003.11

苏州市吴赣化工有限责任公司
地址:江苏省吴江市屯村镇东关路1号
邮政编码:215216
证书注册编号:0300B0609
体系认证标准:GB/T 19002—1994 idt ISO 9002—1994
有效期:2000.11~2003.11

镇江韦岗铁矿
地址:江苏省镇江市韦岗镇
邮政编码:212113
证书注册编号:0300B0610
体系认证标准:GB/T 19002—1994 idt ISO 9002—1994
有效期:2000.11~2003.11

锦州市市政工程总公司
地址:辽宁省锦州市解放路三段三十号
邮政编码:121001
证书注册编号:0300B0611
体系认证标准:GB/T 19002—1994 idt ISO 9002—1994
有效期:2000.11~2003.11

湘潭市电力工程机械厂
地址:湖南省湘潭市楠竹山
邮政编码:411207
证书注册编号:0300B0612
体系认证标准:GB/T 19002—1994 idt ISO 9002—1994
有效期:2000.11~2003.11

大连瑞泽农药股份有限公司
地址:辽宁大连市金州区西南窑101号
邮政编码:116100
证书注册编号:0300B0613
体系认证标准:GB/T 19002—1994 idt ISO 9002—1994
有效期:2000.11~2003.11

***广西梧州松脂股份有限公司**
地址:广西梧州市西堤三路1号
邮政编码:543002
电话:(0774)3827991
传真:(0774)3828660
法定代表人:周比铨
证书注册编号:0300B0614
体系认证标准:GB/T 19002—1994 idt ISO 9002—1994
获证体系覆盖产品:脂松香、脂松节油、歧化松香、歧化松香钾皂、合成芳樟醇、氧气的生产
有效期:2000.11.28~2003.11.28

成都供用电工程公司
地址:四川省成都市青羊石人东路7号
邮政编码:610072
证书注册编号:0300B0615
体系认证标准:GB/T 19002—1994 idt ISO 9002—1994
有效期:2000.11~2003.11

齐齐哈尔铁路锅炉厂
地址:黑龙江省齐齐哈尔铁锋区南站东街12号
邮政编码:161002
证书注册编号:0300B0616
体系认证标准:GB/T 19002—1994 idt ISO 9002—1994
有效期:2000.11~2003.11

大丰市天力有限责任公司
地址:江苏省大丰市南翔路19号
邮政编码:224100
证书注册编号:0300A0617
体系认证标准:GB/T 19001—1994 idt ISO 9001—1994
有效期:2000.11~2003.11

萧山涌潮水泵有限公司(萧山市水利机械厂)
地址:浙江省萧山市头蓬镇
邮政编码:311226
证书注册编号:0300B0618
体系认证标准:GB/T 19002—1994 idt ISO 9002—1994
有效期:2000.11~2003.11

神华集团神府东胜煤炭有限责任公司
地址:陕西省神木县大柳塔镇
邮政编码:719315
证书注册编号:0300A0619
体系认证标准:GB/T 19001—1994 idt ISO 9001—1994
有效期:2000.11~2003.11

济南机车车辆厂
地址:山东济南市槐荫区槐村街73号
邮政编码:250022
证书注册编号:0300A0620
体系认证标准:GB/T 19001—1994 idt ISO 9001—1994
有效期:2000.11~2003.11

石家庄铁路分局石家庄南车辆段
地址:河北省石家庄市南郊顺达街顺安路6号
邮政编码:500910
证书注册编号:0300B0621
体系认证标准:GB/T 19002—1994 idt ISO 9002—1994
有效期:2000.11~2003.11

贵阳电池厂
地址:贵州贵阳市花溪大道北段346号
邮政编码:550003
证书注册编号:0300B0622

体系认证标准:GB/T 19002－1994 idt ISO 9002－1994
有效期:2000.11～2003.11

苏州卫虹电器有限责任公司
地址:江苏省苏州新区滨河路243号
邮政编码:215011
证书注册编号:0300B0623
体系认证标准:GB/T 19002－1994 idt ISO 9002－1994
有效期:2000.11～2003.11

中建六局工业设备安装公司
地址:天津市塘沽新北路增12号
邮政编码:300451
证书注册编号:0300B0624
体系认证标准:GB/T 19002－1994 idt ISO 9002－1994
有效期:2000.11～2003.11

河北省大港石油化工总厂
地址:河北省沧州市南大港
邮政编码:61103
证书注册编号:0300B0625
体系认证标准:GB/T 19002－1994 idt ISO 9002－1994
有效期:2000.11～2003.11

南昌通源实业总公司
地址:江西省南昌市叠山路316号
邮政编码:330006
证书注册编号:0300A0626
体系认证标准:GB/T 19001－1994 idt ISO 9001－1994
有效期:2000.11～2003.11

长沙市轻工机械厂
地址:湖南长沙市开福区文昌阁112号
邮政编码:410008
证书注册编号:0300A0627
体系认证标准:GB/T 19001－1994 idt ISO 9001－1994
有效期:2000.11～2003.11

成都市永丰建筑工程有限有限公司
地址:四川省成都市红牌楼孟家巷
邮政编码:610041
证书注册编号:0300B0628
体系认证标准:GB/T 19002－1994 idt ISO 9002－1994
有效期:2000.11～2003.11

贵州省公路桥梁工程总公司
地址:贵州省贵阳市瑞金南路82号宏资大厦A座16楼
邮政编码:550003
证书注册编号:0300B0629
体系认证标准:GB/T 19002－1994 idt ISO 9002－1994
有效期:2000.11～2003.11

佳木斯煤矿机械厂
地址:黑龙江省佳木斯市永红区解放路68号
邮政编码:154002
证书注册编号:0300B0630
体系认证标准:GB/T 19002－1994 idt ISO 9002－1994
有效期:2000.11～2003.11

湖南省澧县甘溪水泥厂
地址:湖南省澧县甘溪滩镇
邮政编码:415509
证书注册编号:0300B0631
体系认证标准:GB/T 19002－1994 idt ISO 9002－1994
有效期:2000.11～2003.11

北京城建长城装饰工程有限责任公司
地址:北京市海淀区大柳树路15号
邮政编码:100081
证书注册编号:0300A0632
体系认证标准:GB/T 19002－1994 idt ISO 9002－1994
有效期:2000.11～2003.11

北京市门头沟区建设开发公司
地址:北京门头沟区新桥南大街44号
邮政编码:102300
证书注册编号:0300B0633
体系认证标准:GB/T 19002－1994 idt ISO 9002－1994
有效期:2000.11～2003.11

茂名石化港口公司
地址:广东省茂名水东经济开发区
邮政编码:525027
证书注册编号:0300B0634
体系认证标准:GB/T 19002－1994 idt ISO 9002－1994
有效期:2000.11～2003.11

牡丹江市基业纺织有限责任公司
地址:黑龙江省牡丹江市光华街1号
邮政编码:157013
证书注册编号:0300B0635
体系认证标准:GB/T 19002－1994 idt ISO 9002－1994
有效期:2000.11～2003.11

重庆富祥金属纤维有限公司
地址:重庆巴南区李家沱西流沱10号
邮政编码:400054
证书注册编号:0300B0636
体系认证标准:GB/T 19002－1994 idt ISO 9002－1994
有效期:2000.11～2003.11

桐庐富春江水泥制品有限公司
地址:浙江省桐庐县富春江镇俞赵
邮政编码:311504
证书注册编号:0300B0637
体系认证标准:GB/T 19002－1994 idt ISO 9002－1994
有效期:2000.11～2003.11

无锡狮王太湖水啤酒有限公司
地址:江苏省无锡市马圩五号桥
邮政编码:214092
证书注册编号:0300B0638
体系认证标准:GB/T 19002－1994 idt ISO 9002－1994
有效期:2000.11～2003.11

茂名市建工集团有限公司(茂名市建筑工程有限公司、茂名市粤发机电安装工程有限公司、广东华茂装饰工程公司)
地址:广州市茂名市迎宾路179号大院
邮政编码:525000
证书注册编号:0300B0639
体系认证标准:GB/T 19002－1994 idt ISO 9002－1994
有效期:2000.11～2003.11

海宁长海包装印刷有限公司
地址:浙江省海宁市庆云镇工业开发区
邮政编码:314403
证书注册编号:0300B0640
体系认证标准:GB/T 19002－1994 idt ISO 9002－1994
有效期:2000.11～2003.11

山西冶金轴承厂
地址:山西省祁县迎宾西路72号
邮政编码:30900
证书注册编号:0300B0641

体系认证标准:GB/T 19002—1994 idt ISO 9002—1994
有效期:2000.12～2003.12

绵阳市东郊建筑工程公司
地址:四川省绵阳市西河东路一号
邮政编码:621000
证书注册编号:0300B0642
体系认证标准:GB/T 19002—1994 idt ISO 9002—1994
有效期:2000.12～2003.12

河南省辉县市机械厂
地址:河南省辉县市南关东街27号
邮政编码:453600
证书注册编号:0300B0643
体系认证标准:GB/T 19002—1994 idt ISO 9002—1994
有效期:2000.12～2003.12

湖南省新化县燎原水泥厂
地址:湖南省新化县上梅镇
邮政编码:417600
证书注册编号:0300B0644
体系认证标准:GB/T 19002—1994 idt ISO 9002—1994
有效期:2000.12～2003.12

南昌市光明电力设备厂
地址:江西省南昌市青山北路七里街127号
邮政编码:330039
证书注册编号:0300A0645
体系认证标准:GB/T 19001—1994 idt ISO 9001—1994
有效期:2000.12～2003.12

常州中鹏印染有限公司
地址:江苏省常州市采华路3号
邮政编码:213004
证书注册编号:0300B0646
体系认证标准:GB/T 19002—1994 idt ISO 9002—1994
有效期:2000.12～2003.12

高邮市电杆厂
地址:江苏高邮市三垛镇光明路208号
邮政编码:225631
证书注册编号:0300B0647
体系认证标准:GB/T 19002—1994 idt ISO 9002—1994
有效期:2000.12～2003.12

山西省交城县瑞云铁道车辆配件厂
地址:山西省交城县洪相乡安定村
邮政编码:305070
证书注册编号:0300B0648
体系认证标准:GB/T 19002—1994 idt ISO 9002—1994
有效期:2000.12～2003.12

山西省太谷县嘉腾管件制造有限公司
地址:山西省太谷县北阳村东
邮政编码:308000
证书注册编号:0300B0649
体系认证标准:GB/T 19002—1994 idt ISO 9002—1994
有效期:2000.12～2003.12

青岛达木木业有限公司
地址:山东省青岛市港环路26号
邮政编码:266011
证书注册编号:0300B0650
体系认证标准:GB/T 19002—1994 idt ISO 9002—1994
有效期:2000.12～2003.12

青岛海信房地产股份有限公司
地址:山东省青岛市江苏路11号甲
邮政编码:266003
证书注册编号:0300B0651
体系认证标准:GB/T 19002—1994 idt ISO 9002—1994
有效期:2000.12～2003.12

山东鲁能拓展置业有限公司
地址:山东省济南市经四路185号
邮政编码:250001
证书注册编号:0300B0652
体系认证标准:GB/T 19002—1994 idt ISO 9002—1994
有效期:2000.12～2003.12

泰安腾飞电力设计有限公司
地址:山东省泰安市傲徕峰路27号
邮政编码:271000
证书注册编号:0300A0653
体系认证标准:GB/T 19001—1994 idt ISO 9001—1994
有效期:2000.12～2003.12

阳泉电器厂有限责任公司
地址:山西省阳泉市洪城路77号
邮政编码:45000
证书注册编号:0300B0654
体系认证标准:GB/T 19002—1994 idt ISO 9002—1994
有效期:2000.12～2003.12

即墨市志盛电器厂
地址:山东省青岛市即墨经济开发区张烟村
邮政编码:266200
证书注册编号:0300B0655
体系认证标准:GB/T 19002—1994 idt ISO 9002—1994
有效期:2000.12～2003.12

青岛益青药用胶囊有限公司
地址:山东省青岛市营口路81号
邮政编码:266021
证书注册编号:0300B0656
体系认证标准:GB/T 19002—1994 idt ISO 9002—1994
有效期:2000.12～2003.12

吉林市吉冶金属制品有限责任公司
地址:吉林省吉林市天津街75号
邮政编码:132001
证书注册编号:0300B0657
体系认证标准:GB/T 19002—1994 idt ISO 9002—1994
有效期:2000.12～2003.12

温州经济技术开发区市政建设总公司
地址:浙江省温州经济技术开发区西片32小区
邮政编码:325011
证书注册编号:0300B0658
体系认证标准:GB/T 19002—1994 idt ISO 9002—1994
有效期:2000.12～2003.12

济南铁路天龙供热制冷动力中心
地址:山东省济南市车站街33—1号
邮政编码:250001
证书注册编号:0300B0659
体系认证标准:GB/T 19002—1994 idt ISO 9002—1994
有效期:2000.12～2003.12

嘉兴新华漂染有限公司
地址:浙江省桐乡市崇福镇北门外
邮政编码:314511
证书注册编号:0300B0660
体系认证标准:GB/T 19002—1994 idt ISO 9002—1994

有效期:2000.12～2003.12

上海申利螺纹工具有限公司
地址:上海市浦东南汇车站北路 13 号
邮政编码:201300
证书注册编号:0300B0661
体系认证标准:GB/T 19002－1994 idt ISO 9002－1994
有效期:2000.12～2003.12

无锡市建设监理公司
地址:江苏省无锡市西新街 8 号 16 层
邮政编码:214031
证书注册编号:0300B0662
体系认证标准:GB/T 19002－1994 idt ISO 9002－1994
有效期:2000.12～2003.12

长庆石油勘探局第三钻井工程处机械厂
地址:宁夏灵武市马家滩
邮政编码:751408
证书注册编号:0300A0663
体系认证标准:GB/T 19001－1994 idt ISO 9001－1994
有效期:2000.12～2003.12

珠海市永隆加林饮水机公司
地址:广东省珠海市湾仔镇中心路永隆大厦
邮政编码:519030
证书注册编号:0300A0664
体系认证标准:GB/T 19001－1994 idt ISO 9001－1994
有效期:2000.12～2003.12

***河南省水利第二工程局**
地址:河南省信阳市东方红大道 74 号
邮政编码:464000
电话:(0376)6222735
传真:(0376)6211514
法定代表人:符铁申
证书注册编号:0300B0665
体系认证标准:GB/T 19002－1994 idt ISO 9002－1994
获证体系覆盖产品:水利水电和工业与民用建筑、安装与基础工程、公路工程施工
有效期:2000.12.8～2003.12.8

新疆通信建筑总公司
地址:新疆与鲁木齐市炉院街 117 号
邮政编码:830006
证书注册编号:0300B0666
体系认证标准:GB/T 19002－1994 idt ISO 9002－1994
有效期:2000.12～2003.10

山东省聊城市明星齿轮厂
地址:山东省聊城市建设东路 2 号
邮政编码:252000
证书注册编号:0300B0667
体系认证标准:GB/T 19002－1994 idt ISO 9002－1994
有效期:2000.12～2003.12

聊城市明星机械厂
地址:山东省聊城市利民东路 2 号
邮政编码:252000
证书注册编号:0300B0668
体系认证标准:GB/T 19002－1994 idt ISO 9002－1994
有效期:2000.12～2003.12

上海大众汽车宜宾特约维修站
地址:四川省宜宾市新村
邮政编码:644003
证书注册编号:0300B0669
体系认证标准:GB/T 19002－1994 idt ISO 9002－1994
有效期:2000.12～2003.12

黑龙江省志华建筑工程有限责任公司
地址:黑龙江省哈尔滨市松北开发区
邮政编码:150028
证书注册编号:0300B0670
体系认证标准:GB/T 19002－1994 idt ISO 9002－1994
有效期:2000.12～2003.12

成都倍特建筑安装工程公司
地址:四川省成都高新技术产业开发区倍特公寓 A 座 12 楼
邮政编码:610041
证书注册编号:0300B0671
体系认证标准:GB/T 19002－1994 idt ISO 9002－1994
有效期:2000.12～2003.12

长庆石油勘探局第三钻井工程处
地址:宁夏灵武市马家滩
邮政编码:751408
证书注册编号:0300A0672
体系认证标准:GB/T 19001－1994 idt ISO 9001－1994
有效期:2000.12～2003.12

黑龙江省宏信建筑工程有限责任公司
地址:黑龙江省哈尔滨市南岗区一匡街 30 号
邮政编码:150080
证书注册编号:0300B0673
体系认证标准:GB/T 19002－1994 idt ISO 9002－1994
有效期:2000.12～2003.12

林州市建筑工程八公司
地址:河南林州市开元区太行路 48 号
邮政编码:456500
证书注册编号:0300B0674
体系认证标准:GB/T 19002－1994 idt ISO 9002－1994
有效期:2000.12～2003.12

广州珠江外资建筑设计院
地址:广东省广州市环市东路 360 号珠江大厦东楼 16 号
邮政编码:510060
证书注册编号:0300A0675
体系认证标准:GB/T 19001－1994 idt ISO 9001－1994
有效期:2000.12～2003.12

吉化集团吉林市龙江净水剂厂
地址:吉林省吉林市龙潭区北路 16 号
邮政编码:132022
证书注册编号:0300B0676
体系认证标准:GB/T 19002－1994 idt ISO 9002－1994
有效期:2000.12～2003.12

海宁兄弟实业发展公司
地址:浙江省海宁市周王庙工业区
邮政编码:314407
证书注册编号:0300B0677
体系认证标准:GB/T 19002－1994 idt ISO 9002－1994
有效期:2000.12～2003.12

四川省南部气门座圈厂
地址:四川南部县南隆镇嘉陵路 24 号
邮政编码:637300
证书注册编号:0300B0678
体系认证标准:GB/T 19002－1994 idt ISO 9002－1994
有效期:2000.12～2003.12

南京鸿雁电器公司(南京普天鸿雁电器有限公司)
地址:江苏南京市光卡路小教场168号
邮政编码:210012
证书注册编号:0300A0679
体系认证标准:GB/T 19001—1994 idt ISO 9001—1994
有效期:2000.12~2003.12

青岛海信空调有限公司
地址:山东省青岛市延安三路204号
邮政编码:266071
证书注册编号:0300B0680
体系认证标准:GB/T 19002—1994 idt ISO 9002—1994
有效期:2000.12~2003.12

青海特种水泥有限责任公司
地址:青海省互助县威远镇北郊2号
邮政编码:810500
证书注册编号:0300B0681
体系认证标准:GB/T 19002—1994 idt ISO 9002—1994
有效期:2000.12~2003.12

即墨市羊山五金制品厂(即黑市羊山福利制冷配件厂)
地址:山东青岛即墨市留村镇羊山夼村
邮政编码:266205
证书注册编号:0300B0682
体系认证标准:GB/T 19002—1994 idt ISO 9002—1994
有效期:2000.12~2003.12

贵溪市建筑勤务员总公司
地址:江西贵溪市雄石镇西后街64号
邮政编码:335400
证书注册编号:0300B0683
体系认证标准:GB/T 19002—1994 idt ISO 9002—1994
有效期:2000.12~2003.12

大连长城格栅有限公司
地址:辽宁省大连市旅顺口区长城镇工业区
邮政编码:116049
证书注册编号:0300B0684
体系认证标准:GB/T 19002—1994 idt ISO 9002—1994
有效期:2000.12~2003.12

秦皇岛港务局第七港务公司
地址:河北省秦皇岛市建设大街东段
邮政编码:660030
证书注册编号:0300B0685
体系认证标准:GB/T 19002—1994 idt ISO 9002—1994
有效期:2000.12~2003.12

中国二十冶冶金设备制造安装总公司
地址:河北省沙河市文明街8号
邮政编码:54100
证书注册编号:0300B0686
体系认证标准:GB/T 19002—1994 idt ISO 9002—1994
有效期:2000.12~2003.12

北京兴铁建筑工程公司
地址:北京市复兴门外大街乙11号
邮政编码:100045
证书注册编号:0300B0687
体系认证标准:GB/T 19002—1994 idt ISO 9002—1994
有效期:2000.12~2003.12

崇州市建设工程有限责任公司
地址:四川崇州市崇阳镇正东街243号
邮政编码:611230
证书注册编号:0300B0688
体系认证标准:GB/T 19002—1994 idt ISO 9002—1994
有效期:2000.12~2003.12

舟山市夏日电力设备有限公司
地址:浙江省舟山市定海区城西工业开发区A区
邮政编码:316000
证书注册编号:0300B0689
体系认证标准:GB/T 19002—1994 idt ISO 9002—1994
有效期:2000.12~2003.12

宁夏有色金属冶炼厂
西北有色金属材料研究院
地址:宁夏石嘴山市大武口区冶金路
邮政编码:753000
证书注册编号:0300B0690
体系认证标准:GB/T 19002—1994 idt ISO 9002—1994
有效期:2000.12~2003.12

青岛青联股份有限公司
地址:山东省青岛市李沧区四流中支路3号
邮政编码:266041
证书注册编号:0300B0691
体系认证标准:GB/T 19002—1994 idt ISO 9002—1994
有效期:2000.12~2003.12

青岛羊峰实业公司
地址:山东青岛即墨市留村镇羊山夼村
邮政编码:266205
证书注册编号:0300B0692
体系认证标准:GB/T 19002—1994 idt ISO 9002—1994
有效期:2000.12~2003.12

天津万长电机有限公司
地址:天津北辰区大张庄镇开发小区内
邮政编码:300402
证书注册编号:0300B0693
体系认证标准:GB/T 19002—1994 idt ISO 9002—1994
有效期:2000.12~2003.12

中山市阿帕其电器有限公司
地址:广东省中山市东凤镇兴华中路
邮政编码:528425
证书注册编号:0300B0694
体系认证标准:GB/T 19002—1994 idt ISO 9002—1994
有效期:2000.12~2003.12

大连晶亚电器有限公司
地址:辽宁大连市西岗区长春路341号
邮政编码:116013
证书注册编号:0300B0695
体系认证标准:GB/T 19002—1994 idt ISO 9002—1994
有效期:2000.12~2003.12

常州市江南电力设备厂
地址:江苏省常州市三井高田路15号
邮政编码:213022
证书注册编号:0300B0696
体系认证标准:GB/T 19002—1994 idt ISO 9002—1994
有效期:2000.12~2003.12

北京市丰台区榆树庄构件厂(北京亚新为建筑壁板开发中心)
地址:北京市丰台区人民压63号
邮政编码:100070
证书注册编号:0300B0697
体系认证标准:GB/T 19002—1994 idt

ISO 9002—1994
有效期:2000.12～2003.12

北京市电加工研究所
迪蒙机电新技术公司
地址:北京市海淀区花园路B3号
邮政编码:100083
证书注册编号:0300B0698
体系认证标准:GB/T 19002—1994 idt ISO 9002—1994
有效期:2000.12～2003.12

北京顺东混凝土有限公司
地址:北京市顺义区顺义镇石门村西
邮政编码:101300
证书注册编号:0300B0699
体系认证标准:GB/T 19002—1994 idt ISO 9002—1994
有效期:2000.12～2003.12

成都市电信印务有限责任公司
地址:四川省成都市崔家店
邮政编码:610051
证书注册编号:0300B0700
体系认证标准:GB/T 19002—1994 idt ISO 9002—1994
有效期:2000.12～2003.12

江苏珍丰集团股份有限公司
地址:江苏省大丰市人民南路305#
邮政编码:224100
证书注册编号:0300B0701
体系认证标准:GB/T 19002—1994 idt ISO 9002—1994
有效期:2000.12～2003.12

四川省水利电力工程局
地址:四川省资阳市外西街66号
邮政编码:6413000
证书注册编号:0300B0702
体系认证标准:GB/T 19002—1994 idt ISO 9002—1994
有效期:2000.12～2003.12

青岛青智仪器有限公司
地址:山东省青岛市福州路99号4楼
邮政编码:266071
证书注册编号:0300A0703
体系认证标准:GB/T 19001—1994 idt ISO 9001—1994
有效期:2000.12～2003.12

广西玉林玉柴工程机械有限责任公司
地址:广西玉林市天桥路168号
邮政编码:537005
证书注册编号:0300A0704
体系认证标准:GB/T 19001—1994 idt ISO 9001—1994
有效期:2000.12～2003.12

阜阳卷烟厂
地址:安徽省阜阳市颍河东路321号
邮政编码:236020
证书注册编号:0300B0705
体系认证标准:GB/T 19002—1994 idt ISO 9002—1994
有效期:2000.12～2003.12

江苏省金工仪表线缆总公司
地址:江苏省金湖县健康路19号
邮政编码:211600
证书注册编号:0300B0706
体系认证标准:GB/T 19002—1994 idt ISO 9002—1994
有效期:2000.12～2003.12

武汉华能机电新技术有限公司
地址:湖北省武汉市武昌区宝安创新科技园
邮政编码:430064
证书注册编号:0300A0707
体系认证标准:GB/T 19001—1994 idt ISO 9001—1994
有效期:2000.12～2003.12

上海大众汽车周口销售服务有限公司
地址:河南省周口市开发区周西路口
邮政编码:466000
证书注册编号:0300B0708
体系认证标准:GB/T 19002—1994 idt ISO 9002—1994
有效期:2000.12～2003.12

北京市丰台三益建筑工程
有限责任公司
地址:北京丰台区薄黄榆二里甲5号楼
邮政编码:100075
证书注册编号:0300B0709
体系认证标准:GB/T 19002—1994 idt ISO 9002—1994
有效期:2000.12～2003.12

顺德市高灵电器制造有限公司
地址:广东省顺德市勒流镇江村工业区
邮政编码:528322
证书注册编号:0300A0710
体系认证标准:GB/T 19002—1994 idt ISO 9002—1994
有效期:2000.12～2003.12

青岛四方东方发动机配件厂
地址:山东省青岛四方重庆南路46号
邮政编码:266032
证书注册编号:0300B0711
体系认证标准:GB/T 19002—1994 idt ISO 9002—1994
有效期:2000.12～2003.12

山东省东阿阿胶股份有限公司
地址:山东省东阿县阿胶街78号
邮政编码:252201
证书注册编号:0300A0712
体系认证标准:GB/T 19001—1994 idt ISO 9001—1994
有效期:2000.12～2003.12

仪征市经济实用房开发公司
地址:江苏省仪征市鼓楼西路
邮政编码:211400
证书注册编号:0300B0713
体系认证标准:GB/T 19002—1994 idt ISO 9002—1994
有效期:2000.12～2003.12

大连鑫鼎树脂涂料有限公司
地址:辽宁省大连市甘井子区辛寨子镇
邮政编码:116033
证书注册编号:0300B0714
体系认证标准:GB/T 19002—1994 idt ISO 9002—1994
有效期:2000.12～2003.12

西安长庆钻采设备厂
地址:陕西省西安市丰禾路24号
邮政编码:710014
证书注册编号:0300A0715
体系认证标准:GB/T 19001—1994 idt ISO 9001—1994
有效期:2000.12～2003.12

武汉神威汽车塑料件有限责任公司
地址:湖北省武汉市解放大道144号
邮政编码:430034
证书注册编号:0300B0716
体系认证标准:GB/T 19002—1994 idt ISO 9002—1994

有效期:2000.12～2003.12

武汉捷特塑料制品有限公司
地址:湖北省武汉市汉阳大道630号
邮政编码:430051
证书注册编号:0300B0717
体系认证标准:GB/T 19002—1994 idt ISO 9002—1994
有效期:2000.12～2003.12

***青岛高等密封制品有限公司**
地址:山东省平度市高平路9号
邮政编码:266700
电话:(0532)7363049
传真:(0532)8332666
法定代表人:崔邦明
证书注册编号:0300B0718
体系认证标准:GB/T 19002—1994 idt ISO 9002—1994
获证体系覆盖产品:柔性石墨板材制品
有效期:2000.12.15～2003.12.15

保定市华宇新型电子材料有限公司
地址:河北保定高新区吉翔园西侧9号
邮政编码:71051
证书注册编号:0300B0719
体系认证标准:GB/T 19002—1994 idt ISO 9002—1994
有效期:2000.12～2003.12

青岛泰润科技有限公司
地址:山东省青岛高科技工业园海口路
邮政编码:266071
证书注册编号:0300B0720
体系认证标准:GB/T 19002—1994 idt ISO 9002—1994
有效期:2000.12～2003.12

河南省豫坡酒厂
地址:河南省西平县老王坡
邮政编码:463900
证书注册编号:0300B0721
体系认证标准:GB/T 19002—1994 idt ISO 9002—1994
有效期:2000.12～2003.12

青海西电金属构件工程有限公司
地址:青海省西宁市小桥大街40#
邮政编码:810001
证书注册编号:0300B0722
体系认证标准:GB/T 19002—1994 idt ISO 9002—1994
有效期:2000.12～2003.12

中国外轮理货总公司泉州分公司
地址:福建省泉州丰泽街兴业银行大厦17层D单元
邮政编码:362000
证书注册编号:0300B0723
体系认证标准:GB/T 19002—1994 idt ISO 9002—1994
有效期:2000.12～2003.12

***诸城烟叶复烤厂**
地址:山东省诸城市城关镇八里庄北
邮政编码:262200
电话:(0536)6063457
传真:(0536)6063457
法定代表人:刘树聪
证书注册编号:0300B0724
体系认证标准:GB/T 19002—1994 idt ISO 9002—1994
获证体系覆盖产品:烟叶的打叶、复烤的加工过程
有效期:2000.12.15～2003.12.15

辽宁省建设集团第二工业安装工程公司
地址:辽宁省大连市沙河口区香周路299号
邮政编码:116033
证书注册编号:0300B0725
体系认证标准:GB/T 19002—1994 idt ISO 9002—1994
有效期:2000.12～2003.12

武汉市劲宝食品有限公司
地址:湖北省武汉市滠口开发区特8号
邮政编码:430311
证书注册编号:0300B0726
体系认证标准:GB/T 19002—1994 idt ISO 9002—1994
有效期:2000.12～2003.12

金湖县通达特种电缆有限公司
地址:江苏省金湖县城西路139号
邮政编码:211600
证书注册编号:0300B0727
体系认证标准:GB/T 19002—1994 idt ISO 9002—1994
有效期:2000.12～2003.12

山西晋城无烟煤矿业集团有限责任公司机电总厂
地址:山西省晋城市北石店镇
邮政编码:48006
证书注册编号:0300B0728
体系认证标准:GB/T 19002—1994 idt ISO 9002—1994
有效期:2000.12～2003.12

成都中凯实业有限公司
地址:四川省成都温江县公平镇
邮政编码:611134
证书注册编号:0300B0729
体系认证标准:GB/T 19002—1994 idt ISO 9002—1994
有效期:2000.12～2003.12

安阳市建筑工程公司
地址:河南省安阳市灯塔路18号
邮政编码:455000
证书注册编号:0300B0730
体系认证标准:GB/T 19002—1994 idt ISO 9002—1994
有效期:2000.12～2003.12

嘉兴市大洋纸业有限公司
地址:浙江省海盐县沈荡镇南林家浜
邮政编码:314311
证书注册编号:0300B0731
体系认证标准:GB/T 19002—1994 idt ISO 9002—1994
有效期:2000.12～2003.12

***濮阳三强纺织有限公司**
地址:河南省濮阳市黄河路2号
邮政编码:457000
电话:(0393)4614871
传真:(0393)4617061
法定代表人:董存英
证书注册编号:0300B0732
体系认证标准:GB/T 19002—1994 idt ISO 9002—1994
获证体系覆盖产品:“豫龙”牌棉纱,棉布,化纤及混纺纱、布的生产
有效期:2000.12.18～2003.12.18

济南诚通纺织有限责任公司
地址:山东省济南市义和北街5号
邮政编码:250031
证书注册编号:0300B0733
体系认证标准:GB/T 19002—1994 idt ISO 9002—1994
有效期:2000.12～2003.12

桐乡市第三毛纺织厂
地址:浙江省桐乡市亭桥镇北
邮政编码:314511
证书注册编号:0300B0734
体系认证标准:GB/T 19002—1994 idt ISO 9002—1994
有效期:2000.12～2003.12

武汉华寅工贸有限责任公司
地址:湖北省武汉市汉口常青路特1号江旺路20号
邮政编码:430023
证书注册编号:0300B0735
体系认证标准:GB/T 19002—1994 idt ISO 9002—1994
有效期:2000.12～2003.12

江西景德镇市开门子陶瓷化工有限公司炭黑分厂
地址:江西省景德镇市历尧
邮政编码:333000
证书注册编号:0300B0736
体系认证标准:GB/T 19002—1994 idt ISO 9002—1994
有效期:2000.12～2003.12

美之贺机械(无锡)有限公司
地址:江苏锡山市东北塘锡港路171号
邮政编码:214191
证书注册编号:0300B0737
体系认证标准:GB/T 19002—1994 idt ISO 9002—1994
有效期:2000.12～2003.12

建德市三和印务有限公司
地址:浙江省建德市新安口镇三和路35号
邮政编码:311600
证书注册编号:0300B0738
体系认证标准:GB/T 19002—1994 idt ISO 9002—1994
有效期:2000.12～2003.12

贵阳市建筑管理处
地址:贵州省贵阳市青云路2号
邮政编码:550002
证书注册编号:0300B0739
体系认证标准:GB/T 19002—1994 idt ISO 9002—1994
有效期:2000.12～2003.12

石家庄金宸建筑工程有限公司
地址:河北省石家庄市井陉县长岗道口
邮政编码:50300
证书注册编号:0300B0740
体系认证标准:GB/T 19002—1994 idt ISO 9002—1994
有效期:2000.12～2003.12

太原第一机床厂
地址:山西省太原市南内环街38号
邮政编码:30012
证书注册编号:0300A0741
体系认证标准:GB/T 19001—1994 idt ISO 9001—1994
有效期:2000.12～2003.12

广西南山瓷器有限公司
地址:广西容县灵山镇
邮政编码:537504
证书注册编号:0300B0742
体系认证标准:GB/T 19002—1994 idt ISO 9002—1994
有效期:2000.12～2003.12

武汉塑料工业集团股份有限公司汽车塑料件分公司
地址:湖北武汉市汉口工农兵路42号
邮政编码:430012
证书注册编号:0300B0743
体系认证标准:GB/T 19002—1994 idt ISO 9002—1994
有效期:2000.12～2003.12

民航中南空管设备工程公司
地址:广东省广州市机场中南空管局办公大楼
邮政编码:510405
证书注册编号:0300A0744
体系认证标准:GB/T 19001—1994 idt ISO 9001—1994
有效期:2000.12～2003.12

山西 · 晋城无烟煤矿业集团有限责任公司工程处
地址:山西省晋城市北石店
邮政编码:48006
证书注册编号:0300B0745
体系认证标准:GB/T 19002—1994 idt ISO 9002—1994
有效期:2000.12～2003.12

山西晋城无烟煤矿业集团有限责任公司水泥厂
地址:山西省晋城市西上庄乡郜匠村
邮政编码:48000
证书注册编号:0300B0746
体系认证标准:GB/T 19002—1994 idt ISO 9002—1994
有效期:2000.12～2003.12

河北省水利工程局
地址:河北石家庄市建设南大街103号
邮政编码:50021
证书注册编号:0300B0747
体系认证标准:GB/T 19002—1994 idt ISO 9002—1994
有效期:2000.12～2003.12

北京燕京汽车厂(此证书含附件)
地址:北京市宣武区太平街8号
邮政编码:100050
证书注册编号:0300B0748
体系认证标准:GB/T 19002—1994 idt ISO 9002—1994
有效期:2000.12～2003.12

北京燕京汽车厂上海大众汽车特约维修站(附件一 须与证书0300B0748同时使用)
地址:北京市宣武区太平街8号
邮政编码:100050
证书注册编号:0300B0749
体系认证标准:GB/T 19002—1994 idt ISO 9002—1994
有效期:2000.12～2003.12

北京燕京汽车厂一汽大众特约服务站(附件二 须与证书0300B0748同时使用)
地址:北京市宣武区太平街8号
邮政编码:100050
体系认证标准:GB/T 19002—1994 idt ISO 9002—1994
有效期:2000.12～2003.12

北京燕京汽车厂北京吉普汽车有限公司特约维修服务站(附件三 须与证书0300B0748同时使用)
地址:北京市宣武区太平街8号
邮政编码:100050
体系认证标准:GB/T 19002—1994 idt ISO 9002—1994
有效期:2000.12～2003.12

北京燕京汽车厂美国克莱斯勒汽车特

约维修站附件四 须与证书 0300B0748 **同时使用）**
地址：北京市宣武区太平街8号
邮政编码：100050
体系认证标准：GB/T 19002－1994 idt ISO 9002－1994
有效期：2000.12～2003.12

林州市建筑工程一公司
地址：河南平顶山市南环路北54号院
邮政编码：467001
证书注册编号：0300B0749
体系认证标准：GB/T 19002－1994 idt ISO 9002－1994
有效期：2000.12～2003.12

湖北飞龙摩擦材料股份有限公司
地址：湖北省枣阳市新华路78号
邮政编码：441200
证书注册编号：0300A0750
体系认证标准：GB/T 19001－1994 idt ISO 9001－1994
有效期：2000.12～2003.12

中国湖北咸宁市起重电机有限责任公司
地址：湖北省咸宁市永安大道36号
邮政编码：437000
证书注册编号：0300A0751
体系认证标准：GB/T 19001－1994 idt ISO 9001－1994
有效期：2000.12～2003.12

北京京供诚信电力工程处
地址：北京市丰台区北甲地路九号院六号楼三层
邮政编码：100054
证书注册编号：0300B0752
体系认证标准：GB/T 19002－1994 idt ISO 9002－1994
有效期：2000.12～2003.12

青海火电工程公司
地址：青海省西宁市小桥大街38号
邮政编码：810003
证书注册编号：0300B0753
体系认证标准：GB/T 19002－1994 idt ISO 9002－1994
有效期：2000.12～2003.12

***武汉青山北湖工程有限责任公司**
地址：湖北武汉市武钢北湖农场27号
邮政编码：430085
电话：(027)86891571－7222
传真：(027)86422321
法定代表人：魏汉平
证书注册编号：0300B0754
体系认证标准：GB/T 19002－1994 idt ISO 9002－1994
获证体系覆盖产品：工业与民用建筑工程施工
有效期：2000.12.22～2003.12.22

永嘉县星火水泥制品有限公司
地址：浙江省永嘉县瓯北镇长岙村
邮政编码：325100
证书注册编号：0300B0811
体系认证标准：GB/T 19002－1994 idt ISO 9002－1994
有效期：2000.12～2003.12

海盐县华联纸业有限责任公司
地址：浙江省海盐县沈荡大桥东堍
邮政编码：314311
证书注册编号：0300B0812
体系认证标准：GB/T 19002－1994 idt ISO 9002－1994
有效期：2000.12～2003.12

中油管道建工集团有限公司
地址：河北省廊坊市爱民西道63号
邮政编码：65000
证书注册编号：0300B0813
体系认证标准：GB/T 19002－1994 idt ISO 9002－1994
有效期：2000.12～2003.12

四川电力工程建设监理有限责任公司
地址：四川省成都市望平街2号望平大厦4楼
邮政编码：610061
证书注册编号：0300B0814
体系认证标准：GB/T 19002－1994 idt ISO 9002－1994
有效期：2000.12～2003.12

杭州市市政公用建设监理公司
地址：浙江省杭州市庆春路11号凯旋门商业中心18楼
邮政编码：310009
证书注册编号：0300B0815
体系认证标准：GB/T 19002－1994 idt ISO 9002－1994
有效期：2000.12～2003.12

常德市金芙蓉实业发展公司
地址：湖南省常德市武陵区岩坪
邮政编码：415000
证书注册编号：0300B0816
体系认证标准：GB/T 19002－1994 idt ISO 9002－1994
有效期：2000.12～2003.12

济宁市水利工程施工公司
地址：山东省济宁市共青团北路71号
邮政编码：272137
证书注册编号：0300B0817
体系认证标准：GB/T 19002－1994 idt ISO 9002－1994
有效期：2000.12～2003.12

山东铝业公司设计院
地址：山东淄博市张店区五公里路1号
邮政编码：255052
证书注册编号：0300A0818
体系认证标准：GB/T 19001－1994 idt ISO 9001－1994
有效期：2000.12～2003.12

湖南省保安工具设备厂
地址：湖南省汨罗市长乐镇北路43号
邮政编码：414411
证书注册编号：0300A0819
体系认证标准：GB/T 19001－1994 idt ISO 9001－1994
有效期：2000.12～2003.12

江都市天龙给排水设备制造有限公司
地址：江苏江都市真武镇真东路56号
邮政编码：225265
证书注册编号：0300B0820
体系认证标准：GB/T 19002－1994 idt ISO 9002－1994
有效期：2000.12～2003.12

衡阳纺织机械厂
地址：湖南省衡阳市
邮政编码：421007
证书注册编号：0300B0821
体系认证标准：GB/T 19002－1994 idt ISO 9002－1994
有效期：2000.12～2003.12

义乌华丽织造有限公司
地址：浙江省义乌市青口工业区曙光北路1号
邮政编码：322103

证书注册编号:0300B0822
体系认证标准:GB/T 19002—1994 idt ISO 9002—1994
有效期:2000.12~2003.12

北京设备成套公司
地址:北京市西城区西绒线(乙)9号
邮政编码:100031
证书注册编号:0300B0823
体系认证标准:GB/T 19002—1994 idt ISO 9002—1994
有效期:2000.12~2003.12

中国建筑一局装饰公司
地址:北京丰台路60号
邮政编码:100073
证书注册编号:0300A0824
体系认证标准:GB/T 19001—1994 idt ISO 9001—1994
有效期:2000.12~2003.12

桐乡市亿宏绢纺有限责任公司
地址:浙江省桐乡市河山镇五泾工业区
邮政编码:314512
证书注册编号:0300B0825
体系认证标准:GB/T 19002—1994 idt ISO 9002—1994
有效期:2000.12~2003.12

桐乡市沪石纺织厂
地址:浙江省桐乡市石门镇和尚桥
邮政编码:314512
证书注册编号:0300B0826
体系认证标准:GB/T 19002—1994 idt ISO 9002—1994
有效期:2000.12~2003.12

常州市燃气热力总公司
地址:江苏省常州市局前街98号
邮政编码:213003
证书注册编号:0300B0827
体系认证标准:GB/T 19002—1994 idt ISO 9002—1994
有效期:2000.12~2003.12

南京特瑞电力器材有限公司
地址:江苏省南京市集庆路123号
邮政编码:210006
证书注册编号:0300A0828
体系认证标准:GB/T 19001—1994 idt ISO 9001—1994
有效期:2000.12~2003.12

抚顺双菱高级润滑油股份有限公司
地址:辽宁省抚顺市东洲区东洲大街30—14号
邮政编码:113001
证书注册编号:0300B0829
体系认证标准:GB/T 19002—1994 idt ISO 9002—1994
有效期:2000.12~2003.12

江西日江水泥制造有限公司
地址:江西省萍乡市芦溪县
邮政编码:337053
证书注册编号:0300B0830
体系认证标准:GB/T 19002—1994 idt ISO 9002—1994
有效期:2000.12~2003.12

武汉神龙商贸有限公司
地址:湖北省武汉市汉阳郭茨玖瑰园东村2号
邮政编码:430051
证书注册编号:0300B0831
体系认证标准:GB/T 19002—1994 idt ISO 9002—1994
有效期:2000.12~2003.12

新疆邮电设计院
地址:新疆乌鲁木齐市钱塘江路23号
邮政编码:830006
证书注册编号:0300A0832
体系认证标准:GB/T 19001—1994 idt ISO 9001—1994
有效期:2000.12~2003.12

唐山市唐新装饰设计工程有限公司
地址:河北省唐山市新区光华道39号
邮政编码:63030
证书注册编号:0300A0833
体系认证标准:GB/T 19002—1994 idt ISO 9002—1994
有效期:2000.12~2003.12

奉化市公路桥梁建筑工程公司
地址:浙江省奉化市兴奉路14—16号
邮政编码:315500
证书注册编号:0300B0834
体系认证标准:GB/T 19002—1994 idt ISO 9002—1994
有效期:2000.12~2003.12

河北公路工程建设集团有限公司
地址:河北石家庄市建设南大街70号
邮政编码:50011
证书注册编号:0300B0835
体系认证标准:GB/T 19002—1994 idt ISO 9002—1994
有效期:2000.12~2003.12

沧州市沧贸建筑安装(有限)公司
地址:河北沧州市新华区志强路50号
邮政编码:61000
证书注册编号:0300B0836
体系认证标准:GB/T 19002—1994 idt ISO 9002—1994
有效期:2000.12~2003.12

北京市延庆上海大众汽车特约维修站
地址:北京延庆县大榆树镇东杏园村南
邮政编码:102100
证书注册编号:0300B0837
体系认证标准:GB/T 19002—1994 idt ISO 9002—1994
有效期:2000.12~2003.12

上海柴油机股份有限公司金山缸套厂
地址:上海市金山区亭枫公路4283号
邮政编码:201500
证书注册编号:0300B0838
体系认证标准:GB/T 19002—1994 idt ISO 9002—1994
有效期:2000.12~2003.12

北京申电联汽车服务有限责任公司北电上海大众汽车特约维修站
地址:北京市宣武区右安胡同甲1号
邮政编码:100054
证书注册编号:0300B0839
体系认证标准:GB/T 19002—1994 idt ISO 9002—1994
有效期:2000.12~2003.12

河北冀衡集团有限公司(氯碱分公司)
地址:河北省衡水市中华北大街25号
邮政编码:53000
证书注册编号:0300B0840
体系认证标准:GB/T 19002—1994 idt ISO 9002—1994
有效期:2000.12~2003.12

***北京市第四清洁车辆场**
地址:北京市朝阳区亚运村北辰路
邮政编码:100029
电话:(010)64434466转212
传真:(010)64438679

法定代表人:郭庆祥
证书注册编号:0300A0841
体系认证标准:GB/T 19001—1994 idt ISO 9001—1994
获证体系覆盖产品:1. 富康系列轿车、东风系列汽车、大客车的维修与保养,配件及整车的销售;2. 公路货物运输;3. 三辰牌改装车的设计和制造(吸粪车、自卸车、自装卸式和车厢可卸式垃圾车)
有效期:2000.12.30～2003.12.30

安徽皖宝矿业股份有限公司
地址:安徽省贵池市秋浦东路
邮政编码:247100
证书注册编号:0300B0842
体系认证标准:GB/T 19002—1994 idt ISO 9002—1994
有效期:2000.12～2003.12

青岛经济技术开发区城市建设工程公司
地址:山东省青岛开发区武夷山路
邮政编码:266555
证书注册编号:0300B0843
体系认证标准:GB/T 19002—1994 idt ISO 9002—1994
有效期:2000.12～2003.12

青岛经济技术开发区市政工程总公司
地址:山东省青岛经济技术开发区井岗山路765号
邮政编码:266555
证书注册编号:0300B0844
体系认证标准:GB/T 19002—1994 idt ISO 9002—1994
有效期:2000.12～2003.12

北京京铁北方货运代理有限公司
地址:北京市丰台区海户西里34号
邮政编码:100077
证书注册编号:0300B0845
体系认证标准:GB/T 19002—1994 idt ISO 9002—1994
有效期:2000.12～2003.12

杭州定海建筑工程有限公司
地址:浙江省杭州市杭海路108号
邮政编码:310016
证书注册编号:0300B0846
体系认证标准:GB/T 19002—1994 idt ISO 9002—1994
有效期:2000.12～2003.12

山东圣龙纸业股份有限公司
地址:山东省定陶县定陶镇固堆刘村东
邮政编码:274100
证书注册编号:0300A0847
体系认证标准:GB/T 19001—1994 idt ISO 9001—1994
有效期:2000.12～2003.12

北京市大型物资运输公司
地址:北京市宣武区广街8号
邮政编码:100053
证书注册编号:0300B0848
体系认证标准:GB/T 19002—1994 idt ISO 9002—1994
有效期:2000.12～2003.12

北京市昌厦建筑工程有限公司
地址:北京市房山区良乡月华大街2号
邮政编码:102401
证书注册编号:0300B0849
体系认证标准:GB/T 19002—1994 idt ISO 9002—1994
有效期:2000.12～2003.12

北京市昌平一建建筑公司
地址:北京市昌平区振兴路16号
邮政编码:102200
证书注册编号:0300B0850
体系认证标准:GB/T 19002—1994 idt ISO 9002—1994
有效期:2000.12～2003.12

重庆第二建设有限公司
地址:重庆市沙坪坝区天星桥正街2号
邮政编码:400030
证书注册编号:0300B0851
体系认证标准:GB/T 19002—1994 idt ISO 9002—1994
有效期:2000.12～2003.12

江苏凯凯橡塑股份有限公司
地址:江苏省宜兴市高胜镇胜北路2号
邮政编码:214214
证书注册编号:0300B0852
体系认证标准:GB/T 19002—1994 idt ISO 9002—1994
有效期:2000.12～2003.12

烟台大成汽车修理有限公司
地址:山东省烟台市芝罘区世回尧路388号
邮政编码:264000
证书注册编号:0300B0853
体系认证标准:GB/T 19002—1994 idt ISO 9002—1994
有效期:2000.12～2003.12

杭州市城乡建设设计院有限公司
地址:浙江省杭州市马塍路36号
邮政编码:310012
证书注册编号:0300A0854
体系认证标准:GB/T 19001—1994 idt ISO 9001—1994
有效期:2000.12～2003.12

成都市全友家具有限公司
地址:四川省崇州市羊马工业区
邮政编码:611231
证书注册编号:0300A0855
体系认证标准:GB/T 19001—1994 idt ISO 9001—1994
有效期:2000.12～2003.12

***青岛市工程建设监理公司**
地址:山东省青岛市徐州路114号
邮政编码:266071
电话:(0532)5813599
传真:(0532)5845777
法定代表人:范鹏程
证书注册编号:0300B0856
体系认证标准:GB/T 19002—1994 idt ISO 9002—1994
获证体系覆盖产品:工程建设监理
有效期:2000.12.31～2003.12.31

四川省攀枝花市前进炭黑厂
地址:四川省攀枝花市渡口桥南前进路
邮政编码:617067
证书注册编号:0300B0857
体系认证标准:GB/T 19002—1994 idt ISO 9002—1994
有效期:2000.12～2003.12

***浙江省疏浚工程有限公司**
地址:浙江省湖州市凤凰路586号
邮政编码:313000
电话:(0572)2115867 2115029
传真:(0572)2115176
法定代表人:王吉茂
证书注册编号:0300B0858
体系认证标准:GB/T 19002—1994 idt ISO 9002—1994

获证体系覆盖产品:疏浚工程
有效期:2000.12.31～2003.12.31

青岛四方宏茂液压气动机械厂
地址:山东青岛市四方区萍乡路20号
邮政编码:266042
证书注册编号:0300B0859
体系认证标准:GB/T 19002—1994 idt ISO 9002—1994
有效期:2000.12～2003.12

青岛金巢实业公司
地址:山东省青岛市上清路19号
邮政编码:266023
证书注册编号:0300B0860
体系认证标准:GB/T 19002—1994 idt ISO 9002—1994
有效期:2000.12～2003.12

湖南省三湘客车集团有限公司
地址:湖南省长沙市韶山路153号
邮政编码:410004
证书注册编号:0300A0861
体系认证标准:GB/T 19001—1994 idt ISO 9001—1994
有效期:2000.12～2003.12

莱阳市华发门窗建材厂
地址:山东省莱阳市龙门西路99号
邮政编码:265200
证书注册编号:0300B0862
体系认证标准:GB/T 19002—1994 idt ISO 9002—1994
有效期:2000.12～2003.12

莱阳市大华消防工程安装有限责任公司
地址:山东省莱阳市龙门路108号
邮政编码:265200
证书注册编号:0300B0863
体系认证标准:GB/T 19002—1994 idt ISO 9002—1994
有效期:2000.12～2003.12

广西柳州市公共交通有限责任公司
地址:广西柳州市跃进路42号
邮政编码:545001
证书注册编号:0300B0864
体系认证标准:GB/T 19002—1994 idt ISO 9002—1994
有效期:2000.12～2003.12

常州中化勤丰塑料有限公司
地址:江苏省常州市常锡路东22号
邮政编码:213004
证书注册编号:0300B0865
体系认证标准:GB/T 19002—1994 idt ISO 9002—1994
有效期:2000.12～2003.12

***榆次市恒利建筑有限公司**
地址:山西省榆次市道北西街76号
邮政编码:030600
电话:(0354)2423290
传真:(0354)2401735
法定代表人:梁俊德
证书注册编号:0300B0866
体系认证标准:GB/T 19002—1994 idt ISO 9002—1994
获证体系覆盖产品:建筑工程施工安装
有效期:2000.12.31～2003.12.31

莱阳市大华建筑安装装饰装修工程有限公司
地址:山东省莱阳市五龙南路74号
邮政编码:265200
证书注册编号:0300B0867
体系认证标准:GB/T 19002—1994 idt ISO 9002—1994
有效期:2000.12～2003.12

高邮市朝阳气动液压机械厂
地址:江苏省高邮市汤庄镇
邮政编码:225645
证书注册编号:0300B0868
体系认证标准:GB/T 19002—1994 idt ISO 9002—1994
有效期:2000.12～2003.12

上海大众汽车房山良乡特约维修站
地址:北京房山区良乡凯旋大街50号
邮政编码:102488
证书注册编号:0300B0869
体系认证标准:GB/T 19002—1994 idt ISO 9002—1994
有效期:2000.12～2003.12

四川省安岳盛源电力设备有限公司
地址:四川省安岳县解放街410号
邮政编码:642350
证书注册编号:0300A0870
体系认证标准:GB/T 19001—1994 idt ISO 9001—1994
有效期:2000.12～2003.12

青岛制粉股份有限公司
地址:山东省青岛市辽宁路63号
邮政编码:266021
证书注册编号:0300B0871
体系认证标准:GB/T 19002—1994 idt ISO 9002—1994
有效期:2000.12～2003.12

青岛市崂山区万里江茶坊有限公司
地址:山东省青岛市崂山区崂山路中段
邮政编码:266102
证书注册编号:0300B0872
体系认证标准:GB/T 19002—1994 idt ISO 9002—1994
有效期:2000.12～2003.12

成都标准件总厂四分厂
地址:四川省成都市外西九里堤
邮政编码:610084
证书注册编号:0300B0873
体系认证标准:GB/T 19002—1994 idt ISO 9002—1994
有效期:2000.12～2003.12

高邮市电液推杆厂
地址:江苏省高邮市汤庄镇朝阳路8号
邮政编码:225645
证书注册编号:0300B0874
体系认证标准:GB/T 19002—1994 idt ISO 9002—1994
有效期:2000.12～2003.12

扬州市威力电机厂
地址:江苏江都市双沟镇双锦路60号
邮政编码:225267
证书注册编号:0300B0875
体系认证标准:GB/T 19002—1994 idt ISO 9002—1994
有效期:2000.12～2003.12

青岛东亚装饰总公司
地址:山东省青岛市延安路99号
邮政编码:266023
证书注册编号:0300A0876
体系认证标准:GB/T 19001—1994 idt ISO 9001—1994
有效期:2000.12～2003.12

聊城长途汽车总站
地址:山东省聊城市聊园北路28号
邮政编码:252000
证书注册编号:0300B0877

体系认证标准:GB/T 19002—1994 idt ISO 9002—1994
有效期:2000.12～2003.12

株洲冶炼厂工程公司
地址:湖南省株洲市石峰区
邮政编码:412004
证书注册编号:0300B0878
体系认证标准:GB/T 19002—1994 idt ISO 9002—1994
有效期:2000.12～2003.12

吉林省九新化工厂
地址:吉林省吉林市经济技术开发区九站街
邮政编码:102102
证书注册编号:0300B0879
体系认证标准:GB/T 19002—1994 idt ISO 9002—1994
有效期:2000.12～2003.12

德阳市第一建筑工程公司
地址:四川德阳市凉山路青山巷14号
邮政编码:618000
证书注册编号:0300B0880
体系认证标准:GB/T 19002—1994 idt ISO 9002—1994
有效期:2000.12～2003.12

成都沃特防腐工程有限责任公司
地址:四川省成都市金牛区营门口花照村六组
邮政编码:610036
证书注册编号:0300B0881
体系认证标准:GB/T 19002—1994 idt ISO 9002—1994
有效期:2000.12～2003.12

***柳州市公共交通有限责任公司大修厂**
地址:广西柳州市三中路140号
邮政编码:545001
电话:(0772)2824665
传真:(0772)2817934
法定代表人:狄俊煜
证书注册编号:0300B0882
体系认证标准:GB/T 19002—1994 idt ISO 9002—1994
获证体系覆盖产品:汽车维护、汽车大修
有效期:2000.12.31～2003.12.31

嘉兴梅林精密机械有限公司
地址:浙江省桐乡市河山镇东浜头村
邮政编码:314512
证书注册编号:0300B0883
体系认证标准:GB/T 19002—1994 idt ISO 9002—1994
有效期:2000.12～2003.12

沧州电力开关设备厂
地址:河北省沧州市南环西路师专对面
邮政编码:610010
证书注册编号:0300A0884
体系认证标准:GB/T 19001—1994 idt ISO 9001—1994
有效期:2000.12～2003.12

云南省滇南发电总厂开远电力修造厂
地址:云南省开远市人民中路34号
邮政编码:661600
证书注册编号:0300B0885
体系认证标准:GB/T 19002—1994 idt ISO 9002—1994
有效期:2000.12～2003.12

蓬莱华茂精细化工有限公司
地址:山东省蓬莱市南关路198号
邮政编码:265600
证书注册编号:0300B0886
体系认证标准:GB/T 19002—1994 idt ISO 9002—1994
有效期:2000.12～2003.12

青岛防腐材料厂
地址:山东省青岛市李沧区安顺路6号
邮政编码:266043
证书注册编号:0300B0887
体系认证标准:GB/T 19002—1994 idt ISO 9002—1994
有效期:2000.12～2003.12

仪征市宏大物业有限公司
地址:江苏省仪征市真州镇工农路红叶新村文化活动中心二楼
邮政编码:211400
证书注册编号:0300B0888
体系认证标准:GB/T 19002—1994 idt ISO 9002—1994
有效期:2000.12～2003.12

***武汉钢实炼铁修造安装有限公司**
地址:湖北省武汉市青山武钢厂前炼铁厂内
邮政编码:430083
电话:(027)86893638
传真:(027)86893638
法定代表人:张继福
证书注册编号:0300B0889
体系认证标准:GB/T 19002—1994 idt ISO 9002—1994
获证体系覆盖产品:冶金设备安装与检修工程及部件制造
有效期:2000.12.31～2003.12.31

河北海伟交通设施有限公司
地址:河北省景县留府工业区
邮政编码:53500
证书注册编号:0300B0890
体系认证标准:GB/T 19002—1994 idt ISO 9002—1994
有效期:2000.12～2003.12

武汉中村砼制品有限公司
地址:湖北省武汉市汉阳琴断口36号
邮政编码:430051
证书注册编号:0300B0891
体系认证标准:GB/T 19002—1994 idt ISO 9002—1994
有效期:2000.12～2003.12

大连第二油漆厂
地址:辽宁省大连市甘井子区小平岛东街113号
邮政编码:116023
证书注册编号:0300B0892
体系认证标准:GB/T 19002—1994 idt ISO 9002—1994
有效期:2000.12～2003.12

广丰月兔化工有限公司
地址:江西省广丰县芦林工业区
邮政编码:334600
证书注册编号:0300B0893
体系认证标准:GB/T 19002—1994 idt ISO 9002—1994
有效期:2000.12～2003.12

无锡聚江房地产有限责任公司
地址:江苏省无锡市风光里1#
邮政编码:214026
证书注册编号:0300B0894
体系认证标准:GB/T 19002—1994 idt ISO 9002—1994
有效期:2000.12～2003.12

浙江省黄岩第九化工厂
地址:浙江省台州市黄岩区下洋顾
邮政编码:318020
证书注册编号:0300B0895
体系认证标准:GB/T 19002—1994 idt ISO 9002—1994
有效期:2000.12~2003.12

河北省故城县珠峰铁路设备制造厂
地址:河北省故城县城北
邮政编码:253800
证书注册编号:0300B0896
体系认证标准:GB/T 19002—1994 idt ISO 9002—1994
有效期:2000.12~2003.12

建德中亚电子仪器厂[建德中亚电器(制造)有限公司]
地址:浙江省杭州市建德市新安江镇桥南工业园区
邮政编码:311600
证书注册编号:0300B0897
体系认证标准:GB/T 19002—1994 idt ISO 9002—1994
有效期:2000.12~2003.12

成都市龙西建筑工程公司
地址:四川成都市龙泉驿区西河镇南街
邮政编码:610107
证书注册编号:0300B0898
体系认证标准:GB/T 19002—1994 idt ISO 9002—1994
有效期:2000.12~2003.12

重庆瓶盖总厂
地址:重庆市陈家桥陈青路249号
邮政编码:401331
证书注册编号:0300B0899
体系认证标准:GB/T 19002—1994 idt ISO 9002—1994
有效期:2000.12~2003.12

河北省景县景津压滤机厂
地址:河北省景县景德路89号
邮政编码:53500
证书注册编号:0300A0900
体系认证标准:GB/T 19001—1994 idt ISO 9001—1994
有效期:2000.12~2003.12

重庆煤炭第一建筑安装工程公司
地址:重庆市渝中区大坪长江二路177—11号
邮政编码:400042
证书注册编号:0300B0901
体系认证标准:GB/T 19002—1994 idt ISO 9002—1994
有效期:2000.12~2003.12

乐清市五星电缆金具厂
地址:浙江乐清市柳市镇塘沿周工业区
邮政编码:325604
证书注册编号:0300B0902
体系认证标准:GB/T 19002—1994 idt ISO 9002—1994
有效期:2000.12~2003.12

沈阳赛飞消防技术开发公司
地址:辽宁省沈阳市皇姑区蒲河街七号
邮政编码:110031
证书注册编号:0300B0903
体系认证标准:GB/T 19002—1994 idt ISO 9002—1994
有效期:2000.12~2003.12

中山市通达机电工业有限公司
地址:广东省中山市石岐厚兴大陂坑工业区第一、四幢
邮政编码:528402
证书注册编号:0300B0904
体系认证标准:GB/T 19002—1994 idt ISO 9002—1994
有效期:2000.12~2003.12

杭州电机有限公司(杭州起重设备厂)
地址:浙江省杭州文三街上宁巷1号
邮政编码:310012
证书注册编号:0300B0906
体系认证标准:GB/T 19002—1994 idt ISO 9002—1994
有效期:2000.12~2003.12

浙江浙大海纳快威科技有限公司
地址:浙江省杭州市西溪路516号
邮政编码:310013
证书注册编号:0300B0907
体系认证标准:GB/T 19002—1994 idt ISO 9002—1994
有效期:2000.12~2003.12

青岛金麦园连锁经营总公司益民食品厂
地址:山东省青岛市308国道613号
邮政编码:266100
证书注册编号:0300B0908
体系认证标准:GB/T 19002—1994 idt ISO 9002—1994
有效期:2000.12~2003.12

无锡市郊区城乡建设实业总公司
地址:江苏省无锡市梁青路9#
邮政编码:214061
证书注册编号:0300B0909
体系认证标准:GB/T 19002—1994 idt ISO 9002—1994
有效期:2000.12~2003.12

青岛高科园兴盛塑料包装厂
地址:山东省青岛市高科园孙家下庄
邮政编码:266101
证书注册编号:0300B0910
体系认证标准:GB/T 19002—1994 idt ISO 9002—1994
有效期:2000.12~2003.12

许昌烟草工业机械厂
地址:河南省许昌市魏都区五一路8号
邮政编码:461000
证书注册编号:0300A0911
体系认证标准:GB/T 19001—1994 idt ISO 9001—1994
有效期:2000.12~2003.12

山东省诸城市建筑工程公司
地址:山东省诸城市兴华西路1号
邮政编码:262200
证书注册编号:0300B0912
体系认证标准:GB/T 19002—1994 idt ISO 9002—1994
有效期:2000.12~2003.12

太原变压器厂
地址:山西省太原市和平南路义井
邮政编码:30021
证书注册编号:0300A0913
体系认证标准:GB/T 19001—1994 idt ISO 9001—1994
有效期:2000.12~2003.12

河南豫光金铅集团有限责任公司
地址:河南济源市济水大街中段525号
邮政编码:454650
证书注册编号:0300B0914
体系认证标准:GB/T 19002—1994 idt ISO 9002—1994
有效期:2000.12~2003.12

大连中申建筑安装工程有限公司
地址:辽宁大连市中山区南山路 205 号
邮政编码:116022
证书注册编号:0300B0915
体系认证标准:GB/T 19002－1994 idt ISO 9002－1994
有效期:2000.12～2003.12

河北省吴桥天马纤维水泥制品有限公司
地址:河北吴桥县桑园镇钱塘江路 9 号
邮政编码:61800
证书注册编号:0300B0916
体系认证标准:GB/T 19002－1994 idt ISO 9002－1994
有效期:2000.12～2003.12

河北省景县砂轮厂
地址:河北省景县留府高新技术园
邮政编码:53515
证书注册编号:0300B0917
体系认证标准:GB/T 19002－1994 idt ISO 9002－1994
有效期:2000.12～2003.12

牡丹江电力水泥厂
地址:黑龙江省牡丹江市阳明区桦林路
邮政编码:157015
证书注册编号:0300B0918
体系认证标准:GB/T 19002－1994 idt ISO 9002－1994
有效期:2000.12～2003.12

武汉神龙实业开发总公司汽车装饰附件厂
地址:湖北省武汉市汉阳区龙阳市场 28 号
邮政编码:430051
证书注册编号:0300B0919
体系认证标准:GB/T 19002－1994 idt ISO 9002－1994
有效期:2000.12～2003.12

广丰县中策电缆有限公司
地址:江西省广丰县丰溪路 466 号
邮政编码:334600
证书注册编号:0300B0920
体系认证标准:GB/T 19002－1994 idt ISO 9002－1994
有效期:2000.12～2003.12

浙江省中兴建设有限责任公司
地址:浙江宁波市镇海区车站路 256 号
邮政编码:315200
证书注册编号:0300B0921
体系认证标准:GB/T 19002－1994 idt ISO 9002－1994
有效期:2000.12～2003.12

山东鲁鑫油脂集团公司
地址:山东省济宁市火车站西路 148 号
邮政编码:272143
证书注册编号:0300B0922
体系认证标准:GB/T 19002－1994 idt ISO 9002－1994
有效期:2000.12～2003.12

本钢液压缸厂
地址:辽宁省本溪市明山区高合子
邮政编码:117008
证书注册编号:0300A0923
体系认证标准:GB/T 19002－1994 idt ISO 9002－1994
有效期:2000.12～2003.12

青岛市机械化施工公司
地址:山东青岛市四方区兴隆路 129 号
邮政编码:266031
证书注册编号:0300B0924
体系认证标准:GB/T 19002－1994 idt ISO 9002－1994
有效期:2000.12～2003.12

莱西市建筑总公司
地址:山东省莱西市威海中路 13 号
邮政编码:266600
证书注册编号:0300B0925
体系认证标准:GB/T 19002－1994 idt ISO 9002－1994
有效期:2000.12～2003.12

河南省新乡建材厂
地址:河北省新乡市北站区建材路 6 号
邮政编码:453011
证书注册编号:0300B0926
体系认证标准:GB/T 19002－1994 idt ISO 9002－1994
有效期:2000.12～2003.12

江苏太湖耐火材料股份有限公司(无锡鸿鹏耐火浇注料有限公司,江苏太湖耐火材料股份有限公司经营公司,无锡宝耐火新材料有限公司,无锡鸿晟耐火制件有限公司,无锡鸿得超微粉碎有限公司)
地址:江苏省无锡市锡甘路 3 号
邮政编码:214026
证书注册编号:0300B0927
体系认证标准:GB/T 19002－1994 idt ISO 9002－1994
有效期:2000.12～2003.12

什邡铁路养路机械有限责任公司
地址:四川省什邡市外西街 195 号
邮政编码:618400
证书注册编号:0300B0928
体系认证标准:GB/T 19002－1994 idt ISO 9002－1994
有效期:2000.12～2003.12

陕西鼓风机(集团)有限公司
地址:陕西省西安市代王镇
邮政编码:710611
证书注册编号:0300A0929
体系认证标准:GB/T 19002－1994 idt ISO 9002－1994
有效期:2000.12～2003.12

锡山市金鹏物业有限责任公司
地址:江苏省无锡市风光里 10 号
邮政编码:214026
证书注册编号:0300B0930
体系认证标准:GB/T 19002－1994 idt ISO 9002－1994
有效期:2000.12～2003.12

吴江市新申绢纺织造制衣有限公司
地址:江苏省吴江市震泽镇里泽
邮政编码:215231
证书注册编号:0300B0931
体系认证标准:GB/T 19002－1994 idt ISO 9002－1994
有效期:2000.12～2003.12

湖南株洲化工集团钛白粉有限公司
地址:湖南省株洲市清水塘
邮政编码:412004
证书注册编号:0300B0932
体系认证标准:GB/T 19002－1994 idt ISO 9002－1994
有效期:2000.12～2003.12

金湖县科星电子有限公司
地址:江苏省金湖县黎城路 50 号
邮政编码:211600
证书注册编号:0300B0933

体系认证标准:GB/T 19002—1994 idt ISO 9002—1994
有效期:2000.12～2003.12

永嘉县瓯北电热电器厂
地址:浙江省永嘉县瓯北三桥工业区
邮政编码:325105
证书注册编号:0300B0934
体系认证标准:GB/T 19002—1994 idt ISO 9002—1994
有效期:2000.12～2003.12

锡山市华通电机电器厂
地址:江苏省锡山市堰桥镇
邮政编码:214175
证书注册编号:0300B0935
体系认证标准:GB/T 19002—1994 idt ISO 9002—1994
有效期:2000.12～2003.12

锡山市华灵电机开关厂
地址:江苏锡山市堰桥镇堰新路 21 号
邮政编码:214174
证书注册编号:0300B0936
体系认证标准:GB/T 19002—1994 idt ISO 9002—1994
有效期:2000.12～2003.12

乐清市天和电机有限公司
地址:浙江省乐清市柳市新民
邮政编码:325604
证书注册编号:0300B0937
体系认证标准:GB/T 19002—1994 idt ISO 9002—1994
有效期:2000.12～2003.12

锡山市江南微电机厂
地址:江苏锡山市堰桥镇锡澄路 98 号
邮政编码:214174
证书注册编号:0300B0938
体系认证标准:GB/T 19002—1994 idt ISO 9002—1994
有效期:2000.12～2003.12

无锡世纪生物工程有限公司
地址:江苏省无锡市马山梅梁西路
邮政编码:214092
证书注册编号:0300B0939
体系认证标准:GB/T 19002—1994 idt ISO 9002—1994
有效期:2000.12～2003.12

淄博华王化工有限公司
地址:山东淄博市博山区颜北路 480 号
邮政编码:255202
证书注册编号:无
体系认证标准:GB/T 19002—1994 idt ISO 9002—1994
有效期:2000.12～2003.12

广东质量体系认证中心

佛山塑料集团股份有限公司塑料八厂有限公司
地址:广东省佛山市新火车站左侧
邮政编码:528000
证书注册编号:0400B0001
体系认证标准:GB/T 19002－1994 idt ISO 9002:1994
有效期:2000.1～2003.1

鹤山市必登高鞋业皮具有限公司
地址:广东省鹤山市沙坪镇人民南路138号
邮政编码:529700
证书注册编号:0400B0002
体系认证标准:GB/T 19002－1994 idt ISO 9002:1994
有效期:2000.1～2003.1

广州信和物业经营管理有限公司
地址:广东省广州市昌岗路233号
邮政编码:510280
证书注册编号:0400B0003
体系认证标准:GB/T 19002－1994 idt ISO 9002:1994
有效期:2000.1～2003.1

广州起重运输机械实业公司
地址:广东省广州广园中路283号
邮政编码:510405
证书注册编号:0400A0004
体系认证标准:GB/T 19001－1994 idt ISO 9001:1994
有效期:2000.1～2003.1

广州广汽集团有限公司
地址:广东广州市环市西路156号四楼
邮政编码:510010
证书注册编号:0400B0005
体系认证标准:GB/T 19002－1994 idt ISO 9002:1994
有效期:2000.1～2003.1

广州市南华西发电设备有限公司
地址:广东省广州市江南大道南江燕路燕岗街15号
邮政编码:510280
证书注册编号:0400B0006
体系认证标准:GB/T 19002－1994 idt ISO 9002:1994
有效期:2000.1～2003.1

广州恒茂建设监理公司
地址:广东省广州经济技术开发区管委会大楼B617
邮政编码:510730
证书注册编号:0400B0007
体系认证标准:GB/T 19002－1994 idt ISO 9002:1994
有效期:2000.1～2003.1

广东省番禺市大石建筑工程有限公司
地址:广东番禺市大石镇朝阳路180号
邮政编码:511430
证书注册编号:0400B0008
体系认证标准:GB/T 19002－1994 idt ISO 9002:1994
有效期:2000.1～2003.1

广州市建新电器厂
地址:广东省广州市新港西路立新街凤岗脚18号
邮政编码:510260
证书注册编号:0400A0009
体系认证标准:GB/T 19001－1994 idt ISO 9001:1994
有效期:2000.1～2003.1

广东三水大鸿制釉有限公司
地址:广东省广东三水市大塘镇工业开发区
邮政编码:528143
证书注册编号:0400B0010 0496B092
体系认证标准:GB/T 19002－1994 idt ISO 9002:1994
有效期:2000.1～2003.1

中山市兆和电器实业有限公司
地址:广东省中山市黄圃镇大岑工业区置业路1号
邮政编码:528429
证书注册编号:0400B0011
体系认证标准:GB/T 19002－1994 idt ISO 9002:1994
有效期:2000.1～2003.1

广东省普宁市安仁电线厂
地址:广东省普宁市安仁电线厂
邮政编码:515342
证书注册编号:0400B0012
体系认证标准:GB/T 19002－1994 idt ISO 9002:1994
有效期:2000.1～2003.1

广东佛陶集团海鸥陶瓷有限公司
地址:广东佛山市石湾镇工农路27号
邮政编码:528031
证书注册编号:0400B0013 0496B089
体系认证标准:GB/T 19002－1994 idt ISO 9002:1994
有效期:2000.1～2003.1

广州市新动力摩托车工业有限公司
地址:广东省从化市棋杆镇
邮政编码:510935
证书注册编号:0400B0014
体系认证标准:GB/T 19002－1994 idt ISO 9002:1994
有效期:2000.1～2003.1

南海南光树脂制品有限公司
地址:广东省南海市黄岐泌冲工业区
邮政编码:528248
证书注册编号:0400B0015
体系认证标准:GB/T 19002－1994 idt ISO 9002:1994
有效期:2000.1～2003.1

番禺梅山—马利酵母有限公司
地址:广东省番禺黄阁镇梅山
邮政编码:511456
证书注册编号:0400B0016 0496B111
体系认证标准:GB/T 19002—1994 idt ISO 9002:1994
有效期:2000.1～2003.1

中国华西企业有限公司
地址:广东省深圳市红荔西路7024号鲁班大厦写字楼14、15层
邮政编码:518034
证书注册编号:0400B0017
体系认证标准:GB/T 19002—1994 idt ISO 9002:1994
有效期:2000.1～2003.1

广东省石油化工建设集团公司
地址:广东省广州市海珠区同福中路子93号
邮政编码:510235
证书注册编号:0400B0018 0496B106
体系认证标准:GB/T 19002—1994 idt ISO 9002:1994
有效期:2000.1～2003.1

湖南石门玉叶化肥股份有限公司
地址:湖南省石门县新关镇三江路2号
邮政编码:415302
证书注册编号:0400B0019
体系认证标准:GB/T 19002—1994 idt ISO 9002:1994
有效期:2000.1～2003.1

顺德市(新潮)美达彩印(厂)有限公司
地址:广东顺德市北镇中发西路42号
邮政编码:528311
证书注册编号:0400B0020
体系认证标准:GB/T 19002—1994 idt ISO 9002:1994
有效期:2000.1～2003.1

广州市石井穗成电线厂
地址:广东省广州市白云区石井镇潭村
邮政编码:510435
证书注册编号:0400B0021
体系认证标准:GB/T 19002—1994 idt ISO 9002:1994
有效期:2000.1～2003.1

台山市奥达电器有限公司
地址:广东省台山市公益镇大桥西侧
邮政编码:529259
证书注册编号:0400B0022
体系认证标准:GB/T 19002—1994 idt ISO 9002:1994
有效期:2000.1～2003.1

番禺市丽之声数码音响实业有限公司
地址:广东省番禺大石镇大维工业区
邮政编码:511430
证书注册编号:0400B0023
体系认证标准:GB/T 19002—1994 idt ISO 9002:1994
有效期:2000.1～2003.1

东莞市惠美装饰工程有限公司
地址:广东省东莞市城区罗沙路银盈楼十二楼
邮政编码:523008
证书注册编号:0400B0024
体系认证标准:GB/T 19002—1994 idt ISO 9002:1994
有效期:2000.1～2003.1

东莞市艺龙实业有限公司
地址:广东省东莞市茶山镇塘角大贵子工业区
邮政编码:523393
证书注册编号:0400B0025
体系认证标准:GB/T 19002—1994 idt ISO 9002:1994
有效期:2000.1～2003.1

中山市古镇互感器厂
地址:广东省中山市古镇教昌工业大道一号
邮政编码:528422
证书注册编号:0400B0026
体系认证标准:GB/T 19002—1994 idt ISO 9002:1994
有效期:2000.1～2003.1

顺德市桂洲镇三兴气门嘴厂
地址:广东顺德市桂洲镇大福基工业区
邮政编码:528305
证书注册编号:0400B0027
体系认证标准:GB/T 19002—1994 idt ISO 9002:1994
有效期:2000.1～2003.1

广东亨达利水泥厂
地址:广东云浮市六都经济开发试验区
邮政编码:527521
证书注册编号:0400B0028
体系认证标准:GB/T 19002—1994 idt ISO 9002:1994
有效期:2000.1～2003.1

合肥电力电线厂
地址:安徽省合肥市桃花工业园光明路3号
邮政编码:231202
证书注册编号:0400B0029
体系认证标准:GB/T 19002—1994 idt ISO 9002:1994
有效期:2000.1～2003.1

中山恒山机器有限公司
地址:广东省中山市翠亨工业区
邮政编码:528454
证书注册编号:0400B0030
体系认证标准:GB/T 19002—1994 idt ISO 9002:1994
有效期:2000.1～2003.1

安徽淮北天力橡胶有限责任公司
地址:安徽省淮北市濉溪路115号
邮政编码:235000
证书注册编号:0400B0031
体系认证标准:GB/T 19002—1994 idt ISO 9002:1994
有效期:2000.1～2003.1

广东省电信科学技术研究院
地址:广东省广州市天河区中山大道109号
邮政编码:510630
证书注册编号:0400A0032
体系认证标准:GB/T 19001—1994 idt ISO 9001:1994
有效期:2000.1～2003.1

广东华达机器厂
地址:广东省肇庆市厂排街二路21号
邮政编码:526020
证书注册编号:0400B0033 0497B125
体系认证标准:GB/T 19002—1994 idt ISO 9002:1994
有效期:2000.1～2003.1

顺德市联塑科技实业有限公司
地址:广东省顺德市龙洲路龙江段联塑工业村
邮政编码:528318
证书注册编号:0498B275

体系认证标准:GB/T 19002—1994 idt ISO 9002:1994
有效期:2000.1～2003.1

顺德市莱雅化工有限公司
地址:广东省顺德市顺峰工业区
邮政编码:528333
证书注册编号:0497A158
体系认证标准:GB/T 19001—1994 idt ISO 9001:1994
有效期:2000.1～2003.1

中国华西企业公司机电设备安装公司
地址:广东省深圳市黄木岗北区44幢
邮政编码:518035
证书注册编号:0400B0034 0496B105
体系认证标准:GB/T 19002—1994 idt ISO 9002:1994
有效期:2000.2～2003.2

广州市豪华汽车内饰地毯厂
地址:广东省从化市街口镇安园路2号
邮政编码:510900
证书注册编号:0400B0035
体系认证标准:GB/T 19002—1994 idt ISO 9002:1994
有效期:2000.2～2003.2

广州珠江电信设备制造有限公司
地址:广东广州市沙河东莞庄路163号
邮政编码:510610
证书注册编号:0400A0036 0496A107 0496B108
体系认证标准:GB/T 19001—1994 idt ISO 9001:1994
有效期:2000.2～2003.2

广州永大(花都)机械有限公司
地址:广东省花都市梯面镇民安村
邮政编码:510870
证书注册编号:0400B0037
体系认证标准:GB/T 19002—1994 idt ISO 9002:1994
有效期:2000.2～2003.2

鑫鑫(清新)化工有限公司
地址:广东省清新县太和工业区
邮政编码:511800
证书注册编号:0400B0038
体系认证标准:GB/T 19002—1994 idt ISO 9002:1994
有效期:2000.2～2003.2

广东兴宁电机厂有限公司
地址:广东省兴宁市官汕一路392号
邮政编码:514500
证书注册编号:0400A0039
体系认证标准:GB/T 19001—1994 idt ISO 9001:1994
有效期:2000.2～2003.2

广东美怡乐食品有限公司
地址:广东省中山市环城区渡头工业区
邮政编码:528455
证书注册编号:0400B0040 0497B122
体系认证标准:GB/T 19002—1994 idt ISO 9002:1994
有效期:2000.2～2003.2

梅县线艺电磁元件有限公司
地址:广东省梅县西阳镇莆田
邮政编码:514768
证书注册编号:0400A0041
体系认证标准:GB/T 19001—1994 idt ISO 9001:1994
有效期:2000.2～2003.2

广州市萌芽实业总公司
地址:广东省广州天河区五山长
邮政编码:510650
证书注册编号:0400A0042
体系认证标准:GB/T 19001—1994 idt ISO 9001:1994
有效期:2000.2～2003.2

广州威达机械企业有限汽车制造厂
地址:广东省广州市黄埔区横沙(茅岗东路343号)
邮政编码:510700
证书注册编号:0400B0043
体系认证标准:GB/T 19002—1994 idt ISO 9002:1994
有效期:2000.2～2003.2

永大(花都市)机械公司芙蓉摩托车减震器厂
地址:广东省花都市芙蓉镇
邮政编码:510860
证书注册编号:0400B0044
体系认证标准:GB/T 19002—1994 idt ISO 9002:1994
有效期:2000.2～2003.2

广州市兴盛摩托车配件厂
地址:广东省广州市先烈路太和岗路28号
邮政编码:510070
证书注册编号:0400B0045
体系认证标准:GB/T 19002—1994 idt ISO 9002:1994
有效期:2000.2～2003.2

广州冷机股份有限公司
地址:广东省广州市白云区人和镇人和大街12号
邮政编码:510470
证书注册编号:0400A0046 0495A053
体系认证标准:GB/T 19001—1994 idt ISO 9001:1994
有效期:2000.2～2003.2

韶关新宇建设机械有限公司
地址:广东省韶关市十里亭
邮政编码:512031
证书注册编号:0400A0047
体系认证标准:GB/T 19001—1994 idt ISO 9001:1994
有效期:2000.2～2003.2

中国华西企业公司第四建筑工程公司
地址:广东深圳市沙河基地建工村8号
邮政编码:518053
证书注册编号:0400B0048 0496B109
体系认证标准:GB/T 19002—1994 idt ISO 9002:1994
有效期:2000.2～2003.2

广东省华侨建设工程公司
地址:广东省广州沿江中路271号十楼
邮政编码:510110
证书注册编号:0400A0049
体系认证标准:GB/T 19001—1994 idt ISO 9001:1994
有效期:2000.2～2003.2

广东省华侨建设工程公司
地址:广东省广州沿江中路271号十楼
邮政编码:510110
证书注册编号:0400B0050
体系认证标准:GB/T 19002—1994 idt ISO 9002:1994
有效期:2000.2～2003.2

高明市高丰针织企业有限公司
地址:广东省高明市沧江出口加工区
邮政编码:528500
证书注册编号:0400B0051 0496B095

体系认证标准:GB/T 19002—1994 idt ISO 9002:1994
有效期:2000.2～2003.2

茂名市建筑工程总公司
地址:广东省茂名市迎宾路23号大院
邮政编码:525000
证书注册编号:0400B0052
体系认证标准:GB/T 19002—1994 idt ISO 9002:1994
有效期:2000.2～2003.2

茂名市建筑工程总公司工业设备安装公司
地址:广东省茂名市厂前东路19号
邮政编码:525011
证书注册编号:0400B0053
体系认证标准:GB/T 19002—1994 idt ISO 9002:1994
有效期:2000.2～2003.2

茂名市建筑工程总公司第一公司
地址:广东省茂名市人民南路132号
邮政编码:525000
证书注册编号:0400B0054
体系认证标准:GB/T 19002—1994 idt ISO 9002:1994
有效期:2000.2～2003.2

茂名市建筑工程总公司第二公司
地址:广东省茂名市华山街1号
邮政编码:525011
证书注册编号:0400B0055
体系认证标准:GB/T 19002—1994 idt ISO 9002:1994
有效期:2000.2～2003.2

茂名市建筑工程总公司第三公司
地址:广东省茂名市人民南朝阳路7—9号
邮政编码:525000
证书注册编号:0400B0056
体系认证标准:GB/T 19002—1994 idt ISO 9002:1994
有效期:2000.2～2003.2

茂名市建筑工程总公司第四公司
地址:广东省茂名市宾南路25号
邮政编码:525000
证书注册编号:0400B0057
体系认证标准:GB/T 19002—1994 idt ISO 9002:1994
有效期:2000.2～2003.2

茂名市建筑工程总公司第五公司
地址:广东省茂名市人民南路新福一街99号大院
邮政编码:525000
证书注册编号:0400B0058
体系认证标准:GB/T 19002—1994 idt ISO 9002:1994
有效期:2000.2～2003.2

茂名石化实华股份有限公司
地址:广东省茂名市官渡路162号
邮政编码:525000
证书注册编号:0400B0059
体系认证标准:GB/T 19002—1994 idt ISO 9002:1994
有效期:2000.2～2003.2

顺德市金纺集团有限公司
地址:广东省顺德市桂洲镇海尾工业区
邮政编码:528305
证书注册编号:0400B0060
体系认证标准:GB/T 19002—1994 idt ISO 9002:1994
有效期:2000.2～2003.2

广东高明第二塑料集团股份有限公司
地址:广东省高明荷城区沿江36号
邮政编码:528500
证书注册编号:0400B0061 0496B115
体系认证标准:GB/T 19002—1994 idt ISO 9002:1994
有效期:2000.2～2003.2

广州铝材厂
地址:广东省广州市芳村大道中311号
邮政编码:510360
证书注册编号:0400B0062 0497B117
体系认证标准:GB/T 19002—1994 idt ISO 9002:1994
有效期:2000.2～2003.2

广东省肇庆电机有限公司
地址:广东省肇庆市端州三路22号
邮政编码:526060
证书注册编号:0400A0063
体系认证标准:GB/T 19001—1994 idt ISO 9001:1994
有效期:2000.2～2003.2

昆山市华丰电线电缆有限公司
地址:江苏省昆山市城北民营投资区民营一路4号
邮政编码:215316
证书注册编号:0400B0064
体系认证标准:GB/T 19002—1994 idt ISO 9002:1994
有效期:2000.2～2003.2

南通醋酸纤维有限公司
地址:江苏省南通市钟秀东路27号
邮政编码:226008
证书注册编号:0400B0065 0496B110
体系认证标准:GB/T 19002—1994 idt ISO 9002:1994
有效期:2000.2～2003.2

广东省肇庆市嘉田纺织印染厂有限公司
地址:广东省肇庆市端州七路上陌池
邮政编码:526020
证书注册编号:0400B0066
体系认证标准:GB/T 19002—1994 idt ISO 9002:1994
有效期:2000.2～2003.2

顺德市花王涂料有限公司
地址:广东省顺德市桂洲镇容里华昌工业区
邮政编码:528303
证书注册编号:0400B0067
体系认证标准:GB/T 19002—1994 idt ISO 9002:1994
有效期:2000.2～2003.2

湖南波士家具实业有限公司
地址:湖南省长沙市麓区炮台子
邮政编码:410042
证书注册编号:0400B0068
体系认证标准:GB/T 19002—1994 idt ISO 9002:1994
有效期:2000.2～2003.2

合肥建工集团公司
地址:安徽省合肥市长江中路330号
邮政编码:230041
证书注册编号:0400B0069
体系认证标准:GB/T 19002—1994 idt ISO 9002:1994
有效期:2000.2～2003.2

茂名明叶电器有限公司
地址:广东省茂名市水东开发区

邮政编码:525027
证书注册编号:0400B0070
体系认证标准:GB/T 19002－1994 idt ISO 9002:1994
有效期:2000.2～2003.2

中山伟明化工有限公司
地址:广东省中山市横栏镇伟明工业区
邮政编码:528478
证书注册编号:0400B0071
体系认证标准:GB/T 19002－1994 idt ISO 9002:1994
有效期:2000.2～2003.2

广州冷冻机厂
地址:广东省广州市南边路 38 号
邮政编码:510285
证书注册编号:0400A0072 0496A113
体系认证标准:GB/T 19001－1994 idt ISO 9001:1994
有效期:2000.2～2003.2

广东省基础工程公司
地址:广东省广州市天河路 99 号天涯楼 19－20 楼
邮政编码:510620
证书注册编号:0497B156
体系认证标准:GB/T 19002－1994 idt ISO 9002:1994
有效期:2000.2～2003.2

坚美实业有限公司
证书注册编号:0497B0171
体系认证标准:GB/T 19002－1994 idt ISO 9002:1994

增城市新塘智择电子五金塑胶制品厂
地址:广东省增城市新塘镇南埔乡夏埔开发区
邮政编码:511340
证书注册编号:0400B0073 0497B121
体系认证标准:GB/T 19002－1994 idt ISO 9002:1994
有效期:2000.3～2003.3

珠海市和佳医疗设备有限公司
地址:广东省珠海市香洲柠溪大道青竹花园 5 号 B 座 2 层
邮政编码:519000
证书注册编号:0400A0074
体系认证标准:GB/T 19001－1994 idt ISO 9001:1994
有效期:2000.3～2003.3

深圳市蓝韵实业有限公司/广州市蓝韵有限公司
地址:广东省广州市天河北路 689 号光大银行大厦 10 楼 B1
邮政编码:510630
证书注册编号:0400A0075
体系认证标准:GB/T 19001－1994 idt ISO 9001:1994
有效期:2000.3～2003.3

南海市亚泰铝材厂
地址:广东省南海市桂江公路东
邮政编码:528231
证书注册编号:0400B0076
体系认证标准:GB/T 19002－1994 idt ISO 9002:1994
有效期:2000.3～2003.3

南海市沥东岭南铜铝型材厂
地址:广东省南海市大沥镇广佛公路桂江路口侧
邮政编码:528231
证书注册编号:0400B0077
体系认证标准:GB/T 19002－1994 idt ISO 9002:1994
有效期:2000.3～2003.3

广州双桥股份有限公司
地址:广东省广州市海珠区南石头南萁路 346 号
邮政编码:510280
证书注册编号:0400B0078
体系认证标准:GB/T 19002－1994 idt ISO 9002:1994
有效期:2000.3～2003.3

深圳市来事达电线电缆有限公司
地址:广东省深圳市南山区创业路中兴工业城七栋
邮政编码:518054
证书注册编号:0400B0079
体系认证标准:GB/T 19002－1994 idt ISO 9002:1994
有效期:2000.3～2003.3

中山市和泰机电厂
地址:广东中山市东凤镇东阜三路 1 号
邮政编码:528425
证书注册编号:0400B0080
体系认证标准:GB/T 19002－1994 idt ISO 9002:1994
有效期:2000.3～2003.3

广东金东海集团有限公司
地址:广东省汕头市金环南路 22 号华乾大厦四楼
邮政编码:515041
证书注册编号:0400B0081
体系认证标准:GB/T 19002－1994 idt ISO 9002:1994
有效期:2000.3～2003.3

中山市华乐焊接材料有限公司
地址:广东省中山市黄圃镇新丰工业区
邮政编码:528429
证书注册编号:0400B0082
体系认证标准:GB/T 19002－1994 idt ISO 9002:1994
有效期:2000.3～2003.3

广东鹤山香江钢管有限公司
地址:广东省鹤山市沙坪镇谷埠工业区
邮政编码:529700
证书注册编号:0400B0083
体系认证标准:GB/T 19002－1994 idt ISO 9002:1994
有效期:2000.3～2003.3

新兴县前丰不锈钢制品有限公司
地址:广东省新兴县城西郊 18 号
邮政编码:527400
证书注册编号:0400B0084
体系认证标准:GB/T 19002－1994 idt ISO 9002:1994
有效期:2000.3～2003.3

佛山市安安化妆品集团公司
地址:广东佛山市汾江北路 10 号后座
邮政编码:528000
证书注册编号:0400B0085
体系认证标准:GB/T 19002－1994 idt ISO 9002:1994
有效期:2000.3～2003.3

广东省电力工业局第一工程局
地址:广东省广州市黄埔东路 3375 号大院
邮政编码:510735
证书注册编号:0400B0086 0496B079
体系认证标准:GB/T 19002－1994 idt ISO 9002:1994
有效期:2000.3～2003.3

广州迪斯环保设备有限公司
地址:广东省广州市新市兵房370号
邮政编码:510425
证书注册编号:0400B0087
体系认证标准:GB/T 19002－1994 idt ISO 9002:1994
有效期:2000.3～2003.3

广州特种变压器厂有限公司
地址:广东广州工业大道瑞宝路大干围
邮政编码:510288
证书注册编号:0400A0088 0497A19
体系认证标准:GB/T 19001－1994 idt ISO 9001:1994
有效期:2000.3～2003.3

东莞长安锦厦健力电业制品厂
地址:广东省东莞市长安镇锦厦工业区
邮政编码:523843
证书注册编号:0400B0089 0496B103
体系认证标准:GB/T 19002－1994 idt ISO 9002:1994
有效期:2000.3～2003.3

广东北江开关厂
地址:广东清远市阳光新城七号区
邮政编码:511517
证书注册编号:0400B0090
体系认证标准:GB/T 19002－1994 idt ISO 9002:1994
有效期:2000.3～2003.3

顺德市莱雅化工有限公司
地址:广东省顺德市顺峰山工业区
邮政编码:528333
证书注册编号:0497A185
体系认证标准:GB/T 19001－1994 idt ISO 9001:1994
有效期:1997.11～2000.11

中山市中标建材有限公司
地址:广东省中山市火炬高技术产业开发区兴业路11号
邮政编码:528404
证书注册编号:0499A0006
体系认证标准:GB/T 19001－1994 idt ISO 9001:1994
有效期:1999.11～2002.11

中山市金马游艺机有限公司
地址:广东省中山市石岐青溪路86号
邮政编码:528402
证书注册编号:0498A230
体系认证标准:GB/T 19001－1994 idt ISO 9001:1994
有效期:1998.7～2001.7

广东省水电建筑安装公司
地址:广东省增城市新塘镇
邮政编码:511340
证书注册编号:0499B0192
体系认证标准:GB/T 19002－1994 idt ISO 9002:1994
有效期:1999.12～2002.12

广州市政工程水泥制品厂
地址:广东省广州市西湾路158号
邮政编码:510160
证书注册编号:0400B0091 0496B099
体系认证标准:GB/T 19002－1994 idt ISO 9002:1994
有效期:2000.4～2003.4

安徽南澳非织造布有限公司
地址:安徽省淮南市八公山区
邮政编码:232072
证书注册编号:0400B0092
体系认证标准:GB/T 19002－1994 idt ISO 9002:1994
有效期:2000.4～2003.4

珠海市益力集团公司益力味精厂
地址:广东省斗门县井岸城区东岸
邮政编码:519125
证书注册编号:0400B0093
体系认证标准:GB/T 19002－1994 idt ISO 9002:1994
有效期:2000.4～2003.4

广东嘉士利集团股份有限公司
地址:广东省开平港口路18号
邮政编码:529300
证书注册编号:0400B0094
体系认证标准:GB/T 19002－1994 idt ISO 9002:1994
有效期:2000.4～2003.4

即墨市盘龙塑料制品厂
地址:山东省青岛即墨市营上镇营西街117号
邮政编码:266221
证书注册编号:0400B0095
体系认证标准:GB/T 19002－1994 idt ISO 9002:1994
有效期:2000.4～2003.4

广州广电运通金融电子有限公司
地址:广东省广州市黄埔大道西平云路163号
邮政编码:510656
证书注册编号:0400A0096
体系认证标准:GB/T 19001－1994 idt ISO 9001:1994
有效期:2000.4～2003.4

珠海泛凌贸易有限公司
地址:广东省珠海市南屏镇南屏集团大楼六楼
邮政编码:519060
证书注册编号:0400B0097 0497B120
体系认证标准:GB/T 19002－1994 idt ISO 9002:1994
有效期:2000.5～2003.5

合肥市第二建筑安装总公司
地址:安徽省合肥市安庆路125号
邮政编码:230061
证书注册编号:0400B0098
体系认证标准:GB/T 19002－1994 idt ISO 9002:1994
有效期:2000.5～2003.5

广东富士达灯饰实业有限公司
地址:广东省东莞市虎门镇大宁管理区大板地工业区
邮政编码:523930
证书注册编号:0400B0099
体系认证标准:GB/T 19002－1994 idt ISO 9002:1994
有效期:2000.5～2003.5

广州市龙潭电梯导轨厂
地址:广东从化市龙潭镇广韶路81号
邮政编码:510945
证书注册编号:0400B0100
体系认证标准:GB/T 19002－1994 idt ISO 9002:1994
有效期:2000.5～2003.5

东莞市虎门摩天建材实业公司
地址:广东省东莞市虎门镇沙角
邮政编码:523936
证书注册编号:0400B0101
体系认证标准:GB/T 19002－1994 idt ISO 9002:1994
有效期:2000.5～2003.5

广州石井水泥公司
地址:广东省广州市广清路槎头后岗
邮政编码:510435
证书注册编号:0400B0102
体系认证标准:GB/T 19002－1994 idt ISO 9002:1994
有效期:2000.5～2003.5

广州经济技术开发区腾兴香料公司
地址:广东省广州市先烈中路 74 号中侨大厦七楼 B－C 室
邮政编码:510070
证书注册编号:0400B0103
体系认证标准:GB/T 19002－1994 idt ISO 9002:1994
有效期:2000.5～2003.5

广东黄埔澳联冷库有限公司
地址:广东省广州市黄埔区港前路 2 号
邮政编码:510700
证书注册编号:0400B0104
体系认证标准:GB/T 19002－1994 idt ISO 9002:1994
有效期:2000.5～2003.5

***长江武汉航道工程局**
地址:湖北省武汉市沿江大道 94 号
邮政编码:430014
电话:(027)82767351
传真:(027)82815065
法定代表人:周祥恕
证书注册编号:0400B0105
体系认证标准:GB/T 19002－1994 idt ISO 9002:1994
获证体系覆盖产品:航道工程、吹填工程施工、水工工程施工、工程测绘
有效期:2000.5.18～2003.5.17

广东顺兴不锈钢制品厂
地址:广东省揭阳市榕城区榕西西马工业区
邮政编码:522000
证书注册编号:0400B0106
体系认证标准:GB/T 19002－1994 idt ISO 9002:1994
有效期:2000.5～2003.5

廊坊强盛蓄电池开发有限公司
地址:河北省大城县阜草摩配批发市场中心街 3187 号
邮政编码:065901
证书注册编号:0400B0107
体系认证标准:GB/T 19002－1994 idt ISO 9002:1994
有效期:2000.5～2003.5

广东省肇庆市第二建筑工程集团有限公司
地址:广东省肇庆市建设三路 56 号
邮政编码:526040
证书注册编号:0400B0108
体系认证标准:GB/T 19002－1994 idt ISO 9002:1994
有效期:2000.5～2003.5

安徽双永包装装饰材料有限公司
地址:安徽省桐城市双港镇
邮政编码:231480
证书注册编号:0400B0109
体系认证标准:GB/T 19002－1994 idt ISO 9002:1994
有效期:2000.5～2003.5

广州恒宝家具有限公司
地址:广东省广州市增槎路 1033 号
邮政编码:510435
证书注册编号:0400A0110
体系认证标准:GB/T 19001－1994 idt ISO 9001:1994
有效期:2000.5～2003.5

淮南变压器厂
地址:安徽省淮南市田家庵区淮舜南路
邮政编码:232007
证书注册编号:0400B0111
体系认证标准:GB/T 19002－1994 idt ISO 9002:1994
有效期:2000.5～2003.5

广州市白云区江高宝电线厂
地址:广东省广州市白云区江高镇环镇北路 22 号
邮政编码:510450
证书注册编号:0400B0112
体系认证标准:GB/T 19002－1994 idt ISO 9002:1994
有效期:2000.5～2003.5

中山市中标建材有限公司
地址:广东省中山市火炬高技术产业开发区兴业路 11 号
邮政编码:528404
证书注册编号:0499A0006
体系认证标准:GB/T 19001－1994 idt ISO 9001:1994
有效期:1999.1～2002.1

广州龙源热力设备有限公司
地址:广东广州市白云区龙归镇夏良村
邮政编码:510540
证书注册编号:0400A0113
体系认证标准:GB/T 19001－1994 idt ISO 9001:1994
有效期:2000.6～2003.6

粤海(番禺)石油化工储运开发有限公司
地址:广东省广州市环市东路 472 号粤海大厦 13 楼
邮政编码:510075
证书注册编号:0400B0114
体系认证标准:GB/T 19002－1994 idt ISO 9002:1994
有效期:2000.6～2003.6

广东高新兴通信设备有限公司
地址:广东省广州市中山大道棠东毓南路 17 号三楼
邮政编码:510630
证书注册编号:0400A0115
体系认证标准:GB/T 19001－1994 idt ISO 9001:1994
有效期:2000.6～2003.6

高明市欧安亚化工有限公司
地址:广东省高明市明城工业区
邮政编码:528518
证书注册编号:0400B0116
体系认证标准:GB/T 19002－1994 idt ISO 9002:1994
有效期:2000.6～2003.6

汕头市红卫电器厂
地址:广东省汕头市潮汕路金园工业区 2 片区
邮政编码:515064
证书注册编号:0400A0117
体系认证标准:GB/T 19001－1994 idt ISO 9001:1994
有效期:2000.6～2003.6

汕头市东海港务有限公司
地址:广东省汕头市宕石塔头港区
邮政编码:515073
证书注册编号:0400B0118
体系认证标准:GB/T 19002－1994 idt

ISO 9002:1994
有效期:2000.6～2003.6

衡阳电工器材厂
地址:湖南衡阳市湖北路湖北里12号
邮政编码:421002
证书注册编号:0400B0119
体系认证标准:GB/T 19002－1994 idt ISO 9002:1994
有效期:2000.6～2003.6

广州经济技术开发区信发物业发展有限公司
地址:广东省广州经济技术开发区锦秀路明华三街振兴工业大厦A座三楼
邮政编码:510730
证书注册编号:0400B0120
体系认证标准:GB/T 19002－1994 idt ISO 9002:1994
有效期:2000.6～2003.6

南海市黄岐东方塑料厂
地址:广东省南海市黄岐六联南村
邮政编码:528248
证书注册编号:0400B0121
体系认证标准:GB/T 19002－1994 idt ISO 9002:1994
有效期:2000.6～2003.6

青岛即墨市威帅金属制品厂
地址:山东省即墨市留村镇团彪村
邮政编码:266205
证书注册编号:0400B0122
体系认证标准:GB/T 19002－1994 idt ISO 9002:1994
有效期:2000.6～2003.6

封开县明珠实业(集团)公司
地址:广东省封开县江口镇三元西路76号
邮政编码:526500
证书注册编号:0400B0123 0497B123
体系认证标准:GB/T 19002－1994 idt ISO 9002:1994
有效期:2000.6～2003.6

广东粤生混凝土有限公司
地址:广东省广州市海珠区广州大道南上冲村南约22号
邮政编码:510300
证书注册编号:0400A0124
体系认证标准:GB/T 19001－1994 idt ISO 9001:1994
有效期:2000.6～2003.6

广东粤群混凝土有限公司
地址:广东省广州市海珠区广州大道南上冲村南约22号
邮政编码:510300
证书注册编号:0400A0125
体系认证标准:GB/T 19001－1994 idt ISO 9001:1994
有效期:2000.6～2003.6

广东大鑫山白水泥有限公司
地址:广东省云浮市兴云东路
邮政编码:527300
证书注册编号:0400B0126
体系认证标准:GB/T 19002－1994 idt ISO 9002:1994
有效期:2000.6～2003.6

广东省石油化工设计院
地址:广东省广州市沙面大街48号
邮政编码:510130
证书注册编号:0400A0127 0497A124
体系认证标准:GB/T 19001－1994 idt ISO 9001:1994
有效期:2000.6～2003.6

深圳澳昌冷库有限公司
地址:广东深圳市清水河仓库区五号路
邮政编码:518024
证书注册编号:0400B0128
体系认证标准:GB/T 19002－1994 idt ISO 9002:1994
有效期:2000.6～2003.6

从化市兴昌五金机械有限公司
地址:广东从化市太平镇太平收费站南行200米
邮政编码:510990
证书注册编号:0400B0129
体系认证标准:GB/T 19002－1994 idt ISO 9002:1994
有效期:2000.6～2003.6

广东省万家通交联管厂
地址:广东省番禺市榄核镇(生产现场)
邮政编码:511480
证书注册编号:0400B0130
体系认证标准:GB/T 19002－1994 idt ISO 9002:1994
有效期:2000.6～2003.6

广州市广建工程监理有限公司
地址:广东省广州市天河体育东路体育东横街3号
邮政编码:510620
证书注册编号:0400B0131
体系认证标准:GB/T 19002－1994 idt ISO 9002:1994
有效期:2000.6～2003.6

顺德祥润塑料电器有限公司
地址:广东顺德市容桂镇桂福路107号
邮政编码:528305
证书注册编号:0400B0132
体系认证标准:GB/T 19002－1994 idt ISO 9002:1994
有效期:2000.6～2003.6

乐百氏(广东)食品饮料有限公司
地址:广东省中山市小榄镇沙口开发区
邮政编码:528415
证书注册编号:0400A0133
体系认证标准:GB/T 19001－1994 idt ISO 9001:1994
有效期:2000.6～2003.6

广州柳河精机有限公司
地址:广东省广州市增槎路槎头
邮政编码:510435
证书注册编号:0400B0134
体系认证标准:GB/T 19002－1994 idt ISO 9002:1994
有效期:2000.6～2003.6

广州昭和减震器有限公司
地址:广东省广州经济技术开发区东区宏明路
邮政编码:510760
证书注册编号:0499B0188
体系认证标准:GB/T 19002－1994 idt ISO 9002:1994
有效期:1999.11～2002.11

广州超智精密制品有限公司
地址:广东省广州经济技术开发区北围工业区A8厂房
邮政编码:510730
证书注册编号:0498B262
体系认证标准:GB/T 19002－1994 idt ISO 9002:1994
有效期:1998.9～2001.9

中山市和泰机电厂
地址:广东中山市东凤镇东阜三路1号
邮政编码:528425
证书注册编号:0400B0080
体系认证标准:GB/T 19002—1994 idt ISO 9002:1994
有效期:2000.3～2003.3

广州天河胶管制品有限公司
地址:广东省广州市天河区冼村南路南边田
邮政编码:510623
证书注册编号:0499B0118
体系认证标准:GB/T 19002—1994 idt ISO 9002:1994
有效期:1999.8～2002.8

佛山塑料集团股份有限公司东方分公司
地址:广东省佛山市轻工三路11号
邮政编码:528000
体系认证标准:GB/T 19002—1994 idt ISO 9002:1994
有效期:1998年12月

广州海洋南方塑料工业有限公司
地址:广东省广州市沙河镇元岗村前
邮政编码:510650
证书注册编号:0400B0135 0496B093
体系认证标准:GB/T 19002—1994 idt ISO 9002:1994
有效期:2000.7～2003.7

广东省建筑构件工程公司
地址:广东省南海市黄岐区宏威路
邮政编码:528248
证书注册编号:0400B0136
体系认证标准:GB/T 19002—1994 idt ISO 9002:1994
有效期:2000.7～2003.7

广东重工建设监理有限公司
地址:广东省广州市越华路116号
邮政编码:510034
证书注册编号:0400B0137
体系认证标准:GB/T 19002—1994 idt ISO 9002:1994
有效期:2000.7～2003.7

广州大明联合橡胶制品有限公司
地址:广东省广州市西槎路聚龙工业区自编13号楼第三层
邮政编码:510407
证书注册编号:0400B0138
体系认证标准:GB/T 19002—1994 idt ISO 9002:1994
有效期:2000.7～2003.7

佛山华丰纸业有限公司
地址:广东省佛山市河滨路17号
邮政编码:528000
证书注册编号:0400B0139
体系认证标准:GB/T 19002—1994 idt ISO 9002:1994
有效期:2000.7～2003.7

东莞市锐力织造有限公司
地址:广东省东莞市长安镇厦岗福海路西侧
邮政编码:523875
证书注册编号:0400B0140
体系认证标准:GB/T 19002—1994 idt ISO 9002:1994
有效期:2000.7～2003.7

广州市黄埔区第二建筑工程总公司
地址:广东省广州市黄埔区大沙东路311号
邮政编码:510700
证书注册编号:0400B0141
体系认证标准:GB/T 19002—1994 idt ISO 9002:1994
有效期:2000.7～2003.7

长江航道局
地址:湖北省武汉市解放公园路20号
邮政编码:430010
证书注册编号:0400B0142
体系认证标准:GB/T 19002—1994 idt ISO 9002:1994
有效期:2000.7～2003.7

广州市建衡工程监理有限公司
地址:广东省广州市体育西路111号建和中心五楼
邮政编码:510620
证书注册编号:0400B0143
体系认证标准:GB/T 19002—1994 idt ISO 9002:1994
有效期:2000.7～2003.7

揭阳市南光实业有限公司
地址:广东省揭西县棉湖镇道江路中段
邮政编码:515438
证书注册编号:0400B0144
体系认证标准:GB/T 19002—1994 idt ISO 9002:1994
有效期:2000.7～2003.7

德阳市旌东电缆厂
地址:四川省德阳市旌阳区经济技术开发区J5路
邮政编码:618000
证书注册编号:0400B0145
体系认证标准:GB/T 19002—1994 idt ISO 9002:1994
有效期:2000.7～2003.7

东莞市维达实业有限公司
地址:广东省东莞市长安镇上沙第三工业区
邮政编码:523869
证书注册编号:0400B0146 0497B143
体系认证标准:GB/T 19002—1994 idt ISO 9002:1994
有效期:2000.7～2003.7

东莞市东成灯饰电器有限公司
地址:广东省东莞市附城区峡口工业区
邮政编码:523115
证书注册编号:0400B0147
体系认证标准:GB/T 19002—1994 idt ISO 9002:1994
有效期:2000.7～2003.7

北京利华消防工程公司天津分公司
地址:天津市河北区三马路107号
邮政编码:300142
证书注册编号:0400B0148
体系认证标准:GB/T 19002—1994 idt ISO 9002:1994
有效期:2000.7～2003.7

广州石化建设监理公司
地址:广东省广州黄埔石化路
邮政编码:510726
证书注册编号:0400B0149
体系认证标准:GB/T 19002—1994 idt ISO 9002:1994
有效期:2000.7～2003.7

广州石油化工设计院
地址:广东省广州黄埔石化路
邮政编码:510726
证书注册编号:0400A0150
体系认证标准:GB/T 19001—1994 idt

ISO 9001:1994
有效期:2000.7～2003.7

巢湖市鼎力铁塔有限公司
地址:安徽省巢湖市东风路76号
邮政编码:238000
证书注册编号:0400B0151
体系认证标准:GB/T 19002—1994 idt ISO 9002:1994
有效期:2000.7～2003.7

广州番禺糖果有限公司
地址:广东省番禺市沙湾镇
邮政编码:511483
证书注册编号:0400A0152 0497B137
体系认证标准:GB/T 19001—1994 idt ISO 9001:1994
有效期:2000.7～2003.7

四会市南粤机械有限责任公司
地址:广东省四会市白沙头
邮政编码:526200
证书注册编号:0400A0153
体系认证标准:GB/T 19001—1994 idt ISO 9001:1994
有效期:2000.7～2003.7

广州白云电器设备厂
地址:广州市白云区神山镇
邮政编码:510460
证书注册编号:0400A0154 0497A126
体系认证标准:GB/T 19001—1994 idt ISO 9001:1994
有效期:2000.7～2003.7

江门市华彩塑料印刷有限公司
地址:广东省江门市江南新村59号
邮政编码:529040
证书注册编号:0400B0155
体系认证标准:GB/T 19002—1994 idt ISO 9002:1994
有效期:2000.7～2003.7

番禺市东涌电力线路器材开发公司
地址:番禺市东涌镇石基村沙头顶
邮政编码:511453
证书注册编号:0400B0156
体系认证标准:GB/T 19002—1994 idt ISO 9002:1994
有效期:2000.7～2003.7

广东南海和顺摩托配件厂
地址:广东省南海市和顺镇沿江北路30号
邮政编码:528241
证书注册编号:0400B0157
体系认证标准:GB/T 19002—1994 idt ISO 9002:1994
有效期:2000.7～2003.7

湖北省荆州市石油化工总厂
地址:湖北荆州市沙市区北京路95号
邮政编码:434001
证书注册编号:0400B0158
体系认证标准:GB/T 19002—1994 idt ISO 9002:1994
有效期:2000.7～2003.7

广之旅国际旅行社股份有限公司
地址:广州市人民北路829号环球广场13楼
邮政编码:510170
证书注册编号:0400A0159
体系认证标准:GB/T 19002—1994 idt ISO 9002:1994
有效期:2000.7～2003.7

东莞福安纺织印染有限公司福安纺织营业公司
地址:广东省东莞市长安镇霄边大道福安纺织城
邮政编码:523840
证书注册编号:0400B0160
体系认证标准:GB/T 19002—1994 idt ISO 9002:1994
有效期:2000.7～2003.7

黄岩恒光制冷配件厂
地址:浙江省台州市黄岩东城开发区二环东路423号
邮政编码:318020
证书注册编号:0400B0161
体系认证标准:GB/T 19002—1994 idt ISO 9002:1994
有效期:2000.7～2003.7

广州市番禺区建筑安装工程公司
地址:广东省广州市番禺区市桥镇大西路62号
邮政编码:511400
证书注册编号:0400B0162
体系认证标准:GB/T 19002—1994 idt ISO 9002:1994
有效期:2000.7～2003.7

芜湖海螺型材科技股份有限公司
地址:安徽省芜湖市经济开发区港湾路22号
邮政编码:241009
证书注册编号:0400B0163
体系认证标准:GB/T 19002—1994 idt ISO 9002:1994
有效期:2000.7～2003.7

东北水利水电开发总公司
地址:吉林省长春市工农大路十号
邮政编码:130021
证书注册编号:0400A0164
体系认证标准:GB/T 19001—1994 idt ISO 9001:1994
有效期:2000.7～2003.7

广东中原工程有限公司
地址:广东省广州市东山区寺右新马路15号
邮政编码:510600
证书注册编号:0499B036
体系认证标准:GB/T 19002—1994 idt ISO 9002:1994
有效期:1999.12～2002.12

顺德新海电子有限公司
地址:广东省顺德市顺峰工业区
邮政编码:528333
证书注册编号:0499A0227
体系认证标准:GB/T 19001—1994 idt ISO 9001:1994
有效期:1999.12～2002.12

南海市兴发幕墙门岗有限公司
地址:广东南海市南庄镇人和路52号
邮政编码:528219
证书注册编号:0499A0065
体系认证标准:GB/T 19001—1994 idt ISO 9001:1994
有效期:1999.12～2002.12

广州骏安汽车内饰有限公司
地址:广东省从化市街口镇安园路2号
邮政编码:510900
证书注册编号:0400B0035
体系认证标准:GB/T 19002—1994 idt ISO 9002:1994
有效期:2000.2～2003.2

南海市平洲珠江电力线路材料厂
地址:广东省南海市平洲平北开发区

邮政编码:528251
证书注册编号:0400B0165
体系认证标准:GB/T 19002—1994 idt ISO 9002:1994
有效期:2000.8～2003.8

南海市里水讯联通讯材料厂
地址:广东省南海市里水镇邓岗北隅村红墙路1号
邮政编码:528244
证书注册编号:0400B0166
体系认证标准:GB/T 19002—1994 idt ISO 9002:1994
有效期:2000.8～2003.8

广州市珠江水泥有限公司粤秀混凝土分公司
地址:广东省广州市西湾路158号
邮政编码:510160
证书注册编号:0400A0167
体系认证标准:GB/T 19001—1994 idt ISO 9001:1994
有效期:2000.8～2003.8

***广东省公路勘察规划设计院(广东省公路工程咨询有限公司)**
地址:广东省广州市沙河天平架兴华路22号
邮政编码:510507
电话:(020)87229477
传真:(020)87228786
法定代表人:熊美文
证书注册编号:0400A0168
体系认证标准:GB/T 19001—1994 idt ISO 9001:1994
获证体系覆盖产品:公路工程勘察、规划、设计和咨询
有效期:2000.8.8～2003.8.7

雷州市启迪生化香料有限公司
地址:广东雷州市西湖大道三横路5号
邮政编码:524200
证书注册编号:0400B0169
体系认证标准:GB/T 19002—1994 idt ISO 9002:1994
有效期:2000.8～2003.8

河北远迪实业有限公司
地址:河北省大城县东阜工贸园区
邮政编码:065901
证书注册编号:0400B0170
体系认证标准:GB/T 19002—1994 idt ISO 9002:1994
有效期:2000.8～2003.8

郑州市竹林耐火材料公司
地址:河南省巩义市竹林镇
邮政编码:451256
证书注册编号:0400B0171
体系认证标准:GB/T 19002—1994 idt ISO 9002:1994
有效期:2000.8～2003.8

郑州市竹林仙竹洗涤用品有限公司
地址:河南省郑州市竹林镇
邮政编码:451256
证书注册编号:0400B0172
体系认证标准:GB/T 19002—1994 idt ISO 9002:1994
有效期:2000.8～2003.8

广州摩托集团配件厂
地址:广东广州市海珠区南石路28号
邮政编码:510285
证书注册编号:0400B0173
体系认证标准:GB/T 19002—1994 idt ISO 9002:1994
有效期:2000.8～2003.8

江西省宜春地区第二建筑工程总公司
地址:江西省宜春市宜万路379号
邮政编码:336000
证书注册编号:0400B0174
体系认证标准:GB/T 19002—1994 idt ISO 9002:1994
有效期:2000.8～2003.8

南海市里水联明电缆有限公司
地址:广东省南海市里水镇沙步工业区
邮政编码:528244
证书注册编号:0400B0175
体系认证标准:GB/T 19002—1994 idt ISO 9002:1994
有效期:2000.8～2003.8

深圳市标准化与编码技术研究院
地址:广东省深圳市滨河大道3002号无线电管理大厦10—11楼
邮政编码:518033
证书注册编号:0400B0176 0497B128
体系认证标准:GB/T 19002—1994 idt ISO 9002:1994
有效期:2000.8～2003.8

广东省电力线路器材厂
地址:广东省广州市江村
邮政编码:510450
证书注册编号:0400B0177 0497B136
体系认证标准:GB/T 19002—1994 idt ISO 9002:1994
有效期:2000.8～2003.8

广州鹰金钱企业集团公司
地址:广东省广州市员村四横路
邮政编码:510655
证书注册编号:0400B0178 0497B132
体系认证标准:GB/T 19002—1994 idt ISO 9002:1994
有效期:2000.8～2003.8

广州新迪无纺布企业有限公司
地址:广东省从化市江埔
邮政编码:510925
证书注册编号:0400B0179
体系认证标准:GB/T 19002—1994 idt ISO 9002:1994
有效期:2000.8～2003.8

五羊—本田摩托(广州)有限公司
地址:广东省广州新港西路82号
邮政编码:510260
证书注册编号:0400B0180
体系认证标准:GB/T 19002—1994 idt ISO 9002:1994
有效期:2000.8～2003.8

中山市兰德钢球有限公司
地址:广东中山市高新技术开发区创业路11号
邮政编码:528437
证书注册编号:0400B0181
体系认证标准:GB/T 19002—1994 idt ISO 9002:1994
有效期:2000.8～2003.8

东莞黄江鸡啼岗奥泰斯电子厂
地址:广东省东莞市黄江镇鸡啼岗金钱岭工业区
邮政编码:523757
证书注册编号:0400B0182
体系认证标准:GB/T 19002—1994 idt ISO 9002:1994
有效期:2000.8～2003.8

河南中州耐火材料实业公司
地址:河南省巩义市小关镇

邮政编码:451272
证书注册编号:0400B0183
体系认证标准:GB/T 19002－1994 idt ISO 9002:1994
有效期:2000.8～2003.8

河南中州耐火材料有限公司
地址:河南省巩义市小关镇
邮政编码:451272
证书注册编号:0400B0184
体系认证标准:GB/T 19002－1994 idt ISO 9002:1994
有效期:2000.8～2003.8

广州市市政工程维修处
地址:广东省广州市大沙头二马路8号
邮政编码:510100
证书注册编号:0400B0185 0497B135
体系认证标准:GB/T 19002－1994 idt ISO 9002:1994
有效期:2000.8～2003.8

广州科立通用电气公司
地址:广东省广州市江南大道中穗花南街1号
邮政编码:510245
证书注册编号:0400A0186
体系认证标准:GB/T 19001－1994 idt ISO 9001:1994
有效期:2000.8～2003.8

顺德市实力金属制品有限公司
地址:广东顺德市容桂镇工农路72号
邮政编码:528303
证书注册编号:0400B0187
体系认证标准:GB/T 19002－1994 idt ISO 9002:1994
有效期:2000.8～2003.8

广东省九江酒厂有限公司
地址:广东省南海市九江镇沙口
邮政编码:528205
证书注册编号:0400B0188 0497B139
体系认证标准:GB/T 19002－1994 idt ISO 9002:1994
有效期:2000.8～2003.8

广东德庆经编针织厂有限公司
地址:广东省德庆县德城镇甘塘高新科技开发区
邮政编码:526600
证书注册编号:0400A0189
体系认证标准:GB/T 19001－1994 idt ISO 9001:1994
有效期:2000.8～2003.8

顺德市广容集团公司
地址:广东顺德市容桂镇成业路37号
邮政编码:528303
证书注册编号:0400A0190
体系认证标准:GB/T 19001－1994 idt ISO 9001:1994
有效期:2000.8～2003.8

西安市水利建设工程总公司
地址:陕西西安市朱雀大街30号
邮政编码:710068
证书注册编号:0400B0191
体系认证标准:GB/T 19002－1994 idt ISO 9002:1994
有效期:2000.8～2003.8

天津市民安消防有限公司
地址:天津市河东区井冈山路5号
邮政编码:300151
证书注册编号:0400B0192
体系认证标准:GB/T 19002－1994 idt ISO 9002:1994
有效期:2000.8～2003.8

天津市津华盛金属制品厂
地址:天津市北辰区西堤头工业区
邮政编码:300402
证书注册编号:0400B0193
体系认证标准:GB/T 19002－1994 idt ISO 9002:1994
有效期:2000.8～2003.8

南阳飞龙电力集团有限公司输变电工程分公司(含器材厂)
地址:河南省南阳市光武路北垣街5号
邮政编码:473000
证书注册编号:0400B0194
体系认证标准:GB/T 19002－1994 idt ISO 9002:1994
有效期:2000.8～2003.8

肇庆市飘雪食品饮料有限公司
地址:广东省肇庆市鼎湖飘雪大厦
邮政编码:526070
证书注册编号:0498B0310
体系认证标准:GB/T 19002－1994 idt ISO 9002:1994
有效期:1999.12～2002.12

广州珠江化工集团有限公司红云涂料厂
地址:广东省广州市白云区同和镇
邮政编码:510515
证书注册编号:0499A0060
体系认证标准:GB/T 19001－1994 idt ISO 9001:1994
有效期:1999.5～2002.5

广东溢达针织有限公司
地址:广东省高明市沧江出口加工区
邮政编码:528500
证书注册编号:0400B0051
体系认证标准:GB/T 19002－1994 idt ISO 9002:1994
有效期:2000.2～2003.2

广州奥雷德热能设备制造有限公司
地址:广东省广州市天河北路84号光华大厦侨顺楼2204室
邮政编码:510620
证书注册编号:0499A0103
体系认证标准:GB/T 19001－1994 idt ISO 9001:1994
有效期:1999.8～2002.8

广东江门维达斯(集团)股份有限公司
地址:广东省江门市堤东路73号
邮政编码:529050
证书注册编号:0400B0229 0497B134A
体系认证标准:GB/T 19002－1994 idt ISO 9002:1994
有效期:2000.10～2003.10

中山市盈科轴承制造有限公司
地址:广东省中山市青溪路138号
邮政编码:528402
证书注册编号:0400A0230 0497A129A
体系认证标准:GB/T 19002－1994 idt ISO 9002:1994
有效期:2000.10～2003.10

广东恩华通信设备有限公司
地址:广东省梅州市梅松路月梅
邮政编码:514011
证书注册编号:0400B0231 0497B149 A
体系认证标准:GB/T 19002－1994 idt ISO 9002:1994
有效期:2000.10～2003.10

广州市荔湾区新兴电器厂
地址:广东省广州市白云区新市棠涌南路9号
邮政编码:510410
证书注册编号:0400B0232
体系认证标准:GB/T 19002－1994 idt ISO 9002:1994
有效期:2000.10～2003.10

五矿国际货运福建公司(报关行、空运分公司)
地址:福建省 厦门水仙路海光大厦14层
邮政编码:361001
证书注册编号:0400B0233
体系认证标准:GB/T 19002－1994 idt ISO 9002:1994
有效期:2000.10～2003.10

广东省台山市磷肥厂
地址:广东省台山市公益镇
邮政编码:529259
证书注册编号:0400B0234
体系认证标准:GB/T 19002－1994 idt ISO 9002:1994
有效期:2000.10～2003.10

广东金来澳达利国际有限公司
地址:广东广州市广利路75号东洲大厦A幢金辉阁2202－2203室
邮政编码:510620
证书注册编号:0400A0235
体系认证标准:GB/T 19002－1994 idt ISO 9002:1994
有效期:2000.10～2003.10

高明市高丽塑铝板有限公司
地址:广东省高明市人和镇人和中学侧
邮政编码:528513
证书注册编号:0400B0236
体系认证标准:GB/T 19002－1994 idt ISO 9002:1994
有效期:2000.10～2003.10

南海松岗三业线路板厂
地址:广东省南海市松岗镇山南开发区
邮政编码:528234
证书注册编号:0400B0237
体系认证标准:GB/T 19002－1994 idt ISO 9002:1994
有效期:2000.10～2003.10

江西华鑫交通建设工程有限公司
地址:江西广丰县永丰大道交通局院内
邮政编码:334600
证书注册编号:0400B0238
体系认证标准:GB/T 19002－1994 idt ISO 9002:1994
有效期:2000.10～2003.10

大城县吉通火花塞有限公司
地址:河北省大城县民营摩配科技产业园区
邮政编码:065901
证书注册编号:0400B0239
体系认证标准:GB/T 19002－1994 idt ISO 9002:1994
有效期:2000.10～2003.10

广东威达集团股份有限公司
地址:广东揭西县城霖都大道
邮政编码:515400
证书注册编号:0400A0240
0496A082A
体系认证标准:GB/T 19002－1994 idt ISO 9002:1994
有效期:2000.10～2003.10

佛山中发棉纺织企业有限公司
地址:广东省佛山市张槎路
邮政编码:528000
证书注册编号:0400B0241 0497B118 A
体系认证标准:GB/T 19002－1994 idt ISO 9002:1994
有效期:2000.10～2003.10

广东太阳神集团有限公司
地址:广东省东莞市黄江镇黄牛埔水库
邮政编码:523762
证书注册编号:0400A0242 0497B145 A
体系认证标准:GB/T 19002－1994 idt ISO 9002:1994
有效期:2000.10～2003.10

广东省佛山棉纺厂
地址:广东省佛山市普澜公路
邮政编码:528041
证书注册编号:0400B0243
体系认证标准:GB/T 19002－1994 idt ISO 9002:1994
有效期:2000.10～2003.10

江西省广丰县建工(集团)有限公司
地址:江西广丰县永丰镇西广路109号
邮政编码:334600
证书注册编号:0400B0244
体系认证标准:GB/T 19002－1994 idt ISO 9002:1994
有效期:2000.10～2003.10

广州日立冷机有限公司
地址:广东省从化市棋杆镇
邮政编码:510935
证书注册编号:0400A0245
体系认证标准:GB/T 19002－1994 idt ISO 9002:1994
有效期:2000.10～2003.10

丰凯机械制造有限公司
地址:广东顺德大良河西工业区凤翔路
邮政编码:528300
证书注册编号:0400B0246
体系认证标准:GB/T 19002－1994 idt ISO 9002:1994
有效期:2000.10～2003.10

深圳市宏达兴电线电缆发展有限公司
地址:深圳市宝安区西乡新安第一工业区九号厂房
邮政编码:510102
证书注册编号:0400B0247
体系认证标准:GB/T 19002－1994 idt ISO 9002:1994
有效期:2000.10～2003.10

蚌埠市东风机车材料厂
地址:安徽省蚌埠市体育路88号
邮政编码:233000
证书注册编号:0400B0248
体系认证标准:GB/T 19002－1994 idt ISO 9002:1994
有效期:2000.10～2003.10

广东肇庆康蓝中密板企业集团公司
地址:广东德庆县德城镇大桥鹤山咀
邮政编码:526600
证书注册编号:0400B0249 0497B147 A
体系认证标准:GB/T 19002－1994 idt ISO 9002:1994
有效期:2000.10～2003.10

新会电力设备厂
地址:广东省新会市会城镇今古洲工业开发区
邮政编码:529100
证书注册编号:0400B0250

体系认证标准:GB/T 19002—1994 idt
ISO 9002:1994
有效期:2000.10～2003.10

茂名市茂南建筑安装工程总公司
地址:广东省茂名市人民南路龙湖二街1号
邮政编码:525000
证书注册编号:0400B0251
体系认证标准:GB/T 19002—1994 idt
ISO 9002:1994
有效期:2000.10～2003.10

广东羚羊股份有限公司
地址:广东省肇庆市玑西路羚羊工业村
邮政编码:526020
证书注册编号:0400B0252
体系认证标准:GB/T 19002—1994 idt
ISO 9002:1994
有效期:2000.10～2003.10

广州珠江电厂
地址:广东省广州南沙经济技术开发区
邮政编码:511457
证书注册编号:0400B0253
体系认证标准:GB/T 19002—1994 idt
ISO 9002:1994
有效期:2000.10～2003.10

广州市白云区富强塑胶实业有限公司
地址:广东省广州市北郊加禾永泰乡新广从公路
邮政编码:510440
证书注册编号:0400B0254
体系认证标准:GB/T 19002—1994 idt
ISO 9002:1994
有效期:2000.10～2003.10

深圳华泰企业公司
地址:广东深圳市福田区新闻路76号
邮政编码:518034
证书注册编号:0400B0255
体系认证标准:GB/T 19002—1994 idt
ISO 9002:1994
有效期:2000.10～2003.10

广州市花都区炭步华美工艺制造厂
地址:广东省广州市花都区炭步镇茶塘工业区
邮政编码:510820
证书注册编号:0400B0256
体系认证标准:GB/T 19002—1994 idt
ISO 9002:1994
有效期:2000.10～2003.10

湘潭预应力锚具厂
地址:湖南省湘潭市铁牛路
邮政编码:411101
证书注册编号:0400B0257
体系认证标准:GB/T 19002—1994 idt
ISO 9002:1994
有效期:2000.10～2003.10

五矿国际货运辽宁有限公司
地址:辽宁省大连市西岗区拥警街5号
邮政编码:116021
证书注册编号:0400B0258
体系认证标准:GB/T 19002—1994 idt
ISO 9002:1994
有效期:2000.10～2003.10

广东创成电力工程监理有限公司
地址:广东省广州市水荫路2号华信大厦西座10楼
邮政编码:510075
证书注册编号:0400B0259
体系认证标准:GB/T 19002—1994 idt
ISO 9002:1994
有效期:2000.10～2003.10

中山市南头镇天立电器燃具厂
地址:广东省中山市南头镇永兴路39A
邮政编码:528429
证书注册编号:0400B0260
体系认证标准:GB/T 19002—1994 idt
ISO 9002:1994
有效期:2000.10～2003.10

阳江市北山胶化有限公司
地址:广东省阳江市区北门头81号
邮政编码:529511
证书注册编号:0400A0261
体系认证标准:GB/T 19002—1994 idt
ISO 9002:1994
有效期:2000.10～2003.10

广东恒昌实业股份九江饲料厂
地址:广东省南海市九江镇沙口工业区
邮政编码:528205
证书注册编号:0400B0262
体系认证标准:GB/T 19002—1994 idt
ISO 9002:1994
有效期:2000.10～2003.10

汕头舒雅洁化工有限公司
地址:广东省潮阳市两英镇司神路
邮政编码:515141
证书注册编号:0400B0263
体系认证标准:GB/T 19002—1994 idt
ISO 9002:1994
有效期:2000.10～2003.10

顺德市华星饲料厂
地址:广东省顺德市北
邮政编码:528311
证书注册编号:0400B0264
体系认证标准:GB/T 19002—1994 idt
ISO 9002:1994
有效期:2000.10～2003.10

拜城县红山铁合金有限责任公司
地址:新疆拜城县克孜尔乡铁合金厂
邮政编码:842313
证书注册编号:0400B0265
体系认证标准:GB/T 19002—1994 idt
ISO 9002:1994
有效期:2000.10～2003.10

江西新钢建设有限责任公司
地址:江西省新余市沿河路10号
邮政编码:338001
证书注册编号:0400B0266
体系认证标准:GB/T 19002—1994 idt
ISO 9002:1994
有效期:2000.10～2003.10

安徽省国防科技工业工贸公司
地址:安徽省合肥市美菱大道273号
邮政编码:230022
证书注册编号:0400B0267
体系认证标准:GB/T 19002—1994 idt
ISO 9002:1994
有效期:2000.10～2003.10

新余市市政建设有限责任总公司
地址:江西省新余市赣新中路40号
邮政编码:338000
证书注册编号:0400B0268
体系认证标准:GB/T 19002—1994 idt
ISO 9002:1994
有效期:2000.10～2003.10

广州广电物业管理有限公司
地址:广东省广州市员村一横路七号
邮政编码:510656
证书注册编号:0400B0269

体系认证标准:GB/T 19002—1994 idt ISO 9002:1994
有效期:2000.10～2003.10

天津英特泰克灌溉技术有限公司
地址:天津河东区卫国道振中路118号
邮政编码:300161
证书注册编号:0400B0270
体系认证标准:GB/T 19002—1994 idt ISO 9002:1994
有效期:2000.10～2003.10

广州市牛奶公司乳品总厂
地址:广东省广州市沙河沙太路
邮政编码:510510
证书注册编号:0400B0271
体系认证标准:GB/T 19002—1994 idt ISO 9002:1994
有效期:2000.10～2003.10

中山市曼斯特化工涂料有限公司
地址:广东省中山市黄圃镇马安工业区
邮政编码:528429
证书注册编号:0400B0272
体系认证标准:GB/T 19002—1994 idt ISO 9002:1994
有效期:2000.10～2003.10

茂名市港日化工有限公司
地址:广东茂名油城六路科委大楼三楼
邮政编码:525400
证书注册编号:0400B0273
体系认证标准:GB/T 19002—1994 idt ISO 9002:1994
有效期:2000.10～2003.10

布尔津县水电公司
地址:新疆布尔津县胜利路1号
邮政编码:836600
证书注册编号:0400B0274
体系认证标准:GB/T 19002—1994 idt ISO 9002:1994
有效期:2000.10～2003.10

新疆 新水股份有限公司克孜尔电厂
地址:新疆拜城县克孜尔乡克孜尔电厂
邮政编码:842313
证书注册编号:0400B0275
体系认证标准:GB/T 19002—1994 idt ISO 9002:1994
有效期:2000.10～2003.10

新疆 新水股份有限公司
地址:新疆 乌鲁木齐市黑龙江路19号
邮政编码:830000
证书注册编号:0400B0276
体系认证标准:GB/T 19002—1994 idt ISO 9002:1994
有效期:2000.10～2003.10

广州南洋电器厂
地址:广东省广州市黄华路43号
邮政编码:510050
证书注册编号:0499A0237
体系认证标准:GB/T 19002—1994 idt ISO 9002:1994
有效期:1999.12～2002.12

广州骏威客车有限公司
地址:广东省广州市黄埔区横沙(茅岗东路343号)
邮政编码:510700
证书注册编号:0400B0043
体系认证标准:GB/T 19002—1994 idt ISO 9002:1994
有效期:2000.2～2003.2

河南省新野运通(集团)有限责任公司
地址:河南新野县城关镇朝阳路37号
邮政编码:473500
证书注册编号:0400A0277
体系认证标准:GB/T 19002—1994 idt ISO 9002:1994
有效期:2000.11～2003.11

广东威达集团公司(汕头变压器厂)
地址:广东揭西县城霖都大道
邮政编码:515400
证书注册编号:0400A0278 0496A082
体系认证标准:GB/T 9002—1994 idt ISO 9002:1995
有效期:2000.11～2003.11

环雅精工制品厂有限公司
地址:香港九龙观塘鸿图道87号越秀工业大厦11—12楼
证书注册编号:0400A0279 0498A201
体系认证标准:GB/T 9002—1994 idt ISO 9002:1996
有效期:2000.11～2003.11

巩义市兴平耐火材料公司
地址:河南省巩义市城东小关镇
邮政编码:451272
证书注册编号:0400B0280
体系认证标准:GB/T 9002—1994 idt ISO 9002:1997
有效期:2000.11～2003.11

广州市石井机械厂
地址:广东省广州市白云区石井镇石沙公路15号
邮政编码:510430
证书注册编号:0400B0281
体系认证标准:GB/T 9002—1994 idt ISO 9002:1998
有效期:2000.11～2003.11

顺德市百丽池涂料有限公司
地址:广东省顺德市容桂镇华口工业区
邮政编码:528306
证书注册编号:0400A0282
体系认证标准:GB/T 9002—1994 idt ISO 9002:1999
有效期:2000.11～2003.11

佛山塑料集团股份有限公司双龙分公司
地址:广东省佛山市汾江北路12号
邮政编码:528000
证书注册编号:0400B0283 0497B157
体系认证标准:GB/T 9002—1994 idt ISO 9002:2000
有效期:2000.11～2003.11

阳西县华阳电子材料有限公司
地址:广东省阳西县城工业开发区
邮政编码:529800
证书注册编号:0400B0284
体系认证标准:GB/T 9002—1994 idt ISO 9002:2001
有效期:2000.11～2003.11

广东省四会市新达化工实业有限公司
地址:广东省四会市大沙镇岗美开发区
邮政编码:526242
证书注册编号:0400B0285
体系认证标准:GB/T 9002—1994 idt ISO 9002:2002
有效期:2000.11～2003.11

广州市白云区石井特种耐火材料厂
地址:广东省广州市新市镇清湖大埔园
邮政编码:510440
证书注册编号:0400B0286
体系认证标准:GB/T 9002—1994 idt

ISO 9002:2003
有效期:2000.11～2003.11

茂名市千翼化工有限公司
地址:广东省茂名市油城三路231号
邮政编码:525000
证书注册编号:0400B0287
体系认证标准:GB/T 9002—1994 idt ISO 9002:2004
有效期:2000.11～2003.11

江西省新余市建筑工程总公司
地址:江西省新余市团结西路7#(建筑大厦)
邮政编码:338025
证书注册编号:0400B0288
体系认证标准:GB/T 9002—1994 idt ISO 9002:2005
有效期:2000.11～2003.11

赣州市蟠龙建筑工程公司
地址:江西赣州黄金机场北路28号
邮政编码:341000
证书注册编号:0400B0289
体系认证标准:GB/T 9002—1994 idt ISO 9002:2006
有效期:2000.11～2003.11

广州市越秀区住宅建设公司
地址:广东省广州市朝天路四号
邮政编码:510180
证书注册编号:0400B0290
体系认证标准:GB/T 9002—1994 idt ISO 9002:2007
有效期:2000.11～2003.11

内乡县水泥厂吉固有限责任公司
地址:河南省内乡县大桥灵山头
邮政编码:474370
证书注册编号:0400B0291
体系认证标准:GB/T 9002—1994 idt ISO 9002:2008
有效期:2000.11～2003.11

江门市化肥总厂
地址:广东省江门市北街
邮政编码:529070
证书注册编号:0400B0292
体系认证标准:GB/T 9002—1994 idt ISO 9002:2009
有效期:2000.11～2003.11

深圳市凌宇电线电缆实业有限公司
地址:广东省深圳市福田区车公庙天安工业区六栋天祥大厦三楼B2东
邮政编码:518040
证书注册编号:0400B0293
体系认证标准:GB/T 9002—1994 idt ISO 9002:2010
有效期:2000.11～2003.11

番禺市华夏助剂有限公司
地址:广东省广州番禺大石镇东联村工业区
邮政编码:511430
证书注册编号:0400A0294
体系认证标准:GB/T 9002—1994 idt ISO 9002:2011
有效期:2000.11～2003.11

广州市穗通冷气装饰工程公司
地址:广东省广州市天河体育东路体育东横街3号10楼
邮政编码:510620
证书注册编号:0400B0295
体系认证标准:GB/T 9002—1994 idt ISO 9002:2012
有效期:2000.11～2003.11

唐河龙山水泥(集团)有限公司
地址:河南省唐河县黑龙镇东800米
邮政编码:473408
证书注册编号:0400B0296
体系认证标准:GB/T 9002—1994 idt ISO 9002:2013
有效期:2000.11～2003.11

五矿国际货运天津公司
地址:天津市塘沽区新港路1—155号
邮政编码:300456
证书注册编号:0400B0297
体系认证标准:GB/T 9002—1994 idt ISO 9002:2014
有效期:2000.11～2003.11

天津矿达国际贸易服务有限公司
地址:天津市塘沽区新港路1—155号
邮政编码:300456
证书注册编号:0400B0298
体系认证标准:GB/T 9002—1994 idt ISO 9002:2015
有效期:2000.11～2003.11

天津开发区民挪货运有限公司
地址:天津市塘沽区新港路1—155号
邮政编码:300456
证书注册编号:0400B0299
体系认证标准:GB/T 9002—1994 idt ISO 9002:2016
有效期:2000.11～2003.11

天津开发区中津五矿有限公司
地址:天津市塘沽区建材路21号
邮政编码:300457
证书注册编号:0400B0300
体系认证标准:GB/T 9002—1994 idt ISO 9002:2017
有效期:2000.11～2003.11

广州天添化工有限公司
地址:广东省广州市宝岗大道106号南华西大厦西座608室
邮政编码:510240
证书注册编号:0400B0301
体系认证标准:GB/T 9002—1994 idt ISO 9002:2018
有效期:2000.11～2003.11

黑龙江农垦水利有限公司
地址:黑龙省哈尔滨香坊区三辅街83号
邮政编码:150036
证书注册编号:0400B0302
体系认证标准:GB/T 9002—1994 idt ISO 9002:2019
有效期:2000.11～2003.11

***农垦齐齐哈尔禹洪水利开发建设有限责任公司**
地址:黑龙江省齐齐哈尔市龙沙区通江路11号
邮政编码:161005
电话:(0452)2891740
传真:(0452)2891740
法定代表人:张洪文
证书注册编号:0400B0303
体系认证标准:GB/T 9002—1994 idt ISO 9002:2020
获证体系覆盖产品:水利施工及辅助生产设施的建筑、安装工程
有效期:2000.11.20～2003.11.19

黑龙江省八五三农场水利总公司
地址:黑龙江省宝清县八五三农场
邮政编码:155630
证书注册编号:0400B0304

体系认证标准:GB/T 9002—1994 idt ISO 9002:2021
有效期:2000.11~2003.11

黑龙江省牡丹江农垦水利工程公司
地址:黑龙江省密山市北大营
邮政编码:158300
证书注册编号:0400B0305
体系认证标准:GB/T 9002—1994 idt ISO 9002:2022
有效期:2000.11~2003.11

桐城市羽绒一厂
地址:安徽省桐城市兴店镇
邮政编码:231422
证书注册编号:0400B0306
体系认证标准:GB/T 9002—1994 idt ISO 9002:2023
有效期:2000.11~2003.11

广东省基础工程公司
地址:广东省广州市天河路99号天涯楼19—20楼
邮政编码:510620
证书注册编号:0400B0307 0497B156
体系认证标准:GB/T 9002—1994 idt ISO 9002:2024
有效期:2000.11~2003.11

广东省电白县第二建筑工程公司
地址:广东省广州市新港西路南贤大街59号四楼
邮政编码:510275
证书注册编号:0400B0308
体系认证标准:GB/T 9002—1994 idt ISO 9002:2025
有效期:2000.11~2003.11

广东省化州市建筑工程总公司
地址:广东省化州市中山路42号
邮政编码:525100
证书注册编号:0400B0309
体系认证标准:GB/T 9002—1994 idt ISO 9002:2026
有效期:2000.11~2003.11

梅州市威华水利水电建设工程有限公司
地址:广东省梅州市沿江东路滨江新村B—01栋
邮政编码:514021
证书注册编号:0400B0310
体系认证标准:GB/T 9002—1994 idt ISO 9002:2027
有效期:2000.11~2003.11

广州电梯集团配件有限公司
地址:广东省广州市番禺大石镇石北工业区
邮政编码:511430
证书注册编号:0400A0311
体系认证标准:GB/T 9002—1994 idt ISO 9002:2028
有效期:2000.11~2003.11

顺德市德建塑料管道制造有限公司
地址:广东省顺德市杏坛镇新冲工业区
邮政编码:528325
证书注册编号:0400B0312
体系认证标准:GB/T 9002—1994 idt ISO 9002:2029
有效期:2000.11~2003.11

潮安县粤虹油墨有限公司
地址:广东省潮安大道郭四工业区
邮政编码:515638
证书注册编号:0400B0313
体系认证标准:GB/T 9002—1994 idt ISO 9002:2030
有效期:2000.11~2003.11

佛山市威夷洁具有限公司
地址:广东省佛山市澜石湾华管理区
邮政编码:528041
证书注册编号:0400B0314
体系认证标准:GB/T 9002—1994 idt ISO 9002:2031
有效期:2000.11~2003.11

开平市朝阳五金实业有限公司
地址:广东省开平市沙冈龙美开发区
邮政编码:529328
证书注册编号:0400B0315
体系认证标准:GB/T 9002—1994 idt ISO 9002:2032
有效期:2000.11~2003.11

顺德市雄塑实业有限公司
地址:广东省顺德市龙江镇龙洲路集北路段
邮政编码:528318
证书注册编号:0400B0316
体系认证标准:GB/T 9002—1994 idt ISO 9002:2033
有效期:2000.11~2003.11

潮州市朝辉电器有限公司
地址:广东省潮州市振德街尾机绣服装总厂内
邮政编码:521000
证书注册编号:0400B0317
体系认证标准:GB/T 9002—1994 idt ISO 9002:2034
有效期:2000.11~2003.11

番禺市文华燃气具有限公司
地址:广东省番禺市大石镇广番公路旁
邮政编码:511430
证书注册编号:0400B0318
体系认证标准:GB/T 9002—1994 idt ISO 9002:2035
有效期:2000.11~2003.11

罗定市雀儿特种水泥有限公司
地址:广东省罗定市罗平镇雀儿顶
邮政编码:527226
证书注册编号:0400B0319
体系认证标准:GB/T 9002—1994 idt ISO 9002:2036
有效期:2000.11~2003.11

黑龙江省宝泉岭水利工程公司
地址:黑龙江省萝北县宝泉岭军川街共青路1号
邮政编码:154211
证书注册编号:0400B0320
体系认证标准:GB/T 9002—1994 idt ISO 9002:2037
有效期:2000.11~2003.11

顺德前进家私制造有限公司
地址:广东省顺德市龙江镇东头工业区
邮政编码:528318
证书注册编号:0400A0321
体系认证标准:GB/T 9002—1994 idt ISO 9002:2038
有效期:2000.11~2003.11

广州经济技术开发区凌通电器设备有限公司
地址:广东省广州市黄埔区庙头
邮政编码:510730
证书注册编号:0400B0322
体系认证标准:GB/T 9002—1994 idt ISO 9002:2039
有效期:2000.11~2003.11

广东万利脚手架公司
地址:广东开平市赤坎镇河南路102号
邮政编码:529367
证书注册编号:0400B0323
体系认证标准:GB/T 9002—1994 idt
ISO 9002:2040
有效期:2000.11~2003.11

江门市大长江集团有限公司
地址:广东省江门市宏江路3号
邮政编码:529000
证书注册编号:0400A0324 0497A138
体系认证标准:GB/T 9002—1994 idt
ISO 9002:2041
有效期:2000.11~2003.11

五矿国际货运江苏公司
地址:江苏省南京市中山南路101号金銮大厦15层
邮政编码:210005
证书注册编号:0400B0325
体系认证标准:GB/T 9002—1994 idt
ISO 9002:2042
有效期:2000.11~2003.11

宣州森泰化工有限责任公司
地址:安徽省宣州市工业干道70号
邮政编码:242000
证书注册编号:0400B0326
体系认证标准:GB/T 9002—1994 idt
ISO 9002:2043
有效期:2000.11~2003.11

山东淄川特种耐火材料厂
地址:山东省淄博市淄川区商家镇
邮政编码:255188
证书注册编号:0400B0327
体系认证标准:GB/T 9002—1994 idt
ISO 9002:1994
有效期:2000.11~2003.11

广州市金粤实业发展有限公司
地址:广东省广州市黄石路江夏工业区工业大楼首层南楼
邮政编码:510420
证书注册编号:0400B0328
体系认证标准:GB/T 9002—1994 idt
ISO 9002:1994
有效期:2000.11~2003.11

花都福益染织有限公司
地址:广东省广州花都花山镇小布村
邮政编码:510880
证书注册编号:0400B0329
体系认证标准:GB/T 9002—1994 idt
ISO 9002:1994
有效期:2000.11~2003.11

深圳市旺盈彩盒纸品有限公司
地址:广东省深圳市宝安72区旺盈工业大厦
邮政编码:518101
证书注册编号:0400B0330
体系认证标准:GB/T 9002—1994 idt
ISO 9002:1994
有效期:2000.11~2003.11

安徽阳洁日化(集团)有限责任公司
地址:安徽省太和县坟台镇
邮政编码:236649
证书注册编号:0400B0331
体系认证标准:GB/T 9002—1994 idt
ISO 9002:1994
有效期:2000.11~2003.11

湖南省澧县万家实业有限责任公司
地址:湖南省常德市澧县
邮政编码:415532
证书注册编号:0400B0332
体系认证标准:GB/T 9002—1994 idt
ISO 9002:1994
有效期:2000.11~2003.11

广州维高斯坦雷电气有限公司
地址:广东省广州市白云区石井镇夏茅第四矿工业园
邮政编码:510425
证书注册编号:0400B0333
体系认证标准:GB/T 9002—1994 idt
ISO 9002:1994
有效期:2000.11~2003.11

广东省兴宁市鹏鑫变压器企业有限公司
地址:广东省兴宁市加坡岭
邮政编码:514500
证书注册编号:0400B0334
体系认证标准:GB/T 9002—1994 idt
ISO 9002:1994
有效期:2000.11~2003.11

花都市联华包装材料厂
地址:广东省花都富银路2号
邮政编码:510800
证书注册编号:0400B0335
体系认证标准:GB/T 9002—1994 idt
ISO 9002:1994
有效期:2000.11~2003.11

顺德市华强本邦电器有限公司
地址:广东省顺德市勒流镇百安路新埠工业区
邮政编码:528322
证书注册编号:0499B0218
体系认证标准:GB/T 9002—1994 idt
ISO 9002:1994
有效期:1999.12~2002.12

广州电机厂
地址:广东省广州市新港西路144号
邮政编码:510300
证书注册编号:0499A0164
体系认证标准:GB/T 9002—1994 idt
ISO 9002:1994
有效期:1999.10~2002.12

佛山市佳华电器科技发展有限公司
地址:广东省佛山市丝织路10号
邮政编码:528000
证书注册编号:0499B0042
体系认证标准:GB/T 9002—1994 idt
ISO 9002:1994
有效期:1999.03~2002.03

广州市市政集团有限公司
地址:广东省广州市环市东路338号
邮政编码:510060
证书注册编号:0499B0207
体系认证标准:GB/T 9002—1994 idt
ISO 9002:1994
有效期:1999.12~2002.03

顺德市盖德电子科技有限公司
地址:广东顺德容桂镇容奇公园路6号
邮政编码:528303
证书注册编号:0498B0246
体系认证标准:GB/T 9002—1994 idt
ISO 9002:1994
有效期:1998.9~2001.9

安庆市胡玉美酿造食品有限责任公司
地址:安徽省安庆市黄土坑东路69号
邮政编码:246005
证书注册编号:0400B0336
体系认证标准:GB/T19002:1994 idt
ISO 9002:1994

有效期:2000.12～2003.12

鹤山市环球电缆总厂
地址:广东鹤山市沙坪镇文明路93号
邮政编码:529700
证书注册编号:0400B0337
体系认证标准:GB/T19002:1994 idt ISO 9002:1994
有效期:2000.12～2003.12

五矿国际货运连云港公司
地址:江苏省连云港市墟沟镇中山路
邮政编码:222042
证书注册编号:0400B0338
体系认证标准:GB/T19002:1994 idt ISO 9002:1994
有效期:2000.12～2003.12

广州光学仪器厂
地址:广东省广州市淘金北路81号
邮政编码:510060
证书注册编号:0400A0339 0497A187
体系认证标准:GB/T19002:1994 idt ISO 9002:1994
有效期:2000.12～2003.12

东莞市二建第九建筑工程公司
地址:广东省东莞市万江区万兴路中兴综合楼A幢
邮政编码:523039
证书注册编号:0400B0340
体系认证标准:GB/T19002:1994 idt ISO 9002:1994
有效期:2000.12～2003.12

广东省连山壮族瑶族自治县树脂厂
地址:广东省清远市连山县永和镇
邮政编码:513227
证书注册编号:0400B0341
体系认证标准:GB/T19002:1994 idt ISO 9002:1994
有效期:2000.12～2003.12

广州市花都区第四建筑工程公司
地址:广东广州花都区秀全大道55号
邮政编码:510800
证书注册编号:0400B0342
体系认证标准:GB/T19002:1994 idt ISO 9002:1994
有效期:2000.12～2003.12

佛山市中南玻璃有限公司
地址:广东省佛山市张槎开发区
邮政编码:528000
证书注册编号:0400B0343
体系认证标准:GB/T19002:1994 idt ISO 9002:1994
有效期:2000.12～2003.12

广东雅嘉实业集团有限公司
地址:广东省潮阳市峡山长虹路雅嘉工业城
邮政编码:515144
证书注册编号:0400B0344
体系认证标准:GB/T19002:1994 idt ISO 9002:1994
有效期:2000.12～2003.12

广东省电力工业局广州电力设备厂
地址:广东省广州市南石路8号
邮政编码:510285
证书注册编号:0400A0345
体系认证标准:GB/T19002:1994 idt ISO 9002:1994
有效期:2000.12～2003.12

潮州市海湾橡塑科贸有限公司
地址:广东省潮安县东凤工业区
邮政编码:515634
证书注册编号:0400B0346
体系认证标准:GB/T19002:1994 idt ISO 9002:1994
有效期:2000.12～2003.12

高明市威利坚模具有限公司
地址:广东省高明市更楼镇白石开发区
邮政编码:528522
证书注册编号:0400A0347
体系认证标准:GB/T19002:1994 idt ISO 9002:1994
有效期:2000.12～2003.12

广州市花都第二建筑工程有限公司
地址:广东省新华镇秀全大道49号
邮政编码:510800
证书注册编号:0400B0348
体系认证标准:GB/T19002:1994 idt ISO 9002:1994
有效期:2000.12～2003.12

开平市银星橡胶实业有限公司
地址:广东省开平市龙胜镇石桥开发区
邮政编码:529348
证书注册编号:0400B0349
体系认证标准:GB/T19002:1994 idt ISO 9002:1994
有效期:2000.12～2003.12

诸暨市征天水利机械厂
地址:浙江省诸暨市枫桥镇枫北路3号
邮政编码:311811
证书注册编号:0400B0350
体系认证标准:GB/T19002:1994 idt ISO 9002:1994
有效期:2000.12～2003.12

广州市房屋开发建设有限公司
地址:广东省广州市广卫路15号之一
邮政编码:510030
证书注册编号:0400A0351 0497A151
体系认证标准:GB/T19002:1994 idt ISO 9002:1994
有效期:2000.12～2003.12

昆山市水利建设集团公司
地址:江苏省昆山市跃进路141号
邮政编码:215300
证书注册编号:0400B0352
体系认证标准:GB/T19002:1994 idt ISO 9002:1994
有效期:2000.12～2003.12

常熟市水利工程公司
地址:江苏省常熟市报慈北路188号
邮政编码:215500
证书注册编号:0400B0353
体系认证标准:GB/T19002:1994 idt ISO 9002:1994
有效期:2000.12～2003.12

安徽好思家涂料有限公司
地址:安徽省蚌埠市秦集大道88号
邮政编码:233010
证书注册编号:0400B0354
体系认证标准:GB/T19002:1994 idt ISO 9002:1994
有效期:2000.12～2003.12

恩平市广联泰第一棉纺厂
地址:广东省恩平市恩城镇新平南路21号
邮政编码:529400
证书注册编号:0400B0355
体系认证标准:GB/T19002:1994 idt ISO 9002:1994
有效期:2000.12～2003.12

恩平市广联泰第二棉纺厂
地址:广东省恩平市新平南路43号
邮政编码:529400
证书注册编号:0400B0356
体系认证标准:GB/T19002:1994 idt ISO 9002:1994
有效期:2000.12～2003.12

安徽省潜山县塑料制品厂
地址:安徽潜山县源潭镇源岳路12号
邮政编码:246314
证书注册编号:0400B0357
体系认证标准:GB/T19002:1994 idt ISO 9002:1994
有效期:2000.12～2003.12

南海市南兴树脂有限公司
地址:广东南海市大沥镇兴贤丹邱路口
邮政编码:528231
证书注册编号:0400B0358
体系认证标准:GB/T19002:1994 idt ISO 9002:1994
有效期:2000.12～2003.12

广州白云配件工业公司
白云钢板弹簧厂
地址:广东省广州市沙河沙太路133号
邮政编码:510510
证书注册编号:0400B0359
体系认证标准:GB/T19002:1994 idt ISO 9002:1994
有效期:2000.12～2003.12

广州市新
地址:广东省广州市新港东路琶洲新马路49号
邮政编码:510335
证书注册编号:0400B0360
体系认证标准:GB/T19002:1994 idt ISO 9002:1994
有效期:2000.12～2003.12

江西省龙式建筑开发集团公司
地址:江西省南昌市省府大院东四路23号
邮政编码:330046
证书注册编号:0400B0361
体系认证标准:GB/T19002:1994 idt ISO 9002:1994
有效期:2000.12～2003.12

佛山市粤湾特种陶瓷有限公司
地址:广东省佛山市石湾工农路37号
邮政编码:528031
证书注册编号:0400B0362
体系认证标准:GB/T19002:1994 idt ISO 9002:1994
有效期:2000.12～2003.12

广州市华场医用电子有限公司
地址:广东省广州市从化神岗镇
邮政编码:510980
证书注册编号:0400B0363
体系认证标准:GB/T19002:1994 idt ISO 9002:1994
有效期:2000.12～2003.12

广州市瑞信康威医用电子有限公司
地址:广东省广州市从化神岗镇
邮政编码:510980
证书注册编号:0400B0364
体系认证标准:GB/T19002:1994 idt ISO 9002:1994
有效期:2000.12～2003.12

东莞市虎门擎天混凝土有限公司
地址:广东省东莞市虎门镇宴岗蒲粟村
邮政编码:523933
证书注册编号:0400B0365
体系认证标准:GB/T19002:1994 idt ISO 9002:1994
有效期:2000.12～2003.12

南昌县第三建筑工程公司
地址:江西省南昌县莲塘镇市场北巷西013号
邮政编码:330200
证书注册编号:0400B0366
体系认证标准:GB/T19002:1994 idt ISO 9002:1994
有效期:2000.12～2003.12

广东海外高强混凝土有限公司
地址:广东省广州黄埔大道东圃石溪段
邮政编码:510660
证书注册编号:0400A0367
体系认证标准:GB/T19002:1994 idt ISO 9002:1994
有效期:2000.12～2003.12

***金瑞新材料科技股份有限公司**
地址:湖南省长沙市麓山南路1号
邮政编码:410012
电话:(0731)8657386
传真:(0731)8711553
法定代表人:张泾生
证书注册编号:0400B0368
体系认证标准:GB/T19002:1994 idt ISO 9002:1994
获证体系覆盖产品:四氧化三锰、人造金刚石用Ni70Mn25Co5触媒合金片、人造金刚石单晶、叶腊石粉压块粉圈和导电钢圈的生产
有效期:2000.12.18～2003.12.17

广东华湖渔业用品(集团)有限公司
地址:广东省惠来县华湖车站对面
邮政编码:515221
证书注册编号:0400B0369
体系认证标准:GB/T19002:1994 idt ISO 9002:1994
有效期:2000.12～2003.12

潮州市庵埠溜龙金星油墨厂
地址:广东省潮安县庵埠溜龙工业区
邮政编码:515638
证书注册编号:0400B0370
体系认证标准:GB/T19002:1994 idt ISO 9002:1994
有效期:2000.12～2003.12

广东省惠东县水泥二厂
地址:广东省惠东县大岭镇平新一路
邮政编码:516321
证书注册编号:0400B0371
体系认证标准:GB/T19002:1994 idt ISO 9002:1994
有效期:2000.12～2003.12

佛山市日丰企业有限公司
地址:广东省佛山市祖庙路16号日丰大厦6～10楼
邮政编码:528000
证书注册编号:0400A0372
体系认证标准:GB/T19002:1994 idt ISO 9002:1994
有效期:2000.12～2003.12

广州市东方眼镜连锁企业有限公司
地址:广东省广州市解放北路618号府前大厦A座9楼
邮政编码:510030
证书注册编号:0400B0373 0497B177
体系认证标准:GB/T19002:1994 idt ISO 9002:1994
有效期:2000.12～2003.12

合肥市第六建筑工程公司
地址：安徽省合肥市望江东路309号
邮政编码：230022
证书注册编号：0400B0374
体系认证标准：GB/T19002：1994 idt ISO 9002：1994
有效期：2000.12～2003.12

五矿国际货运山东公司
地址：山东省青岛市保定路16号7楼
邮政编码：266001
证书注册编号：0400B0375
体系认证标准：GB/T19002：1994 idt ISO 9002：1994
有效期：2000.12～2003.12

安徽华力建筑工程总公司
地址：安徽省合肥市望江东路131#英华饭店五楼
邮政编码：230051
证书注册编号：0400B0376
体系认证标准：GB/T19002：1994 idt ISO 9002：1994
有效期：2000.12～2003.12

惠州先进电池厂
地址：广东省惠州市麦地路18号奇腾工业大厦
邮政编码：516001
证书注册编号：0400A0377 0498B022
体系认证标准：GB/T19002：1994 idt ISO 9002：1994
有效期：2000.12～2003.12

惠州超霸电池有限公司
地址：广东省惠州市小金口大树岭村
邮政编码：516023
证书注册编号：0400A0378 0498B023
体系认证标准：GB/T19002：1994 idt ISO 9002：1994
有效期：2000.12～2003.12

湖南常德辰州锑品厂
地址：湖南省常德市鼎城区武陵镇
邮政编码：415101
证书注册编号：0400B0379
体系认证标准：GB/T19002：1994 idt ISO 9002：1994
有效期：2000.12～2003.12

广州市白云区永兴工艺厂
地址：广东省广州市白云区岭头永兴街1号
邮政编码：510530
证书注册编号：0400B0380
体系认证标准：GB/T19002：1994 idt ISO 9002：1994
有效期：2000.12～2003.12

广州市天虹电线电缆厂
地址：广东省广州市天河区棠下流岭工业厂房第三号之二
邮政编码：520630
证书注册编号：0400B0381
体系认证标准：GB/T19002：1994 idt ISO 9002：1994
有效期：2000.12～2003.12

广西南宁烟草(集团)有限责任公司
地址：广西南宁市北湖南路8号
邮政编码：530001
证书注册编号：0400A0382
体系认证标准：GB/T19002：1994 idt ISO 9002：1994
有效期：2000.12～2003.12

广东粤诚牙科技术开发中心
地址：广东省广州市江南大道南366号
邮政编码：510280
证书注册编号：0400B0383
体系认证标准：GB/T19002：1994 idt ISO 9002：1994
有效期：2000.12～2003.12

广东省肇庆市南熙葡萄糖制品有限公司
地址：广东省肇庆市建设二路南粤食品总厂内
邮政编码：526060
证书注册编号：0400B0384
体系认证标准：GB/T19002：1994 idt ISO 9002：1994
有效期：2000.12～2003.12

江西省基础建筑工程有限公司
地址：江西省南昌市北京西路176号
邮政编码：330046
证书注册编号：0400B0385
体系认证标准：GB/T19002：1994 idt ISO 9002：1994
有效期：2000.12～2003.12

广东省博罗县罗浮山水泥有限公司
地址：广东博罗县罗阳镇水西路21号
邮政编码：516100
证书注册编号：0400B0386
体系认证标准：GB/T19002：1994 idt ISO 9002：1994
有效期：2000.12～2003.12

广州中捷国际货运有限公司
地址：广东省广州市天河体育西路109号高盛大厦13B
邮政编码：510620
证书注册编号：0400B0387
体系认证标准：GB/T19002：1994 idt ISO 9002：1994
有效期：2000.12～2003.12

广东至艺工程建设监理有限公司
地址：广东广州市东山区共和西路6号
邮政编码：510600
证书注册编号：0400B0388
体系认证标准：GB/T19002：1994 idt ISO 9002：1994
有效期：2000.12～2003.12

南海南新无纺布有限公司
地址：广东省南海市桂城区海八路
邮政编码：528200
证书注册编号：0400B0389
体系认证标准：GB/T19002：1994 idt ISO 9002：1994
有效期：2000.12～2003.12

广州市宝生园有限公司
广州宝生园蜂产品厂
地址：广东省广州市三元里北站路
邮政编码：510400
证书注册编号：0400B0390
体系认证标准：GB/T19002：1994 idt ISO 9002：1994
有效期：2000.12～2003.12

广东钜镪集团有限公司
地址：广东省电白树仔镇经济开发区
邮政编码：525438
证书注册编号：0400B0391
体系认证标准：GB/T19002：1994 idt ISO 9002：1994
有效期：2000.12～2003.12

霍山县龙华工贸有限责任公司(缫丝厂)
地址：安徽省霍山县三板桥乡三板桥村
邮政编码：237200

证书注册编号:0400B0392
体系认证标准:GB/T19002:1994 idt ISO 9002:1994
有效期:2000.12～2003.12

五矿国际货运浙江有限责任公司
地址:浙江省宁波彩虹南路299号
邮政编码:315040
证书注册编号:0400B0393
体系认证标准:GB/T19002:1994 idt ISO 9002:1994
有效期:2000.12～2003.12

舒城县水泥厂
地址:安徽舒城县城关镇
邮政编码:231300
证书注册编号:0400B0394
体系认证标准:GB/T19002:1994 idt ISO 9002:1994
有效期:2000.12～2003.12

芜湖天河供水设备有限责任公司
地址:安徽省芜湖市环城北路42号
邮政编码:241000
证书注册编号:0400B0395
体系认证标准:GB/T19002:1994 idt ISO 9002:1994
有效期:2000.12～2003.12

广东省地方国营丰顺汽车配件厂
地址:广东丰顺县城狮山路17号
邮政编码:514300
证书注册编号:0400B0396 0497B148
体系认证标准:GB/T19002:1994 idt ISO 9002:1994
有效期:2000.12～2003.12

高安市建设工程有限公司
地址:江西省高安市高安大道16号
邮政编码:330800
证书注册编号:0400B0397
体系认证标准:GB/T19002:1994 idt ISO 9002:1994
有效期:2000.12～2003.12

***湖南省怀化公路桥梁建设总公司**
地址:湖南省怀化市迎丰中路88号
邮政编码:418000
电话:(0745)2232863
传真:(0745)2233612
法定代表人:周生连
证书注册编号:0400B0398
体系认证标准:GB/T19002:1994 idt ISO 9002:1994
获证体系覆盖产品:公路和桥梁、隧道工程的施工;土石方工程
有效期:2000.12.28～2003.12.27

广州市荔湾区力恒电子厂
地址:广东省广州市龙津中路土兴对巷44号
邮政编码:510140
证书注册编号:0400B0399
体系认证标准:GB/T19002:1994 idt ISO 9002:1994
有效期:2000.12～2003.12

湖南桃源明月油脂有限责任公司
地址:湖南省桃源县热市镇明月村
邮政编码:415709
证书注册编号:0400B0400
体系认证标准:GB/T19002:1994 idt ISO 9002:1994
有效期:2000.12～2003.12

广东省医疗器械厂
地址:广东省韶关市芙蓉东路4号
邮政编码:512026
证书注册编号:0400B0401
体系认证标准:GB/T19002:1994 idt ISO 9002:1994
有效期:2000.12～2003.12

中国人民解放军第七四三二厂(衡阳东阳车桥厂)
地址:湖南省衡阳市江东区东阳渡新街18号
邮政编码:421004
证书注册编号:0400B0402 0497B183
体系认证标准:GB/T19002:1994 idt ISO 9002:1994
有效期:2000.12～2003.12

广州南方高科有限公司
地址:广东省广州市中山大道西高新技术工业区建中路62号
邮政编码:510665
证书注册编号:0400A0403
体系认证标准:GB/T19002:1994 idt ISO 9002:1994
有效期:2000.12～2003.12

长沙大中木业有限公司
地址:湖南长沙市凤嘴路183号
邮政编码:410008
证书注册编号:0400B0404
体系认证标准:GB/T19002:1994 idt ISO 9002:1994
有效期:2000.12～2003.12

广州市番禺区裕泰水泥构件公司
地址:广东省广州市番禺区灵山镇上坭工业村
邮政编码:511473
证书注册编号:0400B0405
体系认证标准:GB/T19002:1994 idt ISO 9002:1994
有效期:2000.12～2003.12

苏州市城市建设开发总公司拆建公司
地址:江苏省苏州市阊胥路124号4号楼西单元
邮政编码:215008
证书注册编号:0400B0406
体系认证标准:GB/T19002:1994 idt ISO 9002:1994
有效期:2000.12～2003.12

广州建强混凝土有限公司
地址:广东省广州市天河区车陂新涌口东1号
邮政编码:510660
证书注册编号:0400A0407
体系认证标准:GB/T19002:1994 idt ISO 9002:1994
有效期:2000.12～2003.12

合肥义城建筑安装工程公司
地址:安徽省合肥市阜阳路2号
邮政编码:230001
证书注册编号:0400B0408
体系认证标准:GB/T19002:1994 idt ISO 9002:1994
有效期:2000.12～2003.12

广州市海珠摩托车零件厂
地址:广东省广州市海珠区龙导尾昆仑三街27号
邮政编码:510220
证书注册编号:0400B0409
体系认证标准:GB/T19002:1994 idt ISO 9002:1994
有效期:2000.12～2003.12

广州雄丰玻璃实业有限公司
地址:广东省广州市石潭西路18号

邮政编码:510435
证书注册编号:0400B0410
体系认证标准:GB/T19002:1994 idt ISO 9002:1994
有效期:2000.12~2003.12

广州市黄埔区粤阳电器厂
地址:广东省广州市黄埔区茅岗路1177号
邮政编码:510701
证书注册编号:0400B0411
体系认证标准:GB/T19002:1994 idt ISO 9002:1994
有效期:2000.12~2003.12

东莞沙田德盛硅橡胶制品有限公司
地址:广东省东莞市沙田镇稔洲区
邮政编码:523999
证书注册编号:0400B0412 0497B174
体系认证标准:GB/T19002:1994 idt ISO 9002:1994
有效期:2000.12~2003.12

淮北市星光节能灯具厂
地址:安徽省淮北市杨庄煤矿内
邮政编码:235025
证书注册编号:0400B0413
体系认证标准:GB/T19002:1994 idt ISO 9002:1994
有效期:2000.12~2003.12

广州市设计院工程建设总承包公司
地址:广东省广州市天河体育东路东横街3号
邮政编码:510620
证书注册编号:0400A0414
体系认证标准:GB/T19002:1994 idt ISO 9002:1994
有效期:2000.12~2003.12

南海立邦电器有限公司
地址:广东省南海市盐步镇环镇路
邮政编码:528247
证书注册编号:0498B247
体系认证标准:GB/T19002:1994 idt ISO 9002:1994
有效期:1999.9~2002.9

＊江门市蓬江区振兴塑料包装制品厂(江门顺兴吸塑厂有限公司)
地址:广东省江门市高新技术开发区40号地
邮政编码:529000
电话:(0750)3800560 3800239
传真:(0750)3800561
法定代表人:郑玉玲
证书注册编号:0401B0013
体系认证标准:GB/T 19002:1994 idt ISO 9002:1994
获证体系覆盖产品:专业生产PVC、PP、PS、PET、GPET电子、食品医药、玩具、五金、日用制品等高级吸塑、圆筒、折盒包装产品
有效期:2001.1.8~2004.1.7

＊广东省高教建筑规划设计院
地址:广东省广州市天河区石碑
邮政编码:510631
电话:(020)85211922
传真:(020)85211136
法定代表人:李传义
证书注册编码:0401A0040
体系认证标准:GB/T 19002:1994 idt ISO 9002:1994
获证体系覆盖产品:规划与建筑工程设计、工程咨询
有效期:2001.1.12~2004.1.11

＊合肥市郊区建筑安装工程公司
地址:安徽省合肥市张洼路74号
邮政编码:230041
电话:(0551)4217310
传真:(0551)4237957
法定代表人:何勋法
证书注册编号:0401B0075
体系认证标准:GB/T19002:1994 idt ISO 9002:1994
获证体系覆盖产品:工业与民用建筑工程的施工和服务
有效期:2001.2.8~2004.2.14

＊江西省临川房屋建筑工程公司
地址:江西省抚州市临川上顿渡玉茗路89号
邮政编码:344100
电话:(0794)8441906
传真:(0794)8447982
法定代表人:梁勤仁
证书注册编号:0401B0088
体系认证标准:GB/T19002:1994 idt ISO 9002:1994
获证体系覆盖产品:工业与民用建筑工程的施工与服务
有效期:2001.2.8~2003.12.14

＊苍南县电器实业公司
地址:浙江苍南县灵溪镇家堡路68号
邮政编码:325300
电话:(0577)4763232
传真:(0577)4761495
法定代表人:邱学銮
证书注册编号:0401B0109
体系认证标准:GB/T19002:1994 idt ISO 9002:1994
获证体系覆盖产品:小型断路器、墙壁开关、插座、照明灯座、开启式负荷开关、低压熔断器、额定电压450/750伏及以下聚氯乙烯绝缘电线电缆系列产品的生产和服务
有效期:2001.2.20~2003.12.14

注销

广州市电器工业公司(广州第四电器厂)
证书注册编号:0499A0048

汕头市紫薇星实业公司
证书注册编号:0498B218

佛山市雅丽家具装饰公司
证书注册编号:0498B299

湖南省岳阳市欣泉饲料开发总公司
证书注册编号:0497B191

顺德多纳勒振华汽车部件有限公司
证书注册编号:0498B237

新永华电线电缆有限公司
证书注册编号:0497B188

中国新时代质量体系认证中心

晋东化工厂(复评)
地址:山西省阳泉市南大街271号
邮政编码:045000
证书注册编号:0500A0003
体系认证标准:GB/T 19001-1994 idt ISO 9001:1994
有效期:2000.1.6~2003.1.5

成都九立微波有限责任公司
地址:四川省成都市二环路东二段三号
邮政编码:610051
证书注册编号:0500A0004
体系认证标准:GB/T 19001-1994 idt ISO 9001:1994
有效期:2000.1.6~2003.1.5

甘肃送变电工程公司(复评)
地址:甘肃省兰州市七里河区西津西路27号
邮政编码:730050
证书注册编号:0500B0002
体系认证标准:GB/T 19002-1994 idt ISO 9002:1994
有效期:2000.1.6~2003.1.5

中国航天机电集团公司第二研究院二八三厂(复评)
地址:北京市海淀区永定路52号
邮政编码:100854
证书注册编号:0500B0010
体系认证标准:GB/T 19002-1994 idt ISO 9002:1994
有效期:2000.1.6~2003.1.5

上海电缆研究所
地址:上海市军工路1000号
邮政编码:200093
证书注册编号:0500A0001
体系认证标准:GB/T 19001-1994 idt ISO 9001:1994
有效期:2000.1.7~2003.1.6

深圳市通创通信有限公司
地址:广东省深圳市罗湖区松园路75号7栋6层
邮政编码:518008
证书注册编号:0500A0008
体系认证标准:GB/T 19001-1994 idt ISO 9001:1994
有效期:2000.1.7~2003.1.6

深圳电器公司
地址:广东深圳市罗湖区松园路75号
邮政编码:518008
证书注册编号:0500A0009
体系认证标准:GB/T 19001-1994 idt ISO 9001:1994
有效期:2000.1.7~2003.1.6

宜兴市扬子环保实业公司
地址:江苏省宜兴市高塍镇城东北路57号
邮政编码:214214
证书注册编号:0500B0005
体系认证标准:GB/T 19002-1994 idt ISO 9002:1994
有效期:2000.1.7~2003.1.6

黑龙江寰岛雄鹰实业有限公司
地址:黑龙江齐齐哈尔龙沙路183号
邮政编码:161000
证书注册编号:0500B0006
体系认证标准:GB/T 19002-1994 idt ISO 9002:1994
有效期:2000.1.7~2003.1.6

齐齐哈尔猎枪有限公司
地址:黑龙江省齐齐哈尔市龙沙路183号
邮政编码:161000
证书注册编号:0500B0007
体系认证标准:GB/T 19002-1994 idt ISO 9002:1994
有效期:2000.1.7~2003.1.6

北京航天华宇电子系统工程有限公司
地址:北京怀柔县杨宋镇北凤翔开发区
邮政编码:101400
证书注册编号:0500A0016
体系认证标准:GB/T 19001-1994 idt ISO 9001:1994
有效期:2000.1.12~2003.1.11

济南吉美乐办公设备制造公司
地址:山东省济南市文化东路59号
邮政编码:250014
证书注册编号:0500A0017
体系认证标准:GB/T 19001-1994 idt ISO 9001:1994
有效期:2000.1.12~2003.1.11

青岛公平衡器总公司
地址:山东青岛市市北区台柳路84号
邮政编码:266034
证书注册编号:0500A0018
体系认证标准:GB/T 19001-1994 idt ISO 9001:1994
有效期:2000.1.12~2003.1.11

河南江河机械厂
地址:河南省鲁山县
邮政编码:467337
证书注册编号:0500B0019
体系认证标准:GB/T 19002-1994 idt ISO 9002:1994
有效期:2000.1.12~2003.1.11

中国工程物理研究院核物理与化学研究所
地址:四川绵阳市绵山路64号附2号
邮政编码:621900
证书注册编号:0500B0020
体系认证标准:GB/T 19002-1994 idt ISO 9002:1994

有效期:2000.1.12～2003.1.11

中国贵州航空工业集团新安机械厂(复评)
地址:贵州省安顺市蔡官镇
邮政编码:561003
证书注册编号:0500A0011
体系认证标准:GB/T 19001－1994 idt ISO 9001:1994
有效期:2000.1.13～2003.1.12

中国直升机设计研究所(复评)
地址:江西省景德镇市
邮政编码:333001
证书注册编号:0500A0037
体系认证标准:GB/T 19001－1994 idt ISO 9001:1994
有效期:2000.1.13～2003.1.12

华北光学仪器厂(复评)
地址:北京崇文区珠市口东大街346号
邮政编码:100050
证书注册编号:0500A0038
体系认证标准:GB/T 19001－1994 idt ISO 9001:1994
有效期:2000.1.13～2003.1.12

中国航空工业济南特种结构研究所(复评)
地址:山东省济南市天桥区交校路9号
邮政编码:250023
证书注册编号:0500B0012
体系认证标准:GB/T 19002－1994 idt ISO 9002:1994
有效期:2000.1.13～2003.1.12

湖南华南光电仪器厂(复评)
地址:湖南省常德市
邮政编码:415105
证书注册编号:0500B0013
体系认证标准:GB/T 19002－1994 idt ISO 9002:1994
有效期:2000.1.13～2003.1.12

中国贵州航空工业集团安大锻造厂(复评)
地址:贵州省安顺市东郊
邮政编码:561005
证书注册编号:0500B0014
体系认证标准:GB/T 19002－1994 idt ISO 9002:1994
有效期:2000.1.13～2003.1.12

四川艺精技术开发总公司
地址:四川省江油市德胜南路87号
邮政编码:621700
证书注册编号:0500A0027
体系认证标准:GB/T 19001－1994 idt ISO 9001:1994
有效期:2000.1.19～2003.1.19

西安天虹电器有限公司
地址:陕西省西安市南郊东仪路3号
邮政编码:710065
证书注册编号:0500A0029
体系认证标准:GB/T 19001－1994 idt ISO 9001:1994
有效期:2000.1.19～2003.1.19

重庆江陵仪器厂
地址:重庆市万州区五桥镇
邮政编码:404002
证书注册编号:0500A0031
体系认证标准:GB/T 19001－1994 idt ISO 9001:1994
有效期:2000.1.19～2003.1.19

深圳市通茂电子有限公司
地址:广东深圳市罗湖区松园路75号
邮政编码:518008
证书注册编号:0500A0032
体系认证标准:GB/T 19001－1994 idt ISO 9001:1994
有效期:2000.1.19～2003.1.19

广州广船国际股份有限公司(复评)
地址:广东省广州市芳村大道2号
邮政编码:510382
证书注册编号:0500A0036
体系认证标准:GB/T 19001－1994 idt ISO 9001:1994
有效期:2000.1.19～2003.1.19

四川艺精技术开发总公司
地址:四川省江油市德胜南路87号
邮政编码:621700
证书注册编号:0500B0028
体系认证标准:GB/T 19002－1994 idt ISO 9002:1994
有效期:2000.1.19～2003.1.19

西安天虹电器有限公司
地址:陕西省西安市南郊东仪路3号
邮政编码:710065
证书注册编号:0500B0030
体系认证标准:GB/T 19002－1994 idt ISO 9002:1994
有效期:2000.1.19～2003.1.19

温州市奇升电器有限公司
地址:浙江省瑞安市梅头镇东工业区
邮政编码:325205
证书注册编号:0500B0033
体系认证标准:GB/T 19002－1994 idt ISO 9002:1994
有效期:2000.1.19～2003.1.19

江阴市厨房设备厂
地址:江苏省江阴市璜土镇
邮政编码:214445
证书注册编号:0500B0034
体系认证标准:GB/T 19002－1994 idt ISO 9002:1994
有效期:2000.1.19～2003.1.19

华伟工业(集团)有限责任公司(复评)
地址:重庆市北碚区歇马镇盐井坝
邮政编码:400712
证书注册编号:0500A0015
体系认证标准:GB/T 19001－1994 idt ISO 9001:1994
有效期:2000.1.24～2003.1.23

皖西机械厂(复评)
地址:安徽省合肥市金寨南路287号
邮政编码:230022
证书注册编号:0500A0022
体系认证标准:GB/T 19001－1994 idt ISO 9001:1994
有效期:2000.1.24～2003.1.23

南京三思实业公司(复评)
地址:江苏省南京市定淮门1号
邮政编码:210013
证书注册编号:0500A0023
体系认证标准:GB/T 19001－1994 idt ISO 9001:1994
有效期:2000.1.24～2003.1.23

西南车辆制造厂(复评)
地址:重庆九龙坡区杨家坪正街43号
邮政编码:400050
证书注册编号:0500A0024
体系认证标准:GB/T 19001－1994 idt ISO 9001:1994
有效期:2000.1.24～2003.1.23

山西柴油机厂(复评)
地址:山西省大同市西花园
邮政编码:037036
证书注册编号:0500A0026
体系认证标准:GB/T 19001—1994 idt ISO 9001:1994
有效期:2000.1.24～2003.1.23

北京海鹰达科技发展公司(复评)
地址:北京市和平里南街3号
邮政编码:100013
证书注册编号:0500A0035
体系认证标准:GB/T 19001—1994 idt ISO 9001:1994
有效期:2000.1.24～2003.1.23

贵州红阳机械(集团)公司(复评)
地址:贵州省贵阳市花溪南大街
邮政编码:550025
证书注册编号:0500B0021
体系认证标准:GB/T 19002—1994 idt ISO 9002:1994
有效期:2000.1.24～2003.1.23

西南车辆制造厂(复评)
地址:重庆九龙坡区杨家坪正街43号
邮政编码:400050
证书注册编号:0500B0025
体系认证标准:GB/T 19002—1994 idt ISO 9002:1994
有效期:2000.1.24～2003.1.23

中国贵州航空工业集团云马飞机制造厂(复评)
地址:贵州省安顺市
邮政编码:561019
证书注册编号:0500A0039
体系认证标准:GB/T 19001—1994 idt ISO 9001:1994
有效期:2000.2.1～2003.1.31

上海浦东波纹管公司
地址:上海市浦东新区川沙路3931号
邮政编码:201201
证书注册编号:0500A0040
体系认证标准:GB/T 19001—1994 idt ISO 9001:1994
有效期:2000.2.1～2003.1.31

邯郸市银河轴承有限公司
地址:河北省邯郸市建设北大街45号
邮政编码:056003
证书注册编号:0500B0041
体系认证标准:GB/T 19002—1994 idt ISO 9002:1994
有效期:2000.2.1～2003.1.31

温州双剑工业集团公司(瑞安市封包机总厂)
地址:浙江瑞安市海安镇广场路45号
邮政编码:325205
证书注册编号:0500B0055
体系认证标准:GB/T 19002—1994 idt ISO 9002:1994
有效期:2000.2.18～2003.2.17

上海飞机制造厂
地址:上海徐家汇区宛平南路底百步桥
邮政编码:200232
证书注册编号:0500A0051
体系认证标准:GB/T 19001—1994 idt ISO 9001:1994
有效期:2000.2.18～2003.2.17

国营武昌造船厂
地址:湖北省武汉市紫阳路2号
邮政编码:430060
证书注册编号:0500A0059
体系认证标准:GB/T 19001—1994 idt ISO 9001:1994
有效期:2000.2.18～2003.2.17

徐州矿务集团化工有限责任公司
地址:江苏省徐州市贾汪区
邮政编码:221011
证书注册编号:0500B0042
体系认证标准:GB/T 19002—1994 idt ISO 9002:1994
有效期:2000.2.18～2003.2.17

上海阿尔卡特光缆有限公司
地址:上海市民治路801号
邮政编码:200093
证书注册编号:0500B0049
体系认证标准:GB/T 19002—1994 idt ISO 9002:1994
有效期:2000.2.18～2003.2.17

东营信义橡胶厂
地址:山东省东营市广饶县大王镇
邮政编码:257335
证书注册编号:0500B0050
体系认证标准:GB/T 19002—1994 idt ISO 9002:1994
有效期:2000.2.18～2003.2.17

宜兴市星光环保设备厂
地址:江苏省宜兴市高塍镇兴村村1号
邮政编码:214214
证书注册编号:0500B0052
体系认证标准:GB/T 19002—1994 idt ISO 9002:1994
有效期:2000.2.18～2003.2.17

苏州巨星玻璃工业有限公司
地址:江苏苏州市望亭镇问渡路78号
邮政编码:215155
证书注册编号:0500B0053
体系认证标准:GB/T 19002—1994 idt ISO 9002:1994
有效期:2000.2.18～2003.2.17

浙江鹏昌皮革有限公司
地址:浙江省平阳县腾蛟镇城中东路
邮政编码:325404
证书注册编号:0500B0054
体系认证标准:GB/T 19002—1994 idt ISO 9002:1994
有效期:2000.2.18～2003.2.17

浙江振中工程机械股份有限公司
地址:浙江瑞安市安阳新区火车站大道
邮政编码:325200
证书注册编号:0500B0056
体系认证标准:GB/T 19002—1994 idt ISO 9002:1994
有效期:2000.2.18～2003.2.17

北京航星机器制造公司(复评)
地址:北京市东城区和平里东街11号
邮政编码:100013
证书注册编号:0500B0057
体系认证标准:GB/T 19002—1994 idt ISO 9002:1994
有效期:2000.2.18～2003.2.17

东莞塘厦三局建钛塑胶制品厂
地址:广东省东莞市塘厦镇水电三局高丽工业区
邮政编码:523726
证书注册编号:0500B0058
体系认证标准:GB/T 19002—1994 idt ISO 9002:1994
有效期:2000.2.18～2003.2.17

国营武昌造船厂(复评)

地址:湖北省武汉市紫阳路2号
邮政编码:430060
证书注册编号:0500B0060
体系认证标准:GB/T 19002—1994 idt ISO 9002:1994
有效期:2000.2.18～2003.2.17

浙江厨工酿造有限公司
地址:浙江省瑞安市杨家桥北路下沙塘
邮政编码:325206
证书注册编号:0500B0061
体系认证标准:GB/T 19002—1994 idt ISO 9002:1994
有效期:2000.2.18～2003.2.17

沈阳黎明燃气轮机成套工程公司(复评)
地址:辽宁省沈阳市大东区东塔街6号
邮政编码:110043
证书注册编号:0500A0044
体系认证标准:GB/T 19001—1994 idt ISO 9001:1994
有效期:2000.2.24～2003.2.23

中国贵州航空工业总公司红林机械厂(复评)
地址:贵州省贵阳市小河镇
邮政编码:550009
证书注册编号:0500A0046
体系认证标准:GB/T 19001—1994 idt ISO 9001:1994
有效期:2000.2.24～2003.2.23

北京航空材料研究院(复评)
地址:北京市海淀区环山村
邮政编码:100095
证书注册编号:0500A0047
体系认证标准:GB/T 19001—1994 idt ISO 9001:1994
有效期:2000.2.24～2003.2.23

常熟市铁塔厂(复评)
地址:江苏省常熟市冶塘镇
邮政编码:215554
证书注册编号:0500B0043
体系认证标准:GB/T 19002—1994 idt ISO 9002:1994
有效期:2000.2.24～2003.2.23

沈阳黎明燃气轮机成套工程公司(复评)
地址:辽宁省沈阳市大东区东塔街6号
邮政编码:110043
证书注册编号:0500B0045
体系认证标准:GB/T 19002—1994 idt ISO 9002:1994
有效期:2000.2.24～2003.2.23

北京航空材料研究院(复评)
地址:北京市海淀区环山村
邮政编码:100095
证书注册编号:0500B0048
体系认证标准:GB/T 19002—1994 idt ISO 9002:1994
有效期:2000.2.24～2003.2.23

泰兴市兆胜空调有限公司(扩大范围)
地址:江苏省泰兴市通江路18—28号
邮政编码:225441
证书注册编号:0597B189
体系认证标准:GB/T 19002—1994 idt ISO 9002:1994
有效期:2000.2.24～2003.2.23

注:
一、更名企业:
1. 中国人民解放军国防科学技术大学计算机学院
证书注册编号:0599A0073
2. 重庆潍柴发动厂
证书注册编号:0599A0064
二、地址变更:
山东三利给水设备有限公司
证书注册编号:0599B0281
地址:山东省青岛市阳区青大工业园
三、注销、撤销企业
1. 北京中软维美科技发展有限责任公司(注销)
证书注册编号:0599A0035
2. 吉林市汽车工业集团公司石油机械厂(撤销)
证书注册编号:0597B200
3. 吉林市汽车工业集团公司汽车部件厂(撤销)
证书注册编号:0597B201

国营嵩山机械厂
地址:河南省郑州市航海中路68号
邮政编码:450005
证书注册编号:0500A0062
体系认证标准:GB/T 19001—1994 idt ISO 9001:1994
有效期:2000.3.1～2003.2.28

泰安拖拉机厂(泰安特种车制造厂)
地址:山东省泰安市东湖路7号
邮政编码:271000
证书注册编号:0500A0065
体系认证标准:GB/T 19001—1994 idt ISO 9001:1994
有效期:2000.3.1～2003.2.28

安徽国风塑业股份有限公司
地址:安徽省合肥市马鞍山路1号
邮政编码:230001
证书注册编号:0500A0075
体系认证标准:GB/T 19001—1994 idt ISO 9001:1994
有效期:2000.3.1～2003.2.28

汉阳特种汽车制造厂
地址:湖北省武汉市汉阳区汉南路9号
邮政编码:430050
证书注册编号:0500A0077
体系认证标准:GB/T 19001—1994 idt ISO 9001:1994
有效期:2000.3.1～2003.2.28

国营万峰无线电厂(复评)
地址:湖北省孝感市北京路
邮政编码:432100
证书注册编号:0500A0082
体系认证标准:GB/T 19001—1994 idt ISO 9001:1994
有效期:2000.3.1～2003.2.28

中国航空工业西安飞行自动控制研究所(复评)
地址:陕西省西安市雁塔区电子一路西段10号
邮政编码:710085
证书注册编号:0500A0096
体系认证标准:GB/T 19001—1994 idt ISO 9001:1994
有效期:2000.3.1～2003.2.28

中国贵航集团天义电工厂
地址:贵州省遵义市隋阳路33号
邮政编码:563002
证书注册编号:0500AQ069
体系认证标准:GB/T19001—1994 idt ISO 9001:1994 QS—9000:1998第三版
有效期:2000.3.1～2003.2.28

潞安矿务局漳村煤气化厂

地址:山西省长治市潞安矿务局漳村煤气化厂
邮政编码:046032
证书注册编号:0500B0063
体系认证标准:GB/T 19002—1994 idt ISO 9002:1994
有效期:2000.3.1~2003.2.28

宜兴市炉顶密封实业公司
地址:江苏省宜兴市经济开发区通蜀路
邮政编码:214222
证书注册编号:0500B0064
体系认证标准:GB/T 19002—1994 idt ISO 9002:1994
有效期:2000.3.1~2003.2.28

江阴市船舶设备制造有限公司
地址:江苏省江阴市澄张路257号
邮政编码:214434
证书注册编号:0500B0070
体系认证标准:GB/T 19002—1994 idt ISO 9002:1994
有效期:2000.3.1~2003.2.28

吉林北方捷凯传动轴有限公司
地址:吉林省吉林市龙潭区宁波路16号
邮政编码:132021
证书注册编号:0500B0071
体系认证标准:GB/T 19002—1994 idt ISO 9002:1994
有效期:2000.3.1~2003.2.28

宜兴市中电耐磨耐火工程有限公司
地址:江苏省宜兴市张泽镇南园村
邮政编码:214225
证书注册编号:0500B0072
体系认证标准:GB/T 19002—1994 idt ISO 9002:1994
有效期:2000.3.1~2003.2.28

宜兴市张泽浇注耐火材料厂
地址:江苏省宜兴市张泽镇山林村
邮政编码:214225
证书注册编号:0500B0073
体系认证标准:GB/T 19002—1994 idt ISO 9002:1994
有效期:2000.3.1~2003.2.28

安徽国风制管有限公司
地址:安徽省合肥市长江西路665号
邮政编码:230088
证书注册编号:0500B0074
体系认证标准:GB/T 19002—1994 idt ISO 9002:1994
有效期:2000.3.1~2003.2.28

安徽国风塑业股份有限公司
地址:安徽省合肥市马鞍山路1号
邮政编码:230001
证书注册编号:0500B0076
体系认证标准:GB/T 19002—1994 idt ISO 9002:1994
有效期:2000.3.1~2003.2.28

北京赤泉电缆制造有限公司
地址:北京市丰台区建国街一里5号
邮政编码:100070
证书注册编号:0500B0078
体系认证标准:GB/T 19002—1994 idt ISO 9002:1994
有效期:2000.3.1~2003.2.28

中国船舶重工集团公司第十二研究所
地址:陕西省兴平市西城区板桥
邮政编码:713102
证书注册编号:0500B0080
体系认证标准:GB/T 19002—1994 idt ISO 9002:1994
有效期:2000.3.1~2003.2.28

中原石油勘探局钻井四公司(复评)
地址:河南省濮阳市清丰县瓦屋头
邮政编码:457321
证书注册编号:0500B0081
体系认证标准:GB/T 19002—1994 idt ISO 9002:1994
有效期:2000.3.1~2003.2.28

上海科学仪器厂
地址:上海嘉定环城路1600号
邮政编码:201800
证书注册编号:0500BQ066
体系认证标准:GB/T19002—1994 idt ISO 9002:1994
有效期:2000.3.1~2003.2.28

武汉飞亚汽车工程塑料有限公司
地址:湖北省武汉市经济技术开发区沌阳大街248号
邮政编码:430056
证书注册编号:0500BQ067
体系认证标准:GB/T 19002—1994 idt ISO 9002:1994
有效期:2000.3.1~2003.2.28

玉环方向盘厂
地址:浙江省玉环县楚门镇中山工业区
邮政编码:317605
证书注册编号:0500BQ068
体系认证标准:GB/T 19002—1994 idt ISO 9002:1994
有效期:2000.3.1~2003.2.28

宜兴市中宇节能净化设备有限公司
地址:江苏宜兴市南新镇南新东路9号
邮政编码:214215
证书注册编号:0500B0079
体系认证标准:GB/T 19002—1994 idt ISO 9002:1994
有效期:2000.3.1~2003.2.28

哈尔滨第一机器制造厂(复评)
地址:黑龙江省哈尔滨市太平区道口街34号
邮政编码:150056
证书注册编号:0500A0083
体系认证标准:GB/T 19001—1994 idt ISO 9001:1994
有效期:2000.3.7~2003.3.6

中国航空计算技术研究所(复评)
地址:陕西省西安市太白南路29号
邮政编码:710068
证书注册编号:0500A0097
体系认证标准:GB/T 19001—1994 idt ISO 9001:1994
有效期:2000.3.7~2003.3.6

新余长林机械有限责任公司
地址:江西省新余市北湖西路
邮政编码:338029
证书注册编号:0500A0084
体系认证标准:GB/T 19001—1994 idt ISO 9001:1994
有效期:2000.3.9~2003.3.8

内蒙古一通机械有限责任公司
地址:内蒙古乌海市鄂尔多斯东街
邮政编码:016016
证书注册编号:0500A0085
体系认证标准:GB/T 19001—1994 idt ISO 9001:1994
有效期:2000.3.9~2003.3.8

国营重庆巴山仪器厂

地址:重庆市石桥铺石新路 83 号
邮政编码:400039
证书注册编号:0500A0094
体系认证标准:GB/T 19001－1994 idt ISO 9001:1994
有效期:2000.3.9～2003.3.8

江苏海星电机集团有限公司无锡市无线电七厂
地址:江苏省无锡市通惠东路 436 号
邮政编码:214041
证书注册编号:0500A0098
体系认证标准:GB/T 19001－1994 idt ISO 9001:1994
有效期:2000.3.9～2003.3.8

山西神剑建设监理有限公司
地址:山西省太原市五一路 249 号
邮政编码:030001
证书注册编号:0500B0086
体系认证标准:GB/T 19002－1994 idt ISO 9002:1994
有效期:2000.3.9～2003.3.8

宜兴市阳羡浆料厂
地址:江苏省宜兴市灵谷洞
邮政编码:214223
证书注册编号:0500B0087
体系认证标准:GB/T 19002－1994 idt ISO 9002:1994
有效期:2000.3.9～2003.3.8

宜兴市水质净化蝶阀成套厂
地址:江苏宜兴市高塍镇中心路 155 号
邮政编码:214214
证书注册编号:0500B0088
体系认证标准:GB/T 19002－1994 idt ISO 9002:1994
有效期:2000.3.9～2003.3.8

河南玛纳建筑模板有限公司
地址:河南省郑州市航海东路 115 号
邮政编码:450009
证书注册编号:0500B0089
体系认证标准:GB/T 19002－1994 idt ISO 9002:1994
有效期:2000.3.9～2003.3.8

上海远航助剂材料厂
地址:上海市浦东新区金桥路 304 号
邮政编码:200129
证书注册编号:0500B0090
体系认证标准:GB/T 19002－1994 idt ISO 9002:1994
有效期:2000.3.9～2003.3.8

宜兴市江南环保工程成套设备厂
地址:江苏宜兴市高塍镇中桥路 22 号
邮政编码:214214
证书注册编号:0500B0091
体系认证标准:GB/T 19002－1994 idt ISO 9002:1994
有效期:2000.3.9～2003.3.8

宜兴市东方化机环保厂
地址:江苏省宜兴市高塍镇沈家村
邮政编码:214214
证书注册编号:0500B0092
体系认证标准:GB/T 19002－1994 idt ISO 9002:1994
有效期:2000.3.9～2003.3.8

青海化工机械厂
地址:青海省乐都 52 号信箱
邮政编码:810700
证书注册编号:0500B0093
体系认证标准:GB/T 19002－1994 idt ISO 9002:1994
有效期:2000.3.9～2003.3.8

陕西省铜材厂(陕西省胜利机械厂)
地址:陕西省扶风县
邮政编码:722200
证书注册编号:0500B0095
体系认证标准:GB/T 19002－1994 idt ISO 9002:1994
有效期:2000.3.9～2003.3.8

江苏海星电机集团有限公司无锡市无线电七厂
地址:江苏省无锡市通惠东路 436 号
邮政编码:214041
证书注册编号:0500B0099
体系认证标准:GB/T 19002－1994 idt ISO 9002:1994
有效期:2000.3.9～2003.3.8

泰州永进机电设备有限公司
地址:江苏泰州市刁铺镇人民路 19 号
邮政编码:225323
证书注册编号:0500B0100
体系认证标准:GB/T 19002－1994 idt ISO 9002:1994
有效期:2000.3.9～2003.3.8

国营江北机械厂(复评)
地址:湖北省远安县旧县镇
邮政编码:444205
证书注册编号:0500A0101
体系认证标准:GB/T 19001－1994 idt ISO 9001:1994
有效期:2000.3.18～2003.3.17

华南船舶机械厂(复评)
地址:广西梧州市钱鉴路 73 号
邮政编码:543004
证书注册编号:0500A0102
体系认证标准:GB/T 19001－1994 idt ISO 9001:1994
有效期:2000.3.18～2003.3.17

常州二电仪光电子装备有限公司(常州第二电子仪器厂)
地址:江苏省常州市清潭路 41 号
邮政编码:213015
证书注册编号:0500A0104
体系认证标准:GB/T 19001－1994 idt ISO 9001:1994
有效期:2000.03.18～2003.03.18

中国航空工业总公司宏伟机械厂(复评)
地址:湖北省襄樊市檀溪路 2 号
邮政编码:441022
证书注册编号:0500A0105
体系认证标准:GB/T 19001－1994 idt ISO 9001:1994
有效期:2000.3.18～2003.3.17

江苏红光化工厂(复评)
地址:江苏省盱眙县
邮政编码:211705
证书注册编号:0500B0103
体系认证标准:GB/T 19002－1994 idt ISO 9002:1994
有效期:2000.3.18～2003.3.17

九江仪表厂
地址:江西省九江市十里大道 1039 号
邮政编码:332007
证书注册编号:0500A0111
体系认证标准:GB/T 19001－1994 idt ISO 9001:1994
有效期:2000.3.22～2003.3.21

国营长安机器总厂
地址:安徽省六安市宁平路 10 号

邮政编码:237010
证书注册编号:0500A0112
体系认证标准:GB/T 19001—1994 idt ISO 9001:1994
有效期:2000.3.22～2003.3.21

江西长江化工厂
地址:江西省九江市前进东路1210号
邮政编码:332006
证书注册编号:0500A0113
体系认证标准:GB/T 19001—1994 idt ISO 9001:1994
有效期:2000.3.22～2003.3.21

福建无线电厂
地址:福建省福州市经济技术开发区星达路16号
邮政编码:350015
证书注册编号:0500A0117
体系认证标准:GB/T 19001—1994 idt ISO 9001:1994
有效期:2000.3.22～2003.3.21

上海海鹰机械厂
地址:上海市场中路3127号
邮政编码:200436
证书注册编号:0500A0119
体系认证标准:GB/T 19001—1994 idt ISO 9001:1994
有效期:2000.3.22～2003.3.21

山西惠丰机械厂(复评)
地址:山西省长治市惠丰街
邮政编码:046012
证书注册编号:0500A0120
体系认证标准:GB/T 19001—1994 idt ISO 9001:1994
有效期:2000.3.24～2003.3.23

苏州小羚羊电动车有限公司
地址:江苏省苏州市苏福公路46号
邮政编码:215007
证书注册编号:0500B0106
体系认证标准:GB/T 19002—1994 idt ISO 9002:1994
有效期:2000.3.22～2003.3.21

中国建筑材料工业建设咸阳矿山工程公司
地址:陕西省武功县
邮政编码:712200
证书注册编号:0500B0107
体系认证标准:GB/T 19002—1994 idt ISO 9002:1994
有效期:2000.3.22～2003.3.21

中国建筑材料工业建设咸阳安装工程公司
地址:陕西省武功县
邮政编码:712200
证书注册编号:0500B0108
体系认证标准:GB/T 19002—1994 idt ISO 9002:1994
有效期:2000.3.22～2003.3.21

江西长江化工厂
地址:江西省九江市前进东路1210号
邮政编码:332006
证书注册编号:0500B0114
体系认证标准:GB/T 19002—1994 idt ISO 9002:1994
有效期:2000.3.22～2003.3.21

秦皇岛长城玻璃工业有限公司
地址:河北省秦皇岛市先锋路3号
邮政编码:066000
证书注册编号:0500B0115
体系认证标准:GB/T 19002—1994 idt ISO 9002:1994
有效期:2000.3.22～2003.3.21

大连北方船舶辅机有限公司
地址:辽宁省大连市普兰店市中心路一段144号
邮政编码:116200
证书注册编号:0500B0116
体系认证标准:GB/T 19002—1994 idt ISO 9002:1994
有效期:2000.3.22～2003.3.21

青岛瑞普电气有限责任公司
地址:山东省青岛市金华路56号
邮政编码:266042
证书注册编号:0500B0118
体系认证标准:GB/T 19002—1994 idt ISO 9002:1994
有效期:2000.3.22～2003.3.21

辽宁庆阳化学工业集团公司
地址:辽宁省辽阳市台子沟
邮政编码:111002
证书注册编号:0500B0122
体系认证标准:GB/T 19002—1994 idt ISO 9002:1994
有效期:2000.3.22～2003.3.21

大连造船新厂(复评)
地址:辽宁省大连市海防街1号
邮政编码:116021
证书注册编号:0500A0121
体系认证标准:GB/T 19001—1994 idt ISO 9001:1994
有效期:2000.3.23～2003.3.22

西安飞机工业民品有限责任公司(复评)
地址:陕西省西安市闫良区红安路1号
邮政编码:710089
证书注册编号:0500A0109
体系认证标准:GB/T 19001—1994 idt ISO 9001:1994
有效期:2000.3.25～2003.3.24

西安飞机工业民品有限责任公司(复评)
地址:陕西省西安市闫良区红安路1号
邮政编码:710089
证书注册编号:0500B0110
体系认证标准:GB/T 19002—1994 idt ISO 9002:1994
有效期:2000.3.25～2003.3.24

西安锅炉总厂
地址:陕西省西安市红光路95号
邮政编码:710077
证书注册编号:0500A0123
体系认证标准:GB/T 19001—1994 idt ISO 9001:1994
有效期:2000.4.1～2003.3.31

中国航天科技集团公司第一研究院第一设计部(复评)
地址:北京市丰台区南大红门路一号
邮政编码:100076
证书注册编号:0500A0129
体系认证标准:GB/T 19001—1994 idt ISO 9001:1994
有效期:2000.4.1～2003.3.31

北京长城无线电厂(复评)
地址:北京市海淀区学院南路34号
邮政编码:100088
证书注册编号:0500A0131
体系认证标准:GB/T 19001—1994 idt ISO 9001:1994
有效期:2000.4.1～2003.3.31

中国科学院上海硅酸盐研究所
地址:上海市定西路1295号
邮政编码:200050
证书注册编号:0500A0132
体系认证标准:GB/T 19001—1994 idt ISO 9001:1994
有效期:2000.4.1～2003.3.31

宜兴市南方现代实验室装备厂(宜兴市南方现代水设备有限公司)
地址:江苏省宜兴市高塍镇兴村
邮政编码:214214
证书注册编号:0500B0124
体系认证标准:GB/T 19002—1994 idt ISO 9002:1994
有效期:2000.4.1～2003.3.31

淮北市环保材料厂
地址:安徽省淮北市石亭路1号
邮政编码:235000
证书注册编号:0500B0125
体系认证标准:GB/T 19002—1994 idt ISO 9002:1994
有效期:2000.4.1～2003.3.31

济南天齐特种平带有限公司
地址:山东省济南市济齐路92号
邮政编码:250023
证书注册编号:0500B0126
体系认证标准:GB/T 19002—1994 idt ISO 9002:1994
有效期:2000.4.1～2003.3.31

沈阳航空发动机研究所化纤机械厂
地址:辽宁省沈阳市沈河区万莲路1号
邮政编码:110015
证书注册编号:0500B0127
体系认证标准:GB/T 19002—1994 idt ISO 9002:1994
有效期:2000.4.1～2003.3.31

沈阳航空发动机研究所工业公司一厂
地址:辽宁省沈阳市沈河区万莲路1号
邮政编码:110015
证书注册编号:0500B0128
体系认证标准:GB/T 19002—1994 idt ISO 9002:1994
有效期:2000.4.1～2003.3.31

国营红林机械厂(复评)
地址:湖北省孝感市长征路
邮政编码:432100
证书注册编号:0500B0130
体系认证标准:GB/T 19002—1994 idt ISO 9002:1994
有效期:2000.4.1～2003.3.31

洛阳普天黄河摩托车厂
地址:河南省偃师市兴隆东街5号
邮政编码:471900
证书注册编号:0500B0133
体系认证标准:GB/T 19002—1994 idt ISO 9002:1994
有效期:2000.4.1～2003.3.31

陕西秦岭航空电气公司(复评)
地址:陕西省兴平市
邮政编码:713107
证书注册编号:0500A0134
体系认证标准:GB/T 19001—1994 idt ISO 9001:1994
有效期:2000.4.2～2003.4.1

中国航空无线电电子研究所
地址:上海市徐汇区桂平路432号
邮政编码:200233
证书注册编号:0500A0145
体系认证标准:GB/T 19001—1994 idt ISO 9001:1994
有效期:2000.4.2～2003.4.1

哈尔滨船大工程技术设计研究院
地址:黑龙江省哈尔滨市南岗区文庙街41号楼
邮政编码:150001
证书注册编号:0500A0135
体系认证标准:GB/T 19001—1994 idt ISO 9001:1994
有效期:2000.4.6～2003.4.5

长治清华机械厂(复评)
地址:山西省长治市清华街
邮政编码:046012
证书注册编号:0500A0137
体系认证标准:GB/T 19001—1994 idt ISO 9001:1994
有效期:2000.4.6～2003.4.5

中国船舶工业物资华东公司
地址:上海市复兴东路258号
邮政编码:200010
证书注册编号:0500B0136
体系认证标准:GB/T 19002—1994 idt ISO 9002:1994
有效期:2000.4.6～2003.4.5

长治清华机械厂(复评)
地址:山西省长治市清华街
邮政编码:046012
证书注册编号:0500B0138
体系认证标准:GB/T 19002—1994 idt ISO 9002:1994
有效期:2000.4.6～2003.4.5

***常州市江南特种油品有限公司**
地址:江苏省常州市花园路80—9号
邮政编码:213016
电话:(0519)3286406
传真:(0519)3272649
法定代表人:陈听荣
证书注册编号:0500B0139
体系认证标准:GB/T 19002—1994 idt ISO 9002:1994
获证体系覆盖产品:防锈油、润滑油、工艺油和金属表面处理液的生产和服务
有效期:2000.4.6～2003.4.5

成都泰格微电子研究所(复评)
地址:四川省成都市高新区九兴大道高发大厦B座
邮政编码:610041
证书注册编号:0500A0140
体系认证标准:GB/T 19001—1994 idt ISO 9001:1994
有效期:2000.4.18～2003.4.17

哈尔滨飞机工业(集团)有限责任公司(复评)
地址:黑龙江省哈尔滨市平房区友协大街15号
邮政编码:150066
证书注册编号:0500A0147
体系认证标准:GB/T 19001—1994 idt ISO 9001:1994
有效期:2000.4.18～2003.4.17

大连船用推进器厂(复评)
地址:辽宁省大连市西岗区海防街1号
邮政编码:116021
证书注册编号:0500B0141
体系认证标准:GB/T 19002—1994 idt ISO 9002:1994
有效期:2000.4.18～2003.4.17

湖北江山机械厂(复评)

地址:湖北省老河口市(生产地点:湖北省襄樊市长虹北路)
邮政编码:441813
(生产地邮编:441003)
证书注册编号:0500B0142
体系认证标准:GB/T 19002－1994 idt ISO 9002:1994
有效期:2000.4.18～2003.4.17

哈尔滨飞机工业(集团)有限责任公司(复评)
地址:黑龙江省哈尔滨市平房区友协大街15号
邮政编码:150066
证书注册编号:0500B0148
体系认证标准:GB/T 19002－1994 idt ISO 9002:1994
有效期:2000.4.18～2003.4.17

***中国航天工业总公司第三研究院第三设计部(复评)**
地址:北京市丰台区云岗北里1号
邮政编码:100074
电话:(010)68374477
传真:(010)68375275
法定代表人:曹建国
证书注册编号:0500A0146
体系认证标准:GB/T 19001－1994 idt ISO 9001:1994
获证体系覆盖产品:UBG系列光导电子液位仪、HC系列三坐标划线测量系统、BHZG系列自动供水设备、厢式改装车、抗静电全钢活动地板的设计、开发、生产和服务
有效期:2000.4.24～2003.4.23

北京市石景山区第二建筑工程公司
地址:北京石景山区北辛安和平街6号
邮政编码:100041
证书注册编号:0500B0143
体系认证标准:GB/T 19002－1994 idt ISO 9002:1994
有效期:2000.4.24～2003.4.23

河北远东通信系统工程有限公司(复评)
地址:河北省石家庄市中山西路589号
邮政编码:050002
证书注册编号:0500A0149
体系认证标准:GB/T 19001－1994 idt ISO 9001:1994
有效期:2000.4.28～2003.4.27

湖北华舟有限责任公司(复评)
地址:湖北省蒲圻市体育路76号
邮政编码:437301
证书注册编号:0500B0150
体系认证标准:GB/T 19002－1994 idt ISO 9002:1994
有效期:2000.4.28～2003.4.27

注:
1. 产品范围扩大的企业
中国航空救生研究所
地址:湖北省襄樊市新园路2号
邮政编码:441003
证书注册编号:0597A162
体系认证标准:GB/T 19001－1994 idt ISO 9001:1994
有效期:1997.8.25～2000.8.24

2. 企业名称变更
湖南升鑫高新材料股份有限公司
地址:湖南临沣县太平工业经济开发区
邮政编码:415211
证书注册编号:0599B0012
体系认证标准:GB/T 19002－1994 idt ISO 9002:1994
有效期:1999.1.25～2002.1.24

3. 暂停企业
庆安集团有限公司
地址:陕西省西安市大庆路158号
邮政编码:710077
证书注册编号:0599A0030
体系认证标准:GB/T 19001－1994 idt ISO 9001:1994
有效期:1999.1.28～2002.1.27

包头阀门总厂
地址:内蒙古包头市昆区民族西路
邮政编码:014010
证书注册编号:0599B0104
体系认证标准:GB/T 19002－1994 idt ISO 9002:1994
有效期:1999.6.3～2002.6.2

湖南向红机械厂(复评)
地址:湖南省新化县曹家镇
邮政编码:417618
证书注册编号:0500A0154
体系认证标准:GB/T 19001－1994 idt ISO 9001:1994
有效期:2000.5.12～2003.5.11

四川九洲电器集团有限责任公司(复评)
地址:四川省绵阳市跃进路16号
邮政编码:621000
证书注册编号:0500A0155
体系认证标准:GB/T 19001－1994 idt ISO 9001:1994
有效期:2000.5.12～2003.5.11

四川九洲电器集团有限责任公司(复评)
地址:四川省绵阳市跃进路16号
邮政编码:621000
证书注册编号:0500B0156
体系认证标准:GB/T 19002－1994 idt ISO 9002:1994
有效期:2000.5.12～2003.5.11

福建省白马船厂(复评)
地址:福建省福安市下白石镇
邮政编码:355011
证书注册编号:0500B0158
体系认证标准:GB/T 19002－1994 idt ISO 9002:1994
有效期:2000.5.12～2003.5.11

广州广电林仕豪模具制造有限公司
地址:广东省广州市经济技术开发区秀丽小区银谊街3号
邮政编码:510730
证书注册编号:0500A0152
体系认证标准:GB/T 19001－1994 idt ISO 9001:1994
有效期:2000.5.15～2003.5.14

哈尔滨雪佳集团有限公司
地址:黑龙江省哈尔滨市南岗区先锋路589号
邮政编码:150008
证书注册编号:0500A0159
体系认证标准:GB/T 19001－1994 idt ISO 9001:1994
有效期:2000.5.15～2003.5.14

西安空间无线电技术研究所(复评)
地址:陕西省西安市长安县韦曲西街150号
邮政编码:710100
证书注册编号:0500A0163
体系认证标准:GB/T 19001－1994 idt ISO 9001:1994
有效期:2000.5.15～2003.5.14

宜兴市金豹轻质保温厂(上海平板玻璃厂宜兴轻质保温分厂)
地址:江苏省宜兴市大塍镇
邮政编码:214267
证书注册编号:0500B0144
体系认证标准:GB/T 19002—1994 idt ISO 9002:1994
有效期:2000.5.15～2003.5.14

江苏天明化工厂
地址:江苏省盱眙县古桑乡
邮政编码:211704
证书注册编号:0500B0151
体系认证标准:GB/T 19002—1994 idt ISO 9002:1994
有效期:2000.5.15～2003.5.14

西安西罗航空部件有限公司
地址:陕西省西安市未央区徐家湾
邮政编码:710021
证书注册编号:0500B0153
体系认证标准:GB/T 19002—1994 idt ISO 9002:1994
有效期:2000.5.15～2003.5.14

鞍钢房产塑钢厂
地址:辽宁省鞍山市铁东区东解放路21号
邮政编码:114003
证书注册编号:0500B0157
体系认证标准:GB/T 19002—1994 idt ISO 9002:1994
有效期:2000.5.15～2003.5.14

大庆隆泰装饰材料有限公司
地址:黑龙江省大庆市开发区高新路23号
邮政编码:163316
证书注册编号:0500B0160
体系认证标准:GB/T 19002—1994 idt ISO 9002:1994
有效期:2000.5.15～2003.5.14

上海浦东新区蔡路阻燃布厂
地址:上海市浦东蔡路镇联跃路958号
邮政编码:201201
证书注册编号:0500B0161
体系认证标准:GB/T 19002—1994 idt ISO 9002:1994
有效期:2000.5.15～2003.5.14

西安飞机工业(集团)有限责任公司(复评)
地址:陕西省西安市闫良区红安路1号
邮政编码:710089
证书注册编号:0500B0162
体系认证标准:GB/T 19002—1994 idt ISO 9002:1994
有效期:2000.5.15～2003.5.14

中国船舶电站设备公司
地址:上海市龙吴路530号
邮政编码:200232
证书注册编号:0500A0171
体系认证标准:GB/T 19001—1994 idt ISO 9001:1994
有效期:2000.5.19～2003.5.18

宜兴市江南环境工程设备厂
地址:江苏省宜兴市和桥镇昌溪桥
邮政编码:214211
证书注册编号:0500B0164
体系认证标准:GB/T 19002—1994 idt ISO 9002:1994
有效期:2000.5.19～2003.5.18

开滦(集团)有限责任公司
唐山矿业分公司
地址:河北省唐山市新华道54号
邮政编码:063000
证书注册编号:0500B0166
体系认证标准:GB/T 19002—1994 idt ISO 9002:1994
有效期:2000.5.19～2003.5.18

舟山市黎明气门锁片制造有限公司
地址:浙江舟山市定海区新桥路150号
邮政编码:316000
证书注册编号:0500B0167
体系认证标准:GB/T 19002—1994 idt ISO 9002:1994
有效期:2000.5.19～2003.5.18

国营江华机械厂
地址:湖北襄樊市襄城区江华路01号
邮政编码:441021
证书注册编号:0500B0168
体系认证标准:GB/T 19002—1994 idt ISO 9002:1994
有效期:2000.5.19～2003.5.18

西安市第一建筑工程公司
地址:陕西西安市大南门外振兴路1号
邮政编码:710068
证书注册编号:0500B0165
体系认证标准:GB/T 19002—1994 idt ISO 9002:1994
有效期:2000.5.22～2003.5.21

山东省武城县新通橡塑有限公司
地址:山东省武城县甲马营邢风台
邮政编码:253300
证书注册编号:0500B0169
体系认证标准:GB/T 19002—1994 idt ISO 9002:1994
有效期:2000.5.23～2003.5.22

苏州华东橡胶厂
地址:江苏省苏州吴县市渭塘镇渭南路7号
邮政编码:215134
证书注册编号:0500B0170
体系认证标准:GB/T 19002—1994 idt ISO 9002:1994
有效期:2000.5.24～2003.5.23

中国贵州航空工业集团永红机械厂(复评)
地址:贵州贵阳市小河经济技术开发区
邮政编码:550009
证书注册编号:0500A0172
体系认证标准:GB/T 19001—1994 idt ISO 9001:1994
有效期:2000.5.31～2003.5.30

上海电器股份有限公司变压器厂常州分厂(常州市旺达特种变压器厂)
地址:江苏省金坛市朱林镇
邮政编码:213241
证书注册编号:0500A0176
体系认证标准:GB/T 19001—1994 idt ISO 9001:1994
有效期:2000.6.2～2003.6.1

宜兴市高塍环保机械厂
地址:江苏省宜兴市高塍镇北湖陵3号
邮政编码:214214
证书注册编号:0500B0173
体系认证标准:GB/T 19002—1994 idt ISO 9002:1994
有效期:2000.6.2～2003.6.1

江阴市工程机械起重设备厂
地址:江苏省江阴市利港镇
邮政编码:214444
证书注册编号:0500B0174

体系认证标准:GB/T 19002－1994 idt ISO 9002:1994
有效期:2000.6.2～2003.6.1

金坛市金鹏汽车配件有限公司
地址:江苏省金坛市沈渎路58号
邮政编码:213200
证书注册编号:0500B0175
体系认证标准:GB/T 19002－1994 idt ISO 9002:1994
有效期:2000.6.2～2003.6.1

中国人民解放军第六九零四工厂(山西银河电子设备厂)(复评)
地址:山西省太原市平阳路448号
邮政编码:030006
证书注册编号:0500A0177
体系认证标准:GB/T 19001－1994 idt ISO 9001:1994
有效期:2000.6.12～2003.6.11

湖南计算机股份有限公司(复评)
地址:湖南省长沙市雨花路161号
邮政编码:410007
证书注册编号:0500A0178
体系认证标准:GB/T 19001－1994 idt ISO 9001:1994
有效期:2000.6.12～2003.6.11

陕西凌云电器总公司(复评)
地址:陕西省宝鸡市峪泉路一号
邮政编码:721006
证书注册编号:0500A0196
体系认证标准:GB/T 19001－1994 idt ISO 9001:1994
有效期:2000.6.12～2003.6.11

重庆金美通信有限责任公司
地址:重庆市沙坪坝区小杨公桥51号
邮政编码:400030
证书注册编号:0500A0181
体系认证标准:GB/T 19001－1994 idt ISO 9001:1994
有效期:2000.6.16～2003.6.15

阿城市东电自动化设备有限责任公司
地址:黑龙江省阿城市河东区西沈路168号
邮政编码:150302
证书注册编号:0500A0183
体系认证标准:GB/T 19001－1994 idt ISO 9001:1994
有效期:2000.6.16～2003.6.15

西南技术工程研究所
地址:重庆市九龙坡区石桥铺渝州路33号
邮政编码:400039
证书注册编号:0500A0185
体系认证标准:GB/T 19001－1994 idt ISO 9001:1994
有效期:2000.6.16～2003.6.15

柳州市仪表总厂(复评)
地址:广西柳州市柳石路398号
邮政编码:545005
证书注册编号:0500A0191
体系认证标准:GB/T 19001－1994 idt ISO 9001:1994
有效期:2000.6.16～2003.6.15

重庆长风机器厂
地址:四川省江津市几江镇
邮政编码:402264
证书注册编号:0500B0179
体系认证标准:GB/T 19002－1994 idt ISO 9002:1994
有效期:2000.6.16～2003.6.15

沈阳维用精密机械有限公司(复评)
地址:辽宁省沈阳市于洪区花海路
邮政编码:110141
证书注册编号:0500B0180
体系认证标准:GB/T 19002－1994 idt ISO 9002:1994
有效期:2000.6.16～2003.6.15

湖南省南岭化工有限责任公司
地址:湖南省双牌县紫金北路6号
邮政编码:425202
证书注册编号:0500B0182
体系认证标准:GB/T 19002－1994 idt ISO 9002:1994
有效期:2000.6.16～2003.6.15

阿城市东电自动化设备有限责任公司
地址:黑龙江省阿城市河东区西沈路168号
邮政编码:150302
证书注册编号:0500B0184
体系认证标准:GB/T 19002－1994 idt ISO 9002:1994
有效期:2000.6.16～2003.6.15

东营信义企业集团公司橡塑厂
地址:山东省东营市广饶县大王经济开发区
邮政编码:257335
证书注册编号:0500B0186
体系认证标准:GB/T 19002－1994 idt ISO 9002:1994
有效期:2000.6.16～2003.6.15

宜兴市高塍玻璃钢工业设备厂
地址:江苏省宜兴市高塍镇花园路1号
邮政编码:214214
证书注册编号:0500B0187
体系认证标准:GB/T 19002－1994 idt ISO 9002:1994
有效期:2000.6.16～2003.6.15

苏州市金马机械电子公司
地址:江苏省苏州市苏浒路南口
邮政编码:215008
证书注册编号:0500B0188
体系认证标准:GB/T 19002－1994 idt ISO 9002:1994
有效期:2000.6.16～2003.6.15

西安市第二建筑工程公司(西安天宝国际工程公司)
地址:陕西省西安市太乙路5号
邮政编码:710054
证书注册编号:0500B0189
体系认证标准:GB/T 19002－1994 idt ISO 9002:1994
有效期:2000.6.16～2003.6.15

辽宁华兴精密机械厂
地址:辽宁锦州市凌河区锦义街139号
邮政编码:121017
证书注册编号:0500B0190
体系认证标准:GB/T 19002－1994 idt ISO 9002:1994
有效期:2000.6.16～2003.6.15

国营江淮机械厂
地址:山西省晋城市凤台东街开发区
邮政编码:048008
证书注册编号:0500B0192
体系认证标准:GB/T 19002－1994 idt ISO 9002:1994
有效期:2000.6.16～2003.6.15

苏州市顺达电塑品有限公司
地址:江苏省苏州市虎丘经济开发区金

光路 38 号
邮政编码:215008
证书注册编号:0500B0193
体系认证标准:GB/T 19002－1994 idt ISO 9002:1994
有效期:2000.6.16～2003.6.15

北京大森长空包装机械有限公司
地址:北京市德外苇子坑安翔里一号
邮政编码:100101
证书注册编号:0500B0194
体系认证标准:GB/T 19002－1994 idt ISO 9002:1994
有效期:2000.6.16～2003.6.15

北京梦幻三星涂装设备技术开发公司
地址:北京市丰台区花乡张家路口南118号
邮政编码:100070
证书注册编号:0500A0195
体系认证标准:GB/T 19001－1994 idt ISO 9001:1994
有效期:2000.6.22～2003.6.21

黑龙江省电力物资总公司
低压电器分公司
地址:黑龙江省哈尔滨市南岗区文景街102号
邮政编码:150040
证书注册编号:0500A0198
体系认证标准:GB/T 19001－1994 idt ISO 9001:1994
有效期:2000.6.22～2003.6.21

***九江精密测试技术研究所(中国船舶工业第六三五四研究所)**
地址:江西省九江市九江大道 33 号
邮政编码:332000
电话:(0792)8369672
传真:(0792)8369302
法定代表人:杨贵成
证书注册编号:0500A0199
体系认证标准:GB/T 19001－1994 idt ISO 9001:1994
获证体系覆盖产品:YQK－120 型自动曲轴动平衡机的设计、开发、生产和服务
有效期:2000.6.22～2003.6.21

宜兴市苏南给排水设备厂
地址:江苏省宜兴市高腾镇高塍村中桥路 12 号
邮政编码:214214
证书注册编号:0500B0197
体系认证标准:GB/T 19002－1994 idt ISO 9002:1994
有效期:2000.6.22～2003.6.21

中国航天科技集团公司第一研究院第十五研究所(复评)
地址:北京市丰台区南大红门路 1 号
邮政编码:100076
证书注册编号:0500A0200
体系认证标准:GB/T 19001－1994 idt ISO 9001:1994
有效期:2000.6.28～2003.6.27

天水铁塔厂(复评)
地址:甘肃省天水市秦城区皂郊路 4 号
邮政编码:741002
证书注册编号:0500B0201
体系认证标准:GB/T 19002－1994 idt ISO 9002:1994
有效期:2000.6.28～2003.6.27

注:
1. 企业名称、产品范围变更
青岛瑞普电气有限责任公司(更名)
地址:山东省青岛市金华路 56 号
邮政编码:266042
证书注册编号:0500B0118
体系认证标准:GB/T 19002－1994 idt ISO 9002:1994
有效期:2000.3.22～2003.3.21

航天医学工程研究所(范围缩小)
地址:北京市海淀区圆明园西路 1 号
邮政编码:100094
证书注册编号:0597A210
体系认证标准:GB/T 19001－1994 idt ISO 9001:1994
有效期:1997.12.25～2000.12.24

哈尔滨建成机械厂(范围扩大)
地址:黑龙江省哈尔滨市香坊区南直路65号
邮政编码:150030
证书注册编号:0599A0049
体系认证标准:GB/T 19001－1994 idt ISO 9001:1994
有效期:1999.2.4～2002.2.3

成都航空仪表公司(范围缩小)
地址:四川省成都市青羊区黄田坝
邮政编码:610091
证书注册编号:0599A0121
体系认证标准:GB/T 19001－1994 idt ISO 9001:1994
有效期:1999.7.16～2002.7.15

2. 注销/撤销/暂停企业
南京晨光集团有限责任公司(注销)
地址:江苏省南京市正学路 1 号
邮政编码:210006
证书注册编号:0598A009
体系认证标准:GB/T 19001－1994 idt ISO 9001:1994
有效期:1998.1.26～2001.1.25

沈阳维用电子有限公司(注销)
地址:辽宁省沈阳市大东区望花南街45号
邮政编码:110044
证书注册编号:0598A287
体系认证标准:GB/T 19001－1994 idt ISO 9001:1994
有效期:1998.6.26～2001.6.27

南京伯乐电器(集团)公司(注销)
地址:江苏省南京市中央门外吉祥庵
邮政编码:210038
证书注册编号:0598A257
体系认证标准:GB/T 19001－1994 idt ISO 9001:1994
有效期:1998.3.23～2001.3.22

北京海鹰达科技发展公司(暂停)
地址:北京市和平里南街 3 号
邮政编码:100013
证书注册编号:0500A0035
体系认证标准:GB/T 19001－1994 idt ISO 9001:1994
有效期:2000.1.24～2003.1.23

上海传真通信设备技术研究所
地址:上海市齐齐哈尔路 76 号
邮政编码:200082
证书注册编号:0500A0202
体系认证标准:GB/T 19001－1994 idt ISO 9001:1994
有效期:2000.7.7～2003.7.6

西安华伟电力电子技术有限责任公司
地址:陕西省西安市高新二路 4 号星海大厦三楼
邮政编码:710075

证书注册编号:0500A0207
体系认证标准:GB/T 19001—1994 idt ISO 9001:1994
有效期:2000.7.7～2003.7.6

汾西机器厂(复评)
地址:山西省太原市和平北路219号
邮政编码:030027
证书注册编号:0500A0208
体系认证标准:GB/T 19001—1994 idt ISO 9001:1994
有效期:2000.7.7～2003.7.6

湖南江麓—浩利工程机械有限公司(复评)
地址:湖南省湘潭市解放北路
邮政编码:411100
证书注册编号:0500A0209
体系认证标准:GB/T 19001—1994 idt ISO 9001:1994
有效期:2000.7.7～2003.7.6

上海青芸线缆有限公司
地址:上海浦东新区孙桥镇横沔路2号
邮政编码:201203
证书注册编号:0500B0203
体系认证标准:GB/T 19002—1994 idt ISO 9002:1994
有效期:2000.7.7～2003.7.6

陕西西亚电线电缆有限公司
地址:陕西省西安市新城区纱厂东街118号
邮政编码:710015
证书注册编号:0500B0205
体系认证标准:GB/T 19002—1994 idt ISO 9002:1994
有效期:2000.7.7～2003.7.6

铁道部隧道工程局建筑工程处
地址:河南省洛阳市陵园路3号
邮政编码:471009
证书注册编号:0500B0206
体系认证标准:GB/T 19002—1994 idt ISO 9002:1994
有效期:2000.7.7～2003.7.6

永康市万泰铝业有限公司
地址:浙江省永康市芝英镇炉头工业区
邮政编码:321306
证书注册编号:0500BQ204
体系认证标准:GB/T19002—1994(idt ISO9002:1994)
有效期:2000.7.7～2003.7.6

铁道部隧道工程局第四工程处
地址:广西南宁心圩路工业园5号区内
邮政编码:530000
证书注册编号:0500B0210
体系认证标准:GB/T 19002—1994 idt ISO 9002:1994
有效期:2000.7.10～2003.7.9

哈尔滨轴承集团公司(哈尔滨轴承股份有限公司)
地址:黑龙江省哈尔滨市香坊区红旗大街14号
邮政编码:150030
证书注册编号:0500A0211
体系认证标准:GB/T 19001—1994 idt ISO 9001:1994
有效期:2000.7.12～2003.7.11

骊山微电子公司
(西安微电子技术研究所)
地址:陕西省西安市太乙路8号
邮政编码:710054
证书注册编号:0500A0212
体系认证标准:GB/T 19001—1994 idt ISO 9001:1994
有效期:2000.7.12～2003.7.11

包头北方奔驰重型汽车有限责任公司
地址:内蒙古包头市青山区
邮政编码:014032
证书注册编号:0500A0214
体系认证标准:GB/T 19001—1994 idt ISO 9001:1994
有效期:2000.7.12～2003.7.11

骊山微电子公司
(西安微电子技术研究所)
地址:陕西省西安市太乙路8号
邮政编码:710054
证书注册编号:0500B0213
体系认证标准:GB/T 19002—1994 idt ISO 9002:1994
有效期:2000.7.12～2003.7.11

西安市电力线缆厂
地址:陕西省户县娄敬路北段
邮政编码:710300
证书注册编号:0500B0215
体系认证标准:GB/T 19002—1994 idt ISO 9002:1994
有效期:2000.7.12～2003.7.11

清华大学核能技术设计研究院
地址:北京市昌平区虎峪村
邮政编码:102201
证书注册编号:0500A0219
体系认证标准:GB/T 19001—1994 idt ISO 9001:1994
有效期:2000.7.17～2003.7.16

铁道部隧道工程局第一工程处
地址:河南省新乡市人民路51号
邮政编码:453000
证书注册编号:0500B0216
体系认证标准:GB/T 19002—1994 idt ISO 9002:1994
有效期:2000.7.17～2003.7.16

宜兴市广通环保设备厂
地址:江苏省宜兴市高塍镇东
邮政编码:214214
证书注册编号:0500B0217
体系认证标准:GB/T 19002—1994 idt ISO 9002:1994
有效期:2000.7.17～2003.7.16

泰州市工程机械厂
地址:泰州市刁铺镇环溪路70号
邮政编码:225323
证书注册编号:0500B0218
体系认证标准:GB/T 19002—1994 idt ISO 9002:1994
有效期:2000.7.17～2003.7.16

***铁道部隧道工程局**
地址:河南省洛阳市陵园路3号
邮政编码:471009
电话:(0379)2312300—32500
传真:(0379)2312419
法定代表人:郭陕云
证书注册编号:0500A0220
体系认证标准:GB/T 19001—1994 idt ISO 9001:1994
获证体系覆盖产品:铁路综合工程、公路综合工程、市政工程、隧道和地下工程、地铁工程和矿山井巷工程的设计、施工和技术服务
有效期:2000.7.17～2003.7.16

***铁道部隧道工程局**
地址:河南省洛阳市陵园路3号

邮政编码:471009
电话:(0379)2312300—32900
传真:(0379)2312300—32910
法定代表人:郭陕云
证书注册编号:0500B0221
体系认证标准:GB/T 19002—1994 idt ISO 9002:1994
获证体系覆盖产品:工业与民用建筑工程的施工
有效期:2000.7.17～2003.7.16

太原铁路分局太原车轮厂
地址:山西省太原市建设北路592号
邮政编码:030013
证书注册编号:0500B0222
体系认证标准:GB/T 19002—1994 idt ISO 9002:1994
有效期:2000.7.17～2003.7.16

北京瑞拓电子技术发展有限公司
地址:北京市安定门外大街丙88号
邮政编码:100011
证书注册编号:0500A0226
体系认证标准:GB/T 19001—1994 idt ISO 9001:1994
有效期:2000.8.10～2003.8.9

黑龙江省光电技术研究所
地址:黑龙江牡丹江市光华街106—1
邮政编码:157000
证书注册编号:0500A0228
体系认证标准:GB/T 19001—1994 idt ISO 9001:1994
有效期:2000.8.10～2003.8.9

哈尔滨爱迪压铸有限公司
地址:黑龙江省哈尔滨市南岗区学府路191号
邮政编码:150086
证书注册编号:0500B0225
体系认证标准:GB/T 19002—1994 idt ISO 9002:1994
有效期:2000.8.10～2003.8.9

宜兴市中洲环保设备有限公司
地址:江苏省宜兴市高塍镇
邮政编码:214214
证书注册编号:0500B0229
体系认证标准:GB/T 19002—1994 idt ISO 9002:1994
有效期:2000.8.10～2003.8.9

延安变压器制造股份合作公司
地址:陕西省延安市姚店镇
邮政编码:716004
证书注册编号:0500B0230
体系认证标准:GB/T 19002—1994 idt ISO 9002:1994
有效期:2000.8.10～2003.8.9

本溪经济开发区南风日化有限公司
地址:辽宁省本溪市石桥子
邮政编码:117004
证书注册编号:0500B0231
体系认证标准:GB/T 19002—1994 idt ISO 9002:1994
有效期:2000.8.10～2003.8.9

安徽安庆南风日化有限责任公司
地址:安徽省安庆市渡江路11号
邮政编码:246003
证书注册编号:0500B0232
体系认证标准:GB/T 19002—1994 idt ISO 9002:1994
有效期:2000.8.10～2003.8.9

上海光济电机电器有限公司
地址:上海市奉贤南桥国顺路6号
邮政编码:201400
证书注册编号:0500B0233
体系认证标准:GB/T 19002—1994 idt ISO 9002:1994
有效期:2000.8.10～2003.8.9

内蒙古第一机械制造(集团)有限公司(复评)
地址:内蒙古自治区包头市青山区
邮政编码:014032
证书注册编号:0500A0223
体系认证标准:GB/T 19001—1994 idt ISO 9001:1994
有效期:2000.8.11～2003.8.10

中国科学院长春光学精密机械与物理研究所(复评)
地址:吉林省长春市人民大街140号
邮政编码:130022
证书注册编号:0500A0224
体系认证标准:GB/T 19001—1994 idt ISO 9001:1994
有效期:2000.8.11～2003.8.10

北京电力设备总厂特种电器厂(复评)
地址:北京市房山区良乡镇
邮政编码:102401
证书注册编号:0500A0227
体系认证标准:GB/T 19001—1994 idt ISO 9001:1994
有效期:2000.8.11～2003.8.10

国营长江有线电厂
地址:湖北省武汉市洪山区关山一路469号
邮政编码:430073
证书注册编号:0500A0234
体系认证标准:GB/T 19001—1994 idt ISO 9001:1994
有效期:2000.8.17～2003.8.16

山东聊城化工机械厂
地址:山东省聊城市花园北路66号
邮政编码:252000
证书注册编号:0500A0235
体系认证标准:GB/T 19001—1994 idt ISO 9001:1994
有效期:2000.8.17～2003.8.16

湖北富桥电子有限责任公司
地址:湖北黄冈市黄州区宝塔路79号
邮政编码:438000
证书注册编号:0500A0237
体系认证标准:GB/T 19001—1994 idt ISO 9001:1994
有效期:2000.8.17～2003.8.16

四川航空液压机械厂
地址:四川省广汉市福州路附38号
邮政编码:618300
证书注册编号:0500A0238
体系认证标准:GB/T 19001—1994 idt ISO 9001:1994
有效期:2000.8.17～2003.8.16

上海博达数据通信有限公司
地址:上海市浦东新区张江高科技园区居里路123号
邮政编码:201203
证书注册编号:0500A0240
体系认证标准:GB/T 19001—1994 idt ISO 9001:1994
有效期:2000.8.17～2003.8.16

张家港浮山建设机械有限公司
地址:江苏省张家港市后塍镇文星路
邮政编码:215631
证书注册编号:0500A0242

体系认证标准:GB/T 19001—1994 idt ISO 9001:1994
有效期:2000.8.17~2003.8.16

北京汇达机电有限责任公司
地址:北京市朝阳区工体北路4号
邮政编码:100027
证书注册编号:0500A0249
体系认证标准:GB/T 19001—1994 idt ISO 9001:1994
有效期:2000.8.17~2003.8.16

山东聊城化工机械厂
地址:山东省聊城市花园北路66号
邮政编码:252000
证书注册编号:0500B0236
体系认证标准:GB/T 19002—1994 idt ISO 9002:1994
有效期:2000.8.17~2003.8.16

***中国航天科技集团公司第四研究院七四二二厂**
西安航天兰凌机械厂
地址:陕西省兰田县(西安174号信箱)
邮政编码:710000
电话:(029)3604640
传真:(029)3604516
法定代表人:李兴耀
证书注册编号:0500B0239
体系认证标准:GB/T 19002—1994 idt ISO 9002:1994
获证体系覆盖产品:燃油、燃气中央热水机组(常压)系列产品的生产和服务
有效期:2000.8.17~2003.8.16

贵州南风日化有限公司
地址:贵州省安顺市经济开发区歇凉岩
邮政编码:561000
证书注册编号:0500B0241
体系认证标准:GB/T 19002—1994 idt ISO 9002:1994
有效期:2000.8.17~2003.8.16

张家港浮山建设机械有限公司
地址:江苏省张家港市后塍镇文星路
邮政编码:215631
证书注册编号:0500B0243
体系认证标准:GB/T 19002—1994 idt ISO 9002:1994
有效期:2000.8.17~2003.8.16

陕西省泾阳吉安电工电器制造公司
地址:陕西省泾阳县吉元工业区
邮政编码:713700
证书注册编号:0500B0244
体系认证标准:GB/T 19002—1994 idt ISO 9002:1994
有效期:2000.8.17~2003.8.16

博兴县润滑油脂厂
地址:山东省博兴县陈户镇
邮政编码:256505
证书注册编号:0500B0245
体系认证标准:GB/T 19002—1994 idt ISO 9002:1994
有效期:2000.8.17~2003.8.16

国营长空精密机械制造公司
地址:陕西省汉中市76号信箱
邮政编码:723102
证书注册编号:0500B0246
体系认证标准:GB/T 19002—1994 idt ISO 9002:1994
有效期:2000.8.17~2003.8.16

上海埃德电磁技术有限公司
地址:上海市虹中路525号
邮政编码:201103
证书注册编号:0500B0247
体系认证标准:GB/T 19002—1994 idt ISO 9002:1994
有效期:2000.8.17~2003.8.16

湖北凯龙化工集团股份有限公司
地址:湖北省荆门市泉口路20号
邮政编码:448032
证书注册编号:0500B0248
体系认证标准:GB/T 19002—1994 idt ISO 9002:1994
有效期:2000.8.17~2003.8.16

无锡正怡涂装环保机械有限公司(无锡震晨涂装设备有限公司)
地址:江苏锡山市华庄镇红周路68号
邮政编码:214131
证书注册编号:0500B0250
体系认证标准:GB/T 19002—1994 idt ISO 9002:1994
有效期:2000.8.17~2003.8.16

兰州长信电力设备有限责任公司(兰州长信机车配件有限责任公司)
地址:甘肃省兰州市焦家湾南路207号
邮政编码:730020
证书注册编号:0500A0255
体系认证标准:GB/T 19001—1994 idt ISO 9001:1994
有效期:2000.8.23~2003.8.22

哈尔滨市松花江汽车转向器厂
地址:黑龙江省哈尔滨市太平区东风镇天恒大街274号
邮政编码:150059
证书注册编号:0500A0261
体系认证标准:GB/T 19001—1994 idt ISO 9001:1994
有效期:2000.8.23~2003.8.22

兰州长信电力设备有限责任公司(兰州长信机车配件有限责任公司)
地址:甘肃省兰州市焦家湾南路207号
邮政编码:730020
证书注册编号:0500B0256
体系认证标准:GB/T 19002—1994 idt ISO 9002:1994
有效期:2000.8.23~2003.8.22

江苏省扬中市盛大实业有限公司
地址:江苏省扬中市东郊(永勤河东)
邮政编码:212200
证书注册编号:0500B0257
体系认证标准:GB/T 19002—1994 idt ISO 9002:1994
有效期:2000.8.23~2003.8.22

沧州市长丰机械厂
地址:河北省沧州市经济技术开发区
邮政编码:061000
证书注册编号:0500B0258
体系认证标准:GB/T 19002—1994 idt ISO 9002:1994
有效期:2000.8.23~2003.8.22

伊敏华能东电煤电有限责任公司
地址:内蒙古伊敏河镇
邮政编码:021134
证书注册编号:0500B0259
体系认证标准:GB/T 19002—1994 idt ISO 9002:1994
有效期:2000.8.23~2003.8.22

哈尔滨市振兴集团公司
地址:黑龙江省哈尔滨市道外区南四道街93号
邮政编码:150020

证书注册编号:0500B0260
体系认证标准:GB/T 19002—1994 idt ISO 9002:1994
有效期:2000.8.23～2003.8.22

太仓市施美电镀有限公司
地址:江苏省太仓市璜泾镇万新村
邮政编码:215427
证书注册编号:0500B0262
体系认证标准:GB/T 19002—1994 idt ISO 9002:1994
有效期:2000.8.23～2003.8.22

苏州工业园区和昌新型材料有限公司
地址:江苏省苏州市苏州工业园区民营工业区
邮政编码:215123
证书注册编号:0500B0263
体系认证标准:GB/T 19002—1994 idt ISO 9002:1994
有效期:2000.8.23～2003.8.22

***晋城市安华制锁有限公司**
地址:山西省泽州县高都镇
邮政编码:048004
电话:(0356)3834423
传真:(0356)2027173
法定代表人:刘史明
证书注册编号:0500B0264
体系认证标准:GB/T 19002—1994 idt ISO 9002:1994
获证体系覆盖产品:门锁的生产和服务
有效期:2000.8.23～2003.8.22

山西江阳化工厂(复评)
地址:山西省太原市尖草坪区向阳镇
邮政编码:030041
证书注册编号:0500A0251
体系认证标准:GB/T 19001—1994 idt ISO 9001:1994
有效期:2000.8.25～2003.8.24

中国航空救生研究所(复评)
地址:湖北省襄樊市新园路2号
邮政编码:441003
证书注册编号:0500A0252
体系认证标准:GB/T 19001—1994 idt ISO 9001:1994
有效期:2000.8.25～2003.8.24

中国第二重型机械集团公司(复评)
地址:四川省德阳市岷江西路
邮政编码:618013
证书注册编号:0500A0253
体系认证标准:GB/T 19001—1994 idt ISO 9001:1994
有效期:2000.8.25～2003.8.24

中国第二重型机械集团公司(复评)
地址:四川省德阳市岷江西路
邮政编码:618013
证书注册编号:0500B0254
体系认证标准:GB/T 19002—1994 idt ISO 9002:1994
有效期:2000.8.25～2003.8.24

一、变更企业

山东广饶石化集团股份有限公司(变更)
地址:山东省东营市广饶县石村辛桥
邮政编码:257342
证书注册编号:0599B0110
体系认证标准:GB/T 19002—1994 idt ISO 9002:1994
有效期:1999.6.11～2002.6.10

中国南方航空动力机械公司(变更)
地址:湖南省株州市南区董家段
邮政编码:412002
证书注册编号:0599A0075
体系认证标准:GB/T 19001—1994 idt ISO 9001:1994
有效期:1999.1.3～2002.1.2

青海青乐化工机械有限责任公司(更名)(原名:青海化工厂)
地址:青海省乐都52号信箱
邮政编码:810700
证书注册编号:0500B0093
体系认证标准:GB/T 19002—1994 idt ISO 9002:1994
有效期:2000.3.9～2003.3.8

江苏苏鑫装饰(集团)公司(扩大)
地址:江苏省吴县市黄埭镇
邮政编码:215143
证书注册编号:0599A0101
体系认证标准:GB/T 19001—1994 idt ISO 9001:1994
有效期:1999.6.3～2002.6.2

二、注销企业:

大庆石油管理局钻井一公司
地址:黑龙江省大庆让胡路区乘风南路
邮政编码:163411
证书注册编号:0597B185
体系认证标准:GB/T 19002—1994 idt ISO 9002:1994
有效期:1997.10.13～2000.10.12

大庆石油管理局钻井二公司
地址:黑龙江省大庆市红岗区八百垧
邮政编码:163413
证书注册编号:0597B197
体系认证标准:GB/T 19002—1994 idt ISO 9002:1994
有效期:1997.12.19～2000.12.18

北京长空机械有限责任公司
地址:北京市朝阳区德胜门外苇子坑安翔里1号
邮政编码:100101
证书注册编号:0597A161
体系认证标准:GB/T 19001—1994 idt ISO 9001:1994
有效期:1997.8.25～2000.8.24

中国航空救生研究所
地址:湖北省襄樊市新园路2号
邮政编码:441003
证书注册编号:0597B163
体系认证标准:GB/T 19002—1994 idt ISO 9002:1994
有效期:1997.8.25～2000.8.24

上海新跃仪表厂(复评)
地址:上海市宜山路710号
邮政编码:200233
证书注册编号:0500A0265
体系认证标准:GB/T 19001—1994 idt ISO 9001:1994
有效期:2000.9.1～2003.8.31

同济大学机电厂
地址:上海市赤峰路186号
邮政编码:200092
证书注册编号:0500A0268
体系认证标准:GB/T 19001—1994 idt ISO 9001:1994
有效期:2000.9.1～2003.8.31

中国航天科技集团公司第四研究院第四十四研究所
地址:陕西蓝田县大寨乡贾河滩十九号
邮政编码:710000
证书注册编号:0500A0269

体系认证标准:GB/T 19001－1994 idt ISO 9001:1994
有效期:2000.9.1～2003.8.31

山东泉清通信有限责任公司
地址:山东省济南市高新技术开发区花园路街40号
邮政编码:250063
证书注册编号:0500A0272
体系认证标准:GB/T 19001－1994 idt ISO 9001:1994
有效期:2000.9.1～2003.8.31

镇江无线电厂(复评)
地址:江苏省镇江市镇句路四摆渡
邮政编码:212005
证书注册编号:0500A0274
体系认证标准:GB/T 19001－1994 idt ISO 9001:1994
有效期:2000.9.8～2003.9.7

中国航天科技集团公司第一研究院第十四研究所(复评)
地址:北京市丰台区南大红门路1号
邮政编码:100076
证书注册编号:0500A0275
体系认证标准:GB/T 19001－1994 idt ISO 9001:1994
有效期:2000.9.8～2003.9.7

上海新跃仪表厂(复评)
地址:上海市宜山路710号
邮政编码:200233
证书注册编号:0500B0266
体系认证标准:GB/T 19002－1994 idt ISO 9002:1994
有效期:2000.9.1～2003.8.31

苏州虎丘电子元件厂(苏州金塔电子公司十二分厂)
地址:江苏苏州市虎丘镇虎阜大桥东堍
邮政编码:215008
证书注册编号:0500B0267
体系认证标准:GB/T 19002－1994 idt ISO 9002:1994
有效期:2000.9.1～2003.8.31

中国航天科技集团公司第四研究院第四十四研究所
地址:陕西蓝田县大寨乡贾河滩十九号
邮政编码:710000
证书注册编号:0500B0270
体系认证标准:GB/T 19002－1994 idt ISO 9002:1994
有效期:2000.9.1～2003.8.31

舟山市千岛磁钢有限公司
地址:浙江省舟山市定海区烟墩乡
邮政编码:316054
证书注册编号:0500B0271
体系认证标准:GB/T 19002－1994 idt ISO 9002:1994
有效期:2000.9.1～2003.8.31

山西北方制药厂(复评)
地址:山西省永济市中山东街26号
邮政编码:044503
证书注册编号:0500B0273
体系认证标准:GB/T 19002－1994 idt ISO 9002:1994
有效期:2000.9.7～2003.9.6

重庆长平机械厂
地址:重庆市万洲区天城镇
邮政编码:404047
证书注册编号:0500A0281
体系认证标准:GB/T 19001－1994 idt ISO 9001:1994
有效期:2000.9.6～2003.9.5

南京晨光航天应用技术股份有限公司
地址:江苏省南京市正学路1号
邮政编码:210006
证书注册编号:0500A0283
体系认证标准:GB/T 19001－1994 idt ISO 9001:1994
有效期:2000.9.6～2003.9.5

湖北三江汽车内饰有限公司
地址:湖北省远安县鸣凤镇和湖北省孝感市拉丁根路
邮政编码:444200
证书注册编号:0500A0284
体系认证标准:GB/T 19001－1994 idt ISO 9001:1994
有效期:2000.9.6～2003.9.5

内蒙古北方重工业集团有限公司(复评)
地址:内蒙古包头市青山区厂前路
邮政编码:014033
证书注册编号:0500A0285
体系认证标准:GB/T 19001－1994 idt ISO 9001:1994
有效期:2000.9.6～2003.9.5

四川超声印制板有限公司
地址:四川省江油市德胜南路87号
邮政编码:621700
证书注册编号:0500B0277
体系认证标准:GB/T 19002－1994 idt ISO 9002:1994
有效期:2000.9.6～2003.9.5

常州市博大化工有限公司(武进市金达合成材料厂)
地址:江苏省常州市崔桥镇
邮政编码:213103
证书注册编号:0500B0278
体系认证标准:GB/T 19002－1994 idt ISO 9002:1994
有效期:2000.9.6～2003.9.5

哈尔滨市第七建筑工程公司
地址:黑龙江省哈尔滨市太平区太平大街111号
邮政编码:150050
证书注册编号:0500B0279
体系认证标准:GB/T 19002－1994 idt ISO 9002:1994
有效期:2000.9.6～2003.9.5

溧阳市联盟福利化工厂
地址:江苏省溧阳市濑江路46号
邮政编码:213300
证书注册编号:0500B0280
体系认证标准:GB/T 19002－1994 idt ISO 9002:1994
有效期:2000.9.6～2003.9.5

重庆长平机械厂
地址:重庆市万洲区天城镇
邮政编码:404047
证书注册编号:0500B0282
体系认证标准:GB/T 19002－1994 idt ISO 9002:1994
有效期:2000.9.6～2003.9.5

内蒙古北方重工业集团有限公司(复评)
地址:内蒙古包头市青山区厂前路
邮政编码:014033
证书注册编号:0500B0286
体系认证标准:GB/T 19002－1994 idt ISO 9002:1994
有效期:2000.9.6～2003.9.5

锡山市特种电源设备厂
地址:江苏锡山市港下镇运河南路2号
邮政编码:214189
证书注册编号:0500B0287
体系认证标准:GB/T 19002－1994 idt ISO 9002:1994
有效期:2000.9.6～2003.9.5

苏州市威尔克电讯电机厂
地址:江苏省苏州市盘门路17号
邮政编码:215007
证书注册编号:0500B0288
体系认证标准:GB/T 19002－1994 idt ISO 9002:1994
有效期:2000.9.6～2003.9.5

东风汽车公司铸造二厂
地址:湖北省十堰市白浪中路47号
邮政编码:442050
证书注册编号:0500BQ276
体系认证标准:GB/T 19002－1994 idt ISO 9002:1994
QS－9000:1998第三版
有效期:2000.9.6～2003.9.5

中国人民解放军第四八0八工厂海鹰专用汽车厂(复评)
地址:山东省青岛市荷泽三路5号
邮政编码:266001
证书注册编号:0500B0289
体系认证标准:GB/T 19002－1994 idt ISO 9002:1994
有效期:2000.9.7～2003.9.6

西安黑牛机械有限公司
地址:陕西省西安市户县草堂路75号
邮政编码:710300
证书注册编号:0500A0298
体系认证标准:GB/T 19001－1994 idt ISO 9001:1994
有效期:2000.9.15～2003.9.14

吴县市和昊橡塑制品厂
地址:江苏省苏州吴县市渭塘镇西湖村
邮政编码:215134
证书注册编号:0500B0290
体系认证标准:GB/T 19002－1994 idt ISO 9002:1994
有效期:2000.9.15～2003.9.14

大连中盈精密铸造有限公司
地址:辽宁省大连市经济开发区工业团地东北七街11号
邮政编码:116600
证书注册编号:0500B0291
体系认证标准:GB/T 19002－1994 idt ISO 9002:1994
有效期:2000.9.15～2003.9.14

重庆陵川车用油箱厂
地址:重庆市合川清平镇
邮政编码:401532
证书注册编号:0500B0292
体系认证标准:GB/T 19002－1994 idt ISO 9002:1994
有效期:2000.9.15～2003.9.14

张家港市华泰放电管有限公司
地址:江苏省张家港市德积镇
邮政编码:215635
证书注册编号:0500B0293
体系认证标准:GB/T 19002－1994 idt ISO 9002:1994
有效期:2000.9.15～2003.9.14

深圳市强之东精密螺丝有限公司
地址:广东省深圳市平湖镇佳业工业园B栋二楼
邮政编码:518111
证书注册编号:0500B0294
体系认证标准:GB/T 19002－1994 idt ISO 9002:1994
有效期:2000.9.15～2003.9.14

无锡先锋电机有限公司
地址:江苏省锡山市洛社镇钱巷
邮政编码:214187
证书注册编号:0500B0295
体系认证标准:GB/T 19002－1994 idt ISO 9002:1994
有效期:2000.9.15～2003.9.14

哈尔滨市华源橡胶有限公司
地址:黑龙江省哈尔滨市平房区镇西新村1道街7号
邮政编码:150066
证书注册编号:0500B0296
体系认证标准:GB/T 19002－1994 idt ISO 9002:1994
有效期:2000.9.15～2003.9.14

西安安泰叶片技术有限公司
地址:陕西省西安市经济技术开发区纬三路B3区
邮政编码:710021
证书注册编号:0500B0297
体系认证标准:GB/T 19002－1994 idt ISO 9002:1994
有效期:2000.9.15～2003.9.14

嘉陵工业有限公司(复评)
地址:重庆市沙坪坝区双碑
邮政编码:400032
证书注册编号:0500A0299
体系认证标准:GB/T 19001－1994 idt ISO 9001:1994
有效期:2000.9.22～2003.9.21

中国核动力研究设计院
地址:四川成都市一环路南三段28号
邮政编码:610041
证书注册编号:0500A0301
体系认证标准:GB/T 19001－1994 idt ISO 9001:1994
有效期:2000.9.22～2003.9.21

中国核动力研究设计院核动力设计研究所
地址:四川成都市一环路南三段28号
邮政编码:610041
证书注册编号:0500A0303
体系认证标准:GB/T 19001－1994 idt ISO 9001:1994
有效期:2000.9.22～2003.9.21

***中国核动力研究设计院核反应堆工程研究所**
地址:四川成都市二环路南三段25号
邮政编码:610041
电话:(028)5582199－88129
传真:(028)5582199－88129
法定代表人:史重淼
证书注册编号:0500A0304
体系认证标准:GB/T 19001－1994 idt ISO 9001:1994
获证体系覆盖产品:核反应堆工程试验;核反应堆一回路系统相关装置
有效期:2000.9.22～2003.9.21

中国科学院空间科学与应用研究中心
地址:北京市海淀区中关村南二条一号
邮政编码:100080
证书注册编号:0500A0310
体系认证标准:GB/T 19001－1994 idt ISO 9001:1994
有效期:2000.9.22～2003.9.21

中国核动力研究设计院
地址：四川省成都市一环路南三段28号(成都436信箱)
邮政编码：610041
证书注册编号：0500B0302
体系认证标准：GB/T 19002－1994 idt ISO 9002:1994
有效期：2000.9.22～2003.9.21

中国核动力研究设计院核燃料元件与材料研究所
地址：四川成都市一环路南三段28号
邮政编码：610041
证书注册编号：0500B0305
体系认证标准：GB/T 19002－1994 idt ISO 9002:1994
有效期：2000.9.22～2003.9.21

中国核动力研究设计院核反应堆运行与应用研究所
地址：四川省乐山市夹江县
邮政编码：610005
证书注册编号：0500B0306
体系认证标准：GB/T 19002－1994 idt ISO 9002:1994
有效期：2000.9.22～2003.9.21

贵州红湖机械厂(复评)
地址：贵州省平坝县夏云镇
邮政编码：561104
证书注册编号：0500B0307
体系认证标准：GB/T 19002－1994 idt ISO 9002:1994
有效期：2000.9.22～2003.9.21

上海航空电器厂
地址：上海市闵行区中春路6629号
邮政编码：201101
证书注册编号：0500B0308
体系认证标准：GB/T 19002－1994 idt ISO 9002:1994
有效期：2000.9.22～2003.9.21

锡山市中联车辆配件有限公司
地址：江苏省锡山市厚桥镇朱巷桥村
邮政编码：214106
证书注册编号：0500B0309
体系认证标准：GB/T 19002－1994 idt ISO 9002:1994
有效期：2000.9.22～2003.9.21

***鹤壁天马通信股份有限公司(鹤壁无线电四厂)**
地址：河南省鹤壁市汤河街15号
邮政编码：458000
电话：(0392)2625688－2153
传真：(0392)2625461
法定代表人：高玉昌
证书注册编号：0500A0300
体系认证标准：GB/T 19001－1994 idt ISO 9001:1994
获证体系覆盖产品：改装车的设计、开发、生产和服务
有效期：2000.9.23～2003.9.22

北京机械工业自动化研究所
地址：北京西城区德胜门外教场口1号
邮政编码：100011
证书注册编号：0500A0314
体系认证标准：GB/T 19001－1994 idt ISO 9001:1994
有效期：2000.9.29～2003.9.28

北京百脑通科技开发有限公司
地址：北京市朝阳区安定路39号长新大厦12层
邮政编码：100029
证书注册编号：0500B0311
体系认证标准：GB/T 19002－1994 idt ISO 9002:1994
有效期：2000.9.29～2003.9.28

北京科海利新型建筑材料开发有限公司
地址：北京市复兴路甲1号
邮政编码：100038
证书注册编号：0500B0312
体系认证标准：GB/T 19002－1994 idt ISO 9002:1994
有效期：2000.9.29～2003.9.28

金坛永利达电子仪表有限公司
地址：江苏省金坛市后阳镇东
邮政编码：213200
证书注册编号：0500B0313
体系认证标准：GB/T 19002－1994 idt ISO 9002:1994
有效期：2000.9.29～2003.9.28

浙江亚伯兰电器有限公司
地址：浙江省瑞安市新方工业区昌新路19号
邮政编码：325204
证书注册编号：0500A0315
体系认证标准：GB/T 19001－1994 idt ISO 9001:1994
有效期：2000.10.8～2003.10.7

上海浦东同济环境工程有限公司
地址：上海市杨浦区赤峰路186号
邮政编码：200092
证书注册编号：0500A0319
体系认证标准：GB/T 19001－1994 idt ISO 9001:1994
有效期：2000.10.8～2003.10.7

石家庄生益包装用品有限公司
地址：河北省石家庄市南二环路南焦村村北
邮政编码：051430
证书注册编号：0500B0316
体系认证标准：GB/T 19002－1994 idt ISO 9002:1994
有效期：2000.10.8～2003.10.7

北京铁路局工电重点维修处天津电务段
地址：天津河北区新大路东二经路一号
邮政编码：300140
证书注册编号：0500B0317
体系认证标准：GB/T 19002－1994 idt ISO 9002:1994
有效期：2000.10.8～2003.10.7

江苏华新建设工程集团公司
地址：江苏省吴县市宝带东路194号
邮政编码：215128
证书注册编号：0500B0318
体系认证标准：GB/T 19002－1994 idt ISO 9002:1994
有效期：2000.10.8～2003.10.7

四川江华机器厂
地址：四川省华蓥市庆华镇
邮政编码：638610
证书注册编号：0500B0320
体系认证标准：GB/T 19002－1994 idt ISO 9002:1994
有效期：2000.10.8～2003.10.7

锡山市晨光金属软管厂
地址：江苏省锡山市石塘湾镇陡门
邮政编码：214185
证书注册编号：0500B0321
体系认证标准：GB/T 19002－1994 idt ISO 9002:1994

有效期:2000.10.8～2003.10.7

浙江光华器材有限公司
地址:浙江省龙游县五爪垅52号
邮政编码:324400
证书注册编号:0500A0322
体系认证标准:GB/T 19001—1994 idt ISO 9001:1994
有效期:2000.10.13～2003.10.12

中国空间技术研究院兰州物理研究所(复评)
地址:甘肃省兰州市渭源路11号
邮政编码:730000
证书注册编号:0500A0323
体系认证标准:GB/T 19001—1994 idt ISO 9001:1994
有效期:2000.10.13～2003.10.12

中国贵航集团天义电工厂(复评)
地址:贵州省遵义市隋阳路33号
邮政编码:563002
证书注册编号:0500A0324
体系认证标准:GB/T 19001—1994 idt ISO 9001:1994
有效期:2000.10.13～2003.10.12

哈尔滨汇通电力工程有限公司
地址:黑龙江省哈尔滨市香坊区建北街63号
邮政编码:150036
证书注册编号:0500A0325
体系认证标准:GB/T 19001—1994 idt ISO 9001:1994
有效期:2000.10.13～2003.10.12

北京广厦环宇热力设备开发有限责任公司
地址:北京市朝阳区望京中环南路9号望京大厦
邮政编码:100102
证书注册编号:0500A0330
体系认证标准:GB/T 19001—1994 idt ISO 9001:1994
有效期:2000.10.13～2003.10.12

四川灵通电气股份有限公司
地址:四川省绵阳市跃进路52号
邮政编码:621000
证书注册编号:0500A0331
体系认证标准:GB/T 19001—1994 idt ISO 9001:1994
有效期:2000.10.13～2003.10.12

北京兴华机械厂
地址:北京市海淀区永定路52号
邮政编码:100854
证书注册编号:0500A0332
体系认证标准:GB/T 19001—1994 idt ISO 9001:1994
有效期:2000.10.13～2003.10.12

江南造船(集团)有限责任公司(复评)
地址:上海市卢湾区高雄路2号
邮政编码:200011
证书注册编号:0500A0336
体系认证标准:GB/T 19001—1994 idt ISO 9001:1994
有效期:2000.10.13～2003.10.12

淮阴清江机器制造厂
地址:江苏省淮阴市北京北路199号
邮政编码:223001
证书注册编号:0500A0337
体系认证标准:GB/T 19001—1994 idt ISO 9001:1994
有效期:2000.10.13～2003.10.12

航空工业部工艺研究所景州V型轮制造厂
地址:河北景县景州景安西大街31号
邮政编码:053500
证书注册编号:0500B0327
体系认证标准:GB/T 19002—1994 idt ISO 9002:1994
有效期:2000.10.13～2003.10.12

铜川市第二建筑工程有限责任公司
地址:陕西省铜川市健康路14号
邮政编码:727000
证书注册编号:0500B0328
体系认证标准:GB/T 19002—1994 idt ISO 9002:1994
有效期:2000.10.13～2003.10.12

东营康普家具装饰材料有限公司(东营人造板厂)
地址:山东省东营市东营区南一路1153号
邮政编码:257091
证书注册编号:0500B0329
体系认证标准:GB/T 19002—1994 idt ISO 9002:1994
有效期:2000.10.13～2003.10.12

苏州禾田香料有限公司
地址:江苏吴县市用直镇鸣市路48号
邮政编码:215127
证书注册编号:0500B0333
体系认证标准:GB/T 19002—1994 idt ISO 9002:1994
有效期:2000.10.13～2003.10.12

江苏南极机械有限责任公司(复评)
地址:江苏省泰兴市江平北路31号
邮政编码:225400
证书注册编号:0500B0334
体系认证标准:GB/T 19002—1994 idt ISO 9002:1994
有效期:2000.10.13～2003.10.12

重庆前卫仪表厂(复评)
地址:重庆市江北区大石坝
邮政编码:400021
证书注册编号:0500B0335
体系认证标准:GB/T 19002—1994 idt ISO 9002:1994
有效期:2000.10.13～2003.10.12

航空工业部工艺研究所景州V型轮制造厂
地址:河北景县景州景安西大街31号
邮政编码:053500
证书注册编号:0500BQ326
体系认证标准:GB/T 19002—1994 idt ISO 9002:1994
QS—9000:1998第三版
有效期:2000.10.13～2003.10.12

汉口电力设备厂(复评)
地址:湖北省武汉市桥口经济发展区丰茂路2号
邮政编码:430035
证书注册编号:0500A0338
体系认证标准:GB/T 19001—1994 idt ISO 9001:1994
有效期:2000.10.19～2003.10.18

浙江瑞星化油器制造有限公司
地址:浙江省瑞安市塘下镇韩田凤凰西路78号
邮政编码:325204
证书注册编号:0500A0343
体系认证标准:GB/T 19001—1994 idt ISO 9001:1994
有效期:2000.10.19～2003.10.18

哈尔滨世通电器工程有限公司
地址:黑龙江省阿城市西城新区
邮政编码:150300
证书注册编号:0500A0344
体系认证标准:GB/T 19001—1994 idt ISO 9001:1994
有效期:2000.10.19～2003.10.18

潍坊市坊子蒙潍钢瓶有限责任公司
地址:山东省潍坊市坊子埠头镇埠中路8号
邮政编码:261207
证书注册编号:0500B0339
体系认证标准:GB/T 19002—1994 idt ISO 9002:1994
有效期:2000.10.19～2003.10.18

宜兴市华盛机械制造有限公司
地址:江苏省宜兴市南新镇得胜路6号
邮政编码:214215
证书注册编号:0500B0340
体系认证标准:GB/T 19002—1994 idt ISO 9002:1994
有效期:2000.10.19～2003.10.18

浙江银龙机车部件有限公司
地址:浙江省瑞安市塘下镇凤凰西路51—55号
邮政编码:325204
证书注册编号:0500B0341
体系认证标准:GB/T 19002—1994 idt ISO 9002:1994
有效期:2000.10.19～2003.10.18

哈尔滨三普轴承制造有限公司
地址:黑龙江省哈尔滨市南岗区哈平路140号
邮政编码:150040
证书注册编号:0500B0342
体系认证标准:GB/T 19002—1994 idt ISO 9002:1994
有效期:2000.10.19～2003.10.18

哈尔滨世通电器工程有限公司
地址:黑龙江省阿城市西城新区
邮政编码:150300
证书注册编号:0500B0345
体系认证标准:GB/T 19002—1994 idt ISO 9002:1994
有效期:2000.10.19～2003.10.18

宜兴市华宇水工环保厂
地址:江苏省宜兴市高塍镇沈家村
邮政编码:214214
证书注册编号:0500B0346
体系认证标准:GB/T 19002—1994 idt ISO 9002:1994
有效期:2000.10.19～2003.10.18

青岛邮电规划设计院有限责任公司
地址:山东省青岛市香港中路56号金光大厦
邮政编码:266071
证书注册编号:0500A0347
体系认证标准:GB/T 19001—1994 idt ISO 9001:1994
有效期:2000.10.26～2003.10.25

哈尔滨市利民橡胶厂
地址:黑龙江省哈尔滨市平房区南厂街副1号
邮政编码:150066
证书注册编号:0500A0355
体系认证标准:GB/T 19001—1994 idt ISO 9001:1994
有效期:2000.10.26～2003.10.25

中国电波传播研究所(复评)
地址:河南省新乡市荣校路34号和山东省青岛市青大一路19号
邮政编码:266071
证书注册编号:0500A0359
体系认证标准:GB/T 19001—1994 idt ISO 9001:1994
有效期:2000.10.26～2003.10.25

咸阳建材化工厂(咸阳建材化工厂西安外加剂厂)
地址:陕西省咸阳市毕塬路18号(分厂:陕西省西安市大兴东路16号)
邮政编码:712000,710016
证书注册编号:0500B0348
体系认证标准:GB/T 19002—1994 idt ISO 9002:1994
有效期:2000.10.26～2003.10.25

新乡市万里铁路器材制造有限公司
地址:河南省新乡市健康路28号
邮政编码:453000
证书注册编号:0500B0349
体系认证标准:GB/T 19002—1994 idt ISO 9002:1994
有效期:2000.10.26～2003.10.25

宁波金丰磁材有限公司
地址:浙江省宁波市鄞县下应镇联心村(生产地点:浙江省宁波市经济技术开发区联合区域G16小区)
邮政编码:315105
证书注册编号:0500B0350
体系认证标准:GB/T 19002—1994 idt ISO 9002:1994
有效期:2000.10.26～2003.10.25

鄞县银球电子原件厂
地址:浙江省宁波市鄞县下应镇联心村25号(生产地点:浙江省宁波市小港梅墟开发区G16小区)
邮政编码:315105
证书注册编号:0500B0351
体系认证标准:GB/T 19002—1994 idt ISO 9002:1994
有效期:2000.10.26～2003.10.25

鄞县八达磁性材料厂
地址:浙江省宁波市鄞县下应镇联心村3号
(生产地点:天津经济技术开发区第四大街29号)
邮政编码:315105
证书注册编号:0500B0352
体系认证标准:GB/T 19002—1994 idt ISO 9002:1994
有效期:2000.10.26～2003.10.25

锡山市港下减震器厂
地址:江苏省锡山市港下镇
邮政编码:214199
证书注册编号:0500B0353
体系认证标准:GB/T 19002—1994 idt ISO 9002:1994
有效期:2000.10.26～2003.10.25

锡山市杨市变压器厂
地址:江苏锡山市杨市镇环镇北路2号
邮政编码:214154
证书注册编号:0500B0354
体系认证标准:GB/T 19002—1994 idt ISO 9002:1994
有效期:2000.10.26～2003.10.25

东营市华泰橡胶有限公司
地址:山东省东营市广饶县稻庄镇西水工业区
邮政编码:257336
证书注册编号:0500B0356

体系认证标准:GB/T 19002—1994 idt ISO 9002:1994
有效期:2000.10.26～2003.10.25

丹阳市日月漆业有限公司
地址:江苏省丹阳市运河镇
邮政编码:212352
证书注册编号:0500B0357
体系认证标准:GB/T 19002—1994 idt ISO 9002:1994
有效期:2000.10.26～2003.10.25

宜兴市建筑设备厂
地址:江苏省宜兴市高塍镇中呑路2号
邮政编码:214214
证书注册编号:0500B0358
体系认证标准:GB/T 19002—1994 idt ISO 9002:1994
有效期:2000.10.26～2003.10.25

一、证书范围扩大、缩小,企业更名

北京科锐配电自动化技术有限公司
地址:北京市海淀区上地信息产业基地四街一号
邮政编码:100085
证书注册编号:0599A0176
体系认证标准:GB/T 19001—1994 idt ISO 9001:1994
有效期:1999.9.27～2002.9.27

沈阳科金新材料开发总公司
地址:辽宁沈阳市东陵区文萃路91号
邮政编码:110015
证书注册编号:0599A0181
体系认证标准:GB/T 19001—1994 idt ISO 9001:1994
有效期:1999.9.28～2002.9.27

沈阳科金新材料开发总公司
地址:辽宁沈阳市东陵区文萃路91号
邮政编码:110015
证书注册编号:0599B0182
体系认证标准:GB/T 19002—1994 idt ISO 9002:1994
有效期:1999.9.28～2002.9.27

陕西华经微电子有限公司
地址:陕西西安市电子城电子西街3号
邮政编码:710065
证书注册编号:0599A0166
体系认证标准:GB/T 19001—1994 idt ISO 9001:1994
有效期:1999.9.10～2002.9.9

贵州平水机械有限责任公司
地址:贵州省平坝县
邮政编码:561104
证书注册编号:0598A0333
体系认证标准:GB/T 19001—1994 idt ISO 9001:1994
有效期:1998.11.24～2001.11.23

二、撤销、注销企业

包头阀门总厂(撤销)
地址:内蒙古包头市昆区民族西路
邮政编码:014010
证书注册编号:0599B0104
体系认证标准:GB/T 19002—1994 idt ISO 9002:1994
有效期:1999.6.3～2002.6.2

北京兴华机械厂(注销)
地址:北京市海淀区永定路52号
邮政编码:100854
证书注册编号:0598A324
体系认证标准:GB/T 19001—1994 idt ISO 9001:1994
有效期:1998.10.14～2001.10.13

中国船舶工业第七〇八研究所(注销)
地址:上海市西藏南路1688号
邮政编码:200011
证书注册编号:0598A224
体系认证标准:GB/T 19001—1994 idt ISO 9001:1994
有效期:1998.1.22～2001.1.21

北京松下电子部品有限公司(注销)
地址:北京市朝阳区东湖渠甲3号
邮政编码:100015
证书注册编号:0598B016
体系认证标准:GB/T 19002—1994 idt ISO 9002:1994
有效期:1998.10.17～2001.10.16

上海飞机液压件有限公司(复评)
地址:上海市徐汇区宛平南路底百步桥
邮政编码:200232
证书注册编号:0500B0360
体系认证标准:GB/T 19002—1994 idt ISO 9002:1994
有效期:2000.11.5～2003.11.4

江西江州造船厂
地址:江西省瑞昌市938信箱
邮政编码:332208
证书注册编号:0500B0361
体系认证标准:GB/T 19002—1994 idt ISO 9002:1994
有效期:2000.11.1～2003.10.31

山东铝业股份有限公司
地址:山东淄博市张店区五公里路1号
邮政编码:255052
证书注册编号:0500A0362
体系认证标准:GB/T 19001—1994 idt ISO 9001:1994
有效期:2000.11.1～2003.10.31

沈阳北方商用技术设备股份有限公司
地址:辽宁省沈阳市和平南大街2号东宇大厦12楼
邮政编码:110001
证书注册编号:0500B0364
体系认证标准:GB/T 19002—1994 idt ISO 9002:1994
有效期:2000.11.1～2003.10.31

重庆川仪电能表制造有限公司
地址:重庆市南岸区南坪四小区金子村1号
邮政编码:400060
证书注册编号:0500A0365
体系认证标准:GB/T 19001—1994 idt ISO 9001:1994
有效期:2000.11.6～2003.11.5

沈阳铝型材工业有限公司
地址:辽宁省沈阳市新城子区兴隆台镇
邮政编码:110133
证书注册编号:0500B0367
体系认证标准:GB/T 19002—1994 idt ISO 9002:1994
有效期:2000.11.6～2003.11.5

淄博蓄电池厂(复评)
地址:山东省淄博市张店区
邮政编码:255056
证书注册编号:0500A0368
体系认证标准:GB/T 19001—1994 idt ISO 9001:1994
有效期:2000.11.5～2003.11.4

泰兴市兆胜空调有限公司(复评)
地址:江苏省泰兴市通江路18—28号
邮政编码:225441

证书注册编号:0500B0369
体系认证标准:GB/T 19002—1994 idt ISO 9002:1994
有效期:2000.11.5～2003.11.4

***湖北省齐星汽车车身股份有限公司**
地址:湖北省随州市烈山大道2号
邮政编码:441300
电话:(07202)3262757
传真:(07202)3262673
法定代表人:徐德
证书注册编号:0500A0370
体系认证标准:GB/T 19001—1994 idt ISO 9001:1994
获证体系覆盖产品:中型系列驾驶室总成:QXPW2(QXW2S、QXPW3、QXPW3S、QXPW3C);重型系列驾驶室总成:QXPW4(QXPW4A、QXPW4C、QXPW4Z);特种型系列驾驶室总成:QXPST、ZXTJ2000和设计、开发、生产和服务
有效期:2000.11.6～2003.11.5

重庆平山泰凯化油器有限公司
地址:重庆市巴南区渔洞镇
邮政编码:401321
证书注册编号:0500B0371
体系认证标准:GB/T 19002—1994 idt ISO 9002:1994
有效期:2000.11.6～2003.11.5

榆林第二路桥建筑工程公司
地址:陕西榆林市是郡北路登峰巷1号
邮政编码:719000
证书注册编号:0500B0372
体系认证标准:GB/T 19002—1994 idt ISO 9002:1994
有效期:2000.11.6～2003.11.5

***南京长山化工有限责任公司**
地址:江苏省南京市江宁县上坊镇十里长山
邮政编码:211103
电话:(025)2701683
传真:(025)2701686
法定代表人:宋全平
证书注册编号:0500B0373
体系认证标准:GB/T 19002—1994 idt ISO 9002:1994
获证体系覆盖产品:2号岩石粉状铵梯炸药、岩石乳化炸药和铵沥蜡炸药的生产和服务
有效期:2000.11.6～2003.11.5

***上海江明铸件喷洗厂**
地址:上海市南汇县康沈公路201号
邮政编码:201316
电话:(021)58120043
传真:(021)58120043
法定代表人:陆辉明
证书注册编号:0500B0395
体系认证标准:GB/T 19002—1994 idt ISO 9002:1994
获证体系覆盖产品:汽车铸、锻件毛坯的粗加工和服务
有效期:2000.11.15～2003.11.14

***长春设备工艺研究所**
地址:吉林长春市朝阳区湖光路30号
邮政编码:130012
电话:(0431)5514700—3103
传真:(0431)5512367
法定代表人:王鲁
证书注册编号:0500A0415
体系认证标准:GB/T 19001—1994 idt ISO 9001:1994
获证体系覆盖产品:内循环平移式计算机控制立体仓库,双工位曲轴砂带抛光机,自动定尺板材横切机组,弹体加工专用数控机床,发动机连杆测量仪,针阀体座面研磨机,旋压力小于700KN旋压机和CH—85柔性制造系统等非标设备的设计、开发、组装、调试和服务
有效期:2000.12.1～2003.11.30

河北燕兴机械厂
地址:河北省张家口市马路东西街四号
邮政编码:075041
证书注册编号:0500A0418
体系认证标准:GB/T 19001—1994 idt ISO 9001:1994
有效期:2000.12.1～2003.11.30

***北京市华能电子仪器厂**
地址:北京市宣武区广安门南街2号
邮政编码:100053
电话:(010)63546264
传真:(010)63542820
法定代表人:单晓庄
证书注册编号:0500A0419
体系认证标准:GB/T 19001—1994 idt ISO 9001:1994
获证体系覆盖产品:TCY型通信车载电源系列产品的设计、开发、生产和服务
有效期:2000.12.1～2003.11.30

济南迅普精工办公设备有限公司
地址:山东省济南市华阳路开发区孵化基地F座
邮政编码:250100
证书注册编号:0500B0411
体系认证标准:GB/T 19002—1994 idt ISO 9002:1994
有效期:2000.12.1～2003.11.30

哈尔滨市油管厂
地址:黑龙江省哈尔滨市香坊区公滨路360号
邮政编码:150030
证书注册编号:0500B0412
体系认证标准:GB/T 19002—1994 idt ISO 9002:1994
有效期:2000.12.1～2003.11.30

潞安矿务局机电修配厂
地址:山西省襄垣县后堡镇
邮政编码:046204
证书注册编号:0500B0413
体系认证标准:GB/T 19002—1994 idt ISO 9002:1994
有效期:2000.12.1～2003.11.30

常州市震华电力工程有限公司
地址:江苏省常州市新区高新技术园6号楼607室
邮政编码:213011
证书注册编号:0500B0414
体系认证标准:GB/T 19002—1994 idt ISO 9002:1994
有效期:2000.12.1～2003.11.30

武汉市江南锚链有限责任公司(武汉江南锚链厂)
地址:湖北省武汉市江夏区纸纺大街91号
邮政编码:430200
证书注册编号:0500B0416
体系认证标准:GB/T 19002—1994 idt ISO 9002:1994
有效期:2000.12.1～2003.11.30

上海金星泵业制造公司
地址:上海市中山北路1080号16楼

邮政编码:200070
证书注册编号:0500B0417
体系认证标准:GB/T 19002—1994 idt ISO 9002:1994
有效期:2000.12.1~2003.11.30

河南红阳机械厂
地址:河南省南召县
邮政编码:474678
证书注册编号:0500B0421
体系认证标准:GB/T 19002—1994 idt ISO 9002:1994
有效期:2000.12.1~2003.11.30

宜兴市凌志环保有限公司
地址:江苏省宜兴市和桥镇南新东路
邮政编码:214215
证书注册编号:0500B0426
体系认证标准:GB/T 19002—1994 idt ISO 9002:1994
有效期:2000.12.7~2003.12.6

中国人民解放军37502部队9012厂
地址:浙江省舟山市定海小洋岙
邮政编码:316000
证书注册编号:0500B0427
体系认证标准:GB/T 19002—1994 idt ISO 9002:1994
有效期:2000.12.7~2003.12.6

沧州市华北商厦集团有限公司
地址:河北省沧州市新华中路
邮政编码:061001
证书注册编号:0500B0428
体系认证标准:GB/T 19002—1994 idt ISO 9002:1994
有效期:2000.12.7~2003.12.6

哈尔滨大德实业有限公司
地址:黑龙江省哈尔滨市南岗区昆仑商城康顺街16号
邮政编码:150090
证书注册编号:0500A0430
体系认证标准:GB/T 19001—1994 idt ISO 9001:1994
有效期:2000.12.14~2003.12.13

***中国科学院金属研究所**
地址:辽宁沈阳市沈河区文化路72号
邮政编码:110015
电话:(024)23843531
传真:(024)23891320
法定代表人:叶恒强
证书注册编号:0500A0431
体系认证标准:GB/T 19001—1994 idt ISO 9001:1994
获证体系覆盖产品:高温、高强、耐蚀合金(含钛、钛合金)结构材料;特种环境用材料及制品;高性能金属基与非金属基复合材料及制品;无机非金属材料及制品;防护涂层;快凝非晶、微晶材料(钎焊料、涂层材料);功能材料的设计、开发、生产和服务
有效期:2000.12.14~2003.12.13

***中国科学院金属研究所**
地址:辽宁沈阳市沈河区文化路72号
邮政编码:110015
电话:(024)23843531
传真:(024)23891320
法定代表人:叶恒强
证书注册编号:0500B0432
体系认证标准:GB/T 19002—1994 idt ISO 9002:1994
获证体系覆盖产品:母合金、精密管材、铝合金挤压铸造件、耐蚀管路配件及调压装置的生产和服务
有效期:2000.12.14~2003.12.13

旅顺星光机械厂
地址:辽宁省大连市旅顺口区长江路156号
邮政编码:116041
证书注册编号:0500A0435
体系认证标准:GB/T 19001—1994 idt ISO 9001:1994
有效期:2000.12.14~2003.12.13

***中国航天机电集团公司第二研究院第二〇三研究所**
地址:北京市海淀区永定路52号
邮政编码:100854
电话:(010)68385481
传真:(010)68385470
法定代表人:宋素秀
证书注册编号:0500A0439
体系认证标准:GB/T 19001—1994 idt ISO 9001:1994
获证体系覆盖产品:频率综合器及接收机、石英晶体元器件、射频同轴连接器转接器和HT系列万能单向电源插座的设计、开发、生产和服务
有效期:2000.12.14~2003.12.13

四川长江起重机有限责任公司
地址:四川省泸州市茜草坝
邮政编码:646006
证书注册编号:0500A0440
体系认证标准:GB/T 19001—1994 idt ISO 9001:1994
有效期:2000.12.14~2003.12.13

湖北沙鸥通信股份有限公司
地址:湖北荆州市江津西路287号
邮政编码:434007
证书注册编号:0500A0442
体系认证标准:GB/T 19001—1994 idt ISO 9001:1994
有效期:2000.12.14~2003.12.13

汨罗市轧钢机械厂
地址:湖南省汨罗市劳动南路46号
邮政编码:414400
证书注册编号:0500B0433
体系认证标准:GB/T 19002—1994 idt ISO 9002:1994
有效期:2000.12.14~2003.12.13

锡山市宏达汽车减震器有限公司
地址:江苏省锡山市东北塘镇朱巷村
邮政编码:214191
证书注册编号:0500B0434
体系认证标准:GB/T 19002—1994 idt ISO 9002:1994
有效期:2000.12.14~2003.12.13

锡山市鸿祥铝业有限公司
地址:江苏锡山市鸿声镇鸿后公路中段
邮政编码:214115
证书注册编号:0500B0436
体系认证标准:GB/T 19002—1994 idt ISO 9002:1994
有效期:2000.12.14~2003.12.13

舟山市普陀区龙山船厂
地址:浙江省舟山市普陀区蚊头镇龙山沙岙
邮政编码:316131
证书注册编号:0500B0437
体系认证标准:GB/T 19002—1994 idt ISO 9002:1994
有效期:2000.12.14~2003.12.13

宜兴市江南中水设备厂

地址:江苏宜兴市高塍镇中心路132号
邮政编码:214214
证书注册编号:0500B0438
体系认证标准:GB/T 19002—1994 idt ISO 9002:1994
有效期:2000.12.14~2003.12.13

国营第七八九厂
(西南计算机工业公司)
地址:重庆市南岸区南坪西路1号
邮政编码:400060
证书注册编号:0500B0441
体系认证标准:GB/T 19002—1994 idt ISO 9002:1994
有效期:2000.12.14~2003.12.13

北京和乔物业管理有限公司
地址:北京市朝阳区光华路甲8号
邮政编码:100026
证书注册编号:0500A0450
体系认证标准:GB/T 19001—1994 idt ISO 9001:1994
有效期:2000.12.18~2003.12.17

北京玻璃钢研究设计院
(北京二五一厂)
地址:北京市延庆县康庄镇
邮政编码:102101
证书注册编号:0500A0451
体系认证标准:GB/T 19001—1994 idt ISO 9001:1994
有效期:2000.12.18~2003.12.17

丹江口水利枢纽管理局碳化硅总厂
地址:湖北省丹江口市大坝一路110号
邮政编码:442700
证书注册编号:0500B0449
体系认证标准:GB/T 19002—1994 idt ISO 9002:1994
有效期:2000.12.18~2003.12.17

北京玻璃钢研究设计院
(北京二五一厂)
地址:北京市延庆县康庄镇
邮政编码:102101
证书注册编号:0500B0452
体系认证标准:GB/T 19002—1994 idt ISO 9002:1994
有效期:2000.12.18~2003.12.17

江西联创光电科技股份有限公司华声分公司(国营第八三四厂)(复评)
地址:江西省吉安市井冈山大道207号
邮政编码:343005
证书注册编号:0500A0420
体系认证标准:GB/T 19001—1994 idt ISO 9001:1994
有效期:2000.12.19~2003.12.18

中国船舶重工集团公司第七研究院第七一一研究所(复评)
地址:上海市南江路18号
邮政编码:200011
证书注册编号:0500A0422
体系认证标准:GB/T 19001—1994 idt ISO 9001:1994
有效期:2000.12.19~2003.12.18

江汉石油管理局第三机械厂(复评)
地址:湖北省天门市龙尾山
邮政编码:431734
证书注册编号:0500A0425
体系认证标准:GB/T 19001—1994 idt ISO 9001:1994
有效期:2000.12.19~2003.12.18

中国船舶重工集团公司第七研究院第七一一研究所(复评)
地址:上海市南江路18号
邮政编码:200011
证书注册编号:0500B0423
体系认证标准:GB/T 19002—1994 idt ISO 9002:1994
有效期:2000.12.19~2003.12.18

云南电力线路器材厂(复评)
地址:云南省昆明市新闻路493号
邮政编码:650032
证书注册编号:0500B0424
体系认证标准:GB/T 19002—1994 idt ISO 9002:1994
有效期:2000.12.19~2003.12.18

国营武汉船用机械厂(复评)
地址:湖北省武汉市青山区武东街九号
邮政编码:430084
证书注册编号:0500B0429
体系认证标准:GB/T 19002—1994 idt ISO 9002:1994
有效期:2000.12.19~2003.12.18

苏州市东仪自控设备有限公司
地址:江苏省苏州市木渎镇东街103号
邮政编码:215101
证书注册编号:0500B0453
体系认证标准:GB/T 19002—1994 idt ISO 9002:1994
有效期:2000.12.20~2003.12.19

沈阳新松机器人自动化股份有限公司
地址:辽宁沈阳市东陵区南塔街114号
邮政编码:110015
证书注册编号:0500A0455
体系认证标准:GB/T 19001—1994 idt ISO 9001:1994
有效期:2000.12.22~2003.12.21

南京电信规划设计所
地址:江苏省南京市云南路1号
邮政编码:210008
证书注册编号:0500A0456
体系认证标准:GB/T 19001—1994 idt ISO 9001:1994
有效期:2000.12.22~2003.12.21

山西泰力通信设备有限公司
地址:山西省太原市学府西街378号
邮政编码:030006
证书注册编号:0500A0457
体系认证标准:GB/T 19001—1994 idt ISO 9001:1994
有效期:2000.12.22~2003.12.21

山东格致热工股份有限公司
地址:山东省济南市段店南路腊山路18号
邮政编码:250022
证书注册编号:0500A0459
体系认证标准:GB/T 19001—1994 idt ISO 9001:1994
有效期:2000.12.22~2003.12.21

北京昌平机车车辆机械厂
地址:北京市昌平区昌平火车站西
邮政编码:102249
证书注册编号:0500A0461
体系认证标准:GB/T 19001—1994 idt ISO 9001:1994
有效期:2000.12.22~2003.12.21

山西泰力通信设备有限公司
地址:山西省太原市学府西街378号
邮政编码:030006
证书注册编号:0500B0458
体系认证标准:GB/T 19002—1994 idt ISO 9002:1994

有效期:2000.12.22～2003.12.21

舟山百家坊居饰制衣有限公司
地址:浙江省舟山市环城东路155#
邮政编码:316000
证书注册编号:0500B0460
体系认证标准:GB/T 19002—1994 idt ISO 9002:1994
有效期:2000.12.22～2003.12.21

北京昌平机车车辆机械厂
地址:北京市昌平区昌平火车站西
邮政编码:102249
证书注册编号:0500B0462
体系认证标准:GB/T 19002—1994 idt ISO 9002:1994
有效期:2000.12.22～2003.12.21

温州梅林正广和明胶有限公司
地址:浙江省温州市平阳县鳌江镇江口路188号
邮政编码:325401
证书注册编号:0500B0463
体系认证标准:GB/T 19002—1994 idt ISO 9002:1994
有效期:2000.12.22～2003.12.21

保定凯宇电器有限公司
地址:河北省保定市百花路180号
邮政编码:071051
证书注册编号:0500B0464
体系认证标准:GB/T 19002—1994 idt ISO 9002:1994
有效期:2000.12.22～2003.12.21

北京卫星制造厂(复评)
地址:北京市海淀区知春路63号
邮政编码:100080
证书注册编号:0500A0443
体系认证标准:GB/T 19001—1994 idt ISO 9001:1994
有效期:2000.12.25～2003.12.24

航天医学工程研究所(复评)
地址:北京市海淀区圆明园西路1号
邮政编码:100094
证书注册编号:0500A0447
体系认证标准:GB/T 19001—1994 idt ISO 9001:1994
有效期:2000.12.25～2003.12.24

中国航天机电集团公司第三研究院第八三五七研究所(复评)
地址:天津市河北区黄纬路69号
邮政编码:300141
证书注册编号:0500A0448
体系认证标准:GB/T 19001—1994 idt ISO 9001:1994
有效期:2000.12.25～2003.12.24

北京华瑞达测控技术有限责任公司(中国船舶重工集团公司测控技术部)
地址:北京市海淀区花园路1号塔院写字楼
邮政编码:100083
证书注册编号:0500A0470
体系认证标准:GB/T 19001—1994 idt ISO 9001:1994
有效期:2000.12.25～2003.12.24

西安海天天线科技股份有限公司
地址:陕西省西安市高新开发西区甘家寨东
邮政编码:710065
证书注册编号:0500A0471
体系认证标准:GB/T 19001—1994 idt ISO 9001:1994
有效期:2000.12.25～2003.12.24

中国船舶重工集团公司第七研究院第七二五研究所(洛阳船舶材料研究所)(复评)
地址:河南洛阳市涧西区西苑路21号
邮政编码:471039
证书注册编号:0500A0473
体系认证标准:GB/T 19001—1994 idt ISO 9001:1994
有效期:2000.12.25～2003.12.24

沈阳航达机载设备公司(复评)
地址:辽宁省沈阳市黄河北大街52号
邮政编码:110034
证书注册编号:0500A0479
体系认证标准:GB/T 19001—1994 idt ISO 9001:1994
有效期:2000.12.25～2003.12.24

北京卫星制造厂(复评)
地址:北京市海淀区知春路63号
邮政编码:100080
证书注册编号:0500B0444
体系认证标准:GB/T 19002—1994 idt ISO 9002:1994
有效期:2000.12.25～2003.12.24

北京东风机车电器厂
地址:北京丰台区长辛店光明里80号
邮政编码:100072
证书注册编号:0500B0454
体系认证标准:GB/T 19002—1994 idt ISO 9002:1994
有效期:2000.12.25～2003.12.24

景德镇航空锻铸公司
地址:江西省景德镇市昌江区鲇鱼山
邮政编码:333039
证书注册编号:0500B0467
体系认证标准:GB/T 19002—1994 idt ISO 9002:1994
有效期:2000.12.25～2003.12.24

湖北南星化工总厂
地址:湖北省枝江市姚家港镇
邮政编码:443200
证书注册编号:0500B0468
体系认证标准:GB/T 19002—1994 idt ISO 9002:1994
有效期:2000.12.25～2003.12.24

河北省徐水县天力吊索具有限公司
地址:河北省徐水县裕丰东路岳家营村
邮政编码:072550
证书注册编号:0500B0469
体系认证标准:GB/T 19002—1994 idt ISO 9002:1994
有效期:2000.12.25～2003.12.24

常州市洪福砂轮厂
地址:江苏省常州市三井乡洪福村
邮政编码:213222
证书注册编号:0500B0487
体系认证标准:GB/T 19002—1994 idt ISO 9002:1994
有效期:2000.12.25～2003.12.24

***常州市科信燃气设备有限公司**
地址:江苏省常州市东南经济开发区
邮政编码:213018
电话:(0519)8811088
传真:(0519)8812568
法定代表人:金国平
证书注册编号:0500B0474
体系认证标准:GB/T 19002—1994 idt ISO 9002:1994
获证体系覆盖产品:燃气调压站系列产品和燃气过滤器的生产和服务
有效期:2000.12.26～2003.12.25

宜兴市炉顶密封工程公司
地址:江苏省宜兴市张泽镇
邮政编码:214225
证书注册编号:0500B0478
体系认证标准:GB/T 19002—1994 idt ISO 9002:1994
有效期:2000.12.26～2003.12.25

北京邮政规划设计院
地址:北京西城区阜城门北大街邮政局
邮政编码:100037
证书注册编号:0500A0476
体系认证标准:GB/T 19001—1994 idt ISO 9001:1994
有效期:2000.12.28～2003.12.27

福建省福发股份有限公司(复评)
地址:福建省福州市工业路223号
邮政编码:350004
证书注册编号:0500A0477
体系认证标准:GB/T 19001—1994 idt ISO 9001:1994
有效期:2000.12.28～2003.12.27

***苏州沙特卡铸造有限公司**
地址:江苏省苏州市西园路37号
邮政编码:215008
电话:(0512)5336920
传真:(0512)5332465
法定代表人:刘兴华
证书注册编号:0500B0465
体系认证标准:GB/T 19002—1994 idt ISO 9002:1994
获证体系覆盖产品:15吨以下的各类灰口铸铁件、球墨铸铁件的生产和服务
有效期:2000.12.28～2003.12.14

河津市津津试验化工厂
地址:山西省河津市吴家关
邮政编码:043300
证书注册编号:0500B0475
体系认证标准:GB/T 19002—1994 idt ISO 9002:1994
有效期:2000.12.28～2003.12.27

溧阳市矿山化工材料厂
地址:江苏省溧城镇西郊七里岗
邮政编码:213300
证书注册编号:0500B0481
体系认证标准:GB/T 19002—1994 idt ISO 9002:1994
有效期:2000.12.28～2003.12.27

国营云南燃料一厂
地址:云南省陆良县芳华镇
邮政编码:655613
证书注册编号:0500B0482
体系认证标准:GB/T 19002—1994 idt ISO 9002:1994
有效期:2000.12.28～2003.12.27

***苏州铸件厂**
地址:江苏省苏州市西园路37号
邮政编码:215008
电话:(0512)5310147
传真:(0512)7231461
法定代表人:陈锦魁
证书注册编号:0500B0485
体系认证标准:GB/T 19002—1994 idt ISO 9002:1994
获证体系覆盖产品:3吨以下的各类灰口铸铁件、球墨铸铁件的生产和服务
有效期:2000.12.28～2003.12.14

河南中南机械厂
地址:河南省方城县101信箱
邮政编码:473264
证书注册编号:0500B0486
体系认证标准:GB/T 19002—1994 idt ISO 9002:1994
有效期:2000.12.28～2003.12.27

北京起重机器厂(复评)
地址:北京市广渠门外大街31号
邮政编码:100022
证书注册编号:0500A0446
体系认证标准:GB/T 19001—1994 idt ISO 9001:1994
有效期:2000.12.29～2003.12.28

中国航天机电集团第三研究院第三十三研究所(复评)
地址:北京市丰台区云岗
邮政编码:100074
证书注册编号:0500A0466
体系认证标准:GB/T 19001—1994 idt ISO 9001:1994
有效期:2000.12.29～2003.12.28

陕西燎原航空机械制造公司(复评)
地址:陕西省洋县倪家乡
邮政编码:723313
证书注册编号:0500A0480
体系认证标准:GB/T 19001—1994 idt ISO 9001:1994
有效期:2000.12.29～2003.12.28

山西新华化工厂(复评)
地址:山西省太原市新兰路33号
邮政编码:030008
证书注册编号:0500A0483
体系认证标准:GB/T 19001—1994 idt ISO 9001:1994
有效期:2000.12.29～2003.12.28

山西新华化工厂(复评)
地址:山西省太原市新兰路33号
邮政编码:030008
证书注册编号:0500B0484
体系认证标准:GB/T 19002—1994 idt ISO 9002:1994
有效期:2000.12.29～2003.12.28

贵阳航空电机有限公司(复评)
地址:贵州省贵阳市小河黄河路1号
邮政编码:550009
证书注册编号:0500A0445
体系认证标准:GB/T 19001—1994 idt ISO 9001:1994
有效期:2000.12.31～2003.12.30

云南昆船第一机械有限责任公司(复评)
地址:云南省昆明市东郊昆船工业区
邮政编码:650236
证书注册编号:0500A0472
体系认证标准:GB/T 19001—1994 idt ISO 9001:1994
有效期:2000.12.31～2003.12.30

上海通业汽车零部件装配有限公司
地址:上海浦东新区老杨高路1767号
邮政编码:201206
证书注册编号:0500BQ366
体系认证标准:GB/T19002—1994(idt ISO9002:1994)QS—9000:1998第三版
有效期:2000.11.6～2003.11.5

哈尔滨铁路局减速顶调速系统研究中心(哈尔滨铁路局电子计算技术中心)
地址:黑龙江省哈尔滨市南岗区邮政街339号
邮政编码:150006
证书注册编号:0500A0374

体系认证标准:GB/T 19001—1994 idt ISO 9001:1994
有效期:2000.11.9～2003.11.8

重庆科源电力有限公司
地址:重庆市九龙坡区石桥铺科源一路渝高大厦12楼
邮政编码:400041
证书注册编号:0500A0377
体系认证标准:GB/T 19001—1994 idt ISO 9001:1994
有效期:2001.11.9～2003.11.8

开滦(集团)有限责任公司钱家营矿业分公司
地址:河北省丰南市钱家营镇
邮政编码:063301
证书注册编号:0500B0375
体系认证标准:GB/T 19002—1994 idt ISO 9002:1994
有效期:2000.11.9～2003.11.8

保定吉达电力有限责任公司
地址:河北省保定市高新技术开发区朝阳北路183号
邮政编码:071051
证书注册编号:0500B0376
体系认证标准:GB/T 19002—1994 idt ISO 9002:1994
有效期:2001.11.9～2003.11.8

黑龙江中超纳米产业股份有限公司
地址:黑龙江省齐齐哈尔市龙沙区南苑路1号
邮政编码:161005
证书注册编号:0500B0378
体系认证标准:GB/T 19002—1994 idt ISO 9002:1994
有效期:2000.11.9～2003.11.8

大庆风华塑胶建筑材料制品有限公司
地址:黑龙江省大庆市红岗区八百垧装建路
邮政编码:163413
证书注册编号:0500B0381
体系认证标准:GB/T 19002—1994 idt ISO 9002:1994
有效期:2000.11.9～2003.11.8

东营市金途轮胎厂
地址:山东省东营市广饶县大王镇迎春路14号
邮政编码:257335
证书注册编号:0500B0382
体系认证标准:GB/T 19002—1994 idt ISO 9002:1994
有效期:2001.11.9～2003.11.8

重庆必扬冰点水有限公司
地址:重庆江北区南桥寺必扬工业园区
邮政编码:400021
证书注册编号:0500B0383
体系认证标准:GB/T 19002—1994 idt ISO 9002:1994
有效期:2000.11.9～2003.11.8

***宜兴市红塔化水设备厂**
地址:江苏省宜兴市城西开发区红塔镇
邮政编码:214201
电话:(0510)7110225
传真:(0510)7119925
法定代表人:毛新国
证书注册编号:0500B0384
体系认证标准:GB/T 19002—1994 idt ISO 9002:1994
获证体系覆盖产品:HCS5T/H—1000T/H 循环水处理设备、HWS5T/H—100T/H 污水处理设备的生产和服务
有效期:2000.11.9～2003.11.8

***吴江电热电器厂**
地址:江苏省吴江市梅堰镇
邮政编码:215225
电话:(0512)3681010
传真:(0512)3681354
法定代表人:徐桂荣
证书注册编号:0500A0388
体系认证标准:GB/T 19001—1994 idt ISO 9001:1994
获证体系覆盖产品:电加热器、温控设备及烘干设备的设计、开发、生产和服务
有效期:2000.11.9～2003.11.8

吴江禾甸焊接设备厂
地址:江苏省吴江市梅堰镇
邮政编码:215225
证书注册编号:0500B0390
体系认证标准:GB/T 19002—1994 idt ISO 9002:1994
有效期:2000.11.9～2003.11.8

唐山松下产业机器有限公司(复评)
地址:河北省唐山市高新技术开发区和新华道
邮政编码:063020
证书注册编号:0500A0379
体系认证标准:GB/T 19001—1994 idt ISO 9001:1994
有效期:2000.11.14～2003.11.13

南通桑普力兰电器实业有限公司(复评)
地址:江苏省南通市人民西路42号
邮政编码:226001
证书注册编号:0500A0380
体系认证标准:GB/T 19001—1994 idt ISO 9001:1994
有效期:2000.11.14～2003.11.13

中国工程物理研究院电子工程研究所
地址:四川省绵阳市绵山路64号
邮政编码:621900
证书注册编号:0500A0392
体系认证标准:GB/T 19001—1994 idt ISO 9001:1994
有效期:2000.11.15～2003.11.14

国营沈阳辽声无线电厂
地址:辽宁沈阳市和平区砂阳路25号
邮政编码:110005
证书注册编号:0500A0393
体系认证标准:GB/T 19001—1994 idt ISO 9001:1994
有效期:2000.11.15～2003.11.14

无锡龙达集佳纺织品有限公司
地址:江苏省无锡市洛社镇中兴西路43号
邮政编码:214187
证书注册编号:0500A0394
体系认证标准:GB/T 19001—1994 idt ISO 9001:1994
有效期:2000.11.15～2003.11.14

西安爱生技术集团公司
地址:陕西省西安市友谊西路127号
邮政编码:710072
证书注册编号:0500A0398
体系认证标准:GB/T 19001—1994 idt ISO 9001:1994
有效期:2000.11.15～2003.11.14

开滦(集团)有限责任公司吕家坨矿业分公司

地址:河北省唐山市古治区吕家坨
邮政编码:063107
证书注册编号:0500B0385
体系认证标准:GB/T 19002—1994 idt ISO 9002:1994
有效期:2000.11.15～2003.11.14

西安市建筑工程总公司
地址:陕西省西安市后宰门20号
邮政编码:710003
证书注册编号:0500B0386
体系认证标准:GB/T 19002—1994 idt ISO 9002:1994
有效期:2000.11.15～2003.11.14

武进市中北滚针轴承厂
地址:江苏武进市马杭镇兴隆街24号
邮政编码:213162
证书注册编号:0500B0403
体系认证标准:GB/T 19002—1994 idt ISO 9002:1994
有效期:2000.11.25～2003.11.24

中国人民解放军第四八一九工厂(海申机电总厂)
地址:浙江省象山西周
邮政编码:315718
证书注册编号:0500B0404
体系认证标准:GB/T19002—1994 idt ISO 9002:1994
有效期:2000.11.25～2003.11.24

常州市东南通信设备有限公司
地址:江苏省常州市小河镇
邮政编码:213138
证书注册编号:0500B0405
体系认证标准:GB/T 19002—1994 idt ISO 9002:1994
有效期:2000.11.25～2003.11.24

***晋城市高都大酒店**
地址:山西省晋城新市东街9号
邮政编码:048000
电话:(0356)2022528
传真:(0356)2027173
法定代表人:刘史明
证书注册编号:0500B0401
体系认证标准:GB/T 19002—1994 idt ISO 9002:1994
获证体系覆盖产品:宾馆(客房、餐饮、商务、商品零售)服务
有效期:2000.11.25～2003.11.24

江苏三峡消防器材厂
地址:江苏省泰州市刁铺镇
邮政编码:225323
证书注册编号:0500B0402
体系认证标准:GB/T 19002—1994 idt ISO 9002:1994
有效期:2000.11.25～2003.11.24

北京航天测控技术开发公司
地址:北京市海淀区阜成路8号
邮政编码:100830
证书注册编号:0500A0400
体系认证标准:GB/T 19001—1994 idt ISO 9001:1994
有效期:2000.11.25～2003.11.24

南京航海仪器厂
地址:江苏省南京市虎踞北路181号
邮政编码:210003
证书注册编号:0500A0410
体系认证标准:GB/T 19001—1994 idt ISO 9001:1994
有效期:2000.11.25～2003.11.24

大连北方氯酸钾厂
地址:辽宁省大连市甘井子区盐岛
邮政编码:116100
证书注册编号:0500B0399
体系认证标准:GB/T 19002—1994 idt ISO 9002:1994
有效期:2000.11.25～2003.11.24

中国船舶重工集团公司第七研究院第七一二研究所(复评)
地址:湖北武汉市洪山区南湖汽校院内
邮政编码:430064
证书注册编号:0500A0409
体系认证标准:GB/T 19001—1994 idt ISO 9001:1994
有效期:2000.11.24～2003.11.23

黑龙江寰岛雄鹰实业有限公司
地址:黑龙江齐齐哈尔市龙沙路183号
邮政编码:161000
证书注册编号:0500B0407
体系认证标准:GB/T 19002—1994 idt ISO 9002:1994
有效期:2000.11.24～2003.11.23

***上海江明铸件喷洗厂**
地址:上海市南汇县康沈公路201号
邮政编码:201316
电话:(021)58120043
法定代表人:陆辉明
证书注册编号:0500B0395
体系认证标准:GB/T 19002—1994 idt ISO 9002:1994
获证体系覆盖产品:汽车铸、锻件毛坯的粗加工和服务
有效期:2000.11.15～2003.11.14

上海三星给排水设备有限公司
地址:上海市沪太路555号11栋5楼
邮政编码:200070
证书注册编号:0500B0396
体系认证标准:GB/T 19002—1994 idt ISO 9002:1994
有效期:2000.11.15～2003.11.14

中原石油勘探局钻井二公司(复评)
地址:河南省濮阳市五一路185号
邮政编码:457001
证书注册编号:0500B0397
体系认证标准:GB/T 19002—1994 idt ISO 9002:1994
有效期:2000.11.15～2003.11.14

嘉兴嘉益精品针织有限公司
地址:浙江省嘉兴市城南路4号桥
邮政编码:314001
证书注册编号:0500B0387
体系认证标准:GB/T 19002—1994 idt ISO 9002:1994
有效期:2000.11.15～2003.11.14

哈尔滨金大塑胶有限公司
地址:黑龙江阿城市通城街大众路2号
邮政编码:150300
证书注册编号:0500B0391
体系认证标准:GB/T 19002—1994 idt ISO 9002:1994
有效期:2000.11.25～2003.11.24

齐齐哈尔雄鹰猎弹有限公司
地址:黑龙江省齐齐哈尔市建华区城乡路中段
邮政编码:161006
证书注册编号:0500B0408
体系认证标准:GB/T 19002—1994 idt ISO 9002:1994
有效期:2000.11.25～2003.11.24

辽宁渤海造船厂
地址:辽宁省葫芦岛市龙港区锦葫路

132号
邮政编码:125004
证书注册编号:0500B0406
体系认证标准:GB/T 19002—1994 idt ISO 9002:1994
有效期:2000.11.30～2003.11.29

北京鑫畅流技术开发有限公司
地址:北京市朝阳区安定路39号长新大厦12层
邮政编码:100081
证书注册编号:0599B0306
体系认证标准:GB/T 19002—1994 idt ISO 9002:1994
有效期:1999.12.30～2002.12.29

浙江森森实业有限公司
地址:浙江省舟山市定海山马岙镇
邮政编码:316015
证书注册编号:0599B0232
体系认证标准:GB/T 19002—1994 idt ISO 9002:1994
有效期:1999.11.17～2002.11.16

苏州朗力福保健品有限公司
地址:江苏省苏州市渭塘
邮政编码:215134
证书注册编号:0599B0125
体系认证标准:GB/T 19002—1994 idt ISO 9002:1994
有效期:1999.7.20～2002.7.19

沈阳飞机工业(集团)有限公司
地址:辽宁省沈阳市皇姑区陵北街一号
邮政编码:110034
证书注册编号:0598A012
体系认证标准:GB/T 19001—1994 idt ISO 9001:1994
有效期:1998.9.18～2001.9.17

＊国营建中化工总公司
地址:四川省宜宾市
邮政编码:644000
电话:(0831)8279911
传真:(0831)8223622
法定代表人:陈宝山
证书注册编号:00JA039
获证体系覆盖产品:锂电池的设计、开发、生产和服务
有效期:2000.4.22～2004.4.21

一、扩大范围企业

湖南华南光电仪器厂
地址:湖南省常德市55号信箱
邮政编码:415105
证书注册编号:0500B0013
有效期:2000.1.13～2003.1.12

＊锡山市东湖机电器材厂
地址:江苏省锡山市东湖塘镇
邮政编码:214196
电话:(0510)8791282
传真:(0510)8791533
法定代表人:何建亚 厂长:蒋士忠
证书注册编号:0501B0007
体系认证标准:GB/T 19002—1994 idt ISO 9002:1994
体系认证标准:各种规格电讯变压器、铁芯
有效期:2001.1.3～2003.12.14

＊中国兵器工业规划研究院电源技术研究所
地址:北京市永外南顶村33号
邮政编码:100075
电话:(010)67210549
传真:(010)87251014
法定代表人:赵金龙
证书注册编号:0501A0014
体系认证标准:GB/T 19001—1994 idt ISO 9001:1994
获证体系覆盖产品:通信电源的设计、开发、生产和服务
有效期:2001.1.3～2003.12.14

＊株洲洗煤厂
地址:湖南省株洲市杉塘路11号
邮政编码:412005
电话:(0733)8350148
传真:(0733)2321339
法定代表人:张德威
证书注册编号:0501B0021
体系认证标准:GB/T 19002—1994 idt ISO 9002:1994
获证体系覆盖产品:冶炼精煤、洁净动力煤、超低灰精煤及水煤浆的生产和服务;选煤机械设备、不锈钢筛网、筛篮、筛管的生产和服务
有效期:2001.1.12～2003.12.14

＊天津光电通信公司
地址:天津市河西区泰山路6号
邮政编码:300211
电话:(022)28309604
传真:(022)28331568
法定代表人:张秉军
证书注册编号:0501A0036
体系认证标准:GB/T 19001—1994 idt ISO 9001:1994
获证体系覆盖产品:干扰机、无线寻呼系统、短波电台应急系统集成、电力负控系统设备、光电通信端机(接入网产品及辅助设备)、传真机的设计、开发、生产和服务
有效期:2001.1.12～2003.12.14

长城(天津)质量保证中心

华北石油华源运车公司阀门厂
地址:河北省任丘市第二钻井工程公司三区院内
证书注册编号:0600B0001
体系认证标准:GB/T 19002—1994 idt ISO 9002:1994
有效期:2000.1.5～2003.1.5

哈尔滨铁路局齐齐哈尔勘测设计院
地址:黑龙江省齐齐哈尔市铁锋区太顺街2号
证书注册编号:0600A0002
体系认证标准:GB/T 19002—1994 idt ISO 9002:1994
有效期:2000.1.5～2003.1.5

四川东长(集团)股份有限公司电声器材厂
地址:四川省绵羊市绵光中路209号
证书注册编号:0600B0003
体系认证标准:GB/T 19002—1994 idt ISO 9002:1994
有效期:2000.1.5～2003.1.5

天津市电力工业局基建工程承包公司
地址:天津市南开区卫津路宁盛里4号楼5门
邮政编码:300381
证书注册编号:0600B0004
体系认证标准:GB/T 19002—1994 idt ISO 9002:1994
有效期:2000.1.6～2003.1.6

四川省交通厅公路规划勘探设计研究院
地址:四川省成都市武侯祠横街1号
证书注册编号:0600A0005
体系认证标准:GB/T 19001—1994 idt ISO 9001:1994
有效期:2000.1.13～2003.1.13

天津三千科技集团有限公司
地址:天津市北辰区科技园区
邮政编码:300402
证书注册编号:0600B0006
体系认证标准:GB/T 19002—1994 idt ISO 9002:1994
有效期:2000.1.13～2003.1.13

天津自强电机电梯部件有限公司
地址:天津市北辰区宜兴埠第二小学南
邮政编码:300402
证书注册编号:0600B0007
体系认证标准:GB/T 19002—1994 idt ISO 9002:1994
有效期:2000.1.13～2003.1.13

天津市电力电子设备公司
地址:天津市红桥区光荣道113号
证书注册编号:0600B0008
体系认证标准:GB/T 19002—1994 idt ISO 9002:1994
有效期:2000.1.13～2003.1.13

天津飞轮有限公司
地址:天津河东区六纬路11号路37号
邮政编码:300170
证书注册编号:0600B0009
体系认证标准:GB/T 19002—1994 idt ISO 9002:1994
有效期:2000.1.13～2003.1.13

天津市北辰区北仓机械阀门厂
地址:天津市北辰区京津公路471号
邮政编码:300400
证书注册编号:0600B0010
体系认证标准:GB/T 19002—1994 idt ISO 9002:1994
有效期:2000.1.13～2003.1.13

青岛铁路分局青岛站
地址:山东省青岛市市北区普集路15号
邮政编码:266012
证书注册编号:0600B0011
体系认证标准:GB/T 19002—1994 idt ISO 9002:1994
有效期:2000.1.18～2003.1.18

温州市防腐装饰工程公司
地址:浙江省温州市尤弯区尤水镇龙永路251号
证书注册编号:0600B0012
体系认证标准:GB/T 19002—1994 idt ISO 9002:1994
有效期:2000.1.18～2003.1.18

河南省济源市阀门总厂
地址:河南省济源市克井镇马寺街
邮政编码:454661
证书注册编号:0600A0013
体系认证标准:GB/T 19001—1994 idt ISO 9001:1994
有效期:2000.1.18～2003.1.18

郑州市第二电缆厂
地址:河南省郑州市高新技术开发区雪松路北段
邮政编码:450001
证书注册编号:0600B0014
体系认证标准:GB/T 19002—1994 idt ISO 9002:1994
有效期:2000.1.18～2003.1.18

天津市津南建筑安装工程总公司
地址:天津市津南区咸水沽镇津沽路39号
邮政编码:300350
证书注册编号:0600B0015
体系认证标准:GB/T 19002—1994 idt ISO 9002:1994
有效期:2000.1.18～2003.1.18

天津市西青区恒兴橡胶制品厂
地址:天津市西青区中北镇谢庄村
证书注册编号:0600B0016
体系认证标准:GB/T 19002—1994 idt ISO 9002:1994
有效期:2000.1.20～2003.1.20

山东潍坊电力设计院
地址:山东省维坊市青年路18号
邮政编码:261011
证书注册编号:0600A0017
体系认证标准:GB/T 19001—1994 idt ISO 9001:1994
有效期:2000.1.20～2003.1.20

包头黄河石化有限责任公司
地址:内蒙古包头市火车站南一公里处
邮政编码:014013
证书注册编号:0600B0018
体系认证标准:GB/T 19002—1994 idt ISO 9002:1994
有效期:2000.1.20～2003.1.20

大庆石油管理局供水公司水文地质勘察设计院
地址:黑龙江省大庆市前进村
证书注册编号:0600A0019
体系认证标准:GB/T 19001—1994 idt ISO 9001:1994
有效期:2000.1.20～2003.1.20

天津五建建筑工程有限公司
地址:天津市塘沽区解放路296号
证书注册编号:0600B0020
体系认证标准:GB/T 19002—1994 idt ISO 9002:1994
有效期:2000.1.20～2003.1.20

山东东营石油化工厂
地址:山东省东营市东营区郝纯路西
邮政编码:257105
证书注册编号:0600B0021
体系认证标准:GB/T 19002—1994 idt ISO 9002:1994
有效期:2000.1.24～2003.1.24

哈尔滨庆缘电工材料股份有限公司
地址:黑龙江省哈尔滨市动力区乐园街178号
邮政编码:163411
证书注册编号:0600A0022
体系认证标准:GB/T 19001—1994 idt ISO 9001:1994
有效期:2000.1.24～2003.1.24

天津市三环电阻有限公司
地址:天津南开区咸水沽镇刘家码头村
邮政编码:300350
证书注册编号:0600B0023
体系认证标准:GB/T 19002—1994 idt ISO 9002:1994
有效期:2000.1.24～2003.1.24

江西省赣良啤酒厂
地址:江西省大余县池江镇
证书注册编号:0600B0024
体系认证标准:GB/T 19002—1994 idt ISO 9002:1994
有效期:2000.1.25～2003.1.25

天津市振华预应力技术开发公司
地址:天津市西青区大寺镇倪黄庄村
邮政编码:300381
证书注册编号:0600B0025
体系认证标准:GB/T 19002—1994 idt ISO 9002:1994
有效期:2000.1.25～2003.1.25

河北省晨阳集团有限公司
地址:河北省徐水县永兴路12号
证书注册编号:0600B0026
体系认证标准:GB/T 19002—1994 idt ISO 9002:1994
有效期:2000.1.25～2003.1.25

大庆红岗区畅通管阀配件厂
地址:黑龙江省大庆市红岗区金杏村
邮政编码:163511
证书注册编号:0600B0027
体系认证标准:GB/T 19002—1994 idt ISO 9002:1994
有效期:2000.1.25～2003.1.25

新乡桥梁工程机械厂
地址:河南省新乡市新延路
邮政编码:453003
证书注册编号:0600B0028
体系认证标准:GB/T 19002—1994 idt ISO 9002:1994
有效期:2000.2.2～2003.2.2

抚顺市工业用布厂
地址:辽宁省抚顺市望花区沈抚公路南线3号
邮政编码:113001
证书注册编号:0600B0029
体系认证标准:GB/T 19002—1994 idt ISO 9002:1994
有效期:2000.2.13～2003.2.13

吉林省电力勘测设计院
地址:吉林省长春市人民大街106号
邮政编码:130022
证书注册编号:0600A0030
体系认证标准:GB/T 19001—1994 idt ISO 9001:1994
有效期:2000.2.13～2003.2.13

阿城市第二水泥厂
地址:黑龙江省阿城市延川北大街
邮政编码:150030
证书注册编号:0600B0031
体系认证标准:GB/T 19002—1994 idt ISO 9002:1994
有效期:2000.2.14～2003.2.14

哈尔滨市第五建筑工程公司
地址:黑龙江省哈尔滨市道里区安达街8号
邮政编码:150016
证书注册编号:0600B0032
体系认证标准:GB/T 19002—1994 idt ISO 9002:1994
有效期:2000.2.14～2003.2.14

九江市第一建筑工程公司
地址:江西省九江市十里大道68号
邮政编码:332000
证书注册编号:0600B0033
体系认证标准:GB/T 19002—1994 idt ISO 9002:1994
有效期:2000.2.14～2003.2.14

天津市骏驰集团有限公司
地址:天津市西青区中北镇西马庄村南
证书注册编号:0600B0034
体系认证标准:GB/T 19002—1994 idt ISO 9002:1994
有效期:2000.2.14～2003.2.14

天津大亚不锈钢制品公司
地址:天津市红桥区丁字沽永明道6号
证书注册编号:0600B0035
体系认证标准:GB/T 19002—1994 idt ISO 9002:1994
有效期:2000.2.14～2003.2.14

大庆市三环钻井工程有限公司
地址:大庆市萨尔图区东风新村经三街
邮政编码:016331
证书注册编号:0600B0036
体系认证标准:GB/T 19002—1994 idt ISO 9002:1994

有效期:2000.2.14～2003.2.14

天津市第二钢丝绳厂分厂
地址:天津市西青区王稳庄镇小孙庄村
证书注册编号:0600B0037
体系认证标准:GB/T 19002－1994 idt ISO 9002:1994
有效期:2000.2.21～2003.2.21

福建省电力勘测设计院
地址:福建省福建市五四路268号
证书注册编号:0600A0038
体系认证标准:GB/T 19001－1994 idt ISO 9001:1994
有效期:2000.2.22～2003.2.22

大庆腾高采油技术开发公司
地址:黑龙江省大庆市开发区高新路
证书注册编号:0600B0039
体系认证标准:GB/T 19002－1994 idt ISO 9002:1994
有效期:2000.2.22～2003.2.22

天津ASP钢管有限公司
地址:天津市静海县蔡公庄镇大屯村
证书注册编号:0600B0040
体系认证标准:GB/T 19002－1994 idt ISO 9002:1994
有效期:2000.2.22～2003.2.22

成都科星电力电器有限公司
证书注册编号:0600B0041
体系认证标准:GB/T 19002－1994 idt ISO 9002:1994
有效期:2000.3.1～2003.3.1

牡丹江市卫生消防设施安装有限公司
证书注册编号:0600B0042
体系认证标准:GB/T 19002－1994 idt ISO 9002:1994
有效期:2000.3.1～2003.3.1

天津市耐酸泵总厂
证书注册编号:0600A0043
体系认证标准:GB/T 19001－1994 idt ISO 9001:1994
有效期:2000.3.6～2003.3.6

天津市夏威汽车配件综合加工厂
证书注册编号:0600B0044
体系认证标准:GB/T 19002－1994 idt ISO 9002:1994
有效期:2000.3.6～2003.3.6

天津市北洋自动化技术有限公司
证书注册编号:0600B0045
体系认证标准:GB/T 19002－1994 idt ISO 9002:1994
有效期:2000.3.6～2003.3.6

天津市宝钢石油管材加工有限公司
证书注册编号:0600B0046
体系认证标准:GB/T 19002－1994 idt ISO 9002:1994
有效期:2000.3.8～2003.3.8

福建省水利水电工程局机电安装工程处/泉州机械厂
证书注册编号:0600B0047
体系认证标准:GB/T 19002－1994 idt ISO 9002:1994
有效期:2000.3.14～2003.3.14

福建省水利水电工程局
证书注册编号:0600B0048
体系认证标准:GB/T 19002－1994 idt ISO 9002:1994
有效期:2000.3.14～2003.3.14

大庆石油管理局钻井生产技术服务公司
证书注册编号:0600B0049
体系认证标准:GB/T 19002－1994 idt ISO 9002:1994
有效期:2000.3.14～2003.3.14

***福建省霞浦县江海水电工程建设有限公司**
地址:福建省霞浦县松城镇龙首路中段6号2层
邮政编码:355100
电话:(0593)8896530 8857199
传真:(0593)8896530
法定代表人:林泽木
证书注册编号:0600B0050
体系认证标准:GB/T 19002－1994 idt ISO 9002:1994
获证体系覆盖产品:工业与民用建筑、水利水电工程、水泥制品、水工金属结构制造与安装工程
有效期:2000.3.14～2003.3.13

太原长城光电子工业公司
证书注册编号:0600B0051
体系认证标准:GB/T 19002－1994 idt ISO 9002:1994
有效期:2000.3.16～2003.3.16

天津市服装十六厂
证书注册编号:0600B0052
体系认证标准:GB/T 19002－1994 idt ISO 9002:1994
有效期:2000.3.17～2003.3.17

哈尔滨市木材干燥设备制造厂
证书注册编号:0600B0053
体系认证标准:GB/T 19002－1994 idt ISO 9002:1994
有效期:2000.3.20～2003.3.20

武汉供电设计院
地址:湖北省武汉市
邮政编码:430033
证书注册编号:0600A0054
体系认证标准:GB/T 19001－1994 idt ISO 9001:1994
有效期:2000.3.22～2003.3.22

吉林汽车工业集团白城市国宏股份有限公司
证书注册编号:0600B0055
体系认证标准:GB/T 19002－1994 idt ISO 9002:1994
有效期:2000.3.28～2003.3.28

大庆市昌明工程维修有限责任公司
地址:大庆市红岗区杏南中心村
邮政编码:163513
证书注册编号:0600B0056
体系认证标准:GB/T 19002－1994 idt ISO 9002:1994
有效期:2000.3.28～2003.3.28

天津市天港电子公司
证书注册编号:0600B0057
体系认证标准:GB/T 19002－1994 idt ISO 9002:1994
有效期:2000.3.28～2003.3.28

大港油田集团通信公司
证书注册编号:0600B0058
体系认证标准:GB/T 19002－1994 idt ISO 9002:1994
有效期:2000.3.28～2003.3.28

大连天牛油漆有限公司

证书注册编号:0600B0059
体系认证标准:GB/T 19002—1994 idt ISO 9002:1994
有效期:2000.3.28～2003.3.28

上海电力设计院
证书注册编号:0600A0060
体系认证标准:GB/T 19001—1994 idt ISO 9001:1994
有效期:2000.3.31～2003.3.31

天津立飞线缆有限公司
证书注册编号:0600B0061
体系认证标准:GB/T 19002—1994 idt ISO 9002:1994
有效期:2000.3.31～2003.3.31

开封市黄河预应力锚具厂
证书注册编号:0600B0062
体系认证标准:GB/T 19002—1994 idt ISO 9002:1994
有效期:2000.3.31～2003.3.31

铁道部哈尔滨木材防腐厂
地址:哈尔滨市太平区先锋路130号
邮政编码:150056
证书注册编号:0600B0063
体系认证标准:GB/T 19002—1994 idt ISO 9002:1994
有效期:2000.4.1～2003.4.1

黑龙江省北鸿建筑股份有限公司
地址:黑龙江省哈尔滨市南岗区文景街75号
邮政编码:150040
证书注册编号:0600B0064
体系认证标准:GB/T 19002—1994 idt ISO 9002:1994
有效期:2000.4.1～2003.4.1

石家庄市市政建筑总公司六公司
地址:河北省石家庄市中山西路905号
邮政编码:50081
证书注册编号:0600B0065
体系认证标准:GB/T 19002—1994 idt ISO 9002:1994
有效期:2000.4.1～2003.4.1

石家庄市市政建设总公司八公司
地址:河北省石家庄市华清街十七号
邮政编码:50041
证书注册编号:0600B0066
体系认证标准:GB/T 19002—1994 idt ISO 9002:1994
有效期:2000.4.1～2003.4.1

江西井冈山纺织有限责任公司
地址:江西省安福县洲湖镇
邮政编码:343221
证书注册编号:0600B0067
体系认证标准:GB/T 19002—1994 idt ISO 9002:1994
有效期:2000.4.4～2003.4.4

天津市福海食品厂
地址:天津河北区张兴庄大道北道2号
邮政编码:300402
证书注册编号:0600B0068
体系认证标准:GB/T 19002—1994 idt ISO 9002:1994
有效期:2000.4.4～2003.4.4

石家庄市市政建设总公司一公司
地址:河北省石家庄市翟营大街256号
邮政编码:50031
证书注册编号:0600B0069
体系认证标准:GB/T 19002—1994 idt ISO 9002:1994
有效期:2000.4.6～2003.4.6

天津津利堡消防装饰工程有限公司
地址:天津经济技术开发区洞庭路欣园商厦2层
邮政编码:300192
证书注册编号:0600A0070
体系认证标准:GB/T 19001—1994 idt ISO 9001:1994
有效期:2000.4.6～2003.4.6

哈尔滨红旗锅炉厂
地址:哈尔滨市南岗区林兴路28号
邮政编码:150080
证书注册编号:0600A0071
体系认证标准:GB/T 19001—1994 idt ISO 9001:1994
有效期:2000.4.6～2003.4.6

哈尔滨石油化工厂
地址:哈尔滨市太平区化工路246号
邮政编码:150056
证书注册编号:0600B0072
体系认证标准:GB/T 19002—1994 idt ISO 9002:1994
有效期:2000.4.6～2003.4.6

湖南省电力勘测设计院
地址:湖南省长沙市劳动西路84号
邮政编码:410007
证书注册编号:0600A0073
体系认证标准:GB/T 19001—1994 idt ISO 9001:1994
有效期:2000.4.6～2003.4.6

白城金鹏齿轮股份有限公司
地址:吉林省白城市青年北大街42号
邮政编码:137000
证书注册编号:0600B0074
体系认证标准:GB/T 19002—1994 idt ISO 9002:1994
有效期:2000.4.6～2003.4.6

中国石化集团第二建设公司
地址:江苏省南京市尧化门
邮政编码:210046
证书注册编号:0600B0075
体系认证标准:GB/T 19002—1994 idt ISO 9002:1994
有效期:2000.4.6～2003.4.6

吉林省红钻汽车电器股份有限公司
地址:吉林省白城市新华西大路2号
邮政编码:137000
证书注册编号:0600A0076
体系认证标准:GB/T 19001—1994 idt ISO 9001:1994
有效期:2000.4.6～2003.4.6

河北省电力建设第二工程公司
地址:河北省石家庄市光华路211号
邮政编码:500410
证书注册编号:0600B0077
体系认证标准:GB/T 19002—1994 idt ISO 9002:1994
有效期:2000.4.6～2003.4.6

石家庄市市政建设总公司机械施工公司
地址:河北省石家庄市长安区华清街17号
邮政编码:500410
证书注册编号:0600B0078
体系认证标准:GB/T 19002—1994 idt ISO 9002:1994
有效期:2000.4.6～2003.4.6

天津市津邦汽车车身附件有限公司
地址:天津市北辰区津霸公路杨家咀

邮政编码:300400
证书注册编号:0600A0079
体系认证标准:GB/T 19001—1994 idt ISO 9001:1994
有效期:2000.4.6~2003.4.6

天津中建新纪元商品混凝土有限公司
地址:天津市河西区解放南路518号
邮政编码:300221
证书注册编号:0600B0080
体系认证标准:GB/T 19002—1994 idt ISO 9002:1994
有效期:2000.4.6~2003.4.6

唐山市热力工程设计院
地址:河北省唐山市机场路丙区
邮政编码:630000
证书注册编号:0600A0081
体系认证标准:GB/T 19001—1994 idt ISO 9001:1994
有效期:2000.4.7~2003.4.7

唐山市热力总公司
地址:河北省唐山市煤医道21号
邮政编码:630000
证书注册编号:0600B0082
体系认证标准:GB/T 19002—1994 idt ISO 9002:1994
有效期:2000.4.7~2003.4.7

沈阳铁路局锦州勘测设计院
地址:辽宁省锦州市和平路四段20号
邮政编码:121000
证书注册编号:0600A0083
体系认证标准:GB/T 19001—1994 idt ISO 9001:1994
有效期:2000.4.7~2003.4.7

哈尔滨滨志电力配件有限公司
地址:哈尔滨市动力区哈平路154号
邮政编码:150040
证书注册编号:0600B0084
体系认证标准:GB/T 19002—1994 idt ISO 9002:1994
有效期:2000.4.7~2003.4.7

贵阳大鸿实业公司
地址:贵阳市外环东路23号
邮政编码:550005
证书注册编号:0600B0085
体系认证标准:GB/T 19002—1994 idt ISO 9002:1994
有效期:2000.4.12~2003.4.12

天津开发区渤海石油装备蓝星清洗联合有限公司
地址:天津塘沽区东沽石油新村
邮政编码:300452
证书注册编号:0600B0086
体系认证标准:GB/T 19002—1994 idt ISO 9002:1994
有效期:2000.4.14~2003.4.14

天津特精液压股份有限公司
地址:天津市南开区三纬路63号
邮政编码:300100
证书注册编号:0600A0087
体系认证标准:GB/T 19001—1994 idt ISO 9001:1994
有效期:2000.4.14~2003.4.14

华北石油钻二管子工具公司
地址:河北省任邱市潜山道
邮政编码:625520
证书注册编号:0600B0088
体系认证标准:GB/T 19002—1994 idt ISO 9002:1994
有效期:2000.4.18~2003.4.18

河南省新密市青屏耐火材料厂
地址:河南省新密市嵩山大道17号
邮政编码:452370
证书注册编号:0600B0089
体系认证标准:GB/T 19002—1994 idt ISO 9002:1994
有效期:2000.4.18~2003.4.18

洛阳市中达染化实业公司
地址:河南省洛阳市偃师苗湾工业区
邮政编码:471922
证书注册编号:0600B0090
体系认证标准:GB/T 19002—1994 idt ISO 9002:1994
有效期:2000.4.18~2003.4.18

天津市信誉福利金属加工厂
地址:天津市西青区中北镇曹庄村
邮政编码:300112
证书注册编号:0600B0091
体系认证标准:GB/T 19002—1994 idt ISO 9002:1994
有效期:2000.4.18~2003.4.18

石家庄市市政建设总公司三公司
地址:石家庄市中华南大街386号
邮政编码:500910
证书注册编号:0600B0092
体系认证标准:GB/T 19002—1994 idt ISO 9002:1994
有效期:2000.4.18~2003.4.18

安徽省电力设计院
地址:安徽省合肥市金寨路122号
邮政编码:230022
证书注册编号:0600A0093
体系认证标准:GB/T 19001—1994 idt ISO 9001:1994
有效期:2000.4.18~2003.4.18

天津市第二预应力钢丝有限公司
地址:天津市北辰区引河桥北
邮政编码:300400
证书注册编号:0600B0094
体系认证标准:GB/T 19002—1994 idt ISO 9002:1994
有效期:2000.4.18~2003.4.18

哈尔滨中央商城
地址:哈尔滨市中央大街100号
邮政编码:150010
证书注册编号:0600A0095
体系认证标准:GB/T 19001—1994 idt ISO 9001:1994
有效期:2000.4.18~2003.4.18

郑州建信耐火材料成套有限公司
地址:河南省新密市宋楼工业区
邮政编码:452382
证书注册编号:0600B0096
体系认证标准:GB/T 19002—1994 idt ISO 9002:1994
有效期:2000.4.17~2003.4.17

赣南卷烟厂
地址:江西省南康市
邮政编码:341400
证书注册编号:0600B0097
体系认证标准:GB/T 19002—1994 idt ISO 9002:1994
有效期:2000.4.21~2003.4.21

石家庄市市政建设总公司五公司
地址:河北省石家庄市丰收路43号
邮政编码:500410
证书注册编号:0600B0098
体系认证标准:GB/T 19002—1994 idt

ISO 9002:1994
有效期:2000.4.21～2003.4.21

天津阿尔美特钢管有限公司
地址:天津市津南区南马集村西
邮政编码:300350
证书注册编号:0600B0099
体系认证标准:GB/T 19002－1994 idt ISO 9002:1994
有效期:2000.4.30～2003.4.30

南阳宛城区黄台岗建筑安装工程公司
地址:河南省南阳市百里奚路 254 号
邮政编码:473000
证书注册编号:0600B0100
体系认证标准:GB/T 19002－1994 idt ISO 9002:1994
有效期:2000.4.21～2003.4.21

承德输送机集团有限责任公司
地址:河北省承德市双塔山
邮政编码:670010
证书注册编号:0600A0101
体系认证标准:GB/T 19001－1994 idt ISO 9001:1994
有效期:2000.5.9～2003.5.9

承德威伯输送机械有限公司
地址:河北省承德市双塔山
邮政编码:670010
证书注册编号:0600A0102
体系认证标准:GB/T 19001－1994 idt ISO 9001:1994
有效期:2000.5.9～2003.5.9

哈尔滨市厨房设备制造厂
地址:黑龙江省哈尔滨市太平区南直路 370 号
邮政编码:150056
证书注册编号:0600A0103
体系认证标准:GB/T 19001－1994 idt ISO 9001:1994
有效期:2000.5.10～2003.5.10

哈尔滨市飞云实业有限公司
地址:黑龙江省哈尔滨市动力区民生路 301 号
邮政编码:150040
证书注册编号:0600B0104
体系认证标准:GB/T 19002－1994 idt ISO 9002:1994
有效期:2000.5.10～2003.5.10

天津市津海第二低压电器厂
地址:天津市静海县东双塘
邮政编码:301600
证书注册编号:0600B0105
体系认证标准:GB/T 19002－1994 idt ISO 9002:1994
有效期:2000.5.10～2003.5.10

哈尔滨市给水工程公司
地址:黑龙江省哈尔滨市道理区上江街 158 号
邮政编码:150070
证书注册编号:0600B0106
体系认证标准:GB/T 19002－1994 idt ISO 9002:1994
有效期:2000.5.10～2003.5.10

哈尔滨金星乳业集团公司
地址:黑龙江省哈尔滨市呼兰镇东直路 282 号
邮政编码:150500
证书注册编号:0600B0107
体系认证标准:GB/T 19002－1994 idt ISO 9002:1994
有效期:2000.5.10～2003.5.10

河北省沧州市渤海管件有限公司
地址:河北省沧州市仵龙堂
邮政编码:610230
证书注册编号:0600B0108
体系认证标准:GB/T 19002－1994 idt ISO 9002:1994
有效期:2000.5.15～2003.5.15

天津市塘沽区滨海电缆厂
地址:天津市塘沽区邓善沽金光路 18 号
邮政编码:300455
证书注册编号:0600B0109
体系认证标准:GB/T 19002－1994 idt ISO 9002:1994
有效期:2000.5.15～2003.5.15

福建省建瓯市水工金属结构厂
地址:福建省建瓯市水南古城街中渡 169 号
邮政编码:353100
证书注册编号:0600B0110
体系认证标准:GB/T 19002－1994 idt ISO 9002:1994
有效期:2000.5.15～2003.5.15

河南省新密市康华耐火材料有限公司
地址:河南省新密市超化镇湖池村
邮政编码:452391
证书注册编号:0600B0111
体系认证标准:GB/T 19002－1994 idt ISO 9002:1994
有效期:2000.5.16～2003.5.16

天津市电缆总厂第一分厂
地址:河北省大城县毕演马
邮政编码:659000
证书注册编号:0600B0112
体系认证标准:GB/T 19002－1994 idt ISO 9002:1994
有效期:2000.5.16～2003.5.16

天津市河东区通力冲压件厂
地址:天津市河东区建新路增 1 号
邮政编码:300161
证书注册编号:0600B0113
体系认证标准:GB/T 19002－1994 idt ISO 9002:1994
有效期:2000.5.16～2003.5.16

天津市铁路信号工厂
地址:天津市东丽区驯海路 1 号
邮政编码:300300
证书注册编号:0600A0114
体系认证标准:GB/T 19001－1994 idt ISO 9001:1994
有效期:2000.5.16～2003.5.16

山东淄博淄江实业有限公司
地址:山东省淄博市临淄区
邮政编码:255434
证书注册编号:0600B0115
体系认证标准:GB/T 19002－1994 idt ISO 9002:1994
有效期:2000.5.16～2003.5.16

洛阳忠诚电力集团有限公司
地址:河南省洛阳宜阳柳泉镇
邮政编码:471643
证书注册编号:0600B0116
体系认证标准:GB/T 19002－1994 idt ISO 9002:1994
有效期:2000.5.18～2000.5.18

四川电力工业勘察设计院
地址:四川成都市人民南路一段 81 号
邮政编码:610016
证书注册编号:0600A0117

体系认证标准:GB/T 19001—1994 idt
ISO 9001:1994
有效期:2000.5.18～2000.5.18

成都市建筑设计研究院
地址:四川省成都市东御河沿街19号
邮政编码:610015
证书注册编号:0600A0118
体系认证标准:GB/T 19001—1994 idt
ISO 9001:1994
有效期:2000.5.19～2000.5.19

徐州华东石油机械厂
地址:江苏省徐州市翟山
邮政编码:221008
证书注册编号:0600B0119
体系认证标准:GB/T 19002—1994 idt
ISO 9002:1994
有效期:2000.5.19～2000.5.19

河南省内乡风神橡胶软木有限公司
地址:河南省内乡县城建设路47号
邮政编码:474350
证书注册编号:0600B0120
体系认证标准:GB/T 19002—1994 idt
ISO 9002:1994
有效期:2000.5.19～2000.5.19

周口良友皮革制品有限公司
地址:河南省周口市文昌街东段38号
邮政编码:466001
证书注册编号:0600B0121
体系认证标准:GB/T 19002—1994 idt
ISO 9002:1994
有效期:2000.5.29～2000.5.29

天津市银桥预应力有限公司
地址:天津市北辰区高峰路
邮政编码:300400
证书注册编号:0600B0122
体系认证标准:GB/T 19002—1994 idt
ISO 9002:1994
有效期:2000.5.29～2000.5.29

洛阳市河图实业有限公司
地址:河南省洛阳偃师市顾县镇史家湾工业区
邮政编码:471922
证书注册编号:0600B0123
体系认证标准:GB/T 19002—1994 idt
ISO 9002:1994
有效期:2000.5.29～2000.5.29

昆明铁路局昆明机车厂
地址:云南省昆明市东郊小石坝
邮政编码:650208
证书注册编号:0600B0124
体系认证标准:GB/T 19002—1994 idt
ISO 9002:1994
有效期:2000.5.29～2000.5.29

石家庄市市政建设总公司四公司
地址:河北石家庄市光华路4号付4号
邮政编码:500110
证书注册编号:0600B0125
体系认证标准:GB/T 19002—1994 idt
ISO 9002:1994
有效期:2000.5.29～2000.5.29

包头市山立耐火材料有限责任公司
地址:内蒙古包头市稀土开发区新建区
邮政编码:140300
证书注册编号:0600B0126
体系认证标准:GB/T 19002—1994 idt
ISO 9002:1994
有效期:2000.5.29～2000.5.29

江西庆江化工厂
地址:江西省泰和818信箱
邮政编码:343711
证书注册编号:0600B0127
体系认证标准:GB/T 19002—1994 idt
ISO 9002:1994
有效期:2000.5.29～2000.5.29

大庆石油管理局钻井一公司
地址:黑龙江省大庆市让胡路区乘风南路10号
邮政编码:163411
证书注册编号:0600B0128
体系认证标准:GB/T 19002—1994 idt
ISO 9002:1994
有效期:2000.5.31～2000.5.31

河南省新密市特种耐火材料公司
地址:河南省新密市行政路14号
邮政编码:452370
证书注册编号:0600B0129
体系认证标准:GB/T 19002—1994 idt
ISO 9002:1994
有效期:2000.5.31～2000.5.31

山东菏泽华星油泵油嘴有限公司
地址:山东省菏泽市北环路55号
邮政编码:274016
证书注册编号:0600B0130
体系认证标准:GB/T 19002—1994 idt
ISO 9002:1994
有效期:2000.5.31～2000.5.31

哈尔滨铁塔厂
地址:黑龙江省哈尔滨市动力区电教街1号
邮政编码:150040
证书注册编号:0600B0131
体系认证标准:GB/T 19002—1994 idt
ISO 9002:1994
有效期:2000.6.5～2000.6.5

温州市康威服饰有限公司
地址:浙江省平阳县腾蛟镇凤鹤路30—38号
邮政编码:325404
证书注册编号:0600B0132
体系认证标准:GB/T 19002—1994 idt
ISO 9002:1994
有效期:2000.6.5～2000.6.5

洛阳市黄河软轴控制器厂
地址:河南省洛阳市涧西区长江西路付5号
邮政编码:471003
证书注册编号:0600B0133
体系认证标准:GB/T 19002—1994 idt
ISO 9002:1994
有效期:2000.6.5～2000.6.5

石家庄市市政建设总公司二公司
地址:河北省石家庄市石岗大街化纤路5号
邮政编码:500610
证书注册编号:0600B0134
体系认证标准:GB/T 19002—1994 idt
ISO 9002:1994
有效期:2000.6.5～2000.6.5

淄博奥圣实业公司
地址:山东省淄博市周村区王村镇
邮政编码:255311
证书注册编号:0600B0135
体系认证标准:GB/T 19002—1994 idt
ISO 9002:1994
有效期:2000.6.8～2000.6.8

淄博市周村区宝山特殊耐火材料厂
地址:山东省淄博市周村区王村镇
邮政编码:255311

证书注册编号:0600B0136
体系认证标准:GB/T 19002－1994 idt ISO 9002:1994
有效期:2000.6.8～2000.6.8

天津市力生化工厂
地址:天津市东丽区程林庄工业区
邮政编码:300163
证书注册编号:0600B0137
体系认证标准:GB/T 19002－1994 idt ISO 9002:1994
有效期:2000.6.9～2000.6.9

大庆石油管理局公路工程公司
地址:黑龙江省大庆市让胡路区西泉路19号
邮政编码:163453
证书注册编号:0600B0138
体系认证标准:GB/T 19002－1994 idt ISO 9002:1994
有效期:2000.6.9～2000.6.9

洛阳推拉软轴厂
地址:河南省洛阳市九都路立交桥东300米
邮政编码:471002
证书注册编号:0600B0139
体系认证标准:GB/T 19002－1994 idt ISO 9002:1994
有效期:2000.6.12～2000.6.12

天津市电缆总厂电力电缆厂
地址:天津市南开区黄河道西头电缆总厂内
邮政编码:300112
证书注册编号:0600B0140
体系认证标准:GB/T 19002－1994 idt ISO 9002:1994
有效期:2000.6.12～2000.6.12

平顶山混凝土轨枕工厂劳动服务公司
地址:河南省平顶山市水库路李堂村
邮政编码:467001
证书注册编号:0600B0141
体系认证标准:GB/T 19002－1994 idt ISO 9002:1994
有效期:2000.6.12～2000.6.12

天津市新星兽药厂
地址:天津市北辰区霍庄大桥南200米
邮政编码:300402
证书注册编号:0600B0142
体系认证标准:GB/T 19002－1994 idt ISO 9002:1994
有效期:2000.6.14～2000.6.14

天津市电缆总厂三分厂
地址:河北省大城县城南
邮政编码:659000
证书注册编号:0600B0143
体系认证标准:GB/T 19002－1994 idt ISO 9002:1994
有效期:2000.6.16～2000.6.16

天津市津西津兰钢丝厂
地址:天津市西青区李七庄王兰庄村
邮政编码:300381
证书注册编号:0600B0144
体系认证标准:GB/T 19002－1994 idt ISO 9002:1994
有效期:2000.6.19～2000.6.19

天津市津兰电缆厂
地址:天津市西青区李七庄南
邮政编码:300381
证书注册编号:0600B0145
体系认证标准:GB/T 19002－1994 idt ISO 9002:1994
有效期:2000.6.19～2000.6.19

哈尔滨市东安建筑工程公司
地址:黑龙江省哈尔滨市平方区保国大街1号
邮政编码:150066
证书注册编号:0600B0146
体系认证标准:GB/T 19002－1994 idt ISO 9002:1994
有效期:2000.6.26～2003.6.26

天津市津安安全技术有限公司
地址:天津市南开区卫津南路宁乐里零号楼
邮政编码:300381
证书注册编号:0600B0147
体系认证标准:GB/T 19002－1994 idt ISO 9002:1994
有效期:2000.6.26～2003.6.26

天津市津利丰电器有限公司
地址:天津市静海县蔡公庄镇惠丰西村
邮政编码:301606
证书注册编号:0600B0148
体系认证标准:GB/T 19002－1994 idt ISO 9002:1994
有效期:2000.6.26～2003.6.26

湖北三峡稻花香酒厂
地址:湖北省宜昌县龙泉镇
邮政编码:443112
证书注册编号:0600B0149
体系认证标准:GB/T 19002－1994 idt ISO 9002:1994
有效期:2000.6.26～2003.6.26

黑龙江省尼龙厂
地址:哈尔滨市道里区新阳路526号
邮政编码:150076
证书注册编号:0600B0150
体系认证标准:GB/T 19002－1994 idt ISO 9002:1994
有效期:2000.6.28～2003.6.28

安徽省六安恒源机械总厂
地址:安徽省六安市解放北路108号
邮政编码:237009
证书注册编号:0600B0151
体系认证标准:GB/T 19002－1994 idt ISO 9002:1994
有效期:2000.6.28～2003.6.28

天津市汉沽摩托车减震器厂
地址:天津市汉沽区新开北路9号
邮政编码:300480
证书注册编号:0600A0152
体系认证标准:GB/T 19001－1994 idt ISO 9001:1994
有效期:2000.6.28～2003.6.28

沁阳市兰天化工有限公司
地址:河南省沁阳市西向镇工业区
邮政编码:454591
证书注册编号:0600B0153
体系认证标准:GB/T 19002－1994 idt ISO 9002:1994
有效期:2000.6.30～2003.6.30

天津东洋滤机有限公司
地址:天津市大港区中塘镇
邮政编码:300270
证书注册编号:0600B0154
体系认证标准:GB/T 19002－1994 idt ISO 9002:1994
有效期:2000.6.30～2003.6.30

天津金卡工程有限公司
地址:天津市河西区解放南路327号

邮政编码:300202
证书注册编号:0600A0155
体系认证标准:GB/T 19001—1994 idt ISO 9001:1994
有效期:2000.6.30～2003.6.30

浙江江能水电建筑设备安装有限公司
地址:浙江省杭州市凯旋路190号江能大厦
邮政编码:310020
证书注册编号:0600B0156
体系认证标准:GB/T 19002—1994 idt ISO 9002:1994
有效期:2000.6.30～2003.6.30

天津市第一钢丝绳有限公司
地址:天津市河西区大沽南路1001号
邮政编码:300220
证书注册编号:0600B0157
体系认证标准:GB/T 19002—1994 idt ISO 9002:1994
有效期:2000.6.30～2003.6.30

天津市海岸带公司
地址:天津市南开区科研西路2号
邮政编码:300192
证书注册编号:0600A0158
体系认证标准:GB/T 19001—1994 idt ISO 9001:1994
有效期:2000.6.30～2003.6.30

广西电力工业勘察设计研究院
地址:广西南宁市建政路10号
邮政编码:530023
证书注册编号:0600A0159
体系认证标准:GB/T 19001—1994 idt ISO 9001:1994
有效期:2000.6.30～2003.6.30

天津凯迪标准件有限公司
地址:天津市经济技术开发区渤海路12号
邮政编码:300457
证书注册编号:0600B0160
体系认证标准:GB/T 19002—1994 idt ISO 9002:1994
有效期:2000.6.30～2003.6.30

天津凯迪塑料制品有限公司
地址:天津市经济技术开发区渤海路12号
邮政编码:300457
证书注册编号:0600B0161
体系认证标准:GB/T 19002—1994 idt ISO 9002:1994
有效期:2000.6.30～2003.6.30

哈尔滨正阳河调味食品总公司
地址:黑龙江省哈尔滨市道里区新阳路231号
邮政编码:150016
证书注册编号:0600B0162
体系认证标准:GB/T 19002—1994 idt ISO 9002:1994
有效期:2000.6.30～2003.6.30

哈尔滨市商业建筑工程公司
地址:黑龙江省哈尔滨市南岗区下夹树街6号
邮政编码:150006
证书注册编号:0600B0163
体系认证标准:GB/T 19002—1994 idt ISO 9002:1994
有效期:2000.6.30～2003.6.30

大庆科达泵业有限公司
地址:黑龙江省大庆市萨尔图区工农团结火炬北二路
邮政编码:163255
证书注册编号:0600A0164
体系认证标准:GB/T 19001—1994 idt ISO 9001:1994
有效期:2000.6.30～2003.6.30

河北盐山宏润特种管件有限公司
地址:河北省盐山县南环路工业开发区
邮政编码:061300
证书注册编号:0600B0165
体系认证标准:GB/T 19002—1994 idt ISO 9002:1994
有效期:2000.6.30～2003.6.30

沈阳电力勘测设计院
地址:辽宁省沈阳市和平区十一纬路81号
邮政编码:110003
证书注册编号:0600A0166
体系认证标准:GB/T 19001—1994 idt ISO 9001:1994
有效期:2000.6.30～2003.6.30

郑州中兴耐火材料有限公司
地址:河南省新密市经济技术开发区
邮政编码:452370
证书注册编号:0600B0167
体系认证标准:GB/T 19002—1994 idt ISO 9002:1994
有效期:2000.6.30～2003.6.30

民航成都电子设备工程公司
地址:四川成都市二环路南二段17号
邮政编码:610041
证书注册编号:0600A0168
体系认证标准:GB/T 19001—1994 idt ISO 9001:1994
有效期:2000.6.30～2003.6.30

郑州东豫耐火材料集团有限公司
地址:河南省郑州市超化镇东店
邮政编码:452385
证书注册编号:0600B0169
体系认证标准:GB/T 19002—1994 idt ISO 9002:1994
有效期:2000.6.30～2003.6.30

偃师市中岳耐火材料有限公司
地址:河南省偃师市府店镇
邮政编码:471924
证书注册编号:0600B0170
体系认证标准:GB/T 19002—1994 idt ISO 9002:1994
有效期:2000.6.30～2003.6.30

哈尔滨华雨制药厂
地址:黑龙江省五常市冲河镇
邮政编码:150212
证书注册编号:0600B0171
体系认证标准:GB/T 19002—1994 idt ISO 9002:1994
有效期:2000.6.30～2003.6.30

哈尔滨奥龙汽车部件有限责任公司
地址:黑龙江省哈尔滨市香坊区公滨路114号
邮政编码:150030
证书注册编号:0600B0172
体系认证标准:GB/T 19002—1994 idt ISO 9002:1994
有效期:2000.6.30～2003.6.30

哈尔滨美狮实业有限公司
地址:黑龙江省哈尔滨市道外区大新街93号
邮政编码:150020
证书注册编号:0600B0173
体系认证标准:GB/T 19002—1994 idt

ISO 9002:1994
有效期:2000.6.30～2003.6.30

天津市第五机床厂
地址:天津市津南区柳林东
邮政编码:300222
证书注册编号:0600A0174
体系认证标准:GB/T 19001－1994 idt
ISO 9001:1994
有效期:2000.6.30～2003.6.30

江油市建筑规划勘测设计院
地址:四川省江油市太白中路180号
邮政编码:621700
证书注册编号:0600A0175
体系认证标准:GB/T 19001－1994 idt
ISO 9001:1994
有效期:2000.6.30～2003.6.30

本溪第二冶炼厂
地址:辽宁省本溪满族自治县小市镇
邮政编码:117100
证书注册编号:0600B0176
体系认证标准:GB/T 19002－1994 idt
ISO 9002:1994
有效期:2000.6.30～2003.6.30

吉林省柳河石棉制品厂
地址:吉林省柳河县柳河大街239号
邮政编码:135300
证书注册编号:0600B0177
体系认证标准:GB/T 19002－1994 idt
ISO 9002:1994
有效期:2000.6.30～2003.6.30

天津市轻工业设计院
地址:天津市南开区长江道29号
邮政编码:300193
证书注册编号:0600A0178
体系认证标准:GB/T 19001－1994 idt
ISO 9001:1994
有效期:2000.6.30～2003.6.30

天津市先导机电有限公司(天津新技术产业园区先导机电技术成套有限公司
地址:天津市东丽区跃进路30号
邮政编码:300300
证书注册编号:0600A0179
体系认证标准:GB/T 19001－1994 idt
ISO 9001:1994
有效期:2000.7.17～2003.7.17

蚌埠铁路分局阜阳机务段
地址:安徽省阜阳市周棚办事处
邮政编码:236021
证书注册编号:0600B0180
体系认证标准:GB/T 19002－1994 idt
ISO 9002:1994
有效期:2000.7.17～2003.7.17

黑龙江省华龙送变电安装有限公司
地址:黑龙江省哈尔滨市动力区电教街2号
邮政编码:150040
证书注册编号:0600B0181
体系认证标准:GB/T 19002－1994 idt
ISO 9002:1994
有效期:2000.7.18～2003.7.18

天津大华鞋业股份有限公司
地址:天津市宝坻县方家庄镇
邮政编码:301804
证书注册编号:0600B0182
体系认证标准:GB/T 19002－1994 idt
ISO 9002:1994
有效期:2000.7.18～2003.7.18

天津市大港胶管股份有限公司
地址:天津市大港区
邮政编码:300277
证书注册编号:0600B0183
体系认证标准:GB/T 19002－1994 idt
ISO 9002:1994
有效期:2000.7.18～2003.7.18

沈阳大阳国际物业管理有限公司
地址:辽宁省沈阳市和平区南京北街105号
邮政编码:110001
证书注册编号:0600B0184
体系认证标准:GB/T 19002－1994 idt
ISO 9002:1994
有效期:2000.7.18～2003.7.18

北京铁路局太原勘测设计院
地址:山西省太原市建设北路442号
邮政编码:030013
证书注册编号:0600A0185
体系认证标准:GB/T 19001－1994 idt
ISO 9001:1994
有效期:2000.7.19～2003.7.19

天津第一市政公路工程有限公司
地址:天津市和平区湖北路31号
邮政编码:300040
证书注册编号:0600B0186
体系认证标准:GB/T 19002－1994 idt
ISO 9002:1994
有效期:2000.7.20～2003.7.20

中国轻工业成都设计院
地址:四川省成都市少城路9号
邮政编码:610015
证书注册编号:0600A0187
体系认证标准:GB/T 19001－1994 idt
ISO 9001:1994
有效期:2000.7.20～2003.7.20

恒特数据线缆(天津)有限公司
地址:天津市南开区密云路16号
邮政编码:300111
证书注册编号:0600B0188
体系认证标准:GB/T 19002－1994 idt
ISO 9002:1994
有效期:2000.7.20～2003.7.20

兰州铁路机电工厂
地址:甘肃省兰州市红山东路60号
邮政编码:730000
证书注册编号:0600B0189
体系认证标准:GB/T 19002－1994 idt
ISO 9002:1994
有效期:2000.7.21～2003.7.21

邯郸电力设计研究院
地址:河北省邯郸市中华大街19号
邮政编码:056035
证书注册编号:0600A0190
体系认证标准:GB/T 19001－1994 idt
ISO 9001:1994
有效期:2000.7.21～2003.7.21

洛阳市石化配件厂
地址:河南省洛阳市邙岭路33号
邮政编码:471011
证书注册编号:0600B0191
体系认证标准:GB/T 19002－1994 idt
ISO 9002:1994
有效期:2000.7.24～2003.7.24

艾格福(天津)有限公司
地址:天津市北辰区铁东路
邮政编码:300400
证书注册编号:0600B0192
体系认证标准:GB/T 19002－1994 idt
ISO 9002:1994

有效期:2000.7.24～2003.7.24

河北省电力建设第一工程公司
地址:河北省邯郸市峰峰矿区
邮政编码:056200
证书注册编号:0600B0193
体系认证标准:GB/T 19002—1994 idt ISO 9002:1994
有效期:2000.7.24～2003.7.24

山东只楚民营科技园股份有限公司烟台市电缆厂
地址:山东省烟台市烟福路1号
邮政编码:264002
证书注册编号:0600B0194
体系认证标准:GB/T 19002—1994 idt ISO 9002:1994
有效期:2000.7.24～2003.7.24

陕西省电力设计院
地址:陕西西安市环城南路东段50号
邮政编码:710054
证书注册编号:0600A0195
体系认证标准:GB/T 19001—1994 idt ISO 9001:1994
有效期:2000.7.24～2003.7.24

天津市华云自动化成套技术有限公司
地址:天津市红桥区光荣道165号
邮政编码:300131
证书注册编号:0600A0196
体系认证标准:GB/T 19001—1994 idt ISO 9001:1994
有效期:2000.7.25～2003.7.25

哈尔滨市松花江锅炉厂
地址:黑龙江省哈尔滨市太平区新江桥街140号
邮政编码:150050
证书注册编号:0600B0197
体系认证标准:GB/T 19002—1994 idt ISO 9002:1994
有效期:2000.7.28～2003.7.28

哈尔滨豪盛装饰工程有限公司
地址:黑龙江省哈尔滨市香坊区衡山路18号B区二层
邮政编码:150036
证书注册编号:0600B0198
体系认证标准:GB/T 19002—1994 idt ISO 9002:1994
有效期:2000.7.28～2003.7.28

大庆思达微生物有限公司
地址:黑龙江省大庆市萨尔图区中兴北路100号
邮政编码:163253
证书注册编号:0600B0199
体系认证标准:GB/T 19002—1994 idt ISO 9002:1994
有效期:2000.7.28～2003.7.28

天津达成电器有限公司
地址:天津市北辰区宜兴埠津围公路外环线口西
邮政编码:300402
证书注册编号:0600B0200
体系认证标准:GB/T 19002—1994 idt ISO 9002:1994
有效期:2000.8.3～2003.8.3

天津市大港橡塑制品股份合作公司
地址:天津市大港区小王庄镇东树深村
邮政编码:300273
证书注册编号:0600B0201
体系认证标准:GB/T 19002—1994 idt ISO 9002:1994
有效期:2000.8.3～2003.8.3

天津新科成套仪表有限公司
地址:天津河西区解放南路汽配城F区
邮政编码:300221
证书注册编号:0600B0202
体系认证标准:GB/T 19002—1994 idt ISO 9002:1994
有效期:2000.8.3～2003.8.3

天津市建材建设工程公司
地址:天津市南开区红旗南路305号
邮政编码:300381
证书注册编号:0600B0203
体系认证标准:GB/T 19002—1994 idt ISO 9002:1994
有效期:2000.8.4～2003.8.4

河南奔月集团公司
地址:河南省济源市天坛区济水大街328号
邮政编码:454650
证书注册编号:0600B0204
体系认证标准:GB/T 19002—1994 idt ISO 9002:1994
有效期:2000.8.4～2003.8.4

辽宁电力勘测设计院
地址:辽宁省沈阳市南塔街65号
邮政编码:110015
证书注册编号:0600A0205
体系认证标准:GB/T 19001—1994 idt ISO 9001:1994
有效期:2000.8.4～2003.8.4

沈阳铁路局沈阳客车厂
地址:辽宁沈阳市苏家屯区山榆路3号
邮政编码:110101
证书注册编号:0600B0206
体系认证标准:GB/T 19002—1994 idt ISO 9002:1994
有效期:2000.8.4～2003.8.4

沁阳市五洋玻璃钢厂
地址:河南省沁阳市西向镇工业区
邮政编码:454591
证书注册编号:0600B0207
体系认证标准:GB/T 19002—1994 idt ISO 9002:1994
有效期:2000.8.4～2003.8.4

大庆石油管理局第二机械厂
地址:黑龙江省大庆市让胡路区乘风庄北四街
邮政编码:163411
证书注册编号:0600A0208
体系认证标准:GB/T 19001—1994 idt ISO 9001:1994
有效期:2000.8.4～2003.8.4

天津宏观纸制品有限公司
地址:天津市武清县豆张庄乡
邮政编码:301707
证书注册编号:0600B0209
体系认证标准:GB/T 19002—1994 idt ISO 9002:1994
有效期:2000.8.8～2003.8.8

天津津丰汽车底盘部件有限公司
地址:天津市东丽区顾庄子
邮政编码:300300
证书注册编号:0600B0210
体系认证标准:GB/T 19002—1994 idt ISO 9002:1994
有效期:2000.8.8～2003.8.8

天津京雄科技工程发展有限公司
地址:天津市南开区鞍山西道玉泉路73号
邮政编码:300073

证书注册编号:0600A0211
体系认证标准:GB/T 19001—1994 idt ISO 9001:1994
有效期:2000.8.8～2003.8.8

天津津港塑料制品公司
地址:天津市西青区杨柳青前桑园
邮政编码:300380
证书注册编号:0600B0212
体系认证标准:GB/T 19002—1994 idt ISO 9002:1994
有效期:2000.8.8～2003.8.8

中国天津市自动化仪表七厂
地址:天津市红桥区闸桥南路37号
邮政编码:300121
证书注册编号:0600A0213
体系认证标准:GB/T 19001—1994 idt ISO 9001:1994
有效期:2000.8.8～2003.8.8

张家口长城机械厂抽油杆分厂
地址:河北省张家口市桥东区张宣公路28号
邮政编码:075000
证书注册编号:0600B0214
体系认证标准:GB/T 19002—1994 idt ISO 9002:1994
有效期:2000.8.9～2003.8.9

大庆油田有限责任公司
地址:黑龙江省大庆市让胡路区龙南
邮政编码:163453
证书注册编号:0600A0215
体系认证标准:GB/T 19001—1994 idt ISO 9001:1994
有效期:2000.8.14～2003.8.14

天津市西青区凯达冲压件厂
地址:天津市外环线七号桥南3公里处
邮政编码:300112
证书注册编号:0600B0216
体系认证标准:GB/T 19002—1994 idt ISO 9002:1994
有效期:2000.8.14～2003.8.14

天津市汽车水箱厂
地址:天津市南开区临潼路52号
邮政编码:300110
证书注册编号:0600A0217
体系认证标准:GB/T 19001—1994 idt ISO 9001:1994
有效期:2000.8.14～2003.8.14

天津飞鸽自行车有限公司
地址:天津市西青开发区门道口梨双路
邮政编码:300381
证书注册编号:0600A0218
体系认证标准:GB/T 19001—1994 idt ISO 9001:1994
有效期:2000.8.16～2003.8.16

河北省唐山市热力工程公司
地址:河北省唐山市71号小区
邮政编码:063000
证书注册编号:0600B0219
体系认证标准:GB/T 19002—1994 idt ISO 9002:1994
有效期:2000.8.16～2003.8.16

天津市福升肥料有限公司
地址:天津市北辰区铁东路工业园区
邮政编码:300400
证书注册编号:0600B0220
体系认证标准:GB/T 19002—1994 idt ISO 9002:1994
有效期:2000.8.16～2003.8.16

大庆锅炉厂
地址:黑龙江省大庆市红岗区图强村
邮政编码:163414
证书注册编号:0600B0221
体系认证标准:GB/T 19002—1994 idt ISO 9002:1994
有效期:2000.8.18～2003.8.18

天津市东丽区鸿发汽车配件厂
地址:天津市东丽区小东庄镇赵北村
邮政编码:300300
证书注册编号:0600B0222
体系认证标准:GB/T 19002—1994 idt ISO 9002:1994
有效期:2000.8.18～2003.8.18

大庆石油管理局钻井研究所
地址:黑龙江省大庆市红岗区八百垧
邮政编码:163413
证书注册编号:0600A0223
体系认证标准:GB/T 19001—1994 idt ISO 9001:1994
有效期:2000.8.18～2003.8.18

天津市津能电缆有限公司
地址:天津市南开区黄河道西头(电缆总厂内)
邮政编码:300112
证书注册编号:0600B0224
体系认证标准:GB/T 19002—1994 idt ISO 9002:1994
有效期:2000.8.18～2003.8.18

天津市大站集团公司
地址:天津市津南区小站镇
邮政编码:300353
证书注册编号:0600B0225
体系认证标准:GB/T 19002—1994 idt ISO 9002:1994
有效期:2000.8.18～2003.8.18

中国水利水电第三工程局机械制造厂
地址:陕西省安康市
邮政编码:300300
证书注册编号:0600B0226
体系认证标准:GB/T 19002—1994 idt ISO 9002:1994
有效期:2000.8.18～2003.8.18

济南铁路局勘测设计院
地址:山东省济南市东站街30号
邮政编码:250001
证书注册编号:0600A0227
体系认证标准:GB/T 19001—1994 idt ISO 9001:1994
有效期:2000.8.23～2003.8.23

济南铁路顺达工程建设监理有限责任公司
地址:山东省济南市英雄山路157号
邮政编码:250002
证书注册编号:0600B0228
体系认证标准:GB/T 19002—1994 idt ISO 9002:1994
有效期:2000.8.24～2003.8.24

郑州市蝶阀厂
地址:河南郑州市上街区中心路130号
邮政编码:450041
证书注册编号:0600A0229
体系认证标准:GB/T 19001—1994 idt ISO 9001:1994
有效期:2000.8.24～2003.8.24

天津汽车暖风机有限公司
地址:天津市北辰区津围公路
邮政编码:300402
证书注册编号:0600A0230

体系认证标准:GB/T 19001—1994 idt ISO 9001:1994
有效期:2000.8.24～2003.8.24

成都新炬化工有限公司
地址:四川成都市新都县龙虎镇人民桥
邮政编码:610512
证书注册编号:0600B0231
体系认证标准:GB/T 19002—1994 idt ISO 9002:1994
有效期:2000.8.29～2003.8.29

哈尔滨绿色实业有限公司
地址:哈尔滨南岗区学府路378号
邮政编码:150006
证书注册编号:0600B0232
体系认证标准:GB/T 19002—1994 idt ISO 9002:1994
有效期:2000.8.29～2003.8.29

天津市东方房地产实业公司
地址:天津市和平区卫津路75号银达公寓2号楼
邮政编码:300070
证书注册编号:0600B0233
体系认证标准:GB/T 19002—1994 idt ISO 9002:1994
有效期:2000.8.3～2003.8.30

天津市利虹汽车配件有限责任公司
地址:天津市津围公路封条厂东侧
邮政编码:300402
证书注册编号:0600B0234
体系认证标准:GB/T 19002—1994 idt ISO 9002:1994
有效期:2000.9.1～2003.9.1

四平红嘴钢铁有限公司
地址:吉林省四平市铁西区红嘴路18号
邮政编码:136000
证书注册编号:0600B0235
体系认证标准:GB/T 19002—1994 idt ISO 9002:1994
有效期:2000.9.1～2003.9.1

天津江南工艺有限公司
地址:天津市西青区外环线15号桥旁
邮政编码:300381
证书注册编号:0600B0236
体系认证标准:GB/T 19002—1994 idt ISO 9002:1994
有效期:2000.9.1～2003.9.1

天津奥特机电成套设备安装有限公司
地址:天津市和平区同安道同安南里公寓2号楼一门
邮政编码:300070
证书注册编号:0600B0237
体系认证标准:GB/T 19002—1994 idt ISO 9002:1994
有效期:2000.9.1～2003.9.1

东莞市太平港预应力水泥管厂
地址:广东省东莞市虎门镇沙角管理区红厦村
邮政编码:523936
证书注册编号:0600B0238
体系认证标准:GB/T 19002—1994 idt ISO 9002:1994
有效期:2000.9.8～2003.9.8

天津电信建设工程有限公司
地址:天津市和平区锦州道69号
邮政编码:300022
证书注册编号:0600B0239
体系认证标准:GB/T 19002—1994 idt ISO 9002:1994
有效期:2000.9.8～2003.9.8

新疆电力设计院
地址:新疆省乌鲁木齐市三道湾路八号
邮政编码:830002
证书注册编号:0600A0240
体系认证标准:GB/T 19001—1994 idt ISO 9001:1994
有效期:2000.9.8～2003.9.8

大港油田集团新世纪机械制造有限公司
地址:天津大港区大港油田港中路西段
邮政编码:300280
证书注册编号:0600A0241
体系认证标准:GB/T 19001—1994 idt ISO 9001:1994
有效期:2000.9.8～2003.9.8

天津市静海县和平汽车冲压件厂
地址:天津市静海县台头镇和平村
邮政编码:301613
证书注册编号:0600B0242
体系认证标准:GB/T 19002—1994 idt ISO 9002:1994
有效期:2000.9.8～2003.9.8

河北亚泰线缆有限公司
地址:河北省河间市曙光西路
邮政编码:062450
证书注册编号:0600B0243
体系认证标准:GB/T 19002—1994 idt ISO 9002:1994
有效期:2000.9.8～2003.9.8

新泰市华龙管道有限责任公司
地址:山东省新泰市青云路76号
邮政编码:271200
证书注册编号:0600B0244
体系认证标准:GB/T 19002—1994 idt ISO 9002:1994
有效期:2000.9.1～2003.9.11

黑龙江省佳木斯昭奇集团有限公司
地址:黑龙江佳木斯市沿江乡政府西侧
邮政编码:154011
证书注册编号:0600B0245
体系认证标准:GB/T 19002—1994 idt ISO 9002:1994
有效期:2000.9.1～2003.9.11

哈尔滨亚麻集团有限公司
地址:黑龙江省哈尔滨市动力区民生路120号
邮政编码:150040
证书注册编号:0600B0246
体系认证标准:GB/T 19002—1994 idt ISO 9002:1994
有效期:2000.9.1～2003.9.13

哈尔滨市科达建筑工程有限责任公司
地址:黑龙江省哈尔滨市道里区建国街239号
邮政编码:150076
证书注册编号:0600B0247
体系认证标准:GB/T 19002—1994 idt ISO 9002:1994
有效期:2000.9.1～2003.9.13

黑龙江永胜建筑工程有限责任公司
地址:黑龙江省哈尔滨市康安路88号
邮政编码:150070
证书注册编号:0600B0248
体系认证标准:GB/T 19002—1994 idt ISO 9002:1994
有效期:2000.9.1～2003.9.13

哈尔滨供电设计院
地址:黑龙江省哈尔滨市道里区买卖街

203 号
邮政编码:150010
证书注册编号:0600A0249
体系认证标准:GB/T 19001—1994 idt ISO 9001:1994
有效期:2000.9.1～2003.9.13

天津渔阳道桥工程有限公司
地址:天津市蓟县兴华大街建工里 2 段 2 号
邮政编码:301900
证书注册编号:0600B0250
体系认证标准:GB/T 19002—1994 idt ISO 9002:1994
有效期:2000.9.1～2003.9.15

吉林天宇建设股份有限公司
地址:吉林省延吉市新兴街 121 号
邮政编码:133000
证书注册编号:0600B0251
体系认证标准:GB/T 19002—1994 idt ISO 9002:1994
有效期:2000.9.1～2003.9.15

哈尔滨市长城防水材料有限公司
地址:黑龙江省哈尔滨市道里区工农大街 853 号
邮政编码:150070
证书注册编号:0600B0252
体系认证标准:GB/T 19002—1994 idt ISO 9002:1994
有效期:2000.9.1～2003.9.15

天津市塘沽区渤海建筑安装工程公司
地址:天津塘沽区胡家园三爱里 110 号
邮政编码:300454
证书注册编号:0600B0253
体系认证标准:GB/T 19002—1994 idt ISO 9002:1994
有效期:2000.9.1～2003.9.15

广州市煤气工程公司
地址:广东广州市中山一路 36 号
邮政编码:510600
证书注册编号:0600B0254
体系认证标准:GB/T 19002—1994 idt ISO 9002:1994
有效期:2000.9.1～2003.9.18

天津市电缆总厂五分厂
地址:河北省华北油田工业园区
邮政编码:062550
证书注册编号:0600B0255
体系认证标准:GB/T 19002—1994 idt ISO 9002:1994
有效期:2000.9.1～2003.9.18

哈尔滨锅炉厂工业锅炉公司
地址:黑龙江省哈尔滨市动力区锅炉五道街 29 号
邮政编码:150046
证书注册编号:0600A0256
体系认证标准:GB/T 19001—1994 idt ISO 9001:1994
有效期:2000.9.1～2003.9.18

天津市道桥工程公司
地址:天津市和平区长春道 202 号
邮政编码:300022
证书注册编号:0600B0257
体系认证标准:GB/T 19002—1994 idt ISO 9002:1994
有效期:2000.9.1～2003.9.18

安庆市苏东石化机械厂
地址:安徽省安庆市老峰经济开发区
邮政编码:246008
证书注册编号:0600B0258
体系认证标准:GB/T 19002—1994 idt ISO 9002:1994
有效期:2000.9.1～2003.9.18

哈尔滨铁路局哈尔滨勘测设计院
地址:黑龙江省哈尔滨市南岗区西大直街 51 号
邮政编码:150006
证书注册编号:0600A0259
体系认证标准:GB/T 19001—1994 idt ISO 9001:1994
有效期:2000.9.1～2003.9.18

富拉尔基发电总厂
地址:黑龙江省齐齐哈尔市富拉尔基区新电街 1 号
邮政编码:161041
证书注册编号:0600B0260
体系认证标准:GB/T 19002—1994 idt ISO 9002:1994
有效期:2000.9.20～2003.9.20

大庆开发区五环化工股份合作公司
地址:黑龙江省大庆开发区
邮政编码:163358
证书注册编号:0600B0261
体系认证标准:GB/T 19002—1994 idt ISO 9002:1994
有效期:2000.9.20～2003.9.20

东阿蓝天塑铝板有限公司
地址:山东省聊城市东阿县大桥镇
邮政编码:252218
证书注册编号:0600B0262
体系认证标准:GB/T 19002—1994 idt ISO 9002:1994
有效期:2000.9.20～2003.9.20

天津市东丽区永刚汽车散热器有限公司
地址:天津市东丽区小东庄镇
邮政编码:300301
证书注册编号:0600B0263
体系认证标准:GB/T 19002—1994 idt ISO 9002:1994
有效期:2000.9.20～2003.9.20

天津市宝坻县建筑工程总公司
地址:天津宝坻县城关镇津围路 13 号
邮政编码:301800
证书注册编号:0600B0264
体系认证标准:GB/T 19002—1994 idt ISO 9002:1994
有效期:2000.9.20～2003.9.20

哈尔滨大众食品集团有限责任公司
地址:黑龙江省哈尔滨市道外区南极街 54 号
邮政编码:150020
证书注册编号:0600B0265
体系认证标准:GB/T 19002—1994 idt ISO 9002:1994
有效期:2000.9.21～2003.9.21

黑龙江省青泉酒厂
地址:黑龙江省青冈县公安路 101 号
邮政编码:151600
证书注册编号:0600B0266
体系认证标准:GB/T 19002—1994 idt ISO 9002:1994
有效期:2000.9.28～2003.9.28

黑龙江省隆庆建筑工程有限责任公司
地址:黑龙江省哈尔滨市嵩山路 24 号
邮政编码:150090
证书注册编号:0600B0267
体系认证标准:GB/T 19002—1994 idt ISO 9002:1994

有效期:2000.9.28～2003.9.28

吉林省工程机械厂
地址:吉林省吉林市昆明街104号
邮政编码:132011
证书注册编号:0600A0268
体系认证标准:GB/T 19001—1994 idt ISO 9001:1994
有效期:2000.9.28～2003.9.28

天津市电信机房环控系统工程有限公司
地址:天津河西区友谊路15号
邮政编码:300201
证书注册编号:0600B0269
体系认证标准:GB/T 19002—1994 idt ISO 9002:1994
有效期:2000.9.28～2003.9.28

内蒙古鹿王羊绒(集团)公司
地址:内蒙古包头市东河区巴彦塔拉大街东大桥南
邮政编码:014040
证书注册编号:0600A0270
体系认证标准:GB/T 19001—1994 idt ISO 9001:1994
有效期:2000.9.28～2003.9.28

天津市津西红星五金线材厂
地址:天津市西青区中北镇东北斜村
邮政编码:300380
证书注册编号:0600B0271
体系认证标准:GB/T 19002—1994 idt ISO 9002:1994
有效期:2000.9.28～2003.9.28

天津辰达工程监理公司
地址:天津市北辰区京津公路521号
邮政编码:300400
证书注册编号:0600B0272
体系认证标准:GB/T 19002—1994 idt ISO 9002:1994
有效期:2000.9.29～2003.9.29

天津海上安全监督局海测大队
地址:天津市河西区洞庭路31号
邮政编码:300220
证书注册编号:0600B0273
体系认证标准:GB/T 19002—1994 idt ISO 9002:1994
有效期:2000.10.8～2003.10.8

天津环球磁卡股份有限公司
地址:天津市河西区解放南路325号
邮政编码:300202
证书注册编号:0600B0274
体系认证标准:GB/T 19002—1994 idt ISO 9002:1994
有效期:2000.10.8～2003.10.8

大庆石油管理局技术开发实业公司龙南油气处理厂
地址:黑龙江省大庆市让胡路区西二路
邮政编码:163453
证书注册编号:0600B0275
体系认证标准:GB/T 19002—1994 idt ISO 9002:1994
有效期:2000.10.8～2003.10.8

天津市宁河县芦台镇换新冲压件厂
地址:天津市宁河县大北乡马鞍村
邮政编码:301500
证书注册编号:0600B0276
体系认证标准:GB/T 19002—1994 idt ISO 9002:1994
有效期:2000.10.9～2003.10.9

蚌埠铁路分局阜阳北站
地址:安徽省阜阳市周棚镇
邮政编码:236000
证书注册编号:0600B0277
体系认证标准:GB/T 19002—1994 idt ISO 9002:1994
有效期:2000.10.10～2003.10.10

天津市申特高新技术开发公司
地址:天津市北辰科技园区
邮政编码:300402
证书注册编号:0600A0278
体系认证标准:GB/T 19001—1994 idt ISO 9001:1994
有效期:2000.10.10～2003.10.10

天津大学无线电厂
地址:天津市南开区卫津路92号
邮政编码:300072
证书注册编号:0600A0279
体系认证标准:GB/T 19001—1994 idt ISO 9001:1994
有效期:2000.10.10～2003.10.10

黑龙江省延寿县继嘉亚麻纺织有限公司
地址:黑龙江省延寿县延寿镇南卫东路7号
邮政编码:150704
证书注册编号:0600B0280
体系认证标准:GB/T 19002—1994 idt ISO 9002:1994
有效期:2000.10.10～2003.10.10

云南省电力设计院
地址:云南省昆明市白塔路201号
邮政编码:650011
证书注册编号:0600A0281
体系认证标准:GB/T 19001—1994 idt ISO 9001:1994
有效期:2000.10.10～2003.10.10

***信息产业部电子第十一设计研究院**
地址:四川省成都市新华大道双林路251号
邮政编码:610021
电话:(028)4339017
传真:(028)4333172
法定代表人:赵振元
证书注册编号:0600A0282
体系认证标准:GB/T 19001—1994 idt ISO 9001:1994
获证体系覆盖产品:工程设计,工程咨询(含环境影响评价),工程建设监理
有效期:2000.10.12～2003.10.11

中国石化集团第五建设公司
地址:甘肃省兰州西固区康乐路35号
邮政编码:730060
证书注册编号:0600B0283
体系认证标准:GB/T 19002—1994 idt ISO 9002:1994
有效期:2000.10.12～2003.10.12

郑州电力设计院
地址:河南省郑州市优胜南路26号
邮政编码:450003
证书注册编号:0600A0284
体系认证标准:GB/T 19001—1994 idt ISO 9001:1994
有效期:2000.10.12～2003.10.12

天津市公路工程总公司
地址:天津市和平区解放北路9号
邮政编码:300041
证书注册编号:0600B0285
体系认证标准:GB/T 19002—1994 idt ISO 9002:1994

有效期:2000.10.12～2003.10.12

天津市地方铁路工程公司
地址:天津西青区李七庄津淄路西
邮政编码:300381
证书注册编号:0600B0286
体系认证标准:GB/T 19002－1994 idt ISO 9002:1994
有效期:2000.10.12～2003.10.12

三门峡威巨电子有限公司
地址:河南省三门峡西秦汉路东段
邮政编码:472143
证书注册编号:0600B0287
体系认证标准:GB/T 19002－1994 idt ISO 9002:1994
有效期:2000.10.12～2003.10.12

天津市地方铁路建设公司
地址:天津河西区体院北环湖南道4号
邮政编码:300060
证书注册编号:0600B0288
体系认证标准:GB/T 19002－1994 idt ISO 9002:1994
有效期:2000.10.12～2003.10.12

中国市政工程华北设计研究院
地址:天津市河西区气象台路99号
邮政编码:300074
证书注册编号:0600A0289
体系认证标准:GB/T 19001－1994 idt ISO 9001:1994
有效期:2000.10.16～2003.10.16

成都信达工程建设监理公司
地址:四川成都市人民南路四段28号
邮政编码:610041
证书注册编号:0600B0290
体系认证标准:GB/T 19002－1994 idt ISO 9002:1994
有效期:2000.10.16～2003.10.16

天津市静海县静东汽车配件厂
地址:天津市静海县沿庄乡东禅房村
邮政编码:301605
证书注册编号:0600B0291
体系认证标准:GB/T 19002－1994 idt ISO 9002:1994
有效期:2000.10.16～2003.10.16

北京铁路局北京勘测设计院
地址:北京市复兴路6号
邮政编码:100038
证书注册编号:0600A0292
体系认证标准:GB/T 19001－1994 idt ISO 9001:1994
有效期:2000.10.20～2003.10.20

天津市华水自来水建设有限公司
地址:天津市和平区多伦道新福方里6号楼
邮政编码:300021
证书注册编号:0600B0293
体系认证标准:GB/T 19002－1994 idt ISO 9002:1994
有效期:2000.10.20～2003.10.20

天津市宏塔电子技术有限公司
地址:天津市南开区灵隐道31号
邮政编码:300193
证书注册编号:0600A0294
体系认证标准:GB/T 19001－1994 idt ISO 9001:1994
有效期:2000.10.23～2003.10.23

黑龙江省新建建筑工程公司
地址:黑龙江省哈尔滨市南岗区学府路381号
邮政编码:150069
证书注册编号:0600B0295
体系认证标准:GB/T 19002－1994 idt ISO 9002:1994
有效期:2000.10.23～2003.10.23

河北省沧州恒通管件制造有限公司
地址:河北省盐山县韩集镇
邮政编码:061303
证书注册编号:0600B0296
体系认证标准:GB/T 19002－1994 idt ISO 9002:1994
有效期:2000.10.24～2003.10.24

天津长捷化工有限公司
地址:天津市北辰区宜兴埠津围公路丰产河南
邮政编码:300402
证书注册编号:0600B0297
体系认证标准:GB/T 19002－1994 idt ISO 9002:1994
有效期:2000.10.24～2003.10.24

四平鼓风机厂
地址:吉林省四平市铁东区平东东路113号
邮政编码:136001
证书注册编号:0600A0298
体系认证标准:GB/T 19001－1994 idt ISO 9001:1994
有效期:2000.10.26～2003.10.26

天津东塔服装集团公司
地址:天津市蓟县东塔庄镇
邮政编码:301906
证书注册编号:0600B0299
体系认证标准:GB/T 19002－1994 idt ISO 9002:1994
有效期:2000.10.26～2003.10.26

中国林业机械电力设备安装公司
地址:黑龙江省哈尔滨市南岗区西大直街213号
邮政编码:150080
证书注册编号:0600B0300
体系认证标准:GB/T 19002－1994 idt ISO 9002:1994
有效期:2000.10.30～2003.10.30

大庆油田有限责任公司
第一采油厂抽油泵厂
地址:黑龙江省大庆市萨尔图区迎峰村
邮政编码:163111
证书注册编号:0600B0301
体系认证标准:GB/T 19002－1994 idt ISO 9002:1994
有效期:2000.11.1～2003.11.1

天津津湾电器工业有限公司
地址:天津市西青区杨柳青十八街
邮政编码:300380
证书注册编号:0600B0302
体系认证标准:GB/T 19002－1994 idt ISO 9002:1994
有效期:2000.11.1～2003.11.1

天津市南开区房屋建筑工程公司
地址:天津市南开区南开五马路90号
邮政编码:300102
证书注册编号:0600B0303
体系认证标准:GB/T 19002－1994 idt ISO 9002:1994
有效期:2000.11.1～2003.11.1

哈尔滨斑马油漆化工有限公司
地址:黑龙江省哈尔滨市太平区化工路256号
邮政编码:150056

证书注册编号:0600B0304
体系认证标准:GB/T 19002—1994 idt ISO 9002:1994
有效期:2000.11.2～2003.11.2

大庆石油管理局钻井二公司
地址:黑龙江省大庆市红岗区八百垧
邮政编码:163413
证书注册编号:0600B0305
体系认证标准:GB/T 19002—1994 idt ISO 9002:1994
有效期:2000.11.2～2003.11.2

天津市华夏集团公司
地址:天津市西青区外环线7号桥西
邮政编码:300112
证书注册编号:0600B0306
体系认证标准:GB/T 19002—1994 idt ISO 9002:1994
有效期:2000.11.2～2003.11.2

天津世盟线材有限公司
地址:天津市北辰区西堤头镇刘快庄工业区
邮政编码:300402
证书注册编号:0600B0307
体系认证标准:GB/T 19002—1994 idt ISO 9002:1994
有效期:2000.11.2～2003.11.2

天津市宁通公路工程有限公司
地址:天津市宁河县津榆支路104号
邮政编码:301500
证书注册编号:0600B0308
体系认证标准:GB/T 19002—1994 idt ISO 9002:1994
有效期:2000.11.2～2003.11.2

天津市远景电线电缆厂
地址:天津市东丽区军粮城务本村
邮政编码:300300
证书注册编号:0600B0309
体系认证标准:GB/T 19002—1994 idt ISO 9002:1994
有效期:2000.11.2～2003.11.2

河北省盐山县沧海管件制造有限公司
地址:河北省盐山县城南小庄
邮政编码:061304
证书注册编号:0600B0310
体系认证标准:GB/T 19002—1994 idt ISO 9002:1994
有效期:2000.11.2～2003.11.2

天津鼎盛工程机械有限公司
地址:天津市红桥区丁字沽三号路
邮政编码:300131
证书注册编号:0600A0311
体系认证标准:GB/T 19001—1994 idt ISO 9001:1994
有效期:2000.11.3～2003.11.3

天津市津港钢丝总厂
地址:天津市西青区中北镇王庄
邮政编码:300100
证书注册编号:0600B0312
体系认证标准:GB/T 19002—1994 idt ISO 9002:1994
有效期:2000.11.3～2003.11.3

吉林省林业工程公司
地址:吉林延吉市河南街长白路103号
邮政编码:133001
证书注册编号:0600B0313
体系认证标准:GB/T 19002—1994 idt ISO 9002:1994
有效期:2000.11.6～2003.11.6

天津高乐高食品有限公司
地址:天津市西青经济开发区兴华道20号
邮政编码:300381
证书注册编号:0600B0314
体系认证标准:GB/T 19002—1994 idt ISO 9002:1994
有效期:2000.11.6～2003.11.6

大庆油田冠达防水防腐工程有限公司
地址:黑龙省大庆市萨尔图区铁人二街
邮政编码:163451
证书注册编号:0600B0315
体系认证标准:GB/T 19002—1994 idt ISO 9002:1994
有效期:2000.11.6～2003.11.6

天津市华厦经济房建设发展公司
地址:天津市和平区承德道37号
邮政编码:300041
证书注册编号:0600B0316
体系认证标准:GB/T 19002—1994 idt ISO 9002:1994
有效期:2000.11.6～2003.11.6

大庆高新技术产业开发区亿达电子有限公司
地址:黑龙江省大庆市高新技术产业开发区市场街1号
邮政编码:163316
证书注册编号:0600B0317
体系认证标准:GB/T 19002—1994 idt ISO 9002:1994
有效期:2000.11.6～2003.11.6

洛阳白龙集团有限公司
地址:河南省偃师市东石桥工业区
邮政编码:471942
证书注册编号:0600B0318
体系认证标准:GB/T 19002—1994 idt ISO 9002:1994
有效期:2000.11.6～2003.11.6

中铁第十八工程局建筑安装工程处
地址:河北省高碑店市迎宾路2号
邮政编码:074000
证书注册编号:0600B0319
体系认证标准:GB/T 19002—1994 idt ISO 9002:1994
有效期:2000.11.8～2003.11.8

天津市给排水研究设计院
地址:天津市和平区建设路54号
邮政编码:300040
证书注册编号:0600A0320
体系认证标准:GB/T 19001—1994 idt ISO 9001:1994
有效期:2000.11.8～2003.11.8

大庆金磊建筑安装工程有限公司
地址:黑龙江省大庆市东风新村经一街育才路
邮政编码:163311
证书注册编号:0600B0321
体系认证标准:GB/T 19002—1994 idt ISO 9002:1994
有效期:2000.11.8～2003.11.8

山东省沂水得力食品有限公司
地址:山东省沂水县城沂博路6号
邮政编码:276400
证书注册编号:0600B0322
体系认证标准:GB/T 19002—1994 idt ISO 9002:1994
有效期:2000.11.8～2003.11.8

长春市安装有限责任公司
地址:吉林省长春市西三道街25号

邮政编码:130041
证书注册编号:0600B0323
体系认证标准:GB/T 19002—1994 idt ISO 9002:1994
有效期:2000.11.8～2003.11.8

吉化集团吉林市江南研究院有限责任公司
地址:吉林省吉林市吉林大街恒山西路7号
邮政编码:132013
证书注册编号:0600B0324
体系认证标准:GB/T 19002—1994 idt ISO 9002:1994
有效期:2000.11.1～2003.11.10

合肥合能电气有限责任公司
地址:安徽省合肥市长江西路669号
邮政编码:230088
证书注册编号:0600A0325
体系认证标准:GB/T 19001—1994 idt ISO 9001:1994
有效期:2000.11.1～2003.11.10

天津华孚油田化学有限公司
地址:天津市大港区大港油田二道沟
邮政编码:300280
证书注册编号:0600B0326
体系认证标准:GB/T 19002—1994 idt ISO 9002:1994
有效期:2000.11.1～2003.11.10

丸东(天津)技研有限公司
地址:天津市北辰经济开发区94—013
邮政编码:300400
证书注册编号:0600B0327
体系认证标准:GB/T 19002—1994 idt ISO 9002:1994
有效期:2000.11.1～2003.11.10

哈尔滨科兴建筑工程有限公司
地址:黑龙江省哈尔滨市道里区阳明街29号
邮政编码:150076
证书注册编号:0600B0328
体系认证标准:GB/T 19002—1994 idt ISO 9002:1994
有效期:2000.11.1～2003.11.10

天津广夏(集团)有限公司
地址:天津市北辰区红旗路西7号
邮政编码:300402
证书注册编号:0600B0329
体系认证标准:GB/T 19002—1994 idt ISO 9002:1994
有效期:2000.11.1～2003.11.13

天津科尔摩根工业驱动有限公司
地址:天津河北区黄纬路四马路81号
邮政编码:300141
证书注册编号:0600B0330
体系认证标准:GB/T 19002—1994 idt ISO 9002:1994
有效期:2000.11.1～2003.11.13

天津市环宇橡塑制造公司
地址:天津津南区小站镇德胜道195号
邮政编码:300353
证书注册编号:0600B0331
体系认证标准:GB/T 19002—1994 idt ISO 9002:1994
有效期:2000.11.1～2003.11.13

大庆石油管理局地球物理勘探公司
地址:黑龙江省大庆市红岗区杏五井
邮政编码:163357
证书注册编号:0600B0332
体系认证标准:GB/T 19002—1994 idt ISO 9002:1994
有效期:2000.11.1～2003.11.14

天津市通风机厂
地址:天津市河东区红星路古田道2号
邮政编码:300151
证书注册编号:0600A0333
体系认证标准:GB/T 19001—1994 idt ISO 9001:1994
有效期:2000.11.1～2003.11.14

天津市测绘院
地址:天津市西青区李七庄昌凌路
邮政编码:300381
证书注册编号:0600B0334
体系认证标准:GB/T 19002—1994 idt ISO 9002:1994
有效期:2000.11.1～2003.11.14

天津市津西新成福利冲压件厂
地址:天津市西青区中北镇小蒋村南
邮政编码:300380
证书注册编号:0600B0335
体系认证标准:GB/T 19002—1994 idt ISO 9002:1994
有效期:2000.11.1～2003.11.14

天津亚美保健饮料有限公司
地址:天津西青区杨柳青青沙路88号
邮政编码:300380
证书注册编号:0600B0336
体系认证标准:GB/T 19002—1994 idt ISO 9002:1994
有效期:2000.11.1～2003.11.15

包头富华羊绒衫有限公司
地址:内蒙古包头市青山区民主路7号街坊
邮政编码:014030
证书注册编号:0600B0337
体系认证标准:GB/T 19002—1994 idt ISO 9002:1994
有效期:2000.11.1～2003.11.15

天津市健王车业有限公司
地址:天津市东丽区程林庄工业区崂山支道10号
邮政编码:300163
证书注册编号:0600B0338
体系认证标准:GB/T 19002—1994 idt ISO 9002:1994
有效期:2000.11.1～2003.11.16

宁夏回族自治区电力设计院
地址:宁夏回族自治区银川市南环西路10号
邮政编码:750001
证书注册编号:0600A0339
体系认证标准:GB/T 19001—1994 idt ISO 9001:1994
有效期:2000.11.1～2003.11.16

天津市大港区天力胶管有限责任公司
地址:天津市大港区赵连庄乡洋闸
邮政编码:300273
证书注册编号:0600B0340
体系认证标准:GB/T 19002—1994 idt ISO 9002:1994
有效期:2000.11.1～2003.11.16

大庆高新技术产业开发区宏利工程有限公司
地址:黑龙江省大庆高新技术产业开发区创业街1号
邮政编码:163316
证书注册编号:0600B0341
体系认证标准:GB/T 19002—1994 idt ISO 9002:1994
有效期:2000.11.1～2003.11.17

天津丰津汽车传动部件有限公司
地址:天津市东丽区经济开发区三经路三纬路
邮政编码:300300
证书注册编号:0600B0342
体系认证标准:GB/T 19002－1994 idt ISO 9002:1994
有效期:2000.11.1～2003.11.17

天津市双环机械密封有限公司
地址:天津市西青区玉门路
邮政编码:300112
证书注册编号:0600B0343
体系认证标准:GB/T 19002－1994 idt ISO 9002:1994
有效期:2000.11.16～2003.11.16

天津市万博线缆有限公司
地址:天津市北辰区铁东路工业小区
邮政编码:300402
证书注册编号:0600B0344
体系认证标准:GB/T 19002－1994 idt ISO 9002:1994
有效期:2000.11.2～2003.11.20

天津市中北钢丝绳厂
地址:天津市西青区中北镇
邮政编码:300380
证书注册编号:0600B0345
体系认证标准:GB/T 19002－1994 idt ISO 9002:1994
有效期:2000.11.2～2003.11.21

阳泉市东风耐火材料厂
地址:山西省阳泉市郊区荫营东大街
邮政编码:045011
证书注册编号:0600B0346
体系认证标准:GB/T 19002－1994 idt ISO 9002:1994
有效期:2000.11.2～2003.11.21

白城市盛华汽车零部件制造股份有限公司
地址:吉林省白城市海明西路145号
邮政编码:137000
证书注册编号:0600B0347
体系认证标准:GB/T 19001－1994 idt ISO 9001:1994
有效期:2000.11.2～2003.11.21

天津海晶建设发展总公司
地址:天津市开发区恂园西里28号
邮政编码:300457
证书注册编号:0600B0348
体系认证标准:GB/T 19002－1994 idt ISO 9002:1994
有效期:2000.11.2～2003.11.21

贵州电力设计研究院
地址:贵州省贵阳市遵义路56号
邮政编码:550002
证书注册编号:0600A0349
体系认证标准:GB/T 19001－1994 idt ISO 9001:1994
有效期:2000.11.2～2003.11.21

长春市永华精锻厂
地址:吉林省长春市绿园区支农大街86号
邮政编码:130011
证书注册编号:0600B0350
体系认证标准:GB/T 19002－1994 idt ISO 9002:1994
有效期:2000.11.2～2003.11.22

开封中天预应力工程设备厂
地址:河南尉氏县洧川新城工业开发区
邮政编码:475511
证书注册编号:0600B0351
体系认证标准:GB/T 19002－1994 idt ISO 9002:1994
有效期:2000.11.2～2003.11.23

吉林市光大电力设备有限责任公司
地址:吉林省吉林市恒山西路开发区C区16号楼1号
邮政编码:132013
证书注册编号:0600A0352
体系认证标准:GB/T 19001－1994 idt ISO 9001:1994
有效期:2000.11.2～2003.11.24

赣州兴华肥料有限公司
地址:江西省赣州市黄金开发区金丰路24号
邮政编码:341000
证书注册编号:0600B0353
体系认证标准:GB/T 19002－1994 idt ISO 9002:1994
有效期:2000.11.2～2003.11.24

天津铁路分局勘测设计所
地址:天津市河北区中山路5号
邮政编码:300140
证书注册编号:0600A0354
体系认证标准:GB/T 19001－1994 idt ISO 9001:1994
有效期:2000.11.2～2003.11.27

＊济南铁路分局济南车辆段
地址:山东济南市天桥区东站街103号
邮政编码:250001
电话:(0531)2423504
传真:(0531)2423504
法定代表人:范振耀
证书注册编号:0600B0355
体系认证标准:GB/T 19002－1994 idt ISO 9002:1994
获证体系覆盖产品:客车段修,客车三机(空调机,柴油机,发电机)检修,客车运用
有效期:2000.11.27～2003.11.26

九江市市政工程公司
地址:江西省九江市长虹大道972号
邮政编码:332000
证书注册编号:0600B0356
体系认证标准:GB/T 19002－1994 idt ISO 9002:1994
有效期:2000.11.2～2003.11.28

哈尔滨市建国电磁线厂
地址:黑龙江省哈尔滨市道里区新发镇建国村
邮政编码:150078
证书注册编号:0600B0357
体系认证标准:GB/T 19002－1994 idt ISO 9002:1994
有效期:2000.11.2～2003.11.28

山西科达自控技术有限公司
地址:山西省太原市高新技术开发区2号标厂
邮政编码:030006
证书注册编号:0600A0358
体系认证标准:GB/T 19001－1994 idt ISO 9001:1994
有效期:2000.11.2～2003.11.28

广州电力设计院
地址:广东省广州市林和西路
邮政编码:510075
证书注册编号:0600A0359
体系认证标准:GB/T 19001－1994 idt ISO 9001:1994
有效期:2000.11.2～2003.11.28

吉林冶金机电设备制造厂
地址:吉林省吉林市龙潭区新山路25—2号
邮政编码:132021
证书注册编号:0600A0360
体系认证标准:GB/T 19001—1994 idt ISO 9001:1994
有效期:2000.11.2～2003.11.28

天津市建新建筑工程公司
地址:天津市河西区梅江道6号
邮政编码:300221
证书注册编号:0600B0361
体系认证标准:GB/T 19002—1994 idt ISO 9002:1994
有效期:2000.11.2～2003.11.28

天津市亚力工业气体公司
地址:天津市河东区地毯西路
邮政编码:300180
证书注册编号:0600B0362
体系认证标准:GB/T 19002—1994 idt ISO 9002:1994
有效期:2000.11.2～2003.11.28

天津市塘沽一建建筑工程有限公司
地址:天津市塘沽区中心北路41号
邮政编码:300451
证书注册编号:0600B0363
体系认证标准:GB/T 19002—1994 idt ISO 9002:1994
有效期:2000.11.2～2003.11.29

山东省高密市散热器厂
地址:山东省高密市人民大街223号
邮政编码:261500
证书注册编号:0600B0364
体系认证标准:GB/T 19002—1994 idt ISO 9002:1994
有效期:2000.11.2～2003.11.29

天津华泰不锈钢容器有限公司
地址:天津市津南区双港镇李楼村
邮政编码:300350
证书注册编号:0600B0365
体系认证标准:GB/T 19002—1994 idt ISO 9002:1994
有效期:2000.12.1～2003.12.1

天津市武清县建筑工程总公司
地址:天津武清县杨村镇雍阳东道9号
邮政编码:301700
证书注册编号:0600B0366
体系认证标准:GB/T 19002—1994 idt ISO 9002:1994
有效期:2000.12.1～2003.12.1

平顶山混凝土轨枕工厂
地址:河南省平顶山市水库路中段
邮政编码:467001
证书注册编号:0600B0367
体系认证标准:GB/T 19002—1994 idt ISO 9002:1994
有效期:2000.12.4～2003.12.4

天津市河东区大泽金属制品厂
地址:天津市南开区密云路4号增8号
邮政编码:300111
证书注册编号:0600B0368
体系认证标准:GB/T 19002—1994 idt ISO 9002:1994
有效期:2000.12.4～2003.12.4

天津市河东区建筑工程公司
地址:天津市河东区大直沽后台前进道四号
邮政编码:300170
证书注册编号:0600B0369
体系认证标准:GB/T 19002—1994 idt ISO 9002:1994
有效期:2000.12.4～2003.12.4

天津市福业金属管路制品有限公司
地址:天津市北辰区霍庄子镇赵庄村西
邮政编码:300402
证书注册编号:0600B0370
体系认证标准:GB/T 19002—1994 idt ISO 9002:1994
有效期:2000.12.4～2003.12.4

天津市燎原钢绞线厂
地址:天津市北辰区李嘴
邮政编码:300400
证书注册编号:0600B0371
体系认证标准:GB/T 19002—1994 idt ISO 9002:1994
有效期:2000.12.7～2003.12.7

大庆达源新型建筑材料有限公司
地址:黑龙江省大庆市让胡路区西柳北街18号
邮政编码:163453
证书注册编号:0600B0372
体系认证标准:GB/T 19002—1994 idt ISO 9002:1994
有效期:2000.12.7～2003.12.7

天津市长龙液化石油气设备制造厂
地址:天津市北辰区南王平
邮政编码:300402
证书注册编号:0600B0373
体系认证标准:GB/T 19002—1994 idt ISO 9002:1994
有效期:2000.12.7～2003.12.7

浙江省石油化工设计院
地址:浙江省杭州市省府路9号
邮政编码:310007
证书注册编号:0600A0374
体系认证标准:GB/T 19001—1994 idt ISO 9001:1994
有效期:2000.12.7～2003.12.7

天津市静海县万达福利金属制品厂
地址:天津市静海县东官屯镇高官屯村
邮政编码:301604
证书注册编号:0600B0375
体系认证标准:GB/T 19002—1994 idt ISO 9002:1994
有效期:2000.12.7～2003.12.7

齐齐哈尔铁路分局齐齐哈尔南车辆段
地址:黑龙江省齐齐哈尔市铁锋区先锋大街46号
邮政编码:161002
证书注册编号:0600B0376
体系认证标准:GB/T 19002—1994 idt ISO 9002:1994
有效期:2000.12.8～2003.12.8

山东利达实业有限公司
地址:山东省青岛市李沧区河东
邮政编码:266100
证书注册编号:0600B0377
体系认证标准:GB/T 19002—1994 idt ISO 9002:1994
有效期:2000.12.8～2003.12.8

齐齐哈尔铁路分局让胡路车辆段
地址:黑龙江省大庆市让胡路区西泰路一巷36号
邮政编码:163712
证书注册编号:0600B0378
体系认证标准:GB/T 19002—1994 idt ISO 9002:1994
有效期:2000.12.1～2003.12.11

大庆黑鸟有限公司
地址:黑龙江大庆开发区高新路21号
邮政编码:163316
证书注册编号:0600B0379
体系认证标准:GB/T 19002—1994 idt ISO 9002:1994
有效期:2000.12.1～2003.12.14

大庆开发区庆昌作业工程有限公司
地址:黑龙江大庆开发区市场街13号
邮政编码:163316
证书注册编号:0600B0380
体系认证标准:GB/T 19002—1994 idt ISO 9002:1994
有效期:2000.12.1～2003.12.14

天津市电信器材厂
地址:天津市西青区西青道金霞路8号
邮政编码:300112
证书注册编号:0600B0381
体系认证标准:GB/T 19002—1994 idt ISO 9002:1994
有效期:2000.12.1～2003.12.14

河南中孚实业股份有限公司
地址:河南省巩义市新华路31号
邮政编码:451200
证书注册编号:0600B0382
体系认证标准:GB/T 19002—1994 idt ISO 9002:1994
有效期:2000.12.1～2003.12.14

齐齐哈尔铁路分局三间房车辆段
地址:黑龙江省齐齐哈尔市昂昂溪区三间房
邮政编码:161031
证书注册编号:0600B0383
体系认证标准:GB/T 19002—1994 idt ISO 9002:1994
有效期:2000.12.1～2003.12.15

天津电力工程建设监理公司
地址:天津市河北区东河沿大街36号
邮政编码:300143
证书注册编号:0600B0384
体系认证标准:GB/T 19002—1994 idt ISO 9002:1994
有效期:2000.12.1～2003.12.18

齐齐哈尔铁路分局齐齐哈尔车辆段
地址:黑龙江省齐齐哈尔市中华东路桥洞子胡同
邮政编码:161002
证书注册编号:0600B0385
体系认证标准:GB/T 19002—1994 idt ISO 9002:1994
有效期:2000.12.1～2003.12.19

开封市五一油漆厂
地址:河南省开封市五一路南段51号
邮政编码:475003
证书注册编号:0600B0386
体系认证标准:GB/T 19002—1994 idt ISO 9002:1994
有效期:2000.12.1～2003.12.19

哈尔滨市自行车工业公司锻压件厂
地址:黑龙江省哈尔滨市香坊区公滨路114号
邮政编码:150030
证书注册编号:0600B0387
体系认证标准:GB/T 19002—1994 idt ISO 9002:1994
有效期:2000.12.1～2003.12.19

天津盛达安全科技实业公司
地址:天津市南开区卫津南路92号
邮政编码:300381
证书注册编号:0600A0388
体系认证标准:GB/T 19001—1994 idt ISO 9001:1994
有效期:2000.12.1～2003.12.19

山东省巨野县建筑工程公司
地址:山东省巨野县城人民路254号
邮政编码:274900
证书注册编号:0600B0389
体系认证标准:GB/T 19002—1994 idt ISO 9002:1994
有效期:2000.12.21～2003.12.21

***肥城矿务局宏扬实业公司焊管厂**
地址:山东省肥城市老城镇杨庄矿宿舍
邮政编码:271601
电话:(0538)3480155
传真:(0538)3480155
法定代表人:曹际成
证书注册编号:0600B0390
体系认证标准:GB/T 19002—1994 idt ISO 9002:1994
获证体系覆盖产品:50×100mm以下的矩型管和方管的生产
有效期:2000.12.21～2003.12.20

齐齐哈尔铁路分局车轮厂
地址:黑龙江省齐齐哈尔市铁锋区先锋大街46号
邮政编码:161000
证书注册编号:0600B0391
体系认证标准:GB/T 19002—1994 idt ISO 9002:1994
有效期:2000.12.21～2003.12.21

沈阳市勘察测绘研究院
地址:辽宁沈阳市沈河区彩塔街15号
邮政编码:110015
证书注册编号:0600A0392
体系认证标准:GB/T 19001—1994 idt ISO 9001:1994
有效期:2000.12.22～2003.12.22

中国铁路物资天津公司
地址:天津市河东区津塘路21号
邮政编码:300171
证书注册编号:0600B0393
体系认证标准:GB/T 19002—1994 idt ISO 9002:1994
有效期:2000.12.22～2003.12.22

哈尔滨卷烟厂劳动服务公司
地址:黑龙江省哈尔滨市南岗区一曼街69号
邮政编码:150001
证书注册编号:0600B0394
体系认证标准:GB/T 19002—1994 idt ISO 9002:1994
有效期:2000.12.22～2003.12.22

哈尔滨会友轩食品有限公司
地址:哈尔滨市道里区民茂街18号
邮政编码:150076
证书注册编号:0600B0395
体系认证标准:GB/T 19002—1994 idt ISO 9002:1994
有效期:2000.12.22～2003.12.22

天津市机关行政管理局汽车服务公司
地址:天津市河西区宾水道与宾西路交口车库
邮政编码:300061
证书注册编号:0600B0396
体系认证标准:GB/T 19002—1994 idt ISO 9002:1994
有效期:2000.12.22～2003.12.22

天津市碟形弹簧制造厂

地址:天津市河北区榆关道25号
邮政编码:300230
证书注册编号:0600B0397
体系认证标准:GB/T 19002—1994 idt ISO 9002:1994
有效期:2000.12.22~2003.12.22

甘肃省电力设计院
地址:甘肃省兰州市嘉峪关西路354号
邮政编码:730020
证书注册编号:0600A0398
体系认证标准:GB/T 19001—1994 idt ISO 9001:1994
有效期:2000.12.22~2003.12.22

天津市东宝润滑油脂有限公司
地址:天津市大港油田物探公司西
邮政编码:300280
证书注册编号:0600B0399
体系认证标准:GB/T 19002—1994 idt ISO 9002:1994
有效期:2000.12.22~2003.12.22

天津天重车轴制造有限公司
地址:天津市北辰区高峰路(天重厂内)
邮政编码:300400
证书注册编号:0600B0400
体系认证标准:GB/T 19002—1994 idt ISO 9002:1994
有效期:2000.12.22~2003.12.22

天津环球特种丝有限公司
地址:天津市西青区杨庄子玉门路
邮政编码:300112
证书注册编号:0600B0401
体系认证标准:GB/T 19002—1994 idt ISO 9002:1994
有效期:2000.12.25~2003.12.25

固安铁路信号分厂
地址:河北省固安县新中街一号
邮政编码:065500
证书注册编号:0600B0402
体系认证标准:GB/T 19002—1994 idt ISO 9002:1994
有效期:2000.12.25~2003.12.25

天津市纺织建筑设计院
地址:天津市南开区白堤路27号
邮政编码:300193
证书注册编号:0600A0403
体系认证标准:GB/T 19001—1994 idt ISO 9001:1994
有效期:2000.12.26~2003.12.26

哈尔滨医药股份有限公司医药商业分公司
地址:黑龙江省哈尔滨市道外区中马路24号
邮政编码:150020
证书注册编号:0600B0404
体系认证标准:GB/T 19002—1994 idt ISO 9002:1994
有效期:2000.12.26~2003.12.26

天津市辰建塑钢门窗厂
地址:天津市北辰区天穆镇铁东路勤俭工业区3号路
邮政编码:300400
证书注册编号:0600B0405
体系认证标准:GB/T 19002—1994 idt ISO 9002:1994
有效期:2000.12.26~2003.12.26

唐山供电设计院
地址:河北省唐山市国防道苑南里
邮政编码:063000
证书注册编号:0600A0406
体系认证标准:GB/T 19001—1994 idt ISO 9001:1994
有效期:2000.12.27~2003.12.27

***山东临清洪流化工总公司**
地址:山东省临清市更道街248号
邮政编码:252600
电话:(0635)2341099
传真:(0635)2340968
法定代表人:李娜莉
证书注册编号:0600B0407
体系认证标准:GB/T 19002—1994 idt ISO 9002:1994
获证体系覆盖产品:油漆、清漆的生产
有效期:2000.12.28~2003.12.28

天津市汉沽富力精轧管厂
地址:天津市汉沽区新开北路12号
邮政编码:300480
证书注册编号:0600B0408
体系认证标准:GB/T 19002—1994 idt ISO 9002:1994
有效期:2000.12.28~2003.12.28

天津市博马车业有限公司
地址:天津市北辰区铁东路北头
邮政编码:300400
证书注册编号:0600A0409
体系认证标准:GB/T 19001—1994 idt ISO 9001:1994
有效期:2000.12.28~2003.12.28

大庆华谊实业总公司化学助剂厂
地址:黑龙江省大庆市萨尔图区登峰村
邮政编码:163211
证书注册编号:0600B0410
体系认证标准:GB/T 19002—1994 idt ISO 9002:1994
有效期:2000.12.28~2003.12.28

开滦(集团)建设工程有限公司
地址:河北省唐山市增盛东路
邮政编码:063000
证书注册编号:0600B0411
体系认证标准:GB/T 19002—1994 idt ISO 9002:1994
有效期:2000.12.28~2003.12.28

大庆市福收玻璃钢厂
地址:黑龙江省大庆市让胡路区西泽路8号
邮政编码:163453
证书注册编号:0600B0412
体系认证标准:GB/T 19002—1994 idt ISO 9002:1994
有效期:2000.12.28~2003.12.28

天津外贸蓟县包装制品厂
地址:天津市蓟县穿芳峪乡田蔡庄村
邮政编码:301909
证书注册编号:0600B0413
体系认证标准:GB/T 19002—1994 idt ISO 9002:1994
有效期:2000.12.28~2003.12.28

宜昌九州置业有限公司
地址:湖北省宜昌市(西坝)建设路1号
邮政编码:443002
证书注册编号:0600B0414
体系认证标准:GB/T 19002—1994 idt ISO 9002:1994
有效期:2000.12.28~2003.12.28

中国石油化工股份有限公司天津分公司炼油厂
地址:天津市大港区上古林西
邮政编码:300271
证书注册编号:0600B0415

体系认证标准:GB/T 19002—1994 idt ISO 9002:1994
有效期:2000.12.28～2003.12.28

天津名古屋工业有限公司
地址:天津市大港区大港油田港中西段
邮政编码:300280
证书注册编号:0600B0416
体系认证标准:GB/T 19002—1994 idt ISO 9002:1994
有效期:2000.12.28～2003.12.28

江西省建筑设计研究总院
地址:江西省南昌市省府大院北二路66号
邮政编码:330046
证书注册编号:0600A0417
体系认证标准:GB/T 19001—1994 idt ISO 9001:1994
有效期:2000.12.28～2003.12.28

贵阳永佳机械电器厂
地址:贵州省贵阳市云岩区茶店黄山冲1号
邮政编码:550004
证书注册编号:0600B0418
体系认证标准:GB/T 19002—1994 idt ISO 9002:1994
有效期:2000.12.28～2003.12.28

哈尔滨松雷国际商厦
地址:黑龙江省哈尔滨道里区中央大街66号
邮政编码:150010
证书注册编号:0600B0419
体系认证标准:GB/T 19002—1994 idt ISO 9002:1994
有效期:2000.12.29～2003.12.29

辽宁银华物业有限公司
地址:黑龙江省沈阳市和平区南京北街192号
邮政编码:110001
证书注册编号:0600B0420
体系认证标准:GB/T 19002—1994 idt ISO 9002:1994
有效期:2000.12.29～2003.12.29

贵阳市麟山黄磷厂
地址:贵州省贵阳市花溪区思丫工业区
邮政编码:550025
证书注册编号:0600B0421
体系认证标准:GB/T 19002—1994 idt ISO 9002:1994
有效期:2000.12.29～2003.12.29

新疆友好(集团)股份有限公司天山百货大楼
地址:新疆乌鲁木齐市和平北路70号
邮政编码:830002
证书注册编号:0600B0422
体系认证标准:GB/T 19002—1994 idt ISO 9002:1994
有效期:2000.12.29～2003.12.29

贵州汽车修理公司
地址:贵州省贵阳市北京路260号
邮政编码:550004
证书注册编号:0600B0423
体系认证标准:GB/T 19002—1994 idt ISO 9002:1994
有效期:2000.12.29～2003.12.29

贵阳中建建筑设计院
地址:贵州省贵阳市威清路8号
邮政编码:550003
证书注册编号:0600A0424
体系认证标准:GB/T 19001—1994 idt ISO 9001:1994
有效期:2000.12.29～2003.12.29

天津市红桥建筑工程有限公司
地址:天津市红桥区估衣街归贾胡同58号
邮政编码:300131
证书注册编号:0600B0425
体系认证标准:GB/T 19002—1994 idt ISO 9002:1994
有效期:2000.12.29～2003.12.29

天津市城市规划设计研究院
地址:天津市河西区黄埔南路81号万顺温泉花园B座11层
邮政编码:300201
证书注册编号:0600A0426
体系认证标准:GB/T 19001—1994 idt ISO 9001:1994
有效期:2000.12.29～2003.12.29

天津市亚美电子器材厂
地址:天津市河西区洞庭路25号
邮政编码:300220
证书注册编号:0600B0427
体系认证标准:GB/T 19002—1994 idt ISO 9002:1994
有效期:2000.12.29～2003.12.29

天津市第三房屋建筑工程公司
地址:天津市和平区哈密道53号
邮政编码:300020
证书注册编号:0600B0428
体系认证标准:GB/T 19002—1994 idt ISO 9002:1994
有效期:2000.12.29～2003.12.29

金龙机电有限公司
地址:浙江乐清市白象工业区
邮政编码:325603
证书注册编号:0600A0429
体系认证标准:GB/T 19001—1994 idt ISO 9001:1994
有效期:2000.12.30～2003.12.30

哈尔滨虹桥金属制品有限公司
地址:黑龙江省哈尔滨市平房区龙滨路34号
邮政编码:150066
证书注册编号:0600B0430
体系认证标准:GB/T 19002—1994 idt ISO 9002:1994
有效期:2000.12.30～2003.12.30

天津市亿盈汽车空调器件开发有限公司
地址:天津市西青区西青道曹庄子路口(万年饭店院内)
邮政编码:300380
证书注册编号:0600B0431
体系认证标准:GB/T 19002—1994 idt ISO 9002:1994
有效期:2000.12.30～2003.12.30

天津市建筑工程监理公司
地址:天津市河西区解放南路351号新安大厦12层
邮政编码:300202
证书注册编号:0600B0432
体系认证标准:GB/T 19002—1994 idt ISO 9002:1994
有效期:2000.12.30～2003.12.30

柳州铁路勘测设计院
地址:广西柳州市鹅山路41号
邮政编码:545007
证书注册编号:0600A0433
体系认证标准:GB/T 19001—1994 idt

ISO 9001:1994
有效期:2000.12.30～2003.12.30

沁阳市东兴玻璃钢制品厂
地址:河南省沁阳市西向工业区
邮政编码:454591
证书注册编号:0600B0434
体系认证标准:GB/T 19002—1994 idt ISO 9002:1994
有效期:2000.12.30～2003.12.30

天津市宝晨化工有限公司
地址:天津市宝坻县大口屯镇
邮政编码:301801
证书注册编号:0600B0435
体系认证标准:GB/T 19002—1994 idt ISO 9002:1994
有效期:2000.12.30～2003.12.30

贵州商业储运(集团)有限公司
地址:贵州省贵阳市嘉润路269号
邮政编码:550005
证书注册编号:0600B0436
体系认证标准:GB/T 19002—1994 idt ISO 9002:1994
有效期:2000.12.31～2003.12.31

屹昌装饰设计工程(天津)有限公司
地址:天津市河东区八经路23号方达大厦A区七楼
邮政编码:300012
证书注册编号:0600A0437
体系认证标准:GB/T 19001—1994 idt ISO 9001:1994
有效期:2000.12.31～2003.12.31

沈阳塑料管业有限公司
地址:黑龙江沈阳市大东区青光街2号
邮政编码:110041
证书注册编号:0600B0438
体系认证标准:GB/T 19002—1994 idt ISO 9002:1994
有效期:2000.12.31～2003.12.31

天津市飞亚达车胎厂
地址:天津市西青区张家窝镇小甸子村
邮政编码:300380
证书注册编号:0600B0439
体系认证标准:GB/T 19002—1994 idt ISO 9002:1994
有效期:2000.12.31～2003.12.31

沈阳东北工程监理有限公司
地址:黑龙江省沈阳市和平区光荣街59号
邮政编码:110006
证书注册编号:0600B0440
体系认证标准:GB/T 19002—1994 idt ISO 9002:1994
有效期:2000.12.31～2003.12.31

哈尔滨宜东家具装饰有限公司
地址:黑龙江省哈尔滨市南岗区工电路40号
邮政编码:150080
证书注册编号:0600B0441
体系认证标准:GB/T 19002—1994 idt ISO 9002:1994
有效期:2000.12.31～2003.12.31

天津市三环染料化学工业总厂
地址:天津市西青区津涞公路程村北
邮政编码:300384
证书注册编号:0600B0442
体系认证标准:GB/T 19002—1994 idt ISO 9002:1994
有效期:2000.12.31～2003.12.31

成武县机电厂
地址:山东省成武县伯乐大街124号
邮政编码:274200
证书注册编号:0600B0443
体系认证标准:GB/T 19002—1994 idt ISO 9002:1994
有效期:2000.12.31～2003.12.31

宜昌华银物业管理公司
地址:湖北省宜昌市胜利四路20号
邮政编码:443000
证书注册编号:0600B0444
体系认证标准:GB/T 19002—1994 idt ISO 9002:1994
有效期:2000.12.31～2003.12.31

***天津博苑高新材料有限公司**
地址:天津市南开区科研东路1号
邮政编码:300192
电话:(022)87891544
传真:(022)87892045
法定代表人:呼克健
证书注册编号:0600A0445
体系认证标准:GB/T 19001—1994 idt ISO 9001:1994
获证体系覆盖产品:粘合剂系列、油墨光油系列产品设计开发制造
有效期:2000.12.31～2003.12.30

天津市公用工程建设监理公司
地址:天津市河西区平山道2号
邮政编码:300074
证书注册编号:0600B0446
体系认证标准:GB/T 19002—1994 idt ISO 9002:1994
有效期:2000.12.31～2003.12.31

华斯防腐工程有限公司
地址:北京市西城区六铺炕街一号
邮政编码:100011
证书注册编号:0600B0447
体系认证标准:GB/T 19002—1994 idt ISO 9002:1994
有效期:2000.12.31～2003.12.31

天津市西青区新三利汽车电器厂
地址:天津市西青区杨柳青镇前桑园村
邮政编码:300380
证书注册编号:0600B0448
体系认证标准:GB/T 19002—1994 idt ISO 9002:1994
有效期:2000.12.31～2003.12.31

天津市统建混凝土有限公司统建混凝土搅拌站
地址:天津市河东区卫国道东头武警加油站旁
邮政编码:300163
证书注册编号:0600B0449
体系认证标准:GB/T 19002—1994 idt ISO 9002:1994
有效期:2000.12.31～2003.12.31

东北质量体系审核中心

沈阳电信寻呼股份有限公司
地址:辽宁沈阳市和平区中山路225号
邮政编码:110002
证书注册编号:0700B0001
体系认证标准:GB/T19002－1994 idt ISO9002:1994
有效期:2000.01.18～2003.01.17

辽宁省建设科学研究院辽宁省工程质量检测中心
地址:辽宁省沈阳市和平南大街88号
邮政编码:110005
证书注册编号:0700B0004
体系认证标准:GB/T19002－1994 idt ISO9002:1994
有效期:2000.01.22～2003.01.21

大连绿源精细化工有限公司
地址:辽宁省大连市金州区登沙河镇姜家村
邮政编码:116105
电话:(0411)7231698
证书注册编号:0700A0002
体系认证标准:GB/T19001－1994 idt ISO9001:1994
有效期:2000.01.22～2003.01.21

沈阳长桥胶带有限公司
地址:辽宁省沈阳市于洪区黄河北大街东山西路4号
邮政编码:110034
电话:(024)86800282
证书注册编号:0700B0005
体系认证标准:GB/T19002－1994 idt ISO9002:1994
有效期:2000.01.22～2003.01.21

辽宁省建设科学研究院
地址:辽宁省沈阳市和平南大街88号
邮政编码:110005
证书注册编号:0700A0003 0700B0003
体系认证标准:GB/T19001－1994 idt ISO9001:1994
GB/T19002－1994 idt ISO9002:1994
有效期:2000.01.22～2003.01.21

沈阳化工泵制造厂
地址:辽宁省沈阳市于洪区北李官
邮政编码:110141
证书注册编号:0700B0006
体系认证标准:GB/T19002－1994 idt ISO9002:1994
有效期:2000.01.22～2003.01.21

盘锦久和新型建材有限公司
地址:辽宁省盘锦市兴隆台工业开发区
邮政编码:124013
证书注册编号:0700B0007
体系认证标准:GB/T19002－1994 idt ISO9002:1994
有效期:2000.01.22～2003.01.21

鞍山市电力安装总公司
地址:辽宁省鞍山市千山区前峪路
邮政编码:114041
证书注册编号:0700B0011
体系认证标准:GB/T19002－1994 idt ISO9002:1994
有效期:2000.02.02～2003.02.01

辽阳大成实业有限责任公司
地址:辽宁省辽阳市青年大街18号
邮政编码:111000
证书注册编号:0700A0008
体系认证标准:GB/T19001－1994 idt ISO9001:1994
有效期:2000.01.22～2003.01.21

抚顺电力建设有限公司
地址:辽宁抚顺市新抚区永济路19号
邮政编码:113015
证书注册编号:0700B0012
体系认证标准:GB/T19002－1994 idt ISO9002:1994
有效期:2000.02.02～2003.02.01

辽阳石化分公司聚酯二厂
地址:辽宁省辽阳市宏伟区东环路九号
邮政编码:111003
证书注册编号:0700B0009
体系认证标准:GB/T19002－1994 idt ISO9002:1994
有效期:2000.02.02～2003.02.01

大庆市龙庆集团有限公司
地址:黑龙江省大庆市高新技术开发区高新路22号
邮政编码:163316
证书注册编号:0700B0013
体系认证标准:GB/T19001－1994 idt ISO9001:1994
有效期:2000.02.02～2003.02.01

沈阳星辰化工有限公司
地址:辽宁省沈阳市苏家屯区雪莲街117号
邮政编码:110101
证书注册编号:0700B0010
体系认证标准:GB/T19002－1994 idt ISO9002:1994
有效期:2000.02.02～2003.02.01

沈阳东宇药业有限公司
地址:辽宁省沈阳市于洪区长江北街100－18号
邮政编码:110036
证书注册编号:0700B0014
体系认证标准:GB/T19002－1994 idt ISO9002:1994
有效期:2000.02.02～2003.02.01

吴江东方大王保险箱有限公司
地址:江苏吴江市莘塔镇新传路244号
邮政编码:215213
证书注册编号:0700B0015
体系认证标准:GB/T19002－1994 idt

ISO9002:1994
有效期:2000.02.02～2003.02.01

沈阳市风华西装厂
地址:辽宁省沈阳市铁西区南九中路27号
邮政编码:110023
证书注册编号:0700B0019
体系认证标准:GB/T19002－1994 idt ISO9002:1994
有效期:2000.02.02～2003.02.01

吴江丝路保险箱有限公司
地址:江苏吴江市莘塔镇新传路244号
邮政编码:215213
证书注册编号:0700B0016
体系认证标准:GB/T19002－1994 idt ISO9002:1994
有效期:2000.02.02～2003.03.01

大连第一有机化工厂
地址:辽宁省大连市甘井子区振兴路201号
邮政编码:116113
证书注册编号:0700B0020
体系认证标准:GB/T19002－1994 idt ISO9002:1994
有效期:2000.02.02～2003.02.01

辽阳石化分公司炼油厂
地址:辽宁辽阳市宏伟区西环路10号
邮政编码:111003
证书注册编号:0700B0017
体系认证标准:GB/T19001－1994 idt ISO9001:1994
有效期:2000.02.02～2003.02.01

沈阳水泵厂特殊泵厂
地址:辽宁沈阳市于洪区于洪乡东民村
邮政编码:110141
证书注册编号:0700B0021
体系认证标准:GB/T19001－1994 idt ISO9001:1994
有效期:1999.02.26～2002.02.25

常熟市东神电子器件公司
地址:江苏省常熟市支塘镇
邮政编码:215531
证书注册编号:0700B0018
体系认证标准:GB/T19001－1994 idt ISO9001:1994
有效期:2000.02.02～2003.02.01

大连冰山巴尔的摩空气盘管制冷有限公司
地址:辽宁大连市沙河口区连山街4号
邮政编码:116023
证书注册编号:0700B0022
体系认证标准:GB/T19002－1994 idt ISO9002:1994
有效期:2000.02.26～2003.02.25

丹东鸭绿江啤酒有限责任公司
地址:辽宁丹东市元宝区九道街82号
邮政编码:118001
证书注册编号:0700B0023
体系认证标准:GB/T19002－1994 idt ISO9002:1994
有效期:2000.02.26～2003.02.25

沈阳蓝天科技实业有限公司
地址:辽宁省沈阳市东陵区营南西一街45号
邮政编码:110168
证书注册编号:0700B0027
体系认证标准:GB/T19002－1994 idt ISO9002:1994
有效期:2000.2.26～2003.2.25

大连大力电脑机床有限公司
地址:辽宁省大连市甘井子区丰收路286号
邮政编码:116033
证书注册编号:0700B0024
体系认证标准:GB/T19002－1994 idt ISO9002:1994
有效期:2000.02.26～2003.02.25

沈阳海汇电力有限公司
地址:辽宁省沈阳市经济技术开发区昆明湖街58号
邮政编码:110141
证书注册编号:0700B0028
体系认证标准:GB/T19002－1994 idt ISO9002:1994
有效期:2000.02.26～2003.02.25

常熟市第二异型钢管有限公司
常熟市义峰合金钢管厂
地址:江苏省常熟市大义镇义虞路1号
邮政编码:215557
证书注册编号:0700B0025－1;
0700B0025－2
体系认证标准:GB/T19002－1994 idt ISO9002:1994
有效期:2000.02.26～2003.02.25

营口市线缆实业总公司
地址:辽宁省营口市老边区路南镇
邮政编码:115005
证书注册编号:0700B0029
体系认证标准:GB/T19002－1994 idt ISO9002:1994
有效期:2000.02.26～2003.02.25

沈阳市北方电碳制造公司
地址:辽宁沈阳市和平区砂南路14号
邮政编码:110005
证书注册编号:0700B0026
体系认证标准:GB/T19002－1994 idt ISO9002:1994
有效期:2000.02.26～2003.02.25

辽宁无线电压铸厂
地址:辽宁省沈阳市于洪区陵西街近河巷1号
邮政编码:110036
电话:(024)86806958
证书注册编号:0700B0030
体系认证标准:GB/T19002－1994 idt ISO9002:1994
有效期:2000.02.26～2003.02.25

吴江市松陵不燃型无机玻璃钢厂
地址:江苏省吴江市松陵镇联湖村
邮政编码:215200
证书注册编号:0700A0031
体系认证标准:GB/T19001－1994 idt ISO9001:1994
有效期:2000.02.26～2003.02.25

盘锦市双东仪表厂
地址:辽宁省盘锦市双台子胜利小区艳阳街120号
邮政编码:124021
证书注册编号:0700B0035
体系认证标准:GB/T19002－1994 idt ISO9002:1994
有效期:2000.03.18～2003.03.17

营口大祥塑料制品有限公司
地址:辽宁省营口市河口开发二区风光里7号
邮政编码:115000
证书注册编号:0700B0032
体系认证标准:GB/T19002－1994 idt ISO9002:1994

有效期:2000.03.18～2003.03.17

冶金工业部节能中心常熟喷嘴厂
地址:江苏省常熟市福山
邮政编码:215522
证书注册编号:0700B0036
体系认证标准:GB/T19002－1994 idt ISO9002:1994
有效期:2000.03.18～2003.03.17

辽阳电磁线总厂
地址:辽宁省辽阳市北新华路16－3号
邮政编码:111000
证书注册编号:0700B0033
体系认证标准:GB/T19002－1994 idt ISO9002:1994
有效期:2000.03.18～2003.03.17

沈阳市第二互感器厂
地址:辽宁省沈阳市皇姑区天山路双兴里22巷
邮政编码:110036
证书注册编号:0700B0037
体系认证标准:GB/T19002－1994 idt ISO9002:1994
有效期:2000.03.18～2003.03.17

盘锦乙烯工业公司
地址:辽宁省盘锦市双台子区六里河
邮政编码:124021
证书注册编号:0700B0034
体系认证标准:GB/T19002－1994 idt ISO9002:1994
有效期:2000.03.18～2003.03.17

大连金胜钢球厂
地址:辽宁省大连市金州区得胜镇
邮政编码:116108
证书注册编号:0700B0038
体系认证标准:GB/T19002－1994 idt ISO9002:1994
有效期:2000.03.18～2003.03.17

沈阳北佳通用线缆厂
地址:辽宁省沈阳市新城子区飞马街12号
邮政编码:110121
证书注册编号:0700B0039
体系认证标准:GB/T19002－1994 idt ISO9002:1994
有效期:2000.03.18～2003.03.17

牡丹江电力实业集团有限公司
地址:黑龙江省牡丹江市太平路1号
邮政编码:157000
证书注册编号:0700B0040
体系认证标准:GB/T19002－1994 idt ISO9002:1994
有效期:2000.03.18～2003.03.17

辽阳大成实业有限责任公司
地址:辽宁省辽阳市青年大街18号
邮政编码:111000
证书注册编号:0700A0008－1
体系认证标准:GB/T19001－1994 idt ISO9001:1994
有效期:2000.01.22～2003.01.21

辽阳市计算机应用技术研究所
证书注册编号:0700A0008－2
有效期:2000.04.01～2003.03.31

沈阳市跃进高强度标准件厂
地址:辽宁沈阳市于洪区沈新路62号
邮政编码:110141
证书注册编号:0700B0041
体系认证标准:GB/T19002－1994 idt ISO9002:1994
有效期:2000.04.01～2003.03.31

鞍山钢丝集团有限公司
地址:辽宁省鞍山市铁西区环钢路厂南街一号
邮政编码:114012
证书注册编号:0700B0044
体系认证标准:GB/T19002－1994 idt ISO9002:1994
有效期:2000.04.01～2003.03.31

苏州市胜天特种电器厂
地址:江苏省吴江市盛泽镇北
邮政编码:215228
证书注册编号:0700B0042
体系认证标准:GB/T19002－1994 idt ISO9002:1994
有效期:2000.04.01～2003.03.31

四平市流体设备制造厂
地址:吉林省四平市铁东区平区大路166号
邮政编码:136001
证书注册编号:0700B0045
体系认证标准:GB/T19002－1994 idt ISO9002:1994
有效期:2000.04.01～2003.03.31

吴江市新达电扶梯成套配件有限责任公司
地址:江苏省吴江市莘塔镇大街256号
邮政编码:215213
证书注册编号:0700B0043
体系认证标准:GB/T19002－1994 idt ISO9002:1994
有效期:2000.04.01～2003.03.31

大石桥市新型电熔镁砂厂
地址:辽宁大石桥市钢都管理区新民村
邮政编码:115100
证书注册编号:0700B0046
体系认证标准:GB/T19002－1994 idt ISO9002:1994
有效期:2000.04.01～2003.03.31

丹东日飞医疗器械有限公司
地址:辽宁丹东市元宝区东齐路39号
邮政编码:118001
证书注册编号:0700B0047
体系认证标准:GB/T19002－1994 idt ISO9002:1994
有效期:2000.04.01～2003.03.31

大连国森漆业有限公司
地址:辽宁省庄河市栗子房镇地音河村
邮政编码:116415
证书注册编号:0700B0051
体系认证标准:GB/T19002－1994 idt ISO9002:1994
有效期:2000.04.30～2003.04.29

华鹤集团有限公司
地址:黑龙江省齐齐哈尔市龙沙区新立街52号
邮政编码:161005
证书注册编号:0700A0048
体系认证标准:GB/T19001－1994 idt ISO9001:1994
有效期:2000.04.08～2003.04.07

大连联合包装制品有限公司
地址:辽宁大连市西岗区群建巷29号
邮政编码:116021
证书注册编号:0700B0052
体系认证标准:GB/T19002－1994 idt ISO9002:1994
有效期:2000.04.30～2003.04.29

抚顺石化北天集团华阳公司
地址:辽宁省抚顺市沈抚路南线20号
邮政编码:113001
证书注册编号:0700B0049
体系认证标准:GB/T19002－1994 idt ISO9002:1994
有效期:2000.04.08～2003.04.07

营口中板厂
地址:辽宁省营口市老边区
邮政编码:115005
证书注册编号:0700B0053
体系认证标准:GB/T19002－1994 idt ISO9002:1994
有效期:2000.04.30～2003.04.29

沈阳电器控制设备厂
地址:辽宁省沈阳市东陵区长白街129－8号
邮政编码:110166
证书注册编号:0700A0050
体系认证标准:GB/T19001－1994 idt ISO9001:1994
有效期:2000.04.19～2003.04.18

东北电业管理局送变电工程公司
地址:辽宁省沈阳市和平区十一纬路11号
邮政编码:110003
证书注册编号:0700B0054
体系认证标准:GB/T19002－1994 idt ISO9002:1994
有效期:2000.04.30～2003.04.29

沈阳市黎明电机厂
地址:辽宁省沈阳新民市兴隆堡镇
邮政编码:110316
证书注册编号:0700B0055
体系认证标准:GB/T19002－1994 idt ISO9002:1994
有效期:2000.04.30～2003.04.29

铁岭市塑料电线厂
地址:辽宁铁岭市银州区人民路14号
邮政编码:112000
证书注册编号:0700B0059
体系认证标准:GB/T19002－1994 idt ISO9002:1994
有效期:2000.04.30～2003.04.29

大连金林辐射技术产品有限公司
地址:辽宁省大连市金州区友谊街道大苏路
邮政编码:116100
证书注册编号:0700B0056
体系认证标准:GB/T19002－1994 idt ISO9002:1994
有效期:2000.04.30～2003.04.29

沈阳市向阳橡胶厂
地址:辽宁省新民市三道岗乡
邮政编码:110314
证书注册编号:0700B0060
体系认证标准:GB/T19002－1994 idt ISO9002:1994
有效期:2000.04.30～2003.04.29

大连波罗勒钢管有限公司
地址:辽宁省大连市西南路931号
邮政编码:116033
证书注册编号:0700B0057
体系认证标准:GB/T19002－1994 idt ISO9002:1994
有效期:2000.04.30～2003.04.29

盖州市电工设备制造有限公司
地址:辽宁省盖州市红旗大街159号
邮政编码:115200
证书注册编号:0700B0061
体系认证标准:GB/T19002－1994 idt ISO9002:1994
有效期:2000.04.30～2003.04.29

朝重(集团)有限责任公司
地址:辽宁省朝阳市双塔区黄河路三段22号
邮政编码:122000
证书注册编号:0700A0058
体系认证标准:GB/T19001－1994 idt ISO9001:1994
有效期:2000.04.30～2003.04.29

哈尔滨统一企业有限公司
地址:黑龙江省哈尔滨市经济技术开发区综合工业区青岛路
邮政编码:150060
证书注册编号:0700B0062
体系认证标准:GB/T19002－1994 idt ISO9002:1994
有效期:2000.04.30～2003.04.29

锦州电力设备厂
地址:辽宁省锦州市解放西路157号
邮政编码:121012
证书注册编号:0700B0063
体系认证标准:GB/T19002－1994 idt ISO9002:1994
有效期:2000.04.30～2003.04.29

沈阳萃华金银制品实业公司
地址:辽宁省沈阳市大东区北顺城路萃华巷72号
邮政编码:110041
证书注册编号:0700B0067
体系认证标准:GB/T19002－1994 idt ISO9002:1994
有效期:2000.04.30～2003.04.29

丹东光清电气有限公司
地址:辽宁丹东市振兴区桃源街42号
邮政编码:118002
证书注册编号:0700B0064
体系认证标准:GB/T19002－1994 idt ISO9002:1994
有效期:2000.04.30～2003.04.29

黑龙江北大仓集团有限公司
地址:黑龙江省齐齐哈尔市龙沙区海山胡同10号
邮政编码:161005
证书注册编号:0700B0068
体系认证标准:GB/T19002－1994 idt ISO9002:1994
有效期:2000.04.30～2003.04.29

沈阳铁路工程建设集团有限公司
地址:辽宁省沈阳市沈河区敬宾街3－1号
邮政编码:110013
证书注册编号:0700B0065
体系认证标准:GB/T19002－1994 idt ISO9002:1994
有效期:2000.04.30～2003.04.29

大连房屋建设监理有限公司
地址:辽宁省大连市沙河口区中山路522号
邮政编码:116021
证书注册编号:0700B0069
体系认证标准:GB/T19002－1994 idt ISO9002:1994
有效期:2000.04.30～2003.04.29

长春汽车研究所汽车电子电器公司分电器厂
地址:辽宁省凤城市凤山路565号

邮政编码:118100
证书注册编号:0700B0066
体系认证标准:GB/T19002-1994 idt ISO9002:1994
有效期:2000.04.30~2003.04.29

营口卷烟厂
地址:辽宁营口市站前区惠和里108号
邮政编码:115002
证书注册编号:0700B0070
体系认证标准:GB/T19002-1994 idt ISO9002:1994
有效期:2000.05.19~2003.05.18

沈阳石化流程泵厂
地址:辽宁省沈阳市铁西区重工南街10-1号
邮政编码:110024
证书注册编号:0700A0071
体系认证标准:GB/T19001-1994 idt ISO9001:1994
有效期:2000.05.19~2003.05.18

丹东供电设备厂
地址:辽宁省丹东市哈蟆塘大街603号
邮政编码:118003
证书注册编号:0700B0075
体系认证标准:GB/T19002-1994 idt ISO9002:1994
有效期:2000.05.27~2003.05.26

鞍山达玛电力设备有限公司
地址:辽宁省鞍山市千山区汤岗子镇泉东一街3号
邮政编码:114048
证书注册编号:0700B0072
体系认证标准:GB/T19002-1994 idt ISO9002:1994
有效期:2000.05.27~2003.05.26

朝阳高新泵业有限公司
地址:辽宁朝阳市中山大街3段13号
邮政编码:122000
证书注册编号:0700B0076
体系认证标准:GB/T19002-1994 idt ISO9002:1994
有效期:2000.05.27~2003.05.26

大连华宁消防器材有限公司
地址:辽宁大连市金州区东山路95号
邮政编码:116100
证书注册编号:0700B0073
体系认证标准:GB/T19002-1994 idt ISO9002:1994
有效期:2000.05.27~2003.05.26

鞍山液化石油气钢瓶总厂
地址:辽宁鞍山市铁西区兴盛路169号
邮政编码:114012
证书注册编号:0700B0077
体系认证标准:GB/T19002-1994 idt ISO9002:1994
有效期:2000.05.27~2003.05.26

沈阳白云穗港装饰工程有限公司沈阳分公司
地址:辽宁省沈阳市皇姑区崇山中路63号
邮政编码:110031
证书注册编号:0700A0074
体系认证标准:GB/T19001-1994 idt ISO9001:1994
有效期:2000.05.27~2003.05.26

抚顺比欧西气体工业有限公司
地址:辽宁省抚顺市望花区和平路西段94号
邮政编码:113001
证书注册编号:0700B0078
体系认证标准:GB/T19002-1994 idt ISO9002:1994
有效期:2000.05.27~2003.05.26

东北制药总厂-巴斯夫(沈阳)维生素有限公司
地址:辽宁省沈阳经济技术开发区云海路88号
邮政编码:110141
证书注册编号:0700B0079
体系认证标准:GB/T19002-1994 idt ISO9002:1994
有效期:2000.05.27~2003.05.26

大连三能实业有限公司
地址:辽宁省大连市七贤岭高新技术产业园区三达路18号
邮政编码:116024
证书注册编号:0700A0083
体系认证标准:GB/T19001-1994 idt ISO9001:1994
有效期:2000.05.27~2003.05.26

辽宁万兴达有色金属制品有限公司
地址:辽宁省辽阳市辽阳县首山乡小赵台工业区
邮政编码:111200
证书注册编号:0700B0080
体系认证标准:GB/T19002-1994 idt ISO9002:1994
有效期:2000.05.27~2003.05.26

沈阳卷烟厂
地址:辽宁省沈阳市和平区和平北大街26号
邮政编码:110002
证书注册编号:0700B0084
体系认证标准:GB/T19002-1994 idt ISO9002:1994
有效期:2000.05.27~2003.05.26

铁岭市机械橡胶密封件厂
地址:辽宁省铁岭市经济开发区
邮政编码:112000
证书注册编号:0700B0081
体系认证标准:GB/T19002-1994 idt ISO9002:1994
有效期:2000.05.27~2003.05.26

辽河油田华飞蓄电池厂
地址:辽宁省盘锦市兴隆台区锦采街
邮政编码:121211
证书注册编号:0700B0085
体系认证标准:GB/T19002-1994 idt ISO9002:1994
有效期:2000.05.27~2003.05.26

吴江天龙电气化设备厂
地址:江苏省吴江市盛泽镇北郊
邮政编码:215228
证书注册编号:0700B0082
体系认证标准:GB/T19002-1994 idt ISO9002:1994
有效期:2000.05.27~2003.05.26

大连第一建筑工程公司
地址:辽宁大连市西岗区中山路143号
邮政编码:116011
证书注册编号:0700B0086
体系认证标准:GB/T19002-1994 idt ISO9002:1994
有效期:2000.05.27~2003.05.26

辽宁万恒科技有限公司
地址:辽宁省大连市甘七贤岭高新园区三达路18号
邮政编码:116024

证书注册编号:0700A0087
体系认证标准:GB/T19001－1994 idt ISO9001:1994
有效期:2000.05.27～2003.05.26

鞍山双岭水泥有限责任公司
地址:辽宁省鞍山市千山区七岭子镇南
邮政编码:114044
证书注册编号:0700B0088
体系认证标准:GB/T19002－1994 idt ISO9002:1994
有效期:2000.05.27～2003.05.26

沈阳禾丰牧业有限公司
地址:辽宁省沈阳市浑南高新技术开发区67号
邮政编码:110167
证书注册编号:0700B0089
体系认证标准:GB/T 19002－1994 idt ISO 9002:1994
有效期:2000.6～2003.6

沈阳福玺建设监理咨询有限公司
地址:辽宁省沈阳市沈河区北站路78号邮政大厦7楼
邮政编码:110013
证书注册编号:0700B0090
体系认证标准:GB/T 19002－1994 idt ISO 9002:1994
有效期:2000.6～2003.6

建平橡胶厂
地址:辽宁省建平县叶柏寿镇万寿路44号
邮政编码:112400
证书注册编号:0700B0091
体系认证标准:GB/T 19002－1994 idt ISO 9002:1994
有效期:2000.6～2003.6

沈阳洪盟建筑防水材料公司
地址:辽宁沈阳市于洪区黄海路36号
邮政编码:110141
证书注册编号:0700B0092
体系认证标准:GB/T 19002－1994 idt ISO 9002:1994
有效期:2000.6～2003.6

大连氧化锌厂
地址:辽宁省大连市金州区石河镇
邮政编码:116101
证书注册编号:0700B0093
体系认证标准:GB/T 19002－1994 idt ISO 9002:1994
有效期:2000.6～2003.6

梅河口市正昊电气成套设备有限公司
地址:吉林省梅河口市砂轮路
邮政编码:135000
证书注册编号:0700B0094
体系认证标准:GB/T 19002－1994 idt ISO 9002:1994
有效期:2000.6～2003.6

太仓市汽车内饰件厂
地址:江苏太仓市新塘镇新谊路33号
邮政编码:215436
证书注册编号:0700B0095
体系认证标准:GB/T 19002－1994 idt ISO 9002:1994
有效期:2000.6～2003.6

葫芦岛锌厂
地址:辽宁省葫芦岛市龙港区马仗房锌厂路24号
邮政编码:125003
证书注册编号:0700B0096
体系认证标准:GB/T 19002－1994 idt ISO 9002:1994
有效期:2000.6～2003.6

张家港市恩达泵业有限公司
地址:江苏省张家港市红旗镇红旗中路
邮政编码:215623
证书注册编号:0700B0097
体系认证标准:GB/T 19002－1994 idt ISO 9002:1994
有效期:2000.6～2003.6

齐齐哈尔启春汽车电子灯具有限公司
地址:黑龙江省齐齐哈尔市南苑开发区南萃街14号
邮政编码:161005
证书注册编号:0700B0098
体系认证标准:GB/T 19002－1994 idt ISO 9002:1994
有效期:2000.6～2003.6

阜新发电设备检修安装有限责任公司
地址:辽宁阜新市太平区火电街10号
邮政编码:123003
证书注册编号:0700B0099
体系认证标准:GB/T 19002－1994 idt ISO 9002:1994
有效期:2000.6～2003.6

沈阳市东陵电器控制设备有限公司
地址:辽宁省沈阳市东陵区东陵路榆树屯街7号
法定代表人:110161
证书注册编号:0700B0100
体系认证标准:GB/T 19002－1994 idt ISO 9002:1994
有效期:2000.6～2003.6

沈阳微电机制造有限公司
地址:辽宁沈阳市大东区辽沈二街七号
邮政编码:110044
证书注册编号:0700B0101
体系认证标准:GB/T 19002－1994 idt ISO 9002:1994
有效期:2000.6～2003.6

沈阳第一水泵厂
地址:辽宁省沈阳市铁西区应昌街九号
邮政编码:110021
证书注册编号:0700A0102
体系认证标准:GB/T 19001－1994 idt ISO 9001:1994
有效期:2000.6～2003.6

沧州唯王橡胶制品有限公司
地址:河北省沧县旧州镇东关村
邮政编码:61023
证书注册编号:0700B0103
体系认证标准:GB/T 19002－1994 idt ISO 9002:1994
有效期:2000.6～2003.6

大庆市兴安橡胶厂
地址:黑龙江省大庆市萨尔图区拥军村
邮政编码:163113
证书注册编号:0700B0104
体系认证标准:GB/T 19002－1994 idt ISO 9002:1994
有效期:2000.6～2003.6

辽河油田隆盛钻采机械厂
地址:辽宁省盘锦市兴隆台区友谊街
邮政编码:124107
证书注册编号:0700B0105
体系认证标准:GB/T 19002－1994 idt ISO 9002:1994
有效期:2000.6～2003.6

北满特殊钢股份有限公司

地址:黑龙江省齐齐哈尔市富拉尔基区红岸大街 7 号
邮政编码:161041
证书注册编号:0700B0106 0797B097 A
体系认证标准:GB/T 19002—1994 idt ISO 9002:1994
有效期:2000.6～2003.6

沈阳金昌普新材料股份有限公司
地址:辽宁沈阳市东陵区文萃路 83 号
邮政编码:110015
证书注册编号:0700B0107
体系认证标准:GB/T 19002—1994 idt ISO 9002:1994
有效期:2000.6～2003.6

中国石油天然气股份有限公司抚顺石化分公司石油二厂
地址:辽宁省抚顺市东洲区东洲大街 30—12 号
邮政编码:113004
证书注册编号:0700B0108 0797B087
体系认证标准:GB/T 19002—1994 idt ISO 9002:1994
有效期:2000.6～2003.6

沈阳兴安市政建筑工程有限公司
地址:辽宁省沈阳市开发区沧海路 26—3 号
邮政编码:110141
证书注册编号:0700B0109
体系认证标准:GB/T 19002—1994 idt ISO 9002:1994
有效期:2000.6～2003.6

大连石油化工建筑安装工程总公司
地址:辽宁省大连市甘井子区中街一号
邮政编码:116032
证书注册编号:0700B0110
体系认证标准:GB/T 19002—1994 idt ISO 9002:1994
有效期:2000.6～2003.6

大连经济技术开发区工程建设监理公司
地址:辽宁省大连市经济技术开发区辽河西路 111 号
邮政编码:116600
电话:(0411)7624299
证书注册编号:0700B0111
体系认证标准:GB/T 19002—1994 idt ISO 9002:1994
有效期:2000.6～2003.6

中联橡胶(张家港)模具有限公司
地址:江苏省张家港市三兴镇
邮政编码:215624
证书注册编号:0700B0112
体系认证标准:GB/T 19002—1994 idt ISO 9002:1994
有效期:2000.7～2003.7

沈阳银箭电力管制造有限公司
地址:辽宁沈阳市大东区沈铁路 77 号
邮政编码:110045
证书注册编号:0700B0113
体系认证标准:GB/T 19002—1994 idt ISO 9002:1994
有效期:2000.7～2003.7

大庆起重运输机械厂
地址:黑龙江省大庆市萨尔图区拥军村 38 号
邮政编码:163113
证书注册编号:0700B0114
体系认证标准:GB/T 19002—1994 idt ISO 9002:1994
有效期:2000.7～2003.7

沈阳铁路分局建筑工程总公司
地址:辽宁省沈阳市和平区中兴街七巷四号
邮政编码:110006
证书注册编号:0700B0115 0797B111
体系认证标准:GB/T 19002—1994 idt ISO 9002:1994
有效期:2000.7～2003.7

鞍山公路工程总公司
地址:辽宁省鞍山市铁东区南中华路 45 号
邮政编码:114001
证书注册编号:0700B0116
体系认证标准:GB/T 19002—1994 idt ISO 9002:1994
有效期:2000.7～2003.7

沈阳沈拓仪器仪表有限公司
地址:辽宁省沈阳市沈河区小南街清泉巷 31 号
邮政编码:110011
证书注册编号:0700B0117
体系认证标准:GB/T 19002—1994 idt ISO 9002:1994
有效期:2000.7～2003.7

大连保税区大显模具制造有限公司
地址:辽宁省大连保税区仓储加工区 1C—31
邮政编码:116600
证书注册编号:0700A0118
体系认证标准:GB/T 19001—1994 idt ISO 9001:1994
有效期:2000.7～2003.7

大兴集团讷河饲料有限公司
地址:黑龙江省讷河市通江路西段路南
邮政编码:161300
证书注册编号:0700B0119
体系认证标准:GB/T 19002—1994 idt ISO 9002:1994
有效期:2000.7～2003.7

齐齐哈尔齐大饲料有限公司
地址:黑龙江省齐齐哈尔市铁峰区南浦路 12 号
邮政编码:161002
证书注册编号:0700B0120
体系认证标准:GB/T 19002—1994 idt ISO 9002:1994
有效期:2000.7～2003.7

锦州铁合金(集团)有限责任公司
地址:辽宁省锦州市太和区合金里 5 号
邮政编码:121005
证书注册编号:0700B0121
体系认证标准:GB/T 19002—1994 idt ISO 9002:1994
有效期:2000.7～2003.7

四平市东方换热设备制造厂
地址:吉林省四平市中央西路 156 号
邮政编码:136000
证书注册编号:0700A0122
体系认证标准:GB/T 19001—1994 idt ISO 9001:1994
有效期:2000.8～2003.8

沈阳电站辅机厂
地址:辽宁沈阳市铁西区肇工北街六号
邮政编码:110026
证书注册编号:0700B0123 0797B090
体系认证标准:GB/T 19002—1994 idt ISO 9002:1994
有效期:2000.8～2003.8

牡丹江市海诺石油机械有限公司
地址:黑龙江省牡丹江市兴平路天明街
邮政编码:157011
证书注册编号:0700B0124
体系认证标准:GB/T 19002—1994 idt ISO 9002:1994
有效期:2000.8～2003.8

丹东市安民酒厂
地址:辽宁省丹东市振兴区安民镇
邮政编码:118302
证书注册编号:0700B0125
体系认证标准:GB/T 19002—1994 idt ISO 9002:1994
有效期:2000.8～2003.8

沈阳隆迪粮食制品有限公司
地址:辽宁沈阳市于洪区造化镇小方士
邮政编码:110148
证书注册编号:0700B0126
体系认证标准:GB/T 19002—1994 idt ISO 9002:1994
有效期:2000.8～2003.8

东北电业管理局第二工程公司
地址:辽宁省大连市黄埔路355号
邮政编码:116023
证书注册编号:0700B0127 0797B091
体系认证标准:GB/T 19002—1994 idt ISO 9002:1994
有效期:2000.8～2003.8

苏州市电讯工程公司
地址:江苏苏州市东环南路斜港大桥南
邮政编码:215124
证书注册编号:0700B0128
体系认证标准:GB/T 19002—1994 idt ISO 9002:1994
有效期:2000.8～2003.8

沈阳山盟建设集团有限公司
地址:辽宁省沈阳市皇姑区黄河南大街26号
邮政编码:110031
证书注册编号:0700B0129
体系认证标准:GB/T 19002—1994 idt ISO 9002:1994
有效期:2000.8～2003.8

沈阳市排水公司
地址:辽宁沈阳市沈河区文萃路34号
邮政编码:110015
证书注册编号:0700B0130
体系认证标准:GB/T 19002—1994 idt ISO 9002:1994
有效期:2000.8～2003.8

深圳长众计算机有限公司
地址:深圳市宝安区新安镇第二工业区A3栋
邮政编码:518126
证书注册编号:0700B0131 0796B069
体系认证标准:GB/T 19002—1994 idt ISO 9002:1994
有效期:2000.8～2003.8

哈尔滨最一特机电设备厂
地址:黑龙江省哈尔滨市平房区联乡路1号
邮政编码:150060
证书注册编号:0700B0132
体系认证标准:GB/T 19002—1994 idt ISO 9002:1994
有效期:2000.8～2003.8

大连三阳机械有限公司
地址:辽宁省大连瓦房店市杨家乡
邮政编码:116331
证书注册编号:0700B0133
体系认证标准:GB/T 19002—1994 idt ISO 9002:1994
有效期:2000.8～2003.8

锦州市线路器材厂
地址:辽宁省锦州市太和区凌西里3号
邮政编码:121001
证书注册编号:0700B0134 0797B088
体系认证标准:GB/T 19002—1994 idt ISO 9002:1994
有效期:2000.8～2003.8

大连市土木工程建设监理公司
地址:辽宁省大连市西岗区高尔基路220号商都花园2栋2楼3号
邮政编码:116021
证书注册编号:0700B0135
体系认证标准:GB/T 19002—1994 idt ISO 9002:1994
有效期:2000.8～2003.8

沈阳银基物业管理有限公司
地址:辽宁省沈阳市和平区十一纬路82号
邮政编码:110003
证书注册编号:0700B0136
体系认证标准:GB/T 19002—1994 idt ISO 9002:1994
有效期:2000.8～2003.8

锦州石化天元集团公司
地址:辽宁省锦州市古塔区锦朝街2号
邮政编码:121001
证书注册编号:0700B0137 0797B093
体系认证标准:GB/T 19002—1994 idt ISO 9002:1994
有效期:2000.8～2003.8

抚顺石油化工公司催化剂厂
地址:辽宁省抚顺市望花区鞍山路东段2号
邮政编码:113001
证书注册编号:0700B0138 0707B092
体系认证标准:GB/T 19002—1994 idt ISO 9002:1994
有效期:2000.8～2003.8

黑龙江省克东腐乳有限公司
地址:黑龙江省克东县克东镇保安街
邮政编码:164800
证书注册编号:0700B0139
体系认证标准:GB/T 19002—1994 idt ISO 9002:1994
有效期:2000.8～2003.8

本溪华厦(集团)有限公司
地址:辽宁省本溪市明山区解放北路143号
邮政编码:117000
证书注册编号:0700B0140
体系认证标准:GB/T 19002—1994 idt ISO 9002:1994
有效期:2000.8～2003.8

辽宁省邮电建设监理公司
地址:辽宁省沈阳市沈河区南顺城路50号
邮政编码:110011
证书注册编号:0700B0141
体系认证标准:GB/T 19002—1994 idt ISO 9002:1994
有效期:2000.8～2003.8

辽宁省邮电规划设计院
地址:辽宁省沈阳市沈河区南顺城路50号
邮政编码:110011

证书注册编号:0700A0142
有效期:2000.8～2003.8

抚顺公路建设集团公司
地址:辽宁省抚顺市新抚区东七路九号
邮政编码:113008
证书注册编号:0700B0143
体系认证标准:GB/T 19002－1994 idt ISO 9002:1994
有效期:2000.8～2003.8

沈阳船牌制漆有限责任公司
地址:辽宁省沈阳市铁西区云峰北街42号
邮政编码:110021
证书注册编号:0700B0144
体系认证标准:GB/T 19002－1994 idt ISO 9002:1994
有效期:2000.8～2003.8

盖州蓝宝化工有限公司
地址:辽宁省盖州市铁西街88号
邮政编码:115200
证书注册编号:0700B0145
体系认证标准:GB/T 19002－1994 idt ISO 9002:1994
有效期:2000.8～2003.8

辽阳石化分公司烯烃厂
地址:辽宁省辽阳市宏伟区东环路
邮政编码:111003
证书注册编号:0700B0146
体系认证标准:GB/T 19002－1994 idt ISO 9002:1994
有效期:2000.8～2003.8

大连染料化工有限公司
地址:辽宁省大连市甘井子区振兴路188号
证书注册编号:0700B0147
体系认证标准:GB/T 19002－1994 idt ISO 9002:1994
有效期:2000.8～2003.8

瓦房店中低压阀门厂
地址:辽宁省瓦房店阎店乡
邮政编码:116325
证书注册编号:0700B0148
体系认证标准:GB/T 19002－1994 idt ISO 9002:1994
有效期:2000.8～2003.8

沈阳天地建设发展有限公司
地址:辽宁沈阳和平区南四马路38号
邮政编码:110001
证书注册编号:0700B0149
体系认证标准:GB/T 19002－1994 idt ISO 9002:1994
有效期:2000.8～2003.8

大连建筑构件工程公司
地址:辽宁省大连市沙河口区太原街359号
邮政编码:116021
证书注册编号:0700B0150
体系认证标准:GB/T 19002－1994 idt ISO 9002:1994
有效期:2000.8～2003.8

大庆市银龙预制构件厂
地址:黑龙江省大庆市让胡路区乘南17街
邮政编码:163412
证书注册编号:0700B0151
体系认证标准:GB/T 19002－1994 idt ISO 9002:1994
有效期:2000.8～2003.8

丹东天龙化学工业有限公司
地址:辽宁丹东市振安区珍珠路220号
邮政编码:118001
证书注册编号:0700B0152
体系认证标准:GB/T 19002－1994 idt ISO 9002:1994
有效期:2000.8～2003.8

大庆庆联防腐保温材料工程有限公司
地址:黑龙江大庆市让胡路区方晓二村
邮政编码:163161
证书注册编号:0700B0153
体系认证标准:GB/T 19002－1994 idt ISO 9002:1994
有效期:2000.8～2003.8

抚顺炭素厂
地址:辽宁省抚顺市望花区和平路西段47号
邮政编码:113001
证书注册编号:0700B0154
体系认证标准:GB/T 19002－1994 idt ISO 9002:1994
有效期:2000.8～2003.8

大连鸿源机械制造有限公司
地址:辽宁省大连市甘井子区营城子镇沙岗子村
邮政编码:116036
证书注册编号:0700B0155
体系认证标准:GB/T 19002－1994 idt ISO 9002:1994
有效期:2000.8～2003.8

沈阳富华家园家居装饰有限公司
地址:辽宁省沈阳市经济技术开发区沈大路888－4号
邮政编码:110141
证书注册编号:0700A0156
体系认证标准:GB/T 19001－1994 idt ISO 9001:1994
法定代表人:张兆明
有效期:2000.8～2003.8

吴江双电程控有限公司
地址:江苏省吴江市八拆镇交通路2号
邮政编码:215222
证书注册编号:0700B0157
体系认证标准:GB/T 19002－1994 idt ISO 9002:1994
有效期:2000.8～2003.8

注:2000年8月三年期满企业13家,其中已复评企业5家,为0797B090、0797B091、0797B092、0797B093、0797B097

沈阳重工食品有限公司
地址:辽宁省沈阳市铁西区南六西路20－1号
邮政编码:110024
证书注册编号:0700B0158
体系认证标准:GB/T 19002－1994 idt ISO 9002:1994
有效期:2000.9～2003.9

沈阳艺新家具制造有限公司
地址:辽宁沈阳市于洪区杨士乡杨士村
邮政编码:110141
证书注册编号:0700B0159
体系认证标准:GB/T 19002－1994 idt ISO 9002:1994
有效期:2000.9～2003.9

沈阳宗利塑料制品有限公司
地址:辽宁省沈阳市东陵区文萃路124号甲
邮政编码:110015

证书注册编号:0700B0160
体系认证标准:GB/T 19002—1994 idt ISO 9002:1994
有效期:2000.9～2003.9

沈阳住三塑料有限公司
地址:辽宁沈阳市大东区滂江街45号
邮政编码:110043
证书注册编号:0700B0161
体系认证标准:GB/T 19002—1994 idt ISO 9002:1994
有效期:2000.9～2003.9

吴江市梅中纸管有限公司
地址:江苏省吴江市梅堰镇堰月桥南堍
邮政编码:215225
证书注册编号:0700B0162
体系认证标准:GB/T 19002—1994 idt ISO 9002:1994
有效期:2000.9～2003.9

大庆市红岗区鼎盛金属表面处理厂
地址:黑龙江省大庆市红岗区杏南北街
邮政编码:163513
证书注册编号:0700B0163
体系认证标准:GB/T 19002—1994 idt ISO 9002:1994
有效期:2000.9～2003.9

赤峰丹龙中药制药有限责任公司
地址:内蒙古自治区赤峰市红山区火花路西一段八号
邮政编码:24000
证书注册编号:0700B0164
体系认证标准:GB/T 19002—1994 idt ISO 9002:1994
有效期:2000.9～2003.9

沈阳化工油漆厂
地址:辽宁沈阳市东陵区榆林大街2号
邮政编码:110045
证书注册编号:0700B0165
体系认证标准:GB/T 19002—1994 idt ISO 9002:1994
有效期:2000.9～2003.9

大连机床集团铸造有限责任公司
地址:辽宁省大连市甘井子区西南1路
邮政编码:116033
证书注册编号:0700B0166
体系认证标准:GB/T 19002—1994 idt ISO 9002:1994
有效期:2000.9～2003.9

齐齐哈尔石油机械厂
地址:黑龙江省齐齐哈尔市龙沙区安顺路61号
邮政编码:161005
证书注册编号:0700B0167
体系认证标准:GB/T 19002—1994 idt ISO 9002:1994
有效期:2000.9～2003.9

辽宁新支爱电气有限公司
地址:辽宁省沈阳市高新技术产业开发区浑南产业区78号
邮政编码:110167
证书注册编号:0700A0168
体系认证标准:GB/T 19001—1994 idt ISO 9001:1994
有效期:2000.9～2003.9

沈阳市第四热力供暖公司
地址:辽宁省沈阳市安图街1号
邮政编码:110002
证书注册编号:0700B0169
体系认证标准:GB/T 19002—1994 idt ISO 9002:1994
有效期:2000.9～2003.9

内蒙古通辽市金驼变压器有限责任公司
地址:内蒙古通辽市明仁大街8号
邮政编码:28006
证书注册编号:0700B0170
体系认证标准:GB/T 19002—1994 idt ISO 9002:1994
有效期:2000.9～2003.9

营口文化配件有限公司
地址:辽宁省营口市渤海大街西43号
邮政编码:115003
证书注册编号:0700B0171
体系认证标准:GB/T 19002—1994 idt ISO 9002:1994
有效期:2000.9～2003.9

海城鑫荣集团有限公司
(海城市军海镁矿)
地址:辽宁省海城市牌楼镇杨家甸
邮政编码:114207
证书注册编号:0700B0172
体系认证标准:GB/T 19002—1994 idt ISO 9002:1994
有效期:2000.9～2003.9

锦西炼油化工总厂工程总公司
地址:辽宁省葫芦岛市新华大街42号
邮政编码:125001
证书注册编号:0700B0173
体系认证标准:GB/T 19002—1994 idt ISO 9002:1994
有效期:2000.9～2003.9

辽宁泰丰铝业装饰工程有限公司
地址:辽宁省沈阳市道义经济开发区正良二路十八号
邮政编码:110035
证书注册编号:0700A0174
体系认证标准:GB/T 19001—1994 idt ISO 9001:1994
有效期:2000.9～2003.9

沈阳铁路局吉林建设工程集团有限公司
地址:吉林省吉林市重庆街79号
邮政编码:132001
证书注册编号:0700B0175
体系认证标准:GB/T 19002—1994 idt ISO 9002:1994
有效期:2000.9～2003.9

辽宁省工业安装工程公司
地址:辽宁沈阳市和平区宁波路39号
邮政编码:110006
证书注册编号:0700B0176
体系认证标准:GB/T 19002—1994 idt ISO 9002:1994
有效期:2000.9～2003.9

沈阳市石油化工建筑安装工程总公司
地址:辽宁省沈阳市铁西区卫工北街46号
邮政编码:110026
证书注册编号:0700B0177
体系认证标准:GB/T 19002—1994 idt ISO 9002:1994
有效期:2000.9～2003.9

大连建筑设计装饰工程公司
地址:辽宁大连市西岗区华北路40号
邮政编码:116021
证书注册编号:0700A0178
体系认证标准:GB/T 19001—1994 idt ISO 9001:1994
有效期:2000.9～2003.9

吉林高速公路发展股份有限公司远通路桥工程公司
地址：吉林省长春市净月旅游开发区长大公路一公里处
邮政编码：130117
证书注册编号：0700B0179
体系认证标准：GB/T 19002—1994 idt ISO 9002:1994
有效期：2000.9～2003.9

大庆油田水泥有限责任公司
地址：黑龙江省大庆市让胡路区乘南16街
邮政编码：163412
证书注册编号：0700B0180
体系认证标准：GB/T 19002—1994 idt ISO 9002:1994
有效期：2000.9～2003.9

辽河油田天意实业总公司高精度拔管厂
地址：辽宁省盘锦市兴隆台区双兴路西
邮政编码：124010
证书注册编号：0700B0181
体系认证标准：GB/T 19002—1994 idt ISO 9002:1994
有效期：2000.9～2003.9

烟台新亚黎明铝业有限公司
地址：山东省烟台市莱山区三十里堡新亚工业园区
邮政编码：264000
证书注册编号：0700B0182
体系认证标准：GB/T 19002—1994 idt ISO 9002:1994
有效期：2000.9～2003.9

抚顺市第二建筑工程公司
地址：辽宁省抚顺市顺城区新华大街22号
邮政编码：113006
证书注册编号：0700B0183
体系认证标准：GB/T 19002—1994 idt ISO 9002:1994
有效期：2000.9～2003.9

沈阳高等级公路建设总公司
地址：辽宁沈阳市和平区八经街53号
邮政编码：110003
证书注册编号：0700B0184
体系认证标准：GB/T 19002—1994 idt ISO 9002:1994
有效期：2000.9～2003.9

大连开发区益民物业管理中心
地址：辽宁省大连经济技术开发区金马路286号
邮政编码：116600
证书注册编号：0700B0185
体系认证标准：GB/T 19002—1994 idt ISO 9002:1994
有效期：2000.9～2003.9

大连经济技术开发区房地产开发有限公司
地址：辽宁省大连经济技术开发区金马路286号
邮政编码：116600
证书注册编号：0700A0186
体系认证标准：GB/T 19001—1994 idt ISO 9001:1994
有效期：2000.9～2003.9

苏州富元标准件有限责任公司
地址：江苏省苏州市白洋湾大街277号
邮政编码：215008
证书注册编号：0700B0187
体系认证标准：GB/T 19002—1994 idt ISO 9002:1994
有效期：2000.9～2003.9

吴江市华厦铸造有限公司
地址：江苏省吴江市同里镇东
邮政编码：215217
证书注册编号：0700B0188
体系认证标准：GB/T 19002—1994 idt ISO 9002:1994
有效期：2000.9～2003.9

张家港市天翼电气成套结构件有限公司
地址：江苏省张家港市港口镇程墩村
邮政编码：215612
证书注册编号：0700B0189
体系认证标准：GB/T 19002—1994 idt ISO 9002:1994
有效期：2000.9～2003.9

吉林市万泉石油化工机械厂
地址：吉林省吉林市经济技术开发区九站街
邮政编码：132101
证书注册编号：0700B0190
体系认证标准：GB/T 19002—1994 idt ISO 9002:1994
有效期：2000.9～2003.9

抚顺石油化工公司石化一厂
地址：辽宁抚顺市新抚区千金路52号
邮政编码：113008
证书注册编号：0700B0191
体系认证标准：GB/T 19002—1994 idt ISO 9002:1994
有效期：2000.9～2003.9

白猫（辽宁）有限公司
地址：辽宁省抚顺市东州区张甸街城沟桥西1号
邮政编码：113109
证书注册编号：0700B0192
体系认证标准：GB/T 19002—1994 idt ISO 9002:1994
有效期：2000.9～2003.9

裕祥化工（大连）有限公司
地址：辽宁省大连市甘井子区夏家河子村工业区
邮政编码：116035
证书注册编号：0700B0193
体系认证标准：GB/T 19002—1994 idt ISO 9002:1994
有效期：2000.9～2003.9

抚顺东信化工有限公司
地址：辽宁省抚顺市望花区鞍山路西段48号
邮政编码：113122
证书注册编号：0700B0194
体系认证标准：GB/T 19002—1994 idt ISO 9002:1994
有效期：2000.9～2003.9

沈阳星光玻璃有限公司
地址：辽宁省沈阳市新城子区虎石台镇建北三路六号
邮政编码：110122
证书注册编号：0700B0195
体系认证标准：GB/T 19002—1994 idt ISO 9002:1994
有效期：2000.9～2003.9

丹东阿尔派电子有限公司
地址：辽宁省丹东市国祯路14号
邮政编码：118002
证书注册编号：0700B0196
体系认证标准：GB/T 19002—1994 idt

ISO 9002:1994
有效期:2000.9～2003.9

大庆油田通宇电控有限公司
地址:黑龙江省大庆开发区宏伟园区
邮政编码:163435
证书注册编号:0700B0197
体系认证标准:GB/T 19002－1994 idt ISO 9002:1994
有效期:2000.9～2003.9

长春电业电力器材有限责任公司
地址:吉林省长春经济技术开发区浦东路34号
邮政编码:130031
证书注册编号:0700B0198
体系认证标准:GB/T 19002－1994 idt ISO 9002:1994
有效期:2000.9～2003.9

丹东海华应用技术开发有限公司
地址:辽宁丹东市振兴区山上街95号
邮政编码:118000
证书注册编号:0700B0199
体系认证标准:GB/T 19002－1994 idt ISO 9002:1994
有效期:2000.9～2003.9

黑龙江亚电鑫宝热电有限公司
地址:黑龙江省齐齐哈尔市富拉基区沿江路132号
邮政编码:161041
证书注册编号:0700B0200
体系认证标准:GB/T 19002－1994 idt ISO 9002:1994
有效期:2000.9～2003.9

铁岭电业局变压器厂
地址:辽宁铁岭市银州区兴工街66号
邮政编码:112002
证书注册编号:0700B0201
体系认证标准:GB/T 19002－1994 idt ISO 9002:1994
有效期:2000.9～2003.9

沈阳宇光传感技术研究所(有限公司)
地址:辽宁沈阳市沈河区令闻街178号
邮政编码:110013
证书注册编号:0700B0202
体系认证标准:GB/T 19002－1994 idt ISO 9002:1994
有效期:2000.9～2003.9

铁岭毕克仪器仪表有限公司
地址:辽宁省铁岭市汇工街72号
邮政编码:112002
证书注册编号:0700B0203
体系认证标准:GB/T 19002－1994 idt ISO 9002:1994
有效期:2000.9～2003.9

鞍山市海城温度仪表总厂
地址:辽宁省海城市站前街
邮政编码:114200
证书注册编号:0700B0204
体系认证标准:GB/T 19002－1994 idt ISO 9002:1994
有效期:2000.9～2003.9

沈阳造币厂
地址:辽宁沈阳市大东区大东路138号
邮政编码:110042
证书注册编号:0700A0205
体系认证标准:GB/T 19001－1994 idt ISO 9001:1994
有效期:2000.9～2003.9

莱恩涂料(沈阳)有限公司
地址:辽宁省沈阳经济技术开发区昆明湖街
邮政编码:110141
证书注册编号:0700B0206
体系认证标准:GB/T 19002－1994 idt ISO 9002:1994
有效期:2000.10～2003.10

大庆市腾达化工厂
地址:黑龙江省大庆市让胡路区乘二村
邮政编码:163411
证书注册编号:0700B0207
体系认证标准:GB/T 19002－1994 idt ISO 9002:1994
有效期:2000.10～2003.10

锦州市沥青厂
地址:辽宁省北宁市沟帮子经济开发区
邮政编码:121308
证书注册编号:0700B0208
体系认证标准:GB/T 19002－1994 idt ISO 9002:1994
有效期:2000.10～2003.10

大连华迪实业总公司
地址:辽宁省大连市甘井子区甘井子街
邮政编码:116032
证书注册编号:0700B0209
体系认证标准:GB/T 19002－1994 idt ISO 9002:1994
有效期:2000.10～2003.10

黑龙江省东府塑料实业有限公司
地址:黑龙江省齐齐哈尔市富拉尔基区民兴路146号
邮政编码:161042
证书注册编号:0700B0210
体系认证标准:GB/T 19002－1994 idt ISO 9002:1994
有效期:2000.10～2003.10

丹东工业用布织造有限公司
地址:辽宁丹东市元宝区东尧街81号
邮政编码:118001
证书注册编号:0700B0211
体系认证标准:GB/T 19002－1994 idt ISO 9002:1994
有效期:2000.10～2003.10

大连亚泰塑胶有限公司
地址:辽宁大连庄河市观驾山乡海洋村
邮政编码:116400
证书注册编号:0700B0212
体系认证标准:GB/T 19002－1994 idt ISO 9002:1994
有效期:2000.10～2003.10

山东莱州鲁丽丝毛巾有限公司
地址:山东省莱州市海庙路508号
邮政编码:261408
证书注册编号:0700B0213
体系认证标准:GB/T 19002－1994 idt ISO 9002:1994
有效期:2000.10～2003.10

大连公路工程总公司
地址:辽宁省大连市甘井子区大连湾镇土城子村
邮政编码:116113
证书注册编号:0700B0214
体系认证标准:GB/T 19002－1994 idt ISO 9002:1994
有效期:2000.10～2003.10

中国北方航空公司沈阳客舱服务部
地址:辽宁省沈阳市大东区小河沿路3－1号
体系认证标准:GB/T 19002－1994 idt ISO 9002:1994

有效期:2000.10～2003.10

辽河石油勘探局油田建设工程一公司
地址:辽宁盘锦市兴隆台区于楼街
邮政编码:124120
证书注册编号:0700B0217
体系认证标准:GB/T 19002－1994 idt ISO 9002:1994
有效期:2000.10～2003.10

苏州东港装饰装璜有限公司
地址:江苏省苏州市人民路142号
邮政编码:215002
证书注册编号:0700A0218
体系认证标准:GB/T 19002－1994 idt ISO 9002:1994
有效期:2000.10～2003.10

齐齐哈尔广厦综合开发建设集团
地址:黑龙江省齐齐哈尔市龙沙区永青小区23号楼
邮政编码:161000
证书注册编号:0700A0219
0700B0219
体系认证标准:GB/T 19002－1994 idt ISO 9002:1994
有效期:2000.10～2003.10

沈阳旭龙制冷工程有限公司
地址:沈阳市和平区同泽北街9号
邮政编码:110001
证书注册编号:0700B0220
体系认证标准:GB/T 19002－1994 idt ISO 9002:1994
有效期:2000.10～2003.10

黑龙江省天成建筑安装有限公司
地址:黑龙江省大庆市红岗区解放二街27号
邮政编码:163459
证书注册编号:0700B0221
体系认证标准:GB/T 19002－1994 idt ISO 9002:1994
有效期:2000.10～2003.10

锦州市鹏宇泵业有限公司
地址:辽宁省锦州市凌南西里505号
邮政编码:121013
证书注册编号:0700B0222
体系认证标准:GB/T 19002－1994 idt ISO 9002:1994
有效期:2000.10～2003.10

本溪钢铁(集团)有限责任公司第一机修厂
地址:辽宁本溪市平山区振工路20号
邮政编码:117000
证书注册编号:0700B0223
体系认证标准:GB/T 19002－1994 idt ISO 9002:1994
有效期:2000.10～2003.10

包头市锅炉厂
地址:内蒙古包头市东河区西井湾
邮政编码:014040
证书注册编号:0700B0224
体系认证标准:GB/T 19002－1994 idt ISO 9002:1994
有效期:2000.10～2003.10

包头市起重机械有限公司
地址:内蒙古包头市东河区西脑包前街135号
邮政编码:O41040
证书注册编号:0700B0225
体系认证标准:GB/T 19002－1994 idt ISO 9002:1994
有效期:2000.10～2003.10

辽宁建钢集团有限公司
(原名:建平电力铸钢公司)
地址:辽宁省建平县热水镇
邮政编码:122412
证书注册编号:0700B0226 0797B125
体系认证标准:GB/T 19002－1994 idt ISO 9002:1994
有效期:2000.10～2003.10

丹东恒星泵业有限公司
(原名:丹东市油泵厂)
地址:辽宁省宽甸县红石镇
邮政编码:118205
证书注册编号:0700B0227 0797B100
体系认证标准:GB/T 19002－1994 idt ISO 9002:1994
有效期:2000.10～2003.10

大连兴丰阀门有限公司
地址:辽宁省大连瓦房店市长兴岛经济开发区
邮政编码:116317
证书注册编号:0700B0228
体系认证标准:GB/T 19002－1994 idt ISO 9002:1994
有效期:2000.10～2003.10

凌海国际酒店
地址:辽宁省凌海市凌海路
邮政编码:121200
证书注册编号:0700B0229
体系认证标准:GB/T 19002－1994 idt ISO 9002:1994
有效期:2000.11～2003.11

沈阳舒丽雅家有限公司
地址:辽宁省沈阳市于洪区洪湖北街50－5号
邮政编码:110141
证书注册编号:0700B0230
体系认证标准:GB/T 19002－1994 idt ISO 9002:1994
有效期:2000.11～2003.11

凤城市化肥总厂
地址:辽宁省凤城市城东路374号
邮政编码:118100
证书注册编号:0700B0231
体系认证标准:GB/T 19002－1994 idt ISO 9002:1994
有效期:2000.11～2003.11

辽河油田热收缩带厂
地址:辽宁省盘锦市兴隆台区于楼街
邮政编码:124120
证书注册编号:0700B0232
体系认证标准:GB/T 19002－1994 idt ISO 9002:1994
有效期:2000.11～2003.11

大连市建设工程集团有限公司
地址:辽宁大连市西岗区纪念街138号
邮政编码:116013
证书注册编号:0700B0233
体系认证标准:GB/T 19002－1994 idt ISO 9002:1994
有效期:2000.11～2003.11

中国第三冶金建设公司电气安装工程公司
地址:辽宁省鞍山市铁东区对炉街8号
邮政编码:114003
证书注册编号:0700B0234 0797B106
体系认证标准:GB/T 19002－1994 idt ISO 9002:1994
有效期:2000.11～2003.11

锦州农电电力安装总公司
地址:辽宁省凌海市锦凌大街

邮政编码:121200
证书注册编号:0700B0235
体系认证标准:GB/T 19002—1994 idt ISO 9002:1994
有效期:2000.11～2003.11

苏州三新商品混凝土有限公司
地址:江苏省苏州南环大桥东南堍
邮政编码:215006
证书注册编号:0700B0236
体系认证标准:GB/T 19002—1994 idt ISO 9002:1994
有效期:2000.11～2003.11

四平市巨元换热设备有限公司
地址:吉林省四平市南环西路5号
邮政编码:136000
证书注册编号:0700A0237
体系认证标准:GB/T 19001—1994 idt ISO 9001:1994
有效期:2000.11～2003.11

辽河油田金宇石油设备制安修造公司
地址:辽宁省盘锦市兴隆台区曙光街
邮政编码:124109
证书注册编号:0700B0238
体系认证标准:GB/T 19002—1994 idt ISO 9002:1994
有效期:2000.11～2003.11

大连港机械厂
地址:辽宁省大连市中山区港湾街1号
邮政编码:116004
证书注册编号:0700B0239 0797B112
体系认证标准:GB/T 19002—1994 idt ISO 9002:1994
有效期:2000.11～2003.11

四平市中保换热器厂
地址:吉林省四平市铁东区北二马路194号
邮政编码:136001
证书注册编号:0700B0240
体系认证标准:GB/T 19002—1994 idt ISO 9002:1994
有效期:2000.11～2003.11

沈阳建筑机械有限公司
地址:辽宁省沈阳市大东区东北大马路272号
邮政编码:110044
证书注册编号:0700A0241
体系认证标准:GB/T 19001—1994 idt ISO 9001:1994
有效期:2000.11～2003.11

常熟市迎阳无纺机械设备有限公司
地址:江苏省常熟市任阳镇中兴南路88号
邮政编码:215539
证书注册编号:0700B0242
体系认证标准:GB/T 19002—1994 idt ISO 9002:1994
有效期:2000.11～2003.11

吴江跃进机械有限责任公司
地址:江苏省吴江市莘塔镇莘塔大街384号
邮政编码:215213
证书注册编号:0700B0243
体系认证标准:GB/T 19002—1994 idt ISO 9002:1994
有效期:2000.11～2003.11

张家港巨桥祥达毛纺织有限公司
地址:江苏省张家港市鹿苑镇巨桥村
邮政编码:215616
证书注册编号:0700B0244
体系认证标准:GB/T 19002—1994 idt ISO 9002:1994
有效期:2000.11～2003.11

张家港巨桥毛纺织染有限公司
地址:江苏省张家港市鹿苑镇巨桥村
邮政编码:215616
证书注册编号:0700B0245
体系认证标准:GB/T 19002—1994 idt ISO 9002:1994
有效期:2000.11～2003.11

辽河油田天意实业总公司化工助剂厂
地址:辽宁盘锦市兴隆台区双兴南路
邮政编码:124010
证书注册编号:0700B0246
体系认证标准:GB/T 19002—1994 idt ISO 9002:1994
有效期:2000.11～2003.11

苏州工业园区金城建筑工程有限公司
地址:江苏省苏州工业园区跨塘镇镇北路158号
邮政编码:215122
证书注册编号:0700B0247
体系认证标准:GB/T 19002—1994 idt ISO 9002:1994
有效期:2000.11～2003.11

通辽市大林型砂有限公司
地址:内蒙古通辽市大林镇
邮政编码:280180
证书注册编号:0700B0250 0797B100
体系认证标准:GB/T 19002—1994 idt ISO 9002:1994
有效期:2000.11～2003.11

凌海市双发耐火材料有限公司
地址:辽宁省凌海市右卫镇
邮政编码:121206
证书注册编号:0700B0251
体系认证标准:GB/T 19002—1994 idt ISO 9002:1994
有效期:2000.11～2003.11

锦州道桥工程总公司
地址:辽宁锦州市太和区凌南西里六号
邮政编码:121013
证书注册编号:0700B0252
体系认证标准:GB/T 19002—1994 idt ISO 9002:1994
有效期:2000.11～2003.11

沈阳市第九建筑工程有限公司
地址:辽宁省沈阳市大东区小河沿路22号
邮政编码:110042
证书注册编号:0700B0253
体系认证标准:GB/T 19002—1994 idt ISO 9002:1994
有效期:2000.11～2003.11

锦西炼化渤海建筑安装工程公司
地址:辽宁省葫芦岛市连山区新华大街52—2号
邮政编码:125001
证书注册编号:0700B0254
体系认证标准:GB/T 19002—1994 idt ISO 9002:1994
有效期:2000.11～2003.11

通辽铁路工程总公司
地址:吉林省通化市靖宇路2—2号
邮政编码:134001
证书注册编号:0700B0255
体系认证标准:GB/T 19002—1994 idt ISO 9002:1994
有效期:2000.11～2003.11

辽河油田金宇建筑安装工程公司
地址:辽宁省盘锦市兴隆台区曙光街
邮政编码:124109
证书注册编号:0700B0256
体系认证标准:GB/T 19002—1994 idt ISO 9002:1994
有效期:2000.11～2003.11

沈阳华凯科技有限责任公司
地址:辽宁省沈阳市浑南高新技术产业开发区78号
邮政编码:110167
证书注册编号:0700B0257
体系认证标准:GB/T 19002—1994 idt ISO 9002:1994
有效期:2000.11～2003.11

双鸭山第一发电有限责任公司
地址:黑龙江省双鸭山市宝山区七星镇
邮政编码:155136
证书注册编号:0700B0258
体系认证标准:GB/T 19002—1994 idt ISO 9002:1994
有效期:2000.11～2003.11

沈阳电线有限公司
地址:辽宁沈阳市沈河区奉天街220号
邮政编码:110013
证书注册编号:0700B0259
体系认证标准:GB/T 19002—1994 idt ISO 9002:1994
有效期:2000.11～2003.11

鞍山市广播电视设备有限公司
地址:辽宁鞍山市铁西区兴盛路175号
邮政编码:114012
证书注册编号:0700A0260
体系认证标准:GB/T 19001—1994 idt ISO 9001:1994
有效期:2000.11～2003.11

山东省烟台经济技术开发区热力总公司
地址:山东省烟台经济技术开发区辽河路3号
邮政编码:264006
证书注册编号:0700B0261
体系认证标准:GB/T 19002—1994 idt ISO 9002:1994
有效期:2000.11～2003.11

锦州电力电炉变压器厂
地址:辽宁省凌海市凌海路南段
邮政编码:121200
证书注册编号:0700B0262
体系认证标准:GB/T 19002—1994 idt ISO 9002:1994
有效期:2000.11～2003.11

兴城市自动化仪表厂
地址:辽宁省兴城市铁北路二里55号
邮政编码:125100
证书注册编号:0700B0263
体系认证标准:GB/T 19002—1994 idt ISO 9002:1994
有效期:2000.11～2003.11

辽宁铁刹山酒厂
地址:辽宁省本溪县南甸镇
邮政编码:117103
证书注册编号:0700B0264
体系认证标准:GB/T 19002—1994 idt ISO 9002:1994
有效期:2000.11～2003.11

大连瑞光非织造布有限公司
地址:辽宁大连市金州区西门外134号
邮政编码:1161000
证书注册编号:0700B0265
体系认证标准:GB/T 19002—1994 idt ISO 9002:1994
有效期:2000.11～2003.11

中橡集团沈阳橡胶研究设计院(沈阳龙飞特种橡塑制品有限公司)
地址:辽宁省沈阳市铁西区兴顺街9号
邮政编码:110021
证书注册编号:0700A0266
体系认证标准:GB/T 19001—1994 idt ISO 9001:1994
有效期:2000.11～2003.11

大连橡胶制品公司
地址:辽宁大连市西岗区同化街16号
邮政编码:116038
证书注册编号:0700B0267
体系认证标准:GB/T 19002—1994 idt ISO 9002:1994
有效期:2000.11～2003.11

烟台达斯特克化工有限公司
地址:山东省烟台市芝罘区化工路
邮政编码:264002
证书注册编号:0700B0268
体系认证标准:GB/T 19002—1994 idt ISO 9002:1994
有效期:2000.11～2003.11

盘锦辽油物资实业总公司
地址:辽宁省盘锦市兴隆台区渤海街
邮政编码:124012
证书注册编号:0700B0269
体系认证标准:GB/T 19002—1994 idt ISO 9002:1994
有效期:2000.11～2003.11

沈阳凿岩机械股份有限公司
地址:辽宁省沈阳市铁西区云峰北街12号
邮政编码:110025
证书注册编号:0700A0270
体系认证标准:GB/T 19001—1994 idt ISO 9001:1994
有效期:2000.11～2003.11

锦州电业铁塔制造有限公司
地址:辽宁锦州市凌河区锦义街17号
邮政编码:121000
证书注册编号:0700B0271 0797B101
体系认证标准:GB/T 19002—1994 idt ISO 9002:1994
有效期:2000.11～2003.11

瓦房店东方轴承制造有限公司
地址:辽宁省瓦房店岗店办事处曲大屯259号
邮政编码:116300
证书注册编号:0700B0272
体系认证标准:GB/T 19002—1994 idt ISO 9002:1994
有效期:2000.11～2003.11

瓦房店丰泰轴承制造有限公司
地址:辽宁省瓦房店市五一路一段四号
邮政编码:116300
证书注册编号:0700B0273
体系认证标准:GB/T 19002—1994 idt ISO 9002:1994
有效期:2000.11～2003.11

沈阳大隆机器制造有限公司
地址:辽宁沈阳市于洪区老边乡高台村
邮政编码:110141
证书注册编号:0700B0274
体系认证标准:GB/T 19002—1994 idt ISO 9002:1994

有效期:2000.11～2003.11

本溪锅炉有限责任公司
(原本溪锅炉厂)
地址:辽宁本溪市明山区胜利路125号
邮政编码:117022
证书注册编号:0700A0275
体系认证标准:GB/T 19001—1994 idt ISO 9001:1994
有效期:2000.11～2003.11

丹东伟豪铝业有限公司
地址:辽宁省丹东市振兴区兴七路
邮政编码:118000
证书注册编号:0700B0276
体系认证标准:GB/T 19002—1994 idt ISO 9002:1994
有效期:2000.11～2003.11

沈阳宏发家具有限公司
地址:辽宁省沈阳市于洪区于洪乡西和平工业开发区
邮政编码:110141
证书注册编号:0700B0277
体系认证标准:GB/T 19002—1994 idt ISO 9002:1994
有效期:2000.11～2003.11

丹东工务段金山枕木防腐厂
地址:辽宁省丹东市振安区蛤蟆塘镇金山村
邮政编码:118003
证书注册编号:0700B0278
体系认证标准:GB/T 19002—1994 idt ISO 9002:1994
有效期:2000.11～2003.11

大石桥四星耐火材料厂
地址:辽宁省大石桥市金桥开发区
邮政编码:115100
证书注册编号:0700B0279
体系认证标准:GB/T 19002—1994 idt ISO 9002:1994
有效期:2000.11～2003.11

黑龙江龙新化工有限公司
地址:黑龙江省安达市铁西区
邮政编码:151401
证书注册编号:0700B0280 0797B122
体系认证标准:GB/T 19002—1994 idt ISO 9002:1994
有效期:2000.11～2003.11

常熟市神隆化工厂
地址:江苏省常熟市东张镇南新闸
邮政编码:215537
证书注册编号:0700B0281
体系认证标准:GB/T 19002—1994 idt ISO 9002:1994
有效期:2000.11～2003.11

朝阳水泥制品有限责任公司
地址:辽宁省朝阳市双塔区淮河路三段119号
邮政编码:122000
证书注册编号:0700B0282
体系认证标准:GB/T 19002—1994 idt ISO 9002:1994
有效期:2000.11～2003.11

阜新市鹰山水泥有限责任公司
地址:辽宁省阜新市阜新县城北
邮政编码:123100
证书注册编号:0700B0283
体系认证标准:GB/T 19002—1994 idt ISO 9002:1994
有效期:2000.11～2003.11

中港经一航务工程局第三工程公司
地址:辽宁省大连市中山区天津街80号
邮政编码:116001
证书注册编号:0700B0284
体系认证标准:GB/T 19002—1994 idt ISO 9002:1994
有效期:2000.11～2003.11

沈阳辰宇建设集团有限责任公司
地址:辽宁省沈阳市和平区南四经街143号
邮政编码:110003
证书注册编号:0700B0285
体系认证标准:GB/T 19002—1994 idt ISO 9002:1994
有效期:2000.11～2003.11

齐齐哈尔市北发建筑工程公司
地址:黑龙江省齐齐哈尔市富拉尔基区虹光路6号
邮政编码:161041
证书注册编号:0700B0286
体系认证标准:GB/T 19002—1994 idt ISO 9002:1994
有效期:2000.11～2003.11

大连科技园房地产开发有限公司
地址:辽宁省大连市中山路522号
邮政编码:116021
证书注册编号:0700A0287
体系认证标准:GB/T 19001—1994 idt ISO 9001:1994
有效期:2000.11～2003.11

大连时代房地产开发有限公司
地址:辽宁省大连市甘井子区千山路41号
邮政编码:116038
证书注册编号:0700A0288
体系认证标准:GB/T 19001—1994 idt ISO 9001:1994
有效期:2000.11～2003.11

辽阳微电子有限公司
地址:辽宁省辽阳市新华路506号
邮政编码:111000
证书注册编号:0700B0289
体系认证标准:GB/T 19002—1994 idt ISO 9002:1994
有效期:2000.11～2003.11

丹东安顺微电子有限公司
地址:辽宁省丹东桃源街64号
邮政编码:118002
证书注册编号:0700B0290
体系认证标准:GB/T 19002—1994 idt ISO 9002:1994
有效期:2000.11～2003.11

丹东市通博电器有限公司
地址:辽宁省丹东市振兴区黄海大街10号
邮政编码:118008
证书注册编号:0700A0291 0797B136
体系认证标准:GB/T 19001—1994 idt ISO 9001:1994
有效期:2000.11～2003.11

锦州前进电缆厂
地址:辽宁锦州市凌河区万年里55号
邮政编码:121000
证书注册编号:0700B0292 0797B119
体系认证标准:GB/T 19002—1994 idt ISO 9002:1994
有效期:2000.11～2003.11

辽河油田金宇热力保公司
地址:辽宁省盘锦市兴隆台区曙光街

邮政编码:124109
证书注册编号:0700B0293
体系认证标准:GB/T 19002－1994 idt ISO 9002:1994
有效期:2000.11～2003.11

辽河油田金宇空缩材料公司
地址:辽宁省盘锦市兴隆台区曙光街
邮政编码:124109
证书注册编号:0700B0294
体系认证标准:GB/T 19002－1994 idt ISO 9002:1994
有效期:2000.11～2003.11

朝阳电力安装总公司
地址:辽宁省朝阳市双塔区友谊大街3段39号
邮政编码:122000
证书注册编号:0700B0295
体系认证标准:GB/T 19002－1994 idt ISO 9002:1994
有效期:2000.11～2003.11

辽河石油勘探局总机械厂
地址:辽宁省盘锦市兴隆台区红村街
邮政编码:124209
证书注册编号:0700B0296 0797B123
体系认证标准:GB/T 19002－1994 idt ISO 9002:1994
有效期:2000.11～2003.11

沈阳健富混凝土供应有限公司
地址:辽宁沈阳市沈河区沈阳路210号
邮政编码:110014
证书注册编号:0700B0297 0797B124
体系认证标准:GB/T 19002－1994 idt ISO 9002:1994
有效期:2000.11～2003.11

苏州市太湖绢纺有限责任公司
地址:江苏省吴江市八都镇八七公路56号
邮政编码:215233
证书注册编号:0700B0298
体系认证标准:GB/T 19002－1994 idt ISO 9002:1994
有效期:2000.11～2003.11

QCCECC 赛宝质量体系认证中心

湖南金健米业股份有限公司
地址:湖南常德市武陵大道南段 37 号
邮政编码:415000
证书注册编号:0900B0001
体系认证标准:GB/T19002－1994 idt ISO 9002:1994
有效期:2000.1.17～2003.1.17

衡阳轿车塑料件厂
地址:湖南省衡阳市湖北路 60 号
邮政编码:421002
证书注册编号:0900B0002
体系认证标准:GB/T19002－1994 idt ISO 9002:1994
有效期:2000.1.11～2003.1.11

长春汽车空调电器厂
地址:吉林省长春市工农大路 45 号
邮政编码:130021
证书注册编号:0900B0003
体系认证标准:GB/T19002－1994 idt ISO 9002:1994
有效期:2000.1.17～2003.1.17

宁波中策电子有限公司
地址:浙江省宁波市中山东路 388 号
邮政编码:315040
证书注册编号:0900B0004
体系认证标准:GB/T19002－1994 idt ISO 9002:1994
有效期:2000.1.17～2003.1.17

浙江东阳东金磁材有限公司
地址:浙江省东阳市横店工业区
邮政编码:322118
证书注册编号:0900B0005
体系认证标准:GB/T19002－1994 idt ISO 9002:1994
有效期:2000.1.17～2003.1.17

湖南浩龙电工设备有限公司长沙电工厂
地址:湖南市长沙市侯家塘湘凯石化大厦 1107 室（工厂）湖南长沙市谭佳冲 58 号
邮政编码:410006
证书注册编号:0900B0006
有效期:2000.1.17～2003.1.17

乐清市求精电子元件厂
地址:浙江乐清市北白象镇塔王工业区
邮政编码:325603
证书注册编号:0900B0007
体系认证标准:GB/T19002－1994 idt ISO 9002:1994
有效期:2000.1.17～2003.1.17

广州瑞达通信技术有限公司
地址:广东省广州市经济技术开发区创业路科技园一号楼四楼
邮政编码:510730
证书注册编号:0900B0008
体系认证标准:GB/T19002－1994 idt ISO 9002:1994
有效期:2000.1.17～2003.1.17

无锡市南锡电子有限公司
地址:江苏省无锡市蠡园经济开发区 A6 七楼
邮政编码:214072
证书注册编号:0900B0009
体系认证标准:GB/T19002－1994 idt ISO 9002:1994
有效期:2000.1.17～2003.1.17

浙江省乐清市雷诺尔电气有限公司
地址:浙江省乐清市柳市东风工业区奋进路 9 号
邮政编码:325604
证书注册编号:0900B0010
体系认证标准:GB/T19002－1994 idt ISO 9002:1994
有效期:2000.1.17～2003.1.17

上海沪工控制电器有限公司
地址:上海市东江湾路 188 号
邮政编码:200081
证书注册编号:0900B0011
体系认证标准:GB/T19002－1994 idt ISO 9002:1994
有效期:2000.1.17～2003.1.17

威海大宇电子有限公司
地址:山东省威海市经济技术开发区齐鲁大道
邮政编码:264205
证书注册编号:0900B0012
体系认证标准:GB/T19002－1994 idt ISO 9002:1994
有效期:2000.1.17～2003.1.17

东莞富崎塑胶制品厂有限公司
地址:广东省东莞市高步镇联网公路
邮政编码:523270
证书注册编号:0900B0013
体系认证标准:GB/T19002－1994 idt ISO 9002:1994
有效期:2000.1.17～2003.1.17

广州万宝电工器材工业有限公司
地址:广东省广州市经济技术开发区宝石路 16 号
邮政编码:510730
证书注册编号:0900B0014
体系认证标准:GB/T19002－1994 idt ISO 9002:1994
有效期:2000.1.17～2003.1.17

深圳市恒宝通光电子有限公司
地址:广东省深圳市福田区泰然工贸园 210 栋 6G
邮政编码:518040
证书注册编号:0900A0015
体系认证标准:GB/T19002－1994 idt ISO 9002:1994
有效期:2000.1.17～2003.1.17

宁海无线电厂
地址:浙江省宁海县城关山河路1号
邮政编码:315600
证书注册编号:0900B0016
体系认证标准:GB/T19002—1994 idt ISO 9002:1994
有效期:2000.1.17～2003.1.17

横店得邦电子有限公司
地址:浙江省东阳市横店工业区兴盛西路2号
邮政编码:322118
证书注册编号:0900A0017
体系认证标准:GB/T19002—1994 idt ISO 9002:1994
有效期:2000.1.17～2003.1.17

贵州云高电子有限公司
地址:贵州省贵阳市新天路156号31号厂房
邮政编码:550018
证书注册编号:0900B0018
体系认证标准:GB/T19002—1994 idt ISO 9002:1994
有效期:2000.1.17～2003.1.17

重庆航伟光电科技有限公司
地址:重庆市南坪花园路14号
邮政编码:400060
证书注册编号:0900A0019
体系认证标准:GB/T19002—1994 idt ISO 9002:1994
有效期:2000.1.17～2003.1.17

上海元益电工有限公司
地址:上海市莘庄莘北路505号
邮政编码:201100
证书注册编号:0900B0020
体系认证标准:GB/T19002—1994 idt ISO 9002:1994
有效期:2000.1.17～2003.1.17

番禺嘉力电子有限公司
地址:广东省番禺市莲花山镇联围路62号
邮政编码:511440
证书注册编号:0900B0021
体系认证标准:GB/T19002—1994 idt ISO 9002:1994
有效期:2000.1.17～2003.1.17

国营第八五〇厂
地址:河北省石家庄市东岗路44号
邮政编码:050002
证书注册编号:0900B0022
体系认证标准:GB/T19002—1994 idt ISO 9002:1994
有效期:2000.1.17～2003.1.17

国营北京晨星无线电器材厂
地址:北京市朝阳区酒仙桥路2号
邮政编码:100015
证书注册编号:0900B0023
体系认证标准:GB/T19002—1994 idt ISO 9002:1994
有效期:2000.1.17～2003.1.17

湖南新蓝科技有限责任公司
地址:湖南省长沙市解放东路97号
邮政编码:410001
证书注册编号:0900B0024
体系认证标准:GB/T19002—1994 idt ISO 9002:1994
有效期:2000.1.17～2003.1.17

杭州灵通通信实业公司
地址:浙江省杭州市秋涛北路62号
邮政编码:310020
证书注册编号:0900B0025
体系认证标准:GB/T19002—1994 idt ISO 9002:1994
有效期:2000.1.17～2003.1.17

大连大显股份有限公司
地址:辽宁省大连市甘井子区革镇堡
邮政编码:116035
证书注册编号:0900B0026
体系认证标准:GB/T19002—1994 idt ISO 9002:1994
有效期:2000.1.17～2003.1.17

上海贝电通信技术实业公司
地址:上海市贝电通信技术实业公司
邮政编码:200070
证书注册编号:0900B0027
体系认证标准:GB/T19002—1994 idt ISO 9002:1994
有效期:2000.1.17～2003.1.17

中外合资常熟通富电子有限公司
地址:江苏省常熟市董浜镇
邮政编码:215534
证书注册编号:0900B0028
体系认证标准:GB/T19002—1994 idt ISO 9002:1994
有效期:2000.1.17～2003.1.17

德州三友电子有限公司
地址:山东省德州市新湖北路31号
邮政编码:253016
证书注册编号:0900B0029
体系认证标准:GB/T19002—1994 idt ISO 9002:1994
有效期:2000.1.17～2003.1.17

江西红声器材厂
地址:江西省吉安市神岗西路100号(江西吉安市615信箱)
邮政编码:343006
证书注册编号:0900B0030
体系认证标准:GB/T19002—1994 idt ISO 9002:1994
有效期:2000.1.18～2003.1.18

浙江中大电源有限责任公司
地址:浙江省杭州市石祥路皋亭坝外贸库区
邮政编码:310015
证书注册编号:0900B0031
体系认证标准:GB/T19002—1994 idt ISO 9002:1994
有效期:2000.1.18～2003.1.18

横店集团东磁有限公司
地址:浙江省东阳市横店工业区
邮政编码:322118
证书注册编号:0900BQ032
体系认证标准:GB/T19002—1994 idt ISO 9002:1994
有效期:2000.1.18～2003.1.18

东莞市天乐电子有限公司
地址:广东省东莞市长安镇咸西工业区
邮政编码:523846
证书注册编号:0900B0033
体系认证标准:GB/T19002—1994 idt ISO 9002:1994
有效期:2000.1.19～2003.1.19

温州市华奥电子有限公司
地址:浙江省温州市黎明东路山下巷37号
邮政编码:325000
证书注册编号:0900B0034
体系认证标准:GB/T19002—1994 idt ISO 9002:1994

有效期:2000.1.19～2003.1.19

深圳市华旭升香料有限公司
地址:广东省深圳市人民南路发展中心大厦1107～1108室(生产车间)茂名市文明中路荔红四街2号2楼)
邮政编码:518001
证书注册编号:0900B0035
体系认证标准:GB/T19002－1994 idt ISO 9002:1994
有效期:2000.1.27～2003.1.27

佛山市石湾永立电子科技有限公司
地址:广东省佛山市桂澜路恒达工业区
邮政编码:528000
证书注册编号:0900A0036
体系认证标准:GB/T19001－1994 idt ISO 9001:1994
有效期:2000.1.27～2003.1.27

扬中市众成管路配件有限公司
地址:江苏省扬中市区港西北路39号
邮政编码:212200
证书注册编号:0900B0037
体系认证标准:GB/T19002－1994 idt ISO 9002:1994
有效期:2000.1.27～2003.1.27

东莞东坑三和电子机器厂
地址:广东省东莞市东坑镇二环路侨联工业区
邮政编码:523459
证书注册编号:0900B0038
体系认证标准:GB/T19002－1994 idt ISO 9002:1994
有效期:2000.1.27～2003.1.27

南海市九江东鹏音响电器实业有限公司
地址:广东省南海市九江镇大伸工业区
邮政编码:528203
证书注册编号:0900B0039
体系认证标准:GB/T19002－1994 idt ISO 9002:1994
有效期:2000.1.27～2003.1.27

北京半导体器件五厂
地址:北京市西城区德胜门外五路通14号
邮政编码:100011
证书注册编号:0900B0040
体系认证标准:GB/T19002－1994 idt ISO 9002:1994
有效期:2000.1.27～2003.1.27

宜兴市华达水处理设备有限公司
地址:江苏省宜兴市和桥镇新建新村333号
邮政编码:214211
证书注册编号:0900A0041
体系认证标准:GB/T19002－1994 idt ISO 9002:1994
有效期:2000.1.27～2003.1.27

扬州振鹏科技电子有限公司
地址:江苏省扬州市文汇南路8号
邮政编码:225009
证书注册编号:0900B0042
体系认证标准:GB/T19002－1994 idt ISO 9002:1994
有效期:2000.1.27～2003.1.27

宁波双林集团股份有限公司
地址:浙江省宁海县西店镇大路
邮政编码:315613
证书注册编号:0900B0043
体系认证标准:GB/T19002－1994 idt ISO 9002:1994
有效期:2000.1.27～2003.1.27

镇江蓝箭电子有限公司
地址:江苏省镇江市丁卯经济开发区健力宝路
邮政编码:212009
证书注册编号:0900B0044
体系认证标准:GB/T19002－1994 idt ISO 9002:1994
有效期:2000.1.27～2003.1.27

上海广联电子有限公司
地址:上海市吴中路339弄8号
邮政编码:201103
证书注册编号:0900B0045
体系认证标准:GB/T19002－1994 idt ISO 9002:1994
有效期:2000.1.27～2003.1.27

山东华菱电子有限公司
地址:山东省威海市火炬高技术产业开发区火炬路北洋大楼
邮政编码:264209
证书注册编号:0900B0046
体系认证标准:GB/T19002－1994 idt ISO 9002:1994
有效期:2000.1.27～2003.1.27

浙江天通电子股份有限公司
地址:浙江海宁市都店镇建设路11号
邮政编码:314412
证书注册编号:0900B0047
体系认证标准:GB/T19002－1994 idt ISO 9002:1994
有效期:2000.1.27～2003.1.27

广东新会硅峰微电子有限公司
地址:广东省新会市城东区石家庄
邮政编码:529100
证书注册编号:0900B0048
体系认证标准:GB/T19002－1994 idt ISO 9002:1994
有效期:2000.1.27～2003.1.27

东莞爱弥儿现代幼儿园
地址:广东省东莞市石龙镇黄洲新城市中心区
邮政编码:523326
证书注册编号:0900B0049
体系认证标准:GB/T19002－1994 idt ISO 9002:1994
有效期:2000.1.28～2003.1.28

江阴市华发实业有限公司
地址:江苏省江阴市申港镇于门桥镇澄路298号
邮政编码:214443
证书注册编号:0900B0050
体系认证标准:GB/T19002－1994 idt ISO 9002:1994
有效期:2000.1.28～2003.1.28

天津市无线电六厂
地址:天津市南开区南门外大街272号
邮政编码:300100
证书注册编号:0900A0051
体系认证标准:GB/T19002－1994 idt ISO 9002:1994
有效期:2000.1.28～2003.1.28

常州常捷电子有限公司
地址:江苏省常州市清潭路272号
邮政编码:213015
证书注册编号:0900B0052
体系认证标准:GB/T19002－1994 idt ISO 9002:1994
有效期:2000.1.28～2003.1.28

浙江飞龙电声实业公司
地址:浙江省萧山市衙前镇
邮政编码:311209
证书注册编号:0900B0053
体系认证标准:GB/T19002—1994 idt ISO 9002:1994
有效期:2000.1.28～2003.1.28

温州天球电器有限公司
地址:浙江温州市吴桥路吴滨巷12号
邮政编码:325000
证书注册编号:0900B0054
体系认证标准:GB/T19002—1994 idt ISO 9002:1994
有效期:2000.1.31～2003.1.31

温州天球电器有限公司
地址:浙江温州市吴桥路吴滨巷12号
邮政编码:325000
证书注册编号:0900AQ055
体系认证标准:GB/T19002—1994 idt ISO 9002:1994
有效期:2000.1.31～2003.1.31

宁波隆兴电信设备制造有限公司
地址:浙江省宁波市经济技术开发区G1#工业区(金鸡路)
邮政编码:315803
证书注册编号:0900B0056
体系认证标准:GB/T19002—1994 idt ISO 9002:1994
纤活动连接器、通信电源分配列柜的生产和服务
有效期:2000.02.01～2003.02.01

信息产业部电子第四十五研究所
地址:甘肃省平凉市崆峒西路272号
邮政编码:744000
证书注册编号:0900A0057
体系认证标准:GB/T19002—1994 idt ISO 9002:1994
有效期:2000.02.02～2003.02.02

九川电器有限公司
地址:浙江省乐清市柳市东风工业区
邮政编码:325604
证书注册编号:0900A0058
体系认证标准:GB/T19002—1994 idt ISO 9002:1994
有效期:2000.02.02～2003.02.02

红旗电缆实业有限公司
地址:浙江省乐清市盐盘国营盐场红旗工业园
邮政编码:325600
证书注册编号:0900B0059
体系认证标准:GB/T19002—1994 idt ISO 9002:1994
有效期:2000.02.02～2003.02.02

华英伦铜制品(宁波)有限公司
地址:广东省深圳市罗湖区布吉路1028中设大院
邮政编码:518019
证书注册编号:0900B0060
体系认证标准:GB/T19002—1994 idt ISO 9002:1994
有效期:2000.02.02～2003.02.02

顺德市天万电热电器有限公司
地址:广东省顺德市桂洲镇容边天河工业大道1号
邮政编码:528305
证书注册编号:0900B0061
体系认证标准:GB/T19002—1994 idt ISO 9002:1994
有效期:2000.02.02～2003.02.02

顺德市必达实业有限公司
地址:广东省顺德市桂洲镇容边天河工业大道1号
邮政编码:528306
证书注册编号:0900B0062
体系认证标准:GB/T19002—1994 idt ISO 9002:1994
有效期:2000.02.02～2003.02.02

深圳常凯电子有限公司
地址:广东省深圳市罗湖区布吉路1028号中设大院
邮政编码:518019
证书注册编号:0900B0063
体系认证标准:GB/T19002—1994 idt ISO 9002:1994
有效期:2000.2.2～2003.2.2

中国振华集团新云器材厂
地址:贵州省凯里市210信箱
邮政编码:550018　556011
证书注册编号:0900B0064
体系认证标准:GB/T19002—1994 idt ISO 9002:1994
有效期:2000.2.2～2003.2.2

福建实达电脑集团股份有限公司客户服务部
地址:福建省福州市福二工业区实达科技城座
邮政编码:350002
证书注册编号:0900B0065
体系认证标准:GB/T19002—1994 idt ISO 9002:1994
有效期:2000.02.02～2003.02.02

捷腾电子(深圳)有限公司
地址:广东省深圳市宝安区47区
邮政编码:518133
证书注册编号:0900B0066
体系认证标准:GB/T19002—1994 idt ISO 9002:1994
有效期:2000.02.02～2003.02.02

广东万燕集团有限公司
地址:广东省江门市江翠路158号
邮政编码:529000
证书注册编号:0900A0067
体系认证标准:GB/T19002—1994 idt ISO 9002:1994
有效期:2000.02.02～2003.02.02

云利电子有限公司
地址:贵州省凯里市210信箱
邮政编码:556011
证书注册编号:0900B0068
体系认证标准:GB/T19002—1994 idt ISO 9002:1994
有效期:2000.02.02～2003.02.02

无锡市无线电元件六厂
地址:江苏省无锡市望宾路16号
邮政编码:214044
证书注册编号:0900B0069
体系认证标准:GB/T19002—1994 idt ISO 9002:1994
有效期:2000.02.24～2003.02.24

浙江泰康无线电厂
地址:浙江省乐清市翁洋镇祥安北路
邮政编码:325606
证书注册编号:0900B0070
体系认证标准:GB/T19002—1994 idt ISO 9002:1994
有效期:2000.02.28～2003.02.28

上海迈格尼电子变压器有限公司
地址:上海市浦东外高桥保税区富特北

路288号高信城2号楼6层A座
邮政编码:200131
证书注册编号:0900B0071
体系认证标准:GB/T19002－1994 idt ISO 9002:1994
有效期:2000.02.28～2003.02.28

株洲市安和磁性门封制品有限公司
地址:湖南株洲市新明路国储三三六处
邮政编码:412001
证书注册编号:0900B0072
体系认证标准:GB/T19002－1994 idt ISO 9002:1994
有效期:2000.02.28～2003.02.28

深圳科耐电子有限公司
地址:广东省深圳市宝安79区流塘新雄工业大厦四层
邮政编码:518102
证书注册编号:0900B0073
体系认证标准:GB/T19002－1994 idt ISO 9002:1994
有效期:2000.02.28～2003.02.28

烟台哈大电气有限公司
地址:山东省烟台市福山高新技术产业区振华街
邮政编码:265500
证书注册编号:0900B0074
体系认证标准:GB/T19002－1994 idt ISO 9002:1994
有效期:2000.02.28～2003.02.28

青岛朗迪电器有限公司
地址:山东省青岛即墨市大信镇大金家工业园
邮政编码:266229
证书注册编号:0900B0075
体系认证标准:GB/T19002－1994 idt ISO 9002:1994
有效期:2000.02.28～2003.02.28

温州中德集团有限公司
地址:浙江省瑞安市塘下镇张宅工业区
邮政编码:325204
证书注册编号:0900A0076
体系认证标准:GB/T19002－1994 idt ISO 9002:1994
有效期:2000.02.28～2003.02.28

福建霞浦科士达电子有限公司
地址:福建省霞浦县茶厂路86号
邮政编码:355100
证书注册编号:0900B0077
体系认证标准:GB/T19002－1994 idt ISO 9002:1994
有效期:2000.02.28～2003.02.28

益阳市粮食局油脂厂
地址:湖南省益阳市龙光桥
邮政编码:413046
证书注册编号:0900B0078
体系认证标准:GB/T19002－1994 idt ISO 9002:1994
有效期:2000.02.28～2003.02.28

东莞市通讯电缆电器总厂
地址:广东省东莞市石龙镇西湖三路
邮政编码:523325
证书注册编号:0900B0079
体系认证标准:GB/T19002－1994 idt ISO 9002:1994
有效期:2000.02.28～2003.02.28

深圳新光电电子有限公司
地址:广东省深圳市龙岗区龙岗镇南联路58号
邮政编码:518116
证书注册编号:0900B0080
体系认证标准:GB/T19002－1994 idt ISO 9002:1994
有效期:2000.02.28～2003.02.28

联泰电线电缆有限公司
地址:香港九龙长沙湾永明街3号泰昌工厂大厦地下B座广东省东莞市虎门镇龙眼工业区
邮政编码:523920
证书注册编号:0900B0081
体系认证标准:GB/T19002－1994 idt ISO 9002:1994
有效期:2000.02.28～2003.02.28

浙江合兴电子有限公司
地址:浙江乐清市虹桥工业区G—1号
邮政编码:325608
证书注册编号:0900A0082
体系认证标准:GB/T19002－1994 idt ISO 9002:1994
有效期:2000.02.28～2003.02.28

宁波天明电子股份有限公司
地址:浙江宁海县城关镇西郊路15号
邮政编码:315600
证书注册编号:0900B0083
体系认证标准:GB/T19002－1994 idt ISO 9002:1994
有效期:2000.02.28～2003.02.28

广州真善美电气有限公司
地址:广东省广州增城市朱村镇朱村工业开发区
邮政编码:511370
证书注册编号:0900A0084
体系认证标准:GB/T19002－1994 idt ISO 9002:1994
有效期:2000.02.29～2003.02.29

石家庄实力克液晶材料有限公司
地址:河北省石家庄市联盟西路777号
邮政编码:050061
证书注册编号:0900B0085
体系认证标准:GB/T19002－1994 idt ISO 9002:1994
有效期:2000.02.29～2003.02.29

山东神盾电子有限责任公司
地址:山东省高唐县金城路142号
邮政编码:252800
证书注册编号:0900B0086
体系认证标准:GB/T19002－1994 idt ISO 9002:1994
有效期:2000.3.15～2003.3.15

宁波东太光学有限公司
地址:浙江省宁波市保税区西式A1座
邮政编码:315800
证书注册编号:0900B0087
体系认证标准:GB/T19002－1994 idt ISO 9002:1994
有效期:2000.3.15～2003.3.15

重庆赛能电子有限公司
地址:重庆市北培区胜利路27号
邮政编码:400700
证书注册编号:0900A0088
体系认证标准:GB/T19002－1994 idt ISO 9002:1994
有效期:2000.3.15～2003.3.15

国营成都旭光仪器厂
地址:四川成都市龙泉驿区公园路二段
邮政编码:610100
证书注册编号:0900B0089
体系认证标准:GB/T19002－1994 idt ISO 9002:1994

有效期:2000.3.15～2003.3.15

宁波东方电子有限公司
地址:浙江省宁波市江东区科技园桑田路722弄12号
邮政编码:315040
证书注册编号:0900AQ090
体系认证标准:GB/T19002—1994 idt ISO 9002:1994
有效期:2000.3.15～2003.3.15

杭州电连接器厂
地址:浙江杭州市拱墅区台州路62号
邮政编码:310015
证书注册编号:0900A0091
体系认证标准:GB/T19002—1994 idt ISO 9002:1994
有效期:2000.3.15～2003.3.15

江西泰丰轮胎有限公司
地址:江西南昌市青山湖南大道260号
邮政编码:330029
证书注册编号:0900B0092
体系认证标准:GB/T19002—1994 idt ISO 9002:1994
有效期:2000.3.15～2003.3.15

青岛半导体研究所
地址:山东省青岛市福州北路(宁夏路口)
邮政编码:266071
证书注册编号:0900A0093
体系认证标准:GB/T19002—1994 idt ISO 9002:1994
有效期:2000.3.15～2003.3.15

常州市明宇交通器材有限公司
地址:江苏省武进市小河镇工业园区
邮政编码:213138
证书注册编号:0900B0094
体系认证标准:GB/T19002—1994 idt ISO 9002:1994
有效期:2000.3.16～2003.3.16

温州海米特集团公司
地址:浙江瑞安市梅头镇华盖街67号
邮政编码:325205
证书注册编号:0900A0095
体系认证标准:GB/T19002—1994 idt ISO 9002:1994
有效期:2000.3.21～2003.3.21

宁波华东机电制造有限公司
地址:浙江省宁海县城关跃龙开发区
邮政编码:315600
证书注册编号:0900B0096
体系认证标准:GB/T19002—1994 idt ISO 9002:1994
有效期:2000.3.28～2003.3.28

深圳威宇电子有限公司
地址:广东省深圳市宝安23区友谊工业区三鹰大厦
邮政编码:518101
证书注册编号:0900B0097
体系认证标准:GB/T19002—1994 idt ISO 9002:1994
有效期:2000.3.28～2003.3.28

国营万平无线电器材厂
地址:江西省景德镇市668信箱
邮政编码:333413
证书注册编号:0900B0098
体系认证标准:GB/T19002—1994 idt ISO 9002:1994
有效期:2000.3.28～2003.3.28

桂林市无线电八厂
地址:广西桂林市七星区码坪街10号
邮政编码:541004
证书注册编号:0900B0099
体系认证标准:GB/T19002—1994 idt ISO 9002:1994
有效期:2000.3.28～2003.3.28

常州市星宇车灯厂
地址:江苏省常州市新区创新科技楼北区B2座
邮政编码:213022
证书注册编号:0900BQ100
体系认证标准:GB/T19002—1994 idt ISO 9002:1994
有效期:2000.3.28～2003.3.28

大唐电信科技股份有限公司光缆厂
地址:四川省成都市郫县犀浦镇现代工业港
邮政编码:611731
证书注册编号:0900B0101
体系认证标准:GB/T19002—1994 idt ISO 9002:1994
有效期:2000.3.31～2003.3.31

宁波民丰实业有限公司
地址:浙江省慈溪市周巷镇环城南路1028号
邮政编码:315324
证书注册编号:0900B0102
体系认证标准:GB/T19002—1994 idt ISO 9002:1994
有效期:2000.3.31～2003.3.31

上海申新电气有限公司
地址:上海松江区新桥镇新乐路22号
邮政编码:201612
证书注册编号:0900B0103
体系认证标准:GB/T19002—1994 idt ISO 9002:1994
有效期:2000.4.13～2003.4.13

山东金源线缆集团股份有限公司
地址:山东省淄博市淄川区淄河镇
邮政编码:255171
证书注册编号:0900B0104
体系认证标准:GB/T19002—1994 idt ISO 9002:1994
有效期:2000.4.13～2003.4.13

泰兴市航天电连接器厂
地址:江苏省泰兴市沿江开发区(天星闸北)
邮政编码:225443
证书注册编号:0900B0105
体系认证标准:GB/T19002—1994 idt ISO 9002:1994
有效期:2000.4.13～2003.4.13

宁波朗迪塑胶制品有限公司
地址:浙江省余姚市朗霞镇118号
邮政编码:315480
证书注册编号:0900B0106
体系认证标准:GB/T19002—1994 idt ISO 9002:1994
有效期:2000.4.13～2003.4.13

深圳比斯曼电子有限公司
地址:广东省深圳市南山区南山工业村A01幢2楼
邮政编码:518052
证书注册编号:0900B0107
体系认证标准:GB/T19002—1994 idt ISO 9002:1994
有效期:2000.4.13～2003.4.13

武进市芙蓉通达电器厂
地址:江苏省武进市芙蓉镇

邮政编码:213118
证书注册编号:0900B0108
体系认证标准:GB/T19002－1994 idt ISO 9002:1994
有效期:2000.4.18～2003.4.18

张家港保税区新科电子有限公司
地址:江苏省张家港市乘航镇
邮政编码:215617
证书注册编号:0900B0109
体系认证标准:GB/T19002－1994 idt ISO 9002:1994
有效期:2000.4.24～20003.4.24

张家港市互感器厂
地址:江苏省张家港市乘航镇
邮政编码:215617
证书注册编号:0900B0110
体系认证标准:GB/T19002－1994 idt ISO 9002:1994
有效期:2000.4.24～2003.4.24

武汉华林机械制造有限公司
地址:湖北省武汉市洪山区才汇巷
邮政编码:430081
证书注册编号:0900B0111
体系认证标准:GB/T19002－1994 idt ISO 9002:1994
有效期:2000.4.30～2003.4.30

乐清市中变特种变压器制造公司
地址:浙江省乐清市宋湖工业区盛德路118号
邮政编码:325600
证书注册编号:0900A0112
体系认证标准:GB/T19001－1994 idt ISO 9001:1994
有效期:2000.4.30～2003.4.30

深圳国际商业数据有限公司
地址:广东省深圳市深南中路24号爱华科研楼七层
邮政编码:518044
证书注册编号:0900A0113
体系认证标准:GB/T19001－1994 idt ISO 9001:1994
有效期:2000.4.30～2003.4.30

上海金伟磁性材料厂
地址:上海市真大路600号
邮政编码:200436
证书注册编号:0900B0114
体系认证标准:GB/T19002－1994 idt ISO 9002:1994
有效期:2000.4.30～2003.4.30

华越微电子有限公司
地址:浙江省绍兴市三号信箱
邮政编码:312016
证书注册编号:0900A0115
体系认证标准:GB/T19001－1994 idt ISO 9001:1994
有效期:2000.4.30～2003.4.30

东莞横沥顺建电子厂
地址:广东省东莞市横沥镇新城工业区
邮政编码:511732
证书注册编号:0900B0116
体系认证标准:GB/T19002－1994 idt ISO 9002:1994
有效期:2000.4.30～2003.4.30

珠海市惟达电子有限公司
地址:广东省珠海市南屏宏兴工业楼二栋五楼
邮政编码:519060
证书注册编号:0900B0117
体系认证标准:GB/T19002－1994 idt ISO 9002:1994
有效期:2000.4.30～2003.4.30

桂林航天电器公司
地址:广西桂林市象山区翠竹路南一巷2号
邮政编码:541002
证书注册编号:0900A0118
体系认证标准:GB/T19001－1994 idt ISO 9001:1994
有效期:2000.4.30～2003.4.30

国营朝阳电器厂
地址:贵州省遵义市红花岗区新蒲镇
邮政编码:563123
证书注册编号:0900A0119
体系认证标准:GB/T19001－1994 idt ISO 9001:1994
有效期:2000.4.30～2003.4.30

温州宇丰铝塑管有限公司
地址:浙江省温州市乐清市宁康路西路147号
邮政编码:325604
证书注册编号:0900B0120
体系认证标准:GB/T19002－1994 idt ISO 9002:1994
有效期:2000.4.30～2003.4.30

上海日丰铝塑管厂
地址:上海市杨柳青路82号
邮政编码:200062
证书注册编号:0900B0121
体系认证标准:GB/T19002－1994 idt ISO 9002:1994
有效期:2000.4.30～2003.4.30

诸城市铸德机械有限责任公司
地址:山东省诸城市贾悦镇王门庄子村
邮政编码:262204
证书注册编号:0900B0122
体系认证标准:GB/T19002－1994 idt ISO 9002:1994
有效期:2000.4.30～2003.4.30

广州市越秀区珠江电子配套有限公司
地址:广东省广州市人民中路555号美国银行大厦1711室
邮政编码:517170
证书注册编号:0900B0123
体系认证标准:GB/T19002－1994 idt ISO 9002:1994
有效期:2000.5.15～2003.5.15

无锡市无线电厂
地址:江苏省无锡市梁溪路80号
邮政编码:214062
证书注册编号:0900B0124
体系认证标准:GB/T19002－1994 idt ISO 9002:1994
有效期:2000.5.15～2003.5.15

域佳利电子(深圳)有限公司
地址:广东省深圳市福田区车公庙泰然工业区211栋4楼西座
邮政编码:518040
证书注册编号:0900B0125
体系认证标准:GB/T19002－1994 idt ISO 9002:1994
有效期:2000.5.15～2003.5.15

吉林通海高科技股份有限公司
江门市高路华电视
地址:广东省江门市高新技术开发区东宁路34号
邮政编码:529080
证书注册编号:0900A0126
体系认证标准:GB/T19001－1994 idt

ISO 9001:1994
有效期:2000.5.15～2003.5.15

广东北电通信设备有限公司
地址:广东省顺德市桂洲容里工业区六横路
邮政编码:528306
证书注册编号:0900A0127
体系认证标准:GB/T19001－1994 idt ISO 9001:1994
有效期:2000.5.16～2003.5.15

济南无线电九厂
地址:山东济南林祥街111号
邮政编码:250001
证书注册编号:0900B0128
体系认证标准:GB/T19002－1994 idt ISO 9002:1994
有效期:2000.5.25～2003.5.25

诸城市兆丰汽配有限责任公司
地址:山东省诸城市昌城镇道口
邮政编码:262216
证书注册编号:0900B0129
体系认证标准:GB/T19002－1994 idt ISO 9002:1994
有效期:2000.5.25～2003.5.25

顺德市桂洲镇文武电器厨具厂
地址:广东省顺德市桂洲镇华口工业区昌宝东路6号
邮政编码:528306
证书注册编号:0900B0130
体系认证标准:GB/T19002－1994 idt ISO 9002:1994
有效期:2000.5.25～2003.5.25

深圳通达通讯设备有限公司
地址:广东省深圳龙岗区布吉镇南岭龙山工业区第一座
邮政编码:518123
证书注册编号:0900B0131
体系认证标准:GB/T19002－1994 idt ISO 9002:1994
有效期:2000.5.25～2003.5.25

上海环球电位器有限公司
地址:上海市田林路195弄51号
邮政编码:200233
证书注册编号:0900B0132
体系认证标准:GB/T19002－1994 idt ISO 9002:1994
有效期:2000.5.25～2003.5.25

斯贝克(常州)电子有限公司
地址:江苏省武进市庙桥镇
邮政编码:213167
证书注册编号:0900A0133
体系认证标准:GB/T19001－1994 idt ISO 9001:1994
有效期:2000.5.25～2003.5.25

慈溪市涉洋实业有限公司
地址:浙江省慈溪市横河镇沙河村
邮政编码:315318
证书注册编号:0900B0134
体系认证标准:GB/T19002－1994 idt ISO 9002:1994
有效期:2000.5.25～2003.5.25

安徽省宁国飞达实业有限公司
地址:安徽省宁国市工业东路29号
邮政编码:242300
证书注册编号:0900B0135
体系认证标准:GB/T19002－1994 idt ISO 9002:1994
有效期:2000.5.25～2003.5.25

河南华信电子有限公司
地址:河南省鹤壁市红旗街121号
邮政编码:458000
证书注册编号:0900B0136
体系认证标准:GB/T19002－1994 idt ISO 9002:1994
有效期:2000.5.25～2003.5.25

上海康通电缆组件有限公司
地址:上海南陈路82弄127号
邮政编码:200041
证书注册编号:0900B0137
体系认证标准:GB/T19002－1994 idt ISO 9002:1994
有效期:2000.5.25～2003.5.25

东莞附城主山今上电子厂
地址:广东省东莞市附城主山大塘头村
邮政编码:523120
证书注册编号:0900B0138
体系认证标准:GB/T19002－1994 idt ISO 9002:1994
有效期:2000.5.25～2003.5.25

泰州曙泰罗那电子有限公司
地址:江苏省泰州市商港区柴墟东路5号(口岸镇)
邮政编码:225321
证书注册编号:0900B0139
体系认证标准:GB/T19002－1994 idt ISO 9002:1994
有效期:2000.5.25～2003.5.25

汇隆电子(金华)有限公司
地址:浙江省金华市人民东路1282号
邮政编码:321002
证书注册编号:0900B0140
体系认证标准:GB/T19002－1994 idt ISO 9002:1994
有效期:2000.5.25～2003.5.25

镇江江奎集团公司
地址:江苏省镇江市经济开发区经九路一号
邮政编码:212009
证书注册编号:0900B0141
体系认证标准:GB/T19002－1994 idt ISO 9002:1994
有效期:2000.5.25～2003.5.25

江苏宏图高科技股份有限公司江奎激光声像发展分公司
地址:江苏省镇江市经济开发区经九路一号
邮政编码:212009
证书注册编号:0900B0142
体系认证标准:GB/T19002－1994 idt ISO 9002:1994
有效期:2000.5.25～2003.5.25

顺德市陈村镇固力电机厂
地址:广东省顺德市陈村镇赤花工业区
邮政编码:528313
证书注册编号:0900B0143
体系认证标准:GB/T19002－1994 idt ISO 9002:1994
有效期:2000.5.25～2003.5.25

东莞市虎门粤城焊锡制品厂
地址:广东省东莞市虎门镇南栅第一工业区
邮政编码:523932
证书注册编号:0900B0144
体系认证标准:GB/T19002－1994 idt ISO 9002:1994
有效期:2000.5.25～2003.5.25

深圳崇林电子有限公司

地址:广东省深圳市西丽塘朗工业区B区16栋
邮政编码:518055
证书注册编号:0900B0145
体系认证标准:GB/T19002—1994 idt ISO 9002:1994
有效期:2000.5.25~2003.5.25

惠州市TCL物业管理有限公司
地址:广东省惠州市鹅岭南路3号TCL大厦三楼
邮政编码:516001
证书注册编号:0900B0146
体系认证标准:GB/T19002—1994 idt ISO 9002:1994
有效期:2000.5.26~2003.5.6

重庆集诚汽车电子有限责任公司
地址:重庆市南坪西路46号丽德大厦4楼
邮政编码:400060
证书注册编号:0900B0147
体系认证标准:GB/T19002—1994 idt ISO 9002:1994
有效期:2000.6.5~2003.6.5

湖州市菱峰有限公司
地址:山东省威海火炬高新技术产业开发区火炬路北洋大楼
邮政编码:264209
证书注册编号:0900B0148
体系认证标准:GB/T19002—1994 idt ISO 9002:1994
有效期:2000.6.5~2003.6.5

逻辑电子(香港)有限公司
地址:广东省深圳市宝安区沙井镇万丰村大洋田工业区
邮政编码:518104
证书注册编号:0900B0149
体系认证标准:GB/T19002—1994 idt ISO 9002:1994
有效期:2000.6.5~2003.6.5

吉安地区乐声电子有限责任公司
地址:江西省吉安市韶山东路118号
邮政编码:343000
证书注册编号:0900B0150
体系认证标准:GB/T19002—1994 idt ISO 9002:1994
有效期:2000.6.5~2003.6.5

顺德市龙江镇志豪家具有限公司
地址:广东顺德龙山旺岗工业区
邮政编码:528319
证书注册编号:0900B0151
体系认证标准:GB/T19002—1994 idt ISO 9002:1994
有效期:2000.6.20~2003.6.20

东莞松埔电子有限公司
地址:广东省东莞市石碣镇管理区二村工业区
邮政编码:523305
证书注册编号:0900B0152
体系认证标准:GB/T19002—1994 idt ISO 9002:1994
有效期:2000.6.20~2003.6.20

江阴市新盛集团公司
地址:江苏省江阴市顾山镇西
邮政编码:214413
证书注册编号:0900B0153
体系认证标准:GB/T19002—1994 idt ISO 9002:1994
有效期:2000.6.20~2003.6.20

珠海瓦特电力设备有限公司
地址:广东省珠海市拱北北岭桂花工业区三栋二楼
邮政编码:519020
证书注册编号:0900B0154
体系认证标准:GB/T19002—1994 idt ISO 9002:1994
有效期:2000.6.20~2003.6.20

顺德市现代实业有限公司
地址:广东省顺德市北窖镇北窖工业区港前路19号
邮政编码:528311
证书注册编号:0900B0155
体系认证标准:GB/T19002—1994 idt ISO 9002:1994
有效期:2000.6.20~2003.6.20

江西赣南无线电厂
地址:江西省赣州市张家围路17号
邮政编码:341000
证书注册编号:0900A0156
体系认证标准:GB/T19001—1994 idt ISO 9001:1994
有效期:2000.6.20~2003.6.20

乐清市长虹塑料厂
地址:浙江省乐清市柳市苏吕工业区
邮政编码:325604
证书注册编号:0900B0157
体系认证标准:GB/T19002—1994 idt ISO 9002:1994
有效期:2000.6.20~2003.6.20

张家港市弹簧厂
地址:江苏省张家港市晨丰桥
邮政编码:215637
证书注册编号:0900B0158
体系认证标准:GB/T19002—1994 idt ISO 9002:1994
有效期:2000.6.20~2003.6.20

浙江亚洲龙继电器有限公司
地址:浙江省乐清市柳市镇腾飞路7号
邮政编码:325604
证书注册编号:0900A0159
体系认证标准:GB/T19001—1994 idt ISO 9001:1994
有效期:2000.6.20~2003.6.20

苏州半导体总厂
地址:江苏省苏州市新市路3号
邮政编码:215007
证书注册编号:0900B0160
体系认证标准:GB/T19002—1994 idt ISO 9002:1994
有效期:2000.6.20~2003.6.20

上海贝斯特电器制造有限公司
地址:上海市汶水东路141弄40号
邮政编码:200437
证书注册编号:0900B0161
体系认证标准:GB/T19002—1994 idt ISO 9002:1994
有效期:2000.6.20~2003.6.20

番禺至昌照明电器有限公司
地址:广东省番禺市莲花山镇工业路66号
邮政编码:511440
证书注册编号:0900B0162
体系认证标准:GB/T19002—1994 idt ISO 9002:1994
有效期:2000.6.20~2003.6.20

深圳市贝尔佳电子有限公司
地址:广东省深圳市宝区宝城22区公园路东一巷21号
制造厂地址:浙江省乐清市城西路134

号
邮政编码:325600
证书注册编号:0900B0163
体系认证标准:GB/T19002—1994 idt ISO 9002:1994
效期:2000.6.20～2003.6.20

内蒙古元华电子有限责任公司
地址:内蒙古自治区呼和浩特市锡林南路(呼和浩特市电子元件五厂院内)
邮政编码:010020
证书注册编号:0900B0164
有效期:2000.6.20～2003.6.20

顺德市金科电器有限公司
地址:广东顺德市陈村镇建设路80号
邮政编码:528313
证书注册编号:0900B0165
体系认证标准:GB/T19002—1994 idt ISO 9002:1994
有效期:2000.6.20～2003.6.20

鄞县华东集成电路元件厂
地址:浙江省宁波市东钱湖镇高钱
邮政编码:315124
证书注册编号:0900B0166
体系认证标准:GB/T19002—1994 idt ISO 9002:1994
有效期:2000.6.21～2003.6.21

浙江天杰实业有限公司
地址:浙江省杭州市西郊临安玲珑经济开发区
邮政编码:311301
证书注册编号:0900B0167
体系认证标准:GB/T19002—1994 idt ISO 9002:1994
有效期:2000.6.21～2003.6.21

王氏电路(惠州)有限公司
地址:广东省惠州市古坳工业区
邮政编码:516001
证书注册编号:0900BQ168
体系认证标准:GB/T19002—1994 idt ISO 9002:1994
有效期:2000.6.21～2003.6.21

南京电子网板有限公司
地址:江苏南京市中央门外网板路8号
邮政编码:210028
证书注册编号:0900B0169
体系认证标准:GB/T19002—1994 idt ISO 9002:1994
有效期:2000.6.28～2000.6.28

深圳裕升电子塑胶有限公司
地址:广东省深圳市宝安区鹤洲工业区
邮政编码:518126
证书注册编号:0900B0170
体系认证标准:GB/T19002—1994 idt ISO 9002:1994
有效期:2000.6.30～2003.6.30

曙光电子集团有限公司
地址:湖南省长沙市人民东路490号
邮政编码:410001
证书注册编号:0900B0170
体系认证标准:GB/T19002—1994 idt ISO 9002:1994
有效期:2000.6.30～2003.6.30

余姚市景桥车灯有限公司
地址:浙江省余姚市城北景家桥
邮政编码:315400
证书注册编号:0900B0171
体系认证标准:GB/T19002—1994 idt ISO 9002:1994
有效期:2000.6.30～2003.6.30

湖南长沙亚达电子显示器件有限公司
地址:湖南长沙市曙光南路35号
邮政编码:410002
证书注册编号:0900B0172
体系认证标准:GB/T19002—1994 idt ISO 9002:1994
有效期:2000.6.30～2003.6.30

开平市永安金属制品有限公司
地址:广东省开平市水口镇新市北路111号
邮政编码:529321
证书注册编号:0900B0173
体系认证标准:GB/T19002—1994 idt ISO 9002:1994
有效期:2000.6.30～2003.6.30

江苏绿扬电子仪器有限公司
地址:江苏省扬中市金星路88号
邮政编码:212200
证书注册编号:0900B0174
体系认证标准:GB/T19002—1994 idt ISO 9002:1994
有效期:2000.6.30～2003.6.30

扬中市绿扬电子厂
地址:江苏省扬中市金星路88号
邮政编码:212200
证书注册编号:0900A0175
体系认证标准:GB/T19001—1994 idt ISO 9001:1994
有效期:2000.6.30～2003.6.30

江门田川电子设备有限公司
地址:广东省江门市胜利路114号
邮政编码:529000
证书注册编号:0900B0176
体系认证标准:GB/T19002—1994 idt ISO 9002:1994
有效期:2000.6.30～2003.6.30

广州市广宏佳电子有限公司
地址:广东省广州市广园中路318号
邮政编码:510405
证书注册编号:0900B0177
体系认证标准:GB/T19002—1994 idt ISO 9002:1994
有效期:2000.6.30～2003.6.30

淄博信通电器有限公司
地址:山东省淄博市开发区中路
邮政编码:255086
证书注册编号:0900B0178
体系认证标准:GB/T19002—1994 idt ISO 9002:1994
有效期:2000.6.30～2003.6.30

中山市松山电子工业有限公司
地址:广东省中山市中山四路亨尾街
邮政编码:528403
证书注册编号:0900B0179
体系认证标准:GB/T19002—1994 idt ISO 9002:1994
有效期:2000.6.30～2003.6.30

东莞市群达实业有限公司
地址:广东省东莞市附城周屋工业区
邮政编码:523118
证书注册编号:0900B0180
体系认证标准:GB/T19002—1994 idt ISO 9002:1994
有效期:2000.6.30～2003.6.30

江苏银河电子股份有限公司
地址:江苏省张家港市塘桥镇人民东路9号
邮政编码:215611

证书注册编号:0900B0181
体系认证标准:GB/T19002－1994 idt
ISO 9002:1994
有效期:2000.6.30～2003.6.30

中山市朗华塑料有限公司
地址:广东省市中山市岐关西路
邮政编码:528403
证书注册编号:0900B0182
体系认证标准:GB/T19002－1994 idt
ISO 9002:1994
有效期:2000.7.3～2003.7.3

中山市朗华塑料有限公司
地址:广东省市中山市岐关西路
邮政编码:528403
证书注册编号:0900B0183
体系认证标准:GB/T19002－1994 idt
ISO 9002:1994
有效期:2000.7.3～2003.7.3

天津联迅机电设备有限公司
地址:天津市河西区解放南路大任庄路10号增1号
邮政编码:300221
证书注册编号:0900B0184
体系认证标准:GB/T19002－1994 idt
ISO 9002:1994
有效期:2000.7.6～2003.7.6

广州市嘉华达电器有限公司
地址:广东省广州芳村区东镇葵蓬村圹尾工业区#9
邮政编码:510370
证书注册编号:0900B0185
体系认证标准:GB/T19002－1994 idt
ISO 9002:1994
有效期:2000.7.13～2003.7.13

常州泰宁电子有限公司
地址:江苏省常州市西郊邹区镇
邮政编码:213144
证书注册编号:0900B0186
体系认证标准:GB/T19002－1994 idt
ISO 9002:1994
有效期:2000.7.13～2003.7.13

海门市三鑫电子有限责任公司
地址:江苏省海门市珠江路
邮政编码:226100
证书注册编号:0900B0187
体系认证标准:GB/T19002－1994 idt
ISO 9002:1994
有效期:2000.7.13～2003.7.13

宁波市宏盛电器有限公司
地址:浙江省余姚市牟山镇
邮政编码:315456
证书注册编号:0900A0188
体系认证标准:GB/T19001－1994 idt
ISO 9001:1994
有效期:2000.7.13～2003.7.13

惠阳市裕华实业有限公司
地址:广东省惠阳市淡水镇东门工业科技城
邮政编码:516211
证书注册编号:0900B0189
体系认证标准:GB/T19002－1994 idt
ISO 9002:1994
有效期:2000.7.13～2003.7.13

宁波成功通信设备有限公司
地址:浙江省宁波市庄桥2000号
邮政编码:315020
证书注册编号:0900A0190
体系认证标准:GB/T19002－1994 idt
ISO 9002:1994
有效期:2000.7.13～2003.7.13

EDI(福建)有限公司
地址:福建省福州市仓山科技园17号
邮政编码:350007
证书注册编号:0900B0191
体系认证标准:GB/T19002－1994 idt
ISO 9002:1994
有效期:2000.7.13～2003.7.13

长沙市天成科技开发有限公司
地址:湖南省长沙市银盆南路229号高新技术产业区M1组团2区
邮政编码:410013
证书注册编号:0900A0192
体系认证标准:GB/T19002－1994 idt
ISO 9002:1994
有效期:2000.7.13～2003.7.13

关铝集团海门电子铝材有限责任公司
地址:江苏省海门市人民西路727号
邮政编码:226100
证书注册编号:0900B0193
体系认证标准:GB/T19002－1994 idt
ISO 9002:1994
有效期:2000.7.13～2003.7.13

常州华辉电子设备有限公司
地址:江苏省常州市清凉路165号
邮政编码:213001
证书注册编号:0900B0194
体系认证标准:GB/T19002－1994 idt
ISO 9002:1994
有效期:2000.7.13～2003.7.13

常熟市东方邮电通信设备厂
地址:江苏常熟市董滨镇
邮政编码:215534
证书注册编号:0900B0195
体系认证标准:GB/T19002－1994 idt
ISO 9002:1994
有效期:2000.7.13～2003.7.13

惠州三星电子有限公司
地址:广东省惠阳市陈江镇
邮政编码:516229
证书注册编号:0900B0196
体系认证标准:GB/T19002－1994 idt
ISO 9002:1994
有效期:2000.7.13～2003.7.13

江阴市万顺橡胶制品厂
地址:江苏省江阴市申港镇
邮政编码:214443
证书注册编号:0900B0197
体系认证标准:GB/T19002－1994 idt
ISO 9002:1994
有效期:2000.7.13～2003.7.13

济南市中变压器厂
地址:山东省济南市西二环路(段店南路)262号
邮政编码:250022
证书注册编号:0900B0198
体系认证标准:GB/T19002－1994 idt
ISO 9002:1994
有效期:2000.7.13～2003.7.13

宁波明昕微电子有限公司
地址:浙江省宁波市大庆南路131号
邮政编码:315020
证书注册编号:0900B0199
体系认证标准:GB/T19002－1994 idt
ISO 9002:1994
有效期:2000.7.13～2003.7.13

常熟市林芝电子有限公司
地址:江苏常熟市董浜工业区
邮政编码:215534

证书注册编号:0900B0200
体系认证标准:GB/T19002－1994 idt ISO 9002:1994
有效期:2000.7.18～2003.7.18

深圳顺超电子有限公司
地址:广东省深圳罗湖区红岗北路28号2栋5楼
邮政编码:518024
证书注册编号:0900B0201
体系认证标准:GB/T19002－1994 idt ISO 9002:1994
有效期:2000.7.18～2003.7.18

锡山市无线电二厂
地址:江苏锡山市查桥镇吼山车站
邮政编码:214104
证书注册编号:0900B0202
体系认证标准:GB/T19002－1994 idt ISO 9002:1994
有效期:2000.7.18～2003.7.18

中山市富山玻璃机械有限公司
地址:广东省中山市东凤镇安乐工业区富山工业城
邮政编码:528425
证书注册编号:0900A0203
体系认证标准:GB/T19002－1994 idt ISO 9002:1994
有效期:2000.7.25～2003.7.25

安徽华翔电子(集团)公司
地址:安徽省宁国市和平路128号
邮政编码:242300
证书注册编号:0900B0204
体系认证标准:GB/T19002－1994 idt ISO 9002:1994
有效期:2000.7.25～2003.7.25

芜湖盈科电子有限公司
地址:安徽省芜湖经济技术开发区(延安北路236号)科达4楼
邮政编码:241009
证书注册编号:0900B0205
体系认证标准:GB/T19002－1994 idt ISO 9002:1994
有效期:2000.7.25～2003.7.25

乐清市精密电子电器有限公司
地址:浙江省乐清市白象镇北塔王工业区开发路25号
邮政编码:325603
证书注册编号:0900B0206
体系认证标准:GB/T19002－1994 idt ISO 9002:1994
有效期:2000.7.25～2003.7.25

洪都无线电厂
地址:江西省南昌市系马桩街218号
邮政编码:330003
证书注册编号:0900A0207
体系认证标准:GB/T19002－1994 idt ISO 9002:1994
有效期:2000.7.25～2003.7.25

顺德市龙江镇铟琦诚家具制造有限公司
地址:广东省顺德市龙江镇广湛公路边沙龙路
邮政编码:528319
证书注册编号:0900B0208
体系认证标准:GB/T19002－1994 idt ISO 9002:1994
有效期:2000.7.25～2003.7.25

联邦家私集团有限公司
地址:广东省南海市盐步平地西3号
邮政编码:528247
证书注册编号:0900A0209
体系认证标准:GB/T19001－1994 idt ISO 9001:1994
有效期:2000.7.28～2003.7.28

温州市基安机械有限公司
地址:浙江省乐清市七里港第一工业区
邮政编码:325604
证书注册编号:0900A0210
CPR2000A099
体系认证标准:GB/T19001－1994 idt ISO 9001:1994
有效期:2000.8.10～2003.8.10

乐清市华泰机械制造有限公司
地址:浙江省乐清市柳市镇长丰村
邮政编码:325604
证书注册编号:0900B0211
体系认证标准:GB/T19002－1994 idt ISO 9002:1994
有效期:2000.8.10～2003.8.10

温州市基安煤机厂
地址:浙江省乐清市七里港第一工业区
邮政编码:325604
证书注册编号:0900A0212
CPR2000A100
体系认证标准:GB/T19001－1994 idt ISO 9001:1994
有效期:2000.8.10～2003.8.10

湖南丰收计算机有限公司
地址:湖南省长沙市解放东路97号
邮政编码:410001
证书注册编号:0900B0213
体系认证标准:GB/T19002－1994 idt ISO 9002:1994
有效期:2000.8.14～2003.8.14

牡丹江天音电子有限公司
地址:黑龙江省牡丹江市景福街1号
邮政编码:157000
证书注册编号:0900B0214
体系认证标准:GB/T19002－1994 idt ISO 9002:1994
有效期:2000.8.14～2003.8.14

上海浦林电器有限公司
地址:上海南汇县瓦屑镇建设路24号
邮政编码:301321
证书注册编号:0900B0215
体系认证标准:GB/T19002－1994 idt ISO 9002:1994
有效期:2000.8.14～2003.8.14

深圳市赛格通信有限公司
地址:广东省深圳市福田区车公庙泰然工贸园213栋六楼东
邮政编码:518040
证书注册编号:0900A0216
体系认证标准:GB/T19002－1994 idt ISO 9002:1994
有效期:2000.8.14～2003.8.14

杭州新际电子有限公司
地址:浙江省杭州市秋涛路489号7F
邮政编码:310016
证书注册编号:0900B0217
体系认证标准:GB/T19002－1994 idt ISO 9002:1994
有效期:2000.8.14～2003.8.14

常州市纽威自动化包装机械厂
地址:江苏省常州市新区民营工业园
邮政编码:213022
证书注册编号:0900B0218
体系认证标准:GB/T19002－1994 idt ISO 9002:1994

有效期:2000.8.14～2003.8.14

深圳宏兴电子有限公司
地址:广东省深圳市红荔西路市政工业区25栋6楼东座
邮政编码:518034
证书注册编号:0900B0219
CPR2000B101
体系认证标准:GB/T19002—1994 idt ISO 9002:1994
有效期:2000.8.14～2003.8.14

广州三兴精密模具塑料工程有限公司
地址:广东省广州市广园中路388号
邮政编码:510405
证书注册编号:0900BQ220
体系认证标准:GB/T19002—1994 idt ISO 9002:1994
有效期:2000.8.14～2003.8.14

大连松下通信工业有限公司
地址:辽宁省大连市甘井子区大辛寨子
邮政编码:116033
证书注册编号:0900BQ221
体系认证标准:GB/T19002—1994 idt ISO 9002:1994
有效期:2000.8.14～2003.8.14

大连松下通信工业有限公司
地址:辽宁省大连市甘井子区大辛寨子
邮政编码:116033
证书注册编号:0900B0222
CPR2000B102
体系认证标准:GB/T19002—1994 idt ISO 9002:1994
有效期:2000.8.14～2003.8.14

宁波金海电子有限公司
地址:浙江省宁波市镇海区骆驼工业区盛兴路111号
邮政编码:315202
证书注册编号:0900B0223
CPR2000B103
体系认证标准:GB/T19002—1994 idt ISO 9002:1994
有效期:2000.8.14～2003.8.14

宁波金源电气(集团)有限公司
地址:浙江省余姚市新建北路485号
邮政编码:315400
证书注册编号:0900B0224
CPR2000B104
体系认证标准:GB/T19002—1994 idt ISO 9002:1994
有效期:2000.8.14～2003.8.14

福建省石狮市通达电器有限公司
地址:福建省石狮市蚶江石湖路通达工业园
邮政编码:362700
证书注册编号:0900B0225
CPR2000B105
体系认证标准:GB/T19002—1994 idt ISO 9002:1994
有效期:2000.8.14～2003.8.14

伟扬建筑五金有限公司
地址:江苏省扬州市江阳中路59号
邮政编码:225009
证书注册编号:0900B0226
CPR2000B106
体系认证标准:GB/T19002—1994 idt ISO 9002:1994
有效期:2000.8.14～2003.8.14

常熟市新光冲压件厂
地址:江苏省常熟市沙家浜镇
邮政编码:215559
证书注册编号:0900B0227
CPR2000B107
体系认证标准:GB/T19002—1994 idt ISO 9002:1994
有效期:2000.8.14～2003.8.14

蓬莱泰达特种变压器有限公司
地址:山东省蓬莱市大辛店镇
邮政编码:265612
证书注册编号:0900B0228
体系认证标准:GB/T19002—1994 idt ISO 9002:1994
有效期:2000.8.14～2003.8.14

江西省东风无线电厂
地址:江西省奉新县上富镇
邮政编码:330708
证书注册编号:0900B0229
体系认证标准:GB/T19002—1994 idt ISO 9002:1994
有效期:2000.8.14～2003.8.14

无锡兴和电子陶瓷有限公司
地址:江苏宜兴市南新镇西铷村
邮政编码:214215
证书注册编号:0900B0230
CPR2000B108
体系认证标准:GB/T19002—1994 idt ISO 9002:1994
有效期:2000.8.14～2003.8.14

***广东铭鸿数据处理有限公司**
地址:广东省广州市五羊新城寺右新马路174号立信大厦11楼
邮政编码:510600
电话:(020)87116865
传真:(020)87382997
法定代表人:陈伟光
证书注册编号:0900A0231
CPR2000A109
体系认证标准:GB/T19002—1994 idt ISO 9002:1994
获证体系覆盖产品:软件产品的开发和维护
有效期:2000.8.14～2003.8.13

顺德市勒流镇裕涌磨具制造厂
地址:广东省顺德市勒流镇龙升南路
邮政编码:528322
证书注册编号:0900B0232
体系认证标准:GB/T19002—1994 idt ISO 9002:1994
有效期:2000.8.14～2003.8.14

江苏亨通光电股份有限公司
地址:江苏省吴江市七都工业区
邮政编码:215234
证书注册编号:0900B0233
体系认证标准:GB/T19002—1994 idt ISO 9002:1994
有效期:2000.8.14～2003.8.14

***肇庆市正华电子仪器有限公司**
地址:广东省肇庆市端州区黄岗东大门工业城110号
邮政编码:526060
电话:(0758)2730136
传真:(0758)2740513
法定代表人:梁力平
证书注册编号:0900B0234
CPR2000B110
体系认证标准:GB/T19002—1994 idt ISO 9002:1994
获证体系覆盖产品:印银瓷片、瓷介电容器、扬声器的生产和服务
有效期:2000.8.14～2003.8.13

深圳捷成电子有限公司

地址:广东省深圳市布心路2号东晓花园路笋岗工业楼
邮政编码:518019
证书注册编号:0900B0235
CPR2000B111
体系认证标准:GB/T19002—1994 idt ISO 9002:1994
有效期:2000.8.14～2003.8.14

深圳市京泉华电子有限公司
地址:广东省深圳市福田区竹子林建业工业区三栋五楼
邮政编码:518040
证书注册编号:0900B0236
CPR2000B112
体系认证标准:GB/T19002—1994 idt ISO 9002:1994
有效期:2000.8.14～2003.8.14

金通电子有限公司
地址:浙江省金华市人民东路288号
邮政编码:321000
证书注册编号:0900B0237
CPR2000B113
体系认证标准:GB/T19002—1994 idt ISO 9002:1994
有效期:2000.8.14～2003.8.14

常州宏昌电子有限公司
地址:江苏省常州市东门外横山桥镇里巷村
邮政编码:213119
证书注册编号:0900B0238
CPR2000B114
体系认证标准:GB/T19002—1994 idt ISO 9002:1994
有效期:2000.8.14～2003.8.14

武进市薛巷电讯元件厂
地址:江苏省常州市东门外横山桥镇里巷村
邮政编码:213119
证书注册编号:0900B0239
体系认证标准:GB/T19002—1994 idt ISO 9002:1994
有效期:2000.8.14～2003.8.14

常州市江飞稀土有限公司
地址:江苏省武进市邹(土区)镇龙潭村
邮政编码:213144
证书注册编号:0900B0240
CPR2000B115
体系认证标准:GB/T19002—1994 idt ISO 9002:1994
有效期:2000.8.15～2003.8.15

湘潭市帅牌面粉有限公司
地址:湖南省湘潭市解放北路12号
邮政编码:411100
证书注册编号:0900B0241
体系认证标准:GB/T19002—1994 idt ISO 9002:1994
有效期:2000.8.29～2003.8.29

深圳合衡电声有限公司
地址:广东省深圳市西乡镇鹤洲恒丰工业城C1栋
邮政编码:518126
证书注册编号:0900A0242
CPR2000A117
体系认证标准:GB/T19001—1994 idt ISO 9001:1994
有效期:2000.8.29～2003.8.29

慈溪上实交通汽车塑料制品有限公司
地址:浙江慈溪市周巷镇开发路488号
邮政编码:315324
证书注册编号:0900BQ243
体系认证标准:GB/T19002—1994 idt ISO 9002:1994
有效期:2000.8.29～2003.8.29

昆山市千灯镇迅达仪表设备厂
地址:江苏省昆山市千灯镇前进村
邮政编码:215341
证书注册编号:0900B0244
体系认证标准:GB/T19002—1994 idt ISO 9002:1994
有效期:2000.8.29～2003.8.29

无锡锡曼克电子有限公司
地址:江苏无锡市河埒口上里东226号
邮政编码:214062
证书注册编号:0900B0245
CPR2000B118
体系认证标准:GB/T19002—1994 idt ISO 9002:1994
有效期:2000.8.29～2003.8.29

武汉电信器件公司
地址:湖北省武汉市洪山区邮科院路88号
邮政编码:430074
证书注册编号:0900A0246
体系认证标准:GB/T19001—1994 idt ISO 9001:1994
有效期:2000.8.29～2003.8.29

博罗石湾帝克电子有限公司
地址:广东省惠州博罗县石湾镇
邮政编码:516127
证书注册编号:0900B0247
CPR2000B119
体系认证标准:GB/T19002—1994 idt ISO 9002:1994
有效期:2000.8.29～2003.8.29

苏州市金昌电位器厂
地址:江苏省苏州市虎丘路立交桥北口
邮政编码:215008
证书注册编号:0900B0248
CPR2000B120
体系认证标准:GB/T19002—1994 idt ISO 9002:1994
有效期:2000.8.29～2003.8.29

南通欣祥电子元件有限公司
地址:江苏省南通市工农路72号
邮政编码:226007
证书注册编号:0900B0249
CPR2000B121
体系认证标准:GB/T19002—1994 idt ISO 9002:1994
有效期:2000.8.29～2003.8.29

欣瑞联电子(深圳)有限公司
地址:广东省深圳市宝安区西乡镇三围工业区A栋
邮政编码:518126
证书注册编号:0900B0250
CPR2000B122
体系认证标准:GB/T19002—1994 idt ISO 9002:1994
有效期:2000.8.29～2003.8.29

东莞益安模具制造有限公司
地址:广东省东莞市附城莞樟公路(主山)第六工业局
邮政编码:523120
证书注册编号:0900A0251
CPR2000A123
体系认证标准:GB/T19002—1994 idt ISO 9002:1994
有效期:2000.8.29～2003.8.29

益安制造有限公司

地址:香港新界荃湾青山道 459—469 号
邮政编码:523120
证书注册编号:0900A0252
CPR2000A124
体系认证标准:GB/T19001—1994 idt ISO 9001:1994
有效期:2000.8.29～2003.8.29

东莞益安电子制造有限公司
地址:广东省东莞市附城莞樟公路(主山)第六工业区
邮政编码:523120
证书注册编号:0900A0253
CPR2000A125
体系认证标准:GB/T19001—1994 idt ISO 9001:1994
有效期:2000.8.29～2003.8.29

陕西金叶西工大软件股份有限公司
地址:陕西省西安市高新三路 9 号新时代大厦
邮政编码:710075
证书注册编号:0900A0254
体系认证标准:GB/T19001—1994 idt ISO 9001:1994
有效期:2000.8.29～2003.8.29

东莞谢岗台容电子厂
地址:广东省东莞市谢岗
邮政编码:523595
证书注册编号:0900B0255
体系认证标准:GB/T19002—1994 idt ISO 9002:1994
有效期:2000.8.29～2003.8.29

上海新范照明电器有限公司
地址:上海市浦东新区东方路 3601 号
邮政编码:200125
证书注册编号:0900B0256
体系认证标准:GB/T19002—1994 idt ISO 9002:1994
有效期:2000.8.29～2003.8.29

申瓯通信设备有限公司
地址:浙江省温州市鹿城工业区泰力路 37 号
邮政编码:325007
证书注册编号:0900A0257
CPR2000A126
体系认证标准:GB/T19001—1994 idt ISO 9001:1994
有效期:2000.8.29～2003.8.29

东莞凤岗小布升辉螺丝五金制造厂
地址:广东省东莞市凤岗镇官井头区小布村
邮政编码:523705
证书注册编号:0900B0258
CPR2000B127
体系认证标准:GB/T19002—1994 idt ISO 9002:1994
有效期:2000.8.29～2003.8.29

顺德多纳勒振华汽车部件有限公司
地址:广东省顺德市容桂镇容港路九号
邮政编码:528303
证书注册编号:0900AQ259
体系认证标准:GB/T19001—1994 idt ISO 9001:1994
有效期:2000.8.29～2003.8.29

东莞新进电子有限公司
地址:广东省东莞市大岭山镇矮岭勘管理区
邮政编码:523833
证书注册编号:0900B0260
CPR2000B128
体系认证标准:GB/T19002—1994 idt ISO 9002:1994
有效期:2000.8.29～2003.8.29

长沙柏德电气工程有限公司
地址:湖南省长沙市银盆南路 80 号
邮政编码:410006
证书注册编号:0900B0261
体系认证标准:GB/T19002—1994 idt ISO 9002:1994
有效期:2000.8.29～2003.8.29

南通南塔电容器有限责任公司
地址:江苏省南通市工农路 72 号
邮政编码:226008
证书注册编号:0900B0262
CPR2000B129
体系认证标准:GB/T19002—1994 idt ISO 9002:1994
有效期:2000.8.29～2003.8.29

常州新泽电子有限公司
地址:江苏省常州南门外礼加镇
邮政编码:213176
证书注册编号:0900B0263
CPR2000B130
体系认证标准:GB/T19002—1994 idt ISO 9002:1994
有效期:2000.8.29～2003.8.29

湖南省兰岭茶厂
地址:湖南省湘阴景六塘镇
邮政编码:414600
证书注册编号:0900B0264
体系认证标准:GB/T19002—1994 idt ISO 9002:1994
有效期:2000.8.29～2003.8.29

常州怡虹电子有限公司
地址:江苏省金坛市指前镇河西
邮政编码:213234
证书注册编号:0900B0265
体系认证标准:GB/T19002—1994 idt ISO 9002:1994
有效期:2000.8.29～2003.8.29

金坛市晨辉电子有限公司
地址:江苏省金坛市指前镇河西
邮政编码:213234
证书注册编号:0900B0266
体系认证标准:GB/T19002—1994 idt ISO 9002:1994
有效期:2000.8.29～2003.8.29

深圳升冈电子有限公司
地址:广东省深圳市南山区南头工业村
邮政编码:518052
证书注册编号:0900B0267
CPR2000B131
体系认证标准:GB/T19002—1994 idt ISO 9002:1994
有效期:2000.8.29～2003.8.29

南通电容器厂
地址:江苏省南通市工农路 107 号
邮政编码:226008
证书注册编号:0900AQ268
体系认证标准:GB/T19001—1994 idt ISO 9001:1994
有效期:2000.8.29～2003.8.29

南通电容器厂
地址:江苏省南通市工农路 108 号
邮政编码:226008
证书注册编号:0900A0269
体系认证标准:GB/T19001—1994 idt ISO 9001:1994
有效期:2000.8.29～2003.8.29

东莞横沥宏达电子厂
地址:广东省东莞市横沥镇神山工业城
邮政编码:511732
证书注册编号:0900A0270
体系认证标准:GB/T19001－1994 idt ISO 9001:1994
有效期:2000.9.4～2003.9.4

台达电子(东莞)有限公司三厂
地址:广东省东莞市石碣镇台达工业区
邮政编码:523308
证书注册编号:0900A0271
体系认证标准:GB/T19002－1994 idt ISO 9002:1994
有效期:2000.9.7～2003.9.7

深圳市安可惠通信设备有限公司
地址:广东省深圳市沙头角工业西街8号二楼北侧
邮政编码:518081
证书注册编号:0900B0270
体系认证标准:GB/T19002－1994 idt ISO 9002:1994
有效期:2000.9.12～2003.9.12

宁海县电讯设备实业公司
地址:浙江宁海县城关镇人民路141号
邮政编码:315600
证书注册编号:0900B0271
体系认证标准:GB/T19002－1994 idt ISO 9002:1994
有效期:2000.9.12～2003.9.12

余姚市电子器件厂
地址:浙江省余姚市历山工业区光明路36号
邮政编码:315491
证书注册编号:0900B0272
体系认证标准:GB/T19002－1994 idt ISO 9002:1994
有效期:2000.9.12～2003.9.12

东莞市佳尔电器制造有限公司
地址:广东东莞市厚街镇将军岭工业区
邮政编码:523960
证书注册编号:0900B0273
体系认证标准:GB/T19002－1994 idt ISO 9002:1994
有效期:2000.9.12～2003.9.12

广东省罗定电机厂
地址:广东省罗定市城区泷江路11号
邮政编码:527200
证书注册编号:0900B0274
体系认证标准:GB/T19002－1994 idt ISO 9002:1994
有效期:2000.9.12～2003.9.12

顺德市永德实业有限公司
地址:广东顺德容桂镇青年路罗地村工业区
邮政编码:528303
证书注册编号:0900B0275
体系认证标准:GB/T19002－1994 idt ISO 9002:1994
有效期:2000.9.12～2003.9.12

佛山市城区国威电器厂
地址:广东省佛山市忠义路崇发里5号
邮政编码:528000
证书注册编号:0900B0276
体系认证标准:GB/T19002－1994 idt ISO 9002:1994
有效期:2000.9.12～2003.9.12

深圳市万波园通信技术有限公司
地址:深圳市南山区华英大厦1309室
邮政编码:518054
证书注册编号:0900B0277
体系认证标准:GB/T19002－1994 idt ISO 9002:1994
有效期:2000.9.12～2003.9.12

镇江赛其电子有限责任公司
地址:镇江市东吴路87号
邮政编码:212008
证书注册编号:0900B0278
体系认证标准:GB/T19002－1994 idt ISO 9002:1994
有效期:2000.9.12～2003.9.12

福州大通机电股份有限公司
地址:福建省福州市福马路81号
邮政编码:350011
证书注册编号:0900B0279
体系认证标准:GB/T19002－1994 idt ISO 9002:1994
有效期:2000.9.12～2003.9.12

东莞市石排通用蓄电池有限公司
地址:广东省东莞市石排镇燕窝
邮政编码:523331
证书注册编号:0900B0280
体系认证标准:GB/T19002－1994 idt ISO 9002:1994
有效期:2000.9.12～2003.9.12

金坛市电子元件厂
地址:江苏省金坛市指前镇电子元件厂
邮政编码:213234
证书注册编号:0900B0281
体系认证标准:GB/T19002－1994 idt ISO 9002:1994
有效期:2000.9.12～2003.9.12

欧南芭电子配件(昆山)有限公司
地址:江苏省昆山经济技术开发区陆杨配套区
邮政编码:215313
证书注册编号:0900B0282
体系认证标准:GB/T19002－1994 idt ISO 9002:1994
有效期:2000.9.15～2003.9.15

中山市沙溪镇名骏制衣厂
地址:广东省中山市沙溪镇宝珠南路44号
邮政编码:528471
证书注册编号:0900B0282
体系认证标准:GB/T19002－1994 idt ISO 9002:1994
有效期:2000.9.18～2003.9.18

中山市健豪制衣有限公司
地址:中山市沙溪镇岗霞工业大道1号
邮政编码:528471
证书注册编号:0900B0283
体系认证标准:GB/T19002－1994 idt ISO 9002:1994
有效期:2000.9.18～2003.9.18

中山市适马服饰有限公司
地址:广东省中山市沙溪镇宝珠乐路120号
邮政编码:528472
证书注册编号:0900B0284
体系认证标准:GB/T19002－1994 idt ISO 9002:1994
有效期:2000.9.18～2003.9.18

中山豪利制衣有限公司
地址:广东省中山市沙溪镇宝珠东路120号
邮政编码:528472
证书注册编号:0900B0285
体系认证标准:GB/T19002－1994 idt

ISO 9002:1994
有效期:2000.9.18～2003.9.18

中山市柏仙多格制衣贸易有限公司
地址:广东省中山市沙溪镇下朗工业大道38号
邮政编码:528471
证书注册编号:0900B0286
体系认证标准:GB/T19002－1994 idt ISO 9002:1994
有效期:2000.9.18～2003.9.18

河南省长葛市久大温差电技术开发公司
地址:河南省长葛市机场路
邮政编码:461500
证书注册编号:0900B0287
体系认证标准:GB/T19002－1994 idt ISO 9002:1994
有效期:2000.9.18～2003.9.18

广东省五金矿产进出口集团公司
地址:广东省广州市东风东路774号
邮政编码:510087
证书注册编号:0900B0288
体系认证标准:GB/T19002－1994 idt ISO 9002:1994
有效期:2000.9.18～2003.9.18

广东省罗定市水轮机厂
地址:广东省罗定市人民南路119号
邮政编码:527200
证书注册编号:0900B0289
体系认证标准:GB/T19002－1994 idt ISO 9002:1994
有效期:2000.9.18～2003.9.18

上海飞亭电器有限公司
地址:上海上泗路淀浦河六号桥
邮政编码:201615
证书注册编号:0900B0290
体系认证标准:GB/T19002－1994 idt ISO 9002:1994
有效期:2000.9.18～2003.9.18

济宁港湾电子有限公司
地址:山东济宁市红星东路84号
邮政编码:272049
证书注册编号:0900B0291
体系认证标准:GB/T19002－1994 idt ISO 9002:1994
有效期:2000.9.18～2003.9.18

赛特莱特(顺德)塑胶制品有限公司
地址:广东省顺德市勒流镇新启工业区2号
邮政编码:528300
证书注册编号:0900B0292
体系认证标准:GB/T19002－1994 idt ISO 9002:1994
有效期:2000.9.18～2003.9.18

南京安达电线电缆有限责任公司
地址:南京雨花台区丁墙村八十八号
邮政编码:210012
证书注册编号:0900B0293
体系认证标准:GB/T19002－1994 idt ISO 9002:1994
有效期:2000.9.18～2003.9.18

乳源裕东实业有限公司
地址:广东乳源县民族经济开发区
邮政编码:512700
证书注册编号:0900B0294
体系认证标准:GB/T19002－1994 idt ISO 9002:1994
有效期:2000.9.18～2003.9.18

顺德顺威电器有限公司
地址:广东省顺德市容桂镇海尾茶树路15号
邮政编码:528305
证书注册编号:0900B0295
体系认证标准:GB/T19002－1994 idt ISO 9002:1994
有效期:2000.9.18～2003.9.18

重庆川仪总厂有限公司自控系统事业部
地址:重庆市北碚区碚峡路55＃
邮政编码:400700
证书注册编号:0900A0296
体系认证标准:GB/T19001－1994 idt ISO 9001:1994
有效期:2000.9.18～2003.9.18

广州市安居宝智能系统有限公司
地址:广东省广州市天河区棠下黑桥塘B栋六楼
邮政编码:510665
证书注册编号:0900A0297
体系认证标准:GB/T19001－1994 idt ISO 9001:1994
有效期:2000.9.18～2003.9.18

中讯计算机系统(北京)有限公司
地址:北京市海淀区白石桥路11号
邮政编码:100081
证书注册编号:0900A0298
体系认证标准:GB/T19001－1994 idt ISO 9001:1994
有效期:2000.9.18～2003.9.18

上海真空电子器件股份有限公司电器分公司
地址:上海市四达路58号
邮政编码:200081
证书注册编号:0900B0299
体系认证标准:GB/T19002－1994 idt ISO 9002:1994
有效期:2000.9.18～2003.9.18

常州市新昌电子有限公司
地址:江苏省常州市南门外礼嘉镇
邮政编码:213176
证书注册编号:0900B0300
体系认证标准:GB/T19002－1994 idt ISO 9002:1994
有效期:2000.9.18～2003.9.18

成都捷威微波通讯有限公司
地址:四川成都市外西谢家祠四威电子大厦13F
邮政编码:610091
证书注册编号:0900A0301
体系认证标准:GB/T19001－1994 idt ISO 9001:1994
有效期:2000.9.19～2003.9.19

无锡市好达电子有限公司
地址:江苏省无锡市蠡溪路258号
邮政编码:214072
证书注册编号:0900B0302
体系认证标准:GB/T19002－1994 idt ISO 9002:1994
有效期:2000.9.19～2003.9.19

浪潮电子信息产业股份有限公司
地址:山东省济南市山大路224号
邮政编码:250013
证书注册编号:0900A0303
体系认证标准:GB/T19001－1994 idt ISO 9001:1994
有效期:2000.9.19～2003.9.19

锡山市金威永磁有限公司
地址:江苏省锡山市八士镇朝晖桥堍

邮政编码:214192
证书注册编号:0900B0304
体系认证标准:GB/T19002－1994 idt ISO 9002:1994
有效期:2000.9.19～2003.9.19

镇江市京口先锋模具厂
地址:江苏省镇江市黄山南路马槽
邮政编码:212004
证书注册编号:0900B0305
体系认证标准:GB/T19002－1994 idt ISO 9002:1994
有效期:2000.9.19～2003.9.19

顺德市顺成控制设备有限公司
地址:广东省顺德市容桂镇容桂大道北283号
邮政编码:214064
证书注册编号:0900B0309
体系认证标准:GB/T19002－1994 idt ISO 9002:1994
有效期:2000.9.22～2003.9.22

中国石油化工股份有限公司广州分公司乙烯厂
地址:广东省广州市黄埔
邮政编码:510700
证书注册编号:0900B0310
体系认证标准:GB/T19002－1994 idt ISO 9002:1994
有效期:2000.9.29～2003.9.29

深圳市俊立诚电子有限公司
地址:广东省深圳宝安33区久荣大厦二楼
邮政编码:518101
证书注册编号:0900B0311
体系认证标准:GB/T19002－1994 idt ISO 9002:1994
有效期:2000.9.29～2003.9.29

山东省滨州市特种合金制造厂
地址:山东滨州市滨城镇经四路18号
邮政编码:256651
证书注册编号:0900B0312
体系认证标准:GB/T19002－1994 idt ISO 9002:1994
有效期:2000.9.29～2003.9.29

汤姆逊佛山彩色显像管有限公司
地址:广东省佛山市忠义路56号
邮政编码:528000
证书注册编号:0900B0313
体系认证标准:GB/T19002－1994 idt ISO 9002:1994
有效期:2000.9.29～2003.9.29

沂南同皓电子元件有限公司
地址:山东省沂南县城人民路22号
邮政编码:276300
证书注册编号:0900B0314
体系认证标准:GB/T19002－1994 idt ISO 9002:1994
有效期:2000.9.29～2003.9.29

西安火炬开元科技有限公司
地址:陕西省西安市火炬路2号楼四层
邮政编码:710043
证书注册编号:0900A0315
体系认证标准:GB/T19001－1994 idt ISO 9001:1994
有效期:2000.9.29～2003.9.29

东莞市朗迪电器塑胶有限公司
地址:广东省东莞市长安镇街口横岗头工业区
邮政编码:523842
证书注册编号:0900B0316
体系认证标准:GB/T19002－1994 idt ISO 9002:1994
有效期:2000.9.29～2003.9.29

常熟市奥罗拉塑料包装有限公司
地址:江苏省常熟市藕渠镇沙家浜路
邮政编码:215500
证书注册编号:0900B0317
体系认证标准:GB/T19002－1994 idt ISO 9002:1994
有效期:2000.9.29～2003.9.29

中山嘉华电子(集团)有限公司
地址:广东中山市中山五路嘉华电子城
邮政编码:528403
证书注册编号:0900A0318
体系认证标准:GB/T19001－1994 idt ISO 9001:1994
有效期:2000.9.29～2003.9.29

无锡电声总厂
地址:江苏省锡山市八士镇
邮政编码:
证书注册编号:0900B0319
体系认证标准:GB/T19002－1994 idt ISO 9002:1994
有效期:2000.9.29～2003.9.29

常州市瑞普精密电子有限公司
地址:浙江慈溪市周巷镇南兴路980号
邮政编码:315324
证书注册编号:0900B0320
体系认证标准:GB/T19002－1994 idt ISO 9002:1994
有效期:2000.9.30～2003.9.30

长春半导体股份有限公司
地址:吉林省长春市延安大街15号
邮政编码:130012
证书注册编号:0900B0321
体系认证标准:GB/T19002－1994 idt ISO 9002:1994
有效期:2000.9.30～2003.9.30

康福得化纤集团有限公司
地址:江苏省常州市清潭路262号
邮政编码:213015
证书注册编号:0900B0322
体系认证标准:GB/T19002－1994 idt ISO 9002:1994
有效期:2000.9.30～2003.9.30

松下电工·万宝电器(广州)有限公司
地址:广东番禺钟村镇谢村乡万宝基地
邮政编码:511495
证书注册编号:0900B0323
体系认证标准:GB/T19002－1994 idt ISO 9002:1994
有效期:2000.9.30～2003.9.30

深圳神威电子有限公司
地址:广东省深圳蛇口工业六路
邮政编码:518067
证书注册编号:0900B0324
体系认证标准:GB/T19002－1994 idt ISO 9002:1994
有效期:2000.9.30～2003.9.30

威海正宇电子有限公司
地址:山东省威海经济技术开发区深圳中路
邮政编码:264205
证书注册编号:0900B0325
体系认证标准:GB/T19002－1994 idt ISO 9002:1994
有效期:2000.9.30～2003.9.30

常熟常凯电子有限公司

地址:江苏省常熟市常福路(黄河路口)
邮政编码:215500
证书注册编号:0900B0326
体系认证标准:GB/T19002－1994 idt ISO 9002:1994
有效期:2000.9.30～2003.9.30

顺德市勒流镇万宝松意电器有限公司
地址:广东省顺德市勒流镇勒良路联结路段
邮政编码:528322
证书注册编号:0900B0327
体系认证标准:GB/T19002－1994 idt ISO 9002:1994
有效期:2000.9.30～2003.9.30

中山德乐制衣有限公司
地址:广东省中山市沙溪镇坎溪村洪辉工业大厦
邮政编码:528471
证书注册编号:0900B0328
体系认证标准:GB/T19002－1994 idt ISO 9002:1994
有效期:2000.9.30～2003.9.30

***新疆克拉玛依市荣昌有限责任公司**
地址:克拉玛依市白碱滩区东四路
邮政编码:834009
电话:(0990)6827601,6828531
传真:(0990)6920055
法定代表人:王维寿
证书注册编号:0900B0329
体系认证标准:GB/T19002－1994 idt ISO 9002:1994
获证体系覆盖产品:钻井设备(各类泥浆泵、绞车、转盘、游动系统、联动机、柴油机、电器仪表设备)的修理,固控设备的制造与修理
有效期:2000.10.8～2003.10.8

新疆石油管理局第二工程技术服务公司
地址:新疆克拉玛依市白碱滩区跃进新村
邮政编码:834008
证书注册编号:0900B0330
体系认证标准:GB/T19002－1994 idt ISO 9002:1994
有效期:2000.10.8～2003.10.8

***新疆石油管理局试油公司**
地址:新疆克拉玛依市三坪镇
邮政编码:834027
电话:(0990)6812845 6971828
传真:(0990)6971009
法定代表人:刘达林
证书注册编号:0900B0331
体系认证标准:GB/T19002－1994 idt ISO 9002:1994
获证体系覆盖产品:油气井试油、试井、测试、地层改造及修井
有效期:2000.10.8～2003.10.8

广州市豪勇实业有限公司
地址:广东省广州市珠江大桥桥中路18号之5
邮政编码:516160
证书注册编号:0900B0332
体系认证标准:GB/T19002－1994 idt ISO 9002:1994
有效期:2000.10.10～2003.10.10

厦门宏发电声有限公司
地址:福建厦门湖里区华荣路宏发大厦
邮政编码:361006
证书注册编号:0900AQ333
体系认证标准:GB/T19002－1994 idt ISO 9002:1994
有效期:2000.10.13～2003.10.13

浙江津乐电子有限公司
地址:浙江乐清市虹桥西工业区B－2
邮政编码:325608
证书注册编号:0900B0334
体系认证标准:GB/T19002－1994 idt ISO 9002:1994
有效期:2000.10.16～2003.10.16

温州开宇电器有限公司
地址:浙江省乐清市柳市新光工业园区
邮政编码:325604
证书注册编号:0900B0335
体系认证标准:GB/T19002－1994 idt ISO 9002:1994
有效期:2000.10.16～2003.10.16

阜新晶体管有限责任公司
地址:辽宁省阜新市解放大街北段二号
邮政编码:123000
证书注册编号:0900B0336
体系认证标准:GB/T19002－1994 idt ISO 9002:1994
有效期:2000.10.16～2003.10.16

苏州孔雀电器集团协力有限公司PCBA生产中心
地址:江苏苏州市齐门路平家巷20号
邮政编码:215001
证书注册编号:0900B0337
体系认证标准:GB/T19002－1994 idt ISO 9002:1994
有效期:2000.10.16～2003.10.16

苏州孔雀电器集团协力有限公司彩电加工厂
地址:江苏苏州市齐门路平家巷20号
邮政编码:215001
证书注册编号:0900B0338
体系认证标准:GB/T19002－1994 idt ISO 9002:1994
有效期:2000.10.16～2003.10.16

深圳百思得电子有限公司
地址:深圳市宝安四十区安乐工业大厦六楼
邮政编码:518101
证书注册编号:0900B0339
体系认证标准:GB/T19002－1994 idt ISO 9002:1994
有效期:2000.10.16～2003.10.16

温岭市星火电容器厂
地址:浙江省温岭市大溪镇大洋工业区
邮政编码:317525
证书注册编号:0900B0340
体系认证标准:GB/T19002－1994 idt ISO 9002:1994
有效期:2000.10.16～2003.10.16

镇江电磁设备厂
地址:江苏镇江市牌湾街二道巷67号
邮政编码:212005
证书注册编号:0900A0341
体系认证标准:GB/T19001－1994 idt ISO 9001:1994
有效期:2000.10.16～2003.10.16

广东华信英锋股份有限公司
地址:广东省肇庆市前进路10号英锋大厦
邮政编码:526060
证书注册编号:0900B0342 0997B0324
体系认证标准:GB/T19002－1994 idt ISO 9002:1994
有效期:2000.10.16～2003.10.16

武进市精达电路板厂
地址:江苏省武进市牛塘镇
邮政编码:213163
证书注册编号:0900B0343
体系认证标准:GB/T19002—1994 idt ISO 9002:1994
有效期:2000.10.16～2003.10.16

宁波普罗强生半导体有限公司
地址:浙江省宁波市宁穿路57号
邮政编码:315040
证书注册编号:0900B0344
体系认证标准:GB/T19002—1994 idt ISO 9002:1994
有效期:2000.10.16～2003.10.16

泉州市宝通电子有限公司
地址:福建省泉州市丰泽区云谷工业区
邮政编码:362000
证书注册编号:0900B0345
体系认证标准:GB/T19002—1994 idt ISO 9002:1994
有效期:2000.10.16～2003.10.16

珠海市拱北横山有限公司
地址:广东省珠海市吉大白莲新村10—502
邮政编码:519015
证书注册编号:0900B0346
体系认证标准:GB/T19002—1994 idt ISO 9002:1994
有效期:2000.10.16～2003.10.16

宁波生命力电器有限公司
地址:浙江省宁海县跃龙经济开发区北斗北路8号
邮政编码:315600
证书注册编号:0900B0347
体系认证标准:GB/T19002—1994 idt ISO 9002:1994
有效期:2000.10.16～2003.10.16

苏州吴泰电子有限公司
地址:江苏省吴县市渭塘镇北
邮政编码:215134
证书注册编号:0900B0348
体系认证标准:GB/T19002—1994 idt ISO 9002:1994
有效期:2000.10.16～2003.10.16

盐城市四明电子有限公司
地址:江苏省盐城市通榆北路8号
邮政编码:224003
证书注册编号:0900B0349
体系认证标准:GB/T19002—1994 idt ISO 9002:1994
有效期:2000.10.16～2003.10.16

江门市泰德电讯有限公司
新光无线电寻呼台
地址:广东省江门市范罗岗4号8楼
邮政编码:529000
证书注册编号:0900B0350
体系认证标准:GB/T19002—1994 idt ISO 9002:1994
有效期:2000.10.20～2003.10.20

深圳赛意法微电子有限公司
地址:广东省深圳市福田保税区桃花路16号
邮政编码:518048
证书注册编号:0900B0351　0997B0313
体系认证标准:GB/T19002—1994 idt ISO 9002:1994
有效期:2000.10.25～2003.10.25

乐清市永久弹簧厂
地址:浙江省乐清市宁康东路398号
邮政编码:325600
证书注册编号:0900B0352
体系认证标准:GB/T19002—1994 idt ISO 9002:1994
有效期:2000.10.25～2003.10.25

乐清市拓展文具实业公司
地址:浙江省乐清市民丰路17号
邮政编码:325600
证书注册编号:0900B0353
体系认证标准:GB/T19002—1994 idt ISO 9002:1994
有效期:2000.10.25～2003.10.25

浙江水晶电子集团股份有限公司
苏州台吴分公司
地址:江苏省吴县市渭塘镇北
邮政编码:215134
证书注册编号:0900B0354
体系认证标准:GB/T19002—1994 idt ISO 9002:1994
有效期:2000.10.30～2003.10.30

乐清市三本电器有限公司
地址:浙江省乐清市翁工业开发区
邮政编码:325606
证书注册编号:0900B0355
体系认证标准:GB/T19002—1994 idt ISO 9002:1994
有效期:2000.10.30～2003.10.30

常熟市华银电子有限公司
地址:江苏省常熟市任阳镇
邮政编码:215539
证书注册编号:0900B0356
体系认证标准:GB/T19002—1994 idt ISO 9002:1994
有效期:2000.10.30～2003.10.30

西安鼎天科技实业(集团)有限公司
地址:陕西省西安市高新路新纪元广场18层
邮政编码:710075
证书注册编号:0900A0357
体系认证标准:GB/T19001—1994 idt ISO 9001:1994
有效期:2000.10.30～2003.10.30

淄博无线电二厂
地址:山东淄博张店共于团西路107号
邮政编码:255036
证书注册编号:0900B0358
体系认证标准:GB/T19002—1994 idt ISO 9002:1994
有效期:2000.10.30～2003.10.30

诸城市新东铸造机械有限公司
地址:山东省诸城市辛兴镇驻地
邮政编码:262218
证书注册编号:0900B0359
体系认证标准:GB/T19002—1994 idt ISO 9002:1994
有效期:2000.10.30～2003.10.30

烟台开发区瑜纲电缆材料有限公司
地址:山东省烟台开发区E—13小区
邮政编码:264006
证书注册编号:0900B0360　0997B0334
体系认证标准:GB/T19002—1994 idt ISO 9002:1994
有效期:2000.10～2003.10

四川蜀迪电子有限公司
地址:四川省成都市温江县柳城干道人事局综合楼二楼
邮政编码:61113
证书注册编号:0900B0361
体系认证标准:GB/T19002—1994 idt

ISO 9002:1994
有效期:2000.10.30~2003.10.30

汕头经济特区亿达电脑设备有限公司
地址:广东汕头市新区科技东路11号
邮政编码:515000
证书注册编号:0900B0362　0997B0217
体系认证标准:GB/T19002－1994 idt ISO 9002:1994
有效期:2000.10.30~2003.10.30

上海希格玛电子陶瓷有限公司
地址:上海市嘉定区嘉戬公路328号
邮政编码:201818
证书注册编号:0900B0363
体系认证标准:GB/T19002－1994 idt ISO 9002:1994
有效期:2000.10.30~2003.10.30

武汉国营长江电源厂科技开发公司
地址:湖北省武汉市解放大道201号
邮政编码:430034
证书注册编号:0900B0364
体系认证标准:GB/T19002－1994 idt ISO 9002:1994
有效期:2000.10.30~2003.10.30

江阴市线路板厂
地址:江苏省江阴市马镇镇
邮政编码:214406
证书注册编号:0900B0365
体系认证标准:GB/T19002－1994 idt ISO 9002:1994
有效期:2000.10.30~2003.10.30

开泰制管(苏州)有限公司
地址:江苏省苏州市新区火炬路55号
邮政编码:215011
证书注册编号:0900B0366
体系认证标准:GB/T19002－1994 idt ISO 9002:1994
有效期:2000.10.30~2003.10.30

合肥新意达微波通讯技术有限责任公司
地址:安徽省合肥长江西路671#金濠广场南楼一层
邮政编码:230088
证书注册编号:0900A0367
体系认证标准:GB/T19001－1994 idt ISO 9001:1994
有效期:2000.10.30~2003.10.30

深圳桑达电信技术有限公司
地址:广东省深圳市福田振华路78号414幢西6层
邮政编码:518031
证书注册编号:0900A0368
0997A0221
体系认证标准:GB/T19001－1994 idt ISO 9001:1994
有效期:2000.10.30~2003.10.30

南京新联电子设备有限公司
地址:江苏南京市鼓楼区马台街70号
邮政编码:210009
证书注册编号:0900A0369
体系认证标准:GB/T19001－1994 idt ISO 9001:1994
有效期:2000.10.30~2003.10.30

中国兵器工业第二一四研究所
地址:安徽省蚌埠市财院路10号
邮政编码:233042
证书注册编号:0900A0370
体系认证标准:GB/T19001－1994 idt ISO 9001:1994
有效期:2000.10.30~2003.10.30

宜都市华泰电器有限公司
地址:湖北省宜都市夹水路11号
邮政编码:443300
证书注册编号:0900A0371
0997A0319
体系认证标准:GB/T19001－1994 idt ISO 9001:1994
有效期:2000.10.30~2003.10.30

珠海经济特区溢多利有限公司
地址:广东省珠海市南屏高科技工业区屏北一路8号
邮政编码:519060
证书注册编号:0900A0372
体系认证标准:GB/T19001－1994 idt ISO 9001:1994
有效期:2000.10.30~2003.10.30

诸城市管道器材股份有限公司
地址:山东省诸城市百尺河镇
邮政编码:262217
证书注册编号:0900B0373
体系认证标准:GB/T19002－1994 idt ISO 9002:1994
有效期:2000.10.30~2003.10.30

贵州贵王电器有限公司
地址:贵州省贵阳市乌当区东风工业区1号
邮政编码:550018
证书注册编号:0900B0374
体系认证标准:GB/T19002－1994 idt ISO 9002:1994
有效期:2000.10.30~2003.10.30

新信兴电子(南京)有限公司
地址:江苏省南京市浦口区浦珠北路137号
邮政编码:210031
证书注册编号:0900B0375　0997B0277
体系认证标准:GB/T19002－1994 idt ISO 9002:1994
有效期:2000.10.30~2003.10.30

淮北凡尔康电子箔材有限公司
地址:安徽省淮北市南湖开发区
邮政编码:235000
证书注册编号:0900B0376
体系认证标准:GB/T19002－1994 idt ISO 9002:1994
有效期:2000.10.30~2003.10.30

诸城市龙兴阀门股份有限公司
地址:山东省诸城市百尺河镇驻地
邮政编码:262217
证书注册编号:0900B0377
体系认证标准:GB/T19002－1994 idt ISO 9002:1994
有效期:2000.11.3~2003.11.3

广州高村空调制造有限公司
地址:广东省广州市黄埔区南岗镇南岗村南园工业区第二座
邮政编码:510760
证书注册编号:0900B0378
体系认证标准:GB/T19002－1994 idt ISO 9002:1994
有效期:2000.11.6~2003.11.6

乐清市象工继电器厂
地址:浙江省乐清市柳市镇后街新村路54号
邮政编码:325604
证书注册编号:0900B0379
体系认证标准:GB/T19002－1994 idt ISO 9002:1994
有效期:2000.11.9~2003.11.9

镇江河长电子有限公司
地址:江苏省镇江市丁卯桥纬四路
邮政编码:212009
证书注册编号:0900B0380
体系认证标准:GB/T19002－1994 idt ISO 9002:1994
有效期:2000.11.9～2003.11.9

高明市银科模具有限公司
地址:广东高明市荷城区文竹路18号
邮政编码:528500
证书注册编号:0900B0381
体系认证标准:GB/T19002－1994 idt ISO 9002:1994
有效期:2000.11.09～2003.11.9

佛山市澜石镇瑞兴影音工程设备厂
地址:广东省佛山市汾江南路里水大道11号
邮政编码:528000
证书注册编号:0900B0382 0998B0479
体系认证标准:GB/T19002－1994 idt ISO 9002:1994
有效期:2000.11.9～2003.11.9

南京金腾化工有限公司
地址:江苏省南京市玄武区藤子村1号
邮政编码:210028
证书注册编号:2000B0383
体系认证标准:GB/T19002－1994 idt ISO 9002:1994
有效期:2000.11.09～2003.11.9

顺德市北窖盈科电子有限公司
地址:广东省顺德市北窖镇工业园伟业路11号
邮政编码:528311
证书注册编号:0900A0384
体系认证标准:GB/T19001－1994 idt ISO 9001:1994
有效期:2000.11.9～2003.11.9

无锡市第二电气控制设备厂
地址:江苏无锡市金匮西路南中路9号
邮政编码:214073
证书注册编号:0900B0385
体系认证标准:GB/T19002－1994 idt ISO 9002:1994
有效期:2000.11.9～2003.11.9

四川仪表八厂
地址:重庆市北碚区缙云路10号
邮政编码:400702
证书注册编号:0900B0386
体系认证标准:GB/T19002－1994 idt ISO 9002:1994
有效期:2000.11.9～2003.11.9

武汉长江电源厂锌空电池分厂
地址:湖北武汉市解放大道201
邮政编码:430034
证书注册编号:0900B0387
体系认证标准:GB/T19002－1994 idt ISO 9002:1994
获证体系覆盖产品:锌空、锌汞电池系列产品生产和服务
有效期:2000.11.9～2003.11.9

信利电子有限公司(按键厂)
地址:广东省汕尾市信利工业区
邮政编码:516600
证书注册编号:0900B0388
体系认证标准:GB/T19002－1994 idt ISO 9002:1994
有效期:2000.11.9～2003.11.9

深圳市京华电子股份有限公司
地址:广东省深圳市深南中路京华街
邮政编码:518031
证书注册编号:0900B0389 0998B0402
体系认证标准:GB/T19002－1994 idt ISO 9002:1994
有效期:2000.11.9～2003.11.9

顺德市容桂镇华美骏达电器有限公司
地址:广东省顺德市容桂镇容奇大桥南恒龙苑后面
邮政编码:528303
证书注册编号:0900B0391
体系认证标准:GB/T19002－1994 idt ISO 9002:1994
有效期:2000.11.9～2003.11.9

唐山市阳光实业有限公司
地址:河北省丰南市小集镇工业区
邮政编码:063303
证书注册编号:0900B0392
体系认证标准:GB/T19002－1994 idt ISO 9002:1994
有效期:2000.11.20～2003.11.20

温州市星际实业总公司
地址:浙江省温州市鹿城工业区星际路28号
邮政编码:325007
证书注册编号:0900B0393 0997B0336
体系认证标准:GB/T19002－1994 idt ISO 9002:1994
有效期:2000.11.20～2003.11.20

张家港市港区电容器制造有限公司
地址:江苏省张家港市南沙镇长山村
邮政编码:215632
证书注册编号:0900B0394
体系认证标准:GB/T19002－1994 idt ISO 9002:1994
有效期:2000.11.20

南京大恒源机械电子设备厂
地址:江苏省南京市白下区友谊河路18号
邮政编码:210007
证书注册编号:0900B0395
体系认证标准:GB/T19002－1994 idt ISO 9002:1994
有效期:2000.11.23～2003.11.23

宁波福特继电器有限公司
地址:宁波市镇明路白果巷23号;宁波市启文路125弄15号
邮政编码:315010
证书注册编号:0900BQ396
体系认证标准:GB/T19002－1994 idt ISO 9002:1994
有效期:2000.11.23～2003.11.23

顺德市裕安燃气具实业有限公司
地址:广东省顺德市容桂镇南区工业区达盛二路3号
邮政编码:528306
证书注册编号:0900B0397
体系认证标准:GB/T19002－1994 idt ISO 9002:1994
有效期:2000.11.23～2003.11.23

德清华莹电子有限公司
地址:浙江省德清县武康志远路
邮政编码:313200
证书注册编号:0900B0398 0997B0335
体系认证标准:GB/T19002－1994 idt ISO 9002:1994
有效期:2000.11.23～2003.11.23

湖州生力电子有限公司
地址:浙江省湖州市南浔镇生力路8号
邮政编码:313009

证书注册编号:0900B0399
体系认证标准:GB/T19002—1994 idt ISO 9002:1994
有效期:2000.11.23～2003.11.23

江西豪德集团生物工程实业有限公司
地址:江西省赣州市迎宾大道
邮政编码:341000
证书注册编号:0900B0400
体系认证标准:GB/T19002—1994 idt ISO 9002:1994
有效期:2000.11.23～2003.11.23

建隆电子(宝安)有限公司
地址:广东省深圳市龙华镇大浪工业区大浪北路63号
邮政编码:518109
证书注册编号:0900B0401　0997B0330
体系认证标准:GB/T19002—1994 idt ISO 9002:1994
有效期:2000.11.23～2003.11.23

深圳市圳峰工业有限公司
地址:广东省深圳市上梅林广夏路2号六楼
邮政编码:518049
证书注册编号:0900B0402　0997B0318
体系认证标准:GB/T19002—1994 idt ISO 9002:1994
有效期:2000.11.23～2003.11.23

温州市天工龙头阀有限公司
地址:浙江乐清市白象镇前潘村工业区
邮政编码:325603
证书注册编号:0900B0403
体系认证标准:GB/T19002—1994 idt ISO 9002:1994
有效期:2000.11.23～2003.11.23

甘肃兰光科技股份有限公司深圳分公司
地址:广东深圳市福田区振华路56号
邮政编码:518031
证书注册编号:0900A0404　0997B0325
体系认证标准:GB/T19002—1994 idt ISO 9002:1994
有效期:2000.11.23～2003.11.23

深圳市亚斯康电讯有限公司
地址:广东省深圳市车公庙天安数码城天祥大厦CD座11楼C2
邮政编码:518041
证书注册编号:0900B0405
体系认证标准:GB/T19002—1994 idt ISO 9002:1994
有效期:2000.11.23～2003.11.23

镇江市接插件总厂元件五厂
地址:江苏省镇江市环城路17号
邮政编码:212003
证书注册编号:0900A0406　0997B002
体系认证标准:GB/T19001—1994 idt ISO 9001:1994
有效期:2000.11.23～2003.11.23

常州市五王微电机厂
地址:江苏省常州市新区圩塘镇
邮政编码:213033
证书注册编号:0900B0407　0997B0345
体系认证标准:GB/T19002—1994 idt ISO 9002:1994
有效期:2000.11.23～2003.11.23

顺德市美化家私制造有限公司
地址:广东省顺德市龙江镇华西工业区
邮政编码:528319
证书注册编号:0900B0408
体系认证标准:GB/T19002—1994 idt ISO 9002:1994
有效期:2000.11.23～2003.11.23

中山市登盈精密注塑有限公司
地址:广东省中山市港口镇铺锦工业区
邮政编码:528447
证书注册编号:0900B0409
体系认证标准:GB/T19002—1994 idt ISO 9002:1994
有效期:2000.11.23～2003.11.23

信利半导体有限公司液晶模块厂
地址:广东省汕尾市信利工业城
邮政编码:516600
证书注册编号:0900B0410
体系认证标准:GB/T19002—1994 idt ISO 9002:1994
有效期:2000.11.23～2003.11.23

顺德市美神实业发展有限公司
地址:广东省顺德市龙江镇旺岗工业区
邮政编码:528319
证书注册编号:0900B0411
体系认证标准:GB/T19002—1994 idt ISO 9002:1994
有效期:2000.11.23～2003.11.23

乐清市三星无线电八厂
地址:浙江省乐清市虹桥镇西工业区D8—1
邮政编码:325608
证书注册编号:0900B0412
体系认证标准:GB/T19002—1994 idt ISO 9002:1994
有效期:2000.11.23～2003.11.23

广东省番禺市华力电池有限公司
地址:广东省广州市番禺区莲花山镇工业路70号
邮政编码:511440
证书注册编号:0900B0413
体系认证标准:GB/T19002—1994 idt ISO 9002:1994
有效期:2000.11.23～2003.11.23

江阴长江斯菲尔电力仪表有限公司
地址:江苏省江阴市滨江中路275号
邮政编码:214431
证书注册编号:0900A0414
体系认证标准:GB/T19001—1994 idt ISO 9001:1994
有效期:2000.11.23～2003.11.23

信息产业部电子第二十一研究所
地址:上海市虹漕路30号
邮政编码:200233
证书注册编号:0900A0415　0997A326
体系认证标准:GB/T19001—1994 idt ISO 9001:1994
有效期:2000.11.23～2003.11.23

益阳资江电子元件有限公司
地址:湖南省益阳市金秀路
邮政编码:413000
证书注册编号:0900B0416　0996B0135
体系认证标准:GB/T19002—1994 idt ISO 9002:1994
有效期:2000.11.23～2003.11.23

大唐电信科技股份有限公司光缆厂
地址:四川省成都蜀都大道大慈寺路22号
邮政编码:610062
证书注册编号:0900B0101
体系认证标准:GB/T19002—1994 idt ISO 9002:1994
有效期:2000.11.9～2003.11.9

上海汇龙仪表电子有限责任公司天和电容器分公司
地址:上海市田林路200号
邮政编码:200233
证书注册编号:0998B0051
体系认证标准:GB/T19002—1994 idt ISO 9002:1994
有效期:2000.11.7~2003.11.7

顺德市龙江镇优越豪庭家具厂
地址:广东省顺德市龙江镇龙洲西路
邮政编码:528318
证书注册编号:0900B0390
体系认证标准:GB/T19002—1994 idt ISO 9002:1994
有效期:2000.12.1~2003.12.1

宁波天杰冰箱配件有限公司
地址:浙江省慈溪市庵东镇
邮政编码:315327
证书注册编号:0900B0417
体系认证标准:GB/T19002—1994 idt ISO 9002:1994
获证体系覆盖产品:塑料制品的生产和服务
有效期:2000.12.1~2003.12.1

戴西博通信设备(深圳)有限公司
地址:广东省深圳市宝安区松岗镇塘下涌第二工业区第十栋
邮政编码:518105
证书注册编号:0900B0418　0999B0108
体系认证标准:GB/T19002—1994 idt ISO 9002:1994
有效期:2000.12.1~2003.12.1

北京飞行泰达微波器件有限责任公司
地址:北京市朝阳区酒仙桥路4号
邮政编码:100015
证书注册编号:0900B0419
体系认证标准:GB/T19002—1994 idt ISO 9002:1994
有效期:2000.12.1~2003.12.1

井日利电子(深圳)有限公司
地址:广东省深圳市蛇口南水工业村5栋3楼
邮政编码:518067
证书注册编号:0900B0420
体系认证标准:GB/T19002—1994 idt ISO 9002:1994
有效期:2000.12.1~2003.12.1

鸿康电子(珠海)有限公司
地址:广东省珠海北岭工业区一号厂房
邮政编码:519020
证书注册编号:0900B0421　0996B171
体系认证标准:GB/T19002—1994 idt ISO 9002:1994
有效期:2000.12.1~2003.12.1

江苏爱田电器有限公司
地址:江苏省锡山市钱桥镇晓星村美化路2号
邮政编码:214151
证书注册编号:0900B0422
体系认证标准:GB/T19002—1994 idt ISO 9002:1994
有效期:2000.12.1~2003.12.1

广东发展银行广州分行开发区支行
地址:广东省广州经济技术开发区青年路83号
邮政编码:510730
证书注册编号:0900B0423
体系认证标准:GB/T19002—1994 idt ISO 9002:1994
有效期:2000.12.1~2003.12.1

北京飞宇微电子有限责任公司
地址:北京市朝阳区幸福三村北街1号
邮政编码:100027
证书注册编号:0900B0424
体系认证标准:GB/T19002—1994 idt ISO 9002:1994
有效期:2000.12.1~2003.12.1

上海自立压电器件合作公司
地址:上海市祁连山路1989号
邮政编码:200436
证书注册编号:0900B0425
体系认证标准:GB/T19002—1994 idt ISO 9002:1994
有效期:2000.12.1~2003.12.1

青州海信电器公司
地址:山东省青州市偕园街42号
邮政编码:262500
证书注册编号:0900B0426
体系认证标准:GB/T19002—1994 idt ISO 9002:1994
有效期:2000.12.1~2003.12.1

深圳格卢电子有限公司
地址:广东省深圳宝安区公明镇长圳村长兴工业城3A栋3楼
邮政编码:518132
证书注册编号:0900B0427
体系认证标准:GB/T19002—1994 idt ISO 9002:1994
有效期:2000.12.1~2003.12.1

东莞市石碣电子三厂
地址:广东省东莞市石碣镇二村工业区
邮政编码:523305
证书注册编号:0900B0428
体系认证标准:GB/T19002—1994 idt ISO 9002:1994
有效期:2000.12.4~2003.12.4

滁州顺发创建塑胶有限公司
地址:安徽省滁州市清流西路257号
邮政编码:239058
证书注册编号:0900B0429
体系认证标准:GB/T19002—1994 idt ISO 9002:1994
有效期:2000.12.5~2003.12.5

徐州市圣普医疗设备技术有限公司
地址:江苏省徐州市淮海西路120号
邮政编码:221006
证书注册编号:0900B0431
体系认证标准:GB/T19002—1994 idt ISO 9002:1994
有效期:2000.12.14~2003.12.14

宁波松乐继电器有限公司
地址:浙江省余姚市浙江远东工业城A区CW7
邮政编码:315400
证书注册编号:0900B0432
体系认证标准:GB/T19002—1994 idt ISO 9002:1994
有效期:2000.12.14~2003.12.14

抚顺市华利科技实业有限公司
地址:辽宁抚顺市顺城区柳河街14号
邮政编码:113006
证书注册编号:0900B0433
体系认证标准:GB/T19002—1994 idt ISO 9002:1994
有效期:2000.12.14~2003.12.14

横店集团电声有限公司
地址:浙江省东阳市横店工业区
邮政编码:322118
证书注册编号:0900B0434

体系认证标准:GB/T19002—1994 idt ISO 9002:1994
有效期:2000.12.14～2003.12.14

贵州云泉科技有限责任公司
地址:贵州省凯里市红州路55号
邮政编码:556000
证书注册编号:0900A0435
体系认证标准:GB/T19002—1994 idt ISO 9002:1994
有效期:2000.12.14～2003.12.14

上海浦东英发电子有限公司
地址:上海浦东新区六团镇湾镇村
邮政编码:201202
证书注册编号:0900B0436
体系认证标准:GB/T19002—1994 idt ISO 9002:1994
有效期:2000.12.14～2003.12.14

扬州市东方集团有限公司
地址:广东省东莞市塘厦镇大坪管理区
邮政编码:523722
证书注册编号:0900B0437
体系认证标准:GB/T19002—1994 idt ISO 9002:1994
有效期:2000.12.14～2003.12.14

成都四威电子股份有限公司
地址:四川省成都市外西谢家祠四威电子大厦
邮政编码:610091
证书注册编号:0900A0438
体系认证标准:GB/T19001—1994 idt ISO 9001:1994
有效期:2000.12.15～2003.12.15

成都三越通讯技术有限公司
地址:四川省成都市茶店子安蓉路8号
邮政编码:610036
证书注册编号:0900A0439
体系认证标准:GB/T19001—1994 idt ISO 9001:1994
有效期:2000.12.15～2003.12.15

北京大唐中联系统集成有限公司
地址:北京市朝阳区朝外大街22号泛利大厦807室
邮政编码:100020
证书注册编号:0900A0440
体系认证标准:GB/T19001—1994 idt ISO 9001:1994
有效期:2000.12.15～2003.12.15

东莞东骏电器有限公司
地址:广东省东莞市篁村周溪科技开发区隆溪路8号
邮政编码:523077
证书注册编号:0900B0441
体系认证标准:GB/T19002—1994 idt ISO 9002:1994
有效期:2000.12.15～2003.12.15

东莞市有同电器有限公司
地址:广东省东莞市篁村周溪科技开发区隆溪路8号
邮政编码:523077
证书注册编号:0900B0442
体系认证标准:GB/T19002—1994 idt ISO 9002:1994
有效期:2000.12.15～2003.12.15

丹阳法拉电子有限公司
地址:江苏省丹阳市南门外大街51弄46号
邮政编码:212300
证书注册编号:0900B0443
体系认证标准:GB/T19002—1994 idt ISO 9002:1994
有效期:2000.12.15～2003.12.15

成都三越通讯技术有限公司
地址:四川省成都市茶店子安蓉路8号
邮政编码:610036
证书注册编号:0900A0439
体系认证标准:GB/T19001—1994 idt ISO 9001:1994
有效期:2000.12.15～2003.12.15

深圳市极地源散热技术有限公司
地址:广东省深圳市白石洲沙河工业区D1栋
邮政编码:518053
证书注册编号:0900B0444
体系认证标准:GB/T19002—1994 idt ISO 9002:1994
有效期:2000.12.15

东莞市厚街金叶电子厂
地址:广东省东莞市厚街镇桥头区
邮政编码:523950
证书注册编号:0900B0445
体系认证标准:GB/T19002—1994 idt ISO 9002:1994
有效期:2000.12.15～2003.12.15

北京恒基伟业电子产品有限公司
地址:北京市密云工业开发区水源路南19号
邮政编码:101500
证书注册编号:0900B0446
体系认证标准:GB/T19002—1994 idt ISO 9002:1994
有效期:2000.12.15～2003.12.15

乐清市富隆电器有限公司
地址:浙江省乐清市柳市镇三里桥头D幢4—5号
邮政编码:325604
证书注册编号:0900B0447
体系认证标准:GB/T19002—1994 idt ISO 9002:1994
有效期:2000.12.15～2003.12.15

南京市溧水红光电子有限公司
地址:南京市溧水县城小西门街54号
邮政编码:211200
证书注册编号:0900B0448
体系认证标准:GB/T19002—1994 idt ISO 9002:1994
有效期:2000.12.15～2003.12.15

乐清市七里港塑料制造有限公司
地址:浙江省乐清市黄华镇华西村
邮政编码:325605
证书注册编号:0900B0449
体系认证标准:GB/T19002—1994 idt ISO 9002:1994
有效期:2000.12.15～2003.12.15

余姚宏锋电器有限公司
地址:浙江省余姚市临山镇浦中开发区
邮政编码:315462
证书注册编号:0900B0450
体系认证标准:GB/T19002—1994 idt ISO 9002:1994
有效期:2000.12.15～2003.12.15

山东省武城县汽车配件厂
地址:山东省武城县古贝北路46号
邮政编码:253300
证书注册编号:0900B0451
体系认证标准:GB/T19002—1994 idt ISO 9002:1994
有效期:2000.12.15～2003.12.15

西京电气总公司
地址:西安市电子城电子西街3号
邮政编码:710065
证书注册编号:0900B0452
体系认证标准:GB/T19002－1994 idt ISO 9002:1994
有效期:2000.12.15～2003.12.15

东莞市石碣恒丰电子厂
地址:广东省东莞市石龙镇新维工业大楼D座5楼
邮政编码:523299
证书注册编号:0900B0453
体系认证标准:GB/T19002－1994 idt ISO 9002:1994
有效期:2000.12.15～2003.12.15

青州市拓普电器有限公司
地址:山东省青州市青州中路东街4号
邮政编码:262500
证书注册编号:0900B0454
体系认证标准:GB/T19002－1994 idt ISO 9002:1994
有效期:2000.12.15～2003.12.15

徐州光学仪器总厂
地址:江苏省徐州市云龙湖南
邮政编码:221006
证书注册编号:0900B0455
体系认证标准:GB/T19002－1994 idt ISO 9002:1994
有效期:2000.12.15～2003.12.15

东莞裕佳电子有限公司
地址:广东省东莞市清溪镇金桥工业区西区第一排A座
邮政编码:523651
证书注册编号:0900B0456
体系认证标准:GB/T19002－1994 idt ISO 9002:1994
有效期:2000.12.15～2003.12.15

锡山市南泉光通材料有限公司
地址:江苏省锡山市南泉镇
邮政编码:214128
证书注册编号:0900B0457
体系认证标准:GB/T19002－1994 idt ISO 9002:1994
有效期:2000.12.15～2003.12.15

山东飞宇光缆(集团)厂
地址:山东省肥城新城星火街(高新技术经济开发区)
邮政编码:271600
证书注册编号:0900B0458
体系认证标准:GB/T19002－1994 idt ISO 9002:1994
有效期:2000.12.15～2003.12.15

四通集团扬州四通公司
地址:江苏省扬州市施井路53—1号
邮政编码:225003
证书注册编号:0900B0459
体系认证标准:GB/T19002－1994 idt ISO 9002:1994
有效期:2000.12.15～2003.12.15

长沙艾因泰克科技有限责任公司
地址:湖南省长沙市劳动东路74号京电大厦18—19楼
邮政编码:410007
证书注册编号:0900A0460
体系认证标准:GB/T19002－1994 idt ISO 9002:1994
有效期:2000.12.15～2003.12.15

济南市开关设备公司
地址:山东省济南市北园路536号
邮政编码:250033
证书注册编号:0900B0462
体系认证标准:GB/T19002－1994 idt ISO 9002:1994
有效期:2000.12.18～2003.12.18

中国江南航天工业集团林泉电机厂(国营林泉电机厂)
地址:贵州省贵阳市三桥新街28号
邮政编码:550008
证书注册编号:0900A0463
体系认证标准:GB/T19001－1994 idt ISO 9001:1994
有效期:2000.12.20～2003.12.20

海门市五一服装厂
地址:江苏省海门市人民中路24号
邮政编码:226100
证书注册编号:0900B0464
体系认证标准:GB/T19002－1994 idt ISO 9002:1994
有效期:2000.12.20～2003.12.20

潮阳市粤东联丰电子实业有限公司
地址:广东省潮阳市田心镇联丰工业城
邮政编码:515134
证书注册编号:0900B0465
体系认证标准:GB/T19002－1994 idt ISO 9002:1994
有效期:2000.12.20～2003.12.20

中国石油青海油田管道输油处
地址:青海省格尔木市察尔汗路41号
邮政编码:816000
证书注册编号:0900B0466
体系认证标准:GB/T19002－1994 idt ISO 9002:1994
有效期:2000.12.21～2003.12.21

中国石油青海油田天然气开发公司
地址:青海省格尔木市通宁路30#
邮政编码:816000
证书注册编号:0900B0467
体系认证标准:GB/T19002－1994 idt ISO 9002:1994
有效期:2000.12.21～2003.12.21

新乡太行电源(集团)有限责任公司(国营第七五五厂)
地址:河南省新乡市建设路10号
邮政编码:453069
证书注册编号:0900B0468
体系认证标准:GB/T19002－1994 idt ISO 9002:1994
有效期:2000.12.18～2003.12.18

温州市大卫摩配有限公司
地址:浙江省温州市南白象灯具工业区
邮政编码:325015
证书注册编号:0900B0469
体系认证标准:GB/T19002－1994 idt ISO 9002:1994
有效期:2000.12.22～2003.12.22

温州市亚泰汽配制造有限公司
地址:浙江温州疏港公路农业开发区中兴大道支1路
邮政编码:325000
证书注册编号:0900B0470
体系认证标准:GB/T19002－1994 idt ISO 9002:1994
有效期:2000.12.22～2003.12.22

新疆石油管理局测井公司
地址:新疆克拉玛依市油建路九号
邮政编码:834000
证书注册编号:0900B0471

体系认证标准:GB/T19002－1994 idt ISO 9002:1994
有效期:2000.12.25～2003.12.25

余姚市枫叶电子公司
地址:浙江省余姚市大隐镇
邮政编码:315423
证书注册编号:0900B0472
体系认证标准:GB/T19002－1994 idt ISO 9002:1994
有效期:2000.12.26～2003.12.26

新疆克拉玛依市采丰实业有限责任公司
地址:新疆克拉玛依市白碱滩区跃进新村
邮政编码:834008
证书注册编号:0900B0473
体系认证标准:GB/T19002－1994 idt ISO 9002:1994
有效期:2000.12.26～2003.12.26

中国石油新疆油田分公司采油二厂
地址:新疆克拉玛依市白碱滩区跃进新村
邮政编码:834008
证书注册编号:0900B0474
体系认证标准:GB/T19002－1994 idt ISO 9002:1994
有效期:2000.12.27～2003.12.27

东莞市石龙华通电子厂
地址:广东省东莞市石龙镇维新路 11 号四楼
邮政编码:523321
证书注册编号:0900B0475
体系认证标准:GB/T19002－1994 idt ISO 9002:1994
有效期:2000.12.29～2003.12.29

乐金电子(惠州)有限公司
地址:广东省惠州市仲恺开发区乐金东路 18 号
邮政编码:516006
证书注册编号:0900B0476 0997B0280
体系认证标准:GB/T19002－1994 idt ISO 9002:1994
有效期:2000.12.28～2003.12.28

淄博先行测控系统有限公司
地址:山东省淄博市高新技术产业开发区先行工业园
邮政编码:255086
证书注册编号:0900B0477
体系认证标准:GB/T19002－1994 idt ISO 9002:1994
有效期:2000.12.28～2003.12.28

宁波电工材料厂
地址:浙江省鄞县云龙镇甲村工业区
邮政编码:315135
证书注册编号:0900B0478
体系认证标准:GB/T19002－1994 idt ISO 9002:1994
有效期:2000.12.28～2003.12.28

鄞县昌盛电工材料有限公司
地址:浙江省鄞县云龙镇甲村工业区
邮政编码:315135
证书注册编号:0900B0479
体系认证标准:GB/T19002－1994 idt ISO 9002:1994
有效期:2000.12.28～2003.12.28

东莞市宝力五一集团原子灰有限公司
地址:广东省东莞市万江区谷涌第二工业区
邮政编码:523047
证书注册编号:0900B0480
体系认证标准:GB/T19002－1994 idt ISO 9002:1994
有效期:2000.12.28～2003.12.28

淄博双锝电子器件有限公司
地址:山东省淄博市张店区共青团西路 100 号
邮政编码:255036
证书注册编号:0900B0481
体系认证标准:GB/T19002－1994 idt ISO 9002:1994
有效期:2000.12.28～2003.12.28

宁海县精密铸造机械厂
地址:浙江省宁海县黄坛镇魏家村
邮政编码:315608
证书注册编号:0900B0482
体系认证标准:GB/T19002－1994 idt ISO 9002:1994
有效期:2000.12.28～2003.12.28

常州市广善电子器材厂
地址:江苏省武进市奔牛镇工农新村 28 号
邮政编码:213131
证书注册编号:0900B0483
体系认证标准:GB/T19002－1994 idt ISO 9002:1994
有效期:2000.12.28～2003.12.28

锡山市奇亚光源照明电器厂
地址:江苏省锡山市玉祁镇
邮政编码:214183
证书注册编号:0900B0485
体系认证标准:GB/T19002－1994 idt ISO 9002:1994
有效期:2000.12.28～2003.12.28

南京邦立机电工程有限公司
地址:南京市下关区金陵村 140 号
邮政编码:210015
证书注册编号:0900B0486
体系认证标准:GB/T19002－1994 idt ISO 9002:1994
有效期:2000.12.28～2003.12.28

广州半导体器件厂
地址:广东广州市石井石潭西路 118 号
邮政编码:510430
证书注册编号:0900B0487
体系认证标准:GB/T19002－1994 idt ISO 9002:1994
有效期:2000.12.28～2003.12.28

江苏常盛集团有限公司
地址:江苏省常熟市任阳镇蒋巷村
邮政编码:215539
证书注册编号:0900B0488
体系认证标准:GB/T19002－1994 idt ISO 9002:1994
有效期:2000.12.28～2003.12.28

重庆横河川仪有限公司
地址:重庆市北碚区三花石
邮政编码:400702
证书注册编号:0900B0489 0997B0385
体系认证标准:GB/T19002－1994 idt ISO 9002:1994
有效期:2000.12.28～2003.12.28

南京华东电子集团公司
地址:江苏南京市中央门外华电路 1 号
邮政编码:210028
证书注册编号:0900A0490 0998A0041
体系认证标准:GB/T19001－1994 idt ISO 9001:1994
有效期:2000.12.28～2003.12.28

江苏新科电子集团有限公司
地址:江苏省常州市洛阳镇
邮政编码:213104
证书注册编号:0900A0491
0997A0386
体系认证标准:GB/T19001－1994 idt ISO 9001:1994
有效期:2000.12.28～2003.12.28

合肥三晶敏感元件有限责任公司
地址:安徽省合肥市长江西路 669 号 G2 楼 308 室
邮政编码:230088
证书注册编号:0900B0492
体系认证标准:GB/T19002－1994 idt ISO 9002:1994
有效期:2000.12.28～2003.12.28

余姚市三灵电子器材厂
地址:浙江省余姚市朗霞镇新新工业村
邮政编码:315482
证书注册编号:0900B0493
体系认证标准:GB/T19002－1994 idt ISO 9002:1994
有效期:2000.12.28～2003.12.28

长沙幸福桥粮库
地址:湖南长沙市开福区幸福桥 166 号
邮政编码:410008
证书注册编号:0900B0494
体系认证标准:GB/T19002－1994 idt ISO 9002:1994
有效期:2000.12.29～2003.12.29

深圳市盛博科技嵌入式计算机有限公司
地址:广东省深圳市深南大道市高新技术产业园区 W2－B5
邮政编码:518057
证书注册编号:0900B0495
体系认证标准:GB/T19002－1994 idt ISO 9002:1994
有效期:2000.12.29～2003.12.29

南通皋鑫电子股份有限公司
地址:江苏省如皋市跃进西路
邮政编码:226500
证书注册编号:0900B0496 0997B0014
体系认证标准:GB/T19002－1994 idt ISO 9002:1994
有效期:2000.12.29～2003.12.29

新疆石油管理局井下作业公司
地址:新疆克拉玛依市前进路 34 号
邮政编码:834000
证书注册编号:0900B0497
体系认证标准:GB/T19002－1994 idt ISO 9002:1994
有效期:2000.12.29～2003.12.29

乐清市东海无线电厂
地址:浙江省乐清市乐成镇工业区双雁路 10 号
邮政编码:325600
证书注册编号:0900B0498 0997B0338
体系认证标准:GB/T19002－1994 idt ISO 9002:1994
有效期:2000.12.29～2003.12.29

重庆创策包装材料有限公司
地址:重庆江北区建新北路电测村 1 号
邮政编码:400020
证书注册编号:0900B0499
体系认证标准:GB/T19002－1994 idt ISO 9002:1994
有效期:2000.12.29～2003.12.29

成都前锋电子仪器厂
地址:四川省成都市府青路二段 2 号
邮政编码:610051
证书注册编号:0900A0500
体系认证标准:GB/T19002－1994 idt ISO 9002:1994
有效期:2000.12.29～2003.12.29

＊广东省顺德市电机集团有限公司
地址:广东省顺德市大良镇市良路鸡洲路段 82 号
邮政编码:528308
电话:(0765)7833368
传真:(0765)7830018
法定代表人:谢建雄
证书注册编号:0900A0501
0997A0341
体系认证标准:GB/T19001－1994 idt ISO 9001:1994
获证体系覆盖产品:三相异步电动机及空调器用单相电动机的设计/开发、生产和服务
有效期:2000.12.29～2003.12.29

浙江省东阳市仪表仪器有限公司
地址:浙江省东阳市东阳江工业区
邮政编码:322119
证书注册编号:0900B0502
体系认证标准:GB/T19002－1994 idt ISO 9002:1994
有效期:2000.12.29～2003.12.29

乐清市富士继电器有限公司
地址:浙江省乐清市柳市镇轮船巷 17－2 号
邮政编码:325604
证书注册编号:0900B0503
体系认证标准:GB/T19002－1994 idt ISO 9002:1994
有效期:2000.12.29～2003.12.29

桂平市思达仪表有限责任公司
地址:广西桂平市电业公司二楼
邮政编码:537200
证书注册编号:0900B0504
体系认证标准:GB/T19002－1994 idt ISO 9002:1994
有效期:2000.12.29～2003.12.29

湖南湘依铁路机车电器有限公司
地址:湖南省株洲(国家)高新技术开发区湘依路
邮政编码:412007
证书注册编号:0900B0505
体系认证标准:GB/T19002－1994 idt ISO 9002:1994
有效期:2000.12.29～2003.12.29

肇庆华锋电子铝箔有限公司
地址:广东肇庆市端州一路端州工业城
邮政编码:526060
证书注册编号:0900B0507
0997B0373
体系认证标准:GB/T19002－1994 idt ISO 9002:1994
有效期:2000.12.29～2003.12.29

北京国兴电子有限公司
地址:北京市朝阳区东郊深沟村一号
邮政编码:100022
证书注册编号:0900B0508
0997B333
体系认证标准:GB/T19002－1994 idt ISO 9002:1994
有效期:2000.12.29～2003.12.29

广州市花都区东风电缆厂
地址:广东省广州市花都区炭步镇
邮政编码:510820

证书注册编号:0900B0509
体系认证标准:GB/T19002－1994 idt ISO 9002:1994
有效期:2000.12.29～2003.12.29

四川长虹电器股份有限公司
地址:四川省绵阳市高新区绵兴东路35号
邮政编码:621000
证书注册编号:0900A0510
体系认证标准:GB/T19001－1994 idt ISO 9001:1994
有效期:2000.12.29～2003.12.29

宁波市富康机械有限公司
地址:浙江省宁波市宁海县黄坛西路188号
邮政编码:315608
证书注册编号:0900B0511
体系认证标准:GB/T19002－1994 idt ISO 9002:1994
2000.12.29～2003.12.29

扬州振鹏霍尔传感器有限公司
地址:江苏省扬州市文汇南路8号
邮政编码:225009
证书注册编号:0900B0042
体系认证标准:GB/T19002－1994 idt ISO 9002:1994
有效期:2000.12.21～2003.12.21

成都宏明电子股份有限公司
地址:四川成都二环路东二段二十九号
邮政编码:610058
证书注册编号:0999B0090
0995B0095
体系认证标准:GB/T19002－1994 idt ISO 9002:1994
有效期:2000.12.20～2003.12.20

江苏信宝电子有限公司
地址:江苏武进市三河口镇
邮政编码:213115
证书注册编号:0998A0554
体系认证标准:GB/T19001－1994 idt ISO 9001:1994
有效期:2000.12.28～2003.12.28

扬州振鹏霍尔传感器有限公司
地址:江苏省扬州市文汇南路8号
邮政编码:225009
证书注册编号:0900B0130
体系认证标准:GB/T19002－1994 idt ISO 9002:1994
有效期:2000.12.20～2003.12.20

河北立东粉末涂料有限公司
地址:河北省廊坊市银河北路368号
邮政编码:065000
证书注册编号:0999B0176
体系认证标准:GB/T19002－1994 idt ISO 9002:1994
有效期:2000.12.20～2003.12.20

九川电器有限公司
地址:浙江省温州柳市东风工业区奋进路8号
邮政编码:325604
证书注册编号:0900A0058
体系认证标准:GB/T19001－1994 idt ISO 9001:1994
有效期:2000.12.1～2003.12.1

***中国石化集团西南石油局油气测试中心**
地址:四川省德阳市淮河街1号
邮政编码:61800
电话:(0838)2409254
传真:(0838)2409414
法定代表人:黄辉
证书注册编号:0901A0052
体系认证标准:GB/T 19001－1994 idt ISO 9001:1994
获证体系覆盖产品:油气井测试、酸化、压裂、修井、生产测井
有效期:2001.1.16～2003.12.14

***四川永星电子有限公司**
地址:四川省新都电子路98号
邮政编码:610500
电话:(028)3962112
传真:(028)3965772
法定代表人:赖永久
证书注册编号:0901A0127
体系认证标准:GB/T19001－1994 idt ISO 9001:1994
获证体系覆盖产品:固定电阻器、电位器、KBSJ可变衰减器
有效期:2000.12.14～2003.12.14

浙江质量体系审核中心

浙江华厦建设集团有限公司
地址:浙江省东阳市南市路 359 号
邮政编码:322100
证书注册编号:1000B0001
体系认证标准:GB/T19002－1994 idt ISO9002:1994
有效期:2000.1～2003.1

南昌县第五建筑工程公司
地址:江西省南昌市迎宾大道 448 号
邮政编码:330001
证书注册编号:1000B0002
体系认证标准:GB/T19002－1994 idt ISO9002:1994
有效期:2000.1～2003.1

浙江东阳野风建筑工程公司
地址:浙江省东阳市北江镇
邮政编码:310014
证书注册编号:1000B0003
体系认证标准:GB/T19002－1994 idt ISO9002:1994
有效期:2000.1～2003.1

江西省赣南建筑工程总公司
地址:江西小赣州市黄屋坪路 1 号
邮政编码:341000
证书注册编号:1000B0004
体系认证标准:GB/T19002－1994 idt ISO9002:1994
有效期:2000.1～2003.1

江西省第三建筑工程公司
地址:江西省南昌市洪都南大道 108 号
邮政编码:330001
证书注册编号:1000B0005
体系认证标准:GB/T19002－1994 idt ISO9002:1994
有效期:2000.1～2003.1

绍兴市第五建筑工程公司
地址:浙江绍兴市环城东路 1970 号
邮政编码:312000
证书注册编号:1000B0006
体系认证标准:GB/T19002－1994 idt ISO9002:1994
有效期:2000.1～2003.1

台州市正发通用元件有限公司
地址:浙江台州市路桥区医院路 4 号
邮政编码:318050
证书注册编号:1000B0007
体系认证标准:GB/T19002－1994 idt ISO9002:1994
有效期:2000.1～2003.1

浙江省东阳市木雕古建园林工程公司
地址:浙江省杭州市灵隐白乐桥 1 号
邮政编码:310013
证书注册编号:1000B0008
体系认证标准:GB/T19002－1994 idt ISO9002:1994
有效期:2000.1～2003.1

湖州利达电梯有限公司
地址:浙江省湖州市南浔经济开发区
邮政编码:313009
证书注册编号:1000A0009
体系认证标准:GB/T19001－1994 idt ISO9001:1994
有效期:2000.1～2003.1

临海市永固防腐化工厂
地址:浙江省临海市爱国乡
邮政编码:317027
证书注册编号:1000B0010
体系认证标准:GB/T19002－1994 idt ISO9002:1994
有效期:2000.1～2003.1

上海城建建设实业有限公司
地址:上海市曹杨路 1040 弄 2 号中谊大厦 26 号
邮政编码:200063
证书注册编号:1000B0011
体系认证标准:GB/T19002－1994 idt ISO9002:1994
有效期:2000.1～2003.1

浙江万马集团公司电缆附件厂
地址:浙江省临安市兰巾工业区
邮政编码:311300
证书注册编号:1000B0012
体系认证标准:GB/T19002－1994 idt ISO9002:1994
有效期:2000.1～2003.1

宁波建乐建筑装潢有限公司
地址:浙江省宁波市中马路 243 号
邮政编码:315020
证书注册编号:1000A0013
体系认证标准:GB/T19001－1994 idt ISO9001:1994
有效期:2000.1～2003.1

余姚市光华汽车电器有限公司
地址:浙江省余姚市低扩镇环镇北路 46 号
邮政编码:315490
证书注册编号:1000B0014
体系认证标准:GB/T19002－1994 idt ISO9002:1994
有效期:2000.1～2003.1

杭华油墨化学有限公司
地址:浙江省杭州市莫干山路北大桥化工区
邮政编码:310011
证书注册编号:1000B0015
体系认证标准:GB/T19002－1994 idt ISO9002:1994
有效期:2000.1～2003.1

杭州铁陵链条总厂
地址:浙江省杭州市滨江区西兴镇
邮政编码:310051

证书注册编号:1000B0016
体系认证标准:GB/T19002—1994 idt ISO9002:1994
有效期:2000.1～2003.1

桐乡煤矿机械厂

地址:浙江省桐乡市县前街23号
邮政编码:314500
证书注册编号:1000B0017
体系认证标准:GB/T19002—1994 idt ISO9002:1994
有效期:2000.1～2003.1

舟山市普陀毛纺织总厂

地址:浙江省舟山市普陀区蛟头镇三八路1号
邮政编码:316131
证书注册编号:1000B0018
体系认证标准:GB/T19002—1994 idt ISO9002:1994
有效期:2000.1～2003.1

乐清市力士安全器材制造有限公司(复评)

地址:浙江省乐清市虹桥镇虹河东路81号
邮政编码:325608
证书注册编号:1000B0019
体系认证标准:GB/T19002—1994 idt ISO9002:1994
有效期:2000.1～2003.1

上虞市专用风机厂

地址:浙江省上虞市经济技术开发区人民西路
邮政编码:312300
证书注册编号:1000A0020
体系认证标准:GB/T19001—1994 idt ISO9001:1994
有效期:2000.1～2003.1

上海虹泉实业有限公司

地址:上海市嘉定区江桥镇江桥路工业园区
邮政编码:201824
证书注册编号:1000B0021
体系认证标准:GB/T19002—1994 idt ISO9002:1994
有效期:2000.1～2003.1

上海翔兴建筑安装工程有限公司

地址:上海市铜川路2555弄10号
邮政编码:201824
证书注册编号:1000B0022
体系认证标准:GB/T19002—1994 idt ISO9002:1994
有效期:2000.1～2003.1

浙江内曼格冶金设备制造有限公司

地址:浙江省桐乡市县前街道23号
邮政编码:314500
证书注册编号:1000B0023
体系认证标准:GB/T19002—1994idt ISO9002:1994
有效期:2000.1～2003.1

浙江省新昌三原医药化工有限公司(新昌县化工三厂)

地址:浙江省新昌县城关镇上礼泉
邮政编码:312500
证书注册编号:1000B0024
体系认证标准:GB/T19002—1994idt ISO9002:1994
有效期:2000.1～2003.1

萧山市第五建筑工程有限公司

地址:浙江省萧山市党湾镇(梅西)
邮政编码:311221
证书注册编号:1000B0025
体系认证标准:GB/T19002—1994idt ISO9002:1994
有效期:2000.1～2003.1

杭州五丰冷食有限公司(复评)

地址:浙江省杭州市秋涛路一弄三号
邮政编码:310016
证书注册编号:1000B0026
体系认证标准:GB/T19002—1994idt ISO9002:1994
有效期:2000.1～2003.1

浙江百官机电集团有限公司(复评)

地址:浙江上虞市百官镇渡江路144号
邮政编码:312300
证书注册编号:1000AB0027
体系认证标准:GB/T19001—1994idt ISO9001:1994
有效期:2000.1～2003.1

宁波光华电池配件厂(复评)

地址:浙江省宁波市东钱湖镇梅湖
邮政编码:315124
证书注册编号:1000B0028
体系认证标准:GB/T19002—1994idt ISO9002:1994
有效期:2000.1～2003.1

杭州人人集团公司(复评)

地址:浙江省杭州市东新路288号
邮政编码:3 证书注册编号:10004
证书注册编号:1000B0029
体系认证标准:GB/T19002—1994idt ISO9002:1994
有效期:2000.1～2003.1

天津市万达轮胎集团有限公司(复评)

地址:天津市北辰区宜兴埠镇
邮政编码:300402
证书注册编号:1000B0030
体系认证标准:GB/T19002—1994idt ISO9002:1994
有效期:2000.1～2003.1

浙江华日集团公司(复评)

地址:浙江省杭州市九堡
邮政编码:310019
证书注册编号:1000A0031
体系认证标准:GB/T19001—1994idt ISO9001:1994
有效期:2000.1～2003.1

浙江灯塔蓄电池集团有限公司(复评)(浙江灯塔蓄电池股份有限公司)

地址:浙江省绍兴市云东路946号(东湖)
邮政编码:312000
证书注册编号:1000B0032
体系认证标准:GB/T19002—1994idt ISO9002:1994
有效期:2000.1～2003.1

浙江新建纺织有限公司(复评)

地址:浙江省绍兴市解放南路959号
邮政编码:312000
证书注册编号:1000B0033
体系认证标准:GB/T19002—1994idt ISO9002:1994
有效期:2000.1～2003.1

宁波联合集团电器有限公司(复评)(宁波电器总厂)

地址:浙江省宁波市经济技术开发区联合区域G14区
邮政编码:315000
证书注册编号:1000A0034
体系认证标准:GB/T19001—1994idt

ISO9001:1994
有效期:2000.1～2003.1

浙江省诸暨市第一建筑工程公司
地址:浙江诸暨市城关镇大桥路98号
邮政编码:311800
证书注册编号:1000B035
体系认证标准:GB/T19002－1994idt ISO9002:1994
有效期:2000.2～2003.2

江西省建筑构件公司
地址:江西省南昌市建设路288号
邮政编码:330002
证书注册编号:1000B0036
体系认证标准:GB/T19002－1994idt ISO9002:1994
有效期:2000.2～2003.2

海盐县法兰厂
地址:浙江省海盐县场前镇
邮政编码:314304
证书注册编号:1000B0037
体系认证标准:GB/T19002－1994idt ISO9002:1994
有效期:2000.2～2003.2

宁波三星集团股份有限公司(复评)
地址:浙江省宁皮龙观
邮政编码:315116
证书注册编号:1000A0038
体系认证标准:GB/T19001－1994idt ISO9001:1994
有效期:2000.2～2003.2

宁波三星集团股份有限公司奥克斯电器厂(复评)
地址:浙江省宁波龙观
邮政编码:315166
证书注册编号:1000B0039
体系认证标准:GB/T19002－1994idt ISO9002:1994
有效期:2000.2～2003.2

杭州减速机厂(复评)(杭州福成机械有限公司)
地址:浙江省萧山市头蓬镇北
邮政编码:311226
证书注册编号:1000B0040
体系认证标准:GB/T19002－1994idt ISO9002:1994
有效期:2000.2～2003.2

宁波南方变压器有限公司(宁波变压器总厂二分厂)
地址:浙江省宁波市鄞县高桥
邮政编码:315174
证书注册编号:1000B0041
体系认证标准:GB/T19002－1994idt ISO9002:1994
有效期:2000.2～2003.2

浙江电工器材有限公司(复评)(浙江开关厂*浙江电工器材厂)
地址:浙江省衢州市白云山路
邮政编码:324000
证书注册编号:1000A0042
体系认证标准:GB/T19001－1994idt ISO9001:1994
有效期:2000.2～2003.2

江西省建工集团总公司(江西省建筑工程总公司)
地址:江西省南昌市北京西路176号
邮政编码:330046
证书注册编号:1000B0043
体系认证标准:GB/T19002－1994idt ISO9002:1994
有效期:2000.3～2003.3

宁波市甬港现代工程有限公司
地址:浙江省宁波市江东镇安街88号(新河公寓)九楼
邮政编码:315040
证书注册编号:1000B0044
体系认证标准:GB/T19002－1994idt ISO9002:1994
有效期:2000.3～2003.3

浙江中新电力集团萧山电力承装有限公司
地址:浙江省萧山市北干山南路7号
邮政编码:311201
证书注册编号:1000B0045
体系认证标准:GB/T19002－1994idt ISO9002:1994
有效期:2000.3～2003.3

临海市铁马制管有限公司
地址:浙江省临海市小溪塘渡工业区
邮政编码:317025
证书注册编号:1000B0046
体系认证标准:GB/T19002－1994idt ISO9002:1994
有效期:2000.3～2003.3

临海市滤清器厂
地址:浙江省临海市内人民路287号
邮政编码:317000
证书注册编号:1000B0047
体系认证标准:GB/T19002－1994idt ISO9002:1994
有效期:2000.3～2003.3

浙江省机电设计研究院实验总厂
地址:浙江省杭州市石桥路208号
邮政编码:310021
证书注册编号:1000B0048
体系认证标准:GB/T19002－1994idt ISO9002:1994
有效期:2000.3～2003.3

杭州永亨新型建材有限公司
地址:浙江省余杭市经济开发区
邮政编码:311100
证书注册编号:1000B0049
体系认证标准:GB/T19002－1994idt ISO9002:1994
有效期:2000.3～2003.3

大丰市电气实业总公司
地址:江苏省大丰市供电路3号
邮政编码:224100
证书注册编号:1000B0050
体系认证标准:GB/T19002－1994idt ISO9002:1994
有效期:2000.3～2003.3

武进市建设工程总公司
地址:常州市常澄路西小村1号
邮政编码:213022
证书注册编号:1000B0051
体系认证标准:GB/T19002－1994idt ISO9002:1994
有效期:2000.3～2003.3

宁波金鸡粉末冶金集团有限公司
地址:浙江省宁波鄞县嵩江东路598号
邮政编码:315105
证书注册编号:1000B0052
体系认证标准:GB/T19002－1994idt ISO9002:1994
有效期:2000.3～2003.3

余姚康天(宁波腾天)轴承有限公司
地址:浙江省余姚市二高开发区
邮政编码:315400
证书注册编号:1000B0053

体系认证标准:GB/T19002－1994idt ISO9002:1994
有效期:2000.3～2003.3

吴县市供电局电力建设公司
地址:江苏省苏州市劳动路50号
邮政编码:215004
证书注册编号:1000B0054
体系认证标准:GB/T19002－1994idt ISO9002:1994
有效期:2000.3～2003.3

宁波三鼎钢管工程有限公司(复评)
地址:浙江省宁波市北仑大港工业城凤洋2路8号
邮政编码:315800
证书注册编号:10000B0055
体系认证标准:GB/T19002－1994idt ISO9002:1994
有效期:2000.3～2003.3

浙江省火电建设公司(复评)
地址:浙江省杭州市庆春东路77号
邮政编码:310016
证书注册编号:1000B0056
体系认证标准:GB/T19002－1994idt ISO9002:1994
有效期:2000.3～2003.3

宁波色母粒有限公司(复评)
(宁波华彩化工有限公司)
地址:浙江省宁波市江东七里垫
邮政编码:315040
证书注册编号:1000B0057
体系认证标准:GB/T19002－1994idt ISO9002:1994
有效期:2000.3～2003.3

浙江有色建设工程有限公司
地址:浙江省绍兴市环城东路2028号
邮政编码:312000
证书注册编号:1000B0058
体系认证标准:GB/T19002－1994idt ISO9002:1994
有效期:2000.3～2003.3

浙江省诸暨市金宝汽车弹簧制造成厂
地址:浙江省诸暨大唐镇开元东路
邮政编码:311801
证书注册编号:1000B0059
体系认证标准:GB/T19002－1994idt ISO9002:1994
有效期:2000.3～2003.3

湖州大东吴通讯电力建筑工程集团有限公司
地址:浙江省湖州市湖东路378号
邮政编码:313000
证书注册编号:1000B0060
体系认证标准:GB/T19002－1994idt ISO9002:1994
有效期:2000.3～2003.3

泰兴广源实业公司
地址:江苏省泰兴市光明巷12号
邮政编码:225400
证书注册编号:1000B0061
体系认证标准:GB/T19002－1994idt ISO9002:1994
有效期:2000.4～2003.4

温州市中城建筑工程公司
地址:浙江省温州市瓯海区瞿溪会昌路
邮政编码:325000
证书注册编号:1000B0062
体系认证标准:GB/T19002－1994idt ISO9002:1994
有效期:2000.4～2003.4

江西省乡镇企业建筑工程有限公司
地址:江西省南昌市井岗山大道703号
邮政编码:330002
证书注册编号:1000B0063
体系认证标准:GB/T19002－1994idt ISO9002:1994
有效期:2000.4～2003.4

浙江省天台山金属制品有限公司
地址:浙江省天台县经济开发区西区
邮政编码:317200
证书注册编号:1000B0064
体系认证标准:GB/T19002－1994idt ISO9002:1994
有效期:2000.4～2003.4

杭州特种锅炉厂
地址:浙江省杭州市新塘路48号
邮政编码:310020
证书注册编号:1000A0065
体系认证标准:GB/T19001－1994idt ISO9001:1994
有效期:2000.4～2003.4

华东勘测设计研究院(复评)
地址:浙江省杭州市上塘路
邮政编码:310014
证书注册编号:1000A0066
体系认证标准:GB/T19001－1994idt ISO9001:1994
有效期:2000.4～2003.4

浙江勤业建工集团有限公司
地址:浙江省绍兴县安昌镇
邮政编码:312080
证书注册编号:1000B0067
体系认证标准:GB/T19002－1994idt ISO9002:1994
有效期:2000.4～2003.4

诸暨机床厂(复评)
(浙江凯达机械电子企业集团公司)
地址:浙江省诸暨市城西工业区
邮政编码:311800
证书注册编号:1000A0068
体系认证标准:GB/T19001－1994idt ISO9001:1994
有效期:2000.4～2003.4

浙江省嘉善县玻璃纤维织布厂
地址:浙江省嘉善县大云镇康兴开发区(康兴西路85号)
邮政编码:314113
证书注册编号:1000B0069
体系认证标准:GB/T19002－1994idt ISO9002:1994
有效期:2000.4～2003.4

宁波经济技术开发区新港船舶机械设备厂
地址:浙江宁波开发区沿海科技工业园
邮政编码:315800
证书注册编号:1000B0070
体系认证标准:GB/T19002－1994idt ISO9002:1994
有效期:2000.4～2003.4

宁波市北仑航宇机械有限公司
地址:浙江省宁波北仑新矸镇东河塘路26号
邮政编码:315800
证书注册编号:1000B0071
体系认证标准:GB/T19002－1994idt ISO9002:1994
有效期:2000.4～2003.4

浙江省仙居通用工程塑料有限公司

地址:浙江省仙居县杨府岩头下工业区
邮政编码:317306
证书注册编号:1000B0072
体系认证标准:GB/T19002－1994idt ISO9002:1994
有效期:2000.4～2003.4

富阳金松电器有限公司(复评)
地址:浙江省杭州市富阳北门路10号
邮政编码:311400
证书注册编号:1000B0073
体系认证标准:GB/T19002－1994idt ISO9002:1994
有效期:2000.4～2003.4

江山伟懋制泵有限公司
地址:浙江省江山市虎山路80号
邮政编码:324100
证书注册编号:1000B0074
体系认证标准:GB/T19002－1994idt ISO9002:1994
有效期:2000.5～2003.5

绍兴上冷工业有限公司
(上虞市新型冷却塔有限公司)
地址:浙江省上虞市工业开发区
邮政编码:312300
证书注册编号:1000A0075
体系认证标准:GB/T19001－1994idt ISO9001:1994
有效期:2000.5～2003.5

浙江丰惠建筑有限公司
地址:浙江省上虞市丰惠创业路1号
邮政编码:312361
证书注册编号:1000B0076
体系认证标准:GB/T19002－1994idt ISO9002:1994
有效期:2000.5～2003.5

南京市输变电承装公司
(含南京供电电力设备厂)
地址:江苏省南京市光华门外天堂村14号
邮政编码:210007
证书注册编号:1000B0077
体系认证标准:GB/T19002－1994idt ISO9002:1994
有效期:2000.5～2003.5

宁波市银月电器有限公司
地址:浙江省余姚市马渚镇桑园路6号
邮政编码:315450
证书注册编号:1000B0078
体系认证标准:GB/T19002－1994idt ISO9002:1994
有效期:2000.5～2003.5

浙江嘉兴东方树脂厂
地址:浙江省嘉兴市步云镇
邮政编码:314004
证书注册编号:1000B0079
体系认证标准:GB/T19002－1994idt ISO9002:1994
有效期:2000.5～2003.5

台州永锦电力器材有限公司
(浙江永锦电缆有限公司)
地址:浙江省台州市路桥区新安西街463号
邮政编码:318050
证书注册编号:1000B0080
体系认证标准:GB/T19002－1994idt ISO9002:1994
有效期:2000.5～2003.5

贵阳市北供电实业总公司
地址:贵州贵阳市新添大道南段23号
邮政编码:550001
证书注册编号:1000B0081
体系认证标准:GB/T19002－1994idt ISO9002:1994
有效期:2000.5～2003.5

杭州帝凯化工有限公司
地址:浙江省萧山市头蓬镇外六工段
邮政编码:311226
证书注册编号:1000B0082
体系认证标准:GB/T19002－1994idt ISO9002:1994
有效期:2000.5～2003.5

湖州德宏汽车电机系统股份有限公司(复评)
地址:浙江省湖州市经济技术开发区陈板桥路79号
邮政编码:313000
证书注册编号:1000A0083
体系认证标准:GB/T19001－1994idt ISO9001:1994
有效期:2000.5～2003.5

山西省供电工程承装公司(复评)
地址:山西省太原市青年路54号
邮政编码:030001
证书注册编号:1000B0084
体系认证标准:GB/T19002－1994idt ISO9002:1994
有效期:2000.5～2003.5

浙江省邮电规划设计院(复评)
地址:浙江省杭州市朝晖二区六院前道路8号
邮政编码:310014
证书注册编号:1000A0085
体系认证标准:GB/T19001－1994idt ISO9001:1994
有效期:2000.5～2003.5

温州迈利达轻工制品有限公司
地址:温州市桥头外资工业区
邮政编码:325107
证书注册编号:1000B0086
体系认证标准:GB/T19002－1994idt ISO9002:1994
有效期:2000.6～2003.6

苏州市华丽美登装饰装璜有限公司
地址:苏州市新区金山路10号
邮政编码:215011
证书注册编号:1000A0087
体系认证标准:GB/T19001－1994idt ISO9002:1994
有效期:2000.6～2003.6

盐城市送变电工程公司
地址:江苏省盐城市通榆南路21号
邮政编码:224002
证书注册编号:1000B0088
体系认证标准:GB/T19002－1994idt ISO9002:1994
有效期:2000.6～2003.6

浙江东阳市发兴机电有限总公司
地址:浙江省东阳市东阳江镇工业区
邮政编码:322119
证书注册编号:1000B0089
体系认证标准:GB/T19002－1994idt ISO9002:1994
有效期:2000.6～2003.6

宁波凌克电器有限公司
地址:浙江省慈溪市经济开发区海关路118号
邮政编码:315300
证书注册编号:1000B0090

体系认证标准:GB/T19002—1994 idt ISO9002:1994
有效期:2000.6～2003.6

上虞市颜料厂
地址:浙江省上虞经济开发区
邮政编码:312300
证书注册编号:1000B0091
体系认证标准:GB/T19002—1994idt ISO9002:1994
有效期:2000.6～2003.6

宁波东力传动设备有限公司
地址:浙江省宁波市科技工业园区
邮政编码:315051
证书注册编号:1000B0092
体系认证标准:GB/T19002—1994idt ISO9002:1994
有效期:2000.6～2003.6

镇江振光电力实业总公司
地址:江苏省镇江市黄山南路15号
邮政编码:212003
证书注册编号:1000B0093
体系认证标准:GB/T19002—1994idt ISO9002:1994
有效期:2000.6～2003.6

上虞市冷却塔有限公司
地址:浙江省上虞市百官镇
邮政编码:312300
证书注册编号:1000A0094
体系认证标准:GB/T19001—1994idt ISO9002:1994
有效期:2000.6～2003.6

温州蓉升达光学有限公司
地址:浙江省温州经济技术开发区34小区
邮政编码:325000
证书注册编号:1000B0095
体系认证标准:GB/T19002—1994idt ISO9002:1994
有效期:2000.6～2003.6

浙江省临海市第一建筑工程公司
地址:浙江省临海市回浦路2号
邮政编码:317000
证书注册编号:1000B0096
体系认证标准:GB/T19002—1994idt ISO9002:1994
有效期:2000.6～2003.6

浙江省东阳市第三建筑工程公司(复评)
地址:浙江省东阳市振兴路1号
邮政编码:322100
证书注册编号:1000B0097
体系认证标准:GB/T19002—1994idt ISO9002:1994
有效期:2000.6～2003.6

宁波华通电器集团股份有限公司(复评)
地址:浙江省宁波庄市
邮政编码:315201
证书注册编号:1000A0098
体系认证标准:GB/T19001—1994idt ISO9002:1994
有效期:2000.6～2003.6

仙居竺梅企业有限公司(复评)
地址:浙江省仙居县环城南路71号
邮政编码:317300
证书注册编号:1000B0099
体系认证标准:GB/T19002—1994idt ISO9002:1994
有效期:2000.6～2003.6

湖州金三发服装铺料(集团)有限公司
地址:浙江省长兴经济技术开发区
邮政编码:313100
证书注册编号:1000A0100
体系认证标准:GB/T19001—1994idt ISO9002:1994
有效期:2000.6～2003.6

宁波市嘉明通信设备有限公司
地址:浙江省宁波市骆驼工业区南一西路177号
邮政编码:315202
证书注册编号:1000B0101
体系认证标准:GB/T19002—1994idt ISO9002:1994
有效期:2000.6～2003.6

浙江万马高分子材料股份有限公司(复评)
地址:浙江省临安兰巾工业区
邮政编码:311300
证书注册编号:1000B0102
体系认证标准:GB/T19002—1994idt ISO9002:1994
有效期:2000.6～2003.6

浙江喜临门集团有限公司(复评)
地址:浙江省绍兴市张市工业区
邮政编码:312001
证书注册编号:1000A0103
体系认证标准:GB/T19001—1994idt ISO9002:1994
有效期:2000.6～2003.6

浙江省广电科技股份有限公司
地址:浙江省杭州市文一路西斗门科技工业园艺号楼
邮政编码:310012
证书注册编号:1000A0104
体系认证标准:GB/T19001—1994idt ISO9002:1994
有效期:2000.6～2003.6

上海美宁计算机软件有限他司
地址:上海市淮海中路918号久事复兴大厦9层
邮政编码:200020
证书注册编号:1000A0105
体系认证标准:GB/T19001—1994idt ISO9001:1994
有效期:2000.7～2003.7

湖南省送变电建设公司(复评)
地址:湖南省长沙市劳动西路339号
邮政编码:410007
证书注册编号:1000B0106
体系认证标准:GB/T19002—1994idt ISO9002:1994
有效期:2000.7～2003.7

邗江广源实业公司
地址:江苏省扬州市文昌西路西首电力大厦8楼
邮政编码:225002
证书注册编号:1000B0107
体系认证标准:GB/T19002—1994idt ISO9002:1994
有效期:2000.7～2003.7

平湖市双马精细化工有限公司
地址:浙江省平湖市林埭镇
邮政编码:314202
证书注册编号:1000B0108
体系认证标准:GB/T19002—1994idt ISO9002:1994
有效期:2000.7～2003.7

宁波东睦粉末冶金有限公司(复评)

地址:浙江省宁波市江东南路147号
邮政编码:315040
证书注册编号:1000B0109
体系认证标准:GB/T19002－1994idt ISO9002:1994
有效期:2000.7～2003.7

宁波维科精华集团股份有限公司敦煌针织厂
地址:浙江宁波市北化区衙前江南出口加工贸易区
邮政编码:315821
证书注册编号:1000B0110
体系认证标准:GB/T19002－1994idt ISO9002:1994
有效期:2000.7～2003.7

富春江富士水电设备有限公司(复评)
地址:浙江省桐庐富春江镇
邮政编码:311504
证书注册编号:1000A0111
体系认证标准:GB/T19001－1994idt ISO9001:1994
有效期:2000.7～2003.7

上虞市南方风机风冷有限公司
地址:浙江省上虞市下管镇
邮政编码:312362
证书注册编号:1000B0112
体系认证标准:GB/T19002－1994idt ISO9002:1994
有效期:2000.7～2003.7

宁波合力机械有限公司
地址:浙江省宁波市象山县丹城镇靖南大街44号
邮政编码:315700
证书注册编号:1000B0113
体系认证标准:GB/T19002－1994idt ISO9002:1994
有效期:2000.7～2003.7

镇海炼化工业贸易联营总公司(复评)
地址:浙江省宁波市镇海区俞范镇
邮政编码:315207
证书注册编号:1000B0114
体系认证标准:GB/T19002－1994idt ISO9002:1994
有效期:2000.7～2003.7

内蒙古自治区送变电工程公司(复评)
地址:呼和浩特市锡林南路166号
邮政编码:010020
证书注册编号:1000B0115
体系认证标准:GB/T19002－1994idt ISO9002:1994
有效期:2000.7～2003.7

浙江开氏实业有限公司
地址:浙江萧山市衙前镇
邮政编码:311209
证书注册编号:1000B0116
体系认证标准:GB/T19002－1994idt ISO9002:1994
有效期:2000.7～2003.7

义乌市鑫业建筑工程有限公司
地址:浙江省义乌市机场路40号
邮政编码:322000
证书注册编号:1000B0117
体系认证标准:GB/T19002－1994idt ISO9002:1994
有效期:2000.7～2003.7

东风杭州汽车有限公司(复评)
地址:浙江省杭州市朝晖路92号
邮政编码:310014
证书注册编号:1000A0118
体系认证标准:GB/T19001－1994idt ISO9001:1994
有效期:2000.7～2003.7

杭州新安江工业泵厂
地址:浙江省杭州新安江桥南工业区
邮政编码:311600
证书注册编号:1000B0119
体系认证标准:GB/T19002－1994idt ISO9002:1994
有效期:2000.7～2003.7

温州丰迪接插件有限公司
地址:浙江省温州市经济技术开发区4号小区
邮政编码:325011
证书注册编号:1000B0120
体系认证标准:GB/T19002－1994idt ISO9002:1994
有效期:2000.8～2003.8

浙江省嵊州市环影装饰工程有限公司
地址:浙江省嵊州大道97号
邮政编码:312400
证书注册编号:1000A0121
体系认证标准:GB/T19001－1994idt ISO9001:1994
有效期:2000.8～2003.8

浙江华海药业集团有限公司(复评)
地址:浙江省临海市汛桥镇
邮政编码:317024
证书注册编号:1000B0122
体系认证标准:GB/T19002－1994idt ISO9002:1994
有效期:2000.8～2003.8

计算机软件与技术服务杭州公司(杭州中软商用计算机等
地址:杭州市西湖区文二路202号西湖大厦3楼
邮政编码:310012
证书注册编号:1000A0123
体系认证标准:GB/T19001－1994idt ISO9001:1994
有效期:2000.8～2003.8

杭州中意彩瓦有限公司
地址:浙江省萧山市通惠北路9号
邮政编码:311215
证书注册编号:1000B0124
体系认证标准:GB/T19002－1994idt ISO9002:1994
有效期:2000.8～2003.8

台州市江南汽车部件厂
地址:浙江省台州市椒江区加止东岸116号
邮政编码:318000
证书注册编号:1000B0125
体系认证标准:GB/T19002－1994idt ISO9002:1994
有效期:2000.8～2003.8

杭州西力电能表制造有限公司
地址:浙江省杭州市转塘镇大诸桥
邮政编码:310024
证书注册编号:1000B0126
体系认证标准:GB/T19002－1994idt ISO9002:1994
有效期:2000.8～2003.8

浙江省水泥制品厂
地址:浙江省金华市婺江西路1236号
邮政编码:321001
证书注册编号:1000B0127
体系认证标准:GB/T19002－1994idt ISO9002:1994

有效期:2000.8～2003.8

广厦建设集团有限责任公司
地址:浙江省杭州市玉古路123号
邮政编码:310013
证书注册编号:1000B0128
体系认证标准:GB/T19002－1994idt ISO9002:1994
有效期:2000.8～2003.8

浙江绍光沈绍联合化工厂(复评)
地址:浙江省绍兴市五云门外
邮政编码:312000
证书注册编号:1000B0129
体系认证标准:GB/T19002－1994idt ISO9002:1994
有效期:2000.8～2003.8

杭州水泥制品二厂(复评)
地址:浙江省杭州市江干区广济桥
邮政编码:310021
证书注册编号:1000B0130
体系认证标准:GB/T19002－1994idt ISO9002:1994
有效期:2000.8～2003.8

浙江省通力建设有限公司(复评)
地址:浙江杭州市拱墅区上塘路750号
邮政编码:310015
证书注册编号:1000B0131
体系认证标准:GB/T19002－1994idt ISO9002:1994
有效期:2000.9～2003.9

宁波新蕾集团有限公司(复评)新蕾电器仪表厂、宇泰电器等
地址:浙江省宁波南门鄞江镇四明东路101号
邮政编码:315151
证书注册编号:1000B0132
体系认证标准:GB/T19002－1994idt ISO9002:1994
有效期:2000.8～2003.8

浙江金洲管道工业有限公司
地址:浙江省湖洲市杨家埠
邮政编码:313000
证书注册编号:1000B0133
体系认证标准:GB/T19002－1994idt ISO9002:1994
有效期:2000.9～2003.9

杭州华洋化工有限公司
地址:浙江省萧山经济技术开发区传化科技工业园区
邮政编码:311231
证书注册编号:1000A0134
体系认证标准:GB/T19001－1994idt ISO9001:1994
有效期:2000.9～2003.9

宁波宏海建设有限公司
地址:浙江省宁海县东海路51号
邮政编码:315600
证书注册编号:1000B0135
体系认证标准:GB/T19002－1994idt ISO9002:1994
有效期:2000.9～2003.9

杭州中南市政工程公司
地址:浙江省杭州市滨江区长河镇
邮政编码:310052
证书注册编号:1000B0136
体系认证标准:GB/T19002－1994idt ISO9002:1994
有效期:2000.9～2003.9

杭州中南建筑工程公司
地址:浙江省杭州市滨江区长河镇
邮政编码:310052
证书注册编号:1000B0137
体系认证标准:GB/T19002－1994idt ISO9002:1994
有效期:2000.9～2003.9

浙江中南建筑集团公司(浙江省江南建筑装饰工程公司)
地址:浙江省杭州市滨江区长河镇
邮政编码:310052
证书注册编号:1000B0138
体系认证标准:GB/T19002－1994idt ISO9002:1994
有效期:2000.9～2003.9

杭州小王子食品股份有限公司(复评)
地址:浙江临安市锦城镇城中街249号
邮政编码:311300
证书注册编号:1000B0139
体系认证标准:GB/T19002－1994idt ISO9002:1994
有效期:2000.9～2003.9

台州建筑安装工程公司
地址:浙江省临海市文庆街16号
邮政编码:317000
证书注册编号:1000B0140
体系认证标准:GB/T19002－1994idt ISO9002:1994
有效期:2000.9～2003.9

杭州中豪电梯成套制造有限公司(复评)
地址:浙江省杭州市江边路67号
邮政编码:310016
证书注册编号:1000B0141
体系认证标准:GB/T19002－1994idt ISO9002:1994
有效期:2000.9～2003.9

浙江省天台县天新医药化工有限公司
地址:浙江省天台丰泽路215号
邮政编码:317200
证书注册编号:1000B0142
体系认证标准:GB/T19002－1994idt ISO9002:1994
有效期:2000.9～2003.9

工商银行温州市分行
地址:浙江省温州市人民东路东首
邮政编码:325002
证书注册编号:1000B0143
体系认证标准:GB/T19002－1994idt ISO9002:1994
有效期:2000.9～2003.9

湖州市房地产开发实业总公司(湖州市房地产产物业管理公司)
地址:浙江省湖州市红旗路97号
邮政编码:313000
证书注册编号:1000B0144
体系认证标准:GB/T19002－1994idt ISO9002:1994
有效期:2000.9～2003.9

浙江湖州浙北发电工程公司
地址:浙江湖州市劳动路537号
邮政编码:313000
证书注册编号:1000B0145
体系认证标准:GB/T19002－1994idt ISO9002:1994
有效期:2000.10～2003.10

兰州供电局电力安装工程公司
地址:甘肃省兰州市七里河区建西东路52号
邮政编码:730050

证书注册编号:1000B0146
体系认证标准:GB/T19002－1994idt ISO9002:1994
有效期:2000.10～2003.10

兰州电力电子设备有限责任公司
地址:甘肃省兰州市七里河区彭家坪路5号
邮政编码:730050
证书注册编号:1000B0147
体系认证标准:GB/T19002－1994idt ISO9002:1994
有效期:2000.10～2003.10

兰州绿波化工机械有限责任公司
地址:甘肃省兰州市七里河区彭家坪路5号
邮政编码:730050
证书注册编号:1000B0148
体系认证标准:GB/T19002－1994idt ISO9002:1994
有效期:2000.10～2003.10

温州港源电子有限公司(复评)
地址:浙江乐清宁康东路392号
邮政编码:325600
证书注册编号:1000B00149
体系认证标准:GB/T19002－1994idt ISO9002:1994
有效期:2000.10～2003.10

绍兴市禹陵建筑工程有限公司
地址:浙江省绍兴市环城东路2014号
邮政编码:312000
证书注册编号:1000B0150
体系认证标准:GB/T19002－1994idt ISO9002:1994
有效期:2000.10～2003.10

宁波华星钢结构有限公司
地址:浙江省慈溪市庵东镇华星大道
邮政编码:315327
证书注册编号:1000A0151
体系认证标准:GB/T19001－1994idt ISO9001:1994
有效期:2000.10～2003.10

浙江罗浮锅炉附件厂(复评)
地址:浙江省温州市瓯北镇东方工业区
邮政编码:325102
证书注册编号:1000B0152
体系认证标准:GB/T19002－1994idt ISO9002:1994
有效期:2000.10～2003.10

温州锡星工贸有限公司
地址:浙江省温州市苍南县湖前半河工业区
邮政编码:325802
证书注册编号:1000B0153
体系认证标准:GB/T19002－1994idt ISO9002:1994
有效期:2000.10～2003.10

浙江联化集团有限公司(复评)
地址:浙江省台州市黄岩西路41号
邮政编码:318020
证书注册编号:1000B0154
体系认证标准:GB/T19002－1994idt ISO9002:1994
有效期:2000.10～2003.10

浙江省钱江建筑工程公司
地址:浙江省杭州市翠苑二区育新路16号
邮政编码:310012
证书注册编号:1000B0155
体系认证标准:GB/T19002－1994idt ISO9002:1994
有效期:2000.10～2003.10

宁波舜田油嘴油泵有限公司
地址:浙江省宁波余姚市梁辉镇明伟郁浪浦
邮政编码:315404
证书注册编号:1000B0156
体系认证标准:GB/T19002－1994idt ISO9002:1994
有效期:2000.10～2003.10

奉化阀门厂(复评)
地址:浙江省奉化萧王庙萧奉路153号
邮政编码:315503
证书注册编号:1000B0157
体系认证标准:GB/T19002－1994idt ISO9002:1994
有效期:2000.10～2003.10

常州常电集团有限公司
地址:江苏省常州市局前街2号
邮政编码:213003
证书注册编号:1000A0158
体系认证标准:GB/T19001－1994idt ISO9001:1994
有效期:2000.10～2003.10

杭州市建筑工程公司(复评)
地址:浙江省杭州市天目山路11号
邮政编码:310007
证书注册编号:1000B0159
体系认证标准:GB/T19002－1994idt ISO9002:1994
有效期:2000.10～2003.10

杭州大华塑业有限公司(复评)
地址:浙江省杭州市留下营门口
邮政编码:310023
证书注册编号:1000B0160
体系认证标准:GB/T19002－1994idt ISO9002:1994
有效期:2000.10～2003.10

杭州利帆电缆有限公司
地址:浙江省临安市玲珑镇工业园区
邮政编码:311301
证书注册编号:1000B0161
体系认证标准:GB/T19002－1994idt ISO9002:1994
有效期:2000.10～2003.10

安徽星马汽车股份有限公司(复评)
地址:安徽省马鞍山市葛羊路
邮政编码:243000
证书注册编号:1000A0162
体系认证标准:GB/T19001－1994idt ISO9001:1994
有效期:2000.10～2003.10

温州八里香食品有限公司
地址:浙江省苍南县湖前镇半河工业区
邮政编码:325802
证书注册编号:1000B0163
体系认证标准:GB/T19002－1994idt ISO9002:1994
有效期:2000.10～2003.10

诸暨市水电建筑工程公司
地址:浙江省诸暨市艮塔路18号
邮政编码:311800
证书注册编号:1000B0164
体系认证标准:GB/T19002－1994idt ISO9002:1994
有效期:2000.10～2003.10

青岛正和塑胶制品有限公司
地址:山东省青岛市南昌路137号

邮政编码:266000
证书注册编号:1000B0165
体系认证标准:GB/T19002－1994idt ISO9002:1994
有效期:2000.10～2003.10

温州星河物业管理有限公司
地址:浙江省温州市人民西路54幢四达大楼五楼
邮政编码:325000
证书注册编号:1000B0166
体系认证标准:GB/T19002－1994idt ISO9002:1994
有效期:2000.10～2003.10

杭州市设备安装公司(复评)
地址:浙江省杭州市沈塘桥路18号
邮政编码:310005
证书注册编号:1000B0167
体系认证标准:GB/T19002－1994idt ISO9002:1994
有效期:2000.10～2003.10

绍兴县建筑装潢工程公司
地址:浙江省绍兴市人民西路140号
邮政编码:312000
证书注册编号:1000B0168
体系认证标准:GB/T19002－1994idt ISO9002:1994
有效期:2000.10～2003.10

浙江电力建设监理有限公司
地址:浙江省杭州市假山路69号
邮政编码:310014
证书注册编号:1000B0169
体系认证标准:GB/T19002－1994idt ISO9002:1994
有效期:2000.11～2003.11

宁波爱尔妮制衣有限公司
地址:浙江省宁波市鄞县中心区
邮政编码:315194
证书注册编号:1000B0170
体系认证标准:GB/T19002－1994idt ISO9002:1994
有效期:2000.11～2003.11

台州水道机械工业有限公司
地址:浙江省临海市城南贺家
邮政编码:317000
证书注册编号:1000B0171
体系认证标准:GB/T19002－1994idt ISO9002:1994
有效期:2000.11～2003.11

舟山市第二建筑安装工程公司
地址:浙江省舟山市普陀区沈家门镇东海中路732号
邮政编码:316100
证书注册编号:1000B0172
体系认证标准:GB/T19002－1994idt ISO9002:1994
有效期:2000.11～2003.11

浙江万通中宝铝轮有限公司(复评)
地址:浙江新昌工业区
邮政编码:312500
证书注册编号:1000B0173
体系认证标准:GB/T19002－1994idt ISO9002:1994
有效期:2000.11～2003.11

江山市第二建筑工程公司
地址:浙江省江山市环城西路190号
邮政编码:324100
证书注册编号:1000B0174
体系认证标准:GB/T19002－1994idt ISO9002:1994
有效期:2000.11～2003.11

五洋建设集团股份有限公司(复评)
地址:浙江省杭州市天目山路58号五鑫大酒店九楼
邮政编码:310013
证书注册编号:1000B0175
体系认证标准:GB/T19002－1994idt ISO9002:1994
有效期:2000.11～2003.11

杭州远方仪器有限公司
地址:浙江省杭州市文三路402号
邮政编码:310013
证书注册编号:1000B0176
体系认证标准:GB/T19002－1994idt ISO9002:1994
有效期:2000.11～2003.11

浙江天松集团有限公司
地址:浙江省临安市锦城镇苕溪北路198号
邮政编码:311300
证书注册编号:1000B0177
体系认证标准:GB/T19002－1994idt ISO9002:1994
有效期:2000.11～2003.11

新疆送变电工程公司(复评)
地址:乌鲁木齐市江苏西路20号
邮政编码:830011
证书注册编号:1000B0178
体系认证标准:GB/T19002－1994idt ISO9002:1994
有效期:2000.11～2003.11

南昌市房屋建筑综合工程公司
地址:江西省南昌市小金台82号
邮政编码:330008
证书注册编号:1000B0179
体系认证标准:GB/T19002－1994idt ISO9002:1994
有效期:2000.11～2003.11

泰州开泰实业总公司
地址:江苏省泰州市江州南路588号
邮政编码:225300
证书注册编号:1000B0180
体系认证标准:GB/T19002－1994idt ISO9002:1994
有效期:2000.11～2003.11

浙江新兴针织服饰有限公司
地址:浙江省诸暨市城关节镇孙陈
邮政编码:311800
证书注册编号:1000B0181
体系认证标准:GB/T19002－1994idt ISO9002:1994
有效期:2000.11～2003.11

盐城市电力建设有限公司
地址:江苏省盐城市人民北路19号
邮政编码:224003
证书注册编号:1000B0182
体系认证标准:GB/T19002－1994idt ISO9002:1994
有效期:2000.11～2003.11

宁波交通工程(集团)公司
地址:浙江省宁波市鄞奉路34号
邮政编码:315000
证书注册编号:1000B0183
体系认证标准:GB/T19002－1994idt ISO9002:1994
有效期:2000.11～2003.11

江西省工业设备安装公司
地址:江西省南昌市北京东路427号

邮政编码:330029
证书注册编号:1000B0184
体系认证标准:GB/T19002－1994idt ISO9002:1994
有效期:2000.11～2003.11

德清贵稀金属粉末有限责任公司
地址:浙江省德清县新市环城东路8号
邮政编码:313201
证书注册编号:1000B0185
体系认证标准:GB/T19002－1994idt ISO9002:1994
有效期:2000.11～2003.11

吉安县第二建筑工程公司
地址:江西省吉安县君山大道
邮政编码:343100
证书注册编号:1000B0186
体系认证标准:GB/T19002－1994idt ISO9002:1994
有效期:2000.11～2003.11

浙江化工科技集团有限公司化工机械厂（浙江省化工研究院化工机械厂）
地址:浙江省杭州市西溪路926号
邮政编码:310023
证书注册编号:1000A0187
体系认证标准:GB/T19001－1994idt ISO9001:1994
有效期:2000.11～2003.11

杭州爱科电脑技术有限公司
地址:浙江省杭州市高新技术产业开发区高新软件园二号路一号楼
邮政编码:310053
证书注册编号:1000A0188
体系认证标准:GB/T19001－1994idt ISO9001:1994
有效期:2000.11～2003.11

嘉兴市南湖建筑安装工程公司
地址:浙江省嘉兴市城南路四号桥
邮政编码:314001
证书注册编号:1000B0189
体系认证标准:GB/T19002－1994idt ISO9002:1994
有效期:2000.11～2003.11

杭州恒天面粉有限公司
地址:浙江省萧山经济技术开发区
邮政编码:311215
证书注册编号:1000B0190
体系认证标准:GB/T19002－1994idt ISO9002:1994
有效期:2000.11～2003.11

临海市伟达轻轿汽车部件厂
地址:浙江临海市杜桥镇压水洋工业区
邮政编码:317016
证书注册编号:1000B0191
体系认证标准:GB/T19002－1994idt ISO9002:1994
有效期:2000.11～2003.11

宁波博润电讯有限公司
地址:浙江省余姚肖东郭相桥
邮政编码:315409
证书注册编号:1000B0192
体系认证标准:GB/T19002－1994idt ISO9002:1994
有效期:2000.11～2003.11

温州铁豹紧固件有限公司
地址:浙江省温州市温巨中路86号
邮政编码:325017
证书注册编号:1000B0193
体系认证标准:GB/T19002－1994idt ISO9002:1994
有效期:2000.11～2003.11

萧山市城北水泥厂（复评）
地址:浙江省萧山市萧杭公路90号
邮政编码:311202
证书注册编号:1000B0194
体系认证标准:GB/T19002－1994idt ISO9002:1994
有效期:2000.11～2003.11

浙江电力成套设备有限公司（杭州新世电力复合材料有限公司）
地址:浙江省杭州庆春路50号东清大厦E座9楼
邮政编码:310003
证书注册编号:1000B0195
体系认证标准:GB/T19002－1994idt ISO9002:1994
有效期:2000.11～2003.11

萧山市新街建筑工程有限公司
地址:浙江省萧山市机新街镇
邮政编码:311217
证书注册编号:1000B0196
体系认证标准:GB/T19002－1994idt ISO9002:1994
有效期:2000.11～2003.11

桦林轮胎股份有限公司
地址:黑龙江省牡丹江市桦林
邮政编码:157032
证书注册编号:1000B0197
体系认证标准:GB/T19002－1994idt ISO9002:1994
有效期:2000.11～2003.11

杭州江南锅炉厂
地址:浙江省杭州市火车东站天城路19号
邮政编码:310017
证书注册编号:1000B0198
体系认证标准:GB/T19002－1994idt ISO9002:1994
有效期:2000.11～2003.11

杭州三箭建设集团有限公司（复评）
地址:浙江省杭州市体育场路580号
邮政编码:310007
证书注册编号:1000B0199
体系认证标准:GB/T19002－1994idt ISO9002:1994
有效期:2000.11～2003.11

浙江省第一建筑工程公司（复评）
地址:浙江省杭州市天目山路80号
邮政编码:310013
证书注册编号:1000B0200
体系认证标准:GB/T19002－1994idt ISO9002:1994
有效期:2000.11～2003.11

浙江省龙泉市新兴汽车空调汽车空调配件厂
地址:浙江省龙泉市龙渊镇下林路5号
邮政编码:323700
证书注册编号:1000B0201
体系认证标准:GB/T19002－1994idt ISO9002:1994
有效期:2000.11～2003.11

杭州临安制钳有限公司（临安市五金工具厂）
地址:浙江省杭州临安市太阳镇
邮政编码:311314
证书注册编号:1000B0202
体系认证标准:GB/T19002－1994idt ISO9002:1994

有效期:2000.11～2003.11

杭州钢铁集团公司(复评)
地址:浙江省杭州市半山路132号
邮政编码:310022
证书注册编号:1000B0203
体系认证标准:GB/T19002－1994idt ISO9002:1994
有效期:2000.11～2003.11

绍兴亚东日化集团有限公司
地址:浙江上虞市崧厦镇环城东路2号
邮政编码:312365
证书注册编号:1000B0204
体系认证标准:GB/T19002－1994idt ISO9002:1994
有效期:2000.11～2003.11

上海三达弹簧厂有限公司
地址:上海市闵行区虹梅南路863号
邮政编码:200237
证书注册编号:1000B0205
体系认证标准:GB/T19002－1994idt ISO9002:1994
有效期:2000.11～2003.11

云南省送变电工程公司(复评)
地址:云南省昆明县小路
邮政编码:650216
证书注册编号:1000B0206
体系认证标准:GB/T19002－1994idt ISO9002:1994
有效期:2000.12.15～2003.12.15

南昌道桥工程总公司
地址:江西省南昌市北京西路182号
邮政编码:330046
证书注册编号:1000B0207
体系认证标准:GB/T19002－1994idt ISO9002:1994
有效期:2000.12.15～2003.12.15

连云港新电机电设备检修有限公司
地址:江苏省连云港市海州区新海南路700号
邮政编码:222023
证书注册编号:1000B0208
体系认证标准:GB/T19002－1994idt ISO9002:1994
有效期:2000.12.15～2003.12.15

扬州振扬电力实业总公司
地址:江苏省扬州市竹西路158号
邮政编码:225002
证书注册编号:1000B0209
体系认证标准:GB/T19002－1994idt ISO9002:1994
有效期:2000.12.15～2003.12.15

乐清市新华纺织机械有限公司
地址:浙江省乐清市宋湖工业区汇丰路
邮政编码:325600
证书注册编号:1000B0210
体系认证标准:GB/T19002－1994idt ISO9002:1994
有效期:2000.12.15～2003.12.15

靖江广源电力测控设备厂
地址:江苏省靖江市江平路228号
邮政编码:214500
证书注册编号:1000B0211
体系认证标准:GB/T19002－1994idt ISO9002:1994
有效期:2000.12.15～2003.12.15

绍兴县建筑实业公司
地址:浙江绍兴县平水镇平水街318号
邮政编码:312050
证书注册编号:1000B0212
体系认证标准:GB/T19002－1994idt ISO9002:1994
有效期:2000.12.15～2003.12.15

杭州兴耀建设集团有限公司
地址:浙江省杭州市滨江区西兴镇
邮政编码:310051
证书注册编号:1000B0213
体系认证标准:GB/T19002－1994idt ISO9002:1994
有效期:2000.12.15～2003.12.15

浙江全富达电力建设有限公司
地址:浙江省杭州市庆春东路87号
邮政编码:310016
证书注册编号:1000B0214
体系认证标准:GB/T19002－1994idt ISO9002:1994
有效期:2000.12.15～2003.12.15

象山兴驰液压润滑有限公司
地址:浙江省象县涂茨镇
邮政编码:315704
证书注册编号:1000B0215
体系认证标准:GB/T19002－1994idt ISO9002:1994
有效期:2000.12.15～2003.12.15

绍兴第一建工集团有限公司
地址:浙江省绍兴市人民西路262号
邮政编码:312000
证书注册编号:1000B0216
体系认证标准:GB/T19002－1994idt ISO9002:1994
有效期:2000.12.15～2003.12.15

杭州之江电杆有限公司
地址:浙江省萧山市临浦镇南
邮政编码:311251
证书注册编号:1000B0217
体系认证标准:GB/T19002－1994idt ISO9002:1994
有效期:2000.12.15～2003.12.15

杭州沪宁电梯配件厂
地址:浙江省杭州市石桥路393号
邮政编码:310022
证书注册编号:1000B0218
体系认证标准:GB/T19002－1994idt ISO9002:1994
有效期:2000.12.15～2003.12.15

浙江八达铜业有限公司(复评)
地址:浙江省绍兴县钱清镇
邮政编码:312025
证书注册编号:1000B0219
体系认证标准:GB/T19002－1994idt ISO9002:1994
有效期:2000.12.15～2003.12.15

杭州天裕五金工具有限公司
地址:浙江省临安市於潜洲街260号
邮政编码:311311
证书注册编号:1000B0220
体系认证标准:GB/T19002－1994idt ISO9002:1994
有效期:2000.12.15～2003.12.15

＊浙江省杭江牛奶公司乳品厂
地址:浙江省杭州市江干区光明路8号
邮政编码:310019
电话:(0571)6910127
传真:(0571)6910127
法定代表人:李恩高
证书注册编号:1000B0221
体系认证标准:GB/T19002－1994idt ISO9002:1994

获证体系覆盖产品:液态奶的生产和服务
有效期:2000.12.15~2003.12.15

靖江广源实业公司
地址:江苏省靖江市江平路340号
邮政编码:214500
证书注册编号:1000B0222
体系认证标准:GB/T19002-1994idt ISO9002:1994
有效期:2000.12.15~2003.12.15

浙江豪情汽车制造有限公司
地址:浙江省临海市城东吉利工业园
邮政编码:317000
证书注册编号:1000A0223
体系认证标准:GB/T19001-1994idt ISO9001:1994
有效期:2000.12.15~2003.12.15

萧山双鲸消防机械有限公司
地址:浙江省萧山市瓜沥镇殿下路119号
邮政编码:311241
证书注册编号:1000B0224
体系认证标准:GB/T19002-1994idt ISO9002:1994
有效期:2000.12.15~2003.12.15

杭州市园林工程公司
地址:浙江省杭州市玉皇山路阔石板174号
邮政编码:310002
证书注册编号:1000B0225
体系认证标准:GB/T19002-1994idt ISO9002:1994
有效期:2000.12.15~2003.12.15

上虞市助剂厂
地址:浙江省上虞市道墟镇
邮政编码:312368
证书注册编号:1000B0226
体系认证标准:GB/T19002-1994idt ISO9002:1994
有效期:2000.12.15~2003.12.15

徐州送变电工程公司(复评)
地址:江苏省徐州市王陵路18号
邮政编码:221006
证书注册编号:1000B0227
体系认证标准:GB/T19002-1994idt ISO9002:1994
有效期:2000.12.30~2003.12.30

杭州食品厂
地址:浙江省杭州市秋涛路373号
邮政编码:310008
证书注册编号:1000B0228
体系认证标准:GB/T19002-1994idt ISO9002:1994
有效期:2000.12.30~2003.12.30

温州市远东防腐设备厂
地址:浙江省温州市瓯海金竹工业区霞金路431号
邮政编码:325015
证书注册编号:1000B0229
体系认证标准:GB/T19002-1994idt ISO9002:1994
有效期:2000.12.30~2003.12.30

佑利管道有限公司
(地址:温州市佑利塑胶实业公司)
地址:浙江省乐清市柳市镇苏吕工业区
邮政编码:325604
证书注册编号:1000B0230
体系认证标准:GB/T19002-1994idt ISO9002:1994
有效期:2000.12.30~2003.12.30

台州市精艺管件有限公司
地址:浙江省台州路桥区路南张李工业小区
邮政编码:318050
证书注册编号:1000B0231
体系认证标准:GB/T19002-1994idt ISO9002:1994
有效期:2000.12.30~2003.12.30

丽水五丰冷食有限公司(复评)
地址:浙江省丽水市九里
邮政编码:323000
证书注册编号:1000B0232
体系认证标准:GB/T19002-1994idt ISO9002:1994
有效期:2000.12.30~2003.12.30

上虞市申宏建筑工程有限公司
地址:浙江省上虞市经济开发区
邮政编码:312300
证书注册编号:1000B0233
体系认证标准:GB/T19002-1994idt ISO9002:1994
有效期:2000.12.30~2003.12.30

温州市鑫瓯电子有限公司
地址:浙江省温州市杨府山涂村滨江别墅A1幢
邮政编码:325000
证书注册编号:1000B0234
体系认证标准:GB/T19002-1994idt ISO9002:1994
有效期:2000.12.30~2003.12.30

杭州西湖达利工业有限公司(复评)
地址:浙江省杭州市留下街一号
邮政编码:310023
证书注册编号:1000B0235
体系认证标准:GB/T19002-1994idt ISO9002:1994
有效期:2000.12.30~2003.12.30

***杭州华章电气工程有限公司**
地址:浙江省杭州市西湖区文三路252号伟星大厦12楼(总部)杭州市贤德路号(分部)
邮政编码:310012
电话:(0571)8866555
传真:(0571)8856077
法定代表人:朱根荣
证书注册编号:1000B0236
体系认证标准:GB/T19002-1994 idt ISO 9002:1994
获证体系覆盖产品:电控柜的生产和服务
有效期:2000.12.30~2003.12.30

浙江舜杰建筑集团股份有限公司(复评)
地址:浙江省上虞经济开发区
邮政编码:312300
证书注册编号:1000B0237
体系认证标准:GB/T19002-1994idt ISO9002:1994
有效期:2000.12.30~2003.12.30

合肥伊安电子科技有限责任公司
地址:安徽省合肥市合作化北路169号三楼
邮政编码:230041
证书注册编号:1000B0238
体系认证标准:GB/T19002-1994idt ISO9002:1994
有效期:2000.12.30~2003.12.30

金华三为电力实业公司
地址:浙江省金华市八一北路1155号

邮政编码:321000
证书注册编号:1000B0239
体系认证标准:GB/T19002－1994idt ISO9002:1994
有效期:2000.12.30～2003.12.30

连云港市送变电工程公司
地址:江苏省连云港市新浦区幸福路19号
邮政编码:220004
证书注册编号:1000B0240
体系认证标准:GB/T19002－1994idt ISO9002:1994
有效期:2000.12.30～2003.12.30

金华东汇电子仪表有限公司
地址:浙江省金华市八一北街1155号
邮政编码:321000
证书注册编号:1000B0241
体系认证标准:GB/T19002－1994idt ISO9002:1994
有效期:2000.12.30～2003.12.30

中外合资绍兴威特领呔服装有限公司
地址:浙江省嵊州大道311号
邮政编码:312400
证书注册编号:1000B0242
体系认证标准:GB/T19002－1994idt ISO9002:1994
有效期:2000.12.30～2003.12.30

东阳市露欣实业有限公司
地址:浙江省东阳市经济开发区西庄
邮政编码:322100
证书注册编号:1000B0243
体系认证标准:GB/T19002－1994idt ISO9002:1994
有效期:2000.12.30～2003.12.30

浙江海滨建设集团有限公司(复评)
地址:浙江上虞市百官镇舜江东路2号
邮政编码:312300
证书注册编号:1000B0244
体系认证标准:GB/T19002－1994idt ISO9002:1994
有效期:2000.12.30～2003.12.30

浙江环球计算机工程有限公司
地址:浙江省金华双溪西路335号
邮政编码:321017
证书注册编号:1000A0245
体系认证标准:GB/T19001－1994idt ISO9001:1994
有效期:2000.12.30～2003.12.30

浙江省送变电工程公司(复评)
地址:浙江省杭州市庆春东路87号
邮政编码:310016
证书注册编号:1000B0246
体系认证标准:GB/T19002－1994idt ISO9002:1994
有效期:2000.12.30～2003.12.30

舟山市大昌建筑安装工程有限公司
地址:浙江省舟山市定海区解放东路118号
邮政编码:316000
证书注册编号:1000B0247
体系认证标准:GB/T19002－1994idt ISO9002:1994
有效期:2000.12.30～2003.12.30

浙江省义乌市土木建筑工程有限公司
地址:浙江省义乌市城西路土木大厦
邮政编码:322000
证书注册编号:1000B0248
体系认证标准:GB/T19002－1994idt ISO9002:1994
有效期:2000.12.30～2003.12.30

温州市志众汽车电器有限公司
地址:浙江省温州经济开发区东片35号小区
邮政编码:325011
证书注册编号:1000B0249
体系认证标准:GB/T19002－1994idt ISO9002:1994
有效期:2000.12.30～2003.12.30

浙江省三门县密封件厂
地址:浙江省三门县城关平安路169号
邮政编码:317100
证书注册编号:1000B0250
体系认证标准:GB/T19002－1994idt ISO9002:1994
有效期:2000.12.30～2003.12.30

江苏兴源电力建设监理有限公司
地址:江苏省南京市中山路248号
邮政编码:210008
证书注册编号:1000B0251
体系认证标准:GB/T19002－1994idt ISO9002:1994
有效期:2000.12.30～2003.12.30

温州市安吉尔太空水有限公司
地址:浙江省温州市樱花路21号
邮政编码:325000
证书注册编号:1000B0252
体系认证标准:GB/T19002－1994idt ISO9002:1994
有效期:2000.12.30～2003.12.30

临海市伟星新型建材有限公司
地址:浙江省临海市经济开发区粮食路2号
邮政编码:317000
证书注册编号:1000B0253
体系认证标准:GB/T19002－1994idt ISO9002:1994
有效期:2000.12.30～2003.12.30

绍兴纺织机械集团公司
(绍兴佳澳机械制造有限公司)
地址:浙江省绍兴县齐贤镇纺机集团站
邮政编码:312066
证书注册编号:1000B0254
体系认证标准:GB/T19002－1994idt ISO9002:1994
有效期:2000.12.30～2003.12.30

仙居县永胜橡塑厂
地址:浙江省仙居县城关河埠34号
邮政编码:317300
证书注册编号:1000B0255
体系认证标准:GB/T19002－1994idt ISO9002:1994
有效期:2000.12.30～2003.12.30

上虞市舜江建筑工程有限公司
地址:浙江上虞市百官镇江扬路88号
邮政编码:312300
证书注册编号:1000B0256
体系认证标准:GB/T19002－1994idt ISO9002:1994
有效期:2000.12.30～2003.12.30

贵州送变电工程公司(复评)
地址:贵州省贵阳市解放路76号
邮政编码:550002
证书注册编号:1000B0257
体系认证标准:GB/T19002－1994idt ISO9002:1994
有效期:2000.12.30～2003.12.30

南通送变电有限公司(复评)
地址:江苏省南通市跃龙南路90号

邮政编码:226006
证书注册编号:1000B0258
体系认证标准:GB/T19002－1994idt ISO9002:1994
有效期:2000.12.30～2003.12.30

绍兴市商品混凝土公司
地址:浙江省绍兴偏门鹅井桥
邮政编码:312000
证书注册编号:1000B0259
体系认证标准:GB/T19002－1994idt ISO9002:1994
有效期:2000.12.30～2003.12.30

杭州江南地基工程有限公司
地址:浙江省杭州市滨江区西兴镇
邮政编码:310051
证书注册编号:1000B0260
体系认证标准:GB/T19002－1994idt ISO9002:1994
有效期:2000.12.30～2003.12.30

宁波市雪利曼电子仪表有限公司
地址:浙江宁波市环城西路南段554号
邮政编码:315000
证书注册编号:1000B0261
体系认证标准:GB/T19002－1994idt ISO9002:1994
有效期:2000.12.30～2003.12.30

杭州市电信规划设计院有限公司
地址:浙江省杭州市西湖区天目山路70号
邮政编码:310013
证书注册编号:1000A0262
体系认证标准:GB/T19001－1994idt ISO9001:1994
有效期:2000.12.30～2003.12.30

浙江盛达送变电铁塔有限公司
地址:浙江省杭州市杭海路322号
邮政编码:310016
证书注册编号:1000B0263
体系认证标准:GB/T19002－1994idt ISO9002:1994
有效期:2000.12.30～2003.12.30

乐清市仪表元件厂(复评)
地址:浙江省乐清市虹桥镇幸福西路114号
邮政编码:325608
证书注册编号:1000B264
体系认证标准:GB/T19002－1994idt ISO9002:1994
有效期:2000.12.30～2003.12.30

浙江省东阳市红旗电容器有限公司
地址:浙江省东阳市横锦
邮政编码:322119
证书注册编号:1000B0265
体系认证标准:GB/T19002－1994idt ISO9002:1994
有效期:2000.12.30～2003.12.30

绍兴市塔山福利综合厂
地址:浙江省绍兴市延安路320号
邮政编码:312000
证书注册编号:1000B0266
体系认证标准:GB/T19002－1994idt ISO9002:1994
有效期:2000.12.30～2003.12.30

嵊州市电缆防火附件厂(复评)
地址:浙江省嵊州大道318号
邮政编码:312400
证书注册编号:1000B0267
体系认证标准:GB/T19002－1994idt ISO9002:1994
有效期:2000.12.30～2003.12.30

浙江真空设备集团有限公司(复评)
地址:浙江省台州市椒江轮渡389号
邮政编码:338000
证书注册编号:1000A0268
体系认证标准:GB/T19001－1994idt ISO9001:1994
有效期:2000.12.30～2003.12.30

杭州通达电缆材料有限公司(复评)
地址:浙江省杭州市沈半路210号
邮政编码:310022
证书注册编号:1000B0269
体系认证标准:GB/T19002－1994idt ISO9002:1994
有效期:2000.12.30～2003.12.30

浙江省中兴建设有限责任公司(复评)
地址:浙江省宁波市镇海区城关车站路256号
邮政编码:315200
证书注册编号:1000B0270
体系认证标准:GB/T19002－1994idt ISO9002:1994
有效期:2000.12.30～2003.12.30

萧山市荣盛纺织有限公司
地址:浙江萧山市益农镇红阳路98号
邮政编码:311247
证书注册编号:1000B0271
体系认证标准:GB/T19002－1994idt ISO9002:1994
有效期:2000.12.30～2003.12.30

宁波塑料厂
地址:浙江省宁波市江东北路343号
邮政编码:315040
证书注册编号:1000B0272
体系认证标准:GB/T19002－1994idt ISO9002:1994
有效期:2000.12.30～2003.12.30

浙江巨化股份有限公司兰溪农药厂(复评)
地址:浙江省兰溪市黄大仙路45号
邮政编码:321100
证书注册编号:1000B00273
体系认证标准:GB/T19002－1994idt ISO9002:1994
有效期:2000.12.30～2003.12.30

杭州大路实业有限公司(复评)
地址:浙江省萧山市红山镇
邮政编码:311234
证书注册编号:1000B0274
体系认证标准:GB/T19002－1994idt ISO9002:1994
有效期:2000.12.30～2003.12.30

杭州卷烟厂(复评)
地址:浙江省杭州市中山南路七十七号
邮政编码:310008
证书注册编号:1000B0275
体系认证标准:GB/T19002－1994idt ISO9002:1994
有效期:2000.12.30～2003.12.30

宁波变压器制造有限公司(复评)
地址:浙江省宁波市庄市桥
邮政编码:315032
证书注册编号:1000A0276
体系认证标准:GB/T19001－1994idt ISO9001:1994
有效期:2000.12.30～2003.12.30

中国机械工业质量体系认证中心

沈阳远大铝业工程有限公司
地址:辽宁省沈阳市东陵区东陵路30—2号
邮政编码:110161
证书注册编号:1100A0001
1196A029
体系认证标准:GB/T 19001—1994 idt ISO 9001:1994
有效期:2000.1~2003.1

河南第一工具厂
地址:河南省新乡市北干道中段328号
邮政编码:453002
证书注册编号:1100B0002
1196B028
体系认证标准:GB/T 19002—1994 idt ISO 9002:1994
有效期:2000.1~2003.1

常州长江客车集团工矿车辆有限公司
地址:江苏省常州市新市路100号
邮政编码:213002
证书注册编号:1100A0003
1196A024
体系认证标准:GB/T 19001—1994 idt ISO 9001:1994
有效期:2000.1~2003.1

泊头市宏业有限责任公司(泊头市仪表总厂河北宏扬铸造有限公司)
地址:河北省泊头市南仓街461号
邮政编码:062150
证书注册编号:1100A0004
体系认证标准:GB/T 19001—1994 idt ISO 9001:1994
有效期:2000.1~2003.1

泊头市宏业有限责任公司(泊头市宏昌机械有限责任公司)
地址:河北省泊头市南仓街461号
邮政编码:062150
证书注册编号:1100B0005
体系认证标准:GB/T 19002—1994 idt ISO 9002:1994
有效期:2000.1~2003.1

中国扬子集团设备模具制造有限公司
地址:安徽省滁州市扬子工业区
邮政编码:239064
证书注册编号:1100A0006
体系认证标准:GB/T 19001—1994 idt ISO 9001:1994
有效期:2000.1~2003.1

江苏大通风机有限公司(南通风机厂)
地址:江苏南通市唐闸镇西市街207号
邮政编码:226002
证书注册编号:1100A0007
体系认证标准:GB/T 19001—1994 idt ISO 9001:1994
有效期:2000.1~2003.1

常熟日新机械有限公司(常熟市汽车辅助设备厂)
地址:江苏省常熟市南门外潭塘站
邮政编码:215556
证书注册编号:1100A0008
体系认证标准:GB/T 19001—1994 idt ISO 9001:1994
有效期:2000.1~2003.1

江阴江东集团变压器厂
地址:江苏省江阴市周庄镇港东路2号
邮政编码:214423
证书注册编号:1100A0009
体系认证标准:GB/T 19001—1994 idt ISO 9001:1994
有效期:2000.1~2003.1

江阴市东海电器成套厂
地址:江苏省江阴市周庄镇路口桥村
邮政编码:214423
证书注册编号:1100B0010
体系认证标准:GB/T 19002—1994 idt ISO 9002:1994
有效期:2000.1~2003.1

吉林省东重机械工业公司
地址:吉林吉林市龙潭区唐坊工业小区
邮政编码:132011
证书注册编号:1100B0011
体系认证标准:GB/T 19002—1994 idt ISO 9002:1994
有效期:2000.1~2003.1

大庆三维集团有限公司
地址:黑龙江省大庆市开发区创业新街3号
邮政编码:163316
证书注册编号:1100A0012
体系认证标准:GB/T 19001—1994 idt ISO 9001:1994
有效期:2000.1~2003.1

山东巨力股份有限公司
地址:山东省潍坊市长松路69号
邮政编码:261021
证书注册编号:1100A0013
体系认证标准:GB/T 19001—1994 idt ISO 9001:1994
有效期:2000.1~2003.1

重汽集团专用汽车公司(青岛专用汽车制造厂)
地址:山东省青岛市瑞昌路141号
邮政编码:266031
证书注册编号:1100A0014
1197A030
体系认证标准:GB/T 19001—1994 idt ISO 9001:1994
有效期:2000.1~2003.1

新疆长城电器工业制造有限公司
地址:新疆乌鲁木齐市长沙路58号
邮政编码:830011
证书注册编号:1100A0015

体系认证标准:GB/T 19001—1994 idt ISO 9001:1994
有效期:2000.1～2003.1

武进市三联弹簧厂
地址:江苏省武进市潘家镇
邮政编码:213179
证书注册编号:1100B0016
体系认证标准:GB/T 19002—1994 idt ISO 9002:1994
有效期:2000.1～2003.1

自贡华实电器制造有限公司
地址:四川自贡市大安区凉燕路 260 号
邮政编码:643010
证书注册编号:1100A0017
体系认证标准:GB/T 19001—1994 idt ISO 9001:1994
有效期:2000.1～2003.1

常州机床总厂(常州机床厂和常州航海仪器厂)
地址:江苏省常州市常新路 150 号
邮政编码:213012
证书注册编号:1100A0018
1196A025
体系认证标准:GB/T 19001—1994 idt ISO 9001:1994
有效期:2000.1～2003.1

哈尔滨通用电控设备有限责任公司
地址:黑龙江省哈尔滨市道里区工农大街 280 号
邮政编码:150070
证书注册编号:1100A0019
体系认证标准:GB/T 19001—1994 idt ISO 9001:1994
有效期:2000.1～2003.1

沈阳汽车制造厂
地址:辽宁省沈阳市东陵区方南路 6 号
邮政编码:110015
证书注册编号:1100A0020
1196A019
体系认证标准:GB/T 19001—1994 idt ISO 9001:1994
有效期:2000.1～2003.1

沈阳汽车制造厂
地址:辽宁省沈阳市东陵区方南路 6 号
邮政编码:110015
证书注册编号:1100BQ0021
1196A019
体系认证标准:GB/T 19001—1994 idt ISO 9001:1994
有效期:2000.1～2003.1

常州市范群干燥设备有限公司
地址:江苏省常州市光华路东首 100 号
邮政编码:213004
证书注册编号:1100B0022
体系认证标准:GB/T 19002—1994 idt ISO 9002:1994
有效期:2000.1～2003.1

重庆仪表材料研究所
地址:重庆市北碚
邮政编码:400700
证书注册编号:1100A0023
体系认证标准:GB/T 19001—1994 idt ISO 9001:1994
有效期:2000.1～2003.1

沈阳汽车座椅厂
地址:辽宁省沈阳市东陵区浑河堡后榆树台 3 号
邮政编码:110168
证书注册编号:1100AQ0024
1196A014
体系认证标准:GB/T 19001—1994 idt ISO 9001:1994
有效期:2000.1～2003.1

江苏江兴电力器材有限公司
地址:江苏省兴化市周庄镇
邮政编码:225711
证书注册编号:1100B0025
体系认证标准:GB/T 19002—1994 idt ISO 9002:1994
有效期:2000.1～2003.1

武汉市天虹智能仪表厂
地址:湖北武汉市洪山区八一路 115 号
邮政编码:430072
证书注册编号:1100A0026
体系认证标准:GB/T 19001—1994 idt ISO 9001:1994
有效期:2000.1～2003.1

辽宁先锋集团汽车灯制造有限公司
地址:辽宁省沈阳市大东区山嘴子路后山一巷 27 号
邮政编码:110161
证书注册编号:1100A0027
体系认证标准:GB/T 19001—1994 idt ISO 9001:1994
有效期:2000.1～2003.1

重庆沈变电器制造公司
地址:重庆市南岸区明月沱
邮政编码:401339
证书注册编号:1100A0028
体系认证标准:GB/T 19001—1994 idt ISO 9001:1994
有效期:2000.1～2003.1

台州大发汽车部件有限公司
地址:浙江省台州市路桥区新桥工业区
邮政编码:318055
证书注册编号:1100B0029
体系认证标准:GB/T 19002—1994 idt ISO 9002:1994
有效期:2000.2～2003.2

中国一拖集团有限公司装备分公司
地址:河南洛阳市涧西区建设路 154 号
邮政编码:471004
证书注册编号:1100A0030
体系认证标准:GB/T 19001—1994 idt ISO 9001:1994
有效期:2000.2～2003.2

中国一拖东方实业公司修造公司
地址:河南洛阳市建设路 154 号
邮政编码:471004
证书注册编号:1100B0031
体系认证标准:GB/T 19002—1994 idt ISO 9002:1994
有效期:2000.2～2003.2

中国一拖集团有限公司装备分公司
地址:河南洛阳市涧西区建设路 154 号
邮政编码:471004
证书注册编号:1100B0032
体系认证标准:GB/T 19002—1994 idt ISO 9002:1994
有效期:2000.2～2003.2

常州丰英(丰溢)照明电器有限公司
地址:江苏省常州市新堂北路 288 号
邮政编码:213021
证书注册编号:1100B0033
体系认证标准:GB/T 19002—1994 idt ISO 9002:1994
有效期:2000.2～2003.2

江浦县给水排水设备厂
地址:江苏省江浦县陡岗南街1号
邮政编码:211805
证书注册编号:1100B0034
体系认证标准:GB/T 19002—1994 idt ISO 9002:1994
有效期:2000.2～2003.2

双城市机电技术开发有限公司
地址:黑龙江省双城市经济技术开发区
邮政编码:150100
证书注册编号:1100A0035
体系认证标准:GB/T 19001—1994 idt ISO 9001:1994
有效期:2000.2～2003.2

保定天威保变电气股份有限公司
地址:河北省保定市江城路318号
邮政编码:071056
证书注册编号:1100A0036
1197A033
体系认证标准:GB/T 19001—1994 idt ISO 9001:1994
有效期:2000.2～2003.2

武进市滚针轴承厂
地址:江苏武进市薛家镇南街3—1号
邮政编码:213125
证书注册编号:1100B0037
体系认证标准:GB/T 19002—1994 idt ISO 9002:1994
有效期:2000.2～2003.2

武进市阳湖轴承厂
地址:江苏省武进市湖塘镇
邮政编码:213161
证书注册编号:1100B0038
体系认证标准:GB/T 19002—1994 idt ISO 9002:1994
有效期:2000.2～2003.2

河南省中原内燃机配件总厂
地址:河南省孟州市
邮政编码:454750
证书注册编号:1100B0039
1196B015
体系认证标准:GB/T 19002—1994 idt ISO 9002:1994
有效期:2000.2～2003.2

上海德燕华实业有限公司
地址:上海市浦东新区孙桥秦镇西首
邮政编码:201203
证书注册编号:1100B0040
体系认证标准:GB/T 19002—1994 idt ISO 9002:1994
有效期:2000.2～2003.2

上海北蔡电讯塑包线有限公司
地址:上海市浦东新区北蔡镇莲园路100弄海东公寓内
邮政编码:201204
证书注册编号:1100B0041
体系认证标准:GB/T 19002—1994 idt ISO 9002:1994
有效期:2000.2～2003.2

北京中租铸造模具技术开发公司
地址:北京西城区木樨地北里甲15号
邮政编码:100038
证书注册编号:1100B0042
体系认证标准:GB/T 19002—1994 idt ISO 9002:1994
有效期:2000.2～2003.2

吉林省石化配件有限公司
地址:吉林省吉林市丰满区江南裕民街388号
邮政编码:132011
证书注册编号:1100B0043
体系认证标准:GB/T 19002—1994 idt ISO 9002:1994
有效期:2000.3～2003.3

北京百思正线缆有限公司
地址:北京大兴县西红门科技开发区
邮政编码:100076
证书注册编号:1100B0044
体系认证标准:GB/T 19002—1994 idt ISO 9002:1994
有效期:2000.3～2003.3

北京第三低压电器厂
地址:北京市丰台区赵公口9号楼
邮政编码:100075
证书注册编号:1100A0045
体系认证标准:GB/T 19001—1994 idt ISO 9001:1994
有效期:2000.3～2003.3

常州市博捷电子电器有限公司
地址:江苏常州市高新技术产业开发区
邮政编码:213022
证书注册编号:1100B0046
体系认证标准:GB/T 19002—1994 idt ISO 9002:1994
有效期:2000.3～2003.3

武进化工机械厂
地址:江苏省常州市西门外罗溪镇
邮政编码:213136
证书注册编号:1100B0047
体系认证标准:GB/T 19002—1994 idt ISO 9002:1994
有效期:2000.3～2003.3

泰兴市汽车配件厂
地址:江苏省泰兴市江平北路28号
邮政编码:225400
证书注册编号:1100B0048
体系认证标准:GB/T 19002—1994 idt ISO 9002:1994
有效期:2000.3～2003.3

慈溪市同源电器成套设备有限公司
(慈溪市台联电器成套厂)
地址:浙江省慈溪市经济开发区担山路
邮政编码:315300
证书注册编号:1100B0049
体系认证标准:GB/T 19002—1994 idt ISO 9002:1994
有效期:2000.3～2003.3

苏州工业园区飞翔液压附件厂
(苏州液压附件总厂)
地址:江苏省苏州市平门外苏虞公路12号
邮政编码:215001
证书注册编号:1100B0050
体系认证标准:GB/T 19002—1994 idt ISO 9002:1994
有效期:2000.3～2003.3

北京市昌宁产业有限责任公司
地址:北京市沙河昌宁集团
邮政编码:102206
证书注册编号:1100A0051
体系认证标准:GB/T 19001—1994 idt ISO 9001:1994
有效期:2000.3～2003.3

南京压缩机股份有限公司
地址:江苏省南京市中央门外小行尤家凹1号
邮政编码:210012
证书注册编号:1100A0052

1197A032
体系认证标准:GB/T 19001—1994 idt ISO 9001:1994
有效期:2000.3~2003.3

玉环机电设备制造厂
地址:浙江省玉环县城关镇三合潭1号工业区
邮政编码:317600
证书注册编号:1100B0053
体系认证标准:GB/T 19002—1994 idt ISO 9002:1994
有效期:2000.3~2003.3

沈阳市新华标准件厂
地址:辽宁省沈阳市铁西区重工北街67号
邮政编码:110026
证书注册编号:1100B0054
体系认证标准:GB/T 19002—1994 idt ISO 9002:1994
有效期:2000.3~2003.3

常州市通用电器有限公司
地址:江苏省常州市丽华路南
邮政编码:213004
证书注册编号:1100B0055
体系认证标准:GB/T 19002—1994 idt ISO 9002:1994
有效期:2000.3~2003.3

常州八一电缆集团有限公司
地址:江苏省常州市木梳路5号
邮政编码:213015
证书注册编号:1100A0056
1196A022
体系认证标准:GB/T 19001—1994 idt ISO 9001:1994
有效期:2000.4~2003.4

沈阳汽车离合器厂
地址:辽宁沈阳市沈河区大西路47号
邮政编码:110014
证书注册编号:1100A0057
1196A020
体系认证标准:GB/T 19001—1994 idt ISO 9001:1994
有效期:2000.4~2003.4

河南省信阳三达汽车有限责任公司
地址:河南省信阳市北京路187号
邮政编码:464000
证书注册编号:1100A0058
1196A026
体系认证标准:GB/T 19001—1994 idt ISO 9001:1994
有效期:2000.4~2003.4

无锡市益能电力电器厂
地址:江苏省无锡市江海东路370号
邮政编码:214011
证书注册编号:1100A0059
体系认证标准:GB/T 19001—1994 idt ISO 9001:1994
有效期:2000.4~2003.4

张家港市汽车附件厂
地址:江苏省张家港市兆丰镇开发区
邮政编码:215622
证书注册编号:1100B0060
体系认证标准:GB/T 19002—1994 idt ISO 9002:1994
有效期:2000.4~2003.4

海南金盘特种变压器厂
地址:海南省海口市金盘工业区工业大道100号4—1
邮政编码:570216
证书注册编号:1100A0061
1197A045
体系认证标准:GB/T 19001—1994 idt ISO 9001:1994
有效期:2000.4~2003.4

华东石油局扬州装备制造总厂
地址:江苏省扬州万福闸
邮政编码:225005
证书注册编号:1100B0062
体系认证标准:GB/T 19002—1994 idt ISO 9002:1994
有效期:2000.4~2003.4

安徽省铜陵市玛钢厂
地址:安徽省铜陵市铜芜路杨村段
邮政编码:244000
证书注册编号:1100B0063
体系认证标准:GB/T 19002—1994 idt ISO 9002:1994
有效期:2000.4~2003.4

瓦房店滚动轴承制造有限公司
地址:辽宁瓦房店市西长春路西段6号
邮政编码:116300
证书注册编号:1100B0064
体系认证标准:GB/T 19002—1994 idt ISO 9002:1994
有效期:2000.4~2003.4

无锡双欢重工制造有限公司
地址:江苏省无锡市洛社镇
邮政编码:214187
证书注册编号:1100B0065
体系认证标准:GB/T 19002—1994 idt ISO 9002:1994
有效期:2000.4~2003.4

变更企业
沈阳汽车制动泵厂
证书注册编号:1198B183
体系认证标准:GB/T 19002—1994 idt ISO 9002:1994
有效期:2000.4~2003.4

大庆油田自动化仪表有限公司
证书注册编号:1198A109
体系认证标准:GB/T 19001—1994 idt ISO 9001:1994
抚顺机械制造有限责任公司
地址:辽宁省抚顺市新城路中段50号
邮政编码:113006
证书注册编号:1100A0067
1197A043
体系认证标准:GB/T 19001—1994 idt ISO 9001:1994
有效期:2000.5~2003.5

广州广重企业集团有限公司
地址:广东省广州市工业大道122号
邮政编码:510252
证书注册编号:1100A0068
1197A034
体系认证标准:GB/T 19001—1994 idt ISO 9001:1994
有效期:2000.5~2003.5

广州广重企业集团有限公司
压力容器分公司
地址:广东省广州市工业大道122号
邮政编码:510252
证书注册编号:1100A0069 1197A035
体系认证标准:GB/T 19001—1994 idt ISO 9001:1994
有效期:2000.5~2003.5

揭阳市外轮橡胶机械有限公司
揭阳市广重模具制造有限责任公司

地址:广东省揭东县经济开发试验区
邮政编码:515500
证书注册编号:1100A0070
1197A036
体系认证标准:GB/T 19001—1994 idt ISO 9001:1994
有效期:2000.5~2003.5

广州广重企业集团有限公司通用机械分公司
地址:广东省广州市工业大道122号
邮政编码:510252
证书注册编号:1100A0071
1197A037
体系认证标准:GB/T 19001—1994 idt ISO 9001:1994
有效期:2000.5~2003.5

广州市广重成套工程公司
地址:广东省广州市工业大道122号
邮政编码:510252
证书注册编号:1100A0072
1197A038
体系认证标准:GB/T 19001—1994 idt ISO 9001:1994
有效期:2000.5~2003.5

广州市广重离心机制造公司
地址:广东省广州市工业大道122号
邮政编码:510252
证书注册编号:1100A0073
1197A039
体系认证标准:GB/T 19001—1994 idt ISO 9001:1994
有效期:2000.5~2003.5

广州广重企业集团有限公司铸锻分公司
地址:广东省广州市工业大道122号邮政编码:510252
证书注册编号:1100B0074
1197B040
体系认证标准:GB/T 19002—1994 idt ISO 9002:1994
有效期:2000.5~2003.5

江阴电梯集团公司多快(江阴)电梯制造有限公司
地址:江苏省江阴市月城镇月城东路217号
邮政编码:214404
证书注册编号:1100A0075
体系认证标准:GB/T 19001—1994 idt ISO 9001:1994
有效期:2000.5~2003.5

浙江乐清市大众车辆附件厂
地址:浙江省乐清市宁康西路358号
邮政编码:325600
证书注册编号:1100A0076
体系认证标准:GB/T 19001—1994 idt ISO 9001:1994
有效期:2000.5~2003.5

南京市江浦县高旺电子仪表厂
地址:南京市江浦县高旺二选区24号
邮政编码:211808
证书注册编号:1100B0077
体系认证标准:GB/T 19002—1994 idt ISO 9002:1994
有效期:2000.5~2003.5

章丘市石油化工配件厂一分厂
地址:山东省章丘市旭升乡白泉村
邮政编码:250202
证书注册编号:1100B0078
体系认证标准:GB/T 19002—1994 idt ISO 9002:1994
有效期:2000.5~2003.5

常州兰陵电器有限公司
地址:江苏省常州市常锡路西陶家村84号
邮政编码:213001
证书注册编号:1100A0079
1196A027
体系认证标准:GB/T 19001—1994 idt ISO 9001:1994
有效期:2000.5~2003.5

江苏常州八一电器厂
地址:江苏省常州市木梳路5号
邮政编码:213015
证书注册编号:1100B0080
体系认证标准:GB/T 19002—1994 idt ISO 9002:1994
有效期:2000.5~2003.5

大连帝国屏蔽电泵有限公司
地址:辽宁省大连市旅顺口区五一路11号
邮政编码:116041
证书注册编号:1100A0081
体系认证标准:GB/T 19001—1994 idt ISO 9001:1994
有效期:2000.5~2003.5

临猗变压器厂
地址:山西省临猗东大街112号
邮政编码:044100
证书注册编号:1100A0082
1197A044
体系认证标准:GB/T 19001—1994 idt ISO 9001:1994
有效期:2000.5~2003.5

博山大通水泵有限公司
地址:山东淄博市博山区白塔镇大庄村
邮政编码:255202
证书注册编号:1100B0083
体系认证标准:GB/T 19002—1994 idt ISO 9002:1994
有效期:2000.5~2003.5

淄博化工仪表成套厂
地址:山东省淄博市临淄
邮政编码:255440
证书注册编号:1100B0084
体系认证标准:GB/T 19002—1994 idt ISO 9002:1994
有效期:2000.6~2003.6

深圳市华集实业有限公司
地址:广东省深圳市罗湖区莲塘第一工业区140栋
邮政编码:518004
证书注册编号:1100B0085
体系认证标准:GB/T 19002—1994 idt ISO 9002:1994
有效期:2000.6~2003.6

广西梧州锅炉(集团)股份有限公司
地址:广西梧州市莲花山路55号
邮政编码:543005
证书注册编号:1100A0086
1197A042
体系认证标准:GB/T 19001—1994 idt ISO 9001:1994
有效期:2000.6~2003.6

乐清市大元泵业机电有限公司(乐清市雁荡山泵业有限公司)
地址:浙江乐清市大荆镇荆山北路1号
邮政编码:325615
证书注册编号:1100B0087
体系认证标准:GB/T 19002—1994 idt

ISO 9002:1994
有效期:2000.6～2003.6

重庆通用工业(集团)有限责任公司
地址:重庆市江北区玉带山1号
邮政编码:400021
证书注册编号:1100A0088
1197A041
体系认证标准:GB/T 19001－1994 idt ISO 9001:1994
有效期:2000.6～2003.6

常州市常通内燃机有限公司
地址:江苏省常州市长江西路70号
邮政编码:213022
证书注册编号:1100B0089
体系认证标准:GB/T 19002－1994 idt ISO 9002:1994
有效期:2000.6～2003.6

溧阳市大洋冷却塔有限公司
地址:江苏省溧阳市清溪路26号
邮政编码:213300
证书注册编号:1100B0090
体系认证标准:GB/T 19002－1994 idt ISO 9002:1994
有效期:2000.6～2003.6

武进市轴瓦材料厂
地址:江苏省武进市薛家镇
邮政编码:213125
证书注册编号:1100B0091
体系认证标准:GB/T 19002－1994 idt ISO 9002:1994
有效期:2000.6～2003.6

开封空分集团有限公司
地址:河南省开封市公园路28号
邮政编码:475002
证书注册编号:1100A0092
1197A054
体系认证标准:GB/T 19001－1994 idt ISO 9001:1994
有效期:2000.6～2003.6

海盐管件制造有限公司
地址:浙江省海盐县武原镇秦山路179－2号
邮政编码:314300
证书注册编号:1100B0093
体系认证标准:GB/T 19002－1994 idt ISO 9002:1994
有效期:2000.6～2003.6

张家港市AAA轴承股份有限公司
地址:江苏省张家港市后塍镇
邮政编码:215631
证书注册编号:1100B0094
1197B052
体系认证标准:GB/T 19002－1994 idt ISO 9002:1994
有效期:2000.6～2003.6

赤峰晨光变压器有限公司
地址:内蒙古赤峰市红山区三东街
邮政编码:24006
证书注册编号:1100B0095
体系认证标准:GB/T 19002－1994 idt ISO 9002:1994
有效期:2000.6～2003.6

常熟市梅李电热丝厂
地址:江苏常熟市梅李镇通江路26号
邮政编码:215511
证书注册编号:1100B0096
体系认证标准:GB/T 19002－1994 idt ISO 9002:1994
有效期:2000.6～2003.6

建湖县恒泰弹簧有限公司
(盐城恒明弹簧有限公司)
地址:江苏省建湖县颜单镇工交西路
邮政编码:224761
证书注册编号:1100B0097
体系认证标准:GB/T 19002－1994 idt ISO 9002:1994
有效期:2000.6～2003.6

华鹏集团公司
地址:江苏省扬中市新坝镇
邮政编码:212211
证书注册编号:1100A0098
1197A055
体系认证标准:GB/T 19001－1994 idt ISO 9001:1994
有效期:2000.6～2003.6

瑞安市飞鹏车辆配件有限公司
地址:浙江省瑞安市林工业区
邮政编码:215011
证书注册编号:1100A0099
体系认证标准:GB/T 19001－1994 idt ISO 9001:1994
有效期:2000.6～2003.6

苏州市友明科技有限公司
地址:江苏省苏州市新区滨河路229号
邮政编码:215011
证书注册编号:1100A0100
体系认证标准:GB/T 19001－1994 idt ISO 9001:1994
有效期:2000.6～2003.6

瑞安市华德车辆零部件有限公司
地址:浙江省瑞安市上望镇九三工业区
邮政编码:325206
证书注册编号:1100A0101
体系认证标准:GB/T 19001－1994 idt ISO 9001:1994
有效期:2000.6～2003.6

抚顺星阳机械有限公司
地址:辽宁抚顺市顺城区戈山路15号
邮政编码:113015
证书注册编号:1100A0102
体系认证标准:GB/T 19001－1994 idt ISO 9001:1994
有效期:2000.6～2003.6

山西卓里集团有限公司
地址:山西省临猗县卓里镇北郊
邮政编码:441050
证书注册编号:1100A0103
体系认证标准:GB/T 19001－1994 idt ISO 9001:1994
有效期:2000.6～2003.6

南京汽轮电机(集团)有限责任公司
地址:江苏省南京市中央北路80号
邮政编码:210037
证书注册编号:1100A0104
1197A062
体系认证标准:GB/T 19001－1994 idt ISO 9001:1994
有效期:2000.6～2003.6

南京阀门厂
地址:江苏省南京市江宁云居寺
邮政编码:211123
证书注册编号:1100A0105
体系认证标准:GB/T 19001－1994 idt ISO 9001:1994
有效期:2000.6～2003.6

鞍山机电环保集团公司
地址:辽宁省鞍山市鞍千公路零公里处
邮政编码:114033

证书注册编号:1100A0106
体系认证标准:GB/T 19001－1994 idt ISO 9001:1994
有效期:2000.6～2003.6

河北省张家口长城液压件油缸厂
地址:河北省万全县经济开发区
邮政编码:76250
证书注册编号:1100A0107
体系认证标准:GB/T 19001－1994 idt ISO 9001:1994
有效期:2000.6～2003.6

广州红峰橡塑工程有限公司
地址:广东省广州市广州大道南上冲商业街12号广东省广州市花都炭步红峰村
邮政编码:510310　510820
证书注册编号:1100B0066
体系认证标准:GB/T 19002－1994 idt ISO 9002:1994
有效期:2000.6～2003.6

上海汉欣电线电缆有限公司
地址:上海市真北路1058弄30号
邮政编码:200333
证书注册编号:1198B145
体系认证标准:GB/T 19002－1994 idt ISO 9002:1994
有效期:1998.5～2003.5

浙江省水电建筑机械有限公司
(浙江省水电建筑机械厂)
地址:浙江省东阳市吴宁西路
邮政编码:322100
证书注册编号:1198B230
体系认证标准:GB/T 19002－1994 idt ISO 9002:1994
有效期:1998.12～2003.12

杭州兆丰轴承有限公司
地址:浙江杭州萧山市通蕙北路东8号
邮政编码:311215
证书注册编号:1100B0108
体系认证标准:GB/T 19002－1994 idt ISO 9002:1994
有效期:2000.7～2003.7

余姚市华兴机械有限公司
地址:浙江省余姚市扶贫经济开发区振兴路22号
邮政编码:315403
证书注册编号:1100B0109
体系认证标准:GB/T 19002－1994 idt ISO 9002:1994
有效期:2000.7～2003.7

苏州迪生电器有限公司
地址:江苏省苏州市工业园区星红小区
邮政编码:215006
证书注册编号:1100B0110
体系认证标准:GB/T 19002－1994 idt ISO 9002:1994
有效期:2000.7～2003.7

常州亨龙电力设备有限公司
地址:江苏省武进市横山桥镇
邮政编码:213119
证书注册编号:1100B0111
体系认证标准:GB/T 19002－1994 idt ISO 9002:1994
有效期:2000.7～2003.7

沈阳市新星橡胶制品厂
地址:辽宁沈阳市于洪区沈大路57号
邮政编码:110141
证书注册编号:1100B0112
体系认证标准:GB/T 19002－1994 idt ISO 9002:1994
有效期:2000.7～2003.7

兰州通用机械厂
地址:甘肃省兰州市七里河区南湾1号
邮政编码:730050
证书注册编号:1100A0113
1197A050
体系认证标准:GB/T 19001－1994 idt ISO 9001:1994
有效期:2000.7～2003.7

扬州京隆电器开关有限公司
(江苏京隆开关厂)
地址:江苏省扬州市通港南路18号(江苏省泰州市红旗路1号)
邮政编码:225009　225311
证书注册编号:1100A0114
1197A048
体系认证标准:GB/T 19001－1994 idt ISO 9001:1994
有效期:2000.7～2003.7

常州市兰翔电器有限公司
地址:江苏省常州市凤凰南路18号
邮政编码:213018
证书注册编号:1100A0115
体系认证标准:GB/T 19001－1994 idt ISO 9001:1994
有效期:2000.7～2003.7

东北大学机械厂
地址:辽宁省沈阳市和平区文化路3巷11号
邮政编码:110006
证书注册编号:1100A0116
体系认证标准:GB/T 19001－1994 idt ISO 9001:1994
有效期:2000.7～2003.7

广州捷达莱堡通用设备有限公司
地址:广东省广州市黄浦大道西163号广东省番禺市石基前锋工业区
邮政编码:510620　511450
证书注册编号:1100A0117
体系认证标准:GB/T 19001－1994 idt ISO 9001:1994
有效期:2000.7～2003.7

北京市竺建暖通节能设备厂
地址:北京市顺义区后沙峪地区铁匠营铁兴西街21号
邮政编码:101300
证书注册编号:1100A0118
体系认证标准:GB/T 19001－1994 idt ISO 9001:1994
有效期:2000.7～2003.7

通化石油化工机械制造有限责任公司
(通化石油机械有限责任公司)
地址:吉林省通化市建设大街81号
邮政编码:134000
证书注册编号:1100A0119
1197A053
体系认证标准:GB/T 19001－1994 idt ISO 9001:1994
有效期:2000.7～2003.7

河北省承德变压器厂
地址:河北省平泉县平泉镇
邮政编码:675000
证书注册编号:1100B0120
体系认证标准:GB/T 19002－1994 idt ISO 9002:1994
有效期:2000.7～2003.7

凌源鸿发曲轴制造有限公司
地址:辽宁省凌源市东城区

邮政编码:122500
证书注册编号:1100B0121
体系认证标准:GB/T 19002－1994 idt ISO 9002:1994
有效期:2000.7～2003.7

镇江华晨华通路面机械有限公司
地址:江苏省镇江市矿机路6号
邮政编码:212003
证书注册编号:1100A0122
体系认证标准:GB/T 19001－1994 idt ISO 9001:1994
有效期:2000.7～2003.7

新德工业泵制造厂
地址:江西省新余市
邮政编码:336515
证书注册编号:1100A0123
1197A046
体系认证标准:GB/T 19001－1994 idt ISO 9001:1994
有效期:2000.7～2003.7

南京高速齿轮箱厂
地址:江苏省南京市中华门外小行
邮政编码:210012
证书注册编号:1100A0124
1197A063
体系认证标准:GB/T 19001－1994 idt ISO 9001:1994
有效期:2000.7～2003.7

保定天威雷诺尔电器有限公司
(保定继电器厂)
地址:河北省保定市广济路19号
邮政编码:71000
证书注册编号:1100A0125
体系认证标准:GB/T 19001－1994 idt ISO 9001:1994
有效期:2000.7～2003.7

常州锦城冶金机械有限公司
(常州市丽华冶金机械厂)
地址:江苏省常州市常锡路80号
邮政编码:213004
证书注册编号:1100B0126
体系认证标准:GB/T 19002－1994 idt ISO 9002:1994
有效期:2000.7～2003.7

吉林省石化配件有限公司
地址:吉林省吉林市丰满区江南裕民街388号
邮政编码:132011
证书注册编号:1100A0043
体系认证标准:GB/T 19001－1994 idt ISO 9001:1994
有效期:2000.3～2003.3

泰安市宏建电缆有限责任公司
地址:山东省新泰市翟镇
邮政编码:271204
证书注册编号:1198B186
体系认证标准:GB/T 19002－1994 idt ISO 9002:1994
有效期:1998.10～2003.10

沈阳金杯江森自控汽车内饰件有限公司
地址:辽宁省沈阳市东陵区浑河堡后榆树台3号
邮政编码:110168
证书注册编号:1100AQ0024
1196A014
体系认证标准:GB/T 19001－1994 idt ISO 9001:1994
有效期:2000.1～2003.1

常州市东海气动液压成套设备厂
地址:江苏省武进市湟里镇迈步村
邮政编码:213154
证书注册编号:1100B0127
体系认证标准:GB/T 19002－1994 idt ISO 9002:1994
有效期:2000.8～2003.8

大连第一互感器厂
地址:辽宁省大连市普兰店市
邮政编码:1162005
证书注册编号:1100A0128
1197A060
体系认证标准:GB/T 19001－1994 idt ISO 9001:1994
有效期:2000.8～2003.8

上海紫明机械有限公司
地址:上海市老沪闵路2520号
邮政编码:201108
证书注册编号:1100A0129
体系认证标准:GB/T 19001－1994 idt ISO 9001:1994
有效期:2000.8～2003.8

山东博山水泵厂股份有限公司
地址:山东省淄博市山区柳杭路27号
邮政编码:255200
证书注册编号:1100A0130
1197A064
体系认证标准:GB/T 19001－1994 idt ISO 9001:1994
有效期:2000.8～2003.8

江苏通用钢球滚子有限公司
地址:江苏省如皋市跃进东路80号
邮政编码:226500
证书注册编号:1100BQ0131
体系认证标准:GB/T 19002－1994 idt ISO 9002:1994
有效期:2000.8～2003.8

开封仪表厂
地址:河南省开封市汴京路38号
邮政编码:475002
证书注册编号:1100A0132 1197A058
体系认证标准:GB/T 19001－1995 idt ISO 9001:1994
有效期:2000.8～2003.8

河南开开电气股份有限公司
开封开关厂
地址:河南省开封市汉兴路16号
邮政编码:475004
证书注册编号:1100A0133 1197A071
体系认证标准:GB/T 19001－1995 idt ISO 9001:1994
有效期:2000.8～2003.8

宜昌金轮叉车有限责任公司
地址:湖北省宜昌市西陵二路31号
邮政编码:443000
证书注册编号:1100A0134
体系认证标准:GB/T 19001－1995 idt ISO 9001:1994
有效期:2000.8～2003.8

北京粉末冶金公司试验厂
地址:北京市丰台区花乡白盆窑汾庄
邮政编码:100070
证书注册编号:1100B0135
体系认证标准:GB/T 19002－1995 idt ISO 9002:1994
有效期:2000.8～2003.8

乐清市三星互感器厂
地址:浙江省乐清市柳市镇东风工业区腾飞路10号

邮政编码:325604
证书注册编号:1100A0136
体系认证标准:GB/T 19001—1995 idt ISO 9001:1994
有效期:2000.8～2003.8

南京电气(集团)有限责任公司
地址:江苏省南京市燕子矶
邮政编码:210038
证书注册编号:1100A0137 1197A067
体系认证标准:GB/T 19001—1995 idt ISO 9001:1994
有效期:2000.8～2003.8

上海吴剑塑模机械厂
地址:上海市闵行区剑川路603号
邮政编码:201109
证书注册编号:1100A0138
体系认证标准:GB/T 19001—1995 idt ISO 9001:1994
有效期:2000.8～2003.8

上海博威电力设备有限公司
地址:上海久富经济开发区博威工业区
邮政编码:201615
证书注册编号:1100A0139
体系认证标准:GB/T 19001—1995 idt ISO 9001:1994
有效期:2000.8～2003.8

北京市阀门总厂
地址:北京市崇文区培新街3号
邮政编码:100061
证书注册编号:1100A0140 1197A072
体系认证标准:GB/T 19001—1995 idt ISO 9001:1994
有效期:2000.8～2003.8

变更企业
沈阳四环电缆制造有限责任公司
地址:辽宁省沈阳市苏家屯区湖西街电缆委
邮政编码:110115
证书注册编号:1197B101
体系认证标准:GB/T 19002—1995 idt ISO 9002:1994
有效期:1997.12～2000.12

武进泵业有限责任公司
地址:江苏省武进市郑陆镇
邮政编码:213111
证书注册编号:1199B0054
体系认证标准:GB/T 19002—1995 idt ISO 9002:1994
有效期:1999.5～2002.5

江苏海狮机械集团有限公司
地址:江苏省张家港市乐余镇
邮政编码:215621
证书注册编号:1100B0141 1197B070
体系认证标准:GB/T 19002—1995 idt ISO 9002:1994
有效期:2000.9.1～2003.9.1

江苏省长虹电器制造有限公司
靖江埃尔凯电器有限公司
地址:江苏省靖江市季市镇三元桥
邮政编码:214523
证书注册编号:1100A0142 1197A073
体系认证标准:GB/T 19001—1995 idt ISO 9001:1994
有效期:2000.9.1～2003.9.1

常州市铝业发展总公司活塞厂
地址:江苏省常州市奔牛镇
邮政编码:213131
证书注册编号:1100B0143
体系认证标准:GB/T 19002—1994 idt ISO 9002:1994
有效期:2000.9.1～2003.9.1

建湖东方阀门制造有限公司(江苏省建湖阀门总厂)
地址:江苏省建湖县经济开发区
邮政编码:224700
证书注册编号:1100B0144
体系认证标准:GB/T 19002—1994 idt ISO 9002:1994
有效期:2000.9.1～2003.9.1

丹阳市大发汽车灯具厂
地址:江苏省丹阳市界牌双丰路171号
邮政编码:212323
证书注册编号:1100B0145
体系认证标准:GB/T1 9002—1994 idt ISO 9002:1994
有效期:2000.9.12～2003.9.12

南通海林变压器有限公司
地址:江苏省海安县国营海安农场海林中路42号
邮政编码:226624
证书注册编号:1100B0146
体系认证标准:GB/T1 9002—1994 idt ISO 9002:1994
有效期:2000.9.12～2003.9.12

西安市远征科技有限公司
地址:陕西省西安市高新二路4号
邮政编码:710075
证书注册编号:1100A0147
体系认证标准:GB/T1 9001—1994 idt ISO 9001:1994
有效期:2000.9.12～2003.9.12

建湖县中意阀门制造有限公司
地址:江苏省建湖县城建湖东路223号
邮政编码:224700
证书注册编号:1100A0148
体系认证标准:GB/T 19001—1994 idt ISO 9001:1994
有效期:2000.9.14～2003.9.14

瑞安市凯勋机电有限公司
地址:浙江省瑞安市林洋工业区
邮政编码:325207
证书注册编号:1100B0149
体系认证标准:GB/T 19002—1994 idt ISO 9002:1994
有效期:2000.9.26～2003.9.26

***北内集团总公司**
地址:北京市朝阳区广渠路31号
邮政编码:100022
电话:(010)67714072
传真:(010)67718807
法定代表人:冯启泰
证书注册编号:1100A0150
体系认证标准:GB/T 19001—1994 idt ISO 9001:1994
获证体系覆盖产品:4115系列水冷柴油机、F6L912/913系列风冷柴油机、492系列汽油机、475/482系列汽油机的设计、开发、生产、安装和服务的过程
有效期:2000.9.26～2003.9.26

沈阳市弹簧一厂
地址:辽宁省沈阳市铁西区红粉路1号
邮政编码:110023
证书注册编号:1100B0151
体系认证标准:GB/T1 9002—1994 idt ISO 9002:1994
有效期:2000.9.12～2003.9.12

上海电院电气设备有限公司

地址:上海国顺东路 25 号
邮政编码:200433
证书注册编号:1100A0152
体系认证标准:GB/T1 9001—1994 idt
ISO 9001:1994
有效期:2000.9.12～2003.9.12

江苏江动建湖机械有限公司
地址:江苏盐城市建湖县建阳路 62 号
邮政编码:224751
证书注册编号:1100B0153
体系认证标准:GB/T1 9002—1994 idt
ISO 9002:1994
有效期:2000.9.12～2003.9.12

常州市潞城冶金电器设备厂(常州市潞东电器电缆厂)
地址:江苏省常州市潞城镇
邮政编码:213025
证书注册编号:1100B0154 1197B076
体系认证标准:GB/T1 9002—1994 idt
ISO 9002:1994
有效期:2000.9.12～2003.9.12

启东测功器厂
地址:江苏省启东市人民中路 581 号
邮政编码:226200
证书注册编号:1100A0155
体系认证标准:GB/T1 9001—1994 idt
ISO 9001:1994
有效期:2000.9.28～2003.9.28

佳木斯电机股份有限公司
(原佳木斯电机厂)
地址:黑龙江省佳木斯市光复路 464 号
邮政编码:154002
证书注册编号:1100A0156 1197A001
体系认证标准:GB/T 19001—1994 idt
ISO 9001:1994
有效期:2000.9.28～2003.9.28

变更企业地址:
滁州扬子北极星制冷有限公司(中国扬子集团空调器总厂)
地址:江苏省滁州市南谯路 142 号
邮政编码:239000
证书注册编号:1199B0067
1195B002
体系认证标准:GB/T 19002—1994 idt
ISO 9002:1994
有效期:1999.6.23～2002.6.23

沈阳金杯江森自控汽车内饰件有限公司(原沈阳汽车座椅厂)
地址:辽宁省沈阳市东陵区浑河堡后榆树台 3 号
邮政编码:110168
证书注册编号:1100AQ0024
1196A014
体系认证标准:GB/T 19001—1994 idt
ISO 9001:1994
有效期:2000.1.20～2003.1.20

启东润滑设备有限公司
地址:江苏省启东市和平中路 360 号
邮政编码:226200
证书注册编号:1199A0013
体系认证标准:GB/T 19001—1994 idt
ISO 9001:1994
有效期:1999.1.22～2002.1.22

廊坊市兴胜线缆有限公司
地址:河北省廊坊市文安县高兴工业区
邮政编码:065804
证书注册编号:1100B0157
体系认证标准:GB/T19002 — 94 idt
ISO9002:1994
有效期:2000.9.30～2003.9.30

浙江省德清恒源电力电器
开发有限公司
地址:浙江省德清县武康镇私营工业城
邮政编码:313200
证书注册编号:1100B0158
体系认证标准:GB/T19002 — 94 idt
ISO9002:1994
有效期:2000.10.11～2003.10.11

常州柴油机厂寨桥分厂
地址:江苏省常州市南门外寨桥镇
邮政编码:213177
证书注册编号:1100B0159
体系认证标准:GB/T19002 — 94 idt
ISO9002:1994
有效期:2000.10.11～2003.10.11

郑州机电设备厂
地址:河南省郑州市南阳路北段宋寨工业园区
邮政编码:450044
证书注册编号:1100B0160
体系认证标准:GB/T19002 — 94 idt
ISO9002:1994
有效期:2000.10.11～2003.10.11

徐州齿轮厂
地址:江苏省徐州市堤北煤港路
邮政编码:450044
证书注册编号:1100A0161
体系认证标准:GB/T19001 — 94 idt
ISO9001:94
有效期:2000.10.12～2003.10.12

瑞安市恒光机车部件有限公司
地址:浙江省瑞安市莘塍机场路星火工业区
邮政编码:325206
证书注册编号:1100B0162
体系认证标准:GB/T19002 — 94 idt
ISO9002:1994
有效期:2000.10.12～2003.10.12

兰州电源车辆研究所
地址:甘肃省兰州市七里河区民乐路 64 号
邮政编码:730050
证书注册编号:1100A0163
体系认证标准:GB/T19001 — 94 idt
ISO9001:94
有效期:2000.10.10～2003.10.10

常州市华诚双凯仪器有限公司
地址:江苏省常州市劳动东路 17 号
邮政编码:213004
证书注册编号:1100B0164
体系认证标准:GB/T19002 — 94 idt
ISO9002:1994
有效期:2000.10.20～2003.10.20

乐清市航空电控厂
地址:浙江省乐清市石帆镇竹屿西门
邮政编码:325608
证书注册编号:1100A0165
体系认证标准:GB/T19001 — 94 idt
ISO9001:94
有效期:2000.10.16～2003.10.16

常州市江南建筑机械厂
地址:江苏省常州市采菱路 36 号
邮政编码:213018
证书注册编号:1100B0166
体系认证标准:GB/T19002 — 94 idt
ISO9002:1994
有效期:2000.10.20～2003.10.20

泰安专用汽车制造厂
地址:山东省泰安市灵山大街 159 号

邮政编码:271000
证书注册编号:1100A0167
体系认证标准:GB/T19001—94 idt ISO9001:94
有效期:2000.10.23～2003.10.23

石家庄冀台精密铸造有限公司
地址:河北省石家庄市和平东路379号
邮政编码:050031
证书注册编号:1100B0168
体系认证标准:GB/T19002—94 idt ISO9002:1994
有效期:2000.10.26～2003.10.26

江苏省姜堰市苏泰摩擦材料厂
地址:江苏省姜堰市星火密集区
邮政编码:225504
证书注册编号:1100B0169
体系认证标准:GB/T19002—94 idt ISO9002:1994
有效期:2000.10.26～2003.10.26

常熟量具刃具厂
地址:江苏省常熟市虞山北路61号
邮政编码:215500
证书注册编号:1100B0170
体系认证标准:GB/T19002—94 idt ISO9002:1994
有效期:2000.10.30～2003.10.30

国营常熟机械总厂
地址:江苏省常熟市花园浜路149号
邮政编码:215500
证书注册编号:1100B0171
体系认证标准:GB/T19002—94 idt ISO9002:1994
有效期:2000.10.30～2003.10.30

常熟市银城冷气机有限公司
地址:江苏省常熟市谢桥镇南街
邮政编码:215523
证书注册编号:1100B0172
体系认证标准:GB/T19002—94 idt ISO9002:1994
有效期:2000.11.1～2003.11.1

常熟市华能水处理设备有限责任公司
地址:江苏省常熟市南湖大街
邮政编码:215563
证书注册编号:1100B0173
体系认证标准:GB/T19002—94 idt ISO9002:1994
有效期:2000.11.6～2003.11.6

北京标准件集团公司
地址:北京市西城区西单西安福胡同26号
邮政编码:100031
证书注册编号:1100B0174
体系认证标准:GB/T19002—94 idt ISO9002:1994
有效期:2000.11.6～2003.11.6

上海纽富克斯汽车配件有限公司
地址:上海市表浦区香花桥镇工业东区
邮政编码:201707
证书注册编号:1100A0175
体系认证标准:GB/T19001—94 idt ISO9001:94
有效期:2000.11.7～2003.11.7

沈阳电站泵厂
地址:辽宁省沈阳市于洪区沈辽中路168号
邮政编码:110141
证书注册编号:1100B0176
体系认证标准:GB/T19002—94 idt ISO9002:1994
有效期:2000.11.8～2003.11.8

辽阳汽车钢板弹簧厂
地址:辽宁省辽阳市胜利路88号
邮政编码:111000
证书注册编号:1100B0177
体系认证标准:GB/T19002—94 idt ISO9002:1994
有效期:2000.11.8～2003.11.8

本溪水泵厂
地址:辽宁本溪市阴山区地工路16号
邮政编码:117022
证书注册编号:1100A0178
体系认证标准:GB/T19001—94 idt ISO9001:94
有效期:2000.11.9～2003.11.9

通化市北方石油钻采机械厂
地址:吉林省通化市和平路156号
邮政编码:134002
证书注册编号:1100B0179
体系认证标准:GB/T19002—94 idt ISO9002:1994
有效期:2000.11.10～2003.11.10

哈尔滨电度表总厂
地址:黑龙江省哈尔滨市道外区南大街43号
邮政编码:150020
证书注册编号:1100B0180
体系认证标准:GB/T19002—94 idt ISO9002:1994
有效期:2000.11.10～2003.11.10

江苏中兴五矿有限公司
地址:江苏省南京市太平南路147号
邮政编码:210002
证书注册编号:1100B0181
体系认证标准:GB/T19002—94 idt ISO9002:1994
有效期:2000.11.10～2003.11.10

滁州锋宏机械有限公司
地址:安徽省滁州市滁水路扬子工业区
邮政编码:239000
证书注册编号:1100B0182
体系认证标准:GB/T19002—94 idt ISO9002:1994
有效期:2000.11.10～2003.11.10

温州宏秀电气有限公司
地址:浙江省乐清柳市环城东路494号
邮政编码:325604
证书注册编号:1100B0183
体系认证标准:GB/T19002—94 idt ISO9002:1994
有效期:2000.11.10～2003.11.10

沈阳汽车发动机厂
地址:辽宁省沈阳市皇姑区崇山西路14号
邮政编码:110035
证书注册编号:1100A0184
体系认证标准:GB/T19001—94 idt ISO9001:1994
有效期:2000.11.13～2003.11.13

福建台亚汽车工业有限公司
地址:福建省福州市闽侯县青口投资区
邮政编码:350119
证书注册编号:1100A0185
体系认证标准:GB/T19001—94 idt ISO9001:1994
有效期:2000.11.15～2003.11.15

新乡市起重运输机械厂
地址:河南省新乡市化工路31号

邮政编码:453003
证书注册编号:1100A0186
体系认证标准:GB/T19001－94 idt ISO9001:1994
有效期:2000.11.15～2003.11.15

河北冶金科技股份有限公司
地址:河北省石家庄市跃进路167号
邮政编码:050031
证书注册编号:1100B0187
体系认证标准:GB/T19002－94 idt ISO9002:1994
有效期:2000.11.16～2003.11.16

江阴华昌文具有限公司
地址:江苏省江阴市华士镇矿机路8号
邮政编码:214421
证书注册编号:1100B0188
体系认证标准:GB/T19002－94 idt ISO9002:1994
有效期:2000.11.17～2003.11.17

福州和胜汽车配件有限公司
地址:福建省福州市闽侯县青口投资区
邮政编码:350119
证书注册编号:1100AQ0189
体系认证标准:GB/T19001－94 idt ISO9001:1994
有效期:2000.11.17～2003.11.17

台州市创美电机有限公司
地址:浙江省温岭市山市镇塔岙工业区
邮政编码:317525
证书注册编号:1100B0190
体系认证标准:GB/T19002－94 idt ISO9002:1994
有效期:2000.11.20～2003.11.20

北京蓝盾金属门窗厂
地址:北京市顺义区南彩镇前俸伯村西
邮政编码:101300
证书注册编号:1100B0191
体系认证标准:GB/T19002－94 idt ISO9002:1994
有效期:2000.11.20～2003.11.20

武进市三环卷铁芯变压器厂
地址:江苏武进市焦溪镇三河口
邮政编码:213115
证书注册编号:1100B0192
体系认证标准:GB/T19002－94 idt ISO9002:1994
有效期:2000.11.21～2003.11.21

邢台市鹏亮电缆厂
地址:河北省晋县贾口工业区8号
邮政编码:055550
证书注册编号:1100B0193
体系认证标准:GB/T19002－94 idt ISO9002:1994
有效期:2000.11.22～2003.11.22

武进市恒山桥镇绿星调温设备厂
地址:江苏省武进讪横山桥镇新安工业开发区
邮政编码:213117
证书注册编号:1100B0194
体系认证标准:GB/T19002－94 idt ISO9002:1994
有效期:2000.11.22～2003.11.22

丹东曙光车桥股分有限公司
地址:辽宁丹东市振安区燕窝街300号
邮政编码:118001
证书注册编号:1100AQ0195
体系认证标准:GB/T19001－94 idt ISO9001:1994
有效期:2000.11.23～2003.11.23

沈阳汽车车桥厂
地址:辽宁省沈阳市铁西区保工南街68号
邮政编码:110023
证书注册编号:1100AQ0196
体系认证标准:GB/T19001－94 idt ISO9001:1994
有效期:2000.11.23～2003.11.23

浙江明泉静电设备制造有限分司
地址:浙江省德清县上柏工业园区104国道旁
邮政编码:313203
证书注册编号:1100A0197
体系认证标准:GB/T19001－94 idt ISO9001:1994
有效期:2000.11.24～2003.11.24

扬州恒力碟性弹簧厂
地址:江苏省扬州市平山堂北首
邮政编码:225007
证书注册编号:1100B0198
体系认证标准:GB/T19002－94 idt ISO9002:1994
有效期:2000.11.24～2003.11.24

常熟市轧钢厂
地址:江苏省常熟市古里镇
邮政编码:215533
证书注册编号:1100B0199
体系认证标准:GB/T19002－94 idt ISO9002:1994
有效期:2000.11.27～2003.11.27

新疆天山黄河汽车有限责任公司
地址:新疆乌鲁木齐市青年路43号
邮政编码:830002
证书注册编号:1100A0200
体系认证标准:GB/T19001－94 idt ISO9001:1994
有效期:2000.11.28～2003.11.28

中收农机股份有限公司
新疆分公司
地址:新疆乌鲁木齐市北京北路29号
邮政编码:830011
证书注册编号:1100A0201
体系认证标准:GB/T19001－94 idt ISO9001:1994
有效期:2000.11.28～2003.11.28

江阴市天马电源制造有限公司
地址:江苏省江阴市马镇镇
邮政编码:214406
证书注册编号:1100B0202
体系认证标准:GB/T19002－94 idt ISO9002:1994
有效期:2000.11.28～2003.11.28

温州市云山制药机械厂
地址:浙江省温州市双屿白楼
邮政编码:325000
证书注册编号:1100A0203
体系认证标准:GB/T19001－94 idt ISO9001:1994
有效期:2000.11.29～2003.11.29

北京变压器二厂
地址:北京市能州区梨园1024号
邮政编码:101101
证书注册编号:1100A0204
体系认证标准:GB/T19001－94 idt ISO9001:1994
有效期:2000.11.30～2003.11.30

包头市鑫垣机械制造有限责任公司
地址:内蒙古包头市东河区巴彦塔拉西大街

邮政编码:014040
证书注册编号:1100A0205
体系认证标准:GB/T19001—94 idt ISO9001:1994
有效期:2000.12.13~2003.12.13

江苏省姜堰市康洁环保设备厂
地址:江苏省姜堰市蒋垛镇
邮政编码:225503
证书注册编号:1100B0206
体系认证标准:GB/T19002—94 idt ISO9002:1994
有效期:2000.12.14~2003.12.14

青岛海泰电气股份合作公司
地址:山东省青岛市四流南路11号
邮政编码:266042
证书注册编号:1100A0207
体系认证标准:GB/T19001—94 idt ISO9001:1994
有效期:2000.12.14~2003.12.14

鞍山市矿冶设备制造公司
地址:辽宁省鞍山市立山区太平新风街
邮政编码:114033
证书注册编号:1100A0208
体系认证标准:GB/T19001—94 idt ISO9001:1994
有效期:2000.12.14~2003.12.14

常州华能精细铸造
地址:江苏省常州市南门外前黄镇永生路19号
邮政编码:213172
证书注册编号:1100B0209
体系认证标准:GB/T19002—94 idt ISO9002:1994
有效期:2000.12.14~2003.12.14

瑞安市万松电子电器有限公司
地址:浙江省瑞安市红旗工业区
邮政编码:325200
证书注册编号:1100A0210
体系认证标准:GB/T19001—94 idt ISO9001:1994
有效期:2000.12.14~2003.12.14

江阴市第二起重运输机械厂
地址:江苏省江阴市人民东路花山路155号
邮政编码:214432
证书注册编号:1100A0211
体系认证标准:GB/T19001—94 idt ISO9001:1994
有效期:2000.12.15~2003.12.15

江阴市第三铸造机械厂
地址:江苏省江阴市滨江开发区澄江中路88号
邮政编码:214434
证书注册编号:1100A0212
体系认证标准:GB/T19001—94 idt ISO9001:1994
有效期:2000.12.15~2003.12.15

北京市盛中贸易公司
地址:北京市丰台区南窑村39号
邮政编码:100078
证书注册编号:1100B0213
体系认证标准:GB/T19002—94 idt ISO9002:1994
有效期:2000.12.18~2003.12.18

台州市新生开关有限责任公司(锦州开头)
地址:辽宁锦州市太和区南山里86号
邮政编码:121013
证书注册编号:1100A0214
体系认证标准:GB/T19001—94 idt ISO9001:1994
有效期:2000.12.18~2003.12.18

锦州新生线材总厂
地址:辽宁锦州市太和区南山里87号
邮政编码:121013
证书注册编号:1100B0215
体系认证标准:GB/T19002—94 idt ISO9002:1994
有效期:2000.12.18~2003.12.18

江苏悦达股份有限公司盐城拖拉机厂
地址:江苏省盐城市人民中路71号
邮政编码:224002
证书注册编号:1100A0216
体系认证标准:GB/T19001—94 idt ISO9001:1994
有效期:2000.12.19~2003.12.19

江苏省盐城市江动压力铸造有限公司
地址:江苏省盐城市盐马中路3号
邮政编码:224055
证书注册编号:1100B0217
体系认证标准:GB/T19002—94 idt ISO9002:1994
有效期:2000.12.19~2003.12.19

沈阳莱英达阀门有限公司
地址:辽宁沈阳市铁西区云峰北街3号
邮政编码:110025
证书注册编号:1100A0218
体系认证标准:GB/T19001—94 idt ISO9001:1994
有效期:2000.12.19~2003.12.19

台州本菱发动机制造工业有限公司
地址:浙江省台州市路桥区新安南街
邮政编码:318050
证书注册编号:1100B0219
体系认证标准:GB/T19002—94 idt ISO9002:1994
有效期:2000.12.19~2003.12.19

江阴纺织机械制造有限公司
地址:江苏省江阴市环城北路203号
邮政编码:214400
证书注册编号:1100A0220
体系认证标准:GB/T19001—94 idt ISO9001:1994
有效期:2000.12.20~2003.12.20

江苏江阴市南菁机械有限公司
地址:江苏省江阴市城内中街87号
邮政编码:214400
证书注册编号:1100B0221
体系认证标准:GB/T19002—94 idt ISO9002:1994
有效期:2000.12.20~2003.12.20

沈阳沈缆四环电缆制造有限公司
地址:辽宁省沈阳市苏家屯区湖西街电缆委
邮政编码:110115
证书注册编号:1100B0222
体系认证标准:GB/T19002—94 idt ISO9002:1994
有效期:2000.12.22~2003.12.22

沈阳关西涂料有限公司
地址:辽宁省沈阳市皇姑区昆山西路7段69号
邮政编码:110035
证书注册编号:1100AQ0223
体系认证标准:GB/T19001—94 idt ISO9001:1994
有效期:2000.22.~2003.12.22

常州市低压电器厂(常州启龙电器有限
地址:江苏常州市博受路西园村 73 号
邮政编码:213003
证书注册编号:1100B0224
体系认证标准:GB/T19002－94 idt ISO9002:1994
有效期:2000.12.22～2003.12.22

辽宁省盘锦橡塑机械厂
地址:辽宁省盘锦市兴隆台区
邮政编码:124106
证书注册编号:1100A0225
体系认证标准:GB/T19001－94 idt ISO9001:1994
有效期:2000.12.22～2003.12.22

辽宁省盘锦橡塑机械厂
地址:辽宁省盘锦市兴隆台区
邮政编码:124106
证书注册编号:1100B0226
体系认证标准:GB/T19002－94 idt ISO9002:1994
有效期:2000.12.22～2003.12.22

武进液压启闭机厂
地址:江苏省常州市奔牛镇
邮政编码:213131
证书注册编号:1100A0227
体系认证标准:GB/T19001－94 idt ISO9001:1994
有效期:2000.12.26～2003.12.26

江苏东翔气门有限责任公司
(原江苏气门)
地址:江苏东台北关路 15 号
邮政编码:224200
证书注册编号:1100B0228
体系认证标准:GB/T19002－94 idt ISO9002:1994
有效期:2000.12.22～2003.12.22

常州市第二机床厂
地址:江苏省常州市本郊薛家镇
邮政编码:213125
证书注册编号:1100B0229
体系认证标准:GB/T19002－94 idt ISO9002:1994
有效期:2000.12.22～2003.12.22

溧阳市特种钢机械厂
地址:江苏省溧阳市平桥镇镇广西路 85 号
邮政编码:213334
证书注册编号:1100B0230
体系认证标准:GB/T19002－94 idt ISO9002:1994
有效期:2000.12.26～2003.12.26

黄山工业泵厂
地址:安徽省黄山市屯溪区黄山中路 38 号
邮政编码:245000
证书注册编号:1100B0231
体系认证标准:GB/T19002－94 idt ISO9002:1994
有效期:2000.12.27～2003.12.27

山东金岭铁矿机械厂
地址:山东省淄博市张店区中埠镇
邮政编码:255081
证书注册编号:1100B0232
体系认证标准:GB/T19002－94 idt ISO9002:1994
有效期:2000.12.27～2003.12.27

常州太平洋电力设备(集团)有限公司
地址:江苏省常州市新区龙虎塘镇
邮政编码:213031
证书注册编号:1100A0233
体系认证标准:GB/T19001－94 idt ISO9001:1994
有效期:2000.12.27～2003.12.27

大庆石油学院华星新技术开发公司
地址:黑龙江大庆开发区创业新街 2 号
邮政编码:163316
证书注册编号:1100B0234
体系认证标准:GB/T19002－94 idt ISO9002:1994
有效期:2000.12.29～2003.12.29

常熟市新潮特种线缆厂
地址:江苏常熟市梅李镇通江路 26 号
邮政编码:215511
证书注册编号:1100B0235
体系认证标准:GB/T19002－94 idt ISO9002:1994
有效期:2000.12.28～2003.12.28

常州东方鑫源铜业有限公司
常州冶炼厂
地址:江苏省常州市常戚路 15 号
邮政编码:213013
证书注册编号:1100B0236
体系认证标准:GB/T19002－94 idt ISO9002:1994
有效期:2000.12.28～2003.12.28

南京长江给排水管道有限责任公司
地址:江苏省南京市江浦县
邮政编码:211805
证书注册编号:1100B0237
体系认证标准:GB/T19002－94 idt ISO9002:1994
有效期:2000.12.29～2003.12.29

镇江市特种合金材料厂
地址:江苏省镇江市谏壁镇小村
邮政编码:212006
证书注册编号:1100B0238
体系认证标准:GB/T19002－94 idt ISO9002:1994
有效期:2000.12.29～2003.12.29

江苏省丹阳市硬质合金锯片厂
地址:江苏丹阳市开发区齐梁路 18 号
邮政编码:212310
证书注册编号:1100B0239
体系认证标准:GB/T19002－94 idt ISO9002:1994
有效期:2000.12.29～2003.12.29

北京新世纪质量体系认证中心

本溪钢铁公司机电安装工程公司
地址:辽宁本溪市明山区环山路38号
邮政编码:117022
证书注册编号:1200B0001
体系认证标准:GB/T19002—1994 idt ISO 9002:1994
有效期:2000.1.5～2003.1.4

北京广厦节能电度表厂
地址:北京市怀柔庙城镇葛各庄北
邮政编码:101400
证书注册编号:1200B0002
体系认证标准:GB/T19002—1994 idt ISO 9002:1994
有效期:2000.1.5～2003.1.4

中国电子系统工程第三建设公司(含第一、二、三、四、五分公司)
地址:四川成都市火车北站东二路3号
邮政编码:610081
证书注册编号:1200B0003
体系认证标准:GB/T19002—1994 idt ISO 9002:1994
有效期:2000.1.5～2003.1.4

安徽省邮电建设工程局
地址:安徽省合肥市长江路天王巷4号
邮政编码:230061
证书注册编号:1200B0004
体系认证标准:GB/T19002—1994 idt ISO 9002:1994
有效期:2000.1.5～2003.1.4

淮南新集集团铜管厂
地址:安徽省淮南市凤台县毛集镇
邮政编码:232181
证书注册编号:1200B0005
体系认证标准:GB/T19002—1994 idt ISO 9002:1994
有效期:2000.1.5～2003.1.4

福州福光百特自动化设备有限公司
地址:福建福州市交通路73号西六层
邮政编码:350005
证书注册编号:1200B0006
体系认证标准:GB/T19002—1994 idt ISO 9002:1994
有效期:2000.1.5～2003.1.4

本溪钢铁公司第三建筑工程公司(含第一分公司、第二分公司、第三分公司)
地址:辽宁本溪市平山区千金路21号
邮政编码:117021
证书注册编号:1200B0007
体系认证标准:GB/T19002—1994 idt ISO 9002:1994
有效期:2000.1.5～2003.1.4

山西省邮电建设工程局
地址:山西省太原市建设南路607号
邮政编码:030006
证书注册编号:1200B0008
体系认证标准:GB/T19002—1994 idt ISO 9002:1994
有效期:2000.1.12～2003.1.11

江苏省邮电建设工程局
地址:江苏省南京市南祖师庵7号
邮政编码:210003
证书注册编号:1200B0009
体系认证标准:GB/T19002—1994 idt ISO 9002:1994
有效期:2000.1.3～2003.1.2

昆明奥斯迪制衣实业有限责任公司
地址:云南省昆明市官渡区联盟路
邮政编码:650224
证书注册编号:1200B0010
体系认证标准:GB/T19002—1994 idt ISO 9002:1994
有效期:2000.1.21～2003.1.20

南京装饰工程公司
地址:江苏省南京太平南路538号
邮政编码:210001
证书注册编号:1200A0011
体系认证标准:GB/T19001—1994 idt ISO 9001:1994
有效期:2000.1.24～2003.1.23

中航机场设备有限公司
地址:北京市朝阳区北四环东路111号
邮政编码:100101
证书注册编号:1200B0012
体系认证标准:GB/T19002—1994 idt ISO 9002:1994
有效期:2000.1.21～2003.1.20

宁城塞飞亚食品有限责任公司
地址:内蒙古赤峰市宁城县天义镇
邮政编码:024200
证书注册编号:1200B0013
体系认证标准:GB/T19002—1994 idt ISO 9002:1994
有效期:2000.1.21～2003.1.20

本溪钢铁公司矿山建设公司
地址:辽宁本溪市平山区千金路21号
邮政编码:117022
证书注册编号:1200B0014
体系认证标准:GB/T19002—1994 idt ISO 9002:1994
有效期:2000.1.21～2003.1.20

唐山供电公司物业管理公司
地址:河北省唐山市建设北路7号
邮政编码:063000
证书注册编号:1200B0015
体系认证标准:GB/T19002—1994 idt ISO 9002:1994
有效期:2000.1.21～2003.1.20

山西金驹煤电化股份有限公司化工厂
地址:山西省晋城市北石店
邮政编码:048007
证书注册编号:1200B0016
体系认证标准:GB/T19002—1994 idt ISO 9002:1994
有效期:2000.1.21～2003.1.20

新乡市石油起重机械厂
地址:河南省长恒县总管工业区
邮政编码:453419
证书注册编号:1200B0017
体系认证标准:GB/T19002—1994 idt ISO 9002:1994
有效期:2000.1.21~2003.1.20

***湖南建长石化股份有限公司**
地址:湖南省岳阳云溪区
邮政编码:414012
电话:(0730)8439718 8452926
传真:(0730)8439718
法定代表人:潭经品
证书注册编号:1200B0018
体系认证标准:GB/T19002—1994 idt ISO 9002:1994
获证体系覆盖产品:连续重整催化剂、半再生还原态重整催化剂、金属铝溶胶、玻璃钢制品、工程塑料
有效期:2000.1.21~2003.1.20

南通双楼建筑安装工程有限公司
地址:江苏省海安县双楼镇向阳中路52号
邮政编码:226671
证书注册编号:1200B0019
体系认证标准:GB/T19002—1994 idt ISO 9002:1994
有效期:2000.1.21~2003.1.20

浙江黄岩三发塑料制品有限公司
地址:浙江省黄岩东城工业开发区元同路1号
邮政编码:318020
证书注册编号:1200B0020
体系认证标准:GB/T19002—1994 idt ISO 9002:1994
有效期:2000.1.21~2003.1.20

本溪钢铁公司第一建筑工程公司
地址:辽宁本溪市平山区胜利路16号
邮政编码:117022
证书注册编号:1200B0021
体系认证标准:GB/T19002—1994 idt ISO 9002:1994
有效期:2000.1.21~2003.1.20

北京中水科工程总公司科禹泵制造厂
地址:北京海淀区复兴路甲1号
邮政编码:100038
证书注册编号:1200B0022
体系认证标准:GB/T19002—1994 idt ISO 9002:1994
有效期:2000.1.21~2003.1.20

上海龙力技术发展有限公司
地址:上海市浦东荣成路9弄8号1101室
邮政编码:200120
证书注册编号:1200A0023
体系认证标准:GB/T19002—1994 idt ISO 9002:1994
有效期:2000.1.21~2003.1.20

三河市第三建筑工程公司
地址:河北省三河市粮食路2号
邮政编码:065200
证书注册编号:1200B0024
体系认证标准:GB/T19002—1994 idt ISO 9002:1994
有效期:2000.1.21~2003.1.20

北京市旭光吸气剂材料厂
地址:北京通州区永顺西街74号
邮政编码:101100
证书注册编号:1200B0025
体系认证标准:GB/T19002—1994 idt ISO 9002:1994
有效期:2000.1.21~2003.1.20

北京华隆机电工程有限公司
地址:北京市丰台区石榴庄白庙1号
邮政编码:100075
证书注册编号:1200B0026
体系认证标准:GB/T19002—1994 idt ISO 9002:1994
有效期:2000.1.21~2003.1.20

昆明市丽康时装厂
地址:云南省昆明市东郊下凹132号
邮政编码:650041
证书注册编号:1200B0027
体系认证标准:GB/T19002—1994 idt ISO 9002:1994
有效期:2000.1.25~2003.1.24

云南省玉溪市溶剂厂
地址:云南玉溪市高仓工业区
邮政编码:653100
证书注册编号:1200B0028
体系认证标准:GB/T19002—1994 idt ISO 9002:1994
有效期:2000.1.25~2003.1.24

河北省唐山金达水泥厂
地址:河北丰润县左家坞镇小松林村西
邮政编码:064007
证书注册编号:1200B0029
体系认证标准:GB/T19002—1994 idt ISO 9002:1994
有效期:2000.1.25~2003.1.24

湖州市市政工程总公司
地址:浙江湖州市环城西路33号
邮政编码:313000
证书注册编号:1200B0030
体系认证标准:GB/T19002—1994 idt ISO 9002:1994
有效期:2000.1.25~2003.1.24

南通电器控制设备厂
地址:江苏省通州市新坝镇
邮政编码:226365
证书注册编号:1200B0031
体系认证标准:GB/T19002—1994 idt ISO 9002:1994
有效期:2000.1.25~2003.1.24

长春房地(集团)有限责任公司
地址:吉林省长春市崇智胡同46号
邮政编码:130061
证书注册编号:1200B0032
体系认证标准:GB/T19002—1994 idt ISO 9002:1994
有效期:2000.1.25~2003.1.24

山西金苑建筑有限公司
地址:山西省太原市西矿街建筑中街中巷7号
邮政编码:030053
证书注册编号:1200B0033
体系认证标准:GB/T19002—1994 idt ISO 9002:1994
有效期:2000.1.26~2003.1.25

西山煤电集团公司西铭矿
地址:山西省太原市万柏林区大虎沟
邮政编码:030052
证书注册编号:1200B0034
体系认证标准:GB/T19002—1994 idt ISO 9002:1994
有效期:2000.1.26~2003.1.25

西山煤电集团公司杜儿坪矿
地址:山西省太原市万柏林区杜儿坪街
邮政编码:030022

证书注册编号:1200B0035
体系认证标准:GB/T19002—1994 idt ISO 9002:1994
有效期:2000.1.26～2003.1.25

长春房地(集团)有限责任公司
地址:吉林省长春市崇智胡同46号
邮政编码:130061
证书注册编号:1200A0036
体系认证标准:GB/T19001—1994 idt ISO 9001:1994
有效期:2000.1.26～2003.1.25

云南玉溪印刷有限责任公司
地址:云南省玉溪市玉江东路52号
邮政编码:653107
证书注册编号:1200B0037
体系认证标准:GB/T19002—1994 idt ISO 9002:1994
有效期:2000.1.26～2003.1.25

桂林市南方道桥修建有限公司
地址:广西壮族自治区桂林市交通路21号
邮政编码:541002
证书注册编号:1200B0038
体系认证标准:GB/T19002—1994 idt ISO 9002:1994
有效期:2000.1.26～2003.1.25

上海浦东新区张江电机厂
地址:上海市浦东新区张江路350号
邮政编码:201203
证书注册编号:1200A0039
体系认证标准:GB/T19001—1994 idt ISO 9001:1994
有效期:2000.1.26～2003.1.25

唐山市新区银城水泥厂
地址:河北省唐山市新区银城铺东
邮政编码:063030
证书注册编号:1200B0040
体系认证标准:GB/T19002—1994 idt ISO 9002:1994
有效期:2000.1.26～2003.1.25

廊坊重工电杆有限公司
地址:天津市蓟县贾各庄村北
邮政编码:301900
证书注册编号:1200B0041
体系认证标准:GB/T19002—1994 idt ISO 9002:1994
有效期:2000.1.25～2003.1.24

通州市江海化工设备安装公司
地址:江苏省通州市平潮镇栖凤西路
邮政编码:226361
证书注册编号:1200B0042
体系认证标准:GB/T19002—1994 idt ISO 9002:1994
有效期:2000.1.28～2003.1.27

通州市通宁设备安装公司
地址:江苏省通州市新坝镇
邮政编码:226365
证书注册编号:1200B0043
体系认证标准:GB/T19002—1994 idt ISO 9002:1994
有效期:2000.1.28～2003.1.27

宁夏回族自治区青铜峡水泥厂
地址:宁夏回族自治区青铜峡市大坝镇
邮政编码:751601
证书注册编号:1200B0044
体系认证标准:GB/T19002—1994 idt ISO 9002:1994
有效期:2000.1.28～2003.1.27

河北平山四强汇达塑胶有限公司
地址:河北省平山县平光南路168号
邮政编码:050400
证书注册编号:1200B0045
体系认证标准:GB/T19002—1994 idt ISO 9002:1994
有效期:2000.1.28～2003.1.27

江苏晓金集团公司
地址:江苏省宜兴市新庄镇
邮政编码:214266
证书注册编号:1200B0046
体系认证标准:GB/T19002—1994 idt ISO 9002:1994
有效期:2000.1.28～2003.1.27

北京金阳新建材有限公司
地址:北京朝阳区金盏乡金盏大街2号
邮政编码:100018
证书注册编号:1200B0047
体系认证标准:GB/T19002—1994 idt ISO 9002:1994
有效期:2000.1.31～2003.1.30

济南市供水设备厂有限公司
地址:山东省济南市水屯北路30号
邮政编码:250033
证书注册编号:1200B0048
体系认证标准:GB/T19002—1994 idt ISO 9002:1994
有效期:2000.1.31～2003.1.30

营口庆营石化设备总厂
地址:辽宁省营口市河口开发二区
邮政编码:115003
证书注册编号:1200B0049
体系认证标准:GB/T19002—1994 idt ISO 9002:1994
有效期:2000.1.31～2003.1.30

北京天元电器厂
地址:北京市通州区探矿路北口
邮政编码:101149
证书注册编号:1200B0050
体系认证标准:GB/T19002—1994 idt ISO 9002:1994
有效期:2000.1.31～2003.1.30

慈溪市复合密封垫片厂
地址:慈溪市经济开发区816号信箱
邮政编码:315300
证书注册编号:1200B0051
体系认证标准:GB/T19002—1994 idt ISO 9002:1994
有效期:2000.1.31—2000.1.30

北京天海工业有限公司
地址:北京市朝阳区黄厂路
邮政编码:100023
证书注册编号:1200A0052
体系认证标准:GB/T19001—1994 idt ISO 9001:1994
有效期:2000.1.31～2003.1.30

盖州市热电锅炉辅机厂
地址:辽宁省盖州市路东大街
邮政编码:115200
证书注册编号:1200B0053
体系认证标准:GB/T19002—1994 idt ISO 9002:1994
有效期:2000.1.31～2003.1.30

唐山清源环保机械股份有限公司
地址:河北省唐山市路北区缸窖路
邮政编码:063020
证书注册编号:1200A0054
体系认证标准:GB/T19001—1994 idt ISO 9001:1994

有效期:2000.1.31～2003.1.30

唐山铁路道岔厂
地址:河北省唐山市建设北路丰源道
邮政编码:063000
证书注册编号:1200B0055
体系认证标准:GB/T19002－1994 idt ISO 9002:1994
有效期:2000.2.1～2003.1.31

云南玉溪水松纸厂
(玉溪红塔印刷有限公司)
地址:云南玉溪大营街工业区
邮政编码:653103
证书注册编号:1200B0056
体系认证标准:GB/T19002－1994 idt ISO 9002:1994
有效期:2000.2.1～2003.1.31

吉林临江镁业股份有限公司
地址:吉林省临江市花山镇
邮政编码:134601
证书注册编号:1200B0057
体系认证标准:GB/T19002－1994 idt ISO 9002:1994
有效期:2000.2.1～2003.1.31

廊坊市城市建筑安装工程一公司
地址:河北省廊坊市广阳道89号
邮政编码:065000
证书注册编号:1200B0058
体系认证标准:GB/T19002－1994 idt ISO 9002:1994
有效期:2000.2.1～2003.1.31

曲靖福牌彩印有限公司
地址:云南省曲靖市环城东路
邮政编码:655000
证书注册编号:1200B0059
体系认证标准:GB/T19002－1994 idt ISO 9002:1994
有效期:2000.2.1～2003.1.31

山西舜都集团有限公司
地址:山西省永济市振兴西街11号
邮政编码:044500
证书注册编号:1200B0061
体系认证标准:GB/T19002－1994 idt ISO 9002:1994
有效期:2000.2.14～2003.2.13

北京华安北海消防安全工程有限公司
地址:北京市崇文区天桥南大街156号
邮政编码:100050
证书注册编号:1200B0060
体系认证标准:GB/T19002－1994 idt ISO 9002:1994
有效期:2000.2.14～2003.2.13

常熟市长发铝业有限公司
地址:江苏省常熟市辛庄张泾工业园
邮政编码:215555
证书注册编号:1200B0063
体系认证标准:GB/T19002－1994 idt ISO 9002:1994
有效期:2000.2.16～2003.2.15

赤峰电线电缆厂
地址:内蒙古自治区赤峰市红山区东郊
邮政编码:024006
证书注册编号:1200B0062
体系认证标准:GB/T19002－1994 idt ISO 9002:1994
有效期:2000.2.16～2003.2.15

山西省汾阳市建筑金属结构工业公司
地址:山西省汾阳市东关街寺巷23号
邮政编码:032200
证书注册编号:1200B0064
体系认证标准:GB/T19002－1994 idt ISO 9002:1994
有效期:2000.2.19～2003.2.18

廊坊市玻璃制品厂
地址:河北省廊坊市安次区调河头
邮政编码:065003
证书注册编号:1200B0065
体系认证标准:GB/T19002－1994 idt ISO 9002:1994
有效期:2000.2.19～2003.2.18

潮阳市第四建筑总公司
地址:广东省广州市广园东路云泉新村19号
邮政编码:510500
证书注册编号:1200B0066
体系认证标准:GB/T19002－1994 idt ISO 9002:1994
有效期:2000.2.25～2003.2.24

潮阳市第二建筑总公司
地址:广东省潮阳市文光东山大道西侧
邮政编码:515100
证书注册编号:1200B0067
体系认证标准:GB/T19002－1994 idt ISO 9002:1994
有效期:2000.2.25～2003.2.24

北京三联精细化工联合公司
地址:北京市海淀区学院路18号
邮政编码:100083
证书注册编号:1200B0068
体系认证标准:GB/T19002－1994 idt ISO 9002:1994
有效期:2000.2.25～2003.2.24

太原化学工业集团有限公司化工厂
地址:山西太原市晋源区化工路75号
邮政编码:030021
证书注册编号:1200B0069
体系认证标准:GB/T19002－1994 idt ISO 9002:1994
有效期:2000.2.25～2003.2.24

河北省玉田县第二水泥厂
地址:河北省玉田县豪门路林东
邮政编码:064100
证书注册编号:1200B0070
体系认证标准:GB/T19002－1994 idt ISO 9002:1994
有效期:2000.2.25～2003.2.24

上海市奉贤县南方橡胶制品厂
地址:上海市奉贤县青村方墩车站
邮政编码:201414
证书注册编号:1200B0071
体系认证标准:GB/T19002－1994 idt ISO 9002:1994
有效期:2000.2.25～2003.2.24

上海新沪特种润滑油厂
地址:上海浦东凌桥草高路便道128号
邮政编码:200137
证书注册编号:1200B0072
体系认证标准:GB/T19002－1994 idt ISO 9002:1994
有效期:2000.2.25～2003.2.24

北京市海淀区智通水处理设备厂
地址:北京海淀区西三旗路西二旗
邮政编码:100085
证书注册编号:1200A0073
体系认证标准:GB/T19001－1994 idt ISO 9001:1994
有效期:2000.2.25～2003.2.24

西安长安精工保安设备有限责任公司
地址:陕西省西安市西影路63号
邮政编码:710054
证书注册编号:1200B0074
体系认证标准:GB/T19002－1994 idt ISO 9002:1994
有效期:2000.2.25～2003.2.24

北京长天系统集成有限公司
地址:北京东城区朝阳门北大街8号富华大厦A/B座7层
邮政编码:100027
证书注册编号:1200A0075
体系认证标准:GB/T19001－1994 idt ISO 9001:1994
有效期:2000.2.25～2003.2.24

呼和浩特市民族制帽厂
地址:内蒙古自治区呼和浩特北大街35号
邮政编码:010030
证书注册编号:1200B0076
体系认证标准:GB/T19002－1994 idt ISO 9002:1994
有效期:2000.2.25～2003.2.24

萧山市市政工程公司
地址:浙江省萧山市通惠路1号
邮政编码:311201
证书注册编号:1200B0077
体系认证标准:GB/T19002－1994 idt ISO 9002:1994
有效期:2000.2.25～2003.2.24

唐山成套电控设备厂
地址:河北唐山市路北区唐丰路58号
邮政编码:063000
证书注册编号:1200B0078
体系认证标准:GB/T19002－1994 idt ISO 9002:1994
有效期:2000.2.25～2003.2.24

上海绿地建筑工程有限公司
地址:上海市江苏路502号绿地大厦404室
邮政编码:200050
证书注册编号:1200B0079
体系认证标准:GB/T19002－1994 idt ISO 9002:1994
有效期:2000.2.20～2003.2.19

沈阳石油机械厂
地址:辽宁沈阳市大东区沈铁路67号
邮政编码:110044
证书注册编号:1200B0080
体系认证标准:GB/T19002－1994 idt ISO 9002:1994
有效期:2000.2.29～2003.2.28

山东民欣物业管理中心
地址:山东省济南市德兴东街29号
邮政编码:250022
证书注册编号:1200B0081
体系认证标准:GB/T19002－1994 idt ISO 9002:1994
有效期:2000.2.29～2003.2.28

北京市兴宏光建材厂
地址:北京市永外久敬庄北京油毡厂东8号
邮政编码:100076
证书注册编号:1200B0082
体系认证标准:GB/T19002－1994 idt ISO 9002:1994
有效期:2000.2.29～2003.2.28

天津市汽车灯厂
地址:天津西青区芥园西道李家园
邮政编码:300112
证书注册编号:1200A0083
体系认证标准:GB/T19001－1994 idt ISO 9001:1994
有效期:2000.2.29～2003.2.28

北京首佳物业管理有限公司
地址:北京东城区沙滩银闸胡同32号
邮政编码:100009
证书注册编号:1200B0084
体系认证标准:GB/T19002－1994 idt ISO 9002:1994
有效期:2000.2.29～2003.2.28

云南新兴仁恒包装材料有限公司
地址:云南玉溪太极山
邮政编码:653102
证书注册编号:1200B0085
体系认证标准:GB/T19002－1994 idt ISO 9002:1994
有效期:2000.2.29～2003.2.28

海南省第二建筑工程公司
地址:海南省海口市机场东路5号
邮政编码:570203
证书注册编号:1200B0086
体系认证标准:GB/T19002－1994 idt ISO 9002:1994
有效期:2000.3.6～2003.3.5

上海新北汽车配件有限公司
地址:上海奉贤县头桥镇新北村
邮政编码:201409
证书注册编号:1200B0087
体系认证标准:GB/T19002－1994 idt ISO 9002:1994
有效期:2000.3.6～2003.3.5

西山煤电集团公司机电总厂
地址:山西省太原市万柏林区西矿街西机路23号
邮政编码:030053
证书注册编号:1200B0088
体系认证标准:GB/T19002－1994 idt ISO 9002:1994
有效期:2000.3.6～2003.3.5

北京日上红安全设备制造有限公司
地址:北京市亦庄经济开发区
邮政编码:100176
证书注册编号:1200B0089
体系认证标准:GB/T19002－1994 idt ISO 9002:1994
有效期:2000.3.6～2003.3.5

张家港市玉龙装饰材料制造有限公司
地址:江苏省张家港市南丰镇工业开发区二号桥东堍
邮政编码:215628
证书注册编号:1200B0090
体系认证标准:GB/T19002－1994 idt ISO 9002:1994
有效期:2000.3.6～2003.3.5

昌乐县华乐新型建材集团公司
地址:山东省昌乐县城孤山路148号
邮政编码:262400
证书注册编号:1200B0091
体系认证标准:GB/T19002－1994 idt ISO 9002:1994
有效期:2000.3.6～2003.3.5

广东省装饰总公司
地址:广东省广州市德政北路443号广东装饰大厦
邮政编码:510075
证书注册编号:1200A0092
体系认证标准:GB/T19001－1994 idt

ISO 9001:1994
有效期:2000.3.6～2003.3.5

北京顺义永光清洁机械厂
地址:北京市顺义杨镇顺平路沙岭段85号
邮政编码:101309
证书注册编号:1200B0093
体系认证标准:GB/T19002－1994 idt ISO 9002:1994
有效期:2000.3.6～2003.3.5

武进市腾达精密不锈钢管厂
地址:江苏省武进市郑陆镇北
邮政编码:213111
证书注册编号:1200B0094
体系认证标准:GB/T19002－1994 idt ISO 9002:1994
有效期:2000.3.8～2003.3.7

山西省长治澳瑞特健身器材有限公司
地址:山西省长治市太行东街96号
邮政编码:046011
证书注册编号:1200A0095
体系认证标准:GB/T19001－1994 idt ISO 9001:1994
有效期:2000.3.8～2003.3.7

云南省邮电工程公司
地址:云南省昆明市北京路237号
邮政编码:650011
证书注册编号:1200B0096
体系认证标准:GB/T19002－1994 idt ISO 9002:1994
有效期:2000.3.8～2003.3.7

宜兴市海兴机械制造厂
地址:江苏省宜兴市东虹路109号
邮政编码:214207
证书注册编号:1200B0097
体系认证标准:GB/T19002－1994 idt ISO 9002:1994
有效期:2000.3.8～2003.3.7

北京市费尔消防技术工程公司
地址:北京海淀区西直门外上园村3号
邮政编码:100081
证书注册编号:1200B0098
体系认证标准:GB/T19002－1994 idt ISO 9002:1994
有效期:2000.3.8～2003.3.7

上海宝山繁荣沥青混凝土厂
地址:上海市宝山区潘泾路2号桥
邮政编码:201908
证书注册编号:1200B0099
体系认证标准:GB/T19002－1994 idt ISO 9002:1994
有效期:2000.3.8～2003.3.7

广州市白云第一建筑集团公司(含三、四、五、六公司、装饰工程公司、冠星公司、水电公司)
地址:广东省广州市建设六马路青莱岗48号
邮政编码:510060
证书注册编号:1200B0100
体系认证标准:GB/T19002－1994 idt ISO 9002:1994
有效期:2000.3.8～2003.3.7

抚顺永安锅炉容器有限公司
地址:辽宁抚顺市浑河南路中段118号
邮政编码:113015
证书注册编号:1200B0101
体系认证标准:GB/T19002－1994 idt ISO 9002:1994
有效期:2000.3.8～2003.3.7

晋城矿务局凤凰山矿
地址:山西省晋城市北石店镇
邮政编码:048007
证书注册编号:1200B0102
体系认证标准:GB/T19002－1994 idt ISO 9002:1994
有效期:2000.3.8～2003.3.7

张家港市金和开关厂
地址:江苏省张家港市南沙镇
邮政编码:215632
证书注册编号:1200B0103
体系认证标准:GB/T19002－1994 idt ISO 9002:1994
有效期:2000.3.8～2003.3.7

上海鑫杰彩钢结构有限公司
地址:上海宝山区沪太路8407号
邮政编码:201900
证书注册编号:1200B0104
体系认证标准:GB/T19002－1994 idt ISO 9002:1994
有效期:2000.3.9～2003.3.8

国投新集能源股份有限公司新集一矿
地址:安徽省淮南市凤台县新集镇
邮政编码:232171
证书注册编号:1200B0105
体系认证标准:GB/T19002－1994 idt ISO 9002:1994
有效期:2000.3.9～2003.3.8

北人印刷机械股份有限公司单双色胶印机制造分公司
地址:北京市通州区新华大街12号
邮政编码:101149
证书注册编号:1200B0106
体系认证标准:GB/T19002－1994 idt ISO 9002:1994
有效期:2000.3.9～2003.3.8

保定市电力互感器厂
地址:河北省保定市机场路31号
邮政编码:071000
证书注册编号:1200B0107
体系认证标准:GB/T19002－1994 idt ISO 9002:1994
有效期:2000.3.10～2003.3.9

顺德市占士灯饰电器有限公司
地址:广东省顺德市桂州镇兴华工业区
邮政编码:528306
证书注册编号:1200B0108
体系认证标准:GB/T19002－1994 idt ISO 9002:1994
有效期:2000.3.14～2003.3.13

上海桃园橡塑制品有限公司
地址:上海市奉贤县钱桥镇东
邮政编码:201407
证书注册编号:1200B0109
体系认证标准:GB/T19002－1994 idt ISO 9002:1994
有效期:2000.3.15～2003.3.14

华通电缆有限公司
地址:陕西省西安市西郊王寺镇
邮政编码:710116
证书注册编号:1200B0110
体系认证标准:GB/T19002－1994 idt ISO 9002:1994
有效期:2000.3.15～2003.3.14

北京外文印刷厂
地址:北京市海淀区车公庄西路19号
邮政编码:100044
证书注册编号:1200B0111

体系认证标准:GB/T19002－1994 idt ISO 9002:1994
有效期:2000.3.15～2003.3.14

张家港市通港电缆厂
地址:江苏省张家港市闸上
邮政编码:215638
证书注册编号:1200B0112
体系认证标准:GB/T19002－1994 idt ISO 9002:1994
有效期:2000.3.15～2003.3.14

徐州压力机械股份有限公司
地址:江苏省徐州市郭庄路22号
邮政编码:221004
证书注册编号:1200A0113
体系认证标准:GB/T19001－1994 idt ISO 9001:1994
有效期:2000.3.15～2003.3.14

国投新集能源股份有限公司（含新集一矿、二矿、三矿）
地址:安徽省淮南市凤台县新集镇
邮政编码:232171
证书注册编号:1200B0114
体系认证标准:GB/T19002－1994 idt ISO 9002:1994
有效期:2000.3.17～2003.3.16

国投新集能源股份有限公司新集三矿
地址:安徽省淮南市凤台县新集镇
邮政编码:232171
证书注册编号:1200B0115
体系认证标准:GB/T19002－1994 idt ISO 9002:1994
有效期:2000.3.17～2003.3.16

大连境港生化制品厂
地址:辽宁省大连市甘井子区营城子镇境港工业区
邮政编码:116036
证书注册编号:1200B0116
体系认证标准:GB/T19002－1994 idt ISO 9002:1994
有效期:2000.3.17～2003.3.16

北京汽车摩托车联合制造公司
地址:北京市朝阳区东环中路32号
邮政编码:100020
证书注册编号:1200A0117
体系认证标准:GB/T19001－1994 idt ISO 9001:1994
有效期:2000.3.26～2003.3.25

苏州市天冠钟表有限公司
地址:江苏省苏州市虎丘虎阜路8号
邮政编码:215008
证书注册编号:1200B0118
体系认证标准:GB/T19002－1994 idt ISO 9002:1994
有效期:2000.3.26～2003.3.25

安徽新亚特种电缆总厂
地址:安徽省无为县高沟工业园
邮政编码:238331
证书注册编号:1200B0119
体系认证标准:GB/T19002－1994 idt ISO 9002:1994
有效期:2000.3.26～2003.3.25

上海市弘德公路绿化有限公司
地址:上海长阳路1315弄2号楼16楼
邮政编码:200090
证书注册编号:1200B0120
体系认证标准:GB/T19002－1994 idt ISO 9002:1994
有效期:2000.3.26～2003.3.25

上海弘缘实业有限公司
地址:上海长阳路1315弄2号楼16楼
邮政编码:200090
证书注册编号:1200B0121
体系认证标准:GB/T19002－1994 idt ISO 9002:1994
有效期:2000.3.26～2003.3.25

南京电力装饰广告公司
地址:江苏省南京市溧水县城中山西路
邮政编码:211200
证书注册编号:1200B0122
体系认证标准:GB/T19002－1994 idt ISO 9002:1994
有效期:2000.3.26～2003.3.25

上海宝罗电线电缆厂
地址:上海市宝山区罗店镇罗北路1588号
邮政编码:201908
证书注册编号:1200B0123
体系认证标准:GB/T19002－1994 idt ISO 9002:1994
有效期:2000.3.26～2003.3.25

北京市海淀区海华换热设备厂
地址:北京市海淀区农大路肖家河村
邮政编码:100091
证书注册编号:1200B0124
体系认证标准:GB/T19002－1994 idt ISO 9002:1994
有效期:2000.3.26～2003.3.25

广东国星经济发展有限公司（钢结构厂）
地址:广东省广州市白云区新市镇嘉禾尖彭路联边工业区
邮政编码:510440
证书注册编号:1200A0125
体系认证标准:GB/T19001－1994 idt ISO 9001:1994
有效期:2000.3.26～2003.3.25

北京三元食品有限公司
地址:北京西城区鼓楼西大街75号
邮政编码:100009
证书注册编号:1200A0126
体系认证标准:GB/T19001－1994 idt ISO 9001:1994
有效期:2000.3.26～2003.3.25

唐山市银河水泥厂
地址:河北省唐山市路北区贾庵子
邮政编码:063020
证书注册编号:1200B0127
体系认证标准:GB/T19002－1994 idt ISO 9002:1994
有效期:2000.3.26～2003.3.25

常州黎明玻璃幕墙工程有限公司
地址:江苏省常州市郑陆镇
邮政编码:213111
证书注册编号:1200A0128
体系认证标准:GB/T19001－1994 idt ISO 9001:1994
有效期:2000.3.26～2003.3.25

长沙市雅丽建筑装饰工程公司
地址:湖南省长沙市芙蓉区宝南街1号
邮政编码:410005
证书注册编号:1200A0129
体系认证标准:GB/T19001－1994 idt ISO 9001:1994
有效期:2000.3.26～2003.3.25

湛江市市政建设工程总公司
地址:广东湛江市霞山文明东路24号
邮政编码:524002

证书注册编号:1200B0130
体系认证标准:GB/T19002—1994 idt ISO 9002:1994
有效期:2000.3.26~2003.3.25

北京松和电脑有限公司
地址:北京市大兴工业开发区科苑路19号
邮政编码:102600
证书注册编号:1200A0131
体系认证标准:GB/T19001—1994 idt ISO 9001:1994
有效期:2000.3.26~2003.3.25

大庆市红岗区金星防腐公司
地址:黑龙江省大庆市红岗区金杏村39号
邮政编码:163511
证书注册编号:1200B0132
体系认证标准:GB/T19002—1994 idt ISO 9002:1994
有效期:2000.3.30~2003.3.29

北京市一一〇四厂
(北京市燕松服装厂)
地址:天津市宁河县清河农场五科地区1104厂
邮政编码:300481
证书注册编号:1200B0133
体系认证标准:GB/T19002—1994 idt ISO 9002:1994
有效期:2000.3.31~2003.3.302

肇庆市市政建设公司
地址:广东省肇庆市江滨西路13号
邮政编码:526020
证书注册编号:1200B0134
体系认证标准:GB/T19002—1994 idt ISO 9002:1994
有效期:2000.3.31~2003.3.30

赤峰制药厂
地址:内蒙古赤峰红山区一东街'84号
邮政编码:024001
证书注册编号:1200A0135
体系认证标准:GB/T19001—1994 idt ISO 9001:1994
有效期:2000.4.3~2003.4.3

北京市红星润滑油厂
地址:北京市大兴县瀛海乡笃庆堂
邮政编码:100076
证书注册编号:1200B0136
体系认证标准:GB/T19002—1994 idt ISO 9002:1994
有效期:2000.4.3~2003.4.3

淄博利鲁化工有限公司
地址:山东淄博市临淄区管仲路98号
邮政编码:255400
证书注册编号:1200B0137
体系认证标准:GB/T19002—1994 idt ISO 9002:1994
有效期:2000.4.7~2003.4.6

北京三金电子集团
地址:北京海淀区厂洼中街66号
邮政编码:100089
证书注册编号:1200A0138
体系认证标准:GB/T19001—1994 idt ISO 9001:1994
有效期:2000.4.7~2003.4.6

上海富锦沥青混凝土厂
地址:上海市宝山区湄浦路358号
邮政编码:201900
证书注册编号:1200B0139
体系认证标准:GB/T19002—1994 idt ISO 9002:1994
有效期:2000.4.7~2003.4.6

大连大诺印刷包装有限公司
地址:辽宁省大连市甘井子区华北路431号
邮政编码:116037
证书注册编号:1200B0140
体系认证标准:GB/T19002—1994 idt ISO 9002:1994
有效期:2000.4.7~2003.4.6

丹东中安电力设备有限公司
地址:辽宁丹东市振兴区兴三路1—15
邮政编码:118000
证书注册编号:1200B0141
体系认证标准:GB/T19002—1994 idt ISO 9002:1994
有效期:2000.4.9~2003.4.8

兰州市房屋建筑工程公司
地址:甘肃兰州市城关区颜家沟163号
邮政编码:730030
证书注册编号:1200B0142
体系认证标准:GB/T19002—1994 idt ISO 9002:1994
有效期:2000.4.14~2003.4.13

北京市永乐店汽车配件厂
地址:北京通州区柴厂屯
邮政编码:101115
证书注册编号:1200B0143
体系认证标准:GB/T19002—1994 idt ISO 9002:1994
有效期:2000.4.15~2003.4.14

宜兴市红旗环保设备有限公司
地址:江苏省宜兴市屺亭镇
邮政编码:214213
证书注册编号:1200B0144
体系认证标准:GB/T19002—1994 idt ISO 9002:1994
有效期:2000.4.17~2003.4.16

唐山开诚电器有限责任公司
地址:河北省唐山市高新技术开发区
邮政编码:063020
证书注册编号:1200B0145
体系认证标准:GB/T19002—1994 idt ISO 9002:1994
有效期:2000.4.18~2003.4.17

张家港市久盛合纤有限公司
地址:江苏省张家港市南沙镇长山村
邮政编码:215632
证书注册编号:1200B0146
体系认证标准:GB/T19002—1994 idt ISO 9002:1994
有效期:2000.4.18~2003.4.17

赤峰华源毛业有限公司
地址:内蒙古赤峰红山区三东街83号
邮政编码:024001
证书注册编号:1200B0149
体系认证标准:GB/T19002—1994 idt ISO 9002:1994
有效期:2000.4.18~2003.4.17

锡山市交通工程总公司
地址:江苏省锡山市迎宾南路2号
邮政编码:214101
证书注册编号:1200B0150
体系认证标准:GB/T19002—1994 idt ISO 9002:1994
有效期:2000.4.18~2003.4.17

西安前进电器实业有限公司
地址:陕西省西安高新技术产业开发区

光德路 8 号
邮政编码:710075
证书注册编号:1200B0151
体系认证标准:GB/T19002－1994 idt ISO 9002:1994
有效期:2000.4.20～2003.4.19

南通海天生物化工有限公司
地址:江苏省通州市唐洪乡
邮政编码:226341
证书注册编号:1200B0152
体系认证标准:GB/T19002－1994 idt ISO 9002:1994
有效期:2000.4.20～2003.4.190

蚌埠电力开关厂
地址:安徽省蚌埠市涂山路 1104 号
邮政编码:233010
证书注册编号:1200B0153
体系认证标准:GB/T19002－1994 idt ISO 9002:1994
有效期:2000.4.20～2003.4.19

北京银牡丹印务有限公司
地址:北京朝阳区德胜门外南沙滩 2 号
邮政编码:100101
证书注册编号:1200A0154
体系认证标准:GB/T19001－1994 idt ISO 9001:1994
有效期:2000.4.20～2003.4.19

包头市雪鹿啤酒(集团)股份有限公司
地址:内蒙古包头市昆区莫尼路东段
邮政编码:014010
证书注册编号:1200B0155
体系认证标准:GB/T19002－1994 idt ISO 9002:1994
有效期:2000.4.20～2003.4.19

苏州市华能热缩材料有限公司
地址:江苏省苏州市青年路 148 号
邮政编码:215008
证书注册编号:1200B0156
体系认证标准:GB/T19002－1994 idt ISO 9002:1994
有效期:2000.4.20～2003.4.19

上海宝联橡胶制品厂
地址:上海七宝新龙路 1158 号
邮政编码:201101
证书注册编号:1200B0157
体系认证标准:GB/T19002－1994 idt ISO 9002:1994
有效期:2000.4.20～2003.4.19

宜兴市高塍镇日新化工厂
地址:江苏省宜兴市高塍镇
邮政编码:214214
证书注册编号:1200B0158
体系认证标准:GB/T19002－1994 idt ISO 9002:1994
有效期:2000.4.24～2003.4.23

安徽建工混凝土工程股份有限公司
地址:安徽省合肥市屯溪路 65 号
邮政编码:230011
证书注册编号:1200B0159
体系认证标准:GB/T19002－1994 idt ISO 9002:1994
有效期:2000.4.24～2003.4.23

南宁市基础工程总公司
地址:广西南宁市福建路 1 号
邮政编码:530031
证书注册编号:1200B0160
体系认证标准:GB/T19002－1994 idt ISO 9002:1994
有效期:2000.4.24～2003.4.23

赤峰红烨锌冶炼有限责任公司
地址:内蒙古自治区赤峰市红山区东城
邮政编码:024000
证书注册编号:1200B0161
体系认证标准:GB/T19002－1994 idt ISO 9002:1994
有效期:2000.5.12～2003.5.11

廊坊市第一电缆厂
地址:河北省廊坊市常甫路 13 号
邮政编码:065000
证书注册编号:1200B0162
体系认证标准:GB/T19002－1994 idt ISO 9002:1994
有效期:2000.5.12～2003.5.11

北京第三电表厂
地址:北京市大兴高米店顺兴路工业开发区
邮政编码:102600
证书注册编号:1200B0163
体系认证标准:GB/T19002－1994 idt ISO 9002:1994
有效期:2000.5.12～2003.5.11

廊坊市安次区第四建筑工程公司
地址:河北省廊坊市万庄镇
邮政编码:065006
证书注册编号:1200B0164
体系认证标准:GB/T19002－1994 idt ISO 9002:1994
有效期:2000.5.12～2003.5.11

河北省冀州市暖气片厂第十二分厂
地址:河北省冀州市育红西路
邮政编码:053200
证书注册编号:1200B0165
体系认证标准:GB/T19002－1994 idt ISO 9002:1994
有效期:2000.5.17～2003.5.16

宜宾红星敏感电器有限公司
地址:四川省宜宾白沙湾
邮政编码:644001
证书注册编号:1200B0166
体系认证标准:GB/T19002－1994 idt ISO 9002:1994
有效期:2000.5.17～2003.5.16

河南省四方防腐有限公司
地址:河南省郑州综合投资区长兴南路
邮政编码:450044
证书注册编号:1200B0167
体系认证标准:GB/T19002－1994 idt ISO 9002:1994
有效期:2000.5.17～2003.5.16

北京国门路大饭店
地址:北京朝阳区和平路 2 号
邮政编码:100015
证书注册编号:1200B0168
体系认证标准:GB/T19002－1994 idt ISO 9002:1994
有效期:2000.5.17～2003.5.16

陕西三重电力石化设备有限公司
地址:陕西省西安市辛家庙
邮政编码:710032
证书注册编号:1200A0169
体系认证标准:GB/T19001－1994 idt ISO 9001:1994
有效期:2000.5.17～2003.5.16

北京三鳞钢瓶检测检修有限公司(复评)
地址:北京市丰台区万泉寺 358 号
邮政编码:100073

证书注册编号:1200B0170
体系认证标准:GB/T19002—1994 idt ISO 9002:1994
有效期:2000.5.17～2003.5.16

上海浦高建设工程有限公司
地址:上海市浦东新区港城路768号
邮政编码:200137
证书注册编号:1200B0171
体系认证标准:GB/T19002—1994 idt ISO 9002:1994
有效期:2000.5.17～2003.5.16

北京第二开关厂
地址:北京市东城区泡子河东巷59号
邮政编码:100005
证书注册编号:1200A0172
体系认证标准:GB/T19001—1994 idt ISO 9001:1994
有效期:2000.5.17～2003.5.16

大庆市让胡路区建筑安装工程公司
地址:黑龙江省大庆市让胡路区西静路15号
邮政编码:163712
证书注册编号:1200B0173
体系认证标准:GB/T19002—1994 idt ISO 9002:1994
有效期:2000.5.17～2003.5.16

绿色馨家园物业管理(武汉)有限公司
地址:湖北省武汉市江汉区沿河大道68号
邮政编码:430021
证书注册编号:1200B0174
体系认证标准:GB/T19002—1994 idt ISO 9002:1994
有效期:2000.5.17～2003.5.16

扬中市多达电热电器有限公司
地址:江苏省扬中市区港东北路
邮政编码:212200
证书注册编号:1200B0175
体系认证标准:GB/T19002—1994 idt ISO 9002:1994
有效期:2000.5.17～2003.5.16

顺德市凤华化工有限公司
地址:广东省顺德市伦教镇永丰工业区
邮政编码:528308
证书注册编号:1200B0176
体系认证标准:GB/T19002—1994 idt ISO 9002:1994
有效期:2000.5.17～2003.5.16

南宁市市政工程总公司
地址:广西壮族自治区南宁市华西路42号
邮政编码:530011
证书注册编号:1200B0177
体系认证标准:GB/T19002—1994 idt ISO 9002:1994
有效期:2000.5.17～2003.5.16

沧州市鑫源泰螺旋制管有限公司
地址:河北省沧州市北环东路10号
邮政编码:061001
证书注册编号:1200B0178
体系认证标准:GB/T19002—1994 idt ISO 9002:1994
有效期:2000.5.17～2003.5.16

无锡通达电机制造有限责任公司
地址:江苏锡山市华庄镇太湖路28号
邮政编码:214131
证书注册编号:1200B0179
体系认证标准:GB/T19002—1994 idt ISO 9002:1994
有效期:2000.5.17～2003.5.16

北京冶建联合新型建筑材料厂
地址:北京市海淀区苏家坨乡西小营
邮政编码:100095
证书注册编号:1200B0180
体系认证标准:GB/T19002—1994 idt ISO 9002:1994
有效期:2000.5.17～2003.5.16

唐山市冀鑫水泥厂
地址:河北省迁西县罗家屯镇
邮政编码:064305
证书注册编号:1200B0181
体系认证标准:GB/T19002—1994 idt ISO 9002:1994
有效期:2000.5.17～2003.5.16

中油管道京磁新材料有限责任公司
地址:河北省廊坊经济技术开发区金源道25小区
邮政编码:065000
证书注册编号:1200B0182
体系认证标准:GB/T19002—1994 idt ISO 9002:1994
有效期:2000.5.17～2003.5.16

武进市常成动力机械配件厂
地址:江苏武进市雪堰镇雪湖路20号
邮政编码:213169
证书注册编号:1200B0183
体系认证标准:GB/T19002—1994 idt ISO 9002:1994
有效期:2000.5.23～2003.5.22

沈阳金龙保健品有限公司
(沈阳辰龙保龄参有限公司)
地址:辽宁省沈阳经济技术开发区星海路15号
邮政编码:110141
证书注册编号:1200B0184
体系认证标准:GB/T19002—1994 idt ISO 9002:1994
有效期:2000.5.23～2003.5.22

河北省冀州暖通空调有限责任公司
地址:河北省冀州冀新西路62号
证书注册编号:1200B0185
体系认证标准:GB/T19002—1994 idt ISO 9002:1994
有效期:2000.5.23～2003.5.22

玉溪自强集团有限公司
地址:云南玉溪红塔李棋镇下赫庄大路
邮政编码:653100
证书注册编号:1200B0186
体系认证标准:GB/T19002—1994 idt ISO 9002:1994
有效期:2000.5.23～2003.5.22

包头市晶元石墨有限责任公司
地址:内蒙古自治区包头市青山区幸福南路5号
邮政编码:014030
证书注册编号:1200B0187
体系认证标准:GB/T19002—1994 idt ISO 9002:1994
有效期:2000.5.23～2003.5.22

北京节能锅炉厂
地址:北京市海淀区四道口皂君庙1号
邮政编码:100095
证书注册编号:1200A0188
体系认证标准:GB/T19001—1994 idt ISO 9001:1994
有效期:2000.5.23～2003.5.22

上海浦东兴旺汽车配件厂
地址:上海浦东新区高桥航津路860号

邮政编码:200137
证书注册编号:1200B0189
体系认证标准:GB/T19002－1994 idt ISO 9002:1994
有效期:2000.5.23～2003.5.22

上海浦东新区三林桥路工程公司
地址:上海浦东新区三林路868号
邮政编码:200124
证书注册编号:1200B0190
体系认证标准:GB/T19002－1994 idt ISO 9002:1994
有效期:2000.5.23～2003.5.22

吴县市东山太湖塑料包装彩印厂
地址:江苏省吴县市东山镇岱松村
邮政编码:215107
证书注册编号:1200B0191
体系认证标准:GB/T19002－1994 idt ISO 9002:1994
有效期:2000.5.23～2003.5.22

无锡市焦化设备厂
地址:江苏省锡山市甘露镇
邮政编码:214117
证书注册编号:1200B0192
体系认证标准:GB/T19002－1994 idt ISO 9002:1994
有效期:2000.5.23～2003.5.22

乌海市丰源化工有限责任公司
地址:内蒙古自治区乌海市海南区卓子山西街107号
邮政编码:016030
证书注册编号:1200B0193
体系认证标准:GB/T19002－1994 idt ISO 9002:1994
有效期:2000.5.23～2003.5.22

江苏铜山建筑工程总公司
地址:江苏省徐州市铜山新区建筑工程管理局三楼
邮政编码:221116
证书注册编号:1200B0194
体系认证标准:GB/T19002－1994 idt ISO 9002:1994
有效期:2000.5.25～2003.5.24

锡山市新达净化成套设备厂
地址:江苏省锡山市堰桥林业开发区堰新路102号
邮政编码:214174
证书注册编号:1200B0195
体系认证标准:GB/T19002－1994 idt ISO 9002:1994
有效期:2000.5.25～2003.5.24

宜兴市有机化工五厂
地址:江苏省宜兴市环城东路团结桥堍
邮政编码:214207
证书注册编号:1200B0196
体系认证标准:GB/T19002－1994 idt ISO 9002:1994
有效期:2000.5.26～2003.5.25

四川长江挖掘机有限责任公司
地址:四川省泸州市茜草坝
邮政编码:646006
证书注册编号:1200B0197
体系认证标准:GB/T19002－1994 idt ISO 9002:1994
有效期:2000.5.26～2003.5.25

上海爱达斯针织有限公司
地址:上海市浦东新区北蔡镇中界中心路18号
邮政编码:201204
证书注册编号:1200B0198
体系认证标准:GB/T19002－1994 idt ISO 9002:1994
有效期:2000.5.26～2003.5.25

安徽省公路桥梁工程公司
地址:安徽省合肥市黄山西路445号
邮政编码:230031
证书注册编号:1200B0199
体系认证标准:GB/T19002－1994 idt ISO 9002:1994
有效期:2000.5.30～2003.5.29

徐州市民用建筑工程总公司
地址:江苏省徐州市二环西路29号
邮政编码:221006
证书注册编号:1200B0200
体系认证标准:GB/T19002－1994 idt ISO 9002:1994
有效期:2000.5.30～2003.5.29

北京景海工艺五金制品有限公司
地址:北京市石景山区苹果园南路八号
邮政编码:100041
证书注册编号:1200B0201
体系认证标准:GB/T19002－1994 idt ISO 9002:1994
有效期:2000.5.30～2003.5.29

吴县市东山摆渡口塑料五金厂
地址:江苏省吴县市东山镇摆渡口
邮政编码:215107
证书注册编号:1200B0202
体系认证标准:GB/T19002－1994 idt ISO 9002:1994
有效期:2000.5.30～2003.5.29

河北省衡水长城通讯设备有限公司
地址:河北省衡水市景县龙华工业区
邮政编码:053511
证书注册编号:1200B0203
体系认证标准:GB/T19002－1994 idt ISO 9002:1994
有效期:2000.5.31～2003.5.30

赵县异型标准件厂
地址:河北省赵县石塔西路
邮政编码:051531
证书注册编号:1200B0204
体系认证标准:GB/T19002－1994 idt ISO 9002:1994
有效期:2000.5.31～2003.5.30

茂名市市政工程总公司
地址:广东省茂名市红旗南路207号
邮政编码:525011
证书注册编号:1200B0205
体系认证标准:GB/T19002－1994 idt ISO 9002:1994
有效期:2000.5.31～2003.5.30

宜兴市赛特新型建筑材料有限公司
地址:江苏省宜兴市高塍镇南
邮政编码:214214
证书注册编号:1200B0206
体系认证标准:GB/T19002－1994 idt ISO 9002:1994
有效期:2000.5.31～2003.5.30

北京北搪化工设备厂
地址:北京市东三环南路54号
邮政编码:100022
法定代表人:贾江波
证书注册编号:1200A0259
体系认证标准:GB/T19001－1994 idt ISO 9001:1994
有效期:2000.7.5～2003.7.4

无锡市五洋压缩机有限公司

地址:江苏省无锡市蠡园张巷 58 号
邮政编码:214074
证书注册编号:1200B0260
体系认证标准:GB/T19002－1994 idt ISO 9002:1994
有效期:2000.7.5～2003.7.4

上海鸿安港口设备附件厂
地址:上海市中山北路 3134 号
邮政编码:200063
证书注册编号:1200B0263
体系认证标准:GB/T19002－1994 idt ISO 9002:1994
有效期:2000.7.5～2003.7.4

天津飞雁水泥有限公司
地址:天津市蓟县渔山路 3 号
邮政编码:301900
证书注册编号:1200B0264
体系认证标准:GB/T19002－1994 idt ISO 9002:1994
有效期:2000.7.5～2003.7.4

内蒙古自治区第二电力建设工程公司(复评)
地址:内蒙古自治区呼和浩特市新城区东风路 583 号
邮政编码:010010
证书注册编号:1200B0265
体系认证标准:GB/T1 9002－1994 idt ISO 9002:1994
有效期:2000.7.5～2003.7.4

北京红星酿酒集团公司(复评)
地址:北京市朝阳区建国路 179 号
邮政编码: 100022
证书注册编号:1200B0266
体系认证标准:GB/T1 9002－1994 idt ISO 9002:1994
有效期:2000.7.5～2003.7.4

江苏狼山水泥有限公司
地址:江苏省盱眙县官滩镇
邮政编码:211703
证书注册编号:1200B0267
体系认证标准:GB/T19002－1994 idt ISO 9002:1994
有效期:2000.7.5～2003.7.4

四平市市政工程公司
地址:吉林省四平市铁东区南一马路 104 号
邮政编码:136001
证书注册编号:1200B0268
体系认证标准:GB/T19002－1994 idt ISO 9002:1994
有效期:2000.7.5～2003.7.4

云南玉溪华新电线电缆有限公司
地址:云南省玉溪市莲池
邮政编码:653101
证书注册编号:1200B0269
体系认证标准:GB/T19002－1994 idt ISO 9002:1994
有效期:2000.7.5～2003.7.4

内蒙古东达羊绒制品有限公司
地址:内蒙古自治区伊克昭盟达拉特旗树林召
邮政编码:014300
证书注册编号:1200B0270
体系认证标准:GB/T19002－1994 idt ISO 9002:1994
有效期:2000.7.5～2003.7.4

北京利市物业管理有限公司
地址:北京市西城区金融大街 27 号
邮政编码:100032
证书注册编号:1200B0271
体系认证标准:GBT19002－1994 idt ISO 9002:1994
有效期:2000.7.5～2003.7.4

无锡市恒昌阀业有限公司
地址:江苏省无锡市郊区南站镇东风村
邮政编码:214026
证书注册编号:1200B0272
体系认证标准:GB/T19002－1994 idt ISO 9002:1994
有效期:2000.7.5～2003.7.4

北京市潞电华商开关厂
地址:北京市通州区郎府乡郎东村北
邮政编码:101108
证书注册编号:1200B0273
体系认证标准:GB/T19002－1994 idt ISO 9002:1994
有效期:2000.7.5～2003.7.4

上海百律电蓄电池厂
地址:上海市南陈路 128 号
邮政编码:200436
证书注册编号:1200B0274
体系认证标准:GB/T19002－1994 idt ISO 9002:1994
有效期:2000.7.5～2003.7.4

无锡赛德生物工程有限公司
地址:江苏省锡山市经济技术开发区华夏中路 30 号
邮政编码:214101
证书注册编号:1200B0275
体系认证标准:GB/T19002－1994 idt ISO 9002:1994
有效期:2000.7.5～2003.7.4

浙江省长兴县煤山新型炉料厂
地址:浙江省长兴县煤山工业园区
邮政编码:313117
证书注册编号:1200B0276
体系认证标准:GB/T19002－1994 idt ISO 9002:1994
有效期:2000.7.5～2003.7.4

宜兴市军达化工厂
地址:江苏省宜兴市芳桥镇西
邮政编码:214264
证书注册编号:1200B0277
体系认证标准:GB/T19002－1994 idt ISO 9002:1994
有效期:2000.7.5～2003.7.4

北京平安房地产开发有限公司
地址:北京市西城区金融大街 23 号
邮政编码:100032
证书注册编号:1200B0278
体系认证标准:GB/T19002－1994 idt ISO 9002:1994
有效期:2000.7.5～2003.7.4

北京市市政四建设工程有限责任公司
地址:北京西城区百万庄东大街甲 2 号
邮政编码:100037
证书注册编号:1200B0279
体系认证标准:GB/T19002－1994 idt ISO 9002:1994
有效期:2000.7.5～2003.7.4

靖江市阿波罗机械制造有限公司
地址:江苏省靖江市城南大世界桥
邮政编码:214527
证书注册编号:1200B0280
体系认证标准:GB/T19002－1994 idt ISO 9002:1994
有效期:2000.7.5～2003.7.4

宜兴市虞山磁极钢厂
地址：江苏省宜兴市芳桥镇芳桥北路88号
邮政编码：214264
证书注册编号：1200B0281
体系认证标准：GB/T19002－1994 idt ISO 9002:1994
有效期：2000.7.5～2003.7.4

山东省永隆装饰工程有限公司
地址：山东省济南市千佛山路3号
邮政编码：250011
证书注册编号：1200B0282
体系认证标准：GB/T19002－1994 idt ISO 9002:1994
有效期：2000.7.5～2003.7.4

广州铁工电气绝缘材料有限公司
地址：广东省广州市花都区建设北路149号
邮政编码：510800
证书注册编号：1200A0283
体系认证标准：GB/T19001－1994 idt ISO 9001:1994
有效期：2000.7.5～2003.7.4

北京三德利油漆涂料有限公司
地址：北京市石景山区北辛安南岔甲45号
邮政编码：100041
证书注册编号：1200B0284
体系认证标准：GB/T19002－1994 idt ISO 9002:1994
有效期：2000.7.10～2003.7.9

昆明市金家纸制品厂
地址：云南昆明市官渡区六甲乡金家村
邮政编码：650228
证书注册编号：1200B0287
体系认证标准：GB/T19002－1994 idt ISO 9002:1994
有效期：2000.7.10～2003.7.9

长兴高新耐火材料有限公司
地址：浙江省长兴县煤山工业开发区
邮政编码：313117
证书注册编号：1200B0288
体系认证标准：GB/T19002－1994 idt ISO 9002:1994
有效期：2000.7.10～2003.7.9

浙江省长兴登峰炉料有限公司
地址：浙江省长兴县煤山新民
邮政编码：313117
证书注册编号：1200B0289
体系认证标准：GB/T19002－1994 idt ISO 9002:1994
有效期：2000.7.10～2003.7.9

内蒙古伊利实业集团股份有限公司奶粉事业部
地址：内蒙古自治区呼和浩特市金川开发区金四道
邮政编码：010080
证书注册编号：1200B0290
体系认证标准：GB/T19002－1994 idt ISO 9002:1994
有效期：2000.7.10～2003.7.9

句容五洲电磁线有限公司
地址：江苏句容市经济技术开发区西庙
邮政编码：212400
证书注册编号：1200B0291
体系认证标准：GB/T19002－1994 idt ISO 9002:1994
有效期：2000.7.10～2003.7.9

北京市电科电气装置厂
地址：北京市海淀区清河小营东路15号电科院
邮政编码：100085
证书注册编号：1200B0292
体系认证标准：GB/T19002－1994 idt ISO 9002:1994
有效期：2000.7.13～2003.7.12

喀什市第一建筑工程公司
地址：新疆维吾尔自治区喀什市人民东路105号
邮政编码：844000
证书注册编号：1200B0293
体系认证标准：GB/T19002－1994 idt ISO 9002:1994
有效期：2000.7.13～2003.7.12

无锡市华锦工程机械厂
地址：江苏省锡山市华庄镇
邮政编码：214131
证书注册编号：1200B0294
体系认证标准：GB/T19002－1994 idt ISO 9002:1994
有效期：2000.7.13～2003.7.12

新疆巨龙起重设备厂
地址：新疆维吾尔自治区乌鲁木齐市钱塘江路6号
邮政编码：830006
证书注册编号：1200B0295
体系认证标准：GB/T19002－1994 idt ISO 9002:1994
有效期：2000.7.13～2003.7.12

无锡山一寝具设备制造有限公司
地址：江苏省锡山市雪浪镇
邮政编码：214126
证书注册编号：1200B0296
体系认证标准：GB/T19002－1994 idt ISO 9002:1994
有效期：2000.7.13～2003.7.12

北京市顺义胜利润滑油厂
地址：北京市顺义区杨镇田家营村南
邮政编码：101309
证书注册编号：1200B0297
体系认证标准：GB/T19002－1994 idt ISO 9002:1994
有效期：2000.7.13～2003.7.12

长春市政建设(集团)有限公司
地址：吉林省长春市宽城区北京大街35号
邮政编码：130051
证书注册编号：1200B0298
体系认证标准：GB/T19002－1994 idt ISO 9002:1994
有效期：2000.7.13～2003.7.12

开封市豫兴预应力新技术开发有限公司
地址：河南省开封市西关北街194号
邮政编码：475004
证书注册编号：1200B0299
体系认证标准：GB/T1 9002－1994 idt ISO 9002:1994
有效期：2000.7.13～2003.7.12

广州铁道车辆厂
地址：广东省广州市花都区新华镇建设北路
邮政编码：510800
证书注册编号：1200B0300
体系认证标准：GB/T1 9002－1994 idt ISO 9002:1994
有效期：2000.7.14～2003.7.13

抚顺市市政建设公司

地址:辽宁省抚顺市顺城区新城路中段15号
邮政编码:113006
证书注册编号:1200B0301
体系认证标准:GB/T1 9002—1994 idt ISO 9002:1994
有效期:2000.7.17~2003.7.16

开原市起重机厂
地址:辽宁省开原市城郊67号
邮政编码:112300
证书注册编号:1200B0302
体系认证标准:GB/T19002—1994 idt ISO 9002:1994
有效期:2000.7.17~2003.7.16

吉林市市政建设总公司
地址:吉林省吉林市光华路12号
邮政编码:132001
证书注册编号:1200B0303
体系认证标准:GB/T19002—1994 idt ISO 9002:1994
有效期:2000.7.19~2003.7.18

上海伟利电梯配件有限公司
地址:上海市奉贤县钱桥镇光钱路4969号
邮政编码:201407
证书注册编号:1200B0304
体系认证标准:GB/T19002—1994 idt ISO 9002:1994
有效期:2000.7.20~2003.7.19

北京市朝阳区京伦金属结构制造厂
地址:北京市朝阳区龙爪树西里
邮政编码:100078
证书注册编号:1200B0305
体系认证标准:GB/T19002—1994 idt ISO 9002:1994
有效期:2000.7.20~2003.7.19

宜兴市太湖地基工程公司
地址:江苏省宜兴市周铁镇朝阳路3号
邮政编码:214261
证书注册编号:1200B0306
体系认证标准:GB/T19002—1994 idt ISO 9002:1994
有效期:2000.7.20~2003.7.19

云南省玉溪市科技彩印有限公司
地址:云南省玉溪市泰山路27号
邮政编码:653100
证书注册编号:1200B0307
体系认证标准:GB/T19002—1994 idt ISO 9002:1994
有效期:2000.7.20~2003.7.19

新疆电控设备厂
地址:新疆维吾尔自治区乌鲁木齐市钱塘江路6号
邮政编码:830006
证书注册编号:1200B0308
体系认证标准:GB/T19002—1994 idt ISO 9002:1994
有效期:2000.7.20~2003.7.19

常州市天安电器有限公司
地址:江苏省武进市横林镇崔桥
邮政编码:213103
证书注册编号:1200B0309
体系认证标准:GB/T19002—1994 idt ISO 9002:1994
有效期:2000.7.20~2003.7.19

张家口第四医院劳动服务中心验光配镜中心
地址:河北省张家口市明德北街26号
邮政编码:075000
证书注册编号:1200B0310
体系认证标准:GB/T19002—1994 idt ISO 9002:1994
有效期:2000.7.20~2003.7.19

内蒙古蒙牛乳业股份有限公司
地址:内蒙古自治区呼和浩特市和林格尔县盛乐经济园区
邮政编码:011500
证书注册编号:1200B0311
体系认证标准:GB/T19002—1994 idt ISO 9002:1994
有效期:2000.7.20~2003.7.19

通州市银河面粉有限公司
地址:江苏省通州金沙镇大庆路26号
邮政编码:226300
证书注册编号:1200B0312
体系认证标准:GB/T19002—1994 idt ISO 9002:1994
有效期:2000.7.20~2003.7.19

上海越功空调设备有限公司
地址:上海奉贤县沪杭公路.亭大路口
邮政编码:201400
证书注册编号:1200B0313
体系认证标准:GB/T19002—1994 idt ISO 9002:1994
有效期:2000.7.20~2003.7.19

***广州市美术公司**
地址:广东省广州市沙河顶水荫四横路46号
邮政编码:510075
电话:(020)87047039
传真:(020)87049507
法定代表人:陈金荣
证书注册编号:1200A0314
体系认证标准:GB/T1 9001—1994 idt ISO 9001:1994
获证体系覆盖产品:室内外装饰工程的设计、施工
有效期:2000.7.20~2003.7.19

河北西曼实业集团有限公司
地址:河北省辛集皮革商业城安定大街8号
邮政编码:052360
证书注册编号:1200B0315
体系认证标准:GB/T1 9002—1994 idt ISO 9002:1994
有效期:2000.7.20~2003.7.19

武进市新城机械配件厂
地址:江苏武进市湖塘镇与宁村工业区
邮政编码:213164
证书注册编号:1200B0316
体系认证标准:GB/T1 9002—1994 idt ISO 9002:1994
有效期:2000.7.20~2003.7.19

北京华控技术有限责任公司(复评)
地址:北京市海淀区五道口王庄甲1号
邮政编码:100083
证书注册编号:1200A0317
体系认证标准:GB/T1 9001—1994 idt ISO 9001:1994
有效期:2000.7.20~2003.7.19

北京瑞利分析仪器公司(复评)
地址:北京市东直门外西八间房
邮政编码:100015
证书注册编号:1200A0318
体系认证标准:GB/T19001—1994 idt ISO 9001:1994
有效期:2000.7.20~2003.7.19

山西晋城路桥建设有限公司

地址:山西省晋城风台东街 31 号
邮政编码:048000
证书注册编号:1200B0319
体系认证标准:GB/T19002－1994 idt ISO 9002:1994
有效期:2000.7.20～2003.7.19

北京大北农饲料科技有限责任公司
地址:北京市海淀区白石桥路 11 号理工科技大厦 7 层
邮政编码:100081
证书注册编号:1200B0320
体系认证标准:GB/T1 9002－1994 idt ISO 9002:1994
有效期:2000.7.20～2003.7.19

新疆生产建设兵团第二建筑安装工程总公司
地址:新疆维吾尔自治区乌鲁木齐市阿勒泰路 30 号
邮政编码:830054
证书注册编号:1200B0321
体系认证标准:GB/T1 9002－1994 idt ISO 9002:1994
有效期:2000.7.20～2003.7.19

常熟市染料化工二厂(有限公司)
地址:江苏省常熟市莫城镇西
邮政编码:201313
证书注册编号:1200B0322
体系认证标准:GB/T19002－1994 idt ISO 9002:1994
有效期:2000.7.20～2003.7.19

云南神农饲料有限公司
地址:云南省昆明市东郊茶旺山
邮政编码:650216
证书注册编号:1200B0323
体系认证标准:GB/T19002－1994 idt ISO 9002:1994
有效期:2000.7.20～2003.7.19

上海三林建筑工程有限公司
(上海三林混凝土制品厂)
地址:上海市浦东三林路 234 号
邮政编码:200124
证书注册编号:1200B0324
体系认证标准:GB/T19002－1994 idt ISO 9002:1994
有效期:2000.7.20～2003.7.19

河南省许昌汽车传动轴总厂
地址:河南省许昌市北郊尚集镇
邮政编码:461111
证书注册编号:1200B0325
体系认证标准:GB/T19002－1994 idt ISO 9002:1994
有效期:2000.8.1～2003.7.31

海口圣宝生物制品有限公司
地址:海南省海口市工业大道 168 号圣宝大厦
邮政编码:570216
证书注册编号:1200B0326
体系认证标准:GB/T19002－1994 idt ISO 9002:1994
有效期:2000.8.1～2003.7.31

北京金蓝鲨生物制品开发有限公司
地址:北京市海淀区白石桥路 39 号
邮政编码:100081
证书注册编号:1200B0327
体系认证标准:GB/T19002－1994 idt ISO 9002:1994
有效期:2000.8.1～2003.7.31

北京彩虹天地信息技术有限公司
地址:北京市海淀区海淀路 79 号海龙大厦 919 室
邮政编码:100081
证书注册编号:1200A0328
体系认证标准:GB/T19001－1994 idt ISO 9001:1994
有效期:2000.8.1～2003.7.31

鞍山鸿达庭院设计装饰有限公司
地址:辽宁省鞍山市千山区宋三镇大郑台村北
邮政编码:114011
证书注册编号:1200B0329
体系认证标准:GB/T19002－1994 idt ISO 9002:1994
有效期:2000.8.1～2003.7.31

江苏日欣实业集团有限公司
地址:江苏省高邮市武安路 8 号
邮政编码:225601
证书注册编号:1200B0330
体系认证标准:GB/T19002－1994 idt ISO 9002:1994
有效期:2000.8.2～2003.8.1

任丘市瑞源电缆有限公司
地址:河北省任丘市经济技术开发区
邮政编码:062550
证书注册编号:1200B0331
体系认证标准:GB/T19002－1994 idt ISO 9002:1994
有效期:2000.8.2～2003.8.1

舟山市金海机械有限公司
地址:浙江省舟山市舟山经济开发区 A 区金海路 1 号
邮政编码:316000
证书注册编号:1200B0332
体系认证标准:GB/T19002－1994 idt ISO 9002:1994
有效期:2000.8.2～2003.8.1

上海通业房地产发展有限公司
地址:上海宝山区同泰北路 403 弄 6 号
邮政编码:200940
证书注册编号:1200B0333
体系认证标准:GB/T1 9002－1994 idt ISO 9002:1994
有效期:2000.8.2～2003.8.1

上海低压电器二厂
地址:上海市闵行区梅陇兴南路 7 号
邮政编码:200237
证书注册编号:1200B0334
体系认证标准:GB/T1 9002－1994 idt ISO 9002:1994
有效期:2000.8.2～2003.8.1

北京西亚建筑市政工程公司
地址:北京市朝阳区大屯乡北顶五队
邮政编码:100101
证书注册编号:1200B0335
体系认证标准:GB/T19002－1994 idt ISO 9002:1994
有效期:2000.8.2～2003.8.1

通化市市政工程公司
地址:吉林省通化市民安路 13 号
邮政编码:134001
证书注册编号:1200B0336
体系认证标准:GB/T19002－1994 idt ISO 9002:1994
有效期:2000.8.4～2003.8.3

河南省中原电力电容器有限公司
地址:河南省焦作市温县黄河路 21 号
邮政编码:454850
证书注册编号:1200B0337
体系认证标准:GB/T19002－1994 idt

ISO 9002:1994
有效期:2000.8.4～2003.8.3

扬州市市政工程总公司
地址:江苏省扬州市张回巷30号
邮政编码:225002
证书注册编号:1200B0338
体系认证标准:GB/T1 9002－1994 idt ISO 9002:1994
有效期:2000.8.4～2003.8.3

白城市市政工程公司
地址:吉林省白城市青年南大街5号
邮政编码:137000
证书注册编号:1200B0339
体系认证标准:GB/T1 9002－1994 idt ISO 9002:1994
有效期:2000.8.4～2003.8.3

玉林市长城机械厂
地址:广西壮族自治区玉林市塘步岭工业区
邮政编码:537002
证书注册编号:1200B0340
体系认证标准:GB/T19002－1994 idt ISO 9002:1994
有效期:2000.8.5～2003.8.4

沧州市螺旋钢管厂
地址:河北省沧州市解放东路1号
邮政编码:061000
证书注册编号:1200B0341
体系认证标准:GB/T19002－1994 idt ISO 9002:1994
有效期:2000.8.5～2003.8.4

江阴市西城钢铁有限公司
地址:江苏省江阴市夏港镇静堂里村
邮政编码:214442
证书注册编号:1200B0342
体系认证标准:GB/T19002－1994 idt ISO 9002:1994
有效期:2000.8.5～2003.8.4

宜兴市陶都高温炉料厂
地址:江苏省宜兴市丁蜀镇开发区(三洞桥)
邮政编码:214221
证书注册编号:1200B0343
体系认证标准:GB/T19002－1994 idt ISO 9002:1994
有效期:2000.8.5～2003.8.4

通州市四安球墨铸铁厂
地址:江苏省通州市四安镇
邮政编码:226352
证书注册编号:1200B0344
体系认证标准:GB/T19002－1994 idt ISO 9002:1994
有效期:2000.8.5～2003.8.4

廊坊天盛水泥工业有限责任公司
地址:河北省廊坊市文安县兴隆宫镇
邮政编码:065800
证书注册编号:1200B0345
体系认证标准:GB/T19002－1994 idt ISO 9002:1994
有效期:2000.8.5～2003.8.4

安徽华光玻璃集团有限公司
地址:安徽省蚌埠市涂山路767号
邮政编码:233054
证书注册编号:1200B0346
体系认证标准:GB/T1 9002－1994 idt ISO 9002:1994
有效期:2000.8.5～2003.8.4

青岛双峰电器厂
地址:山东省青岛市北区308国道保儿站东
邮政编码:266100
证书注册编号:1200B0347
体系认证标准:GB/T1 9002－1994 idt ISO 9002:1994
有效期:2000.8.10～2003.8.9

锡山市东方特种泵配件有限公司
地址:江苏省锡山市厚桥镇谢埭荡村
邮政编码:214106
证书注册编号:1200B0348
体系认证标准:GB/T19002－1994 idt ISO 9002:1994
有效期:2000.8.10～2003.8.09

北京市海淀区绅士衬衫厂(复评)
地址:北京市海淀区永丰乡亮甲店村
邮政编码:100094
证书注册编号:1200B0349
体系认证标准:GB/T19002－1994 idt ISO 9002:1994
有效期:2000.8.10～2003.8.09

山东鲁能物业公司
地址:山东省济南市经三路14号
邮政编码:250001
证书注册编号:1200B0350
体系认证标准:GB/T19002－1994 idt ISO 9002:1994
有效期:2000.8.10～2003.8.09

张家港梦达化妆品有限公司
地址:江苏张家港市后塍镇澄杨路1号
邮政编码:215631
证书注册编号:1200B0351
体系认证标准:GB/T19002－1994 idt ISO 9002:1994
有效期:2000.8.10～2003.8.09

唐山冀营水泥厂
地址:河北省唐山市新区北
邮政编码:064009
证书注册编号:1200B0352
体系认证标准:GB/T19002－1994 idt ISO 9002:1994
有效期:2000.8.10～2003.8.09

昆明远达实业(集团)有限公司
地址:云南省昆明市高新技术产业开发区昌源中路M1－1－5
邮政编码:650118
证书注册编号:1200A0353
体系认证标准:GB/T19001－1994 idt ISO 9001:1994
有效期:2000.8.10～2003.8.09

江都市凯达电力锻造厂
地址:江苏省江都市砖桥镇
邮政编码:225233
证书注册编号:1200B0354
体系认证标准:GB/T19002－1994 idt ISO 9002:1994
有效期:2000.8.10～2003.8.09

舟山市气门座厂
地址:浙江省舟山市定海区册子
邮政编码:316056
证书注册编号:1200B0355
体系认证标准:GB/T19002－1994 idt ISO 9002:1994
有效期:2000.8.10～2003.8.09

南通扬子设备安装公司
地址:江苏通州市平东镇平五路16号
邮政编码:226361
证书注册编号:1200B0356
体系认证标准:GB/T19002－1994 idt ISO 9002:1994

有效期:2000.8.10～2003.8.09

北京雪鹿豹皮草有限责任公司
地址:北京市丰台区永外石马坟8号
邮政编码:100077
证书注册编号:1200B0357
体系认证标准:GB/T19002－1994 idt ISO 9002:1994
有效期:2000.8.10～2003.8.09

上海光通光缆厂(复评)
地址:上海闵行区春申路2328弄2号
邮政编码:201100
证书注册编号:1200B0358
体系认证标准:GB/T19002－1994 idt ISO 9002:1994
有效期:2000.8.10～2003.8.09

三河鸿运汽车配件厂
地址:河北省三河市黄土庄镇马连口村
邮政编码:065200
证书注册编号:1200B0359
体系认证标准:GB/T19002－1994 idt ISO 9002:1994
有效期:2000.8.10～2003.8.09

白山市市政工程有限责任公司
地址:吉林省白山市民中街48号
邮政编码:134300
证书注册编号:1200B0360
体系认证标准:GB/T19002－1994 idt ISO 9002:1994
有效期:2000.8.10～2003.8.09

云南省宜良县九乡风景名胜区旅游开发总公司
地址:云南省宜良县九乡风景名胜区
邮政编码:652114
证书注册编号:1200B0361
体系认证标准:GB/T19002－1994 idt ISO 9002:1994
有效期:2000.8.21～2003.8.20

上海欣鑫塑料总厂利乐五金塑料厂
地址:上海浦东新区(王港镇虹三工业区)红星路528号
邮政编码:201201
证书注册编号:1200B0362
体系认证标准:GB/T19002－1994 idt ISO 9002:1994
有效期:2000.8.21～2003.8.20

河南省新密市高炉砌筑耐火材料厂
地址:河南省新密市米村镇于湾村
邮政编码:452394
证书注册编号:1200B0363
体系认证标准:GB/T19002－1994 idt ISO 9002:1994
有效期:2000.8.21～2003.8.20

句容市电磁线有限公司
地址:江苏省句容市南郊
邮政编码:212443
证书注册编号:1200B0364
体系认证标准:GB/T19002－1994 idt ISO 9002:1994
有效期:2000.8.21～2003.8.20

开封市流量计厂
地址:河南省开封市汴京路
邮政编码:475002
证书注册编号:1200B0365
体系认证标准:GB/T19002－1994 idt ISO 9002:1994
有效期:2000.8.21～2003.8.20

华北石油新型建筑材料有限公司
地址:河北省任丘市华北油田供应处橡胶研究所二楼
邮政编码:062552
证书注册编号:1200B0366
体系认证标准:GB/T19002－1994 idt ISO 9002:1994
有效期:2000.8.21～2003.8.20

山西永济同力铁合金有限公司
地址:山西省永济市中山东街20号
邮政编码:044500
证书注册编号:1200B0367
体系认证标准:GB/T19002－1994 idt ISO 9002:1994
有效期:2000.8.21～2003.8.20

新乡中大电子有限公司
地址:河南省新乡市西干道43号
邮政编码:453002
证书注册编号:1200A0368
体系认证标准:GB/T19001－1994 idt ISO 9001:1994
有效期:2000.8.21～2003.8.20

郑州市热力阀门有限公司
地址:河南省郑州市西郊郑上路赵家庄车站
邮政编码:450121
证书注册编号:1200A0369
体系认证标准:GB/T19001－1994 idt ISO 9001:1994
有效期:2000.8.22～2003.8.21

邳州市建筑安装工程公司
地址:江苏省邳州市解放路33号
邮政编码:221300
证书注册编号:1200B0370
体系认证标准:GB/T1 9002－1994 idt ISO 9002:1994
有效期:2000.8.22～2003.8.21

库尔勒市政工程管理处
地址:新疆维吾尔自治区库尔勒市滨河路
邮政编码:841000
证书注册编号:1200B0371
体系认证标准:GB/T1 9002－1994 idt ISO 9002:1994
有效期:2000.8.22～2003.8.21

上海佳友电力有限公司
地址:上海市浦东芳草路273号
邮政编码:201204
证书注册编号:1200B0372
体系认证标准:GB/T1 9002－1994 idt ISO 9002:1994
有效期:2000.8.28～2003.8.27

宜兴市给排水机械制造厂
地址:江苏省宜兴市高塍镇人民西路163号
邮政编码:214214
证书注册编号:1200B0373
体系认证标准:GB/T1 9002－1994 idt ISO 9002:1994
有效期:2000.8.28～2003.8.27

自贡市真空滤油机总厂
地址:四川省自贡市贡井区虎头桥
邮政编码:643020
证书注册编号:1200B0374
体系认证标准:GB/T1 9002－1994 idt ISO 9002:1994
有效期:2000.8.28～2003.8.27

南昌市市政工程开发有限公司
地址:江西省南昌市南京西路389号
邮政编码:330006
证书注册编号:1200A0375

体系认证标准:GB/T1 9001—1994 idt ISO 9001:1994
有效期:2000.8.28～2003.8.27

宁夏煤炭基本建设公司（中煤第八建设公司）
地址:宁夏回族自治区石嘴山市大武口区贺兰山北路
邮政编码:753000
证书注册编号:1200B0376
体系认证标准:GB/T19002—1994 idt ISO 9002:1994
有效期:2000.8.28～2003.8.27

沈阳方元锅炉有限公司
地址:辽宁省沈阳市东陵区浑河站民族开发区
邮政编码:110166
证书注册编号:1200B0377
体系认证标准:GB/T1 9002—1994 idt ISO 9002:1994
有效期:2000.8.28～2003.8.27

林州市建筑工程九公司
地址:河南省郑州市综合投资区长兴南路9号
邮政编码:450044
证书注册编号:1200B0378
体系认证标准:GB/T1 9002—1994 idt ISO 9002:1994
有效期:2000.8.28～2003.8.27

包头市蒙豹王涂料有限责任公司
地址:内蒙古自治区包头市东河区巴彦塔拉大街东大桥南
邮政编码:014040
证书注册编号:1200B0379
体系认证标准:GB/T19002—1994 idt ISO 9002:1994
有效期:2000.8.29～2003.8.28

乌鲁木齐市市政工程公司
地址:新疆维吾尔自治区乌鲁木齐市扬子江路19号
邮政编码:830000
证书注册编号:1200B0380
体系认证标准:GB/T19002—1994 idt ISO 9002:1994
有效期:2000.8.30～2003.8.29

新疆建工装饰工程有限责任公司
地址:新疆维吾尔自治区乌鲁木齐市青年路19号
邮政编码:830002
证书注册编号:1200B0381
体系认证标准:GB/T19002—1994 idt ISO 9002:1994
有效期:2000.8.30～2003.8.29

新疆建工(集团)有限责任公司
地址:新疆维吾尔自治区乌鲁木齐市青年路19号
邮政编码:830002
证书注册编号:1200B0382
体系认证标准:GB/T19002—1994 idt ISO 9002:1994
有效期:2000.9～2003.9

宜兴市新兴车辆附件厂
地址:江苏省宜兴市鲸塘镇南
邮政编码:214244
证书注册编号:1200B0383
体系认证标准:GB/T19002—1994 idt ISO 9002:1994
有效期:2000.9～2003.9

牡丹江市市政建设工程总公司
地址:黑龙江省牡丹江光华街111号
邮政编码:157000
证书注册编号:1200B0384
体系认证标准:GB/T19002—1994 idt ISO 9002:1994
有效期:2000.9～2003.9

新疆建筑施工总部
地址:新疆维吾尔自治区乌鲁木齐市青年路19号
邮政编码:830002
证书注册编号:1200B0385
体系认证标准:GB/T19002—1994 idt ISO 9002:1994
有效期:2000.9～2003.9

蚌埠市第二建筑安装工程总公司
地址:安徽省蚌埠市胜利西路74号
邮政编码:233000
证书注册编号:1200B0386
体系认证标准:GB/T19002—1994 idt ISO 9002:1994
有效期:2000.9～2003.9

盐城市市政建设总公司
地址:江苏省盐城市人民南路8号
邮政编码:224002
证书注册编号:1200B0387
体系认证标准:GB/T19002—1994 idt ISO 9002:1994
有效期:2000.9～2003.9

宜兴拜富色釉料有限公司
地址:江苏省宜兴市丁蜀镇西望
邮政编码:214221
证书注册编号:1200B0388
体系认证标准:GB/T19002—1994 idt ISO 9002:1994
有效期:2000.9～2003.9

锡山市杨市整流器厂
地址:江苏省锡山市杨市镇
邮政编码:214154
证书注册编号:1200B0389
体系认证标准:GB/T19002—1994 idt ISO 9002:1994
有效期:2000.9～2003.9

哈尔滨市第一市政工程公司
地址:黑龙江省哈尔滨市道里区兆麟街22号
邮政编码:150010
证书注册编号:1200B0390
体系认证标准:GB/T19002—1994 idt ISO 9002:1994
有效期:2000.9～2003.9

黑龙江省东方市政工发集团公司
地址:黑龙江省佳木斯市保卫路234号
邮政编码:154002
证书注册编号:1200B0391
体系认证标准:GB/T19002—1994 idt ISO 9002:1994
有效期:2000.9～2003.9

太原市三力机械仪表厂
地址:山西省太原市新兰路98号
邮政编码:030008
证书注册编号:1200B0392
体系认证标准:GB/T19002—1994 idt ISO 9002:1994
有效期:2000.9～2003.9

北京城建新隆工程有限责任公司
地址:北京市朝阳区东土城路九号
邮政编码:100013
证书注册编号:1200B0393
体系认证标准:GB/T19002—1994 idt ISO 9002:1994

有效期:2000.9～2003.9

***新疆维吾尔自治区消防工程公司**
地址:新疆维吾尔自治区乌鲁木齐市青年路19号
邮政编码:830002
电话:(0991)2617427
传真:(0991)2617425
法定代表人:袁东风
证书注册编号:1200B0394
体系认证标准:GB/T19002－1994 idt ISO 9002:1994
获证体系覆盖产品:消防设备安装调试,水暖安装
有效期:2000.9.1～2003.8.31

新疆新力坚消防有限公司
地址:新疆维吾尔自治区乌鲁木齐建设路2号
邮政编码:830002
证书注册编号:1200B0395
体系认证标准:GB/T19002－1994 idt ISO 9002:1994
有效期:2000.9～2003.9

吉林石油集团有限责任公司公路工程公司
地址:吉林省松原市宁江区和平街
邮政编码:138000
证书注册编号:1200B0396
体系认证标准:GB/T19002－1994 idt ISO 9002:1994
有效期:2000.9～2003.9

保定市永久防水材料厂
地址:河北保定市建国西路小汲工业区
邮政编码:071000
证书注册编号:1200B0397
体系认证标准:GB/T19002－1994 idt ISO 9002:1994
有效期:2000.9～2003.9

新疆消防设施安装维护有限公司
地址:新疆维吾尔自治区乌鲁木齐市钻石城43号
邮政编码:830002
证书注册编号:1200B0398
体系认证标准:GB/T19002－1994 idt ISO 9002:1994
有效期:2000.9～2003.9

北京市液化石油气公司管线管理所
地址:北京市海淀区西郊板井村
邮政编码:100089
证书注册编号:1200B0399
体系认证标准:GB/T19002－1994 idt ISO 9002:1994
有效期:2000.9～2003.9

青岛宝青物业发展有限公司
地址:山东省青岛市香港中路56号金光大厦
邮政编码:266071
证书注册编号:1200B0400
体系认证标准:GB/T19002－1994 idt ISO 9002:1994
有效期:2000.9～2003.9

北京新威化工有限公司
地址:北京市南苑团河路大白楼8号
邮政编码:100076
证书注册编号:1200B0404
体系认证标准:GB/T19002－1994 idt ISO 9002:1994
有效期:2000.9～2003.9

无锡市鼓风机厂
地址:江苏省无锡市甘露镇
邮政编码:214117
证书注册编号:1200B0405
体系认证标准:GB/T19002－1994 idt ISO 9002:1994
有效期:2000.9～2003.9

常州市常柴精细化工厂
地址:江苏省常州市白鹤路3号
邮政编码:213016
证书注册编号:1200B0406
体系认证标准:GB/T19002－1994 idt ISO 9002:1994
有效期:2000.9～2003.9

江阴市天华纱业有限公司
地址:江苏省江阴市陆桥镇东街3号
邮政编码:214425
证书注册编号:1200B0407
体系认证标准:GB/T19002－1994 idt ISO 9002:1994
有效期:2000.9～2003.9

南海市招大南洋电线厂
地址:广东省南海市狮山区招大管理区
邮政编码:528226
证书注册编号:1200B0408
体系认证标准:GB/T19002－1994 idt ISO 9002:1994
有效期:2000.9～2003.9

云南玉溪市红塔铝箔纸厂
(云南玉溪市金卡纸厂)
地址:云南玉溪市红塔区大营街工业区
邮政编码:653103
证书注册编号:1200B0409
体系认证标准:GB/T19002－1994 ISO9002:1994
有效期:2000.9～2003.9

三河市京东水泥厂
地址:河北省三河市段甲岭镇北
邮政编码:065203
证书注册编号:1200B0410
体系认证标准:GB/T19002－1994 ISO9002:1994
有效期:2000.9～2003.9

廊坊恒宇工具有限公司
地址:河北省廊坊市建国道112号
邮政编码:065000
证书注册编号:1200A0411
体系认证标准:GB/T19001－1994 ISO9001:1994
有效期:2000.9～2003.9

玉溪环球彩印纸盒有限公司
地址:云南省玉溪市玉江东路39号
邮政编码:653107
证书注册编号:1200B0412
体系认证标准:GB/T19002－1994 ISO9002:1994
有效期:2000.9～2003.9

北京市平谷机械厂
地址:北京市平谷镇新开街22号
邮政编码:021000
证书注册编号:1200B0413
体系认证标准:GB/T19002－1994 ISO9002:1994
有效期:2000.9～2003.9

宜兴市江南净水设备厂
地址:江苏省宜兴市高塍镇中心路
邮政编码:214214
证书注册编号:1200B0414
体系认证标准:GB/T19002－1994 ISO9002:1994
有效期:2000.9～2003.9

＊山西省长治供电局电网工程公司
地址:山西省长治市太行东街12号
邮政编码:046011
电话:(0355)2072997
传真:(0355)2072669
法定代表人:许玉斌
证书注册编号:1200B0415
体系认证标准:GB/T19002－1994 idt ISO 9002:1994
获证体系覆盖产品:220KV 及以下送变电工程施工
有效期:2000.9.15～2003.9.14

鞍山市炭黑厂
地址:辽宁省鞍山市千山区大阳气镇
邮政编码:114011
证书注册编号:1200B0416
体系认证标准:GB/T19002－1994 idt ISO 9002:1994
有效期:2000.9～2003.9

上海市高桥电缆厂
地址:上海市浦东新区杨高北路528号
邮政编码:200137
证书注册编号:1200B0417
体系认证标准:GB/T19002－1994 idt ISO 9002:1994
有效期:2000.9～2003.9

北京德威特电力系统自动化集团
地址:北京海淀区中关村北二条甲5号
邮政编码:100080
证书注册编号:1200A0418
体系认证标准:GB/T19002－1994 idt ISO 9002:1994
有效期:2000.9～2003.9

锡山市海溪防腐设备厂
地址:江苏省无锡市锡澄路西漳镇
邮政编码:214171
证书注册编号:1200B0419
体系认证标准:GB/T19002－1994 idt ISO 9002:1994
有效期:2000.9～2003.9

昌邑市石墨制品厂
地址:山东省昌邑市城里街东首
邮政编码:261300
证书注册编号:1200B0420
体系认证标准:GB/T1 9002－1994 idt ISO 9002:1994
有效期:2000.9～2003.9

新疆维吾尔自治区建筑工程运输公司
地址:新疆维吾尔自治区乌鲁木齐市五星路25号
邮政编码:830002
证书注册编号:1200B0421
体系认证标准:GB/T1 9002－1994 idt ISO 9002:1994
有效期:2000.9～2003.9

景德镇市市政工程处
地址:江西省景德镇市珠山东路15号
邮政编码:333000
证书注册编号:1200B0422
体系认证标准:GB/T1 9002－1994 idt ISO 9002:1994
有效期:2000.9～2003.9

开封市市政工程总公司
地址:河南省开封市演武厅西街24#
邮政编码:475003
证书注册编号:1200B0423
体系认证标准:GB/T1 9002－1994 idt ISO 9002:1994
有效期:2000.9～2003.9

北京茂华保温材料有限公司
地址:北京市朝阳区大黄庄南路
邮政编码:100024
证书注册编号:1200B0424
体系认证标准:GB/T1 9002－1994 idt ISO 9002:1994
有效期:2000.9～2003.9

昆明泰阁电气有限公司
地址:云南省昆明黄土坡观音寺61号
邮政编码:650101
证书注册编号:1200B0425
体系认证标准:GB/T1 9002－1994 idt ISO 9002:1994
有效期:2000.9～2003.9

晋江市味力食品有限公司
地址:福建省晋江福埔开发区缺塘工业区南区1号
邮政编码:362200
证书注册编号:1200B0426
体系认证标准:GB/T19002－1994 idt ISO 9002:1994
有效期:2000.9～2003.9

新疆亚华房地产开发总公司
地址:新疆维吾尔自治区乌鲁木齐市青年路十九号
邮政编码:830002
体系认证标准:GB/T19002－1994 idt ISO 9002:1994
有效期:2000.9～2003.9

宜兴神峰漆业化工有限公司(宜兴市神宝化工有限公司)
地址:江苏省宜兴市太华镇
邮政编码:214235
证书注册编号:1200B0442
体系认证标准:GB/T19002－1994 idt ISO 9002:1994
有效期:2000.9～2003.9

青岛海琴机械配件有限公司
地址:山东省青岛市城阳区棘洪滩镇古岛村
邮政编码:266111
证书注册编号:1200B0443
体系认证标准:GB/T1 9002－1994 idt ISO 9002:1994
有效期:2000.9～2003.9

宜兴市太极化工实业公司
(江苏华丰漆业有限公司)
地址:江苏省宜兴市太华镇乾元村
邮政编码:214235
证书注册编号:1200B0444
体系认证标准:GB/T1 9002－1994 idt ISO 9002:1994
有效期:2000.9～2003.9

江阴市水利电气成套厂
地址:江苏省江阴市花园路341号
邮政编码:214432
证书注册编号:1200B0445
体系认证标准:GB/T1 9002－1994 idt ISO 9002:1994
有效期:2000.9～2003.9

无锡市科虹标牌有限公司
地址:江苏省无锡市新区汉江路5号－1－1－2
邮政编码:214028
证书注册编号:1200B0446
体系认证标准:GB/T1 9002－1994 idt ISO 9002:1994
有效期:2000.9～2003.9

北京机电研究所
(含潮远焊业有限责任公司)

地址:北京市海淀区学清路18号
邮政编码:100083
证书注册编号:1200B0447
体系认证标准:GB/T1 9002—1994 idt ISO 9002:1994
有效期:2000.9～2003.9

徐州季季乐太阳能有限责任公司
地址:江苏徐州九里山经济技术开发区
邮政编码:221163
证书注册编号:1200B0448
体系认证标准:GB/T19002—1994 idt ISO 9002:1994
有效期:2000.9～2003.9

鞍山市市政设施维修总公司
地址:辽宁鞍山市铁东区南胜利路2号
邮政编码:114001
证书注册编号:1200B0449
体系认证标准:GB/T19002—1994 idt ISO 9002:1994
有效期:2000.9～2003.9

江苏华泰道路桥梁工程有限公司
地址:江苏高邮市府前街政府广场西侧
邮政编码:225600
证书注册编号:1200B0450
体系认证标准:GB/T19002—1994 idt ISO 9002:1994
有效期:2000.9～2003.9

长春长联软件工程有限公司
地址:吉林省长春市前进大街24号
邮政编码:130012
证书注册编号:1200A0451—1
体系认证标准:GB/T19001—1994 idt ISO 9001:1994
有效期:2000.9～2003.9

长春长联软件工程有限公司
地址:吉林省长春市前进大街24号
邮政编码:130012
证书注册编号:1200B0451—2
体系认证标准:GB/T19002—1994 idt ISO 9002:1994
有效期:2000.9～2003.9

锡山市华胜电力器材有限责任公司
地址:江苏省锡山市华庄镇落霞村
邮政编码:214124
证书注册编号:1200B0452
体系认证标准:GB/T19002—1994 idt ISO 9002:1994
有效期:2000.9～2003.9

淄博大成塑纤有限公司
地址:山东省淄博市淄川区松龄东路85号
邮政编码:255100
证书注册编号:1200B0453
体系认证标准:GB/T19002—1994 idt ISO 9002:1994
有效期:2000.9～2003.9

北京金吉列制衣有限公司
地址:北京市海淀区清河桥东甲1号
邮政编码:100085
证书注册编号:1200B0454
体系认证标准:GB/T19002—1994 idt ISO 9002:1994
有效期:2000.9～2003.9

沈阳平和实业有限公司
地址:辽宁省沈阳市长江北街64—5号
邮政编码:110034
证书注册编号:1200B0455
体系认证标准:GB/T19002—1994 idt ISO 9002:1994
有效期:2000.9～2003.9

西安康盛电子科技有限责任公司
地址:陕西省西安市电子城电子正街160号
邮政编码:710065
证书注册编号:1200B0456
体系认证标准:GB/T19002—1994 idt ISO 9002:1994
有效期:2000.9～2003.9

浙江长兴县五星耐火器材厂
地址:浙江省长兴县洪桥镇工业园区
邮政编码:313106
证书注册编号:1200B0457
体系认证标准:GB/T19002—1994 idt ISO 9002:1994
有效期:2000.9～2003.9

廊坊市城市建筑安装工程二公司
地址:河北省廊坊市金光道47号
邮政编码:065000
证书注册编号:1200B0458
体系认证标准:GB/T19002—1994 idt ISO 9002:1994
有效期:2000.9～2003.90

开封市通达公路工程有限公司
地址:河南省开封市宋城路西段9号
邮政编码:475004
证书注册编号:1200B0459
体系认证标准:GB/T19002—1994 idt ISO 9002:1994
有效期:2000.9～2003.9

江宁县东山汽车配件厂
地址:江苏省江宁县东山双龙路
邮政编码:211100
证书注册编号:1200B0460
体系认证标准:GB/T19002—1994 idt ISO 9002:1994
有效期:2000.9～2003.9

齐齐哈尔市第二市政工程公司
地址:黑龙江省齐齐哈尔市龙沙区合意大街173号
邮政编码:161005
证书注册编号:1200B0461
体系认证标准:GB/T19002—1994 iso 9002:1994
有效期:2000.9～2003.9

江苏欧桥精纺有限公司
地址:江苏省张家港市妙桥镇
邮政编码:215615
证书注册编号:1200B0462
体系认证标准:GB/T19002—1994 iso 9002:1994
有效期:2000.9～2003.9

济南华玫服装有限公司
地址:山东省济南市平阴榆路52号
邮政编码:250400
证书注册编号:1200B0463
体系认证标准:GB/T19002—1994 iso 9002:1994
有效期:2000.9～2003.9

江阴市华明电气设备有限公司
地址:江苏省江阴市滨江中路560号
邮政编码:214434
证书注册编号:1200B0464
体系认证标准:GB/T19002—1994 iso 9002:1994
有效期:2000.9～2003.9

黄石市鹿峰水泥有限公司
地址:湖北省黄石市铁山区三岔路8#
邮政编码:435006

证书注册编号:1200B0465
体系认证标准:GB/T19002－1994 iso 9002:1994
有效期:2000.9～2003.9

湖州市浙北水泥制管有限公司
地址:浙江南浔经济开发区西郊三里桥
邮政编码:313009
证书注册编号:1200B0466
体系认证标准:GB/T19002－1994 iso 9002:1994
有效期:2000.9～2003.9

辽阳石油化纤公司市政工程公司
地址:辽宁辽阳市宏伟区光华街14号
邮政编码:111003
证书注册编号:1200B0467
体系认证标准:GB/T19002－1994 iso 9002:1994
有效期:2000.9～2003.9

顺德市水电建设工程有限公司
地址:广东省顺德市大良镇金榜区育才路2号
邮政编码:528300
证书注册编号:1200B0468
体系认证标准:GB/T19002－1994 iso 9002:1994
有效期:2000.9～2003.9

华迪计算机有限公司
地址:北京西城区月坛北街2号月坛大厦七层
邮政编码:100045
证书注册编号:1200A0469
体系认证标准:GB/T19001－1994 idt ISO 9001:1994
有效期:2000.9～2003.9

北京市直埋保温管厂
地址:北京市通州区徐辛庄镇工业区
邮政编码:101119
证书注册编号:1200B0470
体系认证标准:GB/T19002－1994 idt ISO 9002:1994
有效期:2000.9～2003.9

辽宁沈康无纺布制造有限公司
地址:辽宁沈阳市东陵区南塔街124号
邮政编码:110015
证书注册编号:1200B0471
体系认证标准:GB/T19002－1994 idt ISO 9002:1994
有效期:2000.9～2003.9

＊山西吕梁路桥有限公司
地址:山西省离石市南大街11号
邮政编码:033000
电话:(0358)8223130、8236843
传真:(0358)8229074
法定代表人:杨直清
证书注册编号:1200B0472
体系认证标准:GB/T19002－1994 idt ISO 9002:1994
获证体系覆盖产品:道路、桥梁、公路工程的施工、服务
有效期:2000.9.27～2003.9.26

通辽市辽河油漆化工有限公司
地址:内蒙古自治区通辽市红胜大街54号
邮政编码:028000
证书注册编号:1200B0473
体系认证标准:GB/T19002－1994 iso 9002:1994
有效期:2000.9～2003.9

沈阳市市政工程修建公司
地址:辽宁省沈阳市和平区南京南街115号
邮政编码:110005
证书注册编号:1200B0474
体系认证标准:GB/T19002－1994 iso 9002:1994
有效期:2000.9～2003.9

通辽市辽河油漆化工有限公司
地址:内蒙古自治区通辽市红胜大街54号
邮政编码:028000
证书注册编号:1200A0475
体系认证标准:GB/T19001－1994 idt ISO 9001:1994
有效期:2000.9～2003.9

淮北市第二建筑安装公司
地址:安徽省淮北市孟山路88号
邮政编码:235000
证书注册编号:1200B0476
体系认证标准:GB/T19002－1994 idt ISO 9002:1994
有效期:2000.9～2003.9

北京茂源防火材料厂
地址:北京市顺义区李桥镇
邮政编码:101304
证书注册编号:1200B0477
体系认证标准:GB/T19002－1994 idt ISO 9002:1994
有效期:2000.9～2003.9

德清县金磊耐火有限公司
地址:浙江省德清县钟管镇
邮政编码:313220
证书注册编号:1200B0478
体系认证标准:GB/T19002－1994 idt ISO 9002:1994
有效期:2000.9～2003.9

张家港市港口电梯装璜厂
地址:江苏省张家港市港口镇新桥村
邮政编码:215612
证书注册编号:1200B0479
体系认证标准:GB/T19002－1994 idt ISO 9002:1994
有效期:2000.9～2003.9

锡山市洛社新星机电制造厂
地址:江苏省锡山市洛社镇杨村
邮政编码:214187
证书注册编号:1200B0480
体系认证标准:GB/T19002－1994 iso 9002:1994
有效期:2000.9～2003.9

泰州市东方数控机床厂
地址:江苏省泰州市东郊斜桥
邮政编码:225300
证书注册编号:1200B0481
体系认证标准:GB/T19002－1994 iso 9002:1994
有效期:2000.9～2003.9

新密市天元耐火材料有限公司
地址:河南省新密市米村镇柿树湾村
邮政编码:452394
证书注册编号:1200B0482
体系认证标准:GB/T19002－1994 iso 9002:1994
有效期:2000.9～2003.9

北京科进电子技术开发公司
地址:北京德外祁家豁子
邮政编码:100029
证书注册编号:1200B0483
体系认证标准:GB/T19002－1994 idt

ISO 9002:1994
有效期:2000.9～2003.9

佳木斯市河海水利工程处
地址:黑龙江省佳木斯市通江街15号
邮政编码:154002
证书注册编号:1200B0484
体系认证标准:GB/T19002－1994 idt ISO 9002:1994
有效期:2000.10～2003.10

苏州市新纪元塑胶有限公司
地址:江苏省苏州市虎丘青年路118号
邮政编码:215008
证书注册编号:1200B0485
体系认证标准:GB/T19002－1994 idt ISO 9002:1994
有效期:2000.10～2003.10

江苏港鹰集团有限公司
地址:江苏省张家港市晨阳镇
邮政编码:215637
证书注册编号:1200B0486
体系认证标准:GB/T19002－1994 idt ISO 9002:1994
有效期:2000.10～2003.10

祁县潜水电泵厂
地址:山西省祁县东观镇大运路11号
邮政编码:030900
证书注册编号:1200B0487
体系认证标准:GB/T19002－1994 idt ISO 9002:1994
有效期:2000.10～2003.10

湛江市住宅建筑工程公司
地址:广东省湛江市赤坎九二一路潮州塘小区2号楼
邮政编码:524035
证书注册编号:1200B0488
体系认证标准:GB/T19002－1994 idt ISO 9002:1994
有效期:2000.10～2003.10

北京华都宝拉建筑板材有发公司
地址:北京市朝阳区大黄庄南路
邮政编码:100024
证书注册编号:1200B0489
体系认证标准:GB/T19002－1994 idt ISO 9002:1994
有效期:2000.10～2003.10

平湖市前港机械厂
地址:浙江省平湖市广陈镇西
邮政编码:314212
证书注册编号:1200B0490
体系认证标准:GB/T19002－1994 idt ISO 9002:1994
有效期:2000.10～2003.10

无锡市海洋工程公司
地址:江苏省江阴市环城南路68号
邮政编码:214400
证书注册编号:1200B0491
体系认证标准:GB/T19002－1994 idt ISO 9002:1994
有效期:2000.10～2003.10

徐州市第二建筑工程公司
地址:江苏省徐州市淮海西路韩山
邮政编码:221006
证书注册编号:1200B0492
体系认证标准:GB/T19002－1994 idt ISO 9002:1994
有效期:2000.10～2003.10

北京双鹤制药装备有限责任公司
地址:北京朝阳区广渠门外大郊亭北站
邮政编码:100022
证书注册编号:1200A0493
体系认证标准:GB/T19001－1994 idt ISO 9001:1994
有效期:2000.10～2003.10

宝鸡宝陵建筑工程有限责任公司
地址:陕西省宝鸡市宝平路副43号
邮政编码:721001
证书注册编号:1200B0494
体系认证标准:GB/T19002－1994 idt ISO 9002:1994
有效期:2000.10～2003.10

济南市市中区房地产开发(集团)总公司物业管理公司
地址:山东省济南市饮虎池街6号
邮政编码:250012
证书注册编号:1200B0495
体系认证标准:GB/T19002－1994 idt ISO 9002:1994
有效期:2000.10～2003.10

北京市红星鑫欣电器控制设备厂
地址:北京市大兴县旧宫旧头路5号
邮政编码:100176
证书注册编号:1200B0496
体系认证标准:GB/T19002－1994 idt ISO 9002:1994
有效期:2000.10～2003.10

浙江奔腾建设工程有限公司
地址:浙江省富阳市桂花西路25号
邮政编码:311400
证书注册编号:1200B0497
体系认证标准:GB/T19002－1994 idt ISO 9002:1994
有效期:2000.10～2003.10

宜兴市长江活塞环有限公司
地址:江苏省宜兴市丰义镇锦丰西路
邮政编码:214252
证书注册编号:1200B0498
体系认证标准:GB/T19002－1994 idt ISO 9002:1994
有效期:2000.10～2003.10

太原通胜路桥建设开发有限公司
地址:山西省太原市太榆路72号
邮政编码:030006
证书注册编号:1200B0499
体系认证标准:GB/T19002－1994 idt ISO 9002:1994
有效期:2000.10～2003.10

山西省晋中路桥建设有限公司
地址:山西省榆次市窑北街2号
邮政编码:030600
证书注册编号:1200B0500
体系认证标准:GB/T19002－1994 idt ISO 9002:1994
有效期:2000.10～2003.10

锡山市洛社机箱厂
地址:江苏省锡山市洛社镇铁路村
邮政编码:214187
证书注册编号:1200B0501
体系认证标准:GB/T19002－1994 idt ISO 9002:1994
有效期:2000.10～2003.10

北京明泰建筑工程有限公司
地址:北京市延庆县经济技术开发区
邮政编码:102100
证书注册编号:1200B0502
体系认证标准:GB/T19002－1994 idt ISO 9002:1994
有效期:2000.10～2003.10

大连新科包装材料股份有限公司
地址:辽宁大连市井子区凌南路 58 号
邮政编码:116023
证书注册编号:1200B0503
体系认证标准:GB/T19002－1994 idt ISO 9002:1994
有效期:2000.10～2003.10

山西省电力公司电力建设一公司
地址:山西省大同市青年路裕华街(七里村)
邮政编码:037043
证书注册编号:1200B0504
体系认证标准:GB/T19002－1994 idt ISO 9002:1994
有效期:2000.10～2003.10

宜兴申利化工有限公司
地址:江苏省宜兴市西郊
邮政编码:214257
证书注册编号:1200B0505
体系认证标准:GB/T19002－1994 idt ISO 9002:1994
有效期:2000.10～2003.10

昆山巴城水泥制品有限公司
地址:江苏昆山市巴城镇新澄路 25 号
邮政编码:215311
证书注册编号:1200B0506
体系认证标准:GB/T19002－1994 idt ISO 9002:1994
有效期:2000.10～2003.10

唐山市变压器厂
地址:河北省唐山市路北区长宁道 9 号
邮政编码:063020
证书注册编号:1200A0507
体系认证标准:GB/T19001－1994 idt ISO 9001:1994
有效期:2000.10～2003.10

包头市市政工程公司
地址:内蒙古自治区包头市青山区繁荣道 26 号
邮政编码:014030
证书注册编号:1200B0508
体系认证标准:GB/T19002－1994 idt ISO 9002:1994
有效期:2000.10～2003.10

上海胜强工贸实业有限公司
地址:上海沪杭公路 2369 号
邮政编码:201400
证书注册编号:1200B0509
体系认证标准:GB/T19002－1994 idt ISO 9002:1994
有效期:2000.10～2003.10

重庆朝阳气体有限公司
地址:重庆市大渡口钢铁路 1 号
邮政编码:400080
证书注册编号:1200B0510
体系认证标准:GB/T19002－1994 idt ISO 9002:1994
有效期:2000.10～2003.10

锡山市机油泵厂
地址:江苏锡山市雪浪镇浪溪路工业区
邮政编码:214125
证书注册编号:1200B0511
体系认证标准:GB/T19002－1994 idt ISO 9002:1994
有效期:2000.10～2003.10

齐齐哈尔市第三市政工程公司
地址:黑龙江省齐齐哈尔市龙沙区合意大街 84 号
邮政编码:161005
证书注册编号:1200B0512
体系认证标准:GB/T19002－1994 idt ISO 9002:1994
有效期:2000.10～2003.10

中国教育电子公司
地址:北京市海淀区白石桥路 18 号
邮政编码:100086
证书注册编号:1200A0513
体系认证标准:GB/T19001－1994 idt ISO 9001:1994
有效期:2000.10～2003.10

吉林国联实业有限公司
松原石油机械厂
地址:吉林省松原市宁江区
邮政编码:138001
证书注册编号:1200B0514
体系认证标准:GB/T19002－1994 idt ISO 9002:1994
有效期:2000.10～2003.10

江都市光华助剂厂
地址:江苏省江都市樊川镇鞠家村
邮政编码:225254
证书注册编号:1200B0515
体系认证标准:GB/T19002－1994 idt ISO 9002:1994
有效期:2000.10～2003.10

宜兴市南方涂料厂
地址:江苏省宜兴市太华镇茂花村
邮政编码:214235
证书注册编号:1200B0516
体系认证标准:GB/T19002－1994 idt ISO 9002:1994
有效期:2000.10～2003.10

宜兴市华宝化工厂
地址:江苏省宜兴市太华镇振兴路
邮政编码:214235
证书注册编号:1200B0517
体系认证标准:GB/T19002－1994 idt ISO 9002:1994
有效期:2000.10～2003.10

香河县建筑工程公司
地址:河北省香河县淑阳镇文昌街 3 号
邮政编码:065400
证书注册编号:1200B0518
体系认证标准:GB/T19002－1994 idt ISO 9002:1994
有效期:2000.10～2003.10

上海警虹建筑工程有限公司
地址:上海市同心路 1 号
邮政编码:200083
证书注册编号:1200B0519
体系认证标准:GB/T19002－1994 idt ISO 9002:1994
有效期:2000.10～2003.10

启东市广元精密铸件有限公司
地址:江苏省启东市吕四港镇东郊
邮政编码:226241
证书注册编号:1200B0520
体系认证标准:GB/T19002－1994 idt ISO 9002:1994
有效期:2000.10～2003.10

锡山市湖光电器有限公司
地址:江苏省锡山市新安镇
邮政编码:214135
证书注册编号:1200B0521
体系认证标准:GB/T19002－1994 idt ISO 9002:1994
有效期:2000.10～2003.10

海特光电有限责任公司
地址:北京市海淀区清华东路甲35号
邮政编码:100083
证书注册编号:1200A0522
体系认证标准:GB/T19001—1994 idt ISO 9001:1994
有效期:2000.10～2003.10

安徽源力特种线缆厂
地址:安徽省无为县长淋工业区
邮政编码:238371
证书注册编号:1200B0523
体系认证标准:GB/T19002—1994 idt ISO 9002:1994
有效期:2000.10～2003.10

上海人鸣磨擦材料有限公司
地址:上海市南汇县泥城镇人民村
邮政编码:201306
证书注册编号:1200B0524
体系认证标准:GB/T19002—1994 idt ISO 9002:1994
有效期:2000.10～2003.10

北京莱恩斯漆业有限公司
地址:北京市朝阳区十八里店1216号
邮政编码:100023
证书注册编号:1200B0525
体系认证标准:GB/T19002—1994 idt ISO 9002:1994
有效期:2000.10～2003.10

锦州市三星建筑安装有限责任公司
地址:辽宁省锦州市高新技术产业园区雨露街18号
邮政编码:121004
证书注册编号:1200B0526
体系认证标准:GB/T19002—1994 idt ISO 9002:1994
有效期:2000.10～2003.10

西安海礁实业有限责任公司
地址:陕西省西安市太华路141号建筑材料装饰城
邮政编码:710016
证书注册编号:1200B0527
体系认证标准:GB/T19002—1994 idt ISO 9002:1994
有效期:2000.10～2003.10

无锡三阳机械厂
地址:江苏省锡山市坊前镇春暖村
邮政编码:214111
证书注册编号:1200B0528
体系认证标准:GB/T19002—1994 idt ISO 9002:1994
有效期:2000.10～2003.10

无锡锡南机械厂
地址:江苏省锡山市南泉镇塘前村
邮政编码:214128
证书注册编号:1200B0529
体系认证标准:GB/T19002—1994 idt ISO 9002:1994
有效期:2000.10～2003.10

上海嘉环混凝土有限公司
地址:上海龙吴路2200号
邮政编码:200231
证书注册编号:1200B0530
体系认证标准:GB/T19002—1994 idt ISO 9002:1994
有效期:2000.10～2003.10

大厂回族自治县电机厂
地址:河北省廊坊大厂回族自治县城关北大街18号
邮政编码:065300
证书注册编号:1200B0531
体系认证标准:GB/T19002—1994 idt ISO 9002:1994
有效期:2000.10～2003.10

华北石油利德集团公司磁化器厂
地址:河北省任丘市
邮政编码:062552
证书注册编号:1200A0532
体系认证标准:GB/T19001—1994 idt ISO 9001:1994
有效期:2000.10～2003.10

政治双利电线电缆有限责任公司
地址:湖北省武汉市江岸区谌家矶
邮政编码:430011
证书注册编号:1200B0533
体系认证标准:GB/T19002—1994 idt ISO 9002:1994
有效期:2000.10～2003.10

开原化工机械厂
地址:辽宁开原市站前街兴工路31号
邮政编码:112300
证书注册编号:1200A0534
体系认证标准:GB/T19001—1994 idt ISO 9001:1994
有效期:2000.10～2003.10

长春长铃实业股份有限公司附件分公司
地址:吉林省长春市小南街31号
邮政编码:130052
证书注册编号:1200B0535
体系认证标准:GB/T19002—1994 idt ISO 9002:1994
有效期:2000.10～2003.10

山西省介休市经天空间结构有限公司
地址:山西省介休市韩屯村南
邮政编码:031200
证书注册编号:1200B0536
体系认证标准:GB/T19002—1994 idt ISO 9002:1994
有效期:2000.10～2003.10

上海兴科琦建材有限公司
地址:上海市中山北路3900号
邮政编码:200063
证书注册编号:1200B0537
体系认证标准:GB/T19002—1994 idt ISO 9002:1994
有效期:2000.10～2003.10

吉林省爱普特环保设备有限公司
地址:吉林省长春市同志街64号火炬大厦1613室
邮政编码:130021
证书注册编号:1200A0538
体系认证标准:GB/T19001—1994 idt ISO 9001:1994
有效期:2000.10～2003.10

苏州市城湾塑料包装厂
地址:江苏苏州市虎丘玻纤路3—8号
邮政编码:215008
证书注册编号:1200B0539
体系认证标准:GB/T19002—1994 idt ISO 9002:1994
有效期:2000.10～2003.10

河北京城市政工程有限公司(含第一施工处、第三施工处、第五施工处)
地址:北京市海淀区甄家坟88号
邮政编码:100036
证书注册编号:1200B0540
体系认证标准:GB/T19002—1994 idt ISO 9002:1994

有效期:2000.10～2003.10

云南曲靖彩印有限责任公司(云南靖冠彩印有限公司)
地址:云南省曲清市东门街114号
邮政编码:655000
证书注册编号:1200B0541
体系认证标准:GB/T19002—1994 idt ISO 9002:1994
有效期:2000.10～2003.10

北京市海淀海新环保设备厂
地址:北京市海淀区香山南路南辛庄
邮政编码:100093
证书注册编号:1200B0542
体系认证标准:GB/T19002—1994 idt ISO 9002:1994
有效期:2000.10～2003.10

北京市海淀区永丰电器开关厂
地址:北京市海淀区永丰路77号
邮政编码:100094
证书注册编号:1200B0543
体系认证标准:GB/T19002—1994 idt ISO 9002:1994
有效期:2000.10～2003.10

安阳市公路管理总段工程一处
地址:河南省安阳市铁西路301号
邮政编码:455000
证书注册编号:1200B0544
体系认证标准:GB/T19002—1994 idt ISO 9002:1994
有效期:2000.10～2003.10

苏州江南赛特数控设备有限公司
地址:江苏省苏州虎阜路30号—1
邮政编码:215008
证书注册编号:1200B0545
体系认证标准:GB/T19002—1994 idt ISO 9002:1994
有效期:2000.10～2003.10

遵化市晨升金属门业有限公司
地址:河北省遵化市马兰峪镇
邮政编码:064206
证书注册编号:1200B0546
体系认证标准:GB/T19002—1994 idt ISO 9002:1994
有效期:2000.10～2003.10

武进市白鹭胶带有限公司
地址:江苏省武进市横林镇
邮政编码:213101
证书注册编号:1200B0547
体系认证标准:GB/T19002—1994 idt ISO 9002:1994
有效期:2000.10～2003.10

山西阳光焦化集团有限公司
地址:山西铝厂一号路北(山西河津清涧)
邮政编码:043300
证书注册编号:1200B0548
体系认证标准:GB/T19002—1994 idt ISO 9002:1994
有效期:2000.10～2003.10

吴县市渭塘东吴橡塑五金厂
地址:江苏省吴县市渭塘镇西湖村
邮政编码:215134
证书注册编号:1200B0549
体系认证标准:GB/T19002—1994 idt ISO 9002:1994
有效期:2000.10～2003.10

江苏新中酿造有限责任公司
地址:江苏通州市石港镇西大街72号
邮政编码:226351
证书注册编号:1200B0550
体系认证标准:GB/T19002—1994 idt ISO 9002:1994
有效期:2000.10～2003.10

无锡市大陆钢球厂
地址:江苏锡山市新安镇苏锡路128号
邮政编码:214135
证书注册编号:1200B0551
体系认证标准:GB/T19002—1994 idt ISO 9002:1994
有效期:2000.10～2003.10

江阴三江船舶设备有限公司
地址:江苏省江阴市滨江中路575号
邮政编码:214431
证书注册编号:1200B0552
体系认证标准:GB/T19002—1994 idt ISO 9002:1994
有效期:2000.10～2003.10

国营第八七八厂(北京东光电工厂)
地址:北京市酒仙桥路12号
邮政编码:100016
证书注册编号:1200B0553
体系认证标准:GB/T19002—1994 idt ISO 9002:1994
有效期:2000.10～2003.10

宜兴市江南耐火材料厂
地址:江苏省宜兴市官林镇钮家
邮政编码:214256
证书注册编号:1200B0554
体系认证标准:GB/T19002—1994 idt ISO 9002:1994
有效期:2000.10～2003.10

本溪钢铁公司起重机制造厂
地址:辽宁本溪市明山区文化路14号
邮政编码:117022
证书注册编号:1200A0555
体系认证标准:GB/T19001—1994 idt ISO 9001:1994
有效期:2000.10～2003.10

***临沂市市政工程处**
地址:山东省临沂市银雀山路67号
邮政编码:276001
电话:(0539)8165224
传真:(0539)8164407
法定代表人:朱兆岭
证书注册编号:1200B0556
体系认证标准:GB/T19002—1994 idt ISO 9002:1994
获证体系覆盖产品:市政工程施工
有效期:2000.10.30～2003.10.29

晋城市兴达铸件有限公司
地址:山西省晋城市巴公镇
邮政编码:048000
证书注册编号:1200B0557
体系认证标准:GB/T19002—1994 idt ISO 9002:1994
有效期:2000.10～2003.10

北京宝拉聚氨酯制品有限公司
地址:北京市朝阳区大黄庄南路
邮政编码:100024
证书注册编号:1200B0558
体系认证标准:GB/T19002—1994 idt ISO 9002:1994
有效期:2000.10～2003.10

北京橡胶十厂
地址:北京市通州区东关大街2号
邮政编码:101149
证书注册编号:1200B0559

体系认证标准:GB/T19002－1994 idt ISO 9002:1994
有效期:2000.10～2003.10

林州市兆丰阀门有限公司
地址:河南省林州市定角村
邮政编码:456592
证书注册编号:1200B0560
体系认证标准:GB/T19002－1994 idt ISO 9002:1994
有效期:2000.10～2003.10

海门市中德紧固件有限公司
地址:江苏省海门市北郊
邮政编码:226101
证书注册编号:1200B0561
体系认证标准:GB/T19002－1994 idt ISO 9002:1994
有效期:2000.10～2003.10

太原丰泉喷灌设备厂
地址:山西省太原市和平北路胜利西街
邮政编码:030027
证书注册编号:1200A0562
体系认证标准:GB/T19001－1994 idt ISO 9001:1994
有效期:2000.10～2003.10

宜兴市兴邦锅炉节能材料厂
地址:江苏省宜兴市大浦镇
邮政编码:214225
证书注册编号:1200B0563
体系认证标准:GB/T19002－1994 idt ISO 9002:1994
有效期:2000.10～2003.10

南通市享达电子元件有限责任公司
地址:江苏省海门市秀山路683号
邮政编码:226100
证书注册编号:1200B0564
体系认证标准:GB/T19002－1994 idt ISO 9002:1994
有效期:2000.10～2003.10

本溪钢铁公司矿山建设公司
地址:辽宁本溪市平山区千金路21号
邮政编码:117022
证书注册编号:1200B0014
体系认证标准:GB/T19002－1994 idt ISO 9002:1994
有效期:2000.10～2003.10

山西金城建筑有限公司
地址:山西省太原市西矿街438号
邮政编码:030053
证书注册编号:1200B0379
体系认证标准:GB/T19002－1994 idt ISO 9002:1994
有效期:2000.10～2003.10

张家港市宏翔金属制品有限公司
地址:江苏省张家港市锦丰镇华润路
邮政编码:215625
证书注册编号:1200B0060
体系认证标准:GB/T19002－1994 idt ISO 9002:1994
有效期:2000.10～2003.10

上海川沙玻璃制品有限公司
地址:上海浦东新区合庆镇北
邮政编码:201201
证书注册编号:1200B0048
体系认证标准:GB/T19002－1994 idt ISO 9002:1994
有效期:2000.10～2003.10

山西长安消防工程有限公司
地址:山西省太原市柳巷北路24号
邮政编码:030002
证书注册编号:1200B0565
体系认证标准:GB/T19002－1994 idt ISO 9002:1994
有效期:2000.11～2003.11

石河子市建筑安装工程公司
地址:新疆维吾尔自治区石河子市北子午路94号
邮政编码:832000
证书注册编号:1200B0566
体系认证标准:GB/T19002－1994 idt ISO 9002:1994
有效期:2000.11～2003.11

徐州市市政工程总公司
地址:江苏省徐州市民主北路70号
邮政编码:221005
证书注册编号:1200B0567
体系认证标准:GB/T19002－1994 idt ISO 9002:1994
有效期:2000.11～2003.11

北京市海淀区永兴建筑公司
地址:北京市海淀区八里庄西街122号
邮政编码:100036
证书注册编号:1200B0568
体系认证标准:GB/T19002－1994 idt ISO 9002:1994
有效期:2000.11～2003.11

北京王致和食品集团有限公司
王致和食品厂
地址:北京市海淀区阜石路41号
邮政编码:100039
证书注册编号:1200B0569
体系认证标准:GB/T19002－1994 idt ISO 9002:1994
有效期:2000.11～2003.11

呼和浩特市轻工机械有限公司
地址:内蒙古自治区呼和浩特市如意开发区二纬路5号
邮政编码:010010
证书注册编号:1200A0570
体系认证标准:GB/T19001－1994 idt ISO 9001:1994
有效期:2000.11～2003.11

本溪市公路工程处
地址:辽宁省本溪市明山区小堡
邮政编码:117022
证书注册编号:1200B0571
体系认证标准:GB/T19002－1994 idt ISO 9002:1994
有效期:2000.11～2003.11

江阴市跨世纪塑料制品有限公司
地址:江苏省江阴市璜塘镇孔寺
邮政编码:214407
证书注册编号:1200B0572
体系认证标准:GB/T19002－1994 idt ISO 9002:1994
有效期:2000.11～2003.11

***四川省聚酯股份有限公司**
地址:四川自贡市大安区聚新路88号
邮政编码:643010
电话:(0813)5304858
传真:(0813)5304026
法定代表人:何拓疆
证书注册编号:1200B0573
体系认证标准:GB/T19002－1994 idt ISO 9002:1994
获证体系覆盖产品:纤维级聚酯切片涤纶长丝、涤纶短纤维
有效期:2000.11～2003.11

北京世华国际金融信息有限公司
地址:北京海淀区学院南路12号
邮政编码:100088
证书注册编号:1200A0574
体系认证标准:GB/T19001—1994 idt ISO 9001:1994
有效期:2000.11~2003.11

扬州市高光节能灯具厂
地址:江苏省高邮市高邮镇
邮政编码:225601
证书注册编号:1200B0575
体系认证标准:GB/T19002—1994 idt ISO 9002:1994
有效期:2000.11~2003.11

江苏馨晟特种电缆有限公司
地址:江苏省宜兴市丰义镇儒林里路96号
邮政编码:214252
证书注册编号:1200B0576
体系认证标准:GB/T19002—1994 idt ISO 9002:1994
有效期:2000.11~2003.11

河北省文安县建筑工程公司
地址:河北省文安县城内小南关
邮政编码:065800
证书注册编号:1200B0577
体系认证标准:GB/T19002—1994 idt ISO 9002:1994
有效期:2000.11~2003.11

山西省盂县石店煤矿金属镁厂
地址:山西省盂县孙家庄乡石店村
邮政编码:045100
证书注册编号:1200B0578
体系认证标准:GB/T19002—1994 idt ISO 9002:1994
有效期:2000.11~2003.11

宜兴市华光实业有限公司
地址:江苏省宜兴市大浦镇
邮政编码:214225
证书注册编号:1200B0579
体系认证标准:GB/T19002—1994 idt ISO 9002:1994
有效期:2000.11~2003.11

大庆石油化工公路工程有限责任公司
地址:黑龙江省大庆市龙凤区龙十路
邮政编码:163700
证书注册编号:1200B0580
体系认证标准:GB/T19002—1994 idt ISO 9002:1994
有效期:2000.11~2003.11

江阴市华光仪表厂
地址:江苏省江阴市夏港镇
邮政编码:214400
证书注册编号:1200B0581
体系认证标准:GB/T19002—1994 idt ISO 9002:1994
有效期:2000.11~2003.11

无锡市爱迪电力电器厂
地址:江苏省无锡市惠钱路6号
邮政编码:214035
证书注册编号:1200B0582
体系认证标准:GB/T19002—1994 idt ISO 9002:1994
有效期:2000.11~2003.11

无锡华瑞机械有限公司
地址:江苏省无锡市华庄太湖路99号
邮政编码:214131
证书注册编号:1200B0583
体系认证标准:GB/T19002—1994 idt ISO 9002:1994
有效期:2000.11~2003.11

上海中鲁通信技术有限公司
地址:上海市外高桥泰谷路77号514室
邮政编码:250012
证书注册编号:1200A0584
体系认证标准:GB/T19001—1994 idt ISO 9001:1994
有效期:2000.11~2003.11

河北安易会计软件技术开发有限公司
地址:河北省石家庄市仓安路—27号华都大厦205
邮政编码:005000
证书注册编号:1200B0585
体系认证标准:GB/T19002—1994 idt ISO 9002:1994
有效期:2000.11~2003.11

丹阳市通达电器设备有限公司
地址:江苏省丹阳市折柳镇312国道214公里处
邮政编码:212354
证书注册编号:1200B0586
体系认证标准:GB/T19002—1994 idt ISO 9002:1994
有效期:2000.11~2003.11

常州市太华化工原料有限公司(宜兴东南化工厂、宜兴铁路油脂厂、宜兴海达特油添加剂有限公司)
地址:江苏省常州市劳动西路18#(公司本部)
江苏省宜兴市万石镇余庄(生产厂地)
邮政编码:213001 214212
证书注册编号:1200B0587
体系认证标准:GB/T19002—1994 idt ISO 9002:1994
有效期:2000.11~2003.11

北京银舸羊绒制品有限公司
地址:北京顺义区东支路南法信段5号
邮政编码:101300
证书注册编号:1200A0588
体系认证标准:GB/T19001—1994 idt ISO 9001:1994
有效期:2000.11~2003.11

北京清河毛纺织厂
地址:北京市海淀区清河镇
邮政编码:100085
证书注册编号:1200B0589
体系认证标准:GB/T19002—1994 idt ISO 9002:1994
有效期:2000.11~2003.11

河北华隆市政工程公司
地址:河北省兴隆县六道河镇
邮政编码:067300
证书注册编号:1200B0590
体系认证标准:GB/T19002—1994 idt ISO 9002:1994
有效期:2000.11~2003.11

晋城市市政工程总公司
地址:山西省晋城市北环街3号
邮政编码:048000
证书注册编号:1200B0591
体系认证标准:GB/T19002—1994 idt ISO 9002:1994
有效期:2000.11~2003.11

北京合力金桥系统集成技术有限责任公司
地址:北京市海淀区万泉河路68号紫

金大厦十五、十六层
邮政编码:100086
证书注册编号:1200A0592
体系认证标准:GB/T19001—1994 idt ISO 9001:1994
有效期:2000.11～2003.11

北京阳光房地产综合开发公司
地址:北京市西城区南礼士路36号华远大厦
邮政编码:100037
证书注册编号:1200B0593
体系认证标准:GB/T19002—1994 idt ISO 9002:1994
有效期:2000.11～2003.11

大庆市大同区第六建筑安装工程有限责任公司
地址:黑龙江省大庆市大同区庆阳山乡
邮政编码:163522
证书注册编号:1200B0594
体系认证标准:GB/T19002—1994 idt ISO 9002:1994
有效期:2000.11～2003.11

江阴市远东数字仪器厂
地址:江苏江阴市璜塘镇环东路89号
邮政编码:214407
证书注册编号:1200B0595
体系认证标准:GB/T19002—1994 idt ISO 9002:1994
有效期:2000.11～2003.11

无锡新亚石油机械厂
地址:江苏省锡山市厚桥镇
邮政编码:214106
证书注册编号:1200B0596
体系认证标准:GB/T19002—1994 idt ISO 9002:1994
有效期:2000.11～2003.11

徐州长城基础工程公司
地址:江苏省徐州市煤建路8号
邮政编码:221006
证书注册编号:1200B0597
体系认证标准:GB/T19002—1994 idt ISO 9002:1994
有效期:2000.11～2003.11

武汉电信发展总公司电信电缆厂
地址:湖北省武汉市东西湖区五支沟革新路1号
邮政编码:430040
证书注册编号:1200B0598
体系认证标准:GB/T19002—1994 idt ISO 9002:1994
有效期:2000.11～2003.11

新疆塔里木建筑安装工程总公司
地址:新疆维吾尔自治区阿克市健康路22号
邮政编码:843000
证书注册编号:1200B0599
体系认证标准:GB/T19002—1994 idt ISO 9002:1994
有效期:2000.11～2003.11

无锡市新区硕放墙南建筑队
地址:江苏省无锡市新区硕放镇
邮政编码:214142
证书注册编号:1200B0600
体系认证标准:GB/T19002—1994 idt ISO 9002:1994
有效期:2000.11～2003.11

北京继电器厂
地址:北京市宣武区大外廊营8号
邮政编码:100050
证书注册编号:1200B0601
体系认证标准:GB/T19002—1994 idt ISO 9002:1994
有效期:2000.11～2003.11

北京市糖业烟酒公司食糖经营公司
地址:北京市朝阳区垡头化工东里3号
邮政编码:100023
证书注册编号:1200B0602
体系认证标准:GB/T19002—1994 idt ISO 9002:1994
有效期:2000.11～2003.11

江阴市南华冶金机械制造有限公司
地址:江苏江阴市南闸镇北新街10号
邮政编码:214405
证书注册编号:1200B0603
体系认证标准:GB/T19002—1994 idt ISO 9002:1994
有效期:2000.11～2003.11

黑龙江省青冈北方高低压开关有限公司
地址:黑龙江省青冈镇建设街一号
邮政编码:151600
证书注册编号:1200B0604
体系认证标准:GB/T19002—1994 idt ISO 9002:1994
有效期:2000.11～2003.11

锡山市雪浪柴油机配件厂
地址:江苏省锡山市雪浪镇向阳村
邮政编码:214127
证书注册编号:1200B0605
体系认证标准:GB/T19002—1994 idt ISO 9002:1994
有效期:2000.11～2003.11

武进市申利橡胶机械厂
地址:江苏省武进市潘家镇东街15号
邮政编码:213179
证书注册编号:1200B0606
体系认证标准:GB/T19002—1994 idt ISO 9002:1994
有效期:2000.11～2003.11

北京东通电力设备有限责任公司
地址:北京海淀区清河永太庄甲15号
邮政编码:100085
证书注册编号:1200B0607
体系认证标准:GB/T19002—1994 idt ISO 9002:1994
有效期:2000.11～2003.11

江阴东方建筑集团有限公司
地址:江苏省江阴市周庄镇兴隆南路116号
邮政编码:214423
证书注册编号:1200B0608
体系认证标准:GB/T19002—1994 idt ISO 9002:1994
有效期:2000.11～2003.11

安阳市超高工业技术有限责任公司
地址:河南省安阳开发区井岗大街1号
邮政编码:455000
证书注册编号:1200B0609
体系认证标准:GB/T19002—1994 idt ISO 9002:1994
有效期:2000.11～2003.11

西安联合基础有限责任公司
地址:陕西省西安市咸宁东路40号
邮政编码:710043
证书注册编号:1200B0610
体系认证标准:GB/T19002—1994 idt ISO 9002:1994
有效期:2000.11～2003.11

石河子第二建筑安装工程公司
地址:新疆维吾尔自治区石河子市北一路228号
邮政编码:832000
证书注册编号:1200B0611
体系认证标准:GB/T19002—1994 idt ISO 9002:1994
有效期:2000.11～2003.11

新疆石河子开发区经济建设发展总公司金建工程分公司
地址:新疆维吾尔自治区石河子开发区管委会写字楼四层
邮政编码:832014
证书注册编号:1200B0612
体系认证标准:GB/T19002—1994 idt ISO 9002:1994
有效期:2000.11～2003.11

黑龙江江省喜盈门建筑装饰工程有限公司
地址:黑龙江省哈尔滨市道里区抚顺街170号
邮政编码:150016
证书注册编号:1200A0613
体系认证标准:GB/T19001—1994 idt ISO 9001:1994
有效期:2000.11～2003.11

宁波开汇电子产业有限公司
地址:浙江省宁波市宁穿路7号桥
邮政编码:315040
证书注册编号:1200B0614
体系认证标准:GB/T19002—1994 idt ISO 9002:1994
有效期:2000.11～2003.11

河间市龙丰高低压电料加工厂
地址:河北省河间市瀛洲镇刘庄
邮政编码:061000
证书注册编号:1200B0615
体系认证标准:GB/T19002—1994 idt ISO 9002:1994
有效期:2000.11～2003.11

云南省通海工艺美术厂
地址:云南省通海县桑园工业区
邮政编码:652700
证书注册编号:1200B0616
体系认证标准:GB/T19002—1994 idt ISO 9002:1994
有效期:2000.11～2003.11

陕西银河电力仪表有限责任公司
地址:陕西省西安市高新开发区(西区)光德路6号
邮政编码:710075
证书注册编号:1200A0617
体系认证标准:GB/T19001—1994 idt ISO 9001:1994
有效期:2000.11～2003.11

北京远能电力线材厂
地址:北京市大兴县金星乡团河路北口
邮政编码:100076
证书注册编号:1200B0618
体系认证标准:GB/T19002—1994 idt ISO 9002:1994
有效期:2000.11～2003.11

北京富明创业智能科技有限公司
地址:北京市西城区德外大街11号
邮政编码:100088
证书注册编号:1200B0619
体系认证标准:GB/T19002—1994 idt ISO 9002:1994
有效期:2000.11～2003.11

上海工福有色金属制品厂
地址:上海南汇县航头镇大麦湾工业区
邮政编码:201316
证书注册编号:1200B0620
体系认证标准:GB/T19002—1994 idt ISO 9002:1994
有效期:2000.11～2003.11

林州市带钢有限公司
地址:河南省林州市定角村
邮政编码:456592
证书注册编号:1200B0621
体系认证标准:GB/T19002—1994 idt ISO 9002:1994
有效期:2000.11～2003.11

白山市教育建筑公司
地址:吉林省白山市浑江大街五十一号
邮政编码:134300
证书注册编号:1200B0622
体系认证标准:GB/T19002—1994 idt ISO 9002:1994
有效期:2000.11～2003.11

上海宝林电信消防设备厂
地址:上海宝山区杨行镇杨文路518号
邮政编码:201313
证书注册编号:1200B0623
体系认证标准:GB/T19002—1994 idt ISO 9002:1994
有效期:2000.11～2003.11

宜兴市电工厂
地址:江苏省宜兴市丁山桑苗路
邮政编码:214222
证书注册编号:1200B0624
体系认证标准:GB/T19002—1994 idt ISO 9002:1994
有效期:2000.11～2003.11

常熟市医药化工设备总厂
地址:江苏省常熟市沙家浜镇
邮政编码:215559
证书注册编号:1200A0625
体系认证标准:GB/T19001—1994 idt ISO 9001:1994
有效期:2000.11～2003.11

北京爱清清扫车制造有限公司
地址:北京市海淀区西三旗
邮政编码:100096
证书注册编号:1200B0626
体系认证标准:GB/T19002—1994 idt ISO 9002:1994
有效期:2000.11～2003.11

鞍山市鑫军电缆厂
(沈阳长城电缆厂鞍山市鑫军电缆分厂)
地址:辽宁省鞍山市千山区沙河镇大红旗村
邮政编码:114042
证书注册编号:1200B0627
体系认证标准:GB/T19002—1994 idt ISO 9002:1994
有效期:2000.11～2003.11

无锡市三力工业布厂
地址:江苏省无锡市石门路2号
邮政编码:214037
证书注册编号:1200B0628
体系认证标准:GB/T19002—1994 idt ISO 9002:1994
有效期:2000.11～2003.11

苏州灯具总厂
地址:江苏省苏州市西园路40号
邮政编码:215008
证书注册编号:1200B0629

体系认证标准:GB/T19002－1994 idt ISO 9002:1994
有效期:2000.11～2003.11

内蒙古海勃湾海晶玻璃集团股份有限公司
地址:内蒙古自治区乌海市海勃湾区海河南路
邮政编码:016000
证书注册编号:1200B0630
体系认证标准:GB/T19002－1994 idt ISO 9002:1994
有效期:2000.11～2003.11

卫辉市银利达彩印厂
地址:河南省卫辉市卫辉大道中段
邮政编码:453100
证书注册编号:1200B0631
体系认证标准:GB/T19002－1994 idt ISO 9002:1994
有效期:2000.11～2003.11

北京长城锅炉厂
地址:北京清华西路新宫门7号
邮政编码:100084
证书注册编号:1200A0632
体系认证标准:GB/T19001－1994 idt ISO 9001:1994
有效期:2000.11～2003.11

浙江红欣园林艺术有限公司
地址:浙江省温州市黎明东路山下前巷59号红欣花园
邮政编码:325004
证书注册编号:1200B0633
体系认证标准:GB/T19002－1994 idt ISO 9002:1994
有效期:2000.11～2003.11

上海宝松实业发展有限公司
地址:上海市宝山区盘古路732号
邮政编码:201900
证书注册编号:1200B0634
体系认证标准:GB/T19002－1994 idt ISO 9002:1994
有效期:2000.11～2003.11

泰兴市贝斯特船舶配件有限责任公司
地址:江苏省泰兴市城北路130－1号
邮政编码:225401
证书注册编号:1200B0635
体系认证标准:GB/T19002－1994 idt ISO 9002:1994
有效期:2000.11～2003.11

内蒙古第三电力建设工程公司(内蒙古第二建筑工程公司)(监督扩大)
地址:内蒙古自治区包头市青山区呼得木林大街63号
邮政编码:014030
证书注册编号:1200B0636
体系认证标准:GB/T19002－1994 idt ISO 9002:1994
有效期:2000.11～2003.11

新乡市市政工程处
地址:河南省新乡市平原路289号
邮政编码:453003
证书注册编号:1200B0637
体系认证标准:GB/T19002－1994 idt ISO 9002:1994
有效期:2000.11～2003.11

南通渡边手套有限公司
地址:江苏省海门市悦来镇人民西路18号
邮政编码:226131
证书注册编号:1200B0638
体系认证标准:GB/T19002－1994 idt ISO 9002:1994
有效期:2000.11～2003.11

张家港市天霸氨纶纱线纺织厂
地址:江苏省张家港市德积镇
邮政编码:215635
证书注册编号:1200B0639
体系认证标准:GB/T19002－1994 idt ISO 9002:1994
有效期:2000.11～2003.11

海门市海四达标准件制造厂
地址:江苏省海门市圩角路南首
邮政编码:226100
证书注册编号:1200B0640
体系认证标准:GB/T19002－1994 idt ISO 9002:1994
有效期:2000.11～2003.11

沈阳市市政工程材料公司
地址:辽宁省沈阳市和平区八经街49－1
邮政编码:110003
证书注册编号:1200B0641
体系认证标准:GB/T19002－1994 idt ISO 9002:1994
有效期:2000.11～2003.11

山西省汾阳阀门厂
地址:山西省汾阳市太和桥街92号
邮政编码:032200
证书注册编号:1200A0642
体系认证标准:GB/T19001－1994 idt ISO 9001:1994
有效期:2000.11～2003.11

上海海欣集团股份有限公司
地址:上海市松江区洞经镇
邮政编码:201601
证书注册编号:1200B0643
体系认证标准:GB/T19002－1994 idt ISO 9002:1994
有效期:2000.11～2003.11

上海海欣长毛绒有限公司
地址:上海市松江区洞经镇
邮政编码:201601
证书注册编号:1200B0644
体系认证标准:GB/T19002－1994 idt ISO 9002:1994
有效期:2000.11～2003.11

西安三联防水材料有限公司
地址:陕西西安市大兴路西口付35号
邮政编码:710077
证书注册编号:1200B0645
体系认证标准:GB/T19002－1994 idt ISO 9002:1994
有效期:2000.11～2003.11

西安市黄海电线电缆厂
地址:陕西省西安市东郊十里铺酒十路
邮政编码:710043
证书注册编号:1200B0646
体系认证标准:GB/T19002－1994 idt ISO 9002:1994
有效期:2000.11～2003.11

武进市雪堰合力铸造厂
地址:江苏省武进市雪堰镇南山村
邮政编码:213169
证书注册编号:1200B0647
体系认证标准:GB/T19002－1994 idt ISO 9002:1994
有效期:2000.11～2003.11

咸阳市古建筑艺术公司

地址:陕西省咸阳市迎宾路1号
邮政编码:712000
证书注册编号:1200B0648
体系认证标准:GB/T19002-1994 idt ISO 9002:1994
有效期:2000.11~2003.11

齐鲁建设集团公司
地址:山东省济南市小纬四路46号
邮政编码:250001
证书注册编号:1200B0649
体系认证标准:GB/T19002-1994 idt ISO 9002:1994
有效期:2000.11~2003.11

徐州福瑞尔现代建材有限公司
地址:江苏省徐州市东郊大黄山
邮政编码:221131
证书注册编号:1200B0650
体系认证标准:GB/T19002-1994 idt ISO 9002:1994
有效期:2000.11~2003.11

安徽省宁国市塑料四厂
地址:安徽省宁国市梅林私营经济园
邮政编码:242321
证书注册编号:1200B0651
体系认证标准:GB/T19002-1994 idt ISO 9002:1994
有效期:2000.11~2003.11

江阴市申达针织厂
地址:江苏江阴市祝塘镇人民路13号
邮政编码:214415
证书注册编号:1200B0652
体系认证标准:GB/T19002-1994 idt ISO 9002:1994
有效期:2000.11~2003.11

河北省景县盖力实业有限公司(原景县第一液压附件厂)
地址:河北省景县城西何庄工业区
邮政编码:053500
证书注册编号:1200B0653
体系认证标准:GB/T19002-1994 idt ISO 9002:1994
有效期:2000.11~2003.11

大同供电分公司送变电安装公司
地址:山西省大同市东风里后街1号
邮政编码:037005
证书注册编号:1200B0654
体系认证标准:GB/T19002-1994 idt ISO 9002:1994
有效期:2000.11~2003.11

锦州锦华电子计算机公司
地址:辽宁省锦州市凌河区靖东街杏花里13号
邮政编码:121003
证书注册编号:1200A0655
体系认证标准:GB/T19001-1994 idt ISO 9001:1994
有效期:2000.11~2003.11

韶关市市政工程公司
地址:广东省韶关市园前西路11号
邮政编码:512000
证书注册编号:1200B0656
体系认证标准:GB/T19002-1994 idt ISO 9002:1994
有效期:2000.11~2003.11

云南金花针织有限公司
地址:云南省昆明市双龙桥
邮政编码:650034
证书注册编号:1200B0657
体系认证标准:GB/T19002-1994 idt ISO 9002:1994
有效期:2000.11~2003.11

山西基业基础工程有限公司
地址:山西省太原市南内环街480号盛伟大厦F16
邮政编码:030012
证书注册编号:1200B0658
体系认证标准:GB/T19002-1994 idt ISO 9002:1994
有效期:2000.11~2003.11

盐城市大洋建筑工程总公司
地址:江苏省盐城市榆河路七号
邮政编码:224002
证书注册编号:1200B0659
体系认证标准:GB/T19002-1994 idt ISO 9002:1994
有效期:2000.11~2003.11

张家港市大新毛纺织厂
地址:江苏省张家港市大新镇人民路
邮政编码:215636
证书注册编号:1200B0660
体系认证标准:GB/T19002-1994 idt ISO 9002:1994
有效期:2000.11~2003.11

任丘市华龙电缆厂
地址:河北省任丘市尹村工业区
邮政编码:062550
证书注册编号:1200B0661
体系认证标准:GB/T19002-1994 idt ISO 9002:1994
有效期:2000.11~2003.11

上海金光桥梁金属部件制造厂
地址:上海市浦东新区顾高路106号
邮政编码:201208
证书注册编号:1200B0662
体系认证标准:GB/T19002-1994 idt ISO 9002:1994
有效期:2000.11~2003.11

楚雄市华丽彩印包装实业总公司
地址:云南省楚雄市鹿城西路508号
邮政编码:675000
证书注册编号:1200B0663
体系认证标准:GB/T19002-1994 idt ISO 9002:1994
有效期:2000.11~2003.11

昆山市嘉盛电讯材料厂
地址:江苏省昆山市陆杨镇西
邮政编码:215313
证书注册编号:1200B0664
体系认证标准:GB/T19002-1994 idt ISO 9002:1994
有效期:2000.11~2003.11

昆明天使食品总厂
地址:云南省昆明市海埂路722号
邮政编码:650228
证书注册编号:1200B0665
体系认证标准:GB/T19002-1994 idt ISO 9002:1994
有效期:2000.11~2003.11

河北省张家口市和欣防腐工程技术有限公司
地址:河北省宣化大西街48号
邮政编码:075100
证书注册编号:1200B0666
体系认证标准:GB/T19002-1994 idt ISO 9002:1994
有效期:2000.11~2003.11

无锡市鸿翔气动元件厂

地址:江苏省无锡市胡埭镇人民西路81号
邮政编码:214161
证书注册编号:1200B0667
体系认证标准:GB/T19002－1994 idt ISO 9002:1994
有效期:2000.11～2003.11

苏州工业区艾喜服装有限公司
地址:江苏省苏州市娄门外312国道杨华路南侧
邮政编码:215001
证书注册编号:1200B0668
体系认证标准:GB/T19002－1994 idt ISO 9002:1994
有效期:2000.11～2003.11

贵港市市政建筑工程公司
地址:广西壮族自治区贵港市贵城镇石羊塘开发区
邮政编码:537100
证书注册编号:1200B0669
体系认证标准:GB/T19002－1994 idt ISO 9002:1994
有效期:2000.11～2003.11

鞍山市房产建筑工程有限公司
地址:辽宁省鞍山市铁西区三道街22号
邮政编码:114011
证书注册编号:1200B0670
体系认证标准:GB/T19002－1994 idt ISO 9002:1994
有效期:2000.11～2003.11

山东省中鲁建筑集团总公司
地址:山东省济南市山师北街10号院4号楼
邮政编码:250014
证书注册编号:1200A0671
体系认证标准:GB/T19001－1994 idt ISO 9001:1994
有效期:2000.11～2003.11

广西安易软件有限责任公司
地址:广西壮族自治区南宁市桃源路82－1号
邮政编码:530021
证书注册编号:1200B0672
体系认证标准:GB/T19002－1994 idt ISO 9002:1994
有效期:2000.11～2003.11

天津市桂发祥麻花饮食集团公司
地址:天津市河西区前进道25号
邮政编码:300201
证书注册编号:1200B0673
体系认证标准:GB/T19002－1994 idt ISO 9002:1994
有效期:2000.11～2003.11

西安飞羽实业有限责任公司
地址:陕西省西安市朱宏路22号
邮政编码:710021
证书注册编号:1200B0674
体系认证标准:GB/T19002－1994 idt ISO 9002:1994
有效期:2000.11～2003.11

河北省冀州市强业暖气片有限责任公司
地址:河北省冀州市小漳工业区
邮政编码:053200
证书注册编号:1200B0675
体系认证标准:GB/T19002－1994 idt ISO 9002:1994
有效期:2000.11～2003.11

河南师范大学家电配套公司
地址:河南省新乡市建设路148号
邮政编码:453002
证书注册编号:1200B0676
体系认证标准:GB/T19002－1994 idt ISO 9002:1994
有效期:2000.11～2003.11

玉林市市政建筑工程公司
地址:广西壮族自治区玉林市白石桥路
邮政编码:537000
证书注册编号:1200B0677
体系认证标准:GB/T19002－1994 idt ISO 9002:1994
有效期:2000.11～2003.11

吴县市东山星光电缆附件厂
地址:江苏省吴县市东山镇
邮政编码:215107
证书注册编号:1200B0678
体系认证标准:GB/T19002－1994 idt ISO 9002:1994
有效期:2000.11～2003.11

邳州市建筑安装工程总公司
地址:江苏省邳州市青年东路53号
邮政编码:221300
证书注册编号:1200B0679
体系认证标准:GB/T19002－1994 idt ISO 9002:1994
有效期:2000.11～2003.11

海宁市粤海彩印有限公司
地址:浙江省海宁市新仓乡民联村
邮政编码:314414
证书注册编号:1200B0680
体系认证标准:GB/T19002－1994 idt ISO 9002:1994
有效期:2000.11～2003.11

扎兰屯市水泥制品有限公司
地址:内蒙古自治区扎兰屯新发街2号
邮政编码:162650
证书注册编号:1200B0681
体系认证标准:GB/T19002－1994 idt ISO 9002:1994
有效期:2000.11～2003.11

长治市市政管理处
地址:山西省长治市太行西街8号
邮政编码:046011
证书注册编号:1200B0682
体系认证标准:GB/T19002－1994 idt ISO 9002:1994
有效期:2000.11～2003.11

北京市丰台区北方水泵厂
地址:北京市右安门外玉泉营二十七号
邮政编码:100054
证书注册编号:1200A0683
体系认证标准:GB/T19001－1994 idt ISO 9001:1994
有效期:2000.11～2003.11

山西永济印染有限责任公司
地址:山西省永济市西厢路14号
邮政编码:044500
证书注册编号:1200B0684
体系认证标准:GB/T19002－1994 idt ISO 9002:1994
有效期:2000.11～2003.11

锡山市路通工程机械厂
地址:江苏省锡山市华庄镇友谊路
邮政编码:214131
证书注册编号:1200B0685
体系认证标准:GB/T19002－1994 idt ISO 9002:1994
有效期:2000.11～2003.11

陕西奥源电器设备制造公司
地址:陕西省西安市咸宁东路 29 号
邮政编码:710043
证书注册编号:1200B0686
体系认证标准:GB/T19002－1994 idt ISO 9002:1994
有效期:2000.11～2003.11

介休市绵山建筑第一公司
地址:山西省介休市水门北街 275 号
邮政编码:032000
证书注册编号:1200B0687
体系认证标准:GB/T19002－1994 idt ISO 9002:1994
有效期:2000.11～2003.11

宜兴市四通家电配套厂
地址:江苏宜兴市宜城镇巷头东路 1 号
邮政编码:214203
证书注册编号:1200B0688
体系认证标准:GB/T19002－1994 idt ISO 9002:1994
有效期:2000.11～2003.11

苏州市通达自动扶梯配件厂
地址:江苏省苏州市虎丘西路 30 号
邮政编码:215008
证书注册编号:1200B0689
体系认证标准:GB/T19002－1994 idt ISO 9002:1994
有效期:2000.11～2003.11

上海航空彩板制品有限公司
地址:上海市浦东新区川沙妙境北路 275 号
证书注册编号:1200A0690
体系认证标准:GB/T19001－1994 idt ISO 9001:1994
有效期:2000.11～2003.11

北京四方立恒电控设备开关有限公司
地址:北京市朝阳区姚家园 903 号
邮政编码:100025
证书注册编号:1200B0691
体系认证标准:GB/T19002－1994 idt ISO 9002:1994
有效期:2000.11～2003.11

武进市恒泰机械密封件有限公司
地址:江苏省武进市雪堰镇
邮政编码:213169
证书注册编号:1200B0692
体系认证标准:GB/T19002－1994 idt ISO 9002:1994
有效期:2000.11～2003.11

曲靖水泥有限责任公司
地址:云南省曲靖市麒麟区三宝镇
邮政编码:655002
证书注册编号:1200B0693
体系认证标准:GB/T19002－1994 idt ISO 9002:1994
有效期:2000.11～2003.11

新疆地质工程公司(新疆地质工程勘察院)
地址:新疆维吾尔自治区乌鲁木齐市南昌路 8 号
邮政编码:830091
证书注册编号:1200B0694
体系认证标准:GB/T19002－1994 idt ISO 9002:1994
有效期:2000.11～2003.11

海南中兴实业发展股份有限公司沈阳分公司
地址:辽宁沈阳市于洪区白山路 108 号
邮政编码:110034
证书注册编号:1200A0695
体系认证标准:GB/T19001－1994 idt ISO 9001:1994
有效期:2000.11～2003.11

无锡环宇药化设备有限公司
地址:江苏省无锡市雪浪镇
邮政编码:214125
证书注册编号:1200B0696
体系认证标准:GB/T19002－1994 idt ISO 9002:1994
有效期:2000.11～2003.11

长兴县吉成耐火材料有限公司
地址:浙江省长兴县洪桥
邮政编码:313106
证书注册编号:1200B0697
体系认证标准:GB/T19002－1994 idt ISO 9002:1994
有效期:2000.11～2003.11

宜兴市无氧铜杆厂
地址:江苏省宜兴市西渚镇元上经济开发区
邮政编码:214237
证书注册编号:1200B0698
体系认证标准:GB/T19002－1994 idt ISO 9002:1994
有效期:2000.11～2003.11

云南建工混凝土有限公司
地址:云南省昆明市环城东路 148 号
邮政编码:650051
证书注册编号:1200B0699
体系认证标准:GB/T19002－1994 idt ISO 9002:1994
有效期:2000.11～2003.11

江苏缤缤西尔克制衣有限公司
地址:江苏省海门市人民中路 380 号
邮政编码:226100
证书注册编号:1200B0700
体系认证标准:GB/T19002－1994 idt ISO 9002:1994
有效期:2000.11～2003.11

太原金浦混凝土有限公司
地址:山西省太原市西矿街 281 号
邮政编码:030053
证书注册编号:1200B0701
体系认证标准:GB/T19002－1994 idt ISO 9002:1994
有效期:2000.11～2003.11

唐山大方电子技术开发公司
地址:河北省唐山市新华西道 21 号
邮政编码:063012
证书注册编号:1200B0702
体系认证标准:GB/T19002－1994 idt ISO 9002:1994
有效期:2000.11～2003.11

北京恒升未来科贸有限公司
地址:北京市海淀区海淀南路甲 30 号航天长城大厦一层
邮政编码:100080
证书注册编号:121998B177
体系认证标准:GB/T19002－1994 idt ISO 9002:1994
有效期:1998.11～2001.11

唐山市银河水泥厂
地址:河北省唐山市路北区贾庵子
邮政编码:063020
证书注册编号:1200B0127
体系认证标准:GB/T19002－1994 idt ISO 9002:1994
有效期:2000.3～2003.3

湛江市住宅建筑工程公司
地址:广东省湛江市赤坎九二一路潮州塘小区2号楼
邮政编码:524035
证书注册编号:1200B0488
体系认证标准:GB/T19002－1994 idt ISO 9002:1994
有效期:2000.10～2003.10

北京紫荆市政工程有限公司
地址:北京丰台区莱户营东街乙363号
邮政编码:100054
证书注册编号:1200B0250
体系认证标准:GB/T19002－1994 idt ISO 9002:1994
有效期:2000.6～2003.6

迁安市富源水泥有限公司
地址:河北省迁安市沙河译镇
邮政编码:064401
证书注册编号:1299B0111
体系认证标准:GB/T19002－1994 idt ISO 9002:1994
有效期:1999.7～2002.7

山西西山煤电股份有限公司西曲矿
地址:山西省古交市西曲
邮政编码:030200
证书注册编号:121998B140
体系认证标准:GB/T19002－1994 idt ISO 9002:1994
有效期:1998.10～2001.10

新疆兵团第八建筑安装工程公司(又名:新疆陆翔建设公司)
地址:新疆乌鲁木齐市阿勒泰路7号附4号
邮政编码:830054
证书注册编号:1299B0266
体系认证标准:GB/T19002－1994 idt ISO 9002:1994
有效期:1999.11～2001.11

北京市博远妇婴卫生用品有限公司
地址:北京市朝阳区将台乡东八间房
邮政编码:100016
证书注册编号:1299B0316
体系认证标准:GB/T19002－1994 idt ISO 9002:1994
有效期:1999.12～2001.12

北京红星股份有限公司
地址:北京市朝阳区建国路179号
邮政编码:100022
证书注册编号:1200B0266
体系认证标准:GB/T19002－1994 idt ISO 9002:1994
有效期:2000.7～2003.7

北京首航波纹管制造有限公司
地址:北京市丰台区天安街甲88号
邮政编码:100039
证书注册编号:1200B0703
体系认证标准:GB/T19002－1994 idt ISO 9002:1994
有效期:2000.12.1～2003.11.30

山西省黎城波涛泵业有限公司
地址:山西省黎城县鼓楼街42号
邮政编码:47600
证书注册编号:1200B0704
体系认证标准:GB/T19002－1994 idt ISO 9002:1994
有效期:2000.12.1～2003.11.30

宜兴市标准件设备制造厂(宜兴市周铁农机修理制造厂)
地址:江苏省宜兴市周铁镇
邮政编码:214261
证书注册编号:1200B0705
体系认证标准:GB/T19002－1994 idt ISO 9002:1994
有效期:2000.12.1～2003.11.30

广东新华印刷厂
地址:广东省广州市永福路44号
邮政编码:510070
证书注册编号:1200B0706
体系认证标准:GB/T19002－1994 idt ISO 9002:1994
有效期:2000.12.1～2003.11.30

安徽省宁国日泉光电(集团)有限公司
地址:安徽省宁国市工业开发区环城南路25号
邮政编码:242300
证书注册编号:1200A0707
体系认证标准:GB/T19001－1994 idt ISO 9001:1994
有效期:2000.12.1～2003.11.30

安徽省庐江川通塑胶管件厂
地址:安徽省庐江县汤池镇
邮政编码:231521
证书注册编号:1200B0708
体系认证标准:GB/T19002－1994 idt ISO 9002:1994
有效期:2000.12.1～2003.11.30

山东省宁津县天元聚氨酯制品有限公司
地址:山东省宁津县县城北路53号
邮政编码:253400
证书注册编号:1200B0709
体系认证标准:GB/T19002－1994 idt ISO 9002:1994
有效期:2000.12.1～2003.11.30

山西离石电缆有限公司
地址:山西省离石市永宁西路177号
邮政编码:33000
证书注册编号:1200B0710
体系认证标准:GB/T19002－1994 idt ISO 9002:1994
有效期:2000.12.1～2003.11.30

连云港兴云毛绒有限公司
地址:江苏省灌云县城南环路
邮政编码:222200
证书注册编号:1200B0711
体系认证标准:GB/T19002－1994 idt ISO 9002:1994
有效期:2000.12.1～2003.11.30

武进市礼嘉长发机械配件厂
地址:江苏省武进市礼嘉镇
邮政编码:213176
证书注册编号:1200B0712
体系认证标准:GB/T19002－1994 idt ISO 9002:1994
有效期:2000.12.1～2003.11.30

新疆石河子市水泥制品厂(石河子厂总部)
地址:新疆维吾尔自治区石河子市北六路20号小区
邮政编码:832000
证书注册编号:1200B0713
体系认证标准:GB/T19002－1994 idt ISO 9002:1994
有效期:2000.12.1～2003.11.30

北京市顺义区长山水泥厂
地址:北京顺义区大孙各庄镇户耳山北
邮政编码:101308
证书注册编号:1200B0714

体系认证标准:GB/T19002—1994 idt ISO 9002:1994
有效期:2000.12.1~2003.11.30

锡山市藕塘信达热交换器厂
地址:江苏省锡山市藕塘镇西
邮政编码:214153
证书注册编号:1200B0715
体系认证标准:GB/T19002—1994 idt ISO 9002:1994
有效期:2000.12.1~2003.11.30

苏州市电压调整器厂
地址:江苏苏州市火车站北青年路1号
邮政编码:215008
证书注册编号:1200B0716
体系认证标准:GB/T19002—1994 idt ISO 9002:1994
有效期:2000.12.1~2003.11.30

西安鸿雁电器厂
地址:陕西省西安市咸宁中路42号
邮政编码:710043
证书注册编号:1200B0717
体系认证标准:GB/T19002—1994 idt ISO 9002:1994
有效期:2000.12.1~2003.11.30

宜兴市张泽化工设备厂
地址:江苏省宜兴市张泽镇
邮政编码:214225
证书注册编号:1200B0718
体系认证标准:GB/T19002—1994 idt ISO 9002:1994
有效期:2000.12.1~2003.11.30

太原安厦建设工程有限公司
地址:山西省太原市平阳路14号A座
邮政编码:300120
证书注册编号:1200B0719
体系认证标准:GB/T19002—1994 idt ISO 9002:1994
有效期:2000.12.1~2003.11.30

青铜峡铝厂
地址:宁夏回族自治区青铜峡市大坝镇
邮政编码:751603
证书注册编号:1200B0720
体系认证标准:GB/T19002—1994 idt ISO 9002:1994
有效期:2000.12.6~2003.12.5

内蒙古乌兰水泥有限责任公司
地址:内蒙古自治区乌兰察布盟察右后旗
邮政编码:124000
证书注册编号:1200B0721
体系认证标准:GB/T19002—1994 idt ISO 9002:1994
有效期:2000.12.6~2003.12.5

北京市混凝土制品二厂
地址:北京市海淀区清河镇北西三旗东
邮政编码:100096
证书注册编号:1200B0722
体系认证标准:GB/T19002—1994 idt ISO 9002:1994
有效期:2000.12.6~2003.12.5

辽河油田兴海锅炉安装公司
地址:辽宁省盘锦市兴隆台区渤海街兴油委
邮政编码:124011
证书注册编号:1200B0723
体系认证标准:GB/T19002—1994 idt ISO 9002:1994
有效期:2000.12.6~2003.12.5

无锡市诚越铸造合金厂(原:锡山市万利铸造合金有限公司)
地址:江苏省无锡市塘南路116号
江苏省锡山市堰桥镇锡澄南路
邮政编码:214026 214174
证书注册编号:1200B0724
体系认证标准:GB/T19002—1994 idt ISO 9002:1994
有效期:2000.12.6~2003.12.5

中建一局华江建设有限公司混凝土搅拌站
地址:北京市丰台区花乡白盆窑
邮政编码:100071
证书注册编号:1200B0725
体系认证标准:GB/T19002—1994 idt ISO 9002:1994
有效期:2000.12.6~2003.12.5

山西安泰集团股份有限公司
地址:山西省介休市义安镇
邮政编码:312020
证书注册编号:1200B0726
体系认证标准:GB/T19002—1994 idt ISO 9002:1994
有效期:2000.12.6~2003.12.5

宜兴市苏南紧固件设备厂(宜兴市恒茂环保机械设备厂)
地址:江苏省宜兴市芳桥镇
邮政编码:214264
证书注册编号:1200B0727
体系认证标准:GB/T19002—1994 idt ISO 9002:1994
有效期:2000.12.1~2003.11.30

秦皇岛路桥建设开发有限公司
地址:河北秦皇岛市海港区红旗路8号
邮政编码:660000
证书注册编号:1200B0728
体系认证标准:GB/T19002—1994 idt ISO 9002:1994
有效期:2000.12.6~2003.12.5

北京三联混凝土联营公司(复评)
地址:北京市海淀区砂石厂路18号
邮政编码:100039
证书注册编号:1200B0729
体系认证标准:GB/T19002—1994 idt ISO 9002:1994
有效期:2000.12.6~2003.12.5

北京领先饮食品工业公司
地址:北京市海淀区太舟坞408号
邮政编码:100095
证书注册编号:1200B0730
体系认证标准:GB/T19002—1994 idt ISO 9002:1994
有效期:2000.12.6~2003.12.5

合肥市第七建筑工程公司
地址:安徽省合肥市东流路5号
邮政编码:230051
证书注册编号:1200B0731
体系认证标准:GB/T19002—1994 idt ISO 9002:1994
有效期:2000.12.6~2003.12.5

河北省唐山市第四建筑工程公司
地址:河北唐山市古冶区唐家庄京华道
邮政编码:631000
证书注册编号:1200B0732
体系认证标准:GB/T19002—1994 idt ISO 9002:1994
有效期:2000.12.6~2003.12.5

开封祁湾建筑公司
地址:河南省开封市金明东街金康苑
邮政编码:475004

证书注册编号:1200B0733
体系认证标准:GB/T19002—1994 idt ISO 9002:1994
有效期:2000.12.6～2003.12.6

河南省驻马店地区公路工程开发总公司
地址:河南省驻马店市光明路付10号
邮政编码:463000
证书注册编号:1200B0734
体系认证标准:GB/T19002—1994 idt ISO 9002:1994
有效期:2000.12.6～2003.12.5

浙江省德清县莫干山灯炮厂
地址:浙江省德清县管镇山水渡
邮政编码:313220
证书注册编号:1200B0735
体系认证标准:GB/T19002—1994 idt ISO 9002:1994
有效期:2000.12.6～2003.12.5

中国石油天然气管道局中原输气公司
地址:山东省德州市湖滨北路47号
邮政编码:253020
证书注册编号:1200B0736
体系认证标准:GB/T19002—1994 idt ISO 9002:1994
有效期:2000.12.6～2003.12.5

河北省献县机械厂
地址:河北省献县东升北路15号
邮政编码:622500
证书注册编号:1200A0737
体系认证标准:GB/T19001—1994 idt ISO 9001:1994
有效期:2000.12.6～2003.12.5

盖州市锅炉辅机设备有限公司
地址:辽宁省盖州市红旗大街军民路
邮政编码:115200
证书注册编号:1200B0738
体系认证标准:GB/T19002—1994 idt ISO 9002:1994
有效期:2000.12.6～2003.12.5

江西省康盛广告装饰工程有限公司
地址:江西省南昌市南京西路555号永溪大厦七楼
邮政编码:330006
证书注册编号:1200B0739
体系认证标准:GB/T19002—1994 idt ISO 9002:1994
有效期:2000.12.6～2003.12.5

苏州市寅生化工有限公司
地址:江苏省吴江市北厍镇南路
邮政编码:215128
证书注册编号:1200B0740
体系认证标准:GB/T19002—1994 idt ISO 9002:1994
有效期:2000.12.6～2003.12.5

中国石油天然气管道局廊坊输油(气)公司
地址:河北省廊坊市和平路25号
邮政编码:650000
证书注册编号:1200B0741
体系认证标准:GB/T19002—1994 idt ISO 9002:1994
有效期:2000.12.6～2003.12.5

登封市少林耐火材料厂
地址:河南省登封市徐庄乡马峪口村
邮政编码:452478
证书注册编号:1200B0742
体系认证标准:GB/T19002—1994 idt ISO 9002:1994
有效期:2000.12.6～2003.12.5

嘉兴亚中色带有限公司
地址:浙江嘉善县魏塘镇开发路68号
邮政编码:314100
证书注册编号:1200B0743
体系认证标准:GB/T19002—1994 idt ISO 9002:1994
有效期:2000.12.6～2003.12.5

蚌埠电力实业总公司
地址:安徽省蚌埠市胜利路211号
邮政编码:233000
证书注册编号:1200B0744
体系认证标准:GB/T19002—1994 idt ISO 9002:1994
有效期:2000.12.6～2003.12.5

江阴市金龙包装机械有限公司
地址:江苏省江阴市北国镇
邮政编码:214414
证书注册编号:1200B0745
体系认证标准:GB/T19002—1994 idt ISO 9002:1994
有效期:2000.12.6～2003.12.5

远东肠衣食品有限公司
地址:河北省顺平县甘城村南
邮政编码:722500
证书注册编号:1200B0746
体系认证标准:GB/T19002—1994 idt ISO 9002:1994
有效期:2000.12.6～2003.12.5

北京市海淀区三重电器厂
地址:北京市海淀区清河长毛绒厂院内
邮政编码:100085
证书注册编号:1200B0747
体系认证标准:GB/T19002—1994 idt ISO 9002:1994
有效期:2000.12.17～2003.12.14

常熟市轻型摩托车厂
地址:江苏省常熟市淼泉经济开发区
邮政编码:215500
证书注册编号:1200B0748
体系认证标准:GB/T19002—1994 idt ISO 9002:1994
有效期:2000.12.17～2003.12.14

烟台市市政工程总公司
地址:山东省烟台市新海阳北路29号
邮政编码:264000
证书注册编号:1200B0749
体系认证标准:GB/T19002—1994 idt ISO 9002:1994
有效期:2000.12.17～2003.12.14

北京海天网联彩色印刷服务有限公司
地址:北京市朝阳区洼里乡关西庄村花虎沟13号
邮政编码:100085
证书注册编号:1200B0750
体系认证标准:GB/T19002—1994 idt ISO 9002:1994
有效期:2000.12.17～2003.12.14

宜兴市新京津耐火材料厂
地址:江苏省宜兴市新庄镇
邮政编码:214267
证书注册编号:1200B0751
体系认证标准:GB/T19002—1994 idt ISO 9002:1994
有效期:2000.12.17～2003.12.14

廊坊市工业学校实习工厂
地址:河北省廊坊市爱民西道42号
邮政编码:650000

证书注册编号:1200B0752
体系认证标准:GB/T19002－1994 idt
ISO 9002:1994
有效期:2000.12.17～2003.12.14

徐州供用电工程公司
地址:江苏省徐州市大庆路75号
邮政编码:221000
证书注册编号:1200B0753
体系认证标准:GB/T19002－1994 idt
ISO 9002:1994
有效期:2000.12.17～2003.12.14

荣成盛泰机械有限公司
地址:山东省荣成市王连镇
邮政编码:264313
证书注册编号:1200B0754
体系认证标准:GB/T19002－1994 idt
ISO 9002:1994
有效期:2000.12.17～2003.12.14

无锡市申新工程技术有限公司
地址:江苏省无锡市五爱路78号德源大厦18楼A—B座
邮政编码:214031
证书注册编号:1200B0755
体系认证标准:GB/T19002－1994 idt
ISO 9002:1994
有效期:2000.12.17～2003.12.14

无锡晶瑜集团公司
地址:江苏省无锡市广南路898号
邮政编码:214011
证书注册编号:1200B0756
体系认证标准:GB/T19002－1994 idt
ISO 9002:1994
有效期:2000.12.17～2003.12.14

沈阳市沈东汽车消音器厂
地址:辽宁省沈阳市东陵区高官台街71巷
邮政编码:110161
证书注册编号:1200B0757
体系认证标准:GB/T19002－1994 idt
ISO 9002:1994
有效期:2000.12.17～2003.12.14

河南省安阳县益民水泥厂
地址:河南省安阳县河西村
邮政编码:455133
证书注册编号:1200B0758
体系认证标准:GB/T19002－1994 idt
ISO 9002:1994
有效期:2000.12.17～2003.12.14

武进市东青电子器件厂
地址:江苏省武进市郑陆镇武城村
邮政编码:213114
证书注册编号:1200B0759
体系认证标准:GB/T19002－1994 idt
ISO 9002:1994
有效期:2000.12.17～2003.12.14

内蒙古富源膨润土化工有限公司
地址:内蒙古自治区赤峰市松山区赤承路
邮政编码:24029
证书注册编号:1200B0760
体系认证标准:GB/T19002－1994 idt
ISO 9002:1994
有效期:2000.12.17～2003.12.14

宜兴市宏力灯杆灯具厂(宜兴市宏力交通设施厂)
地址:江苏宜兴市万石镇港北路64号
邮政编码:214212
证书注册编号:1200B0761
体系认证标准:GB/T19002－1994 idt
ISO 9002:1994
有效期:2000.12.17～2003.12.14

常州现代金属表面处理有限公司
地址:江苏省常州市花园路陈渡桥
邮政编码:213016
证书注册编号:1200B0762
体系认证标准:GB/T19002－1994 idt
ISO 9002:1994
有效期:2000.12.17～2003.12.14

西安机电研究所
地址:陕西西安市高新路火炬大厦7层
邮政编码:710075
证书注册编号:1200A0763
体系认证标准:GB/T19001－1994 idt
ISO 9001:1994
有效期:2000.12.17～2003.12.14

北京市市政工程管理处
地址:北京市西城区南礼士路17号
邮政编码:100045
证书注册编号:1200B0764
体系认证标准:GB/T19002－1994 idt
ISO 9002:1994
有效期:2000.12.17～2003.12.16

唐山市通用机械厂(河北唐山压铸厂)
地址:河北省丰润县南新路10号
邮政编码:640000
证书注册编号:1200B0765
体系认证标准:GB/T19002－1994 idt
ISO 9002:1994
有效期:2000.12.17～2003.12.16

北京北分瑞利分析仪器(集团)有限责任公司色谱仪器中心
地址:北京市海淀区温泉
邮政编码:100095
证书注册编号:1200A0766
体系认证标准:GB/T19001－1994 idt
ISO 9001:1994
有效期:2000.12.17～2003.12.16

昆明市印刷有限责任公司
地址:云南省昆明市人民西路204号
邮政编码:650106
证书注册编号:1200B0767
体系认证标准:GB/T19002－1994 idt
ISO 9002:1994
有效期:2000.12.17～2003.12.16

蚌埠市第五建筑安装工程公司
地址:安徽省蚌埠市朝阳路1251号
邮政编码:330100
证书注册编号:1200B0768
体系认证标准:GB/T19002－1994 idt
ISO 9002:1994
有效期:2000.12.17～2003.12.16

抚顺彩虹油漆有限公司
地址:辽宁省抚顺市经济开发区前甸石化工业区
邮政编码:113103
证书注册编号:1200B0769
体系认证标准:GB/T19002－1994 idt
ISO 9002:1994
有效期:2000.12.17～2003.12.16

广播电影电视部设备制造厂
地址:北京市朝阳区双桥街12号
邮政编码:100024
证书注册编号:1200B0770
体系认证标准:GB/T19002－1994 idt
ISO 9002:1994
有效期:2000.12.17～2003.12.16

兰州双兴电子科技有限责任公司
地址:甘肃省兰州市科技街120号5层

邮政编码:730000
证书注册编号:1200B0771
体系认证标准:GB/T19002-1994 idt ISO 9002:1994
有效期:2000.12.17～2003.12.14

安徽天兔股份有限公司
地址:安徽省蚌埠市凤阳东路169号
邮政编码:233040
证书注册编号:1200B0772
体系认证标准:GB/T19002-1994 idt ISO 9002:1994
有效期:2000.12.17～2003.12.14

宜兴市科新技术应用研究所
地址:江苏省宜兴市新建镇
邮政编码:214253
证书注册编号:1200B0773
体系认证标准:GB/T19002-1994 idt ISO 9002:1994
有效期:2000.12.17～2003.12.16

锡山市华东筑路机械厂
地址:江苏省锡山市华庄镇苏锡西路184号
邮政编码:214132
证书注册编号:1200B0774
体系认证标准:GB/T19002-1994 idt ISO 9002:1994
有效期:2000.12.17～2003.12.16

太原市电信工程公司
地址:山西省太原市平阳路110号
邮政编码:300120
证书注册编号:1200B0775
体系认证标准:GB/T19002-1994 idt ISO 9002:1994
有效期:2000.12.17～2003.12.14

北京市长城家具公司
地址:北京市丰台区东铁匠营顺三条21号
邮政编码:100078
证书注册编号:1200B0776
体系认证标准:GB/T19002-1994 idt ISO 9002:1994
有效期:2000.12.17～2003.12.16

内蒙古巴特罕酒业股份有限公司
地址:内蒙古自治区莫力达瓦达斡尔族自治区旗尼尔基镇
邮政编码:162850
证书注册编号:1200B0777
体系认证标准:GB/T19002-1994 idt ISO 9002:1994
有效期:2000.12.17～2003.12.16

山西西山煤电股份有限公司
地址:山西省太原市西矿街319号
邮政编码:300530
证书注册编号:1200B0778
体系认证标准:GB/T19002-1994 idt ISO 9002:1994
有效期:2000.12.17～2003.12.16

铜山县铜源热浸镀锌有限责任公司
地址:江苏省铜山县刘集镇
邮政编码:221147
证书注册编号:1200B0779
体系认证标准:GB/T19002-1994 idt ISO 9002:1994
有效期:2000.12.17～2003.12.14

泉州市建邦混凝土开发有限公司
地址:福建省泉州市丰泽区东海镇宝山村东坑
邮政编码:362000
证书注册编号:1200B0780
体系认证标准:GB/T19002-1994 idt ISO 9002:1994
有效期:2000.12.17～2003.12.14

淮阴市市政建设工程总公司
地址:江苏省淮阴市北京北路112号
邮政编码:223001
证书注册编号:1200B0781
体系认证标准:GB/T19002-1994 idt ISO 9002:1994
有效期:2000.12.17～2003.12.14

常德市华文科教科技有限公司
地址:湖南省常德市滨湖路沙港1号
邮政编码:415000
证书注册编号:1200A0782
体系认证标准:GB/T19001-1994 idt ISO 9001:1994
有效期:2000.12.17～2003.12.14

广州自来水专业建安有限公司
地址:广东省广州市荔湾区水厂路3号(大院内)
邮政编码:510160
证书注册编号:1200B0783
体系认证标准:GB/T19002-1994 idt ISO 9002:1994
有效期:2000.12.17～2003.12.14

锦州钢丝厂
地址:辽宁省北宁市高山子镇
邮政编码:121312
证书注册编号:1200B0784
体系认证标准:GB/T19002-1994 idt ISO 9002:1994
有效期:2000.12.17～2003.12.14

内蒙古宁城机械制造总厂
地址:内蒙自治区宁城县天义镇高桥路6号
邮政编码:242000
证书注册编号:1200B0785
体系认证标准:GB/T19002-1994 idt ISO 9002:1994
有效期:2000.12.17～2003.12.14

平泉龙威氟化工一厂
地址:河北省平泉镇东方街
邮政编码:675000
证书注册编号:1200B0786
体系认证标准:GB/T19002-1994 idt ISO 9002:1994
有效期:2000.12.17～2003.12.14

平泉龙威氢氟酸厂
地址:河北省平泉镇东方街
邮政编码:675000
证书注册编号:1200B0787
体系认证标准:GB/T19002-1994 idt ISO 9002:1994
有效期:2000.12.17～2003.12.14

北京燕航电器厂
地址:北京市海淀区西三旗
邮政编码:100096
证书注册编号:1200B0788
体系认证标准:GB/T19002-1994 idt ISO 9002:1994
有效期:2000.12.17～2003.12.14

张家港市印刷机械厂(张家港市新兴机械制造有限公司)
地址:江苏省张家港市大新镇人民路38号
邮政编码:215636
证书注册编号:1200B0789
体系认证标准:GB/T19002-1994 idt ISO 9002:1994

有效期:2000.12.17～2003.12.14

北京天利医药设备有限公司
地址:北京朝阳区望京利泽中园 101 号
邮政编码:100102
证书注册编号:1200A0790
体系认证标准:GB/T19001－1994 idt ISO 9001:1994
有效期:2000.12.18～2003.12.14

张家港市飞航化工有限公司
地址:江苏省张家港市西张镇
邮政编码:215614
证书注册编号:1200B0791
体系认证标准:GB/T19002－1994 idt ISO 9002:1994
有效期:2000.12.18～2003.12.14

上海安易会计软件有限公司
地址:上海市四平路 188 号上海商贸大厦 1003 室
邮政编码:200086
证书注册编号:1200B0792
体系认证标准:GB/T19002－1994 idt ISO 9002:1994
有效期:2000.12.18～2003.12.14

武进市漆包线厂
地址:江苏省武进市雪堰镇
邮政编码:213169
证书注册编号:1200B0793
体系认证标准:GB/T19002－1994 idt ISO 9002:1994
有效期:2000.12.18～2003.12.14

江阴市化工设备厂
地址:江苏省江阴市河塘镇化宅路
邮政编码:214419
证书注册编号:1200B0794
体系认证标准:GB/T19002－1994 idt ISO 9002:1994
获证体系覆盖产品:搪玻璃反应罐,搪玻璃片式冷凝器,一、二类钢制压力容器,常压容器
有效期:2000.12.18～2003.12.14

成都机车车辆厂
地址:四川省成都市成华区二仙桥北路 31 号
邮政编码:610057
证书注册编号:1200A0795
体系认证标准:GB/T19001－1994 idt ISO 9001:1994
有效期:2000.12.18～2003.12.14

安徽省岳西县尼龙配件厂
地址:安徽省岳西县长宁工业开发区
邮政编码:246620
证书注册编号:1200B0796
体系认证标准:GB/T19002－1994 idt ISO 9002:1994
有效期:2000.12.18～2003.12.14

无锡博凯轻型轴承有限公司(原无锡市轻型轴承厂)
地址:江苏省无锡市马巷路 1 号
邮政编码:214011
证书注册编号:1200B0797
有效期:2000.12.18～2003.12.14

北京大源非织造有限公司(复评)
地址:北京市门头沟区石龙工业区雅安路 11 号
邮政编码:102308
证书注册编号:1200B0798
体系认证标准:GB/T19002－1994 idt ISO 9002:1994
有效期:2000.12.18～2003.12.14

张家港皇冠帽业有限公司
地址:江苏省张家港市西张镇
邮政编码:215614
证书注册编号:1200B0799
体系认证标准:GB/T19002－1994 idt ISO 9002:1994
有效期:2000.12.18～2003.12.14

山西吉通电力发展有限公司
地址:山西省太原市南内环街 480 号盛伟大厦 F16
邮政编码:300120
证书注册编号:1200B0800
体系认证标准:GB/T19002－1994 idt ISO 9002:1994
有效期:2000.12.18～2003.12.14

古交市水泥厂
地址:山西省古交市河口镇东
邮政编码:302020
证书注册编号:1200B0801
体系认证标准:GB/T19002－1994 idt ISO 9002:1994
有效期:2000.12.18～2003.12.14

承德市市政建设维修管理总公司
地址:河北省承德市半壁山路 1 号
邮政编码:670000
证书注册编号:1200B0802
体系认证标准:GB/T19002－1994 idt ISO 9002:1994
有效期:2000.12.18～2003.12.14

安宁印刷有限责任公司
地址:云南省安宁市连然街 293 号
邮政编码:650300
证书注册编号:1200B0803
体系认证标准:GB/T19002－1994 idt ISO 9002:1994
有效期:2000.12.18～2003.12.14

北京商宇物业管理有限责任公司
地址:北京东城区东直门外斜街 63 号
邮政编码:100028
证书注册编号:1200B0804
体系认证标准:GB/T19002－1994 idt ISO 9002:1994
有效期:2000.12.18～2003.12.14

地方国营洪泽水泥厂
地址:江苏省洪泽县建材 1 号 10 号
邮政编码:223100
证书注册编号:1200B0805
体系认证标准:GB/T19002－1994 idt ISO 9002:1994
有效期:2000.12.20～2003.12.14

北京泰利特科技发展有限责任公司
地址:北京市海淀区中关村大街 40 号当代商务会馆 7 层
邮政编码:100086
证书注册编号:1200A0806
体系认证标准:GB/T19001－1994 idt ISO 9001:1994
有效期:2000.12.20～2003.12.14

无锡市交通工程总公司
地址:江苏省无锡市五爱路 200 号 6 楼
邮政编码:214031
证书注册编号:1200B0807
体系认证标准:GB/T19002－1994 idt ISO 9002:1994
有效期:2000.12.20～2003.12.14

江苏彭龙电气有限责任公司
地址:江苏省徐州市泰山路积翠新村 10 号楼

邮政编码:221009
证书注册编号:1200B0808
体系认证标准:GB/T19002—1994 idt ISO 9002:1994
有效期:2000.12.20～2003.12.14

银川市郊区第二建筑有限公司
地址:宁夏回族自治区银川市银新南路郊区政府对面
邮政编码:750002
证书注册编号:1200B0809
体系认证标准:GB/T19002—1994 idt ISO 9002:1994
有效期:2000.12.20～2003.12.14

无锡市交通工程总公司
地址:江苏省无锡市五爱路200号6楼
邮政编码:214031
证书注册编号:1200B0810
体系认证标准:GB/T19002—1994 idt ISO 9002:1994
有效期:2000.12.20～2003.12.14

宜兴市水利市政工程公司
宜兴市水利市政工程公司
地址:江苏省宜兴市阳羡西路43号
邮政编码:214207
证书注册编号:1200B0811
体系认证标准:GB/T19002—1994 idt ISO 9002:1994
有效期:2000.12.20～2003.12.14

沈阳老顾头档案装具制造厂
地址:辽宁省沈阳市道义开发区
邮政编码:110136
证书注册编号:1200B0812
体系认证标准:GB/T19002—1994 idt ISO 9002:1994
有效期:2000.12.20～2003.12.14

泰安精英装饰有限责任公司
地址:山东省泰安市泰山大街东首
邮政编码:271000
证书注册编号:1200A0813
体系认证标准:GB/T19001—1994 idt ISO 9001:1994
有效期:2000.12.20～2003.12.14

宜兴市基础工程公司
地址:江苏省宜兴市宜城镇茶局巷2号
邮政编码:214200
证书注册编号:1200B0814
体系认证标准:GB/T19002—1994 idt ISO 9002:1994
有效期:2000.12.20～2003.12.14

泰州市婵娟床具有限公司
地址:江苏省姜堰市振兴北路176号
邮政编码:225500
证书注册编号:1200B0815
体系认证标准:GB/T19002—1994 idt ISO 9002:1994
有效期:2000.12.20～2003.12.14

苏州香山古建集团公司
地址:江苏苏州市人民路书院巷32号
邮政编码:215002
证书注册编号:1200A0816
体系认证标准:GB/T19001—1994 idt ISO 9001:1994
有效期:2000.12.20～2003.12.14

河北省河间市石棉制品厂
地址:河北省河间市城苑西路
邮政编码:624500
证书注册编号:1200B0817
体系认证标准:GB/T19002—1994 idt ISO 9002:1994
有效期:2000.12.20～2003.12.14

黑龙江省国家税务局票证站
地址:黑龙江省哈尔滨市南岗区清滨路25号
邮政编码:150080
证书注册编号:1200A0818
体系认证标准:GB/T19001—1994 idt ISO 9001:1994
有效期:2000.12.21～2003.12.14

北京市通州电器厂
地址:北京市通州区张家湾镇南姚园西
邮政编码:101113
证书注册编号:1200B0819
体系认证标准:GB/T19002—1994 idt ISO 9002:1994
有效期:2000.12.21～2003.12.14

内蒙古华星种衣剂厂
地址:内蒙古自治区赤峰市元宝山区元宝山镇
邮政编码:240700
证书注册编号:1200B0820
体系认证标准:GB/T19002—1994 idt ISO 9002:1994
有效期:2000.12.21～2003.12.14

贵池市第三建筑工程公司
地址:安徽省贵池市百牙路52号
邮政编码:247100
证书注册编号:1200B0821
体系认证标准:GB/T19002—1994 idt ISO 9002:1994
有效期:2000.12.21～2003.12.14

核工业井巷建设公司
地址:浙江省湖州市凤凰大道581号
邮政编码:313000
证书注册编号:1200B0822
体系认证标准:GB/T19002—1994 idt ISO 9002:1994
有效期:2000.12.21～2003.12.21

中国航空油料太原公司
地址:山西省太原市武宿飞机场
邮政编码:300310
证书注册编号:1200B0823
体系认证标准:GB/T19002—1994 idt ISO 9002:1994
有效期:2000.12.21～2003.12.14

上海浦江特种气体有限公司
地址:上海市灵石路695—1号
邮政编码:200072
证书注册编号:1200B0824
体系认证标准:GB/T19002—1994 idt ISO 9002:1994
有效期:2000.12.21～2003.12.14

安徽金蟾生化股份有限公司
地址:安徽省淮北市幸福路11号
邮政编码:235000
证书注册编号:1200B0825
体系认证标准:GB/T19002—1994 idt ISO 9002:1994
有效期:2000.12.21～2003.12.14

北京市朝阳助焊剂厂
地址:北京市朝阳区酒仙桥东路东3号
邮政编码:100016
证书注册编号:1200B0826
体系认证标准:GB/T19002—1994 idt ISO 9002:1994
有效期:2000.12.21～2003.12.14

海门市春华塑料制品厂
地址:江苏省海门市丝绸路586号

邮政编码:226100
证书注册编号:1200B0827
体系认证标准:GB/T19002－1994 idt ISO 9002:1994
有效期:2000.12.21～2003.12.14

黄冈市路桥工程建设总公司
地址:湖北黄冈市黄州赤壁大道24号
邮政编码:438000
证书注册编号:1200B0828
体系认证标准:GB/T19002－1994 idt ISO 9002:1994
有效期:2000.12.21～2003.12.14

廊坊天大波纹管有限公司
地址:河北省大城县留各庄镇
邮政编码:659030
证书注册编号:1200B0829
体系认证标准:GB/T19002－1994 idt ISO 9002:1994
有效期:2000.12.21～2003.12.14

北京市三友橡胶化工厂
地址:北京市大兴县庞各庄镇定福庄
邮政编码:102601
证书注册编号:1200B0830
体系认证标准:GB/T19002－1994 idt ISO 9002:1994
有效期:2000.12.21～2003.12.14

山西机器制造公司
地址:山西省太原市小东门新开南巷12号
邮政编码:300130
证书注册编号:1200A0831
体系认证标准:GB/T19001－1994 idt ISO 9001:1994
有效期:2000.12.21～2003.12.14

潍坊市华彤电气有限责任公司
地址:山东省昌邑市富昌街东首
邮政编码: 261300
证书注册编号:1200B0832
体系认证标准:GB/T19002－1994 idt ISO 9002:1994
有效期:2000.12.21～2003.12.14

无锡市禾丰印染厂
(无锡市禾丰印染有限公司)
地址:江苏锡山市石塘湾镇石狮路2号
邮政编码:214185
证书注册编号:1200B0833
体系认证标准:GB/T19002－1994 idt ISO 9002:1994
有效期:2000.12.21～2003.12.14

无锡市新区双龙托辊制造有限公司
地址:江苏省无锡市新区旺庄镇春雷工业区
邮政编码:214028
证书注册编号:1200B0834
体系认证标准:GB/T19002－1994 idt ISO 9002:1994
有效期:2000.12.21～2003.12.14

北京新建房地产开发有限公司
地址:北京市通州市江米店18号
邮政编码:101100
证书注册编号:1200B0835
体系认证标准:GB/T19002－1994 idt ISO 9002:1994
有效期:2000.12.21～2003.12.14

晋江德福树脂有限公司
地址:福建省晋江市青阳镇洪山综合开发区
邮政编码:362200
证书注册编号:1200B0836
体系认证标准:GB/T19002－1994 idt ISO 9002:1994
有效期:2000.12.21～2003.12.14

邳州市第二建筑安装工程公司
地址:江苏省邳州市解放东路94号
邮政编码:221300
证书注册编号:1200B0837
体系认证标准:GB/T19002－1994 idt ISO 9002:1994
有效期:2000.12.21～2003.12.14

宜兴市华丰炉窑节能有限公司
地址:江苏省宜兴市大浦镇
邮政编码:214225
证书注册编号:1200B0838
体系认证标准:GB/T19002－1994 idt ISO 9002:1994
有效期:2000.12.22～2003.12.14

陕西省邮电建设监理有限公司
地址:陕西省西安市吉祥路139号
邮政编码:710065
证书注册编号:1200B0839
体系认证标准:GB/T19002－1994 idt ISO 9002:1994
有效期:2000.12.22～2003.12.14

昆明化油器厂
地址:云南省昆明市东郊县华寺
邮政编码:650216
证书注册编号:1200A0840
体系认证标准:GB/T19001－1994 idt ISO 9001:1994
有效期:2000.12.22～2003.12.14

云南保山铅锌股份有限公司
地址:云南省保山地区龙陵县勐糯乡
邮政编码:678307
证书注册编号:1200B0841
体系认证标准:GB/T19002－1994 idt ISO 9002:1994
有效期:2000.12.22～2003.12.14

北京恒诚建筑装饰工程中心
地址:北京市丰台区莲花池南里甲1号
邮政编码:100055
证书注册编号:1200B0842
体系认证标准:GB/T19002－1994 idt ISO 9002:1994
有效期:2000.12.22～2003.12.14

福建省贤盛集团公司
地址:福建省南安市石井镇前坂工业区
邮政编码:362343
证书注册编号:1200B0843
体系认证标准:GB/T19002－1994 idt ISO 9002:1994
有效期:2000.12.22～2003.12.14

合肥皖宝床垫有限责任公司
地址:安徽省合肥市美菱大道108号
邮政编码:230051
证书注册编号:1200B0844
体系认证标准:GB/T19002－1994 idt ISO 9002:1994
有效期:2000.12.22～2003.12.14

西安市政道桥建设有限公司
地址:陕西省西安市社会路12号
邮政编码:710003
证书注册编号:1200B0845
体系认证标准:GB/T19002－1994 idt ISO 9002:1994
有效期:2000.12.22～2003.12.14

阿鲁科尔沁旗天山水泥有限责任公司
地址:内蒙古自治区赤峰市阿鲁科尔沁

旗天山镇东北郊
邮政编码:25550
证书注册编号:1200B0846
体系认证标准:GB/T19002－1994 idt ISO 9002:1994
有效期:2000.12.22～2003.12.14

温州市瓯海稳压设备厂
地址:浙江省温州市瓯海区南百象鹅湖工业区
邮政编码:325015
证书注册编号:1200B0847
体系认证标准:GB/T19002－1994 idt ISO 9002:1994
有效期:2000.12.22～2003.12.14

内蒙古盘古羊绒集团有限公司
地址:内蒙古自治区呼和浩特市 110 国道 552 公里盘古科技园
邮政编码:100700
证书注册编号:1200B0848
体系认证标准:GB/T19002－1994 idt ISO 9002:1994
有效期:2000.12.22～2003.12.14

南安菊源石业有限公司
地址:福建省南安市菊江工业区
邮政编码:362343
证书注册编号:1200B0849
体系认证标准:GB/T19002－1994 idt ISO 9002:1994
有效期:2000.12.22～2003.12.14

泰州市江洲机床厂
地址:江苏省泰州市头营一号
邮政编码:225300
证书注册编号:1200B0850
体系认证标准:GB/T19002－1994 idt ISO 9002:1994
有效期:2000.12.22～2003.12.14

皖沪硐石选矿厂
地址:安徽省宁国市庄村乡方竹岭
邮政编码:242362
证书注册编号:1200B0851
体系认证标准:GB/T19002－1994 idt ISO 9002:1994
有效期:2000.12.22～2003.12.14

北京东方正达电子技术有限责任公司
地址:北京市海淀区北四环中路 229 号海泰大厦 1102 室
邮政编码:100083
证书注册编号:1200B0852
体系认证标准:GB/T19002－1994 idt ISO 9002:1994
有效期:2000.12.22～2003.12.14

淄博矿务局许厂煤矿
地址:山东省济宁市
邮政编码:272173
证书注册编号:1200B0853
体系认证标准:GB/T19002－1994 idt ISO 9002:1994
获证体系覆盖产品:原煤、精煤(气煤、气肥煤)
有效期:2000.12.22～2003.12.14

福建省晋江市陈埭印染厂
地址:福建省晋江市陈埭镇苏厝工业区
邮政编码:362211
证书注册编号:1200B0854
体系认证标准:GB/T19002－1994 idt ISO 9002:1994
有效期:2000.12.22～2003.12.14

山东鲁新毛纺织股份有限公司
地址:山东省新泰市新安路 46 号
邮政编码:271200
证书注册编号:1200B0855
体系认证标准:GB/T19002－1994 idt ISO 9002:1994
有效期:2000.12.22～2003.12.14

天津市津东恒压供水设备厂
地址:天津市东丽区跃进路 73 号
邮政编码:300300
证书注册编号:1200B0856
体系认证标准:GB/T19002－1994 idt ISO 9002:1994
有效期:2000.12.22～2003.12.14

北京市邦钧建筑涂料厂
地址:北京市海淀区闵庄路 4 号
邮政编码:100081
证书注册编号:1200B0857
体系认证标准:GB/T19002－1994 idt ISO 9002:1994
有效期:2000.12.22～2003.12.14

沈阳市石化防爆器材厂
地址:辽宁省沈阳市道义开发区正良二路西首 1 号
邮政编码:110136
证书注册编号:1200B0858
体系认证标准:GB/T19002－1994 idt ISO 9002:1994
有效期:2000.12.22～2003.12.14

北京北化房地产开发有限公司
地址:北京崇文区广渠门南水关 14 号
邮政编码:100061
证书注册编号:1200B0859
体系认证标准:GB/T19002－1994 idt ISO 9002:1994
有效期:2000.12.22～2003.12.14

北京蓝天旭日复合材料制品有限公司
地址:北京市海淀区清河朱房蓝天大院
邮政编码:100085
证书注册编号:1200B0860
体系认证标准:GB/T19002－1994 idt ISO 9002:1994
有效期:2000.12.25～2003.12.14

大同铁路分局大同西电力机务段
地址:山西省大同市拥军北路 8 号
邮政编码:37011
证书注册编号:1200B0861
体系认证标准:GB/T19002－1994 idt ISO 9002:1994
有效期:2000.12.25～2003.12.14

大同爱得机电技术有限责任公司
地址:山西省大同市拥军北路 8 号
邮政编码:37011
证书注册编号:1200B0862
体系认证标准:GB/T19002－1994 idt ISO 9002:1994
有效期:2000.12.25～2003.12.14

河北省饶阳县锅炉厂(河北宏泽锅炉制造有限公司)
地址:河北省饶阳县城南肃衡路王同岳乡西
邮政编码:53900
证书注册编号:1200B0863
体系认证标准:GB/T19002－1994 idt ISO 9002:1994
有效期:2000.12.25～2003.12.14

天津市光宇电业有限公司
地址:天津市河东区常州道 24 号
邮政编码:300250
证书注册编号:1200B0864
体系认证标准:GB/T19002－1994 idt

ISO 9002:1994
有效期:2000.12.25～2003.12.14

北京华中新工贸有限公司(含:北京市华大粘合剂厂 北京怀德化工有限公司)
地址:北京市怀柔兴怀大街17号
邮政编码:101400
证书注册编号:1200B0865
体系认证标准:GB/T19002—1994 idt ISO 9002:1994
有效期:2000.12.25～2003.12.14

辽宁荣昌装饰装修工程有限公司
地址:辽宁省沈阳市沈河区青年大街215号
邮政编码:110013
证书注册编号:1200A0866
体系认证标准:GB/T19001—1994 idt ISO 9001:1994
有效期:2000.12.25～2003.12.14

江阴市滨江建筑安装工程有限公司
地址:江苏省江阴市肖山路118号
邮政编码:214434
证书注册编号:1200B0867
体系认证标准:GB/T19002—1994 idt ISO 9002:1994
有效期:2000.12.25～2003.12.14

瓦房店通用轧机轴承厂
地址:辽宁省瓦房店市北共济街北段134号
邮政编码:116300
证书注册编号:1200B0868
体系认证标准:GB/T19002—1994 idt ISO 9002:1994
有效期:2000.12.26～2003.12.14

瓦房店轧机轴承制造有限公司
地址:辽宁省瓦房店市北共济街北段134号
邮政编码:116300
证书注册编号:1200B0869
体系认证标准:GB/T19002—1994 idt ISO 9002:1994
有效期:2000.12.26～2003.12.14

河南省安阳市豫北建筑安装公司
地址:河南安阳市中州路北段
邮政编码:455000
证书注册编号:1200B0870
体系认证标准:GB/T19002—1994 idt ISO 9002:1994
有效期:2000.12.26～2003.12.14

安阳开祥建筑有限责任公司
地址:河南省安阳市东外环北段路东
邮政编码:455000
证书注册编号:1200B0871
体系认证标准:GB/T19002—1994 idt ISO 9002:1994
有效期:2000.12.26～2003.12.14

河南省安阳县第三建筑安装有限责任公司
地址:河南省安阳市北关区东工路193号
邮政编码:455000
证书注册编号:1200B0872
体系认证标准:GB/T19002—1994 idt ISO 9002:1994
有效期:2000.12.26～2003.12.26

河南省兴达建筑安装公司
地址:河南省郑州市金水区园田路北
邮政编码:450002
证书注册编号:1200B0873
体系认证标准:GB/T19002—1994 idt ISO 9002:1994
有效期:2000.12.26～2003.12.26

北京诚丰建材制品有限公司(复评)
地址:北京市丰台区榆树庄村
邮政编码:100071
证书注册编号:1200B0874
体系认证标准:GB/T19002—1994 idt ISO 9002:1994
有效期:2000.12.26～2003.12.26

北京市北化研化工新技术公司
地址:北京市和平街北口
邮政编码:100013
证书注册编号:1200B0875
体系认证标准:GB/T19002—1994 idt ISO 9002:1994
有效期:2000.12.26～2003.12.14

山东中润置业有限公司
地址:山东省济南市环山路55号
邮政编码:250014
证书注册编号:1200B0876
体系认证标准:GB/T19002—1994 idt ISO 9002:1994
有效期:2000.12.26～2003.12.14

青海大通水泥有限责任公司
地址:青海省西宁市大通县(宁张公路33公里处)
邮政编码:810100
证书注册编号:1200B0877
体系认证标准:GB/T19002—1994 idt ISO 9002:1994
有效期:2000.12.26～2003.12.14

北京市通州福光建筑工程公司
地址:北京市通州区江米店18号
邮政编码:101100
证书注册编号:1200B0878
体系认证标准:GB/T19002—1994 idt ISO 9002:1994
有效期:2000.12.26～2003.12.14

大连佳成水泥有限公司
地址:辽宁大连市瓦房店炮台镇高家村
邮政编码:116329
证书注册编号:1200B0879
体系认证标准:GB/T19002—1994 idt ISO 9002:1994
有效期:2000.12.26～2003.12.14

***江西省邮电建设工程局**
地址:江西省南昌市解放西路139号
邮政编码:330002
电话:(0791)8212277
传真:(0791)8212277
法定代表人:罗敬葵
证书注册编号:1200B0880
体系认证标准:GB/T19002—1994 idt ISO 9002:1994
获证体系覆盖产品:通信工程施工、安装和服务
有效期:2000.12.26～2003.12.14

福建省南安市敏捷机械有限公司
地址:福建南安市官桥镇洪邦工业区
邮政编码:362341
证书注册编号:1200B0881
体系认证标准:GB/T19002—1994 idt ISO 9002:1994
有效期:2000.12.26～2003.12.14

沧州市钢管厂
地址:河北省沧州市东环中街40号
邮政编码:061000
证书注册编号:1200B0882

体系认证标准:GB/T19002－1994 idt ISO 9002:1994
有效期:2000.12.26～2003.12.14

海城奥源纺织服装有限公司
地址:辽宁省海城市海州区双栗委
邮政编码:114200
证书注册编号:1200B0883
体系认证标准:GB/T19002－1994 idt ISO 9002:1994
有效期:2000.12.26～2003.12.14

湖州天阁粘合剂有限公司
地址:浙江省湖州市练市镇湖盐东路24号
邮政编码:313013
证书注册编号:1200B0884
体系认证标准:GB/T19002－1994 idt ISO 9002:1994
有效期:2000.12.26～2003.12.14

平邑美丽石材有限公司
地址:山东省平邑县城蒙山大道4号
邮政编码:273300
证书注册编号:1200B0885
体系认证标准:GB/T19002－1994 idt ISO 9002:1994
有效期:2000.12.26～2003.12.14

内蒙古西卓子山草原水泥集团总公司特种水泥厂
地址:内蒙古自治区乌海市海南区卓子山西街109#
邮政编码:016032
证书注册编号:1200B0886
体系认证标准:GB/T19002－1994 idt ISO 9002:1994
有效期:2000.12.26～2003.12.14

北京市东升锅炉厂
地址:北京市海淀区清河(小营东升工业区)
邮政编码:100085
证书注册编号:1200A0887
体系认证标准:GB/T19001－1994 idt ISO 9001:1994
有效期:2000.12.26～2003.12.14

云南铜业股份有限公司
地址:云南省昆明市西山区王家桥
邮政编码:650102
证书注册编号:1200B0888
体系认证标准:GB/T19002－1994 idt ISO 9002:1994
有效期:2000.12.26～2003.12.14

北京市兴桥电器开关厂
地址:北京市平谷县峪口工业区
邮政编码:101206
证书注册编号:1200B0889
体系认证标准:GB/T19002－1994 idt ISO 9002:1994
有效期:2000.12.26～2003.12.14

北京宏力华业电气设备有限公司
地址:北京市海淀区清华大学科技园学研大厦B座
邮政编码:100084
证书注册编号:1200A0890
体系认证标准:GB/T19001－1994 idt ISO 9001:1994
有效期:2000.12.26～2003.12.14

南京同力道桥工程有限责任公司
地址:江苏省南京市中央北路95号
邮政编码:210037
证书注册编号:1200B0891
体系认证标准:GB/T19002－1994 idt ISO 9002:1994
有效期:2000.12.26～2003.12.14

太原市清徐县双龙暖气片厂
地址:山西太原市清徐县集义乡西辽西
邮政编码:030401
证书注册编号:1200B0892
体系认证标准:GB/T19002－1994 idt ISO 9002:1994
有效期:2000.12.26～2003.12.14

广州市白云区市政建设工程公司
地址:广东省广州市政通路11号
邮政编码:510405
证书注册编号:1200B0893
体系认证标准:GB/T19002－1994 idt ISO 9002:1994
有效期:2000.12.26～2003.12.14

涿州市建筑装饰工程公司
地址:河北省涿州市东城根23号
邮政编码:072750
证书注册编号:1200B0894
体系认证标准:GB/T19002－1994 idt ISO 9002:1994
有效期:2000.12.26～2003.12.14

安徽光明电力设备制造公司
地址:安徽省宿州市宿怀南路17号
邮政编码:234000
证书注册编号:1200B0895
体系认证标准:GB/T19002－1994 idt ISO 9002:1994
有效期:2000.12.26～2003.12.14

北京市信安消防工程有限责任公司
地址:北京市海淀区西村路七号
邮政编码:100088
证书注册编号:1200B0896
体系认证标准:GB/T19002－1994 idt ISO 9002:1994
有效期:2000.12.26～2003.12.14

苏州市东沪电缆附件有限公司
地址:江苏省苏州吴县市东山镇摆渡口
邮政编码:215107
法定代表人:姚景高
证书注册编号:1200B0897
体系认证标准:GB/T19002－1994 idt ISO 9002:1994
有效期:2000.12.26～2003.12.14

太原重工祁县聚合物有限责任公司
地址:山西省祁县
邮政编码:030900
证书注册编号:1200B0898
体系认证标准:GB/T19002－1994 idt ISO 9002:1994
有效期:2000.12.26～2003.12.14

滨州市市政工程管理处
地址:山东省滨州市黄河三路641号
邮政编码:256617
证书注册编号:1200B0899
体系认证标准:GB/T19002－1994 idt ISO 9002:1994
有效期:2000.12.26～2003.12.14

涿州市三博桥梁模板制造有限公司
地址:河北省涿州市城西北街19号
邮政编码:072750
证书注册编号:1200B0900
体系认证标准:GB/T19002－1994 idt ISO 9002:1994
有效期:2000.12.26～2003.12.14

张家港市港花海绵制品有限公司
地址:江苏省张家港市南沙镇高峰村
邮政编码:215632

证书注册编号:1200B0901
体系认证标准:GB/T19002－1994 idt ISO 9002:1994
有效期:2000.12.26～2003.12.14

盘锦市市政工程建设总公司
地址:辽宁盘锦市双台子区胜利街西段
邮政编码:124000
证书注册编号:1200B0902
体系认证标准:GB/T19002－1994 idt ISO 9002:1994
有效期:2000.12.26～2003.12.14

常州市红梅塑料包母料有限公司
地址:江苏省常州市劳动东路7号弄
邮政编码:213004
证书注册编号:1200B0903
体系认证标准:GB/T19002－1994 idt ISO 9002:1994
有效期:2000.12.26～2003.12.14

邯邢冶金矿山管理局机械总厂
地址:河北省武安市磁山镇东
邮政编码:056302
证书注册编号:1200B0904
体系认证标准:GB/T19002－1994 idt ISO 9002:1994
有效期:2000.12.26～2003.12.14

唐山钢铁集团有限责任公司建筑安装公司
地址:河北省唐山市路北区东工房
邮政编码:063002
证书注册编号:1200B0905
体系认证标准:GB/T19002－1994 idt ISO 9002:1994
有效期:2000.12.26～2003.12.26

北京市海淀区汇通机械制造厂
地址:北京市海淀区温泉西路南安河
邮政编码:100095
证书注册编号:1200B0906
体系认证标准:GB/T19002－1994 idt ISO 9002:1994
有效期:2000.12.26～2003.12.26

河北省涿州市建筑安装工程公司
地址:河北省涿州市范阳路54号
邮政编码:072750
证书注册编号:1200B0907
体系认证标准:GB/T19002－1994 idt ISO 9002:1994
有效期:2000.12.26～2003.12.14

西南交通建设工程总公司
地址:云南省昆明市西昌路706＃～708＃
邮政编码:650032
证书注册编号:1200B0908
体系认证标准:GB/T19002－1994 idt ISO 9002:1994
有效期:2000.12.26～2003.12.14

北京市京奥克建筑防水材料厂
地址:北京市丰台区大红门久敬庄
邮政编码:100076
证书注册编号:1200B0909
体系认证标准:GB/T19002－1994 idt ISO 9002:1994
有效期:2000.12.26～2003.12.14

北京中艺彩印包装有限公司
地址:北京市天竺空港工业区
邮政编码:101300
证书注册编号:1200B0910
体系认证标准:GB/T19002－1994 idt ISO 9002:1994
有效期:2000.12.26～2003.12.14

甘肃莫高实业发展股份有限公司饮马啤酒原料分公司
地址:甘肃省玉门镇饮马农场
邮政编码:735218
证书注册编号:1200B0911
体系认证标准:GB/T19002－1994 idt ISO 9002:1994
有效期:2000.12.26－2003.12.14

山西省水利建筑工程局
地址:山西省太原市平阳路186号
邮政编码:030006
证书注册编号:1200B0912
体系认证标准:GB/T19002－1994 idt ISO 9002:1994
有效期:2000.12.26－2003.12.24

河北省涿州市第七建筑公司
地址:河北省涿州市长空路53号
邮政编码:072750
证书注册编号:1200B0913
体系认证标准:GB/T19002－1994 idt ISO 9002:1994
有效期:2000.12.26～2003.12.14

西安市高陵县建筑工程公司
地址:陕西省西安市高陵县北街3号
邮政编码:710200
证书注册编号:1200B0914
体系认证标准:GB/T19002－1994 idt ISO 9002:1994
有效期:2000.12.26～2003.12.14

泰州延龄精细化工有限公司
地址:江苏省泰州市经济开发区新港路6－1＃
邮政编码:225404
证书注册编号:1200B0915
体系认证标准:GB/T19002－1994 idt ISO 9002:1994
有效期:2000.12.26～2003.12.14

安徽金猴渔具集团有限公司
更名:安徽金猴渔业科技股份有限公司
地址:安徽省巢湖市经济技术开发区
邮政编码:238000
证书注册编号:1200B0916
体系认证标准:GB/T19002－1994 idt ISO 9002:1994
有效期:2000.12.26～2003.12.14

嘉兴氟塑料总厂
地址:浙江省嘉兴王店镇人民街50号
邮政编码:314011
证书注册编号:1200B0917
体系认证标准:GB/T19002－1994 idt ISO 9002:1994
有效期:2000.12.26～2003.12.14

汕头市金时印刷有限公司
地址:广东省汕头市潮汕路72号
邮政编码:515064
证书注册编号:1200B0918
体系认证标准:GB/T19002－1994 idt ISO 9002:1994
有效期:2000.12.26～2003.12.14

保山钢铁厂(含下属的:保山鑫利制氧公司、保山宏基钢材交易公司、保山云宏钢材交易公司)
地址:云南省保山城南三公里(大沙河)
邮政编码:678000
证书注册编号:1200B0919
体系认证标准:GB/T19002－1994 idt ISO 9002:1994
有效期:2000.12.27～2003.12.14

山东中润物业管理有限公司
地址:山东省济南市环山路55号中润裕华园
邮政编码:250014
证书注册编号:1200B0920
体系认证标准:GB/T19002－1994 idt ISO 9002:1994
有效期:2000.12.27～2003.12.14

沈阳交通工程有限公司
地址:辽宁省沈阳市和平区胜利北街21号
邮政编码:110001
证书注册编号:1200B0921
体系认证标准:GB/T19002－1994 idt ISO 9002:1994
有效期:2000.12.26～2003.12.14

北京市海淀区北安河玻璃钢制品厂
地址:北京市海淀区北安河
邮政编码:100095
证书注册编号:1200B0922
体系认证标准:GB/T19002－1994 idt ISO 9002:1994
有效期:2000.12.27～2003.12.14

宜兴市星光化工厂
地址:江苏省宜兴市新庄镇
邮政编码:214266
证书注册编号:1200B0923
体系认证标准:GB/T19002－1994 idt ISO 9002:1994
有效期:2000.12.27～2003.12.14

江阴天福房地产建设有限公司
地址:江苏省江阴市澄江中路2号
邮政编码:214431
证书注册编号:1200B0924
体系认证标准:GB/T19002－1994 idt ISO 9002:1994
有效期:2000.12.27～2003.12.14

广东安易软件有限公司
地址:广东省广州市先烈中路76号中侨大厦8楼E座
邮政编码:510070
证书注册编号:1200B0925
体系认证标准:GB/T19002－1994 idt ISO 9002:1994
有效期:2000.12.27～2003.12.14

江阴市水利工程公司
地址:江苏省江阴市环城北路109号
邮政编码:214400
证书注册编号:1200B0926
体系认证标准:GB/T19002－1994 idt ISO 9002:1994
有效期:2000.12.29～2003.12.14

泰安鲁润股份有限公司房地产开发分公司
地址:山东省泰安市青年路111号
邮政编码:271000
证书注册编号:1200A0927
体系认证标准:GB/T19001－1994 idt ISO 9001:1994
有效期:2000.12.29～2003.12.14

常州百老汇集团有限公司
地址:江苏省常州市新区天安工业区村A座五楼
邮政编码:213022
证书注册编号:1200B0928
体系认证标准:GB/T19002－1994 idt ISO 9002:1994
有效期:2000.12.29～2003.12.14

无锡大力起重机械厂
地址:江苏省锡山市华庄镇南张村
邮政编码:214124
证书注册编号:1200B0929
体系认证标准:GB/T19002－1994 idt ISO 9002:1994
有效期:2000.12.29～2003.12.14

常州市延凌化工有限公司
地址:江苏省武进市焦溪镇工业园区
邮政编码:213116
证书注册编号:1200B0930
体系认证标准:GB/T19002－1994 idt ISO 9002:1994
有效期:2000.12.29～2003.12.14

济南市勘察测绘研究院
地址:山东省济南市历山路59号
邮政编码:250013
证书注册编号:1200B0931
体系认证标准:GB/T19002－1994 idt ISO 9002:1994
有效期:2000.12.29～2003.12.14

南京先达路桥工程有限责任公司
地址:江苏省南京市油棉路18号
邮政编码:210041
证书注册编号:1200B0932
体系认证标准:GB/T19002－1994 idt ISO 9002:1994
有效期:2000.12.29～2003.12.14

国营如皋市丁堰纺织厂
地址:江苏如皋市丁堰镇丁新路206号
邮政编码:226521
证书注册编号:1200B0933
体系认证标准:GB/T19002－1994 idt ISO 9002:1994
有效期:2000.12.29～2003.12.14

淮南光神光纤线缆有限公司
地址:安徽省淮南国庆东路
邮政编码:232007
证书注册编号:1200B0934
体系认证标准:GB/T19002－1994 idt ISO 9002:1994
有效期:2000.12.29～2003.12.14

靖江市长岭机械厂
地址:江苏省靖江市车站路73号
邮政编码:214500
证书注册编号:1200B0935
体系认证标准:GB/T19002－1994 idt ISO 9002:1994
有效期:2000.12.29～2003.12.14

招远市玲珑粉丝有限公司
地址:山东省招远市罗峰路5号
邮政编码:265400
证书注册编号:1200B0936
体系认证标准:GB/T19002－1994 idt ISO 9002:1994
有效期:2000.12.29～2003.12.14

安徽巢湖华通电器线缆总厂
地址:安徽省无为县新沟工业区
邮政编码:238331
证书注册编号:1200B0937
体系认证标准:GB/T19002－1994 idt ISO 9002:1994
有效期:2000.12.29～2003.12.14

＊北京长安房屋修建工程公司
地址:北京市昌平区水关新村36号
邮政编码:102200
电话:(010)69742440－8022
传真:(010)69742440－0
法定代表人:邱瑞国
证书注册编号:1201B0031

体系认证标准:GB/T19002－1994 idt ISO 9002:1994
获证体系覆盖产品:工业与民用建筑施工
有效期:2001.1.16～2003.12.14

＊上海隆城建筑装璜公司
地址:上海市松江镇乐都路358号
邮政编码:201600
电话:(021)57722129
传真:(021)57722129
法定代表人:顾国兴
证书注册编号:1201B0046
体系认证标准:GB/T19002－1994 idt ISO 9002:1994
获证体系覆盖产品:工业与民用建筑施工
有效期:2001.1.16～2003.12.14

＊上海福来实业有限公司
地址:上海市松江区乐都路16号
邮政编码:201600
电话:(021)57709272
传真:(021)57709454
法定代表人:钱明理
证书注册编号:1201B0059
体系认证标准:GB/T19002－1994 idt ISO 9002:1994
获证体系覆盖产品:HA2300系列电话机
有效期:2001.1.18～2003.12.14

＊日照市建筑工程总公司
地址:山东省日照市昭阳路14号
邮政编码:276800
电话:(0633)8266916
传真:(0633)8262237
法定代表人:王太华
证书注册编号:1201B0091
体系认证标准:GB/T19002－1994 idt ISO 9002:1994
获证体系覆盖产品:工业与民用建筑、设备安装工程、消防工程安装
有效期:2001.1.19～2003.12.19

北京兴国环球质量认证中心

上海亚大塑料制品有限公司
地址：上海青浦县华新镇华昌工业园区3号
邮政编码：201708
证书注册编号：1300B0001
体系认证标准：GB/T19002－1994 idt ISO9002:1994
有效期：2000.1.15～2003.1.14

乐清市裕华电器有限公司
地址：浙江省乐清市宁康西路358号
邮政编码：325606
证书注册编号：1300A0002
体系认证标准：GB/T19001－1994 idt ISO9001:1994
有效期：2000.3.28～2003.3.27

抚顺矿务局十一厂
地址：辽宁抚顺市东洲区平山北街7号
邮政编码：113003
证书注册编号：1300B0003
体系认证标准：GB/T19002－1994 idt ISO9002:1994
有效期：2000.4.8～2003.4.7

南京泵厂
地址：江苏省南京市中心门外淳化镇
邮政编码：211122
证书注册编号：1300B0004
体系认证标准：GB/T19002－1994 idt ISO9002:1994
有效期：2000.4.8～2003.4.7

安徽雷鸣科化股份有限公司
地址：安徽省淮北市东山
邮政编码：235042
证书注册编号：1300B0005
体系认证标准：GB/T19002－1994 idt ISO9002:1994
有效期：2000.4.18～2003.4.17

国营云南安宁化工厂
地址：昆明西效长坡
邮政编码：650301
证书注册编号：1300B0006
体系认证标准：GB/T19002－1994 idt ISO9002:1994
有效期：2000.4.18～2003.4.17

山东防爆电机厂
地址：山东济宁市中区吴泰闸路57号
邮政编码：272123
证书注册编号：1300B0007
体系认证标准：GB/T19002－1994 idt ISO9002:1994
有效期：2000.5.18～2003.5.17

福建永安化工厂
地址：福建永安市邮政编码：366034
证书注册编号：1300B0008
体系认证标准：GB/T19002－1994 idt ISO9002:1994
有效期：2000.5.18～2003.5.17

淄博黑山玻璃有限公司
地址：山东省淄博市博山区八陡镇黑山前384号
邮政编码：255203
证书注册编号：1300B0009
体系认证标准：GB/T19002－1994 idt ISO9002:1994
有效期：2000.5.18～2003.5.17

常州市华星防腐材料厂
地址：江苏省武进市新安镇新英路
邮政编码：223117
证书注册编号：1300B0010
体系认证标准：GB/T19002－1994 idt ISO9002:1994
有效期：2000.5.18～2003.5.17

南京聚隆化学实业有限公司
地址：江苏省南京市锁金村75号
邮政编码：210042
证书注册编号：1300B0011
体系认证标准：GB/T19002－1994 idt ISO9002:1994
有效期：2000.5.26～2003.5.25

淄博高强度螺栓厂
地址：山东省淄博市博山区夏家庄路85号
邮政编码：255200
证书注册编号：1300B0012
体系认证标准：GB/T19002－1994 idt ISO9002:1994
有效期：2000.06.16～2003.06.15

北京市航波机械厂
地址：北京市丰台区南苑槐房路179号
邮政编码：100076
证书注册编号：1300B0013
体系认证标准：GB/T19002－1994 idt ISO9002:1994
有效期：2000.06.16～2003.06.15

山东博山博宇实业总公司
地址：山东淄博市博山区东域城村
邮政编码：255200
证书注册编号：1300B0014
体系认证标准：GB/T19002－1994 idt ISO9002:1994
有效期：2000.06.16～2003.06.15

福建省天湖山矿务局167厂
地址：福建省永春坑仔口
邮政编码：362615
证书注册编号：1300B0015
体系认证标准：GB/T19002－1994 idt ISO9002:1994
有效期：2000.06.28～2003.06.27

福建省龙岩矿务局708厂
地址：福建省龙岩新罗区红坊镇下洋村
邮政编码：364014
证书注册编号：1300B0016
体系认证标准：GB/T19002－1994 idt ISO9002:1994
有效期：2000.06.28～2003.06.27

兴宁市华威化工实业有限公司
地址:广东省兴宁市永和镇
邮政编码:514571
证书注册编号:1300B0017
体系认证标准:GB/T19002－1994 idt ISO9002:1994
有效期:2000.07.28～2003.7.27

四川省雅安化工厂
地址:四川省雅安市陇西路20号
邮政编码:625000
证书注册编号:1300A0018
体系认证标准:GB/T19001－1994 idt ISO9001:1994
有效期:2000.08.12～2003.08.11

淄博市消防器材厂
地址:山东省淄博市淄川区吉祥路6号
邮政编码:255100
证书注册编号:1300B0019
体系认证标准:GB/T19002－1994 idt ISO9002:1994
有效期:2000.08.12～2003.08.11

淄博矿山建材设备总厂
地址:淄博市博山区颜北路147号
邮政编码:255200
证书注册编号:1300B0020
体系认证标准:GB/T19002－1994 idt ISO9002:1994
有效期:2000.08.12～2003.08.11

齐鲁武峰塑胶有限公司
地址:山东省淄博市博山区
邮政编码:255411
证书注册编号:1300B0021
体系认证标准:GB/T19002－1994 idt ISO9002:1994
有效期:2000.08.12～2003.08.11

江苏江南实业集团常州创佳塑料型材有限公司
地址:江苏省武进市横山桥镇
邮政编码:213119
证书注册编号:1300A0022
体系认证标准:GB/T19001－1994 idt ISO9001:1994
有效期:2000.08.12～2003.08.11

安徽省宁国江南化工有限责任公司
地址:安徽省宁国市港口镇分界山
邮政编码:242310
证书注册编号:1300B0023
体系认证标准:GB/T19002－1994 idt ISO9002:1994
有效期:2000.08.12～2003.08.11

中国解放军第三四一九厂
地址:青海省西宁市柴达木西路93号
邮政编码:810018
证书注册编号:1300A0024
体系认证标准:GB/T19001－1994 idt ISO9001:1994
有效期:2000.09.18～2003.09.17

常州市天安特种涂料有限公司
地址:江苏省武进市车青街
邮政编码:213114
证书注册编号:1300B0025
体系认证标准:GB/T19002－1994 idt ISO9002:1994
有效期:2000.10.12～2003.10.11

山东圣士达化工有限公司
地址:山东省淄博市南博山镇
邮政编码:255206
证书注册编号:1300B0026
体系认证标准:GB/T19002－1994 idt ISO9002:1994
有效期:2000.10.18～2003.10.17

枣庄矿务局八二四厂
地址:山东省枣庄市
邮政编码:277011
证书注册编号:1300B0027
体系认证标准:GB/T19002－1994 idt ISO9002:1994
有效期:2000.10.18～2003.10.17

吉林省辉南化工有限责任公司
地址:吉林辉南县朝阳镇北山街20号
邮政编码:135100
证书注册编号:1300B0028
体系认证标准:GB/T19002－1994 idt ISO9002:1994
有效期:2000.10.28～2003.10.27

河南中原特殊钢厂
地址:河南省洛源市承留镇
邮政编码:454685
证书注册编号:1300B0029
体系认证标准:GB/T19002－1994 idt ISO9002:1994
有效期:2000.10.28～2003.10.27

江苏华宇电缆厂
地址:江苏省武进市横山桥镇
邮政编码:213119
证书注册编号:1300B0030
体系认证标准:GB/T19002－1994 idt ISO9002:1994
有效期:2000.10.28～2003.10.27

乐清市得信电子有限公司
地址:浙江省乐清市瑞祥路7号
邮政编码:325600
证书注册编号:1300B0031
体系认证标准:GB/T19002－1994 idt ISO9002:1994
有效期:2000.10.28～2003.10.27

广州市增城化工厂
地址:广东省增城市荔城镇联益光大路28号
邮政编码:511300
证书注册编号:1300B0032
体系认证标准:GB/T19002－1994 idt ISO9002:1994
有效期:2000.10.28～2003.10.27

开滦(集团)有限责任公司化工分公司
地址:唐山市古冶区赵各庄白云山北
邮政编码:063100
证书注册编号:1300B0033
体系认证标准:GB/T19002－1994 idt ISO9002:1994
有效期:2000.11.08～2003.11.07

武进市苏南环保设备厂
地址:江苏省常州市郑陵镇
邮政编码:213111
证书注册编号:1300B0034
体系认证标准:GB/T19002－1994 idt ISO9002:1994
有效期:2000.11.18～2003.11.17

淄博市淄川区镁质耐火材料厂
地址:山东省淄博市淄川区龙泉路6号
邮政编码:255144
证书注册编号:1300B0035
体系认证标准:GB/T19002－1994 idt ISO9002:1994
有效期:2000.11.18～2003.11.17

温州市龙湾立得达防腐蚀材料厂
地址:江苏省温州市龙湾区瑶溪工业区
邮政编码:325013

证书注册编号:1300B0036
体系认证标准:GB/T19002－1994 idt ISO9002:1994
有效期:2000.11.18～2003.11.17

伊金霍洛旗泰威化工有限责任公司
地址:内蒙古伊金霍洛旗阿勒腾席热镇昌汉庙五社
邮政编码:017200
证书注册编号:1300B0037
体系认证标准:GB/T19002－1994 idt ISO9002:1994
有效期:2000.11.28～2003.11.27

河南省前进化工有限责任公司
地址:河南省宜阳县2号信箱
邮政编码:471600
证书注册编号:1300B0038
体系认证标准:GB/T19002－1994 idt ISO9002:1994
有效期:2000.11.28～2003.11.27

江苏港龙集团公司
地址:江苏省杨中市丰裕镇丰中路1号
邮政编码:212213
证书注册编号:1300B0039
体系认证标准:GB/T19002－1944 idt ISO9002:1994
有效期:2000.12～2003.12

长春永泰有限责任公司民爆器材厂
地址:吉林省长春市农大北四路
邮政编码:130118
证书注册编号:1300B0040
体系认证标准:GB/T19002－1944 idt ISO9002:1994
有效期:2000.12～2003.12

淄博市淄川柳泉消防器材厂
地址:山东省淄博市淄川区吉祥路6号
邮政编码:255100
证书注册编号:1300B0041
体系认证标准:GB/T19002—1944 idt ISO9002:1994
有效期:2000.12～2003.12

山东泰山民用爆破器材有限公司
地址:山东省五莲县解放路146号
邮政编码:262300
证书注册编号:1300B0042
体系认证标准:GB/T19002－1944 idt ISO9002:1994
有效期:2000.12～2003.12

贵阳化工厂
地址:贵州省贵阳市花溪区孟关乡铜鼓冲
邮政编码:550025
证书注册编号:1300B0043
体系认证标准:GB/T19002－1944 idt ISO9002:1994
有效期:2000.12～2003.12

贵阳神迪化工厂
地址:贵州省贵阳市安云路17号
邮政编码:550002
证书注册编号:1300B0044
体系认证标准:GB/T19002－1944 idt ISO9002:1994
有效期:2000.12～2003.12

国营华原机械厂
地址:河南省许昌市运粮河街1号
邮政编码:461000
证书注册编号 1300B0045
体系认证标准:GB/T19002－1944 idt ISO9002:1994
有效期:2000.12～2003.12

四川三峡质量保证中心

重庆鸡冠石建设集团
地址:重庆市南岸区南坪桃园路
邮政编码:400060
证书注册编号:1500B0001
体系认证标准:GB/T 19002—1994 idt ISO 9002:1994
有效期:2000.1～2003.1

德阳市科隆土木建筑有限公司
地址:四川省德阳市涪江西路(火车北站北头左侧80米)
邮政编码:618000
证书注册编号:1500B0002
体系认证标准:GB/T 19002—1994 idt ISO 9002:1994
有效期:2000.1～2003.1

自贡市张家坝制盐化工厂
地址:四川自贡市大安区人民路130号
邮政编码:643011
证书注册编号:1500B0003
体系认证标准:GB/T 19002—1994 idt ISO 9002:1994
有效期:2000.1～2003.1

成都府河电气集团有限公司
地址:四川省成都市高新区石羊场乡
邮政编码:610041
证书注册编号:1500B0004
体系认证标准:GB/T 19002—1994 idt ISO 9002:1994
有效期:2000.1～2003.1

四川鼓风机有限责任公司
地址:四川达州市通川区高家坝路1号
邮政编码:635001
证书注册编号:1500B0005
体系认证标准:GB/T 19002—1994 idt ISO 9002:1994
有效期:2000.1～2003.1

国营四川省什邡莹峰实业总公司
地址:四川什邡市围城路北段
邮政编码:618400
证书注册编号:1500B0006
体系认证标准:GB/T 19002—1994 idt ISO 9002:1994
有效期:2000.1～2003.1

成都科特金属制品有限公司
地址:四川省崇州市崇阳镇南河工业区
邮政编码:611230
证书注册编号:1500B0007
体系认证标准:GB/T 19002—1994 idt ISO 9002:1994
有效期:2000.1～2003.1

成都机车车辆厂五分厂
地址:四川省彭山县青龙镇上街8号
邮政编码:620866
证书注册编号:1500B0008
体系认证标准:GB/T 19002—1994 idt ISO 9002:1994
有效期:2000.1～2003.1

四川省东圣酒业有限公司
地址:四川省绵竹市清华大道
邮政编码:618200
证书注册编号:1500B0009
体系认证标准:GB/T 19002—1994 idt ISO 9002:1994
有效期:2000.1～2003.1

四川省宜宾鑫荣油脂有限责任公司
地址:四川宜宾县柏溪镇育才路41号
邮政编码:644600
证书注册编号:1500B0010
体系认证标准:GB/T 19002—1994 idt ISO 9002:1994
有效期:2000.1～2003.1

自贡萨法姆铸铁有限公司
地址:四川自贡市贡井区贡雷路七十号
邮政编码:643020
证书注册编号:1500B0011
体系认证标准:GB/T 19002—1994 idt ISO 9002:1994
有效期:2000.1～2003.1

四川铜镍有限责任公司
地址:四川省成都市宏济中路38号
邮政编码:610061
证书注册编号:1500B0012
体系认证标准:GB/T 19002—1994 idt ISO 9002:1994
有效期:2000.1～2003.1

成都胜多燃气用具制造有限公司
地址:四川成都市外东槐树店路15号
邮政编码:610051
证书注册编号:1500B0013
体系认证标准:GB/T 19002—1994 idt ISO 9002:1994
有效期:2000.1～2003.1

四川省宜宾市南福曲酒厂
地址:四川省南溪县广福街50号
邮政编码:644100
证书注册编号:1500B0014
体系认证标准:GB/T 19002—1994 idt ISO 9002:1994
有效期:2000.1～2003.1

四川四凯计算机软件有限公司
地址:四川省成都市新南路82号
邮政编码:610041
证书注册编号:1500A0015
体系认证标准:GB/T 19001—1994 idt ISO 9001:1994
有效期:2000.3～2003.3

四川明天化工有限责任公司
地址:四川成都市新都三河花园开发区
邮政编码:610503
证书注册编号:1500B0016
体系认证标准:GB/T 19002—1994 idt ISO 9002:1994
有效期:2000.3～2003.3

乌鲁木齐铁路局哈密桥梁工厂（含西安分厂）
地址：新疆哈密市北环路4号
邮政编码：839001
证书注册编号：1500B0017
体系认证标准：GB/T 19002—1994 idt ISO 9002:1994
有效期：2000.3～2003.3

四川东方变压器有限公司
地址：四川省富顺县城北富达路
邮政编码：643200
证书注册编号：1500A0018
体系认证标准：GB/T 19001—1994 idt ISO 9001:1994
有效期：2000.3～2003.3

四川维城磁能有限公司
地址：四川省泸州经济技术开发区
邮政编码：646000
证书注册编号：1500B0019
体系认证标准：GB/T 19002—1994 idt ISO 9002:1994
有效期：2000.3～2003.3

四川省宜宾市天宏电器成套有限公司
地址：四川省宜宾市白沙湾街道柿子坪六社
邮政编码：644001
证书注册编号：1500B0020
体系认证标准：GB/T 19002—1994 idt ISO 9002:1994
有效期：2000.3～2003.3

德阳川德交通机械有限公司
地址：四川省德阳天元经济开发区
邮政编码：618000
证书注册编号：1500B0021
体系认证标准：GB/T 19002—1994 idt ISO 9002:1994
有效期：2000.3～2003.3

重庆迪马特种汽车制造有限公司
地址：重庆市南坪高新技术开发区白鹤路7号
邮政编码：400060
证书注册编号：1500A0022
体系认证标准：GB/T 19001—1994 idt ISO 9001:1994
有效期：2000.3～2003.3

四川省南充市第九建筑安装工程公司
地址：四川省南充市人民中路29号
邮政编码：637000
证书注册编号：1500A0023
体系认证标准：GB/T 19001—1994 idt ISO 9001:1994
有效期：2000.3～2003.3

国营自贡空压机总厂
地址：四川自贡市贡井区南雷路79号
邮政编码：643020
证书注册编号：1500B0024
体系认证标准：GB/T 19002—1994 idt ISO 9002:1994
有效期：2000.3～2003.3

国营成都万和物业管理有限公司
地址：四川省成都市八宝街一号
邮政编码：610031
证书注册编号：1500B0025
体系认证标准：GB/T 19002—1994 idt ISO 9002:1994
有效期：2000.3～2003.3

绵阳市剑南化工厂
地址：四川省安县睢水镇
邮政编码：622656
证书注册编号：1500B0026
体系认证标准：GB/T 19002—1994 idt ISO 9002:1994
有效期：2000.3～2003.3

成都市双流县农药厂
地址：四川省成都市双流县东升镇西安路三段155号
邮政编码：610200
证书注册编号：1500B0027
体系认证标准：GB/T 19002—1994 idt ISO 9002:1994
有效期：2000.4～2003.4

中国航空油料重庆公司
地址：重庆市江北国际机场
邮政编码：401120
证书注册编号：1500B0028
体系认证标准：GB/T 19002—1994 idt ISO 9002:1994
有效期：2000.4～2003.4

四川省新都美河线缆厂
地址：四川省成都市新都县三河镇
邮政编码：610503
证书注册编号：1500B0029
体系认证标准：GB/T 19002—1994 idt ISO 9002:1994
有效期：2000.4～2003.4

四川仙潭集团有限责任公司
地址：四川省泸州古蔺县太平镇石亮河
邮政编码：646501
证书注册编号：1500B0030
体系认证标准：GB/T 19002—1994 idt ISO 9002:1994
有效期：2000.4～2003.4

四川果城味精厂
地址：四川省南充市顺庆区文明街
邮政编码：637000
证书注册编号：1500B0031
体系认证标准：GB/T 19002—1994 idt ISO 9002:1994
有效期：2000.4～2003.4

四川得福制衣有限公司
地址：四川德阳市庐山南路二段38号
邮政编码：618000
证书注册编号：1500B0032
体系认证标准：GB/T 19002—1994 idt ISO 9002:1994
有效期：2000.4～2003.4

成都市开元房地产开发有限责任公司
地址：四川省成都市小河街12号“天纬商务楼”8楼
邮政编码：610015
证书注册编号：1500A0033
体系认证标准：GB/T 19002—1994 idt ISO 9002:1994
有效期：2000.4～2003.4

都江电力设备厂
地址：四川省都江堰市蒲阳镇
邮政编码：611833
证书注册编号：1500A0037
体系认证标准：GB/T 19001—1994 idt ISO 9001:1994
有效期：2000.4～2003.4

重庆长江涂装机械厂
地址：重庆万州区沙河镇西溪路67号
邮政编码：404040
证书注册编号：1500A0034
体系认证标准：GB/T 19001—1994 idt ISO 9001:1994
有效期：2000.5～2003.5

成都市川化机核能设备制造有限公司
地址：四川省成都市青白江区大湾镇大弯南路
邮政编码：610302
证书注册编号：1500B0035
体系认证标准：GB/T 19002—1994 idt ISO 9002:1994
有效期：2000.5～2003.5

重庆长安减震器有限公司
地址：重庆市沙坪坝区凤凰镇
邮政编码：401334
证书注册编号：1500B0036
体系认证标准：GB/T 19002—1994 idt ISO 9002:1994
有效期：2000.5～2003.5

成都铁路分局成都机械厂
地址：四川省成都市驷马桥路24号
邮政编码：610051
证书注册编号：1500B0038
体系认证标准：GB/T 19002—1994 idt ISO 9002:1994
有效期：2000.5～2003.5

四川龙都茶业(集团)有限公司
地址：四川省自贡市荣县附西路18号
邮政编码：643100
证书注册编号：1500B0039
体系认证标准：GB/T 19002—1994 idt ISO 9002:1994
有效期：2000.5～2003.5

四川省国嘉地产有限公司
地址：四川成都市正府街照壁巷11号
邮政编码：610017
证书注册编号：1500A0040
体系认证标准：GB/T 19001—1994 idt ISO 9001:1994
有效期：2000.5～2003.5

四川省天光科技实业有限责任公司
地址：四川省成都市一环路北三段新76号
邮政编码：610081
证书注册编号：1500B0041
体系认证标准：GB/T 19002—1994 idt ISO 9002:1994
有效期：2000.5～2003.5

四川成中建设股份有限公司
地址：四川宜宾市二二四啤酒厂路口处
邮政编码：644600
证书注册编号：1500B0042
体系认证标准：GB/T 19002—1994 idt ISO 9002:1994
有效期：2000.5～2003.5

四川国栋建设股份有限公司
地址：四川省成都市双流板桥
邮政编码：610206
证书注册编号：1500B0043
体系认证标准：GB/T 19002—1994 idt ISO 9002:1994
有效期：2000.5～2003.5

成都华远电器设备有限公司
地址：四川省成都市武侯区簇桥
邮政编码：610043
证书注册编号：1500B0044
体系认证标准：GB/T 19002—1994 idt ISO 9002:1994
有效期：2000.6～2003.6

乐山市犍为仪表阀门厂
地址：四川省乐山市犍为县罗城镇
邮政编码：614411
证书注册编号：1500B0045
体系认证标准：GB/T 19002—1994 idt ISO 9002:1994
有效期：2000.6～2003.6

重庆市化龙桥汽车配件厂
地址：重庆市渝中区红岩村81号
邮政编码：400043
证书注册编号：1500B0046
体系认证标准：GB/T 19002—1994 idt ISO 9002:1994
有效期：2000.6～2003.6

四川航天建筑工程公司
地址：四川省成都市龙泉驿区航天北路
邮政编码：610100
证书注册编号：1500B0047
体系认证标准：GB/T 19002—1994 idt ISO 9002:1994
有效期：2000.6～2003.6

成都通达工艺玻璃有限责任公司
地址：四川省成都市外南红牌楼夜明珠路8号
邮政编码：610043
证书注册编号：1500B0048
体系认证标准：GB/T 19002—1994 idt ISO 9002:1994
有效期：2000.6～2003.6

宜宾五粮液包装材料有限公司
地址：四川宜宾市宜宾县天池乡高梨村
邮政编码：644600
证书注册编号：1500B0049
体系认证标准：GB/T 19002—1994 idt ISO 9002:1994
有效期：2000.6～2003.6

四川省达县通川酒业有限公司
地址：四川省达县麻柳镇达万路149号
邮政编码：635012
证书注册编号：1500B0050
体系认证标准：GB/T 19002—1994 idt ISO 9002:1994
有效期：2000.6～2003.6

成都前锋暖通设备有限责任公司
地址：四川省新都县新都镇卫星城工业区南一路
邮政编码：610500
证书注册编号：1500A0051
体系认证标准：GB/T 19001—1994 idt ISO 9001:1994
有效期：2000.6～2003.6

铁道部成都木材防腐厂
地址：四川省成都市二仙桥北一路6号
邮政编码：610051
证书注册编号：1500B0052　1597B034
体系认证标准：GB/T 19002—1994 idt ISO 9002:1994
有效期：2000.6～2003.6

成都市明珠家具有限公司
地址：四川省成都崇州市崇平乡
邮政编码：611230
证书注册编号：1500B0053
体系认证标准：GB/T 19002—1994 idt ISO 9002:1994
有效期：2000.6～2003.6

四川石油输气双流腾龙防腐绝缘材料有限责任公司
地址：四川省成都市双流县华阳镇
邮政编码：610215
证书注册编号：1500B0054
体系认证标准：GB/T 19002—1994 idt ISO 9002:1994
有效期：2000.6～2003.6

四川绵阳新华建筑总公司
地址:四川省绵阳市剑南路108号
邮政编码:621000
证书注册编号:1500B0055
体系认证标准:GB/T 19002—1994 idt ISO 9002:1994
有效期:2000.7～2003.7

成都置信实业有限公司
地址:四川省成都市武侯区双楠路置信购物广场601号
邮政编码:610041
证书注册编号:1500A0056
体系认证标准:GB/T 19001—1994 idt ISO 9001:1994
有效期:2000.7～2003.7

重庆红旗水泥厂
地址:重庆市南泉镇红旗村七孔坝
邮政编码:400056
证书注册编号:1500B0057
体系认证标准:GB/T 19002—1994 idt ISO 9002:1994
有效期:2000.7～2003.7

成都中菱无线通信电缆有限公司
地址:四川省成都市高新技术开发区紫荆西路2号
邮政编码:610042
证书注册编号:1500B0058
体系认证标准:GB/T 19002—1994 idt ISO 9002:1994
有效期:2000.7～2003.7

华西集团四川省第三建筑工程公司
地址:四川成都市一环路东一段162号
邮政编码:610051
证书注册编号:1500B0059
体系认证标准:GB/T 19002—1994 idt ISO 9002:1994
有效期:2000.7～2003.7

自贡电力金具制造有限公司
地址:四川自贡市自流井区上桥路3号
邮政编码:643000
证书注册编号:1500B0060
体系认证标准:GB/T 19002—1994 idt ISO 9002:1994
有效期:2000.7～2003.7

成都贵通建设实业有限公司
(四川路桥集团建筑工程有限公司)
地址:四川省成都市双流电视塔路一段36号
邮政编码:610200
证书注册编号:1500B0061
体系认证标准:GB/T 19002—1994 idt ISO 9002:1994
有效期:2000.8～2003.8

四川省达州钢铁集团有限责任公司
地址:四川省达州西河路25号
邮政编码:635002
证书注册编号:1500B0062
体系认证标准:GB/T 19002—1994 idt ISO 9002:1994
有效期:2000.8～2003.8

成都睿康通讯设备有限公司
地址:四川省成都市高新区高朋东路3号12E
邮政编码:610041
证书注册编号:1500B0063
体系认证标准:GB/T 19002—1994 idt ISO 9002:1994
有效期:2000.8～2003.8

四川石油输气化工厂
地址:四川省成都(华阳)
邮政编码:610213
证书注册编号:1500B0064
体系认证标准:GB/T 19002—1994 idt ISO 9002:1994
有效期:2000.8～2003.8

四川省什邡焊管厂
地址:四川省什邡市外西街
邮政编码:618400
证书注册编号:1500B0065 1597B033
体系认证标准:GB/T 19002—1994 idt ISO 9002:1994
有效期:2000.8～2003.8

四川省峨眉山竹叶青茶业有限公司
地址:四川省峨眉山市佛光东路
邮政编码:614200
证书注册编号:1500B0066
体系认证标准:GB/T 19002—1994 idt ISO 9002:1994
有效期:2000.8～2003.8

攀钢集团煤化工公司
地址:四川省攀枝花市白丽坡
邮政编码:617022
证书注册编号:1500B0067 1597B038
体系认证标准:GB/T 19002—1994 idt ISO 9002:1994
有效期:2000.8～2003.8

峨眉山万佛塑料有限责任公司
地址:四川省峨眉山绥山镇万福西路12号
邮政编码:614200
证书注册编号:1500B0068 1597B039
体系认证标准:GB/T 19002—1994 idt ISO 9002:1994
有效期:2000.8～2003.8

四川省科学城江南机械厂
地址:四川省绵阳市游仙经济试验区一环路北段7号
邮政编码:621000
证书注册编号:1500B0069
体系认证标准:GB/T 19002—1994 idt ISO 9002:1994
有效期:2000.8～2003.8

绵阳启迪测控技术开发有限公司
地址:四川省绵阳市西山南路34号
邮政编码:621000
证书注册编号:1500B0070
体系认证标准:GB/T 19002—1994 idt ISO 9002:1994
有效期:2000.8～2003.8

四川川橡集团有限公司
地址:四川省简阳市养马镇
邮政编码:641402
证书注册编号:1500A0071 1597A042
体系认证标准:GB/T 19001—1994 idt ISO 9001:1994
有效期:2000.8～2003.8

安县纸业有限公司
地址:四川省绵阳市安县睢水镇
邮政编码:622656
证书注册编号:1500B0072 1597B046
体系认证标准:GB/T 19002—1994 idt ISO 9002:1994
有效期:2000.8～2003.8

重庆嘉华摩托车曲轴工业有限公司
地址:重庆市沙坪坝区井口镇杨家滩
邮政编码:400033
证书注册编号:1500B0073
体系认证标准:GB/T 19002—1994 idt

ISO 9002:1994
有效期:2000.8～2003.8

成都通力自动化控制设备有限公司
地址:四川省成都市羊西线蜀汉大道黄忠路
邮政编码:610036
证书注册编号:1500A0074
体系认证标准:GB/T 19001—1994 idt ISO 9001:1994
有效期:2000.8～2003.8

成都市湔江水泥厂
地址:四川省彭州市西郊乡
邮政编码:611937
证书注册编号:1500B0075
体系认证标准:GB/T 19002—1994 idt ISO 9002:1994
有效期:2000.8～2003.8

内江峨柴鸿翔机械有限公司
地址:四川省内江市中区牌楼路157号
邮政编码:641000
证书注册编号:1500B0076
体系认证标准:GB/T 19002—1994 idt ISO 9002:1994
有效期:2000.8～2003.8

成都速达电子有限公司
地址:四川省成都市牛王庙巷37号
邮政编码:610021
证书注册编号:1500B0077
体系认证标准:GB/T 19002—1994 idt ISO 9002:1994
有效期:2000.9～2003.9

重庆变压器五厂
地址:重庆九龙区中梁山人和后街1号
邮政编码:400052
证书注册编号:1500B0078
体系认证标准:GB/T 19002—1994 idt ISO 9002:1994
有效期:2000.9～2003.9

成都八达接插件有限公司
地址:四川省成都市神仙树高新技术开发区
邮政编码:610042
证书注册编号:1500B0079
体系认证标准:GB/T 19002—1994 idt ISO 9002:1994
有效期:2000.9～2003.9

重庆市博森化工厂
地址:重庆市忠县忠州镇人民路2号
邮政编码:404300
证书注册编号:1500B0080
体系认证标准:GB/T 19002—1994 idt ISO 9002:1994
有效期:2000.9～2003.9

四川川石金刚石钻头有限公司
地址:四川省成都市建设北路三段一号
邮政编码:610051
证书注册编号:1500B0081
体系认证标准:GB/T 19002—1994 idt ISO 9002:1994
有效期:2000.9～2003.9

成都龙泉防腐工程有限公司
地址:四川成都市龙泉驿区长柏路三段
邮政编码:610100
证书注册编号:1500B0082
体系认证标准:GB/T 19002—1994 idt ISO 9002:1994
有效期:2000.9～2003.9

四川西普油脂化工有限公司
地址:四川省绵阳市绵兴东路97号
邮政编码:621000
证书注册编号:1500B0083 1598B052
体系认证标准:GB/T 19002—1994 idt ISO 9002:1994
有效期:2000.9～2003.9

成都市郫县第八建筑工程公司
地址:四川省郫县犀浦镇犀湖街98号
邮政编码:611731
证书注册编号:1500B0084
体系认证标准:GB/T 19002—1994 idt ISO 9002:1994
有效期:2000.9～2003.9

峨眉半导体材料厂
地址:四川省峨眉山市1号信箱
邮政编码:614200
证书注册编号:1500B0085
体系认证标准:GB/T 19002—1994 idt ISO 9002:1994
有效期:2000.9～2003.9

铁道部第二工程局第二工程处
地址:四川省眉山县眉象路62号
邮政编码:612160
证书注册编号:1500B0086 1597B040
体系认证标准:GB/T 19002—1994 idt ISO 9002:1994
有效期:2000.9～2003.9

成都市新都桂林建筑工程总公司
地址:四川成都市新都县新都镇桂湖东路156号
邮政编码:610081
证书注册编号:1500B0087
体系认证标准:GB/T 19002—1994 idt ISO 9002:1994
有效期:2000.9～2003.9

四川川化集团建筑安装公司
地址:四川省成都市青白江区
邮政编码:610301
证书注册编号:1500B0088 1597B044
体系认证标准:GB/T 19002—1994 idt ISO 9002:1994
有效期:2000.9～2003.9

重庆市铜梁县特种水泥有限责任公司
地址:重庆市铜梁县蒲吕镇
邮政编码:402566
证书注册编号:1500B0089
体系认证标准:GB/T 19002—1994 idt ISO 9002:1994
有效期:2000.9～2003.9

四川德阳电力电杆厂
地址:四川省德阳市旌阳区袁家镇
邮政编码:618007
证书注册编号:1500B0090
体系认证标准:GB/T 19002—1994 idt ISO 9002:1994
有效期:2000.9～2003.9

四川建民实业(消防)有限责任公司
地址:四川省成都市武侯祠大街266号华达商城12层E座
邮政编码:610041
证书注册编号:1500B0091
体系认证标准:GB/T 19002—1994 idt ISO 9002:1994
有效期:2000.9～2003.9

四川省宜宾寅吾建设股份有限公司
地址:四川省宜宾县柏溪镇
邮政编码:644600
证书注册编号:1500B0092
体系认证标准:GB/T 19002—1994 idt ISO 9002:1994

有效期:2000.9～2003.9

隆昌工务器材厂
地址:四川省隆昌县外站路 75 号
邮政编码:642150
证书注册编号:1500B0093 1597B036
体系认证标准:GB/T 19002－1994 idt ISO 9002:1994
有效期:2000.9～2003.9

攀枝花钢铁集团修建公司
地址:四川省攀枝花市东区烂泥田
邮政编码:617062
证书注册编号:1500B0094 1597B045
体系认证标准:GB/T 19002－1994 idt ISO 9002:1994
有效期:2000.9～2003.9

成都强力川交农用车制造有限公司
地址:四川省成都市郫县红光镇铁门村
邮政编码:611743
证书注册编号:1500B0095
体系认证标准:GB/T 19002－1994 idt ISO 9002:1994
有效期:2000.9～2003.9

四川石油管理局南充机械厂
地址:四川省南充市石油南路 73 号
邮政编码:637000
证书注册编号:1599B0072
体系认证标准:GB/T 19002－1994 idt ISO 9002:1994
有效期:2000.9～2003.9

四川维城磁能有限公司
地址:四川省泸州经济技术开发区
邮政编码:646000
证书注册编号:1500B0019
体系认证标准:GB/T 19002－1994 idt ISO 9002:1994
有效期:2000.9～2003.9

中铁二局集团电务工程有限公司
地址:四川省成都市通锦路 9 号
邮政编码:610031
证书注册编号:1500B0028
体系认证标准:GB/T 19002－1994 idt ISO 9002:1994
有效期:2000.9～2003.9

四川省冶金机械厂
地址:四川省新都县新成路三段 50 号
邮政编码:610500
证书注册编号:1500B0096
体系认证标准:GB/T 19002－1994 idt ISO 9002:1994
有效期:2000.10～2003.10

成都市华阳建筑工程公司
地址:四川双流县华阳镇府河路 30 号
邮政编码:610213
证书注册编号:1500B0097
体系认证标准:GB/T 19002－1994 idt ISO 9002:1994
有效期:2000.10～2003.10

什邡川西磷化工冶金有限责任公司
地址:四川什邡市城关小花园街 86 号
邮政编码:618400
证书注册编号:1500B0098
体系认证标准:GB/T 19002－1994 idt ISO 9002:1994
有效期:2000.10～2003.10

南充市正达化工研究所
地址:四川省南充市涪江路 51 号
邮政编码:637000
证书注册编号:1500A0099
体系认证标准:GB/T 19001－1994 idt ISO 9001:1994
有效期:2000.10～2003.10

重庆北碚玻璃仪器总厂
地址:重庆市北碚区树仁路 34 号
邮政编码:400703
证书注册编号:1500B0100
体系认证标准:GB/T 19002－1994 idt ISO 9002:1994
有效期:2000.10～2003.10

四川新兴建筑工程总公司
地址:四川成都市新繁镇繁清路 468 号
邮政编码:610501
证书注册编号:1500B0101
体系认证标准:GB/T 19002－1994 idt ISO 9002:1994
有效期:2000.10～2003.10

成都龙双建筑股份有限公司
地址:四川成都市龙泉驿区同安镇南街
邮政编码:610108
证书注册编号:1500B0102
体系认证标准:GB/T 19002－1994 idt ISO 9002:1994
有效期:2000.10～2003.10

成都祥和磷化有限公司
地址:四川省成都市肖家河沿街 1 号
邮政编码:610041
证书注册编号:1500A0103
体系认证标准:GB/T 19001－1994 idt ISO 9001:1994
有效期:2000.10～2003.10

重庆川仪七厂
地址:重庆市北碚区水土镇
邮政编码:400714
证书注册编号:1500A0104
体系认证标准:GB/T 19001－1994 idt ISO 9001:1994
有效期:2000.10～2003.10

攀钢(集团)公司机械制造公司
地址:四川省攀枝花市密地
邮政编码:617063
证书注册编号:1500A0105 1597B037
体系认证标准:GB/T 19001－1994 idt ISO 9001:1994
有效期:2000.10～2003.10

四川惊雷科技股份有限公司
地址:四川省宜宾县孔滩镇
邮政编码:644600
证书注册编号:1500B0106
体系认证标准:GB/T 19002－1994 idt ISO 9002:1994
有效期:2000.10～2003.10

四川省商业建设总公司
地址:四川省成都市外北昭觉横路 9 号
邮政编码:610081
证书注册编号:1500B0107
体系认证标准:GB/T 19002－1994 idt ISO 9002:1994
有效期:2000.10～2003.10

广汉市科力铁硬质合金有限责任公司
地址:四川省广汉市高坪镇通站路 2 号
邮政编码:618306
证书注册编号:1500B0108
体系认证标准:GB/T 19002－1994 idt ISO 9002:1994
有效期:2000.10～2003.10

青海兴旺建工贸(集团)有限责任公司
地址:青海省西宁市黄河路 7 号

邮政编码:810002
证书注册编号:1500B0109
体系认证标准:GB/T 19002—1994 idt ISO 9002:1994
有效期:2000.10～2003.10

川化集团有限责任公司催化剂厂
地址:四川省成都市青白江区
邮政编码:610301
证书注册编号:1500B0110 1597B043
体系认证标准:GB/T 19002—1994 idt ISO 9002:1994
有效期:2000.10～2003.10

重庆川仪十厂
地址:重庆市北碚区
邮政编码:400712
证书注册编号:1500A0111
体系认证标准:GB/T 19001—1994 idt ISO 9001:1994
有效期:2000.10～2003.10

重庆川仪十一厂有限公司
地址:重庆市北碚区龙凤镇
邮政编码:400700
证书注册编号:1599A0073
体系认证标准:GB/T 19001—1994 idt ISO 9001:1994
有效期:2000.10～2003.10

成都市天回建筑工程公司
地址:四川省成都市外北天回镇天新路179号
邮政编码:610083
证书注册编号:1500B0112
体系认证标准:GB/T 19002—1994 idt ISO 9002:1994
有效期:2000.11～2003.11

四川省川南建筑(集团)工程有限公司
地址:四川省隆昌县康复路西段
邮政编码:642150
证书注册编号:1500B0113
体系认证标准:GB/T 19002—1994 idt ISO 9002:1994
有效期:2000.11～2003.11

四川华星硅业集团有限公司
地址:四川省绵阳市临园路西段文竹街3号10楼
邮政编码:621000
证书注册编号:1500B0114
体系认证标准:GB/T 19002—1994 idt ISO 9002:1994
有效期:2000.11～2003.11

重庆北部新城建设集团有限公司
地址:重庆渝北区龙溪镇金龙路21号
邮政编码:401147
证书注册编号:1500B0115
体系认证标准:GB/T 19002—1994 idt ISO 9002:1994
有效期:2000.11～2003.11

永川第二建筑安装工程有限公司
地址:重庆市永川泸州街9号兴茂大厦八楼
邮政编码:402160
证书注册编号:1500B0116
体系认证标准:GB/T 19002—1994 idt ISO 9002:1994
有效期:2000.11～2003.11

重庆山洞水泥厂
地址:重庆沙坪坝区山洞福华路三道拐
邮政编码:400035
证书注册编号:1500B0117
体系认证标准:GB/T 19002—1994 idt ISO 9002:1994
有效期:2000.11～2003.11

成都金泉净化水处理有限公司
地址:四川省成都市外西土桥工业小区
邮政编码:610036
证书注册编号:1500B0118
体系认证标准:GB/T 19002—1994 idt ISO 9002:1994
有效期:2000.11～2003.11

四川汇源新型建材有限公司
地址:四川成都市外西土桥工业开发区
邮政编码:610036
证书注册编号:1500B0119
体系认证标准:GB/T 19002—1994 idt ISO 9002:1994
有效期:2000.11～2003.11

四川三联卷烟滤嘴成型有限责任公司
地址:四川成都市红星中路二段86号
邮政编码:610017
证书注册编号:1500B0120
体系认证标准:GB/T 19002—1994 idt ISO 9002:1994
有效期:2000.11～2003.11

成都蓉光炭素股份有限公司
地址:四川省成都市国家级经济技术开发区驿都中路
邮政编码:610100
证书注册编号:1500B0121
体系认证标准:GB/T 19002—1994 idt ISO 9002:1994
有效期:2000.11～2003.11

四川省宜宾思瑞纸制品有限责任公司
地址:四川省宜宾市翠屏区江北大麦坝
邮政编码:644007
证书注册编号:1500B0122
体系认证标准:GB/T 19002—1994 idt ISO 9002:1994
有效期:2000.11～2003.11

内江华诚棉纺织厂
地址:四川省内江市中区壕子口圣江路17号
邮政编码:641001
证书注册编号:1500B0123
体系认证标准:GB/T 19002—1994 idt ISO 9002:1994
有效期:2000.11～2003.11

四川嘉陵纺织(集团)股份有限公司(南充棉纺织厂)
地址:四川省南充市高坪区龙门镇
邮政编码:637103
证书注册编号:1500B0124
体系认证标准:GB/T 19002—1994 idt ISO 9002:1994
有效期:2000.11～2003.11

中国水利水电第七工程局
地址:四川成都市郫县成灌东路349号
邮政编码:611730
证书注册编号:1500B0125 1597B047
体系认证标准:GB/T 19002—1994 idt ISO 9002:1994
有效期:2000.11～2003.11

阿坝州林业铁合金厂
地址:四川省汶川县水磨镇
邮政编码:623001
证书注册编号:1500B0126
体系认证标准:GB/T 19002—1994 idt ISO 9002:1994
有效期:2000.11～2003.11

重庆第八建筑工程公司

地址:重庆九龙坡区石坪桥正街21号
邮政编码:400051
证书注册编号:1500B0127
体系认证标准:GB/T 19002—1994 idt ISO 9002:1994
有效期:2000.11～2003.11

四川中嘉玻璃钢有限公司
地址:四川省自贡市自井区光大街东光路58号
邮政编码:643000
证书注册编号:1500B0128
体系认证标准:GB/T 19002—1994 idt ISO 9002:1994
有效期:2000.11～2003.11

成都泗兴酒厂
地址:四川省成都市大邑县王泗镇
邮政编码:611335
证书注册编号:1500B0129
体系认证标准:GB/T 19002—1994 idt ISO 9002:1994
有效期:2000.11～2003.11

成都集翔电子电器公司
地址:四川省成都市静居寺路32号
邮政编码:610066
证书注册编号:1500B0130 1598B055
体系认证标准:GB/T 19002—1994 idt ISO 9002:1994
有效期:2000.11～2003.11

中国水利水电第十三工程局
地址:山东省德州市东风东路88号
邮政编码:253009
证书注册编号:1599B0103
体系认证标准:GB/T 19002—1994 idt ISO 9002:1994
有效期:2000.11～2003.11

乌鲁木齐铁路局哈密桥梁工厂（含西安分厂）
地址:新疆哈密市北环路4号
邮政编码:839001
证书注册编号:1500B0017
体系认证标准:GB/T 19002—1994 idt ISO 9002:1994
有效期:2000.11～2003.11

四川石油输气化工净水剂厂
地址:四川成都市双流县华阳镇骑龙村
邮政编码:610213
证书注册编号:1500B0131
体系认证标准:GB/T 19002—1994 idt ISO 9002:1994
有效期:2000.12～2003.12

中国四川自贡鸿鹤化工股份有限公司
地址:四川省自贡市鸿鹤坝
邮政编码:643000
证书注册编号:1500B0132
体系认证标准:GB/T 19002—1994 idt ISO 9002:1994
有效期:2000.12～2003.12

眉山车辆厂
地址:四川省眉山思蒙
邮政编码:612162
证书注册编号:1500A0133 1597A035
体系认证标准:GB/T 19001—1994 idt ISO 9001:1994
有效期:2000.12～2003.12

青海白牡丹食品有限责任公司（青海省第一面粉厂）
地址:青海省西宁市城北区湟水路1号
邮政编码:810005
证书注册编号:1500B0134
体系认证标准:GB/T 19002—1994 idt ISO 9002:1994
有效期:2000.12～2003.12

成都东方酒业(集团)有限公司
地址:四川邛崃市临邛镇文昌街628号
邮政编码:611530
证书注册编号:1500B0135
体系认证标准:GB/T 19002—1994 idt ISO 9002:1994
有效期:2000.12～2003.12

重庆渝发建设公司（含重庆渝发建设房地产开发公司）
地址:重庆长寿县轻化路南江村24号
邮政编码:401256
证书注册编号:1500A0136
体系认证标准:GB/T 19001—1994 idt ISO 9001:1994
有效期:2000.12～2003.12

四川新瑞成电气有限公司(西安森源电气成都制造有限公司)
地址:四川省成都市国家高新技术产业开发区
邮政编码:611731
证书注册编号:1500A0137
体系认证标准:GB/T 19001—1994 idt ISO 9001:1994
有效期:2000.12～2003.12

重庆西南铝型材装饰装修工程公司
地址:重庆市九龙坡区西彭镇
邮政编码:401326
证书注册编号:1500A0138
体系认证标准:GB/T 19001—1994 idt ISO 9001:1994
有效期:2000.12～2003.12

成都铁路局德阳轨枕厂
地址:四川省德阳市黄许镇
邮政编码:618007
证书注册编号:1500B0139
体系认证标准:GB/T 19002—1994 idt ISO 9002:1994
有效期:2000.12～2003.12

湖北省郧阳塑料厂
地址:湖北省郧县城关城北东路32号
邮政编码:442500
证书注册编号:1500B0140
体系认证标准:GB/T 19002—1994 idt ISO 9002:1994
有效期:2000.12～2003.12

四川路桥建设集团路航有限责任公司
地址:四川省成都市太升南路155号蜀运大厦11层
邮政编码:610017
证书注册编号:1500B0141
体系认证标准:GB/T 19002—1994 idt ISO 9002:1994
有效期:2000.12～2003.12

万县市棉纺织厂
地址:重庆市万州区万忠路256号
邮政编码:404000
证书注册编号:1500B0142
体系认证标准:GB/T 19002—1994 idt ISO 9002:1994
有效期:2000.12～2003.12

重庆敬明电器实业有限公司
地址:重庆市江北区观音桥花园村第五工业区
邮政编码:400020
证书注册编号:1500B0143
体系认证标准:GB/T 19002—1994 idt

ISO 9002:1994
有效期:2000.12～2003.12

重庆长江造型材料有限责任公司
地址:重庆市北碚
邮政编码:400700
证书注册编号:1500B0144
体系认证标准:GB/T 19002－1994 idt ISO 9002:1994
有效期:2000.12～2003.12

四川太特实业有限公司
地址:四川省新都县工业开发区泥巴沱路135号
邮政编码:610500
证书注册编号:1500B0145
体系认证标准:GB/T 19002－1994 idt ISO 9002:1994
有效期:2000.12～2003.12

四川慧剑石化装备有限责任公司
地址:四川省什邡市
邮政编码:618400
证书注册编号:1500B0146 1598A051
体系认证标准:GB/T 19001－1994 idt ISO 9001:1994
有效期:2000.12～2003.12

重庆市太白酒厂
地址:重庆市万州区天城镇
邮政编码:404047
证书注册编号:1500B0147
体系认证标准:GB/T 19002－1994 idt ISO 9002:1994
有效期:2000.12～2003.12

四川重龙股份有限公司重龙分公司
地址:四川资中县重龙镇站东街30号
邮政编码:641202
证书注册编号:1500B0148
体系认证标准:GB/T 19002－1994 idt ISO 9002:1994
有效期:2000.12～2003.12

***中国石油西南油气田分公司南充炼油化工总厂**
地址:四川省南充市石油东路1号
邮政编码:637000
电话:(0817)2603738
传真:(0817)2603803
法定代表人:孙纯
证书注册编号:1500A0149
体系认证标准:GB/T 19001－1994 idt ISO 9001:1994
获证体系覆盖产品:燃料油、润滑油及其他石油炼制产品的设计、开发、生产和服务
有效期:2000.12.19～2003.12.18

绵阳燃气集团公司涪江钢铁公司
地址:四川省江油市三合镇老坪坝
邮政编码:621719
证书注册编号:1500B0150
体系认证标准:GB/T 19002－1994 idt ISO 9002:1994
有效期:2000.12～2003.12

成都四方信息技术开发公司
地址:四川省成都市高新区高朋大道11号
邮政编码:610041
证书注册编号:1500A0151
体系认证标准:GB/T 19001－1994 idt ISO 9001:1994
有效期:2000.12～2003.12

四川省崇州市恒达电子厂
地址:四川省崇州市安阜
邮政编码:611230
证书注册编号:1500B0152
体系认证标准:GB/T 19002－1994 idt ISO 9002:1994
有效期:2000.12～2003.12

德阳内燃机配件厂
地址:四川省德阳八角井镇照桥村
邮政编码:618003
证书注册编号:1500B0153
体系认证标准:GB/T 19002－1994 idt ISO 9002:1994
有效期:2000.12～2003.12

成都铁路通信设备工厂
地址:四川成都市武侯区革金东路1号
邮政编码:610045
证书注册编号:1500A0154 1597A041
体系认证标准:GB/T 19001－1994 idt ISO 9001:1994
有效期:2000.12～2003.12

中国人民解放军第七四三六工厂
地址:四川省成都市上沙河堡街202号
邮政编码:610066
证书注册编号:1500B0155
体系认证标准:GB/T 19002－1994 idt ISO 9002:1994
有效期:2000.12～2003.12

四川省华蓥蓥峰特种水泥厂
地址:四川省华蓥市天池镇白坝
邮政编码:638651
证书注册编号:1500B0156
体系认证标准:GB/T 19002－1994 idt ISO 9002:1994
有效期:2000.12～2003.12

成都宏展建设总公司
地址:四川省成都市郫县筒镇东大街315号
邮政编码:611730
证书注册编号:1500B0157
体系认证标准:GB/T 19002－1994 idt ISO 9002:1994
有效期:2000.12～2003.12

四川简阳港通有限公司
地址:四川省简阳市18号信箱
邮政编码:641400
证书注册编号:1500A0158
体系认证标准:GB/T 19001－1994 idt ISO 9001:1994
有效期:2000.12～2003.12

四川消防工程公司
地址:四川省成都市通惠门街25号
邮政编码:610015
证书注册编号:1500B0159
体系认证标准:GB/T 19002－1994 idt ISO 9002:1994
有效期:2000.12～2003.12

重庆清平机械厂
地址:重庆市万州区高梁镇
邮政编码:404041
证书注册编号:1500B0160
体系认证标准:GB/T 19002－1994 idt ISO 9002:1994
有效期:2000.12～20033.12

四川省三台磷酸盐有限公司
地址:四川省三台县芦溪镇
邮政编码:621101
证书注册编号:1500B0161
体系认证标准:GB/T 19002－1994 idt ISO 9002:1994
有效期:2000.12～2003.12

绵阳市英联高新技术有限责任公司
地址:四川绵阳市高新区永兴镇永安路
邮政编码:621006
证书注册编号:1500B0162
体系认证标准:GB/T 19002－1994 idt ISO 9002:1994
有效期:2000.12～2003.12

中昊晨光化工研究院(自贡)
地址:四川省自贡市富顺县
邮政编码:643201
证书注册编号:1500A0163
体系认证标准:GB/T 19001－1994 idt ISO 9001:1994
有效期:2000.12～2003.12

遂宁川中油田机械有限公司
地址:四川省遂宁市二井沟磨芋坡
邮政编码:629001
证书注册编号:1500B0164
体系认证标准:GB/T 19002－1994 idt ISO 9002:1994
有效期:2000.12～2003.12

成都市卓新实业有限公司
地址:四川成都市新都县谕亭巷 319 号
邮政编码:610500
证书注册编号:1500A0165
体系认证标准:GB/T 19001－1994 idt ISO 9001:1994
有效期:2000.12～2003.12

四川省煌鑫实业有限公司
地址:四川省成都市南台路 8 号附 1 号
邮政编码:610042
证书注册编号:1500B0166
体系认证标准:GB/T 19002－1994 idt ISO 9002:1994
有效期:2000.12～2003.12

四川省海蓉绸厂
地址:四川省成都市九三路中段
邮政编码:610061
证书注册编号:1500B0167
体系认证标准:GB/T 19002－1994 idt ISO 9002:1994
有效期:2000.12～2003.12

成都红光净化设备有限公司
地址:四川省成都市双流县九江镇
邮政编码:610200
证书注册编号:1500B0168
体系认证标准:GB/T 19002－1994 idt ISO 9002:1994
有效期:2000.12～2003.12

四川南方希望有限公司(重庆希望饲料有限公司、重庆国雄饲料有限公司、揭阳国雄饲料有限公司)
地址:四川省成都市人民南路四段 45 号(重庆市渝北区人和镇、重庆市沙坪坝区上桥工业园区、广东省揭阳市揭东经济开发试验区)
邮政编码:610041
证书注册编号:1500A0169
体系认证标准:GB/T 19001－1994 idt ISO 9001:1994
有效期:2000.12～2003.12

四川省宜宾丝丽雅股份有限公司
地址:四川省宜宾市南岸开发区航天路中段
邮政编码:644002
证书注册编号:1599B0024
体系认证标准:GB/T 19002－1994 idt ISO 9002:1994
有效期:1999.5～2002.5

中国兴轻质量体系认证中心

贵州博斯特香精香料发展有限公司
地址:贵州省贵阳市三桥南路91号
邮政编码:550008
证书认证编号:1600B0001
体系认证标准:GB/T19002—1994 idt ISO9002:1994
有效期:2000.1.4～2003.1.3

浙江省东阳汽车电器有限公司
地址:浙江省东阳市环城北路130号、龙井巷1号
邮政编码:322100
证书认证编号:1600B0002
体系认证标准:GB/T19002—1994 idt ISO9002:1994
有效期:2000.1.17～2003.1.16

河北冀腾纸业公司箱板纸厂
地址:河北省滦南县城关西马路88号
邮政编码:063500
证书认证编号:1600B0003
体系认证标准:GB/T19002—1994 idt ISO9002:1994
有效期:2000.1.18～2003.01.17

顺德市希贵化工有限公司 HT5"H〗
地址:广东省顺德市桂洲镇华口工业区
邮政编码:528305
证书认证编号:1600A0004
体系认证标准:GB/T19001—1994 idt ISO9001:1994
有效期:2000.1.19～2003.1.18

乌鲁木齐市八一面粉厂
地址:新疆维吾尔处治区乌鲁木齐市仓房沟路29号
邮政编码:830006
证书认证编号:1600B0005
体系认证标准:GB/T19002—1994 idt ISO9002:1994
有效期:2000.01.19～2003.1.18

江苏华明实业公司
地址:江苏省靖江市人民北路111号
邮政编码:214500
证书认证编号:1600B0006
体系认证标准:GB/T19002—1994 idt ISO9002:1994
有效期:2000.1.21～2003.1.20

河南省平顶山盐厂
地址:河南省平顶山市轻工路
邮政编码:467001
证书认证编号:1600B0007
体系认证标准:GB/T19002—1994 idt ISO9002:1994
有效期:2000.1.21～2003.01.20

浙江大东南塑胶集团公司
地址:浙江诸暨市璜山镇建新路88号
邮政编码:311809
证书认证编号:1600B0008
体系认证标准:GB/T19002—1994 idt ISO9002:1994
有效期:2000.1.25～2003.1.24

江丰集团有限公司
地址:浙江省余姚市富巷路60号
邮政编码:315400
证书认证编号:1600B0009
体系认证标准:GB/T19002—1994 idt ISO9002:1994
有效期:2000.1.25～2003.1.24

上海梅林食品有限公司
地址:上海市虹口区四平路103号、军工路224号
邮政编码:200082(200090)
证书认证编号:1600B0010
体系认证标准:GB/T19002—1994 idt ISO9002:1994
有效期:2000.01.25～2003.01.24

湖南星港实业有限公司
地址:湖南省长沙市韶山北路79号捞刀河镇
邮政编码:410011 410053
证书认证编号:1600B0011
体系认证标准:GB/T19002—1994 idt ISO9002:1994
有效期:2000.1.25～2003.1.24

苏州工业园区华美电器有限公司
地址:江苏省苏州市南门路45号
邮政编码:215007
证书认证编号:1600B0012
体系认证标准:GB/T19002—1994 idt ISO9002:1994
有效期:2000.01.25～2003.01.24

江西纸业股份有限公司
地址:江西省南昌市董家窑112号
邮政编码:330006
证书认证编号:1600B0013
体系认证标准:GB/T19002—1994 idt ISO9002:1994
有效期:2000.01.25～2003.1.24

山东德州汇源实业有限公司
地址:山东省德州市华兴路10号
邮政编码:253024
证书认证编号:1600B0014
体系认证标准:GB/T19002—1994 idt ISO9002:1994
有效期:2000.1.25～2003.1.24

浙江章华保健美发实业有限公司
地址:浙江省台州市黄岩东城开发区龙浦路16号
邮政编码:318020
证书认证编号:1600B0015
体系认证标准:GB/T19002—1994 idt ISO9002:1994
有效期:2000.1.26～2003.1.25

上海市嘉定互感器厂
地址:上海市嘉定区西官路28号
邮政编码:201800
证书认证编号:1600B0016

体系认证标准:GB/T19002－1994 idt ISO9002:1994
有效期:2000.1.26～2003.1.25

浙江中雁温控器有限公司
地址:浙江省乐清市白象樟湾工业区
邮政编码:325603
证书认证编号:1600B0017
体系认证标准:GB/T19002－1994 idt ISO9002:1994
有效期:2000.1.27～2003.1.26

河南省济源三兴环境工程有限公司
地址:河南省济源市亚桥新济路南
邮政编码:454650
证书认证编号:1600B0018
体系认证标准:GB/T19002－1994 idt ISO9002:1994
有效期:2000.1.27～2003.1.26

无锡中冶钢缆有限责任公司
地址:江苏省锡山市藕塘镇
邮政编码:214153
证书认证编号:1600B0019
体系认证标准:GB/T19002－1994 idt ISO9002:1994
有效期:2000.1.27～2003.1.26

上海斯必克发展总公司自行车钢珠厂
地址:上海市浦东新区东方路3539号
邮政编码:200125
证书认证编号:1600B0020
体系认证标准:GB/T19002－1994 idt ISO9002:1994
有效期:2000.1.28～2003.1.27

安徽古井贡酒股份有限公司
地址:安徽省亳州市古井镇
邮政编码:236820
证书认证编号:1600B0021
体系认证标准:GB/T19002－1994 idt ISO9002:1994
有效期:2000.1.28～2003.1.27

山东黄河龙酒业集团股份有限公司
地址:山东省桓台县开发区工业路56号、张北路18号
邮政编码:256400
证书认证编号:1600B0022
体系认证标准:GB/T19002－1994 idt ISO9002:1994
有效期:2000.1.28～2003.1.27

温州市惠特鞋业有限公司
地址:浙江省温州市温金大道25号(新桥前花工业区)
邮政编码:325006
证书认证编号:1600A0023
体系认证标准:GB/T19001－1994 idt ISO9001:1994
有效期:2000.1.28～2003.1.27

山东禹王亭集团酒业股份有限公司
地址:山东省禹城市开拓路115号
邮政编码:251200
证书认证编号:1600B0024
体系认证标准:GB/T19002－1994 idt ISO9002:1994
有效期:2000.1.28～2003.1.27

无锡市塑料七厂
地址:江苏省无锡市木栖新村21号
邮政编码:214021
证书认证编号:1600B0025
体系认证标准:GB/T19002－1994 idt ISO9002:1994
有效期:2000.1.28～2003.1.27

威海双丰电子传感有限公司
地址:山东省威海高技术开发区恒瑞街付10号
邮政编码:264209
证书认证编号:1600A0026
体系认证标准:GB/T19001－1994 idt ISO9001:1994
有效期:2000.1.28～2003.1.27

江苏省陶瓷研究所
地址:江苏省宜兴市丁蜀镇
邮政编码:214221
证书认证编号:1600B0027
体系认证标准:GB/T19002－1994 idt ISO9002:1994
有效期:2000.1.28～2003.1.27

宁夏美利纸业股份有限公司
地址:宁夏中卫县柔远地区
邮政编码:751700
证书认证编号:1600B0028
体系认证标准:GB/T19002－1994 idt ISO9002:1994
有效期:2000.2.15～2003.2.14

北京白菊电器集团
地址:北京市丰台区芦沟桥南里8号
邮政编码:100072
证书认证编号:1600B0029
体系认证标准:GB/T19002－1994 idt ISO9002:1994
有效期:2000.2.15～2003.2.14

河北省安国市祁工水泵有限公司
地址:河北省安国市石佛镇
邮政编码:071202
证书认证编号:1600B0030
体系认证标准:GB/T19002－1994 idt ISO9002:1994
有效期:2000.2.15～2003.2.14

山东烟台钟表研究所(烟台北极星钟表集团公司技术)
地址:山东省烟台市朝阳街76号
邮政编码:264001
证书认证编号:1600A0031
体系认证标准:GB/T19001－1994 idt ISO9001:1994
有效期:2000.2.16～2003.2.15

上海江进化工有限公司
地址:上海市浦东新区蔡路镇友谊路515号
邮政编码:201201
证书认证编号:1600B0032
体系认证标准:GB/T19002－1994 idt ISO9002:1994
有效期:2000.2.16～2003.2.15

无锡钻石地毯有限公司(南化集团无锡地毯厂)
地址:江苏省无锡市惠河路3号
邮政编码:214035
证书认证编号:1600B0033
体系认证标准:GB/T19002－1994 idt ISO9002:1994
有效期:2000.2.17～2003.2.16

杭州新华纸业有限公司
地址:浙江省杭州市湖墅南路186号
邮政编码:310005
证书认证编号:1600B0034
体系认证标准:GB/T19002－1994 idt ISO9002:1994
有效期:2000.2.17～2003.2.16

湖南省湘衡盐矿
地址:湖南省衡阳市茶山坳
邮政编码:421006

证书认证编号:1600B0035
体系认证标准:GB/T19002－1994 idt ISO9002:1994
有效期:2000.2.18～2003.2.17

山西省宏艺首饰总厂
地址:山西省太原市新建路243号
邮政编码:030002
证书认证编号:1600B0036
体系认证标准:GB/T19002－1994 idt ISO9002:1994
有效期:2000.2.21～2003.2.20

上海尤妮佳有限公司
地址:上海宁海东路200号申鑫大厦2501室青浦徐泾镇蟠中路500号
邮政编码:200021
证书认证编号:1600B0037
体系认证标准:GB/T19002－1994 idt ISO9002:1994
有效期:2000.2.21～2003.2.20

美堰市恒达液压机械制造厂（姜堰市液压机械厂）
地址:江苏省姜堰市娄庄镇沙家套
邮政编码:225506
证书认证编号:1600B0038
体系认证标准:GB/T19002－1994 idt ISO9002:1994
有效期:2000.2.21～2003.2.20

泰州泰怡热工电器有限公司
地址:江苏省妆堰市娄庄镇沙家套
邮政编码:225506
证书认证编号:1600B0039
体系认证标准:GB/T19002－1994 idt ISO9002:1994
有效期:2000.2.21～2003.2.20

南京宝庆首饰总公司
地址:江苏省南京市太平南路107号、评事街22号
邮政编码:210002
证书认证编号:1600B0040
体系认证标准:GB/T19002－1994 idt ISO9002:1994
有效期:2000.2.25～2003.2.24

山东星王集团有限公司
地址:山东省威海市崮山镇
邮政编码:264207
证书认证编号:1600B0041
体系认证标准:GB/T19002－1994 idt ISO9002:1994
有效期:2000.2.25～2003.2;24

湖北省通山轻工机械有限公司
地址:湖北通山县通羊镇胜利街145号
邮政编码:437600
证书认证编号:1600A0042
体系认证标准:GB/T19001－1994 idt ISO9001:1994
有效期:2000.2.28～2003.2.27

常熟市顺盛印刷包装厂
地址:江苏省常熟市新港镇
邮政编码:215513
证书认证编号:1600B0043
体系认证标准:GB/T19002－1994 idt ISO9002:1994
有效期:2000.2.28～2003.2.27

南阳神龙塑胶集团有限公司
地址:河南省南阳市光武中路2号
邮政编码:473001
证书认证编号:1600B0044
体系认证标准:GB/T19002－1994 idt ISO9002:1994
有效期:2000.3.6～2003.3.5

温州市洪达烟具实业公司
地址:浙江省温州市黎明工业区16号
邮政编码:325000
证书认证编号:1600A0045
体系认证标准:GB/T19001－1994 idt ISO9001:1994
有效期:2000.3.8～2003.3.7

苏州郭木材工业有限公司
地址:江苏省苏州市新区竹园路（塔园路口）
邮政编码:215011
证书认证编号:1600B0046
体系认证标准:GB/T19002－1994 idt ISO9002:1994
有效期:2000.3.8～2003.3.7

保定奥比优化工有限公司（保定新兴化工涂料有限公司）
地址:河北省博野县小店镇
邮政编码:071300
证书认证编号:1600B0047
体系认证标准:GB/T19002－1994 idt ISO9002:1994
有效期:2000.3.8～2003.3.7

山东高威化工有限公司
地址:山东省高唐县东兴路18号
邮政编码:252800
证书认证编号:1600B0048
体系认证标准:GB/T19002－1994 idt ISO9002:1994
有效期:2000.3.10～2003.3.9

上海赛鸿通讯器材有限责任公司
地址:上海市天通庵路301号
邮政编码:20071
证书认证编号:1600B0049
体系认证标准:GB/T19002－1994 idt ISO9002:1994
有效期:2000.3.20～2003.3.19

宁波甬江塑料机械有限公司
地址:浙江省宁波市大闸路60号
邮政编码:315020
证书认证编号:1600B0050
体系认证标准:GB/T19002－1994 idt ISO9002:1994
有效期:2000.3.23～2003.3.22

湖北省石花酿酒（集团）服份有限公司
地址:湖北省谷城县石花镇中心路2号、谷城县谢湾镇
邮政编码:441705
证书认证编号:1600B0051
体系认证标准:GB/T19002－1994 idt ISO9002:1994
有效期:2000.3.24～2003.3.23

慈溪市华厦实业有限公司
地址:浙江省慈溪市长河镇
邮政编码:315326
证书认证编号:1600B0052
体系认证标准:GB/T19002－1994 idt ISO9002:1994
有效期:2000.3.24～2003.3.23

湖北金龙泉啤酒有限公司
地址:湖北省荆门市长宁大道88、89号
邮政编码:448000
证书认证编号:1600B0053
体系认证标准:GB/T19002－1994 idt ISO9002:1994
有效期:2000.3.27～2003.3.26

北京市南望电气技术公司
地址:北京市宣武区广安门外马莲道东街2号
邮政编码:100055
证书认证编号:1600A0054
体系认证标准:GB/T19001－1994 idt ISO9001:1994
有效期:2000.3.28～2003.3.27

上海爱普香料有限公司
地址:上海市宝山区罗新路111号共和新路1935号
邮政编码:201908,200072
证书认证编号:1600A0055
体系认证标准:GB/T19001－1994 idt ISO9001:1994
有效期:2000.3.30～2003.3.29

佳木斯北方佳宾集团有限公司
地址:黑龙江省佳木斯市红旗路160号汤原县
邮政编码:154004(154700)
证书认证编号:1600B0056
体系认证标准:GB/T19002－1994 idt ISO9002:1994
有效期:2000.4.3～2003.4.2

锡山市安吉尔电器有限公司
地址:江苏省锡山市杨市镇
邮政编码:215154
证书认证编号:1600B0057
体系认证标准:GB/T19002－1994 idt ISO9002:1994
有效期:2000.4.3～2003.4.2

慈溪市永富电器有限公司
地址:浙江省慈溪市庵东镇
邮政编码:315327
证书认证编号:1600B0058
体系认证标准:GB/T19002－1994 idt ISO9002:1994
有效期:2000.4.4～2003.4.3

上海泛亚潜力纸业有限公司
地址:上海市宝山区蕴川路以西盛桥镇工业小区
邮政编码:200942
证书认证编号:1600B0059
体系认证标准:GB/T19002－1994 idt ISO9002:1994
有效期:2000.4.4～2003.4.3

常熟市格林尔电器厂
常熟长明电器有限公司
地址:江苏常熟市大义镇河东街19号
邮政编码:215557
证书认证编号:1600B0060
体系认证标准:GB/T19002－1994 idt ISO9002:1994
有效期:2000.4.4～2003.4.3

延边石岘白麓纸业股份有限公司
地址:吉林省图们市石岘镇
邮政编码:133101
证书认证编号:1600B0061
体系认证标准:GB/T19002－1994 idt ISO9002:1994
有效期:2000.4.13～2003.4.12

公主岭市生利电机有限公司
地址:吉林省公主岭市工业大街223号
邮政编码:136101
证书认证编号:1600B0062
体系认证标准:GB/T19002－1994 idt ISO9002:1994
有效期:2000.4.13～2003.4.12

三五纸厂
地址:上海青浦区朱家角人和路63号
邮政编码:201713
证书认证编号:1600B0063
体系认证标准:GB/T19002－1994 idt ISO9002:1994
有效期:2000.4.14～2000 4.13

常熟市帽厂
地址:江苏省常熟市阜湖路49号
邮政编码:215500
证书认证编号:1600B0064
体系认证标准:GB/T19002－1994 idt ISO9002:1994
有效期:2000.4.1～4～2003.4.13

锡山市南方制动件有限公司
地址:江苏省锡山市藕塘镇藕洛路
邮政编码:214153
证书认证编号:1600B0065
体系认证标准:GB/T19002－1994 idt ISO9002:1994
有效期:2000.4.17～2003.4.16

江苏东方机电集团公司
地址:江苏省常熟市白雪路
邮政编码:215500
证书认证编号:1600A0066
体系认证标准:GB/T19001－1994 idt ISO9001:1994
有效期:2000.4.18～2003.4.17

锦州意达制革有限公司
地址:辽宁省锦州市古塔区延安路二段59号
邮政编码:121000
证书认证编号:1600B0067
体系认证标准:GB/T19002－1994 idt ISO9002:1994
有效期:2000.4.26～2003.4.25

山东华冠股份有限公司
山东塑料机械厂
地址:山东省莱芜市文化南路134号
邮政编码:271100
证书认证编号:1600A0068
体系认证标准:GB/T19001－1994 idt ISO9001:1994
有效期:2000.4.26～2003.4.25

锦州彩练塑料集团有限责任公司
地址:辽宁锦州市古塔区锦朝路15号
邮政编码:121001
证书认证编号:1600B0069
体系认证标准:GB/T19002－1994 idt ISO9002:1994
有效期:2000.4.26～2003.4.25

中国轻工业机械总公司
南京轻工业机械厂
地址:江苏省南京市中山东路532—1
邮政编码:210016
证书认证编号:1600A0071
体系认证标准:GB/T19001－1994 idt ISO9001:1994
有效期:2000.4.28～2003.4.27

山东省泰安塑料一厂
地址:山东省泰安市泰山大街中段
邮政编码:271000
证书认证编号:1600B0070
体系认证标准:GB/T19002－1994 idt ISO9002:1994
有效期:2000.4.28～2003.4.27

苏州市新奥电梯配件有限公司
地址:江苏省苏州市虎阜路32号
邮政编码:215008
证书认证编号:1600B0072

体系认证标准:GB/T19002—1994 idt ISO9002:1994
有效期:2000.4.29～2003.4.28

宁波赛洋机械有限公司
地址:浙江宁波市大榭开发区工业小区
邮政编码:315812
证书认证编号:1600B0073
体系认证标准:GB/T19002—1994 idt ISO9002:1994
有效期:2000.5.8～2003.5.7

牡丹江爱迪电力技术有限责任公司
地址:河北省秦皇岛市港城大街129号
邮政编码:066001
证书认证编号:1600A0074
体系认证标准:GB/T19001—1994 idt ISO9001:1994
有效期:2000.5.10～2003.5.9

北京市宏义膨胀节厂
地址:北京市石景山区鲁谷路
邮政编码:100040
证书认证编号:1600B0075
体系认证标准:GB/T19002—1994 idt ISO9002:1994
有效期:2000.5.10～2003.5.9

杭州老板实业集团有限公司
地址:浙江省杭州市临平
邮政编码:311103
证书认证编号:1600B0076
体系认证标准:GB/T19002—1994 idt ISO9002:1994
有效期:2000.5.10～2003.5.9

湖北襄樊三九酿酒厂
地址:湖北襄樊市襄城区环山路40号
邮政编码:441021
证书认证编号:1600B0077
体系认证标准:GB/T19002—1994 idt ISO9002:1994
有效期:2000.5.15～2003.5.14

中山市家用电器总厂
地址:广东省中山市中山一路121号
邮政编码:528401
证书认证编号:1600A0078
体系认证标准:GB/T19001—1994 idt ISO9001:1994
有效期:2000.5.22～2003.5.21

锡山市前洲西塘车圈厂
地址:江苏省锡山市前洲镇
邮政编码:214181
证书认证编号:1600B0079
体系认证标准:GB/T19002—1994 idt ISO9002:1994
有效期:2000.5.24～2003.5.23

武汉神光模塑有限公司
地址:湖北省武汉经济技术开发区汉强街205号
邮政编码:430056
证书认证编号:1600B0080
体系认证标准:GB/T19002—1994 idt ISO9002:1994
有效期:2000.5.2至4～2003.5.23

宁波万安集团股份有限公司
地址:浙江宁海经济开发区外环路1号
邮政编码:315600
证书认证编号:1600B0081
体系认证标准:GB/T19002—1994 idt ISO9002:1994
有效期:2000.5.24～2003.5.23

江苏张家港酿酒有限公司
地址:江苏张家港市后塍镇人民路1号
邮政编码:215631
证书认证编号:1600B0082
体系认证标准:GB/T19002—1994 idt ISO9002:1994
有效期:2000.5.31～2003.5.30

昆明市胜利床垫厂
地址:云南省昆明市穿金路王旗营
邮政编码:650225
证书认证编号:1600B0083
体系认证标准:GB/T19002—1994 idt ISO9002:1994
有效期:2000.5.31～2003.5.30

宁波电视机元件厂
地址:浙江省宁波市槐树路156号
邮政编码:315020
证书认证编号:1600B0084
体系认证标准:GB/T19002—1994 idt ISO9002:1994
有效期:2000.5.31～2003.5.30

昆明康发家具制造有限公司
地址:云南省昆明市穿金路王旗营
邮政编码:650225
证书认证编号:1600B0085
体系认证标准:GB/T19002—1994 idt ISO9002:1994
有效期:2000.6.1～2003.5.31

上海沪光变压器有限公司
地址:上海市浦东新区陈邵路168号
邮政编码:201209
证书认证编号:1600A0086
体系认证标准:GB/T19001—1994 idt ISO9001:1994
有效期:2000.6.5～2003.6.4

上海轻工机械二厂
地址:上海市云岭东路120号
邮政编码:200062
证书认证编号:1600A0087
体系认证标准:GB/T19001—1994 idt ISO9001:1994
有效期:2000.6.5～2003.6.4

武汉市武汉电池厂 武汉大公高能电源股份有限公司
地址:湖北省武汉市桥口区铁桥北村136号
邮政编码:430033
证书认证编号:1600B0088
体系认证标准:GB/T19002—1994 idt ISO9002:1994
有效期:2000.6.5～2003.6.4

上海好来喜食品有限公司
地址:上海市万荣路959号
邮政编码:200072
证书认证编号:1600B0089
体系认证标准:GB/T19002—1994 idt ISO9002:1994
有效期:2000.6.6～2003.6.5

保定钞票纸厂
地址:河北省保定市纸厂路98号
邮政编码:071071
证书认证编号:1600B0090
体系认证标准:GB/T19002—1994 idt ISO9002:1994
有效期:2000.6.7～2003.6.6

威海市山花地毯集团公司
地址:山东省威海市和平路113号
邮政编码:264200
证书认证编号:1600A0091
体系认证标准:GB/T19001—1994 idt

ISO9001:1994
有效期:2000.6.8~2003.6.7

河北省邑医药包装有限责任公司
地址:河北省高邑县桥西工业区
邮政编码:051330
证书认证编号:1600B0092
体系认证标准:GB/T19002－1994 idt ISO9002:1994
有效期:2000.6.9~2003.6.8

广州奥桑味精食品有限公司
地址:广东省广州市工业大道南石头南石头南箕村西
邮政编码:510280
证书认证编号:1600B0093
体系认证标准:GB/T19002－1994 idt ISO9002:1994
有效期:2000.6.13~2003.6.12

安徽省国营蚌埠酒厂
地址:安徽省蚌埠市涂山路488号、5625号
邮政编码:233010
证书认证编号:1600B0094
体系认证标准:GB/T19002－1994 idt ISO9002:1994
有效期:2000.6.21~2003.6.20

广东化州变压器厂
化州市变压器有限公司
地址:广东省化州市桔城中路222号
邮政编码:525100
证书注册编号:1600A0095
体系认证标准:GB/T19001－1994 idt ISO9001:1994
有效期:2000.7~2003.7

云南999电池股份有限公司
地址:云南省蒙自县
邮政编码:661100
证书注册编号:1600B0096
体系认证标准:GB/T19002－1994 idt ISO9002:1994
有效期:2000.7~2003.7

常州市永丰汽车配件制造有限公司
地址:江苏省常州市青洋北路8号
邮政编码:213004
证书注册编号:1600B0097
体系认证标准:GB/T19002－1994 idt ISO9002:1994
有效期:2000.7~2003.7

锡山市蓝力机床有限公司
地址:江苏锡山市堰桥镇堰玉路22号
邮政编码:214174
证书注册编号:1600B0098
体系认证标准:GB/T19002－1994 idt ISO9002:1994
有效期:2000.7~2003.7

盘锦万鑫科贸有限责任公司
地址:辽宁省盘锦市兴隆台区辽河油田测井公司
邮政编码:124011
证书注册编号:1600B0099
体系认证标准:GB/T19002－1994 idt ISO9002:1994
有效期:2000.7~2003.7

宁波塑料机械总厂
地址:浙江省宁波市大庆北路66号
邮政编码:315020
证书注册编号:1600A0100
体系认证标准:GB/T 19001－1994 idt ISO9001:1994
有效期:2000.7~2003.7

小天鹅(荆州)电器有限公司
地址:湖北省荆州市江津西路
邮政编码:434007
证书注册编号:1600B0101
体系认证标准:GB/T19002－1994 idt ISO9002:1994
有效期:20007

北京天宝办公设备配件厂
地址:北京市朝阳门外高井
邮政编码:100025
证书注册编号:1600B0102
体系认证标准:GB/T19002－1994 idt ISO9002:1994
有效期:2000.7~2003.7

温州市达达电器有限公司
地址:浙江省乐清市柳市后街工业区开拓路
邮政编码:325604
证书注册编号:1600B0103
体系认证标准:GB/T19002－1994 idt ISO9002:1994
有效期:2000.7~2003.7

玉田县京玉镁砂制品厂
玉田县宏野木材防腐厂
地址:河北省玉田县孤树镇
邮政编码:064107
证书注册编号:1600B0104
体系认证标准:GB/T19002－1994 idt ISO9002:1994
有效期:2000.7~2003.7

青岛华强机械有限公司
地址:山东省青岛经济技术开发区
邮政编码:266555
证书注册编号:1600B0105
体系认证标准:GB/T19002－1994 idt ISO9002:1994
有效期:2000.7~2003.7

安徽种子酒总厂
地址:安徽省阜阳市河滨路302号
邮政编码:236018
证书注册编号:1600B0106 1698B099
体系认证标准:GB/T19002－1994 idt ISO9002:1994
有效期:2000.7~2003.7

武汉晨鸣汉阳纸业股份有限公司
地址:湖北省武汉市经济技术开发区沌口街
邮政编码:430057
证书注册编号:1600B0107
体系认证标准:GB/T19002－1994 idt ISO9002:1994
有效期:2000.7~2003.7

烟台星田塑胶制品有限公司
地址:山东烟台市朝阳街长安胡同2号
邮政编码:264001
证书注册编号:1600B0108
体系认证标准:GB/T19002－1994 idt ISO9002:1994
有效期:2000.7~2003.7

北京市朝阳衬衫厂
地址:北京市朝阳区金台路甜水园东街4号
邮政编码:100026
证书注册编号:1600B0109
体系认证标准:GB/T19002－1994 idt ISO9002:1994
有效期:2000.7~2003.7

龙口市海龙橡塑厂

地址:山东省龙口市外向型经济开发区桥上村
邮政编码:265700
证书注册编号:1600B0110
体系认证标准:GB/T19002—1994 idt ISO9002:1994
有效期:2000.7～2003.7

庄头北(中国)建材有限公司
地址:河北省滦南县电厂路1号
邮政编码:063500
证书注册编号:1698B167
体系认证标准:GB/T19002—1994 idt ISO9002:1994
有效期:1998.12～2001.12

顺德市格兰仕电器实业有限公司
地址:广东顺德市容桂镇桂中南路1号
邮政编码:528305
证书注册编号:1699A0121
体系认证标准:GB/T19001—1994 idt ISO9001:1994
有效期:1999.10～2002.10

浙江路之遥电气有限公司
地址:浙江省乐清市北白象镇象南路
邮政编码:325603
证书注册编号:1699B0119
体系认证标准:GB/T19002—1994 idt ISO9002:1994
有效期:1999.10～2002.10

浙江安吉尔电器有限公司
地址:浙江省余姚市工业开发A区海关大楼东首500米处
邮政编码:315400
证书注册编号:1699B033
体系认证标准:GB/T19002—1994 idt ISO9002:1994
有效期:1999.2～2002.2

山东省泰山造纸厂
地址:山东省莱芜市方下镇
邮政编码:271125
证书注册编号:1600B0111
体系认证标准:GB/T19002—1994 idt ISO9002:1994
有效期:2000.8～2003.8

黑龙江省龙江大豆食品股份有限公司
地址:黑龙江省佳木斯市友谊路52号
邮政编码:154004
证书注册编号:1600B0112
体系认证标准:GB/T19002—1994 idt ISO9002:1994
有效期:2000.8～2003.8

珲春金发木业有限责任公司
地址:吉林省珲春边境经济合作区2号小区
邮政编码:133315
证书注册编号:1600B0113
体系认证标准:GB/T19002—1994 idt ISO9002:1994
有效期:2000.8～2003.8

温州泰和印刷包装有限公司
地址:浙江省瑞安市沿江西路163号
邮政编码:325200
证书注册编号:1600B0114
体系认证标准:GB/T 19002—1994 idt ISO 9002:1994
有效期:2000.8～2003.8

唐山市故泉啤酒有限公司
地址:河北省唐山市滦县榛子镇杏山
邮政编码:064018
证书注册编号:1600B0115
体系认证标准:GB/T 19002—1994 idt ISO 9002:1994
有效期:2000.8～2003.8

山西省榆次铁塔实业有限公司
地址:山西省榆次市经纬路306号
邮政编码:030600
证书注册编号:1600B0116
体系认证标准:GB/T 19002—1994 idt ISO 9002:1994
有效期:2000.8～2003.8

宜兴市高塍消音环保设备厂
地址:江苏省宜兴市高塍镇
邮政编码:214214
证书注册编号:1600B0117
体系认证标准:GB/T 19002—1994 idt ISO 9002:1994
有效期:2000.8～2003.8

皖南氟塑料泵阀厂
地址:安徽省泾县茂林镇延陵路49号
邮政编码:242544
证书注册编号:1600A0118
体系认证标准:GB/T 19001—1994 idt ISO 9001:1994
有效期:2000.8～2003.8

广东健力宝饮料有限公司
地址:广东省三水市健力宝南路
邮政编码:528100
证书注册编号:1600B0119
体系认证标准:GB/T 19002—1994 idt ISO 9002:1994
有效期:2000.8～2003.8

天津市空调器公司
地址:天津市红桥区丁字沽一号路向东道35号
邮政编码:300131
证书注册编号:1600B0120
体系认证标准:GB/T 19002—1994 idt ISO 9002:1994
有效期:2000.8～2003.8

天津蓝天集团有限责任公司
地址:天津市河东区张贵庄路78号、六纬路87号
邮政编码:300160
证书注册编号:1600B0121 1697B065
体系认证标准:GB/T 19002—1994 idt ISO 9002:1994
有效期:2000.8～2003.8

上海奉浦钢结构工程有限公司
地址:上海奉贤南桥镇南航公路388号
邮政编码:201400
证书注册编号:1600B0122
体系认证标准:GB/T 19002—1994 idt ISO 9002:1994
有效期:2000.8～2003.8

上海西部建筑有限公司
地址:上海市青浦北青公路9138号香花大厦
邮政编码:201707
证书注册编号:1600B0123
体系认证标准:GB/T 19002—1994 idt ISO 9002:1994
有效期:2000.8～2003.8

河北省宁晋县塑料厂
地址:河北省宁晋县宁辛路36号
邮政编码:055550
证书注册编号:1600B0124
体系认证标准:GB/T 19002—1994 idt ISO 9002:1994
有效期:2000.8～2003.8

上海丽莱实业有限公司
上海嘉茵香料厂
地址:上海市嘉定区胜辛路六号桥1018号
邮政编码:201821
证书注册编号:1600B0125
体系认证标准:GB/T 19002—1994 idt ISO 9002:1994
有效期:2000.8～2003.8

天津市合成洗涤剂厂
地址:天津市东丽区津赤路9号
邮政编码:300300
证书注册编号:1600B0126
体系认证标准:GB/T 19002—1994 idt ISO 9002:1994
有效期:2000.8～2003.8

天津市达康电器公司
地址:天津市河北区增光道9号
邮政编码:300250
证书注册编号:1600B0127
体系认证标准:GB/T 19002—1994 idt ISO 9002:1994
有效期:2000.8～2003.8

天津市牧岩电器有限公司
地址:天津市河北区增光道9号
邮政编码:300250
证书注册编号:1600B0128
体系认证标准:GB/T 19002—1994 idt ISO 9002:1994
有效期:2000.8～2003.8

上海高智科技发展有限公司
地址:上海市钦江路283号
邮政编码:200233
证书注册编号:1600A0129
体系认证标准:GB/T 19001—1994 idt ISO 9001:1994
有效期:2000.8～2003.8

唐山第一造纸厂
地址:河北省唐山市路南区文化南北街
邮政编码:063001
证书注册编号:1600B0130
体系认证标准:GB/T 19002—1994 idt ISO 9002:1994
有效期:2000.8～2003.8

山东济宁轻工机械厂
地址:山东省济宁市吴泰闸路73号
邮政编码:272037
证书注册编号:1600A0131
体系认证标准:GB/T 19001—1994 idt ISO 9001:1994
有效期:2000.8～2003.8

上海澳克兰灯饰电器有限公司
地址:上海奉贤南奉公路476号
邮政编码:201406
证书注册编号:1600B0132
体系认证标准:GB/T 19002—1994 idt ISO 9002:1994
有效期:2000.8～2003.8

济南雅奥家用电器厂
地址:山东省济南市工业北路75号
邮政编码:250101
证书注册编号:1600B0133
体系认证标准:GB/T 19002—1994 idt ISO 9002:1994
有效期:2000.8～2003.8

龙口市龙磁漆包线有限公司
地址:山东省龙口市诸由观镇
邮政编码:265705
证书注册编号:1698B171
体系认证标准:GB/T 19002—1994 idt ISO 9002:1994
有效期:1998.12～2001.12

浙江爱妻集团有限公司
地址:浙江省宁海西店镇
邮政编码:315613
证书注册编号:1698B134
体系认证标准:GB/T 19002—1994 idt ISO 9002:1994
有效期:1998.10～2001.10

新疆伊犁新宁糖业有限责任公司
地址:新疆伊宁市三号信箱、伊宁县维吾尔玉其温乡
邮政编码:835122
证书注册编号:1699B036
体系认证标准:GB/T 19002—1994 idt ISO 9002:1994
有效期:1999.2～2002.2

北京有色金属研究总院
地址:北京新街口外大街2号(100088)
河北省三河市燕郊镇
邮政编码:100088
证书注册编号:1698A180
体系认证标准:GB/T 19001—1994 idt ISO 9001:1994
有效期:1998.12～2001.12

温州市顺驰机动车部件有限公司
地址:浙江省瑞安市塘下镇塘西工业区
邮政编码:325204
证书注册编号:1699B011
体系认证标准:GB/T 19002—1994 idt ISO 9002:1994
有效期:1999.2～2002.2

南昌齐洛瓦电器集团总公司
地址:江西省南昌市郊麦园
邮政编码:330008
证书注册编号:1699A0185
体系认证标准:GB/T 19001—1994 idt ISO 9001:1994
有效期:1999.12～2002.12

上海鑫海马家具有限公司
地址:上海青浦区沪青平公路4559号
邮政编码:201700
证书注册编号:1600B0134
体系认证标准:GB/T 19002—1994 idt ISO 9002:1994
有效期:2000.9.6～2003.9.6

保定通力水泥制品有限公司
地址:河北省保定市满城县南韩村镇尹固工业区
邮政编码:072150
证书注册编号:1600B0135
体系认证标准:GB/T 19002—1994 idt ISO 9002:1994
有效期:2000.9.6～2003.9.6

上海奉贤钢管厂
地址:上海市奉贤县南航公路24号
邮政编码:201400
证书注册编号:1600B0136
体系认证标准:GB/T 19002—1994 idt ISO 9002:1994
有效期:2000.9.6～2003.9.6

绍兴市普田电器有限公司
地址:浙江省嵊州市三界
邮政编码:312452
证书注册编号:1600B0140
体系认证标准:GB/T 19002—1994 idt ISO 9002:1994
有效期:2000.9.8～2003.9.8

秦皇岛栋梁机械设备有限公司
地址:河北省秦皇岛市北方机动车配件交易城H座106号(海港区西港路安子寺)
邮政编码:066000
证书注册编号:1600B0137
体系认证标准:GB/T 19002—1994 idt ISO 9002:1994
有效期:2000.9.8～2003.9.8

涿州市新华门窗幕墙有限公司
地址:河北涿州市开发区大吴村131号
邮政编码:072750
证书注册编号:1600B0138
体系认证标准:GB/T 19002—1994 idt ISO 9002:1994
有效期:2000.9.8～2003.9.8

湖北宜昌飞鹤钢球制造有限公司
地址:湖北省宜昌市绿萝路3号
邮政编码:443000
证书注册编号:1600B0139
体系认证标准:GB/T 19002—1994 idt ISO 9002:1994
有效期:2000.9.8～2003.9.8

宁波市力达电池有限公司
地址:浙江省宁波市江东七里垫
邮政编码:315051
证书注册编号:1600B0142
体系认证标准:GB/T 19002—1994 idt ISO 9002:1994
有效期:2000.9.8～2003.9.8

上海永太汽车零部件厂
地址:上海市崇明县新民镇永丰村
邮政编码:202156
证书注册编号:1600B0141
体系认证标准:GB/T 19002—1994 idt ISO 9002:1994
有效期:2000.9.8～2003.9.8

贵州瀑布啤酒(集团)有限公司
地址:贵州省贵阳市解放路55号
贵阳市白云大道220号
邮政编码:550005
证书注册编号:1600B0143
体系认证标准:GB/T 19002—1994 idt ISO 9002:1994
有效期:2000.9.8～2003.9.8

保定市古城蓄电池厂
地址:河北省保定市东外环1号
邮政编码:071000
证书注册编号:1600B0144
体系认证标准:GB/T 19002—1994 idt ISO 9002:1994
有效期:2000.9.8～2003.9.8

乐清市唯电子有限公司
地址:浙江乐清市虹桥镇钱家洋工业区
邮政编码:235608
证书注册编号:1600B0145
体系认证标准:GB/T 19002—1994 idt ISO 9002:1994
有效期:2000.9.8～2003.9.8

广西柳州市古岭酒厂
地址:广西柳州市柳江县拉堡镇
邮政编码:545100
证书注册编号:1600B0146
体系认证标准:GB/T 19002—1994 idt ISO 9002:1994
有效期:2000.9.8～2003.9.8

宁波保华工业刷有限公司
地址:浙江省宁海县强蛟镇加爵科村
邮政编码:315612
证书注册编号:1600A0147
体系认证标准:GB/T 19001—1994 idt ISO 9001:1994
有效期:2000.9.11～2003.9.11

江南造纸厂
地址:上海市光复西路1003号
邮政编码:200063
证书注册编号:1600B0149 1697B053
体系认证标准:GB/T 19002—1994 idt ISO 9002:1994
有效期:2000.9.11～2003.9.11

北京厨房设备集团公司
地址:北京西城区西直门内大街132号
北京大兴县红星区六合庄甲7号
邮政编码:100035
证书注册编号:1600B0148
体系认证标准:GB/T 19002—1994 idt ISO 9002:1994
有效期:2000.9.11～2003.9.11

樱花卫厨(华南)有限公司
地址:广东省顺德市容桂镇容桂大道南2号
邮政编码:528305
证书注册编号:1600B0150
体系认证标准:GB/T 19002—1994 idt ISO 9002:1994
有效期:2000.9.15～2003.9.15

无锡市永大管业有限公司
地址:江苏省无锡市经贸路1号
邮政编码:214074
证书注册编号:1600B0151
体系认证标准:GB/T 19002—1994 idt ISO 9002:1994
有效期:2000.9.15～2003.9.15

上海崇明橡胶厂
地址:上海市崇明县五效镇北首
邮政编码:202159
证书注册编号:1600B0152
体系认证标准:GB/T 19002—1994 idt ISO 9002:1994
有效期:2000.9.27～2003.9.27

乐清市华晨电器有限公司
地址:浙江省乐清市虹桥镇四都工业区B幢
邮政编码:325608
证书注册编号:1600B0155
体系认证标准:GB/T 19002—1994 idt ISO 9002:1994
有效期:2000.9.28～2003.9.28

珠海斗门金海三喜空调网业有限公司
地址:广东省珠海市斗门县井岸桥东开发区三幢
邮政编码:519125
证书注册编号:1600B0153
体系认证标准:GB/T 19002—1994 idt ISO 9002:1994
有效期:2000.9.27～2003.9.27

珠海经济特区红塔仁恒纸业有限公司
地址:广东省珠海市前山金鸡西路
邮政编码:519070
证书注册编号:1600B0154 1697B052
体系认证标准:GB/T 19002—1994 idt ISO 9002:1994
有效期:2000.9.28～2003.9.28

莱芜环亚凸轮轴有限责任公司
地址:山东省莱芜市文化南路47号
邮政编码:271100
证书注册编号:1600B0156
体系认证标准:GB/T 19002—1994 idt

ISO 9002:1994
有效期:2000.9.28～2003.9.28

无锡市太湖油漆厂
地址:江苏省锡山市洛社镇
邮政编码:214187
证书注册编号:1600B0157
体系认证标准:GB/T 19002－1994 idt ISO 9002:1994
有效期:2000.9.28～2003.9.28

无锡格兰机械有限公司
地址:江苏省无锡市湖滨路89号
邮政编码:214073
证书注册编号:1600A0158 1697A051
体系认证标准:GB/T 19001－1994 idt ISO 9001:1994
有效期:2000.9.28～2003.9.28

无锡小天鹅精密铸造有限公司
地址:江苏省无锡市新惠路24号
邮政编码:214035
证书注册编号:1600B0160
体系认证标准:GB/T 19002－1994 idt ISO 9002:1994
有效期:2000.9.28～2003.9.28

松原市第一建设工程有限责任公司
地址:吉林松原市郭尔罗斯大路89号
邮政编码:138000
证书注册编号:1600B0161
体系认证标准:GB/T 19002－1994 idt ISO 9002:1994
有效期:2000.9.29～2003.9.29

上海攀枝花机械厂
地址:上海市崇明县西引路518号
邮政编码:202150
证书注册编号:1600B0162
体系认证标准:GB/T 19002－1994 idt ISO 9002:1994
有效期:2000.9.29～2003.9.29

姜堰市华光化工纸业有限公司
地址:江苏省姜堰市溱潼镇工业区
邮政编码:225508
证书注册编号:1600B0164
体系认证标准:GB/T 19002－1994 idt ISO 9002:1994
有效期:2000.9.29～2003.9.29

苏州神华电池科技实业有限公司
地址:江苏省苏州市长桥迎春路36号、江苏省苏州市长桥南厍工业区99号、江苏省苏州市东环路友谊桥北
邮政编码:215128
证书注册编号:1600B0163
体系认证标准:GB/T 19002－1994 idt ISO 9002:1994
有效期:2000.9.29～2003.9.29

春奇制衣(天津)有限公司
地址:天津市河西区珠江道78号
邮政编码:300221
证书注册编号:1600B0165
体系认证标准:GB/T 19002－1994 idt ISO 9002:1994
有效期:2000.9.29～2003.9.29

台州东海化工有限公司
地址:浙江台州市椒江区外沙路118号
邮政编码:318000
证书注册编号:1600B0159
体系认证标准:GB/T 19002－1994 idt ISO 9002:1994
有效期:2000.9.28～2003.9.28

上海杨勋实业有限公司
上海威格电池有限公司
地址:上海嘉定区外青松公路578号
邮政编码:201823
证书注册编号:1699B005
体系认证标准:GB/T 19002－1994 idt ISO 9002:1994
有效期:1999.1.18～2002.1.18

太仓市新星轻工助剂厂
太仓市振新化工有限公司
地址:江苏省太仓市新塘镇新谊西路85号
邮政编码:215436
证书注册编号:1699B0120
体系认证标准:GB/T 19002－1994 idt ISO 9002:1994
有效期:1999.10.10～2002.10.10

深圳市红达实业发展有限公司
地址:广东省深圳市蛇口工业七路侨联工业大厦
邮政编码:51806
证书注册编号:1600B0166
体系认证 GB/T 19002－1994 idt ISO 9002:1994
有效期:2000.10～2003.10

宜兴宏天涂料有限公司(无锡市博隆多涂料有限公司)
地址:江苏省宜兴市太华镇桥涯村
邮政编码:214235
证书注册编号:1600B0167
体系认证 GB/T 19002－1994 idt ISO 9002:1994
有效期:2000.10～2003.10

莱芜市华泰地毯非织造布有限公司
地址:山东省莱芜市风城东大街111号
邮政编码:271100
证书注册编号:1600B0168
体系认证 GB/T 19002－1994 idt ISO 9002:1994
有效期:2000.10～2003.10

上海自然美化妆品有限公司
地址:上海市崇明县城桥镇施北路297号
邮政编码:202150
证书注册编号:1600B0169　1697B080
体系认证 GB/T 19002－1994 idt ISO 9002:1994
有效期:2000.10～2003.10

烟台三垒塑料管材有限责任公司
地址:山东省烟台市福山高新技术产业区思达路316号
邮政编码:265500
证书注册编号:1600B0170
体系认证 GB/T 19002－1994 idt ISO 9002:1994
有效期:2000.10～2003.10

广西林业荔浦纸业有限公司
地址:广西荔浦县玉雷湾
邮政编码:546600
证书注册编号:1600B0171
体系认证 GB/T 19002－1994 idt ISO 9002:1994
有效期:2000.10～2003.10

乐清市振民终端电力有限公司
地址:浙江省乐清市七里港曹田后工业区/浙江省乐清市柳市西仁宕工业区
邮政编码:325604
证书注册编号:1600B0172
体系认证 GB/T 19002－1994 idt ISO

9002:1994
有效期:2000.10~2003.10

镇江惠通包装材料公司
地址:江苏省镇江市二道巷87号
邮政编码:212004
证书注册编号:1600B0173
体系认证 GB/T 19002—1994 idt ISO 9002:1994
有效期:2000.10~2003.10

章丘市明泰精密锻造有限公司
地址:山东省章丘市明水城东济青路北
邮政编码:250200
证书注册编号:1600B0174
体系认证 GB/T 19002—1994 idt ISO 9002:1994
有效期:2000.10~2003.10

上海鹰腾香料有限公司
地址:上海市崇明县工业园区秀山路58号
邮政编码:202150
证书注册编号:1600B0175
体系认证 GB/T 19002—1994 idt ISO 9002:1994
有效期:2000.10~2003.10

吴县市开发区苏城电器厂
地址:江苏省吴县市东吴南路111号
邮政编码:215128
证书注册编号:1600B0176
体系认证 GB/T 19002—1994 idt ISO 9002:1994
有效期:2000.10~2003.10

上海正浩电器有限责任公司
地址:上海浦东唐陆公路3472号
邮政编码:201203
证书注册编号:1600B0177
体系认证 GB/T 19002—1994 idt ISO 9002:1994
有效期:2000.10~2003.10

温州市星野电子有限公司
地址:浙江省乐清市虹桥镇仙洋陈工业区B—3号
邮政编码:325608
证书注册编号:1600B0178　1697B050
体系认证 GB/T 19002—1994 idt ISO 9002:1994
有效期:2000.10~2003.10

温州旺华实有限公司
地址:浙江省温州市经济技术开发区24号小区
邮政编码:325011
证书注册编号:1600B0179
体系认证 GB/T 19002—1994 idt ISO 9002:1994
有效期:2000.10~2003.10

大事利鞋业有限公司
地址:浙江省青田县侨乡经济开发区大事利大厦
邮政编码:323903
证书注册编号:1600B0180
体系认证 GB/T 19002—1994 idt ISO 9002:1994
有效期:2000.10~2003.10

浙江华康鞋业有限公司
地址:浙江省温州市平阳县经济开发区环城中路1号
邮政编码:325401
证书注册编号:1600B0181
体系认证 GB/T 19002—1994 idt ISO 9002:1994
有效期:2000.10~2003.10

浙江天地通讯设备有限公司
地址:浙江省慈溪市道林镇樟新南路天地大厦
邮政编码:315321
证书注册编号:1699B019
体系认证 GB/T 19002—1994 idt ISO 9002:1994
有效期:1999.2~2002.2

宁波工星电器有限公司
地址:浙江省余姚市阳明西路208号中座、237弄11号
邮政编码:315400
证书注册编号:1699B0117
体系认证 GB/T 19002—1994 idt ISO 9002:1994
有效期:1999.10~2002.10

温州市瓯江液压机械有限公司
地址:浙江省温州市西山西路528号
邮政编码:325006
证书注册编号:1699B0049
体系认证 GB/T 19002—1994 idt ISO 9002:1994
有效期:1999.4~2002.4

合肥荣事达三洋电器股份有限公司
地址:安徽省合肥高新技术产业开发区北区
邮政编码:230088
证书注册编号:1699B0054
体系认证 GB/T 19002—1994 idt ISO 9002:1994
有效期:1999.5~2002.5

上海达安物业管理有限公司
地址:上海市新闸路777号三号楼底层
邮政编码:200040
证书注册编号:1600B0233
体系认证标准:GB/T 19002—1994 idt ISO 9002:1994
有效期:2000.12~2003.12

乐清市虹桥机电控制设备厂
地址:浙江省乐清市虹桥仙洋工业区A—1号
邮政编码:325608
证书注册编号:1600B0234 1697B066
体系认证标准:GB/T 19002—1994 idt ISO 9002:1994
有效期:2000.12~2003.12

贵州好花红食品有限公司
地址:贵州省贵阳市中华北路164号五矿大厦十层 贵州省贵阳市经济技术开发区
邮政编码:550004/550009
证书注册编号:1600B0235
体系认证标准:GB/T 19002—1994 idt ISO 9002:1994
有效期:2000.12~2003.12

大庆市小天使金属制品厂
地址:黑龙江省大庆市萨尔图区铁人一村21号
邮政编码:163451
证书注册编号:1600A0236
体系认证标准:GB/T 19001—1994 idt ISO 9001:1994
有效期:2000.12~2003.12

杭州松下厨房电器有限公司
地址:浙江省杭州经济技术开发区3号大街
邮政编码:310018
证书注册编号:1600B0237
体系认证标准:GB/T 19002—1994 idt ISO 9002:1994

有效期:2000.12～2003.12

北京天宇星通物业管理有限公司
地址:北京市海淀区学院路42号
邮政编码:100083
证书注册编号:1600B0238
体系认证标准:GB/T 19002－1994 idt ISO 9002:1994
有效期:2000.12～2003.12

温州华光五金锁具有限公司
地址:浙江省温州市牛山北路25－1号
邮政编码:325027
证书注册编号:1600B0239
体系认证标准:GB/T 19002－1994 idt ISO 9002:1994
有效期:2000.12～2003.12

合肥日上电器有限公司
地址:安徽省合肥市经济技术开发区莲花路3号楼
邮政编码:230601
证书注册编号:1600B0240 1698B193
体系认证标准:GB/T 19002－1994 idt ISO 9002:1994
有效期:2000.12～2003.12

溧阳市鸿志电子有限公司
地址:江苏省溧阳市凤凰路21号
邮政编码:213300
证书注册编号:1600B0241
体系认证标准:GB/T 19002－1994 idt ISO 9002:1994
有效期:2000.12～2003.12

无锡群达金属制品有限公司
地址:江苏省锡山市南泉镇
邮政编码:214128
证书注册编号:1600B0242
体系认证标准:GB/T 19002－1994 idt ISO 9002:1994
有效期:2000.12～2003.12

锡山市顺达物流机械厂
地址:江苏省锡山市陆区镇陆中北路83号
邮政编码:214156
证书注册编号:1600B0243
体系认证标准:GB/T 19002－1994 idt ISO 9002:1994
有效期:2000.12～2003.12

扬州市三环电光源厂
地址:江苏省扬州市南郊横沟新村1号
邮政编码:225004
证书注册编号:1600B0247
体系认证标准:GB/T 19002－1994 idt ISO 9002:1994
有效期:2000.12～2003.12

无锡市双乐电器有限公司
地址:江苏省无锡市南门外雪浪镇
邮政编码:214125
证书注册编号:1600B0248
体系认证标准:GB/T 19002－1994 idt ISO 9002:1994
有效期:2000.12～2003.12

杭州高翔管桩有限公司
地址:浙江省杭州市滨江区浦沿镇
邮政编码:310053
证书注册编号:1600B0249
体系认证标准:GB/T1 9002－1994 idt ISO 9002:1994
有效期:2000.12～2003.12

上海金浦石化机械有限公司
地址:上海市闵行区莲花路罗阳五村54号210室
上海市金山区漕泾镇金星村
邮政编码:201100/201507
证书注册编号:1600B0250
体系认证标准:GB/T 19002－1994 idt ISO 9002:1994
有效期:2000.12～2003.12

上海华亨电器厂
地址:上海市崇明县竖新镇永兴村
邮政编码:202164
证书注册编号:1600A0251
体系认证标准:GB/T 19001－1994 idt ISO 9001:1994
有效期:2000.12～2003.12

上海日立电化机器有限公司
地址:上海浦东新区金桥出口加工区金湘路1100号
邮政编码:201206
证书注册编号:1600B0252 1697B084
体系认证标准:GB/T 19002－1994 idt ISO 9002:1994
有效期:2000.12～2003.12

杭州德意电气实业有限公司
地址:中国浙江省萧山市靖江镇工业区
邮政编码:311225
证书注册编号:1600B0253
体系认证标准:GB/T 19002－1994 idt ISO 9002:1994
有效期:2000.12～2003.12

山东祥酒厂
地址:山东省加祥县城兖兰西路320#
邮政编码:272400
证书注册编号:1600B0254
体系认证标准:GB/T 19002－1994 idt ISO 9002:1994
有效期:2000.12～2003.12

张家港华明机械有限公司
地址:江苏省张家港市三兴镇雁行头
邮政编码:215624
证书注册编号:1600A0255
体系认证标准:GB/T 19001－1994 idt 9001:1994
有效期:2000.12～2003.12

莱芜市泰山石油机械有限公司
地址:山东省莱芜市莱城区张家庄
邮政编码:271113
证书注册编号:1600B0256
体系认证标准:GB/T 19002－1994 idt ISO 9002:1994
有效期:2000.12～2003.12

北京市康港通风设备厂
地址:北京朝阳区高碑店南上坡29号
邮政编码:100022
证书注册编号:1600B0257
体系认证标准:GB/T1 9002－1994 idt ISO 9002:1994
有效期:2000.12～2003.12

上海汇众内配缸套厂
地址:上海市崇明县庙镇
邮政编码:202153
证书注册编号:1600B0258
体系认证标准:GB/T 19002－1994 idt ISO 9002:1994
有效期:2000.12～2003.12

上海光仁塑胶制品有限公司
地址:上海市长江西路600号
邮政编码:200431
证书注册编号:1600B0259
体系认证标准:GB/T 19002－1994 idt

ISO 9002:1994
有效期:2000.12～2003.12

上海汇良锻造有限公司
地址:上海崇明县城桥镇秀山路28号
邮政编码:202150
证书注册编号:1600B0260
体系认证标准:GB/T 19002－1994 idt
ISO 9002:1994
有效期:2000.12～2003.12

无锡市南长波形膨胀节厂
地址:江苏省无锡市金城湾
邮政编码:214123
证书注册编号:1600A0261
体系认证标准:GB/T1 9001－1994 idt
ISO 9001:1994
有效期:2000.12～2003.12

无锡市南长波形膨胀节厂
地址:江苏省无锡市金城湾
邮政编码:214123
证书注册编号:1600B0262
体系认证标准:GB/T 19002－1994 idt
ISO 9002:1994
有效期:2000.12～2003.12

***中国青年出版社印刷厂**
地址:北京市朝阳区白家庄路1号
邮政编码:100020
电话:(010)65026461转
传真:(010)65854750
法定代表人:杭乃树
证书注册编号:1600B0263
体系认证标准:GB/T 19002－1994 idt
ISO 9002:1994
获证体系覆盖产品:彩色印刷、书刊印刷产品的生产和服务
有效期:2000.12.20～2003.12.19

***信宜江东电子有限公司(信宜市江东电热感温器厂)**
地址:广东省信宜市城东樟坡村
邮政编码:525300
电话:(0668)8852963
传真:(0668)8852605
法定代表人:阮保清
证书注册编号:1600B0264
体系认证标准:GB/T1 9002－1994 idt
ISO 9002:1994
获证体系覆盖产品:家用电器配件(包括变压器、发热管、限温器、电磁加热线圈、磁环滤波线圈等电子元件)的生产和服务
有效期:2000.12.20～2003.12.19

深圳晶石电器制造有限公司
地址:广东深圳市南山科技园晶石大厦
邮政编码:518057
证书注册编号:1600A0265 1697A076
体系认证标准:GB/T 19001－1994 idt
ISO 9001:1994
有效期:2000.12～2003.12

铜陵市铜新电容器厂
地址:安徽省铜陵市天桥南路胜利桥
邮政编码:244000
证书注册编号:1600B0266
体系认证标准:GB/T 19002－1994 idt
ISO 9002:1994
有效期:2000.12～2003.12

宜兴市展宏环保设备有限公司
地址:江苏省宜兴市高塍镇
邮政编码:214214
证书注册编号:1600B0267
体系认证标准:GB/T1 9002－1994 idt
ISO 9002:1994
有效期:2000.12～2003.12

江苏百新波纹管有限公司
地址:江苏省姜堰市白米镇
邮政编码:225505
证书注册编号:1600B0268 1697B054
体系认证标准:GB/T1 9002－1994 idt
ISO 9002:1994
有效期:2000.12～2003.12

高邮市液压机电成套设备制造有限公司
地址:江苏高邮市汤庄镇人民路147号
邮政编码:225645
证书注册编号:1600B0269
体系认证标准:GB/T1 9002－1994 idt
ISO 9002:1994
有效期:2000.12～2003.12

浙江省仙居特种焊接材料厂
地址:浙江省仙居县城关管山
邮政编码:317300
证书注册编号:1600B0270 1697B067
体系认证标准:GB/T 19002－1994 idt
ISO 9002:1994
有效期:2000.12～2003.12

瑞安市长城换向器有限公司
地址:浙江省瑞安市沿江西路355号
邮政编码:325200
证书注册编号:1600B0271
体系认证标准:GB/T 19002－1994 idt
ISO 9002:1994
有效期:2000.12～2003.12

新宝企业(天津)有限公司
地址:天津新技术产业园区北辰科技园红旗路西路
邮政编码:300400
证书注册编号:1600B0272 1698B091
体系认证标准:GB/T1 9002－1994 idt
ISO 9002:1994
有效期:2000.12～2003.12

唐山华康陶瓷有限公司
地址:河北省迁西县三屯营镇
邮政编码:064302
证书注册编号:1600B0273
体系认证标准:GB/T 19002－1994 idt
ISO 9002:1994
有效期:2000.12～2003.12

湖南省岳阳纸业集团有限责任公司(岳阳纸业股份有限公司)
地址:湖南省岳阳市城陵矶
邮政编码:414002
证书注册编号:1600B0274
体系认证标准:GB/T 19002－1994 idt
ISO 9002:1994
有效期:2000.12～2003.12

宣州市思大特电子电器有限责任公司
地址:安徽省宣州市东门五里桥
邮政编码:242000
证书注册编号:1600B0275
体系认证标准:GB/T 19002－1994 idt
ISO 9002:1994
有效期:2000.12～2003.12

内蒙古华章纸业集团股份有限公司
地址:内蒙古自治区乌拉特前旗
邮政编码:014400
证书注册编号:1600B0276
体系认证标准:GB/T 19002－1994 idt
ISO 9002:1994
有效期:2000.12～2003.12

内蒙古塞外星纸浆有限责任公司
地址:内蒙古自治区乌拉特前旗
邮政编码:014400
证书注册编号:1600B0277
体系认证标准:GB/T 19002－1994 idt ISO 9002:1994
有效期:2000.12～2003.12

锡山市东湖机械电器制造有限公司
地址:江苏省锡山市东湖塘镇杨树下村
邮政编码:214196
证书注册编号:1600B0278
体系认证标准:GB/T 19002－1994 idt ISO 9002:1994
有效期:2000.12～2003.12

大成食品(天津)有限公司
地址:天津市红桥区红旗路湘潭道8号
邮政编码:300133
证书注册编号:1600B0279
体系认证标准:GB/T 19002－1994 idt ISO 9002:1994
有效期:2000.12～2003.12

浙江年年红实业有限公司
地址:浙江省义乌市江湾工业区
邮政编码:322000
证书注册编号:1600B0280
体系认证标准:GB/T1 9002－1994 idt ISO 9002:1994
有效期:2000.12～2003.12

烟台市芝罘助剂厂
地址:山东烟台市芝罘区南大街153号
邮政编码:264000
证书注册编号:1600B0281
体系认证标准:GB/T 19002－1994 idt ISO 9002:1994
有效期:2000.12～2003.12

天津美和工业发展有限公司
地址:天津市经济技术开发区第五大街5号
邮政编码:300457
证书注册编号:1600B0282
体系认证标准:GB/T1 9002－1994 idt ISO 9002:1994
有效期:2000.12～2003.12

上海阳刚电子有限公司
(上海华风仪表元件厂)
地址:上海市崇明县中双港北首
邮政编码:202154
体系认证标准:GB/T 19002－1994 idt ISO 9002:1994
有效期:2000.12～2003.12

无锡市东方环能工程有限公司
地址:江苏省无锡市荣巷公益中学西侧
邮政编码:214063
证书注册编号:1600B0284
体系认证标准:GB/T 19002－1994 idt ISO 9002:1994
有效期:2000.12～2003.12

宁波市盛球电器有限公司
地址:浙江省慈溪市观城镇西门工业区
邮政编码:315315
证书注册编号:1600B0285
体系认证标准:GB/T 19002－1994 idt ISO 9002:1994
有效期:2000.12～2003.12

江阴市塑料纺织配件厂
地址:江苏江阴市璜塘镇璜溪路69号
邮政编码:214407
证书注册编号:1600B0286
体系认证标准:GB/T 19002－1994 idt ISO 9002:1994
有效期:2000.12～2003.12

平湖超伦贝饲料有限公司
地址:浙江省平湖市工业园区
邮政编码:314200
证书注册编号:1600B0287
体系认证标准:GB/T1 9002－1994 idt ISO 9002:1994
有效期:2000.12～2003.12

中银(宁波)电池有限公司
地址:浙江省宁波市段塘
邮政编码:315011
证书注册编号:1600B0288 1697B086
体系认证标准:GB/T 19002－1994 idt ISO 9002:1994
有效期:2000.12～2003.12

丹阳市胶粘剂彩印厂
地址:江苏省丹阳市里庄镇白马村
邮政编码:212363
证书注册编号:1600B0289
体系认证标准:GB/T1 9002－1994 idt ISO 9002:1994
有效期:2000.12～2003.12

锡山市金星制衣有限公司
地址:江苏省锡山市港下镇
邮政编码:214199
证书注册编号:1600B0290
体系认证标准:GB/T 19002－1994 idt ISO 9002:1994
有效期:2000.12～2003.12

济南趵突泉酿酒有限责任公司
地址:山东省济南市历城区仲宫镇龙山路53号
邮政编码:250115
证书注册编号:1600B0291
体系认证标准:GB/T 19002－1994 idt ISO 9002:1994
有效期:2000.12～2003.12

镇江市电冰箱组件厂
地址:江苏省镇江市丹徒长岗
邮政编码:212001
证书注册编号:1699B013
体系认证标准:GB/T 19002－1994 idt ISO 9002:1994
有效期:1999.2～2002.2

上海迪达尔照明电器有限公司
地址:上海奉贤南奉公路476号
邮政编码:201406
证书注册编号:1600B0132
体系认证标准:GB/T 19002－1994 idt ISO 9002:1994
有效期:2000.8～2003.8

无锡市郊区勤丰家用电器配件厂
地址:江苏无锡市郊区广益镇唐周巷村
邮政编码:214011
证书注册编号:1698B106
体系认证标准:GB/T 19002－1994 idt ISO 9002:1994
有效期:1998.3～2001.3

泰安华塑建材有限公司
地址:山东省泰安市泰山大街中段
邮政编码:271000
证书注册编号:1600B0070
体系认证标准:GB/T 19002－1994 idt ISO 9002:1994
有效期:2000.4～2003.3

北京九千标准质量体系认证中心

内蒙古恒丰食品工业(集团)股份有限公司
地址:内蒙古临河市建设南路5号
邮政编码:015000
证书注册编号:1700B0001
体系认证标准:GB/T19002—1994 idt ISO9002:1994
有效期:2000.1.5~2003.1.5

北京市房山岩土工程机械施工公司
地址:北京市房山区交道镇一街
邮政编码:124340
证书注册编号:1700B0002
体系认证标准:GB/T19002—1994 idt ISO9002;1994
有效期:2000.1.1~2003.1.1

四川富士电机有限公司
地址:四川射洪县虹桥路145号
邮政编码:629200
证书注册编号:1700A0003
体系认证标准:GB/T19001—1994 idt ISO9001:1994
有效期:2000.1.6~2003.1.6

四川省射洪变压器厂
地址:四川射洪县太和镇平安路318号
邮政编码:629200
证书注册编号:1700A0004
体系认证标准:GB/T19001—1994 idt ISO9001:1994
有效期:2000.1.6~2003.1.6

温州市长江摩托车部件有限公司
地址:浙江省温州市永强大道2330号
邮政编码:325024
证书注册编号:1700B0005
体系认证标准:GB/T19002—1994 idt ISO9002:1994
有效期:2000.1.5~2003.1.5

北京市彩色印刷厂
地址:北京市海淀区永定路15号
邮政编码:100039
证书注册编号:1700B0006
体系认证标准:GB/T19002—1994 idt ISO9002:1994
有效期:2000.1.6~2003.1.6

河南省大河筑路(集团)有限公司
地址:河南省新郑市郭店镇五里口、郑州市航海中路11号
邮政编码:451192
证书注册编号:1700B0007
体系认证标准:GB/T19002—1994 idt ISO9002:1994
有效期:2000.1.6~2003.1.6

北京津京建设工程监理公司
地址:北京市宣武区天宁寺前街2号(北京唱片院内E座)
邮政编码:100055
证书注册编号:1700B0008
体系认证标准:GB/T19002—1994 idt ISO9002:1994
有效期:2000.1.6~2003.1.6

中国建筑第八工程局第一建筑公司
地址:山东省济南工业南路89号
邮政编码:250100
证书注册编号:1700B0009
体系认证标准:GB/T19002—1994 idt ISO9002:1994
有效期:2000.1.6~2003.1.6

大理啤酒(集团)有限责任公司
地址:云南省大理市(下关)
邮政编码:671000
证书注册编号:1700B0010
体系认证标准:GB/T19002—1994 idt ISO9002:1994
有效期:2000.1.5~2003.1.5

北京市房山区小区物业管理公司
地址:北京市房山区良乡西湖园小区二里13号
邮政编码:102487
证书注册编号:1700B0011
体系认证标准:GB/T19002—1994 idt ISO9002:1994
有效期:2000.1.5~2003.1.5

瑞安市国新工具厂
地址:浙江省瑞安市陶山镇编织路
邮政编码:325215
证书注册编号:1700B0012
体系认证标准:GB/T19002—1994 idt ISO9002:1994
有效期:2000.1.5~2003.1.5

北京国都建筑装饰工程有限公司
地址:北京市朝阳区光华路7号北京汉威大厦七层西区7B11
邮政编码:100004
证书注册编号:1700B0013
体系认证标准:GB/T19002—1994 idt ISO9002:1994
有效期:2000.1.5~2003.1.5

温州市天成密封件制造有限公司
地址:浙江省温州市瓯海新桥前花工业区国鼎路6号
邮政编码:325006
证书注册编号:1700B0014
体系认证标准:GB/T19002—1994 idt ISO9002:1994
有效期:2000.1.5~2003.1.5

北京韩村河钢管厂
地址:北京市房山区东营乡韩村河村
邮政编码:102423
证书注册编号:1700B0015
体系认证标准:GB/T19002—1994 idt ISO9002:1994
有效期:2000.1.6~2003.1.6

北京丰台电工器材厂
地址:北京市永定门外南窑村
邮政编码:100078

证书注册编号:1700B0016
体系认证标准:GB/T19002—1994 idt ISO9002:1994
有效期:2000.1.11～2003.1.11

沈阳市规划设计研究院
地址:辽宁沈阳市沈河区彩塔街15号
邮政编码:110015
证书注册编号:1700A0017
体系认证标准:GB/T19001—1994 idt ISO9001:1994
有效期:2000.1.11～2003.1.11

河北省晋州市建筑工程公司
地址:河北省晋州市和平路200号
邮政编码:052260
证书注册编号:1700B0018
体系认证标准:GB/T19002—1994 idt ISO9002:1994
有效期:2000.1.11～2003.1.11

荷泽广源铜带有限责任公司
地址:山东省荷泽市吴店镇
邮政编码:274039
证书注册编号:1700B0019
体系认证标准:GB/T19002—1994 idt ISO9002:1994
有效期:2000.1.11～2003.1.11

江苏宏飞电器设备制造公司
地址:江苏省扬中丰裕镇
邮政编码:212213
证书注册编号:1700B0020
体系认证标准:GB/T19002—1994 idt ISO9002:1994
有效期:2000.1.11～2003.1.11

铁道部第二勘测设计院工程建设监理公司
地址:四川省成都市通锦路3号
邮政编码:610031
证书注册编号:1700B0021
体系认证标准:GB/T19002—1994 idt ISO9002:1994
有效期:2000.1.5～2003.1.5

铁道部第一工程局给排水总公司
地址:甘肃省兰州市七里河区任家庄86号
邮政编码:730050
证书注册编号:1700B0022
体系认证标准:GB/T19002—1994 idt ISO9002:1994
有效期:2000.1.11～2003.1.11

重庆大邮高等级公路有限公司
地址:重庆市大足县龙岗镇白鹤林二幢2单元7—2号
邮政编码:402360
证书注册编号:1700B0023
体系认证标准:GB/T19002—1994 idt ISO9002:1994
有效期:2000.1.5～2003.1.5

嘉兴浙安电子工程有限公司
地址:浙江省嘉兴市经济开发区二环西路2383号
邮政编码:314001
证书注册编号:1700B0024
体系认证标准:GB/T19002—1994 idt ISO9002:1994
有效期:2000.1.11～2003.1.11

北京市五里店华洋木器厂
地址:北京市丰台区五里店618号
邮政编码:100017
证书注册编号:1700B0025
体系认证标准:GB/T19002—1994 idt ISO9002:1994
有效期:2000.1.11～2003.1.11

德州富达玻璃钢制品有限公司
地址:山东省德市南郊工业开发区
邮政编码:253033
证书注册编号:1700B0026
体系认证标准:GB/T19002—1994 idt ISO9002:1994
有效期:2000.1.11～2003.1.11

温岭发达造漆厂
地址:浙江省温岭市松门镇礁山北路78号
邮政编码:317511
证书注册编号:1700B0027
体系认证标准:GB/T19002—1994 idt ISO9002:1994
有效期:2000.1.5～2003.1.5

南京机电学校机械总厂
地址:江苏省南京市光华门外天堂新村14号
邮政编码:210007
证书注册编号:1700B0028
体系认证标准:GB/T19002—1994 idt ISO9002:1994
有效期:2000.1.5～2003.1.5

瑞安市江南包装机械有限公司
地址:浙江省瑞安市红旗工业区
邮政编码:325200
证书注册编号:1700A0029
体系认证标准:GB/T19001—1994 idt ISO9001:1994
有效期:2000.1.11～2003.1.11

第一拖拉机股份有限公司
地址:河南洛阳市涧西区建设路154号
邮政编码:471004
证书注册编号:1700B0030
体系认证标准:GB/T19002—1994 idt ISO9002:1994
有效期:2000.1.11～2003.1.11

淮阴市建筑安装工程总公司
地址:江苏省淮阴市淮海北路76号
邮政编码:223001
证书注册编号:1700B0031
体系认证标准:GB/T19002—1994 idt ISO9002:1994
有效期:2000.1.12～2003.1.12

淮阴市建筑机械厂
地址:江苏省淮阴市清扬路90号
邮政编码:223005
证书注册编号:1700B0032
体系认证标准:GB/T19002—1994 idt ISO9002:1994
有效期:2000.1.12～2003.1.12

山东临清重型汽车改装车
地址:山东省临清市龙山路14号
邮政编码:252600
证书注册编号:1700A0033
体系认证标准:GB/T19001—1994 idt ISO9001:1994
有效期:2000.1.13～2003.1.13

华北石油管理局地球物理勘探公司
地址:河北省任丘市会战道东风路
邮政编码:062552
证书注册编号:1700B0034
体系认证标准:GB/T19002—1994 idt ISO9002:1994
有效期:2000.1.7～2003.1.7

云南省玉溪水电设备厂

地址:云南省玉溪市紫艺路 7 号
邮政编码:653100
证书注册编号:1700A0035
体系认证标准:GB/T19001－1994 idt ISO9001:1994
有效期:2000.1.17～2003.1.17

江西省铜鼓县永宁建筑材料总厂
地址:江西省铜鼓县三都工业区
邮政编码:336204
证书注册编号:1700B0036
体系认证标准:GB/T19002－1994 idt ISO9002:1994
有效期:2000.1.19～2003.1.19

江西省铜鼓县永宁化工厂
地址:江西省铜鼓县城剑石路 8 号
邮政编码:336200
证书注册编号:1700B0037
体系认证标准:GB/T19002－1994 idt ISO9002:1994
有效期:2000.1.17～2003.1.17

新疆第一汽车配件制造有限公司
地址:新疆乌鲁木齐市扬子口路 14 号
邮政编码:830000
证书注册编号:1700B0038
体系认证标准:GB/T19002－1994 idt ISO9002:1994
有效期:2000.1.17～2003.1.17

重庆冲压厂
地址:重庆渝中区轿辅巷 24 号
邮政编码:400012
证书注册编号:1700B0039
体系认证标准:GB/T19002－1994 idt ISO9002:1994
有效期:2000.1.17～2003.1.17

北京市第二住宅建筑工程公司
地址:北京市朝阳区和平里北口北三环东路 12 号
邮政编码:100013
证书注册编号:1700B0040
体系认证标准:GB/T19002－1994 idt ISO9002:1994
有效期:2000.1.18～2003.1.18

铁道部第一工程局电务工程处
地址:陕西省兴平市环路
邮政编码:713100
证书注册编号:1700B0041
体系认证标准:GB/T19002－1994 idt ISO9002:1994
有效期:2000.1.17～2003.1.17

成都市第二建筑工程公司
地址:四川省成都市府青路一段 30 号
邮政编码:610081
证书注册编号:1700B0042
体系认证标准:GB/T19002－1994 idt ISO9002:1994
有效期:2000.1.18～2003.1.18

铁道部第五工程贵阳建筑工程三处
地址:贵州省贵阳市白云大道 171 号
邮政编码:550008
证书注册编号:1700B0043
体系认证标准:GB/T19002－1994 idt ISO9002:1994
有效期:2000.1.18～2003.1.18

重庆华洋产业集团有限公司
地址:重庆市沙坪
邮政编码:400032
证书注册编号:1700A0044
体系认证标准:GB/T19001－1994 idt ISO9001:1994
有效期:2000.1.18～2003.1.18

江苏星轮高速机电设备制造公司
地址:江苏省靖江市城西桥南
邮政编码:214500
证书注册编号:1700B0045
体系认证标准:GB/T19002－1994 idt ISO9002:1994
有效期:2000.1.18～2003.1.18

安徽省界站市机油泵厂
地址:安徽省界首市富强路 49 号
邮政编码:236503
证书注册编号:1700B0046
体系认证标准:GB/T19002－1994 idt ISO9002:1994
有效期:2000.1.19～2003.1.19

朝阳汽车转向器有限公司
地址:辽宁朝阳市朝阳大街三段 27 号
邮政编码:122000
证书注册编号:1700B0047
体系认证标准:GB/T19002－1994 idt ISO9002:1994
有效期:2000.1.19～2003.1.19

镇江市正都电子有限公司
地址:江苏省镇江市东吴路 87 号
邮政编码:212003
证书注册编号:1700B0048
体系认证标准:GB/T19002－1994 idt ISO9002:1994
有效期:2000.1.18～2003.1.18

深圳家乐装饰工程有限公司
地址:广东省深圳市福田区燕南路 11 号家乐大院二栋三楼
邮政编码:518031
证书注册编号:1700A0049
体系认证标准:GB/T19001－1994 idt ISO9001:1994
有效期:2000.1.17～2003.1.17

北京互感器厂
地址:北京市宣武区南莱园 47 号
邮政编码:100054
证书注册编号:1700B0050
体系认证标准:GB/T19002－1994 idt ISO9002:1994
有效期:2000.1.19～2003.1.19

柳州铁路局工程处
地址:广西省柳州市和平路 138 号
邮政编码:545007
证书注册编号:1700B0051
体系认证标准:GB/T19002－1994 idt ISO9002:1994
有效期:2000.1.19～2003.1.19

江苏苏州工业设备安装集团公司
地址:江苏省苏州市彩香路 3 号
邮政编码:215004
证书注册编号:1700B0052
体系认证标准:GB/T19002－1994 idt ISO9002:1994
有效期:2000.1.18～2003.1.18

浙江黑猫神蚊香集团有限公司
地址:浙江省诸暨市次坞镇择坞工业区
邮政编码:311815
证书注册编号:1700B0053
体系认证标准:GB/T19002－1994 idt ISO9002:1994
有效期:2000.1.18～2003.1.18

北京市顺义大禹水利工程公司
地址:北京市顺义区铁路西
邮政编码:101300

证书注册编号:1700B0054
体系认证标准:GB/T19002—1994 idt ISO9002:1994
有效期:2000.1.17～2003.1.17

中铁五局(集团)有限公司
地址:贵州省贵阳市枣山路77号
邮政编码:550003
证书注册编号:1700B0055
体系认证标准:GB/T19002—1994 idt ISO9002:1994
有效期:2001.1.19～2003.1.19

淄博市张店富博钢管厂
地址:山东淄博市张店区卫固镇付山村
邮政编码:255084
证书注册编号:1700B0056
体系认证标准:GB/T19002—1994 idt ISO9002:1994
有效期:2000.1.17～2003.1.17

镇江市第二建筑工程公司
地址:江苏省镇江市宝盖路58号
邮政编码:212002
证书注册编号:1700B0057
体系认证标准:GB/T19002—1994 idt ISO9002:1994
有效期:2000.1.24～2003.1.24

江西省铜鼓县二源化工厂
地址:江西省铜鼓悬城南路606路
邮政编码:336200
证书注册编号:1700B0058
体系认证标准:GB/T19002—1994 idt ISO9002:1994
有效期:2000.1.19～2003.1.19

福建福顺微电子有限公司
地址:福建省福州市城门镇城楼260号
邮政编码:350018
证书注册编号:1700B0059
体系认证标准:GB/T19002—1994 idt ISO9002:1994
有效期:2000.1.18～2003.1.18

成都精密电机厂
地址:四川省成都市69信箱转成都精密电机厂
邮政编码:610055
证书注册编号:1700B0060
体系认证标准:GB/T19002—1994 idt ISO9002:1994
有效期:2000.1.19～2003.1.19

襄樊铁路工程有限责任公司
地址:湖北省襄樊市前进路158号
邮政编码:441003
证书注册编号:1700B0061
体系认证标准:GB/T19002—1994 idt ISO9002:1994
有效期:2000.1.17～2003.1.17

浙江万全信号设备有限公司
温岭市变速器厂
地址:浙江省温岭市南泉工业区
邮政编码:317500
证书注册编号:1700B0062 1700B0063
体系认证标准:GB/T19002—1994 idt ISO9002:1994
有效期:2000.1.19～2003.1.19

三利集团有限公司
地址:河北省高阳县高任路88号
邮政编码:071500
证书注册编号:1700B0064
体系认证标准:GB/T19002—1994 idt ISO9002:1994
有效期:2000.1.19～2003.1.19

成都科力实业有限公司
地址:四川成都市高新区高朋东路8号
邮政编码:610041
证书注册编号:1700B0065
体系认证标准:GB/T19001—1994 idt ISO9001:1994
有效期:2000.1.19～2003.1.19

北京享通金属加工厂
地址:北京市怀柔县庙城镇李两河村
邮政编码:101401
证书注册编号:1700B0066
体系认证标准:GB/T19002—1994 idt ISO9002:1994
有效期:2000.1.19～2003.1.19

广州第六橡胶厂
地址:广东省广州市西郊横沙
邮政编码:510168
证书注册编号:1700B0067
体系认证标准:GB/T19002—1994 idt ISO9002:1994
有效期:2000.1.24～2003.1.24

北京市第三市政工程公司
地址:北京市西城区三里河北街1号
邮政编码:100045
证书注册编号:1700B0068
体系认证标准:GB/T19002—1994 idt ISO9002:1994
有效期:2000.1.19～2003.1.19

***中铁第十五工程局(含所属第一、二、三、四、五、六、电务,西南工程处、机械化、建筑工程公司)**
地址:河南省洛阳市四通路2号
邮政编码:471013
电话:(0379)3697114
传真:(0379)3697266
法定代表人:霍金贵
证书注册编号:1700B0069
体系认证标准:GB/T19002—1994 idt ISO9002:1994
获证体系覆盖产品:各级铁路大中型建设项目的综合性工程(含通信、信号、电力),各级公路工程和桥梁,隧道工程,各类型工业与民用建设项目,各类型水利工程及辅助生产设施和基础工程,各类型市政公用工程的施工和服务
有效期:2000.1.19～2003.1.19

成都江华富士离合器有限公司
地址:四川省成都市龙泉驿区十陵镇
邮政编码:610106
证书注册编号:1700B0070
体系认证标准:GB/T19002—1994 idt ISO9002:1994
有效期:2000.1.24～2003.1.24

淄博汇鑫总公司社会福利建陶厂
地址:山东淄博市张店区南定镇小旦村
邮政编码:255051
证书注册编号:1700B0071
体系认证标准:GB/T19002—1994 idt ISO9002:1994
有效期:2000.1.24～2003.1.24

广东信力特种橡胶制品有限公司
地址:广东省广州市广汕路沙河镇第二工业区新四座
邮政编码:510650
证书注册编号:1700B0072
体系认证标准:GB/T19002—1994 idt ISO9002:1994
有效期:2000.1.24～2003.1.24

泸州天燕科技开发公司
地址:四川省泸州三号信箱
邮政编码:646002
证书注册编号:1700B0073
体系认证标准:GB/T19002—1994 idt ISO9002:1994
有效期:2000.1.24～2003.1.24

常州工业设备安装公司(常州市第一建筑装潢工程公司)
地址:江苏省常州市木梳路11号
邮政编码:213015
证书注册编号:1700B0074
体系认证标准:GB/T19002—1994 idt ISO9002:1994
有效期:2000.1.24～2003.1.24

泰安建筑工程公司
地址:山东省泰安市文化路29号
邮政编码:271000
证书注册编号:1700B0075
体系认证标准:GB/T19002—1994 idt ISO9002:1994
有效期:2000.1.24～2003.1.24

铜陵精达铜材(集团)有限责任公司(复评)
地址:安徽省铜陵市芜铜路谢家垅
邮政编码:244000
证书注册编号:1700B0076
体系认证标准:GB/T19002—1994 idt ISO9002:1994
有效期:2000.1.24～2003.1.24

铜陵华陵铜材有限公司(复评)
地址:安徽省铜陵市经济技术开发区
邮政编码:244000
证书注册编号:1700B0077
体系认证标准:GB/T19002—1994 idt ISO9002:1994
有效期:2000.1.24～2003.1.24

中集建设实业发展有限公司
地址:北京市海淀区三里河路9号
邮政编码:100835
证书注册编号:1700B0078
体系认证标准:GB/T19002—1994 idt ISO9002:1994
有效期:2000.1.24～2003.1.24

山东北辰集团有限公司
地址:山东省济南市五峰山旅游度假区
邮政编码:250305
证书注册编号:1700A0079
体系认证标准:GB/T19001—1994 idt ISO9001:1994
有效期:2000.1.24～2003.1.24

北京无线电元件四厂
地址:北京石景山区古城北路甲4号
邮政编码:100043
证书注册编号:1700B0080
体系认证标准:GB/T19002—1994 idt ISO9002:1994
有效期:2000.1.24～2003.1.24

成都振中电器厂
地址:四川省成都市经济技术开发区长柏工业小区
邮政编码:610100
证书注册编号:1700A0081
体系认证标准:GB/T19001—1994 idt ISO9001:1994
有效期:2000.1.24～2003.1.24

四川省崇阳酒业有限责任公司
地址:四川省崇州市辰居路242号
邮政编码:611230
证书注册编号:1700B0082
体系认证标准:GB/T19002—1994 idt ISO9002:1994
有效期:2000.1.24～2003.1.24

烟台枫林食品有限公司
地址:山东省烟台市牟平区刘家夼镇
邮政编码:264108
证书注册编号:1700B0083
体系认证标准:GB/T19002—1994 idt ISO9002:1994
有效期:2000.1.24～2003.1.24

成都市第八建筑工程公司(成都市建筑机械化施工公司)
地址:四川省成都市马鞍南路39号
邮政编码:610081
证书注册编号:1700B0084
体系认证标准:GB/T19002—1994 idt ISO9002:1994
有效期:2000.1.25～2003.1.25

海南海新机电设备厂
地址:海南省海口市秀英区永桂工业开发区海新路8号
邮政编码:570312
证书注册编号:1700A0085
体系认证标准:GB/T19001—1994 idt ISO9001:1994
有效期:2000.1.25～2003.1.25

山西万士达工程塑料有限公司
地址:山西省芮城县永乐南路
邮政编码:044600
证书注册编号:1700B0086
体系认证标准:GB/T19002—1994 idt ISO9002:1994
有效期:2000.1.25～2003.1.25

莱州宏侨机房材料有限公司
地址:山东省莱州市西由镇
邮政编码:261468
证书注册编号:1700B0087
体系认证标准:GB/T19002—1994 idt ISO9002:1994
有效期:2000.1.24～2003.1.24

齐鲁石油化工公司研究院
地址:山东省淄博市临淄区
邮政编码:255400
证书注册编号:1700A0088
体系认证标准:GB/T19001—1994 idt ISO9001:1994
有效期:2000.1.25～2003.1.25

鞍山东方彩板有限公司
地址:辽宁鞍山市铁东区解放路128号
邮政编码:114002
证书注册编号:1700B089
体系认证标准:GB/T19002—1994 idt ISO9002:1994
有效期:2000.1.25～2003.1.25

鹏泰(秦皇岛)面粉有限公司
地址:河北省秦皇岛市山海关经济技术开发区正大环路1号
邮政编码:066206
证书注册编号:1700B0090
体系认证标准:GB/T19002—1994 idt ISO9002:1994
有效期:2000.1.25～2003.1.25

上海上咨建设监理有限责任公司
地址:上海延安东路1200号1102室
邮政编码:200003
证书注册编号:1700B0091
体系认证标准:GB/T19002—1994 idt ISO9002:1994

有效期:2000.1.25～2003.1.25

安徽省第一建筑工程公司
地址:安徽省合肥市长江西路334号
邮政编码:230031
证书注册编号:1700B0092
体系认证标准:GB/T19002－1994 idt ISO9002:1994
有效期:2000.1.26～2003.1.26

蚌埠神风帘帆布有限责任公司
地址:安徽省蚌埠市大庆路212号
邮政编码:233010
证书注册编号:1700B0093
体系认证标准:GB/T19002－1994 idt ISO9002:1994
有效期:2000.1.26～2003.1.26

苏州建设监理有限公司
地址:江苏苏州市十梓街266号
邮政编码:215006
证书注册编号:1700B0094
体系认证标准:GB/T19002－1994 idt ISO9002:1994
有效期:2000.1.26～2003.1.26

南通樱海通风设备有限公司
地址:江苏省海门镇长江路167号
邮政编码:226100
证书注册编号:1700B0095
体系认证标准:GB/T19002－1994 idt ISO9002:1994
有效期:2000.1.26～2003.1.26

内蒙古兰太实业股份有限公司
地址:内蒙古阿拉善左旗吉兰泰镇
邮政编码:750333
证书注册编号:1700B0096
体系认证标准:GB/T19002－1994 idt ISO9002:1994
有效期:2000.2.1～2003.2.1

北京融商电子货币工程有限公司
地址:北京市复兴路甲65号－A
邮政编码:100036
证书注册编号:1700A0097
体系认证标准:GB/T19001－1994 idt ISO9001:1994
有效期:2000.2.1～2003.2.1

福建省新威电子工业有限公司
地址:福建省莆田市江口镇石庭
邮政编码:351117
证书注册编号:1700B0098
体系认证标准:GB/T19002－1994 idt ISO9002:1994
有效期:2000.2.1～2003.2.1

北京安卓思通信技术发展有限责任公司
地址:北京海淀区西三环北路甲25号
邮政编码:100089
证书注册编号:1700A0099
体系认证标准:GB/T19001－1994 idt ISO9001:1994
有效期:2000.2.1～2003.2.1

北京市京电变电工程处
地址:北京市丰台区科兴路科技园110KV变电站内
邮政编码:100070
证书注册编号:1700B0100
体系认证标准:GB/T19002－1994 idt ISO9002:1994
有效期:2000.6.1～2003.6.1

北京帕克国际工程咨询有限公司
地址:北京朝阳区亚运村惠忠里231号
邮政编码:100101
证书注册编号:1700B0101
体系认证标准:GB/T19002－1994 idt ISO9002:1994
有效期:2000.2.1～2003.2.1

有研半导体材料股份有限公司
地址:北京市海淀区北三环中路43号
邮政编码:100088
证书注册编号:1700B0102
体系认证标准:GB/T19002－1994 idt ISO9002:1994
有效期:2000.2.2～2003.2.2

仪征市工程塑料厂
地址:江苏省仪征市新河路145号
邮政编码:211400
证书注册编号:1700B0103
体系认证标准:GB/T19002－1994 idt ISO9002:1994
有效期:2000.2.1～2003.2.1

北京市汽车线束厂
地址:北京市西城区西绒线胡同33号
邮政编码:100031
证书注册编号:1700B0104
体系认证标准:GB/T19002－1994 idt ISO9002:1994
有效期:2000.2.1～2003.2.1

永嘉县减速机厂
地址:浙江省永嘉县瓯北镇楠江中路33号
邮政编码:325102
证书注册编号:1700B0106
体系认证标准:GB/T19002－1994 idt ISO9002:1994
有效期:2000.2.1～2003.2.1

烟台中策橡胶有限公司
地址:山东省烟台凤凰台路2号
邮政编码:264002
证书注册编号:1700B0107
体系认证标准:GB/T19002－1994 idt ISO9002:1994
有效期:2000.2.1～2003.2.1

贵州西众塑胶股份有限公司
地址:贵州贵阳市云岩区丰收路17号
邮政编码:550018
证书注册编号:1700B0108
体系认证标准:GB/T19002－1994 idt ISO9002:1994
有效期:2000.2.2～2003.2.2

常州市华达化工厂
地址:江苏省常州市新区龙虎塘镇
邮政编码:213031
证书注册编号:1700B0109
体系认证标准:GB/T19002－1994 idt ISO9002:1994
有效期:2000.2.2～2003.2.2

广州市电信局通信器材厂
地址:广东省广州市前进路塘边新街14号
邮政编码:510230
证书注册编号:1700B0110
体系认证标准:GB/T19002－1994 idt ISO9002:1994
有效期:2000.2.1～2003.2.1

中国建筑第六工程局第一建筑工程公司
地址:天津市大港区官港街
邮政编码:300274
证书注册编号:1700B0111
体系认证标准:GB/T19002－1994 idt

ISO9002:1994
有效期:2000.2.1～2003.2.1

广东华远企业集团有限公司
地址:广东省南海平洲夏东大道路口
邮政编码:528251
证书注册编号:1700B0112
体系认证标准:GB/T19002－1994 idt ISO9002:1994
有效期:2000.2.2～2003.2.2

秦皇岛开发区奥格塑料型材厂
地址:河北省秦皇岛市海港区海阳路300号
邮政编码:066000
证书注册编号:1700B0113
体系认证标准:GB/T19002－1994 idt ISO9002:1994
有效期:2000.2.2～2003.2.2

长江航道规划设计研究院
地址:湖北省武汉市汉黄路17号
邮政编码:430011
证书注册编号:1700A0114
体系认证标准:GB/T19001－1994 idt ISO9001:1994
有效期:2000.2.15～2003.2.15

浦城正大生化有限公司
地址:福建省浦城县正大路305号
邮政编码:353400
证书注册编号:1700B0115
体系认证标准:GB/T19002－1994 idt ISO9002:1994
有效期:2000.2.15～2003.2.15

新疆众和股份有限公司
地址:新疆乌鲁木齐市喀什东路18号
邮政编码:830013
证书注册编号:1700B0116
体系认证标准:GB/T19002－1994 idt ISO9002:1994
有效期:2000.2.15～2003.2.15

哈尔滨第二水泵厂
地址:黑龙江省哈尔滨市太平区大有坊街103号
邮政编码:150056
证书注册编号:1700AB0117
体系认证标准:GB/T19001－1994 idt ISO9001:1994
有效期:2000.2.16～2003.2.16

北京普莱克斯实用气体有限公司
地址:北京市朝阳区大郊亭化工路6号
邮政编码:100022
证书注册编号:1700B0119
体系认证标准:GB/T19002－1994 idt ISO9002:1994
有效期:2000.2.16～2003.2.16

高淳县水利建筑安装工程公司
地址:江苏省高淳县淳溪镇固城湖北路7号
邮政编码:211300
证书注册编号:1700B0120
体系认证标准:GB/T19002－1994 idt ISO9002:1994
有效期:2000.2.16～2003.2.16

江苏常恒集团公司
地址:江苏省常州北郊魏村镇
邮政编码:213127
证书注册编号:1700B0121
体系认证标准:GB/T19002－1994 idt ISO9002:1994
有效期:2000.2.1～2003.2.1

新疆铝线厂
地址:新疆乌鲁木齐市喀什东路18号
邮政编码:830013
证书注册编号:1700B0122
体系认证标准:GB/T19002－1994 idt ISO9002:1994
有效期:2000.2.15～2003.2.15

长江南京航道工程局
地址:江苏省南京市江边路9号
邮政编码:210011
证书注册编号:1700B0123
体系认证标准:GB/T19002－1994 idt ISO9002:1994
有效期:2000.2.16～2003.2.16

常熟明辉焊接器材有限公司
地址:江苏省常熟市支塘镇窑镇村
邮政编码:215531
证书注册编号:1700B0124
体系认证标准:GB/T19002－1994 idt ISO9002:1994
有效期:2000.2.16～2003.2.16

山东泰山路桥工程公司
地址:山东省泰安市青年路102号
邮政编码:271000
证书注册编号:1700A0125
体系认证标准:GB/T19001－1994 idt ISO9001:1994
有效期:2000.2.15～2003.2.15

包头正北食品有限公司
地址:内蒙古包头东河区南门外21号
邮政编码:014040
证书注册编号:1700B0126
体系认证标准:GB/T19002－1994 idt ISO9002:1994
有效期:2000.2.15～2003.2.15

北京市汽车电机厂
地址:北京市通州区宋庄镇小堡村
邮政编码:101118
证书注册编号:1700A0127
体系认证标准:GB/T19001－1994 idt ISO9001:1994
有效期:2000.2.16～2003.2.16

常州工业电器设备厂
地址:江苏省常州市木梳路11号
邮政编码:213015
证书注册编号:1700B0128
体系认证标准:GB/T19002－1994 idt ISO9002:1994
有效期:2000.1.24～2003.1.24

山东省宁阳县晶阳面粉有限公司
地址:山东省宁阳县城南街路36号
邮政编码:271400
证书注册编号:1700B0129
体系认证标准:GB/T19002－1994 idt ISO9002:1994
有效期:2000.2.24～2003.2.24

四川电气设备成套厂
地址:四川省广汉市向阳工业区
邮政编码:618300
证书注册编号:1700A0130
体系认证标准:GB/T19001－1994 idt ISO9001:1994
有效期:2000.2.24～2003.2.24

北京博大环境工程有限公司
地址:北京市东城区安定门外大街丙88号中路大厦506室
邮政编码:100011
证书注册编号:1700A0131
体系认证标准:GB/T19001－1994 idt ISO9001:1994

有效期:2000.2.24～2003.2.24

内蒙古伊利实业集团股份有限公司冷饮事业部
地址:内蒙古呼和浩特市金川技术开发区2号
邮政编码:010080
证书注册编号:1700B0132
体系认证标准:GB/T19002－1994 idt ISO9002:1994
有效期:2000.2.24～2003.2.24

榆次市城乡建设有限公司
地址:山西省榆次市榆太路39号
邮政编码:030600
证书注册编号:1700B0133
体系认证标准:GB/T19002－1994 idt ISO9002:1994
有效期:2000.2.24～2003.2.24

北京市市政工程总公司
地址:北京市西城区南礼士路17号
邮政编码:100045
证书注册编号:1700B0134
体系认证标准:GB/T19001－1994 idt ISO9001:1994
有效期:2000.2.24～2003.2.24

哈尔滨市第二压器厂
地址:黑龙省省哈尔滨市道外区南勋街54号
邮政编码:150026
证书注册编号:1700A0135
体系认证标准:GB/T19001－1994 idt ISO9001:1994
有效期:2000.2.24～2003.2.24

中铁建厂工程局装饰工程总公司
地址:北京市丰台区靛厂村乙328号
邮政编码:100039
证书注册编号:1700B0136
体系认证标准:GB/T19002－1994 idt ISO9002:1994
有效期:2000.3.1～2003.3.1

成都中住光纤有限公司
地址:四川成都市高新区紫荆西路2号
邮政编码:610042
证书注册编号:1700B0137
体系认证标准:GB/T19002－1994 idt ISO9002:1994
有效期:2000.3.1～2003.3.1

镇江市润通交通工程监理咨询有限公司
地址:江苏省镇江市润州路10号
邮政编码:212005
证书注册编号:1700B0138
体系认证标准:GB/T19002－1994 idt ISO9002:1994
有效期:2000.3.1～2003.3.1

包钢建筑安装工程公司汽车修理厂
地址:内蒙古包头市昆区友谊大街东侧
邮政编码:014010
证书注册编号:1700B0139
体系认证标准:GB/T19002－1994 idt ISO9002:1994
有效期:2000.3.1～2003.3.1

包头时峰汽车维修服务有限责任公司
地址:内蒙古包头市昆区友谊大街东侧
邮政编码:014010
证书注册编号:1700B0140
体系认证标准:GB/T19002－1994 idt ISO9002:1994
有效期:2000.3.1～2003.3.1

扬州江威钢圈总厂
地址:江苏江都市大桥镇车站西路1号
邮政编码:225211
证书注册编号:1700B0141
体系认证标准:GB/T19002－1994 idt ISO9002:1994
有效期:2000.3.1～2003.3.1

烟台耐斯电器有限公司
地址:山东省烟台经济技术开发区泰山路86号(海通工业园内)
邮政编码:264006
证书注册编号:1700B0142
体系认证标准:GB/T19002－1994 idt ISO9002:1994
有效期:2000.3.1～2003.3.1

常州兰柯四通阀有限公司
地址:江苏省常州北郊魏村镇
邮政编码:213127
证书注册编号:1700B0143
体系认证标准:GB/T19002－1994 idt ISO9002:1994
有效期:2000.3.1～2003.2.15

大连第二冷冻机厂
地址:辽宁大连旅顺口区五一路28号
邮政编码:116041
证书注册编号:1700A0144
体系认证标准:GB/T19001－1994 idt ISO9001:1994
有效期:2000.3.1～2003.3.1

石家庄市风机厂
地址:河北省石家庄市桥西区石铜路18号
邮政编码:050091
证书注册编号:1700B0146
体系认证标准:GB/T19002－1994 idt ISO9002:1994
有效期:2000.3.9～2003.3.9

沈阳铁路局锦州铁路分局锦州东车辆段
地址:辽宁省锦州市凌河区铁新南里99号
邮政编码:121003
证书注册编号:1700B0147
体系认证标准:GB/T19002－1994 idt ISO9002:1994
有效期:2000.3.8～2003.3.8

哈尔滨制氧机厂
地址:黑龙江省哈尔滨市南岗区哈西大街109号
邮政编码:150080
证书注册编号:1700A0148
体系认证标准:GB/T19001－1994 idt ISO9001:1994
有效期:2000.3.1～2003.3.1

山东电力管道工程公司(山东省电力线路器材厂)
地址:山东省新泰市新汶
邮政编码:271222
证书注册编号:1700B0149
体系认证标准:GB/T19002－1994 idt ISO9002:1994
有效期:2000.3.8～2003.3.8

预北光洋转向器有限公司
地址:河南省新乡市和平路322号
邮政编码:453003
证书注册编号:1700B0150
体系认证标准:GB/T19002－1994 idt ISO9002:1994
有效期:2000.3.8～2003.3.8

中南市政工程建设总公司

地址:湖南省衡阳市西外环路三号
邮政编码:421001
证书注册编号:1700B0151
体系认证标准:GB/T19002－1994 idt ISO9002:1994
有效期:2000.3.8～2003.3.8

北京长河机电有限公司
地址:北京市朝阳区高碑店南里西区甲1号
邮政编码:100022
证书注册编号:1700B0152
体系认证标准:GB/T19002－1994 idt ISO9002:1994
有效期:2000.3.16～2003.3.16

北京中达联监理咨询有限责任公司
地址:北京市西城区三里河一区国家计委3号楼
邮政编码:100045
证书注册编号:1700B0153
体系认证标准:GB/T19002－1994 idt ISO9002:1994
有效期:2000.3.16～2003.3.16

苏州工业园区建设监理有限责任公司
地址:江苏苏州市三新路金鸡湖度假村
邮政编码:215021
证书注册编号:1700B0154
体系认证标准:GB/T19002－1994 idt ISO9002:1994
有效期:2000.3.16～2003.3.16

苏州工业园区公用事业发展有限公司
地址:江苏省苏州工业园区苏华路国际大厦10F
邮政编码:215021
证书注册编号:1700B0155
体系认证标准:GB/T19002－1994 idt ISO9002:1994
有效期:2000.3.16～2003.3.16

河南电力建设总公司
地址:河南省郑州市嵩山南路87号
邮政编码:450052
证书注册编号:1700B0156
体系认证标准:GB/T19002－1994 idt ISO9002:1994
有效期:2000.3.22～2003.3.22

广州铁路集团工程总公司
地址:广东省广州市中山一路55号
邮政编码:510600
证书注册编号:1700B0157
体系认证标准:GB/T19002－1994 idt ISO9002:1994
有效期:2000.3.30～2003.3.30

通州新盛机械配件工具有限公司
地址:江苏省通州市新联镇新农路1号
邮政编码:226363
证书注册编号:1700B0158
体系认证标准:GB/T19002－1994 idt ISO9002:1994
有效期:2000.3.30～2003.3.30

长江液压件厂
地址:四川省泸州市茜草坝
邮政编码:646006
证书注册编号:1700A0159
体系认证标准:GB/T19001－1994 idt ISO9001:1994
有效期:2000.3.30～2003.3.30

保定铸石集团有限公司
地址:河北省保定市满城县中山东路846号
邮政编码:072150
证书注册编号:1700B0160
体系认证标准:GB/T19002－1994 idt ISO9002:1994
有效期:2000.3.30～2003.3.30

中国天津国际经济技术合作公司
地址:天津市和平区睦南道103号
邮政编码:300050
证书注册编号:1700B0161
体系认证标准:GB/T19002－1994 idt ISO9002:1994
有效期:2000.3.30～2003.3.30

福建省南平市绝缘电线电缆厂
地址:福建省南平市延平区塔前镇前街19号
邮政编码:353002
证书注册编号:1700B0162
体系认证标准:GB/T19002－1994 idt ISO9002:1994
有效期:2000.4.5～2003.4.5

南平市铝线厂
地址:福建南平市延平区塔前街19号
邮政编码:353002
证书注册编号:1700B0163
体系认证标准:GB/T19002－1994 idt ISO9002:1994
有效期:2000.4.5～2003.4.5

赣州装饰工程公司
地址:江西省赣州市文明大道154号
邮政编码:341000
证书注册编号:1700A0164
体系认证标准:GB/T19001－1994 idt ISO9001:1994
有效期:2000.4.5～2003.4.5

玉环前进卫浴用品有限公司
地址:浙江省玉环县楚门镇龙王工业区
邮政编码:317605
证书注册编号:1700B0165
体系认证标准:GB/T19002－1994 idt ISO9002:1994
有效期:2000.4.5～2003.4.5

北京振冲工程股份有限公司
地址:北京市朝阳区定福庄西街1号
邮政编码:100024
证书注册编号:1700B0166
体系认证标准:GB/T19002－1994 idt ISO9002:1994
有效期:2000.4.5～2003.4.5

玉环县兴华机械厂
地址:浙江玉环县城关镇三合潭工业区
邮政编码:317600
证书注册编号:1700B0167
体系认证标准:GB/T19002－1994 idt ISO9002:1994
有效期:2000.4.5～2003.4.5

长沙华盛置业有限公司
地址:湖南省长沙市韶山北路398号华盛花园7楼
邮政编码:410007
证书注册编号:1700B0168
体系认证标准:GB/T19002－1994 idt ISO9002:1994
有效期:2000.4.12～2003.4.12

随州市新宇汽车配件有限责任公司
地址:湖北省随州市均川镇朝阳街1号
邮政编码:441322
证书注册编号:1700B0169
体系认证标准:GB/T19002－1994 idt ISO9002:1994
有效期:2000.4.12～2003.4.12

北京东华诚信电脑科技发展公司
地址:北京市海淀区知春路128号泛亚大厦302室
邮政编码:100086
证书注册编号:1700A0170
体系认证标准:GB/T19001-1994 idt ISO9001:1994
有效期:2000.4.19~2003.4.19

北京华科仪电力仪表研究所
地址:北京海淀区德胜门西大街甲5号
邮政编码:100088
证书注册编号:1700A0171
体系认证标准:GB/T19001-1994 idt ISO9001:1994
有效期:2000.4.12~2003.4.12

上海爱舒床垫有限公司
地址:上海浦东新区上南路5238号
邮政编码:200124
证书注册编号:1700B0172
体系认证标准:GB/T19002-1994 idt ISO9002:1994
有效期:2000.4.12~2003.4.12

四川南部嘉陵泵业有限责任公司
地址:四川省南部县工农路15号
邮政编码:637300
证书注册编号:1700B0173
体系认证标准:GB/T19002-1994 idt ISO9002:1994
有效期:2000.4.12~2003.4.12

霸州铁科工程有限责任公司
地址:河北省霸州市铁路新区
邮政编码:065700
证书注册编号:1700B0174
体系认证标准:GB/T19002-1994 idt ISO9002:1994
有效期:2000.4.12~2003.4.12

中国第一汽车集团公司
四平专用汽车厂
地址:吉林省四平市铁东区平东东路112号
邮政编码:136001
证书注册编号:1700A0175
体系认证标准:GB/T19001-1994 idt ISO9001:1994
有效期:2000.4.12~2003.4.12

玉环县工交机械厂
地址:浙江玉环县城关镇下斗门工业区
邮政编码:317600
证书注册编号:1700B0176
体系认证标准:GB/T19002-1994 idt ISO9002:1994
有效期:2000.4.12~2003.4.12

国家电力公司成都勘测设计研究院
地址:四川成都市青羊宫浣花北路1号
邮政编码:610072
证书注册编号:1700A0177
体系认证标准:GB/T19001-1994 idt ISO9001:1994
有效期:2000.4.19~2003.4.19

浙江黄岩重型塑料模具厂
地址:浙江省黄岩红旗路3号
邮政编码:318020
证书注册编号:1700A0178
体系认证标准:GB/T19001-1994 idt ISO9001:1994
有效期:2000.4.19~2003.4.19

重庆市勘测院
地址:重庆市江北区电测村231号
邮政编码:400020
证书注册编号:1700A0179
体系认证标准:GB/T19001-1994 idt ISO9001:1994
有效期:2000.4.19~2003.4.19

北京蔷薇工程监理有限责任公司
地址:北京市石景山区老山路甲11号
邮政编码:100043
证书注册编号:1700B0180
体系认证标准:GB/T19002-1994 idt ISO9002:1994
有效期:2000.4.19~2003.4.19

浙江省余杭市交通工程公司
地址:浙江省余杭市临平镇星火南路70号
邮政编码:311100
证书注册编号:1700B0181
体系认证标准:GB/T19002-1994 idt ISO9002:1994
有效期:2000.4.13~2003.4.13

北京嘉荣食品有限公司
地址:北京市德胜门外西二旗黄十店
邮政编码:100096
证书注册编号:1700B0182
体系认证标准:GB/T19002-1994 idt ISO9002:1994
有效期:2000.4.19~2003.4.19

山东省邹平利生植物油厂
地址:山东省邹平县城工业开发区
邮政编码:256200
证书注册编号:1700B0183
体系认证标准:GB/T19002-1994 idt ISO9002:1994
有效期:2000.4.19~2003.4.19

四川宁南金沙江糖业有限公司
地址:四川省宁南华弹镇
邮政编码:615416
证书注册编号:1700B0184
体系认证标准:GB/T19002-1994 idt ISO9002:1994
有效期:2000.4.19~2003.4.19

四川蜀能电器有限责任公司
地址:四川省温江县建设路41号
邮政编码:611130
证书注册编号:1700A0185
体系认证标准:GB/T19001-1994 idt ISO9001:1994
有效期:2000.4.19~2003.4.19

宜宾天工机械股份有限公司
地址:四川省宜宾柏溪
邮政编码:644600
证书注册编号:1700B0186
体系认证标准:GB/T19002-1994 idt ISO9002:1994
有效期:2000.4.19~2003.4.19

北京科广联通信设备有限责任公司
地址:北京市西城区南礼士路42号
邮政编码:100037
证书注册编号:1700A0187
体系认证标准:GB/T19001-1994 idt ISO9001:1994
有效期:2000.4.26~2003.4.26

中国市政工程西北设计研究院
地址:甘肃省兰州市定西路177号
邮政编码:730000
证书注册编号:1700A0188
体系认证标准:GB/T19001-1994 idt ISO9001:1994
有效期:2000.4.26~2003.4.26

双菱集团有限公司
地址:浙江台州市路桥区杭温路 184 号
邮政编码:318050
书注册编号:1700A0189
体系认证标准:GB/T19001－1994 idt ISO9001:1994
有效期:2000.4.26～2003.4.26

甘肃西北信诚工程建设监理公司
地址:甘肃省兰州市定西路 177 号
邮政编码:730000
证书注册编号:1700B0190
体系认证标准:GB/T19002－1994 idt ISO9002:1994
有效期:2000.4.26～2003.4.26

天津市银龙预应力钢丝有限公司
地址:天津北辰区经济开发区双街工业园银龙路
邮政编码:300400
证书注册编号:1700B0191
体系认证标准:GB/T19002－1994 idt ISO9002:1994
有效期:2000.4.26～2003.4.26

景德镇市吕河汽车配件制造十二厂
地址:江西省景德镇市东郊茅家坂
邮政编码:333002
证书注册编号:1700B0192
体系认证标准:GB/T19002－1994 idt ISO9002:1994
有效期:2000.4.26～2003.4.26

东台市北发啤酒原料有限公司
地址:江苏省东台市北郊 204 国道边
邮政编码:224216
证书注册编号:1700B0193
体系认证标准:GB/T19002－1994 idt ISO9002:1994
有效期:2000.4.26～2003.4.26

安徽省科苑应用技术开发(集团)股份有限公司科苑化工塑料分公司
地址:安徽省宿州市淮河西路 136 号
邮政编码:234023
证书注册编号:1700B0194
体系认证标准:GB/T19002－1994 idt ISO9002:1994
有效期:2000.4.26～2003.4.26

北京市第一房屋修建筑工程公司
地址:北京东城区沙滩银闸胡同 32 号
邮政编码:100009
证书注册编号:1700B0195
体系认证标准:GB/T19002－1994 idt ISO9002:1994
有效期:2000.4.26～2003.4.26

昆明同协光学眼镜有限公司
地址:云南省昆明市东风西路 115 号
邮政编码:650031
证书注册编号:1700B0196
体系认证标准:GB/T19002－1994 idt ISO9002:1994
有效期:2000.5.11～2003.5.11

长春一东离合器股份有限公司
地址:吉林省长春市繁荣路 17－1 号
邮政编码:130012
证书注册编号:1700B0197
体系认证标准:GB/T19002－1994 idt ISO9002:1994
有效期:2000.5.11～2003.5.11

西北电力建设第三工程公司
地址:陕西省咸阳市振兴路 5 号
邮政编码:712021
证书注册编号:1700B0198
体系认证标准:GB/T19002－1994 idt ISO9002:1994
有效期:2000.5.11～2003.5.11

扬中市彩电元件厂
地址:江苏省扬中市油坊镇
邮政编码:212218
证书注册编号:1700B0199
体系认证标准:GB/T19002－1994 idt ISO9002:1994
有效期:2000.5.11～2003.5.11

***北京送变电公司**
地址:北京市房山区良乡吴天大街 8 号
邮政编码:102401
电话:(010)69351040
传真:(010)69353066
法定代表人:曹晋恩
证书注册编号:1700B0200
体系认证标准:GB/T19002－1994 idt ISO9002:1994
获证体系覆盖产品:各种电压等级的送电、变电工程施工
有效期:2000.5.11～2003.5.11

北京大兴铸造有限公司
地址:北京大兴县北臧村镇天宫工业区
邮政编码:102609
证书注册编号:1700B0201
体系认证标准:GB/T19002－1994 idt ISO9002:1994
有效期:2000.5.11～2003.5.11

哈尔滨市铁路电子技术有限公司
地址:黑龙江省哈尔滨市高科技开发区 1 号楼
邮政编码:150036
证书注册编号:1700A0202
体系认证标准:GB/T19001－1994 idt ISO9001:1994
有效期:2000.5.11～2003.5.11

哈尔滨和平金属材料有限公司
地址:黑龙江省哈尔滨市南岗区工电路 63 号
邮政编码:150080
证书注册编号:1700B0203
体系认证标准:GB/T19002－1994 idt ISO9002:1994
有效期:2000.5.11～2003.5.11

甘肃火电工程公司
地址:甘肃省兰州市城关区和平新村 66 号
邮政编码:730000
证书注册编号:1700B0204
体系认证标准:GB/T19002－1994 idt ISO9002:1994
有效期:2000.5.11～2003.5.11

中铁十二局集团第三工程处
地址:山西省太原市西线街 79 号
邮政编码:030024
证书注册编号:1700B0205
体系认证标准:GB/T19002－1994 idt ISO9002:1994
有效期:2000.5.11～2003.5.11

北京发达冶金热工元件厂
地址:北京市丰台区西道口 24 号
邮政编码:100070
证书注册编号:1700B0206
体系认证标准:GB/T19002－1994 idt ISO9002:1994
有效期:2000.5.11～2003.5.11

北京送变电公司线路器件厂
地址:北京市房山区良乡吴天大街 2 号

邮政编码:102401
证书注册编号:1700B0207
体系认证标准:GB/T19002－1994 idt ISO9002:1994
有效期:2000.5.12～2003.5.12

南京电器成套设备总厂
地址:江苏省南京市长乐路78号
邮政编码:210001
证书注册编号:1700B0208
体系认证标准:GB/T19002－1994 idt ISO9002:1994
有效期:2000.5.18～2003.5.18

北京天扬数字传输高技术有限公司
地址:北京丰台区东铁营横七条19号
邮政编码:100078
证书注册编号:1700B0209
体系认证标准:GB/T19002－1994 idt ISO9002:1994
有效期:2000.5.18～2003.5.18

中铁十二局集团第四工程处
地址:山西省介休市裕华路175号
邮政编码:031200
证书注册编号:1700B0210
体系认证标准:GB/T19002－1994 idt ISO9002:1994
有效期:2000.5.18～2003.5.18

中铁十二局集团建筑安装工程处
地址:山西省太原市迎泽西大街599号
邮政编码:030024
证书注册编号:1700B0211
体系认证标准:GB/T19002－1994 idt ISO9002:1994
有效期:2000.5.18～2003.5.18

青岛磬石容器制造有限公司
地址:山东省平度市何家店
邮政编码:266732
证书注册编号:1700A0212
体系认证标准:GB/T19001－1994 idt ISO9001:1994
有效期:2000.5.18～2003.5.18

北京市市政专业设计院
地址:北京市西城区百万庄大街3号
邮政编码:100037
证书注册编号:1700A0213
体系认证标准:GB/T19001－1994 idt ISO9001:1994
有效期:2000.5.18～2003.5.18

河南省第二建筑工程有限责任公司
地址:河南省新乡市和平路47号
邮政编码:453002
证书注册编号:1700B0214
体系认证标准:GB/T19002－1994 idt ISO9002:1994
有效期:2000.5.18～2003.5.18

北京凯姆克国际贸易有限责任公司
地址:北京市朝阳门外大街19号华普国际大厦
邮政编码:100020
证书注册编号:1700B0215
体系认证标准:GB/T19002－1994 idt ISO9002:1994
有效期:2000.5.18～2003.5.18

中国工程与农业机械进出口总公司
地址:北京市朝阳门外大街19号华普国际大厦
邮政编码:100020
证书注册编号:1700B0216
体系认证标准:GB/T19002－1994 idt ISO9002:1994
有效期:2000.5.18～2003.5.18

淄博福达电缆材料厂
地址:山东省淄博市博山区八陡镇福山
邮政编码:255210
证书注册编号:1700B0217
体系认证标准:GB/T19002－1994 idt ISO9002:1994
有效期:2000.5.18～2003.5.18

东营胜利电缆有限公司
地址:山东东营市东城青州路通讯新村
邮政编码:257091
证书注册编号:1700B0218
体系认证标准:GB/T19002－1994 idt ISO9002:1994
有效期:2000.5.18～2003.5.18

葛洲坝集团电力有限责任公司
地址:湖北省宜昌市沿江大道22号
邮政编码:443002
证书注册编号:1700B0219
体系认证标准:GB/T19002－1994 idt ISO9002:1994
有效期:2000.5.18～2003.5.18

南通市风华实业有限公司
地址:江苏省海安且仁桥镇振兴路玖号
邮政编码:226653
证书注册编号:1700B0220
体系认证标准:GB/T19002－1994 idt ISO9002:1994
有效期:2000.5.24～2003.5.24

中铁十二局集团电气化工程处
地址:山西省太原市南寒街4号
邮政编码:030053
证书注册编号:1700B0221
体系认证标准:GB/T19002－1994 idt ISO9002:1994
有效期:2000.5.24～2003.5.24

成都市大通路桥机械有限公司
地址:四川省成都市新津县双河场
邮政编码:611430
证书注册编号:1700B0222
体系认证标准:GB/T19002－1994 idt ISO9002:1994
有效期:2000.5.24～2003.5.24

葛洲坝集团第七工程有限公司
地址:湖北省宜昌市东湖一路56号
邮政编码:443002
证书注册编号:1700B0223
体系认证标准:GB/T19002－1994 idt ISO9002:1994
有效期:2000.5.24～2003.5.24

四川华威电器工贸有限公司
地址:四川省眉山松江省级工业小区
邮政编码:620010
证书注册编号:1700B0224
体系认证标准:GB/T19002－1994 idt ISO9002:1994
有效期:2000.5.18～2003.5.18

广东曙光通信光缆厂有限公司
地址:广东省揭西县棉湖大道中段
邮政编码:515438
证书注册编号:1700B0225
体系认证标准:GB/T19002－1994 idt ISO9002:1994
有效期:2000.5.24～2003.5.24

重庆子午线轮胎厂
地址:重庆市九龙坡区玉清寺华玉路244号
邮政编码:100052

证书注册编号:1700B0226
体系认证标准:GB/T19002－1994 idt ISO9002:1994
有效期:2000.5.24～2003.5.24

葛洲坝集团基础工程有限公司
地址:湖北省宜昌市西坝建设路40号
邮政编码:443002
证书注册编号:1700B0227
体系认证标准:GB/T19002－1994 idt ISO9002:1994
有效期:2000.5.24～2003.5.24

北京百花彩印有限公司
地址:北京市海滨区北洼路45号
邮政编码:100036
证书注册编号:1700B0228
体系认证标准:GB/T19002－1994 idt ISO9002:1994
有效期:2000.5.24～2003.5.24

中铁十二局集团有限公司(含勘测设计院)
地址:山西省太原市万柏林区西矿街130号
邮政编码:030024
证书注册编号:1700B0229
体系认证标准:GB/T19002－1994 idt ISO9002:1994
有效期:2000.5.24～2003.5.24

中铁十二局集团有限公司
地址:山西省太原市万柏林区西矿街130号
邮政编码:030032
证书注册编号:1700B0230
体系认证标准:GB/T19002－1994 idt ISO9002:1994
有效期:2000.5.24～2003.5.24

中铁十二局集团第一工程处
地址:山西省临汾市育红路9号
邮政编码:041000
证书注册编号:1700B0231
体系认证标准:GB/T19002－1994 idt ISO9002:1994
有效期:2000.5.24～2003.5.24

中铁十二局集团有限公司湖南工程公司
地址:湖南省长沙市青园路3号
邮政编码:410004
证书注册编号:1700B0232
体系认证标准:GB/T19002－1994 idt ISO9002:1994
有效期:2000.5.24～2003.5.24

中铁十二局集团第二工程处
地址:山西省太原市小店区人民南路71号
邮政编码:030032
证书注册编号:1700B0233
体系认证标准:GB/T19002－1994 idt ISO9002:1994
有效期:2000.5.24～2003.5.24

四川二滩国际工程咨询有限责任公司
地址:四川成都市青羊宫浣花北路1号
邮政编码:610071
证书注册编号:1700B0234
体系认证标准:GB/T19002－1994 idt ISO9002:1994
有效期:2000.6.1～2003.6.1

重庆三爱海陵实业有限责任公司
地址:重庆市涪陵区人民东路50号
邮政编码:408000
证书注册编号:1700A0235
体系认证标准:GB/T19001－1994 idt ISO9001:1994
有效期:2000.6.1～2003.6.1

四川省宜宾市叙府酒业有限公司
地址:四川省宜宾市西郊苗圃六村
邮政编码:644000
证书注册编号:1700B0236
体系认证标准:GB/T19002－1994 idt ISO9002:1994
有效期:2000.6.1～2003.6.1

四川海诺尔净化制冷工程有限公司
地址:四川省成都市新华大道文武路42号新时代广场23屋
邮政编码:610017
证书注册编号:1700B0237
体系认证标准:GB/T19002－1994 idt ISO9002:1994
有效期:2000.6.1～2003.6.1

葛洲坝集团第四工程有限公司
地址:湖北省宜昌市西坝建设路18号
邮政编码:443002
证书注册编号:1700B0238
体系认证标准:GB/T19002－1994 idt ISO9002:1994
有效期:2000.6.1～2003.6.1

葛洲坝集团第六工程有限公司
地址:湖北省宜昌市樵湖二路15号
邮政编码:443002
证书注册编号:1700B0239
体系认证标准:GB/T19002－1994 idt ISO9002:1994
有效期:2000.6.1～2003.6.1

济南前卫冶金氧柜喷头厂
地址:山东省济南市经七纬九路141号
邮政编码:250022
证书注册编号:1700B0240
体系认证标准:GB/T19002－1994 idt ISO9002:1994
有效期:2000.6.1～2003.6.1

玉环县华通电器有限公司
地址:浙江省玉环县楚门镇南兴东路
邮政编码:317605
证书注册编号:1700B0241
体系认证标准:GB/T19002－1994 idt ISO9002:1994
有效期:2000.6.1～2003.6.1

北京海建工程建设监理公司
地址:北京市海滨区海滨南路甲21号
邮政编码:100080
证书注册编号:1700B0242
体系认证标准:GB/T19002－1994 idt ISO9002:1994
有效期:2000.6.1～2003.6.1

北京橡胶二厂
地址:北京市顺义区站前街1号
邮政编码:101300
证书注册编号:1700A0243
体系认证标准:GB/T19001－1994 idt ISO9001:1994
有效期:2000.6.1～2003.6.1

北京住总市政工程公司
地址:北京市朝阳区太阳宫路芍药居甲2号
邮政编码:100029
证书注册编号:1700B0244
体系认证标准:GB/T19002－1994 idt ISO9002:1994
有效期:2000.6.1～2003.6.1

山西榆次型钢厂
地址:山西省榆次市东顺城街 62 号
邮政编码:030600
证书注册编号:1700B0245
体系认证标准:GB/T19002-1994 idt ISO9002:1994
有效期:2000.6.7～2003.6.7

温州天瓯汽车配件制造有限公司
地址:浙江省温州市鹿城工业区
邮政编码:325007
证书注册编号:1700B0246
体系认证标准:GB/T19002-1994 idt ISO9002:1994
有效期:2000.6.7～2003.6.7

云南电力建设监理咨询有限责任公司
地址:云南省昆明市金星小区金星路 117 号
邮政编码:650224
证书注册编号:1700B0247
体系认证标准:GB/T19002-1994 idt ISO9002:1994
有效期:2000.6.7～2003.6.7

北京富士达电梯安装有限公司
地址:北京市朝阳区光华路 7 号汉威大厦 6 层 A-08 室
邮政编码:100004
证书注册编号:1700B0248
体系认证标准:GB/T19002-1994 idt ISO9002:1994
有效期:2000.6.7～2003.6.7

西安铁路分局临潼机械厂
地址:陕西省临潼火车东闸口
邮政编码:710600
证书注册编号:1700B0249
体系认证标准:GB/T19002-1994 idt ISO9002:1994
有效期:2000.6.7～2003.6.7

睢宁县惠利隆塑业有限公司
地址:江苏省睢宁县庆安镇 46 号
邮政编码:221246
证书注册编号:1700B0250
体系认证标准:GB/T19002-1994 idt ISO9002:1994
有效期:2000.6.7～2003.6.7

江阴市北国建筑安装工程公司
地址:江苏江阴市北国镇北新街 11 号
邮政编码:214414
证书注册编号:1700B0251
体系认证标准:GB/T19002-1994 idt ISO9002:1994
有效期:2000.6.1～2003.6.1

广州中煤江南基础工程公司
地址:广东省广州市加禾广东煤田地质局大院
邮政编码:510440
证书注册编号:1700B0252
体系认证标准:GB/T19002-1994 idt ISO9002:1994
有效期:2000.6.13～2003.6.13

中国金域黄金物资总公司改性塑钢门窗分公司
地址:北京市怀柔县开放路东段北侧
邮政编码:101400
证书注册编号:1700B0253
体系认证标准:GB/T19002-1994 idt ISO9002:1994
有效期:2000.6.13～2003.6.13

哈尔滨北春实业发展有限公司
地址:黑龙江省喻尔滨市太平区桥头南街 66 号
邮政编码:150050
证书注册编号:1700A0254
体系认证标准:GB/T19001-1994 idt ISO9001:1994
有效期:2000.6.13～2003.6.13

哈尔滨北春木业有限公司
地址:黑龙江省哈尔滨太平区桥头路南街 66 号
邮政编码:150050
证书注册编号:1700A0255
体系认证标准:GB/T19001-1994 idt ISO9001:1994
有效期:2000.6.13～2003.6.13

莱阳市第二油漆厂
地址:山东省莱阳市山前店镇张夼村
邮政编码:265210
证书注册编号:1700B0256
体系认证标准:GB/T19002-1994 idt ISO9002:1994
有效期:2000.6.13～2003.6.13

北京市第六住宅建筑工程公司
地址:北京市崇文区龙须沟北里 1 号
邮政编码:100050
证书注册编号:1700B0257
体系认证标准:GB/T19002-1994 idt ISO9002:1994
有效期:2000.6.13～2003.6.13

葛洲坝集团三峡实业有限公司
地址:湖北省宜昌市上导堤路 3 号
邮政编码:443002
证书注册编号:1700B0258
体系认证标准:GB/T19002-1994 idt ISO9002:1994
有效期:2000.6.13～2003.6.13

杭州万轮摩擦材料有限公司
地址:浙江省杭州市滨江区长河镇
邮政编码:310052
证书注册编号:1700B0259
体系认证标准:GB/T19002-1994 idt ISO9002:1994
有效期:2000.6.13～2003.6.13

大兴金属工业有限公司
地址:北京市大兴黄村清源西路 2 号
邮政编码:102600
证书注册编号:1700B0260
体系认证标准:GB/T19002-1994 idt ISO9002:1994
有效期:2000.6.13～2003.6.13

山东华能建筑工程监理有限公司
地址:山东省济南市泉城路 17 号华能大厦
邮政编码:250011
证书注册编号:1700B0261
体系认证标准:GB/T19002-1994 idt ISO9002:1994
有效期:2000.6.13～2003.6.13

福建省建设工程监理咨询有限公司
地址:福建省福州市五四北路 285 号
邮政编码:350003
证书注册编号:1700B0262
体系认证标准:GB/T19002-1994 idt ISO9002:1994
有效期:2000.6.13～2003.6.13

葛洲坝集团第三工程有限公司
地址:湖北省宜昌市上岗路 6 号
邮政编码:443002
证书注册编号:1700B0263
体系认证标准:GB/T19002-1994 idt

ISO9002:1994
有效期:2000.6.13~2003.6.13

丰润县钢模板厂
地址:河北省丰润县丰登坞镇南
邮政编码:064004
证书注册编号:1700B0264
体系认证标准:GB/T19002—1994 idt ISO9002:1994
有效期:2000.6.13~2003.6.13

三河市精益机械制造有限公司
地址:河北省三河市建设路33号
邮政编码:065200
证书注册编号:1700B0265
体系认证标准:GB/T19002—1994 idt ISO9002:1994
有效期:2000.6.13~2003.6.13

四川准达岩土工程公司
地址:四川成都市青羊宫浣花北路1号
邮政编码:610072
证书注册编号:1700B0266
体系认证标准:GB/T19002—1994 idt ISO9002:1994
有效期:2000.6.22~2003.6.22

重庆高压开关厂
地址:重庆沙坪坝区烈士墓磁建村1号
邮政编码:400031
证书注册编号:1700A0267
体系认证标准:GB/T19001—1994 idt ISO9001:1994
有效期:2000.6.22~2003.6.22

重庆中策轮胎有限公司
地址:重庆市九龙坡区玉清寺华玉路244号
邮政编码:400052
证书注册编号:1700B0268
体系认证标准:GB/T19002—1994 idt ISO9002:1994
有效期:2000.6.22~2003.6.22

镇江市四通电器厂
地址:江苏省扬中市新坝镇万福桥
邮政编码:212211
证书注册编号:1700B0269
体系认证标准:GB/T19002—1994 idt ISO9002:1994
有效期:2000.6.22~2003.6.22

重庆九龙橡胶股份有限公司
地址:重庆市九龙坡区石坪桥矿机村85号
邮政编码:400051
证书注册编号:1700B0270
体系认证标准:GB/T19002—1994 idt ISO9002:1994
有效期:2000.6.22~2003.6.22

重庆市渝通公路工程总公司
地址:重庆市南岸区桃园路22号
邮政编码:400060
证书注册编号:1700B0271
体系认证标准:GB/T19002—1994 idt ISO9002:1994
有效期:2000.6.22~2003.6.22

山东烟台轴瓦厂
地址:山东省莱州市沙河镇
邮政编码:261423
证书注册编号:1700B0272
体系认证标准:GB/T19002—1994 idt ISO9002:1994
有效期:2000.6.22~2003.6.22

泰安市圣殿工贸有限公司
地址:山东省泰安市宁阳县茅庄镇
邮政编码:271405
证书注册编号:1700B0273
体系认证标准:GB/T19002—1994 idt ISO9002:1994
有效期:2000.6.22~2003.6.22

重庆市方塑料制品厂
地址:重庆市高新技术开发区石桥铺白合林
邮政编码:400039
证书注册编号:1700B0274
体系认证标准:GB/T19002—1994 idt ISO9002:1994
有效期:2000.6.22~2003.6.22

葛洲坝股份有限公司
地址:湖北省宜昌市石子岭路3号
邮政编码:443002
证书注册编号:1700B0275
体系认证标准:GB/T19002—1994 idt ISO9002:1994
有效期:2000.6.22~2003.6.22

唐山建永电梯有限公司
地址:北京市朝阳区百子湾路18号居安写字楼601室
邮政编码:100022
证书注册编号:1700B0276
体系认证标准:GB/T19002—1994 idt ISO9002:1994
有效期:2000.6.22~2003.6.22

新疆吉祥集团有限公司
地址:新疆维吾尔自治区昌吉市乌伊东路11号
邮政编码:831100
证书注册编号:1700B0277
体系认证标准:GB/T19002—1994 idt ISO9002:1994
有效期:2000.6.22~2003.6.22

葛洲坝集团机电建设有限公司
地址:湖北省宜昌市东湖一路20号
邮政编码:443002
证书注册编号:1700B0278
体系认证标准:GB/T19002—1994 idt ISO9002:1994
有效期:2000.6.22~2003.6.22

阜阳市三环水泥制品厂
地址:安徽省阜阳市七里铺288号
邮政编码:236112
证书注册编号:1700B0279
体系认证标准:GB/T19002—1994 idt ISO9002:1994
有效期:2000.6.22~2003.6.22

山西省公路局第三工程公司
地址:山西省忻州市长征西街28号
邮政编码:034000
证书注册编号:1700B0280
体系认证标准:GB/T19002—1994 idt ISO9002:1994
有效期:2000.6.13~2003.6.13

莱芜市振华微特电机厂
地址:山东省莱芜市城区胜利路北首
邮政编码:271100
证书注册编号:1700B0281
体系认证标准:GB/T19002—1994 idt ISO9002:1994
有效期:2000.6.30~2003.6.30

莱芜市振华化工厂
地址:山东省莱芜市胜利路北首
邮政编码:271100
证书注册编号:1700B0282

体系认证标准:GB/T19002－1994 idt ISO9002:1994
有效期:2000.6.30～2003.6.30

阜阳电力电线厂
地址:安徽省阜阳市向阳南路南端
邮政编码:236019
证书注册编号:1700B0283
体系认证标准:GB/T19002－1994 idt ISO9002:1994
有效期:2000.6.30～2003.6.30

保定市长城开发建设集团有限公司
地址:河北省保定市永华中路9号
邮政编码:071000
证书注册编号:1700A0284
体系认证标准:GB/T19001－1994 idt ISO9001:1994
有效期:2000.6.30～2003.6.30

北京天龙建筑工程有限公司
地址:北京市崇门文外大街新世界太华公寓1座1902号
邮政编码:100062
证书注册编号:1700B0285
体系认证标准:GB/T19002－1994 idt ISO9002:1994
有效期:2000.6.30～2003.6.30

爱立信(中国)有限公司 ETC
地址:北京市朝阳区光华路7号汉威大厦9层
邮政编码:100004
证书注册编号:1700A0286
体系认证标准:GB/T19001－1994 idt ISO9001:1994
有效期:2000.6.1～2003.6.1

爱立信(中国)有限公司(北方区)ETC/C
地址:北京市朝阳区光华路7号汉威大厦19A
邮政编码:100004
证书注册编号:1700A0287
体系认证标准:GB/T19001－1994 idt ISO9001:1994
有效期:2000.6.1～2003.6.1

爱立信(中国)有限公司(上海分公司)ETC/Y
地址:上海市南京西路1038号梅龙镇广场35层
邮政编码:200041
证书注册编号:1700A0288
体系认证标准:GB/T19001－1994 idt ISO9001:1994
有效期:2000.6.1～2003.6.1

南京爱立信熊猫移动终端有限公司(EPC)
地址:江苏省南京市中山东路301号
邮政编码:210002
证书注册编号:1700A0289
体系认证标准:GB/T19001－1994 idt ISO9001:1994
有效期:2000.6.1～2003.6.1

北京华宏路桥咨询监理公司
地址:北京市朝阳区管庄西里6号
邮政编码:100024
证书注册编号:1700B0308
体系认证标准:GB/T19001－1994 idt ISO9001:1994
有效期:2000.7.5～2003.7.5

北京特高换热设备有限公司
地址:北京市通州区张家湾镇土桥
邮政编码:101113
证书注册编号:1700A0309
体系认证标准:GB/T19001－1994 idt ISO9001:1994
有效期:2000.7.6～2003.7.6

山西省晋中建设集团有限公司
地址:山西省榆次市道北西街29号
邮政编码:30600
证书注册编号:1700B0310
体系认证标准:GB/T19002－1994 idt ISO9002:1994
有效期:2000.7.6～2003.7.6

南京勘察工程公司
地址:江苏省南京市御道街58－1号
邮政编码:210007
证书注册编号:1700B0311
体系认证标准:GB/T19002－1994 idt ISO9002:1994
有效期:2000.7.6～2003.7.6

北京市第五住宅建筑工程公司
地址:北京市朝阳区团结湖南里
邮政编码:100026
证书注册编号:1700B0312 1797B120
体系认证标准:GB/T19002－1994 idt ISO9002:1994
有效期:2000.7.6～2003.7.6

河北斌扬集团山海关冷轧带钢厂
地址:河北省山海关区石河桥西路南
邮政编码:66200
证书注册编号:1700B0313
体系认证标准:GB/T19002－1994 idt ISO9002:1994
有效期:2000.7.5～2003.7.5

温州市东海石油机械厂
地址:浙江省温州市双屿工业区湾儿山路38号
邮政编码:325007
证书注册编号:1700B0314
体系认证标准:GB/T19002－1994 idt ISO9002:1994
有效期:2000.7.6～2003.7.6

中原石油勘探局固井工程处
地址:河南省清丰县马庄桥镇
邮政编码:457331
证书注册编号:1700B0315 1797B243
体系认证标准:GB/T19002－1994 idt ISO9002:1994
有效期:2000.7.5～2003.7.5

扬中市自控设备厂
地址:江苏省扬中市丰裕镇
邮政编码:212213
证书注册编号:1700B0316 1797B097
体系认证标准:GB/T19002－1994 idt ISO9002:1994
有效期:2000.7.5～2003.7.5

阜阳电器设备总厂
地址:安徽省阜阳市颍州南路二里井
邮政编码:36000
证书注册编号:1700B0317
体系认证标准:GB/T19002－1994 idt ISO9002:1994
有效期:2000.7.6～2003.7.6

武警五三零三工厂包装材料厂
地址:内蒙古呼和浩特市呼哈公路2公里处
邮政编码:10051
证书注册编号:1700B0318
体系认证标准:GB/T19002－1994 idt ISO9002:1994
有效期:2000.7.11～2003.7.11

中国人民武装警察部队五三〇三工厂
地址:内蒙古呼和浩特市呼哈公路
邮政编码:10051
证书注册编号:1700B0319
体系认证标准:GB/T19002－1994 idt ISO9002:1994
有效期:2000.7.11～2003.7.11

浙江瓯联通讯设备有限公司
地址:浙江省温州市瓯海工业区西经一路10号
邮政编码:325036
证书注册编号:1700A0320 1797B083
体系认证标准:GB/T19001－1994 idt ISO9001:1994
有效期:2000.7.11～2003.7.11

天津市彩虹电源有限公司
地址:天津市太邱庄镇
邮政编码:301606
证书注册编号:1700B0321 1797B119
体系认证标准:GB/T19002－1994 idt ISO9002:1994
有效期:2000.7.11～2003.7.11

北京北辰科技发展公司
地址:北京市朝阳区小红门后街169号
邮政编码:100196
证书注册编号:1700B0322
体系认证标准:GB/T19002－1994 idt ISO9002:1994
有效期:2000.7.11～2003.7.11

山东中南集团有限公司
地址:山东省武城科技工业园
邮政编码:253300
证书注册编号:1700B0323
体系认证标准:GB/T19002－1994 idt ISO9002:1994
有效期:2000.7.11～2003.7.11

扬州市扬子江内燃机配件总厂
地址:江苏省扬州市邗江县公道镇
邮政编码:225119
证书注册编号:1700B0324
体系认证标准:GB/T19002－1994 idt ISO9002:1994
有效期:2000.7.11～2003.7.11

北京捷通机房设备工程有限公司
地址:北京市海淀区学院路30号北京科技大学校内
邮政编码:100083
证书注册编号:1700A0325
体系认证标准:GB/T19001－1994 idt ISO9001:1994
有效期:2000.7.11～2003.7.11

冶金部第一地质勘查局建筑安装工程总公司
地址:河北省三河市燕郊镇铁路南街49号
邮政编码:65201
证书注册编号:1700B0326
体系认证标准:GB/T19002－1994 idt ISO9002:1994
有效期:2000.7.11～2003.7.11

高邮市长兴包装纸业有限公司
地址:江苏省高邮市长兴路2号
邮政编码:225600
证书注册编号:1700B0327
体系认证标准:GB/T19002－1994 idt ISO9002:1994
有效期:2000.7.11～2003.7.11

洲坝集团第五工程有限公司
地址:湖北省宜昌市夜明珠路25号
邮政编码:443002
证书注册编号:1700B0328 1797B106
体系认证标准:GB/T19002－1994 idt ISO9002:1994
有效期:2000.7.11～2003.7.11

天津市润泰自动化仪表有限公司
地址:天津市河北区赵沽里南区10排4号
邮政编码:300251
证书注册编号:1700B0329
体系认证标准:GB/T19002－1994 idt ISO9002:1994
有效期:2000.7.11～2003.7.11

湖州喜盈盈纺织有限公司
地址:浙江省湖州市南门外碧浪湖畔
邮政编码:313000
证书注册编号:1700A0330
体系认证标准:GB/T19001－1994 idt ISO9001:1994
有效期:2000.7.20～2003.7.20

汝州郑铁三佳水泥制品有限公司
地址:河南省汝州市汝南工业区
邮政编码:467535
证书注册编号:1700B0331
体系认证标准:GB/T19002－1994 idt ISO9002:1994
有效期:2000.7.20～2003.7.20

太原狮头水泥股份有限公司企峰混凝土分公司
地址:山西省太原市草坪区三给路7号
邮政编码:30027
证书注册编号:1700B0332
体系认证标准:GB/T19002－1994 idt ISO9002:1994
有效期:2000.7.20～2003.7.20

首钢总公司机电设计研究院
地址:北京市石景山古城北路甲2号
邮政编码:100043
证书注册编号:1700A0333 1797A099
体系认证标准:GB/T19001－1994 idt ISO9001:1994
有效期:2000.7.11～2003.7.11

福建省闽东老区水电开发总公司桑园水力发电分公司
地址:福建省福鼎市城关古城西路二巷8号
邮政编码:355200
证书注册编号:1700B0334
体系认证标准:GB/T19002－1994 idt ISO9002:1994
有效期:2000.7.20～2003.7.20

福建省闽东老区水电开发总公司福鼎分公司
地址:福建省福鼎市城关古城西路二巷8号
邮政编码:355200
证书注册编号:1700B0335
体系认证标准:GB/T19002－1994 idt ISO9002:1994
有效期:2000.7.20～2003.7.20

扬州市神力缸盖有限公司
地址:江苏省扬州市邗江县公道镇
邮政编码:225119
证书注册编号:1700B0336
体系认证标准:GB/T19002－1994 idt ISO9002:1994
有效期:2000.7.11～2003.7.11

*** 中国铁道建筑总公司**
地址:北京市复兴路40号

邮政编码:100855
电话:(010)83488114
传真:(010)68217382
法定代表人:王振侯
证书注册编号:1700B0337
体系认证标准:GB/T19002－1994 idt ISO 9002:1994
获证体系覆盖产品:承担各类型工业、能源、交能、民用等工程建设项目,即铁路、公路、市政(道路、桥梁、地下铁道、管道、供水、污水处理、机场)、工业与民用建筑、水利水电、邮电、港口、堤坊工程总承包
有效期:2000.7.22～2003.7.22

阜阳三环实业总公司
地址:安徽省阜阳市颖州南路1号
邮政编码:236033
证书注册编号:1700A0338
体系认证标准:GB/T19001－1994 idt ISO9001:1994
有效期:2000.7.20～2003.7.20

保定德玛斯新型建筑材料有限公司
地址:河北省保定市朝阳北路169号
邮政编码:71051
证书注册编号:1700B0339
体系认证标准:GB/T19002－1994 idt ISO9002:1994
有效期:2000.7.20～2003.7.20

***铁道部建厂工程局**
北京第一建筑工程处
地址:北京市丰台区造甲村111号
邮政编码:100070
电话:(010)63716576,63732578
传真(010)63716576
法定代表人:邱振虎
证书注册编号:1700B0340
体系认证标准:GB/T19002－1994 idt ISO9002:1994
获证体系覆盖产品:工业与民用建筑工程、安装工程及装饰装修工程
有效期:2000.7.20～2003.7.20

天津天怡建筑设计有限公司
地址:天津市河西区友谊路2号
邮政编码:300074
证书注册编号:1700A0341
体系认证标准:GB/T19001－1994 idt ISO9001:1994
有效期:2000.7.20～2003.7.20

中国第十二冶金建设公司
地址:陕西省华阴市
邮政编码:714204
证书注册编号:1700B0342
体系认证标准:GB/T19002－1994 idt ISO9002:1994
有效期:2000.7.20～2003.7.20

哈尔滨鼓风机厂
地址:黑龙江省哈尔滨市道外区江北十公里
邮政编码:150027
证书注册编号:1700B0343
体系认证标准:GB/T19002－1994 idt ISO9002:1994
有效期:2000.7.20～2003.7.20

玉环县三阳单向器厂
地址:浙江省玉环县坎门康裕路16号
邮政编码:317602
证书注册编号:1700B0344
体系认证标准:GB/T19002－1994 idt ISO9002:1994
有效期:2000.7.20～2003.7.20

常熟市忠明汽车零件有限责任公司
地址:江苏省常熟市南三环路
邮政编码:215558
证书注册编号:1700B0345
体系认证标准:GB/T19002－1994 idt ISO9002:1994
有效期:2000.7.20～2003.7.20

中青创业有限公司
地址:北京市海淀区花园北路44号贯通大厦213、215室
邮政编码:100083
证书注册编号:1700A0346
体系认证标准:GB/T19001－1994 idt ISO9001:1994
有效期:2000.6.20～2003.7.20

哈尔滨铁路工程总公司
地址:黑龙江省哈尔滨市南岗区西大直街113号
邮政编码:150006
证书注册编号:1700B0347
体系认证标准:GB/T19002－1994 idt ISO9002:1994
有效期:2000.7.20～2003.7.20

淄博泰煜食品有限公司
地址:山东淄博市张店区张房路26号
邮政编码:255090
证书注册编号:1700B0348
体系认证标准:GB/T19002－1994 idt ISO9002:1994
有效期:2000.7.20～2003.7.20

天津市正大建设工程联合公司
地址:天津市河西区文静路6号
邮政编码:300074
证书注册编号:1700B0349
体系认证标准:GB/T19002－1994 idt ISO9002:1994
有效期:2000.7.20～2003.7.20

唐山建永电梯有限公司
地址:河北省唐山市朝阳道24号
邮政编码:63000
证书注册编号:1700B0350
体系认证标准:GB/T19002－1994 idt ISO9002:1994
有效期:2000.7.20～2003.7.20

营口摩迪液压润滑设备有限公司
地址:辽宁省宫口市鲅鱼圈区大董屯
邮政编码:115007
证书注册编号:1700B0351
体系认证标准:GB/T19002－1994 idt ISO9002:1994
有效期:2000.7.20～2003.7.20

中油销售江苏有限公司储运分公司
地址:江苏省江阴市公园路99号
邮政编码:214429
证书注册编号:1700B0352
体系认证标准:GB/T19002－1994 idt ISO9002:1994
有效期:2000.7.26～2003.7.26

济南市第二建筑工程总公司
地址:山东省济南市槐荫区西光明街10号
邮政编码:250021
证书注册编号:1700B0353 1797B209
体系认证标准:GB/T19002－1994 idt ISO9002:1994
有效期:2000.7.26～2003.7.26

河南有色岩土工程公司
地址:河南省郑州市中原东路107号
邮政编码:450052
证书注册编号:1700B0354

体系认证标准:GB/T19002－1994 idt ISO9002:1994
有效期:2000.7.26～2003.7.26

北京华通公路桥梁监理咨询公司
地址:北京市朝阳区管庄周家井
邮政编码:100024
证书注册编号:1700B0355
体系认证标准:GB/T19002－1994 idt ISO9002:1994
有效期:2000.7.26～2003.7.26

北京新兴工美电梯服务有限公司
地址:北京市丰台区铁营街马公庄8号
邮政编码:100075
证书注册编号:1700B0356
体系认证标准:GB/T19002－1994 idt ISO9002:1994
有效期:2000.7.26～2003.7.26

云南省电力试验研究所
地址:云南省昆明市东风东路东风巷14号
邮政编码:650051
证书注册编号:1700B0357
体系认证标准:GB/T19002－1994 idt ISO9002:1994
有效期:2000.7.26～2003.7.26

首钢岷山机械厂
地址:甘肃天水市秦城区岷山路37号
邮政编码:741018
证书注册编号:1700A0358
体系认证标准:GB/T19001－1994 idt ISO9001:1994
有效期:2000.7.26～2003/7/26

泰兴通风机械厂
地址:江苏省泰兴市张桥南路88号
邮政编码:225451
证书注册编号:1700B0359
体系认证标准:GB/T19002－1994 idt ISO9002:1994
有效期:2000.7.26～2003.7.26

南京苏宁工程建设监理公司
地址:江苏省南京市解放路42号
邮政编码:210016
证书注册编号:1700B0360
体系认证标准:GB/T19002－1994 idt ISO9002:1994
有效期:2000.7.26～2003.7.26

焦作铁路电缆工厂
地址:河南省焦作市站前路8号
邮政编码:454001
证书注册编号:1700B0361 1797B122
体系认证标准:GB/T19002－1994 idt ISO9002:1994
有效期:2000.7.26～2003.7.26

内蒙古宁城老窖股份有限公司宁城啤酒厂
地址:内蒙古赤峰市宁城县无义镇高桥路
邮政编码:24200
证书注册编号:1700B0362
体系认证标准:GB/T19002－1994 idt ISO9002:1994
有效期:2000.7.26～2003.7.26

北京长城民泰工程有限公司
地址:北京市朝阳区安慧北里秀园小区甲16号
邮政编码:100101
证书注册编号:1700B0363
体系认证标准:GB/T19002－1994 idt ISO9002:1994
有效期:2000.7.27～2003.7.27

青岛印刷股份有限公司
地址:山东青岛市市北区辽宁路95号
邮政编码:266012
证书注册编号:1700B0365 1797B218
体系认证标准:GB/T19002－1994 idt ISO9002:1994
有效期:2000.7.20～2003.7.20

哈尔滨亿阳信通股份有限公司
地址:黑龙江省哈尔滨高新技术产业开发区1号楼
邮政编码:150036
证书注册编号:1799A0254
体系认证标准:GB/T19001－1994 idt ISO9001:1994
有效期:1999.8.30/2002.8.30

东风汽车管型件有限公司
地址:湖北省十堰市汉江路14号
邮政编码:442000
证书注册编号:1798B585
体系认证标准:GB/T19002－1994 idt ISO9002:1994
有效期:1998.12.9/2001.12.9

中铁第十四工程局
地址:山东省济南市和平路1号
邮政编码:250014
证书注册编号:1700B0006
体系认证标准:GB/T19002－1994 idt ISO9002:1994
有效期:1999.1.7～2002.1.7

铁道部第三工程局运输工程处
地址:山西省榆次市迎宾路95号
邮政编码:30600
证书注册编号:1798B488
体系认证标准:GB/T19002－1994 idt ISO9002:1994
有效期:1998.9.30～2001.9.30

保定市风帆精密塑料制品有限公司
地址:河北省保定市高新技术产业开发区风帆路38号
邮政编码:710510
证书注册编号:1799B0324
体系认证标准:GB/T19002－1994 idt ISO9002:1994
有效期:1999.10.18～2003.10.18

青海工程机械制造有限公司
地址:青海省西宁市柴达木路90号
邮政编码:810017
证书注册编号:1798A580
体系认证标准:GB/T19001－1994 idt ISO9001:1994
有效期:1998.12.9～2001.12.9

天津市天泰建筑工程有限公司
地址:天津市和平区宜昌道宜昌南里二号楼15层
邮政编码:300070
证书注册编号:1700B0364
体系认证标准:GB/T19002－1994 idt ISO9002:1994
有效期:2000.8.4～2003.8.4

北京市自来水集团有限责任公司器材厂
地址:北京市大兴县康庄路19号
邮政编码:102600
证书注册编号:1700B0366
体系认证标准:GB/T19002－1994 idt ISO9002:1994
有效期:2000.8.4～2003.8.4

重庆市第一市政工程公司

地址:重庆市渝中区人和街 17 号
邮政编码:400015
证书注册编号:1700B0367
体系认证标准:GB/T19002—1994 idt ISO9002:1994
有效期:2000.8.4～2003.8.4

张店区泮泉建陶厂
地址:山东省淄博市张店区沣水镇寨子村东门
邮政编码:255071
证书注册编号:1700B0368
体系认证标准:GB/T19002—1994 idt ISO9002:1994
有效期:2000.8.4～2003.8.4

深圳市新鹏都装饰工程公司
地址:广东省深圳市罗湖区太宁路十五号翠苑一栋五楼
邮政编码:518020
证书注册编号:1700A0369
体系认证标准:GB/T19001—1994 idt ISO9001:1994
有效期:2000.8.4～2003.8.4

北京凌奇印刷有限责任公司
地址:北京市西城区百万庄大街 8 号
邮政编码:100037
证书注册编号:1700B0370
体系认证标准:GB/T19002—1994 idt ISO9002:1994
有效期:2000.8.4～2003.8.4

新疆特变电工股份有限公司线缆厂
地址:新疆昌吉市延安南路 52 号
邮政编码:831100
证书注册编号:1700A0371 1797B234
体系认证标准:GB/T19001—1994 idt ISO9001:1994
有效期:2000.8.4～2003.8.4

保定市鑫亚铝合金门窗厂
地址:河北省保定市建国西路
邮政编码:71000
证书注册编号:1700B0372
体系认证标准:GB/T19002—1994 idt ISO9002:1994
有效期:2000.8.4～2003.8.4

北京塞特雷特科技有限责任公司
地址:北京市西城区北三环中路 19 号万联商务会馆四层
邮政编码:100029
证书注册编号:1700A0373
体系认证标准:GB/T19001—1994 idt ISO9001:1994
有效期:2000.8.5～2003.8.5

北京金自天正智能控制股份有限公司
地址:北京市丰台区丰台路 84 号
邮政编码:100071
证书注册编号:1700A0374
体系认证标准:GB/T19001—1994 idt ISO9001:1994
有效期:2000.8.9～2003.8.9

榆次市线材厂
地址:山西省榆次市东顺城街 34 号
邮政编码:30600
证书注册编号:1700B0375
体系认证标准:GB/T19002—1994 idt ISO9002:1994
有效期:2000.8.10～2003.8.10

深圳贝斯特机械电子有限公司
地址:广东省深圳市车公庙泰然工贸园 201 栋 5 楼东
邮政编码:518040
证书注册编号:1700B0376
体系认证标准:GB/T19002—1994 idt ISO9002:1994
有效期:2000.8.10～2003.8.10

青岛高科技工业园东企钙塑厂
地址:山东省青岛市高科技术工业园郑张村
邮政编码:266100
证书注册编号:1700B0377
体系认证标准:GB/T19002—1994 idt ISO9002:1994
有效期:2000.8.9～2003.8.9

青岛市李沧区三元橡塑制品厂
地址:山东省青岛市李沧区东李村
邮政编码:266100
证书注册编号:1700B0378
体系认证标准:GB/T19002—1994 idt ISO9002:1994
有效期:2000.8.9～2003.8.9

青岛东旭家电配件有限公司
地址:山东省青岛市李沧区九水东路 130 号
邮政编码:266100
证书注册编号:1700B0379
体系认证标准:GB/T19002—1994 idt ISO9002:1994
有效期:2000.8.9～2003.8.9

天长市荣生工贸有限公司
地址:安徽省天长市万寿乡
邮政编码:239335
证书注册编号:1700B0380
体系认证标准:GB/T19002—1994 idt ISO9002:1994
有效期:2000.8.9～2003.8.9

江阴市气动弹簧厂
地址:江苏省江阴市西石桥镇镇澄路 138 号
邮政编码:214441
证书注册编号:1700B0381
体系认证标准:GB/T19002—1994 idt ISO9002:1994
有效期:2000.8.9～2003.8.9

山东省建设建工(集团)有限责任公司
地址:山东省济南市济王路 164 号
邮政编码:250014
证书注册编号:1700B0382 1797B235
体系认证标准:GB/T19002—1994 idt ISO9002:1994
有效期:2000.8.9～2003.8.9

黑龙江名都建筑装饰工程有限公司
地址:黑龙江省哈尔滨市南岗区平公街 38 号
邮政编码:150008
证书注册编号:1700A0383
体系认证标准:GB/T19001—1994 idt ISO9001:1994
有效期:2000.8.9～2003.8.9

浙江省东阳市路桥建筑工程有限公司
地址:浙江省东阳市关山路 31 号
邮政编码:322100
证书注册编号:1700B0384
体系认证标准:GB/T19002—1994 idt ISO9002:1994
有效期:2000.8.10～2003.8.10

盐城丰东热处理有限公司
地址:江苏省大丰市大中镇飞达西路
邮政编码:224100
证书注册编号:1700A0385
体系认证标准:GB/T 19001—1994 idt

ISO 9001:1994
有效期:2000.8.10～2003.8.10

北京市希玛保龄设备有限责任公司
地址:北京市大兴卫星城
邮政编码:102600
证书注册编号:1700B0386
体系认证标准:GB/T 19002—1994 idt ISO 9002:1994
有效期:2000.8.10～2003.8.10

新疆岩土工程勘察设计院
地址:新疆乌鲁木齐市西虹路1号
邮政编码:830000
证书注册编号:1700A0387
体系认证标准:GB/T 19001—1994 idt ISO 9001:1994
有效期:2000.8.16～2000.8.16

齐鲁石化胜利炼油设计院
地址:山东淄博市临淄炼厂中路22号
邮政编码:255434
证书注册编号:1700A0388
体系认证标准:GB/T 19001—1994 idt ISO 9001:1994
有效期:2000.8.16～2000.8.16

杭州明康建设监理有限公司
地址:浙江省杭州市和平小区施家桥23幢1单元2楼
邮政编码:310004
证书注册编号:1700B0389
体系认证标准:GB/T 19002—1994 idt ISO 9002:1994
有效期:2000.8.16～2000.8.16

重庆万达仪器有限公司
地址:重庆市江北区观音桥花园第五工业区
邮政编码:400020
证书注册编号:1700A0390
体系认证标准:GB/T 19001—1994 idt ISO 9001:1994
有效期:2000.8.16～2000.8.16

浙江工程建设监理公司
地址:浙江省杭州市文二路2号
邮政编码:310012
证书注册编号:1700B0391
体系认证标准:GB/T 19002—1994 idt ISO 9002:1994
有效期:2000.8.16～2000.8.16

江苏省华联电力器材厂
地址:湖北省宜昌市清波路10号
邮政编码:443002
证书注册编号:1700B0393
体系认证标准:GB/T 19002—1994 idt ISO 9002:1994
有效期:2000.8.16～2000.8.16

成都市建筑工程总公司
地址:四川省成都市东城根工街74号
邮政编码:610015
证书注册编号:1700B0394
体系认证标准:GB/T 19002—1994 idt ISO 9002:1994
有效期:2000.8.17～2003.8.17

山东红卫电机股份有限公司
地址:山东淄博市张店区柳泉路21号
邮政编码:255032
证书注册编号:1700A0395 1797A249
体系认证标准:GB/T 19001—1994 idt ISO 9001:1994
有效期:2000.8.17～2003.8.17

山西省公路局第三工程公司质量检测中心
地址:山西省忻州市长征西街28号
邮政编码:34000
证书注册编号:1700B0396
体系认证标准:GB/T 19002—1994 idt ISO 9002:1994
有效期:2000.8.16～2000.8.16

淄博绿赛尔乳业有限公司
地址:山东省淄博市世纪路北段路西
邮政编码:255090
证书注册编号:1700B0397
体系认证标准:GB/T 19002—1994 idt ISO 9002:1994
有效期:2000.8.16～2000.8.16

台州汇昌机电有限公司
地址:浙江省玉环县坎门镇海城路
邮政编码:317602
证书注册编号:1700B0398
体系认证标准:GB/T 19002—1994 idt ISO 9002:1994
有效期:2000.8.16～2000.8.16

北京双新物业管理有限责任公司
地址:北京市西城区二龙路甲33号
邮政编码:100032
证书注册编号:1700B0399
体系认证标准:GB/T 19002—1994 idt ISO 9002:1994
有效期:2000.8.24～2003.8.24

浙江通途交通工程有限公司
地址:浙江省杭州市中河北路83号茂泰世纪大楼8楼
邮政编码:310003
证书注册编号:1700B0400
体系认证标准:GB/T 19002—1994 idt ISO 9002:1994
有效期:2000.8.24～2003.8.24

扬州市化工机械厂
地址:江苏省扬州市湾头镇化机路1号
邮政编码:255006
证书注册编号:1700B0401
体系认证标准:GB/T 19002—1994 idt ISO 9002:1994
有效期:2000.8.24～2003.8.24

北京仁创铸造有限公司
地址:北京市海淀区上地科贸大厦
邮政编码:100085
证书注册编号:1700B0402
体系认证标准:GB/T 19002—1994 idt ISO 9002:1994
有效期:2000.8.24～2003.8.24

天津梦乡软体家具有限公司
地址:天津市北辰区宜白路北
邮政编码:300402
证书注册编号:1700B0403 1797B127
体系认证标准:GB/T 19002—1994 idt ISO 9002:1994
有效期:2000.8.24～2003.8.24

丹阳市四通光源有限公司
地址:江苏省丹阳市皇塘镇
邮政编码:212327
证书注册编号:1700B0404
体系认证标准:GB/T 19002—1994 idt ISO 9002:1994
有效期:2000.8.24～2003.8.24

力固机械(深圳)有限公司
地址:广东省深圳市福田上沙工业区11栋3楼
邮政编码:518048
证书注册编号:1700B0405
体系认证标准:GB/T 19002—1994 idt

ISO 9002:1994
有效期:2000.8.24～2003.8.24

一汽四环汽车制品有限公司
地址:吉林省长春市绿园区东风大街42号
邮政编码:130011
证书注册编号:1700B0406
体系认证标准:GB/T 19002—1994 idt ISO 9002:1994
有效期:2000.8.24～2003.8.24

天津市天泰建设装饰工程有限公司
地址:天津市河东区七经路92号麟祥大厦七层
邮政编码:300012
证书注册编号:1700B0407
体系认证标准:GB/T 19002—1994 idt ISO 9002:1994
有效期:2000.8.24～2003.8.24

***内江电力修造厂**
地址:四川内江市中区万里大道200号
邮政编码:641006
电话:(0832)2190677
传真:(0832)2190423
法定代表人:程长乐
证书注册编号:1700B0408
体系认证标准:GB/T 19002—1994 idt ISO 9002:1994
获证体系覆盖产品:耐磨铸件、电站辅机、水处理机械、清污环保设备及其配件的生产、安装和服务
有效期:2000.8.24～2003.8.24

福建南安大力士石业有限公司
地址:福建省南安市溪美镇祥堂工业区
邮政编码:362300
证书注册编号:1700B0409
体系认证标准:GB/T 19002—1994 idt ISO 9002:1994
有效期:2000.8.25～2003.8.25

四川现代防腐实业有限责任公司
地址:四川省广汉市广兴镇
邮政编码:618300
证书注册编号:1700B0410
体系认证标准:GB/T 19002—1994 idt ISO 9002:1994
有效期:2000.8.31～2003.8.31

湖南新华联置业有限公司
地址:湖南省长沙市芙蓉中路269号华联商厦23楼
邮政编码:410011
证书注册编号:1700A0411
体系认证标准:GB/T 19001—1994 idt ISO 9001:1994
有效期:2000.8.31～2003.8.31

泰州长力树脂管厂
地址:江苏省泰州市江州北路2号
邮政编码:225300
证书注册编号:1700B0412
体系认证标准:GB/T 19002—1994 idt ISO 9002:1994
有效期:2000.8.31～2003.8.31

中铁五局集团机电有限责任公司
地址:贵州省贵阳市枣山路77号
邮政编码:550003
证书注册编号:1700B0413
体系认证标准:GB/T 19002—1994 idt ISO 9002:1994
有效期:2000.8.31～2003.8.31

乌兰浩特市燕贺建筑安装有限责任公司
地址:内蒙古乌兰浩特市都林街红星路
邮政编码:137400
证书注册编号:1700B0414
体系认证标准:GB/T 19002—1994 idt ISO 9002:1994
有效期:2000.8.31～2003.8.31

泰兴市星辰汽车装饰件制造有限公司
地址:江苏省泰兴市姚王镇安民路
邮政编码:225402
证书注册编号:1700B0415
体系认证标准:GB/T 19002—1994 idt ISO 9002:1994
有效期:2000.8.31～2003.8.31

宿州市煤矿电器厂
地址:安徽省宿州市西关大街268号
邮政编码:234000
证书注册编号:1700A0416
体系认证标准:GB/T 19001—1994 idt ISO 9001:1994
有效期:2000.8.31～2003.8.31

更改企业名称

上海三维工程建设监理有限公司
地址:上海市澳门路356号"三维大厦"7楼D座
邮政编码:200060
证书注册编号:1798B382
体系认证标准:GB/T 19002—1994 idt ISO 9002:1994
有效期:1998.7.15～2001.7.15

广州城建开发工程监理有限公司
地址:广东省广州市天河体育西横街181号
邮政编码:510620
证书注册编号:1798B414
体系认证标准:GB/T 19002—1994 idt ISO 9002:1994
有效期:1998.9.2～2001.9.2

上海关桥梁工厂
地址:河北省秦皇岛市山海关区南海西路35号
邮政编码:66205
证书注册编号:1798B500
体系认证标准:GB/T 19002—1994 idt ISO 9002:1994
有效期:1998.10.30～2001.10.30

中铁第十五工程局第六工程处
地址:河南省洛阳市邙山路四号院
邮政编码:471013
证书注册编号:1798B504
体系认证标准:GB/T 19002—1994 idt ISO 9002:1994
有效期:1999.10.30～2002.10.30

浙江富得宝家具有限公司
地址:浙江省温州市龙湾经济技术开发区西片18号小区
邮政编码:325006
证书注册编号:1799B0055
体系认证标准:GB/T 19002—1994 idt ISO 9002:1994
有效期:1999.2.9～2002.2.9

淄博博尼铸造有限公司
地址:山东省淄博市博山区八陡镇黑山前143号
邮政编码:255203
证书注册编号:1799B0163
体系认证标准:GB/T 19002—1994 idt ISO 9002:1994
有效期:1999.6.17～2002.6.17

江苏巨龙管件有限公司

地址:江苏宝应县郭桥镇人民路58号
邮政编码:225829
证书注册编号:1799B0247
体系认证标准:GB/T 19002—1994 idt ISO 9002:1994
有效期:1999.8.30～2002.8.30

淄博三元换热设备有限公司
地址:山东淄博市博山区土门头路9号
邮政编码:255200
证书注册编号:1799B0312
体系认证标准:GB/T 19002—1994 idt ISO 9002:1994
有效期:1999.10.18～2002.10.18

广州经济技术开发区建设监理公司
地址:广东省广州经济技术开发区夏港大道783号建设大厦14楼
邮政编码:510730
证书注册编号:1799B0497
体系认证标准:GB/T 19002—1994 idt ISO 9002:1994
有效期:1999.12.22～2002.12.22

中铁五局集团第三工程有限责任公司
地址:广东省肇庆市站北路46号
邮政编码:526020
证书注册编号:1799B0500
体系认证标准:GB/T 19002—1994 idt ISO 9002:1994
有效期:1999.12.22～2002.12.22

深圳南玻幕墙工程有限公司
地址:广东省深圳蛇口工业区沿山路南工业大厦三楼
邮政编码:518067
证书注册编号:1799A0515
体系认证标准:GB/T 19001—1994 idt ISO 9001:1994
有效期:1999.12.23～2002.12.23

重庆三爱海陵实业有限责任公司
地址:重庆市涪陵区人民东路50号
邮政编码:408000
证书注册编号:1700A0235
体系认证标准:GB/T 19001—1994 idt ISO 9001:1994
有效期:2000.6.1～2003.6.1

北京贝斯特物业管理有限公司
地址:北京市东城区建国门内大街7号光华长安大厦705室
邮政编码:100005
证书注册编号:1798B483
体系认证标准:GB/T 19002—1994 idt ISO 9002:1994
有效期:1998.10.21～2001.10.21

镇江双龙电器厂
地址:江苏省扬中市环城西路223号
邮政编码:212200
证书注册编号:1700B0417 1797B135
体系认证标准:GB/T 19002—1994 idt ISO 9002:1994
有效期:2000.9.1～2003.9.1

柳州市柳整电气制造有限责任公司
地址:广西柳州市柳石路141号
邮政编码:545005
证书注册编号:1700A0418
体系认证标准:GB/T 19001—1994 idt ISO 9001:1994
有效期:2000.9.6～2003.9.6

柳州市整流器厂
地址:广西柳州市柳石路141号
邮政编码:545005
证书注册编号:1700A0419
体系认证标准:GB/T 19001—1994 idt ISO 9001:1994
有效期:2000.9.6～2003.9.6

内蒙古临河华裕建筑工程有限公司
地址:内蒙古临河市曙光西街
邮政编码:15000
证书注册编号:1700B0420
体系认证标准:GB/T 19002—1994 idt ISO 9002:1994
有效期:2000.9.6～2003.9.6

新乡市东振机械有限公司
地址:河南省新乡市东干道51号
邮政编码:453003
证书注册编号:1700B0421
体系认证标准:GB/T 19002—1994 idt ISO 9002:1994
有效期:2000.9.6～2003.9.6

镇江市锻压机床厂
地址:江苏省镇江市黄山南路6号
邮政编码:212004
证书注册编号:1700A0422
体系认证标准:GB/T 19001—1994 idt ISO 9001:1994
有效期:2000.9.6～2003.9.6

天津市津南区北闸口建筑工程公司
地址:天津市津南区北闸口镇政府对面
邮政编码:300350
证书注册编号:1700B0423
体系认证标准:GB/T 19002—1994 idt ISO 9002:1994
有效期:2000.9.6～2003.9.6

金陵石油化工设计院
地址:江苏省南京市锁金村68号
邮政编码:210042
证书注册编号:1700A0424 1797A171
体系认证标准:GB/T 19001—1994 idt ISO 9001:1994
有效期:2000.9.6～2003.9.6

重庆嘉陵化学制品有限公司
地址:重庆市江北区董家溪151号
邮政编码:400020
证书注册编号:1700B0425
体系认证标准:GB/T 19002—1994 idt ISO 9002:1994
有效期:2000.9.1～2003.9.1

吉林省巨发金属部件有限责任公司
地址:吉林公主岭市范家屯东河工业区
邮政编码:136105
证书注册编号:1700B0426
体系认证标准:GB/T 19002—1994 idt ISO19002:1994
有效期:2000.9.6～2003.9.6

中国有色金属工业第八冶金建设公司
地址:甘肃省金昌市北京路
邮政编码:737100
证书注册编号:1700B0427
体系认证标准:GB/T 19002—1994 idt ISO 9002:1994
有效期:2000.9.6～2003.9.6

四川现代电器成套有限公司
地址:四川省成都二环路西三段黄忠路
邮政编码:610036
证书注册编号:1700B0428
体系认证标准:GB/T 19002—1994 idt ISO19002:1994
有效期:2000.9.6～2003.9.6

上海东龙拉链制造有限公司
地址:上海市闵行区七宝镇新镇路

1468 号
邮政编码:201101
证书注册编号:1700B0429
1798B286
体系认证标准:GB/T 19002—1994 idt ISO 9002:1994
有效期:2000.9.6~2003.9.6

温州市三环家具有限公司
地址:浙江省温州市瓯海经济开发区东径一路 12 号
邮政编码:325014
证书注册编号:1700B0430
体系认证标准:GB/T 19002—1994 idt ISO 9002:1994
有效期:2000.9.14~2003.9.14

新疆哈密市班超酒厂
地址:新疆哈密黄田班超酒厂
邮政编码:839103
证书注册编号:1700B0431
体系认证标准:GB/T 19002—1994 idt ISO 9002:1994
有效期:2000.9.14~2003.9.14

福建省泉州远泰石业集团公司
地址:福建省泉州市南门外福厦公路 204 段
邮政编码:362213
证书注册编号:1700B0432
体系认证标准:GB/T 19002—1994 idt ISO 9002:1994
有效期:2000.9.14~2003.9.14

成都水利水电建设工程公司
地址:四川省成都市浣花北路 1 号
邮政编码:610072
证书注册编号:1700B0433
体系认证标准:GB/T 19002—1994 idt ISO 9002:1994
有效期:2000.9.14~2003.9.14

江门市制漆厂有限公司
地址:广东省江门市迎宾大道中 18 号
邮政编码:529030
证书注册编号:1700B0434
体系认证标准:GB/T 19002—1994 idt ISO 9002:1994
有效期:2000.9.14~2003.9.14

郑州铁路建设集团有限公司
地址:河南省郑州市陇海中路 8 号
邮政编码:450052
证书注册编号:1700B0435 1797B121
体系认证标准:GB/T 19002—1994 idt ISO 9002:1994
有效期:2000.9.14~2003.9.14

浙江江南工程建设监理有限公司
地址:浙江省杭州市天目山路 45 号
邮政编码:310007
证书注册编号:1700B0436
体系认证标准:GB/T 19002—1994 idt ISO 9002:1994
有效期:2000.9.14~2003.9.14

天津建工幕墙装饰有限公司
地址:天津市北辰区京津公路 306 号
邮政编码:300400
证书注册编号:1700A0437
体系认证标准:GB/T 19001—1994 idt ISO 9001:1994
有效期:2000.9.6~2003.9.6

南海市珠江电线电缆厂
地址:广东省南海市和顺镇环镇路(电信局宿舍侧)
邮政编码:528241
证书注册编号:1700B0438
体系认证标准:GB/T 19002—1994 idt ISO 9002:1994
有效期:2000.9.14~2003.9.14

安徽省繁昌县第三水泥厂
地址:安徽芜湖市繁昌县孙村镇红旗路
邮政编码:241206
证书注册编号:1700B0439 1797B223
体系认证标准:GB/T 19002—1994 idt ISO 9002:1994
有效期:2000.9.14~2003.9.14

河北省冀咨工程监理有限责任公司
地址:河北省石家庄市新华路 313 号
邮政编码:50051
证书注册编号:1700B0440
体系认证标准:GB/T 19002—1994 idt ISO 9002:1994
有效期:2000.9.14~2003.9.14

江汉石油管理局金属容器制造厂
地址:湖北潜江市江汉油田红旗路 5 号
邮政编码:433122
证书注册编号:1700B0441 1797B275
体系认证标准:GB/T 19002—1994 idt ISO 9002:1994
有效期:2000.9.14~2003.9.14

柳州市微电机总厂
地址:广西柳州市柳邕路 146 号
邮政编码:545005
证书注册编号:1700A0442
体系认证标准:GB/T 19001—1994 idt ISO 9001:1994
有效期:2000.9.14~2003.9.14

新疆东风电力电缆制造有限公司
地址:乌鲁木齐七道湾路 63 号
邮政编码:830028
证书注册编号:1700B0443
体系认证标准:GB/T 19002—1994 idt ISO 9002:1994
有效期:2000.9.14~2003.9.14

成都华丰离心玻璃棉制品有限公司
地址:四川省成都市温江公平镇
邮政编码:611130
证书注册编号:1700B0444
体系认证标准:GB/T 19002—1994 idt ISO 9002:1994
有效期:2000.9.14~2003.9.14

上海淀山湖减振工程设备有限公司
地址:上海青浦区商榻镇商周路 209 号
邮政编码:201719
证书注册编号:1700B0445
体系认证标准:GB/T 19002—1994 idt ISO 9002:1994
有效期:2000.9.14~2003.9.14

中国第十三冶金建设公司天津公司
地址:天津东丽区无瑕街无缝钢管公司厂区
邮政编码:300301
证书注册编号:1700B0446 1797B154
体系认证标准:GB/T 19002—1994 idt ISO 9002:1994
有效期:2000.9.14~2003.9.14

中国通信建设总公司
地址:北京市丰台区南方庄甲 56 号
邮政编码:100078
证书注册编号:1700B0447
体系认证标准:GB/T 19002—1994 idt ISO 9002:1994
有效期:2000.9.14~2003.9.14

余杭市房地产开发总公司
地址:浙江省余杭市临平南苑商贸城内
邮政编码:311100
证书注册编号:1700B0448
体系认证标准:GB/T 19002—1994 idt ISO 9002:1994
有效期:2000.9.14~2003.9.14

沈阳铁路局锦州铁路分局锦州机务段
地址:辽宁省锦州市凌河区重庆路六段五号
邮政编码:121003
证书注册编号:1700B0449
体系认证标准:GB/T 19002—1994 idt ISO 9002:1994
有效期:2000.9.15~2003.9.15

北京电器厂
地址:北京市宣武区南莱园2号
邮政编码:100054
证书注册编号:1700B0450
体系认证标准:GB/T 19002—1994 idt ISO 9002:1994
有效期:2000.9.15~2003.9.15

中铁第十四工程局第三工程处
地址:山东省兖州市环城北路16号
邮政编码:272100
证书注册编号:1700B0451 1797B219
体系认证标准:GB/T 19002—1994 idt ISO 9002:1994
有效期:2000.9.15~2003.9.15

北京印钞厂
地址:北京市宣武区白纸坊街23号
邮政编码:100054
证书注册编号:1700A0452
体系认证标准:GB/T 19001—1994 idt ISO 9001:1994
有效期:2000.9.15~2003.9.15

潞安矿务局王庄煤矿
地址:山西省长治市郊区故县王庄
邮政编码:46031
证书注册编号:1700B0453 1797B214
体系认证标准:GB/T 19002—1994 idt ISO 9002:1994
有效期:2000.9.15~2003.9.15

山东临沂工程机械股份有限公司
地址:山东省临沂市兰山区金雀山路17号
邮政编码:276004
证书注册编号:1700B0454 1797B311
体系认证标准:GB/T 19002—1994 idt ISO 9002:1994
有效期:2000.9.15~2003.9.15

中自控自动化技术有限公司
地址:北京市朝阳区团结湖北路2号
邮政编码:100026
证书注册编号:1700A0455
体系认证标准:GB/T 19001—1994 idt ISO 9001:1994
有效期:2000.9.15~2003.9.15

广州嘉利电器有限公司
地址:广东省广州市赤岗西路333号
邮政编码:510310
证书注册编号:1700B0456
体系认证标准:GB/T 19002—1994 idt ISO 9002:1994
有效期:2000.9.15~2003.9.15

北京鼎昌复合材料有限责任公司
地址:北京大兴县西红门镇福欣路7号
邮政编码:100076
证书注册编号:1700B0457
体系认证标准:GB/T 19002—1994 idt ISO 9002:1994
有效期:2000.9.15~2003.9.15

安阳市文峰研磨材料厂
地址:河南省安阳市相四路东段
邮政编码:455000
证书注册编号:1700B0458
体系认证标准:GB/T 19002—1994 idt ISO19002:1994
有效期:2000.9.15~2003.9.15

天津汽车齿轮有限公司
地址:天津市西青区杨柳青镇前桑园
邮政编码:300380
法定代表人:李伟
证书注册编号:1700B0459 1797B270
体系认证标准:GB/T 19002—1994 idt ISO 9002:1994
有效期:2000.9.15~2003.9.15

中国铁路工程总公司
地址:北京市复兴路10号
邮政编码:100844
证书注册编号:1700A0460
体系认证标准:GB/T 19001—1994 idt ISO 9001:1994
有效期:2000.9.22~2003.9.22

成都市蓉丰床上用品有限公司
地址:四川省成都市新都县大丰镇
邮政编码:610504
证书注册编号:1700B0461
体系认证标准:GB/T 19002—1994 idt ISO 9002:1994
有效期:2000.9.22~2003.9.22

莱阳市环球塑业有限公司
地址:山东省莱阳市经济技术开发区178号
邮政编码:265200
证书注册编号:1700B0462
体系认证标准:GB/T 19002—1994 idt ISO 9002:1994
有效期:2000.9.22~2003.9.22

曲阜市神力橡塑有限公司
地址:山东省曲阜市曲姚路1号
邮政编码:273100
证书注册编号:1700B0463
体系认证标准:GB/T 19002—1994 idt ISO 9002:1994
有效期:2000.9.22~2003.9.22

西南有色地质勘查局昆明勘测工程公司
地址:云南省昆明市人民东路74号
邮政编码:650051
证书注册编号:1700B0464
体系认证标准:GB/T 19002—1994 idt ISO 9002:1994
有效期:2000.9.22~2003.9.22

北京航天建筑工程公司
地址:北京丰台区看丹路四号院甲6号
邮政编码:100071
证书注册编号:1700B0465 1797B125
体系认证标准:GB/T 19002—1994 idt ISO 9002:1994
有效期:2000.9.22~2003.9.22

台州中元动力机械有限公司
地址:浙江省玉环县坎门镇海城路东风工业区
邮政编码:317602
证书注册编号:1700B0466
体系认证标准:GB/T 19002—1994 idt ISO 9002:1994

有效期:2000.9.22～2003.9.22

南海市电力电器安装有限公司
地址:广东省南海桂城南五路10号
邮政编码:528200
证书注册编号:1700B0467
体系认证标准:GB/T 19002—1994 idt ISO 9002:1994
有效期:2000.9.22～2003.9.22

天津千里马建筑工程有限公司
地址:天津市静海县独流镇友好待
邮政编码:301602
证书注册编号:1700B0468
体系认证标准:GB/T 19002—1994 idt ISO 9002:1994
有效期:2000.9.22～2003.9.22

浙江金纬物业管理有限责任公司
地址:浙江省杭州市梅花碑8号
邮政编码:310008
证书注册编号:1700B0469
体系认证标准:GB/T 19002—1994 idt ISO 9002:1994
有效期:2000.9.22～2003.9.22

泰安华兴纺织有限公司
地址:山东省宁阳县城西关路122号
邮政编码:271400
证书注册编号:1700B0470
体系认证标准:GB/T 19002—1994 idt ISO 9002:1994
有效期:2000.9.22～2003.9.22

阳泉市建筑工程(集团)总公司工程二处
地址:山西省阳泉市南庄路1号
邮政编码:45000
证书注册编号:1700B0471
体系认证标准:GB/T 19002—1994 idt ISO 9002:1994
有效期:2000.9.22～2003.9.22

北京国兴电子有限公司
地址:北京市昌平区沙河镇丰善村新飞达电子工业发展中心
邮政编码:102206
证书注册编号:1700B0472
体系认证标准:GB/T 19002—1994 idt ISO 9002:1994
有效期:2000.9.22～2003.9.22

阳泉市三建工程有限公司
地址:山西省阳泉市公园路79号
邮政编码:45000
证书注册编号:1700B0473
体系认证标准:GB/T 19002—1994 idt ISO 9002:1994
有效期:2000.9.22～2003.9.22

襄樊铁路分局襄北机务段
地址:湖北省襄樊市车站路2号
邮政编码:441058
证书注册编号:1700B0474
体系认证标准:GB/T 19002—1994 idt ISO 9002:1994
有效期:2000.9.22～2003.9.22

四川眉山水泥厂
地址:四川省眉山市象耳铁路桥
邮政编码:620031
证书注册编号:1700B0475
体系认证标准:GB/T 19002—1994 idt ISO 9002:1994
有效期:2000.9.28～2003.9.28

天津市大港区建筑工程公司
地址:天津市大港区旭日路188号
邮政编码:300270
证书注册编号:1700B0476
体系认证标准:GB/T 19002—1994 idt ISO 9002:1994
有效期:2000.9.26～2003.9.26

巴彦淖尔电力勘测设计所
地址:内蒙古临河市团结路18号
邮政编码:15000
证书注册编号:1700A0477
体系认证标准:GB/T 19001—1994 idt ISO 9001:1994
有效期:2000.9.26～2003.9.26

中铁建厂工程局
地址:河北省涿州市范阳路66号
邮政编码:72753
证书注册编号:1700A0478 1797A182
体系认证标准:GB/T 19001—1994 idt ISO 9001:1994
有效期:2000.9.26～2003.9.26

北京碧海舟防腐涂料有限公司
地址:北京市通州区张家湾镇(工业开发区)
邮政编码:100013
证书注册编号:1700B0479
体系认证标准:GB/T 19002—1994 idt ISO 9002:1994
有效期:2000.9.28～2003.9.28

郑铁利达实业开发总公司
地址:河南省郑州市西站路26号
邮政编码:450053
证书注册编号:1700B0480
体系认证标准:GB/T 19002—1994 idt ISO 9002:1994
有效期:2000.9.28～2003.9.28

浙江朝日科磁业有限公司
地址:浙江省义乌市经济开发区稠州西路388号
邮政编码:322000
证书注册编号:1700B0481
体系认证标准:GB/T 19002—1994 idt ISO 9002:1994
有效期:2000.9.28～2003.9.28

中元金融数据网络有限责任公司
地址:北京市海淀区复兴路33号翠微大厦东13层
邮政编码:100036
证书注册编号:1700B0482
体系认证标准:GB/T 19002—1994 idt ISO 9002:1994
有效期:2000.9.28～2003.9.28

青州市第一建筑公司
地址:山东省青州市老公院街56号
邮政编码:262500
证书注册编号:1700B0483
体系认证标准:GB/T 19002—1994 idt ISO 9002:1994
有效期:2000.9.28～2003.9.28

重庆市金华电器成套公司
地址:重庆沙坪坝区高滩岩荒沟70号
邮政编码:400038
证书注册编号:1700B0484
体系认证标准:GB/T 19002—1994 idt ISO 9002:1994
有效期:2000.9.28～2003.9.28

昆明铁路局勘测设计院
地址:云南省昆明市环城南路432号
邮政编码:650011
证书注册编号:1700A0485
体系认证标准:GB/T 19001—1994 idt

ISO 9001:1994
有效期:2000.9.28～2003.9.28

中国煤田地质总局华盛水文地质勘察工程公司
地址:河北省邯郸市滏河北大街154号
邮政编码:56004
证书注册编号:1700B0486
体系认证标准:GB/T 19002－1994 idt ISO 9002:1994
有效期:2000.9.28～2003.9.28

陕西省印刷厂
地址:陕西省西安市西北三路28号
邮政编码:710003
证书注册编号:1700B0487
体系认证标准:GB/T 19002－1994 idt ISO 9002:1994
有效期:2000.9.28～2003.9.28

山东临工挖掘机有限责任公司
地址:山东省临沂市金雀山路277号
邮政编码:276006
证书注册编号:1700A0488
体系认证标准:GB/T 19001－1994 idt ISO 9001:1994
有效期:2000.9.28～2003.9.28

重庆祥盛实业发展有限公司
地址:重庆市江北区玉带山化工研究院78号
邮政编码:400021
证书注册编号:1700B0489
体系认证标准:GB/T 19002－1994 idt ISO 9002:1994
有效期:2000.9.28～2003.9.28

山东煤矿莱芜机械厂
地址:山东省莱芜市凤城西大街329号
邮政编码:271100
证书注册编号:1700A0490 1797A134
体系认证标准:GB/T 19002－1994 idt ISO 9002:1994
有效期:2000.9.28～2003.9.28

北京市蓝元高科技实业开发公司
地址:北京市宣武门外大街6号庄胜写字楼第一座836单元,北京丰台路口139号
邮政编码:100052
证书注册编号:1700A0491
体系认证标准:GB/T 19001－1994 idt ISO 9001:1994
有效期:2000.9.28～2003.9.28

江津市石门水泥有限责任公司
地址:重庆市江津市石门镇
邮政编码:402292
证书注册编号:1700B0492
体系认证标准:GB/T 19002－1994 idt ISO 9002:1994
有效期:2000.9.28～2003.9.28

重庆华升蓄电池制造有限公司
地址:重庆市巴南区鱼洞镇盘龙村
邮政编码:401320
证书注册编号:1700B0493
体系认证标准:GB/T 19002－1994 idt ISO 9002:1994
有效期:2000.9.28～2003.9.28

山东般阳集团公司
地址:山东淄博市淄川区吉祥路63号
邮政编码:255100
证书注册编号:1798B434
体系认证标准:GB/T 19002－1994 idt ISO 9002:1994
有效期:1998.9.23～2001.9.23

嵊州市星亚电热电器有限公司
地址:浙江省嵊州市城关镇下园塘
邮政编码:312400
证书注册编号:1797B198
体系认证标准:GB/T 19002－1994 idt ISO 9002:1994
有效期:1997.11.19～2000.1.19

江苏三星化工有限公司(即长江(扬中)电脱盐设备公司)
地址:江苏省扬中市沙家港
邮政编码:212200
证书注册编号:1797B181
体系认证标准:GB/T 19002－1994 idt ISO 9002:1994
有效期:1997.11.3～2000.11.3

中铁十二局集团第七工程有限公司
地址:湖南省长沙市青园路3号
邮政编码:410004
证书注册编号:1700B0232
体系认证标准:GB/T 19002－1994 idt ISO 9002:1994
有效期:2000.5.24～2003.5.24

南海市盛发电器有限公司
地址:广东省南海市南庄镇罗南罗家工业区
邮政编码:528219
证书注册编号:1799B0403
体系认证标准:GB/T 19002－1994 idt ISO 9002:1994
有效期:1999.11.17～2002.11.17

焦作市永青水泥总厂
地址:河南省焦作市云台大道北段
邮政编码:454361
证书注册编号:1799B0354
体系认证标准:GB/T 19002－1994 idt ISO 9002:1994
有效期:1999.11.9～2002.11.9

佳木斯鸿基工程公司
地址:黑龙江省佳木斯市站前路157号
邮政编码:154002
证书注册编号:1700B0494
体系认证标准:GB/T 19002－1994 idt ISO 9002:1994
有效期:2000.9.28～2003.9.28

太原钢铁(集团)比欧西气体有限公司
地址:山西省太原市尖草坪2号
邮政编码:30003
证书注册编号:1700B0495
体系认证标准:GB/T 19002－1994 idt ISO 9002:1994
有效期:2000.10.12～2003.10.12

长春大地物业管理有限公司
地址:吉林省长春市抚松路50号
邮政编码:130012
证书注册编号:1700B0496
体系认证标准:GB/T 19002－1994 idt ISO 9002:1994
有效期:2000.10.12～2003.10.12

锦西化工机械厂
地址:辽宁省葫芦岛市连山区化机街25号
邮政编码:125001
证书注册编号:1700A0497
体系认证标准:GB/T 19001－1994 idt ISO 9001:1994
有效期:2000.10.12～2003.10.12

淄博富博真空设备厂
地址:山东省淄博市张店区划卫固镇付

山村
邮政编码:255084
证书注册编号:1700B0498
体系认证标准:GB/T 19001—1994 idt ISO 9001:1994
有效期:2000.10.12～2003.10.12

乌兰浩特市华厦建筑有限责任公司
地址:内蒙古乌兰浩特市复兴西大街融港1号楼8—21
邮政编码:137400
证书注册编号:1700B0499
体系认证标准:GB/T 19002—1994 idt ISO 9002:1994
有效期:2000.10.12～2003.10.12

濮阳市军安建筑集团有限公司
地址:河南省濮阳市开州路5号
邮政编码:457000
证书注册编号:1700B0500
体系认证标准:GB/T 19002—1994 idt ISO 9002:1994
有效期:2000.10.12～2003.10.12

石狮市益兴针织品服装有限公司
地址:福建石狮市彭田健健大厦
邮政编码:362700
证书注册编号:1700B0501
体系认证标准:GB/T 19002—1994 idt ISO 9002:1994
有效期:2000.10.12～2003.10.12

福建省石狮市彭田健健针织服装厂
地址:福建石狮市鸳鸯池城监大队西侧
邮政编码:362700
证书注册编号:1700B0502
体系认证标准:GB/T 19002—1994 idt ISO 9002:1994
有效期:2000.10.12～2003.10.12

石狮市斯舒郎体育用品有限公司
地址:福建省石狮市彭田工业区斯舒郎大厦
邮政编码:362700
证书注册编号:1700B0503
体系认证标准:GB/T 19002—1994 idt ISO 9002:1994
有效期:2000.10.12～2003.10.12

北京市汽车雨刷厂
地址:北京市通州区县镇
邮政编码:101109
证书注册编号:1700B0504
体系认证标准:GB/T 19002—1994 idt ISO 9002:1994
有效期:2000.10.12～2003.10.12

惠阳市惠城装饰工程有限公司
地址:广东惠阳市淡水万顺一路89号
邮政编码:516211
证书注册编号:1700A0505
体系认证标准:GB/T 19001—1994 idt ISO 9001:1994
有效期:2000.10.12～2003.10.12

浙江华虹光电有限公司
地址:浙江杭州市环城北路41号七楼
邮政编码:310004
证书注册编号:1700B0506
体系认证标准:GB/T 19002—1994 idt ISO 9002:1994
有效期:2000.10.12～2003.10.12

北京中诚信工程建设监理所
地址:北京市朝阳区农展馆南里11号农业部大楼905
邮政编码:100026
证书注册编号:1700B0507
体系认证标准:GB/T 19002—1994 idt ISO 9002:1994
有效期:2000.10.12～2003.10.12

廊坊市冶炼厂
地址:河北省廊坊市枣林路九号
邮政编码:65000
证书注册编号:1700B0508
体系认证标准:GB/T 19002—1994 idt ISO 9002:1994
有效期:2000.10.12～2003.10.12

秦皇岛安冶金属工业有限公司
地址:河北省秦皇岛经济技术开发区钱塘江道4号
邮政编码:66004
证书注册编号:1700B0509
体系认证标准:GB/T 19002—1994 idt ISO 9002:1994
有效期:2000.10.12～2003.10.12

齐鲁石油化工设计院
地址:山东淄博市临淄区桓公路171号
邮政编码:255400
证书注册编号:1700A0510 1797A204
体系认证标准:GB/T 19001—1994 idt ISO 9001:1994
有效期:2000.10.12～2003.10.12

山东沂源棉纺织厂
地址:山东省沂源县城沿河东路78号
邮政编码:256100
证书注册编号:1700B0511
体系认证标准:GB/T 19002—1994 idt ISO 9002:1994
有效期:2000.10.12～2003.10.12

福建大乘乳品有限公司
地址:福建南平市延平区大横镇常坑口
邮政编码:353000
证书注册编号:1700B0512
体系认证标准:GB/T 19002—1994 idt ISO 9002:1994
有效期:2000.10.12～2003.10.12

福建省石狮市蓉芳制衣企业公司
地址:福建石狮市蓉卿工业区赤坑桥头
邮政编码:362700
证书注册编号:1700B0513
体系认证标准:GB/T 19002—1994 idt ISO 9002:1994
有效期:2000.10.12～2003.10.12

重庆明华汽车零件有限公司
地址:重庆市大渡口区庹家坳
邮政编码:400082
证书注册编号:1700B0514
体系认证标准:GB/T 19002—1994 idt ISO 9002:1994
有效期:2000.10.12～2003.10.12

天津市机电设备安装公司
地址:天津市河西区紫金山路65号
邮政编码:300061
证书注册编号:1700B0515
体系认证标准:GB/T 19002—1994 idt ISO 9002:1994
有效期:2000.10.16～2003.10.16

阳泉市建筑工程集团总公司工程一处
地址:山西省阳泉市桃北中路74号
邮政编码:45000
证书注册编号:1700B0516
体系认证标准:GB/T 19002—1994 idt ISO 9002:1994
有效期:2000.10.12～2003.10.12

天津市国投装饰工程有限公司

地址:天津和平区南京路75号606室
邮政编码:300050
证书注册编号:1700B0517
体系认证标准:GB/T 19002—1994 idt ISO 9002:1994
有效期:2000.10.12～2003.10.12

丹东五一八内燃机配件(集团)有限责任公司
地址:辽宁省丹东市北环路97号
邮政编码:118009
证书注册编号:1700B0518
体系认证标准:GB/T 19002—1994 idt ISO 9002:1994
有效期:2000.10.19～2003.10.19

沈阳铁路局薛家配件厂
地址:辽宁省锦州市薛家五三里1号
邮政编码:121018
证书注册编号:1700B0519
体系认证标准:GB/T 19002—1994 idt ISO 9002:1994
有效期:2000.10.19～2003.10.19

中国路桥(集团)总公司
地址:北京市安定门外大街丙88号中路大厦
邮政编码:100011
证书注册编号:1700B0520 1798B283
体系认证标准:GB/T 19002—1994 idt ISO 9002:1994
有效期:2000.10.19～2003.10.19

郑州中原铁道建设工程监理有限公司(不含西安分公司)
地址:河南省郑州市陇海中路106号
邮政编码:450052
证书注册编号:1700B0521
体系认证标准:GB/T 19002—1994 idt ISO 9002:1994
有效期:2000.10.19～2003.10.19

哈尔滨市精密互感器厂
地址:黑龙江省哈尔滨市道外区铁道街21号
邮政编码:150020
证书注册编号:1700A0522
体系认证标准:GB/T 19001—1994 idt ISO 9001:1994
有效期:2000.10.19～2003.10.19

扬州市曲江化工厂
地址:江苏省扬州市施井路40号
邮政编码:225003
证书注册编号:1700B0523
体系认证标准:GB/T 19002—1994 idt ISO 9002:1994
有效期:2000.10.19～2003.10.19

武进市立新制漆厂
地址:江苏武进市东安镇人民路34号
邮政编码:213155
证书注册编号:1700B0524
体系认证标准:GB/T 19002—1994 idt ISO 9002:1994
有效期:2000.10.19～2003.10.19

浙江路桥中国日用品商城股份有限公司
地址:浙江省台州市路桥区商业大街18号
邮政编码:318050
证书注册编号:1700B0525
体系认证标准:GB/T 19002—1994 idt ISO 9002:1994
有效期:2000.10.19～2003.10.19

湖南北山建筑股份有限公司
地址:湖南省长沙市开福区伍家岭陈家湖小区1栋
邮政编码:410008
证书注册编号:1700B0526
体系认证标准:GB/T 19002—1994 idt ISO 9002:1994
有效期:2000.10.19～2003.10.19

四川龙华电工器材有限公司
地址:四川省都江堰市石羊场镇
邮政编码:611838
证书注册编号:1700B0527
体系认证标准:GB/T 19002—1994 idt ISO 9002:1994
有效期:2000.10.19～2003.10.19

南海市罗村电线电缆厂
地址:广东省南海市罗村镇街边工业区
邮政编码:528226
证书注册编号:1700B0528
体系认证标准:GB/T 19002—1994 idt ISO 9002:1994
有效期:2000.9.29～2003.9.29

北京正辰建筑工程总队
地址:北京市东城安德里北街21号
邮政编码:100011
证书注册编号:1700B0529
体系认证标准:GB/T 19002—1994 idt ISO 9002:1994
有效期:2000.10.24～2003.10.24

大连铁路起重机厂
地址:辽宁大连市沙河口区中长街三号
邮政编码:116021
证书注册编号:1700B0530
体系认证标准:GB/T 19002—1994 idt ISO 9002:1994
有效期:2000.10.24～2003.10.24

甘肃电力变压器厂
地址:甘肃省兰州市盐场路418号
邮政编码:370046
证书注册编号:1700A0531
体系认证标准:GB/T 19001—1994 idt ISO 9001:1994
有效期:2000.10.24～2003.10.24

郑州铁路局郑州勘测设计院
地址:河南省郑州市陇海中路106号
邮政编码:450052
证书注册编号:1700A0532
体系认证标准:GB/T 19001—1994 idt ISO 9001:1994
有效期:2000.10.24～2003.10.24

山东中原机械有限公司
地址:山东省青州市南环路关头路口
邮政编码:262500
证书注册编号:1700B0533
体系认证标准:GB/T 19002—1994 idt ISO 9002:1994
有效期:2000.10.24～2003.10.24

北京环益卓越泳池设备有限公司
地址:北京市平谷县平谷镇工业小区
邮政编码:100037
证书注册编号:1700A0534
体系认证标准:GB/T 19001—1994 idt ISO 9001:1994
有效期:2000.10.24～2003.10.24

江苏省建发工程监理中心
地址:江苏省南京市汉中西路53号
邮政编码:219917
证书注册编号:1700B0535
体系认证标准:GB/T 19002—1994 idt ISO 9002:1994

有效期:2000.10.25～2003.10.25

重庆中渝物业管理公司
地址:重庆江北区观音桥电侧村237号
邮政编码:400020
证书注册编号:1700B0536
体系认证标准:GB/T 19002－1994 idt ISO 9002:1994
有效期:2000.10.24～2003.10.24

重庆新科城市建设工程有限公司
地址:重庆市渝北区龙溪镇花卉园西四路3号
邮政编码:401147
证书注册编号:1700B0537
体系认证标准:GB/T 19002－1994 idt ISO 9002:1994
有效期:2000.10.25～2003.10.25

白银兴川有限责任公司检修公司
地址:甘肃省白银市平川区电力路三区一号
邮政编码:730919
证书注册编号:1700B0538
体系认证标准:GB/T 19002－1994 idt ISO 9002:1994
有效期:2000.10.24～2003.10.24

新疆阿克苏永盛水泥制品有限责任公司
地址:新疆阿克苏乌喀东路36号
邮政编码:843000
证书注册编号:1700B0539
体系认证标准:GB/T 19002－1994 idt ISO 9002:1994
有效期:2000.10.24～2003.10.24

晋江远东陶瓷有限公司
地址:福建省晋江市磁灶镇前埔西路工业区
邮政编码:362217
证书注册编号:1700B0540
体系认证标准:GB/T 19002－1994 idt ISO 9002:1994
有效期:2000.10.24～2003.10.24

静海县建筑工程总公司
地址:天津市静海县津德路19号
邮政编码:301600
证书注册编号:1700B0541
体系认证标准:GB/T 19002－1994 idt ISO 9002:1994
有效期:2000.10.24～2003.10.24

山西宏厦建筑工程第一有限公司
地址:山西阳泉市矿区桥西街十一号楼
邮政编码:45008
证书注册编号:1700B0542
体系认证标准:GB/T 19002－1994 idt ISO 9002:1994
有效期:2000.10.24～2003.10.24

嘉兴市有色金属压延厂
地址:江苏省嘉兴市洪合镇
邮政编码:314023
证书注册编号:1700B0543
体系认证标准:GB/T 19002－1994 idt ISO 9002:1994
有效期:2000.10.25～2003.10.25

西北(陕西)电力建设集团公司
地址:陕西省西安市长乐西路三号
邮政编码:710032
证书注册编号:1700B0544
体系认证标准:GB/T 19002－1994 idt ISO 9002:1994
有效期:2000.10.25～2003.10.25

泰兴市泰微微波通讯有限责任公司
地址:江苏省泰兴市分界乡大桥南
邮政编码:225416
证书注册编号:1700B0545
体系认证标准:GB/T 19002－1994 idt ISO 9002:1994
有效期:2000.10.27～2003.10.27

四川省川建管道有限公司
地址:四川省崇州市元通镇
邮政编码:611236
证书注册编号:1700B0546
体系认证标准:GB/T 19002－1994 idt ISO 9002:1994
有效期:2000.10.27～2003.10.27

突泉县鑫泰建筑安装有限公司
地址:内蒙古突泉县突泉镇华丰街
邮政编码:137500
证书注册编号:1700B0547
体系认证标准:GB/T 19002－1994 idt ISO 9002:1994
有效期:2000.10.27～2003.10.27

北京有色冶金设计研究总院
地址:北京市复兴路12号
邮政编码:100038
证书注册编号:1700A0548 1797A158
体系认证标准:GB/T 19001－1994 idt ISO19001:1994
有效期:2000.10.27～2003.10.27

北京燕化石油化工设计院
地址:北京房山区燕山迎风北路2号
邮政编码:102500
证书注册编号:1700A0549 1797A176
体系认证标准:GB/T 19001－1994 idt ISO 9001:1994
有效期:2000.10.27～2003.10.27

辽阳石油化纤公司设计院
地址:辽宁省辽阳市宏伟区宏伟路132号
邮政编码:111003
证书注册编号:1700A0550 1797A179
体系认证标准:GB/T 19001－1994 idt ISO 9001:1994
有效期:2000.10.27～2003.10.27

泰州市晨光车件厂
地址:江苏省泰州市海陵区九龙镇
邮政编码:225312
证书注册编号:1700B0551
体系认证标准:GB/T 19002－1994 idt ISO 9002:1994
有效期:2000.10.27～2003.10.27

萍乡市变压器厂
地址:江西省萍乡市跃进北路282号
邮政编码:337000
证书注册编号:1700B0552
体系认证标准:GB/T 19002－1994 idt ISO 9002:1994
有效期:2000.10.27～2003.10.27

温岭市荣发动力制造有限公司
地址:浙江省温岭市大闾镇林岙工业区
邮政编码:317515
证书注册编号:1700B0553
体系认证标准:GB/T 19002－1994 idt ISO 9002:1994
有效期:2000.10.27～2003.10.27

重庆三峡涌鸿工程建设监理有限公司
地址:重庆渝中区大溪沟星都花园星都大厦5楼
邮政编码:400015
证书注册编号:1700B0554

体系认证标准:GB/T 19002—1994 idt ISO 9002:1994
有效期:2000.10.31～2003.10.31

北京中能瑞斯特电气有限责任公司
地址:北京市宣武区白广路二条一号信息通信综合楼13层
邮政编码:100761
证书注册编号:1700B0555
体系认证标准:GB/T 19002—1994 idt ISO 9002:1994
有效期:2000.10.31～2003.10.31

河北省藁城市化肥总厂助剂分厂
地址:河北省藁城市市府东路化肥总厂助剂分厂
邮政编码:52160
证书注册编号:1700B0556
体系认证标准:GB/T 19002—1994 idt ISO 9002:1994
有效期:2000.10.31～2003.10.31

北京市天利自动化设备研究所
地址:北京市海淀区学清路18号
邮政编码:100083
证书注册编号:1700A0557
体系认证标准:GB/T 19001—1994 idt ISO 9001:1994
有效期:2000.10.31～2003.10.31

天津市宁河县建筑安装工程有限公司
地址:天津市宁河县芦台镇震新路4号
邮政编码:301500
证书注册编号:1700B0558
体系认证标准:GB/T 19002—1994 idt ISO 9002:1994
有效期:2000.10.24～2003.10.24

北京美华博大环境工程有限公司
地址:北京市东城区安定门外大街丙88号中路大厦506室
邮政编码:100011
证书注册编号:1700A0131
体系认证标准:GB/T 19001—1994 idt ISO 9001:1994
有效期:2000.2.24～2003.2.24

山西远方路桥(集团)有限责任公司
地址:山西省大同运新街1号
邮政编码:37006
证书注册编号:1799A0227
体系认证标准:GB/T 19001—1994 idt ISO 9001:1994
有效期:1999.8.18～2002.8.18

柳州市微电机总厂
地址:广西柳州市柳邕路146号
邮政编码:545005
证书注册编号:1700A0442
体系认证标准:GB/T 19001—1994 idt ISO 9001:1994
有效期:2000.9.14～2003.9.14

泰安建筑工程公司
地址:山东省泰安市文化路29号
邮政编码:271000
证书注册编号:1700B0075
体系认证标准:GB/T 19002—1994 idt ISO 9002:1994
有效期:2000.1.24～2003.1.24

四平三鑫电力设备制造有限公司
地址:吉林四平市铁西区二里街141号
邮政编码:136000
证书注册编号:1798B648
体系认证标准:GB/T 19002—1994 idt ISO 9002:1994
有效期:1998.12.29～2001.12.29

中铁五局(集团)有限公司路桥分公司
地址:广东省广州番禺南沙大涌管理区工业五路
邮政编码:511458
证书注册编号:1799B0418
体系认证标准:GB/T 19002—1994 idt ISO 9002:1994
有效期:1999.12.6～2002.12.6

河北省冀州市汽车装饰件厂
地址:河北省冀州市北内
邮政编码:53200
证书注册编号:1799B0212
体系认证标准:GB/T 19002—1994 idt ISO 9002:1994
有效期:1999.8.4～2002.8.4

博山东方冶金炉料有限公司
地址:山东省淄博市博山区福山东首
邮政编码:255210
证书注册编号:1799B0510
体系认证标准:GB/T 19002—1994 idt ISO 9002:1994
有效期:1999.12.24～2002.12.24

成都通用电缆厂
地址:四川省成都市郫县18号信箱
邮政编码:611732
证书注册编号:1700B0559
体系认证标准:GB/T 19002—1994 idt ISO 9002:1994
有效期:2000.11.6～2003.11.6

宁波龙信玩具有限公司
地址:浙江省余姚市回龙村回龙乡
邮政编码:315466
证书注册编号:1700B0560
体系认证标准:GB/T 19002—1994 idt ISO 9002:1994
有效期:2000.11.6～2003.11.6

上虞创意玩具有限公司
地址:浙江省上虞市驿亭镇五夫工业区
邮政编码:312353
证书注册编号:1700B0651
体系认证标准:GB/T 19002—1994 idt ISO 9002:1994
有效期:2000.11.6～2003.11.6

辛集市法妮皮革有限公司
地址:河北省石家庄市辛集皮革商业城中泰街2号
邮政编码:52360
证书注册编号:1700B0562
体系认证标准:GB/T 19002—1994 idt ISO 9002:1994
有效期:2000.11.6～2003.11.6

沈阳铁路局通辽分局通辽车辆段
地址:内蒙古通辽市民航路中段
邮政编码:28000
证书注册编号:1700B0563
体系认证标准:GB/T 19002—1994 idt ISO 9002:1994
有效期:2000.11.6～2003.11.6

武汉大成杜肯工业技术有限公司
地址:湖北省武昌楚雄大街紫松工业园特1号
邮政编码:430071
证书注册编号:1700B0564
体系认证标准:GB/T 19002—1994 idt ISO 9002:1994
有效期:2000.11.6～2003.11.6

莱芜市面粉厂
地址:山东省莱芜市文化南路116号

邮政编码:271100
证书注册编号:1700B0565
体系认证标准:GB/T 19002—1994 idt ISO 9002:1994
有效期:2000.11.6～2003.11.6

镇江市华能电力设备公司
地址:江苏省扬子中路281号
邮政编码:212200
证书注册编号:1700B0566
体系认证标准:GB/T 19002—1994 idt ISO 9002:1994
有效期:2000.11.6～2003.11.6

瑞安宝源化工有限公司
地址:浙江省瑞安场桥镇朝阳路96号
邮政编码:325200
证书注册编号:1700B0567
体系认证标准:GB/T 19002—1994 idt ISO 9002:1994
有效期:2000.11.7～2003.11.7

北京城建银地物业管理有限责任公司
地址:北京海淀区永定路金沟河15号
邮政编码:100039
证书注册编号:1700B0571
体系认证标准:GB/T 19002—1994 idt ISO 9002:1994
有效期:2000.11.7～2003.11.7

重庆六路(企业)集团有限公司
地址:重庆渝中区大溪沟人和街15号
邮政编码:400015
证书注册编号:1700B0572
体系认证标准:GB/T 19002—1994 idt ISO 9002:1994
有效期:2000.11.7～2003.11.7

重庆市江北区长安汽车附件厂
地址:重庆市江北区五里店红土地特10号
邮政编码:400023
证书注册编号:1700B0573
体系认证标准:GB/T 19002—1994 idt ISO 9002:1994
有效期:2000.11.7～2003.11.7

淄博市博山钡盐化工厂
地址:山东省淄博市博山区白塔镇
邮政编码:255202
证书注册编号:1700B0574
体系认证标准:GB/T 19002—1994 idt ISO 9002:1994
有效期:2000.11.7～2003.11.7

太仓市变压器有限公司
地址:江苏省太仓市济沙镇北
邮政编码:215431
证书注册编号:1700B0575
体系认证标准:GB/T 19002—1994 idt ISO 9002:1994
有效期:2000.11.7～2003.11.7

***中国石化集团四川维尼纶厂设计院**
地址:重庆长寿县四川维尼纶厂设计院
邮政编码:401254
电话:(023)68974881
传真:(023)68974772
法定代表人:王蓉生
证书注册编号:1700A0576
体系认证标准:GB/T 19001—1994 idt ISO 9001:1994
获证体系覆盖产品:石油化工工程设计(乙级);建筑、纺织工程设计(丙级);工程咨询(乙级);规定的压力容器和压力管道设计
有效期:2000.11.9～2003.11.9

成都川西蓄电池(集团)有限公司
地址:四川省崇州市东郊金鸡
邮政编码:611230
证书注册编号:1700B0577
体系认证标准:GB/T 19002—1994 idt ISO 9002:1994
有效期:2000.11.9～2003.11.9

西宁市政工程有限公司
地址:青海省西宁市胜利路12号
邮政编码:810001
证书注册编号:1700B0578
体系认证标准:GB/T 19002—1994 idt ISO 9002:1994
有效期:2000.11.9～2003.11.9

扬中市印刷厂
地址:江苏省扬中市前进北路22号
邮政编码:212200
证书注册编号:1700B0579
体系认证标准:GB/T 19002—1994 idt ISO 9002:1994
有效期:2000.11.9～2003.11.9

哈尔滨市迎宾空调工程有限责任公司
地址:黑龙江省哈尔滨市道里机场路1446号
邮政编码:150076
证书注册编号:1700A0580
体系认证标准:GB/T 19001—1994 idt ISO 9001:1994
有效期:2000.11.9～2003.11.9

铁道部第二勘测设计院
地址:四川省成都市通锦路3号
邮政编码:610031
证书注册编号:1700A0581
体系认证标准:GB/T 19001—1994 idt ISO 9001:1994
有效期:2000.11.8～2003.11.8

浙江华新交通工程有限公司
地址:浙江省富阳镇大桥路9号
邮政编码:311400
证书注册编号:1700B0582
体系认证标准:GB/T 19002—1994 idt ISO 9002:1994
有效期:2000.11.9～2003.11.9

***河南省防腐企业集团**
宏大建设工程公司
地址:河南省长垣县建蒲路中段
邮政编码:453400
电话:(0373)8892222
传真:(0373)8899990
法定代表人:顿玉山
证书注册编号:1700B0583
体系认证标准:GB/T 19002—1994 idt ISO 9002:1994
获证体系覆盖产品:工业与民用建筑工程施工
有效期:2000.11.9～2003.11.9

重庆桥梁工程总公司
地址:重庆市南岩区南平西路60号
邮政编码:400060
证书注册编号:1700B0584
体系认证标准:GB/T 19002—1994 idt ISO 9002:1994
有效期:2000.11.9～2003.11.9

重庆第四建筑工程公司
地址:重庆市江北区建新东路54号
邮政编码:400020
证书注册编号:1700B0585
体系认证标准:GB/T 19002—1994 idt ISO 9002:1994
有效期:2000.11.9～2003.11.9

铁道部第三工程局线桥工程处
地址:河北省三河市燕郊
邮政编码:65201
证书注册编号:1700B0586
体系认证标准:GB/T 19002—1994 idt ISO 9002:1994
有效期:2000.11.9～2003.11.9

武汉天龙监理有限责任公司
地址:湖北省武汉市中山路353号
邮政编码:430061
证书注册编号:1700B0587
体系认证标准:GB/T 19002—1994 idt ISO 9002:1994
有效期:2000.11.9～2003.11.9

北京天擎化工有限责任公司
地址:北京市平谷县新平南路126号
邮政编码:101200
证书注册编号:1700B0588
体系认证标准:GB/T 19002—1994 idt ISO 9002:1994
有效期:2000.11.9～2003.11.9

天津建工集团装饰工程公司
地址:天津市河西区紫金山路65号
邮政编码:300074
证书注册编号:1700B0589
体系认证标准:GB/T 19002—1994 idt ISO 9002:1994
有效期:2000.11.9～2003.11.9

焦作市第三建筑工程公司
地址:河南省焦作市太行西路139号
邮政编码:454000
证书注册编号:1700B0590
体系认证标准:GB/T 19002—1994 idt ISO 9002:1994
有效期:2000.11.8～2003.11.8

焦作市第二建筑工程公司
地址:河南省焦作市塔南路175号
邮政编码:454003
证书注册编号:1700B0591
体系认证标准:GB/T 19002—1994 idt ISO 9002:1994
有效期:2000.11.8～2003.11.8

青岛松林橡胶有限公司
地址:山东省青岛市李沧区唐山中段乐亭路17号
邮政编码:266041
证书注册编号:1700B0592
体系认证标准:GB/T 19002—1994 idt ISO 9002:1994
有效期:2000.11.8～2003.11.8

沈阳华利能源设备制造有限公司
地址:辽宁沈阳市东陵区望花中街142号
邮政编码:110045
证书注册编号:1700A0593
体系认证标准:GB/T 19001—1994 idt ISO 9001:1994
有效期:2000.11.8～2003.11.8

秦皇岛市第二建筑工程有限公司
地址:河北省秦皇岛市海港区民族路190号
邮政编码:66001
证书注册编号:1700B0594
体系认证标准:GB/T 19002—1994 idt ISO 9002:1994
有效期:2000.11.6～2003.11.6

北京博联物业管理有限公司
地址:北京方庄芳城园三区14号304室
邮政编码:100078
证书注册编号:1700B0595
体系认证标准:GB/T 19002—1994 idt ISO 9002:1994
有效期:2000.11.1～2003.11.1

扬州英泰集团有限公司
地址:江苏省江都市小纪镇
邮政编码:225241
证书注册编号:1700B0596
体系认证标准:GB/T 19002—1994 idt ISO 9002:1994
有效期:2000.11.9～2003.11.9

吉林电力管道工程总公司
地址:吉林省长春市二道区河东路5号
邮政编码:130032
证书注册编号:1700B0597
体系认证标准:GB/T 19002—1994 idt ISO 9002:1994
有效期:2000.11.9～2003.1169

武汉市武昌城市综合开发(集团)公司
地址:湖北武汉市武昌区中山路353号
邮政编码:430061
证书注册编号:1700B0599
体系认证标准:GB/T 19002—1994 idt ISO 9002:1994
有效期:2000.11.13～2003.11.13

江苏呈飞电子有限公司
地址:江苏省丹阳市后巷镇东庄工业区
邮政编码:212312
证书注册编号:1700A0598
体系认证标准:GB/T 19001—1994 idt ISO 9001:1994
有效期:2000.11.13～2003.11.13

四川公用信息产业有限责任公司
地址:四川省成都市大安东路73号
邮政编码:610017
证书注册编号:1700B0601
体系认证标准:GB/T 19002—1994 idt ISO 9002:1994
有效期:2000.11.14～2003.11.14

盱眙县正泰水泥有限公司
地址:江苏省盱眙县打石山
邮政编码:211712
证书注册编号:1700A0600
体系认证标准:GB/T 19001—1994 idt ISO 9001:1994
有效期:2000.11.13～2003.11.13

温州市恒达电梯有限公司
地址:浙江温州上陡门6组3幢103室
邮政编码:325000
证书注册编号:1700B0602
体系认证标准:GB/T 19002—1994 idt ISO 9002:1994
有效期:2000.11.13～2003.11.13

黑龙江省广大企业集团公司
地址:黑龙江省大庆市让胡路区
邮政编码:163453
证书注册编号:1700B0603
体系认证标准:GB/T 19002—1994 idt ISO 9002:1994
有效期:2000.11.13～2003.11.13

巴盟经纬建筑工程有限责任公司
地址:内蒙古临河市育红东街64号
邮政编码:15000
证书注册编号:1700B0604
体系认证标准:GB/T 19002—1994 idt ISO 9002:1994
有效期:2000.11.13～2003.11.13

北京市第二建筑工程公司
混凝土搅拌站
地址:北京市丰台区小屯路53号
邮政编码:100039
证书注册编号:1700B0605
体系认证标准:GB/T 19002—1994 idt ISO 9002:1994
有效期:2000.11.13～2003.11.13

安徽古井双喜葡萄酒有限公司
地址:安徽省萧县龙成镇民治街152号
邮政编码:235200
证书注册编号:1700B0606
体系认证标准:GB/T 19002—1994 idt ISO 9002:1994
有效期:2000.11.13～2003.11.13

北京檀洲节能砖厂
地址:北京市密云巨各庄镇前焦家坞村
邮政编码:101500
证书注册编号:1700B0607
体系认证标准:GB/T 19002—1994 idt ISO 9002:1994
有效期:2000.11.13～2003.11.13

泰州市通达邮电器材铁塔厂
地址:江苏省泰州市吴洲北路8号
邮政编码:225300
证书注册编号:1700B0608
体系认证标准:GB/T 19002—1994 idt ISO 9002:1994
有效期:2000.11.13～2003.11.13

北京汇源食品饮料有限公司
地址:北京市顺义区北小营镇
邮政编码:101305
证书注册编号:1700B0609
体系认证标准:GB/T 19002—1994 idt ISO 9002:1994
有效期:2000.11.13～2003.11.13

广东金东建设工程公司
地址:广东省广州市东风路745号
邮政编码:510080
证书注册编号:1700B0611
体系认证标准:GB/T 19002—1994 idt ISO 9002:1994
有效期:2000.11.13～2003.11.13

扬州广菱电子有限公司
地址:江苏省扬州市三里桥南
邮政编码:225003
证书注册编号:1700B0612
体系认证标准:GB/T 19002—1994 idt ISO 9002:1994
有效期:2000.11.13～2003.11.13

四川国际工程监理公司
地址:四川省成都市永兴巷15号
邮政编码:610012
证书注册编号:1700B0613
体系认证标准:GB/T 19002—1994 idt ISO 9002:1994
有效期:2000.11.13～2003.11.13

唐山市房屋建筑安装工程总公司
地址:河北省唐山市北新西道82号
邮政编码:63000
证书注册编号:1700B0614
体系认证标准:GB/T 19002—1994 idt ISO 9002:1994
有效期:2000.11.14～2003.11.14

云南省公路工程监理咨询公司
地址:云南省昆明市华山南路103号
邮政编码:650021
证书注册编号:1700B0615
体系认证标准:GB/T 19002—1994 idt ISO 9002:1994
有效期:2000.11.14～2003.11.14

江都市显业集团有限公司
地址:江苏省江都市邵伯镇邵乔路8号
邮政编码:225261
证书注册编号:1700B0616
体系认证标准:GB/T 19002—1994 idt ISO 9002:1994
有效期:2000.11.14～2003.11.14

内蒙古建发实业股份有限公司
地址:内蒙古呼和浩特市新城区巨隆昌街89号
邮政编码:10010
证书注册编号:1700B0617
体系认证标准:GB/T 19002—1994 idt ISO 9002:1994
有效期:2000.11.14～2003.11.14

北京银泰物业管理有限责任公司
地址:北京市西城区金融大街25号
邮政编码:100032
证书注册编号:1700B0618
体系认证标准:GB/T 19002—1994 idt ISO 9002:1994
有效期:2000.11.14～2003.11.14

泰州凯运机械制造有限公司
地址:江苏省泰州市鲍徐扬子路22号
邮政编码:225315
证书注册编号:1700B0619
体系认证标准:GB/T 19002—1994 idt ISO 9002:1994
有效期:2000.11.14～2003.11.14

重庆市市政建设开发总公司
地址:重庆渝中区人民支路2号
邮政编码:400015
证书注册编号:1700B0620
体系认证标准:GB/T 19002—1994 idt ISO 9002:1994
有效期:2000.11.14～2003.11.14

太原市亚泰电子集团有限公司
地址:山西省太原市学府街高科技工业园亚泰大楼
邮政编码:300060
证书注册编号:1700A0621
体系认证标准:GB/T 19001—1994 idt ISO 9001:1994
有效期:2000.11.13～2003.11.13

中原石油勘探局井下特种作业处
地址:河南省濮阳
邮政编码:457061
证书注册编号:1700A0622
体系认证标准:GB/T 19001—1994 idt ISO 9001:1994
有效期:2000.11.6～2003.11.6

北京市通州京津钢窗综合厂
地址:北京市通州区县镇苏庄村
邮政编码:101109
证书注册编号:1700B0623
体系认证标准:GB/T 19002—1994 idt ISO 9002:1994
有效期:2000.11.16～2003.11.16

扬州金利机械有限公司
地址:江苏省扬州市东花园东路84号
邮政编码:225003
证书注册编号:1700B0624
体系认证标准:GB/T 19002—1994 idt ISO 9002:1994
有效期:2000.11.16～2003.11.16

镇海炼化工程公司

地址:浙江省宁波市俞范
邮政编码:315207
证书注册编号:1700A0625
体系认证标准:GB/T 19001—1994 idt ISO 9001:1994
有效期:2000.11.14～2003.11.14

山西省临汾地区建筑工程总公司
地址:山西省临汾市解放西路 50 号
邮政编码:41000
证书注册编号:1700B0626
体系认证标准:GB/T 19002—1994 idt ISO 9002:1994
有效期:2000.11.13～2003.11.13

吉林省电力建设总公司
地址:吉林省长春市人民大街 139 号
邮政编码:130021
证书注册编号:1700B0627
体系认证标准:GB/T 19002—1994 idt ISO 9002:1994
有效期:2000.11.20～2003.11.20

黑龙江北方有色建设有限责任公司
地址:黑龙江省哈尔滨市大庆路 26 号
邮政编码:150046
证书注册编号:1700B0628
体系认证标准:GB/T 19002—1994 idt ISO 9002:1994
有效期:2000.11.8～2003.11.8

上海同济建设监理咨询有限公司
地址:上海市赤峰路 73 号
邮政编码:200092
证书注册编号:1700B0629
体系认证标准:GB/T 19002—1994 idt ISO 9002:1994
有效期:2000.11.6～2003.11.6

吴江市北宇冷却塔有限公司
地址:江苏省吴江市平望镇
邮政编码:215221
证书注册编号:1700B0630
体系认证标准:GB/T 19002—1994 idt ISO 9002:1994
有效期:2000.11.20～2003.11.20

焦作市第一建筑工程公司
地址:河南省焦作市和平街 392 号
邮政编码:454000
证书注册编号:1700B0631
体系认证标准:GB/T 19002—1994 idt ISO 9002:1994
有效期:2000.11.20～2003.11.20

镇江市永固电控成套设备厂
地址:江苏省扬中市丰裕镇
邮政编码:212213
证书注册编号:1700B0632
体系认证标准:GB/T 19002—1994 idt ISO 9002:1994
有效期:2001.11.20～2004.11.20

嘉兴市工程建设监理事务所
地址:浙江省嘉兴市中山西路 235 号建工大楼 9 楼
邮政编码:314001
证书注册编号:1700B0633
体系认证标准:GB/T 19002—1994 idt ISO 9002:1994
有效期:2000.11.20～2003.11.20

成都普天电缆股份有限公司
地址:四川省成都市高新技术开发区
邮政编码:610042
证书注册编号:1700B0634
体系认证标准:GB/T 19002—1994 idt ISO 9002:1994
有效期:2000.11.20～2003.11.20

苏州工业园区设计研究院
地址:江苏省苏州工业园区苏华路 2 号国际大厦九层
邮政编码:215021
证书注册编号:1700A0635
体系认证标准:GB/T 19001—1994 idt ISO 9001:1994
有效期:2000.11.20～2003.11.20

太原锅炉集团有限公司
地址:山西省太原市和平南路 343 号
邮政编码:300210
证书注册编号:1700A0636
体系认证标准:GB/T 19001—1994 idt ISO 9001:1994
有效期:2000.11.22～2003.11.22

北京市红海建筑材料厂
地址:北京丰台区久敬庄油毡厂东 8 号
邮政编码:100076
证书注册编号:1700B0637
体系认证标准:GB/T 19002—1994 idt ISO 9002:1994
有效期:2000.11.23～2003.11.23

乌鲁木齐有色冶金设计研究院
地址:新疆乌鲁木齐市友好北路 15 号
邮政编码:830000
证书注册编号:1700A0638
体系认证标准:GB/T 19001—1994 idt ISO 9001:1994
有效期:2000.11.23～2003.11.23

新疆金石建设监理有限责任公司
地址:新疆乌鲁木齐市西虹路 1 号
邮政编码:830000
证书注册编号:1700B0639
体系认证标准:GB/T 19002—1994 idt ISO 9002:1994
有效期:2000.11.22～2003.11.22

北京中电物业管理有限公司
地址:北京市海淀区白石桥路 18 号
邮政编码:100086
证书注册编号:1700B0640
体系认证标准:GB/T 19002—1994 idt ISO 9002:1994
有效期:2000.11.22～2003.11.22

上海伊利爱贝食品有限公司
地址:上海市闵行经济开发区北斗路 269 号
邮政编码:200245
证书注册编号:1700A0641
体系认证标准:GB/T 19001—1994 idt ISO 9001:1994
有效期:2000.11.22～2003.11.22

东平县明达实业有限公司
山东省东平县城西
邮政编码:2715001
证书注册编号:1700B0642
体系认证标准:GB/T 19002—1994 idt ISO 9002:1994
有效期:2000.11.23～2003.11.23

南京市房屋工程建设监理中心
地址:江苏省南京市中山路 119 号
邮政编码:210005
证书注册编号:1700B0643
体系认证标准:GB/T 19002—1994 idt ISO 9002:1994
有效期:2000.11.23～2003.11.23

烟台迪帕迩工业有限公司
地址:山东省烟台市经济技术开发区黄河路 26 号

邮政编码:264006
证书注册编号:1700B0644
体系认证标准:GB/T 19002－1994 idt ISO 9002:1994
有效期:2000.11.22～2003.11.22

河南省气缸盖厂
地址:河南省扶沟县南工业路18号
邮政编码:461300
证书注册编号:1700B0645
体系认证标准:GB/T 19002－1994 idt ISO 9002:1994
有效期:2000.11.27～2003.11.27

苏州苏万万向节有限公司
地址:江苏省吴江市松陵镇交通北路94号
邮政编码:215200
证书注册编号:1700B0646
体系认证标准:GB/T 19002－1994 idt ISO 9002:1994
有效期:2000.11.27～2003.11.27

北京房云盛玻璃钢有限公司
地址:北京市房山区城关靶场路
邮政编码:102400
证书注册编号:1700B0647
体系认证标准:GB/T 19002－1994 idt ISO 9002:1994
有效期:2000.11.27～2003.11.27

太原市建总公司第六建筑工程公司
地址:山西省太原市新建路212号
邮政编码:30002
证书注册编号:1700B0648
体系认证标准:GB/T 19002－1994 idt ISO 9002:1994
有效期:2000.11.27～2003.11.27

镇江市万宝电器设备总厂
地址:江苏扬中市开发区新扬路99号
邮政编码:212200
证书注册编号:1700B0649
体系认证标准:GB/T 19002－1994 idt ISO 9002:1994
有效期:2000.11.27～2003.11.27

泰安建筑工程公司
地址:新疆乌鲁木齐市友好北路15号
邮政编码:830000
证书注册编号:1700B0650
体系认证标准:GB/T 19002－1994 idt ISO 9002:1994
有效期:2000.11.27～2003.11.27

包钢集团凯捷建设工程有限公司
地址:内蒙古自治区包头市包钢厂区
邮政编码:140100
证书注册编号:1700B0651
体系认证标准:GB/T 19002－1994 idt ISO 9002:1994
有效期:2000.11.27～2003.11.27

江苏省镇江江天汽运集团有限责任公司镇江南门快客汽车站
地址:江苏省镇江市解放路50号
邮政编码:212001
证书注册编号:1700B0652
体系认证标准:GB/T 19002－1994 idt ISO 9002:1994
有效期:2000.11.28～2003.11.28

河北省工程咨询研究院
地址:河北省石家庄市自强路112号
邮政编码:50051
证书注册编号:1700B0653
体系认证标准:GB/T 19002－1994 idt ISO 9002:1994
有效期:2000.11.27～2003.11.27

浙江省诸暨市菲尔诺服饰有限公司
地址:浙江省诸暨东一乡东一工业区
邮政编码:311811
证书注册编号:1700B0654
体系认证标准:GB/T 19002－1994 idt ISO 9002:1994
有效期:2000.11.27～2003.11.28

扬州宏兴针织有限公司
地址:江苏省扬州市泰州路237号
邮政编码:225000
证书注册编号:1700B0655
体系认证标准:GB/T 19002－1994 idt ISO 9002:1994
有效期:2000.11.28～2003.11.28

河南省交通规划勘察设计院
地址:河南省郑州市陇海中路70号
邮政编码:450052
证书注册编号:1700A0656
体系认证标准:GB/T 19001－1994 idt ISO 9001:1994
有效期:2000.11.28～2003.11.28

河南省高等级公路建设监理部
地址:河南省郑州市陇海中路70号
邮政编码:450052
证书注册编号:1700B0657
体系认证标准:GB/T 19002－1994 idt ISO 9002:1994
有效期:2000.11.28～2003.11.28

北京西餐食品有限公司
地址:北京怀柔县庙城镇郑重庄
邮政编码:101401
证书注册编号:1700B0658
体系认证标准:GB/T 19002－1994 idt ISO 9002:1994
有效期:2000.11.28～2003.11.28

玉环县楚门密封件厂
地址:浙江省玉环县楚门镇东门工业区
邮政编码:317605
证书注册编号:1700B0659
体系认证标准:GB/T 19002－1994 idt ISO 9002:1994
有效期:2000.11.28～2003.11.28

锡林郭勒盟建筑安装总公司
地址:内蒙古锡林浩特市杭盖街76号
邮政编码:26000
证书注册编号:1700B0660
体系认证标准:GB/T 19002－1994 idt ISO 9002:1994
有效期:2000.11.28～2003.11.28

苏州市城建开发监理有限公司
地址:江苏省苏州市三香路6号
邮政编码:215004
证书注册编号:1700B0661
体系认证标准:GB/T 19002－1994 idt ISO 9002:1994
有效期:2000.11.28～2003.11.28

重庆立建设机械(集团)公司
地址:重庆市沙坪坝区石小路173号
邮政编码:400039
证书注册编号:1700A0662
体系认证标准:GB/T 19001－1994 idt ISO 9001:1994
有效期:2000.11.28～2003.11.28

山西离石大土河煤焦企业集团总公司
地址:山西省离石市城关镇大土河村
邮政编码:33000
证书注册编号:1700B0663

体系认证标准:GB/T19002－1994 idt ISO 9002:1994
有效期:2000.11.28～2003.11.28

中铁工程有限公司
地址:北京市复兴路40号
邮政编码:100855
证书注册编号:1700B0664
体系认证标准:GB/T 19002－1994 idt ISO 9002:1994
有效期:2000.11.27～2003.11.27

北京中色物探有限公司
地址:北京市丰台区六里桥马管营莲香园小区2－305
邮政编码:100073
证书注册编号:1700B0665
体系认证标准:GB/T 19002－1994 idt ISO 9002:1994
有效期:2000.11.30～2003.11.30

北京金达勘查工程新技术开发公司
地址:北京市丰台区六里桥马管营莲香园小区2－303
邮政编码:100073
证书注册编号:1700B0666
体系认证标准:GB/T 19002－1994 idt ISO 9002:1994
有效期:2000.11.30～2003.11.30

重庆长江预应力有限公司
地址:重庆市巴南区百节镇葫芦嘴
邮政编码:401320
证书注册编号:1700B0667
体系认证标准:GB/T 19002－1994 idt ISO 9002:1994
有效期:2000.11.30～2003.11.30

北京市怀柔县肉类联合加工厂
地址:北京市怀柔县高各庄南路
邮政编码:101401
证书注册编号:1700B0668
体系认证标准:GB/T 19002－1994 idt ISO 9002:1994
有效期:2000.11.30～2003.11.30

新疆综合勘察设计院
地址:新疆乌鲁木齐红山路134号
邮政编码:830002
证书注册编号:1700A0669
体系认证标准:GB/T 19001－1994 idt ISO 9001:1994
有效期:2000.11.30～2003.11.30

成都普天电缆股份有限公司
地址:四川省成都市外西茶店子紫云路
邮政编码:610036
证书注册编号:1700A0670
体系认证标准:GB/T 19001－1994 idt ISO 9001:1994
有效期:2000.11.30～2003.11.30

磐安县溪泉橡塑装璜厂
地址:浙江省磐安县玉山镇马塘村
邮政编码:322302
证书注册编号:1700B0671
体系认证标准:GB/T 19002－1994 idt ISO 9002:1994
有效期:2000.11.30～2003.11.30

新疆昌吉回族自治州第三建筑安装工程总公司
地址:浙江省玉环县城中路103号
邮政编码:317600
证书注册编号:1700B0672
体系认证标准:GB/T 19002－1994 idt ISO 9002:1994
有效期:2000.11.30～2003.11.30

唐山交通建设工程监理咨询有限责任公司
地址:河北省唐山市北新西道103号邮政编码:630000
证书注册编号:1700B0673
体系认证标准:GB/T 19002－1994 idt ISO 9002:1994
有效期:2000.11.30～2003.11.30

蚌埠市普发电工设备厂
地址:安徽省蚌埠市涂山路896号
邮政编码:233010
证书注册编号:1700B0674
体系认证标准:GB/T 19002－1994 idt ISO 9002:1994
有效期:2000.11.30～2003.11.30

山西省榆次市电器开关厂
地址:山西榆次市花园路关南街46号
邮政编码:306000
证书注册编号:1700B0675
体系认证标准:GB/T 19002－1994 idt ISO 9002:1994
有效期:2000.11.30～2003.11.30

内蒙古中色建设工程总公司
地址:内蒙古呼和浩特市乌兰察布东路
邮政编码:100100
证书注册编号:1700B0676
体系认证标准:GB/T 19002－1994 idt ISO 9002:1994
有效期:2000.11.30～2003.11.30

山西省宏图建设工程有限公司
地址:山西省太原市建设北路235号
邮政编码:300130
证书注册编号:1700B0677
体系认证标准:GB/T 19002－1994 idt ISO 9002:1994
有效期:2000.11.30～2003.11.30

内蒙古元和房地产开发有限责任公司
地址:内蒙古呼和浩特市回民区大庆路3号
邮政编码:100500
证书注册编号:1700A0678
体系认证标准:GB/T 19001－1994 idt ISO 9001:1994
有效期:2000.11.30～2003.11.30

通辽市交通工程局
地址:内蒙古通辽市明仁大街7号
邮政编码:280000
证书注册编号:1700B0681
体系认证标准:GB/T 19002－1994 idt ISO 9002:1994
有效期:2000.12.5～2003.12.5

中国有色金属工业第二十三冶金建设公司
地址:湖南省长沙市劳动西路293号邮政编码:410015
证书注册编号:1700B0682 1798B315
体系认证标准:GB/T 19002－1994 idt ISO 9002:1994
有效期:2000.12.1～2003.12.1

冶金自动化研究院
地址:北京市丰台路84号
邮政编码:100071
证书注册编号:1700A0683
体系认证标准:GB/T 19001－1994 idt ISO 9001:1994
有效期:2000.12.5～2003.12.5

太原热力设计公司
地址:山西太原市双塔西街111号

邮政编码:300120
证书注册编号:1700A0684
体系认证标准:GB/T 19001—1994 idt ISO 9001:1994
有效期:2000.12.5～2003.12.5

北京金罗马物业管理有限公司
地址:北京市朝阳区惠新西街18号
邮政编码:100029
证书注册编号:1700B0685
体系认证标准:GB/T 19002—1994 idt ISO 9002:1994
有效期:2000.12.5～2003.12.5

莱阳市新冷大食品有限公司
地址:山东省莱阳市富水路075号
邮政编码:265200
证书注册编号:1700B0686
体系认证标准:GB/T 19002—1994 idt ISO 9002:1994
有效期:2000.12.5～2003.12.5

新疆有色冶金机械厂
地址:新疆乌鲁木齐市喀什东路18号
邮政编码:830013
证书注册编号:1700B0687
体系认证标准:GB/T 19002—1994 idt ISO 9002:1994
有效期:2000.11.6～2003.11.6

山西省第一建筑工程公司
地址:山西省侯马市建工路1号
邮政编码:430040
证书注册编号:1700B0688
体系认证标准:GB/T 19002—1994 idt ISO 9002:1994
有效期:2000.12.6～2003.12.6

中原石油勘探局计算机中心
地址:河南省濮阳市庆山街3号
邮政编码:457001
证书注册编号:1700A0689 1798A287
体系认证标准:GB/T 19001—1994 idt ISO 9001:1994
有效期:2000.12.4～2003.12.4

内蒙古元和建筑有限责任公司
地址:内蒙古呼和浩特市回民区大庆路3号
邮政编码:100500
证书注册编号:1700B0690
体系认证标准:GB/T 19002—1994 idt ISO 9002:1994
有效期:2000.12.5～2003.12.5

重庆市华蓥山建材建筑总公司
地址:重庆合川市三江镇火车站
邮政编码:401535
证书注册编号:1700B0691
体系认证标准:GB/T 19002—1994 idt ISO 9002:1994
有效期:2000.12.5～2003.12.5

如皋市大生机械厂
地址:江苏省如皋市如城镇如桥村
邮政编码:226572
证书注册编号:1700B0692
体系认证标准:GB/T 19002—1994 idt ISO 9002:1994
有效期:2000.12～2003.12

北京善德缘桥梁维护维修有限公司
地址:北京市门头沟区石龙北路28号
邮政编码:102308
证书注册编号:1700B0693
体系认证标准:GB/T 19002—1994 idt ISO 9002:1994
有效期:2000.12.5～2003.12.5

新疆天山水泥制品有限责任公司
地址:新疆乌鲁木齐市西八家户路六号
邮政编码:830054
证书注册编号:1700B0694
体系认证标准:GB/T 19002—1994 idt ISO 9002:1994
有效期:2000.12.4～2003.12.4

青岛高科技工业园中韩橡塑厂
地址:山东省青岛市崂山区中韩枯桃
邮政编码:266101
证书注册编号:1700B0695
体系认证标准:GB/T 19002—1994 idt ISO 9002:1994
有效期:2000.12.4～2003.12.4

四川石油管理局川南矿区机械厂
地址:四川省泸州市江阳区邻玉镇
邮政编码:646002
证书注册编号:1700B0696
体系认证标准:GB/T 19002—1994 idt ISO 9002:1994
有效期:2000.12.6～2003.12.6

阳江市联通电信器材厂
地址:广东省阳江市岭东工业大道五街二号
邮政编码:529500
证书注册编号:1700B0697
体系认证标准:GB/T 19002—1994 idt ISO 9002:1994
有效期:2000.12.1～2003.12.1

四川宏术预应力钢丝厂
地址:四川隆昌县成渝高速公路入口处
邮政编码:642150
证书注册编号:1700B0698
体系认证标准:GB/T 19002—1994 idt ISO 9002:1994
有效期:2000.12.6～2003.12.6

安徽省水泥制品厂
地址:安徽省合肥市大通路94号
邮政编码:230011
证书注册编号:1700B0699
体系认证标准:GB/T 19002—1994 idt ISO 9002:1994
有效期:2000.12.6～2003.12.6

湖北省水利水电工程咨询中心
地址:湖北省武汉市珞狮路
邮政编码:430070
证书注册编号:1700B0701
体系认证标准:GB/T 19002—1994 idt ISO 9002:1994
有效期:2000.12.4～2003.12.4

巩义市民权炉料厂
地址:河南省巩义市大峪沟民权村
邮政编码:451271
证书注册编号:1700B0702
体系认证标准:GB/T 19002—1994 idt ISO 9002:1994
有效期:2000.12.4～2003.12.4

义乌市勘察测绘院
地址:浙江省义乌市稠州中路385号
邮政编码:322000
证书注册编号:1700B0703
体系认证标准:GB/T 19002—1994 idt ISO 9002:1994
有效期:2000.12.5～2003.12.5

中铁第十五工程局第二工程处
地址:河南省焦作工业东路518号
邮政编码:454003
证书注册编号:1700B0704 1797B202

体系认证标准:GB/T 19002—1994 idt ISO 9002:1994
有效期:2000.12.5～2003.12.5

广东有色工程勘察设计院
地址:广东省广州东风路 745 号
邮政编码:510080
证书注册编号:1700B0705
体系认证标准:GB/T 19002—1994 idt ISO 9002:1994
有效期:2000.12.5～2003.12.5

巨龙信息技术有限责任公司
地址:北京市朝阳区北苑路 169 号
邮政编码:100101
证书注册编号:1700A0706
体系认证标准:GB/T 19001—1994 idt ISO 9001:1994
有效期:2000.12.6～2003.12.6

北京城西龙泉水泵厂
地址:北京市门头沟区城子西街
邮政编码:102300
证书注册编号:1700A0707
体系认证标准:GB/T 19001—1994 idt ISO 9001:1994
有效期:2000.12.6～2003.12.6

***中国铁道建筑总公司襄樊内燃机车工厂**
地址:湖北省襄樊市 129 信箱
邮政编码:441105
电话:(0710)2811700
传真:(0710)2811714
证书注册编号:1700B0708
体系认证标准:GB/T 19002—1994 idt ISO 9002:1994
获证体系覆盖产品:东风 4 型内燃机车修理服务
有效期:2000.12.6～2003.12.6

新乡市天太中空板厂
地址:河南省新乡市学院路北段
邮政编码:453002
证书注册编号:1700B0709
体系认证标准:GB/T 19002—1994 idt ISO 9002:1994
有效期:2000.12.6～2003.12.6

保定风帆摩托车蓄电池有限公司
地址:河北省保定市省印路 189 号
邮政编码:710510
证书注册编号:1700A0710
体系认证标准:GB/T 19001—1994 idt ISO 9001:1994
有效期:2000.12.6～2003.12.6

盐城市阳光建筑安装工程总公司
地址:江苏省大丰市区康平南路 18 号
邮政编码:224100
证书注册编号:1700B0711
体系认证标准:GB/T 19002—1994 idt ISO 9002:1994
有效期:2000.12.29～2003.12.29

大丰市西团建筑公司
地址:大丰市西团镇新建路 1 号
邮政编码:224124
证书注册编号:1700B0712
体系认证标准:GB/T 19002—1994 idt ISO 9002:1994
有效期:2000.12.6～2003.12.6

都江堰市科邦热缩制品有限责任公司
地址:四川都江堰市中兴镇工业开发区
邮政编码:611843
证书注册编号:1700B0713
体系认证标准:GB/T 19002—1994 idt ISO 9002:1994
有效期:2000.12.6～2003.12.6

山东省单县轴承有限公司
地址:山东省单县湖西路北首
邮政编码:274300
证书注册编号:1700B0714
体系认证标准:GB/T 19002—1994 idt ISO 9002:1994
有效期:2000.12.6～2003.12.6

中国石油化工股份有限公司河南油田分公司地质调查处
地址:河南省南阳市
邮政编码:473132
证书注册编号:1700B0715
体系认证标准:GB/T 19002—1994 idt ISO 9002:1994
有效期:2000.12.6～2003.12.6

宁夏夏进乳品饮料有限公司
地址:宁夏天忠市利通区金积镇
邮政编码:751101
证书注册编号:1700B0716
体系认证标准:GB/T 19002—1994 idt ISO 9002:1994
有效期:2000.12.6～2003.12.6

太原市建筑工程总公司
地址:山西省太原市新建路 212 号
邮政编码:300020
证书注册编号:1700A0717
体系认证标准:GB/T 19001—1994 idt ISO 9001:1994
有效期:2000.12.6～2003.12.6

山东宝瓶实业有限公司
地址:山东省宁阳县城长寿路 014 号
邮政编码:271400
证书注册编号:1700B0718
体系认证标准:GB/T 19002—1994 idt ISO 9002:1994
有效期:2000.12.8～2003.12.8

首钢第三建设公司安装工程公司
地址:北京市石景山区北辛安和平街 11 号
邮政编码:100041
证书注册编号:1700B0719
体系认证标准:GB/T 19002—1994 idt ISO 9002:1994
有效期:2000.12.8～2003.12.8

如皋市五山漂染有限责任公司
地址:江苏省如皋市西北尚书路 1 号
邮政编码:226521
证书注册编号:1700B0720
体系认证标准:GB/T 19002—1994 idt ISO 9002:1994
有效期:2000.12.8～2003.12.8

河南油田大正实业公司
地址:河北省南阳市宛城区河南油田东区
邮政编码:473132
证书注册编号:1700B0721
体系认证标准:GB/T 19002—1994 idt ISO 9002:1994
有效期:2000.12.8～2003.12.8

天津石化设计院
地址:天津市大港区胜利街东干道
邮政编码:300271
证书注册编号:1700A0722 1797A175
体系认证标准:GB/T 19001—1994 idt ISO 9001:1994
有效期:2000.12.8～2003.12.8

安徽省建筑机械厂
地址:安徽省合肥市黄山路 459 号
邮政编码:230031
证书注册编号:1700B0723
体系认证标准:GB/T 19002—1994 idt ISO 9002:1994
有效期:2000.12.8～2003.12.8

哈尔滨天科机电有限责任公司
地址:黑龙江省哈尔滨市南岗区赣水路 181 层 4 层
邮政编码:150090
证书注册编号:1700A0724
体系认证标准:GB/T 19001—1994 idt ISO 9001:1994
有效期:2000.12.8～2003.12.8

北京华菱伟业设备安装有限公司
地址:北京市丰台区造甲村 111 号
邮政编码:100070
证书注册编号:1700B0725 1797B189
体系认证标准:GB/T 19002—1994 idt ISO 9002:1994
有效期:2000.12.8～2003.12.8

济南通讯电缆厂
地址:山东省济南市历城区大正小区
邮政编码:250104
证书注册编号:1700B0726 1797B178
体系认证标准:GB/T 19002—1994 idt ISO 9002:1994
有效期:2000.12.8～2003.12.8

北京长虹开关厂
地址:北京永外南顶路肖村
邮政编码:100078
证书注册编号:1700A0727 1798A318
体系认证标准:GB/T 19001—1994 idt ISO 9001:1994
有效期:2000.12.8～2003.12.8

西北电力建设第一工程公司
地址:陕西省渭南华山大街 31 号
邮政编码:714000
证书注册编号:1700B0728 1798B215
体系认证标准:GB/T 19002—1994 idt ISO19002:1994
有效期:2000.12.1～2003.12.1

济南一建集团总公司
地址:山东省济南市工业北路 295 号
邮政编码:250100
证书注册编号:1700B0729 1797B215
体系认证标准:GB/T 19002—1994 idt ISO 9002:1994
有效期:2000.12.8～2003.12.8

江西新宇房地产开发有限公司
地址:江西省南昌市二七北路 88 号
邮政编码:330046
证书注册编号:1700A0730
体系认证标准:GB/T 19001—1994 idt ISO 9001:1994
有效期:2000.12.8～2003.12.8

辽源电力安装工程公司
地址:吉林省辽源市信宁街 2 号
邮政编码:136200
证书注册编号:1700B0731
体系认证标准:GB/T 19002—1994 idt ISO 9002:1994
有效期:2000.12.12～2003.12.12

辽源电力设备制造有限责任公司
地址:吉林省辽源市新兴大街兴隆胡同 99 号
邮政编码:136200
证书注册编号:1700B0732
体系认证标准:GB/T 19002—1994 idt ISO 9002:1994
有效期:2000.12.12～2003.12.12

中条山有色金属公司水泥厂
地址:山西省垣曲县长直乡五龙泉
邮政编码:43700
证书注册编号:1700B0733
体系认证标准:GB/T 19002—1994 idt ISO 9002:1994
有效期:2000.12.12～2003.12.12

中煤第一勘探局地质勘查研究院
地址:河北省邯郸市滏河北大街 137 号
邮政编码:56004
证书注册编号:1700A0734
体系认证标准:GB/T 19001—1994 idt ISO 9001:1994
有效期:2000.12.12～2003.12.12

焦作市第五建筑工程公司
地址:河南省焦作市建设东路
邮政编码:454152
证书注册编号:1700B0735
体系认证标准:GB/T 19002—1994 idt ISO 9002:1994
有效期:2000.12.12～2003.12.12

银川第一市政工程有限责任公司
地址:宁夏银川市城区利群东街 76 号
邮政编码:750004
证书注册编号:1700B0736
体系认证标准:GB/T 19002—1994 idt ISO 9002:1994
有效期:2000.12.12～2003.12.12

吉林森林工业股份有限公司露水河刨花板分公司
地址:吉林省抚松县露水河镇
邮政编码:134506
证书注册编号:1700B0737
体系认证标准:GB/T 19002—1994 idt ISO 9002:1994
有效期:2000.12.12～2003.12.12

首钢第三建设公司金属结构工程公司
地址:北京市石景山区北辛安和平街甲九号
邮政编码:100041
证书注册编号:1700B0738
体系认证标准:GB/T 19002—1994 idt ISO 9002:1994
有效期:2000.12.12～2003.12.12

淄博峰港化工有限公司
地址:山东淄博市张店区湖田镇柳杭村
邮政编码:255075
证书注册编号:1700B0739
体系认证标准:GB/T 19002—1994 idt ISO 9002:1994
有效期:2000.12.12～2003.12.12

嘉兴雅莹时装有限公司
地址:浙江省嘉兴市禾兴路 366 号戴梦得大厦九楼
邮政编码:314001
证书注册编号:1700B0740
体系认证标准:GB/T 19002—1994 idt ISO 9002:1994
有效期:2000.12.12～2003.12.12

安徽省门窗公司
地址:安徽省合肥市太湖路 18 号
邮政编码:230051
证书注册编号:1700B0741
体系认证标准:GB/T 19002—1994 idt ISO 9002:1994
有效期:2000.12.12～2003.12.12

安徽省建工集团有限公司
地址:安徽省合肥市环城路28号
邮政编码:230001
证书注册编号:1700A0742
体系认证标准:GB/T 19001－1994 idt ISO 9001:1994
有效期:2000.12.8～2003.12.8

北京中兴物业管理有限公司
地址:北京市宣武区白广路二条1号
邮政编码:100761
证书注册编号:1700B0743
体系认证标准:GB/T 19002－1994 idt ISO 9002:1994
有效期:2000.12.12～2003.12.12

鹤岗市禾友农药有限责任公司
地址:黑龙江省鹤岗市工农区禾友路45号
邮政编码:154108
证书注册编号:1700B0744
体系认证标准:GB/T 19002－1994 idt ISO 9002:1994
有效期:2000.12.12～2003.12.12

上海申峰装饰工程有限公司
地址:上海市乐山路35号
邮政编码:200030
证书注册编号:1700A0745
体系认证标准:GB/T 19001－1994 idt ISO 9001:1994
有效期:2000.12.14～2003.12.14

北京一通乐科技开发有限公司
地址:北京市海淀区聂各庄乡台头村
邮政编码:100095
证书注册编号:1700B0746
体系认证标准:GB/T 19002－1994 idt ISO 9002:1994
有效期:2000.12.14～2003.12.14

淄博汽车配件股份有限公司
地址:山东省淄博市博山区大海眼东路
邮政编码:255202
证书注册编号:1700B0747
体系认证标准:GB/T 19002－1994 idt ISO 9002:1994
有效期:2000.12.14～2003.12.14

北京铁路分局丰台车辆段
地址:北京市丰台区建国街23号
邮政编码:100070
证书注册编号:1700B0748
体系认证标准:GB/T 19002－1994 idt ISO 9002:1994
有效期:2000.12.18～2003.12.18

山西裕祥基础工程有限公司
地址:山西省太原市杏花岭街2号
邮政编码:30002
证书注册编号:1700B0749
体系认证标准:GB/T 19002－1994 idt ISO 9002:1994
有效期:2000.12.14～2003.12.14

山东鸿达建工集团有限公司
地址:山东省鸿达建工集团公司
邮政编码:265200
证书注册编号:1700B0750 1797B180
体系认证标准:GB/T 19002－1994 idt ISO 9002:1994
有效期:2000.12.14～2003.12.14

佳木斯宏兴建筑开发有限责任公司
地址:黑龙江省佳木斯市保卫路266号
邮政编码:154002
证书注册编号:1700B0751
体系认证标准:GB/T 19002－1994 idt ISO 9002:1994
有效期:2000.12.14～2003.12.14

***四川石油管理局川南油气田建设工程公司**
地址:四川省泸州市纳溪区
邮政编码:646300
电话:(0830)4250434
传真:(0830)4250005
法定代表人:廖正泰
证书注册编号:1700B0752
体系认证标准:GB/T 19002－1994 idt ISO 9002:1994
获证体系覆盖产品:工业、民用天然气输配气工程施工,BRI级(一、二类低、中压压力容器制作)
有效期:2000.12.14～2003.12.14

安徽省工业设备安装公司
地址:安徽省合肥市美菱大道268号
邮政编码:230022
证书注册编号:1700B0753
体系认证标准:GB/T 19002－1994 idt ISO 9002:1994
有效期:2000.12.14～2003.12.14

安徽省装饰工程公司
地址:安徽省合肥市太湖东路
邮政编码:230051
证书注册编号:1700A0754
体系认证标准:GB/T 19001－1994 idt ISO 9001:1994
有效期:2000.12.14～2003.12.14

新疆有色黄金建设公司
地址:新疆乌鲁木齐市喀什东路26号
邮政编码:830013
证书注册编号:1700B0755
体系认证标准:GB/T 19002－1994 idt ISO 9002:1994
有效期:2000.12.14～2003.12.14

大兴县供用电安装公司
地址:北京市大兴县海子角村东
邮政编码:102600
证书注册编号:1700B0756
体系认证标准:GB/T 19002－1994 idt ISO 9002:1994
有效期:2000.12.14～2003.12.14

天津市国腾公司咨询监理有限公司
地址:天津市河西区围堤道150号
邮政编码:300201
证书注册编号:1700B0757
体系认证标准:GB/T 19002－1994 idt ISO 9002:1994
有效期:2000.12.14～2003.12.14

福建省南安市溪美电器厂
地址:福建省南安市颖川路267号
邮政编码:362300
证书注册编号:1700B0758
体系认证标准:GB/T 19002－1994 idt ISO 9002:1994
有效期:2000.12.14～2003.12.14

海安县纺织一厂
地址:江苏省海安县双楼镇向阳中路84号
邮政编码:226671
证书注册编号:1700B0759
体系认证标准:GB/T 19002－1994 idt ISO 9002:1994
有效期:2000.12.14～2003.12.14

北汽福田车辆股份有限公司潍坊农业装备分公司
地址:山东省潍坊市北海南路192号

邮政编码:261206
证书注册编号:1700A0760
体系认证标准:GB/T 19001—1994 idt ISO 9001:1994
有效期:2000.12.14～2003.12.14

甘肃信达铁路工程监理有限责任公司
地址:甘肃省兰州市和政路156号
邮政编码:730000
证书注册编号:1700B0761
体系认证标准:GB/T 19002—1994 idt ISO 9002:1994
有效期:2000.12.14～2003.12.14

瑞安市富昌制药机械有限公司
地址:浙江省瑞安市经济技术开发区渔都路6号
邮政编码:325200
证书注册编号:1700A0762
体系认证标准:GB/T 19001—1994 idt ISO 9001:1994
有效期:2000.12.14～2003.12.14

长春建工集团吉润建设股份有限公司
地址:吉林省长春市朝阳区前进大街72号
邮政编码:130012
证书注册编号:1700B0763
体系认证标准:GB/T 19002—1994 idt ISO 9002:1994
有效期:2000.12.18～2003.12.18

安徽省建筑科学研究设计院
地址:安徽省合肥市环城南路28号
邮政编码:230001
证书注册编号:1700A0764
体系认证标准:GB/T 19001—1994 idt ISO 9001:1994
有效期:2000.12.6～2003.12.6

南京市房屋工程建设监理中心
地址:陕西咸阳市渭城区中山街168号
邮政编码:712000
证书注册编号:1700B0765
体系认证标准:GB/T 19002—1994 idt ISO 9002:1994
有效期:2000.12.18～2003.12.18

兴平市建筑集团总公司
地址:陕西省兴平市东大街136号
邮政编码:713100
证书注册编号:1700B0766
体系认证标准:GB/T 19002—1994 idt ISO 9002:1994
有效期:2000.12.18～2003.12.18

咸阳第一建筑工程有限公司
地址:陕西省咸阳市渭阳东路27号
邮政编码:712000
证书注册编号:1700B0767
体系认证标准:GB/T 19002—1994 idt ISO 9002:1994
有效期:2000.12.18～2003.12.18

北京市朝阳化工设备厂
地址:北京市朝阳区北双桥
邮政编码:100024
证书注册编号:1700B0768
体系认证标准:GB/T 19002—1994 idt ISO 9002:1994
有效期:2000.12.19～2003.12.19

兰州铁路局勘测设计院
地址:甘肃省兰州市和政路156号
邮政编码:730000
证书注册编号:1700A0769
体系认证标准:GB/T 19001—1994 idt ISO 9001:1994
有效期:2000.12.19～2003.12.19

山东省广饶县台联橡胶有限公司
地址:山东省广饶县稻庄镇西水村
邮政编码:257336
证书注册编号:1700B0770
体系认证标准:GB/T 19002—1994 idt ISO 9002:1994
有效期:2000.12.19～2003.12.19

宜昌市葛洲坝工程监理总公司
地址:湖北省宜昌市青波路10号
邮政编码:443002
证书注册编号:1700B0771
体系认证标准:GB/T 19002—1994 idt ISO 9002:1994
有效期:2000.12.14～2003.12.14

内蒙古北方重型汽车股份有限公司
地址:内蒙古包头市青山区
邮政编码:140300
证书注册编号:1700A0772 1797A161
体系认证标准:GB/T 19001—1994 idt ISO 9001:1994
有效期:2000.12.12～2003.12.12

四川石油管理局川南矿区钻具井控公司
地址:四川省泸州市江阳区邻玉镇
邮政编码:646002
证书注册编号:1700B0773
体系认证标准:GB/T 19002—1994 idt ISO 9002:1994
有效期:2000.12.18～2003.12.18

泸州大有钻采装备公司
地址:四川省泸州市江阳区邻玉镇
邮政编码:646002
证书注册编号:1700B0774
体系认证标准:GB/T 19002—1994 idt ISO 9002:1994
有效期:2000.12.18～2003.12.18

湖南化工研究院
地址:湖南省长沙市芙蓉中路399号
邮政编码:410007
证书注册编号:1700A0775
体系认证标准:GB/T 19001—1994 idt ISO 9001:1994
有效期:2000.12.19～2003.12.19

重庆市万桥索缆有限公司
地址:重庆市南岸五公里
邮政编码:400067
证书注册编号:1700B0776
体系认证标准:GB/T 19002—1994 idt ISO 9002:1994
有效期:2000.12.19～2003.12.19

海南有色地质工程勘察院
地址:海南省海口市金牛岭金牛路1号
邮政编码:570206
证书注册编号:1700B0777
体系认证标准:GB/T 19002—1994 idt ISO 9002:1994
有效期:2000.12.19～2003.12.19

浙江李子园牛奶食品有限公司
地址:浙江省金华市环城东路450号
邮政编码:321015
证书注册编号:1700B0778
体系认证标准:GB/T 19002—1994 idt ISO 9002:1994
有效期:2000.12.18～2003.12.18

中原石油勘探局地球物理测井公司
地址:河南省濮阳市中原油田测井公司
邮政编码:457001

证书注册编号:1700B0779 1797B177
体系认证标准:GB/T 19002—1994 idt ISO 9002:1994
有效期:2000.12.19～2003.12.19

安徽九华房地产开发有限公司
地址:安徽省合肥市芜湖路325号
邮政编码:230001
证书注册编号:1700A0780
体系认证标准:GB/T 19001—1994 idt ISO 9001:1994
有效期:2000.12.18～2003.12.18

漯河建设工程有限公司
地址:漯河市嵩山路北段
邮政编码:462000
证书注册编号:1700B0781
体系认证标准:GB/T 19002—1994 idt ISO 9002:1994
有效期:2000.12.18～2003.12.18

黑龙江圣中(集团)股份有限公司(仅含木业公司)
地址:黑龙江省哈尔滨市南岗区一曼街53号
邮政编码:150001
证书注册编号:1700B0782
体系认证标准:GB/T 19002—1994 idt ISO 9002:1994
有效期:2000.12.18～2003.12.18

邯郸德源纺织有限公司
地址:河北省邯郸市联纺路24号
邮政编码:56026
证书注册编号:1700A0783
体系认证标准:GB/T 19001—1994 idt ISO 9001:1994
有效期:2000.12.19～2003.12.19

成都兴蜀基础工程公司
地址:四川省成都市青华路39号
邮政编码:610072
证书注册编号:1700B784
体系认证标准:GB/T 19002—1994 idt ISO 9002:1994
有效期:2000.12.19～2003.12.19

河北省涿州市第六建筑安装工程公司
地址:河北省涿州市范阳东路69号
邮政编码:72750
证书注册编号:1700B0785
体系认证标准:GB/T 19002—1994 idt ISO 9002:1994
有效期:2000.12.19～2003.12.19

河南油田四维实业有限公司
地址:河南省桐柏县双河油建
邮政编码:474780
证书注册编号:1700B0786
体系认证标准:GB/T 19002—1994 idt ISO 9002:1994
有效期:2000.12.19～2003.12.19

漯河天桥建设(集团)有限公司
地址:河南省漯河市解放路325号
邮政编码:462000
证书注册编号:1700B0787
体系认证标准:GB/T 19002—1994 idt ISO 9002:1994
有效期:2000.12.21～2003.12.21

湖南海利化工股份有限公司
地址:湖南省长沙市芙蓉中路399号
邮政编码:410007
证书注册编号:1700B0788
体系认证标准:GB/T 19002—1994 idt ISO 9002:1994
有效期:2000.12.21～2003.12.21

北京汽车工业集团总公司第一弹簧厂
地址:北京市顺义区李家桥镇张辛庄
邮政编码:101300
证书注册编号:1700A0789
体系认证标准:GB/T 19001—1994 idt ISO 9001:1994
有效期:2000.12.21～2003.12.21

玉环县红旗汽车附件厂
地址:浙江省玉环县坎门红旗工业区
邮政编码:317602
证书注册编号:1700B0790
体系认证标准:GB/T 19002—1994 idt ISO 9002:1994
有效期:2000.12.21～2003.12.21

宁波港务局北仑港埠公司
地址:浙江省宁波市北仑
邮政编码:315800
证书注册编号:1700B0791 1797B252
体系认证标准:GB/T 19002—1994 idt ISO 9002:1994
有效期:2000.12.21～2003.12.21

重庆市光能化工有限公司
地址:重庆市高新区高庙村张坪27号
邮政编码:400039
证书注册编号:1700B0792
体系认证标准:GB/T 19002—1994 idt ISO 9002:1994
有效期:2000.12.21～2003.12.21

成都蓝天实业总公司
地址:四川省成都市外西谢家祠
邮政编码:610091
证书注册编号:1700A0793
体系认证标准:GB/T 19001—1994 idt ISO 9001:1994
有效期:2000.12.21～2003.12.21

内蒙古临河春雪羊绒制品有限公司
地址:内蒙古临河市万丰经济开发区
邮政编码:15000
证书注册编号:1700B0794
体系认证标准:GB/T 19002—1994 idt ISO 9002:1994
有效期:2000.12.21～2003.12.21

九台市建筑公司
地址:吉林省九台市建设路2号
邮政编码:130500
证书注册编号:1700B0795
体系认证标准:GB/T 19002—1994 idt ISO 9002:1994
有效期:2000.12.21～2003.12.21

江西中昌工程咨询监理有限公司
地址:江西南昌市桃苑二区15栋A座
邮政编码:330025
证书注册编号:1700B0796
体系认证标准:GB/T 19002—1994 idt ISO 9002:1994
有效期:2000.12.21～2003.12.21

***四川石油管理局川南建筑安装工程公司**
地址:四川省泸州市江阳区邻玉镇迎宾路19号
邮政编码:646002
电话:(0830)3891886
传真:(0830)3891886
法定代表人:韩永柱
证书注册编号:1700B0797
体系认证标准:GB/T 19002—1994 idt ISO 9002:1994
获证体系覆盖产品:道路桥涵、工业民用建筑施工,金属结构件制作、安

装
有效期:2000.12.21～2003.12.21

中国建筑土木工程公司
地址:北京丰管路48号中建土木大厦
邮政编码:100071
证书注册编号:1700B0798
体系认证标准:GB/T 19002—1994 idt ISO 9002:1994
有效期:2000.12.20～2003.12.20

晋城市建筑工程总公司
地址:山西晋城市泽州东街谈巷65号
邮政编码:48000
证书注册编号:1700B0799
体系认证标准:GB/T 19002—1994 idt ISO 9002:1994
有效期:2000.12.25～2003.12.25

成都市新通路桥机械有限公司
地址:四川省成都市静居寺路88号
邮政编码:610066
证书注册编号:1700B0800
体系认证标准:GB/T 19002—1994 idt ISO 9002:1994
有效期:2000.12.25～2003.12.25

安徽省建科建设监理有限公司
地址:安徽省合肥市环城路28号
邮政编码:230001
证书注册编号:1700B0801
体系认证标准:GB/T 19002—1994 idt ISO 9002:1994
有效期:2000.12.25～2003.12.25

山西潞安矿业(集团)有限责任公司漳村煤矿
地址:山西省长治市郊区西白兔乡漳村
邮政编码:46032
证书注册编号:1700B0802 1797B226
体系认证标准:GB/T 19002—1994 idt ISO 9002:1994
有效期:2000.12.25～2003.12.25

长江(扬中)电脱盐设备公司
地址:江苏省扬中市沙家港
邮政编码:212200
证书注册编号:1700B0803 1797B181
体系认证标准:GB/T 19002—1994 idt ISO 9002:1994
有效期:2000.12.25～2003.12.25

中铁建厂工程局第二建筑工程处
地址:山东省济南市济兖路290号
邮政编码:250117
证书注册编号:1700B0804
体系认证标准:GB/T 19002—1994 idt ISO 9002:1994
有效期:2000.12.25～2003.12.25

福建省南安市蓉中石油化工厂
地址:福建省南安市梅山工业区
邮政编码:362321
证书注册编号:1700B0805 1797B220
体系认证标准:GB/T 19002—1994 idt ISO 9002:1994
有效期:2000.12.25～2003.12.25

河南省啄木鸟地下管线检测有限公司
地址:河南省新乡平原路346号
邮政编码:453003
证书注册编号:1700B0806
体系认证标准:GB/T 19002—1994 idt ISO 9002:1994
有效期:2000.12.25～2003.12.25

天津天飞装饰工程有限公司
地址:天津河北区元纬路二马路82号
邮政编码:300141
证书注册编号:1700B0807
体系认证标准:GB/T 19002—1994 idt ISO 9002:1994
有效期:2000.12.25～2003.12.25

四川省德阳天元化工总厂
地址:四川省德阳市天元经济开发区
邮政编码: 618000
证书注册编号:1700B0808
体系认证标准:GB/T 19002—1994 idt ISO 9002:1994
有效期:2000.12.25～2003.12.25

成都利康线缆有限公司
地址:四川省成都市新都县新石路二段161号
邮政编码:610500
证书注册编号:1700B0809
体系认证标准:GB/T 19002—1994 idt ISO 9002:1994
有效期:2000.12.25～2003.12.25

中国机械设备进出口北京物业发展公司
地址:北京市广安门外大街178号
邮政编码:100055
证书注册编号:1700B0810
体系认证标准:GB/T 19002—1994 idt ISO 9002:1994
有效期:2000.12.25～2003.12.25

四川临邛(集团)实业有限公司
地址:四川省邛崃市西郊路上段21号
邮政编码:611530
证书注册编号:1700B0811
体系认证标准:GB/T 19002—1994 idt ISO 9002:1994
有效期:2000.12.25～2003.12.25

泸州永红工程塑料建材厂
地址:四川省泸州市安宁乡望天龙村
邮政编码:646103
证书注册编号:1700B0812
体系认证标准:GB/T 19002—1994 idt ISO 9002:1994
有效期:2000.12.25～2003.12.25

电子科技大学综合制造厂
地址:四川省成都市建设北路二段四号
邮政编码:610054
证书注册编号:1700B0813
体系认证标准:GB/T 19002—1994 idt ISO 9002:1994
有效期:2000.12.25～2003.12.25

北京卷烟厂
地址:北京市朝阳区管庄西里42号
邮政编码:100024
证书注册编号:1700A0814 1797B148
体系认证标准:GB/T 19001—1994 idt ISO 9001:1994
有效期:2000.12.20～2003.12.20

福建省晋江市盛达机器有限公司
地址:福建晋江市安海梧山西路19号
邮政编码:362261
证书注册编号:1700B0815
体系认证标准:GB/T 19002—1994 idt ISO 9002:1994
有效期:2000.12.25～2003.12.25

福建省晋江内坑裕兴陶瓷厂
地址:福建省晋江内坑湖内大坪工业区
邮政编码:362268
证书注册编号:1700B0816
体系认证标准:GB/T 19002—1994 idt ISO 9002:1994

有效期:2000.12.25～2003.12.25

北京清华永新双益环保有限公司
地址:北京市海淀区清华大学8区
邮政编码:100084
证书注册编号:1700A0817
体系认证标准:GB/T 19001－1994 idt ISO 9001:1994
有效期:2000.12.25～2003.12.25

中国航空技术国际工程公司
地址:北京市朝阳区北辰东路18号中航技大厦3层
邮政编码:100101
证书注册编号:1700A0818
体系认证标准:GB/T 19002－1994 idt ISO 9002:1994
有效期:2000.12.25～2003.12.25

中国铁道建筑总公司徐州机械总厂铁路器材分厂
地址:江苏省徐州市中山北路254号
邮政编码:221007
证书注册编号:1700B0819
体系认证标准:GB/T 19002－1994 idt ISO 9002:1994
有效期:2000.12.27～2003.12.27

锦州铁路分局锦州车辆段
地址:辽宁省锦州市凌河区铁新南里1号
邮政编码:121000
证书注册编号:1700B0820
体系认证标准:GB/T 19002－1994 idt ISO19002:1994
有效期:2000.12.27～2003.12.27

锦州铁路分局阜新车辆段
地址:辽宁省阜新市海州区振兴路110号
邮政编码:123002
证书注册编号:1700B0821
体系认证标准:GB/T 19002－1994 idt ISO 9002:1994
有效期:2000.12.27～2003.12.27

锦州铁路分局阜新车辆段
地址:辽宁省阜新市海州区振兴路110号
邮政编码:123002
证书注册编号:1700B0821
体系认证标准:GB/T 19002－1994 idt ISO 9002:1994
有效期:2000.12.27～2003.12.27

佳木斯市机械建筑工程有限责任公司
地址:黑龙江省佳木斯市中山路南段222号
邮政编码:154002
证书注册编号:1700B0822
体系认证标准:GB/T 19002－1994 idt ISO 9002:1994
有效期:2000.12.27～2003.12.27

北京市特种气体研究所龙湾屯实验厂
地址:北京顺义区龙湾屯镇龙湾屯村北
邮政编码:101306
证书注册编号:1700B0823
体系认证标准:GB/T 19002－1994 idt ISO 9002:1994
有效期:2000.12.27～2003.12.27

大连热处理厂
地址:辽宁省大连市甘井子区凌水河口村
邮政编码:116023
证书注册编号:1700B0824
体系认证标准:GB/T 19002－1994 idt ISO 9002:1994
有效期:2000.12.27～2003.12.27

云南省国税印刷厂
地址:云南省昆明市海埂路354号
邮政编码:650228
证书注册编号:1700B0825
体系认证标准:GB/T 19002－1994 idt ISO 9002:1994
有效期:2000.12.27～2003.12.27

沈阳市热力工程设计研究院
地址:辽宁省沈阳市沈河区八纬路29号
邮政编码:110014
证书注册编号:1700A0826
体系认证标准:GB/T 19001－1994 idt ISO 9001:1994
有效期:2000.12.27～2003.12.27

重庆市第二市政工程公司
地址:重庆市渝中区大坪下肖家湾107号
邮政编码:400042
证书注册编号:1700B0827
体系认证标准:GB/T 19002－1994 idt ISO 9002:1994
有效期:2000.12.27～2003.12.27

天津武清建筑建材集团有限公司
地址:天津市武清区杨村镇杨定路22号
邮政编码:301700
证书注册编号:1700B0828
体系认证标准:GB/T 19002－1994 idt ISO 9002:1994
有效期:2000.12.27～2003.12.27

溧水县水利建筑工程公司
地址:江苏省南京市溧水县毓秀路21号
邮政编码:211200
证书注册编号:1700B0829
体系认证标准:GB/T 19002－1994 idt ISO 9002:1994
有效期:2000.12.27～2003.12.27

黑龙江高维企业集团
地址:黑龙江省哈尔滨市南岗区长江路130号
邮政编码:150001
证书注册编号:1700A0830
体系认证标准:GB/T 19001－1994 idt ISO 9001:1994
有效期:2000.12.27～2003.12.27

北京英德电子技术有限公司
地址:北京市南三环东路金城中心大厦801室
邮政编码:100078
证书注册编号:1700B0831
体系认证标准:GB/T 19002－1994 idt ISO 9002:1994
有效期:2000.12.27～2003.12.27

新疆维吾尔自治区石油管理局地质调查处
地址:新疆乌鲁木齐市迎宾北一路4号
邮政编码:830016
证书注册编号:1700B0832
体系认证标准:GB/T 19002－1994 idt ISO 9002:1994
有效期:2000.12.27～2003.12.27

宁夏住宅建设发展公司
地址:宁夏银川市建材巷17号
邮政编码:750004
证书注册编号:1700A0833

体系认证标准:GB/T 19001－1994 idt ISO 9001:1994
有效期:2000.12.28～2003.12.28

天津市艺术建筑装饰联合公司
地址:天津市河北区建国道 21 号美泽大厦 401
邮政编码:300100
证书注册编号:1700A0834
体系认证标准:GB/T 19001－1994 idt ISO 9001:1994
有效期:2000.12.28～2003.12.28

东莞兴科硅胶橡胶制品有限公司
地址:广东省东莞市虎门镇金洲第二工业区
邮政编码:523918
证书注册编号:1700B0835
体系认证标准:GB/T 19002－1994 idt ISO 9002:1994
有效期:2000.12.28～2003.12.28

中铁第十五工程局第五工程处
地址:河南省洛阳市瀍 123 号
邮政编码:471002
证书注册编号:1700B0836 1797B221
体系认证标准:GB/T 19002－1994 idt ISO19002:1994
有效期:2000.12.28～2003.12.28

＊许昌公路工程建设总公司
地址:河南省许昌市魏都区文峰路 217 号
邮政编码:461000
电话:(0374)2629554
传真:(0374)2669197
法定代表人:王文定
证书注册编号:1700B0837
体系认证标准:GB/T 19002－1994 idt ISO 9002:1994
获证体系覆盖产品:公路工程施工
有效期:2000.12.29～2003.12.29

江苏三星化工有限公司
地址:江苏省扬中市沙家港
邮政编码:212200
证书注册编号:1700B0838 1797B181
体系认证标准:GB/T 19002－1994 idt ISO 9002:1994
有效期:2000.12.25～2003.12.25

重庆源通电器设备制造有限责任公司
地址:重庆永川市萱花路北干道
邮政编码:402160
证书注册编号:1700B0839
体系认证标准:GB/T 19002－1994 idt ISO 9002:1994
有效期:2000.12.29～2003.12.29

北京利玛物业管理有限责任公司
地址:北京西城区德胜门外教场口一号
邮政编码:100011
证书注册编号:1700B0840
体系认证标准:GB/T 19002－1994 idt ISO 9002:1994
有效期:2000.12.29～2003.12.29

南京市第八建筑安装工程有限公司
地址:江苏省南京市溧水县中山路 5 号
邮政编码:211200
证书注册编号:1700B0841
体系认证标准:GB/T 19002－1994 idt ISO 9002:1994
有效期:2000.12.29～2003.12.29

铁道部第三工程局邯郸工程机械厂
地址:河北省邯郸市复兴区战备路 2 号
邮政编码:56003
证书注册编号:1700B0842
体系认证标准:GB/T 19002－1994 idt ISO 9002:1994
有效期:2000.12.29～2003.12.29

中建协质量体系认证中心

中国建筑第三工程局金属结构工程公司
地址:湖北武汉市江夏区宁安路48号
邮政编码:430200
证书注册编号:1800B0001
体系认证标准:GB/T 19002－1994 idt ISO 9002:1994
有效期:2000.1.25～2003.1.25

北京市房山房地产开发总公司
地址:北京市房山区良乡西潞园小区西口外
邮政编码:102487
证书注册编号:1800B0002
体系认证标准:GB/T 19002－1994 idt ISO 9002:1994
有效期:2000.1.25～2003.1.25

北京市西城区城市建设开发公司
地址:北京西城区阜成门外大街31号
邮政编码:100037
证书注册编号:1800B0003
体系认证标准:GB/T 19002－1994 idt ISO 9002:1994
有效期:2000.1.25～2003.1.25

***中国石油工程建设(集团)公司**
地址:北京市东城区鼓楼外大街28号
邮政编码:100011
电话:(010)2096633
传真:(010)62096600
法定代表人:秦安民
证书注册编号:1800A0004
体系认证标准:GB/T 19001－1994 idt ISO 9001:1994
获证体系覆盖产品:石油及石油化工工程建设总承包
有效期:2000.1.25～2003.1.25

江西省抚州地区建筑工程公司
地址:江西省临川荆公路104号
邮政编码:344000
证书注册编号:1800B0005
体系认证标准:GB/T 19002－1994 idt ISO 9002:1994
有效期:2000.1.25～2003.1.25

上海宏达混凝土有限公司
地址:上海市徐汇区长桥路100号
邮政编码:200231
证书注册编号:1800B0006
体系认证标准:GB/T 19002—1992 idt ISO 9002:1994
有效期:2000.1.25～2003.1.25

上海功成工程监理有限公司
地址:上海市北京西路1287号
邮政编码:200040
证书注册编号:1800B0007
体系认证标准:GB/T 19002－1994 idt ISO 9002:1994
有效期:2000.1.25～2003.1.25

四川省工业设备安装公司
地址:四川省成都市人民中路3段2号
邮政编码:610031
证书注册编号:1800B0008
体系认证标准:GB/T 19002－1994 idt ISO 9002:1994
有效期:2000.1.25～2003.1.25

北京市第一住宅建筑工程公司
地址:北京市朝阳区华严北里51号楼
邮政编码:100029
证书注册编号:1800B0009
体系认证标准:GB/T 19002－1994 idt ISO 9002:1994
有效期:2000.1.25～2003.1.25

上海外经工程咨询监理有限公司
地址:上海市淮海中路200号淮海大厦25楼
邮政编码:200021
证书注册编号:1800B0010
体系认证标准:GB/T 19002－1994 idt ISO 9002:1994
有效期:2000.1.30～2003.1.30

上海地铁咨询监理科技有限公司
地址:上海市衡山路12号
邮政编码:200031
证书注册编号:1800B0011
体系认证标准:GB/T 19002－1994 idt ISO 9002:1994
有效期:2000.1.30～2003.1.30

上海长宁建设投资资监理有限公司
地址:上海天山支路201—209号308室
邮政编码:200051
证书注册编号:1800B0012
体系认证标准:GB/T 19002－1994 idt ISO 9002:1994
有效期:2000.1.30～2003.1.30

上海化工工程技术咨询监理公司
地址:上海徐家汇路558弄1号3F座
邮政编码:200025
证书注册编号:1800B0013
体系认证标准:GB/T 19002－1994 idt ISO 9002:1994
有效期:2000.1.30～2003.1.30

上海市静安建设工程监理有限公司
地址:上海市昌平路1005号502室
邮政编码:200042
证书注册编号:1800B0014
体系认证标准:GB/T 19002－1994 idt ISO 9002:1994
有效期:2000.1.30～2003.1.30

上海申都建设监理顾问公司
地址:上海市汉口路151号202室
邮政编码:200002
证书注册编号:1800B0015
体系认证标准:GB/T 19002－1994 idt ISO 9002:1994
有效期:2000.1.30～2003.1.30

上海城建工程建设监理有限公司
地址:上海市西藏南路 1170 号
邮政编码:200011
证书注册编号:1800B0016
体系认证标准:GB/T 19002－1994 idt ISO 9002:1994
有效期:2000.1.30～2003.1.30

上海联合工程咨询有限公司
地址:上海市斜土路 1175 号 6 楼
邮政编码:200032
证书注册编号:1800B0017
体系认证标准:GB/T 19002－1994 idt ISO 9002:1994
有效期:2000.1.30～2003.1.30

上海第一测量师事务所有限公司
地址:上海市医学院路 69 号 17 楼 D 座
邮政编码:200032
证书注册编号:1800B0018
体系认证标准:GB/T 19002－1994 idt ISO 9002:1994
有效期:2000.1.30～2003.1.30

江苏聚峰建筑工程有公司
地址:上海市云岭西路 230 弄 100 号
邮政编码:200333
证书注册编号:1800B0019
体系认证标准:GB/T 19002－1994 idt ISO 9002:1994
有效期:2000.1.30～2003.1.30

上海江南建设工程总承包有限责任公司
地址:上海市高雄路 2 号
邮政编码:200011
证书注册编号:1800B0020
体系认证标准:GB/T 19002－1994 idt ISO 9002:1994
有效期:2000.1.30～2003.1.30

广州民航机场工程咨询监理有限公司
地址:广州白云国际机场中南空管局办公大楼二楼
邮政编码:510406
证书注册编号:1800B0021
体系认证标准:GB/T 19002－1994 idt ISO 9002:1994
有效期:2000.1.30～2003.1.30

中国民用航空中南机场设计研究院
地址:广东省广州市白云机场民航中南管理局办公楼
邮政编码:510405
证书注册编号:1800A0022
体系认证标准:GB/T 19001－1994 idt ISO 9001:1994
有效期:2000.1.30～2003.1.30

深圳市广胜达建筑工程有限公司
地址:广东省深圳市罗湖区松园西路一号之一松园大楼四楼
邮政编码:518001
证书注册编号:1800B0023
体系认证标准:GB/T 19002－1994 idt ISO 9002:1994
有效期:2000.1.30～2003.1.30

深圳市交运工程公司
地址:广东省深圳市华丽路华丽西村 14 号 A 座
邮政编码:518003
证书注册编号:1800B0024
体系认证标准:GB/T 19002－1994 idt ISO 9002:1994
有效期:2000.1.30～2003.1.30

西安雁塔建设工程总公司
地址:西安市南效东仪路北段甲字 1 号
邮政编码:710065
证书注册编号:1800B0025
体系认证标准:GB/T 19002－1994 idt ISO 9002:1994
有效期:2000.1.30～2003.1.30

武汉工程建设监理有限公司
地址:湖北省武汉台北二路 64 号莹湖公寓 4 号楼 1 单元 2 楼
邮政编码:430015
证书注册编号:1800B0026
体系认证标准:GB/T 19002－1994 idt ISO 9002:1994
有效期:2000.1.30～2003.1.30

黑龙江省轻工建设监理公司
地址:黑龙江省哈尔滨市南岗区辽阳街 84 号
邮政编码:150001
证书注册编号:1800B0027
体系认证标准:GB/T 19002－1994 idt ISO 9002:1994
有效期:2000.1.30～2003.1.30

福建省第五建筑工程公司
地址:福建省泉州市新化路 22 号
邮政编码:362000
证书注册编号:1800B0028
体系认证标准:GB/T 19002－1994 idt ISO 9002:1994
有效期:2000.1.30～2003.1.30

北京易成—拉法基混凝土有限公司
地址:北京市朝阳区小红门乡姚村前街甲一号
邮政编码:100176
证书注册编号:1800B0029
体系认证标准:GB/T 19002－1994 idt ISO 9002:1994
有效期:2000.1.30～2003.1.30

北京市第一建筑工程公司
地址:北京宣武区右安门内大街 75 号
邮政编码:100054
证书注册编号:1800B0030
体系认证标准:GB/T 19002－1994 idt ISO 9002:1994
有效期:2000.4.1～2003.4.1

上海市第七建筑有限公司
地址:上海市武夷路 150 号
邮政编码:200050
证书注册编号:1800B0031
体系认证标准:GB/T 19002－1994 idt ISO 9002:1994
有效期:2000.4.1～2003.4.1

广州市第三建筑工程有限公司
地址:广东省广州市东风东路 510 号
邮政编码:510050
证书注册编号:1800B0032
体系认证标准:GB/T 19002－1994 idt ISO 9002:1994
有效期:2000.4.1～2003.4.1

苏州市金宇建设集团公司
地址:江苏省苏州市工业园区跨塘共和街 111 号
邮政编码:215122
证书注册编号:1800B0033
体系认证标准:GB/T 19002－1994 idt ISO 9002:1994
有效期:2000.4.1～2003.4.1

中海发展(广州)有限公司
地址:广东省广州市先烈路 69 号东山广场 32 楼

邮政编码:510095
证书注册编号:1800B0034
体系认证标准:GB/T 19002—1994 idt ISO 9002:1994
有效期:2000.4.1～2003.4.1

安阳市城乡建设总公司
地址:安阳市铁西路347号
邮政编码:455000
证书注册编号:1800B0035
体系认证标准:GB/T 19002—1994 idt ISO 9002:1994
有效期:2000.4.1～2003.4.1

河北省第一建筑工程公司
地址:河北省保定市五四西路139号
邮政编码:071070
证书注册编号:1800B0036
体系认证标准:GB/T 19002—1994 idt ISO 9002:1994
有效期:2000.5.8～2003.5.8

北京市设备安装工程公司
地址:北京市复兴门外南礼士路15号
邮政编码:100045
证书注册编号:1800B0037
体系认证标准:GB/T 19002—1994 idt ISO 9002:1994
有效期:2000.5.8～2003.5.8

北京市大大房地产开发总公司
地址:北京市宣武门西大街28号院7门14—15层
邮政编码:100053
证书注册编号:1800B0038
体系认证标准:GB/T 19002—1994 idt ISO 9002:1994
有效期:2000.5.8～2003.5.8

上海三依混凝土有限公司
地址:上海市三松江区九亭镇九里亭村(沪松公路1610号)
邮政编码:201615
证书注册编号:1800B0039
体系认证标准:GB/T 19002—1994 idt ISO 9002:1994
有效期:2000.5.8～2003.5.8

陕西省商洛地区宏安建设集团公司
地址:陕西省商州市北新街东段建司路2号
邮政编码:726000
证书注册编号:1800B0040
体系认证标准:GB/T 19002—1994 idt ISO 9002:1994
有效期:2000.5.8～2003.5.8

迁安市诚信建业有限公司
地址:河北省迁安市阜安大路两侧
邮政编码:064400
证书注册编号:1800B0041
体系认证标准:GB/T 19002—1994 idt ISO 9002:1994
有效期:2000.5.8～2003.5.8

吴川市第一建筑工程公司
地址:广东省吴川市梅录糖厂路23号
邮政编码:524500
证书注册编号:1800B0042
体系认证标准:GB/T 19002—1994 idt ISO 9002:1994
有效期:2000.5.8～2003.5.8

上海永久建筑工程有限公司
地址:上海市浦东新区航津路528号
邮政编码:200137
证书注册编号:1800B0043
体系认证标准:GB/T 19002—1994 idt ISO 9002:1994
有效期:2000.5.8～2003.5.8

广州宏达工程顾问有限公司
地址:广东省广州市经济技术开发区夏港大道799号二楼
邮政编码:510730
证书注册编号:1800B0044
体系认证标准:GB/T 19002—1994 idt ISO 9002:1994
有效期:2000.5.8～2003.5.8

辛集市建设集团有限公司
地址:河北省辛集市方碑大街路北
邮政编码:052360
证书注册编号:1800B0045
体系认证标准:GB/T 19002—1994 idt ISO 9002:1994
有效期:2000.5.8～2003.5.8

广州市冶金建设公司
地址:广东省广州市海珠北路201号
邮政编码:510180
证书注册编号:1800B0046
体系认证标准:GB/T 19002—1994 idt ISO 9002:1994
有效期:2000.6.4～2003.6.4

汕头市达濠建筑总公司
地址:广东省汕头市大华路商苑楼五楼
邮政编码:515031
证书注册编号:1800B0047
体系认证标准:GB/T 19002—1994 idt ISO 9002:1994
有效期:2000.6.4～2003.6.4

上海东辰工程建设股份有限公司
地址:上海市大渡河路1175号
邮政编码:200333
证书注册编号:1800B0048
体系认证标准:GB/T 19002—1994 idt ISO 9002:1994
有效期:2000.6.4～2003.6.4

北京市房屋建设工程监理公司
地址:北京市东城区南河沿南湾子胡同11号
邮政编码:100006
证书注册编号:1800B0049
体系认证标准:GB/T 19002—1994 idt ISO 9002:1994
有效期:2000.6.4～2003.6.4

四川华西集团有限公司
地址:四川省成都解放路二段95号
邮政编码:610081
证书注册编号:1800A0050
体系认证标准:GB/T 19001—1994 idt ISO 9001:1994
有效期:2000.6.4～2003.6.4

汉中市辅镇建筑有限公司
地址:陕西省汉中市铺镇金华路1号
邮政编码:723007
证书注册编号:1800B0051
体系认证标准:GB/T 19002—1994 idt ISO 9002:1994
有效期:2000.6.4～2003.6.4

上海市第四建筑有限公司
地址:上海市愚园路22号
邮政编码:200040
证书注册编号:1800B0052
体系认证标准:GB/T 19002—1994 idt ISO 9002:1994
有效期:2000.6.4～2003.6.4

烟台建设集团有限公司

地址:山东省烟台市南洪街100号
邮政编码:264000
证书注册编号:1800B0053
体系认证标准:GB/T 19002—1994 idt ISO 9002:1994
有效期:2000.6.4～2003.6.4

山西省电力公司电力建设第三工程公司
地址:山西省太原市坞城路689号
邮政编码:030006
证书注册编号:1800B0054
体系认证标准:GB/T 19002—1994 idt ISO 9002:1994
有效期:2000.6.4～2003.6.4

武汉建工第二建筑有限公司
地址:湖北武汉市武昌区民主路596号
邮政编码:430071
证书注册编号:1800B0055
体系认证标准:GB/T 19002—1994 idt ISO 9002:1994
有效期:2000.6.4～2003.6.4

中国华西企业公司
地址:四川省成都市解放路二段95号
邮政编码:610081
证书注册编号:1800A056
体系认证标准:GB/T 19001—1994 idt ISO 9001:1994
有效期:2000.6.4～2003.6.4

河南省第六建筑工程公司(F)
地址:河南省洛阳市中州中路497号
邮政编码:471009
证书注册编号:1800B0057
体系认证标准:GB/T 19002—1994 idt ISO 9002:1994
有效期:2000.7.11～2003.7.11

北京市第五建筑工程公司混凝土搅拌站(F)
地址:北京朝阳区太阳宫十字口村
邮政编码:100015
证书注册编号:1800B0058
体系认证标准:GB/T 19002—1994 idt ISO 9002:1994
有效期:2000.8.1～2003.8.1

河北省第二建筑工程公司(F)
地址:河北省石家庄市广安街7号
邮政编码:050011
证书注册编号:1800B0059
体系认证标准:GB/T 19002—1994 idt ISO 9002:1994
有效期:2000.7.11～2003.7.11

北京建工集团有限责任公司(F)
地址:北京市西城区南礼士路19号
邮政编码:100045
证书注册编号:1800B0060
体系认证标准:GB/T 19002—1994 idt ISO 9002:1994
有效期:2000.7.11～2003.7.11

中国第二十冶金建设公司(F)
地址:上海市宝山区盘古路777号
邮政编码:201900
证书注册编号:1800B0061
体系认证标准:GB/T 19002—1994 idt ISO 9002:1994
有效期:2000.7.11～2003.7.11

中国有色金属工业第十四冶金建设公司(F)
地址:云南省昆明市西站12号
邮政编码:650031
证书注册编号:1800B0062
体系认证标准:GB/T 19002—1994 idt ISO 9002:1994
有效期:2000.7.11～2003.7.11

大庆市大正建筑安装有限公司
地址:大庆市东风新村9—72#楼
邮政编码:163316
证书注册编号:1800B0063
体系认证标准:GB/T 19002—1994 idt ISO 9002:1994
有效期:2000.7.11～2003.7.11

河北华信建筑工程有限公司
地址:河北省石家庄市石正路10号
邮政编码:050041
证书注册编号:1800B0064
体系认证标准:GB/T 19002—1994 idt ISO 9002:1994
有效期:2000.8.1～2003.8.1

江西融城建筑装饰工程有限公司
地址:江西省南昌市青山南路438号
邮政编码:330007
证书注册编号:1800A0065
体系认证标准:GB/T 19001—1994 idt ISO 9001:1994
有效期:2000.7.11～2003.7.11

安徽省六安地区建筑安装工程公司
地址:安徽省六安市解放南路79号
邮政编码:237005
证书注册编号:1800B0066
体系认证标准:GB/T 19002—1994 idt ISO 9002:1994
有效期:2000.7.11～2003.7.11

＊包钢集团工业与民用建筑工程有限公司
地址:内蒙古包头市昆区白云路99号
邮政编码:014010
电话:(0472)2127479
传真:(0472)2122103
法定代表人:何岳峰
证书注册编号:1800B0067
体系认证标准:GB/T 19002—1994 idt ISO 9002:1994
获证体系覆盖产品:工业与民用建筑工程施工
有效期:2000.7.11～2003.7.11

中国核工业第二十五建设公司
地址:河南省衡阳市解放路105号
邮政编码:421001
证书注册编号:1800B0068
体系认证标准:GB/T 19002—1994 idt ISO 9002:1994
有效期:2000.7.11～2003.7.11

上海市虹口区住宅建设发展总公司
地址:上海市中山北一路210号6楼
邮政编码:200083
证书注册编号:1800B0069
体系认证标准:GB/T 19002—1994 idt ISO 9002:1994
有效期:2000.7.11～2003.7.11

广东省宏大建筑企业公司
地址:广东省广州市机场路向云西街广州民航职业技术学院内
邮政编码:510405
证书注册编号:1800B0070
体系认证标准:GB/T 19002—1994 idt ISO 9002:1994
有效期:2000.7.11～2003.7.11

江西省公路机械工程局
地址:江西省南昌市下罗
邮政编码:330013

证书注册编号:1800B0071
体系认证标准:GB/T 19002—1994 idt ISO 9002:1994
有效期:2000.7.11～2003.7.11

四川江油南方建设工程总公司
地址:四川省江油市建设北路100号
邮政编码:621701
证书注册编号:1800B0072
体系认证标准:GB/T 19002—1994 idt ISO 9002:1994
有效期:2000.7.11～2003.7.11

上海建工(集团)总公司(F)
地址:上海市江西中路406号
邮政编码:200002
证书注册编号:1800B0073
体系认证标准:GB/T 19002—1994 idt ISO 9002:1994
有效期:2000.8.1～2003.8.1

武汉建工股份有限公司(F)
地址:湖北省武汉市汉口南京路135号金宝大厦14—16楼
邮政编码:430014
证书注册编号:1800B0074
体系认证标准:GB/T 19002—1994 idt ISO 9002:1994
有效期:2000.8.1～2003.8.1

常州第一建筑工程公司(F)
地址:江苏省常州市劳动中路28号
邮政编码:213001
证书注册编号:1800B0075
体系认证标准:GB/T 19002—1994 idt ISO 9002:1994
有效期:2000.8.1～2003.8.1

吉林省第一建筑公司(F)
地址:吉林省长春市东民主大街8号
邮政编码:130061
证书注册编号:1800B0076
体系认证标准:GB/T 19002—1994 idt ISO 9002:1994
有效期:2000.8.1～2003.8.1

大庆建筑安装工程集团公司(F)
地址:黑龙江省大庆市龙凤区龙凤大街1号
邮政编码:163711
证书注册编号:1800B0077
体系认证标准:GB/T 19002—1994 idt ISO 9002:1994
有效期:2000.8.1～2003.8.1

广东省第五建筑工程公司
地址:广东省韶关市工业路15号
邮政编码:512026
证书注册编号:1800B0078
体系认证标准:GB/T 19002—1994 idt ISO 9002:1994
有效期:2000.8.11～2003.8.1

梧州市第一建筑安装工程总公司
地址:广西梧州市蝶山一路36号
邮政编码:543002
证书注册编号:1800B0079
体系认证标准:GB/T 19002—1994 idt ISO 9002:1994
有效期:2000.8.1～2003.8.1

广西北流市第三建筑工程公司
地址:广西南宁市东葛路25—1号银宇大厦B座
邮政编码:530022
证书注册编号:1800B0080
体系认证标准:GB/T 19002—1994 idt ISO 9002:1994
有效期:2000.8.1～2003.8.1

上海奉贤第四建筑有限公司
地址:上海市奉贤川南奉公路8092号
邮政编码:201412
证书注册编号:1800B0081
体系认证标准:GB/T 19002—1994 idt ISO 9002:1994
有效期:2000.8.1～2003.8.1

河北省第四建筑工程公司(F)
地址:河北省石家庄市新华路280号
邮政编码:050051
证书注册编号:1800B0082
体系认证标准:GB/T 19002—1994 idt ISO 9002:1994
有效期:2000.8.1～2003.8.1

昆明市第一建筑工程公司
地址:云南省昆明市东风西路317号
邮政编码:650031
证书注册编号:1800B0083
体系认证标准:GB/T 19002—1994 idt ISO 9002:1994
有效期:2000.9.12～2003.9.12

上海静安区建设总公司
地址:上海市静安区陕西北路462号
邮政编码:200041
证书注册编号:1800B0084
体系认证标准:GB/T 19002—1994 idt ISO 9002:1994
有效期:2000.9.12～2003.9.12

上海兴宁建筑工程有限公司
地址:上海市宜山路439号16楼
邮政编码:200233
证书注册编号:1800B0085
体系认证标准:GB/T 19002—1994 idt ISO 9002:1994
有效期:2000.9.12～2003.9.12

中房集团襄樊房地产开发股份有限公司
地址:湖北襄樊市春园路10号附2号
邮政编码:441003
证书注册编号:1800B0086
体系认证标准:GB/T 19002—1994 idt ISO 9002:1994
有效期:2000.9.12～2003.9.12

北京市高强混凝土有限责任公司第三搅拌站
地址:北京市朝阳区东直门外草场地
邮政编码:100103
证书注册编号:1800B0087
体系认证标准:GB/T 19002—1994 idt ISO 9002:1994
有效期:2000.9.12～2003.9.12

***中国轻工建设工程总公司**
地址:北京市西城区阜外大街乙22号
邮政编码:100833
电话:(010)63585308
传真:(010)63585308
法定代表人:陈生
证书注册编号:1800B0088—1
体系认证标准:GB/T 19002—1994 idt ISO 9002:1994
获证体系覆盖产品:工业与民用建筑工程、设备安装工程施工
有效期:2000.9.12～2003.9.12

武汉建工集团装饰工程有限公司
地址:湖北省武汉市汇通路16号
邮政编码:430020
证书注册编号:1800A089
体系认证标准:GB/T 19001—1994 idt

ISO 9001:1994
有效期:2000.9.12～2003.9.12

天津四建建筑工程有限公司
地址:天津市河西区大沽南路 793 号
邮政编码:300200
证书注册编号:1800B0090
体系认证标准:GB/T 19002－1994 idt ISO 9002:1994
有效期:2000.9.12～2003.9.12

铁道部电气化工程局
地址:北京市万寿路南口金家村 1 号
邮政编码:100036
证书注册编号:1800A091
体系认证标准:GB/T 19001－1994 idt ISO 9001:1994
有效期:2000.9.12～2003.9.12

铁道部第十六工程局第四工程处
地址:北京市怀柔县迎宾路 2 号
邮政编码:101400
证书注册编号:1800B0092
体系认证标准:GB/T 19002－1994 idt ISO 9002:1994
有效期:2000.9.12～2003.9.12

仪征化纤安装检修工程公司
地址:江苏省仪征市胥浦长江路
邮政编码:211900
证书注册编号:1800B0093
体系认证标准:GB/T 19002－1994 idt ISO 9002:1994
有效期:2000.9.12～2003.9.12

秦皇岛市秦星工程建设监理有限公司
地址:河北省秦皇岛市港城大街 19 号
邮政编码:066001
证书注册编号:1800B0094
体系认证标准:GB/T 19002－1994 idt ISO 9002:1994
有效期:2000.9.15～2003.9.15

扬州市工业设备安装公司
地址:江苏省扬州市史可法路 19 号
邮政编码:225002
证书注册编号:1800B0095
体系认证标准:GB/T 19002－1994 idt ISO 9002:1994
有效期:2000.9.12～2003.9.12

四川华西混凝土工程有限公司
地址:四川省成都市跳蹬河崔家店路 98 号
邮政编码:610051
证书注册编号:1800B0096
体系认证标准:GB/T 19002－1994 idt ISO 9002:1994
有效期:2000.10.22～2003.10.22

烟台市飞龙建筑开发有限公司
地址:山东省烟台市莱山区滨海北路 31 号
邮政编码:264003
证书注册编号:1800B0097
体系认证标准:GB/T 19002－1994 idt ISO 9002:1994
有效期:2000.10.22～2003.10.22

厦门市第二民用房屋建筑工程公司
地址:福建省厦门市故宫路 59 号
邮政编码:361003
证书注册编号:1800B0098
体系认证标准:GB/T 19002－1994 idt ISO 9002:1994
有效期:2000.10.22～2003.10.22

锦州市第一建筑工程公司
地址:辽宁省锦州市洛阳路 5 段 17 号
邮政编码:121001
证书注册编号:1800B0099
体系认证标准:GB/T 19002－1994 idt ISO 9002:1994
有效期:2000.10.22～2003.10.22

邯郸建工集团有限公司
地址:河北省邯郸市中华南大街 11 号
邮政编码:056001
证书注册编号:1800B0100
体系认证标准:GB/T 19002－1994 idt ISO 9002:1994
有效期:2000.10.22～2003.10.22

邯郸建工集团道桥建设有限公司
地址:河北省邯郸市新兴大街 57 号
邮政编码:056004
证书注册编号:1800B0101
体系认证标准:GB/T 19002－1994 idt ISO 9002:1994
有效期:2000.10.22～2003.10.22

吉林省电力建设监理有限责任公司
地址:吉林长春市朝阳区百汇街 35 号
邮政编码:130021
证书注册编号:1800B0102
体系认证标准:GB/T 19002－1994 idt ISO 9002:1994
有效期:2000.10.22～2003.10.22

阜新市缔一建筑工程有限公司
地址:辽宁省阜新市海州区民族街 8 号
邮政编码:123000
证书注册编号:1800B0103
体系认证标准:GB/T 19002－1994 idt ISO 9002:1994
有效期:2000.10.22～2003.10.22

江西省鹰潭市建筑工程总公司
地址:江西省鹰潭市胜利东路 19 号
邮政编码:335000
证书注册编号:1800B0104
体系认证标准:GB/T 19002－1994 idt ISO 9002:1994
有效期:2000.10.22～2003.10.22

内蒙古第二建筑安装工程有限责任公司
地址:内蒙古呼和浩特市石羊桥南路
邮政编码:010020
证书注册编号:1800B0105
体系认证标准:GB/T 19002－1994 idt ISO 9002:1994
有效期:2000.10.22～2003.10.22

北京希地工程咨询总公司
地址:北京市西城区百万庄大街 3 号
邮政编码:100037
证书注册编号:1800B0106
体系认证标准:GB/T 19002－1994 idt ISO 9002:1994
有效期:2000.10.22～2003.10.22

黑龙江省通亚路桥有限责任公司
地址:黑龙江省哈尔滨市南岗区哈双路 216 号
邮政编码:150088
证书注册编号:1800B0107
体系认证标准:GB/T 19002－1994 idt ISO 9002:1994
有效期:2000.10.22～2003.10.22

河北省承德市第五建筑工程公司
地址:河北省承德市小南门 97 号
邮政编码:067000
证书注册编号:1800B0108
体系认证标准:GB/T 19002－1994 idt

ISO 9002:1994
有效期:2000.10.22～2003.10.22

北京中建工程监理部
地址:北京市海淀区车公庄西路20号
邮政编码:100044
证书注册编号:1800B0109
体系认证标准:GB/T 19002－1994 idt ISO 9002:1994
有效期:2000.10.22～2003.10.22

天津市众元天然气工程有限公司
地址:天津市河东区张贵庄路85号
邮政编码:300161
证书注册编号:1800B0110
体系认证标准:GB/T 19002－1994 idt ISO 9002:1994
有效期:2000.10.22～2003.10.22

哈尔滨东方建筑工程公司
地址:黑龙江省哈尔滨市南岗区通达街4号
邮政编码:150080
证书注册编号:1800B0111
体系认证标准:GB/T 19002－1994 idt ISO 9002:1994
有效期:2000.10.22～2003.10.22

武汉建工第一建筑有限公司
地址:湖北省武汉市建设大道1045号
邮政编码:430010
证书注册编号:1800B0112
体系认证标准:GB/T 19002－1994 idt ISO 9002:1994
有效期:2000.10.22～2003.10.22

惠州市建筑工程总公司
地址:广东省惠州市环城西二路67号
邮政编码:516001
证书注册编号:1800B0113
体系认证标准:GB/T 19002－1994 idt ISO 9002:1994
有效期:2000.11.10～2003.11.10

鸡西第一建筑工程有限责任公司
地址:黑龙江鸡西市鸡冠区永昌路中段
邮政编码:158100
证书注册编号:1800B0114
体系认证标准:GB/T 19002－1994 idt ISO 9002:1994
有效期:2000.11.11～2003.11.11

南通市南屏建筑安装工程有限公司
地址:江苏省南道市海安镇江海中路19号
邮政编码:226600
证书注册编号:1800B0115
体系认证标准:GB/T 19002－1994 idt ISO 9002:1994
有效期:2000.11.11～2003.11.11

南通市东陈建筑安装工程有限公司
地址:江苏如皋市东陈镇跃进东路5号
邮政编码:226571
证书注册编号:1800B0116
体系认证标准:GB/T 19002－1994 idt ISO 9002:1994
有效期:2000.11.11～2003.11.11

广州市建设集团罗冲围混凝土有限公司
地址:广州市增槎路松南路松鹤南街42号
邮政编码:510165
证书注册编号:1800B0117
体系认证标准:GB/T 19002－1994 idt ISO 9002:1994
有效期:2000.11.11～2003.11.11

鞍山市铁东修建工程公司
地址:辽宁省鞍山市铁东区南中华路23甲
邮政编码:114005
证书注册编号:1800B0118
体系认证标准:GB/T 19002－1994 idt ISO 9002:1994
有效期:2000.11.11～2003.11.11

河北省汉沽农场建筑工程总公司
地址:天津市宁河县汉沽农场光明路23号
邮政编码:301501
证书注册编号:1800B0119
体系认证标准:GB/T 19002－1994 idt ISO 9002:1994
有效期:2000.11.11～2003.11.11

辽宁省建筑工程机械施工公司
地址:辽宁沈阳市和平区宁波路39号
邮政编码:110006
证书注册编号:1800B0120
体系认证标准:GB/T 19002－1994 idt ISO 9002:1994
有效期:2000.11.11～2003.11.11

上海哥德堡建筑安装工程有限公司
地址:上海市政立路830弄8号101—103室
邮政编码:200434
证书注册编号:1800B0121
体系认证标准:GB/T 19002－1994 idt ISO 9002:1994
有效期:2000.11.11～2003.11.11

南通市胡集建筑安装工程有限公司
地址:江苏省南通市海安县胡集镇人民路65号
邮政编码:226671
证书注册编号:1800B0122
体系认证标准:GB/T 19002－1994 idt ISO 9002:1994
有效期:2000.11.11～2003.11.11

南通市大公建筑安装工程有限公司
地址:江苏省南通市海安县大公镇人民中路4号
邮政编码:226623
证书注册编号:1800B0123
体系认证标准:GB/T 19002－1994 idt ISO 9002:1994
有效期:2000.11.11～2003.11.11

南通市曲塘建筑安装工程有限公司
地址:江苏省海安县曲塘镇建设路8号
邮政编码:226661
证书注册编号:1800B0124
体系认证标准:GB/T 19002－1994 idt ISO 9002:1994
有效期:2000.11.11～2003.11.11

南通市立发建筑安装工程有限公司
地址:江苏省南通市海安县立发乡界牌村一组
邮政编码:226611
证书注册编号:1800B0125
体系认证标准:GB/T 19002－1994 idt ISO 9002:1994
有效期:2000.11.11～2003.11.11

大庆天然气工程建设监理公司
地址:黑龙江省大庆市让胡路区西宾路甲九号科技大厦八楼
邮政编码:163453
证书注册编号:1800B0126
体系认证标准:GB/T 19002－1994 idt ISO 9002:1994
有效期:2000.11.11～2003.11.11

承德县城市建设集团公司
地址:河北省承德县下板城大街84号
邮政编码:067400
证书注册编号:1800B0127
体系认证标准:GB/T 19002－1994 idt ISO 9002:1994
有效期:2000.11.11～2003.11.11

黑龙江省农垦北安建筑安装总公司
地址:黑龙江省北安市东繁宁街18号
邮政编码:164000
证书注册编号:1800B0128
体系认证标准:GB/T 19002－1994 idt ISO 9002:1994
有效期:2000.11.11～2003.11.11

辽宁省铁岭市房屋建筑工程有限责任公司
地址:辽宁省铁岭市银州区柴河街
邮政编码:112000
证书注册编号:1800B0129
体系认证标准:GB/T 19002－1994 idt ISO 9002:1994
有效期:2000.11.11～2003.11.11

阜新市建设监理总公司
地址:辽宁省阜新市前进路47号
邮政编码:123000
证书注册编号:1800B0130
体系认证标准:GB/T 19002－1994 idt ISO 9002:1994
有效期:2000.11.11～2003.11.11

吉林省安装公司
地址:吉林省长寿市解放大路149号
邮政编码:130061
证书注册编号:1800B0131
体系认证标准:GB/T 19002－1994 idt ISO 9002:1994
有效期:2000.11.11～2003.11.11

南通市宏大建筑安装工程有限公司
地址:江苏省南通市海安镇江海中路25号
邮政编码:226600
证书注册编号:1800B0132
体系认证标准:GB/T 19002－1994 idt ISO 9002:1994
有效期:2000.12.17～2003.12.14

***山西华厦建筑工程监理有限公司**
地址:山西省太原市新寇庄北街35#
邮政编码:030012
电话:(0351)7064400
传真:(0351)7060503
法定代表人:刘崇德
证书注册编号:1800B0133
体系认证标准:GB/T 19002－1994 idt ISO 9002:1994
获证体系覆盖产品:工程建设监理
有效期:2000.12.17～2003.12.14

上海新亚建筑装饰工程有限公司
地址:上海市陆家浜路308号
邮政编码:200011
证书注册编号:1800B0134
体系认证标准:GB/T 19002－1994 idt ISO 9002:1994
有效期:2000.11.26～2003.11.26

鸡西隆宇建筑有限责任公司
地址:黑龙江省鸡西市鸡冠区和平北大街43号
邮政编码:158100
证书注册编号:1800B0135
体系认证标准:GB/T 19002－1994 idt ISO 9002:1994
有效期:2000.11.26～2003.11.26

***抚顺市第一建筑工程公司**
地址:辽宁省抚顺市望花区和平路西段一号
邮政编码:113001
电话:(0413)6689888
传真:(0413)6688625
法定代表人:杨立伟
证书注册编号:1800B0136－4
体系认证标准:GB/T 19002－1994 idt ISO 9002:1994
获证体系覆盖产品:工业与民用建筑、安装工程施工、混凝土预制构件
有效期:2000.11.26～2003.11.26

抚顺市第一住宅建筑公司
地址:辽宁省抚顺市顺城区新城路中段20号
邮政编码:113006
证书注册编号:1800B0137
体系认证标准:GB/T 19002－1994 idt ISO 9002:1994
有效期:2000.11.26～2003.11.26

绥中第四建筑工程总公司
地址:辽宁葫芦岛市绥中公园北街小区
邮政编码:125200
证书注册编号:1800B0138
体系认证标准:GB/T 19002－1994 idt ISO 9002:1994
有效期:2000.11.26～2003.11.26

铜川市第一建筑工程有限责任公司
地址:陕西省铜川市宜园路
邮政编码:727000
证书注册编号:1800B0139
体系认证标准:GB/T 19002－1994 idt ISO 9002:1994
有效期:2000.11.26～2003.11.26

南宁市建设监理公司
地址:广西南宁市金湖路38号
邮政编码:530021
证书注册编号:1800B0140
体系认证标准:GB/T 19002－1994 idt ISO 9002:1994
有效期:2000.11.26～2003.11.26

抚顺市第三建筑工程公司
地址:辽宁省抚顺市新抚区浑河南路(中段)28—1号
邮政编码:113008
证书注册编号:1800B0141
体系认证标准:GB/T 19002－1994 idt ISO 9002:1994
有效期:2000.11.26～2003.11.26

北京市瑞博水泥制品有限责任公司第四构件厂(F)
地址:北京市海淀区田村山南路22号
邮政编码:100039
证书注册编号:1800B0142
体系认证标准:GB/T 19002－1994 idt ISO 9002:1994
有效期:2000.11.26～2003.11.26

北京市机械施工公司(F)
地址:北京市复兴门外南礼士路15号
邮政编码:100045
证书注册编号:1800B0143
体系认证标准:GB/T 19002－1994 idt ISO 9002:1994
有效期:2000.11.26～2003.11.26

铁道部第一工程局第三工程处(F)
地址:陕西省咸阳市文林路铁一局三处
邮政编码:712000
证书注册编号:1800B0144

体系认证标准:GB/T 19002－1994 idt ISO 9002:1994
有效期:2000.11.26～2003.11.26

陕西联合建筑工程公司
地址:陕西省西安市水厂路9号
邮政编码:710061
证书注册编号:1800B0146
体系认证标准:GB/T 19002－1994 idt ISO 9002:1994
有效期:2000.12.17～2003.12.14

福建省第一建筑工程公司
地址:福建省三明市新市中路176号
邮政编码:365001
证书注册编号:1800B0147
体系认证标准:GB/T 19002－1994 idt ISO 9002:1994
有效期:2000.12.17～2003.12.14

上海辅正建筑工程咨询监理有限公司
地址:上海市海宁路55号12101室
邮政编码:200080
证书注册编号:1800B0148
体系认证标准:GB/T 19002－1994 idt ISO 9002:1994
有效期:2000.12.17～2003.12.14

陕西华达建筑工程有限公司
地址:陕西省西安市沣镐西路200号
邮政编码:710077
证书注册编号:1800B0149
体系认证标准:GB/T 19002－1994 idt ISO 9002:1994
有效期:2000.12.17～2003.12.14

广东省水利电机械施工公司
地址:广东省广州市芳村下市直街1号
邮政编码:510370
证书注册编号:1800B0150
体系认证标准:GB/T 19002－1994 idt ISO 9002:1994
有效期:2000.12.17～2003.12.14

中房集团西宁房地产工程建设监理有限责任公司
地址:青海省西宁市同仁路10号
邮政编码:810001
证书注册编号:1800B0151
体系认证标准:GB/T 19002－1994 idt ISO 9002:1994
有效期:2000.12.17～2003.12.14

榆林市民生建筑工程有限责任公司
地址:陕西省榆林市红山民生路
邮政编码:719000
证书注册编号:1800B0152
体系认证标准:GB/T 19002－1994 idt ISO 9002:1994
有效期:2000.12.17～2003.12.14

榆林市建筑工程有限责任公司
地址:陕西省榆林市上郡中路3号
邮政编码:719000
证书注册编号:1800B0153
体系认证标准:GB/T 19002－1994 idt ISO 9002:1994
有效期:2000.12.17～2003.12.14

云南白杨室内设计工程有限公司
地址:云南昆明市青年路57#滨江大厦B座13楼
邮政编码:650051
证书注册编号:1800B0154
体系认证标准:GB/T 19001－1994 idt ISO 9001:1994
有效期:2000.12.17～2003.12.14

***汉中市建筑工程总公司**
地址:陕西省汉中市汉台区劳动西路22号
邮政编码:723000
电话:(0916)2214383
传真:(0916)2213526
证书注册编号:1800B0155
法定代表人:韩吉祥
体系认证标准:GB/T 19002－1994 idt ISO 9002:1994
获证体系覆盖产品:工业与民用建筑工程施工
有效期:2000.12.17～2003.12.14

迁安市兴安建筑有限公司
地址:辽宁省迁安市丰安大路东侧
邮政编码:064400
证书注册编号:1800B0156
体系认证标准:GB/T 19002－1994 idt ISO 9002:1994
有效期:2000.12.17～2003.12.14

迁安市兴市政工程有限公司
地址:辽宁省迁安市丰安大路东侧
邮政编码:064400
证书注册编号:1800B0157
体系认证标准:GB/T 19002－1994 idt ISO 9002:1994
有效期:2000.12.17～2003.12.14

地质矿产部辽宁工程勘察院
地址:辽宁省锦州市人民街五段文昌里1号
邮政编码:121000
证书注册编号:1800B0158
体系认证标准:GB/T 19001－1994 idt ISO 9001:1994
有效期:2000.12.17～2003.12.14

邯郸中冶建设公司
地址:河北省邯郸市中华大街54号
邮政编码:056032
证书注册编号:1800B0159
体系认证标准:GB/T 19002－1994 idt ISO 9002:1994
有效期:2000.12.17～2003.12.14

河北建新建筑集团股份有限公司
地址:河北省保定市金迪路35号
邮政编码:071051
证书注册编号:1800B0160
体系认证标准:GB/T 19002－1994 idt ISO 9002:1994
有效期:2000.12.17～2003.12.14

四川省德阳市教育建筑工程总公司
地址:四川省德阳市华山南路8号
邮政编码:618000
证书注册编号:1800B0161
体系认证标准:GB/T 19002－1994 idt ISO 9002:1994
有效期:2000.12.17～2003.12.14

山东省装饰集团总公司
地址:山东济南市朝山街商业街7号楼
邮政编码:250011
证书注册编号:1800A162
体系认证标准:GB/T 19001－1994 idt ISO 9001:1994
有效期:2000.12.17～2003.12.14

山东滨州建工集团有限公司
地址:山东省滨州市黄河二路584号
邮政编码:256600
证书注册编号:1800B0163
体系认证标准:GB/T 19002－1994 idt ISO 9002:1994
有效期:2000.12.17～2003.12.14

北京望京谊合混凝土有限责任公司(F)
地址:北京市朝阳区将台乡西八间房村
邮政编码:100015
证书注册编号:1800B0164
体系认证标准:GB/T 19002—1994 idt ISO 9002:1994
有效期:2000.12.17～2003.12.14

无锡市工业设备安装总公司(F)
地址:江苏省无锡市梁青路 26 号
邮政编码:214062
证书注册编号:1800B0165
体系认证标准:GB/T 19002—1994 idt ISO 9002:1994
有效期:2000.12.17～2003.12.14

中国建筑第七工程局第三建筑公司(F)
地址:福建省福州市北环中路 148 号
邮政编码:350003
证书注册编号:1800B0166
体系认证标准:GB/T 19002—1994 idt ISO 9002:1994
有效期:2000.12.17～2003.12.14

陕西省设备安装工程公司(F)
地址:陕西西安市含光路(北段)26 号
邮政编码:710068
证书注册编号:1800B0167
体系认证标准:GB/T 19002—1994 idt ISO 9002:1994
有效期:2000.12.17～2003.12.14

珠海市大昌管桩有限公司(F)
地址:广东省珠海市南屏洪湾工业区
邮政编码:519060
证书注册编号:1800B0168
体系认证标准:GB/T 19002—1994 idt ISO 9002:1994
有效期:2000.12.17～2003.12.14

山东省齐鲁装饰设计院(F)
地址:山东济南市历下区佛山路 35 号
邮政编码:250011
证书注册编号:1800A170
体系认证标准:GB/T 19001—1994 idt ISO 9001:1994
有效期:2000.12.17～2003.12.14

铁道部第一工程局建筑安装工程总公司(F)
地址:陕西省西安市太乙路 21 号
邮政编码:710054
证书注册编号:1800B0171
体系认证标准:GB/T 19002—1994 idt ISO 9002:1994
有效期:2000.12.17～2003.12.14

中国建筑第六工程局第二建筑工程公司(F)
地址:天津市汉沽区河西三经路
邮政编码:300480
证书注册编号:1800B0172
体系认证标准:GB/T 19002—1994 idt ISO 9002:1994
有效期:2000.12.17～2003.12.14

北京市第六建筑工程公司(F)
地址:北京市海淀区复兴路 32 号
邮政编码:100039
证书注册编号:1800B0173
体系认证标准:GB/T 19002—1994 idt ISO 9002:1994
有效期:2000.12.17～2003.12.14

北京上地兴达混凝土有限责任公司
地址:北京市海淀区东北旺乡农科站
邮政编码:100094
证书注册编号:1800B0174
体系认证标准:GB/T 19002—1994 idt ISO 9002:1994
有效期:2000.12.30～2003.12.14

广东水利混凝土有限公司
地址:广东省广州市海珠区
邮政编码:510320
证书注册编号:1800B0175
体系认证标准:GB/T 19002—1994 idt ISO 9002:1994
有效期:2000.12.30～2003.12.14

石家庄高新技术产业开发区第一建筑工程公司
地址:河北省石家庄市高新技术产业开发区(东天山大街 109＃)
邮政编码:050801
证书注册编号:1800B0176
体系认证标准:GB/T 19002—1994 idt ISO 9002:1994
有效期:2000.12.30～2003.12.14

广州新建华混凝土有限公司
地址:广东省广州西槎路同德围
邮政编码:510407
证书注册编号:1800B0177
体系认证标准:GB/T 19002—1994 idt ISO 9002:1994
有效期:2000.12.30～2003.12.14

北安市冠安建筑工程有限公司
地址:黑龙江省北安市铁西区 8 委一组
邮政编码:164000
证书注册编号:1800B0178
体系认证标准:GB/T 19002—1994 idt ISO 9002:1994
有效期:2000.12.30～2003.12.14

浙江中房置业股份有限公司
地址:浙江省嘉兴市少年路 8 号
邮政编码:314000
证书注册编号:1800A179
体系认证标准:GB/T 19001—1994 idt ISO 9001:1994
有效期:2000.12.30～2003.12.14

哈尔滨市房地产开发公司
地址:黑龙江省哈尔滨市道里区经纬街 135 号
邮政编码:150010
证书注册编号:1800B0180
体系认证标准:GB/T 19002—1994 idt ISO 9002:1994
有效期:2000.12.30～2003.12.14

宁波达吉物业管理有限公司
地址:浙江省宁波市孝闻街 139 弄
邮政编码:315010
证书注册编号:1800B0181
体系认证标准:GB/T 19002—1994 idt ISO 9002:1994
有效期:2000.12.30～2003.12.14

宁波达吉房产有限公司
地址:浙江省宁波市西河街 74 号
邮政编码:315010
证书注册编号:1800B0182
体系认证标准:GB/T 19002—1994 idt ISO 9002:1994
有效期:2000.12.30～2003.12.14

南阳市工程建设监理公司
地址:河南省南阳市工业路 64 号
邮政编码:473000
证书注册编号:1800B0183
体系认证标准:GB/T 19002—1994 idt ISO 9002:1994
有效期:2000.12.30～2003.12.14

德阳市建筑规划勘测设计院
地址:四川省德阳市岷江西路一段309号附一号
邮政编码:618000
证书注册编号:1800A184
体系认证标准:GB/T 19001－1994 idt ISO 9001:1994
有效期:2000.12.30～2003.12.14

上海公成建设监理有限公司
地址:上海市普安路189号23楼
邮政编码:200021
证书注册编号:1800B0185
体系认证标准:GB/T 19002－1994 idt ISO 9002:1994
有效期:2000.12.30～2003.12.14

上海公路工程监理有限公司
地址:上海市会文路50号9楼
邮政编码:200071
证书注册编号:1800B0186
体系认证标准:GB/T 19002－1994 idt ISO 9002:1994
有效期:2000.12.30～2003.12.14

上海市建设工程监理有限公司
地址:上海市曲阳路800号上海商务中心大厦1812室
邮政编码:200437
证书注册编号:1800B0187
体系认证标准:GB/T 19002－1994 idt ISO 9002:1994
有效期:2000.12.30～2003.12.14

上海松江真诚工程建设监理有限公司
地址:上海松江人民北路191号
邮政编码:201600
证书注册编号:1800B0188
体系认证标准:GB/T 19002－1994 idt ISO 9002:1994
有效期:2000.12.30～2003.12.14

上海总工工程建设监理有限公司
地址:上海市普陀区真光路1730号
邮政编码:200333
证书注册编号:1800B0189
体系认证标准:GB/T 19002－1994 idt ISO 9002:1994
有效期:2000.12.30～2003.12.14

德阳市四汇建设有限公司
地址:四川省德阳市西湖街119号
邮政编码:618000
证书注册编号:1800B0190
体系认证标准:GB/T 19002－1994 idt ISO 9002:1994
有效期:2000.12.30～2003.12.14

滨州市天龙建工有限责任公司
地址:山东滨州市滨城镇张富路54号
邮政编码:256651
证书注册编号:1800B0191
体系认证标准:GB/T 19002－1994 idt ISO 9002:1994
有效期:2000.12.30～2003.12.14

潍坊市第三建筑工程公司
地址:山东省维市寒亭区益新街373号
邮政编码:261100
证书注册编号:1800B0192
体系认证标准:GB/T 19002－1994 idt ISO 9002:1994
有效期:2000.12.30～2003.12.14

河北省四建装饰工程公司
地址:河北省石家庄市红旗大街221号
邮政编码:050051
证书注册编号:1800A193
体系认证标准:GB/T 19001－1994 idt ISO 9001:1994
有效期:2000.12.30～2003.12.14

中色第十二冶金建设公司
地址:山西河津市山西铝石一号路中段
邮政编码:043300
证书注册编号:1800B0194
体系认证标准:GB/T 19002－1994 idt ISO 9002:1994
有效期:2000.12.30～2003.12.14

沈阳三色空调净化工程有限公司
地址:辽宁省沈阳市浑南高新技术产业开发区
邮政编码:110167
证书注册编号:1800B0195
体系认证标准:GB/T 19002－1994 idt ISO 9002:1994
有效期:2000.12.30～2003.12.14

重庆渝堰土木建筑工程有限公司
地址:重庆市南岸区南坪东路48号
邮政编码:400060
证书注册编号:1800B0196
体系认证标准:GB/T 19002－1994 idt ISO 9002:1994
有效期:2000.12.30～2003.12.14

山东滨州建安集团有限责任公司
地址:山东省滨州市渤海五路653号
邮政编码:256615
证书注册编号:1800B0197
体系认证标准:GB/T 19002－1994 idt ISO 9002:1994
有效期:2000.12.30～2003.12.14

安徽省建设监理公司
地址:安徽省合肥市新火车站五州商城C区1号楼
邮政编码:230011
证书注册编号:1800B0198
体系认证标准:GB/T 19002－1994 idt ISO 9002:1994
有效期:2000.12.30～2003.12.14

临沂市房地产集团总公司
地址:山东省临沂市金坛路9号
邮政编码:276004
证书注册编号:1800B0199
体系认证标准:GB/T 19002－1994 idt ISO 9002:1994
有效期:2000.12.30～2003.12.14

德阳市华西建筑公司
地址:四川省德阳市华山南路188号
邮政编码:618000
证书注册编号:1800B0200
体系认证标准:GB/T 19002－1994 idt ISO 9002:1994
有效期:2000.12.30～2003.12.14

北京市第五市政工程公司(F)
地址:北京市朝阳区建外南胡同54号
邮政编码:100022
证书注册编号:1800B0201
体系认证标准:GB/T 19002－1994 idt ISO 9002:1994
有效期:2000.12.30～2003.12.14

广西建工集团第一建筑工程有限责任公司深圳分公司(F)
地址:广东省深圳市南山建工村铁二路25号
邮政编码:518052
证书注册编号:1800B0202
体系认证标准:GB/T 19002－1994 idt ISO 9002:1994

有效期:2000.12.30～2003.12.14

重庆第一工业设备安装公司(F)
地址:重庆市渝中区捍卫路18号
邮政编码:400013
证书注册编号:1800B0203
体系认证标准:GB/T 19002－1994 idt ISO 9002:1994
有效期:2000.12.30～2003.12.14

广西建工集团第一建筑工程有限责任公司(F)
地址:广西南宁市中华路79号
邮政编码:530011
证书注册编号:1800B0204
体系认证标准:GB/T 19002－1994 idt ISO 9002:1994
有效期:2000.12.30～2003.12.14

汕头市建安(集团)公司(F)
地址:广东省汕头市中山东路105号建安大厦
邮政编码:515041
证书注册编号:1800B0205
体系认证标准:GB/T 19002－1994 idt ISO 9002:1994
有效期:2000.12.30～2003.12.14

铁道部第一工程局第二工程处(F)
地址:河北省唐山市国防道49号
邮政编码:063004
证书注册编号:1800B0206
体系认证标准:GB/T 19002－1994 idt ISO 9002:1994
有效期:2000.12.30～2003.12.14

广东省第四建筑工程公司(F)
地址:广东省广州市白云路99号
邮政编码:510100
证书注册编号:1800B0207
体系认证标准:GB/T 19002－1994 idt ISO 9002:1994
有效期:2000.12.30～2003.12.14

中铁一局集团第四工程有限公司(F)
地址:陕西省咸阳市渭阳西路60号
邮政编码:712000
证书注册编号:1800B0208
体系认证标准:GB/T 19002－1994 idt ISO 9002:1994
有效期:2000.12.30～2003.12.14

南通市工业设备安装公司(F)
地址:江苏省南通市新桥路8号
邮政编码:226008
证书注册编号:1800B0209
体系认证标准:GB/T 19002－1994 idt ISO 9002:1994
有效期:2000.12.30～2003.12.14

铁道部第一工程局第一工程处(F)
地址:陕西省渭南市站北路25号
邮政编码:714000
证书注册编号:1800B0210
体系认证标准:GB/T 19002－1994 idt ISO 9002:1994
有效期:2000.12.30～2003.12.14

中建七局(上海)有限公司(F)
地址:上海市曹安路3055号
邮政编码:201812
证书注册编号:1800B0211
体系认证标准:GB/T 19002－1994 idt ISO 9002:1994
有效期:2000.12.30～2003.12.14

广州市建筑置业有限公司(F)
地址:广东省广州市小北路212号
邮政编码:510050
证书注册编号:1800B0212
体系认证标准:GB/T 19002－1994 idt ISO 9002:1994
有效期:2000.12.30～2003.12.14

上海市安装工程有限公司(F)
地址:上海市塘沽路390号
邮政编码:200080
证书注册编号:1800B0213
体系认证标准:GB/T 19002－1994 idt ISO 9002:1994
有效期:2000.12.30～2003.12.14

南京大地建设(集团)股份有限公司(F)
地址:南京市虎距路135号
邮政编码:210013
证书注册编号:1800B0214
体系认证标准:GB/T 19002－1994 idt ISO 9002:1994
有效期:2000.12.30～2003.12.14

中国石油化工股份有限公司
河南油田分公司地质调查处处长：黄成国

河南油田地质调查处是一个融地震采集、处理、解释、VSP技术服务为一体的综合性物探公司。公司技术力量雄厚，现有高级企业管理、工程技术人员42人，装备齐全精良，拥有资产1.35亿元。先后在戈壁、沙漠、山地、平原等复杂条件下承担地震勘探工程，曾在江汉、河南、中原、新疆焉耆等油田的发现和发展中做出过重要贡献。公司现已通过ISO9002质量体系认证，是国际地球物理承包商协会会员。

地质调查处将始终不渝地贯彻“科学管理、质量优异、诚实守信、服务满意”的质量方针，为石油勘探提供一流的服务，并愿与国内、外同仁精诚合作，共创辉煌。

中国石油化工股份有限公司
河南油田分公司地质调查处

腾格里沙漠采集

地址：河南省南阳油田五一村中山路
电话：（0377）3838682
传真：（0377）3838681
邮码：473132

曲阜远大工程有限公司

地址：山东曲阜市北关大街1号
邮码：273100
电话：（0537）4483283
（0537）4483505
（0537）4483281
传真：（0537）4422786

管理成员研讨21世纪发展规划

承建的山东鲁抗医药集团北车间

幕墙工程

曲阜远大工程有限公司成立于1996年6月，注册资金888万元，占地45800m²，建筑面积23000m²，固定资产6260万元，现有职工370余人，各类专业技术人员76人，其中国家一级注测结构师1人，高级工程师3人，工程师36人。

本公司是集科研、设计、生产、安装于一体的专业工程公司，属国家二级资质施工企业，是从事各类轻钢结构、网架、幕墙、轻质复合板、轧型钢板、内装修专业化公司，承揽各类大型钢结构建筑、各类建筑幕墙、采光、轻质屋面板、网架、星级装修等工程的设计、安装；生产各种截面钢构件、各种材料夹芯板、轧型钢板、聚苯乙烯泡沫板；拥有国内先进的轻钢生产设备流水线，是中国金属结构协会、钢结构协会、建筑装饰协会会员单位；在国内承揽了数百项工程，遍布全国各地，无不以过硬的质量、及时的工期、完善的服务受到用户的赞誉，并于2001年1月通过了ISO9002质量体系认证。

曲阜远大工程有限公司将以现代化的管理、雄厚的实力、优质的产品、完善的服务继续为广大用户服务。“有朋自远方来，不亦乐乎”，欢迎各界朋友来曲阜观光旅游，来远大指导工作。

胜利油田黄河钻井管具公司

拥有各类专业技术人员156人，固定资产2244万元，主要生产设备158台（套）。成立30多年来，公司一贯奉行“质量第一、信誉至上”的服务宗旨，坚持“科技兴司，人才兴业”的发展战略。产品多次荣获科技进步奖和发明专利。公司1997年通过ISO9002质量体系认证。

公司主要承担钻具、井控设备的检修与供井、井口工具、井下打捞工具、震击工具、套管开窗工具、取芯工具、螺杆钻具、钻头等的制造、检修与供井服务，可同时满足100个钻井队的施工需要。

公司经理徐爱民先生携全体员工愿与国内外各界朋友竭诚合作、共同发展。

经理：徐爱民

密切结合油田实际研制成功的**PDC**钻头各项使用技术指标达到国内先进水平。

拥有**35Mpa**、**70Mpa**井控装置100余套，自行研制的节流-压井管汇安全可靠。

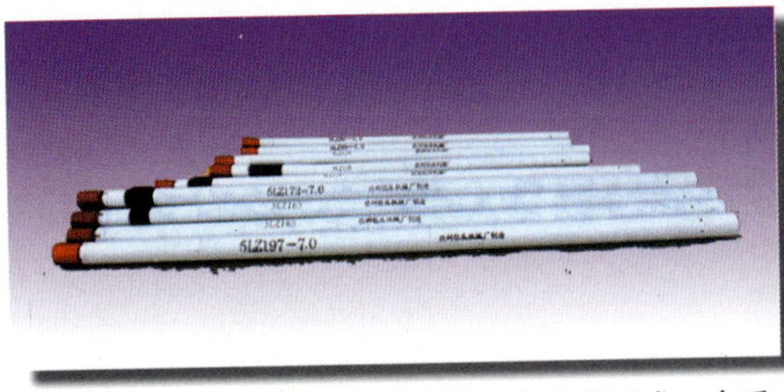

经多年的研究与发展，螺杆钻具产品已形成五大系列、50余种型号。

钻杆摩擦焊接自动生产线所焊Φ127mm钻杆大量用于钻井队生产，焊接质量完全符合API标准要求。

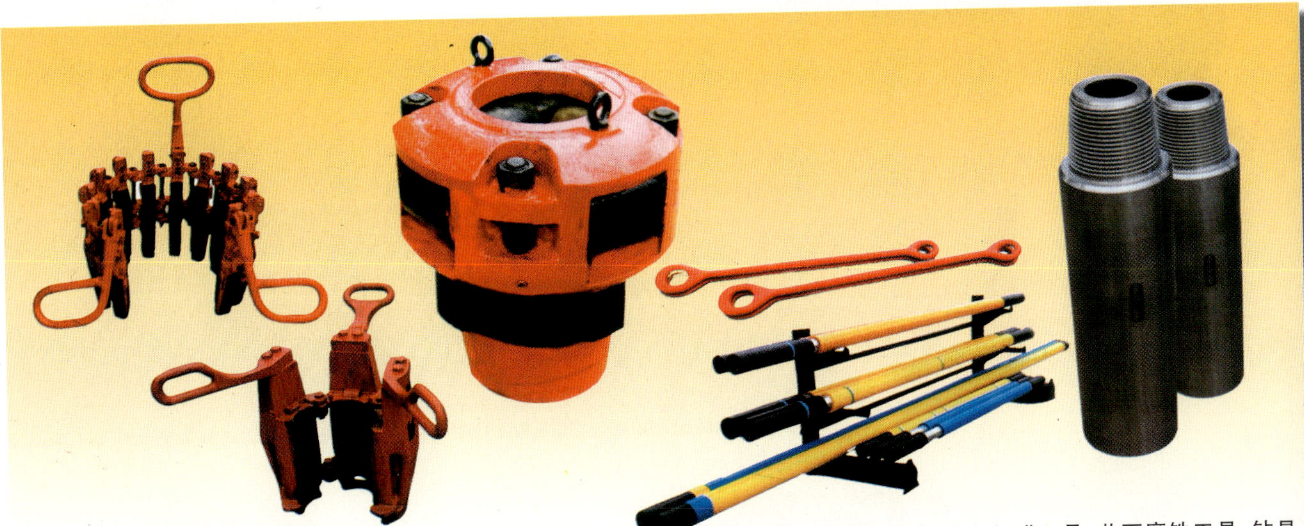

种类齐全的井口工具、井下打捞工具、井下磨铣工具、钻具稳定器、转换接头等，可满足近100个钻井队同时施工。

地址：山东省东营市聊城路26号　电话：(0546)8554858　传真：(0546)8224561　邮码：257009

中国石油西南油气田分公司南充炼油化工总厂

法人代表、厂长：孙纯

中国石油西南油气田分公司南充炼油化工总厂隶属于国际上市公司——中国石油天然气股份有限公司西南油气田分公司。工厂目前设有炼油分厂、水电分厂、油品销售公司、炼制研究所、原油储运部等八个基层单位，拥有常减压蒸馏、直馏汽油芳构化、重油催化裂化、酮苯脱蜡（油）、异丙醇脱沥青等13套炼油装置和发电、污水处理、铁路专用线、发油场、加油站等配套辅助设施。在册职工为1289人，有种类设备3159台（套），炼油生产过程采用先进的DCS控制系统，固定资产35696万元。工厂目前原油加工能力初具规模，能够生产5大类、70个品种、120个牌号的石油化工产品，其中草16个品种、19个牌号的产品为国内独家生产。汽油、柴油、防锈油、变压器油等10多个产品先后被评为国家和省部级优质产品、名牌产品、金争奖产品称号。工厂通过ISO9001国际标准质量保证体系认证。

南充炼油化工总厂愿同国内外同行、高等院校和科研单位积极配合，开展经济技术交流，促进共同发展。

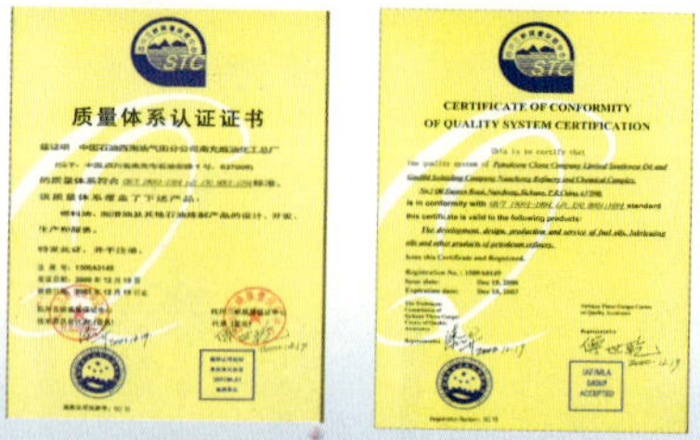

质量体系认证证书

地址：四川省南充石油东路1号　邮码：637000
电话：（0817）2603803　传真：（0817）2603803

中国石化集团西南石油局油气测试中心

法人代表、主任：黄辉

中国石化集团西南石油局油气测试中心是一支集油（气）井测试、修井、酸化、加砂压裂、生产测井设计、施工和油气田开发技术研究于一体的技术密集型队伍。现有员工489人，其中各类专业技术人员225人。拥有包括XJ-150~650系列修井机、HT-400、2000型压裂设备、生产测井设备、测试设备等优良资产近亿元。成立以来先后承担和完成国家、省、部、总公司、局科研项目近100项，获国家专利2项、省部级科技进步奖10项，部分科研成果达到国际先进水平。特别是针对川西致密碎屑岩气藏的开发形成了一套完善的加砂压裂工艺技术，效果十分显著。并针对超高压油（气）井形成了一套系统完整的测试工艺技术和修井技术。

四川德阳国际经济技术合作有限公司是油气测试中心投资与中国国际贸易促进委员会德阳分会共同于1996年成立的一家股份公司，与油气测试中心合署办公。该公司以油气测试中心的设备和工程施工队伍为基础承揽国内外石油工程项目。

油气测试中心通过了ISO9001 国际质量体系认证，我们将以“无差错的”工作标准来实现我们对顾客的承诺和质量保证，与客户共谋发展。

地址：四川省德阳市淮河街11号　邮码：618000
电话：（0838）2409254　2409260　传真：（0838）2409414
网址：http://www.ogwtc.com　E-mail:ogwtc@Sina.com　电挂：1557

吐哈通信工程公司

吐哈通信工程公司系新疆欧亚科技发展有限责任公司下属公司，公司拥有国家二级通信施工资质证。公司自成立以来，以“务实立业，创新图强”的企业精神吸引了一大批学有所长的技术和管理人员。现拥有中、高级职称的有24名，凭借自身优势，公司实现了办公电子化、管理网络化、组织系统化、运转高效稳健的管理模型，并于2000年通过ISO9002质量认证。

公司有在国内外进行大型通信施工的经验，参与了西北和中亚诸多通信工程的施工建设，其足迹遍及甘肃、新疆、青海、吉尔吉斯等，业务范围包括通信工程、信息网络工程、有线电视智能小区等。

公司先后和华为、中兴、西门子等国内外知名通信公司建立了紧密的合作关系，技术水平和施工水平不断提高，具有了较强的研发能力和技术攻关能力。

总经理：刘水兵

公司将本着

“以人为本、科学管理、开拓市场、以质取胜”的宗旨，用自己的智慧和诚实的劳动回报每一位客户。

地址：新疆哈密石油基地通信大楼
邮码：839000
电话：(0902)2767383
传真：(0902)2764127

经理:刘达林

新疆石油管理局试油公司

试油公司是新疆石油管理局所属二级单位,是以试油、试采为主的综合技术服务单位。主要从事勘探开发井的试油、试采、试井、油气层改造、地层测试、修井等技术服务工作。

试油公司自1976年成立以来,除承担准噶尔盆地试油工作外,还先后在塔里木、三塘湖、青海、吐哈等油田进行试油工作,并赴哈萨克斯坦进行试油工作。共试油5815层,获工业油气流井938口,1859层,分别发现了彩南、石西、石南、莫北、北三台、火烧山、夏子街、百口泉、沙南、小拐、呼图壁和陆梁等大中型油气田;并承担完成了集团公司和新疆石油管理局科研项目50多项,为新疆石油工业的发展作出了巨大的贡献。

经过二十多年的发展,试油公司现拥有职工1100多人,各类专业技术人员578人,其中:高、中级技术职称157人;拥有固定资产近2亿元,各类设备355台(套),并引进了一批具有世界先进水平的作业设备和测试工具。拥有CNPC各种甲级作业队5个,乙级作业队9个,具备在各种条件下施工作业的能力。公司已通过ISO9002质量体系认证,严格执行HSE管理,综合实力居国内同行业先进水平。

公司本着以质量求生存,以科技求发展的宗旨,竭诚为各界客户提供优质服务。

地址:新疆克拉玛依市
邮码:834027
电话:(0990)6813153　6971009
传真:(0990)6971009

四川石油管理局
川南建筑安装工程公司

总经理：韩永柱

党委书记（常务副总经理）：苏武兴

四川石油管理局川南建筑安装工程公司系国家建筑施工二级企业，取得国家交通部公路施工二级资信登记资格和国家ISO9002质量体系认证。拥有各种大、中型施工机具设备360余台。主要经营：道路桥涵、工业与民用建筑、土石方工程、乙级工程测设、铁塔制作安装、金属结构件制造、安装。在四川省建委、统计局、统计信息产业中心召开的“九二巴蜀施工企业评价报告会”中被评为“最大规模、最大市场占有份额、经济效益最佳”百强企业之一，“泸州市建筑施工企业25强”之一。2000年再次被四川省统计局、四川省社会经济评价中心评为“2000年四川国有建筑企业综合实力100强”企业。

地址：四川泸州市江阳区
邻玉镇迎宾路19号
邮码：646002
电话：（0830）3921807
3921806
传真：（0830）3891886

公司制作安装的泸州电视塔

竣工的成都华阳科教中心

渠县脱硫厂公路桥施工

公司施工的泸州甲醇基建工程

四川石油管理局川南油气田建设工程公司

地址：四川省泸州市纳溪区　邮码：646300　电话：(0830)4250005　4250434　传真：(0830)4250005　最高管理者：廖正泰

四川石油管理局川南油气田建设工程公司是一家专门从事天然气集输管道及配套设施的专业施工企业，具有国家二级施工企业资质，持有工商营业执照，取得四川省劳动厅颁发的安全认可证和BRI级压力容器制造许可证，具有独立承担油气田开发配套建设、各种不同介质、材料的管道安装，中型油气处理厂、化工厂、炼油厂的施工实力和一、二类压力容器制造生产能力。

40年来，公司在川、渝、陕地已先后承建各类建设工程2200多项，建成了压力4至16兆帕的天然气输送管道3000余公里，建各类集气站、输气站、配气站、压缩机增压站和脱硫脱水站1500余座。近年来，公司在川、渝天然气田承建完成铁山气田集输工程、眉夹乐输气管道工程等项目30余个，均被评为四川石油管理局优良工程。

从1987年开始，公司全面推行项目法施工管理。2000年，获得ISO9002质量体系认证。1993年以来，所承建的工程单位工程(产品)一次交验合格率100%，优良率保持在86%以上。1995年和1997年被泸州市人民政府授予"重合同、守信用"企业，多次被评为四川省泸州市建筑施工企业25强之一、四川省建筑施工企业百家经济效益最佳企业之一和中国石油工业系统最佳经济效益建筑企业之一。

陕81井井站

公司基地一隅

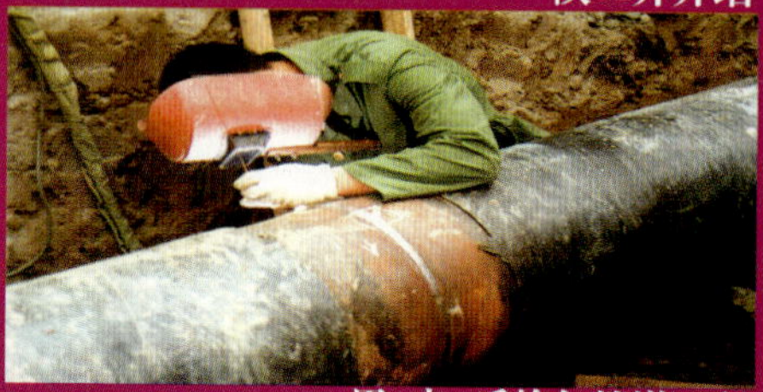

眉-夹-乐输气管道工程

沙卧线脱水工程

川东马家场脱水站

川天华卧两工程

经理：辜良国

吐哈油田
化学实业有限责任公司

地址：新疆鄯善火车站镇　邮码：838202　电话：(0995)8371641　8371421　传真：(0995)8371621

防冻液

钻井助剂生产车间

配液储罐

各类入井液

吐哈油田化学实业有限责任公司，于1999年4月挂牌运营。主要从事油田化学产品开发、生产、销售和油田各种入井流体配方设计、配制及各类工业设备化学清洗服务工作。注册资本820万元，生产设备齐全，质检手段完善。具备新疆自治区认证的C级锅炉清洗资格，2000年通过ISO9002质量体系认证。拥有2个专业化化学产品生产工厂、1个专业化液体配制站、1个专业化清洗作业队。现已开发生产的产品有3个系列、14个品种。产品和施工业务除吐哈油田外，已拓展到玉门、青海、塔里木等油田。

公司现有员工60名，拥有高级工程师2名，工程师8名，助工、技术员12名，具有大专以上学历的专业技术人员占员工总数的38%。在技术上与西南石油学院、江汉石油学院及油田有关科研单位有广泛的联系与合作。我们信奉“追求质量卓越，力争服务一流”的宗旨，竭诚与各界朋友合作。

我们的经营理念是：您享受优质服务下的效益，我获得高度信誉下的利润。

CNPC
中国石油

吐哈油田建设工程公司

地址：新疆鄯善火车站镇　邮码：838202　电话：(0995)8371506　8371649

企业简介

吐哈油田建设工程公司是中国石油天然气集团公司吐哈石油勘探开发指挥部所属的大型油田建设施工企业，其前身是创建于1952年的玉门石油管理局油田建设工程公司，具有国家建设部核准的化工石油工程施工一级企业资质，年施工能力在6亿元人民币以上。

公司拥有高水平高素质人才群体，具有以国家实用新型专利技术为代表的一批国内先进的施工技术，多项国外引进的施工技术和设备在公司承建的许多重点建设项目中推广应用。自1997年以来，公司在吐哈油田丘陵140万吨/年地面产能建设工程中荣获国家优质工程银奖，在世界著名的吐鲁番葡北油田成功地安装了国内第一套高压注气(水)混相驱动油气开采装置。我们严格履行“以科学的质量管理，为顾客提供满意的产品”的公司ISO9000质量方针，忠实兑现“以人为本，预防为主，为保持我们共有的文明状态而不懈努力”的HSE公司承诺。公司承建的各类工程连年创优获奖，企业资质不断拓增，银行资信保持“AAA”，在社会各界赢得了良好的质量信誉和企业形象。

公司将牢固树立诚信坚毅的企业理念，为业主不断提供优良工程质量和先进服务水平，全心全意地报答您对我们的厚爱。

荣获国家优质工程银质奖章的吐哈油田丘陵140万吨/年联合站工程

吐哈油田鄯善油库工程(原油库存容量36.5万立方米)

传真:(0995)8311311 8371356 电子信箱:jymyj-ss@mail.xj.cninfo.net 经理:王小龙

哈密石油基地住宅小区一角

吐哈油田鄯善轻烃外运站

吐哈油田丘东100万立方米/日天然气处理厂

公司经理：杨红星

吐哈油田电力工程公司

地址：新疆鄯善火车站镇69号　邮码：838202
电话：(0995)8372733　传真：(0995)8371770

引进美国Simon-TELELECT公司的Simin6H型绝缘液压带电作业车

已建成的鄯善11万变电站一角

吐哈油田电力工程公司成立于1991年4月1日，其前身为玉门石油管理局电力、水利工程公司。1998年8月重组后取得新疆自治区建设厅颁发的全民送变电工程施工公司三级资质证书，可承担110kv及以下送电线路和同电压等级变电站建筑安装工程施工。公司认真学习和借鉴了国内外先进的管理经验，并按ISO9002标准建立质量保证体系，向业主提供质量承诺，已通过认证。

公司具有雄厚的技术力量，拥有各类施工机械及工器具134台(套)，引用国际较为先进的远红外检测和电业作业施工装备和技术。先后承担过110KV、35KV、10kV及0.4KV各电压等级线路、变电施工安装及检修任务。

公司宗旨是：立足油田，面向社会，以科技为先导，以质量求生存，以管理增效益，以信誉求发展，为油田和地方的电力事业做出应有的贡献。

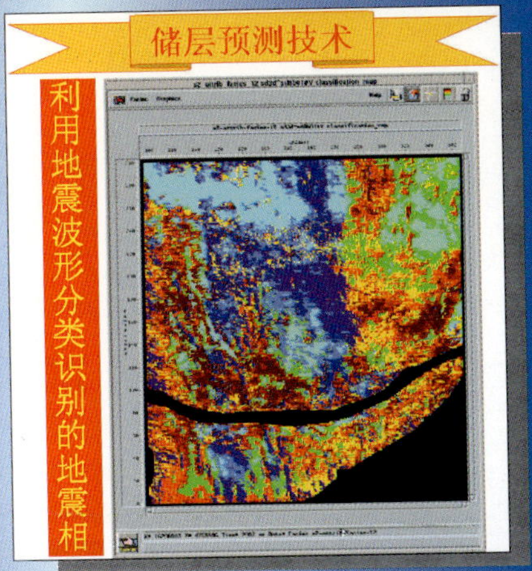

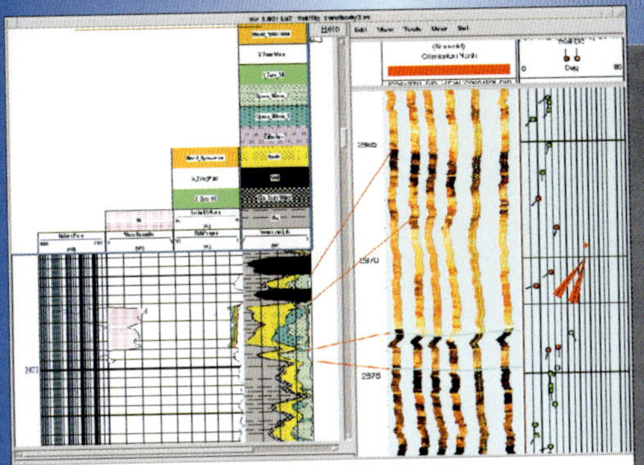
图2 6 废弃河道砂体典型图

SGI Origin 2400 并行处理计算机

吐哈地球物理研究所

地址：新疆哈密市石油基地　邮码：839009　电话：（0902）2763811　传真：（0902）2763000　法定代表人：张建朝

吐哈地球物理研究所是集物探资料处理、测井资料处理解释、地质综合研究为一体的专业技术服务单位。主要担负着吐哈盆地、三塘湖盆地、银根-额济纳旗盆地石油及天然气地球物理勘探开发研究工作。

我所拥有设备固定资产3500万元，构成四大技术系列。其中有代表国际先进水平的SGI Origin2400并行处理计算机，eXpress、Geoframe测井资料处理软件，Geovecure plus、Geodepth等物探资料处理软件，Landmark、Stratmagic、Jason、GNT等地质综合研究软件。拥有高效的计算机信息网络系统，为资源共享提供了便利条件。

我所现有职工121人，其中技术干部99人，占职工总数的82%。具有高级职称的13人，中级职称的40人。先后选送20人次去美国、法国等国家学习深造，培养了一大批既有理论知识又有现场经验的生产科研人员。

地球物理研究所始终坚持“精心处理、精细解释、质量第一、信誉至上”的质量方针。2000年11月28日我所顺利通过ISO9002质量体系认证，确保了为顾客提供更优质的服务。近几年来，地球物理研究所承担的自治区级、部级项目有《丘东-温吉桑地区三维地震勘探及隐蔽油气藏研究》、《复杂岩性储层的测井解释研究》等，局级项目有《目标区块地震资料精细处理和解释》、《吐鲁番、神泉、葡北地区老井复查》等。“九五”期间，有3个项目获得自治区科技进步奖，34个项目获得指挥部科技进步奖。

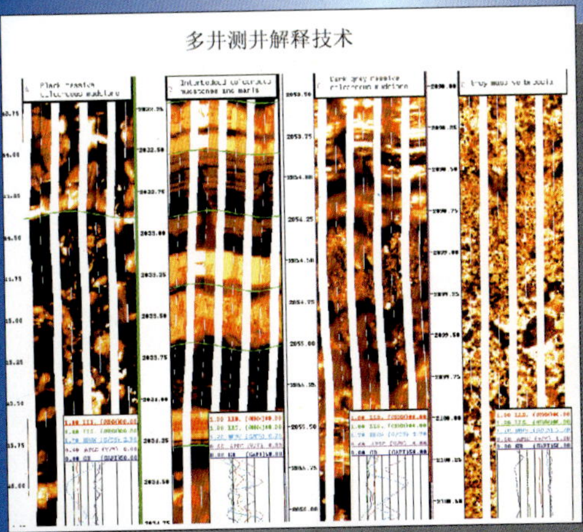

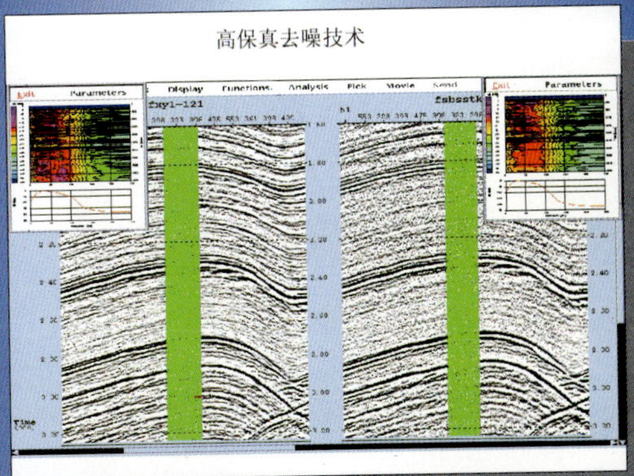

吐哈物资供应处

▶鄯善物资总库一角

◀已建成物资管理信息系统，实现了从计划、采购到仓储、结算的计算机网络化管理

实行24小时全天候、全过程跟踪服务

▲对常用、零星、分散的物资实行门市化经营，方便了用户，减少了资金占用

▲处长：王浩

◀优良的库房设施

吐哈石油勘探开发指挥部物资供应处是集物资采购、仓储、进出口贸易、生产加工为一体的专业化服务单位，拥有固定资产1.3亿元，年均物资供应销售额达10亿元。已通过ISO9002国际质量体系认证。

在北京、上海、广州等九大城市设有物资采购站，与国内500多家实力雄厚的厂商建立了稳定可靠的采购网络。拥有西北地区最大的物资仓库，占地面积72万平方米，内设10座库房，3个料棚，5个料场；有3条铁路专用线，5台大型龙门吊，年物资吞吐能力40万吨。

具有自营进出口经营权，边境小额贸易权、进口物资减免税权、进出口物资海关监管权、对外工程承包和劳务输出权，与15个国家和地区厂商建立了良好的进出口贸易关系。

我们愿凭借新疆"桥头堡"的有利位置，以雄厚的实力、良好的信誉，本着"互惠互利"的原则，与各油田及国内外厂商合作，共同为西部大开发做出一份贡献。

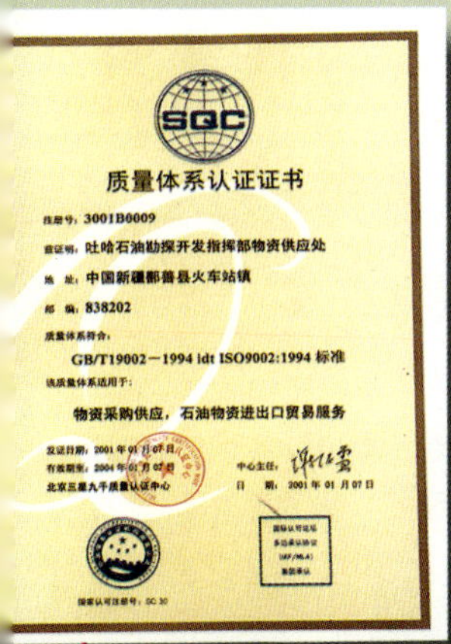
SQC

质量体系认证证书

注册号：3001B0009

获证单位：吐哈石油勘探开发指挥部物资供应处

地 址：中国新疆鄯善县火车站镇

邮 编：838202

质量体系符合：

GB/T19002—1994 idt ISO9002:1994 标准

该质量体系适用于：

物资采购供应，石油物资进出口贸易服务

发证日期：2001年01月07日

有效期至：2004年01月07日

北京三星九千质量认证中心

中心主任：

日 期：2001年01月07日

国家认可注册号：QC 30

地址：新疆鄯善县火车站西侧一公里处
邮码：838202
电话：（0995）8372393 8372173
传真：（0995）8311218

整装待发的出口物资

吐哈石油勘探开发指挥

公司党委书记、经理：赵明方

吐哈石油勘探开发指挥部哈密物业管理公司，成立于1995年，公司现有职工近1400人。公司管理各类物业面积已达325万平方米，目前是新疆维吾尔自治区最具规模的物业管理企业之一。

近年来，公司在各类经营活动中，秉承"专业化管理、产业化运作、以服务为主"之从业原则，将最优秀的管理服务模式应用于具体的项目管理之中。其中，所管辖物业：哈密石油基地1998年荣获"全国城市物业管理优秀示范住宅小区"荣誉称号，同年荣获"国家级造林绿化400佳单位"称号。2000年取得新疆维吾尔自治区建设厅物业管理企业资质证书，并于2000年12月顺利通过ISO9002质量体系认证。以上成就的取得，公司旨在更深一步的提高员工的管理素质，高标准的服务于社会、服务于客户，进而在区域内创行业之先锋。

进入21世纪，公司将积极参与西部大开发战略，把"文化一流，管理一流、服务一流、技术一流、环境一流"的经营理念带入新世纪，走观念、机制、管理、技术创新之路，努力创建国内一流水平的物业管理企业。

部哈密物业管理公司

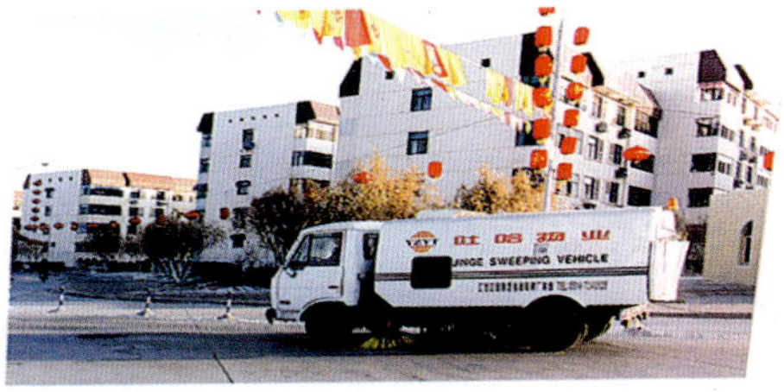

地址:新疆哈密石油基地　邮码:839009
电话:(0902)2764375　传真:(0902)2764375
E-mail: jbaiwy@email.th.cnpc.com.cn

吐哈油田鄯善物业管理公司

公司自行培育的大花杏树林

公司党委书记、经理：王效荣

高压污水处理车正在现场排污

鄯善物业管理公司管理的小区生活网点

地址：新疆鄯善吐哈油田
鄯善石油基地
邮码：838202
电话：（0995）8371316
传真：（0995）8372286

随时待命的“196”维修方便车

吐哈油田鄯善物业管理公司是集社区管理、小区住宅管理、供热、供排水、宾馆及公寓服务、公建设施维修等为一体的专业化物业管理单位，公司拥有固定资产6621万元。2000年已通过ISO9002国际质量体系认证。

公司按照现代企业制度建立健全了先进的物业管理机制，并具有高级专业技术人员5名、中级专业技术人员20名、特殊工种专业人员66名。同时，还具有国内外一流的硬件设施187台(套)和专业化服务队伍231名。

公司可承担50万平方米的供热能力、40万立方米/年的热水供应、300KM供热管网和200KM排污管网的维护保养、一定规模的宾馆和公寓服务、餐饮服务、国内外一流的小区住宅管理及环卫服务、100万平方米的绿化管护、150吨货物的冷冻储藏、300名幼儿教育等任务。

公司始终坚持以“顾客满意为中心、物业管理创品牌”为宗旨，凭借高素质人才和一流的服务质量打造了鄯善物业管理新品牌。

“您的满意、我的追求”是公司永恒的主题，竭诚与国内外各界朋友合作。

中国方圆标志认证委员会质量认证中心

山东鹰轮集团公司
地址:山东省招远城北河埃桥东
邮政编码:265403
证书注册编号:1900B0001
体系认证标准:GB/T 19002—1994 idt ISO 9002:1994
有效期:2000.1.10～2003.1.10

山西晋阳碳素股份有限公司
地址:山西省灵石县常青路西133号
邮政编码:31300
证书注册编号:1900A0002
体系认证标准:GB/T 19001—1994 idt ISO 9001:1994
有效期:2000.1.10～2003.1.10

北京市丰台锅炉厂(北京华日涂装有限公司)
地址:北京市丰台区看丹村
邮政编码:100070
证书注册编号:1900A0003
体系认证标准:GB/T 19001—1994 idt ISO 9001:1994
有效期:2000.1.10～2003.1.10

江阴宝富医药包装有限公司
地址:江苏省江阴市陆桥镇
邮政编码:214425
证书注册编号:1900B0004
体系认证标准:GB/T 19002—1994 idt ISO 9002:1994
有效期:2000.1.10～2003.1.10

辽阳科林仪表有限公司
地址:辽宁省辽阳市卫国路67号
邮政编码:111000
证书注册编号:1900A0005
体系认证标准:GB/T 19001—1994 idt ISO 9001:1994
有效期:2000.1.10～2003.1.10

黑龙江齐塑塑料制品有限责任公司
地址:黑龙江省齐齐哈尔市建华区橡胶西街
邮政编码:161000
证书注册编号:1900B0006
体系认证标准:GB/T 19002—1994 idt ISO 9002:1994
有效期:2000.1.10～2003.1.10

佑图物理应用科技发展(武汉)有限公司
地址:湖北省武汉市经济技术开发区东方工业园
邮政编码:430056
证书注册编号:1900A0007
体系认证标准:GB/T 19001—1994 idt ISO 9001:1994
有效期:2000.1.10～2003.1.10

保定福河木业有限公司
地址:河北保定市南市区建国路118号
邮政编码:71000
证书注册编号:1900B0008
体系认证标准:GB/T 19002—1994 idt ISO 9002:1994
有效期:2000.1.10～2003.1.11

河北省鹿泉市星宇化工总厂
地址:河北省鹿泉市石井村南
邮政编码:50200
证书注册编号:1900B0009
体系认证标准:GB/T 19002—1994 idt ISO 9002:1994
有效期:2000.1.11～2003.1.11

泉州宝峰旅游用品有限公司
地址:福建省泉州市区南环口
邮政编码:362000
证书注册编号:1900B0010
体系认证标准:GB/T 19002—1994 idt ISO 9002:1994
有效期:2000.1.11～2003.1.11

厦门日观建材有限公司
地址:福建省厦门湖里区殿前神山
邮政编码:361009
证书注册编号:1900B0011
体系认证标准:GB/T 19002—1994 idt ISO 9002:1994
有效期:2000.1.11～2003.1.11

沈阳鸿祥塑胶制造有限公司
地址:辽宁省沈阳市东陵区望花中街195—2号
邮政编码:110045
证书注册编号:1900B0012
体系认证标准:GB/T 19002—1994 idt ISO 9002:1994
有效期:2000.1.11～2003.1.11

龙海市多棱锯条有限公司
地址:福建省龙海市角美火车站边
邮政编码:363107
证书注册编号:1900B0013
体系认证标准:GB/T 19002—1994 idt ISO 9002:1994
有效期:2000.1.11～2003.1.11

福建省泉州市江南冷却器厂
地址:福建省泉州市丰泽区泉秀东路宝洲路口
邮政编码:362000
证书注册编号:1900B0014
体系认证标准:GB/T 19002—1994 idt ISO 9002:1994
有效期:2000.1.11～2003.1.11

河南省商城县开源环保工程设备有限公司
地址:河南省商城县车站路35号
邮政编码:465350
证书注册编号:1900A0015
体系认证标准:GB/T 19001—1994 idt ISO 9001:1994
有效期:2000.1.11～2003.1.11

福建省仙游电机总厂
地址:福建仙游县鲤城镇南大路96号
邮政编码:351200
证书注册编号:1900B0016
体系认证标准:GB/T 19002—1994 idt

ISO 9002:1994
有效期:2000.1.11～2003.1.11

山东德州通风设备实业总公司
地址:山东省德州三八路桥东首
邮政编码:253023
证书注册编号:1900B0017
体系认证标准:GB/T 19002－1994 idt ISO 9002:1994
有效期:2000.1.11～2003.1.11

广东肇庆环球净化设备有限公司
地址:广东省肇庆市工农南路3号
邮政编码:526040
证书注册编号:1900B0018
体系认证标准:GB/T 19002－1994 idt ISO 9002:1994
有效期:2000.1.11～2003.1.11

深圳市宝安深宝电器仪表有限公司
地址:广东省深圳市宝安28区11万伏变电站内
邮政编码:518101
证书注册编号:1900B0019
体系认证标准:GB/T 19002－1994 idt ISO 9002:1994
有效期:2000.1.11～2003.1.11

花都市永顺包装材料有限公司
地址:广东省花都市宝华路19号
邮政编码:510800
证书注册编号:1900B0020
体系认证标准:GB/T 19002－1994 idt ISO 9002:1994
有效期:2000.1.11～2003.1.11

盘锦佳美新型塑料建材有限责任公司
地址:辽宁省盘锦市兴隆台工业开发区科技路北
邮政编码:124013
证书注册编号:1900B0021
体系认证标准:GB/T 19002－1994 idt ISO 9002:1994
有效期:2000.1.11～2003.1.11

汕头市飘影洗涤用品有限公司
地址:广东汕头市衡山路宏成大厦二楼
邮政编码:515041
证书注册编号:1900B0022
体系认证标准:GB/T 19002－1994 idt ISO 9002:1994
有效期:2000.1.11～2003.1.11

济南市塑料油墨厂
地址:山东省济南市天桥区北园大街中段水电路50号
邮政编码:250033
证书注册编号:1900B0023
体系认证标准:GB/T 19002－1994 idt ISO 9002:1994
有效期:2000.1.11～2003.1.11

青岛希望饲料有限公司
地址:山东省平度市南村镇驻地
邮政编码:266736
证书注册编号:1900B0024
体系认证标准:GB/T 19002－1994 idt ISO 9002:1994
有效期:2000.1.11～2003.1.11

山东海化集团潍坊天合有机化工有限公司
地址:山东潍坊市奎文区鸢飞路919号
邮政编码:261031
证书注册编号:1900B0025
体系认证标准:GB/T 19002－1994 idt ISO 9002:1994
有效期:2000.1.11～2003.1.11

潍坊昌大建设(集团)总公司
地址:山东潍坊市奎文区潍州路696号
邮政编码:261031
证书注册编号:1900B0026
体系认证标准:GB/T 19002－1994 idt ISO 9002:1994
有效期:2000.1.11～2003.1.11

浙江银燕集团有限公司啤酒厂
地址:浙江省海盐县元通集镇
邮政编码:314317
证书注册编号:1900B0027
体系认证标准:GB/T 19002－1994 idt ISO 9002:1994
有效期:2000.1.11～2003.1.11

厦门国际航空港集团混凝土有限公司
地址:福建省厦门市高崎国际机场
邮政编码:361006
证书注册编号:1900B0028
体系认证标准:GB/T 19002－1994 idt ISO 9002:1994
有效期:2000.1.14～2003.1.14

山东华夏集团有限公司
地址:山东省威海市经济技术开发区化夏工业园
邮政编码:264205
证书注册编号:1900B0029
体系认证标准:GB/T 19002－1994 idt ISO 9002:1994
有效期:2000.1.14～2003.1.14

福建省晋江华强防火涂料厂
地址:福建省晋江市磁灶镇古山工业区
邮政编码:362214
证书注册编号:1900B0030
体系认证标准:GB/T 19002－1994 idt ISO 9002:1994
有效期:2000.1.14～2003.1.14

福建省南安市德安压缩机配件厂
地址:福建省南安市仑仓镇仑苍南街41号
邮政编码:362304
证书注册编号:1900B0031
体系认证标准:GB/T 19002－1994 idt ISO 9002:1994
有效期:2000.1.14～2003.1.14

太原新凯永大管业有限公司
地址:山西省太原市和平南路219号
邮政编码:30024
证书注册编号:1900B0032
体系认证标准:GB/T 19002－1994 idt ISO 9002:1994
有效期:2000.1.14～2003.1.14

江门市裕华墙纸有限公司 江门天丽墙纸制造有限公司
地址:广东省江门市河南烟墩山
邮政编码:529000
证书注册编号:1900B0033
体系认证标准:GB/T 19002－1994 idt ISO 9002:1994
有效期:2000.1.14～2003.1.14

浙江东阳捷科门磁电系统有限公司
地址:浙江省东阳市经济开发区白云大道13号
邮政编码:322100
证书注册编号:1900B0034
体系认证标准:GB/T 19002－1994 idt ISO 9002:1994
有效期:2000.1.14～2003.1.14

福建省南安市九牧轻工机械有限公司
地址:福建省南安仑苍镇登峰工业区

28号
邮政编码:362304
证书注册编号:1900B0035
体系认证标准:GB/T 19002－1994 idt ISO 9002:1994
有效期:2002.1.17～2003.1.17

中大工业集团公司
地址:江苏省盐城市通榆中路56号
邮政编码:224002
证书注册编号:1900A0036
体系认证标准:GB/T 19001－1994 idt ISO 9001:1994
有效期:2002.1.17～2003.1.17

陕西富华乳业有限公司
地址:陕西渭南市富平县城站北街2号
邮政编码:711700
证书注册编号:1900B0037
体系认证标准:GB/T 19002－1994 idt ISO 9002:1994
有效期:2002.1.17～2003.1.17

山东力源集团公司
地址:山东省招远市毕郭镇大曲庄
邮政编码:265412
证书注册编号:1900B0038
体系认证标准:GB/T 19002－1994 idt ISO 9002:1994
有效期:2002.1.17～2003.1.17

山东德工机械有限公司
地址:山东省德州市东风西路115号
邮政编码:253002
证书注册编号:1900A0039
体系认证标准:GB/T 19001－1994 idt ISO 9001:1994
有效期:2002.1.17～2003.1.17

广东一品鲜生物科技有限公司
地址:广东省东莞市中堂镇东糖集团内
邮政编码:523243
证书注册编号:1900B0040
体系认证标准:GB/T 19002－1994 idt ISO 9002:1994
有效期:2002.1.17～2003.1.17

湖北武当酒业(集团)有限责任公司
地址:湖北省丹江口市老虎沟路4号
邮政编码:442700
证书注册编号:1900B0041
体系认证标准:GB/T 19002－1994 idt ISO 9002:1994
有效期:2002.1.17～2003.1.17

西平县制杆厂
地址:河南省西平县工交路106号
邮政编码:463900
证书注册编号:1900B0042
体系认证标准:GB/T 19002－1994 idt ISO 9002:1994
有效期:2002.1.17～2003.1.17

韶关链条厂有限公司
地址:广东省韶关市工业西路
邮政编码:512028
证书注册编号:1900B0043
体系认证标准:GB/T 19002－1994 idt ISO 9002:1994
有效期:2000.1.18～2003.1.18

南海市和顺灵洲铝材厂
地址:广东省南海市和顺逢冲管理区
邮政编码:528241
证书注册编号:1900B0044
体系认证标准:GB/T 19002－1994 idt ISO 9002:1994
有效期:2000.1.18～2003.1.18

甘肃酒泉地区祁峰建化有限公司
地址:甘肃省嘉峪关市西郊
邮政编码:735109
证书注册编号:1900B0045
体系认证标准:GB/T 19002－1994 idt ISO 9002:1994
有效期:2000.1.18～2003.1.18

石家庄市燕春饭店
地址:河北省石家庄市中山东路189号
邮政编码:50011
证书注册编号:1900B0046
体系认证标准:GB/T 19002－1994 idt ISO 9002:1994
有效期:2000.1.18～2003.1.18

福建省泉州筑路机械厂
地址:福建省泉州东海宝盖工业区
邮政编码:362000
证书注册编号:1900B0047
体系认证标准:GB/T 19002－1994 idt ISO 9002:1994
有效期:2000.1.18～2003.1.18

福建省晋江工程机械厂
地址:福建省晋江市安海镇鸿江西路465号
邮政编码:362261
证书注册编号:1900B0048
体系认证标准:GB/T 19002－1994 idt ISO 9002:1994
有效期:2000.1.18～2003.1.18

浙江东风农药厂
地址:浙江省温州机场蓝田(小陡门)
邮政编码;325024
证书注册编号:1900B0049
体系认证标准:GB/T 19002－1994 idt ISO 9002:1994
有效期:2000.1.18～2003.1.18

淄博亿达建陶有限公司
地址:山东省淄博市张店区南定镇南田路中段
邮政编码:255051
证书注册编号:1900B0050
体系认证标准:GB/T 19002－1994 idt ISO 9002:1994
有效期:2000.1.18～2003.1.18

福建双菱集团股份有限公司(宝盛漳州陶瓷公司)
地址:福建省漳州市东环路
邮政编码:363000
证书注册编号:1900B0051
体系认证标准:GB/T 19002－1994 idt ISO 9002:1994
有效期:2000.1.18～2003.1.18

航标(福建)洁具有限公司
地址:福建省漳州市东环路
邮政编码:363000
证书注册编号:1900B0052
体系认证标准:GB/T 19002－1994 idt ISO 9002:1994
有效期:2000.1.18～2003.1.18

沈阳市第三防爆灯厂
地址:辽宁省沈阳市大东区小什字街51号
邮政编码:110042
证书注册编号:1900B0053
体系认证标准:GB/T 19002－1994 idt ISO 9002:1994
有效期:2000.1.21～2003.1.21

济南铁路局泰安电缆厂

地址:山东省泰安市南关路南首
邮政编码:271000
证书注册编号:1900B0054
体系认证标准:GB/T 19002—1994 idt ISO 9002:1994
有效期:2000.1.21～2003.1.21

山东莱州华鲁蓄电池有限公司
地址:山东省莱州市经济技术开发区
邮政编码:261411
证书注册编号:1900B0055
体系认证标准:GB/T 19002—1994 idt ISO 9002:1994
有效期:2000.1.21～2003.1.21

陕西省通讯电缆厂
地址:陕西省扶风县东关 11 号
邮政编码:722200
证书注册编号:1900B0056
体系认证标准:GB/T 19002—1994 idt ISO 9002:1994
有效期:2000.1.21～2003.1.21

上海市嘉定阀门厂
地址:上海嘉定区娄塘镇南新路 86 号
邮政编码:201807
证书注册编号:1900B0057
体系认证标准:GB/T 19002—1994 idt ISO 9002:1994
有效期:2000.1.21～2003.1.21

北京市建筑装饰设计工程公司
地址:北京朝阳区十里堡甘露园甲 3 号
邮政编码:100025
证书注册编号:1900A0058
体系认证标准:GB/T 19001—1994 idt ISO 9001:1994
有效期:2000.1.21～2003.1.21

上海石油化工股份有限公司(塑料事业部)
地址:上海市金山卫纬二路 143 号
邮政编码:200540
证书注册编号:1900B0059
体系认证标准:GB/T 19002—1994 idt ISO 9002:1994
有效期:2000.1.21～2003.1.21

临沂市汽车齿轮厂
地址:山东省临沂市罗庄区册山镇驻地
邮政编码:276022
证书注册编号:1900B0060
体系认证标准:GB/T 19002—1994 idt ISO 9002:1994
有效期:2000.1.21～2003.1.21

温州市双屿防腐设备制造公司
地址:浙江省温州市鹿城工业开发区星际路 4 号
邮政编码:325007
证书注册编号:1900B0061
体系认证标准:GB/T 19002—1994 idt ISO 9002:1994
有效期:2000.1.21～2003.1.21

山西冠力法兰有限公司
地址:山西省定襄县忻阜路 39 公里处
邮政编码:35400
证书注册编号:1900B0062
体系认证标准:GB/T 19002—1994 idt ISO 9002:1994
有效期:2000.1.21～2003.1.21

即墨市即东汽车配件厂
地址:山东省即墨市店集镇
邮政编码:266214
证书注册编号:1900B0063
体系认证标准:GB/T 19002—1994 idt ISO 9002:1994
有效期:2000.1.21～2003.1.21

河南省卫华起重机有限公司
地址:河南省长垣县魏庄工业区 66 号
邮政编码:453424
证书注册编号:1900A0064
体系认证标准:GB/T 19001—1994 idt ISO 9001:1994
有效期:2000.1.21～2003.1.21

济南极光汽车传感器有限责任公司
地址:山东省济南市济微路 30 号
邮政编码:250022
证书注册编号:1900B0065
体系认证标准:GB/T 19002—1994 idt ISO 9002:1994
有效期:2000.1.21～2003.1.21

南京凯迪电子有限公司
地址:江苏省南京市板仓街 3—1 号
邮政编码:210042
证书注册编号:1900B0066
体系认证标准:GB/T 19002—1994 idt ISO 9002:1994
有效期:2000.1.21～2003.1.21

扬州市华扬太阳能热水器有限公司
地址:江苏省扬州市振兴路 2 号
邮政编码:225009
证书注册编号:1900B0067
体系认证标准:GB/T 19002—1994 idt ISO 9002:1994
有效期:2000.1.21～2003.1.21

吴县市东吴染料厂
地址:江苏省吴县市东桥镇胡桥村
邮政编码:215152
证书注册编号:1900B0068
体系认证标准:GB/T 19002—1994 idt ISO 9002:1994
有效期:2000.1.21～2003.1.21

余姚中化美塑料有限公司
地址:浙江余姚市黄家埠镇 329 国道旁
邮政编码:315464
证书注册编号:1900B0069
体系认证标准:GB/T 19002—1994 idt ISO 9002:1994
有效期:2000.1.21～2003.1.21

浙江益南链条有限公司(萧山市工业链条厂)
地址:浙江省萧山市衙前镇
邮政编码:311209
证书注册编号:1900B0070
体系认证标准:GB/T 19002—1994 idt ISO 9002:1994
有效期:2000.1.21～2003.1.21

杭州威陵钢家具有限公司
地址:浙江省杭州市滨江区西兴镇
邮政编码:310051
证书注册编号:1900B0071
体系认证标准:GB/T 19002—1994 idt ISO 9002:1994
有效期:2000.1.21～2003.1.21

锡山市张泾压力容器厂
地址:江苏省锡山市张泾镇泾西
邮政编码:214194
证书注册编号:1900B0072
体系认证标准:GB/T 19002—1994 idt ISO 9002:1994
有效期:2000.1.21～2003.1.21

潍坊万达汽车工具有限公司
地址:山东省潍坊市坊子区六马路 1 号
邮政编码:261200

证书注册编号:1900B0073
体系认证标准:GB/T 19002—1994 idt ISO 9002:1994
有效期:2000.1.21～2003.1.21

无锡市瑞普电子有限公司
地址:江苏省无锡市蠡溪路86号
邮政编码:214072
证书注册编号:1900B0074
体系认证标准:GB/T 19002—1994 idt ISO 9002:1994
有效期:2000.1.21～2003.1.21

通州市高通液压机械有限责任公司
地址:江苏通州市平潮镇通扬南路2号
邮政编码:226361
证书注册编号:1900A0075
体系认证标准:GB/T 19001—1994 idt ISO 9001:1994
有效期:2000.1.21～2003.1.21

中国科学院沈阳科学仪器研制中心
地址:辽宁沈阳市和平区三好街96号
邮政编码:110003
证书注册编号:1900A0076
体系认证标准:GB/T 19001—1994 idt ISO 9001:1994
有效期:2000.1.21～2003.1.21

杭州信雁通讯器材有限公司
地址:浙江省富阳高桥新桥村
邮政编码:311402
证书注册编号:1900B0077
体系认证标准:GB/T 19002—1994 idt ISO 9002:1994
有效期:2000.1.21～2003.1.21

泉州市华利达化工阀门有限公司
地址:福建省南安市仑苍镇园头工业区
邮政编码:362304
证书注册编号:1900B0078
体系认证标准:GB/T 19002—1994 idt ISO 9002:1994
有效期:2000.1.21～2003.1.21

大连华能耐酸泵厂
地址:辽宁省大连市沙河口区华北路春风巷37—1号
邮政编码:116033
证书注册编号:1900A0079
体系认证标准:GB/T 19001—1994 idt ISO 9001:1994
有效期:2000.1.21～2003.1.21

临朐大祥精细化工有限公司
地址:山东省临朐县城秦池路46号
邮政编码:262600
证书注册编号:1900B0080
体系认证标准:GB/T 19002—1994 idt ISO 9002:1994
有效期:2000.1.21～2003.1.21

鹤壁市化工四厂
地址:河南省鹤壁鹤壁北站道南
邮政编码:458010
证书注册编号:1900B0081
体系认证标准:GB/T 19002—1994 idt ISO 9002:1994
有效期:2000.1.21～2003.1.21

杭州九应厨房工程有限公司
地址:浙江省杭州市萧山宁围
邮政编码:311215
证书注册编号:1900B0082
体系认证标准:GB/T 19002—1994 idt ISO 9002:1994
有效期:2000.1.21～2003.1.21

山西东方红制漆有限公司
地址:山西省太原市朝阳街76号
邮政编码:30045
证书注册编号:1900B0083
体系认证标准:GB/T 19002—1994 idt ISO 9002:1994
有效期:2000.1.21～2003.1.21

常州柴油机厂东青分厂
地址:江苏省武进市东青镇
邮政编码:213114
证书注册编号:1900B0084
体系认证标准:GB/T 19002—1994 idt ISO 9002:1994
有效期:2000.1.21～2003.1.21

黄骅市第二建筑工程公司
地址:河北省黄骅市康宁街
邮政编码:61100
证书注册编号:1900B0085
体系认证标准:GB/T 19002—1994 idt ISO 9002:1994
有效期:2000.1.21～2003.1.21

大连三发面粉工业公司
地址:辽宁省大连市甘井子区华北路286号
邮政编码:116033
证书注册编号:1900B0086
体系认证标准:GB/T 19002—1994 idt ISO 9002:1994
有效期:2000.1.21～2003.1.21

德州恒升化工(集团)有限公司
地址:山东省德州市德城区天衢西路24号
邮政编码:253024
证书注册编号:1900B0087
体系认证标准:GB/T 19002—1994 idt ISO 9002:1994
有效期:2000.1.21～2003.1.21

陕西省第三建筑工程公司
地址:陕西省西安市安东街13号
邮政编码:710054
证书注册编号:1900B0088
体系认证标准:GB/T 19002—1994 idt ISO 9002:1994
有效期:2000.1.21～2003.1.21

郑州锅炉厂
地址:河南省郑州市王立砦北街19号
邮政编码:450052
证书注册编号:1900A0089
体系认证标准:GB/T 19001—1994 idt ISO 9001:1994
有效期:2000.1.24～2003.1.24

上海浦江缆索有限公司
地址:上海市南汇宣桥
邮政编码:201314
证书注册编号:1900B0090
体系认证标准:GB/T 19002—1994 idt ISO 9002:1994
有效期:2000.1.24～2003.1.24

浙江西泠啤酒有限公司
地址:浙江余杭市临平镇景星观路8号
邮政编码:311100
证书注册编号:1900B0091
体系认证标准:GB/T 19002—1994 idt ISO 9002:1994
有效期:2000.1.24～2003.1.24

江苏分金亭集团有限公司
地址:江苏宿迁市泗洪县建设路58号
邮政编码:223900
证书注册编号:1900B0092

体系认证标准:GB/T 19002—1994 idt ISO 9002:1994
有效期:2000.1.24～2003.1.24

浙江浩泰铝业有限公司
地址:浙江省永康市芝英镇街头工业区(宅口村毛山)
邮政编码:321306
证书注册编号:1900B0093
体系认证标准:GB/T 19002—1994 idt ISO 9002:1994
有效期:2000.1.24～2003.1.24

焦作华宝铝业有限公司
地址:河南省焦作市华宝路8号
邮政编码:454002
证书注册编号:1900B0094
体系认证标准:GB/T 19002—1994 idt ISO 9002:1994
有效期:2000.1.24～2003.1.24

大连金州电信工程公司
地址:辽宁省大连市金州区胜利西小区34号
邮政编码:116100
证书注册编号:1900B0095
体系认证标准:GB/T 19002—1994 idt ISO 9002:1994
有效期:2000.1.24～2003.1.24

上海市嘉定区建设工程(集团)有限公司
地址:上海市嘉定区博乐路101号
邮政编码:201800
证书注册编号:1900B0096
体系认证标准:GB/T 19002—1994 idt ISO 9002:1994
有效期:2000.1.24～2003.1.24

中国建筑第四工程局武汉工程分局
地址:湖北武汉市武昌区徐东路23号
邮政编码:430062
证书注册编号:1900B0097
体系认证标准:GB/T 19002—1994 idt ISO 9002:1994
有效期:2000.1.24～2003.1.24

中国石油辽阳石油化纤公司(辽阳石油化纤公司纤维厂)
地址:辽宁省辽阳市宏伟区火炬街5号
邮政编码:111003
证书注册编号:1900B0098
体系认证标准:GB/T 19002—1994 idt ISO 9002:1994
有效期:2000.1.24～2003.1.24

北京市朝阳田华建筑集团公司
地址:北京市朝阳区六里屯中街126号
邮政编码:100026
证书注册编号:1900B0099
体系认证标准:GB/T 19002—1994 idt ISO 9002:1994
有效期:2000.1.24～2003.1.24

江苏省泰兴市第四建筑安装工程公司
地址:江苏省泰兴市大庆东路49号
邮政编码:225400
证书注册编号:1900B0100
体系认证标准:GB/T 19002—1994 idt ISO 9002:1994
有效期:2000.1.24～2003.1.24

宜兴市建筑安装工程总公司
地址:江苏宜兴市宜城镇茶局路129号
邮政编码:214200
证书注册编号:1900B0101
体系认证标准:GB/T 19002—1994 idt ISO 9002:1994
有效期:2000.1.24～2003.1.24

上海浦东新区东宝市政实业有限公司
地址:上海市浦东南路3690号
邮政编码:200125
证书注册编号:1900B0102
体系认证标准:GB/T 19002—1994 idt ISO 9002:1994
有效期:2000.1.24～2003.1.24

成都华新锦锈花园物业管理公司
地址:四川成都市人民南路四段68号
邮政编码:610041
证书注册编号:1900B0103
体系认证标准:GB/T 19002—1994 idt ISO 9002:1994
有效期:2000.1.24～2003.1.24

浙江黄岩精细化学品集团有限公司
地址:浙江省黄岩柔极路5号
邮政编码:318020
证书注册编号:1900B0104
体系认证标准:GB/T 19002—1994 idt ISO 9002:1994
有效期:2000.1.24～2003.1.24

河津市建筑工程有限公司
地址:山西省河津市新耿南街52号
邮政编码:43300
证书注册编号:1900B0105
体系认证标准:GB/T 19002—1994 idt ISO 9002:1994
有效期:2000.1.25～2003.1.25

北京市新街口百货商场
地址:北京市西城区新街口南大街7号
邮政编码:100035
证书注册编号:1900B0106
体系认证标准:GB/T 19002—1994 idt ISO 9002:1994
有效期:2000.1.25～2003.1.25

天津市威克锅炉有限公司
地址:天津市国际机场东小红桥
邮政编码:300300
证书注册编号:1900A0107
体系认证标准:GB/T 19001—1994 idt ISO 9001:1994
有效期:2000.1.25～2003.1.25

淄博呢绒服装厂
地址:山东省淄博市张店区共青团西路36号
邮政编码:255025
证书注册编号:1900B0108
体系认证标准:GB/T 19002—1994 idt ISO 9002:1994
有效期:2000.1.25～2003.1.25

天工纺织集团有限公司
地址:山东省齐河县城齐兴大街西首
邮政编码:251100
证书注册编号:1900B0109
体系认证标准:GB/T 19002—1994 idt ISO 9002:1994
有效期:2000.1.25～2003.1.25

北京张一元茶叶有限责任公司
地址:北京市宣武区万明路18号
邮政编码:100050
证书注册编号:1900B0110
体系认证标准:GB/T 19002—1994 idt ISO 9002:1994
有效期:2000.1.25～2003.1.25

西安南风日化有限责任公司
地址:陕西省西安市西郊丈八北路
邮政编码:710077

证书注册编号:1900B0111
体系认证标准:GB/T 19002－1994 idt ISO 9002:1994
有效期:2000.1.25～2003.1.25

济南元首针织股份有限公司
地址:山东省济南市北园大街601号
邮政编码:250033
证书注册编号:1900B0112
体系认证标准:GB/T 19002－1994 idt ISO 9002:1994
有效期:2000.1.25～2003.1.25

南宁锑品厂
地址:广西南宁市秀厢路14号
邮政编码:530001
证书注册编号:1900B0113
体系认证标准:GB/T 19002－1994 idt ISO 9002:1994
有效期:2000.1.25～2003.1.25

嘉兴罗马制衣有限公司
地址:浙江省平湖新仓镇
邮政编码:314205
证书注册编号:1900B0114
体系认证标准:GB/T 19002－1994 idt ISO 9002:1994
有效期:2000.1.25～2003.1.25

河北省鹿泉市东方工业公司
地址:河北省鹿泉市大河乡曲寨村
邮政编码:50200
证书注册编号:1900B0115
体系认证标准:GB/T 19002－1994 idt ISO 9002:1994
有效期:2000.1.25～2003.1.25

胶州市南关建筑安装股份有限公司
地址:山东省胶州市扬州路中段
邮政编码:266300
证书注册编号:1900B0116
体系认证标准:GB/T 19002－1994 idt ISO 9002:1994
有效期:2000.1.26～2003.1.26

陕西省建设工程技术经济服务公司
地址:陕西省西安市西北二路1号
邮政编码:710003
证书注册编号:1900B0117
体系认证标准:GB/T 19002－1994 idt ISO 9002:1994
有效期:2000.1.26～2003.1.26

福建才子集团公司
地址:福建省莆田市湄洲湾北岸东海镇海头工业区
邮政编码:511623
证书注册编号:1900B0118
体系认证标准:GB/T 19002－1994 idt ISO 9002:1994
有效期:2000.1.26～2003.1.26

山西省定襄县重型管件有限公司
地址:山西省定襄县忻阜路219号
邮政编码:354000
证书注册编号:1900B0119
体系认证标准:GB/T 19002－1994 idt ISO 9002:1994
有效期:2000.1.26～2003.1.26

烟台华东变压器有限公司
地址:山东烟台市开发区漓江路12号
邮政编码:264006
证书注册编号:1900B0120
体系认证标准:GB/T 19002－1994 idt ISO 9002:1994
有效期:2000.1.26～2003.1.26

沈阳风华电机有限公司
地址:辽宁沈阳市东陵区后榆树台4号
邮政编码:110166
证书注册编号:1900A0121
体系认证标准:GB/T 19001－1994 idt ISO 9001:1994
有效期:2000.1.26～2003.1.26

浙江台州市源机电仪表有限公司
地址:浙江省温岭市泮郎镇工业区
邮政编码:317525
证书注册编号:1900B0122
体系认证标准:GB/T 19002－1994 idt ISO 9002:1994
有效期:2000.1.26～2003.1.26

常州达立电池有限公司
地址:江苏省常州市花园路39－1号
邮政编码:213016
证书注册编号:1900B0123
体系认证标准:GB/T 19002－1994 idt ISO 9002:1994
有效期:2000.1.26～2003.1.26

北京怀建集团光磊电器开关有限公司
地址:北京市怀柔县怀柔镇王化村西
邮政编码:101400
证书注册编号:1900B0124
体系认证标准:GB/T 19002－1994 idt ISO 9002:1994
有效期:2000.1.26～2003.1.26

宣州市电气设备厂
地址:安徽省宣州市梅溪路318号
邮政编码:242000
证书注册编号:1900B0125
体系认证标准:GB/T 19002－1994 idt ISO 9002:1994
有效期:2000.1.26～2003.1.26

山西省运城地区建筑工程总公司
地址:山西省运城市解放北路369号
邮政编码:440000
证书注册编号:1900B0126
体系认证标准:GB/T 19002－1994 idt ISO 9002:1994
有效期:2000.1.26～2003.1.26

山东晨鸣纸业集团股份有限公司
地址:山东省寿光市圣城街595号
邮政编码:262700
证书注册编号:1900B0127
体系认证标准:GB/T 19002－1994 idt ISO 9002:1994
有效期:2000.1.26～2003.1.26

河北虹银泵业股份有限公司
地址:河北保定市满城县工业路713号
邮政编码:721500
证书注册编号:1900A0128
体系认证标准:GB/T 19001－1994 idt ISO 9001:1994
有效期:2000.1.27～2003.1.27

上海宝得宝机电有限公司
地址:上海市宝山区月罗路1258号
邮政编码:201908
证书注册编号:1900A0129
体系认证标准:GB/T 19001－1994 idt ISO 9001:1994
有效期:2000.1.27～2003.1.27

福建省泉州市英侨节能阀门厂
地址:福建省南安市英都镇大新街89－2号
邮政编码:362305
证书注册编号:1900B0130
体系认证标准:GB/T 19002－1994 idt ISO 9002:1994

有效期:2000.1.27～2003.1.27

上海中亚阀门厂
地址:上海市南汇新场奉孙路28号
邮政编码:201314
证书注册编号:1900B0131
体系认证标准:GB/T 19002—1994 idt ISO 9002:1994
有效期:2000.1.27～2003.1.27

韶关铸锻机械设备有限公司
地址:广东省韶关市十里亭
邮政编码:512031
证书注册编号:1900B0132
体系认证标准:GB/T 19002—1994 idt ISO 9002:1994
有效期:2000.1.27～2003.1.27

吉林省能达电力工程有限公司
地址:吉林省长春市铁北一匡街6号
邮政编码:130052
证书注册编号:1900B0133
体系认证标准:GB/T 19002—1994 idt ISO 9002:1994
有效期:2000.1.27～2003.1.27

浙江华东制版中心
地址:浙江省苍南县龙港镇龙洲路华版路108号
邮政编码:325802
证书注册编号:1900B0134
体系认证标准:GB/T 19002—1994 idt ISO 9002:1994
有效期:2000.1.27～2003.1.27

西安裕华建设有限责任公司
地址:陕西省西安市西五路副31号
邮政编码:710004
证书注册编号:1900B0135
体系认证标准:GB/T 19002—1994 idt ISO 9002:1994
有效期:2000.1.27～2003.1.27

杭州顺达集团化学建材有限公司
地址:浙江省临安市锦城镇钱王大街
邮政编码:311300
证书注册编号:1900B0136
体系认证标准:GB/T 19002—1994 idt ISO 9002:1994
有效期:2000.1.28～2003.1.28

南海市钟边中联铝型材厂
地址:广东省南海市大沥镇钏边工业区
邮政编码:528231
证书注册编号:1900B0137
体系认证标准:GB/T 19002—1994 idt ISO 9002:1994
有效期:2000.1.28～2003.1.28

淄博市临淄环保产业开发公司
地址:山东省淄博市临淄区朱台镇枣园村东
邮政编码:255432
证书注册编号:1900B0138
体系认证标准:GB/T 19002—1994 idt ISO 9002:1994
有效期:2000.1.28～2003.1.28

南京艾新玻璃纤维制品有限公司
地址:江苏南京市栖霞区栖霞镇新合村
邮政编码:210033
证书注册编号:1900B0139
体系认证标准:GB/T 19002—1994 idt ISO 9002:1994
有效期:2000.1.28～2003.1.28

淄博恒星化工有限公司
地址:山东淄博市周村我恒星路136号
邮政编码:255300
证书注册编号:1900B0140
体系认证标准:GB/T 19002—1994 idt ISO 9002:1994
有效期:2000.1.28～2003.1.28

北京东亚油封有限公司
地址:北京市顺义区北门外复兴村
邮政编码:101300
证书注册编号:1900B0141
体系认证标准:GB/T 19002—1994 idt ISO 9002:1994
有效期:2000.1.28～2003.1.28

南海澳华液化石油气设备有限公司
地址:广东南海市官窑镇马鞍岗工业区
邮政编码:528237
证书注册编号:1900B0142
体系认证标准:GB/T 19002—1994 idt ISO 9002:1994
有效期:2000.1.28～2003.1.28

河北省交通金属橡胶制品有限公司
地址:河北省石家庄市西二环19号
邮政编码:500910
证书注册编号:1900B0143
体系认证标准:GB/T 19002—1994 idt ISO 9002:1994
有效期:2000.1.28～2003.1.28

西安安特高压电器有限公司
地址:陕西省西安市水文巷4号陕西省地震局内
邮政编码:710061
证书注册编号:1900B0144
体系认证标准:GB/T 19002—1994 idt ISO 9002:1994
有效期:2000.1.28～2003.1.28

铜陵有色金属(集团)公司井巷公司
地址:安徽省铜陵市天桥北路55号
邮政编码:244000
证书注册编号:1900B0145
体系认证标准:GB/T 19002—1994 idt ISO 9002:1994
有效期:2000.1.28～2003.1.28

上海嘉城建筑工程中心
地址:上海市嘉定区金沙路365号
邮政编码:201800
证书注册编号:1900B0146
体系认证标准:GB/T 19002—1994 idt ISO 9002:1994
有效期:2000.1.28～2003.1.28

广东胭脂红鞋业有限公司
地址:广东省惠东县吉隆镇工业区
邮政编码:516351
证书注册编号:1900B0147
体系认证标准:GB/T 19002—1994 idt ISO 9002:1994
有效期:2000.1.28～2003.1.28

辽河油田新型建材企业总公司
地址:辽宁省盘锦市兴隆台区高升街
邮政编码:124125
证书注册编号:1900B0148
体系认证标准:GB/T 19002—1994 idt ISO 9002:1994
有效期:2000.1.28～2003.1.28

江苏东方幕墙有限公司
地址:江苏省靖江市土桥镇南街168号
邮政编码:214515
证书注册编号:1900B0149
体系认证标准:GB/T 19002—1994 idt ISO 9002:1994
有效期:2000.2.1～2003.2.1

丹阳市新晨车灯厂
地址:江苏省丹阳市新桥路18号
邮政编码:212322
证书注册编号:1900B0150
体系认证标准:GB/T 19002—1994 idt ISO 9002:1994
有效期:2000.2.1～2003.2.1

沈阳东电电力设备厂
地址:辽宁省沈阳市于洪区洞庭湖街1—2号
邮政编码:110141
证书注册编号:1900B0151
体系认证标准:GB/T 19001—1994 idt ISO 9001:1994
有效期:2000.2.1～2003.2.1

丹阳市金杯汽车配件厂
地址:江苏省丹阳市界牌镇
邮政编码:212323
证书注册编号:1900B0152
体系认证标准:GB/T 19002—1994 idt ISO 9002:1994
有效期:2000.2.1～2003.2.1

浙江黄岩环宇塑胶有限公司
地址:浙江省黄岩北城工业区
邮政编码:318020
证书注册编号:1900B0153
体系认证标准:GB/T 19002—1994 idt ISO 9002:1994
有效期:2000.2.1～2003.2.1

大连山泰装饰构件有限公司
地址:辽宁大连甘井子区松江路12号
邮政编码:116031
证书注册编号:1900B0154
体系认证标准:GB/T 19002—1994 idt ISO 9002:1994
有效期:2000.2.1～2003.2.1

江苏农垦新洋机械厂
地址:江苏省盐城市射阳县新洋农场
邮政编码:224314
证书注册编号:1900B0155
体系认证标准:GB/T 19002—1994 idt ISO 9002:1994
有效期:2000.2.1～2003.2.1

上海大华电器设备厂
地址:上海市新翔黄路7号桥
邮政编码:201812
证书注册编号:1900A0156
体系认证标准:GB/T 19001—1994 idt ISO 9001:1994
有效期:2000.2.1～2003.2.1

瓦房店轴承产品有限公司
地址:辽宁省瓦房店市青年街98号
邮政编码:116300
证书注册编号:1900B0157
体系认证标准:GB/T 19002—1994 idt ISO 9002:1994
有效期:2000.2.1～2003.2.1

武汉市市政机械厂
地址:湖北省武汉市汉阳区铁桥村化李湾9号
邮政编码:430051
证书注册编号:1900A0158
体系认证标准:GB/T 19001—1994 idt ISO 9001:1994
有效期:2000.2.1～2003.2.1

丹阳市界牌进口车镜厂
地址:江苏省丹阳市界牌镇长江渔场
邮政编码:212323
证书注册编号:1900B0159
体系认证标准:GB/T 19002—1994 idt ISO 9002:1994
有效期:2000.2.1～2003.2.1

浙江龙井电器厂
地址:浙江省乐清市柳市镇后街工业区开拓路
邮政编码:325604
证书注册编号:1900B0160
体系认证标准:GB/T 19002—1994 idt ISO 9002:1994
有效期:2000.2.1～2003.2.1

上海中环混凝土砼制品有限公司
地址:上海市真北路真北弄21号
邮政编码:200062
证书注册编号:1900B0161
体系认证标准:GB/T 19002—1994 idt ISO 9002:1994
有效期:2000.2.1～2003.2.1

旅顺第二塑料厂
地址:辽宁省大连市旅顺口区双岛湾镇张家村
邮政编码:116047
证书注册编号:1900B0162—1
体系认证标准:GB/T 19002—1994 idt ISO 9002:1994
有效期:2000.2.1～2003.2.1

大连市旅顺建筑电器设备厂
地址:辽宁省大连市旅顺口区双岛湾镇张家村
邮政编码:116047
证书注册编号:1900B0162—2
体系认证标准:GB/T 19002—1994 idt ISO 9002:1994
有效期:2000.2.1～2003.2.1

本溪北方曲轴有限责任公司
地址:辽宁省本溪满族自治县小市镇铁东路70号
邮政编码:117100
证书注册编号:1900B0163
体系认证标准:GB/T 19002—1994 idt ISO 9002:1994
有效期:2000.2.1～2003.2.1

泉州市南侨汽车零部件制造公司
地址:福建省泉州市丰泽区泉秀路沉洲路口
邮政编码:362000
证书注册编号:1900B0164
体系认证标准:GB/T 19002—1994 idt ISO 9002:1994
有效期:2000.2.2～2003.2.2

朝阳天龙螺旋制管有限公司
地址:辽宁省朝阳市龙城区西大营子镇
邮政编码:122000
证书注册编号:1900B0165
体系认证标准:GB/T 19002—1994 idt ISO 9002:1994
有效期:2000.2.2～2003.2.2

辽宁福泰石油机械制造有限公司
地址:辽宁省辽阳市刘二堡经济特区
邮政编码:111212
证书注册编号:1900A0166
体系认证标准:GB/T 19001—1994 idt ISO 9001:1994
有效期:2000.2.2～2003.2.2

大连树源电子自动化设备有限公司
地址:辽宁省大连市高新技术园区七贤产业基地火炬路26号
邮政编码:116024
证书注册编号:1900B0167

体系认证标准:GB/T 19002—1994 idt ISO 9002:1994
有效期:2000.2.2～2003.2.2

山东嘉陵恒兴车业有限公司
地址:山东省诸诚市西环路北首
邮政编码:262233
证书注册编号:1900A0168
体系认证标准:GB/T 19001—1994 idt ISO 9001:1994
有效期:2000.2.2～2003.2.2

辽阳隆亿化工有限公司
地址:辽宁辽阳市宏伟区西环路12号
邮政编码:111003
证书注册编号:1900B0169
体系认证标准:GB/T 19002—1994 idt ISO 9002:1994
有效期:2000.2.2～2003.2.2

沈阳北泰化工有限公司
地址:辽宁沈阳市于洪区白山路108号
邮政编码:110034
证书注册编号:1900B0170
体系认证标准:GB/T 19002—1994 idt ISO 9002:1994
有效期:2000.2.2～2003.2.2

太原化学工业集团公司石油化学厂
地址:山西省太原市胜利街460号
邮政编码:030009
证书注册编号:1900B0171
体系认证标准:GB/T 19002—1994 idt ISO 9002:1994
有效期:2000.2.2～2003.2.2

广州市白云区良田光明化工厂
地址:广东广州市白云区良田镇光明村
邮政编码:510545
证书注册编号:1900B0172
体系认证标准:GB/T 19002—1994 idt ISO 9002:1994
有效期:2000.2.2～2003.2.2

瓦房店远东轴承制造有限公司
地址:辽宁省瓦房店市科峰路45号
邮政编码:116300
证书注册编号:1900B0173
体系认证标准:GB/T 19002—1994 idt ISO 9002:1994
有效期:2000.2.2～2003.2.2

北票电力铸钢厂
地址:辽宁省北票市桥北街西段30号
邮政编码:122100
证书注册编号:1900B0174
体系认证标准:GB/T 19002—1994 idt ISO 9002:1994
有效期:2000.2.2～2003.2.2

丹阳中亚玻璃纤维有限公司
地址:江苏省丹阳市西环路58号
邮政编码:212300
证书注册编号:1900B0175
体系认证标准:GB/T 19002—1994 idt ISO 9002:1994
有效期:2000.2.2～2003.2.2

上海市金山区黄汶塑料厂
地址:上海市金山区干巷镇柴石村
邮政编码:518201
证书注册编号:1900B0176
体系认证标准:GB/T 19002—1994 idt ISO 9002:1994
有效期:2000.2.2～2003.2.2

肥城矿业集团有限责任公司机械厂
地址:山东省肥城市王瓜店镇穆庄
邮政编码:271619
证书注册编号:1900B0177
体系认证标准:GB/T 19002—1994 idt ISO 9002:1994
有效期:2000.2.2～2003.2.2

山东金石集团有限公司
地址:山东齐河县晏城车站西街38号
邮政编码:51100
证书注册编号:1900B0178
体系认证标准:GB/T 19002—1994 idt ISO 9002:1994
有效期:2000.2.2～2003.2.2

上海嘉万汽车修理有限公司
地址:上海市普陀区岚皋路木栖候家宅50号
邮政编码:200333
证书注册编号:1900B0179
体系认证标准:GB/T 19002—1994 idt ISO 9002:1994
有效期:2000.2.2～2003.2.2

济南第二变压器厂
地址:山东省济南市段店南路191号
邮政编码:250022
证书注册编号:1900B0180
体系认证标准:GB/T 19002—1994 idt ISO 9002:1994
有效期:2000.2.2～2003.2.2

无锡中联造纸机械有限公司
地址:江苏省锡山市鸿声镇新兴路2号
邮政编码:214115
证书注册编号:1900B0181
体系认证标准:GB/T 19002—1994 idt ISO 9002:1994
有效期:2000.2.2～2003.2.2

吴县市新源特种线缆厂
地址:江苏省吴县市开发区枫津路
邮政编码:215128
证书注册编号:1900B0182
体系认证标准:GB/T 19002—1994 idt ISO 9002:1994
有效期:2000.2.2～2003.2.2

杭州早川电线有限公司
地址:浙江余杭市闲林镇乐山工业区
邮政编码:311122
证书注册编号:1900B0183
体系认证标准:GB/T 19002—1994 idt ISO 9002:1994
有效期:2000.2.2～2003.2.2

镇江市中亚电器设备厂
地址:江苏省扬中市丰裕镇南
邮政编码:212213
证书注册编号:1900B0184
体系认证标准:GB/T 19002—1994 idt ISO 9002:1994
有效期:2000.2.2～2003.2.2

中山市南头镇三新电器厂
地址:广东省中山市南头镇穗南管理区
邮政编码:528415
证书注册编号:1900B0185
体系认证标准:GB/T 19002—1994 idt ISO 9002:1994
有效期:2000.2.2～2003.2.2

福建省安溪龙山水泥有限公司
地址:福建省安溪县湖头镇
邮政编码:362411
证书注册编号:1900B0186
体系认证标准:GB/T 19002—1994 idt ISO 9002:1994
有效期:2000.2.2～2003.2.2

湖州景宝集团有限公司
地址:浙江省湖州市经济技术开发区太湖路白雀大桥北堍
邮政编码:313000
证书注册编号:1900B0187
体系认证标准:GB/T 19002—1994 idt ISO 9002:1994
有效期:2000.2.2～2003.2.2

霸州市胜芳东升热镀锌钢管厂
地址:河北省霸州市胜芳镇北二环东头
邮政编码:065701
证书注册编号:1900B0188
体系认证标准:GB/T 19002—1994 idt ISO 9002:1994
有效期:2000.2.2～2003.2.2

吉林省糖谷食品有限公司
地址:吉林长春经济开发区浦东路2号
邮政编码:130052
证书注册编号:1900B0189
体系认证标准:GB/T 19002—1994 idt ISO 9002:1994
有效期:2000.2.2～2003.2.2

温州市泰华电器有限公司
地址:浙江省温州柳市东风工业区凯旋路30号
邮政编码:325604
证书注册编号:1900B0190
体系认证标准:GB/T 19002—1994 idt ISO 9002:1994
有效期:2000.2.2～2003.2.2

漳浦天仁食品开发有限公司
地址:福建漳州市漳浦县盘陀镇工业区
邮政编码:363202
证书注册编号:1900B0191
体系认证标准:GB/T 19002—1994 idt ISO 9002:1994
有效期:2000.2.2～2003.2.2

浙江乌牛酒业股份有限公司
地址:浙江省永嘉县乌牛工业区
邮政编码:325103
证书注册编号:1900B0192
体系认证标准:GB/T 19002—1994 idt ISO 9002:1994
有效期:2000.2.2～2003.2.2

山东电力蓬莱铸石厂分厂
地址:山东省蓬莱市渤海路15号
邮政编码:265600
证书注册编号:1900A0193
体系认证标准:GB/T 19001—1994 idt ISO 9001:1994
有效期:2000.2.2～2003.2.2

全万得(沈阳)化工有限公司
地址:辽宁省沈阳市东陵区长白西路10号
邮政编码:110166
证书注册编号:1900B0194
体系认证标准:GB/T 19002—1994 idt ISO 9002:1994
有效期:2000.2.2～2003.2.2

上海青浦车灯喷漆厂
地址:上海市青浦区凤溪镇杨家庄村
邮政编码:201705
证书注册编号:1900B0195
体系认证标准:GB/T 19002—1994 idt ISO 9002:1994
有效期:2000.2.2～2003.2.2

上海华申汽车工具厂
地址:上海市场中路259号
邮政编码:200434
证书注册编号:1900B0196
体系认证标准:GB/T 19002—1994 idt ISO 9002:1994
有效期:2000.2.2～2003.2.2

沈阳铁路分局沈阳电务器材厂
地址:辽宁省沈阳市和平区胜利北街32号
邮政编码:110001
证书注册编号:1900A0197
体系认证标准:GB/T 19001—1994 idt ISO 9001:1994
有效期:2000.2.2～2003.2.2

抚顺煤矿电机厂
地址:辽宁省抚顺市青年路西段23号
邮政编码:113008
证书注册编号:1900A0198
体系认证标准:GB/T 19001—1994 idt ISO 9001:1994
有效期:2000.2.2～2003.2.2

北京市延庆建筑安装公司
地址:北京市延庆东外大街32号
邮政编码:102100
证书注册编号:1900B0199
体系认证标准:GB/T 19002—1994 idt ISO 9002:1994
有效期:2000.2.2～2003.2.2

北京市延庆建筑安装公司
地址:北京市延庆东外大街32号
邮政编码:102100
证书注册编号:1900B0200
体系认证标准:GB/T 19002—1994 idt ISO 9002:1994
有效期:2000.2.2～2003.2.2

南宁市冶炼厂
地址:广西南宁市槎路棠村
邮政编码:530031
证书注册编号:1900B0200
体系认证标准:GB/T 19002—1994 idt ISO 9002:1994
有效期:2000.2.2～2003.2.2

华芳集团铜材制造有限公司(张家港市青龙铜材厂)
地址:江苏省张家港市塘桥镇南京东路3号
邮政编码:215611
证书注册编号:1900B0201
体系认证标准:GB/T 19002—1994 idt ISO 9002:1994
有效期:2000.2.2～2003.2.2

浙江苏泊尔集团有限公司
地址:浙江省玉环大麦屿经济开发区
邮政编码:317604
证书注册编号:1900B0202
体系认证标准:GB/T 19002—1994 idt ISO 9002:1994
有效期:2000.2.3～2003.2.3

北京市朝阳新兴厨房设备厂
地址:北京市朝阳区东直门外京顺路大望京村8号
邮政编码:100102
证书注册编号:1900B0203
体系认证标准:GB/T 19002—1994 idt ISO 9002:1994
有效期:2000.2.3～2003.2.3

锡山市教育弹簧厂
地址:江苏锡山市甘露镇甘北路15号
邮政编码:214117
证书注册编号:1900B0204
体系认证标准:GB/T 19002—1994 idt

ISO 9002:1994
有效期:2000.2.3～2003.2.3

沈阳市房产投资服务中心
地址:辽宁省沈阳市沈河区大西路287—1号
邮政编码:110014
证书注册编号:1900B0205
体系认证标准:GB/T 19002—1994 idt ISO 9002:1994
有效期:2000.2.3～2003.2.3

江苏仪征金派内燃机配件有限公司
地址:江苏省仪征市马集乡金营村
邮政编码:211414
证书注册编号:1900B0206
体系认证标准:GB/T 19002—1994 idt ISO 9002:1994
有效期:2000.2.3～2003.2.3

江苏省扬中市阀门厂(镇江市丰达电仪设备厂)
地址:江苏省扬中市三跃镇
邮政编码:212214
证书注册编号:1900B0207
体系认证标准:GB/T 19002—1994 idt ISO 9002:1994
有效期:2000.2.3～2003.2.3

安徽阜阳纺织集团有限公司
地址:安徽省阜阳市文峰路9号
邮政编码:236089
证书注册编号:1900B0208
体系认证标准:GB/T 19002—1994 idt ISO 9002:1994
有效期:2000.2.3～2003.2.3

南京容器机械厂
地址:江苏南京市玄武区上五旗274号
邮政编码:210042
证书注册编号:1900B0209
体系认证标准:GB/T 19002—1994 idt ISO 9002:1994
有效期:2000.2.3～2003.2.3

张家港美星顺峰机械有限公司
地址:江苏省张家港市三兴经济开发区顺峰工业园
邮政编码:215624
证书注册编号:1900B0210
体系认证标准:GB/T 19002—1994 idt ISO 9002:1994
有效期:2000.2.3～2003.2.3

武汉市天丰电子制造公司
地址:湖北省武汉市工农兵路26号
邮政编码:430012
证书注册编号:1900A0211
体系认证标准:GB/T 19001—1994 idt ISO 9001:1994
有效期:2000.2.3～2003.2.3

山东省商河宏业棉纺织(集团)有限公司
地址:山东商河县贾庄乡商业街44号
邮政编码:251600
证书注册编号:1900B0212
体系认证标准:GB/T 19002—1994 idt ISO 9002:1994
有效期:2000.2.3～2003.2.3

安徽省霍山县源牌实业有限责任公司
地址:安徽省霍山县城关镇六佛西路148号
邮政编码:237200
证书注册编号:1900B0213
体系认证标准:GB/T 19002—1994 idt ISO 9002:1994
有效期:2000.2.3～2003.2.3

温州市瓯海双潮氟硅制品厂
地址:浙江省温州市新桥前花工业区金达路7号
邮政编码:325000
证书注册编号:1900B0214
体系认证标准:GB/T 19002—1994 idt ISO 9002:1994
有效期:2000.2.3～2003.2.3

大连耐酸硅铁泵厂
地址:辽宁省大连市甘井子区营城子镇西小磨子村
邮政编码:116036
证书注册编号:1900B0215
体系认证标准:GB/T 19002—1994 idt ISO 9002:1994
有效期:2000.2.3～2003.2.3

江苏常乐建工集团有限公司
地址:江苏省海门市常乐镇
邮政编码:226124
证书注册编号:1900B0216
体系认证标准:GB/T 19002—1994 idt ISO 9002:1994
有效期:2000.2.3～2003.2.3

绍兴县交通反光材料厂
地址:浙江省绍兴县王坛镇坎上村
邮政编码:312055
证书注册编号:1900B0217
体系认证标准:GB/T 19002—1994 idt ISO 9002:1994
有效期:2000.2.3～2003.2.3

柳州市机械刀片厂(柳州永丰利机械刀片有限公司)
地址:广西壮族自治区柳州市柳邕路二区三号
邮政编码:545005
证书注册编号:1900B0218
体系认证标准:GB/T 19002—1994 idt ISO 9002:1994
有效期:2000.2.3～2003.2.3

顺德市勒流镇槎涌奇利电器厂
地址:广东省顺德市勒流镇槎涌工业区奇力电器厂
邮政编码:528322
证书注册编号:1900B0219—1
体系认证标准:GB/T 19002—1994 idt ISO 9002:1994
有效期:2000.2.3～2003.2.3

顺德市勒流镇槎涌奇利电器厂(顺德市勒流镇富亿电器厂)
地址:广东省顺德市勒流镇建设中路49号
邮政编码:528322
证书注册编号:1900B0219—2
体系认证标准:GB/T 19002—1994 idt ISO 9002:1994
有效期:2000.2.3～2003.2.3

沈阳新新机电设备厂
地址:辽宁省沈阳市皇姑区阳山路1号
邮政编码:110034
证书注册编号:1900A0220
体系认证标准:GB/T 19001—1994 idt ISO 9001:1994
有效期:2000.2.3～2003.2.3

四会市家惠床垫家具有限公司
地址:广东四会市东城区水闸路74号
邮政编码:526200
证书注册编号:1900B0221
体系认证标准:GB/T 19002—1994 idt

ISO 9002:1994
有效期:2000.2.3～2003.2.3

锡山市高达纺织有限公司
地址:江苏省锡山市堰桥镇
邮政编码:214174
证书注册编号:1900B0222
体系认证标准:GB/T 19002－1994 idt ISO 9002:1994
有效期:2000.2.3～2003.2.3

顺德伟利高涂料有限公司
地址:广东省顺德北窖工业园兴业路22号
邮政编码:528311
证书注册编号:1900A0223
体系认证标准:GB/T 19001－1994 idt ISO 9001:1994
有效期:2000.2.3～2003.2.3

广东梅县梅雁蓝藻有限公司
地址:广东省梅县雁洋
邮政编码:514759
证书注册编号:1900B0224
体系认证标准:GB/T 19002－1994 idt ISO 9002:1994
有效期:2000.2.3～2003.2.3

福建省泰宁陶金峰高岭土有限公司
地址:福建省泰宁县上清溪
邮政编码:354403
证书注册编号:1900B0225
体系认证标准:GB/T 19002－1994 idt ISO 9002:1994
有效期:2000.2.3～2003.2.3

杭州富春江啤酒厂
地址:浙江省富阳市环山路6号
邮政编码:311400
证书注册编号:1900B0226
体系认证标准:GB/T 19002－1994 idt ISO 9002:1994
有效期:2000.2.3～2003.2.3

粤海(湛江)中纤板有限公司
地址:广东省湛江市霞山区湖光路宝满村路段北侧
邮政编码:524012
证书注册编号:1900B0227
体系认证标准:GB/T 19002－1994 idt ISO 9002:1994
有效期:2000.2.3～2003.2.3

山东东欣实业股份有限公司
地址:山东省临沂市芝麻墩镇东3公里
邮政编码:276023
证书注册编号:1900B0228
体系认证标准:GB/T 19002－1994 idt ISO 9002:1994
有效期:2000.2.3～2003.2.3

上海汇丽建材股份有限公司三厂
地址:上海市浦东周浦镇塘东
邮政编码:201318
证书注册编号:1900B0229
体系认证标准:GB/T 19002－1994 idt ISO 9002:1994
有效期:2000.2.3～2003.2.3

淄博八陡耐火材料有限公司
地址:山东省淄博市博山区八陡魏家后门81号
邮政编码:255203
证书注册编号:1900B0230
体系认证标准:GB/T 19002－1994 idt ISO 9002:1994
有效期:2000.2.3～2003.2.3

淄博鲁辰建陶厂
地址:山东省张店区南定镇南田路中段(大旦村)
邮政编码:255064
证书注册编号:1900B0231
体系认证标准:GB/T 19002－1994 idt ISO 9002:1994
有效期:2000.2.3～2003.2.3

慈溪市振惠转向器后视镜有限公司
地址:浙江省慈溪市峙山路公管所东
邮政编码:315300
证书注册编号:1900A0232
体系认证标准:GB/T 19001－1994 idt ISO 9001:1994
有效期:2000.2.3～2003.2.3

宁波宏祥汽车配件有限公司
地址:浙江省鄞县云龙镇
邮政编码:315137
证书注册编号:1900B0233
体系认证标准:GB/T 19002－1994 idt ISO 9002:1994
有效期:2000.2.3～2003.2.3

徐州市第一建筑工程公司
地址:江苏省徐州市建国西路45号
邮政编码:221002
证书注册编号:1900B0234
体系认证标准:GB/T 19002－1994 idt ISO 9002:1994
有效期:2000.2.3～2003.2.3

沈阳元辰波节管换热器制造有限公司
地址:辽宁省沈阳市东陵区方家栏路29号
邮政编码:110043
证书注册编号:1900B0235
体系认证标准:GB/T 19002－1994 idt ISO 9002:1994
有效期:2000.2.14～2003.2.14

成都无缝钢管有限责任公司
地址:四川省成都市牛市口
邮政编码:610069
证书注册编号:1900B0236
体系认证标准:GB/T 19002－1994 idt ISO 9002:1994
有效期:2000.2.14～2003.2.14

涿州市鑫宏铝业有限公司
地址:河北省涿州市大马村村东
邮政编码:072750
证书注册编号:1900B0237
体系认证标准:GB/T 19002－1994 idt ISO 9002:1994
有效期:2000.2.14～2003.2.14

山东临沭县华闻纸业有限公司
地址:山东省临沭县城兴大西街306号
邮政编码:276700
证书注册编号:1900B0238
体系认证标准:GB/T 19002－1994 idt ISO 9002:1994
有效期:2000.2.14～2003.2.14

山西杏花村汾酒厂股份有限公司
地址:山西省汾阳市杏花村
邮政编码:032205
证书注册编号:1900A0239
体系认证标准:GB/T 19001－1994 idt ISO 9001:1994
有效期:2000.2.14～2003.2.14

无锡市瑞龙印刷有限公司
地址:江苏省无锡市胡埭西溪中心路31号
邮政编码:214161
证书注册编号:1900B0240

体系认证标准:GB/T 19002—1994 idt ISO 9002:1994
有效期:2000.2.14～2003.2.14

福建华龙化油器有限公司
地址:福建省福鼎市龙山工业区99号
邮政编码:355200
证书注册编号:1900A0241
体系认证标准:GB/T 19001—1994 idt ISO 9001:1994
有效期:2000.2.14～2003.2.14

***三明钢铁厂小蕉轧钢厂**
地址:福建省三明市梅列区
邮政编码:365012
电话:(0598)8279972
传真:(0598)8279699
法定代表人:林金国
证书注册编号:1900B0242
体系认证标准:GB/T 19002—1994 idt ISO 9002:1994
获证体系覆盖产品:钢筋混凝土用热轧带肋钢筋,钢筋混凝土用热轧光圆钢筋,低碳钢热轧圆盘条,热轧圆钢
有效期:2000.2.14～2003.2.14

长春金豪威士龙啤酒有限公司
地址:吉林省农安水源路5号
邮政编码:130200
证书注册编号:1900B0243
体系认证标准:GB/T 19002—1994 idt ISO 9002:1994
有效期:2000.2.14～2003.2.14

铁道部第五工程局第四工程处
地址:广东省韶关市十里亭
邮政编码:512031
证书注册编号:1900B0244
体系认证标准:GB/T 19002—1994 idt ISO 9002:1994
有效期:2000.2.14～2003.2.14

沈阳凯达铝业工程有限公司
地址:辽宁沈阳市东陵区东陵路56号
邮政编码:110161
证书注册编号:1900A0245
体系认证标准:GB/T 19001—1994 idt ISO 9001:1994
有效期:2000.2.14～2003.2.14

吴江合金钢铸造厂(吴江泵阀厂)
地址:江苏省吴江市芦墟镇牛舌头湾15号
邮政编码:215211
证书注册编号:1900B0246
体系认证标准:GB/T 19002—1994 idt ISO 9002:1994
有效期:2000.2.14～2003.2.14

上海申佳铁合金有限公司
地址:上海市宝山区长江西路101号
邮政编码:200431
证书注册编号:1900B0247
体系认证标准:GB/T 19002—1994 idt ISO 9002:1994
有效期:2000.2.14～2003.2.14

福建省南方液压泵总厂
地址:福建闽侯县白沙镇埕元村241号
邮政编码:350102
证书注册编号:1900B0248
体系认证标准:GB/T 19002—1994 idt ISO 9002:1994
有效期:2000.2.14～2003.2.14

哈尔滨市东方墙业装饰有限责任公司
地址:黑龙江省哈尔滨市平房区新华工业区中环路2号
邮政编码:150066
证书注册编号:1900A0249
体系认证标准:GB/T 19001—1994 idt ISO 9001:1994
有效期:2000.2.14～2003.2.14

江苏省福润肉类加工厂
地址:江苏连云港市东海徐海西路8号
邮政编码:222300
证书注册编号:1900A0250
体系认证标准:GB/T 19001—1994 idt ISO 9001:1994
有效期:2000.2.15～2003.2.15

内蒙古电机总厂
地址:内蒙古呼和浩特市东风路395号
邮政编码:010010
证书注册编号:1900A0251
体系认证标准:GB/T 19001—1994 idt ISO 9001:1994
有效期:2000.2.15～2003.2.15

湖北省华阳汽车股份有限公司汽车拨叉工业公司
地址:湖北省十堰市郧县柳陂镇
邮政编码:442500
证书注册编号:1900B0252
体系认证标准:GB/T 19002—1994 idt ISO 9002:1994
有效期:2000.2.15～2003.2.15

福建省龙岩市合成氨厂
地址:福建省龙岩市新罗区龙门镇谢洋
邮政编码:364000
证书注册编号:1900B0253
体系认证标准:GB/T 19002—1994 idt ISO 9002:1994
有效期:2000.2.15～2003.2.15

永安智胜化工联合公司
地址:福建省永安市坂尾90号
邮政编码:366000
证书注册编号:1900B0254
体系认证标准:GB/T 19002—1994 idt ISO 9002:1994
有效期:2000.2.15～2003.2.15

浙江海门啤酒厂
地址:浙江省台州市椒江区黄椒路
邮政编码:318013
证书注册编号:1900B0255
体系认证标准:GB/T 19002—1994 idt ISO 9002:1994
有效期:2000.2.16～2003.2.16

玉丰乐器(漳州)有限公司
地址:福建省漳州市芗城区芝山镇金锋工业区内
邮政编码:363000
证书注册编号:1900B0256
体系认证标准:GB/T 19002—1994 idt ISO 9002:1994
有效期:2000.2.16～2003.2.16

浙江省隧道工程公司
地址:浙江省丽水市三岩寺
邮政编码:323000
证书注册编号:1900B0257
体系认证标准:GB/T 19002—1994 idt ISO 9002:1994
有效期:2000.2.16～2003.2.16

浙江省浙南综合工程勘察院
地址:浙江省丽水市三岩寺
邮政编码:323000
证书注册编号:1900B0258
体系认证标准:GB/T 19002—1994 idt

ISO 9002:1994
有效期:2000.2.16～2003.2.16

厦门市轮渡公司
地址:福建省厦门市鼓浪屿鹿礁路6号之一
邮政编码:361002
证书注册编号:1900B0259
体系认证标准:GB/T 19002—1994 idt ISO 9002:1994
有效期:2000.2.17～2003.2.17

厦门市观山水泥有限公司
地址:福建厦门市杏林区东孚镇凤山村
邮政编码:361027
证书注册编号:1900B0260
体系认证标准:GB/T 19002—1994 idt ISO 9002:1994
有效期:2000.2.17～2003.2.17

厦门市新普电子工程有限公司
地址:福建省厦门市湖滨南路电子城
邮政编码:361004
证书注册编号:1900B0261
体系认证标准:GB/T 19002—1994 idt ISO 9002:1994
有效期:2000.2.17～2003.2.17

新汶矿业集团有限责任公司良庄煤矿
地址:山东省新泰市新汶办事处
邮政编码:271219
证书注册编号:1900B0262
体系认证标准:GB/T 19002—1994 idt ISO 9002:1994
有效期:2000.2.17～2003.2.17

大连佳城管件厂
地址:辽宁省大连市甘井子区营城子镇
邮政编码:116036
证书注册编号:1900B0263
体系认证标准:GB/T 19002—1994 idt ISO 9002:1994
有效期:2000.2.18～2003.2.18

北京会平电气安装处
地址:北京市朝阳区小红门肖村
邮政编码:100076
证书注册编号:1900B0264
体系认证标准:GB/T 19002—1994 idt ISO 9002:1994
有效期:2000.2.18～2003.2.18

大连普兰店市高精密轴承制造有限公司
地址:辽宁省大连普兰店市西工路3号
邮政编码:116200
证书注册编号:1900B0265
体系认证标准:GB/T 19002—1994 idt ISO 9002:1994
有效期:2000.2.18～2003.2.18

山东齿轮厂有限责任公司
地址:山东省青州市尧王山西路21号
邮政编码:262500
证书注册编号:1900B0266
体系认证标准:GB/T 19002—1994 idt ISO 9002:1994
有效期:2000.2.18～2003.2.18

宜兴市奇凯环保设备有限公司
地址:江苏省宜兴市高塍镇中桥路8号
邮政编码:214214
证书注册编号:1900B0267
体系认证标准:GB/T 19002—1994 idt ISO 9002:1994
有效期:2000.2.18～2003.2.18

河池市有色工业(集团)公司
地址:广西河池市西环路1462号
邮政编码:547000
证书注册编号:1900B0268
体系认证标准:GB/T 19002—1994 idt ISO 9002:1994
有效期:2000.2.18～2003.2.18

蒙阴县岱崮玛钢厂
地址:山东临沂市蒙阴县岱崮镇东峪村
邮政编码:276216
证书注册编号:1900B0269
体系认证标准:GB/T 19002—1994 idt ISO 9002:1994
有效期:2000.2.18～2003.2.18

山东省寿光市海龙石油机械有限公司
地址:山东省寿光市羊口镇太平西路15号
邮政编码:262714
证书注册编号:1900B0270
体系认证标准:GB/T 19002—1994 idt ISO 9002:1994
有效期:2000.2.18～2003.2.18

河南省濮阳市长兴设备防护有限公司
地址:河南省濮阳市开州路7号
邮政编码:457000
证书注册编号:1900B0271
体系认证标准:GB/T 19002—1994 idt ISO 9002:1994
有效期:2000.2.18～2003.2.18

浙江省诸暨市第五轴瓦厂
地址:浙江省诸暨市齐村
邮政编码:311806
证书注册编号:1900B0272
体系认证标准:GB/T 19002—1994 idt ISO 9002:1994
有效期:2000.2.18～2003.2.18

淄博欧齐塑胶有限公司
地址:山东淄博市临淄区晏婴路193号
邮政编码:255400
证书注册编号:1900B0273
体系认证标准:GB/T 19002—1994 idt ISO 9002:1994
有效期:2000.2.21～2003.2.21

泉州鲤城隆泰电子仪器设备厂
地址:福建省泉州市西门城口
邮政编码:362000
证书注册编号:1900B0274
体系认证标准:GB/T 19002—1994 idt ISO 9002:1994
有效期:2000.2.21～2003.2.21

大连大显集团公司显示器厂
地址:辽宁大连市西岗区胜利路90号
邮政编码:116021
证书注册编号:1900B0275
体系认证标准:GB/T 19002—1994 idt ISO 9002:1994
有效期:2000.2.21～2003.2.21

丹东双凤电器仪表(集团)有限公司
地址:辽宁省凤城市东汤镇
邮政编码:118114
证书注册编号:1900B0276
体系认证标准:GB/T 19002—1994 idt ISO 9002:1994
有效期:2000.2.21～2003.2.21

山东青州云门酒业有限公司
地址:山东省青州市尧王山西路6号
邮政编码:262500
证书注册编号:1900B0277
体系认证标准:GB/T 19002—1994 idt ISO 9002:1994

有效期:2000.2.21～2003.2.21

河北衡水老白干酿酒(集团)有限公司
地址:河北省衡水市人民东路39号
邮政编码:053000
证书注册编号:1900B0278
体系认证标准:GB/T 19002—1994 idt ISO 9002:1994
有效期:2000.2.21～2003.2.21

西安银桥乳制品实业有限公司
地址:陕西省西安市临潼区相桥镇
邮政编码:710604
证书注册编号:1900B0279
体系认证标准:GB/T 19002—1994 idt ISO 9002:1994
有效期:2000.2.21～2003.2.21

湖北洋丰股份有限公司
地址:湖北省荆门市石桥驿工业小区
邮政编码:448150
证书注册编号:1900B0280
体系认证标准:GB/T 19002—1994 idt ISO 9002:1994
有效期:2000.2.21～2003.2.21

哈尔滨天宝防腐保温材料有限公司
地址:黑龙江省哈尔滨市京哈公路五公里长征工业区
邮政编码:150089
证书注册编号:1900B0281
体系认证标准:GB/T 19002—1994 idt ISO 9002:1994
有效期:2000.2.22～2003.2.22

广州市珠晖模具机械有限公司
地址:广东省广州市石井石潭路张村后岗工业区
邮政编码:510430
证书注册编号:1900B0282
体系认证标准:GB/T 19002—1994 idt ISO 9002:1994
有效期:2000.2.22～2003.2.22

佛山艺华皮革制品有限公司
地址:广东省佛山市南海罗村乐安乐城一路26号
邮政编码:528226
证书注册编号:1900B0283
体系认证标准:GB/T 19002—1994 idt ISO 9002:1994
有效期:2000.2.22～2003.2.22

南海市平洲平东东方金属构件厂
地址:广东省南海市平洲平东六坊工业区东区三路
邮政编码:528251
证书注册编号:1900B0284
体系认证标准:GB/T 19002—1994 idt ISO 9002:1994
有效期:2000.2.22～2003.2.22

南通方向机厂
地址:江苏省通州市竹行镇西首
邮政编码:226318
证书注册编号:1900B0285
体系认证标准:GB/T 19002—1994 idt ISO 9002:1994
有效期:2000.2.22～2003.2.22

泰安泰山野马毛纺织有限公司
地址:山东省泰安市东岳大街东首区工贸中心
邮政编码:271000
证书注册编号:1900B0286
体系认证标准:GB/T 19002—1994 idt ISO 9002:1994
有效期:2000.2.22～2003.2.22

兴城市凯森蒙制衣有限公司
地址:辽宁省兴城市河东路20号
邮政编码:125100
证书注册编号:1900B0287
体系认证标准:GB/T 19002—1994 idt ISO 9002:1994
有效期:2000.2.22～2003.2.22

北京庆洋汽车服务有限公司
地址:北京市丰台区丰管中28号
邮政编码:100071
证书注册编号:1900B0288
体系认证标准:GB/T 19002—1994 idt ISO 9002:1994
有效期:2000.2.22～2003.2.22

厦门新鹭紧固件有限公司
地址:福建省厦门市象屿保税区象兴三路12号2A.1A
邮政编码:361006
证书注册编号:1900B0289
体系认证标准:GB/T 19002—1994 idt ISO 9002:1994
有效期:2000.2.22～2003.2.22

沈阳市东塔电磁线厂
地址:辽宁沈阳市东陵区东新路10号
邮政编码:110043
证书注册编号:1900B0290
体系认证标准:GB/T 19002—1994 idt ISO 9002:1994
有效期:2000.2.22～2003.2.22

淮北市玻璃厂
地址:安徽省淮北市海宫路17号
邮政编码:235000
证书注册编号:1900B0291
体系认证标准:GB/T 19002—1994 idt ISO 9002:1994
有效期:2000.2.22～2003.2.22

武进车灯车配厂
地址:江苏省武进市奔牛镇
邮政编码:213131
证书注册编号:1900B0292
体系认证标准:GB/T 19002—1994 idt ISO 9002:1994
有效期:2000.2.22～2003.2.22

甘肃彭阳春酒厂
地址:甘肃省西峰市安定东路278号
邮政编码:745000
证书注册编号:1900B0293
体系认证标准:GB/T 19002—1994 idt ISO 9002:1994
有效期:2000.2.23～2003.2.23

三明化工总厂综合厂
地址:福建省三明市工业中路41号
邮政编码:365000
证书注册编号:1900B0294
体系认证标准:GB/T 19002—1994 idt ISO 9002:1994
有效期:2000.2.23～2003.2.23

常州大洋线缆有限公司
地址:江苏省常州市关河东路20号
邮政编码:213004
证书注册编号:1900B0295
体系认证标准:GB/T 19002—1994 idt ISO 9002:1994
有效期:2000.2.23～2003.2.23

北京保温瓶工业公司
地址:北京昌平县南口镇东大街22号
邮政编码:102202
证书注册编号:1900B0296
体系认证标准:GB/T 19002—1994 idt

ISO 9002:1994
有效期:2000.2.23～2003.2.23

吉林省吉发生化医药食品有限公司
地址:吉林省吉林市龙潭区华丹大街81号
邮政编码:132021
证书注册编号:1900B0297
体系认证标准:GB/T 19002－1994 idt ISO 9002:1994
有效期:2000.2.23～2003.2.23

建德市新安江电力电容有限责任公司
地址:浙江省建德市新安江镇桥东路88号
邮政编码:311600
证书注册编号:1900B0298
体系认证标准:GB/T 19002－1994 idt ISO 9002:1994
有效期:2000.2.24～2003.2.24

山东铝业股份有限公司(山东铝业股份有限公司铝加工厂)
地址:山东省淄博南定工业路30号
邮政编码:255061
证书注册编号:1900B0299
体系认证标准:GB/T 19002－1994 idt ISO 9002:1994
有效期:2000.2.24～2003.2.24

烟台西飞铝业有限公司
地址:山东省烟台市凤凰台路93号
邮政编码:264002
证书注册编号:1900B0300
体系认证标准:GB/T 19002－1994 idt ISO 9002:1994
有效期:2000.2.24～2003.2.24

滕州市联力实业有限公司(滕州市软管厂)
地址:山东省腾州市洪绪工业区
邮政编码:277512
证书注册编号:1900B0301
体系认证标准:GB/T 19001－1994 idt ISO 9001:1994
有效期:2000.2.24～2003.2.24

瑞安市森特执行器有限公司
地址:浙江省瑞安市塘下镇陈宅工业区
邮政编码:325204
证书注册编号:1900A0302－1
体系认证标准:GB/T 19001－1994 idt ISO 9001:1994
有效期:2000.2.24～2003.2.24

瑞安市繁新仪表机电厂
地址:浙江省瑞安市塘下镇陈宅工业区
邮政编码:325204
证书注册编号:1900A0302－2
体系认证标准:GB/T 19001－1994 idt ISO 9001:1994
有效期:2000.2.24～2003.2.24

上海电力修造总厂扬中分厂
地址:江苏省扬中市环城南路8号
邮政编码:212200
证书注册编号:1900B0303
体系认证标准:GB/T 19002－1994 idt ISO 9002:1994
有效期:2000.2.24～2003.2.24

南京金亚铝箔包装有限公司
地址:江苏省南京市中华门外东山镇金箔集团成山工业区
邮政编码:211100
证书注册编号:1900B0304
体系认证标准:GB/T 19002－1994 idt ISO 9002:1994
有效期:2000.2.25～2003.2.25

常州市五星包装有限公司
地址:江苏常州市机场路宣庄村22号
邮政编码:213016
证书注册编号:1900B0305
体系认证标准:GB/T 19002－1994 idt ISO 9002:1994
有效期:2000.2.25～2003.2.25

陕西省工程监理有限责任公司
地址:陕西省西安西北二路1号
邮政编码:710003
证书注册编号:1900B0306
体系认证标准:GB/T 19002－1994 idt ISO 9002:1994
有效期:2000.2.25～2003.2.25

福建省泉州市福泉卫浴有限公司
地址:福建省南安市英都镇芸林工业区125号
邮政编码:362304
证书注册编号:1900B0307
体系认证标准:GB/T 19002－1994 idt ISO 9002:1994
有效期:2000.2.25～2003.2.25

上海贤华内燃机配件厂
地址:上海市奉贤县庄行镇南亭公路1182号
邮政编码:201415
证书注册编号:1900B0308
体系认证标准:GB/T 19002－1994 idt ISO 9002:1994
有效期:2000.2.25～2003.2.25

福建省丹鹰集团公司
地址:福建省南安市英都镇镇府路1号
邮政编码:362305
证书注册编号:1900B0309
体系认证标准:GB/T 19002－1994 idt ISO 9002:1994
有效期:2000.2.25～2003.2.25

番禺市潮流水上乐园建造有限公司
地址:广东省番禺市南村镇江南工业区兴业路
邮政编码:511422
证书注册编号:1900A0310
体系认证标准:GB/T 19001－1994 idt ISO 9001:1994
有效期:2000.2.25～2003.2.25

宜兴市瑞盛水处理设备有限公司
地址:江苏宜兴市南新镇人民南路1号
邮政编码:214215
证书注册编号:1900B0311
体系认证标准:GB/T 19002－1994 idt ISO 9002:1994
有效期:2000.2.25～2003.2.25

上海天阳电器实业公司
地址:上海市江浦路2100号
邮政编码:200093
证书注册编号:1900B0312
体系认证标准:GB/T 19002－1994 idt ISO 9002:1994
有效期:2000.2.25～2003.2.25

西安普端特(集团)有限公司
地址:陕西省西安市红庙坡永兴路中段
邮政编码:710016
证书注册编号:1900B0313
体系认证标准:GB/T 19002－1994 idt ISO 9002:1994
有效期:2000.2.25～2003.2.25

上海电工机械厂
地址:上海市军工路580号

邮政编码:200093
证书注册编号:1900A0314
体系认证标准:GB/T 19001—1994 idt ISO 9001:1994
有效期:2000.2.25～2003.2.25

郧阳汽车齿轮总厂
地址:湖北省十堰市郧县城关镇东岭街30号
邮政编码:442500
证书注册编号:1900B0315
体系认证标准:GB/T 19002—1994 idt ISO 9002:1994
有效期:2000.2.25～2003.2.25

天津市阀门公司第二阀门厂
地址:天津市津南区小站镇东花园
邮政编码:300353
证书注册编号:1900B0316
体系认证标准:GB/T 19002—1994 idt ISO 9002:1994
有效期:2000.2.25～2003.2.25

大连经济技术开发区盛泰塑料制品有限公司
地址:辽宁省大连经济技术开发区保灵街5号
邮政编码:116600
证书注册编号:1900B0317
体系认证标准:GB/T 19002—1994 idt ISO 9002:1994
有效期:2000.2.28～2003.2.28

上海帕卡兴产化工有限公司
地址:上海市嘉定区马陆镇宝安公路2765号
邮政编码:201801
证书注册编号:1900B0318
体系认证标准:GB/T 19002—1994 idt ISO 9002:1994
有效期:2000.2.28～2003.2.28

上海海文(集团)有限公司精细化学用品分公司
地址:上海市冕宁路69号
邮政编码:200062
证书注册编号:1900B0319
体系认证标准:GB/T 19002—1994 idt ISO 9002:1994
有效期:2000.2.28～2003.2.28

张家港市三惠化工有限公司
地址:江苏省张家港市凤凰镇
邮政编码:215613
证书注册编号:1900B0320
体系认证标准:GB/T 19002—1994 idt ISO 9002:1994
有效期:2000.2.28～2003.2.28

上海大可染料有限公司
地址:上海市真南路1670号
邮政编码:200331
证书注册编号:1900B0321
体系认证标准:GB/T 19002—1994 idt ISO 9002:1994
有效期:2000.2.28～2003.2.28

上海佳艺冷弯型钢厂
地址:上海市嘉定区嘉黄路385号
邮政编码:201821
证书注册编号:1900B0322
体系认证标准:GB/T 19002—1994 idt ISO 9002:1994
有效期:2000.2.28～2003.2.28

北京首航波纹管制造有限公司(泉州制造厂)
地址:福建南安市美林街道珠渊工业区
邮政编码:360600
证书注册编号:1900B0323
体系认证标准:GB/T 19002—1994 idt ISO 9002:1994
有效期:2000.2.28～2003.2.28

广东南华铝厂有限公司
地址:广东省南海市盐步联安工业区
邮政编码:528247
证书注册编号:1900B0324
体系认证标准:GB/T 19002—1994 idt ISO 9002:1994
有效期:2000.2.28～2003.2.28

广东坚美铝型材厂
地址:广东省南海市大沥区凤池工业区
邮政编码:528231
证书注册编号:1900B0325
体系认证标准:GB/T 19002—1994 idt ISO 9002:1994
有效期:2000.2.28～2003.2.28

梅县梅雁建筑工程公司
地址:广东省梅州市公园路湾水塘
邮政编码:514011
证书注册编号:1900B0326
体系认证标准:GB/T 19002—1994 idt ISO 9002:1994
有效期:2000.2.29～2003.2.29

招远市黄金选矿药剂有限公司
地址:山东省招远市温泉路98号
邮政编码:265408
证书注册编号:1900B0327
体系认证标准:GB/T 19002—1994 idt ISO 9002:1994
有效期:2000.2.29～2003.2.29

上海市华联建筑外加剂厂
地址:上海市浦东新区高桥大同路1434号
邮政编码:200137
证书注册编号:1900B0328
体系认证标准:GB/T 19002—1994 idt ISO 9002:1994
有效期:2000.2.29～2003.2.29

龙口桦林橡胶有限公司
地址:山东省龙口市中村镇兴隆庄
邮政编码:265703
证书注册编号:1900A0329
体系认证标准:GB/T 19001—1994 idt ISO 9001:1994
有效期:2000.2.29～2003.2.29

肥城市泰山化工有限公司
地址:山东省肥城市石横镇农场
邮政编码:271612
证书注册编号:1900B0330
体系认证标准:GB/T 19002—1994 idt ISO 9002:1994
有效期:2000.2.29～2003.2.29

台州市宏大塑胶电器有限公司
地址:浙江省台州市椒江区宏大路1号
邮政编码:318000
证书注册编号:1900B0331
体系认证标准:GB/T 19002—1994 idt ISO 9002:1994
有效期:2000.2.29～2003.2.29

山东龙口双龙化工有限公司
地址:山东省龙口外向型经济开发区振兴路217号
邮政编码:265700
证书注册编号:1900B0332—1
体系认证标准:GB/T 19002—1994 idt ISO 9002:1994

有效期:2000.2.29～2003.2.29

山东龙口市第二制药厂
地址:山东省龙口市龙口镇电厂东路
邮政编码:265700
证书注册编号:1900B0332－2
体系认证标准:GB/T 19002－1994 idt ISO 9002:1994
有效期:2000.2.29～2003.2.29

上海中联商厦
地址:上海市南京东路340号
邮政编码:200001
证书注册编号:1900B0333
体系认证标准:GB/T 19002－1994 idt ISO 9002:1994
有效期:2000.3.1～2003.3.1

山东三力工业集团有限公司
地址:山东省济南市花园路107号鑫都大厦
邮政编码:250100
证书注册编号:1900B0334
体系认证标准:GB/T 19002－1994 idt ISO 9002:1994
有效期:2000.3.1～2003.3.1

广州市广州阀门厂
地址:广东省广州市黄埔蟹山路48号
邮政编码:510700
证书注册编号:1900A0335
体系认证标准:GB/T 19001－1994 idt ISO 9001:1994
有效期:2000.3.1～2003.3.1

威海市量具总厂
地址:山东省威海市文化东路45号
邮政编码:264200
证书注册编号:1900B0336
体系认证标准:GB/T 19002－1994 idt ISO 9002:1994
有效期:2000.3.1～2003.3.1

吉林亚松实业股份有限公司
地址:吉林省龙井市开山屯镇
邮政编码:133417
证书注册编号:1900B0337
体系认证标准:GB/T 19002－1994 idt ISO 9002:1994
有效期:2000.3.1～2003.3.1

山东安丘蓝天纸业集团有限公司
地址:山东省安丘市兴安北路2号
邮政编码:262100
证书注册编号:1900B0338
体系认证标准:GB/T 19002－1994 idt ISO 9002:1994
有效期:2000.3.1～2003.3.1

恒安(四川)卫生用品有限公司
地址:四川成都高新区桂溪乡五岔子村
邮政编码:610063
证书注册编号:1900B0339
体系认证标准:GB/T 19002－1994 idt ISO 9002:1994
有效期:2000.3.1～2003.3.1

盘锦太平河石油化工厂
地址:辽宁省盘锦市双台子区城郊乡宋家村
邮政编码:124000
证书注册编号:1900B0340
体系认证标准:GB/T 19002－1994 idt ISO 9002:1994
有效期:2000.3.1～2003.3.1

泉州鲤城联发机械配件有限公司
地址:福建省泉州市江南树兜工业区C座1－5号
邮政编码:362000
证书注册编号:1900B0341
体系认证标准:GB/T 19002－1994 idt ISO 9002:1994
有效期:2000.3.1～2003.3.1

中国船舶工业总公司船舶工艺研究所
地址:上海市中山南二路851号
邮政编码:200032
证书注册编号:1900A0342
体系认证标准:GB/T 19001－1994 idt ISO 9001:1994
有效期:2000.3.1～2003.3.1

中国船舶工业总公司船舶工艺研究所
地址:上海市中山南二路851号
邮政编码:200032
证书注册编号:1900B0342
体系认证标准:GB/T 19002－1994 idt ISO 9002:1994
有效期:2000.3.1～2003.3.1

临沂罗德玛钢有限公司
地址:山东省临沂罗庄
邮政编码:276017
证书注册编号:1900B0343
体系认证标准:GB/T 19002－1994 idt ISO 9002:1994
有效期:2000.3.2～2003.3.2

甘肃宏达铝型材有限公司
地址:甘肃省兰州市榆中县和平开发区
邮政编码:730101
证书注册编号:1900B0344
体系认证标准:GB/T 19002－1994 idt ISO 9002:1994
有效期:2000.3.2～2003.3.2

章丘市石油化工配件厂二分厂
地址:山东省章丘市旭升乡白泉村
邮政编码:250202
证书注册编号:1900B0345
体系认证标准:GB/T 19002－1994 idt ISO 9002:1994
有效期:2000.3.2～2003.3.2

江苏诚德钢管股份有限公司
地址:江苏省江都市诚德路1号
邮政编码:225200
证书注册编号:1900B0346
体系认证标准:GB/T 19002－1994 idt ISO 9002:1994
有效期:2000.3.2～2003.3.2

临沂市可锻铸铁厂
地址:山东省临沂市兰山区半程镇
邮政编码:276036
证书注册编号:1900B0347
体系认证标准:GB/T 19002－1994 idt ISO 9002:1994
有效期:2000.3.2～2003.3.2

四川广汉三星铝业有限公司
地址:四川省广汉新丰工业开发区
邮政编码:618300
证书注册编号:1900B0348
体系认证标准:GB/T 19002－1994 idt ISO 9002:1994
有效期:2000.3.2～2003.3.2

山西省定襄县精制冶锻有限公司
地址:山西省定襄县铁路南街21号
邮政编码:35400
证书注册编号:1900B0349
体系认证标准:GB/T 19002－1994 idt ISO 9002:1994
有效期:2000.3.2～2003.3.2

南海市冠星钢管有限公司
地址:广东省南海里水河村乡开发区
邮政编码:528244
证书注册编号:1900B0350
体系认证标准:GB/T 19002—1994 idt ISO 9002:1994
有效期:2000.3.2～2003.3.2

廊坊海斯机械工程有限公司
地址:河北省廊坊市新华路193号
邮政编码:65000
证书注册编号:1900B0351
体系认证标准:GB/T 19002—1994 idt ISO 9002:1994
有效期:2000.3.2～2003.3.2

合浦县龙联水泥厂
地址:广西合浦县公馆镇
邮政编码:536119
证书注册编号:1900B0352
体系认证标准:GB/T 19002—1994 idt ISO 9002:1994
有效期:2000.3.3～2003.3.3

福建省沙县建沙水泥有限公司
地址:福建省三明沙县富口镇
邮政编码:365504
证书注册编号:1900B0353
体系认证标准:GB/T 19002—1994 idt ISO 9002:1994
有效期:2000.3.3～2003.3.3

浙江省之江水泥有限公司
地址:浙江省杭州市滨江区浦沿镇
邮政编码:310053
证书注册编号:1900B0354
体系认证标准:GB/T 19002—1994 idt ISO 9002:1994
有效期:2000.3.3～2003.3.3

衢州市上方水泥厂
地址:浙江省衢州市上方镇寺后山
邮政编码:324021
证书注册编号:1900B0355
体系认证标准:GB/T 19002—1994 idt ISO 9002:1994
有效期:2000.3.3～2003.3.3

青岛海尔空调器有限总公司(顾客服务事业部及所属专业服务网络)
地址:山东省青岛市宁夏路87号
邮政编码:266022
证书注册编号:1900B0356
体系认证标准:GB/T 19002—1994 idt ISO 9002:1994
有效期:2000.3.3～2003.3.3

郧阳水泥厂
地址:湖北十堰市郧县沿江大道48号
邮政编码:442500
证书注册编号:1900B0357
体系认证标准:GB/T 19002—1994 idt ISO 9002:1994
有效期:2000.3.3～2003.3.3

海宁市欣河水泥有限公司
地址:浙江省海宁市斜桥镇东前步桥
邮政编码:314406
证书注册编号:1900B0358
体系认证标准:GB/T 19002—1994 idt ISO 9002:1994
有效期:2000.3.3～2003.3.3

南海市平洲东方热镀锌厂
地址:广东省南海市平洲平东均安围工业区
邮政编码:528251
证书注册编号:1900B0359
体系认证标准:GB/T 19002—1994 idt ISO 9002:1994
有效期:2000.3.3～2003.3.3

山东声乐股份有限公司
地址:山东省沂南县城振兴路6号
邮政编码:276300
证书注册编号:1900B0360
体系认证标准:GB/T 19002—1994 idt ISO 9002:1994
有效期:2000.3.6～2003.3.6

威海海大海洋生物制品有限公司
地址:山东省荣成市靖海镇沙窝岛
邮政编码:264307
证书注册编号:1900B0361
体系认证标准:GB/T 19002—1994 idt ISO 9002:1994
有效期:2000.3.6～2003.3.6

秦皇岛野力葡萄酿酒有限公司
地址:湖北省昌黎县城东
邮政编码:66600
证书注册编号:1900B0362
体系认证标准:GB/T 19002—1994 idt ISO 9002:1994
有效期:2000.3.6～2003.3.6

上海浦东东大建筑材料有限公司
地址:上海市浦东成山路220号2楼
邮政编码:200126
证书注册编号:1900B0363
体系认证标准:GB/T 19002—1994 idt ISO 9002:1994
有效期:2000.3.6～2003.3.6

襄樊市华丰吉顺汽车零部件有限公司
地址:湖北省襄樊市汽车产业开发区
邮政编码:441058
证书注册编号:1900B0364
体系认证标准:GB/T 19002—1994 idt ISO 9002:1994
有效期:2000.3.6～2003.3.6

南海市松岗石碣旋风电器厂
地址:广东省南海市松岗石碣管理区大坑桥
邮政编码:528234
证书注册编号:1900B0365
体系认证标准:GB/T 19002—1994 idt ISO 9002:1994
有效期:2000.3.6～2003.3.6

临沂沂光电缆有限公司
地址:山东省临沂市临西八路南段
邮政编码:276006
证书注册编号:1900B0366
体系认证标准:GB/T 19002—1994 idt ISO 9002:1994
有效期:2000.3.6～2003.3.6

昆山市城南建筑安装工程公司
地址:江苏省昆山经济技术开发区东新街13号
邮政编码:215300
证书注册编号:1900B0367
体系认证标准:GB/T 19002—1994 idt ISO 9002:1994
有效期:2000.3.6～2003.3.6

北京市城市排水公司
高碑店污水处理厂
地址:北京市朝阳区高碑店村甲一号
邮政编码:100022
证书注册编号:1900B0368
体系认证标准:GB/T 19002—1994 idt ISO 9002:1994
有效期:2000.3.6～2003.3.6

浙江新世纪汽车销售服务有限公司
地址:浙江省杭州市石祥路191号
邮政编码:310015
证书注册编号:1900B0369
体系认证标准:GB/T 19002—1994 idt ISO 9002:1994
有效期:2000.3.6～2003.3.6

杭州康桥汽车修配厂
地址:浙江杭州市拱墅区大关路301号
邮政编码:310015
证书注册编号:1900B0370
体系认证标准:GB/T 19002—1994 idt ISO 9002:1994
有效期:2000.3.6～2003.3.6

常州罗曼奴服装有限公司
地址:江苏省常州市采菱路49号
邮政编码:213004
证书注册编号:1900B0371
体系认证标准:GB/T 19002—1994 idt ISO 9002:1994
有效期:2000.3.6～2003.3.6

青田特种设备制造有限公司
地址:浙江省青田县温溪镇安定东路58号
邮政编码:323903
证书注册编号:1900A0372
体系认证标准:GB/T 19001—1994 idt ISO 9001:1994
有效期:2000.3.6～2003.3.6

武汉智能电梯公司
地址:湖北武汉市拱山区珞狮路89号
邮政编码:430070
证书注册编号:1900A0373
体系认证标准:GB/T 19001—1994 idt ISO 9001:1994
有效期:2000.3.6～2003.3.6

深圳市奥菱电梯有限公司(佛山制造分厂)
地址:广东省佛山市环市填江边安正工业区3号
邮政编码:528000
证书注册编号:1900B0374
体系认证标准:GB/T 19002—1994 idt ISO 9002:1994
有效期:2000.3.6～2003.3.6

无锡市宏华轴承厂
地址:江苏省无锡市金星路19号
邮政编码:214023
证书注册编号:1900B0375
体系认证标准:GB/T 19002—1994 idt ISO 9002:1994
有效期:2000.3.6～2003.3.6

鞍山热能滑动机械有限责任公司
地址:辽宁鞍山市高新区千山路288号
邮政编码:114000
证书注册编号:1900B0376
体系认证标准:GB/T 19002—1994 idt ISO 9002:1994
有效期:2000.3.6～2003.3.6

无锡市江南给排水设备厂
地址:江苏省无锡市山北乡新华村邹巷
邮政编码:214037
证书注册编号:1900B0377
体系认证标准:GB/T 19002—1994 idt ISO 9002:1994
有效期:2000.3.6～2003.3.6

中轻物产集团中南麦芽有限公司
地址:湖北省仙桃市干河路1号
邮政编码:433000
证书注册编号:1900B0378
体系认证标准:GB/T 19002—1994 idt ISO 9002:1994
有效期:2000.3.6～2003.3.6

广东铁道中国青年旅行社
地址:广东省广州市达道路69号
邮政编码:510600
证书注册编号:1900B0379
体系认证标准:GB/T 19002—1994 idt ISO 9002:1994
有效期:2000.3.6～2003.3.6

绍兴县轻纺城纺织有限公司
地址:浙江省绍兴县柯桥镇
邮政编码:312030
证书注册编号:1900B0380
体系认证标准:GB/T 19002—1994 idt ISO 9002:1994
有效期:2000.3.6～2003.3.6

南京圣诺化工设备有限公司(张家港市圣诺江南化工机械有限公司)
地址:江苏省南京市中山南路360号森葆大厦20F
邮政编码:210001
证书注册编号:1900B0381
体系认证标准:GB/T 19002—1994 idt ISO 9002:1994
有效期:2000.3.9～2003.3.9

中国江海木业有限公司
地址:江苏锡山市锡澄公路五号桥旺庄
邮政编码:214171
证书注册编号:1900B0382
体系认证标准:GB/T 19002—1994 idt ISO 9002:1994
有效期:2000.3.9～2003.3.9

兰州三毛纺织(集团)有限责任公司
地址:甘肃兰州市西固区玉门街82号
邮政编码:730060
证书注册编号:1900A0383
体系认证标准:GB/T 19001—1994 idt ISO 9001:1994
有效期:2000.3.9～2003.3.9

丹阳市兴达金刚石有限责任公司
地址:江苏省丹阳市化肥路21号
邮政编码:212300
证书注册编号:1900B0384
体系认证标准:GB/T 19002—1994 idt ISO 9002:1994
有效期:2000.3.9～2003.3.9

平湖市比例包装材料有限公司
地址:浙江省平湖城关镇大南门外平乍公路
邮政编码:314200
证书注册编号:1900B0385
体系认证标准:GB/T 19002—1994 idt ISO 9002:1994
有效期:2000.3.9～2003.3.9

江苏金澄建筑集团公司
地址:江苏省江阴市健康路31号
邮政编码:214431
证书注册编号:1900B0386
体系认证标准:GB/T 19002—1994 idt ISO 9002:1994
有效期:2000.3.9～2003.3.9

新汶矿业集团有限责任公司孙村煤矿(新汶矿业集团有限责任公司孙村煤矿洗选厂)
地址:山东省新泰市新汶办事处
邮政编码:271219
证书注册编号:1900B0387

体系认证标准:GB/T 19002—1994 idt ISO 9002:1994
有效期:2000.3.9～2003.3.9

新汶矿业集团有限责任公司协庄煤矿(新汶矿业集团有限责任公司协庄煤矿选煤厂)
地址:山东省新泰市小协镇
邮政编码:271221
证书注册编号:1900B0388
体系认证标准:GB/T 19002—1994 idt ISO 9002:1994
有效期:2000.3.9～2003.3.9

临沂鲁泰鞋业有限公司
地址:山东省临沂市河东区汤头镇驻地
邮政编码:276032
证书注册编号:1900B0389
体系认证标准:GB/T 19002—1994 idt ISO 9002:1994
有效期:2000.3.15～2003.3.1

上海市万国建设工程咨询顾问中心
地址:上海市九江路137号9楼
邮政编码:200002
证书注册编号:1900B0390—1
体系认证标准:GB/T 19002—1994 idt ISO 9002:1994
有效期:2000.3.15～2003.3.15

上海市万国建设工程咨询顾问中心
地址:上海市九江路137号9楼
邮政编码:200002
证书注册编号:1900B0390—2
体系认证标准:GB/T 19002—1994 idt ISO 9002:1994
有效期:2000.3.15～2003.3.15

宁波中迪鞋业公司
地址:浙江省奉化市莼湖镇工业开发区
邮政编码:315506
证书注册编号:1900B0391
体系认证标准:GB/T 19002—1994 idt ISO 9002:1994
有效期:2000.3.15～2003.3.15

广东七建集团管桩基础有限公司
地址:广东省江门市西环路78号
邮政编码:529000
证书注册编号:1900B0392
体系认证标准:GB/T 19002—1994 idt ISO 9002:1994
有效期:2000.3.15～2003.3.15

淄博水环真空泵厂
地址:山东省淄博博山柳杭路48号
邮政编码:255200
证书注册编号:1900A0393
体系认证标准:GB/T 19001—1994 idt ISO 9001:1994
有效期:2000.3.15～2003.3.15

山东博山锻压厂
地址:山东省淄博市柳杭路48号
邮政编码:255200
证书注册编号:1900B0394
体系认证标准:GB/T 19002—1994 idt ISO 9002:1994
有效期:2000.3.15～2003.3.15

淮南赛力威机电设备有限责任公司
地址:安徽省淮南市泉山
邮政编码:232038
证书注册编号:1900B0395
体系认证标准:GB/T 19002—1994 idt ISO 9002:1994
有效期:2000.3.15～2003.3.15

宜兴市国泰安全门窗厂
地址:江苏省宜兴市范道镇东梅家渎
邮政编码:214257
证书注册编号:1900B0396
体系认证标准:GB/T 19002—1994 idt ISO 9002:1994
有效期:2000.3.15～2003.3.15

常熟市盛昌稀土冶炼厂
地址:江苏省常熟市大义镇
邮政编码:215557
证书注册编号:1900B0397
体系认证标准:GB/T 19002—1994 idt ISO 9002:1994
有效期:2000.3.15～2003.3.15

滕州市衡达有限责任公司
地址:山东省滕州市平行路143号
邮政编码:277500
证书注册编号:1900B0398
体系认证标准:GB/T 19002—1994 idt ISO 9002:1994
有效期:2000.3.15～2003.3.15

烟台市房层建筑勘察设计院
地址:山东省烟台市芝罘区上夼西路78号
邮政编码:264001
证书注册编号:1900A0399
体系认证标准:GB/T 19001—1994 idt ISO 9001:1994
有效期:2000.3.15～2003.3.15

锡山市建筑实业总公司
地址:江苏无锡市绿塔路建筑弄30号
邮政编码:214007
证书注册编号:1900B0400
体系认证标准:GB/T 19002—1994 idt ISO 9002:1994
有效期:2000.3.15～2003.3.15

佛山南方广恒钢铁有限公司
地址:广东省佛山市城区工业区
邮政编码:528041
证书注册编号:1900B0401
体系认证标准:GB/T 19002—1994 idt ISO 9002:1994
有效期:2000.3.15～2003.3.15

衡水市百威橡胶厂
地址:河北省衡水市育才街北头
邮政编码:53000
证书注册编号:1900B0402
体系认证标准:GB/T 19002—1994 idt ISO 9002:1994
有效期:2000.3.15～2003.3.15

山东津单幕墙有限公司
地址:山东省济南市南外环路2号
邮政编码:250022
证书注册编号:1900B0403
体系认证标准:GB/T 19002—1994 idt ISO 9002:1994
有效期:2000.3.15～2003.3.15

张家港市视听器材厂
地址:江苏省张家港市锦丰镇
邮政编码:215625
证书注册编号:1900B0404
体系认证标准:GB/T 19002—1994 idt ISO 9002:1994
有效期:2000.3.15～2003.3.15

山东昌裕集团有限公司
地址:山东聊城市东昌府区闫寺工业区
邮政编码:252036
证书注册编号:1900B0405
体系认证标准:GB/T 19002—1994 idt

ISO 9002:1994
有效期:2000.3.15～2003.3.15

盘锦辽河精细化工有限公司
地址:辽宁省盘锦经济技术开发区
邮政编码:124010
证书注册编号:1900A0406
体系认证标准:GB/T 19001－1994 idt ISO 9001:1994
有效期:2000.3.15～2003.3.15

浙江华光电器集团有限公司
地址:浙江省慈溪市周巷镇
邮政编码:315324
证书注册编号:1900B0407
体系认证标准:GB/T 19002－1994 idt ISO 9002:1994
有效期:2000.3.16～2003.3.16

丹东防爆电机厂
地址:辽宁省鞍山市岫岩满族自治县岫岩镇西地壹里71号
邮政编码:114300
证书注册编号:1900B0408
体系认证标准:GB/T 19002－1994 idt ISO 9002:1994
有效期:2000.3.16～2003.3.16

上海大隆链条厂
地址:上海市长江西路850号
邮政编码:200441
证书注册编号:1900B0409
体系认证标准:GB/T 19002－1994 idt ISO 9002:1994
有效期:2000.3.16～2003.3.16

上海裕生企业发展有限公司(上海裕安电式器材厂 上海裕安电工线材厂上海裕生电磁线厂上海裕生特种线材有限公司)
地址:上海市崇明县裕安镇
邮政编码:202162
证书注册编号:1900B0410
体系认证标准:GB/T 19002－1994 idt ISO 9002:1994
有效期:2000.3.16～2003.3.16

碧雅诗化妆品有限公司
地址:浙江省余杭市星桥镇
邮政编码:311100
证书注册编号:1900B0411
体系认证标准:GB/T 19002－1994 idt ISO 9002:1994
有效期:2000.3.16～2003.3.16

淄博齐丰石油化工有限公司
地址:山东省淄博市临淄区南化路5号
邮政编码:255400
证书注册编号:1900B0412
体系认证标准:GB/T 19002－1994 idt ISO 9002:1994
有效期:2000.3.16～2003.3.16

东莞市三友轮胎有限公司
地址:广东省芝莞市中堂镇袁家涌
邮政编码:523223
证书注册编号:1900B0413
体系认证标准:GB/T 19002－1994 idt ISO 9002:1994
有效期:2000.3.16～2003.3.16

新会市卓怡电子材料有限公司
地址:广东省新会市东山寺
邮政编码:529100
证书注册编号:1900B0414
体系认证标准:GB/T 19002－1994 idt ISO 9002:1994
有效期:2000.3.16～2003.3.16

无锡江加建设机械有限公司
地址:江苏省江阴市璜塘镇
邮政编码:214407
证书注册编号:1900B0415
体系认证标准:GB/T 19002－1994 idt ISO 9002:1994
有效期:2000.3.16～2003.3.16

江苏三笑集团有限公司
地址:江苏省扬州市廖家沟大桥东曙光路1号
邮政编码:225111
证书注册编号:1900B0416
体系认证标准:GB/T 19002－1994 idt ISO 9002:1994
有效期:2000.3.16～2003.3.16

泰州春兰橡塑公司
地址:江苏省泰州市人民西路88号
邮政编码:225300
证书注册编号:1900B0417
体系认证标准:GB/T 19002－1994 idt ISO 9002:1994
有效期:2000.3.16～2003.3.16

江苏金凤化纤(集团)股份有限公司
地址:江苏省淮阴市廷安西路7号
邮政编码:223002
证书注册编号:1900B0418
体系认证标准:GB/T 19002－1994 idt ISO 9002:1994
有效期:2000.3.17～2003.3.17

常州肯特精毛纺织有限公司(常州市第三毛纺织厂)
地址:江苏省常州市采菱路49号
邮政编码:213004
证书注册编号:1900B0419
体系认证标准:GB/T 19002－1994 idt ISO 9002:1994
有效期:2000.3.17～2003.3.17

江苏澳洋实业(集团)有限公司
地址:江苏省张家港市塘市镇镇中路18号
邮政编码:215618
证书注册编号:1900B0420
体系认证标准:GB/T 19002－1994 idt ISO 9002:1994
有效期:2000.3.17～2003.3.17

营口营津合纤有限公司
地址:辽宁省营口市大庆路178号
邮政编码:115001
证书注册编号:1900B0421
体系认证标准:GB/T 19002－1994 idt ISO 9002:1994
有效期:2000.3.17～2003.3.17

苏州建设(集团)有限责任公司(苏州建设集团建筑安装分公司)
地址:江苏省苏州市桐泾北路1#4楼
邮政编码:215004
证书注册编号:1900B0422
体系认证标准:GB/T 19002－1994 idt ISO 9002:1994
有效期:2000.3.17～2003.3.17

上海嘉康包装材料有限公司
地址:上海市嘉定城中路北端
邮政编码:201800
证书注册编号:1900B0423
体系认证标准:GB/T 19002－1994 idt ISO 9002:1994
有效期:2000.3.17～2003.3.17

上海浦东工程建设管理有限公司

地址:上海市东方路 1279 号
邮政编码:200127
证书注册编号:1900B0424
体系认证标准:GB/T 19002—1994 idt ISO 9002:1994
有效期:2000.3.17～2003.3.17

上海南汇县交通建设工程有限公司
地址:上海市南汇县惠南镇人民西路 55 号
邮政编码:201300
证书注册编号:1900B0425
体系认证标准:GB/T 19002—1994 idt ISO 9002:1994
有效期:2000.3.17～2003.3.17

常州市房地产开发公司
地址:江苏省常州市吊桥路 185 号
邮政编码:213001
证书注册编号:1900B0426
体系认证标准:GB/T 19002—1994 idt ISO 9002:1994
有效期:2000.3.17～2003.3.17

厦门华远工程建设有限公司
地址:福建省厦门湖里区南山路 107—109 号二楼
邮政编码:361006
证书注册编号:1900B0427
体系认证标准:GB/T 19002—1994 idt ISO 9002:1994
有效期:2000.3.17～2003.3.17

北京朝林建筑工程有限公司
地址:北京市大兴县旧宫镇科技路三号
邮政编码:100076
证书注册编号:1900B0428
体系认证标准:GB/T 19002—1994 idt ISO 9002:1994
有效期:2000.3.17～2003.3.17

福建天香实业股份有限公司
地址:福建省福清市镜洋工业区
邮政编码:350304
证书注册编号:1900B0430
体系认证标准:GB/T 19002—1994 idt ISO 9002:1994
有效期:2000.3.20～2003.3.20

徐州大光涂料厂
地址:江苏省铜山县茅村大赵庄
邮政编码:221007
证书注册编号:1900B0431
体系认证标准:GB/T 19002—1994 idt ISO 9002:1994
有效期:2000.3.20～2003.3.20

广东活力股份有限公司
地址:广东省韶关市南郊四公司
邮政编码:512023
证书注册编号:1900B0432
体系认证标准:GB/T 19002—1994 idt ISO 9002:1994
有效期:2000.3.20～2003.3.20

龙岩市新罗区东山水泥厂(地址:福建省龙岩春驰水泥集团东山水泥厂)
地址:福建龙岩市新罗区曹溪镇东山村
邮政编码:364021
证书注册编号:1900B0433
体系认证标准:GB/T 19002—1994 idt ISO 9002:1994
有效期:2000.3.20～2003.3.20

南安建成水泥厂
地址:福建省南安市梅山镇新兰工业区
邮政编码:362321
证书注册编号:1900B0434
体系认证标准:GB/T 19002—1994 idt ISO 9002:1994
有效期:2000.3.20～2003.3.20

永安八闽水泥股份有限公司
地址:福建省永安曹远镇青水池 110 号
邮政编码:366016
证书注册编号:1900B0435
体系认证标准:GB/T 19002—1994 idt ISO 9002:1994
有效期:2000.3.20～2003.3.20

三水市恒润铝业有限公司
地址:广东省三水市青岐镇经济开发区
邮政编码:528134
证书注册编号:1900B0436
体系认证标准:GB/T 19002—1994 idt ISO 9002:1994
有效期:2000.3.20～2003.3.20

广东多乐乳业有限公司
地址:广东省潮安大道西多乐工业城
邮政编码:515638
证书注册编号:1900B0437
体系认证标准:GB/T 19002—1994 idt ISO 9002:1994
有效期:2000.3.20～2003.3.20

张家港联合铜业有限公司
地址:江苏省张家港市三兴镇
邮政编码:215624
证书注册编号:1900B0438
体系认证标准:GB/T 19002—1994 idt ISO 9002:1994
有效期:2000.3.20～2003.3.20

福建省南平铝厂
地址:福建省南平市工业路 65 号
邮政编码:353000
证书注册编号:1900A0439
体系认证标准:GB/T 19001—1994 idt ISO 9001:1994
有效期:2000.3.20～2003.3.20

江苏猿洲水泥集团公司
地址:江苏省泗洪县双沟镇
邮政编码:223911
证书注册编号:1900B0440
体系认证标准:GB/T 19002—1994 idt ISO 9002:1994
有效期:2000.3.20～2003.3.20

平远县广发水实业有限公司
地址:广东省平远县大柘镇
邮政编码:514600
证书注册编号:1900B0441
体系认证标准:GB/T 19002—1994 idt ISO 9002:1994
有效期:2000.3.20～2003.3.20

鄂州市三水泥厂
地址:湖北省鄂州市石山镇
邮政编码:436003
证书注册编号:1900B0442
体系认证标准:GB/T 19002—1994 idt ISO 9002:1994
有效期:2000.3.20～2003.3.20

安岳通威饲料有限公司
地址:四川省安岳县北坝经济开发区
邮政编码:642350
证书注册编号:1900B0443
体系认证标准:GB/T 19002—1994 idt ISO 9002:1994
有效期:2000.3.20～2003.3.20

利川卷烟厂
地址:湖北省利川市清大道 159 号

邮政编码:445400
证书注册编号:1900B0444
体系认证标准:GB/T 19002—1994 idt ISO 9002:1994
有效期:2000.3.20～2003.3.20

荆州市泰隆股份(合作)公司
地址:湖北省荆市荆沙路34号
邮政编码:434007
证书注册编号:1900B0445
体系认证标准:GB/T 19002—1994 idt ISO 9002:1994
有效期:2000.3.20～2003.3.20

西安中星材料有限责任公司
地址:陕西省西安市雁塔路13号
邮政编码:710055
证书注册编号:1900B0446
体系认证标准:GB/T 19002—1994 idt ISO 9002:1994
有效期:2000.3.20～2003.3.20

无锡市南兴涂装输送设备厂(无锡市南兴净化制药设备有限公司)
地址:江苏省锡山市洛社镇312国道旁
邮政编码:214187
证书注册编号:1900B0447
体系认证标准:GB/T 19002—1994 idt ISO 9002:1994
有效期:2000.3.21～2003.3.21

常州常丰包装有限公司
地址:江苏省常州市西环路18号
邮政编码:213016
证书注册编号:1900B0448
体系认证标准:GB/T 19002—1994 idt ISO 9002:1994
有效期:2000.3.21～2003.3.21

沈阳市天通电力设备厂
地址:辽宁省沈阳市苏家屯区迎春街219号
邮政编码:110101
证书注册编号:1900B0449
体系认证标准:GB/T 19002—1994 idt ISO 9002:1994
有效期:2000.3.21～2003.3.21

辽阳工业泵厂
地址:辽宁省辽阳县首山铁西
邮政编码:111200
证书注册编号:1900B0450
体系认证标准:GB/T 19002—1994 idt ISO 9002:1994
有效期:2000.3.21～2003.3.21

中山市家康燃气具实业有限公司
地址:广东省中山市东凤镇兴华中路家康工业大厦
邮政编码:528425
证书注册编号:1900A0451
体系认证标准:GB/T 19001—1994 idt ISO 9001:1994
有效期:2000.3.21～2003.3.21

镇江泰利丰电子有限公司
地址:江苏省镇江市南徐路十三号
邮政编码:212001
证书注册编号:1900B0452
体系认证标准:GB/T 19002—1994 idt ISO 9002:1994
有效期:2000.3.21～2003.3.21

锡山市华东热电设备有限公司
地址:江苏省锡山市东北塘路巷桥
邮政编码:214191
证书注册编号:1900B0453
体系认证标准:GB/T 19002—1994 idt ISO 9002:1994
有效期:2000.3.21～2003.3.21

宜兴市华润环保设备有限公司
地址:江苏省宜兴市分水镇
邮政编码:214262
证书注册编号:1900B0454
体系认证标准:GB/T 19002—1994 idt ISO 9002:1994
有效期:2000.3.21～2003.3.21

凌源市北方建材有限公司
地址:辽宁省凌源市刀尔登镇
邮政编码:122523
证书注册编号:1900B0455
体系认证标准:GB/T 19002—1994 idt ISO 9002:1994
有效期:2000.3.21～2003.3.21

宜兴市丁蜀镇浇注炉料厂
地址:江苏省宜兴市丁蜀镇
邮政编码:214221
证书注册编号:1900B0456
体系认证标准:GB/T 19002—1994 idt ISO 9002:1994
有效期:2000.3.21～2003.3.21

南海市大沥安臣锡品制造有限公司
地址:广东省南海市大沥镇国强路二十九号
邮政编码:528231
证书注册编号:1900B0457
体系认证标准:GB/T 19002—1994 idt ISO 9002:1994
有效期:2000.3.21～2003.3.21

湖北荆玻(集团)玻璃总厂(铝业公司)
地址:湖北省荆门市后港镇车站路8号
邮政编码:448272
证书注册编号:1900B0458
体系认证标准:GB/T 19002—1994 idt ISO 9002:1994
有效期:2000.3.21～2003.3.21

青岛华瑞有限公司
地址:山东省青岛经济技术开发区太行山二支路51号
邮政编码:266033
证书注册编号:1900B0459
体系认证标准:GB/T 19002—1994 idt ISO 9002:1994
有效期:2000.3.21～2003.3.21

北京嘉寓门窗有限公司
地址:北京市顺义区牛山镇环岛西侧
邮政编码:101301
证书注册编号:1900B0460
体系认证标准:GB/T 19002—1994 idt ISO 9002:1994
有效期:2000.3.21～2003.3.21

宁波乐惠食品设备制造有限公司
地址:浙江省象山西周振瀛路5号
邮政编码:315722
证书注册编号:1900A0461
体系认证标准:GB/T 19001—1994 idt ISO 9001:1994
有效期:2000.3.21～2003.3.21

宁波乐惠食品设备制造有限公司
地址:浙江省象山西周振瀛路5号
邮政编码:315722
证书注册编号:1900B0461
体系认证标准:GB/T 19002—1994 idt ISO 9002:1994
有效期:2000.3.21～2003.3.21

沧州国华五金制造有限责任公司
地址:河北省南皮县大迟庄工业区

邮政编码:615020
证书注册编号:1900B0462
体系认证标准:GB/T 19002—1994 idt ISO 9002:1994
有效期:2000.3.22～2003.3.22

北票长城实验室装备有限公司
地址:辽宁省北票市振兴街118号
邮政编码:122100
证书注册编号:1900A0463
体系认证标准:GB/T 19001—1994 idt ISO 9001:1994
有效期:2000.3.22～2003.3.22

北票长城实验室装备有限公司
地址:辽宁省北票市振兴街118号
邮政编码:122100
证书注册编号:1900B0463
体系认证标准:GB/T 19002—1994 idt ISO 9002:1994
有效期:2000.3.22～2003.3.22

温州宝特电气仪表有限公司
地址:浙江省温州经济技术开发区32小区
邮政编码:325011
证书注册编号:1900B0464
体系认证标准:GB/T 19002—1994 idt ISO 9002:1994
有效期:2000.3.22～2003.3.22

锡山市石油化工机械厂(锡山市前洲西塘色织机械厂)
地址:江苏省锡山市前洲镇西塘村
邮政编码:214181
证书注册编号:1900B0465
体系认证标准:GB/T 19002—1994 idt ISO 9002:1994
有效期:2000.3.22～2003.3.22

国家邮政局上海研究所
地址:上海市中山北路3185号
邮政编码:200062
证书注册编号:1900A0466
体系认证标准:GB/T 19001—1994 idt ISO 9001:1994
有效期:2000.3.22～2003.3.22

徐州市光华涂料工业有限公司
地址:江苏省徐州市九里山民航站东
邮政编码:221006
证书注册编号:1900B0467
体系认证标准:GB/T 19002—1994 idt ISO 9002:1994
有效期:2000.3.22～2003.3.22

广东明珠生物工业有限公司
地址:广东省开平市新昌东郊
邮政编码:529300
证书注册编号:1900B0468
体系认证标准:GB/T 19002—1994 idt ISO 9002:1994
有效期:2000.3.22～2003.3.22

顺德市桂洲镇亚太化工实业有限公司
地址:广东顺德市桂洲镇小黄圃工业区
邮政编码:528306
证书注册编号:1900B0469
体系认证标准:GB/T 19002—1994 idt ISO 9002:1994
有效期:2000.3.22～2003.3.22

西北橡胶总厂
地址:陕西省咸阳市
邮政编码:712023
证书注册编号:1900B0470
体系认证标准:GB/T 19002—1994 idt ISO 9002:1994
有效期:2000.3.22～2003.3.22

安徽电力建设第一工程公司
地址:安徽省合肥市长江西路669号
邮政编码:230088
证书注册编号:1900B0471
体系认证标准:GB/T 19002—1994 idt ISO 9002:1994
有效期:2000.3.22～2003.3.22

宁波美屋物业管理经营有限公司
地址:浙江省宁波市冷静街43弄1号
邮政编码:315010
证书注册编号:1900B0472
体系认证标准:GB/T 19002—1994 idt ISO 9002:1994
有效期:2000.3.22～2003.3.22

沧州金鑫钢结构工程有限公司
地址:河北省黄骅经济技术开发区
邮政编码:611000
证书注册编号:1900B0473
体系认证标准:GB/T 19002—1994 idt ISO 9002:1994
有效期:2000.3.22～2003.3.22

江苏华莱士西服有限公司
地址:江苏省丹阳市前艾镇
邮政编码:212326
证书注册编号:1900B0474
体系认证标准:GB/T 19002—1994 idt ISO 9002:1994
有效期:2000.3.22～2003.3.22

荣成荣达橡胶制品有限公司
地址:山东省荣成市工商西街20号
邮政编码:264300
证书注册编号:1900A0475
体系认证标准:GB/T 19001—1994 idt ISO 9001:1994
有效期:2000.3.23～2003.3.23

西安昆仑富特波尔容器有限公司
地址:陕西西安市幸福北路甲字28号
邮政编码:710043
证书注册编号:1900B0476
体系认证标准:GB/T 19002—1994 idt ISO 9002:1994
有效期:2000.3.23～2003.3.23

上海市崇明电工合金厂
地址:上海市崇明裕安镇
邮政编码:021620
证书注册编号:1900B0477
体系认证标准:GB/T 19002—1994 idt ISO 9002:1994
有效期:2000.3.23～2003.3.23

宜兴久远环境工程承包总公司
地址:江苏省宜兴市环保科技工业园绿园路1传真:05号
邮政编码:214205
证书注册编号:1900B0478
体系认证标准:GB/T 19002—1994 idt ISO 9002:1994
有效期:2000.3.23～2003.3.23

郑州市长城机器制造有限公司
地址:河南省荥阳市城关乡卅里铺
邮政编码:450100
证书注册编号:1900B0479
体系认证标准:GB/T 19002—1994 idt ISO 9002:1994
有效期:2000.3.23～2003.3.23

苏州瑞红电子化学品有限公司
地址:江苏省苏州吴县经济技术开发区苏蠡公路10号桥

邮政编码:215128
证书注册编号:1900B0480
体系认证标准:GB/T 19002—1994 idt ISO 9002:1994
有效期:2000.3.23～2003.3.23

石家庄市新星化炭有限公司
地址:河北省石家庄市井陉矿区贾庄镇贾庄村
邮政编码:50100
证书注册编号:1900B0481
体系认证标准:GB/T 19002—1994 idt ISO 9002:1994
有效期:2000.3.23～2003.3.23

厦门福寿实业有限公司
地址:福建省厦门市同安区大同镇城东工业区
邮政编码:361100
证书注册编号:1900B0482
体系认证标准:GB/T 19002—1994 idt ISO 9002:1994
有效期:2000.3.23～2003.3.23

徐州矿务集团有限公司张集煤矿
地址:江苏省徐州市西北郊
邮政编码:221147
证书注册编号:1900B0483
体系认证标准:GB/T 19002—1994 idt ISO 9002:1994
有效期:2000.3.23～2003.3.23

金华市清华实业有限公司(金华东风汽车精工齿轮厂)
地址:浙江省金华白龙桥
邮政编码:321025
证书注册编号:1900B0484
体系认证标准:GB/T 19002—1994 idt ISO 9002:1994
有效期:2000.3.23～2003.3.23

济南乐喜施肥料有限公司
地址:山东省平阴县东阿镇
邮政编码:250401
证书注册编号:1900B0485
体系认证标准:GB/T 19002—1994 idt ISO 9002:1994
有效期:2000.3.24～2003.3.24

西安昌泰化工厂
地址:陕西省西安雁塔区丈八北路
邮政编码:710077
证书注册编号:1900B0486
体系认证标准:GB/T 19001—1994 idt ISO 9001:1994
有效期:2000.3.24～2003.3.24

唐山陶瓷集团唐山市建华陶瓷厂
地址:河北省唐山市路北区建华东道十七号
邮政编码:630200
证书注册编号:1900B0487
体系认证标准:GB/T 19002—1994 idt ISO 9002:1994
有效期:2000.3.24～2003.3.24

合肥电力开关厂
地址:安徽省合肥市桃花工业区耕耘路8号
邮政编码:231202
证书注册编号:1900A0488
体系认证标准:GB/T 19001—1994 idt ISO 9001:1994
有效期:2000.3.24～2003.3.24

盐城市开关厂有限公司
地址:江苏省盐城经济开发区大道东路十九号
邮政编码:224002
证书注册编号:1900B0489
体系认证标准:GB/T 19002—1994 idt ISO 9002:1994
有效期:2000.3.24～2003.3.24

沈阳摩擦密封材料总厂
地址:辽宁省沈阳市皇姑区岐山中路48号
邮政编码:110031
证书注册编号:1900B0490
体系认证标准:GB/T 19002—1994 idt ISO 9002:1994
有效期:2000.3.24～2003.3.24

宜兴市电工器材厂(宜兴市屺亭电线厂)
地址:江苏宜兴市屺亭镇骏马路21号
邮政编码:214210
证书注册编号:1900B0491
体系认证标准:GB/T 19002—1994 idt ISO 9002:1994
有效期:2000.3.24～2003.3.24

锡山市银邦铝业有限公司
地址:江苏省锡山市后宅镇南
邮政编码:214145
证书注册编号:1900B0492
体系认证标准:GB/T 19002—1994 idt ISO 9002:1994
有效期:2000.3.24～2003.3.24

常州市唯科自动衡器有限公司
地址:江苏省常州市丽华南路勤丰工业区内
邮政编码:213004
证书注册编号:1900B0493
体系认证标准:GB/T 19002—1994 idt ISO 9002:1994
有效期:2000.3.28～2003.3.28

广东省蕉岭县福岭水泥厂
地址:广东省蕉岭县新铺镇
邮政编码:514130
证书注册编号:1900B0494
体系认证标准:GB/T 19002—1994 idt ISO 9002:1994
有效期:2000.3.28～2003.3.28

淄博橡胶厂
地址:山东省淄博市博山区张家庄路215号
邮政编码:255200
证书注册编号:1900B0495
体系认证标准:GB/T 19002—1994 idt ISO 9002:1994
有效期:2000.3.28～2003.3.28

烟台华奇涂料有限责任公司
地址:山东省烟台市福山区蒲湾街
邮政编码:265500
证书注册编号:1900B0496
体系认证标准:GB/T 19002—1994 idt ISO 9002:1994
有效期:2000.3.28～2003.3.28

山东滨州黄河纸业集团有限公司
地址:山东省滨州市黄河六路579号
邮政编码:256611
证书注册编号:1900B0497
体系认证标准:GB/T 19002—1994 idt ISO 9002:1994
有效期:2000.3.28～2003.3.28

江苏潇翔集团有限公司
地址:江苏省常州东南开发区(西区)雕庄村
邮政编码:213018

证书注册编号:1900B0498
体系认证标准:GB/T 19002—1994 idt ISO 9002:1994
有效期:2000.3.28～2003.3.28

上海为力五金弹簧厂
地址:上海市沪南公路9828号
邮政编码:201300
证书注册编号:1900B0499
体系认证标准:GB/T 19002—1994 idt ISO 9002:1994
有效期:2000.3.29～2003.3.29

上海南汇沔青线缆厂
地址:上海市南汇横沔老钲
邮政编码:201319
证书注册编号:1900B0500
体系认证标准:GB/T 19002—1994 idt ISO 9002:1994
有效期:2000.3.29～2003.3.29

上海永鼎通讯光线有限公司
地址:上海市闵行区昆阳路1508号
邮政编码:200245
证书注册编号:1900B0501
体系认证标准:GB/T 19002—1994 idt ISO 9002:1994
有效期:2000.3.29～2003.3.29

常州后肖灯饰有限公司
地址:江苏省武进市薛家镇
邮政编码:213125
证书注册编号:1900B0502
体系认证标准:GB/T 19002—1994 idt ISO 9002:1994
有效期:2000.3.29～2003.3.29

上海刃具厂有限公司
地址:上海市蒙自路207号
邮政编码:200023
证书注册编号:1900B0503
体系认证标准:GB/T 19002—1994 idt ISO 9002:1994
有效期:2000.3.29～2003.3.29

张家港维仁泵阀有限公司
地址:江苏省张家港市暨阳中路17号
邮政编码:215600
证书注册编号:1900B0504
体系认证标准:GB/T 19002—1994 idt ISO 9002:1994
有效期:2000.3.29～2003.3.29

济南玫德铸造有限公司(济南玛钢股份有限公司 济南玛钢厂)
地址:山东济南市平阴县城南门路3号
邮政编码:250400
证书注册编号:1900B0505
体系认证标准:GB/T 19002—1994 idt ISO 9002:1994
有效期:2000.3.29～2003.3.29

山东省寿光市建筑公司
地址:山东省寿光市渤海路790号
邮政编码:262700
证书注册编号:1900B0506
体系认证标准:GB/T 19002—1994 idt ISO 9002:1994
有效期:2000.3.29～2003.3.29

郑州密丰纸业有限责任公司
地址:河南省新密市下庄河
邮政编码:452370
证书注册编号:1900B0507
体系认证标准:GB/T 19002—1994 idt ISO 9002:1994
有效期:2000.3.29～2003.3.29

湖南省长沙石油厂
地址:湖南省长沙市丽臣路287号
邮政编码:410008
证书注册编号:1900B0508
体系认证标准:GB/T 19002—1994 idt ISO 9002:1994
有效期:2000.3.29～2003.3.29

增城市双菱轧钢实业有限公司
地址:广东增城市新塘镇新沙路30号
邮政编码:511340
证书注册编号:1900B0509
体系认证标准:GB/T 19002—1994 idt ISO 9002:1994
有效期:2000.3.29～2003.3.29

江苏泰州石油化工总厂
地址:江苏省泰州市江洲北路36号
邮政编码:225300
证书注册编号:1900B0510
体系认证标准:GB/T 19002—1994 idt ISO 9002:1994
有效期:2000.3.30～2003.3.30

招远市康泰工业集团公司(招远市康泰按摩椅总厂)
地址:山东省招远市魁星路229号
邮政编码:265400
证书注册编号:1900B0511
体系认证标准:GB/T 19002—1994 idt ISO 9002:1994
有效期:2000.3.30～2003.3.30

平远县万年水泥实业有限公司
地址:广东省平远县大柘镇河陂水
邮政编码:514600
证书注册编号:1900B0512
体系认证标准:GB/T 19002—1994 idt ISO 9002:1994
有效期:2000.3.30～2003.3.30

杭州水泥集团有限公司
地址:浙江杭州市莫干山路493号5楼
邮政编码:310005
证书注册编号:1900B0513
体系认证标准:GB/T 19002—1994 idt ISO 9002:1994
有效期:2000.3.30～2003.3.30

蛇口华海机械冶金工程有限公司
地址:广东省深圳蛇口港湾大道
邮政编码:518067
证书注册编号:1900B0514
体系认证标准:GB/T 19002—1994 idt ISO 9002:1994
有效期:2000.3.30～2003.3.30

南海市石泉兴达铜铝型材厂
地址:广东省南海市松岗镇石泉
邮政编码:528234
证书注册编号:1900B0515
体系认证标准:GB/T 19002—1994 idt ISO 9002:1994
有效期:2000.3.30～2003.3.30

北票电力电杆制造有限公司
地址:辽宁省北票兴顺德
邮政编码:122105
证书注册编号:1900B0516—1
体系认证标准:GB/T 19002—1994 idt ISO 9002:1994
有效期:2000.3.30～2003.3.30

北票市电柱厂
地址:辽宁省北票兴顺德
邮政编码:122105
证书注册编号:1900B0516—2
体系认证标准:GB/T 19002—1994 idt ISO 9002:1994

有效期:2000.3.30～2003.3.30

龙岩三达水泥厂
地址:福建省龙岩市新罗区适中镇
邮政编码:364011
证书注册编号:1900B0517
体系认证标准:GB/T 19002—1994 idt ISO 9002:1994
有效期:2000.3.30～2003.3.30

十堰京基汽车零部件有限公司
地址:湖北省十堰市襄阳路10号
邮政编码:442000
证书注册编号:1900B0518
体系认证标准:GB/T 19002—1994 idt ISO 9002:1994
有效期:2000.3.30～2003.3.30

宜兴市第二建筑安装工程公司
地址:江苏省宜兴市宜城镇阳羡东路66号
邮政编码:214207
证书注册编号:1900B0519
体系认证标准:GB/T 19002—1994 idt ISO 9002:1994
有效期:2000.3.30～2003.3.30

常州市大娘水饺餐饮有限公司
地址:江苏省常州市延陵西路61号常信大厦15楼
邮政编码:213003
证书注册编号:1900B0520
体系认证标准:GB/T 19002—1994 idt ISO 9002:1994
有效期:2000.3.30～2003.3.30

佳木斯滤材股份有限公司
地址:黑龙江省佳木斯市红旗路3号
邮政编码:154004
证书注册编号:1900B0521
体系认证标准:GB/T 19002—1994 idt ISO 9002:1994
有效期:2000.3.31～2003.3.31

上海沪昌电器设备有限公司
地址:上海市大华路688弄98号
邮政编码:200436
证书注册编号:1900B0522—1
体系认证标准:GB/T 19002—1994 idt ISO 9002:1994
有效期:2000.3.31～2003.3.31

上海乾翔装潢工程有限公司
地址:上海市大华路688弄98号
邮政编码:200436
证书注册编号:1900B0522—2
体系认证标准:GB/T 19002—1994 idt ISO 9002:1994
有效期:2000.3.31～2003.3.31

徐州港威彩色包装有限公司
地址:江苏省睢宁县府前西街
邮政编码:221200
证书注册编号:1900B0523
体系认证标准:GB/T 19002—1994 idt ISO 9002:1994
有效期:2000.3.31～2003.3.31

雷尔达仪表有限公司
地址:浙江省乐清市白象镇大新东路29号
邮政编码:325603
证书注册编号:1900B0524
体系认证标准:GB/T 19002—1994 idt ISO 9002:1994
有效期:2000.3.31～2003.3.31

山东省工业设备安装总公司
地址:山东省济南市历山路70号
邮政编码:250010
证书注册编号:1900B0525
体系认证标准:GB/T 19002—1994 idt ISO 9002:1994
有效期:2000.3.31～2003.3.31

浙江省地质矿产工程公司
地址:浙江省杭州市杭海路90号
邮政编码:310016
证书注册编号:1900B0526
体系认证标准:GB/T 19002—1994 idt ISO 9002:1994
有效期:2000.3.31～2003.3.31

绿色磐家园物业管理(厦门)有限公司
地址:福建省厦门市嘉禾路108号香江花园3号楼6楼
邮政编码:361009
证书注册编号:1900B0527
体系认证标准:GB/T 19002—1994 idt ISO 9002:1994
有效期:2000.3.31～2003.3.31

中国贵州茅台酒厂(集团)习酒有限责任公司
地址:贵州省习水县习酒镇
邮政编码:564622
证书注册编号:1900B0528
体系认证标准:GB/T 19002—1994 idt ISO 9002:1994
有效期:2000.4.3～2003.4.3

上海外建建设咨询监理有限公司
地址:上海市东方路573弄市政2号楼17楼
邮政编码:200120
证书注册编号:1900B0529
体系认证标准:GB/T 19002—1994 idt ISO 9002:1994
有效期:2000.4.3～2003.4.3

扬中市建筑安装工程总公司
地址:江苏省扬中市前进南路51号
邮政编码:212200
证书注册编号:1900B0530
体系认证标准:GB/T 19002—1994 idt ISO 9002:1994
有效期:2000.4.3～2003.4.3

南京电焊条厂
地址:江苏省南京市兴隆路42号
邮政编码:210012
证书注册编号:1900B0531
体系认证标准:GB/T 19002—1994 idt ISO 9002:1994
有效期:2000.4.3～2003.4.3

锡山市民政化工厂
地址:江苏省锡山市东亭镇柏庄村锡沪路四号桥
邮政编码:214101
证书注册编号:1900B0532
体系认证标准:GB/T 19002—1994 idt ISO 9002:1994
有效期:2000.4.3～2003.4.3

淮北市第二塑料制品厂
地址:安徽省淮北市相阳路161号
邮政编码:235000
证书注册编号:1900B0533
体系认证标准:GB/T 19002—1994 idt ISO 9002:1994
有效期:2000.4.3～2003.4.3

湖北仪表电磁阀厂
地址:湖北省松滋市城关
邮政编码:434200

证书注册编号:1900A0534
体系认证标准:GB/T 19001—1994 idt ISO 9001:1994
有效期:2000.4.3～2003.4.3

镇江市特种轴承厂
地址:江苏省镇江市东郊辛丰镇
邮政编码:212141
证书注册编号:1900B0535
体系认证标准:GB/T 19002—1994 idt ISO 9002:1994
有效期:2000.4.3～2003.4.3

汕头和泰隔震器材有限公司
地址:广东汕头市龙眼南路44号3楼
邮政编码:515041
证书注册编号:1900B0536
体系认证标准:GB/T 19002—1994 idt ISO 9002:1994
有效期:2000.4.4～2003.4.4

福建省安溪仙品茶业有限公司
地址:福建省安溪县同美工业区
邮政编码:362400
证书注册编号:1900B0537
体系认证标准:GB/T 19002—1994 idt ISO 9002:1994
有效期:2000.4.4～2003.4.4

江苏今世缘酒业有限公司
地址:江苏省涟水县高沟镇天泉路1号
邮政编码:223411
证书注册编号:1900B0538
体系认证标准:GB/T 19002—1994 idt ISO 9002:1994
有效期:2000.4.4～2003.4.4

河南省三联水泥厂
地址:河南省陕县硖石
邮政编码:472122
证书注册编号:1900B0539
体系认证标准:GB/T 19002—1994 idt ISO 9002:1994
有效期:2000.4.4～2003.4.4

上海高超化工有限公司
地址:上海青浦新城经济区二区A—5
邮政编码:201703
证书注册编号:1900B0540
体系认证标准:GB/T 19002—1994 idt ISO 9002:1994
有效期:2000.4.4～2003.4.4

焦作市华新塑钢有限公司
地址:河南省焦作市丰收路中段
邮政编码:454001
证书注册编号:1900B0541
体系认证标准:GB/T 19002—1994 idt ISO 9002:1994
有效期:2000.4.4～2003.4.4

锡山市海江汽车部件有限公司
地址:江苏省锡山市堰桥镇南路7号
邮政编码:214174
证书注册编号:1900B0542
体系认证标准:GB/T 19002—1994 idt ISO 9002:1994
有效期:2000.4.4～2003.4.4

上海轮胎橡胶(集团)股份有限公司泗泾橡胶厂
地址:上海市松江区沪松公路2988号
邮政编码:201601
证书注册编号:1900B0543
体系认证标准:GB/T 19002—1994 idt ISO 9002:1994
有效期:2000.4.4～2003.4.4

马鞍山市橡胶制品厂
地址:安徽省马鞍山市慈湖大庆路
邮政编码:243051
证书注册编号:1900B0544
体系认证标准:GB/T 19002—1994 idt ISO 9002:1994
有效期:2000.4.4～2003.4.4

扬州市第三布厂
地址:江苏省扬州市友谊北路
邮政编码:225115
证书注册编号:1900B0545
体系认证标准:GB/T 19002—1994 idt ISO 9002:1994
有效期:2000.4.4～2003.4.4

铁科院金化所淄博易丰材料厂
地址:山东省淄博临淄齐鲁石化公司橡胶厂中路12号
邮政编码:255438
证书注册编号:1900B0546
体系认证标准:GB/T 19002—1994 idt ISO 9002:1994
有效期:2000.4.4～2003.4.4

盐城捷达变压器有限公司(盐城市电力变压器厂有限公司)
地址:江苏省盐城市盐青路47号
邮政编码:224002
证书注册编号:1900B0547
体系认证标准:GB/T 19002—1994 idt ISO 9002:1994
有效期:2000.4.4～2003.4.4

湖北金华麦面集团有限公司
地址:湖北省枣阳市光武路71号
邮政编码:441200
证书注册编号:1900B0548
体系认证标准:GB/T 19002—1994 idt ISO 9002:1994
有效期:2000.4.4～2003.4.4

无锡金城厨房设备有限公司
地址:江苏省无锡市南门外东绛镇锡南路58号
邮政编码:214121
证书注册编号:1900B0549
体系认证标准:GB/T 19002—1994 idt ISO 9002:1994
有效期:2000.4.5～2003.4.5

莱芜市钢城企业集团建筑安装工程公司
地址:山东省莱芜市钢城区钢都大街
邮政编码:271104
证书注册编号:1900B0550
体系认证标准:GB/T 19002—1994 idt ISO 9002:1994
有效期:2000.4.5～2003.4.5

常州市常利接插件有限公司
地址:江苏省常州市清潭路262号
邮政编码:213015
证书注册编号:1900B0551
体系认证标准:GB/T 19002—1994 idt ISO 9002:1994
有效期:2000.4.5～2003.4.5

厦门青润技术发展有限公司
地址:福建省厦门火炬高技术产业开发区光厦楼北幢507号
邮政编码:361006
证书注册编号:1900A0552
体系认证标准:GB/T 19001—1994 idt ISO 9001:1994
有效期:2000.4.5～2003.4.5

常熟市友邦散热器有限责任公司
地址:江苏省常熟市董浜镇天星西路

邮政编码:215534
证书注册编号:1900B0553
体系认证标准:GB/T 19002—1994 idt ISO 9002:1994
有效期:2000.4.5～2003.4.5

武进市东风汽车部件厂
地址:江苏武进市东安镇东丰路29号
邮政编码:213155
证书注册编号:1900B0554
体系认证标准:GB/T 19002—1994 idt ISO 9002:1994
有效期:2000.4.5～2003.4.5

上海浦东高东建筑安装工程有限公司
地址:上海市浦东海徐路862号
邮政编码:200137
证书注册编号:1900B0555
体系认证标准:GB/T 19002—1994 idt ISO 9002:1994
有效期:2000.4.5～2003.4.5

肥城市社会福利石油化工总公司
地址:山东省肥城市安临站镇
邮政编码:271603
证书注册编号:1900B0556
体系认证标准:GB/T 19002—1994 idt ISO 9002:1994
有效期:2000.4.5～2003.4.5

吴县市星火水泥电杆厂
地址:江苏省吴县市渭塘镇渭西村
邮政编码:215134
证书注册编号:1900B0557
体系认证标准:GB/T 19002—1994 idt ISO 9002:1994
有效期:2000.4.5～2003.4.5

湖北省仙桃市农药厂
地址:湖北省仙桃市沿江大道东36号
邮政编码:433000
证书注册编号:1900B0558
体系认证标准:GB/T 19002—1994 idt ISO 9002:1994
有效期:2000.4.5～2003.4.5

如皋市电控设备厂
地址:江苏如皋市西门外北河边49号
邮政编码:226500
证书注册编号:1900B0559
体系认证标准:GB/T 19002—1994 idt ISO 9002:1994
有效期:2000.4.6～2003.4.6

南通英瑞纺织有限公司
地址:江苏省南通通富路8号
邮政编码:226007
证书注册编号:1900B0560
体系认证标准:GB/T 19002—1994 idt ISO 9002:1994
有效期:2000.4.6～2003.4.6

张家港精达日用塑料制品有限公司
地址:江苏省张家港市西张镇
邮政编码:215614
证书注册编号:1900B0561
体系认证标准:GB/T 19002—1994 idt ISO 9002:1994
有效期:2000.4.6～2003.4.6

张家港市西张服装厂
地址:江苏省张家港市西张镇双龙路
邮政编码:215614
证书注册编号:1900B0562
体系认证标准:GB/T 19002—1994 idt ISO 9002:1994
有效期:2000.4.6～2003.4.6

郑州蝶阀厂
地址:河南省郑州市荥阳东郊段
邮政编码:450100
证书注册编号:1900A0563
体系认证标准:GB/T 19001—1994 idt ISO 9001:1994
有效期:2000.4.6～2003.4.6

南京赛格微电子科技有限公司
地址:江苏省南京市东井村48号
邮政编码:210028
证书注册编号:1900B0564
体系认证标准:GB/T 19002—1994 idt ISO 9002:1994
有效期:2000.4.6～2003.4.6

浙江登峰交通集团有限公司
地址:浙江省萧山市通惠中路155号
邮政编码:311200
证书注册编号:1900B0565
体系认证标准:GB/T 19002—1994 idt ISO 9002:1994
有效期:2000.4.6～2003.4.6

山西省定襄县汇通锻造厂
地址:山东省定襄县北关
邮政编码:35400
证书注册编号:1900B0566
体系认证标准:GB/T 19002—1994 idt ISO 9002:1994
有效期:2000.4.7～2003.4.7

江苏龙源通联电气成套设备有限公司(丹阳市第二电器设备厂)
地址:江苏省丹阳市陵口镇中山大街146号
邮政编码:212353
证书注册编号:1900B0567
体系认证标准:GB/T 19002—1994 idt ISO 9002:1994
有效期:2000.4.7～2003.4.7

烟台铜材厂
地址:山东烟台芝罘区幸福中路178号
邮政编码:264002
证书注册编号:1900B0568
体系认证标准:GB/T 19002—1994 idt ISO 9002:1994
有效期:2000.4.7～2003.4.7

浙江达璞水泥有限公司
地址:浙江省萧山义桥镇
邮政编码:311256
证书注册编号:1900B0569
体系认证标准:GB/T 19002—1994 idt ISO 9002:1994
有效期:2000.4.7～2003.4.7

烟台百丽陶瓷有限公司
地址:山东省烟台市莱山区初家镇
邮政编码:264003
证书注册编号:1900B0570
体系认证标准:GB/T 19002—1994 idt ISO 9002:1994
有效期:2000.4.7～2003.4.7

沈阳人和玻璃钢有限公司
地址:辽宁省沈阳市苏家屯区桂花街243号
邮政编码:110101
证书注册编号:1900B0571
体系认证标准:GB/T 19002—1994 idt ISO 9002:1994
有效期:2000.4.7～2003.4.7

辽阳钢管有限公司
地址:辽宁省沈阳市繁荣路徐往子
邮政编码:111000

证书注册编号:1900B0572
体系认证标准:GB/T 19002—1994 idt ISO 9002:1994
有效期:2000.4.7～2003.4.7

晋江腾达陶瓷有限公司(地址:福建省晋江市安海菌柄建材厂)
地址:福建省晋市市安海菌柄工业区
邮政编码:362261
证书注册编号:1900B0573
体系认证标准:GB/T 19002—1994 idt ISO 9002:1994
有效期:2000.4.11～2003.4.11

石家庄市南铜冶第二精密铸钢厂
地址:河北省石家庄市铜冶镇南铜冶
邮政编码:50221
证书注册编号:1900B0574
体系认证标准:GB/T 19002—1994 idt ISO 9002:1994
有效期:2000.4.11～2003.4.11

罗马瓷砖有限公司
地址:江苏省苏州吴县用直经济开发区苏沪机场路888号
邮政编码:215127
证书注册编号:1900B0575
体系认证标准:GB/T 19002—1994 idt ISO 9002:1994
有效期:2000.4.11～2003.4.11

上海马桥电缆厂
地址:上海市闵行光华路2800号
邮政编码:201111
证书注册编号:1900A0576
体系认证标准:GB/T 19001—1994 idt ISO 9001:1994
有效期:2000.4.11～2003.4.11

海盐县百步镇东海电器配件厂
地址:浙江省百步镇三联村
邮政编码:314312
证书注册编号:1900B0577
体系认证标准:GB/T 19002—1994 idt ISO 9002:1994
有效期:2000.4.11～2003.4.11

青岛市胶南飞超减速机股份有限公司
地址:山东省青岛市胶南市六汪镇驻地
邮政编码:266419
证书注册编号:1900B0578
体系认证标准:GB/T 19002—1994 idt ISO 9002:1994
有效期:2000.4.11～2003.4.11

浙江利丰电器股份有限公司
地址:浙江省瑞安经济开发区
邮政编码:325200
证书注册编号:1900B0579
体系认证标准:GB/T 19002—1994 idt ISO 9002:1994
有效期:2000.4.11～2003.4.11

河北鸣鹿服装集团公司(石家庄市新华服装厂)
地址:河北省石家庄市中华北大街53号
邮政编码:50000
证书注册编号:1900B0580
体系认证标准:GB/T 19002—1994 idt ISO 9002:1994
有效期:2000.4.12～2003.4.12

江阴市晶体材料厂
地址:江苏省江阴市周庄镇光明路
邮政编码:214423
证书注册编号:1900B0581
体系认证标准:GB/T 19002—1994 idt ISO 9002:1994
有效期:2000.4.12～2003.4.12

广州美晨股份有限公司
地址:广东省广州市广花四路棠新西街53号
邮政编码:510410
证书注册编号:1900B0582
体系认证标准:GB/T 19002—1994 idt ISO 9002:1994
有效期:2000.4.12～2003.4.12

淄博华信化工股份有限公司
地址:山东省淄博市张店区湖田镇
邮政编码:255075
证书注册编号:1900B0583
体系认证标准:GB/T 19002—1994 idt ISO 9002:1994
有效期:2000.4.12～2003.4.12

厦门通信实业开发有限公司
地址:福建省厦门湖里高殿水厂南侧
邮政编码:361009
证书注册编号:1900B0584
体系认证标准:GB/T 19002—1994 idt ISO 9002:1994
有效期:2000.4.12～2003.4.12

杭州盛大化学建材有限公司
地址:浙江杭州市富阳市盛大路18号
邮政编码:311400
证书注册编号:1900B0585
体系认证标准:GB/T 19002—1994 idt ISO 9002:1994
有效期:2000.4.12～2003.4.12

上海南汇橡胶制品有限公司
地址:上海市南汇县祝桥镇众济南街117号
邮政编码:201323
证书注册编号:1900B0586
体系认证标准:GB/T 19002—1994 idt ISO 9002:1994
有效期:2000.4.12～2003.4.12

焦作市华丰弹簧塑胶有限公司
地址:河南省焦作武陟西滑封开发区
邮政编码:454981
证书注册编号:1900B0587
体系认证标准:GB/T 19002—1994 idt ISO 9002:1994
有效期:2000.4.12～2003.4.12

太原新凯纺织印染有限公司
地址:山西省太原市和平南路219号
邮政编码:30024
证书注册编号:1900B0588
体系认证标准:GB/T 19002—1994 idt ISO 9002:1994
有效期:2000.4.14～2003.4.14

锡山市华庄港口设备制造厂(锡山市华庄工程机械修造厂)
地址:江苏省锡山市华庄镇华清路
邮政编码:214131
证书注册编号:1900B0589
体系认证标准:GB/T 19002—1994 idt ISO 9002:1994
有效期:2000.4.14～2003.4.14

徐州基桩工程公司
地址:江苏省徐州市杨庄
邮政编码:221004
证书注册编号:1900B0590
体系认证标准:GB/T 19002—1994 idt ISO 9002:1994
有效期:2000.4.14～2003.4.14

江苏省化工设备制造安装公司
地址:江苏省常州市常新路120号
邮政编码:213002
证书注册编号:1900B0591
体系认证标准:GB/T 19002—1994 idt ISO 9002:1994
有效期:2000.4.14～2003.4.14

丹阳市中信化工电器设备厂
地址:江苏省丹阳市丹金路云阳开发区8号
邮政编码:212300
证书注册编号:1900B0592
体系认证标准:GB/T 19002—1994 idt ISO 9002:1994
有效期:2000.4.14～2003.4.14

上海佳利汽车配件厂
地址:上海青浦区商榻镇石米村224号
邮政编码:201719
证书注册编号:1900B0593
体系认证标准:GB/T 19002—1994 idt ISO 9002:1994
有效期:2000.4.14～2003.4.14

锡山市第三建筑安装工程有限公司
地址:江苏省锡山市张泾镇
邮政编码:214194
证书注册编号:1900B0594
体系认证标准:GB/T 19002—1994 idt ISO 9002:1994
有效期:2000.4.14～2003.4.14

浙江欣荣实业有限公司(奉化市家用电机有限公司)
地址:浙江省奉化市城基路19号
邮政编码:315500
证书注册编号:1900B0595
体系认证标准:GB/T 19002—1994 idt ISO 9002:1994
有效期:2000.4.14～2003.4.14

锡山市欣盛纸制品厂
地址:江苏省锡山市港下镇
邮政编码:214199
证书注册编号:1900B0596
体系认证标准:GB/T 19002—1994 idt ISO 9002:1994
有效期:2000.4.14～2003.4.14

四川省巴口香酒业有限公司
地址:四川省成都市三洞桥61号华业广场602室
邮政编码:610031
证书注册编号:1900B0597
体系认证标准:GB/T 19002—1994 idt ISO 9002:1994
有效期:2000.4.17～2003.4.17

飞鸵鞋业有限公司
地址:浙江省温州经济技术开发区经九路33小区
邮政编码:325011
证书注册编号:1900B0598
体系认证标准:GB/T 19002—1994 idt ISO 9002:1994
有效期:2000.4.17～2003.4.17

西峡龙成冶材集团有限公司
地址:河南省西峡县城灌河东路
邮政编码:474500
证书注册编号:1900B0599
体系认证标准:GB/T 19002—1994 idt ISO 9002:1994
有效期:2000.4.17～2003.4.17

山东蓝海股份有限公司
地址:山东省东营市东营区嵩山路97号(东营市淄博路200号)
邮政编码:257000
证书注册编号:1900B0600
体系认证标准:GB/T 19002—1994 idt ISO 9002:1994
有效期:2000.4.17～2003.4.17

山东省沾化永和纺织股份有限公司
地址:山东省沾化县城富国路670号
邮政编码:256800
证书注册编号:1900B0601
体系认证标准:GB/T 19002—1994 idt ISO 9002:1994
有效期:2000.4.17～2003.4.17

上海静安建筑装饰实业股份有限公司
地址:上海市吴江路80号
邮政编码:200041
证书注册编号:1900B0602
体系认证标准:GB/T 19002—1994 idt ISO 9002:1994
有效期:2000.4.17～2003.4.17

荣成鸿光针织有限公司
地址:山东省荣成市成山卫镇
邮政编码:264319
证书注册编号:1900B0603
体系认证标准:GB/T19002;94
有效期:2000.4.17～2003.4.17

邯郸市自来水公司
地址:河北省邯郸市和平路309号
邮政编码:56001
证书注册编号:1900B0604
体系认证标准:GB/T 19002—1994 idt ISO 9002:1994
有效期:2000.4.17～2003.4.17

厦门市自来水公司杏林分公司
地址:福建厦门市杏林区杏前路166号
邮政编码:361022
证书注册编号:1900B0605
体系认证标准:GB/T 19002—1994 idt ISO 9002:1994
有效期:2000.4.17～2003.4.17

商河县第六建筑安装工程公司
地址:山东省济南市商河县玉皇庙镇人民政府驻地
邮政编码:251604
证书注册编号:1900B0606
体系认证标准:GB/T 19002—1994 idt ISO 9002:1994
有效期:2000.4.17～2003.4.17

泰州吉泰毛纺织染厂
地址:江苏省泰州市扬州路164号
邮政编码:225300
证书注册编号:1900B0607
体系认证标准:GB/T 19002—1994 idt ISO 9002:1994
有效期:2000.4.17～2003.4.17

大连金房子门窗制造有限公司
地址:辽宁省大连市西岗区黄河路219号外经贸大厦16楼3号
邮政编码:116011
证书注册编号:1900B0608
体系认证标准:GB/T 19002—1994 idt ISO 9002:1994
有效期:2000.4.17～2003.4.17

上海狄龙异型铆钉制造有限公司
地址:上海市宝山区沪太路7301号(四方车站)
邮政编码:201908
证书注册编号:1900B0609
体系认证标准:GB/T 19002—1994 idt

ISO 9002:1994
有效期:2000.4.18～2003.4.18

宜兴市环球水处理设备厂
地址:江苏省宜兴市南新镇人民北路30号
邮政编码:214215
证书注册编号:1900B0610
体系认证标准:GB/T 19002－1994 idt ISO 9002:1994
有效期:2000.4.18～2003.4.18

江苏白兔纺织集团股份有限公司
地址:江苏省海门市经济技术开发区秀山路677号
邮政编码:226100
证书注册编号:1900B0611
体系认证标准:GB/T 19002－1994 idt ISO 9002:1994
有效期:2000.4.18～2003.4.18

上海高校工程建设监理公司
地址:上海市陕西南路202号
邮政编码:200031
证书注册编号:1900B0612
体系认证标准:GB/T 19002－1994 idt ISO 9002:1994
有效期:2000.4.18～2003.4.18

玉环县石油化工机械厂
地址:浙江省玉环县城关镇三合潭1号工业区
邮政编码:317600
证书注册编号:1900B0613
体系认证标准:GB/T 19002－1994 idt ISO 9002:1994
有效期:2000.4.18～2003.4.18

温州市鹿城威隆鞋业有限公司
地址:浙江温州市葡萄棚工业区42号
邮政编码:325000
证书注册编号:1900B0614
体系认证标准:GB/T 19002－1994 idt ISO 9002:1994
有效期:2000.4.18～2003.4.18

山东鸿达科技信息工程公司
地址:山东省济南经十路东首科院路19号
邮政编码:250014
证书注册编号:1900A0615
体系认证标准:GB/T 19001－1994 idt ISO 9001:1994
有效期:2000.4.18～2003.4.18

山东莱州金泉摇臂有限公司
地址:山东省莱州市文泉东路43号
邮政编码:261400
证书注册编号:1900B0616
体系认证标准:GB/T 19002－1994 idt ISO 9002:1994
有效期:2000.4.19～2003.4.19

徐州正大饲料有限公司
地址:江苏省徐州市金山桥开发区
邮政编码:221004
证书注册编号:1900B0617
体系认证标准:GB/T 19002－1994 idt ISO 9002:1994
有效期:2000.4.19～2003.4.19

福建省安溪县第二水泥厂
地址:福建省安溪县剑斗镇后井村
邮政编码:362412
证书注册编号:1900B0618
体系认证标准:GB/T 19002－1994 idt ISO 9002:1994
有效期:2000.4.19～2003.4.19

山东省龙口市汽车配件厂
地址:山东省龙口市诸由观镇
邮政编码:265705
证书注册编号:1900B0619
体系认证标准:GB/T 19002－1994 idt ISO 9002:1994
有效期:2000.4.19～2003.4.19

上海亚斯电气制造有限公司
地址:上海市浦东新区外高桥保税区内美盛路255号
邮政编码:200131
证书注册编号:1900B0620
体系认证标准:GB/T 19002－1994 idt ISO 9002:1994
有效期:2000.4.19～2003.4.19

新密北方耐火工业有限公司
地址:河南省新密市城关镇屈咀
邮政编码:452370
证书注册编号:1900B0621
体系认证标准:GB/T 19002－1994 idt ISO 9002:1994
有效期:2000.4.19～2003.4.19

沈阳市灯具一厂
地址:辽宁省沈阳市铁西区艳粉街2号
邮政编码:110023
证书注册编号:1900B0622
体系认证标准:GB/T 19002－1994 idt ISO 9002:1994
有效期:2000.4.20～2003.4.20

江苏万向龙山轴承有限公司
地址:江苏镇江市丹徒县黄墟镇龙山村
邮政编码:212142
证书注册编号:1900B0623
体系认证标准:GB/T 19002－1994 idt ISO 9002:1994
有效期:2000.4.20～2003.4.20

温州市电山电器有限公司
地址:浙江省温州市蟾河工业区蟾河东路2号
邮政编码:325604
证书注册编号:1900B0624
体系认证标准:GB/T 19002－1994 idt ISO 9002:1994
有效期:2000.4.20～2003.4.20

河南南德食品有限公司
地址:河南省临颍县南街村
邮政编码:462600
证书注册编号:1900B0625
体系认证标准:GB/T 19002－1994 idt ISO 9002:1994
有效期:2000.4.20～2003.4.20

浙江省嵊州市建筑工程公司
地址:浙江嵊州市城关镇城中路167号
邮政编码:312400
证书注册编号:1900B0626
体系认证标准:GB/T 19002－1994 idt ISO 9002:1994
有效期:2000.4.20～2003.4.20

滕州市第三建筑安装工程公司
地址:山东省滕州市龙山路11号
邮政编码:277500
证书注册编号:1900B0627
体系认证标准:GB/T 19002－1994 idt ISO 9002:1994
有效期:2000.4.20～2003.4.20

福建省安溪县馨隆茶厂
地址:福建省安溪县城关祥云路537号
邮政编码:362400

证书注册编号:1900B0629
体系认证标准:GB/T 19002—1994 idt ISO 9002:1994
有效期:2000.4.20～2003.4.20

绍兴鼎峰水泥有限公司
地址:浙江绍兴县杨汛桥镇江桥工业区
邮政编码:312028
证书注册编号:1900B0630
体系认证标准:GB/T 19002—1994 idt ISO 9002:1994
有效期:2000.4.20～2003.4.20

厦门立林保安电子有限公司
地址:福建省厦门火炬高新技术开发区创新城7号
邮政编码:361006
证书注册编号:1900B0628
体系认证标准:GB/T 19002—1994 idt ISO 9002:1994
有效期:2000.4.21～2003.4.21

宝鸡桥梁厂第一分厂
地址:陕西省宝鸡市宝平路43号
邮政编码:721001
证书注册编号:1900B0631
体系认证标准:GB/T 19002—1994 idt ISO 9002:1994
有效期:2000.4.21～2003.4.21

上海为明供电设施安装修理有限公司
地址:上海徐汇区龙水南路60号4楼
邮政编码:200023
证书注册编号:1900B0632
体系认证标准:GB/T 19002—1994 idt ISO 9002:1994
有效期:2000.4.21～2003.4.21

北京八达高技贸有限公司
地址:北京市宣武区太平街甲2号
邮政编码:100050
证书注册编号:1900B0634
体系认证标准:GB/T 19002—1994 idt ISO 9002:1994
有效期:2000.4.21～2003.4.21

沈阳新科防爆器材有限公司
地址:辽宁省沈阳市东陵区浑河堡东街67号
邮政编码:110168
证书注册编号:1900B0635
体系认证标准:GB/T 19002—1994 idt ISO 9002:1994
有效期:2000.4.21～2003.4.21

上海晓宝轻质建材有限公司
地址:上海市闸殷路155号
邮政编码:200432
证书注册编号:1900B0636
体系认证标准:GB/T 19002—1994 idt ISO 9002:1994
有效期:2000.4.21～2003.4.21

河北省保定农垦乳业有限公司
地址:河北省保定市卫生路63号
邮政编码:71000
证书注册编号:1900B0637
体系认证标准:GB/T 19002—1994 idt ISO 9002:1994
有效期:2000.4.21～2003.4.21

南京特种气体公司
地址:江苏省南京市江宁县禄口镇
邮政编码:211113
证书注册编号:1900B0638
体系认证标准:GB/T 19002—1994 idt ISO 9002:1994
有效期:2000.4.21～2003.4.21

江苏地基工程总公司
地址:江苏省宜兴市龙潭西路51号
邮政编码:214206
证书注册编号:1900B0639
体系认证标准:GB/T 19002—1994 idt ISO 9002:1994
有效期:2000.4.21～2003.4.21

郑州中亚阀门制造有限公司
地址:河南省荥阳市豫龙镇
邮政编码:450121
证书注册编号:1900A0633
体系认证标准:GB/T 19001—1994 idt ISO 9001:1994
有效期:2000.4.24～2003.4.24

张家港市华程钢铁制品有限公司
地址:江苏省张家港市塘桥镇人民东路22号
邮政编码:215611
证书注册编号:1900B0640
体系认证标准:GB/T 19002—1994 idt ISO 9002:1994
有效期:2000.4.24～2003.4.24

扬州长江塑料制品有限公司(扬州百利塑胶有限公司)
地址:江苏省扬州市南郊瓜洲镇
邮政编码:225129
证书注册编号:1900B0641
体系认证标准:GB/T 19002—1994 idt ISO 9002:1994
有效期:2000.4.24～2003.4.24

句容市吉利装饰工程有限责任公司(句容市吉利装饰工程有限责任公司华艺金属门窗加工厂)
地址:江苏省句容市华阳镇东门桥东侧
法定代表人:212400
证书注册编号:1900B0642
体系认证标准:GB/T 19002—1994 idt ISO 9002:1994
有效期:2000.4.24～2003.4.24

南京卷烟厂
地址:江苏省南京市杨将军巷9号
邮政编码:210018
证书注册编号:1900B0643
体系认证标准:GB/T 19002—1994 idt ISO 9002:1994
有效期:2000.4.24～2003.4.24

上海华艺建筑股份有限公司
地址:海市虹口区九龙路475号
邮政编码:200080
证书注册编号:1900B0644
体系认证标准:GB/T 19002—1994 idt ISO 9002:1994
有效期:2000.4.4～2003.4.4

泉州金亨装饰设计工程有限公司
地址:福建泉州田安路文昌大厦11层
邮政编码:362000
证书注册编号:1900A0645
体系认证标准:GB/T 19001—1994 idt ISO 9001:1994
有效期:2000.4.25～2003.4.25

福建省安溪县水泥厂
地址:福建省安溪县剑斗镇
邮政编码:362412
证书注册编号:1900B0646
体系认证标准:GB/T 19002—1994 idt ISO 9002:1994
有效期:2000.4.25～2003.4.25

南通江海电容器配件厂(通州市电容器

配件厂）
地址：江苏省通州市平潮镇通扬北路50号
邮政编码：226361
证书注册编号：1900B0647
体系认证标准：GB/T 19002－1994 idt ISO 9002：1994
有效期：2000.4.25～2003.4.25

江苏文光车辆附件有限公司
地址：江苏省丹阳市窦庄镇永兴路2号
邮政编码：212325
证书注册编号：1900A0648
体系认证标准：GB/T 19001－1994 idt ISO 9001：1994
有效期：2000.4.25～2003.4.25

重汽集团济南齿轮厂
地址：山东省济南市西工商河路13号
邮政编码：250031
证书注册编号：1900B0649
体系认证标准：GB/T 19002－1994 idt ISO 9002：1994
有效期：2000.4.25～2003.4.25

无锡天星环保机械厂
地址：江苏省无锡市锡澄路陈家桥
邮政编码：214171
证书注册编号：1900B0650
体系认证标准：GB/T 19002－1994 idt ISO 9002：1994
有效期：2000.4.25～2003.4.25

常州市星隆电子有限责任公司
地址：江苏常州市博爱路西园村21号
邮政编码：213003
证书注册编号：1900B0651
体系认证标准：GB/T 19002－1994 idt ISO 9002：1994
有效期：2000.4.25～2003.4.25

宜兴市双虎环保成套设备有限公司
地址：江苏省宜兴市万石镇万石村
邮政编码：214212
证书注册编号：1900B0652
体系认证标准：GB/T 19002－1994 idt ISO 9002：1994
有效期：2000.4.25～2003.4.25

上海浦东临港弹簧厂
地址：上海市浦东机场镇滨五村
邮政编码：201202
证书注册编号：1900B0653
体系认证标准：GB/T 19002－1994 idt ISO 9002：1994
有效期：2000.4.25～2003.4.25

常州市江南汽车配套有限公司
地址：江苏省常州市丽华南路勤工业区
邮政编码：213004
证书注册编号：1900B0654
体系认证标准：GB/T 19002－1994 idt ISO 9002：1994
有效期：2000.4.25～2003.4.25

上海城隍庙第一购物中心有限公司
地址：上海市丽水路88号
邮政编码：200010
证书注册编号：1900B0655
体系认证标准：GB/T 19002－1994 idt ISO 9002：1994
有效期：2000.4.25～2003.4.25

陕西省第一建筑工程公司
地址：陕西省西安市太白北路199号
邮政编码：710068
证书注册编号：1900B0656
体系认证标准：GB/T 19002－1994 idt ISO 9002：1994
有效期：2000.4.27～2003.4.27

上海市建设工程招标咨询公司
地址：上海市陆家浜路1332号
邮政编码：200011
证书注册编号：1900B0657
体系认证标准：GB/T 19002－1994 idt ISO 9002：1994
有效期：2000.4.27～2003.4.27

上海兴宇建筑安装工程有限公司
地址：上海市打浦路1号金玉兰广场西楼1208室
邮政编码：200023
证书注册编号：1900B0658
体系认证标准：GB/T 19002－1994 idt ISO 9002：1994
有效期：2000.4.27～2003.4.27

上海市浦东新区交通建筑发展有限公司
地址：上海市浦东东方路1228号
邮政编码：200127
证书注册编号：1900B0659
体系认证标准：GB/T 19002－1994 idt ISO 9002：1994
有效期：2000.4.27～2003.4.27

上海嘉定建筑安装工程有限公司
地址：上海市嘉定区北大街210号
邮政编码：201800
证书注册编号：1900B0660
体系认证标准：GB/T 19002－1994 idt ISO 9002：1994
有效期：2000.4.27～2003.4.27

浙江天力建筑有限公司
地址：浙江省湖州市东街168号
邮政编码：313000
证书注册编号：1900B0661
体系认证标准：GB/T 19002－1994 idt ISO 9002：1994
有效期：2000.4.27～2003.4.27

湖州市环渚建筑工程公司
地址：浙江省湖州市田盛街14号
邮政编码：313000
证书注册编号：1900B0662
体系认证标准：GB/T 19002－1994 idt ISO 9002：1994
有效期：2000.4.27～2003.4.27

鸡西电业实业集团公司鸡西东方变压器制造有限责任公司
地址：黑龙江省鸡西市电工路17号
邮政编码：158114
证书注册编号：1900B0663
体系认证标准：GB/T 19002－1994 idt ISO 9002：1994
有效期：2000.4.29～2003.4.29

鸡西电业实业集团公司鸡西昌盛输变电工程有限责任公司
地址：黑龙江鸡西市电工路昌盛巷2号
邮政编码：158114
证书注册编号：1900B0664
体系认证标准：GB/T 19002－1994 idt ISO 9002：1994
有效期：2000.4.29～2003.4.29

山东金塔王集团有限公司
地址：山东省曲阜市八宝山
邮政编码：273125
证书注册编号：1900B0665
体系认证标准：GB/T 19002－1994 idt ISO 9002：1994
有效期：2000.4.29～2003.4.29

张家港东升涂料厂
地址:江苏省张家港市东沙镇
邮政编码:215619
证书注册编号:1900B0666
体系认证标准:GB/T 19002—1994 idt ISO 9002:1994
有效期:2000.4.29～2003.4.29

宜兴市巨峰电缆有限公司
地址:江苏宜兴市宜城镇宜北路250号
邮政编码:214207
证书注册编号:1900B0667
体系认证标准:GB/T 19002—1994 idt ISO 9002:1994
有效期:2000.4.29～2003.4.29

淮安井神盐电厂
地址:江苏省淮安市淮城公园村
邮政编码:223200
证书注册编号:1900B0668
体系认证标准:GB/T 19002—1994 idt ISO 9002:1994
有效期:2000.4.29～2003.4.29

镇江市三环机电设备制造有限责任公司
地址:江苏镇江大港经济开发区五峰山
邮政编码:212133
证书注册编号:1900B0669
体系认证标准:GB/T 19002—1994 idt ISO 9002:1994
有效期:2000.5.8～2003.5.8

句容市兴春化工有限公司
地址:江苏省句容春城
邮政编码:212404
证书注册编号:1900B0670
体系认证标准:GB/T 19002—1994 idt ISO 9002:1994
有效期:2000.5.8～2003.5.8

镇江市灯头厂
地址:江苏省镇江市丹徒镇
邮政编码:212014
证书注册编号:1900B0671
体系认证标准:GB/T 19002—1994 idt ISO 9002:1994
有效期:2000.5.8～2003.5.8

常州华阳汽车附件有限公司
地址:江苏省常州市西林凌家塘1号
邮政编码:213024
证书注册编号:1900B0672
体系认证标准:GB/T 19002—1994 idt ISO 9002:1994
有效期:2000.5.8～2003.5.8

无锡宏昌胶粘带有限公司
地址:江苏省无锡市锡澄路毛巷街
邮政编码:214046
证书注册编号:1900B0673
体系认证标准:GB/T 19002—1994 idt ISO 9002:1994
有效期:2000.5.8～2003.5.8

宜兴兴农化工制品有限公司
地址:江苏省宜兴市南漕镇下坝村
邮政编码:214217
证书注册编号:1900B0674
体系认证标准:GB/T 19002—1994 idt ISO 9002:1994
有效期:2000.5.8～2003.5.8

江苏南方建筑集团公司
地址:江苏省江阴市绮山路1号
邮政编码:214432
证书注册编号:1900B0675
体系认证标准:GB/T 19002—1994 idt ISO 9002:1994
有效期:2000.5.8～2003.5.8

安康铁路工程公司
地址:陕西省安康市道北路002号
邮政编码:725000
证书注册编号:1900B0676
体系认证标准:GB/T 19002—1994 idt ISO 9002:1994
有效期:2000.5.8～2003.5.8

北京邮电通信设备厂
地址:北京市朝阳区将台路5号
邮政编码:100016
证书注册编号:1900B0677
体系认证标准:GB/T 19002—1994 idt ISO 9002:1994
有效期:2000.5.8～2003.5.8

镇江市电工器材厂
地址:江苏省镇江市丁卯桥路81号
邮政编码:212003
证书注册编号:1900A0678
体系认证标准:GB/T 19001—1994 idt ISO 9001:1994
有效期:2000.5.8～2003.5.8

厦门银城股份有限公司
地址:福建省厦门市同安环城东路
邮政编码:361100
证书注册编号:1900B0679
体系认证标准:GB/T 19002—1994 idt ISO 9002:1994
有效期:2000.5.8～2003.5.8

厦门普发企业有限公司
地址:福建厦门市龙山工业区一号厂房
邮政编码:361009
证书注册编号:1900B0680
体系认证标准:GB/T 19002—1994 idt ISO 9002:1994
有效期:2000.5.8～2003.5.8

济南净雅大酒店有限公司
地址:山东济南市英雄山南路205号
邮政编码:250002
证书注册编号:1900B0681
体系认证标准:GB/T 19002—1994 idt ISO 9002:1994
有效期:2000.5.8～2003.5.8

河北省冀州市福星暖气片有限责任公司
地址:河北省冀州市育红西路
邮政编码:532000
证书注册编号:1900B0682
体系认证标准:GB/T 19002—1994 idt ISO 9002:1994
有效期:2000.5.9～2003.5.9

广州鑫鑫电力线路器材有限公司
地址:广东广州市广和路72号201室
邮政编码:510620
证书注册编号:1900B0683
体系认证标准:GB/T 19002—1994 idt ISO 9002:1994
有效期:2000.5.10～2003.5.10

平湖合兴植物油有限公司
地址:浙江省平湖市城关镇西
邮政编码:314200
证书注册编号:1900B0684
体系认证标准:GB/T 19002—1994 idt ISO 9002:1994
有效期:2000.5.10～2003.5.10

河北其昌电线电缆有限公司
地址:河北省丰润县丰润镇南环路
邮政编码:640000

证书注册编号:1900B0685
体系认证标准:GB/T 19002—1994 idt ISO 9002:1994
有效期:2000.5.10～2003.5.10

山西省平遥牛肉集团有限公司
地址:山西省平遥城北中都东路23号
邮政编码:311000
证书注册编号:1900B0686
体系认证标准:GB/T 19002—1994 idt ISO 9002:1994
有效期:2000.5.10～2003.5.10

张家港市升隆毛精纺厂
地址:江苏省张家港市鹿苑镇
邮政编码:215616
证书注册编号:1900B0687
体系认证标准:GB/T 19002—1994 idt ISO 9002:1994
有效期:2000.5.10～2003.5.10

江苏省靖江市天地实业有限公司
地址:江苏省靖江市扬州路1号
邮政编码:214500
证书注册编号:1900B0688
体系认证标准:GB/T 19002—1994 idt ISO 9002:1994
有效期:2000.5.10～2003.5.10

安徽铜都铜业股份有限公司安庆铜矿
地址:安徽省怀宁县月山镇
邮政编码:246131
证书注册编号:1900B0689
体系认证标准:GB/T 19002—1994 idt ISO 9002:1994
有效期:2000.5.10～2003.5.10

山东省启蒙服饰有限公司
地址:山东省临沂市沂州路南段
邮政编码:276000
证书注册编号:1900B0690
体系认证标准:GB/T 19002—1994 idt ISO 9002:1994
有效期:2000.5.10～2003.5.10

厦门菲斯特工业电器有限公司
地址:福建厦门市开元区洪文村洪山柄
邮政编码:361009
证书注册编号:1900B0691
体系认证标准:GB/T 19002—1994 idt ISO 9002:1994
有效期:2000.5.10～2003.5.10

烟台光生铝工业有限公司
地址:山东省烟台市经济技术开发区庐山路1号
邮政编码:264006
证书注册编号:1900B0692
体系认证标准:GB/T 19002—1994 idt ISO 9002:1994
有效期:2000.5.10～2003.5.10

威海印刷机械有限公司
地址:山东省威海市解放路38号
邮政编码:246200
证书注册编号:1900A0693
体系认证标准:GB/T 19001—1994 idt ISO 9001:1994
有效期:2000.5.10～2003.5.10

成都机车车辆厂东风配件分厂
地址:四川省成都十里店
邮政编码:610051
证书注册编号:1900B0694
体系认证标准:GB/T 19002—1994 idt ISO 9002:1994
有效期:2000.5.10～2003.5.10

宜兴市屺亭建筑安装工程公司
地址:江苏宜兴市屺亭镇骏马路75号
邮政编码:214213
证书注册编号:1900B0695
体系认证标准:GB/T 19002—1994 idt ISO 9002:1994
有效期:2000.5.10～2003.5.10

鸡西电业实业集团公司鸡西天明电力线路器材制造有限责任公司
地址:黑龙江省鸡西市电工路11号
邮政编码:158114
证书注册编号:1900B0696
体系认证标准:GB/T 19002—1994 idt ISO 9002:1994
有效期:2000.5.10～2003.5.10

福建福旺金属制品有限公司
地址:福建省福清市上迳镇排边工业区(福厦路61公里处)
邮政编码:350308
证书注册编号:1900B0697
体系认证标准:GB/T 19002—1994 idt ISO 9002:1994
有效期:2000.5.10～2003.5.10

重庆通威饲料有限公司
地址:重庆市永川市海通大道198号
邮政编码:402160
证书注册编号:1900B0698
体系认证标准:GB/T 19002—1994 idt ISO 9002:1994
有效期:2000.5.11～2003.5.11

涪陵通威饲料有限公司
地址:重庆涪陵红光桥12号
邮政编码:408000
证书注册编号:1900B0699
体系认证标准:GB/T 19002—1994 idt ISO 9002:1994
有效期:2000.5.11～2003.5.11

沙市通威饲料有限公司
地址:湖北省荆州市沙市区北湖小路
邮政编码:434002
证书注册编号:1900B0700
体系认证标准:GB/T 19002—1994 idt ISO 9002:1994
有效期:2000.5.11～2003.5.11

通威集团有限公司
地址:四川省成都市高新区创业路2号奇力新峰大楼10楼
邮政编码:610041
证书注册编号:1900A0701
体系认证标准:GB/T 19001—1994 idt ISO 9001:1994
有效期:2000.5.11～2003.5.11

四川通威饲料有限公司
地址:四川省眉山县大北街448号
邮政编码:620020
证书注册编号:1900B0702
体系认证标准:GB/T 19002—1994 idt ISO 9002:1994
有效期:2000.5.11～2003.5.11

上海气焊机厂
地址:上海市杨浦区长阳路2467号
邮政编码:200090
证书注册编号:1900A0703
体系认证标准:GB/T 19001—1994 idt ISO 9001:1994
有效期:2000.5.12～2003.5.12

***鄂城钢铁集团有限责任公司建筑安装公司**
地址:湖北省鄂州市武昌大道105号
邮政编码:436002

电话：(0711)3233418
法定代表人：杨松泉
证书注册编号：1900B0704
体系认证标准：GB/T 19002—1994 idt ISO 9002:1994
获证体系覆盖产品：建筑安装工程
有效期：2000.5.12～2003.5.12

盱眙县强立制杆有限公司
地址：江苏省盱眙县盱城镇淮河北路42号
邮政编码：211700
证书注册编号：1900B0705
体系认证标准：GB/T 19002—1994 idt ISO 9002:1994
有效期：2000.5.12～2003.5.12

扬州惠通聚酯技术有限公司
地址：江苏扬州市开发区鸿大路18号
邮政编码：225009
证书注册编号：1900A0706
体系认证标准：GB/T 19001—1994 idt ISO 9001:1994
有效期：2000.5.12～2003.5.12

厦门金龙橡塑制品有限公司
地址：福建省厦门市湖里区天安工业村二期一号厂房二层
邮政编码：361006
证书注册编号：1900B0707
体系认证标准：GB/T 19002—1994 idt ISO 9002:1994
有效期：2000.5.12～2003.5.12

南海市宏佳铝材不锈钢有限公司
地址：广东省南海市狮山工业区
邮政编码：528222
证书注册编号：1900B0708
体系认证标准：GB/T 19002—1994 idt ISO 9002:1994
有效期：2000.5.12～2003.5.12

无锡市鑫园特种电缆厂
地址：江苏省无锡市建筑路唐巷
邮政编码：214071
证书注册编号：1900B0709
体系认证标准：GB/T 19002—1994 idt ISO 9002:1994
有效期：2000.5.12～2003.5.12

青岛博信铝业有限公司
地址：山东青岛市李沧区沔阳路18号
邮政编码：266041
证书注册编号：1900B0710
体系认证标准：GB/T 19002—1994 idt ISO 9002:1994
有效期：2000.5.12～2003.5.12

安徽口子集团公司
地址：安徽省淮北市三堤口
邮政编码：235024
证书注册编号：1900B0711
体系认证标准：GB/T 19002—1994 idt ISO 9002:1994
有效期：2000.5.12～2003.5.12

山东大鱼岛集团绳网有限公司
地址：山东省荣成市石岛镇鱼岛路
邮政编码：264309
证书注册编号：1900B0712
体系认证标准：GB/T 19002—1994 idt ISO 9002:1994
有效期：2000.5.12～2003.5.12

鞍山特种变压器有限公司
地址：辽宁鞍山市千山区中环路333号
邮政编码：114011
证书注册编号：1900B0713
体系认证标准：GB/T 19002—1994 idt ISO 9002:1994
有效期：2000.5.12～2003.5.12

江苏申洲毛纺有限公司
地址：江苏省张家港市乘航镇乘航东路21号
邮政编码：215617
证书注册编号：1900B0714
体系认证标准：GB/T 19002—1994 idt ISO 9002:1994
有效期：2000.5.12～2003.5.12

厦门市第二市政工程公司
地址：福建省厦门市湖滨南路7号支线之二(普利大厦8—9楼)
邮政编码：361004
证书注册编号：1900B0715
体系认证标准：GB/T 19002—1994 idt ISO 9002:1994
有效期：2000.5.12～2003.5.12

昆明华狮啤酒有限公司
地址：云南省昆明市嵩明云南杨林工业开发区
邮政编码：651701
证书注册编号：1900B0716
体系认证标准：GB/T 19002—1994 idt ISO 9002:1994
有效期：2000.5.12～2003.5.12

江苏帅英特服饰有限公司
地址：江苏省丹阳市前艾西路88号
邮政编码：212326
证书注册编号：1900B0717
体系认证标准：GB/T 19002—1994 idt ISO 9002:1994
有效期：2000.5.12～2003.5.12

东莞鸿财建材有限公司
地址：广东省东莞市桥头镇邓屋管理区
邮政编码：523533
证书注册编号：1900B0718
体系认证标准：GB/T 19002—1994 idt ISO 9002:1994
有效期：2000.5.12～2003.5.12

南海市联星复合材料厂
地址：广东省南海市罗村镇联星南房工业区18号
邮政编码：528226
证书注册编号：1900B0719
体系认证标准：GB/T 19002—1994 idt ISO 9002:1994
有效期：2000.5.12～2003.5.12

上虞市交通工程实业总公司
地址：浙江省上虞市东关镇
邮政编码：312352
证书注册编号：1900B0720
体系认证标准：GB/T 19002—1994 idt ISO 9002:1994
有效期：2000.5.12～2003.5.12

南通英豪服装有限公司
地址：江苏省南通市通富路14号
邮政编码：226007
证书注册编号：1900B0721
体系认证标准：GB/T 19002—1994 idt ISO 9002:1994
有效期：2000.5.15～2003.5.15

杭州高压紧固件厂
地址：浙江省杭州市九堡工业区
邮政编码：310019
证书注册编号：1900B0722
体系认证标准：GB/T 19002—1994 idt ISO 9002:1994

有效期:2000.5.15～2003.5.15

青浦县建筑工程总公司
地址:上海市青浦城中北路156号
邮政编码:201700
证书注册编号:1900B0723
体系认证标准:GB/T 19002－1994 idt ISO 9002:1994
有效期:2000.5.15～2003.5.15

镇江日飞化工有限责任公司
地址:江苏省镇江市东郊丹徒镇
邮政编码:212014
证书注册编号:1900B0724
体系认证标准:GB/T 19002－1994 idt ISO 9002:1994
有效期:2000.5.15～2003.5.15

广东豪美铝材厂
地址:广东南海市大沥镇东工业区1号
邮政编码:528231
证书注册编号:1900B0725
体系认证标准:GB/T 19002－1994 idt ISO 9002:1994
有效期:2000.5.15～2003.5.15

锡山市石塘湾化工材料厂
地址:江苏省锡山市石塘湾天授村
邮政编码:214185
证书注册编号:1900B0726
体系认证标准:GB/T 19002－1994 idt ISO 9002:1994
有效期:2000.5.15～2003.5.15

郑州星海实业公司聚氨酯材料厂
地址:河南省郑州市综合投资区长兴路
邮政编码:450004
证书注册编号:1900B0727
体系认证标准:GB/T 19002－1994 idt ISO 9002:1994
有效期:2000.5.15～2003.5.15

上虞市恒安卫生用品公司
地址:浙江省上虞市开发区聚英路南
邮政编码:312300
证书注册编号:1900B0728
体系认证标准:GB/T 19002－1994 idt ISO 9002:1994
有效期:2000.5.15～2003.5.15

中山市大涌镇南文鸿发家私厂
地址:广东省中山市大涌镇岐涌路
邮政编码:528476
证书注册编号:1900B0729
体系认证标准:GB/T 19002－1994 idt ISO 9002:1994
有效期:2000.5.15～2003.5.15

江苏环太集团公司
地址:江苏省扬中市长旺镇
邮政编码:212216
证书注册编号:1900B0730
体系认证标准:GB/T 19002－1994 idt ISO 9002:1994
有效期:2000.5.15～2003.5.15

长春电力成套设备厂
地址:吉林省长春市铁北一匡街6号
邮政编码:130052
证书注册编号:1900A0731
体系认证标准:GB/T 19001－1994 idt ISO 9001:1994
有效期:2000.5.15～2003.5.15

上海南信公路材料有限公司
地址:上海市南汇县工业园区汇南村
邮政编码:201300
证书注册编号:1900B0732
体系认证标准:GB/T 19002－1994 idt ISO 9002:1994
有效期:2000.5.15～2003.5.15

咸阳崇光实业有限责任公司
地址:陕西省咸阳市迎宾路2号
邮政编码:712000
证书注册编号:1900B0733
体系认证标准:GB/T 19002－1994 idt ISO 9002:1994
有效期:2000.5.15～2003.5.15

震晨(南京)技术工程有限公司
地址:江苏省南京市凤凰西街14号
邮政编码:210029
证书注册编号:1900A0734
体系认证标准:GB/T 19001－1994 idt ISO 9001:1994
有效期:2000.5.15～2003.5.15

吴县市铜矿
地址:江苏省吴县市东渚镇小茅山
邮政编码:215163
证书注册编号:1900B0735
体系认证标准:GB/T 19002－1994 idt ISO 9002:1994
有效期:2000.5.15～2003.5.15

锡山市梅达特种漆包线厂
地址:江苏省锡山市梅村镇梅东路
邮政编码:214112
证书注册编号:1900B0736
体系认证标准:GB/T 19002－1994 idt ISO 9002:1994
有效期:2000.5.15～2003.5.15

福建日立工机有限公司
地址:福建省福州市福兴投资区湖塘
邮政编码:350014
证书注册编号:1900A0737
体系认证标准:GB/T 19001－1994 idt ISO 9001:1994
有效期:2000.5.15～2003.5.15

上海金春建设工程有限公司
地址:上海金山区朱泾镇临源街468号
邮政编码:201500
证书注册编号:1900B0738
体系认证标准:GB/T 19002－1994 idt ISO 9002:1994
有效期:2000.5.15～2003.5.15

沈阳旺旺食品有限公司
地址:辽宁沈阳市于洪区于洪乡红旗村
邮政编码:110141
证书注册编号:1900B0739
体系认证标准:GB/T 19002－1994 idt ISO 9002:1994
有效期:2000.5.15～2003.5.15

海南省人民医院验光配镜服务部
地址:海口市龙华路8号海南省人民医院门诊大楼首层
邮政编码:570102
证书注册编号:1900B0740
体系认证标准:GB/T 19002－1994 idt ISO 9002:1994
有效期:2000.5.15～2003.5.15

山东银光化工股份有限公司
地址:山东省费县化工路1号
邮政编码:273400
证书注册编号:1900B0741
体系认证标准:GB/T 19002－1994 idt ISO 9002:1994
有效期:2000.5.19～2003.5.19

太原刚玉卫华仪器有限公司

地址:山西省太原亲贤北街 218 号
邮政编码:30006
证书注册编号:1900A0742
体系认证标准:GB/T 19001—1994 idt ISO 9001:1994
有效期:2000.5.23～2003.5.23

靖江市安达交通设施厂
地址:江苏省靖江市大觉镇
邮政编码:214512
证书注册编号:1900B0743—1
体系认证标准:GB/T 19002—1994 idt ISO 9002:1994
有效期:2000.5.23～2003.5.23

靖江市轻星钢构工程公司
地址:江苏省靖江市大觉镇
邮政编码:214512
证书注册编号:1900B0743—2
体系认证标准:GB/T 19002—1994 idt ISO 9002:1994
有效期:2000.5.23～2003.5.23

蓬莱金馨铜业有限公司
地址:山东省蓬莱市外向型经济加工区
邮政编码:265607
证书注册编号:1900B0744
体系认证标准:GB/T 19002—1994 idt ISO 9002:1994
有效期:2000.5.23～2003.5.23

重庆市江津夏强实业有限公司
地址:重庆江津市夏坝镇
邮政编码:402268
证书注册编号:1900B0745
体系认证标准:GB/T 19002—1994 idt ISO 9002:1994
有效期:2000.5.23～2003.5.23

湖州市南浔长征电影碳棒厂
地址:浙江省湖州市南浔 318 国道车站东侧
邮政编码:313009
证书注册编号:1900B0746
体系认证标准:GB/T 19002—1994 idt ISO 9002:1994
有效期:2000.5.23～2003.5.23

浙江省围海工程公司
地址:浙江省宁波市江南路 599 号五环大厦
邮政编码:315051
证书注册编号:1900B0747
体系认证标准:GB/T 19002—1994 idt ISO 9002:1994
有效期:2000.5.23～2003.5.23

湖北机床厂
地址:湖北省武汉市洪山区南望山
邮政编码:430074
证书注册编号:1900A0748
体系认证标准:GB/T 19001—1994 idt ISO 9001:1994
有效期:2000.5.23～2003.5.23

湖北机床厂
地址:湖北省武汉市洪山区南望山
邮政编码:430074
证书注册编号:1900B0748
体系认证标准:GB/T 19002—1994 idt ISO 9002:1994
有效期:2000.5.23～2003.5.23

天水电缆材料厂
地址:甘肃省天水市瀛池路 8 号
邮政编码:741001
证书注册编号:1900B0749
体系认证标准:GB/T 19002—1994 idt ISO 9002:1994
有效期:2000.5.23～2003.5.23

云南省凤庆糖业(集团)有限责任公司
地址:云南省凤庆县营盘镇
邮政编码:675908
证书注册编号:1900B0750
体系认证标准:GB/T 19002—1994 idt ISO 9002:1994
有效期:2000.5.23～2003.5.23

中建一局搅拌站厦门分站
地址:福建省厦门市湖里区高崎新村
邮政编码:361011
证书注册编号:1900B0751
体系认证标准:GB/T 19002—1994 idt ISO 9002:1994
有效期:2000.5.23～2003.5.23

上海环球电表有限公司
地址:上海市曹杨路 1418 弄 3 号
邮政编码:200333
证书注册编号:1900B0752
体系认证标准:GB/T 19002—1994 idt ISO 9002:1994
有效期:2000.5.23～2003.5.23

安徽黄山胶囊有限公司
地址:安徽省旌德县洪川
邮政编码:242605
证书注册编号:1900B0753
体系认证标准:GB/T 19002—1994 idt ISO 9002:1994
有效期:2000.5.23～2003.5.23

河南棠河酒业股份有限公司
地址:河南省西平县出山镇棠河路中段
邮政编码:463932
证书注册编号:1900B0754
体系认证标准:GB/T 19002—1994 idt ISO 9002:1994
有效期:2000.5.23～2003.5.23

潍坊蛟龙机械厂
地址:山东潍坊市奎文区鸢飞路 355 号
邮政编码:261041
证书注册编号:1900A0755
体系认证标准:GB/T 19001—1994 idt ISO 9001:1994
有效期:2000.5.23～2003.5.23

永安市永大水泥有限公司
地址:福建省永安市飞桥村角石
邮政编码:366000
证书注册编号:1900B0756
体系认证标准:GB/T 19002—1994 idt ISO 9002:1994
有效期:2000.5.23～2003.5.23

核工业华南二九四轴瓦厂
地址:福建省浦城县横山北路 88 号
邮政编码:353400
证书注册编号:1900B0757
体系认证标准:GB/T 19002—1994 idt ISO 9002:1994
有效期:2000.5.23～2003.5.23

浙江江山化工股份有限公司
地址:浙江江山市陈家安
邮政编码:324100
证书注册编号:1900B0758
体系认证标准:GB/T 19002—1994 idt ISO 9002:1994
有效期:2000.5.23～2003.5.23

北京高士达建筑工程有限责任公司
地址:北京市朝阳区和平路 8 号
邮政编码:100015
证书注册编号:1900B0759

体系认证标准:GB/T 19002—1994 idt ISO 9002:1994
有效期:2000.5.29～2003.5.29

上海泰明橡胶轮胎公司
地址:上海市松江区叶榭镇叶大公路185号
邮政编码:201609
证书注册编号:1900B0760
体系认证标准:GB/T 19002—1994 idt ISO 9002:1994
有效期:2000.5.30～2003.5.30

盘锦至诚制衣有限公司
地址:辽宁省盘锦市双台子区谷家村
邮政编码:124000
证书注册编号:1900B0761
体系认证标准:GB/T 19002—1994 idt ISO 9002:1994
有效期:2000.5.30～2003.5.30

北京中科康迪科技有限公司
地址:北京海淀区中关村南一条甲3号
邮政编码:100080
证书注册编号:1900B0762
体系认证标准:GB/T 19002—1994 idt ISO 9002:1994
有效期:2000.5.30～2003.5.30

南京空军通讯电气设备总厂
地址:江苏省南京市北京东路40号
邮政编码:210008
证书注册编号:1900B0763
体系认证标准:GB/T 19002—1994 idt ISO 9002:1994
有效期:2000.5.30～2003.5.30

青岛市胶州建设集团有限公司
地址:山东青岛市胶州经济技术开发区
邮政编码:266300
证书注册编号:1900B0764
体系认证标准:GB/T 19002—1994 idt ISO 9002:1994
有效期:2000.5.30～2003.5.30

青岛文昌企业集团公司(青岛文豪铝塑管材有限公司 青岛文安电子有限公司)
地址:山东省青岛市李沧区重庆中路文昌阁
邮政编码:266100
证书注册编号:1900B0765
体系认证标准:GB/T 19002—1994 idt ISO 9002:1994
有效期:2000.5.30～2003.5.30

南海松岗现代铜铝型材厂
地址:广东省南海市松岗镇松石路
邮政编码:528234
证书注册编号:1900B0766
体系认证标准:GB/T 19002—1994 idt ISO 9002:1994
有效期:2000.5.30～2003.5.30

沈阳建筑工程学院工程建设监理公司
地址:辽宁省沈阳市东陵区文化东路17号
邮政编码:110015
证书注册编号:1900B0767
体系认证标准:GB/T 19002—1994 idt ISO 9002:1994
有效期:2000.5.30～2003.5.30

朝阳钢丝厂
地址:辽宁省朝阳市龙城区七道泉子镇北村
邮政编码:122005
证书注册编号:1900B0768
体系认证标准:GB/T 19002—1994 idt ISO 9002:1994
有效期:2000.5.30～2003.5.30

上海钢管股份有限公司
地址:上海市逸仙路3950号
邮政编码:200940
证书注册编号:1900B0769
体系认证标准:GB/T 19002—1994 idt ISO 9002:1994
有效期:2000.5.30～2003.5.30

无锡市锡能实业总公司
地址:江苏省无锡市后西溪8号
邮政编码:214001
证书注册编号:1900A0770
体系认证标准:GB/T 19001—1994 idt ISO 9001:1994
有效期:2000.5.30～2003.5.30

石家庄市启跃线缆有限公司
地址:河北省晋州市营里镇张十字庄
邮政编码:52260
证书注册编号:1900B0771
体系认证标准:GB/T 19002—1994 idt ISO 9002:1994
有效期:2000.5.30～2003.5.30

浙江电力特种鞋总厂
地址:浙江安吉县递铺镇天目路133号
邮政编码:313300
证书注册编号:1900B0772
体系认证标准:GB/T 19002—1994 idt ISO 9002:1994
有效期:2000.5.30～2003.5.30

扬中市星鑫工程管道厂
地址:江苏省扬中市兴隆镇
邮政编码:212215
证书注册编号:1900B0773
体系认证标准:GB/T 19002—1994 idt ISO 9002:1994
有效期:2000.5.30～2003.5.30

乌鲁木齐环鹏有限公司后峡电石铁合金厂
地址:新疆乌鲁木齐市后峡
邮政编码:830035
证书注册编号:1900B0774
体系认证标准:GB/T 19002—1994 idt ISO 9002:1994
有效期:2000.5.30～2003.5.30

乌鲁木齐环鹏有限公司电工设备厂
地址:新疆维吾尔自治区乌鲁木齐市西山路76号
邮政编码:830009
证书注册编号:1900B0775
体系认证标准:GB/T 19002—1994 idt ISO 9002:1994
有效期:2000.5.30～2003.5.30

乌鲁木齐环鹏有限公司电工设备厂
地址:新疆维吾尔自治区乌鲁木齐市西山路76号
邮政编码:830009
证书注册编号:1900A0775
体系认证标准:GB/T 19001—1994 idt ISO 9001:1994
有效期:2000.5.30～2003.5.30

顺德市光大企业集团有限公司
地址:广东省顺德市勒流镇龙升南路
邮政编码:528322
证书注册编号:1997B347
体系认证标准:GB/T 19002—1994 idt ISO 9002:1994
有效期:2000.2.28～2000.11.19

北京锅炉厂
地址：北京市石景山区八角村
邮政编码：100043
证书注册编号：1900A0776
体系认证标准：GB/T 19001－1994 idt ISO 9001：1994
有效期：2000.6.1～2003.6.1

湖北省工业建筑总承包集团公司（不包括各分公司）
地址：湖北省襄樊市胜利街1号
邮政编码：441021
证书注册编号：1900B0777
体系认证标准：GB/T 19002－1994 idt ISO 9002：1994
有效期：2000.6.1～2003.6.1

安徽白暨豚啤酒有限责任公司
地址：安徽省铜陵市宝山路1号
邮政编码：244007
证书注册编号：1900B0778
体系认证标准：GB/T 19002－1994 idt ISO 9002：1994
有效期：2000.6.1～2003.6.1

***化工部化工机械及自动化研究设计院**
地址：甘肃兰州市西固区合水北路3号
邮政编码：730060
电话：(0931)7312166
传真：(0931)7311554
法定代表人：张亚丁
证书注册编号：1900A0779
体系认证标准：GB/T 19001－1994 idt ISO 9001：1994
获证体系覆盖产品：橡塑挤出机械，化工单元设备，阳极保护管壳式不锈钢浓硫酸冷却器及腐蚀电化学技术，Ⅰ、Ⅱ、Ⅲ类压力容器设计，Ⅰ、Ⅱ类压力容器生产、服务，聚氨酯泡沫塑料预制保温管，化学清洗缓蚀剂生产及工业装置化学清洗，鳞片类防腐材料生产及防腐施工
有效期：2000.6.1～2003.6.1

武进市五一灯具厂
地址：江苏省常州武进市小河镇
邮政编码：213138
证书注册编号：1900B0780
体系认证标准：GB/T 19002－1994 idt ISO 9002：1994
有效期：2000.6.6～2003.6.6

福建省连城百花化学股份有限公司
地址：福建省连城城关北大东路64号
邮政编码：366200
证书注册编号：1900A0781
体系认证标准：GB/T 19001－1994 idt ISO 9001：1994
有效期：2000.6.6～2003.6.6

山东东明石化集团有限公司
地址：山东省东明县黄河路27号
邮政编码：274500
证书注册编号：1900B0782
体系认证标准：GB/T 19002－1994 idt ISO 9002：1994
有效期：2000.6.6～2003.6.6

东营黄河口氯碱厂
地址：山东省东营开发区二类工业园区
邮政编码：257093
证书注册编号：1900B0783
体系认证标准：GB/T 19002－1994 idt ISO 9002：1994
有效期：2000.6.6～2003.6.6

江阴市冷轧变形钢筋厂
地址：江苏省江阴市月城镇月城东路221号
邮政编码：214404
证书注册编号：1900B0784
体系认证标准：GB/T 19002－1994 idt ISO 9002：1994
有效期：2000.6.6～2003.6.6

重庆华新锦绣山庄物业经营管理公司
地址：重庆市渝北区人和镇锦绣山庄
邮政编码：401121
证书注册编号：1900B0785
体系认证标准：GB/T 19002－1994 idt ISO 9002：1994
有效期：2000.6.6～2003.6.6

费县银光抽纱有限公司
地址：山东省费县费城镇化工路
邮政编码：273400
证书注册编号：1900B0786
体系认证标准：GB/T 19002－1994 idt ISO 9002：1994
有效期：2000.6.6～2003.6.6

青岛市文昌阁塑料厂
地址：山东省青岛市李沧区李村镇文昌阁村南H
邮政编码：266100
证书注册编号：1900B0787
体系认证标准：GB/T 19002－1994 idt ISO 9002：1994
有效期：2000.6.6～2003.6.6

陕西银河远东电缆有限公司
地址：陕西省宝鸡市宝虢路
邮政编码：721004
证书注册编号：1900B0788
体系认证标准：GB/T 19002－1994 idt ISO 9002：1994
有效期：2000.6.6～2003.6.6

南通新西尔克针织服装有限公司
地址：江苏省南通市通富路7号
邮政编码：226007
证书注册编号：1900B0789
体系认证标准：GB/T 19002－1994 idt ISO 9002：1994
有效期：2000.6.6～2003.6.6

宁波通用塑料机械有限公司
地址：浙江宁波市江东区中兴路110号
邮政编码：315051
证书注册编号：1900B0790
体系认证标准：GB/T 19002－1994 idt ISO 9002：1994
有效期：2000.6.6～2003.6.6

广州西澳西装有限公司
地址：广东省花都市新华镇西城开发区红棉大道侧
邮政编码：510812
证书注册编号：1900B0791
体系认证标准：GB/T 19002－1994 idt ISO 9002：1994
有效期：2000.6.6～2003.6.6

福建福州华都大酒店有限公司
地址：福建福州市台江区广达路73号
邮政编码：350005
证书注册编号：1900B0792
体系认证标准：GB/T 19002－1994 idt ISO 9002：1994
有效期：2000.6.7～2003.6.7

山东景芝建工集团公司
地址：山东省安丘景芝淮安路116号
邮政编码：262119

证书注册编号:1900B0793
体系认证标准:GB/T 19002—1994 idt ISO 9002:1994
有效期:2000.6.7~2003.6.7

东莞市泉兴润滑油厂
地址:广东省东莞市万江石美管理区
邮政编码:523040
证书注册编号:1900B0794
体系认证标准:GB/T 19002—1994 idt ISO 9002:1994
有效期:2000.6.7~2003.6.7

凯米沃特(宜兴)净化剂有限公司
地址:江苏省宜兴市环保科技工业园南岳村
邮政编码:214205
证书注册编号:1900B0795
体系认证标准:GB/T 19002—1994 idt ISO 9002:1994
有效期:2000.6.7~2003.6.7

兖州市建筑安装工程总公司
地址:山东省兖州市韦园东街55—1号
邮政编码:272100
证书注册编号:1900B0796
体系认证标准:GB/T 19002—1994 idt ISO 9002:1994
有效期:2000.6.7~2003.6.7

南京市第六建筑安装工程公司
地址:江苏省南京市高淳县淳溪镇中山大街218号
邮政编码:211300
证书注册编号:1900B0797
体系认证标准:GB/T 19002—1994 idt ISO 9002:1994
有效期:2000.6.7~2003.6.7

北京燕达皇冠盖有限公司
地址:北京市顺义区顺义镇南大街
邮政编码:101300
证书注册编号:1900B0798
体系认证标准:GB/T 19002—1994 idt ISO 9002:1994
有效期:2000.6.7~2003.6.7

江苏佳友有限公司
(丹阳市汇线桥架厂)
地址:江苏丹阳市后巷镇中心街120号
邮政编码:212312
证书注册编号:1900B0799
体系认证标准:GB/T 19002—1994 idt ISO 9002:1994
有效期:2000.6.7~2003.6.7

北京凯迪饲料有限公司
地址:北京市昌平县大东流乡常兴庄
邮政编码:102211
证书注册编号:1900B0800
体系认证标准:GB/T 19002—1994 idt ISO 9002:1994
有效期:2000.6.7~2003.6.7

西安银河电力输配电设备有限公司
地址:陕西省西安市东郊半坡西安电力机械厂内
邮政编码:710038
证书注册编号:1900B0801
体系认证标准:GB/T 19002—1994 idt ISO 9002:1994
有效期:2000.6.7~2003.6.7

淄博三元电子通讯有限公司
地址:山东省淄博高新技术产业开发区
邮政编码:255086
证书注册编号:1900B0802
体系认证标准:GB/T 19002—1994 idt ISO 9002:1994
有效期:2000.6.7~2003.6.7

新会市粤华电缆厂
地址:广东省新会市会城镇梅江工业区25—1
邮政编码:529100
证书注册编号:1900B0803
体系认证标准:GB/T 19002—1994 idt ISO 9002:1994
有效期:2000.6.8~2003.6.8

辽宁轮胎集团有限责任公司
地址:辽宁省朝阳市龙城区向阳街1号
邮政编码:122009
证书注册编号:1900B0804
体系认证标准:GB/T 19002—1994 idt ISO 9002:1994
有效期:2000.6.8~2003.6.8

南通喜而奇针织服装有限公司
地址:江苏省南通市通富路9号
邮政编码:226007
证书注册编号:1900B0805
体系认证标准:GB/T 19002—1994 idt ISO 9002:1994
有效期:2000.6.8~2003.6.8

江苏华信漆业有限公司
地址:江苏省宜兴市环科园西部
邮政编码:214235
证书注册编号:1900B0806—1
体系认证标准:GB/T 19002—1994 idt ISO 9002:1994
有效期:2000.6.8~2003.6.8

宜兴市华隆化工厂宜兴斯密思涂料有限公司
地址:江苏省宜兴市太华镇
邮政编码:214235
证书注册编号:1900B0806—2
体系认证标准:GB/T 19002—1994 idt ISO 9002:1994
有效期:2000.6.8~2003.6.8

山西关铝股份有限公司
地址:山西省运城解州镇新建路30号
邮政编码:044001
证书注册编号:1900B0807
体系认证标准:GB/T 19002—1994 idt ISO 9002:1994
有效期:2000.6.8~2003.6.8

新疆湖光糖厂
地址:新疆和静县才吾库勒镇
邮政编码:841311
证书注册编号:1900B0808
体系认证标准:GB/T 19002—1994 idt ISO 9002:1994
有效期:2000.6.8~2003.6.8

甘肃天水塑料企业集团公司
地址:甘肃天水市秦城区莲亭路47号
邮政编码:741000
证书注册编号:1900B0809
体系认证标准:GB/T 19002—1994 idt ISO 9002:1994
有效期:2000.6.8~2003.6.8

厦门市榕兴新世纪石油设备制造有限公司
地址:福建省厦门市同安区南环路商会大厦二楼
邮政编码:361100
证书注册编号:1900B0810
体系认证标准:GB/T 19002—1994 idt ISO 9002:1994
有效期:2000.6.8~2003.6.8

大连活塞厂
地址:辽宁省大连市甘井子区营城子工业园区
邮政编码:116036
证书注册编号:1900B0811
体系认证标准:GB/T 19002-1994 idt ISO 9002:1994
有效期:2000.6.9~2003.6.9

山西运城电力设备厂(山西运城三正实业公司)
地址:山西省运城工农东街219号
邮政编码:044000
证书注册编号:1900B0812
体系认证标准:GB/T 19002-1994 idt ISO 9002:1994
有效期:2000.6.9~2003.6.9

河北省雄县东照电子材料厂
地址:河北省雄县大营镇东照村
邮政编码:071805
证书注册编号:1900B0813
体系认证标准:GB/T 19002-1994 idt ISO 9002:1994
有效期:2000.6.9~2003.6.9

山东丽鹏包装有限公司
地址:山东省烟台市牟平区姜格庄镇邹格庄村
邮政编码:264114
证书注册编号:1900B0814
体系认证标准:GB/T 19002-1994 idt ISO 9002:1994
有效期:2000.6.9~2003.6.9

北京市顺义建筑工程公司
地址:北京市顺义区府前街北侧
邮政编码:101300
证书注册编号:1900B0815
体系认证标准:GB/T 19002-1994 idt ISO 9002:1994
有效期:2000.6.9~2003.6.9

北京华威建筑工程有限公司
地址:北京市通州区宋庄镇
邮政编码:110118
证书注册编号:1900B0816
体系认证标准:GB/T 19002-1994 idt ISO 9002:1994
有效期:2000.6.9~2003.6.9

重啤(集团)合川啤酒有限责任公司
地址:重庆合川市太和镇接龙街150号
邮政编码:401555
证书注册编号:1900B0817
体系认证标准:GB/T 19002-1994 idt ISO 9002:1994
有效期:2000.6.9~2003.6.9

沈阳华润雪花啤酒有限公司
地址:辽宁省沈阳市铁西区建设东路42号
邮政编码:110021
证书注册编号:1900B0818
体系认证标准:GB/T 19002-1994 idt ISO 9002:1994
有效期:2000.6.9~2003.6.9

顺德正野电器有限公司
地址:广东省顺德市勒流镇龙升南路
邮政编码:528322
证书注册编号:1900B0819
体系认证标准:GB/T 19002-1994 idt ISO 9002:1994
有效期:2000.6.9~2003.6.9

顺德正野电器有限公司
地址:广东省顺德市勒流镇龙升南路
邮政编码:528322
证书注册编号:1900A0819
体系认证标准:GB/T 19001-1994 idt ISO 9001:1994
有效期:2000.6.9~2003.6.9

北京市印铁制罐厂
地址:北京市丰台区永外成寿寺甲1号
邮政编码:100078
证书注册编号:1900B0820
体系认证标准:GB/T 19002-1994 idt ISO 9002:1994
有效期:2000.6.9~2003.6.9

张家港市特种锅炉配件厂
地址:江苏省张家港市东莱镇七海坝
邮政编码:215627
证书注册编号:1900B0821
体系认证标准:GB/T 19002-1994 idt ISO 9002:1994
有效期:2000.6.9~2003.6.9

西安市建设监理公司
地址:陕西省西安市后宰门20号
邮政编码:710003
证书注册编号:1900B0822
体系认证标准:GB/T 19002-1994 idt ISO 9002:1994
有效期:2000.6.9~2003.6.9

中建工程总承包公司
地址:北京市西苑饭店7号楼57311室
邮政编码:100044
证书注册编号:1900B0823
体系认证标准:GB/T 19002-1994 idt ISO 9002:1994
有效期:2000.6.9~2003.6.9

宜兴市净化设备制造公司
地址:江苏宜兴市南新镇南新东路6号
邮政编码:214215
证书注册编号:1900B0824
体系认证标准:GB/T 19002-1994 idt ISO 9002:1994
有效期:2000.6.9~2003.6.9

泰州稳泰电器有限公司
地址:江苏省姜堰市蔡官镇
邮政编码:225536
证书注册编号:1900B0825
体系认证标准:GB/T 19002-1994 idt ISO 9002:1994
有效期:2000.6.9~2003.6.9

北京朴兰设备安装有限责任公司
地址:北京市西城区鼓楼西大街八步口甲10号
邮政编码:100009
证书注册编号:1900B0826
体系认证标准:GB/T 19002-1994 idt ISO 9002:1994
有效期:2000.6.12~2003.6.12

镇江正东机械零部件制造有限责任公司
地址:江苏省镇江市丹徒高资镇正东村
邮政编码:212114
证书注册编号:1900B0827
体系认证标准:GB/T 19002-1994 idt ISO 9002:1994
有效期:2000.6.12~2003.6.12

南海市平洲冠辉机电设备实业有限公司
地址:广东省南海市平洲镇夏东区
邮政编码:528251
证书注册编号:1900B0828
体系认证标准:GB/T 19002-1994 idt

ISO 9002:1994
有效期:2000.6.12～2003.6.12

青岛立德制冷配件有限公司
地址:山东省青岛市高科技工业园北村
邮政编码:266101
证书注册编号:1900B0829
体系认证标准:GB/T 19002—1994 idt ISO 9002:1994
有效期:2000.6.12～2003.6.12

常州市华康机房设备有限公司
地址:江苏常州市遥观镇工业大道1号
邮政编码:213102
证书注册编号:1900A0830
体系认证标准:GB/T 19001—1994 idt ISO 9001:1994
有效期:2000.6.12～2003.6.12

蓬莱金福不锈钢制品有限公司
地址:山东省蓬莱市外向型加工工业区
邮政编码:265607
证书注册编号:1900B0831
体系认证标准:GB/T 19002—1994 idt ISO 9002:1994
有效期:2000.6.12～2003.6.12

东莞市轴承厂
地址:广东省东莞市莞太路二巷27号
邮政编码:523009
证书注册编号:1900B0832
体系认证标准:GB/T 19002—1994 idt ISO 9002:1994
有效期:2000.6.12～2003.6.12

江阴市南方管件厂
地址:江苏省江阴市
邮政编码:214437
证书注册编号:1900B0833
体系认证标准:GB/T 19002—1994 idt ISO 9002:1994
有效期:2000.6.12～2003.6.12

高邮市卫星卷烟材料厂
地址:江苏省高邮市武安路4号
邮政编码:225600
证书注册编号:1900B0834
体系认证标准:GB/T 19002—1994 idt ISO 9002:1994
有效期:2000.6.12～2003.6.12

上海重型矿山机械公司工程部
地址:上海市中山北一路705号705室
邮政编码:200083
证书注册编号:1900A0835
体系认证标准:GB/T 19001—1994 idt ISO 9001:1994
有效期:2000.6.12～2003.6.12

山西建华化工厂
地址:山西省万荣县光华镇
邮政编码:044204
证书注册编号:1900B0836
体系认证标准:GB/T 19002—1994 idt ISO 9002:1994
有效期:2000.6.13～2003.6.13

汕头经济特区大中新业制漆有限公司
地址:广东省汕头市升平区港美工业区
邮政编码:515063
证书注册编号:1900A0837
体系认证标准:GB/T 19001—1994 idt ISO 9001:1994
有效期:2000.6.13～2003.6.13

哈尔滨四海数控设备有限公司
地址:黑龙江省哈尔滨市高科技开发区15号楼
邮政编码:150090
证书注册编号:1900A0838
体系认证标准:GB/T 19001—1994 idt ISO 9001:1994
有效期:2000.6.13～2003.6.13

北京市丰台区丰源设备安装公司
地址:北京丰台区丰台镇丰管路44号
邮政编码:100071
证书注册编号:1900B0839
体系认证标准:GB/T 19002—1994 idt ISO 9002:1994
有效期:2000.6.13～2003.6.13

南海市小塘镇建设铜铝材厂
地址:广东省南海市狮山区红星路口
邮政编码:528222
证书注册编号:1900B0840
体系认证标准:GB/T 19002—1994 idt ISO 9002:1994
有效期:2000.6.13～2003.6.13

北京市通州区建筑集团公司
地址:北京市通州区通州镇新华北街134号
邮政编码:101100
证书注册编号:1900B0841
体系认证标准:GB/T 19002—1994 idt ISO 9002:1994
有效期:2000.6.13～2003.6.13

莱芜建工集团有限公司
地址:山东省莱芜市凤城西大街315号
邮政编码:271100
证书注册编号:1900B0842
体系认证标准:GB/T 19002—1994 idt ISO 9002:1994
有效期:2000.6.13～2003.6.13

沈阳市整流电炉变压器厂
地址:辽宁省沈阳市新城子区财落镇
邮政编码:110131
证书注册编号:1900A0843
体系认证标准:GB/T 19001—1994 idt ISO 9001:1994
有效期:2000.6.13～2003.6.13

合肥金菱里克塑料有限公司
地址:安徽省合肥市长江西路669号
邮政编码:230088
证书注册编号:1900B0844
体系认证标准:GB/T 19002—1994 idt ISO 9002:1994
有效期:2000.6.13～2003.6.13

漯河市第三建筑工程公司
地址:河南省漯河解放路南段170号
邮政编码:462000
证书注册编号:1900B0845
体系认证标准:GB/T 19002—1994 idt ISO 9002:1994
有效期:2000.6.14～2003.6.14

成都汽车配件总厂
地址:四川成都市二环路北三段245号
邮政编码:610081
证书注册编号:1900B0846
体系认证标准:GB/T 19002—1994 idt ISO 9002:1994
有效期:2000.6.14～2003.6.14

北京双燕商标彩印厂
地址:北京市顺义区顺义镇平各庄西
邮政编码:101300
证书注册编号:1900B0847
体系认证标准:GB/T 19002—1994 idt ISO 9002:1994
有效期:2000.6.14～2003.6.14

武进市辰星机房设备有限公司
地址:江苏省武进市横林镇
邮政编码:213103
证书注册编号:1900A0848
体系认证标准:GB/T 19001—1994 idt ISO 9001:1994
有效期:2000.6.14～2003.6.14

上海电气集团(昆山)正大铝材有限公司
地址:江苏省昆山市石牌镇开发区
邮政编码:215312
证书注册编号:1900B0849
体系认证标准:GB/T 19002—1994 idt ISO 9002:1994
有效期:2000.6.14～2003.6.14

上海正方建筑装饰工程有限公司
地址:上海市逸仙路520号
邮政编码:200434
证书注册编号:1900B0850
体系认证标准:GB/T 19002—1994 idt ISO 9002:1994
有效期:2000.6.14～2003.6.14

江苏春兰除湿设备有限公司
地址:江苏省泰州市扬州路500号
邮政编码:225300
证书注册编号:1900A0851
体系认证标准:GB/T 19001—1994 idt ISO 9001:1994
有效期:2000.6.14～2003.6.14

盐城市苏盐阀门管件厂
地址:江苏省滨海县油库路5号
邮政编码:224500
证书注册编号:1900B0852
体系认证标准:GB/T 19002—1994 idt ISO 9002:1994
有效期:2000.6.14～2003.6.14

宜兴市电力建筑工程公司
地址:江苏宜兴市宜城镇东虹路153号
邮政编码:214200
证书注册编号:1900B0853
体系认证标准:GB/T 19002—1994 idt ISO 9002:1994
有效期:2000.6.14～2003.6.14

上海市园林工程有限公司
地址:上海市广中路668号
邮政编码:200083
证书注册编号:1900B0854
体系认证标准:GB/T 19002—1994 idt ISO 9002:1994
有效期:2000.6.22～2003.6.22

大连市大连湾轧钢厂
地址:辽宁省大连市甘井子区大连湾镇大房身村
邮政编码:116113
证书注册编号:1900B0855
体系认证标准:GB/T 19002—1994 idt ISO 9002:1994
有效期:2000.6.22～2003.6.22

邯郸县谷外铸造有限责任公司
地址:河北邯郸县户村镇张岩嵛新村西
邮政编码:056105
证书注册编号:1900B0856
体系认证标准:GB/T 19002—1994 idt ISO 9002:1994
有效期:2000.6.22～2003.6.22

抚顺市水泵厂
地址:辽宁省抚顺市新宾满族自治县新宾镇前进街
邮政编码:113200
证书注册编号:1900B0857
体系认证标准:GB/T 19002—1994 idt ISO 9002:1994
有效期:2000.6.22～2003.6.22

驻马店市王守义十三香调味品集团有限公司
地址:河南省驻马店市十三香路
邮政编码:463000
证书注册编号:1900B0858
体系认证标准:GB/T 19002—1994 idt ISO 9002:1994
有效期:2000.6.22～2003.6.22

山东烟台轴承仪器总厂
地址:山东省烟台市芝罘区胜利路2号
邮政编码:264000
证书注册编号:1900B0859
体系认证标准:GB/T 19002—1994 idt ISO 9002:1994
有效期:2000.6.22～2003.6.22

新乡华源电力设备公司
地址:河南新乡市西干道28号附1号
邮政编码:453002
证书注册编号:1900A0860
体系认证标准:GB/T 19001—1994 idt ISO 9001:1994
有效期:2000.6.22～2003.6.22

西安大正信号有限公司
地址:陕西西安市火炬路17号楼五层
邮政编码:710043
证书注册编号:1900B0861
体系认证标准:GB/T 19002—1994 idt ISO 9002:1994
有效期:2000.6.22～2003.6.22

蓝剑集团成都啤酒有限公司
地址:四川成都市新都县新成路272号
邮政编码:610500
证书注册编号:1900B0862
体系认证标准:GB/T 19002—1994 idt ISO 9002:1994
有效期:2000.6.22～2003.6.22

桂林利凯特环保实业有限公司
地址:广西桂林高新技术开发区一号小区
邮政编码:541004
证书注册编号:1900A0863
体系认证标准:GB/T 19001—1994 idt ISO 9001:1994
有效期:2000.6.26～2003.6.26

烟台盛昌塑胶制品有限公司
地址:山东省烟台经济技术开发区黑龙江路4号
邮政编码:264006
证书注册编号:1900B0864
体系认证标准:GB/T 19002—1994 idt ISO 9002:1994
有效期:2000.6.23～2003.6.23

杭州瑞华香料有限公司
地址:浙江省杭州天目山路18号
邮政编码:310007
证书注册编号:1900B0865
体系认证标准:GB/T 19002—1994 idt ISO 9002:1994
有效期:2000.6.23～2003.6.23

潍坊同业化学有限公司
地址:山东省潍坊市北环路东端88号
邮政编码:261031
证书注册编号:1900B0866
体系认证标准:GB/T 19002—1994 idt ISO 9002:1994

有效期:2000.6.23～2003.6.23

福建利达塑胶制造有限公司
地址:福建省福州市福兴投资区福发路中段
邮政编码:350014
证书注册编号:1900B0867
体系认证标准:GB/T 19002—1994 idt ISO 9002:1994
有效期:2000.6.23～2003.6.23

山东聊城鲁西化工集团总公司阳谷化工厂
地址:山东省阳谷县城西
邮政编码:252300
证书注册编号:1900B0868
体系认证标准:GB/T 19002—1994 idt ISO 9002:1994
有效期:2000.6.23～2003.6.23

山东恒源石油化工集团有限公司
地址:山东省临邑县石化路七十号
邮政编码:251500
证书注册编号:1900B0869
体系认证标准:GB/T 19002—1994 idt ISO 9002:1994
有效期:2000.6.23～2003.6.23

浙江金万利服饰有限公司
地址:浙江省乐清市北白象镇白塔王工业区
邮政编码:325603
证书注册编号:1900A0870
体系认证标准:GB/T 19001—1994 idt ISO 9001:1994
有效期:2000.6.23～2003.6.23

南通市太平洋电器设备有限责任公司
地址:江苏南通市港闸经济开发区东区
邮政编码:226011
证书注册编号:1900B0871
体系认证标准:GB/T 19002—1994 idt ISO 9002:1994
有效期:2000.6.23～2003.6.23

定襄县陈家营永兴锻件厂
地址:山西省定襄县陈家营村
邮政编码:035407
证书注册编号:1900B0872
体系认证标准:GB/T 19002—1994 idt ISO 9002:1994
有效期:2000.6.23～2003.6.23

山西丰伟法兰有限公司
地址:山西省定襄县河边镇
邮政编码:035407
证书注册编号:1900B0873
体系认证标准:GB/T 19002—1994 idt ISO 9002:1994
有效期:2000.6.23～2003.6.23

宜兴市华扬彩钢工程有限公司
地址:江苏省宜兴市丁蜀镇通蜀路中段
邮政编码:214221
证书注册编号:1900B0874
体系认证标准:GB/T 19002—1994 idt ISO 9002:1994
有效期:2000.6.23～2003.6.23

宝应县华东净化设备有限公司
地址:江苏省宝应县运河大桥西路1号
邮政编码:225800
证书注册编号:1900B0875
体系认证标准:GB/T 19002—1994 idt ISO 9002:1994
有效期:2000.6.23～2003.6.23

广东省番禺市恒联食品机械厂
地址:广东番禺市石楼镇砺江路29号
邮政编码:511447
证书注册编号:1900A0876
体系认证标准:GB/T 19001—1994 idt ISO 9001:1994
有效期:2000.6.23～2003.6.23

大石桥市镁矿耐火材料厂
地址:辽宁省大石桥市和平大街
邮政编码:115100
证书注册编号:1900B0877
体系认证标准:GB/T 19002—1994 idt ISO 9002:1994
有效期:2000.6.23～2003.6.23

广东省兴宁市衡器厂
地址:广东省兴宁市兴田二路加坡岭47号
邮政编码:514500
证书注册编号:1900B0878
体系认证标准:GB/T 19002—1994 idt ISO 9002:1994
有效期:2000.6.23～2003.6.23

东莞市长城电梯有限公司
地址:广东省东莞市附城石井工业区
邮政编码:523122
证书注册编号:1900A0879
体系认证标准:GB/T 19001—1994 idt ISO 9001:1994
有效期:2000.6.23～2003.6.23

江苏靖华实业有限公司
地址:江苏省靖江市红光车站北首
邮政编码:214535
证书注册编号:1900B0880
体系认证标准:GB/T 19002—1994 idt ISO 9002:1994
有效期:2000.6.23～2003.6.23

上海开开实业股份有限公司(上海开开百货有限公司)
地址:上海市南京西路785号
邮政编码:200041
证书注册编号:1900B0881—2
体系认证标准:GB/T 19002—1994 idt ISO 9002:1994
有效期:2000.6.23～2003.6.23

上海开开实业股份有限公司(上海开开衬衫总厂)
地址:上海市曹安路4610号
邮政编码:201804
证书注册编号:1900B0881—1
体系认证标准:GB/T 19002—1994 idt ISO 9002:1994
有效期:2000.6.23～2003.6.23

哈尔滨工业大学八达集团公司(哈尔滨工业大学软件工程有限公司)
地址:黑龙江省哈尔滨市南岗区西大直街副90号5005、5009室
邮政编码:150001
证书注册编号:1900A0882
体系认证标准:GB/T 19001—1994 idt ISO 9001:1994
有效期:2000.6.30～2003.6.30

山西中亚电子器材实业公司
地址:山西太原市河西区光华街16号
邮政编码:030024
证书注册编号:1900B0883
体系认证标准:GB/T 19002—1994 idt ISO 9002:1994
有效期:2000.6.28～2003.6.28

哈尔滨龙江锅炉厂
地址:黑龙江省哈尔滨市道外区东北新街154号

邮政编码:150026
证书注册编号:1900B0884－2
体系认证标准:GB/T 19002－1994 idt
ISO 9002:1994
有效期:2000.6.28～2003.6.28

哈尔滨龙江锅炉厂
地址:黑龙江省哈尔滨市道外区东北新街154号
邮政编码:150026
证书注册编号:1900A0884－1
体系认证标准:GB/T 19001－1994 idt
ISO 9001:1994
有效期:2000.6.28～2003.6.28

滁州市南谯制冷附件厂
地址:安徽省滁州市明光路107号
邮政编码:239000
证书注册编号:1900B0885
体系认证标准:GB/T 19002－1994 idt
ISO 9002:1994
有效期:2000.6.28～2003.6.28

北京市通州环宇汽车制动泵厂
地址:北京市通州区觅子店乡军庄村
邮政编码:101112
证书注册编号:1900B0886
体系认证标准:GB/T 19002－1994 idt
ISO 9002:1994
有效期:2000.6.28～2003.6.28

龙口市博思达仪器仪表公司
地址:山东省龙口市东江镇
邮政编码:265718
证书注册编号:1900B0887
体系认证标准:GB/T 19002－1994 idt
ISO 9002:1994
有效期:2000.6.28～2003.6.28

绍兴康密劳铁合金有限公司
地址:浙江省绍兴市五云门外
邮政编码:312000
证书注册编号:1900B0888
体系认证标准:GB/T 19002－1994 idt
ISO 9002:1994
有效期:2000.6.28～2003.6.28

瑞安市眼镜一厂驻邯视明眼镜店
地址:河北省邯郸市和平路111号
邮政编码:056001
证书注册编号:1900B0889
体系认证标准:GB/T 19002－1994 idt
ISO 9002:1994
有效期:2000.6.28～2003.6.28

新乡市中州水泥厂
地址:河南省新乡市北站区团结路北段
邮政编码:453011
证书注册编号:1900B0891
体系认证标准:GB/T 19002－1994 idt
ISO 9002:1994
有效期:2000.6.28～2003.6.28

辽宁力克制药有限公司
地址:辽宁省丹东市振安区金山湾6号
邮政编码:118001
证书注册编号:1900B0892
体系认证标准:GB/T 19002－1994 idt
ISO 9002:1994
有效期:2000.6.28～2003.6.28

山东省垦利县新型电力器材厂
地址:山东省东营市垦利县宁海乡
邮政编码:257502
证书注册编号:1900B0893
体系认证标准:GB/T 19002－1994 idt
ISO 9002:1994
有效期:2000.6.28～2003.6.28

西安宏泰互感器制造有限公司
地址:陕西省西安市未央路党校巷八号
邮政编码:710016
证书注册编号:1900B0894
体系认证标准:GB/T 19002－1994 idt
ISO 9002:1994
有效期:2000.6.28～2003.6.28

张家港市西张福利彩印厂(张家港金马印刷有限公司)
地址:江苏省张家港市西张镇栏杆
邮政编码:215614
证书注册编号:1900B0895
体系认证标准:GB/T 19002－1994 idt
ISO 9002:1994
有效期:2000.6.28～2003.6.28

海口威特电气有限公司
地址:海南省海口市海榆中线16号
邮政编码:570311
证书注册编号:1900A0896
体系认证标准:GB/T 19001－1994 idt
ISO 9001:1994
有效期:2000.6.30～2003.6.30

山东阳利得新能源有限公司
地址:山东省泰安市灵山大街东首
邮政编码:271000
证书注册编号:1900B0897
体系认证标准:GB/T 19002－1994 idt
ISO 9002:1994
有效期:2000.7.4～2003.7.4

徐州贝司特工程机械有限公司
地址:江苏省徐州市黄河南路66号
邮政编码:221006
证书注册编号:1900A0898
体系认证标准:GB/T 19001－1994 idt
ISO 9001:1994
有效期:2000.7.4～2003.7.4

江阴市茂达棉纺厂
地址:江苏省江阴市祝塘镇人民路2号
邮政编码:214415
证书注册编号:1900B0899
体系认证标准:GB/T 19002－1994 idt
ISO 9002:1994
有效期:2000.7.4～2003.7.4

永嘉县驰牛鞋业有限公司
地址:浙江省永嘉县乌牛镇工业区
邮政编码:325103
证书注册编号:1900B0900
体系认证标准:GB/T 19002－1994 idt
ISO 9002:1994
有效期:2000.7.4～2003.7.4

无锡市梅华利净化设备制造厂
地址:江苏省无锡市蠡溪路191号
邮政编码:214047
证书注册编号:1900B0901
体系认证标准:GB/T 19002－1994 idt
ISO 9002:1994
有效期:2000.7.4～2003.7.4

阳江市盛达工业有限公司
地址:广东省阳江市阳东县大令开发区
邮政编码:529931
证书注册编号:1900B0902
体系认证标准:GB/T 19002－1994 idt
ISO 9002:1994
有效期:2000.7.4～2003.7.4

浙江嘉兴中达集团有限责任公司
地址:浙江海盐县百步镇湖盐路88号
邮政编码:314312
证书注册编号:1998B839

体系认证标准:GB/T 19002—1994 idt ISO 9002:1994
有效期:2000.7.4～2001.9.18

江苏省泰兴减速机厂(集团)
地址:江苏省泰兴市姚王镇
邮政编码:225402
证书注册编号:1900B0903
体系认证标准:GB/T 19002—1994 idt ISO 9002:1994
有效期:2000.7.4～2003.7.4

江苏隆源双登电器电缆有限公司
地址:江苏省姜堰市梁徐镇
邮政编码:225526
证书注册编号:1900B0904
体系认证标准:GB/T 19002—1994 idt ISO 9002:1994
有效期:2000.7.4～2003.7.4

瓦房店市宏达水处理设备厂
地址:辽宁省瓦房店市复州湾镇郭屯村
邮政编码:116309
证书注册编号:1900B0905
体系认证标准:GB/T 19002—1994 idt ISO 9002:1994
有效期:2000.7.5～2003.7.5

陕西省三门峡库区工程局
地址:陕西省渭南市站北路11号
邮政编码:714000
证书注册编号:1900B0906
体系认证标准:GB/T 19002—1994 idt ISO 9002:1994
有效期:2000.7.5～2003.7.5

武进市信特超市有限公司
地址:江苏省常州市双桂坊4号
邮政编码:213003
证书注册编号:1900B0907
体系认证标准:GB/T 19002—1994 idt ISO 9002:1994
有效期:2000.7.5～2003.7.5

陕西宝塔山油漆股份有限公司
地址:陕西省兴平市兴渝路56号
邮政编码:713100
证书注册编号:1900B0908
体系认证标准:GB/T 19002—1994 idt ISO 9002:1994
有效期:2000.7.6～2003.7.6

江苏爱特福药物保健品有限公司
地址:江苏省金湖县陈桥街84号
邮政编码:211628
证书注册编号:1900B0909
体系认证标准:GB/T 19002—1994 idt ISO 9002:1994
有效期:2000.7.6～2003.7.6

山东博山水泵三厂
地址:山东淄博市博山区白塔镇饮马村
邮政编码:255202
证书注册编号:1900B0910
体系认证标准:GB/T 19002—1994 idt ISO 9002:1994
有效期:2000.7.6～2003.7.6

哈尔滨工业大学八达集团公司(哈尔滨工业大学进出口有限公司)
地址:黑龙江省哈尔滨市南岗区西大直街—90号
邮政编码:150001
证书注册编号:1900B0911
体系认证标准:GB/T 19002—1994 idt ISO 9002:1994
有效期:2000.7.7～2003.7.7

青州市保足鞋业有限公司
地址:山东省青州市青州南路17号
邮政编码:262500
证书注册编号:1900B0912
体系认证标准:GB/T 19002—1994 idt ISO 9002:1994
有效期:2000.7.11～2003.7.11

辽阳制药机械股份有限公司
地址:辽宁省辽阳市白塔区胜利路1段2号
邮政编码:111000
证书注册编号:1900A0913
体系认证标准:GB/T 19001—1994 idt ISO 9001:1994
有效期:2000.7.11～2003.7.11

江苏永钢集团公司
地址:江苏省张家港市南丰镇永联村
邮政编码:215628
证书注册编号:1900B0914
体系认证标准:GB/T 19002—1994 idt ISO 9002:1994
有效期:2000.7.11～2003.7.11

南海市水头荣兴铝型材厂
地址:广东省南海市大沥水头桂江公路东侧
邮政编码:528231
证书注册编号:1900B0915
体系认证标准:GB/T 19002—1994 idt ISO 9002:1994
有效期:2000.7.11～2003.7.11

广东省新会市电气控制设备厂有限公司
地址:广东省新会市会城镇石家庄
邮政编码:529100
证书注册编号:1998A634
体系认证标准:GB/T 19001—1994 idt ISO 9001:1994
有效期:2000.7.11～2001.9.5

惠州市彩星电器有限公司
地址:广东惠州市仲恺大道长城工业村
邮政编码:516002
证书注册编号:1900B0916—1
体系认证标准:GB/T 19002—1994 idt ISO 9002:1994
有效期:2000.7.11～2003.7.11

广州乐华电子有限公司
地址:广东惠州市仲恺大道长城工业村
邮政编码:516006
证书注册编号:1900B0916—2
体系认证标准:GB/T 19002—1994 idt ISO 9002:1994
有效期:2000.7.11～2003.7.11

北京市丰台区锅炉辅机厂
地址:北京市丰台区小井村343号
邮政编码:100073
证书注册编号:1900B0917
体系认证标准:GB/T 19002—1994 idt ISO 9002:1994
有效期:2000.7.11～2003.7.11

江阴市京澄汽车专用塑料联营厂
地址:江苏省江阴市周庄镇锦纶路
邮政编码:214423
证书注册编号:1900B0918
体系认证标准:GB/T 19002—1994 idt ISO 9002:1994
有效期:2000.7.11～2003.7.11

杭州振华仪表厂
地址:浙江省杭州市艮山西路158号
邮政编码:310021

证书注册编号:1900B0919
体系认证标准:GB/T 19002—1994 idt ISO 9002:1994
有效期:2000.7.11～2003.7.11

辽河石油勘探局地球物理勘探公司
地址:辽宁省盘锦市兴隆台区物探公司
邮政编码:124010
证书注册编号:1900B0920
体系认证标准:GB/T 19002—1994 idt ISO 9002:1994
有效期:2000.7.11～2003.4.11

上海铁路轨道交通开发有限公司
地址:上海市天目东路80号
邮政编码:200071
证书注册编号:1900B0921
体系认证标准:GB/T 19002—1994 idt ISO 9002:1994
有效期:2000.7.13～2003.7.13

中山市仕春纺织印染实业有限公司
地址:广东省中山市岐关西路
邮政编码:528400
证书注册编号:1900B0922
体系认证标准:GB/T 19002—1994 idt ISO 9002:1994
有效期:2000.7.13～2003.7.13

淮北矿业(集团)有限责任公司
石台选煤厂
地址:安徽省淮北市烈山
邮政编码:235025
证书注册编号:1900B0923
体系认证标准:GB/T 19002—1994 idt ISO 9002:1994
有效期:2000.7.13～2003.7.13

晋江市华亿鞋服材料有限公司
地址:福建省晋江市陈埭镇坊脚工业区
邮政编码:362200
证书注册编号:1900B0925
体系认证标准:GB/T 19002—1994 idt ISO 9002:1994
有效期:2000.7.13～2003.7.13

广西河池市东方锑化工有限公司
地址:广西河池市河池镇
邮政编码:547013
证书注册编号:1900B0926
体系认证标准:GB/T 19002—1994 idt ISO 9002:1994
有效期:2000.7.13～2003.7.13

烟台市弘建建设监理有限责任公司
地址:山东省烟台市芝罘区胜利路付302号
邮政编码:264001
证书注册编号:1900B0927
体系认证标准:GB/T 19002—1994 idt ISO 9002:1994
有效期:2000.7.13～2003.7.13

山东江泉实业股份有限公司
临沂市工业搪瓷厂
地址:山东省临沂市罗庄区龙潭路
邮政编码:276017
证书注册编号:1900B0928
体系认证标准:GB/T 19002—1994 idt ISO 9002:1994
有效期:2000.7.13～2003.7.13

新疆塔里木管道防腐涂料有限公司
地址:新疆乌鲁木齐市石油化工总厂
邮政编码:830019
证书注册编号:1900B0930
体系认证标准:GB/T 19002—1994 idt ISO 9002:1994
有效期:2000.7.13～2003.7.13

靖江市特种轴承厂
地址:江苏省靖江市人民北路106号
邮政编码:214500
证书注册编号:1900B0931—2
体系认证标准:GB/T 19002—1994 idt ISO 9002:1994
有效期:2000.7.19～2003.7.19

深圳浩宁达电能仪表制造有限公司
地址:广东省深圳市布吉雪象中浩工业城C5栋六层
邮政编码:518129
证书注册编号:1900A0932
体系认证标准:GB/T 19001—1994 idt ISO 9001:1994
有效期:2000.7.19～2003.7.19

常州市长江塑料机械有限公司
地址:江苏省常州市新市路310号
邮政编码:213002
证书注册编号:1900B0933—1
体系认证标准:GB/T 19002—1994 idt ISO 9002:1994
有效期:2000.7.19～2003.7.19

常州市常松内燃机配件有限公司
地址:江苏省常州市新市路17—1号
邮政编码:213002
证书注册编号:1900B0933—2
体系认证标准:GB/T 19002—1994 idt ISO 9002:1994
有效期:2000.7.19～2003.7.19

***齐鲁石油化工公司检修公司**
地址:山东省淄博市临淄乙烯南路12号
邮政编码:25411
电话:(0533)7580613
传真:(0533)7580602
法定代表人:佟显平
证书注册编号:1900B0934
体系认证标准:GB/T 19002—1994 idt ISO 9002:1994
获证体系覆盖产品:石油化工装置安装及Ⅰ、Ⅱ、Ⅲ类压力容器制造
有效期:2000.7.19～2003.7.19

福建省三明钢铁厂劳动服务公司
地址:福建省三明市工业中路群工三路
邮政编码:365000
证书注册编号:1900B0935
体系认证标准:GB/T 19002—1994 idt ISO 9002:1994
有效期:2000.7.19～2003.7.19

上海新丽装饰工程有限公司
地址:上海市徐汇区虹桥路411弄6号
邮政编码:200030
证书注册编号:1900B0936
体系认证标准:GB/T 19002—1994 idt ISO 9002:1994
有效期:2000.7.19～2003.7.19

西安派恩电气有限责任公司
地址:陕西省西安市长安南路长延堡工业区5号
邮政编码:710061
证书注册编号:1900B0937
体系认证标准:GB/T 19002—1994 idt ISO 9002:1994
有效期:2000.7.19～2003.7.19

重庆市渝海实业总公司
物业管理分公司
地址:重庆市渝中区民生路329号渝海大厦
邮政编码:400010

证书注册编号:1900B0938
体系认证标准:GB/T 19002－1994 idt ISO 9002:1994
有效期:2000.7.19～2003.7.19

苏州华新国际物业管理有限公司
地址:江苏省苏州市工业园区苏春西路南都市花园一幢
邮政编码:215021
证书注册编号:1900B0939
体系认证标准:GB/T 19002－1994 idt ISO 9002:1994
有效期:2000.7.19～2003.7.19

石家庄计发电力设备有限公司
地址:河北省石家庄市新华西路198号
邮政编码:050081
证书注册编号:1900A0940
体系认证标准:GB/T 19001－1994 idt ISO 9001:1994
有效期:2000.7.19～2003.7.19

***湖州泰仑电力设备有限公司**
地址:浙江省湖州市东郊变电所东侧
邮政编码:313000
电话:(0572)2568311
传真:(0572)2568101
法定代表人:丁建平
证书注册编号:1900B0941
体系认证标准:GB/T 19002－1994 idt ISO 9002:1994
获证体系覆盖产品:低压成套设备，电器产品用热固性塑料件系列产品
有效期:2000.7.19～2003.7.19

常州市佳辰机房设备厂
地址:江苏省常州横林镇卫星村
邮政编码:213103
证书注册编号:1900B0942
体系认证标准:GB/T 19002－1994 idt ISO 9002:1994
有效期:2000.7.19～2003.7.19

河北装潢印刷机械股份有限公司
地址:河北省石家庄市汇通路88号
邮政编码:050021
证书注册编号:1900A0943
体系认证标准:GB/T 19001－1994 idt ISO 9001:1994
有效期:2000.7.19～2003.7.19

西安中洲电力设备有限公司(西安实达电力设备厂)
地址:陕西省西安市高新开民区东区3号厂房
邮政编码:710043
证书注册编号:1900B0944
体系认证标准:GB/T 19002－1994 idt ISO 9002:1994
有效期:2000.7.19～2003.7.19

嘉祥县建筑安装工程有限责任公司
地址:山东省嘉祥县城中心街55号
邮政编码:272400
证书注册编号:1900B0945
体系认证标准:GB/T 19002－1994 idt ISO 9002:1994
有效期:2000.7.19～2003.7.19

杭州汽车离合器厂
地址:浙江省杭州新塘路景御路口
邮政编码:310020
证书注册编号:1900B0947
体系认证标准:GB/T 19002－1994 idt ISO 9002:1994
有效期:2000.7.20～2003.7.20

大连粮红食品加工有限公司
地址:辽宁省大连市甘井子区金三角广场15号
邮政编码:116033
证书注册编号:1900B0948
体系认证标准:GB/T 19002－1994 idt ISO 9002:1994
有效期:2000.7.20～2003.7.20

兆峰陶瓷(安徽)外墙砖有限公司
地址:安徽省霍山县城东工业区
邮政编码:237200
证书注册编号:1900B0949
体系认证标准:GB/T 19002－1994 idt ISO 9002:1994
有效期:2000.7.20～2003.7.20

圣泉集团啤酒有限公司
地址:安徽省怀远县禹王路36号
邮政编码:233400
证书注册编号:1900B0950
体系认证标准:GB/T 19002－1994 idt ISO 9002:1994
有效期:2000.7.20～2003.7.20

潍坊中基饲料有限公司
地址:山东省潍坊市坊子区潍州路十四公里处
邮政编码:261200
证书注册编号:1900B0951
体系认证标准:GB/T 19002－1994 idt ISO 9002:1994
有效期:2000.7.20～2003.7.20

宁夏中卫新型建筑材料厂
地址:宁夏中卫迎水桥
邮政编码:751702
法定代表人:何锋海
证书注册编号:1900B0952
体系认证标准:GB/T 19002－1994 idt ISO 9002:1994
有效期:2000.7.20～2003.7.20

南京香港永发金拉线有限公司
地址:江苏省南京龙潭解放新村106号
邮政编码:210034
证书注册编号:1900B0953
体系认证标准:GB/T 19002－1994 idt ISO 9002:1994
有效期:2000.7.20～2003.7.20

费县银光镁业有限公司
地址:山东省费县费朱路中段
邮政编码:273400
证书注册编号:1900B0954
体系认证标准:GB/T 19002－1994 idt ISO 9002:1994
有效期:2000.7.20～2003.7.20

山东聊城鲁西化工集团总公司锅炉厂
地址:山东省聊城市振兴东路36号
邮政编码:252000
证书注册编号:1900A0955
体系认证标准:GB/T 19001－1994 idt ISO 9001:1994
有效期:2000.7.20～2003.7.20

济南市东方石化管件厂
地址:山东省济南市章丘绣惠镇朝山街88号
邮政编码:250201
证书注册编号:1900B0956
体系认证标准:GB/T 19002－1994 idt ISO 9002:1994
有效期:2000.7.20～2003.7.20

广东省南海建兴陶瓷厂
地址:广东省南海市南庄镇石南公路旁
邮政编码:528219

证书注册编号:1900B0957
体系认证标准:GB/T 19002—1994 idt ISO 9002:1994
有效期:2000.7.20～2003.7.20

郑州阀门厂
地址:河南省荥阳市索河路东段
邮政编码:450100
证书注册编号:1900A0958
体系认证标准:GB/T 19001—1994 idt ISO 9001:1994
有效期:2000.7.20～2003.7.20

闽东宏宇冶金备件有限公司
地址:福建省宁德市宁古路
邮政编码:352105
证书注册编号:1900B0959
体系认证标准:GB/T 19002—1994 idt ISO 9002:1994
有效期:2000.7.20～2003.7.20

郑州阀门厂
地址:河南省荥阳市索河路东段
邮政编码:450100
证书注册编号:1900A0958
体系认证标准:GB/T 19001—1994 idt ISO 9001:1994
有效期:2000.7.20～2003.7.20

闽东宏宇冶金备件有限公司
地址:福建省宁德市宁古路
邮政编码:352105
证书注册编号:1900B0959
体系认证标准:GB/T 19002—1994 idt ISO 9002:1994
有效期:2000.7.20～2003.7.20

河南省中州胶带股份有限公司
地址:河南省焦作市中站区橡三路
邮政编码:454191
证书注册编号:1900B0960
体系认证标准:GB/T 19002—1994 idt ISO 9002:1994
有效期:2000.7.20～2003.7.20

泰安市金港机械制造有限责任公司
地址:山东省泰安市岱岳区下港
邮政编码:271035
证书注册编号:1900B0961
体系认证标准:GB/T 19002—1994 idt ISO 9002:1994
有效期:2000.7.20～2003.7.20

沈阳三星线缆有限公司
地址:辽宁省辽中镇迎宾路61号
邮政编码:110200
证书注册编号:1900B0962
体系认证标准:GB/T 19002—1994 idt ISO 9002:1994
有效期:2000.7.21～2003.7.21

开封国泰钿具厂
地址:河南省开封市晋安路30号
邮政编码:475004
证书注册编号:1900B0963
体系认证标准:GB/T 19002—1994 idt ISO 9002:1994
有效期:2000.7.21～2003.7.21

山东思源啤酒工程有限公司
地址:山东省济南市朝山街80号
邮政编码:250011
证书注册编号:1900A0964
体系认证标准:GB/T 19001—1994 idt ISO 9001:1994
有效期:2000.7.21～2003.7.21

四川高利蓝带啤酒有限公司
地址:四川省峨眉山市万福西路7号
邮政编码:614200
证书注册编号:1900B0965
体系认证标准:GB/T 19002—1994 idt ISO 9002:1994
有效期:2000.7.21～2003.7.21

温州市加利利电子仪表有限公司
地址:浙江省温州市吴桥路90弄4号
邮政编码:325028
证书注册编号:1900B0966
体系认证标准:GB/T 19002—1994 idt ISO 9002:1994
有效期:2000.7.21～2003.7.21

陕西省邮电科研设计院
地址:陕西省西安市雁塔区吉祥路39号
邮政编码:710065
证书注册编号:1900A0967
体系认证标准:GB/T 19001—1994 idt ISO 9001:1994
有效期:2000.7.21～2003.7.21

常州市勤丰建筑安装工程有限公司
地址:江苏省常州市丽华南路勤丰工业区
邮政编码:213014
证书注册编号:1900B0968
体系认证标准:GB/T 19002—1994 idt ISO 9002:1994
有效期:2000.7.21～2003.7.21

天津有机化学工业总公民事中河化工厂
地址:天津市东丽区津塘公路五号桥
邮政编码:300300
证书注册编号:1900B0969
体系认证标准:GB/T 19002—1994 idt ISO 9002:1994
有效期:2000.7.24～2003.7.24

深圳市中航建设监理有限公司
地址:深圳市深南中路福田大厦401室
邮政编码:518041
证书注册编号:1900B0970
体系认证标准:GB/T 19002—1994 idt ISO 9002:1994
有效期:2000.7.24～2003.7.24

深圳南油理业工程建设监理有限公司
地址:深圳市南山区南油登良路开建大厦一栋8层
邮政编码:518054
证书注册编号:1900B0971
体系认证标准:GB/T 19002—1994 idt ISO 9002:1994
有效期:2000.7.24～2003.7.24

福建省南平凯达电子设备有限公司
地址:福建省南平市新建路217号
邮政编码:353000
证书注册编号:1900B0972
体系认证标准:GB/T 19002—1994 idt ISO 9002:1994
有效期:2000.7.24～2003.7.24

龙口市泛林球墨铸铁管有限公司
地址:山东省龙口市诸田观镇
邮政编码:265705
证书注册编号:1900B0973
体系认证标准:GB/T 19002—1994 idt ISO 9002:1994
有效期:2000.7.24～2003.7.24

山东威达机床工具集团总公司
地址:山东省文登市荷山镇中韩路2号
邮政编码:264414
证书注册编号:1900A0974

体系认证标准:GB/T 19001－1994 idt
ISO 9001:1994
有效期:2000.7.24～2003.7.24

河北奥冠电源总厂
地址:河北省故城县城西环路82号
邮政编码:253800
证书注册编号:1900B0975
体系认证标准:GB/T 19002－1994 idt
ISO 9002:1994
有效期:2000.7.24～2003.7.24

河北轴承厂
地址:河北省晋州市向阳路49号
邮政编码:052260
证书注册编号:1900B0876
体系认证标准:GB/T 19002－1994 idt
ISO 9002:1994
有效期:2000.7.24～2003.7.24

芜湖市百蕊有色线材厂
地址:安徽省芜湖市长江路256号
邮政编码:241009
证书注册编号:1900B0977
体系认证标准:GB/T 19002－1994 idt
ISO 9002:1994
有效期:2000.7.24～2003.7.24

青州石油机械厂
地址:山东省青州市青州中路东街5号
邮政编码:262500
证书注册编号:1900A0978
体系认证标准:GB/T 19001－1994 idt
ISO 9001:1994
有效期:2000.7.24～2003.7.24

北京中预北方预应力新技术有限公司
地址:北京市昌平马连店
邮政编码:102209
证书注册编号:1900B0979
体系认证标准:GB/T 19002－1994 idt
ISO 9002:1994
有效期:2000.7.24～2003.7.24

泉州现代家具企业有限公司
地址:福建省泉州市区泉秀路南建工业村
邮政编码:36200
证书注册编号:1900A0980
体系认证标准:GB/T 19001－1994 idt
ISO 9001:1994
有效期:2000.7.24～2003.7.24

晋江前兴陶瓷有限公司
地址:福建省晋江市磁灶镇三吴工业区
邮政编码:362217
证书注册编号:1900B0981
体系认证标准:GB/T 19002－1994 idt
ISO 9002:1994
有效期:2000.7.25～2003.7.25

青岛高科技工业园工程建设监理公司
地址:山东省青岛市高科技工业园秦岭路1号
邮政编码:266101
证书注册编号:1900B0982
体系认证标准:GB/T 19002－1994 idt
ISO 9002:1994
有效期:2000.7.25～2003.7.25

景宁畲族自治县奇尔茶业有限公司
地址:浙江省景宁畲族自治县鹤溪镇人民南路56号
邮政编码:323500
证书注册编号:1900B0983
体系认证标准:GB/T 19002－1994 idt
ISO 9002:1994
有效期:2000.7.25～2003.7.25

海口海华轮胎有限公司
地址:海南省海口市板桥路3号
邮政编码:570203
证书注册编号:1900B0985
体系认证标准:GB/T 19002－1994 idt
ISO 9002:1994
有效期:2000.7.25～2003.7.25

大亚湾宝兴钢铁厂有限公司
地址:广东省惠州市大亚湾经济技术开发区响水河工业园
邮政编码:516083
证书注册编号:1900B0986
体系认证标准:GB/T 19002－1994 idt
ISO 9002:1994
有效期:2000.7.25～2003.7.25

河北省沙河市炭黑厂
地址:河北省沙河市太行街东端
邮政编码:0541003
证书注册编号:1900B0987
体系认证标准:GB/T 19002－1994 idt
ISO 9002:1994
有效期:2000.7.25～2003.7.25

河南瑞贝卡发制品股份有限公司
地址:河南省许昌市文峰路南段288号
邮政编码:461100
证书注册编号:1900B0988
体系认证标准:GB/T 19002－1994 idt
ISO 9002:1994
有效期:2000.7.25～2003.7.25

浙江江山三友电子有限公司
地址:浙江省江山经济开发区浙麻路1号
邮政编码:324102
证书注册编号:1900B0989
体系认证标准:GB/T 19002－1994 idt
ISO 9002:1994
有效期:2000.7.28～2003.7.28

上虞贝尔电子有限公司
上虞市创业电表厂
地址:浙江省上虞市丰镇
邮政编码:312361
证书注册编号:1900B0990
体系认证标准:GB/T 19002－1994 idt
ISO 9002:1994
有效期:2000.7.28～2003.7.28

空军沈阳航空四站装备修理厂
地址:辽宁省沈阳市邮政局607信箱
邮政编码:110112
证书注册编号:1900B0991
体系认证标准:GB/T 19002－1994 idt
ISO 9002:1994
有效期:2000.7.28～2003.7.28

上海天祥健台制药机械有限公司
地址:上海市康定路1380号
邮政编码:200042
证书注册编号:1900A0992
体系认证标准:GB/T 19001－1994 idt
ISO 9001:1994
有效期:2000.7.28～2003.7.28

武进市第二磁性材料厂
地址:江苏省武进罗溪镇
邮政编码:213136
证书注册编号:1900B0993
体系认证标准:GB/T 19002－1994 idt
ISO 9002:1994
有效期:2000.7.28～2003.7.28

唐山市新区三友商贸有限公司
眼镜配镜中心
地址:唐山市新区新城道106号

邮政编码:063030
证书注册编号:1900B0994
体系认证标准:GB/T 19002—1994 idt ISO 9002:1994
有效期:2000.7.28～2003.7.28

上海兰生物业管理有限公司
地址:上海市淮海中路2—8号兰生大厦
邮政编码:200021
证书注册编号:1900B0995
体系认证标准:GB/T 19002—1994 idt ISO 9002:1994
有效期:2000.7.28～2003.7.28

山东乳山东海活塞环有限公司
地址:山东威海市乳山市海峰街19号
邮政编码:264500
证书注册编号:1900B0996
体系认证标准:GB/T 19002—1994 idt ISO 9002:1994
有效期:2000.7.28～2003.7.28

上海竹井电子有限公司
地址:上海市石龙路411弄28号
邮政编码:200237
证书注册编号:1900B0997
体系认证标准:GB/T 19002—1994 idt ISO 9002:1994
有效期:2000.7.28～2003.7.28

珲春泰士昆电子有限公司
地址:吉林省珲春边境经济合作区工业厂房
邮政编码:133315
证书注册编号:1900B0998
体系认证标准:GB/T 19002—1994 idt ISO 9002:1994
有效期:2000.7.28～2003.7.28

上海市商业学校
地址:上海市共和新路1458号
邮政编码:200072
证书注册编号:1900A0999
体系认证标准:GB/T 19001—1994 idt ISO 9001:1994
有效期:2000.7.28～2003.7.28

南汇县建筑总公司
地址:上海市南汇县惠南镇东门大街26号
邮政编码:201300
证书注册编号:1900B1000
体系认证标准:GB/T 19002—1994 idt ISO 9002:1994
有效期:2000.7.28～2003.7.28

宜兴市赛特工贸有限公司
地址:江苏省宜兴市新建镇后姜村
邮政编码:214253
证书注册编号:1900B1001
体系认证标准:GB/T 19002—1994 idt ISO 9002:1994
有效期:2000.8.1～2003.8.1

青岛崂山电子仪器总厂
地址:山东青岛市李沧区京口路78号
邮政编码:266100
证书注册编号:1900A1002
体系认证标准:GB/T 19001—1994 idt ISO 9001:1994
有效期:2000.8.1～2003.8.1

江阴兴澄钢铁有限公司
地址:江苏省江阴市人民东路168号
邮政编码:214432
证书注册编号:1900B1003
体系认证标准:GB/T 19002—1994 idt ISO 9002:1994
有效期:2000.8.1～2003.8.1

丹徒县面粉厂
地址:江苏省镇江市丹徒镇
邮政编码:212014
证书注册编号:1900B1004
体系认证标准:GB/T 19002—1994 idt ISO 9002:1994
有效期:2000.8.1～2003.8.1

宜兴利达化学有限公司
地址:江苏省宜兴市周铁镇
邮政编码:214261
证书注册编号:1900B1005
体系认证标准:GB/T 19002—1994 idt ISO 9002:1994
有效期:2000.8.1～2003.8.1

丹阳丹金橡胶制品有限公司 丹阳市船舶橡胶厂
地址:江苏省丹阳市荆林镇
邮政编码:212324
证书注册编号:1900B1006
体系认证标准:GB/T 19002—1994 idt ISO 9002:1994
有效期:2000.8.1～2003.8.1

福建省龙岩市新罗区西陂水泥厂
地址:福建省龙岩市西陂镇园田塘
邮政编码:364000
证书注册编号:1900B1007
体系认证标准:GB/T 19002—1994 idt ISO 9002:1994
有效期:2000.8.2～2003.8.2

上海申安粘接剂厂
地址:上海市安亭外安路十号桥北
邮政编码:201805
证书注册编号:1900B1008
体系认证标准:GB/T 19002—1994 idt ISO 9002:1994
有效期:2000.8.2～2003.8.2

福建省永安闽燕水泥集团公司曹岩水泥厂
地址:福建永安市曹远镇坑边和清水池
邮政编码:366014
证书注册编号:1900B1009
体系认证标准:GB/T 19002—1994 idt ISO 9002:1994
有效期:2000.8.2～2003.8.2

永安市洪田水泥二厂
地址:福建省永安市洪田镇生卿口
邮政编码:366023
证书注册编号:1900B1010
体系认证标准:GB/T 19002—1994 idt ISO 9002:1994
有效期:2000.8.2～2003.8.2

福建省三明水泥厂
地址:福建省三明市列西翁墩
邮政编码:365000
证书注册编号:1900B1011
体系认证标准:GB/T 19002—1994 idt ISO 9002:1994
有效期:2000.8.2～2003.8.2

上海华吉高分子材料厂
地址:上海市闵行区虹梅南路496弄68号
邮政编码:201109
证书注册编号:1900B1012
体系认证标准:GB/T 19002—1994 idt ISO 9002:1994
有效期:2000.8.2～2003.8.2

上海欣昌减震器有限公司
地址:上海市松江区泗泾镇沪松路4号
邮政编码:201601
证书注册编号:1900B1021
体系认证标准:GB/T 19001－1994 idt ISO 9001:1994
有效期:2000.8.4～2003.8.4

济南易成实业有限公司华山供水设备厂
地址:山东省济南市大桥路197号
邮政编码:250108
证书注册编号:1900B1022
体系认证标准:GB/T 19002－1994 idt ISO 9002:1994
有效期:2000.8.4～2003.8.4

南海顺成铝制品有限公司
地址:广东南海大沥桂江路水头工业区
邮政编码:528231
证书注册编号:1900B1023
体系认证标准:GB/T 19002－1994 idt ISO 9002:1994
有效期:2000.8.4～2003.8.4

广西桂林灵川水泥股份有限公司
地址:广西桂林市灵川城湘路4号
邮政编码:541200
证书注册编号:1900B1024
体系认证标准:GB/T 19002－1994 idt ISO 9002:1994
有效期:2000.8.4～2003.8.4

东莞市绿宝复合肥有限公司
地址:广东省东莞市
邮政编码:523279
证书注册编号:1900B1025
体系认证标准:GB/T 19002－1994 idt ISO 9002:1994
有效期:2000.8.4～2003.8.4

广东南源永芳日用化工有限公司
地址:广东清远市扶贫经济开发试验区
邮政编码:511517
证书注册编号:1900B1026
体系认证标准:GB/T 19002－1994 idt ISO 9002:1994
有效期:2000.8.4～2003.8.4

河北省武邑县双兴摄影化学材料有限责任公司
地址:河北省武邑县韩庄镇工业区
邮政编码:053401
证书注册编号:1900B1027
体系认证标准:GB/T 19002－1994 idt ISO 9002:1994
有效期:2000.8.4～2003.8.4

江苏丹阳市第三化工厂
地址:江苏省丹阳市里庄镇
邮政编码:212363
证书注册编号:1900B1028
体系认证标准:GB/T 19002－1994 idt ISO 9002:1994
有效期:2000.8.7～2003.8.7

浙江大梁山集团股份有限公司
地址:浙江省宁海县跃龙经济开发区
邮政编码:315600
证书注册编号:1900B1029
体系认证标准:GB/T 19002－1994 idt ISO 9002:1994
有效期:2000.8.7～2003.8.7

花都市威信染织有限公司
地址:广东省花都市花山镇第一工业开发区
邮政编码:510880
证书注册编号:1900B1030
体系认证标准:GB/T 19002－1994 idt ISO 9002:1994
有效期:2000.8.7～2003.8.7

常州毛纺织厂
地址:江苏省常州市武青路98号
邮政编码:213003
证书注册编号:1900B1032
体系认证标准:GB/T 19002－1994 idt ISO 9002:1994
有效期:2000.8.7～2003.8.7

淄博云涛纺织品有限公司
地址:山东省桓台县公安街24号
邮政编码:256400
证书注册编号:1900B1033
体系认证标准:GB/T 19002－1994 idt ISO 9002:1994
有效期:2000.8.7～2003.8.7

常州市赛蒙服装厂
地址:江苏省常州市武青路98号
邮政编码:213003
证书注册编号:1900B1034
体系认证标准:GB/T 19002－1994 idt ISO 9002:1994
有效期:2000.8.7～2003.8.7

常州市海昌港口装卸机械厂
地址:江苏省常州市西门外汤庄桥
邮政编码:213133
证书注册编号:1900A1035
体系认证标准:GB/T 19001－1994 idt ISO 9001:1994
有效期:2000.8.7～2003.8.7

武进市东方铜业有限公司
地址:江苏省常州武进市魏村镇
邮政编码:213127
证书注册编号:1900B1036
体系认证标准:GB/T 19002－1994 idt ISO 9002:1994
有效期:2000.8.7～2003.8.7

湖北活塞厂
地址:湖北省武穴市梅川西街12号
邮政编码:436411
证书注册编号:1900B1037
体系认证标准:GB/T 19002－1994 idt ISO 9002:1994
有效期:2000.8.7～2003.8.7

沈阳铁路分局苏家屯车辆段
地址:辽宁沈阳市苏家屯区山丹街三号
邮政编码:110101
证书注册编号:1900B1038
体系认证标准:GB/T 19002－1994 idt ISO 9002:1994
有效期:2000.8.7～2003.8.7

北京统益油脂有限公司
地址:北京丰台区南苑槐房南里300号
邮政编码:100076
证书注册编号:1900B1039
体系认证标准:GB/T 19002－1994 idt ISO 9002:1994
有效期:2000.8.7～2003.8.7

辛集市亿隆帽业有限公司
地址:河北省辛集市兴华路北段201号
邮政编码:052360
证书注册编号:1900B1040
体系认证标准:GB/T 19002－1994 idt ISO 9002:1994
有效期:2000.8.7～2003.8.7

句容市城北电工器材厂

地址:江苏省句容市城北三里井
邮政编码:212400
证书注册编号:1900B1041
体系认证标准:GB/T 19002—1994 idt ISO 9002:1994
有效期:2000.8.7~2003.8.7

广西桂柳化工有限责任公司
地址:广西鹿寨县雒容镇
邮政编码:545616
证书注册编号:1900B1042
体系认证标准:GB/T 19002—1994 idt ISO 9002:1994
有效期:2000.8.7~2003.8.7

无锡市高压清洗设备厂
地址:江苏省无锡市塘南三支路16号
邮政编码:214026
证书注册编号:1900A1043—1
体系认证标准:GB/T 19001—1994 idt ISO 9001:1994
有效期:2000.8.8~2003.8.8

无锡市威顺煤矿机械厂
地址:江苏省无锡市塘南三支路16号
邮政编码:214026
证书注册编号:1900A1043—2
体系认证标准:GB/T 19001—1994 idt ISO 9001:1994
有效期:2000.12.26~2003.8.8

山东德建集团有限公司
地址:山东省德州市文化路34号
邮政编码:253013
证书注册编号:1900B1044
体系认证标准:GB/T 19002—1994 idt ISO 9002:1994
有效期:2000.8.9~2003.8.9

江苏泰隆减速机股份有限公司
地址:江苏省泰兴市大庆东路88号
邮政编码:225400
证书注册编号:1900B1045
体系认证标准:GB/T 19002—1994 idt ISO 9002:1994
有效期:2000.8.9~2003.8.9

***濮阳中原石油勘探开发技术有限公司**
地址:河南省濮阳市中原路153号
邮政编码:457001
电话:(0393)4822545
传真:(0393)4496004
法定代表人:李宗信
证书注册编号:1900B1046
体系认证标准:GB/T 19002—1994 idt ISO 9002:1994
获证体系覆盖产品:地震资料处理，地震资料研究，油气开发评价研究，油气勘探评价研究
有效期:2000.8.9~2003.8.9

太原智海集团有限公司 太原智海混凝土建设有限公司
地址:山西省太原市南内环桥东盛伟大厦19层
邮政编码:030012
证书注册编号:1900B1047—1
体系认证标准:GB/T 19002—1994 idt ISO 9002:1994
有效期:2000.8.9~2003.8.9

太原智海集团有限公司 太原智海地基处理技术开发有限公司
地址:山西省太原市南内环桥东盛伟大厦19层
邮政编码:030012
证书注册编号:1900B1047—2
体系认证标准:GB/T 19002—1994 idt ISO 9002:1994
有效期:2000.8.9~2003.8.9

济南市宏达供热设备有限公司
地址:山东省济南市长清县五峰旅游渡假区
邮政编码:250305
证书注册编号:1900B1048
体系认证标准:GB/T 19002—1994 idt ISO 9002:1994
有效期:2000.8.9~2003.8.9

日照双港机械电子有限公司
地址:山东省日照市太原路北首
邮政编码:276826
证书注册编号:1900B1049
体系认证标准:GB/T 19002—1994 idt ISO 9002:1994
有效期:2000.8.9~2003.8.9

北京顺义建筑企业集团公司
地址:北京市顺义府前东街
邮政编码:101300
证书注册编号:1900B1050
体系认证标准:GB/T 19002—1994 idt ISO 9002:1994
有效期:2000.8.9~2003.8.9

浙江省新昌汽车小灯总厂
地址:浙江省新昌县儒岙镇儒一村
邮政编码:312560
证书注册编号:1900B1051
体系认证标准:GB/T 19002—1994 idt ISO 9002:1994
有效期:2000.8.10~2003.8.10

上海浦东施心器具有限公司
地址:上海市浦东新区施湾镇施新路1191号
邮政编码:201202
证书注册编号:1900B1052
体系认证标准:GB/T 19002—1994 idt ISO 9002:1994
有效期:2000.8.10~2003.8.10

南京造币厂
地址:江苏省南京市江宁县东山镇
邮政编码:211100
证书注册编号:1900A1053
体系认证标准:GB/T 19001—1994 idt ISO 9001:1994
有效期:2000.8.10~2003.8.10

南京造币厂
地址:江苏省南京市江宁县东山镇
邮政编码:211100
证书注册编号:1900B1053
体系认证标准:GB/T 19002—1994 idt ISO 9002:1994
有效期:2000.8.10~2003.8.10

东莞市比尔电子有限公司
地址:广东省东莞市附城火炼树工业区
邮政编码:523123
证书注册编号:1900A1054
体系认证标准:GB/T 19001—1994 idt ISO 9001:1994
有效期:2000.8.10~2003.8.10

四川绵竹绵春贡酒厂
地址:四川省绵竹市遵道镇
邮政编码:618209
证书注册编号:1900B1055
体系认证标准:GB/T 19002—1994 idt ISO 9002:1994
有效期:2000.8.10~2003.8.10

东莞市富士电梯有限公司
地址:广东省东莞市附城桑园工业区
邮政编码:523119
证书注册编号:1900B1056
体系认证标准:GB/T 19002—1994 idt ISO 9002:1994
有效期:2000.8.10～2003.8.10

南海新亚铝业不锈钢有限公司
地址:广东省南海市大沥镇桂和路中段
邮政编码:528231
证书注册编号:1900B1057
体系认证标准:GB/T 19002—1994 idt ISO 9002:1994
有效期:2000.8.10～2003.8.10

锡山市雪浪铆焊厂
地址:江苏省锡山市雪浪镇陆店桥
邮政编码:214125
证书注册编号:1900B1058
体系认证标准:GB/T 19002—1994 idt ISO 9002:1994
有效期:2000.8.10～2003.8.10

张家港市普坤纺织实业有限公司
地址:江苏省张家港市塘桥镇人民北路158号
邮政编码:215611
证书注册编号:1900B1059
体系认证标准:GB/T 19002—1994 idt ISO 9002:1994
有效期:2000.8.11～2003.8.11

巩义市亚中耐火材料厂
地址:河南省巩义市北山口镇
邮政编码:451250
证书注册编号:1900B1060
体系认证标准:GB/T 19002—1994 idt ISO 9002:1994
有效期:2000.8.11～2003.8.11

巩义市新型冶金材料有限公司
地址:河南省巩义市北山口镇北山口村
邮政编码:451250
证书注册编号:1900B1061
体系认证标准:GB/T 19002—1994 idt ISO 9002:1994
有效期:2000.8.11～2003.8.11

北京市建雄建筑集团有限公司
地址:北京市海淀区学清路甲14号
邮政编码:100085
证书注册编号:1900B1062
体系认证标准:GB/T 19002—1994 idt ISO 9002:1994
有效期:2000.8.11～2003.8.11

巩义市金岭炉料厂
地址:河南省巩义市北山口镇水地河村
邮政编码:451200
证书注册编号:1900B1063
体系认证标准:GB/T 19002—1994 idt ISO 9002:1994
有效期:2000.8.11～2003.8.11

吴江市新城高功能材料有限责任公司
地址:江苏省吴江市同里镇迎燕东路45号
邮政编码:215217
证书注册编号:1900B1064
体系认证标准:GB/T 19002—1994 idt ISO 9002:1994
有效期:2000.8.11～2003.8.11

常州市金峰液压泵厂
地址:江苏省武进市西夏墅镇镇中路98号
邮政编码:213135
证书注册编号:1900B1065
体系认证标准:GB/T 19002—1994 idt ISO 9002:1994
有效期:2000.8.11～2003.8.11

上海市建工机械工程公司
地址:上海市老沪闵路54号
邮政编码:200233
证书注册编号:1900B1066
体系认证标准:GB/T 19002:1994
有效期:2000.8.14～2003.8.14

沈阳川益集团公司
地址:辽宁省沈阳市苏家屯区丁香街186号
邮政编码:110101
证书注册编号:1900B1067
体系认证标准:GB/T 19002:94
有效期:2000.8.14～2003.8.14

上海新浦航实业发展合作公司
地址:上海市浦东南路3677号
邮政编码:200125
证书注册编号:1900B1068
体系认证标准:GB/T 19002:94
有效期:2000.8.14～2003.8.14

黑龙江北鹤木业有限公司
地址:黑龙江省哈尔滨市道里区河梁街74号
邮政编码:150076
证书注册编号:1900B1069
体系认证标准:GB/T 19002:94
有效期:2000.8.14～2003.8.14

宜兴市十里牌水泥厂
地址:江苏省宜兴市宜城镇袁桥村
邮政编码:214203
证书注册编号:1900B1070
体系认证标准:GB/T 19002—1994 idt ISO 9002:1994
有效期:2000.8.14～2003.8.14

沈阳大旺食品有限公司
地址:辽宁沈阳市于洪区于洪乡红旗村
邮政编码:110141
证书注册编号:1900B1071
体系认证标准:GB/T 19002—1994 idt ISO 9002:1994
有效期:2000.8.22～2003.8.22

福建省龙岩液压有限公司
地址:福建省龙岩市曹溪
邮政编码:364021
证书注册编号:1900B1072
体系认证标准:GB/T 19002—1994 idt ISO 9002:1994
有效期:2000.8.22～2003.8.22

广东省增城市小楼镇小楼大道8号
邮政编码:511396
证书注册编号:1900B1073
体系认证标准:GB/T 19002—1994 idt ISO 9002:1994
有效期:2000.8.22～2003.8.22

深圳市万机机电水处理服务有限公司
地址:深圳市香荔花园2栋
邮政编码:518040
证书注册编号:1900B1074
体系认证标准:GB/T 19002—1994 idt ISO 9002:1994
有效期:2000.8.22～2003.8.22

鞍山市中低压阀门设备制造有限公司
地址:辽宁省鞍山市腾鳌特区贵兴村
邮政编码:114225
证书注册编号:1900B1075
体系认证标准:GB/T 19002—1994 idt

ISO 9002:1994
有效期:2000.8.22～2003.8.22

福建晋江凤竹针织漂染实业有限公司
地址:福建省晋江市青阳凤竹工业区
邮政编码:362200
证书注册编号:1900B1076
体系认证标准:GB/T 19002－1994 idt ISO 9002:1994
有效期:2000.8.22～2003.8.22

北京国中实业集团公司石景山压力容器制造厂
地址:北京市石景山区鲁谷村东口
邮政编码:100040
证书注册编号:1900A1079
体系认证标准:GB/T 19001－1994 idt ISO 9001:1994
有效期:2000.8.22～2003.8.22

厦门万谱通用电子电气有限公司
地址:福建省厦门市湖里区湖里大道35号7楼
邮政编码:361006
证书注册编号:1900B1080
体系认证标准:GB/T 19002－1994 idt ISO 9002:1994
有效期:2000.8.22～2003.8.22

株洲市三为注塑有限公司
地址:湖南株洲市石峰区红旗北路
邮政编码:412001
证书注册编号:1900B1083
体系认证标准:GB/T 19002－1994 idt ISO 9002:1994
有效期:2000.8.22～2003.8.22

武穴市啤酒厂
地址:湖北省武穴市梅川镇新河街14号
邮政编码:436411
证书注册编号:1900B1084
体系认证标准:GB/T 19001－1994 idt ISO 9001:1994
有效期:2000.8.22～2003.8.22

巩义市宇清净水材料有限公司
地址:河南省巩义市南河渡工业区
邮政编码:451251
证书注册编号:1900B1085
体系认证标准:GB/T 19002－1994 idt ISO 9002:1994
有效期:2000.8.22～2003.8.22

北京蝶阀厂
地址:北京市顺义区天竺中街4号
邮政编码:101312
证书注册编号:1900A1086
体系认证标准:GB/T 19001－1994 idt ISO 9001:1994
有效期:2000.8.22～2003.8.22

镇江市滤清器总厂
地址:江苏省镇江市长江路213号
邮政编码:212002
证书注册编号:1900B1087
体系认证标准:GB/T 19002－1994 idt ISO 9002:1994
有效期:2000.8.22～2003.8.22

郑州油漆厂
地址:河南省郑州市京广南路19号
邮政编码:450052
证书注册编号:1900A1088
体系认证标准:GB/T 19001－1994 idt ISO 9001:1994
有效期:2000.8.22～2003.8.22

元洪面粉食品(富建)有限公司
地址:福建省福清市城头镇港西自然村
邮政编码:350314
证书注册编号:1900B1089
体系认证标准:GB/T 19002－1994 idt ISO 9002:1994
有效期:2000.8.22～2003.8.22

无锡市裕旺金属制品有限公司
地址:江苏省无锡市新惠路27号
邮政编码:214035
证书注册编号:1900B1090
体系认证标准:GB/T 19002－1994 idt ISO 9002:1994
有效期:2000.8.22～2003.8.22

生力顺德啤酒有限公司
地址:广东省顺德市龙江镇生力大道
邮政编码:528318
证书注册编号:1900B1091
体系认证标准:GB/T 19002－1994 idt ISO 9002:1994
有效期:2000.8.22～2003.8.22

成都铁路工程(集团)有限责任公司
地址:四川省成都市一环路北二段落100号(西北桥)
邮政编码:528318
证书注册编号:1900B1091
体系认证标准:GB/T 19002－1994 idt ISO 9002:1994
有效期:2000.8.22～2003.8.22

瓦房店光阳轴承制造有限公司
地址:辽宁省大连市瓦房店南共济街三段2200号
邮政编码:116300
证书注册编号:1900B1093
体系认证标准:GB/T 19002－1994 idt ISO 9002:1994
有效期:2000.8.22～2003.8.22

沈阳铁路局白城铁路分局白城车辆段
地址:吉林省白城市沙坑北路34号
邮政编码:137000
证书注册编号:1900B1094
体系认证标准:GB/T 19002－1994 idt ISO 9002:1994
有效期:2000.8.22～2003.8.22

上海虹宁混凝土制品有限责任公司
地址:上海市普陀区云岭西路450号
邮政编码:200333
证书注册编号:1900B1095
体系认证标准:GB/T 19002－1994 idt ISO 9002:1994
有效期:2000.8.22～2003.8.22

常州市潞城电器附件厂常州市潞城燃气设备厂
地址:江苏常州市潞城镇大树下232号
邮政编码:213025
证书注册编号:1900B1096
体系认证标准:GB/T 19002－1994 idt ISO 9002:1994
有效期:2000.8.22～2003.8.22

扬中市兴隆工程塑料管件厂(中国石化巴陵研究院扬中化工管件厂)
地址:江苏省扬中市兴隆镇工业区
邮政编码:212215
证书注册编号:1900B1097
体系认证标准:GB/T 19002－1994 idt ISO 9002:1994
有效期:2000.8.22～2003.8.22

湖北省沙洋机床厂
地址:湖北荆门市沙洋县机床西路9号

邮政编码:448200
证书注册编号:1900A1098
体系认证标准:GB/T 19001—1994 idt ISO 9001:1994
有效期:2000.8.17～2003.8.17

浙江贝因美科工贸股份有限公司
地址:浙江省杭州市天目山路42号国际花园B—17层
邮政编码:310007
证书注册编号:1900B1099
体系认证标准:GB/T 19002—1994 idt ISO 9002:1994
有效期:2000.8.23～2003.8.23

大连输油泵厂
地址:辽宁省大连市沙河口区南沙街202号
邮政编码:116021
证书注册编号:1900B1100—1
体系认证标准:GB/T 19002—1994 idt ISO 9002:1994
有效期:2000.8.23～2003.8.23

大连环球矿山石油机械厂
地址:辽宁省大连市沙河口区南沙街202号
邮政编码:116021
证书注册编号:1900B1100—2
体系认证标准:GB/T 19002—1994 idt ISO 9002:1994
有效期:2000.8.23～2003.8.23

大连水泵厂
地址:辽宁省大连市沙河口区南沙街202号
邮政编码:116021
证书注册编号:1900B1100—3
体系认证标准:GB/T 19002—1994 idt ISO 9002:1994
有效期:2000.8.23～2003.8.23

沈阳市辽中电器安装有限责任公司
地址:辽宁省沈阳市辽中县辽中镇西环街1号
邮政编码:110200
证书注册编号:1900B1101
体系认证标准:GB/T 19002—1994 idt ISO 9002:1994
有效期:2000.8.23～2003.8.23

广州市海珠区南粤电缆厂
地址:广东省广州市广州大道南池滘北大街102号
邮政编码:510288
证书注册编号:1900B1102
体系认证标准:GB/T 19002—1994 idt ISO 9002:1994
有效期:2000.8.23～2003.8.23

无锡市锡能变电设备修造厂
地址:江苏省无锡市兴隆桥直街29号
邮政编码:214031
证书注册编号:1900B1103
体系认证标准:GB/T 19002—1994 idt ISO 9002:1994
有效期:2000.8.23～2003.8.23

济南中得到塑胶有限公司
地址:山东省济南市济阳县青宁乡
邮政编码:250013
证书注册编号:1900B1104—1
体系认证标准:GB/T 19002—1994 idt ISO 9002:1994
有效期:2000.8.23～2003.8.23

济南中得利土工合成材料有限公司
地址:山东省济南市济阳县青宁乡
邮政编码:250013
证书注册编号:1900B1104—2
体系认证标准:GB/T 19002—1994 idt ISO 9002:1994
有效期:2000.8.23～2003.8.23

山东三塑集团有限公司
地址:山东济南市历下区历山路95号
邮政编码:250013
证书注册编号:1900B1104—3
体系认证标准:GB/T 19002—1994 idt ISO 9002:1994
有效期:2000.8.23～2003.8.23

上海巴士出租汽车有限公司
地址:上海市襄阳北路97号7楼
邮政编码:200031
证书注册编号:1900B1105
体系认证标准:GB/T 19002—1994 idt ISO 9002:1994
有效期:2000.8.24～2003.8.24

宜兴市电炉耐火材料厂
地址:江苏省宜兴市和桥镇鹅洲南路224号
邮政编码:214211
证书注册编号:1900B1106
体系认证标准:GB/T 19002—1994 idt ISO 9002:1994
有效期:2000.8.24～2003.8.24

常州市亚兴数控设备有限公司
地址:江苏省常州市戚墅堰北严庄桥
邮政编码:213011
证书注册编号:1900B1107
体系认证标准:GB/T 19002—1994 idt ISO 9002:1994
有效期:2000.8.24～2003.8.24

满城县电力局变压器厂
地址:河北保定市满城县中山路52号
邮政编码:072150
证书注册编号:1900B1108
体系认证标准:GB/T 19002—1994 idt ISO 9002:1994
有效期:2000.8.24～2003.8.24

泉州市铁通电子设备有限公司(泉州鲤中通讯设备厂)
地址:福建泉州市江南火炬开发区
邮政编码:362000
证书注册编号:1900A1109
体系认证标准:GB/T 19001—1994 idt ISO 9001:1994
有效期:2000.8.24～2003.8.24

无锡市杰尔达科技有限公司
地址:江苏省无锡市堰口大丁村260—264号
邮政编码:214062
证书注册编号:1900B1110
体系认证标准:GB/T 19002—1994 idt ISO 9002:1994
有效期:2000.8.24～2003.8.24

东莞市石碣光管支架厂
地址:广东省东莞市石碣镇第三工业区
邮政编码:523290
证书注册编号:1900B1111
体系认证标准:GB/T 19002—1994 idt ISO 9002:1994
有效期:2000.8.24～2003.8.24

丹阳市彤明汽车电器有限公司
地址:江苏省丹阳市界牌镇
邮政编码:212323
证书注册编号:1900B1112
体系认证标准:GB/T 19002—1994 idt

ISO 9002:1994
有效期:2000.8.24～2003.8.24

河北衡水第一橡胶工程有限公司
地址:河北省衡水市中华北大街7号
邮政编码:053000
证书注册编号:1900B1113
体系认证标准:GB/T 19002－1994 idt ISO 9002:1994
有效期:2000.8.25～2003.8.25

重庆市美鱼铝业有限公司
地址:重庆市铜梁县石鱼镇
邮政编码:402573
证书注册编号:1900B1114
体系认证标准:GB/T 19002－1994 idt ISO 9002:1994
有效期:2000.8.25～2003.8.25

广西高峰人造板有限公司
地址:广西南宁市邕武路13号
邮政编码:530001
证书注册编号:1900B1115
体系认证标准:GB/T 19002－1994 idt ISO 9002:1994
有效期:2000.8.25～2003.8.25

济南市建设监理总公司
地址:山东省济南市公和街4号
邮政编码:250001
证书注册编号:1900B1116
体系认证标准:GB/T 19002－1994 idt ISO 9002:1994
有效期:2000.8.25～2003.8.25

郑州铁路局郑州车辆轮轴段
地址:河南省郑州市沙口路26号
邮政编码:450053
证书注册编号:1900B1117
体系认证标准:GB/T 19002－1994 idt ISO 9002:1994
有效期:2000.8.25～2003.8.25

诸城市鑫鑫水泥厂
地址:山东省诸城市贾悦镇
邮政编码:262204
证书注册编号:1900B1118
体系认证标准:GB/T 19002－1994 idt ISO 9002:1994
有效期:2000.8.28～2003.8.28

江阴市锡能实业公司
地址:江苏省江阴市人民西路228号
邮政编码:214400
证书注册编号:1900B1119
体系认证标准:GB/T 19002－1994 idt ISO 9002:1994
有效期:2000.8.28～2003.8.28

上海浦东凌桥建筑安装工程公司
地址:上海市浦东草高路1828号
邮政编码:200137
证书注册编号:1900B1120
体系认证标准:GB/T 19002－1994 idt ISO 9002:1994
有效期:2000.8.28～2003.8.28

吉林省长春电器设备有限公司
地址:吉林长春市宽城区新月路28号
邮政编码:130052
证书注册编号:1900A1121
体系认证标准:GB/T 19001－1994 idt ISO 9001:1994
有效期:2000.8.28～2003.8.28

西安铁路电气化工程公司器材厂
地址:陕西渭南市临渭区站北路24号
邮政编码:714000
证书注册编号:1900B1122
体系认证标准:GB/T 19002－1994 idt ISO 9002:1994
有效期:2000.8.28～2003.8.28

大连欧亚仪表有限公司
地址:辽宁省大连市西岗区同仁街50号万达公寓17－5
邮政编码:116011
证书注册编号:1900B1123
体系认证标准:GB/T 19002－1994 idt ISO 9002:1994
有效期:2000.8.28～2003.8.28

济南水泥制品厂
地址:山东省济南市市中区七贤镇
邮政编码:250022
证书注册编号:1900B1124
体系认证标准:GB/T 19002－1994 idt ISO 9002:1994
有效期:2000.8.28～2003.8.28

南通海易标牌有限公司
地址:江苏省海门市海门镇江海路
邮政编码:226100
证书注册编号:1900A1125
体系认证标准:GB/T 19001－1994 idt ISO 9001:1994
有效期:2000.8.28～2003.8.28

福建东亚鼓风机股份有限公司
地址:福建省闽侯县荆溪镇永丰村亭下32号
邮政编码:350101
证书注册编号:1900A1126
体系认证标准:GB/T 19001－1994 idt ISO 9001:1994
有效期:2000.8.28～2003.8.28

佳木斯电力实业集团总公司
地址:黑龙江省佳木斯市前进区长安路526号
邮政编码:154002
证书注册编号:1900B1127
体系认证标准:GB/T 19002－1994 idt ISO 9002:1994
有效期:2000.8.28～2003.8.28

上海中星(集团)有限公司
地址:上海市人民路833号
邮政编码:200010
证书注册编号:1900B1128
体系认证标准:GB/T 19002－1994 idt ISO 9002:1994
有效期:2000.8.28～2003.8.28

江阴市电气安装公司
地址:江苏省江阴市人民西路228号
邮政编码:214433
证书注册编号:1900B1129
体系认证标准:GB/T 19002－1994 idt ISO 9002:1994
有效期:2000.8.28～2003.8.28

杭州群泰模具有限公司
地址:浙江省余杭市闲林镇华丰工业区
邮政编码:311122
证书注册编号:1900B1130
体系认证标准:GB/T 19002－1994 idt ISO 9002:1994
有效期:2000.8.28～2003.8.28

顺德市桂洲万成金属包装有限公司
地址:广东省顺德市容桂镇高黎工业区
邮政编码:528305
证书注册编号:1900A1131
体系认证标准:GB/T 19001－1994 idt ISO 9001:1994

有效期:2000.8.28～2003.8.28

上海浦东新区城投新型建筑材料有限公司
地址:上海市浦东成山路220号城建大厦13层
邮政编码:200126
证书注册编号:1900B1132
体系认证标准:GB/T 19002－1994 idt ISO 9002:1994
有效期:2000.8.28～2003.8.28

无锡恒亨白炭黑有限责任公司
地址:江苏省锡山市东湖塘镇
邮政编码:214196
证书注册编号:1900B1133
体系认证标准:GB/T 19002－1994 idt ISO 9002:1994
有效期:2000.8.28～2003.8.28

成都市电信新华物业管理有限公司
地址:四川省成都市双林北支路473号
邮政编码:610051
证书注册编号:1900B1134
体系认证标准:GB/T 19002－1994 idt ISO 9002:1994
有效期:2000.8.28～2003.8.28

北京安福业消防检测中心有限公司
地址:北京市宣武区南菜园街甲1号
邮政编码:100054
证书注册编号:1900B1135
体系认证标准:GB/T 19002－1994 idt ISO 9002:1994
有效期:2000.8.29～2003.8.29

河源华冠特种钢材有限公司
地址:广东省河源市百子园工业区
邮政编码:517000
证书注册编号:1900B1136
体系认证标准:GB/T 19002－1994 idt ISO 9002:1994
有效期:2000.8.29～2003.8.29

三明辉煌机械总厂
地址:福建省三明市新市北路158号
邮政编码:365000
证书注册编号:1900B1137
体系认证标准:GB/T 19002－1994 idt ISO 9002:1994
有效期:2000.8.29～2003.8.29

扬州晨化集团有限公司
地址:江苏省宝应县曹甸镇中路231号
邮政编码:225803
证书注册编号:1900B1138
体系认证标准:GB/T 19002－1994 idt ISO 9002:1994
有效期:2000.8.29～2003.8.29

江阴市华明电力发展有限公司
地址:江苏省江阴市人民中路191号
邮政编码:214400
证书注册编号:1900B1139
体系认证标准:GB/T 19002－1994 idt ISO 9002:1994
有效期:2000.8.29～2003.8.29

开封市红桥锚机建筑安装有限责任公司
地址:河南省开封市经济技术开发区
邮政编码:475004
证书注册编号:1900B1140
体系认证标准:GB/T 19002－1994 idt ISO 9002:1994
有效期:2000.8.29～2003.8.29

浙江常山华胜水泥有限公司
地址:浙江省常山辉埠镇
邮政编码:324209
证书注册编号:1900B1141
体系认证标准:GB/T 19002－1994 idt ISO 9002:1994
有效期:2000.8.29～2003.8.29

张家港泰普奇装饰材料有限公司
地址:江苏省张家港市后塍镇
邮政编码:215631
证书注册编号:1900B1142
体系认证标准:GB/T 19002－1994 idt ISO 9002:1994
有效期:2000.8.29～2003.8.29

郑州市蛟龙泵业有限公司
地址:河南省荥阳市蛟龙路北段
邮政编码:450100
证书注册编号:1900B1143
体系认证标准:GB/T 19002－1994 idt ISO 9002:1994
有效期:2000.8.29～2003.8.29

西安临潼硅碳棒厂
地址:陕西省西安市临潼区秦陵南路中段(22号信箱)
邮政编码:710600
证书注册编号:1900B1144
体系认证标准:GB/T 19002－1994 idt ISO 9002:1994
有效期:2000.8.29～2003.8.29

陕西凯达股份有限公司乳品厂
地址:陕西省兴平市店张镇
邮政编码:713104
证书注册编号:1900B1145
体系认证标准:GB/T 19002－1994 idt ISO 9002:1994
有效期:2000.8.29～2003.8.29

西北永新化工股份有限公司
地址:甘肃省兰州市东岗东路1205号
邮政编码:730020
证书注册编号:1900B1146
体系认证标准:GB/T 19002－1994 idt ISO 9002:1994
有效期:2000.8.29～2003.8.29

常州市科兴电气有限公司
地址:江苏省常州市白云路55号
邮政编码:213016
证书注册编号:1900B1147
体系认证标准:GB/T 19002－1994 idt ISO 9002:1994
有效期:2000.8.30～2003.8.30

山东联盟化工股份有限公司
地址:山东省寿光市建新街199号
邮政编码:262700
证书注册编号:1900B1148
体系认证标准:GB/T 19002－1994 idt ISO 9002:1994
有效期:2000.8.30～2003.8.30

福州建工(集团)总公司
地址:福建省福州市福新路315号
邮政编码:350011
证书注册编号:1900B1149
体系认证标准:GB/T 19002－1994 idt ISO 9002:1994
有效期:2000.8.30～2003.8.30

南京铁路分局线桥工程公司
地址:江苏省南京市下关区大庙村17－1号
邮政编码:210015
证书注册编号:1900B1150
体系认证标准:GB/T 19002－1994 idt

ISO 9002:1994
有效期:2000.8.30～2003.8.30

山西省建设监理有限公司
地址:山西省太原市建设北路 50 号
邮政编码:030013
证书注册编号:1900B1151
体系认证标准:GB/T 19002－1994 idt ISO 9002:1994
有效期:2000.8.30～2003.8.30

连云港泰乐化学工业有限公司
地址:江苏省连云港市新海路 182 号
邮政编码:222023
证书注册编号:1900B1152
体系认证标准:GB/T 19002－1994 idt ISO 9002:1994
有效期:2000.8.30～2003.8.30

兰州建筑通用机械总厂
地址:甘肃省兰州市城关区火车站东路 138 号
邮政编码:730000
证书注册编号:1900A1153
体系认证标准:GB/T 19001－1994 idt ISO 9001:1994
有效期:2000.8.30～2003.8.30

上海中科合臣化学公司
地址:上海市真北路 476 号
邮政编码:200062
证书注册编号:1900A1154
体系认证标准:GB/T 19001－1994 idt ISO 9001:1994
有效期:2000.8.30～2003.8.30

淄博奥威粘合剂厂
地址:山东省淄博市淄川区昆仑镇昆新路 83 号
邮政编码:255129
证书注册编号:1900B1155
体系认证标准:GB/T 19002－1994 idt ISO 9002:1994
有效期:2000.8.30～2003.8.30

宁波恒富汽车配件有限公司
地址:浙江省宁波象山西周工业开发区
邮政编码:315722
证书注册编号:1900B1159
体系认证标准:GB/T 19002－1994 idt ISO 9002:1994
有效期:2000.8.30～2003.8.30

新健机电设备材料有限公司
地址:广东省新会市崖西镇古斗林场公树顶大水坑
邮政编码:521952
证书注册编号:1900B1160
体系认证标准:GB/T 19002－1994 idt ISO 9002:1994
有效期:2000.8.30～2003.8.30

上海煤气表具股份有限公司
地址:上海市西藏中路 700 号
邮政编码:200001
证书注册编号:1900B1161
体系认证标准:GB/T 19002－1994 idt ISO 9002:1994
有效期:2000.8.30～2003.8.30

湖北追日电气设备有限公司
地址:湖北省襄樊市人民路 62 号
邮政编码:441002
证书注册编号:1900A1162
体系认证标准:GB/T 19001－1994 idt ISO 9001:1994
有效期:2000.8.30～2003.8.30

武进市礼嘉暖空设备配件厂（武进市礼嘉焊管厂）
地址:江苏省武进市礼嘉镇建东村
邮政编码:213176
证书注册编号:1900B1163
体系认证标准:GB/T 19002－1994 idt ISO 9002:1994
有效期:2000.8.30～2003.8.30

沈阳市航源锻造研究所
地址:辽宁省沈阳市法库县双台子双台子村
邮政编码:110043
证书注册编号:1900B1164
体系认证标准:GB/T 19002:94
有效期:2000.8.31～2003.8.31

连云港江苏医疗器材实业有限公司
地址:江苏连云港市人民路制药巷 1 号
邮政编码:222002
证书注册编号:1900B1166
体系认证标准:GB/T 19002:94
有效期:2000.8.31～2003.8.31

连云港正大饲料有限公司
地址:江苏省连云港经济技术开发区
邮政编码:222047
证书注册编号:1900B1166
体系认证标准:GB/T 19002:94
有效期:2000.8.31～2003.8.31

艾欧史密斯(中国)热水器有限公司
地址:江苏省南京经济技术开发区尧新大道 336 号
邮政编码:210038
证书注册编号:1900B1167
体系认证标准:GB/T 19002:94
有效期:2000.8.31～2003.8.31

广丰月兔卫生用品有限公司
地址:江西省广丰芦林工业区
邮政编码:334600
证书注册编号:1900B1168
体系认证标准:GB/T 19002－1994 idt ISO 9002:1994
有效期:2000.8.31～2003.8.31

张家口市锅炉厂
地址:河北省张家口市东山路 1 号
邮政编码:075000
证书注册编号:1900A1169
体系认证标准:GB/T 19001－1994 idt ISO 9001:1994
有效期:2000.8.31～2003.8.31

东莞市石龙万通实业有限公司
地址:广东省东莞市石龙镇西湖工交工业区
邮政编码:523325
证书注册编号:1900B1170
体系认证标准:GB/T 19002－1994 idt ISO 9002:1994
有效期:2000.9.4～2003.9.4

上海康复特化工有限公司
地址:上海市嘉定区澄浏路 688 号
邮政编码:201808
证书注册编号:1900B1171
体系认证标准:GB/T 19002－1994 idt ISO 9002:1994
有效期:2000.9.4～2003.9.4

中国轻骑集团平阴标准件厂
地址:山东省平阴县翠屏街 75 号
邮政编码:250400
证书注册编号:1900B1172
体系认证标准:GB/T 19002－1994 idt ISO 9002:1994
有效期:2000.9.4～2003.9.4

南京双菱涂料实业有限公司
地址:江苏省南京市鼓楼街83-1
邮政编码:210008
证书注册编号:1900B1173
体系认证标准:GB/T 19002-1994 idt ISO 9002:1994
有效期:2000.9.4~2003.9.4

满城县电力局电力线材厂
地址:河北保定市满城县育才街10号
邮政编码:072150
证书注册编号:1900B1174
体系认证标准:GB/T 19002-1994 idt ISO 9002:1994
有效期:2000.9.4~2003.9.4

寿光市侯镇酒厂
地址:山东省寿光市侯镇岳庄西
邮政编码:262724
证书注册编号:1900B1175
体系认证标准:GB/T 19002-1994 idt ISO 9002:1994
有效期:2000.9.4~2003.9.4

青田县侨青电气实业有限公司
地址:浙江省青田县鹤城镇新建岭小区1幢101室
邮政编码:323900
证书注册编号:1900B1176
体系认证标准:GB/T 19002-1994 idt ISO 9002:1994
有效期:2000.10.5~2003.10.5

武汉网元电子电控工程有限公司
地址:湖北省武汉市关东科技工业园7-3#楼五楼
邮政编码:430074
证书注册编号:1900A1177
体系认证标准:GB/T 19001-1994 idt ISO 9001:1994
有效期:2000.9.8~2003.9.8

建瓯市华立化工有限公司
地址:福建省建瓯市七里街兴宁工业区
邮政编码:353100
证书注册编号:1900B1178
体系认证标准:GB/T 19002-1994 idt ISO 9002:1994
有效期:2000.9.8~2003.9.8

陕西送变电工程公司
地址:陕西省西安市自强西路75号
邮政编码:710014
证书注册编号:1900B1179
体系认证标准:GB/T 19002-1994 idt ISO 9002:1994
有效期:2000.9.8~2003.9.8

山西省华兰德建筑安装工程总公司
地址:山西省太原市解放路东三道巷28号
邮政编码:030009
证书注册编号:1900B1180
体系认证标准:GB/T 19002-1994 idt ISO 9002:1994
有效期:2000.9.7~2003.9.7

甘肃省条山酒厂
地址:甘肃景泰县条山镇玉液路198号
邮政编码:730400
证书注册编号:1900B1181
体系认证标准:GB/T 19002-1994 idt ISO 9002:1994
有效期:2000.9.7~2003.9.7

新龙亚洲食品(大连)有限公司
地址:辽宁省大连市沙河口区敦煌街11号
邮政编码:116033
证书注册编号:1900B1182
体系认证标准:GB/T 19002-1994 idt ISO 9002:1994
有效期:2000.9.7~2003.9.7

太原市自来水公司
地址:山西省太原市解放路375号
邮政编码:030009
证书注册编号:1900B1183
体系认证标准:GB/T 19002-1994 idt ISO 9002:1994
有效期:2000.9.7~2003.9.7

山西远鑫麦克林铁合金有限公司
地址:山西省平定县巨城镇
邮政编码:045204
证书注册编号:1900B1184
体系认证标准:GB/T 19002-1994 idt ISO 9002:1994
有效期:2000.9.7~2003.9.7

山西兰花科技创业股份有限公司
地址:山西省晋城市风台西街130号
邮政编码:048000
证书注册编号:1900B1185
体系认证标准:GB/T 19002-1994 idt ISO 9002:1994
有效期:2000.9.7~2003.9.7

沈阳市城建房地产开发有限公司
地址:辽宁沈阳市铁西区凌空一街六号
邮政编码:110021
证书注册编号:1900B1186
体系认证标准:GB/T 19002-1994 idt ISO 9002:1994
有效期:2000.9.7~2003.9.7

龙口市龙丰大豆食品有限公司
地址:山东龙口市黄城环城北路10号
邮政编码:265701
证书注册编号:1900B1187
体系认证标准:GB/T 19002-1994 idt ISO 9002:1994
有效期:2000.9.7~2003.9.7

温州市江兴汽车检测设备厂
地址:浙江省温州市龙湾蒲州工业区二期5号
邮政编码:325011
证书注册编号:1900B1188
体系认证标准:GB/T 19002-1994 idt ISO 9002:1994
有效期:2000.9.11~2003.9.11

烟台石川密封垫板有限公司
地址:山东省烟台市只楚路47号
邮政编码:264002
证书注册编号:1900B1189
体系认证标准:GB/T 19002-1994 idt ISO 9002:1994
有效期:2000.9.11~2003.9.11

山东阳谷电缆厂橡缆分厂
地址:山东省阳谷西湖14号
邮政编码:252311
证书注册编号:1900B1190
体系认证标准:GB/T 19002-1994 idt ISO 9002:1994
有效期:2000.9.11~2003.9.11

江阴市六盛建筑安装工程有限公司
地址:江苏江阴市陆桥镇陆东大街5号
邮政编码:214425
证书注册编号:1900B1191
体系认证标准:GB/T 19002-1994 idt ISO 9002:1994
有效期:2000.9.11~2003.9.11

乳山市内燃机配件厂
地址：山东省乳山市夏村镇南庄村
邮政编码：264500
证书注册编号：1900B1192
体系认证标准：GB/T 19002－1994 idt ISO 9002：1994
有效期：2000.9.11～2003.9.11

烟台市精密铜管有限公司
地址：山东省烟台市高新技术产业开发区午台南街
邮政编码：264003
证书注册编号：1900B1193
体系认证标准：GB/T 19002－1994 idt ISO 9002：1994
有效期：2000.9.11～2003.9.11

福建石狮市福林鞋业有限公司
地址：福建省石狮市长福工业区
邮政编码：362700
证书注册编号：1900B1194
体系认证标准：GB/T 19002－1994 idt ISO 9002：1994
有效期：2000.9.12～2003.9.12

*** 北京雅筑建筑安装工程有限责任公司**
地址：北京市朝阳区安慧里4区15号
邮政编码：100101
电话：(010)64897682
传真：(010)64954150
法定代表人：冯苏明
证书注册编号：1900B1195
体系认证标准：GB/T 19002－1994 idt ISO 9002：1994
获证体系覆盖产品：工业与民用建筑施工与安装
有效期：2000.9.13～2003.9.13

江苏阳湖纺织集团股份有限公司
地址：江苏省武进市城区武宜路271号
邮政编码：213161
证书注册编号：1900B1198
体系认证标准：GB/T 19002－1994 idt ISO 9002：1994
有效期：2000.9.13～2003.9.13

浙江双枪竹木有限公司
地址：浙江省庆元县会溪工业区
邮政编码：323800
证书注册编号：1900B1199
体系认证标准：GB/T 19002－1994 idt ISO 9002：1994
有效期：2000.9.13～2003.9.13

沈阳市建都工程建设监理有限公司
地址：辽宁省沈阳市和平区北八马路55号
邮政编码：110002
证书注册编号：1900B1200
体系认证标准：GB/T 19002－1994 idt ISO 9002：1994
有效期：2000.9.13～2003.9.13

苏州建设物业公司
地址：江苏省苏州市平江区白塔东路桐芳苑50号
邮政编码：215001
证书注册编号：1900B1202
体系认证标准：GB/T 19002－1994 idt ISO 9002：1994
有效期：2000.9.14～2003.9.14

北京清华紫光同兴环保科技有限公司
地址：北京市密云县工业开发区水源路22号
邮政编码：101500
证书注册编号：1900A1203
体系认证标准：GB/T 19001－1994 idt ISO 9001：1994
有效期：2000.9.14～2003.9.14

江苏华威电气集团公司
地址：江苏省扬中市扬中大桥西248号
邮政编码：212211
证书注册编号：1900A1204
体系认证标准：GB/T 19001－1994 idt ISO 9001：1994
有效期：2000.9.14～2003.9.14

郑州辉煌科技有限公司
地址：河南省郑州高新技术产业开发区重阳街74号
邮政编码：450001
证书注册编号：1900A1205
体系认证标准：GB/T 19001－1994 idt ISO 9001：1994
有效期：2000.9.14～2003.9.14

山东苍松建筑材料有限公司
地址：山东省苍山县松路北首
邮政编码：277700
证书注册编号：1900B1206
体系认证标准：GB/T 19002－1994 idt ISO 9002：1994
有效期：2000.9.14～2003.9.14

徐州久隆集团有限公司
地址：江苏省徐州市纺织西路2号
邮政编码：221006
证书注册编号：1900B1207
体系认证标准：GB/T 19002－1994 idt ISO 9002：1994
有效期：2000.9.15～2003.9.15

山东省安丘市安建筑集团公司
地址：山东省安丘市潍徐南路250号
邮政编码：262100
证书注册编号：1900B1208
体系认证标准：GB/T 19002－1994 idt ISO 9002：1994
有效期：2000.9.15～2003.9.15

北京华可实预应力岩土锚固工程有限责任公司
地址：北京市朝阳区定福庄西街1号
邮政编码：100024
证书注册编号：1900B1209
体系认证标准：GB/T 19002－1994 idt ISO 9002：1994
有效期：2000.9.15～2003.9.15

常熟市光缆工业有限责任公司
地址：江苏省常熟市报慈北路218号
邮政编码：215500
证书注册编号：1900B1210
体系认证标准：GB/T 19002－1994 idt ISO 9002：1994
有效 期：2000.9.15～2003.9.15

江苏常峰钢管集团有限公司
地址：江苏省常熟市沙家浜路49号
邮政编码：215558
证书注册编号：1900B1211
体系认证标准：GB/T 19002－1994 idt ISO 9002：1994
有效期：2000.9.15～2003.9.15

杭州友旺电子有限公司
地址：浙江省杭州市教工路531号保亭工业园B座
邮政编码：310012
证书注册编号：1900A1212－1
体系认证标准：GB/T 19002－1994 idt ISO 9002：1994
有效期：2000.9.15～2003.9.15

＊山东博山通用机械厂
地址:山东省淄博平博山区蕉庄村
邮政编码:255213
电话:(0533)4650544
传真:(0533)4650544
法定代表人:孙启馗
证书注册编号:1900B1221
体系认证标准:GB/T 19002－1994 idt ISO 9002:1994
获证体系覆盖产品:电动滚筒,JZQ 减速器
有效期:2000.9.18～2003.9.18

北京昊都建筑工程有限责任公司
地址:北京市宣武区白广路 47 号
邮政编码:100053
证书注册编号:1900B1217
体系认证标准:GB/T 19002－1994 idt ISO 9002:1994
有效期:2000.9.15～2003.9.15

沈阳双喜压力锅制造总公司
地址:辽宁省沈阳市沈河区先农坛路 30 号
邮政编码:110015
证书注册编号:1900A1218
体系认证标准:GB/T 19001－1994 idt ISO 9001:1994
有效期:2000.9.15～2003.9.15

上海宏波建设工程监理有限公司
地址:上海市龙华西路 31 弄 58 号 6 楼
邮政编码:200232
证书注册编号:1900B1219
体系认证标准:GB/T 19002－1994 idt ISO 9002:1994
有效期:2000.9.18～2003.9.18

北京海直工程建筑总队
地址:北京市通州区运河东大街 62 号
邮政编码:101100
证书注册编号:1900B1220
体系认证标准:GB/T 19002－1994 idt ISO 9002:1994
有效期:2000.9.18～2003.9.18

陕西东风昌河车桥股份有限公司
地址:陕西省铜川市王家南路 31 号
邮政编码:727000
证书注册编号:1900B1239
体系认证标准:GB/T 19002－1994 idt ISO 9002:1994
有效期:2000.9.20～2003.9.20

河南赛普实业有限公司
地址:河南省巩义市孝龙路 16 号
邮政编码:451200
证书注册编号:1900B1229
体系认证标准:GB/T 19002－1994 idt ISO 9002:1994
有效期:2000.9.18～2003.9.18

上海中星集团申城物业有限公司
地址:上海市浦东新区巨野路 253 号
邮政编码:200135
证书注册编号:1900B1230
体系认证标准:GB/T 19002－1994 idt ISO 9002:1994
有效期:2000.9.19～2003.9.19

陕西西凤酒股份有限公司
地址:陕西省凤翔县柳林镇
邮政编码:721406
证书注册编号:1900B1231
体系认证标准:GB/T 19002－1994 idt ISO 9002:1994
有效期:2000.9.19～2003.9.19

沈阳市政集团有限公司
地址:辽宁省沈阳市东陵区南塔街 29 巷 10 号
邮政编码:110021
证书注册编号:1900B1232
体系认证标准:GB/T 19002－1994 idt ISO 9002:1994
有效期:2000.9.19～2003.9.19

郑州金雀电气有限公司
地址:河南省郑州高新技术开发区金梭路 23 号
邮政编码:450001
证书注册编号:1900A1233
体系认证标准:GB/T 19001－1994 idt ISO 9001:1994
有效期:2000.9.19～2003.9.19

安徽省第七建筑安装工程有限公司
地址:安徽省蚌埠市国强路 317 号
邮政编码:233000
证书注册编号:1900B1234
体系认证标准:GB/T 19002－1994 idt ISO 9002:1994
有效期:2000.9.19～2003.9.19

哈尔滨光宇蓄电池有限公司
地址:黑龙江省哈尔滨市南岗区学府路电缆街 68 号
邮政编码:150086
证书注册编号:1900B1235
体系认证标准:GB/T 19002－1994 idt ISO 9002:1994
有效期:2000.9.20～2003.9.20

宁波安达胶带制品有限公司
地址:浙江省慈溪市白沙路
邮政编码:315302
证书注册编号:1900B1236
体系认证标准:GB/T 19002－1994 idt ISO 9002:1994
有效期:2000.9.20～2003.9.20

江阴市利港精细化工厂
地址:江苏省江阴市利港镇南
邮政编码:214444
证书注册编号:1900B1237－1
体系认证标准:GB/T 19002－1994 idt ISO 9002:1994
有效期:2000.9.20～2003.9.20

江阴市苏利精细化工有限公司
地址:江苏省江阴市利港镇南
邮政编码:214444
证书注册编号:1900B1237－2
体系认证标准:GB/T 19002－1994 idt ISO 9002:1994
有效期:2000.9.20～2003.9.20

淄博市周村恒利化工有限公司
地址:山东省淄博市周村区贾黄乡
邮政编码:255304
证书注册编号:1900B1243
体系认证标准:GB/T 19002－1994 idt ISO 9002:1994
有效期:2000.9.20～2003.9.20

廊坊市北方防水技术工程有限公司
廊坊市防水建筑材料厂
地址:河北省廊坊市廊北路
邮政编码:065000
证书注册编号:1900B1244
体系认证标准:GB/T 19002－1994 idt ISO 9002:1994
有效期:2000.9.20～2003.9.20

江苏泰阳电器实业有限公司
地址:江苏省扬中市长江大桥工业园区

邮政编码:212212
证书注册编号:1900B1245
体系认证标准:GB/T 19002—1994 idt ISO 9002:1994
有效期:2000.9.20～2003.9.20

潮阳市信芬实业(集团)有限公司
地址:广东省潮阳市峡山镇拱桥工业区
邮政编码:515144
证书注册编号:1900B1246
体系认证标准:GB/T 19002—1994 idt ISO 9002:1994
有效期:2000.9.20～2003.9.20

江苏正丹集团公司
地址:江苏省丹阳市导墅镇
邮政编码:212361
证书注册编号:1900B1247
体系认证标准:GB/T 19002—1994 idt ISO 9002:1994
有效期:2000.9.20～2003.9.20

邢台县电力实业有限责任公司思力器材厂
地址:河北省邢台市桥西区中兴西路冷库街5号
邮政编码:054000
证书注册编号:1900B1248
体系认证标准:GB/T 19002—1994 idt ISO 9002:1994
有效期:2000.9.21～2003.9.21

广州番禺浩业波纹管工业有限公司
地址:广东省广州番禺南沙经济技术开发区珠电路8号
邮政编码:511457
证书注册编号:1900B1249
体系认证标准:GB/T 19002—1994 idt ISO 9002:1994
有效期:2000.9.21～2003.9.21

南海市大镇大同铝型材厂
地址:广东省南海市大沥大镇工业区
邮政编码:528231
证书注册编号:1900B1250
体系认证标准:GB/T 19002—1994 idt ISO 9002:1994
有效期:2000.9.21～2003.9.21

锡山市道路设施厂
地址:江苏省锡山市玉祁蓉南
邮政编码:214183
证书注册编号:1900B1251
体系认证标准:GB/T 19002—1994 idt ISO 9002:1994
有效期:2000.9.21～2003.9.21

常州市江南辐条有限公司
地址:江苏省常州市北郊魏村镇
邮政编码:213127
证书注册编号:1900B1252
体系认证标准:GB/T 19002—1994 idt ISO 9002:1994
有效期:2000.9.21～2003.9.21

江苏淮阴市淮胜电缆厂
地址:江苏省淮阴市宁连路板闸立交桥东首
邮政编码:223005
证书注册编号:1900B1253
体系认证标准:GB/T 19002—1994 idt ISO 9002:1994
有效期:2000.9.21～2003.9.21

武进市佳森电器有限公司
地址:江苏省武进市孟河镇
邮政编码:213139
证书注册编号:1900B1254
体系认证标准:GB/T 19002—1994 idt ISO 9002:1994
有效期:2000.9.21～2003.9.21

丹阳市国顺塑件有限公司
地址:江苏丹阳市界牌镇中心路288号
邮政编码:212323
证书注册编号:1900B1255
体系认证标准:GB/T 19002—1994 idt ISO 9002:1994
有效期:2000.9.22～2003.9.22

浙江沪通焊接电器制造有限公司
地址:浙江省温州乌牛镇工业区
邮政编码:325103
证书注册编号:1900B1256
体系认证标准:GB/T 19002—1994 idt ISO 9002:1994
有效期:2000.9.21～2003.9.21

甘肃省铝业公司铝型材厂
地址:甘肃省兰州市安宁区铁道学院新村114号
邮政骗码:730070
证书注册编号:1900B1257
体系认证标准:GB/T 19002—1994 idt ISO 9002:1994
有效期:2000.9.21～2003.9.21

常州市胜业电子有限公司
地址:江苏省常州市开发区民营工业园长江西路60号
邮政编码:213022
证书注册编号:1900B1258
体系认证标准:GB/T 19002—1994 idt ISO 9002:1994
有效期:2000.9.21～2003.9.21

上海民华机电工贸有限公司(上海民达电工电子器材有限公司)
地址:上海市松江车墩镇莘莘学子创业园内
邮政编码:201611
证书注册编号:1900B1259
体系认证标准:GB/T 19002—1994 idt ISO 9002:1994
有效期:2000.9.21～2003.9.21

合肥丰乐种业股份有限公司
地址:安徽合肥市西七里塘樊洼路8号
邮政编码:230031
证书注册编号:1900A1260
体系认证标准:GB/T 19001—1994 idt ISO 9001:1994
有效期:2000.9.25～2003.9.25

垦利石化总厂
地址:山东省垦利县城利河路113号
邮政编码:257500
证书注册编号:1900B1262
体系认证标准:GB/T 19002—1994 idt ISO 9002:1994
有效期:2000.9.22～2003.9.22

无锡新苑化工股份有限公司
地址:江苏省锡山市洛社镇
邮政编码:214187
证书注册编号:1900B1263
体系认证标准:GB/T 19002—1994 idt ISO 9001:1994
有效期:2000.9.22～2003.9.22

黑龙江省桩基础工程公司
地址:黑龙江省哈尔滨市香坊区新乡里衔1号
邮政编码:150036
证书注册编号:1900B1264
体系认证标准:GB/T 19002—1994 idt

ISO 9001:1994
有效期:2000.9.22～2003.9.22

衡水键达工程橡胶有限公司
地址:河北衡水市桃城区京大路201号
邮政编码:053000
证书注册编号:1900B1265
体系认证标准:GB/T 19002—1994 idt
ISO 9001:1994
有效期:2000.9.22～2003.9.22

河北省第四建筑装饰工程有限公司
地址:河北省高碑店市团结路17号
邮政编码:100081
证书注册编号:1900B1266
体系认证标准:GB/T 19002—1994 idt
ISO 9001:1994
有效期:2000.9.22～2003.9.22

上海市工程建设咨询监理有限公司
地址:上海市海宁路55号11楼
邮政编码:200080
证书注册编号:1900B1267
体系认证标准:GB/T 19002—1994 idt
ISO 9001:1994
有效期:2000.9.22～2003.9.22

上海长宁建设工程总承包有限责任公司
地址:上海天山支路201～299号317室
邮政编码:200051
证书注册编号:1900B1268
体系认证标准:GB/T 19002—1994 idt
ISO 9001:1994
有效期:2000.9.22～2003.9.22

天津市东花园仪表集团有限责任公司
地址:天津市津高区小站镇东
邮政编码:300353
证书注册编号:1900B1269
体系认证标准:GB/T 19002—1994 idt
ISO 9001:1994
有效期:2000.9.25～2003.9.25

海城市桦子峪铝材厂
地址:辽宁省海城市八里镇桦子峪村
邮政编码:114206
证书注册编号:1900B1270
体系认证标准:GB/T 19002—1994 idt
ISO 9001:1994
有效期:2000.9.26～2003.9.26

广东省东莞市祥辉建材实业有限公司
地址:广东东莞市麻涌新基工业区5号
邮政编码:523141
证书注册编号:1900B1271
体系认证标准:GB/T 19002—1994 idt
ISO 9002:1994
有效期:2000.9.25～2003.9.25

山东鲁宏塑窗机械集团总公司
地址:山东省章丘市明水绣水路59号
邮政编码:250200
证书注册编号:1900A1272
体系认证标准:GB/T 19001—1994 idt
ISO 9001:1994
有效期:2000.9.25～2003.9.25

山东鲁宏塑窗机械集团总公司
地址:山东省章丘市明水绣水路59号
邮政编码:250200
证书注册编号:1900B1272
体系认证标准:GB/T 19002—1994 idt
ISO 9002:1994
有效期:2000.9.25～2003.9.25

广东省东莞市祥辉建材实业有限公司
地址:广东东莞市麻涌新基本业区5号
邮政编码:523141
证书注册编号:1900B1271
体系认证标准:GB/T 19002—1994 idt
ISO 9001:1994
有效期:2000.9.25～2003.9.25

山东鲁宏塑窗机械集团总公司
地址:山东省章丘市明水乡水路59号
邮政编码:250200
证书注册编号:1900A1272
体系认证标准:GB/T 19001—1994 idt
ISO 9001:1994
有效期:2000.9.25～2003.9.25

山东鲁宏塑窗机械集团公司
地址:山东省章丘市明水绣水路59号
邮政编码:250200
证书注册编号:1900B1272
体系认证标准:GB/T 19002—1994 idt
ISO 9001:1994
有效期:2000.9.25～2003.9.25

河北高峦建材有限公司
地址:河北省灵寿县城北三公里
邮政编码:050501
证书注册编号:1900B1273
体系认证标准:GB/T 19002—1994 idt
ISO 9001:1994
有效期:2000.9.26～2003.9.26

浙江振兴阿详集团有限公司
地址:浙江省湖州市轧村镇
邮政编码:313002
证书注册编号:1900B1274
体系认证标准:GB/T 19002—1994 idt
ISO 9001:1994
有效期:2000.9.27～2003.9.27

邱氏(湖北)涂料有限公司
地址:湖北潜江市泽口经济技术开发区
政编码:433102
证书注册编号:1900A1275
体系认证标准:GB/T 19001—1994 idt
ISO 9001:1994
有效期:2000.9.27～2003.9.27

廊坊三威化工有限公司
地址:河北省廊坊市永华道9号
邮政编码:065000
证书注册编号:1900B1276
体系认证标准:GB/T 19002—1994 idt
ISO 9001:1994
有效期:2000.9.27～2003.9.27

瓦房店机械轴承制造有限公司
地址:辽宁省瓦房店市北共济街一段
邮政编码:116300
证书注册编号:1900B1277
体系认证标准:GB/T 19002—1994 idt
ISO 9002:1994
有效期:2000.9.27～2003.9.27

邯郸市雪亮眼镜有限公司(含邯郸分公司,沧州分公司,黄骅分公司)
地址:河北省邯郸市和平路146号
邮政编码:056001
证书注册编号:1900B1278
体系认证标准:GB/T 19002—1994 idt
ISO 9002:1994
有效期:2000.9.27～2003.9.27

陕西省化肥工业物资公司
地址:陕西西安市东元路秦孟街108号
邮政编码:710032
证书注册编号:1900B1279
体系认证标准:GB/T 19002—1994 idt
ISO 9001:1994
有效期:2000.9.27～2003.9.27

北京巨星物资有限公司
地址:北京市通州区张家湾镇
邮政编码:101113
证书注册编号:1900B1280
体系认证标准:GB/T 19002－1994 idt ISO 9001:1994
有效期:2000.9.27～2003.9.27

诸暨市西子宾馆
地址:浙江省诸暨市南屏路28号
邮政编码:311800
证书注册编号:1900B1281
体系认证标准:GB/T 19002－1994 idt ISO 9001:1994
有效期:2000.9.27～2003.9.27

北京全聚德烤鸭股份有限公司前门全聚德烤鸭店
地址:北京市崇文区前门大街32号
邮政编码:100051
证书注册编号:1900B1282
体系认证标准:GB/T 19002－1994 idt ISO 9001:1994
有效期:2000.9.28～2003.9.28

北京博恩科技贸易有限公司
地址:北京市海淀区广源闸5号乙广源大厦5层5013室
邮政编码:100081
证书注册编号:1900A1283
体系认证标准:GB/T 19002－1994 idt ISO 9002:1994
有效期:2000.9.28～2003.9.28

无锡市锡能电力发展有限责任公司
地址:江苏省无锡市新区硕放私营经济园内
邮政编码:214123
证书注册编号:1900B1284－1
体系认证标准:GB/T 19002－1994 idt ISO 9002:1994
有效期:2000.9.28～2003.9.28

锡山市锡能电力公司
地址:江苏省无锡市金城湾
邮政编码:214123
证书注册编号:1900B1284－2
体系认证标准:GB/T 19002－1994 idt ISO 9002:1994
有效期:2000.9.28～2003.9.28

上海新泾混凝土制品厂
地址:上海市北翟路1258号
邮政编码:200335
证书注册编号:1900B1285
体系认证标准:GB/T 19002－1994 idt ISO 9002:1994
有效期:2000.9.28～2003.9.28

辽阳精密仪表厂
地址:辽宁省辽阳市轻工街6－226号
邮政编码:111000
证书注册编号:1900B1286
体系认证标准:GB/T 19002－1994 idt ISO 9001:1994
有效期:2000.9.28～2003.9.28

徐州天富化工有限公司
地址:江苏省徐州市孟家沟沈孟公路
邮政编码:221007
证书注册编号:1900B1287
体系认证标准:GB/T 19002－1994 idt ISO 9001:1994
有效期:2000.9.28～2003.9.28

扬州开关厂(扬州新扬开关设备有限公司)
地址:江苏省扬州市东花园东路11号
邮政编码:225003
证书注册编号:1900B1288
体系认证标准:GB/T 19002－1994 idt ISO 9001:1994
有效期:2000.9.28～2003.9.28

福建省永安矿务局永丰水泥厂
地址:福建省三明永安市丰海桥南
邮政编码:366018
证书注册编号:1900B1289
体系认证标准:GB/T 19002－1994 idt ISO 9001:1994
有效期:2000.9.28～2003.9.28

上海建工材料工程有限公司
地址:上海市江西中路406号
邮政编码:200002
证书注册编号:1900B1290
体系认证标准:GB/T 19002－1994 idt ISO 9001:1994
有效期:2000.9.28～2003.9.28

镇江市海王石化工程有限责任公司
地址:江苏省镇江市运河路31号
邮政编码:212003
证书注册编号:1900B1291
体系认证标准:GB/T 19002－1994 idt ISO 9001:1994
有效期:2000.9.28～2003.9.28

河南省瑞光印务股份有限公司
地址:河南省郑州市二环路35号
邮政编码:450053
证书注册编号:1900B1292
体系认证标准:GB/T 19002－1994 idt ISO 9001:1994
有效期:2000.9.28～2003.9.28

上海福海(木业)企业有限公司
地址:上海市浦东北蔡中心路88号
邮政编码:201204
证书注册编号:1900B1293
体系认证标准:GB/T 19002－1994 idt ISO 9001:1994
有效期:2000.9.28～2003.9.28

杭州近江电力自控设备厂
地址:浙江省杭州市秋涛路489号
邮政编码:310016
证书注册编号:1900A1294
体系认证标准:GB/T 19001－1994 idt ISO 9001:1994
有效期:2000.9.28～2003.9.28

西安秦川电站开关厂
地址:陕西省户县沣京路150号
邮政编码:710300
证书注册编号:1900B1295
体系认证标准:GB/T 19002－1994 idt ISO 9001:1994
有效期:2000.9.28～2003.9.28

浙江省长兴白岘水泥有限公司
地址:浙江省长兴县白岘乡访贤村
邮政编码:313118
证书注册编号:1900B1296
体系认证标准:GB/T 19002－1994 idt ISO 9002:1994
有效期:2000.9.28～2003.9.28

北京铁路分局石楼车辆段
地址:北京市房山区石楼车辆段
邮政编码:102422
证书注册编号:1900B1297
体系认证标准:GB/T 19002－1994 idt ISO 9002:1994
有效期:2000.9.28～2003.9.28

山西金星纺织器材有限公司
地址:山西省阳泉市平定县锁簧镇前梨林头村
邮政编码:045208
证书注册编号:1900B1298
体系认证标准:GB/T 19002—1994 idt ISO 9002:1994
有效期:2000.9.28～2003.9.28

浙江金华金鹤建材有限公司
地址:浙江省赤松乡山口村金鹤畈
邮政编码:321022
证书注册编号:1900B1299
体系认证标准:GB/T 19002—1994 idt ISO 9002:1994
有效期:2000.9.28～2003.9.28

盘锦辽河啤酒有限公司
地址:辽宁省盘锦市兴隆台区庄林路
邮政编码:124010
证书注册编号:1900B1300
体系认证标准:GB/T 19001—1994 idt ISO 9001:1994
有效期:2000.9.28～2003.9.28

兰溪市第五水泥厂
地址:浙江省兰溪市东效洞源
邮政编码:321100
证书注册编号:1900B1301
体系认证标准:GB/T 19002—1994 idt ISO 9001:1994
有效期:2000.9.28～2003.9.28

沈阳档案装制造有限公司
地址:辽宁省沈阳市新城子区道义经济开发区正义三路
邮政编码:110135
证书注册编号:1900B1302
体系认证标准:GB/T 19002—1994 idt ISO 9001:1994
有效期:2000.9.28～2003.9.28

葫芦岛市钢管工业总公司
地址:辽宁省葫芦岛市锦葫路茨山
邮政编码:125003
证书注册编号:1900B1303
体系认证标准:GB/T 19002—1994 idt ISO 9001:1994
有效期:2000.9.28～2003.9.28

大连兴达模具机械加工厂
地址:辽宁省大连市甘井子区红旗镇湾家村17—1号
邮政编码:116021
证书注册编号:1900B1304
体系认证标准:GB/T 19002—1994 idt ISO 9001:1994
有效期:2000.9.28～2003.9.28

南海艺华不锈钢铝业有限公司
地址:广东省南海市大沥广佛公路曹边大道左侧
邮政编码:528231
证书注册编号:1900B1305
体系认证标准:GB/T 19002—1994 idt ISO 9001:1994
有效期:2000.9.28～2003.9.28

江阴永信装饰材料有限公司
地址:江苏省江阴市祝塘镇
邮政编码:214415
证书注册编号:1900B1306
体系认证标准:GB/T 19002—1994 idt ISO 9001:1994
有效期:2000.9.28～2003.9.28

锡山市大众紧固件制造有限公司
地址:江苏省锡山市藕塘镇
邮政编码:214153
证书注册编号:1900B1307
体系认证标准:GB/T 19002—1994 idt ISO 9001:1994
有效期:2000.9.28～2003.9.28

宝观电力设备厂
地址:陕西省宝鸡市宝虢路
邮政编码:721004
证书注册编号:1900A1308
体系认证标准:GB/T 19001—1994 idt ISO 9001:1994
有效期:2000.9.28～2003.9.28

南海市强力电梯厂
地址:广东省佛山市南海市桂城桂澜路农科所工业区
邮政编码:528200
证书注册编号:1900B1309
体系认证标准:GB/T 19002—1994 idt ISO 9001:1994
有效期:2000.9.28～2003.9.28

浙江诸暨上峰水泥总厂
地址:浙江省诸暨市次坞镇
邮政编码:311815
证书注册编号:1900B1310
体系认证标准:GB/T 19002—1994 idt ISO 9001:1994
有效期:2000.9.28～2003.9.28

定鸡铁塔厂
地址:陕西省宝鸡市姜谭路
邮政编码:721008
证书注册编号:1900B1311
体系认证标准:GB/T 19002—1994 idt ISO 9001:1994
有效期:2000.9.28～2003.9.28

中水荣成渔业钢丝绳厂
地址:山东省荣成市石岛镇
邮政编码:264308
证书注册编号:1900B1312
体系认证标准:GB/T 19002—1994 idt ISO 9001:1994
有效期:2000.9.28～2003.9.28

宜兴市新燕水泥厂
地址:江苏省宜兴市堰头乡阳槽
邮政编码:214247
证书注册编号:1900B1313
体系认证标准:GB/T 19002—1994 idt ISO 9001:1994
有效期:2000.9.28～2003.9.28

大连广汇化学有限公司
地址:辽宁省大连市甘井子区盐岛
邮政编码:116100
证书注册编号:1900B1314
体系认证标准:GB/T 19002—1994 idt ISO 9001:1994
有效期:2000.9.28～2003.9.28

淮北市煤矿金属防腐厂
地址:安徽省淮北市三堤口
邮政编码:235019
证书注册编号:1900B1315
体系认证标准:GB/T 19002—1994 idt ISO 9001:1994
有效期:2000.9.28～2003.9.28

满城县电力局水泥制品厂
地址:河北省保定市保满路东马村
邮政编码:072150
证书注册编号:1900B1316
体系认证标准:GB/T 19002—1994 idt ISO 9001:1994
有效期:2000.9.28～2003.9.28

绍兴艾利特领带服装有限公司
地址:浙江省嵊州市剡城东路南测
邮政编码:312400
证书注册编号:1900B1317
体系认证标准:GB/T 19002—1994 idt ISO 9001:1994
有效期:2000.9.28~2003.9.28

宜兴市大东方实业有限公司
地址:江苏省宜兴市南新镇
邮政编码:214215
证书注册编号:1900B1318
体系认证标准:GB/T 19002—1994 idt ISO 9001:1994
有效期:2000.9.29~2003.9.29

葫芦岛市龙港石化管件厂
地址:辽宁省葫芦岛市龙港区茨齐路工业小区
邮政编码:125003
证书注册编号:1900B1319
体系认证标准:GB/T 19002—1994 idt ISO 9001:1994
有效期:2000.9.29~2003.9.29

丹阳市金隆机械有限公司
地址:江苏省丹阳市丝绸路78号
邮政编码:212345
证书注册编号:1900B1320
体系认证标准:GB/T 19002—1994 idt ISO 9001:1994
有效期:2000.9.29~2003.9.29

大连兴达压铸厂
地址:辽宁省大连市甘井子区红旗镇湾家村17—1号
邮政编码:116021
证书注册编号:1900B1321
体系认证标准:GB/T 19002—1994 idt ISO 9001:1994
有效期:2000.9.29~2003.9.29

杭州皇冠特种水产饲料有限公司
地址:浙江省杭州市江干区机场路范家弄15号
邮政编码:310017
证书注册编号:1900B1322
体系认证标准:GB/T 19002—1994 idt ISO 9001:1994
有效期:2000.9.29~2003.9.29

大连龙华木业有限公司
地址:辽宁省大连市金州区北九里村
邮政编码:116100
证书注册编号:1900B1323
体系认证标准:GB/T 19002—1994 idt ISO 9001:1994
有效期:2000.9.29~2003.9.29

乐清市华东仪表厂
地址:浙江省乐清市虹桥镇厂帆工业区
邮政编码:325608
证书注册编号:1900B1324
体系认证标准:GB/T 19002—1994 idt ISO 9001:1994
有效期:2000.9.29~2003.9.29

中山市治德实业公司
地址:广东省中山市中山港大道
邮政编码:528437
证书注册编号:1900B1325
体系认证标准:GB/T 19002—1994 idt ISO 9001:1994
有效期:2000.9.29~2003.9.29

南平市精细化工助刘厂
地址:福建省南平市环城北路23号
邮政编码:353000
证书注册编号:1900B1326
体系认证标准:GB/T 19002—1994 idt ISO 9001:1994
有效期:2000.9.29~2003.9.29

福建嘉华装饰工程有限公司
地址:福建省泉州市丰泽街兴业银行大厦16层
邮政编码:362000
证书注册编号:1900B1327
体系认证标准:GB/T 19002—1994 idt ISO 9001:1994
有效期:2000.9.29~2003.9.29

鹿泉市铜冶冷拔钢材厂
地址:河北省鹿泉市铜冶镇南铜冶
邮政编码:050221
证书注册编号:1900B1328
体系认证标准:GB/T 19002—1994 idt ISO 9001:1994
有效期:2000.9.30~2003.9.30

石家庄市南钢冶精密铸钢厂
地址:河北省鹿泉市铜冶镇南铜冶村
邮政编码:050221
证书注册编号:1900B1329
体系认证标准:GB/T 19002—1994 idt ISO 9001:1994
有效期:2000.9.29~2003.9.29

福州电力技术学校实验厂
地址:福建福州市台江区瀛东路79号
邮政编码:350009
证书注册编号:1900B1330
体系认证标准:GB/T 19002—1994 idt ISO 9001:1994
有效期:2000.9.30~2003.9.30

福建省煤炭工业基本建设公司
地址:福建省永安市燕江东路28号
邮政编码:366000
证书注册编号:1900B1331
体系认证标准:GB/T 19002—1994 idt ISO 9001:1994
有效期:2000.9.30~2003.9.30

西铁电气化宝鸡构件厂
地址:陕西省宝鸡市宝十路49号
邮政编码:721001
证书注册编号:1900B1332
体系认证标准:GB/T 19002—1994 idt ISO 9001:1994
有效期:2000.9.30~2003.9.30

锡山市东亭液压软管厂
地址:江苏省锡山市东亭镇春星村
邮政编码:214011
证书注册编号:1900B1333
体系认证标准:GB/T 19002—1994 idt ISO 9001:1994
有效期:2000.9.30~2003.9.30

烟台吉斯家具有限责任公司
地址:山东烟台市牟平区师范路11号
邮政编码:264100
证书注册编号:1900A1334
体系认证标准:GB/T 19001—1994 idt ISO 9001:1994
有效期:2000.9.30~2003.9.30

哈尔滨光宇电池有限公司
地址:黑龙江省哈尔滨市南岗区学府路由缆街68号
邮政编码:150086
证书注册编号:1900B1335
体系认证标准:GB/T 19002—1994 idt ISO 9001:1994
有效期:2000.9.30~2003.9.30

内蒙古河套酒业集团股份有限公司
地址：内蒙古巴盟杭锦后旗陕坝镇建设街 39 号
邮政编码：015400
证书注册编号：1900B1336
体系认证标准：GB/T 19002－1994 idt ISO 9001:1994
有效期：2000.9.30～2003.9.30

建瓯市建业酚醛塑料有限公司
地址：福建省建瓯市兴宁工业区
邮政编码：353100
证书注册编号：1900B11337
体系认证标准：GB/T 19002－1994 idt ISO 9001:1994
有效期：2000.9.30～2003.9.30

北京华云建筑工程公司
地址：北京市密云县穆家峪镇沙峪沟村
邮政编码：101500
证书注册编号：1900B1338
体系认证标准：GB/T 19002－1994 idt ISO 9001:1994
有效期：2000.9.30～2003.9.30

黑龙江佳星浮法玻璃有限公司
地址：黑龙江省佳木斯市向阳区联盟路中段
邮政编码：154007
证书注册编号：1900B1339
体系认证标准：GB/T 19002－1994 idt ISO 9001:1994
有效期：2000.10.8～2003.10.8

江苏康博团股份有限公司
地址：江苏省常熟市白茆镇
邮政编码：215532
证书注册编号：1900B1340
体系认证标准：GB/T 19002－1994 idt ISO 9001:1994
有效期：2000.10.8～2003.10.8

上海世洲建工程有限公司
地址：上海市杨浦区赤峰路 50 号
邮政编码：200092
证书注册编号：1900B1341
体系认证标准：GB/T 19002－1994 idt ISO 9001:1994
有效期：2000.10.8～2003.10.8

常熟华联装潢工程有限责任公司
地址：江苏省常熟海虞南路 75 号
邮政编码：215500
证书注册编号：1900B1342
体系认证标准：GB/T 19002－1994 idt ISO 9001:1994
有效期：2000.10.8～2003.10.8

南海市中联电缆厂
地址：广东省南海市黄岐区名雅路 3 号
邮政编码：528248
证书注册编号：1900B1343
体系认证标准：GB/T 19002－1994 idt ISO 9002:1994
有效期：2000.10.8～2003.10.8

安徽古井雪地啤酒有限责任公司
地址：安徽省阜阳市莲花路 105 号
邮政编码：236023
证书注册编号：1900B1344
体系认证标准：GB/T 19002－1994 idt ISO 9002:1994
有效期：2000.10.8～2003.10.8

济南重工股份有限公司
地址：山东省济南东郊机场路
邮政编码：250109
证书注册编号：1900A1345
体系认证标准：GB/T 19001－1994 idt ISO 9001:1994
有效期：2000.10.8～2003.10.8

上海金粤幕墙有限公司
地址：上海松江区九亭开发区 342 地块
邮政编码：201615
证书注册编号：1900A1408
体系认证标准：GB/T 19001－1994 idt ISO 9001:1994
有效期：2000.10.13～2003.10.13

东营华德利玻璃棉制品有限公司
地址：山东东营市垦利县利河路 113 号
邮政编码：257500
证书注册编号：1900B1346
体系认证标准：GB/T 19002－1994 idt ISO 9002:1994
有效期：2000.10.8～2003.10.8

世纪金花股份有限公司
地址：陕西西安西大街 1 号钟鼓楼广场
邮政编码：710002
证书注册编号：1900B1347
体系认证标准：GB/T 19002－1994 idt ISO 9002:1994
有效期：2000.10.8～2003.10.8

佳木斯电力实业集团铁塔厂
地址：黑龙江省佳木斯市东风区胜利路中段
邮政编码：154005
证书注册编号：1900B1348
体系认证标准：GB/T 19002－1994 idt ISO 9002:1994
有效期：2000.10.8～2003.10.8

广东凤铝铝型材厂
地址：广东省南海市大沥凤池工业区
邮政编码：528231
证书注册编号：1900B1349
体系认证标准：GB/T 19002－1994 idt ISO 9002:1994
有效期：2000.10.8～2003.10.8

常州市中建防腐化工设备有限公司
地址：江苏省常州市奔牛镇张墅桥
邮政编码：213131
证书注册编号：1900B1350
体系认证标准：GB/T 19002－1994 idt ISO 9002:1994
有效期：2000.10.8～2003.10.8

吴县市宝蠡耐火材料有限公司
地址：江苏省吴县市蠡口镇西
邮政编码：215133
证书注册编号：1900B1351
体系认证标准：GB/T 19002－1994 idt ISO 9002:1994
有效期：2000.10.8～2003.10.8

淄博通博高档骨质瓷有限责任公司
地址：山东省淄博市张店区和平路西首
邮政编码：255090
证书注册编号：1900B1352
体系认证标准：GB/T 19002－1994 idt ISO 9002:1994
有效期：2000.10.8～2003.10.8

广州市华澳冶金炉料厂
地址：广东省广州市芳村区白鹤洞鹤翔路 1 号
邮政编码：510381
证书注册编号：1900B1353
体系认证标准：GB/T 19002－1994 idt ISO 9002:1994
有效期：2000.10.8～2003.10.8

郑州新星耐火材料有限责任公司
地址:河南省新密市宋楼工业区
邮政编码:452385
证书注册编号:1900B1354
体系认证标准:GB/T 19002-1994 idt ISO 9002:1994
有效期:2000.10.8~2003.10.8

武进市特种焊管厂
地址:江苏省武进市薛家镇
邮政编码:213125
证书注册编号:1900B1355
体系认证标准:GB/T 19002-1994 idt ISO 9002:1994
有效期:2000.10.8~2003.10.8

丹阳新世纪纺织有限公司
地址:江苏省丹阳市开发区东方服务总汇 2-8 号
邮政编码:212310
证书注册编号:1900B1356
体系认证标准:GB/T 19002-1994 idt ISO 9002:1994
有效期:2000.10.8~2003.10.8

吴川市大山江机械厂有限公司
地址:广东省吴川市人民东路大山江镇政府侧
邮政编码:524500
证书注册编号:1900A1357
体系认证标准:GB/T 19001-1994 idt ISO 9001:1994
有效期:2000.10.10~2003.10.10

南海市通达不锈钢型材厂
地址:广东省南海市大沥广佛公路大镇路口
邮政编码:52823
证书注册编号:1900B1359
体系认证标准:GB/T 19002-1994 idt ISO 9002:1994
有效期:2000.10.10~2003.10.10

沈阳天维电气设备制造有限公司
地址:辽宁省新民市东环北街 21 号
邮政编码:110300
证书注册编号:1900A1360
体系认证标准:GB/T 19001-1994 idt ISO 9001:1994
有效期:2000.10.10~2003.10.10

上海君海实业发展有限公司
地址:上海市新城经济区一区 8 号(清浦区赵巷镇)
邮政编码:201703
证书注册编号:1900B1361
体系认证标准:GB/T 19002-1994 idt ISO 9002:1994
有效期:2000.10.10~2003.10.10

辽宁润达集团总公司瓦房店轿车修配厂
地址:辽宁省瓦房店市西长春路八号
邮政编码:116300
证书注册编号:1900B1362
体系认证标准:GB/T 19002-1994 idt ISO 9002:1994
有效期:2000.10.10~2003.10.10

福建振云塑胶有限公司
地址:福建省福清市镜洋工业开发区
邮政编码:350304
证书注册编号:1900B1363
体系认证标准:GB/T 19002-1994 idt ISO 9002:1994
有效期:2000.10.10~2003.10.10

上海实业化工有限公司
地址:上海市嘉定澄浏路 681 号
邮政编码:201808
证书注册编号:1900B1364
体系认证标准:GB/T 19002-1994 idt ISO 9002:1994
有效期:2000.10.10~2003.10.10

南海市大沥大洋不锈钢铝型材厂
地址:广东省南海市大沥桂江公路水头工业区
邮政编码:528231
证书注册编号:1900B1365
体系认证标准:GB/T 19002-1994 idt ISO 9002:1994
有效期:2000.10.10~2003.10.10

如皋市柴油机厂
地址:江苏省如皋市经济开发区西首
邮政编码:226572
证书注册编号:1900B1366
体系认证标准:GB/T 19002-1994 idt ISO 9002:1994
有效期:2000.10.10~2003.10.10

福建省沙县福利化工厂
地址:福建省沙县洋坊民营工业区
邮政编码:365500
证书注册编号:1900B1367
体系认证标准:GB/T 19002-1994 idt ISO 9002:1994
有效期:2000.10.10~2003.10.10

福建省永安林业(集团)股份有限公司永安人造板厂
地址:福建省永安市尼葛 13 号
邮政编码:366000
证书注册编号:1900B1368
体系认证标准:GB/T 19002-1994 idt ISO 9002:1994
有效期:2000.10.10~2003.10.10

青岛新凯电线电缆有限公司
地址:山东省青岛市城阳区城阳镇董村
邮政编码:266109
证书注册编号:1900B1369
体系认证标准:GB/T 19002-1994 idt ISO 9002:1994
有效期:2000.10.10~2003.10.10

福建莆田华纶福利印染有限公司
地址:福建省莆田市忠门镇西许工业区 5#-8#幢
邮政编码:351152
证书注册编号:1900B1370
体系认证标准:GB/T 19002-1994 idt ISO 9002:1994
有效期:2000.10.10~2003.10.10

福建省明星阀门厂
地址:福建省南安市英都芸林工业区 23 号
邮政编码:362305
证书注册编号:1900B1371
体系认证标准:GB/T 19002-1994 idt ISO 9002:1994
有效期:2000.10.10~2003.10.10

衡水泰昌预应力有限公司
地址:河北省衡水市大庆中路 111 号
邮政编码:053000
证书注册编号:1900A1372
体系认证标准:GB/T 19001-1994 idt ISO 9001:1994
有效期:2000.10.10~2003.10.10

靖江机械设备制造公司
地址:江苏省靖江市靖广路 1 号
邮政编码:214524

证书注册编号:1900B1373
体系认证标准:GB/T 19002—1994 idt ISO 9002:1994
有效期:2000.10.10～2003.10.10

莱州华银试验仪器有限公司
地址:山东省莱州市鼓楼街46号
邮政编码:261400
证书注册编号:1900B1374
体系认证标准:GB/T 19002—1994 idt ISO 9002:1994
有效期:2000.10.10～2003.10.10

上海市第五建筑有限公司
地址:上海市曹杨路1000号
邮政编码:200063
证书注册编号:1900B1375
体系认证标准:GB/T 19002—1994 idt ISO 9002:1994
有效期:2000.10.10～2003.10.10

漳州市驳城精铭开关厂
地址:福建省漳州市驳城区新华东路官园巷32-10号
邮政编码:363000
证书注册编号:1900A1376
体系认证标准:GB/T 19001—1994 idt ISO 9001:1994
有效期:2000.10.10～2003.10.10

福州集升物业管理有限公司
地址:福建省福州市五四路158号环球广场
邮政编码:350003
证书注册编号:1900B1377
体系认证标准:GB/T 19002—1994 idt ISO 9002:1994
有效期:2000.10.10～2003.10.10

上海恒联物业有限公司
地址:上海市奎山路790弄1号
邮政编码:200434
证书注册编号:1900B1378
体系认证标准:GB/T 19002—1994 idt ISO 9002:1994
有效期:2000.10.10～2003.10.10

淮北矿业(集团)有限公司淮北选煤厂
地址:安徽省淮北市青龙山
邮政编码:235025
证书注册编号:1900B1379
体系认证标准:GB/T 19002—1994 idt ISO 9002:1994
有效期:2000.10.10～2003.10.10

大连经济技术开发区华联电控设备有限公司
地址:辽宁省大连经济技术开发区海青街道二道河
邮政编码:116600
证书注册编号:1900B1380
体系认证标准:GB/T 19002—1994 idt ISO 9002:1994
有效期:2000.10.10～2003.10.10

番禺市鸿图电脑设备有限公司
地址:广东番禺市大石镇鸿图工业园东二栋二楼
邮政编码:511430
证书注册编号:1900B1381
体系认证标准:GB/T 19002—1994 idt ISO 9002:1994
有效期:2000.10.10～2003.10.10

长葛市联发纸业有限公司
地址:河南省长葛市区溢水路39号
邮政编码:461500
证书注册编号:1900B1382
体系认证标准:GB/T 19002—1994 idt ISO 9002:1994
有效期:2000.10.12～2003.10.12

南海市罗南铝厂
地址:广东省南海市罗村镇罗寨第一工业区
邮政编码:528226
证书注册编号:1900B1383
体系认证标准:GB/T 19002—1994 idt ISO 9002:1994
有效期:2000.10.10～2003.10.10

河南省新密市京华耐火材料实业总公司
地址:河南省新密市超化
邮政编码:452385
证书注册编号:1900B1384
体系认证标准:GB/T 19002—1994 idt ISO 9002:1994
有效期:2000.10.10～2003.10.10

南海市中南铝业公司
地址:广东南海市松岗镇
邮政编码:528234
证书注册编号:1900B1385
体系认证标准:GB/T 19002—1994 idt ISO 9002:1994
有效期:2000.10.10～2003.10.10

福建永春水泥有限公司
地址:福建省泉州市永春县下洋镇
邮政编码:362617
证书注册编号:1900B1386
体系认证标准:GB/T 19002—1994 idt ISO 9002:1994
有效期:2000.10.10～2003.10.10

淮北矿业集团工程建设有限责任公司
地址:安徽省淮北市濉溪淮海路361号
邮政编码:235100
证书注册编号:1900B1387
体系认证标准:GB/T 19002—1994 idt ISO 9002:1994
有效期:2000.10.11～2003.10.11

淮北电力电控设备厂
地址:安徽省淮北市东山路67号
邮政编码:235000
证书注册编号:1900B1388
体系认证标准:GB/T 19002—1994 idt ISO 9002:1994
有效期:2000.10.11～2003.10.11

淮北煤矿新型建材总厂
地址:安徽省淮北市杜集区矿山集镇
邮政编码:235047
证书注册编号:1900B1389
体系认证标准:GB/T 19002—1994 idt ISO 9002:1994
有效期:2000.10.11～2003.10.11

浙江泰坦股份有限公司
地址:浙江新昌县城关镇江南路30号
邮政编码:312500
证书注册编号:1900B1390
体系认证标准:GB/T 19002—1994 idt ISO 9002:1994
有效期:2000.10.11～2003.10.11

云南省邮电规划设计院
地址:云南省昆明市北京路和平后村101号
邮政编码:650011
证书注册编号:1900A1391
体系认证标准:GB/T 19001—1994 idt ISO 9001:1994
有效期:2000.10.11～2003.10.11

茂名石化乙烯工业公司
地址:广东省茂名市
邮政编码:525021
证书注册编号:1900B1392
体系认证标准:GB/T 19002—1994 idt ISO 9002:1994
有效期:2000.10.11～2003.10.11

苏州上吴电梯导轨有限公司
地址:江苏省吴江市北厍镇
邮政编码:215214
证书注册编号:1900B1393
体系认证标准:GB/T 19002—1994 idt ISO 9002:1994
有效期:2000.10.11～2003.10.11

红豆集团公司
地址:江苏省锡山市港下镇
邮政编码:214199
证书注册编号:1900B1394
体系认证标准:GB/T 19002—1994 idt ISO 9002:1994
有效期:2000.10.11～2003.10.11

玉环县航天机械工业有限公司
地址:浙江玉环县坎门镇康裕路55号
邮政编码:317602
证书注册编号:1900B1395
体系认证标准:GB/T 19002—1994 idt ISO 9002:1994
有效期:2000.10.11～2003.10.11

上海电力实业总公司
地址:上海市黄浦区河南中路271弄1号
邮政编码:200001
证书注册编号:1900B1396
体系认证标准:GB/T 19002—1994 idt ISO 9002:1994
有效期:2000.10.11～2003.10.11

牡彤江镜泊啤酒有限公司
地址:黑龙江省牡丹江市爱民区东新荣街77号
邮政编码:157009
证书注册编号:1900B1397
体系认证标准:GB/T 19002—1994 idt ISO 9002:1994
有效期:2000.10.11～2003.10.11

杭州乐金化妆品有限公司
地址:浙江省杭州经济技术开发区8号路
邮政编码:310018
证书注册编号:1900B1398
体系认证标准:GB/T 19002—1994 idt ISO 9002:1994
有效期:2000.10.11～2003.10.11

常州市丽华快餐有限公司
地址:江苏省常州市关河东路37号
邮政编码:213004
证书注册编号:1900B1399
体系认证标准:GB/T 19002—1994 idt ISO 9002:1994
有效期:2000.10.11～2003.10.11

奉化奥莱尔液压有限公司
地址:浙江省奉化市新丰收路16号
邮政编码:315500
证书注册编号:1900B1400
体系认证标准:GB/T 19002—1994 idt ISO 9002:1994
有效期:2000.10.11～2003.10.11

潮阳市雪柔精细化工实业有限公司
地址:广东省潮阳市峡山泗工业区雪柔工业城
邮政编码:515144
证书注册编号:1900B1401
体系认证标准:GB/T 19002—1994 idt ISO 9002:1994
有效期:2000.10.11～2003.10.11

郑州豫华企业集团股份有限公司
地址:河南省新密市超化矿区
邮政编码:452385
证书注册编号:1900B1402
体系认证标准:GB/T 19002—1994 idt ISO 9002:1994
有效期:2000.10.11～2003.10.11

瑞安凯迪药化机械有限公司
地址:浙江省瑞安市十八家工业区耀华路7号
邮政编码:325200
证书注册编号:1900B1403
体系认证标准:GB/T 19002—1994 idt ISO 9002:1994
有效期:2000.10.11～2003.10.11

上海东港建筑装饰工程公司
地址:上海市宛平南路266弄41号
邮政编码:200030
证书注册编号:1900B1404
体系认证标准:GB/T 19002—1994 idt ISO 9002:1994
有效期:2000.10.11～2003.10.11

上海庆余建筑工程有限公司
地址:上海市宛平南路266弄41室
邮政编码:200030
证书注册编号:1900B1404
体系认证标准:GB/T 19002—1994 idt ISO 9002:1994
有效期:2000.10.11～2003.10.11

宜兴市金牛建材有限公司
地址:江苏省宜兴市张渚镇东效
邮政编码:214231
证书注册编号:1900B1405
体系认证标准:GB/T 19002—1994 idt ISO 9002:1994
有效期:2000.10.11～2003.10.11

大连友爱室内用品有限公司
地址:辽宁省大连经济技术开发区保灵街8号
邮政编码:116600
证书注册编号:1900B1406
体系认证标准:GB/T 19002—1994 idt ISO 9002:1994
有效期:2000.10.12～2003.10.12

大连坤达铸铁管有限公司
地址:辽宁大连市甘井子区工兴路六号
邮政编码:116031
证书注册编号:1900B1407
体系认证标准:GB/T 19002—1994 idt ISO 9002:1994
有效期:2000.10.12～2003.10.12

番禺市涂易得涂料有限公司
地址:广东番禺市新造镇新潭公路3号
邮政编码:511436
证书注册编号:1900B1409
体系认证标准:GB/T 19002—1994 idt ISO 9002:1994
有效期:2000.10.17～2003.10.17

上海三进科技发展有限公司
地址:上海市中山南二路851号
邮政编码:200032
证书注册编号:1900A1410
体系认证标准:GB/T 19001—1994 idt ISO 9001:1994

有效期:2000.10.17～2003.10.17

南京三富实业公司
地址:江苏省南京市雨花西路安德里30号
邮政编码:210012
证书注册编号:1900B1411
体系认证标准:GB/T 19002－1994 idt ISO 9002:1994
有效期:2000.10.17～2003.10.17

中国航空油料华东公司(本部)
地址:上海市虹桥路2550号
邮政编码:2000335
证书注册编号:1900B1412
体系认证标准:GB/T 19002－1994 idt ISO 9002:1994
有效期:2000.10.17～2003.10.17

济南渗耐鲁泉防水材料有限公司
地址:山东省济南市市中区机一西厂路14号
邮政编码:250022
证书注册编号:1900B1413
体系认证标准:GB/T 19002－1994 idt ISO 9002:1994
有效期:2000.10.17～2003.10.17

广东油墨厂
地址:广东省广宁县石涧镇
邮政编码:526342
证书注册编号:1900B1414
体系认证标准:GB/T 19002－1994 idt ISO 9002:1994
有效期:2000.10.17～2003.10.17

江苏丹阳特种变压器厂
地址:江苏省丹阳市云阳路68号
邮政编码:212300
证书注册编号:1900B1415
体系认证标准:GB/T 19002－1994 idt ISO 9002:1994
有效期:2000.10.17～2003.10.17

无锡市万利涂料设备有限公司
地址:江苏省无锡市江海东路351号
邮政编码:214016
证书注册编号:1900B1416
体系认证标准:GB/T 19002－1994 idt ISO 9002:1994
有效期:2000.10.17～2003.10.17

威海华羽服装有限公司
地址:山东省威海市高技术产业开发区吉林路104号
邮政编码:264200
证书注册编号:1900B1417
体系认证标准:GB/T 19002－1994 idt ISO 9002:1994
有效期:2000.10.17～2003.10.17

上海保力润滑油有限公司
地址:上海市长江农场
邮政编码:202178
证书注册编号:1900B1418
体系认证标准:GB/T 19002－1994 idt ISO 9002:1994
有效期:2000.10.17～2003.10.17

山东胜海化工股份有限公司
地址:山东省东营市东营区油郭乡刘营村东
邮政编码:257000
证书注册编号:1900B1419
体系认证标准:GB/T 19002－1994 idt ISO 9002:1994
有效期:2000.10.17～2003.10.17

朝阳电力变压器有限公司
地址:辽宁朝阳市龙城区七道泉子发区
邮政编码:122000
证书注册编号:1900B1420
体系认证标准:GB/T 19002－1994 idt ISO 9002:1994
有效期:2000.10.17～2003.10.17

吉林省白城市邮政局
地址:吉林省白城市青年南街15号
邮政编码:137000
证书注册编号:1900B1421
体系认证标准:GB/T 19002－1994 idt ISO 9002:1994
有效期:2000.10.18～2003.10.18

山西省高平市泫氏铸业有限公司
地址:山西省高平市泫氏街东段
邮政编码:048400
证书注册编号:1900B1422
体系认证标准:GB/T 19002－1994 idt ISO 9002:1994
有效期:2000.10.18～2003.10.18

盐城天捷(集团)公司
地址:江苏省建湖县城东效吉基寺
邮政编码:224700
证书注册编号:1900B1423
体系认证标准:GB/T 19002－1994 idt ISO 9002:1994
有效期:2000.10.18～2003.10.18

潍坊塑料建材有限公司
地址:山东省临朐县城龙泉路73号
邮政编码:262600
证书注册编号:1900B1424
体系认证标准:GB/T 19002－1994 idt ISO 9002:1994
有效期:2000.10.18～2003.10.18

大洼县城效沥青厂(盘锦市大洼石油化工总厂)
地址:辽宁省盘锦市大洼县城效
邮政编码:124200
证书注册编号:1900B1425
体系认证标准:GB/T 19002－1994 idt ISO 9002:1994
有效期:2000.10.18～2003.10.18

河源市源江实业塑料制品有限公司
地址:广东省河源市经济技术开发区
邮政编码:517001
证书注册编号:1900B1426
体系认证标准:GB/T 19002－1994 idt ISO 9002:1994
有效期:2000.10.18～2003.10.18

江苏南黄海实业股份有限公司
地址:江苏省如东县马塘镇仁和南路86号
邮政编码:226401
证书注册编号:1900B1427
体系认证标准:GB/T 19002－1994 idt ISO 9002:1994
有效期:2000.10.18～2003.10.18

浙江桐昆化纤集团股份有限公司
地址:浙江桐乡市洲泉镇金鸡路188号
邮政编码:314513
证书注册编号:1900B1428
体系认证标准:GB/T 19002－1994 idt ISO 9002:1994
有效期:2000.10.18～2003.10.18

宁波德裕防腐材料厂
地址:浙江省慈溪开发区大发路123号
邮政编码:315300
证书注册编号:1900B1429

体系认证标准:GB/T 19002—1994 idt ISO 9002:1994
有效期:2000.10.18～2003.10.18

山西清徐来福老陈醋有限公司
地址:山西省清徐307国道592公里处
邮政编码:030400
证书注册编号:1900A1430
体系认证标准:GB/T 19001—1994 idt ISO 9001:1994
有效期:2000.10.19～2003.10.19

陕西省榆林第二毛纺织厂
地址:陕西省榆林市榆阳西路
邮政编码:719000
证书注册编号:1900B1431
体系认证标准:GB/T 19002:1994 idt ISO 9002:1994
有效期:2000.10.19～2003.10.19

南京亿利通信设备有限责任公司
地址:江苏省南京市秦虹路39号龙蟠花苑2幢6号101
邮政编码:210006
证书注册编号:1900B1432
体系认证标准:GB/T 19002:1994 idt ISO 9002:1994
有效期:2000.10.19～2003.10.19

扬中市营房机电塑料厂
地址:江苏省扬中市丰裕镇永丰学校内
邮政编码:212213
证书注册编号:1900B1433
体系认证标准:GB/T 19002:1994 idt ISO 9002:1994
有效期:2000.10.19～2003.10.19

浙江湖州威达纺织集团有限公司
地址:浙江省长兴长桥
邮政编码:313114
证书注册编号:1900B1434
体系认证标准:GB/T 19002:1994 idt ISO 9002:1994
有效期:2000.10.19～2003.10.19

福州融桥物业管理有限公司
地址:福建省福州市五一中路32号
邮政编码:350004
证书注册编号:1900B1435
体系认证标准:GB/T 19002:1994 idt ISO 9002:1994
有效期:2000.10.19～2003.10.19

融侨(福建)房地产有限公司/福建元洪房地产有限公司
地址:福建省福州市五一中路32号元洪大厦28层
邮政编码:350005
证书注册编号:1900B1436
体系认证标准:GB/T 19002:1994 idt ISO 9002:1994
有效期:2000.10.19～2003.10.19

湖北省黄麦岭磷化工集团公司
地址:湖北省大悟县
邮政编码:432818
证书注册编号:1900B1437
体系认证标准:GB/T 19002:1994 idt ISO 9002:1994
有效期:2000.10.19～2003.10.19

厦门市怡佳咏时装有限公司
地址:厦门市槟榔路1号联谊广场9楼C座
邮政编码:361012
证书注册编号:1900A1438
体系认证标准:GB/T 19001—1994 idt ISO 9001:1994
有效期:2000.10.19～2003.10.19

广州致美斋食品有限公司
地址:广东省广州市广花二路368号
邮政编码:510403
证书注册编号:1900B1439
体系认证标准:GB/T 19002:1994 idt ISO 9002:1994
有效期:2000.10.19～2003.10.19

国营陕西第九棉纺织厂
锦纶6帘子布分厂
地址:陕西省蔡家坡
邮政编码:722405
证书注册编号:1900B1440
体系认证标准:GB/T 19002:1994 idt ISO 9002:1994
有效期:2000.10.19～2003.10.19

上海西部市政工程有限公司
地址:上海市青浦区城中北路393号
邮政编码:201700
证书注册编号:1900B1441
体系认证标准:GB/T 19002:1994 idt ISO 9002:1994
有效期:2000.10.19～2003.10.19

太原市自来水安装工程公司
地址:山西太原迎泽区寇庄西路34号
邮政编码:030012
证书注册编号:1900B1442
体系认证标准:GB/T 19002:1994 idt ISO 9002:1994
有效期:2000.10.19～2003.10.19

沈阳子午线轮胎模具有限公司
地址:辽宁省沈阳市皇姑区黄河北大街116号
邮政编码:110034
证书注册编号:1900A1443
体系认证标准:GB/T 19001:1994 idt ISO 9001:1994
有效期:2000.10.19～2003.10.19

成都电动工具厂
地址:四川省成都市青莲街91号
邮政编码:610061
证书注册编号:1900B1444
体系认证标准:GB/T 19002:1994 idt ISO 9002:1994
有效期:2000.10.19～2003.10.19

北票电力机械厂
地址:辽宁省北票市建设路7号
邮政编码:122100
证书注册编号:1900B1445
体系认证标准:GB/T 19002:1994 idt ISO 9002:1994
有效期:2000.10.20～2003.10.20

福建省东方集团公司(东方厂,银盛厂,晋发厂)
地址:福建省晋江市磁灶镇岭畔工业区
邮政编码:362214
证书注册编号:1900B1446
体系认证标准:GB/T 19002:1994 idt ISO 9002:1994
有效期:2000.10.20～2003.10.20

上海宝业混凝土有限公司
地址:上海市宝山区庙行工业小区
邮政编码:200435
证书注册编号:1900B1447
体系认证标准:GB/T 19002:1994 idt ISO 9002:1994
有效期:2000.10.20～2003.10.20

广东省东莞市恒基水泥有限公司
地址:广东省东莞市石排镇燕窝
邮政编码:523331
证书注册编号:1900B1448
体系认证标准:GB/T 19002:1994 idt ISO 9002:1994
有效期:2000.10.20～2003.10.20

成都金炜制管有限责任公司
地址:四川省成都市外西土桥
邮政编码:610036
证书注册编号:1900B1449
体系认证标准:GB/T 19002:1994 idt ISO 9002:1994
有效期:2000.10.20～2003.10.20

临沂施可丰化肥有限公司
地址:山东省临沂市金雀山七路中段
邮政编码:276016
证书注册编号:1900B1450
体系认证标准:GB/T 19002:1994 idt ISO 9002:1994
有效期:2000.10.20～2003.10.20

海口南光幕墙装饰工程有限公司
地址:海南省海口市金融贸易区南华大厦888号
邮政编码:570125
证书注册编号:1900A1451
体系认证标准:GB/T 19001－1994 idt ISO 9001:1994
有效期:2000.10.20～2003.10.20

石家庄市变压器厂
地址:河北石家庄市中华南大街499号
邮政编码:050091
证书注册编号:1900A1452
体系认证标准:GB/T 19001－1994 idt ISO 9001:1994
有效期:2000.10.20～2003.10.20

番禺市石电缆厂
地址:广东省番禺市石镇石村三其大街14号
邮政编码:511450
证书注册编号:1900B1453
体系认证标准:GB/T 19002:1994 idt ISO 9002:1994
有效期:2000.10.20～2003.10.20

清苑县电力变压器厂
地址:河北省保定市清苑县城开发区富强路
邮政编码:071100
证书注册编号:1900B1454
体系认证标准:GB/T 19002:1994 idt ISO 9002:1994
有效期:2000.10.20～2003.10.20

清苑县电力线材厂
地址:河北省清苑县城开发区
邮政编码:071100
证书注册编号:1900B1455
体系认证标准:GB/T 19002:1994 idt ISO 9002:1994
有效期:2000.10.20～2003.10.20

江苏江环分析仪器有限公司
地址:江苏省姜堰市姜堰镇人民中路130号
邮政编码:225500
证书注册编号:1900B1456
体系认证标准:GB/T 19002:1994 idt ISO 9002:1994
有效期:2000.10.20～2003.10.20

杭州临安宏福有限公司
地址:浙江省临安市锦城镇兰锦路
邮政编码:311300
证书注册编号:1900B1457
体系认证标准:GB/T 19002:1994 idt ISO 9002:1994
有效期:2000.10.20～2003.10.20

大厂回族自治县华映食品机械有限公司
地址:河北省大厂回族自治县夏垫镇
邮政编码:065301
证书注册编号:1900B1458
体系认证标准:GB/T 19002:1994 idt ISO 9002:1994
有效期:2000.10.20～2003.10.20

宁波锦华铝业有限公司
地址:浙江省慈溪市宗汉镇金轮开发区
邮政编码:315301
证书注册编号:1900B1459
体系认证标准:GB/T 19002:1994 idt ISO 9002:1994
有效期:2000.10.24～2003.10.24

超霸电工电器(顺德)有限公司
地址:广东省顺德市勒流镇龙升南路
邮政编码:528322
证书注册编号:1900B1460
体系认证标准:GB/T 19002:1994 idt ISO 9002:1994
有效期:2000.10.24～2003.10.24

浙江大亚电器设备厂
地址:浙江省永嘉县乌牛工业区
邮政编码:325103
证书注册编号:1900B1461
体系认证标准:GB/T 19002:1994 idt ISO 9002:1994
有效期:2000.10.24～2003.10.24

苏州雅式办公设备有限公司
地址:江苏省苏州市苏福公路46号
邮政编码:215007
证书注册编号:1900A1462
体系认证标准:GB/T 19001－1994 idt ISO 9001:1994
有效期:2000.10.24～2003.10.24

苏州楚天激光有限公司
地址:江苏省苏州新区滨河路125号新创工业大厦12－1#
邮政编码:215011
证书注册编号:1900A1463
体系认证标准:GB/T 19001－1994 idt ISO 9001:1994
有效期:2000.10.24～2003.10.24

河北树祥水泥厂
地址:河北丰润县王官营镇西胡各庄村
邮政编码:064009
证书注册编号:1900B1464
体系认证标准:GB/T 19002:1994 idt ISO 9002:1994
有效期:2000.10.24～2003.10.24

唐山燕东水泥厂
地址:河北省丰润县杨家营村
邮政编码:064009
证书注册编号:1900A1465
体系认证标准:GB/T 19001:1994 idt ISO 9001:1994
有效期:2000.10.24～2003.10.24

浙江省余杭市南山水泥有限公司
地址:浙江省余杭市星桥佛日坞
邮政编码:311100
证书注册编号:1900B1466
体系认证标准:GB/T 19002:1994 idt ISO 9002:1994

有效期:2000.10.24～2003.10.24

苏州市东风空调设备电器厂
地址:江苏省苏州市东环路东环五村
邮政编码:215021
证书注册编号:1900B1467
体系认证标准:GB/T 19002:1994 idt ISO 9002:1994
有效期:2000.10.24～2003.10.24

山东秦池酒厂
地址:山东省临朐县秦池路10号
邮政编码:262600
证书注册编号:1900B1468
体系认证标准:GB/T 19002:1994 idt ISO 9002:1994
有效期:2000.10.24～2003.10.24

河北省保定市阳光精细经工有限公司
地址:河北省徐水县107国道徐水收费站北侧
邮政编码:072556
证书注册编号:1900B1469
体系认证标准:GB/T 19002:1994 idt ISO 9002:1994
有效期:2000.10.24～2003.10.24

山东农业专用肥料厂
地址:山东省齐河县焦斌镇
邮政编码:251121
证书注册编号:1900B1470
体系认证标准:GB/T 19002:1994 idt ISO 9002:1994
有效期:2000.10.24～2003.10.24

上海虹桥药业有限公司中药饮片厂
地址:上海市闵行区中春路7600号
邮政编码:201101
证书注册编号:1900B1471
体系认证标准:GB/T 19002:1994 idt ISO 9002:1994
有效期:2000.10.24～2003.10.24

福建永富水泥集团公司
地址:福建省龙岩市永定县高陂镇富岭
邮政编码:364101
证书注册编号:1900B1472
体系认证标准:GB/T 19002:1994 idt ISO 9002:1994
有效期:2000.10.24～2003.10.24

龙岩市新罗区蓝田水泥厂
地址:福建省龙岩市新罗区适中镇盂头
邮政编码:364101
证书注册编号:1900B1473
体系认证标准:GB/T 19002:1994 idt ISO 9002:1994
有效期:2000.10.24～2003.10.24

深圳市华厦鑫混凝土有限公司
地址:广东深圳市罗湖区经二路68号
邮政编码:518002
证书注册编号:1900B1474
体系认证标准:GB/T 19002:1994 idt ISO 9002:1994
有效期:2000.10.24～2003.10.24

罗源县造纸有限公司
地址:福建省罗源县城郊九龙坂
邮政编码:350600
证书注册编号:1900B1475
体系认证标准:GB/T 19002:1994 idt ISO 9002:1994
有效期:2000.10.24～2003.10.24

青岛昊成树脂有限公司
地址:山东省胶南市灵山路73号
邮政编码:266400
证书注册编号:1900B1476
体系认证标准:GB/T 19002:1994 idt ISO 9002:1994
有效期:2000.10.24～2003.10.24

连云港乐金化工有限公司
地址:江苏省连云港市经济技术开发区泰山路7－13小区
邮政编码:222047
证书注册编号:1900B1477
体系认证标准:GB/T 19002:1994 idt ISO 9002:1994
有效期:2000.10.24～2003.10.24

济南双利达集团有限公司
地址:山东省济南市无影山路23号
邮政编码:250031
证书注册编号:1900B1478
体系认证标准:GB/T 19002:1994 idt ISO 9002:1994
有效期:2000.10.25～2003.10.25

上海东珠针织服装厂
地址:上海市浦东盐朝公路十号桥
邮政编码:201324
证书注册编号:1900B1479
体系认证标准:GB/T 19002:1994 idt ISO 9002:1994
有效期:2000.10.25～2003.10.25

鄂州溢达针织有限公司
地址:湖北省鄂州市武昌大道322号
邮政编码:436000
证书注册编号:1900B1480
体系认证标准:GB/T 19002:1994 idt ISO 9002:1994
有效期:2000.10.25～2003.10.25

上海第十七棉纺织总厂
地址:上海市杨树浦路2866号
邮政编码:200090
证书注册编号:1900A1481
体系认证标准:GB/T 19001:1994 idt ISO 9001:1994
有效期:2000.10.25～2003.10.25

临沂东亚建材工业有限公司
地址:山东省临沂市罗庄镇双月门东
邮政编码:276017
证书注册编号:1900B1482
体系认证标准:GB/T 19002:1994 idt ISO 9002:1994
有效期:2000.10.25～2003.10.25

广东省韶铸集团有限公司精锻厂
地址:广东省韶关市十里亭
邮政编码:512031
证书注册编号:1900B1483
体系认证标准:GB/T 19002:1994 idt ISO 9002:1994
有效期:2000.10.25～2003.10.25

浙江省龙游杜山水泥厂
地址:浙江省龙游县塔石镇杜山徐
邮政编码:324405
证书注册编号:1900B1484
体系认证标准:GB/T 19002:1994 idt ISO 9002:1994
有效期:2000.10.25～2003.10.25

伊川县轴承有限公司
地址:河南省伊川县城酒厂北路42号
邮政编码:471300
证书注册编号:1900A1485
体系认证标准:GB/T 19001:1994 idt ISO 9001:1994
有效期:2000.10.25～2003.10.25

江苏宏大纺织股份有限公司
地址:江苏省盐城市仓头路8号
邮政编码:224015
证书注册编号:1900B1486
体系认证标准:GB/T 19002:1994 idt ISO 9002:1994
有效期:2000.10.25～2003.10.25

广州康纳天花有限公司
地址:广东省广州市从化市经济开发区丰盈路
邮政编码:510990
证书注册编号:1900B1487
体系认证标准:GB/T 19002:1994 idt ISO 9002:1994
有效期:2000.10.25～2003.10.25

郑州第二钢厂
地址:河南郑州市新郑双湖开发区1号
邮政编码:451191
证书注册编号:1900B1488
体系认证标准:GB/T 19002:1994 idt ISO 9002:1994
有效期:2000.10.25～2003.10.25

赣州高中压阀门有限公司
地址:江西赣州市开发区金坪工业大道
邮政编码:341000
证书注册编号:1900A1489
体系认证标准:GB/T 19001:1994 idt ISO 9001:1994
有效期:2000.10.25～2003.10.25

集安通用机械有限责任公司
地址:吉林省集安市建设北街三号
邮政编码:134200
证书注册编号:1900A1490
体系认证标准:GB/T 19001:1994 idt ISO 9001:1994
有效期:2000.10.25～2003.10.25

南海市广亚铝业有限公司
地址:广东省南海市官窑镇白沙桥东
邮政编码:528237
证书注册编号:1900B1491
体系认证标准:GB/T 19002:1994 idt ISO 9002:1994
有效期:2000.10.25～2003.10.25

*** 广东裕溪香精香料有限公司**
地址:广东省广州市梅花园54421部队39栋
邮政编码:510510
电话:(020)87176530
传真:(020)38850138
法定代表人:吴文贤
证书注册编号:1900B1492
体系认证标准:GB/T 19002:1994 idt ISO 9002:1994
获证体系覆盖产品:烟用香精、香料的生产
有效期:2000.10.25～2003.10.25

武汉铁路分局武昌南车辆段
地址:湖北武汉市武昌区张家湾特1号
邮政编码:430065
证书注册编号:1900B1493
体系认证标准:GB/T 19002:1994 idt ISO 9002:1994
有效期:2000.10.26～2003.10.26

保定市东方建筑安装公司
地址:河北省保定市红阳路26号
邮政编码:071000
证书注册编号:1900B1494
体系认证标准:GB/T 19002:1994 idt ISO 9002:1994
有效期:2000.10.26～2003.10.26

浙江黄岩华日(集团)公司
地址:浙江省台州市黄岩城关镇黄轴路101号
邮政编码:318020
证书注册编号:1900B1495
体系认证标准:GB/T 19002:1994 idt ISO 9002:1994
有效期:2000.10.26～2003.10.26

番禺市大发铜铝型材厂有限公司
地址:广东省番禺市钟村镇都那村
邮政编码:511495
证书注册编号:1900B1496
体系认证标准:GB/T 19002:1994 idt ISO 9002:1994
有效期:2000.10.26～2003.10.26

乐清市群英电子有限公司
地址:浙江乐清市虹桥西工业区C－1
邮政编码:325608
证书注册编号:1900B1497
体系认证标准:GB/T 19002:1994 idt ISO 9002:1994
有效期:2000.10.26～2003.10.26

封开长实电力器材有限公司
地址:广东省封开县江口镇河堤二路57号
邮政编码:526500
证书注册编号:1900B1498
体系认证标准:GB/T 19002:1994 idt ISO 9002:1994
有效期:2000.10.26～2003.10.26

南海市佳明机器有限公司
地址:广东南海市盐步平地工业开发区
邮政编码:528247
证书注册编号:1900A1499
体系认证标准:GB/T 19001－1994 idt ISO 9001:1994
有效期:2000.10.26～2003.10.26

京山县水泥有限责任公司
地址:湖北京山县新市镇鸭山路38号
邮政编码:431800
证书注册编号:1900B1500
体系认证标准:GB/T 19002:1994 idt ISO 9002:1994
有效期:2000.10.26～2003.10.26

北京市顺义第二塑料厂
地址:北京市顺义区南彩镇
邮政编码:101300
证书注册编号:1900B1501
体系认证标准:GB/T 19002:1994 idt ISO 9002:1994
有效期:2000.10.26～2003.10.26

梅县恒力高能电池有限公司
地址:广东省梅州市宪梓大道
邮政编码:514087
证书注册编号:1900B1502
体系认证标准:GB/T 19002:1994 idt ISO 9002:1994
有效期:2000.10.26～2003.10.26

北京雪黎佳运化工有限公司
地址:北京市通州区半壁店大街112号
邮政编码:101101
证书注册编号:1900B1503
体系认证标准:GB/T 19002:1994 idt ISO 9002:1994
有效期:2000.10.26～2003.10.26

镇江荣升电器有限公司
地址:江苏省扬中市长旺镇
邮政编码:212216

证书注册编号:1900B1504
体系认证标准:GB/T 19002:1994 idt ISO 9002:1994
有效期:2000.10.27～2003.10.27

丹阳市兴隆车辆部件有限公司
地址:江苏省丹阳市新桥镇
邮政编码:212322
证书注册编号:1900B1505
体系认证标准:GB/T 19002:1994 idt ISO 9002:1994
有效期:2000.10.27～2003.10.27

山东黑豹股份有限公司
地址:山东省文登市龙山路107号
邮政编码:264400
证书注册编号:1900A1506
体系认证标准:GB/T 19001－1994 idt ISO 9001:1994
有效期:2000.10.27～2003.10.27

富丽(湖南)寝具有限公司
地址:湖南省长沙星沙开发区板仓中路36号
邮政编码:410100
证书注册编号:1900B1507
体系认证标准:GB/T 19002:1994 idt ISO 9002:1994
有效期:2000.10.27～2003.10.27

山东省三利轮胎制造有限公司
地址:山东省曹县中兴路东3号
邮政编码:274400
证书注册编号:1900B1508
体系认证标准:GB/T 19002:1994 idt ISO 9002:1994
有效期:2000.10.27～2003.10.27

天津市华又继电器有限公司
地址:天津市红桥区咸阳路2号
邮政编码:300130
证书注册编号:1900B1509
体系认证标准:GB/T 19002:1994 idt ISO 9002:1994
有效期:2000.10.27～2003.10.27

杭州临安钢绞线厂
地址:浙江省杭州临安市锦城镇钱王大街738号
邮政编码:311300
证书注册编号:1900B1510
体系认证标准:GB/T 19002:1994 idt ISO 9002:1994
有效期:2000.10.27～2003.10.27

澄海市广汕生物化妆品有限公司
地址:广东省澄海市溪南工业区
邮政编码:515832
证书注册编号:1900B1511
体系认证标准:GB/T 19002:1994 idt ISO 9002:1994
有效期:2000.10.27～2003.10.27

南海市威得利电梯厂
地址:广东省南海市平洲区佛平新路平稳路段
邮政编码:528251
证书注册编号:1900B1512
体系认证标准:GB/T 19002:1994 idt ISO 9002:1994
有效期:2000.10.27～2003.10.27

北京通威饲料有限公司
地址:北京市丰台区南苑和义庄
邮政编码:100076
证书注册编号:1900B1513
体系认证标准:GB/T 19002:1994 idt ISO 9002:1994
有效期:2000.10.30～2003.10.30

丹阳市迎江汽车配件厂
地址:江苏丹阳市界牌镇双丰路68号
邮政编码:212323
证书注册编号:1900B1514
体系认证标准:GB/T 19002:1994 idt ISO 9002:1994
有效期:2000.10.30～2003.10.30

常州市江海化工厂
地址:江苏省常州武进焦溪镇
邮政编码:213116
证书注册编号:1900B1515
体系认证标准:GB/T 19002:1994 idt ISO 9002:1994
有效期:2000.10.30～2003.10.30

镇江飞翔电器有限公司
地址:江苏省扬中市丰裕镇西郊
邮政编码:212213
证书注册编号:1900B1516
体系认证标准:GB/T 19002:1994 idt ISO 9002:1994
有效期:2000.10.30～2003.10.30

山东英克莱集团有限公司
地址:山东省济宁市琵琶山西路11号
邮政编码:272049
证书注册编号:1900B1517
体系认证标准:GB/T 19002:1994 idt ISO 9002:1994
有效期:2000.10.30～2003.10.30

永定友源水泥有限公司
地址:福建省永定县抚市镇溪联村
邮政编码:364104
证书注册编号:1900B1518
体系认证标准:GB/T 19002:1994 idt ISO 9002:1994
有效期:2000.10.30～2003.10.30

山东平阴汇九轴瓦厂
地址:山东省平阴县孝直镇驻地
邮政编码:250402
证书注册编号:1900B1519
体系认证标准:GB/T 19002:1994 idt ISO 9002:1994
有效期:2000.10.30～2003.10.30

淄博先河机电有限责任公司
地址:山东省淄博市淄川区洪山镇
邮政编码:255120
证书注册编号:1900B1520
体系认证标准:GB/T 19002:1994 idt ISO 9002:1994
有效期:2000.10.30～2003.10.30

徐州电力冶金铸锻有限公司
地址:江苏省徐州市北郊(徐州发电厂内)
邮政编码:221166
证书注册编号:1900B1521
体系认证标准:GB/T 19002:1994 idt ISO 9002:1994
有效期:2000.10.30～2003.10.30

昆山市大唐通讯设备有限公司
地址:江苏省昆山市明星路8号
邮政编码:215300
证书注册编号:1900B1522
体系认证标准:GB/T 19002:1994 idt ISO 9002:1994
有效期:2000.10.30～2003.10.30

湛江金宏建材工业有限公司
地址:广东省廉江市书房仔
邮政编码:524400

证书注册编号:1900B1523
体系认系认证标准:GB/T 19002:1994 idt ISO 9002:1994
有效期:2000.10.30～2003.10.30

山东诸城菁华农牧发展有限公司
地址:山东省诸城市繁荣西路10号
邮政编码:262200
证书注册编号:1900B1524
体系认证标准:GB/T 19002:1994 idt ISO 9002:1994
有效期:2000.10.30～2003.10.30

广州市南亚电梯厂
地址:广东省广州市白云区石井庆丰工业区庆丰二路七号
邮政编码:510430
证书注册编号:1900B1525
体系认证标准:GB/T 19002:1994 idt ISO 9002:1994
有效期:2000.10.30～2003.10.30

沧州市兴水产阀门厂
地址:河北省沧州市交通大街15号
邮政编码:061000
证书注册编号:1900B1526
体系认证标准:GB/T 19002:1994 idt ISO 9002:1994
有效期:2000.10.30～2003.10.30

河北省保定市宏达电器开关厂
地址:河北省保定市高保路28号
邮政编码:071100
证书注册编号:1900B1527
体系认证标准:GB/T 19002:1994 idt ISO 9002:1994
有效期:2000.10.30～2003.10.30

顺德市伦教镇凌志电子有限公司
地址:广东省顺德市伦教镇伦羊路
邮政编码:528308
证书注册编号:1900A1528
体系认证标准:GB/T 19001－1994 idt ISO 9001:1994
有效期:2000.10.30～2003.10.30

辽源五一企业集团公司
地址:吉林省辽源市福镇大路143号
邮政编码:136200
证书注册编号:1900B1529
体系认证标准:GB/T 19002－1994 idt ISO 9002:1994
有效期:2000.10.30～2003.10.30

苍山县恒力水泥有限公司
地址:山东省苍山县城苍松路北段
邮政编码:277700
证书注册编号:1900B1530
体系认证标准:GB/T 19002－1994 idt ISO 9002:1994
有效期:2000.10.30～3002.10.30

黑龙江龙丹乳业科技股份有限公司
地址:黑龙江省哈尔滨市南岗区学府路337号
邮政编码:150086
证书注册编号:1900B1531
体系认证标准:GB/T 19002:1994 idt ISO 9002:1994
有效期:2000.11.1～2003.11.1

福建省晋江市永和英墩矿山机械配件厂
地址:福建省晋江市永和镇英墩开发区
邮政编码:362236
证书注册编号:1900B1532
体系认证标准:GB/T 19002－1994 idt ISO 9002:1994
有效期:2000.11.1～2003.11.1

山东金鼎实业股份有限公司
地址:山东省邹城市城西五里营
邮政编码:273500
证书注册编号:1900B1533
体系认证标准:GB/T 19002:1994 idt ISO 9002:1994
有效期:2000.11.1～2003.11.1

淄博鲁电碳素制品有限公司
地址:山东省淄博张店共青团西路西首
邮政编码:255090
证书注册编号:1900B1534
体系认证标准:GB/T 19002:1994 idt ISO 9002:1994
有效期:2000.11.1～2003.11.1

福州铁路分局永安车辆段
地址:福建省永安市火车站北头
邮政编码:366000
证书注册编号:1900B1525
体系认证标准:GB/T 19002－1994 idt ISO 9002:1994
有效期:2000.11.1～2003.11.1

福州市第三建筑工程公司
地址:福建省福州市福新路315号
邮政编码:350011
证书注册编号:1900B1536
体系认证标准:GB/T 19002－1994 idt ISO 9002:1994
有效期:2000.11.1～2003.11.1

淮北市华光灯具总厂
地址:安徽省淮北市三堤口
邮政编码:235100
证书注册编号:1900B1537
体系认证标准:GB/T 19002:1994 idt ISO 9002:1994
有效期:2000.11.1～2003.11.1

中国东方航空江苏有限公司
地址:江苏省南京市中山东路307号
邮政编码:210016
证书注册编号:1900B1538
体系认证标准:GB/T 19002－1994 idt ISO 9002:1994
有效期:2000.11.1～2003.11.1

山西省定襄建筑安装工程公司二公司
地址:山西省定襄县城解放路195号
邮政编码:035400
证书注册编号:1900B1539
体系认证标准:GB/T 19002:1994 idt ISO 9002:1994
有效期:2000.11.1～2003.11.1

赤峰德农·松州种业股份有限公司
地址:内蒙古自治区赤峰市迎宾街(民航机场东侧)
邮政编码:024000
证书注册编号:1900B1540
体系认证标准:GB/T 19002:1994 idt ISO 9002:1994
有效期:2000.11.1～2003.11.1

赤峰德农·松州种业股份有限公司
地址:内蒙古自治区赤峰市迎宾街(民航机场东侧)
邮政编码:024000
证书注册编号:1900A1540
体系认证标准:GB/T 19001－1994 idt ISO 9001:1994
有效期:2000.11.1～2003.11.1

广州市从化制漆有限公司
地址:广东省从化市街口镇小海桥

邮政编码:510900
证书注册编号:1900B1541
体系认证标准:GB/T 19002—1994 idt ISO 9002:1994
有效期:2000.11.1～2003.11.1

上海南极人企业发展有限公司
地址:上海市复兴东路701弄3号7楼
邮政编码:200010
证书注册编号:1900B1542
体系认证标准:GB/T 19002:1994 idt ISO 9002:1994
有效期:2000.11.1～2003.11.1

阳东县长春保健品有限公司
地址:广东省阳东县县城龙胜路1号
邮政编码:529963
证书注册编号:1900B1543
体系认证标准:GB/T 19002:1994 idt ISO 9002:19940
有效期:2000.11.1～2003.11.1

泉州丰泽华大奇龙物流有限公司
地址:福建省泉州市丰泽区华大前林村
邮政编码:362000
证书注册编号:1900B1544
体系认证标准:GB/T 19002:1994 idt ISO 9002:1994
有效期:2000.11.1～2003.11.1

河北圣雪医药糖业有限责任公司
地址:河北省石家庄市栾城县圣雪路
邮政编码:051430
证书注册编号:1900B1545
体系认证标准:GB/T 19002:1994 idt ISO 9002:1994
有效期:2000.11.2～2003.11.2

淮阴卷烟厂
地址:江苏省淮阴市大庆路32号
邮政编码:223002
书注册编号:1900B1546
体系认证标准:GB/T 19002:1994 idt ISO 9002:1994
有效期:2000.11.2～2003.11.2

北京泓申铝质工程有限责任公司
地址:北京市丰台区丰管路22号
邮政编码:100071
证书注册编号:1900A1547
体系认证标准:GB/T 19001—1994 idt ISO 9001:1994
有效期:2000.11.2～2003.11.2

上虞市明星钢管制造有限公司
地址:浙江省上虞市上浦镇经济开发区
邮政编码:312375
证书注册编号:1900B1548
体系认证标准:GB/T 19002:1994 idt ISO 9002:1994
有效期:2000.11.2～2003.11.2

宝应钢瓶厂
地址:江苏省宝应县射阳湖镇文明路65号
邮政编码:225814
证书注册编号:1900B1549
体系认证标准:GB/T 19002:1994 idt ISO 9002:1994
有效期:2000.11.2～2003.11.2

兰州永达工贸有限公司
地址:甘肃兰州市西固区环行西路6号
邮政编码:730060
证书注册编号:1900B1550
体系认证标准:GB/T 19002:1994 idt ISO 9002:1994
有效期:2000.11.2～2003.11.2

绥化市植物油厂
地址:黑龙江省绥化市通庆路62号
邮政编码:152053
证书注册编号:1900B1551
体系认证标准:GB/T 19002:1994 idt ISO 9002:1994
有效期:2000.11.2～2003.11.2

上海赛洋科技实业有限公司
地址:上海市六合路98号港陆黄浦中心19F
邮政编码:200001
证书注册编号:1900B1552
体系认证标准:G/T 19002:1994 idt ISO 9002:1994
有效期:2000.11.3～2003.11.3

浙江杰豪鞋业有限公司
地址:浙江省永嘉县乌牛镇杰豪工业园
邮政编码:325103
证书注册编号:1900B1553
体系认证标准:GB/T 19002—1994 idt ISO 9002:1994
有效期:2000.11.3～2003.11.3

南海德健五金塑料有限公司
地址:广东省南海市盐步区河西工业区
邮政编码:528247
证书注册编号:1900B1554
体系认证标准:GB/T 19002:1994 idt ISO 9002:1994
有效期:2000.11.3～2003.11.3

东莞市城区裕发铜线材厂
地址:广东省东莞市城区东兴路罗三工业区
邮政编码:523000
证书注册编号:1900B1555
体系认证标准:GB/T 19002:1994 idt ISO 9002:1994
有效期:2000.11.3～2003.11.3

东莞百利达健康器材有限公司
地址:广东省东莞市篁村区宏图工业区
邮政编码:523080
证书注册编号:1900A1556
体系认证标准:GB/T 19001—1994 idt ISO 9001:1994
有效期:2000.11.3～2003.11.3

宏润建设集团股份有限公司
地址:浙江象山县丹城镇建设路262号
邮政编码:200233
证书注册编号:1900B1557
体系认证标准:GB/T 19002:1994 idt ISO 9002:1994
有效期:2000.11.3～2003.11.3

张家港市跃进车厢厂
地址:江苏省张家港市兆丰镇东华村
邮政编码:215622
证书注册编号:1900B1558
体系认证标准:GB/T 19002:1994 idt ISO 9002:1994
有效期:2000.11.6～2003.11.6

江苏亚美日用化工厂(集团)
地址:江苏省吴县市东山镇东太路
邮政编码:215107
证书注册编号:1900B1559
体系认证标准:GB/T 19002:1994 idt ISO 9002:1994
有效期:2000.11.6～2003.11.6

北京华塑工业有限责任公司
地址:北京市顺义县南门外军营村东
邮政编码:101300

证书注册编号:1900B1560
体系认证标准:GB/T 19002:1994 idt ISO 9002:1994
有效期:2000.11.6～2003.11.6

镇江超高塑料制品有限公司/镇江金波机电管材厂
地址:江苏省扬中市永胜镇工业区
邮政编码:212217
证书注册编号:1900B1561
体系认证标准:GB/T 19002:1994 idt ISO 9002:1994
有效期:2000.11.6～2003.11.6

常州市多维电器有限公司
地址:江苏省武进市洛阳镇墅上工业区8号
邮政编码:213104
证书注册编号:1900A1562
体系认证标准:GB/T 19001－1994 idt ISO 9001:1994
有效期:2000.11.6～2003.11.6

济南天辰机器有限公司
地址:山东省济南市高新技术开发区华信路13号
邮政编码:250100
证书注册编号:1900A1563
体系认证标准:GB/T 19001－1994 idt ISO 9001:1994
有效期:2000.11.6～2003.11.6

山东东方双山锁业有限公司
地址:山东临沂市河东区九曲镇巩村东
邮政编码:276027
证书注册编号:1900B1564
体系认证标准:GB/T 19002:1994 idt ISO 9002:1994
有效期:2000.11.6～2003.11.6

河北春风冀暖股份有限公司
地址:河北省冀州市冀新西路86号
邮政编码:053200
证书注册编号:1900B1565
体系认证标准:GB/T 19002:1994 idt ISO 9002:1994
有效期:2000.11.6～2003.11.6

江苏省农药研究所南京农药厂
地址:江苏省南京市江宁县铜山集镇
邮政编码:211156
证书注册编号:1900B1566
体系认证标准:GB/T 19002:1994 idt ISO 9002:1994
有效期:2000.11.6～2003.11.6

锦州阀门有限公司
地址:辽宁锦州市古塔区士英路76号
邮政编码:121001
证书注册编号:1900A1567
体系认证标准:GB/T 19001－1994 idt ISO 9001:1994
有效期:2000.11.7～2003.11.7

广州白云同 电梯有限公司
地址:广东省广州市沙河同和
邮政编码:510515
证书注册编号:1900A1568
体系认证标准:GB/T 19001－1994 idt ISO 9001:1994
有效期:2000.11.7～2003.11.7

辽宁人民电力器材厂
地址:辽宁沈阳市沈河区南关路44号
邮政编码:110011
证书注册编号:1900B1569
体系认证标准:GB/T 19002:1994 idt ISO 9002:1994
有效期:2000.11.7～2003.11.7

沈阳铁路分局起重机械厂
地址:辽宁省沈阳市皇姑区天山路一号
邮政编码:110025
证书注册编号:1900B1570
体系认证标准:GB/T 19002:1994 idt ISO 9002:1994
有效期:2000.11.7～2003.11.7

长沙铁路总公司长沙装卸机械厂
地址:湖南省长沙市东风路257号
邮政编码:410008
证书注册编号:1900B1571
体系认证标准:GB/T 19002:1994 idt ISO 9002:1994
有效期:2000.11.7～2003.11.7

荷泽俊龙电子有限公司
地址:山东省菏泽市人民路18号
邮政编码:274012
证书注册编号:1900B1572
体系认证标准:GB/T 19002－1994 idt ISO 9002:1994
有效期:2000.11.7～2003.11.7

锡山市锡北特种电机厂
地址:江苏省锡山市堰桥镇刘巷锡玉路168号
邮政编码:214174
证书注册编号:1900B1573
体系认证标准:GB/T 19002:1994 idt ISO 9002:1994
有效期:2000.11.7～2003.11.7

山东良友油脂股份有限公司
地址:山东省无棣县富路大街东首
邮政编码:251900
证书注册编号:1900B1574
体系认证标准:GB/T 19002:1994 idt ISO 9002:1994
有效期:2000.11.7～2003.11.7

浙江台州市王野动力有限公司
地址:浙江台州市黄岩区新前镇工业区
邮政编码:318020
证书注册编号:1900B1575
体系认证标准:GB/T 19002－1994 idt ISO 9002:1994
有效期:2000.11.7～2003.11.7

东莞市茂光眼镜有限公司
地址:广东省东莞市莞城市桥路40号
邮政编码:523001
证书注册编号:1900B1577
体系认证标准:GB/T 19002:1994 idt ISO 9002:1994
有效期:2000.11.9～2003.11.9

中山港货运联营有限公司
地址:广东省中山市火炬开发区沿江东一路3号中山港货运大楼二楼
邮政编码:528437
证书注册编号:1900B1578
体系认证标准:GB/T 19002:1994 idt ISO 9002:1994
有效期:2000.11.9～2003.11.9

上海融氏企业有限公司
地址:上海金山区朱行镇市中路12号
邮政编码:201506
证书注册编号:1900B1579
体系认证标准:GB/T 19002:1994 idt ISO 9002:1994
有效期:2000.11.9～2003.11.9

常州港嘉电缆有限公司
地址:江苏省常州西郊嘉泽镇

邮政编码:213153
证书注册编号:1900B1580
体系认证标准:GB/T 19002—1994 idt ISO 9002:1994
有效期:2000.11.9～2003.11.9

泉州振威电器制冷设备有限公司
地址:福建泉州市丰泽区华大法花美村
邮政编码:362000
证书注册编号:1900B1581
体系认证标准:GB/T 19002:1994 idt ISO 9002:1994
有效期:2000.11.9～2003.11.9

联通寻呼有限公司温州分公司
地址:浙江省温州市兴海路52号
邮政编码:325000
证书注册编号:1900B1582
体系认证标准:GB/T 19002:1994 idt ISO 9002:1994
有效期:2000.11.9～2003.11.9

泉州市肖厝闽林石材公司
地址:福建省泉州市肖厝下炉军营
邮政编码:362115
证书注册编号:1900B1583
体系认证标准:GB/T 19002:1994 idt ISO 9002:1994
有效期:2000.11.9～2003.11.9

宁波春华汽配有限公司
地址:浙江省象山县西周镇象西工业区
邮政编码:315722
证书注册编号:1900B1584
体系认证标准:GB/T 19002:1994 idt ISO 9002:1994
有效期:2000.11.9～2003.11.9

辽阳刘二堡燃气设备制造公司
地址:辽宁省辽阳市刘二堡镇后堡街五义路
邮政编码:111212
证书注册编号:1900A1585
体系认证标准:GB/T 19001—1994 idt ISO 9001:1994
有效期:2000.11.9～2003.11.9

浙江临亚集团有限公司
地址:浙江省临海市东塍镇中街村
邮政编码:317005
证书注册编号:1900B1587
体系认证标准:GB/T 19002:1994 idt ISO 9002:1994
有效期:2000.11.10～2003.11.10

张家港市牡丹汽车附件有限公司
地址:江苏张家港乐余镇乐红路30号
邮政编码:215621
证书注册编号:1900B1588
体系认证标准:GB/T 19002—1994 idt ISO 9002:1994
有效期:2000.11.10～2003.11.10

国家电力公司武汉高压研究所(武汉华瑞高电压技术有限公司)
地址:湖北省武汉市洪山区珞於瑜路143海
邮政编码:430074
证书注册编号:1900A1589
体系认证标准:GB/T 19001—1994 idt ISO 9001:1994
有效期:2000.11.10～2003.11.10

上海浦东新区建设总公司
高桥工程公司
地址:上海市浦东高桥镇清溪路128号
邮政编码:200137
证书注册编号:1900B1590
体系认证标准:GB/T 19002—1994 idt ISO 9002:1994
有效期:2000.11.10～2003.11.10

泰安晟泰汽车配件有限公司
地址:山东泰安市宁阳县灵山乡高庄村
邮政编码:271413
证书注册编号:1900B1591
体系认证标准:GB/T 19002:1994 idt ISO 9002:1994
有效期:2000.11.10～2003.11.10

上海五环建设工程有限公司
地址:上海市普陀区曹杨路2212号
邮政编码:200333
证书注册编号:1900B1592
体系认证标准:GB/T 19002:1994 idt ISO 9002:1994
有效期:2000.11.10～2003.11.10

扬州华源电气有限公司(扬州苏源电气设备有限公司)
地址:江苏省扬州市文汇南路8号
邮政编码:225007
证书注册编号:1900B1593
体系认证标准:GB/T 19002:1994 idt ISO 9002:1994
有效期:2000.11.10～2003.11.10

上海安保设备开发工程公司
地址:上海市漕溪路125弄7号103室
邮政编码:200233
证书注册编号:1900A1594
体系认证标准:GB/T 19001—1994 idt ISO 9001:1994
有效期:2000.11.10～2003.11.10

沈阳特尔佳带钢有限公司
地址:辽宁沈阳市大东区东望街10号
邮政编码:110044
证书注册编号:1900B1595
体系认证标准:GB/T 19002:1994 idt ISO 9002:1994
有效期:2000.11.10～2003.11.10

辽阳市太子河曲轴有限公司
地址:辽宁省辽阳市东京陵新城
邮政编码:111000
证书注册编号:1900B1596
体系认证标准:GB/T 19002:1994 idt ISO 9002:1994
有效期:2000.11.10～2003.11.10

牡丹江第一互感器厂
地址:黑龙江省牡丹江市兴隆大湾路
邮政编码:157021
证书注册编号:1900B1597—2
体系认证标准:GB/T 19002:1994 idt ISO 9002:1994
有效期:2000.11.13～2003.11.13

牡丹江特种变压器厂
地址:黑龙江省牡丹江市兴隆大湾路
邮政编码:157021
证书注册编号:1900B1597—1
体系认证标准:GB/T 19002:1994 idt ISO 9002:1994
有效期:2000.11.13～2003.11.13

鞍山讯通电子有限公司
地址:辽宁省鞍山市铁东区常青街3号
邮政编码:114004
证书注册编号:1900B1598
体系认证标准:GB/T 19002:1994 idt ISO 9002:1994
有效期:2000.11.13～2003.11.13

福州吴航钢铁制品有限公司

地址:福建省长乐营前镇工商路110号
邮政编码:350201
证书注册编号:1900B1599
体系认证标准:GB/T 19002:1994 idt ISO 9002:1994
有效期:2000.11.13～2003.11.13

大连东恒电器制造有限公司
地址:辽宁省大连经济技术开发区32#工业小区
邮政编码:116600
证书注册编号:1900B1600
体系认证标准:GB/T 19002:1994 idt ISO 9002:1994
有效期:2000.11.13～2003.11.13

福州永昌盛机械工艺有限公司
地址:福建省福州连潘工业区
邮政编码:350014
证书注册编号:1900B1601
体系认证标准:GB/T 19002:1994 idt ISO 9002:1994
有效期:2000.11.13～2003.11.13

江阴龙山装饰材料有限公司
地址:江苏省江阴市周庄镇龙山工业开发区
邮政编码:214423
证书注册编号:1900B1602
体系认证标准:GB/T 19002:1994 idt ISO 9002:1994
有效期:2000.11.13～2003.11.13

上海华阳检测仪器有限公司
地址:上海市昭化路515号
邮政编码:200050
证书注册编号:1900A1603
体系认证标准:GB/T 19001:94
有效期:2000.11.13～2003.11.13

常州市佳特眼镜有限公司
地址:江苏省常州市南大街72号
邮政编码:213003
证书注册编号:1900B1604
体系认证标准:GB/T 19002:1994 idt ISO 9002:1994
有效期:2000.11.13～2003.11.13

***山东省胶南市国家税务局**
地址:山东省胶南市东风路13号
邮政编码:266400
电话:(0532)8184559
传真:(0532)8180925
法定代表人:王春义
证书注册编号:1900B1605
体系认证标准:GB/T 19002—1994 idt ISO 9002:1994
获证体系覆盖产品:国税征管服务
有效期 2000.11.13～2003.11.13

河北省固安福利康兴滤芯厂
地址:河北省固安县礼让店路口
邮政编码:065502
证书注册编号:1900B1606
体系认证标准:GB/T 19002:1994 idt ISO 9002:1994
有效期:2000.11.14～2003.11.14

大连第十三塑料厂
地址:辽宁省大连市甘井子区促进路125号
邮政编码:116033
证书注册编号:1900B1607
体系认证标准:GB/T 19002:1994 idt ISO 9002:1994
有效期:2000.11.14～2003.11.14

南海市大沥新鸿裕塑料型材厂
地址:广东省南海市大沥水头工业区
邮政编码:528231
证书注册编号:1900B1608
体系认证标准:GB/T 19002:1994 idt ISO 9002:1994
有效期:2000.11.14～2003.11.14

漳州市龙海集友塑料有限公司
地址:福建省龙海市角美镇洪岱工业开发区
邮政编码:363107
证书注册编号:1900B1609
体系认证标准:GB/T 19002:1994 idt ISO 9002:1994
有效期:2000.11.14～2003.11.14

石家庄市曙光化肥厂
地址:河北省石家庄市高营大街9号
邮政编码:050031
证书注册编号:1900B1610
体系认证标准:GB/T 19002:1994 idt ISO 9002:1994
有效期:2000.11.14～2003.11.14

福州宙斯装饰品有限公司
地址:福建省福州市五四路158号环球广场21楼06单元
邮政编码:350001
证书注册编吗:1900B1611
体系认证标准:GB/T 19002—1994 idt ISO 9002:1994
有效期:2000.11.14～2003.11.14

上海桐柏建筑工程有限公司
地址:上海市普陀区曹杨五村74号107室
邮政编码:200062
证书注册编号:1900B1612
体系认证标准:GB/T 19002:1994 idt ISO 9002:1994
有效期:2000.11.14～2003.11.14

山东鲁班建设集团总公司
地址:山东省临沂市红旗路86号
邮政编码:276003
证书注册编号:1900B1613
体系认证标准:GB/T 19002:1994 idt ISO 9002:1994
有效期:2000.11.14～2003.11.14

上海建科院丰能制材有限公司
地址:浙江省长兴县南门南石桥
邮政编码:313123
证书注册编号:1900B1614
体系认证标准:GB/T 19002—1994 idt ISO 9002:1994
有效期:2000.11.14～ 2003.11.14

宁波东方明珠传动带有限公司
地址:浙江省慈溪市龙山镇
邮政编码:315311
证书注册编号:1900B1615
体系认证标准:GB/T 19002:1994 idt ISO 9002:1994
有效期:2000.11.14～2003.11.14

福建省石狮市富达塑胶文体用品有限公司
地址:福建石狮市二号工业区富达大厦
邮政编码:362700
证书注册编号:1900B1616
体系认证标准:GB/T 19002:1994 idt ISO 9002:1994
有效期:2000.11.14～2003.11.14

绵阳市游仙振华电子机械厂
地址:四川绵阳市游仙区游仙路193号
邮政编码:621000

证书注册编号:1900B1617
体系认证标准:GB/T 19002:1994 idt ISO 9002:1994
有效期:2000.11.14～2003.11.14

济南兴隆涂料有限公司
地址:山东省济南市济王公路99号
邮政编码:250014
证书注册编号:1900B1618
体系认证标准:GB/T 19002—1994 idt ISO 9002:1994
有效期:2000.11.15～2003.11.15

四川龙蟒集团有限责任公司
地址:四川省绵竹市南轩南路
邮政编码:618200
证书注册编号:1900B1619
体系认证标准:GB/T 19002:1994 idt ISO 9002:1994
有效期:2000.11.14～2003.11.14

温州德泰树脂有限公司
地址:浙江省温州市经济技术开发区22号小区
邮政编码:325011
证书注册编号:1900B1620
体系认证标准:GB/T 19002:1994 idt ISO 9002:1994
有效期:2000.11.15～2003.11.15

广西明阳生化科技股份有限公司
地址:广西南宁市郊明阳农场
邮政编码:530227
证书注册编号:1900B1621
体系认证标准:GB/T 19002:1994 idt ISO 9002:1994
有效期:2000.11.15～2003.11.15

深圳市爱深信装饰设计工程有限公司
地址:广东省深圳市罗湖区田贝四路邮电综合楼五楼
邮政编码:518020
证书注册编号:1900A1623
体系认证标准:GB/T 19001—1994 idt ISO 9001:1994
有效期:2000.11.15～2003.11.15

深圳市沙头角建筑工程公司
地址:广东省深圳市罗湖区田贝四路邮电综合楼五楼
邮政编码:518020
证书注册编号:1900A1622
体系认证标准:GB/T 19001—1994 idt ISO 9001:1994
有效期:2000.11.15～2003.11.15

深圳市沙头角建筑工程公司
地址:广东深圳市沙头角深沙路建工大夏七楼
邮政编码:518081
证书注册编号:1900B1623
体系认证标准:GB/T 19002—1994 idt ISO 9002:1994
有效期:2000.11.15～2003.11.15

顺德市新德业设计工程有限公司
地址:广东省顺德市江西路121号建设大厦四楼
邮政编码:528300
证书注册编号:1900A1624
体系认证标准:GB/T 19001:1994 idt ISO 9001:1994
有效期:2000.11.16～2003.11.16

海南工美鑫生珠宝有限公司
地址:海南省海口市金盘工业开发区金星路6号6楼
邮政编码:570216
证书注册编号:1900B1625
体系认证标准:GB/T 19002—1994 idt ISO 9002:1994
有效期:2000.11.15～2003.11.15

黑龙江化工建设总公司
地址:黑龙江省哈尔滨市太平区卫星路113号
邮政编码:150056
证书注册编号:1900B1626
体系认证标准:GB/T 19002—1994 idt ISO 9002:1994
有效期:2000.11.15～2003.11.15

河南省汤阴县永新助剂厂
地址:河南省汤阴县城东北陈王
邮政编码:456150
证书注册编号:1900B1627
体系认证标准:GB/T 19002—1994 idt ISO 9002:1994
有效期:2000.11.15～2003.11.15

哈尔滨兰根塑料门窗有限公司
地址:黑龙江省哈尔滨市道外区三电街1号
邮政编码:150024
证书注册编号:1900B1628
体系认证标准:GB/T 19002—1994 idt ISO 9002:1994
有效期:2000.11.15～2003.11.15

北京万兴建筑集团公司
地址:北京大兴县黄村镇龙河路18号
邮政编码:102600
环书注册编号:1900B1629
体系认证标准:GB/T 19002—1994 idt ISO 9002:1994
有效期:2000.11.15～2003.11.15

河南赊店农业综合开发股份有限公司
地址:河南省社旗县城马神庙街1号
邮政编码:473300
证书注册编号:1900B1630
体系认证标准:GB/T 19002—1994 idt ISO 9002:1994
有效期:2000.11.15～2003.11.15

好日子制衣有限公司
地址:浙江省温州经济技术开发区西片26号小区
邮政编码:325011
证书注册编号:1900B1631
体系认证标准:GB/T 19002—1994 idt ISO 9002:1994
有效期:2000.11.16～2003.11.16

章丘华明水泥有限公司
地址:山东省章丘明水双山路35号
邮政编码:250200
证书注册编号:1900B1632
体系认证标准:GB/T 19002:1994 idt ISO 9002:1994
有效期:2000.11.16～2003.11.16

福建省永安闽燕水泥集团公司曹燕水泥厂
地址:福建永安市曹远镇坑边路338号
邮政编码:366014
证书注册编号:1900B1633
体系认证标准:GB/T 19002:1994 idt ISO 9002:1994
有效期:2000.11.16～2003.11.16

浙江省长兴天能电源有限公司浙江省长兴蓄电池厂
地址:浙江省长兴县煤山工业园
邮政编码:313117
证书注册编号:1900B1634

体系认证标准:GB/T 19002:1994 idt
ISO 9002:1994
有效期:2000.11.16～2003.11.16

陕西省泾阳特种电线厂
地址:陕西省泾阳县县城西关南环路
邮政编码:713700
证书注册编号:1900B1635
体系认证标准:GB/T 19002:1994 idt
ISO 9002:1994
有效期:2000.11.16～2003.11.16

杨凌示范区建筑安装工程总公司
地址:陕西省杨陵区康乐路29号
邮政编码:712100
证书注册编号:1900B1636
体系认证标准:GB/T 19002:1994 idt
ISO 9002:1994
有效期:2000.11.16～2003.11.16

汉中电力建筑工程公司
地址:陕西省汉中市汉台区天汉东路汉中供电局院内
邮政编码:723000
证书注册编号:1900B1637
体系认证标准:GB/T 19002—1994 idt
ISO 9002:1994
有效期:2000.11.16～2003.11.16

福建省晋江市兰带机械制造有限公司
地址:福建省晋江市陈埭镇岸兜工业北区96号
邮政编码:362211
证书注册编号:1900B1638
体系认证标准:GB/T 19002—1994 idt
ISO 9002:1994
有效期:2000.11.16～2003.11.16

武进市华特客车附件有限公司
地址:江苏省常州市西门外汤庄桥镇
邮政编码:213133
证书注册编号:1900B1639
体系认证标准:GB/T 19002:1994 idt
ISO 9002:1994
有效期:2000.11.16～2003.11.16

裕腾集团沈阳玻璃制瓶有限公司
地址:辽宁省沈阳市铁西区兴华北街31号
邮政编码:110021
证书注册编号:1900B1640
体系认证标准:GB/T 19002—1994 idt
ISO 9002:1994
有效期:2000.11.17～2003.11.17

武汉瑞升特种耐火材料有限责任公司
地址:湖北省武汉市青山区钢花新村
邮政编码:430081
证书注册编号:1900B1642
体系认证标准:GB/T 19002:1994 idt
ISO 9002:1994
有效期:2000.11.17～2003.11.17

武汉天成冶金炉料厂
地址:湖北省武汉市青山区钢花新村
邮政编码:430081
证书注册编号:1900B1643
体系认证标准:GB/T 19002:1994 idt
ISO 9002:1994
有效期:2000.11.17～2003.11.17

陕西中金装饰工程有限公司
地址:陕西省西安市东大街105号
邮政编码:710001
证书注册编号:1900A1644
体系认证标准:GB/T 19001—1994 idt
ISO 9001:1994
有效期:2000.11.17～2003.11.17

咸阳秦昌管道有限责任公司
地址:陕西省咸阳市宝泉路5号
邮政编码:712021
证书注册编号:1900B1645
体系认证标准:GB/T 19002:1994 idt
ISO 9002:1994
有效期:2000.11.17～2003.11.17

华芳集团毛纺织染有限公司
地址:江苏省张家港市塘桥镇人民南路1号
邮政编码:215611
证书注册编号:1900B1646
体系认证标准:GB/T 19002—1994 idt
ISO 9002:1994
有效期:2000.11.17～2003.11.17

常州洛克制冷电气有限公司
地址:江苏省常州市西效北港镇
邮政编码:213023
证书注册编号:1900B1647
体系认证标准:GB/T 19002—1994 idt
ISO 9002:1994
有效期:2000.11.17～2003.11.17

福建省永安新华水泥有限公司
地址:福建永安市大湖镇金银湖工业区
邮政编码:366015
证书注册编号:1900B1648
体系认证标准:GB/T 19002:1994 idt
ISO 9002:1994
有效期:2000.11.17～2003.11.17

鸡西电力建筑工程有限责任公司
地址:黑龙江省鸡西市电工路14#
邮政编码:158100
证书注册编号:1900B1649
体系认证标准:GB/T 19002:1994 idt
ISO 9002:1994
有效期:2000.11.17～2003.11.17

江苏晨光汽摩配件有限公司
地址:江苏省丹阳市新桥镇群益开发区
邮政编码:212322
证书注册编号:1900B1650
体系认证标准:GB/T 19002—1994 idt
ISO 9002:1994
有效期:200011.17.～2003.11.17

邗江县金星机械厂
地址:江苏省扬州市北郊方巷镇松柏路27号
邮政编码:225117
证书注册编号:1900B1651
体系认证标准:GB/T 19002:1994 idt
ISO 9002:1994
有效期:2000.11.17～2003.11.17

安徽省桐城市轴瓦厂
地址:安徽省桐城市孔城镇
邮政编码:231430
证书注册编号:1900B1652
体系认证标准:GB/T 19002:1994 idt
ISO 9002:1994
有效期:2000.11.17～2003.11.17

盛辉(福建)鞋材有限公司
地址:福建省晋江市永和镇山前工业区
邮政编码:362235
证书注册编号:1900B1653
体系认证标准:GB/T 19002:1994 idt
ISO 9002:1994
有效期:2000.11.20～2003.11.20

张家港旭勉色织有限公司/张家港市塘桥福利毛织厂
地址:江苏省张家港市塘桥镇人民南路

1号
邮政编码:215611
证书注册编号:1900B1654
体系认证标准:GB/T 19002:1994 idt ISO 9002:1994
有效期:2000.11.20～2003.11.20

东莞市新洲水泥有限公司
地址:广东省东莞市石龙镇新洲
邮政编码:523290
证书注册编号:1900B1655
体系认证标准:GB/T 19002:1994 idt ISO 9002:1994
有效期:2000.11.20～2003.11.20

上海志新市政工程有限公司
地址:上海浦东新区长岛路608号4楼
邮政编码:200129
证书注册编号:1900B1656
体系认证标准:GB/T 19002:1994 idt ISO 9002:1994
有效期:2000.11.20～2003.11.20

普兰店市轴承配件厂
地址:辽宁省普兰店市丰荣办事处西泡村
邮政编码:116200
证书注册编号:1900B1657
体系认证标准:GB/T 19002:1994 idt ISO 9002:1994
有效期:2000.11.20～2003.11.20

萧山通用漏电开关厂
地址:浙江省萧山市石岩乡赵家墩村
邮政编码:311203
证书注册编号:1900B1658
体系认证标准:GB/T 19002:1994 idt ISO 9002:1994
有效期:2000.11.20～2003.11.20

辽源市复合材料轴承有限责任公司
地址:吉林省辽源市西安区缸窑太阳升
邮政编码:136201
证书注册编号:1900A1659
体系认证标准:GB/T 19001－1994 idt ISO 9001:1994
有效期:2000.11.20～2003.11.20

潍坊华港包装材料有限公司
地址:山东省潍坊市奎文区宝通东街162号
邮政编码:261041
证书注册编号:1900B1660
体系认证标准:GB/T 19002:1994 idt ISO 9002:1994
有效期:2000.11.20～2003.11.20

西安嘉里油脂工业有限公司
地址:陕西省西安市枣园北路18号
邮政编码:710077
证书注册编号:1900B1661
体系认证标准:GB/T 19002:1994 idt ISO 9002:1994
有效期:2000.11.20～2003.11.20

淄博天晟实业有限责任公司
地址:山东省淄博市淄川区昆仑镇
邮政编码:255129
证书注册编号:1900B1662
体系认证标准:GB/T 19002:1994 idt ISO 9002:1994
有效期:2000.11.20～2003.11.20

上海申旺空调配件厂
地址:上海奉贤县奉城南奉公路78号
邮政编码:201411
证书注册编号:1900B1663
体系认证标准:GB/T 19002:1994 idt ISO 9002:1994
有效期:2000.11.20～2003.11.20

甘肃新世纪燃油锅炉制造有限公司
地址:甘肃兰州市城关区畅家巷196号
邮政编码:730030
证书注册编号:1900A1664
体系认证标准:GB/T 19001－1994 idt ISO 9001:1994
有效期:2000.11.20～2003.11.20

锡山市金羊管道附件有限公司
地址:江苏省锡山市羊尖镇
邮政编码:214107
证书注册编号:1900A1665
体系认证标准:GB/T 19001－1994 idt ISO 9001:1994
有效期:2000.11.21～2003.11.21

大连今冶金属机械有限公司
地址:辽宁省大连瓦房店市岗店办事处张山咀村
邮政编码:16300
证书注册编号:1900B1666
体系认证标准:GB/T 19002－1994 idt ISO 9002:1994
有效期:2000.11.20～2003.11.21

锡山市江南高精度冷拔管有限公司
地址:江苏省锡山市钱桥镇
邮政编码:214151
证书注册编号:1900B1667
体系认证标准:GB/T 19002:1994 idt ISO 9002:1994
有效期:2000.11.21～2003.11.21

清苑县电力互感器厂
地址:河北省保定市清苑县经济开发区
邮政编码:071100
证书注册编号:1900B1668
体系认证标准:GB/T 19002:1994 idt ISO 9002:1994
有效期:2000.11.21～2003.11.21

武进市起动电机厂
地址:江苏省武进市湖塘镇
邮政编码:213161
证书注册编号:1900B1669
体系认证标准:GB/T 19002:1994 idt ISO 9002:1994
有效期:2000.11.21～2003.11.21

许昌市植物油厂
地址:河南省许昌市八龙路一号
邮政编码:461000
证书注册编号:1900B1670
体系认证标准:GB/T 19002:1994 idt ISO 9002:1994
有效期:2000.11.21～2003.11.21

合肥华欣自控设备成套厂
地址:安徽省合肥市合裕路1231号
邮政编码:230011
证书注册编号:1900A1671
体系认证标准:GB/T 19001－1994 idt ISO 9001:1994
有效期:2000.11.21～2003.11.21

江苏省扬中市内燃机配件厂
地址:江苏省扬中市八桥镇南
邮政编码:212219
证书注册编号:1900B1672
体系认证标准:GB/T 19002:1994 idt ISO 9002:1994
有效期:2000.11.21～2003.11.21

武进市森洋摩擦材料制品厂
地址:江苏省武进市邹区镇

邮政编码:213144
证书注册编号:1900B1673
体系认证标准:GB/T 19002:1994 idt ISO 9002:1994
有效期:2000.11.20～2003.11.20

河北鲲鹏饲料有限公司
地址:河北省沧州市沧石路姚庄子路口
邮政编码:061026
证书注册编号:1900B1674
体系认证标准:GB/T 19002:1994 idt ISO 9002:1994
有效期:2000.11.21～2003.11.21

重庆市南川嘉南水泥制造有限公司
地址:重庆市南川隆化镇西外让水坝
邮政编码:408400
证书注册编号 1900B1675
体系认证标准:GB/T 19002－1994 idt ISO 9002:1994
有效期:2000.11.21～2003.11.21

新龙亚洲食品制粉(烟台)有限公司
地址:山东省龙口市黄城北环路10号
邮政编码:265701
证书注册编号:1900B1676
体系认证标准:GB/T 19002:1994 idt ISO 9002:1994
有效期:2000.11.21～2003.11.21

东南大学电子管厂
地址:江苏省南京市四牌楼2号
邮政编码:210096
证书注册编号:1900B1677
体系认证标准:GB/T 19002:1994 idt ISO 9002:1994
有效期:2000.11.21～2003.11.21

加枫卫浴(中山)有限公司
地址:广东省中山市中山火炬开发区内
邮政编码:528437
证书注册编号:1900A1678
体系认证标准:GB/T 19001－1994 idt ISO 9001:1994
有效期:2000.11.21～2003.11.21

石家庄曙光制药厂
地址:河北省石家庄市高营大街17号
邮政编码:050031
证书注册编号:1900B1679
体系认证标准:GB/T 19002:1994 idt ISO 9002:1994
有效期:2000.11.21～2003.11.21

上海浦东新区张江水电安装装潢公司
地址:上海市浦东新区张江镇古桐路18号
邮政编码:201203
证书注册编号:1900B1680
体系认证标准:GB/T 19002:1994 idt ISO 9002:1994
有效期:2000.11.21～2003.11.21

潍坊奈克电讯有限公司
地址:山东省潍坊市鸢飞路950号
邮政编码:261031
证书注册编号:1900B1681
体系认证标准:GB/T 19002:1994 idt ISO 9002:1994
有效期:2000.11.21～2003.11.21

威海气动元件厂
地址:山东省威海市文化东路49号
邮政编码:264200
证书注册编号:1900B1682
体系认证标准:GB/T 19002:1994 idt ISO 9002:1994
有效期:2000.11.21～2003.11.21

上海金桥市政建设发展有限公司
地址:上海浦东新区长岛路608号4楼
邮政编码:200129
证书注册编号:1900B1683
体系认证标准:GB/T 19002:1994 idt ISO 9002:1994
有效期:2000.11.20～2003.11.20

江苏通光集团有限公司
(海门市光缆厂)
地址:江苏省海门市包场镇
邮政编码:226151
证书注册编号:1900B1684
体系认证标准:GB/T 19002:1994 idt ISO 9002:1994
有效期:2000.11.22～2003.11.22

襄樊油厂
地址:湖北省襄樊市岘山路5号
邮政编码:441023
证书注册编号:1900B1685
体系认证标准:GB/T 19002:1994 idt ISO 9002:1994
有效期:2000.11.22～2003.11.22

福建联美工程建设有限公司
地址:福建省福州市南门加洋巷87号
邮政编码:350005
证书注册编号:1900B1686
体系认证标准:GB/T 19002:1994 idt ISO 9002:1994
有效期:2000.11.22～2003.11.22

江苏省竹簧机械厂
地址:江苏省溧阳市竹簧煤矿
邮政编码:213355
证书注册编号:1900B1687
体系认证标准:GB/T 19002:1994 idt ISO 9002:1994
有效期:2000.11.22～2003.11.22

镇江联友历代服饰工艺品有限公司
地址:江苏省镇江市丁卯经济开发区
邮政编码:212009
证书注册编号:1900B1688
体系认证标准:GB/T 19002:1994 idt ISO 9002:1994
有效期:2000.11.22～2003.11.22

新乡新兰贝克振动电机有限公司
地址:河南省新乡市西马路88号
邮政编码:453002
证书注册编号:1900B1689
体系认证标准:GB/T 19002:1994 idt ISO 9002:1994
有效期:2000.11.22～2003.11.22

福建省安溪县三兴水泥厂
地址:福建泉州市安溪县剑斗镇后井村
邮政编码:362412
证书注册编号:1900B1690
体系认证标准:GB/T 19002:1994 idt ISO 9002:1994
有效期:2000.1.22～2003.11.22

福建省龙岩路达水泥厂
地址:福建龙岩市新罗区适中镇中溪村
邮政编码:364011
证书注册编号:1900B1691
体系认证标准:GB/T 19002－1994 idt ISO 9002:1994
有效期:2000.11.22～2003.11.22

沈阳一蒙砂轮有限公司
地址:辽宁沈阳市苏家屯区玫瑰街一号
邮政编码:110101
证书注册编号:1900B1692

体系认证标准:GB/T 19002:1994 idt ISO 9002:1994
有效期:2000.11.22～2003.11.22

沈阳市范·兄弟设计有限公司
地址:辽宁省沈阳市沈河区小北关街108号
邮政编码:110013
证书注册编号:1900A1693
体系认证标准:GB/T 19001—1994 idt ISO 9001:1994
有效期:2000.11.22～2003.11.22

辽宁省凌河汽车配件厂
地址:辽宁省凌源市
邮政编码:122502
证书注册编号:1900B1694
体系认证标准:GB/T 19002:1994 idt ISO 9002:1994
有效期:2000.11.20～2003.11.20

辽宁省凌河汽车底盘厂
地址:辽宁省凌源市万元店镇
邮政编码:122502
证书注册编号:1900B1695
体系认证标准:GB/T 19002:1994 idt ISO 9002:1994
有效期:2000.11.22～2003.11.22

东莞市百利电器有限公司
地址:广东省东莞市望牛墩李屋工业区
邮政编码:523198
证书注册编号:1900B1696
体系认证标准:GB/T 19002:1994 idt ISO 9002:1994
有效期:2000.11.22～2003.11.22

福建省德化石龙水泥有限公司
地址:福建省德化县龙鹏街288号
邮政编码:362500
证书注册编号:1900B1697
体系认证标准:GB/T 19002:1994 idt ISO 9002:1994
有效期:2000.11.22～2003.11.22

石家庄市华营联合葡萄糖厂
地址:河北省石家庄市高营大街19号
邮政编码:050031
证书注册编号:1900B1698
体系认证标准:GB/T 19002:1994 idt ISO 9002:1994
有效期:2000.11.22～2003.11.22

沈阳天北建筑安装工程公司
地址:辽宁省沈阳市沈河区万柳塘路51号42栋
邮政编码:110015
证书注册编号:1900B1699
体系认证标准:GB/T 19002:1994 idt ISO 9002:1994
有效期:2000.11.22～2003.11.22

***漯河市永光电力金具总厂**
地址:河南省郾城县召陵黄庄
邮政编码:462321
电话:(0395)6844093
传真:(0395)6844072
法定代表人:王新民
证书注册编号:1900B1700
体系认证标准:GB/T 19002:1994 idt ISO 9002:1994
获证体系覆盖产品:交直流500KV及其以下电压的铝铜、铝类电力金具及线路金具的制造
有效期:2000.11.22～2003.11.22

中国石油物资装备(集团)总公司长春密封制品厂
地址:吉林省长春市南关区新立城镇
邮政编码:130119
证书注册编号:1900B1701
体系认证标准:GB/T 19002:1994 idt ISO 9002:1994
有效期:2000.11.22～2003.11.22

福建中福物业管理发展有限公司
地址:福建省福州市华林路312号
邮政编码:350013
证书注册编号:1900B1702
体系认证标准:GB/T 19002:1994 idt ISO 9002:1994
有效期:2000.11.22～2003.11.22

新汶矿业集团有限责任公司翟镇煤矿
地址:山东省新泰市翟镇
邮政编码:271204
证书注册编号:1900B1703
体系认证标准:GB/T 19002:1994 idt ISO 9002:1994
有效期:2000.11.22～2003.11.22

东莞市德生通用电器制造有限公司
地址:广东东莞市东城区火炼树工业区
邮政编码:523123
证书注册编号:1900B1704
体系认证标准:GB/T 19002:1994 idt ISO 9002:1994
有效期:2000.11.22～2003.11.22

梅县客都宾馆
地址:广东省梅州市公园路湾水塘
邮政编码:514011
证书注册编号:1900B1705
体系认证标准:GB/T 19002:1994 idt ISO 9002:1994
有效期:2000.11.23～2003.11.23

广州市海珠区新南方厨房设备厂
地址:广东广州市白云区新市镇陈田村
邮政编码:510420
证书注册编号:1900B1706
体系认证标准:GB/T 19002:1994 idt ISO 9002:1994
有效期:2000.11.23～2003.11.23

张家港贝顺橡胶制品有限公司
地址:江苏省张家港市西张镇
邮政编码:215614
证书注册编号:1900A1707
体系认证标准:GB/T 19001—1994 idt ISO 9001:1994
有效期:2000.11.23～2003.11.23

河南企鹅集团有限公司
地址:河南省漯河市沙北孟庙镇中原路39号
邮政编码:462311
证书注册编号:1900A1708
体系认证标准:GB/T 19001—1994 idt ISO 9001:1994
有效期:2000.11.23～2003.11.23

广州番禺市成功烘焙设备制造有限公司
地址:广东番禺市石基镇金龙路189号
邮政编码:511450
证书注册编号:1900B1709
体系认证标准:GB/T 19002:1994 idt ISO 9002:1994
有效期:2000.11.23～2003.11.23

黑龙江省苇河林业局电工层压木厂
地址:黑龙江省尚志市苇河镇一里地
邮政编码:150623
证书注册编号:1900B1710
体系认证标准:GB/T 19002:1994 idt ISO 9002:1994

有效期:2000.11.23～2003.11.23

桂林市信息寻呼公司
地址:广西桂林市五美路26号
邮政编码:541002
证书注册编号:1900B1711
体系认证标准:GB/T 19002:1994 idt ISO 9002:1994
有效期:2000.11.23～2003.11.23

东莞市科浪实业有限公司
地址:广东省东莞市篁村水濂管理区
邮政编码:523239
证书注册编号:1900B1712
体系认证标准:GB/T 19002:1994 idt ISO 9002:1994
有效期:2000.11.23～2003.11.23

加枫卫浴(无锡)有限公司
地址:江苏省锡山市东亭南路88号888商场2号楼
邮政编码:214101
证书注册编号:1900B1713
体系认证标准:GB/T 19002:1994 idt ISO 9002:1994
有效期:2000.11.23～2003.11.13

杭州路达公路工程总公司
地址:浙江省杭州市朝晖路122号
邮政编码:310004
证书注册编号:1900B1714
体系认证标准:GB/T 19002:1994 idt ISO 9002:1994
有效期:2000.11.23～2003.11.23

福建省瓯黄华山酿酒有限公司
地址:福建省建瓯古城街182号
邮政编码:353100
证书注册编号:1900B1715
体系认证标准:GB/T 19002－1994 idt ISO 9002:1994
有效期:2000.11.24～2003.11.24

河北越河陶瓷厂
地址:河北省唐山市胜利桥东
邮政编码:063001
证书注册编号:1900B1716
体系认证标准:GB/T 19002:1994 idt ISO 9002:1994
有效期:2000.11.24～2003.11.24

北京市众呈装帧材料厂
地址:北京市通州区张家湾镇南
邮政编码:101113
证书注册编号:1900B1717
体系认证标准:GB/T 19002:1994 idt ISO 9002:1994
有效期:2000.11.24～2003.11.24

宁波市教学仪器厂
地址:浙江省宁波市矸闸街222号
邮政编码:315000
证书注册编号:1900B1718
体系认证标准:GB/T 19002:1994 idt ISO 9002:1994
有效期:2000.11.24～2003.11.24

常熟中诚建材有限公司
地址:江苏省常熟赵市
邮政编码:215518
证书注册编号:1900B1719
体系认证标准:GB/T 19002:1994 idt ISO 9002:1994
有效期:2000.11.24～2003.11.24

濮阳市氯碱厂
地址:河南省濮阳市黄河路西段
邮政编码:4570 邮政编码:457001
证书注册编号:1900B1720
体系认证标准:GB/T 19002:1994 idt ISO 9002:1994
有效期:2000.11.24～2003.11.24

西安迅达通讯电缆电线厂
地址:陕西省西安市朱宏路北段
邮政编码:710021
证书注册编号:1900B1721
体系认证标准:GB/T 19002:1994 idt ISO 9002:1994
有效期:2000.11.24～2003.11.24

泰兴市机电设备安装有限公司
地址:江苏省泰兴市车站路46号
邮政编码:225401
证书注册编号:1900B1722
体系认证标准:GB/T 19002:1994 idt ISO 9002:1994
有效期:2000.11.24～2003.11.24

丹阳市界牌摩托车附件厂
地址:江苏省丹阳市界牌镇东头港
邮政编码:212323
证书注册编号:1900B1723
体系认证标准:GB/T 19002:1994 idt ISO 9002:1994
有效期:2000.11.24～2003.11.24

福建泉州大华蓄电池有限公司
地址:福建泉州市河市镇工业区
邮政编码:362013
法定代表人:陈三亮
证书注册编号:1900A1724
体系认证标准:GB/T 19001－1994 idt ISO 9001:1994
有效期:2000.11.24～2003.11.24

厦门市开元区向阳无线电厂
地址:福建省厦门市开元区湖滨南路电子城512号
邮政编码:361004
证书注册编号:1900B1725
体系认证标准:GB/T 19002:1994 idt ISO 9002:1994
有效期:2000.11.24～2003.11.24

厦门市三家乐工程机械有限公司地址:
福建省厦门市湖光路47号
邮政编码:361004
证书注册编号:1900B1726
体系认证标准:GB/T 19002:1994 idt ISO 9002:1994
有效期:2000.11.24～2003.11.24

伊克昭盟兴泰建筑有限责任公司
地址:内蒙古东胜市达拉特南路
邮政编码:017000
证书注册编号:1900B1727
体系认证标准:GB/T 19002:1994 idt ISO 9002:1994
有效期:2000.11.24～2003.11.24

上海新江机器有限公司
地址:上海市松江区贵德路1号
邮政编码:201600
证书注册编号:1900B1728
体系认证标准:GB/T 19002:1994 idt ISO 9002:1994
有效期:2000.11.28～2003.11.28

安徽龙津啤酒有限公司
地址:安徽省舒城县城关龙津大道1号
邮政编码:231300
证书注册编号:1900B1729
体系认证标准:GB/T 19002:1994 idt ISO 9002:1994
有效期:2000.11.28～2003.11.28

哈尔滨新中新电子股份有限公司
地址:黑龙江省哈尔滨市南岗区学府路副380号
邮政编码:150086

证书注册编号:1900A1730
体系认证标准:GB/T 19001:1994 idt ISO 9001:1994
有效期:2000.11.20~2003.11.20

辽阳造纸机械股份有限公司
地址:辽宁省辽阳市铁西路76号
邮政编码:111004
证书注册编号:1900A1731
体系认证标准:GB/T 19001—1994 idt ISO 9001:1994
有效期:2000.11.28~2003.11.28

山东邦和实业有限公司
地址:山东济南市长清县城灵岩路中段
邮政编码:250300
证书注册编号:1900B1732
体系认证标准:GB/T 19002:1994 idt ISO 9002:1994
有效期:2000.11.28~2003.11.28

大庆市北星电力冶炼有限公司
地址:黑龙江省大庆市让胡路区西潭路七号
邮政编码:163853
证书注册编号:1900B1733
体系认证标准:GB/T 19002:1994 idt ISO 9002:1994
有效期:2000.11.28~2003.11.28

兰州西固吉野环境添加剂厂
地址:甘肃省兰州市西固区范坪1号
邮政编码:730060
证书注册编号:1900B1734
体系认证标准:GB/T19002:1994 idt ISO 9002:1994
有效期:2000.11.29~2003.11.28

普兰店市第一砂轮厂
地址:辽宁省普兰店市泡子乡金厂村
邮政编码:116200
证书注册编号:1900B1735
体系认证标准:GB/T 19002:1994 idt ISO 9002:1994
有效期:2000.11.28~2003.11.28

河南崤山水泥集团有限责任公司
地址:河南省三门峡市陕县
邮政编码:472121
证书注册编号:1900B1736
体系认证标准:GB/T 19002:1994 idt ISO 9002:1994
有效期:2000.11.28~2003.11.28

闽东顺达塑胶电缆有限公司
地址:福建省宁德市蕉城南路80号
邮政编码:352100
证书注册编号:1900B1737
体系认证标准:GB/T 19002:1994 idt ISO 9002:1994
有效期:2000.11.28~2003.11.28

大连木户泉酿造有限公司
地址:辽宁省大连市金州区站前街道杨家村
邮政编码:116100
证书注册编号:1900B1738
体系认证标准:GB/T 19002:1994 idt ISO 9002:1994
有效期:2000.11.28~2003.11.28

莒县东莞水泥有限公司
地址:山东省日照市莒县东莞镇
邮政编码:276528
证书注册编号:1900B1739
体系认证标准:GB/T 19002:1994 idt ISO 9002:1994
有效期:2000.11.29~2003.11.29

陕西建工集团总公司
华山国际工程公司
地址:陕西省西安市北大街171号
邮政编码:710003
证书注册编号:1900B1740
体系认证标准:GB/T 19002:1994 idt ISO 9002:1994
有效期:2000.11.29~2003.11.29

无锡绿宝天然添加剂实业公司
地址:江苏省无锡市新区硕放镇
邮政编码:214142
证书注册编号:1900B1741
体系认证标准:GB/T 19002:1994 idt ISO 9002:1994
有效期:2000.11.29~2003.11.29

四川山川机械厂
地址:四川省隆冒县山川镇
邮政编码:642177
证书注册编号:1900A1742
体系认证标准:GB/T 19001—1994 idt ISO 9001:1994
有效期:2000.11.29~2003.11.29

杭州市拱墅建筑工程公司
地址:浙江省杭州市和睦路55号
邮政编码:310011
证书注册编号:1900B1743
体系认证标准:GB/T 19002:1994 idt ISO 9002:1994
有效期:2000.11.30~2003.11.30

山东黄河水泥厂
地址:山东省东平县银山镇
邮政编码:271513
证书注册编号:1900B1744
体系认证标准:GB/T 19002:1994 idt ISO 9002:1994
有效期:2000.11.30~2003.11.30

***陕西长安工程建设监理有限责任公司**
地址:陕西省西安市朱雀门里建行大厦
邮政编码:710002
电话:(029)7617422 2613630
传真:(029)7617422
法定代表人:上官建芳
证书注册编号:1900B1745
体系认证标准:GB/T 19002:1994 idt ISO 9002:1994
获证体系覆盖产品:工程建设监理的服务
有效期:2000.11.30~2003.11.30

柳州桂通精密铸造有限公司
地址:广西柳州市红岩路46号
邮政编码:545007
证书注册编号:1900B1746
体系认证标准:GB/T 19002:1994 idt ISO 9002:1994
有效期:2000.11.30~2003.11.30

***武钢集团武昌焦化厂**
地址:湖北省武汉武昌白沙洲八坦路263号
邮政编码:430065
电话:(027)88113449
传真:(027)88113449
法定代表人:杨国松
证书注册编号:1900B1747
体系认证标准:GB/T 19002:1994 idt ISO 9002:1994
获证体系覆盖产品:冶金焦炭的加工
有效期:2000.11.30~2003.11.30

烟台市石油机械厂
地址:山东省烟台市芝罘区上夼西路201号
邮政编码:264001
证书注册编号:1900B1748
体系认证标准:GB/T 19002:1994 idt ISO 9002:1994
有效期:2000.11.30~2003.11.30

萧山市汽车滤清器有限公司

地址:浙江省萧山市闻堰镇三江路1号
邮政编码:311258
证书注册编号:1900B1749
体系认证标准:GB/T 19002:1994 idt ISO 9002:1994
有效期:2000.11.30～2003.11.30

漯河市汇利建筑开发有限公司
地址:河南省漯河市自由贸易区东京路2号
邮政编码:462000
证书注册编号:1900B1750
体系认证标准:GB/T 19002:1994 idt ISO 9002:1994
有效期:2000.11.30～2003.11.30

镇江化工仪表电器(集团)公司
地址:江苏省扬中市长旺镇
邮政编码:212216
证书注册编号:1900B1751
体系认证标准:GB/T 19002:1994 idt ISO 9002:1994
有效期:2000.11.30～2003.11.30

上海市住乐建设发展总公司
地址:上海市湖南路328号
邮政编码:200031
证书注册编号:1900B1752
体系认证标准:GB/T 19002:1994 idt ISO 9002:1994
有效期:2000.11.30～2003.11.30

广西梧州鹏达制衣有限公司
地址:广西梧州市新兴二路137号
邮政编码:543003
证书注册编号:1900B1753
体系认证标准:GB/T 19002:1994 idt ISO 9002:1994
有效期:2000.11.30～2003.11.30

常州市康达利电器有限公司
地址:江苏常州市戚野堰梅港村128号
邮政编码:213011
证书注册编号:1900B1754
体系认证标准:GB/T 19002:1994 idt ISO 9002:1994
有效期:2000.11.30～2003.11.30

河南盛保消防实业有限公司
地址:河南省郑州市郑密路169号
邮政编码:450052
证书注册编号:1900B1755
体系认证标准:GB/T 19002:1994 idt ISO 9002:1994
有效期:2000.11.30～2003.11.30

江都晶辉特种耐火材料有限公司(含扬州三山工业陶瓷有限公司)
地址:江苏省江都市真武镇
邮政编码:225265
证书注册编号:1900B1756
体系认证标准:GB/T 19002:1994 idt ISO 9002:1994
有效期:2000.11.30～2003.11.30

河北亚诺化工有限公司
地址:河北石家庄市友谊南大街50号
邮政编码:050081
证书注册编号:1900B1757
体系认证标准:GB/T 19002:1994 idt ISO 9002:1994
有效期:2000.12.1～2003.12.1

洛阳市新安铝厂
地址:河南省洛阳市新安县铁门庙头工业区
邮政编码:471832
证书注册编号:1900B1758
体系认证标准:GB/T 19002:1994 idt ISO 9002:1994
有效期:2000.12.1～2003.12.1

山西征宇喷灌机厂
地址:山西省太原市尖草坪区新城北街12#
邮政编码:030008
证书注册编号:1900A1759
体系认证标准:GB/T 19001—1994 idt ISO 9001:1994
有效期:2000.12.1～2003.12.1

温州交通工程有限公司
地址:浙江温州市吴桥路吴滨巷22号
邮政编码:325028
证书注册编号:1900B1760
体系认证标准:GB/T 19002:1994 idt ISO 9002:1994
有效期:2000.12.1～2003.12.1

惠州广惠铝制品有限公司
地址:广东省惠州市小金口九龙公路旁
邮政编码:516023
证书注册编号:1900B1761
体系认证标准:GB/T 19001:1994 idt ISO 9001:1994
有效期:2000.12.1～2003.12.1

浙江省兰溪市新源建材有限公司
地址:浙江省兰溪市灵洞乡山口
邮政编码:321100
证书注册编号:1900B1762
体系认证标准:GB/T 19002:1994 idt ISO 9002:1994
有效期:2000.12.1～2003.12.1

青岛光明轮胎制造有限公司
地址:山东省平度市前楼工业园
邮政编码:266724
证书注册编号:1900B1763
体系认证标准:GB/T 19002:1994 idt ISO 9002:1994
有效期:2000.12.1～2003.12.1

龙岩市龙泉水泥厂
地址:福建龙岩市新罗区适中镇洋东村
邮政编码:364011
证书注册编号:1900B1764
体系认证标准:GB/T 19002:1994 idt ISO 9002:1994
有效期:2000.12.1～2003.12.1

泉州泉风电机有限公司
地址:福建省泉州市东门鹿园军塑大厦
邮政编码:362000
证书注册编号:1900B1765
体系认证标准:GB/T 19002:1994 idt ISO 9002:1994
有效期:2000.12.1～2003.12.1

太原供水工程建设有限公司
地址:山西省太原市解放路375号
邮政编码:030009
证书注册编号:1900B1766
体系认证标准:GB/T 19002:1994 idt ISO 9002:1994
有效期:2000.12.1～2003.12.1

***山西黄河外加剂厂**
地址:山西省万荣县荣河镇北环路1号
邮政编码:044205
电话:(0359)4589388
传真:(0359)4589399
法定代表人:孙克俭
证书注册编号:1900B1767
体系认证标准:GB/T 19002:1994 idt ISO 9002:1994
获证体系覆盖产品:萘系高效减水剂、无氯无碱高效碱水剂、砼防冻剂产品的制造
有效期:2000.12.1～2003.12.1

上海华美装饰材料有限公司
地址:上海市浦东新区张江路493号
邮政编码:201203
证书注册编号:1900B1768
体系认证标准:GB/T 19002:1994 idt

ISO 9002:1994
有效期:2000.12.1～2003.12.1

桐城市恒昌实业有限公司
地址:安徽省桐城市同安路104号
邮政编码:231400
证书注册编号:1900B1769
体系认证标准:GB/T 19002:1994 idt ISO 9002:1994
有效期:2000.12.4～2003.12.4

山西省定襄县晋峰锻件有限公司
地址:山西省定襄县北关村
邮政编码:035400
证书注册编号:1900B1770
体系认证标准:GB/T 19002:1994 idt ISO 9002:1994
有效期:2000.12.4～2003.12.4

邯郸市锅炉厂
地址:河北省邯郸市和平路349号
邮政编码:056001
证书注册编码:056001
证书注册编号:1900A1772
体系认证标准:GB/T 19001－1994 idt ISO 9001:1994
有效期:2000.12.4～2003.12.4

山东双轮集团股份有限公司
地址:山东省威海市新威路111号
邮政编码:264200
证书注册编号:1900A1773
体系认证标准:GB/T 19002:1994 idt ISO 9002:1994
有效期:2000.12.4～2003.12.4

苏州工业园区中元环境工程有限公司
地址:江苏苏州市东环路128号中新城
邮政编码:215143
证书注册编号:1900B1774
体系认证标准:GB/T 19002:1994 idt ISO 9002:1994
有效期:2000.12.4～2003.12.4

丹阳中超化工有限公司
地址:江苏丹阳市开发区云阳路59号
邮政编码:212310
证书注册编号:1900B1775
体系认证标准:GB/T 19002:1994 idt ISO 9002:1994
有效期:2000.12.4～2003.12.4

无锡市新区金达包装容器有限公司
地址:江苏省无锡市新区硕放镇娄金村
邮政编码:214143
证书注册编号:1900B1776
体系认证标准:GB/T 19002:1994 idt ISO 9002:1994
有效期:2000.12.4～2003.12.4

上海沪新板式换热器厂
地址:上海市嘉定区澄浏路1108号
邮政编码:201811
证书注册编号:1900B1777
体系认证标准:GB/T 19002:1994 idt ISO 9002:1994
有效期:2000.12.4 2003.12.4

***济源市公路工程公司**
地址:海南省济源市天坛南路162号
邮政编码:454650
电话:(0391)6693381
传真:(0391)6663337
法定代表人:葛会元
证书注册编号:1900B1778
体系认证标准:GB/T 19002:1994 idt ISO 9002:1994
获证体系覆盖产品:二级公路建设工程施工
有效期:2000.12.4～2003.12.4

乳山市机械化施工集团公司
地址:山东省乳山市胜利街113号
邮政编码:264500
证书注册编号:1900B1780
体系认证标准:GB/T 19002:1994 idt ISO 9002:1994
有效期:2000.12.5～2003.12.5

***郑州自来水工程公司**
地址:河南省郑州市华山路89号
邮政编码:450007
电话:(0371)7637482
传真:(0371)7634584
法定代表人:郭五岭
证书注册编号:1900B1781
体系认证标准:GB/T 19002:1994 idt ISO 9002:1994
获证体系覆盖产品:各类型给排水工程施工,机电设备安装,建筑工程施工
有效期:2000.12.5～2003.12.5

兰州铝型材厂
地址:甘肃兰州市七里河八里窑177号
邮政编码:730058
证书注册编号:1900B1779
体系认证标准:GB/T 19002:1994 idt ISO 9002:1994
有效期:2000.12.6～2003.12.6

常州市一步干燥设备厂
地址:江苏省常州市焦溪镇查家湾
邮政编码:213116
证书注册编号:1900A1782
体系认证标准:GB/T 19001－1994 idt ISO 9001:1994
有效期:2000.12.6～2003.12.6

四平市万荣蓄能器有限公司
地址:吉林省四平市铁东区东南路1号
邮政编码:136001
证书注册编号:1900B1783
体系认证标准:GB/T 19002:1994 idt ISO 9002:1994
有效期:2000.12.6～2003.12.6

广西思高香精香料有限公司
地址:广西柳江县第一开发区光辉路14号
邮政编码:545100
证书注册编号:1900B1784
体系认证标准:GB/T 19002:1994 idt ISO 9002:1994
有效期:2000.12.6～2003.12.6

锡山市鸿元防火材料有限公司
地址:江苏省锡山市藕塘镇
邮政编码:214153
证书注册编号:1900B1785
体系认证标准:GB/T 19002:1994 idt ISO 9002:1994
有效期:2000.12.6～2003.12.6

深圳市燃气工程监理有限公司
地址:广东省深圳市罗湖区纬三路燃气集团罗芳综合楼
邮政编码:518000
证书注册编号:1900B1786
体系认证标准:GB/T 19002:1994 idt ISO 9002:1994
有效期:2000.12.6～2003.12.6

浙江省诸暨市福利水泥厂
地址:浙江省诸暨市应店街镇
邮政编码:311817
证书注册编号:1900B1787
体系认证标准:GB/T 19002:1994 idt ISO 9002:1994
有效期:2000.12.6～2003.12.6

陕西宝深建材机械(集团)有限公司
地址:陕西省眉县平阳街8号
邮政编码:722300
证书注册编号:1900A1788
体系认证标准:GB/T 19001－1994 idt

ISO 9001:1994
有效期:2000.12.6～2003.12.6

大庆市北星电气制造有限公司
地址:黑龙江省大庆市让胡路区电业村
邮政编码:163454
证书注册编号:1900B1789
体系认证标准:GB/T 19002:1994 idt ISO 9002:1994
有效期:2000.12.6～2003.12.6

辽宁石化安装有限公司
地址:辽宁辽阳市白塔区繁荣路102号
邮政编码:111005
证书注册编号:1900B1790
体系认证标准:GB/T 19002:1994 idt ISO 9002:1994
有效期:2000.12.6～2003.12.6

中山市宏星管桩有限公司
地址:广东省中山市南头镇汲水工业区
邮政编码:528427
证书注册编号:1900B1791
体系认证标准:GB/T 19002:1994 idt ISO 9002:1994
有效期:2000.12.6～2003.12.6

四会市罗源水泥二厂
地址:广东省四会市罗源镇铁坑
邮政编码:526233
证书注册编号:1900B1792
体系认证标准:GB/T 19002:1994 idt ISO 9002:1994
有效期:2000.12.6～2003.12.6

天立(泉州)精艺礼品工业有限公司/粤星(泉州)精艺礼品制造有限公司
地址:福建省泉州市丰泽区华大街道办事处南埔工业区
邮政编码:362011
证书注册编号:1900A1793
体系认证标准:GB/T 19001:1994 idt ISO 9001:1994
有效期:2000.12.6 2003.12.6

上海地通建筑工程有限公司
地址:上海市奉贤县人民中路252号
邮政编码:201400
证书注册编号:1900B1794
体系认证标准:GB/T 19002:1994 idt ISO 9002:1994
有效期:2000.12.7～2003.12.7

绍兴市交通轿车维修有限公司
地址:浙江省绍兴市云东路335号
邮政编码:312000
证书注册编号:1900B1795
体系认证标准:GB/T 19002:1994 idt ISO 9002:1994
有效期:2000.12.7～2003.12.7

浙江省德清县莫干山竹胶板厂
地址:浙江省县武康镇志远路58号
邮政编码:313200
证书注册编号:1900B1796
体系认证标准:GB/T 19002:1994 idt ISO 9002:1994
有效期:2000.12.7～2003.12.7

大庆精化树脂厂
地址:黑龙江省大庆市八百垧南侧
邮政编码:163413
证书注册编号:1900B1797
体系认证标准:GB/T 19002:1994 idt ISO 9002:1994
有效期:2000.12.7～2003.12.7

铁道部电气化工程局宝鸡器材厂
地址:陕西省宝鸡市卧龙寺
邮政编码:721004
证书注册编号:1900B1798
体系认证标准:GB/T 19002:1994 idt ISO 9002:1994
有效期:2000.12.7～2003.12.7

肥城泰山光源器材厂
地址:山东省肥城市高新技术开发区
邮政编码:271600
证书注册编号:1900B1799
体系认证标准:GB/T 19002:1994 idt ISO 9002:1994
有效期:2000.12.7～2003.12.7

南通有色铸造厂
地址:江苏省南通市濠东路49号
邮政编码:226001
证书注册编号:1900B1800
体系认证标准:GB/T 19002:1994 idt ISO 9002:1994
有效期:2000.12.7～2003.12.7

泉州建德鲤达里机械有限公司
地址:福建省泉州市东湖街鹿园
邮政编码:362000
证书注册编号:1900B1801
体系认证标准:GB/T 19002－1994 idt ISO 9002:1994
有效期:2000.12.7～2003.12.7

***新乡市乔山机械设备有限公司**
地址:河南省新乡市古固寨工业路
邮政编码:453700
电话:(0373)5750057
传真:(0373)5750417
法定代表人:袁志毅
证书注册编号:1900A1802
体系认证标准:GB/T 19001－1994 idt ISO 9001:1994
获证体系覆盖产品:过滤器系列产品及污泥处理装置的设计、制造
有效期:2000.12.7～2003.12.7

烟台中翔置业有限公司
地址:山东省烟台市上夼西路78号
邮政编码:264001
证书注册编号:1900A1803
体系认证标准:GB/T 19001:1994 idt ISO 9001:1994
有效期:2000.12.7～2003.12.7

济南晨彩包装有限公司
地址:山东省平阴县城黄河路26号
邮政编码:250400
证书注册编号:1900B1804
体系认证标准:GB/T 19002:1994 idt ISO 9002:1994
有效期:2000.12.7～2003.12.7

镇江市精盛电器有限公司
地址:江苏省扬中大桥联合工业园区
邮政编码:212212
证书注册编号:1900B1805—1
体系认证标准:GB/T 19002:1994 idt ISO 9002:1994
有效期:2000.12.7～2003.12.7

上海东外滩园林市政有限公司
地址:上海市浦东商城路1178弄42号
邮政编码:200120
证书注册编号:1900B1806
体系认证标准:GB/T 19002:1994 idt ISO 9002:1994
有效期:2000.12.7～2003.12.7

濮阳市宏亚建设集团有限公司
地址:河南省濮阳市京开大道254号
邮政编码:457000
证书注册编号:1900B1807
体系认证标准:GB/T 19002:1994 idt ISO 9002:1994
有效期:2000.12.7～2003.12.7

福建紫金矿业股份有限公司黄金冶炼厂
地址:福建省上杭县南岗工业开发区琴

岗路 19 号
邮政编码:364200
证书注册编号:1900B1808
体系认证标准:GB/T 19002:1994 idt ISO 9002:1994
有效期:2000.12.7～2003.12.7

山东国大黄金冶炼股份有限公司
地址:山东省招远市北郊
邮政编码:265406
证书注册编号:1900B1809
体系认证标准:GB/T 19002:1994 idt ISO 9002:1994
有效期:2000.12.7～2003.12.7

***山东龙口油管厂**
地址:山东省龙口市芦头镇
邮政编码:265704
电话:(0535)8642866
传真:(0535)8641988
法定代表人:孙立安
证书注册编号:1900B1810
体系认证标准:GB/T 19002:1994 idt ISO 9002:1994
获证体系覆盖产品:柴油机用高压油管、低压金属输油管、低压输油胶管、尼龙输油管的加工
有效期:2000.12.7～2003.12.7

金州汽车部件总厂
地址:辽宁大连市金州区胜利路 481 号
邮政编码:116100
证书注册编号:1900B1811
体系认证标准:GB/T 19002:1994 idt ISO 9002:1994
有效期:2000.12.7～2003.12.7

龙元建设集团股份有限公司
地址:上海市逸仙路 768 号
邮政编码:200434
证书注册编号:1900B1812
体系认证标准:GB/T 19002:1994 idt ISO 9002:1994
有效期:2000.12.7～2003.12.7

北京奈特铝塑复合管有限公司
地址:北京市延庆县工业经济技术开发区 1 区(北京铝加工厂院内)
邮政编码:102100
证书注册编号:1900B1813
体系认证标准:GB/T 19002:1994 idt ISO 9002:1994
有效期:2000.12.7～2003.12.7

沈阳沈新自控系统有限公司
地址:辽宁沈阳市沈河区文艺路 44 号
邮政编码:110015
证书注册编号:1900A1814
体系认证标准:GB/T 19001－1994 idt ISO 9001:1994
有效期:2000.12.8～2003.12.8

焦作煤业(集团)有限责任公司建筑安装工程处
地址:河南省焦作市民主北路 9 号
邮政编码:454000
证书注册编号:1900B1815
体系认证标准:GB/T 19002:1994 idt ISO 9002:1994
有效期:2000.12.8～2003.12.8

福建省闽东安福建设工程有限公司
地址:上海市漕宝路 1555 号大上海国际花园香港园 2 号楼 801 号
邮政编码:201101
证书注册编号:1900B1816
体系认证标准:GB/T 19002:1994 idt ISO 9002:1994
有效期:2000.12.8～2003.12.8

西安电器线材厂
地址:陕西西安市太华北路二十六街坊
邮政编码:710016
证书注册编号:1900B1817
体系认证标准:GB/T 19002:1994 idt ISO 9002:1994
有效期:2000.12.8～2003.12.8

上海长征化工厂
地址:上海市真北支路 480 号
邮政编码:200333
证书注册编号:1900B1818
体系认证标准:GB/T 19002:1994 idt ISO 9002:1994
有效期:2000.12.8～2003.12.8

乐清市人民仪表厂
地址:浙江省乐清市宋湖工业区宋湖路 3 号
邮政编码:325600
证书注册编号:1900B1819
体系认证标准:GB/T 19002:1994 idt ISO 9002:1994
有效期:2000.12.8～2003.12.8

广州保税区雅兰国际化妆品有限公司碧斯化妆品厂
地址:广东省广州市黄黄石东路马务联和工业区第 5 号厂房
邮政编码:510425
证书注册编号:1900B1820
体系认证标准:GB/T 19002:1994 idt ISO 9002:1994
有效期:2000.12.8～2003.12.8

***武进市针织印染厂**
地址:江苏省常州市南门鸣凰镇
邮政编码:213164
电话:(0519)6531437
传真:(0519)6536902
法定代表人:周德康
证书注册编号:1900B1821
体系认证标准:GB/T 19002:1994 idt ISO 9002:1994
获证体系覆盖产品:合成纤维丝织物染整加工
有效期:2000.12.8～2003.12.8

河北小洋人食品有限公司
地址:河北省青县新华西路 195 号
邮政编码:062650
证书注册编号:1900B1822
体系认证标准:GB/T 19002:1994 idt ISO 9002:1994
有效期:2000.12.8～2003.12.8

上海金兴科技实业有限公司
地址:上海浦东新区北蔡莲溪路 515 号
邮政编码:201204
证书注册编号:1900B1823
体系认证标准:GB/T 19002:1994 idt ISO 9002:1994
有效期:2000.12.8～2003.12.8

淮南力达电气设备厂
地址:安徽省淮南市田家庵区朝阳东路
邮政编码:232007
证书注册编号:1900A1824
体系认证标准:GB/T 19001－1994 idt ISO 9001:1994
有效期:2000.12.8～2003.12.8

上海惠普电池厂
地址:上海市嘉定区胜辛路
邮政编码:201821
证书注册编号:1900B1825
体系认证标准:GB/T 19002:1994 idt ISO 9002:1994
有效期:2000.12.8～2003.12.8

上海大江(集团)股份有限公司
地址:上海市松江区谷阳南路 26 号
邮政编码:201600
证书注册编号:1900B1826
体系认证标准:GB/T 19002:1994 idt

ISO 9002:1994
有效期:2000.12.8～2003.12.8

陕西省咸阳市建筑安装工程总公司
地址:陕西省咸阳市抗战路37号
邮政编码:712000
证书注册编号:1900B1827
体系认证标准:GB/T 19002:1994 idt ISO 9002:1994
有效期:2000.12.8～2003.12.8

济南汇统房地产开发有限公司
地址:山东省济南市经七路516号A座
邮政编码:250022
证书注册编号:1900B1828
体系证证标准:GB/T 19002:1994 idt ISO 9002:1994
有效期:2000.12.11～2003.12.11

舟山市定海坚久橡塑制业有限公司
地址:浙江省舟山市定海区解放西路361—B
邮政编码:316000
证书注册编号:1900B1829
体系证证标准:GB/T 19002:1994 idt ISO 9002:1994
有效期:2000.12.11～2003.12.11

周口市质量技术监督稽查大队
地址:河南省周口市人民路135号
邮政编码:466000
证书注册编号:1900B1830
体系证证标准:GB/T 19002:1994 idt ISO 9002:1994
有效期:2000.12.11～2003.12.11

礼泉县建筑工程公司
地址:陕西省礼泉县市政街西段
邮政编码:713200
证书注册编号:1900B1831
体系认证标准:GB/T 19002:1994 idt ISO 9002:1994
有效期:2000.12.11～2003.12.11

临沂恒源热电有限公司
地址:山东省临沂市兰山区金雀山一路223号
邮政编码:276004
证书注册编号:1900B1832
体系认证标准:GB/T 19002:1994 idt ISO 9002:1994
有效期:2000.12.12～2003.12.12

山东铝业公司动力厂
地址:山东省淄博市张店区南定
邮政编码:255052
证书注册编号:1900B1833
体系认证标准:GB/T 19002:1994 idt ISO 9002:1994
有效期:2000.12.12 2003.12.12

新疆阿拉尔南口粮棉油综合加工厂
地址:新疆阿拉尔农一师十二团加工厂
邮政编码:843301
证书注册编号:1900B1834
体系认证标准:GB/T 19002:1994 idt ISO 9002:1994
有效期:2000.12.12～2003.12.12

江苏新苑集团公司化工设备厂
地址:江苏省锡山市洛社镇新苑路2号
邮政编码:214187
证书注册编号:1900B1835
体系认证标准:GB/T 19002:1994 idt ISO 9002:1994
有效期:2000.12.13～2003.12.13

东莞市东田水泥厂
地址:广东东莞市石碣镇鹤田厦管理区
邮政编码:523301
证书注册编号:1900B1836
体系认证标准:GB/T 19002:1994 idt ISO 9002:1994
有效期:2000.12.13～2003.12.13

伊春市浩良河水泥有限责任公司
地址:黑龙江省伊春市南岔区浩良河镇
邮政编码:153103
证书注册编号:1900B1837
体系证证标准:GB/T 19002:1994 idt ISO 9002:1994
有效期:2000.12.13～2003.12.13

龙岩市新罗区东城水泥厂
地址:福建省龙岩市新罗区东城东宝山考搪
邮政编码:364000
证书注册编号:1900B1838
体系证证标准:GB/T 19002:1994 idt ISO 9002:1994
有效期:2000.12.13～2003.12.13

本溪泓沅水泥制造有限公司
地址:辽宁省本溪县田师付镇
邮政编码:117104
证书注册编号:1900B1839
体系证证标准:GB/T 19002:1994 idt ISO 9002:1994
有效期:2000.12.13～2003.12.13

黄石康达纺织有限公司
地址:湖北省黄石市昌明路
邮政编码:435002
证书注册编号:1900B1840
体系证证标准:GB/T 19002:1994 idt ISO 9002:1994
有效期:2000.12.13～2003.12.13

西安市西北锚具厂
地址:陕西省西安市朱宏路中段
邮政编码:710016
证书注册编号:1900B1841
体系认证标准:GB/T 19002:1994 idt ISO 9002:1994
有效期:2000.12.13～2003.12.13

永定县东兴水泥厂
地址:福建龙岩市永定县龙潭镇联中村
邮政编码:364120
证书注册编号:1900B1842
体系认证标准:GB/T 19002:1994 idt ISO 9002:1994
有效期:2000.12.13～2003.12.13

山西省偏关县水泥厂
地址:山西省偏关县大观庙
邮政编码:036400
证书注册编号:1900B1843
体系认证标准:GB/T 19002:1994 idt ISO 9002:1994
有效期:2000.12.13～2003.12.13

上海浦龙砼制品有限公司
地址:上海浦东新区川北公路1453号
邮政编码:201203
证书注册编号:1900B1844
体系认证标准:GB/T 19002:1994 idt ISO 9002:1994
有效期:2000.12.13～2003.12.13

兴宁港泰建筑材料有限公司
地址:广东兴宁市黄陂镇粒坑村排坊下
邮政编码:514555
证书注册编号:1900B1845
体系认证标准:GB/T 19002:1994 idt ISO 9002:1994
有效期:2000.12.13～2003.12.13

罗马世家服装服饰(北京)有限公司
地址:北京市通州区张家湾张辛庄村/通州工业开发区
邮政编码:101113
证书注册编号:1900B1846
体系认证标准:GB/T 19002:1994 idt ISO 9002:1994

有效期:2000.12.14～2003.12.14

林州市锚具厂
地址:河南省林州市桂林镇小店村
邮政编码:456581
证书注册编号:1900B1847
体系认证标准:GB/T 19002:1994 idt ISO 9002:1994
有效期:2000.12.14～2003.12.14

北京创巨星电子器件有限公司
地址:北京市通州区张家湾镇
邮政编码:101113
证书注册编号:1900B1848
体系证证标准:GB/T 19002:1994 idt ISO 9002:1994
有效期:2000.12.14～2003.12.14

太原矿山机器精密铸造有限公司
地址:山西省太原市解放北路75号
邮政编码:030009
证书注册编号:1900B1849
体系认证标准:GB/T 19002:1994 idt ISO 9002:1994
有效期:2000.12.14～2003.12.14

温州天骄笔业有限责任公司
地址:浙江省温州经济技术开发区东片34号小区经9纬5路
邮政编码:325011
证书注册编号:1900B1850
体系认证标准:GB/T 19002:1994 idt ISO 9002:1994
有效期:2000.12.14～2003.12.14

杭州精工金属网带厂
地址:浙江杭州市拱墅区石祥路446号
邮政编码:310015
证书注册编号:1900B1851
体系认证标准:GB/T 19002:1994 idt ISO 9002:1994
有效期:2000.12.14～2003.12.14

丹阳晶谷米机集团公司
地址:江苏省丹阳市埤城镇
邮政编码:212311
证书注册编号:1900B1852
体系认证标准:GB/T 19002:1994 idt ISO 9002:1994
有效期:2000.12.14～2003.12.14

镇江市精盛铝塑复合管厂
地址:江苏省扬中大桥联合工业园区
邮政编码:212212
证书注册编号:1900B1805－2
体系认证标准:GB/T 19002:1994 idt ISO 9002:1994
有效期:2000.12.14～2003.12.14

南海华联铝业有限公司
地址:广东省南海市狮山区狮山大道68号
邮政编码:528226
证书注册编号:1900B1854
体系认证标准:GB/T 19002:1994 idt ISO 9002:1994
有效期:2000.12.14～2003.12.14

福建烟草机械配件总厂
地址:福建省泉州市西郊送客亭
邮政编码:362000
证书注册编号:1900B1855
体系认证标准:GB/T 19002:1994 idt ISO 9002:1994
有效期:2000.12.14～2003.12.14

上海申美饮料食品有限公司
饮料主剂部
地址:上海市闵行经济技术开发区文井路251号
邮政编码:200245
证书注册编号:1900B1856
体系认证标准:GB/T 19002:1994 idt ISO 9002:1994
有效期:2000.12.14～2003.12.14

浙江环球轻纺集团有限公司
地址:浙江省湖州八里店
邮政编码:313028
证书注册编号:1900B1857
体系认证标准:GB/T 19002:1994 idt ISO 9002:1994
有效期:2000.12.14～2003.12.14

上海日舒棉纺织厂
地址:上海市奉贤县大叶公路3668号
邮政编码:201401
证书注册编号:1900B1858
体系认证标准:GB/T 19002:1994 idt ISO 9002:1994
有效期:2000.12.14～2003.12.14

黑龙江北星电力股份有限公司
地址:黑龙江省大庆市让胡路区西潭路七号
邮政编码:163454
证书注册编号:1900B1859
体系认证标准:GB/T 19002:1994 idt ISO 9002:1994
有效期:2000.12.14～2003.12.14

青岛胶州湾建筑安装工程有限公司
地址:山东省胶州市兰州东路169号
邮政编码:266300
证书注册编号:1900B1860
体系认证标准:GB/T 19002:1994 idt ISO 9002:1994
有效期:2000.12.14～2003.12.14

蒙特空气处理设备(北京)有限公司
地址:北京市顺义城西沙井村
邮政编码:101300
证书注册编号:1900B1853
体系认证标准:GB/T 19002:1994 idt ISO 9002:1994
有效期:2000.12.15～2003.12.15

***南通第三棉纺织厂**
地址:江苏省海门市三厂镇中华中路32号
邮政编码:226121
电话:(0513)2601611
传真:(0513)2608058
法定代表人:薛林森
证书注册编号:1900B1861
体系认证标准:GB/T 19002:1994 idt ISO 9002:1994
获证体系覆盖产品:棉及化纤纯纺、混纺本色纱、线、坯布的生产
有效期:2000.12.15～2003.12.15

上海常华光纤通信设备有限公司
地址:上海市闵行区北吴路1298号
邮政编码:201109
证书注册编号:1900B1862
体系认证标准:GB/T 19002:1994 idt ISO 9002:1994
有效期:2000.12.15～2003.12.15

山东省沂水恒泰纺织有限责任公司
地址:山东省沂水县茶庵街123号
邮政编码:276400
证书注册编号:1900B1863
体系认证标准:GB/T 19002:1994 idt ISO 9002:1994
有效期:2000.12.15～2003.12.15

和光(烟台)金属制品有限公司
地址:山东省海阳市发城镇
邮政编码:265138
证书注册编号:1900B1864
体系认证标准:GB/T 19002:1994 idt ISO 9002:1994
有效期:2000.12.15～2003.12.15

扬中市丹爱化工厂
地址:江苏省扬中市八桥轮船港

邮政编码:212219
证书注册编号:1900B1865
体系认证标准:GB/T 19002:1994 idt ISO 9002:1994
有效期:2000.12.15～2003.12.15

西安川普现代装饰材料有限公司
地址:陕西省西安市经济技术开发区(朱宏路16号)
邮政编码:710021
证书注册编号:1900B1866
体系认证标准:GB/T 19002:1994 idt ISO 9002:19940
有效期:2000.12.15～2003.12.15

上海万得化工有限公司
地址:上海市浦东新区唐镇化工路5号
邮政编码:201203
证书注册编号:1900B1867
体系认证标准:GB/T 19002－1994 idt ISO 9002:1994
有效期:2000.12.15～2003.12.15

上海宝盾涂料厂
地址:上海嘉定区黄渡镇东港路111号
邮政编码:201804
证书注册编号:1900B1868
体系认证标准:GB/T 19002:1994 idt ISO 9002:1994
有效期:2000.12.15～2003.12.15

上海嘉定门窗厂
地址:上海市嘉定区外冈镇沪宜公路5666号
邮政编码:201806
证书注册编号:1900B1869
体系认证标准:GB/T 19002:1994 idt ISO 9002:1994
有效期:2000.12.15～2003.12.15

上海经纬化工有限公司
地址:上海市武威路84号
邮政编码:200331
证书注册编号:1900B1870
体系认证标准:GB/T 19002:1994 idt ISO 9002:1994
有效期:2000.12.15～2003.12.15

潮安县创生不锈钢制品有限公司
地址:广东省潮安县彩塘二中路口
邮政编码:515644
证书注册编号:1900B1871
体系认证标准:GB/T 19002:1994 idt ISO 9002:1994
有效期:2000.12.15～2003.12.15

南京超时代化妆品开发制造有限公司
地址:江苏省南京市长虹路443号
邮政编码:210012
证书注册编号:1900A1872
体系认证标准:GB/T 19001－1994 idt ISO 9001:1994
有效期:2000.12.15～2003.12.15

苏州华力胶带有限公司
地址:江苏昆山市周市镇茂源路66号
邮政编码:215314
证书注册编号:1900B1873
体系认证标准:GB/T 19002:1994 idt ISO 9002:1994
有效期:2000.12.15～2003.12.15

南海市大沥中亚铝型材制品厂
地址:广东省南海市大沥镇(广佛公路钟边路段)
邮政编码:528231
证书注册编号:1900B1874
体系认证标准:GB/T 19002:1994 idt ISO 9002:1994
有效期:2000.12.15～2003.12.15

东莞市横沥东长水泥厂
地址:广东省东莞市横沥镇
邮政编码:523463
证书注册编号:1900B1875
体系认证标准:GB/T 19002:1994 idt ISO 9002:1994
有效期:2000.12.15～2003.12.15

黑龙江中北邮电建设开发总公司
地址:黑龙江省哈尔滨市香坊区公滨路483号
邮政编码:150036
证书注册编号:1900A1876
体系认证标准:GB/T 19002:1994 idt ISO 9002:1994
有效期:2000.12.18～2003.12.18

石家庄三鹿集团股份有限公司(河北婴泊乳业公司)
地址:河北省大曹庄农场
邮政编码:05550
证书注册编号:1998B1094
体系认证标准:GB/T 19002:1994 idt ISO 9002:1994
有效期:2000.12.18～2003.12.18

玉环县飞龙汽车配件厂
地址:浙江玉环县城关镇小水埠工业区
邮政编码:317600
证书注册编号:1900B1877
体系认证标准:GB/T 19002:1994 idt ISO 9002:1994
有效期:2000.12.18～2003.12.18

仪征市包装制品公司
地址:江苏省仪征市新城镇
邮政编码:211401
证书注册编号:1900B1878
体系认证标准:GB/T 19002:1994 idt ISO 9002:1994
有效期:2000.12.18～2003.12.18

南海市平洲平西三联汽车配件厂
地址:广东省南海市平洲平西马根在道一号
邮政编码:528251
证书注册编号:1900B1879
体系认证标准:GB/T 19002:1994 idt ISO 9002:1994
有效期:2000.12.18～2003.12.18

沈阳三星电子有限公司
地址:辽宁省沈阳市于洪区鸭绿江东街22号甲
邮政编码:110032
证书注册编号:1900B1880
体系认证标准:GB/T 19002:1994 idt ISO 9002:1994
有效期:2000.12.18～2003.12.18

浙江省嵊州市地方建筑工程公司
地址:浙江嵊州市城关镇南津路28号
邮政编码:312400
证书注册编号:1900B1881
体系认证标准:GB/T 19002:1994 idt ISO 9002:1994
有效期:2000.12.18～2003.12.18

福建梅生医疗科技股份有限公司
地址:福建省福州市工业路洪山科技园三号楼
邮政编码:350002
证书注册编号:1900B1882
体系认证标准:GB/T 19002:1994 idt ISO 9002:1994
有效期:2000.12.18～2003.12.18

浙江文新综合开发有限公司
地址:浙江省杭州市文二路247号
邮政编码:310012
证书注册编号:1900B1883
体系认证标准:GB/T 19002:1994 idt ISO 9002:1994
有效期:2000.12.18～2003.12.18

玉环县环城内燃机配件厂
地址:浙江省玉环县环东工业区
邮政编码:317600
证书注册编号:1900B1884
体系认证标准:GB/T 19002:1994 idt ISO 9002:1994
有效期:2000.12.18～2003.12.18

竹溪减震器厂
地址:湖北十堰市竹溪县西关街444号
邮政编码:442300
证书注册编号:1900B1885
体系认证标准:GB/T 19002:1994 idt ISO 9002:1994
有效期:2000.12.18～2003.12.18

双鸭山市华光电瓷电器有限公司
地址:黑龙江省双鸭山市尖山区窑地路28号
邮政编码:155110
证书注册编号:1900B1886
体系认证标准:GB/T 19002:1994 idt ISO 9002:1994
有效期:2000.12.18～2003.12.18

合肥晓星印刷有限责任公司
地址:安徽省合肥市南淝河路102号
邮政编码:230051
证书注册编号:1900B1888
体系认证标准:GB/T 19002:1994 idt ISO 9002:1994
有效期:2000.12.18～2003.12.18

黑龙江中北邮电建设监理有限责任公司
地址:黑龙江省哈尔滨市香坊区公滨路483号
邮政编码:150036
证书注册编号:1900B1889
体系认证标准:GB/T 19002:1994 idt ISO 9002:1994
有效期:2000.12.19～2003.12.19

***保定市聚氨酯厂**
地址:河北省保定市保满路大边坨北侧
邮政编码:071051
电话:(0312)3173280
传真:(0312)3173280
法定代表人:陈合军
证书注册编号:1900B1890
体系认证标准:GB/T 19002:1994 idt ISO 9002:1994
获证体系覆盖产品:聚氨酯塑胶运动地面的建设、聚氨酯高温浇注胶制品的制造
有效期:2000.12.19～2003.12.19

巩义市嵩华耐火器材厂
地址:河南省巩义市北山口镇南官庄
邮政编码:451250
证书注册编号:1900B1891
体系认证标准:GB/T 19002:1994 idt ISO 9002:1994
有效期:2000.12.19～2003.12.19

***江西燕京啤酒有限责任公司**
地址:江西省吉安县城白云路42号
邮政编码:343100
电话:(0796)8431609
传真:(0796)8442998
法定代表人:李福成
证书注册编号:1900B1892
体系认证标准:GB/T 19002:1994 idt ISO 9002:1994
获证体系覆盖产品:啤酒的制造
有效期:2000.12.19～2003.12.19

泉州市长江工程机械厂
地址:福建省泉州市鲤城区江南树兜工业区52号
邮政编码:362000
证书注册编号:1900B1893
体系认证标准:GB/T 19002:1994 idt ISO 9002:1994
有效期:2000.12.19～2003.12.19

周口市质量技术监督局
地址:河南省周口市人民路135号
邮政编码:466000
证书注册编号:1900B1894
体系认证标准:GB/T 19002:1994 idt ISO 9002:1994
有效期:2000.12.19～2003.12.19

北京双兴建筑安装工程公司
地址:北京市大兴工业开发区金苑路22号
邮政编码:102600
证书注册编号:1900B1895
体系认证标准:GB/T 19002:1994 idt ISO 9002:1994
有效期:2000.12.19～2003.12.19

兰州连铝实业总公司
地址:甘肃省兰州市永登县建设坪
邮政编码:730335
证书注册编号:1900B1896
体系认证标准:GB/T 19002:1994 idt ISO 9002:1994
有效期:2000.12.30～2003.12.20

兰州连城铝厂
地址:甘肃省兰州市永登县建设坪
邮政编码:730335
证书注册编号:1900B1897
体系认证标准:GB/T 19002:1994 idt ISO 9002:1994
有效期:2000.12.30～2003.12.20

河南省平顶山市铸造材料股份合作公司
地址:河南省平顶山市东工人镇南
邮政编码:467013
证书注册编号:1900B1898
体系认证标准:GB/T 19002:1994 idt ISO 9002:1994
有效期:2000.12.20～2003.12.20

宁波九天仪表有限公司
地址:浙江省宁波慈溪观城镇西门外工业区
邮政编码:315315
证书注册编号:1900B1899
体系认证标准:GB/T 19002:1994 idt ISO 9002:1994
有效期:2000.12.20～2003.12.20

瑞安市利达电器有限公司
地址:浙江省瑞安市沿江西路163号
邮政编码:325200
证书注册编号:1900B1900
体系认证标准:GB/T 19002:1994 idt ISO 9002:1994
有效期:2000.12.20～2003.12.20

上海京达微特电机有限公司
地址:上海市松江区环城路160号
邮政编码:201600
证书注册编号:1900B1901
体系认证标准:GB/T 19002:1994 idt ISO 9002:1994
有效期:2000.12.20～2003.12.20

福建省晋江市豪田瓷砖有限公司
地址:福建省晋江市内坑镇黄塘工业区
邮政编码:362200
证书注册编号:1900B1902
体系认证标准:GB/T 19002:1994 idt ISO 9002:1994
有效期:2000.12.20～2003.12.20

上海汽车锻造总厂流星车轮厂
地址:上海市宝安公路1687号
邮政编码:201907
证书注册编号:1900B1903

体系认证标准:GB/T 19002:1994 idt ISO 9002:1994
有效期:2000.12.20～2003.12.20

淄博制动设备厂
地址:山东淄博市张店区北西六路九号
邮政编码:255033
证书注册编号:1900B1904
体系认证标准:GB/T 19002:1994 idt ISO 9002:1994
有效期:2000.12.20～2003.12.20

上海市隧道工程公司防水材料厂
地址:上海市浦东新区张江镇江欣路501号
邮政编码:201203
证书注册编号:1900B1905
体系认证标准:GB/T 19002:1994 idt ISO 9002:1994
有效期:2000.12.20～2003.12.20

敖汉旗种子公司
地址:内蒙古赤峰市敖汉旗新惠镇蒙中街
邮政编码:124300
证书注册编号:1900B1906
体系认证标准:GB/T 19002:1994 idt ISO 9002:1994
有效期:2000.12.20～2003.12.20

赤峰市松山区种子公司
地址:内蒙古赤峰市桥西鸭子河路9号
邮政编码:024005
证书注册编号:1900B1907
体系认证标准:GB/T 19002:1994 idt ISO 9002:1994
有效期:2000.12.20～2003.12.20

喀喇沁旗种子公司
地址:内蒙古赤峰市喀喇沁旗锦山镇
邮政编码:024400
证书注册编号:1900B1908
体系认证标准:GB/T 19002:1994 idt ISO 9002:1994
有效期:2000.12.20～2003.12.20

江苏大亚新型包装材料股份有限公司丹阳滤嘴材料分公司
地址:江苏省丹阳市经济开发区
邮政编码:212300
证书注册编号:1900B1909
体系认证标准:GB/T 19002:1994 idt ISO 9002:1994
有效期:2000.12.20～2003.12.20

上海市大场化工厂
地址:上海市沪太路3079号
邮政编码:200436
证书注册编号:1900B1910
体系认证标准:GB/T 19002:1994 idt ISO 9002:1994
有效期:2000.12.20～2003.12.20

深圳祥兴号纽扣制品有限公司
地址:广东省深圳市宝安区新安镇黄田村甲田岗工业部
邮政编码:518128
证书注册编号:1900B1911
体系认证标准:GB/T 19002:1994 idt ISO 9002:1994
有效期:2000.12.20～2003.12.20

丹阳市三维新材料有限公司
地址:江苏省丹阳市开发区
邮政编码:212300
证书注册编号:1900B1912
体系认证标准:GB/T 19002:1994 idt ISO 9002:1994
有效期:2000.12.20～2003.12.20

上海三星油墨厂
地址:上海市嘉定区外钱公路325号
邮政编码:201823
证书注册编号:1900B1913
体系认证标准:GB/T 19002:1994 idt ISO 9002:1994
有效期:2000.12.20～2003.12.20

湖北武汉中南建设工程有限公司
地址:湖北省武汉市东湖新技术开发区关南工业园
邮政编码:430074
证书注册编号:1900B1914
体系认证标准:GB/T 19001－1994 idt ISO 9001:1994
有效期:2000.12.21～2003.12.21

太原市供水设计研究院
地址:山西省太原市新建路475号
邮政编码:030009
证书注册编号:1900A1915
体系认证标准:GB/T 19001－1994 idt ISO 9001:1994
有效期:2000.12.21～2003.12.21

上海贺众饮水设备有限公司
地址:上海市桂平路481号19#厂房
邮政编码:200233
电话:(021)64851234
证书注册编号:1900B1916
体系认证标准:GB/T 19002:1994 idt ISO 9002:1994
有效期:2000.12.21～2003.12.21

营口流体设备制造(集团)有限公司
地址:辽宁省营口市西市区客车场里18号
邮政编号:11054
证书注册编号:1900A1917
体系认证标准:GB/T 19002:1994 idt ISO 9002:1994
有限期:2000.12.21～2003.12.21

河南省红旗渠酒业有限公司
地址:河南省林州市五龙镇唐家岗
邮政编码:456576
证书注册编号:1900B1918
体系认证标准:GB/T 19002:1994 idt ISO 9002:1994
有效期:2000.12.21～2003.12.21

乳山市曙光啤酒有限公司
地址:山东省乳山市青山路
邮政编码:264500
证书注册编号:1900B1919
体系认证标准:GB/T 19002:1994 idt ISO 9002:1994
有效期:2000.12.21～2003.12.21

陕西石羊集团饲料发展有限责任公司
地址:陕西省西安市长安北路14号省体育场写字楼4楼C段
邮政编码:710061
证书注册编号:1900B1920
体系认证标准:GB/T 19002:1994 idt ISO 9002:1994
有效期:2000.12.21～2003.12.21

杭州万杰减速机有限公司
地址:浙江省萧山市靖江工业区
邮政编码:311223
证书注册编号:1900B1921
体系认证标准:GB/T 19002:1994 idt ISO 9002:1994
有效期:2000.12.21～2003.12.21

青岛啤酒(荣成)有限公司
地址:山东省荣成市新建南路10号
邮政编码:264300
证书注册编号:1900B1922
体系认证标准:GB/T 19002:1994 idt ISO 9002:1994
有效期:2000.12.21～2003.12.21

上海大金空调有限公司

地址:上海市莘庄工业区申富路 318 号
邮政编码:201108
证书注册编号:1900B1923
体系认证标准:GB/T 19002:1994 idt ISO 9002:1994
证体系覆盖产品:空调器的生产和服务
有效期:2000.12.21～2003.12.21

福建省沙县宏光化工有限公司/福建省沙县宏光塑料有限公司
地址:福建省沙县洋坊科技工业园
邮政编码:365500
证书注册编号:1900B1924
体系认证标准:GB/T 19002:1994 idt ISO 9002:1994
有效期:2000.12.21～2003.12.21

深圳市宝德科技开发有限公司
地址:广东省深圳市福田区车公庙工业区 303 栋东侧 3 楼
邮政编码:518000
证书注册编号:1900B1925
体系认证标准:GB/T 19002:1994 idt ISO 9002:1994
有效期:2000.12.21～2003.12.21

温州丹顶鹤服装有限公司
地址:浙江省温州市牛山北路 2 号(德政工业区)
邮政编码:325027
证书注册编号:1900B1926
体系认证标准:GB/T 19002:1994 idt ISO 9002:1994
有效期:2000.12.21～2003.12.21

宁波市华立仪表厂
地址:浙江省宁波奉化江口新兴工业区
邮政编码:315504
证书注册编号:1900B1927
体系认证标准:GB/T 19002:1994 idt ISO 9002:1994
有效期:000.12.22～2003.12.21

佳木斯新达建筑开发有限公司
地址:黑龙江佳木斯市长安路段 475 号
邮政编码:154002
证书注册编号:1900B1930
体系认证标准:GB/T 19002:1994 idt ISO 9002:1994
有效期:2000.12.22～2003.12.22

兰州铝业股份有限公司
地址:甘肃兰州市西固区山丹街 375 号
邮政编码:730060
证书注册编号:1900B1931
体系认证标准:GB/T 19002:1994 idt ISO 9002:1994
有效期:2000.12.22～2003.12.25

北京环宇建筑有限公司
地址:北京市延庆县延庆县镇高塔街 40 号
邮政编码:102100
证书注册编号:1900B1932
体系认证标准:GB/T 19002:1994 idt ISO 9002:1994
有效期:2000.12.25～2003.12.25

郑州铁路分局装卸机械修配厂
地址:河南洛阳市管城区货栈街 130 号
邮政编码:450004
证书注册编号:1900B1933
体系认证标准:GB/T 19002:1994 idt ISO 9002:1994
有效期:2000.12.25～2003.12.25

＊畲山卷烟厂
地址:福建省罗源县党校路 38 号
邮政编码:350600
电话:(0591)6831071
传真:(0591)6832073
法定代表人:黄坚
证书注册编号:1900B1934
体系认证标准:GB/T 19002:1994 idt ISO 9002:1994
获证体系覆盖产品:卷烟生产
有效期:2000.12.25～2003.12.25

石狮市天宏金属制品有限公司
地址:福建省石狮市宝盖镇塘头天马工业大厦
邮政编码:362700
证书注册编号:1900B1935
体系认证标准:GB/T 19002:1994 idt ISO 9002:1994
有效期:2000.12.25～2003.12.25

哈尔滨市燃气管道工程公司
地址:黑龙江省哈尔滨市道里区抚顺街 175 号
邮政编码:150016
证书注册编号:1900B1936
体系认证标准:GB/T 19002:1994 idt ISO 9002:1994
有效期:2000.12.25～2003.12.25

桐城市化工有限责任公司
地址:安徽省桐城市同安路 331 号
邮政编码:231404
证书注册编号:1900B1937
体系认证标准:GB/T 19002:1994 idt ISO 9002:1994
有效期 2000.12.26～2003.12.26

镇江精细化工有限公司
地址:江苏省镇江市谏壁化工开发区
邮政编码:212006
证书注册编号:1900B1938
体系认证标准:GB/T 19002:1994 idt ISO 9002:1994
有效期:2000.12.25～2003.12.25

福建省南安市贵格食品工业有限公司
地址:福建省南安市诗山镇美园工业区
邮政编码:362311
证书注册编号:1900B1939
体系认证标准:GB/T 19002:1994 idt ISO 9002:1994
有效期:2000.12.25～2003.12.25

河北晋州银光铝业有限责任公司
地址:河北省晋州市魏征路 22 号
邮政编码:052260
证书注册编号:1900B1940
体系认证标准:GB/T 19002:1994 idt ISO 9002:1994
有效期:2000.12.25～2003.12.25

北京市方兴外加剂厂
地址:北京市通州区永乐镇东
邮政编码:101105
证书注册编号:1900B1941
体系认证标准:GB/T 19002:1994 idt ISO 9002:1994
有效期:2000.12.25～2003.12.25

大同市碳素厂
地址:山西省大同新荣区堡子湾乡
邮政编码:037002
证书注册编号:1900B1942
体系认证标准:GB/T 19002:1994 idt ISO 9002:1994
有效期:2000.12.26～2003.12.26

山东省潍坊市华夏建安有限责任公司
地址:山东省安丘市商场路西首
邮政编码:262100
证书注册编号:1900B1943
体系认证标准:GB/T 19002:1994 idt ISO 9002:1994
有效期:2000.12.26～2003.12.26

福建省泉州市巨龙锅炉工业公司
地址:福建省泉州市区北峰工业区区丰顺路 23 号

邮政编码:362000
证书注册编号:1900B1944
体系认证标准:GB/T 19002:1994 idt ISO 9002:1994
有效期:2000.12.26～2003.12.26

福建漳平盛堡水泥有限公司
地址:福建省漳平市大菁洋
邮政编码:364400
证书注册编号:1900B1945
体系认证标准:GB/T 19002:1994 idt ISO 9002:1994
有效期:2000.12.26～2003.12.26

福建闽西海狮水泥集团公司
地址:福建龙岩市新罗区适中镇保丰村
邮政编码:364011
证书注册编号:1900B1946
体系认证标准:GB/T 19002:1994 idt ISO 9002:1994
有效期:2001.12.26～2003.12.26

上海振伟建筑工程有限公司
地址:上海市延安西路719号佳都大厦8F
邮政编码:200050
证书注册编号:1900B1947
体系认证标准:GB/T 19002:1994 idt ISO 9002:1994
有效期:2001.12.26～2003.12.26

义乌市永生不锈钢实业有限公司
地址:浙江省义乌义浦路10号
邮政编码:322000
证书注册编号:1900B1948
体系认证标准:GB/T 19002:1994 idt ISO 9002:1994
有效期:2001.12.26～2003.12.26

广州市天河区宏际电器设备厂
地址:广东省广州市元岗工业区3号
邮政编码:510650
证书注册编号:1900B1949
体系认证标准:GB/T 19002:1994 idt ISO 9002:1994
有效期:2001.12.26～2003.12.26

中山市金山铝厂有限公司
地址:广东省中山市东升镇坦背工业区
邮政编码:528412
证书注册编号:1900B1950
体系认证标准:GB/T 19002:1994 idt ISO 9002:1994
有效期:2000.12.26～2003.12.26

翁牛特旗玉龙种子有限公司
地址:内蒙古自治区翁牛特旗乌丹镇新华街中段
邮政编码:024500
证书注册编号:1900B1951
体系认证标准:GB/T 19002:1994 idt ISO 9002:1994
有效期:2000.12.26～2003.12.26

阿鲁科尔沁旗种子公司
地址:内蒙古赤峰市阿旗天山镇查布干路靠山巷604号
邮政编码:025550
证书注册编号:1900B1952
体系认证标准:GB/T 19002:1994 idt ISO 9002:1994
有效期:2000.12.26～2003.12.26

柳州铁路车轮厂
地址:广西柳州永前路6区11号
邮政编码:545007
证书注册编号:1900B1953
体系认证标准:GB/T 19002:1994 idt ISO 9002:1994
有效期:2000.12.26～2003.12.26

***兰州铁路分局兰西车辆段**
地址:甘肃省兰州市七里河区三角线252号
邮政编码:730050
电话:(0931)2942154
传真:(0931)2942214
法定代表人:邢克温
证书注册编号:1900B1954
体系认证标准:GB/T 19002:1994 idt ISO 9002:1994
获证体系覆盖产品:铁路货车厂修、段修
有效期:2000.12.26～2003.12.26

山东省诸城市电子股份有限公司
地址:山东省诸城市人民西路8号
邮政编码:262200
证书注册编号:1900B1955
体系认证标准:GB/T 19002:1994 idt ISO 9002:1994
有效期:2000.12.26～2003.12.26

河南新机股份有限公司
地址:河南省新乡市五一路30号
邮政编码:453003
证书注册编号:1900B1956
体系认证标准:GB/T 19002:1994 idt ISO 9002:1994
有效期:2000.12.26～2003.12.26

***常州市中江焊丝有限公司**
地址:江苏省常州市新区百丈镇
邮政编码:213034
电话:(0519)5863318
传真:(0519)5861034
法定代表人:张波
证书注册编号:1900B1957
体系认证标准:GB/T 19002:1994 idt ISO 9002:1994
获证体系覆盖产品:气体保护电弧焊用碳钢、低合金钢焊丝、熔化焊用钢丝的制造
有效期:2000.12.26～2003.12.26

泊头市大鲁道汽配厂
地址:河北省泊头市营子镇庄头村
邮政编码:062150
证书注册编号:1900B1958
体系认证标准:GB/T 19002:1994 idt ISO 9002:1994
有效期:2000.12.26～2003.12.26

北京市花果山福利金属加工厂
地址:北京昌平区兴寿镇花果山村
邮政编码:102212
证书注册编号:1900B1959
体系认证标准:GB/T 19002:1994 idt ISO 9002:1994
有效期:2000.12.26～2003.12.26

福建省石狮市威敌狼鞋业有限公司
地址:福建石狮市四号工业区金庸大厦
邮政编码:362700
证书注册编号:1900B1960
体系认证标准:GB/T 19002:1994 idt ISO 9002:1994
有效期:2000.12.26～2003.12.26

巩义市全兴炉料厂
地址:河南省巩义市北山口镇常庄
邮政编码:451250
证书注册编号:1900B1961
体系认证标准:GB/T 19002:1994 idt ISO 9002:1994
有效期:2000.12.26～2003.12.26

河南奥克啤酒实业有限公司
地址:河南省郑州市北环路中段
邮政编码:450045
证书注册编号:1900B1962
体系认证标准:GB/T 19002:1994 idt ISO 9002:1994
有效期:2000.12.26～2003.12.26

福建省安溪县宝潭茶业有限公司

地址:福建省安溪县西坪镇宝潭村
邮政编码:362431
证书注册编号:1900B1963
体系认证标准:GB/T 19002:1994 idt ISO 9002:1994
有效期:2000.12.26~2003.12.26

福建石狮市七星鞋业有限公司
地址:福建省石狮市大北环路北侧七星鞋业工业大厦
邮政编码:362700
证书注册编号:1900B1964
体系认证标准:GB/T 19002:1994 idt ISO 9002:1994
有效期:2000.12.26~2003.12.26

上海浦飞尔金属吊顶有限公司
地址:上海市南汇县周浦镇新马路166弄3号
邮政编码:201318
证书注册编号:1900B1965
体系认证标准:GB/T 19002:1994 idt ISO 9002:1994
有效期:2000.12.26~2003.12.26

大连冷冻机辅机三厂
地址:辽宁省大连市旅顺口区水师营小南村
邮政编码:116050
证书注册编号:1900B1966
体系认证标准:GB/T 19002:1994 idt ISO 9002:1994
有效期:2000.12.26~2003.12.26

张家港市工业设备安装有限公司
地址:江苏省张家港市东环路3号
邮政编码:215600
证书注册编号:1900B1967
体系认证标准:GB/T 19002:1994 idt ISO 9002:1994
有效期:2000.12.26~2003.12.26

天津市福田锅炉有限公司
地址:天津市东丽区津塘公路四号桥东
邮政编码:300300
证书注册编号:1900A1968
体系认证标准:GB/T 19001:1994 idt ISO 9001:1994
有效期:2000.12.27~2003.12.27

郑州市合力焊剂厂
地址:河南郑州市上街区上汜路37号
邮政编码:450041
证书注册编号:1900B1969
体系认证标准:GB/T 19002:1994 idt ISO 9002:1994
有效期:2000.12.27~2003.12.27

新乡市华龙窗具有限公司
地址:河南省新乡市西干道西干桥东街77号
邮政编码:453002
证书注册编号:1900A1967
体系认证标准:GB/T 19001:1994 idt ISO 9001:1994
有效期:2000.12.27~2003.12.27

如皋市万通防腐集团有限责任公司(如皋市密封件厂)
地址:江苏省如皋市搬经镇
邮政编码:226562
证书注册编号:1900B1971
体系认证标准:GB/T 19002:1994 idt ISO 9002:1994
有效期:2000.12.27~2003.12.27

山东双兴集团有限公司
地址:山东省荣成市夏庄镇
邮政编码:264326
证书注册编号:1900B1972
体系认证标准:GB/T 19002:1994 idt ISO 9002:1994
有效期:2000.12.27~2003.12.27

连云港钟山氨纶有限公司
地址:江苏省连云港市经济技术开发区长江路1号
邮政编码:222047
证书注册编号:1900B1973
体系认证标准:GB/T 19002:1994 idt ISO 9002:1994
有效期:2000.12.27~2003.12.27

江苏金益集团公司
地址:江苏镇江市谏壁镇越河街54号
邮政编码:212006
证书注册编号:1900B1974
体系认证标准:GB/T 19002:1994 idt ISO 9002:1994
有效期:2000.12.27~2003.12.27

常州市鹏达电器有限公司
地址:江苏省武进市牛塘镇口村
邮政编码:213163
证书注册编号:1900B1975
体系认证标准:GB/T 19002:1994 idt ISO 9002:1994
有效期:2000.12.27~2003.12.27

武进市华东电机冲制厂
地址:江苏省常州市洛阳镇
邮政编码:213104
证书注册编号:1900B1976
体系认证标准:GB/T 19002:1994 idt ISO 9002:1994
有效期:2000.12.27~2003.12.27

河南省新乡旋压封头厂
地址:河南省新乡市小冀镇青年路南段
邮政编码:453731
证书注册编号:1900B1977
体系认证标准:GB/T 19002:1994 idt ISO 9002:1994
有效期:2000.12.27~2003.12.27

舒嘉美(泉州)木业有限公司
地址:福建省南安市水头镇蟠龙开发区
邮政编码:362342
证书注册编号:1900B1980
体系认证标准:GB/T 19002:94
有效期:2000.12.27~2003.12.27

旅顺锅炉厂
地址:辽宁省大连旅顺北海镇
邮政编码:116048
证书注册编号:1900A1981
体系认证标准:GB/T 19001:1994 idt ISO 9001:1994
有效期:2001.12.27~2003.12.27

焦作市振德窑业有限责任公司
地址:河南省焦作市解放路二十六号
邮政编码:454000
证书注册编号:1900B1982
体系认证标准:GB/T 19002:1994 idt ISO 9002:1994
有效期:2000.12.27~2003.12.27

黑龙江隆华包装制品有限公司
地址:黑龙江省哈尔宾市南岗区学府路287号
邮政编码:150086
证书注册编号:1900B1983
体系认证标准:GB/T 19002:1994 idt ISO 9002:1994
有效期:2000.12.27~2003.12.27

福建省三明第二水泥厂
地址:福建省三明市台江路10号
邮政编码:365000
证书注编号:1900B1984
体系认证标准:GB/T 19002:1994 idt ISO 9002:1994
有效期:2001.12.27~2003.12.27

舟山市东升印刷有限公司
地址:浙江省舟山市普陀区东港开发区纬二路
邮政编码:316100
证书注编号:1900B1984
体系认证标准:GB/T 19002:1994 idt ISO 9002:1994
有效期:2000.12.27~2003.12.27

舟山市东升印刷有限公司
地址:浙江省舟山市普陀区东港开发区纬二路
邮政编码:316100
证书注册编号:1900B1985
体系认证标准:GB/T 19002:1994 idt ISO 9002:1994
有效期:2000.12.27~2003.12.27

济南鲁泉塑料制品有限公司
地址:山东省济南市建设路86号
邮政编码:250021
证书注册编号:1900B1986-1
体系认证标准:GB/T 19002:1994 idt ISO 9002:1994
有效期:2000.12.27~2003.12.27

济南市塑料四厂
地址:山东省济南市建设路86号
邮政编码:250021
证书注册编号:1900B1986-2
体系认证标准:GB/T 19002:1994 idt ISO 9002:1994
有效期:2000.12.27~2003.12.27

湖北省襄樊市化工厂
地址:湖北省襄樊市人民路245号
邮政编码:441002
证书注册编号:1900B1988
体系认证标准:GB/T 19002:1994 idt ISO 9002:1994
有效期:2000.12.27~2003.12.27

泉州市信和涂料有限公司
地址:福建省泉州市万安开发区万荣街
邮政编码:362011
证书注册编号:1900B1989
体系认证标准:GB/T 19002:1994 idt ISO 9002:1994
有效期:2000.12.27~2003.12.27

义乌市华日焊接设备有限公司
地址:浙江省义乌市佛堂王宅
邮政编码:322002
证书注册编号:1900B1990
体系认证标准:GB/T 19002:1994 idt ISO 9002:1994
有效期:2000.12.27~2003.12.27

蓬莱市蓬仙制冷空调有限公司
地址:山东省蓬莱市消防路36号
证书注册编号:1900B1992
体系认证标准:GB/T 19002:94
有效期:2000.12.27~2003.12.27

福州宽钧化工有限公司
地址:福建福州市晋安区鼓山镇远西村
邮政编码:350014
证书注册编号:1900B1993
体系认证标准:GB/T 19002:1994 idt ISO 9002:1994
有效期:2000.12.27~2003.12.27

诸暨市通灵实业有限公司
地址:浙江省诸暨市店口镇
邮政编码:311835
证书注册编号:1900B1994
体系认证标准:GB/T 19002:1994 idt ISO 9002:1994
有效期:2000.12.27~2003.12.27

太原恒晋减震科技有限公司
地址:山西省太原市大同路666号
邮政编码:030008
证书注册编号:1900B1995
体系认证标准:GB/T 19002:1994 idt ISO 9002:1994
有效期:2000.12.27~2003.12.27

泊头市华兴汽车部件有限责任公司
地址:河北省泊头市裕华路
邮政编码:062150
证书注册编号:1900B1996
体系认证标准:GB/T 19002:1994 idt ISO 9002:1994
有效期:2000.12.27~2003.12.27

北京高特汽车微电机研究所
地址:北京市通州区新华北街75号
邮政编码:101149
证书注册编号:1900B1997
体系认证标准:GB/T 19002:1994 idt ISO 9002:1994
有效期:2000.12.27~2003.12.27

玉环精工机械制造有限公司
地址:浙江省玉环大麦屿经济开发区
邮政编码:317604
证书注册编号:1900B1987
体系认证标准:GB/T 19002:1994 idt ISO 9002:1994
有效期:2000.12.27~2003.12.27

南丹县龙泉矿冶总厂龙泉锡冶炼厂
地址:广西南丹县城关镇行街103号
邮政编码:547200
证书注册编号:1900B1998
体系认证标准:GB/T 19002:1994 idt ISO 9002:1994
有效期:2000.12.27~2003.12.27

***甘肃省水利水电工程局**
地址:甘肃省兰州市九洲开发区九洲大道38号
邮政编码:730047
电话:(0931)8330369
传真:(0931)8331021
法定代表人:路泽生
证书注册编号:1900B1999
体系认证标准:GB/T 19002:1994 idt ISO 9002:1994
获证体系覆盖产品:水利水电工程、工业与民用建筑工程、公路工程、送变电工程、金属结构与机电安装
有效期:2000.12.27~2003.12.27

北京瑞达急冻食品有限公司
地址:北京市朝阳区姚家园西口
邮政编码:100025
证书注册编号:1900B2000
体系认证标准:GB/T 19002:1994 idt ISO 9002:1994
有效期:2000.12.27~2003.12.27

巩义市白河耐火材料厂
地址:河北省巩义市白河工商街55号
邮政编码:451250
证书注册编号:1900B2001
体系认证标准:GB/T 19002:1994 idt ISO 9002:1994
有效期:2000.12.27~2003.12.27

铁力市电力线路器材有限责任公司
地址:黑龙江省铁力市桃山镇
邮政编码:152061
证书注册编号:1900B2002
体系认证标准:GB/T 19002:1994 idt ISO 9002:1994
有效期:2000.12.17~2003.12.27

济南西车辆段
地址:山东省济南市济兖公路443号
邮政编码:250117
证书注册编号:1900B2003
体系认证标准:GB/T 19002:1994 idt ISO 9002:1994

有效期:2000.12.28～2003.12.28

绥化远大电力建设有限责任公司
地址:黑龙江省绥化市西直南路 38 号
邮政编码:152061
证书注册编号:1900B2004
体系认证标准:GB/T 19002:1994 idt ISO 9002:1994
有效期:2000.12.28～2003.12.28

绥化华强电线厂
地址:黑龙江省绥化市前进路 1 号
邮政编码:152000
证书注册编号:1900B2005
体系认证标准:GB/T 19002:1994 idt ISO 9002:1994
有效期:2000.12.28～2003.12.28

新兴铸管(集团)有限责任公司第七四四五工厂
地址:山西长治市西白兔乡兵化路 3 号
邮政编码:047506
证书注册编号:1900B2006
体系认证标准:GB/T 19002:1994 idt ISO 9002:1994
有效期:2000.12.28～2003.12.28

上海液压件一厂
地址:上海市姚虹西路 46 号
邮政编码:201103
证书注册编号:1900A2007
体系认证标准:GB/T 19001:1994 idt ISO 9001:1994
有效期:2000.12.28～2003.12.28

巩义市明业耐火材料有限公司
地址:河南省巩义市西村镇陵洼
邮政编码:451281
证书注册编号:1900B2008
体系认证标准:GB/T 19002:1994 idt ISO 9002:1994
有效期:2000.12.28～2003.12.28

福建省大田灵川水泥有限公司
地址:福建省大田县上京镇灵川村
邮政编码:366102
证书注册编号:1900B2009
体系认证标准:GB/T 19002:1994 idt ISO 9002:1994
有效期:2000.12.28～2003.12.28

福建泉州爱格乐制衣有限公司
地址:福建省惠安螺阳蔡厝工业区
邮政编码:362100
证书注册编号:1900B2010
体系认证标准:GB/T 19002:1994 idt ISO 9002:1994
有效期:2000.12.28～2003.12.28

长春市宏达市政工程有限责任公司
地址:吉林省长春市玉谭镇政府西侧
邮政编码:130123
证书注册编号:1900B2011
体系认证标准:GB/T 19002:1994 idt ISO 9002:1994
有效期:2000.12.28～2003.12.28

辽宁红山火山粘土有限公司
地址:辽宁省建平县青峰山乡
邮政编码:122429
证书注册编号:1900B2012
体系认证标准:GB/T 19002:1994 idt ISO 9002:1994
有效期:2000.12.28～2003.12.28

陕西省宝天建筑工程有限公司
地址:陕西省西安市标新街 2 号
邮政编码:710054
证书注册编号:1900B2013
体系认证标准:GB/T 19002:1994 idt ISO 9002:1994
有效期:2000.12.28～2003.12.28

保定市银燕预应力工程有限公司
地址:河北保定市满城县燕赵北街 8 号
邮政编码:072150
证书注册编号:1900B2014
体系认证标准:GB/T 19002:1994 idt ISO 9002:1994
有效期:2000.12.28～2003.12.28

温州交通建设集团有限公司
地址:浙江省温州市牛山北路 56 号
邮政编码:325000
证书注册编号:1900B2015
体系认证标准:GB/T 19002:1994 idt ISO 9002:1994
有效期:2000.12.28～2003.12.28

福州兴鸿业物业管理有限公司
地址:福建省福州市六一中路 28 号海峡建材装饰交易城 4 楼
邮政编码:350011
证书注册编号:1900B2016
体系认证标准:GB/T 19002:1994 idt ISO 9002:1994
有效期:2000.12.28～2003.12.28

特灵空调器有限公司
地址:江苏省太仓市城北东路 8 号
邮政编码:215400
证书注册编号:1900A0024
体系认证标准:GB/T 19002:1994 idt ISO 9002:1994
有效期:2000.12.28～2003.12.28

上海飞星机械制造合作公司上海沪星化工设备厂
地址:上海市嘉定区沪宜公路 4667 号
邮政编码:201800
证书注册编号:1900B2017－1
体系认证标准:GB/T 19002:1994 idt ISO 9002:1994
有效期:2000.12.28～2003.12.28

青海华鼎实业股份有限公司番禺市石楼食品机械厂
地址:广东省番禺市石楼镇砺江路 62 号
邮政编码:511447
证书注册编号:1900B2018
体系认证标准:GB/T 19002:1994 idt ISO 9002:1994
有效期:2000.12.28～2003.12.28

***江阴市矿山器材厂**
地址:江苏省江阴市申港镇镇东路
邮政编码:214443
电话:(0510)6621386
传真:(0510)6621630
法定代表人:黄汉才
证书注册编号:1900B2019
体系认证标准:GB/T 19002:1994 idt ISO 9002:1994
获证体系覆盖产品:钻具系列的生产
有效期:2000.12.28～2003.12.28

太原六味斋实业有限公司
地址:山西省太原市桃园南路 116 号
邮政编码:030001
证书注册编号:1900B2020
体系认证标准:GB/T 19002:1994 idt ISO 9002:1994
有效期:2000.12.28～2003.12.28

四川省宜宾市叙府粮油制品有限公司
地址:四川省宜宾市马掌街 80 号
邮政编码:644000
证书注册编号:1900B2021
体系认证标准:GB/T 19002:1994 idt ISO 9002:1994
有效期:2000.12.28～2003.12.28

重啤(集团)綦江啤酒有限责任公司
地址:重庆市綦江县东溪镇复兴路 42 号

邮政编码:401434
证书注册编号:1900B2022
体系认证标准:GB/T 19002:1994 idt ISO 9002:1994
有效期:2000.12.28～2003.12.28

台州中昌水处理设备有限公司
地址:浙江省玉环城中路121号
邮政编码:317600
证书注册编号:1900A2023
体系认证标准:GB/T 19002:1994 idt ISO 9002:1994
有效期:2000.12.28～2003.12.28

宁波摩托车厂
地址:浙江省慈溪市宗汉大道148号
邮政编码:315301
证书注册编号:1900A2024
体系认证标准:GB/T 19002:1994 idt ISO 9002:1994
有效期:2000.12.28～2003.12.28

上海芙蓉实业有限公司
地址:上海市闵行区杜行镇工业园区竹园路10号
邮政编码:201112
证书注册编号:1900B2025
体系认证标准:GB/T 19002:1994 idt ISO 9002:1994
有效期:2000.12.28～2003.12.28

南京第二鼓风机厂
地址:江苏省南京市水西门外赛虹桥西
邮政编码:210012
证书注册编号:1900B2026
体系认证标准:GB/T 19002:1994 idt ISO 9002:1994
有效期:2000.12.28～2003.12.28

江苏核工业格林水处理有限责任公司
地址:江苏省南京市察哈尔路16号
邮政编码:210003
证书注册编号:1900A2027
体系认证标准:GB/T 19002:1994 idt ISO 9002:1994
有效期:2000.12.28～2003.12.28

武汉云建筑装饰工程有限公司
地址:湖北省武汉市建设大道417号
邮政编码:430030
证书注册编号:1900A2028
体系认证标准:GB/T 19002:1994 idt ISO 9002:1994
有效期:2000.12.28～2003.12.28

成都市锦城物业管理有限责任公司
地址:四川省成都走马街68号锦城大厦19楼
邮政编码:610021
证书注册编号:1900B2029
体系认证标准:GB/T 19002:1994 idt ISO 9002:1994
有效期:2000.12.28～2003.12.28

海南欣涛实业有限公司
地址:海南省海口市海秀路凤凰新村凤天阁B—602室
邮政编码:570206
证书注册编号:1900B2030
体系认证标准:GB/T 19002:1994 idt ISO 9002:1994
有效期:2000.12.28～2003.12.28

福建省南安市春城水暖器材厂
地址:福建南安市仑苍镇仑苍街528号
邮政编码:362304
证书注册编号:1900B2031
体系认证标准:GB/T 19002:1994 idt ISO 9002:1994
有效期:2000.12.28～2003.12.28

黑龙江凯马富拖机械制造有限公司
地址:黑龙江省富锦市三八路
邮政编码:156100
证书注册编号:1900A2032
体系认证标准:GB/T 19002:1994 idt ISO 9002:1994
有效期:2000.12.28～2003.12.28

山东省禹城通裕集团公司
地址:山东省禹城
邮政编码:251200
证书注册编号:1900B2033
体系认证标准:GB/T 19002:1994 idt ISO 9002:1994
有效期:2000.12.28～2003.12.28

南京普鲁卡姆电器有限公司
地址:江苏省南京市浦口区高新技术产业开发区创业路6号
邮政编码:210061
证书注册编号:1900B2034
体系认证标准:GB/T 19002:1994 idt ISO 9002:1994
有效期:2000.12.28～2003.12.28

***山西屯玉种业有限公司**
地址:山西省屯留县屯玉路南端
邮政编码:046100
电话:(0355)7523168
传真:(0355)7525720
法定代表人:侯爱民
证书注册编号:1900A2035
体系认证标准:GB/T 19001:1994 idt ISO 9001:1994
获证体系覆盖产品:玉米杂交种、玉米原种的选育、生产、加工、销售和服务
有效期:2000.12.28～2003.12.28

偃师市天龙化工厂
地址:河南省偃师市高龙镇
邮政编码:471931
证书注册编号:1900B2036
体系认证标准:GB/T 19002:1994 idt ISO 9002:1994
有效期:2000.12.28～2003.12.28

福建省莆田传感器厂
地址:福建省莆田城厢区福厦路109.5公里处
邮政编码:351100
证书注册编号:1900A2037
体系认证标准:GB/T 19001:1994 idt ISO 9001:1994
有效期:2000.12.28～2003.12.28

中山市香山彩瓷砖有限公司
地址:广东省中山市古镇桥南工业区
邮政编码:528421
证书注册编号:1900B2038
体系认证标准:GB/T 19002:1994 idt ISO 9002:1994
有效期:2000.12.28～2003.12.28

常州市双源房地产开发有限公司
地址:江苏省常州市新区珠江路珠江花园6幢2楼
邮政编码:213001
证书注册编号:1900B2039
体系认证标准:GB/T 19002:1994 idt ISO 9002:1994
有效期:2000.12.28～2003.12.28

厦门市政建设监理有限公司
地址:福建省厦门市南山路122号
邮政编码:361006
证书注册编号:1900B2040
体系认证标准:GB/T 19002:1994 idt ISO 9002:1994
有效期:2000.12.28～2003.12.28

***乡宁县煤焦实业有限公司**
地址:山西省乡宁县枣岭乡刘岭村长咀湾沟

邮政编码:042100
电话:(0357)6862123 6862878
传真:(0357)6862879
法定代表人:张连水
证书注册编号:1900B2041
体系认证标准:GB/T 19002:1994 idt ISO 9002:1994
获证体系覆盖产品:冶金焦的生产
有效期:2000.12.28～2003.12.28

安徽省巢湖耐温电缆总厂
地址:安徽省无为县长淋港工业区
邮政编码:238371
证书注册编号:1900B2042
体系认证标准:GB/T 19002:1994 idt ISO 9002:1994
有效期:2000.12.28～2003.12.28

中国江苏国际经济技术合作公司海外劳务公司
地址:江苏省南京市北京西路5号
邮政编码:210008
证书注册编号:1900B2043
体系认证标准:GB/T 19002:1994 idt ISO 9002:1994
有效期:2000.12.29～2003.12.29

威海金威制衣有限公司
地址:山东省威海市青岛路温泉工业区
邮政编码:264206
证书注册编号:1900B2044
体系认证标准:GB/T 19002:1994 idt ISO 9002:1994
有效期:2000.12.29～2003.12.29

河南金性制衣有限公司
地址:河南省长葛市科技工业园区
邮政编码:461500
证书注册编号:1900B2045
体系认证标准:GB/T 19002:1994 idt ISO 9002:1994
有效期:2000.12.29～2003.12.29

泰安康平纳毛纺织有限公司
地址:山东省泰安市岱宗大街339号
邮政编码:271000
证书注册编号:1900B2046
体系认证标准:GB/T 19002:1994 idt ISO 9002:1994
有效期:2000.12.29～2003.12.29

安徽省皖北铝业有限责任公司
地址:安徽省濉溪经济开发区2#路
邮政编码:235106
证书注册编号:1900B2047
体系认证标准:GB/T 19002:1994 idt ISO 9002:1994
有效期:2000.12.29～2003.12.29

山东东明棉纺织厂
地址:山东省东明县城三八路49号
邮政编码:274500
证书注册编号:1900B2048
体系认证标准:GB/T 19002:1994 idt ISO 9002:1994
有效期:2000.12.29～2003.12.29

福建海源建材机械设备有限公司
地址:福建省福州市铜盘白龙路5号
邮政编码:350003
证书注册编号:1900A2049
体系认证标准:GB/T 19001—1994 idt ISO 9001:1994
有效期:2000.12.29～2003.12.29

北京固邦水泥有限责任公司
地址:北京房山区周口店地区新街村西
邮政编码:102453
证书注册编号:1900B2050
体系认证标准:GB/T 19002:1994 idt ISO 9002:1994
有效期:2000.12.29～2003.12.29

镇江永兴阀门电器制造公司
地址:江苏省扬中市城东大众区
邮政编码:212200
证书注册编号:1900B2051
体系认证标准:GB/ T19002:1994 idt ISO 9002:1994
有效期:2000.12.29～2003.12.29

南阳飞龙电力集团有限公司南阳电力电器厂
地址:河南省南阳市红庙路170号
邮政编码:473000
证书注册编号:1900B2052
体系认证标准:GB/T 19002:1994 idt ISO 9002:1994
有效期:2000.12.29～2003.12.29

北京市顺兴盛绳网厂
地址:北京顺义仁和地区沙坨村村东
邮政编码:101300
证书注册编号:1900B2053
体系认证标准:GB/T 19002:1994 idt ISO 9002:1994
有效期:2000.12.29～2003.12.29

江苏沃而夫西服有限公司
地址:江苏省丹阳开发区丹荆路
邮政编码:212310
证书注册编号:1900B2054
体系认证标准:GB/T 19002:1994 idt ISO 9002:1994
有效期:2000.12.29～2003.12.29

荣成市渔网绳索总厂
地址:山东省荣成市石岛镇北流口
邮政编码:264309
证书注册编号:1900B2055
体系认证标准:GB/T 19002:1994 idt ISO 9002:1994
有效期:2000.12.29～2003.12.29

合肥玻璃总厂
地址:安徽省合肥市长江东路288号
邮政编码:230011
证书注册编号:1900B2056
体系认证标准:GB/T 19002:1994 idt ISO 9002:1994
有效期:2000.12.29～2003.12.29

福建福兴润滑油有限公司
地址:福建省福州市东门溪口77号
邮政编码:350011
证书注册编号:1900B2057
体系认证标准:GB/T 19002:1994 idt ISO 9002:1994
有效期:2000.12.29～2003.12.29

营口小雨新型建筑材料有限公司
地址:辽宁省营口市鲅鱼圈区
邮政编码:115007
证书注册编号:1900B2058
体系认证标准:GB/T 19002:1994 idt ISO 9002:1994
有效期:2000.12.29～2003.12.29

宁波日升电器制造有限公司
地址:浙江省宁波象山工业园区
邮政编码:315700
证书注册编号:1900A2059
体系认证标准:GB/T 19001—1994 idt ISO 9001:1994
有效期:2000.12.20～2003.12.29

淄博智诚建设监理有限责任公司
地址:山东省淄博市张店区五公里1路1号
邮政编码:255052
证书注册编号:1900B2060
体系认证标准:GB/T 19002:1994 idt ISO 9002:1994
有效期:2000.12.29～2003.12.29

怀安三圆水泥股份合作公司
地址:河北省怀安县柴沟堡镇民生街工业路东四条七十一号
邮政编码:076150
证书注册编号:1900B2061
体系认证标准:GB/T 19002:1994 idt ISO 9002:1994
有效期:2000.12.29~2003.12.29

辽河油田天华橡胶制品公司
地址:辽宁盘锦市兴隆台区友谊街一委
邮政编码:124107
证书注册编号:1900B2062
体系认证标准:GB/T 19002:1994 idt ISO 9002:1994
有效期:2000.12.29~2003.12.29

淄博科鲁能源动力有限责任公司
地址:山东淄博周村区王村工业开发区
邮政编码:255311
注册编号:1900B2063
体系认证标准:GB/T 19002:1994 idt ISO 9002:1994
有效期:2000.12.29~2003.12.29

成都威格佳塑钢门窗制造有限公司
地址:四川省成都市青白江区华金大道革新路一段一号
邮政编码:610300
证书注册编号:1900B2064
体系认证标准:GB/T 19002:1994 idt ISO 9002:1994
有效期:2000.12.29~2003.12.29

台州市路桥三星蒸发器有限公司
地址:浙江省台州市路桥区下包工业区
邮政编码:318050
证书注册编号:1900B2065
体系认证标准:GB/T 19002:1994 idt ISO 9002:1994
有效期:2000.12.29~2003.12.29

瓦房店市永宁机械厂
地址:辽宁省大连市瓦房店市永宁镇永宁街13号
邮政编码:116326
证书注册编号:1900B2066
体系认证标准:GB/T 19002:1994 idt ISO 9002:1994
有效期:2000.12.29~2003.12.29

闽东革新蓄电池工业有限公司
地址:福建省福安市小溪边工业区8号
邮政编码:355000
证书注册编号:1900B2067
体系认证标准:GB/T 19002:1994 idt ISO 9002:1994
有效期:2000.12.29~2003.12.29

肇东特种塑料厂
地址:黑龙江省肇东市肇昌路新城工业开发区
邮政编码:151100
证书注册编号:1900B2068
体系认证标准:GB/T 19002:1994 idt ISO 9002:1994
有效期:2000.12.29~2003.12.29

山东(临清)银河纸业集团有限公司
地址:山东省临清市西门里街297号
邮政编码:252600
证书注册编号:1900B2069
体系认证标准:GB/T 19002:1994 idt ISO 9002:1994
有效期:2000.12.29~2003.12.29

武汉市洪福防锈包装化工有限公司
地址:湖北省武汉市洪山区雄楚大街紫菘工业园
邮政编码:4300074
证书注册编号:1900B2070
体系认证标准:GB/T 19002:1994 idt ISO 9002:1994
有效期:2000.12.29~2003.12.29

山东泰鹏纺织集团有限公司
地址:山东省肥城市上海路046号
邮政编码:271600
证书注册编号:1900B2071
体系认证标准:GB/T19002:1994 idt ISO 9002:1994
有效期:2000.12.29~2003.12.29

张家港市天源制漆涂装有限公司
地址:江苏省张家港市鹿苑镇东
邮政编码:215616
证书注册编号:1900B2072
体系认证标准:GB/T19002:1994 idt ISO 9002:1994
有效期:2000.12.29~2003.12.29

锡山市石塘湾化工助剂厂
地址:江苏省锡山市石塘湾镇梅经村
邮政编码:214185
证书注册编号:1900B2073
体系认证标准:GB/T19002:1994 idt ISO 9002:1994
有效期:2000.12.29~2003.12.29

哈尔滨天润化工股份有限公司
地址:黑龙江省哈尔滨市动力和平路2号和平大厦11层
邮政编码:150040
证书注册编号:1900B2074
体系认证标准:GB/T19002:1994 idt ISO 9002:1994
有效期:2000.12.29~2003.12.29

金坛市金冠化工厂
地址:江苏省金坛市登冠镇
邮政编码:213253
证书注册编号:1900B2075
体系认证标准:GB/T 19002:1994 idt ISO 9002:1994
有效期:2000.12.29~2003.12.29

泰兴市医药化工厂
地址:江苏省泰兴市七圩填
邮政编码:225453
证书注册编号:1900B2076
体系认证标准:GB/T 19002:1994 idt ISO 9002:1994
有效期:2000.12.29~2003.12.29

苏州宏太铜材有限公司
地址:江苏省太仓市城厢新区浏太路东仓路口
邮政编码:215400
证书注册编号:1900B2077
体系认证标准:GB/T 19002:1994 idt ISO 9002:1994
有效期:2000.12.29~2003.12.29

西安河电子设备(集团)有限公司
地址:陕西省西安市韩森路251号
邮政编码:710043
证书注册编号:1900B2078
体系认证标准:GB/T 19002:1994 idt ISO 9002:1994
有效期:2000.12.29~2003.12.29

南京广源通讯设备厂
地址:江苏省南京溧水小西门街61号
邮政编码:211200
证书注册编号:1900B2079
体系认证标准:GB/T 19002:1994 idt ISO 9002:1994
有效期:2000.12.29~2003.12.29

瓦房店第一砂轮厂
地址:辽宁瓦房店市岗店办事处瓦房村
邮政编码:116300
证书注册编号:1900B2080
体系认证标准:GB/T 19002:1994 idt ISO 9002:1994

有效期:2000.12.29～2003.12.29

南京天印专用汽车有限公司
地址:江苏省南京市雨花台区共青团路二村
邮政编码:210012
证书注册编号:1900B2081
体系认证标准:GB/T 19002:1994 idt ISO 9002:1994
有效期:2000.12.29～2003.12.29

浙江银建装饰工程有限公司
地址:浙江省杭州市体育场路130号
邮政编码:310004
证书注册编号:1900A2082
体系认证标准:GB/T 19001－1994 idt ISO 9001:1994
有效期:2000.12.29～2003.12.29

广州华盛避雷器实业有限公司
地址:广东省广州市工业大道南大干围南华西第五工业区
邮政编码:510288
证书注册编号:1900B2083
体系认证标准:GB/T 19002:1994 idt ISO 9002:1994
有效期:2000.12.29～2003.12.29

潮安县科技尼龙制品厂
地址:广东省潮安县庵埠经济开发试验区庵北路段
邮政编码:521031
证书注册编号:1900B2084
体系认证标准:GB/T 19002:1994 idt ISO 9002:1994
有效期:2000.12.29～2003.12.29

镇江市飞利达电热电器厂
地址:江苏省扬中市扬子东路89号
邮政编码:212200
证书注册编号:1900B2085
体系认证标准:GB/T 19002:1994 idt ISO 9002:1994
有效期:2000.12.29～2003.12.29

广西贵港格雷蒙化冶炼有限公司
地址:广西贵港市三资企业开发区(八塘卖酒坡)
邮政编码:537100
证书注册编号:1900B2086
体系认证标准:GB/T 19002:1994 idt ISO 9002:1994
有效期:2000.12.29～2003.12.29

上海隧桥特种橡胶厂
地址:上海市崇明县五镇
邮政编码:202159
证书注册编号:1900B2087
体系认证标准:GB/T 19002:1994 idt ISO 9002:1994
有效期:2000.12.29～2003.12.29

青州市德昌化工有限责任公司
地址:山东省青州市青州北路39号
邮政编码:262500
证书注册编号:1900B2088
体系认证标准:GB/T 19002:1994 idt ISO 9002:1994
有效期:2000.12.29～2003.12.29

浙江桐星建材集团有限责任公司
地址:浙江省桐乡市新生镇
邮政编码:314501
证书注册编号:1900B2089
体系认证标准:GB/T 19002－1994 idt ISO 9002:1994
有效期:2000.12.29～2003.12.29

大连石化工业泵厂
地址:辽宁省普兰店市城子坦镇中心街
邮政编码:116224
证书注册编号:1900B2090
体系认证标准:GB/T 19002－1994 idt ISO 9002:1994
有效期:2000.12.29～2003.12.29

长沙经阁实业(集团)有限公司
地址:湖南省长江市望城坡经济开发区
邮政编码:410205
证书注册编号:1900B2091
体系认证标准:GB/T 19002－1994 idt ISO 9002:1994
有效期:2000.12.29～2003.12.29

江阴市美托金属制品有限公司
地址:江苏省江阴市申港镇西伍村高庄上49号
邮政编码:214443
证书注册编号:1990B2092
体系认证标准:GB/T 19002－1994 idt ISO 9002:1994
有效期:2000.12.29～2003.12.29

嘉兴市桐星水泥粉磨有限公司
地址:浙江省桐乡市新生镇
邮政编码:314501
证书注册编号:1900B2093
体系认证标准:GB/T 19002－1994 idt ISO 9002:1994
有效期:2000.12.29～2003.12.29

嘉兴市银马水泥有限公司
地址:浙江省嘉兴市秀洲区王店镇
邮政编码:314012
证书注册编号:1900B2095
体系认证标准:GB/T 19002－1994 idt ISO 9002:1994
有效期:2000.12.29～2003.12.29

宁夏中卫石林建材(集团)有限公司石膏板厂
地址:宁夏中卫城西城郊
邮政编码:751700
证书注册编号:1900B2096
体系认证标准:GB/T 19002－1994 idt ISO 9002:1994
有效期:2000.12.29～2003.12.29

荣成鲁阳化工有限公司
地址:山东省荣成市靖海镇
邮政编码:264307
证书注册编号:1900B2097
体系认证标准:GB/T 19002－1994 idt ISO 9002:1994
有效期:2000.12.29～2003.12.29

广州奥妮化妆品有限公司
地址:广东省广州市天河区车陂大保庄
邮政编码:510660
证书注册编号:1900A2098
体系认证标准:GB/T 19002－1994 idt ISO 9002:1994
有效期:2000.12.29～2003.12.29

龙口市丛林铝材有限公司
地址:山东省龙口市诸由观镇
邮政编码:265705
证书注册编号:1900B2099
体系认证标准:GB/T 19002－1994 idt ISO 9002:1994
有效期:2000.12.29～2003.12.29

焦作市电业局金具加工厂
地址:河南省焦作市出渣路
邮政编码:454150
证书注册编号:1900B2100
体系认证标准:GB/T 19002－1994 idt ISO 9002:1994
有效期:2000.12.29～2003.12.29

开封天元预应力有限公司
地址:河南省开封市新曹路
邮政编码:475002
证书注册编号:1900B2101
体系认证标准:GB/T 19002－1994 idt ISO 9002:1994

有效期:2000.12.29～2003.12.29

上海海虹出租汽车公司
地址:上海市宝山区高逸路130号
邮政编码:200439
证书注册编号:1900B2102
体系认证标准:GB/T 19002－1994 idt ISO 9002:1994
有效期:2000.12.29～2003.12.29

东莞志机械厂有限公司
地址:广东省东莞市寮步镇富竹山盘岭工业区
邮政编码:523406
证书注册编号:1900B2103
体系认证标准:GB/T 19002－1994 idt ISO 9002:1994
有效期:2000.12.29～2003.12.29

中国人民解放军第九七一七工厂(盘锦欢喜岭沥青厂)
地址:辽宁省盘锦市欢喜岭
邮政编码:124114
证书注册编号:1900B2104
体系认证标准:GB/T 19002－1994 idt ISO 9002:1994
有效期:2000.12.29～2003.12.29

青岛胶南东佳纺机集团有限公司
地址:山东省胶南市王台镇
邮政编码:266425
证书注册编号:1900A2105
体系认证标准:GB/T 19002－1994 idt ISO 9002:1994
有效期:2000.12.29～2003.12.29

镇江东丰特殊合金有限公司
地址:江苏省扬中市新坝镇
邮政编码:212211
证书注册编号:1900B2106
体系认证标准:GB/T 19002－1994 idt ISO 9002:1994
有效期:2000.12.29～2003.12.29

青岛腾龙铝业有限公司
地址:山东青岛市李沧区石沟村92号
邮政编码:266100
证书注册编号:1900B2107
体系认证标准:GB/T 19002－1994 idt ISO 9002:1994
有效期:2000.12.29～2003.12.29

北京市广友锋利工贸有限公司
地址:北京顺义区仁和地区陶家坟村西
邮政编码:101300
证书注册编号:1900B2108
体系认证标准:GB/T 19002－1994 idt ISO 9002:1994
有效期:2000.12.29～2003.12.29

浙江露笑机械制造有限公司
地址:浙江省诸暨市湄池镇工业区
邮政编码:311814
证书注册编号:1900B2094
体系认证标准:GB/T 19002－1994 idt ISO 9002:1994
有效期:2000.12.29～2003.12.29

玉环县中通机械厂
地址:浙江省玉环县城关镇环东工业区
邮政编码:317600
证书注册编号:1900B2110
体系认证标准:GB/T 19002－1994 idt ISO 9002:1994
有效期:2000.12.29～2003.12.29

开封豫台预应力新技术开发有限公司
地址:河南开封市内环东路南段83号
邮政编码:475000
证书注册编号:1900B2111
体系认证标准:GB/T 19002－1994 idt ISO 9002:1994
有效期:2000.12.29～2003.12.29

深圳质量认证中心

汕头市潮阳建筑工程总公司
地址:广东省潮阳市东山大道平北路段汕潮建筑大厦
邮政编码:515100
证书注册编号:2000B0001
体系认证标准:GB/T 19002—1994 idt ISO 9002:1994
有效期:2000.1.3～2003.1.2

陕西省镜寰装饰实业有限公司
地址:陕西省西安市文艺北路1号鹏豪大厦
邮政编码:710054
证书注册编号:2000A0002
体系认证标准:GB/T 19001—1994 idt ISO 9001:1994
有效期:2000.1.7～2003.1.6

陕西省宝鸡市第一建筑工程公司
地址:陕西省宝鸡市公园路7号
邮政编码:721006
证书注册编号:2000B0003
体系认证标准:GB/T 19002—1994 idt ISO 9002:1994
有效期:2000.1.7～2003.1.6

中国长城计算机深圳股份有限公司显示器事业部
地址:深圳市南山区科技园琼宇路3号长城显示器大厦
邮政编码:518057
证书注册编号:2000A0004
体系认证标准:GB/T 19001—1994 idt ISO 9001:1994
有效期:2000.1.7～2003.1.6

陕西省宝鸡市第二建筑工程公司
地址:陕西省宝鸡市新宝路36#
邮政编码:721000
证书注册编号:2000B0005
体系认证标准:GB/T 19002—1994 idt ISO 9002:1994
有效期:2000.1.7～2003.1.6

广东省潮阳市第一建安总公司
地址:广东省潮阳市棉城柳园路
邮政编码:515100
证书注册编号:2000B0006
体系认证标准:GB/T 19002—1994 idt ISO 9002:1994
有效期:2000.1.7～2003.1.6

潮阳市建筑安装工程总公司
地址:潮阳市棉北北关路西平南西区12幢
邮政编码:515100
证书注册编号:2000B0007
体系认证标准:GB/T 19002—1994 idt ISO 9002:1994
有效期:2000.1.7～2003.1.6

深圳华丽生混凝土有限公司
地址:深圳市南山区西丽龙珠四路西侧
邮政编码:518055
证书注册编号:2000B0008
体系认证标准:GB/T 19002—1994 idt ISO 9002:1994
有效期:2000.1.7～2003.1.6

广州海荣建设监理有限公司
地址:广东省广州市麓湖路3号
邮政编码:510095
证书注册编号:2000B0009
体系认证标准:GB/T 19002—1994 idt ISO 9002:1994
有效期:2000.1.7～2003.1.6

理光电装(深圳)电子有限公司
地址:广东省深圳市北环路上梅林梅华路167号
邮政编码:518049
证书注册编号:2000B0010
体系认证标准:GB/T 19002—1994 idt ISO 9002:1994
有效期:2000.1.7～2003.1.6

成都鹏成机械厂
地址:四川成都外西文家
邮政编码:610091
证书注册编号:2000B0011
体系认证标准:GB/T 19002—1994 idt ISO 9002:1994
有效期:2000.1.7～2003.1.6

四川绵竹汉旺黄磷有限责任公司
地址:四川省绵竹市汉旺镇迎宾路
邮政编码:618201
证书注册编号:2000B0012
体系认证标准:GB/T 19002—1994 idt ISO 9002:1994
有效期:2000.1.7～2003.1.6

四川金印股份有限公司
地址:四川省什邡市外南街
邮政编码:618400
证书注册编号:2000B0013
体系认证标准:GB/T 19002—1994 idt ISO 9002:1994
有效期:2000.1.7～2003.1.6

大连市金州区第一建筑工程公司
地址:辽宁省大连市沙河口区黄河路582号
邮政编码:116021
证书注册编号:2000B0014
体系认证标准:GB/T 19002—1994 idt ISO 9002:1994
有效期:2000.1.7～2003.1.6

联想工业实业发展(大亚湾)有限公司
地址:广东省惠阳市太阳城联想科技园
邮政编码:516213
证书注册编号:2000B0015
体系认证标准:GB/T 19002—1994 idt ISO 9002:1994
有效期:2000.1.7～2003.1.6

深圳市建东物业管理公司
地址:深圳市罗湖区解放路永新街57号八楼

邮政编码:518001
证书注册编号:2000B0016
体系认证标准:GB/T 19002—1994 idt ISO 9002:1994
有效期:2000.1.7～2003.1.6

佛山市第一建筑集团公司
地址:广东省佛山市人民路71号
邮政编码:528000
证书注册编号:2000B0017
体系认证标准:GB2000B0017/T 19002—1994 idt ISO 9002:1994
有效期:2000.1.7～2003.1.6

深圳市食品总公司仓储分公司
地址:广东省深圳市罗湖区笋岗桃园路3号
邮政编码:518020
证书注册编号:2000B0018
体系认证标准:GB/T 19002—1994 idt ISO 9002:1994
有效期:2000.1.7～2003.1.6

深圳金威啤酒酿造有限公司
地址:广东深圳市宝安区创业一路
邮政编码:518101
证书注册编号:2000B0019
体系认证标准:GB/T 19002—1994 idt ISO 9002:1994
有效期:2000.1.7～2003.1.6

中兆物业管理(深圳)有限公司
地址:广东深圳市罗湖区东门中路茂业商厦顶层B
邮政编码:518001
证书注册编号:2000B0020
体系认证标准:GB/T 19002—1994 idt ISO 9002:1994
有效期:2000.1.7～2003.1.6

汕头市潮阳建筑工程总公司广州开发区分公司、中山分公司
地址:广州市中山大道棠下穗南新村二横路一号
邮政编码:510665
证书注册编号:2000B0021
体系认证标准:GB/T 19002—1994 idt ISO 9002:1994
有效期:2000.1.7～2003.1.6

三水新中源陶瓷有限公司
地址:广东省三水市白坭镇白金大道
邮政编码:528131
证书注册编号:2000B0022
体系认证标准:GB/T 19002—1994 idt ISO 9002:1994
有效期:2000.1.10～2003.1.9

南海市新鸿高级墙地砖厂
地址:广东省南海市西樵联新工业区
邮政编码:528213
证书注册编号:2000B0023
体系认证标准:GB/T 19002—1994 idt ISO 9002:1994
有效期:2000.1.17～2003.1.16

鞍钢民政企业公司冷轧福利厂
地址:鞍山市千山乡魏家屯村鞍千公路北侧
邮政编码:114033
证书注册编号:2000B0024
体系认证标准:GB/T 19002—1994 idt ISO 9002:1994
有效期:2000.1.17～2003.1.16

深圳市云海计算机通讯有限公司
地址:深圳市天安车公庙工业村F4.8栋C.D座4楼
邮政编码:518040
证书注册编号:2000A0025
体系认证标准:GB/T 19001—1994 idt ISO 9001:1994
有效期:2000.1.17～2003.1.16

广东省电力工业局设备制造厂深圳分厂
地址:广东省深圳市宝安72区创业一路一号广东省电力设备厂
邮政编码:518101
证书注册编号:2000B0026
体系认证标准:GB/T 19002—1994 idt ISO 9002:1994
有效期:2000.1.17～2003.1.16

广东省电力工业局设备制造厂深圳工程处
地址:广东省深圳市宝安72区创业一路一号广东省电力设备厂
邮政编码:518101
证书注册编号:2000B0027
体系认证标准:GB/T 19002—1994 idt ISO 9002:1994
有效期:2000.1.17～2003.1.16

深圳市兴盛倡物业管理有限公司金三角大厦管理处
地址:深圳市南山区沙河金三角大厦
邮政编码:518053
证书注册编号:2000B0028
体系认证标准:GB/T 19002—1994 idt ISO 9002:1994
有效期:2000.1.17～2003.1.16

广州粤安消防工程有限公司
地址:广州体育东路138#金利米大厦801室
邮政编码:510620
证书注册编号:2000A0029
体系认证标准:GB/T 19001—1994 idt ISO 9001:1994
有效期:2000.1.17～2003.1.16

深圳市特种证件制作所(又称深圳市公安局居民身份证制作所、深圳市华正联实业有限公司)
地址:深圳市上梅林梅村路99号
邮政编码:518049
证书注册编号:2000A0030
体系认证标准:GB/T 19001—1994 idt ISO 9001:1994
有效期:2000.1.17～2003.1.16

鞍钢附属企业公司工务工程公司
地址:鞍钢厂区内北部轧辊厂南侧
邮政编码:114021
证书注册编号:2000B0031
体系认证标准:GB/T 19002—1994 idt ISO 9002:1994
有效期:2000.1.17～2003.1.16

惠阳皇利电机有限公司
地址:广东省惠阳市陈江镇
邮政编码:516229
证书注册编号:2000B0032
体系认证标准:GB/T 19002—1994 idt ISO 9002:1994
有效期:2000.1.17～2003.1.16

鞍山市第三轧钢厂
地址:辽宁鞍山鞍千路
邮政编码:114045
证书注册编号:2000B0033
体系认证标准:GB/T 19002—1994 idt ISO 9002:1994
有效期:2000.1.17～2003.1.16

鞍钢劳动服务公司综合企业公司金属软管厂
地址:辽宁省鞍山市铁东区通山街
邮政编码:114031
证书注册编号:2000B0034
体系认证标准:GB/T 19002—1994 idt ISO 9002:1994
有效期:2000.1.17～2003.1.16

广州市泰昌消防工程有限公司
地址:广东省广州市滨江东路#118金雅苑11楼105室
邮政编码:510260
证书注册编号:2000A0035
体系认证标准:GB/T 19001—1994 idt ISO 9001:1994
有效期:2000.1.25～2003.1.24

大石桥市长虹耐火材料有限公司
地址:辽宁省大石桥市金桥
邮政编码:115100
证书注册编号:2000B0036
体系认证标准:GB/T 19002—1994 idt ISO 9002:1994
有效期:2000.1.25～2003.1.24

海城市合金铸钢厂
地址:辽宁省海城市新台子镇
邮政编码:114227
证书注册编号:2000B0037
体系认证标准:GB/T 19002—1994 idt ISO 9002:1994
有效期:2000.1.25～2003.1.24

深圳水利水电综合发展公司
地址:广东省深圳市翠竹路1135号水电大厦
邮政编码:518020
证书注册编号:2000B0038
体系认证标准:GB/T 19002—1994 idt ISO 9002:1994
有效期:2000.1.25～2003.1.24

中国电子系统工程第一建设公司
地址:陕西省兴平五十五号信箱
邮政编码:713101
证书注册编号:2000B0039
体系认证标准:GB/T 19002—1994 idt ISO 9002:1994
有效期:2000.1.25～2003.1.24

广东南和联合企业公司华宇移动通讯设备厂
地址:广东省深圳市龙岗区布吉镇布沙路100号
邮政编码:518123
证书注册编号:2000B0040
体系认证标准:GB/T 19002—1994 idt ISO 9002:1994
有效期:2000.1.25～2003.1.24

中山市华之杰化工有限公司
地址:广东省中山市古镇古四工业区华之杰化工有限公司
邮政编码:528421
证书注册编号:2000B0041
体系认证标准:GB/T 19002—1994 idt ISO 9002:1994
有效期:2000.1.25～2003.1.24

中山市古镇南方建筑涂料厂
地址:广东省中山市古镇
邮政编码:528421
证书注册编号:2000B0042
体系认证标准:GB/T 19002—1994 idt ISO 9002:1994
有效期:2000.1.25～2003.1.24

深圳市金湖企业公司
地址:广东省深圳市上步北路金碧路44号
邮政编码:518028
证书注册编号:2000B0043
体系认证标准:GB/T 19002—1994 idt ISO 9002:1994
有效期:2000.1.25～2003.1.24

鞍山市宏达大型模板厂
地址:辽宁省鞍山市宋三经济开发区
邮政编码:114011
证书注册编号:2000B0044
体系认证标准:GB/T 19002—1994 idt ISO 9002:1994
有效期:2000.1.25～2003.1.24

鞍钢劳服变频调速器厂
地址:辽宁省鞍山市立山区深沟寺十一区东健身路128号甲
邮政编码:114034
证书注册编号:2000B0045
体系认证标准:GB/T 19002—1994 idt ISO 9002:1994
有效期:2000.1.25～2003.1.24

鞍钢机械实业总公司钢铁厂
地址:辽宁省鞍山市千山区宋三镇
邮政编码:114045
证书注册编号:2000B0046
体系认证标准:GB/T 19002—1994 idt ISO 9002:1994
有效期:2000.1.25～2003.1.24

鞍山变压器有限公司
地址:辽宁省鞍山市北中华路53号
邮政编码:114031
证书注册编号:2000A0047
体系认证标准:GB/T 19001—1994 idt ISO 9001:1994
有效期:2000.1.25～2003.1.24

鞍钢附属企业公司设备总厂
地址:辽宁省鞍山市铁东区矿工路大石头街7号
邮政编码:114005
证书注册编号:2000B0048
体系认证标准:GB/T 19002—1994 idt ISO 9002:1994
有效期:2000.1.25～2003.1.24

南宁市家园房地产物业管理有限责任公司
地址:广西南宁市共和路168号
邮政编码:530012
证书注册编号:2000B0049
体系认证标准:GB/T 19002—1994 idt ISO 9002:1994
有效期:2000.1.25～2003.1.24

青岛深业物业管理有限公司
地址:山东省青岛市山东路九号深业中心大厦A座8楼
邮政编码:266071
证书注册编号:2000B0050
体系认证标准:GB/T 19002—1994 idt ISO 9002:1994
有效期:2000.1.25～2003.1.24

深圳市富恒塑胶颜料有限公司
地址:广东省深圳市南山区深南大道桂庙新村康大D座
邮政编码:518051
证书注册编号:2000B0051
体系认证标准:GB/T 19002—1994 idt ISO 9002:1994
有效期:2000.1.25～2003.1.24

康佳集团股份有限公司
地址:广东省深圳特区华侨城(总部)
邮政编码:518053
邮政编码:523685
证书注册编号:2000A0052
体系认证标准:GB/T 19001—1994 idt ISO 9001:1994
有效期:2000.1.25～2003.1.24

深圳市水利土木建筑工程有限公司
地址:广东省深圳市宝安南路3097号洪涛大厦8楼
邮政编码:518008
证书注册编号:2000B0053
体系认证标准:GB/T 19002—1994 idt ISO 9002:1994
有效期:2000.1.25～2003.1.24

鞍钢劳服氧气设备安装公司
地址:辽宁省鞍山市鞍钢氧气厂院内
邮政编码:114021
证书注册编号:2000B0054
体系认证标准:GB/T 19002—1994 idt ISO 9002:1994
有效期:2000.1.25～2003.1.24

鞍钢劳服低温液体实业公司
地址:辽宁省鞍山市鞍钢氧气厂院内
邮政编码:114021
证书注册编号:2000B0055
体系认证标准:GB/T 19002—1994 idt ISO 9002:1994
有效期:2000.1.25～2003.1.24

江苏东海油脂有限公司
地址:江苏省镇江市谏壁镇
邮政编码:212006
证书注册编号:2000B0056
体系认证标准:GB/T 19002—1994 idt ISO 9002:1994
有效期:2000.1.25～2003.1.24

珠海经济特区国际不锈钢管制品厂企业有限公司
地址:广东省珠海经济特区
邮政编码:519015
证书注册编号:2000B0057
体系认证标准:GB/T 19002—1994 idt ISO 9002:1994
有效期:2000.1.25～2003.1.24

鞍钢附企铁运公司机车修理厂
地址:辽宁省鞍山市铁西区柳西屯
邮政编码:114021
证书注册编号:2000B0058
体系认证标准:GB/T 19002—1994 idt ISO 9002:1994
有效期:2000.1.27～2003.1.26

东莞德钜电子有限公司
地址:广东省东莞市沙田镇环保城工业区德钜工业大厦
邮政编码:523999
证书注册编号:2000B0059
体系认证标准:GB/T 19002—1994 idt ISO 9002:1994
有效期:2000.2.1～2003.1.31

深圳深蓉工程塑料有限公司
地址:广东省深圳市南山区凯城工业城20栋
邮政编码:518052
证书注册编号:2000B0060
体系认证标准:GB/T 19002—1994 idt ISO 9002:1994
有效期:2000.2.1～2003.1.31

诹访吕(香港)有限公司深圳工场
地址:广东省深圳市宝安区观兰桂花村庙溪工业区观兰日技城
邮政编码:518110
证书注册编号:2000B0061
体系认证标准:GB/T 19002—1994 idt ISO 9002:1994
有效期:2000.2.1～2003.1.31

南海岭南陶瓷有限公司
地址:广东省南海市西樵岭西管理区
邮政编码:528211
证书注册编号:2000B0062
体系认证标准:GB/T 19002—1994 idt ISO 9002:1994
有效期:2000.2.1～2003.1.31

顺德市星槎铝材厂
地址:广东省顺德市均安镇星槎七沼口
邮政编码:528329
证书注册编号:2000B0063
体系认证标准:GB/T 19002—1994 idt ISO 9002:1994
有效期:2000.2.1～2003.1.31

深圳市苍龙管道工程有限公司
地址:广东省深圳市罗湖区延芳路罗芳污水处理厂(五楼)
邮政编码:518033
证书注册编号:2000B0064
体系认证标准:GB/T 19002—1994 idt ISO 9002:1994
有效期:2000.2.2～2003.2.1

深圳大学建筑设计研究院
地址:广东省深圳市南山区深圳大学
邮政编码:518060
证书注册编号:2000A0065
体系认证标准:GB/T 19001—1994 idt ISO 9001:1994
有效期:2000.2.2～2003.2.1

南阳市建筑公司
地址:河南省南阳市人民路125号
邮政编码:473003
证书注册编号:2000B0066
体系认证标准:GB/T 19002—1994 idt ISO 9002:1994
有效期:2000.2.25～2003.2.24

鞍山IWK调节器有限公司
地址:辽宁鞍山市铁西区大陆街289号
邮政编码:114012
证书注册编号:2000B0067
体系认证标准:GB/T 19002—1994 idt ISO 9002:1994
有效期:2000.2.25～2003.2.24

南海市装饰工程有限公司(含建筑装饰设计公司)
地址:广东省南海市新佛平路平稳路段装饰大楼
邮政编码:528251
证书注册编号:2000A0068
体系认证标准:GB/T 19001—1994 idt ISO 9001:1994
有效期:2000.2.25～2003.2.24

南海市装饰工程总公司幕墙安装公司
地址:广东省南海市桂城东二南兴村工业区
邮政编码:528200
证书注册编号:2000A0069
体系认证标准:GB/T 19001—1994 idt ISO 9001:1994
有效期:2000.2.25～2003.2.24

南海市汇辉工程监理有限公司
地址:广东省南海市桂城金菊村11—

12 辅首，二层
邮政编码：528200
证书注册编号：2000B0070
体系认证标准：GB/T 19002－1994 idt ISO 9002:1994
有效期：2000.2.25～2003.2.24

华中理工大学电力技术研究所
地址：湖北省武汉市珞瑜路 1037 号
邮政编码：430074
证书注册编号：2000A0071
体系认证标准：GB/T 19001－1994 idt ISO 9001:1994
有效期：2000.2.24～2003.2.23

深圳市喜上喜实业有限公司
地址：广东省深圳市清水河五路 8 号
邮政编码：518024
证书注册编号：2000B0072
体系认证标准：GB/T 19002－1994 idt ISO 9002:1994
有效期：2000.2.24～2003.2.23

深圳市北方物业管理有限公司
地址：广东省深圳市深南中路国际科技大厦
邮政编码：518033
证书注册编号：2000B0073
体系认证标准：GB/T 19002－1994 idt ISO 9002:1994
有效期：2000.2.24～2003.2.23

中山市富和市政建设有限公司
地址：广东省中山市三乡镇文昌路富和大厦
邮政编码：528463
证书注册编号：2000B0074
体系认证标准：GB/T 19002－1994 idt ISO 9002:1994
有效期：2000.2.25～2003.2.24

深圳市蛇口建筑安装工程有限公司
地址：广东省深圳市蛇口工业大道南山大厦西座三楼
邮政编码：518067
证书注册编号：2000B0075
体系认证标准：GB/T 19002－1994 idt ISO 9002:1994
有效期：2000.2.25～2003.2.24

深圳市山德实业有限公司
地址：广东省深圳市南山区科技工业园坚达大厦二楼
邮政编码：518057
证书注册编号：2000B0076
体系认证标准：GB/T 19002－1994 idt ISO 9002:1994
有效期：2000.2.25～2003.2.24

深圳市迈地砼外加剂有限公司
地址：广东省深圳市南山区西丽镇福光村市场前工业区 B1 号
邮政编码：518053
证书注册编号：2000B0077
体系认证标准：GB/T 19002－1994 idt ISO 9002:1994
有效期：2000.2.25～2003.2.24

南阳市宛城工程建设总公司
地址：河南省南阳市长江路 196 号
邮政编码：473000
证书注册编号：2000B0078
体系认证标准：GB/T 19002－1994 idt ISO 9002:1994
有效期：2000.2.25～2003.2.24

鞍钢劳动防护用品公司
地址：辽宁省鞍山市立山区
邮政编码：114034
证书注册编号：2000B0079
体系认证标准：GB/T 19002－1994 idt ISO 9002:1994
有效期：2000.2.25～2003.2.24

美江森自控系统设备（深圳）有限公司
地址：广东省深圳市罗湖区深南东路 3038 号合作金融大厦 18 楼 C2 单元
邮政编码：518001
证书注册编号：2000A0080
体系认证标准：GB/T 19001－1994 idt ISO 9001:1994
有效期：2000.2.25～2003.2.24

鞍钢劳服液压备件厂（鞍山市顺达液压设备有限公司）
地址：辽宁鞍山市立山区平山街 37 号
邮政编码：114033
证书注册编号：2000B0081
体系认证标准：GB/T 19002－1994 idt ISO 9002:1994
有效期：2000.2.25～2003.2.24

鞍钢附属企业公司化工厂
地址：辽宁省鞍山市立山区通山街环山路 51 甲
邮政编码：114031
证书注册编号：2000B0082
体系认证标准：GB/T 19002－1994 idt ISO 9002:1994
有效期：2000.2.25～2003.2.24

鞍钢附属企业公司化工结构安装工程公司
地址：辽宁省鞍山市立山区通山街环山路 51 甲
邮政编码：114031
证书注册编号：2000B0083
体系认证标准：GB/T 19002－1994 idt ISO 9002:1994
有效期：2000.2.25～2003.2.24

鞍钢劳服机车车辆厂（鞍山市鞍资铁路设备有限公司）
地址：辽宁省鞍山市铁乐区园林路 180 号（鞍山市千山区宁远镇新堡村）
邮政编码：114001
证书注册编号：2000B0084
体系认证标准：GB/T 19002－1994 idt ISO 9002:1994
有效期：2000.2.25～2003.2.24

鞍山市腾鳌特区鞍资机车修理实业公司
地址：辽宁省鞍山市腾鳌特区新市场西（中国辽宁鞍山鞍钢小东门）
邮政编码：114021
证书注册编号：2000B0085
体系认证标准：GB/T 19002－1994 idt ISO 9002:1994
有效期：2000.2.25～2003.2.24

广东明威专用汽车有限公司
地址：广东省南海市平洲区永安路
邮政编码：528251
证书注册编号：2000A0086
体系认证标准：GB/T 19001－1994 idt ISO 9001:1994
有效期：2000.3.7～2003.3.6

南阳威克达汽车齿轮股份有限公司
地址：河南省南阳市工业北路 126 号
邮政编码：473083
证书注册编号：2000B0087
体系认证标准：GB/T 19002－1994 idt ISO 9002:1994

有效期:2000.3.7～2003.3.6

中山市大岭纸箱包装厂(中山市越发彩印包装有限公司)
地址:广东省中山市火炬开发区大岭村
邮政编码:528436
证书注册编号:2000B0088
体系认证标准:GB/T 19002—1994 idt ISO 9002:1994
有效期:2000.3.7～2003.3.6

诚意印刷(深圳)有限公司
地址:深圳市福田区河园路岗厦工业区124栋3楼
邮政编码:518026
证书注册编号:2000B0089
体系认证标准:GB/T 19002—1994 idt ISO 9002:1994
有效期:2000.3.7～2003.3.6

深圳市利建混凝土有限公司
地址:深圳市深南大道3009号
邮政编码:518026
证书注册编号:2000B0090
体系认证标准:GB/T 19002—1994 idt ISO 9002:1994
有效期:2000.3.7～2003.3.6

鞍钢附企耐火管道工程公司(鞍钢劳服耐火综合开发公司)
地址:辽宁鞍山市铁西区一道街51号
邮政编码:114014
证书注册编号:2000B0091
体系认证标准:GB/T 19002—1994 idt ISO 9002:1994
有效期:2000.3.7～2003.3.6

鞍钢民企电务修建炉料厂
地址:辽宁省鞍山市千山区宋二镇黄家屯村
邮政编码:114011
证书注册编号:2000B0092
体系认证标准:GB/T 19002—1994 idt ISO 9002:1994
有效期:2000.3.7～2003.3.6

鞍钢民政建筑器材厂
地址:辽宁鞍山市铁西区兴盛路181号
邮政编码:114014
证书注册编号:2000B0093
体系认证标准:GB/T 19002—1994 idt ISO 9002:1994
有效期:2000.3.7～2003.3.6

铁岭市华隆仪表有限公司
地址:辽宁省铁岭市银州区柴河街南段58号
邮政编码:112000
证书注册编号:2000A0094
体系认证标准:GB/T 19001—1994 idt ISO 9001:1994
有效期:2000.3.7～2003.3.6

东北无线电厂天线分厂
地址:辽宁省铁岭市第82号信箱
邮政编码:112000
证书注册编号:2000A0095
体系认证标准:GB/T 19001—1994 idt ISO 9001:1994
有效期:2000.3.7～2003.3.6

深圳虹光新电子有限公司
地址:深圳市南山区大冲村水厂路314号二楼
邮政编码:518057
证书注册编号:2000B0096
体系认证标准:GB/T 19002—1994 idt ISO 9002:1994
有效期:2000.3.7～2003.3.6

广东省佛山公路工程公司
地址:广东省佛山市佛山大道北1号
邮政编码:528000
证书注册编号:2000B0097
体系认证标准:GB/T 19002—1994 idt ISO 9002:1994
有效期:2000.3.7～2003.3.6

深圳波达超市工程设备有限公司
地址:深圳市福田区沙咀金地工业区135栋
邮政编码:518048
证书注册编号:2000A0098
体系认证标准:GB/T 19001—1994 idt ISO 9001:1994
有效期:2000.3.7～2003.3.6

惠阳锦诚电子有限公司
地址:广东省惠阳市陈江镇青春工业区(蔚盛集团)
邮政编码:516229
证书注册编号:2000B0099
体系认证标准:GB/T 19002—1994 idt ISO 9002:1994
有效期:2000.3.7～2003.3.6

深圳市海之运化工有限公司
地址:深圳市龙岗区龙岗镇金钱坳工业区炮台
邮政编码:518116
证书注册编号:2000B0100
体系认证标准:GB/T 19002—1994 idt ISO 9002:1994
有效期:2000.3.7～2003.3.6

辽宁银海常压锅炉制造有限公司
地址:辽宁省海城市经济技术开发区银海工业园
邮政编码:114200
证书注册编号:2000A0101
体系认证标准:GB/T 19001—1994 idt ISO 9001:1994
有效期:2000.3.17～2003.3.16

深大电话有限公司
地址:深圳市福田区华富路市话大厦
邮政编码:518035
证书注册编号:2000B0102
体系认证标准:GB/T 19002—1994 idt ISO 9002:1994
有效期:2000.3.17～2003.3.16

鞍山市承昌特种耐火材料厂
地址:辽宁省海城市腾鳌镇永安工业小区38号
邮政编码:114225
证书注册编号:2000B0103
体系认证标准:GB/T 19002—1994 idt ISO 9002:1994
有效期:2000.3.17～2003.3.16

鞍钢集团耐火材料公司
地址:辽宁省鞍山市鞍钢西部厂区
邮政编码:114021
证书注册编号:2000B0104
体系认证标准:GB/T 19002—1994 idt ISO 9002:1994
有效期:2000.3.17～2003.3.16

铁岭市精华橡胶密封件厂
地址:辽宁省铁岭市凡河镇红光
邮政编码:112000
证书注册编号:2000B0105
体系认证标准:GB/T 19002—1994 idt ISO 9002:1994
有效期:2000.3.17～2003.3.16

中国建筑第四工程局安装公司
地址:贵州省贵阳市四方河路 39 号
邮政编码:550006
证书注册编号:2000B0106
体系认证标准:GB/T 19002－1994 idt ISO 9002:1994
有效期:2000.3.20～2003.3.19

鞍山带钢厂
地址:辽宁省鞍山市铁西区大陆街 1 号
邮政编码:114014
证书注册编号:2000B0107
体系认证标准:GB/T 19002－1994 idt ISO 9002:1994
有效期:2000.3.27～2003.3.26

鞍山市活性炭厂
地址:辽宁沈大高速公路鞍山站出口西
邮政编码:114011
证书注册编号:2000A0108
体系认证标准:GB/T 19001－1994 idt ISO 9001:1994
有效期:2000.3.27～2003.3.26

深圳东北核电建设有限公司
地址:深圳上步轻工业区 503 栋 7 楼
邮政编码:518031
证书注册编号:2000B0109
体系认证标准:GB/T 19002－1994 idt ISO 9002:1994
有效期:2000.3.27～2003.3.26

深圳宝航铝业有限公司
地址:深圳市宝安区新城二十六区创业二路 93 号
邮政编码:518101
证书注册编号:2000B0110
体系认证标准:GB/T 19002－1994 idt ISO 9002:1994
有效期:2000.3.27～2003.3.26

中国建筑第四工程局第一建筑工程公司
地址:贵州省贵阳市大营坡松柏巷 1 号
邮政编码:550004
证书注册编号:2000B0111
体系认证标准:GB/T 19002－1994 idt ISO 9002:1994
有效期:2000.3.27～2003.3.26

陕西省第十建筑工程公司
地址:陕西省汉中市北团结街 311 号
邮政编码:723000
证书注册编号:2000B0112
体系认证标准:GB/T 19002－1994 idt ISO 9002:1994
有效期:2000.4.11～2003.4.10

深圳市第三建筑工程有限公司
地址:广东省深圳市福田区竹子林
邮政编码:518040
证书注册编号:2000B0113
体系认证标准:GB/T 19002－1994 idt ISO 9002:1994
有效期:2000.4.11～2003.4.10

鞍山味邦食品有限公司
地址:辽宁鞍山市铁西区交通路 68 号
邮政编码:114011
证书注册编号:2000B0114
体系认证标准:GB/T 19002－1994 idt ISO 9002:1994
有效期:2000.4.11～2003.4.10

深圳市城建开发(集团)监理公司
地址:广东省深圳市福田区园岭园中花园 D 座三楼
邮政编码:518028
证书注册编号:2000B0115
体系认证标准:GB/T 19002－1994 idt ISO 9002:1994
有效期:2000.4.11～2003.4.10

中国建筑第四工程局总承包公司
地址:贵州省贵阳市威清路 125 号
邮政编码:550001
证书注册编号:2000B0116
体系认证标准:GB/T 19002－1994 idt ISO 9002:1994
有效期:2000.4.11～2003.4.10

中国建筑第四工程局装饰工程公司
地址:贵州省贵阳市威清路 125 号
邮政编码:550001
证书注册编号:2000A0117
体系认证标准:GB/T 19001－1994 idt ISO 9001:1994
有效期:2000.4.11～2003.4.10

鞍钢民政企业公司瑞鑫综合加工厂
地址:辽宁省鞍山市立山区工业街孟家沟一号小区
邮政编码:114032
证书注册编号:2000B0118
体系认证标准:GB/T 19002－1994 idt ISO 9002:1994
有效期:2000.4.11～2003.4.10

广东广洋高科技实业有限公司
地址:广东省广州经济开发区永和经济开发区新庄路
邮政编码:511356
证书注册编号:2000A0119
体系认证标准:GB/T 19001－1994 idt ISO 9001:1994
有效期:2000.4.27～2003.4.26

深圳淮电检修公司
地址:广东省深圳市龙岗区大亚湾
邮政编码:518124
证书注册编号:2000B0120
体系认证标准:GB/T 19002－1994 idt ISO 9002:1994
有效期:2000.4.27～2003.4.26

蛇口奥基德化工厂有限公司
地址:广东省深圳蛇口新街 99 号
邮政编码:518067
证书注册编号:2000B0121
体系认证标准:GB/T 19002－1994 idt ISO 9002:1994
有效期:2000.4.27～2003.4.26

深圳市三九装饰工程有限公司
地址:广东省深圳市彩田南路海天大厦六层(601)
邮政编码:518026
证书注册编号:2000A0122
体系认证标准:GB/T 19001－1994 idt ISO 9001:1994
有效期:2000.4.27～2003.4.26

鞍山市腾鳌特区振兴轧钢厂
地址:辽宁省鞍山市腾鳌特区黄家村
邮政编码:114225
证书注册编号:2000B0123
体系认证标准:GB/T 19002－1994 idt ISO 9002:1994
有效期:2000.4.27～2003.4.26

腾鳌防腐材料厂
地址:辽宁省鞍山市千山区汤岗子农场
邮政编码:114048
证书注册编号:2000B0124
体系认证标准:GB/T 19002－1994 idt ISO 9002:1994

有效期:2000.4.27～2003.4.26

鞍山市腾飞轴承制造有限公司
地址:辽宁省鞍山市铁西区小西街2号
邮政编码:114011
证书注册编号:2000B0125
体系认证标准:GB/T 19002－1994 idt ISO 9002:1994
有效期:2000.4.27～2003.4.26

深圳市清源净水器材有限公司
地址:广东省深圳市北环路竹子林建材工业区
邮政编码:518040
证书注册编号:2000A0126
体系认证标准:GB/T 19001－1994 idt ISO 9001:1994
有效期:2000.4.27～2003.4.26

鞍钢附属企业公司耐火修造厂(鞍钢附属企业公司耐火安装工程公司)
地址:辽宁省鞍山市鞍钢厂区西部
邮政编码:114021
证书注册编号:2000B0127
体系认证标准:GB/T 19002－1994 idt ISO 9002:1994
有效期:2000.4.27～2003.4.26

祥兴铜铁工程
地址:香港新界沙田火炭坳背湾街27－31号协兴工业大厦14楼B室
证书注册编号:2000B0128
体系认证标准:GB/T 19002－1994 idt ISO 9002:1994
有效期:2000.4.27～2003.4.26

南海市新驰陶瓷有限公司
地址:广东省南海市南庄镇石南大桥往西一公里
邮政编码:528219
证书注册编号:2000B0219
体系认证标准:GB/T 19002－1994 idt ISO 9002:1994
有效期:2000.4.27～2003.4.26

珠海经济特区天·高科技国际实业有限公司
地址:广东省珠海市拱北港昌路
邮政编码:519020
证书注册编号:2000A0130
体系认证标准:GB/T 19001－1994 idt ISO 9001:1994
有效期:2000.4.27～2003.4.26

深圳市建设投资控股公司
地址:广东省深圳市红岭中路2118号建设大厦
邮政编码:518008
证书注册编号:2000A0131
体系认证标准:GB/T 19001－1994 idt ISO 9001:1994
有效期:2000.4.27～2003.4.26

深圳市德源宝混凝土有限公司
地址:广东省深圳市福田区上沙村上沙小学南侧
邮政编码:518048
证书注册编号:2000B0132
体系认证标准:GB/T 19002－1994 idt ISO 9002:1994
有效期:2000.5.9～2003.5.8

深圳市嘉泉水处理科技有限公司
地址:广东省深圳市福田区商报路大健工业区9栋4楼
邮政编码:518034
证书注册编号:2000A0133
体系认证标准:GB/T 19001－1994 idt ISO 9001:1994
有效期:2000.5.9～2003.5.8

鞍山贵星酒业有限公司
地址:辽宁省鞍山市经济开发区兴盛南路19号
邮政编码:114014
证书注册编号:2000B0134
体系认证标准:GB/T 19002－1994 idt ISO 9002:1994
有效期:2000.5.9～2003.5.8

中国第三冶金建设公司钢管厂
地址:辽宁省鞍山市千山区沙河羊草庄三冶基地
邮政编码:114031
证书注册编号:2000B0135
体系认证标准:GB/T 19002－1994 idt ISO 9002:1994
有效期:2000.5.9～2003.5.8

深圳铁达电子有限公司
地址:广东省深圳市南山区马家龙工业区16栋三楼东
邮政编码:518051
证书注册编号:2000B0136
体系认证标准:GB/T 19002－1994 idt ISO 9002:1994
有效期:2000.5.10～2003.5.9

鞍山市轧钢厂
地址:辽宁省鞍山市铁西区南六道街278号
邮政编码:114012
证书注册编号:2000B0137
体系认证标准:GB/T 19002－1994 idt ISO 9002:1994
有效期:2000.5.10～2003.5.9

深圳市立亚特化工有限公司
地址:广东省深圳市宝安区公明镇七村莲塘工业城
邮政编码:518106
证书注册编号:2000A0138
体系认证标准:GB/T 19001－1994 idt ISO 9001:1994
有效期:2000.5.10～2003.5.9

珠海缘成电子有限公司
地址:广东省珠海市拱北杜花南厦5号富华工业村3－6楼
邮政编码:519020
证书注册编号:2000B0139
体系认证标准:GB/T 19002－1994 idt ISO 9002:1994
有效期:2000.5.10～2003.5.9

北京育新物业管理公司
地址:北京市海淀区西三旗育新花园9号楼
邮政编码:100096
证书注册编号:2000B0140
体系认证标准:GB/T 19002－1994 idt ISO 9002:1994
有效期:2000.5.10～2003.5.9

珠海市建安集团公司
地址:广东省珠海市柠溪大道83号
邮政编码:519000
证书注册编号:2000B0141
体系认证标准:GB/T 19002－1994 idt ISO 9002:1994
有效期:2000.5.10～2003.5.9

北京新华物业管理中心(新华社基建房产管理局动力处)
地址:北京市西城区佟麟阁路62号
邮政编码:100803

证书注册编号:2000B0142
体系认证标准:GB/T 19002—1994 idt ISO 9002:1994
有效期:2000.5.23~2003.5.22

千山电子集团鞍山市半导体器件厂
地址:辽宁鞍山市铁西区大西街125号
邮政编码:114011
证书注册编号:2000B0143
体系认证标准:GB/T 19002—1994 idt ISO 9002:1994
有效期:2000.5.23~2003.5.22

鞍山巧依化妆品有限公司
地址:辽宁鞍山市立山区深沟寺玉田街
邮政编码:114034
证书注册编号:2000B0144
体系认证标准:GB/T 19002—1994 idt ISO 9002:1994
有效期:2000.5.23~2003.5.22

鞍钢集团鞍山矿业公司建设公司
地址:辽宁鞍山市立山区鞍千路145号
邮政编码:114032
证书注册编号:2000B0145
体系认证标准:GB/T 19002—1994 idt ISO 9002:1994
有效期:2000.5.23~2003.5.22

重庆康佳电子有限公司
地址:重庆市江北区电测村2号
邮政编码:400020
证书注册编号:2000B0146
体系认证标准:GB/T 19002—1994 idt ISO 9002:1994
有效期:2000.5.23~2003.5.22

鞍钢附企给排水净水剂厂
地址:辽宁省鞍山市立山区鞍钢厂内
邮政编码:114021
证书注册编号:2000B0147
体系认证标准:GB/T 19002—1994 idt ISO 9002:1994
有效期:2000.5.29~2003.5.28

辽阳新宁钢绳厂
地址:辽宁鞍山市北外环路前杠村1号
邮政编码:111200
证书注册编号:2000B0148
体系认证标准:GB/T 19002—1994 idt ISO 9002:1994
有效期:2000.5.29~2003.5.28

南海赛特化学工业有限公司
地址:广东省南海市西樵区文明路3号
邮政编码:528211
证书注册编号:2000A0149
体系认证标准:GB/T 19001—1994 idt ISO 9001:1994
有效期:2000.5.29~2003.5.28

中国冶金工业质量体系认证中心

伊川县保护渣厂
地址:河南省伊川县城景艺路
邮政编码:471300
证书注册编号:2100B0001
体系认证标准:GB/T19002—1994 idt ISO9002:1994
有效期:2000.1.11～2003.1.10

淄博鑫耐达耐火材料股份有限公司
地址:山东省淄博市周村区王村开发区
邮政编码 :255311
体系注册编号:2100B0002
体系认证标准:GB/T19002—1994 idt ISO9002:1994
有效期:2000.1.11～2003.1.10

济南市铝合金型材厂
地址:山东省济南市济兖路75号
邮政编码 :250022
体系注册编号:2100B0003
体系认证标准:GB/T19002—1994 idt ISO9002:1994
有效期:2000.1.11～2003.1.10

山西新型炉业集团有限公司
地址:山西省太原市恒山路新店街5号
邮政编码 :030003
体系注册编号:2100B0004
体系认证标准:GB/T19002—1994 idt ISO9002:1994
有效期:2000.1.11～2003.1.10

邯郸钢铁集团有限责任公司
地址:河北省邯郸市复兴路232号
邮政编码 :056015
体系注册编号:2100B0005
体系认证标准:GB/T19002—1994 idt ISO9002:1994
有效期:2000.2.2～2003.2.1

成都钢铁厂(成都成钢有限公司)
地址:四川省成都市青白江区大弯镇
邮政编码 :610303
体系注册编号:2100B0006
体系认证标准:GB/T19002—1994 idt ISO9002:1994
有效期:2000.2.2～2003.2.1

邢台机械轧辊(集团)有限公司设备制造公司
地址:河北省邢台市新兴路1号
邮政编码 :054025
体系注册编号:2100B0007
体系认证标准:GB/T19002—1994 idt ISO9002:1994
有效期:2000.2.2～2003.2.1

莱芜钢铁集团有限公司
地址:山东省莱芜市钢城区
邮政编码 :271104
体系注册编号:2100B0008
体系认证标准:GB/T19002—1994 idt ISO9002:1994
有效期:2000.2.2～2003.2.1

荣成荣超齿轮厂
地址:山东省荣成市经济技术开发区
邮政编码 :264300
体系注册编号:2100B0009
体系认证标准:GB/T19002—1994 idt ISO9002:1994
有效期:2000.2.2～2003.2.1

北京空港广远金属材料有限公司
地址:北京市顺义区天竺地区府前一街7号
邮政编码 :101312
体系注册编号:2100B0010
体系认证标准:GB/T19002—1994 idt ISO9002:1994
有效期:2000.2.2～2003.2.1

宜兴市宇龙化工厂
地址:江苏省宜兴市善卷洞
邮政编码 :214233
体系注册编号:2100B0011
体系认证标准:GB/T19002—1994 idt ISO9002:1994
有效期:2000.2.2～2003.2.1

江苏宇龙冶金电炉附件厂
地址:江苏省宜兴市善卷洞
邮政编码:214233
体系注册编号:2100B0012
体系认证标准:GB/T19002—1994 idt ISO9002:1994
有效期:2000.2.2～2003.2.1

长春汽车材料研究所宜兴化工厂
地址:江苏省宜兴市善卷洞
邮政编码:214233
体系注册编号:2100B0013
体系认证标准:GB/T19002—1994 idt ISO9002:1994
有效期:2000.2.2～2003.2.1

无锡宇龙冶金电炉附件厂
地址:江苏省宜兴市善卷洞
邮政编码 :214233
体系注册编号:2100B0014
体系认证标准:GB/T19002—1994 idt ISO9002:1994
有效期:2000.2.2～2003.2.1

宜兴市宇龙冶金电炉附件厂
地址:江苏省宜兴市善卷洞
邮政编码 :214233
体系注册编号:2100B0015
体系认证标准:GB/T19002—1994 idt ISO9002:1994
有效期:2000.2.2～2003.2.1

首钢总公司红冶钢厂
地址:北京市昌平火车站西
邮政编码 :102249
体系注册编号:2100B0016
体系认证标准:GB/T19002—1994 idt ISO9002:1994
有效期:2000.2.2～2003.2.1

上海第二耐火材料厂
地址:上海市中山北一路 82 号
邮政编码 :200083
体系注册编号:2100B0017
体系认证标准:GB/T19002－1994 idt ISO9002:1994
有效期:2000.2.2～2003.2.1

邢台轧辊股份有限公司
地址:河北省邢台市桥西区新兴路 1 号
邮政编码 :054025
体系注册编号:2100B0018
体系认证标准:GB/T19002－1994 idt ISO9002:1994
有效期: 2000.2.2～2003.2.1

北京首钢宝生带钢有限公司
地址:北京永定门外大红门西马场甲 14 号
邮政编码 :100075
电话:((010)67211177)2217
体系注册编号:2100B0019
体系认证标准:GB/T19002－1994 idt ISO9002:1994
有效期:2000.2.22～2003.2.21

承德新新钒钛股份有限公司
地址:河北省承德市滦河镇
邮政编码 :067002
体系注册编号:2100B0020
体系认证标准:GB/T19002－1994 idt ISO9002:1994
有效期:2000.2.22～2003.2.21

酒钢电器公司
地址:甘肃省嘉峪关市冶金厂区
邮政编码 :735108
体系注册编号:2100B0021
体系认证标准:GB/T19002－1994 idt ISO9002:1994
有效期:2000.2.22～2003.2.21

安泰科技股份有限公司非晶制品分公司(国家非晶微晶合金工程技术研究中心)
地址:北京市海淀区学院南路 76 号
邮政编码:100081
体系注册编号:2100A0022
体系认证标准:GB/T19001－1994 idt ISO9001:1994
有效期:2000.2.22～2003.2.21

本溪市京北棒材有限责任公司
地址:辽宁省本溪市北台工业园区
邮政编码 :117017
体系注册编号:2100B0023
体系认证标准:GB/T19002－1994 idt ISO9002:1994
有效期:2000.3.27～2003.3.26

天津市久达金属制品厂
地址:天津市西青开发区梨双路 8 号
邮政编码 :300381
体系注册编号:2100B0024
体系认证标准:GB/T19002－1994 idt ISO9002:1994
有效期:2000.2.22～2003.2.21

太原钢铁(集团)不锈钢管制品有限公司
地址:山西省太原市兴华街 159 号
邮政编码:030027
体系注册编号:2100B0025
体系认证标准:GB/T19002－1994 idt ISO9002:1994
有效期:2000.3.27～2003.3.26

淄博华能耐火材料有限公司
地址:山东省淄博市淄川区岭子镇
邮政编码:255154
体系注册编号:2100B0026
体系认证标准:GB/T19002－1994 idt ISO9002:1994
有效期:2000.3.27～2003.3.26

北京椿树整流器厂
地址:北京市西城区北新华街 45 号
邮政编码:100031
体系注册编号:2100A0027
体系认证标准:GB/T19001－1994 idt ISO9001:1994
有效期:2000.3.27～2003.3.26

宜兴市精密钢管厂
地址:江苏省宜兴市北郊边庄
邮政编码 :214200
体系注册编号:2100B0028
体系认证标准:GB/T19002－1994 idt ISO9002:1994
有效期:2000.3.27～2003.3.26

本溪北台管道有限责任公司
地址:辽宁省本溪市北台镇
邮政编码:117017
证书注册编号:2100B0029
体系认证标准:GB/T19002－1994 idt ISO9002:1994
有效期:2000.4.19～2003.4.18

莱芜钢铁集团有限公司机械厂
地址:山东省莱芜市钢城区钢都大街
邮政编码:271104
证书注册编号:2100B0030
体系认证标准:GB/T19002－1994 idt ISO9002:1994
有效期:2000.5.15～2003.5.14

深圳市广远新实业有限公司
地址:广东省深圳市宝安区沙井镇和一工业区
邮政编码 :518104
证书注册编号:2100B0031
体系认证标准:GB/T19002－1994 idt ISO9002:1994
有效期:2000.5.15～2003.5.14

上海司太立有限公司
地址:上海市嘉定区宝嘉公路 1799 号
邮政编码 :201800
证书注册编号:2100A0032
体系认证标准:GB/T19001－1994 idt ISO9001:1994
有效期:2000.5.15～2003.5.14

深圳华油五金塑胶制品有限公司
地址:广东省深圳市龙华镇油松第十工业区
邮政编码:518109
证书注册编号:2100B0033
体系认证标准:GB/T19002－1994 idt ISO9002:1994
有效期:2000.6.9～2003.6.8

无锡华特钢带有限公司
地址:江苏省无锡市钱桥镇玉泉路 1 号
邮政编码 :214151
证书注册编号:2100B0034
体系认证标准:GB/T19002－1994 idt ISO9002:1994
有效期:2000.6.9～2003.6.8

常州市轧辊厂
地址:江苏省常州市邹区镇
邮政编码 :213144
证书注册编号:2100B0035
体系认证标准:GB/T19002－1994 idt

ISO9002:1994
有效期:2000.6.9～2003.6.8

湖南振升铝材有限公司
地址:湖南省长沙市芙蓉区远大一路
邮政编码 :410126
证书注册编号:2100B0036
体系认证标准:GB/T19002－1994 idt ISO9002:1994
有效期:2000.6.9～2003.6.8

南通市特种钢厂
地址:江苏省海门市三厂镇中兴村
邮政编码 :226126
证书注册编号:2100B0037
体系认证标准:GB/T19002－1994 idt ISO9002:1994
有效期:2000.6.9～2003.6.8

北京首钢第一耐火材料厂
地址:北京市丰台区卢沟桥北
邮政编码 :100072
证书注册编号:2100B0038
体系认证标准:GB/T19002－1994 idt ISO9002:1994
有效期:2000.6.9～2003.6.8

南京钢铁集团建设有限公司
地址:江苏省南京市大厂区卸甲甸
邮政编码 :210035
证书注册编号:2100B0039
体系认证标准:GB/T19002－1994 idt ISO9002:1994
有效期:2000.6.9～2003.6.8

邢台钢铁有限责任公司
地址:河北省邢台市钢铁路161号
邮政编码 :054027
证书注册编号:2100B0040
体系认证标准:GB/T19002－1994 idt ISO9002:1999
有效期:2000.6.9～2003.6.8

邢台金源高线有限责任公司
地址:河北省邢台市钢铁路161号
邮政编码:054027
证书注册编号:2100B0041
体系认证标准:GB/T19002－1994 idt ISO9002:1994
有效期:2000.6.9～2003.6.9

乌兰浩特钢铁有限责任公司
地址:内蒙古乌兰浩特新桥西街29号
邮政编码:137401
证书注册编号:2100B0042
体系认证标准:GB/T19002－1994 idt ISO9002:1994
有效期:2000.7.17～2003.7.16

湖北黄石镀铝薄板有限公司
地址:湖北省黄石市杭州西路100号
邮政编码:435003
证书注册编号:2100B0043
体系认证标准:GB/T19002－1994 idt ISO9002:1994
有效期:2000.7.17～2003.7.16

北京顺义宏利钢管有限公司
地址:北京市顺义区潮白河大桥东
邮政编码:101300
证书注册编号:2100B0044
体系认证标准:GB/T19002－1994 idt ISO9002:1994
有效期:2000.7.17～2003.7.16

南通宝钢新日制钢有限公司
地址:江苏南通市唐闸河东北路161号
邮政编码:226002
证书注册编号:2100B0045
体系认证标准:GB/T19002－1994 idt ISO9002:1994
有效期:2000.7.17～2003.7.16

北京首钢特殊钢有限公司
地址:北京市石景山区新古城
邮政编码:100043
证书注册编号:2100B0046
体系认证标准:GB/T19002－1994 idt ISO9002:1994
有效期:2000.7.17～2003.7.16

上海梯爱斯高级墙地砖有限公司
地址:上海市龙吴路1331号
邮政编码:200231
证书注册编号:2100B0047
体系认证标准:GB/T19002－1994 idt ISO9002:1994
有效期:2000.7.17～2003.7.16

武钢集团汉阳钢管厂
地址:湖北武汉市汉阳区夹河路107号
邮政编码:430050
证书注册编号:2100B0048
体系认证标准:GB/T19002－1994 idt ISO9002:1994
有效期:2000.7.17～2003.7.16

马鞍山钢铁股份有限公司
地址:湖北武汉市青山区工人村凤凰山
邮政编码:243003
证书注册编号:2100B0050
体系认证标准:GB/T19002－1994 idt ISO9002:1994
有效期:2000.7.17～2003.7.16

武汉武钢实业浩源化工有限公司
地址:安徽省马鞍山市红旗中路8号
邮政编码:430082
证书注册编号:2100B0049
体系认证标准:GB/T19002－1994 idt ISO9002:1994
有效期:2000.7.17～2003.7.16

上海泰山耐火材料有限公司
地址:上海市龙吴路1270号
邮政编码:200231
证书注册编号:2100B0051
体系认证标准:GB/T19002－1994idt ISO9002:1994
有效期:2000.7.17～2003.7.16

丹东市精英高级润滑油有限公司
地址:辽宁本溪市南芬区铁山东路1号
邮政编码:117014
证书注册编号:2100B0052
体系认证标准:GB/T19002－1994 idt ISO9002:1994
有效期:2000.8.7～2003.8.7

湘钢耐火材料公司
地址:湖南省湘潭市岳塘区板塘铺
邮政编码:411102
证书注册编号:2100B0053
体系认证标准:GB/T19002－1994 idt ISO9002:1994
有效期:2000.8.7～2003.8.7

天津钢管公司
地址:天津市东丽区津塘公路
邮政编码:300301
证书注册编号:2100A0054
体系认证标准:GB/T19001－1994 idt ISO9001:1994
有效期:2000.8.7～2003.8.7

郑州东方企业集团股份有限公司

地址:河南省新密市超化火车站
邮政编码：452385
证书注册编号：2100B0055
体系认证标准：GB/T19002－1994 idt ISO9002:1994
有效期:2000.9.11～2003.9.11

太原钢城企业公司 晋财不锈钢加工厂
地址:山西省太原市尖草坪太钢冷轧不锈钢厂西马路处
邮政编码：030003
证书注册编号：2100B0056
体系认证标准：GB/T19002－1994 idt ISO9002:1994
有效期:2000.9.11～2003.9.11

河北轧机轴承集团有限公司
地址:河北省沙河市桥西区机场路
邮政编码：054100
证书注册编号：2100B0057
体系认证标准：GB/T19002－1994 idt ISO9002:1994
有效期:2000.9.11～2003.9.11

武进轧辊厂
地址:江苏省武进市东安镇迎宾中路22号
邮政编码：213155
证书注册编号：2100B0058
体系认证标准：GB/T19002－1994 idt ISO9002:1994
有效期:2000.9.11～2003.9.11

武进市凯达铸钢轧辊厂
地址:江苏省武进市东安镇迎宾中路22号
邮政编码：213155
证书注册编号：2100B0059
体系认证标准：GB/T19002－1994 idt ISO9002:1994
有效期:2000.9.11～2003.9.11

烟台鞍钢斯凯特钢丝有限公司(鞍钢烟台钢绞线厂)
地址:山东省烟台市芝罘区凤凰台路93号
邮政编码：264002
证书注册编号：2100B0060
体系认证标准：GB/T19002－1994 idt ISO9002:1994
有效期:2000.9.11～2003.9.11

鞍钢烟台螺旋焊管厂
地址:山东省烟台市芝罘区凤凰台路93号
邮政编码：264002
证书注册编号：2100B0061
体系认证标准：GB/T19002－1994 idt ISO9002:1994
有效期:2000.9.11～2003.9.11

大连羽田钢管有限公司
地址:辽宁大连市中山区武昌街382号
邮政编码：116001
证书注册编号：2100B0062
体系认证标准：GB/T19002－1994 idt ISO9002:1994
有效期:2000.9.11～2003.9.11

大连无缝钢管联合公司
地址:辽宁大连市中山区武昌街382号
邮政编码：116001
证书注册编号：2100B0063
体系认证标准：GB/T19002－1994 idt ISO9002:1994
有效期:2000.9.11～2003.9.11

太原钢铁(集团)有限公司
地址:山西省太原市尖草坪街2号
邮政编码：030003
证书注册编号：2100B0064
体系认证标准：GB/T19002－1994 idt ISO9002:1994
有效期:2000.9.11～2003.9.11

大连渤海钢管厂
地址:辽宁省大连市甘井子区湾家中街
邮政编码：116021
证书注册编号：2100B0065
体系认证标准：GB/T19002－1994 idt ISO9002:1994
有效期:2000.9.11～2003.9.11

***成都市双流高频(集团)公司**
地址:四川省成都市双流
邮政编码：610200
电话:(028)5824790
传真:(028)5823344
法定代表人：周德如
证书注册编号：2100B0066
体系认证标准：GB/T19002－1994 idt ISO9002:1994
获证体系覆盖产品：钢筋混凝土用热轧带肋钢筋、钢筋混凝土用热轧光圆钢筋、低压流体输送用焊接钢管、高速公路用立柱管和热轧钢坯
有效期:2000.9.11～2003.9.11

攀枝花钢铁(集团)公司
地址:四川省攀枝花市
邮政编码：617062
证书注册编号：2100B0067
体系认证标准：GB/T19002－1994 idt ISO9002:1994
有效期:2000.9.11～2003.9.11

攀枝花新钢钒股份公司
地址:四川省攀枝花市
邮政编码：617062
证书注册编号：2100B0068
体系认证标准：GB/T19002－1994 idt ISO9002:1994
有效期:2000.9.11～2003.9.11

唐山联强冶金轧辊有限公司
地址:河北丰南市胥各庄镇工业开发区
邮政编码：063300
证书注册编号：2100B0069
体系认证标准：GB/T19002－1994 idt ISO9002:1994
有效期:2000.9.11～2003.9.11

广灵化工总公司镁合金开发公司
地址:山西省大同市广灵县
邮政编码：037500
证书注册编号：2100B0070
体系认证标准：GB/T19002－1994 idt ISO9002:1994
有效期:2000.9.11～2003.9.11

包钢集团机械设备制造有限公司
地址:内蒙古包头市昆都仑区
邮政编码：014010
证书注册编号：2100B0071
体系认证标准：GB/T19002－1994 idt ISO9002:1994
有效期:2000.10.10～2003.10.10

包钢金属制品总厂
地址:内蒙古包头市昆都仑区
邮政编码：014010
证书注册编号：2100B0072
体系认证标准：GB/T19002－1994 idt ISO9002:1994
有效期:2000.10.10～2003.10.10

包钢集团冶金轧辊制造有限公司
地址:内蒙古包头市昆都仑区西河楞
邮政编码:014010
证书注册编号:2100B0073
体系认证标准:GB/T19002—1994 idt ISO9002:1994
有效期:2000.10.10～2003.10.10

大石桥市百寨耐火材料厂
地址:辽宁省大石桥市南楼经济开发区
邮政编码:115103
证书注册编号:2100B0074
体系认证标准:GB/T19002—1994 idt ISO9002:1994
有效期:2000.10.10～2003.10.10

天津市轧一制钢有限公司
地址:天津市河西区大沽南路928号
邮政编码:300220
证书注册编号:2100B0075
体系认证标准:GB/T19002—1994 idt ISO9002:1994
有效期:2000.10.10～2003.10.10

天津市津英达塑料制品有限责任公司
地址:天津市汉沽区东风北路40号
邮政编码:300480
证书注册编号:2100B0076
体系认证标准:GB/T19002—1994 idt ISO9002:1994
有效期:2000.10.10～2003.10.10

***辽南镁矿耐火材料厂**
地址:辽宁省大石桥南楼经济开发区
邮政编码:115103
电话 :0417—5284440
传真 :0417—5284440
法定代表人:秦世旭
证书注册编号 :2100B0077
体系认证标准:GB/T19002—1994 idt ISO 9002:1994
获证体系覆盖产品:含碳耐火制品、电熔耐火材料及不定形耐火材料
有效期:2000.11.7～2003.11.7

北京安泰钢研金刚石制品有限责任公司
地址:北京市昌平区昌平镇凉水河村
邮政编码 :102200
证书注册编号 :2100B0078
体系认证标准:GB/T19002—1994 idt ISO9002:1994
有效期:2000.11.7～2003.11.7

首钢矿业公司烧结厂
地址:河北省迁安市
邮政编码 :064404
证书注册编号 :2100B0079
体系认证标准:GB/T19002—1994 idt ISO9002:1994
有效期:2000.11.7～2003.11.7

山西太钢不锈钢股份有限公司
地址:山西省太原市尖草坪街2号
邮政编码 :030003
证书注册编号 :2100B0080
体系认证标准:GB/T19002—1994 idt ISO9002:1994
有效期:2000.11.7～2003.11.7

武汉一新机电有限公司
地址:湖北省武汉市青山区冶金大道12号
邮政编码 :430080
证书注册编号 :2100A0081
体系认证标准:GB/T19001—1994 idt ISO9001:1994
有效期:2000.11.7～2003.11.7

宝鸡久天铜业有限责任公司
地址:陕西省宝鸡市县功镇
邮政编码 :721301
证书注册编号 :2100B0082
体系认证标准:GB/T19002—1994 idt ISO9002:1994
有效期:2000.11.7～2003.11.7

徐州华东电源设备有限责任公司
地址:江苏省徐州市南郊翟山
邮政编码 :221008
证书注册编号 :2100B0083
体系认证标准:GB/T19002—1994 idt ISO9002:1994
有效期:2000.11.7～2003.11.7

常州市亚达轧辊有限公司
地址:江苏省常州市西门外东安镇迎宾西路25号
邮政编码 :213155
证书注册编号 :2100B0084
体系认证标准:GB/T19002—1994 idt ISO9002:1994
有效期:2000.11.7～2003.11.7

洛阳耐火材料研究院
地址:河南省洛阳市西苑路43号
邮政编码 :471039
证书注册编号 :2100A0085
体系认证标准:GB/T19001—1994 idt ISO9001:1994
有效期:2000.12.8～2003.12.8

济源市第二耐火材料厂
地址:河南省济源市克井镇石河
邮政编码 :454661
证书注册编号 :2100B0086
体系认证标准:GB/T19002—1994 idt ISO9002:1994
有效期:2000.12.8～2003.12.8

邢台市吉泰特型钢厂
地址:河北省邢台市新兴东大街668号
邮政编码 :054001
证书注册编号 :2100B0087
体系认证标准:GB/T19002—1994 idt ISO9002:1994
有效期:2000.12.8～2003.12.8

天津天铁冶金集团有限公司
地址:河北省涉县更乐镇
邮政编码 :056404
证书注册编号 :2100B0088
体系认证标准:GB/T19002—1994 idt ISO9002:1994
有效期:2000.12.8～2003.12.8

上海泰山除尘设备厂
地址:上海市徐汇区华泾路200号
邮政编码 :200231
证书注册编号 :2100B0089
体系认证标准:GB/T19002—1994 idt ISO9002:1994
有效期:2000.12.8～2003.12.8

唐山钢铁集团有限责任公司铸管厂
地址:河北省唐山市古冶区卑家店
邮政编码 :063100
证书注册编号 :2100B0090
体系认证标准:GB/T19002—1994 idt ISO9002:1994
有效期:2000.12.8～2003.12.8

本溪钢管(集团)有限公司
地址:辽宁省本溪市溪湖区太平街2号
邮政编码:117004
证书注册编号 :2100B0091

体系认证标准：GB/T19002—1994 idt ISO9002:1994
有效期:2000.12.8～2003.12.8

唐山钢铁集团有限责任公司
地址:河北省唐山市滨河路9号
邮政编码 :063016
证书注册编号 :2100B0092
体系认证标准：GB/T19002—1994 idt ISO9002:1994
有效期:2000.12.8～2003.12.8

昆明钢铁集团有限责任公司
地址:云南省昆明市安宁市郎家庄
邮政编码 :650302
证书注册编号 :2100B0093
体系认证标准：GB/T19002—1994 idt ISO9002:1994
有效期:2000.12.8～2003.12.8

大连钢铁集团有限责任公司
地址:辽宁大连市甘井子区工兴路4号
邮政编码 :116031
证书注册编号 :2100B0094
体系认证标准：GB/T19002—1994 idt ISO9002:1994
有效期:2000.12.8～2003.12.8

上海浦东不锈薄板股份有限公司
地址:上海市浦东上南路300号
邮政编码 :200126
证书注册编号 :2100B0095
体系认证标准：GB/T19002—1994 idt ISO9002:1994
有效期:2000.12.8～2003.12.8

新余新钢耐火材料公司
地址:江西省新余市良山镇西山岭六村
邮政编码 :338013
证书注册编号 :2100B0096
体系认证标准：GB/T19002—1994 idt ISO9002:1994
有效期:2000.12.8～2003.12.8

新余新钢特殊钢有限责任公司
地址:江西省新余市良山镇
邮政编码 :338013
证书注册编号 :2100B0097
体系认证标准：GB/T19002—1994 idt ISO9002:1994
有效期:2000.12.8～2003.12.8

中山市凯翔精密阀有限公司
地址:广东省中山市黄圃镇岗东工业区
邮政编码 :528429
证书注册编号 :2100B0098
体系认证标准：GB/T19002—1994 idt ISO9002:1994
有效期:2000.12.8～2003.12.8

首钢长白结晶器有限责任公司
地址:河北省秦皇岛市南戴河高新技术产业园区
邮政编码 :066310
证书注册编号 :2100B0099
体系认证标准：GB/T19002—1994 idt ISO9002:1994
有效期:2000.12.8～2003.12.8

长兴县翔发耐火材料有限公司
地址:浙江省长兴县长桥乡环桥东
邮政编码 :313114
证书注册编号 :2100B0100
体系认证标准：GB/T19002—1994 idt ISO9002:1994
有效期:2000.12.8～2003.12.8

安钢集团水冶钢铁有限责任公司
地址:河南省安阳县水冶镇北环路
邮政编码 :455133
证书注册编号 :2100B0101
体系认证标准：GB/T19002—1994 idt ISO9002:1994
有效期:2000.12.8～2003.12.8

安阳钢铁集团有限责任公司
(安阳钢铁股份有限公司)
地址:河南省安阳市铁西区梅园庄
邮政编码 :455004
证书注册编号 :2100B0102
体系认证标准：GB/T19002—1994 idt ISO9002:1994
有效期:2000.12.8～2003.12.8

宝钢集团上海第一钢铁有限公司
地址:上海市宝山区长江路735号
邮政编码 :200431
证书注册编号 :2100B0103
体系认证标准：GB/T19002—1994 idt ISO9002:1994
有效期:2000.12.8～2003.12.8

鞍钢新钢铁公司
地址:辽宁省鞍山市铁西区
邮政编码 :114021
证书注册编号 :2100B0104
体系认证标准：GB/T19002—1994 idt ISO9002:1994
有效期:2000.12.8～2003.12.8

本溪钢铁(集团)特殊钢有限责任公司
地址:辽宁省本溪市平山区钢铁路一号
邮政编码 :117001
证书注册编号 :2100B0105
体系认证标准：GB/T19002—1994 idt ISO9002:1994
有效期:2000.12.8～2003.12.8

***通化钢铁集团耐火材料有限公司**
地址:吉林省通化市二道江区
邮政编码:134003
电话:(0435)3792850
传真:(0435)3792852
法定代表人：毛新全
证书注册编号 :2100B0106
体系认证标准：GB/T19002—1994 idt ISO9002:1994
获证体系覆盖产品：硅酸铝耐火制品、含碳耐火制品、不烧耐火制品、锆质耐火制品、不定形耐火材料和冶金石灰
有效期:2000.12.8～2003.12.8

鞍钢新轧钢公司
地址:辽宁省鞍山市铁东区南中华路396号
邮政编码 :114003
证书注册编号 :2100B0107
体系认证标准：GB/T19002—1994 idt ISO9002:1994
有效期:2000.12.8～2003.12.8

***武汉威林无机材料研究所**
地址:湖北省武汉市洪山区和平乡东方红特1号
邮政编码:430081
电话:(027)86340372
传真:(027)86340372
法定代表人：刘忠江
证书注册编号:2100B0108
体系认证标准：GB/T19002—1994 idt ISO 9002:1994
获证体系覆盖产品：不定形耐火材料产品
有效期:2000.12.29～2003.12.14

＊武汉明阳经济发展有限责任公司
地址：湖北省武汉市洪山区和平乡东方红特1号
邮政编码：430081
电话：(027)86340372
传真：(027)86340372
法定代表人：刘忠江
证书注册编号：2100B0109
体系认证标准：GB/T19002－1994 idt ISO9002:1994
获证体系覆盖产品：不定形耐火材料产品
有效期：2000.12.29～2003.12.14

江西新钢碳素有限责任公司
地址：江西省新余市
邮政编码：338001
证书注册编号：2100B0110
体系认证标准：GB/T19002－1994 idt ISO9002:1994
有效期：2000.12.29～2003.12.29

安阳市福星冶炼有限责任公司
地址：河南省安阳市铁西路南段220号
邮政编码：455000
证书注册编号：2100B0111
体系认证标准：GB/T19002－1994 idt ISO9002:1994
有效期：2000.12.29～2003.12.29

宝钢集团苏州冶金机械厂
地址：江苏省苏州市劳动路105号
邮政编码：215004
证书注册编号：2100B0112
体系认证标准：GB/T19002－1994 idt ISO9002:1994
有效期：2000.12.29～2003.12.29

北京圣洁防水材料有限公司
地址：北京市密云县西智路口
邮政编码：101500
证书注册编号：2100B0113
体系认证标准：GB/T19002－1994 idt ISO9002:1994
有效期：2000.12.29～2003.12.29

北京冶金设备研究院
地址：北京市安外胜古庄2号
邮政编码：100029
证书注册编号：2100A0114
体系认证标准：GB/T19001－1994 idt ISO9001:1994
有效期：2000.12.29～2003.12.29

合肥钢铁有限责任公司
地址：安徽省合肥市和平路1号
邮政编码：230011
证书注册编号：2100B0115
体系认证标准：GB/T19002－1994 idt ISO9002:1994
有效期：2000.12.29～2003.12.29

扬州冶金机械有限公司
地址：江苏省扬州市江阳中路33号
邮政编码：225009
证书注册编号：2100B0116
体系认证标准：GB/T19002－1994 idt ISO9002:1994
有效期：2000.12.29～2003.12.29

郑州新星实业股份有限公司
地址：河南省新密市城关镇下庄河
邮政编码：452370
证书注册编号：2100B0117
体系认证标准：GB/T19002－1994 idt ISO9002:1994
有效期：2000.12.29～2003.12.29

北京市顺义荣华福利卷帘门厂
地址：北京市顺义区李家桥镇
邮政编码：101304
证书注册编号：2100B0118
体系认证标准：GB/T19002－1994 idt ISO9002:1994
有效期：2000.12.29～2003.12.29

荣城渤海电器有限公司
地址：山东省荣成市王连镇
邮政编码：264313
证书注册编号：2100B0119
体系认证标准：GB/T19002－1994 idt ISO9002:1994
有效期：2000.12.29～2003.12.29

淄博远大耐火材料有限公司
地址：山东省淄博市淄川区焦磁北路
邮政编码：255192
证书注册编号：2100B0120
体系认证标准：GB/T19002－1994 idt ISO9002:1994
有效期：2000.12.29～2003.12.29

＊青岛钢铁控股集团有限责任公司
地址：山东省青岛市遵义路5号
邮政编码：266043
电话：(0532)4816761
传真：(0532)4816057
法定代表人：王玉科
证书注册编号：2101B0009
体系认证标准：GB/T19002－1994 idt ISO9002:1994
获证体系覆盖产品：无扭控冷热轧盘条、热轧型钢和连铸方坯
有效期：2001.1.20～2003.12.14

中国建材质量体系认证中心

徐州卧牛由新型防水材料有限公司
地址:江苏省徐州市西郊
邮政编码:221151
证书注册编号:2200B0014
体系认证标准:GB/T 19002—1994 idt ISO 9002:1994
有效期:2000.2～2003.2

唐山市新区水泥电杆厂
地址:河北省唐山市新区刘家营乡贾家洼村西
邮政编码:063030
证书注册编号:2200B0015
体系认证标准:GB/T 19002—1994 idt ISO 9002:1994
有效期:2000.2～2003.2

杭州之江有机硅化工有限公司
地址:浙江省萧山市城厢镇黄家河
邮政编码:311203
证书注册编号:2200B0016
体系认证标准:GB/T 19002—1994 idt ISO 9002:1994
有效期:2000.2～2003.2

临城县鑫普水泥总厂
地址:河北省临城县临城镇澄底村西
邮政编码:054300
证书注册编号:2200B0017
体系认证标准:GB/T 19002—1994 idt ISO 9002:1994
有效期:2000.2～2003.2

河北省高邑县河北凤达建材股份有限公司
地址:河北省高邑县火车站西侧
邮政编码:051330
证书注册编号:2200B0018
体系认证标准:GB/T 19002—1994 idt ISO 9002:1994
有效期:2000.2～2003.2

山东省博兴县圣源水泥有限责任公司
地址:山东省淄博市高新技术开发区
邮政编码:255088
证书注册编号:2200B0019
体系认证标准:GB/T 19002—1994 idt ISO 9002:1994
有效期:2000.2～2003.2

哈尔滨第二水泥厂
地址:黑龙江省阿城市玉泉镇
邮政编码:150322
证书注册编号:2200B0020
体系认证标准:GB/T 19002—1994 idt ISO 9002:1994
有效期:2000.3～2003.3

哈尔滨水泥厂
地址:黑龙江省哈尔滨市太平区水泥路102号
邮政编码:150050
证书注册编号:2200B0021
体系认证标准:GB/T 19002—1994 idt ISO 9002:1994
有效期:2000.3～2003.3

淮南矿业集团合成材料有限责任公司
地址:安徽省淮南市望峰岗
邮政编码:232046
证书注册编号:2200B0022
体系认证标准:GB/T 19002—1994 idt ISO 9002:1994
有效期:2000.3～2003.3

新疆阿克苏多浪水泥有限公司
地址:新疆阿克苏市南效路9号
邮政编码:843000
证书注册编号:2200B0023
体系认证标准:GB/T 19002—1994 idt ISO 9002:1994
有效期:2000.3～2003.3

新疆阿克苏青松建材化工总厂水泥厂
地址:新疆阿克苏市林园
邮政编码:843005
证书注册编号:2200B0024
体系认证标准:GB/T 19002—1994 idt ISO 9002:1994
有效期:2000.3～2003.3

北京奥克兰建筑防水材料有限公司
地址:北京市丰台区久敬庄路甲1号
邮政编码:100076
证书注册编号:2200B0027
体系认证标准:GB/T 19002—1994 idt ISO 9002:1994
有效期:2000.3～2003.3

丰润县第三水泥厂
地址:河北省丰润县姜家营乡西杨家营
邮政编码:064009
证书注册编号:2200B0028
体系认证标准:GB/T 19002—1994 idt ISO 9002:1994
有效期:2000.3～2003.3

唐山沙流河实业集团有限公司
地址:河北省唐山市丰润县沙流河村东
邮政编码:064006
证书注册编号:2200B0029
体系认证标准:GB/T 19002—1994 idt ISO 9002:1994
有效期:2000.3～2003.3

北京市房山塔山水泥厂
地址:北京市房山区周口店
邮政编码:102405
证书注册编号:2200B0030
体系认证标准:GB/T 19002—1994 idt ISO 9002:1994
有效期:2000.3～2003.3

北京市顺义特种水泥厂
地址:北京市顺义区大孙各庄镇
邮政编码:101308
证书注册编号:2200B0031
体系认证标准:GB/T 19002—1994 idt ISO 9002:1994

有效期:2000.3～2003.3

涿州市普先水泥有限公司
地址:河北涿州市百尺竿乡西秧坊村
邮政编码:072750
证书注册编号:2200B0032
体系认证标准:GB/T 19002－1994 idt ISO 9002:1994
有效期:2000.3～2003.3

烟台第二水泥厂
地址:山东省烟台市福山区门楼镇
邮政编码:265507
证书注册编号:2200B0025
体系认证标准:GB/T 19002－1994 idt ISO 9002:1994
有效期:2000.3～2003.3

安阳永兴天河水泥有限责任公司
地址:河南省安阳县水冶镇珠泉西路
邮政编码:455133
证书注册编号:2200B0026
体系认证标准:GB/T 19002－1994 idt ISO 9002:1994
有效期:2000.3～2003.3

大连华能－小野田水泥有限公司
地址:辽宁省大连市新水泥路5号
邮政编码:116035
证书注册编号:2200B0040
体系认证标准:GB/T 19002－1994 idt ISO 9002:1994
有效期:2000.5～2003.5

吉化集团公司水泥厂
地址:吉林市龙潭区郑州路5号
邮政编码:132022
证书注册编号:2299B0032
体系认证标准:GB/T 19002－1994 idt ISO 9002:1994
有效期:2000.5～2003.5

秦皇岛中财武山水泥有限公司
地址:河北省卢龙县石门镇(京山线朱各庄站北)
邮政编码:066401
证书注册编号:2200B0033
体系认证标准:GB/T 19002－1994 idt ISO 9002:1994
有效期:2000.5～2003.5

乌鲁木齐文光水泥厂
地址:新疆乌鲁木齐市新市区喀什东路
邮政编码:830013
证书注册编号:2200B0034
体系认证标准:GB/T 19002－1994 idt ISO 9002:1994
有效期:2000.5～2003.5

浙江三狮集团枫洋建材有限公司
地址:浙江省德清县新市镇
邮政编码:313201
证书注册编号:2200B0035
体系认证标准:GB/T 19002－1994 idt ISO 9002:1994
有效期:2000.5～2003.5

黑龙江省小岭水泥厂
地址:黑龙江省阿城市小岭镇
邮政编码:150323
证书注册编号:2200B0036
体系认证标准:GB/T 19002－1994 idt ISO 9002:1994
有效期:2000.5～2003.5

牡丹江水泥股份有限公司
地址:黑龙江省牡丹江市温春镇
邮政编码:157041
证书注册编号:2200B0037
体系认证标准:GB/T 19002－1994 idt ISO 9002:1994
有效期:2000.5～2003.5

秦皇岛宝岛水泥有限公司
地址:河北省秦皇岛市卢龙县石门镇
邮政编码:066401
证书注册编号:2200B0038
体系认证标准:GB/T 19002－1994 idt ISO 9002:1994
有效期:2000.5～2003.5

山西省临猗化工总厂水泥厂
地址:山西临猗县城西郊大庆路25号
邮政编码:044100
证书注册编号:2200B0039
体系认证标准:GB/T 19002－1994 idt ISO 9002:1994
有效期:2000.5～2003.5

苍山县泉山水泥有限公司
地址:苍山县城埝桥路99号
邮政编码:277700
证书注册编号:2200B0041
体系认证标准:GB/T 19002－1994 idt ISO 9002:1994
有效期:2000.7～2003.7

广东华艺卫浴实业有限公司(开平欧标水暖器材有限公司)
地址:广东省开平市水口镇水暖工业区中兴路1号
邮政编码:529321
证书注册编号:2200B0042
体系认证标准:GB/T 19002－1994 idt ISO 9002:1994
有效期:2000.7～2003.7

湖北宝石水泥集团有限公司
地址:湖北省老河口市洪口咀
邮政编码:441814
证书注册编号:2200B0043
体系认证标准:GB/T 19002－1994 idt ISO 9002:1994
有效期:2000.7～2003.7

河北晨光水泥厂
地址:河北省行唐县秦台村
邮政编码:050600
证书注册编号:2200B0044
体系认证标准:GB/T 19002－1994 idt ISO 9002:1994
有效期:2000.7～2003.7

莱阳丹崖水泥有限责任公司
地址:莱阳市荆山路125号
邮政编码:265202
证书注册编号:2200B0045
体系认证标准:GB/T 19002－1994 idt ISO 9002:1994
有效期:2000.7～2003.7

武进市华耐衬里材料厂
地址:武进市横山桥镇五一村
邮政编码:213119
证书注册编号:2200B0046
体系认证标准:GB/T 19002－1994 idt ISO 9002:1994
有效期:2000.7～2003.7

天津市振兴水泥有限公司
地址:天津市北辰区引河桥北
邮政编码:300400
证书注册编号:2200B0047
体系认证标准:GB/T 19002－1994 idt ISO 9002:1994
有效期:2000.7～2003.7

阳泉煤业(集团)有限责任公司水泥厂
地址:山西省阳泉市桃北西路 26 号
邮政编码:045008
证书注册编号:2200B0048
体系认证标准:GB/T 19002—1994 idt ISO 9002:1994
有效期:2000.7～2003.7

黄冈市建材工贸公司
地址:湖北省黄冈市新港路大道
邮政编码:438000
证书注册编号:2200B0049
体系认证标准:GB/T 19002—1994 idt ISO 9002:1994
有效期:2000.7～2003.7

鸡西赛龙水泥制造有限公司
地址:鸡西市城子河区二太堡
邮政编码:158170
证书注册编号:2200B0050
体系认证标准:GB/T 19002—1994 idt ISO 9002:1994
有效期:2000.7～2003.7

天津日板浮法玻璃有限公司
地址:天津大港区北围堤路炼油厂西侧
邮政编码:300270
证书注册编号:2200B0051
体系认证标准:GB/T 19002—1994 idt ISO 9002:1994
有效期:2000.7～2003.7

淄博市先广水泥有限责任公司
地址:淄博市博山区域城镇
邮政编码:255202
证书注册编号:2200B0052
体系认证标准:GB/T 19002—1994 idt ISO 9002:1994
有效期:2000.7～2003.7

南京红龙集团淄博嘉桓水泥有限公司
地址:山东省淄博市桓台县果里镇
邮政编码:256410
证书注册编号:2200B0053
体系认证标准:GB/T 19002—1994 idt ISO 9002:1994
有效期:2000.7～2003.7

浙江山鹰建材集团公司
地址:浙江省长兴县煤山镇
邮政编码:313117
证书注册编号:2200B0054
体系认证标准:GB/T 19002—1994 idt ISO 9002:1994
有效期:2000.7～2003.7

河北金隆水泥有限公司
地址:河北省隆尧县山口镇东山南
邮政编码:055350
证书注册编号:2200B0055
体系认证标准:GB/T 19002—1994 idt ISO 9002:1994
有效期:2000.7～2003.7

双鸭山东方工业公司
地址:黑龙江省双鸭山市尖山区长虹路159 号
邮政编码:155100
证书注册编号:2200A0056
体系认证标准:GB/T 19001—1994 idt ISO 9001:1994
有效期:2000.7～2003.7

浙江嘉兴三塔建材股份有限公司
地址:浙江省嘉兴市口山路 26 号
邮政编码:314000
证书注册编号:2200B0057
体系认证标准:GB/T 19002—1994 idt ISO 9002:1994
有效期:2000.7～2003.7

葛洲坝股份有限公司水泥厂
地址:湖北省荆门市口泉路 21 号
邮政编码:448032
证书注册编号:2200B0058
体系认证标准:GB/T 19002—1994 idt ISO 9002:1994
有效期:2000.7～2003.7

广西陆川县第二水泥厂
地址:广西陆川县珊罗镇
邮政编码:537722
证书注册编号:2200B0059
体系认证标准:GB/T 19002—1994 idt ISO 9002:1994
有效期:2000.7～2003.7

江西省瑞昌水泥压力管厂
地址:江西省瑞昌市荆林街 192 号
证书注册编号:2200B0060
体系认证标准:GB/T 19002—1994 idt ISO 9002:1994
有效期:2000.7～2003.7

山西云岗水泥集团有限公司
地址:山西省大同市口泉镇
邮政编码:037001
证书注册编号:2200B0061
体系认证标准:GB/T 19002—1994 idt ISO 9002:1994
有效期:2000.7～2003.7

承德华峰钢铁水泥有限公司
地址:河北省承德市营子区马子镇
邮政编码:067201
证书注册编号:2298B060
体系认证标准:GB/T 19002—1994 idt ISO 9002:1994
有效期:2000.7～2003.7

江苏巨龙水泥集团有限公司
地址:江苏省徐州市北郊茅村北
邮政编码:221168
证书注册编号:2298B076
体系认证标准:GB/T 19002—1994 idt ISO 9002:1994
有效期:2000.7～2003.7

江苏双龙集团有限公司江苏双猴混凝土分公司
地址:江苏省南京市雨花区双闸镇油棉路 106—5
邮政编码:210036
证书注册编号:2200B0062
体系认证标准:GB/T 19002—1994 idt ISO 9002:1994
有效期:2000.8～2003.8

黄山市精壮水泥有限公司
地址:安徽省绩溪县郎家溪
邮政编码:245300
证书注册编号:2200B0063
体系认证标准:GB/T 19002—1994 idt ISO 9002:1994
有效期:2000.8～2003.8

安国市水泥厂
地址:河北省安国市工业城
邮政编码:071200
证书注册编号:2200B0064
体系认证标准:GB/T 19002—1994 idt ISO 9002:1994
有效期:2000.8～2003.8

江苏大象建材陶瓷集团公司
地址:江苏省常熟市虞山北路(大生)

邮政编码:215500
证书注册编号:2200B0065
体系认证标准:GB/T 19002—1994 idt ISO 9002:1994
有效期:2000.8～2003.8

中国华北冶金建设公司水泥厂
地址:河北省武安市上团城
邮政编码:056301
证书注册编号:2200B0066
体系认证标准:GB/T 19002—1994 idt ISO 9002:1994
有效期:2000.8～2003.8

中国人民解放军第九一六一工厂
地址:河北省邯郸市峰峰矿区
邮政编码:056200
证书注册编号:2200B0067
体系认证标准:GB/T 19002—1994 idt ISO 9002:1994
有效期:2000.8～2003.8

蓬莱市义利水泥有限公司
地址:山东省蓬莱市龙山店镇宋家庄
邮政编码:265611
证书注册编号:2200B0068
体系认证标准:GB/T 19002—1994 idt ISO 9002:1994
有效期:2000.8～2003.8

淄博昌国特种水泥股份有限公司
地址:山东省淄博市张店区沣水镇
邮政编码:255071
证书注册编号:2200B0069
体系认证标准:GB/T 19002—1994 idt ISO 9002:1994
有效期:2000.8～2003.8

北京新港水泥制造有限公司
地址:北京市门头沟区军庄镇
邮政编码:102300
证书注册编号:2200B0070
体系认证标准:GB/T 19002—1994 idt ISO 9002:1994
有效期:2000.8～2003.8

唐山市建新钢球有限公司
地址:唐山市学院路九联工房
邮政编码:063000
证书注册编号:2200B0071
体系认证标准:GB/T 19002—1994 idt ISO 9002:1994
有效期:2000.8～2003.8

临澧县龙凤山水泥有限责任公司
地址:湖南省临澧县新安镇
邮政编码:415216
证书注册编号:2200B0072
体系认证标准:GB/T 19002—1994 idt ISO 9002:1994
有效期:2000.8～2003.8

烟台市塔峰实业有限总公司
地址:山东省烟台市栖霞大庄头乡徐家
邮政编码:265303
证书注册编号:2200B0073
体系认证标准:GB/T 19002—1994 idt ISO 9002:1994
有效期:2000.8～2003.8

邯郸市峰峰水泥厂址
地址:峰峰矿区峰峰镇马家沟
邮政编码:056201
证书注册编号:2200B0074
体系认证标准:GB/T 19002—1994 idt ISO 9002:1994
有效期:2000.8～2003.8

武安市磁山水泥厂
地址:武安市磁山镇西
邮政编码:056302
证书注册编号:2200B0075
体系认证标准:GB/T 19002—1994 idt ISO 9002:1994
有效期:2000.8～2003.8

临沂市华荣水泥厂
地址:山东省临沂市义堂镇西
邮政编码:276013
证书注册编号:2200B0076
体系认证标准:GB/T 19002—1994 idt ISO 9002:1994
有效期:2000.8～2003.8

临沂市兴华水泥厂
地址:山东省临沂市河东区相公镇
邮政编码:276025
证书注册编号:2200B0077
体系认证标准:GB/T 19002—1994 idt ISO 9002:1994
有效期:2000.8～2003.8

镇江华龙管道有限公司
地址:江苏省镇江市丹徒路78号
邮政编码:212003
证书注册编号:2200B0078
体系认证标准:GB/T 19002—1994 idt ISO 9002:1994
有效期:2000.8～2003.8

邯郸矿务局水泥
地址:河北省邯郸市峰峰矿区义井镇宿凤村
邮政编码:056200
证书注册编号:2200B0079
体系认证标准:GB/T 19002—1994 idt ISO 9002:1994
有效期:2000.8～2003.8

邯郸市水泥制品厂
地址:邯郸市水泥制品厂(复兴区百家南街)
邮政编码:056003
证书注册编号:2200B0080
体系认证标准:GB/T 19002—1994 idt ISO 9002:1994
有效期:2000.8～2003.8

内蒙古蒙西高新材料股份有限公司
地址:内蒙古伊克昭盟鄂托克旗碱柜乡
邮政编码:016016
证书注册编号:2298B061
体系认证标准:GB/T 19002—1994 idt ISO 9002:1994
有效期:2000.8～2003.8

河北天福水泥有限公司
地址:河北省临城县祁村北
邮政编码:054300
证书注册编号:2200B0004
体系认证标准:GB/T 19002—1994 idt ISO 9002:1994
有效期:2000.8～2003.8

南京普迪混凝土有限公司
地址:江苏南京市下关区煤碳港五号
邮政编码:210015
证书注册编号:2200B0081
体系认证标准:GB/T 19002—1994 idt ISO 9002:1994
有效期:2000.9～2003.9

北京市房山河北镇水泥厂
地址:北京市房山区河北镇三福村
邮政编码:102416
证书注册编号:2200B0082

体系认证标准:GB/T 19002—1994 idt ISO 9002:1994
有效期:2000.9～2003.9

盖州市水泥镁砂总厂
地址:辽宁省盖州市铁西街
邮政编码:115200
证书注册编号:2200B0083
体系认证标准:GB/T 19002—1994 idt ISO 9002:1994
有效期:2000.9～2003.9

延边庙岭水泥有限责任公司
地址:吉林省汪清县大头沟镇庙岭
邮政编码:133203
证书注册编号:2200B0081
体系认证标准:GB/T 19002—1994 idt ISO 9002:1994
有效期:2000.9～2003.9

青海省湟源水泥厂
地址:青海省湟源县大华乡
邮政编码:812100
证书注册编号:2200B0085
体系认证标准:GB/T 19002—1994 idt ISO 9002:1994
有效期:2000.9～2003.9

梨树县天意水泥有限责任公司
地址:梨树县十家堡镇铁北工业区
邮政编码:136501
证书注册编号:2200B0086
体系认证标准:GB/T 19002→1994 idt ISO 9002:1994
有效期:2000.9～2003.9

北京市房山由第四水泥厂
地址:北京市周口店地区周口村
邮政编码:102405
证书注册编号:2200B0087
体系认证标准:GB/T 19002—1994 idt ISO 9002:1994
有效期:2000.9～2003.9

北京仙台卷帘装饰厂
地址:北京朝阳区东坝
邮政编码:100018
证书注册编号:2200B0088
体系认证标准:GB/T 19002—1994 idt ISO 9002:1994
有效期:2000.9～2003.9

新疆天怡石材有限公司
地址:新疆哈密市青年北路30号
邮政编码:839000
证书注册编号:2200B0089
体系认证标准:GB/T 19002—1994 idt ISO 9002:1994
有效期:2000.9～2003.9

新疆维吾尔自治区东湖水泥厂
地址:新疆吐鲁番市大河沿镇
邮政编码:838001
证书注册编号:2200B0090
体系认证标准:GB/T 19002—1994 idt ISO 9002:1994
有效期:2000.9～2003.9

福建省祥龙集团公司
地址:福建省南安市溪美帽山工业区
邮政编码:362300
证书注册编号:2200B0091
体系认证标准:GB/T 19002—1994 idt ISO 9002:1994
有效期:2000.9～2003.9

泉州东成石材有限公司
地址:福建省南安市柳城帽山工业区
邮政编码:362300
证书注册编号:2200B0092
体系认证标准:GB/T 19002—1994 idt ISO 9002:1994
有效期:2000.9～2003.9

福建岩城股份有限公司
地址:福建省大田县广平镇
邮政编码:366107
证书注册编号:2200B0093
体系认证标准:GB/T 19002—1994 idt ISO 9002:1994
有效期:2000.9～2003.9

福建省永春美岭水泥厂
地址:福建省永春县都镇仙友村
邮政编码:362618
证书注册编号:2200B0094
体系认证标准:GB/T 19002—1994 idt ISO 9002:1994
有效期:2000.9～2003.9

福建省大田石风水泥有限公司
地址:福建省大田县均溪镇凤山东路82号
邮政编码:366100
证书注册编号:2200B0095
体系认证标准:GB/T 19002—1994 idt ISO 9002:1994
有效期:2000.9～2003.9

福建麒麟股份有限公司
地址:福建龙岩市南环中路19号
邮政编码:364000
证书注册编号:2200B0096
体系认证标准:GB/T 19002—1994 idt ISO 9002:1994
有效期:2000.9～2003.9

河北三水水泥有限公司
地址:河北武安市午汲镇西
邮政编码:056301
证书注册编号:2200B0097
体系认证标准:GB/T 19002—1994 idt ISO 9002:1994
有效期:2000.9～2003.9

诸城隆泰水泥股份有限公司
地址:山东诸城兴华西路23号
邮政编码:262200
证书注册编号:2200B0098
体系认证标准:GB/T 19002—1994 idt ISO 9002:1994
有效期:2000.9～2003.9

青岛华西塑料有限公司
地址:山东省莱西市威海东路43号
邮政编码:266600
证书注册编号:2200B0099
体系认证标准:GB/T 19002—1994 idt ISO 9002:1994
有效期:2000.9～2003.9

淮南矿业集团水泥有限责任公司
地址:淮南市八公山区蔡新路
邮政编码:232072
证书注册编号:2200B00100
体系认证标准:GB/T 19002—1994 idt ISO 9002:1994
有效期:2000.9～2003.9

吉林省梅河口红梅水泥厂
地址:吉林省梅河口市红梅镇
邮政编码:135019
证书注册编号:2200B00101
体系认证标准:GB/T 19002—1994 idt ISO 9002:1994
有效期:2000.9～2003.9

山东省沂滨水泥股份有限公司
地址:山东省临沂市河东区芝麻墩镇
邮政编码:276023
证书注册编号:2200B0102
体系认证标准:GB/T 19002－1994 idt ISO 9002:1994
有效期:2000.10～2003.10

临沂市罗庄区第二水泥厂
地址:山东省临沂市罗庄区西高都镇
邮政编码:276021
证书注册编号:2200B0103
体系认证标准:GB/T 19002－1994 idt ISO 9002:1994
有效期:2000.10～2003.10

临沂市华蒙水泥制造有限公司
地址:山东省临沂市义堂镇
邮政编码:276013
证书注册编号:2200B0104
体系认证标准:GB/T 19002－1994 idt ISO 9002:1994
有效期:2000.10～2003.10

临沂华蒙第二水泥厂
地址:山东省临沂市兰山区义堂镇
邮政编码:276013
证书注册编号:2200B0105
体系认证标准:GB/T 19002－1994 idt ISO 9002:1994
有效期:2000.10～2003.10

陕西秦岭水泥股份有限公司
地址:陕西省耀县县城东郊
邮政编码:727100
证书注册编号:2200B0106
体系认证标准:GB/T 19002－1994 idt ISO 9002:1994
有效期:2000.10～2003.10

广灵县水泥总公司
地址:广灵县新建西街18号
邮政编码:037500
证书注册编号:2200B0107
体系认证标准:GB/T 19002－1994 idt ISO 9002:1994
有效期:2000.10～2003.10

石家庄市通天水泥制品有限公司
地址:河北省石家庄市五七路155号
邮政编码:050061
证书注册编号:2200B0108
体系认证标准:GB/T 19002－1994 idt ISO 9002:1994
有效期:2000.10～2003.10

湖州市南浔圣船水泥有限公司
地址:浙江省湖南浔经济开发区
邮政编码:313009
证书注册编号:2200B0109
体系认证标准:GB/T 19002－1994 idt ISO 9002:1994
有效期:2000.10～2003.10

山西省晋城市水泥厂
地址:山西省晋城市区西门外
邮政编码:048000
证书注册编号:2200B0110
体系认证标准:GB/T 19002－1994 idt ISO 9002:1994
有效期:2000.10～2003.10

***临沂市社会福利庆云山水泥厂**
地址:山东省临滨市罗庄区册山镇
邮政编码:276022
电话:(0539)8581148
传真:(0539)8581148
法定代表人:王彦
证书注册编号:2200B0111
体系认证标准:GB/T 19002－1994 idt ISO 9002:1994
获证体系覆盖产品:425、525普通硅酸盐水泥
有效期:2000.10～2003.10

迁安市宏丰水泥厂
地址:河北迁安市大崔镇商庄子村北
邮政编码:064406
证书注册编号:2200B0112
体系认证标准:GB/T 19002－1994 idt ISO 9002:1994
有效期:2000.10～2003.10

浙江省兰溪市第六水泥厂
地址:浙江省兰溪灵洞源村
邮政编码:321100
证书注册编号:2200B0113
体系认证标准:GB/T 19002－1994 idt ISO 9002:1994
有效期:2000.10～2003.10

迁安市沙滦水泥有限公司
地址:河北省迁安市大崔庄镇沙坨子村南
邮政编码:064406
证书注册编号:2200B0114
体系认证标准:GB/T 19002－1994 idt ISO 9002:1994
有效期:2000.10～2003.10

迁安市永固油井水泥有限责任公司
地址:河北省迁安市迁安火车站东侧
邮政编码:064410
证书注册编号:2200B0115
体系认证标准:GB/T 19002－1994 idt ISO 9002:1994
有效期:2000.10～2003.10

丰南市第四水泥厂
地址:丰南市钱营镇工业开发区
邮政编码:063301
证书注册编号:2200B0116
体系认证标准:GB/T 19002－1994 idt ISO 9002:1994
有效期:2000.10～2003.10

山东祥和集团股份有限公司
地址:山东省淄博市山区域城镇
邮政编码:255200
证书注册编号:2200B0117
体系认证标准:GB/T 19002－1994 idt ISO 9002:1994
有效期:2000.10～2003.10

河北太行集团公司
地址:河北省邯郸矿区建国路2号
邮政编码:056200
证书注册编号:2200B0118
体系认证标准:GB/T 19002－1994 idt ISO 9002:1994
有效期:2000.10～2003.10

重庆地维水泥厂有限责任公司
地址:重庆江津市珞璜镇
邮政编码:402283
证书注册编号:2200B0119
体系认证标准:GB/T 19002－1994 idt ISO 9002:1994
有效期:2000.10～2003.10

北京天一正质量体系认证中心

湘潭平安电气集团有限公司
地址:湖南湘潭市金塘湾平安路12号
邮政编码:411100
证书注册编号:2300A0001
体系认证标准:GB/T 19001—1994 idt ISO 9001:1994
有效期:2000.1.5～2003.1.5

金坛市金低互感器厂（金坛市低压电器厂）
地址:江苏省金坛市丹阳门北路张角山8号
邮政编码:213200
证书注册编号:2300B0002
体系认证标准:GB/T 19002—1994 idt ISO 9002:1994
有效期:2000.1.5～2003.1.5

秦皇岛市北戴河力源摩擦材料公司
地址:河北省秦皇岛市北戴河火车站东
邮政编码:066102
证书注册编号:2300B0003
体系认证标准:GB/T 19002—1994 idt ISO 9002:1994
有效期:2000.1.5～2003.1.5

临朐县兴隆建安有限公司
地址:山东省淄博市临朐县城临朐路52号
邮政编码:262600
证书注册编号:2300B0004
体系认证标准:GB/T 19002—1994 idt ISO 9002:1994
有效期:2000.1.5～2003.1.5

湘潭泵业集团有限公司花石水泵厂
地址:湖南省湘潭县花石镇
邮政编码:411218
证书注册编号:2300B0005
体系认证标准:GB/T 19002—1994 idt ISO 9002:1994
有效期:2000.1.5～2003.1.5

宜兴市陶都建筑安装工程公司
地址:江苏省宜兴市宜城镇荆溪南路58号
邮政编码:214206
证书注册编号:2300B0006
体系认证标准:GB/T 19002—1994 idt ISO 9002:1994
有效期:2000.1.5～2003.1.5

山西玄中化工实业有限公司
地址:山西省交城县段村镇段村
邮政编码:030508
证书注册编号:2300B0007
体系认证标准:GB/T 19002—1994 idt ISO 9002:1994
有效期:2000.1.5～2003.1.5

龙口市渤海钻机配件厂
地址:山东龙口市诸由镇观张家村7号
邮政编码:265705
证书注册编号:2300B0008
体系认证标准:GB/T 19002—1994 idt ISO 9002:1994
有效期:2000.1.5～2003.1.5

武进市华东涂料厂
地址:江苏省武进市横山桥镇曹巷村
邮政编码:213119
证书注册编号:2300B0009
体系认证标准:GB/T 19002—1994 idt ISO 9002:1994
有效期:2000.1.18～2003.1.18

江苏莱顿集团公司
地址:江苏省宜兴市洋溪镇沙塘港
邮政编码:214261
证书注册编号:2300B0010
体系认证标准:GB/T 19002—1994 idt ISO 9002:1994
有效期:2000.1.18～2003.1.18

山东工大测控设备厂（济南金曼克电器在有限公司）
地址:济南市经十路73号
邮政编码:250061
证书注册编号:2300B0011
体系认证标准:GB/T 19002—1994 idt ISO 9002:1994
有效期:2000.1.18～2003.1.18

宜兴市东方精细化工厂
地址:江苏宜兴市分水镇人民路201号
邮政编码:214262
证书注册编号:2300B0012
体系认证标准:GB/T 19002—1994 idt ISO 9002:1994
有效期:2000.1.18～2003.1.18

徐州天嘉食用化工有限公司
地址:江苏省徐州市中山北路延长段
邮政编码:221007
证书注册编号:2300B0013
体系认证标准:GB/T 19002—1994 idt ISO 9002:1994
有效期:2000.1.18～2003.1.18

上海集成过滤器材厂
地址:上海市金山区朱泾西工业开发区
邮政编码:201500
证书注册编号:2300B0014
体系认证标准:GB/T 19002—1994 idt ISO 9002:1994
有效期:2000.1.18～2003.1.18

宜兴市振宇水处理环保厂
无锡振宇电力辅机有限公司
地址:江苏省宜兴市高塍镇
邮政编码:214214
证书注册编号:2300B0015
体系认证标准:GB/T 19002—1994 idt ISO 9002:1994
有效期:2000.1.18～2003.1.18

苏州工业园区星州变压器有限公司
地址:江苏省苏州市娄门路1号
邮政编码:215001

证书注册编号:2300B0016
体系认证标准:GB/T 19002－1994 idt ISO 9002:1994
有效期:2000.1.18～2003.1.18

宜兴市华昌化工厂
地址:江苏省宜兴市周铁镇沙塘港
邮政编码:214261
证书注册编号:2300B0017
体系认证标准:GB/T 19002－1994 idt ISO 9002:1994
有效期:2000.1.18～2003.1.18

浙江永康康利金属制品有限公司(永康唐先有色金属压铸厂)
地址:浙江省永康市唐先镇四村工业区
邮政编码:321314
证书注册编号:2300B0018
体系认证标准:GB/T 19002－1994 idt ISO 9002:1994
有效期:2000.1.18～2003.1.18

河北友联机房设备厂
地址:河北省保定市高阳县季朗开发区
邮政编码:071500
证书注册编号:2300B0019
体系认证标准:GB/T 19002－1994 idt ISO 9002:1994
有效期:2000.1.18～2003.1.18

瑞安市标准件制造公司
地址:浙江省瑞安市梅头工业城
邮政编码:325205
证书注册编号:2300B0020
体系认证标准:GB/T 19002－1994 idt ISO 9002:1994
有效期:2000.1.18～2003.1.18

江西信江铜制品有限公司
地址:江西省贵溪市冶金大道15号
邮政编码:335424
证书注册编号:2300B0021
体系认证标准:GB/T 19002－1994 idt ISO 9002:1994
有效期:2000.1.18～2003.1.18

连云港市市政工程总公司
地址:江苏省连云港市新浦海昌南路68号
邮政编码:222004
证书注册编号:2300B0022
体系认证标准:GB/T 19002－1994 idt ISO 9002:1994
有效期:2000.1.18～2003.1.18

中煤第三建设公司
地址:安徽省宿州市汴河路181号
邮政编码:234000
证书注册编号:2300B0023
体系认证标准:GB/T 19002－1994 idt ISO 9002:1994
有效期:2000.1.18～2003.1.18

哈尔滨市山花饮品有限公司
地址:黑龙江省哈尔滨市通河县通河镇东风路2号
邮政编码:150900
证书注册编号:2300B0024
体系认证标准:GB/T 19002－1994 idt ISO 9002:1994
有效期:2000.1.18～2003.1.18

丹东市机电研究所
地址:丹东市振兴区通春街61号
邮政编码:118002
证书注册编号:2300B0025
体系认证标准:GB/T 19002－1994 idt ISO 9002:1994
有效期:2000.1.18～2003.1.18

中外合资温州伏尔特电器有限公司
地址:浙江省乐清市北白象大道508号
邮政编码:325603
证书注册编号:2300B0026
体系认证标准:GB/T 19002－1994 idt ISO 9002:1994
有效期:2000.2.1～2003.2.1

武进市神龙电工有限公司
地址:江苏省武进市郑陆镇
邮政编码:213111
证书注册编号:2300B0027
体系认证标准:GB/T 19002－1994 idt ISO 9002:1994
有效期:2000.2.1～2003.2.1

江苏省金坛华金机械总厂
地址:江苏省金坛市北环西路52号
邮政编码:213200
证书注册编号:2300B0028
体系认证标准:GB/T 19002－1994 idt ISO 9002:1994
有效期:2000.2.1～2003.2.1

江苏绿魁集团
地址:江苏省大丰县港口
邮政编码:224145
证书注册编号:2300B0029
体系认证标准:GB/T 19002－1994 idt ISO 9002:1994
有效期:2000.2.1～2003.2.1

江苏省溧阳市云龙化工设备集团公司
地址:江苏省溧阳市平陵中路2号
邮政编码:213300
证书注册编号:2300B0030
体系认证标准:GB/T 19002－1994 idt ISO 9002:1994
有效期:2000.2.1～2003.2.1

韶山市如意节能电器厂
地址:湖南省韶山市如意亭
邮政编码:411300
证书注册编号:2300B0031
体系认证标准:GB/T 19002－1994 idt ISO 9002:1994
有效期:2000.2.1～2003.2.1

浙江省金华市第一建筑工程公司
地址:浙江省金华市婺江西路108号
邮政编码:321000
证书注册编号:2300B0032
体系认证标准:GB/T 19002－1994 idt ISO 9002:1994
有效期:2000.2.1～2003.2.1

九江电子材料厂
地址:江西省九江市十里大道花园畈97号
邮政编码:332005
证书注册编号:2300B0033
体系认证标准:GB/T 19002－1994 idt ISO 9002:1994
有效期:2000.2.1～2003.2.1

苏州海达三金智能仪表有限公司
地址:江苏省苏州吴县市北桥镇
邮政编码:215144
证书注册编号:2300B0034
体系认证标准:GB/T 19002－1994 idt ISO 9002:1994
有效期:2000.2.1～2003.2.1

北京宏伟建筑工程公司
地址:北京大兴西红门镇兴都巷1号
邮政编码:100076

证书注册编号:2300B0035
体系认证标准:GB/T 19002—1994 idt ISO 9002:1994
有效期:2000.2.1～2003.2.1

齐鲁石化齐华工贸集团总公司制衣厂
地址:山东淄博临淄胜利路44号
邮政编码:255436
证书注册编号:2300B0036
体系认证标准:GB/T 19002—1994 idt ISO 9002:1994
有效期:2000.2.1～2003.2.1

南通东冠耐磨材料有限责任公司
地址:江苏省海门市四甲镇
邮政编码:226141
证书注册编号:2300B0037
体系认证标准:GB/T 19002—1994 idt ISO 9002:1994
有效期:2000.2.1～2003.2.1

河北省献县郭庄玛钢厂
地址:河北省献县郭庄镇
邮政编码:062554
证书注册编号:2300B0038
体系认证标准:GB/T 19002—1994 idt ISO 9002:1994
有效期:2000.2.1～2003.2.1

南通市东达不锈钢制品有限公司
地址:江苏省海门市四甲镇十四车口
邮政编码:226141
证书注册编号:2300B0039
体系认证标准:GB/T 19002—1994 idt ISO 9002:1994
有效期:2000.2.1～2003.2.1

中国建筑第三工程局第四建筑安装工程公司
地址:武汉市江夏区纸坊大街1号
邮政编码:430200
证书注册编号:2300B0040
体系认证标准:GB/T 19002—1994 idt ISO 9002:1994
有效期:2000.2.1～2003.2.1

宜兴市宜城市政建筑工程公司
地址:宜兴市宜城镇阳羡东路26号
邮政编码:214207
证书注册编号:2300B0041
体系认证标准:GB/T 19002—1994 idt ISO 9002:1994
有效期:2000.2.1～2003.2.1

阳泉方正门窗有限责任公司
地址:阳煤集团东山大垴1号
邮政编码:045000
证书注册编号:2300B0042
体系认证标准:GB/T 19002—1994 idt ISO 9002:1994
有效期:2000.2.1～2003.2.1

江苏正达建筑安装工程有限公司
(姜堰市第五建筑安装工程公司)
地址:江苏省姜堰市姜溱路28号
邮政编码:225511
证书注册编号:2300B0043
体系认证标准:GB/T 19002—1994 idt ISO 9002:1994
有效期:2000.2.1～2003.2.1

吴江市皇冠瓶盖厂
地址:吴江市黎里镇人民东路
邮政编码:215212
证书注册编号:2300B0044
体系认证标准:GB/T 19002—1994 idt ISO 9002:1994
有效期:2000.2.2～2003.2.2

淄博临淄石化设备仪表配件厂
地址:山东省淄博市临淄区孙娄镇
邮政编码:255400
证书注册编号:2300B0045
体系认证标准:GB/T 19002—1994 idt ISO 9002:1994
有效期:2000.2.2～2003.2.2

江苏林芝山阳集团有限公司
地址:江苏省锡山市二泉东路107号
邮政编码:214101
证书注册编号:2300B0046
体系认证标准:GB/T 19002—1994 idt ISO 9002:1994
有效期:2000.2.1～2003.2.1

温州市鹿城重安汽车配件厂
地址:温州市巨江东路5号
邮政编码:325000
证书注册编号:2300B0047
体系认证标准:GB/T 19002—1994 idt ISO 9002:1994
有效期:2000.2.1～2003.2.1

淄博市临淄社会福利医药玻璃厂
地址:山东淄博市临淄区路山西路二号
邮政编码:255418
证书注册编号:2300B0048
体系认证标准:GB/T 19002—1994 idt ISO 9002:1994
有效期:2000.2.2～2003.2.2

淄博柳泉电瓷有限责任公司
地址:山东淄博市淄川区龙泉路99号
邮政编码:255144
证书注册编号:2300B0049
体系认证标准:GB/T 19002—1994 idt ISO 9002:1994
有效期:2000.2.1～2003.2.1

淄博市博山区福山耐火材料厂
地址:山东省淄博市博山区福山东路31号
邮政编码:255210
证书注册编号:2300B0050
体系认证标准:GB/T 19002—1994 idt ISO 9002:1994
有效期:2000.2.1～2003.2.1

常州市飞达摩托车轮毂有限公司
(武进市常武车辆配件有限公司)
地址:江苏省武进市东安镇西市路
邮政编码:213155
证书注册编号:2300B0051
体系认证标准:GB/T 19002—1994 idt ISO 9002:1994
有效期:2000.2.2～2003.2.2

山东蓬莱电力设备制造有限公司
地址:山东省蓬莱市南关路1号
邮政编码:265600
证书注册编号:2300A0052
体系认证标准:GB/T 19001—1994 idt ISO 9001:1994
有效期:2000.2.1～2003.2.1

江苏锡山市前洲染整设备有限公司
(江苏无锡高达电池有限公司)
地址:江苏省锡山市前洲镇
邮政编码:214181
证书注册编号:2300B0053
体系认证标准:GB/T 19002—1994 idt ISO 9002:1994
有效期:2000.2.2～2003.2.2

泰州纽泰阀门制造有限公司
地址:江苏省姜堰市俞垛镇

邮政编码:225509
证书注册编号:2300B0054
体系认证标准:GB/T 19002—1994 idt ISO 9002:1994
有效期:2000.2.2～2003.2.2

河南正丰机械厂
地址:河南省正阳南关街177号
邮政编码:463600
证书注册编号:2300A0055
体系认证标准:GB/T 19001—1994 idt ISO 9001:1994
有效期:2000.2.1～2003.2.1

山东省潍坊鲁邑橡胶制品实业公司
地址:山东省昌邑市东冢乡前柳
邮政编码:261311
证书注册编号:2300B0056
体系认证标准:GB/T 19002—1994 idt ISO 9002:1994
有效期:2000.2.1～2003.2.1

山东省安丘市建筑橡塑厂
地址:山东省安丘市潍徐南路250号
邮政编码:262100
证书注册编号:2300B0057
体系认证标准:GB/T 19002—1994 idt ISO 9002:1994
有效期:2000.2.2～2003.2.2

常州市猴王涂料有限公司
地址:江苏省常州市清凉路118号
邮政编码:213014
证书注册编号:2300B0058
体系认证标准:GB/T 19002—1994 idt ISO 9002:1994
有效期:2000.2.1～2003.2.1

江苏省建湖县振华橡胶制品厂
地址:江苏省建湖县沿河乡东夏路6号
邮政编码:224713
证书注册编号:2300B0059
体系认证标准:GB/T 19002—1994 idt ISO 9002:1994
有效期:2000.2.1～2003.2.1

江苏省姜堰市金鸡密封保温制品集团公司
地址:江苏省姜堰市大伦桥东
邮政编码:225504
证书注册编号:2300B0060
体系认证标准:GB/T 19002—1994 idt ISO 9002:1994
有效期:2000.2.1～2003.2.1

余姚市钎焊材料厂
地址:浙江省余姚市河姆渡镇罗江
邮政编码:315415
证书注册编号:2300B0063
体系认证标准:GB/T 19002—1994 idt ISO 9002:1994
有效期:2000.2.1～2003.2.1

温州市蓝天电子有限公司
地址:温州市温金路112号
邮政编码:325007
证书注册编号:2300B0064
体系认证标准:GB/T 19002—1994 idt ISO 9002:1994
有效期:2000.2.2～2003.2.2

江西省水利水电建设总公司
地址:江西省南昌莲塘镇
邮政编码:330200
证书注册编号:2300B0065
体系认证标准:GB/T 19002—1994 idt ISO 9002:1994
有效期:2000.2.2～2003.2.2

包头市新宏大电子有限责任公司
地址:包头市稀土高新技术产业开发区
邮政编码:014030
证书注册编号:2300B0066
体系认证标准:GB/T 19002—1994 idt ISO 9002:1994
有效期:2000.2.18～2003.2.18

泰兴市化工泵阀厂
地址:江苏省泰兴市七圩镇大圩村
邮政编码:225453
证书注册编号:2300B0067
体系认证标准:GB/T 19002—1994 idt ISO 9002:1994
有效期:2000.2.18～2003.2.18

上每华建开关有限公司
地址:上海地汇县新场镇车站路100号
邮政编码:201314
证书注册编号:2300B0068
体系认证标准:GB/T 19002—1994 idt ISO 9002:1994
有效期:2000.2.18～2003.2.18

北京市朝阳电缆厂
地址:北京市朝外十里堡甘露园57号
邮政编码:100025
证书注册编号:2300B0069
体系认证标准:GB/T 19002—1994 idt ISO 9002:1994
有效期:2000.2.18～2003.2.18

盐城市交通工程处(集团)
地址:盐城市迎宾南路58号
邮政编码:224002
证书注册编号:2300B0070
体系认证标准:GB/T 19002—1994 idt ISO 9002:1994
有效期:2000.2.18～2003.2.18

江苏省镇江市路桥工程总公司
地址:江苏镇江南徐路1号(七里甸)
邮政编码:212017
证书注册编号:2300B0071
体系认证标准:GB/T 19002—1994 idt ISO 9002:1994
有效期:2000.2.18～2003.2.18

江苏省江都市化工厂
地址:江苏江都市丁伙镇人民南路2号
邮政编码:225266
证书注册编号:2300B0072
体系认证标准:GB/T 19002—1994 idt ISO 9002:1994
有效期:2000.2.18～2003.2.18

常州蓝天化工有限公司
地址:江苏省武进市前黄镇
邮政编码:213172
证书注册编号:2300B0073
体系认证标准:GB/T 19002—1994 idt ISO 9002:1994
有效期:2000.2.18～2003.2.18

吴江市三联化工有限公司
地址:吴江市交通北路90号
邮政编码:215200
证书注册编号:2300B0074
体系认证标准:GB/T 19002—1994 idt ISO 9002:1994
有效期:2000.2.18～2003.2.18

上海新大洲电装有限公司
地址:上海市青浦县华新镇新谊村
邮政编码:201708
证书注册编号:2300B0075
体系认证标准:GB/T 19002—1994 idt

ISO 9002:1994
有效期:2000.2.1～2003.2.1

河北华林机械设备有限公司
地址:河北省黄骅市西环路
邮政编码:061100
证书注册编号:2300B0076
体系认证标准:GB/T 19002—1994 idt ISO 9002:1994
有效期:2000.2.18～2003.2.18

武进成套电器厂
地址:江苏省武进市安家镇中街40号
邮政编码:213126
证书注册编号:2300B0077
体系认证标准:GB/T 19002—1994 idt ISO 9002:1994
有效期:2000.2.18～2003.2.18

河北汇泉染料化学有限公司(河北省武强县化工总厂)
地址:河北省武强县新开街26号
邮政编码:053300
证书注册编号:2300B0078
体系认证标准:GB/T 19002—1994 idt ISO 9002:1994
有效期:2000.2.1～2003.2.1

国营群建机械厂
地址:贵州省遵义市航天汽车城
邮政编码:563003
证书注册编号:2300B0079
体系认证标准:GB/T 19002—1994 idt ISO 9002:1994
有效期:2000.2.25～2003.2.25

淮安市古顺河曲酒厂
地址:江苏省淮安市顺河镇工业园区
邮政编码:223234
证书注册编号:2300B0080
体系认证标准:GB/T 19002—1994 idt ISO 9002:1994
有效期:2000.2.1～2003.2.1

徐州整流器厂
地址:徐州市云东一道街39号
邮政编码:221009
证书注册编号:2300B0081
体系认证标准:GB/T 19002—1994 idt ISO 9002:1994
有效期:2000.2.25～2003.2.25

温州市东风通用机电厂
地址:浙江省温州市鹿城区高新技术产业园14号
邮政编码:325028
证书注册编号:2300B0082
体系认证标准:GB/T 19002—1994 idt ISO 9002:1994
有效期:2000.2.25～2003.2.25

盐城市路桥港航工程公司
地址:山东盐城市通榆中路72号
邮政编码:224002
证书注册编号:2300B0083
体系认证标准:GB/T 19002—1994 idt ISO 9002:1994
有效期:2000.2.25～2003.2.25

宜兴市红塔建筑安装公司
地址:江苏宜兴市解放西路红星巷1号
邮政编码:214200
证书注册编号:2300B0084
体系认证标准:GB/T 19002—1994 idt ISO 9002:1994
有效期:2000.2.25～2003.2.25

淄博市临淄汇丰化工厂
地址:山东省淄博市临淄区辛化路57号东50米
邮政编码:255000
证书注册编号:2300B0085
体系认证标准:GB/T 19002—1994 idt ISO 9002:1994
有效期:2000.2.25～2003.2.25

常州市东申水泵厂(上海水泵厂中开泵分厂)
地址:江苏省常州市西郊厚余太和北路15号
邮政编码:213146
证书注册编号:2300B0086
体系认证标准:GB/T 19002—1994 idt ISO 9002:1994
有效期:2000.2.25～2003.2.25

上海市青浦县徐泾电蹉厂
地址:上海老沪青平公路318国道徐泾段518号
邮政编码:201702
证书注册编号:2300B0087
体系认证标准:GB/T 19002—1994 idt ISO 9002:1994
有效期:2000.2.25～2003.2.25

武进市亚浦耳灯泡有限公司
地址:江苏省武进市安家镇1—2号
邮政编码:213126
证书注册编号:2300B0088
体系认证标准:GB/T 19002—1994 idt ISO 9002:1994
有效期:2000.2.25～2003.2.25

江苏铝厂
地址:江苏省徐州市中山北路延长段
邮政编码:221007
证书注册编号:2300B0089
体系认证标准:GB/T 19002—1994 idt ISO 9002:1994
有效期:2000.2.25～2003.2.25

常州市宝光照明电器厂
地址:江苏省常州市汤庄桥镇北
邮政编码:213133
证书注册编号:2300B0090
体系认证标准:GB/T 19002—1994 idt ISO 9002:1994
有效期:2000.3.3～2003.3.3

江苏四菱染料集团公司
地址:江苏省徐州市南郊积水坝
邮政编码:221009
证书注册编号:2300B0091
体系认证标准:GB/T 19002—1994 idt ISO 9002:1994
有效期:2000.3.3～2003.3.3

徐州造漆厂
地址:江苏省徐州市北郊八里屯
邮政编码:221007
证书注册编号:2300B0092
体系认证标准:GB/T 19002—1994 idt ISO 9002:1994
有效期:2000.3.3～2003.3.3

无锡中信阻尼材料有限公司
地址:江苏无锡市锡南开发区48号地块
邮政编码:214028
证书注册编号:2300B0093
体系认证标准:GB/T 19002—1994 idt ISO 9002:1994
有效期:2000.3.3～2003.3.3

上海申成门窗有限公司
地址:上海市南汇祝桥镇祝潘路远东大道口

邮政编码:201323
证书注册编号:2300B0094
体系认证标准:GB/T 19002－1994 idt ISO 9002:1994
有效期:2000.3.3～2003.3.3

北京大兴水泵厂
地址:北京市大兴县青云镇
邮政编码:102605
证书注册编号:2300B0095
体系认证标准:GB/T 19002－1994 idt ISO 9002:1994
有效期:2000.3.1～2003.3.1

上海市坚福电器厂
地址:上海市崇明县竖前公路 88 号
邮政编码:202164
证书注册编号:2300B0096
体系认证标准:GB/T 19002－1994 idt ISO 9002:1994
有效期:2000.3.3～2003.3.3

淄博市特种气体厂
地址:山东省淄博市临淄区皇城镇
邮政编码:255000
证书注册编号:2300B0097
体系认证标准:GB/T 19002－1994 idt ISO 9002:1994
有效期:2000.3.1～2003.3.1

江苏建基集团有限公司
地址:江苏省宜兴市下邾街
邮政编码:214263
证书注册编号:2300B0098
体系认证标准:GB/T 19002－1994 idt ISO 9002:1994
有效期:2000.3.1～2003.3.1

宜兴市化夏化工材料厂
地址:江苏省宜兴市官林镇西环路(建材市场对面)
邮政编码:214251
证书注册编号:2300B0099
体系认证标准:GB/T 19002－1994 idt ISO 9002:1994
有效期:2000.3.3～2003.3.3

常州市福伟机房设备有限公司
地址:江苏省武进市横林镇崔桥
邮政编码:213103
证书注册编号:2300B0100
体系认证标准:GB/T 19002－1994 idt ISO 9002:1994
有效期:2000.3.3～2003.3.3

丹东市龙山机械密封有限公司
地址:辽宁省丹东市浪头北环路 198 号
邮政编码:118009
证书注册编号:2300B0101
体系认证标准:GB/T 19002－1994 idt ISO 9002:1994
有效期:2000.3.8～2003.3.8

江苏省武进市横山工矿灯具厂
地址:江苏省武进市横山桥镇
邮政编码:213119
证书注册编号:2300B0102
体系认证标准:GB/T 19002－1994 idt ISO 9002:1994
有效期:2000.3.3～2003.3.3

山东东风化肥厂
地址:山东省沂源县东风路 36 号
邮政编码:256120
证书注册编号:2300B0103
体系认证标准:GB/T 19002－1994 idt ISO 9002:1994
有效期:2000.3.3～2003.3.3

上海南贤装饰器械厂
地址:上海市奉贤县头桥镇红旗路 1 号
邮政编码:201409
证书注册编号:2300B0104
体系认证标准:GB/T 19002－1994 idt ISO 9002:1994
有效期:2000.3.10～2003.3.10

北京市燕妫机械厂
地址:北京市延庆县沈家营八里店村
邮政编码:102100
证书注册编号:2300B0105
体系认证标准:GB/T 19002－1994 idt ISO 9002:1994
有效期:2000.3.10～2003.3.10

江苏南天集团股份有限公司
地址:江苏省如皋市白蒲镇
邮政编码:226511
证书注册编号:2300B0106
体系认证标准:GB/T 19002－1994 idt ISO 9002:1994
有效期:2000.3.10～2003.3.10

大连市金州仪器仪表厂
地址:辽宁省大连市金州区拥政街道三里 642 号
邮政编码:116100
证书注册编号:2300B0107
体系认证标准:GB/T 19002－1994 idt ISO 9002:1994
有效期:2000.3.10～2003.3.10

重庆金华汽车器公司
地址:重庆南岸南坪招商街 103 号
邮政编码:400067
证书注册编号:2300B0108
体系认证标准:GB/T 19002－1994 idt ISO 9002:1994
有效期:2000.3.10～2003.3.10

庄河市宏达钢绞线厂
地址:辽宁省庄河市青堆镇
邮政编码:116413
证书注册编号:2300B0109
体系认证标准:GB/T 19002－1994 idt ISO 9002:1994
有效期:2000.3.10～2003.3.10

无锡友盛电机有限公司
地址:江苏省锡山市羊尖镇
邮政编码:214107
证书注册编号:2300B0110
体系认证标准:GB/T 19002－1994 idt ISO 9002:1994
有效期:2000.3.17～2003.3.17

济南佳宝乳业有限公司
地址:山东省济南市佳宝路 6 号
邮政编码:250100
证书注册编号:2300B0111
体系认证标准:GB/T 19002－1994 idt ISO 9002:1994
有效期:2000.3.17～2003.3.17

扬州内燃机附件厂
地址:江苏省扬州市曲江南路 4 号
邮政编码:225003
证书注册编号:2300B0112
体系认证标准:GB/T 19002－1994 idt ISO 9002:1994
有效期:2000.3.21～2003.3.21

武进市电子工业塑料厂
地址:江苏武进市横林镇昌盛路 175 号
邮政编码:213101
证书注册编号:2300B0113

体系认证标准:GB/T 19002—1994 idt ISO 9002:1994
有效期:2000.3.21～2003.3.21

姜堰市环球化工厂
地址:江苏省姜堰市蒋垛镇
邮政编码:225503
证书注册编号:2300B0114
体系认证标准:GB/T 19002—1994 idt ISO 9002:1994
有效期:2000.3.21～2003.3.21

江苏中东集团有限公司
地址:江苏省武进市嘉泽镇
邮政编码:213153
证书注册编号:2300B0115
体系认证标准:GB/T 19002—1994 idt ISO 9002:1994
有效期:2000.3.21～2003.3.21

上海东华电子元件有限公司
地址:上海市南汇镇下沙街28号
邮政编码:201317
证书注册编号:2300B0116
体系认证标准:GB/T 19002—1994 idt ISO 9002:1994
有效期:2000.3.21～2003.3.21

江阴市双渡塑化厂
地址:江苏省江阴市云亭镇
邮政编码:214422
证书注册编号:2300B0117
体系认证标准:GB/T 19002—1994 idt ISO 9002:1994
有效期:2000.3.22～2003.3.22

北京市京辰工贸公司
地址:北京市延庆县城西
邮政编码:102100
证书注册编号:2300B0118
体系认证标准:GB/T 19002—1994 idt ISO 9002:1994
有效期:2000.3.22～2003.3.22

江阴市精密不锈钢管厂
地址:江苏江阴市青阳镇开发区74号
邮政编码:214401
证书注册编号:2300B0119
体系认证标准:GB/T 19002—1994 idt ISO 9002:1994
有效期:2000.3.23～2003.3.23

上海新星印刷器材公司
地址:上海市沪南公路9331号
邮政编码:201300
证书注册编号:2300B0120
体系认证标准:GB/T 19002—1994 idt ISO 9002:1994
有效期:2000.3.15～2003.3.15

锡山市新陵摩托车制造有限公司
地址:锡山市查桥镇关泾村
邮政编码:210104
证书注册编号:2300B0121
体系认证标准:GB/T 19002—1994 idt ISO 9002:1994
有效期:2000.3.23～2003.3.23

国营井冈山仪表厂
地址:贵州省遵义市北京路36号—附17号
邮政编码:563123
证书注册编号:2300A0122
体系认证标准:GB/T 19001—1994 idt ISO 9001:1994
有效期:2000.3.15～2003.3.15

金华市开发区宏昌电器有限公司
地址:浙江省金华市八一南路何宅
邮政编码:321017
证书注册编号:2300B0123
体系认证标准:GB/T 19002—1994 idt ISO 9002:1994
有效期:2000.3.30～2003.3.30

常州市腾达塑料容器厂
地址:江苏省常州市新区圩塘镇
邮政编码:213033
证书注册编号:2300B0124
体系认证标准:GB/T 19002—1994 idt ISO 9002:1994
有效期:2000.3.30～2003.3.30

乐清市金卡高科技工程有限公司
地址:浙江省乐清市乐怡路97号
邮政编码:325600
证书注册编号:2300B0125
体系认证标准:GB/T 19002—1994 idt ISO 9002:1994
有效期:2000.3.30～2003.3.30

无锡华润实业公司
地址:江苏锡山市钱桥镇锡陆路46号
邮政编码:214151
证书注册编号:2300B0126
体系认证标准:GB/T 19002—1994 idt ISO 9002:1994
有效期:2000.3.30～2003.3.30

宁波中意液压马达有限公司
地址:浙江宁波市镇海区车站路409号
邮政编码:315200
证书注册编号:2300B0127
体系认证标准:GB/T 19002—1994 idt ISO 9002:1994
有效期:2000.4.4～2003.4.4

河北空调工程安装有限公司
地址:河北省枣强县富强中路168号
邮政编码:053100
证书注册编号:2300B0128
体系认证标准:GB/T 19002—1994 idt ISO 9002:1994
有效期:2000.4.11～2003.4.11

溧阳市正昌油厂
地址:江苏省溧阳市昆仑经济开发区正昌路158号
邮政编码:213300
证书注册编号:2300B0129
体系认证标准:GB/T 19002—1994 idt ISO 9002:1994
有效期:2000.4.4～2003.4.4

常州市调味品厂
地址:江苏省常州市东门外横林镇东
邮政编码:213101
证书注册编号:2300B0130
体系认证标准:GB/T 19002—1994 idt ISO 9002:1994
有效期:2000.4.4～2003.4.4

武进市江南超硬材料厂(武进紫微星钟表有限公司)
地址:江苏省常州市东门外洛阳镇
邮政编码:213104
证书注册编号:2300B0131
体系认证标准:GB/T 19002—1994 idt ISO 9002:1994
有效期:2000.4.4～2003.4.4

苏州市鸿利机电环保设备制造有限公司
地址:江苏省苏州市横塘晋源桥东堍
邮政编码:215009
证书注册编号:2300B0132

体系认证标准:GB/T 19002—1994 idt ISO 9002:1994
有效期:2000.4.1～2003.4.1

宜兴市电力安装公司
地址:江苏省宜兴市红塔开发区宝鸡西路12号
邮政编码:214201
证书注册编号:2300B0133
体系认证标准:GB/T 19002—1994 idt ISO 9002:1994
有效期:2000.4.11～2003.4.11

常州增强塑料厂
地址:江苏省常州市北环路34号
邮政编码:213017
证书注册编号:2300B0134
体系认证标准:GB/T 19002—1994 idt ISO 9002:1994
有效期:2000.4.7～2003.4.7

浙江省宁波大作为管件有限公司
地址:浙江省象山县丹城镇靖南56号
邮政编码:315700
证书注册编号:2300B0135
体系认证标准:GB/T 19002—1994 idt ISO 9002:1994
有效期:2000.4.7～2003.4.7

上海巨溪工贸有限公司
地址:上海市青浦区溪凤中路255号
邮政编码:201705
证书注册编号:2300B0136
体系认证标准:GB/T 19002—1994 idt ISO 9002:1994
有效期:2000.4.7～2003.4.7

吴县市内燃机配件厂
地址:江苏省苏州市齐门外陆慕镇齐陆路84号
邮政编码:215131
证书注册编号:2300B0137
体系认证标准:GB/T 19002—1994 idt ISO 9002:1994
有效期:2000.4.4～2003.4.4

北京水利自动化研究所
地址:北京市海淀区翠微路甲三号
邮政编码:100036
证书注册编号:2300A0138
体系认证标准:GB/T 19001—1994 idt ISO 9001:1994
有效期:2000.3.3～2003.3.3

苏州市天天自动化仪表厂
地址:江苏苏州娄门内城东新村26号
邮政编码:215001
证书注册编号:2300B0139
体系认证标准:GB/T 19002—1994 idt ISO 9002:1994
有效期:2000.4.12～2003.4.12

上海海怡建筑工程有限公司
地址:上海东唠山东路687号3楼
邮政编码:200122
证书注册编号:2300B0140
体系认证标准:GB/T 19002—1994 idt ISO 9002:1994
有效期:2000.4.12～2003.4.12

上海宝立建筑装饰工程有限公司
地址:上海市浦东崂山东路687号6楼
邮政编码:200122
证书注册编号:2300B0141
体系认证标准:GB/T 19002—1994 idt ISO 9002:1994
有效期:2000.4.12～2003.4.12

江苏省泰州市江太粉末涂料有限公司
地址:江苏省泰州市经济技术开发区内
邮政编码:225300
证书注册编号:2300B0142
体系认证标准:GB/T 19002—1994 idt ISO 9002:1994
有效期:2000.4.12～2003.4.12

安徽省宁国聚隆实业有限责任公司
地址:安徽省宁国市巫山东路8号
邮政编码:242300
证书注册编号:2300B0143
体系认证标准:GB/T 19002—1994 idt ISO 9002:1994
有效期:2000.4.14～2003.4.14

徐州市科诺医学仪器设备有限公司
地址:江苏省徐州市黄山新村63号科诺大厦
邮政编码:221004
证书注册编号:2300B0144
体系认证标准:GB/T 19002—1994 idt ISO 9002:1994
有效期:2000.4.14～2003.4.14

上海民星汽车配件厂
地址:上海市真北路2150号
邮政编码:200333
证书注册编号:2300B0145
体系认证标准:GB/T 19002—1994 idt ISO 9002:1994
有效期:2000.4.14～2003.4.14

航天金卡有限公司
地址:北京丰台区丰体北路4号5层
邮政编码:100071
证书注册编号:2300A0146
体系认证标准:GB/T 19001—1994 idt ISO 9001:1994
有效期:2000.4.14～2003.4.14

河北黄骅市正大电路板有限公司
地址:河北省黄骅市大麻沽
邮政编码:061105
证书注册编号:2300B0147
体系认证标准:GB/T 19002—1994 idt ISO 9002:1994
有效期:2000.4.14～2003.4.14

北京惠博顿电子设备有限公司
地址:北京复兴路乙59号巨星大厦107(鲁谷路58)
邮政编码:100036
证书注册编号:2300A0148
体系认证标准:GB/T 19001—1994 idt ISO 9001:1994
有效期:2000.4.14～2003.4.14

常州市新业电器有限公司
地址:江苏省常州市雕庄乡团结村
邮政编码:213018
证书注册编号:2300B0149
体系认证标准:GB/T 19002—1994 idt ISO 9002:1994
有效期:2000.4.12～2003.4.12

沧州市姜华电路板有限公司
地址:河北省沧州市姚官屯飞机场东侧
邮政编码:061022
证书注册编号:2300B0150
体系认证标准:GB/T 19002—1994 idt ISO 9002:1994
有效期:2000.4.14～2003.4.14

巴彦淖尔盟电力安装公司
地址:内蒙古临河市团结南路21号
邮政编码:015000
证书注册编号:2300B0151

体系认证标准:GB/T 19002—1994 idt ISO 9002:1994
有效期:2000.4.19～2003.4.19

江苏省农垦建筑安装工程总公司
地址:江苏省淮阴市北京北路119号
邮政编码:223001
证书注册编号:2300B0152
体系认证标准:GB/T 19002—1994 idt ISO 9002:1994
有效期:2000.4.19～2003.4.19

上海申涛不锈钢制品有限公司
地址:上海市奉贤南桥镇环城北路7号
邮政编码:201400
证书注册编号:2300B0153
体系认证标准:GB/T 19002—1994 idt ISO 9002:1994
有效期:2000.4.19～2003.4.19

太原钢城第一工业总厂
地址:山西太原钢城第一工业总厂(太钢南厂区)
邮政编码:030003
证书注册编号:2300B0154
体系认证标准:GB/T 19002—1994 idt ISO 9002:1994
有效期:2000.4.19～2003.4.19

镇江华通阿伦机械有限公司
地址:江苏省镇江市丁长路41—1号
邮政编码:212003
证书注册编号:2300B0155
体系认证标准:GB/T 19002—1994 idt ISO 9002:1994
有效期:2000.4.19～2003.4.19

上海三花薄膜厂
地址:上海市真南路1220号
邮政编码:200000
证书注册编号:2300B0156
体系认证标准:GB/T 19002—1994 idt ISO 9002:1994
有效期:2000.4.19～2003.4.19

黑龙江双锅锅炉股份有限公司
地址:黑龙江省双鸭山市尖山区窑地路261号
邮政编码:055110
证书注册编号:2300A0157
体系认证标准:GB/T 19001—1994 idt ISO 9001:1994
有效期:2000.4.21～2003.4.21

北京六零八厂
地址:北京崇文区幸福大街37号
邮政编码:100061
证书注册编号:2300B0158
体系认证标准:GB/T 19002—1994 idt ISO 9002:1994
有效期:2000.4.21～2003.4.21

大连仪表盘企业集团有限公司
地址:辽宁省大连普兰店市皮口镇海北路187号
邮政编码:116222
证书注册编号:2300B0159
体系认证标准:GB/T 19002—1994 idt ISO 9002:1994
有效期:2000.4.21～2003.4.21

常州市伟钢铸工材料有限公司
地址:江苏省武进市前黄镇景德东路92号
邮政编码:213172
证书注册编号:2300B0160
体系认证标准:GB/T 19002—1994 idt ISO 9002:1994
有效期:2000.4.26～2003.4.26

上海大东化纤公司
地址:上海市崇明县森林公园东侧
邮政编码:202177
证书注册编号:2300B0161
体系认证标准:GB/T 19002—1994 idt ISO 9002:1994
有效期:2000.4.26～2003.4.26

苏州市中新电器成套厂
地址:江苏省苏州市金属路1号
邮政编码:215000
证书注册编号:2300B0162
体系认证标准:GB/T 19002—1994 idt ISO 9002:1994
有效期:2000.4.26～2003.4.26

宣州市亚力电器设备制造有限责任公司
地址:安徽省宣州市东郊三里桥44号
邮政编码:242000
证书注册编号:2300B0163
体系认证标准:GB/T 19002—1994 idt ISO 9002:1994
有效期:2000.4.21～2003.4.21

包钢建安公司轻质材料厂
地址:内蒙古包头市包钢厂区
邮政编码:014010
证书注册编号:2300B0164
体系认证标准:GB/T 19002—1994 idt ISO 9002:1994
有效期:2000.5.3～2003.5.3

国营北京第一无线电器材厂(国营第七九七厂)扬声器实业部
地址:北京市朝阳区酒仙桥北路2号
邮政编码:100015
证书注册编号:2300B0165
体系认证标准:GB/T 19002—1994 idt ISO 9002:1994
有效期:2000.5.1～2003.5.1

宿豫县第二建筑工程有限公司
地址:江苏省宿城徐淮路38号
邮政编码:223800
证书注册编号:2300B0166
体系认证标准:GB/T 19002—1994 idt ISO 9002:1994
有效期:2000.5.1～2003.5.1

保定天威集团电力线材厂(保定和运电工器材有限公司)
地址:河北省保定市五四中路23号
邮政编码:071051
证书注册编号:2300B0167
体系认证标准:GB/T 19002—1994 idt ISO 9002:1994
有效期:2000.5.1～2003.5.1

武进市剑湖计算机机房装备厂
地址:江苏省武进市遥观北南岸工业区88号
邮政编码:213011
证书注册编号:2300B0168
体系认证标准:GB/T 19002—1994 idt ISO 9002:1994
有效期:2000.5.1～2003.5.1

包头市洛耐耐火材料有限公司
地址:内蒙古包头市一化北侧
邮政编码:014010
证书注册编号:2300A0169
体系认证标准:GB/T 19001—1994 idt ISO 9001:1994
有效期:2000.5.3～2003.5.3

包头市长宏合金磨料有限责任公司

地址:内蒙古包头市一化北侧
邮政编码:014010
证书注册编号:2300A0170
体系认证标准:GB/T 19001—1994 idt ISO 9001:1994
有效期:2000.5.3～2003.5.3

浙江省长兴县电线二厂
地址:浙江省长兴县新槐镇
邮政编码:313119
证书注册编号:2300B0171
体系认证标准:GB/T 19002—1994 idt ISO 9002:1994
有效期:2000.5.8～2003.5.8

山东省水电设备厂
地址:山东省曲阜市校场路9号
邮政编码:273100
证书注册编号:2300B0172
体系认证标准:GB/T 19002—1994 idt ISO 9002:1994
有效期:2000.5.11～2003.5.11

南京海峻建筑安装工程有限公司
地址:江苏省南京市迈皋桥镇奋斗村168号
邮政编码:210028
证书注册编号:2300B0173
体系认证标准:GB/T 19002—1994 idt ISO 9002:1994
有效期:2000.5.11～2003.5.11

南京海兰装饰工程有限公司
地址:江苏省南京市迈皋桥镇奋斗村168号
邮政编码:210028
证书注册编号:2300B0174
体系认证标准:GB/T 19002—1994 idt ISO 9002:1994
有效期:2000.5.11～2003.5.11

锡山市三阳市摩托制造有限公司
地址:江苏省锡山市查桥镇
邮政编码:214104
证书注册编号:2300B0175
体系认证标准:GB/T 19002—1994 idt ISO 9002:1994
有效期:2000.5.11～2003.5.11

张家港市江南锻造厂
地址:江苏省张家港市东莱镇
邮政编码:215627
证书注册编号:2300B0176
体系认证标准:GB/T 19002—1994 idt ISO 9002:1994
有效期:2000.5.11～2003.5.11

江阴九华集团有限公司
地址:江苏省江阴市君巫路19号
邮政编码:214431
证书注册编号:2300B0177
体系认证标准:GB/T 19002—1994 idt ISO 9002:1994
生产和服务
有效期:2000.5.11～2003.5.11

无锡市群力有色金属材料厂
地址:江苏省无锡市惠钱路202号
邮政编码:214035
证书注册编号:2300B0178
体系认证标准:GB/T 19002—1994 idt ISO 9002:1994
有效期:2000.5.11～2003.5.11

鞍钢实业微细铝粉有限公司
地址:辽宁省鞍山市腾鳌经济开发区
邮政编码:114225
证书注册编号:2300B0179
体系认证标准:GB/T 19002—1994 idt ISO 9002:1994
有效期:2000.5.11～2003.5.11

四川光明电力器材厂
地址:四川省成都市成华区跳蹬河
邮政编码:610051
证书注册编号:2300B0181
体系认证标准:GB/T 19002—1994 idt ISO 9002:1994
有效期:2000.5.12～2003.5.12

南通华电科工贸有限责任公司
地址:江苏省海门市四甲镇工业区掘青路63号
邮政编码:226141
证书注册编号:2300B0182
体系认证标准:GB/T 19002—1994 idt ISO 9002:1994
有效期:2000.5.12～2003.5.12

上海南华换热器制造有限公司
地址:上海市奉贤县庄行镇
邮政编码:201415
证书注册编号:2300B0183
体系认证标准:GB/T 19002—1994 idt ISO 9002:1994
有效期:2000.5.12～2003.5.12

浙江金勾精密机械有限公司
地址:浙江省东阳市巍山镇
邮政编码:322109
证书注册编号:2300B0184
体系认证标准:GB/T 19002—1994 idt ISO 9002:1994
有效期:2000.5.12～2003.5.12

北京市七星密封件厂
地址:北京市海淀区西郊农场一分场
邮政编码:100094
证书注册编号:2300B0180
体系认证标准:GB/T 19002—1994 idt ISO 9002:1994
有效期:2000.5.18～2003.5.18

辽宁金鹏实业公司
地址:辽宁省鞍山市园林路97号
邮政编码:114004
证书注册编号:2300B0185
体系认证标准:GB/T 19002—1994 idt ISO 9002:1994
有效期:2000.5.18～2003.5.18

无锡市康霸环保调设备有限公司
地址:江苏省无锡市江海东路398号
邮政编码:214011
证书注册编号:2300B0186
体系认证标准:GB/T 19002—1994 idt ISO 9002:1994
有效期:2000.5.22～2003.5.22

长江宜昌航道工程局
地址:湖北省宜昌市东山大道273号
邮政编码:443003
证书注册编号:2300B0187
体系认证标准:GB/T 19002—1994 idt ISO 9002:1994
有效期:2000.5.22～2003.5.22

包头市天宏炼镁有限责任公司
地址:内蒙古自治区包头市九原区哈林格尔官将
邮政编码:014060
证书注册编号:2300B0188
体系认证标准:GB/T 19002—1994 idt ISO 9002:1994
有效期:2000.5.19～2003.5.19

南京东部路桥工程总公司
地址:江苏南京市玄武区上三旗 90 号
邮政编码:210042
证书注册编号:2300B0189
体系认证标准:GB/T 19002—1994 idt ISO 9002:1994
有效期:2000.5.22～2003.5.22

江苏恒鑫建筑工程有限公司
地址:江苏省姜堰市娄庄镇白龙路 8 号
邮政编码:225506
证书注册编号:2300B0190
体系认证标准:GB/T 19002—1994 idt ISO 9002:1994
获证体系覆盖产品:工业与民用建筑工程施工和服务
有效期:2000.5.22～2003.5.22

南京流体工程机械厂
地址:江苏省南京市高淳县砖墙镇
邮政编码:211305
证书注册编号:2300B0191
体系认证标准:GB/T 19002—1994 idt ISO 9002:1994
有效期:2000.5.24～2003.5.24

北京航天四创高技术开发中心
地址:北京市海淀区阜成路 14 号
邮政编码:100037
证书注册编号:2300A0192
体系认证标准:GB/T 19001—1994 idt ISO 9001:1994
有效期:2000.5.12～2003.5.12

江苏省姜堰市大冯建筑安装工程公司
地址:江苏省姜堰市苏陈镇虹桥村
邮政编码:225535
证书注册编号:2300B0193
体系认证标准:GB/T 19002—1994 idt ISO 9002:1994
有效期:2000.5.22～2003.5.22

江阴市利达毛纺厂
地址:江苏省江阴市祝塘镇人民路 8 号
邮政编码:214415
证书注册编号:2300B0194
体系认证标准:GB/T 19002—1994 idt ISO 9002:1994
有效期:2000.5.22～2003.5.22

张家港市防腐装备厂
地址:江苏省张家港市杨舍镇前溪巷六区 72 号东首
邮政编码:215600
证书注册编号:2300B0195
体系认证标准:GB/T 19002—1994 idt ISO 9002:1994
有效期:2000.6～2003.6

上海汤臣塑胶实业有限公司
地址:上海市浦东合庆凌白公路 865 号
邮政编码:201201
证书注册编号:2300B0196
体系认证标准:GB/T 19002—1994 idt ISO 9002:1994
有效期:2000.6～2003.6

湖南火车轴制造厂
地址:湖南省涟源市水洞底镇
邮政编码:417118
证书注册编号:2300B0197
体系认证标准:GB/T 19002—1994 idt ISO 9002:1994
有效期:2000.6～2003.6

上海瀛宇工贸有限公司
地址:上海市崇明县竖新镇南首
邮政编码:202164
证书注册编号:2300B0198
体系认证标准:GB/T 19002—1994 idt ISO 9002:1994
有效期:2000.6～2003.6

都昌县内燃机厂
地址:江西省都昌县东风大道 109 号
邮政编码:332600
证书注册编号:2300B0199
体系认证标准:GB/T 19002—1994 idt ISO 9002:1994
有效期:2000.6～2003.6

张家港市飞宇化工有限公司
地址:江苏省张家港市乐余镇
邮政编码:215621
证书注册编号:2300B0200
体系认证标准:GB/T 19002—1994 idt ISO 9002:1994
有效期:2000.6～2003.6

北京电力自动化设备厂
地址:北京市海淀区西直门外北下关净土寺 32 号
邮政编码:100044
证书注册编号:2300B0201
体系认证标准:GB/T 19002—1994 idt ISO 9002:1994
电厂输煤程控成套设备的生产和服务
有效期:2000.6～2003.6

天津中巴新型建材有限公司
地址:天津静海县大邱庄镇海河道 7 号
邮政编码:301606
证书注册编号:2300B0202
体系认证标准:GB/T 19002—1994 idt ISO 9002:1994
有效期:2000.6～2003.6

北京首钢华禹铸造厂
地址:北京石景山区金顶街西口
邮政编码:100041
证书注册编号:2300B0203
体系认证标准:GB/T 19002—1994 idt ISO 9002:1994
有效期:2000.6～2003.6

新疆天宁电工绝缘材料有限责任公司
地址:乌鲁木齐迎宾路副五号
邮政编码:830011
证书注册编号:2300B0204
体系认证标准:GB/T 19002—1994 idt ISO 9002:1994
有效期:2000.6～2003.6

北京航天震宇医用设备有限公司
地址:北京大兴县德茂庄德裕街 14 号
邮政编码:100076
证书注册编号:2300B0205
体系认证标准:GB/T 19002—1994 idt ISO 9002:1994
有效期:2000.6～2003.6

江苏泗绢集团有限公司
地址:江苏省泗阳县众兴西路 28 号
邮政编码:223700
证书注册编号:2300B0206
体系认证标准:GB/T 19002—1994 idt ISO 9002:1994
有效期:2000.6～2003.6

宜兴市远航合金厂
地址:江苏省宜兴市伏东镇
邮政编码:214224
证书注册编号:2300B0207
体系认证标准:GB/T 19002—1994 idt ISO 9002:1994
有效期:2000.6～2003.6

太原市警鹰保险柜制造有限公司
地址:山西太原市大同路657号
邮政编码:030008
证书注册编号:2300B0208
体系认证标准:GB/T 19002-1994 idt ISO 9002:1994
有效期:2000.6~2003.6

吴县市华平电器厂
地址:江苏省吴县市黄埭镇大街157号
邮政编码:215143
证书注册编号:2300B0209
体系认证标准:GB/T 19002-1994 idt ISO 9002:1994
有效期:2000.6~2003.6

泰州市金鸡密封件厂
地址:江苏省泰州市泰高路周山河北
邮政编码:225316
证书注册编号:2300B0210
体系认证标准:GB/T 19002-1994 idt ISO 9002:1994
有效期:2000.6~2003.6

锡山市藕塘宇峰有色材料厂
地址:江苏省锡山市藕塘镇宇峰村
邮政编码:214153
证书注册编号:2300B0211
体系认证标准:GB/T 19002-1994 idt ISO 9002:1994
有效期:2000.6~2003.6

常熟市斯佳登电器有限公司
地址:常熟市董浜镇支王路15号
邮政编码:215534
证书注册编号:2300B0212
体系认证标准:GB/T 19002-1994 idt ISO 9002:1994
有效期:2000.6~2003.6

常熟市立得电器有限公司
地址:江苏省常熟市兴隆私营经济城1区9栋
邮政编码:215516
证书注册编号:2300B0213
体系认证标准:GB/T 19002-1994 idt ISO 9002:1994
有效期:2000.6~2003.6

北京市海淀区腾飞装饰材料厂
地址:北京市海淀区永丰乡六里屯村北
邮政编码:100094
证书注册编号:2300B0214
体系认证标准:GB/T 19002-1994 idt ISO 9002:1994
有效期:2000.6~2003.6

上海天地金属制品有限公司
地址:上海市南汇县周浦镇周南村6组(681号)
邮政编码:201318
证书注册编号:2300B0215
体系认证标准:GB/T 19002-1994 idt ISO 9002:1994
有效期:2000.6~2003.6

江西省九江市水利电力建筑公司
地址:江西省九江市人民路女儿街3号
邮政编码:332000
证书注册编号:2300B0216
体系认证标准:GB/T 19002-1994 idt ISO 9002:1994
有效期:2000.6~2003.6

张家港市电力建设有限公司
地址:江苏省张家港市城北路35号
邮政编码:215600
证书注册编号:2300B0217
体系认证标准:GB/T 19002-1994 idt ISO 9002:1994
有效期:2000.6~2003.6

上海新港半导体器件厂
地址:上海市天镇路157弄28号
邮政编码:200086
证书注册编号:2300B0218
体系认证标准:GB/T 19002-1994 idt ISO 9002:1994
有效期:2000.6~2003.6

无锡市金霸实业有限公司
地址:宜兴环保科技工业园东河路2号
邮政编码:214205
证书注册编号:2300B0219
体系认证标准:GB/T 19002-1994 idt ISO 9002:1994
有效期:2000.6~2003.6

哈尔滨工大虹普科技发展有限公司
地址:哈尔滨市南岗区复华街15号
邮政编码:150001
证书注册编号:2300B0220
体系认证标准:GB/T 19002-1994 idt ISO 9002:1994
有效期:2000.6~2003.6

江都市汽车内饰件总公司
地址:江苏省江都市宗村镇宜武路1号
邮政编码:225245
证书注册编号:2300B0221
体系认证标准:GB/T 19002-1994 idt ISO 9002:1994
有效期:2000.6~2003.6

武进市三益汽车部件厂
地址:江苏武进市东安镇五巷村75号
邮政编码:213155
证书注册编号:2300B0222
体系认证标准:GB/T 19002-1994 idt ISO 9002:1994
有效期:2000.6~2003.6

慈溪市华东电力设备制造有限公司
地址:浙江省慈溪市孙塘北路801号
邮政编码:315300
证书注册编号:2300B0223
体系认证标准:GB/T 19002-1994 idt ISO 9002:1994
有效期:2000.6~2003.6

锡山市轨枕厂
地址:江苏省锡山市东北圹镇
邮政编码:214191
证书注册编号:2300B0224
体系认证标准:GB/T 19002-1994 idt ISO 9002:1994
有效期:2000.6~2003.6

常熟市东方电站配件厂
地址:江苏省常熟市藕渠镇沙家滨路35号
邮政编码:215558
证书注册编号:2300B0225
体系认证标准:GB/T 19002-1994 idt ISO 9002:1994
有效期:2000.6~2003.6

常州市新亚不锈钢管厂
地址:江苏省武进市郑陆镇北巷113号
邮政编码:213111
证书注册编号:2300B0226
体系认证标准:GB/T 19002-1994 idt ISO 9002:1994
有效期:2000.6~2003.6

武进市苏南轴承厂

地址:江苏省武进市南宅
邮政编码:213178
证书注册编号:2300B0227
体系认证标准:GB/T 19002—1994 idt ISO 9002:1994
有效期:2000.6～2003.6

常州市丰登农药厂
地址:江苏省金坛市登冠镇
邮政编码:213253
证书注册编号:2300B0228
体系认证标准:GB/T 19002—1994 idt ISO 9002:1994
有效期:2000.6～2003.6

常州市光大旅游用品有限公司
地址:江苏省常州市兰陵路23号
邮政编码:213001
证书注册编号:2300B0229
体系认证标准:GB/T 19002—1994 idt ISO 9002:1994
有效期:2000.6～2003.6

常州市武进特种电机厂
(武进制锁设备厂)
地址:江苏省武进市横林镇
邮政编码:213101
证书注册编号:2300B0230
体系认证标准:GB/T 19002—1994 idt ISO 9002:1994
有效期:2000.6～2003.6

工贸合营常州箱包拉链公司
地址:江苏省常州市兰陵路23号
邮政编码:213001
证书注册编号:2300B0231
体系认证标准:GB/T 19002—1994 idt ISO 9002:1994
有效期:2000.6～2003.6

武进市雷利空调电器厂
地址:江苏省常州市戚墅堰戚月公路2公里处
邮政编码:213011
证书注册编号:2300B0232
体系认证标准:GB/T 19002—1994 idt ISO 9002:1994
有效期:2000.6～2003.6

铜川鑫光铝业有限公司
地址:陕西省铜川市北关
邮政编码:727007
证书注册编号:2300B0233
体系认证标准:GB/T 19002—1994 idt ISO 9002:1994
有效期:2000.6～2003.6

徐州华声医学仪器有限公司
地址:江苏徐州市苏堤北路安迪泰大厦
邮政编码:221002
证书注册编号:2300B0234
体系认证标准:GB/T 19002—1994 idt ISO 9002:1994
有效期:2000.6～2003.6

徐州世奇医疗保健有限公司
地址:江苏徐州市苏堤北路安迪泰大厦
邮政编码:221002
证书注册编号:2300B0235
体系认证标准:GB/T 19002—1994 idt ISO 9002:1994
有效期:2000.6～2003.6

徐州市圣泰医疗装备有限公司
地址:江苏徐州市苏堤北路安迪泰大厦
邮政编码:221002
证书注册编号:2300B0236
体系认证标准:GB/T 19002—1994 idt ISO 9002:1994
有效期:2000.6～2003.6

保定市保利变压器冷却设备有限公司
地址:河北省保定市康乐街8号
邮政编码:071051
证书注册编号:2300A0237
体系认证标准:GB/T 19001—1994 idt ISO 9001:1994
有效期:2000.6～2003.6

安徽省淮南橡胶管带有限公司
地址:安徽省淮南市国庆东路
邮政编码:232007
证书注册编号:2300B0238
体系认证标准:GB/T 19002—1994 idt ISO 9002:1994
有效期:2000.6～2003.6

常州市武进医用金属拉丝厂
地址:常州市北门外魏村镇
邮政编码:213127
证书注册编号:2300B0239
体系认证标准:GB/T 19002—1994 idt ISO 9002:1994
有效期:2000.6～2003.6

锡山市钱桥西漳化工助剂厂
地址:江苏省锡山市钱桥西漳
邮政编码:214152
证书注册编号:2300B0240
体系认证标准:GB/T 19002—1994 idt ISO 9002:1994
有效期:2000.6～2003.6

江西省地方电力建设公司
地址:江西省九江市人民路女儿街3号
邮政编码:332000
证书注册编号:2300B0241
体系认证标准:GB/T 19002—1994 idt ISO 9002:1994
有效期:2000.6～2003.6

上海邮迅通信发展有限公司
地址:上海市虬江路1307号
邮政编码:200070
证书注册编号:2300B0242
体系认证标准:GB/T 19002—1994 idt ISO 9002:1994
有效期:2000.6～2003.6

徐州永达线缆有限公司
地址:江苏省徐州三环西路杏山子
邮政编码:221006
证书注册编号:2300B0243
体系认证标准:GB/T 19002—1994 idt ISO 9002:1994
有效期:2000.6～2003.6

山东水利工程总公司
地址:山东省济南市历山路127号
邮政编码:250013
证书注册编号:2300B0244
体系认证标准:GB/T 19002—1994 idt ISO 9002:1994
有效期:2000.6～2003.6

北京长城开关厂
地址:北京市昌平马池口镇白浮村
邮政编码:102200
证书注册编号:2300B0245
体系认证标准:GB/T 19002—1994 idt ISO 9002:1994
有效期:2000.7.3～2003.7.3

淄博雁阳建筑陶瓷有限公司
地址:山东淄博市淄川区淄城镇小李村
邮政编码:255100
证书注册编号:2300B0246

体系认证标准:GB/T 19002—1994 idt ISO 9002:1994
有效期:2000.7.3～2003.7.3

上海灏福物业管理有限公司
地址:上海市浦东陆家嘴东路161号2710室
邮政编码:200120
证书注册编号:2300B0247
体系认证标准:GB/T 19002—1994 idt ISO 9002:1994
有效期:2000.7.6～2003.7.6

上海华鑫日用化学品厂
地址:上海市南汇县周浦镇周南村6组(681号)
邮政编码:201318
证书注册编号:2300B0248
体系认证标准:GB/T 19002—1994 idt ISO 9002:1994
有效期:2000.7.6～2003.7.6

扬州市文峰机械厂
地址:江苏省扬州市汽车站南吴家西路6号
邮政编码:225001
证书注册编号:2300B0249
体系认证标准:GB/T 19002—1994 idt ISO 9002:1994
有效期:2000.7.7～2003.7.7

常州津逊电器有限公司
地址:江苏省武进市剑湖镇湖港段3号
邮政编码:213011
证书注册编号:2300A0250
体系认证标准:GB/T 19001—1994 idt ISO 9001:1994
有效期:2000.7.3～2003.7.3

常熟市有色金属制品厂
地址:江苏省常熟市董浜镇金城路1号
邮政编码:215534
证书注册编号:2300B0251
体系认证标准:GB/T 19002—1994 idt ISO 9002:1994
有效期:2000.7.8～2003.7.8

武进市潘家威远弹簧厂
地址:江苏省武进市潘家镇
邮政编码:213179
证书注册编号:2300B0252
体系认证标准:GB/T 19002—1994 idt ISO 9002:1994
有效期:2000.7.8～2003.7.8

淄博鲁中工业泵厂
地址:山东省淄博市博山区青龙山路18号
邮政编码:255200
证书注册编号:2300B0253
体系认证标准:GB/T 19002—1994 idt ISO 9002:1994
有效期:2000.7.7～2003.7.7

扬州市路桥工程总公司
地址:江苏省扬州市运河南路1号
邮政编码:225003
证书注册编号:2300B0254
体系认证标准:GB/T 19002—1994 idt ISO 9002:1994
有效期:2000.7.8～2003.7.8

无锡净化设备厂
地址:江苏省无锡市北郊堰桥镇锡澄南路10号
邮政编码:214174
证书注册编号:2300B0255
体系认证标准:GB/T 19002—1994 idt ISO 9002:1994
有效期:2000.7.8～2003.7.8

无锡市南方工业用布厂
地址:江苏省无锡市中南路新联站
邮政编码:214024
证书注册编号:2300B0256
体系认证标准:GB/T 19002—1994 idt ISO 9002:1994
有效期:2000.7.7～2003.7.7

滁州市新江玻璃制品有限责任公司
地址:安徽省滁州市南谯南路(路灯管理处南侧)
邮政编码:239000
证书注册编号:2300B0257
体系认证标准:GB/T 19002—1994 idt ISO 9002:1994
有效期:2000.7.7～2003.7.7

绵阳高新区华隆塑胶有限公司
地址:四川省绵阳市高新区普明南路中段95号
邮政编码:621000
证书注册编号:2300B0258
体系认证标准:GB/T 19002—1994 idt ISO 9002:1994
有效期:2000.7.13～2003.7.13

武进市五洲电子有限公司(武进飞达电机厂)
地址:江苏省武进市芙蓉镇西周村
邮政编码:213118
证书注册编号:2300B0259
体系认证标准:GB/T 19002—1994 idt ISO 9002:1994
有效期:2000.7.15～2003.7.15

淮阴市农业开发建筑工程公司
地址:江苏省淮阴市大治路23号
邮政编码:223001
证书注册编号:2300B0260
体系认证标准:GB/T 19002—1994 idt ISO 9002:1994
有效期:2000.7.15～2003.7.15

南京昆仑化学有限责任公司
地址:江苏省南京市中华门外东山镇石羊路六号
邮政编码:211100
证书注册编号:2300B0261
体系认证标准:GB/T 19002—1994 idt ISO 9002:1994
有效期:2000.7.15～2003.7.15

两淮地质基础工程公司
地址:安徽省蚌埠市西区长征路525号
邮政编码:233010
证书注册编号:2300B0262
体系认证标准:GB/T 19002—1994 idt ISO 9002:1994
有效期:2000.7.15～2003.7.15

保定雪花电器工程实业有限公司
地址:河北省保定高新区化纤路29号
邮政编码:071051
证书注册编号:2300B0263
体系认证标准:GB/T 19002—1994 idt ISO 9002:1994
有效期:2000.7.18～2003.7.18

鞍山北方电器有限公司
地址:辽宁省鞍山市兴盛南路17号
邮政编码:114014
证书注册编号:2300B0264
体系认证标准:GB/T 19002—1994 idt ISO 9002:1994
有效期:2000.7.15～2003.7.15

新疆七星建工集团有限责任公司
地址:新疆库尔勒市石化路七星集团
邮政编码:841000
证书注册编号:2300B0265
体系认证标准:GB/T 19002—1994 idt ISO 9002:1994
有效期:2000.7.18～2003.7.18

国营北京市北郊精细化工厂
地址:北京安定门外立水桥北太平庄东
邮政编码:102209
证书注册编号:2300B0266
体系认证标准:GB/T 19002—1994 idt ISO 9002:1994
有效期:2000.7.15～2003.7.15

上海市凯星汽配有限公司
地址:上海市红星农场
邮政编码:202173
证书注册编号:2300B0267
体系认证标准:GB/T 19002—1994 idt ISO 9002:1994
有效期:2000.7.22～2003.7.22

北京弘高建筑装饰设计工程有限公司
地址:北京市海淀区万泉河路115号
邮政编码:100089
证书注册编号:2300A0268
体系认证标准:GB/T 19001—1994 idt ISO 9001:1994
有效期:2000.7.22～2003.7.22

无锡华通公路工程机械制造有限公司
地址:江苏锡山市华庄镇友谊路53号
邮政编码:214131
证书注册编号:2300A0269
体系认证标准:GB/T 19001—1994 idt ISO 9001:1994
有效期:2000.7.22～2003.7.22

宜兴市磁通探伤材料有限公司
地址:江苏省宜兴市和桥镇永昌新村78号
邮政编码:214200
证书注册编号:2300B0270
体系认证标准:GB/T 19002—1994 idt ISO 9002:1994
有效期:2000.7.22～2003.7.22

上海实发物业管理有限公司
地址:上海市漕溪北路38号实业大楼南楼1楼C座
邮政编码:200030
证书注册编号:2300B0271
体系认证标准:GB/T 19002—1994 idt ISO 9002:1994
有效期:2000.7.22～2003.7.22

姜堰市华丰电炉波纹管有限公司
地址:江苏姜堰市蔡官镇工业园区1号
邮政编码:225536
证书注册编号:2300B0272
体系认证标准:GB/T 19002—1994 idt ISO 9002:1994
有效期:2000.7.22～2003.7.22

北京光大国信物业管理有限责任公司
地址:北京市海淀区白石桥路15号
邮政编码:100081
证书注册编号:2300B0273
体系认证标准:GB/T 19002—1994 idt ISO 9002:1994
有效期:2000.7.22～2003.7.22

河北众业空调集团有限公司
地址:河北省枣强县富强中路168号
邮政编码:053100
证书注册编号:2300B0274
体系认证标准:GB/T 19002—1994 idt ISO 9002:1994
有效期:2000.7.22～2003.7.22

淄博市周村鲁光化工有限公司
地址:山东淄博市周村区莫家庄159号
邮政编码:255300
证书注册编号:2300B0275
体系认证标准:GB/T 19002—1994 idt ISO 9002:1994
有效期:2000.7.26～2003.7.26

营口银河塑料制品有限责任公司
地址:辽宁省营口市站前区金牛山大街化工里83号
邮政编码:115000
证书注册编号:2300B0276
体系认证标准:GB/T 19002—1994 idt ISO 9002:1994
有效期:2000.7.26～2003.7.26

武进市虹灵化工厂
地址:江苏省武进市横山镇曹巷村
邮政编码:213119
证书注册编号:2300B0277
体系认证标准:GB/T 19002—1994 idt ISO 9002:1994
有效期:2000.8.1～2003.8.1

保定市电器设备公司
地址:河北省保定市高开区金迪路
邮政编码:071051
证书注册编号:2300B0278
体系认证标准:GB/T 19002—1994 idt ISO 9002:1994
有效期:2000.8.1～2003.8.1

中国建筑第七工程局机械厂
地址:河南省南阳市卧龙路133号
邮政编码:473003
证书注册编号:2300B0279
体系认证标准:GB/T 19002—1994 idt ISO 9002:1994
有效期:2000.8.01～2003.8.01

北京市速洁特洗染有限公司
地址:北京市海淀区双榆树北里平房甲十八号
邮政编码:100086
证书注册编号:2300B0280
体系认证标准:GB/T 19002—1994 idt ISO 9002:1994
有效期:2000.8.03～2003.8.3

唐山市交通局公路工程处
地址:河北省唐山市北新西道103号
邮政编码:063000
证书注册编号:2300B0281
体系认证标准:GB/T 19002—1994 idt ISO 9002:1994
有效期:2000.8.03～2003.8.3

乌鲁木齐新城建筑工程公司
地址:新疆维吾尔自治区乌鲁木齐人民路142号
邮政编码:830002
证书注册编号:2300B0282
体系认证标准:GB/T 19002—1994 idt ISO 9002:1994
有效期:2000.8.09～2003.8.9

武进市腾龙塑机有限公司
地址:江苏省武进市焦溪镇三河口街西
邮政编码:213115
证书注册编号:2300B0283
体系认证标准:GB/T 19002—1994 idt ISO 9002:1994
有效期:2000.8.9～2003.8.9

常熟市宏顺房屋彩钢结构厂
地址:江苏省常熟市花溪路100号
邮政编码:215558
证书注册编号:2300B0284
体系认证标准:GB/T 19002－1994 idt ISO 9002:1994
有效期:2000.8.9～2003.8.9

江苏环湖宏顺彩钢泡塑有限公司
地址:江苏省常熟市花溪路100#
邮政编码:215558
证书注册编号:2300B0285
体系认证标准:GB/T 19002－1994 idt ISO 9002:1994
有效期:2000.8.9～2003.8.9

曲阜市煤矿机械厂
地址:山东省曲阜市西327国道北单家村矿路口
邮政编码:273160
证书注册编号:2300B0286
体系认证标准:GB/T 19002－1994 idt ISO 9002:1994
有效期:2000.8.09～2003.8.9

泰兴市耀龙洋服有限责任公司
地址:江苏省泰兴市经济开发区江平北路2号
邮政编码:225400
证书注册编号:2300B0287
体系认证标准:GB/T 19002－1994 idt ISO 9002:1994
有效期:2000.8.09～2003.8.9

溧阳市电子设备厂
地址:江苏省溧阳市平陵西路
邮政编码:213300
证书注册编号:2300A0288
体系认证标准:GB/T 19001－1994 idt ISO 9001:1994
有效期:2000.8.09～2003.8.9

河北省枣强县阳雨玻璃钢有限公司
地址:河北省枣强县西环路
邮政编码:053100
证书注册编号:2300B0289
体系认证标准:GB/T 19002－1994 idt ISO 9002:1994
有效期:2000.8.12～2003.8.12

江苏省高淳纺织机械厂
地址:江苏南京市高淳县城南漪路8号
邮政编码:211300
证书注册编号:2300A0290
体系认证标准:GB/T 19001－1994 idt ISO 9001:1994
有效期:2000.8.14～2003.8.14

塔城地区正塔建筑安装有限公司
地址:新疆塔城市光明路59号
邮政编码:834700
证书注册编号:2300B0291
体系认证标准:GB/T 19002－1994 idt ISO 9002:1994
有效期:2000.8.03～2003.8.3

邳州市春雷合金有限公司
地址:江苏省邳州市青年东路
邮政编码:221300
证书注册编号:2300B0292
体系认证标准:GB/T 19002－1994 idt ISO 9002:1994
有效期:2000.8.05～2003.8.5

哈尔滨宏达轴承有限公司
地址:黑龙江省哈尔滨市道外区前进开发区
邮政编码:150028
证书注册编号:2300B0293
体系认证标准:GB/T 19002－1994 idt ISO 9002:1994
有效期:2000.8.03～2003.8.3

上海荣心培实业有限公司
(上海荣心培服饰有限公司)
地址:上海市江宁路1046号7楼A座(上海市南翔镇老翔黄路212号)
邮政编码:200060(201802)
证书注册编号:2300B0294
体系认证标准:GB/T 19002－1994 idt ISO 9002:1994
有效期:2000.8.18～2003.8.18

安徽车桥厂
地址:安徽省宿州市汴河路3号
邮政编码:234000
证书注册编号:2300A0295
体系认证标准:GB/T 19001－1994 idt ISO 9001:1994
有效期:2000.8.18～2003.8.18

天津市鸣远汽车部件制造有限公司
地址:天津河西区小围地道21号
邮政编码:300210
证书注册编号:2300B0296
体系认证标准:GB/T 19002－1994 idt ISO 9002:1994
有效期:2000.8.18～2003.8.18

江阴市海江纱厂
地址:江苏江阴市祝塘镇人民路66号
邮政编码:214415
证书注册编号:2300B0297
体系认证标准:GB/T 19002－1994 idt ISO 9002:1994
有效期:2000.8.18～2003.8.18

烟台开发区奇通化工设备有限责任公司
地址:山东省烟台市开发区华山路南端
邮政编码:264006
证书注册编号:2300A0298
体系认证标准:GB/T 19001－1994 idt ISO 9001:1994
有效期:2000.8.18～2003.8.18

无锡市第六针织内衣厂
地址:江苏宜兴市屺亭镇骏马路54号
邮政编码:214213
证书注册编号:2300B0299
体系认证标准:GB/T 19002－1994 idt ISO 9002:1994
有效期:2000.8.18～2003.8.18

重庆建发机械制造有限公司
地址:重庆市九龙镇盘龙村
邮政编码:400051
证书注册编号:2300B0300
体系认证标准:GB/T 19002－1994 idt ISO 9002:1994
有效期:2000.8.24～2003.8.24

北京忠铭扬建筑装饰工程有限公司
地址:北京市朝阳区酒仙桥村177号
邮政编码:100016
证书注册编号:2300B0301
体系认证标准:GB/T 19002－1994 idt ISO 9002:1994
有效期:2000.8.29～2003.8.29

徐州金宇化学建材实业公司
地址:江苏省徐州市黄河北路38号
邮政编码:221002
证书注册编号:2300B0302
体系认证标准:GB/T 19002－1994 idt ISO 9002:1994

有效期:2000.8.29～2003.8.29

陕西航天动力高科技股份有限公司
地址:陕西省西安市高新技术产业开发区(西)高新一路17号
邮政编码:710075
证书注册编号:2300A0303复评
体系认证标准:GB/T 19002—1994 idt ISO 9002:1994
有效期:2000.8.29～2003.8.29

银川活性碳厂
地址:宁夏银川市新市区陈家圈
邮政编码:750021
证书注册编号:2300B0304
体系认证标准:GB/T 19002—1994 idt ISO 9002:1994
有效期:2000.8.29～2003.8.29

姜堰市特种涂料厂
地址:江苏省姜堰市娄庄镇
邮政编码:225506
证书注册编号:2300B0305
体系认证标准:GB/T 19002—1994 idt ISO 9002:1994
有效期:2000.8.29～2003.8.29

常州市光明树脂涂料有限公司
地址:江苏省常州市荆川路86号
邮政编码:213015
证书注册编号:2300B0306
体系认证标准:GB/T 19002—1994 idt ISO 9002:1994
有效期:2000.8.29～2003.8.29

太原市双合成食品有限公司
地址:山西省太原市柳巷76号
邮政编码:030002
证书注册编号:2300B0307
体系认证标准:GB/T 19002—1994 idt ISO 9002:1994
有效期:2000.8.29～2003.8.29

内蒙古乾坤金银精炼股份有限公司
地址:内蒙古呼和浩特市如意开发区二伟东路4号
邮政编码:010070
证书注册编号:2300B0308
体系认证标准:GB/T 19002—1994 idt ISO 9002:1994
有效期:2000.9.1～2003/09/01

北京天海平电线电缆有限公司
地址:北京朝阳区十八里店西直河三队
邮政编码:100023
证书注册编号:2300B0309
体系认证标准:GB/T 19002—1994 idt ISO 9002:1994
有效期:2000.9.1～2003.9.1

新疆昌吉建设集团有限责任公司
地址:新疆昌吉市延安南路37号
邮政编码:831100
证书注册编号:2300B0310
体系认证标准:GB/T 19002—1994 idt ISO 9002:1994
有效期:2000.9.1～2003.9.1

天津市塘沽区第一阀门厂
地址:天津市塘沽区津塘公路86号
邮政编码:300451
证书注册编号:2300B0311
体系认证标准:GB/T 19002—1994 idt ISO 9002:1994
有效期:2000.9.1～2003.9.1

＊新疆泰安电子通讯防盗工程有限公司
地址:新疆乌鲁木齐市北京南路44—2号
邮政编码:830011
电话:(0991)3827018
传真:(0991)3827018
法定代表人:黄新蓉
证书注册编号:2300B0312
体系认证标准:GB/T 19002—1994 idt ISO 9002:1994
获证体系覆盖产品:防盗安全门(FAM—A—P)、楼寓对讲电控防盗门(P型)的生产、安装和服务
有效期:2000.9.1～2003.9.1

南通泉胜风机制造公司
地址:江苏省南通市港闸开发区梨园路
邮政编码:226002
证书注册编号:2300B0313
体系认证标准:GB/T 19002—1994 idt ISO 9002:1994
有效期:2000.9.1～2003.9.1

金坛市利来橡塑厂
地址:江苏省金坛市水北镇
邮政编码:213221
证书注册编号:2300B0314
体系认证标准:GB/T 19002—1994 idt ISO 9002:1994
有效期:2000.9.15～2003.9.15

河北省枣强县第一玻璃钢设备
地址:河北省枣强县南环东路
邮政编码:053100
证书注册编号:2300B0315
体系认证标准:GB/T 19002—1994 idt ISO 9002:1994
有效期:2000.9.1～2003.9.1

乌鲁木齐第三建筑工程公司
地址:新疆乌鲁木齐市鲤鱼山路39号
邮政编码:830011
证书注册编号:2300B0316
体系认证标准:GB/T 19002—1994 idt ISO 9002:1994
有效期:2000.9.5～2003.9.5

上海十钢有限公司冷轧带钢分厂
地址:上海市淮海西路570号
邮政编码:200052
证书注册编号:2300B0317
体系认证标准:GB/T 19002—1994 idt ISO 9002:1994
有效期:2000.9.8～2003.9.8

河南轮胎股份有限公司
地址:河南省焦作市焦东南路48号
邮政编码:454003
书注册编号:2300A0318
体系认证标准:GB/T 19001—1994 idt ISO 9001:1994
有效期:2000.9.12～2003.9.12

＊中国航天科技集团公司第七〇一研究所
地址:北京市丰台区云岗西路17号
邮政编码:100074
电话:(010)68376556
传真:(010)68374758
法定代表人:毛国良
证书注册编号:2300B0319
体系认证标准:GB/T 19002—1994 idt ISO 9002:1994
获证体系覆盖产品:应变式压力传感器、应变式负荷传感器、应变式扭矩传感器、箔式电阻应变计、光学元器件(直角棱镜、窗口玻璃、超薄石英片、锥形棱镜)的生产和服务
有效期:2000.9.8～2003.9.08

张家港市南沙球铁铸件材料厂
地址:江苏省张家港市南沙镇柏林村
邮政编码:215632
证书注册编号:2300B0320
体系认证标准:GB/T 19002－1994 idt ISO 9002:1994
有效期:2000.9.8～2003.9.8

扬中市长江电器设备厂
地址:江苏省扬中市新坝镇前进西路
证书注册编号:2300B0321
体系认证标准:GB/T 19002－1994 idt ISO 9002:1994
有效期:2000.9.8～2003.9.8

河北三信金属构件有限公司
地址:河北省景县广川镇
邮政编码:053511
证书注册编号:2300B0322
体系认证标准:GB/T 19002－1994 idt ISO 9002:1994
有效期:2000.9.15～2003.9.15

北京立德金融设备系统有限责任公司
地址:北京市朝阳区酒仙桥路14号
邮政编码:100016
证书注册编号:2300A0323
体系认证标准:GB/T 19001－1994 idt ISO 9001:1994
有效期:2000.9.15～2003.9.15

扬州市华通橡塑实业公司
地址:江苏邗江县杨寿镇华通路34号
邮政编码:225124
证书注册编号:2300B0324
体系认证标准:GB/T 19002－1994 idt ISO 9002:1994
有效期:2000.9.22～2003.9.22

徐州高压齿轮泵厂
地址:江苏省徐州市矿山东路六号
邮政编码:221006
证书注册编号:2300B0325
体系认证标准:GB/T 19002－1994 idt ISO 9002:1994
有效期:2000.9.25～2003.9.25

武进市百信汽车配件有限公司
地址:江苏省武进市湖塘镇
邮政编码:213161
证书注册编号:2300B0326
体系认证标准:GB/T 19002－1994 idt ISO 9002:1994
有效期:2000.9.25～2003.9.25

中国人民解放军第五七一五工厂成套电器设备分厂
地址:河南省洛阳市唐宫西路21号
邮政编码:471000
证书注册编号:2300B0327
体系认证标准:GB/T 19002－1994 idt ISO 9002:1994
有效期:2000.9.25～2003.9.25

常州市长江干燥设备厂
地址:江苏省常州市焦溪镇工业开发区
邮政编码:213116
证书注册编号:2300A0328
体系认证标准:GB/T 19001－1994 idt ISO 9001:1994
有效期:2000.9.1～2003.9.1

北京四通信息技术有限公司
地址:北京市海淀区小南庄厂洼西路八号四通科技大厦11层
邮政编码:100089
证书注册编号:2300A0329
体系认证标准:GB/T 19001－1994 idt ISO 9001:1994
有效期:2000.9.25～2003.9.25

有限责任公司
昌乐县无线电散热器厂
地址:山东省昌乐县城建设路9号
邮政编码:262400
证书注册编号:2300B0330
体系认证标准:GB/T 19002－1994 idt ISO 9002:1994
有效期:2000.9.25～2003.9.25

***徐州协尔动物营养保健有限公司**
地址:江苏省徐州市金山桥经济开发区
邮政编码:221004
电话:(0516)7793504
传真:(0516)7793504
法定代表人:文永升
证书注册编号:2300B0331
体系认证标准:GB/T 19002－1994 idt ISO 9002:1994
获证体系覆盖产品:配合饲料、浓缩饲料、添加剂预混料的生产和服务
有效期:2000.9.26～2003.9.26

苏州市日月幕墙装饰工程有限公司
地址:江苏省苏州市新区长江路1号
邮政编码:215101
证书注册编号:2300A0332
体系认证标准:GB/T 19001－1994 idt ISO 9001:1994
有效期:2000.9.26～2003.9.26

河北平衡阀门制造有限公司
地址:河北省献县三堤口
邮政编码:062250
证书注册编号:2300B0333
体系认证标准:GB/T 19002－1994 idt ISO 9002:1994
有效期:2000.9.26～2003.9.26

山东省大通公路工程有限责任公司
地址:山东省济南市花园路57号
邮政编码:250100
证书注册编号:2300B0334
体系认证标准:GB/T 19002－1994 idt ISO 9002:1994
有效期:2000.9.26～2003.9.26

太原钢城企业公司建筑安装公司
地址:山西省太原市太钢北厂区
邮政编码:030003
证书注册编号:2300B0335
体系认证标准:GB/T 19002－1994 idt ISO 9002:1994
有效期:2000.9.26～2003.9.26

***徐州天荣医疗通讯设备有限公司**
地址:江苏省徐州市奎园小区1号
邮政编码:221009
电话:(0516)7790166－8801
传真:(0516)7790166－8222
法定代表人:彭广斌
证书注册编号:2300B0336
体系认证标准:GB/T 19002－1994 idt ISO 9002:1994
获证体系覆盖产品:TR－900型(900、900A、900B、900D、900E)多参数监护仪的生产、安装和服务
有效期:2000.9.27～2003.9.27

南宫市第一化工厂
地址:河北省南宫市凤凰路南头
邮政编码:055750
证书注册编号:2300B0337
体系认证标准:GB/T 19002－1994 idt ISO 9002:1994
有效期:2000.9.27～2003.9.27

河北华电(集团)总公司
地址:河北省景县广川镇
邮政编码:053511
证书注册编号:2300B0338
体系认证标准:GB/T 19002—1994 idt ISO 9002:1994
有效期:2000.9.27～2003.9.27

苏州苏达塑料包装制品有限公司
地址:江苏省苏州吴县市越溪镇张桥村
邮政编码:215104
证书注册编号:2300B0339
体系认证标准:GB/T 19002—1994 idt ISO 9002:1994
有效期:2000.9.27～2003.9.27

北京市大龙千禧门窗厂
地址:北京市顺义潮白河永久桥东100米路北
邮政编码:101300
证书注册编号:2300B0340
体系认证标准:GB/T 19002—1994 idt ISO 9002:1994
有效期:2000.9.27～2003.9.27

南通市明宇石油化工机械总厂
地址:江苏省海安县南莫镇中大街
邮政编码:226681
书注册编号:2300B0341
体系认证标准:GB/T 19002—1994 idt ISO 9002:1994
有效期:2000.9.27～2003.9.27

***威海新利通铝塑有限公司**
地址:山东威海市高技术产业开发区火炬路219号A6
邮政编码:264209
电话:(0631)5621395
传真:(0631)5621563
法定代表人:熊光前
证书注册编号:2300B0342
体系认证标准:GB/T 19002—1994 idt ISO 9002:1994
获证体系覆盖产品:高强度铝塑复合压力管的生产和服务
有效期:2000.9.27～2003.9.27

锡山市鸿源特钢制品有限公司
地址:江苏省锡山市藕塘镇
邮政编码:214153
证书注册编号:2300B0343
体系认证标准:GB/T 19002—1994 idt ISO 9002:1994
有效期:2000.9.27～2003.9.27

武进市机房实验设备厂
地址:江苏省常州市横林镇
邮政编码:213101
证书注册编号:2300B0344
体系认证标准:GB/T 19002—1994 idt ISO 9002:1994
有效期:2000.9.26～2003.9.26

无锡捷峰摩托车制造有限公司
地址:江苏省锡山市开发区查桥镇
邮政编码:214104
证书注册编号:2300B0345
体系认证标准:GB/T 19002—1994 idt ISO 9002:1994
有效期:2000.9.28～2003.9.28

北京清华银纳高科技发展公司
地址:北京市昌平科技园区超前路8号
邮政编码:102200
证书注册编号:2300B0346
体系认证标准:GB/T 19002—1994 idt ISO 9002:1994
有效期:2000.9.28～2003.9.28

新疆维吾尔自治区建筑机械化工程公司
地址:新疆维吾尔自治区乌鲁木齐市卡子湾乌奇公路1号
邮政编码:830021
证书注册编号:2300B0347
体系认证标准:GB/T 19002—1994 idt ISO 9002:1994
有效期:2000.9.28～2003.9.28

常州金狮有色金属配件厂
地址:江苏省武进市牛塘镇
邮政编码:213163
证书注册编号:2300B0348
体系认证标准:GB/T 19002—1994 idt ISO 9002:1994
获证体系覆盖产品:摩托车发动机箱体、风冷柴油机箱体压铸件的生产和服务
有效期:2000.9.28～2003.9.28

衡水市京华焊管总厂
地址:河北省衡水市南郊李庄
邮政编码:053000
证书注册编号:2300B0349
体系认证标准:GB/T 19002—1994 idt ISO 9002:1994
有效期:2000.9.28～2003.9.28

青海省第二建筑工程公司
地址:青海省西宁市共和路89号
邮政编码:810007
证书注册编号:2300B0350
体系认证标准:GB/T 19002—1994 idt ISO 9002:1994
有效期:2000.9.28～2003.9.28

上海外高桥物业管理有限公司
地址:上海外高桥保税区日京路51号
邮政编码:200131
证书注册编号:2300B0351
体系认证标准:GB/T 19002—1994 idt ISO 9002:1994
有效期:2000.9.28～2003.9.28

上海绿地物业发展有限公司
地址:上海市江苏路502弄1号405室
邮政编码:200050
证书注册编号:2300B0352
体系认证标准:GB/T 19002—1994 idt ISO 9002:1994
有效期:2000.9.28～2003.9.28

乐清市新虹电子有限公司
地址:浙江乐清市虹桥镇通仙路158号
邮政编码:325608
证书注册编号:2300B0353
体系认证标准:GB/T 19002—1994 idt ISO 9002:1994
有效期:2000.9.28～2003.9.28

武进市曙光灯具有限公司
地址:江苏常州薛家镇
邮政编码:213125
证书注册编号:2300B0354
体系认证标准:GB/T 19002—1994 idt ISO 9002:1994
有效期:2000.9.28～2003.9.28

常州市致远灯具厂
地址:江苏省武进市横山桥镇奚巷村
邮政编码:213119
证书注册编号:2300B0355
体系认证标准:GB/T 19002—1994 idt ISO 9002:1994
有效期:2000.9.28～2003.9.28

常州康毅钟表有限公司(常州精科实业有限公司)
地址:江苏省武进市洛阳镇
邮政编码:213104
证书注册编号:2300B0356
体系认证标准:GB/T 19002—1994 idt ISO 9002:1994
有效期:2000.9.28~2003.9.28

徐州华东机械厂
地址:江苏省徐州市矿山路6号
邮政编码:221006
证书注册编号:2300B0357
体系认证标准:GB/T 19002—1994 idt ISO 9002:1994
有效期:2000.9.8~2003.9.8

潍坊宏力冷暖设备有限公司
地址:山东潍坊市奎文区宏伟南路东首
邮政编码:261051
证书注册编号:2300B0358
体系认证标准:GB/T 19002—1994 idt ISO 9002:1994
有效期:2000.9.28~2003.9.28

常熟市藕渠中心电器配件厂
地址:江苏省常熟市花溪路底
邮政编码:215558
证书注册编号:2300B0359
体系认证标准:GB/T 19002—1994 idt ISO 9002:1994
有效期:2000.9.28~2003.9.28

陕西省渭南路桥工程有限责任公司
地址:陕西省渭南市解放路122号
邮政编码:714000
证书注册编号:2300B0360
体系认证标准:GB/T 19002—1994 idt ISO 9002:1994
有效期:2000.9.29~2003.9.29

郑州彩达交通设施工程有限公司
地址:河南省郑州市中原西路142号
邮政编码:450007
证书注册编号:2300B0361
体系认证标准:GB/T 19002—1994 idt ISO 9002:1994
有效期:2000.9.29~2003.9.29

江苏方圆建筑工程有限公司
地址:江苏省泰州市海陵南路68号
邮政编码:225300
证书注册编号:2300B0362
体系认证标准:GB/T 19002—1994 idt ISO 9002:1994
有效期:2000.9.29~2003.9.29

长兴县友和电力设备建筑安装
地址:浙江长兴县雉城镇高家墩23号
邮政编码:313100
证书注册编号:2300B0363
体系认证标准:GB/T 19002—1994 idt ISO 9002:1994
有效期:2000.9.29~2003.9.29

姜堰市亚光磨具有限公司
地址:江苏省姜堰市姜溱北路251号
邮政编码:225508
证书注册编号:2300B0364
体系认证标准:GB/T 19002—1994 idt ISO 9002:1994
有效期:2000.10.01~2003.10.01

武安市津安实业有限公司
地址:江苏省武安市武邑路骈山村东
邮政编码:056300
证书注册编号:2300B0365
体系认证标准:GB/T 19002—1994 idt ISO 9002:1994
有效期:2000.10.01~2003.10.1

淄博金华机械化工有限公司
地址:山东省淄博市临淄区王寨路2号
邮政编码:255438
证书注册编号:2300B0366
体系认证标准:GB/T 19002—1994 idt ISO 9002:1994
有效期:2000.10.08~2003.10.8

瑞安市锻造实业公司
地址:浙江省瑞安市横山路88号
邮政编码:325200
证书注册编号:2300B0367
体系认证标准:GB/T 19002—1994 idt ISO 9002:1994
有效期:2000.10.08~2003.10.8

淄博市临淄区边河化工厂
地址:山东省淄博市临淄区边河路2号
邮政编码:255440
证书注册编号:2300B0368
体系认证标准:GB/T 19002—1994 idt ISO 9002:1994
有效期:2000.10.08~2003.10.8

河北奥塔信息设备有限公司
地址:河北省武邑县东风东路92号
邮政编码:053400
证书注册编号:2300B0369
体系认证标准:GB/T 19002—1994 idt ISO 9002:1994
有效期:2000.10.08~2003.10.8

南京万尔美化工厂
地址:江苏省南京市白下区石门坎大石山四春路28号
邮政编码:210014
证书注册编号:2300B0370
体系认证标准:GB/T 19002—1994 idt ISO 9002:1994
有效期:2000.10.08~2003.10.8

淄博市临淄正华助剂有限公司
地址:山东省淄博市临淄区齐都付家
邮政编码:255422
证书注册编号:2300B0371
体系认证标准:GB/T 19002—1994 idt ISO 9002:1994
有效期:2000.10.08~2003.10.8

南京华丽化工涂料有限公司
地址:江苏省南京市通江路123号
邮政编码:210036
证书注册编号:2300B0372
体系认证标准:GB/T 19002—1994 idt ISO 9002:1994
有效期:2000.10.8~2003.10.8

北京东方华诺科技有限公司
地址:北京市海淀区西三环北路72号中经大厦231室
邮政编码:100037
证书注册编号:2300A0373
体系认证标准:GB/T 19001—1994 idt ISO 9001:1994
有效期:2000.10.08~2003.10.8

姜堰市起运吊具厂
地址:江苏省姜堰市梁徐镇前时村
邮政编码:225501
证书注册编号:2300B0374
体系认证标准:GB/T 19002—1994 idt ISO 9002:1994
有效期:2000.10.10~2003.10.10

乌鲁木齐市沙依巴克区江河
地址:新疆乌鲁木齐五一路91号

邮政编码:830000
证书注册编号:2300B0375
体系认证标准:GB/T 19002—1994 idt ISO 9002:1994
有效期:2000.10.10～2003.10.10

宣化钢铁(集团)有限责任公司建筑安装工程公司
地址:河北张家口市宣化区工业街6号
邮政编码:075100
证书注册编号:2300B0376
体系认证标准:GB/T 19002—1994 idt ISO 9002:1994
有效期:2000.10.10～2003.10.10

南京三兄羽绒服装有限公司
地址:江苏省南京市高淳县古柏镇大街091号
邮政编码:211316
证书注册编号:2300B0377
体系认证标准:GB/T 19002—1994 idt ISO 9002:1994
有效期:2000.10.10～2003.10.10

姜堰市广源实业公司
地址:江苏省姜堰市振兴路101号
邮政编码:225500
证书注册编号:2300B0378
体系认证标准:GB/T 19002—1994 idt ISO 9002:1994
有效期:2000.10.12～2003.10.12

晋西机器工业集团有限责任公司(晋西机器厂)
地址:山西省太原市和平北路北巷5号
邮政编码:030027
证书注册编号:2300B0379
体系认证标准:GB/T 19002—1994 idt ISO 9002:1994
有效期:2000.10.12～2003.10.12

北京市威力恒科技开发有限责任公司
地址:北京市海淀区上地东路29号楼534室
邮政编码:100085
证书注册编号:2300A0380
体系认证标准:GB/T 19001—1994 idt ISO 9001:1994
有效期:2000.10.16～2003.10.16

淄博和丰塑胶化工有限公司
地址:山东省淄博市临淄永流西路北首
邮政编码:255422
证书注册编号:2300B0381
体系认证标准:GB/T 19002—1994 idt ISO 9002:1994
有效期:2000.10.16～2003.10.16

南通市苏海化工厂
地址:江苏省海安县大公镇
邮政编码:226623
证书注册编号:2300B0382
体系认证标准:GB/T 19002—1994 idt ISO 9002:1994
有效期:2000.10.16～2003.10.16

淄博鲁丰塑胶制品有限公司
地址:山东省淄博市临淄区雪宫路南首
邮政编码:255400
证书注册编号:2300B0383
体系认证标准:GB/T 19002—1994 idt ISO 9002:1994
有效期:2000.10.16～2003.10.16

江阴市龙达塑胶制品有限公司
地址:江苏江阴市周庄镇龙山路76号
邮政编码:214423
证书注册编号:2300B0384
体系认证标准:GB/T 19002—1994 idt ISO 9002:1994
有效期:2000.10.16～2003.10.16

江苏苏中砂轮有限公司
地址:江苏省姜堰市溱潼镇
邮政编码:225508
证书注册编号:2300B0385
体系认证标准:GB/T 19002—1994 idt ISO 9002:1994
有效期:2000.10.16～2003.10.16

靖江市星宇泵阀厂
地址:江苏省靖江市红光镇永丰村
邮政编码:214535
证书注册编号:2300B0386
体系认证标准:GB/T 19002—1994 idt ISO 9002:1994
有效期:2000.10.16～2003.10.16

宿迁市第三建筑工程公司
地址:江苏省宿迁市卫生路10号
邮政编码:223800
证书注册编号:2300B0387
体系认证标准:GB/T 19002—1994 idt ISO 9002:1994
有效期:2000.10.16～2003.10.16

宿迁市建筑工程有限公司
地址:江苏省宿迁市运河路七号
邮政编码:223800
证书注册编号:2300B0388
体系认证标准:GB/T 19002—1994 idt ISO 9002:1994
有效期:2000.10.16～2003.10.16

慈溪市华联电子科技有限公司
地址:浙江慈溪市庵东镇庵余路218号
邮政编码:315327
证书注册编号:2300B0389
体系认证标准:GB/T 19002—1994 idt ISO 9002:1994
有效期:2000.10.18～2003.10.18

安徽北海橡塑制品有限公司
地址:安徽省淮北市濉溪路115号
邮政编码:235000
证书注册编号:2300B0390
体系认证标准:GB/T 19002—1994 idt ISO 9002:1994
有效期:2000.10.30～2003.10.30

潍坊市坊子区金利铸造厂
地址:山东省潍坊市坊子区穆村镇
邮政编码:261202
证书注册编号:2300B0391
体系认证标准:GB/T 19002—1994 idt ISO 9002:1994
有效期:2000.10.31～2003.10.31

苏州金灿服饰有限公司
地址:江苏省常熟市琴湖路11号
邮政编码:215500
证书注册编号:2300B0392
体系认证标准:GB/T 19002—1994 idt ISO 9002:1994
有效期:2000.10.31～2003.10.31

筑机械制造有限责任公司
地址:广西南宁市秀安路1号
邮政编码:530001
证书注册编号:2300A0393
体系认证标准:GB/T 19001—1994 idt ISO 9001:1994
有效期:2000.11.3～2003.11.3

河南省防腐工程公司
地址:河南省郑州市金水花园北区东楼

1802号
邮政编码:450003
证书注册编号:2300B0394
体系认证标准:GB/T 19002—1994 idt ISO 9002:1994
有效期:2000.11.3～2003.11.3

徐州市小康食品有限公司
(徐州市家园食品有限公司)
地址:江苏徐州市金山桥开发区科技园
邮政编码:221004
证书注册编号:2300B0395
体系认证标准:GB/T 19002—1994 idt ISO 9002:1994
有效期:2000.11.3～2003.11.3

新疆通汇建设集团有限公司
地址:新疆米泉市团结路6号
邮政编码:831400
证书注册编号:2300B0396
体系认证标准:GB/T 19002—1994 idt ISO 9002:1994
有效期:2000.11.6～2003.11.6

湖北省建筑工程集团有限公司
地址:湖北省武汉市武昌区中南一路78号
邮政编码:430071
证书注册编号:2300B0397
体系认证标准:GB/T 19002—1994 idt ISO 9002:1994
有效期:2000.11.6～2003.11.6

苏州市特别特服装有限公司
常熟特别特制衣厂
地址:江苏省常熟市海虞镇王市建新村
邮政编码:215519
证书注册编号:2300B0398
体系认证标准:GB/T 19002—1994 idt ISO 9002:1994
有效期:2000.11.3～2003.11.3

大连北大净化设备有限公司
地址:辽宁省大连市甘井子区凌水路79号
邮政编码:116023
证书注册编号:2300A0399
体系认证标准:GB/T 19001—1994 idt ISO 9001:1994
有效期:2000.11.6～2003.11.6

新疆昌吉回族自治州水泥制品厂
地址:新疆昌吉市乌伊东路九号
邮政编码:831100
证书注册编号:2300B0400
体系认证标准:GB/T 19002—1994 idt ISO 9002:1994
有效期:2000.11.10～2003.11.10

鹤壁市助剂一厂
地址:河南省鹤壁市红旗街铁东路
邮政编码:458000
证书注册编号:2300B0401
体系认证标准:GB/T 19002—1994 idt ISO 9002:1994
有效期:2000.11.10～2003.11.10

黑龙江省巴彦橡胶有限公司
地址:黑龙江省哈尔滨市巴彦县巴彦镇
邮政编码:151800
证书注册编号:2300B0402
体系认证标准:GB/T 19002—1994 idt ISO 9002:1994
有效期:2000.11.10～2003.11.10

扬州市东方热浸镀铝实业公司
地址:江苏省扬州市北郊槐泗镇
邮政编码:225115
证书注册编号:2300B0403
体系认证标准:GB/T 19002—1994 idt ISO 9002:1994
有效期:2000.11.10～2003.11.10

淄博市临淄福利助燃剂厂
地址:山东省淄博市临淄迎宾路东华路293号
邮政编码:255400
证书注册编号:2300B0404
体系认证标准:GB/T 19002—1994 idt ISO 9002:1994
有效期:2000.11.10～2003.11.10

北京北郊活性炭厂
地址:北京市昌平县燕丹乡西
邮政编码:102209
证书注册编号:2300B0405
体系认证标准:GB/T 19002—1994 idt ISO 9002:1994
有效期:2000.11.10～2003.11.10

江苏清棉集团有限公司
地址:江苏省淮阴市解放西路214号
邮政编码:223002
证书注册编号:2300B0406
体系认证标准:GB/T 19002—1994 idt ISO 9002:1994
有效期:2000.11.15～2003.11.15

无锡市德兴球墨管配件厂
地址:江苏省无锡市青龙山村
邮政编码:214064
证书注册编号:2300B0407
体系认证标准:GB/T 19002—1994 idt ISO 9002:1994
有效期:2000.11.10～2003.11.10

大连丰华实业公司
地址:辽宁省大连市甘井子区凌水路41号
邮政编码:116023
证书注册编号:2300B0408
体系认证标准:GB/T 19002—1994 idt ISO 9002:1994
有效期:2000.11.15～2003.11.15

沧州成一铸物有限公司
地址:河北省青县京福北路252号
邮政编码:062650
证书注册编号:2300B0409
体系认证标准:GB/T 19002—1994 idt ISO 9002:1994
有效期:2000.11.13～2003.11.13

佳木斯市电信通信建设工程公司
地址:黑龙江省佳木斯市中山路226号
邮政编码:154007
证书注册编号:2300B0410
体系认证标准:GB/T 19002—1994 idt ISO 9002:1994
有效期:2000.11.13～2003.11.13

靖江市铭鑫电器制造有限公司
地址:江苏省靖江市北环路1号
邮政编码:214500
证书注册编号:2300A0411
体系认证标准:GB/T 19001—1994 idt ISO 9001:1994
有效期:2000.11.13～2003.11.13

苏州市华晶绝缘材料厂
地址:江苏省苏州市长青镇
邮政编码:215008
证书注册编号:2300B0412
体系认证标准:GB/T 19002—1994 idt ISO 9002:1994
有效期:2000.11.13～2003.11.13

＊河北辛集汽缸盖厂
地址：河北省辛集市路南街3号
邮政编码：052360
电话：(0311)3222065－8019
传真：(0311)3221056
法定代表人：邵存海
证书注册编号：2300B0413
体系认证标准：GB/T 19002－1994 idt ISO 9002:1994
获证体系覆盖产品：内燃机气缸盖的生产和服务
有效期：2000.11.15～2003.11.15

常熟市东海电子元件有限公司
地址：江苏省东张镇北新闸
邮政编码：215537
证书注册编号：2300B0414
体系认证标准：GB/T 19002－1994 idt ISO 9002:1994
有效期：2000.11.15～2003.11.15

哈尔滨市宾县橡塑厂
地址：黑龙江省哈尔滨市宾县宾州镇北大街
邮政编码：150400
证书注册编号：2300B0415
体系认证标准：GB/T 19002－1994 idt ISO 9002:1994
有效期：2000.11.15～2003.11.15

徐州市金属结构厂
地址：江苏省徐州市淮海西路二轻路
邮政编码：221006
证书注册编号：2300B0416
体系认证标准：GB/T 19002－1994 idt ISO 9002:1994
有效期：2000.11.15～2003.11.15

浙江天岳汽车电器有限公司
地址：浙江省塘下韩田沿河北路3号
邮政编码：325204
证书注册编号：2300B0417
体系认证标准：GB/T 19002－1994 idt ISO 9002:1994
有效期：2000.11.15～2003.11.15

淄博环峰工业泵有限公司
地址：山东省淄博市临淄区南王镇王寨路72号
邮政编码：255438
证书注册编号：2300B0418
体系认证标准：GB/T 19002－1994 idt ISO 9002:1994
有效期：2000.11.21～2003.11.21

秦皇岛市北戴河通联路桥机械有限公司
地址：河北省秦皇岛市北戴河区站南大街164号
邮政编码：066102
证书注册编号：2300B0419
体系认证标准：GB/T 19002－1994 idt ISO 9002:1994
有效期：2000.11.22～2003.11.22

南通三轮时装有限公司
地址：江苏省海门市余东镇
邮政编码：226152
证书注册编号：2300B0420
体系认证标准：GB/T 19002－1994 idt ISO 9002:1994
有效期：2000.11.22～2003.11.22

常州市同鑫金属制品有限公司
地址：江苏武进市薛家镇薛冶路26号
邮政编码：213125
证书注册编号：2300B0421
体系认证标准：GB/T 19002－1994 idt ISO 9002:1994
有效期：2000.11.22～2003.11.22

新疆石河子新安酒业有限责任公司
地址：新疆石河子开发区79＃小区东八路1号
邮政编码：832014
证书注册编号：2300B0422
体系认证标准：GB/T 19002－1994 idt ISO 9002:1994
有效期：2000.11.22～2003.11.22

苏州市虎丘电讯电器厂
地址：江苏省苏州市虎丘虎阜大桥东堍
邮政编码：215008
证书注册编号：2300B0423
体系认证标准：GB/T 19002－1994 idt ISO 9002:1994
有效期：2000.11.22～2003.11.22

常州市华严车业制造有限公司
地址：江苏省常州市青龙镇华严村
邮政编码：213028
证书注册编号：2300B0424
体系认证标准：GB/T 19002－1994 idt ISO 9002:1994
有效期：2000.11.22～2003.11.22

宜兴市官林通风机械厂
地址：江苏宜兴市官林镇东虹路18号
邮政编码：214251
证书注册编号：2300B0425
体系认证标准：GB/T 19002－1994 idt ISO 9002:1994
有效期：2000.11.22～2003.11.22

北京万源天骅自动化工程有限公司
地址：北京市丰台区东高地万源南里甲43号
邮政编码：100076
证书注册编号：2300A0426
体系认证标准：GB/T 19001－1994 idt ISO 9001:1994
有效期：2000.11.22～2003.11.22

房山区良乡永固福利电力金具制造厂
地址：北京市房山区良乡地区固村
邮政编码：102488
证书注册编号：2300B0427
体系认证标准：GB/T 19002－1994 idt ISO 9002:1994
有效期：2000.11.22～2003.11.22

常熟市精密电容器厂
地址：江苏常熟市徐市镇东巷门路7号
邮政编码：215535
证书注册编号：2300B0428
体系认证标准：GB/T 19002－1994 idt ISO 9002:1994
有效期：2000.11.22～2003.11.22

锡山市太湖轧辊有限公司
地址：江苏省锡山市南泉镇小南山
邮政编码：214128
证书注册编号：2300B0429
体系认证标准：GB/T 19002－1994 idt ISO 9002:1994
有效期：2000.11.22～2003.11.22

北京化二股份有限公司
地址：北京市朝阳区大郊亭
邮政编码：100022
证书注册编号：2300B0430
体系认证标准：GB/T 19002－1994 idt ISO 9002:1994
有效期：2000.11.22～2003.11.22

南京南岛物资贸易公司九洲涂料厂

地址：江苏省南京市雨花区西集合村路12－1号
邮政编码：210012
证书注册编号：2300B0431
体系认证标准：GB/T 19002－1994 idt ISO 9002：1994
有效期：2000.11.22～2003.11.22

锡山市港能电力设备厂
地址：江苏省锡山市港下镇中心小学
邮政编码：214199
证书注册编号：2300B0432
体系认证标准：GB/T 19002－1994 idt ISO 9002：1994
有效期：2000.11.22～2003.11.22

东台市港泰耐火材料有限公司
地址：江苏省东台市后港镇西工业区
邮政编码：224213
证书注册编号：2300B0433
体系认证标准：GB/T 19002－1994 idt ISO 9002：1994
有效期：2000.11.22～2003.11.22

***南通东方开关厂有限责任公司**
地址：江苏省南通市外环北路石花桥
邮政编码：226011
电话：(0513)5401989
传真：(0513)5541150
法定代表人：卢爱平
证书注册编号：2300B0434
体系认证标准：GB/T 19002－1994 idt ISO 9002：1994
获证体系覆盖产品：高压开关元件：ZN28A－10/1250－31.5，FN14－10/630－20，FNR14－10(D)/80－31.5，ZFN21－12/T630－20，ZFN21－21R/T125－31.5，PRWG1－10F(W)/(6－100)－6.3；低压配电设备：GGD2－09A，LTB，JP4；高压成套开关设备：GG－1A(F)Ⅱ08D－10(Z)/1000－31.5，HXGN14－10(F)，HXGN15A－12(ZF)/T630－20，HXGN15A－12ZF(R)/T125－31.5，XGN2－10(Z)/07D－1000－31.5，DKY－12/1250－31.5
有效期：2000.11.22～2003.11.22

福建省泉州市鸿昌建材机械厂
地址：福建省泉州市浮桥霞洲东泉工业大楼
邮政编码：362005
证书注册编号：2300B0435
体系认证标准：GB/T 19002－1994 idt ISO 9002：1994
有效期：2000.11.22～2003.11.22

锡山市天威消防器材有限公司
地址：江苏省锡山市东湖塘镇乔巷村
邮政编码：214196
证书注册编号：2300B0436
体系认证标准：GB/T 19002－1994 idt ISO 9002：1994
有效期：2000.11.22～2003.11.22

徐州科讯工业自动化技术有限公司
地址：江苏省徐州市金山桥开发区9区
邮政编码：221004
证书注册编号：2300A0437
体系认证标准：GB/T 19001－1994 idt ISO 9001：1994
有效期：2000.11.22～2003.11.22

常州市东方龙摩托车有限公司
地址：江苏省常州市武进东安镇
邮政编码：213155
证书注册编号：2300B0438
体系认证标准：GB/T 19002－1994 idt ISO 9002：1994
有效期：2000.11.23～2003.11.23

太仓市电子电器设备厂
地址：江苏省太仓市璜泾镇
邮政编码：215426
证书注册编号：2300B0439
体系认证标准：GB/T 19002－1994 idt ISO 9002：1994
有效期：2000.11.23～2003.11.23

追日汽车同步器厂
地址：江苏省泰州市高港区刁铺镇
邮政编码：225323
证书注册编号：2300B0440
体系认证标准：GB/T 19002－1994 idt ISO 9002：1994
有效期：2000.11.23～2003.11.23

杭州微电机有限公司
地址：浙江省杭州市上圹路82号
邮政编码：310014
证书注册编号：2300B0441
体系认证标准：GB/T 19002－1994 idt ISO 9002：1994
有效期：2000.11.24～2003.11.24

常州市电子应用厂
地址：江苏省常州市兰陵路工舍道431－1号
邮政编码：213001
证书注册编号：2300A0442
体系认证标准：GB/T 19001－1994 idt ISO 9001：1994
有效期：2000.11.24～2003.11.24

常熟市宇池特种电容器有限公司
地址：江苏省常熟市支塘镇马坊村
邮政编码：215531
证书注册编号：2300B0443
体系认证标准：GB/T 19002－1994 idt ISO 9002：1994
有效期：2000.11.24～2003.11.24

太原矿山机器润滑液压设备有限公司
地址：山西省太原市解放北路75号
邮政编码：030009
证书注册编号：2300B0444
体系认证标准：GB/T 19002－1994 idt ISO 9002：1994
有效期：2000.11.24～2003.11.24

海安县恒业制丝厂
地址：江苏海安县仇湖镇龙潭路88号
邮政编码：226692
证书注册编号：2300B0445
体系认证标准：GB/T 19002－1994 idt ISO 9002：1994
有效期：2000.11.27～2003.11.27

河北省枣强县玻璃钢厂
地址：河北省枣强县城新华中街94号
邮政编码：053100
证书注册编号：2300B0446
体系认证标准：GB/T 19002－1994 idt ISO 9002：1994
有效期：2000.11.28～2003.11.28

山东新华医药集团淄博胶囊有限责任公司
地址：山东省淄博市临淄区皇城镇
邮政编码：255424
证书注册编号：2300B0447
体系认证标准：GB/T 19002－1994 idt ISO 9002：1994
有效期：2000.11.28～2003.11.28

江西省矿机实业有限公司
地址:江西省萍乡市萍福路硖石
邮政编码:337000
证书注册编号:2300B0448
体系认证标准:GB/T 19002—1994 idt ISO 9002:1994
有效期:2000.11.28～2003.11.28

奉化市动力机械配件有限公司
地址:浙江奉化市江口镇广德路 33 号
邮政编码:315504
证书注册编号:2300B0449
体系认证标准:GB/T 19002—1994 idt ISO 9002:1994
有效期:2000.11.28～2003.11.28

乌鲁木齐铁路局工程处
地址:新疆乌鲁木齐市河南西路 12 号
邮政编码:830011
证书注册编号:2300B0450
体系认证标准:GB/T 19002—1994 idt ISO 9002:1994
有效期:2000.11.29～2003.11.29

武进市横山石油化学助剂厂
地址:江苏省武进市横山桥镇西崦村
邮政编码:213119
证书注册编号:2300B0451
体系认证标准:GB/T 19002—1994 idt ISO 9002:1994
有效期:2000.11.29～2003.11.29

金坛市华胜橡胶制品厂
地址:江苏省金坛市水北镇西大街
邮政编码:213221
证书注册编号:2300B0452
体系认证标准:GB/T 19002—1994 idt ISO 9002:1994
有效期:2000.11.29～2003.11.29

常州市曙光净化技术有限责任公司(常州新区常净空气调节设备厂)
地址:江苏省常州新区龙虎塘镇
邮政编码:213031
证书注册编号:2300B0453
体系认证标准:GB/T 19002—1994 idt ISO 9002:1994
有效期:2000.11.29～2003.11.29

锡山市堰桥噪声控制设备厂
地址:江苏省锡山市堰桥镇刘巷工业区
邮政编码:214174
证书注册编号:2300B0454
体系认证标准:GB/T 19002—1994 idt ISO 9002:1994
有效期:2000.11.29～2003.11.29

新疆生产建设兵团农六师建筑安装工程总公司
地址:新疆五家渠振兴路 46 号
邮政编码:831300
证书注册编号:2300B0455
体系认证标准:GB/T 19002—1994 idt ISO 9002:1994
有效期:2000.11.29～2003.11.29

石家庄科林盾自动化有限公司
地址:河北省石家庄市新石北路 368 号
邮政编码:050091
证书注册编号:2300A0456
体系认证标准:GB/T 19001—1994 idt ISO 9001:1994
有效期:2000.11.29～2003.11.29

上海港沿电缆桥架厂
地址:上海市崇明港沿镇北首
邮政编码:202158
证书注册编号:2300B0457
体系认证标准:GB/T 19002—1994 idt ISO 9002:1994
有效期:2000.11.29～2003.11.29

新疆阿克苏地区永安基建安装总公司
地址:新疆阿克苏市迎宾路 66 号
邮政编码:843000
证书注册编号:2300B0458
体系认证标准:GB/T 19002—1994 idt ISO 9002:1994
有效期:2000.12.4～2003.12.4

海门市保温器皿厂
地址:江苏省海门市王浩乡大桥北首
邮政编码:226145
证书注册编号:2300B0459
体系认证标准:GB/T 19002—1994 idt ISO 9002:1994
有效期:2000.12.4～2003.12.4

江苏浩大铜业股份有限公司
地址:江苏省海门市王浩镇西首
邮政编码:226145
证书注册编号:2300B0460
体系认证标准:GB/T 19002—1994 idt ISO 9002:1994
有效期:2000.12.4～2003.12.4

武进市鑫欣化工厂(武进市鑫欣金属制品有限公司)
地址:江苏省武进市横山桥镇金家塘
邮政编码:213119
证书注册编号:2300B0461
体系认证标准:GB/T 19002—1994 idt ISO 9002:1994
有效期:2000.12.4～2003.12.4

北京利祥化工制品有限公司
地址:北京市平谷县滨河工业开发区
邮政编码:101200
证书注册编号:2300B0462
体系认证标准:GB/T 19002—1994 idt ISO 9002:1994
有效期:2000.12.5～2003.12.5

苏州铸造机械厂
地址:江苏省苏州市阊胥路 119 号
邮政编码:215008
证书注册编号:2300A0463
体系认证标准:GB/T 19001—1994 idt ISO 9001:1994
有效期:2000.12.4～2003.12.4

天津津津食品加工有限公司
地址:天津市蓟县开发区中兴路 2 号
邮政编码:301914
证书注册编号:2300B0464
体系认证标准:GB/T 19002—1994 idt ISO 9002:1994
有效期:2000.12.4～2003.12.4

江都市新光华机械制造有限公司
地址:江苏省江都市塘头镇
邮政编码:225238
证书注册编号:2300B0465
体系认证标准:GB/T 19002—1994 idt ISO 9002:1994
有效期:2000.12.5～2003.12.5

北京九阳实业公司
地址:北京市朝阳区洼里乡洼边村
邮政编码:100012
证书注册编号:2300A0466
体系认证标准:GB/T 19001—1994 idt ISO 9001:1994
有效期:2000.12.5～2003.12.5

江苏省建设工程承包与劳务合作公司

地址:江苏省南京市三元巷7号
邮政编码:210005
证书注册编号:2300B0467
体系认证标准:GB/T 19002—1994 idt ISO 9002:1994
有效期:2000.12.5～2003.12.5

***上海大华石化设备有限公司**
地址:上海市浦东下沙新街95号
邮政编码:201317
电话:(021)58146688
传真:(021)58146789
法定代表人:胡静
证书注册编号:2300B0468
体系认证标准:GB/T 19002—1994 idt ISO 9002:1994
获证体系覆盖产品:Ⅰ、Ⅱ类压力容器的生产和服务;翅片管、弯头和电缆桥架的生产、安装和服务
有效期:2000.12.5～2003.12.5

南通宝石服装有限公司(南通市如奇服装有限公司)
地址:江苏省海门市悦来镇三条桥
邮政编码:226132
证书注册编号:2300B0469
体系认证标准:GB/T 19002—1994 idt ISO 9002:1994
有效期:2000.12.5～2003.12.5

邢台市橡胶厂
地址:河北省邢台市邢州北路175号
邮政编码:054001
证书注册编号:2300B0470
体系认证标准:GB/T 19002—1994 idt ISO 9002:1994
有效期:2000.12.6～2003.12.6

沈阳新光压力容器制造公司
地址:辽宁省沈阳市大东区东塔街三号
邮政编码:110043
证书注册编号:2300A0471
体系认证标准:GB/T 19001—1994 idt ISO 9001:1994
有效期:2000.12.8～2003.12.8

新疆库尔勒福星建筑建材集团公司
地址:新疆库尔勒市青年路13号
邮政编码:841000
证书注册编号:2300B0472
体系认证标准:GB/T 19002—1994 idt ISO 9002:1994
有效期:2000.12.8～2003.12.8

新疆米泉市克达水泥制品厂
地址:新疆米泉市青年路一号
邮政编码:831400
证书注册编号:2300B0473
体系认证标准:GB/T 19002—1994 idt ISO 9002:1994
有效期:2000.12.8～2003.12.8

北京市房山瓦井水泥厂
地址:北京市房山区周口店地区瓦井村
邮政编码:102405
证书注册编号:2300B0474
体系认证标准:GB/T 19002—1994 idt ISO 9002:1994
有效期:2000.12.8～2003.12.8

海安县高低压开关厂
地址:江苏省海安县胡集镇光华村八组
邮政编码:226671
证书注册编号:2300B0475
体系认证标准:GB/T 19002—1994 idt ISO 9002:1994
有效期:2000.12.8～2003.12.8

太仓市娄江电器厂
地址:江苏省太仓市城厢镇东郊村
邮政编码:215400
证书注册编号:2300B0476
体系认证标准:GB/T 19002—1994 idt ISO 9002:1994
有效期:2000.12.8～2003.12.8

大连华农集团有限责任公司
地址:辽宁省大连市金州区石河满族镇石河村461号
邮政编码:116101
证书注册编号:2300B0477
体系认证标准:GB/T 19002—1994 idt ISO 9002:1994
有效期:2000.12.11～2003.12.11

武进市华丰车业有限公司
地址:江苏省武进市前黄镇禹城工业区8号
邮政编码:213173
证书注册编号:2300B0478
体系认证标准:GB/T 19002—1994 idt ISO 9002:1994
有效期:2000.12.8～2003.12.8

北京大华无线电仪器厂
地址:北京市海淀区学院路5号
邮政编码:100083
证书注册编号:2300B0479
体系认证标准:GB/T 19002—1994 idt ISO 9002:1994
有效期:2000.12.8～2003.12.8

北京华普朝阳物业管理有限公司
地址:北京市朝阳门外大街19号
邮政编码:100020
证书注册编号:2300B0480
体系认证标准:GB/T 19002—1994 idt ISO 9002:1994
有效期:2000.12.11～2003.12.11

***桐城市微汽胶件有限责任公司**
地址:安徽省桐城市范岗镇
邮政编码:231460
电话:(0556)6010088
传真:(0556)6010888
法定代表人:李斌商
证书注册编号:2300B0481
体系认证标准:GB/T 19002—1994 idt ISO 9002:1994
获证体系覆盖产品:汽车橡胶配件的生产和服务
有效期:2000.12.11～2003.12.11

常州新区圩塘特种橡塑制品厂
地址:江苏省常州市新区圩塘镇
邮政编码:213033
证书注册编号:2300B0482
体系认证标准:GB/T 19002—1994 idt ISO 9002:1994
有效期:2000.12.11～2003.12.11

湖北省建筑工程总公司构件厂
地址:湖北武汉市武昌区中北路151号
邮政编码:430077
证书注册编号:2300B0483
体系认证标准:GB/T 19002—1994 idt ISO 9002:1994
有效期:2000.12.11～2003.12.11

内蒙古宁城老窖股份有限公司保健饮料厂
地址:内蒙古自治区赤峰宁城县城关镇
邮政编码:024200
证书注册编号:2300B0484
体系认证标准:GB/T 19002—1994 idt ISO 9002:1994

有效期:2000.12.12～2003.12.12

***滁州市汽车改装厂**
地址:安徽省滁州市天长东路27号
邮政编码:239000
电话:(0550)3045771
传真:(0550)3045771
法定代表人:王公承
证书注册编号:2300A0485
体系认证标准:GB/T 19001－1994 idt ISO 9001:1994
获证体系覆盖产品:扬天牌CXQ系列集装箱运输半挂车、CXQ系列半挂车、CXQ系列自卸车、CXQ系列低平板半挂车、CXQ系列厢式载货车的设计、开发、生产和服务
有效期:2000.12.12～2003.12.12

黑龙江省飞鹤乳业集团有限公司
地址:黑龙江省北安市赵光镇
邮政编码:164021
证书注册编号:2300B0486
体系认证标准:GB/T 19002－1994 idt ISO 9002:1994
有效期:2000.12.12～2003.12.12

福建省石狮市赛琪体育用品有限公司
地址:福建石狮市彭田工业区赛琪大厦
邮政编码:362700
证书注册编号:2300A0487
体系认证标准:GB/T 19001－1994 idt ISO 9001:1994
有效期:2000.12.12～2003.12.12

***河北陆德精细化工有限公司**
地址:河北省井陉县南峪镇钙镁工业区
邮政编码:050302
电话:(0311)2379031
传真:(0311)2379148
法定代表人:许占进
证书注册编号:2300B0488
体系认证标准:GB/T 19002－1994 idt ISO 9002:1994
获证体系覆盖产品:工业沉淀碳酸钙、超细工业活性沉淀碳酸钙、工业活性沉淀碳酸钙的生产和服务
有效期:2000.12.12～2003.12.12

北京建工双兴建筑工程有限责任公司
地址:北京市海淀区北洼路51号
邮政编码:100089
证书注册编号:2300B0489
体系认证标准:GB/T 19002－1994 idt ISO 9002:1994
有效期:2000.12.12～2003.12.12

江苏汇丰羊绒有限公司
地址:江苏省姜堰市姜堰镇北环东路189号
邮政编码:225500
证书注册编号:2300B0490 更改
体系认证标准:GB/T 19002－1994 idt ISO 9002:1994
有效期:2000.12.12～2003.12.12

姜堰市张甸建筑安装工程公司
地址:江苏姜堰市张甸镇通姜路59号
邮政编码:225527
证书注册编号:2300B0491
体系认证标准:GB/T 19002－1994 idt ISO 9002:1994
有效期:2000.12.12～2003.12.12

郑州市黄河园林艺术建筑公司
地址:河南省郑州市文化路北段大铺26号
邮政编码:450002
证书注册编号:2300B0492
体系认证标准:GB/T 19002－1994 idt ISO 9002:1994
有效期:2000.12.12～2003.12.12

营口市中宇通信电缆制造有限公司
地址:辽宁省盖州市清河大街
邮政编码:115200
证书注册编号:2300B0493
体系认证标准:GB/T 19002－1994 idt ISO 9002:1994
有效期:2000.12.13～2003.12.13

丹阳市化工机械有限公司
地址:江苏省丹阳市丹凤北路293号
邮政编码:212300
证书注册编号:2300B0494
体系认证标准:GB/T 19002－1994 idt ISO 9002:1994
有效期:2000.12.14～2003.12.14

江苏宝金实业总公司
地址:江苏省姜堰市
邮政编码:225507
证书注册编号:2300B0495
体系认证标准:GB/T 19002－1994 idt ISO 9002:1994
有效期:2000.12.13～2003.12.13

新疆伊犁建筑工程公司
地址:新疆伊宁市解放路75号
邮政编码:835000
证书注册编号:2300B0496
体系认证标准:GB/T 19002－1994 idt ISO 9002:1994
有效期:2000.12.13～2003.12.13

河北省高碑店市航城机械厂
地址:河北省高碑店市白沟镇
邮政编码:074004
证书注册编号:2300B0497
体系认证标准:GB/T 19002－1994 idt ISO 9002:1994
有效期:2000.12.13～2003.12.13

沈阳新光博龙汽车泵业制造有限公司
地址:辽宁省沈阳市大东区东塔街三号
邮政编码:110043
证书注册编号:2300B0498
体系认证标准:GB/T 19002－1994 idt ISO 9002:1994
有效期:2000.12.13～2003.12.13

上海皮皮狗毛纺织有限公司
地址:上海市青浦区北青公路7699号
邮政编码:201706
证书注册编号:2300B0499
体系认证标准:GB/T 19002－1994 idt ISO 9002:1994
有效期:2000.12.13～2003.12.13

襄樊泰和电气有限公司
地址:湖北襄樊市春园路4号火炬大厦
邮政编码:441003
证书注册编号:2300A0500
体系认证标准:GB/T 19001－1994 idt ISO 9001:1994
有效期:2000.12.14～2003.12.14

唐山公路工程总公司
地址:河北省唐山市北新西道103号
邮政编码:063000
证书注册编号:2300B0501
体系认证标准:GB/T 19002－1994 idt ISO 9002:1994
有效期:2000.12.14～2003.12.14

陕西三秦路桥有限责任公司
地址:陕西省西安市莲湖路60号

邮政编码:710003
证书注册编号:2300B0502
体系认证标准:GB/T 19002—1994 idt ISO 9002:1994
有效期:2000.12.14～2003.12.14

重庆杰安消防设备安装有限公司
地址:重庆市江北建新北路43号
邮政编码:401147
证书注册编号:2300B0503
体系认证标准:GB/T 19002—1994 idt ISO 9002:1994
有效期:2000.12.15～2003.12.15

焦作市金虎轮胎厂
地址:河南省焦作市焦东南路48号
邮政编码:454003
证书注册编号:2300B0504
体系认证标准:GB/T 19002—1994 idt ISO 9002:1994
有效期:2000.12.13～2003.12.13

江苏省盐业公司建筑工程公司
地址:江苏省连云港市解放东路162号
邮政编码:222002
证书注册编号:2300B0505
体系认证标准:GB/T 19002—1994 idt ISO 9002:1994
有效期:2000.12.15～2003.12.15

青岛新意达汽配有限责任公司
地址:山东省青岛经济技术开发区武当山路20号
邮政编码:266555
证书注册编号:2300B0506
体系认证标准:GB/T 19002—1994 idt ISO 9002:1994
有效期:2000.12.15～2003.12.15

北京万隆发科技发展有限公司
地址:北京市大兴县庞各庄镇梁家务村
邮政编码:102601
证书注册编号:2300B0507
体系认证标准:GB/T 19002—1994 idt ISO 9002:1994
有效期:2000.12.18～2003.12.18

宁波市旦尔洁具厂
地址:浙江省宁波市文教路87号
邮政编码:315010
证书注册编号:2300B0508
体系认证标准:GB/T 19002—1994 idt ISO 9002:1994
有效期:2000.12.18～2003.12.18

信阳万里交通集团有限公司
地址:河南省信阳市工区路522号
邮政编码:464000
证书注册编号:2300B0509
体系认证标准:GB/T 19002—1994 idt ISO 9002:1994
有效期:2000.12.18～2003.12.18

＊南京扬子石化检修安装有限责任公司
地址:江苏省南京市大厂区新华东路
邮政编码:210048
电话:(025)7784510
传真:(025)7784510
总经理:石庭瑞
证书注册编号:2300B0510
体系认证标准:GB/T 19002—1994 idt ISO 9002:1994
获证体系覆盖产品:BR1类压力容器制造;石油化工装置设备的安装与服务
有效期:2000.12.19～2003.12.19

瑞安市红旗电机换向器厂
地址:浙江瑞安市沿江西路498—1号
邮政编码:325200
证书注册编号:2300B0511
体系认证标准:GB/T 19002—1994 idt ISO 9002:1994
有效期:2000.12.18～2003.12.18

陕西省咸阳路桥工程公司
地址:陕西省咸阳市西兰路112号
邮政编码:712000
证书注册编号:2300B0512
体系认证标准:GB/T 19002—1994 idt ISO 9002:1994
有效期:2000.12.19～2003.12.19

南京景鹰制衣有限公司
地址:江苏南京市高淳县阳江镇莱墩涵
邮政编码:211300
证书注册编号:2300B0513
体系认证标准:GB/T 19002—1994 idt ISO 9002:1994
有效期:2000.12.20～2003.12.20

沈阳真空技术研究所
地址:辽宁沈阳市沈河区万柳塘路2号
邮政编码:110042
证书注册编号:2300A0514
体系认证标准:GB/T 19001—1994 idt ISO 9001:1994
有效期:2000.12.20～2003.12.20

重庆江川机械厂
地址:重庆江北区大石坝五村88—1号
邮政编码:400021
证书注册编号:2300B0515
体系认证标准:GB/T 19002—1994 idt ISO 9002:1994
有效期:2000.12.20～2003.12.20

内蒙古黄河工程局股份有限公司
地址:内蒙古自治区呼和浩特市呼伦南路119号
邮政编码:010020
证书注册编号:2300B0516
体系认证标准:GB/T 19002—1994 idt ISO 9002:1994
有效期:2000.12.20～2003.12.20

黑龙江省八达路桥建设有限公司
地址:黑龙江省哈尔滨市南岗区曲线街66号
邮政编码:150006
证书注册编号:2300B0517
体系认证标准:GB/T 19002—1994 idt ISO 9002:1994
有效期:2000.12.20～2003.12.20

青岛华盛昌工程有限公司
地址:山东省青岛市错埠岭3路46号
邮政编码:266034
证书注册编号:2300B0518
体系认证标准:GB/T 19002—1994 idt ISO 9002:1994
有效期:2000.12.21～2003.12.21

蓬莱市昌盛石油化工机械有限公司
地址:山东省蓬莱市南王镇驻地
邮政编码:265607
证书注册编号:2300B0519
体系认证标准:GB/T 19002—1994 idt ISO 9002:1994
有效期:2000.12.21～2003.12.21

廊坊北方金属制品有限公司
地址:河北省文安县孙氏镇纪屯工业区
邮政编码:065800
证书注册编号:2300B0520

体系认证标准:GB/T 19002—1994 idt ISO 9002:1994
有效期:2000.12.21～2003.12.21

常熟市梅李合金材料厂
地址:江苏省常熟市梅李镇塘桥村
邮政编码:215511
证书注册编号:2300B0521
体系认证标准:GB/T 19002—1994 idt ISO 9002:1994
有效期:2000.12.21～2003.12.21

芜湖市丽光太阳能设备制造有限责任公司
地址:安徽芜湖市延安北路光华工业园
邮政编码:241001
证书注册编号:2300B0522
体系认证标准:GB/T 19002—1994 idt ISO 9002:1994
有效期:2000.12.22～2003.12.22

华北油田新脉铝塑制品有限公司
地址:河北省肃宁县河北乡韩村
通讯地址:河北省河间市4号信箱
邮政编码:062450
证书注册编号:2300B0523
体系认证标准:GB/T 19002—1994 idt ISO 9002:1994
有效期:2000.12.22～2003.12.22

长春航空机载设备公司工程液压件厂
地址:吉林省长春市青年路10号
邮政编码:130062
证书注册编号:2300B0524
体系认证标准:GB/T 19002—1994 idt ISO 9002:1994
有效期:2000.12.22～2003.12.22

新疆道路桥梁工程总公司
地址:新疆乌鲁木齐市黄河路59号
邮政编码:830000
证书注册编号:2300B0525
体系认证标准:GB/T 19002—1994 idt ISO 9002:1994
有效期:2000.12.21～2003.12.21

新疆道路桥梁工程总公司（第一工程处）
地址:新疆喀什文化路74号
邮政编码:844000
证书注册编号:2300B0526
体系认证标准:GB/T 19002—1994 idt ISO 9002:1994
有效期:2000.12.21～2003.12.21

新疆道路桥梁工程总公司（第二工程处）
地址:新疆昌吉市延安路1号
邮政编码:831100
证书注册编号:2300B0527
体系认证标准:GB/T 19002—1994 idt ISO 9002:1994
有效期:2000.12.21～2003.12.21

新疆道路桥梁工程总公司（桥梁工程处）
地址:新疆乌鲁木齐市乌奇路25号
邮政编码:830021
证书注册编号:2300B0528
体系认证标准:GB/T 19002—1994 idt ISO 9002:1994
有效期:2000.12.21～2003.12.21

常熟市输变电建设工程公司
地址:江苏省常熟市红旗桥北路6号
邮政编码:215500
证书注册编号:2300B0529
体系认证标准:GB/T 19002—1994 idt ISO 9002:1994
有效期:2000.12.25～2003.12.25

太原钢铁(集团)修建有限责任公司
地址:山西省太原市尖草坪街2号
邮政编码:030003
证书注册编号:2300B0530
体系认证标准:GB/T 19002—1994 idt ISO 9002:1994
有效期:2000.12.25～2003.12.25

常州市华润复合材料有限公司
地址:江苏省武进市横林镇
邮政编码:213101
证书注册编号:2300B0531
体系认证标准:GB/T 19002—1994 idt ISO 9002:1994
有效期:2000.12.25～2003.12.25

临沂市耐火材料厂
地址:山东省临沂市罗庄区付庄镇彩虹路1号
邮政编码:276018
证书注册编号:2300B0532
体系认证标准:GB/T 19002—1994 idt ISO 9002:1994
有效期:2000.12.25～2003.12.25

商洛公路工程公司
地址:陕西省商州市北新街45号
邮政编码:726000
证书注册编号:2300B0533
体系认证标准:GB/T 19002—1994 idt ISO 9002:1994
有效期:2000.12.25～2003.12.25

云南省春城建筑工程总公司
地址:云南省昆明市东风西路342号
邮政编码:650031
证书注册编号:2300B0534
体系认证标准:GB/T 19002—1994 idt ISO 9002:1994
有效期:2000.12.25～2003.12.25

石家庄耀峰橡塑厂
地址:山西省太原市和平北路北巷5号
邮政编码:050084
证书注册编号:2300B0535
体系认证标准:GB/T 19002—1994 idt ISO 9002:1994
有效期:2000.12.25～2003.12.25

淮阴清江变压器厂
地址:江苏省淮阴市健康东路27号
邮政编码:223001
证书注册编号:2300A0536
体系认证标准:GB/T 19001—1994 idt ISO 9001:1994
有效期:2000.12.25～2003.12.25

河南省汤阴纺织有限公司
地址:河南省汤阳
邮政编码:456150
证书注册编号:2300B0537
体系认证标准:GB/T 19002—1994 idt ISO 9002:1994
有效期:2000.12.26～2003.12.26

石家庄亨通建筑有限公司
地址:河北省井陉县城建设南路10号
邮政编码:050300
证书注册编号:2300B0538
体系认证标准:GB/T 19002—1994 idt ISO 9002:1994
有效期:2000.12.26～2003.12.26

河北客车厂
地址:河北省石家庄市北环西路3号

邮政编码:050061
证书注册编号:2300B0539
体系认证标准:GB/T 19002—1994 idt ISO 9002:1994
有效期:2000.12.26～2003.12.26

***武进市苏富电信器材有限公司**
地址:江苏省武进市孟河镇环城东路53号
邮政编码:213139
证书注册编号:2300B0540
体系认证标准:GB/T 19002—1994 idt ISO 9002:1994
获证体系覆盖产品:SFD—66通信电缆分线盒产品系列、SFD—67通信电缆交接箱产品系列、SFD—77通信光缆交接箱产品系列的生产和服务
有效期:2000.12.28～2003.12.28

重庆万安玻璃有限公司
地址:重庆市万盛区清溪村21号
邮政编码:400802
证书注册编号:2300B0541
体系认证标准:GB/T 19002—1994 idt ISO 9002:1994
有效期:2000.12.28～2003.12.28

武进市江南防腐材料厂
地址:江苏省武进市横山桥镇
邮政编码:213119
证书注册编号:2300B0542
体系认证标准:GB/T 19002—1994 idt ISO 9002:1994
有效期:2000.12.28～2003.12.28

常熟市第三电机厂
地址:江苏省常熟市支塘镇阳桥村
邮政编码:215531
证书注册编号:2300B0543
体系认证标准:GB/T 19002—1994 idt ISO 9002:1994
有效期:2000.12.27～2003.12.27

姜堰市水泥厂
地址:江苏省姜堰市娄庄镇人民街1号
邮政编码:225506
证书注册编号:2300B0544
体系认证标准:GB/T 19002—1994 idt ISO 9002:1994
有效期:2000.12.27～2003.12.27

淄博市临淄宏利达塑化有限公司
地址:山东省淄博市临淄辛店辛化路57号东
邮政编码:255400
证书注册编号:2300B0545
体系认证标准:GB/T 19002—1994 idt ISO 9002:1994
有效期:2000.12.28～2003.12.28

东台市苏中胶带制品有限公司
地址:江苏省东台市东进北路11号
邮政编码:224200
证书注册编号:2300B0546
体系认证标准:GB/T 19002—1994 idt ISO 9002:1994
有效期:2000.12.27～2003.12.27

南京康乔电线电缆有限公司
地址:江苏省南京市栖霞区迈皋桥长营村20号
邮政编码:210028
证书注册编号:2300B0547
体系认证标准:GB/T 19002—1994 idt ISO 9002:1994
有效期:2000.12.28～2003.12.28

桂林市玻璃厂
地址:广西省桂林市上海路31号
邮政编码:541002
证书注册编号:2300B0548
体系认证标准:GB/T 19002—1994 idt ISO 9002:1994
有效期:2000.12.26～2003.12.26

常州市长江钢结构工程有限公司
地址:江苏省常州市焦溪镇工业开发区
邮政编码:213116
证书注册编号:2300B0549
体系认证标准:GB/T 19002—1994 idt ISO 9002:1994
有效期:2000.12.27～2003.12.27

武进金属压延厂
地址:江苏省武进市安家镇
邮政编码:213126
证书注册编号:2300B0550
体系认证标准:GB/T 19002—1994 idt ISO 9002:1994
有效期:2000.12.28～2003.12.28

江苏电分析仪器厂
地址:江苏省姜堰市人民中路130号
邮政编码:225500
证书注册编号:2300B0551
体系认证标准:GB/T 19002—1994 idt ISO 9002:1994
有效期:2000.12.28～2003.12.28

威海天霸防水材料有限公司
地址:山东省威海市烟台中路西河北
邮政编码:264202
证书注册编号:2300B0552
体系认证标准:GB/T 19002—1994 idt ISO 9002:1994
有效期:2000.12.28～2003.12.28

海门荣鑫针织时装有限公司
地址:江苏省海门市人民中路380号
邮政编码:226100
证书注册编号:2300A0553
体系认证标准:GB/T 19001—1994 idt ISO 9001:1994
有效期:2000.12.28～2003.12.28

北京福田建材机械有限责任公司
地址:北京市通州区通胡大街70号
邮政编码:101117
证书注册编号:2300A0554
体系认证标准:GB/T 19001—1994 idt ISO 9001:1994
有效期:2000.12.28～2003.12.28

河北兴达饲料有限公司
地址:河北省沙河市北组工业区
邮政编码:054101
证书注册编号:2300B0555
体系认证标准:GB/T 19002—1994 idt ISO 9002:1994
有效期:2000.12.28～2003.12.28

北京中设质量体系认证中心

＊北京市住宅建筑设计研究院
地址:北京市东城区东总布胡同5号
邮政编码:100005
电话:(010)65254131－1302
传真:(010)65133222
法定代表人:金朝志
证书注册编号:2400A0001
体系认证标准:GB/T 19001－1994 idt ISO 9001:1994
获证体系覆盖产品:工程咨询、工程设计
有效期:2000.1.16～2003.1.16

＊浙江大学建筑设计研究院
地址:浙江省杭州市玉古路20号
邮政编码:310027
电话:(0571)7951033
传真:(0571)7951725
法定代表人:沈济黄
证书注册编号:2400A0002
体系认证标准:GB/T 19001－1994 idt ISO 9001:1994
获证体系覆盖产品:工程咨询、工程设计
有效期:2000.1.16～2003.1.16

河北省建设勘察研究院
地址:河北石家庄市建华南大街58号
邮政编码:050031
证书注册编号:2400A0003
体系认证标准:GB/T 19001－1994 idt ISO 9001:1994
有效期:2000.1.16～2003.1.16

杭州市建筑设计研究院
地址:浙江省杭州市浣纱路102号
邮政编码:310001
证书注册编号:2400A0004
体系认证标准:GB/T 19001－1994 idt ISO 9001:1994
有效期:2000.1.16～2003.1.16

青岛金北洋工程有限公司
地址:山东省青岛市延安一路4号乙
邮政编码:266023
书注册编号:2400B0005
体系认证标准:GB/T 19002－1994 idt ISO 9002:1994
有效期:2000.1.16～2003.1.16

水利部天津水利水电勘测设计研究院
地址:天津市河西区洞庭路60号
邮政编码:300222
证书注册编号:2400A0006
体系认证标准:GB/T 19001－1994 idt ISO 9001:1994
有效期:2000.1.16～2003.1.16

江苏省阜宁县建筑工程有限公司
地址:江苏省阜宁县阜城大街72号
邮政编码:224400
证书注册编号:2400B0007
体系认证标准:GB/T 19002－1994 idt ISO 9002:1994
有效期:2000.1.27～2003.1.27

天津深基工程有限公司
地址:天津市河西区大沽南路1472号
邮政编码:300222
证书注册编号:2400B0008
体系认证标准:GB/T 19002－1994 idt ISO 9002:1994
有效期:2000.1.16～2003.1.16

江苏伟信工程咨询有限公司
地址:江苏省南京汉中门大街1号金鹰汉中新
邮政编码:210029
证书注册编号:2400A0009
体系认证标准:GB/T 19001－1994 idt ISO 9001:1994
有效期:2000.1.27～2003.1.27

国家机械工业局第十一设计研究院
地址:陕西省西安市劳动路7号
邮政编码:710082
证书注册编号:2400A0010
体系认证标准:GB/T 19001－1994 idt ISO 9001:1994
有效期:2000.1.27～2003.1.27

辽宁省水利水电工程局
地址:辽宁沈阳市和平区十四纬路5号
邮政编码:110003
证书注册编号:2400B0011
体系认证标准:GB/T 19002－1994 idt ISO 9002:1994
有效期:2000.1.27～2003.1.27

浙江亚信德康通信技术有限公司
地址:浙江省杭州莫干山路100号耀江国际大厦B座22～23楼
邮政编码:310005
证书注册编号:2400A0012
体系认证标准:GB/T 19001－1994 idt ISO 9001:1994
有效期:2000.2.25～2003.2.25

建湖县建筑工程总公司
地址:江苏建湖县建湖镇向阳路68号
邮政编码:224700
证书注册编号:2400B0013
体系认证标准:GB/T 19002－1994 idt ISO 9002:1994
有效期:2000.2.25～2003.2.25

江苏省大丰市建筑安装工程总公司
地址:江苏省大丰市黄海路27号
邮政编码:224100
证书注册编号:2400B0014
体系认证标准:GB/T 19002－1994 idt ISO 9002:1994
有效期:2000.2.25～2003.2.25

陕西华建工程监理有限责任公司
地址:陕西省西安市莲湖区劳动路7号
邮政编码:710082
证书注册编号:2400B0015
体系认证标准:GB/T 19002—1994 idt ISO 9002:1994
有效期:2000.2.25～2003.2.25

中国市政工程中南设计研究院
地址:湖北省武汉市解放公园路45号
邮政编码:430010
证书注册编号:2400A0016
体系认证标准:GB/T 19001—1994 idt ISO 9001:1994
有效期:2000.2.25～2003.2.25

甘肃省工程咨询中心
地址:甘肃省兰州市皋兰路120号省统力三号楼16层
邮政编码:730000
证书注册编号:2400A0017
体系认证标准:GB/T 19001—1994 idt ISO 9001:1994
有效期:2000.3.9～2003.3.9

江苏省阜宁县第四建筑工程有限公司
地址:江苏省阜宁县通榆北路56号
邮政编码:224400
证书注册编号:2400B0018
体系认证标准:GB/T 19002—1994 idt ISO 9002:1994
有效期:2000.3.31～2003.3.31

盐城市建筑安装工程总公司
地址:江苏省盐城市大庆东路8号
邮政编码:224002
证书注册编号:2400B0019
体系认证标准:GB/T 19002—1994 idt ISO 9002:1994
有效期:2000.4.20～2003.4.20

东风设计研究院(含襄樊设计院、十堰设计院)
地址:湖北省武汉经济技术开发区车城南街138号
邮政编码:430056
证书注册编号:2400A0020
体系认证标准:GB/T 19001—1994 idt ISO 9001:1994
有效期:2000.4.20～2003.4.20

武汉钢铁设计研究总院(含上海、深圳、广东设计院)
地址:湖北省武汉市青山区冶金大道12号
邮政编码:430080
证书注册编号:2400A021
体系认证标准:GB/T 19001—1994 idt ISO 9001:1994
有效期:2000.4.20～2003.4.20

***广州市设计院**
地址:广东省广州市体育东路体育东横街3号
邮政编码:510620
电话:(020)87518388—8421,87
传真:(020)87544798
法定代表人:董学奎
证书注册编号:2400A0022
体系认证标准:GB/T 19001—1994 idt ISO 9001:1994
获证体系覆盖产品:工程设计、工程咨询、工程勘察
有效期:2000.5.8～2003.5.8

中国吉林省吉利水电工程监理咨询中心
地址:吉林省长春市宽平大路23号
邮政编码:130012
证书注册编号:2400B0023
体系认证标准:GB/T 19002—1994 idt ISO 9002:1994
有效期:2000.5.8～2003.5.8

辽宁省交通勘测设计院
地址:辽宁沈阳市和平区砂山街42号
邮政编码:110005
证书注册编号:2400A0024
体系认证标准:GB/T 19001—1994 idt ISO 9001:1994
有效期:2000.5.8～2003.5.8

中国有色金属工业西安勘察
地址:陕西省西安市西影路46号
邮政编码:710054
证书注册编号:2400B0025
体系认证标准:GB/T 19002—1994 idt ISO 9002:1994
有效期:2000.6.8～2003.6.8

西南有色昆明勘测设计院
地址:云南省昆明市盘龙区人民东路东风巷29号
邮政编码:650051
证书注册编号:2400A0026
体系认证标准:GB/T 19001—1994 idt ISO 9001:1994
有效期:2000.5.19～2003.5.19

江汉石油管理局勘察设计研究院
地址:湖北省潜江市向阳建设路1号
邮政编码:433123
证书注册编号:2400A0027
体系认证标准:GB/T 19001—1994 idt ISO 9001:1994
有效期:2000.5.19～2003.5.19

杭州信安建设监理有限公司
地址:浙江省杭州市石桥路338号
邮政编码:310022
证书注册编号:2400B0028
体系认证标准:GB/T 19002—1994 idt ISO 9002:1994
有效期:2000.5.19～2003.5.19

机械工业部第二设计研究院
地址:浙江省杭州市石桥路338号
邮政编码:310022
证书注册编号:2400A0029
体系认证标准:GB/T 19001—1994 idt ISO 9001:1994
有效期:2000.5.19～2003.5.19

***北京市城建建筑设计研究院有限公司**
地址:北京市西城区西二环路甲1号
邮政编码:100037
电话:(010)88362266
传真:(010)68300794
董事长:沈尧昌 院长:张文华
证书注册编号:2400A0030
体系认证标准:GB/T 19001—1994 idt ISO 9001:1994
获证体系覆盖产品:工程咨询、工程设计
有效期:2000.5.19～2003.5.19

重庆钢铁集团设计院
地址:重庆大渡口区大堰三村一幢1号
邮政编码:400080
证书注册编号:2400A0031
体系认证标准:GB/T 19001—1994 idt ISO 9001:1994
有效期:2000.6.5～2003.6.5

北京市城建设计研究院有限责任公司

地址:北京市阜成门北大街5号院
邮政编码:100037
证书注册编号:2400A0032
体系认证标准:GB/T 19001－1994 idt ISO 9001:1994
有效期:2000.6.5～2003.6.5

吉林省冶金设计院
地址:吉林省长春市自由大路3号
邮政编码:130021
证书注册编号:2400A0033
体系认证标准:GB/T 19001－1994 idt ISO 9001:1994
有效期:2000.6.5～2003.6.5

***吉林省建筑设计院**
地址:吉林省长春市朝阳区人民大街67号
邮政编码:130051
电话:(0431)2783340
传真:(0431)2723805
法定代表人:焦洪军
证书注册编号:2400A0034
体系认证标准:GB/T 19001－1994 idt ISO 9001:1994
获证体系覆盖产品:工程咨询、工程设计、工程勘察
有效期:2000.6.5～2003.6.5

北京市工业设计研究院
地址:北京市宣武区广安门外大街甲275号
邮政编码:100055
证书注册编号:2400A0035
体系认证标准:GB/T 19001－1994 idt ISO 9001:1994
有效期:2000.6.5～2003.6.5

江苏省溧阳市五星建筑安装集团有限公司
地址:江苏溧阳市南渡镇永安路217号
邮政编码:213371
证书注册编号:2400B0036
体系认证标准:GB/T 19002－1994 idt ISO 9002:1994
有效期:2000.6.5～2003.6.5

南通市第十建筑安装工程有限公司
地址:江苏省南通市环城东路76号
邮政编码:226001
证书注册编号:2400B0037
体系认证标准:GB/T 19002－1994 idt ISO 9002:1994
有效期:2000.6.13～2003.6.13

黑龙江省建筑设计研究院
地址:黑龙江省哈尔滨市南岗区奋斗路1号
邮政编码:150008
证书注册编号:2400A0038
体系认证标准:GB/T 19001－1994 idt ISO 9001:1994
有效期:2000.6.13～2003.6.13

深圳市城规划设计研究院
地址:广东省深圳市振兴路3号建艺大厦十层
邮政编码:518031
证书注册编号:2400A0039
体系认证标准:GB/T 19001－1994 idt ISO 9001:1994
有效期:2000.6.19～2003.6.19

武汉长江控制设备研究所
地址:湖北省武汉解放大道1155号
邮政编码:430010
证书注册编号:2400A0040
体系认证标准:GB/T 19001－1994 idt ISO 9001:1994
有效期:2000.6.19～2003.6.19

中国冶金建设集团包头钢铁设计
地址:内蒙古包头市钢铁大街39号
邮政编码:014010
证书注册编号:2400A0041
体系认证标准:GB/T 19001－1994 idt ISO 9001:1994
有效期:2000.6.19～2003.6.19

***长江水利委员会长江科学院(含长江工程技术公司、武汉长澳大地工程有限公司)**
地址:湖北省武汉市黄浦路23号
邮政编码:430010
电话:(027)82829710
传真:(027)82829726 8282780
证书注册编号:2400A0042
体系认证标准:GB/T 19001－1994 idt ISO 9001:1994
获证体系覆盖产品:科学研究、工程咨询、工程设计(含仪器设备设计)、工程总承包、工程建设监理
有效期:2000.7.3～2003.7.3

北京市勘察设计研究院
地址:北京市海淀区复兴门外羊坊店路15号
邮政编码:100038
证书注册编号:2400A0043
体系认证标准:GB/T 19001－1994 idt ISO 9001:1994
有效期:2000.7.3～2003.7.3

中兵勘察设计研究院
地址:北京市西便门内大街79号
邮政编码:100053
证书注册编号:2400A0044
体系认证标准:GB/T 19001－1994 idt ISO 9001:1994
有效期:2000.7.3～2003.7.3

南通市工业建筑设计院
地址:江苏省南通市北园2号
邮政编码:226001
证书注册编号:2400A0045
体系认证标准:GB/T 19001－1994 idt ISO 9001:1994
有效期:2000.7.3～2003.7.3

广州市市政工程设计研究院
地址:广东广州市环市东路348号东梯
邮政编码:510060
证书注册编号:2400A0046
体系认证标准:GB/T 19001－1994 idt ISO 9001:1994
有效期:2000.7.3～2003.7.3

煤炭工业西安设计研究院
地址:陕西省西安市雁塔路北段64号
邮政编码:710054
证书注册编号:2400A0047
体系认证标准:GB/T 19001－1994 idt ISO 9001:1994
有效期:2000.7.19～2003.7.19

陕西中安监理公司
地址:陕西省西安市雁塔路北段64号
邮政编码:710051
证书注册编号:2400B0048
体系认证标准:GB/T 19002－1994 idt ISO 9002:1994
有效期:2000.7.19～2003.7.19

中国石化集团洛阳石油化工工程公司
地址:河南省洛阳市中州西路27号
邮政编码:471003

证书注册编号:2400A0049
体系认证标准:GB/T 19001—1994 idt ISO 9001:1994
有效期:2000.7.19～2003.7.19

江苏盛华工程监理咨询有限公司
地址:江苏省徐州市淮海西路241号
邮政编码:221006
证书注册编号:2400B0050
体系认证标准:GB/T 19002—1994 idt ISO 9002:1994
有效期: 2000.7.19～2003.7.19

江西省交通设计院
地址:江西省南昌市工人新村一路4号
邮政编码:330002
证书注册编号:2400A0051
体系认证标准:GB/T 19001—1994 idt ISO 9001:1994
有效期:2000.8.1～2003.8.1

中国兵器工业第六设计研究院(北方设计研究院)(含分院)
地址:河北省石家庄市裕华东路199号
邮政编码:050011
证书注册编号:2400A0052
体系认证标准:GB/T 19001—1994 idt ISO 9001:1994
有效期:2000.8.1～2003.8.1

中国冶金建设集团马鞍山钢铁设计研究总院
地址:安徽省马鞍山市湖南路25号
邮政编码:243005
证书注册编号:2400A0053
体系认证标准:GB/T 19001—1994 idt ISO 9001:1994
有效期:2000.8.1～2003.8.1

中国石油天然气集团公司规划
地址:北京市海淀区志新西路3号938信箱
邮政编码:100083
证书注册编号:2400A0054
体系认证标准:GB/T 19001—1994 idt ISO 9001:1994
环境影响评价、工程总承包
有效期:2000.8.1～2003.8.1

水利部黄河水利委员会勘测规划设计研究院
地址:河南省郑州市金水路109号
邮政编码:450003
证书注册编号:2400A0055
体系认证标准:GB/T 19001—1994 idt ISO 9001:1994
设计(含设备设计)、工程建设监理
有效期:2000.8.1～2003.8.1

中国冶金建设集团鞍山焦化耐火材料设计研究总院
地址:辽宁省鞍山市南胜利路27号
邮政编码:114002
证书注册编号:2400A0056
体系认证标准:GB/T 19001—1994 idt ISO 9001:1994
有效期:2000.8.1～2003.8.1

煤炭工业部南京设计研究院
地址:江苏南京市浦口区浦东路20号
邮政编码:210031
证书注册编号:2400A0057
体系认证标准:GB/T 19001—1994 idt ISO 9001:1994
有效期:2000.8.9～2003.8.9

中国轻工业北京设计院
地址:北京市朝阳区团结湖
邮政编码:100026
证书注册编号:2400A0058
体系认证标准:GB/T 19001—1994 idt ISO 9001:1994
有效期:2000.8.9～2003.8.9

哈尔滨中建工程有限公司
地址:黑龙江省哈尔滨市道里区民安街150号
邮政编码:150076
证书注册编号:2400B0059
体系认证标准:GB/T 19002—1994 idt ISO 9002:1994
有效期:2000.8.9～2003.8.9

核工业南京工程勘察院
地址:江苏省南京市察哈尔路十六号
邮政编码:210003
证书注册编号:2400B0060
体系认证标准:GB/T 19002—1994 idt ISO 9002:1994
有效期:2000.9.7～2003.9.7

华北石油勘察设计研究院
地址:河北省任丘市华北石油勘察设计研究院
邮政编码:062552
证书注册编号:2400A0061
体系认证标准:GB/T 19001—1994 idt ISO 9001:1994
有效期:2000.9.7～2003.9.7

辽宁省水利水电勘测设计研究院
地址:辽宁沈阳市和平区光荣街68号
邮政编码:110006
证书注册编号:2400A0062
体系认证标准:GB/T 19001—1994 idt ISO 9001:1994
有效期:2000.9.7～2003.9.7

辽宁有色勘察研究院
地址:辽宁沈阳市和平区柳州街17号
邮政编码:110002
证书注册编号:2400A0063
体系认证标准:GB/T 19001—1994 idt ISO 9001:1994
有效期:2000.9.7～2003.9.7

苏州市建筑设计研究院
地址:江苏省苏州市人民路143号
邮政编码:215002
证书注册编号:2400A0064
体系认证标准:GB/T 19001—1994 idt ISO 9001:1994
有效期:2000.9.7～2003.9.7

南京水泥工业设计研究院
地址:江苏省南京市汉中路209号
邮政编码:210029
证书注册编号:2400A0065
体系认证标准:GB/T 19001—1994 idt ISO 9001:1994
有效期:2000.9.7～2003.9.7

***河北省水利水电第二勘测设计研究院**
地址:河北省石家庄市桥东区平安南大街107号
邮政编码:050021
电话:(0311)6012798
传真:(0311)6012727
法定代表人:蔡骥利
证书注册编号:2400A0066
体系认证标准:GB/T 19001—1994 idt ISO 9001:1994
获证体系覆盖产品:工程咨询、工程勘察、工程设计
有效期:2000.9.7～2003.9.7

中国电子工程设计院
地址:北京市海淀区万寿路27号
邮政编码:100840
证书注册编号:2400A0067
体系认证标准:GB/T 19001-1994 idt ISO 9001:1994
有效期:2000.9.7～2003.9.7

***新疆石油管理局独山子设计院**
地址:新疆克拉玛依市独山子区
邮政编码:833600
电话:(0992)3866904
传真:(0992)3864515
法定代表人:王国斌
证书注册编号:2400A0068
体系认证标准:GB/T 19001-1994 idt ISO 9001:1994
获证体系覆盖产品:工程咨询、工程设计(含设备设计)
有效期:2000.9.28～2003.9.28

无锡市建苑工程监理有限责任公司
地址:无锡市石皮巷2号
邮政编码:214001
证书注册编号:2400B0069
体系认证标准:GB/T 19002-1994 idt ISO 9002:1994
有效期:2000.9.28～2003.9.28

鑫诚建设监理公司
地址:北京市复兴路乙12号
邮政编码:100814
证书注册编号:2400B0070
体系认证标准:GB/T 19002-1994 idt ISO 9002:1994
有效期:2000.9.28～2003.9.28

煤炭工业部邯郸设计研究院
地址:河北省邯郸市滏河北大街114号
邮政编码:056031
证书注册编号:2400A0071
体系认证标准:GB/T 19001-1994 idt ISO 9001:1994
有效期:2000.9.28～2003.9.28

***浙江省水利水电勘测设计院**
地址:浙江省杭州市上城区镇东楼46号
邮政编码:310002
电话:(0571)6076982-3204
传真:(0571)6052851
法定代表人:徐成章
证书注册编号:2400A0072
体系认证标准:GB/T 19001-1994 idt ISO 9001:1994
获证体系覆盖产品:工程咨询、工程勘察、工程设计、工程建设监理
有效期:2000.9.28～2003.9.28

甘肃华成建筑安装工程有限责任公司
地址:甘肃省兰州市安宁西路22号
邮政编码:730070
证书注册编号:2400B0073
体系认证标准:GB/T 19002-1994 idt ISO 9002:1994
有效期:2000.9.28～2003.9.28

吉林省公路勘测设计院
地址:吉林省长春市工农大路17号
邮政编码:130021
证书注册编号:2400A0074
体系认证标准:GB/T 19001-1994 idt ISO 9001:1994
有效期:2000.9.28～2003.9.28

中国耀华玻璃集团公司设计研究院
地址:河北秦皇岛市海港区光明路中段
邮政编码:066002
证书注册编号:2400A0075
体系认证标准:GB/T 19001-1994 idt ISO 9001:1994
有效期:2000.9.28～2003.9.28

机械工业部汽车工业规划设计研究院
地址:天津市程林庄道天山路口
邮政编码:300162
证书注册编号:2400A0076
体系认证标准:GB/T 19001-1994 idt ISO 9001:1994
有效期:2000.9.28～2003.9.28

中国航天建筑设计研究院
地址:北京市丰台路93号
邮政编码:100071
证书注册编号:2400A0077
体系认证标准:GB/T 19001-1994 idt ISO 9001:1994
有效期:2000.9.28～2003.9.28

中交第二公路勘察设计研究院
地址:湖北省武汉市汉阳区鹦鹉大道498号
邮政编码:430052
证书注册编号:2400A0078
体系认证标准:GB/T 19001-1994 idt ISO 9001:1994
有效期:2000.10.13～2003.10.13

北京京岩工程有限公司
地址:北京市朝阳区左家庄三区七号楼
邮政编码:100028
证书注册编号:2400B0079
体系认证标准:GB/T 19002-1994 idt ISO 9002:1994
有效期:2000.10.13～2003.10.13

湖北省交通规划设计院
地址:湖北省武汉汉阳二桥路5号
邮政编码:430051
证书注册编号:2400A0080
体系认证标准:GB/T 19001-1994—ISO 9001:1994
有效期:2000.10.13～2003.10.13

中交第四航务工程勘察设计院
地址:广东省广州市前进路161号
邮政编码:510230
证书注册编号:2400A0081
体系认证标准:GB/T 19001-1994 idt ISO 9001:1994
有效期:2000.10.13～2003.10.13

北京市城建勘察测绘院
地址:北京市朝阳区安慧里五区六号
邮政编码:100101
证书注册编号:2400A0082
体系认证标准:GB/T 19001-1994 idt ISO 9001:1994
有效期:2000.11.7～2003.11.7

南宁华轻建设监理公司
地址:广西南宁市江南路42号
邮政编码:530031
证书注册编号:2400B0083
体系认证标准:GB/T 19002-1994 idt ISO 9002:1994
有效期:2000.11.7～2003.11.7

厦门市思明区建筑工程总公司
地址:厦门市思明南路305号思建总
邮政编码:361005
证书注册编号:2400B0084
体系认证标准:GB/T 19002-1994 idt ISO 9002:1994
有效期:2000.11.7～2003.11.7

安徽省建筑设计研究院
地址:安徽省合肥环城南路28号
邮政编码:230001
证书注册编号:2400A0085
体系认证标准:GB/T 19001—1994 idt
ISO 9001:1994
有效期:2000.11.7～2003.11.7

鞍山钢铁集团公司设计研究院
地址:辽宁鞍山市鞍钢集团公司正门内
邮政编码:114021
证书注册编号:2400A0086
体系认证标准:GB/T 19001—1994 idt
ISO 9001:1994
有效期:2000.11.7～2003.11.7

辽宁辽河石油工程有限公司
地址:辽宁省盘锦市兴隆台区石油大街93号
邮政编码:124010
证书注册编号:2400A0087
体系认证标准:GB/T 19001—1994 idt
ISO 9001:1994
有效期:2000.11.23～2003.11.23

***中国民航机场建设总公司**
地址:北京市朝阳区北四环东路111号
邮政编码:100101
电话:(010)64922712
传真:(010)64922708
法定代表人:姚亚波
证书注册编号:2400A0088
体系认证标准:GB/T 19001—1994 idt
ISO 9001:1994
获证体系覆盖产品:工程设计,工程咨询,工程总承包
有效期:2000.11.23～2003.11.23

中国石油天然气管道工程有限公司
地址:河北省廊坊市金光道22号
邮政编码:065000
证书注册编号:2400A0089
体系认证标准:GB/T 19001—1994 idt
ISO 9001:1994
有效期:2000.11.23～2003.11.23

中盛航空工程监理公司
地址:北京市西城区德外大街12号
邮政编码:100011
证书注册编号:2400B0090
体系认证标准:GB/T 19002—1994 idt
ISO 9002:1994
有效期:2000.11.23～2003.11.23

中国冶金建设集团鞍山冶金设计研究总院
地址:辽宁省鞍山市南胜利路35号
邮政编码:114002
证书注册编号:2400A0091
体系认证标准:GB/T 19001—1994 idt
ISO 9001:1994
有效期:2000.11.23～2003.11.23

平顶山中选自控系统有限公司
地址:河南省平顶山市建设西路281号
邮政编码:467002
证书注册编号:2498B52
体系认证标准:GB/T 19002—1994 idt
ISO 9002:1994
有效期:1998.1.22～2001.1.22

深圳市鑫中建建筑设计顾问有限公司
地址:深圳市福田区振华路桑达工业区306栋西2楼
邮政编码:518031
证书注册编号:2498A63
体系认证标准:GB/T 19001—1994 idt
ISO 9001:1994
有效期:1998.8.31～2001.8.31

深圳市建筑设计研究总院(含第一、第二、第三设计院,城市环境设计研究所和十个直属设计部所)
地址:广东深圳市振华路8号设计大厦
邮政编码:518031
证书注册编号:2499A0025
体系认证标准:GB/T 19001—1994 idt
ISO 9001:1994
有效期:1999.9.25～2002.9.25

大庆油田建设设计研究院
地址:黑龙江省大庆市让胡路区西康路42号
邮政编码:163712
证书注册编号:2499A0035
体系认证标准:GB/T 19001—1994 idt
ISO 9001:1994
有效期:1999.11.3～1999.11.3

北京首钢设计院
地址:北京市石景山区首钢设计院
邮政编码:100043
证书注册编号:2499A0039
体系认证标准:GB/T 19001—1994 idt
ISO 9001:1994
有效期:1999.11.3～2002.11.3

核工业第二研究设计院(含深圳分院)
地址:北京市海淀区马神庙1号
邮政编码:100840
证书注册编号:2499A0038
体系认证标准:GB/T 19001—1994 idt
ISO 9001:1994
有效期:1999.11.3～2002.11.3

北京华兴建设监理咨询有限公司
地址:北京市阜成门外展览馆路葡萄园5号楼
邮政编码:100037
证书注册编号:2400B0092
体系认证标准:GB/T 19002—1994 idt
ISO 9002:1994
有效期:2000.11.23～2003.11.23

北京开普工程建设监理有限责任公司
地址:北京市西城区德外大街12号
邮政编码:100011
证书注册编号:2400B0093
体系认证标准:GB/T 19002—1994 idt
ISO 9002:1994
有效期:2000.12.6～2003.12.6

江苏省宝应县建筑安装工程总公司
地址:江苏扬州市宝应县城苏中路7号
邮政编码:225800
证书注册编号:2400B0094
体系认证标准:GB/T 19002—1994 idt
ISO 9002:1994
有效期:2000.12.6～2003.12.6

中油龙慧自动化工程有限公司
地址:河北省廊坊市经济技术开发区华祥路农行大厦六层
邮政编码:065001
证书注册编号:2400B0095
体系认证标准:GB/T 19002—1994 idt
ISO 9002:1994
有效期:2000.12.6～2003.12.6

贵州省交通规划勘察设计研究院
地址:贵州省贵阳市中山东路80号
邮政编码:550001
证书注册编号:2400A0096
体系认证标准:GB/T 19001—1994 idt
ISO 9001:1994
有效期:2000.12.6～2003.12.6

新疆轻工业设计研究院
地址:新疆乌鲁木齐市中山路 102 号
邮政编码:830002
证书注册编号:2400A0098
体系认证标准:GB/T 19001—1994 idt ISO 9001:1994
有效期:2000.12.6～2003.12.6

新疆轻鑫工程监理有限责任公司
地址:新疆乌鲁木齐市中山路 102 号
邮政编码:830002
证书注册编号:2400B0099
体系认证标准:GB/T 19002—1994 idt ISO 9002:1994
有效期:2000.12.6～2003.12.6

北京鸿祥工程建设监理有限责任公司
地址:北京市西城区二龙路丙 33 号
邮政编码:100032
证书注册编号:2400B0100
体系认证标准:GB/T 19002—1994 idt ISO 9002:1994
有效期:2000.12.6～2003.12.6

中煤工程设计咨询集团沈阳设计研究院
地址:辽宁省沈阳市沈河区先农坛路 12 号
邮政编码:110015
证书注册编号:2400A0101
体系认证标准:GB/T 19001—1994 idt ISO 9001:1994
有效期:2000.12.6～2003.12.6

化工部连云港设计研究院（连海工程公司）
地址:江苏省连云港市朝阳西路 51 号
邮政编码:222004
证书注册编号:2400A0102
体系认证标准:GB/T 19001—1994 idt ISO 9001:1994
有效期:2000.12.6～2003.12.6

青岛海洋地质工程勘察院
地址:山东青岛市市南区福州路 62 号
邮政编码:266071
证书注册编号:2400B0103
体系认证标准:GB/T 19002—1994 idt ISO 9002:1994
有效期:2000.12.6～2003.12.6

顺德市勘测有限公司
地址:广东省顺德市大良镇金榜开发区广珠公路边
邮政编码:528300
证书注册编号:2400A0104
体系认证标准:GB/T 19001—1994 idt ISO 9001:1994
获证体系覆盖产品:工程地质;岩土工程设计、施工
有效期:2000.12.6～2003.12.6

建设部建筑设计院
地址:北京市车公庄大街甲 19 号
邮政编码:100044
证书注册编号:2400A0105
体系认证标准:GB/T 19001—1994 idt ISO 9001:1994
有效期:2000.12.7～2003.12.7

*** 江苏省水利勘测设计研究院**
地址:江苏省扬州市江阳中路 31 号
邮政编码:225009
电话:(0514)7860111
传真:(0514)7889101
证书注册编号:2400A0106
体系认证标准:GB/T 19001—1994 idt ISO 9001:1994
获证体系覆盖产品:工程咨询(含规划),工程设计
有效期:2000.12.7～2003.12.7

洛阳石化工程建设监理公司
地址:河南省洛阳市中州西路 27 号
邮政编码:471003
证书注册编号:2400B0107
体系认证标准:GB/T 19002—1994 idt ISO 9002:1994
有效期:2000.12.7～2003.12.7

沈阳铝镁设计研究院
地址:辽宁省沈阳市和平区和平北大街 184 号
邮政编码:110001
证书注册编号:2400A0108
体系认证标准:GB/T 19001—1994 idt ISO 9001:1994
有效期:2000.12.7～2003.12.7

北京市市政工程设计研究总院
地址:北京市西城区月坛南街乙 2 号
邮政编码:100045
证书注册编号:2400A0109
体系认证标准:GB/T 19001—1994 idt ISO 9001:1994
有效期:2000.12.7～2003.12.7

天津市地质工程勘察院（含天津市地质基础工程公司）
地址:天津市南开区红旗南路 261 号
邮政编码:300191
证书注册编号:2400A0110
体系认证标准:GB/T 19001—1994 idt ISO 9001:1994
有效期:2000.12.16～2003.12.16

*** 中航工程监理有限责任公司**
地址:北京市朝阳区北四环东路 111 号
邮政编码:100101
电话:(010)64944853
传真:(010)64922708
法定代表人:汪宗平
证书注册编号:2400B0111
体系认证标准:GB/T 19002—1994 idt ISO 9002:1994
获证体系覆盖产品:工程建设监理
有效期:2000.12.16～2003.12.16

淮阴市建筑设计研究院
地址:江苏省淮阴市淮海北路 88 号
邮政编码:223001
证书注册编号:2400A0112
体系认证标准:GB/T 19001—1994 idt ISO 9001:1994
有效期:2000.12.16～2003.12.16

广西壮族自治区交通规划勘察设计
地址:广西壮族自治区南宁市人民路北一里 1 号
邮政编码:530011
证书注册编号:2400A0113
体系认证标准:GB/T 19001—1994 idt ISO 9001:1994
有效期:2000.12.16～2003.12.16

广东省建筑设计研究院
地址:广东省广州市流花路 97 号
邮政编码:510010
证书注册编号:2400A0114
体系认证标准:GB/T 19001—1994 idt ISO 9001:1994
有效期:2000.12.16～2003.12.16

青岛市建筑设计研究院
地址:山东青岛市金口一路 4 号
邮政编码:266003

证书注册编号:2400A0115
体系认证标准:GB/T 19001—1994 idt
ISO 9001:1994
有效期:2000.12.16～2003.12.16

国家药品监督管理局重庆医药设计院
地址:重庆市渝中区大坪正街8号
邮政编码:400042
证书注册编号:2400A0116
体系认证标准:GB/T 19001—1994 idt
ISO 9001:1994
有效期:2000.12.16～2003.12.16

重庆市公路勘察设计研究院
地址:重庆市南岸区四公里街132号
邮政编码:400067
证书注册编号:2400A0117
体系认证标准:GB/T 19001—1994 idt
ISO 9001:1994
有效期:2000.12.16～2003.12.16

武汉安全环保研究院
地址:湖北省武汉市青山区和平大道1244号
邮政编码:430081
证书注册编号:2400A0118
体系认证标准:GB/T 19001—1994 idt
ISO 9001:1994
有效期:2000.12.16～2003.12.16

江苏省冶金设计院
地址:江苏南京市大光路大阳沟98号
邮政编码:210007
证书注册编号:2400A0119
体系认证标准:GB/T 19001—1994 idt
ISO 9001:1994
有效期:2000.12.25～2003.12.25

杭州市电信工程有限公司
地址:浙江省杭州市天目山路68—1号
邮政编码:310013
证书注册编号:2400B0120
体系认证标准:GB/T 19002—1994 idt
ISO 9002:1994
有效期:2000.12.25～2003.12.25

水利部新疆维吾尔自治区水利水电勘测设计研究院
地址:新疆乌鲁木齐市黑龙江路19号
邮政编码:830000
证书注册编号:2400A0121
体系认证标准:GB/T 19001—1994 idt
ISO 9001:1994
有效期:2000.12.25～2003.12.25

水利部淮河水利委员会规划设计研究院
地址:安徽省蚌埠市凤阳西路41号
邮政编码:233001
证书注册编号:2400A0122
体系认证标准:GB/T 19001—1994 idt
ISO 9001:1994
有效期:2000.12.25～2003.12.25

南京华宁工程建设监理公司
地址:江苏南京市浦口区浦东路20号
邮政编码:210031
证书注册编号:2400B0123
体系认证标准:GB/T 19002—1994 idt
ISO 9002:1994
有效期:2000.12.25～2003.12.25

北京市水利科学研究所
地址:北京市海淀区车公庄西路21号
邮政编码:100044
证书注册编号:2400A0124
体系认证标准:GB/T 19001—1994 idt
ISO 9001:1994
有效期:2000.12.25～2003.12.25

北京市纺织工业设计咨询公司
地址:北京市朝阳区朝外道家村一号
邮政编码:100025
证书注册编号:2400B0125
体系认证标准:GB/T 19002—1994 idt
ISO 9002:1994
有效期:2000.12.25～2003.12.25

南通市建筑设计院
地址:江苏省南通市青年中路76号
邮政编码:226006
证书注册编号:2400A0126
体系认证标准:GB/T 19001—1994 idt
ISO 9001:1994
有效期:2000.12.25～2003.12.25

镇江工业民用建筑设计研究院
地址:江苏省镇江市京河路22号
邮政编码:212003
证书注册编号:2400A0127
体系认证标准:GB/T 19001—1994 idt
ISO 9001:1994
有效期:2000.12.25～2003.12.25

中国轻工业西安设计院
地址:陕西省西安市柿园路18号
邮政编码:710048
证书注册编号:2400A0128
体系认证标准:GB/T 19001—1994 idt
ISO 9001:1994
有效期:2000.12.25～2003.12.25

浙江省建筑设计研究院
地址:浙江省杭州市安吉路18号
邮政编码:310006
证书注册编号:2400A0129
体系认证标准:GB/T 19001—1994 idt
ISO 9001:1994
有效期:2000.12.25～2003.12.25

国家医药管理局武汉医药设计院
地址:湖北省武汉市武昌黄鹂路25号
邮政编码:430077
证书注册编号:2400A0130
体系认证标准:GB/T 19001—1994 idt
ISO 9001:1994
有效期:2000.12.25～2003.12.25

辽宁诚信建设监理有限责任公司
地址:辽宁省沈阳市沈河区先农坛路12号
邮政编码:110015
证书注册编号:2400B0131
体系认证标准:GB/T 19002—1994 idt
ISO 9002:1994
有效期:2000.12.25～2003.12.25

山东省水利勘测设计院(含山东省水利水电建筑工程承包有限公司,山东水利工程建设监理公司,山东省基础工程公司)
地址:山东省济南市历山路121号
邮政编码:250013
证书注册编号:2400A0132
体系认证标准:GB/T 19001—1994 idt
ISO 9001:1994
有效期:2000.12.29～2003.12.29

邯郸钢铁集团有限责任公司设计院
地址:河北省邯郸市复兴路232号
邮政编码:056015
证书注册编号:2400A0133
体系认证标准:GB/T 19001—1994 idt
ISO 9001:1994
有效期:2000.12.29～2003.12.29

湖北省水利水电勘测设计院
地址：湖北省武汉市武昌区武珞路七巷66号
邮政编码：430070
证书注册编号：2400A0134
体系认证标准：GB/T 19001－1994 idt ISO 9001:1994
有效期：2000.12.29～2003.12.29

武汉兰特工程建设监理公司
地址：湖北武汉市武昌区首义路176号
邮政编码：430060
证书注册编号：2400B0135
体系认证标准：GB/T 19002－1994 idt ISO 9002:1994
有效期：2000.12.29～2003.12.29

广西建筑科学研究设计院
地址：广西南宁市北大南路17号
邮政编码：530011
证书注册编号：2400A0136
体系认证标准：GB/T 19001－1994 idt ISO 9001:1994
有效期：2000.12.29～2003.12.29

中铁四局集团第二工程有限公司
地址：安徽省阜阳市幸福路6号
邮政编码：236028
证书注册编号：2498B69
体系认证标准：GB/T 19002－1994 idt ISO 9002:1994
有效期：1998.11.5～2001.11.5

长沙冶金设计研究院（含工程建设总承包公司、湖南和天建设监理公司、深圳分院、勘察院）
地址：湖南省长沙市劳动东路33号
邮政编码：410007
证书注册编号：2499A0054
体系认证标准：GB/T 19001－1994 idt ISO 9001:1994
有效期：1999.12.13～2002.12.13

8·1 质量体系认证中心

盘锦华日化学有限公司
地址：辽宁省盘锦市兴隆台工业开发区
邮政编码：124013
证书注册编号：2500B0001
体系认证标准：GB/T 19002－1994 idt ISO 9002：1994
有效期：2000.1.7～2003.1.6

福建省腾龙工业公司
（漳州瑞龙化工有限公司）
地址：福建省龙海市
邮政编码：363111
证书注册编号：2500B0002
体系认证标准：GB/T 19002－1994 idt ISO 9002：1994
有效期：2000.1.7～2003.1.6

江苏省扬中市捷野离合器厂
地址：江苏省扬中市
邮政编码：212221
证书注册编号：2500B0003
体系认证标准：GB/T 19002－1994 idt ISO 9002：1994
有效期：2000.1.7～2003.1.6

北京市三晶现代科技集团
地址：北京市海淀区知春路 56 号
邮政编码：100086
证书注册编号：2500A0004
体系认证标准：GB/T 19001－1994 idt ISO 9001：1994
有效期：2000.1.7～2003.1.6

泉州市双塔汽车制泵厂
地址：福建省泉州市西街甘棠巷 20 号
邮政编码：362000
证书注册编号：2500B0005
体系认证标准：GB/T 19002－1994 idt ISO 9002：1994
有效期：2000.1.7～2003.1.6

山东金号织业有限公司
地址：山东省茌平县中心街 285 号
邮政编码：252100
证书注册编号：2500B0006
体系认证标准：GB/T 19002－1994 idt ISO 9002：1994
有效期：2000.1.12～2003.1.11

山西省海鑫钢铁（集团）有限公司
地址：山西省闻喜县东镇
邮政编码：043801
证书注册编号：2500B0007
体系认证标准：GB/T 19002－1994 idt ISO 9002：1994
有效期：2000.1.14～2003.1.13

山东省军工服装厂
地址：山东省莱阳市照旺庄镇
邮政编码：265225
证书注册编号：2500B0008
体系认证标准：GB/T 19002－1994 idt ISO 9002：1994
有效期：2000.1.14～2003.1.13

武汉市 8171 厂
（武汉市武公被服厂）
地址：武汉市汉阳区陈前嘴特 1 号
邮政编码：430051
证书注册编号：2500B0009
体系认证标准：GB/T 19002－1994 idt ISO 9002：1994
有效期：2000.1.14～2003.1.13

中国人民解放军第三五零三工厂
（南京被服厂）
地址：江苏省南京市中山北路 279 号
邮政编码：210003
证书注册编号：2500B0010
体系认证标准：GB/T 19002－1994 idt ISO 9002：1994
有效期：2000.1.14～2003.1.13

葫芦岛药物化工厂
地址：辽宁省葫芦岛市龙港区
邮政编码：125003
证书注册编号：2500B0011
体系认证标准：GB/T 19002－1994 idt ISO 9002：1994
有效期：2000.1.21～2003.1.20

无锡市优耐特精密轴承厂
地址：江苏省无锡市清扬路
邮政编码：214023
证书注册编号：2500B0012
体系认证标准：GB/T 19002－1994 idt ISO 9002：1994
有效期：2000.1.21～2003.1.20

山东东阿皮革集团总公司
地址：山东省东阿县
邮政编码：252219
证书注册编号：2500B0013
体系认证标准：GB/T 19002－1994 idt ISO 9002：1994
有效期：2000.1.21～2003.1.20

吉林省百洋装饰集团有限公司
地址：吉林省长春市北京大街 10 号
邮政编码：130051
证书注册编号：2500B0014
体系认证标准：GB/T 19002－1994 idt ISO 9002：1994
有效期：2000.1.21～2003.1.20

海南省血液中心
地址：海南省海口市先烈路 34 号
邮政编码：570311
证书注册编号：2500B0015
体系认证标准：GB/T 19002－1994 idt ISO 9002：1994
有效期：2000.1.24～2003.1.24

巩义市振兴耐火材料有限公司
地址：河南省巩义市白窑
邮政编码：451250
证书注册编号：2500B0016
体系认证标准：GB/T 19002－1994 idt ISO 9002：1994

有效期:2000.1.24～2003.1.24

本溪钢铁(集团)设计研究院
地址:辽宁本溪市平山区新城路51号
邮政编码:117000
证书注册编号:2500A0017
体系认证标准:GB/T 19001—1994 idt ISO 9001:1994
有效期:2000.1.24～2003.1.24

荷泽卫生用品厂
地址:山东省菏泽市岳翔路79号
邮政编码:274000
证书注册编号:2500B0018
体系认证标准:GB/T 19002—1994 idt ISO 9002:1994
有效期:2000.1.24～2003.1.24

武汉电信勘察设计院
地址:湖北省武汉市前三眼桥路88号
邮政编码:430015
证书注册编号:2500A0019
体系认证标准:GB/T 19001—1994 idt ISO 9001:1994
有效期:2000.1.24～2003.1.24

江苏省扬中市跃进汽车附件厂
地址:江苏省扬中市兴隆镇
邮政编码:212215
证书注册编号:2500B0020
体系认证标准:GB/T 19002—1994 idt ISO 9002:1994
有效期:2000.1.26～2003.1.25

吉林省公主岭第一汽车配件厂
地址:吉林公主岭市
邮政编码:136100
证书注册编号:2500B0021
体系认证标准:GB/T 19002—1994 idt ISO 9002:1994
有效期:2000.1.26～2003.1.25

新乡市大北农饲料厂
地址:河南省辉县市东新庄
邮政编码:453600
证书注册编号:2500B0022
体系认证标准:GB/T 19002—1994 idt ISO 9002:1994
有效期:2000.1.26～2003.1.25

三环集团谷成车桥有限公司
地址:湖北省谷成县
邮政编码:441700
证书注册编号:2500B0023
体系认证标准:GB/T 19002—1994 idt ISO 9002:1994
有效期:2000.1.26～2003.1.25

江苏省京江陶瓷厂
地址:江苏省镇江市句容
邮政编码:212416
证书注册编号:2500B0024
体系认证标准:GB/T 19002—1994 idt ISO 9002:1994
有效期:2000.1.26～2003.1.25

北京市人民矿山机械厂
地址:北京市门头沟区中门寺街69号
邮政编码:102300
证书注册编号:2500A0025
体系认证标准:GB/T 19001—1994 idt ISO 9001:1994
有效期:2000.1.26～2003.1.25

北京市中兴盛商贸有限公司
地址:北京市丰台区长辛店云岗路9号
邮政编码:100072
证书注册编号:2500B0026
体系认证标准:GB/T 19002—1994 idt ISO 9002:1994
有效期:2000.1.26～2003.1.25

公主岭市汽车锁厂
地址:吉林省公主岭市西公主大街106号
邮政编码:136100
证书注册编号:2500B0027
体系认证标准:GB/T 19002—1994 idt ISO 9002:1994
有效期:2000.1.27～2003.1.26

石家庄国贸假日酒店有限公司
地址:河北省石家庄市中山西路125号
邮政编码:050000
证书注册编号:2500B0028
体系认证标准:GB/T 19002—1994 idt ISO 9002:1994
有效期:2000.1.27～2003.1.26

中国人民解放军第三五一七工厂
地址:湖南岳阳市洞庭北路71号
邮政编码:414000
证书注册编号:2500A0029
体系认证标准:GB/T 19001—1994 idt ISO 9001:1994
有效期:2000.1.27～2003.1.26

北京市五木服装有限责任公司
地址:北京市通州区牛堡屯陆辛庄
邮政编码:101104
证书注册编号:2500B0030
体系认证标准:GB/T 19002—1994 idt ISO 9002:1994
有效期:2000.1.27～2003.1.26

巩义市欣鑫耐火材料有限公司
地址:中国河南巩义市白窑
邮政编码:451250
证书注册编号:2500B0031
体系认证标准:GB/T 19002—1994 idt ISO 9002:1994
有效期:2000.1.27～2003.1.26

营口市向阳化工总厂
地址:辽宁省营口市老边区
邮政编码:115005
证书注册编号:2500B0032
体系认证标准:GB/T 19002—1994 idt ISO 9002:1994
有效期:2000.1.27～2003.1.26

湖北省沙洋制式服装厂
地址:湖北省沙洋县
邮政编码:448200
证书注册编号:2500B0033
体系认证标准:GB/T 19002—1994 idt ISO 9002:1994
有效期:2000.2.18～2003.2.18

中国人民解放军第三五零五工厂
地址:辽宁省沈阳市大东区小什字街160号
邮政编码:110041
证书注册编号:2500B0034
体系认证标准:GB/T 19002—1994 idt ISO 9002:1994
有效期:2000.2.18～2003.2.18

天津双鹿大厦
地址:天津市南开三马路165号
邮政编码:300100
证书注册编号:2500B0035
体系认证标准:GB/T 19002—1994 idt ISO 9002:1994
有效期:2000.2.18～2003.2.18

浙江陆陆顺鞋业有限公司
地址:浙江永嘉瓯北亚龙路66号
邮政编码:325102
证书注册编号:2500B0036
体系认证标准:GB/T 19002—1994 idt ISO 9002:1994
有效期:2000.2.18～2003.2.18

大石桥市石化配件厂
地址:辽宁大石桥市金桥开发区李屯村
邮政编码:115100
证书注册编号:2500B0037
体系认证标准:GB/T 19002—1994 idt ISO 9002:1994
有效期:2000.2.18～2003.2.18

长沙市方明活塞环实业有限责任公司
地址:湖南长沙市芙蓉北路71号宝安市场5—19号
邮政编码:410008
证书注册编号:2500B0038
体系认证标准:GB/T 19002—1994 idt ISO 9002:1994
有效期:2000.2.18～2003.2.18

无锡市矿山机械厂
地址:江苏省无锡市城南路7号
邮政编码:214028
证书注册编号:2500B0039
体系认证标准:GB/T 19002—1994 idt ISO 9002:1994
有效期:2000.2.21～2003.2.20

山东武城华能玻璃钢制品有限公司
地址:山东省武城县鲁权屯工业开发区
邮政编码:253308
证书注册编号:2500B0040
体系认证标准:GB/T 19002—1994 idt ISO 9002:1994
有效期:2000.2.23～2003.2.22

鞍钢实业发展总公司钢绳厂
地址:辽宁省鞍山市千山区灵山红旗路18号
邮政编码:114042
证书注册编号:2500B0041
体系认证标准:GB/T 19002—1994 idt ISO 9002:1994
有效期:2000.2.23～2003.2.22

无锡市高速分析仪器厂
地址:江苏省无锡市惠钱路127号
邮政编码:214151
证书注册编号:2500A0042
体系认证标准:GB/T 19001—1994 idt ISO 9001:1994
有效期:2000.2.23～2003.2.22

吉林新爱达实业有限公司
地址:吉林省吉林市122号信箱
邮政编码:132021
证书注册编号:2500B0043
体系认证标准:GB/T 19002—1994 idt ISO 9002:1994
有效期:2000.2.25～2003.2.24

葫芦岛市石油机具厂
地址:辽宁省葫芦岛市龙港区锦葫北路44号
邮政编码:125003
证书注册编号:2500B0044
体系认证标准:GB/T 19002—1994 idt ISO 9002:1994
有效期:2000.2.25～2003.2.24

北京石林土石方工程有限公司
地址:北京市朝阳区楼梓庄乡
邮政编码:100024
证书注册编号:2500B0045
体系认证标准:GB/T 19002—1994 idt ISO 9002:1994
有效期:2000.3.1～2003.2.28

南通市第八建筑安装工程公司
地址:江苏省南通市人民西路77号
邮政编码:226005
证书注册编号:2500B0046
体系认证标准:GB/T 19002—1994 idt ISO 9002:1994
有效期:2000.3.1～2003.2.28

锡山市永兴林业机械厂
地址:江苏省锡山市(无锡市)长安镇
邮政编码:214177
证书注册编号:2500B0047
体系认证标准:GB/T 19002—1994 idt ISO 9002:1994
有效期:2000.3.6～2003.3.5

武汉汽车同步器齿环有限公司
地址:武汉市汉阳区汉阳大道五里墩
邮政编码:430050
证书注册编号:2500B0048
体系认证标准:GB/T 19002—1994 idt ISO 9002:1994
有效期:2000.3.7～2003.3.6

辽阳市曙光塑料厂
地址:辽阳市宏伟区光华街15号
邮政编码:111003
证书注册编号:2500B0049
体系认证标准:GB/T 19002—1994 idt ISO 9002:1994
有效期:2000.3.7～2003.3.6

营口市中兴线缆厂
地址:营口市老边区营大路3号
邮政编码:115005
证书注册编号:2500B0050
体系认证标准:GB/T 19002—1994 idt ISO 9002:1994
有效期:2000.3.8～2003.3.7

辽宁盼盼集团有限公司
地址:辽宁省大石桥市水源镇
邮政编码:115116
证书注册编号:2500B0051
体系认证标准:GB/T 19002—1994 idt ISO 9002:1994
有效期:2000.3.8～2003.3.7

吉林市丰华电力自动控制设备有限公司
地址:吉林省吉林市
邮政编码:132108
证书注册编号:2500B0052
体系认证标准:GB/T 19002—1994 idt ISO 9002:1994
有效期:2000.3.8～2003.3.7

宜兴市耐磨耐火材料总厂
地址:江苏省宜兴市张泽镇
邮政编码:214225
证书注册编号:2500B0053
体系认证标准:GB/T 19002—1994 idt ISO 9002:1994
有效期:2000.3.13～2003.3.12

即墨市三得利塑料厂
地址:山东省青岛市
邮政编码:266200
证书注册编号:2500B0054
体系认证标准:GB/T 19002—1994 idt ISO 9002:1994
有效期:2000.3.13～2003.3.12

唐山裕兴玛钢有限公司
地址:河北玉田县城西大街82号
邮政编码:064100
证书注册编号:2500B0055
体系认证标准:GB/T 19002—1994 idt ISO 9002:1994
有效期:2000.3.15～2003.3.14

四川华西建筑装饰工程有限公司
地址:四川省成都市解放北路95号
邮政编码:610081
证书注册编号:2500B0056
体系认证标准:GB/T 19002—1994 idt ISO 9002:1994
有效期:2000.3.21～2003.3.20

浙江亚龙教仪有限公司
地址:浙江省温州市瓯北镇亚龙教仪工业园
邮政编码:325105
证书注册编号:2500A0057
体系认证标准:GB/T 19001—1994 idt ISO 9001:1994
有效期:2000.3.21～2003.3.20

四川省第一建筑工程公司
地址:四川省成都市马鞍西路1号
邮政编码:610081
证书注册编号:2500B0058
体系认证标准:GB/T 19002—1994 idt ISO 9002:1994
有效期:2000.3.21～2003.3.20

河北省东光县群光水泥有限责任公司
地址:河北东光县东光镇育才西街3号
邮政编码:061600
证书注册编号:2500B0059
体系认证标准:GB/T 19002—1994 idt ISO 9002:1994
有效期:2000.3.23～2003.3.22

吉林市电力勘测设计院
地址:吉林省吉林市
邮政编码:132001
证书注册编号:2500A0060
体系认证标准:GB/T 19001—1994 idt ISO 9001:1994
有效期:2000.3.28～2003.3.27

石家庄市特种轧辊厂
地址:河北省鹿泉市
邮政编码:050221
证书注册编号:2500B0061
体系认证标准:GB/T 19002—1994 idt ISO 9002:1994
有效期:2000.4.7～2003.4.6

济南裘革制品总厂
地址:济南市生产路八号
邮政编码:250033
证书注册编号:2500B0062
体系认证标准:GB/T 19002—1994 idt ISO 9002:1994
有效期:2000.4.7～2003.4.6

沧州福道冶金制品有限公司
地址:河北省沧州市北环西路
邮政编码:061001
证书注册编号:2500B0063
体系认证标准:GB/T 19002—1994 idt ISO 9002:1994
有效期:2000.4.7～2003.4.6

北京锐驰诺科贸有限公司
地址:北京市朝阳区马甸裕民路12#聚宾商厦210室
邮政编码:100029
证书注册编号:2500B0064
体系认证标准:GB/T 19002—1994 idt ISO 9002:1994
有效期:2000.4.17～2003.4.16

山西省榆次恒裕铝业有限公司
地址:山西省榆次市张庆村南
邮政编码:030600
证书注册编号:2500B0065
体系认证标准:GB/T 19002—1994 idt ISO 9002:1994
有效期:2000.4.17～2003.4.16

鞍钢民企实业设备检修厂
地址:辽宁鞍山市铁东区前峪街130号
邮政编码:114005
证书注册编号:2500B0066
体系认证标准:GB/T 19002—1994 idt ISO 9002:1994
有效期:2000.4.17～2003.4.16

南京市室内装饰工程成套总公司
地址:南京市玄武区中山路318号
邮政编码:210008
证书注册编号:2500A0067
体系认证标准:GB/T 19001—1994 idt ISO 9001:1994
有效期:2000.4.24～2003.4.23

广西壮族自治区南宁铝厂
地址:广西南宁市亭洪路55号
邮政编码:530031
证书注册编号:2500B0068
体系认证标准:GB/T 19002—1994 idt ISO 9002:1994
有效期:2000.4.28～2003.4.27

辽河油田井下友谊钻采工具厂
地址:辽宁省盘锦市兴隆台区友谊街
邮政编码:124107
证书注册编号:2500B0069
体系认证标准:GB/T 19002—1994 idt ISO 9002:1994
有效期:2000.4.30～2003.4.29

武汉冰川集团汽车装饰材料有限公司
地址:湖北武汉市武昌区铁机路22号
邮政编码:430063
证书注册编号:2500B0070
体系认证标准:GB/T 19002—1994 idt ISO 9002:1994
有效期:2000.5.11～2003.5.10

武汉劲士制衣有限责任公司
地址:湖北武汉市武昌区铁机路22号
邮政编码:430063
证书注册编号:2500B0071
体系认证标准:GB/T 19002—1994 idt ISO 9002:1994
有效期:2000.5.11～2003.5.10

海城市水泉滑石矿业有限责任公司
地址:辽宁省海城市英落镇赵卜村
邮政编码:114213
证书注册编号:2500B0072
体系认证标准:GB/T 19002—1994 idt ISO 9002:1994
有效期:2000.5.15～2003.5.14

北京市华丰汽车橡塑密封件厂
地址:北京市通州区宋庄镇疃里工业区
邮政编码:101118
证书注册编号:2500B0073
体系认证标准:GB/T 19002—1994 idt ISO 9002:1994
有效期:2000.5.16～2003.5.16

北京市京首贸易服务有限责任公司
地址:北京市海淀区万寿路西街甲2号

邮政编码:100036
证书注册编号:2500B0074
体系认证标准:GB/T 19002—1994 idt ISO 9002:1994
有效期:2000.5.17～2003.5.16

营口交通技术有限公司
地址:辽宁营口市站前区工农路77号
邮政编码:115001
证书注册编号:2500B0075
体系认证标准:GB/T 19002—1994 idt ISO 9002:1994
有效期:2000.5.22～2003.5.21

内蒙古阿拉善庆华有限责任公司
地址:内蒙古阿拉善左旗
邮政编码:753421
证书注册编号:2500B0076
体系认证标准:GB/T 19002—1994 idt ISO 9002:1994
有效期:2000.5.26～2003.5.25

乌兰浩特市宏图建筑工程有限责任公司
地址:内蒙古乌兰浩特市
邮政编码:137400
证书注册编号:2500B0077
体系认证标准:GB/T 19002—1994 idt ISO 9002:1994
有效期:2000.5.29～2003.5.28

沈阳机车车辆厂
地址:辽宁省沈阳市皇姑区昆山西路75号
邮政编码:110035
证书注册编号:2500A(B)0078
体系认证标准:GB/T 19001(2)—1994 idt ISO 9001(2):1994
有效期:2000.5.29～2003.5.28

北京万高消防技术检测有限公司
地址:北京市西黄城根北街1号万高写字楼
邮政编码:100034
证书注册编号:2500B0079
体系认证标准:GB/T 19002—1994 idt ISO 9002:1994
有效期:2000.5.31～2003.5.30

沈阳雅特服装厂
地址:辽宁省沈阳市苏家屯区
邮政编码:110113
证书注册编号:2500A0080
体系认证标准:GB/T19001—1994 idt ISO 9001:1994
有效期:2000.6.5～2003.6.4

余姚市新新塑胶制品有限公司
地址:浙江省余姚市朗霞镇
邮政编码:315480
证书注册编号:2500A0081
体系认证标准:GB/T19001 idt ISO 9001:1994
有效期:2000.6.5～2003.6.4

北京京奥港物资配套有限责任公司
地址:北京朝阳区樱花东路2号
邮政编码:100029
证书注册编号:2500B0082
体系认证标准:GB/T19002 idt ISO 9002:1994
有效期:2000.6.8～2003.6.7

北京顺天龙管材制品有限公司
地址:北京市朝阳区姚家园
邮政编码:100025
证书注册编号:2500B0083
体系认证标准:GB/T19002 idt ISO 9002:1994
有效期:2000.6.9～2003.6.8

北京市崇文区康达实验厂
地址:北京市崇文区金鱼池西街23号
邮政编码:100050
证书注册编号:2500A0084
体系认证标准:GB/T19001 idt ISO 9001:1994
有效期:2000.6.12～2003.6.11

泉州国胜汽车部件实业有限公司
地址:福建泉州王宫工业区国胜大厦
邮政编码:362000
证书注册编号:2500A0085
体系认证标准:GB/T19001 idt ISO 9001:1994
有效期:2000.6.13～2003.6.12

中国人民解放军第三五二三工厂
地址:辽宁沈阳市铁西区北四西路五号
邮政编码:110026
证书注册编号:2500B0086
体系认证标准:GB/T19002 idt ISO 9002:1994
有效期:2000.6.12～2003.6.11

华北石油通信公司
地址:河北省任丘市
邮政编码:062552
证书注册编号:2500B0087
体系认证标准:GB/T19002 idt ISO 9002:1994
有效期:2000.6.14～2003.6.13

华北石油华通电信工程公司
地址:中国河北省任丘市
邮政编码:062552
证书注册编号:2500B0088
体系认证标准:GB/T19002 idt ISO 9002:1994
有效期:2000.6.14～2003.6.13

南京卓尔亚斯服饰有限公司
地址:江苏省南京市江宁开发区利源北路66号
邮政编码:211100
证书注册编号:2500A0089
体系认证标准:GB/T19001 idt ISO 9001:1994
有效期:2000.6.20～2003.6.19

大连渤海建筑集团有限公司
地址:大连市沙河口区马栏街288号
邮政编码:116021
证书注册编号:2500B0090
体系认证标准:GB/T19002—1994 idt ISO 9002:1994
有效期:2000.6.23～2003.6.22

广西壮族自治区公路桥梁工程总公司
地址:广西南宁市中华路17号
邮政编码:530011
证书注册编号:2500B0091
体系认证标准:GB/T19002 idt ISO 9002:1994
有效期:2000.6.22～2003.6.21

杭州杭兴建筑工程有限公司
地址:浙江省杭州市西湖区曙光路白沙泉888号
邮政编码:310007
证书注册编号:2500B0092
体系认证标准:GB/T19002 idt ISO 9002:1994
有效期:2000.6.23～2003.6.22

中国人民解放军第三五零一工厂
地址:北京市朝阳区东环北路23号

邮政编码:100020
证书注册编号:2500B0093
体系认证标准:GB/T19002 idt ISO 9002:1994
有效期:2000.6.23～2003.6.22

辽河石油勘探局钻井二公司
地址:辽宁省盘锦市兴隆台区
邮政编码:121207
证书注册编号:2500B0094
体系认证标准:GB/T19002 idt ISO 9002:1994
有效期:2000.6.23～2003.6.22

浙江瑞安市东安化油器制造有限公司
地址:瑞安市塘下镇赵宅工业区天凤大街141号
邮政编码:325204
证书注册编号:2500B0095
体系认证标准:GB/T19002 idt ISO 9002:1994
有效期:2000.6.23～2003.6.22

泰安市泰山精细化工实业总公司
地址:山东泰安
邮政编码:271025
证书注册编号:2500B0096
体系认证标准:GB/T19002 idt ISO 9002:1994
有效期:2000.6.28～2003.6.27

北京广林源物资贸易中心
地址:北京市海淀区增光路55号
邮政编码:100037
证书注册编号:2500B0097
体系认证标准:GB/T19002 idt ISO 9002:1994
有效期:2000.6.30～2003.6.29

山东圣奥化工股份有限公司
地址:山东省曹县北环路1号
邮政编码:274400
证书注册编号:2500B0098
体系认证标准:GB/T19002 idt ISO 9002:1994
有效期:2000.6.30～2003.6.29

北京九龙厨房设备厂
地址:北京朝阳区小红门
邮政编码:100176
证书注册编号:2500B0099
体系认证标准:GB/T19002 idt ISO 9002:1994
有效期:2000.6.30～2003.6.29

北京九龙兴达锅炉厂
地址:北京朝阳区小红门
邮政编码:100176
证书注册编号:2500B0100
体系认证标准:GB/T19002 idt ISO 9002:1994
有效期:2000.7.4～2003.7.3

北京中亚医疗器械有限公司
地址:北京朝阳区小红门
邮政编码:100176
证书注册编号:2500B0101
体系认证标准:GB/T19002 idt ISO 9002:1994
有效期:2000.7.5～2003.7.4

瑞安市力邦企业有限公司
地址:浙江省瑞安市塘下镇韩田工业区
邮政编码:325204
证书注册编号:2500B0102
体系认证标准:GB/T19002 idt ISO 9002:1994
有效期:2000.7.4～2003.7.3

无锡华联超硬材料工具有限公司
地址:江苏省无锡市中南路新联
邮政编码:214024
证书注册编号:2500B0103
体系认证标准:GB/T19002 idt ISO 9002:1994
有效期:2000.7.7～2000.7.6

余姚市富润液压管路厂
地址:浙江省姚市丈亭镇平湖村
邮政编码:315411
证书注册编号:2500B0104
体系认证标准:GB/T19002 idt ISO 9002:1994
有效期:2000.7.11～2003.7.10

温州华厦建筑安装工程公司
地址:浙江省平阳县鳌江镇雁南路26—34号
邮政编码:325401
证书注册编号:2500B0105
体系认证标准:GB/T1900 2—idt ISO 9002:1994
有效期:2000.7.11～2003.7.10

铜陵营造(集团)股份有限公司
地址:安徽省铜陵市义安北路94号
邮政编码:244000
证书注册编号:2500B0106
体系认证标准:GB/T19002 idt ISO 9002:1994
有效期:2000.7.11～2003.7.10

浙江省瑞安市上进冷却器厂
地址:浙江省瑞安市上望镇林东工业区
邮政编码:325206
证书注册编号:2500B0107
体系认证标准:GB/T19002 idt ISO 9002:1994
有效期:2000.7.10～2003.7.9

无锡市太湖淀粉厂
地址:江苏省无锡市新惠路11号
邮政编码:214037
证书注册编号:2500B0108
体系认证标准:GB/T19002 idt ISO 9002:1994
有效期:2000.7.13～2003.7.12

南京陶吴建工(集团)有限公司
地址:江苏省南京市中华门外陶吴镇陶建路28号
邮政编码:211151
证书注册编号:2500B0109
体系认证标准:GB/T19002 idt ISO 9002:1994
有效期:2000.7.13～2003.7.12

中国人民解放军第三六一五工厂
地址:天津市蓟县城西北
邮政编码:301900
证书注册编号:2500B0110
体系认证标准:GB/T19002 idt ISO 9002:1994
有效期:2000.7.14～2003.7.13

江苏富安茧丝绸股份有限公司
地址:江苏省东台市富安镇南街105号
邮政编码:224222
证书注册编号:2500B0111
体系认证标准:GB/T19002 idt ISO 9002:1994
有效期:2000.7.10～2003.7.9

南京市砖墙凯盛建筑安装工程有限公司
地址:南京市苜蓿园大街31号紫金城

21幢
邮政编码:210014
证书注册编号:2500B0112
体系认证标准:GB/T1900 2—1994idt ISO 9002:1994
有效期:2000.7.12～2003.7.11

广东省水利水电第三工程局
地址:广东省东莞市塘厦镇
邮政编码:523710
证书注册编号:2500B0113
体系认证标准:GB/T19002 idt ISO 9002:1994
有效期:2000.7.18～2003.7.17

烟台泰富新能源有限公司
地址:山东省烟台市上夼西路76号
邮政编码:264001
证书注册编号:2500B0114
体系认证标准:GB/T19002 idt ISO 9002:1994
有效期:2000.7.19～2003.7.18

瑞安市康佳汽车电器厂
地址:浙江省瑞安市莘塍镇双岙工业区
邮政编码:325206
证书注册编号:2500B0115
体系认证标准:GB/T19002 idt ISO 9002:1994
有效期:2000.7.19～2003.7.18

涿州蓝天网架厂
地址:河北省涿州市长空路160号
邮政编码:072750
证书注册编号:2500B0116
体系认证标准:GB/T19002 idt ISO 9002:1994
有效期:2000.7.21～2003.7.20

山西省信息工程设计院
地址:山西省太原市青年路196号
邮政编码:030012
证书注册编号:2500B0117
体系认证标准:GB/T19002 1idt ISO 9002:1994
有效期:2000.7.21～2003.7.20

宿州市制式服装总厂
地址:安徽省宿州市时村镇
邮政编码:234109
证书注册编号:2500B0118
体系认证标准:GB/T19002 idt ISO 9002:1994
有效期:2000.7.21～2003.7.20

宁夏回族自治区第一建筑公司
地址:宁夏银川市民族北街115号
邮政编码:750004
证书注册编号:2500B0119
体系认证标准:GB/T19002 idt ISO 9002:1994
有效期:2000.7.24～2003.7.23

中国人民解放军第七O一一工厂
地址:湖北省武汉市
邮政编码:430064
证书注册编号:2500A0120
体系认证标准:GB/T1900 1idt ISO 9001:1994
有效期:2000.7.25～2003.7.24

安徽省蚌埠市第一建筑安装工程总公司
地址:安徽省蚌埠市胜利东路1599号
邮政编码:233000
证书注册编号:2500B0121
体系认证标准:GB/T19002 idt ISO 9002:1994
有效期:2000.7.25～2003.7.24

青岛中新华美塑料有限公司
地址:山东省青岛市城阳区小寨子村
邮政编码:266109
证书注册编号:2500B0122
体系认证标准:GB/T19002 idt ISO 9002:1994
有效期:2000.7.25～2003.7.24

瑞安市富源汽车配件厂
地址:浙江省瑞安市塘下镇韩田花园工业区龙船路4号
邮政编码:325204
证书注册编号:2500B0123
体系认证标准:GB/T19002 idt ISO 9002:1994
有效期:2000.7.28～2003.7.27

即墨市振兴塑料制品厂
地址:山东即墨市城北三路江家西流村
邮政编码:266200
证书注册编号:2500B0124
体系认证标准:GB/T19002 idt ISO 9002:1994
有效期:2000.7.28～2003.7.27

瑞安市雷宇车业部件有限公司(瑞安市保安车辆配件厂)
地址:浙江省瑞安市韩田工业区
邮政编码:325204
证书注册编号:2500B0125
体系认证标准:GB/T19002 idt ISO 9002:1994
有效期:2000.7.28～2003.7.27

瑞安市新亚汽配有限公司
地址:浙江省瑞安市鲍田镇上戴工业区
邮政编码:325204
证书注册编号:2500B0126
体系认证标准:GB/T19002 idt ISO 9002:1994
有效期:2000.7.28～2003.7.27

浙江省瑞安市石化设备厂
地址:浙江省瑞安市宣联西路343号
邮政编码:325206
证书注册编号:2500B0127
体系认证标准:GB/T19002 idt ISO 9002:1994
有效期:2000.7.31～2003.7.30

云南省第四公路桥梁工程有限责任公司
地址:云南省楚雄市白龙新村
邮政编码:675000
证书注册编号:2500B0128
体系认证标准:GB/T19002—1994 idt ISO 9002:1994
有效期:2000 .8.1～2003.7.31

永嘉迦南制药设备有限公司
地址:浙江省温州瓯北镇塘头工业区繁华东路70—88号
邮政编码:325102
证书注册编号:2500A0129
体系认证标准:GB/T19001—1994idt ISO 9001:1994
有效期:2000.8.2～2003.8.1

北京重型汽车制造厂
地址:北京广渠门外双井1号
邮政编码:100022
证书注册编号:2500A0130
体系认证标准:GB/T19001—1994 idt ISO 9001:1994
有效期:2000.8.3～2003.8.2

山东省水利工程局

地址:山东省济南市解放路112#
邮政编码:250013
证书注册编号:2500B0131
体系认证标准:GB/T19002—1994 idt ISO 9002:1994
有效期:2000.8.3～2003.8.2

云南第二公路桥梁工程有限公司
地址:云南省建水县朝阳北路84号
邮政编码:654300
证书注册编号:2500B0132
体系认证标准:GB/T19002—1994 idt ISO 9002:1994
有效期:2000.8.4～2003.8.3

上海梅山企业发展有限公司南京设备建筑安装分公司
地址:江苏省南京中华门外新建
邮政编码:210039
证书注册编号:2500B0133
体系认证标准:GB/T19002—1994 idt ISO 9002:1994
有效期:2000.8.4～2003.8.3

扬州华星服装有限公司
地址:扬州市东郊李典镇
邮政编码:225106
证书注册编号:2500B0134
体系认证标准:GB/T19002—1994 idt ISO 9002:1994
有效期:2000.8.4～2003.8.3

江苏虎王涂料有限公司
地址:江苏省武进市焦溪镇丰北街
邮政编码:213115
证书注册编号:2500B0135
体系认证标准:GB/T19002—1994 idt ISO 9002:1994
有效期:2000.8.7～2003.8.6

呼和浩特供电局电气设备制造厂
地址:内蒙古呼和浩特金川开发区电力城
邮政编码:010080
证书注册编号:2500B0136
体系认证标准:GB/T19002—1994 idt ISO 9002:1994
有效期:2000.8.7～2003.8.6

内蒙古呼和浩特供电局设计室
地址:呼和浩特市回民区
邮政编码:010050
证书注册编号:2500A0137
体系认证标准:GB/T19001idt ISO 9001:1994
有效期:2000.8.7～2003.8.6

东风—派恩汽车铝热交换器有限公司
地址:湖北省十堰市车城西路15号
邮政编码:442002
证书注册编号:2500A0138
体系认证标准:GB/T19001idt ISO 9001:1994
有效期:2000.8.7～2003.8.6

北京昌水建筑公司
地址:北京市昌平区昌平镇二毛环岛西
邮政编码:102200
证书注册编号:2500B0139
体系认证标准:GB/T19002—1994 idt ISO 9002:1994
有效期:2000.8.8～2003.8.7

武汉太和实业(集团)股份有限公司
地址:湖北省武汉市江汉经济发展区江兴路8号
邮政编码:430023
证书注册编号:2500A0140
体系认证标准:GB/T19001idt ISO 9001:1994
有效期:2000.8.11～2003.8.10

瑞安市金环摩托车配件厂(瑞安市革新链轮制造有限公司)
地址:浙江省瑞安市莘塍人民路(周田工业区)
邮政编码:325206
证书注册编号:2500B0141
体系认证标准:GB/T19002—1994 idt ISO 9002:1994
有效期:2000.8.16～2003.8.15

青岛即墨市板金厂
地址:山东省即墨市青烟路90号
邮政编码:266200
证书注册编号:2500B0142
体系认证标准:GB/T19002—1994 idt ISO 9002:1994
有效期:2000.8.16～2003.8.15

北京市通州区住宅建筑公司
地址:北京市通州区东关后街20#
邮政编码:101100
证书注册编号:2500B0143
体系认证标准:GB/T19002—1994 idt ISO 9002:1994
有效期:2000.8.16～2003.8.15

北京物资协作贸易公司
地址:北京市海淀区西直门北大街1号
邮政编码:100088
证书注册编号:2500B0144
体系认证标准:GB/T19002—1994 idt ISO 9002:1994
有效期:2000.8.18～2003.8.17

宁波华海轴承有限公司
地址:浙江省宁波宁海西店南路176号
邮政编码:315613
证书注册编号:2500B0145
体系认证标准:GB/T19002—1994 idt ISO 9002:1994
有效期:2000.8.21～2003.8.20

辽阳市宏伟塑料合金厂
地址:辽宁辽阳市宏伟区兰化路24号
邮政编码:111003
证书注册编号:2500B0146
体系认证标准:GB/T19002—1994 idt ISO 9002:1994
有效期:2000.8.22～2003.8.21

宁夏恒产建设发展有限公司
地址:宁夏回族自治区石嘴山市大武口区裕民北路41号
邮政编码:753000
证书注册编号:2500B0147
体系认证标准:GB/T19002—1994 idt ISO 9002:1994
有效期:2000.8.22～2003.8.21

青岛双泰橡胶制品有限公司
地址:山东即墨市环秀办事处王家庄村
邮政编码:266200
证书注册编号:2500B0148
体系认证标准:GB/T19002—1994 idt ISO 9002:1994
有效期:2000.8.22～2003.8.21

浙江瑞明汽车部件有限公司
地址:浙江省瑞安市韩田工业区东风路45号
邮政编码:325204
证书注册编号:2500B0149
体系认证标准:GB/T19002—1994 idt ISO 9002:1994

有效期:2000.8.23～2003.8.23

瑞安市固久汽车电器有限公司
地址:浙江省瑞安市鲍田镇官渎工业区
邮政编码:325204
证书注册编号:2500B0150
体系认证标准:GB/T19002－1994 idt ISO 9002:1994
有效期:2000.8.23～2003.8.23

青海青工石油机械制造有限公司
地址:青海省西宁市柴达木西路119号
邮政编码:810022
证书注册编号:2500B0151
体系认证标准:GB/T19002－1994 idt ISO 9002:1994
有效期:2000.8.23～2003.8.23

深圳市感通电子有限公司
地址:广东深圳市平湖镇平湖村万福路
邮政编码:518111
证书注册编号:2500B0152
体系认证标准:GB/T19002－1994 idt ISO 9002:1994
有效期:2000.8.23～2003.8.23

上海泰和耐火材料厂
地址:上海市泰和西路3388号
邮政编码:201906
证书注册编号:2500B0153
体系认证标准:GB/T19002－1994 idt ISO 9002:1994
有效期:2000.8.23～2003.8.23

北农(海利)涿州种衣剂有限公司
地址:河北涿州北农(海利)种衣剂有限公司
邮政编码:072750
证书注册编号:2500B0154
体系认证标准:GB/T19002－1994 idt ISO 9002:1994
有效期:2000.8.25～2003.8.24

大连现代高级润滑油有限公司
地址:辽宁大连市甘井子区华林路3号
邮政编码:116033
证书注册编号:2500B0155
体系认证标准:GB/T19002－1994 idt ISO 9002:1994
有效期:2000.8.25～2003.8.24

辽阳市会福化工厂
地址:辽宁省辽阳市宏伟东环路10号
邮政编码:111003
证书注册编号:2500B0156
体系认证标准:GB/T19002－1994 idt ISO 9002:1994
有效期:2000.8.25～2003.8.24

浙江省瑞安市阳宇机动车零部件有限公司
地址:浙江省瑞安市罗凤镇吴岙新街107号
邮政编码:325204
证书注册编号:2500B0157
体系认证标准:GB/T19002－1994 idt ISO 9002:1994
有效期:2000.8.25～2003.8.24

中国人民解放军第三五零四工厂(国营长春长城装备厂)
地址:吉林长春市南关区长通路80号
邮政编码:130042
证书注册编号:2500B0158
体系认证标准:GB/T19002－1994 idt ISO 9002:1994
有效期:2000.8.29～2003.8.28

青海工具制造有限公司
地址:青海省西宁市柴达木西路119号
邮政编码:810022
证书注册编号:2500B0159
体系认证标准:GB/T19002－1994 idt ISO 9002:1994
有效期:2000.8.28～2003.8.27

瑞安市标准件一厂
地址:浙江省瑞安市海安镇下林工业区
邮政编码:325204
证书注册编号:2500B0160
体系认证标准:GB/T19002－1994 idt ISO 9002:1994
有效期:2000.8.29～2003.8.28

即墨市远大包装材料厂
地址:山东省即墨市青烟路197号
邮政编码:266200
证书注册编号:2500B0161
体系认证标准:GB/T19002－1994 idt ISO 9002:1994
有效期:2000.8.29～2003.8.28

宁夏石嘴山金石建材(集团)有限责任公司
地址:宁夏石嘴山河滨工业园区
邮政编码:753202
证书注册编号:2500B0162
体系认证标准:GB/T19002－1994 idt ISO 9002:1994
有效期:2000.8.30～2003.8.29

上海中泰自动化仪表厂
地址:上海市沪闵路9512弄
邮政编码:200233
证书注册编号:2500B0163
体系认证标准:GB/T19002－1994 idt ISO 9002:1994
有效期:2000.8.30～2003.8.29

浙江省永嘉县东方自动化仪表厂
地址:浙江省永嘉县瓯北镇芦桥西路
邮政编码:325102
证书注册编号:2500B0164
体系认证标准:GB/T19002－1994 idt ISO 9002:1994
有效期:2000.8.30～2003.8.29

江苏建设装饰工程公司
地址:江苏省常州市化龙巷1号恒利大厦A座四楼
邮政编码:213003
证书注册编号:2500A0165
体系认证标准:GB/T19001 idt ISO 9001:1994
有效期:2000.8.30～2003.8.29

新沂市建筑安装工程总公司
地址:江苏省新沂市市府路37号
邮政编码:221400
证书注册编号:2500B0166
体系认证标准:GB/T19002－1994 idt ISO 9002:1994
有效期:2000.8.31～2003.8.30

北京正方建设监理有限责任公司
地址:北京市大兴黄村卫星城兴政街38号
邮政编码:102600
证书注册编号:2500B0167
体系认证标准:GB/T19002－1994 idt ISO 9002:1994
有效期:2000.8.31～2003.8.30

贵州省凯里官庄标志服装厂
地址:贵州省凯里市
邮政编码:556000

证书注册编号:2500B0168
体系认证标准:GB/T19002—1994 idt ISO 9002:1994
有效期:2000.9.1～2003.8.31

山西威科饲料科技公司
地址:山西省太原市长风街2号
邮政编码:030006
证书注册编号:2500B0169
体系认证标准:GB/T19002—1994 idt ISO 9002:1994
有效期:2000.9.4～2003.9.3

浙江丰华标准件制造有限公司(原瑞安市海安标准件厂)
地址:瑞安市海安海阳工业区42号
邮政编码:325205
证书注册编号:2500B170
体系认证标准:GB/T19002—1994 idt ISO 9002:1994
有效期:2000.9.4～2003.9.3

包钢北方型钢有限责任公司
地址:内蒙古包头昆区友谊大街16号
邮政编码:014010
证书注册编号:2500B171
体系认证标准:GB/T19002—1994 idt ISO 9002:1994
有效期:2000.9.5～2003.9.4

河南永安铝电集团有限公司
地址:河南省巩义市芝田镇
邮政编码:451252
证书注册编号:2500B172
体系认证标准:GB/T19002—1994 idt ISO 9002:1994
有效期:2000.9.5～2003.9.4

瑞安市天明车业部件有限公司
地址:浙江省瑞安市塘下工业区
邮政编码:325204
证书注册编号:2500B173
体系认证标准:GB/T19002—1994 idt ISO 9002:1994
有效期:2000.9.5～2003.9.4

丰南华运铁路交通器材有限公司
地址:河北省丰南市
邮政编码:063301
证书注册编号:2500B0174
体系认证标准:GB/T19002—1994 idt ISO 9002:1994
有效期:2000.9.5～2003.9.4

辽宁省血液中心(沈阳中心血站)
地址:辽宁沈阳市大东区北海街13号
邮政编码:110044
证书注册编号:2500B0175
体系认证标准:GB/T19002—1994 idt ISO 9002:1994
有效期:2000.9.5～2003.9.4

瑞安市金星汽车泵业制造有限公司
地址:浙江瑞安市鲍田工业区
邮政编码:325204
证书注册编号:2500B0176
体系认证标准:GB/T19002—1994 idt ISO 9002:1994
有效期:2000.9.5～2003.9.4

北京诚信建筑工程公司
地址:北京市海淀区四季青乡田村后街甲86号
邮政编码:100039
证书注册编号:2500B0177
体系认证标准:GB/T19002—1994 idt ISO 9002:1994
有效期:2000.9.6～2003.9.5

瑞安市中意压缩机配件有限公司
地址:浙江省瑞安市场桥镇上叶工业区
邮政编码:325205
证书注册编号:2500B0178
体系认证标准:GB/T19002—1994 idt ISO 9002:1994
有效期:2000.9.7～2003.9.6

内蒙古包头兴业集团股份有限公司
地址:内蒙古包头青山区富强路121号
邮政编码:014030
证书注册编号:2500B0179
体系认证标准:GB/T19002—1994 idt ISO 9002:1994
有效期:2000.9.8～2003.9.7

郑州市正岩建设有限公司
地址:河南省郑州市兴华南街25号
邮政编码:450052
证书注册编号:2500B0180
体系认证标准:GB/T19002—1994 idt ISO 9002:1994
有效期:2000.9.8～2003.9.7

三河科达实业有限公司
地址:河北省三河市杨庄镇不老淀
邮政编码:065200
证书注册编号:2500B0181
体系认证标准:GB/T19002—1994 idt ISO 9002:1994
有效期:2000.9.11～2003.9.10

北京市第二水泥管厂
地址:北京市石景山区八角村
邮政编码:100043
证书注册编号:2500B0182
体系认证标准:GB/T19002—1994 idt ISO 9002:1994
有效期:2000.9.15～2003.9.14

扬州柴油机总厂凸轮轴厂
地址:江苏省江都市
邮政编码:225233
证书注册编号:2500B0183
体系认证标准:GB/T19002—1994 idt ISO 9002:1994
有效期:2000.9.13～2003.9.12

鞍钢实业一炼钢综合总厂
地址:辽宁省鞍山市铁东区南中华路四段259—1号
邮政编码:114003
证书注册编号:2500B0184
体系认证标准:GB/T19002—1994 idt ISO 9002:1994
有效期:2000.9.15～2003.9.14

北京兴业橡胶制品有限公司
地址:北京市大兴县芦城乡
邮政编码:102612
证书注册编号:2500B0185
体系认证标准:GB/T19002—1994 idt ISO 9002:1994
有效期:2000.9.15～2003.9.14

浙江瑞安市紧固件二厂
地址:浙江省瑞安市鲍田镇塘309号对面
邮政编码:325204
证书注册编号:2500B0186
体系认证标准:GB/T19002—1994 idt ISO 9002:1994
有效期:2000.9.19～2003.9.18

西安洪涛装饰设计工程有限公司
地址:西安市碑林区朱雀门里保吉巷25号楼A段

邮政编码:710002
证书注册编号:2500A0187
体系认证标准:GB/T19001 idt ISO 9001:1994
有效期:2000.9.19～2003.9.18

句容三泰服装辅料有限公司
地址:江苏省句容市经济开发区人民路
邮政编码:212400
证书注册编号:2500B0188
体系认证标准:GB/T19002－1994 idt ISO 9002:1994
有效期:2000.9.20～2003.9.19

熊岳耐酸泵厂
地址:辽宁省盖州市
邮政编码:115214
证书注册编号:2500B0189
体系认证标准:GB/T19002－1994 idt ISO 9002:1994
有效期:2000.9.20～2003.9.19

南京金宇制衣厂
地址:江苏省南京市长虹南路西营村182号
邮政编码:210012
证书注册编号:2500B0190
体系认证标准:GB/T19002－1994 idt ISO 9002:1994
有效期:2000.9.21～2003.9.20

长沙市三元机械工业有限公司
地址:湖南省长沙市望城县雷锋镇
邮政编码:410217
证书注册编号:2500B0191
体系认证标准:GB/T19002－1994 idt ISO 9002:1994
有效期:2000.9.21～2003.9.20

北京建宇建设监理有限责任公司
地址:北京市石景山区杨庄东街9号
邮政编码:100043
证书注册编号:2500B0192
体系认证标准:GB/T19002－1994 idt ISO 9002:1994
有效期:2000.9.25～2003.9.24

山西龙门铝厂
地址:山西省河津市龙门铝厂
邮政编码:043300
证书注册编号:2500B0193
体系认证标准:GB/T19002－1994 idt ISO 9002:1994
有效期:2000.9.26～2003.9.25

青海省第四建筑工程公司
地址:青海省西宁市五四大街一号
邮政编码:810001
证书注册编号:2500B0194
体系认证标准:GB/T19002－1994 idt ISO 9002:1994
有效期:2000.9.26～2003.9.25

重庆对外建设总公司
地址:重庆江北区建新北路二支路五号
邮政编码:400020
证书注册编号:2500B0195
体系认证标准:GB/T19002－1994 idt ISO 9002:1994
有效期:2000.9.26～2003.9.25

徐州市第六建筑公司
地址:江苏省沛县歌风路6号
邮政编码:221600
证书注册编号:2500B0196
体系认证标准:GB/T19002－1994 idt ISO 9002:1994
有效期:2000.9.27～2003.9.26

北京第一机床电器厂
地址:北京市海淀区海淀路86号
邮政编码:100086
证书注册编号:2500A0197
体系认证标准:GB/T19001idt ISO 9001:1994
有效期:2000.9.27～2003.9.26

武汉国际会议中心有限公司
地址:湖北省武汉市解放大道616号
邮政编码:430030
证书注册编号:2500B0198
体系认证标准:GB/T19002－1994 idt ISO 9002:1994
有效期:2000.9.28～2003.9.27

新疆阿拉尔南口建筑公司
地址:新疆阿拉尔十二团
邮政编码:843301
证书注册编号:2500B0199
体系认证标准:GB/T19002－1994 idt ISO 9002:1994
有效期:2000.9.30～2003.9.29

内蒙古自治区公路工程局
地址:内蒙古自治区呼和浩特市新城区兴安北路1号
邮政编码:010010
证书注册编号:2500B0200
体系认证标准:GB/T19002－1994 idt ISO 9002:1994
有效期:2000.10.9～2003.10.8

武汉双骏汽车齿轮制造有限公司
地址:武汉市汉阳区汉阳大道412号
邮政编码:430050
证书注册编号:2500B0201
体系认证标准:GB/T19002－1994 idt ISO 9002:1994
有效期:2000.10.9～2003.10.8

北京市海淀京西厨房设备有限公司
地址:北京市海淀区永定路南采石路18号
邮政编码:100039
证书注册编号:2500B0202
体系认证标准:GB/T19002－1994 idt ISO 9002:1994
有效期:2000.10.9～2003.10.8

广东雷伊股份有限公司
地址:广东省普宁军埠镇美新工业园
邮政编码:515322
证书注册编号:2500B0203
体系认证标准:GB/T19002－1994 idt ISO 9002:1994
有效期:2000.10.10～2003.10.9

乌鲁木齐市朗阁消防有限公司
地址:新疆乌鲁木齐市北京南路3号附1号农房大厦二楼
邮政编码:830011
证书注册编号:2500B0204
体系认证标准:GB/T19002－1994 idt ISO 9002:1994
有效期:2000.10.10～2003.10.9

七台河矿业精煤(集团)建设工程
地址:黑龙江省七台河市桃山区东进路30号
邮政编码:154600
证书注册编号:2500B0205
体系认证标准:GB/T19002－1994 idt ISO 9002:1994
有效期:2000.10.10～2003.10.9

山西金宇粉末冶金有限公司

地址:山西临猗县城郇阳西街139号
邮政编码:044100
证书注册编号:2500B0206
体系认证标准:GB/T19002－1994 idt ISO 9002:1994
有效期:2000.10.11～2003.10.10

营口市鲅鱼圈区东海铸造厂
地址:辽宁省营口市经济技术开发区
邮政编码:115007
证书注册编号:2500B0207
体系认证标准:GB/T19002－1994 idt ISO 9002:1994
有效期:2000.10.11～2003.10.10

中国河南鹤壁宝马阀门有限公司
地址:河南省鹤壁市汤河街9号
邮政编码:458000
证书注册编号:2500A0208
体系认证标准:GB/T19001 idt ISO 9001:1994
有效期:2000.10.11～2003.10.10

辽宁省喀左县光华水泥厂
地址:辽宁省喀左县六官营子镇
邮政编码:122318
证书注册编号:2500B0209
体系认证标准:GB/T19002－1994 idt ISO 9002:1994
有效期:2000.10.11～2003.10.10

瑞安市华信汽车配件有限公司
地址:浙江省瑞安市罗凤工业区
邮政编码:325204
证书注册编号:2500B0210
体系认证标准:GB/T19002－1994 idt ISO 9002:1994
有效期:2000.10.12～2003.10.11

中国人民解放军第三五四三工厂
地址:河北省涿州市
邮政编码:072750
证书注册编号:2500B0211
体系认证标准:GB/T19002 idt ISO 9002:1994
有效期:2000.10.12～2003.10.11

瑞安市松田汽车零部件厂
地址:浙江省瑞安市鲍田镇鲍一工业区
邮政编码:325204
证书注册编号:2500B0212
体系认证标准:GB/T19002－1994 idt ISO 9002:1994
有效期:2000.10.13～2003.10.12

荣成市新宇汽车离合器有限公司
地址:山东省荣成市人和镇邢家村
邮政编码:264306
证书注册编号:2500B0213
体系认证标准:GB/T19002－1994 idt ISO 9002:1994
有效期:2000.10.13～2003.10.12

唐山昌兴电力器材有限公司
地址:河北省玉田县
邮政编码:064103
证书注册编号:2500B0214
体系认证标准:GB/T19002－1994 idt ISO 9002:1994
有效期:2000.10.13～2003.10.12

北京市红光环保设备厂
地址:北京市朝阳区小红门亦庄路
邮政编码:100176
证书注册编号:2500B0215
体系认证标准:GB/T19002－1994 idt ISO 9002:1994
有效期:2000.10.13～2003.10.12

河北新兴化工有限责任公司
(原中国人民解放军第九七一五工厂)
地址:河北省涿州市
邮政编码:072750
证书注册编号:2500B0216
体系认证标准:GB/T19002－1994 idt ISO 9002:1994
有效期:2000.10.13～2003.10.12

***北京市双盛建筑材料厂(中建一局三公司双盛建筑材料厂)**
地址:北京市大兴县瀛海镇忠兴庄忠兴南路18号
邮政编码:100076
电话:(010)69278145/69278245
69279313/69279218
传真:(010)69279294
法定代表人:魏永彬
证书注册编号:2500B0217
体系认证标准:GB/T19002－1994 idt ISO 9002:1994
获证体系覆盖产品:NF(NFH、M184A)系列砼外加剂的生产和服务
有效期:2000.10.13～2003.10.12

湖北省建筑工程总公司工业设备
地址:湖北省武汉市
邮政编码:430071
证书注册编号:2500B0218
体系认证标准:GB/T19002－1994 idt ISO 9002:1994
有效期:2000.10.13～2003.10.12

青岛文昌特种橡塑制品厂
地址:青岛市李沧区重庆中路587号
邮政编码:266100
证书注册编号:2500B0219
体系认证标准:GB/T19002－1994 idt ISO 9002:1994
有效期:2000.10.13～2003.10.12

南宁茅桥被服厂
地址:广西南宁市茅桥路4－1号
邮政编码:530022
证书注册编号:2500B0220
体系认证标准:GB/T19002－1994 idt ISO 9002:1994
有效期:2000.10.16～2003.10.15

沈阳星光集团新型建材有限公司
地址:辽宁沈阳市铁西区北四中路九号
邮政编码:110021
证书注册编号:2500B0221
体系认证标准:GB/T19002－1994 idt ISO 9002:1994
有效期:2000.10.17～2003.10.16

青岛海利兴工贸有限公司
地址:青岛市李沧区上苑路28号
邮政编码:266100
证书注册编号:2500B0222
体系认证标准:GB/T19002－1994 idt ISO 9002:1994
有效期:2000.10.17～2003.10.16

山西汇镪磁性材料制作有限公司
地址:山西太原市坞城路597号
邮政编码:030006
证书注册编号:2500B0223
体系认证标准:GB/T19002－1994 idt ISO 9002:1994
有效期:2000.10.17～2003.10.16

青岛即墨市盛达电器有限公司
地址:山东省青岛即墨市文化南路9号
邮政编码:266200
证书注册编号:2500B0224

体系认证标准:GB/T19002－1994 idt ISO 9002:1994
有效期:2000.10.17～2003.10.16

北京华润物业管理有限公司
地址:北京市建国门北大街8号华润大厦501
邮政编码:100005
证书注册编号:2500B0225
体系认证标准:GB/T19002－1994 idt ISO 9002:1994
有效期:2000.10.17～2003.10.16

成都锦官新城物业管理有限责任公司
地址:四川省成都市人民南路南四段45号转锦官新城物业管理公司
邮政编码:610041
证书注册编号:2500B0226
体系认证标准:GB/T19002－1994 idt ISO 9002:1994
有效期:2000.10.17～2003.10.16

***山西省左云云鹏煤化有限责任公司**
地址:山西省左云县秦家山村
邮政编码:037103
电话:(0352)3889399
传真:(0352)3889699
法定代表人:韩云
证书注册编号:2500B0227
体系认证标准:GB/T19002－1994 idt ISO 9002:1994
获证体系覆盖产品:煤质颗粒活性炭产品的生产和服务
有效期:2000.10.18～2003.10.17

北京南口综合加工厂
地址:北京昌平县南口镇北东区292号
邮政编码:102202
证书注册编号:2500B0228
体系认证标准:GB/T19002－1994 idt ISO 9002:1994
有效期:2000.10.18～2003.10.17

广东惠州公路建设总公司
地址:广东省惠州市麦地路29号
邮政编码:516001
证书注册编号:2500B0229
体系认证标准:GB/T19002－1994 idt ISO 9002:1994
有效期:2000.10.18～2003.10.17

瑞安市繁荣金属异型有限公司
地址:浙江省瑞安市塘下镇中兴南路38号
邮政编码:325204
证书注册编号:2500B0230
体系认证标准:GB/T19002－1994 idt ISO 9002:1994
有效期:2000.10.20～2003.10.19

青岛鑫升实业有限公司
地址:山东省青岛市上清路8号
邮政编码:266023
证书注册编号:2500B0231
体系认证标准:GB/T19002－1994 idt ISO 9002:1994
有效期:2000.10.23～2003.10.22

北京华成物业管理有限公司
地址:北京西城区西单北大街80号
邮政编码:100032
证书注册编号:2500B0232
体系认证标准:GB/T19002－1994 idt ISO 9002:1994
有效期:2000.10.24～2003.10.23

瑞安市宏利达摩托车配件厂
地址:浙江瑞安市丽岙镇南工业区
邮政编码:325202
证书注册编号:2500B0233
体系认证标准:GB/T19002－1994 idt ISO 9002:1994
有效期:2000.10.24～2003.10.23

桂林市金刚建筑安装工程有限公司
(桂林金刚房地产开发有限责任公司)
地址:广西省桂林市普陀路53号
邮政编码:541004
证书注册编号:2500B0234
体系认证标准:GB/T19002－1994 idt ISO 9002:1994
有效期:2000.10.25～2003.10.24

锡山市特种钢球有限公司
地址:江苏省锡山市玉祁镇
邮政编码:214183
证书注册编号:2500B0235
体系认证标准:GB/T19002－1994 idt ISO 9002:1994
有效期:2000.10.25～2003.10.24

桂林多元集团有限责任公司
地址:广西桂林市中山北路128号
邮政编码:541001
证书注册编号:2500B0236
体系认证标准:GB/T19002－1994 idt ISO 9002:1994
有效期:2000.10.25～2003.10.24

北京鸿运置业股份有限公司
地址:北京崇文区安乐林路54号
邮政编码:100075
证书注册编号:2500B0237
体系认证标准:GB/T19002－1994 idt ISO 9002:1994
有效期:2000.10.25～2003.10.24

青岛市花木公司
地址:山东省青岛市市北区龙潭路8号
邮政编码:266023
证书注册编号:2500A0238
体系认证标准:GB/T19001－1994 idt ISO 9001:1994
有效期:2000.10.25～2003.10.24

山西汾华翔实业有限公司
地址:山西省临汾市解放东路71号
邮政编码:041000
证书注册编号:2500B0239
体系认证标准:GB/T19002－1994 idt ISO 9002:1994
有效期:2000.10.26～2003.10.25

山西新星泵业有限公司
地址:山西省临猗县
邮政编码:044104
证书注册编号:2500B0240
体系认证标准:GB/T19002－1994 idt ISO 9002:1994
有效期:2000.10.26～2003.10.25

北京裕龙大酒店
地址:北京市海淀区阜成路40号
邮政编码:100036
证书注册编号:2500B0241
体系认证标准:GB/T19002－1994 idt ISO 9002:1994
有效期:2000.10.27～2003.10.26

山东省滨州公路工程总公司
地址:山东省滨州市黄河二路594号
邮政编码:256612
证书注册编号:2500B0242
体系认证标准:GB/T19002－1994 idt ISO 9002:1994
有效期:2000.10.27～2003.10.26

乌海市惠达电力检修安装有限公司
地址:内蒙古乌海市乌达区
邮政编码:016040
证书注册编号:2500B0243
体系认证标准:GB/T19002—1994 idt ISO 9002:1994
有效期:2000.10.27～2003.10.26

北京市石景山区第三建筑安装工程公司
地址:北京市石景山区杨庄西口
邮政编码:100043
证书注册编号:2500B0244
体系认证标准:GB/T19002—1994 idt ISO 9002:1994
有效期:2000.10.30～2003.10.29

中国人民解放军第六四0九工厂（抚东机械厂）
地址:辽宁省抚顺市章党经济开发区抚东街39号
邮政编码:113105
证书注册编号:2500B0245
体系认证标准:GB/T19002—1994 idt ISO 9002:1994
有效期:2000.11.3～2003.11.2

新疆阿勒泰地区建筑工程总公司
地址:新疆阿勒泰市解放路17号
邮政编码:836500
证书注册编号:2500B0246
体系认证标准:GB/T19002—1994 idt ISO 9002:1994
有效期:2000.11.3～2003.11.2

湖北联乐集团
地址:湖北嘉鱼县潘家湾镇兴正街3号
邮政编码:437200
证书注册编号:2500B0247
体系认证标准:GB/T19002—1994 idt ISO 9002:1994
有效期:2000.11.7～2003.11.6

中国人民解放军第六四一一工厂
地址:河北省石家庄北安街37号
邮政编码:050000
证书注册编号:2500B0248
体系认证标准:GB/T19002—1994 idt ISO 9002:1994
有效期:2000.11.7～2003.11.6

德州白天鹅浴业有限公司
地址:山东省武城县科技工业园
邮政编码:253300
证书注册编号:2500B0249
体系认证标准:GB/T19002—1994 idt ISO 9002:1994
有效期:2000.11.7～2003.11.6

营口市向阳化工助剂厂
地址:辽宁省营口市老边区
邮政编码:115005
证书注册编号:2500B0250
体系认证标准:GB/T19002—1994 idt ISO 9002:1994
有效期:2000.11.7～2003.11.6

沈阳通盛交通设施标牌厂
地址:辽宁省沈阳市大东区望花南街29号
邮政编码:110044
证书注册编号:2500B0251
体系认证标准:GB/T19002—1994 idt ISO 9002:1994
有效期:2000.11.8～2003.11.7

新疆农一师十二团南口综合饲料加工厂
地址:新疆阿拉尔十二团饲料厂
邮政编码:843301
证书注册编号:2500B0252
体系认证标准:GB/T19002—1994 idt ISO 9002:1994
有效期:2000.11.8～2003.11.7

营口经济技术开发区鑫鹏管件有限公司
地址:辽宁省营口市鲅鱼圈区海东马圈子村
邮政编码:115007
法定代表人:李超
证书注册编号:2500B0253
体系认证标准:GB/T19002—1994 idt ISO 9002:1994
有效期:2000.11.9～2003.11.8

七台河矿业精煤(集团)有限责任公司土建工程总公司
地址:黑龙江省七台河市桃山区东进路一号
邮政编码:154600
证书注册编号:2500B0254
体系认证标准:GB/T19002—1994 idt ISO 9002:1994
有效期:2000.11.9～2003.11.8

无锡市扬名水电安装公司
地址:无锡市清二村后邵巷
邮政编码:214023
证书注册编号:2500B0255
体系认证标准:GB/T19002—1994 idt ISO 9002:1994
有效期:2000.11.9～2003.11.8

内蒙古萨拉齐建筑工程股份有限公司
地址:内蒙古土右旗萨拉齐镇影院街环卫小区18号
邮政编码:014100
证书注册编号:2500B0256
体系认证标准:GB/T19002—1994 idt ISO 9002:1994
有效期:2000.11.9～2003.11.8

北京丰台万泉机械厂
地址:北京丰台区万泉寺254号
邮政编码:100073
证书注册编号:2500B0257
体系认证标准:GB/T19002—1994 idt ISO 9002:1994
有效期:2000.11.10～2003.11.9

***山东省腾翔玻璃钢集团公司**
地址:山东省武城滕庄开发区
邮政编码:253309
电话:(0534)6361102
传真:(0534)6366686
法定代表人:展吉波
证书注册编号:2500B0258
体系认证标准:GB/T19002—1994 idt ISO 9002:1994
获证体系覆盖产品:风机盘管机组的生产和服务
有效期:2000.11.10～2003.11.9

德州恒春集团有限公司
地址:山东省武城县鲁权屯工业开发区
邮政编码:253308
证书注册编号:2500B0259
体系认证标准:GB/T19002—1994 idt ISO 9002:1994
有效期:2000.11.10～2003.11.9

桂平市华联实业有限总公司
地址:桂平市河南工业开发区
邮政编码:537200
证书注册编号:2500B0260

体系认证标准：GB/T19002－1994 idt ISO 9002:1994
有效期：2000.11.13～2003.11.12

新疆生产建设兵团农四师建筑安装工程公司
（新疆伊犁宏远建设有限责任公司）
地址：新疆伊宁阿合买提江街六巷6号
邮政编码：835000
证书注册编号：2500B0261
体系认证标准：GB/T19002－1994 idt ISO 9002:1994
有效期：2000.11.14～2003.11.13

无锡市无线电九厂
地址：无锡市蠡溪路丁昌桥27号
邮政编码：214072
证书注册编号：2500B0262
体系认证标准：GB/T19002－1994 idt ISO 9002:1994
有效期：2000.11.14～2003.11.13

江苏省无锡市扬名电控设备厂
地址：江苏省无锡市清二村后邵巷
邮政编码：214023
证书注册编号：2500B0263
体系认证标准：GB/T19002－1994 idt ISO 9002:1994
有效期：2000.11.14～2003.11.13

浙江红黄蓝童装集团有限公司
地址：浙江省温州市三桥工业区红黄蓝工业园
邮政编码：325102
证书注册编号：2500B0264
体系认证标准：GB/T19002－1994 idt ISO 9002:1994
有效期：2000.11.14～2003.11.13

北京千禧苑物业管理有限责任公司
地址：北京丰台区太平桥西里20号楼
邮政编码：100073
证书注册编号：2500B0265
体系认证标准：GB/T19002－1994 idt ISO 9002:1994
有效期：2000.11.16～2003.11.15

浙江罗夫罗伦服饰有限公司
地址：浙江省温州市永嘉县乌牛镇乌牛工业区86幢
邮政编码：325103
证书注册编号：2500B0266
体系认证标准：GB/T19002－1994 idt ISO 9002:1994
有效期：2000.11.16～2003.11.15

温州舒安仕鞋服有限公司
地址：浙江永嘉县瓯北镇张堡
邮政编码：325105
证书注册编号：2500B0267
体系认证标准：GB/T19002－1994 idt ISO 9002:1994
有效期：2000.11.17～2003.11.16

合肥虹达道路桥梁工程公司
地址：安徽省合肥市金寨路888号
邮政编码：230022
证书注册编号：2500B0268
体系认证标准：GB/T19002－1994 idt ISO 9002:1994
有效期：2000.11.20～2003.11.19

新疆建设兵团农七师第二建筑安装工程公司
地址：新疆奎屯市团结西街28号
邮政编码：833200
证书注册编号：2500B0269
体系认证标准：GB/T19002－1994 idt ISO 9002:1994
有效期：2000.11.20～2003.11.19

福建省九建建筑工程有限公司
地址：福建省宁德市蕉城北路23号
邮政编码：352100
证书注册编号：2500B0270
体系认证标准：GB/T19002－1994 idt ISO 9002:1994
有效期：2000.11.21～2003.11.20

喀什地区农工商建筑安装有限责任公司
地址：新疆喀什市帕依那普路276号
邮政编码：844000
证书注册编号：2500B0271
体系认证标准：GB/T19002－1994 idt ISO 9002:1994
有效期：2000.11.22～2003.11.21

河北省深泽县耐火保温材料厂
地址：河北石家庄市深泽县西苑街6号
邮政编码：052560
证书注册编号：2500B0272
体系认证标准：GB/T19002－1994 idt ISO 9002:1994
有效期：2000.11.22～2003.11.21

中国人民武装警察部队五三Ｏ二工厂
地址：南京市浦口区浦珠中路209号
邮政编码：210032
证书注册编号：2500B0273
体系认证标准：GB/T19002－1994 idt ISO 9002:1994
有效期：2000.11.22～2003.11.21

＊山阴县康喜奶业有限责任公司
地址：山西省山阴县岱岳镇应山路北
邮政编码：036900
电话：(0349)7078888
传真：(0349)7073670
法定代表人：崔建国
证书注册编号：2500B0274
体系认证标准：GB/T19002 idt ISO 9002:1994
获证体系覆盖产品：乳制品的生产和服务
有效期：2000.11.22～2003.11.21

山西卦山水泥有限责任公司
地址：山西交城
邮政编码：030500
证书注册编号：2500B0275
体系认证标准：GB/T19002－1994 idt ISO 9002:1994
有效期：2000.11.23～2003.11.22

抚顺市大伙房水泥有限公司
地址：辽宁省抚顺市章党经济开发区阜宁北四街5号
邮政编码：113007
证书注册编号：2500B0276
体系认证标准：GB/T19002－1994 idt ISO 9002:1994
有效期：2000.11.23～2003.11.22

山西省长治市水泥制造有限责任公司
地址：山西省长治市北郊长北桥东北路4号
邮政编码：046021
证书注册编号：2500B0277
体系认证标准：GB/T19002－1994 idt ISO 9002:1994
有效期：2000.11.23～2003.11.22

河北省河间市三兴橡胶制品厂
地址：河北河间市曙光东路66号
邮政编码：062450

证书注册编号:2500B0278
体系认证标准: GB/T19002—1994 idt ISO 9002:1994
有效期:2000.11.23~2003.11.22

北京蓝宝石节能汽车电机厂
地址:北京市丰台区万泉寺甲二号
邮政编码:100073
证书注册编号:2500B0279
体系认证标准: GB/T19002—1994 idt ISO 9002:1994
有效期:2000.11.24~2003.11.23

武汉佳乐化学涂料有限公司
地址:湖北省武汉市汉口新华下路石桥特1号
邮政编码:430023
证书注册编号:2500B0280
体系认证标准: GB/T19002—1994 idt ISO 9002:1994
有效期:2000.11.23~2003.11.22

中国有色金属工业第十六冶金建设公司(广州地区)
地址:广东省广州市黄埔区文冲石化路
邮政编码:510725
证书注册编号:2500B0281
体系认证标准: GB/T19002—1994 idt ISO 9002:1994
有效期:2000.11.27~2003.11.26

内蒙古呼和浩特市供用电安装工程公司
地址:呼和浩特回民区通道北街29号
邮政编码:010050
证书注册编号:2500B0282
体系认证标准: GB/T19002—1994 idt ISO 9002:1994
有效期:2000.11.27~2003.11.26

重庆安达物业管理有限公司
地址:重庆市大坪正街51号
邮政编码:400042
证书注册编号:2500B0283
体系认证标准: GB/T19002—1994 idt ISO 9002:1994
有效期:2000.11.27~2003.11.26

吉林省通化市第一建筑公司
地址:吉林省通化市前兴路11号
邮政编码:134001
证书注册编号:2500B0284
体系认证标准: GB/T19002—1994 idt ISO 9002:1994
有效期:2000.11.28~2003.11.27

南阳市陆德筑路机械制造有限公司
地址:河南省南阳市工业北路110号
邮政编码:473000
证书注册编号:2500A0285
体系认证标准: GB/T19001 idt ISO 9001:1994
有效期:2000.11.29~2003.11.28

新疆阿拉尔塑料制品厂
地址:新疆阿克苏阿拉尔南口镇
邮政编码:843301
证书注册编号:2500B0286
体系认证标准: GB/T19002—1994 idt ISO 9002:1994
有效期:2000.11.29~2003.11.28

北京市亚太安设备安装有限责任公司
地址:北京市崇文区白桥大街32号
邮政编码:100062
证书注册编号:2500B0287
体系认证标准: GB/T19002—1994 idt ISO 9002:1994
有效期:2000.11.30~2003.11.29

安徽恒信装饰工程有限责任公司
地址:安徽省合肥市长江西路阳光花园10栋104
邮政编码:230031
证书注册编号:2500A0288
体系认证标准: GB/T19001idt ISO 9001:1994
有效期:2000.11.30~2003.11.29

***新疆水利水电建设工程局**
地址:新疆乌鲁木齐市新华南路65号
邮政编码:830001
电话:(0991)2873679
传真:(0991)2855136
法定代表人:孙家海
证书注册编号:2500B0289
体系认证标准: GB/T19002—1994 idt ISO 9002:1994
获证体系覆盖产品:水利水电建筑安装、金属结构制作及输变电建筑安装工程
有效期:2000.11.30~2003.11.29

大同矿务局兴运钢管厂
地址:山西大同矿务局兴运钢管厂
邮政编码:037003
证书注册编号:2500B0290
体系认证标准: GB/T19002—1994 idt ISO 9002:1994
有效期:2000.12.1~2003.11.30

包头市公路规划勘测设计院
地址:内蒙古包头市东河区
邮政编码:014040
证书注册编号:2500A0291
体系认证标准: GB/T19001—1994 idt ISO 9001:1994
有效期:2000.12.1~2003.11.30

永嘉县天正阀门厂
地址:浙江省永嘉县瓯北镇堡一工业街
邮政编码:315105
证书注册编号:2500B0292
体系认证标准:GB/T19002—1994 idt ISO 9002:1994
有效期:2000.12.1~2003.11.30

西安西铁电气化器材厂
地址:陕西西安市友谊东路33号(73#报箱)
邮政编码:710054
证书注册编号:2500B0293
体系认证标准: GB/T19002—1994 idt ISO 9002:1994
有效期:2000.12.1~2003.11.30

中国人民解放军第九五一一工厂冰配分厂
地址:北京市海淀区德胜门外西三旗
邮政编码:100096
证书注册编号:2500B0294
体系认证标准: GB/T19002—1994 idt ISO 9002:1994
有效期:2000.12.1~2003.11.30

内蒙古包头市第一建筑工程公司
地址:内蒙古包头市东河区面外大街10号
邮政编码:014040
证书注册编号:2500B0295
体系认证标准: GB/T19002—1994 idt ISO 9002:1994
有效期:2000.12.4~2003.12.3

新疆生产建设兵团农七师125团建筑工程公司

地址:新疆生产建设兵团农七师 125 团
邮政编码:833600
证书注册编号:2500B0296
体系认证标准: GB/T19002—1994 idt ISO 9002:1994
有效期:2000.12.4～2003.12.3

北京灿枫科技有限公司
地址:北京市海淀区学院南路乙 32 号
邮政编码:100088
证书注册编号:2500B0297
体系认证标准: GB/T19002—1994 idt ISO 9002:1994
有效期:2000.12.4～2003.12.3

郑州市中科电讯有限公司
地址:河南省巩义市回郭镇
邮政编码:451283
证书注册编号:2500B0298
体系认证标准: GB/T19002—1994 idt ISO 9002:1994
有效期:2000.12.4～2003.12.3

包头市公路工程公司
地址:内蒙古包头市东河区
邮政编码:014040
证书注册编号:2500B0299
体系认证标准: GB/T19002—1994 idt ISO 9002:1994
有效期:2000.12.4～2003.12.3

营口中兴针织品有限公司
地址:辽宁省营口市西市区客车场西里
邮政编码:115004
证书注册编号:2500B0300
体系认证标准: GB/T19002—1994 idt ISO 9002:1994
有效期:2000.12.5～2003.12.4

青岛广华拉链有限公司
地址:山东省即墨市烟青路 73 号
邮政编码:266200
证书注册编号:2500B0301
体系认证标准: GB/T19002—1994 idt ISO 9002:1994
有效期:2000.12.5～2003.12.4

中国人民解放军第六四五五工厂(济南鲁泉机械厂)
地址:山东省济南市市中区党家镇
邮政编码:250116
证书注册编号:2500B0302
体系认证标准: GB/T19002—1994 idt ISO 9002:1994
有效期:2000.12.5～2003.12.4

新疆五杰化工有限公司
地址:新疆乌鲁木齐市乌奇公路 38 号
邮政编码:830021
证书注册编号:2500B0303
体系认证标准: GB/T19002—1994 idt ISO 9002:1994
有效期:2000.12.6～2003.12.5

北京百正威塑胶制造有限公司
地址:北京市通州区永乐经济开发区
邮政编码:2500B0304
证书注册编号:2500B0304
体系认证标准: GB/T19002—1994 idt ISO 9002:1994
有效期:2000.12.6～2003.12.5

新疆奎河水利水电工程总公司(伊犁哈萨克自治州奎屯河水利工程灌溉管理处)
地址:新疆奎屯市乌鲁木齐东路 55 号
邮政编码:833200
证书注册编号:2500B0305
体系认证标准 GB/T19002—1994 idt ISO 9002:1994:
有效期:2000.12.6～2003.12.5

江西省九江市庐山区建筑工程总公司
地址:江西省九江市庐山区建筑工程总公司
邮政编码:332005
证书注册编号:2500B0306
体系认证标准:GB/T19002—1994 idt ISO 9002:1994
有效期:2000.12.7～2003.12.6

***新疆生产建设兵团农七师第一建筑安装工程公司**
地址:新疆维吾尔自治区奎屯市乌鲁木齐东路 23 号
邮政编码:833200
电话:(0992)3222892
传真:(0992)3222892
法定代表人:王志成
证书注册编号:2500B0307
体系认证标准:GB/T19002—1994 idt ISO 9002:1994
获证体系覆盖产品:工业与民用建筑(可承担 16 层以下,24 米跨度以下的建筑物;高度 50 米以下的构筑物的建筑施工)安装和服务
有效期:2000.12.7～2003.12.6

新疆阿瓦提县第一棉纺织厂
地址:新疆阿瓦提县花园西路 5 号
邮政编码:843200
证书注册编号:2500B0308
体系认证标准:GB/T19002—1994 idt ISO 9002:1994
有效期:2000.12.7～2003.12.6

新疆喀什住宅建设有限责任公司
地址:新疆喀什市人民东路 103 号
邮政编码:844000
证书注册编号:2500B0309
体系认证标准:GB/T19002—1994 idt ISO 9002:1994
有效期:2000.12.7～2003.12.6

河北清河耐火材料集团有限责任公司
地址:河北省清河县
邮政编码:054804
证书注册编号:2500B0310
体系认证标准:GB/T19002—1994 idt ISO 9002:1994
有效期:2000.12.7～2003.12.6

河北省沧州市第一建筑安装工程有限公司
地址:河北省沧州市朝阳大街 7 号
邮政编码:061001
证书注册编号:2500B0311
体系认证标准:GB/T19002—1994 idt ISO 9002:1994
有效期:2000.12.8～2003.12.7

濮阳市公路工程处
地址:河南省濮阳市人民路 73 号
邮政编码:457000
证书注册编号:2500B0312
体系认证标准:GB/T19002—1994 idt ISO 9002:1994
有效期:2000.12.8～2003.12.7

沧州市中原建筑安装工程股份有限公司
地址:河北省沧州市北环西路 38 号
邮政编码:061001
证书注册编号:2500B0313
体系认证标准:GB/T19002—1994 idt ISO 9002:1994

有效期:2000.12.8～2003.12.7

上海八一精密机械有限公司
地址:上海市曲阳路 910 号
邮政编码:200437
证书注册编号:2500A0314
体系认证标准:GB/T19001－1994 idt ISO 9001:1994
有效期:2000.12.8～2003.12.7

武汉银泰科技股份有限公司汉口制造分公司(中国人民解放军第 9509 工厂)
地址:湖北省武汉汉西北路 213 号
邮政编码:430023
证书注册编号:2500B0315
体系认证标准:GB/T19002－1994 idt ISO 9002:1994
有效期:2000.12.11～2003.12.10

内蒙古辽河工程局有限责任公司
地址:内蒙古赤峰市
邮政编码:024001
证书注册编号:2500B0316
体系认证标准:GB/T19002－1994 idt ISO 9002:1994
有效期:2000.12.11～2003.12.10

宁夏锅炉厂
地址:宁夏银川市新市区黄河西路 17－19 号
邮政编码:750021
证书注册编号:2500B0317
体系认证标准:GB/T19002－1994 idt ISO 9002:1994
有效期:2000.12.11～2003.12.10

宁夏锅炉厂
地址:宁夏银川市新市区黄河西路 17－19 号
邮政编码:750021
证书注册编号:2500A0317
体系认证标准:GB/T19001－1994 idt ISO 9001:1994
有效期:2000.12.11～2003.12.10

武汉市武汉印铁制罐厂
地址:湖北省武汉市新华下路 187 号
邮政编码:430023
证书注册编号:2500B0318
体系认证标准:GB/T19002－1994 idt ISO 9002:1994
有效期:2000.12.11～2003.12.10

柳州市建筑器具厂(柳州市威尔姆预应力有限公司)
地址:广西柳州市燎原路东三巷 7 号
邮政编码:545005
证书注册编号:2500A0319
体系认证标准:GB/T19001－1994 idt ISO 9001:1994
有效期:2000.12.11～2003.12.10

北京市保安服务总公司金融分公司
地址:北京朝阳区安慧东里 7 号楼
邮政编码:100101
证书注册编号:2500B0320
体系认证标准:GB/T19002－1994 idt ISO 9002:1994
有效期:2000.12.12～2003.12.11

营口经济技术开发区耐酸泵厂
地址:营口经济技术开发区柳树底街 434 号
邮政编码:115007
证书注册编号:2500B0321
体系认证标准:GB/T19002－1994 idt ISO 9002:1994
有效期:2000.12.12～2003.12.11

西安东方砌块机械有限公司
地址:西安市东郊幸福南路 1 号
邮政编码:710043
证书注册编号:2500B0322
体系认证标准:GB/T19002－1994 idt ISO 9002:1994
有效期:2000.12.8～2003.12.7

浙江长江电子工业有限公司
地址:浙江省瑞安经济开发区
邮政编码:325200
证书注册编号:2500B0323
体系认证标准:GB/T19002－1994 idt ISO 9002:1994
有效期:2000.12.12～2003.12.11

即墨市永顺金属制品厂
地址:山东省即墨市考院新村
邮政编码:266200
证书注册编号:2500B0324
体系认证标准:GB/T19002－1994 idt ISO 9002:1994
有效期:2000.12.13～2003.12.12

核工业西北工程建设总公司
地址:西安市
邮政编码:710054
证书注册编号:2500B0325
体系认证标准:GB/T19002－1994 idt ISO 9002:1994
有效期:2000.12.13～2003.12.12

深圳市宝安区血站
地址:深圳市宝安区宝城 16 区龙井路卫生局院内
邮政编码:518101
证书注册编号:2500B0326
体系认证标准:GB/T19002－1994 idt ISO 9002:1994
有效期:2000.12.13～2003.12.12

浙江省瑞安市王氏汽车刮水器厂
地址:浙江省瑞安市新坊工业区
邮政编码:325204
证书注册编号:2500B0327
体系认证标准:GB/T19002－1994 idt ISO 9002:1994
有效期:2000.12.13～2003.12.12

抚顺石化北天集团隆发电控设备厂
地址:辽宁省抚顺市东洲区东洲大街 30－3 号
邮政编码:113004
证书注册编号:2500B0328
体系认证标准:GB/T19002－1994 idt ISO 9002:1994
有效期:2000.12.13～2003.12.12

中国石化集团金陵石油化工有限责任公司
地址:江苏省南京市中央门外太平村东
邮政编码:210038
证书注册编号:2500B0329
体系认证标准:GB/T19002－1994 idt ISO 9002:1994
有效期:2000.12.14～2003.12.13

无锡市龙山橡胶厂
地址:江苏省无锡市荣巷
邮政编码:214063
证书注册编号:2500B0330
体系认证标准:GB/T19002－1994 idt ISO 9002:1994
有效期:2000.12.14～2003.12.13

余姚市河姆渡镇捷达高强度螺栓厂(红磊标准件有限公司)
地址:浙江省余姚市河姆渡镇方家村

邮政编码:315414
证书注册编号:2500B0331
体系认证标准:GB/T19002－1994 idt ISO 9002:1994
有效期:2000.12.14～2003.12.13

***新疆石河子市工程建设监理处**
地址:新疆石河子市
邮政编码:832000
电话:(0993)2014014
传真:(0993)2014014
法定代表人:孙新光
证书注册编号:2500B0332
体系认证标准:GB/T19002－1994 idt ISO 9002:1994
获证体系覆盖产品:工程建设监理的服务
有效期:2000.12.15～2003.12.14

南宁市住宅建筑公司
地址:广西南宁市北大南路4号
邮政编码:530011
证书注册编号:2500B0333
体系认证标准:GB/T19002－1994 idt ISO 9002:1994
有效期:2000.12.15～2003.12.14

桂林市建筑工程承包公司
地址:广西桂林市叠彩路6号
邮政编码:541001
证书注册编号:2500B0334
体系认证标准:GB/T19002－1994 idt ISO 9002:1994
有效期:2000.12.15～2003.12.14

空军南京航空四站装备修理厂
地址:江苏省南京市太平门外蒋王庙街265号
邮政编码:210042
证书注册编号:2500A0335
体系认证标准:GB/T19001－1994 idt ISO 9001:1994
有效期:2000.12.15～2003.12.14

中原石油勘探局基建工程监理公司
地址:河南省濮阳市胜利东路360号
邮政编码:457001
证书注册编号:2500B0336
体系认证标准:GB/T19002－1994 idt ISO 9002:1994
有效期:2000.12.15～2003.12.14

北京世纪京洲家具有限责任公司
地址:北京市大兴县亦庄乡小羊坊村东500米
邮政编码:100023
证书注册编号:2500B0337
体系认证标准:GB/T19002－1994 idt ISO 9002:1994
有效期:2000.12.15～2003.12.14

河南省驻马店地区建筑公司
地址:河南省驻马店市中华路354号
邮政编码:463000
证书注册编号:2500B0338
体系认证标准:GB/T19002－1994 idt ISO 9002:1994
有效期:2000.12.15～2003.12.14

中国人民解放军第九五〇九工厂(武汉长空机械总厂)
地址:湖北武汉市汉西北路213号
邮政编码:430023
证书注册编号:2500B0339
体系认证标准:GB/T19002－1994 idt ISO 9002:1994
有效期:2000.12.15～2003.12.14

江苏省阜宁县建筑总公司
地址:江苏阜宁县阜城西大街7—8号
邮政编码:224400
证书注册编号:2500B0340
体系认证标准:GB/T19002－1994 idt ISO 9002:1994
有效期:2000.12.15～2003.12.14

中国人民解放军第三五二一工厂
地址:江苏省南京市大光路142号
邮政编码:210007
证书注册编号:2500A0341
体系认证标准:GB/T19001 idt ISO 9001:1994
有效期:2000.12.15～2003.12.14

云南公路桥梁工程有限公司
地址:云南省昆明市昆沙路173号
邮政编码:650101
证书注册编号:2500B0342
体系认证标准:GB/T19002－1994 idt ISO 9002:1994
有效期:2000.12.15～2003.12.14

哈尔滨新长城建筑装饰设计工程有限公司
地址:哈尔滨市南岗经济开发区康顺街14号
邮政编码:150090
证书注册编号:2500A0343
体系认证标准:GB/T19001 idt ISO 9001:1994
有效期:2000.12.15～2003.12.14

齐齐哈尔市公路工程公司
地址:黑龙江省齐齐哈尔市明海公路63号
邮政编码:161005
证书注册编号:2500B0344
体系认证标准:GB/T19002－1994 idt ISO 9002:1994
有效期:2000.12.18～2003.12.17

石家庄市染化纺织品公司
地址:河北省石家庄市槐中路201号
邮政编码:050021
证书注册编号:2500B0345
体系认证标准:GB/T19002－1994 idt ISO 9002:1994
有效期:2000.12.18～2003.12.17

瑞安市迅达车辆配件厂
地址:浙江省瑞安市鲍田工业园区
邮政编码:325204
证书注册编号:2500B0346
体系认证标准:GB/T19002－1994 idt ISO 9002:1994
有效期:2000.12.18～2003.12.17

武汉九通汽车厂(中国人民解放军第九五〇二工厂)
地址:湖北省武汉市汉口汉西路常码头特2号
邮政编码:430023
证书注册编号:2500B0347
体系认证标准:GB/T19002－1994 idt ISO 9002:1994
有效期:2000.12.18～2003.12.17

新疆生产建设兵团农业建设第九师建筑安装总公司
地址:新疆塔城地区额敏县
邮政编码:8346001
证书注册编号:2500B0348
体系认证标准:GB/T19002－1994 idt ISO 9002:1994
有效期:2000.12.18～2003.12.17

新疆电力工程建设监理有限责任公司
地址:新疆乌鲁木齐市建设路10号
邮政编码:830002
证书注册编号:2500B0349
体系认证标准:GB/T19002－1994 idt ISO 9002:1994
有效期:2000.12.19～2003.12.18

新疆独山子石油化工工程建设监理公司
地址:新疆独山子区大庆东路10号
邮政编码:833600
证书注册编号:2500B0350
体系认证标准:GB/T19002－1994 idt ISO 9002:1994
有效期:2000.12.19～2003.12.18

西平男儿风服饰有限公司
地址:西平县解放路南段
邮政编码:463900
证书注册编号:2500B0351
体系认证标准:GB/T19002－1994 idt ISO 9002:1994
有效期:2000.12.19～2003.12.18

北京衡都科技发展有限公司
地址:北京西三环北路100号金玉大厦1608室
邮政编码:100037
证书注册编号:2500B0352
体系认证标准:GB/T19002－1994 idt ISO 9002:1994
有效期:2000.12.19～2003.12.18

南阳市金牛塑料彩印有限责任公司
地址:河南省南阳市车站南路化工区
邮政编码:473003
证书注册编号:2500B0353
体系认证标准:GB/T19002－1994 idt ISO 9002:1994
有效期:2000.12.19～2003.12.18

常州市四维理工自动化设备有限公司
地址:江苏省常州市机场路3号
邮政编码:213016
证书注册编号:2500B0354
体系认证标准:
有效期:2000.12.19～2003.12.18

沈阳泰丰胶带制造有限公司
地址:辽宁省沈阳市东陵区榆树屯街55号
邮政编码:110161
证书注册编号:2500B0355
体系认证标准:GB/T19002－1994 idt ISO 9002:1994
有效期:2000.12.19～2003.12.18

山西省芮城县地方国营化工厂
地址:山西省黄芮城县城西4公里处
邮政编码:044601
证书注册编号:2500A0356
体系认证标准:GB/T19001－1994 idt ISO 9001:1994
有效期:2000.12.19～2003.12.18

中国人民解放军第三三〇五工厂
地址:吉林省敦化市
邮政编码:133709
证书注册编号:2500A0357
体系认证标准:GB/T19001－1994 idt ISO 9001:1994
有效期:2000.12.19～2003.12.18

荣成市海灵电力仪表有限公司
地址:山东省荣成市邹家路
邮政编码:264300
证书注册编号:2500B0358
体系认证标准:GB/T19002－1994 idt ISO 9002:1994
有效期:2000.12.19～2003.12.18

余姚市纺织器材厂
地址:浙江省余姚市朗霞镇
邮政编码:315410
证书注册编号:2500B0359
体系认证标准:GB/T19002－1994 idt ISO 9002:1994
有效期:2000.12.20～2003.12.14

大庆开发区工程建设监理有限公司
地址:黑龙江省大庆市东风新村纬二路
邮政编码:163311
证书注册编号:2500B0360
体系认证标准:GB/T19002－1994 idt ISO 9002:1994
有效期:2000.12.20～2003.12.14

瑞安丰华摩配有限公司
地址:浙江省瑞安市仙岩镇沈岙工业区
邮政编码:325203
证书注册编号:2500B0361
体系认证标准:GB/T19002－1994 idt ISO 9002:1994
有效期:2000.12.20～2003.12.14

合肥瑶海建筑安装工程公司
地址:安徽合肥市新站综合开发试验区
邮政编码:230011
证书注册编号:2500B0362
体系认证标准:GB/T19002－1994 idt ISO 9002:1994
有效期:2000.12.20～2003.12.14

桂林市秀峰建筑安装工程公司(桂林市秀峰房产开发公司)
地址:广西桂林市环城西二路471号
邮政编码:541001
证书注册编号:2500B0363
体系认证标准:GB/T19002－1994 idt ISO 9002:1994
有效期:2000.12.20～2003.12.14

北京九洲兴建筑工程公司
地址:北京市平谷县新开街6号
邮政编码:101200
证书注册编号:2500B0364
体系认证标准:GB/T19002－1994 idt ISO 9002:1994
有效期:2000.12.20～2003.12.14

沧县建筑安装工程有限公司
地址:河北省沧州市南环东路16号
邮政编码:061000
证书注册编号:2500B0365
体系认证标准:GB/T19002－1994 idt ISO 9002:1994
有效期:2000.12.21～2003.12.14

沈阳高登大酒店有限公司
地址:沈阳市沈河区青年大街52号
邮政编码:110014
证书注册编号:2500B0366
体系认证标准:GB/T19002－1994 idt ISO 9002:1994
有效期:2000.12.22～2003.12.14

大石桥市永安铝型材厂
地址:辽宁省大石桥市泥永安镇
邮政编码:115109
证书注册编号:2500B0367
体系认证标准:GB/T19002－1994 idt ISO 9002:1994
有效期:2000.12.22～2003.12.14

桂林市综合设计院

地址:广西桂林市叠彩路6号
邮政编码:541001
证书注册编号:2500A0368
体系认证标准:GB/T19001—1994 idt ISO 9001:1994
有效期:2000.12.22～2003.12.14

辽河油田钻井二公司石油机械厂
地址:辽宁省凌海市安屯769信箱
邮政编码:121207
证书注册编号:2500B0369
体系认证标准:GB/T19002—1994 idt ISO 9002:1994
有效期:2000.12.22～2003.12.14

浙江康亨服饰有限公司
地址:浙江省温州市瓯北镇龙桥工业区18号
邮政编码:325102
证书注册编号:2500B0370
体系认证标准:GB/T19002—1994 idt ISO 9002:1994
有效期:2000.12.22～2003.12.14

新疆钢铁雅满苏矿业有限责任公司水泥厂
地址:新疆哈密市八一北路2号
邮政编码:839001
证书注册编号:2500B0371
体系认证标准:GB/T19002—1994 idt ISO 9002:1994
有效期:2000.12.25～2003.12.14

三河哈特新型建材制品厂
地址:北京东燕郊经济技术开发区燕昌路东侧
邮政编码:065201
证书注册编号:2500B0372
体系认证标准:GB/T19002—1994 idt ISO 9002:1994
有效期:2000.12.25～2003.12.14

中国人民解放军第六一零八工厂
地址:江苏省徐州市永安街58号
邮政编码:221002
证书注册编号:2500A0373
体系认证标准:GB/T19001—1994 idt ISO 9001:1994
有效期:2000.12.25～2003.12.14

桂林市住宅建设总公司
地址:广西桂林市崇信路3巷1号
邮政编码:541002
证书注册编号:2500B0374
体系认证标准:GB/T19002—1994 idt ISO 9002:1994
有效期:2000.12.25～2003.12.14

北京中咨现代物业管理有限责任公司
地址:北京海淀区车公庄西路32号中咨大厦
邮政编码:100044
证书注册编号:2500B0375
体系认证标准:GB/T19002—1994 idt ISO 9002:1994
有效期:2000.12.26～2003.12.14

山西省运城安瑞节能风机有限公司
地址:山西省运城市夏县水头镇压
邮政编码:044402
证书注册编号:2500B00376
体系认证标准:GB/T19002—1994 idt ISO 9002:1994
有效期:2000.12.26～2003.12.14

余姚市浦江船舶管道附件厂
地址:浙江余姚市丈亭镇胡界村
邮政编码:315410
证书注册编号:2500B0377
体系认证标准:GB/T19002—1994 idt ISO 9002:1994
有效期:2000.12.26～2003.12.14

余姚市兴泰机械制造有限公司
地址:浙江省余姚市丈亭镇压工业园区
邮政编码:315414
证书注册编号:2500B0378
体系认证标准:GB/T19002—1994 idt ISO 9002:1994
有效期:2000.12.26～2003.12.14

余姚市瑞恒实业有限公司
地址:浙江省余姚市丈亭镇丈一路125号
邮政编码:315410
证书注册编号:2500B0379
体系认证标准:GB/T19002—1994 idt ISO 9002:1994
有效期:2000.12.26～2003.12.14

浙江省瑞安市银星汽车配件厂
地址:浙江瑞安市鲍田镇朱马路21号
邮政编码:325203
证书注册编号:2500B0380
体系认证标准:GB/T19002—1994 idt ISO 9002:1994
有效期:2000.12.26～2003.12.14

余姚市金陵电器厂
地址:浙江省余姚市余姚镇谭家岭
邮政编码:315400
证书注册编号:2500B0382
体系认证标准:GB/T19002—1994 idt ISO 9002:1994
有效期:2000.12.26～2003.12.14

瑞安市开开汽车电器有限公司
地址:浙江省瑞安市上金工业区
邮政编码:325204
证书注册编号:2500B0381
体系认证标准:GB/T19002—1994 idt ISO 9002:1994
有效期:2000.12.26～2003.12.14

瑞安市焕发汽车配件厂
地址:浙江省瑞安市鲍田镇前进工业区
邮政编码:325204
证书注册编号:2500B0383
体系认证标准:GB/T19002—1994 idt ISO 9002:1994
有效期:2000.12.26～2003.12.25

***新疆生产建设兵团农五师工程团**
地址:新疆维吾尔自治区博乐市
邮政编码:833400
电话:(0909)2224156 2234354
传真:(0909)2222386
法定代表人:何伟
证书注册编号:2500B0384
体系认证标准:GB/T19002—1994 idt ISO 9002:1994
获证体系覆盖产品:工业与民用建筑、空腹钢窗、PVC塑钢窗、水泥制品等的生产、安装和服务
有效期:2000.12.26～2003.12.25

九江宾馆
地址:江西九江市南湖路30号
邮政编码:332000
证书注册编号:2500B0385
体系认证标准:GB/T19002—1994 idt ISO 9002:1994
有效期:2000.12.26～2003.12.14

沈阳西东控制技术有限公司
地址:沈阳市沈河区热闹路55号电子

大厦6层
邮政编码:110014
证书注册编号:2500A0386
体系认证标准:GB/T19001－1994 idt ISO 9001:1994
有效期:2000.12.27～2003.12.14

内蒙古通信建设工程局
地址:内蒙古自治区呼和浩特市县府街26号
邮政编码:010030
证书注册编号:2500A0387
体系认证标准:GB/T19001－1994 idt ISO 9001:1994
有效期:2000.12.27～2003.12.14

北京市庄缘物业管理中心
地址:北京市海淀区恩济庄18号
邮政编码:100036
证书注册编号:2500B0388
体系认证标准:GB/T19002－1994 idt ISO 9002:1994
有效期:2000.12.27～2003.12.14

北京华盛物业有限责任公司
地址:北京市丰台区莲花池西里8号(新华保险大厦8106室)
邮政编码:100073
证书注册编号:2500B0389
体系认证标准:GB/T19002－1994 idt ISO 9002:1994
有效期:2000.12.27～2003.12.14

内蒙古自治区巴彦淖尔盟富源建筑工程有限责任公司
地址:内蒙古自治区临河市利民东街
邮政编码:015000
证书注册编号:2500B0390
体系认证标准:GB/T19002－1994 idt ISO 9002:1994
有效期:2000.12.27～2003.12.14

浙江日泰鞋业有限公司
地址:浙江省永嘉县瓯北镇塘头工业区
邮政编码:325102
证书注册编号:2500B0391
体系认证标准:GB/T19002－1994 idt ISO 9002:1994
有效期:2000.12.28～2003.12.14

荣成市神通海洋生物公司
地址:山东省荣成市经济技术开发区
邮政编码:264316
证书注册编号:2500B0392
体系认证标准:GB/T19002－1994 idt ISO 9002:1994
有效期:2000.12.28～2003.12.14

***国营海安县南莫油米厂**
地址:江苏省海安县南莫镇泰东南路18号
邮政编码:226681
电话:(0513)8472131
传真:(0513)8475420
法定代表人:马安东
证书注册编号:2500B0393
体系认证标准:GB/T19002－1994 idt ISO 9002:1994
获证体系覆盖产品:大米、面粉、挂面的生产和服务
有效期:2000.12.28～2003.12.27

抚顺良邦石化机械厂
地址:辽宁省抚顺市清原柴河路6号
邮政编码:113300
证书注册编号:2500B0394
体系认证标准:GB/T19002－1994 idt ISO 9002:1994
有效期:2000.12.28～2003.12.14

丹东市公路工程处
地址:辽宁省丹东市振兴区青年大街73－6号
邮政编码:118000
证书注册编号:2500B0395
体系认证标准:GB/T19002－1994 idt ISO 9002:1994
有效期:2000.12.28～2003.12.14

北京紫玉饭店
地址:北京市海淀区增光路55号
邮政编码:100037
证书注册编号:2500B0396
体系认证标准:GB/T19002－1994 idt ISO 9002:1994
有效期:2000.12.28～2003.12.14

北京市大兴县水利工程公司
地址:北京市大闪县黄村镇压黄良路北
邮政编码:102600
证书注册编号:2500B0397
体系认证标准:GB/T19002－1994 idt ISO 9002:1994
有效期:2000.12.29～2003.12.14

北京化工四厂
地址:北京市房山区马各庄
邮政编码:102400
证书注册编号:2500B0398
体系认证标准:GB/T19002－1994 idt ISO 9002:1994
有效期:2000.12.29～2003.12.14

中国建筑材料科学研究院大石桥镁砖厂
地址:辽宁省大石桥市哈大公路检查站南500米
邮政编码:115100
证书注册编号:2500B0399
体系认证标准:GB/T19002－1994 idt ISO 9002:1994
有效期:2000.12.29～2003.12.14

福建省林业工程公司
地址:福州市西环北路418号
邮政编码:350002
证书注册编号:2500B0400
体系认证标准:GB/T19002－1994 idt ISO 9002:1994
有效期:2000.12.29～2003.12.14

濮阳市恒美油脂化工总厂
地址:河南省濮阳市
邮政编码:457001
证书注册编号:2500B0401
体系认证标准:GB/T19002－1994 idt ISO 9002:1994
有效期:2000.12.29～2003.12.14

浙江义乌一多电子有限公司
地址:浙江省义乌市东塘开发区越王路一多电子大厦
邮政编码:322012
证书注册编号:2500B0404
体系认证标准:GB/T19002－1994 idt ISO 9002:1994
有效期:2000.12.29～2003.12.14

***洛阳炼化工程建设监理公司**
地址:洛阳市吉利区中原路
邮政编码:471012
电话:(0379)6992156
传真:(0379)6994439
法定代表人:陆惠章
证书注册编号:2501B0008
体系认证标准:GB/T19002－1994 idt ISO 9002:1994

获证体系覆盖产品:工业与民用建筑安装工程、石油化工建筑安装工程的建设监理
有效期:2001.1.4～2003.12.14

＊盐城市通亚专用汽车配件有限公司
地址:江苏省滨海县
邮政编码:224500
电话:(0515)4131217
传真:(0515)4131217
法定代表人:刘德广
证书注册编号:2501B0019
体系认证标准:GB/T19002－1994 idt ISO 9002:1994
获证体系覆盖产品:鞍式牵引车牵引座、半挂车支腿、半挂车悬架系统产品
有效期:2001.1.9～2003.12.14

＊浙江磐安昌达皮具针织总厂
地址:浙江省磐安环城南路46号
邮政编码:322300
电话:(0579)4662742
传真:(0579)4669728
法定代表人:张忠根
证书注册编号:2501B0059
体系认证标准:GB/T19002－1994 idt ISO 9002:1994
获证体系覆盖产品:生活背提包的生产和服务
有效期:2001.1.17～2003.12.14

＊重庆市新型防水材料有限公司
地址:重庆永川市环北东路288号
邮政编码:402160
电话:(023)49804361
传真:(023)49804361
法定代表人:何圣传
证书注册编号:2501B0098
体系认证标准:GB/T19002－1994 idt ISO 9002:1994
获证体系覆盖产品:"中达"牌SBS、APP、APR改性沥青防水卷材,"中达"牌Hi－CBT油毡瓦和"中达"牌Hi－APP系列道桥专用改性沥青防水卷材及"中达"牌Hi－BPU非焦油聚氨酯防水涂料
有效期:2001.2.9～2003.12.14

＊泰兴市第五建筑安装工程公司
地址:江苏省泰兴市
邮政编码:225442
电话:(0523)7511267
传真:(0523)7511526
法定代表人:杨章先
证书注册编号:2501B0101
体系认证标准:GB/T19002－1994 idt ISO 9002:1994
获证体系覆盖产品:工业与民用建筑安装工程的生产、安装和服务
有效期:2001.2.12～2003.12.14

＊浙江省上虞市汽车运输总公司
地址:浙江省上虞市百官舜江东路1号
邮政编码:312300
电话:(0575)2012948
传真:(0575)2012948
法定代表人:赵兴龙
证书注册编号:2501B0116
体系认证标准:GB/T19002－1994 idt ISO 9002:1994
获证体系覆盖产品:汽车道路客运服务
有效期:2001.2.15～2003.12.14

＊磐安县东风橡塑厂
地址:浙江省磐安县胡宅乡塘田村
邮政编码:322312
电话:(0579)4701237
传真:(0579)4701237
法定代表人:张学良
证书注册编号:2501B0128
体系认证标准:GB/T19002－1994 idt ISO 9002:1994
获证体系覆盖产品:塑料管的生产和服务
有效期:2001.1.17～2003.12.14

江苏质量保证中心

如东农药厂
地址:江苏如东县马塘镇建设路2号
邮政编码:226401
证书注册编号:2600B0001
体系认证标准:GB/T19002—1994 idt ISO 9002:1994
有效期:2000.1.20~2003.1.20

无锡市正山实业有限公司
地址:江苏无锡市石门路鲍家桥88号
邮政编码:214074
证书注册编号:2600B0002
体系认证标准:GB/T19002—1994 idt ISO 9002:1994
有效期:2000.1.20~2003.1.20

盐城市恒胜石化机械有限公司
地址:江苏盐城市滨海县迎宾路1号
邮政编码:224500
证书注册编号:2600B0003
体系认证标准:GB/T19002—1994 idt ISO 9002:1994
有效期:2000.1.20~2003.1.20

苏州床单厂(苏州工业园区花篮阔幅印染有限公司)
地址:江苏苏州市劳动路轻化路双桥
邮政编码:215004
证书注册编号:2600B0004
体系认证标准:GB/T19002—1994 idt ISO 9002:1994
有效期:2000.1.20~2003.1.20

连云港市福利通信电缆厂
地址:江苏连云港市赣榆县赣马镇
邮政编码:222124
证书注册编号:2600B0005
体系认证标准:GB/T19002—1994 idt ISO 9002:1994
有效期:2000.1.20~2003.1.20

南京佳品光学工业有限公司
地址:江苏南京市钓鱼台95号
邮政编码:210006
证书注册编号:2600B0006
体系认证标准:GB/T19002—1994 idt ISO 9002:1994
有效期:2000.1.20~2003.1.20

江苏全能机电仪表设备有限公司
地址:江苏宜兴市丁山精陶新村266号
邮政编码:214221
证书注册编号:2600B0007
体系认证标准:GB/T19002—1994 idt ISO 9002:1994
有效期:2000.1.20~2003.1.20

南京竟成微特电机制造有限公司
地址:江苏南京市溧水经济开发区(宝塔路)
邮政编码:211200
证书注册编号:2600B0008
体系认证标准:GB/T19002—1994 idt ISO 9002:1994
有效期:2000.1.20~2003.1.20

南京汽车变速箱厂
地址:江苏南京市六合县六城镇园林东路26号
邮政编码:211500
证书注册编号:2600B0009
体系认证标准:GB/T19002—1994 idt ISO 9002:1994
有效期:2000.1.20~2003.1.20

南京高宁锻造法兰厂
地址:江苏南京市高淳县桠溪镇东风路1号
邮政编码:211303
证书注册编号:2600B0010
体系认证标准:GB/T19002—1994 idt ISO 9002:1994
有效期:2000.1.20~2003.1.20

江苏省溧阳市汽车座椅调角器总厂
地址:江苏溧阳市绸缪集镇
邮政编码:213324
证书注册编号:2600B0011
体系认证标准:GB/T19002—1994 idt ISO 9002:1994
有效期:2000.1.20~2003.1.20

镇江市黄墟锚链厂
地址:江苏镇江市东郊黄墟镇
邮政编码:212142
证书注册编号:2600B0012
体系认证标准:GB/T19002—1994 idt ISO 9002:1994
有效期:2000.1.20~2003.1.20

无锡蓬天工具有限公司
地址:江苏无锡市军嶂芮巷
邮政编码:214084
证书注册编号:2600B0013
体系认证标准:GB/T19002—1994 idt ISO 9002:1994
有效期:2000.1.20~2003.1.20

苏州梅岭蓄电池厂(苏州神威电动车电源有限公司)
地址:江苏苏州市木渎镇梅林路
邮政编码:215101
证书注册编号:2600B0014
体系认证标准:GB/T19002—1994 idt ISO 9002:1994
有效期:2000.1.20~2003.1.20

南京和兴不织布制品有限公司
地址:江苏省南京市溧水县城中大街13号
邮政编码:211200
证书注册编号:2600B0015
体系认证标准:GB/T19002—1994 idt

ISO 9002:1994
有效期:2000.1.20～2003.1.20

常州丰和塑料化工有限公司
地址:江苏常州市兰陵路27号
邮政编码:213001
证书注册编号:2600B0016
体系认证标准:GB/T19002－1994 idt ISO 9002:1994
有效期:2000.1.20～2003.1.20

武进市庙桥合成化工厂
地址:江苏武进市庙桥镇
邮政编码:213167
证书注册编号:2600B0017
体系认证标准:GB/T19002－1994 idt ISO 9002:1994
有效期:2000.1.20～2003.1.20

昆山翔峰塑料制品有限公司
地址:江苏昆山市朝阳中路418号
邮政编码:215300
证书注册编号:2600B0018
体系认证标准:GB/T19002－1994 idt ISO 9002:1994
有效期:2000.1.20～2003.1.20

南京速顺达(集团)公司
地址:江苏南京市宁溧路岔路街158号
邮政编码:211101
证书注册编号:2600B0019
体系认证标准:GB/T19002－1994 idt ISO 9002:1994
有效期:2000.1.20～2003.1.20

兰和塑料化工有限公司
地址:江苏常州市兰陵路27号
邮政编码:213001
证书注册编号:2600B0020
体系认证标准:GB/T19002－1994 idt ISO 9002:1994
有效期:2000.1.20～2003.1.20

马鞍山皖江电力工程有限责任公司
地址:安徽马鞍山市恒兴路
邮政编码:243021
证书注册编号:2600B0021
体系认证标准:GB/T19002－1994 idt ISO 9002:1994
有效期:2000.1.20～2003.1.20

南京斯威特新技术创业有限公司
地址:江苏南京市集庆路198号江苏通信大厦
邮政编码:210006
证书注册编号:2600A0022
体系认证标准:GB/T19001－1994 idt ISO 9001:1994
有效期:2000.1.20～2003.1.20

江苏省激素研究所
地址:江苏金坛市西门大街102号
邮政编码:213200
证书注册编号:2600A0023
体系认证标准:GB/T19001－1994 idt ISO 9001:1994
有效期:2000.1.20～2003.1.20

宜兴市玻璃钢建筑材料厂(宜兴市高塍环保通用设备厂)
地址:江苏宜兴市高塍镇塍北路82号
邮政编码:214214
证书注册编号:2600B0024
体系认证标准:GB/T19002－1994 idt ISO 9002:1994
有效期:2000.1.20～2003.1.20

盐城华佑生物化工有限公司
地址:江苏建湖县颜单镇工交路63号
邮政编码:224761
证书注册编号:2600B0025
体系认证标准:GB/T19002－1994 idt ISO 9002:1994
有效期:2000.1.20～2003.1.20

江都市精达气动件制造有限公司
地址:江苏江都市浦头镇江灵路
邮政编码:225218
证书注册编号:2600B0026
体系认证标准:GB/T19002－1994 idt ISO 9002:1994
有效期:2000.2.18～2003.2.18

镇江汽车配件厂
地址:江苏镇江市朱方路211号
邮政编码:212005
证书注册编号:2600B0027
体系认证标准:GB/T19002－1994 idt ISO 9002:1994
有效期:2000.2.18～2003.2.18

扬中华阳电力设备有限公司
地址:江苏扬中市环城南路123号
邮政编码:212200
证书注册编号:2600B0028
体系认证标准:GB/T19002－1994 idt ISO 9002:1994
有效期:2000.2.18～2003.2.18

苏州新协力机电有限公司
地址:江苏8省苏州市苏州新区玉山路78号
邮政编码:215011
证书注册编号:2600A0029
体系认证标准:GB/T19001－1994 idt ISO 9001:1994
有效期:2000.2.18～2003.2.18

苏州市第四橡胶厂
地址:江苏苏州市娄门糖坊湾51号
邮政编码:215001
证书注册编号:2600B0030
体系认证标准:GB/T19002－1994 idt ISO 9002:1994
有效期:2000.2.18～2003.2.18

无锡锡通工程机械有限公司
地址:江苏锡山市新安镇
邮政编码:214138
证书注册编号:2600B0031
体系认证标准:GB/T19002－1994 idt ISO 9002:1994
有效期:2000.2.18～2003.2.18

昆山市普林特电子有限公司
地址:江苏昆山千灯镇少卿西路19号
邮政编码:215341
证书注册编号:2600B0032
体系认证标准:GB/T19002－1994 idt ISO 9002:1994
有效期:2000.2.18～2003.2.18

启东江海液压润滑设备厂
地址:江苏启东市江夏工业区1号
邮政编码:226259
证书注册编号:2600A0033
体系认证标准:GB/T19001－1994 idt ISO 9001:1994
有效期:2000.2.18～2003.2.18

盐城市变压器厂
地址:江苏盐城市盐兴东路100号
邮政编码:224011
证书注册编号:2600A0034
体系认证标准:GB/T19001－1994 idt ISO 9001:1994

有效期:2000.2.18～2003.2.18

无锡市电器开关厂(无锡东力电气制造公司)
地址:江苏无锡市南门界泾桥弄 101 号
邮政编码:214023
证书注册编号:2600A0035
体系认证标准:GB/T19001－1994 idt ISO 9001:1994
有效期:2000.2.18～2003.2.18

江苏大同通信设备有限公司
地址:江苏南京市中山北路 311 号
邮政编码:210003
证书注册编号:2600B0036
体系认证标准:GB/T19002－1994 idt ISO 9002:1994
有效期:2000.3.18～2003.3.18

江苏西欧电子有限公司
地址:江苏启东市江海中路 777 号
邮政编码:226200
证书注册编号:2600B0037
体系认证标准:GB/T19002－1994 idt ISO 9002:1994
有效期:2000.3.18～2003.3.18

锡山市红星化工厂
地址:江苏锡山市东湖塘镇
邮政编码:214196
证书注册编号:2600B0038
体系认证标准:GB/T19002－1994 idt ISO 9002:1994
有效期:2000.3.18～2003.3.18

南通华康甜菊糖有限公司
地址:江苏启东市秦潭港镇
邮政编码:226246
证书注册编号:2600B0039
体系认证标准:GB/T19002－1994 idt ISO 9002:1994
有效期:2000.3.18～2003.3.18

无锡市轴瓦厂
地址:江苏无锡市国家高新技术开发区 14 号地块
邮政编码:214028
证书注册编号:2600B0040
体系认证标准:GB/T19002－1994 idt ISO 9002:1994
有效期:2000.3.18～2003.3.18

南京金泰汽车零部件制造有限公司
地址:江苏南京市万寿村 15 号
邮政编码:210028
证书注册编号:2600B0041
体系认证标准:GB/T19002－1994 idt ISO 9002:1994
有效期:2000.3.18～2003.3.18

江苏倪家巷集团精毛纺织厂
地址:江苏江阴市周庄镇
邮政编码:214423
证书注册编号:2600B0042
体系认证标准:GB/T19002－1994 idt ISO 9002:1994
有效期:2000.3.18～2003.3.18

句容市宝亚汽车摩擦材料配件有限公司
地址:江苏句容市宝华综合经济开发区
邮政编码:212415
证书注册编号:2600B0043
体系认证标准:GB/T19002－1994 idt ISO 9002:1994
有效期:2000.4.10～2003.4.10

无锡市太极实业股份有限公司
地址:江苏无锡市锡澄路化工桥南
邮政编码:214042
证书注册编号:2600B0044
体系认证标准:GB/T19002－1994 idt ISO 9002:1994
有效期:2000.4.10～2003.4.10

南京金盛机械制造有限公司
地址:江苏南京市高淳县定埠镇火墩头
邮政编码:211319
证书注册编号:2600B0045
体系认证标准:GB/T19002－1994 idt ISO 9002:1994
有效期:2000.4.10～2003.4.10

武进市中兴光通讯设备厂
地址:江苏武进市武宜南路 98 号
邮政编码:213164
证书注册编号:2600B0046
体系认证标准:GB/T19002－1994 idt ISO 9002:1994
有效期:2000.4.10～2003.4.10

南京三埃测控有限公司
地址:江苏南京市清江工业区北圩二村 34 号
邮政编码:210036
证书注册编号:2600B0047
体系认证标准:GB/T19002－1994 idt ISO 9002:1994
有效期:2000.4.10～2003.4.10

江苏兴顺电子有限公司
地址:江苏兴化市阳山路 10 号
邮政编码:225700
证书注册编号:2600B0048
体系认证标准:GB/T19002－1994 idt ISO 9002:1994
有效期:2000.5.15～2003.5.15

苏州市中新动力设备辅机有限公司
地址:江苏苏州市娄门外官渎里立交桥北堍
邮政编码:215131
证书注册编号:2600B0049
体系认证标准:GB/T19002－1994 idt ISO 9002:1994
有效期:2000.5.15～2003.5.15

无锡协新集团有限公司
地址:江苏无锡市丽新路 60 号
邮政编码:214044
证书注册编号:2600B0050
体系认证标准:GB/T19002－1994 idt ISO 9002:1994
有效期:2000.5.15～2003.5.15

南京铁路分局芜湖车辆段
地址:安徽芜湖市小杨村
邮政编码:241007
证书注册编号:2600B0051
体系认证标准:GB/T19002－1994 idt ISO 9002:1994
有效期:2000.5.15～2003.5.15

南京太平洋吸气材料有限公司
地址:江苏南京市浦口高新技术开发区 29 幢
邮政编码:210061
证书注册编号:2600B0052
体系认证标准:GB/T19002－1994 idt ISO 9002:1994
有效期:2000.5.15～2003.5.15

无锡市顺德益漆业有限公司
地址:江苏中国宜兴环保科技工业园西(归径陆平)
邮政编码:214239

证书注册编号:2600B0053
体系认证标准:GB/T19002－1994 idt ISO 9002:1994
有效期:2000.5.15～2003.5.15

宜兴市中泰橡塑保温有限公司
地址:江苏宜兴市大塍镇
邮政编码:214267
证书注册编号:2600B0054
体系认证标准:GB/T19002－1994 idt ISO 9002:1994
有效期:2000.5.15～2003.5.15

锡山市陆区球墨管配件厂
地址:江苏锡山市陆区镇花园村
邮政编码:214156
证书注册编号:2600B0055
体系认证标准:GB/T19002－1994 idt ISO 9002:1994
有效期:2000.5.15～2003.5.15

南京松林电力仪表有限公司
地址:江苏南京雨花台区丁墙村129号
邮政编码:210012
证书注册编号:2600B0056
体系认证标准:GB/T19002－1994 idt ISO 9002:1994
有效期:2000.5.15～2003.5.15

南京化学试剂一厂
地址:江苏南京市栖霞区燕尧路18号
邮政编码:210038
证书注册编号:2600B0057
体系认证标准:GB/T19002－1994 idt ISO 9002:1994
有效期:2000.5.15～2003.5.15

南京京扬复合包装袋厂
地址:江苏南京市大厂区新华西路2号
邮政编码:210044
证书注册编号:2600B0058
体系认证标准:GB/T19002－1994 idt ISO 9002:1994
有效期:2000.5.15～2003.5.15

无锡大通化纤公司
地址:江苏无锡市东绛镇
邮政编码:214121
证书注册编号:2600B0059
体系认证标准:GB/T19002－1994 idt ISO 9002:1994
有效期:2000.6.19～2003.6.19

射阳县永大纺织有限公司
地址:江苏盐城市射阳县盐东镇中心路1号
邮政编码:224332
证书注册编号:2600B0060
体系认证标准:GB/T19002－1994 idt ISO 9002:1994
有效期:2000.6.19～2003.6.19

常州市鸿雁通信设备厂
地址:江苏常州市戚墅堰五一路2号
邮政编码:213001
证书注册编号:2600B0061
体系认证标准:GB/T19002－1994 idt ISO 9002:1994
有效期:2000.6.19～2003.6.19

南京旭峰化工厂
地址:江苏南京市大厂区长芦镇利民路18号
邮政编码:210047
证书注册编号:2600B0062
体系认证标准:GB/T19002－1994 idt ISO 9002:1994
有效期:2000.6.19～2003.6.19

锡山市五星不锈钢管有限责任公司
地址:江苏锡山市藕塘镇南水渠
邮政编码:214153
证书注册编号:2600B0063
体系认证标准:GB/T19002－1994 idt ISO 9002:1994
有效期:2000.6.19～2003.6.19

南京金鹏铝业有限公司
地址:江苏南京市江宁经济技术开发区
邮政编码:211100
证书注册编号:2600B0064
体系认证标准:GB/T19002－1994 idt ISO 9002:1994
有效期:2000.6.19～2003.6.19

中国石化集团南京化工厂
地址:江苏南京市和燕路560号
邮政编码:210038
证书注册编号:2600A0065
体系认证标准:GB/T19001－1994 idt ISO 9001:1994
有效期:2000.6.19～2003.6.19

锡山市剑鹰机械有限公司
地址:江苏锡山市荡口镇
邮政编码:214116
证书注册编号:2600B0066
体系认证标准:GB/T19002－1994 idt ISO 9002:1994
有效期:2000.6.19～2003.6.19

锡山市第二标准件厂
地址:江苏锡山藕塘镇藕塘北路121号
邮政编码:214153
证书注册编号:2600B0067
体系认证标准:GB/T19002－1994 idt ISO 9002:1994
有效期:2000.6.19～2003.6.19

常州西武暖通设备有限公司
地址:江苏武进市郑陆镇
邮政编码:213111
证书注册编号:2600B0068
体系认证标准:GB/T19002－1994 idt ISO 9002:1994
有效期:2000.6.19～2003.6.19

南京立汉化学有限公司
地址:江苏南京市江宁经济技术开发区中新北路15号
邮政编码:211100
证书注册编号:2600B0069
体系认证标准:GB/T19002－1994 idt ISO 9002:1994
有效期:2000.6.19～2003.6.19

金湖县红光仪表厂
地址:江苏金湖县健康路29号
邮政编码:211600
证书注册编号:2600B0070
体系认证标准:GB/T19002－1994 idt ISO 9002:1994
有效期:2000.6.19～2003.6.19

常州市金隆化工厂
地址:江苏武进市牛塘镇
邮政编码:213168
证书注册编号:2600B0071
体系认证标准:GB/T19002－1994 idt ISO 9002:1994
有效期:2000.6.19～2003.6.19

江苏中泰石化助剂有限公司
地址:江苏宜兴市大塍镇
邮政编码:214267
证书注册编号:2600B0072
体系认证标准:GB/T19002－1994 idt

ISO 9002:1994
有效期:2000.7.10～2003.7.10

南京长发突破通讯有限公司
地址:江苏南京市石门坎联合村147号
邮政编码:210014
证书注册编号:2600B0073
体系认证标准:GB/T19002－1994 idt ISO 9002:1994
有效期:2000.7.10～2003.7.10

国营如皋酒厂
地址:江苏如皋市开发区东首(新民路)
邮政编码:226500
证书注册编号:2600B0074
体系认证标准:GB/T19002－1994 idt ISO 9002:1994
有效期:2000.7.10～2003.7.10

无锡市振太酒业有限公司
地址:江苏无锡市马山区五号桥
邮政编码:214092
证书注册编号:2600B0075
体系认证标准:GB/T19002－1994 idt ISO 9002:1994
有效期:2000.7.10～2003.7.10

江苏新鑫陶瓷金属复合材料有限公司
地址:江苏建湖县近湖路12号
邮政编码:224700
证书注册编号:2600B0076
体系认证标准:GB/T19002－1994 idt ISO 9002:1994
有效期:2000.7.10～2003.7.10

吴江吴月齿轮制造有限责任公司
地址:江苏吴江市坛丘镇银河路底
邮政编码:215227
证书注册编号:2600B0077
体系认证标准:GB/T19002－1994 idt ISO 9002:1994
有效期:2000.7.10～2003.7.10

南京宝通防排烟设备制造有限公司
地址:江苏南京市青石科技园小青路128号
邮政编码:210012
证书注册编号:2600B0078
体系认证标准:GB/T19002－1994 idt ISO 9002:1994
有效期:2000.7.10～2003.7.10

宜兴市利源钢房有限公司
地址:江苏宜兴市宜兴环科园新城路114号
邮政编码:214205
证书注册编号:2600B0079
体系认证标准:GB/T19002－1994 idt ISO 9002:1994
有效期:2000.7.10～2003.7.10

锡山市曙光高强度紧固件厂
地址:江苏锡山市玉祁镇
邮政编码:214183
证书注册编号:2600B0080
体系认证标准:GB/T19002－1994 idt ISO 9002:1994
有效期:2000.7.10～2003.7.10

镇江市汉邦电子有限责任公司
地址:江苏镇江市丁卯经济开发区纬二路8号
邮政编码:212009
证书注册编号:2600B0081
体系认证标准:GB/T19002－1994 idt ISO 9002:1994
有效期:2000.7.24～2003.7.24

金瑞电子有限责任公司
地址:江苏南京市东井亭100号
邮政编码:210028
证书注册编号:2600B0082
体系认证标准:GB/T19002－1994 idt ISO 9002:1994
有效期:2000.7.24～2003.7.24

南京兰叶气体有限责任公司
地址:江苏南京市江宁县东山镇东新南路28号
邮政编码:211100
证书注册编号:2600B0083
体系认证标准:GB/T19002－1994 idt ISO 9002:1994
有效期:2000.7.24～2003.7.24

南京银山电子有限公司
地址:江苏南京中央门外和燕路422号
邮政编码:210038
证书注册编号:2600B0084
体系认证标准:GB/T19002－1994 idt ISO 9002:1994
有效期:2000.7.24～2003.7.24

锡山市联诚新型建材有限公司
地址:江苏锡山市张泾镇泾西实业区内
邮政编码:214194
证书注册编号:2600B0085
体系认证标准:GB/T19002－1994 idt ISO 9002:1994
有效期:2000.7.24～2003.7.24

南京市化学工业研究设计院
地址:江苏南京中华门内钓鱼台119号
邮政编码:210006
证书注册编号:2600A0086
体系认证标准:GB/T19001－1994 idt ISO 9001:1994
有效期:2000.7.24～2003.7.24

锡山市电站锅炉辅机厂
地址:江苏锡山市洛社镇
邮政编码:214187
证书注册编号:2600A0087
体系认证标准:GB/T19001－1994 idt ISO 9001:1994
有效期:2000.7.24～2003.7.24

江苏省金坛市纺织机械总厂
地址:江苏金坛市沿河西路20号
邮政编码:213200
证书注册编号:2600B0088
体系认证标准:GB/T19002－1994 idt ISO 9002:1994
有效期:2000.8.18～2003.8.18

锡山市第二绝缘材料厂
地址:江苏锡山市洛社镇红明村
邮政编码:214188
证书注册编号:2600B0089
体系认证标准:GB/T19002－1994 idt ISO 9002:1994
有效期:2000.8.18～2003.8.18

南京塑料制品厂
地址:江苏南京市下关水上新村31巷17号
邮政编码:210011
证书注册编号:2600B0090
体系认证标准:GB/T19002－1994 idt ISO 9002:1994
有效期:2000.8.18～2003.8.18

江苏金泰钢结构有限责任公司
地址:江苏靖江市同康路15号
邮政编码:214521
证书注册编号:2600B0091

体系认证标准:GB/T19002－1994 idt ISO 9002:1994
有效期:2000.8.18～2003.8.18

宜兴市高塍玻璃钢化工设备厂
地址:江苏宜兴市高塍镇鬲湖路58号
邮政编码:214214
证书注册编号:2600B0092
体系认证标准:GB/T19002－1994 idt ISO 9002:1994
有效期:2000.8.18～2003.8.18

南京工农兵纺织(集团)股份有限公司
地址:江苏南京市洪武路115号三楼
邮政编码:210005
证书注册编号:2600B0093
体系认证标准:GB/T19002－1994 idt ISO 9002:1994
有效期:2000.8.18～2003.8.18

南京梅园热交换器厂
地址:江苏南京光华门外牌楼大石山村
邮政编码:210014
证书注册编号:2600B0094
体系认证标准:GB/T19002－1994 idt ISO 9002:1994
有效期:2000.8.18～2003.8.18

姜堰市丽达工具厂
地址:江苏姜堰市姜官路116号
邮政编码:225500
证书注册编号:2600B0095
体系认证标准:GB/T19002－1994 idt ISO 9002:1994
有效期:2000.8.18～2003.8.18

江苏省扬中市第二建筑安装工程公司
地址:江苏扬中市文化北路30号
邮政编码:212200
证书注册编号:2600B0096
体系认证标准:GB/T19002－1994 idt ISO 9002:1994
有效期:2000.8.18～2003.8.18

宜兴市新时代漆业有限公司(亨特莱涂料(无锡)有限公司)
地址:江苏宜兴市新街镇
邮政编码:214204
证书注册编号:2600B0097
体系认证标准:GB/T19002－1994 idt ISO 9002:1994
有效期:2000.8.18～2003.8.18

江苏东耘棉花有限公司
地址:江苏连云港市东辛农场场部
邮政编码:222248
证书注册编号:2600B0098
体系认证标准:GB/T19002－1994 idt ISO 9002:1994
有效期:2000.8.18～2003.8.18

江阴市康源印染有限公司
地址:江苏江阴市长泾镇长东村
邮政编码:214411
证书注册编号:2600B0099
体系认证标准:GB/T19002－1994 idt ISO 9002:1994
有效期:2000.8.18～2003.8.18

安徽中银扬子汽车工业有限公司
地址:安徽滁州市扬子工业开发区
邮政编码:239064
证书注册编号:2600B0100
体系认证标准:GB/T19002－1994 idt ISO 9002:1994
有效期:2000.8.18～2003.8.18

金湖县第二建筑工程公司
地址:江苏金湖县城金湖路104号
邮政编码:211600
证书注册编号:2600B0101
体系认证标准:GB/T19002－1994 idt ISO 9002:1994
有效期:2000.8.18～2003.8.18

江阴市永达化工厂(扩大范围)
地址:江苏江阴市璜土镇镇立路38号
邮政编码:214445
证书注册编号:2699B0125
体系认证标准:GB/T19002－1994 idt ISO 9002:1994
有效期:1999.12.28～2002.12.28

锡山市华庄纺织印染器材厂
地址:江苏锡山市华庄镇华清路138号
邮政编码:214124
证书注册编号:2600B0102
体系认证标准:GB/T19002－1994 idt ISO 9002:1994
有效期:2000.9.18～2003.9.18

武进市遥观镇塘桥五金厂
地址:江苏武进市遥观镇
邮政编码:213102
证书注册编号:2600B0103
体系认证标准:GB/T19002－1994 idt ISO 9002:1994
有效期:2000.9.18～2003.9.18

吴江新生丝绸织造有限责任公司
地址:江苏吴江盛泽镇舜新南路112号
邮政编码:215228
证书注册编号:2600B0104
体系认证标准:GB/T19002－1994 idt ISO 9002:1994
有效期:2000.9.18～2003.9.18

连云港东辛卫生敷料有限公司
地址:江苏省连云港市东辛集团海北工业区
邮政编码:222248
证书注册编号:2600B0105
体系认证标准:GB/T19002－1994 idt ISO 9002:1994
有效期:2000.9.18～2003.9.18

武进化学厂
地址:江苏省武进市鸣凤镇武南东路50号
邮政编码:213164
证书注册编号:2600B0106
体系认证标准:GB/T19002－1994 idt ISO 9002:1994
有效期:2000.9.18～2003.9.18

江苏蝶美集团公司
地址:江苏江阴市南闸镇
邮政编码:214405
证书注册编号:2600B0107
体系认证标准:GB/T19002－1994 idt ISO 9002:1994
有效期:2000.9.18～2003.9.18

武进市遥观塘桥机械五金厂
地址:江苏武进市遥观镇塘桥村
邮政编码:213102
证书注册编号:2600B0108
体系认证标准:GB/T19002－1994 idt ISO 9002:1994
有效期:2000.9.18～2003.9.18

常州联合工具厂
地址:江苏武进市湖塘镇鸣凰街武南东路49号
邮政编码:213164
证书注册编号:2600B0109
体系认证标准:GB/T19002－1994 idt

ISO 9002:1994
有效期:2000.9.18～2003.9.18

溧阳市电子仪表有限公司
地址:江苏溧阳市新昌镇
邮政编码:213372
证书注册编号:2600B0110
体系认证标准:GB/T19002－1994 idt
ISO 9002:1994
有效期:2000.9.18～2003.9.18

连云港市旋耕机制造厂
地址:江苏灌云县城胜利路2号
邮政编码:222200
证书注册编号:2600B0111
体系认证标准:GB/T19002－1994 idt
ISO 9002:1994
有效期:2000.9.18～2003.9.18

上海纺织机件总厂钢令制造有限公司
地址:江苏金坛市东环一路668号
邮政编码:213200
证书注册编号:2600B0112
体系认证标准:GB/T19002－1994 idt
ISO 9002:1994
有效期:2000.9.18～2003.9.18

南京松盛锻造有限公司
地址:江苏南京市中华门外柘塘镇
邮政编码:211215
证书注册编号:2600B0113
体系认证标准:GB/T19002－1994 idt
ISO 9002:1994
有效期:2000.9.18～2003.9.18

启东阀门厂
地址:江苏启东市南阳工业区
邮政编码:226232
证书注册编号:2600A0114
体系认证标准:GB/T19001－1994 idt
ISO 9001:1994
有效期:2000.9.18～2003.9.18

常州市阳光减震器厂
地址:江苏武进市洛阳镇阳光村
邮政编码:213104
证书注册编号:2600B0115
体系认证标准:GB/T19002－1994 idt
ISO 9002:1994
有效期:2000.9.18～2003.9.18

扬州市华达机械有限公司(高邮市四通铝塑复合管厂)
地址:江苏高邮市通湖路122号
邮政编码:225600
证书注册编号:2600B0116
体系认证标准:GB/T19002－1994 idt
ISO 9002:1994
有效期:2000.9.18～2003.9.18

南京联铁机械材料总厂蓄电池酸厂
地址:江苏南京大厂区葛塘镇纸袋厂内
邮政编码:210048
证书注册编号:2600B0117
体系认证标准:GB/T19002－1994 idt
ISO 9002:1994
有效期:2000.9.18～2003.9.18

无锡市冠元漆业有限公司
地址:江苏宜兴市西渚经济开发区
邮政编码:214236
证书注册编号:2600B0118
体系认证标准:GB/T19002－1994 idt
ISO 9002:1994
有效期:2000.9.18～2003.9.18

扬州市湾头烧结钢厂
地址:江苏扬州市湾头镇联合村
邮政编码:255006
证书注册编号:2600B0119
体系认证标准:GB/T1900－1994 idt
ISO 900:1994
有效期:2000.9.18～2003.9.18

通州市长虹电容器厂
地址:江苏通州市刘桥人民路四号
邮政编码:226363
证书注册编号:2600B0120
体系认证标准:GB/T19002－1994 idt
ISO 9002:1994
有效期:2000.9.18～2003.9.18

盐城德宝化工有限公司
地址:江苏射阳县兴北西路28号
邮政编码:224300
证书注册编号:2600B0121
体系认证标准:GB/T19002－1994 idt
ISO 9002:1994
有效期:2000.9.18～2003.9.18

连云港市第二农药厂
地址:江苏连云港市新浦区丁字路北首
邮政编码:222002
证书注册编号:2600B0122
体系认证标准:GB/T19002－1994 idt
ISO 9002:1994
有效期:2000.9.18～2003.9.18

南京远通铝塑管业有限公司
地址:江苏南京市雨花台区养回红村174号
邮政编码:210012
证书注册编号:2600B0123
体系认证标准:GB/T19002－1994 idt
ISO 9002:1994
有效期:2000.9.18～2003.9.18

镇江玩具厂
地址:江苏镇江市中山西路112号
邮政编码:212004
证书注册编号:2600B0124
体系认证标准:GB/T19002－1994 idt
ISO 9002:1994
有效期:2000.10.13～2003.10.13

扬州合成化工总厂
地址:江苏扬州市运河西路338号
邮政编码:225001
证书注册编号:2600B0125
体系认证标准:GB/T19002－1994 idt
ISO 9002:1994
有效期:2000.10.13～2003.10.13

江苏圣大纺织(集团)厂(射阳县第三纺织厂)
地址:江苏射阳县胜利桥圣大路1号
邮政编码:224321
证书注册编号:2600B0126
体系认证标准:GB/T19002－1994 idt
ISO 9002:1994
有效期:2000.10.13～2003.10.13

南京华彩特种涂料厂
地址:江苏南京市中山北路408号
邮政编码:210011
证书注册编号:2600B0127
体系认证标准:GB/T19002－1994 idt
ISO 9002:1994
有效期:2000.10.13～2003.10.13

戚墅堰机车车辆厂
地址:江苏常州市戚墅堰
邮政编码:213011
证书注册编号:2600A0128
体系认证标准:GB/T19001－1994 idt
ISO 9001:1994

有效期:2000.10.13～2003.10.13

盐城多为集团有限公司
地址:江苏大丰市西郊新团街10号
邮政编码:224115
证书注册编号:2600B0129
体系认证标准:GB/T19002—1994 idt ISO 9002:1994
有效期:2000.10.13～2003.10.13

南京康保玻璃纤维制品厂
地址:江苏南京市栖霞区新合村杨庄房
邮政编码:210033
证书注册编号:2600B0130
体系认证标准:GB/T19002—1994 idt ISO 9002:1994
有效期:2000.10.13～2003.10.13

南京启业科技有限公司
地址:江苏南京市中央北路五佰村2号
邮政编码:210037
证书注册编号:2600B0131
体系认证标准:GB/T19002—1994 idt ISO 9002:1994
有效期:2000.10.13～2003.10.13

南京工艺装备制造厂
地址:江苏南京市莫愁路329号
邮政编码:210004
证书注册编号:2600B0132
体系认证标准:GB/T19002—1994 idt ISO 9002:1994
有效期:2000.10.13～2003.10.13

宜兴市周铁五金探伤材料厂
地址:江苏宜兴市周铁镇棠下
邮政编码:214261
证书注册编号:2600B0133
体系认证标准:GB/T19002—1994 idt ISO 9002:1994
有效期:2000.10.13～2003.10.13

无锡电力电容器有限公司(含康派特电气有限公司)
地址:江苏无锡市惠钱路138号
邮政编码:214035
证书注册编号:2600A0134
体系认证标准:GB/T19001—1994 idt ISO 9001:1994
有效期:2000.10.13～2003.10.13

南京斯威特新技术创业有限公司(扩大范围)
地址:江苏南京市集庆路198号江苏通信大厦
邮政编码:210006
证书注册编号:2600A0022
体系认证标准:GB/T19001—1994 idt ISO 9001:1994
有效期:2000.1.20～2003.1.20

武进市江南电声器材厂
地址:江苏常州市南门外鸣凰镇西
邮政编码:213164
证书注册编号:2600B0135
体系认证标准:GB/T19002—1994 idt ISO 9002:1994
有效期:2000.11.6～2003.11.6

武进市东方绝缘油厂
地址:江苏常州市南门外鸣凰镇西
邮政编码:213164
证书注册编号:2600B0136
体系认证标准:GB/T19002—1994 idt ISO 9002:1994
有效期:2000.11.6～2003.11.6

南京红宝丽股份有限公司
地址:江苏南京高淳县城太安路128号
邮政编码:211300
证书注册编号:2600B0137
体系认证标准:GB/T19002—1994 idt ISO 9002:1994
有效期:2000.11.6～2003.11.6

常州电梯厂
地址:江苏常州市西郊卜弋镇
邮政编码:213141
证书注册编号:2600B0138
体系认证标准:GB/T19002—1994 idt ISO 9002:1994
有效期:2000.11.6～2003.11.6

张家港市信谊化工有限公司
地址:江苏张家港市塘市镇
邮政编码:215618
证书注册编号:2600B0139
体系认证标准:GB/T19002—1994 idt ISO 9002:1994
有效期:2000.11.6～2003.11.6

常州市汇丰船舶附件厂
地址:江苏常州市潞城民营工业园
邮政编码:213025
证书注册编号:2600B0140
体系认证标准:GB/T19002—1994 idt ISO 9002:1994
有效期:2000.11.6～2003.11.6

江苏省句容金猴工程机械有限公司
地址:江苏句容市南大街26号
邮政编码:212400
证书注册编号:2600B0141
体系认证标准:GB/T19002—1994 idt ISO 9002:1994
有效期:2000.11.6～2003.11.6

富阳市环球通信电缆厂
地址:浙江富阳市富阳镇皇天畈陈家山
邮政编码:311401
证书注册编号:2600B0142
体系认证标准:GB/T19002—1994 idt ISO 9002:1994
有效期:2000.11.27～2003.11.27

马思克钻采系统(南京)有限公司
地址:江苏南京市六合县六城镇香塘路8号
邮政编码:211500
证书注册编号:2600B0143
体系认证标准:GB/T19002—1994 idt ISO 9002:1994
有效期:2000.11.27～2003.11.27

常州市凌波化工有限公司(武进市建筑粘合剂厂)
地址:江苏武进横山桥镇新安西工业区
邮政编码:213117
证书注册编号:2600B0144
体系认证标准:GB/T19002—1994 idt ISO 9002:1994
有效期:2000.11.27～2003.11.27

江苏AB集团有限责任公司
地址:江苏昆山市正仪镇振兴东路5号
邮政编码:215347
证书注册编号:2600B0145
体系认证标准:GB/T19002—1994 idt ISO 9002:1994
有效期:2000.11.27～2003.11.27

苏州化纤纺织瓷件厂
地址:江苏苏州市西园路底
邮政编码:215008
证书注册编号:2600B0146
体系认证标准:GB/T19002—1994 idt

ISO 9002:1994
有效期:2000.11.27～2003.11.27

无锡市佳利来漆业有限公司
地址:江苏宜兴市太华镇工业区
邮政编码:214235
证书注册编号:2600B0147
体系认证标准:GB/T19002－1994 idt ISO 9002:1994
有效期:2000.11.27～2003.11.27

江苏双龙集团有限公司龙潭重型机械厂
地址:江苏南京市龙潭镇珠子山8号
邮政编码:210034
证书注册编号:2600B0148
体系认证标准:GB/T19002－1994 idt ISO 9002:1994
有效期:2000.11.27～2003.11.27

常熟市轻工装饰材料厂
地址:江苏常熟市王庄镇
邮政编码:215553
证书注册编号:2600B0149
体系认证标准:GB/T19002－1994 idt ISO 9002:1994
有效期:2000.11.27～2003.11.27

扬州群发冷却器厂
地址:江苏扬州市太平北路3号
邮政编码:225003
证书注册编号:2600B0150
体系认证标准:GB/T19002－1994 idt ISO 9002:1994
有效期:2000.11.27～2003.11.27

常州市造漆厂(含常州常新涂料有限公司)
地址:江苏常州市三堡街505号
邮政编码:213016
证书注册编号:2600B0151
体系认证标准:GB/T19002－1994 idt ISO 9002:1994
有效期:2000.11.27～2003.11.27

戚墅堰机车车辆厂建筑工程公司
地址:江苏常州市戚墅堰
邮政编码:213011
证书注册编号:2600B0152
体系认证标准:GB/T19002－1994 idt ISO 9002:1994
有效期:2000.11.27～2003.11.27

启东市可转位刀具厂
地址:江苏启东市下和合桥东首
邮政编码:226251
证书注册编号:2600B0153
体系认证标准:GB/T19002－1994 idt ISO 9002:1994
有效期:2000.11.27～2003.11.27

武进市南夏墅建筑工程公司
地址:江苏武进市南夏墅镇
邮政编码:213166
证书注册编号:2600B0154
体系认证标准:GB/T19002－1994 idt ISO 9002:1994
有效期:2000.11.27～2003.11.27

南京红太阳股份有限公司(更名)
地址:江苏南京市下关区姜家园205号
邮政编码:210011
证书注册编号:2698B045
体系认证标准:GB/T19002－1994 idt ISO 9002:1994
有效期:1998.5.20～2001.5.20

宜兴福田电子有限公司(缩小范围)
地址:江苏宜兴市高塍镇环北路
邮政编码:214214
证书注册编号:2699B0019
体系认证标准:GB/T19002－1994 idt ISO 9002:1994
有效期:1999.3.9～2002.3.9

南通东升长毛绒制品有限公司(扩大范围)
地址:江苏如东县掘港镇掘兵路122号
邮政编码:226400
证书注册编号:2699B0089
体系认证标准:GB/T19002－1994 idt ISO 9002:1994
有效期:1999.11.10～2002.11.10

南京东方机电设备厂
地址:江苏南京市白下区府西街14号
邮政编码:210001
证书注册编号:2600B0155
体系认证标准:GB/T19002－1994 idt ISO 9002:1994
有效期:2000.12.8～2003.12.8

启东申泽机床附件有限公司
地址:江苏启东市高家镇
邮政编码:226223
证书注册编号:2600B0156
体系认证标准:GB/T19002－1994 idt ISO 9002:1994
有效期:2000.12.8～2003.12.8

江苏群发化工有限公司
地址:江苏扬州市太平北路3号
邮政编码:225003
证书注册编号:2600B0157
体系认证标准:GB/T19002－1994 idt ISO 9002:1994
有效期:2000.12.8～2003.12.8

江都市光华电力设备修造厂
地址:江苏江都市郭村镇东进路44号
邮政编码:225239
证书注册编号:2600B0158
体系认证标准:GB/T19002－1994 idt ISO 9002:1994
有效期:2000.12.8～2003.12.8

利民化工有限责任公司
地址:江苏新沂市新郯路31号
邮政编码:221400
证书注册编号:2600B0159
体系认证标准:GB/T19002－1994 idt ISO 9002:1994
有效期:2000.12.8～2003.12.8

中国石化集团金陵石油化工有限责任公司塑料厂
地址:江苏南京市和燕路390号
邮政编码:210028
证书注册编号:2600B0160
体系认证标准:GB/T19002－1994 idt ISO 9002:1994
有效期:2000.12.8～2003.12.8

江苏双菱化工集团有限公司
地址:江苏连云港市新海路182号
邮政编码:222023
证书注册编号:2600B0161
体系认证标准:GB/T19002－1994 idt ISO 9002:1994
有效期:2000.12.8～2003.12.8

南京市江浦电力标准件厂
地址:江苏南京市江浦县汤泉镇
邮政编码:211802
证书注册编号:2600B0162
体系认证标准:GB/T19002－1994 idt ISO 9002:1994

有效期:2000.12.8～2003.12.8

江苏江南电机有限公司(常州恒星电机有限公司)
地址:江苏常州市横山桥镇
邮政编码:213119
证书注册编号:2600B0163
体系认证标准:GB/T19002－1994 idt ISO 9002:1994
有效期:2000.12.8～2003.12.8

张家港保税区永强特殊钢有限公司
地址:江苏张家港市后塍镇澄扬路6号
邮政编码:215631
证书注册编号:2600B0164
体系认证标准:GB/T19002－1994 idt ISO 9002:1994
有效期:2000.12.8～2003.12.8

南京西岗汽车配件厂
地址:江苏南京市中山门外西岗果牧场
邮政编码:210033
证书注册编号:2600B0165
体系认证标准:GB/T19002－1994 idt ISO 9002:1994
有效期:2000.12.8～2003.12.8

南通增益饲料有限公司
地址:江苏海安县城江海西路38号
邮政编码:226600
证书注册编号:2600B0166
体系认证标准:GB/T19002－1994 idt ISO 9002:1994
有效期:2000.12.8～2003.12.8

江苏省临海化工厂(射阳县银月化工助剂厂)
地址:江苏射阳千秋东首
邮政编码:224353
证书注册编号:2600B0167
体系认证标准:GB/T19002－1994 idt ISO 9002:1994
有效期:2000.12.8～2003.12.8

射阳县巨龙纺织厂
地址:江苏省射阳县合德镇红旗东路12号
邮政编码:224300
证书注册编号:2600B0168
体系认证标准:GB/T19002－1994 idt ISO 9002:1994
有效期:2000.12.8～2003.12.8

常州市成松防水材料有限公司(金坛市成龙橡塑制品有限公司)
地址:江苏金坛市白塔镇南
邮政编码:213214
证书注册编号:2600B0169
体系认证标准:GB/T19002－1994 idt ISO 9002:1994
有效期:2000.12.8～2003.12.8

淮阴市水利机械工程有限公司
地址:江苏淮阴市健康西路134号
邮政编码:223001
证书注册编号:2600B0170
体系认证标准:GB/T19002－1994 idt ISO 9002:1994
有效期:2000.12.8～2003.12.8

武进市佳尔利涂料厂
地址:江苏武进市牛塘镇高田村
邮政编码:213168
证书注册编号:2600B0171
体系认证标准:GB/T19002－1994 idt ISO 9002:1994
有效期:2000.12.8～2003.12.8

锡山市东湖塘化工厂
地址:江苏锡山市东湖塘镇锡港西路130号
邮政编码:214196
证书注册编号:2600B0172
体系认证标准:GB/T19002－1994 idt ISO 9002:1994
有效期:2000.12.8～2003.12.8

江苏江南实业集团
地址:江苏常州市横山桥镇
邮政编码:213119
证书注册编号:2600B0173
体系认证标准:GB/T19002－1994 idt ISO 9002:1994
有效期:2000.12.29～2003.12.14

扬州电信局(江苏省电信公司扬州分公司)
地址:江苏扬州市文汇南路39号
邮政编码:225009
证书注册编号:2600B0174
体系认证标准:GB/T19002－1994 idt ISO 9002:1994
有效期:2000.12.29～2003.12.14

连云港市海水化工一厂
地址:江苏连云港市墟沟镇
邮政编码:222042
证书注册编号:2600B0175
体系认证标准:GB/T19002－1994 idt ISO 9002:1994
有效期:2000.12.29～2003.12.14

武进市第三农药厂
地址:江苏武进市罗溪镇
邮政编码:213136
证书注册编号:2600B0176
体系认证标准:GB/T19002－1994 idt ISO 9002:1994
有效期:2000.12.29～2003.12.14

建湖县鑫源绳带有限公司
地址:江苏建湖县颜单镇工交东路
邮政编码:224761
证书注册编号:2600B0177
体系认证标准:GB/T19002－1994 idt ISO 9002:1994
有效期:2000.12.29～2003.12.14

连云港晶宇电子有限公司
地址:江苏省连云港市海州区江化南路1号
邮政编码:222023
证书注册编号:2600B0178
体系认证标准:GB/T19002－1994 idt ISO 9002:1994
有效期:2000.12.29～2003.12.14

锡山市洛社隆达环保设备厂
地址:江苏锡山市洛社镇新兴西路
邮政编码:214187
证书注册编号:2600B0179
体系认证标准:GB/T19002－1994 idt ISO 9002:1994
有效期:2000.12.29～2003.12.14

常州东华建筑安装工程有限公司
地址:江苏溧阳市天目路90号
邮政编码:213300
证书注册编号:2600B0180
体系认证标准:GB/T19002－1994 idt ISO 9002:1994
有效期:2000.12.29～2003.12.14

溧阳市建筑装璜工程总公司
地址:江苏溧阳市溧城镇燕山路50号
邮政编码:213300
证书注册编号:2600B0181

体系认证标准:GB/T19002－1994 idt ISO 9002:1994
有效期:2000.12.29～2003.12.14

武进市佳华化工有限公司
地址:江苏武进市牛塘镇芦家巷隔湖西路1号
邮政编码:213168
证书注册编号:2600B0182
体系认证标准:GB/T19002－1994 idt ISO 9002:1994
有效期:2000.12.29～2003.12.14

南京市江浦县汽车配件厂
地址:江苏南京市江浦县汤泉镇南街
邮政编码:211802
证书注册编号:2600B0183
体系认证标准:GB/T19002－1994 idt ISO 9002:1994
有效期:2000.12.29～2003.12.14

蚌埠铁路分局淮南车辆段
地址:安徽淮南市罗山路
邮政编码:232038
证书注册编号:2600B0184
体系认证标准:GB/T19002－1994 idt ISO 9002:1994
有效期:2000.12.29～2003.12.14

宜兴市星宇汽车附件厂
地址:江苏宜兴市和桥镇朝阳路56号
邮政编码:214211
证书注册编号:2600B0185
体系认证标准:GB/T19002－1994 idt ISO 9002:1994
有效期:2000.12.29～2003.12.14

靖江市汽车标准件厂
地址:江苏靖江市西来镇敦义港
邮政编码:214518
证书注册编号:2600B0186
体系认证标准:GB/T19002－1994 idt ISO 9002:1994
有效期:2000.12.29～2003.12.14

安徽省全椒圣炬齿轮有限公司
地址:安徽全椒县二郎口镇
邮政编码:239531
证书注册编号:2600B0187
体系认证标准:GB/T19002－1994 idt ISO 9002:1994
有效期:2000.12.29～2003.12.14

句容市宏跃通用机械有限公司
地址:江苏句容市城区宁杭路30号
邮政编码:212400
证书注册编号:2600B0188
体系认证标准:GB/T19002－1994 idt ISO 9002:1994
有效期:2000.12.29～2003.12.14

江苏泗洪油嘴油泵有限公司
地址:江苏泗洪县泗州西大街26号
邮政编码:223900
证书注册编号:2600B0189
体系认证标准:GB/T19002－1994 idt ISO 9002:1994
有效期:2000.12.29～2003.12.14

南京南分成套分析仪器有限责任公司
地址:江苏南京市中华路26号
邮政编码:210001
证书注册编号:2600B0190
体系认证标准:GB/T19002－1994 idt ISO 9002:1994
有效期:2000.12.29～2003.12.14

南京宁江化工厂
地址:江苏南京中央门外太新路98号
邮政编码:210038
证书注册编号:2600B0191
体系认证标准:GB/T19002－1994 idt ISO 9002:1994
有效期:2000.12.29～2003.12.14

南通三喜服装有限公司
地址:江苏南通市通富路8号
邮政编码:226007
证书注册编号:2600B0192
体系认证标准:GB/T19002－1994 idt ISO 9002:1994
有效期:2000.12.29～2003.12.14

启东威尔发化工产品有限公司
地址:江苏启东市王鲍镇
邮政编码:226213
证书注册编号:2600B0193
体系认证标准:GB/T19002－1994 idt ISO 9002:1994
有效期:2000.12.29～2003.12.14

江苏省通信设备厂
地址:江苏南京市中山北路311号
邮政编码:210003
证书注册编号:2600B0194
体系认证标准:GB/T19002－1994 idt ISO 9002:1994
有效期:2000.12.29～2003.12.14

南京费隆复合材料有限责任公司
地址:江苏南京市中华门外油坊桥
邮政编码:210041
证书注册编号:2600B0195
体系认证标准:GB/T19002－1994 idt ISO 9002:1994
有效期:2000.12.29～2003.12.14

无锡市巨龙塑化股份有限公司
地址:江苏无锡市惠盛路1号
邮政编码:214035
证书注册编号:2600B0196
体系认证标准:GB/T19002－1994 idt ISO 9002:1994
有效期:2000.12.29～2003.12.14

南京德富特电子有限公司
地址:江苏南京市光卡路石婆庙285号
邮政编码:210012
证书注册编号:2600B0197
体系认证标准:GB/T19002－1994 idt ISO 9002:1994
有效期:2000.12.29～2003.12.14

常州市环宇电力设备制造有限公司
地址:江苏常州市青龙镇柳墅村109号
邮政编码:213028
证书注册编号:2600B0198
体系认证标准:GB/T19002－1994 idt ISO 9002:1994
有效期:2000.12.29～2003.12.14

启东市恒安防爆通信设备有限公司
地址:江苏启东市608信箱
邮政编码:226200
证书注册编号:2600B0199
体系认证标准:GB/T19002－1994 idt ISO 9002:1994
有效期:2000.12.29～2003.12.14

金坛市登兴实业(集团)有限公司登兴塑化厂
地址:江苏金坛市建昌镇
邮政编码:213252
证书注册编号:2600B0200
体系认证标准:GB/T19002－1994 idt ISO 9002:1994
有效期:2000.12.29～2003.12.14

江苏百倍集团有限公司
地址：江苏建湖县建西南路 117 号
邮政编码：224700
证书注册编号：2600B0201
体系认证标准：GB/T19002－1994 idt ISO 9002:1994
有效期：2000.12.29～2003.12.14

盐城市巨龙灯饰有限公司
地址：江苏建湖县建港工业园区建高路 166 号
邮政编码：224700
证书注册编号：2600B0202
体系认证标准：GB/T19002－1994 idt ISO 9002:1994
有效期：2000.12.29～2003.12.14

南京禄口汽车配件厂
地址：江苏南京市中华门外禄口镇
邮政编码：211113
证书注册编号：2600B0203
体系认证标准：GB/T19002－1994 idt ISO 9002:1994
有效期：2000.12.29～2003.12.14

南京市高淳油封厂
地址：江苏南京市高淳县东坝镇
邮政编码：211321
证书注册编号：2600B0204
体系认证标准：GB/T19002－1994 idt ISO 9002:1994
有效期：2000.12.29～2003.12.14

***南京市水利建筑工程总公司**
地址：江苏省南京市七里街 86 号
邮政编码：210001
电话：(025)4592106 4592633－8821
传真：(025)4592106
法定代表人：马忠顺
证书注册编号：2601B0022
体系认证标准：GB/T19002－1994 idt ISO 9002:1994
获证体系覆盖产品：建筑工程的施工和服务全过程
有效期：2001.2.19～2004.2.18

***镇江市塑料四厂**
地址：江苏省镇江市天桥安路 148 号
邮政编码：212003
电话：(0511)4423468
传真：(0511)4421701
法定代表人：朱卫平
证书注册编号：2601B0029
体系认证标准：GB/T19002－1994 idt ISO 9002:1994
获证体系覆盖产品：热固性树脂浸渍氏高压装饰层积板
有效期：2001.1.29～2003.12.14

***盐城市侨谊纺织有限公司**
地址：江苏省射县县城解放西路 42 号
邮政编码：224300
电话：(0515)2320038 2338070
传真：(0515)2338070
法定代表人：卢庆才
证书注册编号：2601B0033
体系认证标准：GB/T19002－1994 idt ISO 9002:1994
获证体系覆盖产品：纯棉本色纱线
有效期：2001.2.19～2004.2.18

邮电通信质量体系认证中心

上海大唐移动通信设备有限公司
地址:上海市钦江路333号41幢
邮政编码:200233
证书注册编号:2700A0001
体系认证标准:GB/T19001-1994 idt ISO9001:1994
有效期:2000.2.2~2003.2.1

杭州飞虹光缆通信有限公司
地址:浙江省富阳市后周路7号
邮政编码:311400
证书注册编号:2700B0002
体系认证标准:GB/T19002-1994 idt ISO9002:1994
有效期:2000.2.2~2003.2.1

大唐电信科技股份有限公司微电子分公司
地址:北京市海淀区学院路40号
邮政编码:100083
证书注册编号:2700A0003
体系认证标准:GB/T19001-1994 idt ISO9001:1994
有效期:2000.2.2~2003.2.1

顺德市广意集团有限公司
地址:广东省顺德市桂洲镇厅区工业区
邮政编码:528305
证书注册编号:2700A0004
体系认证标准:GB/T19001-1994 idt ISO9001:1994
有效期:2000.2.2~2003.2.1

顺德市广意集团有限公司
地址:广东省顺德市桂洲镇厅区工业区
邮政编码:528305
证书注册编号:2700B0005
体系认证标准:GB/T19002-1994 idt ISO9002:1994
有效期:2000.2.2~2003.2.1

深圳市天立通通讯设备有限公司
地址:深圳市车公庙天安工业区F2.6栋5A
邮政编码:518040
证书注册编号:2700B0006
体系认证标准:GB/T19002-1994 idt ISO9002:1994
有效期:2000.2.2~2003.2.1

宁波天韵通信设备有限公司
地址:浙江省宁波市镇海黄驷工业区耕渔路6-8号
邮政编码:315206
证书注册编号:2700B0007
体系认证标准:GB/T19002-1994 idt ISO9002:1994
有效期:2000.2.2~2003.2.1

淄博通信电缆厂
地址:山东省淄博市淄川区双沟镇
邮政编码:255185
证书注册编号:2700B0008
体系认证标准:GB/T19002-1994 idt ISO9002:1994
有效期:2000.2.2~2003.2.1

淄博大洋电源有限公司
地址:山东省淄博市周村区高塘镇高萌路1号
邮政编码:255302
证书注册编号:2700B0009
体系认证标准:GB/T19002-1994 idt ISO9002:1994
有效期:2000.2.2~2003.2.1

大唐电信科技股份有限公司无限通信分公司
地址:西安市翠华路115号大唐无线通信公司
邮政编码:710061
证书注册编号:2700A0010
体系认证标准:GB/T19001-1994 idt ISO9001:1994
有效期:2000.2.2~2003.2.1

武进市常宝电子设备厂
地址:江苏省常州武进市凤墅桥
邮政编码:213166
证书注册编号:2700B0011
体系认证标准:GB/T19002-1994 idt ISO9002:1994
有效期:2000.2.2~2003.2.1

南京华新电线电缆有限公司
地址:江苏省南京经济技术开发区新港大道78号
邮政编码:210038
证书注册编号:2700B0012
体系认证标准:GB/T19002-1994 idt ISO9002:1994
有效期:2000.2.2~2003.2.1

江苏恒邮线缆有限责任公司
地址:江苏南京市江宁东山镇南京民营科技园内
邮政编码:211100
证书注册编号:2700B0013
体系认证标准:GB/T19002-1994 idt ISO9002:1994
有效期:2000.2.2~2003.2.1

山东华为通信技术有限责任公司
地址:山东济南市历城区华信路中段(比利工业城五层)
邮政编码:250100
证书注册编号:2700B0014
体系认证标准:GB/T19002-1994 idt ISO9002:1994
有效期:2000.2.2~2003.2.1

上海乐通电信设备有限公司
地址:上海市漕河泾新光技术开发区虹

澧路421号
邮政编码:200233
证书注册编号:2700B0015
体系认证标准:GB/T19002－1994 idt ISO9002:1994
有效期:2000.2.2～2003.2.1

无锡广畅光电有限公司
地址:江苏省锡山市雪浪镇
邮政编码:214125
证书注册编号:2700B0016
体系认证标准:GB/T19002－1994 idt ISO9002:1994
有效期:2000.2.2～2003.2.1

北京市东区邮电局东四邮电支局
地址:北京东四北大街508号
邮政编码:100010
证书注册编号:2700B0017
体系认证标准:GB/T19002－1994 idt ISO9002:1994
有效期:2000.3.22～2003.3.21

冠宇电讯(沈阳)有限公司
地址:辽宁沈阳市于洪区柳条湖街5甲
邮政编码:110032
证书注册编号:2700B0018
体系认证标准:GB/T19002－1994 idt ISO9002:1994
有效期:2000.3.22～2003.3.21

常州安华通信设备有限公司
地址:江苏省武进市新安镇
邮政编码:213117
证书注册编号:2700B0019
体系认证标准:GB/T19002－1994 idt ISO9002:1994
有效期:2000.3.22～2003.3.21

南海市松岗达强通信电缆厂
地址:南海市松岗镇大坑工业区
邮政编码:528234
证书注册编号:2700B0020
体系认证标准:GB/T19002－1994 idt ISO9002:1994
有效期:2000.3.22～2003.3.21

特恩驰(南京)光纤有限公司
地址:南京高新技术产业开发区
邮政编码:210061
证书注册编号:2700B0021
体系认证标准:GB/T19002－1994 idt ISO9002:1994
有效期:2000.3.22～2003.3.21

上海开来电子有限公司
地址:上海钦江路333号40号楼3层
邮政编码:200233
证书注册编号:2700B0022
体系认证标准:GB/T19002－1994 idt ISO9002:1994
有效期:2000.3.22～2003.3.21

余姚市神通通讯有限公司
地址:浙江省余姚市年山镇
邮政编码:315456
证书注册编号:2700B0023
体系认证标准:GB/T19002－1994 idt ISO9002:1994
有效期:2000.3.22～2003.3.21

上海科泰通信设备有限公司
地址:上海市赤峰路63号6号楼
邮政编码:200092
证书注册编号:2700B0024
体系认证标准:GB/T19002－1994 idt ISO9002:1994
有效期:2000.3.22～2003.3.21

宁波兴达邮电设备有限公司
地址:浙江省宁波市宁横南路2130号
邮政编码:315131
证书注册编号:2700B0025
体系认证标准:GB/T19002－1994 idt ISO9002:1994
有效期:2000.3.22～2003.3.21

天津市天马电缆厂
地址:天津市北辰区北仓镇
邮政编码:300400
证书注册编号:2700B0026
体系认证标准:GB/T19002－1994 idt ISO9002:1994
有效期:2000.4.26～2003.4.25

宁波宝云集团有限公司
地址:浙江省宁波市镇海区
邮政编码:315203
证书注册编号:2700B0027
体系认证标准:GB/T19002－1994 idt ISO9002:1994
有效期:2000.4.26～2003.4.25

霸州利克电池有限公司
地址:河北省霸州市南孟镇
邮政编码:065700
证书注册编号:2700B0028
体系认证标准:GB/T19002－1994 idt ISO9002:1994
有效期:2000.4.26～2003.4.25

无锡六通通信电缆厂
地址:江苏省无锡市新区硕放镇
邮政编码:214142
证书注册编号:2700B0029
体系认证标准:GB/T19002－1994 idt ISO9002:1994
有效期:2000.4.26～2003.4.25

邮电部第五研究所
成都科邦邮电电缆厂
地址:四川省温江县永盛镇
邮政编码:611130
证书注册编号:2700B0030
体系认证标准:GB/T19002－1994 idt ISO9002:1994
有效期:2000.4.26～2003.4.25

山西广通电话设备有限公司
地址:山西省太原市青年路218号
邮政编码:030012
证书注册编号:2700B0031
体系认证标准:GB/T19002－1994 idt ISO9002:1994
有效期:2000.4.26～2003.4.25

安徽省铜陵市电信局
地址:安徽省铜陵市长江西路47号
邮政编码:244000
证书注册编号:2700B0032
体系认证标准:GB/T19002－1994 idt ISO9002:1994
有效期:2000.6.26～2003.6.25

上海克劳安电子通信设备有限公司
地址:上海市桂箐路69号30号楼5层
邮政编码:200233
证书注册编号:2700B0033
体系认证标准:GB/T19002－1994 idt ISO9002:1994
有效期:2000.6.26～2003.6.25

山东太平洋光缆有限公司
地址:山东省阳谷县西湖14号
邮政编码:252311
证书注册编号:2700B0034

体系认证标准:GB/T19002－1994 idt ISO9002:1994
有效期:2000.6.26～2003.6.25

北京雁三希通信线材厂
地址:北京市怀柔县雁西工业开发区
邮政编码:101407
证书注册编号:2700B0035
体系认证标准:GB/T19002－1994 idt ISO9002:1994
有效期:2000.6.26～2003.6.25

杭州侨兴电讯有限公司
地址:浙江省杭州市德胜路元盛巷
邮政编码:310004
证书注册编号:2700B0036
体系认证标准:GB/T19002－1994 idt ISO9002:1994
有效期:2000.6.26～2003.6.25

北京高鸿通信技术有限公司
地址:北京海淀区花园路1号高鸿大厦
邮政编码:100083
证书注册编号:2700A0037
体系认证标准:GB/T19001－1994 idt ISO9001:1994
有效期:2000.6.26～2003.6.25

武汉宜通电信设备有限公司
地址:湖北武汉市江岸区开明路44号
邮政编码:430010
证书注册编号:2700B0038
体系认证标准:GB/T19002－1994 idt ISO9002:1994
有效期:2000.6.26～2003.6.25

宜兴凯旋电源系统公司
地址:江苏省宜兴市酒滨南路376号
邮政编码:214200
证书注册编号:2700B0039
体系认证标准:GB/T19002－1994 idt ISO9002:1994
有效期:2000.7.27～2003.7.26

武汉洲际通信电源集团有限责任公司
地址:武汉市古田二路39号
邮政编码:430035
证书注册编号:2700B0040
体系认证标准:GB/T19002－1994 idt ISO9002:1994
有效期:2000.7.26～2003.7.25

衡阳电缆厂
地址:湖南省衡阳市白沙洲塑电村6号
邮政编码:421007
证书注册编号:2700B0041
体系认证标准:GB/T19002－1994 idt ISO9002:1994
有效期:2000.8.8～2003.8.7

上海电信帐务中心
地址:上海市天通庵路423号
邮政编码:200071
证书注册编号:2700B0042
体系认证标准:GB/T19002－1994 idt ISO9002:1994
有效期:2000.8.8～2003.8.7

赤峰佳讯电线电缆有限责任公司
地址:内蒙古赤峰市红山区桥北大街84号
邮政编码:024000
证书注册编号:2700B0043
体系认证标准:GB/T19002－1994 idt ISO9002:1994
有效期:2000.8.8～2003.8.7

西门子光缆有限公司
地址:四川省成都高新区西门子路1号
邮政编码:610042
证书注册编号:2700B0044
体系认证标准:GB/T19002－1994 idt ISO9002:1994
有效期:2000.8.8～2003.8.7

汕头高新区奥星光通信设备有限公司
地址:广东省汕头市高新区科技东路15号
邮政编码:575041
体系认证标准:GB/T19002－1994 idt ISO9002:1994
有效期:2000.8.8～2003.8.7

宁波万里高电声有限公司
地址:浙江省余姚市临山镇
邮政编码:315462
证书注册编号:2700B0046
体系认证标准:GB/T19002－1994 idt ISO9002:1994
有效期:2000.8.8～2003.8.7

苏州九龙电缆有限公司
地址:江苏省吴江市江陵北路经济技术开发区
邮政编码:215200
证书注册编号:2700B0047
体系认证标准:GB/T19002－1994 idt ISO9002:1994
有效期:2000.8.8～2003.8.7

浙江天屹集团光缆有限公司
地址:浙江临安市锦城镇环西路239号
邮政编码:311300
证书注册编号:2700B0048
体系认证标准:GB/T19002－1994 idt ISO9002:1994
有效期:2000.8.8～2003.8.7

吴江市恒通电缆厂
地址:江苏省吴江市七都镇工业区
邮政编码:215234
证书注册编号:2700B0049
体系认证标准:GB/T19002－1994 idt ISO9002:1994
有效期:2000.9.8～2003.9.7

广东省佛山市电信局
地址:广东省佛山市汾江南路97号
邮政编码:528000
证书注册编号:2700B0050
体系认证标准:GB/T19002－1994 idt ISO9002:1994
有效期:2000.9.8～2003.9.7

深圳和运达电源有限公司
地址:广东省深圳市福田区振华路305栋苏发大厦503室
邮政编码:518049
证书注册编号:2700B0051
体系认证标准:GB/T19002－1994 idt ISO9002:1994
有效期:2000.9.8～2003.9.7

重庆十维电信设备有限公司
地址:重庆市高新开发区科园四路172号F幢二楼
邮政编码:400041
证书注册编号:2700B0052
体系认证标准:GB/T19002－1994 idt ISO9002:1994
有效期:2000.9.12～2003.9.11

和记奥普泰通信技术有限公司
地址:重庆市高新区科园四路174号G－3
邮政编码:400039

证书注册编号：2700B0053
体系认证标准：GB/T19002－1994 idt ISO9002：1994
有效期：2000.9.12～2003.9.11

深圳市格雷特通讯科技有限公司
地址：广东省深圳市南山区中山园路南头城工业区8栋
邮政编码：518052
证书注册编号：2700B0054
体系认证标准：GB/T19002－1994 idt ISO9002：1994
有效期：2000.9.12～2003.9.11

北京华玉电子有限公司
地址：北京市海淀区亮甲店130号
邮政编码：100036
证书注册编号：2700B0055
体系认证标准：GB/T19002－1994 idt ISO9002：1994
有效期：2000.9.12～2003.9.11

江苏大唐科源电气有限公司
地址：江苏省靖江市季市中路6号
邮政编码：214523
证书注册编号：2700A0056
体系认证标准：GB/T19001－1994 idt ISO9001：1994
有效期：2000.10.16～2003.10.15

宁波市吉品信息科技有限公司
地址：江东区周宿渡路12－1号
邮政编码：315040
证书注册编号：2700B0057
体系认证标准：GB/T19002－1994 idt ISO9002：1994
有效期：2000.10.16～2003.10.15

广州白云横沙通讯器材有限公司
地址：广东广州市白云区石井镇横沙村工业大道
邮政编码：510168
证书注册编号：2700B0058
体系认证标准：GB/T19002－1994 idt ISO9002：1994
有效期：2000.10.16～2003.10.15

江苏亨通线缆有限公司
地址：江苏省宜兴中国环保科技工业园陶都路
邮政编码：214222
证书注册编号：2700B0059
体系认证标准：GB/T19002－1994 idt ISO9002：1994
有效期：2000.10.16～2003.10.15

北京三菱移动通讯设备有限公司
地址：北京市海淀区白石桥路15号光大国信大厦
邮政编码：100081
证书注册编号：2700B0060
体系认证标准：GB/T19002－1994 idt ISO9002：1994
有效期：2000.10.16～2003.10.15

江苏双登电源有限公司
地址：江苏省姜堰市梁徐镇
邮政编码：225526
证书注册编号：2700A0061
体系认证标准：GB/T19001－1994 idt ISO9001：1994
有效期：2000.10.16～2003.10.15

北京三星九千质量认证中心

＊吐哈石油勘探开发指挥部物探公司
地址:新疆哈密石油基地
邮政编码:839009
电话:(0995)2764531
传真:(0995)2764534
法定代表人:冷胜荣
证书注册编号:3000B0001
体系认证标准:GB/T19002－1994 idt ISO 9002:1994
有效期:2000.1.4～2003.1.4

＊中国石化集团河南石油勘探局地球物理测井公司
地址:河南省南阳市宛城区河南油田大庆路中段
邮政编码:473132
电话:(0377)3839367
传真:(0377)3839371
法定代表人:田学信
证书注册编号:3000B0002
体系认证标准:GB/T19002－1994 idt ISO 9002:1994
获证体系覆盖范围:测井、射孔、井壁取心施工作业服务及测井资料解释技术服务
有效期:2000.1.4～2003.1.4

闻喜县总后2304服装厂
地址:闻喜县东镇
邮政编码:043801
证书注册编号:3000B0003
体系认证标准:GB/T19002－1994 idt ISO 9002:1994
有效期:2000.1.4～2003.1.4

欧丽来制衣有限公司
地址:浙江省清市盘厂镇城东路
邮政编码:325002
证书注册编号:3000B0004
体系认证标准:GB/T19002－1994 idt ISO 9002:1994
有效期:2000.1.4～2003.1.4

洛阳东信中央空调有限公司
地址:河南省洛阳市孟津县平乐镇翟泉工业区
邮政编码:471125
证书注册编号:3000A0005
体系认证标准:GB/T19002－1994 idt ISO 9002:1994
有效期:2000.1.4～2003.1.4

山东鲁南化肥厂
地址:山东省滕州市木石镇
邮政编码:277527
证书注册编号:3000B0006
体系认证标准:GB/T19002－1994 idt ISO 9002:1994
有效期:2000.1.4～2003.1.4

浙江嵊州市塑料厂
地址:浙江嵊州市城关镇剡兴路15号
邮政编码:312400
证书注册编号:3000B0007
体系认证标准:GB/T19002－1994 idt ISO 9002:1994
有效期:2000.1.4～2003.1.4

北京通州京卫化工厂
地址:北京市通州区张辛庄部队靶场
邮政编码:101133
证书注册编号:3000B0008
体系认证标准:GB/T19002－1994 idt ISO 9002:1994
有效期:2000.1.4～2003.1.4

杭州电化集团公司
地址:浙江省杭州市滨江区浦沿镇
邮政编码:310053
证书注册编号:3000B0009
体系认证标准:GB/T19002－1994 idt ISO 9002:1994
有效期:2000.1.10～2003.1.10

重庆竞地实业有限公司物业服务公司
地址:重庆渝中区大坪大黄路六号
邮政编码:400042
证书注册编号:3000B0010
体系认证标准:GB/T19002－1994 idt ISO 9002:1994
有效期:2000.1.10～2003.1.10

驻昆解放军化肥厂
地址:云南开远驻昆解放军化肥厂
邮政编码:661600
证书注册编号:3000B0011
体系认证标准:GB/T19002－1994 idt ISO 9002:1994
有效期:2000.1.10～2003.1.10

温州东艺鞋业有限公司
地址:浙江省温州市技术经济开发区4小区径五路
邮政编码:325011
证书注册编号:3000A0012
体系认证标准:GB/T19001－1994 idt ISO 9001:1994
有效期:2000.1.10～2003.1.10

河北海浩高压法兰管件集团有限公司
地址:河北孟村县辛店大公路村林地段
邮政编码:061400
证书注册编号:3000B0013
体系认证标准:GB/T19002－1994 idt ISO 9002:1994
有效期:2000.1.10～2003.1.10

河北省孟村回族自治县玛钢厂
地址:河北省孟村回族自治区高寨镇
邮政编码:061400
证书注册编号:3000B0014
体系认证标准:GB/T19002－1994 idt ISO 9002:1994
有效期:2000.1.10～2003.1.10

北京槐树铸造厂
地址:北京市丰台区长辛店乡南营村东
邮政编码:100074

证书注册编号:3000B0015
体系认证标准:GB/T19002－1994 idt ISO 9002:1994
有效期:2000.1.10～2003.1.10

河南省中牟县郑阉砂厂
地址:河南省中弁县政府东
邮政编码:451470
证书注册编号:3000B0021
体系认证标准:GB/T19002－1994 idt ISO 9002:1994
有效期:2000.1.18～2003.1.18

北京市汽车钢圈总厂
地址:北京市昌平县南口镇东街4号
邮政编码:102202
证书注册编号:3000B0022
体系认证标准:GB/T19002－1994 idt ISO 9002:1994
有效期:2000.1.18～2003.1.18

云南磷肥厂
地址:云南省昆明市海口镇白塔村
邮政编码:650113
证书注册编号:3000B0023
体系认证标准:GB/T19002－1994 idt ISO 9002:1994
有效期:2000.1.18～2003.1.18

河北海浩集团新星管件有限公司
地址:河北省孟村辛店开发区18号
邮政编码:061400
证书注册编号:3000B0024
体系认证标准:GB/T19002－1994 idt ISO 9002:1994
有效期:2000.1.18～2003.1.18

河南省获嘉县长城氢铝粉料厂
地址:河南省获嘉县照镜楼村
邮政编码:453801
证书注册编号:3000B0025
体系认证标准:GB/T19002－1994 idt ISO 9002:1994
有效期:2000.1.18～2003.1.18

泰安市金山口消声器厂
地址:山东省泰安市
邮政编码:271038
证书注册编号:3000B0026
体系认证标准:GB/T19002－1994 idt ISO 9002:1994
有效期:2000.1.18～2003.1.18

浙江振亚陶瓷有限公司
地址:浙江省绍兴县安昌镇
邮政编码:312080
证书注册编号:3000B0027
体系认证标准:GB/T19002－1994 idt ISO 9002:1994
有效期:2000.1.18～2003.1.18

浙江外交官服饰有限公司
地址:浙江省义乌市下骆宅工业区
邮政编码:322013
证书注册编号:3000B0028
体系认证标准:GB/T19002－1994 idt ISO 9002:1994
有效期:2000.1.18～2003.1.18

温州嘉利摩托车配件有限公司
地址:温州市欧海区慈湖南村工业区
邮政编码:325014
证书注册编号:3000B0029
体系认证标准:GB/T19002－1994 idt ISO 9002:1994
有效期:2000.1.18～2003.1.18

上海友宇建设安装服份有限公司
地址:上海市虹口区新市路228号5楼
邮政编码:200083
证书注册编号:3000B0030
体系认证标准:GB/T19002－1994 idt ISO 9002:1994
有效期:2000.1.18～2003.1.18

天津市瑞达电线电缆厂
地址:天津市辰宜兴阜畜牧研究所路
邮政编码:300402
证书注册编号:3000B0031
体系认证标准:GB/T19002－1994 idt ISO 9002:1994
有效期:2000.1.27～2003.1.27

杭州管首煤气工程安装公司
地址:浙江省杭州市假山路36号
邮政编码:310014
证书注册编号:3000B0032
体系认证标准:GB/T19002－1994 idt ISO 9002:1994
有效期:2000.1.27～2003.1.27

河南省新郑市香精香料有限公司
地址:新郑市茨山东路31号
邮政编码:451150
证书注册编号:3000B0033
体系认证标准:GB/T19002－1994 idt ISO 9002:1994
有效期:2000.1.27～2003.1.27

河南省焦作市神骐轮胎厂
地址:河南省武陟县西陶镇
邮政编码:454981
证书注册编号:3000B0034
体系认证标准:GB/T19002－1994 idt ISO 9002:1994
有效期:2000.1.27～2003.1.27

北人印刷机械股份有限公司多色胶印机械制造分公司
地址:北京朝阳区广渠路南侧44号
邮政编码:100022
证书注册编号:3000A0035
体系认证标准:GB/T19001－1994 idt ISO 9001:1994
有效期:2000.1.27～2003.1.27

武进市天工减速机有限公司
地址:江苏省地武进市礼河镇
邮政编码:213145
证书注册编号:3000B0036
体系认证标准:GB/T19002－1994 idt ISO 9002:1994
有效期:2000.1.27～2003.1.27

吐哈石油勘探开发指挥部建筑安装公司
地址:新疆哈密石油基地建筑公司
邮政编码:839009
证书注册编号:3000B0037
体系认证标准:GB/T19002－1994 idt ISO 9002:1994
有效期:2000.1.27～2003.1.27

华北石油化工建筑材料厂
地址:河北省任丘市华北石油综合六处
邮政编码:062520
证书注册编号:3000B0038
体系认证标准:GB/T19002－1994 idt ISO 9002:1994
有效期:2000.1.28～2003.1.28

常州市东吴减速机厂
地址:江苏省武进市湖塘镇
邮政编码:213161
证书注册编号:3000B0039
体系认证标准:GB/T19002－1994 idt ISO 9002:1994

有效期:2000.2.1～2003.2.1

常州市飞拓模塑有限公司
地址:江苏省武进市小河镇
邮政编码:213138
证书注册编号:3000B0040
体系认证标准:GB/T19002－1994 idt ISO 9002:1994
有效期:2000.2.1～2003.2.1

包头市粮油(集团)有限公司
地址:内蒙包头市昆区阿尔丁街北端
邮政编码:014030
证书注册编号:3000B0041
体系认证标准:GB/T19002－1994 idt ISO 9002:1994
有效期:2000.2.1～2003.2.1

盐城宏丰彩印包装有限公司
地址:江苏省建湖县经路开发区环城东路88号
邮政编码:224700
证书注册编号:3000B0042
体系认证标准:GB/T19002－1994 idt ISO 9002:1994
有效期:2000.2.1～2003.2.1

沈阳市远东波纹官制造有限公司
地址:沈阳市于洪区大兴乡兴盛村
邮政编码:110041
证书注册编号:3000A0043
体系认证标准:GB/T19001－1994 idt ISO 9001:1994
有效期:2000.2.2～2003.2.2

浙江双鸟机械有限公司
地址:浙江省嵊州市黄泽镇
邮政编码: 312455
证书注册编号:3000B0044
体系认证标准:GB/T19002－1994 idt ISO 9002:1994
有效期:2000.2.2～2003.2.2

衡阳市湘南化工厂
地址:衡阳市黄茶路70号
邮政编码:421008
证书注册编号:3000B0045
体系认证标准:GB/T19002－1994 idt ISO 9002:1994
有效期:2000.2.2～2003.2.2

北京弘大汽车空调散热器有限公司
地址:北京市昌平西环路北口
邮政编码:102200
证书注册编号:3000B0046
体系认证标准:GB/T19002－1994 idt ISO 9002:1994
有效期:2000.2.2～2003.2.2

武进市戴溪第二油墨厂
地址:武进市戴溪镇
邮政编码:213105
证书注册编号:3000B0047
体系认证标准:GB/T19002－1994 idt ISO 9002:1994
有效期:2000.2.2～2003.2.2

慈溪市新浦镇机械仪表附件厂
地址:慈溪市亲爱浦滩晒场村
邮政编码:315322
证书注册编号:3000B0048
体系认证标准:GB/T19002－1994 idt ISO 9002:1994
有效期:2000.2.2～2003.2.2

浙江莱茵达萧山物业管理有限公司
地址:浙江萧山市新区北干二苑一号楼
邮政编码:311201
证书注册编号:3000B0049
体系认证标准:GB/T19002－1994 idt ISO 9002:1994
有效期:2000.2.7～2003.2.7

武进市天龙发展有限公司
地址:江苏省武进市郑陆镇
邮政编码:213111
证书注册编号:3000B0050
体系认证标准:GB/T19002－1994 idt ISO 9002:1994
有效期:2000.2.27～2003.2.27

常州市金安冶金设备厂
地址:江苏省武进市安家镇
邮政编码:213126
证书注册编号:3000B0051
体系认证标准:GB/T19002－1994 idt ISO 9002:1994
有效期:2000.2.27～2003.2.27

爱和陶(广东)陶瓷有限公司
地址:广东省南海市官窑镇大榄工业开发区
邮政编码:528237
证书注册编号:3000A0052
体系认证标准:GB/T19001－1994 idt ISO 9001:1994
有效期:2000.3.8～2003.3.8

温州市仕登制衣公司
地址:浙江省温州市中山路德政工业区横塘路10号
邮政编码:325000
证书注册编号:3000B0053
体系认证标准:GB/T19002－1994 idt ISO 9002:1994
有效期:2000.3.8～2003.3.8

青岛高科技工业园西韩塑料包装厂
地址:山东青岛市高科技工业园308国道西韩村606号
邮政编码:266101
证书注册编号:3000B0054
体系认证标准:GB/T19002－1994 idt ISO 9002:1994
有效期:2000.3.8～2003.3.8

锦州高压阀门厂
地址:辽宁省北宁吴家
邮政编码:121311
证书注册编号:3000B0055
体系认证标准:GB/T19002－1994 idt ISO 9002:1994
有效期:2000.3.8～2003.3.8

锦州市闾山开关厂
地址:辽宁省锦州市沟帮子镇沟盘东大路143号
邮政编码:121308
证书注册编号:3000B0056
体系认证标准:GB/T19002－1994 idt ISO 9002:1994
有效期:2000.3.14～2003.3.14

温州市佳联塑胶有限公司
地址:浙江省苍南县金乡镇工业区金龙大道88号
邮政编码:325808
证书注册编号:3000B0057
体系认证标准:GB/T19002－1994 idt ISO 9002:1994
有效期:2000.3.14～2003.3.14

包头转龙液酒厂
地址:内蒙包头市沙河镇
邮政编码:014060
证书注册编号:3000B0058

体系认证标准:GB/T19002－1994 idt ISO 9002:1994
有效期:2000.3.14～2003.3.14

郑州铁路专用器材总厂
地址:郑州市二七区候寨
邮政编码:450062
证书注册编号:3000B0059
体系认证标准:GB/T19002－1994 idt ISO 9002:1994
有效期:2000.3.30～2003.3.30

建湖县华泰像胶厂
地址:江苏省建湖县颜单镇工交西路
邮政编码:224761
证书注册编号:3000B0060
体系认证标准:GB/T19002－1994 idt ISO 9002:1994
有效期:2000.3.30～2003.3.30

广东广华实业开发有限公司
地址:广州市白云路27号之一交通大厦南座26楼
邮政编码:510100
证书注册编号:3000B0061
体系认证标准:GB/T19002－1994 idt ISO 9002:1994
有效期:2000.3.30～2003.3.30

浙江省天台山特种仪表厂
地址:浙江天台县城关镇赤城路255号
邮政编码:3172000
证书注册编号:3000B0062
体系认证标准:GB/T19002－1994 idt ISO 9002:1994
有效期:2000.3.30～2003.3.30

温州市金城印刷材料公司
地址:浙江苍南县金乡镇朝阳路168号
邮政编码:325805
证书注册编号:3000B0063
体系认证标准:GB/T19002－1994 idt ISO 9002:1994
有效期:2000.3.30～2003.3.30

河北省冀洲市春风银兴胶辊有限公司
地址:河北省冀洲市迎宾大街85号
邮政编码:053200
证书注册编号:3000B0064
体系认证标准:GB/T19002－1994 idt ISO 9002:1994
有效期:2000.3.30～2003.3.30

铜陵化学工业集团有限公司磷铵厂
地址:安徽省铜陵市铜港路8号
邮政编码:244023
证书注册编号:3000B0065
体系认证标准:GB/T19002－1994 idt ISO 9002:1994
有效期:2000.4.18～2003.4.18

柳州市鹏兴化工有限责任公司
地址:广西柳州市龙潭路18号
邮政编码:545005
证书注册编号:3000B0066
体系认证标准:GB/T19002－1994 idt ISO 9002:1994
有效期:2000.4.18～2003.4.18

辽河石油勘探局测井公司
地址:辽宁省盘锦市兴隆台
邮政编码:124010
证书注册编号:3000B0067
体系认证标准:GB/T19002－1994 idt ISO 9002:1994
有效期:2000.4.18～2003.4.18

浙江省台州市第一建筑安装有限公司
地址:浙江台州市黄岩老环城东路2号
邮政编码:318020
证书注册编号:3000B0068
体系认证标准:GB/T19002－1994 idt ISO 9002:1994
有效期:2000.4.18～2003.4. 18

河北启发纺织集团公司
地址:河北省蠡县辛兴镇
邮政编码:071400
证书注册编号:3000B0069
体系认证标准:GB/T19002－1994 idt ISO 9002:1994
有效期:2000.4.30～2003.4.30

宁波索普橡塑有限公司(宁海县西店电器橡胶厂)
地址:浙江省宁海县西店朱行桥
邮政编码:315613
证书注册编号:3000B0070
体系认证标准:GB/T19002－1994 idt ISO 9002:1994
有效期:2000.4.30～2003.4.30

中山市富裕达市政建筑工程有限公司
地址:广东省中山市大涌镇悦新路1号
邮政编码:528476
证书注册编号:3000B0071
体系认证标准:GB/T19002－1994 idt ISO 9002:1994
有效期:2000.4.30～2003.4.30

浙江省东阳市华东制桶有限公司
地址:浙江东阳市巍山镇新兴路29号
邮政编码:322109
证书注册编号:3000B0072
体系认证标准:GB/T19002－1994 idt ISO 9002:1994
有效期:2000.5.12～2003.5.12

宜兴市三弦实业有限公司
地址:江苏省宜兴市陶都路
邮政编码:214206
证书注册编号:3000A0073
体系认证标准:GB/T19001－1994 idt ISO 9001:1994
有效期:2000.5.13～2003.5.13

宁波兴亚橡塑集团
地址:浙江省宁海县梅林镇南路8号
邮政编码:315609
证书注册编号:3000B0074
体系认证标准:GB/T19002－1994 idt ISO 9002:1994
有效期:2000.5.15～2003.5.15

齐鲁石油化工股份有限公司
地址:山东淄博市临淄区汞山路110号
邮政编码:255410
证书注册编号:3000B0075
体系认证标准:GB/T19002－1994 idt ISO 9002:1994
有效期:2000.5.12～2003.5.12

中山市小榄镇广永包装厂
地址:广东省中山市小榄镇永宁工业开发区
邮政编码:528415
证书注册编号:3000B0076
体系认证标准:GB/T19002－1994 idt ISO 9002:1994
有效期:2000.5.24～2003.5.24

石家庄凯嘉建材实业有限公司
地址:河北省石家庄市中山西路谈西大街68号
邮政编码:050081
证书注册编号:3000B0077
体系认证标准:GB/T19002－1994 idt

ISO 9002:1994
有效期:2000.5.23～2003.5.23

福建省南平市康达电缆有限公司
地址:福建省南平市大横常湖工业区
邮政编码:353000
证书注册编号:3000B0078
体系认证标准:GB/T19002－1994 idt ISO 9002:1994
有效期:2000.5.23～2003.5.23

建德市五星车业有限公司
地址:浙江省建德市梅城工业开发区
邮政编码:311604
证书注册编号:3000B0079
体系认证标准:GB/T19002－1994 idt ISO 9002:1994
有效期:2000.5.23～2003.5.23

安徽省无为露仙调味品有限责任公司
地址:安徽省无为县白茆镇六洲村
邮政编码:238321
证书注册编号:3000B0080
体系认证标准:GB/T19002－1994 idt ISO 9002:1994
有效期:2000.5.23～2003.5.23

北京祥云汽车配件厂
地址:北京市怀柔县庙城李两河村
邮政编码:101401
证书注册编号:3000B0081
体系认证标准:GB/T19002－1994 idt ISO 9002:1994
有效期:2000.6.2～2003.6.2

武进市特种链条厂
地址:江苏省武进市湟里镇
邮政编码:213151
证书注册编号:3000B0082
体系认证标准:GB/T19002－1994 idt ISO 9002:1994
有效期:2000.6.4～2003.6.4

浙江金鹏化工股份有限公司
地址:浙江省台州市路桥区镇东路1号
邮政编码:318050
证书注册编号:3000B0083
体系认证标准:GB/T19002－1994 idt ISO 9002:1994
有效期:2000.6.2～2003.6.2

南海市正大胶粘制品有限公司
地址:广东省南海市松岗镇联表工业区
邮政编码:528234
证书注册编号:3000B0084
体系认证标准:GB/T19002－1994 idt ISO 9002:1994
有效期:2000.6.2～2003.6.2

武进市东方聚氨酯制品有限公司
地址:江苏省武进市郑陆镇
邮政编码:213111
证书注册编号:3000B0085
体系认证标准:GB/T19002－1994 idt ISO 9002:1994
有效期:2000.6.2～2003.6.2

北京市仙兴橡胶厂
地址:北京市怀柔县杨宋镇张各庄村
邮政编码:101400
证书注册编号:3000B0086
体系认证标准:GB/T19002－1994 idt ISO 9002:1994
有效期:2000.6.2～2003.6.2

中山市华锋制锁有限公司
地址:广东省中山市小榄镇永宁工业大道南
邮政编码:528415
证书注册编号:3000B0088
体系认证标准:GB/T19002－1994 idt ISO 9002:1994
有效期:2000.6.2～2003.6.2

郑州市第二建筑工程公司
地址:河南省郑州市红旗路30号
邮政编码:450002
证书注册编号:3000B0089
体系认证标准:GB/T19002－1994 idt ISO 9002:1994
有效期:2000.6.15～2003.6.15

安吉金安磁性器材有限公司(更名为安吉县安达磁性器材
地址:浙江省安吉县递铺镇康山工业区
邮政编码:313300
证书注册编号:3000B0090
体系认证标准:GB/T19002－1994 idt ISO 9002:1994
有效期:2000.6.15～2003.6.15

武时市宏达管件厂
地址:江苏省武进市湟里镇
邮政编码:213151
证书注册编号:3000B0091
体系认证标准:GB/T19002－1994 idt ISO 9002:1994
有效期:2000.6.15～2003.6.15

锦州东电水泥厂(更名为锦州东电混凝土外加剂厂)
地址:辽宁省锦州市八角台
邮政编码:121006
证书注册编号:3000B0092
体系认证标准:GB/T19002－1994 idt ISO 9002:1994
有效期:2000.6.15～2003.6.15

***江苏油田地质测井公司**
地址:江苏省江都市真武镇
邮政编码:225265
电话:(0514)6763428
传真:(0514)6763405
法定代表人:朱曰荣
证书注册编号:3000B0093
体系认证标准:GB/T19002－1994 idt ISO 9002:1994
有效期:2000.6.15～2003.6.15

重庆市侨丰化工厂
地址:重庆市南岸区四公里街339号侨丰大厦
邮政编码:400067
证书注册编号:3000B0094
体系认证标准:GB/T19002－1994 idt ISO 9002:1994
有效期:2000.6.16～2003.6.16

杭州南方特种泵厂
地址:浙江省余杭市东塘镇
邮政编码:311107
证书注册编号:3000B0095
体系认证标准:GB/T19002－1994 idt ISO 9002:1994
有效期:2000.6.15～2003.6.15

深圳市建控地盘监理有限公司
地址:深圳市松园路九号茂源大厦308
邮政编码:518008
证书注册编号:3000B0096
体系认证标准:GB/T19002－1994 idt ISO 9002:1994
有效期:2000.6.15～2003.6.15

湖南立发颜料化工有限公司
地址:湖南省湘潭市岳塘区竹埠港

邮政编码:411132
证书注册编号:3000B0097
体系认证标准:GB/T19002—1994 idt ISO 9002:1994
有效期:2000.6.15～2003.6.15

浙江省桐庐汇丰生物化工有限公司
地址:浙江省桐庐县桐庐镇洋塘311号
邮政编码:311500
证书注册编号:3000B0098
体系认证标准:GB/T19002—1994 idt ISO 9002:1994
有效期:2000.6.16～2003.6.16

阜新市石油工具厂
地址:辽宁省彰武县建华路
邮政编码:123200
证书注册编号:3000B0099
体系认证标准:GB/T19002—1994 idt ISO 9002:1994
有效期:2000.6.24～2003.6.24

杭州市第四建筑工程公司
地址:浙江省杭州市孝丰路6号
邮政编码:310006
证书注册编号:3000B0100
体系认证标准:GB/T19002—1994 idt ISO 9002:1994
有效期:2000.7.4～2003.7.4

温州市永丰自粘材料有限公司
地址:浙江省苍南县金乡镇工业区永丰大道168号
邮政编码:325805
证书注册编号:3000B0101
体系认证标准:GB/T19002—1994 idt ISO 9002:1994
有效期:2000.7.4～2003.7.4

温州市泰昌胶粘制品有限公司
地址:浙江省苍南县金乡镇工业区三街88号
邮政编码:325805
证书注册编号:3000B0102
体系认证标准:GB/T19002—1994 idt ISO 9002:1994
有效期:2000.7.4～2003.7.4

温州市永盛胶粘制品有限公司
地址:浙江省苍南县金乡镇环城东路168号
邮政编码:325805
证书注册编号:3000B0103
体系认证标准:GB/T19002—1994 idt ISO 9002:1994
有效期:2000.7.4～2003.7.4

北京海龙高科物业管理有限公司
地址:北京海淀区海淀路79号
邮政编码:100080
证书注册编号:3000B0117
体系认证标准:GB/T19002—1994 idt ISO 9002:1994
有效期:2000.7.12～2003.7.12

北京中环工程设计监理有限责任公司
地址:北京海淀区车公庄西路乙19号
邮政编码:100044
证书注册编号:3000B0118
体系认证标准:GB/T19002—1994 idt ISO 9002:1994
有效期:2000.7.26～2003.7.26

天津市瑞德螺杆泵制造技术有限公司
地址:天津市南开区白提路240号科贸大厦507室
邮政编码:300192
证书注册编号:3000A0119
体系认证标准:GB/T19001—1994 idt ISO 9001:1994
有效期:2000.7.26～2003.7.26

天津来福有限公司
地址:天津市河西区洞庭路52号
邮政编码:300222
证书注册编号:3000B00120
体系认证标准:GB/T19002—1994 idt ISO 9002:1994
有效期:2000.7.27～2003.7.27

常熟市市政建设有限责任公司
地址:江苏省常熟市青墩塘路16号
邮政编码:215500
证书注册编号:3000B0121
体系认证标准:GB/T19002—1994 idt ISO 9002:1994
有效期:2000.7.26～2003.7.26

桐乡市中洲化纤有限责任公司
地址:浙江桐乡市洲泉镇庄前桥开发区
邮政编码:314513
证书注册编号:3000B0122
体系认证标准:GB/T19002—1994 idt ISO 9002:1994
有效期:2000.7.26～2003.7.26

上海汽车电器总厂电器八分厂
地址:浙江省宁波市北仑区霞浦工业区
邮政编码:315807
证书注册编号:3000B0123
体系认证标准:GB/T19002—1994 idt ISO 9002:1994
有效期:2000.7.26～2003.7.26

广东建雅室内工程设计施工有限公司
地址:广东省广州市东风路737号之一
邮政编码:510080
证书注册编号:3000A0124
体系认证标准:GB/T19001—1994 idt ISO 9001:1994
有效期:2000.7.26～2003.7.26

浙江华电站设备有限公司
地址:浙江省杭州市经济技术开发区三号路裕园三区21幢703
邮政编码:310016
证书注册编号:3000A0125
体系认证标准:GB/T19001—1994 idt ISO 9001:1994
有效期:2000.7.27～2003.7.27

中国人民解放军第四八一三工厂
地址:江苏省徐州市矿山路59号
邮政编码:221006
证书注册编号:3000A126
体系认证标准:GB/T19001—1994 idt ISO 9001:1994
有效期:2000.7.26～2003.7.26

浙江省开化绝缘材料总厂
地址:浙江省开化县桐村镇
邮政编码:324302
证书注册编号:3000B0127
体系认证标准:GB/T19002—1994 idt ISO 9002:1994
有效期:2000.7.26～2003.7.26

慈溪市金盾夹具有限公司
地址:浙江省慈溪市天元镇工业区
邮政编码:315325
证书注册编号:3000B0128
体系认证标准:GB/T19002—1994 idt ISO 9002:1994
有效期:2000.8.4～2003.8.4

杭州华纺织装饰有限公司
地址:浙江省余杭市崇贤镇独山工业区
邮政编码:311108
证书注册编号:3000A0129
体系认证标准:GB/T19001－1994 idt ISO 9001:1994
有效期:2000.8.3～2003.8.3

浙江伊麦克斯基础工程有限公司
地址:浙江省杭州市东新路388号
邮政编码:310004
证书注册编号:3000B0104
体系认证标准:GB/T19002－1994 idt ISO 9002:1994
有效期:2000.7.5～2003.7.5

山东省单县化工有限公司
地址:山东省单县城东南
邮政编码:274300
证书注册编号:3000B0105
体系认证标准:GB/T19002－1994 idt ISO 9002:1994
有效期:2000.7.4～2003.7.4

天津市通达化工厂
地址:天津市解放南路北外环线西表经济技术开发区
邮政编码:300381
证书注册编号:3000B0106
体系认证标准:GB/T19002－1994 idt ISO 9002:1994
有效期:2000.7.4～2003.7.4

天津市建城地基基础工程有限公司
地址:天津市东丽区军粮城镇唐山村
邮政编码:300301
证书注册编号:3000B0107
体系认证标准:GB/T19002－1994 idt ISO 9002:1994
有效期:2000.7.5～2003.7.5

铁道部株洲电力机车研究所宁波机车电容器研制中心
地址:浙江省宁波市环城北路西端198弄16号
邮政编码:315020
证书注册编号:3000B0108
体系认证标准:GB/T19002－1994 idt ISO 9002:1994
有效期:2000.7.12～2003.7.12

北京原杰电子有限责任公司
地址:北京市大兴西红门镇星光木材加工厂(院内)
邮政编码:100076
证书注册编号:3000B0109
体系认证标准:GB/T19002－1994 idt ISO 9002:1994
有效期:2000.7.13～2003.7.13

北京迪龙化工有限公司
地址:北京市房山区燕山东流水工业区37号
邮政编码:102502
证书注册编号:3000B0110
体系认证标准:GB/T19002－1994 idt ISO 9002:1994
有效期:2000.7.12～2003.7.12

杭州恒达轻型钢房制造有限公司
地址:浙江省萧山市新街镇
邮政编码:311217
证书注册编号:3000B0111
体系认证标准:GB/T19002－1994 idt ISO 9002:1994
有效期:2000.7.13～2003.7.13

青岛即墨市电子元件厂
地址:山东青岛即墨市兰岙路东72号
邮政编码:266200
证书注册编号:3000B0112
体系认证标准:GB/T19002－1994 idt ISO 9002:1994
有效期:2000.7.13～2003.7.13

潍坊第六棉纺织厂
地址:山东省潍坊市建康东街318号
邮政编码:261041
证书注册编号:3000B0113
体系认证标准:GB/T19002－1994 idt ISO 9002:1994
有效期:2000.7.12～2003.7.12

浙江洪线波线缆股份有限公司
地址:浙江省湖州市练市镇东区
邮政编码:313013
证书注册编号:3000B0114
体系认证标准:GB/T19002－1994 idt ISO 9002:1994
有效期:2000.7.12～2003.7.12

盐城建鼎橡胶制品有限公司
地址:江苏省建湖县经济技术开发区
邮政编码:224700
证书注册编号:3000B0115
体系认证标准:GB/T19002－1994 idt ISO 9002:1994
有效期:2000.7.12～2003.7.12

盘锦新源精细化工有限公司
地址:辽宁省盘锦市新立镇
邮政编码:124203
证书注册编号:3000B0116
体系认证标准:GB/T19002－1994 idt ISO 9002:1994
有效期:2000.7.12～2003.7.12

天津市广环工业公司
地址:天津西青区杨柳青营建路39号
邮政编码:300380
证书注册编号:3000B0130
体系认证标准:GB/T19002－1994 idt ISO 9002:1994
有效期:2000.8.3～2003.8.3

昆明三德木业公司
地址:云南省昆明市福海乡韩家小村152号
邮政编码:650228
证书注册编号:3000B0131
体系认证标准:GB/T19002－1994 idt ISO 9002:1994
有效期:2000.8.3～2003.8.3

佛山市康思达液压机械有限公司
地址:广东佛山市汾江北路28号
邮政编码:528000
证书注册编号:3000A0132
体系认证标准:GB/T19001－1994 idt ISO 9001:1994
有效期:2000.8.4～2003.8.4

义乌市成龙建筑公司
地址:浙江省义乌市宏迪路12号
邮政编码:322000
证书注册编号:3000B0133
体系认证标准:GB/T19002－1994 idt ISO 9002:1994
有效期:2000.8.11～2003.8.11

富阳天马织造厂
地址:浙江省富阳市富阳镇大坞坑6号
邮政编码:311400
证书注册编号:3000B0134
体系认证标准:GB/T19002－1994 idt ISO 9002:1994

有效期:2000.8.11～2003.8.11

桐乡市建筑安装工程公司
地址:浙江桐乡市梧桐镇鱼行街28号
邮政编码:314500
证书注册编号:3000B0135
体系认证标准:GB/T19002—1994 idt ISO 9002:1994
有效期:2000.8.11～2003.8.11

杭州力达花式线带厂
地址:浙江省杭州市拱宸桥西杭印路第一毛纺厂内
邮政编码:310051
证书注册编号:3000B0136
体系认证标准:GB/T19002—1994 idt ISO 9002:1994
有效期:2000.8.11～2003.8.11

海宁市丁桥建筑工程有限公司
地址:浙江省海宁市丁桥镇镇中路
邮政编码:314413
证书注册编号:3000B0137
体系认证标准:GB/T19002—1994 idt ISO 9002:1994
有效期:2000.8.11～2003.8.11

长兴县电力电杆有限公司
地址:浙江省长兴县和平镇
邮政编码:313103
证书注册编号:3000B0138
体系认证标准:GB/T19002—1994 idt ISO 9002:1994
有效期:2000.8.11～2003.8.11

宁波松鹰汽车人调配件有限公司
地址:浙江省宁海县城关镇正学西路
邮政编码:315600
证书注册编号:3000B0139
体系认证标准:GB/T19002—1994 idt ISO 9002:1994
有效期:2000.8.11～2003.8.11

丹东金丸集团有限公司
地址:辽宁省丹东市元宝区蛤蟆塘大街559号
邮政编码:118003
证书注册编号:3000B140
体系认证标准:GB/T19002—1994 idt ISO 9002:1994
有效期:2000.8.11～2003.8.11

嘉兴市向阳化工厂
地址:浙江省嘉兴市步云镇人民路1号
邮政编码:314004
证书注册编号:3000B0141
体系认证标准:GB/T19002—1994 idt ISO 9002:1994
有效期:2000.8.14～2003.8.14

邯郸市宏海电力电器有限公司
地址:河北省邯郸市邯武路薛庄溢洪道大桥东侧
邮政编码:056000
证书注册编号:3000A0142
体系认证标准:GB/T19002—1994 idt ISO 9002:1994
有效期:2000.8.14～2003.8.14

杭州钱江汽配电器厂
地址:浙江省杭州市西溪路559—1号
邮政编码:310023
证书注册编号:3000B0143
体系认证标准:GB/T19002—1994 idt ISO 9002:1994
有效期:2000.8.11～2003.8.11

大庆市林源建筑安装工程公司
地址:黑龙江省大庆市大同区林源镇
邮政编码:163813
证书注册编号:3000B0144
体系认证标准:GB/T19002—1994 idt ISO9002:1994
获证体系覆盖产品:工业与民用建筑施工和安装(含石化装置检维修)
有效期:2000.8.18～2003.8.18

大庆市林源物业管理公司
地址:黑龙江省大庆市大同区八村
邮政编码:163813
证书注册编号:3000B0145
体系认证标准:GB/T19002—1994 idt ISO9002:1994
获证体系覆盖产品:住宅小区物业管理
有效期:2000.8.18～2003.8.18

中国石油天然气股份有限公司林源石化分公司
地址:黑龙江省大庆市大同区
邮政编码:163813
证书注册编号:3000B0146
体系认证标准:GB/T19002—1994 idt ISO9002:1994
获证体系覆盖产品:汽油、柴油、石脑油、重油、溶剂油、液化气、丙烷、丙烯、乙苯的生产
有效期:2000.8.18～2003.8.18

大庆林源毛纺厂
地址:黑龙江省大庆市林源镇
邮政编码:163813
证书注册编号:3000B0147
体系认证标准:GB/T19002—1994 idt ISO9002:1994
获证体系覆盖产品:纯毛、混纺、腈纶毛线的生产
有效期:2000.8.18～2003.8.18

大庆地毯有限公司
地址:黑龙江省大庆市大同区林源镇
邮政编码:163813
证书注册编号:3000B0148
体系认证标准:GB/T19002—1994 idt ISO9002:1994
有效期:2000.8.18～2003.8.18

嘉兴市超同化纤有限责任公司
地址:浙江省嘉兴市海盐县百步镇盐湖路68号
邮政编码:314312
证书注册编号:3000B0149
体系认证标准:GB/T19002—1994 idt ISO9002:1994
有效期:2000.8.18～2003.8.18

石油地球物理勘探局第一地质调查处
地址:天津市静海县唐官屯3号信箱
邮政编码:301608
证书注册编号:3000B0150
体系认证标准:GB/T19002—1994 idt ISO9002:1994
有效期:2000.8.18～2003.8.18

甘肃省张掖市工业用布有限公司
地址:甘肃省张掖市东北郊开发新区
邮政编码:734012
证书注册编号:3000B0151
体系认证标准:GB/T19002—1994 idt ISO9002:1994
有效期:2000.8.18～2003.8.18

石油地球物理勘探局第四地质调查处
地址:河北省霸州市13号信箱
邮政编码:065704
证书注册编号:3000B0152
体系认证标准:GB/T19002—1994 idt

ISO9002:1994
有效期:2000.8.18～2003.8.18

石油地球物理勘探局第五地质调查处
地址:河北省定兴县固城一号信箱
邮政编码:072656
证书注册编号:3000A0153
体系认证标准:GB/T19001－1994 idt ISO9001:1994
有效期:2000.8.18～2003.8.18

宁海县天元铝业有限公司(宁海县天元医疗器材有限公司)
地址:浙江省宁海县梅林镇三军庄
邮政编码:315609
证书注册编号:3000B0154
体系认证标准:GB/T19002－1994 idt ISO9002:1994
有效期:2000.8.30～2003.8.30

河南省巩义市银山耐火材料厂
地址:河南省巩义市西村镇堤东工业区
邮政编码:451281
证书注册编号:3000B0155
体系认证标准:GB/T19002－1994 idt ISO9002:1994
有效期:2000.8.30～2003.8.30

郑州银河耐火材料有限公司
地址:河南省巩义市西村镇堤东工业区
邮政编码:451281
证书注册编号:3000B0156
体系认证标准:GB/T19002－1994 idt ISO9002:1994
有效期:2000.8.30～2003.8.30

廊坊市元弘建筑安装工程有限公司
地址:河北省廊坊市金光道47号
邮政编码:065000
证书注册编号:3000B0157
体系认证标准:GB/T19002－1994 idt ISO9002:1994
有效期:2000.8.30～2003.8.30

浙江立马股份有限公司
地址:浙江省兰溪市灵洞杨青桥
邮政编码:321100
证书注册编号:3000B0158
体系认证标准:GB/T19002－1994 idt ISO9002:1994
有效期:2000.8.30～2003.8.30

杭州市新安江味精厂
地址:浙江省建德市新安江镇洋府潭
邮政编码:311600
证书注册编号:3000B0159
体系认证标准:GB/T19002－1994 idt ISO9002:1994
有效期:2000.8.30～2003.8.30

瑞安市飞云机械厂
地址:浙江省瑞安市沿江西路281号
邮政编码:325200
证书注册编号:3000A0160
体系认证标准:GB/T19001－1994 idt ISO9001:1994
有效期:2000.8.30～2003.8.30

海盐超同聚酯切片有限责任公司
地址:浙江嘉兴市海盐县百步镇集镇西
邮政编码:314312
证书注册编号:3000B0161
体系认证标准:GB/T19002－1994 idt ISO9002:1994
有效期:2000.8.30～2003.8.30

盐城市长胜石化机械有限公司(建湖县石油机械配件厂)
地址:江苏建湖县高作镇镇南路13号
邮政编码:224752
证书注册编号:3000B0162
体系认证标准:GB/T19002－1994 idt ISO9002:1994
有效期:2000.8.30～2003.8.30

黑龙江宝创股份有限公司
地址:黑龙江省大庆市龙凤区厂西职大路北3－23号楼对过
邮政编码:163711
证书注册编号:3000A0163
体系认证标准:GB/T19001－1994 idt ISO9001:1994
有效期:2000.8.30～2003.8.30

开封兴隆建筑工程公司
地址:河南省开封市东环北路40号
邮政编码:475002
证书注册编号:3000B0164
体系认证标准:GB/T19002－1994 idt ISO9002:1994
有效期:2000.8.30～2003.8.30

通化市工程建设监理公司
地址:吉林省通化市建设大街21号
邮政编码:134000
证书注册编号:3000B0165
体系认证标准:GB/T19002－1994 idt ISO9002:1994
有效期:2000.8.30～2003.8.30

建湖县远洋石化机械厂
地址:江苏省建湖县高作镇工业园区
邮政编码:224752
证书注册编号:3000B0166
体系认证标准:GB/T19002－1994 idt ISO9002:1994
有效期:2000.8.30～2003.8.30

大庆市兴工工程建设监理有限公司
地址:黑龙江省大庆市大同区林源
邮政编码:163813
证书注册编号:3000B0167
体系认证标准:GB/T19002－1994 idt ISO9002:1994
有效期:2000.9.18～2003.9.18

中国石油天然气集团公司长庆石油勘探局地球物理勘探处
地址:宁夏回族自治区吴忠市九公里
邮政编码:751104
证书注册编号:3000B0168
体系认证标准:GB/T19002－1994 idt ISO9002:1994
有效期:2000.9.18～2003.9.18

中国化学工程管件公司
地址:湖北省武汉市洪山区北港
邮政编码:430064
证书注册编号:3000B0169
体系认证标准:GB/T19002－1994 idt ISO9002:1994
有效期:2000.9.18～2003.9.18

杭州佑成净化设备有限公司
地址:浙江省杭州市机场路199－1号
邮政编码:310021
证书注册编号:3000B0170
体系认证标准:GB/T19002－1994 idt ISO9002:1994
有效期:2000.9.18～2003.9.18

***大同金泰金银珠宝有限责任公司**
地址:山西省大同市大北街1号楼
邮政编码:037004
电话:(0352)2062914
传真:(0352)2042371－109

法定代表人:黄文禄
证书注册编号:3000B0171
体系认证标准:GB/T19002－1994 idt ISO9002:1994
获证体系覆盖产品:金银制品,珠宝首饰和钟表的零售
有效期:2000.9.18～2003.9.18

武汉中北物业管理有限责任公司
地址:湖北省武汉市汉口建设大道709号建银大厦12楼1号
邮政编码:430015
证书注册编号:3000B0172
体系认证标准:GB/T19002－1994 idt ISO9002:1994
有效期:2000.9.18～2003.9.18

北京市面粉三厂
地址:北京市崇文区永外大街101号
邮政编码:100075
证书注册编号:3000B0173
体系认证标准:GB/T19002－1994 idt ISO9002:1994
有效期:2000.9.18～2003.9.18

北京古船面粉集团潞河面粉厂
地址:北京市通州区运河东大街99号
邮政编码:101101
证书注册编号:3000B0174
体系认证标准:GB/T19002－1994 idt ISO9002:1994
有效期:2000.9.18～2003.9.18

北京市面粉八厂
地址:北京市海淀区田村路43号
邮政编码:100039
证书注册编号:3000B0175
体系认证标准:GB/T19002－1994 idt ISO9002:1994
有效期:2000.9.18～2003.9.18

龙口市龙海精细化工有限公司
地址:山东省龙口市徐福镇
邮政编码:265713
证书注册编号:3000B0176
体系认证标准:GB/T19002－1994 idt ISO9002:1994
有效期:2000.9.18～2003.9.18

宁夏石油化工建设公司
地址:宁夏银川市新市区宁朔南路
邮政编码:750021
证书注册编号:3000B0177
体系认证标准:GB/T19002－1994 idt ISO9002:1994
有效期:2000.9.18～2003.9.18

温州市瓯海日用化工公司
地址:浙江省温州市温巨中路496号
邮政编码:325016
证书注册编号:3000B0178
体系认证标准:GB/T19002－1994 idt ISO9002:1994
有效期:2000.9.19～2003.9.19

江苏化工农药集团有限公司
地址:江苏省苏州市南门路1号
邮政编码:215007
证书注册编号:3000B0179
体系认证标准:GB/T19002－1994 idt ISO9002:1994
有效期:2000.9.19～2003.9.19

苏州依俐法化工有限公司
地址:江苏省苏州市南门路1号
邮政编码:215007
证书注册编号:3000B0180
体系认证标准:GB/T19002－1994 idt ISO9002:1994
有效期:2000.9.19～2003.9.19

苏州格林塑业有限公司
地址:江苏省苏州市工业园区通园路3号桥南端
邮政编码:215006
证书注册编号:3000B0181
体系认证标准:GB/T19002－1994 idt ISO9002:1994
有效期:2000.9.19～2003.9.19

临安市第二建筑工程有限公司
地址:浙江临安市锦城镇衣锦街613号
邮政编码:311300
证书注册编号:3000B0182
体系认证标准:GB/T19002－1994 idt ISO9002:1994
有效期:2000.9.19～2003.9.19

东台市宏源化工厂
地址:江苏东台市三仓镇化工工业园区
邮政编码:224231
证书注册编号:3000B0183
体系认证标准:GB/T19002－1994 idt ISO9002:1994
有效期:2000.9.19～2003.9.19

武进市戴溪建筑工程公司
地址:江苏省武进市戴溪建工路6号
邮政编码:203105
证书注册编号:3000B0184
体系认证标准:GB/T19002－1994 idt ISO9002:1994
有效期:2000.9.19～2003.9.19

嘉兴市荣泰绝缘材料有限公司
地址:浙江省嘉兴市凤桥镇凤飞路1号
邮政编码:314007
证书注册编号:3000B0185
体系认证标准:GB/T19002－1994 idt ISO9002:1994
有效期:2000.9.19～2003.9.19

太原市黄河化工建材厂
(山西黄河防腐绝热工程有限公司)
地址:山西省太原市和平南路584号
邮政编码:030021
证书注册编号:3000B0186
体系认证标准:GB/T19002－1994 idt ISO9002:1994
有效期:2000.9.19～2003.9.19

丹东恒星精细化工有限公司
地址:辽宁丹东市振安区太平街168号
邮政编码:118001
证书注册编号:3000B0187
体系认证标准:GB/T19002－1994 idt ISO9002:1994
有效期:2000.9.19～2003.9.19

山西大公地基基础工程有限责任公司
地址:山西省太原市坝陵路6号
邮政编码:030009
证书注册编号:3000B0188
体系认证标准:GB/T19002－1994 idt ISO9002:1994
有效期:2000.9.20～2003.9.20

北京铜牛针织集团有限责任公司
地址:北京市朝阳门外小庄
邮政编码:100026
证书注册编号:3000A0189
体系认证标准:GB/T19001－1994 idt ISO9001:1994
有效期:2000.9.20～2003.9.20

辽宁天泽产业用纺织品有限公司

地址:辽宁省丹东市蛤蟆塘古城路4号
邮政编码:118000
证书注册编号:3000B0190
体系认证标准:GB/T19002—1994 idt ISO9002:1994
有效期:2000.9.20～2003.9.20

东台市鑫海织造有限公司
地址:江苏省东台市三仓镇裕华东路27号
邮政编码:224231
证书注册编号:3000B0191
体系认证标准:GB/T19002—1994 idt ISO9002:1994
有效期:2000.9.20～2003.9.20

太原市滨西玻璃钢厂
地址:山西省太原市胜利桥西汇丰街99号
邮政编码:030027
证书注册编号:3000B0192
体系认证标准:GB/T19002—1994 idt ISO9002:1994
有效期:2000.9.20～2003.9.20

郑州市新世纪香料有限公司
地址:河南省新郑市解放路南段
邮政编码:451150
证书注册编号:3000B0193
体系认证标准:GB/T19002—1994 idt ISO9002:1994
有效期:2000.9.20～2003.9.20

福建长富集团有限公司
地址:福建省南平市长富路168号
邮政编码:353000
证书注册编号:3000B0194
体系认证标准:GB/T19002—1994 idt ISO9002:1994
有效期:2000.9.20～2003.9.20

南阳市中南建筑安装工程有限公司
地址:河南省南阳市宛城区官庄镇油田大庆路西段
邮政编码:473131
证书注册编号:3000B0195
体系认证标准:GB/T19002—1994 idt ISO9002:1994
有效期:2000.9.20～2003.9.20

中国石油集团地球物理勘探局
地址:河北省涿州市11号信箱
邮政编码:072751
证书注册编号:3000A0196
体系认证标准:GB/T19001—1994 idt ISO9001:1994
有效期:2000.9.24～2003.9.24

石油地球物理勘探局特种装备勘探处
地址:河北省琢州市范阳东路141号
邮政编码:072751
证书注册编号:3000B0197
体系认证标准:GB/T19002—1994 idt ISO9002:1994
有效期:2000.9.24～2003.9.24

石油地球物理勘探局第二地质调查处
地址:河南省开封市新宋路东段75号
邮政编码:475002
证书注册编号:3000B0198
体系认证标准:GB/T19002—1994 idt ISO9002:1994
有效期:2000.9.24～2003.9.24

石油地球物理勘探局第三地质调查处
地址:新疆库尔勒301信箱
邮政编码:841001
证书注册编号:3000B0199
体系认证标准:GB/T19002—1994 idt ISO9002:1994
有效期:2000.9.24～2003.9.24

石油地球物理勘探局研究院
地址:河北省涿州市11号信箱3分箱
邮政编码:072750
证书注册编号:3000B0200
体系认证标准:GB/T19002—1994 idt ISO9002:1994
有效期:2000.9.24～2003.9.24

郑州宇航电力设备有限责任公司
地址:河南省郑州市马寨经济开发区绕城路中段张寨街91号
邮政编码:450064
证书注册编号:3000B0201
体系认证标准:GB/T19002—1994 idt ISO9002:1994
有效期:2000.9.24～2003.9.24

张家口保得电源有限公司
地址:河北省张家口市桥西区西沙河大街94号
邮政编码:075000
证书注册编号:3000B0202
体系认证标准:GB/T19002—1994 idt ISO9002:1994
有效期:2000.9.24～2003.9.24

西门子(杭州)高压开关有限公司
地址:浙江省杭州市经济技术开发区下沙工业园6号路
邮政编码:310018
证书注册编号:3000B0203
体系认证标准:GB/T19002—1994 idt ISO9002:1994
有效期:2000.9.24～2003.9.24

温州凯斯通仪表阀门制造有限公司
地址:浙江瑞安市塘下镇岑头北路6号
邮政编码:325204
证书注册编号:3000A0204
体系认证标准:GB/T19001—1994 idt ISO9001:1994
有效期:2000.9.24～2003.9.24

孟村回族自治县裕达法兰管件有限公司
地址:河北省孟村回族自治县辛店镇卜寨工业区
邮政编码:061400
证书注册编号:3000B0205
体系认证标准:GB/T19002—1994 idt ISO9002:1994
有效期:2000.9.24～2003.9.24

大安市采油设备配件厂
地址:吉林省大安市玉泉东路45号
邮政编码:131300
证书注册编号:3000B0206
体系认证标准:GB/T19002—1994 idt ISO9002:1994
有效期:2000.9.24～2003.9.24

***酒泉市石油机械配件厂**
地址:甘肃省酒泉市怀茂乡
邮政编码:735000
电话:(0937)2696009
传真:(0937)2696008
法定代表人:谢忠爱
证书注册编号:3000B0207
体系认证标准:GB/T19002—1994 idt ISO9002:1994
获证体系覆盖产品:系列钢制管法兰和系列钢制对焊无缝管件的生产
有效期:2000.9.24～2003.9.24

中国石油天然气股份有限公司大庆石化分公司(化工一厂，化工二厂，化工三厂，塑料厂，炼油厂，化纤厂，腈纶厂，化肥厂，热电厂，水气厂，销售中心)
地址:黑龙江省大庆市卧里屯
邮政编码:163714
证书注册编号:3000B0208
体系认证标准:GB/T19002－1994 idt ISO9002:1994
有效期:2000.9.24～2003.9.24

杭州华源豆制品有限公司
地址:浙江杭州市滨江区西兴镇北塘河
邮政编码:310051
证书注册编号:3000B0209
体系认证标准:GB/T19002－1994 idt ISO9002:1994
有效期:2000.9.24～2003.9.24

湖南橡塑密封件厂
地址:湖南南县武圣宫镇建材路40号
邮政编码:413212
证书注册编号:3000B0210
体系认证标准:GB/T19002－1994 idt ISO9002:1994
有效期:2000.9.24～2003.9.24

莱州晨莱石油机械有限公司
地址:山东省莱州市路旺镇卞家村
邮政编码:261432
证书注册编号:3000B0211
体系认证标准:GB/T19002－1994 idt ISO9002:1994
有效期:2000.9.24～2003.9.24

河北省沧州康达机制管件有限公司
地址:河北沧州孟村县辛大公路工业区
邮政编码:061400
证书注册编号:3000B0212
体系认证标准:GB/T19002－1994 idt ISO9002:1994
有效期:2000.9.24～2003.9.24

江苏飞翔建筑有限责任公司
地址:江苏徐州市坝子街小区1号楼西
邮政编码:221005
证书注册编号:3000B0213
体系认证标准:GB/T19002－1994 idt ISO9002:1994
有效期:2000.10.3～2003.10.3

汉王制造有限公司
地址:北京东燕郊汉王路1号
邮政编码:065201
证书注册编号:3000B0214
体系认证标准:GB/T19002－1994 idt ISO9002:1994
有效期:2000.9.24～2003.9.24

温州市瓯海环宇鞋业有限公司
地址:浙江省温州市瓯海永中建中南街1－1号
邮政编码:325024
证书注册编号:3000B0215
体系认证标准:GB/T19002－1994 idt ISO9002:1994
有效期:2000.10.3～2003.10.3

浙江海利得土工新材料有限公司
地址:浙江省海宁市马桥工业园区
邮政编码:314419
证书注册编号:3000B0216
体系认证标准:GB/T19002－1994 idt ISO9002:1994
有效期:2000.10.3～2003.10.3

安庆市化工总厂
地址:安徽省安庆市华中东路23号
邮政编码:246003
证书注册编号:3000B0217
体系认证标准:GB/T19002－1994 idt ISO9002:1994
有效期:2000.10.3～2003.10.3

玉环汽车部件总厂
地址:浙江省玉环县坎门康裕路16号
邮政编码:317602
证书注册编号:3000B0218
体系认证标准:GB/T19002－1994 idt ISO9002:1994
有效期:2000.10.3～2003.10.3

玉环县南方汽车配件厂
地址:浙江省玉环县珠港镇坎门康裕路16号
邮政编码:317602
证书注册编号:3000B0219
体系认证标准:GB/T19002－1994 idt ISO9002:1994
有效期:2000.10.3～2003.10.3

林州市建筑工程二公司
地址:山西省太原市学府街318号
邮政编码:030006
证书注册编号:3000B0220
体系认证标准:GB/T19002－1994 idt ISO9002:1994
有效期:2000.10.3～2003.10.3

阜新橡胶有限责任公司
地址:辽宁省阜新市海州区八一路电工街27号
邮政编码:123000
证书注册编号:3000B0221
体系认证标准:GB/T19002－1994 idt ISO9002:1994
有效期:2000.10.3～2003.10.3

杭州济民羊毛衫有限公司
地址:浙江省余杭市塘栖镇里仁北路
邮政编码:311106
证书注册编号:3000B0222
体系认证标准:GB/T19002－1994 idt ISO9002:1994
有效期:2000.10.3～2003.10.3

秦皇岛市抚宁县石门寨第一水泥厂三分厂
地址:河北省秦皇岛市抚宁县石门寨王木庄村
邮政编码:066308
证书注册编号:3000B0223
体系认证标准:GB/T19002－1994 idt ISO9002:1994
有效期:2000.10.3～2003.10.3

河南省林州市小店机械厂
地址:河南省林州市桂林镇
邮政编码:456581
证书注册编号:3000B0224
体系认证标准:GB/T19002－1994 idt ISO9002:1994
有效期:2000.10.3～2003.10.3

林州市汽拖部件厂
地址:河南省林州市姚村镇南杨村
邮政编码:456592
证书注册编号:3000B0225
体系认证标准:GB/T19002－1994 idt ISO9002:1994
有效期:2000.10.3～2003.10.3

安庆市造漆厂
(安庆市华菱制漆有限责任公司)
地址:安徽省安庆市华中东路58号
邮政编码:246003

证书注册编号:3000B0226
体系认证标准:GB/T19002—1994 idt ISO9002:1994
有效期:2000.10.14～2003.10.14

贵州雄润印务有限公司
地址:贵州省贵阳市小河黄河中路
邮政编码:550009
证书注册编号:3000B0227
体系认证标准:GB/T19002—1994 idt ISO9002:1994
有效期:2000.10.14～2003.10.14

山西鹏特涂料有限公司
地址:山西省太原市和平南路584号
邮政编码:030021
证书注册编号:3000B0228
体系认证标准:GB/T19002—1994 idt ISO9002:1994
有效期:2000.10.14～2003.10.14

杭州崇杭机械集团公司
地址:浙江省杭州市半山石塘
邮政编码:310022
证书注册编号:3000B0229
体系认证标准:GB/T19002—1994 idt ISO9002:1994
有效期:2000.10.14～2003.10.14

宁波樱奇电器实业有限公司
地址:浙江省余姚市低塘镇剑山村茅家
邮政编码:315492
证书注册编号:3000B0230
体系认证标准:GB/T19002—1994 idt ISO9002:1994
有效期:2000.10.14～2003.10.14

锦州市高低压开关柜厂
地址:辽宁省锦州市太和区东太平里217号
邮政编码:121011
证书注册编号:3000B0231
体系认证标准:GB/T19002—1994 idt ISO9002:1994
有效期:2000.10.14～2003.10.14

昆明银海物业管理有限公司
地址:云南省昆明市关上关兴路173号银海温泉花园
邮政编码:650200
证书注册编号:3000B0232
体系认证标准:GB/T19002—1994 idt ISO9002:1994
有效期:2000.10.14～2003.10.14

南通市苏中交通建筑工程集团有限公司
地址:江苏省南通市海安县城江海中路42号
邮政编码:226600
证书注册编号:3000B0233
体系认证标准:GB/T19002—1994 idt ISO9002:1994
有效期:2000.10.14～2003.10.14

江苏省电力局宜兴农电培训中心电力印刷厂
地址:江苏省宜兴市荆溪北路145号
邮政编码:214207
证书注册编号:3000B0234
体系认证标准:GB/T19002—1994 idt ISO9002:1994
有效期:2000.10.14～2003.10.14

岳阳兴长石化股份有限公司
地址:湖南省岳阳市云溪区
邮政编码:414012
证书注册编号:3000B0235
体系认证标准:GB/T19002—1994 idt ISO9002:1994
有效期:2000.10.24～2003.10.24

舟山市东海液压件有限公司
地址:浙江省舟山市沈家门平阳工业区
邮政编码:316101
证书注册编号:3000B0236
体系认证标准:GB/T19002—1994 idt ISO9002:1994
有效期:2000.10.24～2003.10.24

上海恒永实业有限公司
地址:上海市青浦区腾富民营经济城B区29号
邮政编码:201711
证书注册编号:3000B0237
体系认证标准:GB/T19002—1994 idt ISO9002:1994
有效期:2000.10.24～2003.10.24

湖北天鹅涂料化工股份有限公司
地址:湖北省襄樊市大庆东路43号
邮政编码:441001
证书注册编号:3000B0238
体系认证标准:GB/T19002—1994 idt ISO9002:1994
有效期:2000.10.24～2003.10.24

秦皇岛金佳机械有限公司
地址:河北省秦皇岛市抚宁县东关
邮政编码:066300
证书注册编号:3000B0239
体系认证标准:GB/T199002—1994 idt ISO9002:1994
有效期:2000.10.24～2003.10.24

高密市大华铸铁合金厂
地址:山东省高密市南环路中段
邮政编码:261500
证书注册编号:3000B0240
体系认证标准:GB/T19002—1994 idt ISO9002:1994
有效期:2000.10.24～2003.10.24

合肥市江淮混凝土制品有限责任公司
地址:安徽省合肥市金寨南路206号
邮政编码:230022
证书注册编号:3000B0241
体系认证标准:GB/T19002—1994 idt ISO9002:1994
有效期:2000.10.24～2003.10.24

广州傲能屹立燃气设备有限公司
地址:广东广州市永和经济区新庄二路
邮政编码:511356
证书注册编号:3000A0242
体系认证标准:GB/T19001—1994 idt ISO9001:1994
有效期:2000.10.24～2003.10.24

合肥江淮化肥总厂
地址:安徽省合肥市金寨南路1084号
邮政编码:230022
证书注册编号:3000B0243
体系认证标准:GB/T19002—1994 idt ISO9002:1994
有效期:2000.10.24～2003.10.24

河北省孟村回族自治县特钢铸造厂
地址:河北省孟村回族自治县辛店镇沧盐路
邮政编码:061400
证书注册编号:3000B0244
体系认证标准:GB/T19002—1994 idt ISO9002:1994
有效期:2000.10.24～2003.10.24

南京众泰玻璃钢管道有限公司
地址:江苏省南京市大厂区中山开发区3号
邮政编码:210048
证书注册编号:3000B0245
体系认证标准:GB/T19002－1994 idt ISO9002:1994
有效期:2000.10.24～2003.10.24

北京市北佳兴精制面粉厂
地址:北京市朝阳区百子湾5号
邮政编码:100022
证书注册编号:3000B0246
体系认证标准:GB/T19002－1994 idt ISO9002:1994
有效期:2000.10.24～2003.10.24

北京惠程照明电器有限责任公司
地址:北京市丰台区大井117号
邮政编码:100071
证书注册编号:3000A0247
体系认证标准:GB/T19001－1994 idt ISO9001:1994
有效期:2000.11.5～2003.11.5

中国石化集团重庆一坪高级润滑油公司
地址:重庆市九龙坡区渝州路62号
邮政编码:400039
证书注册编号:3000A0248
体系认证标准:GB/T19001－1994 idt ISO9001:1994
有效期:2000.11.5～2003.11.5

杭州众望布艺有限公司
地址:浙江杭州北郊崇贤镇独山工业区
邮政编码:311109
证书注册编号:3000A0249
体系认证标准:GB/T19001－1994 idt ISO9001:1994
有效期:2000.11.5～2003.11.5

浙江华江塑料有限公司(浙江天翔新型复合材料有限公司)
地址:浙江省杭州市大关路264号
邮政编码:310015
证书注册编号:3000B0250
体系认证标准:GB/T19002－1994 idt ISO9002:1994
有效期:2000.11.5～2003.11.5

东台市颜料化工厂
地址:江苏省东台市四灶镇
邮政编码:224248
证书注册编号:3000B0251
体系认证标准:GB/T19002－1994 idt ISO9002:1994
有效期:2000.11.5～2003.11.5

温州市瓯海南王鞋业有限公司
地址:浙江省温州市海滨镇兰田工业区
邮政编码:325024
证书注册编号:3000B0252
体系认证标准:GB/T19002－1994 idt ISO9002:1994
有效期:2000.11.5～2003.11.5

芜湖县第四建筑安装有限公司
地址:安徽省芜湖市利民路350号向阳小区
邮政编码:241002
证书注册编号:3000B0253
体系认证标准:GB/T19002－1994 idt ISO9002:1994
有效期:2000.11.5～2003.11.5

慈溪市横河镇利民冲插件厂
地址:浙江省慈溪市横河镇
邮政编码:315318
证书注册编号:3000B0254
体系认证标准:GB/T19002－1994 idt ISO9002:1994
有效期:2000.11.5～2003.11.5

浙江通力变速机械有限公司
地址:浙江省瑞安市林工业区
邮政编码:325207
证书注册编号:3000B0255
体系认证标准:GB/T19002－1994 idt ISO9002:1994
有效期:2000.11.5～2003.11.5

深圳市东深工程有限公司
地址:广东省深圳市爱国路深圳水库酒店五楼
邮政编码:518021
证书注册编号:3000B0256
体系认证标准:GB/T19002－1994 idt ISO9002:1994
有效期:2000.11.5～2003.11.5

山东省寿光市六丰实业有限公司
地址:山东省寿光市上口镇
邮政编码:262732
证书注册编号:3000B0257
体系认证标准:GB/T19002－1994 idt ISO9002:1994
有效期:2000.11.14～2003.11.14

兴化市建筑安装工程总公司
地址:江苏省兴化市丰收北路建工大厦
邮政编码:225700
证书注册编号:3000B0258
体系认证标准:GB/T19002－1994 idt ISO9002:1994
有效期:2000.11.14～2003.11.14

欧浦登(福建)光学有限公司
地址:福建省福州市洪山科技园黎明工业区
邮政编码:350002
证书注册编号:3000B0259
体系认证标准:GB/T19002－1994 idt ISO9002:1994
有效期:2000.11.14～2003.11.14

青海石油管理局井下作业公司
地址:青海省茫崖市花土沟
邮政编码:816400
证书注册编号:3000B0260
体系认证标准:GB/T19002－1994 idt ISO9002:1994
有效期:2000.11.14～2003.11.14

青海石油管理局钻井集团公司
地址:青海省海西州茫崖花土沟
邮政编码:816400
证书注册编号:3000B0261
体系认证标准:GB/T19002－1994 idt ISO9002:1994
有效期:2000.11.14～2003.11.14

佛山伟力塑料机械有限公司
地址:广东省佛山市丝织路8号
邮政编码:528000
证书注册编号:3000B0262
体系认证标准:GB/T19002－1994 idt ISO9002:1994
有效期:2000.11.14～2003.11.14

杭州临安盛达链传动制造有限公司
地址:浙江临安市青山镇研口村水家桥
邮政编码:311305
证书注册编号:3000B0263
体系认证标准:GB/T19002－1994 idt ISO9002:1994

有效期:2000.11.14～2003.11.14

丽水市俊达仪表有限公司
地址:浙江省丽水市丽青路73号
邮政编码:323000
证书注册编号:3000B0264
体系认证标准:GB/T19002－1994 idt ISO9002:1994
有效期:2000.11.14～2003.11.14

吉林省城建实业有限公司
地址:吉林省长春市开运街28号
邮政编码:130021
证书注册编号:3000B0265
体系认证标准:GB/T19002－1994 idt ISO9002:1994
有效期:2000.11.14～2003.11.14

鄞县五乡三佳塑料五金冲件厂
地址:浙江省宁波市鄞县五乡镇
邮政编码:315111
证书注册编号:3000B0266
体系认证标准:GB/T19002－1994 idt ISO9002:1994
有效期:2000.11.14～2003.11.14

余姚市四明山新型材料厂
地址:浙江省余姚市四明山镇
邮政编码:315440
证书注册编号:3000B0267
体系认证标准:GB/T19002－1994 idt ISO9002:1994
有效期:2000.11.14～2003.11.14

杭州西湖定时器厂(金华双冠定时器厂:见证书附件)
地址:浙江省杭州市天目山路42号国际花园东塔楼19层A－B座
邮政编码:310007
证书注册编号:3000B0268
体系认证标准:GB/T19002－1994 idt ISO9002:1994
有效期:2000.11.14～2003.11.14

金华双冠定时器厂
地址:浙江省金华洋埠镇工业区
邮政编码:321083
证书注册编号:3000B0268
体系认证标准:GB/T19002－1994 idt ISO9002:1994
有效期:2000.11.14～2003.11.14

青海石油管理局特车服务公司
地址:青海省茫崖市花土沟
邮政编码:816400
证书注册编号:3000B0269
体系认证标准:GB/T19002－1994 idt ISO9002:1994
有效期:2000.11.14～2003.11.14

中国石油青海油田采油一厂
地址:青海省茫崖市花土沟
邮政编码:816400
证书注册编号:3000B0270
体系认证标准:GB/T19002－1994 idt ISO9002:1994
有效期:2000.11.14～2003.11.14

浙江省缙云县三鼎实业有限公司
地址:浙江缙云县五云镇上交岭40号
邮政编码:321400
证书注册编号:3000B0271
体系认证标准:GB/T19002－1994 idt ISO9002:1994
有效期:2000.11.14～2003.11.14

广西博士通集团有限责任公司
地址:广西南宁市秀厢路2号
邮政编码:530001
证书注册编号:3000A0272
体系认证标准:GB/T19001－1994 idt ISO9001:1994
有效期:2000.11.14～2003.11.14

潍坊金山化工有限公司
地址:山东省潍坊市凤凰山高新技术产业园金山街10号
邮政编码:261200
证书注册编号:3000B0273
体系认证标准:GB/T19002－1994 idt ISO9002:1994
有效期:2000.11.22～2003.11.22

东台市东龙化工有限公司
地址:江苏省东台市通榆北路188号
邮政编码:224200
证书注册编号:3000B0274
体系认证标准:GB/T19002－1994 idt ISO9002:1994
有效期:2000.11.22～2003.11.22

北京市昌平上苑石粉厂
地址:北京市昌平区兴寿镇上苑村西
邮政编码:102212
证书注册编号:3000B0275
体系认证标准:GB/T19002－1994 idt ISO9002:1994
有效期:2000.11.22～2003.11.22

中国石油天然气集团公司物探监理中心
地址:河北省涿州市11号信箱
邮政编码:072751
证书注册编号:3000B0276
体系认证标准:GB/T19002－1994 idt ISO9002:1994
有效期:2000.11.22～2003.11.22

金华市科达氟化橡塑有限公司
地址:浙江省金华市仙桥
邮政编码:321022
证书注册编号:3000B0277
体系认证标准:GB/T19002－1994 idt ISO 9002:1994
有效期:2000.11.22～2003.11.22

玉环县得力电器有限公司
地址:浙江省玉环县龙溪工业区
邮政编码:317609
证书注册编号:3000B0278
体系认证标准:GB/T19002－1994 idt ISO9002:1994
有效期:2000.11.22～2003.11.22

浙江汇宇营建集团建筑营造有限公司
地址:浙江省萧山市萧绍路355号
邮政编码:311200
证书注册编号:3000B0279
体系认证标准:GB/T19002－1994 idt ISO9002:1994
有效期:2000.11.22～2003.11.22

浙江省临海市第六建筑工程公司
地址:浙江省临海市市场乡中心路1号
邮政编码:317015
证书注册编号:3000B0280
体系认证标准:GB/T19002－1994 idt ISO9002:1994
有效期:2000.11.22～2003.11.22

绍兴县黄油枪厂
地址:浙江省绍兴县孙端镇蛏南村
邮政编码:312090
证书注册编号:3000B0281
体系认证标准:GB/T19002－1994 idt ISO 9002:1994

有效期：2000.11.22～2003.11.22

浙江中环铜业有限公司
地址：浙江省绍兴县安昌镇
邮政编码：312080
证书注册编号：3000B0282
体系认证标准：GB/T19002－1994 idt ISO9002：1994
有效期：2000.11.22～2003.11.22

温宿县银丰棉纺织有限责任公司
地址：新疆温宿县交通路3号
邮政编码：843001
证书注册编号：3000B0283
体系认证标准：GB/T19002－1994 idt ISO9002：1994
有效期：2000.11.29～2003.11.29

沧州市电气控制设备厂
地址：河北省青县门店路6号
邮政编码：062650
证书注册编号：3000B0284
体系认证标准：GB/T19002－1994 idt ISO9002：1994
有效期：2000.11.29～2003.11.29

阿克苏托峰棉纺织有限公司
地址：新疆阿克苏市南郊路8号
邮政编码：843000
证书注册编号：3000B0285
体系认证标准：GB/T19002－1994 idt ISO9002：1994
有效期：2000.11.29～2003.11.29

巩义市中原耐火材料有限公司
地址：河南省巩义市站街工业开发区
邮政编码：451261
证书注册编号：3000B0286
体系认证标准：GB/T19002－1994 idt ISO9002：1994
有效期：2000.11.29～2003.11.29

石家庄华莱石油助剂有限公司
地址：河北省石家庄市石岗路杜北大街16号
邮政编码：050061
证书注册编号：3000B0287
体系认证标准：GB/T19002－1994 idt ISO9002：1994
有效期：2000.11.29～2003.11.29

河北省青县大杜庄镇福利汽车配件厂
地址：河北省青县大杜庄村
邮政编码：062650
证书注册编号：3000B0288
体系认证标准：GB/T19002－1994 idt ISO9002：1994
有效期：2000.11.29～2003.11.29

阜宁县中洲阀门有限公司（盐城中兴阀门有限公司）
地址：江苏省阜宁县通榆北路168号
邮政编码：224401
证书注册编号：3000A0289
体系认证标准：GB/T19001－1994 idt ISO9001：1994
有效期：2000.11.29～2003.11.29

盐城市大成建筑工程有限公司
地址：江苏省射阳县合德镇人民路4号
邮政编码：224300
证书注册编号：3000B0290
体系认证标准：GB/T19002－1994 idt ISO9002：1994
有效期：2000.11.29～2003.11.29

德清县三星塑料化工有限公司
地址：浙江省德清县徐家庄镇
邮政编码：313213
证书注册编号：3000B0291
体系认证标准：GB/T19002－1994 idt ISO9002：1994
有效期：2000.11.29～2003.11.29

温州四海塑料有限公司
地址：浙江省瑞安市岑岐大桥东侧
邮政编码：325206
证书注册编号：3000B0292
体系认证标准：GB/T19002－1994 idt ISO9002：1994
有效期：2000.11.29～2003.11.29

天津市津西华电电力检修公司（天津市津西华电电力检修公司设备安装工程处）
地址：天津市西青区西青道380号
邮政编码：300380
证书注册编号：3000B0293
体系认证标准：GB/T19002－1994 idt ISO9002：1994
有效期：2000.11.29～2003.11.29

浙江特种电机厂
地址：浙江省嵊州市城关镇环城北路21号
邮政编码：312400
证书注册编号：3000B0294
体系认证标准：GB/T19002－1994 idt ISO9002：1994
有效期：2000.11.29～2003.11.29

河北雄亚纺织集团公司
地址：河北省蠡县辛兴镇纺织工业区
邮政编码：071400
证书注册编号：3000B0295
体系认证标准：GB/T19002－1994 idt ISO9002：1994
有效期：2000.12.1～2003.12.1

河南省恒明风云电源有限公司
地址：河南省新乡市新辉路桥北8号
邮政编码：453002
证书注册编号：3000B0296
体系认证标准：GB/T19002－1994 idt ISO9002：1994
有效期：2000.12.1～2003.12.1

天津市艾佳制衣有限公司
地址：天津市北辰区青光镇韩家墅村
邮政编码：300162
证书注册编号：3000B0297
体系认证标准：GB/T19002－1994 idt ISO9002：1994
有效期：2000.12.1～2003.12.1

长春市城建水泥制品厂
地址：吉林省长春市经济技术开发区乐群街
邮政编码：130031
证书注册编号：3000B0298
体系认证标准：GB/T19002－1994 idt ISO9002：1994
有效期：2000.12.1～2003.12.1

萍乡市石化填料厂
地址：江西萍乡市湘东区下埠镇杞木村
邮政编码：337022
证书注册编号：3000B0299
体系认证标准：GB/T19002－1994 idt ISO9002：1994
有效期：2000.12.1～2003.12.1

北京银山玻璃钢冷却塔制造公司
地址：北京市德胜门外昌平回龙观北站
邮政编码：100085
证书注册编号：3000B0300

体系认证标准:GB/T19002－1994 idt ISO9002:1994
有效期:2000.12.1～2003.12.1

杭州五洋针织有限公司
地址:浙江省余杭市五杭镇
邮政编码:311103
证书注册编号:3000B0301
体系认证标准:GB/T19002－1994 idt ISO9002:1994
有效期:2000.12.1～2003.12.1

瑞安市工盖机械制造有限公司
地址:浙江省瑞安市沿江西路501号
邮政编码:325200
证书注册编号:3000B0302
体系认证标准:GB/T19002－1994 idt ISO9002:1994
有效期:2000.12.1～2003.12.1

瑞安市昌利锻造有限公司
地址:浙江省瑞安市潘岱工业区
邮政编码:325216
证书注册编号:3000B0303
体系认证标准:GB/T19002－1994 idt ISO9002:1994
有效期:2000.12.1～2003.12.1

瑞安市联大钾盐公司
地址:浙江省瑞安市岑岐工业区
邮政编码:325206
证书注册编号:3000B0304
体系认证标准:GB/T19002－1994 idt ISO9002:1994
有效期:2000.12.1～2003.12.1

瑞安市求精汽车标准件厂
地址:浙江省瑞安市上戴工业区
邮政编码:325204
证书注册编号:3000B0305
体系认证标准:GB/T19002－1994 idt ISO9002:1994
有效期:2000.12.1～2003.12.1

天津市油毡厂
地址:天津市河西区解放南路南
邮政编码:300221
证书注册编号:3000B0306
体系认证标准:GB/T19002－1994 idt ISO9002:1994
有效期:2000.12.1～2003.12.1

新疆和田棉纺织厂
地址:新疆和田市和墨路91号
邮政编码:848011
证书注册编号:3000B0307
体系认证标准:GB/T19002－1994 idt ISO 9002:1994
有效期:2000.12.1～2003.12.1

青岛钢卷尺厂
地址:山东省青岛市市南区闽江路552
邮政编码:266071
证书注册编号:3000B0308
体系认证标准:GB/T19002－1994 idt ISO9002:1994
有效期:2000.12.8～2003.12.8

＊吐哈油田电力工程公司
地址:新疆鄯善火车站镇69号信箱
邮政编码:838202
电话:(0995)8371533
传真:(0995)8371770
法定代表人:杨红星
证书注册编号:3000B0309
体系认证标准:GB/T19002－1994 idt ISO9002:1994
获证体系覆盖产品:110kV及以下送电线路和同电压等级变电站建筑安装工程施工
有效期:2000.12.8～2003.12.8

合肥自行车配件五厂
地址:安徽省合肥市合作化南路18号
邮政编码:230022
证书注册编号:3000B0310
体系认证标准:GB/T19002－1994 idt ISO9002:1994
有效期:2000.12.8～2003.12.8

常州永光防锈材料有限公司
地址:江苏省常州市武进横山桥镇
邮政编码:213119
证书注册编号:3000B0311
体系认证标准:GB/T19002－1994 idt ISO9002:1994
有效期:2000.12.8～2003.12.8

双喜轮胎工业股份有限公司
地址:山西省太原市建设南路亲贤北街3号
邮政编码:030006
证书注册编号:3000A0312
体系认证标准:GB/T19001－1994 idt ISO9001:1994
有效期:2000.12.8～2003.12.8

顺德市容桂镇美洁水暖器材有限公司
地址:广东省顺德市容桂镇南区达盛路横一巷3号
邮政编码:528306
证书注册编号:3000A0313
体系认证标准:GB/T19001－1994 idt ISO9001:1994
有效期:2000.12.8～2003.12.8

柳州鱼峰PVC型材门窗厂
地址:广西柳州高新开发区高新一路
邮政编码:545005
证书注册编号:3000B0314
体系认证标准:GB/T19002－1994 idt ISO9002:1994
有效期:2000.12.8～2003.12.8

新疆涤纶纤维厂
地址:新疆乌鲁木齐市银川路4号
邮政编码:830054
证书注册编号:3000B0315
体系认证标准:GB/T19002－1994 idt ISO 9002:1994
有效期:2000.12.8～2003.12.8

辽阳兴华钢厂
地址:辽宁省刘二堡经济开发区
邮政编码:111212
证书注册编号:3000B0316
体系认证标准:GB/T19002－1994 idt ISO9002:1994
有效期:2000.12.8～2003.12.8

锦州市电容器厂
地址:辽宁省锦州市太和区解放西路168号
邮政编码:121016
证书注册编号:3000B0317
体系认证标准:GB/T19002－1994 idt ISO9002:1994
有效期:2000.12.8～2003.12.8

河南省建筑工程总公司
地址:河南省郑州市金水路101号
邮政编码:450003
证书注册编号:3000B0318
体系认证标准:GB/T19002－1994 idt ISO9002:1994
有效期:2000.12.8～2003.12.8

开滦(集团)有限责任公司范各庄矿业分公司
地址:河北省唐山市古冶区南范各庄
邮政编码:063109
证书注册编号:3000B0319
体系认证标准:GB/T19002－1994 idt ISO9002:1994
有效期:2000.12.8～2003.12.8

浙江日月首饰集团有限公司
地址:浙江省绍兴县福全镇
邮政编码:312046
证书注册编号:3000B0320
体系认证标准:GB/T19002－1994 idt ISO9002:1994
有效期:2000.12.9～2003.12.9

上海金霞化纤有限公司
地址:上海市金山区廊下镇金张支路2119号
邮政编码:201516
证书注册编号:3000B0321
体系认证标准:GB/T19002－1994 idt ISO9002:1994
有效期:2000.12.9～2003.12.9

新会市粤新有机化工厂
地址:广东省新会市三江镇白庙工业区
邮政编码:529142
证书注册编号:3000B0322
体系认证标准:GB/T19002－1994 idt ISO9002:1994
有效期:2000.12.9～2003.12.9

湖北百科药业股份有限公司
地址:湖北省荆门市杨湾路132号
邮政编码:448000
证书注册编号:3000B0323
体系认证标准:GB/T19002－1994 idt ISO9002:1994
有效期:2000.12.9～2003.12.9

唐山冀油光正石油管材有限公司
地址:河北省丰南市黑沿子
邮政编码:063313
证书注册编号:3000B0324
体系认证标准:GB/T19002－1994 idt ISO9002:1994
有效期:2000.12.9～2003.12.9

宁波明龙电器实业有限公司
地址:浙江省慈溪范市镇工业区
邮政编码:315312
证书注册编号:3000B0325
体系认证标准:GB/T19002－1994 idt ISO9002:1994
有效期:2000.12.9～2003.12.9

嘉兴银城精细化工有限公司
地址:浙江省嘉善县经济开发区柳溪支路1号
邮政编码:314100
证书注册编号:3000B0326
体系认证标准:GB/T19002－1994 idt ISO9002:1994
有效期:2000.12.9～2003.12.9

浙江省鄞县夏利汽车附件厂
地址:浙江省宁波市东钱湖大公
邮政编码:315123
证书注册编号:3000B0327
体系认证标准:GB/T19002－1994 idt ISO9002:1994
有效期:2000.12.9～2003.12.9

杭州亿通塑胶实业有限公司
地址:浙江省杭州市机场路157号
邮政编码:310021
证书注册编号:3000B0328
体系认证标准:GB/T19002－1994 idt ISO9002:1994
有效期:2000.12.9～2003.12.9

锦州市工业泵厂
地址:辽宁省凌海市鸣岐路
邮政编码:121200
证书注册编号:3000B0329
体系认证标准:GB/T19002－1994 idt ISO9002:1994
有效期:2000.12.9～2003.12.9

林州市建设工程公司
地址:河南林州市开元区太行路48号
邮政编码:456550
证书注册编号:3000B0330
体系认证标准:GB/T19002－1994 idt ISO9002:1994
有效期:2000.12.9～2003.12.9

吐哈石油勘探开发指挥部油田技术服务公司
地址:新疆鄯善县火车站镇
邮政编码:838202
证书注册编号:3000B0331
体系认证标准:GB/T19002－1994 idt ISO9002:1994
有效期:2000.12.18～2003.12.14

＊扬州润达油田化学剂厂
地址:江苏省江都市邵伯
邮政编码:225261
电话:(0514)6582120
传真:(0514)6582120
法定代表人:刘纯习
证书注册编号:3000B0332
体系认证标准:GB/T19002－1994 idt ISO9002:1994
获证体系覆盖产品:油田化学助剂的生产
有效期:2000.12.18～2003.12.18

江都福力特油脂油品厂
地址:江苏省江都市双仙路
邮政编码:225267
证书注册编号:3000B0333
体系认证标准:GB/T19002－1994 idt ISO9002:1994
有效期:2000.12.18～2003.12.14

温州鸿升集团有限公司
地址:浙江瑞安市梅头镇环城路70号
邮政编码:325205
证书注册编号:3000B0334
体系认证标准:GB/T19002－1994 idt ISO9002:1994
有效期:2000.12.18～2003.12.14

温岭市明华齿轮有限公司
地址:浙江省温岭市镇海乡镇中村
邮政编码:317503
证书注册编号:3000B0335
体系认证标准:GB/T19002－1994 idt ISO9002:1994
有效期:2000.12.18～2003.12.14

＊南昌市测绘勘察研究院
地址:江西省南昌市民德路411号经济大楼十楼
邮政编码:330008
电话:(0791)6772518
传真:(0791)6772518
法定代表人:李敏孙
证书注册编号:3000A0336
体系认证标准:GB/T19001－1994 idt ISO9001:1994
获证体系覆盖产品:城市测绘,工程测

量，地籍测绘和专题地理信息系统的设计
有效期：2000.12.18～2003.12.18

＊南昌市城市规划设计研究总院
地址：江西省南昌市民德路411号经济大楼十楼
邮政编码：330008
电话：(0791)6772518
传真：(0791)6772518
法定代表人：李敏孙
证书注册编号：3000A0337
体系认证标准：GB/T19001－1994 idt ISO9001:1994
获证体系覆盖产品：城市规划设计，工业与民用建筑设计和工程咨询
有效期：2000.12.18～2003.12.18

＊南昌市市政工程设计研究院
地址：江西省南昌市民德路411号经济大楼十楼
邮政编码：330008
电话：(0791)6772518
传真：(0791)6772518
法定代表人：李敏孙
证书注册编号：3000A0338
体系认证标准：GB/T19001－1994 idt ISO9001:1994
获证体系覆盖产品：市政工程设计，工业与民用建筑设计和工程咨询
有效期：2000.12.18～2003.12.18

安徽官镇羽绒总厂
地址：安徽省无为县城南江西桥
邮政编码：238300
证书注册编号：3000B0339
体系认证标准：GB/T19002－1994 idt ISO9002:1994
有效期：2000.12.18～2003.12.14

河南省信阳安装总公司
地址：河南省信阳市工区路285号
邮政编码：464000
证书注册编号：3000B0340
体系认证标准：GB/T19002－1994 idt ISO9002:1994
有效期：2000.12.18～2003.12.14

大连百利达纺织品有限公司
地址：辽宁省大连市甘井子区营城子镇东小磨村
邮政编码：116036
证书注册编号：3000B0341
体系认证标准：GB/T19002－1994 idt ISO9002:1994
有效期：2000.12.18～2003.12.14

温州市海伦鞋业有限公司
地址：浙江省温州市鹿城工业区环球路33号
邮政编码：325000
证书注册编号：3000B0342
体系认证标准：GB/T19002－1994 idt ISO9002:1994
有效期：2000.12.18～2003.12.14

浙江奥将实业有限公司
地址：浙江省义乌市大陈镇奥将路8号
邮政编码：322011
证书注册编号：3000B0343
体系认证标准：GB/T19002－1994 idt ISO9002:1994
有效期：2000.12.20～2003.12.14

北京市东管头塑料制品厂
地址：北京市丰台区东管头丽泽桥东147号
邮政编码：100073
证书注册编号：3000B0344
体系认证标准：GB/T19002－1994 idt ISO 9002:1994
有效期：2000.12.20～2003.12.14

＊通州市市政工程总公司
地址：江苏通州市金沙镇朝阳路49号
邮政编码：226300
电话：(0513)6109339
传真：(0513)6510951
法定代表人：丁舜锋
证书注册编号：3000B0345
体系认证标准：GB/T19002－1994 idt ISO 9002:1994
获证体系覆盖产品：市政工程施工
有效期：2000.12.20～2003.12.20

浙江萧峰建筑工程有限公司
地址：浙江萧山市城厢镇人民路47号
邮政编码：311203
体系认证标准：GB/T19002－1994 idt ISO9002:1994
证书注册编号：3000B0346
有效期：2000.12.20～2003.12.14

浙江凯歌制衣有限公司
地址：浙江省义乌市大陈镇镇中南路91号
邮政编码：322011
证书注册编号：3000B0347
体系认证标准：GB/T19002－1994 idt ISO9002:1994
有效期：2000.12.20～2003.12.14

浙江一族服饰有限公司
地址：浙江义乌市大陈镇金山路53号
邮政编码：322011
证书注册编号：3000B0348
体系认证标准：GB/T19002－1994 idt ISO9002:1994
有效期：2000.12.20～2003.12.14

保定中信消防工程有限公司
地址：河北省保定市烟厂路3号
邮政编码：071000
证书注册编号：3000B0349
体系认证标准：GB/T19002－1994 idt ISO9002:1994
有效期：2000.12.20～2003.12.14

河南省永阳建筑安装有限公司
地址：北京海淀区玉渊潭乡徐庄55号
邮政编码：100081
证书注册编号：3000B0350
体系认证标准：GB/T19002－1994 idt ISO9002:1994
有效期：2000.12.20～2003.12.14

＊山东海化股份有限公司硫酸钾厂
地址：山东省潍坊市海洋化工高新技术开发区
邮政编码：262737
电话：(0536)5328690
传真：(0536)5329800
法定代表人：肖庆周
证书注册编号：3000B0351
体系认证标准：GB/T19002－1994 idt ISO9002:1994
获证体系覆盖产品：硫酸钾和氯化镁的生产
有效期：2000.12.23～2003.12.14

北京市南口蓄电池厂
地址：北京市昌平区南口西大桥
邮政编码：102202
证书注册编号：3000B0352
体系认证标准：GB/T190021994 idt ISO9002:1994

有效期:2000.12.23～2003.12.14

锦州市星源化工厂
地址:辽宁省锦州市太和区锦义街88—6号
邮政编码:121007
证书注册编号:3000B0353
体系认证标准:GB/T19002—1994 idt ISO9002:1994
有效期:2000.12.23～2003.12.14

锦州锦固水泥有限责任公司
地址:辽宁省锦州市古塔新区钟屯
邮政编码:121005
证书注册编号:3000B0354
体系认证标准:GB/T19002—1994 idt ISO9002:1994
有效期:2000.12.23～2003.12.14

佛山市乐华陶瓷有限公司
地址:广东省佛山市石湾区张槎镇海口
邮政编码:528031
证书注册编号:3000A0355
体系认证标准:GB/T19001—1994 idt ISO9001:1994
有效期:2000.12.23～2003.12.14

辽阳市市政工程公司
地址:辽宁省沈阳市白塔区新运大街48号
邮政编码:111000
证书注册编号:3000B0356
体系认证标准:GB/T19002—1994 idt ISO9002:1994
有效期:2000.12.23～2003.12.14

宁海县城关五星医疗器械配件厂
地址:浙江省宁海县城关西大街135号
邮政编码:315600
证书注册编号:3000B0357
体系认证标准:GB/T19002—1994 idt ISO9002:1994
有效期:2000.12.23～2003.12.14

宁波成田涂装机械有限公司
地址:浙江省宁波市西郊高桥镇
邮政编码:315174
证书注册编号:3000B0358
体系认证标准:GB/T19002—1994 idt ISO9002:1994
有效期:2000.12.23～2003.12.14

***滇黔桂油田分公司北海石油化工厂**
地址:广西北海市北海大道西路
邮政编码:536000
电话:(0779)3915026
传真:(0779)3905519
法定代表人:闫宏
证书注册编号:3000B0359
体系认证标准:GB/T19002—1994 idt ISO9002:1994
获证体系覆盖产品:车用汽油和轻柴油产品的生产
有效期:2000.12.23～2003.12.23

吉林石油集团有限责任公司地质录井公司
地址:吉林省松原市青年大街789号
邮政编码:138000
证书注册编号:3000B0360
体系认证标准:GB/T19002—1994 idt ISO9002:1994
有效期:2000.12.23～2003.12.14

杭州京安交通工程设施有限公司
地址:浙江省杭州市滨江区长河镇
邮政编码:310052
证书注册编号:3000B0361
体系认证标准:GB/T19002—1994 idt ISO9002:1994
有效期:2000.12.23～2003.12.14

山丹位奇水泥有限责任公司
地址:甘肃省山丹县城东工业区
邮政编码:734100
证书注册编号:3000B0362
体系认证标准:GB/T19002—1994 idt ISO9002:1994
有效期:2000.12.23～2003.12.14

北京京华昌工程建设监理有限责任公司
地址:北京市朝阳区樱花园东街7号
邮政编码:100029
证书注册编号:3000B0363
体系认证标准:GB/T19002—1994 idt ISO9002:1994
有效期:2000.12.23～2003.12.14

宁波申江实业有限公司滚动体厂
地址:浙江省宁波市鄞县咸祥镇
邮政编码:315141
证书注册编号:3000B0364
体系认证标准:GB/T19002—1994 idt ISO9002:1994
有效期:2000.12.23～2003.12.14

波阳县第三建筑工程公司
地址:江西省波阳县鄱阳镇五一北路117号
邮政编码:333100
证书注册编号:3000B0365
体系认证标准:GB/T19002—1994 idt ISO9002:1994
有效期:2000.12.23～2003.12.14

河北新河生物化工有限公司
地址:河北省新河县城西工业区
邮政编码:055650
证书注册编号:3000B0366
体系认证标准:GB/T19002—1994 idt ISO9002:1994
有效期:2000.12.26～2003.12.14

杭州市路桥总公司
地址:浙江省杭州市环城北路309号
邮政编码:310006
证书注册编号:3000B0367
体系认证标准:GB/T19002—1994 idt ISO9002:1994
有效期:2000.12.26～2003.12.14

南通秦海模具厂
地址:江苏南通市秦灶镇江通路30号
邮政编码:226011
证书注册编号:3000B0368
体系认证标准:GB/T19002—1994 idt ISO9002:1994
有效期:2000.12.26～2003.12.14

河北上安水泥厂
地址:河北省石家庄市井陉县上安镇
邮政编码:050300
证书注册编号:3000B0369
体系认证标准:GB/T19002—1994 idt ISO9002:1994
有效期:2000.12.26～2003.12.14

乐清市科达佳电讯线缆有限公司
地址:浙江省乐清市宁康西路333号
邮政编码:325600
证书注册编号:3000B0370
体系认证标准:GB/T19002—1994 idt ISO9002:1994
有效期:2000.12.26～2003.12.14

北京市丰台长兴气体厂
地址:北京市丰台区长辛店乡辛庄
邮政编码:100074
证书注册编号:3000B0371
体系认证标准:GB/T19002－1994 idt ISO9002:1994
有效期:2000.12.26～2003.12.14

石家庄市洪石达暖通阀门厂
地址:河北省石家庄市仓丰路50号
邮政编码:050021
证书注册编号:3000B0372
体系认证标准:GB/T19002－1994 idt ISO9002:1994
有效期:2000.12.26～2003.12.14

浙江盛安达工程有限公司
地址:浙江省杭州市教工路3号4号楼北二层
邮政编码:310012
证书注册编号:3000B0373
体系认证标准:GB/T19002－1994 idt ISO9002:1994
有效期:2000.12.26～2003.12.14

山东金宇轮胎有限公司(东营市金宇轮胎厂)
地址:山东省东营市广饶县大王镇经济技术开发区
邮政编码:257335
证书注册编号:3000B0374
体系认证标准:GB/T19002－1994 idt ISO9002:1994
有效期:2000.12.26～2003.12.14

辽宁水业玻璃钢管道有限公司
地址:辽宁省沈阳市于洪区怒江北街6－9号
邮政编码:110036
证书注册编号:3000B0375
体系认证标准:GB/T19002－1994 idt ISO9002:1994
有效期:2000.12.26～2003.12.14

宁波市华宝塑胶模具有限公司
地址:浙江省宁波市宁海县梅林镇
邮政编码:315609
证书注册编号:3000B0376
体系认证标准:GB/T19002－1994 idt ISO9002:1994
有效期:2000.12.26～2003.12.14

北京市橡胶制品设计研究院(北京市化学建材厂)
地址:北京丰台区马家堡路角门14号
邮政编码:100075
证书注册编号:3000A0377
体系认证标准:GB/T19001－1994 idt ISO9001:1994
有效期:2000.12.26～2003.12.14

洛阳高新龙浦石油化工开发公司
地址:河南省洛阳市高新技术开发区河洛大道6号
邮政编码:471003
证书注册编号:3000B0378
体系认证标准:GB/T19002－1994 idt ISO9002:1994
有效期:2000.12.28～2003.12.14

吉化集团苏州安利化工有限公司
地址:江苏省苏州市西园路30号
邮政编码:215008
证书注册编号:3000B0379
体系认证标准:GB/T19002－1994 idt ISO9002:1994
有效期:2000.12.28～2003.12.14

山西大川建设有限公司
地址:山西省太原市学府街318号
邮政编码:030006
证书注册编号:3000B0380
体系认证标准:GB/T19002－1994 idt ISO9002:1994
有效期:2000.12.28～2003.12.14

九江石化仪表技术工程公司
地址:江西省九江市滨江东路228号
邮政编码:332004
证书注册编号:3000B0381
体系认证标准:GB/T19002－1994 idt ISO9002:1994
有效期:2000.12.28～2003.12.14

慈溪市市政工程公司
地址:浙江省慈溪市浒山镇乌山南路256号
邮政编码:315300
证书注册编号:3000B0382
体系认证标准:GB/T19002－1994 idt ISO9002:1994
有效期:2000.12.28～2003.12.14

杭州科皇饲料有限公司
地址:浙江省杭州市西湖区三墩工业区
邮政编码:310030
证书注册编号:3000B0383
体系认证标准:GB/T19002－1994 idt ISO9002:1994
有效期:2000.12.28～2003.12.14

浙江无名皮塑集团有限责任公司
地址:浙江省绍兴县福全镇青店头
邮政编码:312046
证书注册编号:3000B0384
体系认证标准:GB/T19002－1994 idt ISO9002:1994
有效期:2000.12.28～2003.12.14

黄骅市振兴管件制造有限公司
地址:河北省黄骅市旧城镇陈马闸口
邮政编码:061107
证书注册编号:3000B0385
体系认证标准:GB/T19002－1994 idt ISO9002:1994
有效期:2000.12.28～2003.12.14

黄骅市龙腾管件制造有限公司
地址:河北省黄骅市常郭镇
邮政编码:061100
证书注册编号:3000B0386
体系认证标准:GB/T19002－1994 idt ISO9002:1994
有效期:2000.12.28～2003.12.14

温州市华峰人造皮有限公司
地址:浙江省温州市龙湾扶贫开发区1号区
邮政编码:325038
证书注册编号:3000B0387
体系认证标准:GB/T19002－1994 idt ISO9002:1994
有效期:2000.12.28～2003.12.14

杭州燃油锅炉厂
地址:浙江省杭州市东新路366－2号
邮政编码:310004
证书注册编号:3000B0388
体系认证标准:GB/T19002－1994 idt ISO9002:1994
有效期:2000.12.28～2003.12.14

宁波万力达集团有限公司
地址:浙江省象山县下沈镇
邮政编码:315721
证书注册编号:3000B0389

体系认证标准:GB/T19002－1994 idt ISO9002:1994
有效期:2000.12.28～2003.12.14

＊青岛海西工程监理有限公司
地址:山东省青岛市经济技术开发区武夷山路中段
邮政编码:266555
电话:(0532)6889307
传真:(0532)6889099
法定代表人:殷希斋
证书注册编号:3000B0390
体系认证标准:GB/T19002－1994 idt ISO9002:1994
获证体系覆盖产品:建筑工程监理
有效期:2000.12.28～2003.12.28

沧州沧海管件制造有限公司
地址:河北省孟村县北肖
邮政编码:061400
证书注册编号:3000B0391
体系认证标准:GB/T19002－1994 idt ISO9002:1994
有效期:2000.12.28～2003.12.14

＊山西省第三轴承厂(有限公司)
地址:山西省祁县新建南路117号
邮政编码:030900
电话:(0354)5222756
传真:(0354)5222053
法定代表人:张祁镇
证书注册编号:3000B0392
体系认证标准:GB/T19002－1994 idt ISO 9002:1994
获证体系覆盖产品:内径40－400 mm的所有型号的调心滚子轴承的生产
有效期:2000.12.28～2003.12.28

山东旭洋机械股份有限公司
地址:山东省临沂市临西一路105号
邮政编码:276003
证书注册编号:3000A0393
体系认证标准:GB/T19001－1994 idt ISO9001:1994
有效期:2000.12.28～2003.12.14

＊吐哈石油勘探开发指挥部鄯善物业管理公司
地址:新疆鄯善吐哈油田鄯善石油基地
邮政编码:838202
电话:(0995)8372184
传真:(0995)8372286
法定代表人:王效荣
证书注册编号:3001B002
体系认证标准:GB/T19002－1994 idt ISO 9002:1994
获证体系覆盖产品:鄯善石油基地物业管理
有效期:2001.3.9～2004.3.9

中国汽车产品认证委员会质量体系认证中心

张家港大正金属纤维有限公司
地址:江苏省张家港市南沙
邮政编码:215632
证书注册编号:3100BQ0001
体系认证标准:GB/T19002－1994 idt ISO 9002:1994
有效期:2000.1.15～2003.1.15

株洲火炬活塞销制造有限责任公司
地址:湖南省株洲市荷塘区金钩山路
邮政编码:412008
证书注册编号:3100B0002
体系认证标准:GB/T19002－1994 idt ISO 9002:1994
有效期:2000.1.15～2003.1.15

上海大众汽车湖南特约维修站
地址:湖南省长沙市星沙开发区
邮政编码:410100
证书注册编号:3100B0003
体系认证标准:GB/T19002－1994 idt ISO 9002:1994
有效期:2000.1.15～2003.1.15

上海大众汽车江西销售服务有限公司
地址:江西省南昌市沿江南路541号
邮政编码:330002
证书注册编号:3100B0004
体系认证标准:GB/T19002－1994 idt ISO 9002:1994
有效期:2000.1.15～2003.1.15

盐城悦达起亚汽车有限公司(江苏悦达汽车制造厂)
地址:江苏省盐城市通榆南路75号
邮政编码:224002
证书注册编号:3100A0005
体系认证标准:GB/T19001－1994 idt ISO 9001:1994
有效期:2000.1.15～2003.1.15

上海大众汽车株洲特约维修站
地址:湖南省株洲市荷塘区红旗中路
邮政编码:412011
证书注册编号:3100B0006
体系认证标准:GB/T19002－1994 idt ISO 9002:1994
有效期:2000.1.15～2003.1.15

上海大众汽车岳阳特约维修站
地址:湖南省岳阳市巴陵东路中段
邮政编码:414000
证书注册编号:3100B0007
体系认证标准:GB/T19002－1994 idt ISO 9002:1994
有效期:2000.1.15～2003.1.15

宜春华泰橡胶有限责任公司
地址:江西省宜春市黄颇路56号
邮政编码:336000
证书注册编号:3100B0008
体系认证标准:GB/T19002－1994 idt ISO 9002:1994
有效期:2000.1.15～2003.1.15

上海大众汽车密云特约维修站
地址:北京密云县101国道71公里处
邮政编码:101500
证书注册编号:3100B0009
体系认证标准:GB/T19002－1994 idt ISO 9002:1994
有效期:2000.1.15～2003.1.15

天津市交通器材厂
地址:天津市河北区红星支路1号
邮政编码:300240
证书注册编号:3100B0010
体系认证标准:GB/T19002－1994 idt ISO 9002:1994
有效期:2000.1.30～2003.1.30

扬州亚星客车股份有限公司
城市客车厂
地址:扬州市渡江桥南文峰村吴家西路
邮政编码:225009
证书注册编号:3100B0011
体系认证标准:GB/T19002－1994 idt ISO 9002:1994
有效期:2000.1.30～2003.1.30

慈溪市华丰实业有限公司
地址:浙江省慈溪市坎墩镇镇中路
邮政编码:315303
证书注册编号:3100B0012
体系认证标准:GB/T19002－1994 idt ISO 9002:1994
有效期:2000.1.30～2003.1.30

玉环县利中微型汽车部件有限公司
地址:浙江省玉环县坎门镇水龙工业区
邮政编码:317602
证书注册编号:3100B0013
体系认证标准:GB/T19002－1994 idt ISO 9002:1994
有效期:2000.1.30～2003.1.30

南京市华飞包装箱厂
(南京金阳新型化工材料公司)
地址:江苏省南京市迈皋桥华飞路5号
邮政编码:210028
证书注册编号:3100B0014
体系认证标准:GB/T19002－1994 idt ISO 9002:1994
有效期:2000.1.30～2003.1.30

天津丰田合成汽车软管有限公司
地址:天津东丽经济开发区丽北路4号
邮政编码:300300
证书注册编号:3100B0015
体系认证标准:GB/T19002－1994 idt ISO 9002:1994
有效期:2000.1.30～2003.1.30

洪泽县汽车半轴制造有限公司
地址:洪泽县蒋坝镇淮宁路70号
邮政编码:223126
证书注册编号:3100B0016
体系认证标准:GB/T19002－1994 idt ISO 9002:1994

有效期:2000.1.30～2003.1.30

广西柳州腾龙汽车附件制造厂
地址:广西柳州市河西区石烂路中段（机床工具厂）
邮政编码:545007
证书注册编号:3100B0017
体系认证标准:GB/T19002—1994 idt ISO 9002:1994
有效期:2000.1.30～2003.1.30

南京汽车内饰件二厂
地址:江苏南京市黑墨营藤子村 42 号
邮政编码:210028
证书注册编号:3100B0018
体系认证标准:GB/T19002—1994 idt ISO 9002:1994
有效期:2000.1.30～2003.1.30

天津市海河汽车零部件有限公司/天津市美奥汽车橡塑有限公司
地址:天津市红桥区洪湖里翠山楼
邮政编码:300132
证书注册编号:3100B0019
体系认证标准:GB/T19002—1994 idt ISO 9002:1994
有效期:2000.1.30～2003.1.30

天津电装电子有限公司
地址:天津市经济技术开发区洞庭路 166 号
邮政编码:300457
证书注册编号:3100B0020
体系认证标准:GB/T19002—1994 idt ISO 9002:1994
有效期:2000.1.30～2003.1.30

吉林市吉达软轴有限公司
地址:吉林吉林市永吉县阿拉底管理区
邮政编码:132227
证书注册编号:3100B0021
体系认证标准:GB/T19002—1994 idt ISO 9002:1994
有效期:2000.1.30～2003.1.30

北京市碧华汽车附件有限公司
地址:北京市海淀区香山四王府
邮政编码:100093
证书注册编号:3100B0022
体系认证标准:GB/T19002—1994 idt ISO 9002:1994
有效期:2000.1.30～2003.1.30

泰兴市三迪摩托车有限公司
地址:泰兴市江平南路 44 号
邮政编码:225400
证书注册编号:3100A0023
体系认证标准:GB/T19001—1994 idt ISO 9001:1994
有效期:2000.1.30～2003.1.30

天津市蓬荣工贸有限公司
地址:天津市西青区杨柳青而经路 4 号
邮政编码:300380
证书注册编号:3100B0024
体系认证标准:GB/T19002—1994 idt ISO 9002:1994
有效期:2000.1.30～2003.1.30

金坛市华兴汽车配件有限公司
地址:江苏省金坛市水北镇环镇北路
邮政编码:213221
证书注册编号:3100B0025
体系认证标准:GB/T19002—1994 idt ISO 9002:1994
有效期:2000.1.30～2003.1.30

哈尔滨志阳汽车电气股份有限公司
地址:哈尔滨市南岗区人和街 48 号
邮政编码:150001
证书注册编号:3100AQ0026
体系认证标准:GB/T19001—1994 idt ISO 9001:1994
有效期:2000.2.28～2003.2.28

上海望新冲压件厂
上海浦东航港精密配件厂
地址:上海浦东新区施湾镇施新路 1100 号
邮政编码:201202
证书注册编号:3100BQ0027
体系认证标准:GB/T19002—1994 idt ISO 9002:1994
有效期:2000.2.28～2003.2.28

上海望新冲压件厂
上海浦东航港精密配件厂
地址:上海浦东新区施湾镇施新路 1100 号
邮政编码:201202
证书注册编号:3100B0028
体系认证标准:GB/T19002—1994 idt ISO 9002:1994
有效期:2000.2.28～2003.2.28

江苏跃进农用车有限公司
地址:江苏省镇江市运河路 61 号
邮政编码:212003
证书注册编号:3100B0029
体系认证标准:GB/T19002—1994 idt ISO 9002:1994
有效期:2000.2.28～2003.2.28

上海交运股份有限公司
地址:上海延安西路 704 号
邮政编码:200050
证书注册编号:3100BQ0030
体系认证标准:GB/T19002—1994 idt ISO 9002:1994
有效期:2000.2.28～2003.2.28

常熟市聚氨酯垫材厂（常熟市莫城文教化工厂）
地址:江苏省常熟市莫城镇
邮政编码:215556
证书注册编号:3100B0031
体系认证标准:GB/T19002—1994 idt ISO 9002:1994
有效期:2000.2.28～2003.2.28

温州市东风橡胶制品公司
地址:浙江温州扶贫经济开发区 4 号区
邮政编码:325013
证书注册编号:3100B0032
体系认证标准:GB/T19002—1994 idt ISO 9002:1994
有效期:2000.3.30～2003.3.30

临海市海花橡塑制品有限公司
地址:浙江临海市尤溪镇叶香村
邮政编码:317025
证书注册编号:3100B0033
体系认证标准:GB/T19002—1994 idt ISO 9002:1994
有效期:2000.3.30～2003.3.30

上海大众汽车衡阳特约维修站
地址:湖南省衡阳市 107 国道望城路
邮政编码:421005
证书注册编号:3100B0034
体系认证标准:GB/T19002—1994 idt ISO 9002:1994
有效期:2000.4.5～2003.4.5

上海大众汽车荆门特约维修站
地址:湖北省荆门市月亮湖路 35 号
邮政编码:448000

证书注册编号:3100B0035
体系认证标准:GB/T19002－1994 idt ISO 9002:1994
有效期:2000.4.5～2003.4.5

上海神汇汽车转向器公司
地址:上海浦东康桥东路888号
邮政编码:201319
证书注册编号:3100B0036
体系认证标准:GB/T19002－1994 idt ISO 9002:1994
有效期:2000.4.17～2003.4.17

上海大众汽车桂林特约维修站
地址:广西桂林市穿山东路39号
邮政编码:541004
证书注册编号:3100B0037
体系认证标准:GB/T19002－1994 idt ISO 9002:1994
有效期:2000.4.20～2003.4.20

桂林市东明汽车销售服务有限责任公司
地址:桂林市穿山路39号
邮政编码:541004
证书注册编号:3100B0038
体系认证标准:GB/T19002－1994 idt ISO 9002:1994
有效期:2000.4.20～2003.4.20

宁波海高利汽车电器制造有限公司
地址:浙江宁波市镇海区车站路328号
邮政编码:315200
证书注册编号:3100BQ0039
体系认证标准:GB/T19002－1994 idt ISO 9002:1994
有效期:2000.4.24～2003.4.24

南京江宁汽车配件厂
地址:江苏省南京市中华门外淳化镇
邮政编码:211122
证书注册编号:3100B0040
体系认证标准:GB/T19002－1994 idt ISO 9002:1994
有效期:2000.5.8～2003.5.8

江都市汽车附件厂
地址:江苏省江都市永安镇北
邮政编码:225256
证书注册编号:3100B0041
体系认证标准:GB/T19002－1994 idt ISO 9002:1994
有效期:2000.5.11～2003.5.11

天津内燃机磁电机有限公司
地址:天津市河北区辰纬路1号
邮政编码:300142
证书注册编号:3100B0042
体系认证标准:GB/T19002－1994 idt ISO 9002:1994
有效期:2000.6.2～2003.6.2

天津市点火线圈西厂
地址:天津市西青区中北镇
邮政编码:300380
证书注册编号:3100B0043
体系认证标准:GB/T19002－1994 idt ISO 9002:1994
有效期:2000.6.2～2003.6.2

常州腾龙汽车空调管路有限公司
地址:江苏省常州市西门东安镇东丰路58号
邮政编码:213155
证书注册编号:3100B0044
体系认证标准:GB/T19002－1994 idt ISO 9002:1994
有效期:2000.6.2～2003.6.2

柳州五菱实业公司
地址:广西柳州市河西路18号
邮政编码:545007
证书注册编号:3100A0045
体系认证标准:GB/T19001－1994 idt ISO 9001:1994
有效期:2000.6.7～2003.6.7

上海大众汽车宜昌特约维修站
地址:湖北省宜昌市东山大道377号
邮政编码:443001
证书注册编号:3100B0046
体系认证标准:GB/T19002－1994 idt ISO 9002:1994
有效期:2000.6.7～2003.6.7

上海大众汽车柳州特约维修站
地址:广西柳州市西江路26号
邮政编码:545006
证书注册编号:3100B0047
体系认证标准:GB/T19002－1994 idt ISO 9002:1994
有效期:2000.6.7～2003.6.7

天津丰田钢材加工有限公司
地址:天津市西青区西青道金霞路西
邮政编码:300112
证书注册编号:3100B0048
体系认证标准:GB/T19002－1994 idt ISO 9002:1994
有效期:2000.6.7～2003.6.7

柳州市车架厂
地址:广西柳州市北雀路104号
邮政编码:545002
证书注册编号:3100B0049
体系认证标准:GB/T19002－1994 idt ISO 9002:1994
有效期:2000.6.7～2003.6.7

上海易通机械厂
地址:上海市南汇县瓦屑镇东首
邮政编码:201321
证书注册编号:3100B0050
体系认证标准:GB/T19002－1994 idt ISO 9002:1994
有效期:2000.6.14～2003.6.14

天津全成油封有限公司
地址:天津市大港区中塘镇中塘村
邮政编码:300270
证书注册编号:3100B0051
体系认证标准:GB/T19002－1994 idt ISO 9002:1994
有效期:2000.6.14～2003.6.14

扬州华扬蓄电池有限公司
地址:江苏省扬州市渡江南路106号
邮政编码:225009
证书注册编号:3100B0052
体系认证标准:GB/T19002－1994 idt ISO 9002:1994
有效期:2000.6.14 ～2003.6.14

科右前旗汽车拖拉机修配厂
地址:内蒙古自治区兴安盟乌兰浩特市铁西街先锋路15号
邮政编码:137400
证书注册编号:3100B0053
体系认证标准:GB/T19002－1994 idt ISO 9002:1994
有效期:2000.6.14 ～2003.6.14

东风本田发动机有限公司
地址:广东省广州市黄浦区横沙
邮政编码:510700
证书注册编号:3100B0054

体系认证标准：GB/T19002－1994 idt ISO 9002：1994
有效期：2000.6.20～2003.6.20

上海大众汽车广西销售服务有限公司
地址：广西南宁市望州路306－1号
邮政编码：530001
证书注册编号：3100B0055
体系认证标准：GB/T19002－1994 idt ISO 9002：1994
有效期：2000.6.20～2003.6.20

广州本田汽车有限公司
地址：广东省广州市黄埔横沙
邮政编码：510700
证书注册编号：3100B0056
体系认证标准：GB/T19002－1994 idt ISO 9002：1994
有效期：2000.6.20～2003.6.20

柳州市柳江汽车配件总厂
地址：广西柳州市柳江县拉堡镇柳堡路598号
邮政编码：545100
证书注册编号：3100B0057
体系认证标准：GB/T19002－1994 idt ISO 9002：1994
有效期：2000.7.13～2003.7.13

河南少林汽车股份有限公司
地址：河南省荥阳市京城路中段
邮政编码：450100
证书注册编号：3100A0058
体系认证标准：GB/T19001－1994 idt ISO 9001：1994
有效期：2000.7.25～2003.7.25

浙江中昌汽车零部件有限公司
地址：浙江温州乐清市黄华工业发展区
邮政编码：325605
证书注册编号：3100A0059
体系认证标准：GB/T19001－1994 idt ISO 9001：1994
有效期：2000.7.13～2003.7.13

三环集团十通专用汽车有限公司
地址：湖北省十堰市武当路3号
邮政编码：442012
证书注册编号：3100B0060
体系认证标准：GB/T19002－1994 idt ISO 9002：1994
有效期：2000.7.21～2003.7.21

上海大众汽车广西特约维修站
地址：广西南宁市江南路78号
邮政编码：530031
证书注册编号：3100B0061
体系认证标准：GB/T19002－1994 idt ISO 9002：1994
有效期：2000.7.21～2003.7.21

上海汽车工业广西销售公司
地址：广西南宁市江南路78号
邮政编码：530031
证书注册编号：3100B0062
体系认证标准：GB/T19002－1994 idt ISO 9002：1994
有效期：2000.7.21～2003.7.21

柳州市金鸿汽车装配件厂
地址：广西柳州市柳江县基隆开发区兴隆大道177
邮政编码：545116
证书注册编号：3100B0063
体系认证标准：GB/T19002－1994 idt ISO 9002：1994
有效期：2000.7.21～2003.7.21

柳州市五顺汽车配件厂
地址：广西柳州市静兰开发区
邮政编码：545005
证书注册编号：3100B0064
体系认证标准：GB/T19002－1994 idt ISO 9002：1994
有效期：2000.7.21～2003.7.21

东风农用车有限公司汽车半轴厂
地址：湖北省十堰市车城西路58号
邮政编码：442020
证书注册编号：3100B0065
体系认证标准：GB/T19002－1994 idt ISO 9002：1994
有效期：2000.7.24～2003.7.24

南京润华实业公司
地址：江苏省南京市玄武区藤子村
邮政编码：210028
证书注册编号：3100B0066
体系认证标准：GB/T19002－1994 idt ISO 9002：1994
有效期：2000.7.25～2003.7.25

常熟专用汽车制造厂
地址：江苏省常熟市虞山北路258号
邮政编码：215500
证书注册编号：3100A0067
体系认证标准：GB/T19001－1994 idt ISO 9001：1994
有效期：2000.7.27～2003.7.27

柳州市传动轴厂
地址：广西柳州市沙塘镇正街
邮政编码：545003
证书注册编号：3100A0068
体系认证标准：GB/T19002－1994 idt ISO 9002：1994
有效期：2000.7.27～2003.7.27

宁波山达锻件有限公司
地址：浙江省余姚市牟山东吴村
邮政编码：315456
证书注册编号：3100BQ0069
体系认证标准：QS－9000：1998/ GB/T19002－1994 idt ISO 9002：1994
有效期：2000.7.27～2003.7.27

余姚市康利锻件有限责任公司
地址：浙江省余姚市牟山镇青港童家山
邮政编码：315456
证书注册编号：3100BQ0070
体系认证标准：GB/T19002－1994 idt ISO 9002：1994
有效期：2000.7.27～2003.7.27

上海大众汽车(广州)有限公司
地址：广东省广州增城市永和镇凤凰北路129号
邮政编码：511356
证书注册编号：3100B0071
体系认证标准：GB/T19002－1994 idt ISO 9002：1994
有效期：2000.8～2003.8

上海美蓓亚精密机电有限公司
地址：上海市青浦区西岑镇沪青平公路8313号
邮政编码：201721
证书注册编号：3100B0072
体系认证标准：GB/T19002－1994 idt ISO 9002：1994
有效期：2000.8～2003.8

上海大众汽车河南销售服务有限公司
地址：河南省郑州市大学南路6号
邮政编码：450045
证书注册编号：3100B0073
体系认证标准：GB/T19002－1994 idt

ISO 9002:1994
有效期:2000.8～2003.8

安徽安凯物资有限公司
地址:安徽省合肥市葛淝路 97 号
邮政编码:230051
证书注册编号:3100B0074
体系认证标准:GB/T19002－1994 idt
ISO 9002:1994
有效期:2000.8～2003.8

柳州国机实业有限公司
地址:广西柳州市西环路 14 号
邮政编码:545007
证书注册编号:3100A0075
体系认证标准:GB/T19001－1994 idt
ISO 9001:1994
有效期:2000.8～2003.8

江都市佳伟汽车配件有限公司(原江都市第三汽车配件厂)
地址:江苏省江都市大运路 1 号
邮政编码:225200
证书注册编号:3100B0076
体系认证标准:GB/T19002－1994 idt
ISO 9002:1994
有效期:2000.8～2003.8

北京齿轮总厂
地址:北京市朝阳区大路园 2 号
邮政编码:100022
证书注册编号:3100AQ0077
体系认证标准:GB/T19001－1994 idt
ISO 9001:1994
有效期:2000.8～2003.8

安徽省客车总厂
地址:安徽省六安市大别山西路 70 号
邮政编码:237052
证书注册编号:3100A0078
体系认证标准:GB/T19001－1994 idt
ISO 9001:1994
有效期:2000.8～2003.8

上海汽车工业河南销售服务有限公司
地址:河南省郑州市城东南路 116 号
邮政编码:450009
证书注册编号:3100B0079
体系认证标准:GB/T19002－1994 idt
ISO 9002:1994
有效期:2000.8～2003.8

天津汽车电器有限公司
地址:天津市东丽区金钟河大街 499 号
邮政编码:300251
证书注册编号:3100A0080
体系认证标准:GB/T19001－1994 idt
ISO 9001:1994
有效期:2000.8～2003.8

上海大众汽车永城特约维修站
地址:河南省永城市光明路铁路桥西侧
邮政编码:476600
证书注册编号:3100B0081
体系认证标准:GB/T19002－1994 idt
ISO 9002:1994
有效期:2000.8～2003.8

安徽省合肥汽车锻件厂
地址:安徽省合肥市环湖东路 168 号
邮政编码:230031
法定代表人:郭之祥
证书注册编号:3199B0049
体系认证标准:GB/T 19002－1994 idt
ISO 9002:1994
有效期:1999.11～2002.11

湖北省丹江口市丹江汽车传动轴有限公司
地址:湖北省丹江口市丹江大道 495 号
邮政编码:442700
证书注册编号:3100B0082
体系认证标准:GB/T 19002－1994 idt
ISO 9002:1994
有效期:2000.9～2003.9

江苏江扬船舶集团有限公司
特种车辆厂
地址:江苏省扬州市太平路 31 号
邮政编码:225003
证书注册编号:3100A0083
体系认证标准:GB/T 19001－1994 idt
ISO 9001:1994
有效期:2000.9～2003.9

前郭县宏达汽车配件厂
地址:吉林省松源市前郭县鲜丰镇
邮政编码:138000
证书注册编号:3100B0084
体系认证标准:GB/T 19002－1994 idt
ISO 9002:1994
有效期:2000.9～2003.9

桂林客车发展有限责任公司
地址:广西桂林市翠竹路 18 号
邮政编码:54
证书注册编号:3100B0085
体系认证标准:GB/T 19002－1994 idt
ISO 9002:1994
有效期:2000.9～2003.9

南京振容集团有限公司
地址:江苏省南京中华门外谷里镇
邮政编码:211164
证书注册编号:3199B0005 3199B0005
体系认证标准:GB/T 19002－1994 idt
ISO 9002:1994
有效期:1999.1～2002.1

上海大众汽车武汉销售服务有限公司
地址:湖北省武汉市青年路 76 号
邮政编码:430015
证书注册编号:3199B0086 3199B0086
体系认证标准:GB/T 19002－1994 idt
ISO 9002:1994
有效期:1999.12～2002.12

上海大众汽车(武汉)长江销售服务有限公司
地址:湖北省武汉市洪山余家头台子村特一号
邮政编码:430063
证书注册编号:3199B0088 3199B0088
体系认证标准:GB/T 19002－1994 idt
ISO 9002:1994
有效期:1999.12～2002.12

吉林市友友实业有限责任公司
地址:吉林市江南大街恒山路东一号
邮政编码:132013
证书注册编号:3100B0086
法定代表人:初连有
体系认证标准:GB/T 19002－1994 idt
ISO 9002:1994
有效期:2000.10～2003.10

柳州五菱第一汽车配件厂
地址:广西柳州市河西路 19 号
邮政编码:545007
证书注册编号:3100B0087
体系认证标准:GB/T 19002－1994 idt
ISO 9002:1994
有效期:2000.10～2003.10

柳州五菱汽车冲压件厂
地址:广州柳州市西环路 6 号

邮政编码:545007
证书注册编号:3100B0090
体系认证标准:GB/T 19002—1994 idt ISO 9002:1994
有效期:2000.10～2003.10

柳州市盛安汽车配件厂
地址:柳州市柳太路75号
邮政编码:545008
证书注册编号:3100B0092
体系认证标准:GB/T 19002—1994 idt ISO 9002:1994
有效期:2000.10～2003.10

柳州市双菱汽车配件厂
地址:广西柳州西江路静兰工业开发区
邮政编码:545005
证书注册编号:3100B0088
体系认证标准:GB/T 19002—1994 idt ISO 9002:1994
有效期:2000.10～2003.10

天津汽车桥有限公司
地址:天津市北辰区京津公路南仓
邮政编码:300400
证书注册编号:3100AQ0089
体系认证标准:GB/T 19002—1994 idt ISO 9002:1994
有效期:2000.10～2003.10

柳州五菱第三汽车配件厂
地址:广西柳州市河西路18号
邮政编码:545007
证书注册编号:3100B0091
体系认证标准:GB/T 19002—1994 idt ISO 9002:1994
有效期:2000.10～2003.10

柳州市中铨机械制造有限责任公司
地址:柳州市潭中大道公安干校内
邮政编码:545006
证书注册编号:3100B0093
体系认证标准:GB/T 19002—1994 idt ISO 9002:1994
有效期:2000.10～2003.10

长沙日立汽车电器有限公司
地址:湖南省长沙市九尾冲陡岭支路34号
邮政编码:410003
证书注册编号:3199BQ00943199B0094
体系认证标准:GB/T 19002—1994 idt ISO 9002:1994
有效期:1999.12～2002.12

＊江苏友谊汽车有限公司
地址:江苏省张家港市兆丰镇
邮政编码:215622
电话:(0520)8650815
传真:(0520)8650815
法定代表人:徐志贤
证书注册编号:3100A0108
体系认证标准:GB/T 19001—1994 idt ISO 9001:1994
获证体系覆盖产品:友谊牌系列客车的设计、开发、改装、服务
有效期:2000.12.4～2003.12.3

柳州市鱼峰橡塑厂
地址:广西柳州市柳江第一工业开发区联丰路3号
邮政编码:545100
证书注册编号:3100B0109
体系认证标准:GB/T 19002—1994 idt ISO 9002:1994
有效期:2000.12～2003.12

柳州市双飞汽车电器配件制造有限公司
地址:广西柳州市航银路(银山加油站后面)
邮政编码:545005
证书注册编号:3100B0110
体系认证标准:GB/T 19002—1994 idt ISO 9002:1994
有效期:2000.12～2003.12

三德兴(中国)集团有限公司
地址:福建省厦门市湖里区湖里大道三得兴工业大楼
邮政编码:361006
证书注册编号:3100BQ0111
体系认证标准:GB/T 19002—1994 idt ISO 9002:1994
有效期:2000.12～2003.12

中国人民解放军第三四零三工厂配件分厂
地址:重庆巴南区土桥王家坝路100号
邮政编码:400054
证书注册编号:3100B0112
体系认证标准:GB/T 19002—1994 idt ISO 9002:1994
有效期:2000.12～2003.12

北京首汽集团公司尼桑汽车修理部
地址:北京市海淀区紫竹院南路7号
邮政编码:100044
证书注册编号:3100B0113
体系认证标准:GB/T 19002—1994 idt ISO 9002:1994
有效期:2000.12～2003.12

长沙市第三汽车修理厂
地址:湖南省长沙市湘春路212号
邮政编码:410008
证书注册编号:3100B0114
体系认证标准:GB/T 19002—1994 idt ISO 9002:1994
有效期:2000.12～2003.12

金华神龙汽车销售技术服务有限公司
地址:浙江省金华市八一南路底(三路口)
邮政编码:321017
证书注册编号:3100B0115
体系认证标准:GB/T 19002—1994 idt ISO 9002:1994
有效期:2000.12～2003.12

兴化恒力弹簧垫圈有限公司
地址:江苏省兴化市丰收南路101号
邮政编码:225700
证书注册编号:3100B0116
体系认证标准:GB/T 19002—1994 idt ISO 9002:1994
有效期:2000.12～2003.12

四川省佳溢高级轿车销售维修中心(神龙汽车四川佳溢服务站)
地址:四川省成都市二环路西一段武侯大道1.5公里
邮政编码:610041
证书注册编号:3100B0117
体系认证标准:GB/T 19002—1994 idt ISO 9002:1994
有效期:2000.12～2003.12

十堰市帮达汽车专用件有限公司
地址:湖北省十堰市车城西路秦家沟13号
邮政编码:442002
证书注册编号:3100B0118
体系认证标准:GB/T 19002—1994 idt ISO 9002:1994
有效期:2000.12～2003.12

吉林市通达汽车附件厂
地址:吉林吉林市丰满区温虎路 100 号
邮政编码:132106
证书注册编号:3100B0119
体系认证标准:GB/T 19002—1994 idt ISO 9002:1994
有效期:2000.12～2003.12

武汉江申汽车饰件有限公司
地址:湖北省武汉经济技术开发区奋业路 22 号
邮政编码:430056
证书注册编号:3100BQ0120
体系认证标准:GB/T 19002—1994 idt ISO 9002:1994
有效期:2000.12～2003.12

***上海大众汽车随州销售服务有限公司**
地址:湖北省随州市交通大道 1 号
邮政编码:441300
电话:(0722)3220629
传真:(0722)3245558
法定代表人:卢治国
证书注册编号:3100B0121
体系认证标准:GB/T 19002—1994 idt ISO 9002:1994
获证体系覆盖产品:上海大众系列轿车维修服务,整车及配件销售
有效期:2000.12.4～2003.12.3

北京航天神龙汽车销售服务有限公司
地址:北京市海淀区金沟河路 5 号
邮政编码:100854
证书注册编号:3100B0122
体系认证标准:GB/T 19002—1994 idt ISO 9002:1994
有效期:2000.12～2003.12

高邮市东方汽车配件有限公司
地址:江苏省高邮市汉留镇跃进村
邮政编码:225655
证书注册编号:3100B0123
体系认证标准:GB/T 19002—1994 idt ISO 9002:1994
有效期:2000.12～2003.12

长春吉美汽车装饰制品有限公司
地址:吉林省长春市宽城区蔡家工业区
邮政编码:130052
证书注册编号:3100B0124
体系认证标准:GB/T 19002—1994 idt ISO 9002:1994
有效期:2000.12～2003.12

北京西城蓝盾汽车修理厂
地址:北京市西城区复外木樨地南里
邮政编码:100038
证书注册编号:3100B0125
体系认证标准:GB/T 19002—1994 idt ISO 9002:1994
有效期:2000.12～2003.12

一汽四环汽研橡塑制品厂
地址:吉林省长春市创业大街 35 号
邮政编码:130011
证书注册编号:3100B0126
体系认证标准:GB/T 19002—1994 idt ISO 9002:1994
有效期:2000.12～2003.12

上海大众汽车孝感销售服务有限公司
地址:湖北省孝感市汉孟路东段特 1 号
邮政编码:432100
证书注册编号:3100B0127
体系认证标准:GB/T 19002—1994 idt ISO 9002:1994
有效期:2000.12～2003.12

无锡市叙丰柴油机专件厂
地址:江苏省无锡市锡甘路 40 号
邮政编码:214026
证书注册编号:3100B0128
体系认证标准:GB/T 19002—1994 idt ISO 9002:1994
有效期:2000.12～2003.12

东风汽车公司四川绵阳技术服务站
地址:四川省绵阳市剑门路西段 180 号
邮政编码:621000
证书注册编号:3100B0129
体系认证标准:GB/T 19002—1994 idt ISO 9002:1994
有效期:2000.12～2003.12

一汽四环企业总公司福利厂
地址:吉林省长春市绿园区东风大街 44 号
邮政编码:130011
证书注册编号:3100B0130
体系认证标准:GB/T 19002—1994 idt ISO 9002:1994
有效期:2000.12～2003.12

浙江正东机车部件有限公司
地址:浙江省瑞安市鲍田镇新坊经济技术开发区
邮政编码:325024
证书注册编号:3100B0131
体系认证标准:GB/T 19002—1994 idt ISO 9002:1994
有效期:2000.12～2003.12

舟山市二轻汽车大修厂
地址:浙江省舟山市定海区解放西路 355 号
邮政编码:316003
证书注册编号:3100B0132
体系认证标准:GB/T 19002—1994 idt ISO 9002:1994
有效期:2000.12～2003.12

锡山市恒昌动力配件有限公司
地址:江苏省锡山市南泉镇塘曹村
邮政编码:214128
证书注册编号:3100B0133
体系认证标准:GB/T 19002—1994 idt ISO 9002:1994
有效期:2000.12～2003.12

南通上柴星维油泵油嘴有限公司
地址:江苏通州市三余镇工农路 40 号
邮政编码:226331
证书注册编号:3100B0134
体系认证标准:GB/T 19002—1994 idt ISO 9002:1994
有效期:2000.12～2003.12

长春一汽长达汽车塑料制品有限公司
地址:吉林长春市绿园区支农路 25 号
邮政编码:130011
证书注册编号:3100B0135
体系认证标准:GB/T 19002—1994 idt ISO 9002:1994
有效期:2000.12～2003.12

长春一汽四环科迪汽车零件有限公司/一汽发展处汽车内饰厂
地址:吉林长春市东风大街南街 18 号
邮政编码:130011
证书注册编号:3100B0136
体系认证标准:GB/T 19002—1994 idt ISO 9002:1994
有效期:2000.12～2003.12

武汉市东安工贸发展有限责任公司

地址:湖北省武汉市江岸区工农兵路42号
邮政编码:430012
证书注册编号:3100B0137
体系认证标准:GB/T 19002—1994 idt ISO 9002:1994
有效期:2000.12～2003.12

＊武汉天欣花园商贸有限公司
地址:湖北武汉市武昌雄楚大街特1号
邮政编码:430064
电话:(027)87382685
传真:(027)87382685
法定代表人:缪红政
证书注册编号:3100B0138
体系认证标准:GB/T 19002—1994 idt ISO 9002:1994
获证体系覆盖产品:武汉神龙系列轿车维修服务、整车及配件销售
有效期:2000.12.7～2003.12.6

天津市中天汽车配件福利厂
地址:天津市西青区中北镇李楼村
邮政编码:300380
证书注册编号:3100B0139
体系认证标准:GB/T 19002—1994 idt ISO 9002:1994
有效期:2000.12～2003.12

安徽省安庆百协精密锻造有限公司
地址:安徽省安庆市经济技术开发区
邮政编码:246005
证书注册编号:3100B0140
体系认证标准:GB/T 19002—1994 idt ISO 9002:1994
有效期:2000.12～2003.12

丹阳市伯良灯具厂
地址:江苏省丹阳市界牌镇永红路
邮政编码:212323
证书注册编号:3100B0141
体系认证标准:GB/T 19002—1994 idt ISO 9002:1994
有效期:2000.12～2003.12

无锡市南长机械辅机厂
地址:江苏省无锡市界泾桥弄29号
邮政编码:214021
证书注册编号:3100B0142
体系认证标准:GB/T 19002—1994 idt ISO 9002:1994
有效期:2000.12～2003.12

神龙汽车十堰服务站
地址:湖北省十堰市车城南路16号
邮政编码:442000
证书注册编号:3100B0143
体系认证标准:GB/T 19002—1994 idt ISO 9002:1994
有效期:2000.12～2003.12

天津市汽油泵厂
地址:天津河北区张兴庄曙光路75号
邮政编码:300402
证书注册编号:3100B0144
体系认证标准:GB/T 19002—1994 idt ISO 9002:1994
有效期:2000.12～2003.12

石家庄双环汽车股份有限公司
地址:河北省石家庄市石正公路88号
邮政编码:50041
证书注册编号:3100B0145
体系认证标准:GB/T 19002—1994 idt ISO 9002:1994
有效期:2000.12～2003.12

天津市九州汽车销售服务有限公司
地址:天津市南开区红旗路(天拖北支路)
邮政编码:300190
证书注册编号:3100B0146
体系认证标准:GB/T 19002—1994 idt ISO 9002:1994
有效期:2000.12～2003.12

天津市出租汽车总公司
九州汽车整修厂
地址:天津市南开区红旗路(天拖北支路)
邮政编码:300190
证书注册编号:3100B0147
体系认证标准:GB/T 19002—1994 idt ISO 9002:1994
有效期:2000.12～2003.12

上海海天金属制品厂
地址:上海市宝山区真陈路1508号
邮政编码:200436
证书注册编号:3100BQ0148
体系认证标准:GB/T 19002—1994 idt ISO 9002:1994
有效期:2000.12～2003.12

天津三峰客车有限公司
地址:天津南开区李家园延安路18号
邮政编码:300112
证书注册编号:3100B0149
体系认证标准:GB/T 19002—1994 idt ISO 9002:1994
有效期:2000.12～2003.12

温州长运集团有限公司汽车修造公司
地址:浙江省温州市飞霞南路237号
邮政编码:325003
证书注册编号:3100B0150
体系认证标准:GB/T 19002—1994 idt ISO 9002:1994
有效期:2000.12～2003.12

乐山市名车服务有限公司
地址:四川省乐山市中区白燕路中段26号
邮政编码:614000
证书注册编号:3100B0151
体系认证标准:GB/T 19002—1994 idt ISO 9002:1994
有效期:2000.12～2003.12

成都科龙神龙汽车销售服务有限公司
地址:四川省成都市武侯大道顺江中段5号
邮政编码:610043
证书注册编号:3100B0152
体系认证标准:GB/T 19002—1994 idt ISO 9002:1994
有效期:2000.12～2003.12

武汉万向汽车制动器有限公司
地址:湖北武汉市江夏区武昌大道2号
邮政编码:430200
证书注册编号:3100AQ0153
体系认证标准:GB/T 19002—1994 idt ISO 9002:1994
有效期:2000.12～2003.12

跃进轻型汽车股份有限公司
地址:江苏省南京市中央路331号
邮政编码:210037
证书注册编号:3100A0154
体系认证标准:GB/T 19001—1994 idt ISO 9001:1994
有效期:2000.12～2003.12

武汉申龙汽车空调有限公司
地址:湖北省武汉经济技术开发区沌阳大街228号

邮政编码:430056
证书注册编号:3100B0155
体系认证标准:GB/T 19002—1994 idt
ISO 9002:1994
有效期:2000.12～2003.12

东风汽车悬架弹簧有限公司
地址:湖北省十堰市大岭路15号
邮政编码:442046
证书注册编号:3100AQ0156
体系认证标准:GB/T 19001—1994 idt
ISO 9001:1994
有效期:2000.12～2003.12

广西冶金锰矿工贸公司汽车配件厂
地址:广西柳州市柳邕路366号
邮政编码:545005
证书注册编号:3100B0157
体系认证标准:GB/T 19002—1994 idt
ISO 9002:1994
有效期:2000.12～2003.12

天津市宁河县盛达金属制品厂
地址:天津市宁河县大北乡大北村
邮政编码:301500
证书注册编号:3100B0158
体系认证标准:GB/T 19002—1994 idt
ISO 9002:1994
有效期:2000.12～2003.12

湘潭市莲城汽车贸易有限公司
地址:湖南省湘潭市河东大道红旗中路2号
邮政编码:411102
证书注册编号:3100B0159
体系认证标准:GB/T 19002—1994 idt
ISO 9002:1994
有效期:2000.12～2003.12

慈溪市庵东平衡器材厂
地址:浙江慈溪市庵东镇镇北路58号
邮政编码:315327
证书注册编号:3100B0160
体系认证标准:GB/T 19002—1994 idt
ISO 9002:1994
有效期:2000.12～2003.12

宝应县冷弯型钢厂
地址:江苏宝应县汜水镇芦汜路65号
邮政编码:225819
证书注册编号:3100B0161
体系认证标准:GB/T 19002—1994 idt
ISO 9002:1994
有效期:2000.12～2003.12

龙运汽车贸易发展有限公司
地址:北京市海淀区北土城西路105号
邮政编码:100083
证书注册编号:3100B0162
体系认证标准:GB/T 19002—1994 idt
ISO 9002:1994
有效期:2000.12～2003.12

诸暨市科达利管业有限公司
地址:浙江省诸暨市店口工业区
邮政编码:311835
证书注册编号:3100B0163
体系认证标准:GB/T 19002—1994 idt
ISO 9002:1994
有效期:2000.12～2003.12

柳州市柳江锻压厂
地址:广西柳州市柳江县拉堡镇莲塘
邮政编码:545100
证书注册编号:3100B0164
体系认证标准:GB/T 19002—1994 idt
ISO 9002:1994
有效期:2000.12～2003.12

东风车桥股份有限公司
地址:湖北省十堰市茅箭路1号
邮政编码:442051
证书注册编号:3100B0165
体系认证标准:GB/T 19002—1994 idt
ISO 9002:1994
有效期:2000.12～2003.12

浙江余姚市汽车软管厂
地址:浙江省余姚市梁辉开发区中山南路2号
邮政编码:315403
证书注册编号:3100B0166
体系认证标准:GB/T 19002—1994 idt
ISO 9002:1994
有效期:2000.12～2003.12

湖北圣龙厢式汽车改装总厂
地址:湖北省枣阳市襄阳路92号
邮政编码:441200
证书注册编号:3100B0167
体系认证标准:GB/T 19002—1994 idt
ISO 9002:1994
有效期:2000.12～2003.12

***东风汽车车轮有限公司随州车轮厂**
地址:湖北省随州市交通大道275号
邮政编码:441300
电话:(0722)3313677
传真:(0722)3313901
法定代表人:苏晓溪
证书注册编号:3100B0168
体系认证标准:GB/T 19002—1994 idt
ISO 9002:1994
获证体系覆盖产品:汽车车轮的生产和服务
有效期:2000.12.29～2003.12.28

北京松下电子部品有限公司
地址:北京市朝阳区望京新兴产业区利泽中园一区一号
邮政编码:100102
证书注册编号:3100BQ0169
体系认证标准:GB/T 19002—1994 idt
ISO 9002:1994
有效期:2000.12～2003.12

随州市车桥厂
地址:湖北省随州市交通大道188号
邮政编码:441300
证书注册编号:3100B0170
体系认证标准:GB/T 19002—1994 idt
ISO 9002:1994
有效期:2000.12～2003.12

武汉汽车零件二厂
地址:湖北省武汉市青山区建设十一路
邮政编码:430082
证书注册编号:3100B0171
体系认证标准:GB/T 19002—1994 idt
ISO 9002:1994
有效期:2000.12～2003.12

武汉东环车身系统有限公司
地址:湖北省武汉经济技术开发区车城南街138号
邮政编码:430056
证书注册编号:3100B0172
体系认证标准:GB/T 19002—1994 idt
ISO 9002:1994
有效期:2000.12～2003.12

句容市天王汽车配件制造有限公司
地址:江苏省句容市天王镇
邮政编码:212441
证书注册编号:3100B0173
体系认证标准:GB/T 19002—1994 idt

ISO 9002:1994
有效期:2000.12～2003.12

武汉神龙轿车零部件股份有限公司新龙分公司
地址:湖北省武汉经济技术开发区沌阳街新华村
邮政编码:430056
证书注册编号:3100B0174
体系认证标准:GB/T 19002—1994 idt ISO 9002:1994
有效期:2000.12～2003.12

秦皇岛市宇田科技有限公司
地址:河北省秦皇岛市海港区燕山大街57号
邮政编码:66000
证书注册编号:3100B0175
体系认证标准:GB/T 19002—1994 idt ISO 9002:1994
有效期:2000.12～2003.12

天津汽车模具有限公司
地址:天津市北辰区韩家墅
邮政编码:300401
证书注册编号:3100A0176
体系认证标准:GB/T 19001—1994 idt ISO 9001:1994
有效期:2000.12～2003.12

丹徒县飞达塑料五金包装厂
地址:江苏省丹徒县荣炳镇高庄
邮政编码:212126
证书注册编号:3100B0177
体系认证标准:GB/T 19002—1994 idt ISO 9002:1994
有效期:2000.12～2003.12

东风汽车石家庄销售技术服务联合公司
地址:河北石家庄市建设南大街118号
邮政编码:50021
证书注册编号:3100B0178
体系认证标准:GB/T 19002—1994 idt ISO 9002:1994
有效期:2000.12～2003.12

柳州市顺行汽车配件厂
地址:广西柳州市西江路工业开发区内
邮政编码:545005
证书注册编号:3100B0179
体系认证标准:GB/T 19002—1994 idt ISO 9002:1994
有效期:2000.12～2003.12

柳州市东鹏汽车配件厂
地址:广西柳州市燎路东三巷三号
邮政编码:545005
证书注册编号:3100B0180
体系认证标准:GB/T 19002—1994 idt ISO 9002:1994
有效期:2000.12～2003.12

南京神龙轿车维修中心
地址:江苏省南京市四平路46号
邮政编码:210015
证书注册编号:3100B0181
体系认证标准:GB/T 19002—1994 idt ISO 9002:1994
有效期:2000.12～2003.12

温州车舟汽车部件有限公司
地址:浙江省瑞安市机场路星火工业区
邮政编码:325206
证书注册编号:3100B0182
体系认证标准:GB/T 19002—1994 idt ISO 9002:1994
有效期:2000.12～2003.12

东风钟祥汽车弹簧有限公司
地址:湖北省钟祥市大桥东侧
邮政编码:431900
证书注册编号:3100AQ0183
体系认证标准:GB/T 19001—1994 idt ISO 9001:1994
有效期:2000.12～2003.12

江苏飞船股份有限公司
地址:江苏省姜堰市华港镇
邮政编码:225516
证书注册编号:3100BQ0184
体系认证标准:GB/T 19002—1994 idt ISO 9002:1994
有效期:2000.12～2003.12

北京丰凯换热器有限责任公司
地址:北京市丰台区槐四号 北京969信箱60号
邮政编码:100072
证书注册编号:3100AQ0185
体系认证标准:GB/T 19001—1994 idt ISO 9001:1994
有效期:2000.12～2003.12

南京惠俊技术开发有限公司
地址:江苏省南京市中山路81号华夏大厦2002室
邮政编码:210005
证书注册编号:3100B0186
体系认证标准:GB/T 19002—1994 idt ISO 9002:1994
有效期:2000.12～2003.12

东风汽车车轮有限公司
地址:湖北省十堰市沿河路81号
邮政编码:442042
证书注册编号:3100AQ0187
体系认证标准:GB/T 19001—1994 idt ISO 9001:1994
有效期:2000.12～2003.12

天津市新陆汽车部件有限公司
地址:天津河东区新开路南横街增1号
邮政编码:300011
证书注册编号:3100B0188
体系认证标准:GB/T 19002—1994 idt ISO 9002:1994
有效期:2000.12～2003.12

天津提爱思塑料制品有限公司
地址:天津市武清区王庆坨镇大范口村
邮政编码:301713
证书注册编号:3100BQ0189
体系认证标准:GB/T 19002—1994 idt ISO 9002:1994
有效期:2000.12～2003.12

***上海大众汽车湖南申湘销售服务有限公司**
地址:湖南省长沙市远大一路358号
邮政编码:410001
电话:(0731)4720591
传真:(0731)4720596
法定代表人:陈力君
证书注册编号:3100B0190
体系认证标准:GB/T 19002—1994 idt ISO 9002:1994
获证体系覆盖产品:上海大众系列轿车维修服务及配件销售
有效期:2000.12.31～2003.12.30

山东淄博金泰实业有限公司
地址:山东省淄博市山泉路212号
邮政编码:255067
证书注册编号:3100B0191
体系认证标准:GB/T 19002—1994 idt

ISO 9002:1994
有效期:2000.12～2003.12

武汉双虎汽车涂料有限公司
地址:湖北省武汉市汉口古田路17号
邮政编码:430035
证书注册编号:3100BQ0192
体系认证标准:GB/T 19002—1994 idt ISO 9002:1994
有效期:2000.12～2003.12

江西大众汽车销售维修服务有限公司
地址:江西省南昌市北京东路10号
邮政编码:330029
证书注册编号:3100B0193
体系认证标准:GB/T 19002—1994 idt ISO 9002:1994
有效期:2000.12～2003.12

上海汽车工业武汉联营公司
武汉上海大众汽车申汉特约维修站
地址:湖北武汉市汉阳区十升路特一号
邮政编码:430051
证书注册编号:3100B0194
体系认证标准:GB/T 19002—1994 idt ISO 9002:1994
有效期:2000.12～2003.12

东风汽车杭州销售技术服务联合公司
总部地址:浙江省杭州市石祥路193号
分部:浙江省杭州大关路295号
邮政编码:310015
证书注册编号:3100B0195
体系认证标准:GB/T 19002—1994 idt ISO 9002:1994
有效期:2000.12～2003.12

上海大众汽车十堰特约维修站
地址:湖北省十堰市丹江路16号
邮政编码:442012
证书注册编号:3100B0196
体系认证标准:GB/T 19002—1994 idt ISO 9002:1994
有效期:2000.12～2003.12

上海大众汽车黄冈特约维修站
地址:湖北省黄冈市三台河6号
邮政编码:438000
证书注册编号:3100B0197
体系认证标准:GB/T 19002—1994 idt ISO 9002:1994
有效期:2000.12～2003.12

上海大众汽车荆州特约维修站
地址:湖北省荆州市荆襄路
邮政编码:434100
证书注册编号:3100B0198
体系认证标准:GB/T 19002—1994 idt ISO 9002:1994
有效期:2000.12～2003.12

荣成市汽车配件厂
地址:山东省荣成市青山路8号
邮政编码:264300
证书注册编号:3100B0199
体系认证标准:GB/T 19002—1994 idt ISO 9002:1994
有效期:2000.12～2003.12

柳州市兴德汽车配件厂
地址:广西柳州西江路静兰工业开发区
邮政编码:545005
证书注册编号:3100B0200
体系认证标准:GB/T 19002—1994 idt ISO 9002:1994
有效期:2000.12～2003.12

十堰达峰软轴有限公司
地址:湖北省十堰市黑龙江路2号
邮政编码:442012
证书注册编号:3199BQ0039
体系认证标准:GB/T 19002—1994 idt ISO 9002:1994
有效期:2000.12～2002.12

上海交运股份有限公司
地址:上海延安西路704号
邮政编码:200050
证书注册编号:3100BQ0030
体系认证标准:GB/T 19002—1994 idt ISO 9002:1994
有效期:2000.12～2003.05

赤峰富龙(集团)铸业有限责任公司
地址:内蒙古赤峰市松山区桥西大街中段
邮政编码:024005
证书注册编号:3199BQ0010
体系认证标准:GB/T 19002—1994 idt ISO 9002:1994
有效期:2000.12～2003.12

安徽宁国中鼎股份有限公司(安徽宁国中鼎密封件有限公司)
地址:安徽省宁国市宁阳工业开发区
邮政编码:242300
证书注册编号:3199BQ0036
体系认证标准:GB/T 19002—1994 idt ISO 9002:1994
有效期:1999.10～2002.10

徽宁国中鼎股份有限公司(安徽宁国中鼎密封件有限公司)
地址:安徽省宁国市宁阳工业开发区
邮政编码:242300
证书注册编号:3199B0041
体系认证标准:GB/T 19002—1994 idt ISO 9002:1994
有效期:1999.10～2002.10

兴原质量认证中心

昆山市电子元件厂
地址:昆山市千灯镇圣祥西路6号
邮政编码:215341
证书注册编号:3300B0001
体系认证标准:GB/T19002－1994 idt ISO 9002:1994
有效期:2000.2.1～2003.1.31

中国核工业集团公司四〇五厂
地址:陕西汉中
邮政编码:723014
证书注册编号:3300B0002
体系认证标准:GB/T19002－1994 idt ISO 9002:1994
有效期:2000.2.1～2003.1.31

河南新乡华宇电磁线厂
地址:河南省新乡县七里营镇八柳树村
邮政编码:453731
证书注册编号:3300B0003
体系认证标准:GB/T19002－1994 idt ISO 9002:1994
有效期:2000.02.01～2003.01.31

张家港市德亿洲过滤器材有限公司
地址:张家港市鹿苑经济技术开发区
邮政编码:215616
证书注册编号:3300B0004
体系认证标准:GB/T19002－1994 idt ISO 9002:1994
有效期:2000.2.2～2003.2.1

青岛高科技工业园金华技术发展有限公司
地址:青岛市市北区辽阳西路51号
邮政编码:266100
证书注册编号:3300A0005
体系认证标准:GB/T19001－1994 idt ISO 9001:1994
有效期:2000.2.2～2003.2.1

山西光宇电源有限公司
地址:山西省临汾市育红路8号
邮政编码:041000
证书注册编号:3300B0006
体系认证标准:GB/T19002－1994 idt ISO 9002:1994
有效期:2000.2.17～2003.2.16

江阴市东方环保设备二厂
地址:江苏省江阴市山观镇仓廪村
邮政编码:214437
证书注册编号:3300B0007
体系认证标准:GB/T19002－1994 idt ISO 9002:1994
有效期:2000.2.17～2003.2.16

河北省丰润县第一水泥厂
地址:河北省丰润县王官营镇东胡各村
邮政编码:064009
证书注册编号:3300B0008
体系认证标准:GB/T19002－1994 idt ISO 9002:1994
有效期:2000.2.17～2003.2.16

湖北华祥玻璃钢集团公司
地址:湖北洪湖市万全镇黄丝路22号
邮政编码:433207
证书注册编号:3300A0009
体系认证标准:GB/T19001－1994 idt ISO 9001:1994
有效期:2000.2.21～2003.2.20

盖州市峰松有色金属合金厂
地址:盖州市向阳北路
邮政编码:115200
证书注册编号:3300B0010
体系认证标准:GB/T19002－1994 idt ISO 9002:1994
有效期:2000.2.23～2003.2.22

江阴通风除尘设备有限公司
地址:江苏省江阴市南门高峰路8号
邮政编码:214400
证书注册编号:3300B0011
体系认证标准:GB/T19002－1994 idt ISO 9002:1994
有效期:2000.2.23～2003.2.22

江苏宇宙焊接集团公司
地址:江苏省泰州市海阳路45号
邮政编码:225300
证书注册编号:3300B0012
体系认证标准:GB/T19002－1994 idt ISO 9002:1994
有效期:2000.2.23～2003.2.22

锡山市天狗光电缆辅件有限责任公司
地址:江苏省锡山市张泾镇
邮政编码:214194
证书注册编号:3300B0013
体系认证标准:GB/T19002－1994 idt ISO 9002:1994
有效期:2000.3.3～2003.3.2

郑州威克线缆阻水材料有限公司
地址:郑州市京广南路8号
邮政编码:450052
证书注册编号:3300B0014
体系认证标准:GB/T19002－1994 idt ISO 9002:1994
有效期:2000.3.9～2003.3.8

龙口市新材料有限责任公司
地址:山东省龙口市诸由镇黄水河桥南
邮政编码:265705
证书注册编号:3300B0015
体系认证标准:GB/T19002－1994 idt ISO 9002:1994
有效期:2000.3.10～2003.3.9

镇江市东昌石油化工厂
地址:江苏省句容市东昌镇
邮政编码:212416
证书注册编号:3300B0016
体系认证标准:GB/T19002－1994 idt ISO 9002:1994
有效期:2000.3.14～2003.3.13

河南核工程空气净化技术有限责任公司
地址:河南省郑州市高新技术产业开发区金梭路23号
邮政编码:450001
证书注册编号:3300A0017
体系认证标准:GB/T19001—1994 idt ISO 9001:1994
有效期:2000.3.14~2003.3.13

玉环县西台红旗机械一厂
地址:浙江省玉环县坎门镇红旗工业区
邮政编码:317602
证书注册编号:3300B0018
体系认证标准:GB/T19002—1994 idt ISO 9002:1994
有效期:2000.3.14~2003.3.13

国营471厂
地址:甘肃省兰州市西固区新和路
邮政编码:730065
1.证书注册编号:3300A0019
体系认证标准:GB/T19001—1994 idt ISO 9001:1994
有效期:2000.3.14~2003.3.13
2.证书注册编号:3300B0020
体系认证标准:GB/T19002—1994 idt ISO 9002:1994
有效期:2000.3.14~2003.3.13

河南省新乡市荣泰锁业有限责任公司
地址:河南省新乡市和平路南段新荷铁路北300米
邮政编码:453700
证书注册编号:3300B0021
体系认证标准:GB/T19002—1994 idt ISO 9002:1994
有效期:2000.3.14~2003.3.13

北京北方生物技术研究所
地址:北京丰台区潘家庙甲20号
邮政编码:100076
证书注册编号:3300B0022
体系认证标准:GB/T19002—1994 idt ISO 9002:1994
有效期:2000.4.4~2003.4.3

台州市舒尔波洁具有限公司
地址:浙江省台州市路桥区机场南路工业区
邮政编码:318050
证书注册编号:3300B0023
体系认证标准:GB/T19002—1994 idt ISO 9002:1994
有效期:2000.4.14~2003.4.13

南阳华锋水泥有限公司
地址:河南省南阳市蒲山镇
邮政编码:473000
证书注册编号:3300B0024
体系认证标准:GB/T19002—1994 idt ISO 9002:1994
有效期:2000.4.21~2003.4.20

河南省沁阳市东风玻璃钢化工厂
地址:河南省沁阳市沁伏路东段
邮政编码:454550
证书注册编号:3300B0025
体系认证标准:GB/T19002—1994 idt ISO 9002:1994
有效期:2000.5.9~2003.5.8

泰州市山河砂轮厂
地址:江苏省泰州市海陵区寺巷镇
邮政编码:225316
证书注册编号:3300B0026
体系认证标准:GB/T19002—1994 idt ISO 9002:1994
有效期:2000.5.9~2003.5.8

宁波雪龙汽车风扇厂
地址:浙江省宁波市北仑霞浦工业区
邮政编码:315807
证书注册编号:3300B0027
体系认证标准:GB/T19002—1994 idt ISO 9002:1994
有效期:2000.5.11~2003.5.10

泰州源泰电线有限公司
地址:江苏省泰州市海阳路45号
邮政编码:225300
证书注册编号:3300B0028
体系认证标准:GB/T19002—1994 idt ISO 9002:1994
有效期:2000.5.17~2003.5.16

玉环县益丰汽配厂
地址:浙江省玉环县坎门镇东风工业区
邮政编码:317602
证书注册编号:3300B0029
体系认证标准:GB/T19002—1994 idt ISO 9002:1994
有效期:2000.5.17~2003.5.16

江阴市南方金属管件有限公司
地址:江苏省江阴市山观镇工业园路58号
邮政编码:214437
证书注册编号:3300B0030
体系认证标准:GB/T19002—1994 idt ISO 9002:1994
有效期:2000.5.24~2003.5.23

江阴市长江泵阀厂
地址:江苏省江阴市镇澄路83号
邮政编码:214442
证书注册编号:3300B0031
体系认证标准:GB/T19002—1994 idt ISO 9002:1994
有效期:2000.5.30~2003.5.29

北京自动化仪表五厂
地址:北京东城区地安门东大街93号
邮政编码:100009
证书注册编号:3300B0032
体系认证标准:GB/T19002—1994 idt ISO 9002:1994
有效期:2000.5.24~2003.5.23

抚顺永茂工程机械有限公司
地址:辽宁省抚顺市顺城区前甸靠山
邮政编码:113103
证书注册编号:3300B0033
体系认证标准:GB/T19002—1994 idt ISO 9002:1994
有效期:2000.6.16~2003.6.15

江阴市滨江精工机械厂
地址:江苏省江阴市滨江开发区肖山路141号
邮政编码:214431
证书注册编号:3300B0034
体系认证标准:GB/T19002—1994 idt ISO 9002:1994
有效期:2000.6.14~2003.6.13

山西泰森蓄电池有限公司
地址:山西省晋城市14号信箱(凤台西街北侧)
邮政编码:048000
证书注册编号:3300B0035
体系认证标准:GB/T19002—1994 idt ISO 9002:1994
有效期:2000.6.14~2003.6.13

玉环县正裕实业有限公司

地址:浙江省玉环县坎门镇水龙工业区
邮政编码:317602
证书注册编号:3300B0036
体系认证标准:GB/T19002—1994 idt ISO 9002:1994
有效期:2000.6.14~2003.6.13

河北省枣强县永大玻璃钢有限公司
地址:河北省枣强县肖张镇
邮政编码:053100
证书注册编号:3300B0037
体系认证标准:GB/T19002—1994 idt ISO 9002:1994
有效期:2000.6.14~2003.6.13

江阴市容器设备厂
地址:江苏江阴市峭岐镇环北路48号
邮政编码:214408
证书注册编号:3300B0038
体系认证标准:GB/T19002—1994 idt ISO 9002:1994
有效期:2000.6.20~2003.6.19

江阴市华东管件制造有限公司
地址:江苏省江阴市山观镇香山
邮政编码:214437
证书注册编号:3300B0039
体系认证标准:GB/T19002—1994 idt ISO 9002:1994
有效期:2000.6.20~2003.6.19

沁阳市华都玻璃钢制品厂
地址:沁阳市西向镇工业区
邮政编码:454591
证书注册编号:3300B0040
体系认证标准:GB/T19002—1994 idt ISO 9002:1994
有效期:2000.6.14~2003.6.13

江阴市金属容器制造有限公司(江阴市工业设备安装有限公司)
地址:江苏省江阴市环城西路50号
邮政编码:214400
1. 证书注册编号:3300A0041
体系认证标准:GB/T19001—1994 idt ISO 9001:1994
2. 证书注册编号:3300B0042
体系认证标准:GB/T19002—1994 idt ISO 9002:1994
有效期:2000.6.20~2003.6.19

国营七一〇厂(衡阳三佳冷暖设备实业有限公司、七一〇钢瓶实业有限公司、七一〇机械制造有限责任公司)
地址:湖南省衡阳市东阳渡
邮政编码:421004
证书注册编号:3300B0043
体系认证标准:GB/T19002—1994 idt ISO 9002:1994
有效期:2000.6.22~2003.6.21

盖州市腾飞电力化工有限公司(盖州市化工设备厂)
地址:辽宁省盖州市红旗大街西段
邮政编码:115200
证书注册编号:3300B0044
体系认证标准:GB/T19002—1994 idt ISO 9002:1994
有效期:2000.7.4~2003.7.3

核工业北京化工冶金研究院理化技术研究所
地址:北京市通州区九棵树145号
邮政编码:101149
证书注册编号:3300B0045
体系认证标准:GB/T19002—1994 idt ISO 9002:1994
有效期:2000.7.4~2003.7.3

莱州市卓越啤酒设备有限公司
地址:山东省莱州市文泉西路728号
邮政编码:261400
证书注册编号:3300B0046
体系认证标准:GB/T19002—1994 idt ISO 9002:1994
有效期:2000.7.10~2003.7.9

山西豪瑞涂料实业有限公司
地址:山西省太原市平阳路479号
邮政编码:030006
证书注册编号:3300B0047
体系认证标准:GB/T19002—1994 idt ISO 9002:1994
有效期:2000.7.10~2003.7.9

江阴市中立机械制造有限公司(江阴市印染设备厂 江阴市换热设备厂)
地址:江苏江阴市峭岐镇峭南路178号
邮政编码:214408
证书注册编号:3300B0048
体系认证标准:GB/T19002—1994 idt ISO 9002:1994
有效期:2000.7.25~2003.7.24

泰州市标准件厂
地址:江苏省泰州市扬州路226号
邮政编码:225300
证书注册编号:3300B0049
体系认证标准:GB/T19002—1994 idt ISO 9002:1994
有效期:2000.7.25~2003.7.24

上海宝山横东五金厂
地址:上海市宝山区横沙乡新民镇西首
邮政编码:201914
证书注册编号:3300B0050
体系认证标准:GB/T19002—1994 idt ISO 9002:1994
有效期:2000.7.25~2003.7.24

台州玉旋汽车水泵有限公司
地址:浙江玉环县水龙工业区
邮政编码:317602
证书注册编号:3300B0051
体系认证标准:GB/T19002—1994 idt ISO 9002:1994
有效期:2000.8.4~2003.8.3

南京博腾粉末冶金有限公司
地址:江苏省南京浦口高新技术产业开发区26幢B
邮政编码:210061
证书注册编号:3300B0052
体系认证标准:GB/T19002—1994 idt ISO 9002:1994
有效期:2000.8.4~2003.8.3

台州双辉剑微型车部件有限公司
地址:浙江省玉环县坎门镇东风工业区
邮政编码:317602
证书注册编号:3300B0053
体系认证标准:GB/T19002—1994 idt ISO 9002:1994
有效期:2000.8.5~2003.8.4

靖江环球特种电机有限公司
地址:江苏省靖江市侯河粮管所内
邮政编码:214525
证书注册编号:3300B0054
体系认证标准:GB/T 19002—1994 idt ISO 9002:1994
有效期:2000.8~2003.8

河南淅川水泥有限公司
地址:河南省淅川县鹳河路405号
邮政编码:474450

证书注册编号:3300B0055
体系认证标准:GB/T 19002—1994 idt ISO 9002:1994
有效期:2000.8~2003.8

一汽四环座垫厂
地址:吉林省长春市绿园区双丰大街34号
邮政编码:130000
证书注册编号:3300B0056
体系认证标准:GB/T 19002—1994 idt ISO 9002:1994
有效期:2000.8~2003.8

海门市车灯配件厂
地址:江苏海门市正余镇沈灶村11组
邮政编码:226153
证书注册编号:3300B0057
体系认证标准:GB/T 19002—1994 idt ISO 9002:1994
有效期:2000.8~2003.8

青岛凯乐制漆有限公司
地址:山东省青岛市城阳区重庆北路
邮政编码:266108
证书注册编号:3300B0058
体系认证标准:GB/T 19002—1994 idt ISO 9002:1994
有效期:2000.8~2003.8

射阳县光明塑胶线厂
地址:江苏射阳县合德镇人民路80号
邮政编码:224300
证书注册编号:3300B0059
体系认证标准:GB/T 19002—1994 idt ISO 9002:1994
有效期:2000.9~2003.9

湖南晨光化工厂
地址:湖南省宁乡县历经铺经济开发区
邮政编码:410600
证书注册编号:3300B0060
体系认证标准:GB/T 19002—1994 idt ISO 9002:1994
有效期:2000.9~2003.9

焦作市永昌电磁线有限公司
地址:河南省修武县环城北路东段
邮政编码:454350
证书注册编号:3300B0061
体系认证标准:GB/T 19002—1994 idt ISO 9002:1994
有效期:2000.9~2003.9

上海华通开关金山分厂
地址:上海市金山区兴塔镇
邮政编码:201502
证书注册编号:3300B0062
体系认证标准:GB/T 19002—1994 idt ISO 9002:1994
有效期:2000.9~2003.9

玉环县交通汽车部件厂
地址:浙江省玉环县
邮政编码:317602
证书注册编号:3300B0063
体系认证标准:GB/T 19002—1994 idt ISO 9002:1994
有效期:2000.9~2003.9

镇江市冶金设备厂
地址:江苏省句容市宝华镇
邮政编码:212415
证书注册编号:3300B0064
体系认证标准:GB/T 19002—1994 idt ISO 9002:1994
有效期:2000.9~2003.9

浙江省台州气门厂
地址:浙江省玉环县珠港镇城关三合潭工业区
邮政编码:317600
证书注册编号:3300B0065
体系认证标准:GB/T 19002—1994 idt ISO 9002:1994
有效期:2000.10~2003.10

玉环县海通汽车部件有限公司
地址:浙江省玉环县珠港镇后塘洋村
邮政编码:317600
证书注册编号:3300B0066
体系认证标准:GB/T 19002—1994 idt ISO 9002:1994
有效期:2000.10~2003.10

台州鸿达机电有限公司
地址:浙江省玉环县珠港镇玉坎路(前塘洋工业区)
邮政编码:317600
证书注册编号:3300B0067
体系认证标准:GB/T 19002—1994 idt ISO 9002:1994
有效期:2000.10~2003.10

玉环汽车机械制造有限公司
地址:浙江玉环东风工业区
邮政编码:317602
证书注册编号:3300B0068
体系认证标准:GB/T 19002—1994 idt ISO 9002:1994
有效期:2000.10~2003.10

浙江金辉机械有限公司
地址:浙江省玉环县珠港镇坎门新村1—1号
邮政编码:317602
证书注册编号:3300B0069
体系认证标准:GB/T 19002—1994 idt ISO 9002:1994
有效期:2000.10~2003.10

玉环县中航机械有限公司(玉环县坎门中航微型车部件厂)
地址:浙江玉环县珠港镇前塘洋工业区
邮政编码:317600
证书注册编号:3300B0070
体系认证标准:GB/T 19002—1994 idt ISO 9002:1994
有效期:2000.10~2003.10

浙江省玉环县中环动力机械有限公司
地址:浙江省玉环县坎门镇东风工业区海城路
邮政编码:317602
证书注册编号:3300B0071
体系认证标准:GB/T 19002—1994 idt ISO 9002:1994
有效期:2000.10~2003.10

辽源市钢背复合材料轴承厂
地址:吉林省辽源市黎明大街1号
邮政编码:136200
证书注册编号:3300B0072
体系认证标准:GB/T 19002—1994 idt ISO 9002:1994
有效期:2000.10~2003.10

北京北科合作仪器厂
地址:北京市北池子大街49号(办公);北京市丰台区岳各庄371号(生产、服务)
邮政编码:100006
证书注册编号:3300B0073
体系认证标准:GB/T 19002—1994 idt ISO 9002:1994
有效期:2000.10~2003.10

登电集团水泥有限公司
地址:河南省登封市阳城工业区
邮政编码:452477
证书注册编号:3300B0074
体系认证标准:GB/T 19002—1994 idt ISO 9002:1994
有效期:2000.10～2003.10

长沙江河五洋自动化设备有限公司
地址:湖南省长沙市火星开发区一片
邮政编码:410001
证书注册编号:3300A0075
体系认证标准:GB/T 19001—1994 idt ISO 9001:1994
有效期:2000.10～2003.10

大连宝原核设备有限公司
地址:辽宁大连市甘井子区海北路2号
邮政编码:116032
证书注册编号:3300A0076
体系认证标准:GB/T 19001—1994 idt ISO 9001:1994
有效期:2000.10～2003.10

大连宝原核设备有限公司
地址:辽宁大连市甘井子区海北路2号
邮政编码:116032
证书注册编号:3300B0077
体系认证标准:GB/T 19002—1994 idt ISO 9002:1994
有效期:2000.10～2003.10

锡山市宏裕通讯材料有限公司
地址:江苏省锡山市张泾镇
邮政编码:214194
证书注册编号:3300B0013 3300B0013
体系认证标准:GB/T 19002—1994 idt ISO 9002:1994
有效期:2000.3～2003.3

烟台黄金电器有限公司(烟台开发区天成灯饰有限公司)
地址:山东省烟台经济技术开发区泰山路8号
邮政编码:264006
证书注册编号:3300A0078
体系认证标准:GB/T 19001—1994 idt ISO 9001:1994
有效期:2000.11～2003.11

烟台黄金电器有限公司(烟台开发区天成灯饰有限公司)
地址:山东省烟台经济技术开发区泰山路8号
邮政编码:264006
证书注册编号:3300B0079
体系认证标准:GB/T 19002—1994 idt ISO 9002:1994
有效期:2000.11～2003.11

北京华力兴科技发展有限责任公司
地址:北京市顺义区林河工业开发区
邮政编码:101300
证书注册编号:3300B0080
体系认证标准:GB/T 19002—1994 idt ISO 9002:1994
有效期:2000.11～2003.11

锡山市结晶器铜管厂
地址:江苏省锡山市洛社镇徐贵桥
邮政编码:214187
证书注册编号:3300B0081
体系认证标准:GB/T 19002—1994 idt ISO 9002:1994
有效期:2000.11～2003.11

开封玻纤实业有限公司
地址:河南省开封市金梁里街65号
证书注册编号:3300B0082
体系认证标准:GB/T 19002—1994 idt ISO 9002:1994
有效期:2000.11～2003.11

中国辐射防护研究院
地址:山西省太原市学府街270号
邮政编码:300060
证书注册编号:3300A0083
体系认证标准:GB/T 19001—1994 idt ISO 9001:1994
有效期:2000.12～2003.12

中国辐射防护研究院
地址:山西省太原市学府街270号
邮政编码:300060
证书注册编号:3300B0084
体系认证标准:GB/T 19002—1994 idt ISO 9002:1994
有效期:2000.12～2003.12

湖南省邵东铬黄厂
地址:湖南省邵东县金玉亭
邮政编码:422808
证书注册编号:3300B0085
体系认证标准:GB/T 19002—1994 idt ISO 9002:1994
有效期:2000.12～2003.12

中国核工业总公司七一一矿
地址:湖南省郴州市许家洞镇
邮政编码:423041
证书注册编号:3300B0086
体系认证标准:GB/T 19002—1994 idt ISO 9002:1994
有效期:2000.12～2003.12

海门市新型高分子材料厂
地址:江苏省海门市王浩工业区浩南路52号
邮政编码:226145
证书注册编号:3300B0087
体系认证标准:GB/T 19002—1994 idt ISO 9002:1994
有效期:2000.12～2003.12

平顶山煤业(集团)胶管厂
地址:河南省平顶山市东工人镇
邮政编码:467013
证书注册编号:3300B0088
体系认证标准:GB/T 19002—1994 idt ISO 9002:1994
有效期:2000.12～2003.12

北京市海淀区西郊风机厂
地址:北京市海淀区佟家坟
邮政编码:100089
证书注册编号:3300B0089
体系认证标准:GB/T 19002—1994 idt ISO 9002:1994
有效期:2000.12～2003.12

马鞍山市中纬复合材料有限责任公司
地址:安徽省马鞍山市湖东中路35号
邮政编码:243000
证书注册编号:3300B0090
体系认证标准:GB/T 19002—1994 idt ISO 9002:1994
有效期:2000.12～2003.12

陕西通用锅炉制造有限公司
地址:陕西省西安市大庆路33号
邮政编码:710086
证书注册编号:3300B0091
体系认证标准:GB/T 19002—1994 idt ISO 9002:1994
有效期:2000.12～2003.12

衡阳新华化工冶金总公司
(国营二七二厂)
地址:湖南省衡阳市郊东阳渡
邮政编码:421004
证书注册编号:3300B0092—1
体系认证标准:GB/T 19002—1994 idt ISO 9002:1994
有效期:2000.12～2003.12

衡阳新华化工冶金总公司
(国营二七二厂)
地址:湖南省衡阳市郊东阳渡
邮政编码:421004
证书注册编号:3300B0092—3
体系认证标准:GB/T 19002—1994 idt ISO 9002:1994
有效期:2000.12～2003.12

衡阳新华化工冶金总公司
(国营二七二厂)
地址:湖南省衡阳市郊东阳渡
邮政编码:421004
证书注册编号:3300B0092—2
体系认证标准:GB/T 19002—1994 idt ISO 9002:1994
有效期:2000.12～2003.12

衡阳新华化工冶金总公司
(国营二七二厂)
地址:湖南省衡阳市郊东阳渡
邮政编码:421004
证书注册编号:3300B0092—4
体系认证标准:GB/T 19002—1994 idt ISO 9002:1994
有效期:2000.12～2003.12

益阳气缸垫有限责任公司
地址:湖南省益阳市河南西路97号
邮政编码:413000
证书注册编号:3300B0093
体系认证标准:GB/T 19002—1994 idt ISO 9002:1994
有效期:2000.12～2003.12

北京慧怡工贸有限责任公司
地址:北京顺义区牛栏山镇相各庄村东
邮政编码:101301
证书注册编号:3300A0094
体系认证标准:GB/T 19001—1994 idt ISO 9001:1994
有效期:2000.12～2003.12

北京慧怡工贸有限责任公司
地址:北京顺义区牛栏山镇相各庄村东
邮政编码:101301
证书注册编号:3300B0095
体系认证标准:GB/T 19002—1994 idt ISO 9002:1994
有效期:2000.12～2003.12

江阴市非标准设备制造有限公司
地址:江苏省江阴市人民西路162号
邮政编码:214433
证书注册编号:3300B0096
体系认证标准:GB/T 19002—1994 idt ISO 9002:1994
有效期:2000.12～2003.12

湖北洪旭汽车部件制造有限公司
地址:湖北省洪湖市戴家场镇戴市路170号
邮政编码:433204
证书注册编号:3300B0097
体系认证标准:GB/T 19002—1994 idt ISO 9002:1994
有效期:2000.12～2003.12

江苏省滨海县科达特种备件公司
地址:江苏省滨海县东坎长明路14号
邮政编码:224500
证书注册编号:3300A0098
体系认证标准:GB/T 19001—1994 idt ISO 9001:1994
有效期:2000.12～2003.12

开封市郊区建筑公司
地址:河南省开封市滨河路中段48号
邮政编码:475002
证书注册编号:3300B0099
体系认证标准:GB/T 19002—1994 idt ISO 9002:1994
有效期:2000.12～2003.12

北京核海高技术开发公司
地址:北京市东城区和平里七区十八楼
邮政编码:100013
证书注册编号:3300A0100
体系认证标准:GB/T 19001—1994 idt ISO 9001:1994
有效期:2000.12～2003.12

三旗电子集团有限公司
(换证:企业更名)
地址:浙江省乐清经济开发区
邮政编码:325604
证书注册编号:3399B0016
体系认证标准:GB/T 19002—1994 idt ISO 9002:1994
有效期:1999.7～2002.7

北京世标质量认证中心

陕西炭素制品有限责任公司
地址:陕西省眉县常兴镇
邮政编码:722302
证书注册编号:3400B0001
体系认证标准:GB/T 19002—1994 idt ISO 9002:1994
有效期:2000.1.11～2003.1.11

青岛黄海汽车配件厂
地址:山东省青岛市李沧区大枣园村内
邮政编码:266043
证书注册编号:3400B0002
体系认证标准:GB/T 19002—1994 idt ISO 9002:1994
有效期:2000.1.11～2003.1.11

苏州仪表总厂
地址:江苏省苏州市苏福公路149号
邮政编码:215009
证书注册编号:3400B0003
体系认证标准:GB/T 19002—1994 idt ISO 9002:1994
有效期:2000.1.25～2003.1.25

扬州日模邗沟装饰工程有限公司
地址:江苏省扬州市史可法路46号
邮政编码:225002
证书注册编号:3400A0004
体系认证标准:GB/T 19001—1994 idt ISO 9001:1994
有效期:2000.1.25～2003.1.25

江苏伟丰集团公司建筑安装工程公司
地址:江苏宜兴市宜城镇宜北路32号
邮政编码:214200
证书注册编号:3400B0005
体系认证标准:GB/T 19002—1994 idt ISO 9002:1994
有效期:2000.1.25～2003.1.25

秦皇岛市抚宁县渤海水泥厂
地址:河北省秦皇岛市抚宁县杜庄
邮政编码:066326
证书注册编号:3400B0006
体系认证标准:GB/T 19002—1994 idt ISO 9002:1994
有效期:2000.1.25～2003.1.25

湖南省郴州建设工程集团有限公司
地址:湖南省郴州市人民西路27号
邮政编码:423000
证书注册编号:3400B0007
体系认证标准:GB/T 19002—1994 idt ISO 9002:1994
有效期:2000.1.25～2003.1.25

广西壮族自治区冶金建设公司
地址:广西柳州市北鹊路115号
邮政编码:545002
证书注册编号:3400B0008
体系认证标准:GB/T 19002—1994 idt ISO 9002:1994
有效期:2000.1.25～2003.1.25

盐城市华派化工有限责任公司
地址:江苏省盐城市人民北路455号
邮政编码:224053
证书注册编号:3400B0009
体系认证标准:GB/T 19002—1994 idt ISO 9002:1994
有效期:2000.1.25～2003.1.25

乐清市佳乐电器集团有限公司
地址:浙江省乐清市柳市东风工业区腾飞路10号
邮政编码:325604
证书注册编号:3400B0010
体系认证标准:GB/T 19002—1994 idt ISO 9002:1994
有效期:2000.1.25～2003.1.25

南京雨润建筑工程有限公司
地址:南京市中华门外油棉路5号
邮政编码:210041
证书注册编号:3400B0011
体系认证标准:GB/T 19002—1994 idt ISO 9002:1994
有效期:2000.1.25～2003.1.25

北京市宏达建设工程有限责任公司
地址:北京市朝阳区水碓东路15号
邮政编码:100026
证书注册编号:3400B0012
体系认证标准:GB/T 19002—1994 idt ISO 9002:1994
有效期:2000.1.27～2003.1.27

常熟市华丽坚装饰工程公司
地址:江苏常熟市辛庄镇张泾工业园区
邮政编码:215555
证书注册编号:3400A0013
体系认证标准:GB/T 19001—1994 idt ISO 9001:1994
有效期:2000.2.28～2003.2.28

大庆中星塑料制品有限公司
地址:黑龙江省大庆市萨尔图区中兴南街14号
邮政编码:163314
证书注册编号:3400B0014
体系认证标准:GB/T 19002—1994 idt ISO 9002:1994
有效期:2000.2.28～2003.2.28

西安新华印刷厂
地址:陕西省西安市团结南路29号
邮政编码:710077
证书注册编号:3400B0015
体系认证标准:GB/T 19002—1994 idt ISO 9002:1994
有效期:2000.2.28～2003.2.28

陕西世纪防腐工程有限公司
地址:陕西省西安高新技术产业开发区西区
邮政编码:710075
证书注册编号:3400B0016
体系认证标准:GB/T 19002—1994 idt ISO 9002:1994

有效期:2000.2.28～2003.2.28

淮阴市公路工程总公司
地址:江苏省淮阴市淮海西路139号
邮政编码:223001
证书注册编号:3400B0017
体系认证标准:GB/T 19002—1994 idt ISO 9002:1994
有效期:2000.2.28～2003.2.28

黑龙江省完达山企业集团乳品有限公司(含富达食品有限公司、饮料厂、一、三、五、六分厂)
地址:黑龙江省密山市兴凯镇
邮政编码:158307
证书注册编号:3400B0018
体系认证标准:GB/T 19002—1994 idt ISO 9002:1994
有效期:2000.2.18～2003.2.18

泉州市丰业工贸有限公司
地址:福建省泉州市新门外新宅工业区308号
邮政编码:362000
证书注册编号:3400B0019
体系认证标准:GB/T 19002—1994 idt ISO 9002:1994
有效期:2000.2.28～2003.2.28

大庆市黑石化金属制品厂
地址:黑龙江大庆市让胡路区喇嘛甸喇化东路2号
邮政编码:163713
证书注册编号:3400B0020
体系认证标准:GB/T 19002—1994 idt ISO 9002:1994
有效期:2000.2.28～2003.2.28

大庆益成专用汽车厂
(大庆益成液压钻机厂)
地址:黑龙江大庆高新技术产业开发区
邮政编码:163316
证书注册编号:3400B0021
体系认证标准:GB/T 19002—1994 idt ISO 9002:1994
有效期:2000.2.28～2003.2.28

北京第一低压电器厂
地址:北京宣武区老墙根新桥胡同2号
邮政编码:100053
证书注册编号:3400B0022
体系认证标准:GB/T 19002—1994 idt ISO 9002:1994
有效期:2000.2.28～2003.2.28

鄂州市四水泥厂
地址:湖北省鄂州市石山塘角头
邮政编码:436003
证书注册编号:3400B0023
体系认证标准:GB/T 19002—1994 idt ISO 9002:1994
有效期:2000.2.28～2003.2.28

河南省奥博纸业
地址:河南省辉县市辉吴路668号
邮政编码:453633
证书注册编号:3400B0024
体系认证标准:GB/T 19002—1994 idt ISO 9002:1994
有效期:2000.3.15～2003.3.15

广西建工集团桂港建筑装饰有限公司
地址:广西南宁市朝阳路49号建工大楼
邮政编码:530012
证书注册编号:3400A0025
体系认证标准:GB/T 19001—1994 idt ISO 9001:1994
有效期:2000.3.15～2003.3.15

乐清市振宇无线电厂
地址:浙江乐清市虹桥镇虹淡路188号
邮政编码:325608
证书注册编号:3400B0026
体系认证标准:GB/T 19002—1994 idt ISO 9002:1994
有效期:2000.3.15～2003.3.15

北京市海淀西山电控设备厂
地址:北京市海淀区四季青乡黑塔村
邮政编码:100089
证书注册编号:3400B0027
体系认证标准:GB/T 19002—1994 idt ISO 9002:1994
有效期:2000.3.15～2003.3.15

常熟市鼓风机厂
地址:江苏常熟市梅李镇梅西路34号
邮政编码:215511
证书注册编号:3400A0028
体系认证标准:GB/T 19001—1994 idt ISO 9001:1994
有效期:2000.3.15～2003.3.15

柳州市唯益化工建材有限公司
地址:广西柳州市西江路26号
邮政编码:545005
证书注册编号:3400B0029
体系认证标准:GB/T 19002—1994 idt ISO 9002:1994
有效期:2000.3.28～2003.3.28

大连松源矿泉饮料有限公司
地址:辽宁省大连市经济技术开发区
邮政编码:116600
证书注册编号:3400B0030
体系认证标准:GB/T 19002—1994 idt ISO 9002:1994
有效期:2000.3.28～2003.3.28

北京市海马建筑防水工程有限公司
地址:北京市通州区马驹桥镇张各庄
邮政编码:101100
证书注册编号:3400B0031
体系认证标准:GB/T 19002—1994 idt ISO 9002:1994
有效期:2000.3.28～2003.3.28

鞍山城南轧钢有限公司
地址:辽宁鞍山市千山区鞍海路488号
邮政编码:114041
证书注册编号:3400B0032
体系认证标准:GB/T 19002—1994 idt ISO 9002:1994
有效期:2000.3.28～2003.3.28

华北油田科达开发有限公司
地址:河北省任丘市18—1信箱
邮政编码:062552
证书注册编号:3400B0033
体系认证标准:GB/T 19002—1994 idt ISO 9002:1994
有效期:2000.4.11～2003.4.11

武汉市国漆厂
地址:湖北省武汉市汉口丹水池岔马路12号
邮政编码:430012
证书注册编号:3400B0034
体系认证标准:GB/T 19002—1994 idt ISO 9002:1994
有效期:2000.4.11～2003.4.11

本溪钢铁公司电力电子设备厂
地址:辽宁省本溪市明山区解放北路142号(体育场)

邮政编码：117000
证书注册编号：3400B0035
体系认证标准：GB/T 19002—1994 idt ISO 9002：1994
有效期：2000.4.11～2003.4.11

常熟市第二市政路桥建设工程有限公司
地址：江苏省常熟市常熟港区
邮政编码：215536
证书注册编号：3400B0036
体系认证标准：GB/T 19002—1994 idt ISO 9002：1994
有效期：2000.4.11～2003.4.11

句容捷盛电子有限公司
地址：江苏句容市华阳镇商业街南一路
邮政编码：212400
证书注册编号：3400B0037
体系认证标准：GB/T 19002—1994 idt ISO 9002：1994
有效期：2000.4.25～2003.4.25

＊哈尔滨市双龙粉末涂料厂
地址：黑龙江省哈尔滨市道里区乡华街2号
邮政编码：150070
电话：(0451)4312136
传真：(0451)4339985
法定代表人：韩忠福
证书注册编号：3400B0038
体系认证标准：GB/T 19002—1994 idt ISO 9002：1994
获证体系覆盖产品：热固性环氧—聚酯粉末涂料的生产和服务
有效期：2000.5.17～2003.5.17

哈尔滨电缆厂(哈尔滨电线电缆集团有限公司)
地址：黑龙江省哈尔滨市道外区景阳街30号
邮政编码：150020
证书注册编号：3400A0039
体系认证标准：GB/T 19001—1994 idt ISO 9001：1994
有效期：2000.5.17～2003.5.17

秦皇岛市抚宁县石门寨第二水泥厂
地址：河北省秦皇岛市抚宁县石门寨镇王木庄村
邮政编码：066308
证书注册编号：3400B0040
体系认证标准：GB/T 19002—1994 idt ISO 9002：1994
有效期：2000.5.17～2003.5.17

宜兴市化学防腐设备厂
地址：江苏省宜兴市洋溪镇
邮政编码：214263
证书注册编号：3400B0041
体系认证标准：GB/T 19002—1994 idt ISO 9002：1994
有效期：2000.5.17～2003.5.17

唐山双飞水泥(集团)公司双飞水泥厂
地址：河北省丰润县王官营镇皈依寨村
邮政编码：064009
证书注册编号：3400B0042
体系认证标准：GB/T 19002—1994 idt ISO 9002：1994
有效期：2000.5.17～2003.5.17

上海士林电器有限公司
地址：上海市河南北路23号
邮政编码：200085
证书注册编号：3400B0043
体系认证标准：GB/T 19002—1994 idt ISO 9002：1994
有效期：2000.5.17～2003.5.17

江苏省溧阳市建工集团公司
地址：江苏省溧阳市天目路安装大楼
邮政编码：213300
证书注册编号：3400B0044
体系认证标准：GB/T 19002—1994 idt ISO 9002：1994
有效期：2000.6.1～2003.6.1

鹤山市开关厂
地址：广东省鹤山市沙坪镇人民南路10号
邮政编码：529700
证书注册编号：3400A0045
体系认证标准：GB/T 19001—1994 idt ISO 9001：1994
有效期：2000.6.1～2003.6.1

鹤山中辉电控设备有限公司
地址：广东省鹤山市沙坪镇人民南路10号
邮政编码：529700
证书注册编号：3400A0046
体系认证标准：GB/T 19001—1994 idt ISO 9001：1994
有效期：2000.6.1～2003.6.1

河北金桥刹车片有限公司
地址：河北省沧州市西沧石路纸房头
邮政编码：061026
证书注册编号：3400B0047
体系认证标准：GB/T 19002—1994 idt ISO 9002：1994
有效期：2000.6.1～2003.6.1

恒发(晋江)汽车零部件有限公司
地址：福建省晋江市罗山杏田工企业区18号
邮政编码：362216
证书注册编号：3400B0048
体系认证标准：GB/T 19002—1994 idt ISO 9002：1994
有效期：2000.6.1～2003.6.1

湖北多佳股份有限公司产品经营公司
地址：湖北省鄂州市武昌大道298号
邮政编码：436000
证书注册编号：3400A0049
体系认证标准：GB/T 19001—1994 idt ISO 9001：1994
有效期：2000.6.1～2003.6.1

大连金州恒利包装制品有限公司
地址：辽宁省大连市金州区站前街道马家村
邮政编码：116100
证书注册编号：3400B0050
体系认证标准：GB/T 19002—1994 idt ISO 9002：1994
有效期：2000.6.15～2003.6.15

河北启东水泥厂
地址：河北省唐山市丰润县王官营镇西胡各庄村
邮政编码：064009
证书注册编号：3400B0051
体系认证标准：GB/T 19002—1994 idt ISO 9002：1994
有效期：2000.6.15～2003.6.15

大庆市万意达有限公司
地址：黑龙省大庆市萨尔图区勤奋二村
邮政编码：163000
证书注册编号：3400B0052
体系认证标准：GB/T 19002—1994 idt ISO 9002：1994
有效期：2000.6.15～2003.6.15

大庆市让胡路区飞腾金属制品厂
地址:黑龙江省大庆市让胡路区乘二村转盘路西铁路口处
邮政编码:163411
证书注册编号:3400B0053
体系认证标准:GB/T 19002—1994 idt ISO 9002:1994
有效期:2000.6.15～2003.6.15

新疆第六建筑工程公司
地址:新疆喀什市人民西路275号
邮政编码:844000
证书注册编号:3400B0054
体系认证标准:GB/T 19002—1994 idt ISO 9002:1994
有效期:2000.6.15～2003.6.15

北京市顺义后鲁水泥构件厂
地址:北京市顺义区北小营镇后鲁村
邮政编码:101305
证书注册编号:3400B0055
体系认证标准:GB/T 19002—1994 idt ISO 9002:1994
有效期:2000.6.15～2003.6.15

靖江科林特种冲压泵厂
地址:江苏靖江市新桥镇新桥中路6号
邮政编码:214537
证书注册编号:3400B0056
体系认证标准:GB/T 19002—1994 idt ISO 9002:1994
有效期:2000.6.15～2003.6.15

青岛风机厂
地址:山东青岛市李沧区夏庄路124号
邮政编码:266100
证书注册编号:3400A0057
体系认证标准:GB/T 19001—1994 idt ISO 9001:1994
有效期:2000.6.29～2003.6.29

唐山市兴佛水泥厂
地址:河北省唐山市丰润县王官营镇仟佛院村
邮政编码:064009
证书注册编号:3400B0058
体系认证标准:GB/T 19002—1994 idt ISO 9002:1994
有效期:2000.6.29～2003.6.29

丰润县燕丰水泥厂
地址:河北省唐山市丰润县王官营镇丰富口村
邮政编码:064008
证书注册编号:3400B0059
体系认证标准:GB/T 19002—1994 idt ISO 9002:1994
有效期:2000.6.29～2003.6.29

江苏大亚新型包装材料股份有限公司丹阳有色金属压铸厂
地址:江苏丹阳市窦庄镇窦中街78号
邮政编码:212325
证书注册编号:3400B0060
体系认证标准:GB/T 19002—1994 idt ISO 9002:1994
有效期:2000.6.29～2003.6.29

北京实创建筑安装工程有限责任公司
地址:北京市海淀区上地东路29号
邮政编码:100085
证书注册编号:3400B0061
体系认证标准:GB/T 19002—1994 idt ISO 9002:1994
有效期:2000.6.29～2003.6.29

上海中州建筑装潢有限公司
地址:上海市嘉定区安亭镇曹安路5565号
邮政编码:301805
证书注册编号:3400B0062
体系认证标准:GB/T 19002—1994 idt ISO 9002:1994
有效期:2000.7.3～2003.7.3

昆山市建筑安装总公司第五工程公司
地址:江苏省昆山市花桥镇大庆桥堍
邮政编码:215332
证书注册编号:3400B0063
体系认证标准:GB/T 19002—1994 idt ISO 9002:1994
有效期:2000.7.3～2003.7.3

***齐齐哈尔鹤日电池有限公司**
地址:黑龙江齐齐哈尔市龙沙路183号
邮政编码:161000
电话:(0452)2420564　2136376
传真:(0452)2136376
法定代表人:马玉峰
证书注册编号:3400B0064
体系认证标准:GB/T 19002—1994 idt ISO 9002:1994
获证体系覆盖产品:LR6、LR03碱性圆柱形锌锰干电池的制造
有效期:2000.7.18～2003.7.18

安徽天地人(集团)股份有限公司
地址:安徽省淮北市相阳路235号
邮政编码:235000
证书注册编号:3400B0065
体系认证标准:GB/T 19002—1994 idt ISO 9002:1994
有效期:2000.7.18～2003.7.18

广东省花城服装厂
地址:广东省广州市西村南京路14号大院
邮政编码:510160
证书注册编号:3400B0066
体系认证标准:GB/T 19002—1994 idt ISO 9002:1994
有效期:2000.7.18～2003.7.18

北京中和大成科技发展有限公司
地址:北京市石景山区杨庄东路128号
邮政编码:100043
证书注册编号:3400B0067
体系认证标准:GB/T 19002—1994 idt ISO 9002:1994
有效期:2000.7.18～2003.7.18

本钢机械备件厂
地址:辽宁省本溪市冶金专科学校实习厂院内
邮政编码:117022
证书注册编号:3400B0068
体系认证标准:GB/T 19002—1994 idt ISO 9002:1994
有效期:2000.7.18～2003.7.18

北京普瑞特科贸有限责任公司
地址:北京丰台区杜家坎南路1号5门
邮政编码:100072
证书注册编号:3400B0069
体系认证标准:GB/T 19002—1994 idt ISO 9002:1994
有效期:2000.7.18～2003.7.18

锡山市金通铸造厂
地址:江苏省锡山市南泉镇壬港村
邮政编码:214128
证书注册编号:3400B0070
体系认证标准:GB/T 19002—1994 idt ISO 9002:1994
有效期:2000.7.18～2003.7.18

江苏锡山市南泉管道配件厂
地址:江苏省锡山市南泉镇壬港村
邮政编码:214128
证书注册编号:3400B0071
体系认证标准:GB/T 19002－1994 idt ISO 9002:1994
有效期:2000.7.18～2003.7.18

鞍山金属材料厂
地址:辽宁省鞍山市千山区汤岗子泉东一街九号
邮政编码:114048
证书注册编号:3400B0072
体系认证标准:GB/T 19002－1994 idt ISO 9002:1994
有效期:2000.7.18～2003.7.18

南京因泰莱电器有限公司
地址:江苏省南京市中山北路49号机械大厦16楼
邮政编码:210008
证书注册编号:3400A0073
体系认证标准:GB/T 19001－1994 idt ISO 9001:1994
有效期:2000.7.18～2003.7.18

南通华东液压件铸造厂
地址:江苏省如皋市白蒲镇
邮政编码:226511
证书注册编号:3400B0074
体系认证标准:GB/T 19002－1994 idt ISO 9002:1994
有效期:2000.7.18～2003.7.18

番禺市胜捷消防器材设备有限公司
地址:广东省番禺市沙湾蚬涌工业村
邮政编码:511486
证书注册编号:3400A0075
体系认证标准:GB/T 19001－1994 idt ISO 9001:1994
有效期:2000.7.18～2003.7.18

昆山市达厦房产开发有限责任公司
地址:江苏省昆山市花桥镇大庆桥堍
邮政编码:215332
证书注册编号:3400B0076
体系认证标准:GB/T 19002－1994 idt ISO 9002:1994
有效期:2000.7.3～2003.7.3

***哈尔滨报达印务股份有限公司**
地址:黑龙江省哈尔滨市道里区前进路85号
邮政编码:150076
电话:(0451)4603592
传真:(0451)4603592
法定代表人:王建男
证书注册编号:3400B0077
体系认证标准:GB/T 19002－1994 idt ISO 9002:1994
获证体系覆盖产品:《哈尔滨日报》、《工人日报》、《中国青年报》、《人民法院报》等报纸产品的印刷和服务
有效期:2000.8.1～2003.8.1

金港机场工程建设局
地址:北京市丰台区东大街5号
邮政编码:100071
证书注册编号:3400B0078
体系认证标准:GB/T 19002－1994 idt ISO 9002:1994
有效期:2000.8.1～2003.8.1

佳木斯铸造有限责任公司
地址:黑龙江省佳木斯市友谊路526号
邮政编码:154004
证书注册编号:3400B0079
体系认证标准:GB/T 19002－1994 idt ISO 9002:1994
有效期:2000.8.1～2003.8.1

肇东市华龙机械制造有限公司
地址:黑龙江省肇东市肇东镇四明大路174号
邮政编码:151100
证书注册编号:3400B0080
体系认证标准:GB/T 19002－1994 idt ISO 9002:1994
有效期:2000.8.1～2003.8.1

海门市石油机械厂
地址:江苏省海门市三星镇
邮政编码:226112
证书注册编号:3400B0081
体系认证标准:GB/T 19002－1994 idt ISO 9002:1994
有效期:2000.8.1～2003.8.1

北京黎马敦太平洋包装有限公司
地址:北京市通州区梨园镇大稿村
邮政编码:101100
证书注册编号:3400B0082
体系认证标准:GB/T 19002－1994 idt ISO 9002:1994
有效期:2000.8.1～2003.8.1

温州港龙磁卡科技有限公司
地址:浙江省温州市龙港镇人民南路1388号
邮政编码:325802
证书注册编号:3400B0083
体系认证标准:GB/T 19002－1994 idt ISO 9002:1994
有效期:2000.8.1～2003.8.1

无锡市新新机械设备修理厂
地址:江苏无锡市南门木栖新村21号
邮政编码:214021
证书注册编号:3400B0084
体系认证标准:GB/T 19002－1994 idt ISO 9002:1994
有效期:2000.8.1～2003.8.1

烟台富野机械有限公司
地址:山东省烟台市芝罘区西郊珠玑
邮政编码:264002
证书注册编号:3400B0085
体系认证标准:GB/T 19002－1994 idt ISO 9002:1994
有效期:2000.8.1～2003.8.1

锡山市滤清器厂(锡山市复合材料厂)
地址:江苏锡山市洛社镇人民南路1号
邮政编码:214187
证书注册编号:3400B0086
体系认证标准:GB/T 19002－1994 idt ISO 9002:1994
有效期:2000.8.1～2003.8.1

浙江永农化工有限公司
地址:浙江省温州市永强兰田
邮政编码:325024
证书注册编号:3400B0087
体系认证标准:GB/T 19002－1994 idt ISO 9002:1994
有效期:2000.8.1～2003.8.1

通州市蓄电池厂有限责任公司
地址:江苏省通州市石港镇草市桥路94号
邮政编码:226351
证书注册编号:3400B0088
体系认证标准:GB/T 19002－1994 idt ISO 9002:1994
有效期:2000.8.1～2003.8.1

无锡市天明电气厂
地址:江苏省无锡市蠡园镇新蠡东路
邮政编码:214074
证书注册编号:3400B0089
体系认证标准:GB/T 19002—1994 idt ISO 9002:1994
有效期:2000.8.1～2003.8.1

青田剑石电器有限公司
地址:浙江省青田县鹤城镇花园降1号
邮政编码:323900
证书注册编号:3400B0090
体系认证标准:GB/T 19002—1994 idt ISO 9002:1994
有效期:2000.8.31～2003.8.31

清远华飞铝塑管业有限公司
地址:广东省清远市沙田工业区
邮政编码:511500
证书注册编号:3400B0091
体系认证标准:GB/T 19002—1994 idt ISO 9002:1994
有效期:2000.8.1～2003.8.1

通州赛通纤维素有限公司
地址:江苏省通州市张芝山镇
邮政编码:226311
证书注册编号:3400B0092
体系认证标准:GB/T 19002—1994 idt ISO 9002:1994
有效期:2000.8.24～2003.8.24

南通电碳厂
地址:江苏省通州市银河路99号
邮政编码:226300
证书注册编号:3400B0094
体系认证标准:GB/T 19002—1994 idt ISO 9002:1994
有效期:2000.8.24～2003.8.24

北京市大兴开发集团城市建设总公司
地址:北京大兴县黄村镇三中西巷路北
邮政编码:102600
证书注册编号:3400B0095
体系认证标准:GB/T 19002—1994 idt ISO 9002:1994
有效期:2000.8.24～2003.8.24

四川华盛强制冷设备有限责任公司
地址:四川省成都市郫县·犀浦(成都现代工业港)
邮政编码:611731
证书注册编号:3400B0096
体系认证标准:GB/T 19002—1994 idt ISO 9002:1994
有效期:2000.8.24～2003.8.24

哈尔滨呼兰工业锅炉制造有限责任公司
地址:黑龙江省呼兰县呼兰镇南大街53号
邮政编码:150500
证书注册编号:3400B0098
体系认证标准:GB/T 19002—1994 idt ISO 9002:1994
有效期:2000.8.24～2003.8.24

河北省丰润县杨官林水泥厂
地址:河北省丰润县杨官林镇
邮政编码:064011
证书注册编号:3400B0099
体系认证标准:GB/T 19002—1994 idt ISO 9002:1994
有效期:2000.8.24～2003.8.24

***番禺市宇恒电缆桥架厂**
(番禺宇恒电缆桥架厂)
地址:广东省番禺市石基镇罗家购物广场西侧
邮政编码:511450
电话:(020)84556783
传真:(020)84553263
法定代表人:苏澄宇
证书注册编号:3400B0100
体系认证标准:GB/T 19002—1994 idt ISO 9002:1994
获证体系覆盖产品:电缆桥架、粉末喷涂的生产和服务
有效期:2000.8.24～2003.8.24

锡山市优工阀门厂
地址:江苏省锡山市甘露镇汶上村
邮政编码:214117
证书注册编号:3400B0110
体系认证标准:GB/T 19002—1994 idt ISO 9002:1994
有效期:2000.9.27～2003.9.27

无锡双杨机电制造有限公司
地址:江苏省锡山市堰桥镇北许巷村
邮政编码:214174
证书注册编号:3400B0111
体系认证标准:GB/T 19002—1994 idt ISO 9002:1994
有效期:2000.9.27～2003.9.27

大庆油田路迪化工有限公司
地址:黑龙江大庆市让胡路乘风西街三巷8号
邮政编码:163411
证书注册编号:3400B0112
体系认证标准:GB/T 19002—1994 idt ISO 9002:1994
有效期:2000.9.27～2003.9.27

建德市新化化工有限责任公司
地址:浙江省建德市新安江镇桥东路90号
邮政编码:311600
证书注册编号:3400B0113
体系认证标准:GB/T 19002—1994 idt ISO 9002:1994
有效期:2000.9.27～2003.9.27

通辽通发实业总公司检修公司
地址:内蒙古自治区通辽市电厂街
邮政编码:028011
证书注册编号:3400B0114
体系认证标准:GB/T 19002—1994 idt ISO 9002:1994
有效期:2000.9.27～2003.9.27

大庆市让胡路富鑫化工厂
地址:黑龙江大庆市让胡路区喇嘛甸镇
邮政编码:163713
证书注册编号:3400B0115
体系认证标准:GB/T 19002—1994 idt ISO 9002:1994
有效期:2000.9.27～2003.9.27

南通振康机械有限公司
地址:江苏省海门市正余镇
邮政编码:226153
证书注册编号:3400B0116
体系认证标准:GB/T 19002—1994 idt ISO 9002:1994
有效期:2000.9.27～2003.9.27

南京立通建材有限公司
地址:江苏南京市浦口区泰山镇双垄村
邮政编码:210031
证书注册编号:3400B0117
体系认证标准:GB/T 19002—1994 idt ISO 9002:1994
有效期:2000.9.27～2003.9.27

青岛市房产建筑防水工程公司
地址:山东青岛市北区内蒙古路 32 号
邮政编码:266021
证书注册编号:3400B0118
体系认证标准:GB/T 19002—1994 idt ISO 9002:1994
有效期:2000.9.27～2003.9.27

宜兴市晓明保温材料有限公司
地址:江苏省宜兴市新庄镇钱墅村
邮政编码:214267
证书注册编号:3400B0119
体系认证标准:GB/T 19002—1994 idt ISO 9002:1994
有效期:2000.9.27～2003.9.27

浙江省钱江家用电器厂
地址:浙江省杭州市拱墅区塘河路 8 号
邮政编码:310011
证书注册编号:3400B0120
体系认证标准:GB/T 19002—1994 idt ISO 9002:1994
有效期:2000.9.27～2003.9.27

海盐水泥制管有限公司
地址:浙江海盐县沈荡镇港南东路 1 号
邮政编码:314311
证书注册编号:3400B0121
体系认证标准:GB/T 19002—1994 idt ISO 9002:1994
有效期:2000.9.27～2003.9.27

盐城市振翔汽车配件有限公司
地址:江苏省盐城市仓头路经济区 6 号
邮政编码:224015
证书注册编号:3400B0122
体系认证标准:GB/T 19002—1994 idt ISO 9002:1994
有效期:2000.9.27～2003.9.27

河北省沙河市宏成汽车型材有限公司
地址:河北省沙河市京广路 32 号
邮政编码:054100
证书注册编号:3400B0123
体系认证标准:GB/T 19002—1994 idt ISO 9002:1994
有效期:2000.9.27～2003.9.27

***厦门市普森电子有限公司**
地址:福建厦门市龙山工业区一号厂房
邮政编码:361009
电话:(0592)5524647　0592—5511729
传真:(0592)5524455
法定代表人:周以勒
证书注册编号:3400B0124
体系认证标准:GB/T 19002—1994 idt ISO 9002:1994
获证体系覆盖产品:导电橡胶按键、导电橡胶连接器系列产品的生产和服务
有效期:2000.9.27～2003.9.27

嘉兴市太浦河大型构件公司
地址:浙江省嘉兴市嘉善县丁栅镇新栅路 601 号
邮政编码:314103
证书注册编号:3400B0125
体系认证标准:GB/T 19002—1994 idt ISO 9002:1994
有效期:2000.9.28～2003.9.28

成都祥利电子有限公司
地址:四川成都市新都县紫瑞街 250 号
邮政编码:610500
证书注册编号:3400B0126
体系认证标准:GB/T 19002—1994 idt ISO 9002:1994
有效期:2000.9.28～2003.9.28

河北高明电线电缆有限公司
(原河北省新乐市电线厂)
地址:河北省新乐市南环东路 15 号
邮政编码:050700
证书注册编号:3400B0127
体系认证标准:GB/T 19002—1994 idt ISO 9002:1994
有效期:2000.9.28～2003.9.28

浙江万利纺织机械有限公司
地址:浙江省萧山市坎山镇工农村
邮政编码:311243
证书注册编号:3400B0128
体系认证标准:GB/T 19002—1994 idt ISO 9002:1994
有效期:2000.9.28～2003.9.28

嘉善光明电子厂
地址:浙江嘉善县丁栅镇振兴路 93 号
邮政编码:314103
证书注册编号:3400B0129
体系认证标准:GB/T 19002—1994 idt ISO 9002:1994
有效期:2000.9.28～2003.9.28

青岛强龙电力石化配件有限公司
地址:山东省平度市经济开发区漓江路 1 号
邮政编码:266700
证书注册编号:3400B0130
体系认证标准:GB/T 19002—1994 idt ISO 9002:1994
有效期:2000.9.28～2003.9.28

黑龙江省哈飞伟建建筑工程有限责任公司
地址:黑龙江哈尔滨平房区通建街 2 号
邮政编码:150060
证书注册编号:3400B0131
体系认证标准:GB/T 19002—1994 idt ISO 9002:1994
有效期:2000.10.19～2003.10.19

黑龙江省哈飞伟建建筑工程有限责任公司
地址:黑龙江哈尔市平房区通建街 2 号
邮政编码:150060
证书注册编号:WSQC3400B0002
体系认证标准:GB/T 19002—1994 idt ISO 9002:1994
有效期:2000.10.19～2003.10.19

吉林油田供应处电控设备厂
地址:吉林省松原市青年大街 3014 号
邮政编码:138000
证书注册编号:3400B0132
体系认证标准:GB/T 19002—1994 idt ISO 9002:1994
有效期:2000.10.19～2003.10.19

北京市天利电器工业公司
地址:北京市昌平区沙河镇展思门路 58 号
邮政编码:102206
证书注册编号:3400B0133
体系认证标准:GB/T 19002—1994 idt ISO 9002:1994
有效期:2000.10.19～2003.10.19

常熟市华博精毛纺厂
地址:江苏省常熟市海虞镇人民路 2 号
邮政编码:215519
证书注册编号:3400B0134
体系认证标准:GB/T 19002—1994 idt ISO 9002:1994
有效期:2000.10.19～2003.10.19

合肥华泰食品有限责任公司
地址:安徽省合肥市长江西路634号
邮政编码:230031
证书注册编号:3400B0135
体系认证标准:GB/T 19002—1994 idt ISO 9002:1994
有效期:2000.10.19～2003.10.19

＊秦皇岛市承建建筑工程有限公司
地址:河北省秦皇岛市海港区建国路162号
邮政编码:066002
电话:(0335)3215383
传真:(0335)3218829
法定代表人:李成玉
证书注册编号:3400B0136
体系认证标准:GB/T 19002—1994 idt ISO 9002:1994
获证体系覆盖产品:工业与民用建筑施工
有效期:2000.10.19～2003.10.19

河北省黄骅市建筑安装工程有限责任公司
地址:河北省黄骅市西环路中段
邮政编码:061100
证书注册编号:3400B0137
体系认证标准:GB/T 19002—1994 idt ISO 9002:1994
有效期:2000.10.19～2003.10.19

苏州电力电容器有限公司
地址:江苏省苏州市白塔东路26号
邮政编码:215001
证书注册编号:3400B0138
体系认证标准:GB/T 19001—1994 idt ISO 9001:1994
有效期:2000.10.19～2003.10.19

＊辽阳市新星化工公司
地址:辽宁省辽阳市宏伟区西环路10—2号
邮政编码:111003
电话:(0419)5152617
传真:(0419)5155121
法定代表人:张庆伟
证书注册编号:3400B0139
体系认证标准:GB/T 19002—1994 idt ISO 9002:1994
获证体系覆盖产品:各种金属、非金属密封垫片、石墨填料环和BZH—1中和缓蚀剂的生产和服务
有效期:2000.10.19～2003.10.19

昌黎县淀粉有限公司
地址:河北省秦皇岛市昌黎县龙家店镇
邮政编码:066600
证书注册编号:3400B0140
体系认证标准:GB/T 19002—1994 idt ISO 9002:1994
有效期:2000.10.19～2003.10.19

武汉顺达建筑安装工程有限公司
地址:湖北武汉市洪山区壕沟村99号
邮政编码:430070
证书注册编号:3400B0141
体系认证标准:GB/T 19002—1994 idt ISO 9002:1994
有效期:2000.10.19～2003.10.19

四川泸县建安工程总公司第三公司
地址:湖北武汉市洪山区壕沟村99号
邮政编码:430070
证书注册编号:3400B0141
体系认证标准:GB/T 19002—1994 idt ISO 9002:1994
有效期:2000.10.19～2001.4.18

哈尔滨市滨兰建筑工程公司
地址:黑龙江省哈尔滨市道外区长春街354号
邮政编码:150020
证书注册编号:3400B0142
体系认证标准:GB/T 19002—1994 idt ISO 9002:1994
有效期:2000.10.19～2003.10.19

哈尔滨市宏利门窗厂
地址:黑龙江省哈尔滨市道里区哈双公路北线1号
邮政编码:150070
证书注册编号:3400B0143
体系认证标准:GB/T 19002—1994 idt ISO 9002:1994
有效期:2000.10.19～2003.10.19

河北深州市方向机有限公司
地址:河北省深州市王家井镇马兰井
邮政编码:053873
证书注册编号:3400B0144
体系认证标准:GB/T 19002—1994 idt ISO 9002:1994
有效期:2000.10.19～2003.10.19

江苏仪征天宁化工股份有限公司
地址:江苏省仪征市前进路34号
邮政编码:211400
证书注册编号:3400B0145
体系认证标准:GB/T 19002—1994 idt ISO 9002:1994
有效期:2000.10.19～2003.10.19

盐城市贵鑫石油机械制造有限公司
地址:江苏盐都县大冈镇宁盐路58号
邮政编码:224043
证书注册编号:3400B0146
体系认证标准:GB/T 19002—1994 idt ISO 9002:1994
有效期:2000.10.19～2003.10.19

江阴市除尘空调设备有限公司
地址:江苏江阴市山观镇工业园28号
邮政编码:214437
证书注册编号:3400B0147
体系认证标准:GB/T 19002—1994 idt ISO 9002:1994
有效期:2000.10.19～2003.10.19

蒙阴新华石材有限公司
地址:山东省蒙阴县汶河路076号
邮政编码:276200
证书注册编号:3400B0148
体系认证标准:GB/T 19002—1994 idt ISO 9002:1994
有效期:2000.10.19～2003.10.19

江苏理工大学轻工泵研究所靖江耐腐蚀泵厂
地址:江苏省靖江市东郊新港闸
邮政编码:214513
证书注册编号:3400B0149
体系认证标准:GB/T 19002—1994 idt ISO 9002:1994
有效期:2000.10.19～2003.10.19

双鸭山市东煤锅炉厂
地址:黑龙江省双鸭山市尖山区尖山路东段
邮政编码:155100
证书注册编号:3400B0150
体系认证标准:GB/T 19002—1994 idt ISO 9002:1994
有效期:2000.10.19～2003.10.19

双鸭山市东煤锅炉安装公司
地址:黑龙江双鸭山尖山区尖山路东段

邮政编码:155100
证书注册编号:3400B0151
体系认证标准:GB/T 19002－1994 idt ISO 9002:1994
有效期:2000.10.19～2003.10.19

浙江省金华羽绒厂
地址:浙江省金华县蒋堂镇开化村
邮政编码:321071
证书注册编号:3400B0152
体系认证标准:GB/T 19002－1994 idt ISO 9002:1994
有效期:2000.10.19～2003.10.19

浙江省金华钢链厂
地址:浙江省金华县蒋堂镇
邮政编码:321071
证书注册编号:3400B0153
体系认证标准:GB/T 19002－1994 idt ISO 9002:1994
有效期:2000.10.19～2003.10.19

烟台环宇塑料工业有限公司
地址:山东省烟台市莱山区石沟屯新城北街19号
邮政编码:264003
证书注册编号:3400B0154
体系认证标准:GB/T 19002－1994 idt ISO 9002:1994
有效期:2000.10.19～2003.10.19

浙江省蒋堂农场
地址:浙江省金华县蒋堂镇开化村
邮政编码:321071
证书注册编号:WSQC3400B0001
体系认证标准:GB/T 19002－1994 idt ISO 9002:1994
有效期:2000.10.19～2003.10.19

锡山市西漳除湿设备厂(独资企业)
地址:江苏省无锡市锡澄路三号桥林新路10号
邮政编码:214171
证书注册编号:3400B0155
体系认证标准:GB/T 19002－1994 idt ISO 9002:1994
有效期:2000.11.3～2003.11.3

无锡万通实业有限公司
地址:江苏省锡山市坊前镇协新村
邮政编码:214111
证书注册编号:3400B0156
体系认证标准:GB/T 19002－1994 idt ISO 9002:1994
有效期:2000.11.3～2003.11.3

成都四友热浸镀锌厂
地址:四川省成都市郫县友爱镇
邮政编码:611735
证书注册编号:3400B0157
体系认证标准:GB/T 19002－1994 idt ISO 9002:1994
有效期:2000.11.15～2003.11.15

宜兴市华联化工厂
地址:江苏省宜兴市屺亭镇北首
邮政编码:214213
证书注册编号:3400B0158
体系认证标准:GB/T 19002－1994 idt ISO 9002:1994
有效期:2000.11.15～2003.11.15

温州市龙湾润滑液压设备厂
地址:浙江省温州市飞鹏巷6号
邮政编码:325000
证书注册编号:3400B0159
体系认证标准:GB/T 19002－1994 idt ISO 9002:1994
有效期:2000.11.15～2003.11.15

双鸭山天华建筑开发有限公司
地址:黑龙江双鸭山尖山区建设路7号
邮政编码:155100
证书注册编号:3400B0160
体系认证标准:GB/T 19002－1994 idt ISO 9002:1994
有效期:2000.11.15～2003.11.15

***苏州市环球电杆厂**
地址:江苏苏州市横塘镇吴越路88号
邮政编码:215009
电话:(0512)8238716
传真:(0512)8238716
法定代表人:赵根福
证书注册编号:3400B0161
体系认证标准:GB/T 19002－1994 idt ISO 9002:1994
获证体系覆盖产品:环形预应力混凝土电杆和环环形钢筋混凝土电杆的生产和服务
有效期:2000.11.15～2003.11.15

河南省伊川县变压器厂
地址:河南省伊川县城杜康花坛东
邮政编码:471300
证书注册编号:3400B0162
体系认证标准:GB/T 19002－1994 idt ISO 9002:1994
有效期:2000.11.15～2003.11.15

乌鲁木齐市自来水工程公司
地址:新疆乌鲁木齐市新华南路124号
邮政编码:830001
证书注册编号:3400B0163
体系认证标准:GB/T 19002－1994 idt ISO 9002:1994
有效期:2000.11.15～2003.11.15

中国第一汽车集团公司建筑维修厂
地址:吉林省长春市东风大街5号门里
邮政编码:130011
证书注册编号:3400B0164
体系认证标准:GB/T 19002－1994 idt ISO 9002:1994
有效期:2000.11.15～2003.11.15

绥化信达电器附件制造有限公司
地址:黑龙江省绥化市工农新村四委
邮政编码:152051
证书注册编号:3400B0165
体系认证标准:GB/T 19002－1994 idt ISO 9002:1994
有效期:2000.11.15～2003.11.15

烟台隆达树脂有限公司
地址:山东省烟台高新技术产业开发区宝源路6号
邮政编码:264003
证书注册编号:3400B0166
体系认证标准:GB/T 19002－1994 idt ISO 9002:1994
有效期:2000.11.22～2003.11.22

象山冶金电器设备厂
地址:浙江省宁波市象山丹城镇陆家村
邮政编码:315709
证书注册编号:3400B0167
体系认证标准:GB/T 19002－1994 idt ISO 9002:1994
有效期:2000.11.22～2003.11.22

***黑龙江省银河淀粉集团**
地址:黑龙江省讷河市大兴路东段路北
邮政编码:161300
电话:(0452)3391439　0452－3391277
传真:(0452)3391439

法定代表人:孙立国
证书注册编号:3400B0168
体系认证标准:GB/T 19002—1994 idt ISO 9002:1994
获证体系覆盖产品:雪花牌马铃薯系列淀粉(食用、工业)的生产和服务
有效期:2000.11.22~2003.11.22

上海中龙建筑安装工程有限公司
地址:上海龙华路1837弄2号102室
邮政编码:20003
证书注册编号:3400B0169
体系认证标准:GB/T 19002—1994 idt ISO 9002:1994
有效期:2000.11.22~2003.11.22

张家港市工艺美术印刷厂
(张家港建港卷烟配套材料有限公司)
地址:江苏省张家港市长安路335号
邮政编码:215600
证书注册编号:3400B0170
体系认证标准:GB/T 19002—1994 idt ISO 9002:1994
有效期:2000.11.22~2003.11.22

丹阳宏发汽车配件有限公司
地址:江苏丹阳市新桥镇晨阳南路1号
邮政编码:212322
证书注册编号:3400B0171
体系认证标准:GB/T 19002—1994 idt ISO 9002:1994
有效期:2000.11.22~2003.11.22

吴县市机关印刷厂
地址:江苏省吴县市东苑路54号
邮政编码:215128
证书注册编号:3400B0172
体系认证标准:GB/T 19002—1994 idt ISO 9002:1994
有效期:2000.11.22~2003.11.22

武安市凤凰山水泥厂
地址:河北武安市西寺庄乡东梁庄村南
邮政编码:056307
证书注册编号:3400B0173
体系认证标准:GB/T 19002—1994 idt ISO 9002:1994
有效期:2000.11.22~2003.11.22

邯郸市鼓兴水泥厂
地址:河北省武安市野河村南
邮政编码:056300
证书注册编号:3400B0174
体系认证标准:GB/T 19002—1994 idt ISO 9002:1994
有效期:2000.11.22~2003.11.22

鹤壁矿务局运输带厂
地址:河南省鹤壁市杨邑路2号
邮政编码:458020
证书注册编号:3400B0175
体系认证标准:GB/T 19002—1994 idt ISO 9002:1994
有效期:2000.11.22~2003.11.22

双鸭山市三利建筑开发有限公司
地址:黑龙江双鸭山市黑鱼泡路75号
邮政编码:155100
证书注册编号:3400B0176
体系认证标准:GB/T 19002—1994 idt ISO 9002:1994
有效期:2000.11.22~2003.11.22

中国核工业总公司七一九矿
赣州异型铜管厂
地址:江西省赣州市黄金开发区
邮政编码:341009
证书注册编号:3400B0177
体系认证标准:GB/T 19002—1994 idt ISO 9002:1994
有效期:2000.11.22~2003.11.22

青岛电信工程公司
地址:山东省青岛市丰县路27号
邮政编码:266071
证书注册编号:3400B0178
体系认证标准:GB/T 19002—1994 idt ISO 9002:1994
有效期:2000.11.22~2003.11.22

大庆油田电缆有限公司
地址:黑龙江省大庆市高新技术产业开发区高新路
邮政编码:163316
证书注册编号:3400A0179
体系认证标准:GB/T 19001—1994 idt ISO 9001:1994
有效期:2000.11.22~2003.11.22

宁夏伊斯兰地质工程公司
地址:宁夏回族自治区银川市新市区朔方路66号
邮政编码:750021
证书注册编号:3400B0180
体系认证标准:GB/T 19002—1994 idt ISO 9002:1994
有效期:2000.11.22~2003.11.22

安徽省利辛县特种环保用布厂
地址:安徽合肥市永红路17号209室
邮政编码:230061
证书注册编号:3400B0181
体系认证标准:GB/T 19002—1994 idt ISO 9002:1994
有效期:2000.11.22~2003.11.22

北京市私立新亚中学
地址:北京市朝阳区十八里店乡十八里店村886号
邮政编码:100023
证书注册编号:3400B0182
体系认证标准:GB/T 19002—1994 idt ISO 9002:1994
有效期:2000.12.1~2003.12.1

***唐山市新区压铸厂**
地址:河北省唐山市新区平安路北口
邮政编码:063030
电话:(0315)3242600
传真:(0315)3214913
法定代表人:翟守旺
证书注册编号:3400B0183
体系认证标准:GB/T 19002—1994 idt ISO 9002:1994
获证体系覆盖产品:铝铸件的制造和加工
有效期:2000.12.7~2003.12.7

***黑龙江垦区龙垦建设工程总公司**
地址:黑龙江省佳木斯市红霞路41号
邮政编码:154007
电话:(0454)8192327
传真:(0454)8782407
法定代表人:朱成寿
证书注册编号:3400B0184
体系认证标准:GB/T 19002—1994 idt ISO 9002:1994
获证体系覆盖产品:工业与民用建筑的施工和服务
有效期:2000.12.7~2003.12.7

河北中建工程有限公司
地址:河北石家庄市友谊北大街146号
邮政编码:050051
证书注册编号:3400B0185
体系认证标准:GB/T 19002—1994 idt

ISO 9002:1994
有效期:2000.12.7～2003.12.7

江阴市化纤设备厂
地址:江苏省江阴市周庄镇鸡龙山村
邮政编码:214423
证书注册编号:3400B0186
体系认证标准:GB/T 19002—1994 idt ISO 9002:1994
有效期:2000.12.7～2003.12.7

合肥市金球木业有限责任公司
地址:安徽省合肥市清溪路22号
邮政编码:230031
证书注册编号:3400B0187
体系认证标准:GB/T 19002—1994 idt ISO 9002:1994
有效期:2000.12.7～2003.12.7

武安市第三水泥厂
地址:河北省武安市北安庄乡同会村北
邮政编码:056300
证书注册编号:3400B0188
体系认证标准:GB/T 19002—1994 idt ISO 9002:1994
有效期:2000.12.7～2003.12.7

***鞍钢集团房产建设公司**
地址:辽宁鞍山市立山区光明街44号
邮政编码:114031
电话:(0412)6722088
传真:(0412)6315134
法定代表人:刘庆苏
证书注册编号:3400A0189
体系认证标准:GB/T 19001—1994 idt ISO 9001:1994
获证体系覆盖产品:工业与民用建筑工程的勘察、测量、设计和施工
有效期:2000.12.7～2003.12.7

河北省馆陶县建筑工程公司
地址:河北省馆陶县陶山街367号
邮政编码:057750
证书注册编号:3400B0190
体系认证标准:GB/T 19002—1994 idt ISO 9002:1994
有效期:2000.12.7～2003.12.7

天津市津水建筑工程公司
地址:天津市蓟县文昌街30号
邮政编码:301900
证书注册编号:3400B0191
体系认证标准:GB/T 19002—1994 idt ISO 9002:1994
有效期:2000.12.7～2003.12.7

宁波市北仑塑胶阀门厂
地址:浙江省宁波市北仑区横浦
邮政编码:315800
证书注册编号:3400B0192
体系认证标准:GB/T 19002—1994 idt ISO 9002:1994
有效期:2000.12.7～2003.12.7

***丹阳市宏铸涂料厂**
地址:江苏省丹阳市蒋墅镇
邮政编码:212364
电话:(0511)6612088　6612408
传真:(0511)6612313
法定代表人:何锁柱
证书注册编号:3400B0193
体系认证标准:GB/T 19002—1994 idt ISO 9002:1994
获证体系覆盖产品:氨基、丙烯酸、烘干磁漆、丙烯酸聚氨脂双组份漆的生产和服务
有效期:2000.12.7～2003.12.7

包头文鑫实业有限公司
地址:内蒙古包头市昆区西沙梁
邮政编码:014010
证书注册编号:3400B0194
体系认证标准:GB/T 19002—1994 idt ISO 9002:1994
有效期:2000.12.7～2003.12.7

包头文鑫稀土有限公司
地址:内蒙古包头市昆区西沙梁
邮政编码:014010
证书注册编号:3400B0195
体系认证标准:GB/T 19002—1994 idt ISO 9002:1994
有效期:2000.12.7～2003.12.7

河南省偃师市淀粉厂
地址:河南省偃师市诸葛镇诸葛村
邮政编码:471935
证书注册编号:3400B0196
体系认证标准:GB/T 19002—1994 idt ISO 9002:1994
有效期:2000.12.7～2003.12.7

株洲京电电力设备厂
地址:湖南省珠洲市新华东路156号
邮政编码:412003
证书注册编号:3400B0197
体系认证标准:GB/T 19002—1994 idt ISO 9002:1994
有效期:2000.12.7～2003.12.7

河北博陵摩擦材料有限公司
地址:河北省深州市王家井镇
邮政编码:053873
证书注册编号:3400B0198
体系认证标准:GB/T 19002—1994 idt ISO 9002:1994
有效期:2000.12.7～2003.12.7

河北金秋建筑工程有限责任公司
地址:河北省石家庄市和平路15号
邮政编码:050031
证书注册编号:3400B0199
体系认证标准:GB/T 19002—1994 idt ISO 9002:1994
有效期:2000.12.7～2003.12.7

合肥中舒木业有限责任公司
地址:安徽省合肥市潜山路264号
邮政编码:230031
证书注册编号:3400B0200
体系认证标准:GB/T 19002—1994 idt ISO 9002:1994
有效期:2000.12.7～2003.12.7

合肥市智德工贸有限责任公司
地址:安徽省合肥市濉溪路258号
邮政编码:230041
证书注册编号:3400B0201
体系认证标准:GB/T 19002—1994 idt ISO 9002:1994
有效期:2000.12.7～2003.12.7

廊坊华洋线缆有限公司
地址:河北省霸州市武将台工业区
邮政编码:065700
证书注册编号:3400B0202
体系认证标准:GB/T 19002—1994 idt ISO 9002:1994
有效期:2000.12.7～2003.12.7

淄博金城实业股份有限公司化工厂
地址:山东省淄博市淄川钟楼工业开发区277号
邮政编码:255130
证书注册编号:3400B0203
体系认证标准:GB/T 19002—1994 idt ISO 9002:1994
有效期:2000.12.19～2003.12.14

安徽省肥东纺织厂

地址:安徽省肥东县龙泉西路 97 号
邮政编码:231601
证书注册编号:3400B0204
体系认证标准:GB/T 19002—1994 idt ISO 9002:1994
有效期:2000.12.19～2003.12.14

鞍钢实业发展总公司轧辊堆焊厂(含鞍钢实业发展总公司民企焊接材料厂)
地址:辽宁省鞍山市立山区灵山村灵山检查站南 50 米路东
邮政编码:114021
证书注册编号:3400B0205
体系认证标准:GB/T 19002—1994 idt ISO 9002:1994
有效期:2000.12.19～2003.12.14

山东潍坊渤海新型防水材料有限公司
地址:山东省寿光市台头镇
邮政编码:262735
证书注册编号:3400B0206
体系认证标准:GB/T 19002—1994 idt ISO 9002:1994
有效期:2000.12.19～2003.12.14

浙江南塑包装有限公司
地址:浙江苍南灵溪镇工业园区水门村
邮政编码:325800
证书注册编号:3400B0207
体系认证标准:GB/T 19002—1994 idt ISO 9002:1994
有效期:2000.12.19～2003.12.14

河南省新郑金叶香料有限公司
地址:河南省新郑市人民路东段
邮政编码:451150
证书注册编号:3400B0208
体系认证标准:GB/T 19002—1994 idt ISO 9002:1994
有效期:2000.12.19～2003.12.14

河南省洛阳市葡萄糖厂
地址:河南省偃师市诸葛镇
邮政编码:471935
证书注册编号:3400B0209
体系认证标准:GB/T 19002—1994 idt ISO 9002:1994
有效期:2000.12.19～2003.12.14

安徽新科电器电缆总厂
地址:安徽省无为县 108 信箱
邮政编码:238331
证书注册编号:3400B0210
体系认证标准:GB/T 19002—1994 idt ISO 9002:1994
有效期:2000.12.19～2003.12.14

大庆油田威泰门窗厂
地址:黑龙江省大庆市让胡路区西槐路 17—25 号
邮政编码:163453
证书注册编号:3400B0211
体系认证标准:GB/T 19002—1994 idt ISO 9002:1994
有效期:2000.12.19～2003.12.14

大庆油田威泰门窗有限公司
地址:黑龙江省大庆市让胡路区西槐路 17—25 号
邮政编码:163453
证书注册编号:3400B0212
体系认证标准:GB/T 19002—1994 idt ISO 9002:1994
有效期:2000.12.19～2003.12.14

慈溪市宏发电器有限公司
地址:浙江慈溪市横河镇龙泉路 38 号
邮政编码:315318
证书注册编号:3400B0213
体系认证标准:GB/T 19002—1994 idt ISO 9002:1994
有效期:2000.12.19～2003.12.14

淮北市第一针织厂
地址:安徽省淮北市古城路 93 号
邮政编码:235000
证书注册编号:3400B0214
体系认证标准:GB/T 19002—1994 idt ISO 9002:1994
有效期:2000.12.19～2003.12.14

本溪钢铁公司冶专机械厂
地址:辽宁本溪市明山区文化路 42 号
邮政编码:117022
证书注册编号:3400B0215
体系认证标准:GB/T 19002—1994 idt ISO 9002:1994
有效期:2000.12.19～2003.12.14

浙江海圳荣液化石油气工业有限公司
地址:浙江省临海市巾山中路 34—1 号
邮政编码:317000
证书注册编号:3400B0216
体系认证标准:GB/T 19002—1994 idt ISO 9002:1994
有效期:2000.12.19～2003.12.14

偃师市水泥一厂
地址:河南省偃师市诸葛镇诸葛村
邮政编码:471935
证书注册编号:3400B0217
体系认证标准:GB/T 19002—1994 idt ISO 9002:1994
有效期:2000.12.19～2003.12.14

云南华升建筑工程公司
地址:云南省昆明市环城南路 95 号
邮政编码:650041
证书注册编号:3400B0218
体系认证标准:GB/T 19002—1994 idt ISO 9002:1994
有效期:2000.12.19～2003.12.14

白山市建筑工程总公司
地址:吉林省白山市建设大街 55 号
邮政编码:134300
证书注册编号:3400B0219
体系认证标准:GB/T 19002—1994 idt ISO 9002:1994
有效期:2000.12.19～2003.12.14

清远市威进电子有限公司
地址:广东省清远市清城区龙塘镇龙新街 108 号
邮政编码:511540
证书注册编号:3400B0220
体系认证标准:GB/T 19002—1994 idt ISO 9002:1994
有效期:2000.12.19～2003.12.14

潮阳市友情精细化工实业有限公司
地址:广东潮阳市平北工业区中街九幢
邮政编码:515100
证书注册编号:3400B0221
体系认证标准:GB/T 19002—1994 idt ISO 9002:1994
有效期:2000.12.19～2003.12.14

山西省公路局临汾道桥工程总公司
地址:山西省临汾市解放东路 15 号
邮政编码:041000
证书注册编号:3400B0222
体系认证标准:GB/T 19002—1994 idt ISO 9002:1994
有效期:2000.12.19～2003.12.14

北京市金兆都物资有限公司
地址:北京市大兴县前高米店
邮政编码:102600
证书注册编号:3400B0223
体系认证标准:GB/T 19002—1994 idt ISO 9002:1994
有效期:2000.12.27～2003.12.14

北京雨润食品有限公司

地址:北京市通州区台湖镇口子村东
邮政编码:101116
证书注册编号:3400A0224
体系认证标准:GB/T 19001—1994 idt ISO 9001:1994
有效期:2000.12.27～2003.12.14

＊武进市飞达摩托车配件厂
地址:江苏省武进市洛阳镇东尖村
邮政编码:213105
电话:(0519)8551378
传真:(0519)8552008
法定代表人:顾燕兴
证书注册编号:3400B0225
体系认证标准:GB/T 19002—1994 idt ISO 9002:1994
获证体系覆盖产品:摩托车减震器的生产和服务
有效期:2000.12.27～2003.12.27

烟台龙益机械有限公司(原烟台皮革机械厂、烟台造锁设备厂)
地址:山东烟台芝罘区凤凰台路92号
邮政编码:264002
证书注册编号:3400A0226
体系认证标准:GB/T 19001—1994 idt ISO 9001:1994
有效期:2000.12.27～2003.12.14

临西汽车液压件厂
地址:河北临西县河西镇西2公里路南
邮政编码:054901
证书注册编号:3400B0227
体系认证标准:GB/T 19002—1994 idt ISO 9002:1994
有效期:2000.12.27～2003.12.14

北京钰丰通信技术有限公司
地址:北京市海淀区知春路17号4号楼三层301
邮政编码:100083
证书注册编号:3400B0228
体系认证标准:GB/T 19002—1994 idt ISO 9002:1994
有效期:2000.12.27～2003.12.14

海南省第一建筑工程公司
地址:海南省海口市海秀路30号
邮政编码:570206
证书注册编号:3400B0229
体系认证标准:GB/T 19002—1994 idt ISO 9002:1994
有效期:2000.12.27～2003.12.14

锡山市选煤机厂
地址:江苏省锡山市陆区镇盛岸村
邮政编码:214156
证书注册编号:3400B0230
体系认证标准:GB/T 19002—1994 idt ISO 9002:1994
有效期:2000.12.27～2003.12.14

平顶山泰克斯特高级润滑油有限公司
地址:河南省平顶山市新程街北口
邮政编码:467000
证书注册编号:3400B0231
体系认证标准:GB/T 19002—1994 idt ISO 9002:1994
有效期:2000.12.27～2003.12.14

西山煤电集团公司新技术产业发展中心(含西山煤电集团有限公司太原杰森家私公司、西山煤电集团有限公司太原杰森木业公司)
地址:山西省太原万柏林区红沟靶场路2号
邮政编码:030053
证书注册编号:3400B0232
体系认证标准:GB/T 19002—1994 idt ISO 9002:1994
有效期:2000.12.27～2003.12.14

唐山华丰铝塑复合制管有限公司
地址:河北唐山新区区政府北62中东
邮政编码:063030
证书注册编号:3400B0233
体系认证标准:GB/T 19002—1994 idt ISO 9002:1994
有效期:2000.12.27～2003.12.14

海盐罗马实业有限公司
地址:浙江省海盐县经济开发区新桥北路333号
邮政编码:314300
证书注册编号:3400B0234
体系认证标准:GB/T 19002—1994 idt ISO 9002:1994
有效期:2000.12.27～2003.12.14

本溪电信工程局
地址:辽宁本溪市明山区小堡电信大楼
邮政编码:117022
证书注册编号:3400B0235
体系认证标准:GB/T 19002—1994 idt ISO 9002:1994
有效期:2000.12.27～2003.12.14

＊白城市第一建筑工程总公司
地址:吉林省白城市青年南大街九号
邮政编码:137000
电话:(0436)3222551
传真:(0436)3224545
法定代表人:王永山
证书注册编号:3400B0236
体系认证标准:GB/T 19002—1994 idt ISO 9002:1994
获证体系覆盖产品:工业与民用建筑工程的施工、安装和服务
有效期:2000.12.29～2003.12.14

西安市阎良宏远建筑工程公司
地址:陕西西安阎良区人民路西段北侧
邮政编码:710089
证书注册编号:3400B0237
体系认证标准:GB/T 19002—1994 idt ISO 9002:1994
有效期:2000.12.29～2003.12.14

温州市亚美包装有限公司
地址:浙江省温州市龙港镇宫后南路1001号
邮政编码:325802
证书注册编号:3400B0238
体系认证标准:GB/T 19002—1994 idt ISO 9002:1994
有效期:2000.12.29～2003.12.14

新郑市电力变压器有限公司
地址:河南省新郑市辛店工业区
邮政编码:451184
证书注册编号:3400B0239
体系认证标准:GB/T 19002—1994 idt ISO 9002:1994
有效期:2000.12.29～2003.12.14

＊青岛钢铁控股集团有限责任公司
地址:山东省青岛市遵义路5号
邮政编码:266043
电话:(0532)4816761
传真:(0532)4816057
法定代表人:王玉科
证书注册编号:2101B0009
获证体系覆盖产品:无扭控冷热扎盘条、热轧型钢和连铸方坯
有效期:20001.1.20～2003.12.14

注:凡加注"＊"的认证企业,是在本卷次中做企业形象宣传及参加名录刊载的企业,请参看广告索引。

局长：李鹏程

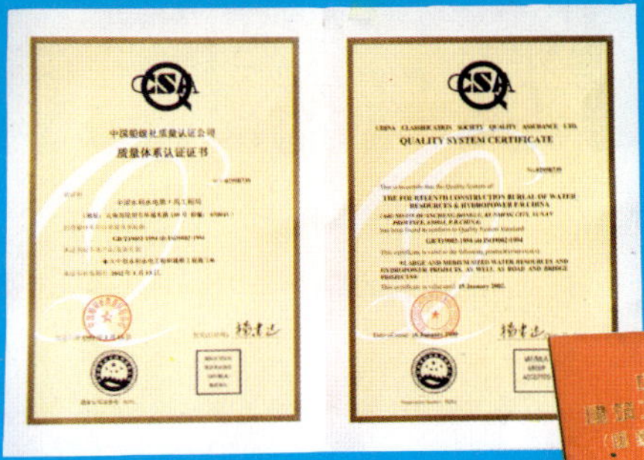

质量体系认证证书

中国水利水电第十四工程局

地址：云南省昆明市环城东路192号　邮码：650041　电话：（0871）3376213　传真：（0871）3333460　法人：李鹏程

竣工后的小浪底中闸室

建设中的三峡厂房坝段

小浪底水利枢纽工程首部洞室群全貌

创建于1954年的中国水利水电第十四工程局，是以水利水电建筑安装工程为主的大型施工企业，位居全国500家最大经营规模建筑企业第58名。具有工程总承包一级企业资质、公路施工一级企业资质和对外经营权。

水电十四局现有职工11800名，其中专业技术人员占30%，获得资质的项目经理246人。全局总资产9.1亿元，技术装备总值5.4亿元，拥有各种施工设备4000余台（套）。年施工能力为：挖填土石方1000万立方米，混凝土浇筑100万立方米，金属结构制作安装1万吨，安装水轮发电机组成150万千瓦。

40多年来，水电十四局已建成大中小型水电站150余座，安装水轮机组260余台，完成装机总容量686万千瓦；修筑公路700多公里，建筑房屋面积55万平方米。目前在建项目有长江三峡、黄河小浪底、福建棉花滩、云南大朝山等40余项工程，同时在国外承建电站、公路等工程。1999年，全局完成总产值113037万元，工程质量合格率100%，优良率84.4%。近20年来，该局获部、省级以上科技进步奖53项，其中国家级科技成果奖19项，被评为“全国建筑业科技领先百强企业”。

水电十四局始终坚持“一流的质量、顾客的期望、我们的追求”的质量方针，建立健全了科学的质量管理体系，于1999年元月通过了国家ISO9002质量体系认证。近十年来，该局已建工程获部省以上优质工程奖9项，其中鲁布革电站大坝和广州抽水蓄能电站一期工程分别荣获国家质量最高奖－鲁班奖，并被评为“全国百家产品质量信得过企业”。

河北省水利水电第二勘测设计研究院

地址：河北省石家庄市平安南大街107号
邮码：050021
电话：（0311）6012798
传真：（0311）6012727
院长（法人代表）：蔡骥利

大浪淀水库叶三拨枢钮泵站

易县五一渠第四级水电站

河北省水利水电第二勘测设计研究院系国家甲级设计单位。设有以水利水电勘测设计为主的勘察、测绘、规划、水文、水工、机电、金结、概预算、工民建等专业。可承担水利水电工程的勘测、规划、设计和科研等技术业务，并能为项目业主提供工程咨询、工程监理、工程建设总承包等技术服务。

本院于2000年8月通过ISO9001质量体系认证，愿竭诚为国内外客户提供优质的服务。

北京电铁通信信号勘测设计院

北京电铁通信信号勘测设计院是国家甲级设计单位，具有工程总承包甲级资格。1996年12月通过国际ISO9001质量体系认证。1999年12月通过复评。

本院组织机构健全、专业门类配套完整、技术力量雄厚、勘测设计装备精良、承担着电气化铁路通信、信号、电气化防护、电力和房建工程的标准和规范的制定、勘测设计、标准设计、科研、应用技术研究开发，同时还承担城市快速铁路、高速公路、工业与民用建筑等工程设计和技术咨询等工作。本院在工程设计、科研中严守“技术先进、质量一流、信守合同、确保工期”的质量方针。

设计院院长：马其祥

◆地址：北京万寿路南口金家村1号　邮码：100036
◆电话：(010)63246277　63246297　传真：(010)68165307　63246357

浙江省水利水电勘测设计院

党委书记、院长：徐成章

浙江省水利水电勘测设计院（ZDWP）成立于1956年2月，具有甲级工程设计、甲级工程勘察、甲级水文水资源调查评价、甲级水土保持、甲级工程咨询、甲级工程总承包及乙级环境工程设计、乙级环境评价、乙级建筑设计、乙级建设工程监理等资质。1997年底获得北京中设质量体系认证中心GB/T19001–ISO9001质量体系认证证书，1998年证书得到国际互认。全院现有职工450人，其中有各类专业高级职称人员80多人，中级职称人员130人，监理工程师20人。

建院40多年来承担过浙江省内主要流域的综合规划和大中型水库、水闸、海涂围垦、中小型水电站、抽水蓄能电站及工业民用建筑等大批建设项目的勘测设计，曾获得国家、省、部和厅级优秀设计、优质工程奖155多项。还先后为多哥、马里、利比里亚、尼泊尔、斐济和老挝等国的水利水电工程承担规划和勘测设计。

浙江省水利水电勘测设计院本着"保证质量、优良服务、信守合同、顾客满意"的十六字质量方针，凭借雄厚的技术实力，愿与社会各界真诚合作，共创美好未来。

盐官排涝枢纽工程

横山水库扩建工程

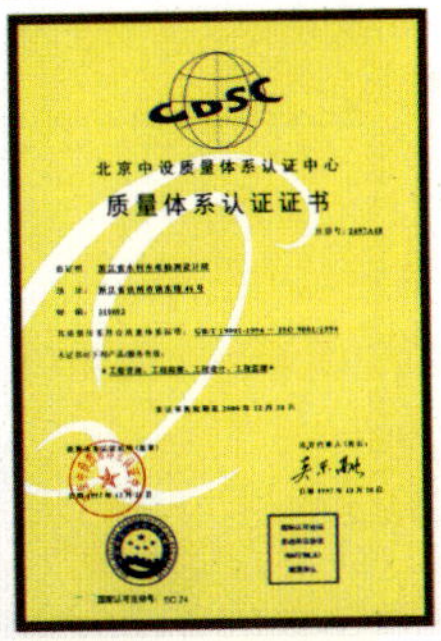

地址：浙江省杭州市上城区镇东楼46号　邮码：310002
电话：（0571）6076982　传真：（0571）6052851
电子信箱：zdwp@mail.hz.zj.cn

（背景照片：里石门水库工程）

南京市水利建筑工程总公司

南京棉麻仓库码头工程

南京长江二桥接线小江河大桥工程

南京新庄立交桥工程

南京江宁河闸工程

83627部队基建工程

南京市水利建筑工程总公司建于1969年，是南京市水利系统的老国有企业，历年来承担过长江南京段整治及防洪墙江堤达标工程施工，亦曾建设了南京热电厂兴隆洲灰场堵汉工程和利港、常熟、扬州等电厂的灰场工程，参加承建的京航运河丹阳段和常州段航道整治工程被评为部优工程，现已发展为具有国家壹级资质的企业。

近几年来，总公司又参加承建了南京长江二桥小江河大桥、南京新庄立交桥、南京江宁河闸、83627部队基建及长江重要堤防隐蔽工程等国家及省市重点工程，连续几年被南京市人民政府授予安全生产先进单位、被南京市建委授予"有功单位"等荣誉称号。

总公司于2001年2月通过符合ISO9002标准要求的质量体系认证。该体系覆盖范围为：水利水电（含码头施工）工程、公路工程、市政工程、工业与民用建筑工程的施工和服务全过程。

通讯地址：江苏省南京市秦淮区七里街86号　邮码：210001

电话：（025）4592106　（025）4592633-8821　传真：（025）4592106　法人代表：马忠顺

中国人民武装警察

法人代表、总队长：何真祥

中国人民武装警察部队水电第一总队（江南水利水电工程公司）是一支组织军事化、管理科学化、装备现代化、专业齐全、技术力量雄厚的国家水利水电建筑安装一级施工企业，具有承担大中型水利水电工程施工能力，擅长坝工建筑及地下工程施工，亦可承担工业及民用建筑、铁路、桥梁、公路等土建工程施工。

几十年来，先后建成了四川狮子滩、大洪河、上洞、回龙寨、下洞、石棉、映秀湾水电站，河北省潘家口水利枢纽一、二期工程、引滦入还及引还入陡以及首都机场和市政工程等一大批大型优质水利水电工程和其他工程，为祖国的能源建设和社会主义现代化建设事业作出了突出的贡献，获得过不少殊荣。在潘家口水库建设中，曾获“金奖之师”的荣誉称号。目前正在建设和参加建设的项目有广西天生桥一级水电站C3标（大坝和溢洪道）工程、天生桥二级水电站、长江三峡水利枢纽工程、贵州洪家渡等大型水电站工程和长江堤防加固工程。

公司始终坚持以“质量是企业的生命”为宗旨，以顾客为中心，按照ISO9002质量管理和质量保证标准建立质量体系。公司愿以科学的管理、良好的信誉、一流的设备和先进的科学技术为用户创建优质工程。

公司质量方针“以科技为先导，以质量求信誉，创建一流水平的工程，为顾客和其他受益者提供优质产品和服务”。

天生桥二级水电站厂房后380米高边坡治理，获国家科技二等奖

天生桥一级水电站溢洪道开挖和大型闸门安装

部队水电第一总队
（江南水利水电工程公司）

天生桥二级水电站碾压混凝土坝（引水系统为3条长10公里，直径8.7米的隧洞）

天生桥一级水电站C3标工程大坝（坝高178米，为砼面板堆石坝，属世界第二、亚洲第一）

天生桥二级水电站厂房全貌

天生桥二级水电站发电机组，装机（6X22）132万KW

● 地址：广西隆林天生桥
● 邮码：533409
● 电话：（0776）8460192
● 传真：（0776）8460196

新疆水利水电建设工程局

新疆水利水电建设工程局是自治区规模最大、技术力量最强的水利水电建设施工一级企业，具有在泥砂软岩地带施工大断面输水隧洞、砼拱坝、面板坝、粘土心墙坝、金属结构制作安装、输变电线路的架设、处理复杂的地质基础、公路及民用建筑等施工经历。为新疆水利建设事业发挥主力军作用的同时，工程质量得到了建设单位的认可和赞誉。博斯腾湖扬水站工程荣获国家银质奖和水利部金质奖，克孜尔水库工程荣获2000年中国建筑工程鲁班奖，托海电站等多项区内工程被评优良等级。

工程局于2000年11月通过认证审核，取得了GB/19002-ISO9002质量体系认证，我们的质量方针是“科学管理、精益求精、信守合同、追求更好”，保证为业主建造满意的工程，热忱欢迎各方业主与我局真诚友好地合作。

▶新工局承建的巴州博斯腾湖扬水站工程获国家银质奖、水利部金质奖

▶新工局承建的伊犁托海电站

新工局承建的克孜尔水库副坝一角

◀我局承建的博州鄂托克赛尔水库工程

地址：新疆乌鲁木齐市
新华南路65号
邮码：830001
电话：(0991)2873679　2872087
传真：(0991)2855136

处长:王跃青

交通部
第二公路工程局
第四工程处

地址:河南省洛阳市瀍河区杨文向阳路8号　　邮码:471013
电话:(0379)3651395　　传真:(0379)3651252
Email:fdsheb@public2.lyptt.ha.cn　　http://www.lootech.com.cn

处质量方针: 质量为本　追求优良　满意业主

交通部第二公路工程局第四工程处,组建于1982年,具有国家公路工程施工一级资质,总部设在九朝古都洛阳。四处现有职工1180余人,各类专业技术人员380余人,并拥有国内外各类现代专用大型施工设备和微机联网指挥系统,年施工生产能力4-5亿元。

四处先后在四川、宁夏、河南、贵州、河北、山东、浙江、江苏、湖北、广东、甘肃等十多个省市、自治区,承建公路工程500多公里,其中高等级公路300多公里,并赴也门、卢旺达等国承建公路工程、给排水及市政工程,取得良好效益。国内多项工程被评为省市级优良工程,自1992年以来蝉联"河南省施工企业50强"企业,曾荣获"洛阳市二十强"企业和"全国优秀施工企业"的称号。

四处诚愿与同仁一道继续致力于国家公路建设,不断提高企业管理水平,以优良精品工程和完善的服务答谢社会各界的厚爱!

310高速公路开(封)洛(阳)段

京珠高速公路化(马湾)临(沂)段

同三线高速公路栖(霞)莱(西)段郝家楼大桥

英国帕克3000型沥青砼拌和楼

奋进中de济源市公路工程公司

总经理：葛会元

济源市公路工程公司是一支专业化路桥施工队伍，拥有现代化施工生产设备及专业路桥检测仪器236套，具有中高级职称人员200人，年产值3000余万元。先后中标承建了小浪底、国道207、省道304线、济阳公路及桥梁隧道等工程，工程合格率100%，优良率85%。已通过ISO9002质量认证。

为开拓公路建设市场，最高管理者总经理葛会元制订了"以精湛的技艺辅架优良工程，以不懈的努力追求顾客满意"的质量方针，必将使公司的质量管理水平再上一个新台阶，在公路建设市场中再创辉煌。

国道207沁河大桥

小浪底专用公路

地址：河南省济源市天坛中路162号　邮码：454650
电话：(0391)6693381　传真：(0391)6663337

保定市交通局公路工程处

党总支书记、处长：吴刊峰

保定市交通局公路工程处始建于1956年，历经多次合并，隶属于保定市交通局。工程处设置有工程一队，工程二队，工程三队，拌合场，机械队，招标办公室等十二个部门。拥有固定资产14900万元，生产性固定资产占90%左右，已发展成为承包高等级公路工程施工的国家一级资信单位、河北省交通厅一级施工单位。1996年率先在全省获得ISO9002国际质量体系证书。

工程处在路基土方、路面底基层、沥青混凝土路面、桥梁混凝土、机械设备保障、沥青拌合等工程施工中形成了机械化施工体系，具备了对高等级公路施工从路基到路面的机械化综合施工能力，拥有修建桥梁从基础到上部构造施工所需的整套机械设备。现代化的机械设备为保证工程质量、促进工程进度奠定了坚实的基础。

2000年，工程处承接了津保南线、朝阳路北延工程、保阜公路B合同段、倒马关2号大桥、大石峪大桥等工程。上述工程都是保定市连接周边省市的重要通道，为沟通保定市交通动脉的主要干线，是保定市政府为建设新保定，发展保定大交通的重点工程，也是保定市公路新改建工程项目中任务最重、标准最高、难度最大的工程。2000年我处继续实施了"形象工程"和"精品工程"战略，做到了以精品工程为中心，以形象工程为重点，形成了以精品工程为主线，以形象工程为龙头，集行政管理和技术管理为一体的管理体系。在近两年通过的竣工验收项目中，全部项目均被评为优良。

办公楼

地址：河北保定市花椒园街48号
电话：(0312)2024259
邮码：071000

董事长兼总经理：狄俊煜

公交调度指挥中心大楼

座落在山青水秀，环境幽雅的柳州市高新技术开发区旁的汽车大修厂

三分公司停车场一角

柳州市公共交通有限责任公司现有员工2400多人，拥有公共汽车615标台，公共汽车线路30条，日均运客量45万多人次。公司占地总面积500多亩，修建了具有古典建筑风格的公交调度指挥中心大厦，公司办公全部实行计算机系统网络管理。公司大修厂建筑面积达19400多平方米，装备了具有现代高科技技术的修理设备，技术力量雄厚。建设有11个能容纳50至300辆不等的公共汽车停车场，集生产、生活、保修为一体。公共汽车全部实行电脑自动宣传报站，乘客实行持IC卡划值乘车。公司2000年运营收入10819万元。实现税利1363万元。各项经济技术指标的完成处于行业先进水平。

柳州市公共交通有限责任公司 地址：广西柳州市三中路140号 电话：(0772)2824665 http:\www.Lzggjt.com.cn

中国石化集团茂名石化港口公司

地址：广东省茂名市水东经济开发区　邮码：525027　电话：（0668）2681981　传真：（0668）2680287

中国石化集团茂名石化港口公司地处广东省茂名市水东经济开发区，毗邻香港、澳门，面向东南亚，背靠大西南。主要从事原油接卸，成品油、液体化工产品及杂货装卸，所经营港口是国家一类口岸。

公司现拥有三万吨级和三千吨成品油码头、三千吨级液体化工码头、二万吨级杂货码头各一座（另有一万吨级成品油码头年内建成投产）；拥有25万吨级原油单浮系泊一个，年吞吐能力1700万吨。公司不但能提供完善的码头装卸、仓贮、管输业务，还可提供包括船务代理、外轮理货、集装箱运输、报关报检等配套服务。

在跨入新千年之际，港口公司郑重承诺：将继续奉行"质量第一、顾客至上"的宗旨，为顾客提供更优质的服务。

靠泊装油的万吨油轮

公司领导班子成员（中左1为公司经理李小平）

杂货码头大型堆场

25万吨级油轮靠泊单浮卸油

长江水利委员会长江科学院

长江科学院是隶属于长江水利委员会的综合性科学研究机构，历经50年的光辉历程。在治理开发长江水资源的科学研究中，先后承担了举世瞩目的长江三峡、葛洲坝、清江隔河岩、高坝洲、水布垭、汉江丹江口、赣江万安等300余项国家重点大型水利枢纽以及南水北调中线工程、长江中下游防洪与河道治理工程的科研论证，工程设计、工程监理、安全监测、工程质量检测。其研究成果荣获国家科技进步特等奖、一等奖及部、省、市级科技进步奖300余项，科技服务范围已由水利水电科学研究拓展到城市建筑、机电设备、医疗设备、生态环境、矿山、公路、机场、核电站、隧道等工程领域。2000年依托自身的科技实力承担了长江重要提防隐蔽工程的设计、科研、工程监理与检测、提防安全监测等科技服务项目。

我院始终坚持质量第一的方针，建立了完整的质量体系。2000年7月通过GB/T19001-1994-ISO9001:1994标准质量体系认证。成为我国水利行业首家通过ISO9001质量体系认证的科研机构。

党委书记、副院长：王德厚（教授级高工）

地址：湖北省武汉市黄浦路23号
邮码：430010
电话：（027）82829710
传真：（027）82829726 （027）82829780
电子邮件：faoyrsri@Public.wh.hb.cn

长江流域水旱灾情及生态环境动态监测系统

1:150长江三峡水利枢纽坝区泥沙模型试验

黑龙江电力建设监理有限责任公司

地址：黑龙江哈尔滨市南岗区民益街167 邮码：150006
电话：(0451)3664429 3686117 电子信箱：ldjlsy@china.com

公司总经理、教授级高工：卢国财

黑龙江电力建设监理有限责任公司持有原电力部和国家建设部颁发的甲级监理企业资质。经营范围为一般工业与民用建筑安装一、二、三等工程、电力工业建筑安装一、二、三等工程的建设监理；技术咨询与工程造价咨询业务。公司按ISO9002标准进行贯标认证工作，于2000年通过质量体系认证。公司现有在编职工98人，具有工程、经济等中级以上职称的占总数的91%，其中：教授级高级工程师15人，国家注册监理工程师26人，注册造价师4人。

公司自组建以来，监理的工程项目已达65个。公司以守法、诚信、公正、科学的工作准则，积极主动、客观公正地开展监理业务。全体员工团结敬业、守法履约、公正廉洁，在工程项目中，按照监理委托合同、国家、行业及地方有关法规、规程及设计文件等严格工程监理，深受业主的好评，并在社会上赢得了良好的信誉。

公司力求以科学规范的管理内涵、综合全面的专业素质、恪尽职守的优良作风、一诺千金的信誉保证，为业主提供全方位的优质服务。公司愿与各界真诚合作、携手前进、共创辉煌！

公司承担的黑龙江省广播电视发射塔（336米）钢结构监造工程

公司正在承担监理的七台河发电厂(2×350MW)新建工程

产品质量认证管理

产品质量认证管理国家认可机构

CNACP 二〇〇〇年度工作总结

CNACP 秘书处　刘卓慧

2000 年是 CNACP 加强机构自身建设，强化内容管理，建立健全质量体系，实施规范运作，为积极迎接国际同行评审打好基础的一年。CNACP 秘书处按照年初制定的工作目标，在各位委员的关心和大力支持下，经过全体人员的共同努力，在提供技术服务、实施监督管理、加强内部建设和参与国际活动等方面均取得了很大进展。

现就 2000 年 1 月至 2000 年 12 月 CNACP 的主要工作情况报告如下：

1. 加强机构自身建设，健全和完善内部质量体系

CNACP 自并入中国合格评定国家认可中心以来，就在严格管理，完善机制，规范运作，提高素质上下功夫。特别是今年，随着进入 WTO 日期的临近，产品认证的重要性越来越为人们所关注。产品认证事业的发展对认证机构、认可机构都提出了越来越高的要求，为适应机构改革和市场经济的发展，CNACP 必须不断提高自身的管理水平，提高服务意识，为广大认证机构提供良好的技术支持，以此来实现有效监督的目的。经过秘书处全体人员的共同努力，CNACP 秘书处在原有质量体系文件的基础上，总结近两年实践经验，并借鉴认可中心其他委员会（CRBA、CNACR、CNACL）的经验，形成了一套完整的 CNACP 质曹体系文件，并于 2000 年 12 月 8 日正式发布实施。

2. 做好《中国产品认证机构国家认可规范》等技术文件的宣贯工作，为实施认可的产品认证机构提供技术依据

为大力推动我国产品认证事业的发展，推进产品认证机构国家资格认可工作，适应我国社会主义市场经济对产品认证的新要求，适应我国加入 WTO 后世贸组织规则的要求，CNACP 于 2000 年 4 月 20 日至 4 月 23 日在北京举办了一次认可规范宣贯会。本次会议是 CNACP 近年来举行的规范最大、内容最多、技术性最强的一次宣贯会。各产品认证机构及其分支检验/检查机构、部分质量体系认证机构的代表 120 多人参加了会议。会议得到了国家质量技术监督局特别是认证与实验室评审管理司的领导们的大力支持，得到了各位委员和专家们的大力支持。谢军副司长、薄玉民处长、李春田副主任委员分别在会上就产品认证/认可工作的改革与发展，实施产品认证/认可的重要性等问题做了重要讲话。CNACP 的专家委员李学方对“产品认证机构认可通用要求”（CNACP110-99）及“产品认证机构认可通用要求说明”（CNACP210-99）等认可规范做了讲解。会议不仅就 CNACP 等同翻译、制定、发布的认可规范进行了全面的宣贯，还就我国产品认证的现状和存在问题进行了专题讨论。

为了能让拟申请认可的认证机构充分理解认可准则的要求，清楚地了解认可过程的运作程序，CNACP 还应某些认证机构的要求专门提供培训和宣贯，使机构对认可的技术要求和申请过程更加清楚明确，减少不必要的环节，为下一步接受 CNACP 的认可创造便利。

3. 注重认证机构专业能力管理，积极配合做好产品认证审查员培训、注册管理工作

我国自 1981 年成立第一家产品认证机构至今，国家质量技术监督局先后批准了 23 家产品认证机构，这些机构分别从事着各类产品认证工作。由于产品认证直接关系到产品的实物质量，其更侧重于对产品认证的生产过程、检验过程及产品形成的关键过程的质量控制，突出了专业性的要求，因此在产品认证工作中，更加注重对审查人员的专业能力和技术水平的要求。

中国产品质量认证机构国家认可委员会在对产品认证机构实施资格认可时，明确提出了从事产品认证工作的审查人员必须具备相应的专业技术能力，这在CANCP的认可规范及国际准则中都有明确规定。如何尽快地建立一支具有专业能力的产品认证审查员队伍，满足特定产品认证工作的需要，以及如何实施产品认证机构审查员的专业知识培训、考核和注册管理，是许多产品认证机构特别是认证人员资源还不太充分的一些新组建的产品认证机构十分关心的问题。尽管各产品认证机构认证专业不同，但相应的培训、考核和注册管理工作应具有统一的原则。因此，一些产品认证机构积极建议开展产品认证审查员的培训和注册工作。

为顺应我国产品认证工作发展的需要，满足产品认证机构对产品认证审查员的需要，从而更好地保证产品认证的有效性，中国认证人员国家注册委员会（CRBA）于2000年4月11日发布实施了《产品认证审查员注册准则》和《产品认证审查员培训课程批准准则》，并在中国产品质量认证机构国家认可委员会（CNACP）的支持和配合下，已开始启动产品认证审查员的培训和注册试点工作，从试点的情况看，参加先期试点培训的学员普遍感到收获很大。许多机构积极申请参与试点工作。在CNACP和各有关产品认证机构的全力支持和配合下，中国认证人员国家注册委员会（CRBA）依据对产品认证审查员的有关注册规定，已批准了汽车产品认证审查员15人、实习审查员21人。结合产品认证中质量体系审核所依据的ISO9000：2000版标准转换的要求，完成了对水泥产品类别审查员的培训及课程批准工作，已有近80人参加了培训、考核，这批人中已具备CRBA注册资格的级别审核员将被批准转换注册为水泥产品认证审查员，现注册申报工作正在进行中。

4. 加强监督管理，做好认可初次评审与年度监督评审工作

2000年，CNACP秘书处在实施认证机构资格认可方面扎实工作，稳步推进。在巩固现有工作成果的基础上，按照新版认可规范的要求，经过严格的现场评审及认证项目的见证，完成了对中国电磁兼容认证中心、香港安全认证中心、中国农机产品质量认证中心等3家产品认证机构的资格认可，并受理了汽车安全玻璃认证中心的认可申请。至此，经CNACP认可的认证机构已达11家。

在监督评审方面，对已获认可资格的机构，也按照新版认可规范的要求实施了年度监督评审。CNACP秘书处派出评审组对7家获准认可的产品认证机构实施了年度监督评审，其中6家顺利通过了监督，1家正在整改中。由于认可业务范围过窄和工作开展不利，上海东方网络认证中心2000年没有认证业务，CNACP也未安排年度监督。今年该中心的认可证书到期，CNACP拟提前对该机构进行复评。从监督评审的总体情况看，获准认可对改进和提高认证机构的管理水平，规范认证机构行为发挥了较好的作用。许多机构将监督评审作为改进和提高自身体系有效性的一个动力。监督评审还表明，经认可的产品认证机构在科学管理、规范运作、有效认证方面都有良好的表现，认证机构的自律性和权威性也有了相应的保障。

为了适应产品认证机构业务不断发展的需要，CNACP秘书处结合年度监督评审工作，开展了对机械安全产品认证中心、医疗器械产品认证中心、节能产品认证中心、水泥房建材料产品认证中心等机构扩大认可业务范围的评审工作，进一步确保了认证机构具备相应的专业能力，提高了认证审核的专业性和有效性。

5. 加强认可评审员、专家队伍的建设，建立健全相应管理制度

为保障认可评审工作的开展，CNACP秘书处始终注重建设队伍，选拔人才。选择一批素质高，业务能力强的人员，经过CNACP的专门培训，作为CNACP的评审人员和技术专家，充实CNACP的评审队伍，为实施认可工作提供人力资源保障。同时还制定了认可评审人员行为准则、公正性声明及相应的管理规定，从制度上严格了对认可机构人员的管理，提高了CNACP的权威性和信誉度。目前秘书处已建立了一支10多人的评审员和专家队伍，尽管力量还较薄弱，但已基本能满足当前认可评审工作的需要。今后这方面的工作还需不断加强，也希望得到各位委员及社会各界的大力支持和帮助。

6. 编发信息与文件，满足内外部需求

2000年度，CNACP秘书处在对外提供信息服务方面做了开拓性工作，编印发行了《中国产品认证机构国家认可规范汇编》，为认证机构满足认可要求、为企业或其他相关机构了解认证/认可知识提供了方便；编辑出版了《产品认证工作情况通报》（即CNACP NEWS），增强了产品认可委对内、对外进行沟通与交流的渠道，使更多的人能关心和了解我们的工作进展；建立了产品认证机构信息通报制度，及时了解和掌握并提供产品认证的相关信息；对外提供产品认证机构有关查询业务，为获准认可的产品认证机构提供对外公告，还编印了相关宣传材料，利用全委会、宣贯会等形式加以宣传；积极号召、组织产品认证机构利用《质量认证杂志》等媒体加强对外宣传，为产品认证机构提供宣传阵地，使产品认证的宣传工作渐渐有了起色。

7. 加强国际交流与合作

2000年CNACP秘书处在加强对外交流与合作方面迈出了可喜的一步。密切关注国际组织开展产品认证机构互认的动态，积极参与太平洋认可合作组织（PAC）和国际认可论坛的活动。分别派员参加了由亚太经合组织（APAC）委托澳大利亚食品管理局举办的“食品安全HACCP认证高级审查员培训班”和由APAC资助，PAC承办的“ISO/IEC指南65及IAF对指南65的说明的培训”。参加了在美国召开的IAF第十四届年会。会上决定正式开始启动产品认证机构的多边互认工作，此前PAC已将产品认证机构多边互认的工作列入实施计划。作为这两个国际组织的正式成员，CNACP始终密切跟踪着多边活动的动态。为了配合我国大力推进产品认证工作的发展，推动产品认证国家认可制度的实施，了解、掌握发达国家开展产品认证/认可工作的情况，CNACP秘书处还组织了一次由部分较为知名的产品认证机构组成的产品认证工作考察团赴美国、加拿大进行了实地考察，学习了许多先进经验，掌握了第一手材料，为下一步推行认可制度，为促进我国产品认证的发展，为迎接国际同行评审，争取首批加入PAC的国际多边互认奠定了基础。

8. 积极推进认证机构国家资格认可

《中华人民共和国产品质量法》（修正案）和新版认可规范的发布实施，为产品认证机构实施国家资格认可提供了法律和技术依据。为了全面配合我国即将加入世界贸易组织（WTO），适应我国市场经济发展的需要，确保我国质量认证工作健康、有效、有序地发展，充分发挥产品认证在促进贸易发展，规范市场秩序，提高产品质量方面的作用，国家质量技术监督局在认真贯彻《国务院关于进一步加强产品质量工作若干问题的决定》的同时，明确提出了加强质量认证工作的要求，并将产品认证的改革提到了重要日程，并由认评司领导亲自挂帅成立了“产品质量认证改革工作组”。作为工作组的成员，CNACP积极支持和参与改革工作，为研究和探讨在社会主义市场经济形势下，产品认证工作改革的总体思路和对现有产品认证机构进行调整改制以及为有关法规性文件的制、修订提出建议并提供技术及资源支持，按照工作组的要求起草修改了有关产品认证改革的一些初步方案和建议。为在新形势下推进产品认证国家资格认可做了积极的努力。

2000年CNACP秘书处在人员少、任务重、资源紧缺、工作压力较大的情况下，全体人员齐心协力、克服困难、勤奋工作，在机构建设，规范管理，拓展业务，提供服务等方面做了大量工作，也取得了一定成绩，这与政府的支持和信任，与社会各界的关心和帮助，尤其是与各位委员的大力支持是分不开的。面对现实，我们肩上的任务还很重；展望未来，距离我们的奋斗的目标还有相当大的差距。我们能否巩固现有工作成果，继续发展新的事业是每个人必须认真思考的问题。面对新千年、新挑战，我们任重道远，但我们满怀信心，充满希望。我们坚信我国的产品认证认可事业将会有广阔的发展前景，同时也希望社会各界、各有关方面能继续关心和支持我们，为我们创造良好的外部环境，大家同心协力，把我国产品认证工作推向健康发展的轨道。

中国产品质量认证机构国家认可委员会
产品认证机构认可通用要求

1 范　　围

1.1 本文件规定了实施产品认证制度的第三方机构应满足的通用要求，以提供对其产品认证能力的信任。

在本文件中，术语“认证机构”是指实施产品认证制度的机构；“产品”是广义的，包括过程和服务；“标准”包括其他的标准类文件如规范或技术法规。

1.2 认证机构采用的认证制度可包括下列的一种或多种方式，这些方式可与生产监督和/或 ISO/IEC 指南 53《第三方产品认证中利用供方质量体系的方法》描述的供方质量体系的评定和监督结合作用：

a）型式试验或检查；

b）从市场和/或供方仓库抽取样品的检验或检查；

c）对新的或在用的每个或某一特定产品的检验或检查；

d）批次检验或检查；

e）设计鉴定；

注 1：第三方产品认证制度模式可参考 ISO/IEC 指南 28。

2 用引文件

GB/T6583：1994《质量管理和质量保证——术语》 (idt ISO8402：1994)

GB/T19021.1：1993《质量体系审核指南 第一部分：审核 (idt ISO10011-1：1990)

《产品认证检验机构认可通用要求》 (ISO/IEC 指南 25：1990)

《产品认证检验机构认可通用要求》 (ISO/IEC 指南 17020：1998)

《质量体系认证机构认可基本要求》 (ISO/IEC 指南 62：1996)

《第三方产品认证制度模式通则》 (ISO/IEC 指南 28：1982)

《标准化及相关活动——通用术语》 (ISO/IEC 指南 2：1996)

《关于制定用于合格评定标准的指南》 (ISO/IEC 指南 7：1994)

《第三方认证制度表示合格的方法》 (ISO/IEC 指南 23：1982)

《认证机构对误用其合格标志采取纠正措施的指南》 (ISO/IEC 指南 27：1983)

《第三方产品认证中利用供方质量体系的方法》 (ISO/IEC 指南 53：1998)

3 定 义

本文件采用ISO/IEC 指南 2：1996《标准化及相关活动——通用术语》和GB/T6583：1994《质量管理和质量保证——术语》（idt ISO8402：1994）中的相关定义及下列定义。

3.1 供方：负责确保产品满足并持续满足（适用时）认证要求的组织。

4 认证机构

4.1 通用规定

4.1.1 认证机构运作所遵循的原则和程序应具有公正性，并应以一种公正的方式实施管理。不应使用违反本文件的程序来妨碍或阻止申请者的认证申请。

4.1.2 认证机构的服务应在其声明的范围内向所有申请者开放。不应有不合理的财务或其他条件。不应以供方的规模、是否某一协会/团体的成员、已颁发证书的数目作为条件。

4.1.3 评价供方产品依据的准则应是特定标准中所规定的。ISO/IEC 指南 7 规定了适用于产品认证的标准要求。如果对一个特定的认证制度，如何应用这些文件需要进行解释，应由相关和公正的委员会或具有必要的技术能力的人员编制说明性文件，并由认证机构发布。

4.1.4 认证机构应在拟认证的范围内规定认证的要求、实施评价和做出认证决定。

4.2 组织

认证机构的组织结构应能提供对其认证的信任。特别是，认证机构应：

a）公正；

b）对其作出的批准、保持、扩大、缩小、暂停和撤销的认证的决定负责；

c）确定对如下工作全面负责的管理者（委员会、工作组或个人）：

1）本文件所规定的检验、检查、评价和认证的实施；

2）制定认证机构运作的方针；

3）认证的决定；

4）认证机构方针实施的监督；

5）认证机构的财务监督；

6）需要时，授权委员会或个人代表其从事所规定的活动；

7）制定批准认证的技术依据；

d）有证实其为法律实体的文件；

e）有一个保证其公正性的组织结构，并形成文件。包括确保认证机构运作公正性的规定；该结构应使密切相关的所有各方均能参与制定有关认证制度的内容和运作的方针及原则；

f）确保认证的决定由非执行评定的人员作出；

g）具有与其认证活动相应的权利和责任；

h）对机构运作和/或活动所承担的责任作出规定；

i）财务状况稳定，有运作认证制度所需的资源；

j）在负有执行职责的管理者之下，根据认证工作的类型、范围和工作量配备充足的人员，他们应具有与所承担的工作相适应的必要的教育、培训、技术知识和经历；

k）具备对其实施产品认证制度的能力提供信任的质量体系；

l）具有区分产品认证和本机构其它活动的原则和程序；

m）确保负有执行职责的管理者和全体人员均免受任何有可能影响认证结果的来自商业、财务和其它方面的压力；

n）对所有参与认证过程的委员会的设立和运作应有正式的规则和结构，这些委员会应免受任何可能影响认证结论的商业、财务和其它方面的压力。各方利益均衡，任何一方不处于支配地位；

o）确保相关机构的活动不影响认证的保密性、客观性和公正性，并不得从事下列活动：

1）提供或设计其认证类型的产品；

2）向申请者就如何解决不符合认证要求的事项提出建议或咨询；

3）提供可能影响其认证过程和认证决定的保密性、客观性或公正性的任何其它产品或服务。

p）有处理供方或其它方面对认证或其它相关工作的投诉、申诉和争议的原则和程序。

4.3 运作

认证机构应根据具体的产品认证制度要求，采取一切必要步骤，评价产品是否符合相关的标准。认证机构应规定相关标准或相关标准的一部分以及其它有关要求，如抽样、检验和检查要求，所有这些构成了有关认证制度的基础。

在认证实施过程中，认证机构应遵循 ISO/IEC 指南 25、ISO/IEC 指南 17020、ISO/IEC 指南 62 规定的执行检验、检查和认证的机构或人员的能力的要求。

4.4 分包

当认证机构决定将认证的有关工作（如检验或检查）分包给外部机构或个人时，应起草一份包括保密和利益冲突在内的书面合同。认证机构应：

a）对分包的工作负全责，并保留批准、保持、扩大、缩小、暂停或撤销认证的权力；

b）确保分包方或个人具备能力，并符合本文件、其他标准和有关检验、检查或其它技术活动的指导性文件的相应规定，不直接或不通过他们的雇主参与可能有损其公正性的产品设计或生产；

c）征得申请者的同意。

注 2：如果在申请认证以前，已进行了与认证有关的工作，认证机构可予以考虑，条件是认证机构能够按 4.4a）的要求承担责任，并满足 4.4b）的要求。

注 3：当一个认证机构利用与之签署协议的另一认证机构所做的工作来做出认证决定时，应满足 4.4a）和 4.4b）的要求。

4.5 质量体系

4.5.1 对质量负有执行职责的认证机构管理者应确定质量方针、质量目标和对质量的承诺并形成文件。管理者应确保该方针在本组织的各个层次得到理解、贯彻和保持。

4.5.2 认证机构应按照本文件的有关要素，实施一个有效的质量体系，并与其工作的类型、范围和数量相适应。质量体系应形成文件并便于认证机构工作人员使用。认证机构应确保形成文件的质量体系、程序和作业指导书的有效实施。认证机构应指定一名人员可直接向最高管理层汇报，不论在其它方面的职责如何，应明确其权限，以便：

a）确保依据本文件建立、实施并保持质量体系；

b）向认证机构的管理者报告质量体系的实施情况以供管理评审并作为改进质量体系的基础。

4.5.3 质量体系应以质量手册和相关的质量程序的方式形成文件，质量手册至少应包括或涉及如下内容：

a）质量方针；

b）认证机构法律地位的简要说明，包括所有者的名称，如果所有者和控制者不同，还要包括控制者的名称；

c）有关的内、外部高级管理者和其他认证工作人员的姓名、资格、经历和任期；

d）一个包括高级管理者在内的、表明职责、权限和职能分配的组织结构图；

e）认证机构的组织说明，包括4.2.c）中所涉及的管理者（委员会、工作组或个人）的详细介绍及其组成、职权范围和程序规则；

f）进行管理评审的方针和程序；

g）包括文件控制在内的管理程序；

h）与质量相关的各职能部门和相应人员的职责和工作内容，以便每个人的职责能让所有相关人员了解；

i）认证机构工作人员的录用、选择和培训以及监督其工作的程序；

j）批准的分包方名录，以及对其能力进行评价、记录和监督的程序；

k）处理不合格及确保所采取的纠正措施和预防措施有效性的程序；

l）评价产品和实施认证过程的程序，包括：

1）认证文件的发布、保持和撤销的条件；

2）产品认证所用文件的选择和使用的控制；

m）处理投诉、申诉和争议的方针和程序；

n）以GB/T 19021.1-ISO10011-1规定为基础制定的内部审核的实施程序。

4.6 批准、保持、扩大、缩小、暂停和撤销认证的条件和程序

4.6.1 认证机构应规定批准、保持、扩大及缩小认证的条件，以及可部分或全部暂停或撤销认证的条件。

4.6.2 认证机构应具有如下程序：

a）批准、保持、撤销和暂停（需要时）认证；

b）扩大或缩小认证的范围；

c）当更改对产品设计或产品规范产生严重影响时，或产品认证所依据的标准发生变更，或供方所有权、组织结构、管理者发生变化，或有其它信息表明产品可能不再符合认证制度要求的情况下，应重新进行评价。

4.7 内部审核和管理评审

4.7.1 认证机构应有计划和系统地对所有程序进行定期的内部审核，以验证质量体系有效实施。认证机构应确保：

a）将审核结果通知被审核区域的负责人；

b）及时采取适宜的纠正措施；

c）将审核结果形成文件。

4.7.2 认证机构负有执行职责的管理者应按规定的时间间隔，对质量体系进行评审，以确保其持续稳定和有效地满足本文件及质量方针和质量目标的要求。评审记录应予以保存。

4.8 文件

4.8.1 认证机构应定期提供（通过出版物、电子媒体或其它方式）下列最新资料，以备索取：

a）对认证机构的授权范围的信息；

b）产品认证制度的书面说明，包括批准、保持、扩大、缩小、暂停和撤销认证的规则和程序；

c）有关每个产品认证制度的评价程序和认证过程的信息；

d）获取财务支持方式的说明以及向申请者及认证产品的供方收取费用的基本信息；

e）有关申请者和认证产品的供方的权利和义务的说明，包括使用认证机构的标记和认证资格的宣传方式的要求、限制或范围；

f）有关处理投诉、申诉和争议程序的信息；

g）获准处证的产品及其供方的名录。

4.8.2 认证机构应建立并保持所有与其认证职能相关的文件和资料的控制程序。在初次制定、修订及更改的文件发布之前，应经授权且具备资格的人员对这些文件进行充分的审核和批准。应保存表明所有文件发布和更改状态的清单。应对所有此类文件的分发进行控制，以确保认证机构或供方的人员在被要求履行与认证机构活动有关的职责时，能够得到这些文件。

4.9 记录

4.9.1 认证机构应保持记录制度，以满足其实际需要并符合现行法规要求。记录应能证实认证程序已经有效实施，特别是申请书、评价报告、监督活动和有关其它文件。记录的标识、管理和处置应确保过程的完整性和信息的保密性。为能表明持续可信，记录应保存一段时间，至少是一个完整的认证周期或按照法律要求予以保存。

4.9.2 认证机构应具有按合同、法律或其它义务要求在一定周期内保存记录的方针和程序，认证机构还应有与本文件4.10.1款规定相一致的获取这些记录的方针和程序。

注4 考虑记录的保存周期时，应特别关注法律的要求及认可的需要。

4.10 保密

4.10.1 认证机构应根据相关的法律要求做出充分的安排，以保证组织内的各级人员，包括代表认证机构的各种委员会、外部机构或个人，对在认证活动过程中获得的信息保密。

4.10.2 除本文件或法律要求之外，认证活动过程中获得的有关具体单一产品或供方的信息，如未征得供方书面同意，不得向第三方透露。当应法律要求需要将信息提供给第三方时，应将法律所要求提供的信息通知供方。

5 认证机构人员

5.1 总则

5.1.1 认证机构的人员应胜任本职工作，包括作出所要求的技术判断、制定并实施方针。

5.1.2 明确描述认证人员任务和职责的形成文件的作业指导书应发给相应人员，该作业指导书应为最新有效版本。

5.2 资格准则

5.2.1 为确保评价和认证实施的有效性和一致性，认证机构应规定人员基本能力准则。

5.2.2 认证机构应要求参与认证过程的人员签署一份合同或其它文件，以使其承诺：

a）遵守认证机构规定的制度，包括保守有关秘密并独立于商业和其它利益；

b）向认证机构声明他们自已或其雇主以前和/或现在与拟派他们去评价或认证产品的供方或设计者的关系。

认证机构应确保签约人是本人及其雇主（如有的话），均符合本文件规定的对人员的所有要求，并用文件表明是如何做到的。

5.2.3 认证机构应保存参与认证过程的每一个工作人员的有关资格、培训和经历的信息。培训和经历的记录应适时更新。其内容包括：

a）姓名和地址；

b）所在的组织及其职务；

c）教育程度和专业状况；

d）在认证机构业务范围内的经历和培训情况；

e）最近更新记录的日期；

f）业绩评价。

6 认证要求的更改

认证机构应及时将拟更改的认证要求通知各有关方面。在决定确切的更改方式和生效日期之前，认证机构应考虑各相关利益方提出的意见。在更改的要求确定并发布后，认证机构应验证每个供方在认证机构要求的时间内，是否对其程序实施了必要的调整。

7 投诉、申诉和争议

7.1 来自供方或其它方面的投诉、申诉和争议应按认证机构的程序处理。

7.2 认证机构应：

a）保存所有有关认证的投诉、申诉、争议和补救措施的记录；

b）采取适当的后续措施；

c）将采取的措施及其有效性形成文件。

8 认证申请

8.1 程序信息

8.1.1 认证机构应向申请者提供最新的适用于各种认证方案的评价和认证程序的详细说明，以及包括认证要求、申请者权力和提供已认证产品的供方的责任（包括申请者和认证产品的供方应付的费用）的文件。

8.1.2 认证机构应要求供方：

a）始终遵守认证计划的有关规定；

b）为进行评价做出必要的安排，这包括审查文件、进入所有的区域、查阅所有记录（包括内部审核报告）和评价所需人员（例如检验、检查、评定、监督、复评）和解决投诉的有关规定；

c）仅在获准认证的范围内作出有关认证的声明；

d）在使用产品认证结果时，不得损害认证机构的声誉、不得做使认证机构认为可能误导或未经授权的声明；

e）当认证被暂停或撤销时，应立即停止涉及认证内容的广告，并按认证机构要求交回所有认证文件；

f）认证仅用于表明获准认证的产品符合特定标准；

g）确保不采用误导的方式使用或部分使用认证证书和报告；

h）在传播媒体中（如文件、小册子或广告）对产品认证内容的引用，应符合认证机构的要求。

8.1.3 当申请认证的范围关系到认证机构运作的某一特定的认证制度或制度类型时，应向申请者作出必要的解释。

8.1.4 要求时，应向申请者提供补充的信息。

8.2 申请

8.2.1 认证机构应要求申请者提交一份由其授权代表签署的正式的申请书，申请书或其附件应包括：

a）申请认证的范围；

b）申请者同意遵守认证要求的声明并承诺提供评价拟认证产品所需的任何信息。

8.2.2 申请者至少应提供以下信息：

a）实体性质、名称、地址和法律地位；

b）申请认证的产品，认证制度和每种产品认证所依据的标准（如申请者知晓）。

9 评价准备

9.1 评价前，认证机构应对认证的申请进行评审并保存记录，以确保：

a）认证要求规定明确、形成文件并得到理解；

b）认证机构和申请者之间在理解上的差异已经解决；

c）对于申请的认证范围，适当时，申请者的工作场所和任何特殊要求（如申请者使用的语言等），认证机构都有能力提供认证服务。

9.2 认证机构应制定评价活动计划以对必要的安排进行管理。

9.3 认证机构应指派合格人员执行具体的评价任务，若在可能与公正性发生冲突的某一段时间内，不得使用参与了或其所在机构参与了认证产品的设计、供应、安装或维护的人员或产品质量认证机构雇用的人员。

9.4 为确保全面正确地实施评价，应向有关人员提供适用的工作文件。

10 评　　价

认证机构应按照认证方案中所规定的准则，依据申请认证范围所对应的标准来评价产品。

11 评价报告

认证机构应采用适合自己需要的报告程序，这些程序至少应确保：

a）被委派进行产品符合性评价的人员应向认证机构提交观察结果报告，以证明符合认证要求。

b）认证机构应及时将评价的结果通知申请者，并明确为完全满足认证要求所有必须纠正的不符合项，以及需进一步评价或检验的程度。如果申请者能证明已在规定的期限内已采取了纠正措施满足所有要求，认证机构仅需重复检查初次评价中的必需的部分。

12 认证决定

12.1 认证机构应根据评价过程中收集的信息和其他有关信息，作出是否批准产品认证的决定。

12.2 认证机构不得将批准、保持、扩大、缩小、暂停或撤销认证的权力委托给外部人员或机构。

12.3 认证机构应向每一个获准产品认证的供方提交正式的认证文件，例如，由认证机构授权人员签发的信件或证书。这些正式认证文件应包括下列内容：

a）认证产品供方名称和地址；

b）批准认证的范围，适用时可包括：

1）获准认证的产品，可以按产品的类型或范围划分；

2）通过认证的每个产品或每类产品认证所依据的产品标准或其它标准类文件；

3）采用的认证制度；

c）认证的生效日期和有效期。

12.4 当申请者申请更改已获准认证的范围时，认证机构应决定采取何种评价程序，以便决定是否批准所申请的更改，并采取相应行动。

13 监　　督

13.1 认证机构应有书面程序，以能按照适合于相应认证制度的准则进行监督。

13.2 认证机构应要求供方就 4.6.2.c）中列举的任何更改（如对产品、制造过程拟进行的更改或相关时影响产品符合性的质量体系的更改）通知认证机构。认证机构应确定是否需要对上述更改做进一步的调查。如需调查，则在未得到认证机构的通知前，供方不得放行有上述更改的认证产品。

13.3 认证机构应将其监督活动形成文件。

13.4 当认证机构授权在已评价过的某型号产品上持续使用其标志时，认证机构应定期评价带标志的产品，以确认它们持续符合标准。

14 许可证、认证证书和认证标志的使用

14.1 认证机构应对许可证、认证证书和认证标志的所有权、使用和明示实施适当的控制。

14.2 认证机构允许使用认证证书和认证标志的说明可从 ISO/IEC 指南 23《第三方认证制度表示符合标准的方法》中获得。

14.3 若发现在广告和有关宣传材料中对认证制度的错误的宣传，或者对许可证、认证证书或认证标志的误用，认证机构应采取适当的措施进行处理。　注 5：ISO/IEC 指南 27《认证机构对误用其合格标志采取纠正措施的指南》中阐述了这些措施，可包括纠正措施、撤销证书、公布违规行为以及必要时采取其他法律手段。

15 对供方的投诉

认证机构应要求获准产品认证的供方：

a）保存对供方有关产品符合相应标准要求的所有投诉记录，并在认证机构要求时向其提供；

b）对这些投诉，以及在产品或服务中发现的对符合认证要求有影响的任何缺陷，采取适当的措施；

c）将所采取的措施予以记录。

产品认证检查机构认可通用要求

前　言

ISO（国际标准化组织）是各国家标准机构（ISO 成员机构）的国际联合会。国际标准的起草工作通常是由 ISO 各技术委员会实施。任何一个对某一技术委员会已设立的主题感兴趣的成员机构，都有权参与该委员会。与 ISO 联系的国际组织（政府和非政府的），也可参与此项工作。ISO 与国际电工委员会（IEC）就电工标准化领域的所有事项进行密切的合作。

技术委员会采纳的国际标准草案，在成员机构中进行传阅投票，至少要获得 75％的成员机构的赞成票方可作为国际标准出版发行。

ISO17020 国际标准是将欧洲标准化委员会（CEN）和欧洲电工标准委员会（CENELEC）的 EN45004 标准，依据一个特殊的“快速程序”，被 ISO 合格评定委员会（ISO/CASCO）、ISO 成员机构和 IEC 各国家委员会采纳的。

ISO 合格评定委员会（ISO/CASCO）现经授权制定国际标准，为满足市场对检查机构的国际协商一致的规范性文件要求的需要，选择 EN45004 取代 ISO/IEC 指南 39：1998《检查机构认可的通用要求》和 ISO/IEC 指南 57：1991《检查结果表述的指南》。

本标准的全部文本中，“……本欧洲标准……”意指“……本国际标准……”。

附件 A 至 C 是本国际标准的一个组成部分。附件 D 是指示性的附件。

引　言

本欧洲标准的起草，旨在促进检查机构的信任度。

依据实施检查活动的欧洲机构的经验，考虑到欧洲和国际文件，例如 ISO9000（EN/ISO9000）标准系列和 ISO/IEC 指南 39 的要求和建议，起草了本标准。

检查机构代表私人客户、其母体组织和/或官方权力机构实施评审，以便向上述机构提供与法规、标准或规范有关的信息。检查参数可包括数量、质量、安全性、适用性等项目和运行中的工厂或体系的持续安全。为了使他们的服务被客户、监督权力机构所接受，这些机构应遵守与欧洲标准一致的通用准则。

因此，本标准包括机构职能，其内容可包括检查材料、产品、安装、工厂、过程，工作程序或服务，并确定其相对于有关要求的符合性，以及随后向客户报告这些活动的结果，需要时，向监督权力机构报告。产品、安装或工厂的检查会涉及这些项目寿命周期中的所有阶段，包括设计阶段。这样的工作，尤其是进行合格评定时，通常要求提供服务的人员具有专业判断经验。

对检查机构独立性的要求，依法规和市场需要的不同而有所变化。因此，本标准在附件 A，B 和 C 中包括了独立性准则。

本标准的制定同时支持欧盟理事会为实施技术协调指令而规定的各种模式的合格评定程序。

适用于检查机构质量体系的 EN/ISO9000 系列标准的相关要求，已纳入本标准。

产品认证检查机构认可通用要求

1 范　　围

1.1 本欧洲标准规定了公正的检查机构活动能力的通用要求，不论检查活动所涉及的行业；同时规定了检查机构的独立性要求。

1.2 本标准适用于检查机构、检查机构的认可机构以及与承认检查机构能力有关的其他机构。

1.3 当本套标准应用于特定行业或内部检查时，可能需要做适当的解释。

1.4 本标准不包括检验实验室、认证机构或供方的合格声明，相应准则由 EN45000 系列的其他欧洲标准中给出。

2 定　　义

本准则也采用如下定义。

2.1 检查

检查产品设计、产品、服务、过程或工厂，并确定它们相对于具体要求，或基于专业判断的通用要求的符合性。

注 1：过程检查包括人员、设施、技术和方法。

注 2：检查结果可用于支持认证。

2.2 检查机构

从事检查的机构。

注：一个机构应可以是一个组织或某一组织的一个部分。

在 EN45020：1993 中所给出的其他定义是适用的。

3 管理要求

3.1 检查机构或内设有检查机构的母体组织，应具有明确的法律地位。

3.2 检查机构的母体组织所从事的检查以外的其他活动，组织应在其职能中明确描述。

3.3 检查机构应有描述其职能和有能力从事的技术活动范围的文件。

每次检查的准确范围，将由具体合同的条款或工作指令来决定。

3.4 除非依据本国法律或该组织的规定，由国家或母体组织承担责任，否则检查机构应有完全的责任保险。

3.5 除非检查机构是某一组织的一部分，并只对该组织提供检查服务，否则检查机构应有描述其从事检查业务的文件。

3.6 检查机构或内设有检查机构的组织，应有独立的经过审核的帐号。

4 独立性、公正性和完整性

4.1 总则

检查机构的人员应不受来自商业、财务和其他可能影响其判断的任何压力。程序的实施应确保检查机构的外部人员或组织不影响所实施的检查的结果。

4.2 独立性

检查机构的独立程度，应满足其所提供的服务类型的相应条件规定的要求。

依据这些规定，检查机构至少应满足规范性附件 A、B、C 三者之一的规定的准则。

4.2.1 A 类检查机构

检查机构提供的“第三方”服务应符合附件 A（标准的附件）准则的要求。

4.2.3 B 类检查机构

检查机构作为某一组织的一个可以明确区分的部分，对该组织其他部门从事的被检查项目的设计、生产、供应、安装、使用或产品的维护等项目进行检查，为其母体组织提供检查服务；此类检查机构应符合附件 B（标准的附件）准则的要求。

4.2.3 C 类检查机构

涉及检查产品或相近的竞争性产品的设计、生产、供应、安装、使用或维护，并可能提供检查服务给非母体机构的其他方的检查机构，应满足附件 C（标准的附件）准则的要求。

5 保　　密

检查机构应确保其在检查活动过程中获取信息的保密性，对其的所有权应加以保护。

6 组织和管理

6.1 检查机构应有一个能使其保持令人满意地实施技术职能的组织。

6.2 检查机构应规定其职责和组织结构，并形成文件。

如检查机构同时提供认证和/或测量服务时，应清楚、详细地规定检查与认证、测量职能间的关系。

6.3 检查机构应有一名技术经理，不论其称呼如何，在运作检查机构的方面，他应具有相应的资格和经历，并对依据标准实施的检查活动负有全面责任。技术经理应是一位正式（专职）雇员。

注：如检查机构是由不同活动范围的几个部门组成，可以每个部门都有一位技术经理。

6.4 检查机构应配备熟悉检查方法、程序、检查目的和进行检查结果评审人员，对其实施有效的监督。

6.5 检查机构应指定任一经理缺席时的代理人，无论是经理还是其代理，都应对检查服务负责。

6.6 应对每一个影响检查机构服务质量的职位类别加以描述。这些工作描述应包括对教育、培训、技术知识和经历的要求。

7 质量体系

7.1 检查机构的管理层应详细规定其方针、目标和对质量的承诺，并形成文件，同时保证这一方针在机构中的所有层次得到理解、执行。

7.2 检查机构应运作一个与其从事的检查类型、范围和工作量相应的有效的质量体系。

7.3 质量体系应全部形成文件。应建立质量手册，并覆盖本标准的要求和列在附件 D（提示的附件）的要求。

7.4 检查机构应指定一人，不论其在其他方面的责任如何，在检查机构中应有明确的授权并对质量保证负责。他应有与最高管理层直接联系的渠道。

7.5 质量体系应由上述指定人员负责保持的质量体系及使之现行有效。

7.6 检查机构应保持控制与其活动相关的所有文件的体系。确保：

a）在所有相关场所、相关人员可以得到相应文件的最新版本；

b）所有文件的变更和修改都有明确的授权，并且确保能在相应的场所可以及时获得；

c）作废文件除留一份归档保存一个规定的时期外，应从整个机构的使用中撤出；

d）必要时，应将有关变更通知其他方。

7.7 检查机构应实施有计划和形成文件的内部质量审核体系，以便证实质量体系与标准准则的符合性以及质量体系的有效性。执行审核的人员应具有相应资格和独立于被审核的职能。

7.8 无论何时，在质量体系和/或检查的执行过程中，查出不符合项，检查机构应有处理反馈和采取纠正措施的形成文件的程序。

7.9 检查机构的管理层应以适当的间隔定期评审质量体系，以确保其持续的适宜性和有效性。这类评审的结果应形成记录。

8　人　　员

8.1 检查机构应有充足的专职人员，这些人员应具有正常实施检查机构职能的专业能力。

8.2 负责检查的人员应具备适当的资格、培训、经历和实施检查所要求的良好知识。他们应具备利用检查结果就总体要求的符合性作出专业判断并进行报告的能力。

他们还应具备对所检查产品的制造技术知识，熟悉使用或拟使用对产品或过程实施检查的方式，以及在使用或服务过程中可能出现的缺陷方面的知识。

他们还应确定对产品或过程正常使用的偏离的轻重程度。

8.3 检查机构应建立培训制度，并形成文件，以确保其人员在与工作相关的技术和管理方面的培训符合机构当前的方针。所要求的培训应根据人员能力、资格与经历而定。检查机构应对每个人员规定必要的培训阶段。这包括：

a）入门阶段；

b）在资深检查员监督下的工作阶段；

c）整个受雇期间的持续培训，以便与技术发展保持一致。

8.4 检查机构应保存每个人员的学历或其他资格、培训和经历的记录。

8.5 检查机构应为其人员的行为提供指南。

8.6 从事检查活动人员的报酬不应直接依据实施检查的数量，更不能依据检查结果而定。

9　设施和设备

9.1 检查机构应配备足够的、适用的设施和设备，以适应与其检查服务相关的一切必要活动。

9.2 检查机构应对专用设施和设备的管理和使用作出明确的规定。

9.3 检查机构应确保 9.1 中提到的设施和设备的持续稳定性。

9.4 所有设备应能正确识别。

9.5 检查机构应确保所有设备按照文件化的程序的规定和指令，得到恰当的维护。

9.6 必要时，检查机构应确保设备在投入使用之前进行过校准，并在其后按照已建立的计划进行校准。

9.7 应制定运作校准设备的所有计划，以确保检查机构在任何地方进行的测量，可溯源到国家和国际测量标准；当无法溯源到国家或国际的测量标准时，检查机构应提供令人满意的校正检查结果准确性的证据。

9.8 检查机构持有的参考测量标准只适用于校准，而不适用于其他目的。测量参考标准应由能够溯源到国家或国际测量标准的、有法定资格能力的机构校准。

9.9 在相关场所，设备在两次定期的再校准之间，应接受例行检查。

9.10 凡可能时参考物质应溯源到国家或国际参考物质标准。

9.11 在与检查服务的质量有关的方面，检查机构应有相应的程序：

a）合格供方的选择；

b）适当的采购文件的发布；

c）接收物资的检查；

d）确保有适宜的贮存设施。

9.12 必要时，对贮存物品的条件进行定期的评审，以确定变质程度。

9.13 如果检查机构在检查时使用计算机或自动化设备，应确保：

a）为证实其完全适用，计算机软件经过测试；

b）为保护数据的完整性，建立并实施相应的程序；

c）为保证适当的功能，计算机和自动化设备得到良好的维护；

d）为维护数据的安全性，建立并实施相应的程序。

9.14 检查机构应有处理有缺陷设备的文件化程序。有缺陷的设备应通过隔离、明确的标识或标记的方式退出服务。检查机构应评估缺陷对以前的检查的影响。

9.15 应记录与设备相关的信息。一般包括标识、校准和维护的信息。

10 检查方法和程序

10.1 检查机构应使用对符合性作出判断的要求中规定的检查方法和程序进行检查。

10.2 检查机构应具有并使用与检查策划、标准抽样和检查技术相关的足够的文件化工作指令，如果缺少这类指令可能对检查过程的效率产生影响。必要时，这要求具有充分的统计技术知识，以确保令人满意的抽样程序、纠正过程和对结果的解释。

10.3 当检查机构不得不使用非标准的检查方法或程序时，这些方法和程序应适当并形成文件。

10.4 所有与检查机构工作相关的指令、标准或书面程序、工作表格、检查清单和参考数据，应随时更新并便于员工获得。

10.5 检查机构应有一份合同或工作指令控制系统，以确保：

a）组织在其能力范围内从事工作并有充分的资源来满足要求；

b）明确规定寻求检查机构服务的顾客的要求，并对特殊要求充分理解，以便给负责实施的人员以明确的指令；

c）通过定期评审和纠正措施，使工作处于受控状态；

d）对已完成的工作进行评审，以证实满足要求。

10.6 在检查过程中获得的观察结果和/或数据，应及时记录，以防相关信息的遗失。

10.7 所有计算和数据的交换应接受适当的检查。

10.8 为了安全地实施检查，检查机构应有文件化指令。

11 检查样品和物品的处置

11.1 检查机构应确保被检查样品和物品标识的唯一性，以防止在任何时候混淆项目的标识。

11.2 检查员在开始进行检查之前，应记录任何发现的或被告知的异常情况。如有任何对所实施检查项目的适宜性的疑问，或该项目不符合所提供的描述的规定，检查机构在进行检查之前应请客户予以澄清。

11.3 检查机构应确定是否针对物品进行了所有必要的准备，或者检查机构是否按委托方的要求做了相应的准备或安排。

11.4 检查机构应有文件化程序和适当的设施，以避免在其负责期间检查物品的变质或损坏。

12 记　　录

12.1 检查机构应保持一个适应于其特殊环境和满足相关规定的记录体系。

12.2 记录应包括令人满意地进行检查评价的足够的信息。

12.3 除非法律另有要求，否则所有记录在一个规定的时期内，应安全地保存、持有并让客户放心。

13 检查报告和检查证书

13.1 检查机构实施的检查工作应包括一份可再现的检查报告和/或检查证书。

13.2 检查报告和/或检查证书应包括所有检查结果、根据这些结果作出的符合性判断以及与理解和解释这些结果所需要的所有信息。应准确、精确、清楚地报告所有这些信息。如果检查报告或检查证书中包含有分包方所提供的结果，应明确指出。

13.3 检查报告和检查证书只能由授权人员签署或批准。

13.4 在签发之后，检查报告或检查证书的修改或添加应予记录并能按照本节的相应要求证实是合理的。

14 分　　包

14.1 检查机构本身应能正常履行合同中要求的检查。

14.2 当检查机构分包检查的任何一部分时，应确保并能够证明他的分包方有能力提供相应服务，并符合 EN45000 系列相关标准中规定的准则。检查机构应向委托方说明其拟将某一部分检查工作分包的意图。分包方应获得客户的同意。

14.3 检查机构应记录和保留对分包方能力与符合性的调查细节。检查机构应保持一个所有分包方的名录。

14.4 检查机构分包某些专门的活动时，应与能够对这些分包活动结果进行独立评审的、具有资格和经历的人员取得联系。

15 申诉和投诉

15.1 检查机构应有文件化程序，以处理客户或其他方对检查机构活动的申诉。

15.2 检查机构应有针对于检查结果进行投诉的考虑与解决的文件化程序，这些程序应在合法授权下实施。

15.3 所有申诉、投诉及检查机构对此采取的相应措施应记录。

16 合 作

检查机构应与其他检查机构进行经验交流，并适时参与标准化活动。

附件 A（标准的附件）

A 类检查机构的独立性准则

4.2.1 中所指的检查机构应满足以下准则：

A.1 检查机构应独立于所涉及的各方。

检查机构和负责实施检查的人员，不应是其检查项目的设计人员、制造商、供应商、安装商、采购商、所有人，或用户或维修商，也不应是上述任何一方的授权代表。

A.2 检查机构及其人员不应从事任何与他们的检查活动相关的可能导致与检查判断的独立性和完整性有冲突的活动。特别是，他们不得直接涉及检查项目或类似的竞争性项目的设计、生产、供应、安装、使用或维护。

A.3 所有感兴趣方都应有获得检查机构服务的途径。检查机构的服务不应附加不适当的财务或其他条件。机构运作的程序应以一种非歧视的方式进行管理。

附件 B（标准的附件）

B 类检查机构的独立性准则

在 4.2.2 中所指的检查机构应满足以下准则：

B.1 检查机构的母体组织，应将检查机构及其人员与该组织中从事其他职能的部门及其人员，在组织结构上和人员职责上明确分开。

B.2 检查机构及其人员不应从事任何与他们的检查活动相关的可能导致与检查判断的独立性和完整性有冲突的活动。特别是，他们不得直接涉及检查项目或类似的竞争性项目的设计、生产、供应、安装、使用或维护。

B.3 检查服务只能提供给检查机构的母体组织。

附件 C（标准附件）

C 类检查机构的独立性准则

在 4.2.3 中所指的检查机构应满足以下准则：

C.1 检查机构应在组织机构内提供保护措施，以确保在机构和/或文件化程序所规定的检查服务条款中，责任与义务完全分离。

附件 D（提示性的附件）

质量手册中应包括或涉及的信息

一般信息（名称、地址、电话号码等，以及法律地位）。

管理层就质量方针、目标、承诺的陈述。

依据 7.4 条中规定的管理层中指定人员的声明。

检查机构活动与能力范围的描述。

检查机构与其母体机构或（必要时）协作机构关系的信息。

组织机构图。

相关工作描述。

人员资格与培训的政策说明。

文件控制的程序。

内部审核的程序。

反馈与纠正措施的程序。

质量体系管理评审的程序。

其他程序和指令以及本标准中要求的这些程序和指令的引用文件质量手册的职能分配表。

产品认证机构认可通用要求

ISO/IEC 前言

ISO（国际标准化组织）和 IEC（国际电工委员会）共同组成世界范围的标准化体系。ISO 和 IEC 为了解决特定领域的技术活动分别建立了相应的技术委员会，各国家团体通过这些技术委员会参与国际标准的制定工作。ISO 和 IEC 的技术委员会在相互感兴趣的领域进行合作。与 ISO 和 IEC 保持联系的其他国际组织，无论是官方的还是非官方的，也可参加该项工作。

应’88 国际实验室认可会议（ILAC’88），即 1988 年 10 月 21 日在奥克兰（新西兰）召开的国际实验室认可会议的要求，ISO 合格评定委员会（CASCO）制定了本指南——ISO/IEC 指南 25 第三版。

本指南于 1990 年 10 月 1990 年 12 月分别得到 IEC 理事会和 ISO 理事会的批准。

除非能够在 ISO 理事会和 IEC 理事会认可的理事委员会内达成共识，否则由 CASCO 起草的这些文件作为指南发布，遵循 ISO 和 IEC 标准制定和发布的一般规则。

ISO/CASCO 编写指南的工作是第三方认证制度所遵循的基础，第三方认证制度在可能的范围应以国际上已认可的标准和程序为基础。通过普通制造商/顾客的关系，认识到制造商对合格声明的主要作用，理事会决议已经强调制定第三方合格评定程序的指南文件，以使各国的体系能够彼此相容，促进达成双方和多方协议。

这些文件旨在提供指导，但希望各国在引进时应尽量不作改动。考虑到一些国家可能直接采用这些指南，因此，指南中使用了像“应（shall）”这样的一些词来表示那些希望是强制性的内容。本文提供指导的宗旨不是变的。

引　言

从 1982 年最后一次修订 ISO/IEC 指南 25 以来，质量体系在实验室中的应用已大大增加。许多国家都将 ISO/IEC 指南 25 作为实验室内建立质量体系和承认其能力（如通过认可）的基础。近些年来，质量保证领域发展很快，制定了一些新的和更完善的指南和标准，因而有必要对 ISO/IEC 指南 25 进行修订以反映这些变化。

本次修订过程中，注重于校准实验室和检验实验室两者的活动，并考虑了对实验室能力的一些其他要求，诸如经济合作与发展组织（OECD）的良好实验室实践准则（GLP）和 ISO9000 系列质量保证标准中的有关实验室能力的要求。

本标准提供了增加对校准和检验实验室信任的机制，以证明实验室工作符合其要求。

国家之间相互接受校准和检验结果将有利于消除非关税贸易壁垒。

使用本标准将有利于实验室与其他机构间的合作，促进信息和经验的交流以及标准和程序的协调。

本标准适用于校准实验室和检验实验室。

满足本标准要求的实验室，就其校准和检验活动而言，符合 GB/T19000-IS09000 系列标准的有关要求，包括当其作为供方提供校准和检验结果时，符合GB/T19002-ISO9002中所述模式的要求。

对于从事特殊领域，例如化工领域（参见OECD的良好实验室实践准则）或信息技术领域检验工作的实验室，需按照GB/T15486《校准和检验实验室认可体系运作和承认的通用要求》，对本标准的要求进行补充和说明。

1 范　围

1.1 本标准规定了对实验室的通用要求；如果一个实验室想要被认可有能力进行特定的校准或检验，该实验室必须证明其工作符合此通用要求。

1.2 为评审实验室的技术能力或确定其是否符合其他准则，可由授予认可的组织或权威机构根据实验室任务的特点规定一些附加要求和需要提供的信息，但这些附加要求和需要提供的信息必须予公布。

1.3 本标准可供校准和检验实验室在建立和实施其质量体系时使用；也可供认可机构、认证机构及其他与实验能力有关的机构使用。

2 引用标准

下列标准所包含的条文，通过在本标准中引用而构成为本标准的条文。本标准出版时，所示版本均为有效。所有标准都会被修订，使用本标准的各方应探讨使用下列标准最新版本的可能性。

GB/T 6583-1994 质量管理和质理保证 术语 (idt ISO 8402：1994)

GB/T 19000.1-1994 质量管理和质量保证标准 第1部分：选择和使用指南 (idt ISO 9000-1：1994)

GB/T19001-1994 质量体系 设计、开发、生产、安装和服务的质量保证模式 (idt ISO 9001：1994)

GB/T19002-1994 质量体系 生产、安装和服务的质量保证模式 (idt ISO 9002：1994)

GB/T 19003-1994 质量体系 最终检验和试验的质量保证模式 (idt ISO 9003：1994)

GB/T 19004.1-1994 质量管理和质量体系要素 第一部分：指南 (idt ISO 9004-1：1994)

ISO/IEC 指南 2：1991 标准化及相关活动的的基本术语和定义

国际通用计量学基本名词（VIM）：1984，由BIPM（国际计量局）、IEC、ISO和OIML（国际法制计量组织）联合发布。

3 定　义

ISO/IEC 指南 2、GB/T 6583 和国际通用计量学基本名词（VIM）中的有关定义适用于本标准。下面引用了一些最相关的定义并列出一些适用于本标准的其他定义。

3.1 实验室：从事校准和/或检验的机构。

注：

(1) 如果实验室只是某组织的一部分，该组织除了进行校准和检验工作以外，还进行其他活动，则术语“实验室”仅指该组织内进行校准和检验工作的那部分。

(2) 在本准则中，"实验室"是指在下列情况下，开展校准或检验工作的机构：

——在或来自一个固定的地点

——在或来自一个临时的设施，或

——在或来自一个可移动的设施。

3.2 检验实验室：从事检验工作的实验室。

3.3 校准实验室：从事校准工作的实验室。

3.4 校准：在规定条件下，确定测量设备、测量系统的示值或实物量具所代表的值与相对应的被测量的已知值之间关系的一组操作。

注：

(1) 校准结果可用于评定测量设备、测量系统或实物量具的示值误差、或给任何标尺上的标记赋值。

(2) 校准也可以用来确定其他计量特性。

(3) 校准结果可被记录在通常称之为校准证书或校准报告的文件中。

(4) 校准结果有时用校准因数或呈校准曲线形式的一系列校准因数来表示。

3.5 检验：按照规定的程序，为了确定给定的产品、材料、设备、生物体、物理现象、工艺过程或服务的一种或多种特性或性能的技术操作。

注：检验结果通常被记录在称之为检验报告或检验证书的文件中。

3.6 校准方法：为进行校准而规定的技术程序。

3.7 检验方法：为进行检验而规定的技术程序。

3.8 检定（验证）：通过检查和提供证据来证实规定的要求已经提到满足。

注：

为了与测量设备的管理相衔接，检定（验证）提供了一种检查测量仪器的示值和相对应的被测量的已知值之间的偏差，并使其始终小于有关测量设备的管理标准、规程和规范中所规定的最大允许误差的方法。

根据检定（验证）结果作出恢复使用、调整、修理、降级或报废的决定。在所有的情况下都要求在测量仪器的专用记录中有完成检定（验证）情况的书面记录。

3.9 质量体系：为实施质量管理的组织结构、程序、过程和资源。

3.10 质量手册：阐述一个组织质量方针、质量体系和质量实践的文件。

注：质量手册可以列出与实验室质量工作有关的其他文件。

3.11 参考标准：通常指在给定地点可得到的具有最高计量学特性的标准，在该地点所进行的测量由它导出。

3.12 标准物质：具有一种或多种足够好地确立了的特性、用于校准仪器、评审测量方法或给材料赋值的材料或物质。

3.13 有证标准物质：具有一种或多种用技术上的有效方法鉴定了的特性值，并附有或可追溯到由鉴定机构颁发的证书或其他文件的标准物质。

3.14 可追溯性：通过连续的比较链，使测量结果能够与有关的基准（通常是国际或国家基准）联系起来的特性。

3.15 能力比对检验：利用实验室间的比对，对实验室的校准或检验工作进行判定。

3.16 要求：为能识别和考核一个实体，将对其特性的需要转化为一系列定量的或文字描述的规范。

4 组织和管理

4.1 实验室应有明确的法律地位。它应以其固定的、临时和可移动的设施满足本标准要求的方式组织起来并开展工作。

4.2 实验室应

(a) 具有管理人员，他们应有履行其职责所需的取力和资源；

(b) 有措施，以保证工作人员免受来自商务、财务和其他会影响其工作质量的压力；

(c) 以确信在任何时候都能保持其判断的独立性和诚实性的方式组织起来；

(d) 对影响校准和检验质量的所有管理、执行或验证人员规定其职责、职权和相互关系并形成文件；

(e) 由熟悉校准或检验方法及程序、了解校准或检验目的以及懂得结果评审的人员来实施监督。监督人员与非监督人员的比例应足以保证监督工作的正常进行；

(f) 有一名负责技术工作的技术主管（无论如何称谓）；

(g) 有一名负责质量体系及其实施的质量主管（无论如何称谓），他可以直接与负责实验室质量方针和资源决策的最高管理者及技术主管联系。在某些实验室中，质量主管也可以是技术主管或其副手；

(h) 在技术或质量主管不在的情况下，要指定其代理人；

(i) 适当时，应有文件化的政策的程序，以保护委托方的机密信息和所有权；

(j) 适当时，参加实验室之间的比对和能力比对检验计划。

5 质量体系、审核和评审

5.1 实验室应建立和保持与其承担的校准和检验工作的类型、范围和工作量相适应的质量体系。质量体系要素应形成文件。质量文件应提供给实验室人员使用。实验室应明文规定为达到良好工作水平和校准或检验服务质量的方针、目标并作出承诺。实验室的管理者应确保将这些方针和目标纳入质量手册，并使实验室所有有关人员都知道、理解并贯彻执行。质量主管应负责保持质量手册的现行有效性。

5.2 质量手册以及相关的质量文件应阐述实验室为满足本标准要求所制订的方针和工作程序。质量手册和相关的质量文件应包括：

(a) 最高管理者的质量方针声明，包括目标和承诺；

(b) 实验室的组织与管理结构以及它在任一母体组织中的地位和相应的组织图；

(c) 管理工作、技术工作、支持服务与质量体系之间的关系；

(d) 文件的控制和维持程序；

(e) 关键人员的工作岗位描述并涉及其他人员的工作岗位描述；

(f) 实验室获准签字人的标识（在此概念适用时）；

(g) 实验室实现测量可追溯性的程序；

(h) 实验室校准和/或检验的范围；

(i) 确保实验室评审所有新工作的措施，以保证实验室在开始新工作之前有适当的设施和资源；

(j) 涉及所用的校准、检定（验证）和/或检验程序；

(k) 处置校准和检验样品的程序；

(l) 涉及所用的主要设备和参考测量标准；

(m) 涉及设备的校准、检定（验证）和维护程序；
(n) 涉及检定（验证）的活动，包括实验室之间的比对、能力比对检验计划、标准物质的使用和内部质量控制方案；
(o) 当发现检验有差异或发生偏离文件化的政策和程序时，应遵循的反馈和纠正措施的程序；
(p) 实验室关于允许偏离文件化的政策和程序或标准规范的例外情况的管理措施；
(q) 处理抱怨的程序；
(r) 保密和保护所有权的程序；
(s) 审核和评审程序。

5.3 实验室应定期对其工作进行审核，以证实其运行能持续地符合质量体系的要求。这种审核应由受过培训和有资格的人员承担，审核人员应与被审核工作无关。当审核中发现实验室校准或检验结果的正确性或有效性可疑时，实验室应立即采取纠正措施并书面通知可能已经受到影响的所有委托方。

5.4 管理者应对为满足本标准要求而建立的质量体系每年至少评审一次，以确保它的持续适用性和有效性，并进行一切必要的更改和改进。

5.5 在审核和评审中发现的问题和采取的纠正措施应形成文件，对质量负责的人员应保证这些纠正措施在议定的时间内完成。

5.6 除定期审核外，实验室还应通过实施检查来确保提供给委托方的结果的质量，并应对这些检查方法进行评审，适用的话，其内容包括（但不限于此）：
(a) 尽可能采用统计技术的内部质量控制方案；
(b) 参加能力比对检验或其他实验室间的比对；
(c) 定期使用有证标准物质和/或在内部质量控制中使用副标准物质；
(d) 用相同或不同的方法进行重复检验；
(e) 对保留样品的再检验；
(f) 一个样品不同特性检验结果的相关性。

6 人　　员

6.1 检验实验室应有足够的人员，这些人员应受过与其承担的任务相适应的教育、培训，并有相应的技术知识和经验。

6.2 检验实验室应确保其人员能得到及时的培训。

6.3 实验室应保存技术人员有关资格、培训、技能和经验的记录。

7 设施和环境

7.1 实验室的设施、校准和检验场地以及能源、照明、采暖和通风应便于校准或检验工作的正常进行。

7.2 校准或检验所处的环境不应影响结果的有效性或对所要求的测量准确度产生不利的影响，在非固定场所进行校准和检验时尤应注意。

7.3 适当时，实验室应配备对环境条件进行有效的监测、控制和记录的设施。对影响校准或检验的因素，例如生物灭菌、灰尘、电磁干扰、湿度、电源电压、温度、声音和振动水平等应予适当重视。

7.4 相邻区域内的工作互不相容时，应采取有效的隔离措施。

7.5 应对进入和使用所有影响工作质量的区域作出规定并加以控制。

7.6 应采用适当措施确保实验室有良好的内务管理。

注：符合有关健康和安全的要求是实验室的责任，但这方面已超出本标准的范围。

8 设备和标准物质

8.1 实验室应配备进行正确校准和检验所需的全部设备（包括标准物质）。如果要使用实验室永久控制范围以外的设备，则应保证本标准的有关要求得到满足。

8.2 应对所有设备进行正常维护，并将维护程序形成文件。如果任一设备有过载或错误操作、或显示的结果可疑、或通过检定（验证）或其他方式表明有缺陷时，应立即停止使用，并加上明显标识，如可能应将其贮存在规定的地方直至修复，并经校准、检定（验证）或检验表明其运行令人满意为止。实验室应检查由于这种缺陷对过去进行的校准或检验所造成的影响。

8.3 每一设备（包括标准物质）都应以适当的标签、标记或其他标识方式来表明其校准状态。

8.4 应保存每一设备以及对校准和检验有重要意义的标准物质的记录。记录内容包括：

(a) 设备名称；

(b) 制造商名称、型号、序号或其他唯一性标识；

(c) 接收日期和启用日期；

(d) 目前放置地点（如果适用）；

(e) 接收时的状态（例如全新的、用过的，经改装的）；

(f) 制造商使用说明书的复制件（如果有）；

(g) 校准和/或检定（验证）的日期和结果以及下次校准和/或检定（验证）的日期；

(h) 迄今所进行的维护和今后维护计划的细节；

(i) 损坏、故障、改装或修理的历史。

9 测量的可追溯性和校准

9.1 凡对校准或检验的准确性或有效性有影响的测量和检验设备，在投入使用前必须进行校准和/或检定（验证）。实验室应制定有关测量和检验设备的校准与检定（验证）的计划。

9.2 应制定和实施设备的校准和/或检定（验证）和确认的总体计划，以确保（适用时）实验室的测量可追溯到国家测量基准。校准证书应表明（如果适用）追溯到国家测量基准的情况并应提供测量结果以及相关的测量不确定度和/或符合经批准的计量规范的说明。

9.3 如不可能追溯到国家测量基准，实验室应提供结果相关性的满意证据，例如参加一个适当的实验室间的比对或能力比对检验计划。

9.4 实验室拥有的测量参考标准只能用于校准，不能用于其他目的，除非能够证明其作为测量参考标准的性能不会失效。

9.5 测量参考标准的校准工作应由能提供对国家测量基准进行追溯的机构来进行，应编写对计量参考标准进行校准和检定（验证）的计划。

9.6 适用时，参考标准及测量和检验设备在两次校准和检定（验证）之间应经受运行中的检查。

9.7 只要可能，标准物质应能追溯到国家或国际测量基准；或追溯到国家或国际标准参考物质。

10 校准和检验方法

10.1 如果缺少指导书可能会给校准或检验工作带来危害，实验室则应对所有有关设备的使用和操作、样品的处置和制备、校准和/或检验工作编制指导书，并形成文件。所有与实验室工作有关的指导书、标准、手册和参考数据都应现行有效并便于工作人员使用。

10.2 实验室应使用适当的方法和程序来进行所有校准或检验以及其职责范围内的有关活动（包括样品的抽取、处置、传送和贮存、制备，测量不确定度的估算，校准和/或检验数据的分析）。这些方法和程序应与所要求的准确度和有关校准或检验的标准规范一致。

10.3 没有规定校准和检验方法时，实验室应尽可能选择国际或国家标准中已经公布或由知名的技术组织或有关科学文献或杂志公布的方法。

10.4 当必须采用尚未制定成标准的方法时，这些方法应征得委托方同意，完成形成文件并得到批准，便于委托方和有关报告的其他接受者使用。

10.5 当抽样作为检验方法的一部分时，实验室应采用文件化的程序和适当的统计技术抽取样品。

10.6 应对计算和数据转换做适当的检查。

10.7 当使用计算机或自动化设备采集、处理、运算、记录、报告、贮存或检索校准或检验数据时，实验室应确保：

(a) 符合本标准的要求；

(b) 计算机软件应形成文件并满足使用要求；

(c) 制定并执行保护数据完整性的程序，这些程序应包括（但不限于）数据输入或采集、数据贮存、数据传输和数据处理的完整性；

(d) 对计算机和自动化设备进行维护，以确保其正常功能，并提供保证校准和检验数据完整性所必需的环境和工作条件；

(e) 制定和执行保证数据安全的适当程序，包括防止非授权人员接触和未经批准修改计算机记录。

10.8 实验室应制定其技术工作中所使用的消耗材料的采购、验收和贮存的程序。

11 校准和检验样品的处置

11.1 实验室应有唯一的用以标识校准或检验样品的文件化制度，确保样品的标识在任何时候都不发生混淆。

11.2 在接收校准或检验样品时，应记录其状态，包括是否异常或是否与相应的校准或检验方法中所描述的标准状态有所偏离。如果对样品是否适用于校准或检验有任何疑问，或者样品与提供的说明不符，或者对要求的校准或检验规定得不完全，实验室应在工作开始之前与询问委托方，要求进一步给出说明。实验室应确定样品是否已经完成了所有必要的准备，或委托方是否要求实验室对样品进行准备或安排准备。

11.3 实验室应有文件化的程序和适当的设施以避免校准或检验用的样品在贮存、处置、准备和校准或检验过程中变质或损坏，并遵守随样品提供的任何有关说明书。如果样品必须在特定的环境条件下贮存或处置，则应对这些条件加以维持、监控和记录（如必要）。当校准或检验样品或其一部分须妥善保存时（例如基于记录、安全或价值昂贵或日后对校准或检验进行检查的原因），实验室应有贮存和安全措施，以保护这些需要妥善保存的样品或其一部分的状态和完整性。

11.4 实验室应有对校准或检验样品的接收、保存或安全处置编制文件化的程序，包括为维护实验室诚实性所必需的各项规定。

12 记　　录

12.1 实验室应有适合于自身具体情况并符合任何适用规章的记录制度。所有的原始观测记录、计算和导出数据、校准记录和校准证书的副本、检验证书副本或检验报告副本均应归档并保存适当的期限。每次校准和检验的记录应包含足够的信息以保证其能够再现。记录应包括参与抽样、样品准备、校准或检验的人员的标识。

12.2 所有的记录（包括8.4条中所列有关校准和检测设备的记录）、证书和报告都应安全贮存，妥善保管并为委托方保密。

13 证书和报告

13.1 对于实验室完成每一项或每一系列校准或检验结果，均应按照校准或检验方法中的规定，准确、清晰、明确、客观地出具报告。这些结果通常以校准证书、检验报告或检验证书的形式出具报告，其内容应包括为说明校准或检验结果所必需的各种信息以及采用方法所要求的全部信息。

13.2 每份证书或报告至少应包括以下信息：

(a) 标题，例如"校准证书"，"检验报告"或"检验证书"；

(b) 实验室的名称与地址，进行校准或检验的地点（如果与实验室地址不同的话）；

(c) 证书或报告的唯一性标识（如序号）和每页及总页数的标识；

(d) 委托方的名称和地址（如果适用）；

(e) 被校准或检验样品的说明和明确的标识；

(f) 校准或检验样品的特性和状态；

(g) 校准或检验样品的接收日期和进行校准和检验和日期（如果适用）；

(h) 对所采用的校准或检验方法的标识，或者对所采用的任何非标准方法的明确说明；

(i) 涉及的抽样程序（如果适用）；

(j) 对校准或检验方法的任何偏离、增加或减少以及其他任何与特定的校准或检验有关的信息，如环境条件；

(k) 测量、检查和导出的结果（适当地辅以表格、图、简图和照片加以说明），以及任何经证实的失效；

(l) 对估算的校准或检验结果不确定度的说明（如果适用）；

(m) 对证书或报告（不管如何形成）内容负责的人员的签字、职务或等效标识，以及签发日期；

(n) 如果适用，作出本结果仅对所校准或检验样品有效的声明；

(o) 未经实验室书面批准，不得复制证书或报告（完整复制除外）的声明。

13.3 如果证书或报告中有包含分包方所进行的校准或检验结果，则应明确地标明。

13.4 应特别小心和注意证书或报告的编排，尤其是校准或检验数据的表达应易于读者理解。要仔细地逐一设计所承担的每类校准或检验报告的格式，但标题应尽量标准化。

13.5 对已发布的校准证书、检验报告或检验证书作重大修改只能采用另外一个文件的方式，或采用包括"对序号（或别的标识方式）校准证书（或检验报告或检验证书）的补充"的声明的数据资料修改通知单的方式、或者采用等效文字叙述的方式来进行。这种修改应符合本标准第12条相应的所有要求。

13.6 当发现诸如测量或检验设备有缺陷等情况，而对任何校准证书、检验报告、检验证书或对报告或证书的修正件所给出结果的有效性产生怀疑时，实验室应立即以书面形式通知委托方。

13.7 当委托方要求用电话、电传、图文传真或其他电子或电磁方式传送校准或检验结果时，实验室应保证其工作人员遵循文件化的程序，这些程序应保证本标准的要求得到满足、机密性得以维护。

14 校准或检验工作的分包

14.1 如果实验室将校准或检验工作的任一部分分包，这部分工作应安排在符合本标准要求的实验室中进行。就分包工作而言，实验室应保证并能证实它的分包方有能力完成所承担的工作，并能符合相同的能力准则。实验室应把分包任一部分检验工作给另一单位的意图用书面方式通知委托方。

14.2 实验室应记录和保存调查分包方的能力及符合性的详细资料，并保存一份有关所有分包事项的登记册。

15 外部支持服务和供应

15.1 实验室在寻求本标准未涉及的外部服务和供应以支持其校准或检验时，只应使用能充分保证实验室校准或检验质量的外部支持服务和供应。

15.2 如果外部支持服务或供应无独立的质量保证，实验室则应制定有关程序确保所购的设备、材料和服务符合规定的要求。只要求可能，实验室应确保所购设备和消耗材料在使用前按相应校准或检验所要求的标准规范进行检验、校准或检定（验证）。

15.3 实验室应保存所有为校准或检验提供所需的支持服务或供给的供方的记录。

16 抱　　怨

16.1 实验室应制定文件化的政策和程序，以处理委托方或其他单位就实验室工作所提出的抱怨，并记录和保存所有的抱怨及其处理方法。

16.2 当抱怨或其他任何事项是对实验室是否符合其方针或程序、或者是符合本标准要求、或者是对其他有关实验室校准或检验质量提出疑问时，则实验室应确保按本标准 5.3 条的要求立即对这些范围的工作和有关职责进行审核。

第三方产品认证制度模式通则

引　言

本通则适用于如下认证制度：

确定符合产品标准的第三方认证制度。该制度是通过对产品的初次检验和对工厂质量管理体系的评定来进行的，在授予认证之后还要对该厂的质量管理体系进行监督检查以及对从工厂和市场抽取的样品进行监督检验。

注：这种典型制度相当于ISO/IEC出版物《认证的原则与实践》中所述的第五种制度。选择这一制度是因为它最全面，而且能够作为制订其他认证制度的最好的基础。

认证的表述可采取认证证书或认证标志的形式（见ISO/IEC指南7）。

实施认证制度的国家级认证机构，至少应具有一个适当的组织机构，并利用符合ISO/IEC指南17020和ISO/IEC指南25（最新版本）要求的人员、设备和运作程序。

在该认证制度下的任何认证方案，作为先决条件都需要有一个适合于认证目的的标准（见ISO/IEC指南7）。

1　引用文件

ISO/IEC指南2：1996《标准化及相关活动——通用术语》

ISO/IEC指南7：1994《关于制定用于合格评定标准的指南》

ISO/IEC指南23：1982《第三方认证制度表示合格的方法》

ISO/IEC指南25：1990《产品认证检验机构认可通用要求》

ISO/IEC指南17020：1998《产品认证检查机构认可通用要求》

2　定　义

ISO/IEC指南2：1996《标准化及相关活动——通用术语》中有关定义适用于本准则。

3　基本条件

获得并保持颁发认证证书或使用认证标志许可证1）的基本条件是申请人/许可证持有人遵守本准则和相应认证方案的具体规则2），并且其合格标识仅限于用在许可证规定范围内的，并符合有关标准的产品上。

1）尽管授予许可证只是表明申请人已获认证机构批准的若干方式之一，为本文之目的，这里还是使用了“许可证”和“许可证持有人”字样。

2）具体规则见附件 A。

4　许可证的申请

提出申请应填写认证机构提供的专用申请书。申请书式样见附件 B。

应按照认证方案和具体规则要求确定的某种产品或某一组产品提出申请。次申请所覆盖的产品通常应只由一个工厂生产。

认证机构收到填好的申请书和保证金之后，如有要求时，应向申请人确认此事，并向他提供进行认证所需的进一步的信息。

5　工厂及其质量管理体系的初次检查和初次检验

5.1 总则

在确认受理申请书后，认证机构应根据认证方案的规定与申请人一起对初次检查作出必要的安排。

认证机构负责全部认证活动，从初次检验和对工厂质量管理体系的检查和评定直到对所生产产品的监督。

认证机构应将初次检查和检验的结果通知申请人。

如果认证机构认为颁发许可证的条件未全部得到满足，它应将不合格部分通知申请人。

如果在规定的期限内，申请人能够证明他为达到全部要求已经采取了补救措施，认证机构将只需对初次检查程序和检验的必要部分进行复查。否则申请将被取消。

如果认证机构规定将每份申请的费用限额作为申请程序的一部分，则可能要求填写一份新的申请书或增加每份申请的费用限额。

对于随后提交的同类产品可以不必进行复查。

5.2 工厂质量管理体系的评定

对申请人的工厂质量管理体系进行评定是初次检查的组成部分。可根据认证方案的具体规则要求进行评定。

与认证有关的质量管理体系实施的所有记录均应随时提供，以便认证机构检查。

申请人应确保就质量管理体系的责任问题向认证机构作出明确规定，例如指定一位至少在技术职能方面独立于生产管理部门并有资格与认证机构保持联系的人员，以确保遵守上述规定。

5.3 初次检验①

5.3.1 样品的选择

试验和检验样品的选择应按照认证方案的规定抽取。

样品应具有拟认证的整个生产线或一组产品的代表性，用生产工具加工并使用生产程序规定的方法装配而成。

如果试验的是试制样品，适当时，应对生产样品进行确认试验或检验。

①这里，“初次检验”是指认证机构在授予或延长许可证之前，确定某产品是否符合有关标准要求的过程，通常称之为“型式试验”。

5.3.2 初次检验的实施

初次检验根据有关标准和认证方案的具体规则进行。

5.3.3 其他机构提供的试验数据的使用

如果认证机构选择使用其他机构提供的试验数据，则认证机构或其指定的试验机构应确保承担检验的机构至少要遵守 ISO/IEC 指南 25《产品认证检验机构认可通用要求》和 ISO/IEC 指南 17020《产品认证检查机构认可通用要求》的要求。

6 颁发许可证

当完全满足规定的要求时，认证机构要通知申请人，向其提交一份许可证协议书，请其签字，(已签字的除外)，最后颁发许可证（协议书和许可证示例见附件 C)。

7 扩大许可证的产品范围

如果许可证持有人希望扩大其许可证的产品范围，以使认证标志被允许用于已得到的许可证的产品产自同一工厂，及使用同一标准的另外类型或型号的产品，则该许可证持有人应使用专用的申请书（附件 B)，向认证机构提出申请。在这种情况下，认证机构可以决定不进行工厂检查，而只要求可对增加的产品型号进行样品试验，以确定是否符合标准，如果试验成功，可批准授予扩大许可证覆盖的产品范围。

如果许可证持有人希望对同一工厂但使用不同标准的其他类型的产品申请认证，或如许可证持有人希望原许可证不包括的另外一个工厂获得认证，则必须实施原申请程序中没有包括的新情况部分。

8 监　督

认证机构根据有关标准的要求对产品实施监督，同时根据认证方案的具体规则对质量管理体系 1) 实施监督。

认证机构可以指定一个代理机构在其授权和责任范围内，以及商定的条件下实施监督。由认证机构指定的任何代理机构应具备实施监督所需要的一切设施和称职的工作人员。

应将监督检查的结果通知许可证持有人。

许可证持有人应将产品、制造工艺或质量管理体系方面可能影响产品一致性的任何更改打算通知认证机构，由认证机构决定所声明的更改是否需要再进行初次检验和检查，或其他进一步的调查。这时，在未获得认证机构的正式批准之前，许可证持有人不得放行已经上述变更的原认证产品。

许可证持有人应保存对许可证所覆盖产品的全部投诉记录，并在需要时提供给认证机构。

在某些情况下，监督检查可不必重复初次检验的所有要素，例如，对于某些顾客订制的产品和某些初次检验非常复杂或样品非常昂贵的情况，监督检查可只进行工厂检查或结合工厂检查做一些验证试验，这种验证试验要保证与已试验的样品相一致。这种验证试验应在认证方案的具体规则中加以描述。

9 认证标志的使用和标注

9.1 认证标志

认证制度使用认证标志，应遵循 ISO/IEC 指南 23《第三方认证制度表示合格的方法》的原则，这种认证标志必须醒目并应特别注意以下各项：

——带有产权性质-标志的构成及其使用的控制受法律保护；

——标志的代号或设计有利于识别伪造或其它误用形式；

——不能从一个产品转用到另一个产品；

——直接标注于每一件产品上，除非产品的尺寸或产品型号不允许，在这种情况下，可以标注在销售产品的最小包装上。

9.2 标注

在某些情况下，可以使用与认证标志相关的其它标识，例如：

——在所用的认证标志不能确定认证机构的情况下，可以加注认证机构的名称或商标；

——在产品分类不十分清晰的情况下，可以加注产品分类名称；

——有关标准的代号

这些标注应符合认证方案的具体规则。

如果认证方案依据的标准已修订，应务必标注出所用标准的版次或日期，以便用户对认证产品规定的要求有正确的理解。

10　许可证持有人的宣传

许可证持有人有权公布在许可证规定的范围内，他已获得授权对产品颁发合格证书或在相应产品上使用认证标志。

在任何情况下，许可证持有人均应充分注意在其出版物和广告宣传中，不能在认证与非认证产品之间引起混淆。

如果制造商希望公布与认证有关的产品试验报告的某些部分，他必须得到认证机构的书面同意。

许可证持有人不得在产品用户须知中以误导的方式规定其功能、声明或类似内容，使购买者误认为产品性能或用途已被认证而实际并未被认证。如在认证方案中有要求，则与认正方案有关的产品所附的说明书或其它用户须知应得到认证机构的批准。

11　保　　密

认证机构应确保其雇员及其代理机构的雇员（见**8**的第**2**段）对在与许可证持有人的接触中了解到的所有机密信息保密。

12　认证证书或认证标志的误用

认证机构应运行一套核查制度，并纳入认证证书或认证标志管理规定之中。

在广告、目录等宣传中发现的对认证制度的或对认证证书或认证标志使用的误导行为，应采取适当措施进行处理。包括采取法律措施或纠正措施，或将违法行为公诸于众。

一旦许可证持有人误用认证证书或认证标志，应采取纠正措施。

13　暂停使用产品许可证

对于下列情况，可以在限定时间暂停使用某一具体产品的许可证；

——监督结果表明产品不符合要求，但尚不需要立即撤销许可证；

——许可证持有人不恰当地使用了证书或标志，例如，制作了误导性的印刷品或广告，而没有将其收回或采取适当的补救措施；

——任何其他违反了认证方案的规定或认证机构的程序的行为。

对在许可证被暂停使用期间生产的产品，许可证持有人不得按认证产品对该产品进行标注。

经认证机构与许可证持有人双方同意，因一定时期的停产或其他原因，也可暂停使用许可证。

认证机构应用挂号信（或等效方式），将暂停使用许可证的正式文件通知许可证持有人。

认证机构应说明在什么情况下可以撤销暂停，例如，按照第**15**款的规定采取的纠正措施。

暂停期结束时，认证机构应该对恢复使用许可证所需的条件是否得到满足进行调查。

如条件得到满足，认证机构应通知制造商撤销暂停并恢复使用许可证。

如果条件未满足认证机构应撤销许可证。

14 撤消或注销

14.1 撤销

除暂停使用许可证外，在下列情况下，可撤销许可证；

——监督表明产品严重不合格；

——许可证持有人不能履行财务契约规定的付款义务；

——存在违反许可证协议的任何其他行为；

——在暂停使用许可证期间，许可证持有人采取了不适当的措施。

在上述情况下，认证机构有权撤销许可证，并用挂号信（或等效方式）通知许可证持有人。有关时限问题，见许可证协议实例第10条（附件C）。

许可证持有人可以就此提出申诉，认证机构在核实申诉后，可以根据情况的性质决定是否撤销或注销许可证。

撤销许可证前，认证机构应根据认证产品的实际情况，决定是否从所有库存产品或者如可行时，从已售出的产品上取下认证标志，或在短期内，清理仓库中带有标志的产品，以及是否要求采取其他措施。

14.2 在下列情况下，也可以注销许可证：

——许可证持有人不希望延长许可证的使用期；

——标准或规则发生了变化，许可证持有人不愿意或不能保证符合新的要求。（参见第16款）；

——不再生产产品或许可证持有人停止了其业务；

——或者根据许可证协议中规定的其他条款。

14.3 认证机构可以公布许可证的撤销或注销。

15 纠正措施

一旦误用认证证书或认证标志，应采取纠正措施以确保其正确使用。（参见ISO/IEC指南27《认证机构对误用其合格标志采取纠正措施的指南》

16 标准修订的实施（见附件C第11条）

如果认证所依据的标准进行了修订，确定修订标准中产品要求的生效日期时，就应考虑多种因素。

认证机构应公布标准修订部分的生效日期，并通知有关认证方案在册的所有许可证持有人，以便提供充足的时间使其满足相应的要求。

确定生效日期时应考虑，但不仅限于如下因素：

——符合修改后的健康、安全或环境要求的迫切性；

——调整装备和生产符合修订后要求的产品所需的时间和费用；

——现有库存产品的情况以及能否返工以符合修订后的要求；

——避免无意中给某特定制造或设计以商业上的优势；

——认证机构的运作问题。

17 责　任

凡涉及产品责任问题必须依照相应的法律制度进行处理。

18 纠　　纷

如产生纠纷，可诉诸认证机构的申诉程序。

19 费　　用

认证方案的实施费用由认证机构按认证方案逐项决定。

附件 A

具体规则的基本内容检查表

每个认证方案均应根据不同产品或产品组的类别和生产方法制订一套具体规则（见第 4 款）。制订认证方案的具体规则时，除应考虑其它项目外，应特别注意以下项目的要求。

a）标出认证方案涉及的所有的产品及相关标准。

b）初次检验和检查的要求，例如：

——拟检查和试验项目的选择；

——抽样程序；

——产品的初次检验和试验方法；

——试验结果的评定；

——工厂的初次检查（注 1）；

——检查结果的评定；

——工厂质量控制体系的评定（见附件 B 的附录 1）；

——工厂工作人员工作能力的评定；

——制造厂使用的测量和试验设备（包括校准设备）的评定；

——产品的标注（与认证标志有关）；

——各种说明资料的检查表（例如安装或使用说明）；

——认证证书的内容。

c）监督程序的要求，例如：

——产品的监督检验和工厂质量管理体系的检查；

——对监督检验/检查结果的评定；

——监督检验和监督检查的最低频次。

d）认证方案的费用和成本构成。

e）认证机构和许可证持有人之间拟签定合同的详细内容。

f）如可行，检验报告的格式。

注（1）：包括对接收入厂的来料是否符合合同要求的检查，以及对原材料、部件和最终成品的储存和内部运输的检查。

附件 B

认证申请书式样

呈送＿＿＿＿＿＿＿＿＿＿＿＿＿＿＿＿（认证机构）
地址：＿＿＿＿＿＿＿＿邮编：＿＿＿＿＿＿
申请人情况：

申请人名称和注册的办公地址：	电话： 传真： 邮编：
质量管理体系负责人姓名和职务： 联系地址： 电话： 传真：	产品制造地点：

申请认证产品说明：

产品说明：（见许可证式样的前两栏-附件 C 的附录 1）	有关标准： 编号： 名称： 发布日期：	有关具体规则： 编号： 名称： 发布日期：

声明 我们在此声明：保证支付本申请所需的所有费用，愿意在初次检验和检查得到肯定结果时，在规定的时间内就上述产品的认证签署一项协议。

申请日期：＿＿＿＿＿＿＿＿＿＿＿＿＿＿＿＿＿＿＿＿

经授权代表申请人签字的人员姓名和职务：

＿＿＿＿＿＿＿＿＿＿＿＿＿＿＿＿＿＿＿＿

签名：＿＿＿＿＿＿＿＿＿＿＿＿＿＿＿＿＿＿＿＿

附件 B 附录 1

初次工厂评定调查表式样
（申请书的附件）

本调查表填写后与申请表一起送回。其目的是提供申请人的基本情况，包括质量控制能力和产品是否能持续符合有关规范要求的情况。

本文件供认证机构的检查人员在涉及到的一个或多个工厂或进行预审时使用，这种预审是初次检查的组成部分。

需要扩大任何说明时，可增加补充部分。

所涉及的每一个工厂均应有单独的文件，或明确指出各厂之间的区别。

应说明截止到填表日期时的设备情况。

对本文件提供的信息应给予最严格的保密。

提供下列题目的信息会更便于对申请的处理：

评价用样品的提供日期；

所提供的样品是生产样品还是型式样品？

如型式样品，拟何时投产？

产品是否按标准试验过？（如是，请附上试验报告）：

申请的紧迫性。

索引

第 1 节　工厂组织结构

1.1 程序/文书工作

请提供下列有关基本制度的情况：

1.1.1 你们是按订单生产还是用于贮存？

1.1.2 你们下达工作指令或类似文件吗？

1.1.3 如果下达，是否一个指令表示一个单独的生产批？

1.1.4 在生产过程中，工作指令随着产品和/或其容器走吗？

1.1.5 如果不带，发生质量问题时，如何隔离该产品？

1.1.6 请提供有关基本制度的任何其它情况。

1.2 质量控制/检查人员

请提供下列有关工厂质量控制人员组织的情况：

1.2.1 质量保证负责人。

1.2.2 向谁汇报？

1.2.3 是否有独立的质量控制/检查部门？

1.2.4 如有，请写明：

1.2.4.1 如果主任检查员与 1.2.1 不同，请写明：

1.2.4.2 工作人员是否了解有关标准中的试验？

1.2.5 仓库管理员/生产操作人员负责以下方面的检查和试验吗？

1.2.5.1 材料？

1.2.5.2 生产过程？

1.2.5.3 最终成品？

1.2.6 如果负责，他们受质量控制部门人员的监督吗？

1.2.7 进行质量审核吗？由谁进行？

1.2.8 请提供质量控制人员组织的任何其它情况。

第 2 节　材料、零部件和服务

2.1 采购规范/材料质量保证

请说详细提供采购的主要材料，使用的规范和主要供货商的情况。

请提供接收材料零部件或服务所采用的质量保证方法及拒收时采取的措施。

第 3 节　制　　造

3.1 制度

请详述制造的各个环节——最好提供一份生产安排和/或以图表形式显示各生产阶段情况的资料。

3.2 维护系统的装置和设备

采取什么维护制度？

第 4 节　质量控制和试验

4.1 制度

请详述质量控制制度包括抽样制度，特别是有关标准规定的试验情况。最好能提供一份质量控制计划或与 3.1 要求的图表相对应的补充说明。

请附上发给工作人员的质量控制手册或质量控制指导书。

4.2 试验设备/仪器、量规和工具

请详述使用的试验设备，制造商名称和参考资料，并说明校验制度和频次以及是否有证书。

第 5 节　记录和文件

5.1 总则

5.1.1 请说明主要规范的形式，即图样、产品/零部件一览表，标样等。还要说明现有的其它记录。

5.1.2 请说明修改设计/规范的制度。

5.2 符合—规范

5.2.1 请说明过去 6 个月中发现的不符合情况。如果已经按有关标准进行了试验，如有可能，附上试验结果的副本。

5.2.2 请说明在保修期和/或其它情况下索赔或抱怨的情况，并给出占总产量的百分比。

5.2.3 是否按标准对产品进行了独立实验？由谁进行的？如可能请附上报告副本。

第 6 节　合格证明的使用

6.1 认证标志

如有可能请附上图案，并说明使用方法，例如用来表示认证标志的特殊标签、压纹等。请说明在生产的哪个阶段标注认证标志。

6.2 认证证书

请附上建议采用的格式并说明在制造或货运的哪个阶段颁发认证证书。附录 2 提供了证书式样的产例。

附件 B 附录 2

认证证书的式样

认证证书

证书号 NO：＿＿＿＿＿＿

＿＿（认证机构名称）＿＿兹证明＿＿＿＿（公司名称以下简称公司）制造的＿＿＿（产品名称）（见附件）＿＿＿符合已发布的认证方案的通则和编号为＿＿＿＿的具体规则。

这些规则特别要求将认证方案涉及的产品样品提供给认证机构以便按照规定的标准进行检查和试验。此外，认证方案还要求厂方：

a. 允许其位于＿＿＿＿的公司接受认证机构的定期检查，并

b. 允许从生产过程中或从市场抽取规定产品的样品进行独立的试验和检查，以保证该产品的持续合格。

本证书由＿＿（认证机构名称）＿＿颁发，该认证机构的职权范围在＿＿＿＿年＿＿＿＿月＿＿＿＿日的第＿＿＿＿号文件中规定。

该公司与认证机构在此立约，保证遵守并执行认证方案规定的标准、总则和具体规则中的要求以及认证机构为认证方案制定的任何规章。

认证机构签名：＿＿＿＿＿＿＿＿（主任）

日期：＿＿＿＿

公司签名：＿＿＿＿＿＿＿＿

日期：＿＿＿＿

注：第三方认证制度的规则还可规定要包括的补充信息。

附件 C

使用认证证书或合格标志的协议式样

____________认证机构，其注册办事处位于____________，以下简称“认证机构”，由__________（姓名）__________（职务）作为在本项工作中的代表，注册办事处位于____________的____________（获证企业）________机构，以下简称“许可证持有人”，颁发许可证，以证明许可证中所列的产品已经由认证机构批准，这些产品在有效许可证的第一栏中予以规定，该许可证由其持有人按照第二栏列出的标准和列入第三栏中的具体规则以及下列总协议的条件进行控制。

第 1 条　认证和检查规则

认证制度的通则的条款以及所附许可证中规定的标准和具体规则均适用于本协议。

第 2 条　权力和义务

2.1 许可证持有人同意，根据协议所附许可证的规定，由其生产和提供的认证产品，要符合许可证规定的标准和通则以及具体规则要求。为此，认证机构授权许可证持有人按照认证方案具体规则的规定对许可证所列产品给予认证。

2.2 许可证持有人同意，在有关工厂的正常工作时间内，认证机构的代表无须事先通知，就可以毫无阻拦地进入许可证涉及的工厂。

2.3 许可证持有人同意，颁发许可证的产品将按照与认证机构在初次检验中发现的符合标准的样品所采用的相同规范进行生产。

第 3 条　监督

3.1 根据认可证制度的通则和许可证中规定的认证方案的具体规则，认证机构对许证持有人履行义务的情况进行持续的监督。

3.2 这种监督由认证机构的工作人员或由其代理机构的工作人员代表认证机构进行。

第 4 条　生产改变的信息

许可证持有人务必将有关产品，制造过程或质量管理体系方面拟采取的任何改变通知认证机构。

第 5 条　投诉

许可证持有人应按照认证机构的要求，对有关许可证覆盖产品的任何投拆进行记录并报告认证机构。

第 6 条　公布

6.1 许可证持有人有权公布它已被授权对许可证覆盖的产品给予认证。

6.2 除其它方法之外，认证机构可通过公开出版物宣布根据标准给予认证的授权情况，如果需要，也可以宣布撤消与许可证持有人之间的协议的情况。

第 7 条　保密

认证机构负责保证其工作人员对在与许可证持有人的联系中了解到的所有保密信息保守秘密。

第 8 条　付款

8.1 许可证持有人应向认证机构支付有关监督的所有费用，包括试验，检查和管理费等。

第 9 条　协议期限

本协议自____________开始生效，除非有正当理由撤消协议或由一方通知另一方注销协议，协议的有效期截止到____________。

第 10 条　许可证的撤消/注销

如果出现撤消/注销许可证的问题，应在撤消/注销前通知，提前的时间视引起撤消/注销的原因而定。根据撤消/注销的原因，对通知时间做如下规定：

撤消/注销的原因	撤消/注销通知应提前发出的天数
制造商希望注销：	由认证机构确定
认证机构认为产品有危险：	无
违反现行标准，非安全原因：	最多 60 天
未向认证机构交纳费用：	最多 30 天
不符合许可证协议的其它规定：	最多 60 天
强制符合标准修订后的新要求：	可以协商

注销的建议必须用挂号信（或等效方式）寄给另一方，并说明终止协议的理由和日期。

第 11 条　产品要求的更改

11.1 如果本协议涉及的产品要求需要更改时，认证机构必须用挂号信（或等效方式）通知许可证持有人，说明更改要求的生效日期，并通知他根据协议需要对产品进行的任何补充检查。

11.2 在接到 11.1 所述的建议后，许可证持有人应在规定的期限内用挂号信（或等效方式）通知认证机构他是否准备接受修改。如果许可证持有人在规定的期限内确认接受修改并且补充检查的结果良好，应颁发一个附加许可证或修改认证机构的记录。

11.3 如果许可证持有人向认证机构提出，他不准备在 11.2 规定的期限内接受修改，或者他错过了接收机会，或者补充检查的结果不符合要求，那么，除非认证机构另有决议，否则在已修订规范在认证机构生效之日起，有关该项产品的许可证应将不再有效。

第 12 条 责任

将根据有关法律制度予以规定。

第 13 条 申诉/争端

有关本协议的所有争端均按认证机构的申诉程序处理。

协议一式两份，由认证机构和申请人授权的代表签字。

认证机构：____________　　　　申 请 人：____________

日　　期：____________　　　　日　　期：____________

____________　　　　____________

（签字）　　（职务）　　　　（签字）　　（职务）

附件 C 附录 1

使用认证证书或合格标志的许可证式样

（附上认证证书或认证标志图样或将图样插入此处）

根据______（协议编号）______，协议______（许可证编号）______许可证由______（认证机构）______颁发给______（许可证持有人名称、地址、邮编）______

许可证覆盖的产品	种类、型号或其它识别方法	标准	具体规则

颁发日期：

认证机构代表签字：______　______

（签名）　（职务）

产品认证机构认可程序

1　目的和范围

1.1 本文件规定了产品认证机构的认可程序

1.2 本文件适用于中国产品质量认证机构国家认可委员会（CNACP）对产品认证机构进行的评审和认可工作。

2　引用文件

ISO/IEC 指南 2：1996 标准化及相关活动-通用术语

GB/T6583-1994-ISO 8402：1994 质量管理和质量保证-术语

CNACP110-99 产品认证机构认可通用要求

CNACP210-99《产品认证机构认可通用要求》说明

3　定　　义

3.1 认证

由第三方机构对产品、过程或服务满足规定要求给予书面证明的程序。

3.2 认证制度

具备自身程序和管理规则进行认证的制度。

3.3 认证机构

依据明确规定的条件和程序提供产品认证服务的第三方中介组织。

3.4 检查

通过观察，适当时通过测量、检验或测定来作出判断和合格评价。

3.5 检查机构

依据明确规定的条件和程序提供检查服务的第三方中介组织。

3.6 认可

权威机构（CNACP）对有能力执行特定职能的机构或个人给予正式承认的程序。

4　认可机构

4.1 总则

CNACP 是经国家质量技术监督局依法授权，统一负责产品认证机构国家资格认可及获准认可后日常监督的认可机构。

4.1.1 CNACP 实施认可工作，公正地对待各产品认证机构。

4.1.2 CNACP 依据 CNACP-110《产品认证机构认可通用要求》等适用文件对产品认证机构实施评审和评定。

4.2 批准、保持、扩大、暂停和撤消/注销认可的条件

4.2.1 CNACP 规定批准、保持和扩大认可的条件，以及全部或部分暂停或撤销/注销认可的条件。

4.2.2 CNACP 制定有关批准、保持、暂停或撤消/注销认可、扩大认可业务范围以及复评的程序。

5 认可申请

5.1 向产品认证机构提供的文件

CNACP 向申请及获得认可的产品认证机构，提供并保持有关认可要求和程序的文件及获准认可的产品认证机构的权利与义务文件的有效版本，必要时，可提供其他有关信息。

5.2 申请

5.2.1 申请认可的产品认证机构（以下简称：申请人）应明确授权一名代表签署 CNACP 规定的认可申请书并提交 CNACP，其内容包括：

1）申请认可的业务范围；

2）申请人同意遵守认可要求与程序并提供认可所需文件和资料的承诺。

5.2.2 申请人必须提供的认可申请文件和资料包括：

1）申请人的基本情况，如：申请人（实体）的名称、地址、法律地位以及人员、资金和技术资源；

2）申请人有关的其他基本情况，如申请人与所属组织的隶属关系，该组织其他部门从事与认证有关的活动情况；

3）所从事产品认证的情况说明及适用的标准和其他认证依据文件；

4）质量手册、程序以及必要的相关文件。

5.3 受理

CNACP 对认可申请进行审查，决定是否受理并书面通知申请人。

6 评审的准备

6.1 评审的计划

CNACP 制定评审活动的计划，对评审活动作出必要的安排。

6.2 组成评审组

CNACP 指派评审组，对申请人提交的认可申请文件实施评审。评审组可配备必要的技术专家，作为评审组的技术顾问。

6.3 评审计划通知

6.3.1 CNACP 将评审组的组成人员名单及评审组的权限提前通知申请人，申请人对指定的评审组成员有异议的，可向 CNACP 提出。

6.3.2 CNACP 将评审计划通知申请人，包括评审活动的安排与日期，并与申请人达到一致。

7 评　　审

7.1 现场评审

评审组依据CNACP-110《产品认证机构认可通用要求》等适用文件对申请人规定范围内的活动实施评审。

7.2 现场见证评审

对于初次申请认可的申请人，在批准认可前，CNACP需对申请人实施的产品认证过程实施全面的现场见证评审，包括对申请人检查组的文件审查记录的调阅和对检查组现场检查的见证评审。见证评审的认证项目一般为每个产品类别两个。申请人应提交被被见证评审方的基本情况，并将CNACP指派实施见证评审的评审员姓名提前通知被见证评审方。

8 评审的报告

8.1 报告程序

评审报告程序为：

1）评审组离开评审现场前与申请人的管理者召开会议，由评审组以口头或书面的方式向申请人报告评审的结果，说明申请人是否符合有关认可要求的规定，并给申请人就评审结果等提供质疑的机会；

2）评审组向CNACP提交有关评审情况的报告，表明申请人是否符合认可要求的规定；

3）CNACP及时将评审情况的报告通知申请人，明确须消除的不合格项，以满足认可要求的规定；

4）申请人可对此报告提出意见，并须向CNACP提交有关文件，表明为消除不合格项，已采取或计划采取的具体措施。CNACP将通知申请人需要进行全部或部分复审，或要求申请人提供已采取措施的书面声明，待监督时予以确认；

5）报告至少包括以下内容：

a）评审的日期；

b）负责报告的人员姓名；

c）评审现场的名称和地址；

d）评审的认可范围和有关内容；

e）对申请人与认可要求符合性的说明。适当时，与以往评审的结果进行比较。

6）说明上述报告结果与末次会议上向申请人所作报告内容之间的差异。

8.2 最终报告

最终报告中对下列方面将予考虑；

1）申请人的人员资格、经历和权限；

2）申请人的内部组织结构和使用的程序能否建立起对其服务质量的信任；

3）申请人在申请认可的产品范围内的认证经历及相应的见证评审情况；

4）不合格项的纠正措施，包括以往评审中所发现不符合项的纠正措施。

9 评定与批准

9.1 评定

CNACP根据评审报告等对申请人的认可资格进行评定，作出认可资格评定结论，批准评定报告。

9.2 批准

CNACP和国家质量技术监督局依据评定报告的结论批准认可。

9.3 认可证书

9.3.1 CNACP 和国家质量技术监督局向获准认可的产品认证机构颁发认可证书。

9.3.2 认可证书的内容包括：

a）产品认证机构的名称和地址；

b）获准认可的业务范围；

c）认可的生效日期与有效期。

10　监督和复评

10.1 基本原则

CNACP 对获准认可的产品认证机构定期实施监督和复评，验证相应机构是否持续符合认可要求的规定。

1）监督评审每 12 个月进行一次，具体时间可安排在 12 个月时限的前后 3 个月内；

2）获准认可的产品认证机构应在明效期满前 90 天内，向 CNACP 提出复评申请。

10.2 监督和复评的程序

10.2.1 监督和复评的程序与上述有关初次认可的评审程序一致。

10.2.2 CNACP 发现产品认证机构存在严重违反本文件有关规定时，将暂停或撤消其认可资格。

11 扩大认可范围的程序

11.1 获准向 CNACP 认可的产品认证机构，拟扩大产品认证范围的，应向 CNACP 提交书面的认可范围扩项申请书，同时提交拟扩项产品的标准，认证的检验、检查机构情况，以及认证实施的情况。

11.2 CNACP 受理申请人的扩项申请后，视情况进行必要的扩项补充评审和见证评审。

11.2.1 如申请人拟扩项产品所涉及的质量体系程序，以及开展认证所用检验、检查资源已经 CNACP 评定的，只需补充现场见证评审；

11.2.2 如申请人拟扩项的产品所涉及质量体系和程序是新增加的，开展认证的检验、检查资源未经 CNACP 评定，则 CNACP 需要对扩项产品所涉及的上述有关内容进行补充评审，并对认证的实施过程进行现场见证评审。

11.3 认可范围扩项的其它程序与初次认可的程序一致。

12　认可资格的宣传

获准认可的产品认证机构可按有关规定使用“中国产品认证机构国家认可”标志，宣传其认可资格。

13　CNACP 和认证机构的关系

13.1 验证安排

CNACP 对评审、监督、复评和投诉的处理活动作出安排，以便认证机构和其代表提供必要的条件与合作能够使认可工作顺利进行。这些安排包括文件审查和评审范围的确定、记录的调阅（包括内部审核报告）和人员访问等。

13.2 认证机构的义务

CNACP 对获得认可的认证机构提出以下要求：

1）始终满足国家有关法律、法规、规章和本文件的有关规定；

2）仅就获准认可的业务作出声明并提供认证服务；

3）按有关规定交纳认可费用；

4）使用其认可资格时不得有损于 CNACP 的声誉，且不得发表任何 CNACP 认为“误导”或“非授权”的言论；

5）一旦认可被暂停或撤消时，应立即停止在其认证产品或其包装以及各种传媒上直接或间接宣传认可资格并将认可证书退回 CNACP；

6）确保不以误导的方式使用证书和认可报告；

7）在传媒中（如文件、宣传小册子或广告中）提及认可资格时应符合 CNACP 的要求。

13.3 更改通报

13.3.1 获准认可的认证机构应就影响其认可地位或运作的任何更改及时通知 CNACP，包括：

1）法律或组织的地位；

2）组织和管理，如关键的管理人员；

3）重要的方针和程序；

4）场地；

5）重要的人员、设备、设施、工作环境或其他重要资源；

6）可能影响到认证机构的能力、业务范围或与本文件或 CNACP 其他有关文件规定要求符合性的情况。

13.3.2 当事先收到与本文件或 CNACP 其他有关文件规定要求相关的更改意愿时，CNACP 将验证认证机构已按时完成对其程序的必要调整。认证机构在调整完成时，应向 CNACP 报告。

产品认证检查机构认可程序

1 目的和范围

1.1 本文件规定了产品认证检查机构的认可程序

1.2 本文件适用于中国产品质量认证机构国家认可委员会（CNACP）对产品认证检查机构进行的评审和认可工作。

2 引用文件

ISO/IEC 指南 2：1996 标准化及相关活动-通用术语

GB/T6583-1994-ISO 8402：1994 质量管理和质量保证-术语

CNACP110-99 产品认证机构认可通用要求

CNACP210-99 产品认证机构认可通用要求说明

3 定　　义

3.1 检查

通过观察，适当时通过测量、检验或测定来作出判断的合格评价。

3.2 检查机构

依据明确规定的条件和程序提供检查服务的第三方中介组织。

3.3 认可

权威机构（CNACP）对有能力执行特定职能的机构或个人给予正式承认的程序。

4 认可机构

4.1 总则

CNACP 是经国家质量技术监督局依法授权，统一负责产品认证机构国家资格认可及获准认可后日常监督的认可机构。

4.1.1 CNACP 实施产品认证检查机构的认可工作，公正地对待各产品认证检查机构。

4.1.2 CNACP 依据 CNACP-120《产品认证检查机构认可通用要求》等适用文件对产品认证检查机构实施评审和评定。

4.2 批准、保持、扩大、暂停和撤消/注销认可的条件

4.2.1 CNACP 规定批准、保持和扩大认可的条件，以及全部或部分暂停或撤销/注销认可的条件。

4.2.2 CNACP 制定有关批准、保持、暂停或撤消/注销认可、扩大认可业务范围以及复评的程序。

5 认可申请

5.1 向产品认证检查机构提供的文件

CNACP 向申请及获得认可的产品认证检查机构，提供并保持有关认可要求和程序的文件及获准认可的产品认证检查机构的权利与义务文件的有效版本，必要时，可提供其他有关信息。

5.2 申请

5.2.1 申请认可的产品认证检查机构（以下简称：申请人）应明确授权一名代表签署 CNACP 规定的认可申请书并提交 CNACP，其内容包括：

1）申请认可的业务范围；

2）申请人同意遵守认可要求与程序并提供认可所需文件和资料的承诺。

5.2.2 申请人必须提供的认可申请文件和资料包括：

1）申请人的基本情况，如：申请人（实体）的名称、地址、法律地位以及人员、资金和技术资源；

2）申请人有关的其他基本情况，如申请人与所属组织的隶属关系，该组织其他部门从事与认证、检查有关的活动情况；

3）所从事产品认证检查的情况说明及适用的标准和其他认证检查依据文件；

4）质量手册、程序以及必要的相关文件。

5.3 受理

CNACP 对认可申请进行审查，决定是否受理并书面通知申请人。

6 评审的准备

6.1 评审的计划

CNACP 制定评审活动的计划，对评审活动作出必要的安排。

6.2 组成评审组

CNACP 指派评审组，对申请人提交的认可申请文件实施评审。评审组可配备必要的技术专家，作为评审组的技术顾问。

6.3 评审计划的通知

6.3.1 CNACP 将评审组的组成人员名单及评审组的权限提前通知申请人，申请人对指定的评审组成员有异议的，可向 CNACP 提出。

6.3.2 CNACP 将评审计划通知申请人，包括评审活动的安排与日期，并与申请人达到一致。

7 评　　审

7.1 现场评审

评审组依据 CNACP-120《产品认证检查机构认可通用要求》等适用文件对申请人规定范围内的活动实施评审。

7.2 现场见证评审

对于初次申请认可的申请人，在批准认可前，CNACP 需对申请人实施的产品认证检查过程实施全面的现场见证评审，包括对申请人检查组的文件审查记录的调阅和对检查组现场档案的见证评审。见证评审的检查项目一般为每个产品类别两个。申请人应提交被见证评审方的基本情况，并将 CNACP 指派实施见证评审的评审员姓名提前通知被见证评审方。

8 评审的报告

8.1 报告程序

评审报告程序为:

1) 评审组离开评审现场 前与申请人的管理者召开会议，由评审组以口头或书面的方式向申请人报告评审的结果，说明申请人是否符合有关认可要求的规定，并给申请人就评审结果等提供质疑的机会；

2) 评审组向 CNACP 提交有关评审情况的报告，表明申请人是否符合认可要求的规定；

3) CNACP 及时将评审情况的报告通知申请人，明确须消除的不合格项，以满足认可要求的规定；

4) 申请人可对此报告提出意见，并须向 CNACP 提交有关文件，表明为消除不合格项，已采取或计划采取的具体措施。CNACP 将通知申请人需要进行全部或部分复审，或要求申请人提供已采取措施的书面声明，待监督时予以确认；

5) 报告至少包括以下内容：

a) 评审的日期；

b) 负责报告的人员姓名；

c) 评审现场的名称和地址；

d) 评审的认可范围和有关内容；

e) 对申请人与认可要求符合性的说明。适当时，与以往评审的结果进行比较。

6) 说明上述报告结果与末次会议上向申请人所作报告内容之间的差异。

8.2 最终报告

最终报告中对下列方面将予考虑：

1) 申请人的人员资格、经历和权限；

2) 申请人的内部组织结构和使用的程序能否建立起对其服务质量的信任；

3) 申请人在申请认可的产品范围内的检查经历及相应的见证评审情况；

4) 不合格项的纠正措施，包括以往评审中所发现不符合项的纠正措施。

9 评定与批准

9.1 评定

CNACP 根据评审报告等对申请人的认可资格进行评定，作出认可资格评定结论，批准评定报告。

9.2 批准

CNACP 主任或其授权代表依据评定报告的结论批准申请人的认可资格。

9.3 认可证书

9.3.1 CNAC 向获准认可的产品认证检查机构颁发认可证书。

9.3.2 认可证书的内容包括：

a) 检查机构的名称和地址；

b) 获准认可的业务范围；

c) 认可的生效日期与有效期。

10 监督和复评

10.1 基本原则

CNACP 对获准认可的检查机构定期实施监督和复评，验证相应机构是否持续符合认可要求的规定。

1）监督评审每 12 个月进行一次，具体时间可安排在 12 个月时限的前后 3 个月内；

2）获准认可的检查机构应在明效期满前 90 天内，向 CNACP 提出复评申请。

10.2 监督和复评的程序

10.2.1 监督和复评的程序与上述有关初次认可的评审程序一致。

10.2.2 CNACP 发现检查机构存在严重违反本文件有关规定时，将暂停或撤消其认可资格。

11 扩大认可范围的程序

11.1 获准 CNACP 认可的检查机构，拟扩大产品检查范围的，应向 CNACP 提交书面的认可范围扩项申请书，同时提交拟扩项产品的标准，认证的检验、检查的依据，以及检查实施的情况。

11.2 CNACP 受理申请人的扩项申请后，视情况进行必要的扩项补充评审和见证评审。

11.2.1 如申请人拟扩项产品所涉及的质量体系程序，以及开展检查所用检验、检查资源已经 CNACP 评定的，只需补充现场见证评审；

11.2.2 如申请人拟扩项的产品所涉及质量体系和程序是新增加的，开展检查的检验、检查资源未经 CNACP 评定，则 CNACP 需要对扩项产品所涉及的上述有关内容进行补充评审，并对检查的实施过程进行现场见证评审。

11.3 认可范围扩项的其它程序与初次认可的程序一致。

12 认可资格的宣传

获准认可的检查机构可按有关规定使用“中国产品认证机构国家认可”标志，宣传其检查机构的认可资格。

13 CNACP 和检查机构的关系

13.1 验证安排

CNACP 对评审、监督、复评和投诉的处理活动作出安排，以便检查机构和其代表提供必要的条件与合作能够使认可工作顺利进行。这些安排包括文件审查和评审范围的确定、记录的调阅（包括内部审核报告）和人员访问等。

13.2 检查机构的义务

CNACP 对获得认可的检查机构提出以下要求：

1）始终满足国家有关法律、法规、规章和本文件的有关规定；

2）仅就获准认可的业务作出声明并提供检查服务；

3）按有关规定交纳认可费用；

4）使用其认可资格时不得有损于 CNACP 的声誉，且不得发表任何 CNACP 认为“误导”或“非授权”的言论；

5）一旦认可资格被暂停或撤消时，应立即停止相应的检查服务，不得在各种传媒上直接或间接宣传认可资格并将认可证书退回 CNACP；

6）确保不以误导的方式使用证书和认可报告；

7）在传媒中（如文件、宣传小册子或广告中）提及认可资格时应符合 CNACP 的要求。

13.3 更改通报

13.3.1 获准认可的检查机构应就影响其认可地位或运作的任何更改及时通知 CNACP，包括：

1）法律或组织的地位；

2）组织和管理，如关键的管理人员；

3）重要的方针和程序；

4）场地；

5）重要的人员、设备、设施、工作环境或其他重要资源；

6）可能影响到检查机构的能力、业务范围或与本文件或 CNACP 其他有关文件规定要求符合性的情况。

13.3.2 当事先收到与本文件或 CNACP 其他有关文件规定要求相关的更改意愿时，CNACP 将验证检查机构已按时完成对其程序的必要调整。检查机构在调整完成时，应向 CNACP 报告。

中国产品质量认证检查机构国家认可委员会（CNACP）产品认证机构认可程序

1 目的和范围

1. 本文件规定了产品认证检验机构的认可程序
2. 本文件适用于中国产品质量认证机构国家认可委员会（CNACP）对产品认证检验机构进行的评审和认可工作。

2 引用文件

ISO/IEC 指南 2：1996 标准化及相关活动—通用术语
GB/T 6583-1994-ISO 8402：1994 质量管理和质量保证——术语
CNACP 110-99 产品认证机构认可通用要求
CNACP 210-99 产品认证机构认可通用要求说明

3 定　　义

3.1 测试

根据特定的程序，由确定具体的产品、过程或服务的一种或多种特性的活动组成的技术操作。

3.2 检验

进行一个或多个测试的行动。

3.3 检验机构

依据明确规定的条件和程序提供检验服务的第三方中介组织。

3.4 认可

权威机构（CNACP）对有能力执行特定职能的机构或个人给予正式承认的程序。

4 认可机构

4.1 总则

CNACP 是经国家质量技术监督局依法授权，统一负责产品认证机构国家资格认可及获准认可后日常监督的认可机构。

4.1.1 CNACP 实施产品认证检验机构的认可工作，公正地对待各产品认证检验机构。

4.1.2 CNACP 依据 CNACP-130《产品认证检验机构认可通用要求》等适用文件对产品认证检验机

构实施评审和评定。

4.2 批准、保持、扩大、暂停和撤消/注销认可的条件

4.2.1 CNACP 规定批准、保持和扩大认可的条件，以及全部或部分暂停或撤销/注销认可的条件。

4.2.2 CNACP 制定有关批准、保持、暂停或撤消/注销认可、扩大认可业务范围以及复评的程序。

5 认可申请

5.1 向产品认证检验机构提供的文件

CNACP 通过产品认证机构向申请及获得认可的产品认证检验机构，提供并保持有关认可要求和程序的文件及获准认可的产品认证检验机构的权利与义务文件的有效版本，必要时，可提供其他有关信息。

5.2 申请

5.2.1 申请认可的产品认证检验机构（以下简称：申请人）应明确授权一名代表签署CNACP 规定的认可申请书，经产品认证机构核实后提交 CNACP，其内容包括：

1. 申请认可的业务范围；
2. 申请人同意遵守认可要求与程序并提供认可所需文件和资料的承诺。

5.2.2 申请人必须提供的认可申请文件和资料包括：

1. 申请人的基本情况，如：申请人（实体）的名称、地址、法律地位以及人员、资金和技术资源；
2. 申请人有关的其他基本情况，如申请人与所属组织的隶属关系，该组织其他部门从事与认证、检验有关的活动情况；
3. 从事产品认证检验的情况说明及适用的标准和其他认证检验依据文件；
4. 质量手册、程序以及必要的相关文件。

5.3 受理

CNACP 对认可申请进行审查，决定是否受理并书面通知申请人。

6 评审的准备

6.1 评审的计划

CNACP 制定评审活动的计划，对评审活动作出必要的安排。

6.2 组成评审组

CNACP 指派评审组，对申请人提交的认可申请文件实施评审。评审组可配备必要的技术专家，作为评审组的技术顾问。

6.3 评审计划的通知

6.3.1 CNACP 将评审组的组成人员名单及评审组的权限提前通知申请人，申请人对指定的评审组成员有异议的，可向 CNACP 提出。

6.3.2 CNACP 将评审计划通知申请人，包括评审活动的安排与日期，并与申请人达到一致。

7 评　　审

7.1 现场评审

评审组依据 CNACP-130《产品认证检验机构认可通用要求》等适用文件对申请人拟认可范围内

的活动实施评审。如申请人申请的检验业务范围，已经CNACL认可，则只需进行必要的验证、核实。

7.2 检验现场见证

对于初次申请认可的申请人，在批准认可前，CNACP需对申请人实施的产品认证检验过程实施全面的现场见证评审，见证评审的检验项目一般为每个产品类别两个。

8 评审的报告

8.1 报告程序

评审报告程序为：

1. 评审组离开评审现场前与申请人的管理者召开会议，由评审组以口头或书面的方式向申请人报告评审的结果，说明申请人是否符合有关认可要求的规定，并给申请人就评审结果等提供质疑的机会；
2. 评审组向CNACP提交有关评审情况的报告，表明申请人是否符合认可要求的规定；
3. CNACP及时将评审情况的报告通知申请人，明确须消除的不合格项，以满足认可要求的规定；
4. 申请人可对此报告提出意见，并须向CNACP提交有关文件，表明为消除不合格项，已采取或计划采取的具体措施。CNACP将通知申请人需要进行全部或部分复审，或要求申请人提供已采取措施的书面声明，待监督时予以确认；
5. 报告至少包括以下内容：
   a. 评审的日期；
   b. 负责报告的人员姓名；
   c. 评审现场的名称和地址；
   d. 评审的认可范围和有关内容；
   e. 对申请人与认可要求符合性的说明。适当时，与以往评审的结果进行比较。
6. 说明上述报告结果与末次会议上向申请人所作报告内容之间的差异。

8.2 最终报告

最终报告中对下列方面将予考虑：

1. 申请人的人员资格、经历和权限；
2. 申请人的内部组织结构和使用的程序能否建立起对其服务质量的信任；
3. 申请人在申请认可的产品范围内的检验经历及相应的见证评审情况；
4. 不合格项的纠正措施，包括以往评审中所发现不符合项的纠正措施。

9 评定与批准

9.1 评定

CNACP根据评审报告等对申请人的认可资格进行评定，作出认可资格评定结论，批准评定报告。

9.2 批准

CNACP授权代表依据评定报告的结论批准申请人的认可资格。

9.3 认可证书

9.3.1 CNACP以产品认证机构认可证书附件的形式，向获准认可的产品认证检验机构颁发认可证书。

9.3.2 认可证书的内容包括：

a. 检验机构的名称和地址；

b. 获准认可的业务范围；

c. 认可的生效日期与有效期。

10　监督和复评

10.1 基本原则

CNACP 对获准认可的检验机构定期实施监督和复评，验证相应机构是否持续符合认可要求的规定。

1. 监督评审每 12 个月进行一次，具体时间可安排在 12 个月时限的前后 3 个月内；

2. 获准认可的检验机构应在明效期满前 90 天内，向 CNACP 提出复评申请。

10.2 监督和复评的程序

10.2.1 监督和复评的程序与上述有关初次认可的评审程序一致。

10.2.2 CNACP 发现检验机构存在严重违反本文件有关规定时，将暂停或撤消其认可资格。

11　扩大认可范围的程序

11.1 获准向 CNACP 认可的检验机构，拟扩大产品检验范围的，应向 CNACP 提交书面的认可范围扩项申请书，同时提交拟扩项产品的标准、检验的依据，以及检验实施的情况。

11.2 CNACP 受理申请人的扩项申请后，视情况进行必要的扩项补充评审和见证评审。

11.2.1 如申请人拟扩项产品所涉及的质量体系程序，以及开展检验所用的资源已经 CNACP 评定的，只需补充现场见证评审。

11.2.2 如申请人拟扩项的产品所涉及质量体系和程序是新增加的，开展检验的资源未经 CNACP 评定，则 CNACP 需要对扩项产品所涉及的上述有关内容进行补充评审，并对检验的实施过程进行现场见证评审。

11.3 认可范围扩项的其它程序与初次认可的程序一致。

12　认可资格的宣传

获准认可的检验机构可按有关规定使用“中国产品认证机构国家认可”标志，宣传其检验机构的认可资格。

13　CNACP 和检验机构的关系

13.1 验证安排

CNACP 对评审、监督、复评和投诉的处理活动作出安排，以便检验机构和其代表提供必要的条件与合作能够使认可工作顺利进行。这些安排包括文件审查和评审范围的确定、记录的调阅（包括内部审核报告）和人员访问等。

13.2 检验机构的义务

CNACP 对获得认可的检验机构提出以下要求：

1．始终满足国家有关法律、法规、规章、相应认证机构和本文件的有关规定；

2．仅就获准认可的业务作出声明并提供检验服务；

3．按有关规定交纳认可费用；

4．使用其认可资格时不得有损于CNACP的声誉，且不得发表任何CNACP认为“误导”或“非授权”的言论；

5．一旦认可资格被暂停或撤消时，应立即停止相应的检验服务，不得在各种传媒上直接或间接宣传认可资格并将认可证书退回CNACP；

6．确保不以误导的方式使用证书和认可报告；

7．在传媒中（如文件、宣传小册子或广告中）提及认可资格时应符合CNACP的要求。

13.3 更改通报

13.3.1 获准认可的检验机构应就影响其认可地位或运作的任何更改及时通知CNACP，包括：

1．法律或组织的地位；

2．组织和管理，如关键的管理人员；

3．重要的方针和程序；

4．场地；

5．重要的人员、设备、设施、工作环境或其他重要资源；

6．可能影响到检验机构的能力、业务范围或与本文件或CNACP其他有关文件规定要求符合性的情况。

13.3.2 当事先收到与本文件或CNACP其他有关文件规定要求相关的更改意愿时，CNACP将验证检验机构已按时完成对其程序的必要调整。检验机构在调整完成时，应向CNACP报告。

认可标志的管理规定

1 目的和适用范围

1.1 本文件规定了获准认可的产品认证机构（包括其分支检查、检验机构，下同）使用认可标志时应遵守的规则。

1.2 本文件适用于所有可以使用认可标志的场合。如可使用在获得认可资格的产品认证机构的认可证书上。

2 认可标志

2.1 CNACP 认可标志如下图所示。

2.2 上述认可标志由国家质量技术监督局发布，授权 CNACP 使用该认可标志并监督该认可标志在产品认证方面的使用。

2.3 获准使用认可标志的组织依据本文件规定可将认可标志有条件使用在认证证书、认证标志、认证产品有关文件、文具和出版物上，但应将使用方案报 CNACP 备案。

3 认可标志的使用条件

3.1 认可标志仅可使用在与组织的认可或与认证范围有关的场合，且必须完整使用，并不得将其变形使用。

3.2 经认可的产品认证机构在使用认可标志时应与本机构的认证标志一起使用。两个标志必须以能显示二者关系的恰当方式使用。若标志使用的同时出现其他标志，则认证机构的认证标志应与认可标志并列排放且应将认可标志置于右侧（见下图）：

3.3 获准认可的机构宣传其认可资格时，有义务向顾客中申明其获准使用认可标志的业务范围。

3.4 不得将认可标志使用在与被认可业务范围无关的各类业务及各类宣传媒体上，进行误导宣传。

3.5 在已获得了产品认证资格的产品上，认可标志可与相应产品认证标志一同使用在产品标签或包装上。

3.6 必要时，CNACP 将与认证机构协商制定对该认可标志使用的其他要求，并形成正式文件。

4　认可标志的复制方式

4.1 认可机构提供认可标志的硬拷贝或电子版本，认证机构可采用单一色调图样复制。

4.2 认可标志图样可按比例放大或缩小，但字迹必须清晰。

5　认可标志的中止使用

5.1 当 CNACP 暂停、注销或撤消全部或部分认可资格时，原认可标志使用组织应立即停止使用和发放带有认可标志的所有或部分证书、标志、文件、文具和宣传资料或上述有关部分。

5.2 一经发现获准使用认可标志的组织误用或有意错用认可标志时，CNACP 可采取适当措施要求其中止上述行为并消除滥用认可标志造成的不良影响，并在分开媒体上发布澄清声明。

产品认证证书管理规定

1 目的和适用范围

1.1 本文件规定了产品认证证书的基本要求，以确保产品认证证书的规范化。
1.2 本文件的规定适用于带有“中国产品认证机构国家认可”标志的产品认证证书的管理。

2 产品认证证书的基本内容

1）证书名称（产品认证证书）；
2）获准认证企业名称、地址和邮政编码；
3）依据的质量体系标准和/或其他规范文件的名称、编号与版次；
4）认证的产品、过程或服务名称，以及相应的技术标准、规范；
5）颁证日期、换证日期和有效期；
6）证书编号；
7）认证机构的名称及其标志；
8）认证机构的印章或其授权代表的签字；
9）“中国产品认证机构国家认可”标志。

3 产品认证证书的文种

3.1 证书一般应使用中文打印或书写。
3.2 为适应国际贸易需要，可发出与中文证书内容一致的其他文种的证书。

4 换发产品认证证书

4.1 有效期内换发证书
有效期内换发证书，注册号中的认可注册号、年份号、顺序号和认证的有效期保持不变，应注明换证日期。
4.2 复评后换发证书
复评完成后换发证书，证书重新编注册号。

5 产品认证证书的内容编排

证书内容的具体编排由认证机构参考 ISO/IEC 指南 28 和指南 23 的有关规定报 CNACP 备案后实

施。如果产品认证证书所覆盖的产品的型号、规格较多，可将认证产品所包括的型号、规格以证书附件的形式加以表示。

6 产品认证证书样式的备案

6.1 认证机构确定的证书样式，在正式使用前，报中国产品质量认证机构国家认可委员会秘书处备案。

6.2 认证机构应按将颁发/换发的认证证书数随月报报中国产品质量认证机构 国家认可委员会秘书处备案。发生换发证书的情况时，应在月报中同时注明换发证书的获证企业原证书的注册号。

6.3 认证机构应按月将撤消/注销的认证证书随月报报中国产品质量认证机构国家认可委员会秘书处备案，并简要说明撤消/注销的原因。

产品认证、认可收费标准

产品认证收费标准

一、申请费 2 000元

二、审查费

1. 初次审查费 3 000元/人·日

2. 监督审查费 3 000元/人·日

人·日数是审查所需人员天数（人数·天数），具体由CNACP按国际惯例制定并报国家计委价格司备案的规定执行。

三、产品检验费

按国家规定的有关产品委托检验收费标准收取。

四、审定与注册费（含证书费） 3 000元

五、年金（含标志使用费） 5 000元

年金针对获证企业每年只收取一次。

认可收费标准

一、申请费 1 000元

二、评审费 3 000元/人·日

含文件评审、见证评审和业务范围评审。

三、监督评审费： 3 000元/人·日

含文件评审和见证评审。

四、审定注册费 2 000元

五、认可年金

产品认证机构每年认证收费总额的3%。

关于批准中国消防产品质量认证委员会第二批实施质量认证消防产品目录的通知

质技监局认函〔2000〕08 号

中国消防产品质量认证委员会：

你委员会"关于呈报第二批消防产品质量认证目录的请示"（中消认〔1999〕002 号）收悉。经我局研究审查，决定批准你委员会第二批实施质量认证的消防产品目录，产品目录见附件 1，并将以"国家质量技术监督局 2000 年第 2 号公告"公布，公告样式见附件 2。望你委员会继续确保工作质量，使我国消防质量认证工作不断健康发展。

附件 1：1. 第二批实施质量认证的消防产品目录

2. 公布"第二批实施质量认证的消防产品目录"的公告样式。

国家质量技术监督局

二〇〇〇年一月十日

附件 1：

第二批实施质量认证的消防产品目录

序号	产 品 名 称	检 验 标 准
1	洒水喷头	GB5135-93《自动喷水灭火系统洒水喷头的技术要求和试验方法》
2	湿式报警阀	GB797-89《自动喷水灭火系统湿式报警阀的性能要求和试验方法》
3	水流指示器	GA32-92《自动喷水灭火系统水流指示器的性能要求和试验方法》
4	消防用压力开关	GA29-92《消防用压力开关的性能要求及试验方法》
5	消防水带	GB6246-86《有衬里消防水带性能要求和试验方法》 GA34-92《消防湿水带技术条件》
6	手动火灾报警按钮	GA5-91《手动火灾报警按钮技术要求及试验方法》
7	消防联动控制设备	GB16806-1997《消防联动控制设备通用技术条件》

附件 2：

公布“第二批实施质量认证的消防产品目录”的
公　告　样　式

国家质量技术监督局 2000 年第 2 号公告
第二批实施质量认证的消防产品目录

依据《中华人民共和国产品质量认证管理条例》，经审核，批准中国消防产品质量认证委员会对下列消防产品实施质量认证。

（附件 1 所列目录）

关于批准中国轮胎产品认证委员会第二批实行安全认证的轮胎产品目录的通知

质技监局认函〔2000〕11号

中国轮胎产品认证委员会：

你委员会"关于报送中国轮胎产品认证委员会第二批实行安全认证产品目录的报告"（轮认发〔1999〕019号）收悉。经我局研究审查，决定批准你委员会第二批实施安全认证的轮胎产品目录，产品目录见附件1，并将以"国家质量技术监督局2000年第3号公告"公布，公告样式见附件2。望你委员会继续确保工作质量，使我国轮胎产品安全认证工作不断健康发展。

附件：1. 第二批实施安全认证的轮胎产品目录

2. 公布"第二批实施安全认证的轮胎产品目录"的公告样式

国家质量技术监督局

二〇〇〇年一月十二日

附件1：

第二批实施安全认证的轮胎产品目录

序号	产品名称		认证检验标准
1	汽车轮胎内胎	轿车轮胎内胎	GB 7036.1-1997《充气轮胎内胎》第一部分：汽车轮胎内胎
		载重汽车、大客车轮胎内胎	
		轻型载重汽车、中小客车轮胎内胎	
		工业车辆轮胎内胎	
		工业机械轮胎内胎	
		拖拉机驱动轮胎内胎	
		拖拉机导向轮轮胎内胎	
		农业机械轮胎内胎	
2	摩托车轮胎内胎		GB 7036.2-1997《充气轮胎内胎》第二部分：摩托车轮胎内胎
3	轮胎气门嘴、芯	轮胎气门芯	GB 1795-1996
		轮胎气门嘴	GB 1796-1996
		无内胎气门嘴 第一部分：卡扣式气门嘴	GB 12836-1991
		力车内胎气门嘴	HG 2942-1998
		胶座气门嘴	GB 12835-1991

附件 2：

公布“第二批实施安全认证的轮胎产品目录”的公告样式

国家质量技术监督局 2000 年第 3 号公告
第二批实施安全认证的轮胎产品目录

依据《中华人民共和国产品质量认证管理条例》，经审核，批准中国轮胎产品认证委员会对下列轮胎产品实施安全认证。

（附件 1 所列目录）

关于成立中国电磁兼容认证委员会暨中国电磁兼容认证中心的批复

质技监局认函〔2000〕35号

中国计量科学研究院：

你院《关于成立中国电磁兼容认证委员会暨中国电磁兼容认证委员会认证中心的请示》(计量院中发〔2000〕009号）收悉。根据《中华人民共和国产品质量认证管理条例》的规定和中国产品质量认证机构国家认可委员会的认可评定结果，经我局研究决定，批准成立中国电磁兼容认证委员会暨中国电磁兼容认证中心（以下简称“委员会”、“认证中心”)。委员会由管委会和认证中心组成，管委会委员名单及聘书号见附件1。

批准你院代委员会上报的“中国电磁兼容认证委员会章程”(见附件2)、电磁兼容认证标志（适用于强制性认证范围，见附件3)。适用于自愿性认证的标志另行发布。

委员会成立后，望严格按照国家有关规定开展工作，并自觉接受有关方面的监督。

此复。

附件：1. 中国电磁兼容认证委员会管理委员会第一届委员名单

2. 中国电磁兼容认证委员会章程

3. 电磁兼容认证标志

国家质量技术监督局

二○○○年二月二日

附件 1：

中国电磁兼容认证委员会管理委员会
第一届委员名单

姓　名	本会职务	工作单位	职务、职称	聘书号码
王以铭	主任委员	国家质量技术监督局	副局长、教授	841
马力强	副主任委员	国家经济贸易委员会经济运行局	副局长、工程师	842
陈小筑	副主任委员	信息产业部科学技术司	副司长、高工	843
潘必卿	副主任委员	中国计量科学研究院	院长、高工	844
崔凤喜	委员	国家质量技术监督局标准化司	副处调、高工	845
张志刚	委员	国家环境保护总局核安全与辐射环境管理司	高工	846
阎宇华	委员	解放军总装备部电子信息基础部技术基础局	总师	847
毛文杰	委员	国家电力公司科技教育局	副局长、教授级高工	848
肖淑敏	委员	天津市技术监督局	副局长、高工	849
杨长禄	委员	中国航空工业总公司技术质量监督局	处长、研究员	850
赵秉春	委员	中国汽车工业总公司	教授级高工	851
姜　风	委员	中国家用电器协会	秘书长、高工	852
夏晓东	委员	海信集团公司	副总裁、高工	853
殷坤堂	委员	上海电器科学研究所	所长、教授级高工	854
张林昌	委员	北方交通大学抗电磁干扰研究中心	主任、教授	855
童光球	委员兼秘书长	中国计量科学研究院	副院长、研究员	856

附件 2：

中国电磁兼容认证委员会章程

第一章　总　则

第一条　为开展电磁兼容认证活动，提高产品的电磁兼容性能，保护人身健康、设备安全和环境，维护用户和消费者利益，提高产品的市场竞争力，促进国内外贸易的发展，根据《中华人民共和国产品质量认证管理条例》，制定本章程。

第二条　中国电磁兼容认证委员会（以下简称“委员会”）是国家质量技术监督局依法授权的对产品电磁兼容性进行第三方公正评价的认证机构。委员会的英文名称是 China Certification Committee for Electromagnetic Compatibility（缩写 CCEMC）。

第三条　委员会遵循国家有关法律、法规和规章制度及有关国际惯例，结合相关产品特点开展电磁兼容认证活动。

第四条 委员会工作受国家质量技术监督局领导，并接受社会各方面的监督。

第二章 组织机构

第五条 委员会由委员会的管理委员会（以下简称“管委会”）和认证中心（以下简称“中心”）组成。

第六条 管委会由以下方面的代表组成：

（一）政府有关主管部门的代表四名；

（二）地方产品质量监督管理部门的代表一名；

（三）委员会及其认证中心挂靠单位的代表一名；

（四）产品生产制造部门的代表三名；

（五）产品使用部门的代表三名；

（六）标准化、检测机构和专家代表各一名；

（七）中心代表一名。

第七条 管委会设主任委员一名，副主任委员三名，秘书长一名，副秘书长一名，委员16名。主任委员和秘书长由国家质量技术监督局推荐，其他委员人选由有关部门推荐，国家质量技术监督局聘任。由于工作变动等原因不宜继续从事委员会工作的委员，由原推荐部门另行推荐人选，经确认后聘任。管委会委员每届任期三年。委员可以连聘连任。

根据认证工作的需要，管委会下设专家工作组和评定组。

管委会最高权力机构属全体委员会议。

第八条 中心为管委会领导下的工作实体，承担管委会的日常工作的开展电磁兼容认证活动。中心实行主任负责制。中心主任由管委会秘书长兼任，负责向管委会报告工作。

中心设办公室、标准协调部、检测机构协调部、检查部和申诉部等部门。

第三章 工作职责

第九条 管委会职责

（一）制、修订委员会的章程、认证管理方法以及与认证有关的方针政策和重要工作文件，决定管委会下设机构的设置；

（二）按照国家质量技术监督局有关规定的要求，提出可开展电磁兼容认证的产品目录方案；

（三）确认用于电磁兼容认证的国家标准或行业标准及相应的技术要求；

（四）领导和监督中心的工作；

（五）对认证证书的批准和撤销负责；

（六）处理有关争议问题，受理对认证工作的申诉；

（七）监督认证工作开展的公正性、独立性和有效性；

（八）监督中心财务状况。

第十条 主任委员、副主任委员职责

（一）主任委员负责管委会全面工作，主持召开管委会全体会议；

（二）副主任委员协助主任委员工作。

第十一条 秘书长、副秘书长职责

（一）秘书长主持认证中心的日常工作，负责评定组的工作；

（二）副秘书长协助秘书长工作。

第十二条 专家工作组职责

（一）根据开展认证的产品目录，提出相应的电磁兼容国家标准或行业标准及补充技术要求；

（二）对认证中出现的技术问题提出处理意见。

第十三条 评定组职责

负责认证评定工作，做出批准、暂停、撤销认证的决定。

第十四条 中心职责

（一）承担管委会的日常工作；

（二）向管委会提出可开展电磁兼容认证的产品目录方案，定期向国家质量技术监督局报送获准认证的产品及其生产企业名录；

（三）负责提出用于电磁兼容认证的国家标准或行业标准及相应的技术要求；

（四）负责确认承担认证任务的检测机构和检查人员，并监督其工作质量；

（五）受理企业及其他申请人提出的电磁兼容认证申请，组织安排工厂检查和产品检验；

（六）负责办理认证证书、认证标志的批准、颁发、暂停、注销、撤销手续并向国家质量技术监督局备案；

（七）负责安排对获准认证产品及其生产企业的日常监督检查工作；

（八）负责管委会的日常外事联络工作；

（九）负责认证费用的管理；

（十）定期向管委会汇报工作，代表管委会向国家质量技术监督局报告工作；

（十一）办理管委会授权和交办的其他工作。

第四章　议事规则

第十五条 管委会全体会议每年召开一次，应主任委员或三分之一以上委员要求可召开特别会议。

第十六条 管委会全体会议有三分之二以上的委员出席即可达到法定人数，未达到法定人数的会议无效。

因故不能出席会议的委员可委托他人代表参加会议，也可对送审的会议文件提出书面意见，上述两情况均可视为委员出席会议。

第十七条 管委会全体会议采取民主协商和少数服从多数的原则，对重要问题采取投票表决的方式作出决议。赞成票超过半数为有效。当赞成票和反对票数相等时，由主任委员作出裁决。主任委员不参加投票。

第十八条 管委会全体会议闭会期间，有需要表决的事宜，可采用信函表决的方式，表决文件发出一个月后，未返回意见者视为同意。对未通过的议题，可进行修改，然后再进行表决。

第十九条 委员若连续两次不参加会议，又不委托代表参加会议，也不以书面形式提出意见，管委会与有关部门商议后，由原单位另行推荐人选并报国家质量技术监督局批准。

第五章　经　　费

第二十条 认证活动的费用遵循不营利的原则从申请认证的企业收取。

第二十一条 认证费用只用于与认证有关的活动，不得挪作它用。具体收费办法按国家有关规定另行制定。

第二十二条 认证费用由中心统一收取和管理，每年向管委会全体会议报告，接受管委会的监督、审查。

第六章 责 任

第二十三条 委员会及其工作机构应保证认证质量和公正性。

第二十四条 委员会及其工作机构对认证过程中掌握的申请认证方的秘密，未经认证申请方的书面许可，不得泄露给其他人，国家法律另有规定的除外。

第七章 附 则

第二十五条 本章程由管委会全体会议讨论通过，报国家质量技术监督局批准。

第二十六条 本章程由管委会负责解释。

第二十七条 本章程自批准之日起施行。

附件 3：

电磁兼容认证标志
（适用于强制性认证范围）

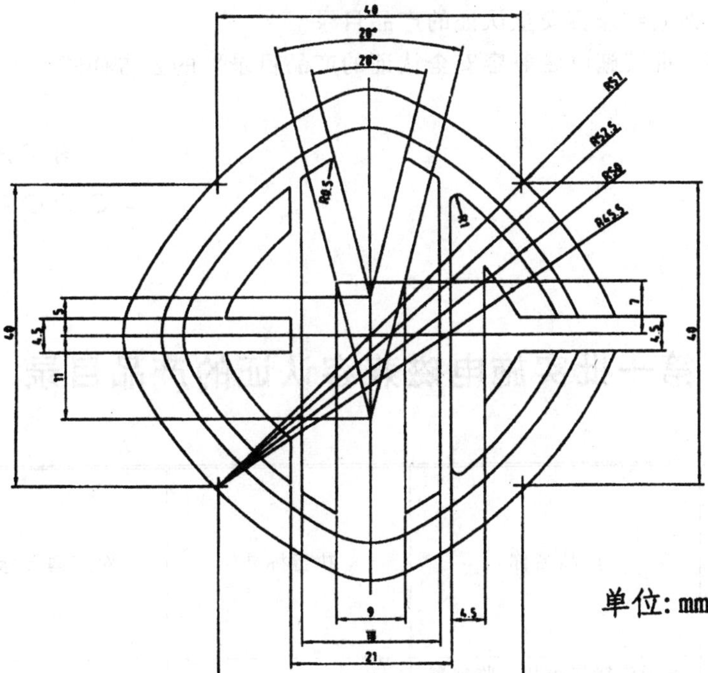

单位: mm

注：(1) 所有圆弧用公切圆连接，公切圆半径为10 mm。

(2) 本标志可按 0.25 倍的间距等比放大或缩小。

(3) 本标志为用白色作底色的绿色图案。

关于发布“第一批实施电磁兼容安全认证的产品目录”的通知

质技监局认发〔2000〕136号

各省、自治区、直辖市质量技术监督局、国务院各有关单位、中国电磁兼容认证中心：

根据《中华人民共和国标准化法》、《中华人民共和国产品质量法》和《中华人民共和国产品质量认证管理条例》的有关规定，依据国务院的授权及国家质量技术监督局《关于印发电磁兼容认证管理办法的通知》(质技监局认发〔1999〕223号)，国家质量技术监督局决定发布“第一批实施电磁兼容安全认证的产品目录”(见附件1)。

第一批实施电磁兼容安全认证的产品目录所依据的标准以现行有效的强制性国家标准或行业标准为准，如果国家标准或行业标准重新修订，则在修订标准实施之日起，用新标准替代本目录中的相应标准。

“第一批实施电磁兼容安全认证的产品目录”将以“国家质量技术监督局2000年第6号公告”予以公告，公告样式见附件2。

特此通知。

附件：1. 第一批实施电磁兼容安全认证的产品目录

2. 公布《第一批实施电磁兼容安全认证的产品目录》的公告样式

国家质量技术监督局

二〇〇〇年八月二十四日

附件1：

第一批实施电磁兼容认证的产品目录

序号	产品类别	产品名称	执行标准	对应国际标准	实施强制性监督管理的起始日期（自本目录发布之日起XX个月开始）
1	声音和电视广播接收机及有关设备	电视广播接收机、监视器	GB13837-1997 GB17625.1-1998	Eqv：CISPR13（1996） Eqv：IEC61000-3-2（1995）	24
		音响设备（含AV功放）			24
		视（唱）盘机			24
		录像机			30
		电子琴			30
2	声音和电视信号的电缆分配系统设备与部件	放大器	GB13836-1992	Eqv：IEC7281-（1986）	30
		视频调制器			30
		频率变换器			30

序号	产品类别	产品名称	执行标准	对应国际标准	实施强制性监督管理的起始日期（自本目录发布之日起XX个月开始）
3	信息技术设备	微型计算机	GB9254-1998 GB17625.1-1998	Idt：CISPR22 (1997) Eqv：IEC61000-3-2 (1995)	24
		服务器			24
		终端设备			24
		显示器			24
		打印机			24
		绘图仪			30
		扫描仪			30
		调制解调器			24
		传真机			30
		复印机			30
		移动电话	YD1032-2000	ETS 300342-1	24
4	家用和类似用途电动、电热器具、电动工具及类似电器	冷藏箱、冷藏冷冻箱	GB4343-1995 GB4343.2-1999 GB17625.1-1998	Eqv：CISPR14 (1993) Idt：CISPR14-2 (1997) Epv：IEC61000-3-2 (1995)	24
		冷冻箱			36
		空气调节器			24
		洗衣机			36
		电饭锅			24
		电熨斗			24
		电风扇			30
		电吹风			36
		吸尘器			30
		电动螺丝刀、电动冲击扳手、电动角向磨光机、电动直向砂轮机、电动抛光机、电动盘式砂光机、电磨、砂光机、电圆锯、电钻、冲击电钻、电锤、电剪刀、电刨、电动往复锯（刀锯）、电动曲线锯（刀锯）、不易燃液体电喷枪、电链锯、电动木铣、电动修边机、电动石材切割机、台式砂轮机、斜切割机、型材切割机			30
5	电　源	开关电源（非装入另一设备内的）	GB4824-1996 GB17625.1-1998	Neq：CISPR11 (1990) Eqv：IEC61000-3-2 (1995)	24
		不间断电源			36

序号	产品类别	产品名称	执行标准	对应国际标准	实施强制性监督管理的起始日期（自本目录发布之日起XX个月开始）
6	照明电器	荧光灯灯具	GB17734-1999 GB17625.1-1998	Idt：CISPR15（1996） Eqv：IEC61000-3-2（1995）	36
		调光器、变换器、镇流器			36
		舞台、电视、娱乐场所用电子调光设备	GB15743-1995 GB17625.1-1998	Epv：IEC61000-3-2（1995）	36
7	火花点火发动机的驱动装置	小于5 kW汽油小型发电机的驱动装置	GB14023-1992	Epv：CISPR12（1990）	36
		火花点火割草机			36
8	金融及贸易结算电子设备	电子计价器	GB9254-1998	Idt：CISPR22（1997）	30
		收款机			30
		点钞机			36
		卡式电能表			36
9	低压电器	家用和类似用途的不带过电流保护的剩余电流动作断路器	GB16916.1-1997	Idt：IEC1008-1（1990）	24
		家用和类似用途的带过电流保护的剩余电流动作断路器	GB16917.1-1997	Idt：IEC1009-1（1991）	24

附件 2：

公布《第一批实施电磁兼容安全认证的产品目录》的公告样式

国家质量技术监督局2000年第6号公告
第一批实施电磁兼容安全认证的产品目录

根据《中华人民共和国标准化法》、《中华人民共和国产品质量法》和《中华人民共和国产品质量认证管理条例》的有关规定，依据国务院的授权及国家质量技术监督局《关于印发电磁兼容认证管理办法的通知》（质技监局认发〔1999〕223号），国家质量技术监督局现发布“第一批实施电磁兼容安全认证的产品目录”。

关于批准中国安全技术防范认证管理委员会组建方案的函

质技监局认函〔2000〕140号

公安部：

你部“关于报送中国安全技术防范认证委员会管理委员会组建方案的函”（公科〔2000〕11号）收悉。根据《中华人民共和国产品质量认证管理条例》，经我局研究决定，批准你部报送的中国安全技术防范认证管理委员会（以下简称管理委员会）组建方案（组建方案及委员名单见附件）。

望你部协调各有关部门加紧管理委员会及认证中心的组建工作，抓紧“管理委员会章程”、“安全技术防范认证管理办法”等工作文件的制定工作，尽快成立管理委员会及认证中心开展安全技术防范认证工作。

附件：中国安全技术防范认证管理委员会委员名单

国家质量技术监督局

二〇〇〇五月十五日

附件：

中国安全技术防范认证管理委员会委员名单

序号	姓名	本委员会职务	工作单位	职务或职称	聘书编号
1	朱恩涛	主任委员	公安部	部长助理（副部级）	860
2	司同军	常务副主任委员	公安部科技局	局长	861
3	刘正风	副主任委员	公安部科技局	副局长（正局级）	862
4	丁运洲	副主任委员	中国人民保险公司	总经理助理	863
5	许玉珍	副主任委员	中国安全防范产品行业协会	理事长	864
6	陈惠民	副主任委员	公安部第一研究所	副所长	865
7	陈小筑	委员	信息产业部科学技术司	副司长	866
8	崔凤喜	委员	国家质量技术监督局标准化司	副处级	867
9	张蕴华	委员	建设部住宅产业化办公室	顾问	868
10	曹　勇	委员	中国人民银行	助理巡视员	869
11	周左鹰	委员	公安部第三研究所	所长助理	870
12	杨　英	委员	北京市安全技术防范管理办公室	主任	871
13	刘希清	委员	全国安全防范报警系统标准化技术委员会	副主任兼秘书长	872
14	谭　政	委员	北京声讯电子有限公司	总经理	873
15	王维彬	委员	辽宁盼盼集团有限公司	副总工程师	874
16	靳秀凤	委员兼秘书长	公安部科技局	处长	875
17	刘明芳	委员兼副秘书长	公安部科技局	副处长	876

关于公布首批获得授权的电磁兼容安全认证机构和核准的电磁兼容安全认证检验机构的通知

质技监局认发〔2000〕218号

各省、自治区、直辖市质量技术监督局，国务院有关部门：

根据《中华人民共和国产品质量认证管理条例》和《电磁兼容认证管理办法》（质技监局认发〔1999〕223号）的规定，为尽快开展“第一批实施电磁兼容安全认证的产品目录”中所列产品的安全认证工作，经我局研究，决定授权中国电磁兼容认证中心按附件1所列产品范围承担电磁兼容安全认证任务；核准附件2所列的14家检验机构作为首批承担电磁兼容安全认证检验任务的检验机构。

请中国电磁兼容认证中心和经核准的检验机构严格按国家有关规定和相应认可机构的认可要求建立自律机制，规范认证、检验行为，并自觉接受有关方面的监督。

特此通知。

附件：1. 首批承担电磁兼容安全认证任务的认证机构

2. 首批承担电磁兼容安全认证检验任务的检验机构

国家质量技术监督局

二〇〇〇年十二月一日

附件1：

首批承担电磁兼容安全认证任务的认证机构

一、认证机构：中国电磁兼容认证中心

联系人：滕俊恒、李亚芳

电话：010-64214583

传真：010-64204738

地址：北京市北三环东路18号

邮政编码：100013

http：//www. cemc. org. cn

E-mail：center@cemc. org. cn

授权认证项目：

1. 声音和电视广播接收机及有关设备

执行标准：GB13837-1997、GB17625. 1-1998

产品名称：1）电视广播接收机、监视器

2）音响设备（含AV功放）

3）视（唱）盘机

4）录像机

5）电子琴

2. 声音和电视信号的电缆分配系统设备与部件

执行标准：GB13836-1992

产品名称：1）放大器

2）视频调制器

3）频率变换器

3. 信息技术设备

执行标准：GB9254-1998、GB17625.1-1998

产品名称：1）微型计算机

2）服务器

3）终端设备

4）显示器

5）打印机

6）绘图仪

7）扫描仪

8）调制解调器

9）传真机

10）复印机

执行标准：YD1032-2000

产品名称：11）移动电话

4. 家用和类似用途电动、电热器具、电动工具及类似电器

执行标准：GB4343-1995、GB4343.2-1999、GB17625.1-1998

产品名称：1）冷藏箱、冷藏冷冻箱

2）冷冻箱

3）空气调节器

4）洗衣机

5）电饭锅

6）电熨斗

7）电风扇

8）电吹风

9）吸尘器

10）电动螺丝刀、电动冲击扳手、电动角向磨光机、电动直向砂轮机、电动抛光机、电动盘式砂光机、电磨、砂光机、电圆锯、电钻、冲击电钻、电锤、电剪刀、电刨、电动往复锯（刀锯）、电动曲线锯（刀锯）、不易燃液体电喷枪、电链锯、电动木铣、电动修边机、电动石材切割机、台式砂轮机、斜切割机、型材切割机

5. 电源

执行标准：GB4824-1996、GB17625.1-1998

产品名称：1）开关电源（非装入另一设备内的）

2）不间断电源

6. 照明电器

执行标准：GB17743-1999、GB17625.1-1998

产品名称：1）荧光灯灯具

2）调光器、变换器、镇流器

执行标准：GB15734-1995、GB17625.1-1998

产品名称：3）舞台、电视、娱乐场所用电子调光设备

7. 火花点火发动机的驱动装置

执行标准：GB14023-1992

产品名称：1）小于5 kW汽油小型发电机的驱动装置

2）火花点火割草机

8. 金融及贸易结算电子设备

执行标准：GB9254-1998

产品名称：1）电子计价器

2）收款机

3）点钞机

4）卡式电能表

9. 低压电器

执行标准：GB16916.1-1997

产品名称：1）家用和类似用途的不带过电流保护的剩余电流动作断路器

执行标准：GB16917.1-1997

产品名称：2）家用和类似用途的带过电流保护的剩余电流动作断路器

二、中北电磁兼容联合实验室（中国电磁兼容认证中心内设检验机构）

联系人：张林昌、杨盛祥

电话：010-64276009

传真：010-64276009

地址：北京市北三环东路18号

邮编：100013

核准检验项目：

1. 信息技术设备

执行标准：GB9254-1998、GB17625.1-1998

2. 声音和电视信号的电缆分配系统设备与部件

执行标准：GB13836-1992

3. 金融和贸易结算电子设备

执行标准：GB9254-1998

4. 电动工具及类似电器

执行标准：GB4343-1995、GB4343.2-1999、GB17625.1-1998

附件2：

首批承担电磁兼容安全认证检验任务的检验机构

一、国家家用电器质量监督检验中心（中国家用电器研究所）

联系人：吴尚杰

电话：010-63150307
传真：010-63013391
地址：北京市宣武区下斜街 29 号
邮编：100053
核准检验项目：
1. 家用和类似用途电动、电热器具
2. 电动工具及类似电器
执行标准：GB4343-1995、GB4343.2-1999、GB17625.1-1998

二、国家电子计算机质量监督检验中心（信息产业部电子第十五研究所）

联系人：符荣梅
电话：010-62325864
传真：010-62325851
地址：北京海淀区北四环中路 211 号
邮编：100083
核准检验项目：
1. 信息技术设备
  执行标准：GB9254-1998、GB17625.1-1998
2. 电源
  执行标准：GB4824-1996、GB17625.1-1998

三、国家广播电视产品质量监督检验中心（信息产业部电子第三研究所）

联系人：岳天心
电话：010-64380109
传真：010-64382911
地址：北京市朝阳区酒仙桥北路九号
邮编：100015
核准检验项目：
1. 声音和广播电视接收机及有关设备
  执行标准：GB13837-1997、GB17625.1-1998
2. 声音和电视信号的电缆分配系统设备与部件
  执行标准：GB13836-1992
3. 照明电器
  执行标准：GB15734-1995、GB17743-1999、GB17625.1-1998
4. 信息技术设备
  执行标准：GB9254-1998、GB17625.1-1998

四、电子工业安全与电磁兼容检测中心（信息产业部电子第四研究所）

联系人：陈俐
电话：010-64007687
传真：010-64063595
地址：北京 1101 信箱 EMC 室
邮编：100007
核准检验项目：
1. 信息技术设备

执行标准：GB9254-1998、GB17625.1-1998

2. 电源

执行标准：GB4824-1996、GB17625.1-1998

3. 火花点火发动机的驱动装置

执行标准：GB14023-1992

五、国家通信计量站（信息产业部通信计量中心）

联系人：王南

电话：010-62301646

传真：010-62304133

地址：北京市海淀区学院路40号

邮编：100083

核准检验项目：

1. 信息技术设备

执行标准：GB9254-1998、GB17625.1-1998、YD1032-2000

2. 电源

执行标准：GB4824-1996、GB17625.1-1998

六、国家家用电器无线电干扰质量监督检验中心（广东省产品质量监督检验中心）

联系人：沈小华

电话：020-84420606

传真：020-84420604

地址：广东省广州市海珠区南村路泰山庙前3号

邮编：510220

核准检验项目：

1. 家用和类似用途电动、电热器具类似电器

执行标准：GB4343-1995、GB4343.2-1999、GB17625.1-1998

2. 照明电器

执行标准：GB15734-1995、GB17743-1999、GB17625.1-1998

3. 低压电器

执行标准：GB16916.1-1997、GB16917.1-1997

七、信息产业部电子第五研究所质量检测中心（信息产业部电子第五研究所）

联系人：樊文琪

电话：020-87237178

传真：020-87236171

地址：广东省广州市天河区东莞庄路110号

邮编：510610

核准检验项目：

1. 声音和电视广播电视接收机及有关设备

执行标准：GB13837-1997、GB17625.1-1998

2. 信息技术设备

执行标准：GB13837-1997、GB17625.1-1998

3. 电源

执行标准：GB4824-1996、GB17625.1-1998

八、国家日用电器质量监督检验中心（广州日用电器检测所）

联系人：柳荣贵
电话：020-84451692
传真：020-84183160
地址：广东省广州市新港西路204号
邮编：510302
核准检验项目：
1. 家用和类似用途电动、电热器具
2. 电动工具及类似电器
执行标准：GB4343-1995、GB4343.2-1999、GB17625.1-1998

九、机械工业产品电磁兼容性质量监督检验中心（上海电器科学研究所）

联系人：龚增
电话：021-62574990-278
传真：021-62545928
地址：上海市武宁路505号
邮编：200063
核准检验项目：
1. 家用和类似用途电动、电热器具
   执行标准：GB4343-1995、GB4343.2-1999、GB17625.1-1998
2. 信息技术设备
   执行标准：GB9254-1998、GB17625.1-1998
3. 低压电器
   执行标准：GB16916.1-1997、GB16917.1-1997
4. 电动工具及类似设备
   执行标准：GB4343-1995、GB4343.2-1999、GB17625.1-1998

十、国家电动工具质量监督检验中心（上海电动工具研究所）

联系人：丁联平
电话：021-64378405
传真：021-64332334
地址：上海市宝庆路10号
邮编：200031
核准检验项目：
1. 电动工具及类似电器
2. 家用和类似用途电动、电热器具
   执行标准：GB4343-1995、GB4343.2-1999、GB17625.1-1998
3. 照明电器
   执行标准：GB15734-1995、GB17743-1999、GB17625.1-1998

十一、福建省中心检验所

联系人：陈子彪
电话：0591-3710691
传真：0591-3710867
地址：福建省福州市杨桥西路祭酒岭

邮编：350002
核准检验项目：
1. 声音和电视广播电视接收机及有关设备
执行标准：GB13837-1997、GB17625.1-1998
2. 信息技术设备
执行标准：GB9254-1997、GB17625.1-1998
3. 低压电器
执行标准：GB16916.1-1997、GB16917.1-1997

十二、山东省计量科学研究所

联系人：吕惠政
电话：0531-2603694
传真：0531-2964412
地址：山东省济南市千佛山东路28号
邮编：250014
核准检验项目：
1. 家用和类似用途电动、电热器具及类似电器
执行标准：GB4343-1995、GB4343.2-1999、GB17625.1-1998
2. 信息技术设备
执行标准：GB9254-1998、GB17625.1-1998

十三、国家计算机外部设备质量监督检验中心（信息产业部电子第五十二研究所）

联系人：王伟雄
电话：0571-8828284
传真：0571-8076069
地址：浙江省杭州市马塍路36号
邮编：310012
核准检验项目：
1. 信息技术设备
执行标准：GB9254-1998、GB17625.1-1998
2. 电源
执行标准：GB4824-1996、GB17625.1-1998

十四、浙江省技术监督检测研究院

联系人：高是
电话：0571-5022045
传真：0571-5121983
地址：浙江省杭州市天目山路66号
邮编：310013
核准检验项目：
1. 电动工具及类似电器
执行标准：GB4343-1995、GB4343.2-1999、GB17625.1-1998
2. 照明电器
执行标准：GB15734-1995、GB17743-1999、GB17625.1-1998

关于认真贯彻落实国办对国内外产品安全认证（安全质量许可）统一管理意见的通知

质技监局认函〔2000〕349号

各省、自治区、直辖市质量技术监督局：

近日，国务院领导批准了国务院办公厅秘书二局提出的对国内外产品安全认证（安全质量许可）实行统一管理的四条意见。这个意见进一步明确了国家质量技术监督局和国家出入境检验检疫局在国内外产品的安全认证（安全质量许可）方面，需要统一协调，密切配合和划分职责的问题。国办秘书二局提出的四条意见是：

（一）由质量技术监督局、出入境检验局和外经贸部联合发布实施安全认证（安全质量许可）的商品目录。

（二）统一进口产品和国产产品的标准、技术法规和合格评定程序，具体办法由质量技术监督局和出入境检验局商定。

（三）将目前中国电工产品认证委员会使用的长城标志和出入境检验局使用和CIO标志统一为一个新标志，新标志的式样由质量技术监督局和出入境检验局商定。新标志的制作由质量技术监督局负责。

（四）对进口产品和我国境内生产的国产产品（包括电工产品）均实行一次申请、一次检验、一次收费。进口产品的安全认证由出入境检验局管理和组织实施；我国境内生产的国产产品的安全认证由质量技术监督局管理和组织实施。两个部门要相互支持，密切配合，保持对内对外工作的统一性。

国家局党组根据国务院领导同志关于要以国家利益为重，一致对外，请两部门务必不要坚持己见，按秘书二局意见办的指示精神，已组成专门工作班子，与国家出入境检验检疫局就有关问题进行了协商。我局党组和国家出入境检验检疫局党组一致认为，要本着密切配合，共同发展的精神，研究提出贯彻落实国务院领导指示和国办秘书二局四条工作意见的具体措施。鉴于有些工作意见要根据我国加入WTO的谈判进度提出并实施，国家局要求各级质量技术监督部门，要认真领会国务院领导指示精神，坚决贯彻国办秘书二局的四条意见，主动做好与地方有关部门的协调配合工作，并研究决定：在我局、出入境检验检疫局和外经贸部联合发布实施安全认证（安全质量许可）新的商品目录之前，各地方局继续暂停执行《关于发布第二批实施安全认证强制性监督管理的电工产品目录的通知》（质技监局认发〔1999〕136号）。请各级质量技术监督部门按此精神认真做好有关工作，并将执行过程中的有关问题及时报国家质量技术监督局。

特此通知。

国家质量技术监督局

二〇〇〇年十一月七日

中国产品质量认证机构名录

中国电子元器件质量认证委员会
地址:北京万寿路 27 号
邮编:1000846
电话:68207853
传真:68272703
联系人:陈章豹

中国电工产品认证委员会(CCEE)
地址:北京首体南路 2 号
邮编:100044
电话:68931642、68931644
传真:6860907
联系人:黄顺亲

中国卫星地球站设备质量认证委员会
地址:北京市 849 信箱 23 号
邮编:100830
电话:68372317,68372496
传真:68370116
联系人:邱荣忠

中国水泥产品质量认证委员会
地址:北京海淀区三里河路 11 号
邮编:100831
电话:68311144－2816、68312190
传真:68340877
联系人:樊亚军

中国汽车用安全玻璃认证委员会
地址:北京朝阳管庄东里建材院玻璃所
邮编:100024
电话:65761715、65761331－2367
传真:65761715
联系人:石新勇

中国乳胶制品质量认证委员会
地址:湖南省株洲市东环北路
邮编:412003
电话:0773－8445134
传真:8414158
联系人:阮　旭

中国方圆标志认证委员会
地址:北京海淀区西三环北路甲 105 号科原大厦 B 座 12 层
邮编:100037
电话:86851325(办)、85851888(总)
传真:88414325
联系人:张淑英

中国消防产品质量认证委员会
地址:北京东长安街 14 号公安部消防局
邮编:100741
电话:65204633、652036516
传真:65203643
联系人:吴礼龙

中国玩具产品认证委员会
地址:北京阜外大街乙 22 号
邮编:100833
电话:68396424、68396563
传真:68396424
联系人:张艳芬

中国汽车产品认证委员会
地址:北京西城区三里河路 46 号
邮编:100823
电话:68594195、68594185、68594192、68594743
传真:68594192

联系人:黄学平

中国轮胎产品认证委员会
地址:北京西郊半壁店橡胶研究院
邮编:100039
电话:68150645、68182211—2177
传真:68150645
联系人:谢　华

中国药品认证委员会
地址:北京崇文区法华南里11楼3层
邮编:100061
电话:67152470—13,14
传真:67152467
联系人:陈晓莉

中国环境标志产品认证委员会
地址:北京安外立水桥中国环科院
邮编:100012
电话:84915182、84915309
传真:64986028
联系人:王庭建

中国医疗器械产品认证中心
地址:北京北三环东路2号
邮编:100011
电话:62013856、62024422—9271
传真:62013872
联系人:陈志刚

中国纤维产品质量认证中心
地址:北京东城和平里东街20号
邮编:100013
电话:64204650
传真:64223323
联系人:冯平

上海东方计算机网络认证中心
地址:上海市邯郸路220号逸夫楼407室
邮编:200433
电话:021—65643189、65643187
传真:65647894
联系人:于建华

中国包装产品质量认证中心
地址:北京东城东四14条93号万博写字楼308室
邮编:100007
电话:84014453—84014458
传真:84016525
联系人:于程亮

中国机械安全认证中心
地址:北京首体南路2号
邮编:100044
电话:68931546、68931548
传真:68340825
联系人:隰永才

中国水产品质量认证中心
地址:北京永定路青塔150号
邮编:100039
电话:68673907、68671130
传真:68671130
联系人:丁保华

中国节能产品认证中心
地址:北京朝阳区育慧南路3号中门
邮编:100029
电话:64964191、64921021、64951177—3903或3910
传真:64983226
联系人:王若虹

中国国家信息安全测评认证中心
地址:北京海淀区新建宫门路甲36号
邮编:100091
电话:68796482、68796481
传真:62880411
联系人:罗建忠

中国农机产品质量认证中心
地址:北京朝阳区东三环南路十里河
邮编:100021
电话:67320191、67347478、67343751
传真:67347471
联系人:温　芳

中国电磁兼容认证管理委员会
地址:北京朝阳区北三环东路18号
邮编:100013
电话:64214583
联系人:滕俊恒

认证产品名录

电子元器件

无锡市南锡电子有限公司

制造厂认可(质量体系)
注册编号:0294/M
质量体系保证模式:ISO9002
体系覆盖的产品范围:电源变压器
有 效 期:2000.1.17~2003.1.16
负 责 人:刘田匀
地　　址:江苏省无锡蠡园经济开发区A6七楼
邮政编码:214072

深圳新光电电子有限公司

制造厂认可(质量体系)
注册编号:0295/M
质量体系保证模式:ISO9002
体系覆盖的产品范围:聚酯膜电容器、聚丙烯膜电容器
有 效 期:2000.2.28~2003.2.27
负 责 人:朱和鸿
地　　址:深圳市龙岗区龙岗镇南联路58号
邮政编码:518116

吉林华微电子股份有限公司

制造厂认可(质量体系)注册编号:0296/M
质量体系保证模式:ISO9002
体系覆盖的产品范围:大功率晶体管
有 效 期:2000.10.12~2003.2.28
负 责 人:夏增文
地　　址:吉林省吉林市丰满区长江街100号
邮政编码:132013

常州市新昌电子有限公司

制造厂认可(质量体系)注册编号:0279/M
质量体系保证模式:ISO9002
体系覆盖的产品范围:低功率合成碳膜电位器、带开关电位器
有 效 期:2000.9.18~2003.9.17
负 责 人:尹裕昌
地　　址:江苏省常州市南门外礼嘉镇
邮政编码:213176

宁波松乐继电器有限公司

制造厂认可(质量体系)注册编号:0298/M
质量体系保证模式:ISO9002
体系覆盖的产品范围:电气继电器
有 效 期:2000.12.14~2003.12.13
负 责 人:褚印春
地　　址:浙江省余姚市浙江远东工业城A区CW7
邮政编码:315400

乐清市求精电子元件厂

制造厂认可(质量体系)注册编号:0124/M
质量体系保证模式:ISO9002
体系覆盖的产品范围:彩色显象管插座
有 效 期:2000.1.17~2003.1.16
负 责 人:朱锦成
地　　址:浙江省乐清市北白象镇北塔王工业区
邮政编码:325603

大连大显股份有限公司

制造厂认可(质量体系)注册编号:0151/M
质量体系保证模式:ISO9002
体系覆盖的产品范围:黑白显象管、单色显象管
有 效 期:2000.1.17~2003.1.16
负 责 人:刘文义
地　　址:中国大连甘井子区革镇堡
邮政编码:116035

横店集团东磁有限公司

制造厂认可(质量体系)注册编号:0100/M
质量体系保证模式:ISO9002
体系覆盖的产品范围:永磁铁氧体和软磁铁氧体系列产品
有 效 期:2000.1.17~2003.1.16
负 责 人:何时金
地　　址:浙江省东阳市横店镇江南西路1号
邮政编码:322118

南京电声股份有限公司

制造厂认可(质量体系)注册编号:0168/M
质量体系保证模式:ISO9001
体系覆盖的产品范围:电功式扬声器
有 效 期:2000.1.27~2003.1.26
负 责 人:贾品安
地　　址:南京市瑞金路25号
邮政编码:210016

云利电子有限公司

制造厂认可(质量体系)注册编号:0139/M
质量体系保证模式:ISO9002
体系覆盖的产品范围:铝电解电容器
有 效 期:2000.2.2~2003.2.1
负 责 人:顾建南
地　　址:贵州凯里210信箱
邮政编码:556001

浙江泰康无线电厂(乐清市侨光无线电厂)

制造厂认可(质量体系)注册编号:0152/M
质量体系保证模式:ISO9002
体系覆盖的产品范围:电源开关、轻触辅助功能开关、插座

有 效 期:2000.2.28～2003.2.27
负 责 人:陈金澄
地　　址:浙江省乐清市翁羊镇祥安北路
邮政编码:325606

深圳科耐电子有限公司
制造厂认可(质量体系)注册编号:0161/M
质量体系保证模式:ISO9002
体系覆盖的产品范围:陶瓷电容器
有 效 期:2000.2.28～2003.2.27
负 责 人:李玉春
地　　址:深圳市宝安79区流塘新雄工业大厦四层
邮政编码:518102

联泰电线电缆有限公司
制造厂认可(质量体系)注册编号:0112/M
质量体系保证模式:ISO9002
体系覆盖的产品范围:电线、电缆、漆包线
有 效 期:2000.2.28～2003.2.27
负 责 人:蔡腾羲
地　　址:广东省东莞市虎门镇龙眼工业区
邮政编码:523920

宁波双林集团股份有限公司
制造厂认可(质量体系)注册编号:0125/M
质量体系保证模式:ISO9001
体系覆盖的产品范围:高压聚焦电位器
有 效 期:2001.1.27～2003.1.26
负 责 人:邹永林
地　　址:浙江省宁海县西店镇大路
邮政编码:315613

华越微电子有限公司
制造厂认可(质量体系)注册编号:0174/M
质量体系保证模式:ISO9001
体系覆盖的产品范围:半导体器件集成电路
有 效 期:2000.4.30～2003.4.29
负 责 人:陈 贤
地　　址:浙江省绍兴市三号信箱
邮政编码:312016

安徽省宁国飞达实业有限公司
制造厂认可(质量体系)注册编号:0164/M
质量体系保证模式:ISO9002
体系覆盖的产品范围:交流电动机用金属化聚丙烯薄膜电容器、自愈式低电压并联电容器
有 效 期:2000.5.25～2003.5.24
负 责 人:杨志成
地　　址:安徽宁国市工业东路
邮政编码:242300

浙江亚洲龙继电器有限公司
制造厂认可(质量体系)注册编号:0165/M
质量体系保证模式:ISO9001
体系覆盖的产品范围:电磁继电器和时间继电器
有 效 期:2000.6.20～2003.6.19
负 责 人:刘方云
地　　址:浙江省乐清市柳市镇腾飞路7号
邮政编码:325604

江阴市新盛集团公司
制造厂认可(质量体系)注册编号:0175/M
质量体系保证模式:ISO9002
体系覆盖的产品范围:变压器
有 效 期:2000.6.20～2003.6.19
负 责 人:郭正平
地　　址:江苏省江阴市顾山镇西
邮政编码:214413

宁波明昕微电子有限公司
制造厂认可(质量体系)注册编号:0192/M
质量体系保证模式:ISO9002
体系覆盖的产品范围:半导体分立器件
有 效 期:2000.7.13～2003.7.12
负 责 人:张善国
地　　址:浙江省宁波市大南路131号
邮政编码:315020

常熟市林芝电子有限公司
制造厂认可(质量体系)注册编号:0131/M
质量体系保证模式:ISO9002
体系覆盖的产品范围:通信设备过电流保护用正温度系数
有 效 期:2000.7.18～2003.7.17
负 责 人:何正安
地　　址:江苏省常熟市董浜镇
邮政编码:215534

锡山市无线电二厂
制造厂认可(质量体系)注册编号:0031/M
质量体系保证模式:ISO9002
体系覆盖的产品范围:金属箔式聚酯膜、聚丙烯膜介质直流固定电容器;金属化聚酯膜、聚丙烯膜介质直流固定电容器;金属化聚丙烯膜交直流和脉冲固定电容器
有 效 期:2000.7.18～2003.7.16
负 责 人:唐法辉
地　　址:江苏省锡山市查桥镇吼山东路18号
邮政编码:214104

安徽华翔电子(集团)公司
制造厂认可(质量体系)注册编号:0187/M
质量体系保证模式:ISO9002
体系覆盖的产品范围:金属化聚丙烯薄膜电容器
有 效 期:2000.7.25～2003.7.24
负 责 人:熊楠翔
地　　址:安徽省宁国市和平路128号
邮政编码:242300

江西省东风无线电厂
制造厂认可(质量体系)注册编号:0138/M
质量体系保证模式:ISO9002
体系覆盖的产品范围:聚酯薄膜电容器、聚丙烯薄膜电容器
有 效 期:2000.8.13～2003.8.12
负 责 人:耿大平
地　　址:江西省奉新县上富镇
邮政编码:330708

江苏亨通光电股份有限公司
制造厂认可(质量体系)注册编号:0177/M
质量体系保证模式:ISO9002
体系覆盖的产品范围:光缆产品
有 效 期:2000.8.14～2003.8.13
负 责 人:崔根良
地　　址:江苏省吴江市七都镇工业区
邮政编码:215234

深圳市京泉华电子有限公司
制造厂认可(质量体系)注册编号:0204/M
质量体系保证模式:ISO9002
体系覆盖的产品范围:开观电源变压

器、消磁线圈
有 效 期:2000.8.14～2003.8.13
负 责 人:张立品
地　　址:深圳市福田区竹子林建业工业区3栋5楼
邮政编码:518040

金通电子有限公司
制造厂认可(质量体系)注册编号:0202/M
质量体系保证模式:ISO9002
体系覆盖的产品范围:铝电解电容器
有 效 期:2000.8.14～2003.8.13
负 责 人:望卫星
地　　址:浙江省金华市人民东路288号
邮政编码:321000

无锡锡曼克电子有限公司
制造厂认可(质量体系)注册编号:0130/M
质量体系保证模式:ISO9002
体系覆盖的产品范围:混合电路
有 效 期:2000.8.29～2003.8.28
负 责 人:赵 青
地　　址:江苏省无锡市河埒口里东226号
邮政编码:214062

苏州金昌电位器厂
制造厂认可(质量体系)注册编号:0201/M
质量体系保证模式:ISO9002
体系覆盖的产品范围:WIG型A系列、B系列高压聚焦电位器
有 效 期:2000.8.29～2003.8.28
负 责 人:陈苏六
地　　址:苏州市虎丘路立交桥北口
邮政编码:215008

常州新泽电子有限公司
制造厂认可(质量体系)注册编号:0190/M
质量体系保证模式:ISO9002
体系覆盖的产品范围:低功率电位器、开关
有 效 期:2000.8.29～2003.8.28
负 责 人:史伯南
地　　址:江苏省常州市
邮政编码:213176

武汉电信器件公司
制造厂认可(质量体系)注册编号:0188/M
质量体系保证模式:ISO9001
体系覆盖的产品范围:光纤通信用半导体光电器材
有 效 期:2000.8.29～2003.8.28
负 责 人:郑崇顺
地　　址:湖北省武汉市洪山区邮科院路88号
邮政编码:430074

博罗石湾帝克电子有限公司
制造厂认可(质量体系)注册编号:0209/M
质量体系保证模式:ISO9002
体系覆盖的产品范围:电子开关
有 效 期:2000.8.29～2003.8.28
地　　址:广东省惠州市博罗县石湾镇
邮政编码:516127

南通电容器厂
制造厂认可(质量体系)注册编号:0010/M
质量体系保证模式:ISO9000
体系覆盖的产品范围:铝电解电容器
有 效 期:2000.8.29～2003.8.28
地　　址:江苏省南通市工农路107号
邮政编码:226008

金坛市电子元件厂
制造厂认可(质量体系)注册编号:0208/M
质量体系保证模式:ISO9002
体系覆盖的产品范围:固定电感器,线圈
有 效 期:2000.9.12～2003.9.11
负 责 人:徐三小
地　　址:江苏省金坛市指前镇
邮政编码:213234

宜都市华泰电器有限公司
制造厂认可(质量体系)注册编号:0205/M
质量体系保证模式:ISO9001
体系覆盖的产品范围:PTC热敏电阻器
有 效 期:2000.10.30～2003.10.29
负 责 人:冷新烈
地　　址:湖北省宜都市夷水路11号
邮政编码:443300

益阳资江电子元件有限公司
制造厂认可(质量体系)注册编号:0105/M
质量体系保证模式:ISO9002
体系覆盖的产品范围:铝电解电容器
有 效 期:2000.11.23～2003.11.22
负 责 人:艾立宇
地　　址:湖南省益阳市金秀路
邮政编码:413000

德清华莹电子有限公司
制造厂认可(质量体系)注册编号:0213/M
质量体系保证模式:ISO9002
体系覆盖的产品范围:彩色、黑白广播电视机用的声表滤波器,BP机用声表滤波器,无绳有 效 期:2000.11.23～2003.11.22
负 责 人:朱怀烈
地　　址:浙江省德清县武康志远路
邮政编码:313200

深圳市圳峰工业有限公司
制造厂认可(质量体系)注册编号:0206/M
质量体系保证模式:ISO9002
体系覆盖的产品范围:石英晶体元件
有 效 期:2000.11.23～2003.11.22
负 责 人:吴荣生
地　　址:深圳市上梅林广厦路2号康年大厦六楼
邮政编码:518049

建隆电子(宝安)有限公司
制造厂认可(质量体系)注册编号:0211/M
质量体系保证模式:ISO9002
体系覆盖的产品范围:铝电解电容器
有 效 期:2000.11.23～2003.11.22
负 责 人:谢其锋
地　　址:广东省深圳市龙华镇大浪工业区大浪北路63号
邮政编码:518109

鸿康电子(珠海)有限公司
制造厂认可(质量体系)注册编号:0127/M
质量体系保证模式:ISO9002
体系覆盖的产品范围:电阻网络、片状电阻器、晶体谐振器
有 效 期:2000.12.1～2003.11.30
负 责 人刘 铭:
地　　址:广东省珠海市北岭工业区1号厂房

邮政编码:519020

北京国兴电子有限公司

制造厂认可(质量体系)注册编号:0212/M

质量体系保证模式:ISO9002

体系覆盖的产品范围:交直流通断式电源开关系列

有 效 期:2000.12.29~2003.12.14

负 责 人:黄有新

地 址:北京朝阳区东郊深沟村1号

邮政编码:100022

南通皋鑫电子股份有限公司

制造厂认可(质量体系)注册编号:0030/M

质量体系保证模式:ISO9001

体系覆盖的产品范围:

有 效 期:2000.12.29~2003.12.14

负 责 人:张德昌

地 址:江苏省如皋市跃进西路

邮政编码:226500

乐清市东海无线电厂

制造厂认可(质量体系)注册编号:0215/M

质量体系保证模式:ISO9002

体系覆盖的产品范围:按钮式电源开关

有 效 期:2000.12.29~2003.12.24

负 责 人:丁宝钢

地 址:浙江省乐清市乐成镇工业区双雁路10号

邮政编码:325600

扬州晶来电子有限公司

证书编号:0188/P-2000

型号规格:3DK52

证书编号:0189/P-2000

型号规格:3DK53

有 效 期:2000.9.3~2003.9.2

负 责 人:钱利平

地 址:江苏省扬州市太平路269号

邮政编码:225003

扬州江佳电子有限公司

证书编号:0182/P-2000

型号规格:2MHZ-12MHZ 系列

证书编号:0183/P-2000

型号规格:LT455W 型系列

有 效 期:2000.8.18~2003.8.17

负 责 人:严盛喜

地 址:江苏省江都市邵伯镇甘棠路88号

邮政编码:225261

电 工 设 备

电线电缆

安钢集团鑫博实业有限责任公司电线电缆厂

聚氯乙烯绝缘电线

证书编号:CH0051381—2000
型号规格:BV 300V/500V 0.75～1mm
BLV 450V/750V 2.5～95mm
有 效 期:2000.9.25～2004.9.25
地　　址:河南省安阳市中州路北段
邮政编码:455000

上海宝罗电线电缆厂

聚氯乙烯绝缘电线

证书编号:CH0047631—2000
型号规格: BVR 450V/750V 2.5～70mm
BVVB 300V/500V 0.75～10mm(2—3 芯)
有 效 期:2000.6.21～2004.6.21
地　　址:上海市宝山区罗店镇罗北路1588 号
邮政编码:201908

上海崇裕橡塑制品厂

聚氯乙烯绝缘电线

证书编号:CH0045221—2000
型号规格: RVS 300V/300V 0.5～0.75mm
有 效 期:2000.4.21～2004.4.21
地　　址:上海市崇明裕安镇
邮政编码:202179

上海大光特种电缆公司

聚氯乙烯绝缘电线

证书编号:CH0054101—2000
型号规格:227 IEC 10(BVV) 300V/500V 1.5～35mm(2—5 芯)
有 效 期:2000.12.3～2004.12.3
地　　址:上海海徐公路 51 号
邮政编码:200137

上海电线五厂

通用橡套软电缆

证书编号:CH0042871—2000
型号规格: YZB, YZWB 300V/500V 0.75～6mm (2—6 芯)
有 效 期:2000.2.3～2004.2.3
地　　址:浙江省萧山市城厢镇新塘

上海电线线材厂

聚氯乙烯绝缘电线

证书编号:CH0046898—2000
型号规格: 227 IEC 01 (BV) 450V/750V 70～95mm
有 效 期:2000.5.31～2004.5.31
地　　址:上海市丽园路 712 号(甲)
邮政编码:200023

上海蝶叶电线电缆有限公司

电机绕组引接软电缆和软线

证书编号:CH0041706—2000
型号规格:JF 500V 0.3～2.5mm

聚氯乙烯绝缘电线

证书编号:CH0041705—2000
型号规格:227 IEC 08(RV—90)300V/500V 0.5～1.5mm
有 效 期:2000.1.10～2004.1.10
地　　址:上海市物华路 178 号
邮政编码:200086

上海东聚电线有限公司

聚氯乙烯绝缘软电线

证书编号:CH0055126—2000
型号规格: 227 IEC 42 (RVB) 300V/300V 0.5～0.75mm
有 效 期:2000.12.24～2004.12.24
地　　址:上海青浦县华新镇新华路688 号
邮政编码:201708

上海奋裕电线厂

聚氯乙烯绝缘电线

证书编号:CH0055363—2000
型号规格: 227 IEC 01 (BV) 450V/750V 1.5～95mm
有 效 期:2000.12.27～2004.12.27
地　　址:上海松江区松汇中路 632 号
邮政编码:201600

上海光宇电缆制造有限公司

聚氯乙烯绝缘软电线

证书编号:CH0052759—2000
型号规格: 227 IEC 52 (RVV) 300V/300V 0.5～0.75mm (2—3 芯)等
有 效 期:2000.10.31～2004.10.31
地　　址:上海市松江区柳港镇
邮政编码:201607

上海国精电缆制造有限公司

聚氯乙烯绝缘电线

证书编号:CH0053076—2000
型号规格:227 IEC 02(RV) 450/750V 1.5～240mm
有 效 期:2000.11.8～2004.11.8
地　　址:上海市莘松路 1398 号
邮政编码:201612

上海汉威电线电缆有限公司

聚氯乙烯绝缘软电线

证书编号:CH0053978—2000
型号规格: 227 IEC 42 (RVB) 300V/300V
有 效 期:2000.11.29～2004.11.29
地　　址:上海市芦定路 594 号
邮政编码:200062

温州市有线电厂

聚氯乙烯绝缘电线

证书编号:CH0042041—2000
型号规格: 227 IEC 42 (RVB) 300/300V 0.5～0.75(2 芯)等
有 效 期:2000.1.18～2004.1.18
地　　址:浙江省温州市杨府山江顺路8—1号
邮政编码:325000

温州市瓯海上田塑胶电器厂

聚氯乙烯绝缘电线

证书编号:CH0041568—2000

型号规格:227 IEC 06(RV) 300/500V 0.5～1.0(1芯)

有 效 期:2000.1.5～2004.1.5

地　　址:浙江省温州市梧埏上田南路13号

邮政编码:325014

温州耀华电讯有限公司

橡皮绝缘软线和软电缆

证书编号:CH0050528—2000

型号规格:245 IEC 53(YZ) 300V/500V 0.75～2.5mm(2—5芯)

有 效 期:2000.9.5～2004.9.5

地　　址:浙江乐清市宁康西路337号

邮政编码:325600

无锡东方电线电缆有限公司

聚氯乙烯绝缘电线

证书编号:CH0054646—2000

型号规格:227 IEC 01(BV) 450V/750V 1.5～95mm
227 IEC 05(BV) 300V/500V 0.5～1mm

有 效 期:2000.12.12～2004.12.12

地　　址:江苏锡山市鸿声镇振兴南路

邮政编码:214115

无锡市白云线缆有限公司

聚氯乙烯绝缘电线

证书编号:CH0051952—2000

型号规格:227 IEC 01(BV) 450V/750V 1.5～25mm

有 效 期:2000.10.11～2004.10.11

地　　址:江苏省无锡市郊区黄巷镇后盛岸135号

邮政编码:214035

无锡市第二特种电缆厂

聚氯乙烯绝缘屏蔽电线

证书编号:CH0042015—2000

型号规格:RVVP 300V/300V 0.5～1.5mm(2—3芯)

有 效 期:2000.1.18～2004.1.18

地　　址:无锡市南门外江溪桥西

邮政编码:214027

无锡市东旭电缆厂

电焊机电缆

证书编号:CH0044734—2000

型号规格:245 IEC 81(YH) 16～95mm

聚氯乙烯绝缘电线

证书编号:CH0044732—2000

型号规格:RVS 300V/300V 0.5～0.75mm

橡皮绝缘软线和软电缆

证书编号:CH0044733—2000

型号规格:245 IEC 53(YZ) 300V/500V 0.75～2.5mm(2—5芯)

有 效 期:2000.4.6～2004.4.6

地　　址:江苏宜兴市官林镇西街

邮政编码:214251

无锡市鸿翔电缆厂

聚氯乙烯绝缘软电线

证书编号:CH0051920—2000

型号规格:227 IEC 42(RVB) 300V/300V 0.5～0.75mm

有 效 期:2000.10.10～2004.10.10

地　　址:江苏宜兴市官林镇

邮政编码:214251

无锡市红峰电缆有限公司

聚氯乙烯绝缘电线

证书编号:CH0041553—2000

型号规格:RVS 300V/300V 0.5～0.75mm

有 效 期:2000.1.5～2004.1.5

地　　址:江苏省宜兴市丰义镇韶丰路

邮政编码:214252

无锡市沪安电线电缆有限公司

聚氯乙烯绝缘安装用电线

证书编号:CH0041557—2000

型号规格:AVR 300V/300V 0.12～0.4mm AVRB等

聚氯乙烯绝缘电力电缆

证书编号:CH0042142—2000

型号规格:VV 0.6/1KV 1.5～240mm(1—4芯)等

有 效 期:2000.1.20～2004.1.20

聚氯乙烯绝缘软电线

证书编号:CH0041555—2000

型号规格:227 IEC 52(RVV) 300V/300V 0.5～0.75mm(2—3芯)

塑料绝缘控制电缆

证书编号:CH0041558—2000

型号规格:VV 0.6/1KV 1.5～240mm(1—4芯)等

有 效 期:2000.1.5～2004.1.5

地　　址:宜兴市官林镇东洪路6号

邮政编码:214251

无锡市黄浦电线电缆厂

聚氯乙烯绝缘电线

证书编号:CH0055024—2000

型号规格:227 IEC 01(BV) 450V/750V 1.5～185mm

有 效 期:2000.12.21～2004.12.21

地　　址:江苏宜兴市官林镇官东路

邮政编码:214251

无锡市凯达电缆厂

聚氯乙烯绝缘电线

证书编号:CH0045521—2000

型号规格:RVS 300V/300V 0.5～0.75mm

有 效 期:2000.4.25～2004.4.25

地　　址:江苏省宜兴市丰义镇戈庄村

邮政编码:214251

中山市古镇永利灯饰玻璃加工厂

固定式灯具(吊灯)(0类,有F)

证书编号:CH0042210—2000

型号规格:MD－8001 6×40W;MD－9001 4×40W;等

有 效 期:2000.1.21～2004.1.21

地　　址:广东省中山市古镇海洲沙源西海边

邮政编码:528422

中山市海洲大新灯饰电器厂

筒灯(嵌入式白炽灯具系列,0类,IP20,有F)

证书编号:CH0043167—2000

有 效 期:2000.2.24～2004.2.24

地　　址:广东省中山市海洲沙源工业区松树园

邮政编码:528422

中山市黄圃镇顺兴隆电塑厂

PVC绝缘电线

证书编号:CH0053261—2000

型号规格:227 IEC 53(RVV) 300/500 0.75～2.5(2,3,4,5芯)

有 效 期:2000.11.13～2004.11.13

地　　址:广东中山黄圃镇大岑工业区

邮政编码:528429

中山市黄圃镇新宇五金电器线材厂

聚氯乙烯绝缘电线

证书编号:CH0041522—2000
型号规格:227 IEC 02(RV) 450/750V 1.5~10(1芯)
有 效 期:2000.1.3~2004.1.3
地　　址:广东省中山市黄辅镇兴圃大道
邮政编码:528429

中山市康尔威灯饰有限公司

固定式灯具(吸顶灯)

证书编号:CH0042213—2000
型号规格:MX591 5×40W;MX276 30×Max40W;等
有 效 期:2000.1.21~2004.1.21
地　　址:广东中山市古镇东岸开发区
邮政编码:528421

中山市三乡和兴线缆厂

聚氯乙烯绝缘电线

证书编号:CH0049345—2000
型号规格:227 IEC 01(BV) 450/750V 1.5~185(1芯)
有 效 期:2004.8.1~2004.8.1
地　　址:广东省中山市三乡镇新墟中电工业园内
邮政编码:528463

中山市坦洲镇富华电线厂

聚氯乙烯绝缘电线

证书编号:CH0046482—2000
型号规格:227 IEC 01(BV)—450/750 1.5—300
有 效 期:2000.5.23~2004.5.23
地　　址:广东省中山市坦洲镇联一工业区
邮政编码:528467

中山市同乐日用电器实业公司

嵌入式荧光筒灯(嵌入式荧光灯具系列,I类,IP20,无F)

证书编号:CH0043171—2000
型号规格:MQT — Y7 × 2 2 × 7W;MQT—Y9×2 2×9W;等
有 效 期:2000.2.24~2004.2.24
地　　址:中山市东升镇广福路尾
邮政编码:528414

中山市伟来灯饰有限公司

聚氯乙烯绝缘电线

证书编号:CH0041584—2000
型号规格:227 IEC 42(RVB)— 300/300 0.5—0.75(2芯)
有 效 期:2000.1.5~2004.1.5
地　　址:中山市石岐镇青溪路尾张溪经济开发区
邮政编码:528400

中山市小榄镇辉阳塑料灯饰制品厂

嵌入式筒灯

证书编号:CH0044053—2000
型号规格:HF—95A—2,HF—119,HF—125,HF—126,HF—127
有 效 期:2000.3.17~2004.3.17
地　　址:广东省中山市小榄镇永安螺沙五村
邮政编码:528422

中山市中永电器有限公司

公路车辆用低压电缆(电线)

证书编号:CH0044862—2000
型号规格:QVR 0.2—10
QVR—105 0.2—10
有 效 期:2000.4.10~2004.4.10
地　　址:中山市小榄镇菊城大道东中永大楼
邮政编码:529159

重庆丰盛电线厂

聚氯乙烯绝缘电线

证书编号:CH0048629—2000
型号规格:227 IEC 01(BV) 450/750V 1.5~120(1芯)
有 效 期:2000.7.14~2004.7.14
地　　址:重庆市九龙陂区六店村大石社218号
邮政编码:400010

重庆红星电线电缆厂

聚氯乙烯绝缘电线

证书编号:CH0048627—2000
型号规格:227 IEC 01(BV) 450/750V 1.5~185(1芯)
有 效 期:2000.7.14~2004.7.14

通用橡套软电缆

证书编号:CH0052214—2000
型号规格:245 IEC 53(YZ) 300V/500V 0.75~2.5(2,3,4,5芯)
有 效 期:2000.10.18~2004.10.18
地　　址:重庆市北碚区施家梁村
邮政编码:630030

重庆江北电线电缆有限公司

聚氯乙烯绝缘电线

证书编号:CH0045434—2000
型号规格:BLV—450/750 2.5~240(1芯)
有 效 期:2000.4.21~2004.4.21
地　　址:四川省重庆市江北区福民新村53号
邮政编码:400022

重庆南岸阻燃电线厂

聚氯乙烯绝缘电线

证书编号:CH0041582—2000
型号规格:227 IEC 01(BV)—450/750 1.5—95
有 效 期:2000.1.5~2004.1.5
地　　址:重庆市南岸涂山路338号
邮政编码:400064

重庆三峡电缆厂

聚氯乙烯绝缘电线

证书编号:CH0050940—2000
型号规格:RVS 300V/300V 0.5~0.75mm
有 效 期:2000.9.12~2004.9.12
地　　址:重庆市南岸区南坪六公里二塘街43号
邮政编码:400060

重庆山城电线电缆厂

聚氯乙烯绝缘电线

证书编号:CH0052881—2000
型号规格:227 IEC 01(BV) 450/750 1.5~120(1芯)
有 效 期:2000.11.5~2004.11.5
地　　址:重庆市渝北区金山工业园区
邮政编码:401122

重庆市鸿盛电线电缆有限公司

聚氯乙烯绝缘电线

证书编号:CH0051270—2000
型号规格:227 IEC 01(BV) 450/750 1.5—185 227 IEC 05(BV)等
有 效 期:2000.9.20~2004.9.20
地　　址:重庆市璧山县丁家镇丁健路

23 号
邮政编码:402764

重庆市明光电线电缆厂
聚氯乙烯绝缘电线
证书编号:CH0048626—2000
型号规格:227 IEC 01(BV) 450/750V 1.5～185(1 芯)
有 效 期:2000.7.14～2004.7.14
地　　址:重庆渝北区龙溪镇工业园区
邮政编码:630020

重庆市南岸标准电线电缆厂
聚氯乙烯绝缘电线
证书编号:CH0050108—2000
型号规格:227 IEC 01(BV) 450/750V 1.5～240(1 芯)
有 效 期:2000.8.24～2004.8.24
地　　址:重庆市南岸区南坪五水区
邮政编码:400040

重庆市南方阻燃电线电缆厂
聚氯乙烯绝缘电线
证书编号:CH0045435—2000
型号规格:227 IEC 01(BV) 450/750V 1.5～240(1 芯)
有 效 期:2000.4.21～2004.4.21
地　　址:四川省重庆市石桥镇二郎村黄泥社 76 号
邮政编码:400023

重庆市西方电线厂
聚氯乙烯绝缘电线
证书编号:CH0045437—2000
型号规格:227 IEC 01(BV) 450/750V 1.5～240(1 芯)
有 效 期:2000.4.21～2004.4.21
地　　址:四川省重庆市江北区董家溪红砂碛一号
邮政编码:400023

重庆天子城实业有限公司重庆天虹电缆厂
聚氯乙烯绝缘电线
证书编号:CH0042001—2000
型号规格:227 IEC 10(BVV)—300/500 1.5—35(2—5 芯)
有 效 期:2000.1.17～2004.1.17
地　　址:重庆市万州区天城镇塘坊
邮政编码:404047

重庆渝丰电线电缆有限公司南坪电线厂
聚氯乙烯绝缘电线
证书编号:CH0045871—2000
型号规格:BLV—450/750 2.5～185(1 芯)
有 效 期:2004.5.9～2004.5.9
地　　址:重庆南岸区四公里板栗树村
邮政编码:400022

重庆宇邦线缆有限公司
聚氯乙烯绝缘电线
证书编号:CH0044313—2000
型号规格:227 IEC 10(BVV)—300/500 1.5—35 (2—5 芯)
有 效 期:2000.3.27～2004.3.27
地　　址:重庆渝北区黄泥湾工业园区
邮政编码:401147

舟山市普陀区通源电线电缆厂
聚氯乙烯绝缘电线
证书编号:CH0050681—2000
型号规格:227 IEC 01(BV) 450V/750V 1.5～25mm
有 效 期:2000.9.6～2004.9.6
地　　址:浙江省舟山市普陀区平阳浦夏新村
邮政编码:316101

周口市金鱼电线电缆有限公司
聚氯乙烯绝缘电缆
证书编号:CH0052485—2000
型号规格:227 IEC 01(BV) 450V/750V 1.5～70mm
有 效 期:2000.10.25～2004.10.25
地　　址:河南省周口市庆丰街东段 176 号
邮政编码:46602

诸暨市浬浦电线厂
聚氯乙烯绝缘电线
证书编号:CH0055239—2000
型号规格:227 IEC 01(BV)450/750 1.5～16(1 芯)
有 效 期:2000.12.26～2004.12.26
地　　址:浙江省诸暨市浬浦镇新街
邮政编码:311824

诸暨市勤达电线厂
聚氯乙烯绝缘电线
证书编号:CH0046608—2000
型号规格:227 IEC 01(BV) 450/750V 1.5～6(1 芯)
有 效 期:2000.5.25～2004.5.25
地　　址:浙江省诸暨市璜山镇落驾塔
邮政编码:311809

淄博市周村保安电器厂
聚氯乙烯绝缘电线
证书编号:CH0043003—2000
型号规格: 227 IEC 01 (BV) 450V/750V 1.5～6mm
有 效 期:2000.2.21～2004.2.21
地　　址:山东省淄博市周村区南郊开发区
邮政编码:255319

淄博市周村银河电缆厂
聚氯乙烯绝缘电线
证书编号:CH0043517—2000
型号规格: RVS 300V/300V 0.5 ～ 0.75mm
有 效 期:2000.3.3～2004.3.3
地　　址:山东省淄博市周村区大姜镇固玄店
邮政编码:255314

衢县仙峰塑料实业有限公司
聚氯乙烯绝缘电线
证书编号:CH0055367—2000
型号规格:BV 300V/500V 0.75～1mm
BLV 450V/750V 2.5 ～ 95mm
有 效 期:2000.12.26～2004.12.26
地　　址:浙江省衢州市沈家经济开发区大桥西路
邮政编码:324022

潢川县电线厂
聚氯乙烯绝缘电线
证书编号:CH0041597—2000
型号规格: RVS 300V/300V 0.5 ～ 0.75mm
有 效 期:2000.1.5～2004.1.5
地　　址:河南潢川县跃进东路 71 号
邮政编码:465150

低压电路

北京 ABB 低压电器有限公司

漏电断路器

证书编号:CH0049437—2000S
型号规格: GS251SOV; Ue: AC230V; Ie:6,10,16,20,25,3 40A; IΔn: 0.03A, 1Pole + N;AC 型;B 特性
有 效 期:2000.8.8～2004.8.8

小型断路器

证书编号:CH0044172—2000
型号规格:S251SNA;230V AC;50Hz; In=50,63A;1P+N;C
证书编号:CH0052469—2000
型号规格:S251S;1P;Ue:230V/400V; S252S;2P;Ue:等
有 效 期:2000.3.22～2004.3.22
地　　址:北京丰台区右安门外东滨河路 2 号
邮政编码:100054

北京第三低压电器厂

漏电断路器

证书编号:CH0042859—2000
型号规格: DZ47LE Ⅱ — 32/1N Ue: AC220V In:6,10, 16,20,25,32A 1P+N C 类 I △n:0.03A

塑料外壳式断路器

证书编号:CH0049108—2000
型号规格: BSDM2H — 250/3300 Ue: AC400V In:125,160, 200, 250A 3POLE Icu 65kA/Ics 48.75kA

小型断路器

证书编号:CH0042860—2000
型号规格:DZ47—63 Ue:AC220/380V In:6,10,16, 20, 25, 32, 40, 50, 63A 1POLE C 型特性
有 效 期:2000.2.3～2004.2.3
地　　址:北京市东城区朝内大街北竹杆胡同 18 号
邮政编码:100010

北京格兰电器有限公司

漏电断路器

证书编号:CH0049507—2000
型号规格: DZ47LE II — 32/2 Ue: AC220V In:6,10,16,20, 25, 32A 2P C 型 IΔn: 0.03A

小型断路器

证书编号:CH0049503—2000
型号规格:DZ47—63 Ue:AC220/380V In:6,10,16,20,25, 32,40,50,63A 1POLE C 型特性
有 效 期:2000.8.9～2004.8.9
地　　址:浙江省乐清市柳市苏吕工业区华威大厦五楼
邮政编码:325604

北京开关厂

漏电断路器

证书编号:CH0048693—2000
型号规格: C2000LE — 32; AC230/400V; 6, 10, 16, 20, 25, 32A;C 型特性 Icn=6KA; 0.03A;1P+N

小型断路器

证书编号:CH0048694—2000
型号规格: C2000 — 63 Ue: AC230/400V; Ie: 6, 8, 10, 13, 16 *

漏电断路器

证书编号:CH0047607—2000
型号规格:DZ47LE—32;Ue:AC220V; Ie:6,10,16,20,25, IΔn: 0.03A; Icn: 6kA C 特性;电子式;AC 型;1P
有 效 期:2000.6.20～2004.6.20
地　　址:浙江省乐清市北白象电器工业区
邮政编码:325603

北京市保安电器厂

漏电断路器

证书编号:CH0012486—2000A
型号规格:DZ47LE Ⅱ—50/1N;AC 型 1P+N Un=220V In=50, 40,10,6A IΔn=0.03A
证书编号:CH0048742—2000
型号规格: DZL25 — 100/3N901 Un: AC380V In:100A,63A IΔn:0.1A/AC 型
有 效 期:2000.7.19～2004.7.19
地　　址:北京市海淀区知春路 97 号
邮政编码:100086

北京市乐通开关厂

小型断路器

证书编号:CH0042444—2000
型号规格: DZ47 — 63 Ue: AC220V/380V In:6,10,16, 20, 25, 32, 40, 50, 63A, 1POLE C 型特性
有 效 期:2000.1.27～2004.1.27
地　　址:北京市西红门科技开发区
邮政编码:100051

北京市人安电器有限公司

漏电断路器

证书编号:CH0046983—2000
型号规格: DZ15LE — 40/4901 Ue: AC380V;In=16,20,32, 40A;4POLE IΔA=0.03A
有 效 期:2000.6.2～2004.6.2

小型断路器

证书编号:CH0052515—2000
型号规格: DZ47 — 63 Ue: AC220/380V;In:6,10,16, 20, 25, 32, 40, 50, 63A; 1POLE;C 型特性
有 效 期:2000.10.26～2004.10.26
地　　址:北京市通州区梨园小街
邮政编码:101101

北京市振达开关厂

漏电断路器

证书编号:CH0043798—2000
型号规格: DZ47LE — 40; AC220V; 6, 10,16, 20,25,32,40A;0.03A C 特性;1P+N
有 效 期:2000.3.13～2004.3.13
地　　址:北京市宣武区铺陈市 63 号
邮政编码:100050

常安集团有限公司

漏电断路器

证书编号:CH0049433—2000
型号规格: DZ15LE — 100/3N901; AC 型 3P+N;Un=380V;In= 100,80,63,50A;IΔn:0.05A
有 效 期:2004.8.7～2000.8.7
地　　址:浙江乐清市柳市镇东风工业区常安大厦
邮政编码:325604

常熟开关厂

塑料外壳式断路器

证书编号:CH0044742—2000
型号规格:CM1—400H;AC400V;Ui= 800v; 225, 250, 315, 350, 400A;3Pole

万能式断路器

证书编号:CH0044739—2000
型号规格:CW1－3200;AC400/690V;Ui＝800V;
有 效 期:2000.4.6～2004.4.6
地　　址:江苏省常熟市李闸路68号
邮政编码:215500

常熟市斯佳登电器有限公司

漏电断路器

证书编号:CH0044746—2000
型号规格:OEL－16;AC230V;16A;0.01A;2Pole
有 效 期:2000.4.6～2004.4.6
地　　址:江苏省常熟市董浜镇支王路15号
邮政编码:215524

大江电器有限公司

漏电断路器

证书编号:CH0041570—2000
型号规格:DZV18－20/1 Ue:AC220V;In:20A;2POLE;I△n:0.03A;
有 效 期:2000.1.5～2004.1.5

小型断路器

证书编号:CH0017102－97
型号规格:DZ47－60;220V/380;60,50,40,32,25,20,16,10,6A,C类;1POLE
有 效 期:2000.3.6～2004.3.6
地　　址:浙江乐清市柳市智广工业区
邮政编码:325604

大连北长江电气有限公司

漏电断路器

证书编号:CH0046957—2000
型号规格:DZ47－LE Ⅱ－32/1N Ue:AC220V In:6,10,16,20,25,32A 1P＋N C类 IΔn:0.03A

小型断路器

证书编号:CH0046958—2000
型号规格:DZ47－60 Ue:AC240/415V In:6,10,16,20,25,32,40,50,60A 1POLE C型特性
有 效 期:2000.6.2～2004.6.2
地　　址:大连市中山区荣泰街11号
邮政编码:116001

德力西集团公司

漏电断路器

证书编号:CH0042858—2000
型号规格:DZL18－20F/1,3 AC220V 20V 2POLE I△n:0.03mA
有 效 期:2000.2.3～2004.2.3
地　　址:浙江省乐清市德力西柳市工业园
邮政编码:325604

佛山市半导体器件厂佳华电器分厂

漏电断路器

证书编号:CH0050222—2000
型号规格:DZ47LE,2P 40A,220V IΔn＝0.03A

小型断路器

证书编号:CH0050223—2000
型号规格:DZ47－63,2P 63A,220V
有 效 期:2000.8.28～2004.8.28
地　　址:佛山市丝织路10号
邮政编码:528000

佛山市环市明华电控设备厂

小型断路器

证书编号:CH0055223—2000
型号规格:DZ47/63/2 6,10,16,20,25,32,40,50 63A;AC380V 2P C型
有 效 期:2000.12.25～2004.12.25
地　　址:广东南海市罗村岐岗工业区
邮政编码:528226

佛山市石湾区富电电器设备厂

漏电断路器

证书编号:CH0042269—2000
型号规格:DZ47LE－40,2P,40A,220V,0.03A

小型断路器

证书编号:CH0042270—2000
型号规格:DZ47－63 2P;6,10,16,20,25,32,40,50,63A;240/415V
有 效 期:2000.1.24～2004.1.24
地　　址:佛山市张槎大富工业区工业路四号
邮政编码:528000

福建源光线束电器有限公司

漏电断路器

证书编号:CH0049170—2000
型号规格:DZL246－63 Ue:AC230V In:25A,40A,63A 2POLE 电磁式 1Δn:0.03A,0.10A
有 效 期:2000.7.28～2004.7.28
地　　址:福建省福州市则徐大道198弄仓山工业小区5号厂房
邮政编码:350007

广东珠江开关有限公司

漏电断路器

证书编号:CH0048239—2000
型号规格:DZ47LE－32 1P＋N C型/类6,10,16,20,25,32A;220V 0.03A

小型断路器

证书编号:CH0048243—2000
型号规格:DZ47－63;1P;6,10,16,20,25,32,40,50,63 240/415V
有 效 期:2000.7.6～2004.7.6
地　　址:广东省南海市桂城区南三路11号
邮政编码:528200

广州市埃比斯开关制造有限公司

小型断路器

证书编号:CH0044747—2000
型号规格:BCD63;1P;220V;6,10,16,20,25,32,40,50,63A;C类
有 效 期:2000.4.6～2004.4.6
地　　址:广州市天河区东圃大观路工业区
邮政编码:510660

海格电气公司

小型断路器

证书编号:CH0044524—2000
型号规格:MC180P,80A,MC199P,100A;
证书编号:CH0044532—2000
型号规格:MC300P,0.5A;MC301P,1A;等
有 效 期:2000.3.31～2004.3.31
地　　址:BOULEVARD D'EUROPE BPN＃3 F－67215 OBERNAI CEDEX

海南华立电器有限公司

高分断小型断路器

证书编号:CH0047779—2000
型号规格:DZ47－60;1P;220V;1,3,6,

10，16，20，25，32，40，50，60A;C类

漏电断路器

证书编号:CH0047781—2000

型号规格：DZL236 — 20；2P；220V；20A；0.03A

有 效 期:2000.6.23～2004.6.23

地　　址:海南省琼海市温泉工业区

邮政编码:571400

杭州华杭电子电器公司

漏电断路器

证书编号:CH0043837—2000

型号规格：DZL259 — 20；2P；Un ＝ 220V；In ＝ 20A；I△n ＝ 0.03A

有 效 期:2000.3.14～2004.3.14

地　　址:杭州市高新开发区之江工业园南环路

邮政编码:310053

杭州君友机电设备有限公司

漏电断路器

证书编号:CH0045720—2000

型号规格：DZL218 — 20；2P；Un ＝ 220V；In ＝ 20A；I△n ＝ 0.03A

有 效 期:2000.4.28～2004.4.28

地　　址:杭州市文一西路桃源春居10幢103室

邮政编码:310012

杭州临安乾龙电器有限公司

漏电断路器

证书编号:CH0050640—2000

型号规格：DZL227 — 32；2P；Un ＝ 230V；In＝20，32A；I△n＝0.03A；

有 效 期:2000.9.6～2004.9.6

地　　址:杭州临安市兰锦路96号

邮政编码:311300

杭州圣力电器设备有限公司

漏电断路器

证书编号:CH0047794—2000

型号规格：DZL272—40；2P；220V；16，20，32A；0.03A

有 效 期:2000.6.23～2004.6.23

地　　址:杭州市丁石路67号

邮政编码:310021

杭州之江开关厂

小型断路器

证书编号:CH0050669—2000

型号规格：HSM8 — 63；Ue：AC220/380V；Ie：6，10，16，20，25，32，40，50，63A；C型；1P

有 效 期:2000.9.6～2004.9.6

地　　址:杭州市郊萧山红山先锋路

邮政编码:311234

河南省泌阳通用电器厂

家用漏电保护器

证书编号:CH0044828—2000

型号规格：JLB—20；2P，220V；20A；0.03A

有 效 期:2000.4.10～2004.4.10

地　　址:河南省泌阳县行政路169号

邮政编码:463700

河南省温县新雷电器厂

漏电断路器

证书编号:CH0042872—2000

型号规格：JLBK — 20；2P；220V；20A；0.03A

有 效 期:2000.2.17～2004.2.17

地　　址:河南省温县民建路北段

邮政编码:454850

湖南低压电器厂

漏电断路器

证书编号:CH0043543—2000

型号规格：DZ47LE—40；1P＋N；230V；6，10，16，20，25，32，40A，0.03A，C类

有 效 期:2000.3.6～2004.3.6

小型断路器

证书编号:CH0046132—2000

型号规格：DZ47—63；1P；230/400V；6，10，16，20，25，32，40，50，63A；C类

有 效 期:2000.5.16～2004.5.16

地　　址:湖南长沙市芙蓉北路

邮政编码:410008

华北电业管理局廊坊供电局设备修造厂

漏电继电器

证书编号:CH0047791—2000

型号规格：LXJ — 150；Ue：380V Ie：150A U辅助：220V I辅助：3A IΔn：0.03/0.06A（可调）贯穿孔径等：34mm AC

有 效 期:2000.6.23～2004.6.23

地　　址:天津市武清县杨村镇建国南路东里一巷31号

邮政编码:301700

华威集团格兰电器有限公司

漏电断路器

证书编号:CH0049508—2000

型号规格：DZ47LE Ⅱ — 32/1N Ue：AC220V In：6，10，16，20，25，32A 1P＋N C型 IΔn：0.03A

有 效 期:2000.8.9～2004.8.9

地　　址:浙江省乐清市柳市苏吕工业区华威大厦五楼

邮政编码:325604

江苏法泰电器有限公司

小型断路器

证书编号:CH0016104—96

型号规格：DZ47 — 63（FTM8）；240/415V；63，50，40，32，25，20，16，10，6A；1POLE；C类

有 效 期:2000.4.28～2004.4.28

地　　址:江苏苏州市东中街路158号

邮政编码:215003

江苏省扬中市无线电三厂

限温熔断器

证书编号:CH0005169—99B

型号规格：WR106 1A；WR106 2A；WR115 1A；WR115 2A；等

有 效 期:2000.4.4～2004.4.4

地　　址:江苏省扬中市丰裕镇三丰北路5号

邮政编码:212213

江西省广丰县丰达电器发展有限公司

漏电断路器

证书编号:CH0046762—2000

型号规格：DZL18 — 20/1；2P；Un ＝ 220V；In ＝ 20A；IΔn ＝ 0.03A

有 效 期:2000.5.29～2004.5.29

地　　址:江西省广丰县永丰镇北门村

邮政编码:334600

金钟默勒电器（苏州）有限公司

小型断路器

证书编号:CH0042866—2000
型号规格:L7 Un:230/400v;In:2—63A B,C—TYPE;In:2—40A D—TYPE;1P
有 效 期:2000.2.3～2004.2.3
地　　址:江苏省苏州市苏州新区渔洋街11号

精益电器集团有限公司

漏电断路器

证书编号:CH0001715—2000B
型号规格:DZ15LE—40/3901,3902 AC380V;6,10,16,20,25,32,40A;0.03A,0.05A,0.075A
证书编号:CH0007904—2000A
型号规格:DZ15LE—100/3901;3902 AC380V; 63A, 100A;0.075A
有 效 期:2000.4.6～2004.4.6
证书编号:CH0027439—2000A
型号规格:ZL18—20/1;AC220;Ie:20A;IΔn:0.03A;2POLE
证书编号:CH0044671—2000
型号规格:DZ47LE—32 AC220V;6,10,16,20,25,32A;0.03A,0.05A,1P+N
有 效 期:2000.7.7～2004.7.7

塑料外壳式断路器

证书编号:CH0005422—2000
型号规格:DZ15—40/1901 AC220V 40,32,25,20,16,10,6A;IPOLE
有 效 期:2000.4.6～2004.4.6
地　　址:浙江乐清市经济开发区
邮政编码:325604

九川电器有限公司

漏电断路器

证书编号:CH0027395—98
型号规格:DZ47LE Ⅱ—32/3N,3P+N;380V;32,25,20,16,10,6A;0.03A;C类
有 效 期:2000.4.29～2004.4.29

小型断路器

证书编号:CH0027393—98
型号规格:DZ47—63;415V;63,50,40,32,2POLE C类
有 效 期:2000.4.29～2004.4.29
地　　址:温州柳市东风工业区奋进路8号
邮政编码:325604

乐清市超一电气有限公司

漏电断路器

证书编号:CH0046339—2000
型号规格:DZ15LE—40/2901;2P;Un=220V;In=40,32,25,2 16,10A;IΔn=0.03A
有 效 期:2000.5.19～2004.5.19
地　　址:浙江乐清市柳市镇东风工业区腾飞路11号
邮政编码:325604

乐清市高能电气有限公司

漏电断路器

证书编号:CH0046347—2000
型号规格:DZL18—20 Un:AC220V Ie:20A、16A、10A、6A IΔn:0.03A;2Pole;AC型电子式
有 效 期:2000.5.19～2004.5.19
地　　址:浙江省乐清市柳市外向型经济开发区
邮政编码:325604

乐清市天源电器有限公司

小型断路器

证书编号:CH0007502—2000A
型号规格:DZ47—63 Ue:AC240/415V;In:10,16,20,25,32,40,50,63A;1P0LE;C型特性
有 效 期:2000.9.6～2004.9.6
地　　址:浙江省乐清市柳市镇翔金洋25号
邮政编码:325604

乐清市万家保安开关厂

漏电断路器

证书编号:CH0043256—2000
型号规格:DZL25—200/3N301 Ue:AC380V In:160,200A 3P+N I△n:0.10,0.20A Icu:10kA
有 效 期:2000.2.28～2004.2.29
地　　址:浙江省乐清市北白象镇万家万南中路20号
邮政编码:325603

乐清市一洲电器有限公司

高分断小型断路器

证书编号:CH0042802—2000
型号规格:DZ47—63;1P;220/380V;6,10,16,20,25,32,40,50,63A;C类

漏电断路器

证书编号:CH0042803—2000
型号规格:DZ47LE—32;1P+N;220V;10,16,20,25,32A;0.03A;C类
有 效 期:2000.2.1～2004.2.1
地　　址:浙江省乐清市柳市镇东皇屿工业区
邮政编码:325604

乐清市银德利电器仪表有限公司

漏电断路器

证书编号:CH0047798—2000
型号规格:DZ47LE Ⅱ—32;1P+N;220V;6,10,16,20,25,32A;0.03A;C类

小型断路器

证书编号:CH0047795—2000
型号规格:DZ47—63;1P;220/380V;6,10,16,20,25,32,40,50,63A;C类
有 效 期:2000.6.26～2004.6.26
地　　址:浙江省乐清市北白镇人民南路143号
邮政编码:325603

乐清市赞峰电器开关厂

漏电断路器

证书编号:CH0050158—2000
型号规格:DZ47LE—32;3P;400V;10,16,20,25,32A;0.0

小型断路器

证书编号:CH0050157—2000
型号规格:DZ47—63;3P;400V;6,10,16,20,25,32,40,50,63A;C类
有 效 期:2000.8.25～2004.8.25
地　　址:浙江省乐清市柳市西潭头村
邮政编码:325604

乐清市中信电器有限公司

漏电断路器

证书编号:CH0044989—2000
型号规格:DZ47LE—32;1P+N;230V;16,20,32A;0.03A;C类

小型断路器

证书编号:CH0044986—2000
型号规格:DZ47—63;1P;230/400V;6,10,16,20,25,32,40,50,

63A;C 类
有 效 期:2000.4.12～2004.4.12
地 址:浙江省乐清市柳市车站路#8～#16
邮政编码:325604

罗格朗

漏电断路器

证书编号:CH0043585—2000
型号规格:DX series Un:230/400V In:16,25,40,
有 效 期:2000.3.7～2004.3.7
地 址:昂地勃.罗格朗让.加农街159号,729信箱昂地勃06633 CEDEX 法国

罗格朗公司(昂地勃)

小型断路器

证书编号:CH0047216—2000
型号规格:DX series Un:400v;In:0.5,0.8,1,2,3,4,6,8,10,13,16,20,25,32,40,50,等
证书编号:CH0048429—2000
型号规格:DX series Un:400V;In:0.5,0.8,1,2,3,4,6,8,10,13,16,20,25,32,40,50 等
有 效 期:2000.6.9～2004.6.9
地 址:维德勒工业街12号多勒德凯科80059意大利

民扬电器集团有限公司

小型断路器

证书编号:CH0021854—98
型号规格:DZ47B—100;380V;100,80,63A,3POLE;C 类
有 效 期:1998.1.13～2002.1.13
地 址:乐清柳市翔金洋工业区(浙江乐清柳市镇民扬大厦)
邮政编码:325604

南昌特种变压器厂

漏电断路器

证书编号:CH0047373—2000
型号规格:DZL313 — 20;2P;220V;20A;0.03A
有 效 期:2000.6.14～2004.6.14
地 址:南昌市庐山南大道160号
邮政编码:330008

南海市华达电器厂

漏电保护器

证书编号:CH0008567—2000A
型号规格:LBK18—32 AC220V 32A 16A 0.03A 2POLE
有 效 期:2000.1.18～2004.1.18

漏电断路器

证书编号:CH0008868—2000A
型号规格:DZ20LE — 250/4310 380V 250A 0.1A 3POLE
有 效 期:2000.1.21～2004.1.21
地 址:广东省南海市南庄镇乐西路吉利工业区
邮政编码:528219

荣成荣福电子有限公司

小型熔断器管状熔断体

证书编号:CH0055109—2000
型号规格:RT1—20 4A RT1—20 2.5A 规格:T4AL250V(4A) T2.5AL250V(2.5A)
有 效 期:2000.12.24～2004.12.24
地 址:山东省荣成市工商街40号
邮政编码:264300

三信国际电器有限公司

漏电断路器

证书编号:CH0042447—2000
型号规格:DZ47LE Ⅱ — 50/2;Ue:AC220V;In:6,10,16,20,25,32,40,50A;2POLE;C 类;I△n:0.03A;
有 效 期:2000.1.27～2004.1.27
地 址:浙江省乐清市柳市外向型工业区
邮政编码:325604

陕西欧亚电器有限公司

高分断小型断路器

证书编号:CH0046102—2000
型号规格:DZ47—60;1P;230/400V;6,10,16,20,25,32,40,50,60A;C 类
有 效 期:2000.5.15～2004.5.15
地 址:陕西省西安市西影路63号
邮政编码:710054

上海奥富捷电气终端成套厂

小型断路器

证书编号:CH0047271—2000
型号规格:PND — 32;P + N;220V;6,10,16,20,25,32A;C 类
有 效 期:2000.6.12～2004.6.12
地 址:上海吴中路618号
邮政编码:201103

上海保安开关厂

漏电断路器

证书编号:CH0044897—2000
型号规格:DZ47LE — 32;AC380V;6,10,16,20,25,32A;0.03A;C 特性;3P+N
证书编号:CH0046343—2000
型号规格:DZ18 — 20;2P;Un = 220V;In = 20,16,10A;IΔn = 0.03A
有 效 期:2000.4.11～2004.4.11

小型断路器

证书编号:CH0048690—2000
型号规格:DZ47 — 63 Ue:AC400V;6,8,10,13。16,20,25,32,40,50,63A;C 型特性 2P
有 效 期:2000.7.18～2004.7.18
地 址:浙江省乐清经济开发区
邮政编码:325604

上海创正电器有限公司

漏电断路器

证书编号:CH0044891—2000
型号规格:DZ47LE — 32;AC220V;6,10,16,20,25,32A;0.03A;1P+N

小型断路器

证书编号:CH0044892—2000
型号规格:DZ47 — 63;AC380V;6,10,16,20,
25,32,40,50,63A;C 型;3Pole
有 效 期:2000.4.11～2004.4.11
地 址:柳市智广外向经济开发区
邮政编码:325604

上海德力西实业发展(集团)有限公司

漏电断路器

证书编号:CH0046988—2000
型号规格:DZ15LE — 100/4901;3P + N;380V;63,100A;0.05A

小型断路器

证书编号:CH0046992—2000
型号规格:DZ47—63;1P;230/400V;6,10,16,20,25,
32,40,50,63A;C 类
有 效 期:2000.6.5～2004.6.5

地　　址：上海嘉定区浏2翔路918号
邮政编码：201802

上海第三开关厂
漏电断路器
证书编号：CH0043179—2000
型号规格：DZL199－32；AC230V；10，16，20，25，32A；0.03A；2POLE
证书编号：CH0046985—2000
型号规格：DZ127L－400/4300 Ue：AC400V；Ie：250，315，350，400A；IΔn＝0.1，0.3，0.5A 3P＋N 4Pole；
证书编号：CH0043178—2000
型号规格：DZ118－63 AC220V；10，16，20，25，32，40，50，63A；2Pole
有 效 期：2000.2.24～2004.2.24
地　　址：上海市崇明县堡镇工农路218号
邮政编码：202157

上海航空电器厂
漏电断路器
证书编号：CH0046889—2000
型号规格：HKDL18－20；2P；Un＝220V；In＝20A IΔn＝0.03A
有 效 期：2000.5.31～2004.5.31
地　　址：上海市中春路6629号
邮政编码：201101

上海和平电气制造有限公司
漏电断路器
证书编号：CH0042460—2000
型号规格：HPML－32 Ue：AC220V；In：6，10，16，20A；2POLE（仅一保护极）；C类；I△n：0.03A
小型断路器
证书编号：CH0042461—2000
型号规格：HPM－32 Ue：AC220V；In：6，10，16，20A，2POLE（仅一保护极）；C类；
有 效 期：2000.1.27～2004.1.27
地　　址：浙江省乐清市柳市奋进路11号
邮政编码：325604

上海精达企业发展有限公司
漏电断路器
证书编号：CH0047788—2000
型号规格：DZL18－20D/A，3；Ue：AC220V Ie：20AIΔn：0.03A 2Pole；（3型）过压动作：280V±5％
证书编号：CH0048678—2000
型号规格：DZ47LE－50；AC220V；6，10，16，20，25，32，40，50A；C型特性 Icn＝6KA；0.03，0.05，0.1A；2P
有 效 期：2000.6.23～2004.6.23
地　　址：上海市浦东新区塘陆路2071号
邮政编码：200060

上海精益电器厂
万能式断路器
证书编号：CH0049873—2000
型号规格：HA1－2000；Ue：AC400/690V；Ie：630，800，1000，1250，1600，2000A；3P 4P
有 效 期：2000.8.17～2004.8.17
地　　址：上海中山西路333号
邮政编码：200051

上海立泰电器有限公司
塑料外壳式断路器
证书编号：CH0046916—2000
型号规格：LTDM1－100（DZ282－100）AC240V 63，80，100A；C型；1Pole
小型断路器
证书编号：CH0046921—2000
型号规格：LTDM5－63（DZ47－63）AC415V6，10，16，20，25，32，40，50，63A；C型；3Pole
有 效 期：2000.6.1～2004.6.1
地　　址：上海市浙江中路478号
邮政编码：20001

上海立新低压开关厂
漏电断路器
证书编号：CH0044937—2000
型号规格：DZL18－20/1，3 AC220V；20A；0.03A；2Pole
有 效 期：2000.4.12～2004.4.12
地　　址：上海市浦东金桥开发区张桥
邮政编码：201206

上海良信电器有限公司
小型断路器
证书编号：CH0035274—99
型号规格：NDM1－63.1P 220/380V C类 63，50，40，32，25，20，16，10，6A
有 效 期：1999.7.8～2004.7.8
地　　址：上海市浦东新区御孙公路658号
邮政编码：325604

上海梅兰日兰电器有限公司
漏电断路器
证书编号：CH0042375—2000
型号规格：DZ47LE Ⅱ－32/1N（GG45LE Ⅱ－32/1N）等
小型断路器
证书编号：CH0042372—2000
型号规格：DZ47－63（GG45－63）Ue：AC220/380V In：
有 效 期：2000.1.26～2004.1.26
地　　址：上海市北宝兴路857号
邮政编码：200083

上海森泰电器厂
高分断小型断路器
证书编号：CH0041791—2000
型号规格：DZ47－63；1P；220V/380V；6，10，16，20，25，32，40，50，63A，C类
有 效 期：2000.1.11～2004.1.11
地　　址：上海昆明路713弄13号
邮政编码：200082

上海申源电器有限公司
漏电断路器
证书编号：CH0046155—2000
型号规格：DZL278－32；2P；Un＝220V In＝32A IΔn＝0.03A
有 效 期：2000.5.16～2004.5.16
地　　址：上海市崇明县堡镇中路19弄3号
邮政编码：202157

上海士林电器有限公司
漏电断路器
证书编号：CH0045288—2000
型号规格：DZ240L－32；P＋N；220V；6，10，16，20，25，32A，0.03A；
小型断路器
证书编号：CH0045287—2000

型号规格:DZ 240—32;P+N;220V;6,10,16,20,25,32A;C 类
有 效 期:2000.4.20～2004.4.20
地　　址:上海市河南北路 23 号
邮政编码:200085

上海五林电控设备有限公司

小型断路器

证书编号:CH0045177—2000
型号规格:DZ47—63;1P;220/380V;10,16,20,25,32,40,50,63A;C 类
证书编号:CH0045179—2000
型号规格:DZ47—63;3P;380V;10,16,20,25,32,40,50,63A;C 类
有 效 期:2000.4.18～2004.4.18
地　　址:浙江省乐清市柳市车站路#8～#16
邮政编码:325604

上海西门子线路保护系统有限公司

小型断路器

证书编号:CH0048293—2000
型号规格:5SX2 Ue:AC230/400V;Ie:P1 10,13,16,20,25 32A;C 型特性 1pole+N
有 效 期:2000.7.7～2004.7.7
地　　址:上海市金山县张堰镇金张支路 90 号
邮政编码:201514

上海欣灵电气有限公司

漏电断路器

证书编号:CH0044982—2000
型号规格:DZ47LE—32;1P+N;220V 6,10,16,20,25,32A,0.03A;C 类

小型断路器

证书编号:CH0044979—2000
型号规格:DZ47—63;1P;230/400V;6,10,16,20,25,32,40,50,63A;C 类
有 效 期:2000.4.12～2004.4.12
地　　址:乐清市柳市镇智广工业区
邮政编码:325604

上海新华开关厂

漏电断路器

证书编号:CH0041566—2000
型号规格:DZL256—32;Un:220V In:32A;I△n:0.03A;2P
有 效 期:2000.1.5～2004.1.5
地　　址:上海市崇明县堡镇工农路 200 号
邮政编码:202157

上海一开电气成套有限公司

漏电断路器

证书编号:CH0045286—2000
型号规格:DZ47LE Ⅱ—32;1P+N;220V;32A,0.03A;C 类

小型断路器

证书编号:CH0045283—2000
型号规格:DZ47—63;1P;230/400V;6,10,16,20,25,32,40,50,63A,C 类
有 效 期:2000.4.20～2004.4.20
地　　址:上海市沪太路 7258 号
邮政编码:201908

上海益忠电器有限公司

漏电断路器

证书编号:CH0045282—2000
型号规格:DZ47LE Ⅱ—32;1P+N;220V;32A,0.03A;C 类
有 效 期:2000.4.20～2004.4.20
地　　址:上海市沪太路 7258 号
邮政编码:201908

施耐德(北京)低压电器有限公司

塑料外壳式断路器

证书编号:CH0045428—2000
型号规格:NS100/160/250N/H;3P/4P;220V/240V;等
证书编号:CH0045696—2000
型号规格:NS400/630N/H Un:AC220/240V 等
有 效 期:2000.4.21～2004.4.21
地　　址:北京经济技术开发区永昌北路 3 号 701/708
邮政编码:100176

施耐德电气低压(天津)有限公司

漏电断路器

证书编号:CH0047270—2000
型号规格:AJR;Ue:AC230V;Ie:25A,40A;IΔn:0.03A;2Pole:AC 型电子式
有 效 期:2000.6.12～2004.6.12

小型断路器

证书编号:CH0048208—2000
型号规格:AJM;Ue:AC230V;Ie:10,16,20A;Icu = Ics:3kA 1Pole C 特性
有 效 期:2000.7.5～2004.7.5
地　　址:上海市闵行开发区黄坪路 159 号
邮政编码:200245

苏州电器一厂

漏电断路器

证书编号:CH0043535—2000
型号规格:DZ47LE—40;1P+N;230V;6,10,16,20,25,32,40A,0.03A,C 类

小型断路器

证书编号:CH0043532—2000
型号规格:DZ47—63;1P;230/400V;6,10,16,20,25,32,40,50,63A,C 类
有 效 期:2000.3.6～2004.3.6
地　　址:苏州市白塔西路 18 号
邮政编码:215001

苏州机床电器厂

漏电断路器

证书编号:CH0043529—2000
型号规格:DZ47LE—40;1P+N;230V;6,10,16,20,25,32,40A,0.03A,C 类
有 效 期:2000.3.6～2004.3.6

小型断路器

证书编号:CH0046140—2000
型号规格:DZ47—63;1P;230/400V;6,10,16,20,25,32,40,50,63A;C 类
有 效 期:2000.5.16～2004.5.16
地　　址:苏州市南环西路 36 号
邮政编码:215001

苏州机床机器厂

塑料外壳式断路器

证书编号:CH0046137—2000
型号规格:HGM1—100M;Ue=AC400V;Ie=16,20,32,40,50,63,80,100A;等
有 效 期:2000.5.15～2004.5.15
地　　址:苏州市南环西路 36 号
邮政编码:215007

苏州市电气技术研究所

漏电断路器

证书编号:CH0042800—2000
型号规格: DZ47LE Ⅱ — 32/1N (DYM1L—32/1N) Ue:等

小型断路器

证书编号:CH0042797—2000
型号规格:DZ47—63(DYM1—63) Ue: AC220V/380V In:6,10,16,20,25,32,40,50,63A 等
有 效 期:2000.1.31～2004.1.31
地　　址:江苏省苏州市劳动路88号
邮政编码:215004

泰州泰克尼电器有限公司

漏电断路器

证书编号:CH0043770—2000
型号规格:DZ163L—40;AC220V;6,10,16,20,25,32等

小型断路器

证书编号:CH0043767—2000
型号规格:DZ163—63;AC240/415V;6,10,16,20,25,32,4 C型;1Pole
有 效 期:2000.3.13～2004.3.13
地　　址:江苏省姜堰市张沐镇张杭路23号
邮政编码:225532

天水金泰实业有限责任公司

漏电断路器

证书编号:CH0045740—2000
型号规格:DZX2L Ⅱ —32/1N 等

小型断路器

证书编号:CH0045737—2000
型号规格:DZX2 Ue:AC220/380V In:5,10,15,
有 效 期:2000.4.28～2004.4.28
地　　址:甘肃省天水市秦城区光明巷苑1号楼
邮政编码:741001

天正集团有限公司

小型断路器

证书编号:CH0010190—2000A
型号规格:DZ47—63 Ue:AC230/400V
证书编号:CH0042863—2000
型号规格:DZ47—63 Ue:AC400V In:6,10,16,20,25,32,40,50,63A
有 效 期:2000.2.3～2004.2.3
地　　址:浙江省乐清市柳市东风工业区天正大厦
邮政编码:325604

通州市通贝电子元件有限公司

脉冲型漏电保护器

证书编号:CH0045016—2000
型号规格:TBJ1—250;220V;250A;0.2A;0.06A
有 效 期:2000.4.13～2004.4.13
地　　址:江苏省通州市刘桥镇港北路4号
邮政编码:226363

万家电器集团有限公司

塑料外壳式断路器

证书编号:CH0044900—2000
型号规格:DZ101—100/330 AC380V;16,25,32,40,50,63,80,100A
有 效 期:2000.4.11～2004.4.11
地　　址:浙江省乐清市外向型经济开发区
邮政编码:325604

温州宏秀电气有限公司

小型断路器

证书编号:CH0052470—2000
型号规格:DZ47 — 63 Ue:AC230/400V;In:6,10,16,1POLE;等
有 效 期:2000.10.25～2004.10.25
地　　址:浙江省乐清市象阳镇高前工业区
邮政编码:325604

温州金利达电器有限公司

小型断路器

证书编号:CH0046126—2000
型号规格:DZ47—63;1P;230/400V;
有 效 期:2000.5.16～2004.5.16
地　　址:浙江省乐清市柳市西仁宕工业区
邮政编码:325604

温州罗格朗电器有限公司

小型断路器

证书编号:CH0011568—2000A
型号规格:DZ47B—100 Ue:AC380V In:100A;极数:3P C型特性
有 效 期:2000.11.29～2004.11.29
地　　址:浙江省乐清市北白象镇旺林工业区28区
邮政编码:325603

温州市天乐电器有限公司

塑料外壳式断路器

证书编号:CH0044990—2000
型号规格:GTM1—100L/3300;3P;380V;16等
有 效 期:2000.4.12～2004.4.12
地　　址:浙江省乐清市乐成镇上米岙工业区
邮政编码:325600

锡山市电子应用设备厂

漏电断路器

证书编号:CH0049694—2000
型号规格:JCL—20;2P;220V;20A;0.03A
有 效 期:2000.8.14～2004.8.14
地　　址:锡山市八七镇山林
邮政编码:214193

新艺集团有限公司

漏电断路器

证书编号:CH0047606—2000
型号规格:DZ47LE—32;Ue:AC220V;Ie:6,10,16,20,25,3 IΔn:0.03A;Icn:6kA C特性;电子式;AC型;1P
有 效 期:2000.6.20～2004.6.20
地　　址:浙江乐清北白象电器工业区
邮政编码:325603

新余市开关厂

漏电断路器

证书编号:CH0047799—2000
型号规格:YKL18—20;2P;220V;20A;0.03A
有 效 期:2000.6.26～2004.6.26
地　　址:新余市劳动北路132号
邮政编码:336500

耀华电器集团有限公司

漏电断路器

证书编号:CH0043540—2000
型号规格:DZL18—20/1;2P;220V;10,16,20A;0.03A
证书编号:CH0046124—2000
型号规格:DZ15LE—100/3901;3P;380V;63,80,100A;0.05
有 效 期:2000.3.6～2004.3.6
地　　址:浙江省乐清市柳市东风工业

区耀华大厦
邮政编码:325604

永嘉县梅兰日兰电气有限公司
小型断路器
证书编号:CH0046129—2000
型号规格:DZ47—63;1P;230/400V;
有 效 期:2000.5.16～2004.5.16
地　　址:东清市柳市象阳东岙村
邮政编码:325604

云南三龙集团昆明高能电气有限公司
漏电断路器
证书编号:CH0044885—2000
型号规格:DZ47LE — 32;AC220V;6,10,16,20,25,32A;0.03A;1P+N
小型断路器
证书编号:CH0044886—2000
型号规格:DZ47—63;AC380V;
有 效 期:2000.4.11～2004.4.11
地　　址:昆明东寺街83号金马寺太平村
邮政编码:325604

浙江川洲企业有限公司
小型断路器
证书编号:CH0037156—99
型号规格:DZ47 — 63.1P 220/380V C类 63,50,40,32,25,20,16,10,6A
有 效 期:2000.3.15～2004.3.15
地　　址:乐清市黄华工业区川洲大厦
邮政编码:325605

浙江东华电器股份有限公司
漏电断路器
证书编号:CH0049107—2000
型号规格:DZ47LE II — 32;1P + N;230V;6,10,16,20,25,30.03A;C类
有 效 期:2000.7.27～2004.7.27
地　　址:浙江省乐清市柳市镇东风工业区腾飞路3#
邮政编码:325604

浙江宏达电器集团有限公司
小型断路器
证书编号:CH0042793—2000
型号规格:DZ47—63;1P;220/380V;6,10,16,20,25,32,40,50,63A;C类
有 效 期:2000.1.31～2004.1.31
地　　址:温州市柳市东风工业区
邮政编码:325604

浙江康泉电器有限公司
漏电断路器
证书编号:CH0047792—2000
型号规格:DZL281 — 20;2P;220V;20A,0.03A
有 效 期:2000.6.23～2004.6.23
地　　址:温州市鹿城工业区康泉路11号
邮政编码:325007

浙江乐平电器有限公司
漏电断路器
证书编号:CH0045526—2000
型号规格:LPMLG(DZ30LG)— 32;P+N;220V;
小型断路器
证书编号:CH0045525—2000
型号规格:LPM(DZ30,— 32;P + N;230V;
有 效 期:2000.4.25～2004.4.25
地　　址:浙江省乐清市柳市镇长荣路87—91号
邮政编码:325604

浙江菱光集团有限公司
漏电断路器
证书编号:CH0043884—2000
型号规格:DZL18/32/1,3;(DZL18V—32/1)
有 效 期:2000.3.15～2004.3.15
地　　址:温州市鹿城区工业区三开路25号
邮政编码:325007

浙江侨亨实业有限公司
小型熔断器管状熔断体
证书编号:CH0052236—2000
型号规格:RF1 — 20 规格:F0.5AL,250V F1AL,250V F2AL,250V F5AL,250V
证书编号:CH0052491—2000
型号规格:RT1—20 315mA RT1—20 2A RT1—20 3.15A
有 效 期:2000.10.18～2004.10.18
地　　址:浙江省乐清市乐湖路87号
邮政编码:325600

浙江森泰电器厂
漏电断路器
证书编号:CH0016138—1997
型号规格:TSML — 32/3N(DZ47LE — 32/3N)AC220V 32,25,20,16,10,6A;0.03,0.05A 3+NP C类
证书编号:CH0042857—2000
型号规格:DZL18 — 20/1 Ue:AC220V In:20A 2POLE I △n:0.03A
有 效 期:2001.1.2～2004.1.2
小型断路器
证书编号:CH0024499—98
型号规格:TSM—60(DZ47—60);
有 效 期:1998.5.15～2002.5.15
地　　址:浙江省乐清市柳市外向型工业区
邮政编码:325604

浙江通用电器股份有限公司
漏电保护器
证书编号:CH0005828—98A
型号规格:DZL18—20/1;AC220V;20A;0.03A;2POLE
漏电断路器
证书编号:CH0005830—98A
型号规格:DZ15LE — 40/4901;AC380V;40,32,25,20,16,10A;0.05,0.03A;4POLE
有 效 期:2000.4.25～2004.4.25
地　　址:乐清市柳市城镇中国电器城2单元三楼
邮政编码:325604

浙江团结电器厂
漏电断路器
证书编号:CH0049103—2000
型号规格:DZL18 — 20D;2P;220V;20A;0.03A
有 效 期:2000.7.27～2004.7.27
地　　址:乐清市柳市工业小区5幢
邮政编码:325604

浙江一叶舟电器工业有限公司
高分断小型断路器
证书编号:CH0042802—2000
型号规格:DZ47—63;1P;220V/380V;

6,10,16,20,25,32,40,50,63A;C类
有 效 期:2000.2.1～2004.2.1
地　　址:乐清市柳市镇东皇社
邮政编码:325604

浙江正华集团有限公司
漏电断路器
证书编号:CH0042523—2000
型号规格:DZL18－20/2 Ue:AC220V In:20A 2POLE I △n:0.03A
有 效 期:2000.1.28～2004.1.28
地　　址:浙江省乐清市北白象工业园正华大厦
邮政编码:325603

正泰集团公司
漏电断路器
证书编号:CH0047258—2000
型号规格:DZ20L－400/3N300;Ue:AC380V;Ie:200,250等
有 效 期:2000.6.12～2004.6.12
塑料外壳式断路器
证书编号:CH0044176—2000
型号规格:NM1－225S(H,R) Ue＝400/690V;Ui＝800V;In＝100,125,160 180,200,等
证书编号:CH0044178—2000
型号规格:DZ948B－400/3300;Ue＝380V AC;Ui＝660v;In＝250,300,350,400A;3pole
有 效 期:2000.3.22～2004.3.22
地　　址:浙江省温州市正泰工业园
邮政编码:325604

莒县电器厂
漏电断路器
证书编号:CH0042984—2000
型号规格:DZL18－20/1 Ue:AC220V In:20A 2POLE I △n:0.03A
有 效 期:2000.2.21～2004.2.21
地　　址:山东省莒县县城青年中路110号
邮政编码:276500

泸州市远通电器厂
漏电保护器
证书编号:CH0043018—2000
型号规格:LBK16－30C;Un＝220V;In＝20,16A;I △n:0.03A;2P
有 效 期:2000.2.21～2004.2.21
地　　址:四川省泸州市江北经济开发区(鱼塘石堡湾)
邮政编码:646000

电动工具

ATLAS COPCOELECTRIC TOOLS GMBH
双重绝缘冲击电钻
证书编号:CH0022601—98
型号规格:SB2－570 参数:220－240V～600W
有 效 期:1998.2.24～2002.4.24
地　　址:POSTFACH 320,D－7136 WINNENDEN

ATLAS COPCO ELECTRIC TOOLS GMBH
双重绝缘电锤
证书编号:CH0044872—2000
型号规格:型号:PFH20E 参数:220－240V～560W 2.7A
有 效 期:2000.4.10～2004.4.10
地　　址:POSTFACH 320,D－7136 WINNENDEN

BLACK &DECKER HONG KONG LTD
双重绝缘往复锯
证书编号:CH0013341—2000A
型号规格:型号:DW304－A9 参数:220V～,640W P.O.BOX 64429, HIGHWAY301 SLUTH
有 效 期:2000.5.23～2004.5.23
地　　址:FAYETTEVILLE,NORTH CAROLINA

BLACK & DECKER HONG KONG LTD
双重绝缘电锤
证书编号:CH0046883—2000
型号规格:产品型号:DW540K－A9 参数:220V～4.5A 950W
有 效 期:2000.5.31～2004.5.31
双重绝缘角向磨光机
证书编号:CH0046885—2000
型号规格:DW840－A9 参数:220V～8.5V 1800W
有 效 期:2000.5.31～2004.5.31
地　　址: GREEN LANE, SPENNYMOOR COUNTY DURHAM, GREAT BRITAIN

BLACK&DECKERHON GKONGLTD
双重绝缘冲击电钻
证书编号:CH0043796—2000
型号规格:KR700RE－A9 参数:220V～3.2A 700W
有 效 期:2000.3.13～2004.3.13
地　　址: GREEN LANE, SPENNYMOOR COUNTY DURHAM, DL 166JG

KOSOKU ELECTRIC CO., LTD
双重绝缘角向磨光机
证书编号:CH0009508—2000A
型号规格:TS－100DH 参数:220V～500W
双重绝缘模具电磨
证书编号:CH0009511—2000A
型号规格:HSM－100 参数:220V～250W
有 效 期:2000.5.25～2004.5.25
地　　址:8392,HOTAKA－MACHI, MINAMIAZUMI－GUN, NAGANO－KEN,JAPAN

KOSOKU ELECTRIC CO.LTD
双重绝缘便携式旋转带锯
证书编号:CH0009512—2000A
型号规格:型　号:HRB－1140
参数:220V～HI:650W LO:250W
有 效 期:2000.5.25～2004.5.25
地　　址:8392,HOTAKA－MACHI, MINAMIAZUMI－GUN, NAGANO－KEN APAN

LG INDUSTRIAL SYSTEMS CO.,LTD
角向磨光机

证书编号:CH0049475—2000
型号规格:G606 参数:220V～5.5A 1100W
有效期:2000.8.8～2004.8.8

盘式砂光机

证书编号:CH0049473—2000
型号规格:型号:P340 参数:220V～3.6A 760W

型材切割机

证书编号:CH0049471—2000
型号规格:型号:C314 参数:220V～9A 1900W
有效期:2000.8.8～2004.8.8
地址:181, SAMSUNG－RI, MOKCHON－MYON, CHONAN－SI, CHUNGNAM,330－840!

ROBERT BOSCH GMBH

双重绝缘电镐

证书编号:CH0044829—2000
型号规格:型号:GSH11E 参数:220－230V～1450W 6.5A
有效期:2000.4.10～2004.4.10
地址:MAX－LANG－STR.40－46 D－70745 LEINFELDEN－ECHTERDINGEN GERMANY

ROBERTBOSCHGMBH

双重绝缘电锤

证书编号:CH0010470－2000A
型号规格:GBH2S

双重绝缘平板砂光机

证书编号:CH0010911－2000A
型号规格:PSS28A
有效期:2000.1.31～2004.1.13
地址:CH－4501 SOLOTHURN SWITZERLAND

ROBERTBOSCHGMBH POWERTOOLDIVISI ON

双重绝缘电钻

证书编号:CH0043805—2000
型号规格:GBM6RE 参数:230V～1.6A 350W

双重绝缘角向磨光机

证书编号:CH0043806—2000
型号规格:GWS8－125CE 参数:220－230V～3.9A 850W
有效期:2000.3.13～2004.3.13
地址:FREE TRADE ZONE 1, 11900 BAYAN LEPAS PENANG MALAYSIA

RYOBILIMITED

双重绝缘电锤

证书编号:CH0043908—2000
型号规格:ED－382NP 参数:220V～1100W
有效期:2000.3.15～2004.3.15
地址:52,HONGO,SERA－GUN, HIROSHIMA－KEN,722－1112,JAPAN

THEBLACK&DECKER CORPORATION

双重绝缘电锤

证书编号:CH0043362—2000
型号规格:DW568K－A9 参数:220V～.900W
有效期:2000.3.1～2004.3.1
地址:GREEN LANE, SPENNYMOOR COUNTY DURHAMDL 166JG

阿特拉斯.科普柯长春电动工具有限公司

双重绝缘冲击电钻

证书编号:CH0050199—2000
型号规格:Z1JE－JA21－16 参数:220－230V～2.9A 600W
有效期:2000.8.28～2004.8.28

双重绝缘电锤

证书编号:CH0014509—2000A
型号规格:Z1C－JA11－18 220－240V～500W
有效期:2000.11.9～2004.11.9
地址:长春市一匡街3号

福建日立工机有限公司

双重绝缘电刨

证书编号:CH0010553—2000A
型号规格:型号:P20SB 参数:220V～470W
有效期:2000.5.29～2004.5.29

双重绝缘电圆锯

证书编号:CH0048382—2000
型号规格:型号:C7U 参数:220V～1150W
有效期:2000.7.7～2004.7.7
地址:福建省福州市福兴投资区湖塘路

福州永昌盛机械工艺有限公司

电锤

证书编号:CH0051482—2000
型号规格:Z1C－MY－38 220V～820W
有效期:2000.9.27～2004.9.27
地址:福州市连潘工业区
邮政编码:350014

杭州东方实业有限公司

双重绝缘电刨

证书编号:CH0045892—2000
型号规格:M1B－DA－82X1 220V～500W
有效期:2000.5.9～2004.5.9
地址:杭州市杭海路311号
邮政编码:310016

牧田(中国)有限公司

双重绝缘冲击电钻

证书编号:CH0049782—2000
型号规格:产品型号:HP1610 参数:220V～2.6A 550W
有效期:2000.8.16～2004.8.16

双重绝缘电锤

证书编号:CH0049784—2000
型号规格:HR2410 参数:220V～3.3A 680W

双重绝缘电圆锯

证书编号:CH0049785—2000
型号规格:产品型号:5903R 参数:220－230V～9.2A 2000W
有效期:2000.8.16～2004.8.16

双重绝缘角向磨光机

证书编号:CH0046886—2000
型号规格:产品型号:9525NB 参数:220V～2.6A 540W
有效期:2000.5.31～2004.5.31
地址:江苏省昆山经济技术开发区黄浦江南路288号

宁波环球电机有限公司

双重绝缘角向磨光机

证书编号:CH0009801－2000A
型号规格:S1M－ZN01－115A 220V～450W
有效期:2000.3.30～2004.3.30

地　　址：浙江省宁波市五乡镇西街48号
邮政编码：315111

日本利优比株式会社

双重绝缘角向磨光机
证书编号：CH045316—2000
型号规格：型 号：SGL — 1000 参 数：220V～750W

双重绝缘平板摆动式砂光机
证书编号：CH0045315—2000
型号规格：型号：S－350 参数：220V～180W
有 效 期：2000.4.20～2004.4.20

双重绝缘石材切割机
证书编号：CH0045314—2000
型号规格：型号：C－125A 参数：220V～1250W
有 效 期：2000.4.20～2004.4.20
地　　址：大连市经济技术开发区大连工业团地南区33－45号

上海伦达电动工具有限公司

双重绝缘电锤
证书编号：CH0044264—2000
型号规格：Z1C — HU — 22 220V～520W

双重绝缘电木铣
证书编号：CH0044265—2000
型号规格：M1R — HU — 12 220V～1050W

双重绝缘电刨
证书编号：CH0044266—2000
型号规格：M1B－HU－80x1 220V～450W

双重绝缘角向磨光机
证书编号：CH0044267—2000
型号规格：S1M－HU－100A 220V～410W

双重绝缘斜切割机
证书编号：CH0044263—2000
型号规格：J1X－HU03－255 220V～1200W
有 效 期：2000.3.24～2004.3.24
地　　址：浙江永康长城工业区永东东路32号
邮政编码：321300

上海奇立电动工具有限公司

双重绝缘电钻
证书编号：CH0047838—2000
型号规格：J1Z－HO－6A 220V～240W

双重绝缘角向磨光机
证书编号：CH0047839—2000
型号规格：S1M－HO－100A 220V～430W
有 效 期：2004.6.27～2004.6.27
地　　址：浙江武义东干青云路1号
邮政编码：321201

喜利得（中国）有限公司

双重绝缘锤钻
证书编号：CH0013786—2000A
型号规格：型 号：TE1 参 数：220V～500W
有 效 期：2000.5.21～2004.5.21
地　　址：湛江永平南路喜利得（中国）有限公司

永康市奇磨电动工具有限公司

双重绝缘电锤
证书编号：CH0054569—2000
型号规格：Z1C — WQ — 22 220V～520W
有 效 期：2000.12.11～2004.12.11
地　　址：浙江永康市城东田宅工业区
邮政编码：321300

永康市信源电动工具制造有限公司

双重绝缘电锤
证书编号：CH0042387—2000
型号规格：Z1C－KY－22 220V～520W

双重绝缘角向磨光机
证书编号：CH0042388—2000
型号规格：S1M－KY－100B 220V～430W
有 效 期：2000.1.26～2004.1.26
地　　址：浙江永康市城西工业区西塔三路5号
邮政编码：321300

余姚市五元电动工具厂

双重绝缘电刨
证书编号：CH0048298—2000
型号规格：M1B－DY01－80（82）X1 220V～500W

双重绝缘石材切割机
证书编号：CH0048299—2000
型号规格：Z1E－DY03－110 220V～1000W
有 效 期：2000.7.7～2004.7.7
地　　址：余姚市余姚镇
邮政编码：315400

余姚市新亚电动工具有限公司

双重绝缘电锤
证书编号：CH0049952—2000
型号规格：Z1C － WX03 － 22 220V～520W
有 效 期：2000.8.18～2004.8.18
地　　址：浙江省余姚市康山玉井跟
邮政编码：315400

浙江博大电器集团有限公司

电圆锯
证书编号：CH0043240—2000
型号规格：M1Y－KP02－180 220V～900W

双重绝缘电锤
证书编号：CH0043241—2000
型号规格：Z1C － KP01 － 38 220V～850W

双重绝缘角向磨光机
证书编号：CH0043239—2000
型号规格：S1M－KP01－100A 220V～370W

双重绝缘石材切割机
证书编号：CH0048303—2000
型号规格：Z1E－KP02－110 220V～880W
有 效 期：2000.7.7～2004.7.7
地　　址：浙江永康市永东路36号
邮政编码：321300

浙江三锋工具制造有限公司

双重绝缘石材切割机
证书编号：CH0051471—2000
型号规格：Z1E － KW － 110 220V～850W
有 效 期：2000.9.27～2004.9.27
地　　址：浙江省永康市长城工业区永东东路25号
邮政编码：321300

浙江武义恒友机电有限公司

双重绝缘电锤
证书编号：CH0009798－2000A
型号规格：Z1C － DW － 16 220V～420W
有 效 期：2000.4.19～2004.4.19
地　　址：浙江武义县城内溪南大麦岭
邮政编码：321200

中山市远东电动工具厂

双重绝缘电刨

证书编号:CH0009835—2000A
型号规格:M1B—YY—80×1 220V～610W
有 效 期:2000.8.7～2004.8.7
地　　址:中山市古镇七坊工业区
邮政编码:528421

株式会社牧田

双重绝缘电锤

证书编号:CH0012666—2000A
型号规格:型号:HR3820 参数:220V～840W 4A
有 效 期:2000.4.10～2004.4.10

双重绝缘电圆锯

证书编号:CH0046480—2000
型号规格:型号:5103R 参数:220V—230V～,2100W
有 效 期:2000.5.23～2004.5.23

双重绝缘电子调速往复锯

证书编号:CH0042449—2000
型号规格:JR3030 220—230V ～ 900W
有 效 期:2000.1.26～2004.1.26

双重绝缘螺丝刀

证书编号:CH0044273—2000
型号规格:型号:6821 参数:220—230V～,570W,2.6A
有 效 期:2000.3.24～2004.3.24

双重绝缘平板砂光机

证书编号:CH0046478—2000
型号规格:型号:9036 参数:220—230V～,180W
有 效 期:2000.5.23～2004.5.23

双重绝缘曲线锯

证书编号:CH0042438—2000
型号规格:4306 220V～ 600W
有 效 期:2000.1.26～2004.1.26
地　　址:日本国爱知县安城市住吉町3—11—8

电焊机

北京市东升电焊机厂

交流弧焊机

证书编号:CH0048773—2000
型号规格:BX1—300 380V X=35%
有 效 期:2000.7.27～2004.7.27
地　　址:北京海淀区西直门外高梁桥斜街19号
邮政编码:100044

北京市海淀区清河电焊机厂

交流弧焊机

证书编号:CH0042982—2000
型号规格:BX1—250 380V X=35%
有 效 期:2000.2.21～2004.2.21
地　　址:北京市德胜门外清河毛纺厂南路
邮政编码:100085

北京市京中麒电器有限责任公司

弧焊机防触电装置

证书编号:CH0051366—2000
型号规格:JZ—Ⅲ(100A/380V) X=60%
有 效 期:2000.9.24～2004.9.24
地　　址:北京崇文区桃场路三条九号
邮政编码:100075

北京市通县电焊机厂

交流弧焊机

证书编号:CH0050370—2000
型号规格:BX1—250 380/220V X=35%
有 效 期:2000.8.31～2004.8.31
地　　址:北京通州区淳县镇南高庄村
邮政编码:101109

成都市成华区福田焊接设备厂

便携式交流弧焊机

证书编号:CH0046089—2000
型号规格:BX6—200—2 380/220V X=20%

交流弧焊机

证书编号:CH0046090—2000
型号规格:BX1—315 380V X=35%
有 效 期:2000.5.15～2004.5.15
地　　址:成都市驷马桥路21号
邮政编码:610051

成都市金牛区西南机电设备厂

便携式交流弧焊机

证书编号:CH0010948—2000A
型号规格:BX6—160 380/220V X=20%
有 效 期:2000.6.8～2004.6.8
地　　址:成都市生资一条街金牛综合贸易商场62号
邮政编码:610036

成都市通用电焊机厂

便携式交流弧焊机

证书编号:CH0010857—2000A
型号规格:BX6—160 380/220V X=20%

交流弧焊机

证书编号:CH0053680—2000
型号规格:BX1—300 380V X=35%
有 效 期:2000.11.22～2004.11.22
地　　址:成都市建设北路三段109号
邮政编码:610051

成都天府机电高新技术开发公司

移动式点焊机

证书编号:CH0011580—2000A
型号规格:DN2—25 380V X=50%
有 效 期:2000.12.12～2004.12.12
地　　址:成都市锦江上沙河铺11号
邮政编码:610066

广州市烽火实业有限公司

直流氩弧焊机

证书编号:CH0048209—2000
型号规格:WS—120 380V X=35%
有 效 期:2000.7.5～2004.7.5
地　　址:广东省广州市天河路天河直街81号
邮政编码:510620

凯尔达电焊机有限公司

便携交流弧焊机

证书编号:CH0038017—99
型号规格:BX6—160 380/220V X=20%

交流弧焊机

证书编号:CH0038004—99
型号规格:BX1—500—1 380V X=35%
有 效 期:1999.9.27～2003.9.27
地　　址:浙江乐清市宁康西路359号
邮政编码:325600

乐清市东亚焊接设备厂

便携式交流弧焊机

证书编号:CH0012736—2000A
型号规格:BX6—160 380/220V X=20%
有 效 期:2000.7.28～2004.7.28
地　　址:浙江省乐清市七里港曹田工业区
邮政编码:325604

乐清市通用电焊机厂

便携式交流弧焊机

证书编号:CH0042182—2000

型号规格:BX6—125—2 220V

X=20%

交流弧焊机

证书编号:CH0042174—2000

型号规格:BX1—160—2 380V/220V

X=35%

有 效 期:2000.1.20～2004.1.20

地　　址:浙江省乐清市柳市外向型工业区

邮政编码:321318

南昌市沪东电焊机厂

便携式交流弧焊机

证书编号:CH001490—2000B

型号规格:BX6 — 200 — 1 380/220V

X=20%

有 效 期:2000.3.22～2004.3.22

地　　址:江西南昌市二七北路336号

邮政编码:330006

宁波隆兴电焊机制造有限公司

便携式交流弧焊机

证书编号:CH0049095—2000

型号规格:BX6—125 380V X=20%

交流弧焊机

证书编号:CH0049099—2000

型号规格:BX1—400 380V X=60%

有 效 期:2000.7.27～2004.7.27

地　　址:浙江宁波横溪工业区

邮政编码:315131

山东省德州申通电器有限公司

弧焊变压器防触电装置

证书编号:CH0053973—2000

型号规格:JFZ—100 380V X=35%

有 效 期:2000.11.29～2004.11.29

地　　址:山东省夏津县建设街132号

邮政编码:253200

上海电焊机厂

晶闸管弧焊整流器

证书编号:CH0014953—2000A

型号规格:GS—400SS 3～380V

X=60%

有 效 期:2000.10.29～2004.10.29

地　　址:上海市控江路1515号

邮政编码:053000

上海东升焊接设备厂

便携式交流电焊机

证书编号:CH0045888—2000

型号规格:BX6—200 380/220V

X=20%

交流电焊机

证书编号:CH0045889—2000

型号规格:BX1—250 380V X=35%

有 效 期:2000.5.9～2004.5.9

地　　址:上海市虹口区高阳路690—696号

邮政编码:200086

上海沪工电焊机制造有限公司

便携式交流弧焊机

证书编号:CH0012067—2000A

型号规格:BX6—160—2 380/220V

X=20%

证书编号:CH0045901—2000

型号规格:BX6—125—2 380/220V

X=20%

有 效 期:2000.5.9～2004.5.9

地　　址:上海市青浦青松路169号

邮政编码:201700

上海交通大学南洋泰兴电焊机厂

便携式交流弧焊机

证书编号:CH0009524—2000A

型号规格:BX1—200—2 380/220V

X=20%

有 效 期:2000.12.12～2004.12.12

地　　址:江苏省泰兴市十里甸

邮政编码:225403

上海凯仕达电焊机有限公司

便携交流弧焊机

证书编号:CH0038012—99

型号规格:BX6—160 380/220V

X=20%

交流弧焊机

证书编号:CH0038007—99

型号规格:BX3—500—2 380V

X=35%

有 效 期:1999.9.27～2003.9.27

地　　址:浙江乐清市宁康西路359号

邮政编码:325600

上海通用电焊机股份有限公司

便携式交流弧焊机

证书编号:CH0042171—2000

型号规格:BX6—125—2 220V

X=20%

交流弧焊机

证书编号:CH0042163—2000

型号规格:BX1 — 160 — 2 380V/220V

X=35%

有 效 期:2000.1.20～2004.1.20

地　　址:浙江省乐清市柳市外向型工业区

邮政编码:321318

时代集团公司

逆变式MIG/MAG气体保护焊机

证书编号:CH0042816—2000

型号规格:NB—500 3～380V X=60%

逆变式钨极氩弧焊机

证书编号:CH0042817—2000

型号规格:WS—400 3～380V X=60%

有 效 期:2000.2.1～2004.2.1

地　　址:北京市海淀区上地信息产业基地西路38号

邮政编码:100085

泰兴市扬子电器有限责任公司

便携式交流弧焊机

证书编号:CH0049213—2000

型号规格:BX6—160 380V/220V

X=20%

有 效 期:2000.8.1～2004.8.1

地　　址:江苏泰兴市张桥镇西街8号

邮政编码:225451

天津市东剑机械制造有限公司

交流弧焊机

证书编号:CH0045206—2000

型号规格:BX1—300 380V X=35%

有 效 期:2000.4.19～2004.4.19

地　　址:天津河东区光华路1—5号

邮政编码:300182

天津市东丽区合力电器设备厂

交流弧焊机

证书编号:CH0043475—2000

型号规格:BX1—250 380V X=35%

有 效 期:2000.3.3～2004.3.3

地　　址:天津市东丽区军粮城刘台

邮政编码:300301

天津市国鼎机电有限公司

便携式交流弧焊机

证书编号:CH0007106—2000A

型号规格:BX1—120 380V X=20%

交流弧焊机

证书编号:CH0001788—2000B
型号规格:BX1—300 380V X=35%
有 效 期:2000.6.19~2004.6.19
地　　址:天津北辰区外环线五号桥南
邮政编码:300402

天津市海润电焊机械制造厂
交流弧焊机

证书编号:CH0053686—2000
型号规格:BX1—315 BX1—500;380V X=35%
有 效 期:2000.11.22~2004.11.22
地　　址:河北省沧州市河西代家园
邮政编码:061000

天津市焊雄电器有限公司
交流弧焊机

证书编号:CH0048671—2000
型号规格:BX1—300 380V X=35%
有 效 期:2000.7.17~2004.7.17
地　　址:河北省沧州市朝阳南路1号
邮政编码:061001

天津市华声电焊机厂
交流弧焊机

证书编号:CH0050536—2000
型号规格:BX1—150 380V X=35%
有 效 期:2000.9.5~2004.9.5
地　　址:天津市红桥区丁字沽零号路第六绣花厂内
邮政编码:300131

无锡市电焊机厂
晶闸管式整流弧焊机

证书编号:CH0009630—2000A
型号规格:ZX5—400—1 3~380V X=60%
有 效 期:2004.5.9~2000.5.9
地　　址:无锡市东门立交桥马巷路11号
邮政编码:214011

西安阿房电焊机总厂有限公司
便携式交流弧焊机

证书编号:CH0001081—2000B
型号规格:BX6—160 380/220V X=20%
有 效 期:2000.10.10~2004.10.10
地　　址:陕西省西安市西兰路252号
邮政编码:710086

锡山市特种焊接设备厂
逆变式直流脉冲氩弧焊机

证书编号:CH0045891—2000
型号规格:WSM—160 220V X=60%
有 效 期:2000.5.9~2004.5.9
地　　址:江苏省锡山市东湖塘镇西大桥堍
邮政编码:200086

插头、插座

ABB电器(东亚)有限公司
单相两极带接地带保护门暗插座

证书编号:CH0046009—2000
型号规格:2193EUC/16 16A 250V~
有 效 期:2000.5.11~2004.5.11
地　　址:印度尼西亚

安徽省宁国天成电器有限公司
单相两极带接地不可拆线插头

证书编号:CH0003026—2000B
型号规格:TC04—10 10A TC04—60 6A;250V~
有 效 期:2000.4.12~2004.4.12
地　　址:安徽省宁国市梅林镇
邮政编码:242321

宝安区公明镇红星村携威电线制品厂
单相两极不可拆线插头

证书编号:CH0045242—2000
型号规格:AW501 6A 250V 10A 250V
有 效 期:2000.4.20~2004.4.20
地　　址:深圳市宝安区公明镇红星村工业区星工一路13号
邮政编码:518132

北京倍佳家用电器技术服务公司
不可拆线插头

证书编号:CH0046060—2000
型号规格:两极带接地系列 250V 10A 16A
有 效 期:2000.5.12~2004.5.12
地　　址:北京大兴县太和乡四海二队
邮政编码:100072

北京灵极电子有限责任公司
墙壁插座(暗装固定式插座)两极双用和两极带接地

证书编号:CH0044803—2000
型号规格:86型 10A 250V
有 效 期:2000.4.7~2004.4.7
地　　址:伊金霍洛旗阿镇电力街西
邮政编码:017200

北京市北方电器实业公司
转换器(移动式多用插座)

证书编号:CH0042105—2000
型号规格:BFS系列 10A 16A 250V
有 效 期:2000.1.20~2004.1.20
地　　址:北京市海淀区学院路44号
邮政编码:100088

北京中石电子有限公司
移动式多位插座

证书编号:CH0048246—2000
型号规格:JS—1000 系列 10A 250V
有 效 期:2000.7.6~2004.7.6
地　　址:北京朝阳区酒仙桥路10号
邮政编码:100029

常熟市立得电器有限公司
漏电保护插头

证书编号:CH0046101—2000
型号规格:LBC—16—1;Un=220V;In=16A;IΔn=0.01A;2P+
有 效 期:2000.3.23~2004.3.23
地　　址:常熟市董浜镇支王路15号
邮政编码:215500

常熟市新潮特种线缆厂
单相不可拆线插头

证书编号:CH0045098—2000
型号规格:PSB—6 6A 250V PSB—10 10A/250V
有 效 期:2000.4.18~2004.4.18
地　　址:江苏省常熟市梅李镇通江路26号
邮政编码:215511

慈溪市附海镇四通电器配件厂
单相两极带接地不可拆线插头;单相两极不可拆线插头

证书编号:CH0043577—2000
型号规格:S—3 10A 6A;S—2 6A;250V~
有 效 期:2000.3.7~2004.3.7

地　　址：浙江省慈溪市附海镇庙西村
邮政编码：315322

慈溪市佳雁电器开关厂
单相两极双用，两极带接地暗插座；单相两极带接地暗插座
证书编号：CH0041857—2000
型号规格：AP86Z223A10　10A AP86Z13A16 16A 250V～
有 效 期：2000.1.14～2004.1.14
地　　址：浙江省慈溪市长河镇沧北村
邮政编码：315326

慈溪市欧达电子有限公司
移动式多位插座
证书编号：CH0047160—2000
型号规格：CY—1 10A，16A 250V～
有 效 期：2000.6.8～2004.6.8
地　　址：浙江省慈溪市浒山镇许崇路48号
邮政编码：315300

慈溪市一栋电子有限公司
单相两极不可拆线插线
证书编号：CH0047487—2000
型号规格：YD—5 10A YD—4 6A；250V～
单相两极带接地不可拆线插头
证书编号：CH0047486—2000
型号规格：YD—2 10A YD—1 6A YD—3 16A；250V～
有 效 期：2000.6.15～2004.6.15
地　　址：浙江省慈溪市观城镇北门
邮政编码：315315

东莞阿波罗电线电缆有限公司
单相两极带接地不可拆线插头
证书编号：CH0047777—2000
型号规格：AP—804 6A 10A 250V AP—805 16A 250V
有 效 期：2000.6.23～2004.6.23
地　　址：东莞市石碣镇中心工业区
邮政编码：523290

东莞大纬电器配件有限公司
单相两极不可拆线插头
证书编号：CH0044999—2000
型号规格：JF—108—P 10A 250V
有 效 期：2000.4.12～2004.4.12
地　　址：东莞市虎门镇新联管理区
邮政编码：523917

东莞桥梓三泰电器有限公司
单相两极不可拆线插头；单相两极带接地不可拆线插头
证书编号：CH0014378—2000A
型号规格：CA1 10A CA2 10A CA3 10A CA4 6A CA5 16A；250V
有 效 期：2000.2.21～2004.2.21
地　　址：东莞市常平镇桥梓管理区
邮政编码：523732

东莞市通讯电缆电器总厂
单相两极带接地不可拆线插头
证书编号：CH0005172—97A
型号规格：3P—1 6A 250V～；3P—3 10A 250V～；3P—4 16A 250V～；
有 效 期：2001.9.23～2005.9.23
地　　址：广东省东莞市石龙镇西湖三路鸿箭大楼

东莞市维达实业有限公司
单相两极带接地不可拆线插头
证书编号：CH0049101—2000
型号规格：VT—02 16A 250V VT—05 10A 250V
有 效 期：2000.7.27～2004.7.27
地　　址：东莞市长安镇上沙第三工业区第二路
邮政编码：523869

番禺市沙湾南亚电缆厂
单相两极带接地不可拆线插头；单相两极不可拆线插头；
证书编号：CH0043732—2000
型号规格：PSB—66A PB—6 6A；250V
有 效 期：2000.3.9～2004.3.9
地　　址：广东省番禺市沙湾陈涌综合开发区
邮政编码：511483

番禺旭东阪田电子有限公司
漏电保护插头
证书编号：CH0043421—2000
型号规格：KD—L2210PE 10A 220V I△n：0.03A
有 效 期：2000.3.1～2004.3.1
地　　址：广东省番禺市石基镇罗家村
邮政编码：511450

佛山市新基德电子厂有限公司
漏电保护插头
证书编号：CH0046888—2000
型号规格：LBX—10—Ⅱ AC220V 10A 0.015A，0.03A 等
有 效 期：2000.5.31～2004.5.31
地　　址：佛山市丝织路10号
邮政编码：528000

福泰克(连云港)电线有限公司
单相两极不可拆线插头
证书编号：CH0049720—2000
型号规格：VM0728 VM0718；6A 250V
有 效 期：2000.8.15～2004.8.15
地　　址：江苏省连云港经济技术开发区宋跳工业区

广州市荔湾区新兴电器厂
单相两极双用带保护门，两极带接地暗插座
证书编号：CH0042977—2000
型号规格：YM806 10A 250V～
有 效 期：2000.2.21～2004.2.21
地　　址：广东广州市新市棠冲松猫岭
邮政编码：510410

广州松本真善美电气有限公司
三相四极暗插座
证书编号：CH0044323—2000
型号规格：GKB4/25 25A 380V～
有 效 期：2000.3.27～2004.3.27
地　　址：广东增城市朱村工业开发区
邮政编码：511370

广州雅阁电气有限公司
弹起式地面插座(暗装固定式插座)
证书编号：CH0042790—2000
型号规格：S0DF/Y—C　10A　250V 两极双用和双极带接地
墙壁插座(暗装固定式插座)
证书编号：CH0042502—2000
型号规格：86，120型 10A 250V 两极双用和两极带接地
有 效 期：2000.1.28～2004.1.28
地　　址：浙江省乐清市柳市镇工业区
邮政编码：200025

桂林汉豪电工实业有限公司
带保护门单相两极带接地暗插座；

证书编号:CH0042256—2000
型号规格: KH8Z103A KH8Z163A KH8Z163A 10A 250V～
有 效 期:2000.1.21～2004.1.21
地 址:广西桂林市高新区3号小区
邮政编码:541004

海宁市海雄电器有限公司
单相两极插头;单相两极带接地插头
证书编号:CH0011091—2000A
型号规格:T2—10 I 10A MT 10A MT 16A 250V～
有 效 期:2000.1.5～2004.1.5
地 址:浙江省海宁市新仓镇
邮政编码:314414

杭州华立电子电器有限公司
单相两极双用,两极带接地暗插座
证书编号:CH0041726—2000
型号规格:JZ102TS 10A 250V～
有 效 期:2000.1.10～2001.1.10
地 址:浙江省杭州西郊余杭宝塔工业区2号
邮政编码:311121

合肥中兴电源线有限公司
单相两极带接地不可拆线插头
证书编号:CH0047775—2000
型号规格:3G10M 16A 250V
有 效 期:2000.6.23～2004.6.23
地 址:合肥市马鞍山路1号
邮政编码:230001

鹤壁博大电子集团有限公司
电源插座
证书编号:CH0041747—2000
型号规格:SW 规格:10A ～250V
有 效 期:2000.1.11～2004.1.11
地 址:河南省鹤壁市红旗街111号
邮政编码:458000

湖南省豪意电器有限公司
单相两极双用,两极带接地暗插座
证书编号:CH0049335—2000
型号规格:HYC88Z223—10 10A 250V～
有 效 期:2004.8.2～2004.8.2
地 址:湖南省长沙市通泰街135号
邮政编码:410005

湖南省韶山市湘宁电器厂
单相两极带接地暗插座
证书编号:CH0046892—2000
型号规格:AP86Z13A10 10A 250V～ AP86Z13A16 16A 250V～
有 效 期:2000.5.31～2004.5.31
地 址:湖南省韶山市湘宁路(竹鸡段)
邮政编码:411300

湖南省株洲市贵派电器实业有限公司
带保护门两极带接地暗插座
证书编号:CH0047046—2000
型号规格:K9022 10A 250V～
有 效 期:2000.6.6～2004.6.6
地 址:湖南省株洲市炎帝工业芪
邮政编码:412400

华海实业公司
单相两极不可拆线插头;单相两级带接地不可拆线插头
证书编号:CH0042280—2000
型号规格:HH—005 6A HH—005 10A HH—006 6A
有 效 期:2000.1.24～2004.1.24
地 址:东莞市东坑镇辽边头桃源开发区

华香龙电器(深圳)有限公司
固定式插座
证书编号:CH0045399—2000
型号规格:FD3—16A01 250VAC 16A
有 效 期:2000.4.21～2004.4.21
地 址:深圳市车公庙天安数码城天展大厦3D座
邮政编码:518040

即墨市正华物资有限公司电器厂
单相两极带接地不可拆线插头
证书编号:CH0026325—98
型号规格:A—01 10A 250V～,B—01 6A 250V～
证书编号:CH0046243—2000
型号规格:A—03 16A 250V～
有 效 期:1998.8.14～2002.8.14
地 址:山东省即墨市通济区办事处北龙湾村
邮政编码:266201

江苏省吴县市张庄电讯配件厂
剩余电流保护插头
证书编号:CH0046890—2000
型号规格:CTB—10/3; AC220V; Ie:10A; I△n:0.01A,0.03A;单相三极
有 效 期:2000.5.31～2004.5.31
地 址:江苏吴县市黄桥张庄工业区
邮政编码:215132

锦益电子(上海)有限公司
单相不可拆线插头
证书编号:CH0041811—2000
型号规格:PBB—6,PSB—6 6A/250V;
有 效 期:2000.1.13～2004.1.13
地 址:上海市松江工业区茸北分区茸梅路666号
邮政编码:201613

景盛电线材料股份有限公司
单相两极带接地不可拆线插头;
证书编号:CH0042488—2000
型号规格:EL—218 10A EL—218 6A 250V～
有 效 期:2000.1.28～2004.1.28
地 址:广东省东莞市虎门镇博涌博头工业区

昆山阿波罗电线电缆有限公司
单相不可拆线插头
证书编号:CH0044084—2000
型号规格:PBB—6 6A/250V(AP801 6A/250V) PBB—10等
有 效 期:2000.3.20～2004.3.20
地 址:江苏省昆山市张浦镇机场路8号
邮政编码:215321

乐清市长岭电子仪表有限公司
器具输入插座
证书编号:CH0047545—2000
型号规格:CDJ—3 10A 250V
有 效 期:2000.6.19～2004.6.19
地 址:乐清柳乐路288号
邮政编码:325604

乐清市华夏建筑电器厂
带开关暗插座系列
证书编号:CH0047141—2000
型号规格:由功能件9702 10A 250V～单相两极双用插座,970

97S1 10A 250V～m 跷板式单极开关分别与面板 971(1
有 效 期:2000.6.8～2004.6.8
地　　址:浙江省乐清市象阳镇龙根村
邮政编码:510280

乐清市康力电子实业公司
显像管管座
证书编号:CH0042363—2000
型号规格:GZS10－2－AC3 GZS8－6－1
有 效 期:2000.1.25～2004.1.25
地　　址:浙江省乐清市虹桥镇西工业区 F－6#
邮政编码:325608

乐清市凌云无线电厂
显像管管座
证书编号:CH0044206—2000
型号规格:GZS10—302 Φ15.24mm
证书编号:CH0045561—2000
型号规格:GZS10 － 2 － AC3 10/ Φ15.24mm
有 效 期:2000.3.23～2004.3.23
地　　址:浙江省乐清市北白象镇山下东路 7 号
邮政编码:325603

乐清市柳川电子实业有限公司
显像管管座
证书编号:CH0018712－2000A
型号规格:GZS10－2－102
有 效 期:2000.4.24～2004.4.24
地　　址:浙江省乐清市北白象镇白塔王工业区
邮政编码:325603

乐清市求精电子元件有限公司
器具输入插座
证书编号:CH0047164—2000
型号规格:QJ－4S 250V 10A
有 效 期:2000.6.8～2004.6.8
显像管插座
证书编号:CH0018265－2000A
型号规格:GZS10－2－8 10/ Φ35.5mm
有 效 期:2000.4.11～2004.4.11
显像管管座
证书编号:CH0041919—2000
型号规格:GZS10 － 2 － AC3 10/101 Φ35.5mm
有 效 期:2000.4.11～2004.4.11
地　　址:乐清市白象镇振兴路 9 号
邮政编码:325603

乐清市三菱无线电厂
显像管管座
证书编号:CH0018917—2000A
型号规格:GZS10－2－4 (GZS10－2－104,GZS10－2－105)
有 效 期:2000.8.1～2004.8.1
地　　址:乐清市北白象镇前岸旭日路 25－33 号
邮政编码:325603

乐清市松立电工有限公司
86 型 120 型单相两极带接地暗插座;
证书编号:CH0042258—2000
型号规格:G11 G14 10A 250V～
有 效 期:2000.1.21～2004.1.21
地　　址:浙江省乐清市柳市中国电器城 1 单元三楼 310 号
邮政编码:325604

乐清市兴达电子元件厂
器具耦合器(器具输入插座)
证书编号:CH0042656—2000
型号规格:ST－A 10A 250VAC
有 效 期:2000.1.31～2004.1.31
地　　址:浙江乐清市环城西路 134 号
邮政编码:325600

龙口金盛电器有限公司
单相二极不可拆线插头;单相两极带接地不可拆线插头
证书编号:CH0022866—98
型号规格:PBB－6 6A 250V,PBB－10 10A 250V; PSB － 6 6A 250V,PSB－10 10A 250V 等
有 效 期:1998.3.9～2002.3.9
地　　址:山东省龙口市新嘉镇北曲
邮政编码:265711

绵阳市川西电缆厂
单相不可拆线插头
证书编号:CH0043620—2000
型号规格:PSB－6 6A/250V PSB－10 10A/250V
有 效 期:2000.3.9～2004.3.9
地　　址:四川省绵阳市剑门东路 7 号
邮政编码:621000

绵阳市宏剑电器配件厂
多功能移动插座(转换器)
证书编号:CH0017204－2000A
型号规格:RS－88X(A,B) 10A/16A 250V
有 效 期:2000.3.1～2004.3.1
地　　址:四川省绵阳市花园路
邮政编码:621000

南海市平洲平北南平电线厂
单相两极带接地不可拆线插头
证书编号:CH0046582－2000
型号规格:PS－10　10A　PS－6　6A 250V～
有 效 期:2000.5.25～2004.5.25
地　　址:广东省南海市平洲镇平北西河工业区
邮政编码:528251

南京电气照明器材总厂
单相两极带接地插座
证书编号:CH0047436—2000
型号规格:ZS－10　10A　250V～
有 效 期:2000.6.15～2004.6.15
地　　址:江苏省南京市光华门外九龙新村 505 号
邮政编码:210007

南平市闽夷电器厂
单相两极带接地暗插座
证书编号:CH0049341—2000
型号规格:MD　10S　10A　250V～
有 效 期:2000.8.1～2004.8.1
地　　址:福建省南平市新建路 28 号
邮政编码:353000

宁波引发电器有限责任公司
单相两极带接地不可拆线插头;单相两极不可拆线插头
证书编号:CH0013039—2000
型号规格:QD3 10A QD02 6A 250V～
有 效 期:2000.2.22～2004.2.2
地　　址:浙江省鄞县邱隘镇东港路
邮政编码:315101

欧安亚电工(高明)有限公司
插座
证书编号:CH0042046—2000
有 效 期:2000.1.18～2004.1.18

地　　址：广东高明市明城工业开发区
邮政编码：528518

荣丰电器(深圳)有限公司
固定式插座
证书编号：CH0049559—2000
型号规格：E05 10A 250VAC
器具耦合器(器具输入插座)
证书编号：CH0049560—2000
型号规格：SS－7B－1 10A 250VAC
有 效 期：2000.8.10～2004.8.10
地　　址：深圳市布吉镇坂田村第二工业区
邮政编码：518129

瑞安市三祥电器厂
墙壁插座(固定式插座)
证书编号：CH0009591—2000A
型号规格：86 系列两极双用和两极带接地 10A 250V；
有 效 期：2000.6.8～2004.6.8
地　　址：浙江省瑞安市梅头工业区
邮政编码：325205

三木企业公司
单相两极带接地不可拆线插头
证书编号：CH0045530—2000
型号规格：TM － 11 10A(覆盖 6A)250V
有 效 期：2000.4.25～2004.4.25
地　　址：深圳市平湖镇大皇公工业区第一栋

三一韩国株式会社
单相两极带接地不可拆线插头；单相两极不可拆线插头
证书编号：CH0042487—2000
型号规格：SP－104 10A SP－104 6A SP－110 10A SP－110 6A 250V～
有 效 期：2000.1.28～2004.1.28

上海澳正电器有限公司
固定式插座
证书编号：CH0047098—2000
型号规格：86－10A 250VAC
有 效 期：2000.6.6～2004.6.6
地　　址：浙江乐清柳市隔离工业区
邮政编码：325604

上海大江电气成套有限公司
墙壁插座(暗装固定式插座)
证书编号：CH0042197—2000
型号规格：86 型 120 型 250V 10A
有 效 期：2000.1.21～2004.1.21
地　　址：上海市沪太支路 185 号
邮政编码：200436

上海低压电器五厂
单相两极带接地插头
证书编号：CH0003253－2000B
型号规格：PS － 16 16A PS － 10 10A 250V～
单相两极带接地插座
证书编号：CH0042262—2000
型号规格：ZS － 16 16A ZS － 10 10A 250V～
有 效 期：2000.1.21～2004.1.21
地　　址：上海市海洲路 280 弄 4 号
邮政编码：200090

上海第三开关厂
漏电保护插头
证书编号：CH0043177—2000
型号规格：ATL8－10；Un＝220V；In＝10A；I△n＝0.01A；2P＋接地
有 效 期：2000.2.24～2004.2.24
地　　址：上海市崇明县堡镇工农路 218 号
邮政编码：202157

上海恒复电器有限公司
移动式多位插座
证书编号：CH0042292—2000
型号规格：ZZY－10 10A ZZY－16 16A 250V～
有 效 期：2000.1.24～2004.1.24
地　　址：上海市沪松公路 1028 号
邮政编码：201615

上海虹南电器有限公司
墙壁插座(暗装固定式插座)
证书编号：CH0045572—2000
型号规格：86，120 型两极双用和两极带接地 10A 250V
有 效 期：2000.4.26～2004.4.26
地　　址：浙江省乐清市虹桥镇幸福东路 54 号
邮政编码：325608

上海华亨电器厂
单相两极带接地不可拆线插头
证书编号：CH0041727—2000
型号规格：HB－01 6A 10A 250V～
有 效 期：2000.1.10～2004.1.10
地　　址：上海市崇明县竖新镇
邮政编码：202164

上海梅兰日兰电器有限公司
墙壁插座(暗装固定式插座)两极双用和两极带接地)
证书编号：CH0042189—2000
型号规格：86 型 120 型 250V 10A
有 效 期：2000.1.21～2004.1.21
地　　址：上海市北宝兴路 857 号
邮政编码：200083

上海欧雷电气有限公司
弹起式地面插座(固定式插座)；双极双用和两极带接地
证书编号：CH0042882—2000
型号规格：J751 J755 10A 250V
有 效 期：2000.2.17～2004.2.17
墙壁插座(暗装固定式插座)两极双用和两极带接地
证书编号：CH0042507—2000
型号规格：86，118，120 型 10A 250V
有 效 期：2000.1.28～2004.1.28
地　　址：浙江省乐清市柳市长虹工业区货运中心内二楼
邮政编码：325604

上海浦林电器有限公司
电源二极插座
证书编号：CH0046537—2000
型号规格：K2 10A 250V～
电源三极插座
证书编号：CH0046538—2000
型号规格：K2 10A 250V～
有 效 期：2000.5.25～2004.5.25
地　　址：上海市南汇县瓦屑镇建设路 24 号
邮政编码：201321

上海山本实业有限公司
带保护门单相两极双用，两极带接地暗插座
证书编号：CH0012110—2000A
型号规格：H120－86　10A　250V～
有 效 期：2000.7.27～2004.7.27
地　　址：上海市四达路 145 号
邮政编码：200081

上海松尔电器有限公司
瓯海分公司
单相两极双用暗插座;单相两极带接地暗插座
证书编号:CH0046579—2000
型号规格:Z12—10　Z13—10;　10A 250V~
有 效 期:2000.5.25~2004.5.25
地　　址:浙江省温州市瓯海区天河镇金一村
邮政编码:325025

上海松申电器有限公司
单相两极双用,两极带接地暗插座
证书编号:CH0049616—2000
型号规格:B4/10US　10A　250V~
有 效 期:2000.8.11~2004.8.11
地　　址:上海市金山区钱圩镇金张支路1111号
邮政编码:201515

上海先锋开关厂
固定式插座(墙壁插座)两极双用和两极带接地
证书编号:CH0046952—2000
型号规格:86型L2A/K/2 250V 10A
有 效 期:2000.6.1~2004.6.1
地　　址:浙江瑞安市梅头海宁路42—44号
邮政编码:325205

上海益忠电器有限公司
118型带保护门单相两极带接地暗插座;
证书编号:CH0042429—2000
型号规格:F4Z 10A 250V~
有 效 期:2000.1.27~2004.1.27
地　　址:上海市北翟路1043号甲
邮政编码:516005

上海中洲电器有限公司
86型120型单相两极带接地暗插座;
证书编号:CH0042260—2000
型号规格:G11 G14 10A 250V~
有 效 期:2000.1.21~2004.1.21
地　　址:浙江省乐清市柳市中国电器城1单元三楼310号
邮政编码:325604

深圳创润科技有限公司
单相带接地不可拆线插头
证书编号:CH0027367—98
型号规格:CP — 302　10A　250V,6A 250V
用于冷条件下Ⅰ类器具或设备的不可拆线器具插座
证书编号:CH0027365—98
型号规格:CP—301　10A　250V
有 效 期:1998.9.28~2002.9.28
地　　址:广东省深圳市宝安区白芒检查站一号楼一楼
邮政编码:518102

深圳品泰电子有限公司
转换插头
证书编号:CH0046689—2000
型号规格:KRY　104　085/5　2.5A 250VAC
有 效 期:2000.5.26~2004.5.26
地　　址:广东省深圳市宝安区松岗镇洋冲河恒兆工业区
邮政编码:518105

深圳市雨新电工器材有限公司
单相两极带接地不可拆线插头;
证书编号:CH0047964—2000
型号规格:A—104　A—105　A—106 A—107;　10A 250V~
有 效 期:2000.6.28~2004.6.28
地　　址:深圳南山大冲路65号二楼
邮政编码:518057

深圳市张立电子发展有限公司
单相两极不可拆线插头
证书编号:CH0046912—2000
型号规格:HA—28　6A　250V　10A 250V
有 效 期:2000.5.31~2004.5.31
地　　址:深圳市福田区渔农村工业区三幢四楼
邮政编码:518038

顺德市桂洲镇马岗马中橡胶厂
单相两极带接地不可拆线插头
证书编号:CH0041701—2000
型号规格:10A 250V
有 效 期:2000.1.5~2004.1.5
地　　址:顺德市桂洲镇马岗马中村
邮政编码:528305

顺德市恒成电器有限公司
漏电保护插头
证书编号:CH0042425—2000
型号规格:GHCT　1 — 10　220V　10A 10mA 2P
有 效 期:2000.1.27~2004.1.27
地　　址:顺德市桂洲广星路红星聚胜工业区
邮政编码:528305

顺德市勒流镇百丈百顺电器有限公司
单相两极带接地暗插座;
证书编号:CH0041777—2000
型号规格:B317 — 3　16A　NO.30　10A 250V~
有 效 期:2000.1.11~2004.1.11
地　　址:广东省顺德市勒流镇龙升北路51号
邮政编码:528322

顺德市勒流镇金鸿电器厂
单相两极双用,两极带接地暗插座;带开关单相两极带接地暗插座
证书编号:CH0043440—2000
型号规格:NO.30 NO.19 NO.31 10A 250V~
有 效 期:2000.3.2~2004.3.2
地　　址:广东省顺德市勒流镇工业区宝城北路8号
邮政编码:528322

顺德市勒流镇亮宝电器厂
单相两极双用,两极带接地暗插座;带开关单相两极带接地暗插座;
证书编号:CH0043056—2000
型号规格:NO.30 NO.19 NO.31 10A 250V~
有 效 期:2000.2.22~2004.2.22
地　　址:广东省顺德市勒流镇工业区二马路10号
邮政编码:528322

顺德市勒流镇添佰利电器厂
单相两极双用,两极带接地暗插座
证书编号:CH0049928—2000
型号规格:NO.30　10A　250V~
有 效 期:2000.8.18~2004.8.18

地　　址:广东省顺德市勒流镇勒连工业区建设路 38 号
邮政编码:528322

顺德市勒流镇先科电器厂
两极双用,两极带接地暗插座
证书编号:CH0045930—2000
型号规格:309/A　CH309/A　10A　250V～
有 效 期:2000.5.10～2004.5.10
地　　址:广东省顺德市勒流镇工业四路 46 号
邮政编码:528322

顺德市龙江镇三大塑料电器厂
单相两极双用、两极带接地插座
证书编号:CH0045251—2000
型号规格:SD/105A 10A 250V～
有 效 期:2000.4.20～2004.4.20
地　　址:广东省顺德市龙江镇东海工业区
邮政编码:528318

顺德市伦教镇凯特电线电缆有限公司
单相两极带接地不可拆线插头
证书编号:CH0043361—2000
型号规格:KC001 16A 250V～
单相两极带接地不可拆线插头;
证书编号:CH0043983—2000
型号规格:KC002　10A　KC0012　10A　KC0013 6A 250V～
有 效 期:2000.3.16～2004.3.16
地　　址:广东省顺德市伦教镇永丰工业区工业北路
邮政编码:528308

顺德市容奇震电器厂
漏电保护插头
证书编号:CH0042807—2000
型号规格:DUN－10 10A 220V 0.03A 2P
有 效 期:2000.2.1～2004.2.1
地　　址:顺德市容奇镇罗地村工业区
邮政编码:528303

顺德市松田电器制造有限公司
单相两极双用,两极带接地暗插座
证书编号:CH0015374—2000A
型号规格:E426/10US　10A　250V～　A10/9701　10A　250V～
有 效 期:2000.8.2～2004.8.2
地　　址:广东省顺德市勒流镇建设西路 14 号
邮政编码:528322

顺德市松泽电器制造有限公司
单相二极,三极组合暗插座
证书编号:CH0015515－2000A
型号规格:S4/10US 10A 16A 250V
有 效 期:2000.4.20～2004.4.20
地　　址:广东省顺德市龙江镇龙洲路集北路段
邮政编码:528318

顺德市万胜电业有限公司
单相两极不可拆线插头
证书编号:CH0042972—2000
型号规格:WS － 206　6A　WS － 210　10A;250V
有 效 期:2000.2.21～2004.2.21
地　　址:顺德市桂洲镇扁兴华工业区
邮政编码:528306

顺德市杏坛镇建威电器有限公司
单相两极不可拆线插头
证书编号:CH0048301—2000
型号规格:JC－01　10A　250V　JC－03　6A　250V
有 效 期:2004.7.7～2004.7.7
地　　址:顺德市杏坛镇西岸工业区
邮政编码:528325

苏州市明珠电工有限公司
单相两极双用和单相两极带接地暗装插座(墙壁插座)
证书编号:CH0048143—2000
型号规格:86　118　120　型　10A　250V
有 效 期:2000.7.3～2004.7.3
地　　址:浙江省乐清市柳市镇庆丰路 4 号
邮政编码:325604

苏州特雷卡电缆有限公司
单相不可拆线插头
证书编号:CH0050181—2000
型号规格:PSB－16　16A/250V
有 效 期:2000.8.25～2004.8.25
地　　址:江苏省苏州市玻纤路 6 号
邮政编码:215008

泰州泰克尼电器有限公司
单相二极插座,三极插座
证书编号:CH0045745—2000
型号规格:TA86 － C/1　TA86 － X/1　TA86－K /15;
有 效 期:2000.4.28～2004.4.28
地　　址:江苏省姜堰市张沐镇张杭路 23 号
邮政编码:225532

天津市电力电缆厂
单相不可拆线插头
证书编号:CH0044738—2000
型号规格:PSB－10 10A/250V
有 效 期:2000.4.6～2004.4.6
地　　址:天津市静海县经济开发区 A 区旭华道 21 号
邮政编码:301600

天津市红桥区新华电线塑料制品厂
不可拆线插头
证书编号:CH0042529—2000
型号规格:两极带接地 250V 16A
有 效 期:2000.1.28～2004.1.28
地　　址:天津市红桥区光荣道 187 号
邮政编码:30013

天津市津耐电器有限公司
单相两极带接地暗插座;
证书编号:CH0042216—2000
型号规格:86Z1.3 － 10　86Z1.2 － 10　ZX10 10A 250V～
有 效 期:2000.1.21～2004.1.21
地　　址:天津武清县双树乡二百户村
邮政编码:301703

天津市至上电器有限公司
单相两极不可拆线插头
证书编号:CH0010898—98A
型号规格:SD151　6A　250V～
有 效 期:1998.5.25～2002.5.25
地　　址:天津市大港区徐庄子乡小苏庄村
邮政编码:300275

桐乡市爱华电器有限公司
单相不可拆线插头
证书编号:CH0003828－99A
型号规格:PSB－6　6A/250V　PBB－6　6A/250V

有 效 期:1999.6.29～2003.6.29
地　　址:浙江省桐乡市大麻镇西
邮政编码:314514

温州丰田电器锁具有限公司
单相两极双用暗插座,单相两极带接地暗插座
证书编号:CH0021213—97
型号规格:A120Z12T10　10A　250V;A120Z13A10 10A　250V
有 效 期:2001.10.16～2005.10.16
地　　址:浙江省瑞安市梅头镇东溪工业区1号

温州南鹏电器有限公司
单相两极双用暗插座;单相两极带接地暗插座
证书编号:CH0046577—2000
型号规格:S8U　10A　S8/16CS　16A;　250V～
有 效 期:2000.5.25～2004.5.25
地　　址:浙江省温州市天河镇庄泉东路77号
邮政编码:326025

温州市华远电线插头制造有限公司
单相不可拆线插头
证书编号:CH0043420—2000
型号规格:PSB－6 6A/250V PSB－10 10A/250V　PBB － 6　6A/250V
有 效 期:2000.3.1～2004.3.1
地　　址:浙江省温州市吴桥路112号
邮政编码:325000

温州市耐搏电器有限公司
单相两极双用暗插座;单相两极带接地暗插座
证书编号:CH0043477—2000
型号规格:NbZ12 NbZ13 10A 250V～
有 效 期:2000.3.3～2004.3.3
地　　址:浙江省温州市瓯海区永强大道2428号
邮政编码:325024

温州市天河奇鑫电器开关厂
单相两极双用,两极带接地暗插座
证书编号:CH0049605—2000
型号规格:B－10　F－10;　10A　250V～
有 效 期:2000.8.11～2004.8.11
地　　址:浙江省温州市天河镇建丰村
邮政编码:325025

温州市有线电厂
单相两极带接地不可拆线插头;单相两极不可拆线插头
证书编号:CH0014384－2000A
型号规格:WYX － 301 10A;WYX － 302　6A;WYX － 201　6A;250V～
有 效 期:2000.4.21～2004.4.21
地　　址:浙江省温州市杨府山江顺路8－1号
邮政编码:325000

温州市正日电器有限公司
单相两极双用,两极带接地暗插座
证书编号:CH0049630－2000
型号规格:Z12－10　Z13－10　10A　250V～
有 效 期:2000.8.11～2004.8.11
地　　址:浙江省温州市瓯海区天河镇金益
邮政编码:325025

温州市中泰电器有限公司
单相两极带接地暗插座;
证书编号:CH0012065－2000A
型号规格:PC/86 10A 250V～
有 效 期:2000.4.12～2004.4.12
地　　址:浙江省温州市上陡门横渎桥头巷13号
邮政编码:325000

温州市瓯海观泰电器有限公司
单相两极双用暗插座　单相两极带接地暗插座
证书编号:CH0033890－99
型号规格:Z12T　Z13　10A　250V～
有 效 期:1999.5.31～2003.5.31
地　　址:浙江省温州市瓯海区天河镇庄泉村新街下
邮政编码:325025

温州市瓯海龙榜电器有限公司
单相两极带接地插头
证书编号:CH0049623—2000
型号规格:T3－10Ⅱ　10A　250V～
有 效 期:2000.8.11～2004.8.11
地　　址:浙江省温州市天河镇天河新街
邮政编码:325025

温州市瓯海民用电器三厂
单相两极带接地插座;单相两极双用暗插座;
证书编号:CH0049607—2000
型号规格:T426/10　T426U;10A　250V～
有 效 期:2000.8.11～2004.8.11
地　　址:浙江省温州市瓯海天河新街
邮政编码:325025

温州市瓯海申光电器厂
单相两极双用暗插座;单相两极带接地暗插座;
证书编号:CH0043917—2000
型号规格:Y6/10S Y6/10 10A 250V～
有 效 期:2000.3.15～2004.3.15
地　　址:浙江省温州市永强大道二甲段10－12号
邮政编码:325025

温州市瓯海松瀛电器有限公司
单相两极双用暗插座;单相两极带接地暗插座;
证书编号:CH0049621—2000
型号规格:T426U　T426/10;10A　250V～
有 效 期:2000.8.11～2004.8.11
地　　址:浙江省温州市天河镇永庄村
邮政编码:325025

武汉易光电工有限公司
带开关暗插座系列
证书编号:CH0047138—2000
型号规格:由功能件 9702 10A 250V～单相两极双用插座,9703 250V～
有 效 期:2000.6.8～2004.6.8
地　　址:浙江省乐清市象阳镇龙根村
邮政编码:325619

武进市英特曼电子电器有限公司
可拆线插头
证书编号:CH0046787—2000
型号规格:ACP20113－2 16A 250VAC
有 效 期:2000.5.30～2004.5.30
地　　址:江苏省常州市南门外坂上镇

邮政编码:213165

新会市恒威电器厂

两极带接地暗插座

证书编号:CH0041731—2000
型号规格:B301 10A 250V～
有 效 期:2000.1.10～2004.1.10
地　　址:广东新会市崖南工业开发区
邮政编码:529149

星晨实业有限公司

插座

证书编号:CH0042271—2000
型号规格:AC－183－GB－11V 10A 250V AC－182－GB－12V
有 效 期:2000.1.24～2004.1.24
地　　址:广东省东莞市石碣四甲第二工业区
邮政编码:523297

盐城市城区豪帅电器厂

单相两极带接地暗插座;单相两极双用暗插座

证书编号:CH0048109—2000
型号规格:HZ39 HZ29;10A 250V
有 效 期:2000.6.30～2004.6.30
地　　址:江苏省盐城市张庄
邮政编码:224001

友利电器配件(深圳)有限公司

单相两极不可拆线插头

证书编号:CH0044992—2000
型号规格:TS－009 10A 250V TS－008 6A 250V
有 效 期:2000.4.12～2004.4.12
地　　址:深圳市宝安区松岗镇潭头工业城四区1栋
邮政编码:518105

余姚市国昌电器公司

单相两极带接地不可拆线插头

证书编号:CH0042257—2000
型号规格:XT3－16 16A 250V～
有 效 期:2000.1.21～2004.1.12
地　　址:浙江省余姚市临山镇四洞闸
邮政编码:415462

余姚市环华电子配件厂

单相两极不可拆线插头

证书编号:CH0047310—2000
型号规格:HH－1　6A　HH－2　10A;250V～
有 效 期:2000.6.13～2004.6.13
地　　址:浙江余姚市体育东路115号
邮政编码:315400

余姚市环宇电子有限公司

单相两极带接地不可拆线插头;单相两极不可拆线插头

证书编号:CH0046190—2000
型号规格:PSB－10　10A　PBB－6　6A;250V～
有 效 期:2000.5.17～2004.5.17
地　　址:浙江省余姚市姚镇群联村
邮政编码:315400

余姚市金马电线厂

单相两极不可拆线插头

证书编号:CH0044997—2000
型号规格:JM201,6A,250V JM202,10A,250V
有 效 期:2000.4.12～2004.4.12
地　　址:浙江省余姚市马渚镇下坝村
邮政编码:315452

余姚市龄童电线电缆厂

单相不可拆线插头

证书编号:CH0048300—2000
型号规格:PBB－6　PSB－6　6A/250V　PBB－10　PSB－10　10A/250V
有 效 期:2000.7.7～2004.7.7
地　　址:浙江省余姚市斗门马鞍山村
邮政编码:315450

余姚市帅隆电器有限公司

两极双用,两极带接地暗插座

证书编号:CH0047695—2000
型号规格:Z9813/X9812　10A　250V
有 效 期:2000.6.22～2004.6.22
地　　址:浙江余姚市曹娥镇工业园区
邮政编码:315475

湛江市电视机厂

电源转换连接器(单相插座)(发连动电脑中控延长插座)

证书编号:CH0042624—2000
型号规格:EV－800C 250VAC 10A
有 效 期:2000.1.31～2004.1.31
地　　址:广东省湛江市人民大道中31号
邮政编码:524022

漳州市龙文荣昌企业发展有限公司

单相不可拆线插头

证书编号:CH0043214—2000
型号规格:PBB－6 6A/250V
有 效 期:2000.2.25～2004.2.25
地　　址:福建省漳州市龙文工业区
邮政编码:363109

浙江菱光集团有限公司

移动式漏电保护插座

证书编号:CH0041744—2000
型号规格:LDC139V;Un＝220V;In＝10A;I△n＝0.03A 2P＋接地
有 效 期:2000.1.10～2004.1.10
地　　址:浙江省温州市鹿城工业区三开路25号
邮政编码:325007

浙江龙翔电器有限公司

单相两极双用,带接地暗插座

证书编号:CH0049529—2000
型号规格:Z223－10　10A　250V～
有 效 期:2000.8.9～2004.8.9
地　　址:浙江省温州市永中镇海滨蟾钟工业区
邮政编码:325024

浙江省长兴海科电线厂

单相不可拆线插头

证书编号:CH0043549—2000
型号规格:PBB－6 6A PSB－6 6A PBB－10 10A
有 效 期:2000.3.6～2004.3.36
地　　址:浙江长兴县雉成镇环城东路115号
邮政编码:313100

浙江新世纪电器有限公司

单相两极带接地暗插座;单相两极双用暗插座

证书编号:CH0021321－97
型号规格:86Z13－10　86Z12－10;10A　250V～
有 效 期:2001.12.22～2005.12.22
地　　址:浙江省温州市瓯海区天河镇金一村

浙江鄞县东升精密电器厂

单相两极带接地不可拆线插头;

单相两极不可拆线插头
证书编号:CH0046185—2000
型号规格:DS－3 10A DS－3 6A;DS－2 6A;250V～
有 效 期:2000.5.16～2004.5.16
地　　址:浙江宁波市西郊横街镇爱中
邮政编码:315182

中山市古镇恒昌五金电子电器厂
单相两极不可拆线插头
证书编号:CH0047483—2000
型号规格:CH－1　6A　250V～
有 效 期:2000.6.15～2004.6.15
地　　址:广东省中山市古镇曹一大街群贤大街南路三巷36号
邮政编码:528421

中山市古镇朗基电线厂
单相两极带接地不可拆线插头;单相两极不可拆线插头
证书编号:CH0041770—2000
型号规格:003 10A 002 6A 002 10A 250V～
有 效 期:2000.1.11～2004.1.11
地　　址:广东省中山市古镇七坊大坦工业区
邮政编码:528421

中山市伟来灯饰有限公司
单相两极不可拆线插头
证书编号:CH0041702—2000
型号规格:WL－01 10A 250V
有 效 期:2000.1.5～2004.1.5
地　　址:中山市石岐镇青溪路尾张溪经济开发区
邮政编码:528400

中山市小榄镇恒美达电器厂
两极带接地不可拆线插头
证书编号:CH0046781—2000
型号规格:PSB－10/A 10A 250V
有 效 期:2000.5.29～2004.5.29
地　　址:广东省中山市小榄镇岗头工业村岗头路18号
邮政编码:528415

中山市小榄镇银星电器厂
移动式多位插座
证书编号:CH0043360—2000
型号规格:XE－9883 10A 250V～
有 效 期:2000.3.1～2004.3.1
地　　址:广东省中山市小榄镇永宁工业大道南永垄工业开发区
邮政编码:528415

中山市小榄镇中天电子电器厂
移动式插座
证书编号:CH0043012—2000
型号规格:9908型 250V 10A
有 效 期:2000.2.21～2004.2.21
地　　址:广东省中山市小榄镇
邮政编码:528415

重庆飞雕电器厂
两极带接地暗插座
证书编号:CH0049324—2000
型号规格:B9S　10A　250V
有 效 期:2000.8.2～2004.8.2
地　　址:浙江省温州市瓯海区天河镇新河工业区
邮政编码:325025

株洲鸿雁电器厂
单相两极带接地插头
证书编号:CH0042249—2000
型号规格:P3－10 10A P3－16 16A 250V～
三相四极暗插座
证书编号:CH0042250—2000
型号规格:AP86Z14－16 16A ZP86Z14－25 25A 440V
有 效 期:2000.1.21～2004.1.21
地　　址:湖南省株洲县渌口镇
邮政编码:412100

电动机

嵊州市城关天兴电机厂
吸排油烟机用电动机
证书编号:CH0049931—2000
型号规格:YDY　系列　220V　16－80W
三相异步电动机
证书编号:CH0047724—2000
型号规格:YS　系列　380V　40W－550W
吸排油烟机用电动机
证书编号:CH0047725—2000
型号规格:PT－1　系列　220V　20W－40W
有 效 期:2000.6.22～2004.6.22
地　　址:浙江嵊州市城关镇黄泥桥
邮政编码:312400

艾默生电气(苏州)有限公司
电动机－压缩机
证书编号:CH0045552—2000
型号规格:ZR34K3－PFJ－522 ZR36K3－PFJ－522
有 效 期:2000.4.26～2004.4.26
地　　址:苏州工业园区苏虹西路69号
邮政编码:215021

安徽黄山电器总厂
洗衣机脱水电机
证书编号:CH0045748—2000
型号规格:XT系列 45W－70W
洗衣机洗涤电机
证书编号:CH0045749—2000
型号规格:XD系列 100W－180W
有 效 期:2000.4.29～2004.4.29
地　　址:安徽省合肥市阜阳北路固镇路17号
邮政编码:230041

北京恩布拉科雪花压缩机有限公司
电动机－压缩机
证书编号:CH0043743—2000
型号规格:ECU55CLP
证书编号:CH0044455—2000
型号规格:ECU70HLP
有 效 期:2000.3.10～2004.3.10
地　　址:北京市永定门外贾家花园15号
邮政编码:100075

常州市太湖电机电器厂
吸排油烟机电机
证书编号:CH0043439—2000
型号规格:YPY系列 20W～70W
有 效 期:2000.3.2～2004.3.2
地　　址:江苏省武进市潘家镇周桥
邮政编码:213179

常州市宇威电机电器厂
洗涤电动机
证书编号:CH0042917—2000
型号规格:XD－130;130W XD－135;135W

有 效 期:2000.2.18～2004.2.18
地　　址:江苏省常州市采菱路桥西堍
邮政编码:213004

常州新亚电机有限公司
房间空气调节器风扇用电动机
证书编号:CH0049084—2000
型号规格:YDK YSK 系列 200V 4～370W
有 效 期:2004.7.27～2004.7.27
地　　址:江苏省常州市东门洛阳镇
邮政编码:312455

慈溪市畅达电机有限公司
洗衣机脱水用电动机
证书编号:CH0044972—2000
型号规格:XTD 系列 220V 30W～90W
有 效 期:2000.4.12～2004.4.12
地　　址:浙江省慈溪市匡堰镇东岙村
邮政编码:315333

慈溪市革新电机厂
三相异步电动机
证书编号:CH0006688－2000A
型号规格:AQ(YS)系列 380V 45～80 机座
洗衣机脱水电动机
证书编号:CH0006689－2000A
型号规格:XTD 系列 220V 15～90W
有 效 期:2000.4.26～2004.4.26
地　　址:浙江省慈溪市匡堰镇
邮政编码:315333

慈溪市华夏电器实业有限公司
爪极式永磁同步电动机
证书编号:CH0009516—2000A
型号规格:49TDY 系列 2.5～33r/min
有 效 期:2000.8.31～2004.8.31
地　　址:浙江省慈溪市掌起镇
邮政编码:315313

慈溪市汇力电机厂
洗衣机用脱水电动机
证书编号:CH0044503—2000
型号规格:XTD 系列 30W～90W
有 效 期:2000.3.31～2004.3.31
地　　址:宁波慈溪市匡堰镇匡堰大道16号
邮政编码:315333

慈溪市通达电机厂
深型吸油烟机电动机
证书编号:CH0045142—2000
型号规格:YXY－40 40W YXY－45 45W YXY—50 50W
有 效 期:2000.4.18～2004.4.18
地　　址:浙江省慈溪市宗汉镇
邮政编码:315301

东莞信浓马达有限公司
房间空气调节器风扇用电动机
证书编号:CH0047131—2000
型号规格:IBH－884 系列 220V 50Hz 6～30W
有 效 期:2000.6.7～2004.6.7
地　　址:广东省东莞市凤岗镇雁田管理区
邮政编码:511749

福建万达电机有限公司
三相异步电动机
证书编号:CH0045234—2000
型号规格:MS56,63,71,80,90 机座
有 效 期:2000.4.19～2004.4.19
地　　址:福建福安电机电器工业区兴达路239号
邮政编码:355017

公主岭市生利电机有限公司
洗衣机脱水电动机
证书编号:CH0050215—2000
型号规格:TD—40 40W
洗衣机洗涤电动机
证书编号:CH0050214—2000
型号规格:XD—100 100W
有 效 期:2000.8.28～2004.8.28
地　　址:公主岭市工业大街223号
邮政编码:136101

广东省阳春市春泉机电有限公司
水泵电动机(电容运转)
证书编号:CH0047837—2000
型号规格:YY 系列 220V 10—2200W
有 效 期:2000.6.27～2004.6.27
地　　址:广东省阳春市春城镇拥军路31号
邮政编码:529600

广东省阳春市华达电机有限公司
水泵用电动机
证书编号:CH0048379—2000
型号规格:DB,DK,JET 系列 220V 50Hz 60～1500W
有 效 期:2000.7.10～2004.7.10
地　　址:广东省阳春市城东大道卫屋村68号
邮政编码:529600

广东阳春市万科机电有限公司
水泵用电动机(电容运转)
证书编号:CH0046036—2000
型号规格:YY 系列 220V 750W～2200W
有 效 期:2000.5.11～2004.5.11
地　　址:广东春城镇城东大道157号
邮政编码:529600

广州第三电器厂
家用换气扇用电动机
证书编号:CH0055452—2000
型号规格:YHS 系列 220V 6W—16W
有 效 期:2000.12.28～2004.12.28
地　　址:广东省广州市白云区槎头西洲北路8号
邮政编码:510450

广州嘉特利微电机实业有限公司
空调器风扇用电动机
证书编号:CH0050368—2000
型号规格:CJ 系列 220V～240VAC 5.5～165W 50Hz
有 效 期:2000.8.31～2004.8.31
地　　址:广东省广州市广花公路岗石柱岭
邮政编码:510410

广州冷机股份有限公司
电动机－压缩机
证书编号:CH0043132—2000
型号规格:ADW51 ADW57
有 效 期:2000.2.24～2004.2.24
地　　址:广州市白云区人和镇
邮政编码:510470

国营松辽电机厂
房间空气调节风扇用电动机
证书编号:CH0041743—2000
型号规格:KTW－25 220V 25W
有 效 期:2000.1.10～2004.1.10
地　　址:黑龙江省肇东市西郊51号
邮政编码:151100

杭州富生电器有限公司

单相串励电动机
证书编号:CH0005256—2000A
型号规格:HC 系列 220V 40～350W
有 效 期:2000.1.21～2004.1.21
地　　址:浙江省富阳市富阳镇江丰
邮政编码:311401

杭州钱江制冷设备实业有限公司
电动机—压缩机
证书编号:CH0042778—2000
型号规格:QD65 QD55 QD75
有 效 期:2000.1.31～2004.1.31
地　　址:杭州市古荡路 202 号
邮政编码:310013

杭州松下马达有限公司
房间空气调节器风扇用塑封电动机(室内)
证书编号:CH0047428—2000
型号规格:ARW 10～45W 100～400VDC
有 效 期:2000.6.15～2004.6.15
地　　址:浙江省杭州市经济技术开发区 3 号路 87 号
邮政编码:310018

杭州鱼跃电器制造有限公司
吸排油烟机用电动机
证书编号:CH0006222—2000A
型号规格:YCD 系列 220V 10～60W
转页扇用电动机
证书编号:CH0006223—2000A
型号规格:KYT 系列 220V 6～15W
有 效 期:2000.3.22～2004.3.22
地　　址:浙江省萧山市城厢镇溪头黄
邮政编码:311203

湖南油泵电机总厂
三相电泵
证书编号:CH0004460—2000A
型号规格:AOB(YSB)40～400W;AYB(YSB)120W;JCB 125～4000W AB40～120W;
三相异步电动机
证书编号:CH0004459—2000A
型号规格:A02(YS)系列 380V 250～750W
有 效 期:2000.4.12～2004.4.12
地　　址:湖南省津市市襄窑路 67 号
邮政编码:415400

湖州三联电机厂
吸排油烟机用电动机
证书编号:CH0047826—2000
型号规格:YPY 系列 220V 30～120W
洗衣机脱水用电动机
证书编号:CH0001682—2000B
型号规格:YYG 系列 220V 25～90W
有 效 期:2000.3.6～2004.3.6
地　　址:浙江省湖州市南浔镇适园路
邮政编码:313009

湖州市宏程电气有限公司
房间空气调节器风扇用电动机
证书编号:CH0043525—2000
型号规格:YFK 系列 220V 20W～90W
罩极电动机(冷柜风机用)
证书编号:CH0043524—2000
型号规格:YZF 系列 220V 10W～50W
有 效 期:2000.3.3～2004.3.3
地　　址:浙江省湖州市南浔镇西大街 51 号
邮政编码:313009

湖州市南浔华发电机有限公司
洗衣机用电动机
证书编号:CH0043522—2000
型号规格:XD 系列 220V 90W～180W
有 效 期:2000.3.3～2004.3.3
地　　址:浙江省湖州市南浔镇辽西村
邮政编码:313009

湖州市南浔金龙电器厂
家用洗衣机用电动机(洗衣机脱水用电动机)
证书编号:CH0048141—2000
型号规格:YYG—45 45W YYG—60 60W
家用洗衣机用电动机(洗衣机洗涤用电动机)
证书编号:CH0048142—2000
型号规格:XD—120 120W
有 效 期:2000.7.3～2004.7.3
地　　址:浙江省湖州市南浔便民东路 358 号
邮政编码:313009

湖州市南浔今日电气有限公司
洗衣机脱水用电动机
证书编号:CH0045935—2000
型号规格:XTD 系列 220V 25W～90W
有 效 期:2000.5.10～2004.5.10
地　　址:浙江省湖州市南浔镇通湖路
邮政编码:313009

湖州双林惠龙五金电器厂
家用洗衣机用电动机(洗衣机脱水用电动机)
证书编号:CH0049708—2000
型号规格:YYG—60A 60W
有 效 期:2000.8.15～2004.8.15
地　　址:浙江省湖州市双林镇西阳村
邮政编码:313012

湖州银达电机厂
洗衣机用电动机
证书编号:CH0049349—2000
型号规格:XD 系列 220V 90～180W
有 效 期:2000.8.2～2004.8.2
地　　址:浙江省湖州市南浔镇横街
邮政编码:313009

湖州越球电机有限公司
空气调节器风扇用电动机
证书编号:CH0047830—2000
型号规格:YDK YSK 220V 5～150W
吸排油烟机用电动机
证书编号:CH0047827—2000
型号规格:YPY 系列 220V 30～120W
洗衣机用电动机
证书编号:CH0047828—2000
型号规格:YXB 系列 220V 60～250W
有 效 期:2000.6.27～2004.6.27
地　　址:浙江省湖州市南浔镇适园路
邮政编码:313009

吉林省永安电动工具厂
洗衣机用电动机
证书编号:CH0006274—2000A
型号规格:YXB 系列 220V 90～180W YXQ 系列 220V 150～250W
有 效 期:2000.3.1～2004.3.1
地　　址:吉林省长春市农大北四路
邮政编码:130118

济南伊比梅电机有限公司
单相异步双速电动机
证书编号:CH0046381—2000
型号规格:YXG162—2/16E 170/69W
有 效 期:2000.5.19～2004.5.19
地　　址:济南市张庄路 255 号
邮政编码:250002

加西贝拉压缩机有限公司

电动机—压缩机

证书编号:CH0045750—2000
型号规格:ZBK1114CY
有 效 期:2000.4.29～2004.4.29
地　　址:浙江省嘉兴市王店镇
邮政编码:314011

江门市华浩机电有限公司

电容运转异步电动机

证书编号:CH0042239—2000
型号规格:YY 系列 220V 10W～2200W
有 效 期:2000.1.21～2004.1.21
地　　址:广东省江门市礼乐镇礼乐三路1号农科站大院
邮政编码:529060

江苏常恒集团公司

单相电容运转异步电动机

证书编号:CH0045092—2000
型号规格:YKG 系列 110W～370W
有 效 期:2000.4.18～2004.4.18
地　　址:江苏武进市魏村镇
邮政编码:213127

江苏东方机电集团公司国营常熟制冷设备厂

电动机—压缩机

证书编号:CH0042901—2000
型号规格:QD—126GL
有 效 期:2000.2.17～2004.2.17
地　　址:江苏常熟市花园浜路149号
邮政编码:215500

江西省景德镇华意压缩机股份有限公司

电动机—压缩机

证书编号:CH0045156—2000
型号规格:AE1340DE
有 效 期:2000.4.18～2004.4.18
地　　址:江西景德镇新厂东路28号
邮政编码:33301

江阴法尔胜智能设备有限公司

房间空气调节器风扇用塑封电动机

证书编号:CH0016759—97
型号规格:YYF 220V 4～32W
有 效 期:2000.3.29～2004.3.29
地　　址:江苏江阴市澄张路梅园路口
邮政编码:214400

江阴盛达电机有限公司

罩极电动机(罩极异步电动机)

证书编号:CH0049327—2000
型号规格:60YJF01A 17W

爪极式永磁同步电动机(永磁同步电机)

证书编号:CH0049328—2000
型号规格:49TYJ01A 4W
有 效 期:2000.8.2～2004.8.2
地　　址:江阴市顾山镇云顾路137号
邮政编码:214413

靖江宏达空调设备有限公司

房间空气调节器风扇用塑封电动机

证书编号:CH0047132—2000
型号规格:YDK—SF 系列 220V 8～40W
有 效 期:2000.6.8～2004.6.8
地　　址:江苏省靖江市车站路110号
邮政编码:214500

靖江市纯丰电器厂

房间空气调节器风扇用塑封电动机

证书编号:CH0044351—2000
型号规格:ZYKS 系列 220V 6W～30W
有 效 期:2000.3.27～2004.3.27
地　　址:江苏省靖江市江平路387号
邮政编码:214500

靖江市天马电机有限公司

吸排油烟机用电动机

证书编号:CH0047669—2000
型号规格:YPY 系列 220V 16—60W
有 效 期:2000.6.21～2004.6.21
地　　址:江苏省靖江市靖城玉带路8号
邮政编码:214500

乐清市华云电器有限公司

冰箱风扇电动机

证书编号:CH0047415—2000
型号规格:BFD—B 4.5W
有 效 期:2000.6.14～2004.6.14
地　　址:浙江省乐清市淡溪镇黄塘
邮政编码:325608

龙口联合电器有限公司

罩极电机

证书编号:CH0044383—2000
型号规格:STF 系列 3W～20W
有 效 期:2000.3.29～2004.3.29
地　　址:山东省龙口市外向型工业加工区3区3号
邮政编码:265711

南光制冷设备有限公司

电动机—压缩机

证书编号:CH0041638—2000
型号规格:QD35
有 效 期:2000.1.7～2004.1.7
地　　址:湖北省荆州市金龙路1号
邮政编码:434007

南海市奇槎永达家用电器厂

洗衣机脱水用电动机

证书编号:CH0043100—2000
型号规格:XD 系列 220V 30W～90W
有 效 期:2000.2.23～2004.2.23
地　　址:广东省南海市大沥奇槎铺前工业区
邮政编码:528231

南海市盐步华盛家用电器厂

洗衣机用脱水电动机

证书编号:CH0048893—2000
型号规格:XD 系列 220V 40W—120W
有 效 期:2004.7.24～2004.7.24
地　　址:广东省南海市盐步镇河西溪头工业区
邮政编码:528247

南海市盐步永成电机厂

清水泵用电动机

证书编号:CH0049666—2000
型号规格:IDB 系列 220V 330W～750W

三相异步电动机

证书编号:CH0049669—2000
型号规格:Y 系列 380V/220V 0.55～2.2KW

三相异步电动机(插入式温凝土振动器用)

证书编号:CH0049667—2000
型号规格:ZN 系列 380V/220V 1.1～1.5KW
有 效 期:2000.8.14～2004.8.14
地　　址:广东省南海市盐步镇沙海工业区

邮政编码:528247

南通市长江无线电厂

换气扇电机

证书编号:CH0048892—2000

型号规格:YHS－36 36W

吸油烟机电机

证书编号:CH0048890—2000

型号规格:YXY－45 45W

有 效 期:2000.7.24～2004.7.24

地　　址:南通市开发区新开镇剑新路56号

邮政编码:226010

宁波大力微分电机有限公司

家用缝纫机电动机

证书编号:CH0045231—2000

型号规格:HF型 220V 40W～120W

有 效 期:2000.4.19～2004.4.19

地　　址:浙江省鄞县种公庙镇茶亭工业区

邮政编码:315333

宁波迪声电器制造有限公司

洗衣机用电动机

证书编号:CH0043099—2000

型号规格:XD系列 220V 45W～135W

有 效 期:2000.2.23～2004.2.23

地　　址:宁波市西郊望童公路168号

邮政编码:315174

宁波风扇电机厂有限公司

交流台扇用电动机

证书编号:CH0045265—2000

型号规格:YSY系列 220V 38W－80W

吸排油烟机电机

证书编号:CH0045266—2000

型号规格:YPS系列 220V 20W－50W

转页扇用电动机

证书编号:CH0045264—2000

型号规格:YSZ系列 220V 25W－80W

有 效 期:2000.4.20～2004.4.20

地　　址:浙江省宁波大榭开发区工业小区

邮政编码:315812

宁波家用电器二厂

房间空气调节器风扇用电动机

证书编号:CH0006118－2000A

型号规格:YYK系列 220V 25W～85W

有 效 期:2000.3.27～2004.3.27

地　　址:浙江省宁波市西郊望春路898号

邮政编码:315175

宁波市帅特电器有限公司

深型吸油烟机电动机

证书编号:CH0045136—2000

型号规格:YXY－40 40W YXY－45 45W YXY－50 50W

有 效 期:2000.4.18～2004.4.18

地　　址:浙江省慈溪市宗汉镇

邮政编码:315301

日本电产芝浦(浙江)有限公司

房间空气调节器风扇用塑封电动机

证书编号:CH0010869－1999

型号规格:SF－P系列 100～240V 4～35W

有 效 期:2000.1.17～2004.1.17

地　　址:浙江平湖市城关镇城北路65号

邮政编码:314200

上海草津电机有限公司

空气调节器风扇用电动机

证书编号:CH0008982—2000A

型号规格:UE系列 220～240V 5～70W;UF系列 220～240V 10～50W;KFV系列 220～240V 5～40W;

证书编号:CH0048679—2000

型号规格:DAE系列 180～240VDC 5～100W

全自动洗衣机用电动机

证书编号:CH0008983—2000A

型号规格:KWM系列 220V 100～300W

有 效 期:2000.7.18～2004.7.18

地　　址:上海市石龙路583号

邮政编码:200237

上海京达微特电机有限公司

房间空气调节器风扇用塑封电动机

证书编号:CH0007088—2000A

型号规格:YFN系列 220V 6～50W 50Hz

有 效 期:2004.5.10～2004.5.10

地　　址:上海市松江区环城路160号

邮政编码:201600

上海森林电器有限公司

电动机－压缩机

证书编号:CH0045333—2000

型号规格:KH122VLXC

有 效 期:2000.4.21～2004.4.21

地　　址:上海浦东金桥金苏路77号

邮政编码:201206

上海上微金辉电机有限公司

电容起动异步电动机

证书编号:CH0005389－2000A

型号规格:CO(YC)系列 71～90机座

电容运转异步电动机

证书编号:CH0005199－2000A

型号规格:DO(YY)系列 63～71机座

有 效 期:2000.4.17～2004.4.17

地　　址:上海市浦东上南路3120号

邮政编码:200126

绍兴市澳尔电器有限公司

家用换气扇用电动机

证书编号:CH0043351—2000

型号规格:YYHS系列 220V 4～40W

吸排油烟机用电动机

证书编号:CH0043352—2000

型号规格:YYC系列 220V 16～80W

转页扇用电动机

证书编号:CH0043353—2000

型号规格:YSZ系列 220V 8～40W

有 效 期:2000.3.1～2004.3.1

地　　址:浙江省嵊州市长乐镇

邮政编码:312467

绍兴市发达电器有限公司

洗衣机脱水用电动机

证书编号:CH0045744—2000

型号规格:XTD系列 220V 25W～120W

有 效 期:2000.4.28～2004.4.28

地　　址:浙江省嵊州市长乐镇

邮政编码:312471

绍兴市帅丰电器有限公司

吸排油烟机用电动机

证书编号:CH0044253—2000

型号规格:YPY系列 220V 16～80W

有 效 期:2000.3.23～2004.3.23

地　　址:浙江省嵊州市长乐镇环镇西路33号

邮政编码:212467

绍兴市永辉电器有限公司

家用换气扇用电动机

证书编号:CH0041624—2000

型号规格:YYHS 系列 220V～ 4～40W

有 效 期:2000.1.7～2004.1.7

地　　址:浙江省嵊州市长乐镇工业区

邮政编码:312467

深圳建准电机工业有限公司

罩极电动机

证书编号:CH0042813—2000

型号规格:JZ58 系列 220V～8～36W

有 效 期:2000.2.1～2004.2.1

地　　址:广东省深圳市平湖佳业工业园 3 栋 2 层

邮政编码:518111

石狮市通达电机有限公司

直流无刷风机

证书编号:CH0050180—2000

型号规格:TB 系列 5V～24V

有 效 期:2004.8.25～2004.8.25

地　　址:石狮市石湖路通达工业园

邮政编码:362700

顺德美的梅洛尼电机制造有限公司

单相异步电动机

证书编号:CH0047965—2000

型号规格:YX 系列 20W～250W 220V

有 效 期:2000.6.28～2004.6.28

地　　址:广东顺德北滘镇

邮政编码:528311

顺德市白马机械电器有限公司

永磁直流电动机

证书编号:CH0049614—2000

型号规格:HL－1 3W 8～12V DC

有 效 期:2000.8.11～2004.8.11

地　　址:顺德市容桂镇容桂大道南 18 号 A

邮政编码:528305

顺德市陈村镇民政振华电机厂

房间空气调节器风扇用电动机

证书编号:CH0046609—2000

型号规格:YYK 系列 220V 6～180W

有 效 期:2000.5.25～2004.5.25

地　　址:广东省顺德市陈村镇新栏路

邮政编码:528313

顺德市桂洲镇德宝实业有限公司

房间空气调节器风扇用电动机

证书编号:CH0045269—2000

型号规格:YDK 系列 220V～ 50Hz 20～100W

吸排油烟机用电动机

证书编号:CH0045268—2000

型号规格:YDC 系列 220V～ 20～150W

有 效 期:2000.4.20～2004.4.20

地　　址:广东省顺德市桂洲镇穗香骏业路 26 号

邮政编码:528305

顺德市桂洲镇中宝电器厂

家用换气扇用电动机

证书编号:CH0043058—2000

型号规格:YPS 系列 220V 20W～60W

冷风机用电动机

证书编号:CH0043059—2000

型号规格:YY 系列 220V 30W～100W

有 效 期:2000.2.22～2004.2.22

台扇用电动机

证书编号:CH0048123—2000

型号规格:YC 系列 220V 30～120W

有 效 期:2004.7.3～2004.7.3

吸排油烟机用电动机

证书编号:CH0043057—2000

型号规格:YPY 系列 220V 50W～150W

有 效 期:2000.2.22～2004.2.22

地　　址:顺德市桂洲镇幸福白马工业区通关塘路 7 号

邮政编码:528305

顺德市健泰实业有限公司

房间空气调节器风扇用电动机

证书编号:CH0043822—2000

型号规格:YSK 系列 220V 10～80W

有 效 期:2000.3.14～2004.3.14

地　　址:广东省顺德市桂洲镇广珠公路细 工业区

邮政编码:528305

顺德市骏朗电器实业有限公司

热水器排烟机用电动机

证书编号:CH0043183—2000

型号规格:YYL 系列 220V 50Hz 25—80W

吸排油烟机用电动机

证书编号:CH0043182—2000

型号规格:YY 系列 220V 50Hz 25—120W

有 效 期:2000.2.24～2004.2.24

地　　址:广东省顺德市桂洲镇桂馨直街 50 号

邮政编码:528305

顺德雄风电器实业公司

冷风扇用电动机

证书编号:CH0044649—2000

型号规格:YSE 系列 20W～40W

台扇用电动机

证书编号:CH0044650—2000

型号规格:YSY 系列 20W～75W

有 效 期:2000.4.5～2004.4.5

地　　址:广东省顺德市桂洲镇桂中南路 98 号

邮政编码:528305

四川丹甫制冷压缩机有限责任公司

电动机－压缩机

证书编号:CH0044561—2000

型号规格:PW4.0VK

有 效 期:2000.4.3～2004.4.3

地　　址:四川省青神县 45 号信箱

邮政编码:612461

苏州工业园区和鑫电器有限公司

房间空气调节器风扇用塑封电动机

证书编号:CH0043552—2000

型号规格:FYK 系列 220V 5～30W

有 效 期:2000.3.6～2004.3.6

地　　址:上海市崧岗区环城路 160 号

邮政编码:201600

台州航达机电有限公司

吸排油烟机用电动机

证书编号:CH0004956—2000A

型号规格:YYC 系列 220V 12～75W

有 效 期:2000.12.12～2004.12.12

地　　址:浙江省温岭市腾岭遂道南口(大闾隧道南口)

邮政编码:317515

台州市新佳电机有限公司

双值电容异步电动机

证书编号:CH0055447—2000

型号规格:YL 系列 中心高 100 以下

有 效 期:2000.12.27～2004.12.27
地　　址:浙江温岭市大溪镇上河头村
邮政编码:317525

泰州飞翔电机有限公司

房间空气调节器用电动机
证书编号:CH0006633－2000A
型号规格:YDK 系列 5W～150W YSK 系列 30～150W 220V
有 效 期:2000.2.24～2004.2.24

滚筒洗衣机用双速电动机
证书编号:CH0042314—2000
型号规格:YXG 系列 220V 50W～250W

全自动洗衣机用电动机
证书编号:CH0042313—2000
型号规格:YXQ 系列 220V 50W～250W
有 效 期:2000.1.24～2000.1.24
地　　址:江苏省泰州市扬州路 330 号
邮政编码:225300

天津长城电机有限公司

电阻起动异步电动机
证书编号:CH0055202—2000
型号规格:YU 系列 63～90 机座 60～400W
有 效 期:2000.12.25～2004.12.25
地　　址:天津市津南区咸水沽镇咸岐公路东
邮政编码:300350

威海工友电机厂

电容起动异步电动机
证书编号:CH0042240—2000
型号规格:YC71～112 250W～3000W 220V

三相异步电动机
证书编号:CH0042241—2000
型号规格:Y80～112 550W～4000W 380V
有 效 期:2000.1.21～2004.1.21
地　　址:山东省威海市江家寨
邮政编码:264206

温岭市家用电机厂

罩极电动机(冷柜风扇用)
证书编号:CH0007242－2000A
型号规格:YJF 系列 220V 1～60W
有 效 期:2000.4.29～2004.4.29
地　　址:浙江省温岭市大吕镇观岙
邮政编码:317515

温岭市永利工贸有限公司

家用换气扇用电动机
证书编号:CH0049591—2000
型号规格:YTYY 系列 220V 10～120W(输入)
有 效 期:2004.8.10～2004.8.10
地　　址:浙江温岭市太平镇万昌路西
邮政编码:317500

温州华威电器公司压缩机厂

电动机－压缩机
证书编号:CH0045511—2000
型号规格:QD57A
有 效 期:2000.4.25～2004.4.25
地　　址:温州市灰桥路 52 号
邮政编码:325003

温州市爱光机电设备有限公司

排风扇用电动机(燃气热水器用)
证书编号:CH0050369—2000
型号规格:YPS80 220V 6～60W
有 效 期:2000.8.31～2004.8.31
地　　址:浙江省温州市瓯海区潘桥镇潘桥工业区 1－8 号
邮政编码:315018

文登市金达电机有限公司

单相电容运转异步电动机
证书编号:CH0043424—2000
型号规格:YY 系列 机座号 56～90

单相双值电容异步电动机
证书编号:CH0043426—2000
型号规格:YL 系列 机座号 56～90

三相异步电动机
证书编号:CH0043422—2000
型号规格:YS 系列 机座号 56～90
有 效 期:2000.3.1～2004.3.1
地　　址:山东文登市米山东路 51 号
邮政编码:264400

无锡松下冷机压缩机有限公司

电动机－压缩机
证书编号:CH0044009—2000
型号规格:DC110E13RBX5
证书编号:CH0045751—2000
型号规格:DC125E15RAX5
有 效 期:2000.3.17～2004.3.17
地　　址:江苏省无锡新加坡工业园锡新一路 140 号
邮政编码:214028

无锡小天鹅华印电器有限公司

空调器风扇用电动机
证书编号:CH0032406—99
型号规格:FYK 系列 220V 10W～75W
有 效 期:1999.4.12～2003.4.12

洗衣机电机
证书编号:CH0028347—98
型号规格:XDT－140 140W;XDT－180 180W
有 效 期:1998.11.13～2002.11.13
地　　址:江苏无锡市新区汉江路 1 号
邮政编码:214028

武进市顶新电机电器厂

按摩水泵用电动机(电容运转)
证书编号:CH0046235—2000
型号规格:DXD 系列 220V～240V 180W～1000W
有 效 期:2000.5.17～2004.5.17
地　　址:江苏省武进市礼加坂上安头
邮政编码:211316

武进市洛阳电机厂

按摩水泵用电动机
证书编号:CH0046610—2000
型号规格:LDPB－140 220V 1Hp
有 效 期:2000.5.25～2004.5.25
地　　址:江苏省武进市洛阳镇
邮政编码:213104

武进市鹏达电机厂

脱水电动机
证书编号:CH0043330—2000
型号规格:XDT 系列 25～70W

洗涤电动机
证书编号:CH0043331—2000
型号规格:XD 系列 90～250W
有 效 期:2000.3.1～2004.3.1
地　　址:江苏省武进市牛塘镇
邮政编码:213163

锡山市太湖特种电机厂

三相异步电动机
证书编号:CH0049352—2000
型号规格:Y 系列 80～112 机座
有 效 期:2000.8.2～2004.8.2
地　　址:江苏省锡山市甘露镇南横头
邮政编码:214117

先峰电器集团有限公司

转页扇用电动机

证书编号:CH0047313—2000
型号规格:YSZ 系列 220V 10W～70W
有 效 期:2000.6.13～2004.6.13
地　　址:浙江省慈溪市附海镇
邮政编码:315332

信宜江东电子有限公司

房间空气调节器风扇用电动机

证书编号:CH0046055—2000
型号规格:YYK－20－4 220V～55W
有 效 期:2000.5.11～2004.5.11

爪极式永磁同步电动机

证书编号:CH0046056—2000
型号规格:TYC50－5/6 220V/240V～4W
有 效 期:2000.5.11～2004.5.11

转页扇用电动机

证书编号:CH0046865—2000
型号规格:YSZ 系 列 220V 30W～65W
有 效 期:2000.5.31～2004.5.31
地　　址:广东省信宜市城东单岭头
邮政编码:525300

扬州微特利电机制造有限公司(姜堰市电机三厂)

空调器风扇用电动机

证书编号:CH0010871—2000A
型号规格:YDK,YSK 系列 220V 6～370W;YPS 系列 380V 30～150W
有 效 期:2000.8.31～2004.8.31
地　　址:江苏省泰州市西郊罡杨镇
邮政编码:225541

阳春市龙霄水泵厂

水泵用电动机(电容运转)

证书编号:CH0047427—2000
型号规格:YY 系列 200V 40～2200W
有 效 期:2000.6.15～2004.6.15
地　　址:广东省阳春市春江路 239 号
邮政编码:529600

阳春市鹏宇机电有限责任公司

水泵用电动机(电容运转)

证书编号:CH0049085—2000
型号规格:220V 40～1100W
有 效 期:2000.7.27～2004.7.27
地　　址:广东省阳春市春城镇东湖东路
邮政编码:312455

余姚市梨洲空调电器厂

罩极电动机(风扇用)

证书编号:CH0049351—2000
型号规格:YJF 系列 220V 3～15W
有 效 期:2000.8.2～2004.8.2
地　　址:浙江省余姚市富巷南一区 119－3 东
邮政编码:315400

扎努西电气机械天津压缩机有限公司

电动机—压缩机

证书编号:CH0041804—2000
型号规格:OF612D
有 效 期:2000.1.12～2004.1.12
地　　址:天津市河东区九经路 25 号
邮政编码:300111

扎努西电气机械压缩机有限公司

电动机—压缩机

证书编号:CH0044651—2000
型号规格:M1350CY
有 效 期:2000.4.5～2004.4.5
地　　址:天津市河东区九经路 25 号
邮政编码:300171

章丘海尔电机有限公司

家用洗衣机用电动机(三相变频洗衣机电机)

证书编号:CH0047063—2000
型号规格:XDB－150 150W XDB－135 135W
有 效 期:2000.6.6～2004.6.6

洗衣机电机

证书编号:CH0041806—2000
型号规格:XD 系列 50W～250W
有 效 期:2000.1.12～2004.1.12
地　　址:山东章丘市明水大街 120 号
邮政编码:250200

浙江巨星微特电机有限公司

洗衣机用电动机

证书编号:CH0046611—2000
型号规格:YXD 系列 200V 45～120W
有 效 期:2000.5.25～2004.5.25
地　　址:浙江省诸暨市次坞镇
邮政编码:311815

浙江省嵊州市三羊电机厂

洗衣机脱水用电动机

证书编号:CH0049932—2000
型号规格:XTD 系列 220V 25－120W
有 效 期:2000.8.18～2004.8.18
地　　址:浙江嵊州城关镇公园路 2 号
邮政编码:312400

浙江省湖州市南浔新力电机厂

洗衣机用电动机

证书编号:CH0046034—2000
型号规格:XD 型 220V 60W～250W
有 效 期:2000.5.11～2004.5.11
地　　址:浙江省南浔镇浔北工业区
邮政编码:313009

浙江台州宏大电机有限公司

电容动转异步电动机

证书编号:CH0005607—2000A
型号规格:YY(MD)系列 220V 250～1500W
有 效 期:2000.6.21～2004.6.21
地　　址:浙江省温岭市大溪镇麻车屿
邮政编码:317525

浙江台州兴源机电仪表有限公司

电容起动异步电动机

证书编号:CH0042242—2000
型号规格:YC71～90 180～750W

三相异步电动机

证书编号:CH0042243—2000
型号规格:YS50～90 120～1500W
有 效 期:2000.1.21～2004.1.21
地　　址:浙江省温岭市潘郎镇工业区
邮政编码:317525

浙江新界泵业有限公司

电容运转异步电动机

证书编号:CH0049592—2000
型号规格:YY 系列 71,80 机座(220V0.37～0.75KW)

电阻起动异步电动机(水泵用)

证书编号:CH0049595—2000
型号规格:YU 系列 80,90,100 机座(220V 0.55～2.2KW)

三相异步电动机

证书编号:CH0049594—2000
型号规格:Y 系列 80,90,100 机座(380V 0.55～3KW)
有 效 期:2000.8.10～2004.8.10
地　　址:浙江省温岭市大溪镇大洋城

工业区
邮政编码:317525

浙江嵊州德酩电机有限公司
家用换气扇用电动机
证书编号:CH0007496—2000A
型号规格:YHS系列 220V 4～25W
洗衣机用电动机
证书编号:CH0049083—200
型号规格:XD系列 220V 25～250W
有 效 期:2000.7.27～2004.7.27
地 址:浙江省嵊州市黄泽镇青石桥
邮政编码:312455

中国贵航集团贵阳电机厂
洗衣机用电动机
证书编号:CH0006269－2000A
型号规格:YXB系列 220V 90～120W
有 效 期:2000.1.21～2004.1.21
地 址:贵州省贵阳市黄河路1号
邮政编码:55009

中山大洋电机公司
房间空气调节器风扇用电动机
证书编号:CH0006458－2000A
型号规格:YDK 系列 220V 10W～150W
有 效 期:2000.1.24～2004.1.24
地 址:广东省中山市沙朗镇第三工业区
邮政编码:528411

中山市东凤镇伟力宝电器厂
永磁直流电动机(电热水瓶水泵用)
证书编号:CH0050125—2000
型号规格:DB－2 8－12VDC
有 效 期:2000.8.25～2004.8.25
地 址:中山市东凤镇新市南街一巷6号
邮政编码:528425

中山市东凤镇肇杰电器厂
单机串励电动机
证书编号:CH0055453—2000
型号规格:HC系列 220V 40W～250W
有 效 期:2000.12.28～2004.12.28
地 址:广东省中山市东凤镇同安大道工业区
邮政编码:528425

中山市回龙家电实业有限公司
家用换气扇用电动机
证书编号:CH0049086—2000
型号规格:YPS系列 200V 2.5～60W
台扇用电动机
证书编号:CH0049087—2000
型号规格:YSY系列 220V 35～70W
罩极电动机
证书编号:CH0049088—2000
型号规格:F系列 220V 0.4～60W
有 效 期:2000.7.27～2004.7.27
地 址:广东省中山市黄圃镇大岑工业区置业路
邮政编码:528429

中山市小榄镇裕华电器厂
潜水泵电动机
证书编号:CH0046867—2000
型号规格:PT－808 6W
有 效 期:2000.5.31～2004.5.31
地 址:中山市小榄镇桃花沙工业区
邮政编码:528415

中山市员峰电机制造有限公司
房间空气调节器风扇用电动机
证书编号:CH0045232—2000
型号规格:YYKF 系列 220V 10W～80W
洗衣机用电动机
证书编号:CH0045233—2000
型号规格:XSD型 220V 90W～250W
有 效 期:2000.4.19～2004.4.19
地 址:广东省中山市莲员西路112号
邮政编码:528402

中山市众成电器有限公司
洗衣机用电动机
证书编号:CH0005197—99A
型号规格:XD系列,220V,40～250W
有 效 期:1999.4.21～2003.4.21
地 址:广东省中山市太平路101号
邮政编码:528402

重庆长风压缩机有限责任公司
电动机－压缩机
证书编号:CH0045551—2000
型号规格:QD102A
有 效 期:2000.4.26～2004.4.26
地 址:重庆市江津九江镇东郊
邮政编码:402264

鄞县第二微型电机厂
房间空气调节器风扇用电动机
证书编号:CH0007489－2000A
型号规格:YYK系列 220V 6～370W
有 效 期:2000.3.13～2004.3.13
地 址:浙江省宁波市江东南路177号－2
邮政编码:315040

鄞县宏业电机有限公司
空调风扇用电动机
证书编号:CH0043184—2000
型号规格:YYK系列 250W～80W
有 效 期:2000.2.24～2004.2.24
地 址:宁波市鄞县云龙镇
邮政编码:315137

嵊州市芭蕉扇电器有限公司
换气扇用电动机
证书编号:CH0046641—2000
型号规格:YYHS－40 10W
有 效 期:2000.5.26～2004.5.26
地 址:浙江省嵊州市长乐镇环镇中路19弄19号
邮政编码:312647

嵊州市长乐电子电器厂
家用换气扇用电动机
证书编号:CH0045928—2000
型号规格:YYHS 系列 220V～ 2～40W
转页扇用电动机
证书编号:CH0045927—2000
型号规格:YSZ系列 220V～ 8～40W
有 效 期:2000.5.10～2004.5.10
地 址:浙江省嵊州市长乐镇(海军操场)
邮政编码:312467

嵊州市长乐东海电器厂
家用换气扇用电动机
证书编号:CH0048459—2000
型号规格:YYHS 系列 220V 2W－40W
吸排油烟机用电动机
证书编号:CH0048460—2000
型号规格:YPY系列 220V 16W－60W
有 效 期:2000.7.12～2004.7.12
转页扇用电动机
证书编号:CH0048461—2000

型号规格:YSZ 系列 220V 4W—40W
有 效 期:2000.7.12～2004.7.12
地　　址:浙江省嵊州市长乐镇开元路
邮政编码:312467

嵊州市长乐黄山电机厂
家用换气扇用电动机
证书编号:CH0049894—2000
型号规格:YYHS 系列 220V 4W—30W
有 效 期:2000.8.18～2004.8.18
地　　址:浙江省嵊州市长乐镇黄山路9弄14号
邮政编码:315467

嵊州市长乐镇泰发电机厂
转页扇用电动机
证书编号:CH0049902—2000
型号规格:YSZ 型 220V 4～20W
有 效 期:2000.8.18～2004.8.18
地　　址:浙江省嵊州市长乐镇文明路11弄5号
邮政编码:312467

嵊州市长益电器厂
洗衣机用电动机
证书编号:CH0049376—2000
型号规格:XTD 系列 40W～60W
有 效 期:2000.8.3～2004.8.3
地　　址:浙江省嵊州市长乐镇环镇东路95号
邮政编码:312467

嵊州市黑马电器有限公司
吸排油烟机用电动机
证书编号:CH0045938—2000
型号规格:YPY 系列 220V 16W～80W
有 效 期:2000.5.10～2004.5.10
地　　址:浙江省嵊州市甘霖镇
邮政编码:312461

嵊州市神龙电器厂
吸排油烟机用电动机
证书编号:CH0049893—2000
型号规格:YSY 系列 220V 5W—60W
有 效 期:2000.8.18～2004.8.18
地　　址:浙江省嵊州市长乐镇健康路14弄5号
邮政编码:315467

嵊州市盛利电器有限公司
换气扇用电动机
证书编号:CH0047873—2000
型号规格:YYHS 系列 10W—30W
有 效 期:2000.6.27～2004.6.27
地　　址:嵊州市长乐镇东街10号
邮政编码:312467

嵊州市双江机电厂
房间空气调节器风扇用电动机
证书编号:CH0044169—2000
型号规格:YYK 220V 6W～120W
有 效 期:2000.3.22～2004.3.22
洗衣机用电动机
证书编号:CH0045741—2000
型号规格:XD 系列 220V 25W～250W
有 效 期:2000.4.28～2004.4.28
地　　址:浙江省嵊州市巷岩镇工业区
邮政编码:312461

嵊州市新时代电器厂
吸排油烟机用电动机
证书编号:CH0008191—2000A
型号规格:YYC 系列 220V 50Hz 16～40W
有 效 期:2000.7.27～2004.7.27
地　　址:浙江省嵊州市百道岭路2号
邮政编码:312400

嵊州市星球电机厂
空气调节器风扇用电动机
证书编号:CH0048456—2000
型号规格:YFK 系列 220V 6W—60W
吸排油烟机用电动机
证书编号:CH0048457—2000
型号规格:YPY 系列 220V 16W—60W
有 效 期:2000.7.12～2004.7.12
转页扇用电动机
证书编号:CH0048458—2000
型号规格:YXZ 系列 220V 4W—40W
有 效 期:2000.7.12～2004.7.12
地　　址:浙江省嵊州市长乐镇环镇中路8弄2号
邮政编码:312467

嵊州市永恒电器厂
家用换气扇用电动机
证书编号:CH0043575—2000
型号规格:YYHS 系列 220V 2～40W
有 效 期:2000.3.7～2004.3.7
吸排油烟机用电动机
证书编号:CH0043576—2000
型号规格:YYC 系列 220V 6～60W
有 效 期:2000.3.7～2004.3.7
地　　址:浙江省嵊州市长乐镇黄山路36号
邮政编码:312467

嵊州市越美电器有限公司
家用换气扇电动机
证书编号:CH0049030—2000
型号规格:YYHS 系列 220V 5W—60W
有 效 期:2000.7.26～2004.7.26
地　　址:浙江嵊州市崇仁镇一村
邮政编码:312473

电磁阀

安徽天大企业(集团)公司
电磁四通换向阀
证书编号:CH0046246—2000
型号规格:DSF—4 AC220V～240V
　　　　DSF—9 AC220V～240V 4～6W
有 效 期:2000.5.17～2004.5.17
地　　址:安徽省天长市铜城镇振兴路
邮政编码:239311

常州兰柯四通阀有限公司
四通换向电磁阀
证书编号:CH0043438—2000
型号规格:DHF 系列(DHF—6,DHF—12) 220V 50/60Hz 5～7W
有 效 期:2000.3.2～2004.3.2
地　　址:江苏省常州市北郊魏村镇
邮政编码:213127

慈溪市华厦实业有限公司
电磁四通换向阀
证书编号:CH0050321—2000
型号规格:DSF 系列 220V 50Hz
有 效 期:2000.8.30～2004.8.30
地　　址:慈溪市长河镇农场路
邮政编码:315326

佛山华鹭制冷器件有限公司
电磁四通换向阀
证书编号:CH0047667—2000
型号规格:STF—0203 STF—0214
证书编号:CH0050692—2000

型号规格:STF—0408 220V
有 效 期:2000.6.21～2004.6.21
地　　址:广东省佛山市高新技术产业开发区科苑路
邮政编码:528041

金华市开发区宏昌电器有限公司
进水电磁阀
证书编号:CH0041678—2000
型号规格:F 系列 220V 50Hz
有 效 期:2000.1.7～2004.1.7
地　　址:浙江省金华市八一南路何宅
邮政编码:321017

南通市开关厂
直流牵引电磁铁
证书编号:CH0043090—2000
型号规格:ZDT1—4 DC220V
有 效 期:2000.2.22～2004.2.22
地　　址:江苏南通市人民东路 59 号
邮政编码:226001

上海兰柯控制器有限公司
电磁四通换向阀
证书编号:CH0042253—2000
型号规格:VS7101D VS6101B 220V～240V 5W
证书编号:CH0046580—2000
型号规格:VS7101D VS6101B
有 效 期:2000.1.21～2004.1.21
地　　址:上海市青浦县崧泽村
邮政编码:201703

绍兴春晖冷冻器材有限公司
四通电磁换向阀
证书编号:CH0012722—2000A
型号规格:DHF 系列 5—20KW 20V
有 效 期:2000.5.17～2004.5.17
地　　址:浙江上虞市百官镇
邮政编码:312352

宜兴市四通家电配套厂
电磁阀
证书编号:CH0053718—2000
型号规格:FDF0.8 3/2D 220V 4W
有 效 期:2000.11.23～2004.11.23
地　　址:江苏省宜兴市巷头东路一号
邮政编码:214200

照明电器

安徽省三色照明股份有限公司
节能荧光灯镇流器系列
证书编号:CH0045480—2000
型号规格:200V 50Hz tw90 Δt55 本系列覆盖范围是:YZ—B 型 1×58W;YZ—B 型 1×40W
有 效 期:2000.4.24～2004.4.24
地　　址:安徽铜陵市狮子山区曹山路
邮政编码:244031

霸州市晶岛灯具厂
高效格栅日光灯(I 类,IP20)
证书编号:CH0049967—2000
型号规格:ZYG—L —4 40W×3 40W×2 40W×1
盒式日光灯系列(I 类,IP20)
证书编号:CH0049966—2000
型号规格:ZYH—L —2 40W×2 40W×1 30W×2
有 效 期:2000.8.21～2004.8.21
地　　址:河北省霸州市煎茶铺镇大高各庄村
邮政编码:065700

北京电力电子新技术研究开发中心
管形荧光灯电子镇流器(带“H”标记)
证书编号:CH0042910—2000
型号规格:BPEC—YZ40(36).E—2 (40W 36W)BPEC—YZ30.
有 效 期:2000.2.18～2004.2.18
地　　址:北京市海淀区北三环中路 31 号
邮政编码:100088

北京恒明照明电器有限责任公司
固定式荧光灯具
证书编号:CH0055023—2000
型号规格:1×40W 2×40W 1×30W 1×20W
有 效 期:2000.12.21～2004.12.21
地　　址:北京市昌平县小汤山镇工业区大东流 100 号
邮政编码:102211

北京华明电光源工业有限责任公司
嵌入式荧光灯具系列(0 类,IP20)
证书编号:CH0050219—2000
型号规格:HM120 1×20W HM230 2×30W
吸吊式荧光灯具系列(0 类,IP20)
证书编号:CH0050220—2000
型号规格:HMYG141—2×40W HMYG69—2 等
有 效 期:2000.8.28～2004.8.28
地　　址:浙江台州市椒江区机场路 80 号
邮政编码:201322

北京市长安灯具厂
嵌入式荧光灯具(0 类)
证书编号:CH0045873—2000
型号规格:CH—G41 2×40W;CH—G41 2×30W
吸吊式荧光灯具(0 类,)
证书编号:CH0045872—2000
型号规格:CHXY104 2×40W;CHXY104 2×30W;CHXY104 2×20W;
地　　址:北京西城区力学胡同甲 2 号
邮政编码:100032

北京四通松下电工有限公司
内装式荧光镇流器系列
证书编号:CH0048064—2000
型号规格:GXC20122MB—1 20W GXC32122MB—1 32W 等
吸吊式荧光灯灯具系列(I 类,IP20,)
证书编号:CH0048066—2000
型号规格:HAC9100 32W HAC9101 等
吸式荧光灯灯具系列(I 类,IP64)
证书编号:CH0048068—2000
型号规格:HWC732;22W 220V 50Hz
荧光灯启动器
证书编号:CH0048074—2000
型号规格:FG—4P 4～40W 220V～240V
有 效 期:2000.6.30～2004.6.30
地　　址:北京经济技术开发区同济北路 1 号
邮政编码:100076

北京四通新技术产业股份有限公司

管形荧光灯用交流电子镇流器
证书编号:CH0049524—2000
型号规格: STEB 40W STEB 30W STEB 20W
有 效 期:2000.8.9~2004.8.9
地 址:江苏省丹阳市皇塘镇
邮政编码:212327

北京阳都节能灯具有限公司
普通照明用自镇流荧光灯
证书编号:CH0047045—2000
型号规格:YPZ220/9—2U YPZ220/7—2U YPZ220/5—2U
有 效 期:2000.6.6~2004.6.6
地 址:北京市大兴县榆垡镇工业开发区
邮政编码:102602

北京助芳灯饰有限公司
嵌入式格栅荧光灯(IP20,I类)
证书编号:CH0050941—2000
型号规格:ZF112 3×40W ZF111 2×40W ZF120 3×20W
有 效 期:2000.9.12~2004.9.12
地 址:北京房山区交道镇大高舍村
邮政编码:102402

北市中科知创电器有限公司
管形荧光灯电子镇流器(带"H"标记)
证书编号:CH0043984—2000
型号规格:YZ—E—30 30W YZ—E—20 20W
有 效 期:2000.3.16~2004.3.16
地 址:北京 9819 信箱电子厂
邮政编码:100029

潮州市太平电器五金厂
超静荧光灯镇流器
证书编号:CH0044906—2000
型号规格:CZ—4,4W;CZ—6,6W;CZ—8,8W;CZ—12,12W
管形荧光灯座
证书编号:CH0044909—2000
型号规格:侧装式 G13 荧光灯座 CD2—01 G13
内装式启动器座
证书编号:CH0044910—2000
型号规格:CQH—01Z
有 效 期:2000.4.11~2004.4.11
地 址:潮州市新洋路花园开发区二直街
邮政编码:521000

丹阳市四通光源有限公司
独立式管形荧光灯用交流电子镇流器
证书编号:CH0047696—2000
型号规格:DHZ40C Ⅲ(40W) DGZ30C Ⅲ(30W) DHZ20C Ⅲ(20W)
有 效 期:2000.6.22~2004.6.22
地 址:江苏省丹阳市皇塘镇
邮政编码:212327

东莞市大朗金弘电器厂
螺口灯座(E40 瓷灯座)
证书编号:CH0043204—2000
型号规格:E40—G(E40—PC) 250V 16A
有 效 期:2000.2.25~2004.2.25
地 址:广东东莞市大朗镇金沙墩工业区
邮政编码:511756

东莞市大朗维纳斯灯饰电器厂
筒灯(嵌入式白炽灯具系列 I 类,IP20,F)
证书编号:CH0048931—2000
有 效 期:2000.7.25~2004.7.25
地 址:广东省东莞市大朗镇长塘第三工业区
邮政编码:523779

东莞市大朗希莉娜电器厂
吸顶灯
证书编号:CH0054695—2000
型号规格:2001 11×60W;9208 12×60W;9180
有 效 期:2000.12.13~2004.12.13
地 址:东莞市大朗镇巷尾管理区娴林灯饰有限公司
邮政编码:529000

东莞市凤岗正大灯饰加工厂
可移式灯具(台灯,Ⅱ类,有 F)
证书编号:CH0042307—2000
型号规格:TB—150B WK—134E CL—104T 200V max60W
有 效 期:2000.1.24~2004.1.24
地 址:广东东莞市凤岗镇官井头第二工业区
邮政编码:523705

东莞市明亮灯具厂
电感镇流器
证书编号:CH0044048—2000
型号规格:B—98—A 220V tw95 40W,30W,20W
有 效 期:2000.3.17~2004.3.17
地 址:广东省东莞市石碣镇第二工业区
邮政编码:528422

东莞市谢岗镇工业发展总公司月亮灯具制品厂
电子镇流吸顶灯(吸吊式荧光灯具系列,I 类,IP20,)
证书编号:CH0051190—2000
型号规格: FC—330 38W; FC—331 21W;
有 效 期:2000.9.19~2004.9.19
地 址:东莞市谢岗镇第五工业区兴荣兴街
邮政编码:523598

东莞市卓旺照明有限公司
可移式灯具(落地灯 0 类,)
证书编号:CH0048939—2000
型号规格:SL80n47 150W;SL8074n 150W;SL80n37
有 效 期:2000.7.25~2004.7.25
地 址:东莞市大朗镇巷尾工业区
邮政编码:511756

东莞市篁村源鑫灯座厂
螺口灯座
证书编号:CH0047250—2000
型号规格:YX—603 E14 250V 2A
有 效 期:2000.6.9~2004.6.9
地 址:广东省东莞市篁村胜和管理区塘贝村
邮政编码:523071

番禺市天海电器厂
固定式荧光灯具(三基色柔光灯)Ⅰ类,IP20,有 F
证书编号:CH0048248—2000
型号规格:ZT—Y 55×4,4×55W;ZT—Y 55×6,6×55W;
有 效 期:2000.7.7~2004.7.7
地 址:广东省番禺市大石镇南大公路植村
邮政编码:511430

飞东照明有限公司

荧光灯启辉器

证书编号:CH0043180—2000
型号规格:SERIES 220 — 240V ～ SINGLE
110—130V～4—22W
有 效 期:2000.2.24～2004.2.24
地 址:江苏省南京市迈皋桥
邮政编码:210028

飞利浦亚明灯具有限公司

荧光台灯系列(II 类,IP20,)

证书编号:CH0051901—2000
型号规格:FDS621,9W FDS622 11W 220V 50Hz
有 效 期:2000.10.10～2004.10.10
地 址:上海市嘉定区马陆彭封路 165 号
邮政编码:201801

飞利浦亚明照明有限公司

电子式紧凑型荧光灯

证书编号:CH0043142—2000
型号规格:YPZ220/20—Z(SLE20W)
YPZ220/15—Z(SLE15W)
有 效 期:2000.2.24～2004.2.24

普通照明灯炮

证书编号:CH0049154—2000
型号规格:230V 25W(充气)
有 效 期:2000.7.28～2004.7.28
地 址:上海市辽阳路 66 号

飞利浦照明电子(上海)有限公司

荧光灯镇流器

证书编号:CH0043640—2000
型号规格:BPL18 L04 18W BPL13 L04 13W BPL 09 L04 9W;220V 50Hz
有 效 期:2000.3.9～2004.3.9
地 址:上海徐汇区宜山路 889 号 1 号楼
邮政编码:200233

广东富士达灯饰实业有限公司

固定式灯具(壁灯)0 类,

证书编号:CH0044642—2000
型号规格:MB—933—2 2×MAX40W;
MB—821—2 2×MAX25W 等
证书编号:CH0044643—2000
型号规格:MB—936—1 1×MAX40W;
MB—002—1
地 址:广东省东莞市虎门镇大宁管理区大板地工业区
邮政编码:511763

广东省南海市丹灶新农达美灯饰厂

筒灯(白炽灯系列)(0 类,IP20)

证书编号:CH0050935—2000
型号规格:518,415,428,509,520,398,519,等
有 效 期:2000.9.12～2004.9.12
地 址:广东省南海市丹灶镇新农乡
邮政编码:528216

广东台山科艺实业有限公司

节能日光灯支架固定式荧光灯具(0 类,IP20)

证书编号:CH0016006—2000A
型号规格:HB400—40W HB300—30W
HB200—20W
有 效 期:2004.8.28～2004.5.31
地 址:广东省台山市水步镇步溪朝阳工业区 2 号
邮政编码:529262

广州市荔湾区新兴电器厂

螺口灯座

证书编号:CH0042976—2000
型号规格:YM705 4A 250V～
有 效 期:2000.2.21～2004.2.21
地 址:广东广州市新市棠冲松猫岭
邮政编码:510410

广州市荔湾区烨辉电器厂

荧光灯镇流器(tw110℃,**不带过热保护**)

证书编号:CH0043642—2000
型号规格:YZ40,40(36/38)W;YZ30,30W;YZ20,20W;
有 效 期:2000.3.9～2004.3.9
地 址:广州市芳村区东教镇金沙工业南区自编 40,41 号码
邮政编码:510375

广州市悦枫实业发展公司

自镇流荧光灯(电子节能灯),整体式自镇流荧光灯系列(带 H 标志无过

证书编号:CH0046384—2000
型号规格:YPZ220/7—2U;YPZ220/9—2U;YPZ220/11—2U;
有 效 期:2000.5.19～2004.5.19
地 址:广州市白云区新市镇萧岗明珠东路 3 号
邮政编码:510410

广州松本真善美电气有限公司

电子镇流器

证书编号:CH0044321—2000
型号规格:GKB YZ40—1E 40W L 级
GKB YZ30—1E 等
有 效 期:2000.3.27～2004.3.27

荧光灯用启动器

证书编号:CH0043372—2000
型号规格:FS—U 型 4～80W 220V～240V
有 效 期:2000.3.1～2004.3.1
地 址:广东增城市朱村工业开发区
邮政编码:511370

广州特式塑胶电子有限公司

电感镇流器

证书编号:CH0044905—2000
型号规格:MT2040 40W MT2065 65W
MT2030 30W MT2020 20W
有 效 期:2000.4.11～2004.4.11
地 址:广州市芳村区增村增南路
邮政编码:510378

广州万力华电器实业有限公司

壁灯(壁式白炽灯具系列,I 类,IP20,有 F)

证书编号:CH0045960—2000
有 效 期:2000.5.10～2004.5.10

吸顶灯(I 类,IP20,)

证书编号:CH0048831—2000
型号规格:MX 系列:9228H,2×25W;9230H,2×25W;9235H,2×40W;9240H,2×40W;9250H,2×40W
有 效 期:2000.7.21～2004.7.21
地 址:广州市芳村区芳兴路五眼桥工业区
邮政编码:510620

杭州珍琪电器有限公司

嵌入式荧光灯具系列 I 类,IP20,无 F)

证书编号:CH0043020—2000
型号规格:ZQR320 3×20W;ZQR420 4×20W;ZQR140;等

有 效 期:2000.2.21～2004.2.21
地　　址:浙江杭州钱江开发区新街海塘路东
邮政编码:311216

惠阳市陈江胜阳五金灯饰厂
壁灯(壁式白炽灯具系列,0类,IP20,)
证书编号:CH0052398—2000
有 效 期:2000.10.22～2004.10.22
地　　址:广东省惠阳市陈江仲恺大道双江管理区
邮政编码:516229

惠州雷士照明有限公司
固定式石英射灯系列,I类,IP20,
证书编号:CH0045946—2000
型号规格:TLN 系列:127/50W;128/50W;130/50W;等
有 效 期:2000.5.10～2004.5.10
嵌入式石英灯具系列,Ⅲ类,IP20,
证书编号:CH0045947—2000
型号规格:DL 系列:105,112,113,115,121,152,153,154,185,186,187,801,802,803,804/50W
邮政编码:516023

江苏史福特电器制造有限公司
内装式荧光灯镇流器
证书编号:CH0045479—2000
型号规格:(tw120)系列 本系列覆盖范围是:JIN 18/20
有 效 期:2000.4.24～2004.4.24
地　　址:江苏仪征市大庆北路桑园小区1号楼
邮政编码:211400

乐清市明达无线电厂
螺口灯座(冰箱用螺口式灯座)
证书编号:CH0047546—2000
型号规格:DZ—2A 1A 250V
有 效 期:2000.6.19～2004.6.19
地　　址:乐清市虹桥镇西工业区B座5号
邮政编码:325608

罗格朗
工业用插头;工业用器具插座;
证书编号:CH0043596—2000
型号规格:58128 3P＋E IP44 32A—6h/380—415V～57428 等
有 效 期:2000.3.8～2004.3.8
地　　址:昂地勃.罗格朗让.加农街159号,729信箱昂地勃 06633 CEDEX 法国

迈特电子(中国)有限公司
电子镇流器
证书编号:CH0046386—2000
型号规格:FBT—136P—A3—220 1×36W FBT—118P—A3—等
有 效 期:2000.5.19～2004.5.19
地　　址:上海莲花路1181号
邮政编码:201102

南昌倍驰电子电光源有限公司
荧光灯电子镇流器
证书编号:CH0015507—2000A
型号规格:YZ36. 2E(BT)系列 220V 50Hz 40W×2 36W×2 30W×2 20W×2
有 效 期:2000.12.19～2004.12.19
地　　址:江西南昌市青山北路107号
邮政编码:330039

南海市黄岐新城电器五金元件厂
金属卤化物灯镇流器
证书编号:CH0049941—2000
型号规格:Q70 70W Q150 150W Q400 400W 220V tw130
有 效 期:2000.8.18～2004.8.18
地　　址:广东南海市黄岐镇泌冲区大沙工业区
邮政编码:528248

南海市黄岐新宇宙工艺厂
可移式灯具(工艺台灯)
证书编号:CH0054012—2000
型号规格:MT2016 MT2002 MT2009 MT9013 MT9019;2×40W
有 效 期:2000.11.30～2004.11.30
地　　址:广东省南海市黄岐镇白沙管理区
邮政编码:528248

南海市金沙上安东俊灯饰电器厂
嵌入式灯具(筒灯)
证书编号:CH0047608—2000
型号规格:B—408 MAX60W; B—501 60W;B—601 60W;B—801 60W;B—301 60W; 998—3 等
有 效 期:2000.6.20～2004.6.20
地　　址:广东省南海市金沙镇上安乡郭家开发区
邮政编码:528222

南海市金沙上安品艺灯饰厂
嵌入式灯具(筒灯,0类,)
证书编号:CH0051986—2000
型号规格:QA4003,QA601,QA3001,QA5013;40W 220V 50Hz
有 效 期:2000.10.11～2004.10.11
地　　址:南海市金沙镇上安郭家村开发区
邮政编码:528222

南海市联星宝石灯饰厂
牛眼灯(螺口灯座)(白炽灯嵌入式灯具)
证书编号:CH0043145—2000
型号规格:020,25W; 022,25W; 023,25W; 024,25W;
筒灯(荧光灯嵌入式灯具系列,0类,IP20,插口灯座,F)
证书编号:CH0043144—2000
型号规格:B4114—A1,18W; B5140—A1,18W;B6160—A2,2×18W;
有 效 期:2000.2.24～2004.2.24
地　　址:广东省南海市罗村镇联星宣巷工业开发区
邮政编码:528227

南海市罗村联星龙灯饰电器厂
电子节能灯(整体式自镇流荧光灯系列,带H标志,无过热保护)
证书编号:CH0044041—2000
型号规格: YPZ220/15 — 3U.RL.D; YPZ220/18—3U.RL.D;
电子支架(吸吊式荧光灯具系列,0类,IP20,有F)
证书编号:CH0044037—2000
型号规格:A20W,—A30W,—A40W,—B20W,—B30W,
有 效 期:2000.3.17～2004.3.17
地　　址:广东省南海市罗村联星充美工业区吉祥路
邮政编码:528226

南海市罗村联星迥龙灯饰厂

石英灯(固定式石英灯具系列,0类,I20,F)

证书编号:CH0051200—2000
型号规格: HLSH—A50W; HLSH—B50W;HLSH—A300 等
有 效 期:2000.9.19～2004.9.19
地　　址:广东省南海市罗村镇联星充美工业区吉祥路
邮政编码:528226

南京来金电气有限公司

内装式荧光灯镇流器系列

证书编号:CH0050206—2000
型号规格:BTA36－EC 30W BTA18/20－EC 18/20W

荧光灯镇流器

证书编号:CH0050208—2000
型号规格:BTA36/40－ECB (220V, 50Hz, tw130, △ t60, 36/40w)
有 效 期:2000.8.28～2004.8.28
地　　址:江苏省南京迈皋桥兴卫村合作 69 号
邮政编码:210028

宁波市北仑区大研飞翔电器厂

吸吊式荧光灯灯具(0 类,IP20)

证书编号:CH0053691—2000
型号规格:FX—48 40W×1 220V 50Hz
有 效 期:2000.11.22～2004.11.22
地　　址:浙江省宁波市北仑区大研镇里交村
邮政编码:315806

宁波市镇海低压电器厂

螺口灯座

证书编号:CH0011692—2000A
型号规格:DE－3 250V 4A E27
有 效 期:2000.8.7～2004.8.7
地　　址:浙江省宁波市骆驼镇南一路 8 号
邮政编码:312520

宁波云环电子集团有限公司

单端荧光灯灯座系列

证书编号:CH0045944—2000
型号规格:GZ24A 2/250 T160 GY24d － 1 GZ24B 2/250 T160 GY24d－2 等

螺口灯座

证书编号:CH0045324—2000
型号规格:E27
有 效 期:2000.4.20～2004.4.20

启动器座

证书编号:CH0045943—2000
型号规格:QZ10 2/250 T80
有 效 期:2000.5.10～2004.5.10
地　　址:浙江省余姚市泗门镇
邮政编码:315472

欧司朗佛山照明有限公司

电子镇流器

证书编号:CH0043375—2000
型号规格:QTP2×18/230－240.2×18W
有 效 期:2000.3.1～2004.3.1

管形荧光灯镇流器

证书编号:CH0046234—2000
型号规格:L36 1×36W L30 1×30W
有 效 期:2004.5.17～2004.5.17
地　　址:广州番禺市桥镇兴路易兴工业村番禺中德电控大厦
邮政编码:528231

奇胜电器(惠州)工业有限公司

电子镇流器

证书编号:CH0043112
型号规格: EB402V60 2 × 36W EB202V60 2×18W L 级 220V 50Hz
有 效 期:2000.2.23～2004.2.23

防水型荧光灯具(I 类,IP65)

证书编号:CH0045578—2000
型号规格: DBWC118R 18/20W DBWC218R 2×18/20W DBWC136R 1×36/40W
有 效 期:2000.4.26～2004.4.26
地　　址:深圳市八卦岭工业区 425 幢
邮政编码:518029

青岛电器装置件厂

螺口灯座

证书编号:CH0046244—2000
型号规格:DEP－3 E27 4A 250V
有 效 期:2000.5.17～2004.5.17
地　　址:山东胶州市胶州西路 47 号
邮政编码:266300

青岛市四方区海振组装厂

螺口灯座

证书编号:CH0047239—2000
型号规格:DZ－1 0.5A 250V
有 效 期:2000.6.9～2004.6.9
地　　址:青岛市四方区周口路 18 号
邮政编码:266042

三铁电气(厦门)实业有限公司

荧光灯镇流器

证书编号:CH0047872—2000
型号规格:220V 50Hz 36/40W 30W 18/20W tw105
有 效 期:2000.6.27～2004.6.27
地　　址:福建省龙海角美经济开发区
邮政编码:363107

上海澳克兰灯饰电器有限公司

嵌入式荧光灯具系列(0 类,IP20)

证书编号:CH0049768—2000
型号规格:AKL－1×36W;AKL－2×36W;等
有 效 期:2000.8.16～2004.8.16
地　　址:上海市南奉公路 476 号
邮政编码:201406

上海昌晖电器有限公司

荧光灯镇流器

证书编号:CH0050027—2000
型号规格:BAT36/40W BAT30W BAT18/20W 220V 50Hz tw130
有 效 期:2000.8.22～2004.8.22
地　　址:上海市闵行区梅陇莘朱路 5 号桥东路北
邮政编码:201100

上海东文电器有限公司

防水防尘荧光灯具

证书编号:CH0054815—2000
型号规格: DW—B1/118 1 × 18W DW—B1/218 2×18W 等
有 效 期:2000.12.18～2004.12.18
地　　址:上海市嘉定区黄渡镇孟泾村 168 号
邮政编码:201804

上海光达照明有限公司

普通照明用自镇流荧光灯

证书编号:CH0047330—2000
型号规格:YPZ220/5W－2U;YPZ220/7W － 2U; YPZ220/9W －2U;
有 效 期:2000.6.13～2004.6.13
邮政编码:200433

上海国荣电圣电器有限公司

荧光灯镇流器

证书编号:CH0029772－99

型号规格:Yz－21 型 40W 30W 20W 15W

有 效 期:2000.4.7～2004.4.7

地　　址:通州市竹行镇

邮政编码:226318

上海沪陈灯具制造有限公司

嵌入式荧光灯具系列(0 类,IP20)

证书编号:CH0050217－2000

型号规格:YG120 1×20W YG230 2×30W 等

有 效 期:2000.8.28～2004.8.28

地　　址:上海市南汇六灶陈桥镇东首

邮政编码:201322

上海金九实业有限公司

电子镇流器

证书编号:CH0046385—2000

型号规格:JH402 EFA1 40W×2 JH302 FEA1 30W×2 JH202 FEA1 20W×2

有 效 期:2000.5.19～2004.5.19

地　　址:上海市南市区巡道街 15 号

邮政编码:200010

上海凯达灯饰有限公司

固定式吊灯

证书编号:CH0048852—2000

型号规格:YG2－1 1×40W YG2－2 2×40W 等

嵌入式格栅灯具

证书编号:CH0048853—2000

型号规格:YG240 2×40W YG320 3×20W YG140 1×40W 0 类 IP20

荧光灯镇流器系列(tw95,△t55)

证书编号:CH0051324—2000

型号规格:YZ28 型 40W,30W,20W

有 效 期:2000.9.21～2004.9.21

地　　址:上海市南汇县六灶镇 36#

邮政编码:201322

上海三友电器厂

荧光灯电子镇流器

证书编号:CH0044375—2000

型号规格:YZ402EFA2 2×36(40)W YZ302EFA2 2×30W

有 效 期:2000.3.28～2004.3.28

地　　址:上海市人民路 626 号

邮政编码:200002

上海四通沪光电工股份有限公司

嵌入式格栅荧光灯具

证书编号:CH0048360—2000

型号规格:STG33601M 3×36W;STG33605M 3×36W;STG23601M 2×36W;

嵌入式荧光灯具

证书编号:CH0048361—2000

型号规格:STR33601M 3×36W;STR33605M 3×36W;

吸顶式环管荧光灯具

证书编号:CH0049298—2000

型号规格:STX720 型(32W 40W)STX540 型(32W 22W)STX320 型(32W)STX220 型(22W)Ⅰ类,IP20。标志

自镇流荧光灯(一体化节能灯)

证书编号:CH0048362—2000

型号规格:YPZ220/20－H.D 20W YPZ220/11－H.D 11W YPZ220/15－H.D 15W

有 效 期:2000.7.10～2004.7.10

地　　址:上海市国康路 15 号

邮政编码:200092

上海谊冠电器有限公司

工作台灯(Ⅱ类,IP20,)

证书编号:CH0050247—2000

型号规格:PL－13 15W 220V 50Hz

有 效 期:2000.8.29～2004.8.29

地　　址:上海市松江区洞泾镇砖桥村

邮政编码:201601

上海造明电器有限公司

牧屿分公司

内装式荧光汀用镇流器系列(220V 50Hz tw120 △t60)

证书编号:CH0049525—2000

型号规格:ZM BTA 36/40—EC ZM BTA 30－EC ZM BTA 18/20—EC

有 效 期:2000.8.9～2004.8.9

地　　址:浙江省温岭市牧屿镇渚里村

邮政编码:317523

深圳特发通成实业有限公司

固定式灯具

证书编号:CH0028457—2000

型号规格:3413 60W,1066 25W,3411 60W,3520 60W,3419 60W 等

有 效 期:1998.11.17～2002.11.17

地　　址:深圳市龙岗区平湖镇天鹅工业区 A 区 2 栋

邮政编码:518081

石狮市万顺电器配件有限公司

电感镇流器

证书编号:CH0045956—2000

型号规格:L40,40W; L30,30W;L20,20W; L7/9/11;等

管形荧光灯座

证书编号:CH0045958—2000

型号规格:Y11 G13 Y22 G13 Y88 G13

内装式启动器座

证书编号:CH0045957—2000

型号规格:D88 G13 250V 3A

有 效 期:2000.5.18～2004.5.18

地　　址:福建石狮市石金路龙腾大厦

邮政编码:352700

石狮文行灯饰有限公司

嵌入式格栅直管荧光机具

证书编号:CH0041738—2000

型号规格:1103 3×40E 1102 2×40W 1104 3×20W

有 效 期:2000.1.10～2004.1.10

地　　址:福建省石狮市祥芝镇大堡工业区

邮政编码:362700

顺德市恒光电器有限公司

独立式电子镇流器系列(双灯,铁壳,带 H)

证书编号:CH0045579—2000

型号规格:KH2×36W/C KH2×30W/C KH2×18W/C

有 效 期:2000.4.26～2004.4.26

地　　址:广东省顺德市容桂镇隔涌路 47 号

邮政编码:528306

顺德市均安镇天连骏昌木灯厂

落地灯(白炽落地灯系列,Ⅱ类,IP20,有 F)

证书编号:CH0042129—2000

型号规格:ML－A 1×40W;ML－E,3

×100W；
有 效 期：2000.1.21～2004.1.21
地　　址：顺德市均安镇均榄路段海洲路口
邮政编码：518329

顺德市勒流镇大地照明电器有限公司
荧光灯用交流电子镇流器
证书编号：CH0044051—2000
型号规格：DADY－40E 40W，DADY－30E 30W，DADY － 20E 20W；220V H 型
荧光灯用镇流器
证书编号：CH0044050—2000
型号规格：TE－40 40W，TE－30 30W，TE－20 20W；220V Tw120
有 效 期：2000.3.17～2004.3.17
地　　址：广东省顺德市容奇镇环安路13号
邮政编码：528422

顺德市勒流镇大晚高能灯具厂
荧光灯镇流器(内装式镇流器系列(tw130 ℃，不带过热保护)
证书编号：CH0050022—2000
型号规格：GN － 08P，8W；GN － 10P，10W；GN－13P，13W；等
有 效 期：2000.8.22～2004.8.22
地　　址：广东省顺德市勒流镇勒连西路38号
邮政编码：556740

顺德市勒流镇光大永力五金电器厂
嵌入式灯具(高效格栅荧光灯具)Ⅰ类
证书编号：CH0049330—2000
型号规格：B5324 40W×2；B5324 40W×1；B5324 40W×3；等
有 效 期：2000.8.2～2004.8.2
荧光灯镇流器
证书编号：CH0049329—2000
型号规格：B－98－A 40W，30W，20W 220V 50Hz tw95
有 效 期：2000.8.2～2004.8.2
地　　址：广东顺德市勒流江义工业区
邮政编码：528332

顺德市勒流镇朗程电器厂
安全日光管支架
证书编号：CH0054818—2000
型号规格：JF 系列：Y40，40W；Y30，30W；Y20，20W
有 效 期：2000.12.28～2004.12.28
地　　址：顺德市勒流镇安利工业区杏良东路6号
邮政编码：528322

顺德市勒流镇勒北永基电器厂
电子节能灯，带H标志，无过热保护
证书编号：CH0045171—2000
型号规格：YPZ220/15 － 2U.RR.D；YPZ220/13－2U.RR.D； YPZ220/11 － 2U.RR.D
电子镇流器超薄荧光灯支架Ⅰ类，IP20
证书编号：CH0045170—2000
型号规格：MX1 － Y36 MX1 － Y30；MX1－Y20
有 效 期：2000.4.18～2004.4.18
地　　址：顺德市勒流镇工业区建设六马路
邮政编码：528322

顺德市松本电工实业有限公司
普通照明用紧凑型荧光灯
证书编号：CH0044060—2000
型号规格：5W，7W，9W，11W，13W，15W，18W
筒灯
证书编号：CH0044057—2000
型号规格：S5 型（0 类）10W，15W，20W，25W，40W，60W
荧光灯镇流器
证书编号：CH0044059—2000
型号规格：S2 型 6W，8W，10W，13W，20W， 36W， 40W， 58W，65W；220V
有 效 期：2000.3.17～2004.3.17
地　　址：广东省顺德市容奇镇环安路13号
邮政编码：528422

顺德市松日电器有限公司
电子节能灯(整体式自镇流荧光灯系列，带H标志，无过热保护)
证书编号：CH0043163—2000
型号规格：YPZ220/15 － 2U，RR.D；YPZ220/13－2U.RR.D；
有 效 期：2000.2.24～2004.2.24
地　　址：广东省顺德市勒流镇龙升北路开发区
邮政编码：528322

苏州灯具总厂
吸吊式荧光灯具系列
证书编号：CH0043141—2000
型号规格：SC.YG314 － 40W × 1；SC.YG314－20W × 2；等
有 效 期：2000.2.24～2004.2.24
地　　址：江苏省苏州市西园路40号
邮政编码：215008

索恩照明(广州)有限公司
荧光灯镇流器
证书编号：CH0042215—2000
型号规格：ESL 2×9W；ESL 2×13W；S18/20W；ESL 1×18W；
有 效 期：2000.1.21～2004.1.21
地　　址：广州市黄埔经济技术开发区东区一横路北面一号

泰兴市亚浦灯饰有限责任公司
嵌入式荧光灯具系列(0类，IP20)
证书编号：CH0049523—2000
型号规格：HR5786－3×40W；HR5785－3×30W；
有 效 期：2000.8.9～2004.8.9
地　　址：江苏省泰兴市七圩镇汽渡东路
邮政编码：224543

温州市鹿城唐达灯饰厂
荧光灯支架系列
证书编号：CH0048830—2000
型号规格：0 类，IP20 99TDX 40W/36W 99TDX
有 效 期：2000.7.21～2004.7.21
地　　址：浙江省温州市航标路底打捞局边
邮政编码：325003

厦门通士达照明有限公司
高效电子节能灯
证书编号：CH0037871—99
型号规格： YPZ220/15—3U 15W YPZ220/18—3U 18W
有 效 期：1999.9.23～2003.9.23
地　　址：厦门市湖滨北体育路7号
邮政编码：361012

萧山市东泰照明器厂
荧光灯座系列
证书编号:CH0044400—2000
型号规格: 1.SL9905 2.5/250 G24q G13/
有 效 期:2000.3.30～2004.3.30
地 址:浙江省萧山市靖江胜联村
邮政编码:311223

兴茂实业有限公司
管状荧光灯用电感镇流器
证书编号:CH0043613—2000
型号规格:PBC 542201 7,9,11W 220V 50Hz tw120
有 效 期:2000.3.8～2004.3.8
地 址:广东惠州市惠阳县新墟镇

扬州市三环电光源厂
荧光灯电子镇流器
证书编号:CH0051201—2000
型号规格:YSZ—36—99 YSZ—30—99 YSZ—20—99 YSZ—15—99
有 效 期:2000.9.19～2004.9.19
地 址:扬州市南郊横沟新村1号
邮政编码:225004

永胜(东莞)电子有限公司
台灯(孩视宝护眼灯)(0类,)
证书编号:CH0051522—2000
型号规格:VR288/21W
有 效 期:2000.9.27～2004.9.27
地 址:东莞市塘厦镇桥陇管理区
邮政编码:523730

余姚市长虹电器厂
螺口灯座
证书编号:CH0048053—2000
型号规格:E27 2A 250V
有 效 期:2000.6.30～2004.6.30
地 址:余姚市泗门镇下庙山路
邮政编码:315472

余姚市低塘镇华威电器厂
螺口灯座
证书编号:CH0049423—2000
型号规格:FDZ 系列 2A 220V
有 效 期:2000.8.7～2004.8.7
地 址:余姚市低塘镇沥网村高家桥
邮政编码:315491

余姚市环宇电子有限公司
螺口灯座
证书编号:CH0046188—2000
型号规格:E27 250V 2A
有 效 期:2000.5.17～2004.5.17
地 址:浙江省余姚市姚镇群联村
邮政编码:315400

余姚市通用塑胶模具厂
螺口灯座
证书编号:CH0047238—2000
型号规格:E27 2A 250V～
有 效 期:2000.6.9～2004.6.9
地 址:浙江省余姚市余姚镇胜归山
邮政编码:315490

余姚市万圣电冰箱配件厂
螺口灯座
证书编号:CH0042891—2000
型号规格:E27 250V 4A
有 效 期:2000.2.17～2004.2.17
地 址:浙江省余姚市泗门镇
邮政编码:315474

余姚耀华灯具有限公司
陶瓷螺口灯座
证书编号:CH0049158—2000
型号规格:YH2701 E27 4/250
有 效 期:2004.7.28～2004.7.28
地 址:浙江省余姚市白山路95号
邮政编码:315400

浙江路之遥电气有限公司
螺口灯座
证书编号:CH0025771—98
型号规格:(E14)DZ2－A 250V 1A
有 效 期:1998.7.15～2002.7.15
地 址:浙江省乐清市北白象电子工业区
邮政编码:325603

浙江阳光集团股份有限公司
T5 高性能电子镇流器
证书编号:CH0049157—2000
型号规格:YZ14－3E5 3×14W 220－240V 50－60Hz
有 效 期:2000.7.28～2004.7.28
地 址:浙江省上虞市凤山路129号
邮政编码:312300

中山市东凤镇长威电器厂
普通照明用自镇流灯
证书编号:CH0045963—2000
型号规格:YPZ220/5－2U;YPZ220/7－2U;YPZ220/9－2U;等
有 效 期:2000.5.10～2004.5.10
地 址:中山市东凤镇金怡南路
邮政编码:528425

中山市古镇宝德灯饰电器厂
台灯(白炽台灯系列)
证书编号:CH0044045—2000
型号规格:白炽台灯 MT 系列:210,40W;211,60W;212,40W;213 40W;
有 效 期:2000.3.17～2004.3.17
地 址:中山市古镇古四工业区
邮政编码:528421

中山市古镇标致灯饰电器厂
电子支架(0类,IP20,有F)
证书编号:CH0042855—2000
型号规格:MX6020－Y20;MX6030－Y30;MX6040－Y40;等
台地灯(白炽台灯系列)
证书编号:CH0042856—2000
型号规格: MT5000 60W; MT5010 60W;MT5020 60W 等
有 效 期:2000.2.2～2004.2.2
地 址:中山市古镇麒麟工业区
邮政编码:528422

中山市古镇创佳电子电器厂
节能灯(整体式自镇流荧光灯系列,带H标志,无过热保护)
证书编号:CH0045172—2000
型号规格:MW－5W;MW－7W;MW－9W;MW－11W;MW－13W;
有 效 期:2000.4.18～2004.4.18
地 址:中山市古镇古二顺成工业区
邮政编码:528421

中山市古镇达兴塑料电器厂
壁灯(壁式白炽灯具系列,0类,IP20,有F)
证书编号:CH0043154—2000
型号规格:MB201 1×40W;MB202 1×40W 等
吊灯(吸吊式白炽灯具系列,0类,IP20,有F)
证书编号:CH0043153—2000
型号规格:MD101,2×40W;MD102,3

×40W;MD103

台灯(白炽台灯系列,Ⅱ类,IP20,有F,铁壳)

证书编号:CH0043155—2000
型号规格:MT008 1×40W;MT009 1×40W;
有 效 期:2000.2.24～2004.2.24
地　　址:中山市古镇古四工业区
邮政编码:528421

中山市古镇大立灯饰电器厂

壁灯(壁式白炽灯具系列)

证书编号:CH0043644—2000
型号规格:00052,2×40W;
有 效 期:2000.3.9～2004.3.9
地　　址:中山市古镇横古公路冈东段
邮政编码:528421

中山市古镇迪通电子电器厂

整体式自镇流荧光灯具带H标志无过热保护

证书编号:CH0048758—2000
型号规格:YPZ－2U－RZ.D 5W;YPZ－2U－RZ.D,7W;等
有 效 期:2000.7.19～2004.7.19
地　　址:中山市古镇新兴大道四工商大楼2－3号
邮政编码:528421

中山市古镇杜奇灯饰厂

吊灯(0类,IP20,)

证书编号:CH0045953—2000
有 效 期:2000.5.10～2004.5.10
地　　址:中山市古镇横古公路路段
邮政编码:528421

中山市古镇非凡灯饰电器厂

台灯(白炽台灯系列,Ⅱ类,IP20,有F)白炽台灯MT系列:

证书编号:CH0043139—2000
型号规格:4001 1×40W;4002 1×40W;等

吸吊灯(吸吊式白炽灯具系列,0类,IP20,有F)

证书编号:CH0043137—2000
型号规格:MX1001 3×40W;MX1002 4×40W;MX1003 5×40W
有 效 期:2000.2.24～2004.2.24
地　　址:中山市古镇大马路
邮政编码:528421

中山市古镇富利华电器灯饰五金厂

壁灯(壁式白炽灯具系列,0类,IP20,有F)

证书编号:CH0044044—2000
型号规格:壁式白炽灯具MB系列:101,3×40W;105,2×40W;109,2×40W;

吊灯(吸吊式白炽灯具系列,0类,IP20,有F)

证书编号:CH0044043—2000
型号规格:2009,3×40W;2030,15×40W 等
有 效 期:2000.3.17～2004.3.17
地　　址:中山市海洲沙源工业区
邮政编码:528422

中山市古镇冠日灯饰电器厂

可移式灯具(台地灯系列)(Ⅱ类,IP20,)

证书编号:CH0045955—2000
有 效 期:2000.5.10～2004.5.10
地　　址:中山市古镇冈东第三工业区
邮政编码:528421

中山市古镇广隆电器灯饰厂

台灯(白炽台灯系列)

证书编号:CH0042134——2000
型号规格:6001 1×40W;6006 1×40W;
有 效 期:2000.1.21～2004.1.21
地　　址:中山市古镇二马路
邮政编码:518321

中山市古镇海利灯饰五金制品厂

台灯(白炽台灯系列,Ⅱ类,IP20,有F,铁壳)

证书编号:CH0042848—2000
型号规格:235/A,211,235/B,269,208/A,213,208/B,238,212/A,246;40W
有 效 期:2000.2.2～2004.2.2
地　　址:中山市古镇教昌新圩大街西1号
邮政编码:528422

中山市古镇恒光灯饰电器厂

可移式灯具(工艺台灯0类,)

证书编号:CH0053600—2000
型号规格:MT536,MT534,MT526,MT667,MT638,
有 效 期:2000.11.21～2004.11.21
地　　址:广东中山市古镇六坊工业区
邮政编码:528421

中山市古镇华天灯饰照明电器厂

吊灯(吸吊式白炽灯具系列,0类,IP20,有F)吸吊式白炽灯具MD系列

证书编号:CH0043377—2000
型号规格:501,5×40W;682,6×40W;681,6×40W;840,8×40W;等

台灯(白炽台灯系列,Ⅱ类,IP20,有F,铁壳)白炽台灯MT系列

证书编号:CH0043381—2000
型号规格:6622,40W;241,40W;410,2×40W;
有 效 期:2000.3.1～2004.3.1
地　　址:广东省中山市古镇古二顺成新开发区
邮政编码:528421

中山市古镇康盛灯饰电器厂

壁式石英灯具(壁式石英灯具系列,Ⅲ类,IP20,有F)

证书编号:CH0043645—2000
型号规格:壁式石英灯具MBK系列:983－2,2×35W;996－2,2×35W;988－2,2×35W;等
有 效 期:2000.3.9～2004.3.9
地　　址:中山市古镇古四工业区二街
邮政编码:528421

中山市古镇朗达灯饰厂

壁灯(壁式白炽灯具系列)

证书编号:CH0049767—2000
型号规格:见附页
有 效 期:2000.8.16～2004.8.16

吊灯(吸吊式白炽灯具系列)

证书编号:CH0049766—2000
有 效 期:2000.8.16～2004.8.16
地　　址:中山市古镇曹步工业大道
邮政编码:528421

中山市古镇美光灯饰厂

落地灯(白炽落地灯系列)

证书编号:CH0042842—2000
型号规格:1688,3×40W;1988,6×40W;等

有 效 期:2000.2.2～2004.2.2

台灯(白炽台灯系列,Ⅱ类,IP20,有F,铁壳)

证书编号:CH0042841—2000

型号规格:1698,1×40W;052,1×40W;等

地　　址:中山市古镇沙水公路古一路段

邮政编码:528421

中山市古镇美美灯饰电器厂

吊灯(吸吊式白炽灯具系列,0类,IP20,)

证书编号:CH0045952—2000

型号规格:MD2816,5×40W;MD2910,3×40W;MD2015,10×40W等

有 效 期:2000.5.10～2004.5.10

地　　址:广东省中山市古镇镇加油站侧

邮政编码:528421

中山市古镇明峰灯饰电器厂

白炽台,地灯系列(II类,IP20,)

证书编号:CH0053594—2000

有 效 期:2000.11.21～2004.11.21

地　　址:中山市古镇大马路

邮政编码:528421

中山市古镇明泰灯饰电器厂

固定式灯具(民用壁灯)0类,

证书编号:CH0045032—2000

型号规格:MB01 1×40W;MB02－2 2×40W;MB03－3

固定式灯具(民用吊灯)0类,

证书编号:CH0045030—2000

型号规格:MD02－3＋1 4×MAX40W;MD01－2 2×40W;

可移式灯具(民用台灯)Ⅱ类,

证书编号:CH0045031—2000

型号规格:MT01 1×MAX40W;MT02－2×40W;

有 效 期:2000.4.13～2004.4.13

地　　址:中山市古镇信和灯饰广场

邮政编码:528421

中山市古镇南威灯饰厂

吊灯(吸吊式白炽灯具系列)

证书编号:CH0043151—2000

型号规格:MD－9729/6－6×40W;MD－3448/6－6×40W等

台灯(白炽台灯系列)

证书编号:CH0043150—2000

型号规格:MT103,MT151,MT118,MT1015,MT1061;

有 效 期:2000.2.24～2004.2.24

地　　址:中山市古镇六坊工业区

邮政编码:528421

中山市古镇日佳电子厂

自镇流荧光灯(带H标志,无过热保护)

证书编号:CH0045168—2000

型号规格:YPZ220/5－2U.RR.D;YPZ220/7－2U.RR.D;

有 效 期:2000.4.18～2004.4.18

地　　址:中山市古镇灯饰城

邮政编码:528421

中山市古镇荣富五金配件厂

吸顶灯(0类,IP20,有F)

证书编号:CH0038472—99

有 效 期:1999.10.13～2003.10.13

地　　址:中山市古镇古二沙滩工业区大道3号

邮政编码:528421

中山市古镇松茂灯饰电器厂

台灯(白炽台灯系列,Ⅱ类,IP20,铁壳)

证书编号:CH0045949—2000

型号规格:MT014－1×40W;MT013－1×40W;MT020－2×40W等

有 效 期:2000.5.10～2004.5.10

地　　址:中山市古镇古三第一经济开发区

邮政编码:528421

中山市古镇先驱电子灯饰电器厂

电子镇流器(内装式电子镇流器系列,带H标志,无过热保护)

证书编号:CH0043388—2000

型号规格:YZ40E,40W;YZ30E,30W YZ22E,22W

有 效 期:2000.3.1～2004.3.1

地　　址:中山市古镇东岸开发区

邮政编码:231884

中山市古镇兴达电子电器厂

自镇流荧光灯(节能灯)

证书编号:CH0043159—2000

型号规格:XDMY－9W－2U XDMY－20W－3U

有 效 期:2000.2.24～2004.2.24

地　　址:中山市古镇古三第一经济开发区

邮政编码:528421

中山市古镇艺宏灯饰电器厂

嵌入式灯具(筒灯)所用光源均为钨丝灯泡;

证书编号:CH0047423—2000

型号规格:MQ4007;MQ3005;MQ4003;MQ5009;MQ6009(max 40W),I类

有 效 期:2000.6.14～2004.6.14

地　　址:中山市古镇海洲东岸公路

邮政编码:528422

中山市古镇泽恒灯饰电器厂

壁灯(壁式白炽灯具系列,0类,IP20,)

证书编号:CH0045175—2000

型号规格:MB801,2×25W;MB802,2×25W;

吊灯(吸吊式白炽灯具系列,I类,IP20,)

证书编号:CH0045174—2000

型号规格:MD1803,3×40W;MD1805,5×40W;MD1806,6×40W;

有 效 期:2000.4.18～2004.4.18

地　　址:中山市古镇大马路

邮政编码:528421

中山市古镇珍宝灯饰厂

民用建筑壁灯(0类,)

证书编号:CH0048760—2000

型号规格:MB－9802　MB－99121

有 效 期:2000.7.19～2004.7.19

地　　址:广东中山市古镇邮电局对面

邮政编码:528421

中山市古镇中杰灯饰电器厂

吊灯(固定式白炽灯具系列,0类,IP20,)

证书编号:CH0050934—2000

有 效 期:2000.9.12～2004.9.12

地　　址:广东省中山市古镇新兴中路128号

邮政编码:528421

中山市古镇梵尔赛灯饰厂
固定式灯具(吸顶灯 0 类,有 F)
证书编号:CH0043368—2000
型号规格: MX8063, 10 × 40W; MX8058,8×40W 等
有 效 期:2000.3.1~2004.3.1
地 址:中山市古镇六坊工业区
邮政编码:528400

中山市海洲开成电器厂
固定式灯具(壁灯)0 类
证书编号:CH0045033—2000
型号规格: MB065 1 × MAX40W; MB052 1×40W;
有 效 期:2000.4.13~2004.4.13
地 址:中山市古镇海洲东岸公路超华灯饰广场
邮政编码:528422

中山市海洲翔扬灯饰电器厂
固定式灯具(吊灯,0 类,有 F)
证书编号:CH0043157—2000
型号规格:MD9811,5×40W;MD9812,6×40W;
固定式灯具(吸顶灯,0 类,有 F)
证书编号:CH0043158—2000
型号规格:MX9822,3×40W;MX9817,9×40W 等
有 效 期:2000.2.24~2004.2.24
地 址:中山市古镇海洲北海工业区
邮政编码:528422

中山市康尔威灯饰有限公司
嵌入式灯具(筒灯)所用光源均为白炽灯,均为 0 类器具,有 F
证书编号:CH0042214—2000
型号规格: MQ001 MQ002 MQ003 MQ004 MQ005 MQ006
有 效 期:2000.1.21~2004.1.21
地 址:广东中山市古镇东岸开发区
邮政编码:528421

中山市同乐日用电器实业公司
插脚式荧光灯座(内装式荧光灯座系列)
证书编号:CH0043173—2000
型号规格: HL — 23 G23; HL — 242 G24d—2; HL—244 G24q—4
节能灯镇流器
证书编号:CH0043176—2000
型号规格:HL—8,1×8W;HL—10,1×10W;HL—13,1×13W(2×7W)
日光灯支架(固定式荧光灯具系列,I 类,IP20,无 F)
证书编号:CH0043169—2000
型号规格: MGJ — Y40 × 1 1 × 40W; MGJ—Y40×2 2×40W
有 效 期:2000.2.24~2004.2.24
地 址:中山市东升镇广福路尾
邮政编码:528414

中山市小榄粤丰金属塑料电器制品厂
日光灯支架(0 类)
证书编号:CH0050059—2000
型号规格: MX6a — Y40 × 2 40W × 2 MX5a—Y40 1×40W
有 效 期:2000.8.23~2004.8.23
地 址:中山市小榄镇沙口工业德来路四横道七号
邮政编码:528415

中山市小榄镇达伟灯饰电器厂
白炽筒灯(0 类,IP20,)
证书编号:CH0047332—2000
型号规格: 301, 40W; 401, 60W; 501, 100W;601,100W;等
有 效 期:2000.6.13~2004.6.13
地 址:中山市小榄镇永宁螺沙洪山二工业村
邮政编码:528415

中山市小榄镇恒达模具五金电器加工厂
螺口灯座(塑料)
证书编号:CH0042211—2000
型号规格:E27 4A 250V
有 效 期:2000.1.21~2004.1.21
地 址:广东省中山市小榄镇潮南路38 号
邮政编码:528415

中山市小榄镇辉虹灯饰电器厂
嵌入式灯具(嵌入式筒灯钨丝灯泡 III 类 IP20)
证书编号:CH0053366—2000
型号规格: MQ99A AC12V 20W MQ99B AC12V 20W
有 效 期:2000.11.15~2004.11.15
地 址:中山市小榄镇九洲基工业开发区民联路 6 号
邮政编码:528415

中山誉扬灯饰有限公司
壁灯(壁式白炽灯具系列)
证书编号:CH0054341—2000
型号规格: TL88044, 1 × 60W. E14; TL87838,1×60W. E27; TL68062, 2 × 60W. E27
有 效 期:2000.12.6~2004.12.6
地 址:中山市古镇古二顺成工业区
邮政编码:528421

舟山市久灵电器有限公司
内装式荧光灯镇流器系列(220V 50Hz tw110)
证书编号:CH0050388—2000
型号规格:YZ16 型 20W,30W,40W,58/65W
有 效 期:2000.8.31~2004.8.31
地 址:浙江舟山市黄家矸路 26 号
邮政编码:316000

淄博齐晓电子有限公司
螺口灯座
证书编号:CH0041764—2000
型号规格:DZ—1 250V 2A
有 效 期:2000.1.11~2004.1.11
地 址:山东省淄博市临淄区齐都镇韶院路 2 号
邮政编码:255422

电容器

(株式会社)村田制作所野州事业所
抑制电磁干扰和电源网络连接用固定电容器
证书编号:CH0041703—2000
型号规格:KH(X1 440Vac Y2 250Vac 10pF~10nF)
有 效 期:2000.1.7~2004.1.7

安徽黄山市振州特种电容器厂
交流电动机用铝电解电容器
证书编号:CH0046911—2000
型号规格: CD60 系列 110V ~ 300V 50μF~400μF

有 效 期:2000.5.31～2004.5.31
地　　址:安徽省黄山市屯溪区屯光泉源坞 27 号
邮政编码:245000

安徽铜峰电子股份有限公司
交流电动机电容器
证书编号:CH0005439—2000B
型号规格:CBB61—450/500VAC～1μF～14μF
抑制无线电干扰电容器
证书编号:CH0043493—2000
型号规格:CBB62－250VAC－300VAC 0.01～0.47uF
有 效 期:2000.3.3～2004.3.3
地　　址:安徽铜陵市石城路 117 号
邮政编码:244000

北京飞行电子总公司(国营第七九八厂)
交流圆牌瓷介电容器
证书编号:CH0047224—2000
型号规格:CT7A 系列:Y1 250V～(400V～)100PM～4n7M
有 效 期:2000.6.9～2004.6.9
地　　址:北京市朝阳区酒仙桥路 4 号
邮政编码:100015

北京松下精密电容有限公司
ECQUL 型金属化聚脂膜交流电容器
证书编号:CH0041883—2000
型号规格:ECQUL X2,0.001uF－4.7uF;E12 Y2,0.001 uF－0.0068uF,E12
金属化聚脂膜交流电容器
证书编号:CH0052084—2000
型号规格:ECQ—UV 250VAC 0.001μF—1.0μF
有 效 期:2000.10.15～2004.10.15
地　　址:北京天竺空港工业区天柱西路八号
邮政编码:101312

常熟市电容器二厂
电容器
证书编号:CH0043033—2000
型号规格:CBB60 系列 500V 2～20μF D 级
有 效 期:2000.2.22～2004.6.22
证书编号:CH0043466—2000
型号规格:CBB60 系列 500V2～20μF C 级
交流电动机电容器
证书编号:CH0046775—2000
型号规格:CBB61 系列 500V 0.8～7μF ±5% D 级
有 效 期:2004.5.29～2004.5.29
地　　址:江苏省常熟市张桥镇
邮政编码:215552

常州常捷电子有限公司
抑制电磁干扰和电源网络连接用固定电容器
证书编号:CH0016209—2000A
型号规格:CIS 0.0015～0.47μF/250V
有 效 期:2000.5.15～2004.5.15
地　　址:常州市清潭路 272 号
邮政编码:213015

长春东光大荣电子有限公司
交流电动机用电容器
证书编号:CH0017645—2000A
型号规格:CBB60 系列:1μF～16μF 450/400VAC 10μF～50μ
证书编号:CH0020590—2000A
型号规格:CBB65A 系列:6μF～50μF 1.5＋20μF～12＋50μF 4
有 效 期:2000.6.30～2004.6.30
地　　址:长春市朝阳区湖光路 5 号
邮政编码:130012

长春东光特种电容器有限公司(国营第七九三厂)
CH61 型交流密封复合介质固定电容器
证书编号:CH0042613—2000
型号规格:0.65～1.1μF 2100V
有 效 期:2000.1.31～2004.1.31
地　　址:长春市湖光路 5 号
邮政编码:130012

长春高新东光电子有限公司(七九三厂)
马达启动铝电解电容器
证书编号:CH0044332—2000
型号规格:CD60A 220V/250V 30μF～400μF
有 效 期:2000.3.27～2004.3.27
地　　址:长春市湖光路 5 号
邮政编码:130012

潮州市信达电子元器件厂
交流瓷介电容器
证书编号:CH0004065—2000B
型号规格:CT7—E400VA C—102M
证书编号:CH0054835—2000
型号规格:CT7—400VAC—417K—102M—103Z
有 效 期:2000.11.12～2004.11.12
地　　址:潮州市意溪东洋石桥头东园开发区
邮政编码:521051

成都宏明电子实业总公司
交流瓷介电容器
证书编号:CH0045707—2000
型号规格:CT71－Y1－250VAC－(221－472)
有 效 期:2000.4.28～2004.4.28
有机薄膜电容器(交流电动机电容器)
证书编号:CH0043720—2000
型号规格:CBB61 系列 D 级 250V～450V 0.022～15μF
有 效 期:2000.3.10～2004.3.10
地　　址:四川省成都市二环路东二段二十九号
邮政编码:610058

慈溪市爱诺尔电器厂
交流电动机用金属化薄膜介质电容器
证书编号:CH0052109—2000
型号规格:CBB60 250V～450V 1μF～6μF
有 效 期:2000.10.16～2004.10.16
地　　址:浙江慈溪市观城镇豆芽街 10 号
邮政编码:315315

慈溪市三北镇兴发电器厂
交流电动机用金属化薄膜介质电容器
证书编号:CH052438—2000
型号规格:CBB60 系列 250V～500V 1.0μF～10μF
有 效 期:2000.10.24～2004.10.24
地　　址:浙江省慈溪市三北镇下田央
邮政编码:315331

东莞厚街智中电子厂
交流电容器

证书编号:CH0043997—2000
型号规格:JY－Y1－250VAC－100pF～2.2nF
有 效 期:2000.3.17～2004.3.17
地　　址:广东省东莞市厚街镇陈屋管理区
邮政编码:523942

阜新东新电容器有限公司

交流金属化聚丙烯膜电容器
证书编号:CH0016324—2000A
型号规格:CBB62 系列 250V～0.01μF～0.68μF

交流金属化聚脂膜电容器
证书编号:CH0016323—2000A
型号规格:CL61B 系列 250V～0.01μF～0.47μF
有 效 期:2000.7.26～2004.7.26
地　　址:辽宁省阜新市海洲区东风路91号
邮政编码:123000

阜新欧亚电子有限公司

交流金属化聚丙烯电容器
证书编号:CH0046202—2000
型号规格:CBB62 250V 0.1～0.47μF
有 效 期:2000.5.17～2004.5.17
地　　址:辽宁省阜新市海洲区东风路91号
邮政编码:123000

桂林市无线电八厂

交流电动机用电容器
证书编号:CH0005436—2000B
型号规格:CBB60 250V 400V 500V (2.5～50μF)
证书编号:CH0048966—2000
型号规格:CBB65 400VAC (15～50μF) 450VAC(15～50μF)
有 效 期:2000.5.10～2004.5.10
地　　址:桂林市七星区三里店码坪街10号
邮政编码:541004

国营第七九四厂

金属化聚丙烯膜介质交流固定电容器
证书编号:CH0049704—2000
型号规格:CBB24 AC250V/AC275V 0.01～2.2μF
有 效 期:2000.8.15～2004.8.15
地　　址:河南省鹤壁市红旗街121号
邮政编码:458000

韩星爱肯特(天津)有限公司

电容器
证书编号:CH0026643—98
型号规格:HPR—350/500V—(4～60μF)/(1.5＋10～17＋50μF

高压电容器
证书编号:CH0025502—98
型号规格:HCH—2200VAC—(0.80～1.20μF)
有 效 期:1998.7.1～2002.7.1

鹤壁市宏亚电子有限公司

交流金属化聚丙烯膜介质电容器
证书编号:CH0049292—2000
型号规格:CBB61 450V/500V 1～15UF
有 效 期:2000.8.1～2004.8.1
地　　址:河南鹤壁市淇滨经济开发区
邮政编码:458030

横店集团电容器厂

交流电动机用铝电解电容器
证书编号:CH0055330—2000
型号规格:CD60 220—265VAC 100μF
有 效 期:2000.12.26～2004.12.26
地　　址:浙江省东阳市横店工业区
邮政编码:322118

华容国际公司

交流电容器
证书编号:CH0053867—2000
型号规格:MKP—X2—275VAC 0.0047μFJ～2.2μFJ
有 效 期:2000.11.28～2004.11.28
地　　址:广东省东莞市石碣镇新城区三村工业区
邮政编码:523290

淮阴市雅新实业有限公司电子厂

电容器
证书编号:CH0019403—97
型号规格:CBB65 系列 450V 5～60μF
有 效 期:2001.9.3～2005.9.3
地　　址:江苏省淮阴市清扬路33号

极光电器(苏州)有限公司

交流电动机电容器
证书编号:CH0054319—2000
型号规格:CBB65(CF TYPE)规格:250VAC,1.5～55μF±5%;
有 效 期:2000.12.6～2004.12.6
地　　址:江苏省吴县市经济开发区南区枫津路6号
邮政编码:215128

江西省永丰县新生电容器厂

交流电动机用电容器
证书编号:CH0053194—2000
型号规格:CBB61—400VAC—1.2μF
有 效 期:2000.11.12～2004.11.12
地　　址:江西省永丰县城南郊

南昌中兴电容器厂

交流电动机电容器
证书编号:CH0047301—2000
型号规格:CBB61—450VAC—(1～5)μF±5% 450VAC 50Hz
有 效 期:2000.6.12～2004.6.12
地　　址:江西省南昌县莲塘镇
邮政编码:330200

南海市官窑新联邦电器厂

交流电动机用金属化薄膜介质电容器
证书编号:CH0041855—2000
型号规格:CBB61 系列 1μF～10 μF 250V～500V
有 效 期:2000.1.14～2004.1.14
地　　址:广东省南海市官窑镇三洲村
邮政编码:528237

南京苏友电子有限公司

交流电动机电容器
证书编号:CH0054333—2000
型号规格:CBB60—450VAC—4～35μF 规格:450VAC 4～35μF
有 效 期:2000.12.6～2004.12.6
地　　址:南京市尧化新村101号
邮政编码:210046

南通南塔电容器有限责任公司

电容器
证书编号:CH0043472—2000
型号规格:CBB61 系列 250V～500V 1～8μF±5% C级
证书编号:CH0044145—2000
型号规格:CBB 70 系列 250v～450V 4μF～35μF

有 效 期:2000.3.3～2004.3.3
地　　址:江苏省南通市工农路72号
邮政编码:226008

宁波海利达电器有限公司
交流电动机用金属化薄膜介质电容器
证书编号:CH0007320—2000A
型号规格:CBB61 250V～500V 1μF～20μF
证书编号:CH0048211—2000
型号规格:CBB60 250V～500V 1μF～60μF
有 效 期:2000.7.5～2004.7.5
地　　址:浙江省宁波市镇海贵驷镇贵安路11号
邮政编码:315206

宁波市镇海龙荣电子元件厂
交流电动机用电容器
证书编号:CH0053330—2000
型号规格:CBB60 2.5—10μF 450VAC
有 效 期:2000.11.15～2004.11.15
地　　址:镇海贵驷大市堰
邮政编码:315206

宁波市镇海三和电子有限公司
交流电动机电容器
证书编号:CH0054798—2000
型号规格:CBB60 500V 25μF±5% C级
有 效 期:2000.12.18～2004.12.18
地　　址:宁波市镇海骆驼镇荣骆路239号
邮政编码:315202

宁波新容电气有限公司
交流电动机用金属化薄膜介质电容器
证书编号:CH0047426—2000
型号规格:CBB61A CBB611A 200V～500V 0.6μF～20μF
有 效 期:2000.6.15～2004.6.15
地　　址:浙江省宁波市望春路28号
邮政编码:315010

宁国市沪宁电器有限公司
电容器
证书编号:CH0046375—2000
型号规格:CBB65 系列 250—450V 1—30μF D级
有 效 期:2000.5.19～2004.5.19
地　　址:安徽宁国市工业西路78号
邮政编码:242300

宁国市佳华电器有限责任公司
交流电动机用金属化薄膜介质电容器
证书编号:CH0045583—2000
型号规格:CBB65 220V～500V 10～75μF
有 效 期:2000.4.26～2004.4.26
地　　址:安徽宁国市城关巫山路八号
邮政编码:242300

宁国市裕华电器厂
交流电动机用金属化薄膜介质电容器
证书编号:CH0053678—2000
型号规格:CBB61 系列 250V～500V 1～2μF
有 效 期:2000.11.22～2004.11.22
地　　址:安徽省宁国市五里铺市福利院内
邮政编码:242300

如皋市无线电三厂
电容器
证书编号:CH0008507—2000A
型号规格:CBB61 系列 500V 1μF—10μF±5% D级
有 效 期:2000.3.31～2004.3.31
地　　址:江苏省如皋市环西大桥北首
邮政编码:226572

三水市立星电子制造有限公司
交流电动机用电容器
证书编号:CH0053475—2000
型号规格:CBB61 (450～500)VAC 1—12μF
有 效 期:2000.11.19～2004.11.19
地　　址:广东省三水市西南镇东郊高丰基
邮政编码:528100

上海宝汇电容器有限公司
交流电动机用电容器
证书编号:CH0052887—2000
型号规格:CBB61 1～8μF 450VAC
有 效 期:2000.11.6～2004.11.6
地　　址:上海市闵行区七宝镇渔民村12号
邮政编码:211101

上海申格磁电器材有限公司
交流电动机电容器(金属化聚丙烯薄膜电容器)
证书编号:CH0041923—2000
型号规格:CBB80 4—20μf 400V～
有 效 期:2000.1.14～2004.1.14
地　　址:上海嘉定澄浏路359号
邮政编码:201808

上海向日亚电子有限公司
抑制射频干扰电容器
证书编号:CH0045296—2000
型号规格:MKPX2 规格:275VAC 0.01μF～2.2μF
有 效 期:2000.4.20～2004.4.20
地　　址:上海浦东博文路1458号C座4F
邮政编码:201206

上海振茂工贸有限公司
交流电动机用电容器
证书编号:CH0018267—2000A
型号规格:CBB60 1～60μF/500V～50Hz
有 效 期:2000.8.17～2004.8.17
地　　址:上海茂名北路93号
邮政编码:200041

深圳新光电电子有限公司
金属化聚丙烯交流电容器
证书编号:CH0049260—2000
型号规格:CBB62－X2－250VAC－47nFK－470nFK
有 效 期:2000.8.1～2004.8.1
地　　址:深圳市龙岗镇南联路58号
邮政编码:518116

顺德市北滘镇百明实业有限公司
电动机用金属化薄膜介质电容器
证书编号:CH0052354—2000
型号规格: CBB61 110V—500V 0.1μF—20μF
有 效 期:2000.10.22～2004.10.22
地　　址:顺德市北镇桃村工业区
邮政编码:528312

顺德市北滘镇碧江华宝电容器厂
交流电容器(交流电动机用电容器)

证书编号:CH0005431—2000B
型号规格:CBB60 250VAC 4～10μF 300VAC 4～10μF 等
有 效 期:2000.11.12～2004.11.12
地　　址:广东省顺德市北镇碧江大道
邮政编码:528312

顺德市北镇豪业电器包装厂

交流电动机用电容器

证书编号:CH0017225—2000A
型号规格:CBB61 250VAC－400VAC－600VAC(0.68～15)μF
有 效 期:2000.6.20～2004.6.20
地　　址:广东顺德市北镇上僚工业区
邮政编码:528311

顺德市北镇万丰电器厂

交流电动机用金属化薄膜介质电容器

证书编号:CH0008598—2000A
型号规格:CBB60 110V～500V 3～50μF
有 效 期:2000.6.21～2004.6.21
地　　址:广东省顺德市北镇西工业区
邮政编码:528311

顺德市北镇新达电器有限公司

交流电动机电容器

证书编号:CH0005433—2000B
型号规格:CBB60 200VAC－3μF～175μF;
证书编号:CH0005434—2000B
型号规格:CBB61 150VAC－0.4μF～25μF;
有 效 期:2000.6.14～2004.6.14
地　　址:广东顺德市北镇西工业区 8 号
邮政编码:528312

顺德市桂洲镇创格电子有限公司

交流电动机用金属化薄膜介质电容器

证书编号:CH0047133—2000
型号规格:CBB61 系列 100～500V 0.1～15μF
有 效 期:2000.6.8～2004.6.8
地　　址:广东省顺德市桂洲镇文明路 128 号
邮政编码:528305

顺德市桂洲镇松柏电器有限公司

交流电动机用金属化薄膜介质电容器

证书编号:CH0049792—2000
型号规格:CBB65A 250V～450V 2.2μF～80μF
有 效 期:2000.8.16～2004.8.16
地　　址:广东省顺德市桂洲镇外村大兴路 6 号
邮政编码:528305

顺德市容桂镇兰格电子厂

交流电动机用金属化薄膜介质电容器

证书编号:CH0052406—2000
型号规格:CBB61 250V～500V 0.47～25μF
有 效 期:2000.10.22～2004.10.22
地　　址:广东省顺德市容桂镇小黄圃村建业西路 27 号
邮政编码:528305

顺德市特力电器有限公司

交流电动机用铝电解电容器

证书编号:CH0046910—2000
型号规格:CD60 系列 110V～360V 50μF～400μF
有 效 期:2000.5.31～2004.5.31
地　　址:广东省顺德市桂洲镇穗香工业区工业南路六号
邮政编码:528305

四川中星电子有限责任公司

交流薄膜电容器

证书编号:CH0045789—2000
型号规格:CBB62－275VAC－(0.01μFK～0.47μFK)(X2)
证书编号:CH0048765—2000
型号规格:CBB62—250VAC—(0.01μFK～0.47μ FK)(X2)
有 效 期:2000.4.29～2004.4.29
地　　址:四川成都温江县公平镇
邮政编码:611130

铜陵市铜新电容器厂

交流电动机电容器

证书编号:CH0049634—2000
型号规格:CBB61 450V 1－6μF±5% C 级
有 效 期:2000.8.11～2004.8.11
地　　址:安徽铜陵市天桥南路胜利桥
邮政编码:244000

温岭市大溪中亚电容器厂

交流电动机用金属化薄膜介质电容器

证书编号:CH0047249—2000
型号规格:CBB60 系列 250V～400V 0.5μF～50μF
有 效 期:2000.6.9～2004.6.9
地　　址:浙江省温岭市大溪镇桥里村
邮政编码:317525

温岭市桂林曙光电容器厂

交流电动机用金属化薄膜介质电容器

证书编号:CH0049164—2000
型号规格:CBB60 250V～500V 1～60 μf
有 效 期:2000.7.28～2004.7.28
地　　址:浙江省温岭市泽国镇长虹路 9 号
邮政编码:317523

温岭市康泰电器厂

交流电动机用金属化薄膜介质电容器

证书编号:CH0052361—2000
型号规格:CBB60 250～450V 0.5μF～60μF
有 效 期:2000.10.22～2004.10.22
地　　址:浙江省温岭市大溪镇桥里村
邮政编码:317525

温岭市联华电容器厂

交流电动机用金属化薄膜介质电容器

证书编号:CH0055396—2000
型号规格:CBB60 250V～450V 0.5μF—60μF
有 效 期:2000.12.27～2004.12.27
地　　址:浙江省温岭市石粘镇花桥
邮政编码:317500

温岭市三叶电容器厂

交流电动机用金属化薄膜介质电容器

证书编号:CH0047247—2000
型号规格:CBB60 系列 250V～400V 0.5μF～50μF
有 效 期:2000.6.9～2004.6.9

地　　址:浙江省温岭市大溪镇山后村
邮政编码:317525

温岭市申泰电容器厂
交流电动机用金属化薄膜介质电容器
证书编号:CH0049590—2000
型号规格:CBB60 250V～450V 1 μF～50 μF
有 效 期:2000.8.10～2004.8.10
地　　址:浙江省温岭市山市中心路
邮政编码:317523

温岭市曙光电容器厂
交流电动机用金属化薄膜介质电容器
证书编号:CH0047248—2000
型号规格:CBB60 系列 250V～400V 0.5μF～50μF
有 效 期:2000.6.9～2004.6.9
地　　址:浙江省温岭市大溪镇德明路35号
邮政编码:317525

温岭市双峰电容器厂
交流电动机用金属化薄膜介质电容器
证书编号:CH0049589—2000
型号规格:CBB61 250V～450V 0.8μF～μF
有 效 期:2000.8.10～2004.8.10
地　　址:浙江省温岭市大溪镇大溪北路55－57号
邮政编码:317525

温岭市万宝电容器包装厂
交流电动机用金属化薄膜介质电容器
证书编号:CH0049587—2000
型号规格:CBB60 250V～450V 1μF～50μF
有 效 期:2000.8.10～2004.8.10
地　　址:浙江省温岭市山市工业区杭温路43号
邮政编码:317525

温岭市泽国大利电子元件厂
交流电动机用金属化薄膜介质电容器
证书编号:CH0050631—2000
型号规格:CBB60 250V～450V 3μF～50μF
有 效 期:2000.9.6～2004.9.6
地　　址:浙江省温岭市泽国镇丹崖工业区
邮政编码:317523

温岭市泽国利民电子元件厂
交流电动机用金属化薄膜介质电容器
证书编号:CH0055222—2000
型号规格:CBB60 系列 250V—450V 0.5—60μF
有 效 期:2000.12.25～2004.12.25
地　　址:浙江省温岭市泽国镇杭温南路399号
邮政编码:317523

温岭市泽国一浩电容器厂
交流电动机电容器
证书编号:CH0049261—2000
型号规格:CBB61－250VAC－1～15μF
交流电动机用铝电解电容器
证书编号:CH0049165—2000
型号规格:CD60 125V～300V 50～500μf
有 效 期:2000.7.28～2000.7.28
地　　址:浙江省温岭市大溪镇大溪北路140号
邮政编码:317525

文登市扬帆电子有限公司
交流电动机用铝电解电容器
证书编号:CH0047467—2000
型号规格:CD60 220V/265V AC 75～300μF
有 效 期:2000.6.15～2004.6.15
地　　址:山东省文登市309路中段天山街1号
邮政编码:264400

无锡宏广电容器有限公司
交流电动机电容器
证书编号:CH0048120—2000
型号规格:CBB65 系列 250V～450V 1～75μF±5% C组
有 效 期:2000.7.3～2004.7.3
地　　址:无锡市惠钱路152号
邮政编码:214037

无锡市金华电容器厂
交流电动机用金属化电容器(电流电动机电容器)
证书编号:CH0040894—2000
型号规格:CBB60 450V 4—30μF±5% D级
有 效 期:2000.9.11～2004.9.11
地　　址:江苏省无锡市广丰二村胡同90—1号
邮政编码:214011

厦门TDK有限公司
抑制电源电磁干扰用固定电容器
证书编号:CH0044688—2000
型号规格:CS 系列 X1,Y2,250V～或X1 400～,Y2 250v～
有 效 期:2000.4.6～2004.4.6
地　　址:福建省厦门市集美区后溪镇东安村
邮政编码:361021

厦门法拉电子股份有限公司
抑制电源电磁干扰用固定电容器
证书编号:CH0050768—2000
型号规格:MKP61 0.0047—2.2μF×2 275/250VAC
有 效 期:2000.9.7～2004.9.7
地　　址:厦门市金桥路101号
邮政编码:361012

响水县金辉电子有限公司
交流电容器
证书编号:CH0015182—99A
型号规格:CBB65 400V～ 6μF,15μF,25μF
有 效 期:1999.11.3～2003.11.3
地　　址:江苏响水县城军民路55号
邮政编码:224600

新会松下产业机器有限公司
交流电动机用金属化薄膜介质电容器
证书编号:CH0012275—2000A
型号规格:SH—D AC150～500V 5～100μF
有 效 期:2000.11.29～2004.11.29
地　　址:广东新会市东候工业开发区
邮政编码:529100

兴化无线电元件厂
隔离电容器
证书编号:CH0002769—2000B
型号规格:CT71 规格:1000PF～

4700PF/400V～
有 效 期:2000.1.28～2004.1.28
地　　址:江苏省兴化市阳山路10号
邮政编码:225700

扬州扬光电子实业总公司
交流薄膜电容器
证书编号:CH0054708—2000
型号规格:CL62—250VAC—(0.01μFJ～0.47μFJ)(X2)
有 效 期:2000.12.13～2004.12.13
地　　址:江苏扬州市江阳中路41号
邮政编码:225009

意大利阿可
交流电动机电容器
证书编号:CH0045035—2000
型号规格:C.87.0 1～80μF 420V～B级 470V～C级
1.27.61～55μ 420～B级 470V～C级
有 效 期:2000.4.13～2004.4.13

余姚市枫叶电子公司
交流瓷介电容器
证书编号:CH0044791—2000
型号规格:CT81－250VAC－(221M～222M)(Y2)
有 效 期:2000.4.7～2004.4.7
地　　址:浙江省余姚市大隐镇
邮政编码:315423

张家港市港区电容器厂
交流电动机电容器
证书编号:CH0049416—2000
型号规格:CBB61系列 400V 1.2～8μF ±5%
证书编号:CH0050455—2000
型号规格:CBB60系列 400V 2～30μF ±5%C级
有 效 期:2000.8.7～2004.8.7
地　　址:张家港市南沙镇长山村
邮政编码:215632

浙江省东阳市红旗电容器有限公司
交流电动机用铝电解电容器
证书编号:CH0054062—2000
型号规格:CD60系列 110V～300VAC 20～400μF
有 效 期:2000.11.30～2004.11.30
地　　址:浙江省东阳市横锦
邮政编码:322119

镇江市冠华机械电子有限公司
交流电动机电容器
证书编号:CH0044294—2000
型号规格:CBB60B系列 250～500V 2～50μF C级
有 效 期:2000.3.24～2004.3.24
地　　址:江苏省镇江市南郊312国道镇南立交桥西南畔
邮政编码:212143

智宝电子(东莞)有限公司
交流电容器
证书编号:CH0054313—2000
型号规格:XG—X2—275VAC—0.1μF(M)～0.47μF(M)
有 效 期:2000.12.3～2004.12.3
地　　址:广东省东莞市塘厦镇高丽工业区
邮政编码:523726

中山市科伟电器有限公司
交流电动机用金属化薄膜介质电容器
证书编号:CH0008148—2000A
型号规格:CBB61 250V～500VAC 1μF～8μF
证书编号:CH0049875—2000
型号规格:CBB60型 400V～500VAC 4μF～50μF
有 效 期:2000.6.15～2004.6.15
地　　址:广东省中山市黄圃镇大岑伟业路4号
邮政编码:528429

诸暨市水利电容器厂
交流电动机用金属化薄膜介质电容器
证书编号:CH0049348—2000
型号规格:CBB61 250V～500V 0.5μF～20μF
有 效 期:2000.8.2～2004.8.2
地　　址:浙江省诸暨市陈蔡镇南横头
邮政编码:311818

自贡市双峰电子总公司
交流电动机用电容器
证书编号:CH0005451—2000B
型号规格: CBB61 400VAC (10000～400000pF)b
抑制无线电干扰固定电容器
证书编号:CH0005453—2000B
型号规格: CBB22 250VAC (22000—220000pF)
有 效 期:2000.7.10～2004.7.10
地　　址:四川省自贡市大安凉高山李亭路30号
邮政编码:643012

鄞县佳丰电子元件厂
交流电动机电容器
证书编号:CH0043848—2000
型号规格:CBB61系列 450V 1—7μF
有 效 期:2000.3.14～2004.3.14
地　　址:宁波长丰工业区
邮政编码:315192

岱恩电子工业股份有限公司
X2类电容器
证书编号:CH0051627—2000
型号规格: MPX 0.001μF ～ 1.0μF 275V～40/100/21/C
规格:275V～40/100/21/C
有 效 期:2000.9.8～2004.9.28
地　　址:上海市浦东金桥出口加工区伟绩路258号T20—3二楼
邮政编码:201206

嵊州市豪峰电容电器厂
交流电动机用金属化薄膜介质电容器
证书编号:CH0044342—2000
型号规格:CBB61系列 250V～500V 0.5μF～12μF
有 效 期:2000.3.27～2004.3.27
地　　址:浙江省嵊州市城关镇文星东路212号
邮政编码:312400

嵊州市恒丰电容器厂
交流电动机用金属化薄膜介质电容器
证书编号:CH0045937—2000
型号规格:CBB61系列 0.5μF～12μF 250V～450V
有 效 期:2000.5.10～2004.5.10
地　　址:浙江省嵊州市城关镇江滨西路379—1
邮政编码:312400

溧阳市鸿志电子有限公司
交流支动机电容器
证书编号:CH0054812—2000
型号规格:CBB65 系列 450V 15μF—50μF±5% C级
有 效 期:2000.12.18～2004.12.18
地 址:江苏省溧阳市凤凰路21号
邮政编码:213300

熔断器

NEC CORPORATION
热熔断体
证书编号:CH0045037—2000
型号规格:SF－E series SF 70EX SF76EX SF91EX 等
有 效 期:2000.4.13～2004.4.13
地 址: 3－1 NICHIDEN, MINAKUCHI－CHO, KOGA－GUN,SHIGA－KEN 528－0034

丹东市龙达电子有限公司
熔断器
证书编号:CH0055228—2000
型号规格:RF1－20 F0.5A,F0.75A, F0.8A, F1A, F3A, F5A, F6A
有 效 期:2000.12.25～2004.12.25
地 址:辽宁省东港市前阳镇
邮政编码:118301

东莞市万江万成热保护器加工厂
热熔断体
证书编号:CH0042042—2000
型号规格:RH 系列 1A 250V 75℃～150℃
有 效 期:2000.1.18～2004.1.18
地 址:广东省东莞市万江区上甲工业区第一幢一号
邮政编码:523055

番禺(香港)精科保险器件厂有限公司
热熔断体
证书编号:CH0050764—2000
型号规格: RH102 RH115 RH125 RH130;1A 250V～
有 效 期:2000.9.7～2004.9.7
地 址:广东省番禺市莲花山镇莲丰大道一号
邮政编码:511440

广州市东震电器有限公司
热熔断体
证书编号:CH0045726—2000
型号规格:RF 系列:80～260℃ 1～15A/250V
有 效 期:2000.4.28～2004.4.28
地 址:广东省广州市瑞宝工业区第一栋二楼
邮政编码:510288

南京富利电子有限公司
熔断器
证书编号:CH0016396—2000A
型号规格:RT1－20 1.6A TR1－20 2.5A
有 效 期:2000.1.20～2004.1.20
地 址:南京市中山东路三条巷仁寿里4号
邮政编码:210002

宁波市江东安源电器厂
热熔断体
证书编号:CH0045725—2000
型号规格:RF:130℃15A/250V
有 效 期:2000.4.28～2004.4.28
地 址:浙江省宁波市江东区宁东工业区
邮政编码:315040

汕头市金园区新兴科学器材厂
热熔断体
证书编号:CH0044344—2000
型号规格:RH－Ⅰ系列 2A 250V 125℃～145℃
有 效 期:2000.3.27～2004.3.27
地 址:广东省汕头市华坞门口田4巷20号
邮政编码:515041

上海松山电子有限公司
热熔断体
证书编号:CH0035651—99
型号规格:RH 85℃～185℃ 85℃～185℃ 1A～3A
有 效 期:1999.7.23～2003.7.23
小型熔断器用管状熔断体
证书编号:CH0001457—98B
型号规格:RT1－20－2A/2.5A/3.15A/4A T2A/T2.5A/T3.15A/4A 250V～;
证书编号:CH0041920—2000
型号规格:RT1－30 10A T 10A/250V
有 效 期:1998.8.12～2002.8.12
地 址:上海龙华东路860弄34号
邮政编码:200023

苏州力特奥维斯保险丝有限公司
小型熔断器用管状熔断体
证书编号:CH0018667—2000A
型号规格: 618T 125mA (160mA, 250mA, 315mA, 400mA, 500mA
有 效 期:2000.6.29～2004.6.29
地 址:苏州工业园星海街6号
邮政编码:215021

苏州市保险器厂
热熔断体
证书编号:CH0010817—2000A
型号规格:SBRF 系列,额定电流1A, 额定电压250V, 动作温度范围 Tf135～155℃
有 效 期:2000.9.6～2004.9.6
地 址:江苏省苏州市十全街羊王庙10号
邮政编码:215006

武进市沈家弄电子元件厂
熔断器
证书编号:CH0046499—2000
型号规格:RF1－20－4A 规格:F4A 250V
有 效 期:2000.5.24～2004.5.24
地 址:江苏省武进市牛塘镇
邮政编码:213163

厦门宁利电子有限公司
小型熔断器用管状熔断体
证书编号:CH0019711—2000A
型号规格: 50T 125mA, 250mA, 125mA,250mA/250V
有 效 期:2000.8.29～2004.8.29
证书编号:CH0046107—2000
型号规格:50CT 1A,1.25A,1.6A,2A, 2.5A,3.15A,4A *福建省厦门市湖里区中航技4号楼厂房三楼

邮政编码:361006

中山市小榄镇永昌温控器厂
热熔断体
证书编号:CH0011350—2000A
型号规格:RH系列,额定电流2A,额定电压250V,断开动作温度92℃～112℃ 120℃～140℃ 185℃～205℃
有效期:2000.6.21～2004.6.21
地址:广东省中山市小榄镇西区三村工业区
邮政编码:528415

温控器

宝应县万达电器有限公司
温控器
证书编号:CH0043731—2000
型号规格:KSD－Ⅱ.9系列,额定电10A,额定电压250V,动作温度范围为70℃～105℃
有效期:2000.3.10～2004.3.10
地址:江苏宝应县安宜东路43号
邮政编码:225800

北京桑普电器有限公司
温控器
证书编号:CH0026348—98
型号规格:JUK—2 10℃～75℃ 250V 10A
有效期:1998.8.14～2002.8.14
地址:北京市顺义县金马工业区
邮政编码:101302

常熟市碧溪无线电厂
温度敏感控制器(双触点非自复位温控器)
证书编号:CH0048755—2000
型号规格:KSDF－2 12A 220VC45～180℃
有效期:2000.7.18～2004.7.18
温度敏感控制器(双触点自复全温控器)
证书编号:CH0048827—2000
型号规格:KSD－2 12A 220V(45～180℃)
有效期:2000.7.21～2004.7.21
地址:江苏省常熟市新港镇碧溪中路77号
邮政编码:215599

常熟市都安电器有限责任公司
双极切断温控器
证书编号:CH0042101—2000
型号规格:KSD—SK 220V 10A
有效期:2000.1.20～2004.1.20
地址:江苏省常熟市兴泰新村
邮政编码:215500

常熟市名佳电子器材有限公司
控温器(外壳绝缘材料为塑料)
证书编号:CH0047946—2000
型号规格:KSD－PTC系列 115℃～55℃ 10A 220V～
证书编号:CH0048341—2000
型号规格:KSD—PTC系列 10A 115℃～55℃ 220V～
有效期:2000.6.28～2004.6.28
地址:常熟市碧溪
邮政编码:215513

常熟市虞山镇三元电器厂
温度敏感控制器(控温器)
证书编号:CH0050134—2000
型号规格:KSD系列 10A 220V 65～180℃
有效期:2000.8.25～2004.8.25
地址:常熟市东仓街三元堂16号
邮政编码:215500

常州合力电器有限公司
定时器和定时开关(延时器)
证书编号:CH0051215—2000
型号规格:YXD—12 电机:220V 触点:5A 220V
有效期:2000.9.19～2004.9.19
家用电器用电控制器
(排水牵引器)
证书编号:CH0054304—2000
型号规格:PKD—S—705 220V 50Hz
有效期:2000.12.6～2004.12.6
地址:江苏常州市戚墅堰站北新村
邮政编码:213011

常州市阳湖自动控制器厂
温控器
证书编号:CH0010349—2000A
型号规格:WDF系列 220V 4A
有效期:2000.8.25～2004.4.26
地址:常州青龙镇青洋南路1号
邮政编码:213021

滁州诚锐电气有限公司
温度敏感控制器(温度控制器)
证书编号:CH0054383—2000
型号规格:WDF 5(4)A 250V
有效期:2000.12.7～2004.12.7
地址:安徽滁州市丰乐南路206号
邮政编码:239000

滁州市精密仪器有限责任公司
温度敏感控制器(温控器)
证书编号:CH0048905—2000
型号规格:WPF系列 6A 250V
有效期:2000.7.24～2004.7.24
地址:滁州市丰乐路220号
邮政编码:239000

慈溪市贝妮电器厂
温控器
证书编号:CH0054750—2000
型号规格:KSD301系列(自动复位,外壳绝缘为塑料) 8A 250V～ 65—110℃
有效期:2000.12.14～2004.12.14
地址:浙江省慈溪市观城镇观海卫路239号
邮政编码:315315

佛山市城区华立温控器厂
温控器
证书编号:CH0051336—2000
型号规格:KSD301系列 5A 250V～55℃～145℃
有效期:2000.9.24～2004.9.24
地址:广东省佛山市文沙南路鲤鱼沙工业区
邮政编码:528000

佛山市川东热敏磁电有限公司
温度敏感控制器(温敏开关)
证书编号:CH0050602—2000
型号规格:CTR—74BB 0.3A 220VAC (74±3)℃
有效期:2000.9.6～2004.9.6
地址:广东佛山市五峰四路21号
邮政编码:528000

佛山通宝股份有限公司

小型压力控制器
证书编号:CH0052382—2000
型号规格:Y 系列 250V 20(20)A 寿命:10 万次
有 效 期:2000.10.22~2004.10.22
压力式温控器
证书编号:CH0044034—2000
型号规格:WG 系列 250V 20A 寿命:10 万次
证书编号:CH0049415—2000
型号规格:WP 系列 250V 6(6)A 寿命次数:20 万次
有 效 期:2000.3.17~2004.3.17
地　　址:广东佛山市上沙东街 43 号
邮政编码:528000

广州金通仪器实业股份有限公司
压力式温控器
证书编号:CH0050216—2000
型号规格:GWS 系列 240V 8A 寿命次数:20 万次
证书编号:CH0054164—2000
型号规格:WJS 系列 250V 5(4)A 寿命:10 万次
有 效 期:2000.8.28~2004.8.28
地　　址:广州经济技术开发区鸿兴大厦
邮政编码:510730

河合电器(杭州)有限公司
日用管状电热元件(空调器电热管)
证书编号:CH0054217—2000
型号规格:WM70C032H01 (SU8 I 3240)110V500W
有 效 期:2000.12.5~2004.12.5
地　　址:杭州高新之江新技工业园南新路二号
邮政编码:310053

江苏常恒集团公司
温度敏感控制器(温度控温器)
证书编号:CH0050706—2000
型号规格:WDF 系列(K 型)6A 250V
有 效 期:2000.9.6~2004.9.6
温控器
证书编号:CH0043334—2000
型号规格:WP 系列 250V 30A 50/60Hz
有 效 期:2000.3.1~2004.3.1
地　　址:江苏常州北郊魏村镇
邮政编码:213127

乐清市双洋机电厂
温度敏感控制器(温控器)
证书编号:CH0049835—2000
型号规格:WK76—78℃ 16A 250V
有 效 期:2000.8.17~2004.8.17
地　　址:浙江省乐清市柳市镇东仁宕8 号

乐清市厦华电子元件厂
控温器
证书编号:CH0044576—2000
型号规格:KSD—A 250V 10A
有 效 期:2000.4.3~2004.4.3
地　　址:乐清市南塘镇南浦路 39 号
邮政编码:325618

宁波市镇海宏业电器开关厂
插入式温控器(可调)
证书编号:CH0050649—2000
型号规格:KMT—101 系列,额定电流 10A,额定电压 240V~,
有 效 期:2000.9.6~2004.9.6
地　　址:浙江省宁波市镇海区骆驼镇大河路 40 号
邮政编码:315202

宁波通宝温控器有限公司
突跳式手动复位温控器
证书编号:CH0048289—2000
型号规格:KSD301—R 系列(手动复位,带电支撑件为塑料材料)
10A 250VAC 50℃~180℃
有 效 期:2000.7.7~2004.7.7
突跳式温控器(自动复位外壳绝缘材料为陶瓷)
证书编号:CH0043787—2000
型号规格:KSD301 系列 10A 250VAC 0℃~200℃
有 效 期:2000.3.13~2004.3.13
地　　址:浙江省慈溪市长河镇南大路章家南路
邮政编码:315326

青岛城阳华丰电热电器厂
日用管状电热元件(化霜加热器)
证书编号:CH0050487—2000
型号规格:RGQ 220V 175~191W
有 效 期:2000.9.4~2004.9.4
地　　址:青岛市城阳青大工业园
邮政编码:266111

上海康乐家用电器有限公司
突跳式温控器
证书编号:CH0054552—2000
型号规格:KSD301 系列 10A230V~动作温度范围:
150℃~50℃自动复位,外壳绝缘材料为塑料
有 效 期:2000.12.11~2004.12.11
地　　址:广东顺德市杏坛镇齐新路268 号
邮政编码:528325

顺德市容奇剑虹电器实业有限公司
温控器
证书编号:CH0048641—2000
型号规格:KSD168 10A 250V 40—180℃(外壳绝缘材料为塑料)
有 效 期:2000.7.14~2004.7.14
地　　址:广东省中山市黄圃大岑工业区伟业路 9 号
邮政编码:528429

苏州市金星精密控制器有限公司
温度敏感控制器(温控器)
证书编号:CH0051065—2000
型号规格:WL 系列 5A 220V
有 效 期:2000.9.14~2004.9.14
温控器
证书编号:CH0043449—2000
型号规格:WDF24 220V 5A
有 效 期:2000.3.2~2004.3.2
地　　址:苏州市城北公路苏埭路中
邮政编码:215008

温州市正亮制冷设备有限公司
日用管状电热元件(电热管)
证书编号:CH0055448—2000
型号规格:K—2000 系列 220V 1000W 1300W
有 效 期:2000.12.27~2004.12.27
地　　址:浙江省乐清市虹桥镇西工业区 B—3 号
邮政编码:325608

无锡市惠山自动控制器厂
温度控制器

证书编号:CH0042108—2000
型号规格:WPF 系列 220V 6A
有 效 期:2000.1.20～2004.1.20

温度敏感控制器(双断型突跳式温控器)

证书编号:CH0047865—2000
型号规格:WPR－100H 20A 250V
有 效 期:2000.6.27～2004.6.27
地　　址:江苏无锡市惠山陈巷 100 号
邮政编码:214035

吴县市聚元电器厂
温度敏感控制器(双金属片控温器)

证书编号:CH0048147—2000
型号规格:KSD 系列 5A 220V 55～150℃
有 效 期:2000.7.3～2004.7.3
地　　址:吴县市渭塘镇谓中路 70 号
邮政编码:215134

益技欧电子器件(上海)有限公司
温度敏感控制器(温控器)

证书编号:CH0049299—2000
型号规格:55.13 250V 16(2.6)A
有 效 期:2000.8.2～2004.8.2
地　　址:上海市嘉定区马陆希望路 300 号
邮政编码:201801

永修县创业机电制冷配件有限公司
温控器

证书编号:CH0042109—2000
型号规格:WPF－26 220V 6A
有 效 期:2000.1.20～2004.1.20
地　　址:江西省永修县新城大道
邮政编码:330304

浙江中雁温控器有限公司
双断点温控器

证书编号:CH0047650—2000
型号规格:WK－R11 系列 16A220V－250VAC
有 效 期:2000.6.21～2004.6.21
地　　址:乐清市北白象镇樟湾工业区
邮政编码:325603

鄞县荣华电器塑料机模厂
温控器

证书编号:CH0048699—2000
型号规格:KSD 系列 220V 10A 动复位温控器 75±10℃ 自动复位温度 120±10℃
有 效 期:2000.7.18～2004.7.18
地　　址:浙江省宁波宝幢
邮政编码:315112

保护器

淳安千岛湖电子器材有限公司
装入式热保护器

证书编号:CH0008278—2000A
型号规格:RC 系列 250V 5A～6A 75～155℃ 第 5℃ 一档
有 效 期:2000.5.25～2004.5.25
地　　址:浙江淳安县开发区冶金大楼
邮政编码:311700

佛山通宝股份有限公司
装入式热保护器

证书编号:CH0050993—2000
型号规格:BW 系列 250V 3A,5A 70～150℃
有 效 期:2000.9.12～2004.9.12
地　　址:广东佛山市上沙东街 43 号
邮政编码:528000

杭州富阳万泰电器制造厂
装入式热保护器

证书编号:CH0049844－2000
型号规格:KSD 系列 250V 6A 70℃－150℃
有 效 期:2000.8.17～2004.8.17
地　　址:浙江省富阳市富阳镇俞家埠村月亮湾小区 3 号
邮政编码:311400

黄山市屯溪三友热保护器厂
装入式热保护器

证书编号:CH0007321—2000A
型号规格:BR 系列 250V 70～140℃ 第 5℃一档
有 效 期:2004.6.19～2004.6.19
地　　址:安徽省黄山市屯溪区高视路 5 号
邮政编码:245000

姜堰市福达电器有限公司
装入式热保护器

证书编号:CH0006417—2000A
型号规格:JK 型 220V 70℃～150℃ 6A
有 效 期:2000.10.29～2004.10.29
地　　址:江苏省姜堰市北郊
邮政编码:225529

江苏常恒集团公司
电动机热保护器

证书编号:CH005217—2000
型号规格:17AMC 系列 65～160℃ 8A 250V
有 效 期:2000.10.16～2004.10.16
地　　址:常州市北郊魏村镇
邮政编码:213127

南海市桂城恒新精密电器有限公司
装入式热保护器

证书编号:CH0049026—2000
型号规格:TP 系列 50－160℃ 250V
有 效 期:2000.7.26～2004.7.26
地　　址:广东省南海市桂城区佛平二路 31 号 7 楼(军桥东侧排灌总站 1 号楼 7 楼)
邮政编码:528200

上海新新机器厂
冰箱压缩机用保护器

证书编号:CH0047836—2000
型号规格:MRP304LZ－3201 TA 9.4A 220V～(120±5)℃
有 效 期:2000.6.27～2004.6.27
地　　址:上海浦东北蔡陈春路 35 号
邮政编码:201204

苏州江南机电工业公司电器厂
压缩机热保护器

证书编号:CH0012416－2000A
型号规格:JUX－045F 系列 220V 130～165℃±10℃(2.3－15A)
有 效 期:2000.4.27～2004.4.27
地　　址:苏州吴县木渎镇中山东路 14 号
邮政编码:215101

中山市小榄镇长城电热保护器厂
装入式热保护器

证书编号:CH0052920—2000
型号规格:GW 系列 250V 60℃～120℃

有 效 期:2000.11.6～2004.11.6
地　　址:广东省中山市小榄镇东区管理区十村
邮政编码:528415

继电器

成都通达电器厂
电磁继电器
证书编号:CH0048988—2000
型号规格:JQX－14F/12VDC－1Z 250VAC 50Hz
有 效 期:2000.7.25～2004.7.25
地　　址:成都市跳蹬河南路6号
邮政编码:610051

慈溪市欧达电子有限公司
转换器
证书编号:CH0047159—2000
型号规格:CY－2 MAX 10A 250V～ CY－2 MAX 16A 250V～
有 效 期:2000.6.8～2004.6.8
地　　址:浙江省慈溪市浒山镇许崇路48号
邮政编码:315300

慈溪市师桥镇丹心电子配件厂
转换器
证书编号:CH0048485－2000
型号规格:PT－2000 303 PT－2000 503 MAX 10A 250V～
有 效 期:2000.7.12～2004.7.12
地　　址:浙江省慈溪市师桥镇金鸡门头村
邮政编码:315314

慈溪市掌起兴业电讯器村厂
转换器
证书编号:CH0047485—2000
型号规格:JR 10A JR 16A; MAX250V
有 效 期:2000.6.15～2004.6.15
地　　址:浙江省慈溪市掌起大街
邮政编码:315313

慈溪市志达电器有限公司
PTC 发热器
证书编号:CH0053706—2000
型号规格:ZD 系列,非绝缘型 220V 50Hz 500W—2000W
有 效 期:2000.11.23～2004.11.23
地　　址:浙江省慈溪市附海镇蒋家丁
邮政编码:315332

大连斗星通信有限公司
旅行用充电器
证书编号:CH0049038—2000
型号规格:TA－12 100－240V 50/60Hz
有 效 期:2000.7.26～2004.7.26
地　　址:大连市开发区黄海西路7－2号
邮政编码:116600

东莞顺成电器有限公司
标准旅行充电器
证书编号:CH0050313—2000
型号规格:SA35－982
有 效 期:2000.8.30～2004.8.30
地　　址:东莞市塘厦镇平山乡188工业区
邮政编码:523728

佛山市城区华立温控器厂
突跳式温控器(低温,防潮)
证书编号:CH0052568—2000
型号规格:KSD302 系列 5A 250V—20℃～＋20℃
有 效 期:2000.10.26～2004.10.26
地　　址:佛山市文沙南路鲤鱼沙村
邮政编码:528000

佛山通宝股份有限公司
突跳式温控器
证书编号:CH0053129—2000
型号规格:KSD301—15.0/0D32—V ac24V 0.5A/dc12V 0.25A
有 效 期:2000.11.9～2004.11.9
地　　址:广东佛山市上沙东街43号
邮政编码:528000

高隆田村电子(深圳)有限公司
旅行充电器
证书编号:CH0047822—2000
型号规格:AMKC50－01 90－240V 50/60Hz
有 效 期:2000.6.26～2004.6.26
地　　址:广东省深圳市宝安区西乡镇河东第二工业村7栋
邮政编码:518102

杭州江峰通用电器公司
电动机用起动继电器
(PTC 起动器)
证书编号:CH0010725—2000A
型号规格:QP2 系列 220V 12－22Ω
电动机用起动继电器
(起动继电器)
证书编号:CH0013854—2000A
型号规格:JQ 系列吸合电流:2.1－12.5A 220V 释放电流:1.8
有 效 期:2000.8.2～2004.8.2
地　　址:杭州西湖区九溪77号
邮政编码:310008

杭州思源电磁控制器厂
直流电磁铁(洗衣机用)
证书编号:CH0037587—99
型号规格:MQZDT
有 效 期:1999.9.15～2003.9.15
地　　址:浙江省杭州市西湖区龙坞乡上城埭村
邮政编码:310012

惠州市大亚湾光弘科技电子有限公司
继电器
证书编号:CH0049225—2000
型号规格:DI1U (DI12D1 － H) 250VAC 50Hz
有 效 期:2000.8.1～2004.8.1
地　　址:广东省惠州市大亚湾经济技术开发区响水河工业园
邮政编码:516083

乐清市华西电子有限公司
温度敏感控制器
证书编号:CH0052503—2000
型号规格:WZA 系列 10℃—300℃ 16A 220V
有 效 期:2000.10.22～2004.10.22
地　　址:乐清市黄华镇华西
邮政编码:325605

柳州市华航电器有限公司
洗衣机电脑程序控制器
证书编号:CH0048033—2000
型号规格:XQB45－L AC 220V
有 效 期:2000.6.30～2004.6.30
地　　址:广西省柳州市高新一路高新开发区1号厂房
邮政编码:545005

南京宝泰家电有限公司
温度敏感控制器(探棒式温控器)
证书编号:CH0053418—2000
型号规格:BWT—260 10A 250V
有 效 期:2000.11.16~2004.11.16
地　　址:江宁开发区董村路99号
邮政编码:211100

南京电器成套设备总厂
转换器
证书编号:CH0046205—2000
型号规格:SY MAX10A SY MAX16A;250V~
有 效 期:2000.5.17~2004.5.17
地　　址:江苏省南京市长乐路78号
邮政编码:210001

宁波福特继电器有限公司
电磁继电器
证书编号:CH0050402—2000
型号规格:JZC—22F 250V AC 6A
有 效 期:2000.8.31~2004.8.31
地　　址:宁波白果巷23号

宁波金海电子有限公司
小型中功率电磁继电器
证书编号:CH0048170—2000
型号规格:JZS 系列:JH1407(JZX—140FF)
JH1806(JZX—18FF)
有 效 期:2000.7.5~2004.7.5
地　　址:宁波镇海骆驼工业区
邮政编码:315202

宁波圣保龙电器有限公司
转换器
证书编号:CH0048486—2000
型号规格:SBL 10A MAX 250V~16A MAX 250V~
有 效 期:2000.7.12~2004.7.12
地　　址:浙江省慈溪市师桥镇古三村
邮政编码:315314

秦皇岛亚太机电新技术有限公司
转换器
证书编号:CH0050002—2000
型号规格:PT—2000 303X MAX 16A
PT—2000 303 MAX 10A 等
有 效 期:2000.8.22~2004.8.22
地　　址:浙江省慈溪市师桥镇金鸡门头村
邮政编码:315314

曲阜市南瑞华宁自动化设备厂
脉冲型漏电继电器
证书编号:CH0044936—2000
型号规格:JD24—250;220V;250A;0.2A;0.05A
有 效 期:2000.4.12~2004.4.12
地　　址:山东省曲阜市校场路光明街2号
邮政编码:273100

陕西群力无线电器材厂
电磁继电路
证书编号:CH0049805—2000
型号规格:JQC—3FB 250VAC 50Hz
电磁继电器
证书编号:CH0049804—2000
型号规格:JZC — 11FA JZC — 11F 250VAC 50Hz
有 效 期:2000.8.16~2004.8.16
地　　址:陕西省宝鸡县群力路1号
邮政编码:721300

上海跃马电器厂
转换器
证书编号:CH0049582—2000
型号规格:YM MAX 10A YM MAX 16A;250V~
有 效 期:2000.8.10~2004.8.10
地　　址:上海崇明港沿镇二号桥西首
邮政编码:202158

上海云宇五金电器有限公司
转换器
证书编号:CH0049584—2000
型号规格:YZ MAX 10A YZ MAX 16A;250V~
有 效 期:2000.8.10~2004.8.10
地　　址:上海市崇明县堡镇大通路268号
邮政编码:202157

深圳常凯电子有限公司
旅行式移动电话充电器
证书编号:CH0048323—2000
型号规格:CD05A 输入:90—240VAC 140mA 50/60Hz
输出:5.4VAC 650mA
有 效 期:2000.7.7~2004.7.7
地　　址:深圳罗湖区布吉路1028号中设大院
邮政编码:518019

深圳坚威电子实业有限公司
旅行充电器
证书编号:CH0048661—2000
型号规格:TA—12 输出:9V—0.6A 输入:100VAC—240VAC 50/60Hz 130mA
有 效 期:2000.7.13~2004.7.13
地　　址:深圳市宝安区新安镇臣田第二工业区第二栋
邮政编码:518102

深圳康佳通信科技有限公司
旅行充电器
证书编号:CH0048654—2000
型号规格:KKCCB — 012 输入:100 — 240VAC 50/60Hz
证书编号:CH0049656—2000
型号规格:KKCCB — 06B 90 — 240V 50/60Hz
有 效 期:2000.7.14~2004.7.14
地　　址:广东深圳市龙岗区横岗镇六约大和村
邮政编码:518173

深圳市柏帝电子有限公司
转换器
证书编号:CH0047554—2000
型号规格:BD—SW 10A MAX 250V~
有 效 期:2000.6.19~2004.6.19
地　　址:深圳市福田区上沙圹晏村76号
邮政编码:518048

深圳市龙岗区横岗六约柏怡电子厂
快速充电器
证书编号:CH0048653—2000
型号规格:AD2305 输 入:100 — 240VAC50/60Hz 0.12A
输出:7.5VDC 0.88A
有 效 期:2000.7.14~2004.7.14
地　　址:广东深圳市龙岗区横岗镇六约大和村
邮政编码:518173

顺德保利达电器有限公司
直插式电池充电器

证书编号:CH0049796—2000
型号规格:X2820－0125－6BC RB－N01H 输入:115－230VAC 60/50Hz 输出:1.2VDC 60－250mA
有 效 期:2000.8.16～2004.8.16
地　　址:广东省顺德市伦教镇鸡洲管理区
邮政编码:528308

温州长江温控器厂
温度敏感控制器(温控器)
证书编号:CH0053445—2000
型号规格:KSD301 系列 50—150℃ 15A 250V
有 效 期:2000.11.16～2004.11.16
地　　址:温州市吴桥路90弄1号
邮政编码:325028

温州市泰华电器有限公司
电磁继电器
证书编号:CH0048436—2000
型号规格:JQX－13F 12VDC 220VAC 10A
有 效 期:2000.7.11～2004.7.11
地　　址:浙江省温州市柳市东风工业区凯旋路30号
邮政编码:325604

温州许继电气有限公司
晶体管时间继电器
证书编号:CH0049040—2000
型号规格:JS14A
有 效 期:2000.7.26～2004.7.26
地　　址:浙江乐清市柳市三里工业区
邮政编码:325604

无锡市海鹰家用电器配件厂
电动水阀(进水电磁阀)
证书编号:CH0049410—2000
型号规格:FCD3－4 220V 50Hz
有 效 期:2000.8.7～2004.8.7
地　　址:无锡市新区旺庄路B2标准房三楼
邮政编码:214028

武进市魏村电子电器厂
温度敏感控制器(温控器)
证书编号:CH0052921—2000
型号规格:KSD系列 10A 220V 55℃—150℃
有 效 期:2000.11.6～2004.11.6
地　　址:江苏省常州北郊魏村镇
邮政编码:213127

余姚市电冰箱配件厂
多位转换器
证书编号:CH0050379—2000
型号规格:LD系列 10A 250V
有 效 期:2000.8.31～2004.8.31
地　　址:余姚市泗门镇万圣
邮政编码:315474

镇江丰裕电器有限公司
温度敏感控制器(化霜限温器)
证书编号:CH0051980—2000
型号规格:KSD 6A 220V
有 效 期:2000.10.11～2004.10.11
地　　址:江苏省杨中市丰裕镇三丰路
邮政编码:212213

正泰集团公司
接触器式继电器
证书编号:CH0044177—2000
型号规格:JZC4－22,JZC4－31,JZC4－40;AC－15:Ue=380V,Ie=0.95A;DC－13:Ue=220V,Ie=0.15A;等
热过载继电器
证书编号:CH0044173—2000
型号规格:JR28(RN2)－93;Ui=660V;脱扣级别:10A;整定电流
有 效 期:2000.3.22～2004.3.22
地　　址:浙江省温州市正泰工业园
邮政编码:325604

中国航天科技集团公司第五研究院第508研究所
电子控制器(电子温度控制器)
证书编号:CH0053237—2000
型号规格:ETC 3A 220V
有 效 期:2000.11.3～2004.11.13
地　　址:北京市丰台区东高地南大红门路1号
邮政编码:100076

中山市小榄镇恒美达电器厂
转换器
证书编号:CH0046780—2000
型号规格:2003,2004,2005,10A MAX 250V～
有 效 期:2000.5.29～2004.5.29
地　　址:广东省中山市小榄镇岗头工业村岗头路18号
邮政编码:528415

溧阳欣大精密电子有限公司
继电器
证书编号:CH0046174—2000
型号规格:982系列 线圈:3～48VDC;触点:10A～12A
证书编号:CH0053142—2000
型号规格:982系列线圈:3—48VDC 触点:7A 125VAC 5A 277VAC 5A 30VDC
有 效 期:2000.5.16～2004.5.16
地　　址:江苏溧阳昆仑工业开发区金梧路135号
邮政编码:213300

电阻器

百亨电阻(深圳)有限公司
保险丝型金属皮膜电阻器
证书编号:CH0049557—2000
型号规格:FMF－1/4W～2W 0.22Ω～1.5KΩ
线绕水泥型电阻器
证书编号:CH0049555—2000
型号规格:RX－2W～40W 0.05Ω～2KΩ
有 效 期:2000.8.10～2004.8.10
地　　址:深圳市宝安区新安镇宝源工业区盛华大厦5F
邮政编码:518102

常州市南方电器元件厂
线绕电阻器
证书编号:CH0041886—2000
型号规格:BX21 系列 RX21－1W (0.1Ω—300Ω)等
有 效 期:2000.1.14～2004.1.14
地　　址:常州市花园桥西
邮政编码:213016

成都无线电十七厂
功率型线绕电阻器
证书编号:CH0003776－2000B
型号规格:RXG6－H 系列
有 效 期:2000.1.14～2004.1.14

地　　址：四川省成都市簇桥
邮政编码：610043

富贵(无锡)电子有限公司
功率型线绕电阻器
证书编号：CH0049134—2000
型号规格：RGB 15W 0.51Ω～2.2KΩ
有 效 期：2000.7.27～2004.7.27
地　　址：无锡市汉江路号5号
邮政编码：214028

国营七九五厂
玻璃釉膜电阻器
证书编号：CH0045880—2000
型号规格：RI40 1W (1MΩ～33MΩ)
有 效 期：2000.5.9～2004.5.9
地　　址：陕西咸阳市文汇东路16号
邮政编码：712099

江苏洪泽县长兴电子有限公司
线绕电阻器
证书编号：CH0043711—2000
型号规格：RX27—3—5W—1.8Ω RX27—3A—6W—3.9Ω
有 效 期：2000.3.9～2004.3.9
地　　址：江苏省洪泽县蒋坝镇淮宁路120号
邮政编码：223126

南京无线电十一厂
线绕电阻器
证书编号：CH0042456—2000
型号规格：RX27—1—7W (0.39Ω—1.5KΩ) RX27—1—10W 等
有 效 期：2000.1.27～2004.3.9
地　　址：南京后宰门西村92号
邮政编码：210016

内蒙古鄂尔多斯电子元件厂
玻璃釉膜电阻器
证书编号：CH0048155—2000
型号规格：RI81—1W—8.2M Ω 规格：8.2MΩ/1W
有 效 期：2000.7.4～2004.7.4
地　　址：内蒙古东胜市达拉特南路
邮政编码：017000

内蒙古巨星电子有限公司
熔断电阻器
证书编号：CH0048060—2000
型号规格：RF10 系列 RF10—1/4W (1Ω—2.7K Ω)等
有 效 期：2000.6.30～2004.6.30
地　　址：内蒙古包头市石拐区
邮政编码：014070

石家庄市无线电三厂
玻璃釉电阻器
证书编号：CH0041882—2000
型号规格：RI82—1W—8.2MΩ RI82—1W
电阻器
证书编号：CH0013941—2000A
型号规格：RXG5(RX27) 5W(0.18Ω～680Ω)
RXG5(RX27)10W
有 效 期：2000.1.11～2004.1.11
熔断电阻器
证书编号：CH0048415—2000
型号规格：RF10 系列 RF10—1/2W (0.47Ω—1KΩ)
RF10—1W(0.47Ω—1KΩ)等
有 效 期：2000.7.11～2004.7.11
地　　址：石家庄市青园街21号
邮政编码：050011

石家庄无线电三厂
电阻器
证书编号：CH0017362—2000A
型号规格：RI40 规格：0.5W (IKΩ—470KΩ) (1MΩ—330MΩ)
有 效 期：2000.6.1～2004.6.1
地　　址：河北石家庄市青园街21号
邮政编码：050011

武进市华星电子有限公司
RX21,RX27 线绕电阻器
证书编号：CH0048775—2000
型号规格：RX21 — 2W (0.33Ω — 1.5KΩ)等
有 效 期：2000.7.20～2004.7.20
地　　址：江苏省武进市横林镇林南路16号
邮政编码：213101

兴化无线电元件厂
压敏电阻器
证书编号：CH0014204—2000A
型号规格：MYG—470V；MYG—620V 规格：470V 620V
有 效 期：2000.1.31～2005.1.31
地　　址：江苏省兴化市阳山路10号
邮政编码：225700

扬州江佳电子有限公司
涂覆型熔断电阻器
证书编号：CH0028285—2000A
型号规格：RF10 0.5W 0.22Ω — 1KΩ 1W 0.22Ω—1K Ω；等
证书编号：CH0044205—2000
型号规格：RF10 0.5W 0.22 Ω—1K Ω 1W 0.22Ω—1KΩ
有 效 期：2000.3.30～2005.3.30
地　　址：江苏省江都市邵伯镇甘棠路88号
邮政编码：225261

扬州科星电位器有限公司
线绕固定电阻
证书编号：CH0014784—2000A
型号规格：RX27 RX27 — 5W — 10RJ RX27—7W—5R6J
有 效 期：2000.1.14～2004.1.14
地　　址：扬州市友谊路10号
邮政编码：225002

余姚市枫叶电子公司
氧化锌压敏电阻器
证书编号：CH0044792—2000
型号规格：MYG3—10K(75～385)
有 效 期：2000.4.7～2004.4.7
地　　址：浙江省余姚市大隐镇
邮政编码：315423

域佳利电子(深圳)有限公司
涂覆型熔断电阻器
证书编号：CH0044716—2000
型号规格：RF10—1/2W—0.33 Ω/15 Ω RF10—1W—0.47 Ω /3.3Ω
有 效 期：2000.4.6～2004.4.6
地　　址：深圳市福田区车公庙泰然工业区211栋4楼西座
邮政编码：518040

淄博鲁元电子有限公司
玻璃釉膜固定电阻器
证书编号：CH0047299—2000
型号规格：RI40—0.5W
熔断电阻器
证书编号：CH0047300—2000
型号规格：RF10 — 0.25W 0.5W 1W 2W

有 效 期:2000.6.12～2004.6.12
地　　址:山东省淄博市周村区丝市街142号
邮政编码:255300

开　关

ABB 电器(东亚)有限公司
按钮开关
证书编号:CH0046006—2000
型号规格: 2020UBS 10A 250V ～, 2020UBS－205 10AX 250V ～;
带指示灯暗装跷板式两极开关
证书编号:CH0032033－99
型号规格:CSW134MDP 20A 250V ～; CSW134DP 20A 250V～
有 效 期:2000.4.30～2004.4.30
二位暗装跷板式双路开关
证书编号:CH0046007—2000
型号规格:106/6/6UBS 10AX 250V～
有 效 期:2000.5.11～2004.5.11
地　　址:印度尼西亚

FUJISOKU CORPORATION
按纽开关
证书编号:CH0046880—2000
型号规格:主机型号:SGEL206C－3 参数:250V～3(3)A 5E4 派生型号:SGEL206C SGE206C SGEL20 等
有 效 期:2000.5.31～2004.5.31
地　　址:江苏省

FUJISOKUCORPORA TION
按钮开关
证书编号:CH0043903—2000
型号规格:SGEL208M 参数:250V～4(4A),5E4
有 效 期:2000.3.15～2004.3.15

阿尔卑斯电气株式会社
开关
证书编号:CH0042481—2000
型号规格:SDKE－3 8A/128A 250V～
有 效 期:2000.1.28～2004.1.28
地　　址:江苏无锡新加坡工业园135－136号

北京灵极电子有限责任公司
红外遥控墙壁开关(电子开关)
证书编号:CH0044799—2000
型号规格:LJ 系列(86 型) 220V 1A－5A
墙壁开关(暗装跷板式开关)
证书编号:CH0044800—2000
型号规格:LJ1－C(86 型) 10A 220V
有 效 期:2000.4.7～2004.4.7
地　　址:伊金霍洛旗阿镇电力街西
邮政编码:017200

北京双翎电子电器有限公司
一至四位暗装跷板式单极开关
证书编号:CH0049917—2000
型号规格:86－K11 10A 250V
有 效 期:2000.8.18～2004.8.18
地　　址:北京昌平区南关路科技园区
邮政编码:102200

北京四通松下电工有限公司
带引线滑动式调光开关
证书编号:CH0055120—2000
型号规格:MNC5762 500VA 250V～
有 效 期:2000.12.24～2004.12.24
旋转开关
证书编号:CH0011685—2000A
型号规格:WNC5800 3A 250VAC
有 效 期:2000.2.25～2004.2.25
地　　址:北京经济技术开发区同济北路1号
邮政编码:100176

沧州市正达电气股份有限公司
水流转换开关
证书编号:CH0042509—2000
型号规格:KSF－1 250V 3.5A
有 效 期:2000.1.28～2004.1.28
地　　址:沧州市解放西路11号
邮政编码:061001

潮州市太平金星继电器厂
波动开关
证书编号:CH0047380—2000
型号规格:JX95－01 3A/6A 250VAC
有 效 期:2000.6.14～2004.6.14
地　　址:广东省潮州市上洲商业街西14巷1/7号
邮政编码:521000

慈溪市宝鼎实业有限公司
暗装跷板式单极开关
证书编号:CH0015300—2000A
型号规格:BD－80 6AX 250V～
有 效 期:2000.3.13～2004.3.13
地　　址:浙江省慈溪市三北镇
邮政编码:315331

慈溪市春燕电器厂
一位,二位暗装跷板式双路开关
证书编号:CH0053242—2000
型号规格:86 型 10A 250V～
有 效 期:2000.11.13～2004.11.13
地　　址:浙江省慈溪市庵东镇镇南村
邮政编码:315327

慈溪市峰森和电器有限公司
转换器
证书编号:CH0053659—2000
型号规格: FSH—10 10A (最大); FSH—16 16A (最大) 250V～
有 效 期:2000.11.22～2004.11.22
地　　址:浙江省慈溪市师桥镇三北路东河桥西首
邮政编码:315314

慈溪市横河镇欢欣电器配件厂
琴键开关(按钮开关)
证书编号:CH0052278—2000
型号规格:KYX—2B 3A 250V～
转换开关(旋转开关)
证书编号:CH0052277—2000
型号规格:KYX—2XZ 3A 250V～
有 效 期:2000.10.19～2004.10.19
地　　址:浙江省慈溪市横河镇相土地
邮政编码:315318

慈溪市佳雁电器开关厂
一位、二位暗装跷板式单极开头;一～二位暗装
证书编号:CH0041856—2000
型号规格:86 型 10A 250V～
有 效 期:2000.1.14～2004.1.14
地　　址:浙江省慈溪市长河镇沧北村
邮政编码:315326

慈溪市斯佳电器厂
琴键开关
证书编号:CH0051634—2000
型号规格:JK—4 JK—1 JK—2 JK—3

JK—5 2.5A 220V～
有 效 期:2000.9.28～2004.9.28
地　　址:浙江省慈溪市桥头镇
邮政编码:315317

东莞市格伦塑胶电子实业有限公司
一位～三位暗装跷板式单极开关
证书编号:CH0044146—2000
型号规格:ZX11 ZX21 ZX31 10A 250V
有 效 期:2000.3.22～2004.3.22
地　　址:广东省东莞市长安镇上沙第一工业区
邮政编码:523867

东莞市厚街汀山开关厂
拉线式旋转开关
证书编号:CH0049532—2000
型号规格:G2—3　1　250V～　2A　125V～
旋转开关
证书编号:CH0049531—2000
型号规格:G2－1　1A　250V～
有 效 期:2000.8.9～2004.8.9
地　　址:广东省东莞市厚街镇汀山
邮政编码:523943

奉化市海宏电气制品厂
开关
证书编号:CH0045568—2000
型号规格:HKA 系列 20A 125V 15A 250V
有 效 期:2000.4.26～2004.4.26
地　　址:宁波溪口风景区牌门北路87号
邮政编码:325608

佛山通宝股份有限公司
选择旋转开关(旋转开关)
证书编号:CH0054448—2000
型号规格: SZ1—25/6B　SZ1—25/6C　SZ1—25/5B
有 效 期:2000.12.10～2004.12.10
地　　址:广东省佛山市环市镇安镇中三队
邮政编码:528000

福建省电力试验研究所福州仪器仪表试验厂
家用漏电保护开关
证书编号:CH0047793—2000
型号规格: JL2 － 20; 2P; 220V　20A; 0.03A
有 效 期:2000.6.23～2004.6.23
地　　址:福州仓山区时代路17号
邮政编码:35007

广东珠江开关有限公司
漏电保护开关
证书编号:CH0048238—2000
型号规格:LK18－40 2P;16,32,40A; 220V 0.03A
有 效 期:2000.7.6～2004.7.6
地　　址:广东省南海市桂城区南三路11号
邮政编码:528200

广州市海珠区新窖泰亨电器厂
跷板开关
证书编号:CH0042047—2000
型号规格: 111C/81 211C/71 321C/71 4A 250VAC
有 效 期:2000.1.19～2004.1.19
地　　址:广州市海珠区鹭江东约新街166号新170号之4泰亨电器厂
邮政编码:510300

广州市荔湾区新兴电器厂
暗装跷板式单极开关
证书编号:CH0042978—2000
型号规格:YM801 10A 250V～
有 效 期:2000.2.21～2004.2.21
地　　址:广东广州市新市棠冲松猫岭
邮政编码:510410

广州雅阁电气有限公司
墙壁开关(暗装跷板式开关)
证书编号:CH0042490—2000
型号规格:RL86K 250V 10A
有 效 期:2000.1.28～2004.1.28
地　　址:浙江省乐清市柳市镇工业区

桂林汉豪电工实业有限公司
暗装跷板式双路开关;暗装跷板式单相开关
证书编号:CH0042255—2000
型号规格:KH8K1011 10A 250V～
有 效 期:2000.1.21～2004.1.21
地　　址:广西桂林市高新区3号小区
邮政编码:541004

海宁市海雄电器有限公司
暗装跷板式单极开关
证书编号:CH0011087—2000A
型号规格:AP86K －10 10A 250V～
有 效 期:2000.1.5～2004.1.5
地　　址:浙江省海宁市新仓镇
邮政编码:314414

杭州华立电子电器有限公司
暗装跷板式双路开关
证书编号:CH0041725—2000
型号规格:JG1012 10A 250V～
有 效 期:2000.1.10～2004.1.10
地　　址:浙江省杭州西效余杭宝塔工业区2号
邮政编码:311121

杭州市天马定时器厂
洗衣机用安全保护开关(按钮开关)
证书编号:CH0045003—2000
型号规格:ZK－2 3A 220V～50Hz
有 效 期:2000.4.12～2004.4.12
地　　址:浙江省杭州市机场路笕桥镇
邮政编码:310021

杭州松本开关制造有限公司
86型和120型1～3位暗装跷板式单极开关
证书编号:CH0049867—2000
型号规格:SK901　10A　250V～m
有 效 期:2000.8.17～2004.8.17
地　　址:浙江省杭州市庆隆路10号
邮政编码:310014

航空航天部五〇八所霸州市信安电器厂
排水选择开关(旋转开关)
证书编号:CH0044288—2000
型号规格:KXP－4 250V 6A
有 效 期:2000.3.24～2004.3.24
铵钮开关(选择开关)
证书编号:CH0053781—2000
型号规格:KX—1 3A 250V
有 效 期:2000.11.26～2004.11.26
地　　址:河北省霸州市信安镇
邮政编码:065700

湖南华峰电子集团有限公司
电源开关
证书编号:CH0044701—2000

型号规格：KDC — A09 5A/80A 250VAC
有 效 期:2000.4.6～2004.4.6

拉线开关

证书编号:CH0048658—2000
型号规格:KZC—L01 1A 250VAC

微动开关

证书编号:CH0048657—2000
型号规格:KWX—A02 5(2)A 250VAC
有 效 期:2000.7.14～2004.7.14
地　　址:湖南怀化市迎丰东路168号
邮政编码:418000

湖南省豪意电器有限公司

暗装跷板式单极开关

证书编号:CH0049336—2000
型号规格:HYC88K1/2－10 10A 250V～
有 效 期:2000.8.2～2004.8.2
地　　址:湖南省长沙市通泰街135号
邮政编码:410005

华香龙电器(深圳)有限公司

电源开关

证书编号:CH0046294—2000
型号规格:F2880(100W 250VAC)
有 效 期:2000.5.19～2004.5.19

电源开关(二位,三位)

证书编号:CH0046298—2000
型号规格:PD2－10A01 PD3－10A01 (10A 250VAC)
有 效 期:2000.5.19～2004.5.19

电源开关(一位)

证书编号:CH0046297—2000
型号规格:PD1—10A01—10A02(10A 250VAC) — 16A01(16A 250VAC)
有 效 期:2000.5.19～2004.5.19
地　　址:深圳市车公庙天安数码城天展大厦3D座
邮政编码:518040

惠达电子有限公司

电源开关

证书编号:CH0046315—2000
型号规格：PWH — 1P1T 10/40A 250VAC
有 效 期:2000.5.19～2004.5.19
地　　址:广东省惠州市龙湖开发区
邮政编码:516005

惠州惠达电子有限公司

拨动开关

证书编号:CH0042428—2000
型号规格：STJ115A STJ115AF STJ115AT 8(8)A 220V～
有 效 期:2000.1.27～2004.1.27

电源开关

证书编号:CH0021053—2000A
型号规格：PWL — 1P1T 4A/40A 250VAC

微动开关

证书编号:CH0017597—2000A
型号规格:MQS—1 3A/6A 250VAC
有 效 期:2000.8.22～2004.8.22
地　　址:广东省惠州市龙湖开发区
邮政编码:516005

汇聪实业有限公司

软线开关

证书编号:CH0047663—2000
型号规格:304 2A 250V～
有 效 期:2000.6.21～2004.6.21
地　　址:广东省江门市江海公路金溪路段
邮政编码:529080

嘉兴市格兰特电器有限公司

暗装跷板式单极开关

证书编号:CH0047399—2000
型号规格:GLT—99型 10A 250V～m
有 效 期:2000.6.14～2004.6.14
地　　址:嘉兴市王店开发区
邮政编码:314011

江门金冠有色金属制品有限公司

漏电保护开关

证书编号:CH0010024—2000A
型号规格：DSL1 — 16 AC220V；16，10A；0.03A；2P0LE
有 效 期:2000.5.18～2004.5.18
地　　址:江门市龙湾路11号
邮政编码:355991

江门市家用电器工业公司

一位,三～五位暗装跷板式两极开关

证书编号:CH0045857—2000
型号规格:J01K J03K J04K J05K；20A 250V～

一位铵钮开关

证书编号:CH0045858—2000
型号规格:J01N;4A 250V～
有 效 期:2000.4.30～2004.4.30
地　　址:广东省江门市丹灶狗比山
邮政编码:529000

江苏工冠仪器仪表厂

洗衣机自断电源开关

证书编号:CH0041807—2000
型号规格:ZDK—〈2〉250V 5(3)A
有 效 期:2000.1.12～2004.1.12
地　　址:江苏省常州市北门孝都新街
邮政编码:213127

江苏泰航电器有限公司

转换器

证书编号:CH0050868—2000
型号规格:ZLY2—10 10A MAX 250V
有 效 期:2000.9.10～2004.9.10
地　　址:江苏泰州市江洲南路12号
邮政编码:225300

江苏西蒙奇通电器有限公司

1至4位暗装跷板式单极开关;1至4位暗装跷板式双路开关

证书编号:CH0045245—2000
型号规格:1011,1021,1031,1041,1012 1022,1032,1042;10A 250V
有 效 期:2000.4.20～2004.4.20
地　　址:江苏省海安县经济开发区通榆中路81号
邮政编码:226600

揭西县富力电器有限公司

暗装跷板式单极开关

证书编号:CH0046248—2000
型号规格:F9KZ10 10AX 250V～
有 效 期:2000.5.17～2004.5.17
地　　址:广东省揭西县棉湖镇岭东工业区
邮政编码:515438

揭西县胜宇电工实业有限公司

暗装跷板式单极开关

证书编号:CH0043480—2000
型号规格:SY—1K1 10A 250V～
有 效 期:2000.3.3～2004.3.3
地　　址:广东省揭西县棉湖镇道江路272号
邮政编码:515438

金华市开发区宏昌电器有限公司
安全开关
证书编号:CH0041680—2000
型号规格:AK—J 250V 5A
有 效 期:2000.1.7～2004.1.7
地　　址:浙江省金华市八一南路何宅
邮政编码:321017

九川电器有限公司
微动开关
证书编号:CH0027397—98
型号规格:LXW16—16;Ue:AC220V DC110V;In:16A;触头型式:C
有 效 期:2000.4.29～2004.4.29
地　　址:温州柳市东风工业区奋进路8号
邮政编码:235604

乐清市长城电子器材厂
1～2位暗装跷板式双路开关
证书编号:CH0043511—2000
型号规格:S/1 10AX 250V～m
有 效 期:2000.3.3～2004.3.3
地　　址:浙江省乐清市乐成镇水深工业区
邮政编码:325600

乐清市东海无线电厂
电源开关
证书编号:CH0004527—2000B
型号规格:KDC—A04—7J 5A/80A 250V～
证书编号:CH0042159—2000
型号规格:KDC—A20 4A/128A 250V
有 效 期:2000.1.27～2004.1.27
地　　址:浙江乐清市双雁路10号
邮政编码:325600

乐清市发展电子有限公司
电源开关
证书编号:CH0045099—2000
型号规格:KDC—A10 规格:8A/128A,～250V
有 效 期:2000.4.18～2004.4.18
地　　址:浙江省乐清市虹桥镇西工业区B—5号
邮政编码:325608

乐清市飞虹电子器件实业公司
电源开关
证书编号:CH0015200—2000A
型号规格:SDDF—3(SDDF—3—01) 4A/128A 250V～
有 效 期:2000.1.20～2004.1.20
地　　址:浙江乐清虹桥镇四都工业区
邮政编码:325608

乐清市虹桥荣宇墙壁开关有限公司
墙壁开关
证书编号:CH0030099—99
型号规格:86型 120型 250V 10A
有 效 期:2000.3.10～2004.3.10
邮政编码:200063

乐清市鸿华无线电厂
按扭式电源开关
证书编号:CH0044182—2000
型号规格:KDC—A04—C 规格:～250V,8A/128A,T85,～250V,8(8)A
有 效 期:2000.3.23～2004.3.23
地　　址:浙江省乐清市七里港镇第二工业区
邮政编码:325604

乐清市华晨电器有限公司
拨动式电源开关
证书编号:CH0046359—2000
型号规格:BDK 250V 15A
有 效 期:2000.5.19～2004.5.19
地　　址:乐清市虹桥镇西街134号
邮政编码:325608

乐清市华夏建筑电器厂
暗装跷板式单极开关
证书编号:CH0047140—2000
型号规格:97S1/973 97S1/971;10A 250V～m
有 效 期:2000.6.8～2004.6.8
地　　址:浙江省乐清市象阳镇龙根村
邮政编码:510280

乐清市开邦电子有限公司
电源开关(按钮开关)
证书编号:CH0053899—2000
型号规格:KAN—J1 250V 7(7)A 7/14A
有 效 期:2000.11.28～2004.11.28
地　　址:浙江省乐清市虹桥镇迎春巷东1幢8号
邮政编码:325608

乐清市乐发电子实业公司
电源开关
证书编号:CH0017608—2000A
型号规格:KDC—A05 5A/80A 250V～
地　　址:浙江省乐清市虹桥镇西工业区B—5座
邮政编码:325608

乐清市乐港电子有限公司
按钮开关
证书编号:CH0046014—2000
型号规格:KJW—02 250V 3A
家用电器用电控制器(自动断电电源开关)
证书编号:CH00L52861—2000
型号规格:KD—Ⅲ 线圈:220V 触头:5A 220V
有 效 期:2000.11.5～2004.11.5
微动开关
证书编号:CH0041633—2000
型号规格:KW3A 250V 15(3)A
有 效 期:2000.1.7～2004.1.7
地　　址:浙江省乐清市虹桥镇仙洋陈工业区C—3幢
邮政编码:325608

乐清市日升电子元件厂
电源开关
证书编号:CH0020116—2000A
型号规格:SW—2 2A/8A 250V～
有 效 期:2000.6.30～2004.6.30
地　　址:乐清市虹桥镇西工业区A栋10号
邮政编码:325608

乐清市三星无线电八厂
电源开关
证书编号:CH0018266—2000A
型号规格:SW—3 2A/8A 250V～
有 效 期:2000.8.22～2004.8.22
地　　址:乐清市虹桥金融路60号
邮政编码:325608

乐清市申海电器厂
(暗装)跷板式单极开关(墙壁开关)
证书编号:CH0046116—2000
型号规格:86型 120型 10A 250V
有 效 期:2000.5.15～2004.5.15

地　　址:浙江省乐清市北白象桥下工业区
邮政编码:325603

乐清市松立电工有限公司

86 型 120 型暗装跷板单极开关

证书编号:CH0042259—2000
型号规格:G01 10A 250V～
有 效 期:2000.1.21～2005.1.21
地　　址:浙江省乐清市柳市中国电器城 1 单元三楼 310 号
邮政编码:325604

乐清市通达有线电厂

簧片开关

证书编号:CH0052076—2000
型号规格: GN151 — X 10A/20A 250VAC
有 效 期:2000.10.15～2004.10.15

微动开关

证书编号:CH0044692—2000
型号规格:GFL11 1A/2A 250VAC
有 效 期:2000.4.6～2004.4.6
地　　址:浙江乐清市宁康东路 418 号
邮政编码:325600

乐清市无线电仪表八厂

电源开关

证书编号:CH0018690－2000A
型号规格:KDC－A09 4A/80A 250V
有 效 期:2000.1.14～2004.1.14
地　　址:浙江省乐清市砾成镇宁康西路 335 号
邮政编码:325600

乐清市厦华电子元件厂

指示灯开关

证书编号:CH0044577—2000
型号规格:KNZD 250V 10A
有 效 期:2000.4.3～2004.4.3
地　　址:乐清市南塘镇南浦路 39 号
邮政编码:325618

乐清市兴达电子元件厂

开关

证书编号:CH0042652—2000
型号规格:PS3 5A/80A 250VAC
有 效 期:2000.1.31～2004.1.31
地　　址:浙江乐清市环城西路 134 号
邮政编码:325600

乐清市裕华电器有限公司

安全开关(杠杆开关)

证书编号:CH0044158—2000
型号规格:KA－1 型 220V 5A
有 效 期:2000.3.22～2004.3.22
地　　址:浙江省乐清市翁墙镇北大街
邮政编码:325606

乐清市中讯电子实业公司

电源开关

证书编号:CH0044215—2000
型号规格: KCD1 － 106/N 6A/12A 250V～
有 效 期:2000.3.23～2000.3.23
地　　址:浙江省乐清市虹桥镇云山巷 54 号
邮政编码:325608

马夸特有限公司

按钮开关

证书编号:CH0042959—2000
型号规格:型号:2085.9047 参数:250V～,6(6)A,5E4

电子调速按钮开关

证书编号:CH0042958—2000
型号规格:主机型号:2085.7056
参数:250V～,6(6)A,5E4
证书编号:CH0044274—2000
型号规格:主机型号:1591 参数:250V～,6(2)A,1E4
派生型号:1891 1876
有 效 期:2000.2.21～2004.2.21
地　　址:上海市浦东新区合庆工业区庆达路 458 号

南海市合和电器厂

漏电保护开关

证书编号:CH0009639—2000A
型号规格: LBK16 － 30B 220V 16A 0.03A 2POLE
有 效 期:2000.5.19～2004.5.19
地　　址:南海市南庄镇紫洞开发区
邮政编码:528219

南海市盐步华盛家用电器厂

离心式脱水机

证书编号:CH0050971—2000
型号规格:T60—3 6.0Kg
有 效 期:2000.9.12～2004.9.12
地　　址:广东南海盐步镇河西溪头工业区
邮政编码:528247

南海市盐步永盛塑料厂

翻倒开关

证书编号:CH0043355—2000
型号规格:KD－1 1A 250V～

旋转开关

证书编号:CH0043356—2000
型号规格:KS－1 1A 250V～
有 效 期:2000.3.1～2004.3.1
地　　址:广东南海市盐步镇横江隔岸大元岗工业区内
邮政编码:528247

南京市六合无线电仪器厂

电源开关

证书编号:CH0015183－2000A
型号规格: KFU － 2W2D 规 格: ～ 250V,10A
有 效 期:2000.1.25～2004.1.25
地　　址:江苏省南京市六合县延安北路 19 号
邮政编码:211500

南平市闽夷电器厂

暗装跷板式单极开关;

证书编号:CH0049340—2000
型号规格:MD－1/1 10A 250V～
有 效 期:2000.8.1～2004.8.1
地　　址:福建省南平市新建路 28 号
邮政编码:353000

宁波电视机元件厂

微动开关

证书编号:CH0044292—2000
型号规格:YK3.2 220V 3A
有 效 期:2000.3.24～2004.3.24
地　　址:宁波槐树路 156 号
邮政编码:315020

宁波定时器总厂

选择开关

证书编号:CH0045921—2000
型号规格:KXZ－1 250V 3A
有 效 期:2000.5.10～2004.5.10
地　　址:宁波市江东铸坊巷 34 号
邮政编码:315040

宁波康得电器有限公司

琴键开关

证书编号:CH0042120—2000

型号规格:FQ 型 3A 250V
有 效 期:2000.1.20～2004.1.20
地　　址:浙江省余姚市丰南毛家村
邮政编码:312400

宁波神乐万事达电器开关有限公司
电器开关
证书编号:CH0041645—2000
型号规格:MK－29－11 MK－11－11 250V 6A
有 效 期:2000.1.7～2004.1.7
地　　址:浙江省宁波市启文路 125 弄 13 号
邮政编码:315012

宁波市北仑新矸电子元件厂
微动开关(按钮开关)
证书编号:CH0048571—2000
型号规格:KW4－3Z－3 3A 250V～
有 效 期:2000.7.30～2004.7.30
地　　址:浙江省宁波市北仑区新矸镇恒山路 359－361 号
邮政编码:315800

宁波市镇海离心开关厂
单相电动机用离心开关
证书编号:CH0005377－2000A
型号规格:L14～L25 2,4 极
有 效 期:2000.2.24～2004.2.24
地　　址:浙江省宁波市镇海区城关后葱园弄 3 号
邮政编码:315200

宁波市镇海微型电机厂
单相电动机起动用离心开关
证书编号:CH0001680—2000B
型号规格:L14—L34 系列 10A～50A 2～4 极
有 效 期:2000.12.14～2004.12.14
地　　址:浙江省宁波市镇海区蟹浦镇兴业路 1 号
邮政编码:315204

宁波万事达综研电气有限公司
跷板开关
证书编号:CH0014367—2000A
型号规格:RK1－01　RK1－02　额定值:16A　250V～T100/55
证书编号:CH0049683—2000
型号规格:RK2－02　RK2－01　额定值:6A　250V～ T100/55
有 效 期:2000.8.14～2004.8.14
地　　址:浙江省宁波市溪口中兴东 708
邮政编码:315202

宁波新蕾集团公司
旋转开关(排水选择开关)
证书编号:CH0050068—2000
型号规格:ZK－1 3.5A 250V
有 效 期:2000.8.24～2004.8.24
地　　址:浙江宁波南门鄞江镇
邮政编码:315151

欧安亚电工(高明)有限公司
开关
证书编号:CH0042045—2000
有 效 期:2000.1.18～2004.1.18
地　　址:广东高明市明城工业开发区
邮政编码:528518

欧达可株式会社
器具开关
证书编号:CH0047604—2000
型号规格: ALD163　12（12）A　5E4, ALA164 12(12)A; 250V～5E4
有 效 期:2000.6.20～2004.6.20
地　　址:日本

欧姆龙股份有限公司
器具开关
证书编号:CH0046735—2000
型号规格:C3D－H－MS C3D－15AS; 10A250V～
证书编号:CH0046737—2000
型号规格:HPAHC2－25S HPAHC2－35S HPAHC6 － 35S ；15A 250VA
有 效 期:2000.5.29～2004.5.29
地　　址:日本

普宁市浮屿恒达电器配件厂
转换器
证书编号:CH0052356—2000
型号规格:XE9901 10A max 250V～
有 效 期:2000.10.22～2004.10.22
地　　址:广东省普宁市占陇镇浮屿管区浮屿大道北 40 号
邮政编码:515300

青岛海尔厨房电器有限公司
固定式开关(墙壁开关)
证书编号:CH0043450—2000
型号规格:E11 系列 10A 250V
有 效 期:2000.3.2～2004.3.2
地　　址:广东省东莞市长安镇上沙第一工业区
邮政编码:523867

荣丰电器(深圳)有限公司
按键开关
证书编号:CH0049558—2000
型号规格:SS－160－7 250VAC 10A/128
有 效 期:2000.8.10～2004.8.10
地　　址:深圳市布吉镇坂田村第二工业区
邮政编码:518129

瑞安市利浦电工厂
暗装跷板式双路开关
证书编号:CH0043484—2000
型号规格:F6 10A 250V～
有 效 期:2000.3.3～2004.3.3
地　　址:浙江省瑞安市梅头镇建民路 117 号
邮政编码:325205

瑞安市三祥电器厂
墙壁开关(暗装跷板式开关);墙壁开关(固定式开关)
证书编号:CH0009590—2000A
型号规格:86 系列　250V　10A;　88 系列　250V　10A
有 效 期:2000.6.8～2004.6.8
地　　址:浙江省瑞安市梅头工业区
邮政编码:325205

瑞安市小西门洁具有限公司
86 型单相单极暗装跷板式开关
证书编号:CH0055411—2000
型号规格:Y61/1 规格:10A 250V～
有 效 期:2000.12.27～2004.12.27
地　　址:浙江省瑞安市梅头镇工业城
邮政编码:325205

山东龙口市渤海电器厂
接线开关
证书编号:CH0010495—2000A
型号规格:KL－1 250V 1A
琴健开关

证书编号:CH0009999—2000A
型号规格:KQ 系列 250V 1A

旋转开关

证书编号:CH0010494—2000A
型号规格:KX—1 250V 1A
有 效 期:2000.1.31～2004.1.31
地　　址:山东省龙口市开发区渔港路5号
邮政编码:265700

山西博天电力电器有限公司

漏电保护开关

证书编号:CH0042796—2000
型号规格:DBL—20G Un=220V; Uvo=280V; In=20A; I△n=0.03A 2P
有 效 期:2000.1.31～2004.1.31
地　　址:山西太原市高新技术开发区
邮政编码:030006

上海澳正电器有限公司

电源开关(一位)

证书编号:CH0047099—2000
型号规格:86—10A 250VAC
有 效 期:2000.6.6～2004.6.6
地　　址:浙江乐清柳市隔离工业区
邮政编码:325604

上海畅和电器有限公司

转换器

证书编号:CH0053448—2000
型号规格: HE05 MAX10A HE05 MAX16A;250V～
有 效 期:2000.11.16～2004.11.16
地　　址:上海崇明堡镇堡东村760号
邮政编码:202157

上海大江电气成套有限公司

墙壁开关(暗装跷板式开关)

证书编号:CH0042196—2000
型号规格:86型 120型 250V 10A
有 效 期:2000.1.21～2004.1.21
地　　址:上海市沪太支路185号
邮政编码:200436

上海德力西实业发展(集团)有限公司

1～4位暗装跷板式单极开关

证书编号:CH0045249—2000
型号规格:由功能件 DL—R 10A 250V～ 跷板开关
有 效 期:2000.4.28～2004.4.28
地　　址:浙江省乐清市乐成镇宁康西路205号
邮政编码:325600

上海虹南电器有限公司

墙壁开关(暗装跷板式开关)

证书编号:CH0045571—2000
型号规格:86,120型 10A 250V
有 效 期:2000.4.26～2004.4.26
地　　址:浙江省乐清市虹桥镇幸福东路54号
邮政编码:325608

上海俊乐制冷自控元件有限公司

压力开关

证书编号:CH0042252—2000
型号规格:H20PS 系列 切换值 0.15～3.45Mpa
有 效 期:2000.1.21～2004.1.21
地　　址:上海市嘉定区戬浜立新路15号
邮政编码:412100

上海梅兰日兰电器有限公司

墙壁开关(暗装跷板式开关)

证书编号:CH0042188—2000
型号规格:86型 120型 250V 10A
有 效 期:2000.1.21～2004.1.21
地　　址:上海市北宝兴路857号
邮政编码:200083

上海欧雷电气有限公司

墙壁开关(暗装式单极跷板开关)

证书编号:CH0042506—2000
型号规格:86,118,120型 10A 250V
有 效 期:2000.1.28～2004.1.28
地　　址:浙江省乐清市柳市长虹工业区货运中心内二楼
邮政编码:325604

上海欧阳电气有限公司

暗装跷板式单极开关(墙壁开关)

证书编号:CH0047529—2000
型号规格:RL86K 系列 10A 250V
有 效 期:2000.6.16～2004.6.16
地　　址:浙江省乐清市柳市外向型经济开发区
邮政编码:325604

上海浦林电器有限公司

电源开关

证书编号:CH0046536—2000
型号规格:K2 10A/20A 250V～
有 效 期:2000.5.25～2004.5.25
地　　址:上海市南汇县瓦屑镇建设路24号
邮政编码:201321

上海人民开关厂

墙壁开关(暗装跷板式开关)

证书编号:CH0045573—2000
型号规格:86,118,120型单极,单极双路 10A 250A
有 效 期:2000.4.26～2004.4.26
地　　址:浙江省乐清市柳市(前西洋)西兴路
邮政编码:325608

上海荣誉电器有限公司

旋转开关(调光开关)

证书编号:CH0055098—2000
型号规格:RY5712 220V 500W
有 效 期:2000.12.24～2004.12.24
地　　址:乐清市虹桥新丰路151号
邮政编码:325608

上海山本实业有限公司

暗装跷板式单极开关

证书编号:CH0012111—2000A
型号规格:H120—86 10A 250V～
有 效 期:2000.7.27～2004.7.27
地　　址:上海市四达路145号
邮政编码:200081

上海松尔电器有限公司瓯海分公司

暗装跷板式双路开关

证书编号:CH0046578—2000
型号规格:K12—10 10A 250V～
有 效 期:2000.5.25～2004.5.25
地　　址:浙江省温州市瓯海区天河镇金一村
邮政编码:325025

上海松吉电器有限公司

墙壁开关(暗装跷板式开关)

证书编号:CH0040679—99
型号规格:86型 120型系列 250V 10A
有 效 期:1999.12.10～2003.12.10
地　　址:浙江乐清市黄华镇长林西村
邮政编码:325605

上海松日电气有限公司

暗装跷板式双联开关

证书编号:CH0017957—97

型号规格:86 型 10A 250V

暗装跷板式双路开关

证书编号:CH0038942—99

型号规格:120 型 10A 250V~

有 效 期:1999.10.26~2003.10.26

地　　址:上海市嘉定区江桥工业园区金华路 258 号

邮政编码:201203

上海松瑞电器有限公司

暗装跷板式双路开关

证书编号:CH0051399—2000

型号规格:SR1 10A 250V~m

有 效 期:2000.9.25~2004.9.25

地　　址:浙江省瑞安市梅头镇东门工业区

邮政编码:325025

上海松申电器有限公司

暗装跷板式单极开关

证书编号:CH0049617—2000

型号规格:K103　10AX　250V~m

有 效 期:2000.8.11~2004.8.11

地　　址:上海市金山区钱圩镇金张支路 1111 号

邮政编码:201515

上海先锋开关厂

固定式开关(墙壁开关)

证书编号:CH0046951—2000

型号规格:86 型 L2A/K/2 250V 10A

有 效 期:2000.6.1~2004.6.1

地　　址:浙江瑞安市梅头海宁路 42—44 号

邮政编码:325205

上海星菱万里工业投资有限公司

开关

证书编号:CH0041737—2000

型号规格:XL—1 3A 250V

有 效 期:2000.1.10~2004.1.10

地　　址:上海市崇明县庙镇镇南首

邮政编码:200070

上海益忠电器有限公司

118 型暗装跷板式单极开关

证书编号:CH0042430—2000

型号规格:F4K/1.10A 250V~

有 效 期:2000.1.27~2004.1.27

地　　址:上海市北瞿路 1043 号甲

邮政编码:516005

上海照益电器有限公司瓯海分公司

暗装跷板式单极开关

证书编号:CH0049619—2000

型号规格:S—10　10A　250V~

有 效 期:2000.8.11~2004.8.11

地　　址:浙江省温州市沙城镇庄桥村

邮政编码:325025

上海中发电气(集团)有限公司

暗装跷板式单极开关(墙壁开关)

证书编号:CH0047521—2000

型号规格:86,118,120 型　10A 250V

有 效 期:2000.6.16~2004.6.16

地　　址:浙江省乐清市柳市外向型经济开发区

邮政编码:325604

上海中洲电器有限公司

86 型 120 型暗装跷板单极开关

证书编号:CH0042261—2000

型号规格:G01 10A 250V~

有 效 期:2000.1.21~2004.1.21

地　　址:浙江省乐清市柳市中国电器城 1 单元三楼 310 号

邮政编码:325604

深圳市贝尔佳电子有限公司

开关

证书编号:CH0044120—2000

有 效 期:2000.3.21~2004.3.21

地　　址:浙江乐清市环城西路 134 号

邮政编码:325600

深圳市赛欧电气有限公司

电源开关(一、二、三位门铃)

证书编号:CH0051724—2000

型号规格:E1/1B E1/2B E2/1B E2/2B E3/1A E3/2A 250VAC　16A　EBPA 250VAC

有 效 期:2000.10.8~2004.10.8

地　　址:深圳市布吉罗岗工业区锦龙路 89 号 5 楼

邮政编码:518112

顺德市北滘镇莘村鸿基电器实业有限公司

旋转开关

证书编号:CH0047666—2000

型号规格:KX4B　1A　250V~

跷板开关

证书编号:CH0047665—2000

型号规格:KB2　1A　250V~

有 效 期:2000.6.21~2004.6.21

地　　址:广东省顺德市北镇莘村管理区 17 村

邮政编码:528311

顺德市必达实业有限公司

钥匙开关

证书编号:CH0043772—2000

型号规格:RS—8602 10A 250V~m

有 效 期:2000.3.13~2004.3.13

地　　址:广东省顺德市桂洲镇容边天河工业大道 1 号

邮政编码:528306

顺德市陈村镇松上电器实业有限公司

一~五位暗装跷板式单极开关

证书编号:CH0049926—2000

型号规格:NO.1; NO.2; NO.3; NO.4; NO.5 10A　250V~m

有 效 期:2000.8.18~2004.8.18

地　　址:广东省顺德市陈村镇大都工业区

邮政编码:528313

顺德市桂洲镇容里日用电器厂

按钮开关

证书编号:CH0045239—2000

型号规格:GNL—0.5/2 0.5A 250V~

扇形开关(按钮开关)

证书编号:CH0045241—2000

型号规格:GN—0.5 0.5A 250V~

有 效 期:2000.4.20~2004.4.20

地　　址:广东省顺德市桂洲镇容里成业路 51 号

邮政编码:528303

顺德市勒流镇金鸿电器厂

1~5 位暗装跷板式单极开关

证书编号:CH0043441—2000

型号规格:NO.1,NO.2,NO.3,NO.4,NO.5 10A 250V

有 效 期:2000.3.2~2004.3.2

地　　址:广东省顺德市勒流镇工业区宝城北路 8 号
邮政编码:528322

顺德市勒流镇骏力电器厂
暗装跷板式单极开关
证书编号:CH0055398—2000
型号规格:NO.1 10A 250V～
有 效 期:2000.12.27～2004.12.27
地　　址:顺德市勒流镇百丈工业区
邮政编码:528322

顺德市勒流镇科雄电器厂
一位暗装跷板式单极开关;二位暗装跷板式单极开关
证书编号:CH0041768—2000
型号规格:NO.A1/1 NO.A2/1 10A 250V～
有 效 期:2000.1.11～2004.1.11
地　　址:广东省顺德市勒流镇工业区一路 33 号
邮政编码:528322

顺德市勒流镇日能电器厂
1～5 位暗装跷板式单极开关
证书编号:CH0043105—2000
型号规格:NO.1,NO.2,NO.3,NO.4,NO.5 10A 250V～
有 效 期:2000.2.23～2004.2.23
地　　址:广东省顺德市勒流镇工业五马路 32 号
邮政编码:528322

顺德市勒流镇添佰利电器厂
暗装跷板式单极开关
证书编号:CH0049929—2000
型号规格:NO.1 10A 250V～
有 效 期:2000.8.18～2004.8.18
地　　址:广东省顺德市勒流镇勒连工业区建设路 38 号
邮政编码:528322

顺德市勒流镇先科电器厂
暗装跷板式单极开关
证书编号:CH0045931—2000
型号规格:XD301/A CH301/A 10A 250V～
有 效 期:2000.5.10～2004.5.10
地　　址:广东省顺德市勒流镇工业四路 46 号
邮政编码:528322

顺德市联塑实业有限公司
开关
证书编号:CH0045247—2000
型号规格:见附页
有 效 期:2000.4.20～2004.4.20
地　　址:广东省顺德市龙江镇龙洲镇集北路段
邮政编码:528318

顺德市龙江镇三大塑料电器厂
跷板式单极开关
证书编号:CH0045252—2000
型号规格:SD/101A 10A 250V～
有 效 期:2000.4.20～2004.4.20
地　　址:广东省顺德市龙江镇东海工业区
邮政编码:528318

顺德市容桂镇容里日用电器厂
2U 端子板
证书编号:CH0053081—2000
型号规格:2U 250V～ 2.5mm
有 效 期:2000.11.8～2004.11.8
地　　址:广东省顺德市容桂镇容里成业路 45 号
邮政编码:528303

顺德市松田电器制造有限公司
1～3 位暗装跷板式单极开关
证书编号:CH0049359—2000
型号规格:E31 A10/8811 A10/8821 A10/8831;10A 250V～
有 效 期:2000.8.2～2004.8.2
地　　址:广东省顺德市勒流镇建设西路 14 号
邮政编码:528322

顺德市松泽电器制造有限公司
单联单控开关
证书编号:CH0015516—2000A
型号规格:S31/1 10A 250V
有 效 期:2000.4.20～2004.4.20
地　　址:广东省顺德市龙江镇龙洲路集北路段
邮政编码:528318

顺德市信华电器有限公司
四功能保护开关
证书编号:CH0046277—2000
型号规格:DZL241－40 20A 220V 0.03A 2P0LE
有 效 期:2000.5.19～2004.5.19
地　　址:顺德市勒流镇龙升北路 1 号
邮政编码:528322

苏州长发电器组件厂
按钮式电源开关
证书编号:CH0048146—2000
型号规格:KAN－8 250V 10(8)A
有 效 期:2000.7.3～2004.7.3
地　　址:江苏省苏州市白塔东路管家园 21 号
邮政编码:215001

苏州市明珠电工有限公司
暗装跷板式单极开关(墙壁开关)
证书编号:CH0048145—2000
型号规格:86 118 120 型 10A 250V
有 效 期:2000.7.3～2004.7.3
地　　址:浙江省乐清市柳市镇庆丰路 4 号
邮政编码:325604

苏州市诺弗电器总公司/苏州市电器元件二厂
按钮式电源开关
证书编号:CH0047340—2000
型号规格:KNA－JA 规格:7(7)A T85 7/14A;250V～
有 效 期:2000.6.13～2004.6.13
地　　址:苏州新区滨河路 189 号
邮政编码:215011

苏州市诺弗电器总公司苏州市电器元件二厂
按钮式电源开关
证书编号:CH0048923—2000
型号规格:KDC－A06 规格:5A/80A,250V～
有 效 期:2000.7.25～2004.7.25
电源开关
证书编号:CH0048924—2000
型号规格:KAN－B2 规格:10(7) 250V～;8/16A 250V～,T85
有 效 期:2000.7.25～2004.7.25
地　　址:苏州新区滨河路 189 号
邮政编码:215011

苏州仪表元件厂
开关
证书编号:CH0044286—2000

型号规格:PS1—1107 250V 14(7)A
有 效 期:2000.3.24～2004.3.24
地　　址:江苏省苏州市养育巷99号
邮政编码:215002

泰州泰克尼电器有限公司
照明开关
证书编号:CH0045746—2000
型号规格:TA86 — A11,A12,A21,A22,A31,A32,A41,
有 效 期:2000.4.28～2004.4.28
地　　址:江苏省姜堰市张沐镇张杭路23号
邮政编码:225532

天津市至上电器有限公司
暗装拉线开关
证书编号:CH0010897－99A
型号规格:SD26　4A　250V～
暗装跷板式单极开关
证书编号:CH0010896－99A
型号规格:SC39　10A　SD－37　6A;250V～
有 效 期:1999.4.21～2003.4.21
控温开关
证书编号:CH0009471—99A
型号规格:DZK－5 250V 1A
有 效 期:1999.9.10～2003.9.10
地　　址:天津市大港区徐庄子乡小苏庄村
邮政编码:300275

威海威达电器有限公司
旋转开关(洗涤选择开关)
证书编号:CH0050917—2000
型号规格:KX—1 6A 250V
有 效 期:2000.9.12～2004.9.12
地　　址:威海市西北山路15号
邮政编码:264200

温州飞雕电器有限公司
暗装跷板式单极开关(墙壁开关)
证书编号:CH0050903—2000
型号规格:F6系列 10A 250V
有 效 期:2000.9.11～2004.9.11
地　　址:浙江温州市薄州镇蒲江路105号
邮政编码:325011

温州丰田电器锁具有限公司
暗装跷板式双联开关
证书编号:CH0021211—97
型号规格:A120K12－10　10A　250V
有 效 期:2001.12.16～2005.12.16
地　　址:浙江省瑞安市梅头镇东溪工业区1号

温州龙珠电工器材有限公司
暗装跷板式单极开关
证书编号:CH0043910—2000
型号规格:Q6110A 250V～
有 效 期:2000.3.15～2004.3.15
地　　址:浙江省温州市瓯海区沙城镇永强大道1777号
邮政编码:325025

温州南鹏电器有限公司
暗装跷板式双路开关
证书编号:CH0046576—2000
型号规格:S－16　10A　250V～
有 效 期:2000.5.25～2004.5.25
地　　址:浙江省温州市天河镇庄泉东路77号
邮政编码:326025

温州奇强电器有限公司
暗装跷板式单极开关
证书编号:CH0043453—2000
型号规格:Q61 10A 250V～
有 效 期:2000.3.2～2004.3.2
地　　址:浙江省温州市瓯海区永强大道1900号
邮政编码:325025

温州奇洲电器有限公司
暗装跷板式单极开关
证书编号:CH0043218—2000
型号规格:Y61/1　10A　250V～
有 效 期:2000.2.25～2004.2.25
地　　址:浙江省温州市瓯海区沙城镇永阜西路1－3号
邮政编码:325025

温州森尔电器有限公司
暗装跷板式单极开关
证书编号:CH0055392—2000
型号规格:L2A/K/2 10A 250V～
有 效 期:2000.12.27～2004.12.27
地　　址:浙江省温州市瓯海天河镇庄泉工业区
邮政编码:325025

温州市创金电子有限公司
开关
证书编号:CH0029486—98
型号规格:KQJZ系列 250V 16(4)A
有 效 期:1998.2.24～2002.2.24
地　　址:浙江省乐清市翁墙镇北大街68号
邮政编码:325606

温州市鸿昌电器有限公司
暗装跷板式单极开关
证书编号:CH0044319—2000
型号规格:G61/1 10AX 250V～
有 效 期:2000.3.27～2004.3.27
地　　址:浙江省温州市瓯海区天河镇司南村130号
邮政编码:325025

温州市巨龙电器有限公司
暗装跷板式单极开关
证书编号:CH0047438—2000
型号规格:PS—10　10A　250V～
有 效 期:2000.6.15～2004.6.15
地　　址:浙江省温州市沙城镇五甲街
邮政编码:325025

温州市鸣雁电器有限公司
暗装跷板式单极开关
证书编号:CH0021934—98
型号规格:118型 10A 250V
有 效 期:1998.1.15～2002.1.15
邮政编码:325025

温州市耐搏电器有限公司
暗装跷板式单极开关
证书编号:CH0043478—2000
型号规格:NbK－1/2 10A 250V～
有 效 期:2000.3.3～2004.3.3
地　　址:浙江省温州市瓯海区永强大道2428号
邮政编码:325024

温州市舒蕾电器有限公司
暗装跷板式单极开关
证书编号:CH0040103—99
型号规格:K11—10 10A 250V～
有 效 期:1999.11.24～2003.11.24
地　　址:浙江省温州市沙城镇烟台村烟台街132号
邮政编码:325025

温州市顺真灵电器有限公司
跷板开关(船型开关)
证书编号:CH0046759—2000
型号规格:KCD 系列 10A 16A 250V
有 效 期:2000.5.29～2004.5.29
地　　址:乐清市北白象镇象塔南路53号
邮政编码:325603

温州市天河奇鑫电器开关厂
暗装跷板式单极开关
证书编号:CH0049606—2000
型号规格:S－10;10A　250V～
有 效 期:2000.8.11～2004.8.11
地　　址:浙江省温州市天河镇建丰村
邮政编码:325025

温州市正日电器有限公司
暗装跷板式双路开关;暗装跷板式单极开关
证书编号:CH0049631—2000
型号规格:K12－10　K11－10A;　10 250V～
有 效 期:2000.8.11～2004.8.11
地　　址:浙江省温州市瓯海区天河镇金益
邮政编码:325025

温州市中发机电有限公司
暗装跷板式单极开关
证书编号:CH0043510—2000
型号规格:118 10A 250V～
有 效 期:2000.3.3～2004.3.3
地　　址:浙江省温州市瓯海天河镇建丰村
邮政编码:325025

温州市中泰电器有限公司
一位暗装跷板式双路开关
证书编号:CH0012066—2000A
型号规格:PC/86 10A 250V～
有 效 期:2000.4.12～2004.4.12
地　　址:浙江省温州市上陡门横渎桥头巷13号
邮政编码:325000

温州市瓯海观泰电器有限公司
暗装跷板式单极开关
证书编号:CH0033891—99
型号规格:K11A 10250V～
有 效 期:1999.5.31～2003.5.31
地　　址:浙江省温州市瓯海区天河镇庄泉村新街下
邮政编码:325025

温州市瓯海申光电器厂
暗装跷板式单极开关
证书编号:CH0043918—2000
型号规格:Y61/110A 250V～
有 效 期:2000.3.15～2004.3.15
地　　址:浙江省温州市永强大道二甲段10－12号
邮政编码:325025

温州市瓯海松雕电器有限公司
暗装跷板式单极开关
证书编号:CH0043914—2000
型号规格:K11－10 10A 250V～
有 效 期:2000.3.15～2004.3.15
地　　址:浙江省温州市瓯海区天河镇新川村
邮政编码:325025

温州市瓯海松瀛电器有限公司
暗装跷板式单极开关
证书编号:CH0049620—2000
型号规格:NO.30/1/2M 10A 250～
有 效 期:2000.8.11～2004.8.11
地　　址:浙江省温州市天河镇永庄村
邮政编码:325025

温州市瓯海天河电器设备厂
暗装跷板式单极开关
证书编号:CH0043916—2000
型号规格:K901110A 250V～m
有 效 期:2000.3.15～2004.3.15
地　　址:浙江省温州市瓯海区天河镇二甲村
邮政编码:325025

温州市瓯海正豪电器厂
暗装跷板式单极开关
证书编号:CH0043513—2000
型号规格:Y61/1 10A 250V～
有 效 期:2000.3.3～2004.3.3
地　　址:浙江省温州市瓯海区沙城镇浦河西路8号
邮政编码:325025

无锡南泉中心电器开关厂
按钮开关
证书编号:CH0011644—2000A
型号规格:主机型号:FA3－4/2B
派生型号:FA3－4/2B1 FA3－4/2W4
证书编号:CH0050173—2000
型号规格:型号:FA2－4/1W　参数:250V～　4(4)A 5E4
有 效 期:2000.6.8～2004.6.8
按钮式开关
证书编号:CH0042044—2000
型号规格:FA2－6/2B7 250V～8(6)A
有 效 期:2000.1.18～2004.1.18
地　　址:江苏锡山市南泉镇
邮政编码:214128

无锡市海鹰家用电器配件厂
水位压力开关
证书编号:CH0049411—2000
型号规格:KJ43 系列 3A 200－240V
有 效 期:2000.8.7～2004.8.7
地　　址:无锡市新区旺庄路 B2 标准房三楼
邮政编码:214028

无锡市仪表五厂
微动开关
证书编号:CH0044338—2000
型号规格:V－15－1A5 250V 15A
有 效 期:2000.3.27～2004.3.27
地　　址:无锡市惠钱路51号
邮政编码:214035

武汉易光电工有限公司
暗装跷板式单极开关
证书编号:CH0047137—2000
型号规格: 97S1/973　97S1/971;　10A 250V～m
有 效 期:2000.6.8～2004.6.8
地　　址:浙江省乐清市象阳镇龙根村
邮政编码:325619

武进市金和电器厂
旋转开关(选择开关)
证书编号:CH0051339—2000
型号规格:XK1 系列 3A 250V
有 效 期:2000.9.24～2004.9.24
地　　址:江苏常州北郊魏村
邮政编码:213127

象山神工电器有限公司
暗装跷板式双路开关;暗装跷板式单极开关

证书编号:CH0045235—2000
型号规格:S99K 10A 250V～
有 效 期:2000.4.19～2004.4.19
地　　址:浙江省宁波市象山县石浦渔港中路91号
邮政编码:315731

新会市恒威电器厂

暗装跷板式单极开关
证书编号:CH0041732—2000
型号规格:B801 10A 250V～
有 效 期:2000.1.10～2004.1.10
地　　址:广东新会市崖南工业开发区
邮政编码:529149

宜兴稳不落电器有限公司

暗装跷板式双路开关
证书编号:CH0015395—2000A
型号规格:WF－S1　WF－S3;16A 250V～
有 效 期:2000.5.18～2004.5.18
地　　址:江苏省宜兴市新建镇
邮政编码:214253

余姚市低塘镇通用线路板厂

电源开关
证书编号:CH0005300－2000B
型号规格:KX－4－5 2.5A/10A 250V
有 效 期:2000.4.11～2004.4.11
地　　址:浙江省余姚市低塘镇浦沿
邮政编码:315490

余姚市电冰箱配件厂

(按钮开关)门控开关
证书编号:CH0048086—2000
型号规格:FN13 250V 2.5A 125V 5A
有 效 期:2000.6.30～2004.6.30

暗装跷板式单极开关(墙壁开关)
证书编号:CH0047388—2000
型号规格:L86K 型 10A 250V
有 效 期:2000.6.14～2004.6.14
地　　址:余姚市泗门镇万圣
邮政编码:315474

余姚市舜华电子有限公司

拔动开关(倒板开关)
证书编号:CH0052937—2000
型号规格:SYB 2.5A 220V～
有 效 期:2000.11.6～2004.11.6
地　　址:余姚市泗门镇湖北
邮政编码:315472

余姚市余姚镇舜孙塑料电器配件厂

电源开关
证书编号:CH0041922—2000
型号规格:KAN－Q1 1A/2A 250V～
有 效 期:2000.1.14～2004.1.14
地　　址:余姚市余姚镇长城路10号
邮政编码:315400

张家港华峰电接插元件有限公司

电源开关
证书编号:CH0051558—2000
型号规格:KDC－A04－10 8(8)A 250VAC T100

开关
证书编号:CH0044004—2000
型号规格:KDC－A06(8A/128A 250VAC)T100 等
有 效 期:2000.3.17～2004.3.17
地　　址:张家港市兆丰镇青年路3号
邮政编码:215622

张家港华杰电子有限公司

按钮式开关
证书编号:CH0044408—2000
型号规格:型号:FA2－8/2W 参数:250V～8(8)A,5E4
有 效 期:2000.3.30～2004.3.30

微动开关
证书编号:CH0051854—2000
型号规格:KW3 规格:16(4)A 250VAC T85 5E4 12A 12V DC
有 效 期:2000.10.10～2004.10.10
地　　址:江苏省张家港市南环路85号
邮政编码:215600

浙江合兴电子有限公司

电源开关
证书编号:CH0041762—2000
型号规格:KG－131N 1A 3A 250VAC
有 效 期:2000.1.11～2004.1.11
地　　址:浙江省乐清市虹桥镇西工业区G－1号
邮政编码:325608

浙江金名电器有限公司

暗装跷板式单极开关
证书编号:CH0045244—2000
型号规格:A1 10A 250V～
有 效 期:2000.4.20～2004.4.20
地　　址:浙江省温州市天河镇大禅寺车站北
邮政编码:325025

浙江龙翔电器有限公司

暗装跷板式单极开关
证书编号:CH0049530—2000
型号规格:K11—10　10A　250V～
有 效 期:2000.8.9～2004.8.9
地　　址:浙江省温州市永中镇海滨蟾钟工业区
邮政编码:325024

浙江路之遥电气有限公司

门灯开关
证书编号:CH0025770—98
型号规格:KMD1－A 250V 0.5A
有 效 期:1998.7.15～2002.7.15
地　　址:浙江省乐清市北白象电子工业区
邮政编码:325603

浙江省鄞县新星电子元件厂

按钮开关(开关)
证书编号:CH0055257—2000
型号规格:KAN 系列 5A 220V 5A 380V
有 效 期:2000.12.26～2004.12.26
地　　址:宁波市姜山镇唐家桥西
邮政编码:315191

浙江松成电子有限公司

电源开关
证书编号:CH0044423—2000
型号规格:SW－2 4A/32A 250V～
有 效 期:2000.3.30～2004.3.30
地　　址:浙江省乐清市虹桥镇西工业区A－1号
邮政编码:325608

浙江新世纪电器有限公司

暗装跷板式双联开关
证书编号:CH0021320－97
型号规格:10A 250V
有 效 期:2001.12.22～2005.12.22
地　　址:浙江省温州市瓯海区天河镇金一村

浙江阳康电子有限公司

电源开关
证书编号:CH0049450—2000

型号规格:KDC－A04－D 8A/128A 250V～
有 效 期:2000.8.8～2004.8.8
地　　址:浙江省乐清市乐成镇宁康西路335号
邮政编码:325600

镇江市岛荣电讯设备有限公司
压力开关
证书编号:CH0044798—2000
型号规格:XYK 系列 200V 2A OFF0.05－3.2Mpa ON 0.15－2.6Mpa
有 效 期:2000.4.7～2004.4.7
地　　址:江苏省扬中市西来桥
邮政编码:212221

中山市小榄凤凰家用电器厂
洗衣机用水位开关
证书编号:CH0047312－2000
型号规格:KLS－4C 220V 3A
有 效 期:2000.6.13～2004.6.13
地　　址:广东省中山市小榄镇龙山东巷20号
邮政编码:528415

中山市小榄镇成联五金电器厂
旋转开关
证书编号:CH0043578—2000
型号规格:CK－01 250V～1A
有 效 期:2000.3.7～2004.3.7
地　　址:广东省中山市小榄镇北区工业区
邮政编码:528415

中山市小榄镇德星五金塑料制品厂
琴健开关
证书编号:CH0010101－98A
型号规格:PN 系列 1A 240V
有 效 期:2000.2.18～2004.2.18
邮政编码:528415

中山市小榄镇华丰工艺电器厂
琴键开关
证书编号:CH0046400—2000
型号规格:ZD 系列 ZD－3,ZD－4,ZD－5 1A250V～
有 效 期:2000.5.22～2004.5.22
地　　址:中山市小榄镇沙口工业区天利路
邮政编码:528416

中山市小榄镇新基塑料电器厂
翻倒开关
证书编号:CH0050923—2000
型号规格:JG—A 1A 250V～μ
有 效 期:2000.9.12～2004.9.12
地　　址:广东省中山市小榄镇绩西开发区
邮政编码:528416

中山市小榄镇永信塑料电器厂
翻倒开关
证书编号:CH0051797—2000
型号规格:GA—1 1A 250V～
有 效 期:2000.10.9～2004.10.9
地　　址:广东中山市小榄镇(永宁)洪联路149号
邮政编码:528415

重庆飞雕电器厂
一位暗装跷板式单极开关
证书编号:CH0049325—2000
型号规格:B91　10A　250V
有 效 期:2000.8.2～2004.8.2
地　　址:浙江省温州市瓯海区天河镇新河工业区
邮政编码:325025

株洲鸿雁电器厂
暗装跷板式单极开关
证书编号:CH0042251—2000
型号规格:AP86K －10 10A 250V～
有 效 期:2000.1.21～2004.1.21
地　　址:湖南省株洲县渌口镇
邮政编码:412100

淄博齐晓电子有限公司
开关
证书编号:CH0041644—2000
型号规格:KAN－A3D 250V 10A
有 效 期:2000.1.7～2004.1.7
地　　址:山东省淄博市临淄区齐都镇韶院路2号
邮政编码:255542

淄博市临淄区齐都电器厂
低温补偿开关(跷板开关)
证书编号:CH0042104—2000
型号规格:KAN－A8D 250V 0.5A
有 效 期:2000.1.20～2004.1.20
地　　址:山东省淄博市临淄区齐都镇韶院路2号
邮政编码:255422

绝缘板

常州昌力电子有限公司
印制板
证书编号:CH0016796－2000A
型号规格:MCL－437F;KH－111F
有 效 期:2000.2.23～2004.2.23
地　　址:江苏省武进市孝都长江村
邮政编码:213127

福州瑞华印制线路板有限公司
印制线路板
证书编号:CH0005065—2000B
型号规格:CCP－3400 纸质 1.6mm
有 效 期:2000.6.16～2004.6.16
地　　址:福建省福州市西郊光明村下宅37号
邮政编码:350101

广州安华电子有限责任公司
印制线路板
证书编号:CH0014485－2000A
型号规格:CCP－3400 1.6mm
有 效 期:2000.1.14～2004.1.14
地　　址:广州市芳村区白鹤洞坑口罗冲岗3号
邮政编码:510380

惠州市升华工业有限公司
印制线路板
证书编号:CH0043606—2000
型号规格:KB—5150 1.6mm
有 效 期:2000.3.8～2004.3.8
地　　址:惠州市小金口镇柏岗村委会
邮政编码:516023

南京无线电八厂
单面印制线路板
证书编号:CH0042143—2000
型号规格:CCP—3400 规格:1.6mm
有 效 期:2000.1.20～2004.1.20
地　　址:南京市珠江路454号
邮政编码:210018

深圳宝安区石岩镇水田建滔制品厂

覆铜箔环氧玻璃布层压板
证书编号:CH0042955—2000
型号规格:KB－6150(CEPGC－32F) 0.8－1.6mm
有 效 期:2000.2.18～2001.2.18
地 址:深圳市宝安区石岩镇水田村
邮政编码:518108

深圳华发电子股份有限公司
印制线路板
证书编号:CH0044129—2000
型号规格:KB－5150 1.6mm
有 效 期:2000.3.21～2004.3.21
地 址:广东省深圳市公明镇第29工业区华发电子城
邮政编码:518031

深圳赞信电子有限公司
印制线路板
证书编号:CH0046674—2000
型号规格:CCP－3400 1.6mm
有 效 期:2000.5.26～2004.5.26
地 址:深圳龙岗区坪山镇碧岭材赞信工业大厦
邮政编码:518118

顺德市勒流镇黄连逸顺丝印工艺厂
印制线路板
证书编号:CH0041950—2000
型号规格:TZ－9F 1.6mm
有 效 期:2000.1.14～2004.1.14
地 址:广东省顺德市勒流镇萧地工业开发区
邮政编码:528323

四川长虹电器股份有限公司
印制线路板
证书编号:CH0017038—2000A
型号规格:CCP－3400 1.6mm
有 效 期:2000.7.25～2004.7.25
地 址:四川省绵阳市高新区绵兴东路35号
邮政编码:621000

苏州大展电路工业有限公司
单面印制线路板
证书编号:CH0046965—2000
型号规格:DS7209 1.6mm
有 效 期:2000.6.2～2004.6.2
地 址:苏州新区长江路588号
邮政编码:215011

吴县市迪飞达电子有限公司
有金属化孔双面印制板
证书编号:CH0047088—2000
型号规格:JSKDD5S 规 格:1.6mm/1.0mm
有 效 期:2000.6.6～2004.6.6
地 址:吴县市黄桥镇民安工业区
邮政编码:215132

武进市横林景华电讯配件厂
单面纸质印制板
证书编号:CH0046032—2000
型号规格:C－22F 规格:1.6mm 2004.5.11
地 址:江苏省武进市横林镇余巷村
邮政编码:213101

武进市横林无线电厂(常州宏都线路板有限公司)
单面印制线路板
证书编号:CH0041877—2000
型号规格:KH－111F 规格:1.6mm
有 效 期:2000.1.14～2004.1.14
地 址:江苏省武进市横林镇
邮政编码:213101

武进市牛塘电讯厂
单面纸制印制线路板
证书编号:CH0048063—2000
型号规格:P－127(CEM－3)规格:1.58mm
有 效 期:2000.6.30～2004.6.30
地 址:江苏省武进市牛塘镇庄桥村6号
邮政编码:213163

香山电路板厂有限公司
印制线路板
证书编号:CH0018782—2000A
型号规格:ZD－68(G)F 1.5mm
有 效 期:2000.8.30～2004.8.30
地 址:广东省中山市沙溪镇海旁街3号
邮政编码:528471

永捷电子(深圳)有限公司
印制线路板
证书编号:CH0047041—2000
型号规格:KB－3150 1.6mm
有 效 期:2000.6.6～2004.6.6
地 址:深圳南山区南油后海工业村11幢大厦
邮政编码:518054

中山市通洋线路板厂有限公司
印制线路板
证书编号:CH0016870—2000A
型号规格:CCP－3400 1.6mm KB－3150 1.6mm
有 效 期:2000.7.11～2004.7.11
地 址:广东省中山市板芙镇里溪工业区第2栋
邮政编码:528459

端 子

江苏常恒集团公司
接线端子
证书编号:CH0043569—2000
型号规格:JX 系列 250V ～ 450V 1.5mm～4mm
有 效 期:2000.3.7～2004.3.7
地 址:江苏省常州市北郊魏村镇
邮政编码:213127

乐清市华晨电器有限公司
接线端子排
证书编号:CH0046358—2000
型号规格:JXO－B系列 600V 4mm
有 效 期:2000.5.19～2004.5.19
地 址:乐清市虹桥镇西街134号
邮政编码:325608

乐清市华润电器有限公司
接线端子
证书编号:CH0045057—2000
型号规格:JXJ1系列 600V 2.5mm
有 效 期:2000.4.13～2004.4.13
地 址:浙江省乐清市柳市凌云路26号
邮政编码:325604

顺德市北镇新诚塑料五金厂
接线端子
证书编号:CH0049677—2000
型号规格:BZ－1 450V 1.5mm
有 效 期:2000.8.14～2004.8.14
地 址:顺德市北镇林西工业区

邮政编码:528311

余姚市新亚电器厂
接线端子
证书编号:CH0042201—2000
型号规格:JG2—3 250V 1mm
有 效 期:2000.1.21～2004.1.21
地　　址:浙江省余姚市泗门镇下庙山路
邮政编码:315472

浙江路之遥电气有限公司
接线端子
证书编号:CH0046774—2000
型号规格:DCAI　1mm　250V～7μF ±5%　D级
有 效 期:2000.5.29～2004.5.29
地　　址:浙江省乐清市北白象镇象南路
邮政编码:325603

接线盒

ABB电器(东亚)有限公司
接线盒
证书编号:CH0033545—99
型号规格:CBX100—A，CBX122，CBX222
有 效 期:2000.4.30～2004.4.30
邮政编码:529700

乐清市宇宙电器有限公司
接线盒
证书编号:CH0042110—2000
型号规格:BCD152—5 250V 1.0mm
有 效 期:2000.1.20～2004.1.20
地　　址:浙江省乐清市翁垟沿滨路9弄3号
邮政编码:325606

上海灿力电器有限公司
接线盒
证书编号:CH0047397—2000
型号规格:DC1—2 1mm 250V～
有 效 期:2000.6.14～2004.6.14
地　　址:浙江省余姚市朗霞镇周新南路7号
邮政编码:315482

万宝冷机集团广州电器有限公司
普通型接线盒
证书编号:CH0044358—2000
型号规格:JXH—T 0.75mm 250V
有 效 期:2000.3.27～2004.3.27
地　　址:广东省广州市江南大道中111号
邮政编码:510220

余姚市振先电器厂
普通型接线盒
证书编号:CH0015774—2000A
型号规格:JXH 1.0mm 250V
有 效 期:2000.11.2～2004.11.2
地　　址:浙江省余姚市临山镇北浦中
邮政编码:315462

变换器

帝闻电子(深圳)有限公司
电源变换器
证书编号:CH0042667—2000
型号规格:EI41(3VAC)系列
证书编号:CH0050308—2000
型号规格:DV—0560RCP　输入:220VAC 50Hz 60mA　输出:50VDC 600mA
有 效 期:2000.1.31～2004.1.31
地　　址:广东省深圳市宝安区公明镇第五工业区
邮政编码:518106

青岛半导体零件厂
电源变换器
证书编号:CH0047586—2000
型号规格:BHQ—10　规格:～220V 50Hz 输出:DC9A 300mA
有 效 期:2000.6.20～2004.6.20
地　　址:青岛市芝泉路11号
邮政编码:266071

上海美芝欧加电器有限公司
交流变换器
证书编号:CH0025514—98
型号规格:AC—T47 220V～50Hz
有 效 期:2000.4.21～2004.4.21
地　　址:上海市青浦县华新纪鹤路华新段50号
邮政编码:201708

联想(北京)有限公司
PC服务器
证书编号:CH0042590—2000
型号规格:万全2200C 220V 50Hz
有 效 期:2000.1.28～2004.1.28
地　　址:北京海淀区上地信息产业基地创业中路32号
邮政编码:100085

西安圣方数码科技有限责任公司
超能电器(计算机)
证书编号:CH0042611—2000
型号规格:SPED200W 220V 50Hz
有 效 期:2000.1.31～2004.1.31
地　　址:西安高新技术产业开发西区高新一路15号
邮政编码:710075

电 子 产 品

电视机

TCL 集团有限公司
彩色电视机
证书编号:CH0047531—2000
型号规格:2536W 220VAC 50Hz
有 效 期:2000.6.20～2004.6.20
地　　址:广东省惠州市鹅岭南路六号 TCL 工业大厦
邮政编码:518067

福建日立电视机有限公司
彩色电视机
证书编号:CH0041790—2000
型号规格:CMT2916 110/220V ～ 50/60Hz
地　　址:福建福州市五一南路 32 号
邮政编码:350004

音　响

SONY CORPORATION
组合音响
证书编号:CH0047178—2000S
型号规格:DHC—MD373
有 效 期:2000.6.8～2004.6.8
地　　址:马来西亚

TCL 集团有限公司
DVD 视盘机
证书编号:CH0046783—2000
型号规格:TD—3200 220VAC 50Hz
有 效 期:2000.5.30～2004.5.30
地　　址:广东省惠州市鹅岭南路六号 TCL 工业大厦
邮政编码:518067

爱华株式会社
超小型组合音响
证书编号:CH0046914—2000
型号规格:LCX — 257HC 规 格: ～ 120/220—240V,50/60 Hz
有 效 期:2000.6.1～2004.6.1
地　　址:广东省深圳市福田区八卦岭工业区 423 栋

北京爱德发高科技中心
多媒体有源音箱
证书编号:CH0046253—2000
型号规格:R301T R201T 规格:～220V 50Hz
有 效 期:2000.5.18～2004.5.18
立体声有源音箱
证书编号:CH0036892—99
型号规格:R800TC 规格:220V 50Hz
有 效 期:1999.8.26～2003.8.26
地　　址:北京市延庆县妫水南街 16 号
邮政编码:100080

北京比克飞达科贸有限公司
有源音箱
证书编号:CH0045876—2000
型号规格:PK — 500D,PK — 1000DX;规格;～200V,50Hz
有 效 期:2000.5.9～2004.5.9
地　　址:北京市海淀区黑龙潭 58 号
邮政编码:100080

北京得宝宇昌电子有限公司
DVD 视盘机
证书编号:CH0041884—2000
型号规格:DVD — 729K 规格:～220V 50Hz
有 效 期:2000.1.14～2004.1.14
地　　址:广东省番禺市大石镇礼村鸿图工业园东四栋
邮政编码:511430

北京飞利浦有限公司
A/V 功放收音机
证书编号:CH0045061—2000
型号规格: FR738/15 规 格: ～ 220 — 230V 50Hz
有 效 期:2000.4.14～2004.4.14
激光收录机
证书编号:CH0044192—2000
型号规格:AZ1111/15 规格:～110 — 127V/220—240V 50/60Hz
有 效 期:2000.3.23～2004.3.23
地　　址:北京朝阳区酒仙桥东路 1 号
邮政编码:100016

北京慧声众诚科贸有限责任公司
有源音箱
证书编号:CH0052629—2000
型号规格:SF—122 规格:～220V 50Hz
有 效 期:2000.10.30～2004.10.30
地　　址:北京市海淀写字楼 302 号
邮政编码:100080

北京金裕兴电子技术有限公司
裕兴 DVD 机
证书编号:CH0046148—2000
型号规格:YX—801;YX—801A;YX—801B;YX—801C;
有 效 期:2000.5.16～2004.5.16
地　　址:北京市西城区德外大街 5 号
邮政编码:100088

北京曲歌成业科贸有限公司
有源音箱
证书编号:CH0045874—2000
型号规格:360,560 型;规格:～220V,50Hz
有 效 期:2000.5.9～2004.5.9
地　　址:北京市海淀区黑龙潭路 58 号
邮政编码:100080

北京市恒生科技发展公司
多媒体有源音箱
证书编号:CH0046254—2000
型号规格:R301T 规格:～220V 50Hz
有 效 期:2000.5.18～2004.5.18
地　　址:北京延庆县妫水南街 16 号
邮政编码:100080

北京市普天新能源技术开发公司
有源音箱
证书编号:CH0048740—2000
型号规格:CM—800TC 220V 50Hz
有 效 期:2000.7.18～2004.7.18

地　　址：北京市海淀区永丰乡永丰屯
邮政编码：100080

北京市中北高科机电公司
有源音箱
证书编号：CH0044167—2000
型号规格：V1.0 规格：～220V，50Hz
有 效 期：2000.3.22～2004.3.22
地　　址：北京市海淀区白石桥路乙7号三层
邮政编码：100081

常州星球电子有限公司
DVD视盘播放机
证书编号：CH0048062—2000
型号规格：S2188 规格：～220V，50Hz
有 效 期：2000.6.30～2004.6.30
地　　址：江苏常州市清凉支路24号
邮政编码：213001

成都锦江电器制造有限公司
DVD视盘机
证书编号：CH0041968—2000
型号规格：JDV2100 220VAC 50Hz
有 效 期：2000.1.14～2004.1.14
地　　址：四川省成都市建设北路三段168号
邮政编码：610051

上海建伍电子有限公司
立体声广播接收机
证书编号：CH0046546—2000
型号规格：KRF－V7773D 220V～50Hz
有 效 期：2000.5.25～2004.5.25
地　　址：上海松江荣乐东路60号
邮政编码：201613

上海索广电子有限公司
DVD视盘机
证书编号：CH0047342—2000
型号规格：DVP－S345 220V～50/60Hz
有 效 期：2000.6.13～2004.6.13
微型组合音响
证书编号：CH0050159—2000
型号规格：CMT－VP11 110－120V～/220－240V～ 50/60Hz
有 效 期：2000.8.25～2004.8.25
地　　址：上海市闵行区剑川路930号
邮政编码：200240

上海新捷超电子电器有限公司
有源音箱
证书编号：CH0029060－2000A
型号规格：WKF993 220～50Hz
有 效 期：2000.1.20～2004.1.20
地　　址：上海闵行区北桥新春路
邮政编码：201109

深圳彩虹皇旗电子资讯有限公司
DVD影碟机
证书编号：CH0050307—2000
型号规格：RDP－703/703K/705/705K/713/713K/715
有 效 期：2000.8.30～2004.8.30
地　　址：广东省深圳沙头角保税区第23栋南
邮政编码：518081

深圳创维－RGB电子有限公司
DVD视盘机
证书编号：CH0041924—2000
型号规格：DVD－650S 85－245VAC 50Hz
有 效 期：2000.1.14～2004.1.14
地　　址：深圳宝安区公明镇创维电子城
邮政编码：518029

深圳德合源电子有限公司
有源音箱
证书编号：CH0049563—2000
型号规格：D－618 D619 220VAC 50/60Hz
有 效 期：2000.8.10～2004.8.10
地　　址：广东省深圳市南山区西丽湖镇大勘村商业街113号
邮政编码：518055

深圳金骏电子有限公司
多媒体有源音箱
证书编号：CH0048308—2000
型号规格：LE－IT02
有 效 期：2000.7.7～2004.7.7
地　　址：深圳市南山区南头大旺山金骏电子有限公司
邮政编码：518052

深圳麦蓝电子科技有限公司
有源音箱
证书编号：CH0049196—2000
型号规格：M200－800 220V 50Hz
有 效 期：2000.8.31～2004.7.31
地　　址：深圳市宝安区龙华镇民治大道490号
邮政编码：518131

深圳迈威有线电视器材有限公司
干线放大器
证书编号：CH0048402—2000
型号规格：MW－34E(M) 220V～50Hz
有 效 期：2000.7.10～2004.7.10
地　　址：深圳市高新技术工业村W2栋A座5楼
邮政编码：518057

深圳市百纳星电子有限公司
VCD视盘机
证书编号：CH0049561—2000
型号规格：VCD－2009型 220VAC 50Hz
有 效 期：2000.8.10～2004.8.10
地　　址：深圳市宝安区宝田三路旺业工业村五号厂房三，四层
邮政编码：518126

深圳市东鼎数字电器有限公司
DVD播放机
证书编号：CH0042325—2000
型号规格：DVD－8000A 220VAC 50Hz
有 效 期：2000.1.25～2004.1.25
地　　址：深圳市福田区梅华路201号
邮政编码：518049

深圳市东杰科电子有限公司
DVD视盘机
证书编号：CH0044296—2000
型号规格：DVD－G2000 220VAC 50Hz
有 效 期：2000.3.27～2004.3.27
地　　址：深圳市八卦四路索泰克大厦四楼
邮政编码：518029

深圳市恒晨电器有限公司
DVD视盘机
证书编号：CH0044719—2000
型号规格：HP2000 110～220VAC 50—60Hz
有 效 期：2000.4.6～2004.4.6
VCD视盘机
证书编号：CH0044717—2000
型号规格：HP800 220VAC 50－60Hz
有 效 期：2000.4.6～2004.4.6
地　　址：深圳市福田区天安工业区天祥大厦8楼B1座
邮政编码：518040

深圳市佳视达实业有限公司

F 型支干线放大器
证书编号:CH0049133—2000
型号规格:JS—F5530F 220V～50Hz
数字卫星接收机
证书编号:CH0049132—2000
型号规格:JS－988B 90～250V～ 50/60Hz
有 效 期:2000.7.27～2004.7.27
地　　址:深圳市八卦一路 618 栋 8 楼
邮政编码:518029

深圳市杰之音电声有限公司
有源音箱
证书编号:CH0049813—2000
型号规格:EA－803 AC220V/50Hz
有 效 期:2000.8.16～2004.8.16
地　　址:广东省深圳市宝安西乡固戍一路 1 号
邮政编码:518126

深圳市金威格数码科技有限公司
DVD 视盘机
证书编号:CH0045363—2000
型号规格:DV － 910B/K/G 100V － 240VAC 50/60Hz
有 效 期:2000.4.21～2004.4.21
地　　址:深圳市泰然工业区 212 栋西座 5 楼广东省东莞市塘厦镇大坪管理区
邮政编码:523722

深圳市凯隆电子有限公司
收音机
证书编号:CH0049660—2000
型号规格:KK－9912L 220V 50Hz
有 效 期:2000.8.11～2004.8.11
地　　址:广东省深圳市宝安区 45 区富源大厦 4－8 楼
邮政编码:518133

深圳市科比高电器有限公司
全数字智能卡拉 OK 机
证书编号:CH0045820—2000
型号规格:DK－610 220VAC 50Hz
有 效 期:2000.4.29～2004.4.29
地　　址:深圳市南山区沙河工业区 G5A 栋厂房 4－6 层
邮政编码:518053

深圳市三诺电子有限公司
多媒体有源音箱
证书编号:CH0052072—2000
型号规格:3N－012 220VAC 50Hz
有 效 期:2000.10.15～2004.10.15
有源音箱
证书编号:CH0045794—2000
型号规格:SR－T688 220VAC 50Hz
有 效 期:2000.4.29～2004.4.29
地　　址:深圳市宝安区松岗镇塘下涌工业区
邮政编码:518105

深圳市实益达实业有限公司
CD 单卡收录机
证书编号:CH0034241—99
型号规格:AZ1010/15
有 效 期:1999.6.9～2003.6.9
地　　址:深圳市华侨城中航沙河工业区北区 2 号厂房 4 楼东
邮政编码:518104

深圳市泰嘉乐电子电器有限公司
VCD 视盘机
证书编号:CH0042329—2000
型号规格:VCD－828K 220VAC 50Hz
有 效 期:2000.1.25～2004.1.25
地　　址:深圳市宝安区宝城 38 区龙井路综合楼 A1 栋六楼
邮政编码:518101

深圳市先科电子有限公司
DVD 视盘机
证书编号:CH0042649—2000
型号规格:AEP－803
AEP－805 220VAC 50Hz
有 效 期:2000.1.31～2004.1.31
VCD 视盘机
证书编号:CH0042648—2000
型号规格: AEP － 627 AEP － 733 220VAC 50/60Hz
有 效 期:2000.1.31～2004.1.31
超级 VCD 视盘机
证书编号:CH0042555—2000
型号规格:AEP－723 220VAC 50Hz
有 效 期:2000.1.28～2004.1.28
地　　址:深圳市松坪山第五工业区
邮政编码:518029

深圳市先科激光电器有限公司
DVD 视盘机
证书编号:CH0049702—2000
型号规格:AL－P998B 220VAC 50－60Hz
有 效 期:2001.8.14～2004.8.14
超级 VCD 视盘机
证书编号:CH0049701—2000
型号规格:AL － P929B 220VAC 50/60Hz
有 效 期:2000.8.14～2004.8.14
地　　址:深圳市红岭北路先科激光大厦九层
邮政编码:518029

深圳市英桥龙电子有限公司
有源音箱
证书编号:CH0043877—2000
型号规格:ET31 规格:220V,50Hz
有 效 期:2000.3.14～2004.3.14
地　　址:深圳市笋岗东路宝安广场 A 座 11 楼
邮政编码:518025

深圳市永恒星电器实业有限公司
DVD 视盘机
证书编号:CH0044261—2000
型号规格:DVD H－909 220VAC 50Hz
有 效 期:2000.3.23～2004.3.23
地　　址:深圳市宝安区 45 区中心大厦 3 楼
邮政编码:518133

深圳先隆电子实业有限公司
VCD 视盘机
证书编号:CH0044700—2000
型号规格:SL－P303KV SL－P333KV 220VAC 50Hz
有 效 期:2000.4.6～2004.4.6
地　　址:深圳市八卦岭八卦四路先科大院内
邮政编码:518029

顺德市容桂镇华益电器有限公司
功放机
证书编号:CH0049518—2000
型号规格:AV － 8210 规格:～ 220V 50Hz
有 效 期:2000.8.9～2004.8.9
地　　址:顺德市容桂镇容港路 74 号
邮政编码:528303

顺德市先驱实业有限公司
DVD 视盘机
证书编号:CH0042054—2000
型号规格:DVD－1130 规格:～220V,50Hz
有 效 期:2000.1.19～2004.1.19
地　　址:江苏省常州市洛阳镇
邮政编码:213104

四川长虹电器股份有限公司

DVD 视盘机

证书编号:CH0030035—99
型号规格:DVD—5000 AC220V 50Hz
有 效 期:1999.1.19～2003.1.19

超级 VCD 视盘机

证书编号:CH0032775—99
型号规格:S3600,S3800 AC220V 50Hz
有 效 期:1998.4.22～2002.4.22

数字影碟机

证书编号:CH0040569—99
型号规格:DVD6000 220VAC 50Hz
有 效 期:1999.12.7～2003.12.7
地　　址:四川省绵阳市高新区绵兴东路 35 号
邮政编码:621000

松下电器产业(株)数字 AV 网络(事)

DVD 台式组合音响系统

证书编号:CH0050037—2000S
型号规格:SA—PM08
有 效 期:2000.8.22～2004.8.22
地　　址:新加坡

松下电器产业(株)音响事业部

DVD 台式组合音响

证书编号:CH0047900—2000S
型号规格:SA—DV170
有 效 期:2000.6.28～2004.6.28
地　　址:新加坡

松下电器产业株式会社

便携式 CD 放音机

证书编号:CH0046838—2000
型号规格:SL — VP40 & SL — VP45 with RFEA413T 规格:整机:输入:4.5V 电池:3V 等
有 效 期:2000.5.27～2004.5.27
邮政编码:日本

松下电器产业株式会社音响事业部

便携式 CD 放音机

证书编号:CH0044547—2000
型号规格:SL — VP40& SL — VP45 with RFEA413T 规格:整机:输入:4.5V;适配器:输入:～200V!

CD/DVD 播放机

证书编号:CH0047689—2000
型号规格:DVP—S745D 规格 ～220—240V,50Hz
有 效 期:2000.6.22～2004.6.22

CD 随身听

证书编号:CH0048910—2000
型号规格:D—EJ611,D—EJ615,
有 效 期:2000.7.24～2004.7.24
地　　址:日本千叶县木更津市潮见 8—6 号

索尼株式会社

微型组合音响

证书编号:CH0046527—2000S
型号规格:CMT—EX1
有 效 期:2000.5.25～2004.5.25

组合音响

证书编号:CH004623—2000S
型号规格:CMT—J3MD
有 效 期:2000.5.23～2004.5.23
地　　址:广东省东莞市大岭山镇大塘管理区

万利达集团有限公司

DVD 视盘机

证书编号:CH0045183—2000
型号规格:DVD — N900 (DVD — N900R,
DVD—N960)220V～50Hz
有 效 期:2000.4.18～2004.4.18

VCD 视盘机

证书编号:CH0045186—2000
型号规格:MV—6000 220V～50Hz
有 效 期:2000.4.18～2004.4.18

数字环绕功率放大器

证书编号:CH0045560—2000
型号规格:MAV—788 220V～50Hz
有 效 期:2000.4.26～2004.4.26
地　　址:厦门市嘉禾路 618 号万利达工业园
邮政编码:361006

厦门厦新电子股份有限公司

VCD 视盘机

证书编号:CH0044163—2000
型号规格:VCD768H1 规 格:～176—242V,50/60Hz
有 效 期:2000.3.22～2004.3.22

超级 VCD

证书编号:CH0044165—2000
型号规格:SVD696B1 规 格:～176—242V,50/60Hz
有 效 期:2000.3.22～2004.3.22

家庭影院中心

证书编号:CH0047085—2000
型号规格:DH9066 规 格:～220V 50/60Hz
有 效 期:2000.6.6～2004.6.6

可录视盘机

证书编号:CH0044164—2000
型号规格:VDR2000 规 格:～110—242V,50/60Hz
有 效 期:2000.3.22～2004.3.22

数字家庭影院中心

证书编号:CH0046267—2000
型号规格:DH9093 规 格:～22V 50/60Hz
有 效 期:2000.5.18～2004.5.18

有源超重低音音箱

证书编号:CH0044681—2000
型号规格:SP9377 规 格:～220V 50/60Hz160W
有 效 期:2000.4.6～2004.4.6
地　　址:厦门市体育路 45 号
邮政编码:361012

新会新天利电子有限公司

超级 VCD 视盘机

证书编号:CH0041932—2000
型号规格:TL—S2000B 220VAC 50Hz
有 效 期:2000.1.14～2004.1.14
地　　址:广东省新会市朱紫路 98 号
邮政编码:529100

中国华录·松下电子信息有限公司

录放像机/录像机线路录像

证书编号:CH0050121—2000
型号规格:NV — SJ500CMC/NV — TD512CMC
110V—240V 50/60Hz
有 效 期:2000.8.24～2004.8.24
地　　址:大连市甘井子区七贤岭华路 1 号
邮政编码:116023

中国华录.松下电子信息有限公司

DVD 视盘机

证书编号:CH0049858—2000
型号规格:DVD—RV645 220—240V 50Hz
有 效 期:2000.8.17～2004.8.17
地　　址:大连市甘井子区七贤岭华路 1 号
邮政编码:116023

中国华录.松下电子信息有限公

司

DVD 视盘机

证书编号:CH0045205—2000
型号规格:DVD－RV660,DVD－RV620 220－240V 50Hz
有 效 期:2000.4.19～20004.4.19
地　　址:大连市甘井子区七贤岭华路1号
邮政编码:116023

中山嘉华电子(集团)有限公司

DVD 视盘机

证书编号:CH0048965—2000
型号规格:DVD－2000 220VAC 50Hz
有 效 期:2000.7.25～2004.7.25

组合音响

证书编号:CH0046790—2000
型号规格:QZ－555 220VAC 50Hz
有 效 期:2000.5.30～2004.5.30
地　　址:广东中山市中山五路嘉华电子城

中山市迪亚数码科技开发有限公司

有线电视数码广播接收机置顶盒

证书编号:CH0043257—2000
型号规格:STB1－1000 220VAC 50Hz
有 效 期:2000.2.28～2004.2.28
地　　址:德丽科技(珠海)有限公司(广东省珠海市斗门县井岸镇珠峰大道168号
邮政编码:519040

中山市蓝火科技有限公司

DVD 视盘机

证书编号:CH0042053—2000
型号规格:DV－2100 规格:～220V,50Hz
有 效 期:2000.1.19～2004.1.19
地　　址:江苏省常州市洛阳镇
邮政编码:213104

珠海经济特区东大激光视听设备厂

迷你 VCD 组合音响

证书编号:CH0046072—2000
型号规格:2000A 220V 50Hz
有 效 期:2000.5.12～2004.5.12
地　　址:珠海经济特区上冲明珠北路东大电子城A01栋三楼
邮政编码:519070

珠海经济特区世界电子有限公司

家庭影院

证书编号:CH0044512—2000
型号规格:DSV－6000,220VAC 50Hz
有 效 期:2000.3.31～2004.3.31

三碟 CD 迷你音响

证书编号:CH0044509—2000
型号规格:HW－330,220VAC 50Hz
有 效 期:2000.3.31～2004.3.31
地　　址:珠海市香洲区水库路20号
邮政编码:519000

珠海市江海电子股份有限公司

DVD 视盘机

证书编号:CH0046301—2000
型号规格:DVP－9000B 90－265VAC 50/60Hz
有 效 期:2000.5.19～2004.5.19
地　　址:广东省珠海市香州工业北区兴业园三号
邮政编码:519001

珠海市三精实业有限公司

卡拉 OK 视盘点歌机

证书编号:CH0050236—2000
型号规格:MD－580 规格:～220V,50Hz
有 效 期:2000.8.29～2004.8.29
地　　址:广东省珠海市拱北北岭桂花工业村1栋四楼
邮政编码:519020

珠海斯巴克电子设备有限公司

真空管前置放大器

证书编号:CH0049713—2000
型号规格:SC－6L SC－6LS 规格:～220V 50Hz
有 效 期:2000.8.15～2004.8.15

真空管声频功率放大器

证书编号:CH0049715—2000
型号规格:9084D 规格:～220V 50Hz
有 效 期:2000.8.15～2004.8.15
地　　址:珠海市前山(白石)港一路一号中航工业区
邮政编码:519070

衢州市荣利达电子有限公司

超级 VCD 视盘机

证书编号:CH0045450—2000
型号规格:超级 VCD－830 220V～50Hz
有 效 期:2000.4.24～2004.4.24
地　　址:浙江省衢州市浮石路14号
邮政编码:324000

淇誉电子(深圳)有限公司

超重低音升级有源音箱

证书编号:CH0045781—2000
型号规格:M－6916 220V 50Hz
有 效 期:2000.4.29～2004.4.29

多媒体有源音箱

证书编号:CH0048727—2000
型号规格:M－206A 12V 800mA
有 效 期:2000.7.18～2004.7.18

有源音箱

证书编号:CH0042564—2000
型号规格:M－6923 220VAC 50Hz
有 效 期:2000.1.28～2004.1.28
地　　址:深圳市宝安区福永镇淇誉路101号(淇誉工业区)
邮政编码:518103

打印机

成都亚迪机电研究所

杜比影音中心

证书编号:CH0046203—2000
型号规格:AD－7100 220V 50Hz
有 效 期:2000.5.17～2004.5.17
地　　址:成都市一环路西三段26号
邮政编码:641007

船井电机公司

彩色喷墨打印机

证书编号:CH0046873—2000
型号规格:Legend Z32 30VDC 0.5A
有 效 期:2000.5.31～2004.5.31
地　　址:广东省中山市中山港第二加工出口区

大宇通信(天津)有限公司

传真机

证书编号:CH0046442—2000
型号规格:FA101 FA102 220V 50Hz
有 效 期:2000.5.23～2004.5.23
地　　址:天津市津南区八里台镇东环路5号
邮政编码:300350

福建实达电脑设备有限公司

中英文打印机

证书编号:CH0016445—2000A
型号规格:LQ－1900K 220－240V 50/60Hz
有 效 期:2000.5.9～2004.5.9
地　　址:福建省福州市鼓楼区洪山镇

洪山园路 68 号
邮政编码:350002

广东步步高电子工业有限公司
家庭影院用环绕声放大器
证书编号:CH0048218—2000
型号规格:AB209 规格:～220V 50Hz
有 效 期:2000.7.6～2004.7.6
地　　址:广东省东莞市长安镇乌沙步步高大道 23 号信箱
邮政编码:523860

广州迪生鸟取三洋电机有限公司
图文传真机
证书编号:CH0048393—2000
型号规格:SFX－107 SFX－108 SFX－110 SFX－210
等
有 效 期:2000.7.10～2004.7.10
地　　址:广州市天河高新技术产业开发区工业园建业路 33 号

广州乐华电子有限公司
便携式 CD 收录机
证书编号:CH0049053—2000
型号规格:RW－238B 规格:～220V 50Hz
有 效 期:2000.7.27～2004.7.27
地　　址:惠州市仲恺大道长城工业区
邮政编码:510410

惠普公司
打印机
证书编号:CH0046635—2000
型号规格:C4224A(LJ1100)
有 效 期:2000.5.26～2004.5.26
地　　址:广东省东莞市石碣镇西南区月云中路

江苏亿通电子有限公司
CATV 放大器
证书编号:CH0048026—2000
型号规格:GAT2733F (GAT2722F, GAT2726F) 220V～50Hz
有 效 期:2000.6.29～2004.6.29
地　　址:江苏省常熟市黄河路 216 号
邮政编码:215500

联想(北京)有限公司
彩色喷墨打印机
证书编号:CH0047229—2000
型号规格:联想 LEXMARK Z11(含适配器型号 DNG－3010－A)
有 效 期:2000.6.9～2004.6.9
打印机
证书编号:CH0046573—2000
型号规格:LJ8212N 220－240V 50/60Hz
有 效 期:2000.5.25～2004.5.25
地　　址:北京市海淀区上地信息产业基地开拓路 7 号
邮政编码:100080

青岛海信数字音像有限公司
家庭影院放大器
证书编号:CH0046431—2000
型号规格:AP－420 规格:～220V 50Hz 400W
有 效 期:2000.5.23～2004.5.23
地　　址:青岛市江西路 11 号
邮政编码:266071

日本斯大精密公司
打印机
证书编号:CH0049061—2000
型号规格:HBF－12Ⅱ HBF－12Ⅲ 220－240V 50/60Hz
有 效 期:2000.7.27～2004.7.27
地　　址:辽宁省大连经济技术开发区淮河西路 18 号

山东三星通信设备有限公司
传真机
证书编号:CH0048000—2000
型号规格:SF220T SF210 SF200 220－240V 50－60Hz
有 效 期:2000.6.29～2004.6.29
地　　址:山东省威海市火炬高技术产业开发区锦州路

上海 NEC 计算机有限公司
激光打印机
证书编号:CH0050033—2000
型号规格:LCS－Ⅱ E6 220V～50Hz 3A
有 效 期:2000.8.22～2004.8.22
地　　址:上海市老沪闵路 120 号
邮政编码:200233

上海东海电脑股份有限公司打印设备分公司
存折打印机
证书编号:CH0046531—2000
型号规格:PR2 220V～50Hz 1A
有 效 期:2000.5.25～2004.5.25
地　　址:上海市桂平路 481 号
邮政编码:200233

深圳市欧琴电子有限公司
杜比数字 AV 功率放大器
证书编号:CH0048926—2000
型号规格:AV－1800A 规格:～220V 50Hz
有 效 期:2000.7.25～2004.7.25
地　　址:深圳市福星路环庆大厦三楼
邮政编码:518033

沈阳天星计算机外部设备有限公司
打印机
证书编号:CH0045204—2000
型号规格:AR－5400TX 220V 50/60Hz 1.0A
有 效 期:2000.4.19～2004.4.19
证书编号:CH0046822—2000
型号规格:T2060 220V 50/60Hz
有 效 期:2000.4.19～2004.4.19
地　　址:沈阳经济技术开发区花海路裕芳工业村 1 号
邮政编码:110141

四川长虹电器股份有限公司
DVD
证书编号:CH0047627—2000
型号规格:DVD5600 220VAC 50Hz
有 效 期:2000.6.20～2004.6.20
地　　址:四川省绵阳市高新区绵兴东路 35 号
邮政编码:621000

苏州明基电脑有限公司
彩色扫描仪
证书编号:CH0046721—2000
型号规格:6681－XXX 16V0.9A(XXX 分别代表不同的商标,与计算机接口形式和产品销售地区)
有 效 期:2000.5.26～2004.5.26
证书编号:CH0048811—2000
型号规格:6681－1XX 16V 0.9AXX 分别代表扫描仪与计算机接口形式和产品销售地区不涉及产品的安全
有 效 期:2000.5.26～2004.5.26
有 效 期:2000.7.20～2004.7.20
地　　址:苏州市新区狮山路 98 号
邮政编码:215011

中国长城计算机深圳股份

有限公司

中英文票据打印机

证书编号:CH0044820—2000
型号规格:5360plus,5380plus 220v 50/60Hz
有 效 期:2000.4.10~2004.4.10
地　　址:深圳市南山区科技工业园长城计算机大厦
邮政编码:518057

显示器

COMPAQ COMPUTER CORPORTION

彩色监视器

证书编号:CH0045540—2000
型号规格:PE1132 100－240V 50－60Hz
有 效 期:2000.4.25~2004.4.25
地　　址:广东省东莞市石碣镇西城区横 管理区三横路北

LG 电子株式会社

显示器

证书编号:CH0049047—2000
型号规格:LB880BU DC12V 5.8A
有 效 期:2000.7.27~2004.7.27
地　　址:韩国庆尚北道龟尾市工团洞184号 730－030

SAMSUNG SDI CO.,LTD.

彩色显示器

证书编号:CH0026421－98
型号规格:A59KPR＊＊X/A59KPR＊＊X＋＋
有 效 期:1997.8.19~2001.8.19
地　　址:天津武清县逸仙科学工业园

TCL 王牌电器(惠州)有限公司

彩色显示器

证书编号:CH0052048—2000
型号规格:M1502 150—255VAC 50/60Hz 1.5A
有 效 期:2000.10.15~2004.10.15
地　　址:广东惠州市斜下仲恺高新技术开发区19号小区
邮政编码:518067

VIEWSONIC CORPORATION

LCD 显示器

证书编号:CH0047750—2000
型号规格:VLCDS21457 － XX (VLCDS21561－XX)＋12VCD 3A
有 效 期:2000.6.23~2004.6.23

彩色显示器

证书编号:CH0047748—2000
型号规格:VCDTS21530－XX 100－240VAC 60/50Hz 2A
有 效 期:2000.6.23~2004.6.23
地　　址:台湾

北京东方冠捷电子有限公司

彩色显示器

证书编号:CH0042587—2000
型号规格:FG569－N 100－240V 50/60Hz
有 效 期:2000.1.28~2004.1.28

高分辨彩色显示器

证书编号:CH0049171—2000
型号规格:FG569－G 100－240V 50/60Hz
有 效 期:2000.7.28~2004.7.28
地　　址:北京朝阳区酒仙桥路10号
邮政编码:100016

北京华旗资讯科技发展有限公司

彩色显示器

证书编号:CH0045780—2000
型号规格:700A Plus 100－240V 50/60Hz
有 效 期:2000.4.29~2004.4.29
证书编号:CH0045882—2000
型号规格:500A P1us 100－240V 50－60Hz
有 效 期:2000.4.29~2004.4.29
地　　址:广东省东莞市石碣镇西城区横 管理区三横路北
邮政编码:100080

北京华胜计算机有限公司

彩色显示器

证书编号:CH0047985—2000
型号规格:K703XXX 100－240V 50－60Hz
有 效 期:2000.6.29~2004.6.29
地　　址:东莞市石龙镇新城市中心正龙科技园
邮政编码:100085

北京华胜丽康显示设备有限公司

华胜天都彩色显示器

证书编号:CH0049128—2000
型号规格:K703XXX 100－240V 50－60Hz
有 效 期:2000.7.27~2004.7.27
地　　址:东莞市石龙镇新城市中心正龙科技园
邮政编码:100085

北京宇昌电子有限公司

彩色显示器

证书编号:CH0015989—2000A
型号规格:45A 规格:～110/220V 50/60Hz
有 效 期:2000.5.25~2004.5.25
地　　址:北京市朝阳区楼梓庄北路18号
邮政编码:100018

诚洲股份有限公司

彩色显示器

证书编号:CH0047236—2000
型号规格:CM500(G500) 100－240V 50－60Hz
有 效 期:2000.6.9~2004.6.9
地　　址:广东省东莞市清溪镇银湖工业区

诚洲科技(江苏)有限公司

彩色显示器

证书编号:CH0048809—2000
型号规格:CM705(M700) 100－240V 50－60Hz
有 效 期:2000.7.20~2004.7.20
地　　址:江苏省吴江市松陵镇运东开发区江陵北路6号
邮政编码:315200

东晶电子有限公司

彩色显示器

证书编号:CH0048804—2000
型号规格:TE770 220－240V 50/60Hz
有 效 期:2000.7.20~2004.7.20
地　　址:东莞市石龙镇黄洲第十七区蒲溪工业区
邮政编码:523326

东莞横沥顺建电子厂

彩色显示器

证书编号:CH0049807—2000
型号规格:CM－770JK CM－570JK 100－240VAC 60/50Hz 2.0A
有 效 期:2000.8.16~2004.8.16
地　　址:广东省东莞市横沥镇新城工业区

邮政编码:523477

东莞市华冠捷电子有限公司
彩色显示器
证书编号:CH0047213—2000
型号规格: M786 — XXXX 100 — 255VAC 50/60Hz 2.0A
有 效 期:2000.6.9～2004.6.9
地　　址:广东省东莞市石龙镇温泉路西湖工业区
邮政编码:523325

东莞市华冠科技有限公司
彩色监视器
证书编号:CH0048515—2000
型号规格:CH－14XX/VMC－8314XX 100－240VAC 50/60Hz
有 效 期:2000.7.12～2004.7.12
彩色显示器
证书编号:CH0042575—2000
型号规格:CA － 772XX TA － 772XX AC100－255V 50/60Hz 2.0A
有 效 期:2000.1.28～2004.1.28
地　　址:广东省东莞市石龙镇温泉路西湖工业区
邮政编码:523325

东莞市伟蒂电子有限公司
彩色显示器
证书编号:CH0047875—2000
型号规格:1570F 规格:～100－240V 60/50Hz
有 效 期:2000.6.27～2004.6.27
地　　址:广东省东莞市长安镇厦岗第四工业区
邮政编码:523872

番禺市鸿图电脑设备有限公司
彩色显示器
证书编号:CH0048056—2000
型号规格:MT－1408 规格:～100－240V 1.5A 50/60Hz
有 效 期:2000.6.30～2004.6.30
地　　址:广东省番禺市大石镇鸿图工业园东二厂房二栋
邮政编码:511430

番禺市惠浦电子有限公司
彩色显示器
证书编号:CH0050072—2000
型号规格:HP－17690SD 规格:～100－240V,50/60Hz 1.5A
有 效 期:2000.8.24～2004.8.24
地　　址:番禺市沙湾镇陈涌工业区
邮政编码:511400

飞利浦工业公司
42″平板显示器
证书编号:CH0046079—2000
型号规格:42FD9932/69G 42FD9932/69S 42FD9932/69C;规格:～110－240V 50Hz 等
有 效 期:2000.5.12～2004.5.12
地　　址:PATHOEKEWEG 11 B－8000 BRUGGE BELGIUM

福建实达网络科技有限公司
终端(含适配器)
证书编号:CH0048102—2000
型号规格: CENTERM — 3000L CENTERM－2000L
有 效 期:2000.6.30～2004.6.30
地　　址:福州福二工业区实达科技城
邮政编码:350002

高创(苏州)电子有限公司
单色显示器
证书编号:CH0046502—2000
型号规格:42L0636 规格:～100－240V 50/60Hz 0.4A
有 效 期:2000.5.24～2004.5.24
地　　址:江苏省吴江市松陵镇柳胥路8号
邮政编码:215200

高雄凯音电子股份有限公司
彩色显示器
证书编号:CH0050198—2000
型号规格:VCDTS21507－XY(X＝A－Z,0－9;Y＝A－Z,0－9
有 效 期:2000.8.28～2004.8.28
地　　址:泰国

冠捷电子(福建)有限公司
LCD 显示器
证书编号:CH0042157—2000
型号规格:LM－500 100－240V～50/60Hz 1.5A
有 效 期:2000.1.20～2004.1.20
彩色显示器
证书编号:CH0041905—2000
型号规格:4VLr＊＊ 100－240V ～50/60Hz 1.5A
有 效 期:2000.1.14～2004.1.14
显示器
证书编号:CH0051830—2000
型号规格: HS—1726C 100—240V ～50/60Hz 2.5A
有 效 期:2000.10.9～2004.10.9
地　　址:福建省福清市元洪路上郑
邮政编码:350301

广州市广利电脑设备有限责任公司
彩色显示器
证书编号:CH0047578—2000
型号规格:GD－1521 规格:～110－240V50/60Hz 1.4A
有 效 期:2000.6.20～2004.6.20
地　　址:广州市芳林区沙尾桥
邮政编码:510388

国际商用机器公司
彩色显示器
证书编号:CH0049051—2000
型号规格:9493－AG1(9493－AW1) DC24V 1.2A
有 效 期:2000.7.27～2004.7.27
地　　址:韩国庆尚北道龟尾市工团洞184号 730－030

惠普有限公司
显示器
证书编号:CH0049050—2000
型号规格:D2842＊ ～100－240V 50/60Hz 2.0A
有 效 期:2000.7.27～2004.7.27
地　　址:韩国庆尚北道龟尾市工团洞184号 730－030

联想(北京)有限公司
彩色显示器
证书编号:CH0043318—2000
型号规格:LX－GJ1456A 100－240V 50/60Hz
有 效 期:2000.3.1～2004.3.1
液晶显示器
证书编号:CH0043835—2000
型号规格:LXH－GJ15L 100－240V～50/60Hz 1.5A
有 效 期:2000.3.14～2004.3.14
地　　址:北京朝阳区酒仙桥路10号
邮政编码:100085

美格科技股份有限公司
15寸、17寸、19寸彩色监视器
证书编号:CH0045836—2000
型号规格:U8T011

有 效 期:2000.4.30～2004.4.30

15 寸彩色监视器

证书编号:CH0044864—2000
型号规格:U5013
有 效 期:2000.4.11～2004.4.11

17 寸彩色监视器

证书编号:CH0044866—2000
型号规格:U7T009
有 效 期:2000.4.11～2004.4.11

19 寸彩色监视器

证书编号:CH0044868—2000
型号规格:U8010—01
有 效 期:2000.4.11～2004.4.11

彩色显示器

证书编号:CH0049487—2000
型号规格:U7003—02 U7T009 U5013 S5T012 100—240V～ 2A
有 效 期:2000.8.9～2004.8.9
地　　址:广东东莞市横沥神山工业城

美齐科技股份有限公司

彩色显示器

证书编号:CH0048390—2000
型号规格:D8901A 规格:100—240V ～ 50/60Hz 2.5A
有 效 期:2000.7.10～2004.7.10
地　　址:马来西亚

南京 LG 同创彩色显示系统有限责任公司

彩色显示器

证书编号:CH0045566—2000
型号规格:CB995C *
有 效 期:2000.4.26～2004.4.26

显示器

证书编号:CH0048543—2000
型号规格:FB775B *—U1tra AC 100—240V 50/60Hz 2.0A
有 效 期:2000.7.12～2004.7.12
地　　址:南京栖霞区尧新大道 346 号

南京紫金显示系统有限公司

彩色显示器

证书编号:CH0045844—2000
型号规格:ZJ—1570A 220V 50Hz
有 效 期:2000.4.30～2004.4.30
地　　址:南京浦口高新区 03 幢 2 楼
邮政编码:210067

青岛海尔电脑有限公司

彩色显示器

证书编号:CH0042660—2000
型号规格:HC14110 AC100—240V 50/60Hz 1.5A
有 效 期:2000.1.31～2004.1.31
地　　址:广东省东莞市石龙镇温泉路西湖工业区
邮政编码:266101

青岛海信计算机有限公司

显示器

证书编号:CH0043739—2000
型号规格:HS—1428E 100—255V 50/60Hz
有 效 期:2000.3.10～2004.3.10
地　　址:广东省东莞市石龙镇温泉路西湖工业区
邮政编码:266071

仁宝电脑工业有限公司

彩色显示器

证书编号:CH0050340—2000
型号规格:C01053U 100—240VAC 1.5A 50/60Hz
有 效 期:2000.8.30～2004.8.30
地　　址:江苏省昆山市玉山镇经济技术开发区同丰东路 988 号

三星电子有限公司

彩色显示器

证书编号:CH0049448E—2000
型号规格:DP17MO AC 100～240V 60/50Hz 1.4A
有 效 期:2000.8.8～2004.8.8
地　　址:江苏省

深圳彩虹皇旗电子资讯有限公司

彩色显示器

证书编号:CH0045381—2000
型号规格:X—770L\E\C\H\P/770E 100—240VAC 60/50Hz 1.2A
有 效 期:2000.4.21～2004.4.21
地　　址:深圳沙头角保税区第 23 栋南楼
邮政编码:518081

深圳市北大方正科技发展有限公司

彩色显示器

证书编号:CH0046314—2000
型号规格: XF765 XF564 110—220VAC 50/60Hz 1.8A
有 效 期:2000.5.19～2004.5.19
地　　址:深圳市八卦五街 543 栋三楼
邮政编码:518029

深圳市比科实业有限公司

彩色显示器

证书编号:CH0047995—2000
型号规格:PK—500A PK—500B 90—240V 50—60Hz
有 效 期:2000.6.29～2004.6.29
地　　址:深圳市竹子林建业工业区
邮政编码:518040

深圳市鲁文电子有限公司

彩色显示器

证书编号:CH0041617—2000
型号规格:C—700S 100—240V 50/60Hz
有 效 期:2000.1.7～2004.1.7
地　　址:深圳市福田区车公庙泰然工业区 213 栋 6D
邮政编码:518031

深圳市神翅电子有限公司

单色显示器

证书编号:CH0049750—2000
型号规格:MD—935A 220VAC 50/60Hz 0.25A
有 效 期:2000.8.15～2004.8.15
地　　址:深圳市莲塘鹏基工业区 706 栋二楼
邮政编码:518004

深圳市香汕电子有限公司

彩色显示器

证书编号:CH0048506—2000
型号规格:S—1454 180—240VAC 50Hz 3.15A
有 效 期:2000.7.12～2004.7.12
地　　址:深圳市石岩镇宝丰工业区宝丰大厦三楼
邮政编码:518108

沈阳北泰电子有限公司

彩色显示器

证书编号:CH0049655—2000
型号规格:BT—1591 规格:～100—240V 50/60Hz 1.3A
有 效 期:2000.8.11～2004.8.11
地　　址:沈阳市于洪区白山路 108 号
邮政编码:110034

沈阳火炬北泰数码科技有限公司

单色显示器

证书编号:CH0046430—2000

型号规格：FM－1032 规格：～220V 50Hz
有 效 期：2000.5.9～2004.5.9
地　　址：沈阳市于洪区白山路108号
邮政编码：110034

苏州飞利浦消费电子有限公司
彩色显示器
证书编号：CH0044583—2000
型号规格：109S10 100－240V 50－60Hz
有 效 期：2000.4.3～2004.4.3
地　　址：江苏省苏州市新区珠江路161号
邮政编码：215011

苏州飞利浦消费电子有限公司（显示器厂）
彩色显示器
证书编号：CH0041797—2000
型号规格：PMD－500A 100－240V 50－60Hz
有 效 期：2000.1.12～2004.1.12
地　　址：江苏苏州新区狮山路88号
邮政编码：215011

苏州明基电脑有限公司
彩色显示器
证书编号：CH0043986—2000
型号规格：7377xc 100－240V 50－60Hz
有 效 期：2000.3.17～2004.3.17
地　　址：苏州新区珠江路169号
邮政编码：215011

索尼电子有限公司
彩色计算机显示器
证书编号：CH0044062—2000
型号规格：CPD－2001G 220－240V 50－60Hz
有 效 期：2000.3.20～2004.3.20
地　　址：爱知县一宫市大宇高田

索尼公司
彩色计算机显示器
证书编号：CH000042466E—2000
型号规格：6550－X3X（X CAN BE ANY ALPHANUMERIC CHARACTER）100－240V 50－60Hz
有 效 期：2000.1.27～2004.1.27
地　　址：爱知县一宫市大宇高田

台达电子工业股份有限公司
彩色显示器
证书编号：CH0044834—2000
型号规格：SD5914C SD5914CM 100－240V ～ 47－63Hz 1.3A/1.6A
有 效 期：2000.4.10～2004.4.10
地　　址：东莞市石碣镇西南区月云中路

台达电子公司
彩色显示器
证书编号：CH0043528—2000
型号规格：DE－770 XXX FT770－XXX 100～240V 47－63Hz 2.0A
有 效 期：2000.3.6～2004.3.6
地　　址：广东省东莞市石碣镇西南区月云中路

太平洋光电股份有限公司
19寸彩色监视器
证书编号：CH0048943—2000
型号规格：U8T011
有 效 期：2000.7.25～2004.7.25
地　　址：广东东莞市横沥神山工业城

天津三星电子显示器有限公司
彩色显示器
证书编号：CH0042865E—2000
型号规格：LX－S456 规格：100－240V,50/60Hz,1.2A
有 效 期：2000.2.3～2004.2.3
地　　址：天津市西青区微电子工业区微四路
邮政编码：300385

天津市新联达电子有限公司
显示器
证书编号：CH0047987—2000
型号规格：XLD－2 220V 50－60Hz
有 效 期：2000.6.29～2004.6.29
地　　址：天津市南开区咸阳路71号
邮政编码：300110

天津中环三津有限公司
单色显示管
证书编号：CH0011506—2000A
型号规格：C14M55P＊－PB 规格：14″（英寸）
有 效 期：2000.6.1～2004.6.1
地　　址：天津经济技术开发区洞庭路133号
邮政编码：300547

威海大宇电子有限公司
彩色显示器
证书编号：CH0044823—2000
型号规格：529B... 10－240V 50/60Hz
有 效 期：2000.4.10～2004.4.10
地　　址：山东威海经济技术开发区齐鲁大道
邮政编码：264205

厦门华侨电子股份有限公司
彩色显示器
证书编号：CH0042146—2000
型号规格：17YA－K 100－240V～50/60Hz 1.3A
有 效 期：2000.1.20～2004.1.20
地　　址：福建省厦门市经济特区湖里大道22号
邮政编码：361006

厦门华侨电子企业有限公司
彩色显示器
证书编号：CH0044687—2000
型号规格：15YA 100－240V ～ 50/60Hz 1.3A
有 效 期：2000.4.6～2004.4.6
地　　址：福建省厦门市经济特区湖里大道22号
邮政编码：361006

现代电子（天津）多媒体有限公司
彩色显示器
证书编号：CH0046699—2000
型号规格：S450 规格：～100－240V,1.3A,50/60Hz
有 效 期：2000.5.26～2004.5.26
地　　址：天津市西青区津港公路微电子工业区
邮政编码：300385

优派公司
显示器
证书编号：CH0049045—2000
型号规格：VCDTS21550－XY AC100 － 240V 50/60Hz 2.0A
有 效 期：2000.7.27～2004.7.27
地　　址：韩国庆尚北道龟尾市工团洞184号730－030

优派国际股份有限公司
彩色显示器

证书编号:CH0046011—2000
型号规格: VCDTS21528 — XX VCDTS21603—XX 100－240V～47－63Hz 2.0A
有 效 期:2000.5.12～2004.5.12
地　　址:东莞市石碣镇西南区月云中路

源兴科技股份有限公司

彩色监视器

证书编号:CH0045541—2000
型号规格: PE1103, A1454NE, A1454NEL,
有 效 期:2000.4.25～2004.4.25

彩色显示器

证书编号:CH0042465—2000
型号规格:6546－2N 100－240V 50－60Hz
有 效 期:2000.1.27～2004.1.27
地　　址:广东省东莞市石碣镇西城区横 管理区三横路北

中国长城计算机深圳股份有限公司－显示器事业部

彩色显示器

证书编号:CH0041794—2000
型号规格:GW1473X/C－1453XX 180－240V 50/60Hz
有 效 期:2000.1.12～2004.1.12
地　　址:深圳市南山区科技工业园长城大楼
邮政编码:518057

中华映管(福州)有限公司

彩色显示管

证书编号:CH0049455—2000
型号规格:CPJ440AFACIS (CPJ440AFACIS－TC)44m
有 效 期:2000.8.8～2004.8.8
地　　址:福州市经济开发区快安延伸区兴业路1号
邮政编码:350015

珠海市众邦科技有限公司

彩色显示器

证书编号:CH0047876—2000
型号规格:TUT－1558 规格:～100－240V 1.3A 50/60Hz
有 效 期:2000.6.27～2004.6.27
地　　址:珠海市明珠北路东大电子城A04栋5楼
邮政编码:519070

电　源

ASCOM ENERGY SYSTEMS GMBH

开关电源

证书编号:CH0046868—2000
型号规格:Galaxy 100－240VAC 6－3A 50－60Hz
有 效 期:2000.5.31～2004.5.31
地　　址:广东省东莞市凤岗雁田管理区怡安工业城第73至75栋

ASCOM ENERGY SYSTEMS LIMITED

开关电源

证书编号:CH0049772—2000
型号规格:DR500W 100－240V～ 7.5－2.9A 59/60Hz
有 效 期:2000.8.16～2004.8.16
地　　址:广东省东莞市凤岗雁田管理区怡安工业城第73至75栋

宝安区西乡南昌达威电子五金厂

开关电源供应器

证书编号:CH0053608—2000
型号规格: CWT—320ATX CWT—375ATX,CWT—420ATX 110/220V 60/50Hz
有 效 期:2000.11.21～2004.11.21
地　　址:深圳市西乡镇固成村南昌工业区A栋
邮政编码:518126

北京昌德电器有限责任公司

线性直流电源

证书编号:CH0049822—2000
型号规格:HD—4810 规格:in:～220V 50Hz out:48VDC 133mA
有 效 期:2000.8.17～2004.8.17
地　　址:北京市大兴县瀛海乡南
邮政编码:100076

北京联志资讯科贸有限责任公司

开关电源

证书编号:CH0044585—2000
型号规格:LZ－300－X (X＝空格、1、2、3) 200—240V 50Hz 100—120V 60Hz
有 效 期:2000.4.3～2004.4.3
地　　址:深圳市布吉镇雪象村灯芯坑工业区
邮政编码:100080

北京市超群电脑有限公司

开关电源

证书编号:CH0048590—2000
型号规格:CQ－2000 200—240V 100—120V 60Hz
有 效 期:2000.7.14～2004.7.14
地　　址:深圳市布吉镇雪象村灯芯坑工业区
邮政编码:518129

北京无线电仪器二厂

DVD－开关电源

证书编号:CH0047530—2000
型号规格:ZN 1791 规格:220V 50Hz
有 效 期:2000.6.16～2004.6.16
地　　址:北京市朝阳区将台路2号
邮政编码:100016

北京新思绿苑商贸有限责任公司

优保电源银河群星电源

证书编号:CH0047368—2000
型号规格:GTA－250 ATX 220V 50－60Hz
有 效 期:2000.6.13～2004.6.13
地　　址:福建省福州市开发区快安延伸区快安大道BOC科技城
邮政编码:100080

常州市思达电源有限公司

开关电源

证书编号:CH0046201—2000
型号规格:SDA－100－5 187－253V 50±2.5Hz
有 效 期:2000.5.17～2004.5.17
地　　址:常州市劳动东路17号
邮政编码:213004

大连大显股份有限公司

交流电源

证书编号:CH0041845—2000
型号规格:L1SKD－C1－D 100－240V 50－60Hz
有 效 期:2000.1.14～2004.1.14
地　　址:天津经济技术开发区睦宁路53号

丹阳承达电子有限公司

开关电源

证书编号:CH0047637—2000
型号规格:BT－2300W BT－2000W 200－240V/

100—120V 50/60Hz
有 效 期:2000.6.21～2004.6.21
地　　址:深圳市布吉镇雪象村灯芯坑工业区
邮政编码:518129

东莞黄江七盟电子厂
开关电源
证书编号:CH0052049—2000
型号规格:ST—145MQ 220VAC 50Hz 2A
有 效 期:2000.10.15～2004.10.15
地　　址:广东省东莞市黄江镇北岸管理区
邮政编码:523759

东莞市石碣三特电子厂
开关电源
证书编号:CH0043492—2000
型号规格:SPS－250W 220VAC 2.5A 50/60Hz
有 效 期:2000.3.3～2004.3.3
地　　址:广东省东莞市石碣横四村
邮政编码:523302

东莞市石碣兴业电子厂
开关电源(金河田)
证书编号:CH0045989—2000
型号规格:ATX－310T ATX－320T 220VAC 50Hz 3A
有 效 期:2000.5.10～2004.5.10
地　　址:广东省东莞市石碣镇碧桃街35号5楼
邮政编码:523290

东莞市讯宝电子有限公司
开关电源
证书编号:CH0043827—2000
型号规格:HP－235U 115/230VAC 6A/3A 60/50Hz
有 效 期:2000.3.14～2004.3.14
开关电源(君英)
证书编号:CH0047207—2000
型号规格:HP－235U 230VAC 60/50Hz 3A
有 效 期:2000.6.9～2004.6.9
地　　址:广东省东莞市清溪镇大利工业区
邮政编码:731658

东莞塘厦爱克美电子厂
开关电源
证书编号:CH0049256—2000
型号规格:AM611BS15S 220VAC 2A 47Hz－63Hz
有 效 期:2000.8.1～2004.8.1
地　　址:东莞市塘厦镇高新科技工业区9—12号
邮政编码:523716

番禺市金场电子有限公司
电脑开关电源供给器
证书编号:CH0047573—2000
型号规格:HP.250S 规格:～220V 50Hz 2.5A
有 效 期:2000.6.20～2004.6.20
地　　址:番禺市沙湾镇蚬涌工业区
邮政编码:511400

高效电子(东莞)有限公司
开关电源
证书编号:CH0047374—2000
型号规格:HP－K150… 100—120VAC 5A 200－240VAC 3A 47－63Hz
有 效 期:2000.6.14～2004.6.14
地　　址:广东省东莞市寮步镇新城科技工业园
邮政编码:523400

光宝电子(东莞)有限公司
开关电源
证书编号:CH0048325—2000
型号规格:PS2013XX 100－127VAC/200—240VAC 5.5/2.75A 5
有 效 期:2000.7.7～2004.7.7
地　　址:广东省东莞市长安镇上角管理区上南路10号
邮政编码:523878

广州市白云区新市明通电器设备厂
开关电源
证书编号:CH0050815—2000
型号规格:KW－300ATX 230VAC 3A 50Hz－60Hz
有 效 期:2000.9.10～2004.9.10
地　　址:广州市白云区新市棠涌第三经济合作社
邮政编码:510410

广州市山井电子有限公司
开关电源
证书编号:CH0042637—2000
型号规格:ATX－250 220VAC 50Hz 47Hz～63Hz
有 效 期:2000.1.31～2004.1.31
地　　址:广东省番禺市大石镇植村工业区1号(广州市石碑西路560号308档)
邮政编码:511430

广州市天河兰格电子厂
开关电源
证书编号:CH0049570—2000
型号规格:ATX－300T 220VAC 50Hz 3.5A
有 效 期:2000.8.10～2004.8.10
地　　址:广州市中山大道车陂龙口工业区A1栋四楼
邮政编码:510660

衡阳金品电子科技有限公司
开关电源
证书编号:CH0052177—2000
型号规格:GP－250ATX 115V/220－230V 60/50Hz
有 效 期:2000.10.17～2004.10.17
地　　址:湖南省衡阳市广场路35号
邮政编码:421001

江苏银河电子股份有限公司
开关电源
证书编号:CH0023875—98
型号规格:YH－250CE 220V 47－63HZ
有 效 期:2001.4.16～2005.4.16
银河电源
证书编号:CH0044591—2000
型号规格:ATX－200A,ATX－200B,ATX－200C,ATX－200D,ATX—300C 220V 50Hz
有 效 期:2000.4.3～2004.4.3
地　　址:江苏省张家港市塘桥镇人民东路9号
邮政编码:215611

揭阳市今朝电子有限公司
计算机开关电源
证书编号:CH0052242—2000
型号规格:SR－435 SR－325 规格:～220V 50Hz 4A
有 效 期:2000.10.18～2004.10.18
地　　址:广东省揭阳市望龙头村望龙头学校西侧一栋
邮政编码:522000

联德电子股份有限公司
开关电源(电源供应器)

证书编号:CH0048117—2000
型号规格:ATX－100－5 100－120V/200－240V 50/60Hz
有 效 期:2000.7.3～2004.7.3
地　　址:广东省东莞市石碣镇桔洲第三工业区D区1号

罗礼电脑(苏州)有限公司
开关电源
证书编号:CH0047089—2000
型号规格:ACP－135 REV:E 规格:～100－127V,2.8A
220 － 240V, 1.4A (47 － 63Hz)
有 效 期:2000.6.6～2004.6.6
地　　址:江苏省苏州市新区马运路288号
邮政编码:515011

摩托罗拉(中国)电子有限公司
交流电源
证书编号:CH0046083—2000
型号规格:SPN4947A 100－240V 50－60Hz
有 效 期:2000.5.12～2004.5.12
地　　址:天津经济技术开发区

南海市黄岐腾达电器厂
开关电源
证书编号:CH0047511—2000
型号规格:ATX－300T 220VAC 50Hz 3A
有 效 期:2000.6.15～2004.6.15
地　　址:广东南海市黄岐六联工业区
邮政编码:528448

上海东海电脑股份有限公司文安电脑分公司
微型电源
证书编号:CH0049452—2000
型号规格:DH200ATX 220V～ 47－63Hz 3A
有 效 期:2000.8.8～2004.8.8
地　　址:上海市龙吴路410弄87号
邮政编码:200232

上海交大爱尔思模具制造有限公司
开关电源
证书编号:CH0045451—2000
型号规格:LS200ATX 220V～50Hz 3A
有 效 期:2000.4.24～2004.4.24
地　　址:上海市虹梅路1545号
邮政编码:200233

上海特设电子有限公司
开关电源
证书编号:CH0041755—2000
型号规格:H068 － 5008 200～240V～50/60Hz 0.7A
有 效 期:2000.1.11～2004.1.11
地　　址:上海奉贤肖塘
邮政编码:201401

上海益理电子技术有限公司
开关电源
证书编号:CH0045308—2000
型号规格:TX － PSU 220V ～ 50Hz 0.7A
有 效 期:2000.4.20～2004.4.20
地　　址:上海浦东新区金豫路251号
邮政编码:201206

深圳丰业电子有限公司
开关电源
证书编号:CH0047044—2000
型号规格:ATX－350 ATX－320 ATX－300 220VAC 50Hz 3A
有 效 期:2000.6.6～2004.6.6
地　　址:深圳市八卦一路七栋三层东侧
邮政编码:518029

深圳辉力电子有限公司
开关电源
证书编号:CH0045346—2000
型号规格:FSP145 － 50CI FSP145 － 51CI 115/230VAC
有 效 期:2000.4.21～2004.4.21
地　　址:深圳市宝安73区C7厂房
邮政编码:518102

深圳市宝安区西乡镇荣盛达电子厂
开关电源
证书编号:CH0050829—2000
型号规格:SD－P250ATX 220VAC 3A 50Hz
有 效 期:2000.9.10～2004.9.10
地　　址:深圳市宝安西乡乐群新村四巷1号
邮政编码:518102

深圳市驰源实业有限公司
开关电源
证书编号:CH0017131－2000A
型号规格:LW－6200 LW－6250 115/220V 60/50Hz
有 效 期:2000.4.28～2004.4.28
邮政编码:518129

深圳市技展实业有限公司
开关电源
证书编号:CH0046678—2000
型号规格:300X 220VAC 50Hz 4A
有 效 期:2000.5.26～2004.5.26
地　　址:深圳宝安28区第一工业区
邮政编码:518101

深圳市欣东林电子有限公司
开关电源
证书编号:CH0045818—2000
型号规格:LWT2005
有 效 期:2000.4.30～2004.4.30
地　　址:深圳市宝安三十三区A栋三楼
邮政编码:518101

深圳市晖源电子厂
开关电源
证书编号:CH0050302—2000
型号规格:HY － 300T 输入:230VAC 3A 50Hz 输出:300T MAX
有 效 期:2000.8.30～2004.8.30
地　　址:深圳市龙岗坪地镇坪西村
邮政编码:518117

深圳威达通电子有限公司
开关电源
证书编号:CH0049315—2000
型号规格:ACE－925E 115－220V 60/50Hz
有 效 期:2000.8.1～2004.8.1
地　　址:深圳市布吉镇雪象村灯芯坑工业区
邮政编码:518028

四川长虹电器股份有限公司
开关电源板
证书编号:CH0041759—2000
型号规格: JUB7.820.001 220VAC 50Hz
有 效 期:2000.1.11～2004.1.11
地　　址:四川省绵阳市高新区绵兴东路35号
邮政编码:621000

四川九洲电器集团有限责任公司
开关电源

证书编号:CH0041928—2000
型号规格:JZDYD—1 AC110—270 50/60Hz
有 效 期:2000.1.14～2004.1.14
地　　址:四川省绵阳市跃进路16号
邮政编码:621000

苏州工业区台科电子有限公司
开关电源
证书编号:CH0045877—2000
型号规格:TKATX200W1—1.2;规格:～220Vac,2.5A 47—63Hz
有 效 期:2000.5.9～2004.5.9
地　　址:苏州工业区星红小区东兴路2号
邮政编码:215006

台达电子工业股份有限公司
开关电源
证书编号:CH0041672—2000
型号规格:DPS—140HB XX DPS—146BB XX100—240V ～2.5A 50/60Hz
有 效 期:2000.1.7～2004.1.7
地　　址:东莞市石碣镇西南区月云中路

台达电子公司
开关电源
证书编号:CH0043485—2000
型号规格:DPS—350AB XX;RPS—350XX 100～127V
有 效 期:2000.3.3～2004.3.3
地　　址:东莞市石碣镇西南区月云中路

太原铁路局电务器材厂
开关电源
证书编号:CH0049965—2000
型号规格:XTPX — 300ATX 220V 50Hz
有 效 期:2000.8.21～2004.8.21
地　　址:太原市双塔北路28号
邮政编码:430013

武汉蓝星电脑集团有限公司
开关电源
证书编号:CH0048591—2000
型号规格:DHH—H—2000 220V 50Hz
有 效 期:2000.7.14～2004.7.14
地　　址:深圳市布吉镇雪象村灯芯坑工业区
邮政编码:518129

协发(东莞)电子有限公司
开关电源
证书编号:CH0047615—2000
型号规格:HPC—150—10 * 115VAC 3A 230VAC
有 效 期:2000.6.20～2004.6.20
地　　址:广东省东莞市塘厦镇178工业区2号6幢
邮政编码:523721

协益电子有限公司
开关电源
证书编号:CH0048913—2000
型号规格:HPW — 1512B/ HPW — 1515B 220V—240V～1.0A 50—60Hz
有 效 期:2000.7.24～2004.7.24
地　　址:广东省东莞市塘厦镇诸佛岭178工业区2号6栋

雅达电创
开关电源
证书编号:CH0046738—2000
型号规格:AA21110 DC38V — 75V Max2.5A
有 效 期:2000.5.26～2004.5.26
地　　址:广东省深圳市宝安26区裕安二路

莹电电子(深圳)有限公司
开关电源
证书编号:CH0052329—2000
型号规格:150X 150XA 220VAC 50Hz 3A
有 效 期:2000.10.19～2004.10.19
地　　址:深圳宝安23区
邮政编码:518101

中国长城计算机深圳股份有限公司
开关电源
证书编号:CH0045202—2000
型号规格:ATX—300SE—6A ATX—360SE 220V50Hz 3A
有 效 期:2000.4.19～2004.4.19
地　　址:深圳市南山区科技工业园5区51号厂房4—5楼
邮政编码:518057

中国长城计算机深圳股份有限公司电源事业部
开关电源
证书编号:CH0044582—2000
型号规格:LPS—90W 220V 47—63Hz
有 效 期:2000.4.3～2004.4.3
地　　址:深圳市南山区科技工业园5区51号厂房4—5楼
邮政编码:518057

显像管

SAMSUNG SDI CO.,LTD.
彩色显像管
证书编号:CH0041435—99
型号规格:A68LEF * * X,++
有 效 期:1999.12.29～2003.12.28
地　　址:天津市武清县逸仙科学工业园

北京松下彩色显像管有限公司
彩色显像管
证书编号:CH0041559—2000
型号规格:A34JQQ! * # 规格:37cm
有 效 期:2000.1.5～2004.1.5
地　　址:北京市朝阳区大山子酒仙桥北路9号
邮政编码:100015

高创(苏州)电子有限公司
彩色液晶显示器
证书编号:CH0044187—2000
型号规格:VLCDS21553—1 *
有 效 期:2000.3.23～2004.3.23
黑白显示器
证书编号:CH0044186—2000
型号规格:10J0584 10J0585 规格:～100—240V,50/60Hz 0.4A
有 效 期:2000.3.23～2004.3.23
地　　址:江苏省吴江市松陵镇柳胥路8号
邮政编码:215200

广东福地科技股份有限公司
彩色显像管
证书编号:CH0004907—2000B
型号规格:64SX502Y22—DCXX 64cm
有 效 期:2000.6.20～2004.6.20
地　　址:广东省东莞市篁村科技园
邮政编码:523077

乐金曙光电子有限公司
彩色显像管
证书编号:CH0048994—2000
型号规格:A68QCU#

有 效 期:2000.7.25～2004.7.25
地　　址:长沙星沙开发区漓湘路
邮政编码:410001

联德电子股份有限公司
开关电源(电源供应器)
证书编号:CH0048118—2000
型号规格:ATX－120 100－120V/200－240V 50/60Hz
有 效 期:2000.7.3～2004.7.3
地　　址:广东省东莞市石碣镇桔洲第三工业区D区1号

上海索广映像有限公司
彩色显像管
证书编号:CH0042068—2000
型号规格:A80LPD90X 80cm
有 效 期:2000.1.19～2004.1.19
地　　址:上海市浦东新区上川路9251号
邮政编码:201201

上海永新彩色显像管有限公司
彩色显像管
证书编号:CH0017017－2000A
型号规格:54SX504Y22－DC 54cm
有 效 期:2000.3.6～2004.3.6
地　　址:上海市朱梅路201号
邮政编码:200237

深圳柯赛电子有限公司
17″彩色显示器
证书编号:CH0044696—2000
型号规格:C 797 C777 AC100－240V 50/60Hz 2.5A
有 效 期:2000.4.6～2004.4.6
地　　址:广东省深圳市宝安35区黄金台10栋
邮政编码:518054

四川长虹电器股份有限公司
等离子体显示器
证书编号:CH0045808—2000
型号规格:42PDP18 100－240VAC 50/60Hz 3.9A
有 效 期:2000.4.30～2004.4.30
地　　址:四川省绵阳市高新区绵兴东路35号
邮政编码:621000

汤姆逊佛山彩色显像管有限公司
彩色显像管
证书编号:CH0043995—2000
型号规格:A68AGA 20X＊＊＊ 规格:74cm
有 效 期:2000.3.17～2004.3.17
地　　址:广东省佛山市忠义路56号
邮政编码:528000

天津市玉猫电子有限公司
黑白显像管
证书编号:CH0048921—2000
型号规格:35SX1B 规格:35cm
有 效 期:2000.7.25～2004.7.25
地　　址:天津市津南区小站镇工业区
邮政编码:300353

无锡金三角电真空器件有限公司
黑白显像管
证书编号:CH0042362—2000
型号规格:44SX5Y4 规格:44cm
有 效 期:2000.1.25～2004.1.25
地　　址:江苏省锡山市梅村镇
邮政编码:214112

中国长城计算机深圳股份有限公司一显示器事业部
TFT彩色液晶显示器
证书编号:CH0043205—2000
型号规格:NewVision151GW 100－240V 50/60Hz
有 效 期:2000.2.25～2004.2.25
地　　址:深圳市南山区科技工业园长城大楼
邮政编码:518057

显像管管座

宜宾金洋电子元器件厂
彩色显像管插座
证书编号:CH0049812—2000
型号规格:GZS10－4
有 效 期:2000.8.16～2004.8.16
地　　址:四川省宜宾市白沙湾
邮政编码:64401

显像管插座

广州穗彩科技实业有限公司
电脑彩票投注机
证书编号:CH0049573—2000
型号规格:LT98C 198－242VAC 49－51Hz 0.5A
有 效 期:2000.8.10～2004.8.10
地　　址:广东省深圳市罗湖区泥岗村59号4楼
邮政编码:510665

卡西欧浪潮通信电子有限公司
商用收款机
证书编号:CH0046071—2000
型号规格:RE－300 200V 50Hz
有 效 期:2000.5.12～2004.5.12
地　　址:山东省济南市开发区科技城华阳路中段
邮政编码:250100

天津先进信息产品有限公司
商业收款机(含开源开关)
证书编号:CH0049859—2000
型号规格:4695－201,211,321,322,331,342,5V 6.8A (开关电源型号:AC5101 220－240V 50/60Hz)
有 效 期:2000.8.17～2004.8.17
地　　址:天津南开区红旗路214号
邮政编码:300190

亿利达商业机器制造有限公司
税控收款机
证书编号:CH0047108—2000
型号规格:ECR88/FM ECR89/FM 220VAC 50Hz 45mA
有 效 期:2000.6.6～2004.6.6
地　　址:深圳市南山区南山大道亿利达大厦
邮政编码:518052

消磁线圈

福建屏南闽锋电器有限公司
消磁线圈
证书编号:CH0041915—2000
型号规格:DGC37－5 220V～ 50Hz
有 效 期:2000.1.14～2004.1.14
地　　址:福建省屏南县翠屏路256号
邮政编码:352300

福州开发区三芳电子有限公司
消磁线圈
证书编号:CH0049449—2000
型号规格:DGC－37－25 220V～50Hz
有 效 期:2000.8.8～2004.8.8

地　　址:福州福马路福兴投资区福光路 71 号
邮政编码:350014

黑田电气(上海)有限公司
消磁线圈
证书编号:CH0043611—2000
型号规格:1－416－946－71 220V～50Hz
有 效 期:2000.3.8～2004.3.8
地　　址:上海市青浦县徐泾镇西郊工业区
邮政编码:201702

乐清市乐苏电子有限公司
消磁线圈
证书编号:CH0042630—2000
型号规格:LXC29
有 效 期:2000.1.31～2004.1.31
地　　址:浙江乐清市宋湖工业区
邮政编码:325600

南京市溧水红光电子有限公司
消磁线圈
证书编号:CH0043868—2000
型号规格:XQC－64－1 规格:～220V,50Hz
有 效 期:2000.3.14～2004.3.14
地　　址:江苏省南京市溧水县小西门街 54 号
邮政编码:211200

欧南芭电子配件(昆山)有限公司
消磁线圈
证书编号:CH0042452—2000
型号规格:DGC1－419－293－31 220V～50Hz
有 效 期:2000.1.27～2004.1.27
地　　址:江苏省昆山经济技术开发区陆杨配套区
邮政编码:215313

青岛高科技工业园华诚电器安装有限公司
消磁线圈
证书编号:CH0048095－2000
型号规格:HXC－54 220V～ 50Hz
有 效 期:2000.6.31～2004.6.31
地　　址:青岛高科园中韩街道办事处牟家村
邮政编码:266101

青岛千葆电子有限公司
消磁线圈
证书编号:CH0044198—2000
型号规格:TLK0A9021 220V～50Hz
有 效 期:2000.3.23～2004.3.23
地　　址:青岛市城阳区流亭工业园
邮政编码:266108

上海彼得电器有限公司
消磁线圈
证书编号:CH0006162—2000B
型号规格:BD—201 220V～50Hz
有 效 期:2000.11.15～2004.11.15
地　　址:上海虹中路 93 号
邮政编码:201103

上海长江电声厂
消磁线圈
证书编号:CH0005049—2000B
型号规格:DGC－CJ－44cm(B) (DGC－CJ－44cm(F))
220V～ 50Hz
有 效 期:2000.8.8～2004.8.8
地　　址:上海市船厂路 180 号
邮政编码:200032

上海广电金星电子有限公司
消磁线圈
证书编号:CH0045181—2000
型号规格:QZ－205 220V～50Hz
有 效 期:2000.4.18～2004.4.18
地　　址:上海田林路 140 号
邮政编码:200233

深圳嘉润茂电子有限公司
消磁线圈
证书编号:CH0044299—2000
型号规格:XC－20″,21″,25″,29″
有 效 期:2000.3.27～2004.3.27
地　　址:深圳宝安 28 区新安二路建达工业区一幢四楼
邮政编码:518101

深圳市贝尔佳电子有限公司
器具耦合器(器具输入插座)
证书编号:CH0044124—2000
型号规格:ST－A 10A 250VAC
有 效 期:2000.3.21～2004.3.21
地　　址:浙江乐清市环城西路 134 号
邮政编码:325600

深圳市亨达电子有限公司
消磁线圈
证书编号:CH0051719—2000
型号规格:XC—14″15″17″
有 效 期:2000.10.8～2004.10.8
地　　址:深圳市南山区南山工业村 02 栋四楼
邮政编码:518052

深圳市龙岗区横岗荷坳嘉英电子厂
消磁线圈
证书编号:CH0044005—2000
型号规格:14″(735－014－848E) 15″(735－015－X571)
17″(735－017－7721－A)
有 效 期:2000.3.17～2004.3.17
地　　址:深圳市龙岗区横岗镇荷坳村长江布工业区第四栋
邮政编码:518115

深圳市新开达电子有限公司
消磁线圈
证书编号:CH0021222—2000A
型号规格:ADG—QJ—34 ADG—QJ—38
有 效 期:2000.9.27～2004.9.27
地　　址:深圳市福田区沙咀工业区 138 栋 4 楼
邮政编码:518048

四川长虹电器股份有限公司
消磁线圈
证书编号:CH0041760—2000
型号规格:XC－29F1,XC－29F2 XC－21E1,XC－21F1
XC－25F2,XC25F1
有 效 期:2000.1.11～2004.1.11
地　　址:四川省绵阳市高新区绵兴东路 35 号
邮政编码:621000

苏州多省电子有限公司
消磁线圈
证书编号:CH0043695—2000
型号规格:D904－01 规格:～220V 50Hz
有 效 期:2000.3.9～2004.3.9
地　　址:苏州新区玉山路兴隆工商实业公司工业区
邮政编码:215011

苏州杉原电子有限公司
消磁线圈
证书编号:CH0043414—2000
型号规格:DC－1219A 规格:220V～

50Hz
有 效 期:2000.3.1～2004.3.1
地　　址:苏州河西新区滨河路189号
邮政编码:215011

泰兴市银君电气有限公司
消磁线圈
证书编号:CH0041892—2000
型号规格:XCC－55 规格:～220V,50Hz
有 效 期:2000.1.14～2004.1.14
地　　址:江苏泰兴市江平南路303号
邮政编码:225400

天津开发区长城电子配件厂
消磁线圈
证书编号:CH0017469—2000A
型号规格:LXC－21 LXC－25 LXC－29
规格:～220V 50Hz
有 效 期:2000.7.25～2004.7.25
地　　址:天津市塘沽区天津开发区微山路21号内202号
邮政编码:300457

天津昭和机电有限公司
消磁线圈
证书编号:CH0052000—2000
型号规格:TSB—2301AW　规 格:～220V,50Hz
有 效 期:2000.10.12～2004.10.12
地　　址:天津河西区土城南北大街
邮政编码:300210

温州市天益电子工业有限公司
消磁线圈
证书编号:CH0015662－2000A
型号规格:XC－WH74A09 220V～50Hz
有 效 期:2000.1.20～2004.1.20
地　　址:温州市温金公路80号
邮政编码:325007

无锡市河埒彩电线圈厂
消磁线圈
证书编号:CH0049521—2000
型号规格:XCL－64 XCL－74 规格:～220V50Hz
有 效 期:2004.8.9
地　　址:江苏无锡市梅园徐巷449号
邮政编码:214064

武进市薛巷电讯元件厂
消磁线圈
证书编号:CH0050908—2000
型号规格:CXQ—54—1 CXQ—64—1 CXQ—74—1 规格:～220V.AC 50Hz
有 效 期:2000.9.11～2004.9.11
地　　址:常州东门外横山桥镇里巷村
邮政编码:213119

锡山市西漳电子配件厂
消磁线圈
证书编号:CH0043863—2000
型号规格:XCL－35 规格:～220V,50Hz
有 效 期:2000.3.14～2004.3.14
地　　址:锡山市西漳镇横街村
邮政编码:214171

咸阳康星电子器件有限公司
消磁线圈
证书编号:CH0048101—2000
型号规格:KXL－54 II KXL－40 I KXL－87 II
有 效 期2:2000.6.30～2004.6.30
地　　址:陕西省咸阳市咸兴路7号
邮政编码:712099

住友电工(无锡)有限公司
消磁线圈
证书编号:CH0043413—2000
型号规格:1－419－322－11 规格:～220V 50Hz
有 效 期:2000.3.1～2004.3.1
地　　址:江苏省无锡市无锡—新加坡工业园行创四路127－134地块
邮政编码:214028

电源线

潮州市城西电讯器材厂
插头电源线
证书编号:CH0016444－2000A
型号规格:RVVZ－2P 6A 250VAC 2*0.75mm
有 效 期:2000.3.6～2004.3.6
地　　址:广东省潮州市花园开发区迎春街2号
邮政编码:521000

潮州市飞腾电子有限公司
插头电源线
证书编号:CH0041939—2000
型号规格:RVV－3P;6A 250VAC 3×0.75mm
有 效 期:2000.1.14～2004.1.14
地　　址:广东省潮州市枫春路工业楼三楼
邮政编码:521000

潮州市环城电器配件厂
插头电源线
证书编号:CH0047902—2000
型号规格:RVV－3P 10A 250VAC 3×0.75mm
有 效 期:2000.6.28～2004.6.28
地　　址:广东省潮州市新乡工业区10号
邮政编码:521000

东莞市联成电子实业有限公司
插头电源线
证书编号:CH0017283－2000A
型号规格:RVVZ－2P 6A/250V～
有 效 期:2000.3.3～2004.3.3
地　　址:广东省东莞市石龙镇新城市中心黄家山工业区
邮政编码:523326

东莞市塘厦志成电子器材厂
插头电源线
证书编号:CH0049806—2000
型号规格:ZC－01 10A 250VAC 3×0.75mm
有 效 期:2000.8.16～2004.8.16
地　　址:广东省东莞市塘厦镇田心围工业区
邮政编码:523718

东莞市银昌电线有限公司
插头电源线
证书编号:CH0044518—2000
型号规格:RVV－2P 6A 250VAC
有 效 期:2000.3.31～2004.3.31
地　　址:广东省东莞市虎门镇头银丽集团工业区
邮政编码:523928

东莞市裕星电业有限公司
插头电源线
证书编号:CH0042622—2000
型号规格:RVVZ－3P 6A 250VAC
有 效 期:2000.1.31～2004.1.31
地　　址:广东省东莞市高步镇塘厦工

业区
邮政编码:523281

福州市上洋电子电器厂
插头电源线
证书编号:CH0043079—2000
型号规格:RVVZ－3P 10A/250V～3×0.75mm
有 效 期:2000.2.22～2004.2.22
地　　址:福州市福马路上洋村238号
邮政编码:350014

合肥中兴电源线有限公司
插头电源线
证书编号:CH0003690—2000C
型号规格:RVVZ－2P 6A/250V～ 2×0.75/0.5mm
有 效 期:2000.8.1～2004.8.1
地　　址:安徽省合肥马鞍山路1号
邮政编码:230001

南京安达电线电缆有限责任公司
插头电源线
证书编号:CH0049640—2000
型号规格:RVVB － 2P 6A 250VAC 0.75mm
有 效 期:2000.8.11～2004.8.11
地　　址:江苏省南京雨花台区丁墙村八十八号
邮政编码:210012

宁波市北仑无线电元件厂
插头电源线
证书编号:CH0002458—2000B
型号规格:RVVZ－2P 6A/250V～ 2×0.75mm
有 效 期:2000.8.17～2004.8.17
地　　址:浙江省宁波市大契镇北仑科技工业区
邮政编码:315806

欧南芭电子配件(昆山)有限公司
插头电源线
证书编号:CH0048010—2000
型号规格: 3P03 10A 250V ～ 3 ×1.0mm
有 效 期:2000.6.29～2004.6.29
带插头电源线
证书编号:CH0017549—2000A
型号规格: 3P05 6A 250V ～ 3 ×0.75mm
有 效 期:2000.6.29～2004.6.29
地　　址:江苏省昆山经济技术开发区陆杨配套区
邮政编码:215313

深圳长荣昌电子有限公司
两极插头电源线
证书编号:CH0047506—2000
型号规格: CRC010; 6A 250VAC 2 ×0.75mm
有 效 期:2000.6.16～2004.6.16
两极带接地插头电源线
证书编号:CH0047507—2000
型号规格:CRC012;6A,10A 250VAC 3×0.75mm 3×1.0mm
有 效 期:2000.6.16～2004.6.16
地　　址:深圳市宝安区西乡固戍一路231号
邮政编码:518126

深圳得康电子有限公司
插头电源线
证书编号:CH0046692—2000
型号规格: DK302 DK304 3P 16A 250VAC
有 效 期:2000.5.26～2004.5.26
地　　址:深圳市福田沙尾工业区12栋6楼
邮政编码:518048

深圳市红玉通电子有限公司
插头电源线
证书编号:CH0042550—2000
型号规格:RVVB－2P 6A 250VAC 2×0.75mm
有 效 期:2000.1.28～2004.1.28
地　　址:深圳市南山区沙河工业区17栋四楼
邮政编码:518053

深圳市乐科电子有限公司
插头电源线
证书编号:CH0044720—2000
型号规格: RVVB － 2P 6A 250VAC AC2×0.75mm
有 效 期:2000.4.6～2004.4.6
地　　址:深圳市福田区金地工业区107B栋四层
邮政编码:518048

泰兴市银君电气有限公司
插头电源线
证书编号:CH0016345－2000A
型号规格:RVVZ － 3P 规 格:～250V 25A
有 效 期:2000.1.11～2004.1.11
地　　址:江苏泰兴市江平南路303号
邮政编码:225400

通州市杰尔电器厂
插头电源线
证书编号:CH0043080—2000
型号规格:PSB－10 10A/250V～ 3×0.75mm
有 效 期:2000.2.22～2004.2.22
地　　址:江苏省通州市金通路98号
邮政编码:226300

厦门荣昌盛实业开发有限公司
插头电源线
证书编号:CH0046200—2000
型号规格:JT－304 16A 250V～ 3×1.5mm
有 效 期:2000.5.17～2004.5.17
地　　址:厦门市开元区何厝瑞明厂区
邮政编码:361009

余姚市久联电线有限公司
插头电源线
证书编号:CH0004422—2000B
型号规格:RVVZ－3P 6A/250V～ 3×0.75mm
有 效 期:2000.3.14～2004.3.14
地　　址:余姚市姜家渡南面
邮政编码:315404

余姚市马渚舜江电工器材厂
插头电源线
证书编号:CH0045187—2000
型号规格: PB10 10A 250V ～ 2 ×0.75mm
有 效 期:2000.4.18～2004.4.18
地　　址:浙江省余姚市马渚镇山前新村5弄3号
邮政编码:315450

浙江省长兴电线厂
插头电源线
证书编号:CH0042357—2000
型号规格:RVV－3P 16A 250V～ 3×1.5mm
有 效 期:2000.1.25～2004.1.25
地　　址:浙江省长兴县煤山镇
邮政编码:313117

中山市今利电器有限公司
插头电源线
证书编号:CH0047040—2000

型号规格：RVVZ — 2P 6A，10A/250VAC
有 效 期:2000.6.6～2004.6.6
地 址:广东省中山市东升镇东成路
邮政编码:528414

收款机

青岛保税区海信计算机有限公司
电子收款机
证书编号:CH0041622—2000
型号规格：ER350 系列 ER350F ER350P EF350C ER350CP
有 效 期:2000.1.7～2004.1.7
地 址:青岛市市南区田家村457号
邮政编码:266071

亿利达商业机器制造有限公司
电子收款机
证书编号:CH0047109—2000
型号规格:TCR－2001 220VAC 50Hz 400mA
有 效 期:2000.6.6～2004.6.6
地 址:深圳市南山区南山大道亿利达大厦
邮政编码:518052

放大器

SONY株式会社
调谐放大器
证书编号:CH0053369—2000S
型号规格:STR－V555ES
有 效 期:2000.11.15～2004.11.15
地 址:自由贸易区北赖工业区13600槟城州北赖市马来西亚

TCL集团有限公司
声频功率放大器
证书编号:CH0041931—2000
型号规格:TA－3510 220VAC 50Hz
有 效 期:2000.1.14～2004.1.14
地 址:广东省惠州市鹅岭南路六号TCL工业大厦
邮政编码:516001

潮州市创佳电子有限公司
超级数码卡拉OK前置放大器
证书编号:CH0045391—2000
型号规格:KQ－1220 220VAC 50Hz
有 效 期:2000.4.21～2004.4.21
声频功率放大器
证书编号:CH0045390—2000
型号规格:CH－1210 220VAC 50Hz
有 效 期:2000.4.21～2004.4.21
数码卡拉OK前置放大器
证书编号:CH0045392—2000
型号规格:MAA－880 220VAC 50Hz
有 效 期:2000.4.21～2004.4.21
地 址:潮州市新洋路花园直街恒达工业村
邮政编码:521000

成都天奥实业有限公司
数字音频功放
证书编号:CH0042873—2000
型号规格:TA－D900 220V 50Hz
有 效 期:2000.2.17～2004.2.17
地 址:成都外西茶店子五里墩1号天奥大厦
邮政编码:610036

成都亚迪机电研究所
功率放大器
证书编号:CH0043738—2000
型号规格:AD－66 AD－66A AD－66H 220V 50Hz
有 效 期:2000.3.10～2004.3.10
地 址:番禺市大石镇南大公路鸿图工业东厂房三幢
邮政编码:641007

德赛视听科技有限公司
声频功率放大器
证书编号:CH0042552—2000
型号规格:AV－906 220VAC 50Hz
有 效 期:2000.1.28～2004.1.28
地 址:广东省惠州市南坛南路二号南坛大厦六楼
邮政编码:516001

东莞金正科技电子有限公司
声频功率放大器
证书编号:CH0045388—2000
型号规格:AV－N3060 220VAC 50Hz
有 效 期:2000.4.21～2004.4.21
地 址:广东东莞市长安镇沙头南区
邮政编码:523866

东莞市金正科技电子有限公司
声频功率放大器
证书编号:CH0046679—2000
型号规格:AV－N1698 220VAC 50Hz
有 效 期:2000.5.26～2004.5.26
地 址:广东东莞市长安镇沙头南区
邮政编码:511768

东莞市奇声电子实业有限公司
声频功率放大器
证书编号:CH0042926—2000
型号规格:AV－2500 220VAC 50Hz
有 效 期:2000.2.18～2004.2.18
地 址:东莞市麻涌镇新基工业区
邮政编码:511778

番禺汉林电器实业有限公司
声频功率放大器
证书编号:CH0044007—2000
型号规格:AV－786A 220VAC 50Hz
有 效 期:2000.3.17～2004.3.17
地 址:广东省番禺市大石镇大维村工业区工业二横路10号
邮政编码:511430

番禺市联声电子科技有限公司
声频功率放大器
证书编号:CH0042556—2000
型号规格:AV－709 220VAC 50Hz
有 效 期:2000.1.28～2004.1.28
地 址:番禺市大石东乡联发工业区B1栋
邮政编码:511430

佛山市城区飞达音响设备厂
声频功率放大器
证书编号:CH0042323—2000
型号规格:F－905,F－901 220V 50Hz
有 效 期:2000.1.25～2004.1.25
地 址:广东省佛山市潮安路新二工业区
邮政编码:528000

佛山市城区国威电器厂
声频功率放大器
证书编号:CH0042662—2000
型号规格:MA－2000 220VAC 50Hz
有 效 期:2000.1.31～2004.1.31
地 址:广东省佛山市忠义路崇发里5号
邮政编码:528000

佛山市城区至高实业公司
声频功率放大器
证书编号:CH0046682—2000

型号规格:DB－9500B 220VAC 50Hz
有 效 期:2000.5.26～2004.5.26
地　　址:广东省佛山市佛罗公路1号
邮政编码:528000

佛山市冠声电子电器厂
声频功率放大器
证书编号:CH0050040—2000
型号规格:BT－831 BT－878 BT－888 BT－898 220VAC 50Hz－60Hz
有 效 期:2000.8.22～2004.8.22
地　　址:广东省佛山市张槎下朗朗宝二路20号
邮政编码:528000

佛山市和兴音响器材厂
声频功率放大器
证书编号:CH0048660—2000
型号规格:AV－2800 220VAC 50Hz
有 效 期:2000.7.13～2004.7.13
地　　址:广东佛山市环市西约工业区
邮政编码:528000

佛山市吉特电子厂
杜比定向逻辑功率放大器
证书编号:CH0043607—2000
型号规格:MAV－3000 220V～50Hz
有 效 期:2000.3.8～2004.3.8
声频功率放大器
证书编号:CH0043602—2000
型号规格:C－8001/C－8002 220VAC 50/60Hz
有 效 期:2000.3.8～2004.3.8
地　　址:福建厦门市嘉禾路618号万利达工业园
邮政编码:361006

佛山市欧派音响有限公司
声频功率放大器
证书编号:CH0050052—2000
型号规格:BT－830 220VAC 50Hz－60Hz
有 效 期:2000.8.22～2004.8.22
地　　址:广东省佛山市张槎下朗朗宝二路20号
邮政编码:528000

甘肃兰光科技股份有限公司
声频功率放大器
证书编号:CH0048319—2000
型号规格:RV－5090R 220VAC 50Hz
有 效 期:2000.7.7～2004.7.7
地　　址:深圳横岗六约金泉工业区
邮政编码:518031

甘肃兰光科技股份有限公司深圳分公司
声频功率放大器(家庭影院用环绕声放大器)
证书编号:CH0050271—2000
型号规格:RVD－8090R 220VAC 50Hz
有 效 期:2000.8.29～2004.8.29
地　　址:深圳横岗六约金泉工业区
邮政编码:518031

广东爱浪数字技术有限公司
声频功率放大器
证书编号:CH0048984—2000
型号规格:AD1200 220VAC 50Hz
有 效 期:2000.7.25～2004.7.25
地　　址:广州市天河区沙河镇龙洞高雅工业苑
邮政编码:510620

广东步步高电子工业有限公司
声频功率放大器
证书编号:CH0043985—2000
型号规格:AB207KB 规格:～220V 50Hz
有 效 期:2000.3.16～2004.3.16
地　　址:广东省东莞市长安镇乌沙步步高大道23号信箱
邮政编码:511768

广东威士邦音响器材有限公司
声频功率放大器
证书编号:CH0042641—2000
型号规格:AV－752R 220VAC 50Hz
有 效 期:2000.1.31～2004.1.31
地　　址:广州市白云区石井镇槎头工业区壹街B座
邮政编码:510438

广东先驱实业有限公司
声频功率放大器
证书编号:CH0048762—2000
型号规格:M－817 M－876T 220VAC 50Hz
有 效 期:2000.7.19～2004.7.19
地　　址:广东省顺德市陈村镇广隆工业区
邮政编码:528313

广州白云先锋电器厂
5声道数码卡拉OK放大器
证书编号:CH0049549—2000
型号规格:AV－1068 220VAC 50Hz
有 效 期:2000.8.10～2004.8.10
地　　址:广州市白云区石井镇石门水闸旁
邮政编码:510000

广州白云新世纪电子设备厂
声频功率放大器
证书编号:CH0046547—2000
型号规格:AV－991 ～220V 50Hz
有 效 期:2000.5.25～2004.5.25
地　　址:广州白云永泰工业区
邮政编码:510440

广州白云新市泽夫精工电子厂
声频功率放大器
证书编号:CH0049565—2000
型号规格:AV－30 220VAC 50Hz
有 效 期:2000.8.10～2004.8.10
地　　址:广东省广州市新市棠溪打铁基工业区
邮政编码:510410

广州宝声科技实业发展有限公司
声频功率放大器
证书编号:CH0045373—2000
型号规格:PAV－4002AC 220VAC 50Hz/60Hz
有 效 期:2000.4.21～2004.4.21
地　　址:广州花都市炭步飞达工业区
邮政编码:510820

广州飞达音响专业器材有限公司
声频功率放大器
证书编号:CH0045365—2000
型号规格:FAV－9001 220VAC 50Hz/60Hz
有 效 期:2000.4.21～2004.4.21
地　　址:广州花都市炭步飞达工业区
邮政编码:510820

广州精锋音响电器有限公司
声频功率放大器
证书编号:CH0050305—2000
型号规格:AV－2010 220VAC 50Hz
有 效 期:2000.8.30～2004.8.30
地　　址:广州市白云区石井镇鸦岗村
邮政编码:510430

广州三爱立电子科技有限公司
声频功率放大器
证书编号:CH0050320—2000

型号规格:D－3 型 220VAC 50Hz
有 效 期:2000.8.30～2004.8.30
地　　址:广州市海珠区振兴工业区
邮政编码:510290

广州市白云区松洲豪达音响电器厂
声频功率放大器
证书编号:CH0048646—2000
型号规格:AC － 2800 规格:～220V 50Hz
有 效 期:2000.7.14～2004.7.14
地　　址:广州市罗冲围增槎路松北工业区
邮政编码:510160

广州市峰达电子有限公司佛山星琅电子电器厂
声频功率放大器
证书编号:CH0050295—2000
型号规格:AV－797 AAC220V 50Hz
有 效 期:2000.8.30～2004.8.30
地　　址:佛山市张槎一沙路光华厂前西四楼
邮政编码:528000

广州市冠宝科技有限公司
声频功率放大器
证书编号:CH0047905—2000
型号规格:AAV－1003 220VAC 50Hz/60Hz
有 效 期:2000.6.28～2004.6.28
地　　址:广州花都市炭步飞达工业区
邮政编码:510820

广州市海珠区奥伦电声有限公司
声频功率放大器
证书编号:CH0042639—2000
型号规格:AV － 306 AV － 233 220VAC 50Hz
有 效 期:2000.1.31～2004.1.31
地　　址:广东省南海市里水镇大石工业区
邮政编码:528244

广州市金图电子有限公司
声频功率放大器
证书编号:CH0047033—2000
型号规格:AV－9920 220VAC 50Hz
有 效 期:2000.6.6～2004.6.6
地　　址:广州市白云区石井镇庆丰三路第三工业开发区 3 号楼
邮政编码:510430

广州市精辉音响电器有限公司
声频功率放大器(FIAOTE 精辉)
证书编号:CH0050306—2000
型号规格:AV－2010 220VAC 50Hz
有 效 期:2000.8.30～2004.8.30
地　　址:广州市白云区新市镇石马路段围墙内
邮政编码:510430

广州市君豪电器实业有限公司
声频功率放大器
证书编号:CH0051218—2000
型号规格:AV－2002 220VAC 50Hz
有 效 期:2000.9.19～2004.9.19
地　　址:广州市白云区夏茅向西新马路 18 号
邮政编码:510000

广州市荔湾区名峰电子有限公司
声频功率放大器
证书编号:CH0049227—2000
型号规格:AV－K900 220VAC 50Hz
有 效 期:2000.8.1～2004.8.1
地　　址:广东省佛山市轻工三路四号二号楼
邮政编码:510145

广州市荔湾区威格音响有限公司
声频功率放大器
证书编号:CH0048057—2000
型号规格:TX － DS1000FM 规格:～220V 50/60Hz
有 效 期:2000.6.30～2004.6.30
地　　址:广东省广州市珠江大桥桥中河沙四社工业区 5 号
邮政编码:510163

广州市荔湾区西华音响厂
前置功率放大器
证书编号:CH0047198—2000
型号规格:SK－09 220VAC 50Hz
有 效 期:2000.6.9～2004.6.9
声频功率放大器
证书编号:CH0045709—2000
型号规格:AV－100 220VAC 50Hz
有 效 期:2000.4.28～2004.4.28
地　　址:广东省广州市新广从公路东平钟屋段
邮政编码:510440

广州市派声电子有限公司
声频功率放大器
证书编号:CH0047746—2000
型号规格:AV－9905 220VAC 50Hz
有 效 期:2000.6.23～2004.6.23
地　　址:广州市东风西路 132 号之三流花广场景阁 1103 房
邮政编码:510170

广州市奇声电子有限公司
声频功率放大器
证书编号:CH0042577—2000
型号规格:AV－999 220VAC 50Hz
有 效 期:2000.1.28～2004.1.28
地　　址:广州花都市新华镇田美新村七座
邮政编码:510800

广州市天河乐圣音响器材厂
声频功率放大器
证书编号:CH0050304—2000
型号规格:DMW－80A 250VAC 80Hz 5A
有 效 期:2000.8.30～2004.8.30
地　　址:广州天河区员村二横路南西二号
邮政编码:510655

广州市雅顿电子有限公司
声频功率放大器
证书编号:CH0046029—2000
型号规格:F1A 规格:～220V,50Hz
有 效 期:2000.5.11～2004.5.11
地　　址:广州新市镇黄边水仙塘工业区七号
邮政编码:510440

广州市永真音响技术有限公司
声频功率放大器
证书编号:CH0049742—2000
型号规格:80ASE(Ⅱ)220VAC 50Hz
有 效 期:2000.8.15～2004.8.15
地　　址:广州市天河区员村一横路金华新村
邮政编码:510655

广州市越秀区高士电器有限公司华联电子厂
声频功率放大器
证书编号:CH0041945—2000
型号规格:AV－A1 AV－B1 AC220V 50H
有 效 期:2000.1.14～2004.1.14
地　　址:广州市白云区鹤边员村工业区军民西路
邮政编码:510410

花都市科鹏科技电子厂
声频功率放大器
证书编号:CH0051219—2000
型号规格:AV—555 220VAC 50Hz
有 效 期:2000.9.19～2004.9.19
地　　址:广州市花都市新都大道17号广发楼
邮政编码:510800

花都市万利来电器有限公司
声频功率放大器
证书编号:CH0051112—2000
型号规格:AV—2004 220VAC 50Hz
有 效 期:2000.9.17～2004.9.17
地　　址:广州花都市新华镇大华村
邮政编码:510800

花都市影星电子厂
声频功率放大器
证书编号:CH0048573—2000
型号规格:AV—2002A 规格:～220V 50Hz
有 效 期:2000.7.13～2004.7.13
地　　址:花都市新华镇金都花园A1—E4幢
邮政编码:510800

江苏宏图高科技股份有限公司江奎激光声像发展分公司
功率放大器
证书编号:CH0042947—2000
型号规格:GK2000 220V～50Hz
有 效 期:2000.2.18～2004.2.18
地　　址:江苏镇江经济技术开发区经九路1号
邮政编码:212009

江苏新科电子集团公司
动态伺服超低音扬声器系统
证书编号:CH0042145—2000
型号规格:SP—200 规格:～220V 50Hz
有 效 期:2000.1.20～2004.1.20
功率放大器
证书编号:CH0042058—2000
型号规格:HG—5500 规格:～220V,50Hz
有 效 期:2000.1.19～2004.1.19
地　　址:江苏省常州市洛阳镇
邮政编码:213104

南海市里水冠亚电子有限公司
卡拉OK处理器
证书编号:CH0047510—2000
型号规格:KP—A1 220VAC 50Hz
有 效 期:2000.6.15～2004.6.15
声频功率放大器
证书编号:CH0047508—2000
型号规格:TA—V2068 220VAC 50Hz
有 效 期:2000.6.15～2004.6.15
地　　址:广东省南海市里水镇洲村工业区
邮政编码:528244

南海市罗村联星豪顺音响厂
功率放大器
证书编号:CH0049882—2000
型号规格:AV2001 220V～ 50Hz
有 效 期:2000.8.17～2004.8.17
地　　址:浙江省慈溪市宗汉镇圆塘
邮政编码:315301

南海市罗村联星赛普音响厂
功率放大器
证书编号:CH0049884—2000
型号规格:AV2001 220V～50Hz
有 效 期:2000.8.17～2004.8.17
地　　址:浙江省慈溪市宗汉镇圆塘
邮政编码:315301

南海市松岗雄奇音响器材厂
声频功率放大器
证书编号:CH0047199—2000
型号规格:E—SA8 220VAC 50Hz
有 效 期:2000.6.9～2004.6.9
地　　址:广东省南海市松岗镇沙水工业区
邮政编码:528234

宁波福格电子实业有限公司
功率放大器
证书编号:CH0049883—2000
型号规格:AV2001 220V～ 50Hz
有 效 期:2000.8.17～2004.8.17
地　　址:浙江省慈溪市宗汉镇圆塘
邮政编码:315301

宁波康佳电子有限公司
声频功率放大器
证书编号:CH0045562—2000
型号规格:AV—999B 220V～50Hz
有 效 期:2000.4.26～2004.4.26
地　　址:浙江省宁波南门布政藕池开发区
邮政编码:315176

上海广电数码科技有限公司
功率放大器
证书编号:CH0048673—2000
型号规格:SV—2000 220V～ 50Hz
有 效 期:2000.7.17～2004.7.17
地　　址:上海青浦赵重路1205号
邮政编码:201706

上海索广电子有限公司
调谐放大器
证书编号:CH0047341—2000
型号规格:STR—DE345 220—230V～50/60Hz
有 效 期:2000.6.13～2004.6.13
地　　址:上海市闵行区剑川路930号
邮政编码:200240

上海万响电子有限公司
声频功率放大器
证书编号:CH0050041—2000
型号规格:AVR—77K AVR—66K AVR—88K AV—33K 220VAC 50—60Hz
有 效 期:2000.8.22～2004.8.22
地　　址:广东省佛山市张槎下朗朗宝二路20号
邮政编码:528000

上海新捷超电子电器有限公司
功率放大器
证书编号:CH0045452—2000
型号规格:US160 220V～50Hz
有 效 期:2000.4.24～2004.4.24
地　　址:上海闵行区北桥新春路
邮政编码:201109

深圳创维—RGB电子有限公司
声频功率放大器
证书编号:CH0041925—2000
型号规格:VPA—1000 220VAC 50/60Hz
有 效 期:2000.1.14～2004.1.14
地　　址:深圳宝安区公明镇创维电子城
邮政编码:518029

深圳市宝安奋达实业有限公司
功率放大器
证书编号:CH0051640—2000
型号规格:FD—8089 220V 50Hz
有 效 期:2000.9.28～2004.9.28
地　　址:深圳市宝安区39区79栋
邮政编码:518101

深圳市恒晨电器有限公司

声频功率放大器

证书编号:CH0044718—2000
型号规格:HA9000R HA9000 220VAC 50—60Hz
有 效 期:2000.4.6～2004.4.6
地　　址:深圳市福田区天安工业区天祥大厦8楼B1座
邮政编码:518040

深圳市赛格康乐电子有限公司

声频功率放大器(赛格 SEG)

证书编号:CH0045497—2000
型号规格:S2839B 220VAC 50Hz
有 效 期:2000.4.24～2004.4.24
地　　址:深圳市福田区华强北路康乐大厦
邮政编码:518031

深圳市山灵电子有限公司

卡拉OK 处理器

证书编号:CH0045802—2000
型号规格:MAA—750 220VAC 50Hz

声频功率放大器

证书编号:CH0045803—2000
型号规格:A—28 220VAC 50Hz

数字调谐器

证书编号:CH0045804—2000
型号规格:F—300 220VAC 50Hz
有 效 期:2000.4.30～2004.4.30
地　　址:深圳市南山区南头城工业区明江大楼
邮政编码:518051

深圳市先科电子有限公司

声频功率放大器

证书编号:CH0042647—2000
型号规格:AV—925 220—240VAC 50/60Hz
有 效 期:2000.1.31～2004.1.31
地　　址:深圳市松坪山第五工业区
邮政编码:518029

深圳市熊猫音响有限公司

五声道功率放大器

证书编号:CH0049042—2000
型号规格:AV—2910G 220V 50Hz
有 效 期:2000.7.26～2004.7.26
地　　址:深圳市布吉上水径恒通工业城5幢
邮政编码:518040

深圳市众阳电器有限公司

声频功率放大器

证书编号:CH0049553—2000
型号规格:RVD—8090R 220VAC 50Hz
有 效 期:2000.8.10～2004.8.10
地　　址:深圳市松园北街12号百汇大厦A座23层
邮政编码:518008

顺德市北镇坤洲佳龙音响电器厂

声频功率放大器

证书编号:CH0050043—2000
型号规格:BT—831 BT—898 BT—888 220VAC 50Hz—60Hz
有 效 期:2000.8.22～2004.8.22
地　　址:广东省佛山市张槎下朗朗宝二路20号
邮政编码:528000

顺德市大良镇豪达音响设备厂

声频功率放大器

证书编号:CH0042640—2000
型号规格:KR—V992 220VAC 50Hz
有 效 期:2000.1.31～2004.1.31
地　　址:广东顺德市大良镇红岗工业区南国西路
邮政编码:528300

顺德市海华实业有限公司

声频功率放大器

证书编号:CH0046815—2000
型号规格:T—688 规格:～220V 50Hz
有 效 期:2000.5.30～2004.5.30
地　　址:顺德市陈村镇广隆工业区
邮政编码:528313

顺德市先驱实业有限公司

声频功率放大器

证书编号:CH0042554—2000
型号规格:M—996 S—211 220VAC 50Hz
有 效 期:2000.1.28～2004.1.28
地　　址:广东省顺德市陈村镇广隆工业区
邮政编码:528313

四川长虹电器股份有限公司

声频功率放大器

证书编号:CH0030936—99
型号规格:AV—1000 AC220V 50Hz
有 效 期:1999.2.9～2003.2.9
地　　址:四川省锦阳市高新区绵兴东路35号
邮政编码:621000

四川长虹电子集团公司

声频功率放大器

证书编号:CH0041761—2000
型号规格:AP1150 220VAC 50Hz
有 效 期:2000.1.11～2004.1.11
地　　址:四川省绵阳市高新区绵兴东路35号
邮政编码:621000

四川湖山电子股份有限公司

家庭影院放大器

证书编号:CH0042612—2000
型号规格:AVK100A 220V 50Hz
有 效 期:2000.1.31～2004.1.31

卡拉OK 环绕放大器

证书编号:CH0043993—2000
型号规格:AVS1060 220VAC + 10% 50Hz
有 效 期:2000.3.17～2004.3.17

立体声功率放大器

证书编号:CH0045806—2000
型号规格:M2000 220VAC 50Hz
有 效 期:2000.4.30～2004.4.30
地　　址:绵阳市长虹大道中段53号
邮政编码:621000

松下电器产业株式会社音响事业部

手提唱碟放音机

证书编号:CH0042608—2000
型号规格:SL — CT430 with RFEA403T 规格:主机:DC4.5V 适配器:输入:AC220V,8W,50Hz 输出:DC4.5V,
有 效 期:2000.1.31～2004.1.31

索尼公司

调谐放大器

证书编号:CH0042609—2000
型号规格:STR — V55ES 220 — 230V 50/60Hz
有 效 期:2000.1.31～2004.1.31
地　　址:FTZ, PRAI INDUSTRIAL ESTATE, 13600 PRAI, PROVINCE WELLESLY, PENA

台山市凤鸣祥音响科技了限公司

功率放大器

证书编号:CH0042661—2000
型号规格:AV—999 220VAC 50Hz
有 效 期:2000.1.31～2004.1.31

地　　址:台山市桥湖路326号4楼
邮政编码:529200

台山市恒东音响科技有限公司
功率放大器
证书编号:CH0048316—2000
型号规格:AV—866 220VAC 50Hz
有 效 期:2000.7.7～2004.7.7
地　　址:广东省台山市台城镇桥湖326号三楼
邮政编码:529200

汤盛音响香港有限公司
声频功率放大器
证书编号:CH0048534—2000
型号规格:TA8810 TA6610 ～220V/50Hz 500W
有 效 期:2000.7.12～2004.7.12
地　　址:东莞市塘夏镇蛟乙塘工业宝石城

万利达集团有限公司
DPS 环绕声卡拉 OK 功率放大器
证书编号:CH0043077—2000
型号规格:MAV—703 220V～50Hz
有 效 期:2000.2.22～2004.2.22
声频功率放大器
证书编号:CH0048025—2000
型号规格:MAV—608 220V～50Hz
有 效 期:2000.6.29～2004.6.29
地　　址:福建厦门湖里区悦华东路鼓浪屿工业园
邮政编码:361006

肇庆市端州区 LMB(力之霸)音响电子厂
声频功率放大器
证书编号:CH0044260—2000
型号规格:AV—07 220VAC 50Hz
有 效 期:2000.3.23～2004.3.23
地　　址:广东省肇庆市端州区大洲工业区
邮政编码:528313

中山唐龙影音电子有限公司
声频功率放大器
证书编号:CH0050312—2000
型号规格:AV560 220VAC 50Hz
有 效 期:2000.8.30～2004.8.30
地　　址:广州广花四路棠新西街66号5楼
邮政编码:510410

珠海斯巴克电子设备有限公司
声频功率放大器
证书编号:CH0048314—2000
型号规格:218K 218 220VAC 50Hz
有 效 期:2000.7.7～2004.7.7
地　　址:广东省珠海市前山(白石)港一路一号中航工业区
邮政编码:519070

鄞县安达电子器材厂
功率放大器
证书编号:CH0051357—2000
型号规格:AV—9000 220V～50Hz
有 效 期:2000.9.24～2004.9.24
地　　址:宁波南门古林葑港工业区
邮政编码:315176

变压器

安徽省合肥东县宝林机械电器厂
电源变压器
证书编号:CH0016979—2000A
型号规格:TS—EI41—6W TS—EI48—8W 220V 50Hz
有 效 期:2000.8.11～2004.8.11
地　　址:安徽肥东县龙泉中路88号
邮政编码:231600

安徽天华电子有限公司
回扫变压器
证书编号:CH0044219—2000
型号规格:BSC23—01 24.5KV
有 效 期:2000.3.23～2004.3.23
地　　址:安徽天长秦关路4号
邮政编码:239341

北京华业兴星电子有限公司
彩色回扫变压器
证书编号:CH0013756—2000A
型号规格:BSC25—0201A;BSC25—0201B;BSC25—0201C;
有 效 期:2000.1.2～20004.1.2
地　　址:北京市朝阳区崔各庄乡
邮政编码:100103

北京汇众实业总公司
电源变压器
证书编号:CH0014639—2000A
型号规格:DE8—01 规格:～220V,50Hz
有 效 期:2000.1.25～2004.1.25
地　　址:北京海淀上地七街1号
邮政编码:100085

北京乐金电子部品有限公司
回扫变压器
证书编号:CH0046554—2000
型号规格:6174Z—1036A 规格:阳极输出电压24KV
有 效 期:2000.5.25～2004.5.25
地　　址:北京市顺义区天竺空港工业区天柱西路甲12号
邮政编码:101312

北京瑞兆通工贸有限公司
电源变压器
证书编号:CH0045100—2000
型号规格:RBT35—1F(SW2PG—01);RBT54—1(GJ2P—01)
有 效 期:2000.4.18～2004.4.18
地　　址:北京朝阳区驼房营100号院
邮政编码:100016

北京市海淀区龙潭电器厂
电源变压器
证书编号:CH0044432—2000
型号规格:HRE40—01 规格:～220V 50Hz
有 效 期:2000.3.30～2004.3.30
地　　址:北京海淀区温泉乡太舟坞村
邮政编码:100095

北京市平谷县渔阳无线电厂
超低压多用稳压电源
证书编号:CH0043397—2000
型号规格:DZB—1000VA/1500VA/2000VA/3000VA/4000VA/5
有 效 期:2000.3.1～2004.3.1
直流稳压电源
证书编号:CH0041670—2000
型号规格:ZS 2—3A 0—1000mA 0—500mA 规格:～220V 50/60Hz
有 效 期:2000.1.7～2004.1.7
地　　址:北京市平谷县兴谷开发区
邮政编码:101200

博罗达旺电子实业有限公司
开关电源变压器
证书编号:CH0045615—2000
型号规格:EC—40 220VAC 50Hz
有 效 期:2000.4.27～2004.4.27
地　　址:广东博罗县城博义路80号

邮政编码:516100

常熟市彩浪电子有限公司
回扫变压器
证书编号:CH0013375—99A
型号规格:BSM14－01－20;规格:输出电压 14KV
有 效 期:1999.9.8～2003.9.8
地　　址:江苏常熟市西门甸新路 8 号
邮政编码:215500

常熟市辛庄电视机组件厂
电源变压器
证书编号:CH004252—2000
型号规格:DB－8－18 规格:～220V,50Hz
有 效 期:2000.1.19～2004.1.19
地　　址:江苏省常熟市辛庄镇北
邮政编码:215555

常州新亚电机有限公司
电源变压器
证书编号:CH0043862—2000
型号规格:DB－512 规格:～220V,50Hz
有 效 期:2000.3.14～2004.3.14
开关电源变压器
证书编号:CH0042361—2000
型号规格:BCK－R800A
有 效 期:2000.1.25～2004.1.25
地　　址:江苏省常州市东门洛阳镇
邮政编码:213104

成都锦江电子系统工程有限公司
电源变压器
证书编号:CH0042561—2000
型号规格:TDB－25 200VAC 50Hz
有 效 期:2000.1.28～2004.1.28
地　　址:四川省成都市建设北路三段 168 号
邮政编码:610051

成都天马电子电器有限责任公司
电源变压器
证书编号:CH0043734—2000
型号规格:TDB－6X(2W,3W,5W,6W,8W,10W,15W,30W)
有 效 期:2000.3.10～2004.3.10
地　　址:成都火车站南站机场路 13 公里处
邮政编码:610041

创艺电子(惠州)有限公司
电源变压器
证书编号:CH0045379—2000
型号规格:EI－54 220VAC 50Hz
开关电源变压器
证书编号:CH0045377—2000
型号规格:KB28C1028A 220VAC 50Hz
滤波电感器
证书编号:CH0045378—2000
型号规格:LB10U157
有 效 期:2000.4.21～2004.4.21
地　　址:广东省惠州市斜下仲恺大道长城工业村 E 座三楼
邮政编码:516001

慈溪市仁栋变压器有限公司
电源变压器
证书编号:CH0042948—2000
型号规格:TDB－80－02 220V～50Hz
有 效 期:2000.2.18～2004.2.18
地　　址:浙江慈溪市庵东镇东工业区
邮政编码:315327

大连大显电子有限公司部件厂
开关变压器
证书编号:CH0047182—2000
型号规格:TM－0031
有 效 期:2000.6.8～2004.6.8
地　　址:大连市沙河口区连山街 9 号
邮政编码:116023

大同市无线电元件三厂
电源变压器
证书编号:CH0043297—2000
型号规格:DTE86－01/02 规格:230V 50Hz
有 效 期:2000.2.29～2004.2.29
开关电源变压器
证书编号:CH0042584—2000
型号规格:DT DKB10－150 规格:～220V 50Hz
有 效 期:2000.1.28～2004.1.28
地　　址:山西大同市新建南路十九号
邮政编码:037005

丹阳市无线电二厂
电源变压器
证书编号:CH0041890—2000
型号规格:DB－10－01 规格:～220V 50Hz
有 效 期:2000.1.14～2004.1.14
开关电源变压器
证书编号:CH0043396—2000
型号规格:BCK—2000
有 效 期:2000.3.1～2004.3.1
地　　址:江苏省丹阳市将墅镇
邮政编码:212364

德州三和电子有限公司
回扫变压器
证书编号:CH0044403—2000
型号规格:BSC25－0271X～0299X
有 效 期:2000.3.30～2004.3.30
地　　址:德州市新湖北路 31 号
邮政编码:253016

德州三友电子有限公司
回扫变压器
证书编号:CH0047448—2000
型号规格:BSC25 － 02AW50 ～ 02AW59;规格:输出电压 25KV
有 效 期:2000.6.15～2004.6.15
地　　址:山东德州市新湖北路 31 号
邮政编码:253016

东莞东骏电器有限公司
隔离变压器
证书编号:CH0046438—2000
型号规格:2502T0411－XXX－X～2000T1141－XXX－X(工字骨架引线式)
有 效 期:2000.5.23～2004.5.23
地　　址:东莞市篁村周溪工业区
邮政编码:523077

东莞凤岗官井头承威塑胶电子厂
安全隔离变压器
证书编号:CH0049251—2000
型号规格:EI35D－4S17 EI35D－4S30 220VAC 50Hz
有 效 期:2000.8.1～2004.8.1
地　　址:东莞市凤岗镇官井头大窝口山岭毅力承威工业城
邮政编码:523706

东莞三星电机有限公司
回扫变压器
证书编号:CH0043999—2000
型号规格:FSN－15 24.5KV
有 效 期:2000.3.17～2004.3.17
地　　址:广东省东莞市寮步镇横坑管理区
邮政编码:511759

东莞市江丰电子有限公司
电源变压器

证书编号:CH0049751—2000
型号规格:EI—28 220VAC 50Hz
有 效 期:2000.8.15～2004.8.15
地　　址:广东省东莞市石碣镇西南工业二区
邮政编码:523300

东莞市麻涌新基音响器材厂
电源变压器
证书编号:CH0043604—2000
型号规格:EI—66 220VAC 50Hz
有 效 期:2000.3.8～2004.3.8
地　　址:东莞市麻涌镇新基工业区
邮政编码:523142

东莞市石龙富华电子有限公司
电源变压器
证书编号:CH0016432—2000A
型号规格:EI—35 220VAC 50Hz
有 效 期:2000.6.20～2004.6.20
地　　址:广东省东莞市石碣镇唐洪沿江路 338 号
邮政编码:511721

东莞市石碣辉煌电子厂
电源变压器
证书编号:CH0045354—2000
型号规格:EI—76/86 220VAC 50Hz
有 效 期:2000.4.21～2004.4.21
地　　址:广东省东莞市石碣镇四甲第一工业区
邮政编码:523297

东莞市石碣兴发电子厂
开关电源变压器
证书编号:CH0045965—2000
型号规格:EC—35 220VAC 50Hz
有 效 期:2000.5.10～2004.5.10
地　　址:广东省东莞市石碣镇四甲工业区
邮政编码:523297

东莞市通讯电缆电器总厂
电源变压器
证书编号:CH0042658—2000
型号规格:EI 35/41
有 效 期:2000.1.31～2004.1.31
地　　址:广东省东莞市石龙镇西湖三路鸿箭大楼
邮政编码:511821

东莞市新利成力达实业有限公司
环型电源变压器
证书编号:CH0045353—2000
型号规格:HB/BD—250 220VAC 50Hz
有 效 期:2000.4.21～2004.4.21
地　　址:广东省东莞市长安镇第三工业区
邮政编码:523880

东莞市意德丰电子实业有限公司
电源变压器
证书编号:CH0047297—2000
型号规格:EI—57 输入:220VAC 50Hz
输出:15V 1.2A
有 效 期:2000.6.12～2004.6.12
地　　址:广东省东莞市附城堑头第二工业区
邮政编码:523106

佛山市城区高新电源器件厂
电源变压器
证书编号:CH0049534—2000
型号规格:EI66 993 EI35 12V 2.4VA;EI41 12V×24.8VA;等
有 效 期:2000.8.9～2004.8.9
地　　址:广东省佛山市张槎镇东鄱罗埠工业区 27 号
邮政编码:528000

佛山市环市镇舜红电器厂
环型隔离电源变压器
证书编号:CH0045307—2000
型号规格:DB—100 规格:～220V 50/60Hz
有 效 期:2000.4.20～2004.4.20
地　　址:广东省佛山市环市镇季华路永新工业区
邮政编码:528000

佛山市环市镇新科电子电器厂
EI 型电源变压器
证书编号:CH0045359—2000
型号规格:TDE — 96 220V/240VAC 50/60Hz

环型电源变压器
证书编号:CH0045360—2000
型号规格:TDE — 160 220V/240VAC 50/60Hz
有 效 期:2000.4.21～2004.4.21
地　　址:佛山市环市镇郊边管理区江边西约工业区三排 2—1 号
邮政编码:528000

佛山市腾威电子有限公司
环形电源变压器
证书编号:CH0043551—2000
型号规格:TWH2 AC220V 50Hz
有 效 期:2000.3.6～2004.3.6
地　　址:广东省佛山市张槎工业区北四座
邮政编码:528000

佛山市亚丰电器制品厂
环形电源变压器
证书编号:CH0048508—2000
型号规格:YF10—120A 220VAC 50Hz
有 效 期:2000.7.12～2004.7.12
地　　址:广东省佛山市厚源路尾南沙工业区 20 号
邮政编码:528000

福建日立电视配件有限公司
回扫变压器
证书编号:CH0005298—2000B
型号规格: BSC24 — 1502(BSC24 — 1503)24KV
有 效 期:2000.4.24～2004.4.24
地　　址:福建省福州市洋洽半道村
邮政编码:350008

广元力源无线电器材工业有限公司
电源变压器
证书编号:CH0047913—2000
型号规格:DD37 220VAC 50Hz
有 效 期:2000.6.28～2004.6.28
地　　址:四川省广元市一一八信箱
邮政编码:628017

广州市广中电子有限公司
电源变压器
证书编号:CH0005512—2000B
型号规格:BD41,BD48 220VAC 50Hz
有 效 期:2000.6.12～2004.6.12
地　　址:广东省广州市花都市坪山
邮政编码:510880

广州市豪勇实业有限公司
环型电源变压器
证书编号:CH0048845—2000
型号规格:KA20—1500 输入:220VAC 50Hz
输出:26V×2 2A
有 效 期:2000.7.21～2004.7.21
地　　址:广州市珠江大桥桥中路 18—5
邮政编码:510150

广州市信和成电子有限公司

电源变压器

证书编号:CH0049094—2000
型号规格:XH — A114500 220/110V 4.5A EI105×70 220/24V420VA;EI96 × 65 220/28V 300VA;等
有 效 期:2000.7.27～2004.7.27
地　　址:广州市海珠区南洲路 44 号附五楼
邮政编码:510288

广州市越秀区白云电器设备厂

隔离变压器

证书编号:CH0050965—2000
型号规格:BG－100 220/12V 8.3A BG－500 220/36 V 500VA
有 效 期:2000.9.12～2004.9.12
地　　址:广州市荔湾区螺涌北路一街 48 号
邮政编码:510180

国营金川无线电器材厂(国营第八九九厂)

开关电源变压器

证书编号:CH0012121－2000A
型号规格:BDK－40 AC220V 50Hz
有 效 期:2000.1.31～2004.1.31
地　　址:四川成都市化成寺街 20 号
邮政编码:610061

国营金宁无线电器材厂

开关电源变压器

证书编号:CH0017861—2000A
型号规格:BCK — 200 — 46 规格:～220V 50Hz
有 效 期:2000.7.25～2004.7.25
地　　址:南京市金宁新路 8 号
邮政编码:210028

海宁市联丰磁业有限公司

开关变压器

证书编号:CH0050273—2000
型号规格:EI33(XQ001) 220V ～ 50Hz
有 效 期:2000.8.29～2004.8.29
地　　址:海宁市郭店镇西市
邮政编码:314412

杭州杭信电子工贸有限公司

开关变压器

证书编号:CH0041921—2000
型号规格:VTPCK9××1 220V～50Hz
有 效 期:2000.1.14～2004.1.14
地　　址:浙江省杭州市文三路 35 号
邮政编码:310012

杭州新际电子有限公司

电源变压器

证书编号:CH0046108—2000
型号规格:T10EI16A 220V～ 50Hz
有 效 期:2000.5.15～2004.5.15
地　　址:浙江杭州秋涛路 489 号
邮政编码:310016

河北大旗电子股份有限公司

回扫变压器

证书编号:CH0017238—2000A
型号规格:BSC23－1501 规格:最高输出电压 23KV BSC24－1502 BSC24－1503
有 效 期:2000.6.15～2004.6.15
地　　址:河北石家庄正定县石坊西路 34 号
邮政编码:050800

湖南省神宇实业有限公司

电源变压器(环形)

证书编号:CH0042549—2000
型号规格:HB370 AC220V 50Hz
有 效 期:2000.1.28～2004.1.28
地　　址:湖南省长沙市韶山路 78 号
邮政编码:410011

淮安市无线电元件厂

开关电源变压器

证书编号:CH0041858—2000
型号规格:HA3098
有 效 期:2000.1.14～2004.1.14
地　　址:淮安市华亭路 9 号
邮政编码:223200

黄石市赛安电器厂

变压器

证书编号:CH0044290—2000
型号规格: EI 41 220V/12V 200mA 50Hz
有 效 期:2000.3.24～2004.3.24
地　　址:湖北省黄石市锁前路 37 号
邮政编码:435002

惠州三华工业有限公司

回扫变压器

证书编号:CH0048972—2000
型号规格:BSC27－01XXY 系列
有 效 期:2000.7.25～2004.7.25
地　　址:广东惠州市鹅岭南路 26 号
邮政编码:516000

惠州市华运金属网罩有限公司

电源变压器

证书编号:CH0047513—2000
型号规格:EI－57 220VAC 50Hz
有 效 期:2000.6.15～2004.6.15
地　　址:广东省惠州市仲恺大道航科园三号楼
邮政编码:516006

江门市教学仪器厂

开关电源变压器

证书编号:CH0045362—2000
型号规格:BCK－28 220VAC 50Hz
有 效 期:2000.4.21～2004.4.21
地　　址:广东省江门市蓬莱路 9 号
邮政编码:523722

江苏海安县华威电子器件厂

环型电源变压器

证书编号:CH0042585—2000
型号规格:TDB 系列 TDB－05－500 220V 50Hz
有 效 期:2000.1.28～2004.1.28
地　　址:江苏海安镇新桥村七组
邮政编码:226600

金坛市宏基电子厂

开关变压器

证书编号:CH0045454—2000
型号规格:BCK－80－01 220V～ 50Hz
有 效 期:2000.4.24～2004.4.24
地　　址:江苏省金坛市指前镇
邮政编码:213234

乐清市乐苏电子有限公司

开关电源变压器

证书编号:CH0042629—2000
型号规格:BCK－200 220VAC 50Hz
有 效 期:2000.1.31～2004.1.31
地　　址:浙江乐清市宋湖工业区
邮政编码:325600

柳州市华航电器有限公司

电源变压器

证书编号:CH0048034—2000
型号规格:T－35 220V/13V 0.3VA
有 效 期:2000.6.30～2004.6.30
地　　址:广西柳州市高新一路高新开发区 1 号厂房
邮政编码:545005

南海市丹灶镇银河苏村永兴五金厂

安全隔离变压器

证书编号:CH0052641—2000
型号规格:EI—41—3 220V/9V 250mA EI—41—1 220V/4.5V 280mA EI—41—2 220V/4V 300mA
有 效 期:2000.10.30~2004.10.30
地　　址:南海市丹灶镇银河苏村
邮政编码:528216

南京广播电视组件厂(南京江海电子有限公司)

回扫变压器

证书编号:CH0015896—2000A
型号规格:BSH14—N2B BSH14—N3B BSH14—N4B;规格:最高电压为14KV
有 效 期:2000.5.9~2004.5.9
地　　址:南京市虎踞北路100号
邮政编码:210003

南京市溧水红光电子有限公司

开关电源变压器

证书编号:CH0043867—2000
型号规格:BCK—R200—46H BCK—R800A —1 规格:~220V,50Hz
有 效 期:2000.3.14~2004.3.14
地　　址:江苏省南京市溧水县小西门街54号
邮政编码:211200

宁波长青机电有限公司

电源变压器

证书编号:CH0005289—2000B
型号规格:DB—11—X 220V~ 50Hz
有 效 期:2000.7.20~2004.7.20

开关变压器

证书编号:CH0005288—2000B
型号规格:BCK—60—2 (BCK—60—3,BCK—60—4) 220V~ 50Hz
有 效 期:2000.7.20~2004.7.20

遥控电源变压器

证书编号:CH0005058—2000B
型号规格:BYK—13B 220V~ 50Hz
有 效 期:2000.7.20~2004.7.20
地　　址:浙江余姚市朗霞镇天华东街
邮政编码:315481

宁海县鹰峤电气有限公司

电源变压器

证书编号:CH0046118—2000
型号规格:TDE—80—3 P:220V/240V 50Hz S:12V 6A
有 效 期:2000.5.15~2004.5.15
地　　址:浙江省宁海县西店镇崔家村
邮政编码:315613

普宁市青洋山雄英电器配件厂

电源变压器

证书编号:CH0019812—2000A
型号规格:PXB—20 PXB—15 PXB—60 规格:~220V,50Hz
有 效 期:2000.7.11~2004.7.11
地　　址:广东普宁市青洋山工业区
邮政编码:515300

青岛市川德机电设备工程公司

隔离变压器

证书编号:CH0046275—2000
型号规格:KFR — 50LW/BP 0.25A 50Hz
有 效 期:2000.5.19~2004.5.19
地　　址:青岛市宁夏路118号
邮政编码:266071

青州海信电器公司

电源变压器

证书编号:CH0046563—2000
型号规格:DB—30—06 规格:~220V,50Hz
有 效 期:2000.5.25~2004.5.25

开关电源变压器

证书编号:CH0042457—2000
型号规格:BCK—85—05 BCK—85—06 BCK—85—09
有 效 期:2000.1.27~2004.1.27
地　　址:山东省青州市偕园街42号
邮政编码:262500

汕头经济特区东京元件有限公司

开关电源变压器

证书编号:CH0017198—2000A
型号规格:TER—35(15562) TER—35 (16840)
有 效 期:2000.6.6~2004.6.6

行推动变压器

证书编号:CH0017200—2000A
型号规格:TU — 17(15646) TU — 17 (15647)
有 效 期:2000.6.6~2004.6.6
地　　址:汕头经济特区龙湖工业区通用厂房8栋6楼
邮政编码:515041

上海美芝欧加电器有限公司

电源变压器

证书编号:CH0017955—97
型号规格: SW — 52A1 220V/12V 0.27A
有 效 期:2000.4.21~2004.6.6
地　　址:上海市青浦县华新纪鹤路华新段50号
邮政编码:201708

上海浦东英发电子有限公司

回扫变压器

证书编号:CH0048009—2000
型号规格: BSC25 — 01N (BSC26 — 01N,BSC29—01N) 27.0—34.0KV
有 效 期:2000.6.29~2004.6.29
地　　址:上海杨浦区丹阳路60号
邮政编码:200082

上海盛昌天华电子有限公司

回扫变压器

证书编号:CH0004392—2000B
型号规格: BSC22 — N56 (BSC25 — N57, BSC24 — N40, BSC25 — N53)22KV—24KV—25KV
有 效 期:2000.1.14~2004.1.14
地　　址:上海虹漕路39号
邮政编码:200233

上海市计算技术研究所德清县电子联营厂

KWD直流开关稳压电源

证书编号:CH0042952—2000
型号规格:KWD—PB220—24 220V~ 50Hz
有 效 期:2000.2.18~2004.2.18
地　　址:浙江省德清县新市镇西成路10号
邮政编码:313201

上海正宏电源技术有限公司

高精度全自动交流稳压器

证书编号:CH0042320—2000
型号规格:SVC—3KVA 190—250VAC 50Hz

豪华型家用壁挂式稳压器

证书编号:CH0042322—2000
型号规格: HSD100 — 115 190 —

250VAC 50Hz

伺服式交流稳压器

证书编号:CH0042319—2000
型号规格:TSD－7000 190－250VAC 50Hz
有 效 期:2000.1.25～2004.1.25
地 址:上海市松花江路311号
邮政编码:200093

蛇口晶石电子有限公司

电源变压器

证书编号:CH0049872—2000
型号规格:JPT28 － 05P 220V/8V 150mA JPT85.8 － 05P 220/20V 7000mA;
有 效 期:2000.8.17～2004.8.17

回扫变压器

证书编号:CH0046677—2000
型号规格:JF29型
有 效 期:2000.5.26～2004.5.26
地 址:广东省深圳市蛇口南油第二工业区207栋8楼
邮政编码:518054

深圳百利电器有限公司

回扫变压器

证书编号:CH0045349—2000
型号规格:BSC26－3604S 26.6KV
有 效 期:2000.4.21～2004.4.21
地 址:广东省深圳市华发北路415栋5层
邮政编码:518031

深圳合衡电声有限公司

开关电源变压器

证书编号:CH0045811—2000
型号规格:BCK－28 220VAC 50Hz
有 效 期:2000.4.30～2004.4.30
地 址:深圳罗湖区布吉路1028号中设大院/深圳西乡镇鹤州恒丰工业城C1栋
邮政编码:518019

深圳华宁电子有限公司

聚焦变压器

证书编号:CH0041949—2000
型号规格:HL－4025B系列
有 效 期:2000.1.14～2004.1.14
地 址:深圳市南山区华侨城东部工业区
邮政编码:518053

深圳嘉润茂电子有限公司

开关电源变压器

证书编号:CH0008473－2000A
型号规格: BCK － 120 － FEC4202 220VAC 50Hz
有 效 期:2000.4.21～2004.4621
地 址:深圳宝安28区新安二路建达工业区一幢四楼
邮政编码:518101

深圳金兴电子有限公司

回扫变压器

证书编号:CH0004949—2000B
型号规格:BSC22－2314
有 效 期:2000.5.10～2004.5.10
地 址:深圳市福田区华强北路赛格工业大厦B座七楼
邮政编码:518031

深圳市安永达实业有限公司

开关电源变压器

证书编号:CH0044402—2000
型号规格:BCK－43 50Hz 220VAC
有 效 期:2000.3.28～2004.3.28
地 址:深圳南油第二工业区204栋7层西
邮政编码:518054

深圳市海光电子有限公司

开关电源变压器

证书编号:CH0016862—2000A
型号规格:BCK－25 BCK－35 BCK－42 220VAC 50Hz
有 效 期:2000.7.19～2004.7.19
地 址:广东省深圳市南油工业区108幢5楼
邮政编码:518054

深圳市好立信实业有限公司

安全隔离变压器

证书编号:CH0041930—2000
型号规格:HLX41－002 AC220V 50Hz
有 效 期:2000.1.14～2004.1.14
地 址:深圳市南山区南油物业工业区三栋三楼东
邮政编码:518054

深圳市京泉华电子有限公司

开关电源变压器

证书编号:CH0045704—2000
型号规格:E40/42 220VAC 50Hz
有 效 期:2000.4.28～2004.4.28
地 址:深圳市龙华镇龙城工业区12栋3－5楼
邮政编码:518040

深圳市跃兴电子实业有限公司

电源变压器

证书编号:CH0046791—2000
型号规格:YX－48 220VAC 50Hz
有 效 期:2000.5.30～2004.5.30
地 址:深圳市福田区上梅林村路4号2楼
邮政编码:518049

深圳特发通成实业有限公司

电源变压器

证书编号:CH0016425—2000A
型号规格:EI48系列额定输入电压为220V,额定输入频率为50H出容量为8～25VA
有 效 期:2000.9.20～2004.9.20
地 址:广东省深圳市龙岗区平湖镇天鹅工业区A区2栋
邮政编码:518111

深圳伟盟电子有限公司

环型变压器

证书编号:CH0044161—2000
型号规格:TTX－XX2/3 1～3XXX－1X系列
有 效 期:2000.3.22～2004.3.22
地 址:深圳市宝安区沙井镇衙边工业区A2&3栋
邮政编码:518104

顺德保利达电器有限公司

电源变压器

证书编号:CH0045706—2000
型号规格:3508 220VAC 50Hz
有 效 期:2000.4.28～2004.4.28
地 址:广东顺德伦教镇鸡洲管理区
邮政编码:528308

顺德市大良镇强力电器有限公司

安全隔离变压器

证书编号:CH0044971—2000
型号规格:BY－35 BY－35A 220V/36V 0.85A;12V 0.3A
有 效 期:2000.4.12～2004.4.12

电源变压器

证书编号:CH0053549—2000
型号规格:BY－10 220V/13.5V 0.8A BY－05 220V/12V 0.4A等
有 效 期:2000.11.20～2004.11.20
地 址:广东省顺德市大良金榜风翔

路延伸段 4 号之 1
邮政编码:528300

顺德市勒流镇富裕扬威电器五金厂

电源变压器(EI 型变压器)
证书编号:CH0043358—2000
型号规格:YWE — 001 12V 100VA; YWE—002 12V 80VA;等

环形变压器
证书编号:CH0043359—2000
型号规格:YW—001 12.5V×2+4V×2 300VA;YW—002 12.5V×2+4V×2 250VA;
有 效 期:2000.3.1~2004.3.1
地　　址:广东省顺德市勒流镇富裕管理区
邮政编码:528300

顺德市龙江镇西溪天盛塑料五金电器厂

电源变压器
证书编号:CH0042634—2000
型号规格: TC — 02 — 114 输入: 220VAC 50Hz
有 效 期:2000.1.31~2004.1.31
地　　址:广东省顺德市龙江镇西溪东升工业区
邮政编码:528318

顺德市伦教镇新塘万信电子电器厂

电源变压器
证书编号:CH0046191—2000
型号规格:TY—41 220/12V 6VA;TY—57 220/12V× 218VA;
有 效 期:2000.5.17~2004.5.17
地　　址:顺德市伦教镇新塘新景路 26 号
邮政编码:528308

顺德市容奇震寰电器厂

电源变压器
证书编号:CH0047281—2000
型号规格:EI 96 220VAC 50Hz
有 效 期:2000.6.12~2004.6.12
地　　址:广东省顺德容奇青年路罗地村工业区
邮政编码:528303

四川长虹电器股份有限公司

电源变压器
证书编号:CH0037946—99
型号规格:DB—10—03 230V/13V DB—10—01
220V/18.2V DB—10—01A
有 效 期:1999.9.27~2003.9.27
地　　址:四川省绵阳市高新区绵兴东路 35 号
邮政编码:621000

四川九洲电器集团有限责任公司

环形电源变压器
证书编号:CH0047303—2000
型号规格:BOD — 600 输入:220VAC 50Hz 输出:100VAC 5.2A
有 效 期:2000.6.12~2004.6.12
地　　址:四川省绵阳市跃进路 16 号
邮政编码:62100

苏州多省电子有限公司

电源变压器
证书编号:CH0044678—2000
型号规格:W8090—001 规格:~220V 50Hz
有 效 期:2000.4.6~2004.4.6

开关电源变压器
证书编号:CH0043409—2000
型号规格:W8099—001
有 效 期:2000.3.1~2004.3.1
地　　址:江苏省苏州新区玉山路兴隆工商实业公司工业区
邮政编码:215011

苏州福泰电子有限公司

电源变换供应器
证书编号:CH0043687—2000
型号规格:LSE9801B12; LSE9801B15 规格:~220—240V 50/60Hz
有 效 期:2000.3.9~2004.3.9

开关电源变压器
证书编号:CH0043689—2000
型号规格:EE25
有 效 期:2000.3.9~2004.3.9
地　　址:江苏省吴江市松陵镇运东经济开发区吴同路 90 号
邮政编码:215200

苏州金威企业有限公司

回扫变压器
证书编号:CH0045101—2000
型号规格:BSCYY—68XX
有 效 期:2000.4.18~2004.4.18
地　　址:江苏苏州市人民南路 55 号
邮政编码:215007

苏州泰昌电子有限公司

开关变压器
证书编号:CH0048027—2000
型号规格:BCK 281 220V~ 50Hz
有 效 期:2000.6.29~2004.6.29
地　　址:江苏省太仓市九曲镇
邮政编码:215423

苏州新区寒山电视配件厂

回扫变压器
证书编号:CH0041889—2000
型号规格: BSC29 — 38 系列包括: BSC29—3801~3810 规格:最高输出电压 29KV
有 效 期:2000.1.14~2004.1.14
地　　址:苏州新区西津桥
邮政编码:215129

泰兴市银君电气有限公司

电源变压器
证书编号:CH0016347—2000A
型号规格:YJ—168— I 规格:~220V 50Hz
有 效 期:2000.1.11~2004.1.11

开关电源变压器
证书编号:CH0043710—2000
型号规格:BCK—65—10 规格:220V~50Hz
有 效 期:2000.3.9~2004.3.9
地　　址:江苏泰兴市江平南路 303 号
邮政编码:225400

泰州市通途电器厂

电源变压器
证书编号:CH0004146—2000B
型号规格:DB—22 规格:220V~50Hz
有 效 期:2000.1.5~2004.1.5
地　　址:泰州市刁铺镇通泰路 95 号
邮政编码:225323

天长市富华电子元件厂

回扫变压器
证书编号:CH0049135—2000
型号规格:BSH8—N5 (BSH13 —N5) 8.2~13.2KV
有 效 期:2000.7.27~2004.7.27
地　　址:安徽省天长市新华街道 8 号
邮政编码:239334

天长市金星电视机组件厂

回扫变压器
证书编号:CH0049136—2000
型号规格:BSC25—N1 24.5KV

有 效 期:2000.7.27～2004.7.27
地　　址:安徽天长市秦栏镇沿河路28号
邮政编码:239341

天长市维国电子有限公司
回扫变压器
证书编号:CH0047335—2000
型号规格:BSH14－N5A BSH14－N5B BSH14－N5K;
规格:最高输出电压 14KV
有 效 期:2000.6.13～2004.6.13
地　　址:安徽省天长市天高路106号
邮政编码:239300

天津市鲲鹏电子有限公司
安全隔离变压器(隔离变压器)
证书编号:CH0053841—2000
型号规格:KP－09 P(初级):220V S(次级):16V 8.5V 8.5V
有 效 期:2000.11.27～2004.11.27
隔离变压器
证书编号:CH0050234－2000
型号规格:H 系列:H500D P:190V 220V 50Hz S:15.5V 2×7.6V 70W H500 P:190V 220V 250V 等
有 效 期:2000.8.29～2004.8.29
地　　址:天津市静海经济开发区瑞和道11号
邮政编码:301600

天津万泰电子有限公司
电源变压器
证书编号:CH0047988—2000
型号规格:6171AQ 系列 3W～6W
有 效 期:2000.6.29～2004.6.29
地　　址:天津市河西区泰山路6号
邮政编码:300211

天津新艺电子有限公司
回扫变压器
证书编号:CH0017716－2000A
型号规格:BSC28－5303 ～5314 规格:最高电压 28KV
有 效 期:2000.3.1～2004.3.1
地　　址:天津经济技术开发区微山路21号
邮政编码:300457

通州市第二无线电器材厂
电源变压器
证书编号:CH0016200－2000A
型号规格:1AD4L50A25679 规格:～220V,50Hz
有 效 期:2000.3.1～2004.3.1
地　　址:江苏省通州市兴仁镇北首
邮政编码:226371

无锡东洋电器有限公司
回扫变压器
证书编号:CH0046270—2000
型号规格:F0104SE 规格:最高输出电压 40KV
有 效 期:2000.5.18～2004.5.18
地　　址:无锡市后蓉湖庄路113号
邮政编码:214035

无锡市郊区华辰电子有限公司
开关电源变压器
证书编号:CH0049055—2000
型号规格:BCK－100 BCK－65
有 效 期:2000.7.27～2004.7.27
地　　址:无锡市郊区河埒镇梅园秦巷87号
邮政编码:214064

无锡市郊区鑫鸿无线电厂
安全隔离变压器(电源变压器)
证书编号:CH0054618—2000
型号规格:DB 系列 初级:220V 次级:9.3V 9.5V 9.6V 10.12V
有 效 期:2000.12.12～2004.12.12
地　　址:无锡市河埒口大丁村330号
邮政编码:214062

无锡市晶科电气有限公司
回扫变压器
证书编号:CH0004002－2000B
型号规格:BSH14－1,BSH12－10 规格:12KV～14KV
开关电源变压器
证书编号:CH0004008－2000B
型号规格:BCK－65－1,BCK－65－6 BCK－65－11,BCK－65－13
有 效 期:2000.3.9～2004.3.9
地　　址:无锡市锡澄路二号桥
邮政编码:214046

吴江市华峰电子有限公司
变压器
证书编号:CH0047550－2000
型号规格:TDE－3.0－B 系列 TDE－3.0－B1P:220V～S:16.5V 0.15A;TDE－3.0－B2 P:220V～S:17V 0.15A
有 效 期:2000.6.19～2004.6.19
地　　址:江苏省吴江市震泽镇东清河35号
邮政编码:215231

吴县市黄桥中天电器厂
电源变压器
证书编号:CH0044361—2000
型号规格:R－10 规格:～220V 50Hz
有 效 期:2000.3.30～2004.3.30
地　　址:吴县市黄桥镇下庄工业区
邮政编码:215232

武进市洛阳无线电元件厂
电源变压器
证书编号:CH0041885—2000
型号规格:DB－M1750K 规格:～220V 50Hz
地　　址:武进市洛阳镇朝南村
邮政编码:213101

锡山市西联无线电元件厂
回扫变压器
证书编号:CH0016608—2000A
型号规格:BSC25－4803;BSC25－4803B;BSC25－1079
有 效 期:2000.5.25～2004.5.25
地　　址:江苏锡山市东湖塘乡西联村
邮政编码:214198

厦门 TDK 有限公司
开关变压器
证书编号:CH0043430—2000
型号规格:42EC－X01H 220V～50Hz
有 效 期:2000.3.2～2004.3.2
地　　址:福建省厦门市集美区后溪镇东安村
邮政编码:361021

厦门市思明区三荣电子厂
电源变压器
证书编号:CH0016207—2000A
型号规格:WLD－218 220V～ 50Hz
有 效 期:2000.6.21～2004.6.21
地　　址:厦门市镇海路35号4楼
邮政编码:361004

厦门新致通电子有限公司
开关变压器
证书编号:CH0047651—2000
型号规格:BCK－20－1N 220V ～ 50Hz

有 效 期:2000.6.21～2004.6.21
地　　址:厦门湖里高殿工业区广达轻工厂房二楼
邮政编码:361006

新创维电器(深圳)有限公司
开关电源变压器
证书编号:CH0045351—2000
型号规格:BCK－EC40 220VAC 50Hz
有 效 期:2000.4.21～2004.4.21
地　　址:广东省深圳市宝安区公明镇合水口村
邮政编码:518106

信宜江东电子有限公司
安全隔离变压器
证书编号:CH0046057—2000
型号规格:DB03 型 DB02 型 DB07 型
有 效 期:2000.5.11～2004.5.11
地　　址:广东省信宜市城东单岭头
邮政编码:525300

宜兴北鹰电子有限公司
开关电源供应器
证书编号:CH0044159—2000
型号规格:BY－150－125 220V 50Hz
有 效 期:2000.3.22～2004.3.22
地　　址:江苏省宜兴市丁蜀镇南环路
邮政编码:214221

英特利电子(中山)有限公司
电源变压器
证书编号:CH0042565—2000
型号规格:EI－35 220VAC 50Hz
有 效 期:2000.1.28～2004.1.28
地　　址:中山市小榄镇小榄大道中100号
邮政编码:528415

余姚市电子器件厂
电源变压器
证书编号:CH0004314—2000B
型号规格:BD－5－08 220V～50Hz
有 效 期:2000.6.29～2004.6.29
地　　址:浙江余姚历山工业区光明路36号
邮政编码:315491

余姚市余姚镇城东节能电器厂
电源变压器
证书编号:CH0045926—2000
型号规格:DB－80 80VA;DB－60 60VA;DB－50 50VA;DB－40 40VA
有 效 期:2000.5.10～2004.5.10
地　　址:余姚市余姚镇下木桥
邮政编码:315400

浙江省东阳市仪表仪器有限公司
电源变压器
证书编号:CH0046534—2000
型号规格:EI－19－XL 220V～ 50Hz 0.35A
有 效 期:2000.5.25～2004.5.25
地　　址:浙江省东阳市东江工业区
邮政编码:322119

振源(厦门)工业有限公司
电源变换器(TGI)
证书编号:CH0042944—2000
型号规格:CDI150300CG in:220V～50Hz out:15VDC 3000mA
有 效 期:2000.2.18～2004.2.18
地　　址:福建省厦门市湖里区兴隆路振源大厦
邮政编码:361006

镇江中天电子有限责任公司
电源变压器
证书编号:CH0001710－2000A
型号规格:TDB－40－B3 (DB－102)规格:～220V 50Hz
有 效 期:2000.3.1～2004.3.1
开关电源变压器
证书编号:CH0001709－2000A
型号规格:BCK－409 规格:～220V 50Hz
有 效 期:2000.3.1～2004.3.1
地　　址:镇江市润州山路6号
邮政编码:212004

正定县永昌电器厂
电源变压器
证书编号:CH0015446－2000A
型号规格:DBH－35－1701;DBH－35－1702;DBH－35－1703;等
有 效 期:2000.1.20～2004.1.20
地　　址:河北省正定县牛家庄昌平西路47号
邮政编码:050800

中山市东凤镇偕顺电器配件厂
电源变压器
证书编号:CH0055102—2000
型号规格:EI 28 系列 输入 220V 50Hz 输出 3VA 以下
有 效 期:2000.12.24～2004.12.24
地　　址:中山市东凤镇伯公管理区镇北村
邮政编码:528425

中山市古镇广佳电器厂
隔离变压器
证书编号:CH0029302—98
型号规格:YL－48 20VA 15VA 10VA 5VA 220V
有 效 期:1998.12.21～2002.12.21
邮政编码:528421

中山市古镇旺达电子电器厂
电源变压器
证书编号:CH0013824－2000A
型号规格:EI 35
有 效 期:2000.1.28～2004.1.28
地　　址:中山市古镇海洲东源工业区
邮政编码:528422

中山市黄圃镇永盛电器配件厂
安全隔离变压器
证书编号:CH0043350—2000
型号规格:YS48×30,YS57×30,YS66×28 220V/15V 1.5A
有 效 期:2000.3.1～2004.3.1
地　　址:中山市黄辅镇新丰中路
邮政编码:528429

中山市力业电子电器厂
安全隔离变压器
证书编号:CH0014083－2000A
型号规格:EI－57 220VAC 50Hz
有 效 期:2000.1.14～2004.1.14
地　　址:中山市张溪海景路第五栋
邮政编码:528402

珠海经济特区鸿基五金电器有限公司
电源变压器
证书编号:CH0005036—2000B
型号规格:DB66－32H DB76－43H AC220V 50Hz
有 效 期:2000.5.19～2004.5.19
地　　址:珠海市香洲工业北区10栋六楼A座
邮政编码:519000

连接器

东莞桥梓周氏电业有限公司

单相两极不可拆线连接器
证书编号:CH0045237—2000
型号规格:CE—602A 2.5A 250V~
有 效 期:2000.4.20~2004.4.20
单相两极带接地不可拆线连接器
证书编号:CH0045002—2000
型号规格:CE—608A 2.5A 250V~
有 效 期:2000.4.12~2004.4.12
地 址:上海市青浦县朱家角镇沪青平公路6098号
邮政编码:511736

东莞市通讯电缆电器总厂
连接器
证书编号:CH0042659—2000
型号规格:AC—L—301 10A 250VAC
有 效 期:2000.1.31~2004.1.31
地 址:广东省东莞市石龙镇西湖三路鸿箭大楼
邮政编码:511821

福建南平电缆股份有限公司
单相两极带接地不可拆线连接器
证书编号:CH0042814—2000
型号规格:NP—301D 10A 250V~
有 效 期:2000.2.1~2004.2.1
地 址:福建省厦门市莲岳路189号8号2楼
邮政编码:361012

福泰克(连云港)电线有限公司
单相两极不可拆线连接器
证书编号:CH0049718—2000
型号规格:VM0719 2.5A 250V~
单相两极带接地不可拆线连接器
证书编号:CH0049719—2000
型号规格:VM0724 10A 250V~
有 效 期:2000.8.15~2004.8.15
地 址:江苏省连云港经济技术开发区宋跳工业区

福泰克—乐庭有限公司
两极不可拆线连接器
证书编号:CH0049486—2000
型号规格:VM0719 2.5A 250V
有 效 期:2000.8.9~2004.8.9
地 址:深圳市罗湖区梧桐山村

豪利士电线装配(马来西亚)有限公司
单相两极不可拆线连接器
证书编号:CH0045197—2000
型号规格:VAC7S 2.5A 250V~
有 效 期:2000.4.18~2004.4.18

联电电器实业(深圳)有限公司
单相两极带接地不可拆线连接器;单相两极不可拆线连接器
证书编号:CH0043730—2000
型号规格:UC — 421 2.5A UC — 431 10A 250V~
有 效 期:2000.3.10~2004.3.10
地 址:广东省深圳市宝安区沙井镇上南第七工业城第四,五栋
邮政编码:518125

南海市盐步永盛塑料厂
普通型连接器件
证书编号:CH0043357—2000
型号规格:H6 1.5mm H4 1.0mm H8 2.5mm 300V
有 效 期:2000.3.1~2004.3.1
地 址:广东南海市盐步镇横江隔岸大元岗工业区内
邮政编码:528247

宁波市天华电器有限公司
普通型连接器件
证书编号:CH0048454—2000
型号规格:TPJ—20 250V 1mm
有 效 期:2000.7.12~2004.7.12
地 址:浙江省慈溪市观城工业区
邮政编码:315315

上海合璧电子电器有限公司
普通型连接器件
证书编号:CH0053697—2000
型号规格:HP — T3020 — 2 HP — T3020—1
有 效 期:2000.10.22~2004.10.22
地 址:上海市长征工业开发区同普路1 225弄3号2楼

上海天阳电器实业公司
普通型连接器件
证书编号:CH0015957—2000A
型号规格:JF1 — 2.5/12 2.5mm 280V
有 效 期:2000.6.19~2004.6.19
地 址:上海市江浦路2100号
邮政编码:20093

上海行田电产有限公司
单相两极不可拆线连接器
证书编号:CH0045195—2000
型号规格:EBB—2.5 2.5A 250V~
有 效 期:2000.4.18~2004.4.18
单相两极带接地不可拆线连接器
证书编号:CH0049191—2000
型号规格:ESB—10 10A 250V~
有 效 期:2000.7.28~2004.7.28
地 址:上海市闵行区黎安西路东闸路888号

上海裕生企业发展有限公司
单相两极不可拆线连接器
证书编号:CH0042245—2000
型号规格:EBB—2.5 2.5A 250V~
有 效 期:2000.1.21~2004.1.21
单相两极带接地不可拆线插头连接器
证书编号:CH0042247—2000
型号规格:ESB—10P 10A 250V~
有 效 期:2000.1.21~004.1.21
地 址:上海市崇明县裕安镇
邮政编码:202162

深圳市和宏实业有限公司
电源转换连接器(单相插座)
证书编号:CH0045380—2000
型号规格:DS5003,DS5005,DS5006,DS5008 250VAC 10A
有 效 期:2000.4.21~2004.4.21
地 址:深圳市福田区沙嘴路金地工业区135栋6楼
邮政编码:518048

深圳市科之星电子开发有限公司
电源转换连接器(单相插座)
证书编号:CH0044521—2000
型号规格:KZX — 9909,— 9909D,— 9859 10A 250VAC
有 效 期:2000.3.31~2004.3.31
地 址:深圳市龙岗区布吉镇下水经村湖北外贸工业区4栋3楼
邮政编码:518112

深圳市龙岗区横岗荷坳信辉电线厂
耦合器(二极)
证书编号:CH0044085—2000
型号规格:SF—201 2.5A 250V
有 效 期:2000.3.20~2004.3.20
耦合器(三极)
证书编号:CH0044086—2000
型号规格:SF—202 10A 250V SF—203 10A 250V
有 效 期:2000.3.20~2004.3.20
地 址:深圳市龙岗区荷坳村连塘尾

668 工业区
邮政编码:886140

深圳市玛尼电子有限公司
电源转换连接器(单相插座)
证书编号:CH0042328—2000
型号规格:MTS－9603A MTS－9901 MTS－9808A MTS－等
有 效 期:2000.1.12～2004.1.12
地　　址:深圳市宝岗北路笋岗仓库一区二号厂房五楼
邮政编码:518023

武进市英特曼电子电器有限公司
电源转换连接器(单相插座)
证书编号:CH0046784—2000
型号规格:ACJ24013,ACJ24015,ACJ23016 10A 250VAC
有 效 期:2000.5.30～2004.5.30
地　　址:江苏省常州市南门外坂上镇
邮政编码:213165

余姚市环宇电子有限公司
普通型连接器件
证书编号:CH0046189—2000
型号规格:DCI－3－7　　1mm2 250V～
有 效 期:2000.5.17～2004.5.17
地　　址:浙江省余姚市姚镇群联村
邮政编码:315400

至禾电线电业制品(深圳)有限公司
两极不可拆线连接器
证书编号:CH0042431—2000
型号规格:HC－102 2.5A 250V
有 效 期:2000.1.27～2004.1.27
地　　址:深圳市平湖镇新南村
邮政编码:518111

中山智晖电器有限公司
用于冷条件下Ⅰ类设备不可拆线连接器
证书编号:CH0043955—2000
型号规格:JP－338 10A 250V
有 效 期:2000.3.15～2004.3.15
地　　址:广东省中山市张家边五星工业村二幢
邮政编码:528436

调谐器

苏州科德软体电路板有限公司
单面纸质印制线路板
证书编号:CH0044221—2000
型号规格:GDP－N1694V0 纸质 1.6mm
有 效 期:2000.3.23～2004.3.23
地　　址:江苏省苏州市吴江松陵镇九龙路4号经济开发区
邮政编码:215200

吴县市王氏电路板有限公司
单面纸质印制线路板
证书编号:CH0015121－2000A
型号规格:Ⅰ－S1.5(ZD90F) Ⅰ－S1.5(CCP3400)
Ⅰ－S1.5(C22F) Ⅰ－S1.5(ZD68)等
有 效 期:2000.4.14～2004.4.14
地　　址:江苏省苏州吴县市黄桥镇
邮政编码:215132

武进市横林无线电厂
单面纸质印制线路板
证书编号:CH0049459—2000
型号规格:22FC(1.5mm) 22F－A(1.5mm)
有 效 期:2000.8.8～2004.8.8
地　　址:江苏省武进市横林镇
邮政编码:213101

转换器

宝安区福永品顶电子制品厂
电源适配器(电池快速充电器)
证书编号:CH0043826—2000
型号规格:P1－35－394CH 输入:220VAC 50Hz 30mA
输出:4.5VDC 300mA
有 效 期:2000.3.14～2004.3.14
地　　址:广东省深圳市宝安区福永镇第三工业区
邮政编码:518103

宝安区沙井岗飞煌电业制品厂
直插式电源变换器
证书编号:CH0041684—2000
型号规格:FE3520052C045 输入:220VAC,50Hz,
输出:5.2VDC/450mA

直插式电源适配器(FWHK)
证书编号:CH0042559—2000
型号规格:FW4399/2 输入:220VAC,50Hz 40mA
输出1:7.5VDC 260mA 输出2:9VAC 260mA
有 效 期:2000.1.28～2004.1.28
地　　址:广东深圳宝安区沙井博岗觉园工业区
邮政编码:518104

宝安区沙井镇衙边三劲实业制品厂
直插式电源变换器
证书编号:CH0043293—2000
型号规格:AN41－050－050TR 输入:220VAC 50Hz
输出:5VDC 500mA
有 效 期:2000.2.29～2004.2.29
地　　址:深圳市宝安区沙井镇衙边工业区A4栋
邮政编码:518104

北京市机科机电高技术公司
转换器(移动式多位转换器)
证书编号:CH0049082—2000
型号规格:PT－2000系列 250V 10A
有 效 期:2000.7.27～2004.7.27
地　　址:北京市海淀区学清路18号
邮政编码:100083

北京突破新技术发展中心
转换器
证书编号:CH0052638—2000
型号规格:TZ—Y/TZ—H　16AMAX 250V～;
有 效 期:2000.10.30～2004.10.30
地　　址:北京市北三环西路甲34号
邮政编码:100086

潮阳市司马浦新艺五金电器厂
电源转换器
证书编号:CH0051950—2000
型号规格:XY 220V/6VDC 300mA XY—1　　220V/12VDC 150mA
有 效 期:2000.10.11～2004.10.11
转换器
证书编号:CH0051949—2000
型号规格:XY max 10A 250V～;XY max 16A 250V～

有 效 期:2000.10.11～2004.10.11
地　　址:广东潮阳市司马浦工业区
邮政编码:515149

大同市无线电元件三厂
直插式电源变换器
证书编号:CH0047981—2000
型号规格:ADB—04—01 规格～220V 50Hz 输出 DC9V 250mA
有 效 期:2000.6.29～2004.6.29
地　　址:山西大同市新建南路十九号
邮政编码:037006

东方通信股份有限公司
直插式电源变换器
证书编号:CH0049685—2000
型号规格:EL600—I 100—220VAC 50Hz 50mA
有 效 期:2000.8.14～2004.8.14
地　　址:浙江省杭州市文三路 398 号
邮政编码:310013

东莞市麻涌新基音响器材厂
电源适配器
证书编号:CH0043605—2000
型号规格:BH—35 输入:220VAC 50Hz 40mA 输出:9VDC 300mA
有 效 期:2000.3.8～2004.3.8
地　　址:东莞市麻涌镇新基工业区
邮政编码:523142

飞宏(东莞)电子有限公司
电源适配器(电源供应器)
证书编号:CH0041943—2000
型号规格:PLM4016A 输入:220VAC 50Hz 输出:5.9VDC 400mA
有 效 期:2000.1.14～2004.1.14
地　　址:广东省东莞市清溪镇金桥工业区
邮政编码:523652

凤冠电机(深圳)有限公司
电源适配器
证书编号:CH0045403—2000
型号规格:41A 系列:共 4 种规格 41A06:输入 220VAC 50Hz 50mA 输出:6VAC 1000mA;41A09
有 效 期:2000.4.21～2004.4.21
地　　址:广东省深圳市宝安区宝城 28 区大宝路 49 号
邮政编码:571813

佛山市冠声电子电器厂
声频功率放大器
证书编号:CH0050038—2000
型号规格:BT—830 220VAC 50Hz—60Hz
有 效 期:2000.8.22～2004.8.22
地　　址:广东省佛山市张槎下朗朗宝二路 20 号
邮政编码:528000

宏发实业有限公司
电源转换器
证书编号:CH0042199—2000
型号规格:LP—350550250CA AC—D603HC 220V/5.5VDC 250mA
有 效 期:2000.1.21～2004.1.21
地　　址:深圳市宝安区公明镇将石工业区第三幢

惠州志顺电子实业有限公司
直插式电源变换(充电)器
证书编号:CH0043497—2000
型号规格:GPKB01GW 220VAC 50Hz in:AC220V 50Hz out:DC2.8V 100mA
有 效 期:2000.3.3～2004.3.3
地　　址:广东惠州市仲恺二路 49 号航科工业园
邮政编码:516006

金冠电子(东莞)有限公司
直插式电源适配器
证书编号:CH0042541—2000
型号规格:GTEA—35031300 系列 220VAC 50Hz
有 效 期:2000.1.28～2004.1.28
地　　址:广东省东莞市东坑镇井美 168 工业区
邮政编码:523451

南京熊猫电子股份有限公司
电源转换器
证书编号:CH0046272—2000
型号规格:PD 系列:PD—304;PD—305;PD—307;PD—308 规格:10A/250V
有 效 期:2000.5.18～2004.5.18
地　　址:江苏南京市中山东路 301 号
邮政编码:212002

上海高锋电子有限公司
直插式电源变换器
证书编号:CH0046109—2000
型号规格:TTH—3506240 220V～50Hz
有 效 期:2000.5.15～2004.5.15
地　　址:上海市嘉定区封浜镇新翔黄路七号桥北
邮政编码:201812

上海海鸟电子股份有限公司
直插式电源变换器
证书编号:CH0043609—2000
型号规格:SA—1205 输入:220V～50Hz 0.1A 输出:DC12V,0.5A
有 效 期:2000.3.8～2004.3.8
地　　址:上海浦东张港蔡伦路 179 号
邮政编码:201220

上海华新电子电器总厂
直插式电源变换器
证书编号:CH0043792—2000
型号规格:HXAD—57—121500M—1 输入:220V～50Hz 输出:DV12V1.5A
有 效 期:2000.3.13～2004.3.13
地　　址:上海浦东崂山一村 35 号
邮政编码:588200

上海康乐家用电器有限公司
转换器
证书编号:CH0054441—2000
型号规格:JC MAX10A 250V～ JC MAX16A 250V～
有 效 期:2000.12.10～2004.12.10
地　　址:广东顺德市杏坛镇齐新路 268 号
邮政编码:528325

上海美芝欧加电器有限公司
直插式电源变换器
证书编号:CH0030326—99
型号规格:AD—B168 220V～50Hz
有 效 期:2000.4.21～2004.4.21
地　　址:上海市青浦县华新纪鹤路华新段 50 号
邮政编码:201708

深圳市和宏实业有限公司
电源转换连接器
证书编号:CH0042922—2000
型号规格:DS5004 10A 250VAC
有 效 期:2000.2.18～2004.2.18
地　　址:广东省惠阳市水口镇东江工

业区
邮政编码:518048

深圳锡星电子有限公司
直插入电源适配器
证书编号:CH0042767—2000
型号规格:XDC—48 220VAC 50Hz
有 效 期:2000.1.31～2004.1.13
地　　址:深圳市南山区西丽镇红花岭工业区
邮政编码:518055

顺德保利达电器有限公司
电源适配器
证书编号:CH0043825—2000
型号规格:2812 — 0208 — 9DC in:220VAD
50Hz out:1.2VDC 80mA
直插式电源变换器
证书编号:CH0043824—2000
型号规格:4125 — 0555 — 16RC 输入:220VAC
50Hz 输出:5.8VDC 550mA
有 效 期:2000.3.14～2004.3.14
地　　址:广东省顺德市伦教镇鸡洲管理区
邮政编码:528308

苏州市利国电器有限公司
红外遥控转向天线
证书编号:CH0045493—2000
型号规格:TXF98 — 12 TXF98 — 13 TXF96—6
有 效 期:2000.4.24～2004.4.24
地　　址:江苏省苏州市青年路118号
邮政编码:215008

田村电子(深圳)有限公司
电源适配器
证书编号:CH0045416—2000
型号规格:CL2000 Ⅱ 输入:AC220V—50Hz 0.1A 输出:DC4.2V—200mA
有 效 期:2000.4.21～2004.4.21
地　　址:深圳市龙岗区布吉镇坂田第一工业区股份投资公司第一排第一栋
邮政编码:518109

厦门台和电子有限公司
直插式电源变换器
证书编号:CH0046574—2000
型号规格:SPN4677B 220V ～ 50Hz 0.05A
有 效 期:2000.5.25～2004.5.25
地　　址:福建省厦门市湖里工业区31号厂房
邮政编码:361006

仙桃市电子元件二厂东莞万兴电子厂
交直流变换器
证书编号:CH0043994—2000
型号规格:EI 57 in:220VAC 50Hz out:12VDC 1.2A
有 效 期:2000.3.17～2004.3.17
地　　址:广东省东莞市万江镇金泰管理区永泰工业区
邮政编码:523069

徐州格卢电子有限公司
直插式电源变换器
证书编号:CH0046566—2000
型号规格:AD48 — 120100(AD48 — 120050 AD48—090030)
220V ～,50Hz AD48 — 120100 直流 12V 1A 等
有 效 期:2000.5.25～2004.5.25
地　　址:江苏省徐州市青年路271号6楼
邮政编码:221003

义乌市一多电子有限公司
转换器
证书编号:CH0054005—2000
型号规格: YD MAX10A YD MAX16A;250V～
有 效 期:2000.11.30～2004.11.30
地　　址:浙江省义乌市东塘开发区越王路一多电子大厦
邮政编码:322012

振源(厦门)工业有限公司
直插式电源变换器
证书编号:CH0042359—2000
型号规格:CDC090035CG,55mA
有 效 期:2000.1.25～2004.1.25
地　　址:福建省厦门市湖里区兴隆路振源大厦
邮政编码:361006

镇江经济开发区佳丽电子配件厂
电源转换器
证书编号:CH0049469—2000
型号规格:ZD9—6 规格:～220V 50Hz 输出:DC9V 60mA
有 效 期:2000.8.8～2004.8.8
地　　址:江苏省镇江市经济开发区房地产1号楼
邮政编码:212009

珠海三美电机有限公司
电源适配器
证书编号:CH0045495—2000
型号规格:AC—MZR55 220VAC 50Hz
有 效 期:2000.4.24～2004.4.24
地　　址:珠海市翠珠工业区
邮政编码:519070

计算机

ACER INC
个人电脑
证书编号:CH0047820—2000
型号规格:APSx ～ 100 — 127V 50 — 60Hz 4A
～200—240V 50—60Hz 2A
有 效 期:2000.6.26～2004.6.26
微型计算机
证书编号:CH0047194—2000
型号规格:AS6400 200—240V 2A 50—60Hz
有 效 期:2000.6.8～2004.6.8
地　　址:北京市海淀区上地信息产业基地6街7号4—5层

LG电子电脑事业部
笔记本电脑
证书编号:CH0049734E—2000
型号规格:Series CM2080
有 效 期:2000.8.15～2004.8.15
地　　址:大韩民国京儿道平泽市振威面清湖里19—1号

TCL电脑科技有限责任公司
微型计算机
证书编号:CH0048807—2000
型号规格:钛金 788 * 钛金 668 * 220V 50Hz
有 效 期:2000.7.20～2004.7.20
地　　址:广东省惠州市鹅岭南路6号TCL大厦
邮政编码:518031

爱科达电脑(深圳)有限公司
微型计算机
证书编号:CH0045970—2000

型号规格：PD2005 100－127VAC/200－240VAC;50/60Hz 3A/2A
有 效 期：2000.5.10～2004.5.10
地　　址：广东省深圳市深南大道高新技术产业区 R3－B 栋 4 楼
邮政编码：518057

爱科达电脑(深圳)有限公司)
微型计算机
证书编号：CH0049522—2000
型号规格：CM1002 100－127/200－240VAC 50－60Hz 6/3A
有 效 期：2000.8.9～2004.8.9
地　　址：广东深圳市深南大道高新技术产业园区 R3－B 栋 4 楼
邮政编码：518057

包头华资数码科技有限公司
微型计算机
证书编号：CH0038200—99
型号规格：VT 规格：220V,50Hz,250W
有 效 期：1999.10.8～2003.10.8
地　　址：包头市青工南路高新技术产业开发区华资大厦
邮政编码：014030

北大方正科技电脑系统有限公司
笔记本电脑
证书编号：CH0047365—2000
型号规格：颐和 6500 DC19V 2.4A
有 效 期：2000.6.13～2004.6.13
笔记本电脑(含电源适配器)
证书编号：CH0048575—2000
型号规格：颐和 2X00
有 效 期：2000.7.13～2004.7.13
服务器
证书编号：CH0053702—2000
型号规格：圆明 1800 圆明 1800R 220V 50HZ
有 效 期：2000.11.22～2004.11.22
微型计算机
证书编号：CH0044625—2000
型号规格：文祥 200 文祥 300 文祥 500 220V 50Hz
有 效 期：2000.4.4～2004.4.4
圆明服务器
证书编号：CH0047366—2000
型号规格：圆明 1010 220V 50Hz
有 效 期：2000.6.13～2004.6.13
地　　址：广东省东莞市石龙新城市中心正龙科技园
邮政编码：100086

北京八亿时空计算机科技有限公司
微型计算机
证书编号：CH0047222—2000
型号规格：非常行动(466S,精英 500)爱心行动(精英 550,CT550,CK550 DVD600)220V 50Hz
有 效 期：2000.6.9～2004.6.9
地　　址：北京海淀区上地树村街甲 200 号
邮政编码：100080

北京柏通迅达科技发展有限公司
微机
证书编号：CH0048169—2000
型号规格：SY－N 系列：SY－400c,SY－N466c,SY－N500c,SY－400,SY－500e,SY－550e,SY－600e,等
有 效 期：2000.7.5～2004.7.5
地　　址：北京市海淀区海淀路 121 号
邮政编码：100080

北京诚业科技发展有限责任公司
微型数字电子计算机
证书编号：CH0047468—2000
型号规格：CH－P2000AX CHP2000BX 220V 50Hz
有 效 期：2000.6.15～2004.6.15
地　　址：北京市海淀区中关村路北一条 15 号
邮政编码：100080

北京大众旭众商贸有限公司
新众电脑
证书编号：CH0051815—2000
型号规格：FIC－2XXX 系列 220V 50/60Hz
有 效 期：2000.10.9～2004.10.9
地　　址：北京市海淀区知春路 128 号泛亚大厦 1793 室
邮政编码：100086

北京飞斯特科技中心
微型计算机
证书编号：CH0048726—2000
型号规格：YM－CY466 YM－P3 220V 47－63Hz
有 效 期：2000.7.18～2004.7.18
地　　址：北京市海淀区大泥湾 15 号
邮政编码：100080

北京海淀慧明电子技术公司
微型计算机
证书编号：CH0048166—2000
型号规格：HML－XXXXX 220V 47－63Hz
有 效 期：2000.7.5～2004.7.5
地　　址：北京市海淀区草场乙 73 号
邮政编码：100080

北京恒基西电科贸有限公司
微型计算机
证书编号：CH0048730—2000
型号规格：HJD01A HJD02A 220V 50Hz
有 效 期：2000.7.18～2004.7.18
地　　址：北京市海淀区学院路 5 号
邮政编码：100080

北京急先锋科技发展有限责任公司
急先锋电脑
证书编号：CH0047184—2000
型号规格：超越：2000 动感：2000 梦幻：2000 梦幻 3000 220V 50Hz
有 效 期：2000.6.8～2004.6.8
地　　址：北京市和平里西街 3 号
邮政编码：100080

北京建峰电脑有限公司
微型计算机
证书编号：CH0048254—2000
型号规格：JFT/XXXYY 220V 50Hz “XXX”为 0－9 任意数字表示 CPU 主频；“YY”为任意字母

北京建龙伟业科技有限公司
微型数字电子计算机
证书编号：CH0048808—2000
型号规格：赛龙 433 赛龙 466 赛龙 500 新龙 500 新龙 550 220V 50H
有 效 期：2000.7.20～2004.7.20
地　　址：北京市海淀区海淀路 50 号(北大资源东楼)1122 室
邮政编码：100080

北京金安特古号技贸有限责任公司
微型数字电子计算机
证书编号：CH0047362—2000
型号规格：古号 I 型 220V 50Hz

有 效 期:2000.6.13～2004.6.13
地 址:北京市海淀区海淀路46号(北大资源西楼)2316室
邮政编码:100080

北京金裕兴电子技术有限公司
微型计算机
证书编号:CH0050193—2000
型号规格:EPC－XX(含立式和卧式)
有 效 期:2000.8.28～2004.8.28
地 址:深圳市宝安区龙华镇天安工业区国兴大厦
邮政编码:100088

北京康拓科技开发总公司
康拓电脑
证书编号:CH0048728—2000
型号规格:风云X# 220V 50Hz
有 效 期:2000.7.18～2004.7.18
地 址:北京市海淀区中关村南一条6号
邮政编码:100080

北京科电高技术公司
微型计算机
证书编号:CH0047020—2000
型号规格:欢X2000
有 效 期:2000.6.5～2004.6.5
地 址:北京中关村北一条9#
邮政编码:100080

北京科海恒业科技发展有限公司
微型数字电子计算机
证书编号:CH0049662—2000
型号规格:恒业658 恒业678 恒业978 220V 50/60Hz
有 效 期:2000.8.11～2004.8.11
地 址:北京海淀区中关村甲12号
邮政编码:100080

北京科海精密仪器公司
科海电脑
证书编号:CH0050357—2000
型号规格:海星－Y代－Z 海狮－Y代－Z 海龙－Y代－Z 220V 50Hz
有 效 期:2000.8.30～2004.8.30
地 址:北京海淀区知春东里15楼
邮政编码:100080

北京联宝讯通电子科技有限公司
笔记本型电脑
证书编号:CH0047704—2000
型号规格:TS－30BX－XX
地 址:中科院声学所DSP大楼3层7号
邮政编码:100080

北京凌群科技发展有限公司
微型数字电子计算机
证书编号:CH0047226—2000
型号规格:LQ－XY－Z－H 220V 47－63Hz X＝A,B,C,
有 效 期:2000.6.9～2004.6.9
地 址:北京市海淀区善缘桥55号
邮政编码:100080

北京明日天地技术开发有限公司
微型计算机
证书编号:CH0049039－2000
型号规格:HKC9XX － XXXX 220V 50Hz
有 效 期:2000.7.26～2004.7.26
地 址:北京市和平西街3号
邮政编码:100080

北京鹏跃机电新技术公司
微型电子计算机
证书编号:CH0048729—2000
型号规格:PY1000－5 PY1000－6 PY1000－7 220V 50Hz
有 效 期:2000.7.18～2004.7.18
地 址:北京市海淀区学院路5号
邮政编码:100080

北京市冠林电子技术开发公司
金博士牌微型电子计算机
证书编号:CH0047183—2000
型号规格:JBS2000 系列/XXXX 220V 50Hz
邮政编码:100080

北京市金恒生科技发展有限公司
微型电子计算机
证书编号:CH0047225—2000
型号规格:都市PC系列 9XXX 8XXX 7XXX 220V 50Hz
有 效 期:2000.6.9～2004.6.9
地 址:北京市大兴县西红门镇宏福街甲8号
邮政编码:100037

北京市可为电脑有限公司
微型计算机
证书编号:CH0047023—2000
型号规格:可欣X,可赛X,可贺X220 发50Hz
有 效 期:2000.6.5～2004.6.5
地 址:北京市海淀区成府路枣树园甲14号
邮政编码:100080

北京市青衿商贸有限责任公司
微型数字电子计算机
证书编号:CH0047469—2000
型号规格:QJ2000－X/YYYY
有 效 期:2000.6.15～2004.6.15
地 址:北京市海淀区海淀路74号
邮政编码:100080

北京市盛唐辉煌电子技术有限责任公司
微型电子计算机
证书编号:CH0048167—2000
型号规格:盛唐2000系统C431,C461,P561,P531 220V 50Hz
有 效 期:2000.7.5～2004.7.5
地 址:北京市海淀区学院路5号
邮政编码:100080

北京市松研科贸公司
微型数字电子计算机
证书编号:CH0050124—2000
型号规格:SY－C400/3243 SY－C466/3284 SCY－400/6410SY－PⅢ等
有 效 期:2000.8.24～2004.8.24
地 址:北京市海淀区海淀路46号(北大资源西楼2310室)
邮政编码:100080

北京市新维一海洋商贸有限公司
维伊电脑
证书编号:CH0049661—2000
型号规格:WYTXJYZ 220V 50Hz WY
有 效 期:2000.8.11～2004.8.11
地 址:北京海淀区北三环西47号
邮政编码:100086

北京泰达讯通科技有限公司
微型电子计算机
证书编号:CH0049861—2000
型号规格:XT＊＊＊＊＊220V 50Hz
有 效 期:2000.8.17～2004.8.17
地 址:北京市海淀区学院路5号
邮政编码:100080

北京万思帝电脑技术有限责任公司

微型计算机
证书编号:CH0047223—2000
型号规格:VT－P6－63A;VT－P6－63B;VT－P6－63C;等
有 效 期:2000.6.9～2004.6.9
地　　址:北京市海淀区华奥饭店二层
邮政编码:100080

北京祥玉科技有限公司
微型数字电子计算机
证书编号:CH0048255—2000
型号规格:MAY－C466/645D XAY－C466/6410D XAY－P Ⅲ 550E/6410D 220V 50Hz
有 效 期:2000.7.7～2004.7.7
地　　址:北京市中关村海龙大厦三层337号
邮政编码:100080

北京新思绿苑商贸有限责任公司
微型数字电子计算机
证书编号:CH0047367—2000
型号规格:星际 466/600 星空 466/500/600 220V 50Hz
有 效 期:2000.6.13～2004.6.13
地　　址:北京海淀区海淀大街46号
邮政编码:100080

北京研华兴业电子科技有限公司
工业控制计算机
证书编号:CH0047540—2000
型号规格:IC－1XXX－XXXX 100－120V/200－240V 50－60Hz 等
有 效 期:2000.6.16～2004.6.16
地　　址:北京市海淀村上地信息产业基地6街7号
邮政编码:100085

北京沐泽科技发展公司
沐泽电脑
证书编号:CH0048253—2000
型号规格:世纪Ⅱ2000C 世纪Ⅱ2000A 220V 50Hz
有 效 期:2000.7.7～2004.7.7
地　　址:北京市海淀区中关村南二条
邮政编码:100080

北京鑫国立科贸有限责任公司
微型计算机
证书编号:CH0047705—2000
型号规格:安嘉系统/XXXX 220V 50/60Hz
地　　址:北京市海淀区海淀路5号
邮政编码:100080

常州国光电子总公司
中西文图形终端
证书编号:CH0048168—2000
型号规格:CJ6000 CJ380 220V 50±1Hz
有 效 期:2000.7.5～2004.7.5
地　　址:常州市清潭路93号
邮政编码:213015

东芝电脑(上海)有限公司
笔记本电脑
证书编号:CH0048394—2000
型号规格:PS267Q－4K908 DC15V 3.0A
有 效 期:2000.7.11～2004.7.11
地　　址:上海市浦东金桥开发区金藏路351号33幢
邮政编码:201206

福建实达电脑科技有限公司
微型计算机
证书编号:CH0047018—2000
型号规格:D42XX(B) 220V 50/60Hz
有 效 期:2000.6.5～2004.6.5
地　　址:福建省福州市洪山镇洪山园路68号
邮政编码:350002

福建实达电脑设备有限公司
中西文终端
证书编号:CH0049290—2000
型号规格:STAR NT－56xx STARNT－86xx STARNetterm－81xx
有 效 期:2000.8.1～2004.8.1
地　　址:福建省福州市鼓楼区洪山镇洪山园路68号
邮政编码:350002

广达电脑股份有限公司
便携式计算机
证书编号:CH0048115—2000
型号规格:2609－XYZ DC16V 3.36A
有 效 期:2000.7.3～2004.7.3
地　　址:广东省深圳科技工业园长城计算机大厦3层CD座

广达电脑股份有限有司
便携式计算机
证书编号:CH0049360—2000
型号规格:2612－XYZ DC16V 4.5A ″XY″
有 效 期:2000.8.3～2004.8.3
地　　址:广东省深圳科技工业园长城计算机大厦3层CD座

广州七喜电脑有限公司
微型电子计算机
证书编号:CH0052068—2000
型号规格:快乐3000EA 快乐3000E 快乐5000A 喜笛1000 喜笛2000 220VAC 3A 50Hz
有 效 期:2000.10.15～2004.10.15
地　　址:广州市白云区同和镇
邮政编码:510630

国际商业机器中国有限公司
便携式计算机
证书编号:CH0044819—2000
型号规格:2645－XXX 16V 2.6A
有 效 期:2000.4.10～2004.4.10
便携式计算机(含交流适配器)
证书编号:CH0043987—2000
型号规格:2644－XXX(02K6543 或 AA20530 适配器) 16VDC 3.36A
个人计算机
证书编号:CH0043988—2000
型号规格:6594－xxx AC120V/AC220V 50/60Hz
有 效 期:2000.3.17～2004.3.17
微型计算机
证书编号:CH0044818—2000
型号规格:6892－XXX AC100－127V/200－240V
有 效 期:2000.4.10～2004.4.10
证书编号:CH0046335—2000
型号规格:2169－XXX
有 效 期:2000.4.10～2004.4.10
地　　址:广东省深圳科技工业园长城计算机大厦3层CD座
邮政编码:100027

环隆电器股份有限公司
微型计算机
证书编号:CH0049206—2000
型号规格:2193－XXX 2194－XXX 6335－XXX 6345－XXX
有 效 期:2000.8.1～2004.8.1
地　　址:广东省深圳科技工业园长城

计算机大厦3层CD座

惠普公司
笔记本电脑
证书编号:CH0048092—2000
型号规格:Omnibook 4XXX－YYY
有 效 期:2000.6.30～2004.6.30
微型计算机
证书编号:CH0046629—2000
型号规格:VECTRA VEi7DT/VEi8DT
有 效 期:2000.5.26～2004.5.26
地　　址:台湾

惠州市TCL电脑科技有限责任公司
微型计算机
证书编号:CH0049044—2000
型号规格:银佳2000＊银佳6000＊230VAC 50Hz 4A
有 效 期:2000.7.27～2004.7.27
地　　址:广东省惠州市鹅岭南路六号TCL工业大厦
邮政编码:516001

康柏电脑(上海)电脑有限公司
笔记本计算机
证书编号:CH0048720—2000
型号规格:PP2050 100－240V－50－60Hz 1.5A
有 效 期:2000.7.17～2004.7.17
地　　址:上海市桂箐路7号

康柏电脑(上海)有限公司
服务器
证书编号:CH0049774—2000
型号规格:ES1007 100－120/200－240V
50－60Hz 6/3A
有 效 期:2000.8.16～2004.8.16
微型计算机
证书编号:CH0046512—2000
型号规格:PP2060
有 效 期:2000.5.24～2004.5.24
地　　址:上海市桂箐路7号

康柏电脑(深圳)有限公司
微型计算机
证书编号:CH0045973—2000
型号规格:PD2005;100－127VAC/200－240VAC 50/60Hz 3A/2A
有 效 期:2000.5.10～2004.5.10
地　　址:广东省深圳市高新科技工业园W1－B栋5楼
邮政编码:518057

联想(北京)有限公司
PC服务器
证书编号:CH0045201—2000
型号规格:万全2400C AC220V 50Hz 2.3A
有 效 期:2000.4.19～2004.4.19
微型计算机
证书编号:CH0041861—2000
型号规格:XPERT8C 220V 50Hz
有 效 期:2000.1.14～2004.1.14
掌上电脑
证书编号:CH0047632—2000
型号规格:天权2000 5VDC 2A
有 效 期:2000.6.21～2004.6.21
地　　址:北京市海淀区上地信息产业基地创业中路32号
邮政编码:100080

名硕电脑(苏州)有限公司
台式微机
证书编号:CH0047686—2000
型号规格:ASUS－1 220V～ 50Hz
有 效 期:2000.6.22～2004.6.22
地　　址:苏州市新区长江路346号

南京普天计算机产业有限公司
计算机
证书编号:CH0044938—2000
型号规格:君子兰JC30LG 220V 50Hz
有 效 期:2000.4.12～2004.4.12
地　　址:南京市雨花门外普天路1号
邮政编码:210012

南京熊猫信息产业有限公司
微型计算机
证书编号:CH0052249—2000
型号规格:友风399,499,599 II 2000
规格:220V 50Hz 3.0A
有 效 期:2000.10.18～2004.10.18
地　　址:南京市中山东路301号54号大楼十层
邮政编码:210002

宁波保锐区同创科技有限公司
微型计算机
证书编号:CH0045537—2000
型号规格:AIDDY,6261A(8361A,8351A 8531A等)
有 效 期:2000.4.25～2004.4.25
地　　址:宁波保税区西区高科技园区A1座

青岛海尔电脑有限公司
微型计算机
证书编号:CH0045302—2000
型号规格:HDP－1903A HDP－1904A
规格:
～220V 50Hz,3.0A
有 效 期:2000.4.20～2004.4.20
地　　址:青岛市高科园海尔路海尔工业园
邮政编码:266101

青岛海信计算机有限公司
微型数字电了计算机
证书编号:CH0046941—2000
型号规格:海景2000 海景3000
220V 50/60Hz
有 效 期:2000.6.1～2004.6.1
地　　址:青岛市南区田家村号457
邮政编码:266071

青市海信计算机有限公司
微型数字电子计算机
证书编号:CH0047024—2000
型号规格:商箭2000 商箭3000
220V 50/60Hz
有 效 期:2000.6.5～2004.6.5
地　　址:青岛市南区田家村457号
邮政编码:266071

清华同方股份有限公司
服务器
证书编号:CH0047639—2000
型号规格:超强X000X 220V 50Hz
有 效 期:2000.4.28～2004.4.28
地　　址:北京市海淀区清华大学13区28楼
邮政编码:100084

清华紫光(集团)总公司
便携式计算机(含电源适配器)
证书编号:CH0048806—2000
型号规格:方舟2340 天马4250 先知8600DVD 先知8650DVD(适配器型号:F19603J)DC20V 3A
有 效 期:2000.7.20～2004.7.20
地　　址:广东省东莞市石碣镇刘屋管理区友光电子
邮政编码:100084

汕头高新区领域电脑有限公司
微型计算机
证书编号:CH0048158—2000

型号规格：TCD168 规 格：～ 220 — 240V/3.5A,50Hz 235W
有 效 期:2000.7.4～2004.7.4
地　　址:广东汕头高新区科技东路8号领域大厦
邮政编码:515041

上海NEC计算机有限公司
微型计算机
证书编号:CH0042951—2000
型号规格:PMSX xx—xx 220V－230/115V～ 50/60Hz3/5A
有 效 期:2000.2.18～2004.2.18
地　　址:上海市老沪闵路120号
邮政编码:200233

上海东海电脑股份有限公司
微型计算机
证书编号:CH0049223—2000
型号规格:3100/XXX X 220VAC 1.5A 50Hz
有 效 期:2000.8.1～2004.8.1
地　　址:上海市南京西路1486号
邮政编码:200040

上海广电计算机有限公司
微型计算机
证书编号:CH0043076—2000
型号规格:SVA DAF 220V～50Hz
有 效 期:2000.2.22～2004.2.22
地　　址:上海市吴中路339弄8号广飞大楼二楼
邮政编码:201103

上海韩华科技有限公司
微型计算机
证书编号:CH0048165—2000
型号规格：CT6500（HH6500） 220V 50Hz
有 效 期:2004.7.5～2004.7.5
地　　址:上海市虹桥临空经济园区广顺路33号
邮政编码:200051

上海华东电脑集益信息技术有限公司
微型计算机
证书编号:CH0049454—2000
型号规格:TX－X X XXXXXX 220V～50Hz 4A
有 效 期:2000.8.8～2004.8.8
地　　址:上海闵行开发区南沙路75号
邮政编码:200245

上海盈河新技术股份有限公司
微型计算机
证书编号:CH0046544—2000
型号规格:YH T XXX X 220V～50Hz 3A
有 效 期:2000.5.25～2004.5.25
地　　址:上海市虹梅路1545号
邮政编码:200233

深圳市宏网实业有限公司
网络安全隔离计算机
证书编号:CH0048995—2000
型号规格:HAVD 220VAC 50Hz 4A
有 效 期:2000.7.25～2004.7.25
地　　址:深圳市罗湖区太白路3077号中深石化大厦1栋7楼
邮政编码:518019

深圳市中柏电脑技术有限公司
计算机
证书编号:CH0048501—2000
型号规格:中柏 2000 115V/230V 50Hz 6A/3.5A
有 效 期:2000.7.12～2004.7.12
地　　址:深圳市蛇口工业五路4栋5层
邮政编码:518031

深圳索泰克电子有限公司
微型计算机
证书编号:CH0049663—2000
型号规格:A0XXXX 220V 50Hz
有 效 期:2000.8.11～2004.8.11
地　　址:深圳市八卦四路索泰克大厦三楼
邮政编码:518029

泰州春兰电子有限公司
微型计算机
证书编号:CH0045073—2000
型号规格：CL － 6PC466A 规 格：～220V 50Hz 3.0A
有 效 期:2000.4.14～2004.4.11
地　　址:江苏省泰州市口泰路7号
邮政编码:225300

天津市中环电子计算机公司
微型计算机
证书编号:CH0043878—2000
型号规格:行星 规格:～220V,50Hz
有 效 期:2000.3.14～2004.3.14
地　　址:天津市南开区红旗路214号
邮政编码:300190

温州市中南计算机技术有限公司
微型计算机
证书编号:CH0046969—2000
型号规格：宇宙梦 2000 220V～50Hz 3A
有 效 期:2000.6.2～2004.6.2
地　　址:浙江温州市黎明中路283号
邮政编码:325000

武汉伦新华信电脑有限公司
笔记本电脑
证书编号:CH0046944—2000
型号规格:Power S lim 系列:P93,P98,P88 DC19V 3.2A
有 效 期:2000.6.1～2004.6.1
地　　址:湖北省武汉市汉口胜利街219号
邮政编码:430014

西安海星利达电子有限公司
微型计算机
证书编号:CH0046942—2000
型号规格:逐浪 DPBM 逐浪 DPTM 网龙 DPEM 220V 50Hz
有 效 期:2000.6.1～2004.6.1
地　　址:西安市经济技术开发区凤城二路29号
邮政编码:710016

厦门华侨电子企业有限公司
微型计算机
证书编号:CH0044421—2000
型号规格：Rover6328 200 — 240V ～50Hz 1.5A
有 效 期:2000.3.30～2004.3.30
地　　址:福建省厦门市经济特区湖里大道22号
邮政编码:361006

研华股份有限公司
工业PC机
证书编号:CH0046565—2000
型号规格:IPC－610 110－230V ～50/60Hz 7.5A/4.0A
有 效 期:2000.5.25～2004.5.25
地　　址:广东东莞清溪镇银河工业区西区A栋

浙江灵威电子科技实业有限公司
微型计算机

证书编号:CH0046195—2000
型号规格:JLW—E—M3243A;JL2W—E—K3243A;
JLW—E—C6443A JLW—H—C6484A;
有 效 期:2000.5.17～2004.5.17
地 址:杭州市西湖区文三路35号
邮政编码:310012

中国长城计算机深圳股份有限公司
微型数字电子计算机
证书编号:CH0044330—2000
型号规格:MTV 系列:3800—450—YY 3800—500—YY 220V 50Hz
有 效 期:2000.3.27～2004.3.27
地 址:深圳市南山区科技工业园长城计算机大厦
邮政编码:518057

中国惠通(集团)深圳公司惠通电子厂
微型计算机
证书编号:CH0048837—2000
型号规格:霸王龙 2000—XXXXX 220VAC 50Hz 3A
有 效 期:2000.7.21～2004.7.21
地 址:广东省深圳市华侨城东部工业区 H—1 栋三层
邮政编码:518063

小电器类

JSC 江苏金陵科技集团公司
掌上电脑专用电源适配器
证书编号:CH0046196—2000
型号规格:ACD—1005SA 100—240V 50—60Hz
有 效 期:2000.5.17～2004.5.17
地 址:江苏省南京市云南路12号
邮政编码:210008

阿尔特(香河)电子有限公司
适配器
证书编号:CH0047585—2000
型号规格:WCAA—0506660—01—WOOR 规格:110—220V 50/60Hz 0.2/0.1A
有 效 期:2000.6.20～2004.6.20
地 址:河北香河县安平技术开发区
邮政编码:065402

爱华株式会社
交流电源适配器
证书编号:CH0049203—2000
型号规格:AC—D602HC
规格:～110—120V/220—240V,50/60Hz
有 效 期:2000.7.31～2004.7.31
手提激光收录机
证书编号:CH0047420—2000
型号规格:CSD—A510HC 规格:～110—120V/220V—240V,50/60Hz
有 效 期:2000.6.14～2004.6.14
地 址:广东省深圳市宝安区新安镇黄田乡钟屋村

爱骏电子(深圳)有限公司
电源适配器
证书编号:CH0050300—2000
型号规格:SPQ—9D 输入:90—265VAC 50/60Hz
输出:9.0VDC 500mA max
有 效 期:2000.8.30～2004.8.30
适配器
证书编号:CH0046306—2000
型号规格:M—CD35—050130A 输入:220VAC 50Hz
输出:5.0VDC 300mA
有 效 期:2000.5.19～2004.5.19
地 址:深圳市宝安区沙井镇新桥芙蓉工业区爱斯普路
邮政编码:518125

北京 JVC 电子产业有限公司
录像机
证书编号:CH0044672—2000
型号规格:HR—J63MS
HR—J531MS 规格:～110—240V 50/60Hz
有 效 期:2000.4.6～2004.4.6
地 址:北京天竺空港工业区天柱路26号
邮政编码:101032

长野日本无线株式会社
交流适配器
证书编号:CH0049773—2000
型号规格:PA3035U—＊ACA 100—240V 50—60Hz
有 效 期:2000.8.16～2004.8.16
地 址:日本国长野县长野市稻田町下水 1163

潮州市环城电器配件厂
器具耦合器
证书编号:CH0047903—2000
型号规格:ZJ—189 ZJ—188 10A 250VAC
有 效 期:2000.6.28～2004.6.28
地 址:广东省潮州市新乡工业区10号
邮政编码:521000

慈溪市惠尔电器有限公司
电热管
证书编号:CH0041526—2000
型号规格:RGY 系列 220V 550～1200W
有 效 期:2000.1.4～2004.1.4
地 址:浙江慈溪市附海镇界河墩村
邮政编码:315322

大连大显电子有限公司部件厂
电源适配器
证书编号:CH0047180—2000
型号规格:DX11A 220V 50Hz
有 效 期:2000.6.8～2004.6.8
地 址:大连市沙河口区连山街9号
邮政编码:116023

东芝复印机(深圳)有限公司
静电复印机
证书编号:CH0042025—2000
型号规格:ED—3570 220V～240V 50/60Hz 8A
有 效 期:2000.1.18～2004.1.18
地 址:广东省深圳市宝安区27区
邮政编码:518101

东莞东坑富港电子制品厂
适配器
证书编号:CH0045705—2000
型号规格:FA—6E090 输入:220VAC 50Hz 输出:
3.7VDC 350mA
有 效 期:2000.4.28～2004.4.28
地 址:东莞市东坑镇骏达工业区
邮政编码:511734

东莞凤岗官井头承威塑胶电子厂
直插式电源适配器
证书编号:CH0049255—2000
型号规格:EI41—45600D 输入:220VAC 50Hz 输出:
4.5VDC 60
有 效 期:2000.8.1～2004.8.1

地　　址:东莞市凤岗镇官井头大窝口山岭毅力承威工业城
邮政编码:523706

东莞市城区金峰电子厂
录放收音机
证书编号:CH0017596—2000A
型号规格:LS－938 LS－988 LS－938DL LS－988DL 220VAC 50Hz
有 效 期:2000.5.26～2004.5.26
地　　址:广东省东莞市罗沙白沙塘工业区
邮政编码:511700

东莞市石龙富华电子有限公司
电源适配器
证书编号:CH0016435—2000A
型号规格:UE35001A 输入:220VAC 50Hz 输出:7.4VDC 100mA
有 效 期:2000.6.20～2004.6.20
地　　址:广东省东莞市石碣镇唐洪沿江路338号
邮政编码:511721

东莞市石龙通利电子厂
收录机
证书编号:CH0048516—2000
型号规格:TO－18 TO－18DL 220VAC 50Hz
有 效 期:2000.7.12～2004.7.12
地　　址:广东省东莞市石龙镇西湖工业区通利电子厂
邮政编码:511721

飞毛腿(福建)电子有限公司
电源适配器
证书编号:CH0050290—2000
型号规格:SD－700A 输入:90－240VAC 50/60Hz 0.1A 输出:6VDC 600mA
有 效 期:2000.8.30～2004.8.30
地　　址:福州市马尾经济技术开发区交通路11号
邮政编码:350015

凤冠电机(深圳)有限公司
电源适配器
证书编号:CH0048324—2000
型号规格:41D09 输入:220VAC 50Hz 80mA 输出:9VDC 500mA
有 效 期:2000.7.7～2004.7.7
地　　址:深圳市宝安区宝城28区大宝路49号
邮政编码:518133

赣州埃斯凯变压器有限公司
直插式电源变压器
证书编号:CH0049268—2000
型号规格:MDC－505 220V～ 50HZ 输出 DC 5V 500mA
有 效 期:2000.8.1～2004.8.1
邮政编码:341000

高隆田村电子(深圳)有限公司
交流电源适配器
证书编号:CH0048259—2000
型号规格:FZA－0037A 220－240V 50Hz
有 效 期:2000.7.7～2004.7.7
开关式交流电源适配器
证书编号:CH0047823—2000
型号规格:NSA05065 90－240V 50/60Hz
有 效 期:2000.6.26～2004.6.26
地　　址:广东省深圳市宝安区西乡镇河东第二工业村7栋
邮政编码:518102

广东星宝无线电总厂
收录机
证书编号:CH0047497—2000
型号规格:TD－8588 TD－8388 TD－8811220VAC 50Hz (9VDC)
有 效 期:2000.6.15～2004.6.15
地　　址:广东省中山市星宝路3号怡明大厦
邮政编码:325014

广州雷登电子有限公司
收录机
证书编号:CH0047617—2000
型号规格:PC－9030 PC－9050 220VAC 50Hz
有 效 期:2000.6.20～2004.6.20
地　　址:深圳市宝安区35区安华二巷一号
邮政编码:510095

广州美得力贸有限公司
器具耦合器
证书编号:CH0043996—2000
型号规格:ZF－10 10A 250VAC
有 效 期:2000.3.17～2004.3.17
地　　址:广州大道南新 南路万年工业区B1西栋
邮政编码:510315

惠普公司
电源适配器
证书编号:CH0046760—2000
型号规格:F1454A
有 效 期:2000.5.29～2004.5.29
地　　址:广东省东莞市石碣镇西南区月云中路

惠州TCL特灵通移动通信有限公司
电源适配器(旅行充电器)
证书编号:CH0050395—2000
型号规格:PI－748 输入:90－265VAC 50/60Hz 120－60mA
有 效 期:2000.8.31～2004.8.31
地　　址:广东省深圳市宝安区松岗镇洋冲河恒兆工业区
邮政编码:518105

康舒科技股份有限公司
交流/直流适配器
证书编号:CH0047214—2000
型号规格:API－8599/ HP F1279B 输入:100～240～, 1.5A ,50～60Hz 输出:12VDC 2.5A
有 效 期:2000.6.9～2004.6.9
地　　址:广东省东莞市塘厦镇宏业工业区宏业大道17－28号

立德电子股份有限公司
交流适配器
证书编号:CH0046637—2000
型号规格:48120100C
有 效 期:2000.5.26～2004.5.26
地　　址:江苏省镇江市丹徒县三山乡张巷村

南通桑普力兰电器实业有限公司
收录机
证书编号:CH0046429—2000
型号规格:MCD－S730F/SS 规格:～220V 50Hz 30W,12V
有 效 期:2000.5.23～2004.5.23
地　　址:江苏南通市人民西路42号
邮政编码:226001

日本SANKEN电子有限公司
交流适配器
证书编号:CH0047127—2000

型号规格:02K6662 100－240V 50－60Hz 0.9－0.4A
有 效 期:2000.6.7～2004.6.7
地　　址:韩国

上海施乐复印机有限公司
静电复印机
证书编号:CH0055006—2000
型号规格:V2015 V2018 V2021 Xerox5915 Xerox5921
有 效 期:2000.12.20～2004.12.20
地　　址:上海市闵行区南谷路46号

深圳辉力电子有限公司
电源适配器
证书编号:CH0049983—2000
型号规格:FSPXXX－10AD XXX＝036,048,060 输入:100－240VAC 50－60Hz 1.5－0.8A 等
有 效 期:2000.8.21～2004.8.21
地　　址:深圳市宝安73区C7厂房
邮政编码:518102

深圳市安吉尔电热器有限公司
电热管
证书编号:CH0045683—2000
型号规格:ASP 220V 500W
有 效 期:2000.4.28～2004.4.28
地　　址:深圳市蛇口南水工业小区四栋四楼
邮政编码:518066

深圳市京华电子股份有限公司
收录机
证书编号:CH0052054—2000
型号规格:JW－589 220VAC 50Hz
有 效 期:2000.10.15～2004.10.15
地　　址:深圳市龙岗区平湖镇良安田
邮政编码:518111

顺德保利达电器有限公司
电源适配器
证书编号:CH0049548—2000
型号规格:4830－0807－16RC 输入:220VAC 50Hz 输出:8.0VDC 700mA
有 效 期:2000.8.10～2004.8.10
地　　址:广东顺德伦教镇鸡洲管理区
邮政编码:528308

顺德市桂洲镇振南电器有限公司
电热管
证书编号:CH0049150—2000
型号规格:RGS71 220V 1500W
有 效 期:2000.7.28～2004.7.28
地　　址:广东省顺德市容桂镇龙涌口联合工业区
邮政编码:528305

顺德市龙之声电热电器有限公司
电热管
证书编号:CH0042204—2000
型号规格:LZSQ 系列 220V 150W～1500W
有 效 期:2000.1.21～2004.1.21
地　　址:广东省顺德市杏坛镇龙潭工业区
邮政编码:528325

台达电子工业股份有限公司
交流适配器
证书编号:CH0049490—2000
型号规格:C6409－60014 100－240V～/1A 50/60Hz
有 效 期:2000.8.9～2004.8.9
地　　址:广东省东莞市石碣镇西南区月云中路

台州市路桥索崎家用电器厂
电热管
证书编号:CH0043086—2000
型号规格:RJGQ 220V 500－1000W
有 效 期:2000.2.22～2004.2.22
地　　址:台州市路桥下包工业区
邮政编码:318050

天网电子(香港)有限公司
适配器
证书编号:CH0044465—2000
型号规格:DNG－3005－A 220－240V～50/60Hz 180mA
有 效 期:2000.3.30～2004.3.30
地　　址:深圳市宝安区福永镇怀德翠岗工业园第15幢

夏普公司影音系统本部
录像机
证书编号:CH0048525—2000
型号规格:VC－SA580 110－240V～50/60Hz
有 效 期:2000.8.28～2004.8.28
地　　址:马来西亚

协发(东莞)电子有限公司
电源适配器
证书编号:CH0047614—2000
型号规格:HPW－20 * * U 100－240VAC 50/60Hz 2A * * 代表:12,15,24
有 效 期:2000.6.20～2004.6.20
地　　址:广东省东莞市塘厦镇178工业区2号6幢
邮政编码:523721

雅达电创
AC 适配器
证书编号:CH0046498—2000
型号规格:AA20530 100－240V ～50/60Hz 1.2A－0.5A
有 效 期:2000.5.24～2004.5.24
电源适配器
证书编号:CH0048908—2000
型号规格:AA21130 100－240V～1.5A－0.9A 50/60Hz
有 效 期:2000.7.24～2004.7.24
地　　址:广东省深圳市宝安26区裕安二路

中国宝安沙井沙头富量电器制品厂
电源适配器
证书编号:CH0045791—2000
型号规格:TEAD－48－091000MT 输入:220VAC 50Hz 110mA 输出:9VDC
有 效 期:2000.4.29～2004.4.29
地　　址:广东省深圳市宝安区沙井镇沙头茭塘工业区
邮政编码:518104

中山市南区惠丰电子厂
电源适配器
证书编号:CH0045817—2000
型号规格:HF－128 in:220VAC 50Hz out:6V 450mA
有 效 期:2000.4.30～2004.4.30
地　　址:广东省中山市南区渡头渡兴西区7栋
邮政编码:528414

中山市小霸王电子工业有限公司
电源适配器
证书编号:CH0045969—2000
型号规格:SB889 输入:220VAC 50Hz 输出:6VDC 450mA
有 效 期:2000.5.10～2004.5.10
地　　址:广东省中山市歧关西路
邮政编码:528403

珠海隆茂实业有限公司
收录机

证书编号:CH0050122—2000
型号规格:LM－368A LM－368 220－240V 50Hz
有 效 期:2000.8.24～2004.8.24
地　　址:珠海吉大三角工业区珠声大厦
邮政编码:519015

珠海三美电机有限公司
电源适配器

证书编号:CH0047030—2000
型号规格:AC－E455 in:220VAC 50Hz out:DC4.5V 500mA
有 效 期:2000.6.6～2004.6.6
地　　址:广东省珠海市翠珠工业区
邮政编码:519070

靖江市弘光电热电器厂
电加热管

证书编号:CH0045141—2000
型号规格:GD3515F 220V 1500W
有 效 期:2000.4.18～2004.4.18
地　　址:江苏靖江市长新桥南首2号
邮政编码:214500

镇江市飞利达电热电器厂
电加热管

证书编号:CH0028971－98
型号规格:H系列中加介质为Q的加热管
有 效 期:2000.3.27～2004.3.27
地　　址:江苏省扬中市三茅镇扬子东路89号
邮政编码:212200

家 用 电 器

空调器

(中美合资)浙江吉佳机电设备有限公司

别墅型中央空调机组

证书编号:CH0045591—2000
型号规格:JCFR3—38 JCFR3—54
有 效 期:2000.4.26～2004.4.26
地　　址:浙江安吉坏城西路951号
邮政编码:313300

春兰(集团)公司

挂壁式空调器

证书编号:CH0047134—2000
型号规格:KFR—32GW/B KF—32GW/B
有 效 期:2000.6.8～2004.6.8
地　　址:江苏泰州春兰工业园春兰路1号
邮政编码:225300

杭州森宝电器有限公司

分体式空调

证书编号:CH0044578—2000
型号规格:KFRd—23GW KFR—23GW KF—23GW
有 效 期:2000.4.26～2004.4.26
地　　址:杭州滨江区浦沿冠三南路18号
邮政编码:310018

合肥天鹅空调器总公司

窗式空调器

证书编号:CH0043050—2000
型号规格:KC—25/E
有 效 期:2000.2.22～2004.2.22
地　　址:安徽省合肥市长江西路297号
邮政编码:230035

济南小鸭空调器厂

空调器

证书编号:CH0044080—2000
型号规格:KFR—25GW KF—25GW
有 效 期:2000.3.20～2004.3.20
地　　址:广东省中山市小榄镇竹源公路268号
邮政编码:250104

三菱重工海尔(青岛)空调机有限公司

分体立柜式空调器

证书编号:CH0047011—2000
型号规格:RF25WD/RFC25WD
有 效 期:2000.6.5～2004.6.5
地　　址:青岛市高科园海尔工业园
邮政编码:266101

三菱重工金羚空调器有限公司

空调器

证书编号:CH0046180—2000
型号规格:KFR—41GW (SRK438HENF—W/SRC438HENF)
有 效 期:2000.5.16～2004.5.16
地　　址:广东省江门市江海区江翠路162号
邮政编码:529051

冰　箱

TCL集团有限公司

冷藏冷冻箱

证书编号:CH0043346—2000
型号规格:BCD—218W BCD—218WE BCD—216WA
有 效 期:2000.3.1～2004.3.1
地　　址:天津市河北区铁东路
邮政编码:300402

杭州奥普卫厨电器有限公司

食具消毒柜

证书编号:CH0052360—2000
型号规格:YGD—158—70A 70L YGD—158—60A 60L
有 效 期:2000.10.22～2004.10.22
地　　址:浙江杭州市教工路608号
邮政编码:310011

杭州华日电冰箱厂

电冰箱

证书编号:CH0043201—2000
型号规格:BCD—248W

冷藏箱

证书编号:CH0043202—2000
型号规格:BC—50
有 效 期:2000.2.25～2004.2.25
地　　址:浙江省杭州市杭海路九堡
邮政编码:310019

杭州金松集团有限公司

冷冻箱

证书编号:CH0007430—2000A
型号规格:BD—170B
有 效 期:2000.1.25～2004.1.25
地　　址:杭州市莫干山路576号
邮政编码:528231

杭州森宝冰柜有限公司

冷藏冷冻柜

证书编号:CH0054162—2000
型号规格:SCD—173A

冷冻箱

证书编号:CH0054159—2000
型号规格:BD—175A
有 效 期:2000.12.4～2004.12.4
地　　址:杭州市经济技术开发区
邮政编码:310018

杭州森宝电器有限公司

冷藏冷冻陈列柜

证书编号:CH0046167—2000
型号规格:SCD—158

冷冻箱

证书编号:CH0046169—2000
型号规格:BD—188 BD—188A
有 效 期:2000.5.16～2004.5.16
地　　址:杭州市经济技术开发区下沙镇
邮政编码:310018

杭州西冷集团公司

冷藏冷冻箱

证书编号:CH0047850—2000
型号规格:BCD－238H
有 效 期:2000.6.27～2004.6.27
地　　址:杭州秋涛路192号
邮政编码:310008

杭州西冷制冷电器有限公司
冷藏箱
证书编号:CH0048826—2000
型号规格:BC－158 BC－158D
有 效 期:2000.7.21～2004.7.21
地　　址:浙江杭州市秋涛路192号
邮政编码:310008

杭州下沙制冷电器设备厂
冷藏冷冻陈列柜
证书编号:CH0046836—2000
型号规格:SCD－228
有 效 期:2000.5.30～2004.5.30
地　　址:杭州市江干区下沙松合村
邮政编码:310018

上海太平洋晋有洁具有限公司
食具消毒柜
证书编号:CH0054561—2000
型号规格:YGD—70 YGD—60 YGD—80 220V ～ 50Hz 210W
有 效 期:2000.12.11～2004.12.11
地　　址:上海闵行区金都路28号
邮政编码:201188

顺德市勒流镇万宝松意电器有限公司
食具消毒柜
证书编号:CH0053950—2000
型号规格: ZTP68A 600W ZLP110A 400W
有 效 期:2000.11.29～2004.11.29
地　　址:广东省顺德市勒流镇勒良路联结路口
邮政编码:528322

顺德市容桂镇康普电器有限公司
冰热饮水机
证书编号:CH0053246—2000
型号规格:CH—K3 220V～ 50Hz 684W(制冷: 84W 制热 600W)
有 效 期:2000.11.13～2004.11.13
地　　址:广东省顺德市容桂镇海尾长源路28号
邮政编码:528305

顺德市容桂镇文武电器厨具厂
食具消毒柜
证书编号:CH0052601—2000
型号规格: ZTP—108 108L ZTP—88 88L
有 效 期:2000.10.29～2004.10.29
地　　址:广东顺德市容桂镇华口工业区
邮政编码:528305

洗衣机

TCL集团有限公司
电脑控制全自动洗衣机
证书编号:CH0048957－2000
型号规格:XQB45－21A
有 效 期:2000.7.25～2004.7.25
地　　址:广东省江门市江海区江翠路162号
邮政编码:529040

上海佳尼电器厂
离心式脱水机
证书编号:CH0049896－2000
型号规格:T78－2000 T88－2000 T98－2000
有 效 期:2000.8.18～2004.8.18
地　　址:浙江省慈溪市新浦镇余家路村
邮政编码:201515

上海康的电器有限公司
离心式脱水机
证书编号:CH0050127—2000
型号规格:T98－2000 T88－2000 T78－2000 5.5Kg
地　　址:浙江慈溪市新浦镇上舍村
邮政编码:315322

嵊州市南昆电器有限公司
离心式脱水机
证书编号:CH0049937－2000
型号规格:T78－28 220V 150W 5kg
有 效 期:2000.8.18～2004.8.18
地　　址:浙江省嵊州市城关镇南马路4号
邮政编码:312400

排水泵

江苏常恒集团公司
排水泵
证书编号:CH0041749—2000
型号规格:GXP－8 220V 60Hz 65W
有 效 期:2000.1.11～2004.1.11
地　　址:江苏省常州市北效魏村镇
邮政编码:213127

乐清市裕华电器有限公司
排水牵引器
证书编号:CH0044653—2000
型号规格:XPQ－8 200～240V 50～60Hz
有 效 期:2000.4.5～2004.4.5
地　　址:乐清市翁墙镇北大街
邮政编码:325606

柳州市华航电器有限公司
牵引器
证书编号:CH0048032—2000
型号规格: QY5A, QY5B, QY5C, QY5D; AC220V 50Hz
有 效 期:2000.6.30～2004.6.30
地　　址:广西柳州市高新一路高新开发区1号厂房
邮政编码:545005

温州市创金电子有限公司
排水牵引器
证书编号:CH0048205—2000
型号规格:DPQ－60 220V 50Hz
有 效 期:2000.7.5～2004.7.5
地　　址:浙江省乐清市翁墙镇北大街68号
邮政编码:325606

风　扇

安郎电器(中山)有限公司
电风扇
证书编号:CH0050557—2000
型号规格:FT—25 250mm
有 效 期:2000.9.6～2004.9.6
地　　址:中山市小榄镇沙口工业开发区(东生东路)
邮政编码:528425

北京百野电器有限公司

壁扇

证书编号:CH0045653—2000
型号规格:BY—40B 400mm
有 效 期:2000.4.27～2004.4.27
地　　址:广东顺德市桂洲镇中南路108号
邮政编码:528305

北京康之捷科贸有限公司

电风扇

证书编号:CH0047161—2000
型号规格:HASF—1506 50W
有 效 期:2000.6.8～2004.6.8
地　　址:广东东莞市塘厦镇宏业工业区138区宏业八路9—12号
邮政编码:523710

江门市家用电器工业公司

微风型窗玻璃安装式换气扇

证书编号:CH0043783—2000
型号规格:APC20—3—8 200mm
有 效 期:2000.3.13～2004.3.13
地　　址:广东省江门市胜利路东仓里175号
邮政编码:529000

江苏长城电器集团股份有限公司

电风扇(落地扇)

证书编号:CH0045996—2000
型号规格:FS46—40 FS85—40 FS120—40;400mm
有 效 期:2000.5.10～2004.5.10

吊扇

证书编号:CH0048043—2000
型号规格:FC19—120 1200mm FC19—140 1400mm
有 效 期:2000.6.30～2004.6.30

落地扇

证书编号:CH0048044—2000
型号规格:FS93—40 400mm
有 效 期:2000.6.30～2004.6.30
地　　址:苏州市桃花坞大街89号
邮政编码:215001

江苏捷康集团有限公司

换气扇

证书编号:CH0044337—2000
型号规格:BPT12—13A BPT13—13A
有 效 期:2000.3.27～2004.3.27
地　　址:江苏省扬州市邗沟路二十四号
邮政编码:225002

江苏时花电器集团股份有限公司

壁扇

证书编号:CH0048595—2000
型号规格:FB40—102 400mm FB40—103 400mm

电风扇(大厦扇)

证书编号:CH0048598—2000
型号规格:ST10—50B 100mm
有 效 期:2000.7.14～2004.7.14

吊扇

证书编号:CH0048596—2000
型号规格:FC120—172 1200mm FC140—175 1400mm
有 效 期:2000.7.14～2004.7.14
地　　址:南京中华门外东山镇
邮政编码:211100

江西飞碟电器集团有限公司

吊扇

证书编号:CH0047847—2000
型号规格:FC6—20 1200mm

换气扇

证书编号:CH0047846—2000
型号规格:APB25A 250mm；ATB25A 250mm
有 效 期:2000.6.27～2004.6.27
地　　址:江苏省萍乡市东郊星子石
邮政编码:337000

金山区枫泾镇卡尔电器厂

通风扇

证书编号:CH0049334—2000
型号规格:DS—16 160mm
有 效 期:2000.8.2～2004.8.2
地　　址:浙江省嘉兴市王店镇余王公路
邮政编码:314011

乐清市伟佳电器制造有限公司

换气扇(隔墙型换气扇)

证书编号:CH0048138—2000
型号规格:WJ25 250mm

换气扇(管道式通风扇)

证书编号:CH0048139—2000
型号规格:WJ12 120mm
有 效 期:2000.7.3～2004.7.3
地　　址:浙江省乐清市北白象镇大新工业区
邮政编码:325603

菱电国际(中山)有限公司

换气扇

证书编号:CH0044964—2000
型号规格:V—15EWG 150mm
有 效 期:2000.4.12～2004.4.12
地　　址:广东中山市南区渡头工业区西环一路63—89号
邮政编码:528455

南海飞行电器实业有限公司

吊扇

证书编号:CH00010265—2000A
型号规格:CF—1056 1400mm
有 效 期:2000.4.7～2004.4.7

豪华装饰吊扇

证书编号:CH0050329—2000
型号规格:CF952 1300mm
有 效 期:2000.8.30～2004.8.30
地　　址:广东省南海市平洲镇永安路67号
邮政编码:528251

南海家乐仕电器有限公司

冷暖净湿空气调节扇

证书编号:CH0046814—2000
型号规格:GK—801 220V 50Hz 1200W
有 效 期:2000.5.30～2004.5.30
地　　址:广东省南海市沙头镇西桥工业开发区
邮政编码:528208

南海市富士宝家用电器有限公司

空气调节扇

证书编号:CH0045755—2000
型号规格:FB—1000 FB—909;80W
有 效 期:2000.4.29～2004.4.29

落地扇

证书编号:CH0046221—2000
型号规格:FS—40E8 400mm
有 效 期:2000.5.17～2004.5.17

台扇

证书编号:CH0045756—2000
型号规格:FT—35D1 350mm
有 效 期:2000.4.29～2004.4.29
地　　址:广东省南海市南庄镇杏头工业区
邮政编码:528219

南海市金兴实业有限公司

落地扇

证书编号:CH0044073—2000
型号规格:FS—40A 400mm

台扇
证书编号:CH0044074—2000
型号规格:FT—30A 300mm
有 效 期:2000.3.20～2004.3.20
地　　址:广东省南海市盐步镇直街
邮政编码:528247

南海市九江奇骏电器有限公司
吊扇
证书编号:CH0044973—2000
型号规格:FC—20 1200mm
有 效 期:2000.4.12～2004.4.12
地　　址:广东省南海市九江镇龙高公路沙咀路段
邮政编码:528203

南海市里水江凌家电有限公司
壁扇
证书编号:CH0044574—2000
型号规格:FB—40 400mm
有 效 期:2000.4.3～2004.4.3
冷风扇
证书编号:CH0044570—2000
型号规格:KF—60
台扇
证书编号:CH0044575—2000
型号规格:FT—40 40mm
有 效 期:2000.4.3～2004.4.3
地　　址:广东省南海市里水镇河村工业区.
邮政编码:528244

南海市联安永强家用电器厂
台扇
证书编号:CH0046606—2000
型号规格:FT—40 400mm
转页扇
证书编号:CH0046607—2000
型号规格:KYT—25 250mm
有 效 期:2000.5.25～2004.5.25
地　　址:广东省南海市盐步镇联安工业区
邮政编码:528247

南海市耐卡风扇厂
转页扇
证书编号:CH0045907—2000
型号规格:KYT5—30 300mm 45W
有 效 期:2000.5.10～2004.5.10
地　　址:南海市松岗镇坎头
邮政编码:528234

南海市南庄东村永发塑料五金电器厂
电风扇(空气调节扇)
证书编号:CH0051312—2000
型号规格:FSL70 70W FSL70A
有 效 期:2000.9.21～2004.9.21
地　　址:广东南海市南庄镇东村柏
邮政编码:528219

南海市平洲华达风扇厂
吊扇
证书编号:CH0041844—2000
型号规格:FC—15 1050mm
有 效 期:2000.1.13～2004.1.13
地　　址:广东省南海市平洲区永安北路9号
邮政编码:528251

南海市平洲平南四海电器厂
台扇
证书编号:CH0043716—2000
型号规格:FT—40 400mm
转页扇
证书编号:CH0043717—2000
型号规格:KYT3—25 KYT—25 2500mm
有 效 期:2000.3.10～2004.3.10
地　　址:广东省南海市平洲平南永安南路47号之一
邮政编码:528251

南海市奇槎永达家用电器厂
台扇
证书编号:CH0043101—2000
型号规格:FT—40 400mm
转页扇
证书编号:CH0043102—2000
型号规格:KYT—25 KYT1—25 250mm
有 效 期:2000.2.23～2004.2.23
地　　址:广东省南海市大沥奇槎铺前工业区
邮政编码:528231

南海市沙坑德华家用电器厂
台扇
证书编号:CH0044025—2000
型号规格:FT—40 400mm
有 效 期:2000.3.17～2004.3.17
转页扇
证书编号:CH0043035—2000
型号规格:KYT—25 250mm
有 效 期:2000.2.22～2004.2.22
地　　址:广东省南海市罗村沙坑工业区
邮政编码:528227

南海市沙坑凯迪实业有限公司
落地扇
证书编号:CH0052957—2000
型号规格:FS—40 400mm
有 效 期:2000.11.7～2004.11.7
台扇
证书编号:CH0011668—2000A
型号规格:FT—40 400mm 220V 50Hz 68W
有 效 期:2000.4.7～2004.4.7
地　　址:广东省南海市罗村沙坑岐岗工业区
邮政编码:528227

南海市盛发电器有限公司
电风扇(空气调节扇)
证书编号:CH0049888—2000
型号规格:SY—06 SY—06A 60W
有 效 期:2000.8.18～2004.8.18
地　　址:广东省南海市南庄镇罗南罗家工业区
邮政编码:528219

南海市松岗德荣五金电器厂
冷风扇
证书编号:CH0044975—2000
型号规格:KF—60 60W
有 效 期:2000.4.12～2004.4.12
地　　址:广东省南海市松岗镇桂和路龙头路段
邮政编码:528234

南海市威利宝家用电器有限公司
电风扇(空气调节电风扇)
证书编号:CH0046231—2000
型号规格:WB—803
有 效 期:2000.5.17～2004.5.17
地　　址:广东省南海市南庄吉利工业区
邮政编码:528219

南海市夏迪电器厂
台扇
证书编号:CH0048184—2000
型号规格:KYT—40 400mm
转页扇
证书编号:CH0048185—2000
型号规格:KYT—30 300mm
有 效 期:2000.7.5～2004.7.5

地　　址:广东省南海市盐步镇
邮政编码:528247

南海市盐步华盛家用电器厂

壁扇

证书编号:CH0012009—2000A
型号规格:FB—40 400mm
地　　址:广东省南海市盐步镇河西溪头工业区
邮政编码:528247

南海市盐步昆峰家用电器厂

吊扇

证书编号:CH0046015—2000
型号规格:FC—20 1200mm
有 效 期:2000.5.11～2004.5.11
地　　址:广东省南海市盐步镇联桂大道联安工业区
邮政编码:528247

南海市盐步南方日用电器厂

台扇

证书编号:CH0011484—2000A
型号规格:FT—40 400mm
有 效 期:2000.4.13～2004.4.13
地　　址:广东省南海市盐步镇联安工业区
邮政编码:528247

南海市远东电器厂

壁扇

证书编号:CH0044911—2000
型号规格:FB—40 400mm
有 效 期:2000.4.11～2004.4.11
地　　址:南海市大沥镇雅谣大道中
邮政编码:528231

南京长江机器集团有限公司

吊扇

证书编号:CH0011748—2000A
型号规格:FC—105 1050mm FC—140 1400mm
有 效 期:2000.5.18～2004.5.18
地　　址:南京市芦席营97号
邮政编码:210037

南京夏海电器有限公司

壁扇

证书编号:CH0044112—2000
型号规格:FB40—A 400mm
有 效 期:2000.3.21～2004.3.21
地　　址:广东省南海市平洲区夏教
邮政编码:528251

南京熊猫家用电器有限公司

台扇

证书编号:CH0046338—2000
型号规格:FT—40 400mm
有 效 期:2000.5.19～2004.5.19
地　　址:广东南海市罗村沙坑岐岗工业区
邮政编码:528227

宁波宝马电器有限公司

换气扇

证书编号:CH0045336—2000
型号规格:APB20 200mm ASB20—4 200mm
有 效 期:2000.4.21～2004.4.21
地　　址:浙江省慈溪市附海开发区
邮政编码:315323

宁波金马电器有限公司

转页扇

证书编号:CH0042112—2000
型号规格:KYT—25 250mm
有 效 期:2000.1.20～2004.1.20
地　　址:浙江省余姚市低塘镇南路17号
邮政编码:315490

宁波金帅集团有限公司

落地扇

证书编号:CH0045253—2000
型号规格:FS—9718J 400mm
有 效 期:2000.4.20～2004.4.20

台扇

证书编号:CH0045278—2000
型号规格:FT—300 300mm
有 效 期:2000.4.20～2004.4.20
地　　址:浙江慈溪市南二环路彭桥工业区
邮政编码:315318

宁波金鸣电器有限公司

转页扇

证书编号:CH0039673—99
型号规格:KYT—30 300mm
有 效 期:2000.4.12～2004.4.12
地　　址:浙江省慈溪市附海镇工业开发区
邮政编码:315332

宁波静虎电器有限公司

冷暖空气调节风扇

证书编号:CH0052941—2000
型号规格:JCD—2000H JCD—2000L
有 效 期:2000.11.6～2004.11.6
地　　址:浙江省慈溪市掌起工业开发区
邮政编码:315313

宁波市江东春风塑料电器厂

吊扇

证书编号:CH0044478—2000
型号规格:FC3—6 FC3—6A FC3—6K 1400mm

转页扇

证书编号:CH0044479—2000
型号规格:YBS—30 YBS8—30 YBS18—30 300mm
有 效 期:2000.3.31～2004.3.31
地　　址:浙江省宁波市兴宁路172弄8号
邮政编码:315040

宁波帅康厨房设备有限公司

换气扇(双向换气扇)

证书编号:CH0044916—2000
型号规格:ASB25—501 ASB25—502;250mm
有 效 期:2000.4.11～2004.4.11
地　　址:浙江余姚市低塘镇洋山村
邮政编码:215491

宁波永生电器有限公司

换气扇

证书编号:CH0047859—2000
型号规格:KHG—25B 250mm

转页扇

证书编号:CH0047860—2000
型号规格:KYT—30 300mm
有 效 期:2000.6.27～2004.6.27
地　　址:浙江慈溪市范市镇杨家村
邮政编码:315312

青岛澳柯玛集团总公司

壁扇

证书编号:CH0047322—2000
型号规格:FB—40 400mm

空气调节扇

证书编号:CH0047176—2000
型号规格:AKTS—11
有 效 期:2000.6.8～2004.6.8

落地扇

证书编号:CH0047321—2000
型号规格:FS—40 400mm
有 效 期:2000.6.13～2004.6.13
地　　址:广东省顺德市北滘镇坤洲工业区

邮政编码:528312

青岛海尔厨房电器有限公司

电风扇

证书编号:CH0049834—2000

型号规格: FTD30 — Y1A 300mm FTD30—Y2A 300mm

有效期:2000.8.17～2004.8.17

地　址:苏州市桃花坞大街89号

邮政编码:266555

瑞安市三祥电器厂

管道式换气扇

证书编号:CH0047172—2000

型号规格:LL－20A 20W LL－20C 20W

有效期:2000.6.8～2004.6.8

地　址:浙江省瑞安市梅头工业区

邮政编码:325205

三洋电子(香港)有限公司

壁扇

证书编号:CH0043802—2000

型号规格:EF－W10 250mm

台扇

证书编号:CH0043803—2000

型号规格:EF－D10T 250mm

有效期:2000.3.13～2004.3.13

地　址:广东省深圳市宝安区石岩镇第四工业区

汕头市龙子行有限公司

电风扇(空气调节扇)

证书编号:CH0048606—2000

型号规格:LJ－C75

有效期:2000.7.14～2004.7.14

地　址:广东省东莞市

邮政编码:523187

上海奥乐电器厂

壁扇

证书编号:CH0047165—2000

型号规格:FB－40 400mm

台地扇

证书编号:CH0047166—2000

型号规格:FS－30 300mm

有效期:2000.6.8～2004.6.8

地　址:浙江省慈溪市附海镇工业开发区

邮政编码:215332

上海宝路通电器有限公司

吊扇

证书编号:CH0047054—2000

型号规格:FC－6,FC－6A,FC－6B;1400mm

落地扇

证书编号:CH0047053—2000

型号规格:FS－40A,FS－40B,FS－40;400mm

有效期:2000.6.6～2004.6.6

地　址:上海市宝山路430号

邮政编码:200071

上海灿坤实业有限公司

台地扇

证书编号:CH0046374—2000

型号规格:TS1－6252R 350mm;TS1－6252M 350mm

有效期:2000.5.19～2004.5.19

地　址:广东省东莞市虎门镇大宁管理区

邮政编码:523930

上海国生实业有限公司

转页扇

证书编号:CH0046061—2000

型号规格:FYT－30 300mm

有效期:2000.5.12～2004.5.12

地　址:浙江省慈溪市观城工业区

邮政编码:315315

上海海晏电器有限公司

台地扇

证书编号:CH0046192—2000

型号规格:FL－30A FL－30B 300mm

有效期:2000.5.17～2004.5.17

地　址:浙江省慈溪市附海镇

邮政编码:315332

上海恒杰电器有限公司

转页扇

证书编号:CH0050010—2000

型号规格:KYT7－30 300mm KYT1－30 300mm

有效期:2000.8.22～2004.8.22

地　址:慈溪市附海新城开发区

邮政编码:315332

上海华东电扇厂

转页扇

证书编号:CH0049906—2000

型号规格:KYS－30 KYS－30A KYT－30;300mm

有效期:2000.8.18～2004.8.18

地　址:浙江省慈溪市观城镇西门工业区

邮政编码:315315

上海静正电器灯饰有限公司

通风扇

证书编号:CH0043776—2000

型号规格:SHCZ－16B 160mm

有效期:2000.3.13～2004.3.13

地　址:上海杨浦区民京路705号

邮政编码:200438

上海科达电子陶瓷有限公司

换气扇

证书编号:CH0049611—2000

型号规格:KDT－16 160mm

有效期:2000.8.11～2004.8.11

地　址:浙江海盐县沈荡镇中南路

邮政编码:314311

上海烈马实业有限公司

风扇式加热器(冷暖风扇)

证书编号:CH0049397—2000

型号规格:FLN－20 2000W FLN－18 1800W

有效期:2000.8.7～2004.8.7

地　址:浙江慈溪市附海开发新区

邮政编码:315332

上海桥龙电器有限公司

电风扇

证书编号:CH0045386—2000

型号规格:KYTA－30P 300mm KYTA－30A 300mm

有效期:2000.4.21～2004.4.21

风扇式加热器(冷暖空调风扇)

证书编号:CH0046798—2000

型号规格: QLNF － 2000A 1500W QLNF－2000A 1800W

有效期:2000.5.30～2004.5.30

台地扇

证书编号:CH0045075—2000

型号规格:FTD－30A 300mm

有效期:2000.4.14～2004.4.14

地　址:浙江省宁波余姚低塘南路105号

邮政编码:315490

上海日野电气有限公司

电风扇

证书编号:CH0044068—2000

型号规格:FTS－40A 400mm

有效期:2000.3.20～2004.3.20

地　址:浙江省慈溪市掌起镇

邮政编码:315313

上海三祥实业有限公司
通风扇
证书编号:CH0045995—2000
型号规格:HST—16B 160mm
有 效 期:2000.5.10～2004.5.10
地　　址:浙江海盐县横港镇五丰村
邮政编码:314313

上海舒乐电器总厂
吊扇
证书编号:CH0042888—2000
型号规格:FD2—140 1400mm FD2120 1200mm
有 效 期:2000.2.17～2004.2.17
地　　址:上海市齐齐哈尔路76号
邮政编码:200082

上海索峡电器有限公司
转页扇
证书编号:CH0046325—2000
型号规格:KYS—30 300mm KYT—30 300mm
有 效 期:2000.5.19～2004.5.19
地　　址:浙江省慈溪市掌起镇
邮政编码:315313

上海泰密实业有限公司
通风扇
证书编号:CH0049332—2000
型号规格:DF—2000—16 160mm
有 效 期:2000.8.2～2004.8.2
地　　址:浙江海盐县横港镇五丰村
邮政编码:314313

上海万怡电器有限公司
空气调节扇
证书编号:CH0044639—2000
型号规格:KTS—N18A 1800W 200V KTS—N18B 1800W 200V
有 效 期:2000.4.5～2004.4.5
地　　址:中山市东升镇同兴西路
邮政编码:528414

上海威妮实业有限公司
转页扇
证书编号:CH0045344—2000
型号规格:KYT—30 300mm KYT—30L 300mm
有 效 期:2000.4.21～2004.4.21
地　　址:慈溪市附海镇工业开发区
邮政编码:315332

上海益忠电器有限公司
换气扇
证书编号:CH0045929—2000
型号规格:FHG11A—01 110mm
有 效 期:2000.5.10～2004.5.10
地　　址:上海市普陀区桃浦镇真建村唐家桥105号
邮政编码:200333

上海远东开关厂
管道式换气扇
证书编号:CH0042505—2000
型号规格:YDGS12 25W
有 效 期:2000.1.28～2004.1.28
换气扇
证书编号:CH0042504—2000
型号规格:YDS2 250mm
有 效 期:2000.1.28～2004.1.28
地　　址:浙江省乐清市北白象利民路88号
邮政编码:325603

上海众迪电器有限公司
通风扇
证书编号:CH0047396—2000
型号规格:BPT—15 120mm
有 效 期:2000.6.14～2004.6.14
地　　址:浙江余姚市梁辉镇东姜村
邮政编码:315401

尚明堂(广州)电器有限公司
电风扇(空气调节扇)
证书编号:CH0048607—2000
型号规格:LJ—C75 LJ—C75C
有 效 期:2000.7.14～2004.7.14
地　　址:广东省东莞市
邮政编码:523187

绍兴市依海达电器有限公司
吊扇
证书编号:CH0047868—2000
型号规格:FC—20 1200mm FC—30 1400mm
有 效 期:2000.6.27～2004.6.27
地　　址:嵊州市长乐镇环镇东路68号
邮政编码:312467

绍兴市永辉电器有限公司
通风扇
证书编号:CH0041623—2000
型号规格:KLT—16B 160mm
有 效 期:2000.1.7～2004.1.7
地　　址:浙江嵊州市长乐镇工业区
邮政编码:312467

深圳市宏至佳制造有限公司
电风扇(冷暖型空气调节扇)
证书编号:CH0048619—2000
型号规格:H—280A 220V～50Hz 1600W
有 效 期:2000.7.14～2004.7.14
地　　址:深圳市宝安区沙井镇新桥蚝四芙蓉工业区
邮政编码:518125

深圳市金贝丽电器有限公司
落地扇
证书编号:CH0043959—2000
型号规格:FS3—40A FS3—40 400mm
有 效 期:2000.3.16～2004.3.16
地　　址:广东省深圳市罗湖区贝丽北路九号
邮政编码:518020

深圳市联创实业有限公司
空气调节扇
证书编号:CH0043341—2000
型号规格:DF168K 1600W DF168AK 1660W
有 效 期:2000.3.1～2004.3.1
地　　址:深圳市福田红荔路上步工业区304栋一楼
邮政编码:518031

深圳市顺章电器有限公司
空气调节扇
证书编号:CH0045564—2000
型号规格:SL60—A1
有 效 期:2000.4.26～2004.4.26
地　　址:深圳市南山区科技园23号金科大厦
邮政编码:518057

深圳市喜禾实业有限公司
空气调节扇
证书编号:CH0045565—2000
型号规格:XL—818型
有 效 期:2000.4.26～2004.4.26
地　　址:深圳市南山区科技园23号金科大厦
邮政编码:518057

深圳市翔裕实业有限公司
空气调节扇(水/暖净湿“空调”扇)
证书编号:CH0044500—2000

型号规格:XY－601 XY－801 220V～50Hz 1500W
有 效 期:2000.3.31～2004.3.31
地　　址:广东省深圳市宝安区沙井镇大王山村第一工业区
邮政编码:518104

深圳市中天信机电科技实业有限公司
电脑空气调节扇
证书编号:CH0046813—2000
型号规格:CT2000－2 1800W CT2000－3 1800W
有 效 期:2000.5.30～2004.5.30
地　　址:深圳市龙岗镇龙平西路志达工业园
邮政编码:518172

顺德市爱华家用电器有限公司
换气扇
证书编号:CH0050324—2000
型号规格:KHG—20A 200mm KHG—20B 200mm
有 效 期:2000.8.30～2004.8.30
地　　址:广东省顺德北滘镇蓬莱路30号
邮政编码:528311

顺德市北滘镇丽钻电器有限公司
风扇式加热器(空气调节扇)
证书编号:CH0047732—2000
型号规格:KTD135A1 1660W KTD135A 2000W;220V～50Hz
有 效 期:2000.6.22～2004.6.22
地　　址:顺德市北　镇西海大北围工业区
邮政编码:528311

顺德市北滘镇信力电器厂
台扇
证书编号:CH0046583—2000
型号规格:FT－40A 400mm
有 效 期:2000.5.25～2004.5.25
地　　址:广东省顺德市林头商业街东40号
邮政编码:528311

顺德市北镇骏特电器有限公司
落地扇
证书编号:CH0042515—2000
型号规格:FS－40 400mm
地　　址:广东省顺德市北镇高村工业区
邮政编码:528311

顺德市北镇祥立实业有限公司
壁扇
证书编号:CH0042530—2000
型号规格:FB－40 400mm
有 效 期:2000.1.28～2004.1.28
地　　址:广东省顺德市北镇广教工业区
邮政编码:528311

顺德市陈村镇伟嘉家用电器有限公司
壁扇
证书编号:CH0048340—2000
型号规格:FW40－B 400mm
有 效 期:2000.7.10～2004.7.10
地　　址:广东省顺德市陈村镇永兴工业区
邮政编码:528313

顺德市富华塑料电器实业有限公司
空气调节电风扇
证书编号:CH0041715—2000
型号规格:FH2000 60W
有 效 期:2000.1.10～2004.1.10
地　　址:广东省顺德市桂洲镇桂中南路108号A
邮政编码:528305

顺德市高灵电器制造有限公司
壁扇
证书编号:CH0046282—2000
型号规格:FB40 － 2 400mm FB40 400mm
有 效 期:2000.5.19～2004.5.19
地　　址:顺德勒流江村工业区
邮政编码:528322

顺德市桂洲镇穗香永正电器厂
换气扇
证书编号:CH0042500—2000
型号规格:APB－25 250mm
有 效 期:2000.1.28～2004.1.28
地　　址:顺德市桂洲镇细工业区工业路
邮政编码:528305

顺德市华田家用电器厂
台扇
证书编号:CH0041536—2000
型号规格:FT－40 400mm
有 效 期:2000.1.4～2004.1.4
地　　址:广东省顺德市北镇五长沙工业区
邮政编码:528311

顺德市金科电器有限公司
电风扇(转页式台扇)
证书编号:CH0046159—2000
型号规格:KYT25－1 250mm;KYT30－1 300mm
有 效 期:2000.5.16～2004.5.16
地　　址:广东省顺德市陈村镇建设路80号
邮政编码:528313

顺德市科荣电器有限公司
电风扇(空气调节扇)
证书编号:CH0050132—2000
型号规格:KR－206 KR－208
有 效 期:2000.8.25～2004.8.25
地　　址:广东省顺德市容桂镇天河工业区
邮政编码:528305

顺德市勒流永信实业有限公司
换气扇
证书编号:CH0045470—2000
型号规格:APB－25B 250mm 40W
有 效 期:2000.4.24～2004.4.24
地　　址:广东省顺德市勒流镇新明工业区
邮政编码:528322

顺德市勒流镇德星电器有限公司
壁扇
证书编号:CH0043103—2000
型号规格:FW－40 400mm
有 效 期:2000.2.23～2004.2.23
地　　址:广东省顺德市勒流镇宝城工业中路21号
邮政编码:528322

顺德市勒流镇光大祥鸿塑料电器实业有限公司
换气扇
证书编号:CH0048610—2000
型号规格:BPT15－22－1 150mm 40W
有 效 期:2000.7.14～2004.7.14
地　　址:顺德市勒流镇光大工业区
邮政编码:528305

顺德市勒流镇万宝松意电器有限公司

换气扇

证书编号:CH0048618—2000
型号规格:CPK25A 250mm
有 效 期:2000.7.14~2004.7.14
地　　址:广东省顺德市勒流镇勒良路联结路段
邮政编码:528322

顺德市乐从镇今中电器实业有限公司

冷风扇

证书编号:CH0045270—2000
型号规格:LF30Y
有 效 期:2000.4.20~2004.4.20
地　　址:广东省顺德市乐从镇三乐路劳村工业区
邮政编码:528315

顺德市美的电扇厂

转页扇

证书编号:CH0045053—2000
型号规格:KYT25—A1 250mm KYT2—25 250mm
有 效 期:2000.4.13~2004.4.13
地　　址:广东省顺德市北镇蓬莱路38号
邮政编码:528311

顺德市美的风扇厂

壁扇

证书编号:CH0041659—2000
型号规格:FW40—T1 400mm
有 效 期:2000.1.7~2004.1.7
地　　址:重庆市巴南区渔洞镇渔轻路82号
邮政编码:401320

顺德市容奇镇联达电器厂

(空气调节扇)电风扇

证书编号:CH0046584—2000
型号规格:LD80—A 80W
有 效 期:2000.5.25~2004.5.25
地　　址:广东省顺德市容奇镇容港路118号
邮政编码:528303

顺德市松日电器有限公司

吊扇

证书编号:CH0010748—2000A
型号规格:DA—30 1400mm
有 效 期:2000.4.3~2004.4.3
地　　址:广东省顺德市勒流镇龙升北路开发区
邮政编码:528322

顺德市天品电器有限公司

落地扇

证书编号:CH0045167—2000
型号规格:FS—40B 400mm
有 效 期:2000.4.18~2004.4.18
地　　址:广东省顺德市桂洲容边天河工业区
邮政编码:528303

顺德松下精工有限公司

换气扇

证书编号:CH0050003—2000
型号规格:FV—17CU6C 170mm
有 效 期:2000.8.22~2004.8.22
地　　址:广东省顺德市容桂镇桂新东路2号
邮政编码:528305

顺德雄风电器实业公司

吊扇

证书编号:CH0047066—2000
型号规格:C5601 1400mm
有 效 期:2000.6.6~2004.6.6
地　　址:广东省顺德市桂洲镇桂中路199号
邮政编码:528305

顺德正野电器有限公司

换气扇

证书编号:CH0048620—2000
型号规格:APT25A 250mm
有 效 期:2000.7.14~2004.7.14
地　　址:广东省顺德市勒流镇光大工业区
邮政编码:528322

苏州新区斯加电器工贸有限公司

落地扇

证书编号:CH0048633—2000
型号规格:H — 280A 220V ~ 50Hz 1600W
有 效 期:2000.7.14~2004.7.14
地　　址:江苏苏州新区华山路3号
邮政编码:215011

家用炊具

艾美特电器(深圳)有限公司

铁板烧

证书编号:CH0052560—2000
型号规格:TY—39B(CP08) 1300W
有 效 期:2000.10.26~2004.10.26
地　　址:广东省东莞市厚街镇桥头第一工业区
邮政编码:528950

安朗电器(中山)有限公司

电子微波炉

证书编号:CH0049947—2000
型号规格:FU — K750WS 微波输入1250W 烧烤输入850W
有 效 期:2000.8.18~2004.8.18
地　　址:广东省中山市沙口工业开发区(东升东路)
邮政编码:528425

滁州扬子热水器制造有限公司

贮水式电热水器

证书编号:CD0046020—2000
型号规格: ZDR45 45L, ZDR45H, ZDR60 60L;1500W
有 效 期:2000.5.11~2004.5.11
地　　址:安徽滁州市南谯路142号
邮政编码:239000

慈溪市皇冠电器有限公司

饮水机

证书编号:CH0041626—2000
型号规格:TC—YT—18 TC—YL—18 550W 220V~ 50Hz
有 效 期:2000.1.7~2004.1.7
地　　址:浙江省慈溪市观城镇北门工业区
邮政编码:315315

慈溪市惠尔电器有限公司

饮水机

证书编号:CH0041525—2000
型号规格:HEJ—CRP—18 650W HEJ—CRP—12 550W
有 效 期:2000.1.4~2004.1.4
地　　址:浙江省慈溪市附海镇界河墩村
邮政编码:315322

慈溪市浪木电器厂

冰热饮水机

证书编号:CH0043859—2000
型号规格:LM—YL1—26B—2

饮水机

证书编号:CH0043857—2000

型号规格:LM－YT1－16 500W
有 效 期:2000.3.14～2004.3.14
地　　址:浙江慈溪市桥头镇工业区
邮政编码:315317

东莞济安电子有限公司
自动电饭锅
证书编号:CH0046360—2000
型号规格:CFXB50－C 220V ～ 50Hz
有 效 期:2000.5.19～2004.5.19
地　　址:东莞市道 镇南丫管理区
邮政编码:523187

东莞三荣家用电器有限公司
电热开水壶
证书编号:CH0043467—2000
型号规格:TE－953 1000W
有 效 期:2000.3.2～2004.3.2
温热饮水机
证书编号:CH0047601—2000
型号规格:TE－810 700W
有 效 期:2000.6.20～2004.6.20
地　　址:广东省东莞市茶山镇横江家电工业城
邮政编码:511752

东莞市顺亿电器有限公司
电火锅
证书编号:CH0049970—2000
型号规格:EC － 3009 220V ～ 50Hz 1300W 3.5L
有 效 期:2000.8.21～2004.8.21
烧烤器
证书编号:CH0053782—2000
型号规格:IR—990 1100W
有 效 期:2000.11.26～2004.11.26
地　　址:广东省东莞市厚街镇桥头第一工业区
邮政编码:523950

佛山市城区金鹰电子厂
直流式电热水瓶
证书编号:CH0049921—2000
型号规格:GE－98A－1 950W 9.8L GE－98A－12 950W 9.6L
有 效 期:2000.8.18～2004.8.18
地　　址:广东佛山市忠义路 56 号
邮政编码:529000

广东半球实业集团公司
电饮锅
证书编号:CH0053956—2000
型号规格: CFXB50—10 900W 5L CFXB30—10 500W 3L
有 效 期:2000.11.28～2004.11.28
地　　址:广东省湛江市赤坎海北路 19 号
邮政编码:524043

广东华宝电器有限公司
贮水式电热水器
证书编号:CH0048037－2000
型号规格:RZW40 40L RZW50 50L; 220V～50Hz 1500W
有 效 期:2000.6.30～2004.6.30
地　　址:广东省顺德市顺峰工业区
邮政编码:528333

广东华远企业集团有限公司
自动电饭锅
证书编号:CH0050499—2000
型号规格:CFXB30 500W CFXB － 40 700W
有 效 期:2000.9.4～2004.9.4
地　　址:南海市平洲区夏东
邮政编码:528251

广东茂名龙凤电器有限公司
电热开水瓶
证书编号:CH0049322—2000
型号规格:AZJ － 928 220V ～ 50Hz 700W AZJ－358
有 效 期:2000.8.2～2004.8.2
自动电饭锅
证书编号:CH0049323—2000
型号规格:CFXB － 60 － D 220V ～ 50Hz 1000W 6L
有 效 期:2000.8.2～2004.8.2
地　　址:广东省电白县水东镇镇东路 18 号
邮政编码:311217

广东美的电饭煲制造有限公司
电磁电饭锅
证书编号:CH0048683—2000
型号规格:MB－FZ50－1H 1300W 5L MB－FZ30－1H 1100W 3L
有 效 期:2000.7.18～2004.7.18
电磁炉
证书编号:CH0050152—2000
型号规格:MC － PSD16A 1600W MC －PSD16B 1600W
有 效 期:2000.8.25～2004.8.25
电饭锅
证书编号:CH0042385—2000
型号规格:MB － FC30B 645W MB － FC50B 910W
有 效 期:2000.1.26～2004.1.26
电火锅
证书编号:CH0042384—2000
型号规格:MR－FYH150 1500W
有 效 期:2000.1.26～2004.1.26
自动电饭锅
证书编号:CH0042379—2000
型号规格:CFXB100－58C 1600W 10L
地　　址:广东省顺德市北镇蓬莱路美的工业城
邮政编码:528311

广东省电白县三顺电器有限公司
电饭锅
证书编号:CH0051468—2000
型号规格: CFXB40—8A 700W 4L CFXB50—8A 900W 5L
有 效 期:2000.9.26～2004.9.26
地　　址:广东省电白县水东镇广南路 46 号
邮政编码:525400

广东天际电器有限公司
电炖锅
证书编号:CH0044657—2000
型号规格:DDG － 25A 180W DDG － 15A 135W
有 效 期:2000.4.6～2004.4.6
地　　址:广东省汕头市嵩山路夏桂浦工业村四栋
邮政编码:515065

广东万家乐燃气具有限公司
自动电饭锅
证书编号:CH0047943—2000
型号规格: CFXB45 － 20 700W 4.5L CFXB25—20 450W 2.5L
有 效 期:2000.6.28～2004.6.28
地　　址:顺德市桂洲镇南区达盛路 10 号
邮政编码:528306

广东银港科技有限公司
电磁炉
证书编号:CH0049413—2000
型号规格:CY－16A 1600W CY－13A 1300W CY－10A 1000W;220V ～ 50Hz
自动电饭锅
证书编号:CH0049412—2000

型号规格:CFXB40－70A 700W 4.0L CFXB30－50A 500W 3.0L
有 效 期:2000.8.7～2004.8.7
地　　址:广东南海市大沥镇振兴路54号之三四栋
邮政编码:528231

广东中山维佳燃气具有限公司
贮水式电热水器
证书编号:CH0046284－2000
型号规格:DSKS－50L 50L DSKS－60L 60L
有 效 期:2000.5.19～2004.5.19
地　　址:中山市东凤镇广珠公路沙口桥脚剑桥华大厦地下
邮政编码:528415

广州嘉利电器有限公司
电磁炉
证书编号:CH0046184—2000
型号规格:DCL－15 220V～50Hz 1500W
有 效 期:2000.5.16～2004.5.16
地　　址:广东省广州市赤岗西路333号
邮政编码:510310

广州轻工业品进出口(集团)公司
电饭锅
证书编号:CH0043123—2000
型号规格:CFXB50－90A 900W
有 效 期:2000.2.24～2004.2.24
多用不粘锅
证书编号:CH0044015—2000
型号规格:CDK－120B 1200W
有 效 期:2000.3.17～2004.3.17
自动电饭煲
证书编号:CH0052838—2000
型号规格:CFXB100—1G 10L 1550W
有 效 期:2000.11.2～2004.11.2
地　　址:广东省顺德市龙洲路乐流路段
邮政编码:528322

广州市越秀区骏宝实业有限公司
自动电热开水壶
证书编号:CH0046361—2000
型号规格:XD－96－B 1200W 1.7L
有 效 期:2000.5.19～2004.5.19
地　　址:广东省广州市白云区龙归镇南岭村
邮政编码:510445

杭州司迈特电器有限公司
冷热型饮水机
证书编号:CH0045091—2000
型号规格:YLR2－5(储藏柜) YLR2－5X(保鲜柜)
有 效 期:2000.4.18～2004.4.18
饮水机
证书编号:CH0044237—2000
型号规格:YR－4 YR－4X 500W
有 效 期:2000.3.23～2004.3.23
地　　址:杭州经济技术开发区3号路南
邮政编码:310018

杭州松下厨房电器有限公司
电饭锅(微电脑电饭锅)
证书编号:CH0043712—2000
型号规格:SR－CT18E 750W SR－CT15E 750W
有 效 期:2000.3.9～2004.3.9
地　　址:浙江省杭州经济技术开发区3号大街
邮政编码:310018

合肥荣事达三洋电器股份有限公司
微波炉
证书编号:CH0049201—2000
型号规格:EM－451B 700W(微波) 18L
有 效 期:2000.7.31～2004.7.31
地　　址:合肥高新技术产业开发区北区七－2号
邮政编码:230088

济南蓝奇电器有限公司
贮水式电热水器(电热水器)
证书编号:CH0048344－2000
型号规格:CLD－W50S202 50L 1500W
有 效 期:2000.7.10～2004.7.10
地　　址:山东省济南市槐荫区美里湖新沙北路22号
邮政编码:250118

江苏光芒集团公司
贮水式电热水器
证书编号:CH0042402—2000
型号规格:GD8015F 1500W 80L
有 效 期:2000.1.26～2004.1.26
地　　址:江苏省靖江市新桥光芒路15号
邮政编码:214035

江苏捷康集团有限公司
饮水机
证书编号:CH0044457—2000
型号规格:JK.YT8;500W
有 效 期:2000.3.30～2004.3.30
地　　址:江苏省扬州市邗沟路二十四号
邮政编码:225002

揭阳市大阳实业有限公司
无线自动电热水壶
证书编号:CH0051935—2000
型号规格:ZD0060A 220V～50Hz 1000W
有 效 期:2000.10.11～2004.10.11
地　　址:广东省揭阳市榕城区榕华工业区205号
邮政编码:522000

乐金电子(天津)电器有限公司
微波炉
证书编号:CH0041547—2000
型号规格:WD700(MG－5029DTW) 700W(微波)
有 效 期:2000.1.5～2004.1.5
地　　址:天津市北辰区兴淀公路
邮政编码:300402

廉江市爱德电饭锅厂
电饭锅
证书编号:CH0050742—2000
型号规格:CFXB40—A 700W CFXB20—A 400W
有 效 期:2000.9.7～2004.9.7
地　　址:广东省廉江市环市北路86号
邮政编码:524400

廉江市城北红星家用电器厂
自动电饭锅
证书编号:CH0044347—2000
型号规格:CFXB12 350W 1.2L;CFXB20 400W 2L;
有 效 期:2000.3.27～2004.3.27
地　　址:广东廉江市新华路14号
邮政编码:524400

廉江市城北三新角电饭煲厂
自动电饭煲
证书编号:CH0048028—2000
型号规格:CFXB45－96 900W 4.5L,

CFXB40－96 700W 4L，
有 效 期:2000.6.29～2004.6.29
地 址:广东省廉江市怡心路3号
邮政编码:524400

廉江市德宝电饭煲厂
电饭锅
证书编号:CH0048644—2000
型号规格:CFXB50—A 900W
700W;220V ～ 50Hz
有 效 期:2000.7.14～2004.7.14
地 址:广东省廉江市塘山岭鸡场
邮政编码:524400

廉江市恒昌电器实业有限公司
电饭锅
证书编号:CH0050982—2000
型号规格: CFXB40—A 700W
CFXB30—A 500W
有 效 期:2000.9.12～2004.9.12
地 址:廉江市塘山岭鸡场
邮政编码:524400

廉江市廉城金星电器厂
电饭锅
证书编号:CH0052128—2000
型号规格: CFXB40—A 700W
CFXB12—A 350W
有 效 期:2000.10.16～2004.10.16
地 址:广东廉江市廉城环市北一横东十巷2号
邮政编码:524400

廉江市新华电器实业有限公司
自动电饭锅
证书编号:CH0048336—2000
型号规格: CFXB40 — A 700W 4L;
CFXB 12—B 350W 1.2L;
有 效 期:2000.7.10～2004.7.10
地 址:广东廉江市廉城新兴路35号
邮政编码:524400

廉江市新三角电器厂
自动电饭锅
证书编号:CH0051071—2000
型号规格: CFXB12—B 350W 1.2L
CFXB30—A 500W 3L
有 效 期:2000.9.14～2004.9.14
自动电饭煲
证书编号:CH0048029—2000
型号规格: CFXB50 — A 900W 5L,
CFXB60—A 1100W 6L,
有 效 期:2000.6.29～2004.6.29
地 址:广东廉江市环市北一横东四巷12号
邮政编码:524400

龙光电器集团有限公司
贮水式电热水器
证书编号:CH0054664—2000
型号规格:DSF40—SW 40L 1500W
有 效 期:2000.12.13～2004.12.13
地 址:浙江省乐清市翁镇后西门工业区
邮政编码:325606

南海立邦电器有限公司
自动电饭锅
证书编号:CH0047057—2000
型号规格:CFXB15－9 400W
有 效 期:2000.6.6～2004.6.6
地 址:南海市盐步镇环镇路
邮政编码:528247

南海立昌家用电器有限公司
自动型电子瓦锅
证书编号:CH0050635—2000
型号规格:WF—65A 300W
有 效 期:2000.9.6～2004.9.6
地 址:广东省南海市大沥广佛路太平路段
邮政编码:528231

南海市爱迪宝电器有限公司
电磁炉
证书编号:CH0049841—2000
型号规格:DCL－1800 1800W
有 效 期:2000.8.17～2004.8.17
地 址:广东省南海市桂城区南四路一号
邮政编码:528425

南海市金宇电器有限公司
电子瓦
证书编号:CH0051075—2000
型号规格: DFTZ30A 3L 280W
DFTZ40A 4L 300W
DFTZ50A 5L 370W
有 效 期:2000.9.14～2004.9.14
地 址:广东省南海市南庄镇罗格工业区
邮政编码:528219

南海市立邦电器有限公司
保温式自动电饭锅
证书编号:CH0048688—2000
型号规格:CFXB－30 600W 3.0L
有 效 期:2000.7.18～2004.7.18
自动电饭锅
证书编号:CH0044925—2000
型号规格: CFXB20 － 1(EC － 101)
450W 2.0L
有 效 期:2000.4.11～2004.4.11
地 址:南海市盐步镇环镇路
邮政编码:528247

南海市平洲华达风扇厂
电磁炉
证书编号:CH0042126—2000
型号规格:DCZ－1300 1300W
有 效 期:2000.1.20～2004.1.20
地 址:广东省南省市平洲区永安北路9号
邮政编码:528251

南海市盛发电器有限公司
西施电饭锅
证书编号:CH0046457—2000
型号规格: CFXB50 － 2 650W 5.0L
CFXB32 480W 3.2L
有 效 期:2000.5.23～2004.5.23
地 址:广东省南海市南庄镇罗南家工业区
邮政编码:528219

南海市天伦电器有限公司
电饭锅(保温式自动电压力锅)
证书编号:CH0052225—2000
型号规格: TL60—1000B 1000W 6L
TL60—1000C 1000W 6L
有 效 期:2000.10.18～2004.10.18
地 址:广东省南海市南庄龙庆公路中段
邮政编码:528219

南海市威利宝家用电器有限公司
饮水机
证书编号:CH0050110－2000
型号规格:JLR－A JWR－A JL－A
有 效 期:2000.8.24～2004.8.24
地 址:南海市南庄镇吉利工业开发区
邮政编码:315176

南京宝泰家电有限公司
电火锅
证书编号:CH0025808－98

型号规格：NTHD — 3 NTHD — 3T NTHD — 5 NTHD — 5T 1250V
有 效 期：2000.4.20～2004.4.20

液体加热器具（同心鸳鸯分体电火锅）
证书编号：CH0049682—2000
型号规格：NTHD—300 1250W NTHD—400 1250W
有 效 期：2000.8.14～2004.8.14
地　　址：南京市江宁开发区董村路99号
邮政编码：211100

南京船舶电器设备厂

电火锅
证书编号：CH0044797—2000
型号规格：NCHD—8 NCHD—9 规格：～220V，50Hz
有 效 期：2000.4.7～2004.4.7

营养生铁多用电子锅
证书编号：CH0049287—2000
型号规格：NTHC（28cm～36cm）规格：～220V，50Hz 1500W
有 效 期：2000.8.1～2004.8.1
地　　址：南京建邺区北圩路2号
邮政编码：310017

南京玉环电器有限公司

（贮水式）电热水器
证书编号：CH0050364—2000
型号规格：CDR40 —3 40L 1500W CDR60—3 60L 1500W
有 效 期：2000.8.30～2004.8.30
地　　址：南京市汉中门外凤凰西街14号
邮政编码：210019

宁波安君电器有限公司

贮水式电热水器
证书编号：CH0049599—2000
型号规格：AJ—45—Ⅰ 45L 1500W
有 效 期：2000.8.11～2004.8.11
地　　址：浙江省宁海县大佳何镇溪下王村
邮政编码：315611

宁波宝马电器有限公司

饮水机
证书编号：CH0047477—2000
型号规格：YLR2 — 6 620W YR — 6 550W YR—6D 550W；220V～ 50Hz
有 效 期：2000.6.15～2004.6.15
地　　址：浙江省慈溪市附海开发区
邮政编码：315332

宁波辰佳电器有限公司

立式冷热饮水机
证书编号：CH0048605—2000
型号规格：CG — YLR — L — Ⅱ CG — YLR—L—Ⅰ

台式冷热饮水机
证书编号：CH0048895—2000
型号规格：CG — YLR — T — Ⅰ CG — YLR—T—Ⅱ CG—YLR—T—Ⅲ；570W
有 效 期：2000.7.24～2004.7.24

温热饮水机
证书编号：CH0050989—2000
型号规格：CG—YR—T—V 500W
有 效 期：2000.9.12～2004.9.12
地　　址：浙江省慈溪市新浦镇工业开发区
邮政编码：315322

宁波方太厨具有限公司

单热饮水机
证书编号：CH0042116—2000
型号规格：YR—6—T2X 500W
有 效 期：200.1.20
地　　址：浙江省慈溪市经济开发区海关路
邮政编码：315300

宁波金鸣电器有限公司

温热饮水机
证书编号：CH0039671—99
型号规格：YT—28 YT—29 220V 550W
有 效 期：200.4.12
地　　址：浙江省慈溪市附海镇工业开发区
邮政编码：315332

宁波淋浴器厂

贮水式电热水器
证书编号：CH0047391—2000
型号规格：ZDLKⅢA 50L 1500W
有 效 期：2000.6.14～2004.6.14
地　　址：浙江宁海兴宁北路49号
邮政编码：315600

宁波市银月电器有限公司

立式温热饮水机
证书编号：CH0045329—2000
型号规格：YR—60D

台式温热饮水机
证书编号：CH0045328—2000
型号规格：YR—6A
有 效 期：2000.4.20～2004.4.20
地　　址：余姚市马诸桑园路6号
邮政编码：315450

宁波市镇海东宝电器有限公司

贮水式电热水器
证书编号：CH0047858—2000
型号规格：QSCD45 45L 1500W QSCD60 60L 1500W QSCD80 80L 1
有 效 期：2000.6.27～2004.6.27
地　　址：宁波镇海区骆驼工业开发区东开路102号
邮政编码：315203

宁波双达塑料制品有限公司

台式单热饮水机
证书编号：CH0052222—2000
型号规格：YR—5TWA 500W
有 效 期：2000.10.18～2004.10.18
地　　址：浙江省余姚市世南西路216号
邮政编码：315400

宁波唐人锅业有限公司

电压力锅（多功能唐宁锅）
证书编号：CH0053779—2000
型号规格：WQD35—2 850W WQD50—2 900W
有 效 期：2000.11.26～2004.11.26

多功能电气锅
证书编号：CH0048342—2000
型号规格：WQD50—Ⅰ 900W WQD60—Ⅰ 950W
有 效 期：2000.7.10～2004.7.10
地　　址：宁波宁海跃龙开发区跃龙路14号
邮政编码：315600

奇迪电器集团有限公司

台式单热饮水机
证书编号：CH0046003—2000
型号规格：YR—5—D20X

台式温热饮水机
证书编号：CH0046005—2000
型号规格：YR—5—D82
有 效 期：2000.5.11～2004.5.11
地　　址：浙江省慈溪市周巷镇镇西路18号

邮政编码:315324

青岛澳柯玛—爱乐盟净水设备有限公司

饮水机

证书编号:CH0050423—2000

型号规格:YR5ⅠA YR5ⅠB YR5ⅠD YR5 IIC 550W

有 效 期:2000.9.1～2004.9.1

地　　址:浙江省慈溪市附海镇东海工业区

邮政编码:315332

青岛澳柯玛电子科技有限公司

家用微波炉

证书编号:CH0041641—2000

型号规格:AM—18 700W

有 效 期:2000.1.7～2004.1.7

地　　址:青岛市经济技术开发区前湾港路315号

邮政编码:266555

青岛澳柯玛集团厨洁具总厂

家用微波炉

证书编号:CH0018167—97

型号规格:AM—G23 AM—C23 AM — G23A AM — C23A 850W

有 效 期:2000.6.16～2004.6.16

地　　址:山东省青岛经济技术开发区蕨港路工业园

邮政编码:266555

青岛澳柯玛集团销售公司

电子式微波炉

证书编号:CH0049944—2000

型号规格:WD750KS 微波输入:1250W 烧烤输入:850W

有 效 期:2000.8.18～2004.8.18

自动电饭锅

证书编号:CH0053963—2000

型号规格:CFXB40—2 700W 4.0L CFXB40—1 700W 4.0L

有 效 期:2000.11.29～2004.11.29

地　　址:中山市小榄镇沙口工业开发区(东升东路)

邮政编码:528425

青岛澳柯玛集团饮水设备厂

立式冰热饮水机

证书编号:CH0043719—2000

型号规格:JY—QA—2D

有 效 期:2000.3.10～2004.3.10

立式温热饮水机

证书编号:CH0043718—2000

型号规格:JY—QA—1H

有 效 期:2000.3.10～2004.6.27

地　　址:青岛经济技术开发区武当山路27号

邮政编码:266555

青岛澳柯玛集团总公司

冷热饮水机

证书编号:CH0048711—2000

型号规格:YLR2—5G—26B

有 效 期:2000.7.18～2004.7.18

地　　址:浙江温州市灰桥路52号

邮政编码:325003

青岛澳柯玛热水器有限责任公司

贮水式电热水器

证书编号:CH0047751—2000

型号规格:FCD—H55D 1.515KW

有 效 期:2000.6.23～2004.6.23

地　　址:青岛经济技术开发区香江路124号

邮政编码:266555

青岛海尔厨房电器有限公司

电热杯

证书编号:CH0047765—2000

型号规格:DB — 8A 925W DB — 10 750W

有 效 期:2000.6.23～2004.6 23

地　　址:青岛市经济技术开发区前港湾大道海尔工业园

邮政编码:266555

青岛海尔微波制品有限公司

微波炉

证书编号:CH0048046—2000

型号规格:HR — 6755GTK 750W(微波)

有 效 期:2000.6.30～2004.6.30

贮水式电热水器(高级电热水器)

证书编号:CH0047925—2000

型号规格:FCD—60A 2000W

有 效 期:2000.6.28～2004.6.28

地　　址:山东省青岛市高科工业园海尔园内

邮政编码:266101

青岛吉贝尔电器股份有限公司

贮水式热水器

证书编号:CH0049976—2000

型号规格:DCF—L50W 2000W

有 效 期:2000.8.21～2004.8.21

地　　址:青岛莱西市龙口路7号

邮政编码:266600

清远市创兴集团电器工业公司

电饭锅

证书编号:CH0045327—2000

型号规格:CFXB15—4 350W 1.5L CFXB45—4 750W 4.5L

有 效 期:2000.4.20～2004.4.20

地　　址:广东省清远市新城连江路

邮政编码:511515

山东小鸭电器股份有限公司

冷热饮水机

证书编号:CH0045852—2000

型号规格:SYT — B2Y 制热:500W 制冷:90W

温热饮水机

证书编号:CH0045854—2000

型号规格:STY—P2B 500W

有 效 期:2000.4.30～2004.4.30

地　　址:浙江省慈溪市宗汉镇

邮政编码:315301

山东小鸭集团热水器有限公司

贮水式电热水器(全自动电热水器)

证书编号:CH0045752—2000

型号规格:DDL50B DDL65B DDL80B;1500W

有 效 期:2000.4.29～2004.4.29

地　　址:山东省济南市工业南路51号小鸭工业园内

邮政编码:250101

山东新基德电器有限公司

贮水式电热水器

证书编号:CH0054653—2000

型号规格: WHE60—H WHE70—H WHE80—H

有 效 期:2000.12.13～2004.12.13

地　　址:山东聊城经济技术开发区团结北路6号

邮政编码:252000

山东淄博希达电器有限公司

不锈钢电火锅

证书编号:CH0052829—2000

型号规格: XDKG1—150B 规 格:～220V,50Hz

有 效 期:2000.11.2～2004.11.2

地　　址：山东省淄博市周村区长行新村
邮政编码：255300

上海爱使饮水机发展有限公司
饮水机
证书编号：CH0050605—2000
型号规格：YWR—A2b—D　YWR—B5—D 550W YBR—A2b 625W 550W（制热）75W（制冷）；220V～50Hz
有 效 期：2000.9.6～2004.9.6
地　　址：上海市普陀区大华路758弄159号
邮政编码：200436

上海博时电器有限公司
冰热饮水机
证书编号：CH0045325—2000
型号规格：YLR0.5－5－5－L 220V～50Hz
650W 550W（制热）100W（制冷）；
有 效 期：2000.4.20～2004.4.20
地　　址：浙江慈溪市观城工业开发区（发电厂对面）
邮政编码：215315

上海灿坤实业有限公司
电饭煲
证书编号：CH0051459—2000
型号规格：TSK—8728D　TSK—8728C　TSK—8728S；
600W
有 效 期：2000.9.26～2004.9.26
地　　址：上海曹安路4408号
邮政编码：201804

上海创佳电器有限公司
冰热饮水机
证书编号：CH0044386—2000
型号规格：CJ－CRP－16BL 625W（制热 550W）（制冷 75W）
有 效 期：2000.3.29～2004.3.29
地　　址：浙江省慈溪附海镇
邮政编码：315332

上海德昕电气有限公司
电磁炉
证书编号：CH0042282—2000
型号规格：S－700C 3400W
有 效 期：2000.1.24～2004.1.24
地　　址：上海市嘉定区黄渡镇新黄路24号
邮政编码：201804

上海迪跃电器设备有限公司
立式冷热饮水机
证书编号：CH0048444—2000
型号规格：YLR2－5－V53B
有 效 期：2000.7.11～2004.7.11
立式温热饮水机
证书编号：CNH004844—2000
型号规格：YR－5－V53X
台式温热饮水机
证书编号：CH0048441—2000
型号规格：YR－5－D12
有 效 期：2000.7.11～2004.7.11
地　　址：浙江慈溪市周巷镇镇西路18号
邮政编码：315324

上海鼎权工贸有限公司
调温电热锅
证书编号：CH0049025—2000
型号规格：CDB－28R 1200W
CDR－100 1000W；220V～50Hz
有 效 期：2000.7.26～2004.7.26
地　　址：浙江省永康市古丽镇永拖路42号
邮政编码：312300

上海锋亚电器有限公司
电脑型电饭煲
证书编号：CH0049581—2000
型号规格：BD－64B
普通型电饭锅
证书编号：CH0049579—2000
型号规格：BD－98B BD－97B
有 效 期：2000.8.10～2004.8.10
地　　址：浙江省宁波市西店璜溪口吉山村
邮政编码：200240

上海海璐电器有限公司
饮水机
证书编号：CH0050962—2000
型号规格：TL(S)—SLR TL(S)—STR 220V～ 50Hz 550W
有 效 期：2000.9.12～2004.9.12
地　　址：慈溪市附海镇工业区
邮政编码：315322

上海海晏电器有限公司
温热饮水机
证书编号：CH0046194—2000
型号规格：YRL－CB 550W　YRX－L 550W；220V～ 50Hz
有 效 期：2000.5.17～2004.5.17
地　　址：浙江省慈溪市附海镇
邮政编码：315332

上海佳尼电器厂
饮水机
证书编号：CH0049897—2000
型号规格：JN－YL　JN－YT 220V ～50Hz 550W
有 效 期：2000.8.18～2004.8.18
地　　址：浙江省慈溪市新浦镇余家路村
邮政编码：201515

上海家泰电器制造有限公司
电饭煲
证书编号：CH0044485—2000
型号规格：SJT－9618YAP 800W SJT－9618CAP 800W
有 效 期：2000.3.31～2004.3.31
液体加热器具（多功能煎烤火锅）
证书编号：CH0049877—2000
型号规格：SJT－7301 1500W
有 效 期：2000.8.17～2004.8.17
地　　址：浙江省乐清市虹桥仙洋陈工业区
邮政编码：325608

上海九洲霸电器有限公司
贮水式电热水器
证书编号：CH0042840—2000
型号规格：FCD45 45L FCD60 60L
FCD80 80L 1500W
有 效 期：2000.2.2～2004.2.2
地　　址：上海市浦东新区张江高科技园区川北公路6818号
邮政编码：201203

上海三菱电机、上菱微波炉电器有限公司
家用微波炉
证书编号：CH0041713—2000
型号规格：RA－750B；750W
有 效 期：2000.1.10～2004.1.10
地　　址：上海市浦东北张家浜路88号
邮政编码：200135

上海三菱电机上菱微波炉电器有限公司

微波炉
证书编号:CH0045762—2000
型号规格:RA—C76 800W
有 效 期:2000.4.29～2004.4.29
地　　址:上海市浦东新区北张家浜路88号
邮政编码:200122

上海双洋电器有限公司
贮水式电热水器
证书编号:CH0054669—2000
型号规格:DSF50—AW 50L DSF65—AW 65L
有 效 期:2000.12.13～2004.12.13
地　　址:浙江省乐清市翁镇后西门工业区
邮政编码:325606

上海松下微波炉有限公司
微波炉
证书编号:CH0046593—2000
型号规格:NN—S319WFS 700W 17L NN—S320CFS 700W 17L
有 效 期:2000.5.25～2004.5.25
地　　址:上海浦东新区龙东大道898号
邮政编码:201203

上海唐美实业有限公司
电磁灶(电磁炉)
证书编号:CH0045766—2000
型号规格:KA—6386 1200W
有 效 期:2000.4.29～2004.4.29
地　　址:上海市嘉定区黄渡镇新黄路24号
邮政编码:201804

上海享尔电器有限公司
冰热饮水机
证书编号:CH0045548—2000
型号规格:XE—99LWB 550W(制热)75W(制冷)
有 效 期:2000.4.26～2004.4.26
地　　址:浙江省慈溪市观城镇西门工业区
邮政编码:315315

上海益忠电器有限公司
饮水机
证书编号:CH0043354—2000
型号规格:YLR05—5—D YLR05—5—A
有 效 期:2000.3.1～2004.3.1
地　　址:上海市北新泾北瞿路1043号
邮政编码:200000

上海宇众电器有限公司
冰热饮水机
证书编号:CH0044976—2000
型号规格:YZ—CRP—BL 220V～50Hz 总功率625W(制热550W)(制冷75W))
有 效 期:2000.4.12～2004.4.12
地　　址:浙江省慈溪市附海镇工业开发区
邮政编码:315332

上海玉环企业发展有限公司
冰热饮水机
证书编号:CH0044349—2000
型号规格:WA—998A 625W(550W 制热,75W 制冷);WA—998AL 550W;
有 效 期:2000.3.27～2004.3.27
地　　址:浙江省慈溪市附海镇业区
邮政编码:315332

深圳市帅天电器有限公司
贮水式电热水器
证书编号:CH0046356—2000
型号规格:DZF—S50L 50L DZF—S60L 60L DZF—S80L 80L;1800W
有 效 期:2000.5.19～2004.5.19
地　　址:中山市小榄镇菊城大道东48号
邮政编码:518051

深圳新世纪饮水机科技有限公司
冷热饮水机
证书编号:CH0051750—2000
型号规格:YLR2—6—X(35L—B) YLR2—6—X(35L—SB)
有 效 期:2000.10.9～2004.10.9
地　　址:江苏省常熟市白雪路
邮政编码:215500

深圳正雄电子有限公司
冰热饮水机
证书编号:CH0048280—2000
型号规格:YLRO.7—5—X(36T)·588W YR—5—X(36TK) 500W
冷热饮水机
证书编号:CH0048353—2000
型号规格:YLRO.7—5—X(16LD)
有 效 期:2000.7.10～2004.7.10
地　　址:深圳华侨城东部工业区D区第1栋
邮政编码:518053

顺德爱德电饭锅制造厂有限公司
贮水式电热水器
证书编号:CH0041765—2000
型号规格:RZL—30 30L
有 效 期:2000.1.11～2004.1.11
地　　址:广东省顺德市桂洲镇桂中南路168号
邮政编码:528305

顺德电饭锅厂有限公司
电饭锅
证书编号:CH0052686—2000
型号规格:CFXB40—65XC 650W 4L CFXB30等
有 效 期:2000.10.30～2004.10.30
地　　址:广东省顺德市广珠公路桂洲镇段碧桂路口
邮政编码:528306

顺德格兰仕电器厂有限公司
微波炉
证书编号:CH0042103—2000
型号规格:WD800 微波输入1200W 烧烤输入1050W 微波输出800W
有 效 期:2000.1.10～2004.1.10
地　　址:广东省顺德市桂洲镇桂中路328号
邮政编码:528305

顺德惠而浦家电制品有限公司
机械微波炉
证书编号:CH0049578—2000
型号规格:J220 微波输入1330W 2450MHz 微波输出850W
有 效 期:2000.8.10～2004.8.10
地　　址:广东顺德市工业大道二号
邮政编码:528311

顺德市白马机械电器有限公司
电热开水瓶
证书编号:CH0049613—2000
型号规格:JYA JYB JYC 220V～50Hz 950W
有 效 期:2000.8.11～2004.8.11

地　　址：顺德市容桂镇容桂大道南18号
邮政编码：528305

顺德市北滘镇祥立实业有限公司
自动电饭锅
证书编号：CH0051788—2000
型号规格：CFXB30—601　600W　3L
　　　　　CFXB50—901 900W 5.0L
有 效 期：2000.10.9～2004.10.9
地　　址：广东省顺德市北滘镇广教工业区
邮政编码：528311

顺德市北滘镇都宁宝乐电器厂
电热开水瓶
证书编号：CH0048632—2000
型号规格：KY—48A 750W
有 效 期：2000.7.14～2004.7.14
自动电饭锅
证书编号：CH0048631—2000
型号规格：CFXB30 — A　500W　3L
　　　　　CFXB40—A 700W 4L
有 效 期：2000.7.14～2004.7.14
地　　址：顺德市北镇都宁工业区
邮政编码：528300

顺德市北镇都宁科力顺电器厂
自动电饭锅
证书编号：CH0043284—2000
型号规格：CFXB30—A 220V500W 3L
有 效 期：2000.2.28～2004.2.28
地　　址：顺德市北镇都宁工业区
邮政编码：528311

顺德市高灵电器制造有限公司
电热开水瓶(多功能电热开水瓶)
证书编号：CH0051523—2000
型号规格：DQP—383 DQP—389；9.8L 800W
有 效 期：2000.9.27～2004.9.27
地　　址：广东省顺德市勒流镇江村工业区1号
邮政编码：528322

顺德市桂洲镇创龙电器实业有限公司
电磁炉
证书编号：CH0043574—2000
型号规格：CL — 160A　220V ～ 50Hz 450W～1600W
有 效 期：2000.3.7～2004.3.7
地　　址：广东省顺德市桂洲镇福基路96号
邮政编码：528305

顺德市桂洲镇千禧燃气具有限公司
贮水式电热水器
证书编号：CH0042291—2000
型号规格：DSZF—40 1500W 40L 220V
有 效 期：2000.1.24～2004.1.24
地　　址：广东顺德市桂洲镇南区工业区达盛二路2号
邮政编码：528305

顺德市华图实业有限公司
豪华自动电饭煲
证书编号：CH0049414—2000
型号规格：CFXB30—2A 220V ～ 50Hz 500W
有 效 期：2000.8.7～2004.8.7
地　　址：顺德市北　镇广教工业区19号
邮政编码：528311

顺德市科荣电器有限公司
电磁炉
证书编号：CH0050131—2000
型号规格：CK — 16B CK — 16C CK — 16D；1600W
有 效 期：2000.8.25～2004.8.25
地　　址：广东省顺德市容桂镇天河工业区
邮政编码：528305

顺德市勒流永信实业有限公司
贮水式电热水器
证书编号：CH0045469—2000
型号规格：YOS40LB 40L；YOS60LB 60L
有 效 期：2000.4.24～2004.4.24
地　　址：广东省顺德市勒流镇新明工业区
邮政编码：528322

顺德市勒流镇宝电电器厂
电热开水瓶
证书编号：CH0049842—2000
型号规格：PA — 228 700W PA — 138 700W PA—115 700W
有 效 期：2000.8.17～2004.8.17
地　　址：广东省顺德市勒流镇建设中路22号
邮政编码：528322

顺德市勒流镇康福尔电器厂
电热开水瓶
证书编号：CH0051782—2000
型号规格：PA—2000 PA—803 PA—800
　　　　　220V～50Hz 850W
有 效 期：2000.10.9～2004.10.9
地　　址：广东省顺德市勒流镇江村工业区
邮政编码：528322

顺德市勒流镇万宝松意电器有限公司
贮水式电脑电热水器
证书编号：CH0048617—2000
型号规格：DRB — 40A　220V　1500W 40L
自动电饭锅
证书编号：CH0048616—2000
型号规格：CFXB50 — 90　220V　900W 5L
有 效 期：2000.7.14～2004.7.14
地　　址：广东省顺德市勒流镇勒良路联结路段
邮政编码：528322

顺德市龙江镇金峰实业有限公司
保温式自动电饭锅
证书编号：CH0043856—2000
型号规格：CFXB40 — 70　700W　4L
　　　　　CFXB60—110 1100W 6L
有 效 期：2000.3.14～2004.3.14
地　　址：广东省顺德市龙江镇陈涌聚龙城1号
邮政编码：528319

顺德市美的日用电器制造有限公司
冷热饮水机
证书编号：CH0045865—2000
型号规格：YLRT0.8 — 6D　625W
　　　　　YLRS0.8 — 6D/BX — 14 630W
有 效 期：2000.4.30～2004.4.30
温热饮水机
证书编号：CH0045864—2000
型号规格：YRT5 500W
有 效 期：2000.4.30～2004.4.30
地　　址：广东省顺德市北镇蓬莱路38号

邮政编码：528311

顺德市美的微波炉制造有限公司

微波炉

证书编号：CH0045637—2000
型号规格：WD8023DX 800W
有 效 期：2000.4.27～2004.4.27
地　　址：广东省顺德市北镇蓬莱路
邮政编码：528311

顺德市容桂镇辉高家用电器厂

自动电饭锅

证书编号：CH0049935—2000
型号规格：CFXB50－A70 700W 5.0L
CFXB40－A60 600W 4.0L
有 效 期：2000.8.18～2004.8.18
地　　址：顺德市容桂镇兴华路北兴工业区
邮政编码：528305

顺德市容桂镇盈格丰电器厂

电热开水瓶

证书编号：CH0052126—2000
型号规格：JYC JYA JYB；950W
有 效 期：2000.10.16～2004.10.16
地　　址：顺德市桂洲镇广珠公路桂洲路段文明路口
邮政编码：528305

顺德市希贵电器有限公司

自动电饭锅

证书编号：CH0049422—2000
型号规格：GDB50－30 500W 3.0L
GDB65－40 650W 4.0L
GDB65－50 650W 5.0L
有 效 期：2000.8.7～2004.8.7
地　　址：广东省顺德市容桂镇兴华工业区华辉路2号
邮政编码：528305

顺德市希贵电器制造有限公司

贮水式电热水器

证书编号：CH0052255—2000
型号规格：DRB08L(T)—D 800W 8L
有 效 期：2000.10.18～2004.10.18
地　　址：顺德市容桂镇容桂大道南16A号
邮政编码：528305

顺德市业胜电器有限公司

贮水式电热水器

证书编号：CH0042288－2000
型号规格：DY40A 40L DY50A 50L
DY60A 60L
220V～50Hz 1500W
有 效 期：2000.1.24～2004.1.24
地　　址：顺德市容桂镇细 业胜村
邮政编码：528305

顺德市亿和燃具电器实业有限公司

自动电热开水瓶

证书编号：CH0051792—2000
型号规格：PZL95—4.8D 800W
有 效 期：2000.10.9～2004.10.9
地　　址：顺德市容桂镇细区桂南路10号
邮政编码：528305

顺德市兆坚电器制造有限公司

电饭锅

证书编号：CH0049149—2000
型号规格：CFXB－28I 500W 3.0L
CFXB－08I 900W 5.0L；
220V～50Hz
有 效 期：2000.7.28～2004.7.28
地　　址：广东省顺德市桂洲镇兴华工业区华辉路2号
邮政编码：528300

顺德市怡达电器实业有限公司

自动电饭锅

证书编号：CH0046470—2000
型号规格：CFXB40－70 700W 4L
CFXB50－901 900W 5L
有 效 期：2000.5.23～2004.5.23
地　　址：顺德市桂洲镇南区达盛路十号
邮政编码：528306

苏州工业园区安吉尔电器有限公司

冷热饮水机

证书编号：CH0043030—2000
型号规格：YLR2－5－X(16L－X款)
有 效 期：2000.2.22～2004.2.22
地　　址：江苏省苏州市阊门外阊胥路221号
邮政编码：215008

苏州工业园区华美电器有限公司

电煮锅

证书编号：CH0052813—2000
型号规格：SC—35 200W SC—65 350W
有 效 期：2000.11.2～2004.11.2
地　　址：苏州市南门路45号
邮政编码：215007

苏州金莱克电机有限公司

自动电饭锅(微电脑电饭煲)

证书编号：CH0052125—2000
型号规格：CFXB15—1 350W
CFXB30—1 660W
有 效 期：2000.10.16～2004.10.16
地　　址：江苏省苏州市吴县胥口工业区
邮政编码：215164

苏州三星电子有限公司

微波炉

证书编号：CH0047392—2000
型号规格：S7A79 700W
有 效 期：2000.6.14～2004.6.14
地　　址：苏州市金门路221号
邮政编码：215004

天津市红光不锈钢器皿有限公司

电锅

证书编号：CH0046147—2000
型号规格：LD－2(26－32cm) 规格：～220V，50Hz 1500W

电涮锅

证书编号：CH0046146—2000
型号规格：LD－3(26－30cm) 规格：～220V，50Hz 1250W

炉电壶

证书编号：CH0046145—2000
型号规格：LD－1(20－24cm) 规格：～200V，50Hz 1500W
有 效 期：2000.5.16～2004.5.16
地　　址：天津市东丽区津塘公路四号桥东
邮政编码：300402

天津市天磁有限公司

饮水机

证书编号：CH0047927—2000
型号规格：YLR2－5X
有 效 期：2000.6.28～2004.6.28
地　　址：温州市灰桥路52号
邮政编码：325003

天锡小天鹅厨卫器具有限公司

贮水式电热水器

证书编号：CH0042405—2000
型号规格：XD6015F 1500W 60L

XD8015F 1500W 80L
有 效 期:2000.1.26～2004.1.26
地 址:江苏省靖江市新桥光芒路15号
邮政编码:214035

威昂电器发展(深圳)有限公司
电磁炉
证书编号:CH0042281—2000
型号规格:CE1606M 1600W
有 效 期:2000.1.24～2004.1.24
地 址:上海市嘉定区黄渡镇新黄路24号
邮政编码:201804

无锡小天鹅厨卫器具有限公司
(贮水式)电热水器
证书编号:CH0050381—2000
型号规格:XCD35B 35L XCD50B 50L XCD60B 60L XCD80B 80L;1500W
有 效 期:2000.8.31～2004.8.31
地 址:江苏省靖江市新桥光芒路15号
邮政编码:214035

无锡小天鹅华印电器有限公司
电磁灶(微电脑电磁炉)
证书编号:CH0046708—2000
型号规格:HY—288 C16 1600W HY—298 C17 1700W
有 效 期:2000.5.26～2004.5.26
地 址:江苏省无锡市新区汉江路1号
邮政编码:214028

厦门灿坤实业股份有限公司
电火锅
证书编号:CH0046455—2000
型号规格:TSK—8203S 1500W 4.0L;
有 效 期:2000.5.23～2004.5.23
电开水瓶(无线电水煲)
证书编号:CH0046371—2000
型号规格:TSK—358R 2010W 1.7L; TSK—U358 2010W 1.7;等
有 效 期:2000.5.19～2004.5.19
咖啡壶
证书编号:CH0044598—2000
型号规格:TSK—194 590W
有 效 期:2000.4.3～2004.4.3
地 址:福建省厦门市湖里区兴隆路88号
邮政编码:361006

先峰电器集团有限公司
冰热饮水机
证书编号:CH0047315—2000
型号规格:YGD—60B YGD—60D YGT—60B 220V～50Hz 680W 600W(制热) 80W(制冷)
温热饮水机
证书编号:CH0047314—2000
型号规格:YGD—60D YGD—60A YGT—60A 220V～50Hz 600W
有 效 期:2000.6.13～2004.6.13
地 址:浙江省慈溪市附海镇
邮政编码:315332

新会市大泽创龙实业有限公司
自动电饭锅
证书编号:CH0049604—2000
型号规格:CFXB30—2 3.0L CFXB50—2 5.0L; 220V～50Hz
有 效 期:2000.8.11～2004.8.11
地 址:广东新会市大泽镇沙冲墟
邮政编码:529162

新会市珍宝电器厂有限公司
自动电饭锅
证书编号:CH0049604—2000
型号规格:CFXB30—2 3.0L CFXB40—2 4.0L
有 效 期:2000.8.11～2004.8.11
地 址:广东新会市大泽镇沙冲墟
邮政编码:529162

新世纪饮水科技有限公司
冷热饮水机
证书编号:CH0049997—2000
型号规格:YLR2—5—X(50L—BC) YLR2—5—X(50L—SC)
有 效 期:2000.8.22～2004.8.22
地 址:浙江省宁波市梅墟工业区
邮政编码:518040

湛江市坡头区湛宝电器有限公司
电饭锅
证书编号:CH0051993—2000
型号规格:CFXB50—2S 5L 900W; CFXB40—2S 4L 700W
有 效 期:2000.10.12～2004.10.12
地 址:广东省湛江市坡头区龙头镇叶东
邮政编码:524054

浙江华裕电器有限公司
冷热型饮水机
证书编号:CH0050149—2000
型号规格:YLR2—6—188 YLR2—6—5A
有 效 期:2000.8.25～2004.8.25
地 址:浙江慈溪市周巷镇环城东路168号
邮政编码:315324

浙江黄岩安吉康工贸有限公司
冰热饮水机
证书编号:CH0048568—2000
型号规格:JK—5B JK—4 JK—26 220V～50Hz 550W
有 效 期:2000.7.23～2004.7.13
饮水机
证书编号:CH0048670—2000
型号规格:JK—7B 500W JK—2 500W JK—22 500W
有 效 期:2000.7.17～2004.7.17
地 址:浙江省台州市黄岩小东门路18号
邮政编码:318020

浙江苏泊尔集团有限公司
电火锅
证书编号:CH0046605—2000
型号规格:HZK24—130 HZK26—130; 1300W
电煎锅
证书编号:CH0046604—2000
型号规格:JZK32—160 JZK30—160 JZK28—160;1600W
有 效 期:2000.5.25～2004.5.25
地 址:浙江玉环县陈屿镇陈南村
邮政编码:317604

浙江喜乐电器有限公司
电热锅(调温电热锅)
证书编号:CH0051944—2000
型号规格:CrZ—110—C22 CrZ—110—C24
有 效 期:2000.10.11～2004.10.11
地 址:温州瑞安市下林罗山大道76号
邮政编码:325205

中山市百得燃气用具有限公司
贮水式电热水器
证书编号:CH0052919—2000

型号规格:BD40—A 40L BD50—A 50L
有 效 期:2000.11.6～2004.11.6
地　　址:广东中山市小榄镇菊城大道88号
邮政编码:528415

中山市川福电器有限公司
多用不粘自动电热锅
证书编号:CH0052917—2000
型号规格:CDK—130A 1300W CDK—160A 1600W 220V～50Hz
有 效 期:2000.11.6～2004.11.6
地　　址:广东中山市南头南穗工业区
邮政编码:528427

中山市得灵燃具电器有限公司
贮水式电热水器
证书编号:CH0045851—2000
型号规格:DSZF－40 40L DSZF－50 50L DSZF－60 60L
有 效 期:2000.4.30～2004.4.30
地　　址:广东省中山市南头镇升辉北路3号
邮政编码:528427

中山市迪奥电器有限公司
电蒸煲(蒸霸)
证书编号:CH0042208—2000
型号规格:CZP8－1 750W CZP9－1 900W 220V
有 效 期:2000.1.21～2004.1.21
地　　址:中山市小榄沙口德来工业区A座
邮政编码:528415

中山市东凤镇爱利多电器燃气具厂
贮水式电热水器
证书编号:CH0045273—2000
型号规格:DS—53A 53L 1500W DS—63A 63L 1500W
有 效 期:2000.4.20～2004.4.20
地　　址:广东省中山市东凤镇丰裕路(爱利多工业大厦)
邮政编码:528425

中山市东凤镇瑞康电器厂
电热开水瓶
证书编号:CH0051502—2000
型号规格:PZD—238 4.8L PZD—638 5.0L
有 效 期:2000.9.27～2004.9.27
地　　址:中山市东凤镇兴华中路
邮政编码:528425

中山市东凤镇粤锋电器制造厂
电磁炉
证书编号:CH0042203—2000
型号规格:C15A 220V 1500w
有 效 期:2000.1.21～2004.1.21
地　　址:广东省中山市东凤镇兴华中路
邮政编码:528425

中山市法兰宝电业有限公司
温热饮水机
证书编号:CH0052350—2000
型号规格:YRF99(L) YRF66(T)220V ～ 50Hz 700W
有 效 期:2000.10.22～2004.10.22
地　　址:广东中山市东凤镇和平村3队
邮政编码:528225

中山市恒业电器燃具有限公司
贮水式电热水器
证书编号:CH0045271—2000
型号规格:DRB—40 40L DRB—50 50L DRB—80 80L;1500W 220V～50Hz
有 效 期:2000.4.20～2004.4.20
地　　址:广东中山东凤镇广珠公路安乐路段88号
邮政编码:528425

中山市科强电器有限公司
贮水式电热水器
证书编号:CH0042302—2000
型号规格:KGF—W—40 40L KGF—W—60 60L
有 效 期:2000.1.24～2004.1.24
地　　址:中山市东凤镇电子电器城83—84号
邮政编码:528425

中山市南光电饭煲厂
电沸水器
证书编号:CH0045758—2000
型号规格:DFQ80—98A 1300W 8L
有 效 期:2000.4.29～2004.4.29
地　　址:广东省中山市古镇岐江公路
邮政编码:528421

中山市南头镇东方电器厂
贮水式电热水器
证书编号:CH0045850—2000
型号规格:BST－40 40L BST－50 50L BST－60 60L;
有 效 期:2000.4.30～2004.4.30
地　　址:广东省中山市南头镇将军工业区
邮政编码:528427

中山市南头镇梦多电器厂
贮水式电热水器
证书编号:CH0043573—2000
型号规格:DSK－50A 50L DSK－60A 60L
有 效 期:2000.3.7～2004.3.7
地　　址:中山市南头镇南穗工业城
邮政编码:528400

中山市千红电器有限公司
贮水式电热水器
证书编号:CH0042299—2000
型号规格:DH40A 40L DH50A 50L DH60A 60L 220V～50Hz 1500W
有 效 期:2000.1.24～2004.1.24
地　　址:广东省中山市南头镇低沙工业区
邮政编码:528427

中山市先科龙电器有限公司
自动电饭锅
证书编号:CH0042512—2000
型号规格:CFXB50－901A 900W 5L CFXB50 700W 4L
有 效 期:2000.1.28～2004.1.28
地　　址:广东中山市黄圃镇大岑工业区成业路28号
邮政编码:528429

中山市小榄镇新宇宙电子厂
电热开水瓶
证书编号:CH0049889—2000
型号规格:NU－040 220V ～ 50Hz 750W 5.0L
有 效 期:2000.8.18～2004.8.18
地　　址:广东省中山小榄镇洪联路72号
邮政编码:528415

中山市星皇燃气具实业公司
贮水式电热水器
证书编号:CH0047050－2000
型号规格:KTD10－A 220V 1500W

50L KTD10 — B 220V 1500W 50L
有 效 期:2000.6.6～2004.6.6
地　　址:广东省中山市小榄镇埒西一工业区
邮政编码:528415

中外合资合肥荣事达日用电器有限公司
贮水式电热水器
证书编号:CH0050060—2000
型号规格:RZ52－G 1500W RV70－G 1500W
有 效 期:2000.8.23～2004.8.23
地　　址:安徽合肥市黄山路449号
邮政编码:230031

重庆大地水业发展有限公司
饮水机
证书编号:CH0051306—2000
型号规格: DD—18LHD—X 600W DD—18LHK—X 500W DD—22T 600W; 220V 50Hz
有 效 期:2000.9.21～2004.9.21
地　　址:重庆市石桥铺科园四路172号F—5楼
邮政编码:400041

重庆四维瓷业股份有限公司
贮水式电热水器
证书编号:CH0052232—2000
型号规格: SW80BL 80L SW100BL 100L; 2000W
有 效 期:2000.10.18～2004.10.18
地　　址:鹤山市桃源经济开发区
邮政编码:529725

重庆颐洋企业发展有限公司
冰热饮水机
证书编号:CH0049910—2000
型号规格:APFS－1－01 570W 500W (制热) 70W(制冷)
有 效 期:2000.8.18～2004.8.18
地　　址:余市阳明西路349号
邮政编码:315400

珠海市永隆加林饮水机公司
冷热饮水机
证书编号:CH0050956—2000
型号规格: YLR0.7—5H (FB1); YLR0.7—4H(CB1)
有 效 期:2000.9.12～2004.9.12
地　　址:珠海市湾仔镇中心路永隆大厦
邮政编码:519030

淄博衍增电器有限公司
安全自动电压力锅
证书编号:CH0049687—2000
型号规格:DYA1100－6A 1100W
有 效 期:2000.8.14～2004.8.14
自动电饭锅(安全自动电压力锅)
证书编号:CH0048834—2000
型号规格:DYA900－4A 900W
有 效 期:2000.7.21～2004.7.21
地　　址:山东省淄博市开发区中路五号
邮政编码:312400

小家电

艾欧史密斯(中国)热水器有限公司
电热水器
证书编号:CH0043434—2000
型号规格:EWH－35 1250W 35L
有 效 期:2000.3.2～2004.3.2
地　　址:南京经济技术开发区尧新大道336号
邮政编码:210038

安徽华新科技发展公司
吸尘器
证书编号:CH0049067—2000
型号规格:ED6－Ⅱ 型 60W HX986 型 100W
有 效 期:2000.7.27～2004.7.27
地　　址:合肥市荣事达大道663号
邮政编码:230041

安朗电器(中山)有限公司
暖风机
证书编号:CH0052843—2000
型号规格: FU—L17A FU—L17B 220V～50Hz 1700W
有 效 期:2000.11.2～2004.11.2
地　　址:广东省中山市小榄镇沙口工业开发区
邮政编码:528415

百达电器制品厂有限公司
蒸汽电熨斗
证书编号:CH0049143—2000
型号规格:B － 188 B － 128; 220V ～ 50Hz 1100W
有 效 期:2000.7.28～2004.7.28
地　　址:深圳市宝安区西乡镇黄麻布村

宝安威利马电器有限公司
蒸汽电熨斗
证书编号:CH0049495—2000
型号规格:G－829STJ 1100W
有 效 期:2000.8.9～2004.8.9
地　　址:深圳宝安新城区72区宝石路建发工业区A座
邮政编码:518101

北海超人燃气具实业公司
电热水器
证书编号:CH0044961—2000
型号规格:ZFWD－40 40L ZFWB－40 40L
吸油烟机
证书编号:CH0044960—2000
型号规格:CXW－128－98 CXW－128－99;178W
有 效 期:2000.4.12～2004.4.12
地　　址:广西北海市北部湾西路云南开发区
邮政编码:536000

北京恒通新中南工贸有限公司
吸油烟机(抽油烟机)
证书编号:CH0047129—2000
型号规格:CXW － 220 － 2006A 220W CXW－180－2006B 180W
有 效 期:2000.6.7～2004.6.7
地　　址:宁波市大榭开发区
邮政编码:315812

北京寇珠电热水器有限公司
电热水器
证书编号:CH0048204－2000
型号规格:CL36－I 1000W 36L
有 效 期:2000.7.5～2004.7.5
地　　址:北京市通州区张家湾镇(北京创字炉具公司)
邮政编码:101113

北京龙湖燃气设备有限公司
电热水器
证书编号:CH0049446－2000
型号规格:DR－8 600W
有 效 期:2000.8.8～2004.8.8
地　　址:北京市昌平区平西府

邮政编码:102209

北京清华阳光科技有限责任公司

太阳能热水器控制器(太阳热宝)

证书编号:CH0055017—2000
型号规格:THY—1 220V 10A
有 效 期:2000.12.21～2004.12.21
地 址:北京市密云县工业开发区内8号
邮政编码:101500

北京桑普电器有限公司

电热水器

证书编号:CH0048718—2000
型号规格:RTD4015B 40L RTD6015B 60L
有 效 期:2000.7.18～2004.7.18

室内加热器(电暖器)

证书编号:CH0050620—2000
型号规格: SGW2009E 2000W SGW2011E 2000W
有 效 期:2000.9.6～2004.9.6
地 址:北京市顺义区京顺路金马工业区
邮政编码:101302

北京拓力电器有限公司

吸油烟机

证书编号:CH0048567—2000
型号规格:CXW—160—9910D1 210W
有 效 期:2000.7.13～2004.7.13
地 址:浙江省嵊州市剡兴路3号
邮政编码:312400

北京拓力佳电器有限公司

吸油烟机

证书编号:CH0042508—2000
型号规格:CXW—160—9910S1 200W
有 效 期:2000.1.28～2004.1.28
地 址:浙江嵊州城东南开发区剡兴路3号
邮政编码:312400

北京拓能科技发展有限公司

室内加热器(浴霸)

证书编号:CH0051889—2000
型号规格: TNTF6606 1180W TNSF6607 590W
有 效 期:2000.10.10～2004.10.10
地 址:杭州市和睦支路西阮家桥富强路60号
邮政编码:310011

北京信德利电器集团

电热水器

证书编号:CH0043280—2000
型号规格:DCR—42 1500W 42L DCR—50 1500W 50L
有 效 期:2000.2.28～2004.2.28
地 址:北京市门头沟区永定镇冯村光荣院
邮政编码:102300

长清科想电器有限公司

电暖风机

证书编号:CH0043283—2000
型号规格:NFJ—15PB 1580W NFJ—12PA 1280W
有 效 期:2000.2.28～2004.2.28
地 址:济南经济开发区长清县城灵岩路东侧
邮政编码:250300

成都彩虹电器(集团)股份有限公司

暖风机

证书编号:CH0053241—2000
型号规格:QG20 220V～ 50Hz 2000W
有 效 期:2000.11.13～2004.11.13
地 址:成都市一环路南一段六号
邮政编码:610061

成都市宏声电子厂

室内加热器(浴宝)

证书编号:CH0041774—2000
型号规格:YB—34B 220V～50Hz 1182W
有 效 期:2000.1.11～2004.1.11
地 址:四川省成都市外西土桥工业开发区内
邮政编码:610036

慈溪市晨阳电器有限公司

脱水机

证书编号:CH0055484—2000
型号规格:T58—98 T58—88 T58—118
有 效 期:2000.12.28～2004.12.28
地 址:浙江慈溪市龙山镇工业区
邮政编码:315311

慈溪市皇冠电器有限公司

取暖器

证书编号:CH0041627—2000
型号规格:NSW—2000—13 NSW—2000—11
有 效 期:2000.1.7～2004.1.7
地 址:浙江省慈溪市观城镇北门工业区
邮政编码:315315

慈溪市惠尔电器有限公司

取暖器

证书编号:CH0041524—2000
型号规格:HEJ—NDD—200 2000W HEJ—NDD—150 1500W 220V～ 50Hz
有 效 期:2000.1.4～2004.1.4
地 址:浙江省慈溪市附海镇界河墩村
邮政编码:315322

慈溪市佳辉电器实业有限公司

PTC暖风机

证书编号:CH0043571—2000
型号规格:KNB—200 2000W KNB4—180 1800W
有 效 期:2000.3.7～2004.3.7
地 址:浙江省慈溪市观城镇泽山村开发区
邮政编码:315315

慈溪市三利电器厂

脱水机

证书编号:CH0055395—2000
型号规格:T56—98 T56—108 T56—118
有 效 期:2000.12.27～2004.12.27
地 址:浙江慈溪市新浦镇老浦村
邮政编码:315322

慈溪市顺利电器有限公司

吸油烟机

证书编号:CH0046183—2000
型号规格:CXW—139—78 CXW—139—68 CXW—139—88;189W
有 效 期:2000.5.16～2004.5.16
地 址:浙江慈溪市周巷镇开发区
邮政编码:315324

慈溪市永富电器有限公司

电热水器

证书编号:CH0045427—2000
型号规格:JDL—45B 1500W JDL—58B 1500W
有 效 期:2000.4.21～2004.4.21
地 址:浙江省慈溪市庵东镇北工业区
邮政编码:315327

大连三洋家用电器有限公司

液体加热器(电热水瓶)

证书编号:CH0054347—2000
型号规格:U—C21D 2.1L 700W
有 效 期:2000.12.6～2004.12.6
地 址:辽宁小大连市甘井子区西南路4号
邮政编码:116033

东莞纶麒电子有限公司

PTC 发热器

证书编号:CH0043563—2000
型号规格:HF2 系列 /HF2 Series 220V～105W～2500W
有 效 期:2000.3.7～2004.3.7
地 址:广东省东莞市厚街下汴管理区富民工业区

东莞三荣家用电器有限公司

电热水瓶

证书编号:CH0043278—2000
型号规格:TE—935F 745W
有 效 期:2000.2.28～2004.2.28
地 址:广东省东莞市茶山镇横江家电工业城
邮政编码:511752

东莞先豪电器玩具有限公司

电吹风

证书编号:CH0047408—2000
型号规格:MS—3001 1000W MS—3004 1200W
MS—3003 1000W
有 效 期:2000.6.14～2004.6.14
地 址:广东省东莞市黄江镇田心管理区
邮政编码:523763

番禺市金地电器实业有限公司

吸油烟机

证书编号:CH0049022—2000
型号规格:CXW—200G CXW—200P CXW—200H
有 效 期:2000.7.26～2004.7.26
地 址:广东省番禺市桥甘棠工业区科城路2号
邮政编码:511400

飞利浦电子香港有限公司

蒸汽电熨斗

证书编号:CH0054715—2000
型号规格:HI209 1200W
有 效 期:2000.12.13～2004.12.13
地 址:苏州新区玉山路

高明汇力创建电器有限公司

吸尘器

证书编号:CH0047419—2000
型号规格:ZL1100—VC102 1100W
ZL1100—VC5028 1100W
有 效 期:2000.6.15～2004.6.15

吸油烟机

证书编号:CH0047417—2000
型号规格:CXW—175—YT7028 CXW—175—YT8028 CXW—175—YT7029
有 效 期:2000.6.15～2004.6.15
地 址:高明市新圩大道曙光路
邮政编码:528521

广东洁百士电器卫浴有限公司

电热水器(电热淋浴器)

证书编号:CH0053502—2000
型号规格:DL—35 3000W 35L DL—50 2000W 50L
有 效 期:2000.11.19～2004.11.19
地 址:广东省中山市小榄镇西区工业区
邮政编码:528415

广东容声电器股份有限公司

抽油烟机

证书编号:CH0044766—2000
型号规格:CXW—180—1A CXW—180—1C CXW—180—2C
CXW—180—1E 230W
有 效 期:2000.4.7～2004.4.7
地 址:广东省顺德市容奇镇桥东路8号
邮政编码:528303

广东万家乐燃气具有限公司

电热水器

证书编号:CH0043125—2000
型号规格:WD30—DHF 30L WD60—DHF 60L
有 效 期:2000.2.24～2004.2.24

吸油烟机

证书编号:CH0044771—2000
型号规格:CXW—128—068 178W CX—130—082 180W
有 效 期:2000.4.7～2004.4.7
地 址:广东省顺德市顺峰工业区
邮政编码:528333

广东新的科技集团有限公司

吸油烟机

证书编号:CH0027729—98
型号规格:CXW—130—022
CXW—130—4A
有 效 期:2000.3.16～2004.3.16
地 址:广东省顺德市北镇工业大道中发西路5号
邮政编码:528311

广州富荣堡电器公司

电热水器

证书编号:CH0049627—2000
型号规格:DSZF—40 40L DSZF—50 50L DSZF—60 60L;
220V～ 50Hz 1500W

吸油烟机

证书编号:CH0049626—2000
型号规格:CXW—160—168A CXW—160—110E
有 效 期:2000.8.11～2004.8.11
地 址:广州市白云区同泰路同鼓岭永泰工业区
邮政编码:510440

广州嘉利电器有限公司

可调蒸汽喷雾电熨斗

证书编号:CH0044848—2000
型号规格:YWZ—4—100 1000W YWZ—4—70 700W

蒸汽喷雾电熨斗

证书编号:CH0044849—2000
型号规格:YWZ—3—100Q 1000W
YWZ—3—100 1000W
有 效 期:2000.4.10～2004.4.10
地 址:广州市赤岗西路333号
邮政编码:510310

广州市白云区岭头永兴工艺厂

电脑蒸汽房

证书编号:CH0052839—2000
型号规格:WN—130 蒸汽房 3000W 按摩浴缸 500W
WN—92 3000W AW—1515 500W 220V～ 50Hz
有 效 期:2000.11.2～2004.11.2
地 址:广州市白云区岭头永兴街1号
邮政编码:510530

广州市海珠区海印家用电器厂

电吹风

证书编号:CH0041729—2000
型号规格:RCY—1000 1000W

RCY－850 850W
有 效 期:2000.1.10～2004.1.10
地 址:广州市海珠区石溪乡蚝壳洲东街66号新隆工业区C6之1
邮政编码:510288

广州市黄埔区东方家用电器厂
电吹风
证书编号:CH0049939—2000
型号规格:RCY－1200 1000W RCY－850 850W RCY－750 750W；220V～50Hz
有 效 期:2000.8.18～2004.8.18
地 址:广州市黄埔区厦园乡广深公路边
邮政编码:510730

广州市三得实业有限公司
电热水器
证书编号:CH0054490—200
型号规格: DSK—30A 3KW DSK—25A 2.5KW
有 效 期:2000.12.10～2004.12.10
地 址:广东省广州市黄埔区去埔工业区南岗片三横路八号
邮政编码:510760

贵州云泉科技有限责任公司
吸油烟机
证书编号:CH0047272—2000
型号规格:CXW－128－981A 220V～50Hz 143W
有 效 期:2000.6.12～2004.6.12
地 址:贵州省凯里市红州路55号
邮政编码:556000

海宁阿娜迷电热器具有限公司
吊瓶式蒸气熨斗
证书编号:CH0045939—2000
型号规格:GZYI，GZY Ⅱ，GZY Ⅲ；220V～ 50Hz 1200W
全自动电饼铛
证书编号:CH0045941—2000
型号规格:DBC－B1 DBC－B2 220V～50Hz 1100W
压力式蒸气熨斗
证书编号:CH0045940—2000
型号规格:ONE 型，TWO 型，THREE 型 0.25L 220V～50Hz 1200W
有 效 期:2000.5.10～2004.5.10
地 址:浙江省海宁市袁花镇文浜路86号
邮政编码:314416

海盐县横港光普塑料电器厂
室内加热器(浴霸)
证书编号:CH0054650—2000
型号规格:GP—2000B 1100W
有 效 期:2000.12.13～2004.12.13
地 址:沪杭高速王店出口处3km友邦工业园
邮政编码:314313

海盐县沈荡超王电器厂
取暖器
证书编号:CH0051397—2000
型号规格: AP—998 2200W AP—980 2000W 220V～50Hz
有 效 期:2000.9.25～2004.9.25
地 址:浙江省海盐县蚕种场
邮政编码:314311

杭州奥普斯照明器材有限公司
冷暖风机
证书编号:CH0052381—2000
型号规格:AP20018 1520W AP20018A 1515W
有 效 期:2000.10.22～2004.10.22
取暖器
证书编号:CH0051802—2000
型号规格: AP18001—2000 1195W AP18005—2000 1160W
有 效 期:2000.10.9～2004.10.9
地 址:杭州市教工路608号
邮政编码:310011

杭州奥普卫厨电器有限公司
取暖器
证书编号:CH0042092—2000
型号规格: AP200D 2090W AP200E 2090W
通风器
证书编号:CH0042091—2000
型号规格: AP660A AP770A AP550A 160mm
有 效 期:2000.1.20～2004.1.20
地 址:浙江省杭州市杭印路32号杭州第一毛纺厂内
邮政编码:528305

杭州飞尼斯电器有限公司
取暖器
证书编号:CH0043781—2000
型号规格:PH2100D 2085W PH2100E 2085W
有 效 期:2000.3.13～2004.3.13
地 址:杭州市教工路48－1号
邮政编码:200135

杭州金松集团有限公司
脱水机
证书编号:CH0044789—2000
型号规格:T58－98 5.8kg
有 效 期:2000.4.7～2004.4.7
地 址:杭州市新河坝巷1号
邮政编码:310014

杭州金松空调有限公司
电热水器
证书编号:CH0045777—2000
型号规格: QSC40E 40L QSC50E 50L QSE60E 60L；2000W
有 效 期:200.4.29
地 址:杭州市东宝路15号
邮政编码:310014

杭州如宝家用电器有限公司
吸油烟机
证书编号:CH0048225—2000
型号规格:CXW－200－320 240W
有 效 期:2000.7.6～2004.7.6
地 址:浙江省萧山市瓜沥工业区
邮政编码:311241

杭州盛唐厨房设备有限公司
吸油烟机
证书编号:CH0048335—2000
型号规格:CXW－138－T CXW－138－T1
地 址:余姚市低塘镇钊山村茅家
邮政编码:315492

杭州市美林机电有限公司
吸油烟机
证书编号:CH0048127—2000
型号规格:CXW－180－18 CXW－180－20 CXW－180－30;180W
有 效 期:2000.7.3～2004.7.3
地 址:浙江省嵊州市城关镇艇湖工业区
邮政编码:312400

杭州天日实业有限公司
电油热水器
证书编号:CH0047932－2000
型号规格:CTR－05 4500W CTR－04 4000W

CTR－03 3500W
有 效 期:2000.6.28～2004.6.28
地　　址:浙江杭州天目山路70号
邮政编码:310013

杭州卫康电器有限公司
吸油烟机
证书编号:CH0048570—2000
型号规格:CXW－145－D21 195W CXW－145－D210 195W
有 效 期:2000.7.13～2004.7.13
地　　址:浙江省余杭市博陆镇
邮政编码:311103

杭州武英电器有限公司
取暖器
证书编号:CH0053144—2000
型号规格:NS—200D NS—200T NS—200B;2000W
有 效 期:2000.11.9～2004.11.9
地　　址:杭州莫干山路598—1号
邮政编码:310011

豪山厨房器具(中山)有限公司
电热水器
证书编号:CH0046861－2000
型号规格:TH40LW 40L TH50LW 50L TH60LW 60L;2000W
有 效 期:2000.5.31～2004.5.31
地　　址:广东省鹤山市桃源经济开发区
邮政编码:529725

豪特容积热水器(成都)有限责任公司
电热水器
证书编号:CH0053354—2000
型号规格:CSFH040—04 CSFH050—04
有 效 期:2000.11.15～2004.11.15
地　　址:四川省成都市新都工业开发区南一路东段
邮政编码:610500

合肥美菱股份有限公司
吸油烟机
证书编号:CH0049686—2000
型号规格:CXW－138－X2 188W
有 效 期:2000.8.14～2004.8.14
地　　址:浙江省嵊州市城关镇迪贝路66号
邮政编码:312400

合肥美菱集团公司美菱电器厂
电热水器
证书编号:CH0046476－2000
型号规格:RF－60 60L;RF－80 80L;RF－40 40L;1500W
有 效 期:2000.5.23～2004.5.23
地　　址:合肥市桃园路17号
邮政编码:230011

鹤山市比力奇电气有限公司
电热水器
证书编号:CH0054565—2000
型号规格:RM40D 2000W RM50D 2000W RM60D 2000W
有 效 期:2000.12.11～2004.12.11
地　　址:广东省鹤山市桃源经济开发区
邮政编码:529725

鹤山市桃源华虹电气有限公司
电热水器
证书编号:CH0043336—2000
型号规格:CDR180ZS CDR250ZS CDR320ZS 5000W
有 效 期:2000.3.1～2004.3.1
地　　址:广东省鹤山市桃源经济开发区
邮政编码:529725

霍尼韦尔(天津)有限公司
暖风机
证书编号:CH0043065—2000
型号规格:HZ－350E 220V～50Hz 1800W
(冷态2600W)
有 效 期:2000.2.22～2004.2.22
地　　址:深圳市宝安区沙井镇黄埔升光工业区
邮政编码:518125

济南蓝奇电器有限公司
电热水器
证书编号:CH0055155—2000
型号规格:CLD—W60S301 1.5KW
有 效 期:2000.12.25～2004.12.25
地　　址:山东省济南市槐荫区美里湖新沙北路22号
邮政编码:250118

嘉兴市东方灯饰实业有限公司
取暖器
证书编号:CH0048569—2000
型号规格:DS－800 220V～50Hz 2200W;DS－600 200V～50Hz 2100W;
有 效 期:2000.7.13～2004.7.13
地　　址:浙江省嘉兴市王店镇塘桥街
邮政编码:314011

嘉兴市格兰特电器有限公司
取暖器
证书编号:CH0047400—2000
型号规格:GLT－2000 2200W GLT－2001 2100W;220V～50Hz
有 效 期:2000.6.14～2004.6.14
地　　址:嘉兴市王店开发区
邮政编码:314011

嘉兴市名流电器有限公司
取暖器
证书编号:CH0043773—2000
型号规格:TN90－1 TN90－3 220V～50Hz 2180W
有 效 期:2000.3.10～2004.3.10
地　　址:浙江省嘉兴市海盐县横港乡得胜村十一组
邮政编码:314313

嘉兴市友邦电器有限公司
暖风机
证书编号:CH0045918—2000
型号规格:YB 2000A 2500W
有 效 期:2000.5.10～2004.5.10
暖风机(多功能浴霸)
证书编号:CH0045919—2000
型号规格:YB2000B 1100W
有 效 期:2000.5.10～2004.5.10
地　　址:沪杭高速王店出口处3公里友邦工业园
邮政编码:314313

江苏春花电器集团股份有限公司
干湿多功能吸尘器
证书编号:CH0048137—2000
型号规格:ZGS100－987 1000W
有 效 期:2000.7.3～2004.7.3
吸尘器
证书编号:CH0048962—2000
型号规格:ZW80－936型 800W ZW100－929型 1000W
有 效 期:2000.7.25～2004.7.25
地　　址:苏州新区玉山路
邮政编码:215001

江苏光芒集团公司
电热水器
证书编号:CH0052100—2000
型号规格:GD1015B 1500W 10L
有 效 期:2000.10.16～2004.10.16
地　　址:江苏省靖江市新桥光芒路15号
邮政编码:214537

江苏捷康集团有限公司
分体式多功能吸油烟机
证书编号:CH0042050—2000
型号规格:CXW—158—5 158W
有 效 期:2000.1.19～2004.1.19
地　　址:扬州市邗沟路二十四号
邮政编码:225002

江苏金田厨具有限公司
电热水器
证书编号:CH0041632—2000
型号规格:CDR50D 50L CDR80D 80L 1500W
吸油烟机
证书编号:CH0041631—2000
型号规格:CXW—150—922 175W
CXW—150—993 200W
有 效 期:2000.1.7～2004.1.7
地　　址:江苏省通州区经济开发区金余外商投资园
邮政编码:226323

江苏省杨中市多达电热电器有限公司
金属管状远红外辐射加热器
证书编号:CH0047662—2000
型号规格:220V/400V～1200W
有 效 期:2000.6.21～2004.6.21
地　　址:江苏省市区港东北路友好桥东
邮政编码:211200

江苏天宝电子集团有限公司家用电器分公司
电热水器
证书编号:CH0055016—2000
型号规格:CDC50—15 1500W 50L
有 效 期:2000.12.21～2004.12.21
地　　址:江苏徐州市水漫路16号
邮政编码:221000

金山区枫泾镇卡尔电器厂
取暖器
证书编号:CH0049333—2000
型号规格:ALS—200 2200W
ALS—300 2100W;220V～50Hz
有 效 期:2000.8.2～2004.8.2
地　　址:浙江省嘉兴市王店镇余王公路
邮政编码:314011

乐金电子(天津)电器有限公司
吸尘器
证书编号:CH0044523—2000
型号规格:ZW1100(V—G1)电压/频率:220V～50Hz
功率:1100W
有 效 期:2000.3.31～2004.3.31
地　　址:天津市北辰区兴淀公路

乐金电子(天津)有限公司
吸尘器
证书编号:CH0041849—2000
型号规格:ZW1200(V—3340D＊)型 1200W
有 效 期:2000.1.14～2004.1.14
地　　址:天津市北辰区兴淀公路

乐清市裕华电器有限公司
双行程牵引器(排水电机)
证书编号:CH0051452—2000
型号规格:XPQ—6A 220V 50Hz
有 效 期:2000.9.26～2004.9.26
地　　址:浙江省乐清市翁墙镇北街
邮政编码:325606

默洛尼卫生洁具(中国)有限公司
电热水器
证书编号:CH0042879—2000
型号规格:J30SHE1.5 1500W
有 效 期:2000.2.17～2004.2.17
地　　址:无锡新加坡工业家园行创一路122号
邮政编码:214028

南海市南桂家用电器有限公司
吸油烟机
证书编号:CH0044384—2000
型号规格:CXW—120—8H 170W
CXW—150—9H 200W
有 效 期:2000.3.29～2004.3.29
地　　址:广东省南海市桂城石肯工业区
邮政编码:528200

南海市普利净化器有限公司
吸油烟机(侧面进风吸油烟机)
证书编号:CH0050133—2000
型号规格:CXW—120—S1 120W
有 效 期:2000.8.25～2004.8.25
地　　址:广东省南海市南庄镇梧村
邮政编码:528219

南海市天伦电器有限公司
室内加热器(电暖器)
证书编号:CH0053235—2000
型号规格:P5—1200B 1200W
P6—1500A 1500W
有 效 期:2000.11.13～2004.11.13
地　　址:广东省南海市南庄龙庆公路中段
邮政编码:528219

南京横空老烟枪电器制造有限公司
吸油烟机(壁画式油烟吸滤机)
证书编号:CH0046059—2000
型号规格:CXW—140—2023 190W
有 效 期:2000.5.12～2004.5.12
地　　址:泰州市扬州路520号
邮政编码:225300

南京市溧水县电热元件厂
金属管状远红外辐射加热器
证书编号:CH0050646—2000
型号规格:UY—928mm/12mm 220V/1KW
有 效 期:2000.9.6～2004.9.6
地　　址:南京市溧水县白马镇
邮政编码:211225

南京仪机股份有限公司
吸油烟机
证书编号:CH0048828—2000
型号规格:CXW—160—D
有 效 期:2000.7.21～2004.7.21
地　　址:浙江嵊州市城东南开发区
邮政编码:312400

南京玉环电器有限公司
电热水器
证书编号:CH0041664—2000
型号规格:CDR—10 750W 10L
有 效 期:2000.1.7～2004.1.7
地　　址:南京市汉中门外凤凰西街14号
邮政编码:210019

宁波辰佳电器有限公司

PTC 暖风机
证书编号:CH0052108—2000
型号规格: CG—QG15—Ⅰ 1500W CG—QG15—Ⅱ 1500W CG—QG15—Ⅲ 1200W
有 效 期:2000.10.16～2004.10.16
地 址:浙江慈溪市新浦镇工业区
邮政编码:315322

宁波大拇指电器有限公司
电热水器
证书编号:CH0046062—2000
型号规格:DMZ961—C 10L;DMZ963—C 40L;
有 效 期:2000.5.12～2004.5.12
地 址:宁波市宁海兴宁北路
邮政编码:315600

宁波顶棒电器有限公司
电热水器
证书编号:CH0046156—2000
型号规格:DB50 50L;DB60 60L;DB80 80L;1.5KW
有 效 期:2000.5.16～2004.5.16
地 址:宁波市宁海白溪开发区
邮政编码:315600

宁波方太厨具有限公司
深型吸油烟机
证书编号:CH0043276—2000
型号规格:CXW—152—Q9XL 202W
有 效 期:2000.2.28～2004.2.28
地 址:浙江省慈溪市经济开发区海关路
邮政编码:315300

宁波高峰电器有限公司
吸油烟机
证书编号:CH0044385—2000
型号规格:CXW—158—B 208W
有 效 期:2000.3.29～2004.3.29
地 址:浙江省宁海县西店镇南路137号
邮政编码:315613

宁波工星电器有限公司
电热水器
证书编号:CH0054619—2000
型号规格:DCL—35L 1500W DCW—40L 1500W
有 效 期:2000.12.12～2004.12.12
地 址:浙江省余姚市阳明西路237弄11号
邮政编码:315400

宁波贵友电器有限公司
电热水器(中央电热水器)
证书编号:CH0048685—2000
型号规格:GY60—A—2.0 60L 2000W GY80—A—2.0 80L 2000W
有 效 期:2000.7.18～2004.7.18
地 址:浙江省宁海跃龙经济开发区外环路
邮政编码:315600

宁波鹤峰厨具有限公司
脱水机
证书编号:CH0044343—2000
型号规格:T68—99 T62—98
有 效 期:2000.3.27～2004.3.27
地 址:浙江省宁波鄞县古林镇藕池工业区
邮政编码:315176

宁波华芝电器有限公司
电热油汀
证书编号:CH0013608—2000A
型号规格:BM—2000W9 2000W BM—2000W11 2000W
有 效 期:2000.12.19～2004.12.19
地 址:浙江省慈溪市附海镇
邮政编码:315332

宁波金鸣电器有限公司
取暖器
证书编号:CH0039672—99
型号规格:NSBK—200 2000W NSBK—180 1800K
有 效 期:2000.4.12～2004.4.12
地 址:浙江省慈溪市附海镇工业开发区
邮政编码:315332

宁波静虎电器有限公司
暖风机
证书编号:CH0051934—2000
型号规格:JH—150 1500W JH—180 1800W JH—200 2000W
有 效 期:2000.10.11～2004.10.11
地 址:浙江省慈溪市掌起工业开发区
邮政编码:315313

宁波淋浴器厂
电热水器
证书编号:CH0043678—2000
型号规格:ZDLKIIIA2 5L 1500W
有 效 期:2000.3.9～2004.3.9
地 址:浙江宁海兴宁北路49号
邮政编码:315600

宁波南方电器制造有限公司
脱水机
证书编号:CH0046730—2000
型号规格:T58—99 5.8Kg
有 效 期:2000.5.26～2004.5.26
地 址:浙江省宁波市南门布政
邮政编码:315176

宁波热伊浪电器有限公司
脱水机
证书编号:CH0048189—2000
型号规格:T58—28 5.8kg
有 效 期:2000.7.5～2004.7.5
地 址:宁波市南门布政
邮政编码:315176

宁波赛洋电器有限公司
吸油烟机
证书编号:CH0046207—2000
型号规格:CXW—180—88A 230W;CXW—180—88B 230W
有 效 期:2000.5.17～2004.5.17
地 址:浙江宁波大榭开发区工业小区
邮政编码:315812

宁波三园燃气具有限公司
电热水器
证书编号:CH0054460—2000
型号规格:BDR80A 80L BDR60A 60L
有 效 期:2000.12.10～2004.12.10
地 址:宁波南郊钟公庙镇
邮政编码:315194

宁波市镇海电热管厂
日用管状电热元件(电加热管)
证书编号:CH0051343—2000
型号规格: RGS 系 列 220V 350—2000W
有 效 期:2000.9.24～2004.9.24
地 址:宁波市镇海区贵驷镇
邮政编码:315206

宁波帅康厨房设备有限公司
电热水器
证书编号:CH0044670—2000

型号规格:DSFWD15－80 1.5KW 80L
DSFWD18－80 1.8KW 80L

深型吸油烟机

证书编号:CH0044669—2000
型号规格: CXW－142－2011 167W
CXW－142－2012 167W
有 效 期:2000.4.6～2004.4.6

吸油烟机

证书编号:CH0043329—2000
型号规格:CXW－142－2098;192W
有 效 期:2000.3.1～2004.3.1
地 址:浙江余姚市低塘镇洋山村
邮政编码:315491

宁波帅康热水器有限公司

电热水器

证书编号:CH0053920—2000
型号规格: DSF—45J(55J,65J,75J); 45L,55L,65L,75L,2KW
有 效 期:2000.11.28～2004.11.28
地 址:浙江省余姚市历山
邮政编码:315491

宁波银燕电器有限公司

电热油汀

证书编号:CH0054562—2000
型号规格:NSC9—15 1500W NSC13—20 2000W
有 效 期:2000.12.11～2004.12.11
地 址:慈溪市新浦镇工业区
邮政编码:315322

宁波永生电器有限公司

离心式脱水机

证书编号:CH0054446—2000
型号规格:T78—28 T88—28 T98—28

暖风机

证书编号:CH0054447—2000
型号规格: YND200 220V ～ 50Hz 2000W
有 效 期:2000.12.10～2004.12.10
地 址:浙江慈溪市花市镇扬家村
邮政编码:315312

宁波怡顺工贸有限公司

脱水机

证书编号:CH0051787—2000
型号规格:T62—20
有 效 期:2000.10.9～2004.10.9
地 址:浙江省宁波市鄞县古林镇
邮政编码:315177

青岛澳柯玛集团厨洁具总厂

吸油烟机

证书编号:CH0041815—2000
型号规格:CXW－139A CXW－139B 189W
有 效 期:2000.1.13～2004.1.13
地 址:青岛经济技术开发区香江路124号
邮政编码:266043

青岛澳柯玛集团洗碗机制造总厂

固定式豪华取暖炉

证书编号:CH0042123—2000
型号规格:DBL－20A 1850W

移动式豪华取暖炉

证书编号:CH0042124—2000
型号规格:DBL－20B 1850W
有 效 期:200.1.20
地 址:青岛经济技术开发区前湾港路315号
邮政编码:266555

青岛澳柯玛集团销售公司

电磁灶

证书编号:CH0049865—2000
型号规格: C－13A 1300W C－16A 1600W
有 效 期:2000.8.17～2004.8.17
地 址:增城市荔城镇荔方路外经工业区内
邮政编码:511300

青岛澳柯玛热水器有限责任公司

贮水式电热水器(出水断电式热水器)

证书编号:CH0053381—2000
型号规格: FCD—D40A 40L FCD—D60A 60L
有 效 期:2000.11.16～2004.11.16
地 址:青岛经济技术开发区香江路124号
邮政编码:266555

青岛城阳华丰电热电器厂

日用管状电热元件(电加热管)

证书编号:CH0052787—2000
型号规格:RGQ 220V 1300W
有 效 期:2000.11.1～2004.11.1
地 址:青岛市城阳区棘洪滩镇青大工业园
邮政编码:266111

青岛东惠电器有限公司

吸油烟机

证书编号:CH0049770—2000
型号规格:CXW－150－118
有 效 期:2000.8.15～2004.8.15
地 址:浙江嵊州市城东南开发区
邮政编码:312400

青岛海尔厨房电器有限公司

吸尘器

证书编号:CH0041780—2000
型号规格:ZL1200－1型 1200W
有 效 期:2000.1.11～2004.1.11

吸油烟机

证书编号:CH0047766—2000
型号规格: CXW－135－J41 185W
CXW－135－J42 185W
有 效 期:2000.6.23～2004.6.23

真空吸尘器

证书编号:CH0044246—2000
型号规格:ZL1200－2 1200W
有 效 期:2000.3.23～2004.3.23
地 址:江苏省吴县市胥口工业区
邮政编码:266032

青岛海尔微波制品有限公司

电热水器

证书编号:CH0047395－2000
型号规格:FCD－HD55 1500W 55L
有 效 期:2000.6.14～2004.6.14
地 址:青岛市高科技工业园海尔园1号
邮政编码:266101

青岛宇信厨具厂

吸油烟机

证书编号:CH0041813—2000
型号规格:CXW－138D 178W
有 效 期:2000.1.13～2004.1.13
地 址:青岛市李沧区重庆中路917号
邮政编码:266043

日照东方康贝电器有限责任公司

吸油烟机

证书编号:CH0046114—2000
型号规格:CXW－105－FT2 130W
有 效 期:2000.5.15～2004.5.15
地 址:山东省日照市海曲东路46号
邮政编码:276800

三洋家用电器(苏州)有限公司

吸尘器

证书编号:CH0044772—2000

型号规格:SC－630 型 1200W SC－650 型 1300W
有 效 期:2000.4.7～2004.4.7
地　　址:苏州吴县市胥口镇
邮政编码:215164

山东龙口日电电器有限公司
吸油烟机
证书编号:CH0044608—2000
型号规格:CXW－148－2000 148W
有 效 期:2000.4.4～2004.4.4
地　　址:浙江嵊州市剡城东路 3 号
邮政编码:312400

山东小鸭电器股份有限公司
吸油烟机
证书编号:CH0045137—2000
型号规格:CXW－130－156 CXW－130－158
有 效 期:2000.4.18～2004.4.18
地　　址:浙江省慈溪市宗汉镇
邮政编码:315301

山东小鸭集团热水器有限公司
电热水器
证书编号:CH0046851－2000
型号规格:DJW45K 1500W
有 效 期:2000.5.31～2004.5.31
贮水式电热水器(全自动电热水器)
证书编号:CH0042909—2000
型号规格:DJL16F 16L DJL20F 20L 1500W
有 效 期:2000.2.17～2004.2.17
地　　址:浙江慈溪市庵东镇工业区
邮政编码:315327

山东小鸭集团小家电有限公司
脱水机
证书编号:CH0054952—2000
型号规格:T50—3
有 效 期:2000.12.19～2004.12.19
地　　址:宁波市南门布政
邮政编码:315176

山东小鸭欧西卡电器有限公司
辐射式电暖器
证书编号:CH0043091—2000
型号规格:FDA－1000 600/1000W FDA－1600 1000/1600W
有 效 期:2000.2.22～2004.2.22
地　　址:山东省济南高新技术开发区华阳路北段
邮政编码:893194

陕西亚克力洁具有限责任公司
快热式热水器
证书编号:CH0055106—2000
型号规格:XYL—A XYL—B；2000W
有 效 期:2000.12.24～2004.12.24
地　　址:陕西省西安市西影路西段甲字 18 号
邮政编码:710054

上海奥禧电器有限公司
取暖器
证书编号:CH0050632—2000
型号规格:QX—2216 2200W QX—2286 2100W
有 效 期:2000.9.6～2004.9.6
地　　址:浙江省温州乐清市柳市经济技术开发区
邮政编码:325604

上海百花电扇厂
脱水机
证书编号:CH0051335—2000
型号规格:T56—98 T56—98A T38—78 T38—78A
有 效 期:2000.9.24～2004.9.24
地　　址:浙江省慈溪市师桥镇古窑
邮政编码:315314

上海宝兰电器厂
冷暖空气调节扇
证书编号:CH0052826—2000
型号规格:BL—20 2000W
有 效 期:2000.11.2～2004.11.2
地　　址:嘉兴市王店镇
邮政编码:314011

上海博时电器有限公司
吸油烟机
证书编号:CH0045326—2000
型号规格:CXW－168－A68 178W 218W CXW－128－A18
有 效 期:2000.4.20～2004.4.20
地　　址:浙江慈溪市观城工业开发区(发电厂对面)
邮政编码:215315

上海超华电器有限公司
电熨斗
证书编号:CH0048900—2000
型号规格:CEA－1806A 1200W CEA－1806B 1200W
有 效 期:2000.7.24～2004.7.24
地　　址:宁波慈溪市周巷镇悦来市
邮政编码:315324

上海呈成电器有限公司
辐射式电暖器
证书编号:CH0053238—2000
型号规格:QF—34A QF—34B QF—34C 220V～ 50Hz 800W
有 效 期:2000.11.13～2004.11.13
地　　址:上海市浦东新区博兴路 918 号
邮政编码:201206

上海鼎权工贸有限公司
电热锅
证书编号:CH0048615—2000
型号规格:CDB－28 220V ～ 50Hz 1200W CDR－100 220V ～ 50Hz 1000W
有 效 期:2000.7.14～2004.7.14
地　　址:浙江省永康市芝英镇郭山畈工业区
邮政编码:321306

上海鼎舜电器有限公司
多功能取暖器
型号规格:QB20 2200W
有 效 期:2000.1.21～2004.1.21
地　　址:浙江省余姚梁辉开发区财源路边 14 号
邮政编码:315400

上海恩威电器燃具有限公司
吸油烟机
证书编号:CH0046228—2000
型号规格:CXW－180－2158 CXW－180－2157 230W
有 效 期:2000.5.17～2004.5.17
地　　址:浙江省嵊州市长乐镇
邮政编码:312467

上海方田电器有限公司
吸油烟机
证书编号:CH0048215—2000
型号规格:CXW－180－19 CXW－180－21 CXW－180－31;180W
有 效 期:2000.7.5～2004.7.5
地　　址:浙江省嵊州市城关镇艇湖工业区
邮政编码:312400

上海福新电机厂

脱水机
证书编号:CH0051166—2000
型号规格:T56—118 5.6Kg
有 效 期:2000.9.18～2004.9.18
地　　址:浙江慈溪市龙山镇金夹岙
邮政编码:315311

上海汞密实业有限公司
取暖器
证书编号:CH0049331—2000
型号规格:暖风暴—2000 2200W
暖风暴—2100 2100W;
220V～50Hz
有 效 期:2000.8.2～2004.8.2
地　　址:浙江海盐县横港镇五丰村
邮政编码:314313

上海海晏电器有限公司
电热油灯
证书编号:CH0046193—2000
型号规格:NSF11—20 2000W;
NSF9—15 1500W;
有 效 期:2000.5.17～2004.5.17
地　　址:浙江省慈溪市附海镇
邮政编码:315332

上海红心电器厂
电热锅
证书编号:CH0049624—2000
型号规格:CRFS—1200　1200W;
220V～　50Hz
有 效 期:2000.8.11～2004.8.11
地　　址:浙江省安吉县梅溪镇
邮政编码:325025

上海红心器具有限公司
电热水器(电脑控制)
证书编号:CH0045387—2000
型号规格:RH850　1500W　RH851
1500W
有 效 期:2000.4.21～2004.4.21
液体加热器(全能煲.豪华煲)
证书编号:CH0049838—2000
型号规格:RH266C RH268C;500W
有 效 期:2000.8.17～2004.8.17
地　　址:上虞市曹娥开发区
邮政编码:312300

上海红心器具有限公司(上海电熨斗总厂)
蒸汽喷雾电熨斗
证书编号:CH0046710—2000
型号规格:RH120 1200W
有 效 期:2000.5.26～2004.5.26
地　　址:上海市浦东南路1630号
邮政编码:200122

上海华东电扇厂
暖风机
证书编号:CH0049908—2000
型号规格:NDY—20 NDY—20Y
2000W;
220V～50Hz
有 效 期:2000.8.18～2004.8.18
地　　址:浙江省慈溪市观城镇西门工业区
邮政编码:315315

上海佳星电器厂
电热油灯
证书编号:CH0051303—2000
型号规格:DF—200A　2000W　DF—200B 2000W
有 效 期:2000.9.21～2004.9.21
地　　址:慈溪市新浦镇余家路村
邮政编码:315322

上海家泰电器制造有限公司
电热水器
证书编号:CH0045570—2000
型号规格:JT—60A 60L JT—40A
40L 1500W
有 效 期:2000.4.26～2004.4.26
地　　址:浙江省乐清市虹桥仙洋陈工业区
邮政编码:325608

上海杰华交电有限公司
脱水机
证书编号:CH0052931—2000
型号规格:T62—98 T60—88
有 效 期:2000.11.6～2004.11.6
地　　址:慈溪市龙山镇金夹岙
邮政编码:315311

上海静正电器灯饰有限公司
取暖器
证书编号:CH0043774—2000
型号规格:SHB—2100 2400W SHB—2000 2200W;220V～50Hz
吸油烟机
证书编号:CH0043775—2000
型号规格:SHA—200A6 178W
有 效 期:2000.3.13～2004.3.13
地　　址:上海杨浦区民京路705号
邮政编码:200438

上海凯泽电器有限公司
吸油烟机
证书编号:CH0043042—2000
型号规格:CXW—135—A7
有 效 期:2000.2.22～2004.2.22
地　　址:上海松江区天马镇天鸡路
邮政编码:201603

上海科达电子陶瓷有限公司
取暖器
证书编号:CH0049612—2000
型号规格:KD—105 2200W KD—106
2100W;220V～ 50Hz
有 效 期:2000.8.11～2004.8.11
地　　址:浙江海盐县沈荡镇中南路
邮政编码:314311

上海克莱美斯有限公司
PTC陶瓷暖风机
证书编号:CH0051875—2000
型号规格:HF—3780 1500W
HF—3666 1500W
有 效 期:2000.10.10～2004.10.10
地　　址:上海市嘉定区黄渡镇曹安路4287号
邮政编码:201804

上海烈马实业有限公司
电热油汀
证书编号:CH0053134—2000
型号规格:NY20—A3 2000W NY18—A2 1800W
有 效 期:2000.11.9～2004.11.9
吸油烟机
证书编号:CH0047478—2000
型号规格:CXW160—22 Ⅰ CXW160—22 Ⅱ
有 效 期:2000.6.15～2004.6.15
地　　址:浙江慈溪市附海开发新区
邮政编码:315332

上海美宁电器有限公司
吸油烟机
证书编号:CH0044611—2000
型号规格:CXW—160—88 160W
有 效 期:2000.4.4～2004.4.4
地　　址:嵊州市城关镇相公殿路16号
邮政编码:312400

上海宁峰电器实业有限公司
脱水机
证书编号:CH0054498—2000

型号规格:T98—18 T88—16 T78—12
有 效 期:2000.12.10～2004.12.10
地　　址:浙江省宁波慈溪市范市镇
邮政编码:315312

上海桥龙电器有限公司
电热暖风机
证书编号:CH0047410—2000
型号规格:QNF150－P6 QNF150－P8;1500W
有 效 期:2000.6.14～2004.6.14
地　　址:浙江宁波余姚市低塘镇南路105号
邮政编码:315490

上海日野电气有限公司
暖风器
证书编号:CH0045920—2000
型号规格:NSP－200 2000W
有 效 期:2000.5.10～2004.5.10
地　　址:浙江省慈溪市掌起镇
邮政编码:315313

上海赛博电器有限公司
蒸汽电熨斗
证书编号:CH0044369—2000
型号规格:DC112 DC122 1100W
有 效 期:2000.3.28～2004.3.28
地　　址:上海市浦东新区杨高中路2108号
邮政编码:200135

上海三祥实业有限公司
取暖器
证书编号:CH0045994—2000
型号规格:HST－998 2300W(冷态2700W) HST－200A 2200W HST－200B 2100W 220V～ 50Hz
有 效 期:2000.5.10～2004.5.10
地　　址:浙江海盐县横港镇五丰村
邮政编码:314313

上海帅丰电器有限公司
吸油烟机
证书编号:CH0044280—2000
型号规格:CXW－160－2000A CXW－160－2000D
有 效 期:2000.3.24～2004.3.24
地　　址:浙江嵊州市长乐镇工业区
邮政编码:212467

上海帅格电器有限公司
离心式脱水机
证书编号:CH0053709—2000
型号规格:T58—88 T58—98 T58—128XP
有 效 期:2000.11.23～2004.11.23
地　　址:浙江省慈溪市师桥镇
邮政编码:315314

上海帅鹏电器有限公司
通风器
证书编号:CH0043038—2000
型号规格:KHG－18B KHG－18E KHG－18H 180mm
有 效 期:2000.2.22～2004.2.22
地　　址:浙江省慈溪市师桥镇古窑二村
邮政编码:315314

上海松雄电器有限公司
吸油烟机
证书编号:CH0049456—2000
型号规格:CXW－180－SK58 205W CXW－180－SK58A 205W
有 效 期:2000.8.8～2004.8.8
地　　址:上海市新翔黄公路5号桥
邮政编码:201802

上海索仕达灯饰制造有限公司
取暖器
证书编号:CH0051790—2000
型号规格:ST—1 1190W ST—2 640W 220V～ 50Hz
有 效 期:2000.10.9～2004.10.9
地　　址:浙江省余姚市余姚镇胜一村工业开发区
邮政编码:200335

上海泰南电器有限公司
取暖器
证书编号:CH0052795—2000
型号规格:STN1180 1180W STN1160 1160W
有 效 期:2000.11.1～2004.11.1
地　　址:上海市长宁区北瞿路1045号
邮政编码:200335

上海太平洋厨房设备有限公司
吸油烟机
证书编号:CH0043593—2000
型号规格:CXW－188－OVER2000;188W
有 效 期:2000.3.8～2004.3.8
地　　址:上海市汾州路203号
邮政编码:200082

上海太平洋普有洁具有限公司
取暖器
证书编号:CH0054560—2000
型号规格:AD—2000 2100W AD—2001 2000W 220V～50Hz
有 效 期:2000.12.11～2004.12.11
地　　址:上海闵行区金都路28号
邮政编码:201188

上海同辉电器有限公司
取暖器
证书编号:CH0045923—2000
型号规格:暖风暴－200 2400W，暖风暴－998 2100W; 220V～ 50Hz
有 效 期:2000.5.10～2004.5.10
吸油烟机
证书编号:CH0045922—2000
型号规格:CXW－180 180W
有 效 期:2000.5.10～2004.5.10
地　　址:浙江省嘉兴市王店镇
邮政编码:314011

上海贤艺机电设备有限公司
吸油烟机
证书编号:CH0044610—2000
型号规格:CXW－160－G909 185W
有 效 期:2000.4.4～2004.4.4
地　　址:浙江嵊州市剡城东路3号
邮政编码:312400

上海星菱万里工业投资有限公司
电吹风
证书编号:CH0041734—2000
型号规格:RCE－9905 1500W RCE－(130－9)－9812 1300W
有 效 期:2000.1.10～2004.1.10
地　　址:上海市崇明县庙镇镇南首
邮政编码:200070

上海益忠电器有限公司
室内加热器(浴霸)
证书编号:CH0049705－2000
型号规格:QG20A QG20B 2000W
有 效 期:2000.8.15～2004.8.15
地　　址:上海市普陀区桃浦镇真建村唐家桥105号

电热油汀
证书编号:CH0052922—2000
型号规格:NDB—15 1500W NDB—20 2000W 220V～ 50Hz

离心式脱水机
证书编号:CH0052923—2000
型号规格:T78—2000 型 T88—2000 型 T98—2000 型
有 效 期:2000.11.6～2004.11.6
地　　址:浙江省慈溪市新浦工业区
邮政编码:315322

绍兴市澳尔电器有限公司
吸油烟机
证书编号:CH0046825—2000
型号规格:CXW－150－Ⅱ CXW－150－98SⅡ
有 效 期:2000.5.30～2004.5.30
地　　址:浙江省嵊州市长乐镇
邮政编码:312467

绍兴市多帅电器有限公司
吸油烟机
证书编号:CH0046380—2000
型号规格:CXW－150－168 200W CXW－150－178 175W
有 效 期:2000.5.19～2004.5.19
地　　址:浙江嵊州市城东南开发区
邮政编码:312400

绍兴市高力电器有限公司
吸排油烟机
证书编号:CH0042119—2000
型号规格:CXW－160－G909 210W
有 效 期:2000.1.20～2004.1.20
吸油烟机
证书编号:CH0044614—2000
型号规格:CXW－138－F 180W CXW－160－G 185W
有 效 期:2000.4.4～2004.4.4
地　　址:浙江嵊州市剡城东路 3 号
邮政编码:312400

绍兴市虹太电器厂
吸油烟机
证书编号:CH0044613—2000
型号规格:CXW－180－A 180W
有 效 期:2000.4.4～2004.4.4
地　　址:浙江省嵊州市城关镇仙黄公路 18 号
邮政编码:312400

绍兴市家宝电器有限公司
吸油烟机
证书编号:CH0047548—2000
型号规格:CXW－130－Ⅰ 180W
有 效 期:2000.6.19～2004.6.19
地　　址:浙江省嵊州市城关镇剡兴路 3 号
邮政编码:312400

绍兴市普田电器有限公司
吸油烟机
证书编号:CH0047549—2000
型号规格:CXW－198－30 248W
有 效 期:2000.6.19～2004.6.19
地　　址:浙江省绍兴市嵊州炉具城 3 号(三界)
邮政编码:312452

绍兴市赛方机电有限公司
吸油烟机
证书编号:CH0048126—2000
型号规格:CXW－180－18 CXW－180－20 CXW－180－30;180W
有 效 期:2000.7.3～2004.7.3
地　　址:浙江省嵊州市城关镇艇湖工业区
邮政编码:312400

绍兴市帅丰电器有限公司
吸排油烟机
证书编号:CH0044252—2000
型号规格:CXW－160－2000A 160W
有 效 期:2000.3.23～2004.3.23
地　　址:浙江省嵊州市长乐镇环镇西路 33 号
邮政编码:212467

绍兴市兄弟电器有限公司
吸油烟机
证书编号:CH0047723—2000
型号规格:CXW－138－D CXW－138－B2
有 效 期:2000.6.22～2004.6.22
地　　址:嵊州城关镇东南路 165 号
邮政编码:212400

绍兴市亿田电器有限公司
吸油烟机
证书编号:CH0047874—2000
型号规格:CXW－160－Q208 190W
有 效 期:2000.6.27～2004.6.27
地　　址:浙江嵊州市三界炉具城 8 号
邮政编码:312452

深圳市金贝丽电器有限公司
暖风机
证书编号:CH0051511—2000
型号规格:QG20AS QG20A QG20S QG20;20000W
有 效 期:2000.9.27～2004.9.27
地　　址:深圳罗湖区贝丽北路 9 号
邮政编码:518020

深圳市金科特种材料有限公司
PTC 发热器
证书编号:CH0044272—2000
型号规格:波纹式表面带电系列额定电压 220V,
有 效 期:2000.3.24～2004.3.24
地　　址:广东省深圳市南山区科技工业园琼宇路 8 号金科大厦
邮政编码:518057

深圳市联创实业有限公司
远红外取暖器
证书编号:CH0051284—2000
型号规格:DF—1418K DF—1428K DF—1218K;1000W
有 效 期:2000.9.21～2004.9.21
地　　址:深圳市布吉镇白鸽笼华美工业区三栋
邮政编码:518112

深圳市顺章电器有限公司
暖风机
证书编号:CH0051667—2000
型号规格:PGK150—G 1500W PGK150—G1 1500W
有 效 期:2000.10.8～2004.10.8
地　　址:深圳市南山区科技园琼宇路 8 号
邮政编码:518057

深圳索雷克家用电器有限公司
暖风机
证书编号:CH0051785—2000
型号规格:1192,117,1191,1191A,109,339 220V～ 50Hz 2000W
有 效 期:2000.10.9～2004.10.9
地　　址:深圳市宝安区沙井镇黄埔洪田工业村
邮政编码:518125

深圳伟嘉电器有限公司
吹发器
证书编号:CH0043294—2000
型号规格: 5410Ti, 5430Ti, 5478Ti,

3560Ti,5112.1B,
有 效 期:2000.2.29～2004.2.29

电吹风

证书编号:CH0054783—2000
型号规格:5002,5401,5401F,5402.1,5401FST,
有 效 期:2000.12.17～2004.12.17
地　　址:深圳市宝安区沙井镇黄埔第二工业屯
邮政编码:518125

帅康集团有限公司宁波皮尔特电器厂

吸油烟机

证书编号:CH0049973—2000
型号规格:CXW－142－D11 CXW－142－D13 CXW－142－D21
有 效 期:2000.8.21～2004.8.21
地　　址:浙江省余姚市历山
邮政编码:315491

顺德市白马机械电器有限公司

电热水器

证书编号:CH0049615—2000
型号规格:DRB1－40TY 40L DRB1－50TY 50L DRB1－60TY 60L; 220V ～ 50Hz 1500W
有 效 期:2000.8.11～2004.8.11
地　　址:顺德市容桂镇容桂大道南18号A
邮政编码:528305

顺德市炽洋电器有限公司

电热水器

证书编号:CH0041676—2000
型号规格:ZF15－C 50L ZF15－E 40L 220V～50HZ 1500W
有 效 期:2000.1.7～2004.1.7
地　　址:顺德桂洲镇红旗新工业区
邮政编码:528305

顺德市德胜劲霸美发用品用具有限公司

电吹风

证书编号:CH0044969—2000
型号规格:JB－206 JB－206A JB－206B 220V 50Hz 1200W
有 效 期:2000.4.12～2004.4.12
地　　址:广东省顺德市南国东路逢沙工业区
邮政编码:528333

顺德市东方实业有限公司

电热水器

证书编号:CH0047490—2000
型号规格:ST－40A ST－50A ST－65A ST－80A ST－100A ST－120A ST－150A 220V～ 50Hz 等
有 效 期:2000.6.15～2004.6.15
地　　址:顺德市容桂镇桂中南路12号

顺德市桂洲镇昌宜电器厂

电热水器

证书编号:CH0047168—2000
型号规格:JI60－B 60L JI80－B 80L
有 效 期:2000.6.8～2004.6.8

吸油烟机

证书编号:CH0047169—2000
型号规格:CXW－200 220V 250W
有 效 期:2000.6.8～2004.6.8
地　　址:顺德市桂洲镇穗香工业区
邮政编码:528305

顺德市桂洲镇恒业电器五金厂

电热水器

证书编号:CH0054286—2000
型号规格:HCE—40A 40L HCE—50A 50L
HCE—80A 80L; 1500W
有 效 期:2000.12.5～2004.12.5
地　　址:顺德市容桂镇穗香工业区
邮政编码:528305

顺德市桂洲镇乐宝电器实业有限公司

电热水器

证书编号:CH0045869—2000
型号规格:BSDD50－W 50L BSDD60－W 60L
有 效 期:2000.5.8～2004.5.8
地　　址:中山市东凤镇沙口桥旁剑华大厦
邮政编码:528425

顺德市桂洲镇千禧燃气具有限公司

吸油烟机

证书编号:CH0042290—2000
型号规格:CXW－150
有 效 期:2000.1.24～2004.1.24
地　　址:广东顺德市桂洲镇南区工业区达盛二路2号
邮政编码:528305

顺德市桂洲镇幸福安康电器厂

电热水器

证书编号:CH0043668—2000
型号规格:DSZF－40 40L DSZF－30 30L
有 效 期:2000.3.9～2004.3.9
地　　址:广东省顺德市桂洲镇海尾管理区大业大道181号
邮政编码:528305

顺德市桂洲镇英龙电器实业有限公司

电热水器

证书编号:CH0042791—2000
型号规格:YL－40 40L 220V～50Hz
YL－50 50L 220V 1500W
有 效 期:2000.1.31～2004.1.31
地　　址:广东省顺德市桂洲镇容里华昌工业区
邮政编码:528306

顺德市桂洲镇珞依妮电器有限公司

电热水器

证书编号:CH0041677—2000
型号规格:ZF15－A 40L ZF15－B 60L 220V～ 50HZ 1500W
有 效 期:2000.1.7～2004.1.7
地　　址:广东省顺德市桂洲镇红旗新工业区
邮政编码:528305

顺德市金科电器有限公司

室内加热器(取暖器)

证书编号:CH0053365—2000
型号规格:NL12—1B 1200W
有 效 期:2000.11.15～2004.11.15
地　　址:广东省顺德市陈村镇建设路80号
邮政编码:528313

顺德市科皇燃具电器实业有限公司

电热水器

证书编号:CH0048609—2000
型号规格:DSZF－55B 66L DSZF－65B 65L
有 效 期:2000.7.14～2004.7.14
地　　址:广东省顺德市桂洲海尾工业区
邮政编码:528305

顺德市科荣电器有限公司

吸油烟机

证书编号:CH0047240—2000
型号规格: CXW — 168 — K1 218W
CXW—168—K5 193W
CXW—168—K11 188W
有 效 期:2000.6.9～2004.6.9
地　　址:广东省顺德市桂洲天河工业区12号
邮政编码:528305

顺德市美的厨具用品制造有限公司

充油式电暖器

证书编号:CH0050328—2000
型号规格:NY16EB 1600W
NY18EB 1800W NY20EB 2000W
有 效 期:2000.8.30～2004.8.30
地　　址:广东省佛山市罗公路中郊边工业区
邮政编码:528000

顺德市美的家电厂

吸油烟机

证书编号:CH0049398—2000
型号规格:CXW—138—DS68 188W
有 效 期:2000.8.7～2004.8.7
地　　址:广东省顺德市北 镇工业大道中发西路5号
邮政编码:528311

顺德市日顺丰实业有限公司

电热水器

证书编号:CH0047481—2000
型号规格:DSZF — 30 30L DSZF — 40 40L DSZF—50
50L;220V～ 1500W

吸油烟机

证书编号:CH0047480—2000
型号规格:CXW—240—2001
有 效 期:2000.6.15～2004.6.15
地　　址:顺德市容桂镇容边天河工业大道18号
邮政编码:528306

顺德市容桂镇澳森电器实业有限公司

电热水器

证书编号:CH0049843—2000
型号规格:DSZF — 40 40L DSZF — 60 60L
有 效 期:2000.8.17～2004.8.17
地　　址:广东省顺德市容桂镇细 中南路7号
邮政编码:528305

顺德市容桂镇东田实业有限公司

电热水器

证书编号:CH0051791—2000
型号规格: DSJF—40A 40L DSJF—50A 50L
有 效 期:2000.10.9～2004.10.9
地　　址:广东顺德市容桂镇容里工业区
邮政编码:528305

顺德市容桂镇海多电器实业有限公司

电热水器

证书编号:CH0051937—2000
型号规格:DSJF—40C 40L DSJF—50C 50L
有 效 期:2000.10.11～2004.10.11
地　　址:广东省顺德市碧桂路华口工业区
邮政编码:528305

顺德市容桂镇辉高家用电器厂

电吹风

证书编号:CH0049934—2000
型号规格:HR — 120 1200W HR — 100 1000W HR—750
750W;220V～ 50Hz
有 效 期:2000.8.18～2004.8.18
地　　址:顺德市容桂镇兴华路北兴工业区
邮政编码:528305

顺德市容桂镇辉煌燃具电器厂

电热水器

证书编号:CH0053952—2000
型号规格:DSJF50B 50L DSJF60B 60L DSJF80B
80L; 1500W 220V～50Hz
有 效 期:2000.11.29～2004.11.29
地　　址:顺德市容桂镇细工业区工业路
邮政编码:528305

顺德市容桂镇科田热水器厂

电热水器

证书编号:CH0048772—2000
型号规格:DRB—50 50L DRB—60 60L DRB—80
80L;220V 50Hz 1.5KW
有 效 期:2000.7.20～2004.7.20
地　　址:广东省顺德市容桂镇海尾工业开发区
邮政编码:528305

顺德市容桂镇名健电器制造有限公司

电热水器

证书编号:CH0052435—2000
型号规格: DSZF—30 30L DSZF—40 40L 等
有 效 期:2000.10.24～2004.10.24
地　　址:广东省顺德市容桂镇红旗工业区
邮政编码:528305

顺德市容桂镇奇美电器实业有限公司

电热水器

证书编号:CH0054924—2000
型号规格: DSZF—50 1500W 50L
DSZF—100 1500W 100L
有 效 期:2000.12.19～2004.12.19
地　　址:广东省顺德市容桂镇大福新工业区
邮政编码:528305

顺德市容桂镇文武电器厨具厂

电热水器

证书编号:CH0052600—2000
型号规格: DSZF—60 60L DSZF—40 40L
有 效 期:2000.10.29～2004.10.29
地　　址:广东顺德市容桂镇华口工业区
邮政编码:528305

顺德市容桂镇雅康电器有限公司

电热水器

证书编号:CH0053705—2000
型号规格: DSZF—50 50L DSZF—60 60L DSZF—100
100L;220V～ 50Hz 1500W
有 效 期:2000.11.23～2004.11.23
地　　址:广东顺德市容桂镇容里华昌工业区昌成东路20号
邮政编码:528306

顺德市容桂镇卓尔电器燃具厂

电热水器

证书编号:CH0054245—2000
型号规格:DRB—40T 40L CRB—60T

60L DRB—80T
80L；1500W 220V～50Hz
有 效 期：2000.12.5～2004.12.5
地　　址：广东省顺德市容桂镇聚胜工业区
邮政编码：528305

顺德市容佳镇奇美电器实业有限公司

电热水器

证书编号：CH0052031—2000
型号规格：DSZF—40 40L DSZF—60 60L
有 效 期：2000.10.15～2004.10.15
地　　址：广东省顺德市容桂镇大福基新工业区
邮政编码：528305

顺德市三高电器有限公司

电热水器

证书编号：CH0050326—2000
型号规格：RCD42S 42L RCD52S 5～L；1500W
有 效 期：2000.8.30～2004.8.30
地　　址：广东省顺德市桂洲镇大福工业区
邮政编码：528305

顺德市天品电器有限公司

吸油烟机

证书编号：CH0047602—2000
型号规格：CXW—132KB5 160W
有 效 期：2000.6.20～2004.6.20
地　　址：广东省顺德市桂洲容边天河工业西路1号
邮政编码：528306

顺德市希贵电器制造有限公司

电热水器

证书编号：CH0049148—2000
型号规格：DRB－L40C 40L DRB－L50C 50L
DRB—L60C 60L；1500W
有 效 期：2000.7.28～2004.7.28
地　　址：顺德市桂洲镇桂中南路228号
邮政编码：528305

顺德松下精工有限公司

吸油烟机

证书编号：CH0050187—2000
型号规格：FV － 70HVD1 FV － 70HVU1
有 效 期：2000.8.25～2004.8.25
地　　址：广东省顺德市容桂镇桂新东路2号
邮政编码：528305

顺德雄风电器实业公司

浴室取暖器

证书编号：CH0049936—2000
型号规格：NY118－A 1180W NY63－A 630W；220V～50Hz
有 效 期：2000.8.18～2004.8.18
地　　址：广东省顺德市桂洲镇桂中南路98号
邮政编码：528305

顺德蚬华多媒体制品有限公司

吸尘器

证书编号：CH0043675—2000
型号规格：C112MH 1000W
有 效 期：2000.3.9～2004.3.9
地　　址：广东省顺德市北 镇三乐东路18号
邮政编码：528311

四川长虹电子集团有限公司

电热水器

证书编号：CH0053988—2000
型号规格：CHH4511B 45L CHH6011B 60L
有 效 期：2000.11.29～2004.11.29
地　　址：广东省鹤山市桃源经济开发区
邮政编码：529725

四川德利电器有限责任公司

电热水器

证书编号：CH0052864—2000
型号规格：DRB80 80L DRB120 120L DRB150 150L
有 效 期：2000.11.5～2004.11.5
地　　址：成都市高新技术开发区三瓦窑
邮政编码：610063

松下.万宝(广州)电熨斗有限公司

蒸汽电熨斗

证书编号：CH0047845—2000
型号规格：NI－309E 1000W
有 效 期：2000.6.27～2004.6.27
地　　址：广东番禺市钟村镇
邮政编码：511495

松下·万宝(广州)电熨斗有限公司

调温蒸汽电熨斗

证书编号：CH0045718—2000
型号规格：IN－790E 1000W
有 效 期：2000.4.28～2004.4.28

蒸汽电熨斗

证书编号：CH0044839—2000
型号规格：NI－390E 1000W 220V～50Hz
有 效 期：2000.4.10～2004.4.10
地　　址：广东省番禺市钟村镇
邮政编码：511495

松下电工.万宝电器(广州)有限公司

电吹风

证书编号：CH0043594—2000
型号规格：EH5062 110/220V ～ 50/60Hz
950W 120/240V ～ 50/60Hz 1200W
有 效 期：2000.3.8～2004.3.8
地　　址：广东番禺市钟村万宝基地
邮政编码：511495

松下电工·万宝电器(广州)有限公司

卷发器

证书编号：CH0047930—2000
型号规格：EH7974 EH7981 EH7982 EH9784 EH7972
有 效 期：2000.6.28～2004.6.28
地　　址：广东番禺市钟村万宝基地
邮政编码：511495

苏州春飞家用电器有限公司

吸尘器

证书编号：CH0042081—2000
型号规格：HR8353型 HR8352型 HR8354型 1200W
有 效 期：2000.1.20～2004.1.20
地　　址：江苏省苏州市新区玉山路
邮政编码：215011

苏州金鹰电器有限公司

离心式脱水机

证书编号：CH0053746—2000
型号规格：T60—1 6.0Kg
有 效 期：2000.11.23～2004.11.23
地　　址：吴县市渭塘镇渭南路8号
邮政编码：215134

台山捷达电器制品有限公司

壁挂式干发器

证书编号:CH0048754—2000
型号规格:GDC－700 700W GDC－700A 700W
有 效 期:2000.7.19～2004.7.19

自动干手器

证书编号:CH0048753—2000
型号规格:GSX—2000 1400W
有 效 期:2000.7.19～2004.7.19
地　　址:广东省台山市大江镇工业南区
邮政编码:529261

台州市云爽电器有限公司

离心式脱水机

证书编号:CH0050630—2000
型号规格:T78—26
有 效 期:2000.9.6～2004.9.6
地　　址:浙江省台州市椒江鸿州大道755—10号
邮政编码:318015

天津三林电器有限公司

电热水器

证书编号:CH0049975－2000
型号规格:FCD－40T 40L FCD－60T 60L
有 效 期:2000.8.21～2004.8.21
地　　址:天津市北辰区宜兴埠津围公路151号
邮政编码:300402

天锡小天鹅厨卫器具有限公司

电热水器

证书编号:CH0042403—2000
型号规格:XD3515F 1500W 35L
有 效 期:2000.1.26～2004.1.26
地　　址:江苏省靖江市新桥光芒路15号
邮政编码:214035

温州市百乐电器公司

电热水器

证书编号:CH0046475－2000
型号规格:CSC－82L－1 82L;CSC－65L－1 65L;CSC－55L－1 55L;
有 效 期:2000.5.23～2004.5.23
地　　址:浙江省温州市西门中央巷17号
邮政编码:325000

温州市热水器总厂

电热水器

证书编号:CH0050327—2000
型号规格:KZ68HF 68L 900W 1200W 1500W KZ85HF 85L 900W 1200W 1500W
有 效 期:2000.8.30～2004.8.30
地　　址:温州市鹿城工业区康泉路11号
邮政编码:325500

温州小康厨具有限公司

吸油烟机

证书编号:CH0050055－2000
型号规格:CXW－139－W2000
有 效 期:2000.8.23～2004.8.23
地　　址:浙江省温州市北白象镇白塔王工业区
邮政编码:325603

无锡小天鹅厨卫器具有限公司

电热水器

证书编号:CH0048850－2000
型号规格: XDJ40B 40L 1500W XDJ60B 60L 1500W XDJ80B 80L 1250W
有 效 期:2000.7.21～2004.7.21
地　　址:南京市汉口门外凤凰西街14号
邮政编码:214035

吴县市防爆电机厂

吸油烟机

证书编号:CH0041751—2000
型号规格:CXW－128－18A 160W
有 效 期:2000.1.11～2004.1.11
地　　址:江苏省吴县市木渎镇山塘街9号
邮政编码:215101

厦门灿坤实业股份有限公司

干式熨斗

证书编号:CH0044599—2000
型号规格:TSK－661CSW 700W

可调式爆炸蒸汽熨斗

证书编号:CH0044601—2000
型号规格:TSK－746ANDSV TSK－746CS TSK－745CS;1100W
有 效 期:2000.4.3～2004.4.3

可调蒸汽电熨斗

证书编号:CH0047055—2000
型号规格:TSK－U723ACS 700W
有 效 期:2000.6.6～2004.6.6

蒸汽电熨斗

证书编号:CH0044600—2000
型号规格:TSK－730HSCS 700W
有 效 期:2000.4.3～2004.4.3
地　　址:福建省厦门市湖里区兴隆路88号
邮政编码:361006

厦门龙舟电气有限公司

电热水器

证书编号:CH0047697－2000
型号规格:SF30P－1.5 1500W SF30P－2 2000W
有 效 期:2000.6.22～2004.6.22
地　　址:厦门市天安工业村龙舟工业大厦
邮政编码:361006

先锋电器集团有限公司

室内加热器(PTC取暖器)

证书编号:CH0054793—2000
型号规格:QG—20A 2000W QG—20B 2000W
有 效 期:2000.12.18～2004.12.18

通风器

证书编号:CH0033080—99
型号规格:BPT—A BPT—B BPT—C 180mm
有 效 期:1999.5.6～2003.5.6
地　　址:浙江宁波慈溪市附海镇开发区
邮政编码:315332

萧山市阳光电器厂

取暖器

证书编号:CH0049321—2000
型号规格:YG－2000 220V～ 50Hz 2200W YG－368 220V～ 50Hz 2100W 等

吸油烟机

证书编号:CH0049320—2000
型号规格:CXW—160
有 效 期:2000.8.2～2004.8.2
地　　址:浙江萧山市新街镇盛东村
邮政编码:311217

盐城市苏燕达机械厂

日用管状电热元件(电热管)

证书编号:CH0051951—2000
型号规格:RGS 系列 220V 500—3000W
有 效 期:2000.10.11～2004.10.11

地　　址:江苏省盐城市城区张庄东升工业区
邮政编码:224015

伊莱克斯清洁用品(天津)有限公司

吸尘器
证书编号:CH0046076—2000
型号规格:ZW1200—101 型 ZW1200—111 型
ZW1200—121 型; 1200W
有 效 期:2000.5.21～2004.5.12
地　　址:天津市北辰区高峰路北
邮政编码:300400

宜兴市东立塑料电器厂

家用电器用电控制器(排水电动牵引器)
证书编号:CH0052348—2000
型号规格:QXD22—4—D 220V 50/60Hz
有 效 期:2000.10.22～2004.10.22
地　　址:宜兴市和桥镇百贤村花园头39 号
邮政编码:214211

樱花卫厨(中国)有限公司

电热水器
证书编号:CH0044773—2000
型号规格:SHE—4071 40L SHE—6071 60L; 2000W
有 效 期:2000.4.7～2004.4.7

吸油烟机(除油烟机)
证书编号:CH0044615—2000
型号规格:CXW—130—14 170W
有 效 期:2000.4.4～2004.4.4
地　　址:江苏省昆山市青阳南路
邮政编码:215300

余姚合群节能电子有限公司

快热式电热水器(即热式电热膜热水器)
证书编号:CH0055018—2000
型号规格:DMS—K—35—A 3500W
有 效 期:2000.12.21～2004.12.21
地　　址:浙江省余姚市北郊胜堰
邮政编码:315400

余姚市海友电器有限公司

吸油烟机
证书编号:CH0048439—2000
型号规格:CXW—150—2000C 200W
CXW—150—2000F 200W
有 效 期:2000.7.11～2004.7.11
地　　址:浙江省余姚市新建北路 230 号
邮政编码:315400

余姚市宇达电器有限公司

室内加热器(圣火壁炉)
证书编号:CH0044248—2000
型号规格:JGBL—A 2000W
有 效 期:2000.3.23～2004.3.23
地　　址:浙江省余姚市马渚环城北路
邮政编码:315450

远东家庭用具(南京)有限公司

吸排油烟机
证书编号:CH0043072—2000
型号规格:BR821 220W CXW—110—703 135W
有 效 期:2000.2.22～2004.2.22
地　　址:江苏省南京币中华门外东山镇大街东路 189 号
邮政编码:21110

浙江格林特厨房设备股份有限公司

吸油烟机
证书编号:CH0044480—2000
型号规格:CXW—139—K15A 189W
有 效 期:2000.3.31～2004.3.31
地　　址:浙江省余姚市三七市镇
邮政编码:315412

浙江美多电器有限公司

吸油烟机
证书编号:CH0044609—2000
型号规格:CXW—158—2000 160W
有 效 期:2000.4.4～2004.4.4
地　　址:浙江嵊州城东南开发区
邮政编码:312400

浙江双发炉具总厂

吸油烟机
证书编号:CH0047416—2000
型号规格:CXW—118—F 150W
有 效 期:2000.6.14～2004.6.14
地　　址:浙江嵊州市三界镇
邮政编码:312452

中山华帝燃具有限公司

强力吸油烟机
证书编号:CH0048051—2000
型号规格:CXW—63—99 I
有 效 期:2000.6.30～2004.6.30

深型吸油烟机
证书编号:CH0048052—2000
型号规格:CXW—138—200E
有 效 期:2000.6.30～2004.6.30
地　　址:广东省中山市小榄镇九洲工业开发区
邮政编码:528415

中山市创尔达燃具电器有限公司

电热水器
证书编号:CH0052592—2000
型号规格:CED—40 40L CED—50 50L CED—80 80L; 1500W
有 效 期:2000.10.29～2004.10.29
地　　址:广东省中山市东凤镇和平工业区
邮政编码:528425

中山市东凤镇百卓电器厂

电热水器
证书编号:CH0049628—2000
型号规格:DSZF—60 60L DSZF—100 100L
有 效 期:2000.8.11～2004.8.11
地　　址:广东中山市东凤镇和平工业区
邮政编码:528425

中山市东凤镇贵奇电器燃具厂

吸油烟机
证书编号:CH0046210—2000
型号规格:CXW—168—300 220V～50Hz
有 效 期:2000.5.17～2004.5.17
地　　址:广东中山市东凤镇广珠公路东凤路段
邮政编码:528425

中山市东凤镇豪丰五金电器配件厂

电热水器
证书编号:CH0050248—2000
型号规格:HFA—40L 40L HFA—50L 50L HFA—60L
60L;220V～ 50Hz 1500W
有 效 期:2000.8.29～2004.8.29
地　　址:广东省中山市东凤镇同安大道西工业区
邮政编码:528425

中山市东凤镇红人电器燃具厂

电热水器
证书编号:CH0049151—2000

型号规格:DSZF－40 40L DSZF－50 50L DSZF－60 60L;220V～50Hz 1500W

吸油烟机

证书编号:CH0049152－2000
型号规格:CXW－120－A202 CXW－120－A205
有 效 期:2000.7.28～2004.7.28
地　　址:广东省中山市东凤镇安乐工业区(在广珠公路边安路段)
邮政编码:528425

中山市东凤镇立泊尔电器厂

电热水器

证书编号:CH0051991—2000
型号规格:DSF—50L 50L DSF—60L 60L
有 效 期:2000.10.12～2004.10.12
地　　址:广东省中山市东凤镇民乐村7队
邮政编码:528425

中山市东凤镇力丰电器厂

吸油烟机

证书编号:CH0049930—2000
型号规格:CXW－160－338 210W CXW—160—378 210W
有 效 期:2000.8.18～2004.8.18
地　　址:广东省中山市东凤镇同安市场2楼
邮政编码:528425

中山市东凤镇美的宝电器燃具厂

电热水器

证书编号:CH0046652－2000
型号规格:DSZF－40E 40L DSZF－50E 50L DSZF－80E 80L;1.5kW 220V～50Hz
有 效 期:2000.5.26～2004.5.26
地　　址:广东省中山市东凤镇同安大道西
邮政编码:528425

中山市东凤镇松一电器厂

封闭型贮水式电热水器

证书编号:CH0042301—2000
型号规格:DS40A 40L DS60A 60L DS80A 80L 220V～50HZ 1.5kw
有 效 期:2000.1.24～2004.1.24
地　　址:广东省中山市东凤镇广珠路段金怡工业区
邮政编码:528425

中山市东凤镇万灵电器燃具厂

电热水器

证书编号:CH0048639－2000
型号规格:DRA－40 40L DRA－50 50L DRA－60 60L;220V～50Hz 1.5kW
有 效 期:2000.7.14～2004.7.14

吸油烟机

证书编号:CH0048640－2000
型号规格:CXW－150A 200W
有 效 期:2000.7.14～2004.7.14
地　　址:广东中山市东凤镇富华路
邮政编码:528425

中山市东凤镇五羊电器燃气具厂

吸油烟机

证书编号:CH0048638—2000
型号规格:CXW－150A 200W
有 效 期:2000.7.14～2004.7.14
地　　址:广东省中山市东凤镇东海二路
邮政编码:528425

中山市东凤镇新田燃气具厂

(贮水式)电热水器

证书编号:CH0053897—2000
型号规格:DFW80—C 80L DFW60—C 60L
有 效 期:2000.11.28～2004.11.28

电热水器

证书编号:CH0047278－2000
型号规格:DFW－40C 40L 1500W
有 效 期:2000.6.12～2004.6.12
地　　址:广东省中山市东凤镇兴华中路25号
邮政编码:528425

中山市东凤镇信力电器制造厂

电热水器

证书编号:CH0045866－2000
型号规格:BSDD40－D 40L BSDD60－D 60L
有 效 期:2000.5.8～2004.5.8

封闭型贮水式电热水器

证书编号:CH0042049—2000
型号规格:BSDD50－W 50L BSDD60－W 60L
有 效 期:2000.1.19～2004.1.19
地　　址:中山市东凤镇沙口桥旁剑华大厦
邮政编码:528425

中山市东凤镇银田燃气具厂

电热水器

证书编号:CH0050414—2000
型号规格:YD30 220V～50Hz 2500W 30L
有 效 期:2000.8.31～2004.8.31

吸油烟机

证书编号:CH0050413—2000
型号规格:CXW－128A
有 效 期:2000.8.31～2004.8.31
地　　址:广东省中山市东凤镇兴华中路
邮政编码:528425

中山市衡昌电器制品有限公司

电热水器

证书编号:CH0051992—2000
型号规格:DSZF—40 40L DSZF—60 60L
有 效 期:2000.10.12～2004.10.12
地　　址:顺德市容桂镇广珠公路边细工业区
邮政编码:510000

中山市宏友电器有限公司

电热水器

证书编号:CH0050129—2000
型号规格:DSZF－40 40L DSZF－50 50L DSZF－60 60L;220V ～50Hz 1500W
有 效 期:2000.8.25～2004.8.25
地　　址:广东省中山市黄辅镇大岑工业区沿江东路8号
邮政编码:528429

中山市华盛通电业有限公司

电热水器

证书编号:CH0043669—2000
型号规格:DSZF－40 40L DSZF－30 30L
有 效 期:2000.3.9～2004.3.9
地　　址:广东省顺德市桂洲镇海尾管理区工业大道181号
邮政编码:528305

中山市黄圃镇特丽珑电器燃具厂

吸油烟机

证书编号:CH0048483—2000
型号规格:CXW－150A 220W 220V
有 效 期:2000.7.12～2004.7.12
地　　址:广东省中山市黄圃镇大岑工业区

邮政编码:528429

中山市家康燃气具实业有限公司
电热水器
证书编号:CH0049948—2000
型号规格:DCF－50A 50L DCF－60A 60L
有 效 期:2000.8.18～2004.8.18
地　　址:广东省中山市龙凤镇广珠公路安乐路88号
邮政编码:528425

中山市家用电器总厂
电热锅
证书编号:CH0042095—2000
型号规格:CP16－2 220V 1600W
有 效 期:2000.1.20～2004.1.20
电热炉
证书编号:CH0042094—2000
型号规格:CLF1500T 220V 1500W
电热水器
证书编号:CH0042097—2000
型号规格:DCF40 40L DCF60 60L 220V～ 50Hz 1500W
有 效 期:2000.1.20～2004.1.20
暖气机
证书编号:CH0042096—2000
型号规格:QG12S 220V～ 50Hz 1250W
有 效 期:2000.1.20～2004.1.20
地　　址:广东省中山市中山一路121号
邮政编码:528401

中山市锦锋电器有限公司
电热水器
证书编号:CH0052357—2000
型号规格:DSZF—50A 50L DSZF—60A 60L DSZF—80A 80L;1500W
有 效 期:2000.10.22～2004.10.22
地　　址:广东省中山市东凤镇同安工业区
邮政编码:528425

中山市科田电器实业公司
电热水器
证书编号:CH0052877—2000
型号规格:CWH—55 55L CWH—65 65L
有 效 期:2000.11.5～2004.11.5
地　　址:广东省中山市东升镇科田工业大厦

邮政编码:528414

中山市龙的电器实业有限公司
吸尘器
证书编号:CH0041675—2000
型号规格:NK－191 1100W NK－193 1200W
有 效 期:2000.1.7～2004.1.7
地　　址:广东省中山市阜沙镇东阜公路
邮政编码:528434

中山市南光捷佳电器有限公司
电热水器
证书编号:CH0041642—2000
型号规格:DCF40－B 40L DCF50－B 50L
有 效 期:2000.1.7～2004.1.7
地　　址:广东省中山市南头镇镇南三路将军工业区
邮政编码:528427

中山市千红电器有限公司
吸油烟机
证书编号:CH0042300—2000
型号规格:CXW－150A
有 效 期:2000.1.24～2004.1.24
地　　址:广东省中山市南头镇低沙工业区
邮政编码:528427

中山市樱雪燃气具有限公司
电热水器
证书编号:CH0045924－2000
型号规格:ICD－50C 50L ICD－60C 60L ICD－80C 80L;1.5kW
有 效 期:2000.5.10～2004.5.10
吸油烟机
证书编号:CH0045925－2000
型号规格:CXW－190B 190W
有 效 期 2000.5.10～:2004.5.10
地　　址:中山市南头镇南三大道中
邮政编码:528427

中外合资合肥荣事达日用电器有限公司
电热水器
证书编号:CH0054477—2000
型号规格:RZ12—P 12L 1200W
有 效 期:2000.12.10～2004.12.10
地　　址:合肥市黄山路449号
邮政编码:230031

重庆百吉厨房用具有限公司
电热水器
证书编号:CH0053690—2000
型号规格:DSZF—80 1500W 80L; DSZF—60 1500W 60L
有 效 期:2000.11.22～2004.11.22
地　　址:广东中山市南头镇永兴路
邮政编码:528429

珠海格力电器股份有限公司
除湿机
证书编号:CH0043473—2000
型号规格:CF0.8M CF0.8E
有 效 期:2000.3.3～2004.3.3
地　　址:广东省珠海市前山金鸡西路6号
邮政编码:519070

珠海格力小家电有限公司
电暖器
证书编号:CH0038230－99
型号规格:FGW－8 800W
有 效 期:2000.4.30～2004.4.30
电热水器
证书编号:CH0045993－2000
型号规格:GLD35W 35L GLD50W 50L;2000W 220V～50Hz
有 效 期:2000.5.10～2004.5.10
电热油汀
证书编号:CH0038323－99
型号规格:NDY－1500W9 1500W
有 效 期:2000.4.30～2004.4.30
证书编号:CH0039948－99
型号规格:NDY－2000W11 2000W
有 效 期:2000.4.30～2004.4.30
地　　址:广东省顺德市桂洲镇南区工业区发昌路20号
邮政编码:528305

珠海市日普实业有限公司
电暖器
证书编号:CH0049673－2000
型号规格:HL01－2 2000W
有 效 期:2000.8.14～2004.8.14
暖风机
证书编号:CH0049303—2000
型号规格:HL01－1 2000W HL02－1 2000W
有 效 期:2000.8.2～2004.8.2
地　　址:广东省番禺市大石涌口工业区
邮政编码:511430

珠海市香洲比德斯电气有限公司

电热水器

证书编号:CH0043568—2000
型号规格:HCE－45 45L HCE－60 60L HCE－80 80L
有 效 期:2000.3.7～2004.3.7
地　　址:广东省鹤山市桃源经济开发区
邮政编码:529725

淄博希达电器有限公司

电热锅

证书编号:CH0048055—2000
型号规格:XDKG1－210 规格:～220V 50Hz 2100W
有 效 期:2000.7.30～2004.7.30
地　　址:山东省淄博市周村区长行新村
邮政编码:255300

嵊州市凯迪电器厂

吸排油烟机电机

证书编号:CH0042118—2000
型号规格:YYC 系列 6－120W
有 效 期:2000.1.20～2004.1.20
地　　址:浙江省嵊州市城关镇艇北路8号
邮政编码:312400

嵊州市山鹰电器制造有限公司

吸油烟机

证书编号:CH0044612—2000
型号规格:CXW－168－Q 168W
有 效 期:2000.4.4～2004.4.4
地　　址:浙江嵊州市剡城东路 3 号
邮政编码:312400

嵊州市天帅厨具有限公司

吸油烟机

证书编号:CH0048914—2000
型号规格:CXW－160－86Ⅱ CXW－160－A2 CXW－160－T2
有 效 期:2000.7.24～2004.7.24
地　　址:浙江省嵊州市城关镇下元塘工业区
邮政编码:312400

嵊州市天外天电器厂

吸油烟机

证书编号:CH0049995—2000
型号规格:CXW－160－A 160W
有 效 期:2000.8.22～2004.8.22
地　　址:浙江省嵊州市嵊义线 33 公里处
邮政编码:325205

嵊州市越美电器有限公司

通风器

证书编号:CH0049027—2000
型号规格:KLT－12BⅠ KLT－12BⅡ KLT－12BⅢ 120mm
有 效 期:2000.7.26～2004.7.26
地　　址:浙江嵊州市崇仁镇一村
邮政编码:312473

淇升电器(深圳)有限公司

电吹风

证书编号:CH0042087—2000
型号规格:DS633AC 230V 1800W
有 效 期:2000.1.20～2004.1.20

电发钳

证书编号:CH0042086—2000
型号规格:DS－322 120－240V DS－323
60/50Hz 10W

电热梳

证书编号:CH0042085—2000
型号规格:DS307 DS308 DS310 800W 230V
地　　址:深圳市宝安区福永镇桥头工业村(立新水库侧)
邮政编码:518103

电热毯

北京博为辰宇科贸有限公司

电热毯(自动控温电热毯)

证书编号:CH0054305—2000
型号规格:TK180×140—3X:110W
有 效 期:2000.12.6～2004.12.6
地　　址:牡丹江市西祥伦街 51 号
邮政编码:157013

北京东荣纤维塑料制品有限公司

电热毯

证书编号:CH0048920—2000
型号规格:TT150×120－3X 100W TT150－70－3X 50W
有 效 期:2000.7.25～2004.7.25
地　　址:北京市朝阳区小红门
邮政编码:100019

北京航天兴达劳动服务公司

电热毯

证书编号:CH0013558—2000A
型号规格:TT150×70－4X 60W
有 效 期:2000.6.27～2004.6.27
地　　址:北京市丰台区云岗北里 37 号
邮政编码:100074

北京华讯智慧科技发展有限公司

电热毯(远红外暖毯)

证书编号:CH0048795—2000
型号规格:MYY－D 36W NYY－S 72W
有 效 期:2000.7.20～2004.7.20
地　　址:鞍山市北胜利路 356 栋
邮政编码:114031

北京嘉兆电子制品公司

电热毯

证书编号:CH0010709—2000A
型号规格:TT150×120－3X
有 效 期:2000.7.31～2004.7.31
地　　址:北京朝阳区小红门
邮政编码:100019

北京金梦利家电制造有限责任公司

电热毯(自动控温电热毯)

证书编号:CH0053840—2000
型号规格:TK180×140—3X 110W
有 效 期:2000.11.27～2004.11.27
地　　址:牡丹江市西祥伦街 51 号
邮政编码:157013

北京市通州长宏电器厂

电热毯

证书编号:CH0047387—2000
型号规格:TT150×120－2X 100W TT150×75－2X 50W
有 效 期:2000.6.14～2004.6.14

电热毯(节能恒温型电热毯)

证书编号:CH0054729—2000
型号规格:TK150×130－5X 100W
有 效 期:2000.12.14～2004.12.14
地　　址:北京通州区台湖乡台湖村
邮政编码:101116

北京市通州兴华电热毯加工厂

电热毯

证书编号:CH0041812—2000
型号规格:TT150×120－3X TT150×

70—3X
有 效 期:2000.1.13～2004.1.13
地　　址:北京通州区台湖乡台湖村
邮政编码:101101

成都彩虹电器(集团)股份有限公司

电热毯
证书编号:CH0042202—2000
型号规格:TT160 × 126—5x 100w;TT170×130—6X 100W
有 效 期:2000.1.21～2004.1.21

调温型热毯
证书编号:CH0048228—2000
型号规格: TT160 × 126 — 1XD — F 100W
有 效 期:2000.7.6～2004.7.6
地　　址:四川省成都市一环路南一段六号
邮政编码:610061

慈溪市新虹电器有限公司

单人单控电热毯
证书编号:CH0048490—2000
型号规格:TT150 × 70—1X TT160×75—1X 220V 50Hz 50W

双人单控电热毯
证书编号:CH0048491—2000
型号规格:TT150 × 120—1X TT160 × 120—1X
有 效 期:2000.7.12～2004.7.12
地　　址:浙江省宁波慈溪市宗汉镇工业区
邮政编码:315301

上海小绵羊器具有限公司

电热毯
证书编号:CH0052709—2000
型号规格:TT160×130-5X 100W
有 效 期:2000.10.31～2004.10.31
地　　址:上海市汶水支路1号
邮政编码:200072

石家庄市德强电器厂

电热毯(自动控温电热毯)
证书编号:CH0053845—2000
型号规格:TK180×140—3X 110W
有 效 期:2000.11.27～2004.11.27
地　　址:牡丹江市西祥伦街51号
邮政编码:157013

苏州市新纪元塑胶有限公司

电热垫
证书编号:CH0047276—2000
型号规格:XD—30 30W XD—50 50W
有 效 期:2000.6.12～2004.6.12
地　　址:苏州市虎丘青年路118号
邮政编码:215008

定时器

北京市亚光仪器有限责任公司中兴电器分公司

定时器
证书编号:CH0041681—2000
型号规格:DXT—15S—1 220V 2.5A
有 效 期:2000.1.7～2004.1.7
地　　址:北京市大兴县西红门宏康路2号
邮政编码:100076

慈溪市定时器总厂

电饭煲用电动式定时器
证书编号:CH0013287—2000A
型号规格:DBD 系列:电机:220V 50Hz 触点:6A 220V
有 效 期:2000.6.22～2004.6.22
地　　址:慈溪市车站路19号
邮政编码:35300

慈溪市横河电讯电子器件厂

定时器和定时开关(脱水定时器)
证书编号:CH0050322—2000
型号规格:DXT—15SF 2.5A 220V
有 效 期:2000.8.30～2004.8.30
地　　址:浙江省慈溪市横河镇河滨路2号
邮政编码:315318

慈溪市乐奇电器厂

风扇用定时器
证书编号:CH0048453—2000
型号规格:DFJ—120 1.6A 120min DFJ—60 1.6A 60min
地　　址:慈溪浒山镇华胜路198号
邮政编码:315300

慈溪市斯佳电器厂

机械式定时器
证书编号:CH0050186—2000
型号规格: DFJ — 30 DFJ — 15 220V 1.6VA
有 效 期:2000.8.25～2004.8.25
地　　址:浙江省兹溪市桥头镇
邮政编码:315317

慈溪市掌起镇圣灵电器厂

定时器
证书编号:CH0046187—2000
型号规格:DFJ—60 0～60min DFJ—15 0～15min
有 效 期:2000.5.16～2004.5.16
地　　址:浙江慈溪市掌起镇贴水村
邮政编码:315313

国营二一〇厂

化霜定时器
证书编号:CH0009550—2000A
型号规格: DBY 系列 AC 110V AC220V AC240V 50HZ 5A
有 效 期:2000.2.22～2004.2.22
地　　址:北京市丰台区三营门
邮政编码:100076

杭州市天马定时器厂

机械式洗衣机定时器
证书编号:CH0013847—2000A
型号规格:DXT15F—A 3A 220V
有 效 期:2000.12.26～2004.12.26
地　　址:浙江杭州市机场路笕桥镇
邮政编码:310021

乐清市华云电器有限公司

除霜定时器
证书编号:CH0047414—2000
型号规格:DBY802B 250V 5A
有 效 期:2000.6.14～2004.6.14
地　　址:浙江省乐清市淡溪镇黄塘
邮政编码:325608

宁波电视机元件厂

定时器
证书编号:CH0055156—2000
型号规格:DKJ—Y 16A 250V
有 效 期:2000.12.25～2004.12.25
地　　址:宁波江北槐树路156号
邮政编码:315020

宁波定时器总厂

定时器(脱水定时器)
证书编号:CH0052788—2000
型号规格:DXT5—3 3A 250V
有 效 期:2000.11.1～2004.11.1
地　　址:宁波市江东铸坊巷34号
邮政编码:315040

宁波新蕾集团公司
定时器(洗涤定时器)
证书编号:CH0050071—2000
型号规格:DD15S(F)—A 3A 220V
有 效 期:2000.8.24～2004.8.24
地　　址:浙江宁波南门鄞江镇
邮政编码:315151

锡山市东五金电器厂
风扇定时器
证书编号:CH0044783—2000
型号规格:DFJ120 220V ～ 1.6A 120min
有 效 期:2000.4.7～2004.4.7
地　　址:锡山市金城湾育路4号
邮政编码:214123

余姚定时器厂
定时器
证书编号:CH0052423—2000
型号规格:DFJ30 1.6A 220V
有 效 期:2000.12.24～2004.10.24
地　　址:浙江省余姚市泗门镇西郊工业区
邮政编码:315470

浙江双羊集团有限公司
定时器
证书编号:CH0044977—2000
型号规格:TS—MC 10A 220V～
定时范围:
15min～23h 45min
有 效 期:2000.4.22～2004.4.22
地　　址:浙江省慈溪市观城镇五里
邮政编码:315315

鄞县东海电器元件厂
脱水定时器
证书编号:CH0054497—2000
型号规格:DXT—5 220V～ 3A
洗涤定时器
证书编号:CH0054496—2000
型号规格:DXT—15SF 220V～3A
有 效 期:2000.12.10～2004.12.10
地　　址:宁波市鄞县横街镇上陈村
邮政编码:315181

鄞县东海定时器有限公司
脱水定时器
证书编号:CH0045822—2000
型号规格:DXT—5—2 3A 220VAC
洗涤定时器
证书编号:CH0045823—2000
型号规格:DXT — 35SF — 104 3A 220VAC
有 效 期:2000.4.29～2004.4.29
地　　址:浙江省鄞县横街镇林村
邮政编码:315181

得理电子(深圳)有限公司
电子琴(含电源适配器)
证书编号:CH0050119—2000
型号规格:MC—180 MC—100 MC—105A MC—106 MC—300
有 效 期:2000.8.24～2004.8.24
地　　址:深圳市南山区马家龙18栋得理工业大厦
邮政编码:518052

深圳市吟飞电子有限公司
电子琴
证书编号:CH0048502—2000
型号规格:TB6110 TB6116 220VAC 50Hz 12VDC
有 效 期:2000.7.12～2004.7.12
地　　址:深圳市八卦四路14号3楼东座
邮政编码:518031

天津雅马哈电子乐器有限公司
便携式电子琴
证书编号:CH0045878—2000
型号规格:PSR—280(适配器:PA—32)规格:700mA
有 效 期:2000.5.9～2004.5.9
地　　址:天津市经济技术开发区洞庭路130号
邮政编码:300220

北京恩布拉科雪花压缩机有限公司
电动机—压缩机
证书编号:CH0051997—2000
型号规格:ECU55HLP
有 效 期:2000.10.12～2004.10.12
地　　址:北京永外贾家花园15号
邮政编码:100075

广东美芝制冷设备有限公司
电动机—压缩机
证书编号:CH0046840—2000
型号规格: PH240X2C — 4FT PH225X2C — 4 * * PH225X等
有 效 期:2000.5.30～2004.5.30
地　　址:广东省顺德市顺峰山工业区开发区

广州冷机股份有限公司
电动机—压缩机
证书编号:CH0047527—2000
型号规格:D115LRAA
D110LRAA
D119LRAA
有 效 期:2000.6.16～2004.6.16
地　　址:广东省广州市白云区人和镇
邮政编码:510470

广州万宝压缩机有限公司
电动机—压缩机(涡旋式)
证书编号:CH0048350—2000
型号规格:400DH — 64C2 400DH — 64C1 380V～ 50Hz
有 效 期:2000.7.10～2004.7.10
地　　址:广州从化市棋杆镇
邮政编码:510935

杭丽制冷设备有限公司
电动机—压缩机
证书编号:CH0052380—2000
型号规格:QD178
有 效 期:2000.10.22～2004.10.22
地　　址:杭州市庆春路老浙大横路9号
邮政编码:310009

杭州阿尔凯压缩机厂
电动机—压缩机
证书编号:CH0046326—2000
型号规格:QD30LB
有 效 期:2000.5.19～2004.5.19
地　　址:杭州市机场路183号
邮政编码:310021

华意压缩机股份有限公司
电动机—压缩机
证书编号:CH0052645—2000
型号规格:AE1360M 78W
有 效 期:2000.10.30～2004.10.30
地　　址:江西省景德镇新厂东路28号
邮政编码:333001

加西贝拉压缩机有限公司
电动机—压缩机
证书编号:CH0047517—2000
型号规格:ZBK1114CYA
有 效 期:2000.6.16～2004.6.16
地　　址:浙江嘉兴王店镇

邮政编码:314011

江苏东方机电集团公司国营常熟制冷设备厂

电动机—压缩机

证书编号:CH0046491—2000
型号规格:QDHC68
有 效 期:2000.5.23～2004.5.23
地　　址:常熟白雪路
邮政编码:215500

南光制冷设备有限公司

电动机—压缩机

证书编号:CH0050211—2000
型号规格:QD25　QD30　QD65
有 效 期:2000.8.28～2004.8.28
地　　址:湖北省荆州市金龙路
邮政编码:434007

三菱电机(广州)压缩机有限公司

电动机—压缩机

证书编号:CH0046619—2000
型号规格:SHV130FFDC SHV130F＊＊C
有 效 期:2000.5.26～2004.5.26
地　　址:广州经济技术开发区东江大道102号

上海森林电器有限公司

电动机—压缩机

证书编号:CH0047115—2000
型号规格:KHV104FCKC KHV104FCTC
有 效 期:2000.6.7～2004.6.7
地　　址:上海市浦东金桥金苏路77号
邮政编码:201206

上海扎努西电气机械有限公司

电动机—压缩机

证书编号:CH0049914—2000
型号规格:GQY75AG
有 效 期:2000.8.18～2004.8.18

沈阳华润三洋压缩机有限公司

电动机—压缩机

证书编号:CH0048075—2000
型号规格:QXB－23C(F)　QXB－23D(F)　QXB－23E(F)　QXB－23G(F)
有 效 期:2000.6.30～2004.6.30
地　　址:沈阳市大东区小二台子柳林街4号
邮政编码:110044

松下.万宝(广州)压缩机有限公司

电动机—压缩机

证书编号:CH0046516—2000
型号规格:RM5485GNE1B　220V～50Hz
有 效 期:2000.5.25～2004.5.25

空调压缩机

证书编号:CH0046505—2000
型号规格:2P17C225C＊＊ 2P17C225B＊＊
有 效 期:2000.5.24～2004.5.24
地　　址:广东番禺市钟村镇谢村
邮政编码:511495

无锡松下冷机压缩机有限公司

电动机—压缩机

证书编号:CH0050212—2000
型号规格:DC91E10RAX5
有 效 期:2000.8.28～2004.8.28
地　　址:江苏省无锡新加坡工业园锡新一路140号
邮政编码:214028

西安大金庆安压缩机有限公司

电动机—压缩机

证书编号:CH0047153—2000
型号规格:JT95BH－Y1L JT95BHBY1L
有 效 期:2000.6.8～2004.6.8
地　　址:西安市高新技术产业开发区西区高新二路10号

西安庆安制冷设备股份有限公司

电动机—压缩机

证书编号:CH0052295—2000
型号规格:YZG—36RY1 1200W
有 效 期:2000.10.19～2004.10.19

空调压缩机

证书编号:CH0016633—97
型号规格:YZG－27R YZG－27
有 效 期:2001.2.17
地　　址:西安市高新技术开发区(西区)高新二路9号
邮政编码:710075

扎努西电气机械天津压缩机有限公司

电动机—压缩机

证书编号:CH0046063—2000
型号规格:GVY35AA
有 效 期:2000.5.12～2004.5.12
地　　址:天津河东区九经路25号
邮政编码:300111

杭州新大都工贸有限公司

风扇定时器

证书编号:CH0042289—2000
型号规格:FA－120 120min FA－60 60min 250V～1.6A
有 效 期:2000.1.24～2004.1.24
地　　址:浙江省杭州市双菱路86号三楼
邮政编码:310020

顺德市勒流镇新艺电器厂

永磁同步电动机(定时器用)

证书编号:CH0041741—2000
型号规格:38DT206S 220V
有 效 期:2000.1.10～2004.1.10
地　　址:广东省顺德市勒流镇新明管理区
邮政编码:528832

中华世纪钟亭

海淀区国家税务局办公楼

阿尔及利亚酒店

山东聊城文轩完全中学

中国航天机电集团公司第三研究院第三设计部

中国航天机电集团公司第三研究院第三设计部是我国飞航导弹武器系统的总体设计部，承担飞航导弹武器系统的总体技术研究、设计、试验和部分配套产品及民品的研制生产。

第三设计部创建于1960年，现有60多个专业的各类技术人员870人，其中研究员和高级工程师350人；拥有技术水平先进的电磁兼容试验室、综合环境试验室、仿真试验室、强度试验室、三防试验室、测试试验室和设备，具有开发、研制和生产所需的先进手段。三部经过40年的发展，现已成为一个技术力量雄厚、各类专业齐全配套、研制手段先进的高科技单位。

改革开放以来，三部贯彻“军民结合”的方针，将航天高科技成果转为民用，积极开拓国内外市场，为国民经济建设服务。三部的民用产品涉及控制工程、计算机应用、电子产品、机械设备、通讯、汽车、石化设备等领域。其中UBG系列光导电子液位仪、亚航牌HC系列三坐标划线测量系统、BHZG系列自动供水设备、三晶牌厢式改装汽车和天京牌抗静电全钢活动地板等民品为三部支柱产品。

第三设计部于1996年12月12日通过了ISO9001质量体系认证。

热烈欢迎各界朋友前来进行各种形式的投资洽谈，并进行广泛的经济技术交流。

办公楼

舰舰导弹

超音速飞航导弹

中国航天机电集团公司

第三研究院第三设计部

航天十佳民品、消费者信得过产品：三晶牌厢式改装汽车

天京牌抗静电全钢活动地板

国家级新产品、航天部优质产品：
UBG 系列光导电子液位仪

国家级新产品：
亚航牌 HC 系列三坐标划线测量系统

地址：北京市丰台区云岗北里 1 号
邮码：100074
电话：（010）68374477
传真：（010）68375275
电子邮箱：bashi@public.bta.net.cn
法人代表：曹建国

国家级新产品：BHZG 系列自动供水设备

▲江泽民总书记为我院题辞

NPIC

中国
Nuclea
地

中国核动力研究设计院（简称中国核动力院）是我国从事核反应堆工程研究、设计、试验和运行的规模最大的综合性基地，是中国核动力工程的摇蓝。自1958年建院以来，已经形成包括核动力工程设计、反应堆运行和应用研究、反应堆工程研究、核燃料和材料研究、同位素生产和核技术应用研究等完整的研究设计体系，是融科学研究和工程设计于一体的国家高技术核动力研究设计院。

中国核动力院现有职工3700人，专业技术人员2200人，其中研究员、高级工程师600人，中级技术人员850人；共有1100多项成果获得国家和省部级奖，拥有国家和省部级突出贡献中、青年专家35名，享受政府特殊津贴专家105名。全院有50多个专业和学科，下设4个研究所、4个中心、90多个实验室（其中2个国家级重点实验室）和1个设备制造厂，专业配置齐全，实验设施先进，技术力量雄厚，在中国高新技术领域和先进能源开发工业体系中，占有重要的地位。

中国核动力院先后自行设计、建造了我国第一座压水型核动力反应堆、第一座高通量工程试验堆、第一座脉冲反应堆；完成了秦山核电一期工程的部分

▲动力设备综合试验装置

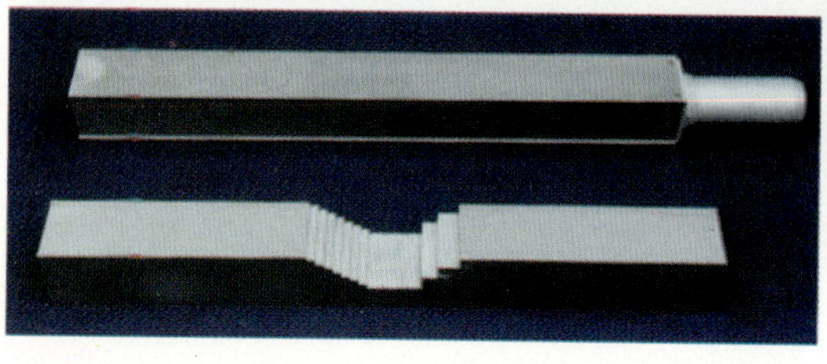

◀U_3Si_2–Al板型燃料组件

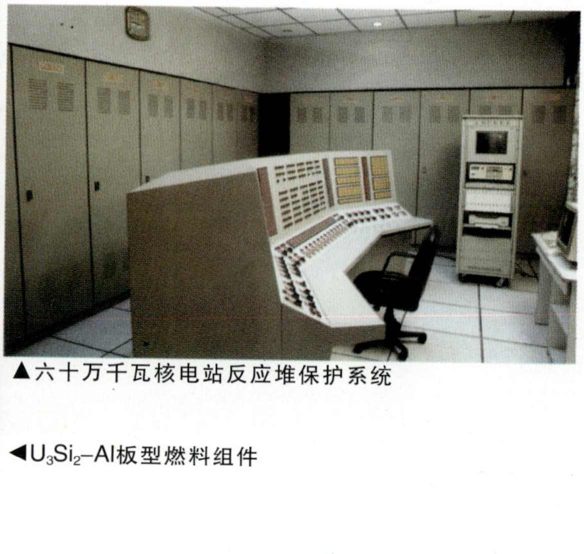

▲六十万千瓦核电站反应堆保护系统

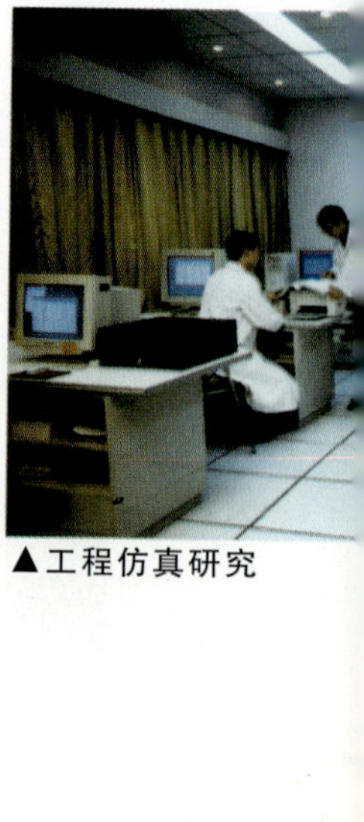

▲工程仿真研究

核动力研究设计院

Power Institute of China

省成都436信箱 邮码:610041 电话:(028)5582199-33276

重要实验研究项目；研制生产了各种类型堆用燃料元件,有的已出口国外。目前,承担了秦山核电二期工程的反应堆及反应堆冷却剂系统的设计和相关的科研攻关与工程试验项目；承担了商用化脉冲堆的设计、建造;正在进行先进压水堆核电站的研究开发工作。按照江泽民总书记1991年6月15日批示建设的成都核动力实验研究基地已基本建成，该基地拥有10多个大型核动力实验装置，使我国的核动力实验研究设施接近或达到世界先进水平。

中国核动力院以市场为导向，努力从事科技成果的转化和开发研究，初步形成了同位素及其配套的多种医用治疗机、工业用探伤机、"云克"抗类风湿系列药品和新材料等支柱产品。

中国核动力院已分别通过了GB/T19001-1994(idt ISO9001:1994)和GJB/Z9001-1996标准的质量体系认证,4个研究所和设备制造厂也分别通过了各自军、民产品的质量体系认证。

我院将按照"开拓创新、精心设计、科学试验、安全运行、质量第一、用户满意"的质量方针,奋力拼搏、开拓进取,为我国的核动力事业和国民经济建设勇攀高峰,再创辉煌。

▲院长:杨岐

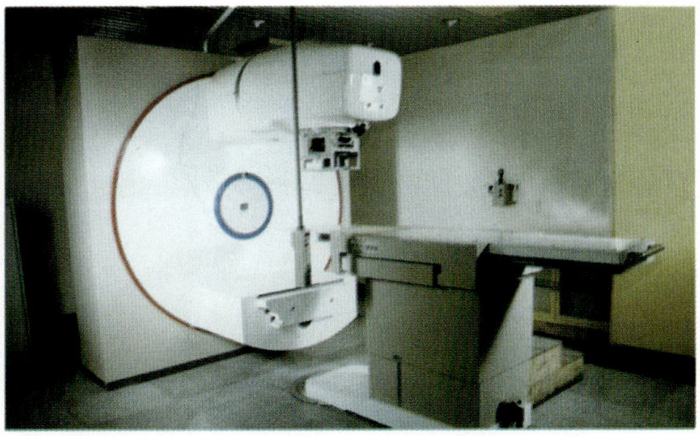

▲钴-60远距离治疗机

高通量工程试验堆堆芯▶

中国航天科技集团公司

科研办公楼全貌

中国航天科技集团公司第七0一研究所创建于1956年，是应航天事业发展需要而成立的中国第一个空气动力研究、试验机构，直属中国航天科技集团公司。

七0一所拥有从低速到超高速，从常规到特种，从气动力到气动热，从气动到水动等各类试验设备18座，中国科学院院士1名，工程师以上科技人员500多名，技术工人400多名，是技术力量雄厚，设备齐全，理论试验应用研究并举，测控处理专业配套齐全的综合性空气动力研究基地和技术开发中心，具有博士、硕士研究生的培养资格和能力。主要从事飞行器气动力、气动热的理论研究、数值计算和模拟试验及理论、实验、计算空气动力学研究，并具备风洞设备设计、研制和工业流体动力机械研究开发能力。

改革开放以来。七0一所努力将航天高科技成果转化为民用，为经济建设服务，在传感器、电阻应变计的研制、光学元器件的加工及精密机电设备设计、制造等方面形成支柱产品。在气动脱硫除尘设备装置的设计、高速车船工程和风工程开发研究、地效飞行器的研制、测控设备的研制、压力容器检验和大型设备安装、调试等方面具有很强的产业能力。

七0一所的气动力、气动热地面模拟试验研究和主导民品于2000年9月8日分别通过了ISO9001和ISO9002质量认证。

热烈欢迎各界朋友前来进行各种形式的技术合作、交流，投资洽谈！

亚跨超声速风洞

数值模拟出的飞行器高超声速流场压力等值线图

地面效应风洞试验

第七〇一研究所

香港天坛大佛等塑像、建筑模型风载试验

高精度光学产品

地址:北京市丰台区云岗西路17号(北京7201信箱)
邮政编码:100074
电话:(010)68375458
传真:(010)68374758
E-mail:INFO@BIA701.COM
网址:HTTP://WWW.BIA701.COM

地效飞行器

气动脱硫除尘设备实验室

气垫船

应变式压力、负荷传感器

中国航天机电集团 二院二O三所

所长：宋素秀

地址：北京市海淀区永定路50号
（北京142信箱408分箱）
邮码：100854
电话：（010）68385481
传真：（010）68385470

中国航天机电集团二院二O三所创建于1957年，是国防科工委计量测试研究中心、航天电磁兼容检测中心、航天晶体元器件定点研制、生产单位。

203所根据专业特点建立了相应的质量保证体系，通过了GB/T19001和GJB/Z9001质量体系认证、国家校准/检测实验室认可及石英晶体元件贯彻国军标认证。

203所校准、检测水平属国内一流，达到国际90年代先进水平。其无线电、时间频率及电学的31项校准项目及电磁兼容的15项检测项目已获国家考核认可，并对外开展校准、检测业务，其中两项属国家基准。

203所主要产品有：频率综合器及接收机类电子产品、石英晶体元器件、万能电源插座及射频同轴连接器转接器等。

40多年来，203所共获科学技术进步奖近200项，其中国家级10项，省部级近190项。现有科技人员300余人，其中高级技术职称以上100余人。具有一支计量、检测、研制与生产技术实力雄厚的科研队伍。

石英晶体谐振器

网络分析仪校准、检测系统

石英晶体振荡器

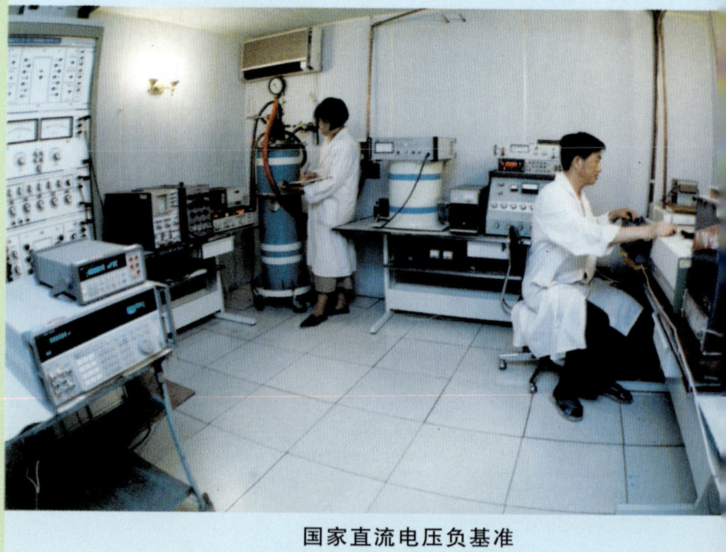

国家直流电压负基准

中国兵器工业规划研究院
电源技术研究所

所长：赵金龙

地址：北京市永外南顶村33号
邮码：100075
电话：(010)67210549
传真：(010)87251014
E-mail：market@bjpowersupply.com
http://www bjpowersupply.com

我所质量方针是：

科技为本
务实求精
产品优质
服务上乘

中国兵器工业规划研究院电源技术研究所是中国兵器工业集团所属的从事现代电子电源及军工产品定点生产单位，于1993年被北京市科委审定为高新技术企业并多次获得科技进步奖、优秀产品奖和优秀企业及企业家奖。并在2000年通过了GJB/Z9001-96和GB/T19001-94中国新时代质量体系认证中心通信电源的设计、开发、生产和服务的质量体系认证。

本所主要从事研制开发交直流通信电源、工业电源及特种电源，其功率等级从50W-50KW，生产的各类产品均严格执行GJB/Z9001或GB/T19001质量保证体系控制标准。产品具有高稳定性和高可靠性，并已广泛在全军及各无线电通信领域中应用。

本所承接各类电源工程的研制开发任务，欢迎广大用户洽谈、垂讯。

中国铁道建筑总公司

地址：北京复兴路40号 邮码：100855 电话：(010)83488114 传真：(010)68217382 电子邮箱：E-mail@Public.bta.net.cn

经理：王振侯

管理者代表、总工程师：宋抗常

中国铁道建筑总公司前身是中国人民解放军铁道兵，1984年集体改工并入铁道部，是经国家建设部批准具有工程总承包一级资质和拥有对外经营权的国有特大型企业。现有职工17万人，总资产293亿元。

总公司主要承担铁路、公路、桥梁、隧道与地下工程、水利、电力、邮电、机场、港口、矿山、市政、工业与民用建筑等工程的设计、施工、设备安装、工程监理、造价和技术咨询，施工能力达到年完成产值300多亿元。

新中国成立以来，总公司参加了鹰厦、成昆、大秦、青藏、京九、南昆、粤海通道等百余条铁路新线、复线、干支线的建设共22323公里。参与修建济青、成渝等上百条高速公路和高等级公路。承建了温州、上海虹桥、海口美兰等20多个机场；引滦入津、上海黄浦江上游引水、深圳河治理等40多项大型水利、电力工程；中国联通、广播电视系统的光缆工程；北京、广州、上海的地铁工程；北京华侨大厦等1650多万平方米的工业与民用建筑及市政工程等。施工地域覆盖全国并走向国际市场，先后承建了朝鲜、新加坡、博茨瓦那、巴基斯坦、尼日利亚、塞浦路斯等国家和香港、澳门特区的数十项工程。

总公司所辖中铁第十一至第二十工程局（集团公司）、工厂局、物资局等的百余家企业已通过ISO9000族标准认证。我们将以贯彻九千标准为起点，坚持"科学管理、技术创新、兑现合同、建造精品"的质量方针，通过质量体系的有效运行，优质高效地把我们的产品和服务提供给顾客。

深圳梧桐山公路第二隧道

北京信达金融大厦

京九铁路全线在定南站接轨盛况

灵武铁路黄河特大桥

南京国际机场高速公路

温州机场

高速公路北茹隧道

现场组装世界最先进的TBM掘进机

中铁建厂工程局北京第一建筑工程处

处长兼党委书记：邱振虎

中铁建厂工程局(原铁道部建厂工程局)北京第一建筑工程处是建设部壹级建筑施工企业，资金
用等级为“AAA”级，注册资金3236万元。全处共有职工2101人，各类中、高级专业技术人员603人，具
年完成施工面积60万平方米，建筑安装施工产值6亿元的施工能力。1997年11月6日与局总部同步通
ISO9001质量体系认证和国际标准认证；2000年7月25日又独立通过ISO9002质量体系认证。

自1953年建处以来，先后承建了多项国家及省市级重点工程的施工任务，累计完成铁路内外工
与民用建筑700多万平方米。改革开放20年来，该处在市场经济条件下，以质量求生存，以管理求发
建成了一大批可展示该处实力的精品工程，其中北京亮马河大厦、北京幸福大厦及该处派员施工管
的深圳火车站、深圳国企大厦、深圳五洲宾馆荣获中国建筑业最高奖—鲁班奖，为该局荣获中国建筑
会授予的“创鲁班工程特别荣誉奖”做出了突出贡献。

“以诚信、智慧、科技、管理铸就更高质量和更富情感的建筑精品”是该处的质量方针，该处愿意
各界真诚合作，竭诚为用户和社会提供优质服务，奉献建筑精品。

北京幸福大厦A座
(1994年度建筑工程鲁班奖)

北京铁道大厦
(1998年度北京市优质工程)

北京亮马河大厦
(1991年度建筑工程鲁班奖)

北京火车站抗震加固、大修改造工程。(迎接建国五十周年67项重点工程之一)

地址：北京市丰台区
造甲村111号
邮码：100070
电话：市电(010)6371657
63732578
路电：52557 52477
传真：(010)63716576

水 泥 产 品

重庆渝桂水泥有限责任公司

普通水泥

证书编号:A072000A0451－01
型号规格:425R
有 效 期:2000.4.30～2005.4.30
地　　址:重庆市长寿县八棵镇凡安桥
邮政编码:401225

秦皇岛宝岛水泥有限公司

普通水泥

证书编号:A072000A0460－01
型号规格:425＃
有 效 期:2000.4.30～2005.4.30
地　　址:河北省卢龙县石门镇开发区
邮政编码:066401

宜兴国山水泥厂

普通水泥

证书编号:A072000A0462－01
型号规格:425＃
有 效 期:2000.4.30～2005.4.30
地　　址:江苏省宜兴市张绪镇
邮政编码:214281

杭州钱江水泥厂

普通水泥

证书编号:A072000A0470－01
型号规格:425＃
有 效 期:2000.4.30～2005.4.30
地　　址:浙江省杭州市闲林镇
邮政编码:311122

诸暨市交通水泥有限责任公司

普通水泥

证书编号:A072000A0474－01
型号规格:425＃
有 效 期:2000.4.30～2005.4.30
地　　址:浙江诸暨市山下湖镇桐子山
邮政编码:311804

普通水泥

诸暨市墨城水泥厂

证书编号:A072000A0475－01
型号规格:425R
有 效 期:2000.4.30～2005.4.30
地　　址:浙江省诸暨市江藻镇江阁
邮政编码:311822

矿渣水泥

巢湖铁道水泥厂

证书编号:A072000A0476－01
　　　　　A072000A0476－02
型号规格:425＃ 525＃
有 效 期:2000.4.30～2005.4.30
地　　址:安徽省含山县林头镇
邮政编码:238103

安徽铜陵海螺有限公司

普通水泥

证书编号:A072000A0479－01
　　　　　A072000A0479－02
型号规格:PII525＃ 525＃
地　　址:安徽省铜陵市古圣村
邮政编码:244000
有 效 期:2000.4.30～2005.4.30

福建省龙岩玉鹭水泥厂

普通水泥

证书编号:A072000A0483－01
型号规格:425＃R
有 效 期:2000.4.30～2005.4.30
地　　址:福建省龙岩市新罗反适中镇
邮政编码:364024

江西省豫林水泥有限公司

普通水泥

证书编号:A072000A0485－01
型号规格:425＃
有 效 期:2000.4.30～2005.4.30
地　　址:江西省南昌县莲塘镇龚南路1号
邮政编码:330200

济宁张山水泥厂

普通水泥

证书编号:A072000A0493－01
型号规格:425＃
有 效 期:2000.4.30～2005.4.30
地　　址:山东省济宁市任城么长沟镇
邮政编码:272057

胜利油田胜利水泥厂

普通水泥

证书编号:A072000A0495－01
型号规格:425R
有 效 期:2000.4.30～2005.4.30
地　　址:山东省东营市东营反淮河路中段
邮政编码:257087

肥城市湖屯水泥厂

普通水泥

证书编号:A072000A0496－01
型号规格:425＃
有 效 期:2000.4.30～2005.4.30
地　　址:山东肥城市湖屯镇小店村北
邮政编码:271613

恩施自治州连珠建材有限责任公司

普通水泥

证书编号:A072000A0500－01
型号规格:425＃
有 效 期:2000.4.30～2005.4.30
地　　址:湖北省恩施市城乡路22号
邮政编码:445000

桂林鲁山建材联合有限责任公司

普通水泥

证书编号:A072000A0503－01
型号规格:525＃
有 效 期:2000.4.30～2005.4.30
地　　址:广西桂林西城工业区
邮政编码:541100

广西自台区廖平农场水泥厂
普通水泥
证书编号:A072000A0504—01
型号规格:525#
有 效 期:2000.4.30～2005.4.30
地　　址:广西宾阳市廖平农场
邮政编码:530413

玉林市第一水泥厂
普通水泥
证书编号:A072000A0505—01
型号规格:525#
有 效 期:2000.4.30～2005.4.30
地　　址:广西玉林市陆路岭矿工业区
邮政编码:537000

海南儋州华昌水泥厂
普通水泥
证书编号:A072000A0515—01
型号规格:425#R
有 效 期:2000.4.30～2005.4.30
地　　址:海南省儋州市兰洋农场第一作业区
邮政编码:571700

云南省保山水泥股份有限公司
复合水泥
证书编号:A072000A0520—01
型号规格:425#R
有 效 期:2000.4.30～2005.4.30
地　　址:云南保山市东郊小堡子
邮政编码:678000

陕西省府谷县水泥厂
普通水泥
证书编号:A072000A0451—01
型号规格:425#
有 效 期:2000.4.30～2005.4.30
地　　址:陕西省府谷县高石崖乡林英会
邮政编码:719400

铜川市东风建材厂
普通水泥
证书编号:A072000A0522—01
型号规格:425#R
有 效 期:2000.4.30～2005.4.30
地　　址:陕西省铜川市二十里堡
邮政编码:727000

黑龙江北疆企业集团有限公司齐齐哈尔水泥厂
复合水泥
证书编号:A072000A0526—01
型号规格:425#
有 效 期:2000.4.30～2005.4.30
地　　址:黑龙江省齐齐哈尔市富拉尔基区交通街3号
邮政编码:161042

北京兴发水泥有限公司
普通水泥
证书编号:A072000A0636—01
　　　　　A072000A0636—02
型号规格:425#　525#
有 效 期:2000.9.8～2005.9.8
地　　址:北京市怀柔北镇
邮政编码:101408

山西省县秀水水泥有限公司
普通水泥
证书编号:A072000A0637—01
型号规格:425#
有 效 期:2000.9.8～2005.9.8
地　　址:山西省盂县新建西路73号
邮政编码:045100

鄂州市水泥厂
复合水泥
证书编号:A072000A0639—01
型号规格:425#
有 效 期:2000.9.8～2005.9.8
地　　址:湖北省鄂州市石山镇
邮政编码:436003

北京三力水泥有限公司
普通水泥
证书编号:A072000A0660—01
　　　　　A072000A0660—02
型号规格:425#
有 效 期:2000.10.20～2005.10.25
地　　址:北京房山区周口店
邮政编码:102453

重庆市江津夏强实业有限公司
普通水泥
证书编号:A072000A0661—01
型号规格:425#
有 效 期:2000.10.20～2005.10.25
地　　址:重庆市北碚区水土镇
邮政编码:400714

重庆富皇水泥有限公司
普通水泥
证书编号:A072000A0662—01
型号规格:425#R
有 效 期:2000.10.20～2005.10.25
地　　址:重庆市江津夏坝镇
邮政编码:402268

唐山市滦河水泥有限公司
普通水泥
证书编号:A072000A0663—01
　　　　　A072000A0663—02
型号规格:425#　425#
有 效 期:2000.10.20～2005.10.25
地　　址:河北省唐山市滦县秦街
邮政编码:063700

江苏省徐州大湖水泥厂
普通水泥
证书编号:A072000A0665—01
型号规格:425#
有 效 期:2000.10.20～2005.10.25
地　　址:江苏省徐州市云龙反狮子山县山村
邮政编码:221004

杭州美龙水泥有限公司
普通水泥
证书编号:A072000A0687—01
型号规格:425#
有 效 期:2000.10.20～2005.10.25
地　　址:浙江省杭州西郊闲林梧桐
邮政编码:311122

山东省淄博市淄川水泥厂
普通水泥
证书编号:A072000A0668—01
型号规格:425#
有 效 期:2000.10.20～2005.10.25
地　　址:山东省淄博市淄川反罗村镇
邮政编码:255138

烟台长城水泥有限公司
普通水泥
证书编号:A072000A0670—01
型号规格:425#R
有 效 期:2000.10.20～2005.10.25
地　　址:山东省蓬莱市解宋营袁家南
邮政编码:265619

河南省新乡市振新水泥厂

普通水泥
证书编号:A072000A0672－01
型号规格:425＃
地　　址:河南省辉县市孟坟村
邮政编码:453621
有 效 期:2000.10.20～2005.10.25

海南省豫鹤水泥有限公司
普通水泥
证书编号:A072000A0673－01
　　　　A072000A0673－02
　　　　A072000A0673－03
型号规格:425＃ 425＃R 525＃R
有 效 期:2000.10.20～2005.10.25
地　　址:河南省鹤壁市春雷南路
邮政编码:458008

广西壮族自治区东山建材厂
普通水泥
证书编号:A072000A0675－01
型号规格:525＃
有 效 期:2000.10.20～2005.10.25

地　　址:广西贵港市北区东山
邮政编码:537103

广东省兴宁市宁江建材实业有限公司
普通水泥
证书编号:A072000A0676－01
型号规格:425＃R
有 效 期:2000.10.20～2005.10.25
地　　址:广东省兴宁市岗脊镇寺岗南路3号
邮政编码:514551

三水市宝马水泥厂
普通水泥
证书编号:A072000A0677－01
型号规格:425＃R
有 效 期:2000.10.20～2005.10.25
地　　址:广东省三水市芦苞镇上东矿
邮政编码:528139

广东省三水市芦苞水泥厂分厂
普通水泥
证书编号:A072000A0678－01
型号规格:425＃R
有 效 期:2000.10.20～2005.10.25
地　　址:广东省三水市芦苞水泥厂分厂
邮政编码:528139

普通水泥
广东省东莞市恒基水泥有限公司
证书编号:A072000A0679－01
型号规格:425＃R
有 效 期:2000.10.20～2005.10.25
地　　址:广东省东莞市石排村燕窝村
邮政编码:523331

广汉星荣水泥厂
普通水泥
证书编号:A072000A0680－01
型号规格:425＃R
有 效 期:2000.10.20～2005.10.25
地　　址:四川广汉市西城路洪水碾
邮政编码:618300

阿坝州白花水泥厂
普通水泥
证书编号:A072000A0681－01
型号规格:425＃R
有 效 期:2000.10.20～2005.10.25
地　　址:四川省阿坝州汶川县漩山镇
邮政编码:623001

陕西省蒲城尧柏特种水泥有限责任公司
普通水泥
证书编号:A072000A0682－01
型号规格:425＃R
有 效 期:2000.10.20～2005.10.25
地　　址:陕西省蒲城县呈井镇
邮政编码:715517

陕西勉县温泉水泥有限责任公司
普通水泥
证书编号:A072000A0683－01
型号规格:425＃
有 效 期:2000.10.20～2005.10.25
地　　址:陕西省勉县定军山毛堡村
邮政编码:724200

陕西省天柱水泥制造有限责任公司
普通水泥
证书编号:A072000A0684－01
型号规格:425＃
有 效 期:2000.10.20～2005.10.25
地　　址:陕西省岐山县青陵乡河家道
邮政编码:722405

岐山县岐星水泥厂
普通水泥
证书编号:A072000A0685－01
型号规格:425＃
有 效 期:2000.10.20～2005.10.25
地　　址:陕西省岐山县蔡家坡镇
邮政编码:722405

＊新疆阿克苏青松建材化工总厂水泥厂
普通水泥
证书编号:A072000A0686－01
　　　　A072000A0686－02
型号规格:425＃ G级高抗硫酸盐型油井水泥
有 效 期:2000.10.20～2005.10.2
地　　址:新疆阿克苏市林园
邮政编码:843005

山东省临沂市社会福利庆云山水泥厂
普通硅酸盐水泥
证书编号:A072000A0290-01
　　　　A072000A0290-02
型号规格:425＃525＃
有 效 期:1997.4.30～2001.4.30
地　　址:山东临沂市罗庄区册山镇
邮政编码:276022

注销质量认证证书的水泥产品及企业名单

潮顺建材有限公司
证书编号:C04－075495
型号规格:矿渣水泥 425＃

承德立华建材股份有限公司
证书编号:C04－075595
型号规格:425＃

邢台市水泥厂
证书编号:C04－076495
型号规格:矿渣水泥 425＃

沈阳市水泥厂
证书编号:C04－076695
型号规格:矿渣水泥 425＃

东宁水泥股份有限公司
证书编号:C04－076895
型号规格:普通水泥 425＃R

丹徒县水泥厂
证书编号:C04—077295
型号规格:普通水泥 425#R

溧阳扬子水泥有限公司
证书编号:C04—077495
型号规格:普通水泥 425#

常州水泥厂
证书编号:C04—077795
型号规格:普通水泥 矿渣水泥 425#

福建水泥股份有限公司
证书编号:C04—080895
型号规格:普通水泥 525#R

赣南水泥厂
证书编号:C04—080695
型号规格:普通水泥 425#

济南历城水泥厂
证书编号:C04—079495
型号规格:矿渣水泥 425#R

枣庄市市中区安城乡水泥厂
证书编号:C04—078295
型号规格:普通水泥 425#

枣庄市市中区孟庄水泥三厂
证书编号:C04—078495
型号规格:普通水泥 425#

山东枣庄市市中区渴口乡水泥厂
证书编号:C04—077995
型号规格:普通水泥 425#R

枣庄市山亭区水泥厂
证书编号:C04—078395
型号规格:普通水泥 425#

栖霞香夼铅锌矿水泥厂(烟台大洋水泥实业公司)
证书编号:C04—092996
型号规格:普通水泥 425#

山东烟台人防建材实业总公司
证书编号:C04—092596 C04—111597
型号规格:普通水泥 425#R 525#

沂水县第二水泥厂
证书编号:C04—078695
型号规格:普通水泥 425#R

济南双凤水泥厂
证书编号:C04—079095
型号规格:普通水泥 425#

临朐水泥试验厂
证书编号:C04—079195
型号规格:普通水泥 425#

德州地区水泥厂
证书编号:C04—079395
型号规格:矿渣水泥 425#

青岛平度第二水泥厂
证书编号:C04—079595
型号规格:普通水泥 425#R

青岛第二水泥厂
证书编号:C04—079895
型号规格:普通水泥 425#

青岛胶州水泥厂
证书编号:C04—080095
型号规格:普通水泥 425#

焦作矿务局白水泥厂
证书编号:C04—081495
型号规格:普通水泥 425#R

达强建材企业集团公司
证书编号:C04—080295
型号规格:普通水泥 425#R

华源水泥有限公司
证书编号:C04—080395
型号规格:普通水泥 425#R 425#

雪峰水泥集团有限公司
证书编号:C04—081195
型号规格:矿渣水泥 425#

恩平牛江水泥厂
证书编号:C04—082095
型号规格:普通水泥 425#

东莞市望牛墩水泥厂
证书编号:C04—081895
型号规格:普通水泥 425#

三水市三虎水泥厂
证书编号:C04—081995
型号规格:普通水泥 425#

恩平市沙湖水泥厂
证书编号:C04—082295
型号规格:普通水泥 425#

中国人民解放军 9551 工厂
证书编号:C04—082295
型号规格:普通水泥 425#

信宜县水泥厂
证书编号:C04—082695
S 型号规格:普通水泥 425#

番禺市水泥厂
证书编号:C04—082795
型号规格:普通水泥 425#

东莞市常平水泥厂
证书编号:C04—083095
型号规格:普通水泥 425#R

英德水泥厂
证书编号:C04—082995
型号规格:P. II 425#

洋浦三鑫水泥厂
证书编号:C04—082895
型号规格:普通水泥 525#R

定西地区高崖水泥厂
证书编号:C04—083695
型号规格:P. II 425#R P. II525

大同市新荣水泥厂
证书编号:A072000A0369—01

中国华北冶金建设公司水泥厂
证书编号:C04—083895

邢台鑫磊建材(集团)股份有限公司
证书编号:A072000A0634—01

大连湾水泥厂
证书编号:A072000A0124—01

武进水泥厂
证书编号:C04—085495

金坛建材厂
证书编号:A072000A0202－01

青州市兴旺水泥厂
证书编号:C04－085795

临沂市第二水泥厂
证书编号:C04－085995

桐乡水泥厂
证书编号:A072000A0548－01

兰溪六洞山实业总公司
证书编号:C04－086995

惠阳市双新水泥厂
证书编号:A072000A0255－01

花都市新华水泥一厂
证书编号:C04－087495

阳春钢铁集团公司潭水水泥厂
证书编号:A072000A0628－01

恩平市金龙水泥厂
证书编号:A072000A0139－01

廉江水泥厂
证书编号:C04－087795

贵港市水泥厂
证书编号:C04－087895

贵港钢铁总公司
证书编号:C04－088095

唐山第二水泥厂
证书编号:C04－084395

武安市元宝山工业集团公司水泥公司
证书编号:C04－084195

南京长江集团公司中国水泥厂
证书编号:A072000A0199－02 A072000A0199－01

长岛县水泥厂
证书编号:A072000A0285－01

尖锋集团股份有限公司(金华市水泥厂)
证书编号:A072000A0379－01

方圆标志产品

安徽白暨豚啤酒有限责任公司
10°贝特纯啤
证书编号：C07—143204100
有 效 期：2001.6.6～2005.6.6
地　　址：安徽省铜陵市宝山路1号
邮政编码：244007

安徽口子集团公司
五年口子窖(46%(v/v))
证书编号：C07—143204200
有 效 期：2001.6.6～2005.6.6
地　　址：安徽省淮北市三堤口
邮政编码：235034

安踏(福建)鞋业有限公司
安踏旅游鞋
证书编号：C07—223504800
有 效 期：2001.6.6～2005.6.6
地　　址：福建晋江市陈埭岸兜工业区
邮政编码：362211

重啤(集团)合川啤酒有限责任公司
8°山东啤酒 9°山城啤酒
证书编号：C07—140004200 C07—140004300
有 效 期：2001.6.6～2005.6.6
地　　址：重庆合川市太和镇接龙街150号
邮政编码：401555

广西贵港甘化股份有限公司
525#普通硅酸盐水泥
证书编号：C07—480004400
有 效 期：2001.6.6～2005.6.6
地　　址：广西贵港市覃塘管理区
邮政编码：537121

宁夏回族自治区银川啤酒厂一、二、三分厂
11°“西夏”啤酒 12°“西夏王”啤酒 10.5°“西夏”啤酒 11°
证书编号：C07—146101300 C07—146101400 C07—146101500
有 效 期：2001.6.6～2005.6.6
地　　址：宁夏银川新城贸易巷
邮政编码：750011

常州达立电池有限公司
碱性锌锰干电池(LR6,LR03),**锌银扣式电池**(SR44W,SR66W)
证书编号：C07—773204300 C07—773204400
有 效 期：2001.6.6～2005.6.6
地　　址：江苏常州市花园路39—1号
邮政编码：213016

南海市小塘镇建设铜铝材厂
铝合金建筑型材(6063T5)
证书编号：C07—534402300
有 效 期：2001.6.6～2005.6.6
地　　址：广东南海市狮山区红星路口
邮政编码：528222

山东聊城鲁西化工集团总公司阳谷化工厂
普通硅酸盐水泥(425#)
证书编号：C07—483701700
有 效 期：2001.6.6～2005.6.6
地　　址：山东省阳谷县城西
邮政编码：252300

福建泉州清源啤酒朝日有限公司
10°虎乳泉牌红清源啤酒
证书编号：C07—143504900
有 效 期：2001.6.6～2005.6.6
地　　址：泉州市丰泽区城东仕公岭
邮政编码：362011

陕西宝塔山油漆股份有限公司
各色醇酸调和漆各色醇酸磁漆
证书编号：C07—346101800 C07—346101900
有 效 期：2001.6.6～2005.6.6
地　　址：陕西省兴平市兴渝路56号
邮政编码：713100

山东秦池酒厂
王牌秦池酒(38%(v/v))**八大景酒**(39%(v/v))**秦池五年陈酒**(39%(v/v))
证书编号：C07—143701800 C07—143701900 C07—143702000
有 效 期：2001.6.6～2005.6.6
地　　址：山东省临朐县奉池路10号
邮政编码：262600

南海市水头荣兴铝型材厂
铝合金建筑型材(6063T5)
证书编号：C07—534402400
有 效 期：2001.6.6～2005.6.6
地　　址：广东省南海市大沥水头桂江公路东侧
邮政编码：528231

福建省泉州市福泉卫浴有限公司
液压缓闭式冲洗阀
证书编号：C07—603505000 C07—603505100 C07—603505200 C07—603505300
有 效 期：2001.6.6～2005.6.6
地　　址：福建省南安市英都镇芸林工业区125号
邮政编码：362305

新乡市中州水泥厂
普通硅酸盐水泥 425#
证书编号：C07—484100100
有 效 期：2001.6.6～2005.6.6
地　　址：河南新乡北站区团结路北段
邮政编码：453011

沈阳华润雪花啤酒有限公司
10°雪花干啤 11.3°雪花啤酒
证书编号：C07—142101100 C07—142101200
有 效 期：2001.6.6～2005.6.6
地　　址：辽宁省沈阳市铁西区建设东路42号
邮政编码：110021

山西东方红制漆有限公司

醇酸调和漆
证书编号:C07－340004500
有 效 期:2001.6.6～2005.6.6
地　　址:山西省太原市朝阳街76号
邮政编码:030045

大连粮红食品加工有限公司
小麦粉
证书编号:C07－130004600
有 效 期:2001.6.6～2005.6.6
地　　址:大连市甘井子区金涌广场15号

淮化矿业(集团)有限责任公司石台选煤厂
冶金焦用煤(十二级)
证书编号:C07－070004700
有 效 期:2001.6.6～2005.6.6
地　　址:安徽省淮北市烈山
邮政编码:235025

平湖合兴植物油有限公司
高级烹调油
证书编号:C07－133505400
有 效 期:2001.6.6～2005.6.6
地　　址:浙江省平湖市城关镇西
邮政编码:314200

张家港市升隆毛精纺厂
精梳毛织品(贡丝锦、哔叽、薄花呢、华达呢、花呢、牙签呢、女衣呢)
证书编号:C07－193204500
有 效 期:2001.6.6～2005.6.6
地　　址:江苏省张家港市鹿苑镇
邮政编码:215616

无锡江加建设机械有限公司
HIS75B型混凝土搅拌站
证书编号:C07－673204600
有 效 期:2001.6.6～2005.6.6
地　　址:江苏省江阴市璜塘镇
邮政编码:214407

新疆塔里木管道防腐涂料有限公司
煤焦油瓷漆(A、B、C型)合成底漆(快干型)内缠带(C－PM60型)外缠带(C90型)
证书编号:C07－346102000
有 效 期:2001.6.6～2005.6.6
地　　址:新疆乌鲁木齐石油化工总厂
邮政编码:830019

广州珠江铜厂有限公司
硫酸铜(农业用)电工用铜线坯(TU2Y)
证书编号:C07－524402500 C07－524402600
有 效 期:2001.6.6～2005.6.6
地　　址:广州市从化太平工业区
邮政编码:510990

福建省永安闽燕水泥集团公司
普通硅酸盐水泥(425R)
证书编号:C07－483505500
有 效 期:2001.6.6～2005.6.6
地　　址:福建省永安市曹远镇坑边
邮政编码:366014

福建天宇水泥有限公司西陂水泥厂
普通硅酸盐水泥(425R、525R)
证书编号:C07－483505600
有 效 期:2001.6.6～2005.6.6
地　　址:福建省龙岩市北环中路10号
邮政编码:364000

南海市宏佳铝材不锈钢有限公司
铝合金建筑型材(6063T5阳极氧化)电泳涂漆铝合金建筑型格(6063T5)
证书编号:C07－534402700 C07－534402800
有 效 期:2001.6.6～2005.6.6
地　　址:广东省南海市狮山工业区
邮政编码:528222

福建省三明水泥厂
普通硅酸盐水泥(425R)
证书编号:C07－483505700
有 效 期:2001.6.6～2005.6.6
地　　址:福建省三明市列西翁墩
邮政编码:365000

兰州黄河企业集团公司酒泉啤酒分公司
10°西部啤酒 11°西部啤酒
证书编号:C07－146102400
有 效 期:2001.6.6～2005.6.6
地　　址:甘肃省酒泉市解放路62号
邮政编码:735009

福建省永安市洪田水泥二厂
普通硅酸盐水泥(425R)
证书编号:C07－483505800
有 效 期:2001.6.6～2005.6.6
地　　址:福建省永安市洪田镇生卿口
邮政编码:366023

陕西省城固酒业有限责任公司
城古特曲(38%(V/V))
证书编号:C07－146102600
有 效 期:2001.6.6～2005.6.6
地　　址:陕西省城固县谢家井
邮政编码:723200

张家港联合铜业有限公司
阴极铜(高纯,标准)
证书编号:C07－523204700
有 效 期:2001.6.6～2005.6.6
地　　址:江苏省张家港市三兴镇雁行头
邮政编码:215624

四川高利蓝带啤酒有限公司
11°海棠啤酒 11°金海棠啤酒
证书编号:C07－140004800 C07－140004900
有 效 期:2001.6.6～2005.6.6
地　　址:四川省峨眉山市万福西路7号
邮政编码:614200

上海望春花(集团)股份有限公司
印染棉经平绒(底板斜纹)
证书编号:C07－190201000
有 效 期:2001.6.6～2005.6.6
地　　址:上海市北翟路1168号
邮政编码:200335

陕西榆林天然气化工有限责任公司
工业甲醇
证书编号:C07－316103300
有 效 期:2001.6.6～2005.6.6
地　　址:陕西省榆林市上郡南路
邮政编码:719000

湖北省武穴市啤酒厂
10°淡色啤酒 8°淡色啤酒

证书编号:C07—140005000
有 效 期:2001.6.6～2005.6.6
地　　址:湖北省武穴市梅川镇新河街14号
邮政编码:436411

寿光市侯镇酒厂
宏源老酒(38%(v/v))
证书编号:C07—143702100
有 效 期:2001.6.6～2005.6.6
地　　址:山东省寿光市侯镇汽车站北100米路东
邮政编码:262724

宜兴市十里牌水泥厂
普通硅酸盐水泥(425#)
证书编号:C07—483204800
有 效 期:2001.6.6～2005.6.6
地　　址:江苏省宜兴市宜城钲袁桥村
邮政编码:214203

大亚湾宝兴钢铁厂有限公司
钢筋混凝土用热轧带肋钢筋(φ10～φ50mm)
证书编号:C07—504402900
有 效 期:2001.6.6～2005.6.6
地　　址:广东省惠州市大亚湾经济技术开发区响水河工业园
邮政编码:516083

诸城市鑫鑫水泥厂
普通硅酸盐水泥(425#)
证书编号:C07—483702200
有 效 期:2001.6.6～2005.6.6
地　　址:山东省诸城市贾悦镇
邮政编码:262204

无锡恒亨白炭黑有限公司
沉淀水合二氧化硅(白炭黑)(HENGSIL—955)
证书编号:C07—483204900
有 效 期:2001.6.6～2005.6.6
地　　址:江苏省锡山市东湖塘镇
邮政编码:214196

广西桂林灵川水泥股份有限公司
普通硅酸盐水泥(525)
证书编号:C07—483505900
有 效 期:2001.6.6～2005.6.6
地　　址:广西桂林市灵川城湘路4号
邮政编码:541200

天水电缆材料厂
黑色耐环境开裂低密度聚乙烯护套料(NOH)
证书编号:C07—476103400
有 效 期:2001.6.6～2005.6.6
地　　址:甘肃省开水市瀛池路8号
邮政编码:741001

福建省东鼎燃具集团公司
家用液化石油气调压器(JYT—0.6)
证书编号:C07—693506000
有 效 期:2001.6.6～2005.6.6
地　　址:福建省福鼎市城关工业区圆觉寺84号
邮政编码:355200

山西兰花科技创业股份有限公司
尿素(农业用)农业用碳酸氢铵优沫煤
证书编号:C07—310005200
有 效 期:2001.6.6～2005.6.6
地　　址:山西省晋城市风台西街130号
邮政编码:048000

上海第三钢铁厂奉贤春光联合电梯导轨厂
电梯T型导轨(T89/B,T75—3/B,T114/B,T127—2/B)
证书编号:C07—490201400
有 效 期:2001.6.6～2005.6.6
地　　址:上海市奉贤钱桥镇西
邮政编码:201407

江苏省范群干燥设备厂
微粉粉碎机(WFJ—18型)
证书编号:C07—693205000
有 效 期:2001.6.6～2005.6.6
地　　址:江苏省武进市三河口镇桥东
邮政编码:213115

浙江常山华胜水泥有限公司
425#普通硅酸盐水泥
证书编号:C07—483300500
有 效 期:2001.6.6～2005.6.6
地　　址:浙江省常山辉华镇
邮政编码:324209

山东联盟化工股份有限公司
尿素(农业用)
证书编号:C07—323702300
有 效 期:2001.6.6～2005.6.6
地　　址:山东省寿光市建街199号
邮政编码:262700

上海轮胎橡胶(集团)股份有限公司泗泾橡胶厂
汽车(轿车、载重汽车、工业车辆)轮胎内胎
证书编号:C07—460201700
有 效 期:2001.6.6～2005.6.6
地　　址:上海市松江区沪松公路2988号
邮政编码:201601

浙江金华金鹤建材有限公司
425#普通硅酸盐水泥
证书编号:C07—483300600
有 效 期:2001.6.6～2005.6.6
地　　址:浙江省金华县赤松乡山口村金鹤畈
邮政编码:321022

番禺市大发铜铝型材厂有限公司
铝合金建筑型材(6063T5**阳极氧化**)
证书编号:C07—534403000
有 效 期:2001.6.6～2005.6.6
地　　址:广东省番禺市钟村镇都那村
邮政编码:511495

生力顺德啤酒有限公司
11°威乐啤酒
证书编号:C07—144403100
有 效 期:2001.6.6～2005.6.6
地　　址:广东省顺德市龙江镇生力大道
邮政编码:528318

广东梅县梅雁蓝藻有限公司
螺旋藻片
证书编号:C07—134403200
有 效 期:2001.6.6～2005.6.6
地　　址:广东省梅县雁洋
邮政编码:514759

上海安字实业有限公司
封闭型平锥头抽芯铆钉(HF)

证书编号:C07—640201100
有 效 期:2001.6.6～2005.6.6
地　　址:上海市制造局路833弄26号
邮政编码:200011

山东苍松建筑材料有限公司
木纤维增强石膏板
证书编号:C07—483205100
有 效 期:2001.6.6～2005.6.6
地　　址:山东省苍山县苍松路北首
邮政编码:277700

甘肃天水塑料企业集团公司
农业用聚乙烯吹塑薄膜(棚膜)
证书编号:C07—476103700
有 效 期:2001.6.6～2005.6.6
地　　址:甘肃省天水市秦城区莲亭路47号
邮政编码:741000

宜兴市新燕水泥厂
425#**普通硅酸盐水泥**
证书编号:C07—483205200
有 效 期:2001.6.6～2005.6.6
地　　址:江苏省宜兴市埝头乡洪阳槽
邮政编码:214247

福建冠良汽车配件工业有限公司
汽车用制动器衬片
证书编号:C07—734701800
有 效 期:2001.6.6～2005.6.6
地　　址:福建省福清市融侨工业区福玉路
邮政编码:350301

兰溪第五水泥厂
425#**普通硅酸盐水泥**
证书编号:C07—483300700
有 效 期:2001.6.6～2005.6.6
地　　址:浙江省兰溪市东效洞源
邮政编码:321100

甘肃省武威啤酒厂
10°**西凉啤酒**
证书编号:C07—146103900
有 效 期:2001.6.6～2005.6.6
地　　址:甘肃省武威市南关西路26号
邮政编码:733000

甘肃省铝业公司
铝合金建筑型材(氧化着色6063T5)
证书编号:C07—536104000
有 效 期:2001.6.6～2005.6.6
地　　址:甘肃省兰州市安宁区焦家庄1号
邮政编码:730079

上海百霖木业有限公司
进口村胶合板
证书编号:C07—240201800
有 效 期:2001.6.6～2005.6.6
地　　址:上海市浦东新区北蔡新陈路190号
邮政编码:201316

南海市大镇大同铝型材厂
铝合金建筑型材(6063T5**阳极氧化)**
证书编号:C07—534403300
有 效 期:2001.6.6～2005.6.6
地　　址:广东省南海市大沥大镇工业区
邮政编码:528231

浙江振兴阿祥集团有限公司
铝合金建筑型材(6063T5**阳极氧化)**
证书编号:C07—533300800
有 效 期:2001.6.6～2005.6.6
地　　址:浙江省湖州市轧村镇
邮政编码:313002

福建省永安林业(集团)股份有限公司
浸渍纸饰面层压木质地板(1200×190×8mm)
证书编号:C07—243506100
有 效 期:2001.6.6～2005.6.6
地　　址:福建永安市燕江东路12号
邮政编码:366000

河北树祥水泥厂
425#**普通硅酸盐水泥** 425#**矿渣硅酸盐水泥**
证书编号:C07—480005500
　　　　　C07—480005600
有 效 期:2001.6.6～2005.6.6
地　　址:河北省丰润县王官营镇西胡各庄村
邮政编码:064009

唐山燕东水泥厂
425#**普通硅酸盐水泥**
证书编号:C07—480005700
有 效 期:2001.6.6～2005.6.6
地　　址:河北省丰润县杨家营村
邮政编码:064009

锡山市东亭液压软管厂
汽车液压制动软管总成(内径φ3.2mm)
证书编号:C07—463205300
有 效 期:2001.6.6～2005.6.6
地　　址:江苏省锡山市东亭镇春星村
邮政编码:214011

泉州市华利达化工阀门有限公司
陶瓷片密封水嘴(单柄单控普通水嘴)(DDP—15)**浮球阀**(DN25JL—0.6)
证书编号:C07—643506200
　　　　　C07—643506300
有 效 期:2001.6.6～2005.6.6
地　　址:福建省南安市仓苍镇园头工业区
邮政编码:362304

福建石狮市福林鞋业有限公司
富贵岛牌胶粘皮鞋
证书编号:C07—223506400
有 效 期:2001.6.6～2005.6.6
地　　址:福建省石狮市长福工业区
邮政编码:362700

威海华羽服装有限公司
羽绒服装
证书编号:C07—213702400
有 效 期:2001.6.6～2005.6.6
地　　址:山东省威海市高技术产业开发区吉林路104号
邮政编码:264200

上海石油化工股份有限公司涤纶事业部
纤维级聚酯切牌(半消光)
证书编号:C07—350201900
有 效 期:2001.6.6～2005.6.6

地　　址：上海市金山区金山卫金一路1051号
邮政编码：200540

晋江前兴陶瓷有限公司
彩色釉面陶瓷墙地砖（细炻砖，吸水率3%<E≤6%）
证书编号：C07—483506500
有 效 期：2001.6.6～2005.6.6
地　　址：福建省晋江市磁灶镇三吴工业区
邮政编码：362217

福建省永安矿务局永丰水泥厂
425R**普通硅酸盐水泥**
证书编号：C07—483506600
有 效 期：2001.6.6～2005.6.6
地　　址：福建省永安市丰海桥南
邮政编码：366018

湖北省黄麦岭磷化工集团公司
磷酸二铵（含P2O546—48%N16—18%）
证书编号：C07—320005900
有 效 期：2001.6.6～2005.6.6
地　　址：湖北省大悟县
邮政编码：432818

盘锦禹王防水建材集团有限公司
沥青复合胎柔性防水卷材（NK—M—4，NK—PE—3）
证书编号：C07—292101700
有 效 期：2001.6.6～2005.6.6
地　　址：辽宁省盘锦市兴隆区新工街
邮政编码：124022

福建省明星阀门厂
对夹式连接蝶阀（D371X—10，DN100～DN250）**法兰连接蝶阀**（D341X—10，DN200～DN500）
证书编号：C07—643506700 C07—643506800
有 效 期：2001.6.6～2005.6.6
地　　址：福建省南安市英都芸林工业区23号
邮政编码：362305

青海青稞酒厂
二十一世纪青稞酒（45%（v/v））
证书编号：C07—140006100
有 效 期：2001.6.6～2005.6.6
地　　址：青海省互助威远镇西街6号
邮政编码：810500

威海银兴金属制品有限公司
预应力混凝土用钢绞线（1×7标准型，φ9.53，12.70，15.0，15.24，15.70mm）
证书编号：C07—513702500
有 效 期：2001.6.6～2005.6.6
地　　址：山东省威海市环翠区羊亭镇
邮政编码：264204

河北高邑粮油饲料集团公司
天赐益老窖（42%（v/v））**花生高级烹调油产蛋高峰期鸡饲料饲料用棉仁粕**
证书编号：C07—140006200 C07—140006300 C07—140006400 C07—140006500
有 效 期：2001.6.6～2005.6.6
地　　址：河北省高邑县兴华路3号
邮政编码：051330

大洼县城郊沥青厂（盘锦市大洼石油化工总厂）
高等级道路石油沥青（AH—90）**道路石油沥青**（140#）
证书编号：C07—292101300 C07—292101400
有 效 期：2001.6.6～2005.6.6
地　　址：辽宁省盘锦市大洼县城郊
邮政编码：124200

金城添加剂（深圳）有限公司
甜密素（A型，B型）
证书编号：C07—604701900
有 效 期：2001.6.6～2005.6.6
地　　址：深圳市布吉上李朗村茶山工业区
邮政编码：518112

盘锦辽河啤酒有限公司
11°辽河啤酒 10°辽河干啤酒
证书编号：C07—142101500 C07—142101600
有 效 期：2001.6.6～2005.6.6
地　　址：辽宁省盘锦市兴隆台庄林路
邮政编码：124010

上海惠氏营养品有限公司
爱儿乐婴儿配方奶粉健儿乐较大婴儿配方奶粉
证书编号：C07—130202000 C07—130202100
有 效 期：2001.10.25～2005.10.25
地　　址：上海市吴中路582号
邮政编码：201103

福建亚通塑胶有限公司
HDPE双壁波纹管埋地式电力电缆保护套管高密度聚乙烯硅芯管门、窗框用硬聚氯乙烯（PVC）**型材**
证书编号：C07—473506900 C07—473507000 C07—472507100 C07—473507200
有 效 期：2001.10.26～2005.10.26
地　　址：福建省福清市镜洋工业区
邮政编码：350304

陕西西凤酒股份有限公司
西凤酒（55%（v/v））**西凤酒**（50%（v/v））**特制西凤酒**（45%（v/v））**特制西凤酒**（39%（v/v））**特制珍品西凤酒**（45%（v/v））
证书编号：C07—146104100 C07—146104200 C07—146104300 C07—146104400 C07—146104500
有 效 期：2001.10.26～2005.10.26
地　　址：陕西省凤翔县柳林镇
邮政编码：721406

淮北矿业（集团）有限公司淮北选煤厂
冶金焦用瘦精煤
证书编号：C07—070006700
有 效 期：2001.10.26～2005.10.26
地　　址：安徽省淮北市青龙山
邮政编码：235025

福建永富水泥集团公司
普通硅酸盐水泥（425R）
证书编号：C07—483507300
有 效 期：2001.10.26～2005.10.26
地　　址：福建省龙岩市永定县高陂镇富岭
邮政编码：364101

龙岩市新罗区蓝田水泥厂
普通硅酸盐水泥（425R，525R）

证书编号:C07—483507400
有 效 期:2001.10.26～2005.10.26
地　　址:福建龙岩新罗区适中镇盂头
邮政编码:364011

苍山县恒力水泥有限公司
425#**普通硅酸盐水泥**
证书编号:C07—483702600
有 效 期:2001.10.26～2005.10.26
地　　址:山东省苍山县城苍松路北段
邮政编码:277700

江阴市利港精细化工厂(江阴市苏利精细化工有限公司)
百菌清原药(原药)十溴二苯醚百菌清可湿性粉剂(75%可湿性粉剂)百菌清原药(原药)十溴二苯醚百菌清可湿性粉剂(75%可湿性粉剂)
证书编号:C07—333205500
C07—333205600
007—333205700
C07—333205800
C07—333206000
C07—333206100
有 效 期:2001.10.26～2005.10.26
地　　址:江苏省江阴市利港镇南
邮政编码:214444

和龙白头山食品有限公司
白头山葡萄汁饮料白头山大枣汁饮料白头山苹果汁饮料白头山苹果梨粒汁饮料
证书编号:C07—140100700
C07—140100800
C07—140100900
C07—140101000
有 效 期:2001.10.26～2005.10.26
地　　址:吉林省和龙市合新街39号
邮政编码:133500

浙江省余杭市南山水泥有限公司
425#**普通硅酸盐水泥**
证书编号:C07—483300900
有 效 期:2001.10.26～2005.10.26
地　　址:浙江省余杭市星桥佛日坞
邮政编码:311100

永定友源水泥有限公司
普通硅酸盐水泥(425R)

证书编号:C07—483507500
有 效 期:2001.10.26～2005.10.26
地　　址:福建省永定县抚市镇溪联村
邮政编码:364104

宜兴市金牛建材有限公司
普通硅酸盐水泥(425#)
证书编号:C07—483205900
有 效 期:2001.10.26～2005.10.26
地　　址:江苏省宜兴市张渚镇东郊
邮政编码:214231

浙江省龙游杜山水泥厂
425#**普通硅酸盐水泥**
证书编号:C07—483301000
有 效 期:2001.10.26～2005.10.26
地　　址:浙江省龙游县塔石镇杜山徐
邮政编码:324405

浙江省长兴白岘水泥有限公司
425#**普通硅酸盐水泥**
证书编号:C07—483301100
有 效 期:2001.10.26～2005.10.26
地　　址:浙江省长兴县白岘乡访贤村
邮政编码:313118

陕西凯达股份有限公司
全脂甜牛奶粉
证书编号:C07—136104600
有 效 期:2001.10.26～2005.10.26
地　　址:陕西省兴平市金城路中段
邮政编码:713100

南海铝材厂
铝合金建筑型材(6063T5 **阳极氧化**)
证书编号:C07—534403400
有 效 期:2001.11.6～2005.11.6
地　　址:广东南海市西樵太平工业区
邮政编码:528212

浙江临亚集团有限公司
铝合金建筑型材(氧化着色6063)**铝合金建筑型材(粉末静电喷涂**6063)
证书编号:C07—533301200 C07—533301300
有 效 期:2001.11.14～2005.11.14
地　　址:浙江省临海市东塍镇中街村
邮政编码:317005

紫荆花制漆(山东)有限公司
内墙乳胶漆
证书编号:C07—340006800
有 效 期:2001.11.14～2005.11.14
地　　址:山东省济南市魏华西路7号
邮政编码:250022

内蒙古河套酒业集团股份有限公司
河套王酒(39%(v/v))
证书编号:C07—140101100
有 效 期:2001.11.17～2005.11.17
地　　址:内蒙古杭锦后旗陕坎镇建设街39号
邮政编码:015400

福建晋江凤竹针织漂染实业有限公司
漂染筒子纱线
证书编号:C07—193507600
有 效 期:2001.11.14～2005.11.14
地　　址:福建晋江市青阳凤竹工业区
邮政编码:362200

湛江金宏建材工业有限公司
普通硅酸盐水泥(425R)**普通硅酸盐水泥**(525R)
证书编号:C07—484403500
C07—484403600
有 效 期:2001.11.14～2005.11.14
地　　址:广东省廉江市书房仔
邮政编码:524400

海口海华轮胎有限公司
中型载重汽车斜交轮胎(7.00—20—12PR～12.00—24—18PR),**轻型载重汽车斜交轮胎**(6.00—14—8PR～8.25—16—16PR),**微型载重汽车斜交轮胎**(4.50—12—8PR～5.00—12—8PR)
证书编号:C07—460006900
C07—460007000
有 效 期:2001.11.24～2005.11.24
地　　址:海南省海口市板桥路3号
邮政编码:570203

好日子制衣有限公司
女大衣女西服套
证书编号:C07—213301400
C07—213301500

有 效 期:2001.11.24～2005.11.24
地　　址:温州经济技术开发区西片26号小区
邮政编码:325011

江阴龙山装饰材料有限公司
铝合金建筑型材(**电泳涂漆** 6063)
证书编号:C07—533206200
有 效 期:2001.11.28～2005.11.28
地　　址:江苏省江阴市周壮镇龙山工业开发区
邮政编码:214423

福州昊航钢铁制品有限公司
钢筋混凝土用热轧带肋钢筋(φ10～φ25mm),**低碳钢热轧圆盘条**(φ6.5mm,φ8.0mm)
证书编号:C07—513507700
　　　　　C07—513507800
有 效 期:2001.11.28～2005.11.28
地　　址:福建省长乐营前镇工商路110号
邮政编码:350201

沈阳一蒙砂轮有限公司
纤维增强树脂薄片砂轮
证书编号:C07—482102100
　　　　　C07—482102200
有 效 期:2001.11.28～2005.11.28
地　　址:辽宁省沈阳市苏家屯区玫瑰街一号
邮政编码:110101

莒县东莞水泥有限公司
425#**普通硅酸盐水泥**
证书编号:C07—483702700
有 效 期:2001.11.30～2005.11.30
地　　址:山东省日照市莒县东莞镇
邮政编码:276528

浙江省兰溪市新源建材有限公司
425#**普通硅酸盐水泥**
证书编号:C07—483301600
有 效 期:2001.11.30～2005.11.30
地　　址:浙江省兰溪市灵洞乡山口
邮政编码:321100

福建省德化石龙水泥有限公司
425R **普通硅酸盐水泥**
证书编号:C07—483507900
有 效 期:2001.11.30～2005.11.30
地　　址:福建省德化县龙鹏街288号
邮政编码:362500

福建省龙岩路达水泥厂
425R **普通硅酸盐水泥** 525R **普通硅酸盐水泥**
证书编号:C07—483508000
　　　　　C07—483508100
有 效 期:2001.11.30～2005.11.30
地　　址:福建省龙岩市新罗区适中镇中溪村
邮政编码:364011

龙岩市龙泉水泥厂
425R **普通硅酸盐水泥** 525R **普通硅酸盐水泥**
证书编号:C07—483508200
　　　　　C07—483508300
有 效 期:2001.11.30～2005.11.30
地　　址:福建省龙岩市新罗区适中镇洋东村
邮政编码:364011

宁波教学仪器厂
生物显微镜(XSZ—127)
证书编号:C07—870202200
有 效 期:2001.11.30～2005.11.30
地　　址:浙江省宁波市矸闸街222#
邮政编码:315000

山西晋牌水泥集团有限公司
普通硅酸盐水泥(425#、425R、525#)**矿渣硅酸盐水泥**(425#)
证书编号:C07—480007207
　　　　　C07—480007300
有 效 期:2001.11.30～2005.11.30
地　　址:山西省潞城市西郊
邮政编码:047508

山东黄河水泥厂
425R **普通硅酸盐水泥**
证书编号:C07—483702800
有 效 期:2001.11.30～2005.11.30
地　　址:山东省东平县银山镇
邮政编码:271513

惠州市彩星电器有限公司
彩色电视接收机(CP2908M)
证书编号:C07—784403700
有 效 期:2001.12.7～2005.12.7
地　　址:广东省惠州市仲恺大道长城工业村
邮政编码:516002

龙岩市新罗区东城水泥厂
425R **普通硅酸盐水泥**
证书编号:C07—483508400
有 效 期:2001.12.7～2005.12.7
地　　址:福建省龙岩市新罗区东城东宝山考塘
邮政编码:364000

福建省安溪县三兴水泥厂
425R **普通硅酸盐水泥**
证书编号:C07—483508500
有 效 期:2001.12.7～2005.12.7
地　　址:福建省泉市安溪县剑斗镇石井村
邮政编码:362412

福建省永安新华水泥有限公司
425R **普通硅酸盐水泥**
证书编号:C07—483508600
有 效 期:2001.12.7～2005.12.7
地　　址:福建省永安市大湖镇金银湖工业区
邮政编码:366015

浙江省德清县莫干山竹胶板厂
竹胶合板模板[240×1220×(8～18)mm]
证书编号:C07—243508700
有 效 期:2001.12.7～2005.12.7
地　　址:浙江省德清县武康镇志远路58号
邮政编码:313200

广东嘉宝陶瓷工业有限公司
瓷质砖(**吸水率** E≤0.5%)
证书编号:C07—484702000
有 效 期:2001.12.7～2005.12.7
地　　址:广东省梅州市梅江区三角镇东开工业区
邮政编码:514071

广州乐华电子有限公司
彩色电视接收机(RH29NED)
证书编号:C07—784403800
有 效 期:2001.12.7～2005.12.7
地　　址:广东省广州市经济技术开发区宝石路中穗大厦C座6楼
邮政编码:510410

重庆市南川嘉南水泥有限公司
425#R 普通硅酸盐水泥
证书编号:C07—480007400
有 效 期:2001.12.6～2005.12.6
地　　址:重庆市南川隆化镇西让水坝
邮政编码:408400

四会市罗源水泥二厂
425R 普通硅酸盐水泥
证书编号:C07—484403900
有 效 期:2001.12.6～2005.12.6
地　　址:四会市罗源镇铁坑
邮政编码:526233

青岛光明轮胎制造有限公司
中型载重汽车斜交轮胎轻型载重汽车斜交轮胎(6050—16—10PR)
证书编号:C07—460007500
C07—460007600
有 效 期:2001.5.15～2005.5.15
地　　址:山东省平度市前楼工业园
邮政编码:266724

永定县东兴水泥厂
425R 普通硅酸盐水泥
证书编号:C07—483508800
有 效 期:2001.12.15～2005.12.15
地　　址:福建省龙岩市永定县龙潭镇联中村
邮政编码:364120

滦南县第二水泥厂
矿渣硅酸盐水泥(32.5)**普通硅盐酸水泥**(32.5)
证书编号:C07—480101200
C07—480101300
有 效 期:2001.12.25～2005.12.25
地　　址:河北省滦南县城关中大街117号
邮政编码:063500

兰州铝业股份有限公司
重熔用铝锭(AL99.70,AL99.80)
证书编号:C07—536104700
有 效 期:2001.12.26～2005.12.26
地　　址:甘肃省兰州市西固区山丹街375号
邮政编码:730060

兰州连城铝厂
铝合金建筑型材(6063T5)
证书编号:C07—536104800
有 效 期:2001.12.28～2005.12.28
地　　址:甘肃省兰州市七里河八里窑177号
邮政编码:730058

太原六味斋实业有限公司
酱肉(300g/**袋**)**酱肘花**(250g/**袋**)**酱大肚**(250g/**袋**)**猪蹄**(350g/**袋**)**酱牛肉**(200g/**袋**)
证书编号:C07—130007700 C07—130007800 C07—130007900 C07—130008000 C07—130008100
有 效 期:2001.12.26～2005.12.26
地　　址:山西省太原市桃园南路116号
邮政编码:030001

南丹县龙泉矿冶总厂
锡锭(Sn99.90)
证书编号:C07—530008200
有 效 期:2001.12.26～2005.12.26
地　　址:广西南丹县城关镇民行街103号
邮政编码:547200

中国人民解放军第九七一七工厂(盘锦欢喜岭沥青厂)
道路石油沥青(AH—90)**道路石油沥青**(100#)**道路石油沥青**(140#)
证书编号:C07—292102300
C07—292102400
C07—292102500
有 效 期:2001.12.26～2005.12.26
地　　址:辽宁省盘锦市欢喜岭
邮政编码:124114

石家庄三鹿集团股份有限公司
儿童高钙奶粉青壮年高钙奶粉中老年高钙奶粉 SOD 奶粉
证书编号:C07—130008300 C07—130008400 C07—130008500 C07—130008600
有 效 期:2001.12.26～2005.12.26
地　　址:河北省石家庄市和平西路539号
邮政编码:050071

常州肯特精毛纺织有限公司/常州市第三毛纺织厂
精梳毛织器
证书编号:C07—193206300
有 效 期:2001.12.27～2005.12.27
地　　址:江苏省常州市采菱路49号
邮政编码:213004

福建省永安闽燕水泥集团公司曹燕水泥厂
425R 普通硅酸盐水泥
证书编号:C07—483508900
有 效 期:2001.12.27～2005.12.27
地　　址:福建省永安市曹远镇坑边路338号
邮政编码:366014

上海南极人企业发展有限公司
健康保暖内衣
证书编号:C07—203206400
有 效 期:2001.12.27～2005.12.27
地　　址:上海市复兴东路701弄新地苑新怡楼7楼
邮政编码:200010

福建紫金矿业股份有限公司黄金冶炼厂金锭
证书编号:C07—523509000
有 效 期:2001.12.27～2005.12.27
地　　址:福建省上杭县北环路277号
邮政编码:364200

福建泉州爱格乐制衣有限公司
男西服男、女西裤
证书编号:C07—213509100 C07—213509200
有 效 期:2001.12.27～2005.12.27
地　　址:福建省惠安螺阳蔡厝工业区
邮政编码:362100

南京超时代化妆品开发制造有限公司
金不换面膜
证书编号:C07—383206500
有 效 期:2001.12.27～2005.12.27
地　　址:江苏省南京市长虹路443号
邮政编码:210012

福建泉州匹克(集团)公司
运动鞋
证书编号:C07—213509300
有 效 期:2001.12.27～2005.12.27
地　　址:福建省泉州市区灯州工业区

匹克大厦
邮政编码:362000

常山吾得万酒业有限公司
8°吾得超爽啤酒
证书编号:C07—143301700
有 效 期:2001.12.27～2005.12.27
地　　址:浙江省常山县天马镇白龙路22号
邮政编码:324200

福建省晋江市豪田瓷砖有限公司
干压陶瓷砖炻质砖(6%<E≤10%)
证书编号:C07—483509400
有 效 期:2001.12.28～2005.12.28
地　　址:福建省晋江市内坑镇黄塘开发区
邮政编码:362200

上海惠普电池厂

碱性锌—锰干电池[LR6,LR03(低汞)]
证书编号:C07—990202300
有 效 期:2001.12.28～2005.12.28
地　　址:上海市嘉定区胜辛路
邮政编码:201821

福建漳平盛堡水泥有限公司
425R **普通硅酸盐水泥**
证书编号:C07—483509500
有 效 期:2001.12.28～2005.12.28
地　　址:福建省漳平市大菁洋
邮政编码:364400

惠州广惠铝制品有限公司
铝合金建筑型材(6063T5 **阳极氧化**)
证书编号:C07—534702100
有 效 期:2001.12.29～2005.12.29
地　　址:广东省惠州市小金口九龙公路旁
邮政编码:516023

兰州连城铝厂
重熔用铝锭(AL99.70,AL99.60)
证书编号:C07—536104900
有 效 期:2001.12.29～2005.12.29
地　　址:甘肃省兰州市永登县建设坪
邮政编码:730335

浙江露笑机械制造有限公司
200 **级厚漆膜聚酯亚胺/聚酰胺酰亚胺复合漆包铜圆线**(Q(ZY/XY)—2/2000.20～1.00mm)
证书编号:C07—773301800
有 效 期:2001.12.29～2005.12.29
地　　址:浙江省诸暨市涠池镇工业区
邮政编码:311814

山西省偏关县水泥厂
普通硅酸盐水泥(42.5)
证书编号:C07—480008700
有 效 期:2001.12.29～2005.12.29
地　　址:山东省偏关县大观庙
邮政编码:036400

青州市德昌化工有限责任公司
硫酸钾复合肥饲料及磷酸氢钙
证书编号:C07—323702900
　　　　　C07—323703000
有 效 期:2001.12.29～2005.12.29
地　　址:山东青州市青州北路39号
邮政编码:262500

上海浦东混凝土制品有限公司
企口式钢筋混凝土排水管(φ1350～φ2400)
证书编号:C07—480202400
有 效 期:2001.12.30～2005.12.30
地　　址:上海市浦东机场镇新共路1128号
邮政编码:201202

嘉兴市银马水泥有限公司
425# **普通硅酸盐水泥**
证书编号:C07—483301900
有 效 期:2001.12.29～2005.12.29
地　　址:浙江省嘉兴市秀州区王店镇
邮政编码:314012

嘉兴市桐星水泥粉磨有限公司
525# **普通硅酸盐水泥**
证书编号:C07—483302000
有 效 期:2001.12.29～2005.12.29
地　　址:浙江省桐乡市新生镇
邮政编码:314501

镇江金威集团有限责任公司
羧基硼酰化钴(B 系列)(RC—B23)**癸酸钴**(RC—D20)**固体环烷酸钴**(RC—N10)**硬脂酸钴**(RC—S95)**羧基硼酰化钴**(RC—16)
证书编号:C07—343206600 C07—343206700 C07—343206800 C07—343206900 C07—343207000
有 效 期:2001.12.29～2005.12.29
地　　址:江苏省镇江市南门外大街98号
邮政编码:212003

北京固邦水泥有限责任公司
矿渣硅酸盐水泥(32.5)**普通硅酸盐水泥**(32.5)
证书编号:C07—480101400
　　　　　C07—480101500
有 效 期:2001.12.29～2005.12.29
地　　址:北京市房山区周口店地区新街村西
邮政编码:102453

环境标志产品

家用制冷器具

合肥荣事达电冰箱有限公司
荣事达牌冷藏冻箱
证书编号:HJBZ－A－001
型号规格:BCD－196、BCD－210、BCD－231 型等
有 效 期:2000.5.22～2003－5－22
地　　址:安徽省合肥市长江西路 669 号
邮政编码:230088

河南新飞电器有限公司
新飞牌冷藏冷冻箱、新飞牌冷藏箱
证书编号:HJBZ－A－002
型号规格:BCD－278W、BCD－265WA 型等
有 效 期:2000.5.22～2003.5.22
地　　址:河南省新乡市北干道东段
邮政编码:453002

长岭(集团)股份有限公司
长岭牌型冷藏冷冻箱
证书编号:HJBZ－A－003
型号规格:BCD－186、BCD－235
有 效 期:2000.5.22～2003.5.22
地　　址:陕西省宝鸡市 43 号信箱
邮政编码:721006

青岛海尔电冰箱股份有限公司
海尔(Haier)牌冷藏冷冻箱、海尔(Haier)牌冷藏箱、海尔(Haier)牌冷冻箱
证书编号:HJBZ－A－004
型号规格:BCD－191W、BCD－211W 型等
有 效 期:2000.5.22～2003.5.22
地　　址:青岛市重庆南路 99 号
邮政编码:266032

广东科龙冰箱有限公司
容声牌电冰箱、科龙牌电冰箱
证书编号:HJBZ－A－005
型号规格:BCD－223/HC、BCD－172/HC、BCD－260W/HC、BCD－260W/HCP、BD－272/HCP
有 效 期:2000.6.21～2003.6.21
地　　址:广东省顺德市容奇镇容港路 8 号
邮政编码:528303

浙江华集团公司
华日 Huari 牌家用冷藏冷冻箱
证书编号:HJBZ－A－006
型号规格:BCD－188C、BCD－196HC、BCD－218HC、BCD－220C、BCD－268C
有 效 期:2000.7.31～2003.7.31
地　　址:浙江省杭州九堡
邮政编码:310019

水性涂料

陕西联合化工有限公司
丽亨牌水溶性带锈防锈漆
证书编号:HJBZ－D－023
型号规格:BT 型
有 效 期:2000.1.4～2003.1.4
地　　址:西安高新开发区高新一路 12 号
邮政编码:710100

厦门金威爱新型水性漆有限公司
JVI 牌法国墙漆王内、外墙漆
证书编号:HJBZ－D－024
有 效 期:2000.1.4～2003.1.4
地　　址:厦门市湖里区头山仓储区内
邮政编码:361004

广丰蒙莱特漆业有限公司
蒙莱特(MRT)牌内、外墙水性涂料
证书编号:HJBZ－D－025
型号规格:无
有 效 期:2000.2.16～2003.2.16
地　　址:江西广丰县芦林工业区
邮政编码:334600

温州市天宇特种漆化工有限公司
森绿牌内、外墙乳胶漆
证书编号:HJBZ－D－026
型号规格:无
有 效 期:2000.2.16～2003.2.16
地　　址:温州市纺织路 108 号荷花工业区
邮政编码:325027

杭州亚士油漆有限公司
亚士牌内、外墙乳胶漆
证书编号:HJBZ－D－027
型号规格:无
有 效 期:2000.2.16～2003.2.16
地　　址:杭州市东新路新西路 28 号
邮政编码:310004

浙江天女集团有限公司
天女牌丙烯酸内、外墙乳胶漆、松翔牌丙烯酸内、外墙乳胶漆
证书编号:HJBZ－D－028
型号规格:无
有 效 期:2000.2.16～2003.2.16
地　　址:浙江省桐乡市灵安镇永兴路 1 号
邮政编码:314505

天津市科蓝涂料有限公司
KELAN 牌合成树脂乳液内、外墙涂料、科蓝牌合成树脂乳胶液内、外墙涂料
证书编号:HJBZ－D－029
型号规格:无
有 效 期:2000.3.6～2003.3.6
地　　址:天津市南开区雅安道资阳路 1 号
邮政编码:300190

广州广漆化工实业有限公司

电视塔牌乙酸乙烯无光乳胶漆、B12丙烯酸乳胶漆、高耐候外墙乳胶漆
证书编号:HJBZ—D—030
型号规格:无
有 效 期:2000.4.11～2003.4.11
地　　址:广州市白鹤洞东朗
邮政编码:510385

山东大中漆厂有限公司
紫荆花牌内、外墙乳胶漆;森得牌内、外墙乳胶漆
证书编号:HJBZ—D—031
型号规格:无
有 效 期:2000.4.11～2003.4.11
地　　址:山东省济南市魏华西路7号
邮政编码:250022

厦门秀鹭化工实业有限公司
boiro牌内、外墙乳胶漆
证书编号:HJBZ—D—032
型号规格:无
有 效 期:2000.5.22—2003.5.22
地　　址:厦门市屿后南里福利院边
邮政编码:361009

南京华彩特种涂料厂
天祥牌内、外墙乳胶漆
证书编号:HJBZ—D—033
型号规格:无
有 效 期:2000.6—21～2003.6.21
地　　址:南京市中山北路线408号
邮政编码:210011

江苏华奥涂料化工有限公司
华固牌内、外墙乳胶漆
证书编号:HJBZ—D—034
型号规格:无
有 效 期:2000.6—21～2003.6.21
地　　址:江苏省仪征市大庆北路129号
邮政编码:211400

石家庄市油漆厂建筑涂料分厂
金鱼牌内、外墙乳胶漆
证书编号:HJBZ—D—035
型号规格:无
有 效 期:2000.6.21～2003.6.21
地　　址:石家庄市中华南大街119号
邮政编码:050000

新疆灯塔屯河建筑涂料有限公司
灯塔牌内、外墙乳胶漆
证书编号:HJBZ—D—036
型号规格:无
有 效 期:2000.8.28～2003.8.28
地　　址:新疆昌吉州绿洲北路4号
邮政编码:831100

顺德市神洲涂料实业有限公司
神洲牌内、外墙乳胶漆
霸王花牌内、外墙乳胶漆
证书编号:HJBZ—D—037
型号规格:无
有 效 期:2000.11.8～2003.11.8
地　　址:广东省顺德市伦敦镇神洲工业城
邮政编码:528308

长沙佳乐美墙漆有限公司
中美牌内、外墙墙漆
证书编号:HJBZ—D—038
型号规格:无
有 效 期:2000.11.8～2003.11.8
地　　址:长沙市德雅路478号
邮政编码:410003

洗涤剂

成都明天高科技实业股份有限公司
思太牌高级无磷洗衣粉
证书编号:HJBZ—H—030
型号规格:无
有 效 期:2000.1.4～2003.1.4
地　　址:成都市新都三河花园开发区
邮政编码:610503

成都市新天巍日化有限责任公司
TIAN WEI牌无磷洗衣粉、高纯无毒洗衣粉
证书编号:HJBZ—H—031
型号规格:无
有 效 期:2000.1.4～2003.1.4
地　　址:成都市青羊区百花潭路二号二楼
邮政编码:610071

中轻依兰(集团)有限公司
依兰牌超浓缩、加酶无磷洗衣粉
证书编号:HJBZ—H—032
型号规格:无
有 效 期:2000.1.4～2003.1.4
地　　址:云南省昆明市西山区小海口
邮政编码:650117

厦门台全日化用品有限公司
花臣牌洗洁精;花臣牌超浓缩洗洁精
证书编号:HJBZ—H—033
型号规格:无
有 效 期:2000.2.16～2003.2.16
地　　址:厦门市钟宝果林场
邮政编码:361009

北京梦洁华威洗涤用品有限责任公司
百领牌无磷洗衣粉;百领牌消毒无磷洗衣粉
证书编号:HJBZ—H—034
型号规格:无
有 效 期:2000.2.16～2003.2.16
地　　址:北京市朝阳区安外北苑东路9号
邮政编码:100012

西安开米股份有限公司
开米涤王多功能洗衣液
型号规格:无
证书编号:HJBZ—H—035
有 效 期:2000.3.6～2003.3.6
地　　址:西安市丈八东路中段5号
邮政编码:710065

山西南风化工集团股份有限公司
奇强牌无磷洗衣粉、奇强牌速效洗衣液、奇强牌餐具洗洁精
证书编号:HJBZ—H—036
型号规格:无
有 效 期:2000.4.11～2003.4.11
地　　址:山西省运城市解放路294号
邮政编码:044000

无汞干电池

四川长虹电器股份有限公司
长虹、CHANGHONG牌无汞干电池
证书编号:HJBZ—I—003

型号规格:LR6、LR03 型
有 效 期:2000.6.21～2003.6.21
地　　址:四川省绵阳市高新区绵兴东路 35 号
邮政编码:621000

包装制品

上海申花塑胶新材料有限公司
球魂牌可降解塑料膜制品
证书编号:HJBZ－L－011
型号规格:TS/PE－H60BB/15
有 效 期:2000.3.6～2003.3.6
地　　址:上海市浦东新区北艾路 1701 号
邮政编码:200125

节能、低噪声房间空气调节器

青岛海信空调有限公司
海信(Hisense)牌分体壁挂式变频冷暖空调器、分体壁挂式单冷空调器、分体落地式变频冷暖空调器、分体落地式变频单冷空调器
证书编号:HJBZ－R－001
型号规格:KFR－2601GW/BP 型、KF－2601GW/BP 型、KFR－5001LW/BP 型、KF－5001LW/BP 型
有 效 期:2000.4.11～2003.4.11
地　　址:青岛市延安三路 204 号
邮政编码:266736

四川长虹电子集团公司
长虹、CHANGHONG 牌空调器
证书编号:HJBZ－R－002
型号规格:KF－25GW/EQ 型
有 效 期:2000.6.21～2003.6.21
地　　址:四川省绵阳市高新区绵兴东路 35 号
邮政编码:621000

卫生杀虫气雾剂

山东阁楼宝家用日化有限公司
阁楼宝牌杀虫气雾剂
证书编号:HJBZ－T－002
型号规格:无
有 效 期:2000.5.22～2003.5.22
地　　址:山东省东营市青州路过 283 号
邮政编码:257055

纸质餐饮具

武汉绿世界集团有限公司
纸质餐饮具
技术要求:HJBZ23－98
远东绿世界牌一次性纸杯
证书编号:HJBZ－W－003
型号规格:无
有 效 期:2000.5.18～2003.5.18
地　　址:武汉市洪山区珞瑜路 472 号
邮政编码:430079

天津普乐包装容器有限公司
HUHTAMAKI VAN LEER 牌纸杯
证书编号:HJBZ－W－002
型号规格:无
有 效 期:2000.6.21～2003.6.21
地　　址:天津经济技术开发区第六大街 12 号
邮政编码:300457

节能电脑

青岛海信计算机有限公司
HiSense(海信)微型计算机
证书编号:HJBZ－Z－002
型号规格:海飞系列、金归系列、金箭系列、红箭系列、蓝箭系列、商箭系列、闪电系列、海贝系列
有 效 期:2000.8.30～2003.8.30
地　　址:山东省青岛市江西路 11 号
邮政编码:266071

粘合剂

石家庄市油漆厂建筑涂料分厂
金鱼牌 TG 胶粘剂
证书编号:HJBZ－28－008
型号规格:无
有 效 期:2000.6.21～2003.6.21
地　　址:石家庄市中华南大街 119 号
邮政编码:050000

南海南光树脂制品有限公司
NANGO 牌鞋用胶粘剂
证书编号:HJBZ－28－009
型号规格:101 生胶浆、103 粉胶浆、108 粉胶浆、468 万能胶、248(1)万能胶、248(2)万能胶、278PU 胶、838NPU 胶、900NPU 胶、XJ(PU)2781W 胶、XJ(PU)2782W 胶、XJ(PU)2783W 胶
有 效 期:2000.8.31～2003.8.31
地　　址:广东省南海市黄岐区泌冲工业区
邮政编码:528248

生态纺织品

杉杉集团有限公司
杉杉 FIRS 牌纯毛男、女西服 杉杉 FIRS 牌男、女衬衣
证书编号:HJBZ－30－001
型号规格:无
有 效 期:2000.8.28～2003.8.28
地　　址:上海市浦东东路 985 号一百杉杉大厦
邮政编码:200122

上海兆林实业有限公司
俞兆林 YUZHAOLIN 牌保暖男、女内衣
证书编号:HJBZ－30－002
型号规格:无
有 效 期:2000.8.28～2003.8.28
地　　址:上海天目中路 305 号
邮政编码:200070

北京铜牛针织集团有限责任公司
铜牛(TONGNIU)牌纯棉成人、儿童内衣
铜牛(TONGNIU)牌混纺成人、儿童内衣
铜牛(TONGNIU)牌纯毛成人、儿童内衣
证书编号:HJBZ－30－004
型号规格:无

有 效 期:2000.10.20～2003.108.30
地　　址:北京市朝阳区朝阳门外小庄
邮政编码:100026

植物纤维一次性餐具

武汉远东绿世界集团有限公司
远东绿世界牌植物淀粉一次性餐饮具
证书编号:HJBZ－35－003
型号规格:无
有 效 期:2000.5.18～2003.5.18
地　　址:武汉市洪山区珞瑜路472号
邮政编码:430079

磁电式防垢水处理器

北京多元电子有限公司
多元牌电子水处理仪
证书编号:HJBZ－36－001
型号规格:无
有 效 期:2000.5.22～2003.5.22
地　　址:北京站西街后沟胡同9号
邮政编码:100005

上海滨浦水处理设备有限公司
滨浦牌CFG内磁水处理器
证书编号:HJBZ－36－002
型号规格:无
有 效 期:2000.11.8～2003.11.8
地　　址:上海闵行区杜行镇北首
邮政编码:200233

人造木质板材

乐山吉象人造林制品有限公司
吉象牌强化复合地板、吉象牌中密度纤维板
证书编号:HJBZ－37－001(Q)
型号规格:100型(地板)、200型(地板)、400型(地板)
有 效 期:2000.1.4～3.1.4
地　　址:四川省乐山市经济开发区伏龙工业区
邮政编码:614000

天津福亚实业有限公司
福满地牌实木复合地板
证书编号:HJBZ－37－001(S)
型号规格:无
有 效 期:2000.1.4～2003.1.4
地　　址:天津东丽区大毕庄工业区
邮政编码:300250

中外合资四川升达林产有限公司
升达牌强化木地板
证书编码:HJBZ－37－002(Q)
型号规格:无
有 效 期:2000.1.4～2003.1.4
地　　址:四川省成都市二环路北二段189号林贸大厦6楼
邮政编码:610300

北京欧德装饰材料有限责任公司
欧典牌强化复合木地板
证书编码:HJBZ－37－003(Q)
型号规格:1285＊195＊8mm
有 效 期:2000.5.22～2003.5.22
地　　址:北京海淀区三环中路3号
邮政编码:100036

广西壮族自治区梧州木材厂
三威牌强化复合地板
证书编码:HJBZ－37－004(Q)
型号规格:1206＊190＊8mm
有 效 期:2000.10.20～2003.10.20
地　　址:广西梧州市西堤三路63号
邮政编码:543002

粤海装饰材料(中山)有限公司
柏高(PACO)牌化复合地板
证书编码:HJBZ－37－005(Q)
型号规格:1208＊192＊8mm
有 效 期:2000.11.8～2003.11.8
地　　址:广东省中山市中山港出口加工区第二区
邮政编码:528437

低污染型摩托车

吉利集团有限公司
吉利牌两轮摩托车
证书编号:HJBZ－38－001
型号规格:JL80T－2、3、4、5、6、8、9、12、13、14、15、16、17型
有 效 期:2000.1.4～2003.1.4
地　　址:浙江省台州市路桥区机场路
邮政编码:318050

建筑用塑料管材

高明市顾地塑胶有限公司
goody牌排水管材、goody牌管件系列产品
证书编号:HJBZ－39－002
型号规格:无
有 效 期:2000.4.11～2003.4.11
地　　址:广东省高明市更楼镇白石工业区
邮政编码:528522

消耗臭氧层物质(ODS)替代产品

大连宏信高科技成果开发有限公司
宏信HONSEN牌水成膜泡沫灭火剂
证书编号:HJBZ－41－001
型号规格:AFFF3－ER/CR1、AFFF6－ER/CR1、AFFF6－ER1、AFFF6 － ER/P/CR1、AFFF6 － ER/P/CR2、AFFF－ER/FS1、AFFF－ER/FS2、AFFF－ER/CR/FS1型
有 效 期:2000.10.30－2003.10.30
地　　址:大连市西北路880号
邮政编码:116035

气雾剂

深圳彩虹气雾剂制造有限公司
7CF牌高膨胀发泡胶、万能喷胶、玻璃防雾王喷剂、低温起动剂、玻璃防冻除冰泡沫;7CF牌、QCARE牌家具护理气雾剂、汽车抛光喷蜡、摩托车表板蜡
证书编号:HJBZ－43－001
型号规格:无
有 效 期:2000.6－2003.6.2
地　　址:深圳市宝安区石岩上屋彩虹工业城
邮政编码:518108

轮 胎 产 品

焦作市金虎轮胎厂

轻型载重汽车斜交轮胎

证书编号:C1101028

型号规格:6.00—15LT 6.00—16LT 6.50—14L 等

有 效 期:1999.12～2002.12

地　　址:河南焦作市焦东南路48号

邮政编码:454003

龙口兴隆轮胎有限公司

微型载重汽车斜交轮胎

证书编号:C1101030.1

型号规格:4.5—12ULT 5.00—12ULT

轻型载重汽车斜交轮胎

证书编号:C1101030.2

型号规格:6.00—13LT 6.00—14ULT 6.50—14LT 6.50—16LT 7.50—16LT

中型载重汽车斜交轮胎

证书编号:C1101030.3

型号规格:7.00—20 7.50—20 9.00—20 10.00—20

有 效 期:2000.1～2003.1

地　　址:山东省龙口市村镇兴隆庄

邮政编码:265703

山东泰山轮胎厂

轻型载重汽车斜交轮胎

证书编号:C1101031.1

型号规格:5.50—13LT 6.00—13LT 6.00—14LT 等

中型载重汽车斜交轮胎

证书编号:C1101031.2

型号规格:7.00—20 7.50—20 8.25—20 9.20—20 等

有 效 期:2001.1～2003.1

地　　址:山东省肥城市济兖路1号

邮政编码:271600

北京首创轮胎有限责任公司

"60"系列轿车子午线轮胎

证书编号:C1101029.1

型号规格:185/60R14 195/60R14 205/60R15

"65"系列轿车子午线轮胎

证书编号:C1101029.2

"70"系列轿车子午线轮胎

证书编号:C1101029.3

型号规格:165/70R13 165/70R14 175/70R13 185/70R13 185/70R14

证书编号:C1101029.4

"80"系列轿车子午线轮胎

证书编号:C1101029.5

型号规格:145/80R12 155/80R13 175/80R13 185/80R14

轻型载重子午线轮胎

证书编号:C1101029.6

型号规格:195/75R14LT (195/75R14C)等

轻型载重汽车斜交轮胎

证书编号:C1101029.7

型号规格:6.00—13LT 6.00—14LT 6.00—15LT 等

中型载重汽车斜交轮胎

证书编号:C1101029.8

型号规格:7.00—20 7.50—20 8.25—20 9.00—20 等

有 效 期:2000.1～2003.1

地　　址:北京德外西三旗东新都

邮政编码:100096

新疆昆仑股份有限公司

轻型载重汽车斜交轮胎

证书编号:C1101032.1

型号规格:6.00—14LT 6.00—15LT 6.50—14LT 等

重型/中型载重汽车斜交轮胎

证书编号:C1101032.2

型号规格:7.00—20 7.50—20 8.25—20 9.00—20 等

有 效 期:2000.1～2003.1

地　　址:新疆库尔勒塔什店

邮政编码:841011

上海大孚橡胶厂

轻型载重汽车斜交轮胎

证书编号:C1101033.1

型号规格:6.00—14LT 6.50—16LT 7.00—15LT 7.00—16LT 7.50—16LT

中型载重汽车斜交轮胎

证书编号:C1101033.2

型号规格:7.50—20 8.20—20 9.00—20 10.00—20 11.00—20

有 效 期:2000.1～2003.1

地　　址:上海中山西路207号

邮政编码:200051

山东威海橡胶厂

微型载重汽车斜交轮胎

证书编号:C1101034.1

型号规格:4.50—12ULT 5.00—12ULT

轻型载重汽车斜交轮胎

证书编号:C1101034.2

型号规格:6.00—14LT 6.00—15LT 6.00—16LT 等

中型载重汽车斜交轮胎

证书编号:C1101034.3

型号规格:7.00—20 7.50—20 9.00—20 10.00—20 11.00—20

有 效 期:2000.1～2003.1

地　　址:山东省威海市新威路89号

邮政编码:264200

厦门海燕橡胶股份有限公司

微载重汽车斜交轮胎

证书编号:C1101036.1

型号规格:4.50—12ULT 5.00—12ULT

轻型载重汽车斜交轮胎

证书编号:C1101036.2

型号规格:6.00—14LT 6.50—16LT 7.00—15LT 7.00—16LT 7.50—16LT

中型载重汽车斜交轮胎

证书编号:C1101036.3

型号规格:7.50—20 8.20—20 9.00—

20 10.00—20 11.00—20
有 效 期:2000.9～2003.9
地　　址:上海中山西路207号
邮政编码:200051

鞍山轮胎厂

微型载重汽车斜交轮胎
证书编号:C1101035.1
型号规格:4.50—12ULT 5.00—12ULT

轻型载重汽车斜交轮胎
证书编号:C1101035.2
型号规格:5.50—13LT 6.00—14LT 6.50—16LT 7.00—16LT 等

中型载重汽车斜交轮胎
证书编号:C1101035.3
型号规格:7.00—20 7.50—20 8.25—20 9.00—20 10.00—20 等
有 效 期:2000.12～2003.12
地　　址:辽宁省岫岩县新甸镇
邮政编码:114323

天津市万达轮胎集团有限公司

轻型载重汽车斜交轮胎
证书编号:C1101038.1
型号规格:6.50—16LT 7.00—16LT 7.50—16LT 7.00—15LT

中型载重汽车斜交轮胎
证书编号:C1101038.2
型号规格:7.50—20 9.00—20 10.00—20 11.00—20 12.00—20

摩托车轮胎
证书编号:C1102005
型号规格:2.25—17 2.50—17 2.50—18 2.75—14 等

小轮径系列
型号规格:3.00—8 3.00—10 3.50—10

公制系列
型号规格:90/90—10 1../90—10 11./90—10 90/90—17 等
有 效 期:2000.12～2003.12
地　　址:天津市北辰区京津塘高速公路宜兴埠收费处东
邮政编码:300402

实验室管理与认可

实验室管理与认可机构

2000年CNACL工作总结

CNACL秘书长　乔东

在国家质量技术监督局的直接领导下，中国实验室国家认可委员会（CNACL）在新千年的第一个年头取得了较大成绩。不仅在国内进一步树立了CNACL认可的公正性、规范性、有效性和权威性，而且在国际上进一步扩大影响，提高了国际地位，主要完成了以下4个方面工作：

第一，进一步完善CNACL认可体系。针对1999年9月亚太实验室认可合作组织（APLAC）国际同行专家评审对CNACL的认可体系改进建议，在建立不同认可领域专业技术工作组、处理认可过程中申诉、投诉和争议、实验室认可后监督与复评审和扩大校准实验室认可领域方面予以了完善。并于2000年9月顺利通过了APLAC跟踪评审。

第二，签署了国际实验室认可合作组织（ILAC）多边互认协议（MRA）于2000年11月在美国华盛顿召开的ILAC全体大会上，包括CNACL在内的来自欧洲、南美洲、南非和亚太地区等国家和地区的36个实验室认可机构成功地签署了ILAC-MRA，使经CNACL认可实验室出具的校准证书和检测报告得到了与其签署ILAC-MRA的其它35个实验室认可机构的承认，表明我国实验室认可工作在与国际接轨的道路上又迈了一个新台阶。

第三，起草ISO/IEC 17025中国国家标准，制定实施方案。完成了国家质量技术监督局委托的制定ISO/IEC 17025《检测和校准实验室能力的通用要求》工作，并提出了该标准实施的过渡方案，同时也将该标准对CNACL认可的实验室和注册的评审员进行了介绍。

第四，拓展了工作范围。认可实验室的领域从通用的机械、电子、轻工延伸到核工业、航空、航天等特殊领域，并筹备了依据ISO/IEC 17020《各类检查机构运行的通用要求》开展检查机构的认可。

CNACL所取得的成绩得益于国务院有关部门、实验室、评审员和各相关方的大力支持，同时，CNACL也在与其它国家和地区的认可机构交往中获得了宝贵的经验。在今后工作中CNACL将严格履行APLAC和ILAC互认协议的要求，完善中国实验室国家认可体系，在成为中国享有高信誉的第三方实验室认可机构的同时，也成为国际互认协议各签署方可信赖的伙伴。

一、综　　述

2000年中国实验室国家认可委员会（CNACL）工作有了较大的进展，在1999年9月顺利通过亚太实验室认可合作组织（APLAC）同行评审，于99年12月3日签署了APLAC-互认协议（MRA）的基础上，今年9月又顺利通过了APLAC的跟踪检查，并于2000年11月2日在美国华盛顿召开的国际实验室认可合作组织（ILAC）年会上，成功的与来自于欧洲、南非、南美洲和亚太地区共35个实验室认可机构签署了ILAC多边互认协议（MRA）（见附件1），表明经CNACL认可的实验室所出具检测报告和校准证书得到了与其签署ILAC-MRA的其他35个实验室认可机构的承认。

本年度CNACL在认可实验室的数量和认可领域方面有了较大增长。截止2000年12月31日共认可374个实验室。全年评审员队伍的数量和覆盖的领域也有了增长。目前CNACL共注册通过培训和考核的859名评审员；在能力验证活动方面2000年也有了明显的提高。全年共组织300多个经CNACL认可的实验室参加国内和亚太地区的能力验证活动。

本年度CNACL加强了实验室认可市场的开拓，在国家质量技术监督局的领导下，积极与国务院有关政府的实验室管理部门和省质量技术监督部门合作，推进实验室认可工作。包括举办实验室认可宣贯班，在有关新闻媒体上宣传实验室认可工作以及邀请新西兰、英国等国家的实验室认可专家来华讲学，使CNACL的认可工作在国内扩大了认可的影响面。

为使1999年12月颁发的ISO/IEC17025《检测和校准实验室能力的通用要求》及时在中国实施，CNACL制定了ISO/IEC17025过渡方案，并对有关实验室及评审员进行了宣贯，保证了ISO/IEC 17025在CNACL认可体系正确执行。

二、CNACL认可活动

*CNACL认可实验室

2000年CNACL共受理实验室认可申请208个，其中50%属电子、电工、机械、综合和校准类实验室；全年共认可145个实验室，共注销了7个实验室的认可资格。从1993年CNACL开展实验室认可工作至2000年12月31日，共认可374个实验室，其中含校准实验室36个。

*CNACL评审活动

全年共组织安排333个实验室评审。其中：首次评审150次，复评审6次，扩项评审42次，监督评审135次；使用评审员805人次，使用技术专家135人次。除CNACL正式注册评审员外，CNACL还建立了由1900多名技术专家组成的专家库。这些技术专家为CNACL评审工作提供了必要的技术资源。

三、CNACL评审员管理

CNACL的评审员为三个级别：主任评审员、评审员和实习评审员。统称级别评审员。对三个级别的评审员的教育、工作、培训方面的要求是相同的，其差别体现在评审经历、技能要求和考核上。三个级别的能力和水平依次递增；实习评审员→评审员→主任评审员。CNACL对每个注册级别评审员采用每年一次的年度确认方式予以督促，并对每个注册级别评审员遵守评审员行为准则的情况进行检查。

CNACL于1996年10月18日和1997年8月14日分别批准建立了“上海实验室认可技术交流中心和“北京列伯实验室认可技术交流中心”，开展CNACL评审员培训工作。今年新注册实习评审员225人，评审员26人，主任评审员7人；内审员共注册437人。

1994年～2000年12月30日：

获CNACL注册主任评审员资格17人；

获CNACL注册评审员资格65人；

获CNACL注册实习评审员资格777人。

总计：注册级别评审员859人。

本年度举办评审员培训课程21期，内审员17期。培训评审员419人，内审员638人。随着实验室认可的发展，CNACL制定了《评审员发展规划》，有计划地为实验室认可培养所需人才。

四、CNACL 技术活动

完成 ISO/IEC 17025 国际标准的转化为中国国家标准工作。CNACL 经国家质量技术监督局标准化司授权，承担了 ISO/IEC 17025 转化为中国国家标准的起草工作，于 2000 年 11 月 26 日，通过了有关方技术专家的审定，现已报国家质量技术监督局批准颁发。

ISO/IEC17025 过渡计划及技术支持。为使 ISO/IEC 17025 在 CNACL 认可体系中顺利实施，CNACL 制定了相应的过渡计划，包括文件的起草、实施的准备、过渡的期限以及对实验室和评审员的具体要求。同时，在技术方面注重了测量不确定度在检测实验室中运用的要求，并成立了不确定度应用专业工作组。

筹备检查机构的认可工作。2000 年 3 月经国家质量技术监督局标准化司授权，CNACL 承担了 ISO/IEC 17020：1998《各类检查机构能力的通用要求》转化为中国国家标准的起草工作，预计该标准在 2001 年 6 月前正式发布。与此同时 CNACL 将于 2001 年下半年开展检查机构的认可工作。

五、NCACL 能力验证活动

2000 年 CNACL 共开展 13 项国内能力验证计划。这些计划涉及地矿、冶金、纺织、纤检、石化、生物以及光学和长度 8 个领域的 85 个测试项目，共计 300 个实验室参加，同时 CNACL 还组织 18 个实验室参加了 9 项亚太地区的能力验证计划，共涉及通信、家电、化学分析和声学 4 个领域的 34 个项目。为扩大能力验证活动的开展，CNACL 还在纤纺、金属分析、珠宝、卫生和机械等 5 个检测领域宣贯了能力验证的相应政策和程序，促进了能力验证工作在这些行业的开展。

六、CNACL 国际活动

CNACL 是实验室认可机构区域组织 APLAC 和国际组织 ILAC 的正式成员。

1995 年 4 月 CNACL 签署了 APLAC 谅解备忘录。

1996 年 9 月 CNACL 签署了 ILAC 谅解备忘录。

1999 年 12 月 CNACL 签署了 APLAC 互认协议。

2000 年 11 月 2 日 CNACL 签署了 ILAC 互认协议。

CNACL 积极参加实验室认可方面的国际活动，并邀请 NATA、IANZ、UKAS、A2LA、KOLAS、HKAS 等实验室认可机构专家到 CNACL 进行技术交流。

CNACL 将努力与国际、各地区及各国实验室认可机构进行合作，严格履行 ILAC、APLAC 互认协议的要求，按照国际实验室认可的通行准则开展认可工作，促进中国实验室得到国际更广泛的承认。

附件1：

2000年11月2日在美国签署国际实验室认可合作组织互认协议（ILAC—MRA）的36个实验室认可机构名单（实验室国际互认）

组织	经济体	签字人	范围
澳大利亚国家检测机构协会（NATA）	澳大利亚	Anthony Russell	检测与校准
比利时实验室认可体系（BELTEST和BKO/OBE）	比利时	Vincent Merken	检测与校准
巴西计量、贸易、工业质量和生产力研究院（INMETRO）	巴西	Armando Mariante Carvalho	检测与校准
加拿大标准理事会（SCC）	加拿大	Peter Clark	检测与校准
中国实验室国家认可委员会（CNACL）	中国	乔东	检测与校准
捷克认可研究院，o. p. s（CAI）	捷克	Jiri Ruzicka	检测与校准
丹麦认可机构（DANAK）	丹麦	Vagn Andersen	检测与校准
芬兰计量认可服务中心（FINAS）	芬兰	Tuulikki Hattula	检测与校准
法国认可委员会（COFRAC）	法国	Daniel Pierre	检测与校准
德国检测认可机构（DAP）	德国	Hans-Ulrich Mittmann	检测
德国化学认可体系（DACH）	德国	Hans-Ulrich Mittmann	检测
德国计量院校准认可体系（PTB）	德国	Klaus Brinkmann	校准
德国技术认可机构（DATech）	德国	Hans-Ulrich Mittmann	检测
中国香港实验室认可体系（HKAS）	中国香港	LH Ng	检测与校准
印度实验室国家认可委员会（NABL）	印度	AK Chakrabarty	检测与校准
爱尔兰国家认可委员会（NAB）	爱尔兰	Tom Dempsey	检测与校准
意大利检测实验室认可体系（SINAL）	意大利		检测
意大利校准实验室认可体系（SIT）	意大利	Paolo Soardo	校准
日本合格评定认可机构（JAB）	日本	Takashi Ohtsubo	检测
日本校准服务认可体系（JCSS）	日本	Koji Sugiue	校准
日本实验室国家认可体系（JNLA）	日本	Taizo Nishikawa	检测
韩国实验室认可体系（KOLAS）	韩国	Dong Young Joo	检测
荷兰认可理事会RvA	荷兰	Jos Leferink	检测与校准

组织	经济体	签字人	范围
新西兰国际认可（IANZ）	新西兰	WL Richards	检测与校准
挪威认可机构（Norwegian Accreditation）	挪威	Helge Kildal	检测与校准
新加坡国家认可体系（SAC）	新加坡	K. S. Tan	检测与校准
南非国家认可体系（SANAS）	南非	M. A. Peet	
西班牙国家认可（ENAC）	西班牙		检测与校准
瑞典认可与合格评定委员会（SWEDAC）	瑞典	Lars Ettarp	检测与校准
瑞士认可服务（SAS）	瑞士	Hanspeter lschi	检测与校准
中国台湾实验室认可体系（CNLA）	中国台北	Nigel Jou	检测与校准
英国认可服务机构（UKAS）	英国	Brian Thomas	检测与校准
美国实验室认可协会（A2LA）	美国	Peter Unger	
美国国家实验室自愿认可组织（NVLAP）	美国	David Alderman	
建筑官方国际会议认可组织（ICBO-ES）	美国	CP Ramani	
越南实验室认可体系（VILS/STAMEO）	越南	Ho Tat Thang	检测与校准

中国实验室国家认可委员会（CNACL）实施ISO/IEC17025过渡方案

1999年CNACL经国家质量技术监督局标准化司批准，承担了依据ISO/IEC 17025—1999修订中国国家标准GB/T15481—1995《校准和检测实验室能力的通用要求》的工作，经CNACL修订的标准于2000年11月26日通过了有关技术专家的审定，并于2000年12月27日获国家质量技术监督局批准。同时为使CNACL顺利实施ISO/IEC17025过渡，CNACL于2000年8月制定了相应的过渡计划，包括文件的起草、实施的准备、过渡的期限以及对实验室和评审员的具体要求。并作出了以下规定：

1. 在文件准备方面：

(1)《实验室认可准则》等同依据ISO/IEC17025—1999重新制定，拟2001年3月完成；

(2)《实验室认可细则》依据ISO/IEC17025—1999的要求进行修订，拟2001年3月完成；

(3) 实验室评审报告等相关文件的修订，拟2001年6月完成；

(4)《检测实验室测量不确定度应用指南》的起草工作，拟2001年6月完成。

2. 实施准备方面：

(1) 修订《评审员培训教程》，由CNACL评审员部负责组织，2001年6月完成并出版；

(2) 主任评审员、评审员、培训教师研讨《实验室认可准则》、理解实施细则应用。由评审员部负责组织，2001年5月—7月完成；

(3) 向实验室通报宣传新版《实验室认可准则》CNACL201-2001，并准备实施。由综合部组织实施，2001年6月全面启动；

(4) 对相应文件进行修改。由技术部组织实施，2001年6月—12月完成。

3. 体系转换过渡要求：

(1) 2002年4月1日起，CNACL均按新版《实验室认可准则》CNACL201-2001受理申请（包括初次、扩项和复评审申请）；

(2) 2002年7月1日起，所有新申请、复评审、扩项、监督的实验室均按新版《实验室认可准则》CNACL201-2001实施；

(3) CNACL的评审员培训机构自2001年7月起，一律按照新版《实验室认可准则》CNACL201-2001对评审员进行培训。

GB/T　15481＝200X

检测和校准实验室能力的通用要求

引　言

ISO/IEC17025－1999是在ISO/IEC指南25和EN45001广泛的实施经验基础上制订的，并代替这两个文件。本标准包含了希望证明运作着质量体系、具有技术能力并能出具技术上有效结果的检测和校准实验室应满足的所有要求。

对检测和校准实验室能力进行承认的认可机构应利用本标准作为其认可的基础。本标准的第4章规定了健全管理的要求；第5章规定了从事检测和（或）校准的实验室的技术能力要求。

随着质量体系日益广泛的应用，对作为较大组织一部分的实验室或提供其他服务的实验室，要求其确保所运作的质量体系符合ISO 9001或ISO 9002以及本标准的需要也在增长。因此，本标准注意结合了ISO 9001和ISO 9002中与实验室质量体系所覆盖的检测和校准服务范围有关的所有要求。

符合本标准的检测和校准实验室，其运作也符合ISO 9001或ISO 9002。

依据ISO 9001和ISO 9002进行的认证，并不证明实验室具有出具技术上有效数据和结果的能力。

如果实验室满足本标准并获得了某认可机构的认可，并且该认可机构已与其他国家采用本标准的同等机构达成了互认协议，这将会促进国家之间对检测和校准结果的相互承认。

本标准的应用将会促进实验室和其他机构间的合作，并有助于信息和经验的交流以及标准和程序的协调。

1　范　围

1.1　本标准规定了实验室从事检测和（或）校准的能力（包括抽样能力）的通用要求。这些检测和校准包括应用标准方法、非标准方法和实验室制定方法进行的检测和校准。

1.2　本标准适用于所有从事检测和（或）校准的组织，包括诸如第一方、第二方和第三方实验室，以及将检测和（或）校准作为检查和产品认证工作一部分的实验室。

本标准适用于所有实验室，不论其人员数量的多少或检测和（或）校准活动范围的大小。当实验室不从事本标准所包括的一种或多种活动，例如抽样和新方法的设计（制定）时，可不采用本标准中相关条款的要求。

1.3　文中的注是对正文的说明、举例和指导。它们既不包含要求，也不构成本标准的主体部分。

1.4　本标准用于实验室建立质量、管理和技术体系并控制其运作。实验室的客户、法定管理机构和认可机构也可使用本标准对实验室的能力进行确认或承认。

1.5　本标准不包含实验室运作中应符合的法规和安全要求。

1.6　如果检测和校准实验室符合本标准的要求，当它们从事新方法的设计（制定）和（或）结合标准的和非标准的检测和校准方法制定工作计划时，其检测和校准所运作的质量体系也符合GB/T 19001（idt ISO 9001）的要求；在实验室仅使用标准方法时，则符合GB/T 19002（idt ISO 9002）的要求。本标准包含了GB/T 19001（idt ISO 9001）和GB/T 19002（idt ISO 9002）中未包含的一些技术能力要求。附录A提供了ISO/IEC 17025与ISO 9001和ISO 9002的条款对照。

注 1.：为确保这些要求应用的一致性，或许有必要对本标准的某些要求进行说明或解释。附录 B 给出了制订特殊领域应用细则的指南，尤其适用于认可机构（见 GB/T 15486-1996 idt ISO/IEC 指南 58：1993，4.1.3）。

注 2：如果实验室希望对其部分或全部检测和校准活动进行认可，宜选择一个依据 GB/T15486-1996（idt ISO/IEC 指南 58）运作的认可机构。

2 引用标准

下列标准所包含的条文，通过在本标准中引用而构成标准的条文。本标准出版时，所示版本均为有效。所有版本都会被修订，使用本标准的各方应探讨使用下列标准最新版本的可能性。

GB/T 19001-1994 质量体系——设计、开发、生产、安装和服务的质量保证模式（idt ISO 9001：1994）

GB/T 19002-1994 质量体系——生产、安装和服务的质量保证模式（idt ISO 9002：1994）

ISO/IEC 指南 2，标准化及相关活动的一般术语和定义

VIM，国际通用计量学基本术语，由国际计量局（BIPM）、国际电工委员会（IEC）、国际临床化学和实验医学联合会（IFCC）、国际标准化组织（ISO）、国际理论化学和应用化学联合会（IUPAC）、国际理论物理和应用物理联合会（IUPAP）和国际法制计量组织（OIML）发布。

注：JJF1001-1998《通用计量术语及定义》包含了 VIM 的全部内容。

3 术语和定义

本标准采用下列定义。

3.1 检测实验室 testing laboratory

从事检测工作的实验室。检测是指按照规定程序，由确定给定产品的一种或多种特性、进行处理或提供服务所组成的技术操作。（ISO/IEC 指南 2：1996）

注："test"在某些场合也译为测试、试验或检验。

3.2 校准实验室 calibration laboratory

从事校准工作的实验室。校准是指在规定条件下，为确定测量仪器或测量系统所指示的量值，或实物量具或参考物质所代表的量值，与对应的由标准所复现的量值之间关系的一组操作。（JJF1001-1998）

鉴于本标准的目的，使用 ISO/IEC 指南 2 和 VIM 中给出的术语和定义。

注：GB/T6583 （idt ISO8402）规定了与质量有关的一般定义，ISO/IEC 指南 2 则专门规定了与标准化、认证和实验室认可有关的定义。若 GB/T6583（idt ISO8402）与 ISO/IEC 指南 2 和 VIM 中给出的定义有差异，优选使用 ISO/IEC 指南 2 和 VIM 中的定义。

4 管理要求

4.1 组织

4.1.1 实验室或其所在组织应是一个能够承担法律责任的实体。

4.1.2 实验室的职责是以符合本标准的要求的方式从事检测和校准，并能满足客户、法定管理机构或提供认可的组织的需求。

4.1.3 实验室的管理体系应覆盖实验室在固定设施内、离开其固定设施的场所，或在相关的临时或移动设施中进行的工作。

4.1.4 如果实验室所在的组织还从事检测和（或）校准以外的活动，为了鉴别潜在的利益冲突，应界定该组织中参与检测和（或）校准或对检测和（或）校准有影响的关键人员的职责。

注1：如果实验室是某个较大组织的一部分，该组织应使其有利益冲突的部门，如生产、商贸营销或财务部门，不对实验室满足本标准的要求产生不良影响。

注2：如果实验室希望作为第三方实验室得到认可，应能证明其公正性。并且实验室及其员工能够抵御任何可能影响其技术判断的、不正当的商业、财务和其他方面的压力。第三方检测或校准实验室不应参与任何损害其判断独立性和检测或校准诚信度的活动。

4.1.5 实验室应：

a）有管理人员和技术人员。他们具有所需的权力和资源以履行其职责、识别对质量体系或检测和（或）校准程序的偏离，以及采取措施预防或减少这种偏离（见5.2）；

b）有措施保证其管理层和员工不受任何对工作质量有不良影响的、来自内外部的不正当的商业、财务和其他方面的压力和影响；

c）有保护客户的机密信息和所有权的政策和程序，包括保护电子存储和传输结果的程序；

d）有政策和程序以避免卷入任何可能会降低其能力、公正性、判断或运作诚实性的可信程度的活动；

e）确定实验室的组织和管理结构、其在母体组织中的地位，以及质量管理、技术运作和支持服务之间的关系；

f）规定对检测和（或）校准质量有影响的所有管理、操作和核查人员的职责、权力和相互关系；

g）由熟悉各项检测和（或）校准的方法、程度、目的和结果评价的人员对检测和校准人员包括在培员工进行足够的监督；

h）有技术管理层，全面负责技术运作和确保实验室运作质量所需的资源；

i）指定一名人员作为质量主管（不论如何称谓），不管现有的其他职责，应赋予其在任何时候都能保证质量体系得到实施和遵循的责任和权力。质量主管应有直接渠道接触决定实验室政策和资源的最高管理层；

j）指定关键管理人员的代理人（见注）。

注：个别人可能有多项职能，对每项职责都指定代理人可能是不现实的。

4.2 质量体系

4.2.1 实验室应建立、实施和维持与其活动范围相适应的质量体系。应将其政策、制度、计划、程序和指导书制订成文件，并达到确保实验室检测和（或）校准结果质量所需的程度。体系文件应传达至有关人员，并被其理解、获取和执行。

4.2.2 实验室质量体系的方针和目标应在质量手册（不论如何称谓）中予以规定。总体目标应以文件形式写入质量方针声明；质量方针声明应由首席执行者授权发布，至少包括下列内容：

a）实验室管理层对良好职业行为和为客户提供检测和校准服务质量的承诺；

b）管理层关于实验室服务标准的声明；

c）质量体系的目标；

d）要求实验室所有与检测和校准活动有关的人员熟悉与之相关的质量文件，并在工作中执行这些政策和程序；

e）实验室管理层对遵循本标准的承诺。

注：质量方针声明宜简明，可包括应始终按照规定的方法和客户的需要来进行检测和（或）校准的要求。当检测和（或）校准实验室是某个校大组织的一部分时，某些质量方针要素可以列于其他文件之中。

4.2.3 质量手册应包括或注明含技术程序在内的支持性程序，并概述质量体系中所用文件的架构。

4.2.4 质量手册中应界定技术管理层和质量主管的作用和责任，包括确保遵循本标准的责任。

4.3 文件控制

4.3.1 总则

实验室应建立和维持程序来控制构成其质量体系的所有文件（内部制订或来自外部的），诸如规章、标准、其他规范化文件、检测和（或）校准方法，以及图纸、软件、规范、指导书和手册。

注1：本文中的“文件”可以是方针声明、程序、规范、校准表格、图表、教科书、张贴品、通知、备忘录、软件、图纸、计划等。这些文件可能承载在各种载体上，无论是硬拷贝或是电子媒体，并且可以是数字的、模拟的、摄影的或书面的形式。

注2：有关检测和校准数据的控制在5.4.7条中规定；记录的控制在4.12条中规定。

4.3.2 文件的批准和发布

4.3.2.1 凡作为质量体系组成部分发给实验室人员的所有文件，在发布之前应由授权人员审查并批准使用。应建立识别质量体系中文件当前的修订状态和分发的控制清单或等同的文件控制程序并易于查阅，以防止使用无效和（或）作废的文件。

4.3.2.2 所用程序应确保：

a）在对实验室有效运作起重要作用的所有作业场所，都能得到相应文件的授权版本；

b）定期审查文件，必要时进行修订，以保证持续适用和满足使用的要求；

c）及时地从所有使用和发布处撤除无效或作废的文件，或用其他方法确保防止误用；

d）出于法律或知识保存目的而保留的作废文件，应有适当的标记。

4.3.2.3 实验室制订的质量体系文件应有唯一性标识。该标识应包括发布日期和（或）修订标识、页码、总页数或表示文件结束的标记和发布机构。

4.3.3 文件变更

4.3.3.1 除非另有特别指定，文件的变更应由原审查责任人进行审查和批准。被指定的人员应获得进行审查和批准所依据的有关背景资料。

4.3.3.2 若可行，更改的或新的内容应在文件或适当的附件中标明。

4.3.3.3 如果实验室的文件控制制度允许在文件再版之前对文件进行手写修改，则应确定修改的程序和权限。修改之处应有清晰的标注、签名缩写并注明日期。修订的文件应尽可能地正式发布。

4.3.3.4 应制订程序来描述如何更改和控制保存在计算机系统中的文件。

4.4 要求、标书和合同的评审

4.4.1 实验室应建立和维持评审客户要求、标书和合同的程序。这些为签订检测和（或）校准合同而进行评审的政策和程序应确保：

a）对包括所用方法在内的要求应予适当规定，形成文件，并易于理解（见5.4.2）；

b）实验室有能力和资源满足这些要求；

c）选择适当的、能满足客户要求的检测和（或）标准方法（见5.4.2）；

客户要求或标书与合同之间的任何差异，应在工作开始之前得到解决。每项合同应得到实验室和客户双方的接受。

注1：对要求、标书和合同的评审需以可行和有效的方式进行，并考虑财务、法律和时间安排等方面的影响。对内部客户的要求、标书和合同的审查可用简化方式进行。

注2：对实验室能力的评审，应证实实验室具备了必要的物力、人力和信息资源，且实验室人员对所从事的检测和（或）校准具有必要的技能和专业技术。该评审也可包括以前参加的实验室间比对或能力验证的结果和（或）为确定测量不确定度、检出限、置信限等而使用的已知值样品或物品所做的试验性检测或校准计划的结果。

注3：合同可以是为客户提供检测和（或）校准服务的任何书面的或口头的协议。

4.4.2 应保存包括任何重大变化在内的评审的记录。在执行合同期间，就客户的要求或工作结果与客户进行讨论的有关记录，也应予以保存。

注：对例行的和其他简单任务的评审，由实验室中负责合同工作的人员注明日期并加以标识（如签名缩写）即可。对于重复性的例行工作，如果客户要求不变，仅需在初期调查阶段，或在与客户的总协议下对持续进行的例行工作合同批准时进行评审。对于新的、复杂的或先进的检测和（或）校准任务，则需保存较全面的记录。

4.4.3　评审的内容应包括被实验室分包出去的所有工作。

4.4.4　对合同的任何偏离均应通知客户。

4.4.5　工作开始后如果需要修改合同，应重复进行同样的合同评审过程，并将所有修改内容通知所有受到影响的人员。

4.5　检测和校准的分包

4.5.1 当实验室由于未预料的原因（如工作量、需要更多专业技术或暂时不具备能力）或持续性的原因（如通过长期分包、代理或特殊协议）需将工作分包时，应分包给合格的分包方，例如能够遵照本标准要求进行工作的分包方。

4.5.2　实验室应将分包安排以书面形式通知客户，适当时应得到客户的准许，最好是书面的同意。

4.5.3　实验室应就其分包方的工作对客户负责，由客户或法定管理机构指定的分包方除外。

4.5.4 实验室应保存检测和（或）校准中使用的所有分包方的注册资料，并保存其工作符合本标准的证明记录。

4.6　服务和供应品的采购

4.6.1　实验室应有选择和购买对检测和（或）校准质量有影响的服务和供应品的政策和程序。还应有与检测和校准有关的试剂和消耗材料的购买、验收和存储的程序。

4.6.2　实验室应确保所购买的、影响检测和（或）校准质量的供应品、试剂和消耗材料，只有在经检查或证实符合有关检测和（或）校准方法中规定的标准规范或要求之后才投入使用。所使用的服务和供应品应符合规定的要求。应保存所采取的符合性检查活动的记录。

4.6.3　影响实验室输出质量的物品采购文件中，应包含描述所购服务和供应品的资料。这些采购文件在发出之前，其技术内容应经过审查和批准。

注：该描述可包括型式、类别、等级、精确的标识、规格、图纸、检查说明、包括检测结果批准在内的其他技术资料、质量要求和进行这些工作所依据的质量体系标准。

4.6.4　实验室应对影响检测和校准质量的重要消耗品、供应品和服务的供应商进行评价，并保存这些评价的记录和获批准的供应商名单。

4.7　服务客户

实验室应与客户或其代表合作，以明确客户的要求，并在确保其他客户机密的前提下，允许客户到实验室监视与其工作有关的操作。

注1：这种合作可包括：

a）允许客户或其代表合理进入实验室的相关区域直接观察为其进行的检测和（或）校准；

b）客户为验证目的所需的检测和（或）校准物品的准备、包装和发送。

注2：客户非常重视与实验室保持技术方面的良好沟通并获得建议和指导，以及根据结果得出的意见和解释。实验室在整个工作过程中，宜与客户尤其是大宗业务的客户保持联系。实验室应将检测和（或）校准过程中的任何延误和主要偏离通知客户。

注3：鼓励实验室从其客户处搜集其他反馈资料（例如通过客户调查），无论是正面的还是负面的反馈。这些反馈可用于改进质量体系、检测和校准工作及对客户的服务。

4.8　抱怨

实验室应有政策和程序处理来自客户或其他方面的抱怨。应保存所有抱怨的记录，以及实验室针对抱怨所开展的调查和纠正措施的记录（见4.10）。

4.9 不符合检测和（或）校准工作的控制

4.9.1 当检测和（或）校准工作的任何方面，或该工作的结果不符合其程序或客户同意的要求时，实验室应实施既定的政策和程序。该政策和程序应保证：

a）确定对不符合工作进行管理的责任和权力，规定当不符合工作被确定时所采取的措施（包括必要时暂停工作，扣发检测报告和校准证书）；

b）对不符合工作的严重性进行评价；

c）立即采取纠正措施，同时对不符合工作的可接受性作出决定；

d）必要时，通知客户并取消工作；

e）确定批准恢复工作的职责。

注：对质量体系或检测和（或）校准活动的不符合工作或问题的鉴别，可能在质量体系和技术运作的各个环节进行，例如客户抱怨、质量控制、仪器校准、消耗材料的核查、对员工的考察和监督、检测报告和校准证书的核查、管理评审和内部或外部审核。

4.9.2 当评价表明不符合工作可能再度发生，或对实验室的运作对其政策和程序的符合性产生怀疑时，应立即执行4.10中规定的纠正措施程序。

4.10 纠正措施

4.10.1 总则

实验室应制订政策和程序并规定相应的权力，以便在确认了不符合工作、偏离质量体系或技术运作中的政策和程序时实施纠正措施。

注：实验室质量体系或技术运作中的问题可以通过各种活动来确认，例如不符合工作的控制、内部或外部审核、管理评审、客户的反馈或员工的观察。

4.10.2 原因分析

纠正措施程序应从确定问题根本原因的调查开始。

注：原因分析是纠正措施程序中最关键有时也是最困难的部分。根本原因通常并不明显，因此需要仔细分析产生问题的所有潜在原因。潜在原因可包括：客户的要求、样品、样品规格、方法和程序、员工的技能和培训、消耗品、设备及其校准。

4.10.3 纠正措施的选择和实施

需要采取纠正措施时，实验室应确定将要采取的纠正活动，并选择和实施最能消除问题和防止问题再次发生的措施。

纠正措施应与问题的严重程度和风险大小相适应。

实验室应将纠正活动调查所要求的任何变更制订成文件并加以实施。

4.10.4 纠正措施的监控

实验室应对纠正措施的结果进行监控，以确保所采取的纠正活动是有效的。

4.10.5 附加审核

当对不符合或偏离的鉴别导致对实验室符合其政策和程序，或符合本标准产生怀疑时，实验室应尽快依据4.13条的规定对相关活动区域进行审核。

注：附加审核常在纠正措施实施后进行，以确定纠正措施的有效性。仅在证实了问题严重或对业务有危害时，才有必要进行附加审核。

4.11 预防措施

4.11.1 应确定不符合的潜在原因和所需的改进，无论是技术方面的还是相关质量体系方面。如需采取预防措施，应制订、执行和监控这些措施计划，以减少类似不符合情况发生的可能性并借机改进。

4.11.2 预防措施程序应包括措施的启动和控制，以确保其有效性。

注1：预防措施是事先主动确定改进机会的过程，而不是对已发现问题或抱怨的反应。

注2：除对运作程序进行评审之外，预防措施还涉及包括趋势和风险分析以及能力验证结果在内的资料分析。

4.12 记录的控制

4.12.1 总则

4.12.1.1 实验室应建立和维持识别、收集、索引、存取、存档、存放、维护和清理质量记录和技术记录的程序。质量记录应包括来自内部审核和管理评审的报告及纠正和预防措施的记录。

4.12.1.2 所有记录应清晰明了，并以便于存取的方式存放和保存在具有防止损坏、变质、丢失等适宜环境的设施中。应规定记录的保存期。

注：记录可存于任何形式的载体上，例如硬拷贝或电子媒体。

4.12.1.3 所有记录应予安全保护和保密。

4.12.1.4 实验室应有程序来保护和备份以电子形式存储的记录，并防止未经授权的侵入或修改。

4.12.2 技术记录

4.12.2.1 实验室应将原始观察记录、导出数据、开展跟踪审核的足够信息、校准记录、员工记录以及发出的每份检测报告或校准证书的副本按规定的时间保存。如可能，每项检测或校准的记录应包含足够的信息，以便识别不确定度的影响因素，并保证该检测或校准在尽可能接近原条件的情况下能够复现。记录应包括负责抽样的人员、从事各项检测和（或）校准的人员和结果校核人员的标识。

注1：在某些领域，保留所有的原始观察记录也许是不可能或不实际的。

注2：技术记录是进行检测和（或）校准所得数据（见5.4.7）和信息的累积，它们表明检测和（或）校准是否达到了规定的质量或规定的过程参数。技术记录可包括表格、合同、工作单、工作手册、核查表、工作笔记、控制图、外部和内部的检测报告及校准证书、客户信函、文件和反馈。

4.12.2.2 观察结果、数据和计算应在工作时予以记录，并能按照特定任务分类识别。

4.12.2.3 当记录中出现错误时，每一错误应划改，不可擦涂掉，以免字迹模糊或消失，并将正确值填写在其旁边。对记录的所有改动应有改动人的签名或签名缩写。对电子存储的记录也应采取同等措施，也避免原始数据的丢失或改动。

4.13 内部审核

4.13.1 实验室应根据预定的日程表和程序，定期地对其活动进行内部审核，以验证其运作持续符合质量体系和本标准的要求。内部审核计划应涉及质量体系的全部要素，包括检测和（或）校准活动。质量主管负责按照日程表的要求和管理层的需要策划和组织内部审核。审核应由经过培训和具备资格的人员来执行，只要资源允许，审核人员应独立于被审核的活动。

注：内部审核的周期通常为一年。

4.13.2 当审核中发现的问题导致对运作的有效性，或对实验室检测和（或）校准结果的正确性或有效性产生怀疑时，实验室应及时采取纠正措施。如果调查表明实验室的结果可能已受影响，应书面通知客户。

4.13.3 审核活动的领域、审核发现的情况和因此采取的纠正措施，应予以记录。

4.13.4 跟踪审核活动应验证和记录纠正措施的实施情况及有效性。

4.14 管理评审

4.14.1 实验室的执行管理层应根据预定的日程表和程序，定期地对实验室的质量体系和检测和（或）校准活动进行评审，以确保其持续适用和有效，并进行必要的改动或改进。评审应考虑到：

——政策和程序的适用性；

——管理和监督人员的报告；

——近期内部审核的结果；

——纠正和预防措施；
——由外部机构进行的评审；
——实验室间比对或能力验证的结果；
——工作量和工作类型的变化；
——客户的反馈；
——抱怨；
——其他相关因素，如质量控制活动、资源以及员工培训。

注1：管理评审的典型周期为12个月。

注2：评审的结果需输入实验室计划系统，并包括下年度的目标、目的和活动计划。

注3：管理评审包括对日常管理会议中有关议题的研究。

4.14.2 应记录管理评审中发现的问题和由此采取的措施。管理层应确保这些措施在适当和约定的日程内得到实施。

5 技术要求

5.1 总则

5.1.1 决定实验室检测和（或）校准的正确性和可靠性的因素有很多，包括：
——人员（5.2）；
——设施和环境条件（5.3）；
——检测和校准方法及方法的确认（5.4）；
——设备（5.5）；
——测量的溯源性（5.6）；
——抽样（5.7）；
——检测和校准物品的处置（5.8）。

5.1.2 上述因素对总的测量不确定度的影响，在（各类）检测之间和（各类）校准之间明显不同。实验室在制订检测和校准的方法和程序、培训和考核人员、选择和校准所用设备时，应考虑到这些因素。

5.2 人员

5.2.1 实验室管理层应确保所有操作专门设备、从事检测和（或）校准以及评价结果和签署检测报告和校准证书的人员的能力。当使用在培员工时，应对其安排适当的监督。对从事特定工作的人员，应按要求根据相应的教育、培训、经验和（或）可证明的技能进行资格确认。

注1：某些技术领域（如无损检测）可能要求从事某些工作的人员持有个人资格证书，实验室有责任满足这些专门人员持证上岗的要求。人员资格证书的要求可能是法定的、特殊技术领域标准包含的，或是客户要求的。

注2：对检测报告所含意见和解释负责的人员，除了具备相应的资格、培训、经验以及所进行的检测方面的足够知识外，还需具有：

——制造被检测物品、材料、产品等所用的相应技术知识、已使用或拟使用方法的知识，以及在使用过程中可能出现的缺陷或降级等方面的知识；
——法规和标准中阐明的通用要求的知识；
——所发现的对有关物品、材料和产品等正常使用的偏离程度的了解。

5.2.2 实验室管理层应制订实验室人员的教育、培训和技能目标。应有确定培训需求和提供人员培训的政策和程序。培训计划应与实验室当前和预期的任务相适应。

5.2.3 实验室应使用长期雇佣人员或签约人员。在使用签约人员和额外技术人员及关键的支持人员时，实验室应确保这些人员是胜任的且受到监督，并依据实验室的质量体系要求工作。

5.2.4　对与检测和（或）校准有关的管理人员、技术人员和关键支持人员，实验室应保留其当前工作的描述。

注：工作描述可用多种方式表达，但至少需规定以下内容：

——从事检测和（或）校准工作方面的职责；

——检测和（或）校准计划和结果评价方面的职责；

——提交意见和解释的职责；

——方法改进、新方法制定和确认方面的职责；

——所需的专业知识和经验；

——资格和培训计划；

——管理职责。

5.2.5　管理层应授权专门人员进行特殊类型的抽样、检测和（或）校准、发布检测报告和校准证书、提出意见和解释以及操作特殊类型的设备。实验室应保留所有技术人员（包括签约人员）的相关授权、能力、教育和专业资格、培训、技能和经验的记录，并包含授权和（或）能力确认的日期。这些信息应易于获取。

5.3　设施和环境条件

5.3.1　用于检测和（或）校准的实验室设施，包括但不限于能源、照明和环境条件，应有助于检测和（或）校准的正确实施。

实验室应确保其环境条件不会使结果无效，或对所要求的测量质量产生不良影响。在实验室固定设施以外的场所进行抽样、检测和（或）校准时，应予特别注意。对影响检测和校准结果的设施和环境条件的技术要求应制订成文件。

5.3.2　相关的规范、方法和程序有要求，或对结果的质量有影响时，实验室应监测、控制和记录环境条件。对诸如生物消毒、灰尘、电磁干扰、辐射、湿度、供电、温度、声级和振级等应予重视，使其适应于相关的技术活动。当环境条件危及到检测和（或）校准的结果时，应停止检测和校准。

5.3.3　应将不相容活动的相邻区域进行有效隔离。应采取措施以防止交叉污染。

5.3.4　对影响检测和（或）校准质量的区域的进入和使用，应加以控制。实验室应根据其特定情况确定控制的范围。

5.3.5　应采取措施确保实验室的良好内务，必要时应制订专门的程序。

5.4　检测和校准方法及方法的确认

5.4.1　总则

实验室应使用适合的方法和程序进行所有检测和（或）校准，包括被检测和（或）校准物品的抽样、处理、运输、存储和准备，适当时，还应包括测量不确定度的评定和分析检测和（或）校准数据的统计技术。

如果缺少指导书可能影响检测和（或）校准结果，实验室应具有所有相关设备的使用和操作说明书以及处置、准备检测和（或）校准物品的指导书，或者二者兼有。所有与实验室工作有关的指导书、标准、手册和参考资料应保持现行有效并易于员工取阅（见4.3）。对检测和校准方法的偏离，仅应在该偏离已被文件规定、经技术判断、授权和客户同意的情况下才允许发生。

注：如果国际的、区域的或国家的标准，或其他公认的规范已包含了如何进行检测和（或）校准的简明和足够信息，并且这些标准是以可被实验室操作人员作为公开文件使用的方式书写时，则不需再进行补充或改写为内部程度。对方法中的可选择步骤，可能有必要制定附加细则或补充文件。

5.4.2　方法的选择

实验室应采用满足客户需要并适用于所进行的检测和（或）校准的方法，包括抽样的方法。应优先使用以国际、区域或国家标准发布的方法。实验室应确保使用标准的最新有效版本，除非该版本不适宜或不可能使用。必要时，应采用附加细则对标准加以补充，以确保应用的一致性。

当客户未指定所用方法时，实验室应选择以国际，区域或国家标准发布的，或由知名的技术组织或有关科学书籍和期刊公布的，或由设备制造商指定的方法。实验室制定的或采用的方法如能满足实验室的预期用途并经过验证，也可使用。所选用的方法应通知客户。在开始检测或校准之前，实验室应确认能够正确地运用标准方法。如果标准方法发生了变化，应重新进行确认。

当认为客户提出的方法不合适或已过期时，实验室应通知客户。

5.4.3　实验室制定的方法

实验室为其应用而制定检测和校准方法的过程应是有计划的活动，并应指定具有足够资源的有资格的人员进行。

计划应随方法制定的进度加以更新，并确保所有有关人员之间的有效沟通。

5.4.4　非标准方法

当必须使用标准方法中未包含的方法时，应征得客户的同意，包括对客户要求的明确说明以及检测和（或）校准的目的。所制定的方法在使用前应经适当的确认。

注：对新的检测和（或）校准方法，在进行检测和（或）校准之前需制成程序。程序中至少需包含下列信息：

a）适当的识别；

b）范围；

c）被检测或校准物品类型的描述；

d）被测定的参数或量和范围；

e）装置和设备，包括技术性能要求；

f）所需的参考标准和标准物质（参考物质）；

g）要求的环境条件和所需的稳定周期；

h）程序的描述，包括：

——物品的附加识别标志、处置、运输、存储和准备；

——工作开始前所进行的校核；

——检查设备工作是否正常，需要时，在每次使用之前对设备进行校准和调整；

——观察和结果的记录方法；

——需遵循的安全措施；

i）接受（或拒绝）的准则和（或）要求；

j）需记录的数据以及分析和表达的方法；

k）不确定度或评定不确定度的程序。

5.4.5　方法的确认

5.4.5.1　确认是通过核查并提供客观证据，以证实某一特定预期用途的特殊要求得到满足。

5.4.5.2　实验室应对非标准方法、实验室设计（制定）的方法、超出其预定范围使用的标准方法、扩充和修改过的标准方法进行确认，以证实该方法适用于预期的用途。确认应尽可能全面，以满足预定用途或应用领域的需要。实验室应记录所获得的结果、使用的确认程序以及该方法是否适合预期用途的声明。

注1：可包括对抽样、处置和运输程序的确认。

注2：用于确定某方法性能的技术宜是下列情况之一，或是其组合：

——使用参考标准或标准物质（参考物质）进行校准；

——与其他方法所得的结果进行比较；

——实验室间比对；

——对影响结果的因素作系统性评审；

——根据对方法的理论原理和实践经验的科学理解，对所得结果不确定度进行的评定。

注 3：当对已确认的非标准方法作某些改动时，需将这些改动的影响制订成文件，适当时需重新进行确认。

5.4.5.3 按预期用途进行评价所确认的方法得到的值的范围和准确度，应适应客户的需求。这些值诸如：结果的不确定度、检出限、方法的选择性、线性、重复性限和（或）复现性限、抵御外来影响的稳健度和（或）抵御来自样品（或检测物）母体干扰的交互灵敏度。

注 1：确认包括对要求的详细说明、方法特性量的测定、利用该方法能满足要求的核实以及有关确认的有效性的声明。

注 2：在方法制订过程中，需进行定期的评审，以证实客户的需求仍能得到满足。对修订编制计划所需的要求中的任何变更，均需得到批准和授权。

注 3：确认通常是成本、风险和技术可行性之间的一种平衡。许多情况下，由于缺乏信息，值（如：准确度、检出限、选择性、线性、重复性、复现性、稳健度和交互灵敏度）的范围和不确定度只能以简化的方式给出。

5.4.6 测量不确定度的评定

5.4.6.1 校准实验室或进行自校准的检测实验室，对所有的校准和各种校准类型都应具有并应用评定测量不确定度的程序。

5.4.6.2 检测实验室应具有并应用评定测量不确定度的程序。某些情况下，检测方法的性质会妨碍对测量不确定度进行严密的计量学和统计学上的有效计算。这种情况下，实验室至少应努力找出不确定度的所有分量且作出合理评定，并确保结果的表达方式不会对不确定度造成错觉。合理的评定应依据对方法性能的理解和测量范围，并利用诸如过去的经验和确认的数据。

注 1：测量不确定度评定所需的严密程度取决于某些因素，诸如：

——检测方法的要求；

——客户的要求；

——据以作出满足某规范决定的窄限。

注 2：某些情况下，公认的检测方法规定了测量不确定度主要来源的值的极限，并规定了计算结果的表示方式，这时，实验室只要遵守该检测方法和报告的说明（见 5.10），即被认为符合本款的要求。

5.4.6.3 在评定测量不确定度时，对给定条件下的所有重要不确定度分量，均应采用适当的分析方法加以考虑。

注 1：构成不确定度的来源包括（但不限于）所用的参考标准和标准物质（参考物质）、方法和设备、环境条件、被检测或校准物品的性能和状态以及操作人员。

注 2：在评定测量不确定度时，通常不考虑被检测和（或）校准物品预计的长期性能。

注 3：进一步信息参见 ISO 5725 和“Guide to the expression of uncertainty in measurement”（见参考文献）。

5.4.7 数据控制

5.4.7.1 应对计算和数据传送进行系统和适当的检查。

5.4.7.2 当利用计算机或自动设备对检测或校准数据进行采集、处理、记录、报告、存储或检索时，实验室应确保：

a）由使用者开发的计算机软件应被制订成足够详细的文件，并对其适用性进行适当验证；

b）建立并实施数据保护的程序。这些程序应包括（但不限于）：数据输入或采集、数据存储、数据传输和数据处理的完整性和保密性；

c）维护计算机和自动设备以确保其功能正常，并提供保护检测和校准数据完整性所必需的环境和运行条件。

注：通用的商业现成软件（如文字处理、数据库和统计程序），在其设计的应用范围内可认为是充分有效的。但实验室对软件的配置（或调整）需按5.4.7.2.a进行确认。

5.5 设备

5.5.1 实验室应配备正确进行检测和（或）校准（包括抽样、物品制备、数据处理与分析）所要求的所有抽样、测量和检测设备。当实验室需要使用固定控制之外的设备时，应确保满足本标准的要求。

5.5.2 用于检测、校准和抽样的设备及其软件应达到要求的准确度，并符合检测和（或）校准相应的规范要求。对结果有重要影响的仪器的关键量或值，应制订校准计划。设备（包括用于抽样的设备）在投入工作前应进行校准或核查，以证实其能够满足实验室的规范要求和相应的标准规范。设备在使用前应进行核查和（或）校准（见5.6）。

5.5.3 设备应由经过授权的人员操作。设备使用和维护的最新版说明书（包括设备制造商提供的有关手册）应便于有关人员取用。

5.5.4 用于检测和校准并对结果有影响的每一设备及其软件，如可能，均应加以唯一性标识。

5.5.5 应保存对检测和（或）校准具有重要影响的每一设备及其软件的记录。该记录至少应包括：

a）设备及其软件的识别；

b）制造商名称、型式标识、系列号或其他唯一性标识；

c）对设备是否符合规范的核查（见5.5.2）；

d）当前的处所（如果适用）；

e）制造商的说明书（如果有），或其存放地点；

f）所有校准报告和证书的日期、结果及复印件，设备调整、验收准则和下次校准的预定日期；

g）设备维护计划，以及已进行的维护（适当时）；

h）设备的任何损坏、故障、改装或修理。

5.5.6 实验室应具有安全处置、运输、存放、使用和有计划维护测量设备的程序，以确保其功能正常并防止污染或性能退化。

注：在实验室固定场所外使用测量设备进行检测、校准或抽样时，可能需要附加的程序。

5.5.7 曾经过载或处置不当、给出可疑结果，或已显示出缺陷、超出规定限度的设备，均应停止使用。这些设备应予隔离以防误用，或加贴标签、标记以清晰表明该设备已停用，直至修复并通过校准或检测表明能正常工作为止。实验室应核查这些缺陷或偏离规定极限对先前的检测和（或）校准的影响，并执行“不符合工作控制”程序（见4.9）。

5.5.8 实验室控制下的需校准的所有设备，只要可行，应使用标签、编码或其他标识表明其校准状态，包括上次校准的日期、再校准或失效日期。

5.5.9 无论什么原因，若设备脱离了实验室的直接控制，实验室应确保该设备返回后，在使用前对其功能和校准状态进行核查并能显示满意结果。

5.5.10 当需要利用期间核查以维持设备校准状态的可信度时，应按照规定的程序进行。

5.5.11 当校准产生了一组修正因子时，实验室应有程序确保其所有备份（例如计算机软件中的备份）得到正确更新。

5.5.12 检测和校准设备包括硬件和软件应得到保护，以避免发生致使检测和（或）校准结果失效的调整。

5.6 测量溯源性

5.6.1 总则

用于检测和（或）校准的所有设备，包括对检测、校准和抽样结果的准确性或有效性有显著影响的辅助测量设备（例如用于测量环境条件的设备），在投入使用前应进行校准。实验室应制定设备校准的计划和程序。

注：该计划宜包含一个对测量标准、用作测量标准的标准物质（参考物质）以及用于检测和校准的测量与检测设备进行选择、使用、校准、核查、控制和维护的系统。

5.6.2　特定要求

5.6.2.1　校准

5.6.2.1.1　对于校准实验室，设备校准计划的制订和实施应确保实验室所进行的校准和测量可溯源到国际单位制（SI）。

校准实验室通过不间断的校准链或比较链与相应测量的SI单位基准相连接，以建立测量标准和测量仪器对SI的溯源性。对SI的链接可以通过参比国家测量标准来达到。国家测量标准可以是基准，它们是SI单位的原级实现或是以基本物理常量为根据的SI单位约定的表达式，或是由其他国家计量院所校准的次级标准。当使用外部校准服务时，应使用能够证明资格、测量能力和溯源性的实验室的校准服务，以保证测量的溯源性。由这些实验室发布的校准证书应有包括测量不确定度和（或）符合确定的计量规范声明的测量结果（见5.10.4.2）。

注1：满足本标准要求的校准实验室即被认为是有资格的。由依据本标准认可的校准实验室发布的带有认可机构标志的校准证书，对相关校准来说，是所报告校准数据溯源性的充分证明。

注2：对测量SI单位的溯源可以通过参比适当的基准（见VIM：1993，6.4），或参比一个自然常数来达到，用相对SI单位表示的该常数的值是已知的，并由国际计量大会（CGPM）和国际计量委员会（CIPM）推荐。

注3：持有自己的基准或基于基本物理常量的SI单位表达式的校准实验室，只有在将这些标准直接或间接地与国家计量院的类似标准进行比对之后，方能宣称溯源到SI单位制。

注4："确定的计量规范"是指，在校准证书中必须清楚表明该测量已与何种规范进行过比对，这可以通过在证书中包含该规范或明确指出已参照了该规范来达到。

注5：当"国际标准"和"国家标准"与溯源性关联使用时，则是假定这些标准满足了实现SI单位基准的性能。

注6：对国家测量标准的溯源不要求必须使用实验室所在国的国家计量院。

注7：如果校准实验室希望或需要溯源到本国以外的其他国家计量院，宜选择直接参与或通过区域组织积极参与国际计量局（BIPM）活动的国家计量院。

注8：不间断的校准或比较链，可以通过不同的、能证明溯源性的实验室经过若干步骤来实现。

5.6.2.1.2　某些校准目前尚不能严格按照SI单位进行，这种情况下，校准应通过建立对适当测量标准的溯源来提供测量的可信度，例如：

——使用有资格的供应者提供的有证标准物质（参考物质）来给出材料可靠的物理或化学特性；

——使用规定的方法和（或）被有关各方接受并且描述清晰的协议标准。可能时，要求参加适当的实验室间比对计划。

5.6.2.2　检测

5.6.2.2.1　对检测实验室，5.6.2.1中给出的要求适用于测量设备和具有测量功能的检测设备，除非已经证实校准带来的贡献对检测结果总的不确定度几乎没有影响。这种情况下，实验室应保证所用设备能够提供所需的测量不确定度。

注：对5.6.2.1的遵循程度取决于校准的不确定度对总的不确定度的相对贡献。如果校准是主导因素，则需严格遵循该要求。

5.6.2.2.2　测量无法溯源到SI单位或与之无关时，与对校准实验室的要求一样，要求测量能够溯源到诸如有证标准物质（参考物质）、约定的方法和（或）协议标准（见5.6.2.1.2）。

5.6.3 参考标准和标准物质（参考物质）

5.6.3.1 参考标准

实验室应有校准其参考标准的计划和程序。参考标准应由 5.6.2.1 中所述的能够提供溯源的机构进行校准。实验室持有的测量参考标准应仅用于校准而不用于其他目的，除非能证明作为参考标准的性能不会失效。参考标准在任何调整之前和之后均应校准。

5.6.3.2 标准物质（参考物质）

可能时，标准物质（参考物质）应溯源到SI测量单位或有证标准物质（参考物质）。只要技术和经济条件允许，应对内部标准物质（参考物质）进行核查。

5.6.3.3 期间核查

应根据规定的程序和日程对参考标准、基准、传递标准或工作标准以及标准物质（参考物质）进行核查，以保持其校准状态的置信度。

5.6.3.4 运输和储存

实验室应有程序来安全处置、运输、存储和使用参考标准和标准物质（参考物质），以防止污染或损坏，确保其完整性。

注：当参考标准和标准物质（参考物质）用于实验室固定场所以外的检测、校准或抽样时，也许有必要制订附加的程序。

5.7 抽样

5.7.1 实验室为后续检测或校准而对物质、材料或产品进行抽样时，应有用于抽样的抽样计划和程序。抽样计划和程序在抽样的地点应能够得到。只要合理，抽样计划应根据适当的统计方法制订。抽样过程应注意需要控制的因素，以确保检测和校准结果的有效性。

注1：抽样是取出物质、材料或产品的一部分作为其整体的代表性样品进行检测或校准的一种规定程序。抽样也可能是由检测或校准该物质、材料或产品的相关规范要求的。某些情况下（如法医分析），样品可能不具备代表性，而是由其可获性所决定。

注2：抽样程序宜对取自某个物质、材料或产品的一个或多个样品的选择、抽样计划、提取和制备进行描述，以提供所需的信息。

5.7.2 当客户对文件规定的抽样程序有偏离、添加或删节的要求时，应详细记录这些要求和相关的抽样资料，并记入包含检测和（或）校准结果的所有文件中，同时告知相关人员。

5.7.3 当抽样作为检测或校准工作的一部分时，实验室应有程序记录与抽样有关的资料和操作。这些记录应包括所用的抽样程序、抽样人的识别、环境条件（如果相关）、必要时有抽样地点的图示或其他等效方法，如果合适，还应包括抽样程序所依据的统计方法。

5.8 检测和校准物品的处置

5.8.1 实验室应有用于检测和（或）校准物品的运输、接收、处置、保护、存储、保留和（或）清理的程序，包括为保护检测和（或）校准物品的完整性以及实验室与客户利益所需的全部条款。

5.8.2 实验室应具有检测和（或）校准物品的标识系统。物品在实验室的整个期间应保留该标识。标识系统的设计和使用应确保物品不会在实物上或在涉及的记录和其他文件中混淆。如果合适，标识系统应包含物品群组的细分和物品在实验室内外部的传递。

5.8.3 在接收检测或校准物品时，应记录异常情况或对检测或校准方法中所述正常（或规定）条件的偏离。当对物品是否适合于检测或校准存有疑问，或当物品不符合所提供的描述，或对所要求的检测或校准规定得不够详尽时，实验室应在开始工作之前问询客户，以得到进一步的说明，并记录下讨论的内容。

5.8.4 实验室应有程序和适当的设施避免检测或校准物品在存储、处置和准备过程中发生退化、丢失或损坏。应遵守随物品提供的处理说明。当物品需要被存放或在规定的环境条件下养护时，应维持、监控和记录这些条件。当一个检测或校准物品或其一部分需要安全保护时，实验室应对存放和安全作出安排，以保护该物品或其有关部分的状态和完整性。

注1：在检测之后要重新投入使用的检测物品，需特别注意确保物品在处置、检测或存储（或待检）过程中不被破坏或损伤。

注2：需向负责抽样和运输样品的人员提供有关样品存储和运输的信息，包括影响检测或校准结果的抽样要求的信息。

注3：维护检测或校准样品安全的原由可能出自记录、安全或价值的原因，或是为了日后进行补充的检测和（或）校准。

5.9 检测和校准结果质量的保证

实验室应有质量控制程序以监控检测和校准的有效性。所得数据的记录方式应便于可发现其发展趋势，如可行，应采用统计技术对结果进行审查。这种监控应有计划并加以评审，可包括（但不限于）下列内容：

a）定期使用有证标准物质（参考物质）和（或）次级标准物质（参考物质）进行内部质量控制；

b）参加实验室间的比对或能力验证计划；

c）利用相同或不同方法进行重复检测或校准；

d）对存留物品进行再检测或再校准；

e）分析一个物品不同特性结果的相关性。

注：选用的方法需与所进行工作的类型和工作量相适应。

5.10 结果报告

5.10.1 总则

实验室应准确、清晰、明确和客观地报告每一项检测、校准，或一系列的检测或校准的结果，并符合检测或校准方法中规定的要求。

结果通常应以检测报告或校准证书（见注1）的形式出具，并且应包括客户要求的、说明检测或校准结果所必需的和所用方法要求的全部信息。这些信息通常是5.10.2和5.10.3或5.10.4中要求的内容。

在为内部客户进行检测和校准或与客户有书面协议的情况下，可用简化的方式报告结果。对于5.10.2至5.10.4中所列却未向客户报告的信息，应能方便地从进行检测和（或）校准的实验室中获得。

注1：检测报告和校准证书有时分别称为检测证书和校准报告。

注2：只要满足本标准的要求，检测报告或校准证书可用硬拷贝或电子数据传输的方式发布。

5.10.2 检测报告和校准证书

除非实验室有充分的理由，否则每份检测报告或校准证书应至少包括下列信息：

a）标题（例如“检测报告”或“校准证书”）；

b）实验室的名称和地址，进行检测和（或）校准的地点（如果与实验室的地址不同）；

c）检测报告或校准证书的唯一性标识（如系列号）和每一页上的标识，以确保能够识别该页是属于检测报告或校准证书的一部分，以及表明检测报告或校准证书结束的清晰标识；

d）客户的名称和地址；

e）所用方法的标识；

f）检测或校准物品的描述、状态和明确的标识；

g）对结果的有效性和应用至关重要的检测或校准物品的接收日期和进行检测或校准的日期；

h）如与结果的有效性和应用相关时，实验室或其他机构所用的抽样计划和程序的说明；

i）检测和校准的结果，适用时，带有测量单位；

j）检测报告或校准证书批准人的姓名、职务、签字或等效的标识；

k）相关之处，结果仅与被检测或被校准物品有关的声明。

注 1：检测报告和校准证书的硬拷贝也需有页码和总页数。

注 2：建议实验室作出未经实验室书面批准，不得复制（全文复制除外）检测报告或校准证书的声明。

5.10.3　检测报告

5.10.3.1　当需对检测结果作出解释时，除 5.10.2 中所列的要求之外，检测报告中还应包括下列内容：

a）对检测方法的偏离、增添或删节，以及特殊检测条件的信息，如环境条件；

b）需要时，符合（或不符合）要求和（或）规范的声明；

c）适用时，评定测量不确定度的声明。当不确定度与检测结果的有效性或应用有关，或客户的指令中有要求，或当不确定度影响到对规范限度的符合性时，检测报告中还需要包括有关不确定度的信息；

d）适用且需要时，提出意见和解释（见 5.10.5）；

e）特定方法、客户或客户群体要求的附加信息。

5.10.3.2　当需对检测结果作解释时，对含抽样结果在内的检测报告，除了 5.10.2 和 5.10.3.1 所列的要求之外，还应包括下列内容：

a）抽样日期；

b）抽取的物质、材料或产品的清晰标识（适当时，包括制造者的名称、标示的型号或类型和相应的系列号）；

c）抽样地点，包括任何简图、草图或照片；

d）列出所用抽样计划和程序；

e）抽样过程中可能影响检测结果解释的环境条件的详细信息；

f）与抽样方法或程序有关的标准或规范，以及对这些规范的偏离、增添或删节。

5.10.4　校准证书

5.10.4.1　如需对校准结果进行解释时，除 5.10.2 中所列的要求之外，校准证书还应包含下列内容：

a）校准活动中对测量结果有影响的条件（例如环境条件）；

b）测量不确定度和（或）符合确定的计量规范或条款的说明；

c）测量可溯源的证据（见 5.6.2.1.1 注 2）。

5.10.4.2　校准证书应仅与量和功能性检测的结果有关，如欲作出符合某规范的声明，应指明符合或不符合该规范的那些条款。

当符合某规范的声明中略去了测量结果和相关的不确定度时，实验室应记录并保存这些结果，以备日后查阅。

作出符合性声明时，应考虑测量不确定度。

5.10.4.3　当用于校准的仪器已被调整或修理时，如果可获得，应报告调整或修理前后的校准结果。

5.10.4.4　校准证书（或校准标签）不应包含对校准时间间隔的建议，除非已与客户达成协议。该要求可能被法规取代。

5.10.5　意见和解释

当包含意见和解释时，实验室应把意见和解释的依据制订成文件。与在检测报告中一样，意见和解释应被清晰标注。

注 1：意见和解释不应与 ISO/IEC17020 和 ISO/IEC 指南 65 中所指的检查和产品认证相混淆。

注 2：检测报告中包含的意见和解释可以包括（但不限于）下列内容：

——关于结果符合（或不符合）要求声明的意见；

——合同要求的履行；

——如何使用结果的建议；

——用于改进的指导。

注 3：许多情况下，通过与客户直接对话来传达意见和解释或许更为恰当，但这些对话需有文字记录。

5.10.6　从分包方获得的检测和校准结果

当检测报告包含了由分包方所出具有检测结果时，这些结果应予清晰标明。分包方应以书面或电子方式报告结果。

当校准工作被分包时，执行该工作的实验室应向合同实验室出具校准证书。

5.10.7　结果的电子传送

当用电话、电传、传真或其他电子或电磁方式传送检测或校准结果时，应满足本标准的要求（见5.4.7）。

5.10.8　报告和证书的格式

报告和证书的格式应设计为适用于所进行的各种检测或校准类型，并尽量减小产生误解或误用的可能性。

注 1：需注意检测报告或校准证书的编排尤其是检测或校准数据的表达方式，并易于读者理解。

注 2：表头需尽可能地标准化。

5.10.9　检测报告和校准证书的修改

对已发布的检测报告或校准证书的实质性修改，应仅以追加文件或资料调换的形式，并包括如下声明：

“对检测报告（或校准证书）的补充，系列号……（或其他标识）”，或其他等同的文字形式。

这种修改应满足本标准的所有要求。

当有必要发布全新的检测报告或校准证书时，应注以唯一性标识，并注明所替代的原件。

附录 A

ISO/IEC 17025 与 IEO 9001：1994 和 ISO9002：1994 的条款对照

表 A.1——与 ISO9001：1994 和 ISO9002：1994 的条款对照

ISO9001：1994	ISO9002：1994	ISO/IEC17025
第 1 章	第 1 章	第 1 章
第 2 章	第 2 章	第 2 章
第 3 章	第 3 章	第 3 章
4.1.1	4.1.1	4.1.3，4.2.2
4.1.2.1	4.1.2.1	4.1.5a)，f)，h)；4.2.4；4.9.1a)；4.10.1 和 5.2.5
4.1.2.2	4.1.2.2	4.1.5 a)，g)，h) 和 5.5.1
4.1.2.3	4.1.2.3	4.1.5.i)
4.1.3	4.1.3	4.14
4.2.1 和 4.2.2	4.2.1 和 4.2.2	4.2.1，4.2.2，4.2.3
4.2.3	4.2.3	4.2.1，4.2.2 和 4.14
4.3	4.3	4.4
4.4	4.4 (n. a.)	1.5，5.4.2，5.4.3，5.4.4，5.4.5
4.5	4.5	4.3，5.4.7，5.5.11

ISO9001：1994	ISO9002：1994	ISO/IEC17025
4.6.1	4.6.1	4.6，5.5，5.6.1，5.6.2.1，5.6.2.2
4.6.2	4.6.2	4.5.4.6
4.6.3	4.6.3	4.6
4.6.4	4.6.4	4.5，4.6.4，4.7，5.5.2
4.7	4.7	5.8，5.10.6
4.8	4.8	5.5.4，5.8
4.9	4.9	4.12，5.3，5.4，5.5，5.8，5.9
4.10.1	4.10.1	5.4
4.10.2	4.10.2	4.5，4.6，5.5.2，5.8
4.10.3	4.10.3	4.9，5.5.9，5.8.3，5.8.4，5.9
4.10.4	4.10.4	5.4.7，5.9，5.10.1
4.10.5	4.10.5	4.12.2
4.11.1	4.11.1	5.4，5.5，5.6
4.11.2	4.11.2	5.3，5.4.1，5.4.5，5.5，5.6
4.12	4.12	5.5.12，5.8，5.9.2
4.13	4.13	4.9
4.14	4.14.1	4.10 和 4.11
4.15	4.15	5.9
4.16	4.16	4.12
4.17	4.17	4.10.5，4.13（4.12）
4.18	4.18	5.2，5.5.3
4.19	4.19	4.7，5.2.1，5.10.5
4.20	4.20	5.9
n. a＝不适用		

ISO/IEC17025 包含了一些 ISO 9001：1994 和 ISO 9002：1994 中未包含的技术能力要求。

附录 B

制订特殊领域应用细则的指南

B.1 本标准中所规定的要求是通用意义上的陈述，当应用于所有检测和校准实验室时，可能需要加以解释。这种有关应用的解释在此称为应用细则。应用细则不应包括本标准中未包含的附加的通用要求。

B.2 应用细则可被认为是本标准一般陈述的准则（要求）对特殊的检测和校准、检测技术、产品、材料领域或特定的检测或校准的细化。因此，应用细则应由具备适当技术知识和经验的人员来制订，并应确定对于正确实施检测或校准有实质性或重要作用的条款。

B.3 根据当前的应用情况，也许有必要为本标准的技术要求制订应用细则。应用细则的制订，可以通过对每一条款中已经陈述的要求仅提供细节或增添附加信息（如对实验室中温度和湿度的专门规定）来完成。

某些情况下，应用细则的涉及面相当窄，仅适用于一个或一组给定的检测或校准方法。而在另一些情况下，应用细则的涉及面又会很宽，可用于各类产品或项目的检测或校准，甚至于整个检测或校准领域。

B.4 如果应用细则适用于某个完整的技术领域中的一组检测或校准方法，对所有的方法应使用相同的措辞。

另外，对于特殊类型或群组的检测或校准、产品、材料、检测或校准技术领域，也可制订单独的细则文件来补充本标准。这种文件应仅提供必要的补充信息，同时作为参考件以维持本标准的主导文件地位。应用细则应避免过于专门化，以限制过细文件的泛滥。

B.5 本附录中的指南应在认可机构和其他评价机构为其需要(例如对特殊领域的认可)而制订应用细则时使用。

参考文献

[1] ISO5725-1，Accuracy (trueness and precision) of measurement methods and results—Part 1：General principles and definitions

[2] ISO 5725-2，Accuracy (trueness and precision) of measurement methods and results—Part 2：Basic method for the determination of repeatability of a standard measurement method

[3] ISO 5725-3，Accuracy (trueness and precision) of measurement methods and results—Part 3：Intermediate measurement of the precision of a standard measurement method

[4] ISO 5725-4，Accuracy (trueness and precision) of measurement methods and results—Part 4：Basic method for the determination of the trueness of a standard measurement method

[5] ISO 5725-6，Accuracy (trueness and precision) of measurement methods and results—Part 2：Use in practice of accuracy values

[6] GB/T 6583，质量管理和质量保证——术语 (idt ISO 8402)

[7] GB/T 19000.1-1994，质量管理和质量保证标准——第 1 部分：选择和使用指南 (idt ISO/IEC9000-1：1994)

[8] GB/T 19000.3，质量管理和质量保证标准——第 3 部分：ISO 9001 在软件开发、供应和维修中的使用指南 (idt ISO9000-3：1997)

[9] GB/T 19004.1-1994，质量管理和质量体系要素——第 1 部分：指南 (idt ISO9004-1：1994)

[10] GB/T 19004.4-1994，质量管理和质量体系要素——第 4 部分：质量改进指南 (idt ISO9004.4-1993)

[11] GB/T 19021.1，质量体系审核指南——第 1 部分：审核 (idt ISO10011-1)

[12] GB/T 19021.2，审核质量体系指南——第 2 部分：质量体系审核员的评定准则 (idt ISO 10011-2)

[13] GB/T 19021.3，审核质量体系指南——第 3 部分：审核工作管理 (idt ISO 10011-3)

[14] GB/T 19022.1，测量设备的质量保证要求——第 1 部分：测量设备的计量确认体系 (idt ISO 10012-1)

[15] GB/T 19022.2，测量设备的质量保证要求——第 2 部分：测量过程的控制 (idt ISO10012-2)

[16] ISO/IEC 17020，General criteria for the operation of various types of bodies performing inspection

[17] ISO Guide 30，Terms and definition used in connection with reference materials

[18] ISO Guide 31，Contents of certificates of reference materials
[19] ISO Guide 32，Calibration in analytical chemistry and use of certified reference materials
[20] ISO Guide 33，Uses of certified reference materials
[21] ISO Guide 34，General requirements for the competence of reference material producers
[22] ISO Guide 35，Certification of reference materials — General and statistical principles
[23] GB/T 15483.1，利用实验室间比对的能力验证——第1部分：能力验证计划的建立和运作（idt ISO/IEC Guide 43-1）
[24] GB/T 15483.2，利用实验室间比对的能力验证——第2部分：实验室认可机构对能力验证计划的选择和使用（idt ISO/IEC Guide 43-2）
[25] GB/T 15486，校准和检测实验室认可体系——运作和承认的一般要求（idt ISO/IEC Guide 58：1993）
[26] ISO/IEC Guide 65，General requirements for bodies operating product certification systems
[27] Guide to the expression of uncertainty in measurement，由 BIPM、IEC、IFCC、ISO、IUPAC、IUPAP and OIML 发布（JJF1059-1999“测量不确定度评定与表示”原则上等同采用了该指南）
[28] 有关实验室认可的信息和文件可从ILAC（国际实验室认可合作组织）网上查阅：www. ilac. org

能力验证计划的建立和运作

1 范 围

虽然实验室间比对的用法很多，而且在设计和实施方面有所不同，但仍有可能制定组织比对需要考虑的基本原则。本标准规定了这些原则，并且描述了在组织和运作能力验证计划中应考虑的因素。

GB/T 15483.2 描述了评价实验室技术能力的实验室认可机构如何选择和使用能力验证计划。

本标准适用于能力验证的操作者和使用者，诸如参加实验室、认可机构、法定机构以及需要评估实验室技术能力的客户。对于自我评定的实验室尤为有用。但应认识到，能力验证仅仅是有助于在不同检测实验室的使用者之间建立起相互信任的一种机制。

一些认可机构目前的状况是，实验室为其目的定期地参加所接受的能力验证计划。因此，这些计划的操作者在运作一些专业性管理的能力验证计划时，遵守技术要求、统计程序（见附录 A 中的例子）、质量管理（见附录 B 中的指南）的原则是十分必要的。

无法期望不同能力验证组织机构的操作方法完全相同。对于实验室间比对，本标准不给出专门的操作细则。标准的内容仅作为一个根据具体情况可以适当调整的框架，这既适用于参加者少的计划，也适用于参加者多的计划。

本标准不包含某些组织经常采用的一种技术，即通过分发有证标准物质或其他已经很好表征的样品，去评定单一实验室的能力。

附录 C 列出了文献目录。

2 引用标准

下列标准所包含的条文，通过在本标准中引用而构成为本标准的条文。本标准出版时，所示版本均为有效。所有标准都会被修订，使用本标准的各方应探讨使用下列标准最新版本的可能性。

GB/T 15481—1995 校准和检测实验室能力的通用要求

GB/T 15483.2—1999 利用实验室间比对的能力验证 第 2 部分：实验室认可机构对能力验证计划的选择和使用

JJF 1001—1998 通用计量术语及定义

ISO 3534-1：1993 统计学 词汇和符号 第 1 部分：概率和一般统计术语

ISO 5725-1：1994 测量方法和测量结果的准确度（真实性和精密性） 第 1 部分：一般原理和定义

ISO 5725-2：1994 测量方法和测量结果的准确度（真实性和精密性） 第 2 部分：测定一个标准测量方法的重复性和复现性的基本方法

ISO 5725-4：1994 测量方法和测量结果的准确度（真实性和精密性） 第 4 部分：测定一个标准测量方法的真实性的基本方法

ISO 9000 质量管理纲要，1994

ISO/IEC 导则 2：1996　标准化及其相关活动的一般术语及定义

《测量中不确定度表示指南》：1993，由 BIPM（国际计量局）、IEC、IFCC、ISO、IUPAC（国际理论化学和应用化学联合会）、IUPAP（国际理论物理和应用物理联合会）、OIML（国际法制计量组织）颁布

注：标准化文摘杂志出版社出版，1995。

（化学）分析实验室能力验证的国际协调议定书．Journal of AOAC international，76，No. 4，1993. 926—940

基体效应的评价：建议性指南．NCCLS（临床实验室标准国家委员会）文件 EP—14P，Villanova，PA，1994

3　定　　义

本标准采用下列定义。其中一部分采用了有关的国际/国家标准或 ISO/IEC 导则中的定义。

3.1　检测　test

按照规定的程序，由测定给定产品的一种或多种特性、处理或服务组成的技术操作。（ISO/IEC 导则 2：1996）

3.2　检测实验室　testing laboratory

从事检测工作的实验室。（ISO/IEC 导则 2：1996）

注："检测实验室"一词可在法律意义上或技术意义上应用，或两者兼用。

3.3　检测物品　test item

为进行能力验证而送交参加实验室的材料或制品。

3.4　检测方法　test method

为进行检测而规定的技术程序。（ISO/IEC 导则 2：1996）

3.5　检测结果　test result

严格按照规定的测量方法所得的特性值。（ISO/IEC 导则 2：1996）

3.6　（实验室）能力验证　（laboratory）proficiency testing

利用实验室间比对确定实验室的检测能力。（ISO/IEC 导则 2：1996）

注：在本标准中，"实验室能力验证"一词的含义极为广泛，它包括了诸如：

a）定性计划　qualitative schemes——例如要求实验室识别检测物品的某个组分；

b）数据转换演练　data transformation exercises——例如提供给实验室多组数据要求进行处理，以获得进一步的信息；

c）单件物品检测　single item testing——一件物品按顺序送往若干个实验室，并按时返还组织者；

d）单项演练　one-off exercise——就单一事件向实验室发送一个检测物品；

e）连续的计划　continuous schemes——按规定的时间间隔，连续地向实验室发送检测物品；

f）抽样　sampling——例如要求个人或组织抽取样品，以供进行后续分析。

3.7　实验室间比对　interlaboratory comparisons

按照预先规定的条件，由两个或多个实验室对相同或类似检测物品进行检测的组织、实施和评价。

注：在某些情况下，参加比对的实验室之一可以作为提供检测物品指定值的实验室。

3.8　参考物质/标准物质　reference material（RM）

具有一种或多种足够均匀和很好地确定了的特性，用以校准测量装置、评价测量方法或给材料赋值的一种材料或物质。（JJF 1001—1998 中 6.13）

3.9　有证参考物质/有证标准物质　certified reference material（CRM）

附有证书的参考物质，其一种或多种特性值用建立了溯源性的程序规定，使之可溯源到准确复现的表示该特性值的测量单位，每一种出证的特性值都附有给定置信水平的不确定度。(JJF 1001—1998 中 6.14)

3.10　参考实验室　reference laboratory

为一个检测物品提供参考值的实验室。

注：例如国家校准实验室。

3.11　指定值　assigned value

对于给定目的具有适当不确定度、赋予特定量的值，有时该值是约定采用的。(JJF 1001—1998 中 1.20（（量的）约定真值　conventional true value（of a quantity））中的注（1）、注（2））

3.12　溯源性　traceability

通过一条具有规定不确定度的不间断的比较链，使测量结果或测量标准的值能够与规定的参考基准（通常是国家测量标准或国际测量标准）联系起来的特性。(JJF 1001—1998 中 6.10)

3.13　协调者　coordinator

负责协调能力验证计划运作中所有活动的组织（或人员）。

3.14　真实性　trueness

由很大一个系列的检测结果得到的平均值与被接受的参考值之间的一致程度。(ISO 3534-1：1993)

3.15　精密性　precision

在预定（规定）条件下所得的独立检测结果之间的一致程度。(ISO 3534-1：1993)

3.16　离群值　outlier

一组值内与其他值不一致的值。(ISO 5725-1：1994)

3.17　极端结果　extreme results

离群值以及与数据中别的量值极不一致的其他值。

注：这些结果对诸如平均值和标准差等总体统计量具有重大影响。

3.18　稳健统计技术　robust statistical techniques

使极端结果对平均值估计值和标准差估计值的影响减至最小的技术。

注：这些技术给极端结果赋予较小的权，而不是将它们从数据组中剔除。

3.19　测量不确定度　uncertainty of measurement

表征合理地赋予被测量之值的分散性，与测量结果相联系的参数。(JJF 1001—1998 中 3.9)

4　能力验证的类型

4.1　总则

能力验证技术根据检测物品的性质、使用的方法和参加实验室的数目而变化。大部分能力验证具有共同的特征，即将一个实验室所得的结果与其他一个或多个实验室所得的结果进行比对。在某些计划中，参加实验室之一可能具有控制、协调或参考的功能。

以下是能力验证计划的一般类型：

4.2　测量比对计划

测量比对计划涉及的被测或被校物品是按顺序从一个参加实验室传送到下一个实验室，这些计划通常具有如下特征：

a）某检测物品的指定值由某个参考实验室提供，该实验室可能是国家有关测量的最高权威机构。在实施能力验证过程中，特定阶段对检测物品的校核可能是必要的，这样可以确保在整个能力验证过程中指定值无明显变化。

b）完成按顺序参加的能力验证计划是费时的（有的要若干年），这会造成一些困难。例如：确保物品的稳定性；严格监控物品的传送和各参加者许可的测量时间；在计划实施过程中需将实验室的执行情况向实验室反馈，而不是等到计划结束。此外，以组为基础比较结果可能有困难，因为测量能力彼此接近的实验室可能相对较少。

c）各个测量结果要与参考实验室确定的参考值相比较。协调者应考虑各参加实验室声称的测量不确定度。

d）用于此类能力验证的物品（测量制品）的例子包括参考标准（如电阻器、量规和仪器）。

4.3　实验室间检测计划

实验室间检测计划涉及从材料源中随机抽取次级样品，同时分发给参加检测的实验室共同进行检测。该技术有时也用于实验室间测量比对计划。完成检测后，将结果返回协调机构与指定值比对，以表明各个实验室和整体组的性能。

用于此类能力验证的物品例子包括食品、体液、水、土壤和其他环境物质。在某些情况下，分发的检测物品是以前建立的（有证）标准物质的分离部分。

每轮比对中提供给参加者的整批检测物品必须充分均匀，从而以后识别出的任何极端结果均不能归因于检测物品有显著变异。（见5.6.2和附录A中A4）。

认可机构、法定机构和其他组织在检测领域应用能力验证时，通常采用该类型实验室间检测计划。

一种常用的实验室间检测计划是“分割水平”设计，其中两个分离检测物品具有类似（但不相同）的被测量值水平。该设计用于估算实验室在某个特定的被测量水平下的精密性，它避免了用同一检测物品作重复测量，或在同一轮能力验证中，包含两个完全一致的检测物品所伴随的问题。

4.4　分割样品检测计划

包括一些法定机构在内的用户，经常采用的能力验证的一种特定形式是分割样品检测技术。（勿与4.3中的分割水平计划相混淆。）

典型的分割样品检测计划的比对数据由包含少量实验室的小组（通常只有两个实验室）提供，这些实验室将作为潜在或连续的检测服务的提供者接受评估。

在商业交易中经常采用类似的比对。这时，把表示贸易商品的样品在代表供方的实验室和代表买方的另一个实验室间进行分割。若对供方和买方实验室出具结果出现的显著差异需要进行仲裁，则通常把另一个样品保留在第三方实验室进行检测。

分割样品检测计划包括把某种产品或材料的样品分成两份或几份，每个参加实验室检测每种样品中的一份。与4.3中描述的能力验证类型不同，分割样品检测计划通常只有数量非常有限的实验室参加（经常是两个）。此类计划的用途包含识别不良的精密度、描述一致性偏移和验证纠正措施的有效性。

此计划经常需要保留足够的材料，以便由另外的实验室做进一步分析以解决那些有限数量实验室间发现的差异。

类似的分样检测技术也用于监控临床实验室和环境实验室。比较典型的是，这些计划包含了将某个实验室与另一个或更多其他实验室在宽浓度范围内对若干分样的结果进行比较。在这些计划中，其中的一个实验室由于使用了标准方法和更为先进的设备等，可以被认为是在较高的计量水平（即较低不确定度）上操作，从而在这些比对中，其结果被认为是参考值。对于参与分样数据比对的其他实验室，该实验室可作为顾问实验室或指导实验室。

4.5　定性计划

评价实验室检测能力，并不总是采用实验室间比对（见3.6中注释a）。例如，某些计划为评价实验室表征特定实物的能力而设计的（例如识别石棉的类型、特定病原有机体等）。

这类计划可能包含计划协调者专门制备外加目标组分的检测物品。因此，在性质上这些计划是“定性”的，它们不需要多个实验室的参与或通过实验室间比对来评价一个实验室的检测能力。

4.6 已知值计划

能力验证计划的其他特殊类型，可能包含制备待测的、被测量值已知的检测物品。因而有可能评价某个实验室检测该物品的能力，并提供与指定值比对的数字结果。再次说明，这样的能力验证不需要很多实验室参与。

4.7 部分过程计划

能力验证的一些特殊类型，包含对实验室完成检测或测量全过程中若干部分的能力评价。例如，现有的某些能力验证计划评价的是实验室转换和报告一套给定数据的能力（而不是进行实际上的检测或测量），或根据规范抽取和制备样品或试样的能力。

5 组织和设计

5.1 构架

5.1.1 任何能力验证的设计阶段都要求配备技术专家、统计学专家以及一名计划协调者，以确保计划成功和顺利运作。

5.1.2 通过与这些专家商议，协调者应制定适用于某项具体能力验证的计划。能力验证计划的设计应避免目标含混不清。在计划启动前，其具体方案应取得一致并文件化（见附录B），一般包括下列信息：

a）实施验证计划组织的名称和地址；

b）协调者以及参与设计和实施验证计划的这些专家的姓名和地址；

c）验证计划的性质和目的；

d）选择参加者方法的程序，或适当时允许参加所需满足的准则；

e）参加计划（部分计划，如抽样、样品处置、均匀性检验和赋值）的实验室名称和地址，以及期望的参加者数量；

f）所选检测物品的性质和检测性质，以及是如何考虑做出这些选择的简短说明；

g）获取、处置、校核和运送检测物品的方式的说明；

h）通知阶段提供给参加者的信息的说明，以及能力验证各阶段日程安排的说明；

i）能力验证计划期望的起始日期和目标日期或终止日期，包括参加者进行试验的日期；

j）对持续进行的计划，其分发检测物品的频次；

k）参加者进行检测或测量可能需要采用的方法或程序的信息（通常是他们的常规程序）；

l）所用统计分析的概述，包括指定值的确定和离群值的探测技术；

m）返回给参加者的数据或信息的说明；

n）能力评价技术的依据；

o）对检测结果和根据能力验证结果所作结论的公开程度的说明。

5.2 工作人员

5.2.1 参与制定计划的人员在实验实间比对设计、实施和报告等方面应具有足够的资格和经验，或能与具有这种能力的人紧密合作。这些资格和经验应当包括适当的技术技能、统计技能和管理技能。

5.2.2 如5.1.1所述，这些特定的实验室间比对的运作，也需要有对所涉及的方法和程序具有详尽的技术知识和经验的人员予以指导。为此，协调者可能需要列出一个或多个适当人选组成顾问小组，这些人选可以从诸如专业机构、签约实验室（如果有）、计划参加者或数据的最终使用者中选取。

5.2.3 顾问小组的作用可包括：

a）制定和评审能力验证计划在策划、执行、分析、报告和效果方面的程序；

b）鉴别和评价由其他机构组织的实验室间比对；

c）评价与参加实验室能力有关的能力验证结果；

d）就能力验证计划所获结果，以及如何将这些结果和实验室评价的其他方面结合运用，向评审实验室技术能力的任何机构提供建议；

e）向遇到问题的参加者提供咨询；

f）解决协调者和参加者之间的争议。

5.3 数据处理设备

无论使用什么设备，都应能输入所有必要的数据、进行统计分析以及提供及时和有效的结果。校核数据输入的程序应得到执行，所有的软件都应予验证、支持和备份。数据文件的存储和安全应受控。

5.4 统计设计

5.4.1 所用的统计模式和数据分析技术应文件化，并对选用它们的背景材料作简短说明。有关通用统计程序和能力验证数据处理的进一步细节在附录A中讨论。

5.4.2 对能力验证计划进行适当的统计设计是至关重要的。应仔细考虑下列事项及其相互影响：

a）所涉及的检测的精密性和真实性；

b）在要求的置信水平下检出参加实验室之间的最小差异；

c）参加实验室的数量；

d）待检样品数目和对每一样品进行重复检测或测量的次数；

e）估算指定值所使用的程序；

f）识别离群值所使用的程序。

5.4.3 在没有a）的可靠信息时，某些情况下可能有必要组织一次先导性实验室间比对（协作试验），以获得该信息。

5.5 检测物品的制备

5.5.1 检测物品的制备可以外包，或由协调者承担。制备检测物品的组织应证明其具备该能力。

5.5.2 任何与检测物品有关的、可能影响实验室间比对完好性的条件，诸如均匀性、稳定性、抽样、在转运中可能的损坏及周围环境条件的影响（见5.6）等均应予以考虑。

5.5.3 计划中分发的检测物品或材料，在性质上通常应与参加实验室的日常检测物品或材料相类似。

注：临床实验室标准国家委员会（NCCLS）在1994年于宾西法尼亚州（PA）威兰诺瓦（Villanova）出版的NCCLS EP-14P文件中，给出了建立相似性条约的例子。

5.5.4 分发的检测物品数量取决于是否需要覆盖某一组成的范围。

5.5.5 在结果校核完成之前，不应向参加者披露指定值。然而在某些情况下，检测之前告知目标范围也许是适当的。

5.5.6 除了能力验证计划所需要的检测物品外，还可以考虑制备额外数量的检测物品。在评价了参加者所得结果之后，剩余检测物品有可能作为实验室的参考材料、质量控制材料或培训用品。

5.6 检测物品的管理

5.6.1 检测物品的抽取、随机化、运送、接收、识别、标签、储存和处置等程序应文件化。

5.6.2 能力验证中制备散料时，对每一检测参数而言，散料应充分均匀，这样可以使所有的实验室收到被测参数无显著差异的检测物品。协调者应制定用于建立检测物品均匀性的程序文件（见附录A中A4）。只要可能，在检测物品分发给参加实验室之前应作均匀性检验。均匀性程度应达到检测物品间的差异不会对参加者结果的评价产生显著影响。

5.6.3 只要可能，协调者也应提供证明以确保整个能力验证实施过程中，检测物品充分稳定，不会产生任何显著变化。当需要评审不稳定被测量对象时，协调组织可能有必要规定完成检测的日期，以及任何要求的特定预检程序。

5.6.4 协调者应考虑检测物品可能造成的危险，并采取适当措施，告知可能遭受潜在危险风险的任何有关部门（例如检测物品分发者，检测的实验室等）。

5.7　方法/程序的选择

5.7.1　参加者通常能使用他们所选的方法，该方法与其日常使用的程序一致。然而，在某些情况下，协调者可以指示参加者采用特定的方法，这些方法往往是国家或国际上采纳的标准方法，并已通过适当程序（例如协作试验）所确认。

5.7.2　在应用校准程序时，指定值经常是由高等级的校准实验室（往往是国家标准实验室）使用明确并公认的程序，通过测量而得到的参考值。希望参加实验室都采用相同或类似的程序，但这一点对于校准实验室并非总是可行的。

5.7.3　在参加者自由选择所用的方法时，适当情况下，协调者应要求参加者提供他们所用方法的细节以便利用参加者的结果进行比对，并对该方法进行评议。

5.8　能力验证计划的发展

为了确保能力验证计划能适应于技术和科学的发展，需要引入新型样品或新方法、新程序。根据此类计划的结果对各个实验室的能力作早期结论时一定要谨慎。（见 6.4.3）

6　运作和报告

6.1　协调和文件化

协调者应负责保证计划逐日运作。所有的活动和程序都应文件化，这些文件可以被列入质量手册或由质量手册来补充。（见附录 B）

6.2　指导书

6.2.1　指导书是提供给参加实验室在计划中须遵循的所有方面的详细指令。例如，这些指导书可以作为某计划条约中的一个主要部分。

6.2.2　应详细阐述可能对所给检测物品或材料的检测产生影响的因素，这些因素包括操作者、物品或材料的性质、设备状态、检测程序的选择和检测的日程。

6.2.3　也可以提供对检测和校准结果的记录和报告的具体指导（例如单位、有效数字的位数、报告格式、结果限期等）。

6.2.4　应告知参加者如同日常检测那样来处理能力验证物品(除非在能力验证设计中有一些可以偏离这些原则的特殊要求)。

6.3　包装和运输

计划协调者应考虑下列有关检测或测量物品分发的一些情况。包装和运输方法必须恰当，并能保护检测物品的稳定性和特性。危险货物的法规或海关要求等可能对运输有些限制。在某些情况下，尤其是在顺序测量比对计划中，实验室自己也要负责运送物品。

全部有关的海关申报单应由协调者完成，以确保将通关中的延误减至最小。该计划应符合国家的和国际的适用于检测物品运输的法规。

6.4　数据的分析和记录

6.4.1　从参加实验室处获得的结果应予输入和分析，一旦可行即报回实验室。用程序来校核数据输入、传送和随后统计分析的有效性是至关重要的（见 5.3）。建议将数据表、计算机备份文件、打印结果和图件等按规定保存一定时期。

6.4.2　数据分析应产生总计度量值、性能统计量以及与计划的统计模式和目标相一致的关联信息。利用离群值探测试验加以识别，然后剔除，或者最好利用稳健统计量，将极端结果对总计量的影响减至最小。附录 A 中包含有统计评价的概括性建议。

6.4.3　计划协调者应有文件化的准则来处理对能力评价可能不适合的检测结果。例如，就能力验证的目的而言，当检测材料显示出不够充分均匀或稳定时，对被测量不予分级或计分。

6.5　能力验证报告

6.5.1　能力验证计划报告的内容根据具体计划的目的而变化。但应清晰和全面，并包含所有实验室结果分布的数据，以及各参加者能力的说明（见6.6）。

6.5.2　能力验证计划报告中通常应包含下列信息：

a）实施或协调该计划的组织名称和地址；

b）参与计划设计和实施的人员姓名和单位（见5.2）；

c）报告的发布日期；

d）报告的编号和清晰的计划标识；

e）所用物品或材料的清晰说明，包括样品制备和均匀性检验的细节；

f）参加实验室代码和检测结果；

g）统计数据和总览，包括指定值和可接受结果的范围；

h）用于确定指定值的程序；

i）任何指定值的溯源性和不确定度的细节；

j）为其他参加实验室所用的检测方法/程序确定的指定值和总计统计量（若不同的实验室使用不同的方法）；

k）协调者和技术顾问对实验室能力的评论；

l）用于设计和实施计划的程序（可以包括参照的计划议定书）；

m）用于对数据作统计分析的程序（见附录A）；

n）适当时，提出解释统计分析的建议。

6.5.3　对于定期实施的一些计划，简单的报告可能已经足够，因此日常报告中可省去6.5.2条建议的许多内容，但在阶段性总结报告中和参加者有要求时应将它们包括进去并实施。

6.5.4　在规定的时间内应尽快使报告具有可获性。虽然，按理想状况，所提供的全部原始数据应报给参加者，但在某些庞大的计划中可能做不到。参加者至少应收到以总结形式表达的（例如图表式）所有实验室的结果。在某些计划中，例如长周期的测量比对计划，应将中期报告发送给各个参加者。

6.6　能力评价

6.6.1　需要对能力评价时，协调者应负责确保评价的方法适合于维持该计划的可信性。

6.6.2　协调者可谋求技术顾问的帮助，以对实验室能力的以下方面提供专家评议：

a）总体性能与原先期望值（应考虑不确定度）的比较；

b）实验室内和实验室间的变异（以及与先前的计划或发表的精密度数据相比较）；

c）若可行，方法或程序之间的差异；

d）误差（指极端结果）的可能来源和改进能力的建议；

e）任何其他建议、推荐或一般性评议；

f）结论。

6.6.3　在一个特定计划期间或之后，可能有必要定期地向参加者提供各种总结表。对于一个持续进行的计划，这些表可包括各轮中每个实验室能力的最新总结。若有要求，对这样的总结可以做进一步分析并指出其明显趋向。

6.6.4　无论是完成单项计划，还是陆续完成持续计划的各轮之后，都有各种程序用于评审参加者的能力。附录A中给出了这种程序的一些例子。

6.6.5　在能力验证中，不提倡对实验室按能力列表排名的方式出具报告。因此，为避免引起误导和造成误解，对排名应当极其慎重。

6.7　与参加者的沟通

6.7.1 应当提供给参加者一套有关参加能力验证计划的详尽信息，例如一份正式的计划议定书。可以通过信件、通讯和/或报告，结合定期的公开会议，与参加者进行后续联络。计划设计或运行中的任何改变都应立即通知参加者。

6.7.2 如果参加者认为对他们在能力验证中的能力评价有误，他们应能向协调者提出。

6.7.3 应鼓励实验室提供反馈，以使参加者为计划的制定作出积极贡献。

6.7.4 与参加者采取的纠正措施相关的程序(尤其与向认可机构反馈有关)，在GB/T 15483.2中阐述。

7 保密/道德考虑

7.1 记录的保密性

通常，为各个参加者的身份保密是大多数计划的政策。参加者的身份仅为参与协调计划的极少数成员所知。这一点还应延伸到以后向显示不良能力的实验室提出补救性建议或措施时。在某些情况下，可能要求协调机构向某个特定管理部门报告参加实验室的不良能力，但在参加者同意参加该计划时应告之这种可能性。

一组参加者，出于改进工作而进行讨论和互相帮助的目的，可以选择在组内放弃保密性。

7.2 结果的窜通和伪造

能力验证的目的主要是帮助参加者改善其能力，但在参加者中仍可能有一种倾向，即对其能力提供一个虚假的良好印象。例如，在实验室之间可能发生窜通，以至不提交真正独立的数据。假如实验室日常进行的是单次分析，但在能力验证中要报告的是样品的重复测量的平均值，或就一个特定计划进行的附加的重复试验，这时实验室也可以给出一个其能力的虚假印象。因此，在可行情况下，能力验证应设计为能确保尽可能少地出现窜通和伪造行为。

虽然协调者采取了各种合理的措施以防止欺骗,但值得称道的是参加实验室应有责任避免欺骗行为。

附录A（提示的附录）

处理能力验证数据的统计方法举例

能力验证的结果会以多种形式出现，并涵盖了很宽范围的数据类型，是统计分布的基础。用以分析结果的统计技术应适用于每种情况，但由于其种类太多而无法给出规定。

然则，在评价参加实验室的结果时，对于所有的能力验证，有三个步骤是共同的：

a）指定值的确定；

b）能力统计量的计算；

c）能力评价；

在某些情况下还有：

d）检测物品的均匀性和稳定性的初步确定。

本附录给出了所用统计技术的一般准则，籍此按要求指导具体的应用。

由于新的问题、新的形式、人造检测物品、一致性差的方法或多变的实验室程序等原因，与新的实验室间比对计划的一致性最初往往很差。在一致性得到改善之前，协调者也许要使用相对能力（例如百分位）的稳健度量。当实验室间的一致性得到改善并很好地建立了能力验证计划时，统计技术可能还需要改进。

本附录除了考虑用于处理能力验证数据的统计技术之外，并不考虑用于分析研究的统计技术。对于引言中所列的实验室间比对数据的其他用途，或许需要不同的技术。

注：ISO/TC 69 目前正在制定一个文件，将对本附录中包含的统计方法提供详细信息。

A1 确定指定值及其不确定度

A1.1 指定值的建立有各种程序，以下按次序列出一些最常用的程序。在大多数情况下，该次序表明指定值的不确定度在逐渐增加。这些程序分别使用下列各值：

a）已知值——由专门的检测物品配方（例如用制造或稀释）决定的结果。

b）有证参考值——由定义法确定（用于定量检测）。

c）参考值——与一个可溯源到一个国家或国际标准的标准物质或标准并行进行分析、测量或比对检测物品所确定的值。

d）从专家实验室得到公议值——专家实验室利用已知的具有高精密度和高准确度的、并可与通常使用的方法相比较的有效方法，确定试验中的被测量时，应具有可证明的能力。在某些情况下，这些实验室可以是参考实验室。

e）从参加实验室得到公议值——利用 A1.3 中所述的统计量，同时考虑到极端结果的影响。

A1.2 为了公正地评价参加实验室，以及促进实验室间和检测方法间的一致性，应当确定指定值。可以通过选择共同的比对小组。只要可能，还可利用共同的指定值来实现。

A1.3 用公议技术确定指定值时，采用下述统计量可能是合适的：

a）定性值——一个预定的多数百分比的公议值（经常表示在标称或次序刻度尺上）；

b）定量值——对适当比对组的“平均”，诸如：

i）可以是加权或变换（例如，修剪平均或几何平均）的平均值；

ii）中位值、众数或其他稳健度量。

A1.4 只要可能，应采用“测量不确定度表示指南”中所述的程序去确定指定值的不确定度。

A1.5 极端结果处理方法如下：

a）当参加者的结果被用于确定指定值时，所用的技术应当使极端结果的影响减至最小。这可以用稳健统计法或在计算之前剔除离群值来实现（见 ISO 5725-2）。在规模较大或日常的计划中，或许可以对离群值进行自动扫描。

b）若结果作为离群值而被剔除，那么剔除仅仅是为了计算总统计量。在能力验证计划中对这些结果也应当进行评价，并且给出适当的能力比率。

A1.6 其他的考虑如下：

a）按理想情况，如果用标准公议值或参加者公议值来确定指定值，那么协调者应当有一个程序来确定指定值的真实度和检查数据的分布。

b）协调者应有按不确定度接受一个指定值的准则。

A2 能力统计量的计算

A2.1 检测单项检测物品的能力

A2.1.1 能力验证的结果经常需要转换为一个能力统计量，以便于说明并与规定的目标进行比对。其任务是以与能力准则作比对的方式，测量与指定值的偏差。使用的技术可以涉及从无处理要求到复杂的统计变换。

A2.1.2 能力度量对计划的参加者应有意义。因此，度量应与检测的应用需要相关并易于理解，或在一个特定的领域内符合传统惯例。

A2.1.3 变动性度量经常用于计算能力统计量及能力验证计划的总结报告中。对一个适当的比对组，变动性度量的常用例子包括：

a）标准差（SD）；

b）变异系数（CV）或相对标准差（RSD）；

c）百分位，中位绝对偏差或其他稳健度量。

A2.1.4　对定性结果，通常无须计算。

定量结果常用的统计量，按参加者结果变换程度增加的次序列出如下：

a）差（$x-X$），在此“x”是参加者的结果，“X”是指定值；

b）百分比差

$$\frac{(x-X)}{X}\times 100$$

c）百分位或等级；

d）z 比分数，在此

$$z=\frac{x-X}{s}$$

s 是满足计划要求的变动性的合适估计值/度量。该模式可用于 X 和 s 由参加者结果推导出的情况，或不是从（所有）参加者结果推导出的情况。（例如，规定了指定值和变动性时；参照“（化学）分析实验室能力验证国际协调议定书”中的 4.2。）

e）E_n 数（典型地用于测量比对计划），

$$E_n=\frac{x-X}{\sqrt{U_{lab^2}+U_{ref}{}^2}}$$

其中 U_{lab}是参加者结果的不确定度，U_{ref}是参考实验室指定值的不确定度。

A2.1.5　考虑如下：

a）参加实验室的结果与指定值之间的简单差值可能适用于确定能力，并易于参加者理解。量（x－X）在 ISO 5725-4 中被称为“实验室偏移的估计值”；

b）百分比差适用于浓度；

c）百分位或等级用于高度分散或偏态分布的结果和次序响应，或用于有限数目的不同响应。该技术应谨慎使用（见 6.6.5）；

d）根据检测的性质优先或必须使用变换的结果。例如，以稀释为基础的结果是几何刻度尺的一种形式，可用对数进行变换；

e）如果利用统计准则（例如 z 比分数），那么变动性的估计值应是可靠的，即根据足够多的观察降低极端结果的影响，并达到低的不确定度。

A2.2　综合能力比分数

A2.2.1　在单一能力验证轮回中，根据一个以上的结果就可以评价实验室的能力。这种情况出现在对一个特定的被测量对象，或一组有关的被测量对象有一个以上的检测物品时。这样做就可以对实验室的能力提出一个更为全面的评价。

一些图表方法，诸如尧敦（Youden）图或表示曼德尔（Mandel）h-统计量的图，都是说明能力的有效技术（见 ISO 5725-2）。

例于如下：

a）对相同被测量的合成比分数：

——满意结果的数目；

——总计 z 比分数的平均；

——平均绝对差（用单位或百分比表示）；

——总计绝对差（或平方差）。

b）对不同被测量的合成比分数：

——满意结果的数目（或百分比）；

——平均绝对 z 比分数；

——相对于评价限的平均绝对差。

A2.2.2　考虑如下：

a）比分数可以变换（如有必要），以便它们全都服从相同的假设分布（例如对 z 比分数的高斯分布或对平方差的 x^2 分布）；

b）应对极端值进行检查，它们可能严重影响一个定量的合成比分数。

A3　能力评价

A3.1　初始能力

应在考虑能力度量是否包含某些特点之后，建立评价能力的准则。

A3.1.1　这些特点如下：

a）专家公议：由顾问组或其他有资格的专家直接确定报告的结果是否与目标相一致。专家公议是评估定性检测结果的典型方式；

b）与目标一致性：例如，考虑方法的实施规范和参加者的操作水平；

c）对比分数的统计确定准则应适合于每一个比分数。应用比分数的一般性例子有：

i）对 z 比分数：

$|z|\leqslant 2$＝满意

$2<|z|<3$＝有问题

$|z|\geqslant 3$＝不满意

ii）对 E_n 数：

$|E_n|\leqslant 1$＝满意

$|E_n|>1$＝不满意

d）参加者的公议：从一定比率的参加者使用的比分数或结果的范围，或一个参考组得到，诸如：

——满意的中心百分比率（80％，90％或 95％）；

——满意的单侧百分比率（最低 90％）。

A3.1.2　对于分割样品设计，其任务可能是识别不合适的校准和（或）结果中大的随机波动。在这些情况下，应根据适当数目的结果和一个宽的集中范围来进行评价。图表技术适用于识别和描述这些问题，尤其是按相应的平均值表明实验室之间差异的图表。结果可以把回归分析和殊差分析同参数或非参数技术比较。

A3.1.3　只要可能，应采用图表来显示能力（例如直方图、误差条形图、z 比分数次序图）。这些图表可用于表明：

a）参加值的分布；

b）多个检测物品的结果间的关系；

c）不同分析方法的比对分布。

A3.2　监控整个时间的能力

A3.2.1　一个能力验证计划可以包含监测整个时间的能力的技术。这项统计技术可以使参加者发现其能力的变动性；是否存在整体倾向性或不一致性，以及其能力在什么地方发生了随机性变化。

A3.2.2　图表法能够便于更多读者理解。传统的常规控制图表（Shewhart）很有用，尤其对于自我改进的目的。数据列表和总计统计量提供了更详细的复查。用于评价能力的统计量可用于这些图和表。

A4　检测物品均匀性的初步确定

应使用适当的统计技术评价从检测物品的均匀性检测中得到的数据。在《（化学）分析实验室能力验证国际协调议定书》中的附录 II（检测材料充分均匀的建议程序）阐述了一个合适的方法。

附录 B（提示的附录）

能力验证计划的质量管理

应建立和保持一个文件化的质量体系，例如以质量手册的形式。手册概述一些政策和程序，以确保能力验证计划的质量，并获得参加者和参加者中数据使用者的信任。执行计划的组织应依据(GB/T 19000 系列和 GB/T 15481 的适当部分，满足质量管理和技术能力的要求，并获得一个认可机构的认证和/或认可来予以证明。

质量文件应包含下列款项：

a）质量方针；

b）协调机构的组织；

c）人员的培训和资格；

d）人员的职责；

e）文件控制；

f）审核和评审程序；

g）能力验证计划的目标、范围、统计设计和格式；

h）运行程序：

——样品制备；

——样品的均匀性检验；

——设备

——建立指定值的程序

——供方，包括分包方；

——后勤；

——数据的分析；

i）报告的编制和发放；

j）参加者的行动和反馈；

k）记录的文本和存档；

l）申诉的处理程序；

m）有关保密和道德程序的政策；

n）计算的信息；

o）安全和其他环境因素；

p）分包；

q）参加费用；

r）计划可利用的范围；

s）参加及使用计划结果的总政策。

附录 C（提示的附录）

文 献 目 录

[1] WECC 文件 15：1992. WECC. 实验室间比对．西欧校准合作组织（现为 EAL）

[2] EAL-G6：1993. 能力验证认可标准 . 欧洲实验室认可合作组织（EAL）
[3] APLAC. 实验室间比对
文件 1——校准和测量验证程序
文件 2——检验程序
亚洲-太平洋地区实验室认可合作组织，1996
[4] ASTM E 1301：1995. 制定和实施实验室能力验证程序的标准指南
[5] ISO 导则 30：1992. 与标准物质有关的常用术语和定义
[6] Horwitz W.. 实验室间分析研究的术语 . Pure Appl. Chem.，66（9），1994. 1903～1911
[7] Sweets J. A. 和 Picket R. M.. 诊断系统的评价——单个检测理论的方法 . Academic Press，New York，London，1982
[8] Youden W. J.. 协作试验的统计技术 . Association of Official Analytical Chemists，Arlingdon，VA，1967
[9] Mandel. J.：双因素设计的分析 . Chapman&Hall，New York，NY，1996. 65～79
[10] Tholen D. W.. 实验室间比对计划中测量和评价能力的统计程序 . Arch. Pathol. Lab. Med.，112，1988. 462～470
[11] Kafadar K.. 对单个样品问题的双加权法 . Amer. Statistical Assoc.，77（378），1982. 416～424
[12] Royal Society of Chemistry. 稳健统计——如何不舍弃离群值，第 1 部分：基本概念；第 2 部分：实验室间试验（皇家化学协会，分析方法委员会）Analyst，114，1989. 1693～1702
[13] Tholen D. W.. 能力验证中的标准值和作为目标的参加者平均值 . Arch. Pathol. Lab. Med.，117，1993. 885～889
[14] Ross J. W.. 美国病理学家学院调查中评价标准的演变 . Arch. Pathol. Lab. Med.，112，1988. 334～339
[15] Hoeltge G. A.，Duckworth J. K.. 美国病理学家学院认可的实验室能力验证的评述 . Arch. Pathol. Lab. Med.，111，1987. 1011～1014
[16] Jenny R. W.，Jackson K. Y.. 作为常规检测病人茶碱含量准确度预测值的能力验证 . Clin. Chim.，39（1）1993. 76～81

实验室认可机构对能力验证计划的选择和使用

1 范 围

本标准的目的是：

a）建立用于实验室认可计划中选择能力验证计划的原则；

b）协助实验室认可机构协调使用能力验证结果。

由于能力验证的结果可以用于认可的决定中，所以认可机构和参加实验室双方对计划的设计和运作保持信任是至关重要的。

参加实验室和实验室认可评审员对认可机构的能力验证计划有关政策、计划中用于判断成功与否的准则、以及对能力验证计划中不满意结果后续处理的政策和程序的理解也是十分重要的。

然而应当承认，实验室认可机构及其评审员也可以考虑从能力验证计划以外的其他活动中得到的检测数据的适用性。这包括实验室自身用控制样品按内部质量控制程序得到的结果、与其他实验室分割样品比对的结果、以及用有证标准物质进行审核检测的结果等。实验室认可机构对上述来源数据的使用不包括在本标准内。但本标准中规定的对不满意表现的后续处理原则亦适用于这些活动。

2 引用标准

下列标准所包含的条文，通过在本标准中引用而构成为本标准的条文。本标准出版时，所示版本均为有效。所有标准都会被修订，使用本标准的各方应探讨使用下列标准最新版本的可能性。

GB/T 15481—1995 校准和检测实验室能力的通用要求

GB/T 15483.1—1999 利用实验室间比对的能力验证 第1部分：能力验证计划的建立和运作

3 定 义

本标准采用GB/T 15483.1中使用的定义。

4 能力验证计划的选择

4.1 为有助于以实验室认可为目的而对实验室的能力进行评价，认可机构应采用符合GB/T 15483.1中所述的能力验证计划。

4.2 如果能力验证计划是由实验室认可机构来运作，这个机构应定期地按GB/T 15483.1对其计划进行审核和评审。

4.3 如果实验室认可机构使用的能力验证计划是由另外一个组织运作的，那么该实验室认可机构在承认此计划之前，应寻求文件证据以证明这个分包计划符合GB/T 15483.1。该符合性须经审核加以确认。

4.4 在选择验证计划时，实验室认可机构应考虑下列因素：

a）所涉及的检测、测量、或校准应与拟参加申请者或已获认可的实验室的检测，测量或校准类型相吻合；

b）根据与被认可实验室的协议，认可机构应能获得已被认可的参加者的测试结果，以及设计计划的详细内容、建立指定值的程序、对参加者的指导书、数据的统计处理和每个被选定能力验证的最终报告；

c）计划运行的频次；

d）该计划组织安排上的合理性，诸如日程、地点、对样品稳定性的考虑、分发安排等，这些安排均应与参加计划的这组认可实验室相关；

e）参加实验室验收准则（即用于判断能力验证的成功与否）的可获性；

f）所选计划的成本；

g）计划中为参加者保密的政策；

h）报告结果的日程表；

i）对计划使用的检测材料、测量制品等其特性的可靠程度，诸如均匀性、稳定性，以及在适当时对国家或国际标准的溯源性。

注：有些能力验证提供的试验项目与一个认可实验室所从事的检测项目并不完全吻合（例如：对相同的测量采用不同国家的标准），但如果数据的处理允许在检测方法或其他方面存在一些重大差异，那么从技术上讲仍可将这些实验室包括在能力验证计划之中。

4.5 实验室认可机构选择某个特定的能力验证计划，应由该认可机构中具备相应资格的人员进行审定和监督。

5 参加能力验证计划的政策

5.1 实验室认可机构应将认可实验室和申请实验室参加能力验证的政策文件化，这种文件化的政策应向实验室或其他有关机构公布。

5.2 参加政策中需阐述的事项包括：

a）对指定的能力验证计划，是强制参加还是自愿参加；

b）希望或邀请实验室参加能力验证的频次；

c）实验室认可机构在一个特定的计划中，判断试验成功或不满意表现的准则；

d）在某个具体计划中，如果结果被判为不满意，是否要求实验室参加后续的试验计划；

e）在认可的判定中，将如何利用能力验证的结果；

f）实验室认可机构为参加者保密的政策细节。

注1：在某些情况下，实验室认可机构可以有政策强制要求实验室参加少量经批准的能力验证计划，并允许自愿地参加任何可能的附加计划。

注2：能力验证计划的制定，根据涉及的技术有所不同，验收准则在不同的计划之间也有差别。许多情况下，可接受的数据是从某个具体计划实施过程中的结果推导而出，因此实验室不能预先得到。在这种情况下，实验室认可机构应向参加实验室详细地提供验收准则所依据的原则。

6 实验室认可机构对能力验证结果的使用

6.1 能力验证的结果对于参加实验室和认可机构二者都有用。但是，当利用这些结果去确定实验室的能力时有其局限性。某一次能力验证计划中的成功可能只代表这一次活动的能力，而不能反映出持续进行的能力。同样，在某一次计划中的不成功表现，也许反映的是实验室偶然地偏离了正常的能力状态。正因为如此，在认可过程中实验室认可机构不能孤立地使用能力验证。

6.2 如果实验室提交的某个结果或一些结果超出了某一次能力验证计划的验收准则，那么实验室认可机构应有对这些结果采取措施的程序。

6.3 这样的程序应包括及早向实验室通报其结果，并建议该实验室对其能力进行调查和评议。

注：某些能力验证计划需要相当长的时间才能完成，尤其是相继地向各个参加实验室提供相同的检验物品去检验、测量或校准。在这种情况下，最好向实验室提供结果的中期报告，尤其是在它们的结果不能令人满意时。这样将允许及早调查，并尽快采取后续纠正措施，而不要等到该计划最终结果的发表。

6.4 对报告不满意结果的实验室，认可机构应有下列政策：

a）实验室在约定的时间范围内调查和评议其能力；

b）必要时，让实验室随后进行可能的能力验证，以确认实验室采取纠正措施是否有效；

c）必要时，由合适的技术评审员对实验室进行现场评价，以确认纠正措施是否有效。

6.5 实验室认可机构应当告知参加实验室能力验证计划中的不满意表现可能带来的后果，这包括在指定的期限内进行了有效的整改可继续认可；暂停相关项目的认可（要求采取适当的纠正措施）；撤消相应项目的认可。通常，实验室认可机构对这些措施的选择将根据该实验室的一贯能力和最近的现场评审而定。

6.6 实验室认可机构应有程序确保为参加实验室保存在能力验证计划中的能力记录(以认可档案或记录形式)，并使技术评审员在现场评审时可以获得。

6.7 认可机构应有认可的实验室对能力验证结果采取的措施提供反馈的政策，尤其是对有不满意表现的实验室。

7 实验室的行动和反馈

7.1 应要求认可实验室保存它们自己在能力验证计划中能力的记录，包括对不满意结果的调查结论，以及随后的纠正和预防措施。

7.2 实验室应从能力验证组织和设计的评价中对自己的能力作出结论。应考虑的信息包括：

a）检测样品的来源和特征；

b）所用的检测方法，如果可能，对特定方法的结果赋值；

c）能力验证的组织（例如：统计模式、重复次数、被测参数、执行方式）；

d）组织机构用于评价参加者能力的准则。

各类检查机构能力的通用要求

1 范 围

1.1 本标准规定了各类公正的检查机构能力的通用要求，同时规定了检查机构独立性要求。

1.2 本标准供检查机构、检查机构的认可组织以及承认检查机构能力的其他组织使用。

1.3 当本标准用于特殊行业或运行检查时，可做适当的解释。

1.4 本标准不适用于检测实验室、认证机构或供方的符合性声明的要求。

2 定义

本标准采用下列定义。

2.1 检查 Inspection

对产品设计、产品、服务、过程或工厂的核查，并确定其对于特定要求的符合性，或在专业判断的基础上，对通用要求的符合性。

注 1：过程检查包括人员、设施、技术和方法。

注 2：检查结果可用于支持认证。

注 3：在 ISO/IEC 指南 2 中将检查 Inspection 定义为“通过观察和判断，必要时结合测量、检测所进行的符合性评价”

2.2 检查机构 Inspection Body

从事检查活动的机构。

注：这个机构可以是一个组织，或一个组织的一部分。

ISO/IEC 指南 2 中给出的其他定义也适用。

3 管理要求

3.1 检查机构或其母体组织，应具有明确的法律地位。

3.2 如果检查机构所在的母体组织还从事检查以外的其他活动，该检查机构在母体组织中的地位应予以明确标识。

3.3 检查机构应有文件描述其职能和从事技术活动的能力范围。

具体检查的范围，将由合同或工作指令的条款来决定。

3.4 检查机构应有适当的责任保险。除非检查机构的责任由其母体组织承担或依据国家法律规定由国家承担。

3.5 检查机构应有文件描述其开展检查业务的条件。除非检查机构是某组织的一部分并只对该组织提供检查服务。

3.6　检查机构或其母体组织，应有独立的经过审计的帐目。

4　独立性、公正性和诚实性

4.1　总则

检查机构的人员应不受来自商业、财务以及其他可能影响其公正判断的压力。应严格执行程序，确保检查的结果不受检查机构以外的人员或组织影响。

4.2　独立性

检查机构应是独立的，只要所提供的服务满足规定所需的条件。

基于这些条件，检查机构应满足本标准附录A、B、C三者之一所规定的最低要求。

4.2.1　A类检查机构

提供“第三方”服务的检查机构应满足附录A的要求。

4.2.2　B类检查机构

作为某个从事与被检查产品的设计、生产、供应、安装、使用或维护有关组织中的一个独立且具有明确地位的一部分，并为其母体组织提供检查服务的检查机构应满足附录B的要求。

4.2.3　C类检查机构

涉及所检查产品或类似的竞争性产品的设计、生产、供应、安装、使用或维护，并可能向母体组织以外的组织提供检查服务的检查机构，应满足附录C要求。

5　保密性

检查机构应确保对检查活动过程中获得的信息保密。这些信息的所有权应受到保护。

6　组织和管理

6.1　检查机构应具有一个组织结构，以确保其完成技术职能。

6.2　检查机构应规定其组织内部的职责和隶属关系，并形成文件。

当检查机构还从事认证和（或）检测服务时，应明确界定检查与认证、检测职能间的关系。

6.3　检查机构应任命一名技术主管，不论称谓如何，其在检查机构运作方面应具有相应的资格和经历，并全面负责按照本标准进行检查活动。该技术主管应是一位长期雇员。

注：如检查机构是由从事不同活动领域的几个部门组成，每个部门都可以有一位技术主管。

6.4　检查机构应由熟悉检查方法、程序、检查目的和对检查结果进行评价的人员实施有效的监督。

6.5　检查机构管理层应指定代理人员，负责主管（或其他称谓）缺席时的检查服务。

6.6　检查机构应对任何影响检查机构服务质量的岗位进行描述，这些岗位的描述包括对教育、培训、技术知识和经验的要求。

7　质量体系

7.1　检查机构的管理层应规定其质量方针、质量目标和质量承诺并形成文件，确保组织中各级人员能够理解、执行和保持。

7.2　检查机构应运作与其从事的检查工作类型、范围和工作量相适应的有效的质量体系。

7.3　质量体系应文件化。应编制覆盖本标准和附录D要求的质量手册。

7.4　检查机构管理层应指定一人，无论在其他方面的职责如何，其在检查机构中应有明确对质量保证负责的责权。并能直接与最高管理层沟通。

7.5　上述指定人员应负责维持质量体系，保证现行有效。

7.6　检查机构应保持一个控制与其活动相关的文件体系。确保：

a. 所有相关场所及人员均可得到所需文件的有效版本；

b. 文件的所有变更或修订都有正确的授权，并且确保在相应的场所可以及时获得；

c. 作废文件除一份按规定期限存档外，应从组织内全部撤出；

d. 必要时，文件的变更应通知其他有关方。

7.7　检查机构应建立并实施有计划的和形成文件的内部质量审核体系，以验证其质量体系与本标准要求的符合性及其有效性。执行审核的人员应具有相应资格并独立于被审核部门。

7.8　检查机构应有处理反馈和采取纠正措施的程序文件，以处理在质量体系运行和（或）实施检查中发现的不合格项。

7.9　检查机构的管理层应定期评审质量体系，以确保其持续的适应性和有效性。评审结果应予以记录。

8　人　员

8.1　检查机构应有足够的相对稳定的人员，这些人员应具备检查工作所需的专业技能。

8.2　负责检查的人员应具备相应的资格、培训、经验并熟知所执行检查的要求，并有根据检查结果对总要求的符合性作出专业判断和出具相应报告的能力。

这些人员还应具备所检查产品制造技术的有关知识，所检查的产品或产品使用的工艺或拟使用的方式的知识，以及在使用或服务过程中可能出现的缺陷方面的知识。

他们还应了解偏离（偏差）对于所检查产品或过程正常使用的重要性。

8.3　检查机构应建立文件化的培训制度，以确保其人员在专业技术和管理方面的培训，并能按照质量方针不断更新。

培训应基于有关人员的能力、资格与经验。检查机构应为每个人规定必要的培训阶段。其中可包括：

a. 见习阶段；

b. 在资深检查员指导下工作的阶段；

c. 在整个聘用期间的继续培训，以便与技术发展保持同步。

8.4　检查机构应保存每个人员的学历或其他资格、培训和经历的记录。

8.5　检查机构应为其人员提供行为指导。

8.6　从事检查活动人员的报酬不应单纯依据实施检查的数量，更不能依据检查结果。

9　设施和设备

9.1　检查机构应获得足够的、适用的设施和设备，以适应与其检查服务相关的一切活动。

9.2　检查机构对获得和使用特定设施和设备应有明确规定。

9.3　检查机构应确保 9.1 中提到的设施和设备的持续适用性，以满足拟使用的要求。

9.4　上述所有设备均应正确标识。

9.5　检查机构应按照程序文件和作业指导书，确保所有设备得到合理的维护。

9.6　适当时，检查机构应保证设备在投入使用前后按照规定的计划进行校准。

9.7　应制定并执行设备的校准计划，以确保检查机构进行的测量可溯源到国家和（或）国际测量标准；当无法溯源时，检查机构应提供检查结果相关性和准确性的充分证据。

9.8 检查机构持有的测量参考标准应只用于校准，而不能用于其他目的。测量参考标准应由能够溯源到国家或国际测量标准的、有资格的机构进行校准。

9.9 可能时，设备在定期的校准周期之间，应进行运行检查。

9.10 可能时，参考物质应溯源到国家或国际标准参考物质。

9.11 在与检查服务的质量有关时，检查机构应有如下程序：

a. 选择合格供方；

b. 签发适当采购文件；

c. 进货检验；

d. 确保适宜的贮存设施。

9.12 必要时，对贮存物品的状态进行定期检查，以检出变质物品。

9.13 如果检查机构在检查时使用计算机或自动化设备，应确保：

a. 计算机软件得到测试，以证实其适用性；

b. 建立并实施保护数据完整的程序；

c. 计算机和自动化设备得到维护，确保其功能正常；

d. 建立并实施维护数据安全的程序。

9.14 检查机构应制定处理有缺陷设备的程序。有缺陷的设备应予以隔离、做明显标识或标记，以免误用。并检查该缺陷是否影响以前的检查结果。

9.15 应记录与设备相关的信息。通常包括标识、校准和维护的信息。

10 检查方法和程序

10.1 检查机构应使用要求中规定的检查方法和程序对符合性作出判断。

10.2 当缺少文件化的指导书会影响检查过程的有效性时，检查机构应制定和使用针对检查计划、标准抽样和检查技术方面形成文件的指导书。必要时，要求充分运用统计技术知识，以确保统计学上合理的抽样程序和对结果的正确处理和解释。

10.3 当检查机构必须使用非标准的检查方法或程序时，这些方法和程序应合理并形成完整的文件。

10.4 检查机构与工作有关的所有指导书、标准或书面程序、工作表格、检查表和参考数据，应保持现行有效并便于员工获得。

10.5 检查机构应有合同或工作指令控制体系，以确保：

a. 在其能力范围内从事工作，并有充分的资源来满足合同要求；

b. 顾客对检查机构服务提出的要求应充分明确，检查机构应能正确理解特殊要求，以确保向负责实施的人员下达明确的指令；

c. 通过定期评审和采取纠正措施，使工作处于受控状态；

d. 对已完成的工作进行评审，以确认满足要求。

10.6 应及时记录检查过程中的观察和（或）数据，以防丢失有关信息。

10.7 所有计算和数据的传送应予以适当的核查。

10.8 检查机构应有安全实施检查的指导书。

11 检查样品或物品的处置

11.1 检查机构应确保被检查样品或物品标识的唯一性，以避免在任何时候混淆。

11.2 在检查开始前，检查员应记录发现的或被告知的任何明显的异常情况。当对拟检查的物品适宜性有疑问，或该物品与所提供的说明不符时，检查机构在进行下一步工作前应向客户问询。

11.3 检查机构应确定物品是否已做好所有必要的准备，或者客户是否要求检查机构做相应的准备或安排。

11.4 检查机构应有形成文件的程序和适当的设施，以避免检查物品在其负责期间的变质或损坏。

12 记 录

12.1 检查机构应保持一个适应其特殊环境和满足规定要求的记录体系。

12.2 记录应包括足够的信息，以对检查活动进行正确评价。

12.3 除非法律另有要求，所有记录应安全地存放一定时间，并为顾客保密。

13 检查报告和检查证书

13.1 检查机构完成的工作应体现在检查报告和（或）检查证书中。

13.2 检查报告和（或）检查证书应包括所有检查结果、根据这些结果做出的符合性判断以及理解和解释这些结果所需要的所有信息。所有这些信息应正确、准确、清晰地表述。当检查报告或检查证书中包含有分包方所提供的结果时，应明确标明。

13.3 检查报告和检查证书只能由授权人员签发或批准。

13.4 检查报告或检查证书签发后，若有更正或增补应予以记录，并按本章的有关要求进行确认。

14 分 包

14.1 通常情况下，检查机构应独立完成合同中要求的检查工作。

14.2 当检查机构分包检查工作的任何一部分时，应确保并能够证明其分包方有能力承担相应的服务。需要时应符合相关标准中的规定要求。检查机构应向顾客说明将某一部分检查工作分包的意图。分包方应被顾客接受。

14.3 检查机构应记录和保留分包方能力与符合性调查的详细情况。检查机构应保存所有分包工作的记录。

14.4 检查机构分包某些特殊业务时，应配备具有资格和经验的人员对分包活动结果进行独立评审。检查机构对检查结果是否满足客户的要求负责。

15 抱怨和申诉

15.1 检查机构应建立处理客户或其他方对检查机构活动抱怨的程序，并形成文件。

15.2 检查机构应制定研究和解决由法定代理机构提出的申诉程序并形成文件。

15.3 应记录所有抱怨、申诉以及检查机构对此采取的措施。

16 合 作

检查机构间应进行经验交流，适当时参与标准化活动。

附录 A（标准的附录）

A 类检查机构的独立性准则

4.2.1 中所指的检查机构应满足以下准则：

A.1 检查机构应独立于所涉及的各方。

检查机构和负责实施检查的人员，不应是其检查项目的设计人员、制造商、供应商、安装者、所有人、用户或维修者，也不应是上述任何一方的授权代表。

A.2 检查机构及其人员不应从事任何可能违背检查判断的独立性和完整性的活动。尤其不得直接参与检查项目或类似的竞争性项目的设计、生产、供应、安装、使用或维护。

A.3 所有相关方都应能获得检查机构服务，不应有不正当的财务或其他条件。检查机构运作的程序应以非歧视的方式进行。

附录 B（标准的附录）

B 类检查机构的独立性准则

在 4.2.2 中所指的检查机构应满足以下准则：

B.1 检查人员与其他部门和人员的职责应通过组织标识和（或）检查机构在母体组织内的隶属关系明确分开。

B.2 检查机构及其人员不应从事任何可能违背检查判断的独立性和完整性的活动。尤其不得直接参与检查项目或类似的竞争性项目的设计、生产、供应、安装、使用或维护。

B.3 检查服务仅提供给检查机构的母体组织。

附录 C（标准的附录）

C 类检查机构的独立性准则

在 4.2.3 中所指的检查机构应满足以下准则：

C.1 检查机构应在组织机构内采取防范措施，通过机构和（或）形成文件的程序，确保各项检查服务的职责完全分离。

附录 D（提示性的附录）

质量手册中应包括或涉及的信息

一般信息（名称、地址、电话号码等，以及法律地位）

管理层就质量方针、目标、承诺的陈述。

依据 7.4 条中规定的管理层中指定人员的声明。

检查机构活动与能力范围的描述。

检查机构与其母体机构或（适用时）有关机构关系的信息。

组织机构图。

相关工作描述。

人员资格与培训的方针声明。

文件控制的程序。

内部审核的程序。

反馈与纠正措施的程序。

质量体系管理评审的程序。

其他程序和指令或本标准中要求的程序或指令的引用文件。

质量手册的职能分配表。

关于“中国电话参考当量检测中心”更名为“中国泰尔实验室”的批复

质技监局认函〔2000〕15号

信息产业部电信传输研究所：

原国家标准总局和原邮电部1981年《关于建立“中国电话参考当量检测中心”的联合通知》（〔1981〕邮科字957号），批准你所建立“中国电话参考当量检测中心”。十八年来，“中心”在通信产品质量检测方面做了大量工作，取得了较好成绩。

随着我国社会主义市场经济的发展，“中国电话参考当量检测中心”已建设成为具有一定规模的综合性检测中心，原名称已不能准确反映“中心”的实际情况，也不适应形势发展和与国际接轨的需要。经研究，同意你所《关于“中国电话参考当量检测中心”更名的报告》（〔1999〕所科字第198号），将“中国电话参考当量检测中心”更名为“中国泰尔实验室”。请按有关规定办理更名手续。

特此批复。

国家质量技术监督局
中华人民共和国信息产业部
二〇〇〇年一月十二日

关于公布一九九九年国家计量认证合格质检机构名单的通报

质技监局认发〔2000〕56号

各省、自治区、直辖市质量技术监督（技术监督）局，国务院有关部门：

为保证经国家计量认证合格的各质检机构严格按照国家有关法律法规的规定，在批准的检验范围内具有为社会提供公证数据的资格。现将一九九九年经我局批准计量认证合格质检机构的名单予以公布（见附件）。批准认证的检验范围项目、所依据的标准以公报形式另行发布。

国家质量技术监督局

二〇〇〇年三月二十七日

关于对省级产品质检机构计量认证评审工作进行改革的通知

质技监局认发〔2000〕89号

各省、自治区、直辖市质量技术监督局：

为提高质检机构的管理水平，避免对质检机构的重复评审，减轻质检机构的负担，我局于1997年5月颁布了《关于调整产品质检机构认可方式的通知》（技监局评发［1997］81号），但其中未涉及省级（含计划单列市、副省级市）质检所（以下简称“省级产品质检机构”）的计量认证工作。在这40多家省级产品质检机构中设置有26个国家质检中心，为有利于这些质检机构参与国际竞争，提高竞争能力，经研究，决定对省级产品质检机构的计量认证工作做如下调整：

一、自本通知发布之日起，对省级产品质检机构的计量认证评审工作结合国家对省级产品质检机构进行验收评审工作一起进行，省级质量技术监督局不再另行组织评审专家组对质检机构进行计量认证评审。

二、具体评审工作由国家质量技术监督局委托中国实验室国家认可委员会（CNACL）组织实施，对省级产品质检机构的计量认证评审、验收评审要求与质检机构的实验室国家认可评审结合进行（以下简称“三合一评审”）。

三、“三合一评审”主要依据中国实验室国家认可委员会制定的认可程序和认可准则以及评审细则进行；有关计量认证的要求执行JJG1021—90《产品质量检验机构计量认证技术考核规范》。

四、CNACL在组织评审专家组对省级产品质检机构进行“三合一评审”时，应吸纳2至3名由省级质量技术监督局推荐的具有计量认证评审员资格的人员参加。评审时，省级质量技术监督局可派1名主管计量认证工作的负责同志参与协调和监督指导工作。

五、省级产品质检机构进行计量认证和审查验收的检验项目，需征求省级质量技术监督局的意见。

六、省级产品质检机构通过“三合一评审”后，计量认证证书仍由省级质量技术监督局颁发，审查验收证书由国家质量技术监督局颁发，实验室认可证书由CNACL颁发。

七、省级产品质检机构进行计量认证增项，仍由省级质量技术监督局负责，通过的项目报国家质量技术监督局和CNACL备案。

八、目前各省级产品质检机构已获得的由省级质量技术监督局颁发的计量认证证书仍然有效，待其验收证书或计量认证证书有效期到期时（二者到期日期不一致的，以先到期的证书日期为准），按规定一并进行评审、换证。

特此通知。

国家质量技术监督局文件

二〇〇〇年六月十六日

关于对国家茶叶质量监督检验中心违反规定处理情况的通报

质技监局认发〔2000〕115号

各省、自治区、直辖市质量技术监督局，中华全国供销合作总社：

1999年第4季度，国家质量技术监督局组织国家茶叶质检中心对茶叶产品质量进行了国家监督抽查。该中心在河南省郑州市金博大购物中心抽取的、包装上标称为湖南省兰岭茶厂生产的兰岭牌100 g/袋茉莉花茶，经检验因滴滴涕含量超标和感官品质不符合标准要求而被判不合格。经国家茶叶质检中心向我局两次确认企业名单和抽查结论后，抽查结果已经在《经济日报》等新闻媒体上公布。今年3月下旬，湖南省兰岭茶厂到国家茶叶质检中心要求对样品的真伪进行鉴定。经鉴定，国家茶叶质检中心7月24日最终认定所抽查的样品系假冒湖南省兰岭茶厂的产品。

国家茶叶质检中心未按国家质量技术监督局的有关规定，向样品包装上标称的生产企业反馈抽查结果，仅凭经销企业的反馈意见就轻率确定生产企业已认定了抽查结论，导致错将假冒产品作为湖南省兰岭茶厂的产品予以公布，不仅给被假冒企业的生产、销售造成直接影响，也损害了国家产品质量监督抽查工作的声誉。

为严肃工作纪律，确保工作质量，现决定对国家茶叶质检中心做出如下处理并予以通报：暂停国家茶叶质检中心工作一年（时间自发文之日起计），责令其进行整改。暂停工作期间，不得再以国家茶叶质检中心的名义对外开展工作，国家茶叶质检中心的印章由浙江省质量技术监督局代为收回并上交国家质量技术监督局保存。到期后，由国家质量技术监督局对其整改情况进行复查，再决定是否恢复工作。

对于在河南省郑州市金博大购物中心抽到的假冒产品，责成河南省质量技术监督局彻底追查，并对造假者进行严肃处理。对于湖南省兰岭茶厂因此而在生产、销售过程中遇到的困难，各有关地方质量技术监督部门要积极采取措施，热情帮助企业解决。尤其是山东省质量技术监督局应派专人到其主销地聊城地区，帮助企业澄清事实，说明真相，并会同有关部门，对违反国家监督抽查有关规定，利用国家监督抽查结果进行不正当竞争的行为，予以制止和纠正。

各国家质检中心要认真学习、贯彻新修改的《产品质量法》，举一反三，进一步增强工作责任感，严格执行国家监督抽查工作的有关规定，保证工作质量。国家质量技术监督局也将进一步严格工作要求，严肃工作纪律，对于质检机构工作中出现的问题和错误，决不姑息迁就，发现一起，处理一起，教育和督促各质检机构，不断提高工作质量，为质量监督工作的开展提供科学、公平、公正、准确可靠的技术保障。

国家质量技术监督局

二〇〇〇年七月二十七日

关于发送《对省级质量技术监督局计量认证和质检机构审查认可/验收评审工作的指导意见》的函

质技监局认函〔2000〕209号

各省、自治区、直辖市质量技术监督局：

为进一步完善和规范省级质量技术监督局计量认证和产品质量监督检验机构审查认可工作，理顺工作关系，减少对检验机构的重复管理和评审，我局在广泛调研和听取地方局意见的基础上，提出《对省级质量技术监督局计量认证和质检机构审查认可/验收评审工作的指导意见》，现发送给你们，请参照执行。

附件：对省级质量技术监督局计量认证和质检机构审查认可/验收评审工作的指导意见

国家质量技术监督局

二〇〇〇年七月三日

附件：

对省级质量技术监督局计量认证和质检机构审查认可/验收评审工作的指导意见

1. 省级质量技术监督局对省级以下质检机构的计量认证工作和审查认可/验收工作两项评审工作合并进行，一次评审，合格后颁发两个证书。为方便工作，建议省级质量技术监督局在机构改革中将计量认证和产品质量监督检验机构审查认可工作管理职能集中由同一个部门承担。

2. 国家局已组织力量制订质检机构的新的评审准则，以取代《产品质量检验机构计量认证技术考核规范》(JJG1021—90) 和《产品质量监督检验所（站）审查认可准则》。在新的评审准则未出台前，对质检机构的评审暂按原规定执行。

3. 目前各省级以下质检机构已获得的由省级质量技术监督局颁发的计量认证证书和审查认可/验收合格证书仍然有效，待计量认证证书或审查认可/验收证书有效期到期（二者到期的日期不一致的以先到期的证书日期为准）时，按规定一并进行评审，换证。

4. 请省级质量技术监督局在机构改革和职能划分时能根据上述精神，积极推进此项改革工作。对已完成机构改革的地方局，如未将质检机构的计量认证和审查认可/验收两项职能合在同一个部门的，在实施上述两项工作中应尽量协调，按照不重复评审的原则进行。

关于批准青岛市纺织纤维检验所等10个单位获准实验室认可的通知

质技监局认函〔2000〕33号

有关认可实验室：

根据中国实验室国家认可委员会“关于报请批准认可青岛市纺织纤维检验所等10个实验室的函”（国认委实字〔2000〕002号），经中国实验室国家认可委员会技术专家评定工作组评定，确认各申请认可的实验室均符合CNACL201—99《实验室认可准则》的要求，我局现批准中国实验室国家认可委员会对青岛市纺织纤维检验所（青岛市纺织产品质量监督检验站）、兰州石油机械研究所石油钻采炼化设备实验室、北京市自来水集团有限责任公司水质监测中心、江苏省纺织产品质量监督检验测试中心、深圳市计量质量检测研究院、重庆汽车检测中心、中国电子技术标准化研究所电子工业安全与电磁兼容检测中心、上海市自来水公司水质监测中心、上海烟草专卖局上海烟草质量监督监测站、威海市产品质量监督检验所共10个实验室技术能力资格的认可，其各自的技术能力范围见附件。

希望上述10个实验室继续抓好自身的业务建设，加强科学管理，严格执行中国实验室国家认可委员会的有关规章制度，进一步完善检测/校准手段、不断提高人员素质，确保实验室检测/校准结果的准确性。

自本通知发布之日起，实验室获准认可生效，并授予实验室认可证书，允许按《中国实验室国家认可标志管理办法》CNACL102—99的规定使用认可标志，认可证书有效期限为5年。

特此通知。

国家质量技术监督局

二〇〇〇年一月二十五日

关于批准北京市产品质量监督检验所等11个单位获准实验室认可的通知

质技监局认函〔2000〕52号

有关认可实验室：

根据中国实验室国家认可委员会“关于报请批准认可北京市产品质量监督检验所等11个实验室的函”(国认委实字〔2000〕007号)，经中国实验室国家认可委员会技术专家评定工作组评定，确认各申请认可的实验室均符合CNACL201-99《实验室认可准则》的要求，我局现批准中国实验室国家认可委员会对北京市产品质量监督检验所、空军第一研究所飞机疲劳强度试验室、广东科龙空调器有限公司质保部中心实验室、上海天合汽车安全系统有限公司汽车安全系统检测实验室、神华集团有限责任公司煤质化验中心、深圳市卫生防疫站、北京市橡胶制品设计研究院橡胶制品检验中心、中国环境科学研究院环境分析测试中心、上海汽车工业（集团）总公司上海汽车工业质量检测研究所、广东省广州市纺织纤维检验所、全国烟草质量监督检验中心共11个实验室技术能力资格的认可，其各自的技术能力范围见附件。

希望上述11个实验室继续抓好自身的业务建设，加强科学管理，严格执行中国实验室国家认可委员会的有关规章制度，进一步完善检测/校准手段、不断提高人员素质，确保实验室检测/校准行为的公正性、检测/校准方法的科学性和检测/校准结果的准确性。

自本通知发布之日起，实验室获准认可生效，并授予实验室认可证书，允许按《中国实验室国家认可标志管理办法》CNACL102—99的规定使用认可标志，认可证书有效期限为5年。

特此通知。

国家质量技术监督局

二○○○年三月三日

关于批准江苏省产品质量监督检验中心所等12个单位获准实验室认可的通知

质技监局认函〔2000〕85号

有关认可实验室：

根据中国实验室国家认可委员会“关于报请批准认可江苏省产品质量监督检验中心所等12个实验室的函”（国认委实字〔2000〕026号），经中国实验室国家认可委员会技术专家评定工作组评定，确认各申请认可的实验室均符合CNACL201-99《实验室认可准则》的要求，我局现批准中国实验室国家认可委员会对江苏省产品质量监督检验中心所、上海汽车工业（集团）总公司上海汽车工业质量检测研究所摩托车检验实验室、浙江省萧山市排水管理处排水监测站、天津市自来水集团有限公司水质检测中心、武汉汽车质量监督检验鉴定试验所、长征电器研究所低压电器检测站、中国建筑科学研究院化学建材检测中心、天津市计量技术研究所、沈阳变压器研究所变压器实验室、上海易初通用机器有限公司汽车空调试验中心、雀巢（中国）有限公司天津地区实验室、上海天祥质量技术服务有限公司共12个实验室技术能力资格的认可（另补质技监局认函〔2000〕18号文批准北京市汽车研究所实验中心校准项目），其各自的技术能力范围见附件。

希望上述12个实验室继续抓好自身的业务建设，加强科学管理、严格执行中国实验室国家认可委员会的有关规章制度，进一步完善检测/校准手段、不断提高人员素质，确保实验室检测/校准行为的公正性、检测/校准方法的科学性和检测/校准结果的准确性。

自本通知发布之日起，实验室获准认可生效，并授予实验室认可证书，允许按《中国实验室国家认可标志管理办法》CNACL102-99的规定使用认可标志，认可证书有效期限为5年。

特此通知。

国家质量技术监督局

二〇〇〇年三月二十九日

关于批准中国航天科技集团公司八院第八〇八研究所等9个单位获准实验室认可的通知

质技监局认函〔2000〕180号

有关认可实验室：

根据中国实验室国家认可委员会“关于报请批准认可中国航天科技集团公司八院第八〇八研究所等9个实验室的函”（国认委实字〔2000〕035号），经中国实验室国家认可委员会技术专家评定工作组评定，确认各申请认可的实验室均符合CNACL201-99《实验室认可准则》的要求，我局现批准中国航天科技集团公司八院第八〇八研究所、山东省建筑科学研究院建筑工程质量监督检验测试中心、中国航天科技集团公司第五研究院第五一四研究所、广西汽车拖拉机研究所、浙江省纤维检验所、中国建筑技术研究院住宅实验室、北京有色冶金设计研究总院检验实验室、机床电器产品苏州质量监督检测中心、澳门自来水有限公司化验研究中心分析部共9个实验室技术能力资格的认可，其各自的技术能力范围见附件。

希望上述9个实验室继续抓好自身的业务建设，加强科学管理，严格执行中国实验室国家认可委员会的有关规章制度，进一步完善检测/校准手段、不断提高人员素质，确保实验室检测/校准行为的公正性、检测/校准方法的科学性和检测/校准结果的准确性。

自本通知发布之日起，实验室获准认可生效，并授予实验室认可证书，允许按《中国实验室国家认可标志管理办法》CNACL102-99的规定作用认可标志，认可证书有效期限为5年。

特此通知。

国家质量技术监督局

二〇〇〇年六月十六日

关于批准中国测试技术研究院计量测试研究所等5个单位获准实验室认可的通知

质技监局认函〔2000〕185号

有关认可实验室：

根据中国实验室国家认可委员会“关于报请批准认可中国测试技术研究院计量测试所等5个实验室的函”(国认委实字〔2000〕036号)，经中国实验室国家认可委员会技术专家评定工作组评定，确认各申请认可的实验室均符合CNACL201—99《实验室认可准则》的要求，我局现批准中国测试技术研究院计量测试研究所、内蒙古乾坤金银精炼股份有限公司贵金属冶炼厂化验室、中国石油化工集团公司石油化工科学研究院石油产品检验实验室、青岛衡器测试中心、上海市轻工技术监督所缝纫机实验室共5个实验室技术能力资格的认可，其各自的技术能力范围见附件。

希望上述5个实验室继续抓好自身业务建设，加强科学管理，严格执行中国实验室国家认可委员会的有关规章制度，进一步完善检测/校准手段、不断提高人员素质，确保实验室检测/校准行为的公正性、检测/校准方法的科学性和检测/校准结果的准确性。

自本通知发布之日起，实验室获准认可生效，并授予实验室认可证书，允许按《中国实验室国家认可标志管理办法》CNACL102-99的规定使用认可标志，认可证书有效期限为5年。

特此通知。

国家质量技术监督局

二○○○年六月十九日

关于批准四川省产品质量监督检验所等9个单位获准实验室认可的通知

质技监局认函〔2000〕200号

有关认可实验室：

根据中国实验室国家认可委员会“关于报请批准认可四川省产品质量监督检验所等9个实验室的函”（国认委实字〔2000〕027号），经中国实验室国家认可委员会技术专家评定工作组评定，确认各申请认可的实验室均符合CNACL201-99《实验室认可准则》的要求，我局现批准四川省产品质量监督检验所、中国肉类食品综合研究中心检验实验室、萧山市卫生防疫站卫生实验中心、洛阳西诺燃料油质量检验中心、交通部重庆公路科学研究所客车实验室、公安部交通管理科学研究所交通安全产品质量监督检测中心、国家广播电影电视总局广播科学研究院广播电视计量检测中心、北京市首饰质量监督检验站、河北伊格制油有限公司理化检测中心共9个实验室技术能力资格的认可，其各自的技术能力范围见附件。

希望上述9个实验继续抓好自身的业务建设，加强科学管理、严格执行中国实验室国家认可委员会的有关规章制度，进一步完善检测/校准手段、不断提高人员素质，确保实验室检测/校准行为的公正性、检测/校准方法的科学性和检测/校准结果的准确性。

自本通知发布之日起，实验室获准认可生效，并授予实验室认可证书，允许按《中国实验室国家认可标志管理办法》CNACL102-99的规定使用认可标志，认可证书有效期限为5年。

特此通知。

国家质量技术监督局

二〇〇〇年四月二十四日

关于批准重庆市农业机械鉴定站等2个单位获准实验室认可的通知

质技监局认函〔2000〕207号

有关认可实验室：

根据中国实验室国家认可委员会“关于报请批准认可重庆市农业机械鉴定站等2个实验室的函”(国认委实字〔2000〕046号)，经中国实验室国家认可委员会技术专家评定工作组评定，确认各申请认可的实验室均符合CNACL201—99《实验室认可准则》的要求，我局现批准重庆市农业机械鉴定站、北京飞机维修工程有限公司校准实验室共2个实验室技术能力资格的认可，其各自的技术能力范围见附件。

希望上述2个实验室继续抓好自身的业务建设，加强科学管理，严格执行中国实验室国家认可委员会的有关规章制度，进一步完善检测/校准手段、不断提高人员素质，确保实验室检测/校准行为的公正性、检测/校准方法的科学性和检测/校准结果的准确性。

自本通知发布之日起，实验室获准认可生效，并授予实验室认可证书，允许按《中国实验室国家认可标志管理办法》CNACL201—99的规定使用认可标志，认可证书有效期限为5年。

特此通知。

国家质量技术监督局

二〇〇〇年六月三十日

关于批准中国建筑科学研究院空调设备检测中心等5个单位获准实验室认可的通知

质技监局认函〔2000〕235号

有关认可实验室：

根据中国实验室国家认可委员会“关于报请批准认可中国建筑科学研究院空调设备检测中心等5个实验室的函”(国认委实字〔2000〕047号)，经中国实验室国家认可委员会技术专家评定工作组评定，确认各申请认可的实验室均符合CNACL201—99《实验室认可准则》的要求，我局现批准中国建筑科学研究院空调设备检测中心、国家电力公司武汉高压研究所低压电器检测站、国家粮食储备局武汉科学研究设计院中心实验室、浙江省技术监督检测研究院、中国北方车辆研究所汽车产品检测所共5个实验室技术能力资格的认可，其各自的技术能力范围见附件。

希望上述5个实验室继续抓好自身业务建设，加强科学管理，严格执行中国实验室国家认可委员会的有关规章制度，进一步完善检测/校准手段、不断提高人员素质，确保实验室检测/校准行为的公正性、检测/校准方法的科学性和检测/校准结果的准确性。

自本通知发布之日起，实验室获准认可生效，并授予实验室认可证书，允许按CNACL102－99《中国实验室国家认可标志管理办法》的规定使用认可标志，认可证书有效期限为5年。

特此通知。

国家质量技术监督局

二〇〇〇年七月三十一日

关于批准北京起重运输机械研究所质检中心等6个单位获准实验室认可的通知

质技监局认函〔2000〕272号

有关认可实验室：

根据中国实验室国家认可委员会“关于报请批准认可北京起重运输机械研究所质检中心等6个实验室的函”（国认委实字〔2000〕050号），经中国实验室国家认可委员会技术专家评定工作组评定，确认各申请认可的实验室均符合CNACL201—99《实验室认可准则》的要求，我局现批准北京起重运输机械研究所质检中心、天津市电子仪表实验所、厦门华侨电子企业有限公司电子产品检测中心、深圳市环境保护监测站、上海香料研究所香料香精化妆品检验实验室、珠海格力电器股份有限公司实验室共6个实验室技术能力资格的认可，其各自的技术能力范围见附件。

希望上述6个实验室继续抓好自身的业务建设，加强科学管理，严格执行中国实验室国家认可委员会的有关规章制度，进一步完善检测/校准手段、不断提高人员素质，确保实验室检测/校准行为的公正性、检测/校准方法的科学性和检测/校准结果的准确性。

自本通知发布之日起，实验室获准认可生效，并授予实验室认可证书，允许按《中国实验室国家认可标志管理办法》CNACL102—99的规定使用认可标志，认可证书有效期限为5年。

特此通知。

国家质量技术监督局

二〇〇〇年八月三十一日

关于批准北京市北大兴华宝石鉴定中心等13个单位获准实验室认可的通知

质技监局认函〔2000〕303号

有关认可实验室：

根据中国实验室国家认可委员会“关于报请批准认可北京市北大兴华宝石鉴定中心等13个实验室的函”（国认委实字〔2000〕057号），经中国实验室国家认可委员会技术专家评定工作组评定，确认各申请认可的实验室均符合CNACL201—99《实验室认可准则》的要求，我局现批准北京市北大兴华宝石鉴定中心、中国儿童中心儿童食品检测室、国家武汉医用超声波仪器质量监督检测中心、烟台市能源监测中心、陕西省能源质量监督检验所、深圳市神视检验有限公司、深圳市特种设备质量安全监测所、冶金工业部建筑研究总院工程结构试验室、青岛市产品质量监督检验所、天津市汽车研究所检测中心、济南汽车检测中心、广西壮族自治区产品质量监督检验所、广西壮族自治区纤维检验所共13个实验室技术能力资格的认可，其各自的技术能力范围见附件。

希望上述13个实验室继续抓好自身的业务建设，加强科学管理，严格执行中国实验室国家认可委员会的有关规章制度，进一步完善检测/校准手段、不断提高人员素质，确保实验室检测/校准行为的公正性、检测/校准方法的科学性和检测/校准结果的准确性。

自本通知发布之日起，实验室获准认可生效，并授予实验室认可证书，允许按《中国实验室国家认可标志管理办法》CNACL102—99的规定使用认可标志，认可证书有效期限为5年。

特此通知。

国家质量技术监督局

二〇〇〇年九月二十六日

关于批准中国石油化工集团公司石油化工科学研究院上海石油商品应用研究所石油产品分析评定中心等10个单位获准实验室认可的通知

质技监局认函〔2000〕346号

有关认可实验室：

根据中国实验室国家认可委员会“关于报请批准认可中国石油化工集团公司石油化工科学研究院上海石油商品应用研究所石油产品分析评定中心等10个实验室的函”（国认委实字〔2000〕061号），经中国实验室国家认可委员会技术专家评定工作组评定，确认各申请认可的实验室均符合CNACL201—99《实验室认可准则》的要求，我局现批准中国石油化工集团公司石油化工科学研究院上海石油商品应用研究所石油产品分析评定中心、大连市环境监测中心、国家电力公司武汉高压研究所高电压计量站、济南钢铁集团总公司质检中心、机械工业仪器仪表元器件质量检验所、首钢总公司技术中心中心试验室、株洲变流技术国家工程研究中心实验中心、洛阳耐火材料研究院质检中心、深圳市宝安区福永正润厂正润测试实验室、中国石化集团第三建设公司检测中心共10个实验室技术能力资格的认可，其各自的技术能力范围见附件。

希望上述10个实验室继续抓好自身的业务建设，加强科学管理，严格执行中国实验室国家认可委员会的有关规章制度，进一步完善检测/校准手段、不断提高人员素质，确保实验室检测/校准行为的公正性，检测/校准方法的科学性和检测/校准结果的准确性。

自本通知发布之日起，实验室获准认可生效，并授予实验室认可证书，允许按《中国实验室国家认可标志管理办法》CNACL201—99的规定使用认可标志，认可证书有效期限为5年。

特此通知。

国家质量技术监督局

二〇〇〇年十一月三日

关于批准佛山产品质量监督检验所等5个单位获准实验室认可的通知

质技监局认函〔2000〕359号

有关认可实验室：

根据中国实验室国家认可委员会“关于报请批准认可佛山产品质量监督检验所等5个实验室的请示”(国认委实字〔2000〕062号)，经中国实验室国家认可委员会技术专家评定工作组评定，确认各申请认可的实验室均符合CNACL201—99《实验室认可准则》的要求，我局现批准佛山产品质量监督检验所、宝山钢铁股份有限公司分析测试研究中心、番禺市广瑞建材有限公司检测实验室、轻工业塑料加工应用研究所检测室、深圳市龙岗区坑梓镇柏迪塑胶五金玩具厂柏迪WISDOM实验室共5个实验室技术能力资格的认可，其各自的技术能力范围见附件。

希望上述5个实验室继续抓好自身的业务建设，加强科学管理，严格执行中国实验室国家认可委员会的有关规章制度，进一步完善检测/校准手段、不断提高人员素质，确保实验室检测/校准行为的公正性、检测/校准方法的科学性和检测/校准结果的准确性。

自本通知发布之日起，实验室获准认可生效，并授予实验室认可证书，允许按《中国实验室国家认可标志管理办法》CNACL201—99的规定使用认可标志，认可证书有效期限为5年。

特此通知。

国家质量技术监督局

二○○○年十一月二十一日

关于批准国家体育总局运动医学研究所兴奋剂检测中心获准实验室认可的通知

质技监局认函〔2000〕371号

有关认可实验室：

根据中国实验室国家认可委员会“关于报请批准认可国家体育总局运动医学研究所兴奋剂检测中心的请示”（国认委实字〔2000〕074号），经中国实验室国家认可委员会技术专家评定工作组评定，确认各申请认可的实验室均符合CNACL201—99《实验室认可准则》的要求，我局现批准国家体育总局运动医学研究所兴奋剂检测中心技术能力资格的认可，其技术能力范围见附件。

希望上述实验室继续抓好自身的业务建设，加强科学管理，严格执行中国实验室国家认可委员会的有关规章制度，进一步完善检测/校准手段、不断提高人员素质，确保实验室检测/校准行为的公正性、检测/校准方法的科学性和检测/校准结果的准确性。

自本通知发布之日起，实验室获准认可生效，并授予实验室认可证书，允许按《中国实验室国家认可标志管理办法》CNACL102—99的规定使用认可标志，认可证书有效期限为5年。

特此通知。

国家质量技术监督局

二〇〇〇年十一月二十七日

关于批准青岛海信空调有限公司检测站等7个单位获准实验室认可的通知

质技监局认函〔2000〕398号

有关认可实验室：

根据中国实验室国家认可委员会“关于报请批准认可青岛海信空调有限公司检测站等7个实验室的请示”(国认委实字〔2000〕075号)，经中国实验室国家认可委员会技术专家评定工作组评定，确认各申请认可的实验室均符合CNACL201—99《实验室认可准则》的要求，我局现批准青岛海信空调有限公司检测站、上海医疗器械研究所医疗器械质量监督检验中心、机械工业高压电器产品质量检测中心（沈阳)、香港标准及检定中心、广州市计量测试所、卫生部临床检验中心、上海万得化工有限公司检测中心共7个实验室技术能力资格的认可，其各自的技术能力范围见附件。

希望上述7个实验室继续抓好自身的业务建设，加强科学管理，严格执行中国实验室国家认可委员会的有关规章制度，进一步完善检测/校准手段、不断提高人员素质，确保实验室检测/校准行为的公正性、检测/校准方法的科学性和检测/校准结果的准确性。

自本通知发布之日起，实验室获准认可生效，并授予实验室认可证书，允许按《中国实验室国家认可标志管理办法》CNACL102—99的规定使用认可标志，认可证书有效期限为5年。

特此通知。

国家质量技术监督局

二〇〇〇年十二月十二日

关于批准山东省农业机械科学研究所产品质量检测中心等9个单位获准实验室认可的通知

质技监局认函〔2000〕399号

有关认可实验室：

根据中国实验室国家认可委员会“关于报请批准认可山东省农业机械科学研究所产品质量检测中心等9个实验室的请示”(国认委实字.〔2000〕076号)，经中国实验室国家认可委员会技术专家评定工作组评定，确认各申请认可的实验室均符合CNACL201—99《实验室认可准则》的要求，我局现批准山东省农业机械科学研究所产品质量检测中心、电力工业部液压控制质量检验测试中心、大连市建筑科学研究设计院检测中心、丹东客车质量监督检验鉴定试验所、上海工业自动化仪表研究所仪器仪表及自控系统检验测试所、黑龙江省计量检定测试所、铁道部电气化工程局电信研究试验中心、国家黄金管理局黄金测试中心、清华大学汽车安全与节能国家重点实验室汽车碰撞试验室共9个实验室技术能力资格的认可，其各自的技术能力范围见附件。

希望上述7个实验室继续抓好自身的业务建设，加强科学管理，严格执行中国实验室国家认可委员会的有关规章制度，进一步完善检测/校准手段、不断提高人员素质，确保实验室检测/校准行为的公正性、检测/校准方法的科学性和检测/校准结果的准确性。

自本通知发布之日起，实验室获准认可生效，并授予实验室认可证书，允许按《中国实验室国家认可标志管理办法》CNACL102—99的规定使用认可标志，认可证书有效期限为5年。

特此通知。

国家质量技术监督局

二〇〇〇年十二月十二日

关于批准浙江省机电产品质量检测所杭州电动工具监督检测站等7个单位获准实验室认可的通知

质技监局认函〔2000〕403号

有关认可实验室：

根据中国实验室国家认可委员会“关于报请批准认可浙江省机电产品质量检测所杭州电动工具监督检测站等7个实验室的请示”（国认委实字〔2000〕084号），经中国实验室国家认可委员会技术专家评定工作组评定，确认各申请认可的实验室均符合CNACL201—99《实验室认可准则》的要求，我局现批准浙江省机电产品质量检测所杭州电动工具监督检测站、北京市劳动保护科学研究所劳动保护用品检验实验室、青岛市疾病控制中心、山东电力研究院中心实验室、广东茂名市华泰检测科技总公司、济南铸造锻压机械研究所产品检测中心、北京卡夫食品有限公司实验室共7个实验室技术能力资格的认可，其各自的技术能力范围见附件。

希望上述实验室继续抓好自身的业务建设，加强科学管理，严格执行中国实验室国家认可委员会的有关规章制度，进一步完善检测/校准手段、不断提高人员素质，确保实验室检测/校准行为的公正性、检测/校准方法的科学性和检测/校准结果的准确性。

自本通知发布之日起，实验室获准认可生效，并授予实验室认可证书，允许按《中国实验室国家认可标志管理办法》CNACL201－99的规定使用认可标志，认可证书有效期限为5年。

特此通知。

国家质量技术监督局

二〇〇〇年十二月十八日

关于批准公安部第一研究所安全与警用电子产品质量检测中心等8个单位获准实验室认可的通知

质技监局认函〔2000〕404号

有关认可实验室：

根据中国实验室国家认可委员会“关于报请批准认可公安部第一研究所安全与警用电子产品质量检测中心等8个实验室的请示”（国认委实字〔2000〕083号），经中国实验室国家认可委员会技术专家评定工作组评定，确认各申请认可的实验室均符合CNACL201—99《实验室认可准则》的要求，我局现批准公安部第一研究所安全与警用电子产品质量检测中心、钢铁研究总院钢铁产品质量检验中心、中国电力科学研究院电测量研究所、广州环宇标准及检测技术有限公司、湖北省电力公司湖北省电力试验研究所、中国纤维检验局检验中心、顺德美的冷气机制造有限公司测试中心、春兰（集团）公司春兰电器检测中心共8个实验室技术能力资格的认可，其各自的技术能力范围见附件。

希望上述实验室继续抓好自身的业务建设，加强科学管理，严格执行中国实验室国家认可委员会的有关规章制度，进一步完善检测/校准手段、不断提高人员素质，确保实验室检测/校准行为的公正性、检测/校准方法的科学性和检测/校准结果的准确性。

自本通知发布之日起，实验室获准认可生效，并授予实验室认可证书，允许按《中国实验室国家认可标志管理办法》CNACL201—99的规定使用认可标志，认可证书有效期限为5年。

特此通知。

国家质量技术监督局

二〇〇〇年十二月十八日

质量认证人员的注册管理

认证人员国家注册管理机构

持续改进　积极开拓
服务认证人员　促进事业发展

——CRBA 2000年度工作总结

CRBA 秘书长　刘卓慧

中国认证人员国家注册委员会2000年的各项工作已顺利结束。一年来，CRBA的工作得到了国家质量技术监督局各级领导的关心和正确领导，得到了各位委员及所代表的政府部门、行业管理机构、认证机构、培训机构及其他相关机构的大力支持，也得到了全国近万名认证人员的配合和支持，使CRBA的审核员注册工作、培训管理工作在2000年度有较大的发展，注册审核员数量和培训业务量均有大幅度的增加。CRBA秘书处的全体同志，认真贯彻"科学公正，确保人员注册水平；严谨高效，保持国际同行一流"的质量方针，认真执行2000年全体委员会的各项决议，不断强化服务意识，持续改进各项工作，恪尽职守，开拓进取，较好地完成了CRBA全体委员会所赋予的各项职责。下面，我代表中国认证人员国家注册委员会秘书处，向委员会全体会议报告2000年度的工作，请各位委员审议。

一、完善CRBA组织建设，加强员工思想教育

根据国家质量技术监督局的统一工作安排，中国合格评定国家认可中心于1999年底正式成立，于2000年5月正式挂牌工作。认可中心的职能之一就是开展认证人员国家注册和审核员培训课程批准，以及注册和课程批准后的监督工作，并承担CRBA秘书处的日常工作。认可中心的成立解决了CRBA长期以来在机构地位和人员组织关系等方面的不确定问题，为CRBA审核员注册和培训管理工作的正规化和工作人员的稳定性提供了党政管理、组织机构和人员管理、办公设施条件等方面的基础保证。认可中心按照国家有关事业单位的规定逐步建立了人事管理制度、工资考勤制度、医疗保险制度、财务管理制度以及办公设备后勤管理等工作制度。这些制度与CRBA业已建立的符合国际惯例的审核员注册制度、审核员培训课程批准制度和符合ISO9000标准的内部质量管理体系相互结合，使CRBA秘书处的工作处在有制度保证、有监督机制的状态下运行，进一步实现了规范化、实体化。目前，CRBA秘书处的工作人员开始感到工作生活有保障，减少了不必要的后顾之忧。CRBA集体的凝聚力在增强，工作人员思想稳定，更加投入地专心本职工作，研究改进本职工作的风气逐步形成。同时，良好的工作气氛和环境以及完善正规的管理制度，也为CRBA今后引进人才，扩大业务领域创造了条件。

认可中心的领导班子充分认识到认证人员对于我国整个认证事业的重要基础地位和巨大作用，对CRBA秘书处的工作高度重视。目前由认可中心的主任兼任CRBA秘书长，党支部的主要人员也由CRBA工作人员担任。在完善机构组织建设的同时，我们也在不断加强工作人员的思想教育工作。应该说，通过几年的工作，CRBA员工基本确立了为认证人员服务的正确意识。在2000年度的内审总结中，评审组曾特别提到，他们经常能听到"我们工作不抓紧，审核员就会对我们有意见"这样的话，深感CRBA的工作人员已开始自觉地从服务对象的角度来对待自己的工作。但是，事业的发展也对我们提出了新的

更高的要求。原国家质量技术监督局分管认证工作的王以铭副局长，在认可中心成立的仪式上曾讲到，“认可中心的员工并不是公务员，但是在廉政、纪律以及各方面的要求都不低于对公务员的要求”。这句话是十分重要的，也是十分有针对性的。CRBA 的工作对象是情况千差万别的认证人员以及社会上出于各种目的来参加培训和考试的人员。同时，CRBA 派出的监考人员、试卷的评阅人员、注册资料的技术评价人员和审定人员，在工作中均有较大的独立性和主观判断性。他们的工作结果直接决定了 CRBA 对某一个具体人的决定，直接涉及到认证人员的切身利益，尤其是经济利益。在这样的工作特点和目前市场经济的大环境下，CRBA 的工作已经成为一种在廉洁自律、公正负责方面的“高风险”职业。我们充分认识到加强员工思想品德教育对保证 CRBA 的声誉和工作质量的极端重要性。2000 年，CRBA 秘书处根据认可中心的统一安排，结合党员“三讲”教育、“三个代表”学习等活动，在员工中进一步加强廉洁自律教育，树立进步观念。各级党员干部在民主评议活动中，虚心听取群众的意见，自觉接受群众的监督，并在各自的工作中严格要求自己，作好表率。我们还不断在各种层次的会议中，反复地提醒督促大家，并制定了认可中心关于处理有关礼品、礼金的规定。一年中，CRBA 秘书处没有出现廉政方面、执行工作制度等方面的违规违纪行为。多位同志多次拒收各种礼品礼金，得到有关人员的赞扬和尊重，有一些同志在无法当场拒绝的情况下，回办公室后主动上缴了礼品礼金，多者有一次数千元。

制度的完善和思想教育的加强，为顺利完成 CRBA2000 年的工作打下了基础。

二、持续改进注册/培训管理制度，保持 CRBA 工作领先水平

2000 年国际、国内的质量认证事业均高速发展。认证人员的培训和注册工作，也是新事物不断。国际审核员培训与注册协会（IATCA）连续发布了新版的《质量管理体系审核员注册准则》、《环境管理体系审核员注册准则》、《质量管理体系审核员培训课程批准准则》、《2000 版 ISO9000 族标准审核员转换培训准则》等一系列重要文件。CRBA 作为签署了 IATCA 审核员注册和培训课程批准国际互认协议的机构，必须及时地无条件地执行 IATCA 的新准则。这是 CRBA 签署国际互认所承诺的义务，也是 CRBA 在国际审核员注册与培训领域保持领先水平的具体表现。

按照原 IATCA 和 CRBA 的审核员注册准则，审核员注册所需的所有现场审核经历都需要有验证审核员的验证，这对审核员的成长带来了一定的困难，也给认证机构的审核工作增加了较大的负担。另一方面，验证审核员可以边审核边验证。这种规定使得在实际的验证活动中，往往是审核员只注意拼凑验证的天数，不注意改进审核能力，验证审核员把验证活动视同于一般的共同工作形式，不注意观察见证被验证人员的行为。这种情况成为长期困扰 CRBA 注册工作的问题，妨碍了注册人员水平的提高。2000 年 2 月 IATCA 正式发布了《质量管理体系审核员注册准则（第二版）》，规定注册审核员的审核经历只需要有 2 次满意的验证即可，验证审核员必须进行专职验证，不能同时进行审核工作。这对我国认证人员和认证工作无疑是一个有益而合理可行的规定。CRBA 在收到新准则正式文本后立即开始了对新准则的翻译和转化工作，并对 CRBA 的注册准则进行修改。4 月 1 日，CRBA 新版注册准则即发布实施，并对相应的审定工作程序、作业指导书、记录表格进行了修改和完善，及时准确地保持了与 IATCA 准则的一致。随后，在 4、5、6 月及时举办验证审核员研讨会和准则宣贯会，保证了新准则的顺利实施。

2000 年 8 月，CRBA 依据 IATCA 质量管理体系审核员培训课程批准准则（第二版）修订发布了 CRBA 第 4 版质量管理体系审核员培训课程批准准则。为了使审核员培训机构有充分的时间进行内部调整，也为了与 2000 版 ISO9000 标准的培训工作相互配合，CRBA 新版课程批准准则在 IATCA 允许的实施期限内于 2001 年 1 月开始实施。新版课程批准准则在学习目标设定上更为具体，在学习要求上更加合理和便于操作。例如，新准则具体列出了 34 项详细的培训目标，强调考核培训审核员的实际审核能力；将原来预备知识考试合格的有效期从 3 年缩短为 1 年，并要求审核员培训在完成培训后半年内应及时参加考试等。强调了审核员培训的时效性；将原来每班学员人数限制下限放宽，更利于培训机构灵活组织

培训等。对于课程批准准则配套使用的课程批准程序、考试管理程序、课程评审检查表等一系列二、三层次文件也及时进行了修改。

国际标准化组织对ISO9000族标准的修订工作，是2000年认证行业的一个关注焦点。广大认证企业、认证认可机构、注册审核员都热切希望能及时、全面、准确地了解、学习新的ISO9000标准，并能从实施新的标准中获得更大的收益。国际标准化组织/合格评定委员会（ISO/CASCO）、国际认可论坛（IAF）和国际审核员培训与注册协会（IATCA）都在2000年初分别以公报、标准信函和转换培训准则等方式对新标准的过渡与实施作出了详细的安排。CRBA根据2000年全体委员会的决议，按照IATCA’99全会关于审核员转换培训的决议精神，及时开展了审核员的转换培训工作。我们在认真研究IATCA转换准则文件的基础上，结合我国国情制订发布了CRBA审核员2000版转换培训课程准则和相应的培训实施办法。同时根据我们的实践经验，有理有据地向IATCA提出我们对转换培训的建议。在2000年9月IATCA正式发布的转换培训准则中，完全接受了CRBA提出的建议，使CRBA现行的转换培训工作完全与IATCA准则相一致。CRBA又一次在审核员培训工作上走在了国际同行的前列。

为了保证CRBA注册审核员的转换培训质量，从2000年年初开始，我们就分别从培训教材的编写、培训教师的培训研讨、考试题库的建设、培训班的监督管理等几方面着手开展工作。由认证行业新老专家共同组成的转换教材编写组，从2月到5月短短3个月的时间，便完成了教材的编写任务。他们放弃了春节、五一等大量的休息时间，翻译、查阅大量参考资料，认真起草，反复推敲。编审组先后在北京、上海5次集中审议书稿，还组织了80名培训教师进行培训研讨。为转换培训工作作好了教材、教师的充分准备。2000年5月底CRBA开始组织注册审核员的转换培训，得到了各认证机构和认证人员的热烈响应。仅6月份一个月，CRBA就受理了转换培训班申请43期，参加培训近957人次。第一批印刷的5000册转换培训教材，在1星期内便销售一空，不得不连续加印。到2000年底，累计受理了转换培训班申请150期，参加转换培训的审核员近5000人。为我国认证企业、认证机构实施2000版转换工作作好了充分的人员准备。

三、勤奋努力，全面完成业务工作

2000年对于从事质量认证事业的人员来说是一个值得高兴的年份。随着我国宏观经济形式的整体好转，广大企业和消费者质量意识的增强，质量认证、咨询及认证人员培训工作出现了前所未有的高速发展的局面。国际标准化组织（ISO）进行的2000版ISO9000族标准的修订和发布，更给认证事业带来了一个难得的发展机遇和动力。CRBA的人员培训和注册工作也在这一年中有了大幅度的进展。

1. 审核员培训管理、考试情况

目前获得CRBA质量管理体系审核员培训课程批准的培训机构有5家。按照年度工作计划，我们分别于5月、11月和12月对5家培训机构进行了年度监督评审。通过监督评审，确认CRBA批准的培训机构均处在正常的工作状态，培训质量和教学管理工作均能保持在国际同行评审时和获得课程批准时的工作水平，并有所完善和提高。在评审和日常管理工作中，我们也注意及时发现和总结各机构存在问题。针对去年各培训机构普遍出现的放松对合作办班管理的情况，及时发出了《关于加强审核员培训课程管理的通知》，在CRBA准则的基础上，进一步细化要求。《通知》要求培训机构必须派专人进行合作培训班的教学管理，在合作方的招生宣传中不得以虚假广告误导学员，必须明确CRBA培训课程机构的地位等。这一举措受到培训机构的积极响应和欢迎，他们表示CRBA的严格管理维护了审核员培训工作的市场秩序，维护和提高了CRBA审核员培训工作的地位和声誉，同时也维护了培训机构的经济利益和声誉。

2000年经各培训机构的辛勤工作、其他相关机构和社会各界人士的积极宣传，CRBA审核员培训考试工作量大幅度增加。全年共受理审核员预备知识考试申请297期，参加考试人员8166人次，比去年增长22.9%。批准实施审核员培训班228期，参加培训和考试人员3991人次，比去年增长37.7%（去年的增长率为13%)。完成CRBA审核员2000版转换培训考试工作150期，约5000人次。

培训和考试的高速增长，随之而来的是艰巨的监考任务和试卷评阅任务。将上述考试任务相加可以知道,我们全年的监考任务达到690人次,阅卷数量高达17000份。这对于仅有10余名工作人员的CRBA秘书处来说已难以承受了。我们按照程序在认可中心内增加了部分阅卷人员，大部分同志都是占用休息时间加班加点评阅试卷，使得90%以上的试卷能够在1个月的规定期限内完成评阅工作。

按照2000年度的工作计划,我们对以往只集中进行大规模审核员专业审核能力面试的做法进行了改革。除了固定进行春季、秋季2次大的集中面试外，还组织了5次小规模的面试，以满足部分特殊专业审核员的面试需要，以及部分审核员在面试时间上的特殊需要。4月和9月，分别在北京和杭州进行了集中大规模面试，分别有320人次和615人次参加考试，6月、7月、10月和12月在CRBA秘书处办公室、11月在济南共举办了5次30人至70人的小规模面试，累计有445人次参加了考试。全年累计面试1380人次，平均合格率为88%。为了确保面试工作的顺利进行，2000年度共选聘了39人作为面试评价人员。这些人员分别来自认证机构、认证咨询机构、学院、科研院所和政府部门等。

2000年结合CRBA审核员2000版转换培训工作，新建立了2000版审核员转换培训考试题库。4月份初步形成试题库，5月初完成试题库的修改、审定工作。11月根据2000版标准FDIS稿的内容，对题库进行了修改，基本满足了2000版审核员转换培训工作的需要。

2. 审核员注册审定情况

2000年CRBA审核员注册工作任务非常繁重。面对迅速增长的注册申请人队伍，为了保证程序规定的3个月完成注册审定工作的承诺，CRBA审定部的同志每天埋头于烦琐、单调、重复的文件审查、计算机录入、资料整理存档等工作之中，与聘请的技术评价人员和专家共同合作，使CRBA的审核员注册工作正常运行。截止到2000年12月31日，共完成实习审核员的注册工作2648人次，审核员1014人次，高级审核员493人次;完成复查换证227人次，年度确认1048人次，完成验证审核员面谈工作150多人。目前，CRBA注册的质量管理体系实习审核员已达6263人，占总注册人数的66.89%，注册审核员1594人，占总数的17.03%，注册高级审核员1506人，占总数的16.09%。注册总人数已达到9363人，比1999年增长34.2%。验证审核员达500人，比1999年增长47%。

注册人员数量的增加，也使得CRBA注册人员的档案资料管理工作日益繁重。由于档案室面积有限，CRBA审定部对全部注册人员档案进行了重新的整理和筛选。淘汰了部分过期的记录资料，使用统一的案卷夹，使档案记录变得整洁，便于使用和查询。完成了对7880份实习审核员的材料单独进行归档工作，完成审核员以上级别人员的材料归档2982份。在2000年9月底IATCA主席一行访问CRBA时，他们对CRBA的档案管理工作表示高度赞赏。

3. 严肃对审核员的监督管理

为使我国认证事业健康发展，进一步加强对审核员队伍的管理，CRBA在2000年继续注重对审核员队伍的监督管理，对于违反CRBA认证人员行为规范和注册准则的行为进行严肃处理。对违规人员，不论其职位、级别的高低，一经查实坚决照章处理。2000年1月，CRBA配合CNACR对深圳质量体系认证中心审核工作中不规范行为的处理,对高级审核员秦惠承在1999年4月份对某企业的审核过程中在填写《认证审核公正性保证书》时存在弄虚作假行为，以及对审核组控制上所存在的问题，根据CRBA认证人员注册准则和级别审核员注册资格处置程序的有关规定，对秦惠承作出注册资格降级处理，从高级审核员降为审核员，同时停止审核资格3个月。2000年10月，经调查核实发现，中国方圆标志认证委员会辽宁审核中心高级审核员李书正在对某制药有限公司和某石油化工厂的审核中，存在严重的弄虚作假行为。李书正作为分支认证机构的主要负责人及这2次审核组的专业审核人员，严重违反了CRBA认证人员注册准则中审核员行为准则的要求。

根据CRBA级别审核员注册资格处置程序规定，决定取消李书正在中国认证人员国家注册委员会的所有注册资格，且一年之内不得重新申请注册。这两项决定，充分表示了CRBA严格管理，对认证事业负责的决心和态度，有关的当事人和机构也对此表示接受和认可。

4. 审核员证书发放和管理体系文件维护工作

配合审核员的注册和考试工作，我们还完成了大量的资格证书制作发放工作。全年共完成各类培训证书打印/发放 11830 张，其中 QMS 审核员培训证书 11604 张，EMS 审核员培训证书 226 张。完成注册审核员证书（证卡）5101 张，其中 QMS 审核员证书 5049 张，EMS 审核员证书 52 张。现在 CRBA 各级别注册审核员的注册证书是由中国信用卡印钞厂负责制作，在质量、外观上都有所保证，还具有一定的防伪功能。

为了及时改进规范 CRBA 的工作，反映工作中的新情况新办法，去年一年，我们对 CRBA 质量体系文件进行及时适度的修改。对“审核员注册说明”、“审核员注册证书、培训证书发放状态表”等 5 个体系文件进行了修改；对 QMS 审核员注册准则、培训课程批准准则进行了换版；还修改了“验证审核员培训管理程序”、公开文件、工作表格和指导书等，共 70 多份，600 多页。

四、抓住机遇，积极开拓

1. 全面启动环境管理体系审核员的注册和培训工作

2000 年 IATCA 环境管理体系审核员注册准则正式颁布，ISO 关于质量和环境管理体系联合审核指南标准 ISO19011 也已进入委员会修改草案阶段。作为 IATCA 的全权成员和互认协议成员，及时实施 IATCA 准则，开展 EMS 审核员注册培训工作成为我们的迫切任务。根据 2000 年 CRBA 全体会议的决议，我们组织了专门力量开发 EMS 审核员的注册和培训工作。这项工作面临的难度很大，任务也很重。

首先我们经过深入细致的解释、说明工作，本着为我国环境保护事业多做贡献、为企业解决认证需要的方针，诚心诚意地邀请了一批专家参加 CRBA 环境审核员的工作。组织起了一支具有丰富的审核实践经验、培训教育经验，在环境管理体系认证方面具有权威和影响的专家队伍。随后，从 3 月份开始着手进行 CRBA 环境审核员培训教材的编写工作。根据我们对未来 CRBA-EMS 审核员注册和培训形式的分析，我们确定了 4 项工作原则：

1）针对 CRBA 环境审核员培训的对象主要是已取得 QMS 审核员资格的人员这一特点，重点强化环保基础知识的培训；

2）在进行 ISO14001 标准培训的同时，注意强化 ISO9000 和 ISO14001 的整合内容；

3）吸取有关机构开展培训中的经验，对一些含混不清的概念进行重点讲解；

4）培训教材应结合我们开展 QMS 认证工作的经验并符合 IATCA 对环境管理体系审核员注册和培训所规定的知识要求。

经过多方协调，教材起草组 4 次集中审稿，完成了《CRBA-EMS 审核员基础知识通用教程》和《CRBA-EMS 审核员审核知识通用教程》两本书的初稿。为慎重起见，我们于 5 月底 6 月初在广州分别举办了一次预备知识和审核知识培训班，对教材进行试讲，同时组织学员对教材和课程设计进行研讨，听取学员的意见。上述两本教材已于 2000 年 9 月正式出版。在编写教材的同时，我们也抓紧起草 CRBA-EMS 注册准则和课程批准准则，翻译 IATCA 准则，组织研讨，起草有关程序文件、注册表格及规范内部程序等工作，并建立考试题库、确定阅卷人员和技术评价队伍，完善案例。CRBA-EMS 审核员注册准则和课程批准准则分别于 2000 年 8 月和 11 月正式发布实施。

工作中我们尽可能使 EMS 工作与已有的 QMS 审核员工作体系相互融合，完全符合 IATCA 的规范，为迎接国际同行评审作好准备。

为使 CRBA-EMS 审核员注册工作能尽快启动，我们制订了过渡期政策，接受其他机构注册的审核员向 CRBA 转换，开始受理 EMS 审核员培训课程的批准申请，开展验证审核员和高级审核员推荐等工作。CRBA-EMS 审核员注册和培训工作的影响迅速扩大，目前已接受注册申请 198 人，批准注册 112 人，参加培训约 300 人次，受理培训课程批准申请 5 家，并正在进行课程的评审工作。

2. 建立产品认证审查员注册/培训制度

2000 年 CRBA 配合中国产品认证机构认可委员会 CNACP 建立起产品认证审核员的注册和培训制度。制定了《产品认证审查员注册准则》、《产品认证审查员培训课程批准准则》、《产品认证审查员培训教学大纲》和全套的公开文件/表格。于 5 月 31 日就两个《准则》的发布实施，组织产品认证机构负责人进行了学习和宣贯。目前已注册了第一批汽车专业产品认证审查员。

3. 其他业务开发工作

根据 2000 年全体会议的决议，我们于年底决定启动认证咨询师注册的前期准备工作。8 月份，我们邀请了部分咨询机构的代表进行了工作座谈，大家十分迫切地要求认证主管部门按照市场经济的规律来规范认证咨询市场，同时对认证咨询人员开展一定形式的资格认可。目前我们已邀请了部分专家进行咨询师注册制度的策划，并着手进行咨询师培训教材的开发。

我们还与国家质量技术监督局主管标准化工作和认证管理工作的同志共同就开展职业健康与安全管理体系的认证工作及审核员培训注册工作进行了深入研究。大家已达成共识，认为尽管我国在国际标准化组织中不赞成制定关于职业健康安全方面的国际标准，但在国内开展这方面的工作是有必要的，制定相应的国家标准也是必要的。CRBA 应对此作好一定的准备，一旦条件成熟应尽快启动人员注册和培训工作。

五、积极参加国际活动

2000 年 CRBA 还积极参与了国际审核员培训与注册协会 IATCA 的各项活动。CRBA 秘书长作为 IATCA 的执委参加了在澳大利亚和美国召开的执委会会议，及时了解和掌握了国际审核员注册/培训的发展动向，使 CRBA 的工作始终与 IATCA 保持一致。同时积极参与决策活动，在国际事物中维护了我国认证人员的利益，巩固了 CRBA 在国际同行中的领先地位。

2000 年 9 月 CRBA 组成 6 人代表团，出席了在日本召开的 IATCA 第 6 届年会。CRBA 代表凭借丰富的工作经验和良好的外语能力，积极参与各工作组的活动，发表自己的观点和意见，在各工作组中发挥了重要的作用，受到国际同行的赞扬和关注。在审核员预备知识考试、2000 版审核员转换培训和环境管理体系审核员注册等重大问题上，CRBA 的建议均得到了 IATCA 的采纳。在这次全会上，日本的审核员培训课程批准机构 JAB 也签署了 IATCA 审核员课程批准互认协议，成为第 5 次互认协议成员。

IATCA 全会结束后，IATCA 主席、执行主任和同行评审委员会主席三位先生还接受 CRBA 的邀请专程到中国进行工作讲学和访问。访问团分别在上海、北京举行了国际审核员注册与培训工作专题报告会，访问了上海、杭州的认证机构和中国合格评定中心及 CRBA 秘书处。他们对我国审核员培训注册工作给予了高度评价，并希望 CRBA 能在国际同行中发挥更积极的作用，为国际认证事业作出更大的贡献。

六、问题与思考

各位委员，2000 年作为新千年的开端之年，给予我们认证事业一个良好的发展机遇。CRBA 的各项工作正在不断的改善和深化，并逐步走向成熟。回顾一年的工作，我们感到我们忠实地履行了我们的职责，没有辜负国家质量技术监督局对我们的委托，没有辜负全体委员对我们的信任，没有辜负全国近万名认证人员对我们的期望，较好地完成了我们的工作。当然，我们的工作还存在一些缺点和不足，距离国际国内高速发展的认证事业对认证人员的要求还存在差距。主要表现在：

1）随着人员培训注册工作量的逐年增加，CRBA 秘书处的工作负荷已近饱和。部分工作的时限要求已难以有效保证。需要在人力、物力、组织结构方面进一步调整补充；

2）内部管理体系、工作程序还有待进一步改进，使之更加合理、顺捷；

3）与国际同行机构相比，CRBA目前的业务较为单一，服务项目不够丰富；

4）工作人员的业务素质和专业能力还需要进一步提高等。

应该看到，我们遇到的困难和问题是事业发展中的问题。我们的前景依然是非常广阔和美好的。2001年我们面临着更加艰巨的任务，2000版标准要全面贯彻实施，注册验证办法、培训批准要求等都要做相应的修改，2002年我们还要接受IATCA同行的监督评审。但是，我们有充分的信心，在国家质量技术监督局的领导下，在各位委员的支持下，CRBA的工作依然会保持近年来持续、健康发展的趋势，继续向“公正、科学、严谨、高效”的目标发展。我们将持续改进、努力作好我们的工作，积极拓展CRBA的业务范围，为我国的认证人员服务，为我国的认证事业服务，为我国的经济建设作出贡献。

关于 CRBA 第六版《认证人员注册准则》中审核经历注册要求的说明

人注委秘函〔2000〕015 号

各认证机构、备案的咨询机构：

为提高审核员素质，确保审核员的整体水平，根据国际审核员培训与注册协会（IATCA）《IATCA 质量管理体系审核员注册准则》（第二版）的要求，中国认证人员国家注册委员会（CRBA）已对《认证人员注册准则》进行了修改，并于近日发布实施。为尽快帮助各机构和广大审核员理解和实施，现将其中关于审核经历的要求部分的修改，特作以下强调。

“2.6 审核经历

所有审核经历应是申请注册前 3 年内获得的。

下面所涉及的完整 QMS 审核是指覆盖 GB/T19021.1-ISO10011-1 所描述的全部审核过程，并包含 GB/T19001-ISO9001、GB/T19002-ISO9002 或其它可接受的替代 QMS 标准的全部要素的审核。

2.6.1 合格的审核

所有的审核必须是独立的审核。审核员应与受审核方没有利害关系，审核员聘用机构应有与受审核方独立的管理和运行机构。合格的审核类型如下：

1）总部对其工厂或其分支机构的审核（不包括工厂组织的内部审核）；

2）一个分支机构或工厂对另一个分支机构或工厂的审核；

3）需方对供方的审核；

4）第三方认证审核；

5）咨询人员按合同提供的独立的符合性审核；

6）认可机构对认证机构 QMS 的认可审核。

注：1. 所有的审核应包括从审核准备到形成审核报告的全部审核过程。

2. 所有审核的目的是确定体系的符合性，而不是提供发展或改进 QMS 的建议。

3. 每个现场审核工作日应不少于 6 小时，并且每 24 小时内不能多于一个审核工作日。

4. 申请人应熟悉审核中使用的语言，或者在审核活动中能通过翻译进行有效的交流。

5. 所要求的审核经历应是至少对 3 个不同的运营机构或经营单位的审核。

6. 现场审核包括首次会议、末次会议以及符合性审核阶段，但不包括策划、文件审核和准备审核报告。

2.6.2 实习审核员

申请注册实习审核员，没有审核经历的要求。

2.6.3 审核员

2.6.3.1 审核员级别申请人的所有审核经历应包括：

1）对 QMS 标准［如 GB/T19001-ISO9001、GB/T19002-ISO9002 或可替代的 QMS 标准（参见准则

第 4.7 条)〕每个要素的审核。

2) 符合 GB/T19021.1-ISO10011-1 的审核过程。

3) 对整个运营机构或经营单位（即指生产产品、提供服务或一系列产品或服务的具有自身管理并执行所有管理职能的机构或单位）的审核。

2.6.3.2 审核员级别申请人应：

1) 作为审核组成员从事不少于 20 天的现场审核，其中至少参加 4 次完整的 QMS 审核。在这些完整的 QMS 审核中，至少有 2 次每次审核时间 2 天或 2 天以上的现场审核，并且至少有 2 次审核将包括申请人对 QMS 整体有效性作出客观判断，即判定受审核方：

a) 是否达到自身 QMS 所确立的目标；

b) 是否符合其方针；并且

c) 是否满足 QMS 标准的目的和要求。

2) 4 次完整 QMS 审核中至少有 2 次包括对 QMS 整体有效性作出客观判断、并经 CRBA 认可的验证审核员验证的审核经历（参见准则第四部分），并且被验证的现场审核至少 2 天或 2 天以上。这些验证应证明审核员候选人具有以下能力和素质：

a)对于 QMS 标准每个要素的审核能力(如 GB/T19001-ISO9001 或 GBT19002-ISO9002 或可接受的替代 QMS 标准)；

b) 依据 GB/T190021.1-ISO10011-2 从事全部审核过程的能力；

c) 具备 GB/T190021.1-ISO10011-2 第 7 条中所描述的个人素质。

3) 如果验证审核员认为申请人没能成功地实施审核，验证将被延续，直至所验证的审核经历足以表明申请人能成功地实施审核为止。

4) 所要求的验证审核经历不能由同一名验证审核员进行验证。

2.6.4 高级审核员

高级审核员级别的申请人除满足注册审核员的条件（即准则第 2.6.3 条）外，还应满足下列所有要求：

1) 作为至少有另一名审核员参加的审核组组长按 GB/T190021.1-ISO10011-1 成功地实施并管理了 5 次完整 QMS 审核，总计现场审核时间至少 15 天；其中至少有 3 次为期 2 天或 2 天以上包括申请人对 QMS 整体有效性作出客观判断，即判定受审核方：

a) 是否达到自身 QMS 所确立的目标；

b) 是否符合其方针；并且

c) 是否满足 QMS 标准的目的和要求。

2) 审核经历应包括对整个运营机构或经营单位（即指生产产品、提供服务或一系列产品或服务的具有自身管理并执行所有管理职能的机构或单位）的审核。

3) 5 次完整 QMS 审核中至少有 2 次审核经历应经 CRBA 认可的验证审核员验证，并且被验证的现场审核至少 2 天或 2 天以上，以确定高级审核员注册申请人是否具备管理审核的能力，这种能力包括策划、组织和与审核组其他成员合作的能力。

4) 所要求的验证审核经历不能由同一名验证审核员进行验证。

5) 如果验证审核员认为申请人没能成功地实施审核，验证将被延续，直至所验证的审核经历表明申请人能成功地实施审核为止。

6)对申请高级审核员注册时的审核经历的验证与申请审核员注册时的验证不能为完全相同的验证审核员，并且受审核方不能是完全相同的运营机构或经营单位。

2.6.5 审核的验证

验证审核员对被验证人员审核活动的验证必须亲自见证。

2.6.6 审核记录

2.6.6.1 所有级别的注册及其注册保持申请人应在其申请材料中附上一份包含以下内容的审核记录：

1）审核日期；

2）每次现场审核的工作时间及审核总时间数；

3) 采用的QMS标准（如GB/T19001-ISO9001、GB/T19002-ISO9002或可接受的替代QMS标准）；

4）审核类型；

5）受审核方名称及联系地址、邮政编码、联系人、电话、传真等；

6）审核员聘用机构的名称、联系地址、邮政编码、联系人、电话、传真等；

7）审核组组长和验证审核员名称、联系地址、邮政编码、联系人、电话、传真等（参见本准则第四部分)；

8）审核员数量；

9）申请人在审核中的作用；

10）申请人审核的要素。

2.6.6.2 审核记录应由以下人员确认：

1）审核员聘用机构；

2）受审核方；

3）每次审核的审核组长；

4）从事验证审核的验证审核员。”

有关验证方面的具体要求详见人注委秘函〔2000〕007号文件。本次《认证人员注册准则》的重点对审核经历部分作了较大的变动，并于2000年4月1日起实施，请各机构遵照执行，其余（包括第4版CRBA-IATCA审核员注册说明）与本文件不一致之处，以本文件要求为准。

有任何疑问请与中国认证人员国家注册委员会（CRBA）联系。

中国认证人员国家注册委员会秘书处

二〇〇〇年四月一日

中国认证人员国家注册委员会
认证人员注册准则

第一部分 绪 论

1.1 引言

中国认证人员国家注册委员会（简称CRBA）是国家统一负责认证人员培训课程批准、考核、注册和获准注册后日常监督的组织，是国际审核员培训与注册协会（简称IATCA）的全权成员机构。

CRBA于1998年首批签署了两个国际多边承认协议（MLA）——IATCA审核员培训课程批准多边承认协议和审核员注册多边承认协议，从而实现了中国CRBA签发的审核员培训课程批准证书和审核员注册证书在签约国的互认。

本准则根据IATCA审核员注册准则的要求，规定了CRBA实施认证人员注册的要求和方法，旨在确保认证人员注册水平和认证工作质量。

1.2 适用范围

本准则适用于所有向CRBA提出申请注册级别审核员的境内、外申请者（包括已在IATCA MLA签约方注册的质量管理体系级别审核员）。

1.3 审核员级别

审核员分三个级别，级别的晋升必须遵守逐级晋升的原则。

1）CRBA实习审核员级别

指满足本准则的教育、工作经历、质量经历、正规培训的要求，但未能证实满足个人素质、技能和知识以及审核经历要求的人员。

2）CRBA-IATCA审核员级别

指已满足本准则规定的相应要求，并证实其有能力单独或作为审核组成员对质量管理体系（简称QMS）进行完整或部分审核的人员。

3）CRBA-IATCA高级审核员级别

指已满足本准则规定的相应要求，经证实有能力、有效地管理审核组，并能够协调完整QMS审核各方面工作的人员。

第二部分 注册要求

各级别审核员的注册申请人应满足以下教育、工作经历、质量经历以及正规培训的要求。

2.1 个人素质

审核员和高级审核员注册申请人应能证实具备GB/T19021.2-ISO10011-2第七条规定的个人素质。

2.2 技能和知识

审核员和高级审核员注册申请人应能够通过教育、培训、工作和审核经历证实已具备以下方面的能力：

1）QMS和审核所依据的标准；

2）审核程序、过程和技术。

2.3 教育和工作经历

注册申请者应满足以下要求：

2.3.1 具备国家承认的本科及其以上学历，并具有至少4年专职（或兼职等效）与评审活动相关的技术、专业或管理岗位的工作经历；或

2.3.2 具备国家承认的专科或同等学历，并具有至少6年专职（或兼职等效）与评审活动相关的技术、专业或管理岗位的工作经历；或

2.3.3 申请人完成大学入学以前的中等教育后，获得国家承认的教育机构颁发的完成至少600学时以上的学业证书，或通过函授获得与600学时以上的同等学业证书；并具有至少6年专职（或兼职等效）与评审活动相关的技术、专业或管理岗位的工作经历；

2.3.4 必要时，对仅具备国家承认的中等教育学历但有特殊业绩的申请人，须经CRBA考核以证实其满足与QMS审核有关的知识水平和沟通技能的要求，并且具有至少6年以上专职与评审活动相关的技术、专业或管理岗位的工作经历。

注：1. 这里的沟通技能是指申请人能有效运用审核语言进行口头或书面交流的能力。

2. 要求申请人提供教育证明复印件，必要时，CRBA将对教育证明原件进行验证。

2.4 质量经历

申请人应具有至少2年与实施、应用和/或从事QMS审核相关的经历，这种经历对有效地实施QMS审核提供必要的实践经验。这种经历可以与工作经历同时发生，但这些经历必须是在申请人提出注册申请前6年内获得的经历。

2.5 正规培训

申请人应完成CRBA批准的审核员培训课程的全部培训课程，并通过CRBA批准的考试，取得培训合格证书。

实习审核员和审核员注册申请人应在申请注册的前3年内完成此培训课程。

2.6 审核经历

所有审核经历应是申请注册前3年内获得的。

下面所涉及的完整QMS审核是指覆盖GB/T19021.1-ISO10011-1所描述的全部审核过程，并包含GB/T19001-ISO9001、GB/T19002-ISO9002或其它可接受的替代QMS标准的全部要素的审核。

2.6.1 合格的审核

所有的审核必须是独立的审核。审核员应与受审核方没有利害关系，审核员聘用机构应有与受审核方独立的管理和运行机构。合格的审核类型如下：

1）总部对其工厂或其分支机构的审核（不包括工厂组织的内部审核）；

2）一个分支机构或工厂对另一个分支机构或工厂的审核；

3）需方对供方的审核；

4）第三方认证审核；

5）咨询人员按合同提供的独立的符合性审核；

6）认可机构对认证机构QMS的认可审核。

注：1. 所有的审核应包括从审核准备到形成审核报告的全部审核过程。

2. 所有审核的目的是确定体系的符合性，而不是提供发展或改进QMS的建议。

3. 每个现场审核工作日应不少于6小时，并且每24小时内不能多于一个审核工作日。

4. 申请人应熟悉审核中使用的语言，或者在审核活动中能通过翻译进行有效的交流。

5. 所要求的审核经历应是至少对3个不同的运营机构或经营单位的审核。

6. 现场审核包括首次会议、未次会议以及符合性审核阶段，但不包括策划、文件审核和准备审核报告。

2.6.2 实习审核员

申请注册实习审核员，没有审核经历的要求。

2.6.3 审核员

2.6.3.1 审核员级别申请人的所有审核经历应包括：

1）对 QMS 标准［如 GB/T19001-ISO9001、GB/T19002-ISO9002 或可替代的 QMS 标准（参见本准则第 5.7 条可接受的替代质量管理体系标准）］每个要素的审核。

2）符合 GB/T19021.1-ISO10011-1 的审核过程。

3）对整个运营机构或经营单位（即指生产产品、提供服务或一系列产品或服务的具有自身管理并执行所有管理职能的机构或单位）的审核。

2.6.3.2 审核员级别申请人应：

1）作为审核组成员从事不少于 20 天的现场审核，其中至少参加 4 次完整的 QMS 审核。在这些完整的 QMS 审核中，至少有 2 次每次现场审核时间为 2 天或 2 天以上的审核，并且至少有 2 次审核将包括申请人对 QMS 整体有效性作出客观判断，即判定受审核方：

a）是否达到自身 QMS 所确立的目标；

b）是否符合其方针；并且

c）是否满足 QMS 标准的目的和要求。

2）4 次完整 QMS 审核中至少有 2 次包括对 QMS 整体有效性作出客观判断、并经 CRBA 认可的验证审核员验证的审核经历（参见本准则第四部分验证审核员），并且被验证的现场审核至少 2 天或 2 天以上。这些验证应证明审核员候选人具有以下能力和素质：

a）对于 QMS 标准每个要素的审核能力（如 GB/T19001-ISO9001 或 GBT19002-ISO9002 或可接受的替代 QMS 标准）；

b）依据 GB/T190021.1-ISO10011-2 从事全部审核过程的能力；

c）具备 GB/T190021.1-ISO10011-2 第 7 条中所描述的个人素质。

3）如果验证审核员认为申请人没能成功地实施审核，验证将被延续，直至所验证的审核经历足以表明申请人能成功地实施审核为止。

4）所要求的验证审核经历不能由同一名验证审核员进行验证。

2.6.4 高级审核员

高级审核员级别申请人除满足注册审核员的条件（即本准则第 2.6.3 条审核员）外，还应满足下列所有要求：

1）作为至少有另一名审核员参加的审核组组长按 GB/T190021.1-ISO10011-1 成功地实施并管理了 5 次完整 QMS 审核，总计现场审核时间至少 15 天；其中至少有 3 次每次现场审核时间为 2 天或 2 天以上的，包括申请人对 QMS 整体有效性作出客观判断，即判定受审核方：

a）是否达到自身 QMS 所确立的目标；

b）是否符合其方针；并且

c）是否满足 QMS 标准的目的和要求。

2）审核经历应包括对整个运营机构或经营单位（即指生产产品、提供服务或一系列产品或服务的具有自身管理并执行所有管理职能的机构或单位）的审核。

3）5 次完整 QMS 审核中至少有 2 次审核经历应经 CRBA 认可的验证审核员验证，并且被验证的现场审核至少 2 天或 2 天以上，以确定高级审核员注册申请人是否具备管理审核的能力，这种能力包括策划、组织和与审核组其他成员合作的能力。

所要求的验证审核经历不能由同一名验证审核员进行验证。

4）如果验证审核员认为申请人没能成功地实施审核，验证将被延续，直至所验证的审核经历表明申请人能成功地实施审核为止。

5)高级审核员注册所要求的审核经历还应与该级别申请人在申请审核员注册时的审核经历在以下两个方面不能完全相同：

——从事审核验证的验证审核员；

——所要求的审核经历中的受审核方。

2.6.5 审核的验证

验证审核员对被验证人员审核经历的验证必须亲自见证。

2.6.6 审核记录

2.6.6.1 所有级别的注册及其注册保持申请人应在其申请材料中附上一份包含以下内容的审核记录：

1）审核日期；

2）每次现场审核的工作时间及审核总时间数；

3）采用的QMS标准（如GB/T19001-ISO9001、GB/T19002-ISO9002或可接受的替代QMS标准）；

4）审核类型；

5）受审核方名称及联系地址、邮政编码、联系人、电话、传真等；

6）审核员聘用机构的名称、联系地址、邮政编码、联系人、电话、传真等；

7）审核组组长和验证审核员名称、联系地址、邮政编码、联系人、电话、传真等（参见本准则第四部分验证审核员）；

8）审核员数量；

9）申请人在审核中的作用；

10）申请人审核的要素。

2.6.6.2 审核记录应由以下人员确认：

1）审核员聘用机构；

2）受审核方；

3）每次审核的审核组长；

4）从事验证审核的验证审核员。

2.7 申请的担保人

申请的担保人是基于同行关系而对申请人有所了解的具有良好品质的人员，并能够对申请人的个人素质和经历予以证明。

申请的担保人可以是申请人聘用机构或两名与申请人有业务关系的CRBA-IATCA审核员或高级审核员。

担保人或申请人聘用机构必须对所证明的内容具有直接经验和/或确实了解。

2.8 个人声明

寻求任何级别注册和复查换证的申请人，应签署一份个人声明，声明其已经遵守并将继续遵守规定的审核员行为准则（参见本准则第3.1.3条审核员行为准则），申请人或其聘用机构已将所有有关其工作的申诉正式记录，并妥善处理以防止再次发生。

2.9 申请文件

所有申请材料都应是中文或英文（包括认可的原件翻译件）。

完整的申请应包括所需的材料和申请费用。

2.9.1 实习审核员

实习审核员注册申请必须用CRBA指定的格式完成，并附以下证明材料：

1）正规培训合格证书复印件；

2）教育经历证明；

3）工作经历证明（需要时应提供申请人聘用机构的推荐书）。

2.9.2 审核员和高级审核员

审核员和高级审核员的注册申请必须用CRBA指定的格式完成，并应包括：

1）正规培训合格证书复印件（适用于审核员注册申请人）；

2）实习审核员注册证书（适用于审核员注册申请人）或审核员注册证书（适用于高级审核员注册申请人）复印件；

3）审核经历记录；

4）审核经历验证评价报告；

5）证实满足本准则第2.1条个人素质、第2.2条技能和知识要求的材料。

第三部分　注册保持要求

每位注册的审核员和高级审核员需满足持续的质量体系审核、专业发展和审核员行为准则要求，以保证其审核能力和个人素质符合认证工作的需要。

CRBA将通过评价注册保持申请材料中的信息、审核记录、专业发展记录来验证注册申请人的工作和能力，并通过申诉系统、见证审核员的现场审核、调阅审核员聘用机构档案以及向受审核方调查等方式来验证级别审核员的工作和素质。

从审核员或高级审核员最初注册之日起，每3年进行一次复查换证。在证书有效期间，实行年度确认制度。

实习审核员注册有效期为3年，到期未升级者，其注册证书自动失效。

3.1 注册保持要求

3.1.1 审核经历

1）审核员

a）每年成功地完成至少2次完整的QMS审核；

b）所有审核应符合GB/T19021.1-ISO10011-1规定；

c）2次相邻审核的间隔时间不超过18个月。

2）高级审核员

a）每年成功地完成至少2次完整的QMS审核；

b）所有审核应符合GB/T19021.1-ISO10011-1规定；

c）至少在50%的审核中，应以审核组长身份参加审核，管理着至少还有另外一名审核员参加的审核组；

d）2次相邻审核的间隔时间不超过18个月。

3.1.2 专业发展

CRBA按文件化程序实施级别审核员的专业发展工作。

1）审核员和高级审核员每年须完成20分以上的持续专业发展活动。此项记录作为年度确认和复查换证的一部分文件提交。

2）专业发展的记录应说明活动的种类、内容、时间以及活动提供者的名称及联系方式。

注：在选择适当的专业发展时，级别审核员需考虑个人的优势和劣势，并确认个人发展领域。专业发展活动应与质量原理和实践相结合；或是为了提高审核的方法和技能。

3.1.3 审核员行为准则

CRBA 注册的各级别审核员必须严格履行其职责并遵守以下行为准则：

1）忠于职守，做到准确、公正；

2）努力提高审核技能；

3）主动帮助其他审核人员提高他们的管理水平、工作质量和审核技能；

4）不介入冲突或利益竞争，不向任何委托方或聘用机构隐瞒任何可能影响本人判断的关系；

5）除在受审核方和审核组织书面授权的情况下，不讨论或披露任何有关审核的信息；

6）不接受受审核方及其工作人员、任何有利益关系的团体或认识的同事的回扣、礼品及其他任何形式的好处；

7）不有意传达任何错误的或易产生误解的信息，以防影响审核或审核员注册过程的完整性；

8）在任何情况下，不损坏 CRBA 或注册过程的声誉，对违背本准则的行为而进行的调查应给予充分的合作；

9）严格按照注册范围从事审核；

10）不得对被审核方既进行咨询又进行认证审核；

11）接受 CRBA 的监督；

12）按规定向 CRBA 交纳费用。

3.2 申请文件

每一位注册审核员或高级审核员在其证书有效期内需要提交：

1）年度确认申请表/复查换证申请表。

2）自注册为审核员（或高级审核员）或上次确认至今从事的审核记录及专业发展的证明材料，并附必要的说明和客观证据。

3）年度确认/复查换证费用。

第四部分　验证审核员

验证审核员是被指派见证注册申请人的审核活动和审核行为是否满足注册要求的适合性能力的人员。

CRBA 统一负责验证审核员的培训、考试、资格批准及其证后监督工作。

4.1 验证目的

1）根据 GB/T19021.1-ISO10011-1 验证注册申请人的审核能力；

2）评价申请人对审核中的可接受的管理体系标准（如 GB/T19001-ISO9001 等）的理解能力；

3）验证注册申请人具备 GB/T19021.2-ISO10011-2 第 7 条要求的审核员的个人素质；

4）评价高级审核员申请人协调与审核有关各方及管理审核组的能力。

4.2 验证审核员选派机构职责

这里的验证审核员选派机构指验证审核员的推荐机构和/或聘用机构。

1）按照本准则第 4.4 条验证审核员的选择的规定选择并推荐验证审核员候选人；

2）制定验证审核员选择、推荐和管理程序，报 CRBA 认可。

此程序包括验证审核员职责，选派机构职责，选择、推荐、实施验证过程，对验证审核员投诉的处理及其监督管理等内容。

3）保存验证报告记录。

为了对审核员申请人能力进行准确性评价，CRBA 和/或验证审核员选派机构应保证验证审核员：

a）遵守职业道德；并且

b）在验证中客观，公正。

4.3 验证审核员职责

4.3.1 验证审核员应履行包括本准则第 4.1 条验证目的、第 4.5 条验证报告和以下内容的职责：

1)应向验证审核员聘用机构、审核员聘用机构和申请人指出在验证活动中任何可能出现的利益冲突，以保证其作出公正性评价。

2)通过综合运用观察、与申请人和受审核方交谈以及其他任何适宜的方式，实施对审核活动的见证，并根据本准则第 4.1 条验证目的的要求对申请人履行职责的能力作出评价。

3）按照 CRBA 要求的格式，向申请人或/和审核员聘用机构、验证审核员聘用机构出具每次验证活动的验证报告。这份报告应包括验证审核员按本准则第 4.1 条验证目的内容对申请人能力的评价意见以及对申请人注册的可行性陈述。

4.3.2 验证审核员在履行上述第 4.3.1 条规定的职责时，应：

1）可以是审核组成员，但在承担验证任务的同时不能从事审核；

2）遵守 CRBA 审核员行为准则；

3）验证申请人对审核中所依据标准的要素应用（仅对见证的要素）的理解能力；

4）可在审核现场外完成对文件评审和审核报告活动的评价。

4.4 验证审核员的选择

验证审核员由其选派机构按照经 CRBA 认可的验证审核员选择、推荐和管理程序向 CRBA 推荐验证审核员候选人，CRBA 对其申请材料评价（必要时，安排面谈）后，批准为验证审核员。

CRBA 将向获得批准的验证审核员颁发验证审核员资格证书。

4.4.1 验证审核员条件

1）注册为高级审核员至少 12 个月以上；

2）作为高级审核员在申请验证审核员的前 3 年中，作为审核组组长至少完成 10 次完整审核或部分审核；

3）参加 CRBA 认可的培训合格。

在新项目的建立过程中，验证审核员选派机构可推荐仅具备上述任两个条件且符合本准则第 4.4.2 条验证审核员能力规定的人员，经 CRBA 面谈合格者，方可作为验证审核员。

4.4.2 验证审核员能力

CRBA 可通过面谈或验证所提交的书面材料/客观证据等方式对验证审核员候选人是否具有如下能力进行评价：

1）具有对验证活动就本准则第 4.1 条验证目的作出评价的能力；

2）具备独立地对申请人的表现进行评价的能力；

3）充分理解 CRBA/IATCA 准则及其作用；

4）具备高水平审核管理体系的经历和能力或丰富的管理经历；

5）理解审核所依据的 QMS 标准。

4.4.3 申请文件

验证审核员候选人向 CRBA 递交的申报材料应包括：

1）验证审核员申请表原件；

2）注册证书复印件；

3）CRBA 认可的培训合格证书原件/复印件；

4）审核经历记录；

5）面谈申请表（必要时）；

6）规定的费用。

4.5 验证报告

4.5.1 验证审核员对于被验证人员的工作应填写并签署验证评价报告，此报告应包括按本准则第4.1条验证目的内容对申请人能力的评价意见以及对申请人注册的可行性陈述。

4.5.2 验证报告应包含验证审核员对申请人就以下方面实际观察情况作出详细评价：

1）始终遵守审核员行为准则；

2）熟悉审核中使用的语言或者通过翻译和/或技术专家能进行有效的交流；

3）文件评审的能力；

4）审核策划，包括编写工作文件的能力；

5）参加首次会议的表现；

6）审核中既严谨又有灵活性；

7）对标准中每一要素应用的理解能力；

8）与受审核方的沟通和证据收集的适宜性；

9）以专业和保密的方式处理文件和信息；

10）以书面形式将严重不合格项通知受审核方；

11）根据输入信息作出决定的能力；

12）参加审核组会议的表现；

13）参加末次会议的表现；

14）出具审核报告的能力；

15）有效地管理审核过程以确保满足审核要求的能力（仅适用于高级审核员）。

4.6 验证审核员资格保持

4.6.1 为了确保验证审核员持续地满足上述要求，验证审核员应：

1）每3年必须进行一次重新确认；

2）在重新确认前，必须至少参加一次CRBA指定的研讨活动；

3）遵守职业道德，客观公正地评价。

4.6.2 每一位验证审核员在其资格有效期内，应向CRBA提交：

1）验证审核员确认申请表原件；

2）自批准或上次确认至今的参加研讨活动的证明材料，并附必要的说明和客观证据；

3）规定的确认费用。

第五部分　评价与注册

5.1 总则

5.1.1 CRBA应对申请人与本准则第二部分注册要求、第三部分注册保持要求的符合性作出有效的评价。评价方式包括：

1）对申请人提交的申请材料的评价。

这种评价是用于确定申请人在教育、正规培训、工作经历、质量经历和审核经历方面与CRBA要求的符合性；

2）通过验证审核员对申请人审核经历的见证以评价申请人审核能力；

3）面试是CRBA对注册申请人符合本准则要求及所申请注册专业审核能力要求而进行的评价工作；

4）由具有评价资格和能力的评价人员对注册和注册保持申请材料进行评价；

5）电话交谈或其他适当的方式也可作为评价或验证申请的方式。

5.1.2 若根据申请人提供的信息不能作出决定，则要求申请人澄清或增加信息，必要时，安排面谈。

5.1.3 申请人聘用机构可以验证其申请是否满足 CRBA 的要求，但不能代替 CRBA 的验证。

5.1.4 除了申请人同意发布的信息(如审核员注册名录/公告)，CRBA 对注册申请者的申请材料予以保密，不向第三方提供。

5.2 评价

5.2.1 完整性评价

CRBA 接受到申请材料后，首先由经过必要培训的工作人员确定其完整性。

如果申请材料不完整，须通知申请者或审核员聘用机构提交补充材料或退回。

5.2.2 准确性评价

当确定申请材料完整后，应由两名评价人员用以下一种方式对每一份申请材料进行准确性评价：

1）各自独立评价，然后再解决结论中的分歧；或

2）一人对另一人的工作进行复核；或

3）作为一个评价组工作。

评价人员可通过以下途径对申请材料提供情况的准确性进行评价和验证：

——对申请人教育和培训经历的验证必要时可采用：

a）验证证明原件后退回；或

b）经申请人聘用机构、担保人或原发证机构证实的证书复印件。

——从申请人聘用机构得到有关申请人工作经历信息，包括：

a）工作经历；

b）质量经历；

c）机构类型；

d）聘用日期；

e）职责。

——对申请中下列情况准确性进行验证：

a）与审核活动有关的个人素质；

b）QMS 审核经历，包括作为审核组组长的经历（适用时）；

c）工作经历，包括：

·机构的业务性质；

·聘用的起至日期；

·聘用期间的职责。

——对于注册审核员或高级审核员申请中的审核经历记录，至少对其中 2 次审核经历的全部内容进行验证：

a）申请人完成审核所有阶段的能力；

b）审核日期和现场审核时间；

c）使用的审核标准；

d）审核类型（如监督审核或完整审核）；

e）依据 GB/T19021-ISO10011 进行的审核；

f）申请人在审核中的作用；

g）审核组中审核员的数量；

h）审核组长姓名；

i）审核员与受审核方的关系。

——从验证审核员得到申请人以下信息：

a）个人素质；

b）审核经历，包括申请人有能力从事所有阶段审核的证明；

c）领导审核的经历（适用时）。

5.2.3 评价人员

申请材料的准确性评价工作应由对申请人没有任何偏见、与评价结果没有利害关系的有能力并能公正、客观评价的人员完成：

1）评价人员应是CRBA工作人员或具有合同关系的兼职人员。

2）评价人员应经过必要的培训、熟悉CRBA/IATCA注册准则、QMS标准和质量审核，并能对申请人是否符合本准则第二部分注册要求、第三部分注册保持要求做出客观的评价。

3）CRBA按文件化程序对评价人员进行选择、培训和管理，以确保其能持续地满足规定的评价活动要求。

5.2.4 分承包方

CRBA按文件化程序实施选择、认可和监督审核员注册和/或注册保持申请评价分承包方工作。

经CRBA认可的分承包方将与CRBA签署注册和/或注册保持申请评价分承包方协议

5.3 面试评价

5.3.1 CRBA按文件化程序对以下人员进行面试，以评价申请人是否满足本准则要求及所申请注册专业的审核能力要求：

1）审核员级别申请人；

2）需增加注册专业范围的审核员和高级审核员。

5.3.2 CRBA按文件化程序选择、培训、管理面试评价人员，并组织面试活动。该程序应明确以下内容：

1）面试评价人员的选择、培训和管理；

2）面试的日程安排、地点和时间；

3）明确并了解有关面试申请人情况；

4）评定面试申请人的QMS审核能力和个人素质的方法；

5）公布面试结果和通知面试申请人结果的可靠方法；

6）投诉的适当方法。

5.4 注册

CRBA对经评价符合要求的申请人准予注册，并颁发注册证书。

5.4.1 各级别审核员注册证书和年度确认卡

1）注册证书包括以下信息：

·审核员姓名

·注册专业范围（适用时）

·注册日期

·注册有效期限

·注册编号

·注册机构名称/标志

2）审核员和高级审核员年度确认卡包括以下信息：

·审核员姓名

·注册级别

·注册时间

·注册人本次申报材料中提供的最末一次审核经历日期

·申请确认时间

·年度确认卡有效期限
·注册证书编号
·注册机构名称/标志

5.4.2 注册/批准结果的公布

注册的级别审核员/批准的验证审核员将被列入CRBA公布的名录，名录可以包括以下信息：

·审核员姓员
·注册机构
·注册专业范围
·注册日期
·注册证书编号/资格证书编号
·受聘状态（必要时）
·联系单位（必要时）
·地址、邮政编码（必要时）
·联系方式（适用时）

5.5 注册资格的处置

CRBA按文件化程序对审核员注册资格实施暂停、降级和取消的处置。

5.6 投诉和申诉

CRBA按文件化程序对注册、注册保持及注册资格处置中发生的申诉、投诉和争议进行处理。

5.7 可按受的替代QMS标准

为了获得注册和保持注册，可接受的质量管理体系标准是：GB/T19001-ISO 9001、GB/T19002-ISO9002或其他质量管理体系标准或指定文件。用替代标准进行审核的经历应能准确地转换为按GB/T19001-ISO9001、GB/T19002-ISO 9002标准进行审核的经历。

CRBA对采用的等效的替代质量管理体系标准进行正式评审，并作出是否接受的决定。

5.8 记录

5.8.1 CRBA、验证审核员选派机构以及分承包方应按文件化程序保存能证实满足本准则要求的记录。

5.8.2 审核员档案

CRBA为每位申请人和注册的级别审核员保留档案。

此档案包括原始申请、审核记录、对审核员的投诉记录及其调查、申诉记录以及与保持注册相关的信息。

关于发布《质量管理体系审核员培训课程批准准则（第4版）》的通知

人注委秘函（2000）026号

各审核员培训机构：

根据国际审核员培训与注册协会（IATCA）发布的《质量管理体系审核员课程提供准则（第2版）》，中国认证人员国家注册委员会（CRBA）对原CRBA《培训课程批准准则（第3版）》进行了修订，形成了《质量管理体系审核员培训课程批准准则（第4版）》。现将该准则发布，从2001年1月1日起开始实施。

CRBA批准的审核员培训机构应认真学习和贯彻新版准则，修改课程和相应管理体系文件。从2001年1月1日起，CRBA对审核员培训课程进行的批准、年度监督评审和其他管理活动将依照新版准则进行。

中国认证人员国家注册委员会秘书处

二〇〇〇年八月二日

附件1：

质量管理体系审核员培训课程批准准则

1 总　　则

1.1 目的

为保证质量管理体系审核员（以下简称QMS审核员）的培训质量，规范培训课程批准工作，根据国际审核员培训和注册协会（IATCA）《质量管理体系审核员培训课程批准准则》（第2版），制定本准则。

1.2 范围

本准则适用于所有向中国认证人员国家注册委员会（CRBA）提出QMS审核员培训课程批准申请的境内外合法机构。CRBA国家注册中心（以下简称CRBA注册中心）负责QMS审核员培训课程批准实施工作。

1.3 定义

审核员培训课程批准：指对于满足注册审核员培训要求的审核员培训课程予以承认的方式。审核员培训课程包括课程内容及其管理。承认方式为批准。

（引自《IATCA 章程与协议》第一版（第 2 次修改））

1.4CRBA/IATCA 审核员培训课程批准证书

经 CRBA 批准的审核员培训课程提供者将获得 CRBA/IATCA 审核员培训课程批准证书，有资格提供 QMS 审核员培训课程；参加该审核员培训课程并考核合格者可获得 CRBA 和 IATCA 所有成员共同承认的 CRBA/IATCA 审核员培训合格证书。

2 学习目标

2.1 成功完成审核员培训课程的学员应能：

2.1.1 理解并能阐明质量管理体系的目的，以及该体系对于帮助组织提高有效性、协调性和顾客满意程度所起的作用；

2.1.2 理解 ISO9000 族中可用于审核的标准的目的和意图，此类标准与 ISO9000 族中的其他标准的关系，采用的术语：

2.1.3 理解 ISO9001 现行版本的要求和证明质量管理体系符合性和有效性所需的客观证据；

2.1.4 理解 ISO10011 现行版本的要求；

2.1.5 了解 ISO 标准的发展过程，ISO9000 和 ISO10011 标准变更对审核过程产生的影响，以及对审核员知识更新的要求；

2.1.6 文件的概念和要求；

2.1.7 理解质量方针、质量手册、程序、作业指导书、表格、文件、文件控制、记录和记录保存的要求和目的；

2.1.8 理解典型的 ISO9001 质量管理体系文件的内容，及质量手册、程序、作业指导书和质量计划间的内在联系；

2.1.9 评价在各种不同的情况下，对文件的不同要求；

2.1.10 理解符合 ISO 标准与遵守法律之间的区别，以及进行完整的管理体系审核时这些条款的意义；

2.1.11 理解第一方、第二方和第三方审核的作用，相同与不同点，以及在这些审核中审核员、受审核方和委托方的不同作用；

2.1.12 了解认证认可/注册制度，了解认可机构、认证机构、CRBA 和 IATCA 的不同职能；

2.1.13 理解组织质量体系认证的过程；

2.1.14 理解 CRBA/IATCA QMS 审核员注册准则、CRBA 的审核员注册制度以及 IATCA 审核员注册的国际互认；

2.1.15 理解下列事项的重要性及相互关系：

a）认证机构的认可；

b）受审核方质量管理体系的结构和内容；

c）审核计划；

d）审核组成员的选用。

2.1.16 理解审核过程各阶段的保密要求；

2.1.17 理解审核活动的礼仪规范，审核员应注意当地的风俗习惯、并遵守受审核方的规章制度、尤其是有关健康和安全方面的规定；

2.1.18 理解 CRBA/IATCA 审核员行为规范；

2.1.19 理解审核过程中人际关系的重要意义，熟练的面谈技巧并展示个人交流能力的重要性；

2.1.20 明确并能承担审核员和审核组长的职责；

2.1.21 明确审核前所需的信息，以便有效地确定审核所需要的人和资源；

2.1.22 策划和组织审核的各项工作，包括文件评审和符合性评价活动；

2.1.23 理解预审核的目的，掌握如何判断预审核的必要性或需求；

2.1.24 编制审核过程中使用的检查表；理解在审核中使用检查表的益处与风险；

2.1.25 主持首、末次会议，并理解在审核过程中召开与受审核方沟通会议的目的；

2.1.26 理解审核中抽样的益处与风险；

2.1.27 收集并分析审核过程中的客观证据，将具体情况与标准的相关要素进行对照，并客观地评价收集的证据；

2.1.28 理解充分的审核记录对于提供体系合格或不合格的客观证据的重要性；

2.1.29 根据审核过程中获得的客观证据编写不合格报告；

2.1.30 判断审核过程中发现的不合格的严重程度，并按照规定划分不合格级别。(在培训过程中，教师应就此评价作出可接受的解释说明)；

2.1.31 根据审核过程中获得的客观证据，决定是否推荐受审核方通过认证；

2.1.32 评价在审核中发现的不合格的纠正和预防措施计划，并理解对纠正和预防措施的有效性进行评价的过程；

2.1.33 总结并记录审核的结果，并能展示其编写简明的审核报告的能力；

2.1.34 理解监督审核的作用。

2.2 培训课程提供者应适当地制定更为具体的学习目标。

2.2.1 学员的学习目标应予测量。

3 课程内容

3.1 课程开始时，培训课程提供者应向学员介绍课程形式、学员要求、学员评价方式和评价依据。

3.2 培训课程内容

3.2.1 应包括本准则 2“学习目标”规定的所有方面；

3.2.2 适当时应包括课程提供者当地的文化习俗、惯例、要求或 ISO9001 的特殊的审核和应用方法。

4 课程结构和设施

4.1 课前要求

4.1.1 学员要求

每位学员在参加审核员培训课程前一年内，应通过 CRBA 注册中心组织的审核员预备知识考试。

4.1.2 预备知识考试要求

4.1.2.1 考试范围

1）八项质量管理原则；

2）ISO 9001 现行版本的具体要求；

3）ISO 9001 与 ISO 9000 族其他标准的比较关系；

4）ISO 9000 族标准中采用的术语定义（如供方、组织、顾客）。

4.1.2.2 预备知识考试由 CRBA 注册中心负责管理。

·采用经 CRBA 注册中心审定的试题，并由 CRBA 注册中心指派专人监考；

·CRBA 注册中心负责试卷评阅工作；

·及格分数线为百分制的 70 分；

·及格者由CRBA颁发预备知识考试合格证书，不及格者须重新参加考试。

4.1.3 培训课程提供者要求

在审核员培训课程开始前，培训课程提供者应验证每个学员的预备知识考试合格证书，并明确告知学员CRBA关于注册审核员的学历、工作经历和质量工作经历要求。

4.2 课程时间和组织

4.2.1 直接授课、分组活动和个人练习的全部课程时间应不少于36个小时。如果课程需要翻译，同声传译培训时间应增加25%（相应为45小时）；连译培训时间应增加40%（相应为51小时）。

4.2.2 考试、用餐、课间休息等自由活动时间不应计算在课程时间内。

4.2.3 除非经CRBA注册中心批准，培训课程应在连续的5天内完成。如课程提供者提出课程变更，应事先向CRBA注册中心提出申请并提交：

·要求变更的原因

·要求变更的依据

·修改后的培训计划和/或修改后的教学大纲

·对学习过程的影响的评价

4.2.4 课程的设计和实施应能使学员感受到质量体系审核的真实情景和气氛

4.2.5 每个学员应积极参与专题讨论、案例分析、审核员角色扮演活动等课堂活动，或参加实际的质量体系审核活动。此类活动的时间应不少于15小时。如果学员参加了实际的审核活动，2/3的审核时间应计算在全部课程时间之内。

4.2.6 与培训直接有关的辅助手段，如录像，可以作为教师培训教学的补充方式。此类非交流式、被动式辅助教学的时间不应超过3小时。

4.3 培训班规模、学员出勤要求

4.3.1 每期培训班的学员人数不能超过20名，也不能少于4名。

4.3.2 在极少和特殊情况下，课程提供者应书面申请并详细陈述理由，经CRBA注册中心批准后可举办少于4人或多于20人的培训班。

4.3.3 每位学员应参加全部课程的学习。如果学员不能满足这项要求，应加以记录，其结果应反映在对学员的连续评价和最终考核中。

4.4 培训教师的人数

4.4.1 11人（含11人）以上的培训班应有2名教师，他们应在全部课程期间积极地参与对学员的指导与评价。对于特定的专题或活动（见4.4.2），可以使用其他人员；然而，这两名教师应对全部课程负责。

4.4.2 对于不需要指导和评价，也不要求教师解释、澄清或答疑的活动（如书面测验或编制检查表），应至少有一名教师在场。

4.4.3 如果培训班的学员人数是4到10名，可以由1名教师授课。

4.5 设施

4.5.1 课程提供者应提供适宜的培训设施，包括教室、声像和其他培训设备，分组活动设施。

4.5.2 课程提供者对就餐、住宿应做适当的安排，应鼓励学员住宿学习，以增加学员参与小组活动和课外与教师交流的机会。

5 对学员的评价

5.0.1 课程提供者应对每名学员完成学习目标的情况进行评价。

5.0.2 对每名学员的评价包括以下两个不同方面，学员只有成功地通过这两方面的评价才能圆满完成课程培训：

1）包括 ISO 9001 审核原理和实践应用的笔试；

2）教师对学员的学习态度、审核能力、书面和口头表达技能以及作为审核组成员的表现和在角色扮演中的表现的连续评价。

5.1 笔试

5.1.1 笔试应能考察学员对审核过程的理解程度、ISO 9001 标准的应用能力，以及对评价结果的书面表达能力。

5.1.2 笔试的难度和题量应适度，使已理解课程内容并达到学习目的的学员在规定的时间内能完成考试。

5.1.3 笔试时间为 2 小时。

5.1.4 对于母语不是课程所用语言的学员允许增加笔试时间 30 分钟。学员可以使用双语词典。这种情况应在培训课程或考试记录中予以记录并注明原因。

5.1.5 对于考试不方便的残疾学员允许增加笔试时间 30 分钟。这种情况应在培训课程或考试记录中予以记录并注明原因。

5.1.6 至少 75%的卷面分数应集中在需要叙述回答的题目方面，以检验学员对审核场景的分析能力和对 ISO 9001 审核过程和应用的理解程度。

5.1.7 其他卷面分数应分布于多项选择题、判断题和简答题。

5.1.8 及格分数线为百分制的 70 分。

5.1.9 笔试过程中只允许携带一本课程提供者现场提供的 ISO 9001 标准现行版本。

5.1.10 笔试由 CRBA 注册中心负责管理。

·采用经 CRBA 注册中心审定的试题，并由 CRBA 注册中心指派专人负责监考工作；

·培训与笔试的时间间隔不能超过 6 个月。

5.1.11CRBA 拥有笔试试卷及其答案的版权，并按照保密文件进行管理。未经 CRBA 注册中心批准，任何机构、个人不得以任何理由获取、或向学员或其他方面提供试题（模拟试题除外）、试卷及其答案。

5.2 连续评价

培训教师负责对学员进行连续评价，并将结果形成文件。评价的内容包括：

5.2.1 评价学员在讨论、回答问题、课堂交流、案例研究报告以及小组活动中有效参与的表现；

5.2.2 评价学员书面作业的条理性和技术准确度；

5.2.3 评价学员的个人素质、技能和质量体系审核的管理能力；

5.2.4 评价学员的学习态度、作风和作为未来的审核员和审核组长的适宜性；

5.2.5 学员的出勤率、准时率及参加所有课程活动的情况；

5.2.6 当有两名教师授课时，由非授课教师通过记录每位学员的具体表现进行评价；

5.2.7 每天授课结束后，培训教师应进行汇总，并给每个学员的表现打分；

5.2.8 应识别那些不理解教材或不参加培训活动的学员，并将教师观察的结果个别告知他们；

5.2.9 对学员的评价应简单而有效。培训班结束时，培训教师应对评价结果进行协商汇总，解决分歧，并对每位学员做出连续评价的最后评价。连续评价结果分优秀（A 级）、合格（B 级）、不合格（C 级）三级。

5.3 评分；通过/未通过的判定

5.3.1 CRBA 注册中心按照程序对试卷的评阅和考试成绩的公布进行管理。

5.3.2 每份试卷应由一名评阅人负责评分，另一人复核并对低于 76 分的所有试卷重新评分。

5.3.3 如果课程通过翻译传授，课程提供者应保证负责翻译学员试卷的译员能够提供公正的、准确的、有专业水准的翻译。

5.3.4 学员笔试成绩70分（含70分）以上、连续评价为A或B级，为通过培训考核。笔试成绩低于70分或连续评价为C级，均为未通过培训考核。

5.3.5 连续评价不合格的学员必须重新参加另一次全课程培训。

5.4 补考

5.4.1 对于笔试不及格、但连续评价被评定为A或B级的学员在培训结束后的12个月内可补考一次。

5.4.2 除非经CRBA注册中心批准，补考应由该学员参加培训和考试（未通过）的同一课程提供者安排。

5.4.3 如需另一个课程提供者安排补考，补考学员应向CRBA注册中心提出申请。CRBA注册中心根据程序做出相应安排。

5.4.4 补考不能与第一次考试使用相同的试卷。

5.4.5 补考应由CRBA注册中心指派监考人员。

5.4.6 如果学员仍未通过补考，则必须重新参加另一次全课程培训，方有资格参加另一次考试。

6 培训课程管理

6.0 课程提供者应满足ISO9001的适用要求

6.1 教材

6.1.1 每位学员应获得一套完整的审核员培训教材，与CRBA《国家注册审核员通用教程》配套使用。

6.1.2 教材应体现出良好的组织、编排设计和文件管理，应包括文件修订版次和适当的编页。

6.1.3 教材应包括目录表和封面。封面应注明经批准的课程提供者的名称和课程标识。

6.1.4 教材应覆盖课程的每个部分，并应包括各部分的重点。

6.1.5 教材应包括典型文件、报告和表格范例。

6.1.6 教材可包括模拟试题。但这些试题不能在课程中和课程后的考试中出现。

6.1.7 培训课程提供者应为每个学员提供一本ISO9001的现行版本。

6.2 培训教师

6.2.1 课程提供者应拥有充分的师资资源。所有教师应具备丰富的管理体系审核的理论知识和实践经验，并有能力将其知识传授给学员，帮助学员提高技能。

6.2.2 教师应具备CRBA/IATCA高级审核员注册资格，并接受过授课技能和理论的培训。教师应通过不断的授课实践，持续保持、更新管理体系审核理论知识和知识传授技能。

6.2.3 教师在授课时，应使用汉语普通话。境外培训或有特殊需要时，可使用学员的语言。如果需要翻译，翻译人员必须具有提供有效翻译的能力。

6.2.4 每个不会说学员语言的教师都应配有一名翻译。

6.2.5 至少应有一名教师具备课程举办所在国的现时的审核经历和文化知识。如果没有这样的教师，教师组中应配备一名了解当地要求、文化和惯例的人员，以便对教师提供信息和建议。他应出席全部课程过程，包括教师指导或学员和教师之间进行交流的所有活动。

6.2.6 课程提供者应制订形成文件的程序以确保教师满足相应的资格要求，并能保持令人满意的表现。这些程序应包括至少每年一次对每名教师业绩的评审。课程提供者应保存这些评审的记录。

6.3 管理程序

6.3.1 课程提供者应参照本准则和ISO9001的有关要求制定并保持形成文件的程序，对课程实施有效管理。内容应包括：

1）课程讲授；

2）程序和教材保持及更改的文件控制体系；

3）教师选用标准、教师培训和授课评价程序、授课表现的跟踪评审和记录；

4）课程的管理评审；

5）每个学员及每期培训班的记录，包括统计分析；

6）学员评价程序，包括通过/未通过的判定；

7）笔试和补考的申请与实施；

8）证书的颁发；

9）学员评价记录的保存和最终处理；

10）学员评价、教师业绩和课程运行情况的的测量方法（如统计技术）；

11）培训课程、聘用教师名单和管理体系如有重大变化，应于实施前通知 CRBA 注册中心；

12）投诉与申诉。

6.4 管理评审

6.4.1 课程提供者的管理层应至少每年一次评审其管理程序，并将评审记录至少保存 3 年。

6.4.2 课程提供者的管理层应至少每年一次评审其课程设计及实施情况，以保证课程内容和授课的持续适宜性和有效性。

6.4.3 管理评审的项目应包括：

课程的变更、培训教师评价、测量活动、通过/未通过率、标准、CRBA 的要求、投诉与申诉。

6.5 记录

6.5.1 课程提供者应保存记录以证明自身符合本准则的要求。

6.5.2 记录应使用或翻译成中文或英文。

6.5.3 记录可以用任何媒介形式保存，如硬拷贝或电子媒体。

6.5.4 此类记录应至少保存 3 年。

6.5.5 CRBA 注册中心应可获得这些记录。

6.5.6 每期培训班的记录应包括下列内容（适用时）：

1）每班培训的计划表、招生通知、课程安排、地点、日期、有关的广告和宣传材料；

2）培训教师（包括代课教师）的名单及他们的审核员资格状况；实习教师、观察员的姓名；

3）使用教材的情况，包括版号、修订状态；

4）学员名单、连续评价结论和笔试结果；

5）所有连续评价表和有关小结的副件；

6）学员通过率；

7）补考学员名单及补考结果。

6.6 证书

6.6.1 每名通过笔试和连续评价的学员可以获得 CRBA/IATCA 认可的“培训合格”证书；

6.6.2 证书包括：

1）清楚地说明该课程由 CRBA 认可；

2）CRBA 和 IATCA 标志；

3）统一证书编号；

4）课程提供者在 CRBA 注册的名称；

5）课程名称、课程编号及培训班日期；

6）学员的姓名（包括汉语拼音），该姓名应与申请审核员注册的姓名完全一致；

7）该学员已经圆满地通过了培训课程的说明；

8）证书上的所有信息应反映在单页上。

6.6.3 对只参加课程学习，未参加或未通过考试的学员，发给“结业”证书。“结业”证书不具有培训合格的含义，也不应带有 CRBA/IATCA 名称和标志。

6.6.4 课程提供者应向学员声明“结业”证书不能作为其满足审核员注册要求的培训证明。

6.6.5“合格”证书和“结业”证书的设计和内容及其有关的任何变化均应经 CRBA 注册中心批准。

6.7 投诉和申诉

6.7.1 课程提供者应建立并保持形成文件的程序，以处理投诉和对其决定的申诉。该程序应包括因投诉或申诉所导致的纠正和/或预防措施的条款。该程序应包括接受 CRBA 对投诉或申诉的处理的条款。

6.7.2 培训课程提供者应告知每名学员有权提出投诉或申诉，并根据要求提供相应书面程序。

6.7.3 培训课程提供者应将投诉或申诉的处理结果书面通知相应投诉人或申诉人，并告知他们有权就处理结果向 CRBA 提出申诉。

6.7.4 课程提供者应保留所有的投诉、申诉及其处理的记录。

6.8 课程的合作（分包）

6.8.1 如果课程提供者与其他机构（分包方）合作举办经 CRBA 批准的课程，课程提供者应对合作方进行监督和控制，确保培训课程能够持续满足课程提供者和 CRBA 的所有要求。

6.8.2 任何关于合作举办课程的广告、文件和宣传材料都应清楚表明举办课程的机构与课程提供者的关系。

6.8.3 如果课程提供者允许其他机构使用其培训教材，但并未对课程的管理和讲授实施控制，课程提供者应确保使用其教材的组织不声称或暗示获得 CRBA/IATCA 批准。

7 对课程提供者的审核

7.1 语言

所有交流、文件和记录及其翻译应使用中文或英文。

7.2 初次评审

7.2.1 文件评审

7.2.1.1 培训课程提供者应向 CRBA 注册中心提交下列资料：

·质量手册、程序文件；

·机构介绍、招生通知及其它宣传材料；

·课程表；

·提供给学员的教材、案例及其它练习；

·教师使用的教案；

·专、兼职教师聘用情况。

7.2.1.2 作为评审的基础，CRBA 注册中心将对课程提供者形成文件的管理程序（见 6.3）进行评价，内容包括：

1）课程内容，包括涉及的科目、各种活动的时间安排及所有学员和教师的资料，如教材、学员阅读材料、案例分析、模拟测试等；

2）考试安排、试题和答案、时间分配、评分程序、通过/未通过规定、补考规定和程序、连续评价的方法、保证测量质量的程序；

3）培训和选择教师的准则、教师业绩评价程序、现有教师名单及其审核员的注册资格状况；

4）课程管理文件，包括学员入学要求、报名程序、培训证书和典型的宣传材料；

5）质量手册（或等效文件）和程序文件及其实施情况。

7.2.1.3 如果课程提供者形成文件的管理程序符合要求，CRBA 注册中心将以书面形式通知课程提供者。

7.2.1.4 如果 CRBA 注册中心认为课程提供者需要采取纠正措施，将以书面形式通知课程提供者。

7.2.1.5 在课程提供者采取了必要的纠正措施并提交了相应的文件后，如果 CRBA 注册中心认为其形成文件的管理程序符合要求，将以书面形式通知课程提供者。

7.2.2 现场评审

7.2.2.1 完成文件评审（见 7.2.1）后，CRBA 注册中心将组成评审组对课程提供者的管理体系和行政管理工作进行全面的现场评审，以确定其对本准则的符合性和程序实施的有效性。

7.2.2.2 在现场评审的末次会上，评审员应将观察结果告知课程提供者。评审员随后应向 CRBA 注册中心提交现场评审的书面评审报告和推荐意见。

7.2.2.3 如果 CRBA 注册中心根据现场评审报告确定课程提供者的管理、行政和运作状况符合要求，应以书面方式通知课程提供者。

7.2.2.4 如果评审报告认为课程提供者的管理体系的一些方面尚有待改进，CRBA 注册中心应以书面方式通知课程提供者采取纠正措施。CRBA 注册中心可根据评审情况决定对课程提供者进行全部或部分的重新评审和/或要求进行文件修改。

7.2.3 授课评审

7.2.3.1 现场评价过程中，CRBA 评审员应对授课过程进行一次或多次完整的评审。评审员应评价授课过程的所有方面以及教师和学员进行的所有活动，以确定对本准则的符合性和课程提供者程序实施的有效性。

7.2.3.2 在授课评审的末次会上，评审员应将观察结果告知课程提供者/授课教师，并随后将授课评审情况反应在向 CRBA 注册中心提交的书面评审报告和推荐意见中。

7.2.3.3 如果 CRBA 注册中心确认课程提供者的授课过程符合要求，应以书面方式通知对方。如果 CRBA 注册中心认为授课过程需要采取纠正措施，也应以书面方式通知课程提供者。

7.2.3.4 当课程提供者采取了必要的纠正措施，并提交了相应的文件之后，CRBA 注册中心可根据评审情况决定对课程提供者的授课过程进行全部或部分的重新评审。

7.2.4 批准

7.2.4.1CRBA 注册中心收到评审组关于文件评审、现场评审和授课评审的评审报告后，组织召开审核员培训课程技术评价组会议，对评审结果进行审定，对课程提供者的管理体系、行政管理和授课过程是否符合本准则要求提出意见，报 CRBA 注册中心主任批准。

7.2.4.2 如经审定确认符合要求，CRBA 注册中心将正式书面通知课程提供者并颁发批准证书。如未能通过评价，评审组将重新进行评审。

7.2.4.3 如果经过重新评审（见 7.2.2.4，7.2.3.4，7.2.4.2），课程提供者仍然不能满足要求，CRBA 注册中心将书面通知课程提供者，其课程不能被接受。课程提供者可以提出申诉，或改善课程和/或其管理程序和实践，再重新申请评审。

7.3 监督评审和复审

7.3.1 为评价课程提供者是否持续满足本准则的所有要求、其程序是否有效实施，CRBA 注册中心评审员每年对课程提供者所提供的课程进行为期一天的监督检查；每年对于课程提供者的管理程序、运作和有关记录进行为期一天的审核。

7.3.2 根据需要，CRBA 注册中心可对个别课程提供者进行更频繁和更深入的监督评审或进行全面的复审。

7.3.3CRBA 注册中心应制定监督评审程序对课程和课程提供者管理体系的各个方面进行监督评审。对授课的评审应根据具体情况评审不同的教师。在 3 年内，监督评审应覆盖课程提供者管理体系的所有要素，并验证其管理体系的有效性。

7.4 暂停、取消或注销

CRBA 注册中心根据以下情况（但不限于以下情况），暂停、取消或注销对课程的批准：

1）不交纳课程管理费用；

2）不符合 CRBA 的要求，不能按 CRBA 要求提供培训课程；

3）在课程提供者的请求下。

暂停、取消、注销和恢复课程批准的决定，应经 CRBA 注册中心主任批准。

7.5 申诉

任何对于 CRBA 注册中心有关培训课程决定的或其他与培训课程相关的申诉均应以书面的形式提交 CRBA 申诉委员会。CRBA 将在一个月内对该申诉作出书面答复。

8 支持性文件

审核员培训课程审批程序

培训课程监督评审程序

考试管理程序

审核员培训教师培训管理程序

附件 2：

产品认证审查员培训课程批准准则

1 总　　则

为规范我国产品认证审查员（以下简称审查员）的培训，满足产品认证工作对审查员基本能力的要求，特制定审查员培训课程批准准则。

中国认证人员国家注册委员会（以下简称 CRBA）负责批准审查员培训课程。

经 CRBA 认可的审查员培训课程培训合格者可获得 CRBA 认可的培训合格证书。

2 学员入学要求

参加培训前，每位学员应具备一定的基础知识：

2.1 经国家注册审核员预备知识培训，取得 CRBA 合格证书；

2.2 具有相关专业知识；

2.3 具有两年以上相应产品质量检验或质量管理的经历。

3 课程内容

课程涉及的内容应包括：

3.1 课程结构、对学员的要求及评价学员方式；

3.2ISO10011 现行版本的具体要求；

3.3 审核的类型（例如：体系、过程、产品；内部、外部；第一方、第二方、第三方；符合性、预审、认证/注册、监督），强调审核员独立于受审核方的要求；

3.4 对供方产品质量审查的过程；

3.5 审查过程：包括审查策划、结构、时间安排、文件评审、检查表、首次会议和末次会议、产品抽样检验要求、审查报告和记录保存；

3.6 审查员的个人资格和行为，包括个人素质、审核管理能力、行为和 CRBA 审查员行为准则；

3.7 审查技巧和程序：包括抽样、特定产品审查要点、不合格报告、与受审查方人员的关系、客观证据、不合格和观察结果的陈述及文件化、审查组会议、不合格分类、审查记录和召开审查会议；

3.8 不合格项的跟踪及纠正措施的完成；

3.9 审查组成员及其他与审查组和审查有关人员的作用，包括审查组长、审查员、观察员、见习审查员、见习审查组长、见证人、专家、联络员和受审查方；

3.10 鼓励学员使用在 ISO9000 系列标准中采用的术语；

3.11 产品认证审查员认证/注册；认证程序；审查员证书的携带性要求；

3.12 我国应用 ISO9001 的审核以及法规要求、习惯做法。产品认证特定要求及法律法规要求。

4 课程结构和设施

4.1 课程时间和组织

4.1.1 直接授课、分组讨论和个人练习的全部课程时间应至少 36 个小时。如果课程需要翻译、同声传译培训时间应增加 25%（相应为 45 小时）；连译培训时间应增加 40%（相应为 51 小时）。可根据具体产品认证复杂程度适当增加课程时间。

4.1.2 考试、用餐、课间休息等自由活动时间不应计算在课程时间内。

4.1.3 每个学员应积极参加作为指定的课堂活动的组成部分的专题讨论、案例分析、审查员角色扮演活动。此类活动的时间应不少于全部课程时间的 30%。

4.1.4 课外分组和个人活动时间最多可占全部课程时间的 1/3，这种活动可以包括小组活动和书写正式报告。

4.1.5 当课程的设计和实施能使每个学员参加审查实习时，全部实习时间的 2/3 计算在课程时间之内。

4.1.6 与培训直接有关的辅助手段，如录像，可以作为教师培训教学补充方式。使用录像带教学的时间不应超过整个课程时间的 10%。

4.2 培训班规模、学员出勤要求

每期培训班的学员人数不能超过 30 名，也不能少于 10 名（特殊情况下，可允许少于 10 名）。

每位学员应参加全部课程的学习。如果学员不能满足这项要求，应加以记录，其结果应反映在对学员的连续评价和最终考核中。

4.3 培训教师的人数

4.3.1 每期培训班应有 2 名教师，他们应该积极地参与在全部课程期间对学员的指导与评价。对于特定的科目或活动，可以使用其他人员或实习教师；然而，这两名教师应对全部课程负责。

4.3.2 当特定的活动（例如笔试）进行时，在既不需要指导，也不需要评价，更不要求教师解释、澄清或答疑的情况下，这两名教师不必到场。

4.3.3 如果培训班的学员人数是 10 名，可以由一名教师执教。

4.4 设施

课程提供者应为学员提供适宜的培训设施，包括教室、住宿、声像和其他培训设备和分组活动设施。对就餐和休息应做适当的安排，并在与课程介绍有关的资料和宣传材料中加以详细说明。

5 对学员的评价

课程将通过两个不同方面对每名学员进行评价，学员只有通过这两方面的评价方能通过课程培训：

·内容覆盖 ISO9001 进行审核的原则和实践及产品认证特定要求的笔试；

·由所有指导教师分别对学员学习态度、专业、审查能力、书面和口头表达技能以及作为组员的表现和在角色扮演中的表现进行连续评价。

培训课程提供者应通过笔试和连续评价两方面对每位学员进行全面评价，以最终确定学员是否通过培训。

5.1 笔试

5.1.1 笔试应检验学员对 ISO9001 标准的应用和审查过程的理解，产品认证特定要求，以及对其评价判断的书面表达能力。

5.1.2 笔试采用经 CRBA 审定的试题，并由 CRBA 选派专人负责监考工作。

5.1.3 笔试过程中只允许携带一本课程提供者现场提供的 ISO9001 标准现行版本，相应的标准规范(必要时)。至少 3/4 的考试分数应集中在需要叙述回答的题目方面，以检验学员对产品认证特定要求掌握及对 ISO9001 审查过程和应用的理解程度及其对评价判断的书面解答能力。

5.1.4 考试分数的其他部分应为多项选择题、对/错选择题或简答题。笔试时间为 2 小时。

5.1.5 笔试结束后，监考人将试卷封好并注明考试时间、地点、监考人、考生人数、教师姓名、课程提供者名称。

5.1.6CRBA 指派专人按标准答案负责试卷的评阅。

5.1.7 笔试的及格分数线为 80 分。

5.2 连续评价

由两名培训教师分别对学员进行连续评价。评价的内容包括：

5.2.1 学员的讨论、回答问题、课堂发言的准确性以及在小组活动中有效参与的表现；

5.2.2 评价学员书面作业中对专业理解的清晰度和正确性；

5.2.3 评价学员的个人素质、技能和审查管理能力；

5.2.4 评价学员的学习态度、作风和作为未来的审查员和审查组长的适宜性；

5.2.5 学员的出勤率、准时率及参加所有培训班活动的情况；

5.2.6 当有两名教师授课时，由非授课教师通过对每位学员的具体表现记录进行评价；

5.2.7 每天授课结束时，培训教师应进行日评价，并给每个学员的表现打分；

5.2.8 应识别那些表现出不理解教材或不参加培训活动的学员，并应个别告知对这些学员教师观察的结果；

5.2.9 对学员评价应简单而有效。

培训班结束时，两名培训教师对各自的评价结果进行协商汇总，做出对每位学员连续评价的最后评价，评价结果分 A、B、C 三级。

5.3 通过/未通过的判定

5.3.1 两名教师比较各自连续评价的评分，解决分歧，确定总评分数，并做出通过/未通过的判定。所有评分过程都应由两名教师分别独立地完成。如果课程由一名教师进行，培训课程提供者还应该指定另外一名教师对笔试进行评分。

5.3.2 如果课程是通过翻译传授的，负责翻译学员笔试的翻译/口译应该由课程提供者按以下原则挑选：课程提供者应确信翻译员能够进行公正的、有专业水准的和准确的翻译。

5.3.3 学员笔试成绩 80 分（含 80 分）以上、连续评价为 B（含 B）级以上可以通过培训考核。笔试成绩 80 分以下或连续评价为 C，均为未通过培训考核。

5.4 补考

5.4.1 对于笔试未通过、连续评价被评定为 B（含 B）级以上的学员应给予一次补考机会。补考不能与第一次考试使用相同的试卷。

5.4.2 补考应由该学员参加培训和考试（未通过）的同一课程提供者安排。

5.4.3 如经 CRBA 同意，补考可以由不同的课程提供者负责。

5.4.4 补考应在一名由 CRBA 派出的监考人员在场的情况下进行。

5.4.5 如果学员仍未通过补考，则必须重新参加培训课程，方可进行另一次考试 。

6　培训课程管理

6.1 教材

6.1.1 每位学员应获得一套完整的、符合本准则要求的审查员培训教材，作为教学大纲的补充。教材中的文件应显示很好的组织、布局和文件管理，包括文件修改版次和适当的编页。

6.1.2 这套教材应包括目录表和课程标识。

6.1.3 教材应覆盖《教学大纲》（见附录）每个部分，并应强调涉及要素的所有重点。

6.1.4 特定产品的审查要点。

6.1.5 产品认证特定要求（产品标准、抽样方法、检验程序等）。应包括典型文件、报告和表格的范例。

6.1.6 教材可包括模拟试题。但这些试题不能在课程中和课程后的考试中出现。

6.1.7 培训课程提供者应为每个学员提供一本 ISO9001 现行版本的副本，及相关技术规范（必要时）。

6.2 培训教师

6.2.1 所有的教师均应为 CRBA 注册高级审核员的培训教师或经 CRBA 认可的有资格的人员。他们具备审核管理体系的理论和实践方面的经验，具备产品专业知识、产品生产过程及检验知识，具有培训经验，能将其知识传授给学员。

6.2.2 教师授课时，应使用学员的语言。如果必须使用翻译，翻译必须懂得专业知识，以便提供准确的翻译内容。

6.2.3 课程提供者应对每名授课教师进行业绩评审，并应保存这些评审的记录。

6.3 记录

课程提供者应保存记录以证明自身符合本文件的要求。

记录应使用 CRBA 认可的语言。

记录或翻译的记录可以用任何媒介形式保存，如硬拷贝或电子媒体。

除非另有规定，这些记录应至少保存 6 年。

记录应包括下列内容（适用时）：

6.3.1 每班培训的计划表、招生通知、课程安排、地点、日期；

6.3.2 培训教师（包括代课教师）、实习教师、观察员的姓名，他们的审核员资格情况；

6.3.3 使用教材的情况，包括版号、修订状态；

6.3.4 所有参加培训的学员的名单、通过与未通过考核学员的名单；

6.3.5 连续评价表和有关小结的所有副件（这些记录至少应保存 2 年）；

6.3.6 每位学员的最终成绩；

6.3.7 通过考核及补考的学员名单；

6.3.8 通过培训课程学员的百分比。

6.4 证书

每名通过笔试和连续评价的学员可以获得 CRBA 认可的培训合格证书。

证书应包括：

6.4.1 清楚地说明该课程由 CRBA 认可；

6.4.2 统一编号；

6.4.3 课程提供者在 CRBA 注册的名称；

6.4.4 课程名称、编号及培训班日期；

6.4.5 学员的姓名，该姓名应与申请审核员注册的姓名完全一致；

6.4.6 该学员已经圆满地通过了培训课程的说明；

6.4.7 证书上所有信息应反映在单页上。

证书上“结业”一词应清楚地指明那些只参加课程学习的学员，绝不应有合格的含义。

课程提供者应向学员声明“结业”证书不能作为其满足审核员注册要求的培训证明。

“合格”证书和“结业”证书的设计和内容及其有关的任何变化均应经 CRBA 批准。

6.5 设诉和申诉

6.5.1 课程提供者应建立并保持文件化程序，以处理意见和对其决定不满的申诉。该程序应包括 CRBA 对未解决意见和申诉的处理。

6.5.2 培训课程提供者应使每名学员明确有权利提出意见或申诉，并应使学员了解其书面程序。

6.5.3 培训课程提供者应保留所有的申诉及处理记录。

7　联系方式

单位地址：中国北京市朝阳区和平里西街甲 2 号

通信地址：北京市和平里邮局 23 号信箱

邮　　编：100013

电　　话：(86-10) 64238900-206、401

传　　真：(86-10) 64204123

电子邮件：cnacp@public.netchina，com.cn

产品认证审核员培训教学大纲

1. 培训目的：

1.1 通过培训使学员理解 GB/T19021-ISO10011.1 的内容；

1.2 通过培训使学员准确掌握 GB/T19001-ISO9001-2000 版及相应产品认证制度所依据的标准内涵；

1.3 通过专业知识培训，技能训练，使之能完成产品认证审查全过程的各种活动。

2. 培训对象：

2.1 具有中等专业以上学历，具体参照《产品认证审查员注册准则》；

2.2 具有所从事认证产品类别的专业知识；

2.3 具有二年以上相应产品质量检验或质量管理的经历；

2.4 获得 CRBA 颁发的国家注册审核员预备知识培训合格证书。

3. 培训人数：每期培训班学员人数不应多于 30 人。

4. 培训原则：

4.1 全面教授 CRBA/CNACP 批准的审查员通用教材和本中心教程的内容，使学员准确掌握其重点、难点；

4.2 结合学员的现有基础和思维习惯，做到因人施教，以启发为主；

4.3 通过现场考核、提问、讲评等方式，掌握学员对问题理解偏差的原因，有针对性帮助学员克服障碍；

4.4 通过案例分析、角色扮演，激发学员对课程的兴趣，鼓励不同的分析思维方式，引导学员掌握正确的判断方法；

4.5 老师要以身作则，使学员做到谦虚、严谨、公正、客观、守时、刻苦，达到合格审查员的素质要求。

5. 培训要求：

5.1 每次培训有两名讲师始终参与全部课程的授课和指导，一名主任教师，一名助教。当一名教师授课时，则另一名教师对学员进行连续评价。

5.2 评价的内容见《产品认证审查员培训课程批准准则》5.2 连续评价。

5.3 评价分数要求：

其中：	课堂纪律	15%
	学习态度	15%
	口头发言	25%
	书面作业	25%
	小组活动/角色扮演	20%
	及格分数	80 (B)

5.4 笔试的内容见《产品认证审查员培训课程批准准则》5.1 笔试。

课程介绍

（教学时间：约 50 分钟，其中自我介绍 20 分钟，课程介绍 30 分钟）

1．教学目的：

使学员对培训的目标、日程、授课方法和考核评价的方法得到基本了解，建立信心。

2．主要内容：

2.1 介绍本次培训班所要求学员应掌握的审核基本知识、产品专业知识、教学的方法和日程安排；

2.2 对学员纪律的要求和考核评价的方法；

2.3 作为一名合格的审查员的基本条件；

2.4CRBA 对审查员培训考核的方式；

2.5 自我介绍、相互了解。

3．重点与难点：

3.1 通过以上介绍，使学员掌握此次学习的目的，特别是考核评定的方式和教学方法；

3.2 引导学员逐步克服接受直贯式培训方式的习惯，启动学员的参与意识，消除紧张、畏难情绪、调整好心理状态。

4．自我介绍的基本信息是：姓名、单位、职务、专业、兴趣、审核（如内审）经历等，每人限定半分钟左右，要把上述内容表述清楚，既达到相互了解的目的，又锻炼学员的表述和沟通能力。

第一章　认证与认可制度

（教学时间：约 4 小时）

1．教学目的：使学员了解并掌握我国产品质量认证与国家认可和质量体系认证与国家认可的历史、现状、发展以及法规要求。

2．主要内容：

2.1 质量认证（合格评定）的发展历史和现状；

2.2 产品质量认证与国家认可制度；

2.3 质量体系认证与国家认可制度；

2.4 产品质量认证与质量体系认证的区别。

3．教学重点与难点：

3.1 教学办法：

3.1.1 法规体系；

3.1.2 认证与认可制度；

3.1.3 认证的程序；

3.1.4 申请认证的条件。

3.2 教学难点：

3.2.1 产品认证与质量体系认证的区别与比较；

3.2.2 申请资格的确认和申请认证要求的评审。

第二章　标准回顾

（教学时间：约 4 小时）

1．教学目的：

使学员准确掌握审核的依据——ISO9001 的内涵

2．主要内容：

2.1ISO9000 族 2000 版标准的基本原理；

2.2 几个常用的质量管理术语；

2.3ISO9001：2000 标准的主要要求。

3. 重点与难点：

3.1 教学重点：

3.1.1 八项质量管理原则；

3.1.2 质量管理体系的基本原理，主要包括：

· 质量管理体系要求和产品要求的区别；

· 质量管理体系方法；

· 过程方法；

· 文件：文件的价值和文件的类型；

· 质量管理体系的评价（包括对产品实现过程符合标准的正确评定）。

3.1.3ISO9001 标准的质量管理体系要求。

3.2 教学难点：

3.2.1 对 ISO9001 标准的准确理解，特别是哪些地方是要求组织"必须""应该"提供的保证活动，哪些地方是在有前提条件所提供的保证活动，如：当有规定要求时等；

3.2.2 标准哪些是带有主观性的要求，如：适当时，适用时等；

通过提问，掌握学员在哪些地方对标准理解上存在有误区，有针对性地进行培训。

3.2.3 对 ISO9001：2000 标准中新的要求（相比 94 版），如顾客满意的测量、过程的测量和监控等。

第三章　质量审核

（教学：约 24 小时 3 天）

1. 教学目的：

使学员对质量审核和质量体系审核准确地理解，掌握审核是评价的手段。

2. 主要内容：

2.1 质量审核的概念；

2.2 质量审核的特点、类型、目的；

2.3 质量体系审核的阶段、步骤（如：审核策划、结构、时间安排、文件评审、检查表、首/末次会议、审核报告和记录保存）；

2.4 审查员的个人资格和行为，包括个人素质、审查管理能力、行为和 CRBA 审核员行为准则；

2.5 审核技巧和程序：包括抽样、不合格报告与受审核方人员的关系、客观证据，不合格和观察结果的陈述及文件化、审核组会议、不合格分类、审核记录和召开审核会议；

2.6 不合格项的跟踪及纠正措施的完成；

2.7 产品质量审核的具体方法。

3. 重点与难点：

3.1 教学重点：

3.1.1 准确掌握质量审核的概念、特点和前提条件；

3.1.2 不同类型的审核的目的；

3.1.3 质量审核的步骤；

3.1.4 产品质量审核与质量体系审核的不同点。

3.2 教学难点：

3.2.1 审核资源的配备；

3.2.2 审核计划的编制；

3.2.3 检查表的作用、内容和正确的使用；

3.2.4 审核报告的编制；

3.2.5 审核过程的各种会议的内容及其要求；

3.2.6 跟踪验证的方式。

第四章　特定产品认证审查要点

(教学时间：约 16 小时 2 天)

1. 教学目的：

学员运用 ISO9001 标准及特定产品认证依据进行审核，掌握审核技巧，对特定产品实施审查提供指导。

2. 主要内容：

2.1 产品相关的法律、法规要求；

2.2 产品特点，产品形成全过程分析；

2.3 产品技术标准，抽样、检验与试验的要求；

2.4 关键过程、特殊过程及控制；

2.5 产品认证审查各要素的审查要点。

3. 重点与难点：

3.1 教学重点：

3.1.1 对特定产品和生产过程审查要点及评价：

3.1.2 产品认证的特定要求。

3.2 教学难点：

3.2.1 质量体系审核与产品认证审查对各要素审核评价的异同：

3.2.2 产品认证审查的方法、技巧：

3.2.3 对产品认证审查人员在产品标准、技术规范、产品生产过程、检验与试验符合性判定等方面的特殊要求。

最后的复习和答疑

(时间：4 小时)

1. 目的：使学员掌握本教程的重点和难点。

2. 主要内容：

把全部课程进行串讲，并突出每章的重点和难点，通过小测验和摸拟测验所掌握的学员容易混淆和不清的概念，应有针对性地进行强调和澄清。

3. 根据课堂要求，需要准备：

3.1 教材要求：覆盖教学大纲的每个部分，应包括教材修改版和适当的编页，应包括目录表；

3.2 编制国家注册审查员培训课程时间表；

3.3 学员培训课程案例分析；

3.4 学员培训课程课堂练习；

3.5 学员培训课程模拟题卷。

产品认证审查员注册准则

1 引　　言

1.1目的

本准则规定了中国认证人员国家注册委员会（简称CRBA）实施产品认证人员注册的要求，旨在完善产品认证人员注册制度，保证产品认证工作质量。

1.2范围

本准则适用于所有向CRBA提出申请注册产品认证审查员的境内外申请者以及已注册的不同级别的产品认证审查员。

1.3审查员级别

审查员分三个级别，级别的晋升必须遵守逐级晋升原则。

1.3.1实习审查员：是指满足本准则的教育、工作经历、质量工作经历和培训要求，但不满足审查经历要求的人员。

1.3.2审查员：是指已满足本办法规定的相应要求，能够正确理解被评价产品的有关要求，有能力判断某一特定产品是否符合规定要求，并证实其有能力单独或作为审查组成员对特定产品认证现场审查进行完整或部分审查的人员。

1.3.3高级审查员：是指已满足本准则规定的相应要求，能够正确理解被评价产品的有关要求，有能力判断某一特定产品是否符合规定要求，经证实有能力、有效地管理审查组，并能够协调整个产品认证审查过程各方面工作的人员。

2 注册要求

所有级别的审查员应满足以下培训、教育、工作经历及质量工作经历的要求。

2.1审查员培训课程

申请人应完成CRBA批准的特定产品认证审查员培训课程，取得培训合格证书。

注：申请人应在申请注册的前3年内完成此培训课程。

2.2教育和工作经历

2.2.1具有国家承认的本科及其以上学历，并具有至少4年专职（或兼职等效）与评审活动相关的技术专业或管理工作岗位的工作经历；或

2.2.2具有国家承认的专科或同等学历，并具有至少6年专职（或兼职等效）与评审活动相关的技术、专业或管理工作岗位的工作经历；或

2.2.3审请人完成大学入学前的12年全日制中等教育后，获得在国家承认的教育机构颁发的完成至少600学时以上的学业证书，或通过远程学习获得与至少600学时以上的国家承认的学术或技术证书；并具有至少6年专职（或兼职等效）与评审活动相关的技术、专业或管理工作岗位的工作经历。

注：要求申请人提供学历证明复印件，必要时CRBA对学历证明原件进行验证。

2.3 质量工作经历

2.3.1 申请人应具有两年以上实施或应用与申请注册专业相关的产品质量工作经历，这种经历对有效地实施产品认证审查提供必要的实践经验。这种经历可以与工作经历同时发生，但这些经历必须是在申请人提出注册申请前 6 年内获得的经历。

注：要求申请人提交一份简历或其它文件，作为满足质量工作经历要求的客观证据。该简历需包括聘用机构的联络地址、电话等，并阐明申请人的经历是满足上述工作经历（见本文第 2.2 条）及质量工作经历（2.3）要求。

3 审查经历

每一位申请人应该保留一份审查记录，该记录应能说明其审查经历是在规定情况下获得的，同时所有的审查经历应是申请前 3 年内实施的审查。

3.1 合格的审查

所有的审查必须是独立的审查。应包括质量体系审查和判断特定产品符合规定要求的评价。审查员和审查员聘用机构应有与受审核方独立的管理和运行机制。审查类型如下：

3.1.1 总部对其工厂或其分支机构的审查（不包括工厂组织的内部审核）；

3.1.2 一个分支机构或工厂对另一个分支机构或工厂的审查；

3.1.3 需方对供方的审查；

3.1.4 第三方认证或注册审查；

3.1.5 咨询人员按合同提供的独立的符合性审查；

3.1.6 认可机构对认证机构的评审。

所有的审查（包括覆盖认证产品的完整体系的审查、部分体系审查及监督审查）必须按照（GB/T19021.1-ISO 10011-1 标准的要求进行，认证的产品体系审查过程符合有关标准或规范。

注：1. 与注册产品认证审查专业相同产品的质量体系审核经历按产品审查经历 2/3 计算，不同产品的审核经历不计入审查经历。

2. 每个现场审查工作日应不少于 6 小时，并且每 24 小时内不能多于一个审查工作日。

3. 申请人应熟悉审查中使用的语言，或者在审查活动中能通过翻译进行有效的交流。

4. 对于在中国以外其它国家获得的审查经历，每次审查应能提供由受审核方签署的 CRBA 指定的审查经历记录表。

5. 所要求的审查经历必须是至少对 3 个不同的运营机构经营单位的审查。

6. 现场审查包括首次会议、末次会议及符合性审查，但不包括策划、文件审查和准备审查报告。

3.2 审查记录

所有级别的注册、年度确认和复查换证申请人应该在其申请材料中附上一份包含以下内容的审查记录：

3.2.1 审查日期；

3.2.2 每次现场审查的工作时间及审查总时间数；

3.2.3 质量管理体系标准（如：GB/T19001-ISO9001 或可接受的替代管理体系标准）及相应的产品标准；

3.2.4 审查类型（见本文第 3.1 条）；

3.2.5 受审核方名称及联系地址、联系人、电话、传真等；

3.2.6 审查员聘用机构的名称、联系地址、联系人、电话、传真等；

3.2.7 审查组组长和实施验证评价的审查员姓名、联系地址、电话、传真等（见本文第 3.6 条）；

3.2.8 审查组人数；

3.2.9 申请人在审查中的作用；

3.2.10 申请人审查的要素。

3.3 实习审查员

3.3.1 申请注册实习审查员时没有审查经历要求。

3.4 审查员

3.4.1 申请人的所有审查经历应包括：

3.4.1.1 质量管理体系标准（如 GB/T19001-ISO9001 或可接受的替代管理体系标准）的每个要素的审核。

3.4.1.2 符合 GB/T190021.1-ISO10011-1 完整的审查过程。

3.4.2 审查员级别的申请人应：

3.4.2.1 作为一个审查组成员从事不少于 20 天的现场审查，其中至少参加 4 次完整的产品认证现场审查；

3.4.2.2 在这些完整的现场审查中，至少有 2 次为期 2 天或 2 天以上包括对完整质量管理体系有效性进行判定并对特定产品的生产过程进行正确评价的现场审查。

3.4.2.3 审查经历中至少有两次经历是经过实施验证评价工作的审查员的验证。该验证审查人员应参与审查的从准备到形成报告的所有阶段，一次最多只能验证 2 名人员。

3.4.2.4 所有要求的审查经历不能由同一名实施验证工作的审查员进行验证。被验证的审查经历必须是对受审核方完整的产品认证审查过程全要素的审查，且现场审查时间至少为两天。该验证审查人员必须在现场对被验证人员审查关键要素、关键过程亲自验证。

3.4.2.5 所有要求的审查经历应在申请该级别注册之日前 3 年内获得。

3.5 高级审查员

3.5.1 申请人除满足申请审查员的条件外，还须满足下列所有要求：

3.5.1.1 以审查组组长的身份按 GB/T19021.1-ISO 10011-1 成功地实施和管理 5 次完整产品认证现场审查，这些审查活动应至少有另外一名审查员参加，其中二次组长审查经历经验证有效；

3.5.1.2 所有审查经历的验证应足以使验证审查员确定申请人所具备的管理审查组的能力（包括策划、组织和与审查组其他成员合作工作）。

3.5.1.3 所有要求的审查经历不能由同一名实施验证评价工作的审查员进行验证。

3.5.1.4.5 次完整产品认证审查经历应在申请该级别注册之日前 3 年内获得。

3.6 实施验证的审查员

3.6.1 应由聘用机构选择实施验证的审查人员，并向 CRBA 说明选择的根据，并获得 CRBA 认可。CRBA 保留对其实施评价的权力。

3.6.2 承担验证工作的审查员应具备以下能力：

3.6.2.1 具备高水平从事产品认证全过程审查的经历和能力；

3.6.2.2 具备向他人传授知识的能力；

3.6.2.3 具备对人员工作进行评价的能力；

3.6.2.4 能充分理解 CRBA 及特定产品认证的标准、规范等依据。

3.7 体系审核员向产品认证审查员的转换

3.7.1 已具有 CRBA 注册的质量体系级别审核员申请与注册范围相同或相近的产品认证审查员，需经过相应的专业知识审核技能的考核，考试合格后即可注册。

3.7.2CRBA 注册的质量体系实习审核员需经相应产品认证审查员专业知识培训考试合格后方可注册。

4 面　　试

为验证申请人的审查能力和素质，CRBA 根据需要对申请人进行面试。面试是 CRBA 评价产品认证审查员其以上级别审查员符合本准则要求和所申请注册专业审查能力要求程度的手段之一。

5 注册申请

5.1 申请文件

5.1.1 实习审查员注册申请书必须用指定的表格完成，并附有以下证明文件：

5.1.1.1 审查员培训课程培训合格证书（复印件）；

5.1.1.2 教育资格证书；

5.1.1.3 工作经历（需要时应提供聘用机构的推荐书）。

5.1.2 审查员和高级审查员的注册申请必须用指定的表格完成，并应包括：

5.1.2.1 培训合格证书复印件；

5.1.2.2 实习审查员注册证书或审查员注册证书复印件；

5.1.2.3 审查经历记录；

5.1.2.4 审查经历验证评价报告。

5.1.3 所有递交的文件，回信都应是中文或英文（包括原件的认可的翻译件）。完整的申请，应包括所需的文件和申请费用。

5.2 申请担保人

申请人应由聘用机构或两名与申请人有业务关系的审查员担保。担保人或机构必须能对申请人在申请书中所填写的内容出具证据，或担保人确实了解的证明。

6 申请评价与注册

6.1 分承包方

CRBA 按文件化程序实施选择、认可和监督审查员注册申请评价分承包方工作。

经 CRBA 认可的分承包方将与 CRBA 签署注册申请评价分承包方协议。

6.2 评价人员

6.2.1 注册、年度确认和复查换证申请材料应由 CRBA 具有评价资格和能力的人员进行评价。评价工作必须由对申请人没有任何偏见，对于评价结果没有利害关系的人员进行。

6.2.2 评价人员应该是经过必要的培训具有资格的人员，他们能客观地对于申请人的资格和经历做出评价。

6.2.3 按文件化程序对评价人员进行选择、培训和管理，以确保其对于申请的评价活动满足规定的要求。

6.2.4 每一份申请材料由两名评价人员共同进行评价。

6.3 评价过程

6.3.1 申请材料到达 CRBA 后，首先要确定其完整性。申请材料确实不完整，需通知申请者提供补充材料或退回。

6.3.2 当确定申请材料完整后，进行技术评价。每份申请由两名技术评价人员进行评价，验证申请中提供的信息，评价申请者的能力。验证和评价每份申请材料的内容包括：

6.3.2.1 从出具验证评价的审查员处得到以下信息：

a）个人素质；

b）审查经历，包括申请人有能力从事所有阶段的审查的证明；

c）领导审查的经历（适用时）。

6.3.2.2 从聘用机构得到有关工作经历信息，包括：

a）质量工作经历；

b）机构类型；

c）聘用日期；

d）职责。

6.3.2.3 从受审查方获得审查经历信息，包括：

a）申请人参加审查的日期和现场审查时间；

b）采用的体系标准和实施的审查类型（如监督审查，完整体系审查）；

c）确认审查符合 GB/T19021.1-ISO10011-1 标准；

d）确认申请人有能力进行完整的审查；

e）申请人在审查中的作用；

f）审查组人数；

g）审查组组长姓名；

h）审查员与被审查组织的关系。

6.3.3 若根据申请人提供的信息不能作出决定，则要求申请人澄清或增加信息。必要时安排面谈。

6.3.4 申请人聘用机构可以验证其申请是否满足这些要求，但并不代替 CRBA 的验证。

6.4 注册

经评价符合要求的申请人准予注册，CRBA 颁发注册证书。

6.5 证书和身份证明

注册证书中包括以下信息：

审查员姓名　　注册级别　　注册范围

注册有效期限　　注册机构名称/标志　　注册编号

6.6 申诉和投诉

对于注册、保持注册及注册资格处置的申诉，按“申诉、投诉各争议的处理规定”办理。

6.7 注册资格的处置

对审查员注册资格的处置按“审核员注册资格暂停、降级和取消的规定”进行。

6.8 审查员档案

CRBA 为每位申请人和注册级别审查员保留档案。档案包括原始申请、审查记录、对于审查员投诉记录及其调查、申诉记录以及与保持注册相关的信息。

6.9 注册审查员名录

注册级别审查员将被列入由 CRBA 公布的名录。名录需包括：

6.9.1 审查员姓名；

6.9.2 注册级别；

6.9.3 注册范围；

6.9.4 注册日期；

6.9.5 注册证书编号；

6.9.6 受聘状态（必要时）；

6.9.7 联系单位（必要时）；

6.9.8 地址、邮政编码（必要时）；

6.9.9 电话和/或传真号码（必要时）。

7 保持注册

为了保持注册，每位注册的 CRBA 审查员或高级审查员需通过持续的产品认证审查和持续的专业发展来保持其审查能力。CRBA 将通过评价申请表中的信息、审查记录、专业发展记录来验证每一注册审查员或高级审查员的工作和能力。同时，还通过申诉系统、对审查员的审查现场见证、从审查员聘用机构调阅档案以及向受审核方调查等方式来验证审查员的工作和素质。从审查员或高级审查员最初注册之日起，每 3 年进行一次复查换证。在证书有效期间实行年度确认制度，同时具备质量体系审核员和产品认证审查员资格双重身份的人员，且已在 CRBA 履行过审核员年度确认手续，只需提供两次相关产品的认证审查经历，视为通过年度确认。实习审查员注册有效期为 3 年，到期未升级者，其证书自动失效。

7.1 审查员

7.1.1 申请

每一位审查员在其证书有效期内需要提交；

7.1.1.1 年度确认申请表。

7.1.1.2 自上次确认至今从事的审查记录及专业发展的证明材料，并附必要的说明和客观证据。

7.1.1.3 年度确认费。

7.1.2 审查经历

7.1.2.1 每年成功地完成了至少 2 次完整的产品认证审查，包括对完整质量管理体系有效性的判定和对特定产品符合规定要求进行正确评价。

7.1.2.2 所有审查应符合 GB/T19021.1-ISO 10011-1 标准的规定。认证产品审查过程符合有关标准或规范。

7.1.2.3 为保证审查员保持审查技能，两次相邻审查的间隔时间最长为 18 个月。

7.1.3 严格遵守产品认证审查员行为准则（见本文第 8 条）。

7.2 高级审查员

7.2.1 申请

每一位高级审查员在其证书有效期内需提交：

7.2.1.1 年度确认申请表。

7.2.1.2 自上次确认至今从事的审查记录及专业发展的证明材料，并附必要的说明和客观证据。

7.2.1.3 年度确认费。

7.2.2 审查经历

7.2.2.1 每年成功地完成了至少 2 次完整的产品认证审查，包括对完整的质量管理体系有效性的判定和对特定产品符合规定要求进行正确评价。

7.2.2.2 所有审查应符合 GB/T19021.1-ISO 10011-1 标准的规定。认证产品审查过程符合有关标准或规范。

7.2.2.3 至少在 50%的审查中，应以审查组组长身份参加审查，管理着至少还有另外一名审查员参加的审查组。

7.2.2.4 为了保证审查员保持审查技能，两次相邻审查的间隔时间最长为 18 个月。

7.2.3 严格遵守产品认证审查员行为准则。

7.3 专业发展

7.3.1 审查员及高级审查员每年须完成至少 20 分相应的持续专业发展活动。此项记录作为年度确认和复查换证的一部分文件提交。

7.3.2 专业发展的记录，应说明活动的种类、内容、时间以及活动提供者的姓名及联系方式。

注：在选择适当的专业发展时，经别审查员需考虑个人的优势和劣势，并确认个人发展领域。专业发展活动应与质量原理和实践相结合；或是为提高审查的方法和技能。

7.3.3 申请人的专业发展活动应涉及新的知识和技能。

8 产品认证审查员行为准则

在CRBA注册的实习审查员、审查员或高级审查员，必须严格履行其职责并遵守以下行为准则：

8.1 忠于职守，做到准确、公正；

8.2 努力提高审查技能；

8.3 主动帮助其他审查人员提高他们的管理水平、工作质量和审查技能；

8.4 不介入冲突或利益竞争，不向任何委托方或聘用机构隐瞒任何可能影响本人判断的关系；

8.5 除在受审查方和审查组织书面授权的情况下，不讨论或披露任何有关审查的信息；

8.6 不接受受审查方、其工作人员、任何有利益关系的团体或认识的同事的回扣、礼品及其他任何形式的好处；

8.7 不有意传达任何错误的或易产生误解的信息，以防影响审查或审查员注册过程的完整性；

8.8 在任何情况下，不损坏CRBA或注册过程的声誉，对违背本准则的行为而进行的调查应给予充分的合作；

8.9 严格按照注册范围从事审查；

8.10 不得对被审查方既进行咨询又进行认证审核；

8.11 接受CRBA的监督；

8.12 按规定向CRBA交纳费用。

9 联系方式

单位地址：中国北京市朝阳区和平里西街甲2号

通信地址：北京市和平里邮局23号信箱

邮政编码：100013

电　　话：(86-10) 64238900-401、206

传　　真：(86-10) 64204123

电子邮件：cnacp@public.netchina.com.cn

关于加强审核员培训课程管理的通知

人注委秘函（2000）033号

各培训机构：

近年来，我国认证事业特别是认证人员培训工作发展迅速，取得了国际公认的成就，培训机构的教学和管理工作基本保持在CRBA参加国际同行评审的水平。但在近几次的培训机构年度监督工作和调研工作中，CRBA发现经批准的审核员培训机构在培训课程的监督管理方面，特别是在与其他机构合作举办培训课程方面，存在一些具有共性的问题，影响到培训的质量和管理的规范性，个别的还造成了不良的社会影响。为保证审核员培训工作的质量，确保CRBA课程批准制度符合IATCA的各项要求，现根据CRBA课程批准准则（4版）有关规定明确以下要求。请结合你们的课程管理体系，采取相应措施，贯彻执行。

1. 培训机构应由本机构专职人员负责培训班的全部（包括现场）教学管理，不得委托他人。现场教学管理人员、授课教师应自觉严格执行CRBA有关要求和培训机构的各项管理程序，规范授课、评价、练习等活动，不得随意更改课程安排。

培训机构专职人员指本机构专职工作人员和专职教师。如果由专职教师负责课程管理，应对其进行相关程序的培训并明确告知其教学管理职责。CRBA将在监考过程中检查培训班管理人员的信息。

2. 培训机构应明确地要求培训合作方严格遵守国家关于培训收费的有关规定。在本机构和合作方的各种招生宣传资料中，应按计委581号文件规定逐项明确培训费用、考试费用。

3. 培训机构只能在经批准的QMS审核员培训课程项目中表明获得CRBA批准，对其他相关课程不得声称或暗示获得CRBA批准。培训机构应监督合作方的招生宣传活动，要求合作方不得声称或暗示其获得CRBA的批准，不得违反规定使用CRBA的名称和标志，不得在授课教师、培训结果等方面发布虚假信息，误导学员。

对于合作举办的培训班，培训机构应在上报月度培训计划时随附合作培训班的招生通知。CRBA将在监考和收取考试费用过程中检查合作培训方的信息。

4. 培训机构应加强学员入学资格的审查控制，认真审查学员预备知识考试证书。未通过预备知识考试的人员和预备知识证书过期人员不得参加审核员培训。

5. 对因审核员培训证书失效，希望重新参加审核员培训的CRBA注册实习审核员，在其实习审核员证书有效期内，可免于预备知识考试，直接参加审核员培训。

6. 培训机构应认真填写《CRBA审核员培训考试成绩汇总表》，其中"连续评价"、"预备知识考试证书号"栏目不能有空项。连续评价不合格的学员不能参加笔试。

7. 培训机构应加强外来文件特别是CRBA文件的管理，及时更新、执行文件要求，确保培训课程内容和管理符合CRBA的各项要求。

中国认证人员国家注册委员会秘书处

二〇〇〇年九月十一日

2000 年度获得 CRBA 质量管理体系高级审核员注册资格的人员名单

记录号	姓名	性别
3091	安铁军	男
1467	安郁超	男
847	白荣武	男
1766	蔡大熙	男
1132	蔡帙友	女
1627	曹凤高	男
1151	曹淦平	男
2355	曹　钧	男
763	岑励镛	男
313	柴邦衡	男
4	巢富大	男
466	巢静南	女
468	陈爱棠	男
469	陈　波	男
470	陈丁华	男
1833	陈敦泉	男
473	陈　光	男
1378	陈国强	男
3131	陈国兴	男
474	陈洪韬	男
1205	陈　晖	女
3160	陈　剑	男
3944	陈金瑜	女
1195	陈静玉	女
1116	陈　军	男
1340	陈俊明	男
493	陈　锴	男
1618	陈明章	男
1704	陈　泉	男
1723	陈诗周	男
481	陈维邦	男
797	陈伟升	男
485	陈晓霞	女
1145	陈秀云	女
486	陈序言	男
4327	陈奕爽	女
892	陈永琴	男
3198	陈元才	男
1493	陈运鸿	男
4083	程　红	女
2371	程绍本	男
2173	程同庆	男
3656	丛志强	男
2965	崔德昌	男
1560	崔国文	男
1104	崔树青	男
498	崔　炜	男
499	崔　镒	男
4756	戴福海	男
1314	戴季芳	男
1212	戴庆祥	男
2296	邓乃忠	男
1419	邓为民	男
1121	邓新斌	男
1595	邸银锁	男
4705	丁　进	男
1658	丁培贤	男
501	丁术先	男
4143	丁雪华	女
4219	丁　毅	男
1568	丁志济	男
5541	董方红	女
503	董光袒	男
4718	董红元	男
1989	董洁高	男
920	董兴国	男
504	董在志	男
505	董志刚	男
846	都　莉	女
3551	杜今平	女
2161	杜天慧	女
2011	杜同和	男
1919	杜文亭	男
1783	段珊珊	女
1204	方力建	女
2214	封辛生	男
1888	冯存业	男
3345	付树峰	男
2327	傅盛智	男
516	干书来	男
517	甘平平	女
2672	高峻岫	男
4719	高　岚	女
2401	葛传诗	男
3678	龚美珍	女
935	顾国明	男
1514	顾丽娟	女
3254	顾仁杰	男
3352	顾友倩	男
1567	官永岐	男
2406	管玉敏	男
3758	郭敬宇	男

522	郭世章	男
1426	过幼萍	女
2957	韩福荣	男
524	韩建文	男
1909	韩笑非	女
1019	韩训漠	男
526	韩卓人	男
3886	郝　君	女
530	何　丰	男
3488	何景阳	男
2785	何林斌	男
1821	贺叔中	女
801	侯铁燕	女
4290	胡　波	男
1687	胡翠珍	女
2829	胡惠莉	女
1410	胡金发	男
1792	胡均宜	男
2930	胡英杰	男
1773	胡重余	男
3185	还春玲	女
1336	黄汉成	女
3640	黄浩明	男
927	黄　杰	男
3848	黄力民	男
536	黄柳霜	女
5297	黄龙昌	男
3796	黄荣清	男
2295	黄少华	女
344	黄　涛	男
1253	黄小妹	女
347	霍静华	女
1324	吉世强	男
2197	季　璐	女
2424	季钦炜	男
540	贾世民	男
1160	姜君婉	女
3418	姜　伟	男
1877	姜燕辉	男
1637	姜韵秋	女
1321	蒋传钧	男
1608	蒋国兴	男
2320	蒋会鹏	男
914	蒋健红	女
1597	蒋淑君	女
1986	靳启财	男
1575	康仁松	男
3269	康荣玲	女
1441	孔　飞	女
1357	孔宪忱	男
1513	寇玉珍	女
818	雷　鸣	女
3090	李　艾	女
3830	李大勋	男
5891	李德身	男
1626	李凤莲	女
3931	李归祁	男
1033	李国衡	男
2001	李国维	男
3616	李洪锋	男
1724	李鸿培	男
1480	李进春	男
3412	李晶茹	女
798	李　军	男
3967	李俊峰	男
4343	李乐新	男
1238	李　莉	女
26	李丽华	男
1947	李　玲	女
2017	李　凌	女
4202	李茂生	男
2085	李　苹	女
2254	李庆平	女
1173	李尚荣	男
1435	李世海	男
3099	李淑红	女
1283	李婉茹	女
1556	李维嘉	男
1590	李　欣	女
563	李　扬	男
2007	李英辉	女
1055	李　瀛	男
2255	李玉衡	男
565	李泽清	男
1680	李志雄	男
1832	梁乃刚	男
1536	梁彦奇	男
1670	林春元	女
232	林康平	男
4034	林晓镛	男
1612	林子材	男
2195	刘朝兴	男
1479	刘承华	男
2458	刘春生	男
1345	刘电霞	女
1146	刘　刚	男
4141	刘　刚	男
1512	刘耿章	女
577	刘光水	男
4020	刘　洪	男
3562	刘　鸿	男
917	刘会友	男
1576	刘惠明	女
3045	刘建毅	男
1914	刘金然	女
1787	刘晋文	女
2100	刘立生	男
1098	刘　龙	男
1520	刘如林	男
1640	刘铁柱	男
4245	刘文浦	男
1198	刘秀君	女
4506	刘秀丽	女
2467	刘艳玲	女
2468	刘雁琼	女
2462	刘一慧	女
2118	刘永贵	男
3404	刘永生	男
2469	刘　渝	女
3061	刘　宇	男
240	刘玉刚	男
1090	刘运和	男
1731	刘正超	男
4512	刘卓慧	女
4171	刘宗斌	男
890	卢绍陶	男

590	卢炎坤	男
3485	鲁岩	女
1281	路云岩	男
3275	吕桂英	女
1521	吕洪生	男
244	吕华荣	男
2923	吕卫国	男
1249	罗畅	女
2818	罗威	男
4675	罗晓霞	女
1468	麻殿魁	男
4271	马春生	男
3199	马大鹏	男
2318	马骅	女
1688	马嘉雨	男
4053	马健	男
1085	马林	女
602	马贤智	男
604	马亚文	女
1869	马拥军	男
4761	毛道友	男
1380	毛宗立	男
4952	孟庆增	男
609	孟祥波	男
1344	米　宁	男
610	苗春雨	男
4011	缪　吉	女
5157	牧　野	男
1826	倪红卫	男
3831	牛彦庆	男
2486	潘玉华	女
615	裴锡兰	女
1781	彭海蛟	男
131	彭　勇	男
617	戚　波	男
3359	戚月娣	女
618	齐利文	男
3232	齐淑霞	女
2489	铁海风	男
2490	乔正心	男
1907	秦荫树	男
5233	秦银辉	女
6380	邱少敏	男
620	邱筱燕	女
1211	郤龙发	男
1110	任志森	男
1144	阮观松	男
2497	阮　旭	男
4368	申仁光	男
625	沈　斌	男
1623	沈宣和	男
1176	沈振行	男
3166	盛　峰	男
1470	史福海	男
4084	舒　鹏	男
2344	舒松琪	男
629	司徒方	男
2267	宋其玉	男
1442	宋同义	男
388	宋志敏	男
1504	苏洁明	女
2933	苏　琪	男
3080	苏永祥	男
3038	孙恩生	男
3303	孙宏斌	男
3697	孙　琳	女
2784	孙蒙恩	男
2204	孙荣效	女
259	孙维细	女
635	孙永思	男
3054	孙　勇	男
1245	孙志红	女
637	檀学智	男
844	汤成江	男
4179	汤永神	男
1962	唐正元	男
3553	陶克强	男
4549	陶龙弟	男
2522	田长江	男
1848	田克真	女
2315	田　然	女
1043	田小洁	女
1257	涂建华	男
641	汪风清	男
642	汪礼苗	男
1775	汪源济	男
2077	王宝仁	男
1302	王崇礼	男
2949	王春丽	女
646	王东太	男
3381	王凤岐	男
843	王桂来	男
3897	王桂侠	女
3081	王鹤龄	男
649	王鸿文	男
2535	王惠玲	女
924	王慧芬	女
3824	王吉吉	男
2065	王　健	男
1363	王俊康	男
4288	王力奕	女
2972	王丽萍	女
1401	王璞琪	男
657	王瑞真	男
1210	王世彪	男
3349	王淑香	女
658	王树春	男
659	王　松	男
1615	王泰俭	男
2216	王微山	男
1531	王文斌	男
2545	王小林	男
2876	王莘芳	女
1200	王星汉	男
880	王秀兰	女
1654	王琇琪	女
1660	王　娅	女
3505	王延安	男
3754	王　鹰	女
4112	王在彬	男
3204	王子平	男
3355	魏俊和	男
5299	魏宗平	男
2006	文素娥	女
1799	闻延林	男
1696	吴国贤	男

1725	吴金庚	男
4096	吴柯玲	女
1270	吴兰英	女
2707	吴　文	男
1565	吴文昭	男
1099	吴秀勤	男
1218	吴岩南	男
2350	吴　韫	女
276	吴振奎	男
405	武　钢	男
1960	席德安	女
762	隰永才	男
4457	夏晶晶	女
2062	向　丹	女
3157	向兴球	男
1069	项　礎	男
5036	萧庆旺	男
1282	肖定生	男
4446	肖继东	男
1040	肖育宏	男
2124	谢纯美	女
1563	邢静姝	女
1256	邢印文	男
687	邢志全	男
688	徐德惠	男
63	徐连生	男
3478	徐勤	男
2086	徐新华	女
1111	徐新儒	男
2934	徐元亭	男
414	徐云书	男
2585	徐再治	男
282	许全林	男
804	许云燕	女
2758	薛炎宗	男
3559	闫承旭	男
2782	闫　露	女
695	颜景珍	女
1295	杨承民	男
4884	杨　纯	男
4150	杨德生	男
882	杨俊杰	男
1341	杨楣清	女
1061	杨启明	男
3015	杨　强	男
5150	杨瑞鑫	男
1865	杨少红	女
1398	杨宪初	男
3704	杨　月	女
2935	姚泊林	男
2310	姚欣海	女
3515	姚依群	女
910	叶伯铭	男
1661	叶金玉	女
3933	叶丽林	女
1969	叶明辉	男
1772	叶芷琴	女
3433	殷国尧	男
1271	殷　勇	男
1527	尹　才	男
2604	尹靖宇	女
2055	尹儒熙	男
2291	尤　森	男
1965	于海环	男
1095	于惠昕	男
287	于　明	女
1984	于伟利	男
2609	于　跃	男
1032	于卓娅	女
2932	余洪斌	男
1451	余美芬	女
5234	余民森	男
1790	余萍妮	女
707	虞　相	男
3062	喻民军	女
905	袁桂收	男
710	袁汉清	男
1329	袁津英	女
4146	岳桂英	女
1388	曾焕伦	男
2835	翟　江	男
1540	张宝良	男
1712	张保康	男
1647	张秉加	男
716	张春英	女
3969	张大年	男
3852	张德耀	男
1740	张　栋	男
2056	张虎康	男
1473	张慧民	女
721	张建中	男
1462	张厥连	女
1685	张　磊	男
1686	张　利	女
2720	张美玲	女
4462	张岐云	男
2627	张瑞华	女
915	张世彦	男
2629	张　伟	男
2169	张文尚	男
3454	张五宝	男
1188	张晓明	女
1850	张序星	男
1080	张衍长	男
3514	张燕红	女
2969	张　瑛	女
904	张永泰	男
1610	张云飞	男
918	张云峰	男
1225	赵爱玲	女
1619	赵长保	男
1718	赵长盛	男
2638	赵成英	女
948	赵德汉	男
1650	赵海平	男
4377	赵和平	男
736	赵级林	男
737	赵　俭	男
4770	赵素英	女
2326	赵文彪	男
1423	赵湘春	男
743	郑爱梅	女
1422	郑长征	男
1084	郑德祥	男
744	郑　非	女
1676	郑化先	男

1379	郑肖忠	男	751	周廷德	男	446	朱铁君	男
1301	郑绪圣	男	2895	周云仙	女	756	朱文龙	男
5298	郑志强	男	3685	周　正	男	757	朱学安	男
835	钟永伟	男	1376	周治苓	女	760	朱正英	男
1767	周邦荣	男	1058	朱炳昇	男	1873	庄文骏	男
3692	周国强	男	1544	朱莉苓	女	761	邹本如	女
1878	周宏宁	男	2111	朱宁安	男	1791	邹迎年	女
3314	周家辰	男	2302	朱　沛	男			

2000年度验证审核员人员名单

记录号	姓名	性别	记录号	姓名	性别	记录号	姓名	性别
			1739	贾德昌	男	1465	任庆才	男
1438	艾　兵	男	1494	姜开友	男	1297	任晓勇	男
995	邴旭卫	男	1853	揭敢新	男	1191	沈广钊	男
310	薄晓红	女	1235	金同颢	男	1387	侍伊仿	男
1689	曹冠玉	女	2154	孔宪武	男	2508	水天行	男
463	曹新华	女	1823	李保金	男	387	宋文琴	女
1315	柴惠钧	男	1461	李金霞	女	1312	宋文泉	男
1354	陈　华	男	1186	李　君	男	2273	孙佳林	男
319	陈小虎	男	557	李　琳	女	260	谭必诚	男
320	陈孝兰	男	357	李　敏	女	47	唐　晴	男
487	陈一新	女	1372	李　平	女	1985	田茂林	男
322	陈　勇	男	1103	李　强	男	391	汪如洋	男
1142	陈占奎	男	1569	李铁男	男	644	王安庆	男
1334	程　姬	女	1463	李秀荣	女	1010	王宝璠	男
1866	储如娅	女	363	李援朝	女	1152	王春利	女
1298	戴有清	男	1843	连俊鑫	男	2532	王　刚	男
1122	丁　军	男	1359	梁国文	男	1920	王继之	男
1509	丁名材	男	1009	刘艾莉	女	265	王　立	女
1496	丁彦蘅	女	121	刘博郡	男	655	王　强	男
507	杜时丽	女	576	刘　东	女	1847	王淑君	女
209	范步玥	男	2247	刘汉荣	男	1614	王秀萍	女
1136	范建平	女	2015	刘书骏	男	398	王秀婷	女
211	方建春	男	371	刘　翔	男	2556	巫东浩	男
1356	冯燕红	女	1024	路博冰	女	991	吴明白	男
332	傅德艳	男	1293	路连臻	男	404	吴缪森	男
212	高连峰	男	1940	罗世建	男	675	吴如松	男
2977	高永慧	女	597	罗　妍	女	1117	吴正恒	男
1397	管炳春	男	1071	毛　选	女	1789	夏　频	女
1817	韩光辉	男	3304	孟晓红	女	1434	谢桂芳	女
216	韩紫霞	女	1896	闵学谦	男	1852	谢浩江	男
1150	郝积庆	男	1842	彭文忠	男	1310	徐逸敏	男
217	郝其昌	男	1181	钱　敏	女	167	薛守仁	男
1716	黄学良	男	1490	邱熊飞	男	2283	杨　虎	男
1751	纪振双	男	2494	曲光宇	男	2000	杨中霖	男

1242	叶忠茂	男
2205	于洪涛	男
2180	于建云	男
425	虞　震	男
711	袁和国	男
176	袁能之	男
1178	袁世威	男
1272	詹立新	男
2181	张安欣	男
178	张　彪	男
1168	张迪平	男
179	张广泰	男
1307	张国琮	男
1287	张　黎	女
1776	张立顺	男
297	张　利	男
1546	张思惠	男
1391	张威华	男
730	张耀中	男
1609	张　颖	女
72	章洪魁	男
1285	赵显国	男
1518	周国英	女
443	周明华	男
752	周育清	女
1879	周育展	女

2000年度获得CRBA质量管理体系审核员注册资格人员名单

记录号	姓名	性别
4956	白德福	男
6146	白景祥	男
6413	白 燕	女
3142	班善毅	男
2110	鲍定权	男
936	鲍先亮	男
1741	卞晓燕	女
3683	卜伟华	男
3987	蔡国安	男
2986	蔡 鹿	女
3182	蔡融生	男
5882	蔡 晅	女
2145	蔡永露	男
4932	曹鸿嘉	女
6769	曹克伟	男
1339	曹 明	女
3577	曹音含	男
4758	曹有豪	男
1395	查元华	男
2733	柴国柱	男
464	常世民	男
3689	常余庚	男
4325	陈安平	男
2854	陈宝江	男
2144	陈春生	男
4648	陈 钢	男
4133	陈 革	男
2206	陈光灿	男
3832	陈桂英	女
932	陈海红	女
2359	陈恒禄	男
3635	陈焕光	男
3557	陈 辉	男
2227	陈葭玲	女
2667	陈 坚	男
6142	陈建超	男
5284	陈 洁	女
1970	陈锦娥	女
2837	陈菊仙	女
4469	陈昆山	男
5397	陈 琳	女
2002	陈茂林	男
2361	陈苗龙	男
4322	陈启龙	男
3165	陈秋鸿	男
888	陈 榕	女
5514	陈为庆	男
2955	陈维忠	男
2362	陈 蔚	女
483	陈文选	男
2224	陈芯娟	女
2364	陈秀贤	女
1668	陈选宏	男
930	陈亚凤	女
2838	陈延富	男
4180	陈衍庆	男
2968	陈永利	女
3362	陈永寿	男
2016	陈 勇	男
2366	陈 勇	男
5872	陈志峰	男
2997	陈中民	男
2370	陈紫忠	男
3206	程 鸿	女
2849	程 静	女
3814	程立平	男
2670	程相春	男
1517	程学忠	男
495	池千里	男
4291	储 翔	男
4954	储占敖	男
5558	储智静	女
3679	楚 琳	女
496	崔福顺	女
1562	崔永举	男
3924	崔元廷	男
2299	戴 宾	男
6139	戴劲松	男
829	单 峰	男
1276	单剑英	女
2376	党光清	女
2149	邓 军	男
3667	邓 玲	女
3907	邓胜涛	男
3430	丁宏军	男
1955	丁兴如	男
1871	丁玉珍	女
6710	董 光	男
2049	董立萍	女
3300	董武义	男
3371	段 琳	女
4125	段一泓	女
3788	鄂 玺	男
4127	范革义	女
3938	范国新	男
2252	范永贵	男
2386	方德瑞	男
1811	方树国	男

2856	房　静	女	2410	韩广恩	男	4046	黄小平	男
2760	费效定	男	4182	韩国栋	男	4729	黄　晓	男
4225	冯建华	男	5214	韩　李	男	4702	黄晓虹	女
3864	冯进藏	女	3572	韩世奇	男	1679	黄秀忠	男
1044	冯礼祥	男	2411	韩宪伟	男	1278	黄艳芬	女
4486	冯　丽	女	4385	韩永健	男	5776	黄　瑛	女
4795	冯秀兰	女	4672	韩仲明	女	1758	黄有龄	男
1437	冯　驯	男	5147	郝　凤	男	1938	黄有年	男
1814	冯　茵	女	528	郝云峰	男	887	黄寨月	女
2394	付春山	男	4313	何辅仁	男	4029	黄志宝	男
799	傅厚勤	男	1666	何国柱	男	5146	回登田	男
3836	甘伟强	男	3622	何焕琪	女	3778	惠锡平	男
2951	甘学斌	男	5084	何良明	男	2851	纪巧鲁	女
3168	高宝峨	男	2809	何仁敬	男	1923	季步鹏	男
4349	高冬兰	女	934	何尚礼	男	539	贾矫健	男
4598	高　山	男	3845	何天增	男	830	贾一英	男
4710	高伟强	男	4792	何小龙	男	3194	贾　银	男
2398	高文清	男	3307	何兴华	男	5210	贾再明	男
2399	高云程	男	2414	何宜昌	男	541	简礼有	男
2400	高志文	男	1537	和积仓	男	4922	蹇文兴	男
1635	高德忠	男	3722	和云龙	男	545	江瑞勇	男
2790	葛兆焕	男	4976	贺国良	男	2426	江洲桐	男
4685	宫　和	女	4834	贺启进	男	828	姜宝堂	男
3322	龚晓海	女	2415	黑德茂	男	6165	姜　南	女
4605	龚　渊	男	954	侯军华	女	544	姜　前	男
3306	巩庆刚	男	3286	侯永平	男	5434	姜　涛	男
520	顾汉平	男	3921	呼　旗	男	6582	姜小赤	男
3550	顾俊龙	男	2417	胡秉纶	男	3047	姜学芊	女
3554	顾　群	女	1953	胡　灿	男	112	蒋北宁	男
5896	顾维坚	男	2418	胡传厚	男	3116	蒋金泉	男
2404	顾韵雯	女	3215	胡福成	男	5249	蒋锡福	男
5359	顾振国	男	4267	胡苏山	男	4407	蒋治平	男
3859	光耀华	男	4266	胡晓明	男	3960	焦成英	男
2334	郭澄平	男	2222	胡续平	男	2265	金福江	男
5754	郭春萍	女	3672	胡学齐	男	943	金国兴	男
3450	郭慧筠	男	2311	胡正国	男	2845	靳国治	男
3078	郭荣华	女	1701	黄　荔	女	3999	景勤佳	女
4170	郭顺岐	男	537	黄秋梅	女	2664	瞿建丰	男
523	郭万长	男	2843	黄荣峰	男	1990	康兴安	男
3856	郭　炜	男	3707	黄少塔	男	4000	孔庆江	男
4565	郭玉生	男	2186	黄书华	男	925	赖达华	男
2088	过均一	男	3335	黄卫忠	男	3879	兰柏林	女

3070	郎丽卿	女
840	劳光健	女
1831	乐靖明	男
3107	黎伟强	男
1752	黎锡鸿	男
947	李　标	男
3191	李春雷	男
3067	李德育	男
6055	李方生	男
551	李荷芳	女
552	李　亨	男
1971	李　宏	男
5338	李　翃	女
553	李华春	男
2437	李怀明	男
5473	李惠兰	女
5424	李慧妍	女
854	李继锋	男
2034	李继领	男
4499	李建波	男
2121	李建寰	男
3048	李建强	男
555	李建唐	男
2439	李金平	女
558	李林森	男
4668	李明飞	男
4547	李明玉	男
2122	李明忠	男
5415	李　平	男
2796	李　萍	女
4780	李　萍	女
559	李庆斯	男
3854	李　仁	男
4130	李劭斌	男
2444	李　申	男
1585	李世超	男
1963	李世禄	男
2446	李世平	男
3195	李维群	女
3083	李伟然	男
3517	李　曦	男
3357	李现顺	男
6033	李宪华	男
2090	李湘卿	男
2134	李孝贤	男
6153	李旭波	男
3569	李雁炜	男
3207	李忆生	男
2451	李　奕	男
4432	李永民	男
4706	李宇杰	男
3469	李振平	男
2449	李志清	男
2185	李治国	男
5037	李智文	女
3181	李忠保	男
567	李自强	男
2072	李宗华	男
4043	梁基超	男
3888	梁开彬	男
3720	梁　平	男
1196	梁顺甫	男
570	梁亚生	男
1197	梁兆正	男
1305	廖庆光	男
1760	廖雄戈	男
1621	林炳峰	男
4918	林带根	男
3898	林道先	男
4544	林国辉	男
4610	林健民	男
3096	林景桐	男
4824	林明金	男
1809	林诗光	男
4244	林晓慧	女
3838	林溢盛	男
2018	林元福	男
1338	凌　飞	男
1605	凌庆舒	男
2456	刘柏平	女
2869	刘宝娣	女
2813	刘长友	男
1554	刘存刚	男
3244	刘德发	男
3309	刘　芳	女
1738	刘凤祥	男
3922	刘国旗	男
2980	刘国玺	男
1407	刘恒新	男
5395	刘慧	女
2238	刘家荣	男
2103	刘建邠	男
3256	刘建华	男
767	刘　瑾	女
961	刘　君	男
832	刘　理	女
2463	刘立军	男
4044	刘连台	男
2178	刘林阁	男
3077	刘懋德	男
2151	刘启和	男
3487	刘谦郁	男
2174	刘山生	男
581	刘盛元	男
4767	刘石镜	男
3274	刘石渠	女
853	刘素玲	女
7313	刘卫东	男
4217	刘小曼	女
933	刘晓莉	女
2466	刘学军	女
1094	刘彦平	男
2312	刘燕梅	女
3401	刘耀廷	男
4903	刘永琴	女
4543	刘　勇	男
2471	刘允范	女
4159	刘韵秋	女
2472	刘振兴	男
2473	刘自乐	男
792	柳荣贵	男
3419	卢国柱	男
2684	卢　旋	男
2475	鲁　超	男
6076	鲁启真	女
2476	陆　斌	男

4908	陆 军	男
2477	陆君涛	男
1663	陆炜雯	女
2264	陆振基	男
7418	陆 峥	女
4032	路桂英	女
592	路 丽	女
4994	吕 品	男
3549	吕 青	女
5176	吕小华	女
3721	吕新慧	女
2780	栾 莹	女
3414	罗 林	女
3006	罗韧鸿	男
1067	罗运其	男
3002	骆镇中	男
2847	马冬娥	女
2928	马福利	男
599	马 佳	女
600	马开健	男
3619	马 兰	女
3548	马连宏	男
3172	马 雯	女
871	马 忻	女
605	马 云	男
4951	马占存	男
2483	梅德琪	男
4155	梅 雪	女
4033	孟庆和	男
3112	孟 为	男
2243	闵大荣	男
6098	闵学迅	男
3655	明龙文	男
794	莫加亮	男
2020	牟华日	男
1502	穆小林	男
5151	倪丽梅	女
611	聂淦生	男
3843	聂文福	男
4833	宁 楠	女
2861	牛明忠	男
3908	欧阳德	男
3104	欧阳立胜	男
2485	潘伯贤	男
3400	潘 冬	女
4366	潘凤森	男
3825	潘缉义	男
1414	潘清颖	男
4198	潘 盈	女
1269	潘兆兴	男
3251	庞建华	男
3079	裴玉起	男
1782	彭甫皇	男
2487	彭 海	男
616	彭 浩	男
2112	彭太煜	男
4294	彭 勇	男
4213	彭志勇	男
3736	彭忠仁	男
1825	朴德惠	男
1662	浦洪元	男
2865	祁秀荣	女
3927	钱金林	男
2731	钱 瑾	女
2690	钱向明	男
2491	秦蜀华	女
2492	秦素绚	女
3416	秦同庆	男
5083	秦学聪	男
5374	秦莺丹	女
1757	邱莉璇	女
3292	邱肇焕	男
2075	邱紫山	男
2496	曲乐君	男
622	曲明杰	男
1746	渠荣钱	男
623	权勋植	男
4120	任大会	男
1519	任三军	男
2915	任霄鸿	女
2864	尚 英	女
254	邵德生	男
3163	邵福田	男
4688	邵 珉	女
626	沈朝洪	男
2499	沈继祖	男
2317	沈 凌	男
2501	沈晓东	男
3456	沈永滨	男
2504	沈照裕	男
2976	沈浙川	女
2221	盛佃清	男
5076	盛功超	男
5105	盛 太	男
1898	施 莉	女
1958	石学科	男
2695	史孝宏	男
3125	寿永祥	男
3578	宋宝琴	女
2509	宋本工	男
1331	宋达顺	男
1802	宋明刚	男
2831	宋述仁	男
5478	宋松林	男
4790	宋 涛	男
2696	宋铁刚	男
3032	宋未琴	女
2201	苏宝玲	女
4682	苏国钧	男
5307	苏 琴	女
3066	苏顺东	男
2061	苏万里	女
3668	苏祥生	女
3421	苏玉明	男
3916	孙 兵	女
857	孙丹黎	男
3162	孙根妹	女
5332	孙海霞	女
2024	孙汉佐	男
6965	孙 晶	女
1651	孙 烈	男
787	孙佩钦	女
3095	孙庆禄	男
3868	孙少霞	女
2325	孙素华	女
3325	孙索臣	男

1999	孙 伟	男
795	孙学才	男
636	孙宇	男
1642	孙肇芝	女
638	谭敏华	女
2518	汤元辉	男
1026	唐 静	女
1578	唐树森	男
2520	唐文胜	男
3612	唐允川	男
4789	陶春芬	女
4625	陶文生	男
3584	陶玉洁	女
2306	田定达	男
2761	田介眉	男
5608	田万龙	男
4503	田燕芳	女
2699	童书玉	男
946	万筱林	女
1765	汪健豪	男
2525	汪祥华	男
2527	汪元振	男
2882	汪兆荣	男
2700	王宝合	男
3652	王春梅	女
1998	王春平	男
3539	王存恕	女
4574	王大宇	男
1273	王道兰	女
5408	王德厚	男
938	王德胜	男
2529	王德有	男
5637	王恩泽	男
2249	王 海	男
2250	王海光	男
2855	王海涛	男
2989	王汉普	男
648	王浩贤	男
6167	王红霞	女
4152	王鸿鸣	男
3073	王 慧	女
2536	王 继	男
2074	王家毅	男
2258	王建刚	男
912	王建英	男
5547	王金德	男
3149	王金和	男
922	正劲松	男
1959	王 珏	女
916	王克杰	男
4626	王立革	男
3792	王立平	女
2539	王 丽	女
3004	王利荣	女
968	王鲁新	男
3424	王明秀	男
865	王平生	男
841	王 琦	男
2540	王巧云	女
656	王勤家	男
2703	王群英	女
3233	王胜杰	男
4357	王世良	男
2203	王漱白	女
3 621	王水海	男
2541	王顺亭	男
3632	王素均	女
5346	王天羿	男
4273	王小蓓	女
3894	王小苑	男
3290	王晓萍	女
1901	王晓生	男
662	王学金	男
3804	王学元	男
815	王燕方	女
2866	王耀宗	男
4741	王盈钧	男
663	王 颖	女
3075	王 勇	男
2872	王月庸	男
5072	王则武	男
5505	王 泽	男
665	王占乐	男
2547	王珍琪	女
3458	王振凡	男
2548	王震耀	男
2152	王志海	男
4013	王致岭	男
4378	王忠勤	男
2550	王 茁	女
1774	王宗平	男
1681	王祖荣	男
670	魏 兵	男
4402	魏承楣	女
5289	魏建清	男
921	魏 江	男
2984	吴称舟	男
2557	吴江全	男
2906	吴 杰	男
2560	吴俊杰	男
959	吴清海	男
2175	吴小莎	女
2563	吴 行	女
2084	吴学慧	女
3193	吴元龙	男
3525	伍 玲	女
985	武爱兰	女
3715	夏劭民	男
3902	夏兴洲	男
2942	夏宇宏	男
4909	夏中胜	女
1570	咸奎桐	男
4119	相春年	男
4774	肖炳衡	男
1808	肖 超	男
3904	肖广云	女
3114	肖金棣	男
3483	肖 娟	女
2571	肖 丽	女
4531	肖励生	男
6373	肖 维	女
4604	谢海良	男
939	谢秋菊	女
3949	忻晓红	女
2710	辛玉生	男
3117	邢景跃	男

2812	熊新明	男	2756	杨学俭	女	3800	虞苏幸	女
2578	熊志军	男	3288	杨学礼	男	4545	袁汉堂	男
3302	徐长刚	男	2277	杨　扬	女	2789	袁伦成	男
4281	徐海伟	男	700	杨诒发	男	3132	袁秀建	男
2801	徐鸿燕	女	881	杨亦东	男	2105	袁毅敏	男
5856	徐劲峰	男	3299	杨贞科	男	5087	岳逸民	男
4393	徐景春	男	2027	杨　征	男	1674	曾　彪	男
919	徐佩猛	男	4917	杨子峰	男	940	曾焕湘	男
2582	徐庆金	男	1596	腰录华	男	3460	曾庆石	男
5033	徐　权	女	3351	姚春华	男	326	翟平振	男
3763	徐晓平	男	1743	姚　锦	男	3426	张百宽	男
2583	徐英杰	男	2717	姚军利	男	5995	张　博	男
2584	徐源江	男	2516	姚　芩	女	3012	张长江	男
3714	许春梅	女	3465	姚世荣	男	5468	张崇武	男
3115	许麟秋	男	2079	姚业本	男	2841	张传仁	男
1542	许湄生	男	4995	姚志权	男	2888	张大成	男
2919	许振宇	男	5193	叶长礼	男	803	张大庆	女
2712	薛慧剑	女	5740	叶　健	女	3473	张德成	男
2660	闫　琦	男	3535	叶江祺	男	3051	张德生	男
2797	严城一	男	1702	叶　梅	女	3410	张德元	男
4052	严建政	女	2748	叶美莉	女	4007	张　芳	女
3041	严荣兴	男	5557	叶元龙	男	8713	张凤兰	女
819	严晓彬	男	2603	伊建明	男	3603	张关宝	男
7110	严义君	男	1062	易朝明	男	2964	张　皓	男
2590	杨崇才	男	4098	殷晓莉	女	4983	张焕弟	女
2592	杨德保	男	3127	尹大义	男	3627	张家麒	男
4129	杨德茂	男	2605	尹开甲	男	3844	张建娣	女
2982	杨恩湛	男	2606	应　轰	男	720	张建文	男
3641	杨福明	男	1522	尤建中	男	5525	张　剑	男
2593	杨桂婵	女	704	游定国	男	1558	张景和	男
3389	杨红云	女	705	于程亮	女	2729	张丽君	女
1810	杨　桦	女	3500	于　晖	男	2166	张丽生	女
4986	杨建英	女	931	于立民	男	435	张　敏	女
3372	杨　丽	女	3385	于同福	男	722	张名亮	男
2713	杨丽萍	女	3806	余长安	男	4165	张名宇	男
4704	杨萍萍	女	5521	余　鹏	男	4148	张　倩	女
923	杨祺鑫	男	1822	余永康	男	3049	张清文	男
2053	杨士良	男	2612	余正梅	女	724	张庆雄	男
2597	杨万怀	男	5749	於海清	男	2626	张荣珠	男
3435	杨小平	女	3200	俞安琪	男	3764	张少英	女
698	杨晓云	男	4205	俞　坚	男	3820	张世荣	女
2135	杨秀朋	女	6472	俞扬生	男	1113	张受权	男

2781	张淑琴	女	3205	赵洪涛	男	3313	周健威	男
3318	张述先	男	4009	赵俊安	男	2910	周　隽	男
2816	张维新	男	1715	赵来奎	男	1910	周淑芬	女
2630	张　伟	女	2640	赵　敏	女	2649	周天霁	男
967	张纬露	男	2642	赵丕熙	男	5429	周文钧	女
4087	张未妹	女	2080	赵青松	男	2033	周晓岚	女
6171	张　武	男	3094	赵　庆	女	6111	周筱明	女
2875	张小英	女	2900	赵泉龙	男	5240	周雅君	女
2037	张学斌	男	4971	赵书亭	女	895	周玉清	男
6002	张燕霞	女	2047	赵淑珍	女	4931	周　钺	男
2123	张燕元	男	1698	赵斯重	女	4384	周紫云	男
4645	张义富	男	1734	赵维星	男	897	朱光华	男
5672	张育勤	女	6887	赵文斌	男	2316	朱　蘅	女
1589	张毓贤	男	3807	赵显棣	男	955	朱慧明	男
1891	张　悦	女	3524	赵晓江	女	2874	朱金林	男
3413	张跃安	男	3147	赵晓玲	女	2651	朱丽萍	女
3594	张跃华	男	2998	赵兴武	女	2735	朱丽如	女
5935	张增彪	男	2641	赵兴亚	男	755	朱　荣	男
842	张兆基	男	2759	赵衍春	男	4258	朱瑞虹	男
2635	张忠江	男	4042	赵以盈	女	3841	朱少梅	男
2636	张忠杰	男	2834	郑朝阳	男	2936	朱小莉	女
3470	张忠文	男	4055	郑　杰	男	6161	朱一文	男
2307	张竹昌	男	4299	郑少琼	女	3479	朱玉龙	男
2775	章建军	男	4962	郑仙淑	女	4340	朱宗乐	女
2293	章景松	男	2765	郑晓舜	男	817	祝庭训	男
2092	章平君	男	4176	郑　燕	女	3935	庄恩有	女
734	赵斌	男	1604	郑永强	男	2916	庄　英	女
2157	赵道忠	男	748	志大昌	男	2657	邹继琛	男
4555	赵　冬	女	3779	钟炳坤	男	1948	邹洁梅	女
2639	赵　峰	男	1747	钟灿鸣	男	3717	邹　珊	女
438	赵国荣	女	831	钟晨康	男	2725	邹慰若	女
4900	赵合顺	男	1714	周剑华	男	5286	左世臣	男

2000 年度获得 CRBA 质量管理体系实习审核员注册资格人员名单

记录号	姓名	性别
8445	艾铁伦	男
8777	安美云	女
8575	安树林	男
6991	白爱玲	女
7597	白广成	男
8192	白旭东	男
8859	白由林	男
8233	白云祥	男
7238	包淳福	男
8364	包祖伟	男
6687	鲍洪法	男
7602	鲍华珍	女
7093	鲍慧玲	女
7150	鲍世华	女
8055	毕佩芬	女
8909	毕普章	男
7430	毕亚东	男
6510	毕志昂	男
8643	毕智涛	男
8132	卞东华	女
8695	薄东颖	女
7186	卜跃辉	男
8320	才 义	男
6995	蔡格平	男
7021	蔡和雄	男
8468	蔡京凤	女
6752	蔡明东	男
6910	蔡胜平	男
7915	蔡素珍	女
6405	蔡卫平	男
6580	蔡晓玫	女
8854	蔡银锁	男
8918	蔡永青	男
8912	蔡玉虎	男
8368	蔡志利	男
6711	操彩云	女
8297	操圣祥	男
7814	曹楚良	男
7406	曹冠珠	女
7916	曹桂香	女
8041	曹继明	男
7284	曹建华	男
8787	曹 健	男
8157	曹 江	男
8229	曹开湘	男
6409	曹连书	女
7078	曹荣浩	男
7052	曹书朝	男
8393	曹伟雄	男
7757	曹武涛	男
7905	曹晓萍	女
8703	曹允龙	男
7560	柴治强	男
8409	常冬梅	女
7113	常凤敏	女
8116	常贵平	男
8903	常 萍	女
7143	晁东辉	女
7726	巢 樱	女
7231	车 锐	男
6914	车淑华	女
8557	车 轩	女
8597	陈安国	男
7887	陈宝瑞	男
8439	陈 斌	男
8038	陈昌越	女
6814	陈创新	男
8881	陈翠芳	女
8315	陈德远	男
8546	陈凤娣	女
8795	陈福民	男
7982	陈 戈	男
7879	陈光炳	男
7353	陈广利	男
7601	陈 贵	男
7222	陈国胜	男
7299	陈海波	男
6722	陈海峰	男
7227	陈 华	男
7216	陈华君	女
8743	陈华祥	男
6634	陈 辉	男
6688	陈 辉	男
8891	陈 辉	男
8710	陈惠勤	女
6709	陈继平	男
6563	陈建兵	男
6896	陈建强	男
8369	陈剑锋	男
7810	陈剑华	男
7675	陈金汕	男
8304	陈竞芳	女
7781	陈 静	女
8256	陈菊珍	女
7917	陈 军	男
6925	陈均辉	女
8798	陈 俊	男
7999	陈丽英	女

6846	陈　陵	男	8292	陈　烨	男	8596	程振亭	男
8951	陈　漫	女	8160	陈英发	男	7960	池　军	男
6587	陈　梅	女	7114	陈英夫	男	8496	迟恩玉	男
7876	陈　梅	女	8222	陈颖新	男	6723	迟凤霄	男
8158	陈苗龙	男	8979	陈永芳	女	6499	仇翔生	男
6495	陈　敏	男	8268	陈永泉	男	7224	丑振凯	男
8758	陈敏玲	女	8875	陈友雄	男	7183	褚曙光	男
8667	陈　明	男	7139	陈玉玲	女	8609	褚锡晶	男
6685	陈明磊	男	8814	陈玉卿	女	8494	褚兴全	男
7489	陈　纳	男	7619	陈昱雯	女	8770	丛培林	男
6961	陈乃懋	男	8480	陈毓萍	女	7722	丛志华	女
8688	陈　平	男	7676	陈　豫	男	8842	崔　波	女
8375	陈　萍	女	8872	陈源春	男	6855	崔凤歧	男
9533	陈　萍	女	7461	陈章惠	女	7536	崔富增	男
8615	陈清平	男	8402	陈召胜	男	8211	崔丽娟	女
7501	陈　群	女	6653	陈兆雄	男	6468	崔利娟	女
8072	陈　群	男	8017	陈振群	男	8127	崔　平	女
8080	陈仁基	男	8486	陈镇钟	男	6456	崔玉华	男
8759	陈仁竹	女	6748	陈正贵	男	6783	崔中秋	女
7507	陈荣江	男	8261	陈志和	男	8914	代灿丽	女
7055	陈淑云	女	8453	陈志红	女	6703	代延年	男
7005	陈曙帆	男	6640	陈稚青	女	6980	代　云	女
8433	陈澍新	男	7158	陈中山	男	7350	戴　兵	男
7739	陈斯禄	男	7931	陈忠华	男	6836	戴长发	男
7372	陈苏平	男	8036	陈子彪	男	8629	戴继凤	女
8016	陈孙山	男	7979	陈子汉	男	8949	戴维新	男
8351	陈太平	男	6869	谌　俊	男	8564	戴伟荣	男
6750	陈添龙	男	7070	成　璐	女	7804	戴雪虹	女
7451	陈万玲	女	6939	成　然	男	7668	戴颖达	女
8255	陈　巍	男	7274	成　欣	男	7963	单建荣	女
7342	陈为文	男	6527	程观仁	男	8644	单智华	女
8331	陈维俊	男	8117	程　红	女	7817	但元超	男
7160	陈渭棠	男	7170	程玖玉	女	7807	邓传忠	男
8159	陈享亨	男	8784	程军毅	男	8610	邓坊非	女
8003	陈向东	男	7904	程　敏	男	7256	邓双凤	女
8500	陈孝翱	男	8791	程迁春	男	8846	邓晓秋	男
6945	陈心耿	男	8625	程荣华	男	8244	邓永明	男
7398	陈　欣	女	7111	程胜祥	男	8237	邓永强	男
8479	陈新跃	男	6845	程　燕	女	8691	邸志军	男
8817	陈　行	男	7419	程阳生	男	7618	刁兴范	女
7155	陈秀昌	男	8619	程　宇	女	7692	丁宝华	女
6384	陈学梅	女	8415	程宇雄	男	7042	丁大有	男

7712	丁怀清	男	8969	杜玉昌	男	8827	冯　进	男
8702	丁慧贞	女	6626	段宏玮	女	6832	冯　敬	女
8576	丁菊芳	女	7720	段抗全	男	6837	冯　林	男
8616	丁　敏	女	7084	段　夔	男	7787	冯林吉	男
8197	丁　明	女	7681	段同知	男	7862	冯念亚	女
7995	丁森林	男	8920	段文浩	男	6670	冯　凭	男
8403	丁姝伶	女	7144	段喜文	男	7534	冯宜敏	男
7007	丁为锋	男	8410	段小平	女	7361	冯宗葭	男
7865	丁卫兵	男	6950	段一中	男	8838	凤淑华	女
7766	丁霞梅	女	7190	段　愚	女	7638	符桂春	女
6817	丁　勇	男	8698	段远智	男	8161	付殿东	男
8276	丁涌根	男	7226	樊长山	男	8589	付江平	男
8478	丁钟宇	男	7413	樊常红	女	7140	付　莉	女
6482	丁重光	男	8046	樊　巨	男	7011	付素君	女
8332	丁自强	男	6419	樊　钧	男	7138	付文茹	女
7267	董伯春	女	7452	樊明江	男	6486	付雅观	女
7628	董国琴	女	8358	樊文丽	女	8848	付志坚	男
8792	董贺轩	男	7732	樊心沛	男	8489	傅大威	男
8226	董会军	男	8476	范嘉灵	男	7411	傅健康	男
8264	董蕙英	女	6461	范丽华	女	7054	傅宁光	男
8102	董继红	女	7425	范灵光	女	8162	傅伟东	男
7356	董建华	男	6562	范天泉	男	8529	傅新安	男
8934	董立冬	男	7735	范无祥	男	6764	傅玉茂	男
8729	董　玲	女	7242	范田露	女	7086	盖淑珍	女
7228	董龙飞	男	7348	范　文	男	8733	甘　丽	女
8353	董　强	男	8821	范希予	女	8085	高达时	男
6850	董　庆	女	6511	范学平	男	8766	高风亭	男
6907	董世和	男	8307	范玉亮	男	8394	高海波	男
7531	董　伟	男	6427	方爱妮	女	7240	高　健	男
7344	董晓燕	女	7469	方昌涛	男	6417	高菊英	女
7609	董新峰	男	7258	方建华	男	7703	高良宗	男
8236	董云起	男	7026	方建新	男	6675	高令怡	男
7554	窦静鸣	女	7492	方丽娟	女	7820	高庆国	男
7079	窦秀芬	女	7156	方孟洋	男	7816	高四海	男
8239	杜传江	男	8059	方孟洋	男	7552	高同钢	男
7997	杜道伟	男	6813	方天庭	男	7082	高维岳	男
7384	杜登元	男	7579	方媛凤	女	7437	高雄兵	男
6554	杜根英	女	7752	方祝美	女	8313	高艳红	女
7449	杜　红	女	7051	费金培	男	8938	高艳秋	女
8669	杜丽娟	女	7885	封士明	男	7490	高燕文	男
8355	杜庆昕	男	6509	封晓蕾	女	8288	高亦军	女
6595	杜淑华	女	7666	冯　健	男	8163	高　元	女

7380	高志方	男	6753	顾　军	男	6860	郭　利	男
8638	郜云鹏	男	6937	顾　军	男	6872	郭　梅	女
8711	戈丽达	女	6436	顾坤明	男	8553	郭　旆	男
7516	葛　钢	男	6392	顾丽欣	女	7711	郭起良	男
8346	葛高杰	男	8259	顾琴心	女	8897	郭　强	男
8972	葛华杰	男	8989	顾庆泉	男	7921	郭仁惠	女
8652	葛鉴光	男	6520	顾守良	男	7470	郭睿斌	男
7154	葛　利	男	7058	顾维康	男	7460	郭尚玲	女
7207	葛如渊	男	7880	顾文洲	男	7257	郭尚为	男
7654	葛　文	男	8389	顾小明	女	7645	郭世慧	女
7738	葛新昌	男	7934	顾晓娟	女	8366	郭守和	男
8818	葛幼君	女	8329	顾晓昕	男	8640	郭书刚	男
7279	葛志强	男	8164	顾秀超	男	8659	郭书刚	男
8212	葛智毅	男	8488	顾学忠	男	8491	郭晓光	女
6689	耿　强	男	6521	顾勇新	男	7594	郭晓文	男
7375	耿秋新	女	8574	顾正光	男	6774	郭秀桃	男
8924	弓宝琴	男	8330	顾仲文	男	8835	郭耀曾	男
7936	宫建军	男	7798	关柏森	男	8337	郭友武	男
7774	宫晓秋	女	7128	关多元	男	8165	郭育勤	女
6707	龚春香	女	7801	关慧民	女	8492	郭元壮	男
6543	龚　菲	男	6740	关苏云	女	6388	郭原林	男
6539	龚福根	男	8904	关　英	男	7756	郭则芬	女
6838	龚海菊	女	6754	宫英敏	女	6908	郭振艺	女
7157	龚黎明	女	7410	管立江	男	7811	郭震环	男
7551	龚南安	男	7500	桂炳春	男	6611	韩发成	男
8097	龚青峰	男	6534	桂国庆	男	6573	韩　菲	男
7822	龚清清	女	8126	郭　波	男	6669	韩凤兰	女
6458	龚仁春	男	8424	郭传华	男	6659	韩桂敏	女
8762	龚　涛	男	7298	郭春玲	女	7340	韩国生	男
7117	巩方静	女	7537	郭春颖	女	6808	韩惠茹	女
7196	勾　颖	女	8831	郭纯玉	男	7421	韩临曦	男
7401	谷国柱	男	8154	郭根深	男	7639	韩明月	女
6545	谷孝琴	女	6934	郭宏伟	男	8043	韩声宏	男
7200	谷新文	男	6623	郭鸿君	男	6987	韩世涛	男
8326	顾宝发	男	7335	郭佳荣	女	7754	韩淑霞	女
8310	顾　斌	男	8435	郭建军	男	7165	韩　顺	男
7379	顾春红	女	7567	郭江汶	女	8672	韩硕祥	男
8642	顾大雁	女	8964	郭金声	男	8683	韩思音	男
8020	顾方一	男	7201	郭　谨	女	6465	韩文斌	男
6387	顾海波	男	8254	郭景成	男	7121	韩先才	男
8771	顾鸿鹏	男	7684	郭军安	男	6834	韩兴武	男
8202	顾　华	男	8021	郭侃良	男	8076	韩旭东	男

7085	韩雪松	男
6826	韩永红	女
6802	韩宇星	女
6853	韩志生	男
7291	郝春华	女
8136	郝凡强	男
8656	郝 浩	男
6484	郝洪山	男
7098	郝虎明	男
6906	郝卫飞	男
8508	何 斌	男
7797	何定军	男
6621	何栋梁	男
8306	何 帆	男
7301	何建平	女
7935	何 峻	男
7765	何矿年	男
7690	何曼炎	男
8967	何 梅	女
7503	何 群	女
8853	何伟令	男
8247	何 谓	男
6531	何祥光	男
8166	何晓维	女
7236	何妍莹	女
7877	何 烨	男
7780	何一青	女
7518	何玉兰	女
6789	何聿先	男
6992	何志平	男
7385	和立新	男
7472	贺彩玉	女
6590	贺海林	男
7986	贺 军	男
7388	贺 民	男
7790	贺小林	男
8497	衡 宓	男
7415	洪长海	男
6794	洪 帆	女
7447	洪 艳	女
8671	洪应和	男
8104	侯建平	女
8836	侯菊红	女
8886	侯 俊	女
6991	侯康永	男
7761	侯克升	男
8252	侯亚杰	女
8680	侯振环	男
8484	胡爱萍	女
6474	胡安禹	男
8692	胡 冰	男
7327	胡 晨	女
7544	胡大严	男
8822	胡 钢	男
7853	胡关勃	男
6731	胡光富	男
6892	胡桂林	女
8305	明慧瑾	女
8734	胡际军	男
7089	胡建东	男
6650	胡晶石	男
8149	胡 靖	女
7383	胡钧寿	男
6951	胡莉敏	女
7265	胡立新	男
8274	胡淑德	女
7497	胡天学	男
8735	胡为春	男
7440	胡文翔	男
7135	胡毅红	女
6983	胡永宁	男
7444	胡跃虎	男
8412	胡振勇	男
6874	胡征然	男
7562	华国平	男
6485	华景洵	女
7826	化春光	男
6443	桓从力	男
8595	黄大样	男
7031	黄 丹	男
6818	黄德林	男
7360	黄 飞	男
8151	黄富荣	男
7555	黄恒俊	男
6411	黄 华	男
7863	黄火良	男
8062	黄剑飞	男
7261	黄 菁	女
6725	黄 麟	男
6477	黄龙生	男
6597	黄茂忠	男
7370	黄美芬	女
7893	黄敏秀	女
8063	黄 平	男
6555	黄 强	男
7861	黄荣基	男
7818	黄如峰	男
7438	黄升宇	男
7442	黄铁南	男
6568	黄文海	男
8087	黄文杰	女
6428	黄文骏	男
6972	黄贤清	男
7197	黄向农	男
7239	黄晓平	男
7858	黄晓萍	女
6585	黄孝德	男
8856	黄新雄	男
7399	黄修静	女
7731	黄秀媚	女
7205	黄秀云	女
8816	黄贻裳	男
8493	黄 银	男
7412	黄银霞	女
8932	黄站云	女
8371	黄兆东	男
8122	回世超	男
6448	惠建民	男
7558	惠建新	男
8611	霍皖淮	女
7499	嵇 芸	女
8093	吉亚琪	女
8917	吉 泽	男
7046	纪伯伟	男
7000	纪颂高	男
6917	纪 杨	女

8921	季　强	男	7030	蒋超	男	7495	孔红	女
6420	冀慧琴	女	7872	蒋大荣	男	8060	孔令全	男
7202	郏四海	男	7907	蒋飞雷	男	8963	孔庆云	男
6594	贾春燕	女	7083	蒋飞龙	男	7214	孔祥琳	女
7511	贾洪文	女	8483	蒋劲松	男	7620	邝建强	男
8210	贾京花	女	8573	蒋　炜	男	7147	况福全	男
6759	贾俊果	女	6720	蒋晓华	男	7306	来　力	女
8701	贾为国	男	7328	蒋秀英	女	7985	来　旭	男
6732	贾香兰	女	7837	蒋　艳	女	8745	赖　明	女
6635	贾香梅	女	7600	蒋燕春	女	7024	兰成云	女
8269	贾秀英	女	8129	蒋燕燕	女	6612	兰思田	男
6628	贾宜男	女	8874	蒋永云	女	6609	蓝凤鸣	男
8372	贾永新	男	7171	蒋育华	男	6529	蓝九源	男
7623	菅纯海	男	6879	蒋岳芳	男	6449	郎文革	男
7846	简焕章	男	7339	蒋珍秀	女	7234	劳丽灵	女
8624	江广荣	男	7312	焦绪明	男	7269	乐关荣	男
6503	江　河	男	7088	解一文	男	7785	乐嘉庆	男
8655	江继红	女	8146	金宝成	男	7090	雷昌善	男
7640	江　磊	女	7636	金宝华	男	8057	雷翠娇	女
6579	江　琳	男	7849	金宏善	男	8971	雷　刚	男
7652	江　平	男	7736	金　剑	男	7341	雷咏梅	女
6460	江清源	男	7168	金奎勇	男	7290	雷玉江	男
8245	江淑惠	女	6624	金明坤	女	6385	冷　海	男
7959	江卫国	男	7854	金　山	男	8571	冷兆统	男
7930	姜爱华	女	7778	金毅萍	女	7189	李爱敏	男
7547	姜殿臣	男	7686	金银龙	男	7604	李彬	男
7535	姜桂英	女	8604	金振钢	男	7382	李伯林	男
8837	姜帼英	女	6974	靳振兴	男	8413	李渤伟	男
6390	姜　疆	女	7028	荆　鹏	男	7689	李　超	女
6870	姜开林	男	6491	居玉霞	女	6968	李朝晖	男
7133	姜礼君	男	8809	瞿　欢	男	8662	李辰欲	男
7050	姜利平	男	7187	开春华	女	7047	李成国	男
7903	姜励同	男	8387	阚庭明	男	6646	李传琴	女
8779	姜　敏	男	7670	康德利	男	8167	李传石	男
8322	姜培维	男	7381	康　骏	男	8234	李春波	男
8719	姜树成	男	6982	康　琳	女	8677	李春久	男
8539	姜万勇	男	6931	康润程	男	7683	李春松	男
6514	姜小波	男	8803	康晓俐	女	6849	李春涛	男
7713	姜晔明	男	8982	康振海	男	7996	李大文	男
8206	姜有贤	男	7303	康志远	男	7610	李东升	男
7590	姜则祥	男	8114	柯汉奎	男	8273	李斗南	男
8747	蒋彩虹	女	7570	孔繁森	女	8168	李　凡	女

8485	李 峰	男
8648	李凤民	男
7592	李凤英	女
7852	李福才	男
6751	李辅唐	男
8100	李富治	男
6767	李 馥	女
7377	李 刚	男
8367	李根富	男
8434	李光祥	男
B078	李光远	男
8309	李广洪	男
7441	李广岩	男
7264	李桂芬	女
8707	李桂新	男
7679	李桂英	女
8088	李国成	男
6793	李国威	男
6705	李寒秋	男
8379	李 皓	男
8676	李和平	男
8926	李红云	女
8302	李洪涛	女
7549	李洪玉	男
8974	李鸿雁	女
7027	李 华	男
8142	李环亭	男
6599	李 晖	男
8169	李惠普	男
7612	李慧仙	女
7615	李吉良	男
7253	李济民	男
6831	李加友	男
8845	李家荣	女
7969	李家同	男
8271	李 坚	男
7974	李建达	男
8623	李建峰	男
7316	李建国	男
7599	李建国	男
8490	李建江	男
7571	李建英	女
7866	李 健	男
6593	李 江	男
8753	李 杰	男
6466	李 捷	男
8537	李金才	男
7955	李金祥	男
6798	李景周	男
7068	李 靓	女
8065	李菊英	女
7836	李 军	女
8170	李 军	男
7331	李昆运	男
7014	李来林	男
7124	李来林	男
8319	李 兰	女
7120	李兰芬	女
6784	李乐民	男
7524	李 莉	女
7919	李 莉	女
7891	李立平	男
7714	李丽娟	女
7134	李丽娜	女
6905	李丽琴	女
8681	李 林	男
6513	李林富	男
8682	李 琳	女
8855	李 璐	女
7474	李 敏	女
7841	李敏锐	女
7749	李 明	男
8458	李明昕	男
7132	李佩珍	女
7036	李 平	男
8579	李起的	男
6893	李前进	男
6828	李庆江	男
7255	李庆兰	女
8068	李人俊	男
8806	李仁喜	男
7967	李荣均	男
8849	李荣芝	女
6875	李 蓉	女
6622	李汝东	男
7827	李汝祯	男
7782	李瑞平	女
7029	李润生	男
7708	李若峰	男
7008	李三红	男
7805	李少博	男
8772	李少芳	女
6959	李绍强	男
7448	李绍森	男
7647	李 升	男
6916	李圣民	男
8504	李世俊	男
7649	李世前	男
7835	李书良	男
6639	李淑君	女
6410	李淑萍	女
7362	李水英	女
6778	李 松	女
8582	李 特	男
6847	李铁路	男
8396	李铁岩	男
8266	李皖泰	男
7856	李 威	男
7373	李维静	男
7496	李 伟	男
6997	李卫平	女
8959	李卫英	女
7215	李文飞	男
7352	李文华	女
8726	李文库	男
8503	李文萍	女
6592	李文泉	男
7727	李遐飞	男
7105	李向玉	男
7163	李小锋	男
6442	李晓芳	女
8018	李晓杰	女
8505	李晓沛	女
8534	李晓萍	女
8000	李晓桃	女
7506	李晓阳	男

7548	李兴凤	男
7439	李兴隆	男
7542	李秀明	男
8538	李秀琴	女
8984	李秀琴	女
6894	李学诚	男
7637	李学玲	女
6932	李学强	男
8931	李亚明	男
8004	李　妍	女
8094	李艳敏	女
7213	李　燕	女
6861	李　阳	女
8613	李　阳	男
8645	李　阳	女
8554	李　杨	男
6952	李　熠	女
8916	李　英	女
8066	李英琦	男
7569	李迎春	女
7791	李迎春	男
7403	李　莹	女
8630	李　颖	女
7417	李永康	男
6473	李　泳	男
6964	李　勇	男
7575	李　勇	男
6692	李愉华	女
8404	李　玉	男
6430	李玉斌	男
6821	李玉龙	男
7772	李玉霞	女
7517	李玉元	男
6866	李玉珍	女
7212	李玉珍	女
8840	李元春	女
7871	李元福	男
6936	李元孝	男
7902	李元忻	男
7034	李月刚	男
8992	李　岳	男
8988	李跃平	男
7130	李云轩	男
8495	李　芸	女
7896	李　澐	女
8217	李运国	男
6564	李在卿	男
7276	李泽木	男
7061	李增银	女
7145	李增源	男
6824	李照龙	男
7890	李振和	男
6785	李振声	男
7530	李正文	女
7832	李志颖	女
8191	李　忠	男
6787	李忠志	男
8214	李卓然	男
6791	李佐豪	男
7199	厉国友	男
7322	连惠民	男
6666	梁白兰	女
8986	梁法国	男
7491	梁根莲	女
6378	梁国珍	女
7965	梁　建	男
8423	梁　敏	女
7349	梁倩玲	女
7427	梁秋月	女
7541	梁文河	男
6617	梁文文	男
7773	梁　勇	男
7595	梁　昭	男
8392	梁　正	女
7775	廖闯新	男
6900	廖临贵	男
7698	廖宁岚	女
6641	廖武华	男
6644	廖章良	男
6929	廖志斌	男
8436	林光芳	女
7326	林光嵩	男
7009	林海江	男
8954	林红霞	女
8275	林宏明	男
8077	林宏伟	女
6643	林纪恩	男
7913	林嘉义	男
6949	林江春	男
7743	林　平	男
8301	林荣胜	男
8541	林瑞成	男
7634	林润妹	女
6719	林少田	男
8026	林　涛	男
8153	林祥志	男
7923	林修贵	男
8405	林英斌	男
7286	林增碧	女
6505	林志宏	男
7351	林志杰	男
7266	蔺　超	女
8148	凌荷英	女
7462	凌　宁	男
7374	凌中南	男
7431	凌忠怡	男
8265	刘宝国	男
7400	刘宝华	男
8111	刘宝丽	女
8418	刘伯永	男
6701	刘长海	男
7359	刘长顺	男
8335	刘承祖	男
8395	刘大万	男
8171	刘大中	男
7844	刘　丹	男
7358	刘道云	男
8599	刘德仁	男
7354	刘登良	男
7648	刘东海	男
8145	刘冬毅	男
6545	刘分明	男
6577	刘凤录	男
7509	刘凤歧	男
7424	刘　钢	男
6581	刘光辉	男

8585	刘光志	男	8031	刘庆龙	男	8727	刘 耘	女
8350	刘国军	男	7178	刘 蓉	女	6930	刘振洲	男
8079	刘海华	男	6452	刘 瑞	女	7894	刘征妤	女
7464	刘海明	男	7630	刘瑞荣	女	8456	刘志亮	男
8901	刘恒先	男	8327	刘润奎	男	6891	刘 忠	男
7702	刘宏辉	女	8883	刘若鸣	男	6712	刘忠发	男
8542	刘宏伟	女	8344	刘善田	男	7744	刘周学	男
7574	刘 洪	女	8863	刘少勇	男	7094	柳桂芳	女
8281	刘洪斌	男	7688	刘邵陵	男	6702	柳汉莹	女
8893	刘焕林	男	8618	刘设春	女	7480	柳明华	男
6990	刘惠萍	女	7553	刘淑霞	女	6843	龙晓林	男
8834	刘计书	女	8913	刘曙蓉	女	7486	娄志年	男
6441	刘 艰	女	8417	刘思祁	男	6979	楼新献	男
6971	刘建东	女	6608	刘婉容	女	8411	楼 燕	女
7981	刘建军	男	6718	刘婉容	女	6868	卢冬良	男
6898	刘 江	男	8651	刘万玲	女	7209	卢继光	男
7799	刘金凤	女	8398	刘文智	男	7715	卢捷安	女
8106	刘津才	男	6871	刘 武	男	7953	卢梅艳	女
8014	刘景超	男	8216	刘 衔	男	8172	卢 奇	男
6998	刘静华	女	6535	刘小檀	男	8207	卢晓微	女
6614	刘 隽	男	7718	刘晓辉	女	6606	卢学勤	男
8751	刘 君	男	7164	刘晓阳	女	6960	卢 冶	男
8300	刘 俊	男	7881	刘晓莹	女	8463	芦 伶	女
6663	刘俊荣	女	8333	刘 欣	女	8279	鲁保珠	女
6570	刘 凯	男	8107	刘新奉	女	8880	鲁 滨	男
6862	刘 阔	男	6598	刘新义	男	7748	鲁 伟	男
6966	刘乐凯	男	6475	刘 旭	男	6421	鲁文金	男
6796	刘乐顺	男	8598	刘旭亚	女	8684	鲁彦林	男
7446	刘 磊	女	7355	刘学孟	男	8438	陆建达	男
6440	刘李社	男	6975	刘学迁	男	8481	陆 健	女
7674	刘利伟	男	7343	刘雪艳	女	8687	陆良珏	男
786	刘利新	男	7968	刘艳伟	男	6546	陆顺平	男
8009	刘 林	男	7013	刘尧坤	男	7828	陆 炜	男
7644	刘明升	男	8725	刘曜国	男	8360	陆文晓	男
8665	刘乃玲	女	8249	刘依文	女	8826	陆锡振	男
8871	文培萍	女	7641	刘英杰	女	6447	陆玉林	男
7176	刘培贤	男	8790	刘玉光	男	8506	路 玲	女
6523	刘鹏远	男	6462	刘玉兴	男	7386	路晓斌	男
8341	刘普义	男	6382	刘玉秀	女	8345	闾建建	男
6424	刘 强	男	8498	刘玉秀	男	8414	吕 波	女
6713	刘 强	男	8721	刘元志	女	8105	吕 川	男
7625	刘情福	男	6425	刘跃武	男	6922	吕春潮	男

8370	吕 飞	女	6422	马凤秀	男	8262	梅 春	男
7270	吕凤兰	女	6946	马国璜	男	7300	孟光华	男
67 60	吕海清	男	8973	马洪延	男	8108	孟继伟	男
7504	吕 恒	男	7920	马会杰	男	8527	孟强华	男
8666	吕会琴	女	8120	马建英	女	8012	孟 芹	女
7733	吕建风	女	8248	马 杰	男	6695	孟庆福	男
8804	吕 静	女	8839	马 进	女	6895	孟爽新	男
6469	吕 丽	女	7540	马俊杰	男	6763	孟文年	女
6575	吕妙雄	男	8115	马琨岩	男	7751	孟 武	男
8956	吕平平	女	7978	马 磊	男	7605	孟宪起	男
6645	吕 荣	女	8944	马 莉	女	8357	孟 颖	女
6958	吕汝举	男	7206	马 骝	男	7059	孟峥嵘	女
8378	吕世光	男	6603	马敏莉	女	8028	苗夏青	男
7883	吕 速	男	7465	马汝骏	男	8728	苗玉庆	男
7806	吕维强	男	7466	马汝骏	男	7729	明玉凤	女
8144	吕贤勇	男	7137	马少勤	男	6538	缪剑民	男
8482	吕晓军	男	8385	马世明	女	6717	缪文泉	男
7957	吕月佳	女	7107	马树范	男	6795	莫丽华	女
8173	律中山	男	8718	马廷勇	男	7784	莫湘炯	男
8528	栾宏为	男	8113	马文辉	男	8464	莫肖京	男
8732	罗春成	男	8277	马文扬	男	7476	牟风春	男
8477	罗家可	女	8442	马小明	男	6752	牟庆军	男
7434	罗建辉	男	7099	马欣刚	男	7912	牟文忠	男
8118	罗金恒	男	6502	马兴聚	男	8340	母占鳌	男
8953	罗 娟	女	7017	马彦冰	女	8362	穆复勤	女
8501	罗 君	男	8968	马 燕	女	8670	穆国华	男
6858	罗 恺	男	6715	马燕华	女	7463	穆剑峰	男
6963	罗立宏	男	8581	马业华	男	8124	那国强	男
8194	罗瑞华	女	8723	马有丰	男	6733	南泽华	男
8947	罗万林	男	8487	马玉祥	男	8499	倪国发	男
7650	罗文静	女	7825	马镇西	男	8888	倪 骏	男
8257	罗文通	男	7422	马志峻	男	8708	倪 敏	女
7493	罗锡林	男	7458	毛和礼	男	8246	倪正快	男
8251	罗 炎	女	7275	毛 磊	男	7821	聂艳丽	女
8794	罗 谊	女	7118	毛宁永	男	6633	宁朝辉	男
7680	罗 瑛	女	6601	毛社子	男	7080	宁 萍	女
8890	罗勇翔	男	7409	毛孝明	男	8242	牛 奔	男
7908	罗忠明	男	8737	毛幸秋	女	7578	牛东波	女
7977	骆 东	女	7776	毛银海	男	7812	牛加梅	女
7283	骆冬梅	女	7045	毛永红	女	8174	牛文茹	女
8219	骆 青	男	7925	茅春源	男	8013	欧阳新群	男
7993	骆泉中	男	7268	茅 艳	女	7329	欧阳忠林	女

7336	潘 涵	男
7789	潘厚友	男
8316	潘 平	男
8898	潘庆华	女
8469	潘文华	女
7076	潘贤耀	男
7909	潘行星	男
8023	潘 英	女
7564	潘云芳	女
8664	逄玉红	女
8894	裴惠年	女
8927	裴明生	男
8769	裴 庆	女
8966	裴亚波	男
8641	裴振仑	男
6766	彭国栋	男
6613	彭慧林	女
8700	彭金安	男
7793	彭 军	男
7404	彭立新	男
6986	彭连生	男
8697	彭明学	男
8647	彭瑞国	男
7809	彭 涛	男
6512	彭桃仙	女
7338	彭幸生	男
6829	彭 燚	女
6576	彭永安	男
7777	彭正东	男
7521	皮志伟	男
8270	平延明	男
6904	蒲英乐	男
7724	濮利俊	女
7519	浦晓玲	女
8428	戚伟民	男
7918	祁锦文	女
7141	祁尚民	男
6680	祁晓艳	女
7867	祁志健	男
6435	齐福玲	女
6762	齐 红	女
7349	齐化锋	男
7802	齐建丽	女
6947	齐俊杰	女
7321	齐良琮	男
8095	齐燕明	女
6479	齐玉敏	男
7219	钱存章	男
7095	钱开城	男
8686	钱立忠	男
8432	钱梅莉	女
6820	钱耀伦	男
8225	钱耀明	男
6536	钱 勇	男
6864	乔给禹	男
6812	乔永涛	男
8895	秦翠萍	女
8061	秦平彦	男
7048	秦铁骑	男
6574	秦 伟	男
8328	秦宗力	男
6765	卿前跃	男
7779	邱草熙	男
8400	邱传惠	女
7432	邱国民	男
7933	邱红桐	男
8253	邱 林	男
7041	邱三琪	女
8724	邱绍雄	男
6799	邱雪梅	男
6476	邱 英	女
6528	曲连明	男
7149	曲青海	男
7767	曲夕刚	男
7148	曲晓莉	女
7971	冉景红	女
7591	冉文丽	女
8459	冉星彦	男
8535	任春香	女
8137	任福全	男
7734	任海根	男
7755	任红兵	女
6501	任洪莲	女
6885	任进波	男
8325	任立忠	男
6690	任 民	男
8748	任伟杰	男
6478	任卫红	女
7693	任 蔚	男
8577	任 义	男
8208	任 宇	女
7337	任 越	男
6873	阮平之	男
8034	阮 星	男
7559	桑丽平	女
8805	沙 铮	男
7701	山国强	男
7556	商建平	男
8678	尚桂兰	女
8408	尚 丽	女
7691	尚丽荣	女
7443	邵长文	男
8388	邵晨光	男
7830	邵 进	女
8098	邵 力	女
7741	邵 哲	男
7357	邵征宇	男
8391	申国军	男
7175	申 杰	女
7901	申秀华	女
6862	沈大善	男
6604	沈国华	男
6580	沈国强	男
6606	沈国文	男
6815	沈海鸣	男
6544	沈 冀	男
457	沈江流	男
6978	沈锦胜	男
8543	沈 磊	男
8447	沈荣梅	女
6970	沈善良	男
6693	沈献宁	男
7897	沈亦文	男
7081	沈引东	男
7060	沈玉振	女
7272	沈云交	男

8039	沈正国	男	8990	宋　敏	女	7611	孙明山	男
7039	盛　晖	女	6728	宋淑英	女	7938	孙青林	男
8563	盛建辉	男	7467	宋晓蓓	女	8047	孙　全	男
6801	盛　祥	男	7926	宋秀丽	女	8980	孙　群	男
6848	师　彪	男	7699	宋振藩	男	6561	孙瑞良	男
8296	师凤英	女	8569	宋志成	男	7847	孙时轮	男
8556	施德训	男	8690	苏　锋	男	7203	孙淑娟	女
6806	施汉良	男	6586	苏和衷	男	8899	孙淑梅	女
7527	施梓炜	男	8209	苏怀宇	女	8696	孙天凯	男
7075	石桂青	女	7941	苏惠容	女	8317	孙铁镛	男
7287	石华敏	女	7942	苏力平	女	6697	孙　薇	女
7378	石建伟	女	6878	苏青华	男	8578	孙卫民	男
8248	石俊伟	男	7958	苏　伟	男	7577	孙文丽	女
7911	石俊仙	女	7230	苏文礼	男	8833	孙晓芳	男
6664	石　磊	男	7367	苏燕侠	女	7815	孙晓云	女
7263	石　梅	女	7100	眭　敏	女	8407	孙　心	女
6854	石　锐	男	7746	隋志斌	男	6567	孙秀英	女
6882	石　威	男	8348	孙　斌	男	8238	孙　亚	男
7523	石　伟	男	7325	孙炳俊	男	6912	孙　怡	女
6919	石小丽	女	8150	孙成龙	男	8985	孙　滢	女
7840	石聿明	男	7223	孙春红	女	8847	孙玉辰	男
6658	时建华	男	7829	孙定祥	男	7552	孙云平	男
8380	时路遥	女	8764	孙东晓	男	7142	孙泽怀	男
7281	史德年	男	6665	孙凤芹	女	7992	孙　峥	女
7565	史国贤	男	8570	孙　光	男	7614	孙　正	男
8457	史　赫	男	7294	孙桂芳	女	7087	孙志英	女
7622	史冀劢	女	8260	刘国良	男	6672	孙智信	男
7864	史明宜	男	8755	刘海英	女	8923	谭　骏	男
8074	史培康	男	7191	孙　红	女	7667	谭丽佳	女
7241	史书奇	男	6433	孙红云	女	7363	谭丽萍	女
7947	史增寿	男	7179	孙　华	女	8679	谭少华	男
8877	侍勉懿	男	7371	孙华庭	男	7510	谭太平	男
6700	寿炳华	男	7278	孙洁雯	女	8869	谭许久	男
8285	舒海水	男	8089	孙久荣	女	8175	谭兆初	男
6671	舒　恕	男	8123	孙礼鑫	男	7664	谭　哲	女
8555	束长春	男	7700	孙立红	女	7770	汤　灏	男
6935	水凤仙	女	7307	孙立华	女	7311	汤洪耀	男
8550	宋方方	男	7478	孙丽莲	女	7583	汤小婷	女
8138	宋凤平	男	8824	孙　璐	女	6883	汤　晔	女
6379	宋国政	男	7704	孙　卯	男	7557	汤智远	男
8685	宋海波	男	7626	孙梅英	女	7250	唐　放	女
7314	宋丽华	女	6602	孙　敏	男	8654	唐福喜	男

7217	唐宏海	男	8347	王百顺	男	6768	王海丽	女
8650	唐家驹	男	8299	王宝忠	男	7892	王海芹	女
8568	唐　琦	男	7273	王保庆	男	8608	王海山	男
8674	唐仁华	女	8781	王　斌	男	6921	王海英	女
7682	唐永武	男	8785	王　斌	男	6678	王鹤鸣	男
8908	桃子康	男	6938	王　冰	女	7721	王　宏	女
6445	陶国春	男	8298	王　兵	男	8224	王宏茂	男
7115	陶金发	男	6771	王炳锦	男	6526	王　洪	男
6432	陶仕安	男	6651	王　波	女	8352	王　洪	男
8176	田富春	男	6957	王昌明	男	8430	王洪彬	男
8507	田恒山	男	7795	王昌义	男	8761	王洪秀	女
7309	田怀军	男	8978	王常国	男	6630	王花兰	女
7184	田建丽	女	6993	王　成	男	8324	王焕君	男
7376	田　军	男	6842	王成钧	男	7843	王　辉	女
6897	田丽端	女	6973	王成柱	男	6988	王卉珏	女
8864	田连福	男	7940	王传秋	男	7466	王卉珏	女
8976	田　梦	女	8278	王春凤	女	8293	王火荣	男
8975	田全有	男	7939	王春香	女	6999	王吉敏	女
8446	田晓彤	男	7998	王从远	男	6489	王继美	女
7728	田兴滨	男	7221	王大安	男	8201	王　佳	男
7022	田兴善	男	7643	王　丹	女	7003	王家盛	男
8830	田炎平	男	8962	王道莉	女	6863	王建存	男
8965	田　洋	男	7252	王德平	男	8177	王建华	男
8156	田正伟	男	8334	王登彩	男	8147	王建军	男
8427	童昌兴	男	7057	王迪芝	女	8802	王建樑	男
7663	童以娟	女	7550	王东涛	男	6955	王建一	男
7182	童　征	男	7762	王冬梅	女	8952	王建英	女
7937	宛　霞	女	7758	王　栋	男	6455	王健华	男
7617	万立秀	男	7387	王恩来	男	7980	王健亮	男
8521	万美奎	男	7624	王　枫	女	8228	王解放	男
6557	万顺理	男	7012	王　峰	男	8866	王金岭	男
7573	万文俊	男	8876	王涪声	女	7716	王金宇	男
8930	万学山	男	6438	王福康	男	7435	王　进	女
7585	万玉序	女	8250	王根陵	男	7945	王进东	男
6540	万志锋	男	8594	王宫成	男	7208	王晶亚	男
8155	汪国明	男	7001	王光明	男	8851	王景元	女
8633	汪时英	男	6437	王广明	男	7808	王　璟	女
8321	汪小林	女	7515	王桂民	女	6457	王聚伟	男
7416	汪兆禄	男	7580	王桂显	男	6810	王　军	男
6839	汪祖林	男	7198	王国荣	男	7317	王　军	男
7539	王阿华	男	8470	王国友	男	7740	王　凯	男
6497	王爱兵	女	6660	王海波	男	8936	王克成	男

7210	王克强	男	8800	王书义	男	8955	王学志	男
8243	王　琨	男	8522	王曙光	男	7040	王亚光	男
8516	王　琨	女	8819	王树迅	男	6412	王延明	男
6408	王　蕾	女	7687	王　涛	男	6704	王　炎	男
7249	王莉莉	女	8646	王　涛	男	8384	王　雁	女
8797	王立兵	男	6450	王维增	男	6865	王　燕	女
8241	王立新	男	7185	王　伟	男	8133	王　燕	女
7760	王　丽	女	8885	王　伟	男	7576	王燕杰	女
8532	王丽琼	女	6984	王伟京	男	6434	王燕玲	女
8731	王利明	男	6632	王伟民	男	8373	王嬿来	女
对 45	王　琳	女	8431	王伟平	男	8788	王　阳	男
7768	王麟贻	男	8381	王伟义	男	7824	王一帆	男
7725	王麟毅	男	6661	王　玮	男	7819	王一苇	女
7062	王麟英	男	7345	王蔚华	女	7101	王　怡	女
6819	王玲俊	男	8356	王文奎	男	8416	王银书	男
7581	王留英	女	6553	王文平	男	6619	王永生	男
8511	王龙龙	男	7244	王喜林	男	6967	王佑宁	男
8109	王律律	女	6721	王喜晴	男	7943	王玉波	女
8450	王美凤	女	7002	王鲜华	女	8283	王玉才	男
7532	王　敏	女	8064	王贤忠	男	7994	王玉娟	女
7796	王　敏	男	8386	王祥标	男	6976	王玉明	男
8715	王　明	男	6488	王小曼	女	6852	王玉茹	女
8035	王明葵	男	8517	王小霞	女	8607	王跃飞	男
7018	王明明	女	8808	王晓红	女	8844	王　云	男
8178	王明明	男	8586	王晓健	男	6805	王云龙	男
8401	王乃平	男	7260	王晓林	女	8716	王云生	男
7167	王能娟	女	7484	王晓明	女	8925	王泽霖	男
8776	王培玲	女	7946	王晓燕	女	8030	王泽伦	男
7482	王　屏	女	8444	王新刚	男	7254	王璋瑛	女
6549	王　萍	女	8981	王新华	女	6600	王昭君	女
8512	王青春	男	8778	王新民	男	8722	王兆华	男
8946	王　群	女	7522	王新生	男	8829	王兆兰	女
8318	王瑞森	男	8422	王星星	女	8622	王兆林	男
8312	王少军	男	8559	王星轶	男	5935	王哲芳	女
6679	王生清	男	6415	王秀萍	女	8179	王　真	女
7454	王胜利	男	7192	王秀琴	女	6726	王知林	男
8027	王胜林	男	7972	王秀琴	女	6480	王志刚	男
6944	王　盛	男	8530	王栩林	男	8657	王志宏	男
8308	王世忠	男	8091	王学军	男	7211	王志花	女
8342	王仕生	男	8110	王学军	男	7764	王志军	男
7976	王守征	男	6981	王学娅	女	6558	王志明	男
7006	王书明	女	8649	王学元	男	8738	王志茜	女

8519	王忠元	男	8540	吴　军	男	8882	夏恒宝	男
6989	王　卓	男	7477	吴　凯	男	8181	夏劼清	男
8832	王子孟	男	6927	吴康诒	男	8099	夏俊香	女
7023	王宗仁	男	8915	吴立新	女	7292	夏梅凤	女
7455	韦成义	男	6431	吴满珍	女	6758	景仁霖	男
7944	韦　强	男	8452	吴巧稚	女	6833	夏圣亭	男
8290	隗克功	男	7332	吴　琼	男	8789	夏首秦	女
8767	魏风焕	女	8760	吴　琼	女	7988	夏舞艳	女
7123	魏　刚	男	8675	吴仁昌	男	6825	夏　新	男
7391	魏耕忍	男	6649	吴守祯	男	7987	夏彦清	女
7695	魏洪兴	男	8397	吴素云	女	6648	夏毅权	男
8515	魏继双	男	6414	吴　伟	男	7653	夏玉敏	女
7106	魏建跃	男	8634	吴伟华	女	7607	夏志勇	男
6749	魏　俊	女	7420	吴文杰	男	8928	夏智强	男
7730	魏　奎	男	6481	吴文民	男	6696	向国鼎	男
8455	魏　民	男	7845	吴小荣	女	6816	项八一	男
7990	魏启祥	女	7475	吴新轩	男	6550	项秋元	男
7598	魏双菊	女	7308	吴雪融	男	7395	项婷婷	女
8359	魏亚君	男	8591	吴延杰	男	8073	肖诚莉	女
8354	魏　瑶	女	7753	吴燕芳	女	7334	肖　力	女
7066	魏玉金	男	8475	吴　扬	女	8852	肖　迈	男
7851	温　芳	女	6923	吴耀东	男	6667	肖秋芬	女
8742	温庆暖	男	8180	吴永清	女	8950	肖　睿	男
8736	文志平	女	6470	吴永锡	男	8451	肖亚丽	女
7868	闻庆权	男	7450	吴远金	男	8660	肖　雁	男
6856	沃金媛	女	7655	吴云久	男	8961	肖玉芳	男
7842	乌利华	男	6537	吴子英	男	7347	肖作贤	男
7526	邬旦华	男	6471	伍莉莉	女	7346	谢　博	男
8858	吴　波	男	8612	伍丽雅	女	8053	谢　忱	男
8349	吴朝晖	男	8420	武　斌	男	8617	谢　丹	女
8870	吴大桥	男	6565	武果亮	男	7479	谢国庆	男
6876	吴德龙	男	7302	武陆威	男	8291	谢尚辉	男
7566	吴东海	男	8593	武　庆	女	8473	谢文霞	女
8037	吴敦柔	女	7616	武学亮	男	8437	谢晓钟	男
6463	吴方振	男	6572	武云兰	女	7831	谢彦雄	女
7015	吴慧敏	男	8005	武中和	男	7033	谢云峥	男
7991	吴慧霞	女	7989	奚广鹏	男	7658	辛　民	女
7074	吴　江	男	6423	奚小娟	女	8768	邢　辉	男
8103	吴　江	女	7709	席　璠	男	8086	邢明照	男
6757	吴　杰	女	6754	席时苏	女	7878	邢献志	男
6742	吴劲峰	男	8940	夏宝明	男	7656	邢玉喜	男
8314	吴进盛	男	7245	夏海敬	男	7038	幸红星	男

8922	熊长善	男	7950	徐晓玲	女	6406	颜秉凯	男
8884	熊敬鸿	男	6956	徐新生	男	7606	颜　晖	女
7324	熊培文	男	8813	徐新跃	男	6439	颜建萍	男
6933	熊邵南	女	6985	徐新忠	男	8426	颜佑君	男
6888	熊圣友	男	8565	徐学飞	女	8363	燕　军	男
6518	胥振慧	女	6375	徐　鹰	男	8865	杨爱华	女
8793	须永元	男	6532	徐玉崑	男	8811	杨爱玲	女
6899	徐爱中	女	7295	徐　远	女	6610	杨炳林	男
7423	徐宝俊	男	7568	徐志强	男	6551	杨　波	女
7952	徐财源	男	7032	徐　忠	男	6857	杨长福	男
8125	徐翠云	女	7073	徐忠义	男	8658	杨大明	男
8240	徐大敏	男	6637	许　兵	男	6823	杨东宝	男
8096	徐德昌	男	7561	许炳雄	男	7119	杨东明	男
8614	徐丁丁	女	6682	许朝雄	男	7063	杨凤景	女
7096	徐定国	男	7069	许德俊	男	6483	杨光军	男
8547	徐　方	女	7392	许定业	男	8562	杨国国	女
7468	徐福安	女	6376	许东明	男	8454	杨国仲	男
8717	徐福庆	男	7662	许和气	男	8419	杨　红	女
6552	徐　刚	男	7951	许华安	男	7588	杨红静	女
6681	徐国康	男	6524	许建娅	女	8774	杨洪嘉	男
6381	徐涵春	男	8600	许康权	男	6508	杨洪志	男
7723	徐恒润	男	8365	许　青	女	6735	杨华平	男
8032	徐　红	女	8857	许庆祖	男	8406	杨继斌	男
8112	徐洪丽	女	7389	许艳秋	女	6911	杨家骅	男
8044	徐欢耀	男	7742	许兆杰	男	7159	杨建民	男
7071	徐家珑	男	8182	许　臻	男	7873	杨剑丽	女
6498	徐建国	男	8195	宣　强	男	7305	杨鉴卿	女
7771	徐京生	男	7949	宣维栋	女	8235	杨　颉	女
7587	徐景会	女	7677	宣锡海	男	8750	杨金生	男
6918	徐菊芬	女	7927	宣喻龙	男	6443	杨景棻	女
7116	徐　岚	女	7788	薛春华	女	6496	杨景行	男
7582	徐莉娟	女	8024	薛文高	男	8460	杨菊兴	男
7035	徐丽芳	女	6867	薛正参	男	7044	杨　军	女
7794	徐利民	男	7964	闫继驰	男	7162	杨俊红	女
7277	徐民华	男	6815	闫　捷	男	7661	杨恺浚	男
8900	徐　勤	女	7621	闫锦平	男	7318	杨　磊	男
7297	徐寿光	男	8948	闫世勇	男	8196	杨　立	女
7405	徐唐明	男	7481	严培武	男	8763	杨丽鹏	女
8472	徐万荣	男	7233	严四海	男	7173	杨凌岩	男
7678	徐维洪	男	8775	严卫东	男	6780	杨　铭	男
7315	徐向东	男	6656	严卓明	男	7705	杨佩欣	女
6727	徐　晓	男	6492	阎　斌	男	8937	杨荣婵	女

8002	杨　蕊	女
8449	杨瑞元	男
6884	杨仕虎	男
7483	杨寿林	男
8399	杨书益	男
8471	杨为明	女
6909	杨文成	男
7520	杨文华	男
8339	杨文森	男
8548	杨锡松	男
6652	杨显振	男
7948	杨小莲	女
6618	杨新民	男
7485	杨　旭	女
7800	杨雪娟	女
6490	杨延楣	男
8267	杨艳华	女
7109	杨燕云	女
7232	杨益忠	男
7875	杨　翌	女
8090	杨荫堂	男
7895	杨　英	女
7803	杨　莹	女
7914	杨永胜	男
7320	杨有康	男
7707	杨玉宏	男
7966	杨玉荣	女
8631	杨媛媛	女
8823	杨跃平	女
8709	杨振华	女
8601	杨振宇	男
7899	杨志勇	男
7016	杨智宝	男
7543	杨竹筠	女
7289	杨宗武	男
6830	姚公辉	男
7104	姚海芳	男
8741	姚　华	男
8799	姚家树	男
8558	姚建新	男
8220	姚景堂	男
7910	姚静理	男
8588	姚亮海	男
6662	姚庆寿	男
6522	姚日智	男
8006	姚　蓉	女
6519	姚圣鸿	男
7020	姚卫军	男
6699	姚　雪	女
6500	姚艳红	女
7304	姚永禄	男
6851	姚增援	男
7498	姚正军	男
6886	姚　仲	男
6605	姚祖慰	男
7589	药晋安	男
7282	要克军	男
7848	叶　锋	男
8183	叶桂好	女
7204	叶桂华	女
8141	叶　林	女
8536	叶　荣	女
6996	叶少华	男
8960	叶小燕	女
8071	叶荫川	男
6902	叶元明	男
8699	伊英杰	男
8828	伊志琼	女
6756	衣　梅	女
8049	易　安	男
6541	易　刚	男
8825	易浩军	男
6638	易敏红	女
8383	易　平	男
7456	易志辉	男
6620	殷宝礼	男
7869	殷宝元	男
7296	殷惠敏	女
8280	殷　平	女
7285	殷燕红	女
7813	殷　英	女
7065	殷志红	女
7004	尹桂荣	女
7161	尹立平	女
8377	尹志刚	男
6747	印嘉琪	男
6940	印　炯	男
7502	应丰满	男
7665	应嘉年	女
8184	应志德	男
8801	应志高	男
7473	尤镜清	男
8531	尤瑞琪	男
8605	游根发	男
7243	于海清	男
8323	于进云	女
6515	于克庸	男
7293	于　琨	男
7635	于　莉	女
6734	于　玲	女
7229	于明伯	男
8198	于　鹏	男
8523	于天红	女
7613	于振国	男
6683	于周军	男
7659	余国强	男
6807	余佳媛	女
6542	余建国	男
8007	余　瑾	女
7694	余韶中	男
8190	余　哲	女
7672	鱼新民	男
7833	俞　琼	男
7333	俞仲文	男
7077	虞向东	男
7494	宇　宏	女
8560	宇洪涛	男
8185	郁常春	男
7860	郁慕贤	男
8374	喻克宁	男
8706	喻重青	男
6444	贠生稳	男
7177	袁果文	男
8939	袁建新	男
7834	袁　玲	女
8186	袁铭明	女

7882	袁瑞立	女	7514	张长恩	男	6636	张　辉	男
7603	袁素霞	女	8139	张长辉	男	6504	张会民	男
6761	袁锡桂	男	8 92 9	张朝源	男	6954	张惠鄂	女
6730	袁晓颖	男	7671	张　琛	女	8510	张惠霞	女
8782	袁秀芝	女	7125	张成美	男	8970	张吉沛	男
6948	袁振权	男	6792	张传刚	男	7488	张继春	女
7445	苑有会	男	7792	张春辉	男	6880	张家宏	男
8661	岳　欣	男	6642	张春雷	男	6729	张家勇	男
8843	岳旭红	女	8070	张春雁	男	8786	张嘉禾	男
7596	昝桂云	女	7259	张春元	男	7954	张　坚	男
8022	臧　囡	女	6835	张从智	男	8765	张建春	女
7010	曾海鹏	男	8689	张得秀	男	7859	张建辉	男
7513	曾慧芬	女	7471	张德平	男	7288	张　健	女
6739	曾金贵	男	8001	张殿录	男	8712	张健如	女
8272	曾利平	女	8892	张东宏	女	6418	张金钢	男
7657	曾林军	男	8889	张栋林	男	8820	张　津	女
6494	曾　隆	男	7922	张　帆	女	8033	张京平	女
7884	曾祥泳	女	8911	张　芬	女	6654	张景堂	男
6698	曾祥照	男	6738	张芬琦	女	6517	张　静	男
7962	曾　翔	男	7169	张风华	女	8592	张　静	女
8294	曾新云	男	8714	张　峰	女	862	张　静	女
704	曾　岩	女	8627	张凤君	女	7194	张　军	男
6706	翟　建	男	6615	张富根	男	8720	张　君	女
8584	翟　平	女	7984	张贡忍	男	6841	张　俊	男
7528	翟　锐	男	7747	张观峰	男	6383	张峻岭	女
8425	翟　适	男	7436	张国栋	男	8134	张开丽	女
6451	翟晓蔚	女	7151	张哈思	女	6881	张　岚	女
8084	詹小青	女	8525	张海兰	女	8783	张　岚	女
8050	展　红	女	7180	张海燕	女	7669	张　磊	男
7642	战爱华	女	6977	张汉生	男	6809	张　莉	女
7092	战锡广	男	7056	张恒全	男	6920	张　莉	女
7091	张爱荣	女	8749	张　红	女	6459	张　力	女
8744	张白兰	女	6943	张红卫	男	8850	张　力	男
7218	张柏青	女	6942	张红焰	女	8311	张立安	男
6631	张保玲	女	8092	张宏健	男	8058	张立新	女
7850	张本洪	男	7237	张洪波	男	8636	张　丽	女
7330	张　彪	男	8075	张鸿安	男	7763	张丽君	女
8421	张　飚	男	8121	张　华	女	8603	张丽萍	女
8140	张　斌	男	8867	张化岚	男	8879	张丽萍	女
8756	张　斌	男	8218	张怀昌	男	8466	张利华	女
8957	张　斌	男	7584	张　欢	男	8221	张连霞	女
7067	张昌华	男	6994	张黄男	男	6770	张玲珑	男

8663	张流波	男
6755	张龙明	男
8635	张满荣	男
6391	张　旻	男
8520	张　明	男
8812	张　明	男
6583	张明德	男
8587	张　宁	男
7629	张培华	男
8376	张　鹏	男
7397	张　启	男
7983	张启明	男
6969	张巧玲	女
8008	张　青	女
7152	张庆生	男
7533	张全新	男
8284	张全瑜	男
8336	张荣水	男
8896	张蓉菊	女
6389	张蕊华	女
8101	张锐力	女
7122	张瑞峰	男
7246	张润萍	女
8040	张淑清	女
8746	张树洪	男
7049	张树威	男
7572	张素华	女
7390	张　涛	男
6962	张　韬	男
6919	张天玺	男
8551	张廷海	男
8746	张维平	男
8440	张维瑞	男
6781	张伟村	男
8549	张伟东	男
8566	张伟峰	男
6453	张伟昆	男
8861	张　文	女
7710	张文彬	男
7064	张希舜	男
7172	张　曦	女
6676	张贤中	男
8567	张小宋	女
8152	张晓飞	男
7838	张晓辉	女
8465	张晓莉	女
7225	张晓强	男
8902	张晓彤	女
8873	张　昕	女
7973	张　新	女
7271	张新民	男
7102	张新学	男
8213	张鑫隆	男
6915	张秀云	女
8128	张学惠	女
7608	张学连	男
7368	张学亮	男
64 67	张学忠	男
7369	张学忠	男
7900	张雪芳	女
8187	张雪民	男
6724	张雪平	男
8757	张雪中	男
6822	张雅芳	女
6429	张雅玲	女
7697	张亚坤	女
8119	张　延	男
8258	张　岩	男
7393	张彦琪	女
8143	张艳军	男
8514	张　燕	女
8462	张业晋	男
6779	张贻绵	女
7408	张亦斌	男
6745	张英慧	女
7136	张英群	男
8200	张　颖	女
8602	张永亮	男
8524	张勇男	男
8632	张玉华	女
6556	张玉兰	女
8199	张　昱	男
7783	张元琦	男
8958	张　云	女
8188	张云志	男
8045	张运洪	男
7529	张增彪	男
7627	张　昭	女
8282	张志刚	男
8010	张志文	男
7660	张智耀	男
7924	张仲允	女
8637	张卓亚	女
6507	张宗涧	男
7706	张祖兴	女
8502	张作言	男
8653	章　杰	男
7487	赵宝勤	男
8303	赵　昶	男
8621	赵德洪	男
6668	赵定一	男
8130	赵东明	男
8977	赵方平	男
8227	赵福全	男
8620	赵桂芝	女
8054	赵　海	男
7717	赵红军	男
8694	赵鸿贵	男
8343	赵　辉	男
7633	赵会昌	男
6616	赵惠芝	女
8983	赵继红	女
8135	赵继民	女
8042	赵建华	女
6708	赵建祥	男
7646	赵礼庭	男
8941	赵立国	男
8572	赵连生	男
7131	赵明非	女
7129	赵明香	女
7874	赵培邦	男
6584	赵清敏	男
6803	赵　群	女
6578	赵仁荣	男
6736	赵仁荣	男
6386	赵如战	男

7166	赵润生	男
8390	赵世彬	男
6493	赵书文	男
7593	赵树栋	男
7563	赵卫桥	男
7108	赵文亮	男
8011	赵文霞	女
8773	赵文忠	男
6407	赵希玉	男
7839	赵晓君	男
6464	赵晓平	男
7906	赵新霞	女
7126	赵衍录	男
8739	赵彦红	女
6591	赵艳丽	女
7750	赵燕皎	男
8513	赵英立	男
7898	赵玉杰	女
7323	赵玉兰	女
8704	赵振国	男
6691	赵志强	男
8740	赵志伟	女
6926	赵中玲	女
8263	甄翠改	女
6928	甄建敏	男
6716	郑宝恒	男
8961	郑长昊	男
6901	郑晨光	女
9019	郑大勇	男
6426	郑定安	男
6705	郑 放	女
6743	郑凤成	男
7719	郑 刚	男
6903	郑光荣	男
6800	郑国俭	男
6788	郑国强	男
8668	郑国祥	男
6686	郑海泉	女
7429	郑红文	女
8474	郑后伦	男
7886	郑建峰	男
8878	郑建平	男
6913	郑建文	男
8232	郑 健	男
6530	郑 举	男
8807	郑 权	女
7631	郑寿娟	女
7673	郑卫星	女
6889	郑宜武	男
8025	郑应生	男
8287	郑玉祥	男
7929	郑志强	男
6657	郑志天	男
8131	郑志玉	女
7928	支 燕	女
8203	智爱国	女
8338	智改兰	女
6775	钟安祥	男
7153	钟碧君	女
8526	钟 朝	女
8231	钟 刚	男
6777	钟金山	男
7262	种德禄	男
6674	仲继文	男
7786	周 斌	男
6782	周诚龙	男
7235	周储光	男
6571	周春林	男
7195	周春民	男
7970	周德华	男
6744	周迪红	女
7453	周飞君	女
8730	周福安	男
7396	周福隽	男
6890	周光源	男
6560	周桂福	男
6566	周国强	男
6693	周海洲	男
8361	周 皓	男
8189	周和湘	女
7545	周怀中	男
8942	周继东	女
6684	周家典	男
6859	周 坚	女
6741	周建军	男
8987	周健明	男
8230	周 杰	女
6827	周金华	男
6719	周景德	男
6607	周敬熙	女
7932	周 军	男
7280	周丽萍	女
7433	周流芳	男
8673	周凝翠	女
7546	周 全	男
8544	周全明	男
6625	周世锐	男
6559	周世宣	男
6569	周顺生	男
8583	周 涛	男
8215	周天祥	男
7127	周铁液	男
8441	周卫强	男
7823	周文华	女
8295	周文书	女
7651	周文祥	男
8887	周 夏	男
7870	周雄明	男
7053	周 燕	女
8382	周 燕	女
8 62 6	周 晔	女
8945	周应平	女
8552	周 瑛	女
8193	周咏冰	女
7112	周玉华	男
7220	周跃银	男
7426	周 芸	女
6673	周振宏	男
8639	周志舰	男
8518	周忠义	男
7538	周祖望	男
6655	周作文	男
7632	朱爱丽	女
8796	朱本福	男
6416	朱彩琴	女
8509	朱革群	男

7888	朱海陵	男	7956	朱清友	男	7857	祝桂松	男
8056	朱　红	女	6790	朱庆雯	女	7407	祝月霞	女
7505	朱红浦	男	8223	朱　涛	男	6844	庄瑞鸣	男
7025	朱华卫	女	7459	朱伟明	男	6647	庄绍煌	男
8067	朱　桦	男	6694	朱卫东	男	6506	庄熙珠	女
7394	朱焕文	男	7855	朱文凤	女	7889	卓　凯	男
8069	朱　辉	男	7428	朱文婕	女	6877	宗克俭	男
6797	朱惠庆	男	8810	朱　翔	男	7975	宗秀娟	女
8286	朱济义	男	6924	朱　鑫	男	8868	宗学花	女
8429	朱家璥	男	7188	朱亚军	女	7174	邹东屹	男
8448	朱家杰	男	8467	朱尧土	男	6840	邹静娟	女
7037	朱建军	男	7961	朱　毅	女	7365	邹立仁	男
6548	朱　剑	男	6941	朱永胜	男	6547	邹如萱	女
6811	朱　疆	男	8860	朱正强	男	8590	邹淑荣	女
8029	朱恪松	男	7366	朱志物	女	7402	祖文强	男
7508	朱立民	男	8841	诸国荣	男	7737	左明春	男
8561	朱美寿	男	6953	祝聪训	男	8780	左小生	男
8943	朱梦熊	男	6677	祝光华	男	7414	左堰	女

干中求严　严中求细　细中求精　精中求效

襄樊内燃机车厂

通过ISO9002质量体系认证

襄樊内燃机车厂隶属中国南方机车车辆工业集团公司，是铁道部定点修理东风4内燃机车、制造16V240柴油机气缸套的专业厂家。同时，工厂与一汽集团和东汽集团联营，国家定点专业改装1.5吨至19吨自卸汽车、厢式货车等，批量生产各类液压油缸。工厂以“爱岗敬业、开拓创业、质量立业、科技兴业”为企业精神，遵循“干中求严、严中求细、细中求精、精中求效”的质量方针，不断完善质量管理体系，机车修理质量和售后服务在全路具有较好信誉，于2000年11月通过ISO9002标准质量体系认证。襄樊内燃机车厂竭诚为用户提供更优质的产品和更满意的服务。

法人代表、厂长：饶炎坤

用东风和解放汽车底盘生产自卸车

东风4型机车大修现场

地址：湖北襄樊肖湾　　　邮码：441105
传真：（0710）2811714　电话：（市）（0710）2812491
（路）（015）60518或60550

广东铭鸿数据处理有限公司(GoldSign Electronic Data Service Co.,LTD)是专门从事大规模数据处理、电子收费系统、大型清算系统、电子商务等项目的投资、开发、运营、维护的专业化中外合资企业。

1998年，铭鸿公司投资逾亿元建设中国第一家城市电子收费清算中心。目前该清算中心负责广州市路桥不停车电子收费系统(ETC)和广州市公共交通电子收费系统(AFC)的后台清算业务。在中国率先实现了多业主、多银行、多系统电子收费的认证、支付及清算，为中国发展智能交通系统(ITS)作出了创造性的贡献。

进入新世纪，铭鸿公司紧扣信息时代的脉搏，并计划将清算中心的业务逐步扩展到公用事业收费、网上电子商务、银行代缴费等领域。

铭鸿公司严格管理控制，已取得ISO9001国际质量认证，并荣获国家新办高新技术企业称号。人才为第一资本、不断追求世界领先科技、提供优质高效服务是铭鸿公司的一贯宗旨。

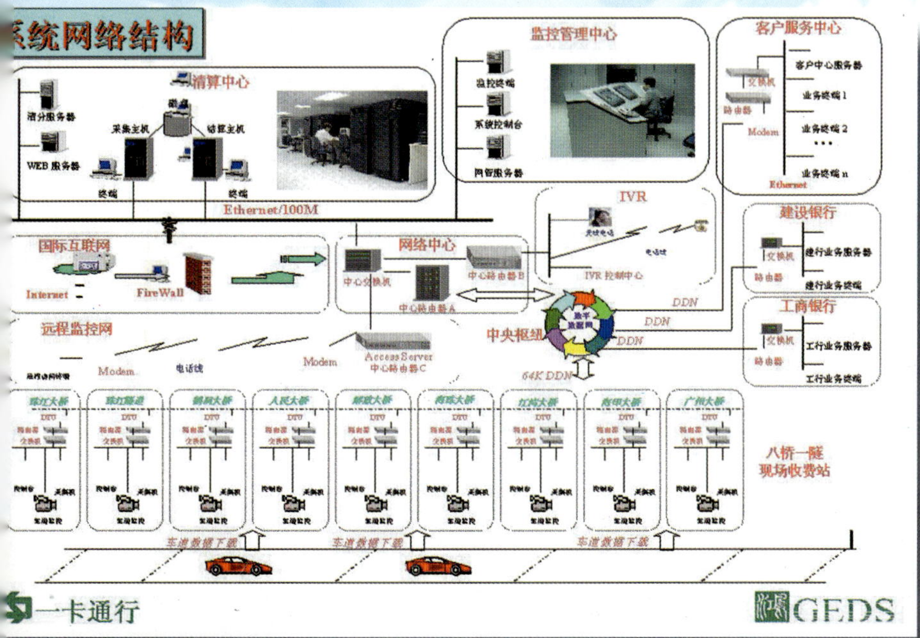

● 地址：广东省广州市五羊新城寺右新马路174号11楼
● 邮码：510600
● 电话：(020)87116865
(020)87116703
● 传真：(020)87382997
● Email:serv@goldsign.com

广东铭鸿数据处理有限公司

Guangdong Goldsign Electronic Data Service Co., LTD

青岛文昌企业(集团)公司

董事长兼总经理:李少恩

青岛文昌企业(集团)公司是集科研、生产、销售于一体的综合性企业,现有员工600余人,固定资产6000万元,1999年完成工业总产值2.34亿元,实现总利税2021万元。先后被评为省技术创新企业、省科普先进单位、省企业设备管理先进集体、省综合治理安全单位、1999年被评为山东省省级文明单位。

辖属青岛文安电子有限公司、青岛文豪铝塑管材有限公司,技术力量雄厚,开发生产的恩顺牌IC卡智能水表、恩顺牌铝塑复合管分别获全国发明展览会金杯奖、金奖。并于2000年4月同时通过ISO9002质量体系认证。

"抢抓机遇,改革创新",文昌人始终秉承这一原则,真诚欢迎社会各界朋友光临指导,共创辉煌。

IC卡智能水表

恩顺牌铝塑复合管

地址:山东省青岛市李沧区重庆中路587号 邮码:266100 电话:(0532)7066783 7620241 传真:(0532)706699

常务付总经理兼厂长:崔德利

50-AS系列洗衣机配件

青岛市文昌阁塑料厂

青岛市文昌阁塑料厂是专业从事塑料制品加工、生产的企业,现有员工195人,其中技术管理人员51人,大中型电脑注塑机20余台,是目前青岛市大型塑料企业之一。1999年企业完成工业总产值4700万元,利税590万元。该厂凭借先进的生产设备,雄厚的技术力量,常年为海尔集团、澳柯玛集团等大型企业配套加工塑料配件。过硬的质量,合理的价格,完善的服务,为企业赢得广大客户的信赖。先后被市政府评为"科技明星企业""标兵企业"、"AA级资信企业"、"重合同、守信用企业"。

目前,塑料厂已全面通过ISO9002质量体系认证,企业正朝着"高品质、精细化、零缺陷"的目标发展,以崭新的姿态跨入新的世纪。

15-A系列洗衣机配件

地址:山东省青岛市重庆中路587号 邮码:266100
电话:(0532)7066019 传真:(0532)7066019

青岛文昌企业(集团)公司

董事长兼总经理:李少恩

青岛文昌企业(集团)公司是集科研、生产、销售于一体的综合性企业,现有员工600余人,固定资产6000万元,1999年完成工业总产值2.34亿元,实现总利税2021万元。先后被评为省技术创新企业、省科普先进单位、省企业设备管理先进集体、省综合治理安全单位、1999年被评为山东省省级文明单位。

辖属青岛文安电子有限公司、青岛文豪铝塑管材有限公司,技术力量雄厚,开发生产的恩顺牌IC卡智能水表、恩顺牌铝塑复合管分别获全国发明展览会金杯奖、金奖。并于2000年4月同时通过ISO9002质量体系认证。

."抢抓机遇,改革创新",文昌人始终秉承这一原则,真诚欢迎社会各界朋友光临指导,共创辉煌。

IC卡智能水表

恩顺牌铝塑复合管

地址:山东省青岛市李沧区重庆中路587号 邮码:266100 电话:(0532)7066783 7620241 传真:(0532)706699

常务付总经理兼厂长:崔德利

50-AS系列洗衣机配件

青岛市文昌阁塑料厂

青岛市文昌阁塑料厂是专业从事塑料制品加工、生产的企业,现有员工195人,其中技术管理人员51人,大中型电脑注塑机20余台,是目前青岛市大型塑料企业之一。1999年企业完成工业总产值4700万元,利税590万元。该厂凭借先进的生产设备,雄厚的技术力量,常年为海尔集团、澳柯玛集团等大型企业配套加工塑料配件。过硬的质量,合理的价格,完善的服务,为企业赢得广大客户的信赖。先后被市政府评为"科技明星企业""标兵企业"、"AA级资信企业"、"重合同、守信用企业"。

目前,塑料厂已全面通过ISO9002质量体系认证,企业正朝着"高品质、精细化、零缺陷"的目标发展,以崭新的姿态跨入新的世纪。

15-A系列洗衣机配件

地址:山东省青岛市重庆中路587号 邮码:266100
电话:(0532)7066019 传真:(0532)7066019

质量体系认证证书
广东省高教建筑规划设计院
GB/T19001-1994 – ISO9001:1994 标准

鲤鱼江电厂安装检修公司

投运了45年的鲤鱼江发电厂

地址:湖南省资兴市
鲤鱼江大兴路41号
邮码:423401
电话:(0735)3252411
传真:(0735)3252411

公司经理:徐小金

汽轮机大修

鲤鱼江电厂安装检修公司地处湖南郴州市东南30公里处的资兴市,成立于1993年。有高、中级技术职称40人,主营火力发电机组、工业锅炉、供热采暖设备的大小修,更新改造安装工程、设备调试、技术服务和技术鉴定等。

公司组建至今,积极走向市场。先后在本省的石门电厂、金竹山电厂、耒阳电厂、湘潭电厂、株州电厂、涟源钢铁厂,广东的韶关电厂、云浮电厂、恒益电厂、恒运电厂、坪石电厂、阳山电厂及深圳的南山电厂等单位进行过25MW、50MW、200MW、300MW汽机发电机组的检修和制作工程,许多工程均被评为优秀工程。

公司于2001年元月通过了中国船级社质量认证公司的质量体系认证审核,并获得了质量体系认证证书。

经国家计委批准,作为"西电东送"项目,鲤鱼江电厂目前正在进行2×300MW燃煤机组的扩建工作。2台机组计划于2003年5、6月相继投产发电。

公司致力于质量第一、信誉第一、互惠互利的原则。 欢迎各界朋友前来洽谈业务,共谋发展。

南京扬子石化
检修安装有限责任公司

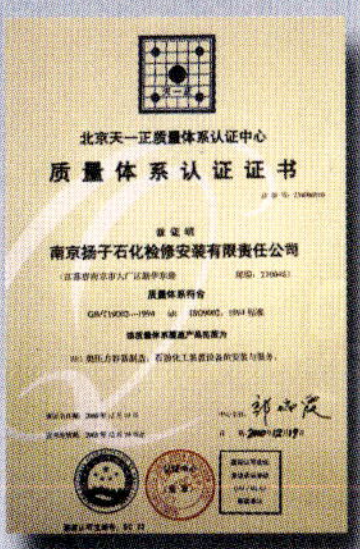

◀不分昼夜，随叫随到，不仅是化工装置和公用工程的守护神，而且是扬子公司停车大检修的主力军。

◀引进江苏石油化工学院的液袋式胀管新工艺，使换热器制造成为检安公司压力容器制造中的“拳头产品”。

南京扬子石化检修安装有限责任公司原隶属中国石化集团扬子石油化工有限责任公司，现具有独立的法人资格，主要从事石油化工装置的检修、制造、安装，先后取得BRI类压力容器制造许可证、一二类压力容器设计资格证、设备安装工程施工II级资质证、110kV及以下电气承装作业许可证，2000年12月通过ISO9002质量体系认证。

公司技术装备先进，检测手段完善，拥有大型起吊、转子动平衡、换热器液袋胀管、不停车带压开孔、封堵等先进装备和技术，现有职工1046人，工程技术人员占20.7%。2000年4月进行重组改制，初步建立现代企业制度。公司积极参与市场竞争，全面加强质量管理，整体效益不断提高，是南京地区安全文明工厂和重合同、守信用企业。

地址：江苏省南京市大厂区新华东路
邮码：210048
电话/传真：（025）7784510
E-mail：jxgsad@ypc.com.cn
总经理：石庭瑞　　董事长：陈汝灼

本、德国引进的100吨、130吨、250吨大吊车各一台，起吊高度138米，为用户提供超高超重起吊服务。

兖矿集团济宁二号矿

矿井全貌

兖矿集团济宁二号矿是国家“八五”规划的重点建设项目，于1989年12月开工，1997年11月建成投产，1999年步入行业级“双高”矿井行列，2000年实现了三年高速达产目标。

济宁二号矿地处举世闻名的孔孟之乡，地理条件优越。北依五岳之尊泰山，南偎风景秀丽的微山湖，东临京沪铁路，西靠著名的京杭大运河和济宁飞机场，兖石、兖新铁路、104、105、327国道纵贯其间，交通十分便利，煤炭内销外运条件良好。

济宁二号矿具有国内一流的先进装备，拥有井田面积90平方公里，工业储量6.5亿吨，可采储量4亿吨，设计年产量400万吨，同时配套建设了年处理能力400万吨的大型选煤厂。煤炭品种以气煤为主，具有低磷、低硫、低灰、高发热量的特点，是良好的炼焦配煤和优质动力煤。

济宁二号矿始终坚持走质量效益型发展道路，自1999年以来，积极宣传贯彻ISO9000质量标准和ISO14000环境标准，同时建立并运行了符合矿井生产经营实际的质量保证体系和环境管理体系，于2000年9月在全国煤炭系统率先同时通过了ISO9002质量体系和ISO14001环境体系认证。

济宁二号矿依靠科技进步，深入实施“精干主体、放活辅助”的矿井发展战略，坚持以效益为中心，以市场为导向，以改革为动力，依靠矿井具备的资源、资金、技术、机制、管理和企业文化等综合优势，通过综合推动结构、制度、管理、技术创新，形成以煤炭资源为依托，煤炭开采、非煤发展综合配套合理的产业格局，使煤炭产业在单产、效率、质量效益、集中生产等方面保持在全国煤炭行业较高水平，真正建设成为经营机制灵活、产业结构合理、市场竞争实力较强、高质量、高效率的现代化矿井，以一流的工作、一流的形象、一流的效益、优质的产品、优良的服务回报各界朋友和广大用户的厚爱。

党委书记:耿殿文

矿长:何烨

地址:山东省济宁市任城区接庄镇
邮码:272072
电话:(0537)2626207
传真:(0537)2626081

采用放顶煤新技术的综合机械化采煤工作面

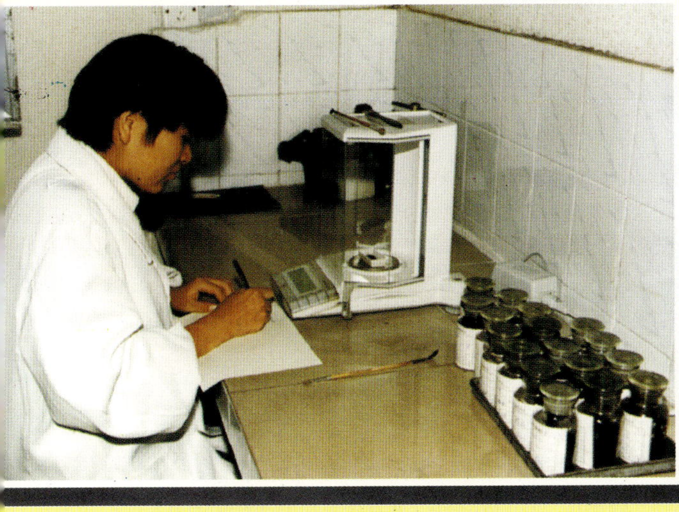

煤质化验员精心操作,确保产品质量

年处理能力为400万吨的选煤厂

山西省长治供电局电网工程公司

公司经理：许玉斌

地址：山西省长治市太行东街12号
邮码：046011
电话：（0355）2072990　2072997
传真：（0355）2072669

公司安装的220KV

山西省长治供电局电网工程公司是国家二级施工企业，主要承建220KV及以下高压输变电工程架设，安装业务。公司成立几十年来，以其雄厚的技术实力，多次出色地完成了国家和省内的重点工程项目，截止1999年底本公司已优质高效的完成220KV送电工程500余公里，110KV送电工程2000余公里，110KV变电站60座，公司对国产和进口SF6全封闭组合电器也有丰富的安装经验。

公司重合同，守信誉，质量一流，服务真诚，所建工程均达到优良级，并于2000年8月通过ISO9002国际质量体系认证。

公司安装的220KV变电站

董事长：宋士金

总经理：李贵昌

地址：山西省襄垣县
潞安矿务局机电修配厂
邮码：046204
电话：（0355）5921586
传真：（0355）5921786

潞安矿务局机电修配厂

潞安矿务局机电修配厂，隶属于潞安矿务局。地处山西省襄垣县。1998年改制为股份合作制企业，实现了由修配厂向制修厂的转变。年工业总产值3000万元。有较强的技术力量，采用了先进的计算机CAD辅助设计，有先进的数控切割、加工设备。承担液压支架、胶带输送机、托辊及其他矿用设备配件的制造和大修理。2000年12月通过了ISO9002质量体系认证。

青岛钢铁控股集团有限责任公司

▲高速线材生产线

党委书记、董事长：王玉科

青岛钢铁控股集团有限责任公司，是一个跨地区、跨行业、集科工贸于一体的大型一类钢铁联合企业，是山东省三大钢铁基地和青岛市十大企业集团之一，具有年产铁120万吨，钢120万吨，钢材100万吨的生产能力。1998年1月顺利通过了ISO9002质量体系认证。

钢铁产品主要生产低碳钢、优质碳素钢、拔丝用钢、焊接用钢等盘条，碳素结构钢及优质碳素结构钢热轧圆钢，热轧光圆钢筋，热轧带肋钢筋，弹簧扁钢，冷轧带肋钢筋及焊网等产品。

青钢生产的低碳钢无扭控冷热轧盘条先后荣获冶金产品实物质量 “金杯奖”、“青岛名牌”、“山东名牌”产品称号；气体保护焊焊丝用盘条荣获“山东名牌”产品称号。

地址：山东省青岛市遵义路5号
邮码：266043
电话：（0532）4816761
传真：（0532）4816057
企业网址：WWW.qdsteel.com
电子信箱：steel@public.qd.sd.cn

◀连铸坯生产线

董事长:谭经品

湖南建长石化股份有限公司

湖南建长石化股份有限公司位于湖南省岳阳市内,是集科、工、贸于一体的高新技术发展型企业,公司于1999年12月15日通过了ISO9002质量体系认证。公司现有“六套生产装置”生产连续重整催化剂系列产品、还原态半再生重整催化剂系列产品、金属铝溶胶、特种分子筛系列产品、玻璃钢系列产品及工程塑料系列产品。

连续重整催化剂GCR-10首次在国内UOP连续重整装置上应用成功,填补了国内空白,从而替代了同类进口催化剂,并荣获中石化科技进步一等奖和国家科技进步二等奖。1997~1999年间,又先后开发了国产第二代连续重整催化剂GCR-100A(PS-IV)、GCR-100(PS-V)等具有世界领先水平的产品,在工业应用中取得显著成功。

特种催化剂材料生产装置的产品有RPSA-分子筛、ZRP-5分子筛、β-分子筛、钛-硅分子筛。其中:ZRP-5分子筛为国内首次开发成功,曾经出口美国;钛-硅分子筛为21世纪新型环境友好催化剂,具有国际领先水平;RPSA-分子筛获得国家发明一等奖,并远销美国。

公司还从美国VENUS-GUSMER引进了五套玻璃钢制造专用设备,从德国WP公司进口了工程塑料生产线。玻璃钢系列制品和工程塑料系列产品目前产销两旺。非晶态合金催化剂已形成生产规模,产品已在国内市场投入使用。

建长公司始终坚持“质量第一,追求完美”的宗旨,不断完善、提高,各系列产品的市场占有率均得到了长足发展。建长公司将一如既往地与广大客户竭诚合作,共创美好未来。

总经理:李国繁

地址:湖南省岳阳市北区长炼

邮码:414012

电话(0730)8439718　8452926

传真:(0730)8439718

《中国质量认证年鉴

2001 卷

忠实记录质量认证历史

积极引导质量认证行为

详细提供认证产品信息

全面服务质量管理决策

地址：北京市海淀区民族学院南路甲 19 号
邮码：100081
电话：(010)68426188
传真：(010)68426188
开户银行：招商银行北京分行
帐号：0183471910001
开户名称：《中国质量认证年鉴》编辑委员会

总经理：韩云

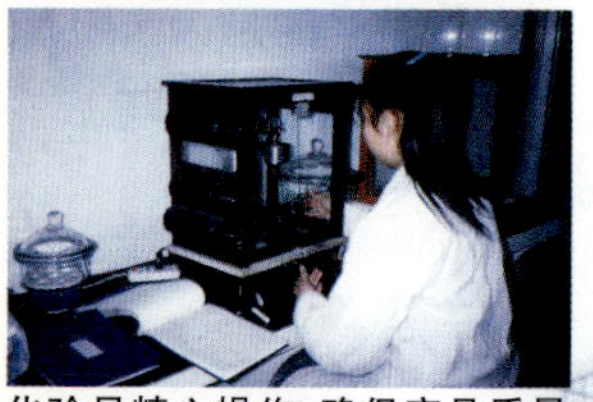
化验员精心操作，确保产品质量

山西省左云云鹏煤化有限责任公司始建于1995年。现有固定资产1800万元，职工人数180名，其中工程师8名，技术人员32名。公司生产设备和工艺技术先进，检测设备齐全。具有一座煤气发生炉和一条回转窑炭化生产线，两座自动控制的生产活性炭活化炉。年生产炭化料20000吨，活性炭3000吨，年产总值2000多万元。

公司地处全国最大的煤炭产区和煤质破碎活性炭基地－山西省大同市，因而生产活性炭具有独特的优势。由于有丰富的优质煤炭资源作保障，生产设备自动化程度高，加工工艺先进，技术力量雄厚，所以生产的活性炭具有灰份低、吸附性强等特点。而且规格齐全，受到国内外客户青睐，具有广阔的市场。公司依据GB/T19002-1994 idt ISO9002：1994标准，建立和完善了质量保证体系，并于2000年10月通过了质量体系认证。

公司生产的煤质颗粒活性炭，其主要用于上下水净化、空气净化、脱臭、脱色等。产品主要销往欧美、韩、日等一些发达国家。

公司始终坚持“质量第一、顾客至上”的宗旨，急用户所急，想用户所想。欢迎国内外朋友前来洽谈业务，真诚合作，并提出宝贵意见。

地址：山西省大同市
左云县秦家山村
邮码：037103
电话：(0352)3889399
传真：(0352)3889699

两座自动化的活化炉

山西省左云云鹏煤化有限责任公司

其　　它

关于批准第一批汽车产品认证审查员资格的通知

人注委秘产函（2000）004号

中国汽车产品认证中心：

中国产品质量认证机构国家认可委员会（CNACP）和中国认证人员国家注册委员会（CRBA），依据CRBA-CNACP对产品认证审查员的有关注册规定，经严格评定，批准汽车产品认证审查员15人、实习审查员21人（名单见附件）。请你单位按有关要求加强对审查人员的管理、使用，确保认证工作的有效性，并组织好审查员注册资料的申报工作。

特此通知。

CRBA秘书处

二〇〇〇年二月十七日

附件：

汽车产品认证注册审查员名单（15人）

樊江滨、姜杰、戴志勤、曾海鹏、黄学平、马世明、马铁华、龚清清、白晓燕、王崇礼、李桂明、吴明通、戴怀斗、蒋大荣、张陆传

汽车产品认证实习审查员名单（21人）

朱德江、李成芳、胡天明、阮廷勇、柳立志、陈明强、殷正良、王　阳、朱永胜、汪　龙、吴维奇、郑　悦、宫建军、韩　鹏、崔光斌、商振海、龚燕燕、覃日才、张建华、李再华、王　强

中国认证人员国家注册委员会第二届委员会第二次全体会议纪要

人注委委函（2001）02号

中国认证人员国家注册委员会第二届委员会第二次全体会议于2001年2月1日在北京中国合格评定国家认可中心报告厅召开。到会委员18人，4人因故缺席，本次会议特邀专家3人，CRBA秘书处全体同志列席了会议。CRBA主任委员、国家质量技术监督局副局长蒲长城出度会议并发表重要讲话，国家质量技术监督局认证评审管理司副司长谢军主持了会议。CRBA秘书长、中国合格评定国家认可中心主任刘卓慧向全会作了工作报告和财务报告并组织了有关议题的讨论。

一、会议主要内容

1. 审议并通过了CRBA秘书长刘卓慧同志所做的2000年CRBA工作报告。

报告首先介绍了中国合格评定中心在2000年中加强了员工的思想教育工作，提高了服务意识，为工作的顺利开展提供了保证。结合认可中心的成立，完善了CRBA组织机构建设，制定了相应的行政、人事等管理制度，使CRBA的工作有了稳定的制度保证；报告还介绍了认可中心成立后，CRBA秘书处的实体化运行情况及2000年CRBA的业务工作。2000年注册人员较上一年增长34%，注册人员已近万人，同时完成了大量的培训管理、笔试面试工作和体系维护更新工作，CRBA秘书处根据二届一次全会决议，全面开展了环境管理体系审核员的培训和注册工作并取得了较快的发展；CRBA在国际上的地位不断巩固，业务范围不断拓展，保持着健康高速的发展态势。

到会委员认真审议了工作报告，大家一致认为工作报告客观全面地反映了2000年CRBA的工作成绩。秘书处的同志工作非常勤奋，完成了繁重的工作，取得了丰硕的成果，十分不容易。委员们同时还提出一些意见和建议，主要包括：

1）审核员专业面试分类越来越细化，应重新考虑其适宜性；

2）随着市场需求，CRBA应考虑开展咨询师和质量工程师注册工作；

3）培训机构的批准工作应适当加快，以促进培训机构的竞争；

4）面试地点的选择应考虑全国审核人员的需要，多安排一些外地面试；

5）应坚持与国际接轨的方针，加强人员的培训；

6）应多听取认证机构的意见和需要，与认证机构配合进行认证人员队伍方面的管理工作；

7）在开拓业务方面，要与各相关方多沟通，并取得各方面的理解和支持。

2. 审议并通过了2000年CRBA财务报告。

3. 审议并通过了2001年CRBA工作要点。

4. 刘卓慧秘书长对CRBA 2001年的主要业务工作做了说明，各部门负责人对2001年本部门的主要工作做了进一步的介绍，委员们讨论并认可了CRBA各部门的工作。

二、CRBA 主任委员、国家质量技术监督局副局长蒲长城发表了重要讲话，就人员注册工作提出要求：

蒲长城副局长在讲话中指出：

1. 要认真研究如何提高现有工作水平，完善工作制度，以适应国民经济发展的需要。

他说：CRBA 建立之初是计划经济向市场经济过渡的时期，随着市场经济的逐步完善，要重新审视现在的工作制度是否健全。要研究怎样进一步完善和提高工作质量，既要满足市场需求，又要提高工作质量。应充分发挥各方面积极性利用好社会资源，要考虑中国的国情，使 CRBA 各项管理制度适应改革开放、经济建设的需要。

2. 要研究如何进行规范化的管理。

现在 CRBA 的人员注册工作已经有了一套完整的制度，人员注册的发展已到了一定的层次，今后要研究发展的方向，应考虑地域、市场的需求等因素，使人员注册得到均衡发展。

3. 必须坚持客观、公正、第三方的原则，使我们的认证事业得到健康发展。

三、会议通过讨论形成以下决议：

1. 根据国际标准、认证市场、人员注册培训工作的新情况，对 CRBA 的管理体系文件进行完善和改进；在保证工作质量的前提下，适当简化工作程序，提高工作时效，满足认证人员、认证企业和社会的需求；

2. 根据 ISO9000、ISO19011 标准的变化及时对 CRBA 教材进行修改，并及时通知到培训机构和培训教师；

3. 积极开拓服务项目，丰富 CRBA 服务产品；积极开展环境管理体系审核员注册工作和审核员培训课程批准工作；

4. 开展认证咨询师注册/培训工作，作好培训教材编写、教师培训、程序文件起草等准备工作；

5. 积极跟踪职业健康与安全管理体系（OH&S）标准化、认证工作的发展，争取及早开展 OH&S 审核员的培训/注册工作；

6. 加大宣传力度，充分发挥委员作用，努力作好与有关机构、部门的沟通和协调；

7. 建设好内部计算机网络，充分发挥硬件条件的优势，提高工作效率。

CRBA 秘书处

2001 年 2 月 22 日

CRBA2001 工作要点

2001 年 CRBA 工作要点是：

严格要求、改进程序，提高考试/注册过程的时效性，适应认证人员高速发展的要求；

根据 CRBA/IATCA 新准则要求修改完善工作体系，完成 ISO9000：2000 版标准培训转换工作；

继续开拓服务领域，增加审核员注册项目，满足认证事业的需要；

为迎接 2002 年 IATCA 的同行监督评审做好准备。

在认真做好级别审核员培训管理、考试、注册等日常工作的同时，重点作好以下几项工作：

1. 认真分析研究审核员考试和注册的工作流程，在符合 IATCA 准则的原则下，适当简化工作程序，理顺部门接口关系，提高 CRBA 工作时效；
2. 全面清理体系文件，分清层次，明确责任，严格执行；
3. 认真贯彻 CRBA 新注册/培训准则，并根据 2000 版的新内容，完成对相关程序、表格的修改，全面完成 2000 版的转换工作；
4. 积极稳妥地推进 EMS 审核员注册工作，完成受理的 EMS 培训课程批准工作；
5. 重点开展认证咨询师注册的培训教材编写、教师培训、程序文件起草等准备工作，时机成熟时迅速开展培训/注册工作；
6. 积极跟踪职业健康与安全管理体系标准化、认证工作的发展，早参与、早动手，做到随时可以开展 OH&S 审核员的培训/注册工作；
7. 建设好内部计算机网络，及时进行人员培训，充分发挥硬件条件的优势，提高工作效率。

关于批准江苏省质量体系内部审核员培训中心开展质量体系内部审核员培训课程资格的通知

质技监局认函〔2000〕07号

江苏省质量体系内部审核员培训中心：

经江苏省技术监督局推荐，我局依据《质量体系内部审核员培训管理实施细则》（见技监局认发〔1996〕121号）并参照GB/T19001标准，组织评审组对你中心进行了资格审查，确认已符合规定要求。经研究决定，批准你中心质量体系内部审核员培训资格，批准号为：NR—010—1999。

我局将以“国家质量技术监督局2000年第1号公告”公布社会，公告样式见附件。希望你中心严格按照有关规定加强培训工作管理，主动接受我局和江苏省技术监督局的监督，为培训合格的质量体系内部审核员作出贡献。

附件：公布“质量体系内部审核员培训机构名录”的公告样式

国家质量技术监督局

二〇〇〇年一月十日

附件：

公布“质量体系内部审核员培训机构名录”的公告样式

国家质量技术监督局2000年第1号公告
质量体系内部审核员培训机构名录

依据技监局认发〔1996〕121号《质量体系内部审核员注册管理暂行办法》和《质量体系内部审核员培训管理实施细则》，我局对江苏省质量体系内部审核员培训中心进行了质量体系内部审核员培训课程评审，符合规定要求，特此公告：

江苏省质量体系内部审核员培训中心

地　址：江苏省南京五台山1—6号

邮　编：210029

电　话：025-6602538

传　真：025-6602538

负责人：李乐民

批准号：NR—010—1999

关于批准青岛市质量教育培训中心开展质量体系内部审核员培训课程资格的通知

质技监局认函〔2000〕243号

青岛市质量教育培训中心、青岛市质协质量培训中心、赛宝技术培训中心：

经青岛市质量技术监督局、青岛市经济委员会和信息产业部推荐，我局依据《质量体系内部审核员培训工作管理办法》和《质量体系内部审核员培训课程批准准则》（见质技监局政函〔1999〕318号）并参照GB/T19001标准，组织评审组对青岛市质量教育培训中心等3家培训机构进行了资格审查，确认已符合规定要求。经研究决定，批准青岛市质量教育培训中心等3家培训机构的质量体系内部审核员培训课程资格，批准号为：

青岛市质量教育培训中心　NSKC—011—2000
青岛市质协质量培训中心　NSKC—012—2000
赛宝技术培训中心　NSKC—013—2000

可承认的培训结果为：

青岛市质量教育培训中心　NS—2000第1期至第3期
青岛市质协质量培训中心 QQTC—2000—1第1期至第3期
赛宝技术培训中心　内审员—2000第1期至第3期

我局将以“国家质量技术监督局2000年第5号公告”公布，公告样式见附件。希望3家机构严格按照《质量体系内部审核员培训工作管理办法》和《质量体系内部审核员培训课程批准准则》要求，主动接受我局和所在省技术监督局的监督，加强培训工作管理，提高培训水平。

附件：公布“质量体系内部审核员培训机构名录”的公告样式

国家质量技术监督局
二〇〇〇年八月四日

附件：

公布“质量体系内部审核员培训机构名录”的公告样式

国家质量技术监督局2000年第5号公告
质量体系内部审核员培训机构名录

依据质技监局政函〔1999〕318号《质量体系内部审核员培训工作管理办法》和《质量体系内部审核员培训课程批准准则》，我局对青岛市质量教育培训中心、青岛市质协质量培训中心、赛宝技术培训中心进行了质量体系内部审核员培训课程评审，符合规定要求，特此公告：

青岛市质量教育培训中心
地　址：青岛市延安三路 123 号
邮　编：266071
电　话：0532—3890087
传　真：0532—3890089
负责人：金棣
批准号：NSKC—011—2000

赛宝技术培训中心
地　址：广州市天河区东莞庄路 110 号
邮　编：510610
电　话：020—87237165
传　真：020—87236591
负责人：文立春
批准号：NSKC—013—2000

青岛市质协质量培训中心
地　址：青岛市延安三路 129 号
邮　编：266071
电　话：0532—3877296
传　真：0532—3877297
负责人：张杰
批准号：NSKC—012—2000

关于批准国家质量认证培训中心开展质量体系内部审核员培训课程资格的通知

质技监局认函〔2000〕405号

国家质量认证培训中心：

根据你中心申请，我局组织评审组，依据《质量体系内部审核员培训工作管理办法》和《质量体系内部审核员培训课程批准准则》（质技监局政函〔2000〕318号），并参照GB/T19001要求，对你中心的课程设置和实施能力进行了审查，经审查确认你中心符合规定要求。现决定批准你中心的质量体系内部审核员培训课程资格。

批准号为：NSKC-014-2000。

可承认的培训结果为：NCSQL（2000）001、NCCQL（2000）002和NCSQL（2000）003三期培训班。

我局将以“国家质量技术监督局2000年第11号公告”向社会公布，公告样式见附件。希望你中心继续按照《质量体系内部审核员培训工作管理办法》和《质量体系内部审核员培训课程批准准则》要求，抓好自身的业务建设，加强培训工作管理，主动接受我局和所在省（自治区、直辖市）质量技术监督局的监督，为培训合格的质量体系内部审核员作出贡献。

质量体系内部审核员培训课程资格批准有效期为4年。

附件：公布“质量体系内部审核员培训机构名录”的公告样式

国家质量技术监督局

二〇〇〇年十二月十九日

附件：

公布“质量体系内部审核员培训机构目录”的公告样式

国家质量技术监督局2000年第11号公告 质量体系内部审核员培训机构名录

依据质技监局政函〔1999〕318号《质量体系内部审核员培训工作管理办法》和《质量体系内部审核员培训课程批准准则》，我局对国家质量认证培训中心进行了质量体系内部审核培训课程评审，符合规定要求，特此公告：

国家质量认证培训中心

地　址：北京北三环东路30号国商会馆

邮　编：100013

电　话：010—84280356

传　真：0108-84276722

负责人：徐　涛

批准号：NSKC-014-2000

统 计 资 料

CNACR2000年年报

2000年12月份，共有34家认证机构向2584家初评企业颁发了质量体系认证证书。

1993年4月至2000年12月由CNACR认可的认证机构共向27707家企业颁发了质量体系认证证书。

1998-2000年初评获证：1998-4318家；1999-7447家；2000-11853家。

截止到2000年12月31日，累计有25588家企业持有25657张带有国家认可标志的质量体系认证证书（有效证书）。

获证企业分类统计如下：

一、按认证标准统计

BG/T19001-IS09001	4502 张	17.547 %
BG/T19002-IS09002	21015 张	81.907 %
BG/T19003-IS09003	1 张	0.004 %
QS9000	139 张	0.542 %
总　　计	25657 张	100.000 %

二、按质量体系覆盖产品所属专业范围统计

代码	产品所属专业	证书数	比率%
1	农业、渔业	15	0.06
2	采矿业及采石业	185	0.72
3	食品、饮料和烟草	827	3.22
4	纺织品及纺织产品	708	2.76
5	皮革及皮革制品	56	0.22
6	木材及木制品	68	0.27
7	纸浆、纸及纸制品	187	0.73
8	出版业	0	0.00
9	印刷业	153	0.60
10	焦炭及精炼石油制品	159	0.62
11	核燃料	10	0.04

代码	产 品 所 属 专 业	证书数	比率%
12	化学品、化学制品及纤维	1636	6.38
13	医药品	48	0.19
14	橡胶和塑料制品	1231	4.80
15	非金属矿物制品	567	2.21
16	混凝土、水泥、石灰、石膏及其他	950	3.70
17	基础金属及金属制品	3189	12.43
18	机械及设备	2887	11.25
19	电子、电气及光电设备	4873	18.99
20	造船	62	0.24
21	航空、航天	16	0.06
22	其他运输设备	1343	5.23
23	其他未分类的制造业	161	0.63
24	废旧物资的回收	0	0.00
25	发电及供电	24	0.09
26	气的生产与供给	9	0.04
27	水的生产与供给	12	0.05
28	建设	3902	15.21
29	批发及零售　汽车、摩托车、个人及家庭用品的修理	339	1.32
30	宾馆及餐馆	39	0.15
31	运输、仓储及通讯	326	1.27
32	金融、房地产、出租服务	417	1.63
33	信息技术	145	0.57
34	科技服务	1012	3.94
35	其他服务	75	0.29
36	公共行政管理	9	0.04
37	教育	7	0.03
38	卫生保健与社会公益事业	2	0.01
39	其他社会服务	8	0.03
总 计		25657	100.00

三、按所在地区统计

序号	地区	企业数	比率 %	序号	地区	企业数	比率 %
1	北京	1746	6.82	18	浙江	2208	8.63
2	广东	2548	9.96	19	福建	489	1.91
3	上海	1830	7.15	20	湖南	278	1.09
4	天津	633	2.47	21	广西	210	0.82
5	辽宁	1618	6.32	22	江西	239	0.93
6	江苏	4400	17.20	23	重庆	276	1.08
7	湖北	556	2.17	24	贵州	147	0.57
8	四川	802	3.13	25	云南	151	0.59
9	陕西	386	1.51	26	海南	43	0.17
10	河北	1057	4.13	27	甘肃	159	0.62
11	山西	434	1.70	28	宁夏	39	0.15
12	河南	730	2.85	29	青海	40	0.16
13	吉林	380	1.49	30	新疆	243	0.95
14	黑龙江	659	2.58	31	香港	833	3.26
15	内蒙古	214	0.84	32	澳门	11	0.04
16	山东	1776	6.94	33	国外	2	0.01
17	安徽	450	1.76	34	台湾	1	0.00
合计						25588	100.00

四、年内企业初评获证情况统计

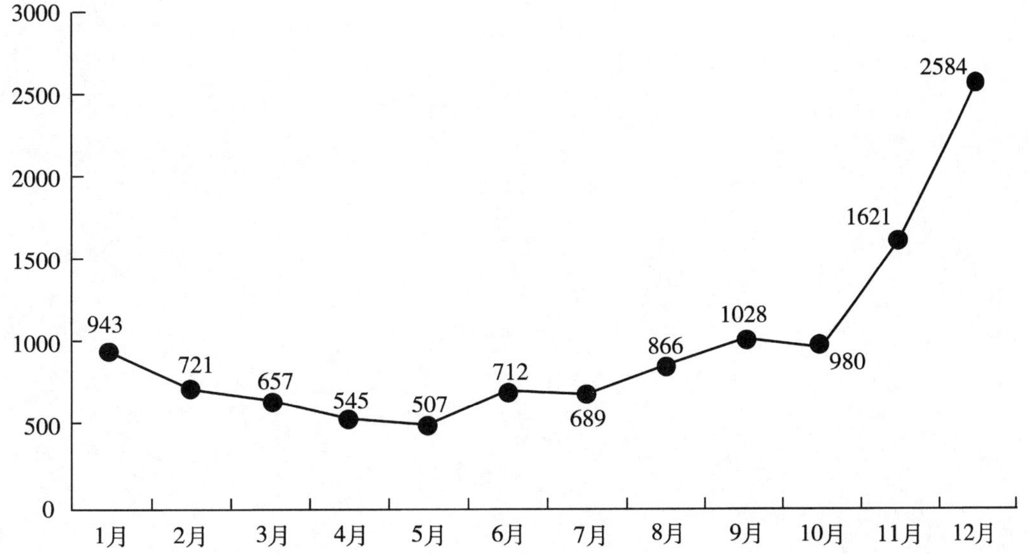

五、CNACR 历年累计发展认证机构情况

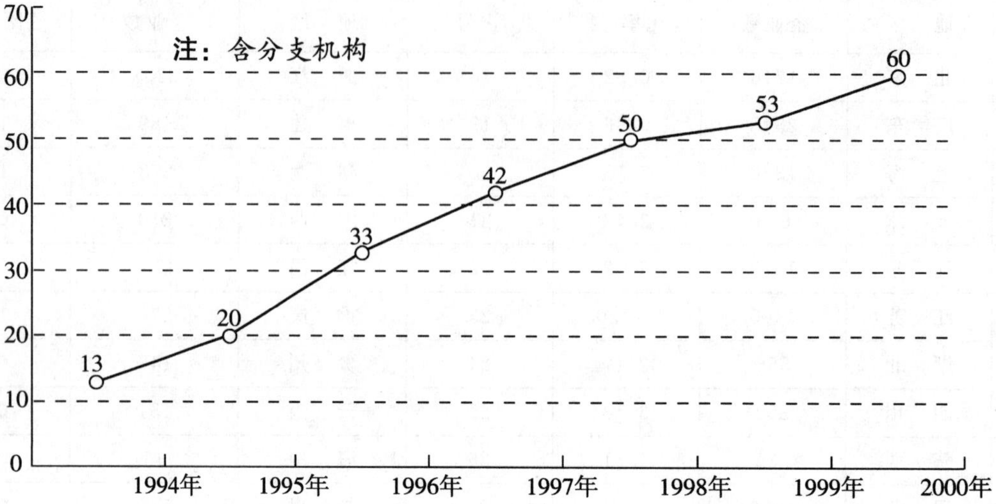

CNACP2000 年年报

1. 按认证机构分类统计：

	四季度认证企业数	四季度颁发认证证书数	2000 年度认证企业数	2000 年度颁发认证证书数	认证企业累计数	认证证书累计数	累计证书所占比例
中国电工产品认证委员会	1826	3955	6420	14586	11525	59148	91.02%
中国方圆标志认证委员会	88	147	296	497	1082	2363	3.64%
中国水泥房建材料产品质量认证中心	45	72	96	211	754	999	1.54%
中国消防产品质量认证委员会	30	79	103	225	133	676	1.04%
中国电子元器件质量认证委员会	0	0	0	0	61	131	0.20%
中国汽车用安全玻璃认证委员会	4	8	11	21	104	244	0.38%
中国环境标志认证委员会	6	6	49	49	149	176	0.27%
中国轮胎产品认证委员会	3	9	10	36	39	68	0.10%
中国汽车产品认证中心	6	6	14	16	62	65	0.10%
中国乳胶制品质量认证委员会	0	0	0	0	8	15	0.02%
中国纤维产品质量认证中心	0	0	4	6	19	43	0.07%
中国医疗器械质量认证中心	11	25	23	47	58	114	0.18%
中国玩具产品认证委员会	7	16	7	16	16	26	0.04%
中国包装产品质量认证中心	13	19	17	24	39	69	0.11%
中国卫星地球站设备质量认证委员会	0	0	0	0	13	15	0.02%
上海东方计算机网络认证中心	0	0	0	0	3	3	0.00%
中国机械安全认证中心	1	2	7	25	15	42	0.06%
中国国家信息安全测评认证中心	6	10	25	31	48	59	0.09%
中国节能产品认证中心	0	51	19	152	31	317	0.49%
中国电磁兼容产品认证中心	18	50	82	318	82	318	0.49%
中国农机产品质量认证中心	5	6	7	9	12	24	0.04%
香港安全认证中心	10	14	45	70	45	70	0.09%
总　　计	2079	4475	7235	16339	14298	64985	100%

2. 按地区分类统计：

序号	省份名称	四季度认证企业数	四季度认证证书数	2000年度认证企业数	2000年度颁发认证证书数	认证企业累计数	认证证书累计数	累计证书所占比例
1	广东	674	1421	2360	5133	4001	16907	26.02%
2	浙江	434	765	1343	2560	2777	9652	14.85%
3	江苏	234	494	854	1823	1776	8495	13.07%
4	上海	99	224	420	971	889	4467	6.87%
5	山东	83	294	343	1075	646	4039	6.22%
6	四川	30	84	136	347	362	1813	2.79%
7	北京	80	167	287	587	492	2386	3.67%
8	天津	25	66	125	292	249	1517	2.33%
9	河北	23	72	109	259	327	1109	1.71%
10	辽宁	27	56	89	185	303	1021	1.57%
11	福建	75	114	223	450	394	1904	2.93%
12	陕西	34	69	80	185	173	853	1.31%
13	安徽	31	83	95	204	251	1128	1.74%
14	河南	16	69	64	232	229	960	1.48%
15	湖北	11	19	70	195	165	682	1.05%
16	湖南	11	17	39	93	139	483	0.74%
17	江西	10	21	40	82	107	418	0.64%
18	广西	5	9	20	46	123	297	0.46%
19	贵州	4	9	11	36	42	185	0.28%
20	黑龙江	17	32	24	58	81	221	0.34%
21	内蒙	2	2	15	38	38	157	0.24%
22	吉林	8	23	15	43	80	199	0.31%
23	山西	4	7	16	42	59	205	0.32%
24	甘肃	5	16	13	39	46	160	0.25%
25	云南	1	1	5	16	36	121	0.19%
26	青海	1	1	2	3	6	36	0.06%
27	海南	3	6	6	13	28	49	0.08%
28	新疆	2	4	4	9	17	48	0.07%
29	宁夏	0	0	5	10	8	32	0.05%
30	重庆	9	12	37	66	107	313	0.48%
31	西藏	0	0	0	0	0	0	0.00%
小计	国内企业	1958	4187	6850	15092	13951	59857	92.11%
小计	外资及国外企业	121	288	385	1247	347	5128	7.89%
总计		2079	4475	7235	16339	14298	64985	100.00%

CNACL2000年年报

一、CNACL批准认可实验室情况

项　目	数　量
批准认可含校准项目实验室	36
批准认可检测实验室	338
合计	374

二、CNACL批准认可实验室地区分布

地区	获得认可实验室数量
北京	93
上海	41
广东	33
江苏	25
辽宁	22
天津	20
山东	18
黑龙江	14
湖北	13
陕西	13
浙江	11
河南	11
四川	9
湖南	7
吉林	6
河北	5
重庆	5
香港	4
甘肃	3
安徽	3

地区	获得认可实验室数量
内蒙古	3
江西	3
福建	3
山西	3
广西	2
贵州	1
澳门	1
美国	1
日本	1

三、能力验证开展情况

统计项目 能力验证类别	次数	项目数	参加实验室数
组织国内能力验证/比对试验	25	147	601
组织参加国际能力验证/比对试验	37	171	121

四、注册级别评审员及技术专家情况

类别	数量
主任评审员	17
评审员	65
实习评审员	777
以上级别评审员合计	859
技术专家	1895

2000年新发证书情况统计表

地区	新发证书数	累计数	地区	新发证书数	累计数
北京	36	108	广西	2	4
上海	16	50	福建	1	7
广东	16	42	湖南	1	7
山东	13	29	吉林	1	6
辽宁	8	25	香港	1	5
湖北	7	17	安徽	1	4
江苏	6	22	内蒙古	1	3

地区	新发证书数	累计数	地区	新发证书数	累计数
浙江	6	16	甘肃	1	3
天津	5	20	日本	1	2
陕西	4	12	澳门	1	1
河南	4	11	江西	0	4
重庆	4	5	贵州	1	1
黑龙江	3	13	山西	0	2
四川	3	12	美国	0	1
河北	2	5			

2000年CNACL组织国内能力验证一览表

序号	能力验证计划编号	能力验证名称	参加实验室数量
1	CNACL T002	硅酸岩中氧化物分析	15
2	CNACL T003	铜矿石中铜、锌含量分析	15
3	CNACL T004	纺织品的纤维含量和染色牢度测试	38
4	CNACL T005	眼科光学产品测试	正在实施中
5	CNACL T006	低合金钢中化学元素含量分析	41
6	CNACL T007	铝合金中化学元素含量分析	17
7	CNACL T008	碳钢的室温夏比冲击性能测试	正在实施中
8	CNACL T009	生物标志物分析鉴定、岩石矿物定量分析	23
9	CNACL T010	硅铁中化学元素含量分析	15
10	CNACL T011	棉花感官和物理性能测试	34
11	CNACL T012	毛纤维直径和含量分析	53
12	CNACL T013	化纤短纤维物理性能测试	44
13	CNACL M001	三等标准量块比对	5

2000年CNACL组织国际能力验证一览表

<table>
<tr><th>序号</th><th>能力验证计划编号</th><th>能力验证计划名称</th><th>参加实验室数量</th></tr>
<tr><td>1</td><td>APLAC-APM010</td><td>声级</td><td>3</td></tr>
<tr><td>2</td><td>APLAC-APT017</td><td>移动电话</td><td rowspan="5">3</td></tr>
<tr><td>3</td><td>APLAC-APT018</td><td>寻呼机</td></tr>
<tr><td>4</td><td>APLAC-APT019</td><td>电话</td></tr>
<tr><td>5</td><td>APLAC-APT020</td><td>键盘电话系统</td></tr>
<tr><td>6</td><td>APLAC-APT021</td><td>调制解调器</td></tr>
<tr><td>7</td><td>APLAC-APT023</td><td>电熨斗</td><td>4</td></tr>
<tr><td>8</td><td>APLAC T024</td><td>煤的测试</td><td>4</td></tr>
<tr><td>9</td><td>APLAC TO25</td><td>面粉测试</td><td>4</td></tr>
</table>

实验室认可进度图（1993～2000年12月）

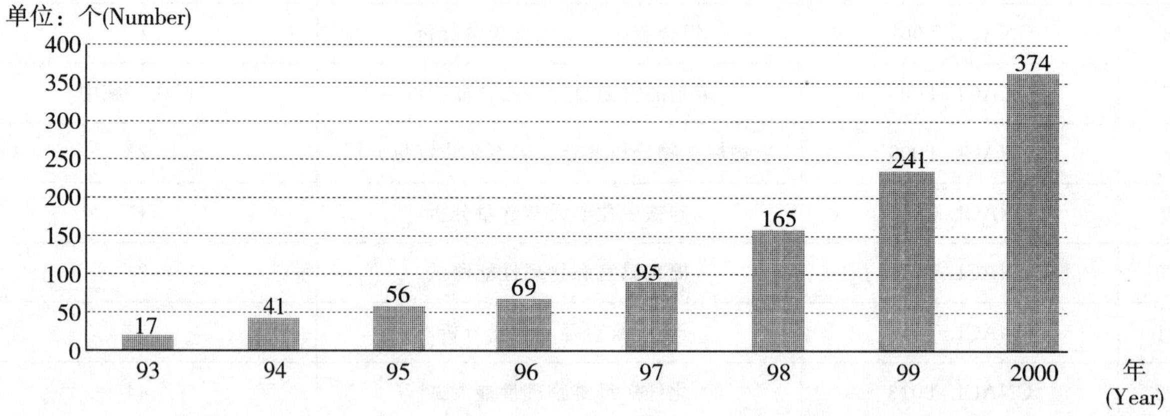

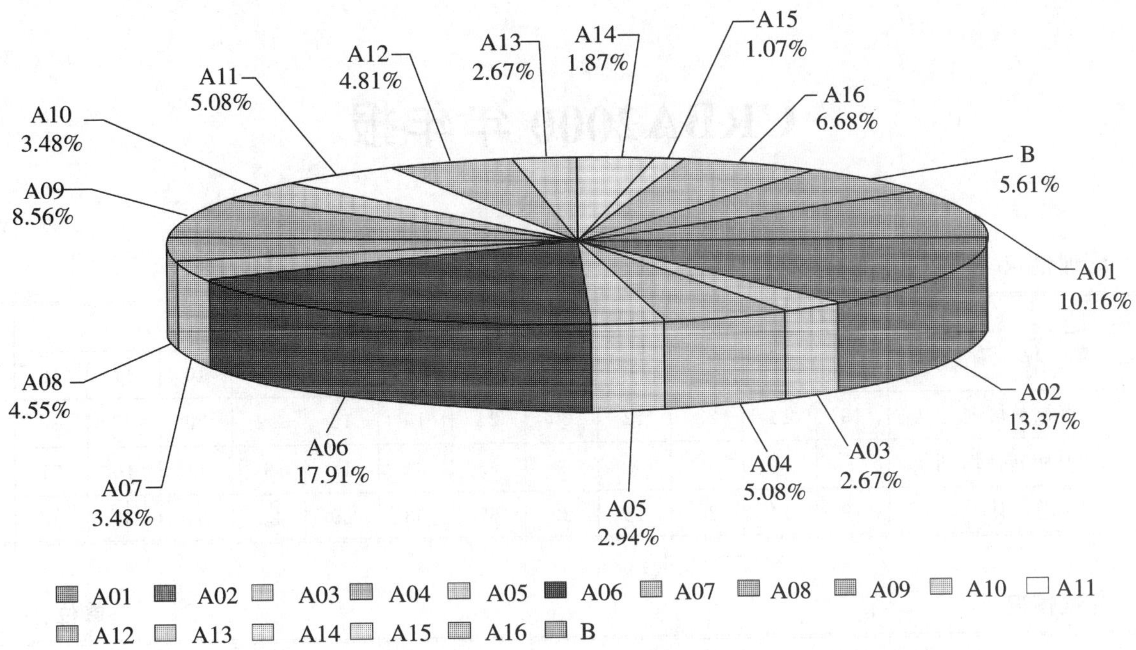

实验室认可分类图（1993～2000年12月）

A 检测
A01 电子、通讯、仪器仪表
A02 电工
A03 冶金及金属制品
A04 非金属材料
A05 建筑
A06 机械及专用设备
A07 食品、饮料、烟草
A08 医疗、环保
A09 化工、化学
A10 安全产品
A11 纺织、服装、皮革
A12 交通运输设备
A13 地矿产品、黄金、珠宝
A14 文体用品及轻工产品
A15 农（林）业、木材、家具
A16 其他类
B 校准

CRBA2000 年年报

1. 培训情况

序号	月份 / 单位	1	2	3	4	5	6	7	8	9	10	11	12	年累计数
1	审核员培训	19	14	23	12	20	24	19	16	19	23	27	28	244
2	2000 版转换培训	0	0	0	0	9	43	34	13	9	11	10	21	150
3	总　计	19	14	23	12	29	67	53	29	28	34	37	49	394

2. 考试情况

单位：　人次

序号	月份 / 考试类别	1	2	3	4	5	6	7	8	9	10	11	12	年累计数
1	审核员预备知识考试	885	381	1037	559	820	558	531	343	650	717	805	880	8166
2	审核员培训考试	364	203	485	209	311	350	326	334	231	346	341	491	3991
3	验证审核员培训考试										55		55	110
4	审核员教师培训考试								19		36			55
5	注册专业面试				320		35	68		615	78	75	189	1380
	总　　计	1249	584	1522	1088	1131	943	925	696	1496	1232	1221	1615	13702

3. 证书发放情况

单位：　张

序号	月份 / 证书类别	1	2	3	4	5	6	7	8	9	10	11	12	年累计数
1	预备知识考试合格证书	885	381	1037	559	713	599	531	343	650	413	449	335	6895
2	审核员培训合格证书	364	204	480	209	311	350	326	321	216	386	321	362	3850
3	教师培训合格证书				81				24	20				125
4	验证审核员培训合格证书												53	53
5	审核员补充培训合格证书													
6	CRBA 实习审核员注册证书	74	96	170	124	128	224	186	138	702	132	174	250	2398
7	CRBA＝TATCA 审核员注册证书	145	29	99	49	170	61	45	47	150	100	117	101	1113
8	CRBA-TATCA 高级审核员注册证书	92	9	34	86	71	25	13	20	153	26	36	55	620
9	年度确认		169						107	62	34	164		536
10	复查换证			114						61	33			208
	总　　计	1560	888	1934	1108	1393	1259	1101	1000	2014	1124	1261	1156	15798

4. 级别审核员注册情况 单位：人

按注册级别分类

序号	注册级别	数量		比率（%）
1	实习审核员	6263		67%
2	CRBA 审核员	67	1594	17%
3	CRBA-TATCA 审核员	1527		
4	CRBA 主任审核员	25	1506	16%
5	CRBA-IATCA 高级审核员	1481		
总人数		9363		100%

5. 级别审核员注册情况 单位：人

按年龄分类

序号	年龄分布	数量	比率（%）
1	30 岁以下	536	6%
2	30-40 岁	3495	37%
3	40-50 岁	1856	20%
4	50-60 岁	2106	22%
5	60 岁以上	1370	15%
总人数		9363	100.0%

6. 级别审核员注册情况 单位：人

按地区分类

北京	2172	山东	648	云南	39	江苏	652	
上海	762	江西	99	贵州	32	海南	21	
天津	419	安徽	153	四川	277	新疆	68	
辽宁	599	浙江	417	陕西	204	重庆	87	
吉林	129	福建	201	宁夏	6			
黑龙江	228	湖北	429	青海	6			
河北	290	湖南	136	甘肃	51			
河南	205	广东	773	香港	15			
山西	148	广西	45	内蒙古	52			
总人数				9363				

7. 级别审核员注册情况 单位：人

按 39 类专业分布								
农业	1	采矿业	15	食品	160	纺织品	83	
皮革	8	木材	12	纸浆	28	出版业	2	
印刷业	9	焦碳	5	核燃料	2	化学品	194	
医药品	12	橡胶	95	非金属	59	混凝土	94	
基础金属	274	机械及设备	766	电子、电气	587	造船	56	
航空	33	其他运输设备	112	其他未分类	28	废旧物	0	
发电及供电	15	气的生产	1	水的生产	6	建设	323	
批发及零售	57	宾馆	24	运输	27	金融	44	
信息技术	43	科技服务	166	其他服务	19	公共行政	1	
教育	16	卫生保健	4	其他社会	3			
总人数				3384				

8. 级别审核员注册情况 单位：人

按 29 类专业分布								
汽车	30	建筑	55	化学	37	研究	45	
纺织	16	橡胶塑料	21	其他服务业	12	商业服务	18	
计算机	21	电子	98	食品	51	饭店/餐饮	11	
保险	1	通讯	12	电气工程	110	机械工程	193	
卫生医疗	1	海上平台	3	核电	6	出版	1	
农牧渔	0	石油化工	20	制药	0	加工工业	78	
原材料	48	采矿	1	金融	4	船舶	22	
航空	12							
总人数				927				

索　　引

附　录

广 告 索 引

S

T

X

Y

Z

ISBN 7-80162-125-5

9 787801 621252 >